中国法律年鉴

1987

LAW YEAR BOOK OF CHINA

法 律 出 版 社

中国法律年鉴编辑委员会

中国法律年鉴编辑部编辑人员

主　　编　甘重斗

副 主 编　林景仁

特约编辑　沈　浩

（以下按姓名笔划排列）

编　　辑　王仲园　甘功仁　张　明　张玲元

谢家道　蒋达涛　魏泽同

通讯编辑　白有忠　白淑惠　刘惠生　刘春和

杜西川　张　耕　林文肯　段幼麟

柯汉民　宫晓冰　唐厚志　郭道晖

编　　务　杨小平

封面设计　聂靖和

▲ 1986年4月12日第六届全国人民代表大会第四次会议通过了《中华人民共和国民法通则》。图为人大代表举手通过。

▲ 1986年9月5日第六届全国人民代表大会常务委员会第十七次会议通过了《中华人民共和国治安管理处罚条例》。图为人大常委会委员用电子表决器表决通过。

▲ 1986年3月5日至10日，最高人民法院召开全国法院院长会。图为会议主席台。

▲　1986年3月2日至12日，全国省、自治区、直辖市人民检察院检察长会议在北京召开。图为大会会场。

▲　全国公安厅、局长会议于1986年3月5日在北京召开。图为小组讨论会。

▲　中国法学会第二次会员代表会于1986年5月21日至25日在北京举行。图为会议的主席台。

▲　全国律师代表大会一九八六年七月五日至七日在北京召开。会上成立了中华全国律师协会。图为大会会场。

目　录

第一部分　中国法制建设概况

第二部分　中华人民共和国法律

一九八三年

一九八四年

一九八五年

第三部分　中华人民共和国行政法规选载

第四部分　1986年地方性法规选载

第五部分　民族自治地方自治条例和单行条例选载

第六部分　中华人民共和国行政区划

第七部分　有关香港问题的法律文件

第八部分　中华人民共和国同外国签订的双边条约和参加的国际公约

第九部分　司法文件选载

第十部分　有关法制建设的重要报告和讲话选载

第十一部分　有关法制建设的工作会议

第十二部分　法学各主要学科发展概况综述

第十三部分　法学学术会议

第十四部分　法律、法学社会团体

第十五部分　高等法律院校

第十六部分　法学研究机构

第十七部分　法制报刊和出版机构

第十八部分　司法统计资料

第十九部分　1986 年中国法制建设大事记

附　　录

序

中国第一部法律年鉴——1987《中国法律年鉴》问世了！

《中国法律年鉴》是记载中国各个年度法制建设事实的大型资料性工具书。它力求以翔实的内容和丰富的资料，全面、系统、真实地反映中国社会主义法制建设的新情况、新成就、新经验。它是向国内外宣传我国社会主义法制的重要阵地，也是把我国法制建设成就和经验载入史册的重要形式。它对于了解中国社会主义法制建设的全貌，研究中国社会主义法制建设的现状和发展趋势，都大有裨益。它是从事法律实际工作、法学教育和法学研究必不可少的读物。

1987《中国法律年鉴》的任务是如实反映我国1986年法制建设的情况和成就。但是，由于它是我国建国37年来的第一部法律年鉴，因此，简要地回顾建国以来特别是党的十一届三中全会以来法制建设的状况，是十分必要的。

建国以来，我国的社会主义法制建设经历了曲折的发展过程。在这个过程中，既有为创立、开拓和发展社会主义法制而进行的成效卓著的工作，也有失误和“文化大革命”的灾难性破坏；既有丰富的经验，也有深刻的教训。1978年12月召开的中国共产党第十一届三中全会，是一个伟大的历史性的转折。在十一届三中全会确立的马克思主义的政治思想路线的指引下，我国社会主义法制建设走上了健康发展的道路。

党的十一届三中全会总结了我国建国以来、特别是“文化大革命”的经验教训，作出了发展社会主义民主、健全社会主义法制的重大战略决策，强调为了保障人民民主，必须加强社会主义法制，使民主制度化、法律化，使这种制度和法律具有稳定性、连续性和极大的权威，做到“有法可依、有法必依、执法必严、违法必究”。这是我国社会主义法制建设的总方针。此后，我们的党和国家一直坚持这一方针，并为它的实现作出了不懈的努力。

一、修改宪法，确立四项基本原则，加强人民代表大会制度，改善国家的领导体制。

1982年12月第五届全国人民代表大会第五次会议通过的新宪法，确立了四项基本原则为立国之本，规定“中华人民共和国是工人阶级领导的、以工农联盟为基础的人民民主专政的社会主义国家”，一切权力属于人民，规定公民在不损害国家的、社会的、集体的利益和其他公民的合法的自由和权利的前提下，享有广泛的自由和民主权利。同时规定对敌视和破坏我国社会主义制度的国内外的敌对势力和敌对分子，必须进行斗争。宪法关于我国国家制度、国家机构和公民权利义务的规定，进一步发展了人民民主，加强了我国人民代表大会制度，完善了国家领导体制。主要表现在:(一)扩大全国人大常委会的职权和加强它的组织。原来属于全国人大的一部分职权交由它的常委会行使。相当数量的人大常委会委员在实际上成为专职。(二)为了加强全国人大的工作,设立了六个专门委员会,在全国人大和它的常委会领导下,研究、审议和拟定有关议案。(三)恢复设立国家主席和副主席。(四)国家设立中央军事委员会,领导全国武装力量。(五)国务院实行总理负责制,各部、委实行部长、主任负责制。(六)设立审计机关,加强对财政、金融、财务活动的监督。(七)在中央统一领导下,加强地方政权建设。(八)进一步健全民族区域自治制度。(九)改变农村人民公社的政社合一体制,设立乡政权。(十)扩大直接选举的范围,县级以下人大代表都由直接选举产生。加强基层群众性自治组织的建设,设立居民委员会、村民委员会,作为基层群众性自治组织。(十一)取消实际上存在的领导职务的终身制。规定国家主席、副主席,全国人大常委会委员长、副委员长,国务院总理、副总理等国家领导人连续任职不得超过两届(十年)。另外,第六届全国人民代表大会常务委员会第十八次会议决定,为了恢复并确立国家行政监察体制,加强国家监察工作,设立国家监察机关。这些都促进了我国政治生活、经济生活以及整个社会生活的民主化,是建设民主政治的法律保障,也是加强社会主义民主与法制建设的重大实际步骤。

二、加强立法工作,特别是经济立法工作。

根据宪法的有关规定,进一步完善了立法体制和立法程序。八年来,全国人大和它的常委会已经通过了56个法律,其中有关经济的立法占一半以上;补充、修改法律的决议、决定和有关法律问题的决议、决定51个,共计107个。同一时期,国务院制定了400多个行政法规,其中经济法规占很大比重;各省、自治区、直辖市的人民代表大会及其常委会制定了700多个地方性法规。有关国家机构方面的组织法已经比较完备;民法通则、民事诉讼法(试行)、刑法、刑事诉讼法、经济合同法、商标法、专利法、中外合资经营企业法、外资企业法、涉外经济合同法以及婚姻法、继承法、环境保护法(试行)、森林法、民族区域自治法、义务教育法、国籍法、兵役法、学位条例、律师暂行条例、治安管理处罚条例等重要法律都已制定颁布。国务院制定了关于扩大国营工业企业经营管理自主权的若干规定、全民所有制工业企业厂长工作条例、国营企业实行劳动合同制暂行规定、城镇非农业个体经济若干政策性规定、关于城镇集体所有制经济若干政策问题的暂行规定、物价管理暂行条例、银行管理暂行条例、关于鼓励外商投资的规定、高等教育管理职责暂行规定以及关于扩大科学技术研究机构自主权的暂行规定等重要行政法规。可以说,我国在国家生活和社会生活的基本的主要的方面,已经有法可依了。

三、健全司法机构、加强司法工作,保障和促进社会主义现代化建设的顺利进行。

在这个时期,党和国家一直强调要严格依法办事,检察机关和审判机关要独立行使检察权和审判权，要忠实于法律和制度，忠实于人民利益，忠实于事实真相，要保证公民在法律面前人人平等。在这方面，作了许多工作：(一) 1978 年底恢复了人民检察机关，1979 年决定重建司法部，1983 年决定成立国家安全部。(二) 坚持实事求是，有错必纠的原则，依法复查纠正了“文化大革命”中判处的一大批冤假错案。(三) 第五届全国人大常委会第十六次会议通过关于成立最高人民检察院特别检察厅和最高人民法院特别法庭检察、审判林彪、江青反革命集团案主犯的决定，依法对林彪、江青反革命集团的十名主犯提起公诉，并进行公开审判，从而维护了法律的权威，得到了全国各族人民的衷心拥护。(四) 依法从重从快惩处严重刑事犯罪分子，积极推进社会治安的综合治理。几年来，在全面落实社会治安综合治理的各项措施，大力开展预防犯罪和教育挽救失足者的同时，坚持对严重刑事犯罪分子依法从重从快惩处的方针，严格依照法律惩处了严重危害社会治安的刑事犯罪分子，使整个社会治安状况有了明显好转，维护了安定团结的社会环境。与此同时，司法机关坚决执行全国人大常委会《关于严惩严重破坏经济的罪犯的决定》，依法打击经济犯罪活动，有效地保护了社会主义公共财产，维护了社会主义经济秩序，保障了改革和对外开放的顺利进行。(五) 加强民事和经济纠纷案件的审判工作。八年来，审理了 5801933 件民事案件，677632 件经济纠纷案件。这对于调整经济关系，促进企业改善经营管理，维护国家、集体、公民的合法权益起了积极作用。

同时，我国的法制宣传、法学教育、法学研究工作也取得了较大的进展。近几年来，我们广泛地开展了法制宣传教育。各类各级学校开设法制课，从小学开始，就进行法制教育。创办了一批法制报刊，出版了大量的法学书籍。1985 年 6 月中共中央宣传部和司法部联合召开了全国法制宣传教育工作会议，制定了普及法律常识的规划。同年，全国人大常委会通过了《关于在公民中基本普及法律常识的决议》，提出用五年左右的时间(即从 1985 年起到 1990 年前后)有计划地、比较系统地向全体公民基本普及宪法和法律常识。1986 年 12 月中共中央宣传部和司法部又联合召开了第二次全国法制宣传教育工作会议，强调要深入地把普及法律常识的工作做好。这一工作对推动我国法制建设具有深远的意义。

这八年，我国法学教育和政法干部培训工作是建国以来发展最快的时期。全国已有高等法律院系 70 多个，是建国以来最高的数字。已有政法管理干部学院 40 多所。还建立了一批中等法律学校，并采取广播、电视大学、业余大学、函授大学等多种办学形式，培养法律人才。

我国的法学研究工作，在马克思列宁主义、毛泽东思想指导下，坚持理论密切联系实际的原则，贯彻“双百”方针，呈现出建国以来前所未有的繁荣景象。这几年，法学研究队伍不断扩大，法学研究机构的专业研究人员，政法院校的法学研究力量，实际工作部门的理论队伍，都有较大的发展。学术研究空气比较活跃，广大法学工作者坚持法学研究为社会主义的物质文明和精神文明建设服务的正确方向，深入实际、调查研究，对现实生活中提出的各种法律理论问题和实际问题，进行了比较广泛、深入的探讨，获得了许多有价值的成果。各种法学书籍、论文大批涌现。法学研究的领域在逐渐扩大，一个多学科、多层次、多侧面的法学研究体系正在形成。国际间的法学交流和友好往来也在不断加强。

总之，党的十一届三中全会以来，我们的党和国家为健全社会主义法制做了大量的工作，取得了有目共睹的成绩。可以说，这八年是我国建国以来法制建设发展最快最好的时期。根据已往的经验，我们体会到，要进一步发展社会主义民主，健全社会主义法制，需要强调以下几点：

一、从实际出发，建设具有中国特色的社会主义法制。

我国的法制建设是在建设具有中国特色的社会主义的实践过程中逐步发展的。我国法制的特色就是在这个实践过程中形成的。中国人民从长期体验中懂得，西方资本主义道路走不通，苏联东欧的经验也不能照搬，必须从中国的实际出发，建设具有中国特色的社会主义，这就是既坚持四项基本原则，又坚持改革、开放、搞活的方针，把我国逐步建设成为具有高度文明、高度民主的社会主义现代化强国。这是中国人民的根本利益和共同愿望。我国的民主与法制建设必须适应我国社会主义现代化建设的实际需要，与两个文明的建设协调发展。我们既要看到法制建设是在经济建设、改革、开放的实践过程中逐步发展完备的，不可能一蹴而就，又要看到我们的工作还不能完全满足客观形势的要求。在立法、司法、法制宣传教育和法学教育、法学研究等方面，都有许多工作要做，任务还很艰巨。所以要有紧迫感。但是，要根据实际需要和可能，有步骤地、扎扎实实地解决民主与法制建设中的问题。就立法来说，我国的现实情况是立法的依据，法律的制定、修改、废止都要从实际出发。如果条件不很成熟，有的法律就采用试行的办法，有的作为暂行条例。在民族自治地方，人民代表大会依照宪法的规定，根据本民族地区的特点，可以制定自治条例和单行条例；在经济特区，依照宪法、法律和行政法规可以颁布特区的有关条例。此外，国务院可以根据全国人大的授权，制定经济体制改革和对外开放方面的暂行规定和暂行条例。这些都是行之有效的经验。从我国的实际出发，并不排斥一切历史的、国外的有益的东西。好的可以借鉴、吸收，不好的应当抛弃。借鉴、吸收同样要根据我国的需要。

二、社会主义民主要进一步制度化法律化。

建设高度的社会主义民主，是我们党和国家的根本目标和根本任务之一。没有民主就没有社会主义现代化。切实推进社会主义民主的制度化法律化，是法制建设的根本内容。在我国，民主不仅仅是指人民享有言论自由等权利，更重要的是巩固和发展人民民主制度，使全体人民能够更好地行使国家权力，保障人民以各种有效方式参加国家和社会的管理。从制度上和法律上切实保障人民民主制度和公民的民主权利得到充分实现，还需要进行大量的工作。例如宪法关于人民民主制度和公民民主权利的原则规定，需要通过制定相应的法律来实现。有些已有法律作了具体规定，有些还需要制定相应的法律，使之具体化，以便正确行使。目前，需要加强行政立法和行政诉讼法的立法工作，把国家机关及其工作人员的活动进一步纳入法制轨道。当然，我们建设的是具有中国特色的社会主义民主，不能照搬其他社会主义国家民主的模式，更不能照搬资本主义国家民主的模式。

三、充分发挥司法机关的职能，严格依法办事。

有法必依，执法必严，违法必究和公民在法律面前一律平等，是当前我国法制建设中必须进一步解决的重要问题，也是顺利地进行社会主义现代化建设的重要保证。我们的宪法、法律是在党的领导下，由国家最高权力机关制定的，它既代表了全国人民的利益和意志，也集中反映了党的路线、方针和政策。执行宪法、法律与贯彻党的路线、方针、政策是一致的。以言代法、以权压法的现象严重损害党的威信和法律的尊严，必须坚决克服。任何组织或个人都不得有超越宪法和法律的特权。一切违反宪法和法律的行为，必须予以追究。要保证司法机关严格依照法律独立行使职权。要充分发挥司法机关的职能，提高司法机关的权威，真正做到秉公执法，执法如山。

四、普及法律常识，提高人的素质。

加强社会主义民主和法制的建设，根本问题是教育人。要在全体公民中坚持不懈地普及法律常识，增强社会主义的公民意识，使广大干部和群众都树立起人民当家做主的观念，公民的权利和义务观念，自由和纪律的观念，社会主义的平等观念，公共财产神圣不可侵犯的观念以及依法办事的观念，从而能够比较自觉地运用法律武器来维护社会主义的共同事业，维护人民的民主权利。这是我们国家能够经得起各种风险，长治久安的可靠保证。在深入开展法制宣传教育的同时，要采取有效措施，加强法学教育工作，努力提高立法、司法干部特别是领导干部的法制观念和业务素质，培养和造就一大批能够运用马克思主义解决中国实际问题的法律人才。

普及法律常识，加强法学教育，提高人的素质，是社会发展的要求，是社会主义物质文明建设和精神文明建设的需要，也是把我国的社会主义民主和法制建设不断推向前进的根本保证。我们要充分认识法制宣传教育工作的现实意义和战略意义，把这一工作广泛、深入、持久地坚持下去。

张友渔

编　辑　说　明

一、《中国法律年鉴》是一部供国内外读者了解和研究我国社会主义法制建设基本情况必备的综合性的大型文献。年鉴以法律为主干，从法律的制定，法律的解释，法律的实施，法律的宣传、教育和理论研究等各个方面来反映我国社会主义法制建设的全貌，除序和附录外，共分19个部分，包含了丰富的信息量。它所采用的资料，全部由中央和地方各有关部门和单位提供，其中有不少资料是建国以来首次公开发表的，内容全面、准确、翔实，具有权威性。

二、《中国法律年鉴》从1987年起，每年编印一部。1987年年鉴主要反映1986年我国法制建设的基本情况以及有关的重大事件和重要活动。鉴于在我国编辑出版法律年鉴尚属首次，年鉴还将适当回顾建国以来法制建设中的一些情况，收录若干必要的资料。

三、年鉴刊载1986年制定的全部法律，同时选载1979～1985年制定的重要法律。1978年以前的法律、法令，大部分已经失效，现行有效的数量很少，而且由于国内政治经济状况已经发生了巨大变化，这一小部分法律、法令也需要作适当的修改，或者正在修改。因此，年鉴未予收录。

四、1986年的行政法规数量很大，年鉴选载其中较为重要的法规，同时还选载了国务院各部、委发布的部分规章，并刊载了1949～1985年的现行有效的重要行政法规目录。

五、年鉴系统地介绍了我国政法各部门的组织和活动，发表了有关法制建设的重要报告和讲话，介绍了有关的工作会议，还首次公开发表了大量的司法文件和统计资料。

六、我国社会主义法学已建立了几十门分支学科，不少学科已有相当的成就。本年鉴仅就其中的14个学科作了概括的介绍。其余多种学科，将在今后各年法律年鉴中逐一加以介绍。

七、1986年的法学学术活动较多，年鉴只介绍全国性的学术会议和少量影响较大的地区性学术会议。

八、年鉴介绍了全国性的法律社会团体，介绍了高等法律院校，介绍了公开发行的报刊以及《人民司法》、《人民检察》、《人民公安》等几种影响较大的内部刊物。

九、年鉴收录的资料，均未包括台湾省。

十、年鉴的编辑工作，得到中央和地方300多个单位，特别是中央政法各部门的大力支持，谨在此向他们表示衷心的感谢。

十一、年鉴在编撰上的缺点和不足，切望读者提出宝贵意见，以便改进。

《中国法律年鉴》编辑部

1987年2月

第一部分
中国法制建设概况

全国人民代表大会及其常务委员会的立法工作

全国人民代表大会是国家最高权力机关,也是行使立法权的机关。全国人大的常务委员会是它的常设机关。

全国人民代表大会于1954年建立,并在第一届第一次会议上制定了中华人民共和国宪法和几个关于国家机构的重要法律。此后,全国人大及其常委会又制定了一系列的重要法律、法令。

1979年以来,在中国共产党十一届三中全会提出的"发展社会主义民主,健全社会主义法制"的方针指引下,第五届和第六届全国人大及其常委会在立法工作上取得了重大的进展。据统计,1979—1986年期间,除制定了新宪法外,还制定了56个法律和51个补充、修改法律和有关法律问题的决议、决定,共107个。现在,我国刑事的、民事的和国家机构方面的基本法律大体都已制定,其他方面的法律也已制定或者正在制定中。

下面将全国人民代表大会及其常务委员会的组织状况和立法程序作一简要介绍。

一、全国人民代表大会

根据宪法规定,全国人民代表大会由省、自治区、直辖市的人民代表大会和军队选出的代表组成,每届任期四年,1975年以后,改为五年。第一、二届全国人大代表有1,226人,第三届代表有3,040人,第四届代表有2,885人,第五届代表有3,500人。本届即第六届代表有2,978人。

全国人民代表大会会议每年举行一次,由全国人大常委会召集,由全国人大会议主席团主持。如果常委会认为必要,或者有五分之一以上的代表提议,可以临时召集。每年召集会议的时间,由全国人大常委会根据具体情况决定(近几年,一般是在第一季度内举行)。全国人大的会议公开举行;在必要时,经主席团和各代表团团长会议决定,也可以举行秘密会议。

1954年宪法规定:"全国人民代表大会是行使国家立法权的唯一机关。"全国人大有权修改宪法和制定法律,全国人大常委会解释宪法和法律,制定法令。后来随着社会主义建设和社会主义改造事业的进展,国家急需制定各项法律,因此,于1955年第一届全国人大第二次会议通过了《关于授权常务委员会制定单行法规的决议》,"授权常务委员会依照宪法的精神,根据实际的需要,适时地制定部分性质的法律即单行法规。"1975年宪法和1978年宪法都删去了全国人大是"唯一的立法机关"的规定,但保留了全国人大常委会只能解释宪法和法律、制定法令的规定。

1982年新宪法扩大了全国人大常委会的职权,赋予它以制定法律的权力。新宪法规定:"全国人民代表大会和全国人民代表大会常务委员会行使国家立法权。"全国人大有权"修改宪法","制定和修改刑事、民事、国家机构和其他的基本法律";全国人大常委会有权"制定和修改除应当由全国人民代表大会制定的法律以外的其他法律",并可"在全国人民代表大会闭会期间,对全国人民代表大会制定的法律进行部分补充和修改,但是不得同该法律的基本原则相抵触。"新宪法还规定,国务院可以根据宪法和法律制定行政法规;省、自治区、直辖市的人民代表大会和它们的常务委员会,根据本行政区域的具体情况和实际需要,在不同宪法、法律、行政法规相抵触的前提下,可以制定地方性法规,报全国人大常委会和国务院备案;民族自治地方的人民代表大会有权依照当地民族的政治、经济和文化的特点,制定自治条例和单行条例,自治区制定的条例报全国人大常委会批准后生效;自治州、自治县制定的条例报省或者自治区的人大常委会批准后生效,并报全国人大常委会备案。

根据宪法规定,可以向全国人大提出宪法修正案的是:全国人大常委会或者五分之一以上的全国人大代表。根据全国人民代表大会组织法规定,可以向全国人大提出议案(包括法律案)的是:全国人大会议主席团,全国人大常委会,国务院,中央军事委员会,最高人民法院,最高人民检察院,全国人大各专门委员会和全国人大的一个代表团或者三十名以上的代表。

全国人大主席团、常委会、各专门委员会以及国务院、中央军事委员会、最高人民法院、最高人民检察院向全国人大提出的议案(包括法律案),由主席团决定交各代表团审议,或者并交有关专门委员会审议,提出报告,再由主席团审议决定提交大会表决。一个代表团或者三十名以上的代表向全国人大提出的议案(包括法律案),由主席团决定是否列入大会议程,或者先交有关专门委员会审议,提出是否列入大会议程的意见,再决定是否列入大会议程。

审议的程序通常是一个法律案先经全国人大常委会审议后,才提交全国人大审议。在全国人大审议时,全体大会和代表团会议交叉进行。在全体大会上,由法律案的提案人作法律草案的说明,然后各代表团进行审议,由大会秘书处出简报交流各团讨论情况,并由法律委员会根据代表和有关专门委员会在审议中提出的意见,进行审议和修改,向主席团提出审议结果的报告和修改草案,经主席团会议审议后,决定是否提交全体大会表决。

根据宪法规定,宪法的修改,由全国人大以全体代表的三分之二以上的多数通过。法律案和其他议案以全体代表的过半数通过。根据全国人民代表大会组织法规定,全国人大会议通过议案(包括法律案),由主席团决定采用无记名投票方式或者举手表决方式或者其他方式。

全国人民代表大会通过的《中华人民共和国宪法》,以全国人民代表大会公告公布。其他法律由中华人民共和国主席根据全国人民代表大会的决定,以"中华人民共和国主席令"公布。

二、全国人民代表大会常务委员会

全国人民代表大会常务委员会是全国人大的常设机关,是全国人大闭会期间行使最高国家权力的机关,是全国人大的一个组成部分。全国人大常委会由全国人民代表大会选举产生,由委员长、副委员长若干人、秘书长和委员若干人组成。第六届全国人大常委会组成人员共155人,其中委员长1人,副委员长20人,秘书长1人,委员133人。委员长主持全国人大常委会的工作,召集全国人大常委会会议。副委员长、秘书长协助委员长工作。委员长、副委员长、秘书长组成委员长会议,处理全国人大常委会的重要日常工作。

全国人大常委会每届任期同全国人大每届任期相同,它行使职权到下届全国人大选出新的常务委员会为止。全国人大常委会组成人员在任职期间,不得担任国家行政机关、审判机关和检察机关的职务。

全国人大常委会会议一般每两个月举行一次,由委员长召集。常委会举行会议的时候,各省、自治区、直辖市的人民代表大会常务委员会派主任或者副主任一人列席会议,发表意见。

根据全国人大组织法规定,可以向全国人大常委会提出属于常委会职权范围内的议案(包括法律案)的有:全国人大各专门委员会,国务院,中央军事委员会,最高人民法院,最高人民检察院,全国人大常务委员会组成人员十人以上。全国人大各专门委员会、国务院、中央军事委员会、最高人民法院、最高人民检察院提出的议案,由委员长会议决定提请常委会会议审议,或者先交有关的专门委员会审议,提出报告,再提请常务委员会会议审议。常委会组成人员十人以上提出的议案,由委员长会议决定是否提请常务委员会会议审议,或者先交有关的专门委员会审议,提出报告,再决定是否提请常务委员会会议审议。

法律案一般至少经过两次常委会的审议。在第一次常委会会议审议时,一般是首先听取有关法律草案的说明,经常委会初步审议后,交法律委员会会同有关的专门委员会,在会后根据常委会审议的意见和各地方、各方面的意见,进行审议,向常委会提出审议报告和修改草案,再由第二次常委会进一步进行审议,并决定是否通过。

根据宪法规定,全国人大常委会审议的法律案以全体组成人员的过半数通过,以"中华人民共和国主席令"公布。

三、专门委员会

根据宪法第七十条规定,第六届全国人大第一次会议已设立了民族委员会、法律委员会、财政经济委员会、教育科学文化卫生委员会、外事委员会、华侨委员会共六个专门委员会。各专门委员会由全国人大会议选举产生,受全国人大领导;在全国人大闭会期间,受全国人大常委会领导。

各专门委员会由主任委员、副主任委员若干人和委员若干人组成。第六届全国人大各专门委员会组成人员共有127人。其中,民族委员会有主任委员1人(阿沛·阿旺晋美),副主任委员6人,委员14人,共21人;法律委员会有主任委员1人(彭冲),副主任委员6人,委员18人,共25人;财经委员会有主任委员1人(王任重),副主任委员6人,委员18人,共25人;教育科学文化卫生委员会有主任委员1人(周谷城),副主任委员6人,委员20人,共27人;外事委员会有主任委员1人(耿飚),副主任委员5人,委员10人,共16人;华侨委员会有主任委员1人(叶飞),副主任委员4人,委员8人,共13人。此外,民族、法律、教科文卫委员会各有顾问2人,财经委员会有顾问3人,外事委员会有顾问6人。

各专门委员会的主任委员、副主任委员和委员的人选,由全国人大主席团在代表中提名,大会通过。在大会闭会期间,全国人大常委会可以补充任命专门委员会的个别副主任委员和部分委员。

各专门委员会的工作如下:

1. 审议全国人大主席团或者全国人大常委会交付的议案；

2. 向全国人大主席团或者全国人大常委会提出属于全国人大或者全国人大常委会职权范围内同本委员会有关的议案；

3. 审议全国人大常委会交付的被认为同宪法、法律相抵触的国务院的行政法规、决定和命令，国务院各部、各委员会的命令、指示和规章，省、自治区、直辖市的人民代表大会和它们的常委会的地方性法规和决议，以及省、自治区、直辖市的人民政府的决定、命令和规章，提出报告；

4. 审议全国人大主席团或者全国人大常务委员会交付的质询案，听取受质询机关对质询案的答复，必要的时候向全国人大主席团或全国人大常委会提出报告；

5. 对属于全国人大或全国人大常委会职权范围内同本委员会有关的问题，进行调查研究，提出建议。

民族委员会还可以对加强民族团结问题进行调查研究，提出建议；审议自治区报请全国人大常委会批准的自治区的自治条例和单行条例，向全国人大常委会提出报告。

法律委员会统一审议向全国人大或者全国人大常委会提出的法律草案；其他专门委员会就有关的法律草案向法律委员会提出意见。

全国人大设立的法律委员会及其他专门委员会，三年多来，在深入调查研究、审议、拟订有关法律草案和其他议案方面，作了大量工作，为全国人大和它的常委会有效地行使立法权，更好地行使最高国家权力机关的职权发挥了重要作用。

（全国人大常委会法制工作委员会
研究室　郭道晖）

附：

全国人民代表大会常务委员会法制工作委员会简介

根据党的十一届三中全会关于发展社会主义民主、健全社会主义法制的精神，1979年2月，五届全国人大常委会第六次会议决定成立全国人大常委会法制委员会，由主任、副主任、委员组成。历任法制委员会主任的有彭真（1979年2月—1981年6月）、习仲勋（1981年6月—1983年9月）。

依照全国人大组织法关于“常务委员会可以根据需要设立工作委员会”的规定，1983年9月，六届全国人大常委会第二次会议决定将全国人大常委会法制委员会改为全国人大常委会法制工作委员会，法制工作委员会设主任、副主任、秘书长、副秘书长。现任主任王汉斌。下设办公室、研究室、民法室、刑法室、国家法行政法室、经济法室。

法制工作委员会的主要任务是协助全国人大常委会和全国人大法律委员会起草、研究、修改法律草案。主要是起草或者修订刑事、民事、国家机构的基本法律（如刑法、刑事诉讼法、民法通则、民事诉讼法（试行）、继承法、全国人大组织法、地方各级人大和人民政府组织法、选举法、人民法院组织法、人民检察院组织法等）；会同有关部门研究起草、修改其他有关的基本法律（如全民所有制工业企业法、经济合同法、涉外经济合同法、外资企业法、婚姻法、国籍法等）；对国务院有关部门起草的法律草案进行研究，提出修改意见，特别是对涉及到法律之间的协调、衔接，关系到法制统一的共同性的法律规范问题，进行统一研究协调。为了便于全国人大和常委会对法律草案进行更有效的审议，将法律草案印发全国各地方、各有关部门广泛征求意见；组织力量，进行调查研究；就一些重大的和各方面意见较多的问题举行座谈会征求意见，开展讨论；在全国人大和常委会审议法律草案时，提供有关的基本资料，反映法律草案的主要问题和主要的不同意见，同时提供国外的有关法律规定，以资借鉴；并根据全国人大常委会审议的意见和各地方、部门的意见，对法律草案进行研究修改。此外，还负责研究答复有关法律问题的询问，组织法律的汇编、翻译、出版等工作。

国务院制定行政法规的工作

《中华人民共和国宪法》第八十九条规定了国务院的职权，其中第一项是：“根据宪法和法律，规定行政措施，制定行政法规，发布决定和命令”。制定行政法规，是国务院的一项极其重要的职权和依法管理国家事务的重要手段，是使我们的国家机器能够协调一致、高效率地运转，保证国家安定团结和促进社会主义事业胜利前进的必要条件。

行政法规，是国务院为领导和管理国家各项行政工作而制定的法规的总称。行政法规的内容很广泛，涉及国务院领导和管理的经济工作和城乡建设、教育、科学、文化、卫生、体育、计划生育、民政、公安、司法行政、监察、对外事务、国防建设、民族事务、华侨事务、行政区划、劳动人事等各方面的行政工作。行政法规的名称，有条例、规定、办法等。行政法规的制定和发布，有国务院制定并发布和国务院批准、由国务院主管部门发布两种方式。行政法规，是我国社会主义法的体系的重要组成部分，它是根据宪法、法律和全国人民代表大会及其常务委员会的有关授权决定制定的，又是制定国家行政机关规章的依据。行政法规的效力，仅次于宪法和法律，高于地方性法规和规章。行政法规，是党和国家方针政策的具体化、条文化，体现了人民的意志和利益，是国家各项行政工作的准则和规范，在全国具有普遍的约束力，全国一切地区和一切机关、团体、企业、事业单位都应当执行，全国所有公民都必须遵守。行政法规，由国家行政强制力保证其实施；违反了它，就要受到行政处分或处罚。司法机关审理案件，也要以行政法规为重要依据。

建国三十多年来，国务院（含政务院）制定了大量行政法规，但近年经过清理，其中大约70%已经失效。党的十一届三中全会以后，为了健全社会主义法制，适应新的历史时期改革和社会主义现代化建设的需要，国务院陆续制定了400多件行政法规。其中，经济法规占很大比重，如《关于扩大国营工业企业经营管理自主权的若干规定》、《全民所有制工业企业厂长工作条例》、《国营企业实行劳动合同制暂行规定》、《关于城镇非农业个体经济若干政策性规定》、《关于城镇集体所有制经济若干政策问题的暂行规定》、《关于推动经济联合的暂行规定》、《关于开展和保护社会主义竞争的暂行规定》、《城乡集市贸易管理办法》、《物价管理暂行条例》、《关于实行"划分税种、核定收支、分级包干"财政管理体制的规定》、《银行管理暂行条例》等。这些行政法规的发布和施行，对于促进经济体制改革，增强企业活力，搞活经济，加强宏观控制，推进四化建设，发挥了重要作用。为了适应对外开放的需要，国务院还制定了《以进养出试行办法》、《关于鼓励外商投资的规定》、《中外合资经营企业法实施条例》、《外汇管理暂行条例》、《外国人入境出境管理法实施细则》等，对于引进外资和吸收国外先进技术，便利对外交往与合作，促进我国经济的发展，起了积极的作用。与此同时，国务院还制定了关于科技体制改革、教育体制改革、奖励发明创造和科技进步、保护环境和资源、改善卫生保健和劳动保护、改进人事管理和社会福利、加强治安管理、加强政权建设和国防建设等方面的行政法规，对于保障国家安全、稳定社会秩序、保护人民的正当权利和利益、激发广大人民劳动的积极性创造性、培养建设人才、促进社会主义的物质文明和精神文明建设，都发挥了积极作用。

国务院制定了大量行政法规，对于健全社会主义法制也是一个重要贡献。一方面，对于全国人民代表大会及其常务委员会通过的法律，国务院制定了相应的实施条例、实施细则或实施办法，对法律的内容进一步加以具体化，使之更便于执行和落实，使我国的法制更加完善。另一方面，对于体制改革和四化建设中出现的新问题，实际工作迫切需要作出若干规定，但目前制定或者补充、修改法律条件还不成熟，在这种情况下，国务院及时制定和发布相应的行政法规，不仅保证了改革和建设的正常进行，而且可以积累经验，为下一步制定新的法律或者修订现行法律作好准备。例如，近几年来，中共中央和国务院先后制定了《国营工厂厂长工作暂行条例》、《国营工业企业职工代表大会暂行条例》、《全民所有制工业企业厂长工作条例》、《全民所有制工业企业职工代表大会条例》，国务院还制定了《关于进一步扩大国营工业企业自主权的暂行规定》和《国营工业企业暂行条例》等，这些条例和规定的制定和实施，推动了经济体制改革的深入发展，并且为今后制定《全民所有制工业企业法》提供了有益的实践经验，做好了立法准备。再如，国务院过去制定了《文物保护管理暂行条例》、《会计人员职权条例》、《统计工作试行条例》、《食品卫生管理条例》，经过多年的实践，积累了经验，为后来制定《文物保护法》、《会计法》、《统计法》、《食品卫生法》作了重要的准备工作。在我国进行全面改革和社会主义现代化建设的历史时期中，在建设具有中国特色的社会主义法的体系的过程中，行政法规既为现行法律的实施作好具体细节的安排，又为制定新的法律和修订现行法律作好先行和准备，这是我国法制建设的一个重要特点。

国务院制定行政法规，是在坚持四项基本原则的前提下，为保障和促进全面改革和社会主义现代化建设的顺利进行服务的。它是紧密配合改革的逐步深入和四化建设发展的需要，而相应制定和逐步完善的。制定行政法规，必须以对国家和人民高度负责的精神、积极慎重的态度和认真细致的作风从事这项工作。制定的每一件行政法规都要求做到：（一）符合党和国家的路线、方针、政策；（二）符合实际，切实可行；（三）符合宪法、法律和全国人大及其常委会的有关决定，同其他行政法规协调一致；（四）符合规范化的要求，各项规定要有明确的质和量的界限。为此，要注意调查研究，广泛听取各方面（部门、地方、专家）的意见，发扬民主，集思广益，使制定行政法规的工作民主化、科学化，以保证行政法规的可行性和质量。

国务院制定和发布行政法规的程序是：

（一）行政法规草案的提出。国务院根据国民经济和社会发展五年计划，编制指导性的制定行政法规的五年规划，并逐年编制年度计划。列入五年规划和年度计划需要制定的行政法规，由国务院各主管部门分别负责起草。对于重要的涉及面较广的行政法规，一个部门承担起草任务有困难的，由有关的业务主管部门参加组成起草小组进行工作，或者由国务院法制局组织起草。在起草过程中，对涉及不同业务主管部门之间的分工合作问题，应与有关部门协商一致；经过协商不能取得一致意见的，在上报行政法规草案时，应向国务院报告，说明情况和各方理由，由国务院审定。

（二）行政法规草案的审查。报送国务院的行政法规草案，首先由国务院法制局按照制定行政法规的要求负责审查。对于有争议的问题，可以召集有关部门协商。对于比较成熟的法规草案，要进行逐条的、从内容到文字的细致审查，并会同起草部门和有关部门共同研究，修改完善。最后由国务院法制局写出审查报告，连同行政法规草案，一并上报。

（三）行政法规草案的审批。经过国务院法制局审查修改过的行政法规草案，视轻重缓急，分别提请国务院常务会议讨论决定或者报送国务院总理、副总理审批。

（四）行政法规的发布。行政法规由国务院发布，或者经国务院批准后，由主管部门发布。

行政法规的修订和废止，程序同上。

（国务院法制局法规监督检查司）

附：

国务院法制局简介

国务院法制局是国务院的直属机构。它于1954年11月成立，1959年6月撤销。1986年4月，为了健全社会主义法制，加强政府部门的法制工作，更好地为全面改革和社会主义现代化建设服务，国务院决定，重新成立国务院法制局。

国务院法制局全面负责国务院法制行政工作，对国务院各部门的法制工作，通盘考虑，综合研究，组织协调，具体指导。它的任务主要有：

——编制国务院立法计划，组织有关部门实施；

——审查各部门上报国务院的法律、行政法规草案；

——组织起草某些重要法律、行政法规草案；

——检查、研究法规执行情况和法制建设中存在的问题，并提出建议；

——组织清理法规、编辑法规汇编；

——加强同各部门、各地区法制工作机构及其他有关部门的联系和协作，组织交流法制工作经验；

——办理国务院领导交办的事项。

国务院法制局设政法教科文卫法规司、财贸外事法规司、工交劳动法规司、农林城建法规司、法规监督检查司、研究室、办公室等机构。

法制局重建以来，围绕党和国家的根本任务，坚持法制工作为全面改革和社会主义现代化建设服务的方向，努力开创工作的新局面。1986年，法制局经手审查了各部门报送国务院的法律、行政法规草案共140件，其中许多重要的法律草案和行政法规草案，依法定程序已经全国人大常委会通过公布或由国务院发布，如《邮政法》、《国境卫生检疫法》、《外交特权与豁免条例》、《全民所有制工业企业厂长工作条例》、《国务院关于鼓励外商投资的规定》、《国营企业实行劳动合同制暂行规定》等。同时，还拟订了“七五”立法规划草案和1987年立法计划草案；完成了建国以来到1984年底国务院（含政务院）发布的或批准发布的行政法规的清理工作任务；编辑出版了《中华人民共和国法规汇编》（1979—1985年）共7册，并着手编辑出版《中华人民共和国现行法规汇编》；与全国人大常委会法制工作委员会联合举办了法制工作干部培训班；加强了同各部门、各地区法制工作部门以及法学教育和研究机构的联系与协作。此外，经国务院批准，国务院法制局决定在广州、重庆、西安、武汉、大连、沈阳、哈尔滨等体制改革综合试点城市进行法制建设工作试点，探索运用法律手段管理经济和其他事业的经验，使法制工作更好地为全面改革和社会主义现代化建设服务，为健全社会主义法制作贡献。

（国务院法制局法规监督检查司）

省、自治区、直辖市人民代表大会及其常委会制定地方性法规的工作

根据《中华人民共和国宪法》和《中华人民共和国地方各级人民代表大会和地方各级人民政府组织法》的规定，省、自治区、直辖市人民代表大会及其常委会，在不同宪法、法律、行政法规相抵触的前提下，可以制定和颁布地方性法规。在国家颁布了新的法律、行政法规时，省、自治区、直辖市人大及其常委会对已制定、颁布的地方性法规应及时进行检查，如果有同法律、行政法规相抵触的，必须及时废止或修订。根据宪法规定：

“全国人民代表大会常务委员会可以撤销省、自治区、直辖市国家权力机关制定的同宪法、法律和行政法规相抵触的地方性法规和决议”。1979年第五届全国人民代表大会第二次会议通过“地方组织法”以前，只有全国人大才能立法。规定省、自治区、直辖市人大常委会可以制定地方性法规，是一个重大的改革。这是在中央的统一领导下，扩大省、自治区、直辖市人大及其常委会的职权，加强地方政权建设，使立法工作更好地适应地方经济建设和全面改革的需要的重要措施。

自1979年以来，各省、自治区、直辖市人民代表大会及其常委会在制定地方性法规时遵循的原则是：

一、坚持从实际出发，做到既不与宪法、法律、行政法规相抵触，又适合本行政区域的实际情况，努力做到使制定的地方性法规能够行得通，能够解决实际问题。如少数民族较多的地区，依据婚姻法的原则，结合当地民族婚姻家庭的具体情况，制定了15件补充的规定，更有利于婚姻法在本地区的贯彻执行。

二、坚持走群众路线，认真做好调查研究工作。各省、自治区、直辖市人大及其常委会在制定地方性法规时，都充分发扬民主，尽量使地方性法规比较周到、完备。如有的省在制定《保护妇女儿童合法权益若干规定》时，考虑到这个地方性法规直接涉及全省人民的切身利益，关系到几乎所有家庭，人大常委会本着既要积极、又要慎重的原则，把这个法规草案发到全省各乡、镇，直接和群众见面，征求意见，认真调查研究，使法规内容更加完善。

三、适应经济建设和经济体制改革的需要，加快制定地方性经济法规的步伐。1985年以来，各省、自治区、直辖市根据中共中央关于经济体制改革的决定的精神，制定了一批适应经济体制改革和对外开放的地方性法规，内容涉及经济技术开发、引进外国资本和先进技术、中外合资企业、城市管理、集市贸易管理、环境保护、物价、土地管理等。这些地方性法规也为国家制定有关法律提供了经验，创造了条件。

从1979年11月至1985年12月底，各省、自治区、直辖市制定并报全国人大常委会备案的地方性法规共有707件。其中，财政经济类269件，占38%；地方政权建设类165件，占23%；公安司法检察类131件，占18%；社会立法类60件，占9%；教育科技文化卫生类60件，占9%；民族工作类4件，占0.5%；对已颁布的地方性法规作出修订或废止的18件，占2%。1986年各省、自治区、直辖市共制定地方性法规155件。其中，财政经济类51件，占32.9%；教育科技卫生类40件，占25.8%；地方政权建设类29件，占18.7%；公安司法检察类16件，占10.3%；社会立法类11件，占7.1%；民族工作类8件，占5.2%。

为了使制定地方性法规的工作逐步规范化、制度化，不少省、自治区、直辖市人大常委会分别通过了制定地方性法规的程序，对地方性法规的范围，草案的拟订、审议、通过、公布、废止等都作了具体规定。

（全国人大常委会办公厅联络局
地方联络处）

民族自治地方制定自治条例和单行条例的工作

民族自治地方制定自治条例和单行条例的工作，是当前我国法制建设的一项重要内容。

一、自治条例和单行条例在我国法制体系中的地位。

在我们这个多民族的统一的社会主义国家里，调整民族关系的自治条例和单行条例，在国家的社会主义法律体系中居于重要地位。根据我国的民族构成和国家的结构形式，这方面的工作可以分为两大类：一类是规范民族区域自治制度，保障居住在相当于县级以上聚居区的少数民族的平等权利和自治权利的民族区域自治法律、法规；另一类是保障一切散居的少数民族成分和居住在相当于乡一级聚居点的少数民族的平等权利和民主权利的有关法规。民族区域自治是中国共产党运用马克思列宁主义解决我国民族问题的基本政策，是我国的一项重要政治制度。我国民族区域自治的法律、法规，从它制定的机关来说，可分为以下几种：一种是全国人民代表大会和它的常务委员会制定的基本法律和其他法律，如《中华人民共和国民族区域自治法》。一种是国务院制定的关于民族自治地方的行政法规。一种是自治区、自治州、自治县的人民代表大会制定的自治条例和单行条例。还有一种是自治区和多民族的省的人民代表大会和它的常务委员会制定的关于贯彻民族区域自治法的地方性法规。

自治条例和单行条例是民族自治地方的人民代表大会根据宪法、民族区域自治法和其他法律规定的自治权限，依照当地民族的政治、经济和文化的特点制定的规范性法律性文件。自治条例是民族自治地方的综合性法规，单行条例是民族自治地方的关于某一项事务的法规。自治条例和单行条例都只适用于本民族自治地方，是我们国家统一的法制体系中不可分割的重要组成部分。

二、民族自治地方制定自治条例和单行条例的历史过程。

民族自治地方的人民代表大会可以制定自治条例和单行条例，这是民族自治地方自治机关的一项重要的自治权利。《中华人民共和国宪法》规定：“民族自治地方的人民代表大会有权依照当地民族的政治、经济和文化的特点，制定自治条例和单行条例。自治区的自治条例和单行条例，报全国人民代表大会常务委员会批准后生效。自治州、自治县的自治条例和单行条例，报省或者自治区的人民代表大会常务委员会批准后生效，并报全国人民代表大会常务委员会备案。”

民族自治地方的自治机关有制定自治条例和单行条例的自治权，这是建国以来国家的一贯政策。1952年8月9日中央人民政府颁布的《中华人民共和国民族区域自治实施纲领》规定，民族自治地方的自治机关，“在中央人民政府和上级人民政府法令所规定的范围内，依其自治权限，得制定本自治区单行法规，层报上两级人民政府核准”。五十年代初年，民族自治地方的自治机关依法制定过一系列单行法规。如1953年7月30日公布施行的《内蒙古自治区一九五三年牧业税暂行条例》等。1954年颁布的《中华人民共和国宪法》，对民族自治地方自治机关在立法方面的这项自治权，由可以制定单行法规改为可以制定自治条例和单行条例。这部宪法规定：“自治区、自治州、自治县的自治机关可以依照当地民族的政治、经济和文化的特点，制定自治条例和单行条例，报请全国人民代表大会常务委员会批准。”从1955年到1966年的十一年间，当时全国的98个民族自治地方的自治机关，报经全国人民代表大会常务委员会批准，共制定过48个单行条例，其中有组织简则一个，即1956年9月26日经全国人民代表大会常务委员会批准的《西藏自治区筹备委员会组织简则》；选举条例一个，即1963年3月20日经全国人民代表大会常务委员会批准的《西藏自治区各级人民代表大会选举条例》。其他46个是组织条例，即民族自治地方自治机关的组织条例，或者是民族自治地方各级人民代表大会和各级人民委员会组织条例。前者如1958年7月9日全国人民代表大会常务委员会批准的《广西壮族自治区人民代表大会和人民委员会组织条例》，后者如1955年11月11日全国人民代表大会常务委员会批准的《内蒙古自治区各级人民代表大会和各级人民委员会组织条例》。

1955年到1966年间，广西、宁夏、西藏3个自治区和个别自治州的人民代表大会，曾经起草过自治条例。由于当时国家尚未制定民族区域自治法，也由于受“左”的错误思想的干扰，这项起草工作搁置了下来，民族自治地方的自治条例一个也没有正式颁布施行。

三、社会主义现代化建设时期制定自治条例和单行条例的工作。

自中国共产党第十一届三中全会以来，在国家集中力量进行社会主义现代化建设的同时，在全国加强社会主义法制建设中，民族自治地方积极开展了自治条例和单行条例的制定工作。这项工作是从1980年内蒙古自治区和延边朝鲜族自治州首先起草自治条例开始的。1980年9月15日至22日，五届全国人大民族委员会召开了二次会议，着重讨论了民族立法工作，乌兰夫副委员长作了报告。会议有力地推动了民族自治地方自治条例的起草工作。1982年宪法关于民族区域自治的规定，扩大了民族自治地方的自治权。这些规定，体现了国家充分尊重和保障各少数民族管理本民族内部事务的民主权利的精神。1984年颁布的《中华人民共和国民族区域自治法》，是实施宪法规定的民族区域自治制度的基本法律，是三十多年来我国民族区域自治政策实践经验的制度化、法律化，是对少数民族的平等权利和自治权利的法律保障。宪法和民族区域自治法的颁布实施，为民族自治地方制定自治条例和单行条例创造了条件，提供了最基本的法律依据。

现在，全国5个自治区和大部分自治州、自治县的人民代表大会常务委员会，都在起草自治条例。这些草案大多已起草和修改过多次，有的已修改过十多次。依照当地民族的特点制定自治条例，这是民族自治地方人民代表大会的一项重要任务，采取了严肃、慎重的态度。各地制定自治条例都着重依照当地民族的政治、经济和文化的特点，规定以下三个方面的内容：

第一，根据宪法和民族区域自治法规定的原则，规定本地方自治机关的组成以及如何行使自治权；

第二，适应国家社会主义现代化建设和民族发展繁荣的需要，规定如何加速本地方的经济和文化教育事业的发展；

第三，为发展平等、团结、互助的社会主义民族关系，规定如何正确地处理本地方内部的民族关系。

到1986年12月底，已有延边朝鲜族自治州等7个自治州、新晃侗族自治县等5个自治县正式颁布施行自治条例。从这些自治条例看，各地制定自治条例，基本上体现了以下几条重要原则：

第一，制定自治条例必须坚持法制的统一。自治条例必须认真贯彻实施宪法、民族区域自治法和其他法律的规定，而决不能与之相抵触。

第二，自治条例必须依照当地民族的政治、经济和文化的特点来制定，一定要有本自治地方的特色，要解决当地的实际问题。切忌照抄照搬其他自治地方自治条例的条文。

第三，自治条例所规定的内容，重点应是如何迅速发展本自治地方的经济、文化建设事业，以实现本自治地方经济文化的发展繁荣。

已颁布施行的自治条例的体例或形式，大体可分为两种类型：一种是延边朝鲜族自治州自治条例，采取分章写条文的办法，第一章“总则”，第二章“自治州的自治机关”，第三章“自治州人民法院和人民检察院”，第四章“自治州的经济建设和财政管理”，第五章“自治州内的民族关系”，第七章“附则”，共75条。另一种是新晃侗族自治县的自治条例，不分章，直接写条文，共48条。关于自治条例的体例或形式，可以是多种多样、不拘一格的。

近几年来，有一部分民族自治地方还制定了若干个单行条例。比如四川省五届人大常委会十三次会议批准的《甘孜藏族自治州施行〈中华人民共和国婚姻法〉的补充规定》、贵州省六届人大常委会第七次会议批准的《黔南布依族苗族自治州执行〈中华人民共和国全国人民代表大会和地方各级人民代表大会选举法〉的变通规定》、青海省五届人大常委会第十二次会议批准的《互助土族自治县森林管护暂行办法》、青海省六届人大常委会第十五次会议批准的《化隆回族自治县普及初等义务教育暂行条例》等等。这些已颁布施行的单行条例，多是从当地民族的政治、经济和文化的特点出发，对国家的法律作出某些变通的或者补充的规定。

（全国人民代表大会民族委员会　史筠）

审判机关及其工作

《中华人民共和国宪法》规定：“中华人民共和国人民法院是国家的审判机关”。国家审判权由人民法院统一行使。

一、人民法院的沿革

我国人民法院是在打碎旧的国家机器，总结新民主主义革命时期革命根据地的司法建设和审判工作经验的基础上，适应建设、巩固人民民主专政政权的需要，逐步建立起来的。

早在1931年，在中国共产党领导下的革命根据地的中华苏维埃共和国即设有中央最高法庭和省、县、区各级裁判部。1948年，革命政权的审判组织统一称为人民法院。中华人民共和国成立后，根据1949年9月通过的《中国人民政治协商会议共同纲领》关于建立人民司法制度的规定，开始在全国建立人民法院。1951年，中央人民政府制定了新中国第一部法院组织法——《中华人民共和国人民法院暂行组织条例》，统一了人民法院的组织与职权。1954年，第一届全国人民代表大会第一次会议通过了《中华人民共和国法院组织法》，系统地规定了人民法院的性质、任务、组织及其活动的基本原则和制度。这是我国人民法院走上社会主义法制道路的重要里程碑。1979年第五届全国人民代表大会第十二次会议和1983年第六届全国人民代表大会常务委员会第二次会议，先后对人民法院组织法进行若干补充和修改。从而使人民法院的组织和制度得到进一步的健全。

二、人民法院的组织及活动的基本原则和制度

（一）人民法院的组织：人民法院的组织体系包括最高人民法院、地方各级人民法院和专门人民法院。

最高人民法院是中华人民共和国的最高审判机关。

地方各级人民法院包括高级人民法院、中级人民法院和基层人民法院。

高级人民法院包括省高级人民法院、自治区高级人民法院和直辖市高级人民法院。

中级人民法院包括在省、自治区内按地区设立的中级人民法院，在直辖市内设立的中级人民法院，省、自治区辖市的中级人民法院和自治州中级人民法院。

基层人民法院包括县人民法院，县级市人民法院，自治县人民法院和市辖区人民法院。

按照《中华人民共和国人民法院组织法》的规定，基层人民法院根据地区、人口和案件情况，可以设立若干人民法庭。

专门人民法院在我国特定领域设立，包括军事法院、海事法院等。截止1986年，全国共有54个军事法院，73个铁路运输法院，及在广州、上海、青岛、天津、大连等港口城市设立的5个海事法院。

最高人民法院现由院长1人、副院长4人，庭长4人、副庭长8人和审判员79人组成。

地方各级人民法院由院长1人、副院长、庭长、副庭长和审判员若干人组成。

各级人民法院一般设有以下审判机构：

1. 刑事审判庭。其工作任务是通过对刑事案件的审判，用刑罚同一切反革命和其他刑事犯罪行为作斗争，以保卫人民民主专政制度，保护国家、集体和公民个人的合法财产，保护公民的人身权利、民主权利和其他权利，维护社会秩序、生产秩序、工作秩序、教学科研秩序和人民群众生活秩序，保障社会主义现代化建设事业的顺利进行。

最高人民法院、高级人民法院和中级人民法院以及部分基层人民法院还设有刑事审判第二庭。主要工作是负责审查、处理刑事案件当事人、被告人及其家属或者其他公民对已经发生法律效力的判决、裁定向人民法院提出的申诉，通过审判监督及时纠正审判工作中可能发生的错误，保障当事人的合法权利。

2. 民事审判庭。其工作任务是：通过审判民事案件，调整平等主体的公民之间、法人之间、公民和法人之间的财产关系和人身关系，以确认民事权利义务关系，制裁民事违法行为，保护国家、集体和公民的合法权益，维护社会主义的经济秩序，发扬社会主义的道德风尚，巩固社会主义的安定团结，保障社会主义现代化建设的顺利进行。

3. 经济审判庭。其基本任务是：通过审理经济纠纷案件，调整生产和流通领域内的经济关系，保护国家利益、集体利益和个体的合法权益，维护社会主义经济秩序，保障我国社会主义现代化建设事业的顺利进行。

此外，还有一些法院设有执行庭，其主要工作是保证判决和裁定以及具有强制执行效力的法律文书的执行。

（二）人民法院活动的基本原则和制度：根据宪法和有关法律规定，我国人民法院的组织与活动的基本原则是：国家的审判权由人民法院统一行使；各级人民法院依照法律规定独立行使审判权；一切公民在适用法律上一律平等；各民族一律平等；以事实为根据，以法律为准绳。

人民法院进行审判活动必须执行公开审判制度、辩护制度、回避制度、合议制度、审判委员会制度、两审终审制度、死刑复核制度和审判监督制度。

三、人民法院工作回顾

建国三十多年来，人民法院处理了大量刑、民事案件，开展了举世瞩目的重大审判活动。

在镇反和“三反”、“五反”运动中，人民法院依法惩办了大量的反革命分子、重大刑事犯罪分子以及少数情节严重的贪污盗窃分子，巩固了人民民主专政，保障了国家经济建设的顺利进行。

1950 年 5 月，中央人民政府公布施行《中华人民共和国婚姻法》后，婚姻案件逐年大幅度上升，到 1953 年，人民法院共审理 327 万多件。在以后的十多年中，人民法院每年大约处理三四十万件婚姻案件。在“文革”前的 17 年中，人民法院还依照有关的方针、政策和法律，审理了大量的土地、借贷、租赁、房屋、继承、劳资等民事纠纷案件。

1956 年 6 月至 7 月，最高人民法院组织特别军事法庭，对最高人民检察院起诉的 45 名日本战犯进行了审判，并依照全国人大常委会关于宽大处理的政策精神，分别从宽判处了各个罪犯。

从 1959 年国庆十周年起至 1982 年 3 月，最高人民法院和地方各级人民法院先后九次分批特赦和宽大释放了所有在押的蒋介石集团和伪满洲国的战争罪犯及原国民党党、政、军、特人员。

“文化大革命”期间，社会主义法制遭到严重破坏，人民法院的机构和工作受到破坏和干扰，以致造成了大量的冤假错案。民事审判工作也几乎陷于停顿。

党的十一届三中全会以后，人民法院工作进入了一个新的重要的发展时期。1979 年 7 月 1 日，第五届全国人民代表大会第二次会议通过了《中华人民共和国刑法》和《中华人民共和国刑事诉讼法》，标志人民法院审判工作进入有法可依、严肃执法的新阶段。

各级人民法院根据十一届三中全会确立的方针、政策，进行了司法战线上的拨乱反正，坚持历史唯物主义观点和实事求是、有错必纠的原则，认真落实党的政策。从 1978 年底到 1982 年底，全面复查了“文化大革命”期间判处的刑事案件；1979 年以来，还查处了大量有关统战方面的案件，同时查处了大量申诉案件。到 1986 年 3 月底，各级人民法院共复查“文化大革命”中判处的刑事案件 125 万余件，其中改判纠正冤假错案 32 万余件；查处有关统战方面的案件 10 万余件，依照法律程序，为其中的 8 万余件落实了政策；查处其他各个时期判处的刑事案件 108 万件，改判 37 万余件。

1980 年 11 月至 1981 年 1 月 25 日，根据第五届全国人大常委会的决定，最高人民法院特别法庭依法审判了林彪、江青反革命集团案 10 名主犯。1982 年至 1983 年，上海、北京、四川、湖北、江西、云南、浙江、辽宁等地高、中级人民法院对江青反革命集团在各该地的一批骨干分子；中国人民解放军军事法院对林彪反革命集团在军内的骨干分子，依法进行了公开审判，分别判处了刑罚。

1982 年以来，全国各级人民法院坚决执行全国人大常委会《关于严惩严重破坏经济的罪犯的决定》，十分重视审判破坏经济的犯罪案件，取得了显著的成绩。

从 1983 年 8 月开始，全国各级人民法院根据刑法、刑事诉讼法和全国人大常委会《关于严惩严重危害社会治安犯罪分子的决定》和《关于迅速审判严重危害社会治安的犯罪分子的程序的决定》，开展了严厉打击严重刑事犯罪的斗争，依法从重从快惩处了一批严重的现行刑事犯罪分子。

近几年来，人民法院受理的民事案件大幅度上升。并且，由于对外开放、对内搞活经济政策的贯彻执行，新增加了许多财产权益纠纷以及涉外民事案件。许多人民法院对当事人尖锐对立的民事纠纷，主动及时调解、疏导，有效地防止了不少凶杀、自杀案件的发生。各地人民法院普遍重视和加强了人民法庭的建设，积极开展巡回就地办案，便利了群众诉讼，提高了办案质量。

1979 年 4 月，四川省重庆市中级人民法院首设经济审判庭。目前，全国 3,400 多个法院已有 97% 以上建立了经济审判庭，受理的经济纠纷案件逐年大幅度增加。1986 年，全国人民法院新收一审经济纠纷案件 322153 件，比 1985 年同期多收 95458 件。案件中 90% 以上属于经济合同纠纷，其中主要是购销、农村承包、银行借款、建筑工程承包和加工承揽等合同纠纷。

四、人民法院 1986 年工作

（一）刑事审判工作：1986 年，各级人民法院继续坚定不移地依法从重从快严厉打击严重危害社会治安的刑事犯罪活动。1986 年各级法院共判处各类刑事犯罪案件 299720 件，各类刑事犯罪分子 325505 人，其中强奸、流氓、重大盗窃、杀人抢劫等严重危害社会治安的犯罪 88947 件，罪犯 106461 人。此外，还重点打击了从事盗窃、诈骗、抢劫等犯罪活动的惯犯、累犯，引诱、容留、强迫妇女卖淫的老鸨和窝主，赌头、赌棍，走私，制做、贩卖、传播淫秽录像的犯罪分子，以及其他严重危害社会治安的犯罪分子。

在严惩破坏经济的犯罪方面，注意了对利用经济合同进行投机诈骗的犯罪活动的打击，对党政军机关、社会团体、集体组织和企业事业单位进行犯罪活动的追究和对国家工作人员进行经济犯罪活动的惩治。1至12月份，共判处各类经济犯罪78133件，经济犯罪分子89957人。

各级法院自1985年以来着重抓了对严重危害社会治安和严重破坏经济犯罪的大案、要案的审判工作。1986年7月间，最高人民法院在北京市密云县召开全国审理大案、要案工作会议，讨论研究如何又准又快地办好大案、要案。有些大案、要案例如：上海“华谊”公司走私、投机倒把案，陈小蒙、胡晓阳流氓、强奸案，余铁民受贿、行贿、窝赃案，北京张常胜、叶之枫泄露国家机密、受贿案，马学亮贪污、行贿、受贿、玩忽职守案，福建晋江县陈埭镇假药案，哈尔滨姜兴东以病猪肉加工食品出售危害公共安全等案，经过当地人民法院审理，在国内外引起了很大反响。

1986年，各地人民法院判处各种罪犯325505人；办理减刑和假释案件计129932件。

人民法院在审理各类刑事案件的同时，继续围绕审判活动，积极参与社会治安和经济秩序的综合治理工作，对于预防犯罪和减少犯罪起了一定的作用。

（二）民事审判工作：1986年，各地人民法院受理民事案件的数量、内容、结构都有了新的变化。全国一审民事收案总数达989409件，比1985年增长16.8%，结案978990件，比1985年增长14.7%。其中财产权益纠纷案件上升的比例较大，债务案件增长尤其迅速。

面对民事纠纷内容和数量的变化，最高人民法院和许多地方人民法院专门组织了调查组或专题研究组，对民事纠纷特别是涉外民事纠纷的状况，进行了调查研究。在调查研究的基础上，最高人民法院于11月16日至20日在广东召开了审理涉外、涉华侨、涉港澳台民事案件的民事审判座谈会，讨论了有关情况和问题，并为修改《中华人民共和国民事诉讼法（试行）》搜集了大量资料。

4月12日，第六届全国人大第四次会议通过了《中华人民共和国民法通则》。为了准确地适用《民法通则》，最高人民法院在调查研究的基础上，草拟了《关于贯彻执行〈中华人民共和国民法通则〉若干问题的意见》，各地法院也围绕《民法通则》的贯彻执行，做了大量的调查研究工作。7月25日至8月25日，最高人民法院在北京举办了全国高、中级法院民庭、经济庭庭长共300多人参加的“民法通则学习班”，聘请民法专家、学者讲授民法通则知识，并编辑出版了《民法通则讲座》。各地法院也相继举办培训班，召开研讨会，学习、贯彻《民法通则》。一些法院还采取以案释法、印发宣传材料和公开审判等形式，深入企业、农村宣传《民法通则》。

（三）经济审判工作：1986年，经济审判工作以提高办案质量为中心，各级人民法院先后组成检查组，采取自查、抽查、互查、普查等方式，有重点地对某一地区、某一时期或某一类型的经济纠纷案件进行评查，总结经验，健全制度，加强审判监督和业务指导，以促进办案质量的提高。此外，最高人民法院和地方各级人民法院还先后举办了经济合同法、民事诉讼法、涉外经济审判、专利审判等培训班和“民法通则学习班”，并通过专题讨论会、评查案件质量等方法，提高经济审判干部的业务水平。

在审理经济案件中，各地法院深入到厂、矿、企事业单位和农村，了解新情况、新问题，主动提供司法服务，排除潜在的经济纠纷；抓住典型案件就案讲法；注意发现经济流通中的障碍和经济管理的漏洞，积极向有关部门提出司法建议。根据近年来一些犯罪分子利用经济合同进行经济犯罪的新情况，各地法院在审理经济纠纷案件中，注意划清经济纠纷同经济犯罪的界限，一经发现经济犯罪线索，即将有关材料分别移送给有权管辖的公安机关或检察机关侦查、起诉，使经济犯罪分子受到应有的打击。

（四）申诉信访工作：查处“文化大革命”前判处的反革命案件和其他政治性案件，进一步解决“文化大革命”期间判处的刑事案件的复查工作和落实战政策工作中的遗留问题，是1986年办理刑事申诉和落实政策工作的重要任务。6月25日至29日，最高人民法院在吉林省长春市召开了全国法院落实政策会议，研究当前人民法院落实政策的工作任务和有关的政策界限。会后，各级人民法院根据会议精神，积极行动，抓紧了刑事审判方面落实政策的工作。

1986年，各级人民法院处理刑事申诉案件457783件。处理民事申诉案件15449件，经济申诉案件1500件。

11月份，最高人民法院召开了全国法院系统第一次信访工作座谈会。会议贯彻了全国信访工作座谈会的精神，明确了近期法院信访部门的工作任务，交流了人民法院信访工作的经验，讨论了《人民法院信访工作暂行规定》。

1986年，全国各级人民法院共处理群众来信4734847件，其中刑事申诉1943386件，民事申诉359220件，经济纠纷54568件。共接待群众来访4336191人次，其中刑事申诉320749人次，民事申诉253788人次，经济纠纷50369人次。全国法院信访部门共受理民事、经济和刑事自诉案件1747121件，教育当事人撤回起诉和申诉的108991件次。

（五）司法解释工作：第五届全国人大常委会第十九次会议《关于加强法律解释工作的决议》规定，“凡属于法院审判工作中具体应用法律、法令的问题，由最高人民法院进行解释”。1986年，最高人民法院发布的司法解释文件及有关批复，解答和规定，主要有《人民法院审理治安行政案件具体应用法律的若干问题的暂行规定》、《关于涉外海事诉讼管辖的具体规定》、《关于审理农村承包合同纠纷案件若干问题的意见》以及《对于惩处倒卖车、船票的犯罪分子如何适用法律条款的问题的批复》、《关于上级人民法院发现下级人民法院对没有严重妨害民事诉讼行为的当事人采取的强制措施能否纠正问题的批复》等。

（六）司法统计工作：根据《中华人民共和国统计法》和最高人民法院《关于人民法院司法统计工作的若干规定》，1986年，各地人民法院继续深入贯彻1985年11月在北京召开的全国法院司法统计工作会议精神，对历史统计资料进行了整理，初步建立了统计台帐。4月，最高人民法院会同有关部门，在北京举办了全国司法统计人员培训班，对高级人民法院及部分中级人民法院的司法统计人员进行了业务培训。不少地方法院也相继举办了类似的培训班，对提高司法统计人员的业务水平，起了很好的作用。

最高人民法院1986年制发了全国法院统一司法统计报表15张。各级人民法院据以对各项审判工作情况，及时做了汇总、填报。统计中注意了重点做好一段期间的或者专题的统计分析，从而很好地发挥了统计监督作用，并为指导审判工作提供了及时、可靠的参考材料。

（七）人事和业余法律大学工作：1986年以来，全国法院除接受一些大学本科和专科毕业生、研究生以及从其他部门选调少数干部外，还采取统一考试、政审、体检的办法，吸收录用了一批干部。到1986年底，全国法院系统共有工作人员188825人，其中审判人员98518人。审判人员中男88807人，女9711人，分别占审判人员总数的90.14%和9.86%。

最高人民法院于1985年创办了全国法院干部业余法律大学，截止1986年底，在校学员约4万人。1986年，业余法律大学总校和各分校狠抓了教学质量，并组织编写出版了刑法、刑事诉讼法、婚姻法等法学教科书。

（八）司法行政工作：1982年6月，党中央、国务院决定，法院司法行政工作由人民法院管理。1986年，全国法院系统批准设立中级人民法院3个，基层人民法院38个；撤销中级人民法院6个，基层人民法院24个。到1986年底，全国法院系统共有高级人民法院29个、中级人民法院337个，基层人民法院2907个，人民法庭1.4万个，专门法院132个。

1986年，最高人民法院制定了《“七五”期间机关办公现代化的规划草案》。全国高级人民法院和部分中级人民法院基本上建成了传真通讯网络，加快了法院系统的信息传递。全国法院系统增置传真机399台，电子计算机35台，复印机450台，配发业务用车1123辆，囚车535辆，自筹囚车116辆，国徽7206枚。各地人民法院的现代化管理和装备正日趋完善。

（最高人民法院张军、江必新）

军 事 法 院 及 其 工 作

根据《中华人民共和国宪法》和《中华人民共和国人民法院组织法》的有关规定，国家在中国人民解放军中设立军事法院。

一、军事法院的性质、任务和职能

军事法院是国家审判体系的重要组成部分，代表国家行使审判权，是实现人民民主专政的工具。军事法院同时又是国家审判体系中的一个特定的组成部门，是在军队中独立行使国家审判权的专门司法机构，与军事检察院、军队保卫部门共同组成军事司法体系。

军事法院的任务与地方人民法院的根本任务是一致的，都是打击敌人，惩罚犯罪，保护人民，保卫人民民主专政制度，保障社会主义建设事业的顺利进行。在我国，军事法院是基于军队体制和作战任务的特殊性，为适应军队建设的需要而设立的，因此，它还具有区别于地方人民法院的一些特征和职能。军事法院的具体任务是通过审判危害国家与损害国防能力的犯罪分子，保卫祖国安全，维护国家法制和军队秩序，巩固部队战斗力，维护军人和其他公民的合法权益，保障军队革命化、现代化、正规化建设和国家社会主义建设事业的顺利进行。同时，军事法院通过其全部活动，宣传社会主义法制，教育全体军职人员忠于祖国，严守职责，自觉地遵守国家法律和军队纪律，积极地同一切违法犯罪行为作斗争。

军事法院的职能，具有打击敌人、惩罚犯罪和保护人民、宣传社会主义法制这两个方面的作用。正如董必武同志曾经指出的：“军队中的审判机关（法院）是惩罚机关，惩罚机关必须与教育机关（政治部）互相配合起来做工作。在公开审判的同时，可以配合进行法律的宣传教育。”①

二、军事法院的机构设置

我国审判体制设四级审判机关，实行两审终审制度。军事法院分设三级：（一）中国人民解放军军事法院；（二）各大军区、军种级单位的军事法院；（三）兵团和军级单位的军事法院。军事法院也实行两审终审制度，最高审级是最高人民法院。根据宪法第127条第2款规定，军事法院的审判工作受最高人民法院监督。这体现了国家审判权的集中统一和审判体制的一致性。

中国人民解放军军事法院设院长、副院长；下设两个审判庭，庭设庭长1人，副庭长、审判员和书记员各若干人。大军区、军种级单位的军事法院和兵团、军级单位的军事法院，均设院长1人和审判员、书记员各若干人。军事法院的设置、撤销和人员编制，由中华人民共和国中央军事委员会决定。各级军事法院按组织系统设置；编制在同级政治机关(政治部)序列中。

军事法院审理案件，适用全国统一的法律和法定诉讼程序。各级军事法院设立审判委员会，其任务是讨论研究重大或疑难的案件及其他有关审判工作的问题。审判委员会会议由院长主持，本级检察院检察长可以列席。

三、军事法院的案件管辖

军事法院受理的是刑事案件并且有特定的范围。它有权审判：现役军人的刑事案件；军队在编职工的刑事案件；最高人民法院授权审判的刑事案件。由于军队是执行政治任务的武装集团，高度集中统一，组织严密，人员间存在着明显的职务差别和严格的上下级隶属关系，被告人的原职级不同，审判他们的法院也不同。因此，各级军事法院的案件管辖情况如下：

中国人民解放军军事法院管辖的是：被告人为正师职以上人员的第一审刑事案件，有权判处拘役、有期徒刑、无期徒刑和死刑的刑罚；下级军事法院移送审判的第一审刑事案件；不服下级军事法院判决和裁定的上诉、抗诉案件；中国人民解放军军事检察院按照审判监督程序提出的抗诉案件；最高人民法院授权和指令审判的案件。

大军区和军种级单位的军事法院管辖的是：被告人为副师职以下人员需要判处拘役、有期徒刑、无期徒刑、死刑的第一审刑事案件；下级军事法院移送审判的第一审刑事案件；不服下级军事法院判决和裁定的上诉、抗诉案件；军事检察院按审判监督程序提出的抗诉案件；中国人民解放军军事法院授权和指令审判的刑事案件。

兵团和军级单位的军事法院审判被告人为正营职以下人员需判处拘役、有期徒刑、无期徒刑的第一审刑事案件。

四、军事法院的领导关系和干部任免

我国《宪法》第128条规定："最高人民法院对全国人民代表大会和全国人民代表大会常务委员会负责。地方各级人民法院对产生它的国家权力机关负责"。军队中没有独立的人民代表大会制及其常设机构。根据军队的实际情况，中央军事委员会是国家的军事机关，总政治部是中央军委管理全军党政工作的领导机关，各级政治机关同样也是各级部队党政工作的领导机关，因此，各级军事法院都必须在政治机关领导下进行工作。

军事法院的干部任免，除中国人民解放军军事法院的院长依照宪法第67条规定，由最高人民法院院长提请全国人民代表大会常务委员会任免外，各级军事法院的其他干部，均由军队按干部任免权限任免。

① 董必武：《董必武选集》，《在军事检察院检察长、军事法院院长会议上的讲话》人民出版社1985年版，第455页。

（军事法院　张建田）

检察机关及其工作

中华人民共和国人民检察院是国家的法律监督机关。

中华人民共和国人民检察机关在建国初期称人民检察署。1949年10月1日，中央人民政府任命罗荣桓为最高人民检察署检察长。同年10月22日，罗荣桓检察长主持召开最高人民检察署检察委员会会议，宣布最高人民检察署成立。之后，地方各级人民检察署陆续组建。1954年9月，第一届全国人民代表大会第一次会议通过了《中华人民共和国宪法》和《中华人民共和国人民检察院组织法》。根据宪法和检察院组织法的规定，人民检察署改称为人民检察院，最高人民检察院和地方各级人民检察院逐步建立和健全起来。从建国初期开始创立，到"文化大革命"前的十几年中，我国检察机关在镇压反革命活动和各种刑事犯罪活动，巩固人民民主专政政权，保卫社会主义革命和社会主义建设的斗争中发挥了很大作用。"文化大革命"中，林彪、江青反革命集团对法制任意践踏和破坏，检察机关曾一度被撤销，由公安机关代行其职权。1978年3月5日，第五届全国人民代表大会第一次会议通过的《中华人民共和国宪法》，规定重新设立人民检察院。几年来，随着国家社会主义法制的不断完善，人民检察机关得到重建，逐步发展壮大。目前，全国已建立各级人民检察院3491个，检察干警达到140246人。

中华人民共和国人民检察院设立最高人民检察院、地方各级人民检察院和专门人民检察院。地方各级人民检察院分为：省、自治区、直辖市人民检察院；省、自治区、直辖市人民检察院分院和省辖市、自治州人民检察院；县、市、自治县和市辖区人民检察院。根据《人民检察院组织法》的规定，最高人民检察院设立检察委员会，检察委员会委员由检察长提请全国人大常委会任命，在检察长主持下，讨论和决定重大案件和其他重大问题。最高人民检察院内部机构设置有9个厅、室、局，分别承办刑事检察、经济检察、法纪检察、监所检察、控告申诉检察、法律政策研究，以及人事和行政管理等方面的工作。地方各级人民检察院和专门人民检察院根据各自的实际工作需要，也都建立了相应的办事机构。

人民检察院的任务、职权及其活动原则由法律规定。人民检察院的任务是：通过行使检察权，镇压一切叛国的、分裂国家的和其他的反革命活动，打击反革命分子和其他犯罪分子，维护国家的统一，维护人民民主专政制度，维护社会主义法制，维护社会秩序，保护社会主义的全民所有的财产和劳动群众集体所有的财产，保护公民私人所有的合法财产，保护公民的人身权利、民主权利和其他权利，保护和促进社会主义现代化建设的顺利进行。人民检察院通过检察活动，教育公民忠于社会主义祖国，自觉地遵守宪法和法律，积极同违法犯罪行为作斗争。人民检察院的职权是：（一）对于叛国案、分裂国家案以及严重破坏国家的政策、法律、法令、政令统一实施的重大犯罪案件，行使检察权。（二）对于直接受理的刑事案件，进行侦查。（三）对于公安机关侦查的案件，进行审查，决定是否逮捕、起诉或免予起诉；对于公安机关的侦查活动是否合法，实行监督。（四）对于刑事案件提起公诉，支持公诉；对于人民法院的审判活动是否合法，实行监督。（五）对于刑事案件判决、裁定的执行和监狱、看守所、劳动改造机关和劳动教养机关的活动是否合法，实行监督。人民检察院的活动原则是：（一）依照法律规定行使检察权，不受行政机关、社会团体和个人的干涉的原则。（二）以事实为根据，以法律为准绳的原则。（三）在适用法律上，对任何公民一律平等的原则。（四）依靠人民群众，走群众路线的原则。（五）在办理刑事案件中，同人民法院、公安机关实行分工负责、互相配合、互相制约的原则。

人民检察院从1978年重建以来，依照法律的规定，积极开展了各项检察业务工作。在过去几年中，主要抓了以下五个方面的工作：（一）平反冤假错案，保护公民的人身权利和民主权利。在"文化大革命"中，林彪、江青反革命集团肆意破坏社会主义民主，践踏社会主义法制，造成了大批冤假错案。从1979年至1984年，全国各级检察机关协同有关部门复查、平反了这类冤假错案共40万余件。（二）检察起诉了林彪、江青反革命集团案件，巩固国家的安定团结。1980年9月，最高人民检察院特别检察厅根据第五届全国人民代表大会常务委员会第十六次会议的决定，对林彪、江青反革命集团的10名主犯依法进行了检察起诉。之后，各地人民检察院对所在地的林彪、江青反革命集团的其他成员也都分别依法进行了检察起诉。（三）打击严重危害社会秩序的刑事犯罪分子，争取实现社会治安的不断好转。1980年至1984年，检察机关依法批准公安机关提请逮捕的各类严重刑事犯罪分子210万余人，提起公诉200万余人；检察起诉劳改人员重新犯罪的案犯4万余人。（四）打击严重经济犯罪活动，保障经济体制改革和四个现代化建设的顺利进行。1980年至1985年，检察机关立案侦查经济犯罪案件10.4万余件，起诉案犯8.09万余人，为国家挽回了大量经济损失。（五）加强法纪检察工作，保障国家利益和公民的合法权益不受侵犯。1979年至1984年，检察机关直接受理立案查处了国家工作人员玩忽职守、侵犯公民合法权益等犯罪案件2.3万余件，3.1万余人。

1986年，全国各级人民检察院在社会治安形势已有好转，而经济犯罪活动仍然十分嚣张的情况下，及时地调整了工作部署。同年3月，最高人民检察院在北京召开全国检察长会议，确定在决不放松打击严重刑事犯罪活动的同时，把打击严重经济犯罪活动作为检察机关的主要任务。在抓好"两打"斗争的前提下，进一步推动和促进其他检察业务工作的全面开展。

在打击刑事犯罪活动方面，1986年，全国各级检察机关根据国家有关法律和政策的规定，继续贯彻依法从重从快的方针，继续贯彻稳、准、狠的原则，在审查批捕、审查起诉工作中，坚持以事实为根据，以法律为准绳，把好办案质量关，依法准确惩处了各种刑事犯罪分子。一年来，各级检察机关共批准逮捕各类刑事案犯315000余人，对319000余名人犯依法提起公诉并出庭支持公诉，对25575人决定免予起诉，对3007人决定不起诉。在打击刑事犯罪活动的斗争中，各级检察机关把斗争的矛头主要对准杀人、强奸、抢劫、爆炸等严重危害社会治安的犯罪分子，为争取社会治安的稳定好转作出了贡献。

在打击经济犯罪活动方面，1986年，全国各级检察机关认真抓了经济犯罪大案要案的查处，切实纠正了打击不力的现象，使经济犯罪活动的嚣张气焰受到沉重打击。一年来，全国检察机关共立案侦查各类经济犯罪案件49000余件。1986年立案查处的经济犯罪案件数比1985年增长72.5%，其中大案要案比1985年增长120%，为国家挽回直接经济损失8亿多元。在已经办结的经济犯罪案件中，如上海市委办公厅原副主任余铁民受贿案、广东省海南区委原组织部长林桃森投机倒把案、福建省杜国祯重大投机倒把、诈骗、走私案等，都是在全国有较大影响的案件。在打击经济犯罪活动的斗争中，全国各级检察机关重点抓了三个方面的工作：一是进一步统一认识，明确指导思想。广大检察干警通过办案实践，进一步提高了对经济犯罪的严重性、复杂性和打击经济犯罪的重要性、紧迫性的认识，始终把打击经济犯罪作为检察机关的主要任务。在具体办案中，坚持做到把打击经济犯罪与端正党风紧密结合起来，促进党风的根本好转；把打击经济犯罪同开放、搞活经济紧密结合起来，促进经济建设和经济体制改革；把打击经济犯罪同社会主义法制紧密结合起来，促进社会主义法制的建设和完善。二是集中力量查处大案要案。对大案要案线索抓住不放，一个一个地突破，重点打击了贪污、行贿受贿、偷税抗税、走私、投机倒把、诈骗等严重经济犯罪分子。特别是对国家机关、企事业单位工作人员与社会不法分子内外勾结进行投机倒把的案件，依法从严查处。在办案中，坚持法律面前人人平等的原则，敢于碰硬，涉及到谁就查谁，该怎么处理就怎么处理。对构成犯罪的案件，无论关系网多大，保护层多厚，都一办到底，依法追究。三是加强法律政策研究，切实解决法律、政策界限不清的问题。由于经济体制改革正在深入进行，有些经济犯罪行为是在开放、搞活、改革的过程中发生的，因此，打击经济犯罪工作的法律性、政策性很强。各级检察机关在办案中深入开展调查研究，分析了大量案例，注意区分改革中出现的偏差、失误同借改革之名行谋取私利之实的界限，区分罪与非罪的界限，既打击了经济犯罪活动，又保护和促进了经济体制改革。

1986年，在打击严重刑事犯罪活动和打击严重经济犯罪活动斗争的推动下，检察机关的其他各项工作也都取得了新的进展。法纪检察、监所检察、控告申诉检察等业务工作出现了新的局面。

检察机关的法纪检察工作主要是直接受理并立案侦查国家工作人员侵犯公民人身权利、民主权利和渎职等方面的16种犯罪案件。1986年，全国各级检察机关共受理法纪案件32267件，其中立案侦查9393件，分别比1985年上升26%和60%。在查办法纪案件的过程中，各级检察机关认真查处了那些受害人屡告不休、不处理不能平民愤，以及影响恶劣、久拖不决的大案要案。在所查处的法纪案件中，大案要案为1744件，比1985年上升118%。如南京市原副市长丁永安泄露国家重要机密案；原第六届全国人大代表、山西省定襄县横山村党支部书记李计银非法拘禁70余名无辜群众案；北京市海淀区公安分局预审科原副科长葛林、项普刑讯逼供案等，都是比较有影响的案件。

检察机关的监所检察工作，在1986年主要抓了这样几项工作：(1)进一步加强了对监管、改造场所执行法律、政策情况的检察，共检察纠正了在刑事案件判决、裁定的执行过程中和监管、改造活动中的违法情况79975件，促进了文明管理，提高了改造质量。(2)在有关部门的积极配合下，大力推进劳改、劳教检察派出机构的建立、健全工作。在大型劳改、劳教单位或者劳改、劳教单位比较集中的地区已设立了专司劳改、劳教检察的派出检察院54个；向中型劳改、劳教单位派出驻场(厂)检察组455个。(3)及时打击罪犯在服刑期间又犯罪和劳动教养人员、留场就业人员的犯罪活动，维护了监管和改造秩序的稳定，还直接受理查处了少数劳改、劳教、看守工作干警职务上的犯罪案件。(4)认真抓了对看守所的驻所检察工作，对60%以上的看守单位做到了驻所检察，实现了经常化、制度化的规范要求，基本上克服了对人犯在羁押、管理和释放等环节中的违法现象。

检察机关的控告申诉检察工作，是人民检察院接受公民的控告和申诉，对法律的实施进行监督的一项业务性工作。1986年，全国各级检察机关共受理群众来信773000余件，接待来访235000余人次。对于群众的来信来访，检察机关从维护法律尊严和保护公民的合法权益的目的出发，都做到认真对待，正确处理。对确属冤假错案的申诉，即实事求是地依法予以纠正。与此同时，各级检察机关通过群众来信来访，认真受理和及时查处控告案件，有效地配合了打击刑事犯罪活动和打击经济犯罪活动的斗争。

检察机关参加社会治安综合治理工作取得了新的成绩。这主要表现在：一是通过受理案件、侦查案件、出庭支持公诉等途径，大力张扬社会主义法制，使广大公民真正懂得什么行为是合法的，什么行为是违法犯罪的，做到自觉地遵纪守法，并积极地同违法犯罪行为作斗争。二是把办案同促进改革、保护经济建设有机地结合起来，通过开展检察建议活动，帮助有关单位健全和完善各项规章制度，堵塞漏洞，预防和减少犯罪，使一些濒于破产倒闭的企业重新振兴起来，促进了社会主义物质文明和精神文明建设。三是对免予起诉的犯罪分子认真做好考察教育工作，经常了解他们的思想、工作和生活情况，促使他们悔过自新，重新做人，以进一步减少社会不安定因素。四是大力开展社会主义法制宣传教育活动。通过上法律课，开展咨询活动、拍摄电视片、举办图片展览等方式，向广大群众普及法律知识。这既增强了公民的法制观念，同时也扩大了检察机关在群众中的影响。

检察机关干部队伍的自身建设有了新的提高。为了适应形势发展的需要，保证打击严重刑事犯罪和打击严重经济犯罪斗争的顺利进行，一年来，各级检察机关注重加强思想政治工作，推进精神文明建设。广大检察干警进一步提高了对检察工作在“两个文明”建设中的重要地位和作用的认识，增强了做好本职工作的光荣感、责任感；在同刑事犯罪和经济犯罪作斗争中，忠实地履行职业道德、职业责任和职业纪律，坚决抵制封建主义、资本主义等各种腐朽思想的侵蚀，做到一身正气，两袖清风，刚正不阿，秉公执法。涌现出一大批先进集体和模范英雄人物。对这些先进集体和模范英雄人物，各级检察机关予以大力表彰，号召广大检察干警向他们学习。同时，对于极少数违法乱纪、执法犯法的干警，一经发现就严肃处理，决不护短姑息，从而进一步纯洁了干部队伍。一年来，广大检察干警振奋革命精神，经受了新的锻炼和考验，政治思想和业务素质有了新的提高，在人员少、任务重、条件差的情况下，发扬不怕疲劳、连续作战的作风，团结战斗，努力工作，认真履行了法律赋予的职责，为维护法律的尊严，为加强和完善社会主义法制，为保卫社会主义四个现代化建设事业，作出了应有的贡献。

（最高人民检察院研究室）

军事检察院及其工作

军事检察院是国家设立在人民解放军中的法律监督机关。它与军事法院、军队保卫部门共同组成军事司法体系。作为专门的人民检察机关，军事检察院又是国家的人民检察体系的重要组成部分。

1955年9月，中华人民共和国国防部和最高人民检察院根据宪法和人民检察院组织法的规定，并按照中共中央关于要依照法律的规定迅速在军队系统内建立各级军事检察院的指示，在整个人民解放军范围内建立了军事检察机关的体系。由于种种原因，各级军事检察院于1969年年底被取消，于1979年初又恢复重建。

我国检察体制设四级检察机关，依此，在最高人民检察院之下，在人民解放军中设三级军事检察院，即：中国人民解放军军事检察院（1965年以前称“中华人民共和国最高人民检察院军事检察院”）；大军区，海、空军军事检察院；基层军事检察院。由于人民解放军是严格集中统一的武装集团，组织结构和指挥系统与地方行政区划很不一致，因此，军事检察院不是按行政区域设置，而是按照地区设置与系统设置相结合的原则建立的。具体地说，海、空军的军种检察院（设在军种机关）和基层检察院（设在海军舰队和军区空军机关）都是按指挥系统设置的。它们在上级检察机关的领导下，受理本系统军职人员的犯罪案件。而陆军的基层检察院，则按地区设置（通常设在省会或直辖市）。它们作为大军区军事检察院的派出机构，在大军区军事检察院领导下进行工作，受理驻本地区范围内陆军军职人员的刑事犯罪案件。军事检察机构的设置，既考虑了武装部队的特点，又体现了国家检察权的统一性和人民检察体制的一致性。

各级军事检察院属于人民解放军建制，按照规定，军事检察干部必须由现役军官担任。中国人民解放军军事检察院检察长由全国人民代表大会常务委员会批准任免，其余军事检察干部，按军队干部的任免制度任免；但各级军事检察院检察长的任免，须商得上级检察机关的同意。各级军事检察院检察委员会的组成，由同级政治机关批准。

军事检察院的法律监督性质，主要表现为通过提起刑事诉讼来保证国家的宪法、法律、军事条令、条例和其他法规在人民解放军中的正确实施。第一，通过对非法拘禁、非法搜查以及诬告陷害等违法行为提起刑事诉讼，保障宪法确认的军人的各项基本权利。第二，通过实施侦查监督、审判监督和执行监督，保证军队的刑事诉讼严格依照法律程序进行。第三，通过对军职人员的刑事案件提起刑事诉讼，保证《中华人民共和国刑法》和《中华人民共和国惩治军人违反职责罪暂行条例》的实施。军事检察院是人民解放军中唯一的公诉机关，除极个别的自诉案件外，非经军事检察院的起诉，任何军人都不受刑事审判。第四，通过提起刑事诉讼，追究被告人刑事责任，维护各种军事法规的正确实施。违反军事法规、条令、条例的行为，不仅要承担行政责任，构成犯罪的，还必须承担刑事责任。例如，军职人员违反《中国人民解放军保守国家军事机密条例》的规定，泄露或遗失国家军事机密，就要依照《中国人民解放军纪律条令》的规定予以纪律处分，情节严重的，还要根据《中华人民共和国惩治军人违反职责罪暂行条例》第4条的规定追究刑事责任。到目前为止，全国人大、人大常委会、中央军委、人民解放军各总部已颁布的大量军事法规、条令、条例，主要有：《中华人民共和国兵役法》、《中国人民解放军干部服役条例》、《中国人民解放军军人誓词》、《中国人民解放军内务条令》、《中国人民解放军战斗条令》、《中国人民解放军纪律条令》、《中国人民解放军飞行条令》，等等。随着人民解放军建设的日益现代化、正规化，军事法规日趋完备，需要通过军事检察机关提起刑事诉讼加以维护的军事条令、条例，以后还要增加。

军事检察院的任务，主要有以下四个方面：1.通过行使侦查，批准或决定逮捕人犯，审查起诉，提起公诉，抗诉，执行监督等检察权，镇压人民解放军中一切叛国的、分裂国家和军队的反革命活动及其他反革命活动，打击、制裁反革命分子和其他刑事犯罪分子，以纯洁部队，维护人民解放军的革命法制；2.通过开展刑事检察、法纪检察、经济检察、监所检察等各项业务活动，同一切违反军人职责的犯罪行为作斗争，以教育全体官兵忠于社会主义祖国，认真履行军人誓词和职责，坚决执行军事条令、条例以及部队首长的命令；3.通过打击和制裁军职犯罪分子，维护国家的军事利益，保障军职人员的民主权利和其他合法权益；4.通过行使检察职能，维护部队的管理秩序、训练秩序、战备秩序和生活秩序，从而保证军队建设的顺利进行。

军事检察院的职权，是对军职人员的刑事案件行使检察权。按照专属管辖权的原则，军事检察院管辖下列案件的检察事项：1.现役军人的犯罪案件；2.在军队中服务的文职干部的犯罪案件；3.军内在编职工的犯罪案件；4.非军人构成军人违反职责罪共同犯罪的案件。在上述案件中，军事检察院除直接受理侦查贪污、侵犯民主权利、渎职等22种案件外，还直接受理侦查8种违反军人职责案件，即：武器装备肇事案，泄露或遗失军事机密案，擅离职守、玩忽职守案，私放他人偷越国(边)境案，虐待、迫害部属案，违抗命令案，假传军令案，以及军事检察院认为需要由自己直接受理侦查的其他违反军人职责罪的案件。对于军官犯罪案件的管辖，还采用了与任免、奖惩权限相一致的原则，按军官的职务等级划分各级军事检察院的管辖权限，即：解放军军事检察院管辖正师职以上军官的犯罪案件；大军区、海空军军事检察院管辖副师职以下副团职以上军官的犯罪案件；基层军事检察院管辖正营职以下军官、士兵及其他军职人员的犯罪案件。管辖权限的这种划分，有利于部队的作战和建设，也有利于刑事实体法的实施。

三十多年来，军事检察机关履行自己的职责，进行了卓有成效的工作，对于保障人民解放军现代化建设起了重要作用。第一、同反革命活动进行了坚决的斗争。揭露、打击了叛国投敌、策动叛乱、反革命煽动宣传等反革命犯罪活动。1980年，最高人民检察院特别检察厅对军内最大的反革命案件——林彪反革命集团案件的主犯黄永胜、吴法宪、李作鹏、邱会作、江腾蛟等人的反革命罪行，进行侦查和起诉以后，解放军军事检察院和武汉部队、海军、空军、总参谋部、总后勤部军事检察院，也对林彪反革命集团的其他案犯进行了检察和审讯，分别作出了起诉、免予起诉或不起诉的决定。第二、严厉打击了重大刑事犯罪活动，特别是1980年以来，各级军事检察院坚决贯彻依法“从重从快”的方针，逮捕、起诉了刑事犯罪分子，减少和消除了部队中的不安定因素。第三、同经济犯罪活动进行了坚决的斗争。特别是1986年，各级军事检察院以主要精力查处经济犯罪，打击了经济犯罪活动，逮捕法办了经济犯罪分子，从而为国家挽回了大量的经济损失，维护了人民军队的纯洁性，巩固了海防和边防。第四、检察了侵犯人身自由的犯罪行为。各级军事检察院把保障军人及人民群众的人身自由，作为自己的重要任务。1979年，军事检察院恢复重建后，首先着手消除“十年内乱”中滥施关押、侵犯军人人身自由的现象，全面清理了看守所、劳改队等场所，纠正了以拘代捕、以办学习班或隔离审查为名，非法限制人身自由等错误做法。在《刑法》和《刑事诉讼法》实施后，各级军事检察院集中办理了一批非法拘禁、刑讯逼供、非法搜查的案件。中国人民解放军总政治部先后于1981年和1983年向全军转发了《解放军军事检察院关于冉孟怀等人非法拘禁致人死亡案件的报告》和《武汉军区政治部关于余建明、叶长途刑讯逼供致人死亡案件的通报》，要求全军从中吸取教训，增强法制观念。从1981年以来，全军先后五次对保障公民人身自由的情况进行了全面检查，从而有力地保障了军人的人身自由。第五、各级军事检察院结合刑事诉讼，开展了检察建议和法制宣传活动，把打击与预防、惩罚与教育结合起来，对于减少犯罪，起了很好的作用。

(军事检察院　于新华)

公安机关及其工作

一、公安机关的组织和主要任务

我国的公安机关，由中华人民共和国公安部、地方各级公安机关和部门公安机关以及基层公安机构组成。

中华人民共和国公安部，在国务院领导下主管全国公安工作，领导全国职业制的人民警察和现役制的人民武装警察部队。第一任公安部长是罗瑞卿，以后担任公安部长的有：谢富治、华国锋、赵苍璧、刘复之，现任公安部长是阮崇武。

中华人民共和国公安部现设有10多个业务局以及政治部、办公厅、法规局等机构，并直接管理大专公安院校及公共安全、刑事技术、消防、道路交通安全等部属研究单位。地方公安机关是各级人民政府的组成部分，并接受上级公安机关的领导。省、自治区设公安厅，直辖市设公安局；市、县(旗)设公安局；并在地区、自治州、盟设公安处或公安局，城市的区设公安分局。城镇、街道办事处、繁华地段、乡，都设有公安派出所或治安派出所，是公安机关的基层组织。铁道部、交通部、民航总局、林业部设有专门公安局，在业务工作上受公安部领导，行政工作上受本部门领导。在县和相当于县级以上的公安机关中，都依照业务分工和实际需要设立刑事侦查、治安管理、户口管理、交通管理、经济文化保卫、预审、消防管理、出入境管理、人民警察管理等工作机构。全国现有职业制人民警察60万人。

中国人民武装警察部队是公安机关的组成部分，是中华人民共和国的武装力量之一，承担内卫、边防、警卫、消防、看押、维持社会治安等重要任务。现任武警总部第一政治委员阮崇武，司令员李连秀，政治委员张秀夫。全国现有人民武装警察60万人。

公安机关的主要任务是：依照中华人民共和国宪法和国家法律，打击一切破坏我国社会主义制度的敌对分子，依法惩处经济罪犯和其他刑事罪犯，依法禁止和取缔卖淫、吸毒、赌博、传播淫秽录像书刊等危害人民的违法犯罪行为，进行治安行政管理，维护社会治安秩序和公共安全，保护社会主义公共财产，保护公民的人身、财产安全和其他合法权益，保卫人民民主专政的政权和社会主义制度，保障社会主义现代化建设的顺利进行。

二、公安工作历史的回顾

在中华人民共和国成立后的37年中，我国各级公安机关克尽自己的职责，取得了显著的成绩。建国初期开展的清匪反霸、镇压反革命运动，沉重地打击了破坏我国社会主义制度的间谍、特务、反革命残余势力、各种刑事犯罪分子、破坏社会主义改造和经济建设的活动，对保卫和巩固新生的人民政权，保障国家顺利地实现从新民主主义到社会主义的过渡，做出了重要的贡献。1956—1966年，我国进入大规模的社会主义建设时期以后，公安机关保卫社会主义建设，打击犯罪，改造刑事犯罪分子，改造包括伪满洲帝国皇帝在内的战犯，很有成绩。这一时期我国的社会秩序良好，1965年我国刑事案件数按人口仅占万分之三。“文化大革命”中，各级公安机关受到林彪、江青两个反革命集团的严重破坏，广大干警在异常困难的情况下，为维护社会治安、保卫国家建设，进行了许多必要的工作。粉碎“四人帮”以后，特别是在中国共产党十一届三中全会以后，各级公安机关经过拨乱反正，在平反冤假错案，落实党的政策，制订公安法规，加强民主与法制建设，积极参与社会治安综合治理，整顿城乡治安秩序，加强公安队伍的革命化、正规化、现代化建设等方面，都有了长足的进展。

1978年12月，中国共产党十一届三中全会作出了把党和国家的工作重点转移到社会主义现代化建设上来的战略决策，随后又陆续制订了一系列对外开放、对内搞活经济和全面改革的政策、措施。公安机关在这个历史性的大变革时期，调整指导思想和工作部署，自觉地为改革、开放、搞活经济服务。1983年9月，全国人大常委会作出了“关于严惩严重危害社会治安的犯罪分子的决定”，公安机关坚决执行这个决定，有效地打击了严重刑事犯罪分子的破坏活动，保护了人民的安全，促进了社会的安定，为社会主义现代化建设和全面改革的顺利进行，创造了良好的社会环境。全国刑事案件数由1981年的80多万起，降到1985年的54万起。按人口平均案件数为万分之五点二，是世界上刑事犯罪案件发案率最低的国家之一。与此同时，在加强和改革治安行政管理、城市交通管理、出入境管理、安全保卫、消防、法制建设及公安队伍建设等方面，都取得了可喜的进展。

在对外开放的新形势下，近年来我国公安机关加强了与世界一些国家(地区)警察、内政机关的业务联系和交流。1984年9月我国公安机关正式加入了国际刑警组织，并且在1985年9月国际刑警组织第五十四届年会上，中国公安部国际合作局负责人朱恩涛当选为国际刑警组织执委会委员。

三、1986的主要工作和改革措施

1986年是我国国民经济和社会发展第七个五年计划的第一年。根据1986年3月召开的全国政法工作会议和全国公安厅局长会议的部署，1986年公安机关的主要任务是：充分发挥公安机关作为人民民主专政工具的作用，继续严厉打击严重刑事犯罪和经济犯罪活动，积极参与社会治安综合治理，进一步加强基层基础工作和各级公安业务建设，严密社会治安管理，为社会主义物质文明和精神文明建设服务。这一年主要抓了以下几项工作：

(一)继续严厉打击严重刑事犯罪活动和经济犯罪活动。

1986年全国公安机关与政法各部门密切合作，继续严厉打击严重刑事犯罪活动和经济犯罪活动。针对对内搞活经济，对外开放后出现的新情况、新问题，因地制宜，有重点地解决突出的治安问题，重点打击了杀人、抢劫、强奸、盗窃、诈骗，以及流窜犯罪等严重危害社会治安的犯罪活动。同时，公安机关配合人民检察机关和人民法院，对破坏社会经济秩序，严重侵犯公共财产的经济犯罪活动，依法给予惩处。对建国以后已经绝迹，近年来又重新出现的赌博、卖淫等丑恶现象，进行了查禁和取缔。

(二)适应改革、开放、搞活的新形势，加强和改革治安管理工作。

1.改革现行户口管理工作，加快实施居民身份证制度。1985年9月6日，六届全国人大常委会第十二次会议通过并公布了《中华人民共和国居民身份证条例》。从此，我国开始实行居民身份证制度。至1986年9月底，全国已有100多个城市及经济特区、部分边境地区县、市的3400万人领取了居民身份证。1986年11月，经国务院批准，公安部颁布了《中华人民共和国居民身份证条例实施细则》。这项制度的实施，有利于公民进行社会活动，有利于保障公民的合法权益，也有利于应用现代化技术管理人口信息，科学、准确地为有关部门提供人口统计资料，为全社会提供服务。

2.重新修改《中华人民共和国治安管理处罚条例》。1986年9月5日，六届全国人大常委会第十七次会议通过并公布的《中华人民共和国治安管理处罚条例》，是在1957年制定的“治安管理处罚条例”的基础上，经过修改、增补后制定的，于1987年1月1日起正式实施。这个条例是我们国家加强治安行政管理的一项重要法律，是每个公民参加社会生活所必须遵守的行为规范之一。它的公布实施，是我国不断健全和完善社会主义法制的一个具体步骤，对于维护社会秩序和公共安全，保护公民的合法权益，预防和减少违法犯罪，促进社会主义精神文明建设，以及为改革和社会主义现代化建设创造良好的社会环境，都将起到十分重要的作用。

3.改革道路交通管理体制。1986年10月7日，国务院作出了改革道路交通管理体制的决定，改变过去由公安、交通、农机三个部门分管交通的状况，由公安机关统一管理全国城乡道路交通。这是对我国现行交通管理体制的一项重大改革。这次改革是为了更好地适应我国经济建设发展的需要，有利于充分发挥交通管理效能，进一步理顺关系，方便人民群众，提高办事效率，把道路交通管理和社会治安管理密切结合起来，更好地为社会主义现代化建设服务。

（三）改革出入境管理制度。

1986年2月1日，《中华人民共和国外国人入境出境管理法》和《中华人民共和国公民出境入境管理法》正式施行。为了配合这两个法的实施，公安部于1986年3月公布了中外籍人员入出境通行口岸，进一步明确了各入出口岸通行的规定；1986年12月公布了《中华人民共和国外国人入境出境管理法实施细则》和《中华人民共和国公民出境入境管理法实施细则》。出入境管理上的一系列改革，放宽了我国公民出入境审批条件，简化了外国人及港澳华侨、海外同胞入出境手续。今年1～9月，从我国各入出境口岸通行的人员总数达到3640余万人，比1985年同期增加了20%。这对于对外开放，引进国外资金和先进科学技术，加强我国社会主义现代化的进程，加强同世界各国、地区的政治、经济、文化交流和友好往来，起到了积极的作用。

（四）积极参与社会治安综合治理。

公安机关的专门工作与依靠人民群众相结合，这是中国公安工作的优良传统和宝贵经验。1986年，全国公安机关在各级党委和政府的领导下，动员全社会的力量，特别是与宣传、劳动人事、文化教育、工会、妇联、共青团等部门密切配合，在严厉打击严重刑事犯罪活动，监督、检查、指导有关部门加强治安管理，对有轻微违法犯罪行为的青少年进行教育、感化、挽救工作，以及在组织群众做好预防犯罪工作和普及法律知识、开展精神文明建设等方面，全面落实社会治安综合治理的各项措施，发挥了公安机关在综合治理中的职能作用。

（五）加强公安队伍的精神文明建设，提高干警的政治、业务、文化素质，全心全意为人民服务。

1986年各级公安机关把进一步端正党风、警风，作为公安队伍建设的重点。1986年6月，公安部召开了全国公安基层政治工作会议。会议要求各地加强对干警的形势、政策、理想、纪律教育，深入开展创建文明单位、争当文明干警活动，大力宣传好人好事，增强干警的光荣感和责任感，更好地履行公安机关“保护人民，打击敌人，惩治犯罪，服务四化”的职能，努力为群众办好事，进一步改善警民关系。1986年上半年，有4名干警荣获全国公安战线一、二级英雄模范称号，1163个集体和3342名干警荣立一、二、三等功，24432名干警和2639个集体受到嘉奖。如1986年2月2日，福建省龙岩市公安局南城派出所长罗雪才，在犯罪分子携带炸药包爆炸行凶的紧急关头，为了保护在场的群众，毅然用自己的身躯挡住了罪犯引爆的炸药包，壮烈地献出了宝贵的生命。公安部追授罗雪才为全国公安战线二级英雄模范称号。

1986年，广西、甘肃、上海、吉林、黑龙江、辽宁、内蒙古等省、市、自治区先后发生水灾、台风、山体滑坡等自然灾害。受灾区的广大公安干警全力同自然灾害作斗争，英雄事迹层出不穷。为保护国家集体财产和人民群众的生命财产安全，他们冲锋在前，撤退在后，有的在抢险救灾中献出了宝贵的生命，受到广大人民的称赞。如7月23日，广西龙州县发生特大水灾，龙州县公安局全体干警不畏艰险，连续奋战几昼夜，救出遇险群众1531人，夺回国家和群众的财物价值120多万元，并及时扑灭一起从油库随洪水泛出的汽油燃起的熊熊烈火，制止了一场危及全城的爆炸事件。群众赞扬说：“关键时刻人民警察真过硬。”

1986年，公安队伍的正规化教育有了进一步加强，队伍的政治、业务、文化素质有所提高。现在全国已建立公安高等院校24所，在校学生43000余人；中等人民警察学校121所，在校学生78000多人；公安干部学校95所。目前，全国公安干警中（不含武警）具有高中以上文化程度的占49.4%，其中大学、中专毕业生12万余人。参加短期业务训练的干警6万人，在职干警参加电大、夜大、函授和大、中专自学考试学习的有近10万人。

（六）运用先进科学技术和现代化管理手段有了可喜的进步。

近几年，公安部和各地公安机关十分重视把先进科学技术和现代化管理手段应用于公安工作，并注意学习引进国外警察部门中适合我国情况的技术手段和管理经验。在继续完善有线通讯网的同时，无线通讯网的建设也已开始，为及时准确地传递信息创造了必要的条件。在人口信息管理、居民身份证管理、治安管理、交通管理、消防和公安业务统计等方面，也都开始应用计算机。公安科研、生产部门加强了同其他科研部门的联系和协作，注重经济效益和社会效益，在安全保卫技术、消防技术、警用器材研制等方面都取得了很大成果。连同前几年在内，公安科技工作者共获得国家发明奖6项，国家科技重大成果奖2项，国家科技进步奖19项，部级科技成果奖132项。有些项目达到了国际先进水平，填补了国内空白。

（公安部办公厅）

武装警察部队及其工作

中国人民武装警察部队，是国家的一支武装力量，同时也是公安机关的组成部分，担负着国内安全保卫的重要任务。其基本使命是：维护国家主权和尊严；维护社会治安；保卫党和国家领导机关、国家重要目标和人民生命财产安全；保护人民的民主权利和其它合法权益；保障社会主义现代化建设的顺利进行。紧紧地和人民站在一起，全心全意地为人民服务，是人民武装警察部队全体指战员一切行动的准则。

中国人民武装警察部队总部，受公安部领导。各省、自治区、直辖市编有总队，下辖支队、大队、中队和站、所，接受当地公安部门的领导，并受上级人民武装警察部队领导。其日常工作及执勤任务实行统一规划；坚持分级管理、分级指挥，不搞自上而下的垂直领导的原则。人民武装警察部队由内卫、边防、消防部队三个警种组成，共有60万人。实行义务兵和志愿兵相结合的制度；执行中国人民解放军的条令、条例；适用解放军的供给标准，享受解放军同等待遇，同时结合本部队的实际情况和特点进行建设。

（丰春明）

国家安全机关及其工作

国家安全部是1983年7月1日正式成立的。在前此不久召开的第六届全国人民代表大会一次会议上，赵紫阳总理代表国务院向大会提出成立国家安全部的建议。他说：“我国的社会主义现代化建设，是在复杂的、动荡不安的国际环境中进行的。为了确保国家安全和加强反间谍工作，国务院提请大会批准成立国家安全部，以加强对国家安全工作的领导。”这个提议经大会审议后批准。

国家安全部成立后的第一任部长是凌云，现任部长是贾春旺。

1983年9月2日，全国人民代表大会常务委员会专门做出决定，明确指出：“国家安全机关承担原由公安机关主管的间谍、特务案件的侦查工作，是国家公安机关的性质，因而国家安全机关可以行使宪法和法律规定的公安机关的侦查、拘留、预审和执行逮捕的职权。”这是国家安全机关开展工作的法律依据。

国家安全部是国务院的一个职能部门，受国务院领导。它的主要任务是领导和管理反间谍工作，开展隐蔽战线的斗争，保卫、促进社会主义现代化建设和统一祖国的大业，加强人民民主专政，保障国家安全。

国家安全部的地方机构是地方政府的职能部门，受地方政府领导，业务上受国家安全部领导。

当前，国际形势错综复杂，动荡多变，各国之间的间谍与反间谍斗争十分激烈。一些外国间谍机关及台湾国民党特务组织、海外反动势力趁我国实行对外开放、对内搞活经济的政策之机，采取公开掩护秘密、合法掩护非法等手段，进行渗透，加紧刺探我国政治、经济、文化等各个方面的情报，猖狂窃取我国国家机密，阴谋进行特务渗透和颠覆破坏活动。对此，国家安全机关采取有效措施，密切注视和掌握外国与台湾国民党间谍、特务机关的动向，协同有关部门加强内部的安全防范工作，并有力地行使专政职能，防范和打击间谍、特务分子的破坏活动。三年多来，已在全国破获了一批外国和台湾国民党间谍特务案件。其中有阴谋爆炸我国重点建设项目的案件；有企图进行暗杀恐怖活动的案件；有策反我内部人员，在我国大陆布建特务组织的案件；还有搜集情报，窃取我核心机密的案件，等等。这些案件的破获，粉碎了敌人的阴谋，维护了国家主权，保卫了国家和人民群众的安全。

国家安全机关的工作离不开广大人民群众的理解和支持。依照《中华人民共和国宪法》的规定，公民有遵守宪法和法律，保守国家机密，维护祖国的安全、荣誉和利益的义务。近年来，国家安全机关在有关部门的协同配合下，积极主动地向群众介绍隐蔽战线的敌情，要求公民自觉保守国家机密，维护国家安全，收到了良好的效果。人民群众主动地关心和协助国家安全机关的工作，自觉地同危害国家安全的行为作坚决的斗争。例如及时向国家安全机关提供可疑情况，主动协助国家安全机关对间谍特务分子的侦查破案，还有积极向国家安全机关提出有利于保卫国家安全和利益的建议等等，从而使国家安全工作有了广泛的群众基础。事实证明，只有动员全民力量，人人提高警惕，才能杜绝漏洞，真正建立起维护国家安全的牢不可破的钢铁防线。

国家安全机关在履行自己的神圣职责，同一切危害国家安全的行为开展斗争的过程中，严格遵守我国宪法和法律，注意正确地运用法律武器打击犯罪分子。同时，注意保护人民群众的合法权益，保护外国人及港、澳、台同胞的正常活动和人身安全。国家安全机关的全体干警必须遵纪守法，忠于职守，具有高度的责任感，全心全意为人民服务，绝不允许滥用职权进行违法活动。

国家安全机关成立不久，面对着日益繁重的工作任务，必须进一步加强自身建设，建立、健全国家安全法制体系，紧紧依靠广大人民群众，为维护国家安全，保护我国的社会主义现代化建设，做出新的贡献。

（国家安全部办公厅研究室　袁晓利）

司法行政机关及其工作

中华人民共和国成立后，根据《中央人民政府组织法》，于1949年11月1日设立中央人民政府司法部。1954年中华人民共和国宪法颁布后，改称中华人民共和国司法部，部长史良。1959年4月28日司法部撤销。党的十一届三中全会以后，为了适应社会主义法制建设的需要，1979年9月13日第五届全国人民代表大会常务委员会第十一次会议决定，重建司法部。魏文伯、刘复之曾先后任部长。现任部长邹瑜。

司法部是国务院的一个职能部门，主管全国的司法行政工作，根据国家法律和国务院的行政法规、决定、命令，发布司法行政方面的命令、指示、规章，指导地方各级司法厅、局的工作。各级司法行政部门是执法机关，根据国家的总任务，坚持四项基本原则，坚持改革、开放、搞活的总方针、总政策，通过开展司法行政业务，发展社会主义民主，健全社会主义法制，巩固人民民主专政，保障社会主义现代化建设事业的顺利进行。1985年7月，经党中央、国务院批准，司法行政工作的指导思想是：为经济建设服务，为社会主义民主与法制建设服务，为国家长治久安服务和方便人民群众。

司法部下设办公厅、法律政策研究室、教育司、劳动改造工作管理局、劳动教养工作管理局、公证律师司、宣传司、人民调解司和外事司、人事司、计划财务司、审计室等。直属机构有中国法制报社、法律出版社、预防犯罪和劳动改造研究所、司法鉴定科学技术研究所、中国法律事务中心和中国政法大学、西南政法学院、华东政法学院、西北政法学院、中南政法学院、中央政法管理干部学院、中央劳改劳教管理干部学院等七所政法院校。县以上地方各级人民政府设司法厅、局、处，管理本行政区的司法行政工作，乡、镇人民政府和街道办事处设司法助理员。全国现有司法行政干警四十多万人。

司法部的主要职责及其工作情况分述如下：

一、领导和指导法学教育工作

司法部的教育司下设院校、干训、科研三个处和法学教材编辑部。教育司在部的领导和国家教育委员会的指导下，负责法律人才的培养和检察、法院、司法行政等部门在职干部的培训。主要职责是：管理部属高等学校和管理干部学院，指导、检查地方司法干部培训工作，对全国政法干部院校和司法学校进行指导。此外，还对全国各大专院校的法律系、法律专业教育工作进行指导。

省、自治区、直辖市司法厅（局）设教育处（宣教处）；地、市、州司法局设宣教科（教育科），负责司法干部的培训，管理地方政法干部院校和司法学校。

（一）法学教育现状

司法部重建以来，为恢复、加强法学教育做了一系列工作。1980年向国务院提出《关于加强和建立地方政法干部学校的请示报告》，同年7月得到批转；1981年10月及1982年11月与中央有关部委先后发出关于建立司法学校的联合通知；1982年4月与最高人民法院、最高人民检察院联合发出《关于积极办好法律函授教育的通知》，1983年12月司法部又发出《关于积极发展和加强函授教育若干问题的通知》。这些文件对各地政法干部学校、司法学校和法律函授教育的兴办、加强和发展起了促进作用。与此相配合，司法部还单独召开或与有关部门联合召开了不同范围、不同层次的法学教育工作座谈会，先后制订了政法院校、政法干部院校、司法学校各种层次的教学计划、大纲和方案。为推动教育体制改革，1985年10月司法部召开了部属政法院校教育体制改革座谈会，并于11月间印发了《司法部关于部属高等政法院校贯彻执行〈中共中央关于教育体制改革的决定〉的意见》。同年12月召开了建国以来第一次全国政法干部院校工作座谈会。

经过几年的努力，恢复了原有的学校，建立起一批新校；初步形成了研究生、本科、大专、中专多层次，全日制和业余多种形式的法学教育体系；建立起以中央、省、地三级干部学校为骨干的干部培训体系，并开始从短期轮训转为长期与短期相结合的正规化培训。现在各类学校有：

1.司法部部属普通高等院校五所，即中国政法大学和西南、华东、西北、中南四所政法学院。

五校现有教师2018人，其中教授18人，副教授149人，讲师709人，教员389人，助教753人。五校现有学生10349人，复办以来累计毕业学生7697人。

2.政法干部院校。司法部部属成人高校两所，即中央政法管理干部学院和中央劳改、劳教管理干部学院。两校共有教师170人，几年来共毕业大专班学员533人，短期培训学员14290人。地方政法干部院校有省级政法管理干部学院17所，政法干部学校9所；地区级政法干部学校29所和一批干部训练班，以上共有教师

2105人,累计毕业大专班学员3264人,轮训干部376468人。

3.司法学校,是培养中专法律人才的学校,全国共30所。有教师1005人,在校学生8804人,累计毕业学生已有7609人。

(二)1986年的主要工作

1.抓改革,加强院校建设,提高教育质量。4月间,在西南政法学院试行院长负责制。非试点院校进一步完善党政分工,明确学校各职能部门的职、责、权,充分调动和发挥学校行政部门的作用。为了适应新设专业的需要,6月间制订了部属普通高校经济法专业、国际经济法专业四年制本科和劳改管理专业两年制专科的试行教学方案。为统一函授教育的基本要求,2月间制订了部属普通高校法律函授专科学时制教学方案和函授生学籍管理办法,发给各校试行。从1986年起,将1984年开始实行的函授生统一毕业考试改为学期末统一抽考部分课程,作为该课程的毕业成绩。

2.开展科学研究和对外交流,促进学科建设和教学质量的提高。1986年在部属五所普通高校建立综合性的法学研究所和中国法制、外国法学、中国法律史、青少年犯罪问题等研究所8个,连同1984年建立的法律古籍研究所,共9个研究所。据不完全统计,五校参加科研的教师已占教师总人数的65%以上,其中青年教师占70%。完成科研项目3473项,其中获全国优秀论文奖1项,获省、市、部级优秀科研成果奖130项,获院校优秀成果奖173项。8月19日至23日召开了政法院校第一届学术讨论会,中心议题是法律如何为经济建设服务。经学校、大区两级评审,向讨论会推荐60篇论文,其中12篇被评为本届学术讨论会的优秀论文。

在对外交流方面,到1986年10月止,分别向美、英、苏、日、西德、瑞典、加拿大和南斯拉夫等国家派出留学生、访问学者和短期培训、实习人员103人,现已学成回国23人。1985、1986年,聘请外国专家26人次到部属普通高校教授英语和外国法律。1986年5月派遣教育考察团考察日本法学教育和法律人员培训工作。

3.召开干部培训工作会议。根据三月份全国政法工作会议和司法厅、局长会议关于"用五年左右的时间,采取多形式、多渠道的办法,把需要轮训的干部基本上轮训一遍"的部署,于7月10日至13日召开了全国司法干警培训工作会议,统一思想认识,制订初步规划,对培训工作的领导管理、轮训对象,时间、内容和教材等,研究了具体实施意见。

4.积极发展,巩固提高司法学校。10月13至18日召开首次全国司法学校工作座谈会。会议对发展中等法学教育的必要性统一了认识,确定了"积极发展,加快建设,巩固招生,联合办学"的原则,并对发展设想,加强学校建设等问题进行了讨论。12月对1982年制订的《司法学校两年制教学方案(试行)》进行了修订。

5.加强师资队伍建设。举办了第九、第十期全国法律专业师资进修班,除开设六门专业课程外,还配合马克思主义理论课教学改革,开设了中国革命史和中国社会主义建设两门课程。十期累计共办39个班,培训了38门课程的教师2130人次。此外,司法部还在中央政法管理干部学院举办地方政法干部院校师资培训班,到1986年共办了8期,培训了教师1570人次。

(三)组织法学教材编写工作

1.教材建设是高等学校三大基本建设之一。1980年7月,司法部与教育部共同组建了法学教材编辑部,开始了建国后第一次有计划地组织编写法学通用教材的工作。法学教材编辑部由司法部教育司直接领导,同时聘请了一些著名的法学专家和学者任正副主编并参加编审工作。

从1980年到1986年的6年间,共编出各种专业、各种层次的法学教材和教学大纲95种,约2600余万字。其中有法律专业、经济法专业、国际法专业、干部大专、中专等多种系列教材。许多教材填补了我国法学有关学科的空白。

从1984年开始,根据新颁布的法律、法规和新的科研成果,以及教学实践的要求,对试用过一段时间的教材有计划地进行修订。到1986年底,已修订教材17种,约500万字。这些修订过的教材在质量上有了提高,充实了一些新的内容。

十年动乱后,各政法院校(系)陆续恢复或重建,当时不少教师业务荒疏,研究工作多年停顿,加以图书资料缺乏,多数院校无力自编质量较好的教材,只有依靠全国的法学专家和学者通力合作来编写,才能适应教学的需要。为此,法学教材编辑部约请了全国88所高等院校、科研机构和实际部门的近400名专家、学者参加教材编写工作。

"文化大革命"前,我国只翻译过一些苏联的法学教材。上述教材的编写和出版,结束了我国法学教育没有自己的通用教材的历史,为法学教材的建设打下了一个初步基础。几年来,这些教材起了如下几个方面的作用:

(1)为党的十一届三中全会以后刚刚恢复的高等政法院校系提供了基本教材,促进了法学教育的发展。据1985年初的不完全统计,全国政法院校和综合大学法律系采用上述法学教材的约占80%;新建的法律系,采用的比例更大一些。

(2)为培养在职司法干部提供了教材。为了提高司法干部队伍的业务素质,各级政法部门连年举办各种形式培训班培训司法干部。这些培训班大都采用了法学教材编辑部编写的简明法学教材或高等学校通用教材。

(3)促进了各校的科学研究工作。法学教材的出版，引起各地对法学研究的重视。有的学校把编写教材列入科研计划，在时间和人力上给予保证。他们编写的教材，有一部分获得了省、市或学校的优秀科研成果奖。

(4)为普及法律常识提供了学习材料。很多普及法律常识的读物和宣传材料，都以法学教材编辑部所编教材，作为依据或参考。有些教材，如供高等师范院校政教专业用的《法学概论》、中专程度的简明法学系列教材，社会需求量很大，已成为当前普及法律常识的重要学习材料。《法学概论》已发行140多万册，16种简明法学系列教材，1986年在北京市图书展销中曾成为最畅销的书籍之一。

2.法学教材编写工作坚持以马克思列宁主义、毛泽东思想为指导，力求正确地阐述和介绍法学各门学科的基本原理、基础知识和基本资料，注意内容的科学性、系统性和相对稳定性。同时，还要求教材紧密联系我国法制建设和法学教育的实际，密切结合我国实行改革、开放的形势，适应社会主义物质文明和精神文明建设的需要，跟上时代前进的步伐。具体要求和作法是：

(1)与国家的立法保持一致。党的十一届三中全会以来，我国加快了立法速度，每年都要颁布一批新的法律和法规。这使教材的编写不断获得新的法律依据，同时也不免使教材的稳定性受到一定的影响，因此必须跟上立法的发展。既要根据国家已颁布的法律来编写，也要根据新的立法来修订，使教材常用常新，保证对我国法律的论述准确无误。

(2)注意理论联系实际，吸收新的科研成果。由于法学研究日趋活跃，新的研究成果不断出现。不仅新编教材充分利用了现有科研成果，而且老教材也适时吸收了科研新成果，不断更新内容。很多作者在编写过程中，还深入到若干地区进行调查研究，以加强教材的实践性。可以说这些教材本身就是科学研究的成果。

(3)不断适应教学的需要。随着我国经济建设、体制改革和对外开放的不断发展，法学教育的知识结构也随之起了一定变化。有些单一专业发展成为多种专业，课程设置也逐步在增添。这就要求教材建设不断与之相适应，及时地把某些已不能满足教学需要的教材加以修改、补充或者淘汰，并编写出适应新专业、新课程需要的教材。例如政法院校近一、二年增设了经济法和国际经济法等专业，同时教学计划中又增加了一些新的必修课和选修课，编辑部便及时组织编写了十余种经济法专业系列教材；国际经济法专业的系列教材也开始组织编写。

(4)鉴于法学通用教材的特点，对于学术界正在争论尚无定论的问题，一般暂不写进教材，留待教师在讲课中去介绍；必须要写的，只写一般通行的观点或者对各种观点都作介绍。

在组织教材编写的作法上，实行主编负责制，由主编选择撰稿人(一般2至4人)，并对全书的观点和质量负责。主编的条件是：在本学科中有较深的学术造诣；有一定的组织能力；有较高的写作水平；并有一定写作时间的保证。

撰稿人尽量从全国同行中选择，以博采各家之长，防止只从主编所在学校中选人；有些应用学科还注意从实际工作部门选择合适的人员撰稿。

为了适应改革的新形式，法学教材建设还有许多工作要做。计划在“七五”期间或更长一段的时间里，使法学各个专业、各个层次和各种类型的教学都有一套质量较高的教材。

二、领导和管理监狱、劳动改造工作

我国的劳改机关是1949年10月中华人民共和国成立以后，在打碎了旧的国家机器的基础上建立起来的。《中华人民共和国劳动改造条例》明确规定：中华人民共和国劳动改造机关是人民民主专政的工具之一，是对一切反革命犯和其他刑事犯实施惩罚和改造的机关。

我国的劳动改造机关由监狱、劳动改造管教队和少年管教所组成。监狱主要关押不适宜在监外劳动的反革命犯和判处死刑缓期二年执行、无期徒刑和十年以上有期徒刑的其他刑事犯；劳动改造管教队关押判处有期徒刑的不属于监狱收押范围的犯人；女犯由单独设置的女监(女队)收押改造；少年管教所收押被判处刑罚的少年犯和按照刑法规定由政府收容教养的少年犯。

建国初期，劳改工作由司法部领导。1950年11月划归公安部领导。1983年8月又划归司法部领导。司法部设劳动改造工作管理局负责全国劳改工作的业务指导，掌握了解全国各地对劳改工作方针政策的贯彻执行情况；检查改造工作质量；组织交流劳改工作经验；研究草拟监管法规和制定有关制度，并督促检查落实；组织、指导各地进行狱政建设和技术装备建设；制订教育改造罪犯的规划、措施，组织编写对罪犯进行教育的教材；掌握了解劳改单位工农业生产、基建计划、财务工作情况；协助有关部门安置刑满释放人员就业；指导劳改工作干警的精神文明建设和业务培训，提高干警的政治、业务素质。

省、自治区、直辖市司法厅(局)的劳改局是各地劳改工作的主管机关，对本行政区内的监狱、劳动改造管教队和少年管教所实施直接领导。部分地、市司法局也设有劳改工作管理机构，领导本地区劳动改造管教队的工作。

劳改工作是通过对罪犯实施强制性的劳动，通过生产劳动，逐渐改变罪犯好逸恶劳的思想，树立劳动光荣和自食其力的人生观，从根本上消除重新犯罪危害社会的思想基础。当然，这种生产劳动是与思想教育密切相结合，即运用贯串着思想教育的生产劳动手段使罪犯得到改造，这是我国劳改工作的根本目的。三十多年来，我国的劳改工作在各级政府的领导和广大干警的艰苦努力下，贯彻执行了“改造第一，生产第二”的方针，把绝大多数罪犯改造成为遵纪守法的劳动者，同时也为国家创造了一批物质财富，成绩是显著的。

近几年来，针对罪犯中年轻的多、一般刑事犯多、文化程度低的多等情况，提出了对青少年犯要立足于“教育、感化、挽救”的政策思想，开展了办特殊学校的工作，对服刑中的罪犯进行系统的政治、法制、文化、技术教育。这种措施，不仅可以使罪犯加深对自己所犯罪行的危害性的认识，增强法制观念，还可以使罪犯学到一技之长，为刑满释放后就业，给社会服务，作好准备，这是劳改工作的新发展。

1986年，劳改工作认真贯彻了党中央、国务院关于提高改造质量，提高队伍素质的指示和全国政法工作会议精神，做了下列工作：

（一）进一步端正狱政管理的业务指导思想，落实依法管理、文明管理和科学管理。在加强管理、整顿改造场所秩序的同时，对罪犯实施严格的考核，对改造表现好的罪犯，报请人民法院依法予以减刑、假释；对抗拒改造和在狱内作案的罪犯，报请人民法院依法予以加刑。另外，对提出申诉的罪犯，及时将申诉材料转送给原判法院。一年来，各地还努力改善了罪犯监舍和医疗保健条件，增加了伙食补贴，开展了文体活动，为罪犯的改造创造了比较好的环境。所有这些，有效地调动了罪犯的改造积极性，狱内秩序进一步好转，狱内重大案件发案率和罪犯脱逃率有所下降。

（二）大力办好特殊学校。经过检查验收，到1986年底，全国已有20%的劳改单位办成了特殊学校。各种文化班有15368个，罪犯入学率由1985年的71.3%上升到77.1%；各种职业技术班有6228个，罪犯入学率由1985年的28.7%上升到36%。参加学习的罪犯的到课率和及格率也有提高。电化教育开始起步，已办成的特殊学校，不少已走上了正常的轨道。

（三）在重视运用生产劳动手段改造罪犯的同时，还重视了提高劳改生产的社会效益。1986年，劳改工业适应商品经济的能力有所增强，以提高产品质量为中心的生产管理进一步得到贯彻落实，产值、产量稳步上升。劳改农业单位在抓好粮食生产的同时，场办工业和多种经营有了较大的发展。

（四）加强了劳改工作干警队伍的建设。一年来，各级劳改机关对干警认真进行理想教育、纪律作风教育和职业道德教育，开展“立功创模”活动。全国评选出集体一等功4个，先进集体31个；一级英模1名，二级英模1名，先进工作者109名。在此基础上组织了英模报告团巡回演讲，使全体干警受到了生动具体的“四有”教育。

三、领导和管理劳动教养工作

劳动教养是我国社会主义法制建设中的一个创举，是对有轻微违法犯罪行为的人采取强制性教育改造的一种行政措施。它对巩固人民民主专政，维护社会治安，预防和减少犯罪，具有重要作用；同时也可以挽救许多罪行尚不严重的人，使他们迷途知返，改正错误。

劳动教养工作自1956年创办以来，认真遵循经全国人大常委会1957年8月1日批准的《国务院关于劳动教养问题的决定》和1979年11月29日批准的《国务院关于劳动教养的补充规定》进行工作。劳动教养工作在“文化大革命”期间曾受到“左”的路线的干扰和破坏，但是党的十一届三中全会以后，又逐渐恢复正常。对收容劳动教养人员的教育改造，实行“教育、感化、挽救”的方针。在严格管理下，通过深入细致的思想政治工作以及文化技术教育和劳动生产，使他们转变思想，改掉恶习，成为遵纪守法、尊重社会公德、爱祖国、爱劳动，具有一定文化知识和生产技能的建设社会主义的有用之材。这个方针保证了劳教工作的健康发展。

省、自治区、直辖市和大、中城市人民政府设立劳动教养管理委员会，由当地公安、司法、民政、劳动、教育等部门的负责人组成，领导、管理劳动教养工作，审查批准收容需要劳动教养的人。司法部实行对劳动教养工作的领导和管理，司法部设立的劳动教养工作管理局和各省、自治区、直辖市以及各大、中城市司法厅（局）的劳教局（处），负责组织、实施对劳动教养人员的管理、教育和改造。

1986年，劳动教养工作认真贯彻全国政法工作会议和全国劳改、劳教工作会议精神，作了下列工作：

（一）坚持把劳动教养场所办成教育人、改造人的特殊学校。这项重大改革，在1985年试点的基础上，1986年又有了新的进展，特殊学校陆续在增加。一般都设置了教室、教具和必要的教学、实验设备，有的还有电化教育器材，配备了教员，开设了政治、文化、技术三门课程，并且大都能按照教学计划、教学方案授课。在办学中，坚持以政治教育为主。劳教人员政治教育入学率达到92%，文化教育的入学率也达到60%以上。他们分别在扫盲班、小学班、初中班学习。一部分人自学高中课程，学校给予辅导；有的接受电大、函大等成人高等教育。为了适应劳动制度改革的需要，便于劳教人员解除劳教后安置就业，各地还注意对他们进行职业技术教育。据统计，职业技术教育入学率已由1985年的8.6%提高到1986年的13.8%。一年来，入学的劳教人员获得脱盲和小学、初中合格证书的有17158人，获得技术合格证书的1079人。通过“三课”（政治、文化、职业技术）教育，深化了思想改造，提高了教育质量。

(二)依法实行严格管理、文明管理和科学管理，劳教场所的改造秩序、生产秩序和生活秩序日趋稳定。一年来，各地劳教场所为了建立良好的改造环境，以利于劳教人员的教育改造，整顿了场所秩序，建立和健全了规章制度，实行“一日生活准则”制，使劳教人员懂得一天从早晨起床到晚上熄灯就寝，应当做些什么，遵循些什么，以改变他们放荡不羁的恶习，养成遵纪守法、尊重社会公德的良好习惯。在日常管理中，劳教工作干警认真贯彻“象父母对待子女、象医生对待病人、象老师对待学生”的“三象”精神，寓教育感化于管理之中，使绝大多数劳教人员感到干部确实是为了他们改过学好，从而，愿意接受教育，促进思想转化。同时，各地狠抓了从严治警，对干警加强了政策和法律教育，使干警普遍提高了法制观念，严格依法办事，坚决废止简单粗暴的管理方法。对极少数干警在管理教育工作中发生的违法乱纪行为，发现一件，查处一件，以严肃法纪。

(三)进行劳动教育，组织生产劳动，在劳动中改变劳教人员好逸恶劳的坏习惯，加深他们的思想转化，同时又为社会创造一定财富，减少国家的负担。各地劳教场所，普遍因地制宜地开辟生产门路，组织适合劳教特点的劳动生产。在干警中推行管教、生产双承包责任制，既包管教，又包生产，从而加强了管教工作，促进了生产的发展，提高了经济效益。

(四)动员社会各方面的力量关注和支持劳教工作，广泛开展综合治理活动。一年来，各地有很多党、政、军和工、青、妇的负责人、人大代表、政协委员到劳教场所视察工作，使广大劳教工作干警受到了很大的鼓舞和鞭策，对改进和加强劳教工作起了很大促进作用。不少著名社会活动家、作家、文艺团体也到劳教场所开展帮教活动。很多劳教人员的原所在单位和街道组织也和劳教所、劳教人员共同签订“帮教协议”。有些地方的驻军，还开展了军警共建文明劳教所的活动。

很多地方对解除劳动教养的人员，开展了“再送一程”的活动，不歧视，给出路，帮助他们就业和升学，落实接茬帮教的具体措施，巩固他们在劳教期间的改造成果，使他们彻底告别昨天，奔向明天，不致重蹈复辙。还有不少省、自治区、市成立了“社会治安综合治理办公室”、“关心青少年协会”、“挽救失足青少年基金会”等组织，为社会治安的综合治理、为教育挽救失足青少年做了大量有成效的工作。

四、领导和管理律师工作

中华人民共和国成立以后，废除了伪法统和旧的律师制度，自1955年下半年起，开始建立我国社会主义新型的律师制度。由于种种原因，到1957年底，律师制度在实际上被停止了。党的十一届三中全会以后，我国的律师制度得到恢复和发展。1980年8月第五届全国人大常委会第十五次会议通过并颁布了《中华人民共和国律师暂行条例》，为我国律师制度进一步奠定了法律基础。

领导、管理律师工作是司法行政机关的重要职责之一。司法部设置公证律师司，主管律师工作和公证工作；司内设有律师业务处、公证业务处和组织处。各省、自治区、直辖市及地(市)司法行政机关也设有相应的处、科机构管理律师工作。

近几年来，在各级党委、政府的支持和各级司法行政机关的努力下，律师队伍的组织建设、思想建设和业务建设都有相当大的发展，截至1986年底为止，全国共有律师工作人员21546人，其中专职律师14500人，兼职律师7046人。除少数边远地区外，城市和县城都普遍设立了法律顾问处(通称律师事务所)，总数达3198个。各大城市还建立了一些专门从事经济法律事务的律师事务所。

1986年，司法部在领导和管理律师工作方面，主要做了如下的工作：

(一)围绕提高律师队伍的业务素质，重点抓了两件事：一是设立涉外经济法律培训中心，专门培训日益迫切需要的能承办涉外经济法律事务的律师；二是于1986年9月27日至28日举行了全国第一次律师资格的统一考试。这一措施既保证了取得律师资格应有的业务水平的要求，还对律师队伍钻研法律知识起了推动的作用。

(二)为了加强对律师机构和兼职律师的管理，1986年3月19日司法部制定了《关于法律服务机构若干问题的暂行规定》，明确规定律师事务所只能由司法行政部门组建并领导，而不能由其他机关或企事业单位举办。依托于其他部门、单位的律师事务所，今后一律不再发展；已经成立的，要认真进行复查整顿。4月9日又制订了《兼职律师管理办法(试行)的补充规定》，强调兼职律师每年必须在指定的律师事务所履行职务累计60个工作日；并规定兼职律师个人不得私自接受案件和收取费用。

(三)通过各种方式与活动，为律师开展业务，创造工作条件，明确指导思想，推进理论探索。1986年6月26日，司法部会同最高人民法院、最高人民检察院、公安部，联合发出《关于律师参加诉讼的几项补充规定》，进一步解决了律师参加诉讼所存在的具体问题。同年7月8日至12日，在北京召开了第二次全国律师工作会议。会上，司法部副部长蔡诚作了题为《坚持为经济建设和各项事业服务的方针，推进律师事业的发展》的讲话。进一步端正了律师的业务指导思想。会议确定律师工作的重点，是为经济建设和经济体制改革提供法律服务。9月间，华东地区7省、市司法厅(局)按照全国律师工作会议的精神，在司法部和中华全国律师协会的指导下，在安徽召开了第三次律师工作经验交流会，总结交流了律师为横向经济联合提供法律服务和担任经济犯罪案件辩护工作的经验，研究、探讨了实践中遇到的新情况、新问题。9月下旬，司法部和国家经委在上海金山县联合召开了全国第二次企业法律顾问工作经验交流会，研究总结了企业法律顾问工作的新情况、新经验，并提出了在企业中逐步推行法律顾问制度的初步意见。11月初，公证律师司召开了“外商投资企业外资贷款担保法律事务研讨会”，研究如何为外资企业贷款提供法律服务等问题。11月中旬，司法部和上海市司法局联合召开了“律师担任企业法律顾问理论研讨会”，对律师担任企业法律顾问工作的性质、地位、作用、任务、上限数、责任以及对律师素质的要求等，进行了较深入的理论研究。所有这些活动，对于开拓、搞好律师为经济建设服务的业务，都具有积极的意义。

1986年，全国律师担任了43184个机关、企事业单位、社会团体的法律顾问，其中为464个从事个体经济的公民联合体担任法律顾问。全国有200多个律师事务所开展了涉外业务。在刑事诉讼方面，各地律师共承办了刑事辩护案件136837件，还接受了自诉案件自诉人的委托和接受公诉案件被害人及其亲属的委托担任代理人参加诉讼。另外，律师代理参加民事诉讼162999件；办理非诉讼事件41185件；接待群众来访，提供法律咨询服务，解答各种法律询问1590173件；为国家机关、企事业单位、社会团体和公民个人代写诉讼文书和其他法律事务文书328923件。

律师工作虽然逐年在发展，对维护社会主义民主与法制，促进社会主义经济建设和维护公民合法权益，发挥了显著的作用。但是，律师队伍的发展还相当缓慢，远远不能适应客观的需要。比如，各级人民法院全年审理的民事案件中，约有60%要求律师代理，由于律师少，能够接受委托的仅占6.7%。各级法院全年审理的刑事案件中，律师能够接受委托出庭辩护的约占20%。目前，全国仅国营工业企业就有40多万个，各地企事业单位需要聘请律师担任常年法律顾问的与日俱增，律师只能应聘其中的很少数。这个问题是需要认真加以解决的。

五、领导和管理公证工作

我国公证工作始于全国解放战争时期。建国以后，在全国范围内逐步推行公证制度。1958年以后，公证工作被削弱，不少地区基本上名存实亡。

党的十一届三中全会以后，我国公证工作得到了迅速恢复和发展。1980年9月，司法部召开了全国公证工作座谈会，进一步明确了公证工作的方针、任务。1982年3月颁布的《中华人民共和国民事诉讼法(试行)》，规定了公证书的证据效力和公证机关赋予债权文书强制执行的效力。同年9月，国务院发布了《中华人民共和国公证暂行条例》，明确规定了公证的性质、任务；公证机关的性质、设置、业务范围；公证人员的条件；办理公证的程序等。从此，公证工作走上了新的发展阶段。截至1986年底，全国共建公证处2758个，公证人员达12054名。公证工作在为社会主义经济建设服务，促进经济体制改革、控制和调节经济运行，推动企业间的横向联合，维护集体和国家的利益以及公民的合法权益等方面、发挥了积极作用。

1986年，公证工作坚持为社会主义经济建设服务的方针，在改革、开放、搞活的新形势下，积极开拓新的公证事项，努力提高办证质量，认真健全办证制度，加强公证制度的研究，取得了一定成绩。

(一)积极为经济建设服务。全年共办理经济合同公证1553454件，占办证总数的72%。在为经济建设服务中，公证机关特别注意办理横向经济联合方面的公证，如联营公司、章程、法人资信，补偿贸易等公证。随着经济体制改革的深入发展、经济活动日趋多样化。据此，公证机关大胆探索，开辟了为经济建设服务的新路子，办理了一些新的公证事项，如担保、抵押、拍卖、清算等方面的公证。7月，国家经委在《申请进口机电设备国内招标的暂行办法》中规定：“招标工作要按规定的程序进行，并受公证人的监督，”并明确了公证机关在招标过程中的具体工作。8月，邮电部与司法部联合发文，规定了话机抽样由当地公证机关办理公证。这些规定推动了招标投标和话机抽样检测工作的顺利进行。同时，公证机关还办理了涉及公民权利义务方面的公证，共600353件，涉外公证216200件，对维护公民的合法权益、巩固社会秩序、增进对外交往，都起了积极作用。

(二)努力提高公证质量。根据司法部的通知，各地采取了自查、互查、抽查等方式，对近几年所办理的经济合同公证，普遍进行了检查。通过检查证明，公证工作的质量是好的和比较好的，错证是极个别的，都已采取了补救措施。各地认真总结了经验教训、制定和完善了内部管理制度，为进一步提高公证质量创造了条件。根据办理涉外劳工赔偿和继承公证方面的情况，司法部公证律师司召开了有关省、自治区、直辖市的公证会议，对这些方面公证工作的一些问题作出了规定。

(三)加强公证制度研究。司法部于8月间在兰州市召开了建国以来首次公证制度研讨会。通过这次会议，提高了加强公证制度建设的重要性和紧迫性的认识；明确了加强公证制度研究工作，对于推动公证制度建设的现实意义和指导作用；初步探讨了公证制度建设与国家其它法律制度的衔接和协调发展等问题。

(四)制定办理公证程序细则。为完善公证制度，司法部于1986年12月制定了《办理公证程序细则》(以下简称《细则》)。使办理公证有了规范性的操作程序。《细则》对法律行为，法律事件和有法律意义的事实、文书以及继承权分别作了规定，使真实、合法的原则进一步具体化，便于公证人员更好地办证。《细则》还对公证事项的复查、撤销、期限、终止等问题作了具体规定。

（五）公证编制有所增加。为了解决公证机关人员不足的问题，1986年国家编委给公证机关增加了部分编制，缓和了公证机关人少事多的矛盾。为了适应林区建设的需要，司法部还批准了在林区设立公证处。

（六）扩大与国外公证界的交往。1986年，日本国的公证人员来华进行了访问。我国派出观察员出席了在加拿大蒙特利尔市举行的第十八届国际公证联盟大会，在会上介绍了我国的公证制度。为了便于港、澳地区居民回内地处理民事问题，司法部增加了可以办理发回内地使用的公证书的香港律师人数由原来委托的8名律师增加到28人。

六、领导和管理法制宣传教育工作

法律宣传教育工作，是司法行政机关的一项重要任务。司法部的宣传司，下设法制宣传、法制报刊、法制文艺三个处；省、自治区、直辖市司法厅（局）设法制宣传处；地（市、州）、县司法行政机关设法制宣传科、股，负责管理法制宣传工作。乡、镇、街道司法助理员的主要任务之一是开展法制宣传。我国已经形成了一个从中央到基层的管理法制宣传的组织系统。

司法部领导法制宣传教育，主要做了以下工作：

（一）同党的宣传部门共同组织在公民中普及法律常识教育的工作（详见普及法律常识工作专条）。

（二）管理全国法制宣传工作。主要是推动各地围绕党和国家的中心工作，结合社会治安情况，开展法制宣传。比如在新宪法颁布一周年时，广泛深入地宣传了宪法；在开展严厉打击严重刑事犯罪活动和严重经济犯罪活动中，广泛宣传了刑法和全国人大常委会关于严惩严重危害社会治安的犯罪分子的决定。在司法部的具体指导下，不少地区的司法行政机关还结合本地中心工作开展了与之有关的法律宣传活动。例如有些省（区）为了制止乱砍滥伐、破坏森林资源的活动，重点地进行了森林法的宣传；各少数民族地区在当地政府的统一安排下，普遍进行了民族区域自治法的宣传教育。

（三）负责指导和管理各省、自治区、直辖市以及一百万人口以上大城市司法行政部门主办的法制报刊。主要是从办报、办刊的政治方向和报导内容上进行指导，要求法制报刊旗帜鲜明地坚持四项基本原则，防止和克服不良倾向，使这些法制报刊办成宣传社会主义法制的阵地。从1986年开始，宣传司定期搜集和汇总中央和各省、自治区、直辖市报纸的法律专栏或专版的报道情况，并对办好法律专栏或专版进行必要的指导。

（四）协同国家教育委员会指导大、中、小学校在校学生的法制教育。1984年10月和1985年7月，分别在济南、昆明召开了中学、小学法制教育工作座谈会。1986年9月，国家教委发出了《关于在高等学校开设法律基础课的通知》。在1986年12月召开的第二次全国法制宣传教育工作会议上，还印发了中国人民大学开展法制教育的经验和湖南省临湘县在中小学开展法制教育的经验，以推动全国各级学校的法制教育工作。

（五）开展法制文艺宣传工作。1986年主要抓了电视、电影等形象化的宣传手段，为普法工作服务。组织、协助有关单位和一些省、市司法厅（局）拍摄了《中华人民共和国宪法》和《中华人民共和国经济合同法》两部法制科教片，以及10集介绍刑法常识的电视短剧；审查了53部（共82集）法制电视剧、故事片。此外，还通过其他文艺形式，对劳改、劳教、人民调解等工作的成就和先进工作者的模范事迹进行了宣传。

（六）开展对外法制宣传工作。一是对外宣传介绍我国法制建设的成就和涉外经济方面的立法情况，介绍我国的司法制度以及我国法学研究的成果，积极为对外宣传的报刊和新闻单位提供稿件。二是建立了对外新闻发言人制度，通过回答外国记者和有关人士提出的问题，提供我国法制新闻，开展对外宣传。三是开放了一部分监狱、劳改、劳教单位，已接待100多个国家和地区的数千名外宾参观。四是由法律出版社出版了一批外文版的法律书籍，如《中华人民共和国宪法》、《中华人民共和国婚姻法》、《中华人民共和国专利法》、《中华人民共和国中外合资经营企业法》、《中华人民共和国外资企业法》等英汉对照版的法律汇编和单行法规，以增进国外人士对我国法律的了解。

七、管理指导人民调解工作

我国的人民调解制度，是基层调解组织在纠纷当事人自愿的基础上，依法对民间纠纷进行诉讼外调解的一项民主与法律制度。根据我国宪法规定，人民调解委员会通过群众选举产生，设在街道居民委员会、农村村民委员会，负责本辖区的民间纠纷调解工作、法律宣传工作和民间纠纷的预防工作。根据需要，部分厂矿企、事业单位也设置了人民调解组织。

司法部人民调解工作管理司负责人民调解组织的建设和业务指导等工作。各省、自治区、直辖市司法厅（局）和地（市）、县司法局也设置管理指导人民调解工作的相应机构。在乡（镇）、街道，设有司法助理员，管理此项工作。截止1986年底，全国共建立基层人民调解委员会957589个。其中：农村712637个；街道82769个；厂矿企事业单位162183个。已有调解人员6087349名，专职司法助理员42173名。

1986年，司法部调解司根据1985年召开的第二次全国人民调解工作会议的精神，贯彻“调防结合，以防为主”的工作方针，着重抓了以下工作：

（一）在组织建设方面，着重于进一步提高调解管理干部的素质。2月初通知各地，对司法助理员的政治、业务素质和工作情况以及调解委员会发挥作用的情况，进行定性定量分析。4月至7月，司法部在北京举办了第一期全国调解管理干部培训班，来自省、地、县、乡各级的调解管理干部84名参加了培训。1986年全国共培训司法助理员（含兼职）44215人。此外，根据中央关于1986年冬至1987年春将在农村进行整党工作的统一部署，司法部发出了《关于结合农村整党进一步整顿农村人民调解组织的通知》，要求对处于瘫痪、半瘫痪的调解组织进行重点整顿，调整充实力量，进一步落实调解工作责任制和解决调解人员的报酬问题。

（二）在人民调解的业务工作方面，继续坚持“调防结合、以防为主”的工作方针。1986年，全国人民调解组织共调解各类民间纠纷7307049件，防止民间纠纷可能发生激化的73132起，106013人。为了深入掌握人民调解工作情况，8月初，司法部在辽宁省兴城县召开了全国民间纠纷调研汇报会。在这次会议上汇报了30多份调查报告，交流了工作经验。调解司还深入基层对民间纠纷进行调查，并且组织部分省、市调解管理干部，参加湖南省在常德地区召开的预防纠纷激化经验交流会，借以推广该地区强化组织网络，建立纠纷信息联系制度，以及防止民间纠纷激化的有效方法，交流了做好预防工作的经验。

为加强和改进人民调解统计工作，4月初，调解司在山东省济南市召开了人民调解统计工作会议。会议总结了几年来人民调解统计工作的成绩和经验，并就当前存在的对人民调解统计工作重要性认识不足，基层统计力量薄弱，制度不健全等问题进行了研究，统一了统计标准和统计报表的填报方法。

（三）在人民调解的理论研究和宣传工作方面，1986年2月下旬，调解司邀请部分法学科研、教学以及新闻界人士参加，就人民调解工作的地位和作用，进行了专题研讨。这次会引起了各地对探讨人民调解工作理论问题的重视。截止1986年底，已有山东、福建、内蒙、江苏、安徽等省（区）及哈尔滨等市，先后召开了人民调解工作理论研讨会。12月中旬，司法部与中国法学会联合召开了首次全国人民调解理论研讨会。与会代表对人民调解工作的地位、作用以及如何进一步完善和发展人民调解制度等理论问题和实践问题进行了深入探讨，提出了许多有价值的理论观点和工作建议。

为了扩大宣传，引起社会各界对人民调解工作的重视与支持，调解司除向新闻单位随时提供有关资料和报导稿件外，1986年内还撰稿20余篇投送给《人民日报》、《法制建设》、《法律与生活》、《农村大世界》等报刊杂志发表。并主编《人民调解》（季刊），受到广大基层调解员的欢迎，发行约七八万册。

除人民调解组织外，近几年各地还陆续建立了乡、镇（街道）法律服务站（所），为城乡居民和乡、镇（街道）企业寻求法律服务提供方便。1986年，司法部推广了辽宁、广东等地的典型经验。截止1986年底，全国已建立乡镇法律服务所20984个。这些法律服务所、站办理乡镇法律事务，协助办理公证，并积极协助司法助理员管理人民调解工作，开展法制宣传，受到了广大群众的欢迎。

八、管理司法外事工作

管理司法外事工作，开展同各国的司法交流，增进中外法律界的友好关系，是司法行政机关的一项重要任务。司法部设置外事司主管司法外事工作；该司下设办公室、国际处、联络处和交流处。各省、自治区、直辖市司法厅（局）也相应地设立外事科或设专人负责司法外事工作。

外事司的主要任务是：1.与有关国家或代表机构就司法领域的有关问题，进行联系和交涉，办理与外国谈判和签订司法领域的协定、协议等事项。2.接待外国司法代表团、组或个人来访；组织、派遣司法代表团、组或个人出国访问。3.组织参加联合国司法系统和非官方的法律方面的国际组织和国际会议。4.办理司法系统各类人员出国学习、进修、讲学及外国留学生、专家来司法部所属院校学习、讲学等有关事宜。5.调研、编译介绍各国司法制度、国际法律组织的资料和国际法学动态；协同有关部门做好我国对外法制宣传工作。6.负责其他外事友好往来及办理有关涉外事宜。7.归口协调、管理本部和部属单位的涉外工作；指导各省、自治区、直辖市司法厅（局）的外事工作。8.开展司法协助业务。

司法部重建以来，我国对外司法交流工作开展较快，取得了显著成绩。迄至1986年，已同近40个国家和地区的司法部门和国际组织建立了双边和多边联系。通过互相访问和交流，增进了同各该国司法界、法律界彼此间的了解、友谊和合作，同时也宣传了我国社会主义民主、法制建设成就，扩大了我国的影响。

1986年的司法外事工作主要做了以下几项：

（一）开展与外国联合举办经济法律的专题研讨活动。3月30日至4月2日，司法部、中国法学会同法国巴黎律师公会在北京联合召开了中法经济法讨论会（另有专文介绍）。4月28日至29日，司法部同联邦德国经济法专家访华团举办了中德经济法讨论会。双方与会者共50余人。会议主要听取联邦德国专家关于联邦德国商法、社会法、公司法、对外税法、不公正竞争法及律师在经济生活中的作用等10篇报告。中方出席人员对联邦德国经济法方面的最新信息有了进一步了解。6月30日，司法部与欧洲“法律中国协会”访华代表团共同举办了经济法讨论会，中方提交了14篇有关中国涉外经济法律、法规方面的论文并作了关于中国涉外经济合同法，中外合资经营企业法及中国专利法的发言；欧洲方面宣读了3篇关于合同法、工业产权的法律保护和专利、商标、外观设计代理人的作用的论文。双方还就共同感兴趣的其他法律、经济问题进行了广泛、深入的交谈。

(二)接待外国代表团来访工作。全年共接待外国司法代表团和其他法律代表团、组43起，464人。他们分别来自美国、加拿大、联邦德国、意大利、比利时、民主德国、波兰、日本、泰国、土耳其、约旦、叙利亚、埃及、新加坡等国家和香港、澳门等地区。其中有新加坡总检察长率领的新加坡法律代表团，泰国司法部次长率领的泰国司法代表团，民主德国国务秘书率领的民主德国司法代表团，日本律师联合会前会长率领的日本律师联合会代表团和美国律师协会会长率领的美国律师协会代表团等。

(三)组织派出代表团、组的出访工作。1986年全年共组织派出了13起代表团、组和个人共35人，出席联合国及多边国际会议；派出10起代表团、组共49人出访了美国、加拿大、英国、联邦德国、瑞典、比利时、奥地利、西班牙、波兰、日本和香港等国家和地区，考察了他们的司法制度、公证制度、律师制度、法学教育，并对青少年犯罪问题进行了有益的探讨。由司法部部长邹瑜率领的司法代表团，除考察联邦德国、瑞典、波兰三国的司法制度外，还同波兰和联邦德国司法部就中波、中德司法交流问题进行了谈判并签定了协议或会议纪要。

(四)开展多边国际司法活动。1986年2月会同外交部派人出席了在瑞士召开的联合国第四十二届人权大会。司法部、中国法学会和中华全国律师协会又先后派人出席了3月在奥地利举行的联合国预防和控制犯罪委员会例会；5月在美国召开的国际法会议；8月在澳大利亚举行的第十二届比较法大会和在巴西举行的国际青少年和家庭法院法官会议；9月在加拿大召开的国际公证联盟第十八届大会和在美国举行的国际律师协会第二十一届年会；10月在阿根廷召开的国际社会防护协会第十一届大会和在澳大利亚举行的经济法讨论会；12月在奥地利召开的联合国社会发展和人道事务中妇女委员会的专家会议。

(五)开展法律人才交流工作。为充分利用外国有关单位和友好人士向我国提供的奖学金，加速培养急需的法律人才，1986年通过交流协议、邀请、校际联系等方式，司法部向美国、加拿大、比利时、澳大利亚、日本和香港等国家和地区派出35名教师、研究生、律师、司法干部作为留学生、进修生或访问学者到各该国学习和进修。另外，根据与比利时、意大利达成的协议，司法部还邀请比利时两位教授、意大利一位教授分别到华东政法学院、西北政法学院和西南政法学院讲学，并派出一位教授到比利时讲学。此外，应亚洲及远东预防犯罪研究所的邀请，也派出人员前去讲学。

九、建立、健全司法行政部门法制工作

根据国务院批准的立法规划，草拟有关司法行政工作的法律、法规草案，报请国务院审议批准或由国务院提请全国人民代表大会及其常务委员会审议通过。根据司法行政工作发展的需要，制定规章性文件，指导和规范全国司法行政系统各项业务工作。司法部法律政策研究室负责上述司法行政法制工作。具体任务是：1.组织协调部内法制工作；2.组织草拟司法行政法律、法规；3.草拟和审核部颁发的规章性文件；4.清理、汇编司法行政法规、规章；5.参与修改其他部门草拟的法律、法规中涉及司法行政工作的规定。

1986年主要完成以下几项工作：1.在部内建立了起草法律、法规和规章的制度；2.进行了劳动改造法和人民调解委员会组织条例的起草工作；3.制定了五十多件部发规章性文件；4.按照国务院统一部署，对1949年至1985年期间制定的司法行政法规、规章进行了清理，并汇编成册，交付法律出版社出版。

(司法部各司局)

仲裁机构及其工作

中国国际贸易促进委员会对外经济贸易仲裁委员会及其工作

对外经济贸易仲裁委员会是我国受理涉外经济贸易仲裁案件的常设机构。它的前称是对外贸易仲裁委员会。于1956年3月31日成立。1980年2月26日改称为对外经济贸易仲裁委员会。会址在北京。

1984年4月2日，对外经济贸易仲裁委员会在深圳经济特区设立了办事处，受理当地的涉外经济贸易仲裁案件。

对外经济贸易仲裁委员会现有委员(包括主席、副主席、秘书长和副秘书长)80人。委员中15人属深圳经济特区办事处(含特邀的香港经济贸易和法律界知名人士8人)。对外经济贸易仲裁委员会设秘书处，负责日常工作。

对外经济贸易仲裁委员会受理案件的范围包括：中外合资经营，合作经营，合作开发，外资独营，技术转让，金融贷款，租赁业务方面所发生的争议；对外贸易合同（包括补偿贸易、来料加工、来件装配等），委托买卖合同方面所发生的争议以及有关商品运输、保险、保管方面所发生的争议。

目前，对外经济贸易仲裁委员会只受理涉外的仲裁案件。

对外经济贸易仲裁委员会审理案件的原则是：以事实为根据，以法律为准绳，遵照合同规定和参照国际惯例行事，不偏袒任何一方当事人。

对外经济贸易仲裁委员会审理案件时适用实体法的原则是：如果当事人在合同中明确规定了适用某一特定国家或地方的法律，则适用该国或该地的法律；如果合同中没有明确规定，则适用与合同有最密切联系的法律，如合同成立地，合同履行地，仲裁所在地的法律。但中外合资经营，合作经营，外资独营，中外合作勘探开发我国自然资源在我国境内履行的合同所引起的争议仲裁案，根据我国法律的规定，只能适用我国的法律。在适用我国法律时，如果我国法律中的某些规定与我国参加的国际条约或公约的规定有冲突时，则适用该国际条约或公约的规定。

仲裁与调解相结合是对外经济贸易仲裁委员会仲裁工作的一大特点。使用调解方式解决民事纠纷是我国的优良传统。对外经济贸易仲裁委员会继承并发扬了这一传统。其做法与国外的做法不同。国外把仲裁程序和调解程序截然地、机械地分开，即先进行调解程序，如果调解成功，就结束案件；如果调解失败，再进行仲裁程序，两个程序各不相干。对外经济贸易仲裁委员会可以把两个程序分开进行，也可以把两个程序结合起来进行。可以先进行调解程序，如果调解成功，案件了结，如果调解失败，再开始进行仲裁程序；也可以一开始就进行仲裁程序，而在进行仲裁程序的过程中，在作出裁决之前的任何时候，也可对案件进行调解，从而使两个程序有机地结合在一起进行。在后一种情况下，如果调解成功，即作出“调解书”结案，不再作出仲裁裁决书，如果当事人要求，也可以按照当事人经过调解达成的和解协议的内容，作成仲裁裁决书。

调解是在当事人的同意下，在查清事实、分清是非的基础上进行的。

近年来，对外经济贸易仲裁委员会同外国的仲裁机构合作，创造了一种新的调解方式，叫做“联合调解”。其做法是，遇有争议，外国当事人向他们国家的仲裁机构请求联合调解，我国当事人向对外经济贸易仲裁委员会请求联合调解，然后由双方的仲裁机构各指定调解员一人，对争议进行共同调解。这一新的调解方式，引起了全世界仲裁界和国际经济贸易界的重视。

对外经济贸易仲裁委员会现行的程序规则是中国国际贸易促进委员会1956年3月31日第4次委员会会议通过的“对外贸易仲裁委员会仲裁程序暂行规则”。根据该规则，向对外经济贸易仲裁委员会提请仲裁，双方当事人必须订立将他们的争议提请对外经济贸易仲裁委员会解决的书面协议。涉外经济贸易合同或协议中规定的仲裁条款或其他形式（例如特别协议、往来函件、其他有关文件内的特别约定）规定的仲裁协议，均系书面的仲裁协议。当事人根据仲裁协议提请仲裁时，必须提交仲裁申请书。对外经济贸易仲裁委员会收到申诉人提出的仲裁申请书及其附具的证件后，应立即通知被诉人，并将申诉人的申诉书及副件转送被诉人一份。被诉人必须在收到申请书及副件后15天之内，在对外经济贸易仲裁委员会委员中指定仲裁员一人或委托对外经济贸易仲裁委员会主席代为指定，并尽快提出书面答辩。被诉人不按期指定仲裁员者，对外经济贸易仲裁委员会主席可以依照申诉人的声请，代被诉人指定。被指定的两位仲裁员应在对外经济贸易仲裁委员会委员中，共同选定首席仲裁员一人，组成仲裁庭，共同审理案件。被指定的两位仲裁员对首席仲裁员的人选不能达成协议时，由对外经济贸易仲裁委员会主席代为指定。双方当事人也可以在对外经济贸易仲裁委员会委员中，共同选定一人或共同委托对外经济贸易仲裁委员会主席代为指定一人为独任仲裁员，单独审理案件。

对外经济贸易仲裁委员会的规则规定，其主席依一方当事人的声请，对同当事人有关的物资、产权等，可以决定采取临时办法，保全当事人的权益。但据1982年3月8日通过的《中华人民共和国民事诉讼法（试行）》第194条的规定，对外经济贸易仲裁委员会根据当事人的申请，认为需要采取保全措施的，应当提请被申请人财产所在地或者仲裁机构所在地的中级人民法院裁定。

仲裁案件开庭审理日期，由对外经济贸易仲裁委员会主席和仲裁庭首席仲裁员或独任仲裁员会商决定。当事人可以亲自或委托代理人办理有关仲裁程序有关事项并出庭。代理人可以是我国公民，也可以是外国公民。仲裁案件的审理，一般在北京举行，必要时经对外经济贸易仲裁委员会主席核准，也可以在中国境内其他地方举行。由仲裁员三人组成的仲裁庭，以合议方式进行审理。独任仲裁员单独成立仲裁庭进行审理。当事人可以带证人出庭。仲裁庭开庭审理是公开的，但如有当事人请求，也可以不公开进行。仲裁庭可以就专门的问题，咨询我国或外国专家。一方当事人或者他的代理人不出庭，仲裁庭可以依出庭一方当事人的请求，进行审理并作出缺席裁决。仲裁庭以合议方式进行审理时，裁决由多数意见决定，少数意见可以作成意见书附卷。裁决书，附具理由，由仲裁员签名。对外经济贸易仲裁委员会的仲裁裁决是终局裁决，当事人不得向法院或其他机关提出变更的要求，即不能上诉。

一方当事人不执行仲裁裁决者，另一方当事人可以向中华人民共和国人民法院请求依法执行。1986年12月2日，第六届全国人民代表大会常务委员会第十八次会议通过了关于批准我国加入联合国1958年6月10日在纽约订立的“承认及执行外国仲裁裁决公约”的决定。中国即将成为该公约的缔约国。以后，对外经济贸易仲裁委员会作出的仲裁裁决，需要到外国执行而国外当事人拒绝执行时，可以根据该公约的规定，向外国法院申请执行。

关于仲裁费用，申诉人在提请仲裁时须缴付相等于争议金额的0.5%的仲裁手续费预付金。实际收取的仲裁手续费，最多不得超过争议金额的1%。胜诉方可以要求败诉方补偿其因办理仲裁所支出的费用，但金额不得超过胜诉方所得胜诉金额的5%。

三十年来，对外经济贸易仲裁委员会受理和解决了不少案件。1986年，对外经济贸易仲裁委员会审理的仲裁案达90多件，处理的调解案和咨询案达100多件，超过了大多数国家仲裁机构受理的涉外仲裁案件的数字。同时，国际上普遍承认中国的仲裁是公正的。

对外经济贸易仲裁委员会同全世界各国的商事仲裁机构都有联系，其中同日本、瑞典、法国、意大利、加纳、美国等国的仲裁机构或相应机构订有书面或口头的双边仲裁和调解合作协议。还正在同比利时、奥地利、加拿大、澳大利亚、香港、荷兰、印度、西班牙、苏联等国家或地区的仲裁机构联系，洽商双边合作的事宜。

著名的国际商事仲裁委员会邀请对外经济贸易仲裁委员会派人担任了它的委员。英国伦敦国际仲裁院、香港国际仲裁中心、波兰仲裁院、澳大利亚国际仲裁中心均邀请对外经济贸易仲裁委员会派人担任它们的仲裁员。

德意志联邦共和国汉堡市正在同对外经济贸易仲裁委员会商谈成立北京国际调解中心和汉堡国际调解中心以及双方合作的问题。双方将共同制订“北京/汉堡调解规则”。

对外经济贸易仲裁委员会已成为主要的国际仲裁机构之一。对外经济贸易仲裁委员会正在准备改选它的委员和修改它的仲裁程序规则，以适应新时期涉外仲裁工作的需要。

（唐厚志）

附：

中国国际贸易促进委员会对外贸易仲裁委员会仲裁程序暂行规则

（一九五六年三月三十一日中国国际贸易促进委员会第四次委员会议通过）

第一条 本规则根据前政务院1954年5月6日第二百一十五次政务会议通过的关于在中国国际贸易促进委员会内设立对外贸易仲裁委员会的决定第十二条的规定制定。

第二条 对外贸易仲裁委员会（以下简称仲裁委员会）受理对外贸易契约和交易中所发生的争议，特别是外国商号、公司或者其他经济组织同中国商号、公司或者其他经济组织间的争议，但是也可以受理外国商号、公司或者其他经济组织间，以及中国商号、公司或者其他经济组织间有关对外贸易契约和交易中所发生的争议。

前项争议包括一切由于在国外购买、销售商品契约或者委托买卖契约所发生的，由于有关商品的运输、保险、保管、发送所发生的，和其他对外贸易业务上所发生的争议。

第三条 仲裁委员会对于前条争议根据双方当事人订定提请仲裁委员会解决的书面协议，并依一方当事人的书面申请予以受理。

前项协议指在原贸易合同或者贸易协议内规定的仲裁条款或者以其他形式（例如特别协议、往来函件、其他有关文件内的特别约定）规定的仲裁协议。

第四条 仲裁申请书应当叙明下列各项：

一、申诉人和被诉人的名称和地址；

二、申诉人的要求和所根据的事实和证据；

三、就仲裁委员会委员中选定仲裁员一人的姓名，或者委托仲裁委员会主席代为指定的声明。

第五条 仲裁申请书应当附具同申请有关的证件（契约、仲裁协议、当事人往来函件等）原本或者经过证明的副本或者抄本。

第六条 申诉人在提出仲裁申请书的时候，应当缴纳为补偿仲裁费用的手续费的预付金，金额是争议金额的0.5%。

前项预付金应当送交仲裁委员会。

第七条 仲裁申请书和附件送交仲裁委员会的时候，应当依被诉人的数目备具副本。

第八条 仲裁委员会收到仲裁申请书后，应当立即通知被诉人，并且附送仲裁申请书和一切附件的副本。

第九条 被诉人应当在收到通知之日起十五日内，就仲裁委员会委员中选定仲裁员一人，通知仲裁委员会，或者委托仲裁委员会主席代为指定。

如果双方当事人另有期限的约定，依其约定。

仲裁委员会根据被诉人的请求，对于十五日的期限也可以予以变更。

第十条 如果被诉人在前条规定期限内不选定仲裁员,仲裁委员会主席依申诉人的声请代为指定仲裁员。

第十一条 仲裁委员会应当通知被选定或者指定的仲裁员,在收到通知之日起十五日内,就仲裁委员会委员中推选首席仲裁员。

如果被选定或者指定的仲裁员在前项规定期限内对首席仲裁员的推选不能达成协议,就由仲裁委员会主席代为选任首席仲裁员。

第十二条 双方当事人可以就仲裁委员会委员中共同选定一人或者共同委托仲裁委员会主席代为指定一人为独任仲裁员,单独审理争议案件。

如果双方当事人分别委托仲裁委员会主席代为指定仲裁员,仲裁委员会主席也可以在征取双方同意后就仲裁委员会委员中指定一人为独任仲裁员,单独审理。

第十三条 如果仲裁员不能参加审理,仲裁委员会应当立即通知有关当事人,并且请他们在收到通知之日起十五日内,就仲裁委员会委员中另行选定仲裁员。

如果当事人在前项规定期限内不选定仲裁员,由仲裁委员会主席代为指定仲裁员。

第十四条 如果首席仲裁员不能参加审理,仲裁委员会应当立即通知双方仲裁员,并且请他们在收到通知之日起十五日内,就仲裁委员会委员中另行推选首席仲裁员。

如果双方仲裁员在前项规定期限内,对首席仲裁员的推选不能达成协议,就由仲裁委员会主席代为选任首席仲裁员。

第十五条 仲裁委员会主席依一方当事人的声请,对同当事人有关的物资、产权等可以规定临时办法,以保全当事人的权利。

第十六条 争议案件审理日期,由仲裁委员会主席和首席仲裁员或者独任仲裁员会商决定。

第十七条 仲裁委员会可以令双方当事人在审理前提出书面说明。

第十八条 当事人可以亲自或者委托代理人向仲裁委员会办理有关仲裁程序事项。

前项代理人可以由中华人民共和国公民或者外国公民充任。

第十九条 争议案件的审理,在仲裁委员会所在地举行。在必要的时候,经仲裁委员会主席核准,也可以在中国境内其他地方举行。

第二十条 争议案件由首席仲裁员一人和仲裁员二人组成仲裁庭以合议方式进行审理。

独任仲裁员单独成立仲裁庭进行审理。

第二十一条 仲裁庭应当公开进行审理,如果有当事人双方或者一方的声请,仲裁庭可以决定不公开进行。

第二十二条 在仲裁庭开庭的时候,应当作开庭记录,由首席仲裁员或者独任仲裁员在开庭记录上签名。

仲裁庭可以令当事人或者他们的代理人、证人或者其他人员在开庭记录上签名证明。

第二十三条 仲裁委员会应当将仲裁庭开庭日期通知双方当事人。

第二十四条 被诉人对于仲裁委员会已受理的争议案件可以提起反诉。

本规则第二条至第七条的规定对于反诉同样适用。

第二十五条 当事人对于要求或者抗辩所根据的事实应当提出证据。

第二十六条 证据的审核和评定,由仲裁庭酌量办理。

以合议方式进行审理的仲裁庭可以决定将证据审核工作委由仲裁员一人担任。

第二十七条 仲裁庭为明了专门问题或者贸易惯例,可以咨询专家。

前项专家可以在中华人民共和国公民或者外国公民中指定。

第二十八条 在仲裁庭开庭的时候,如果一方当事人或者他的代理人不出席,仲裁庭可以依出席一方当事人的声请,进行审理或者裁决。

第二十九条 在仲裁庭以合议方式进行审理的时候,裁决由多数决定,少数意见可以作成意见书附卷。

第三十条 裁决主文应当在审理终结的时候当庭向当事人宣读。

裁决书应当在宣读主文后十五日内作成,附具理由,由首席仲裁员和仲裁员或者独任仲裁员签名。

第三十一条 仲裁委员会的裁决为终局裁决,双方当事人都不可以向法院或者其他机关提出变更的要求。

第三十二条 仲裁委员会的裁决,当事人应当依照裁决所规定的期限自动执行。如果逾期不执行,一方当事人可以向中华人民共和国人民法院声请依法执行。

第三十三条 仲裁委员会为补偿仲裁费用,可以向双方当事人征收手续费,金额应当由仲裁庭在裁决中规定,最多不可以超过争议金额的1%。

前项手续费可以由败诉方当事人全部负担,或者由双方当事人以比例分担,由仲裁庭酌量情形在裁决中规定。

第三十四条 仲裁庭可以在裁决中规定败诉方应当补偿胜诉方因办理案件所支出的费用,金额不可以超过胜诉方所得胜诉金额的5%。

第三十五条 仲裁委员会已受理的争议案件,如果双方当事人成立和解,案件应当撤销。在仲裁庭组成前,由仲裁委员会主席决定撤销,在仲裁庭组成后,由仲裁庭作成准予撤销的决定。

第三十六条 仲裁委员会以中国语文为正式语文。

在仲裁庭开庭的时候，如果当事人或者他们的代理人、证人或者其他人员不谙中国语文，仲裁庭可以指定译员或者令当事人提供译员。

第三十七条 仲裁委员会对当事人的一切通知以专人、挂号信函或者电报送达。

第三十八条 本规则从中国国际贸易促进委员会通过之日起施行。

中国国际贸易促进委员会海事仲裁委员会及其工作

海事仲裁委员会是我国唯一的涉外海事仲裁常设机构，是根据1958年11月21日国务院关于在中国国际贸易促进委员会内设立海事仲裁委员会的决定，于1959年1月8日成立的。原有委员（即仲裁员）31人，根据1982年9月2日国务院办公厅“关于海事仲裁委员会扩大受理案件范围和增加委员人数的通知”，现增至67人，其中主席1人、副主席5人、秘书长和副秘书长各1人。

海事仲裁委员会设秘书处，负责日常工作。

海事仲裁委员会受理：

（1）关于海上船舶互相救助、海上船舶和内河船舶互相救助的报酬的争议案；

（2）关于海上船舶碰撞、海上船舶和内河船舶碰撞或者海上船舶损坏港口建筑物或设备所发生的争议案；

（3）关于海上船舶租赁业务、海上船舶代理业务和根据运输合同、提单或者其他运输文件而办理的海上运输业务以及海上保险等所发生的争议案；

（4）海洋环境污染损害案件；

（5）双方当事人协议要求仲裁的其他海事案件。

海事仲裁委员会目前只受理涉外案件，即一方为外国当事人，或双方均为外国当事人，或虽然双方均为中国当事人但案件涉及外国人利益，或与争议有关的事实全部或部分发生在国外的案件。

现行的海事仲裁委员会仲裁规则是1959年1月8日中国国际贸易促进委员会第7次委员会会议通过的“中国国际贸易促进委员会海事委员会仲裁程序暂行规则”。该规则与对外经济贸易仲裁委员会的规则基本相同。根据该规则的规定，海事仲裁委员会受理案件，必须有双方当事人的书面仲裁协议。根据《中华人民共和国民事诉讼法（试行）》第192条的规定，当事人有书面协议提交海事仲裁委员会仲裁的案件，不得向法院起诉。

海事仲裁案件，通常由三位仲裁员组成仲裁庭，以合议方式进行审理，也可以由独任仲裁员一人单独审理。海事仲裁委员会仲裁程序规则规定，案件应公开审理。仲裁庭在开庭审理终结时，应将裁决结论当庭向当事人宣读，宣读后15日内，作出裁决书。裁决理由须在裁决书中写明。由三位仲裁员审理的案件，裁决由多数意见决定，少数意见可以记录存卷。裁决是终局的，双方当事人不得向法院或其他机关提出变更的要求，也就是说，不得上诉。

按照现行规则的规定，向海事仲裁委员会申请仲裁，须缴纳仲裁手续费的预付金，其金额是争议金额的1%；海事仲裁委员会收取的仲裁手续费，最多不得超过争议金额的2%；胜诉方可以要求败诉方补偿其因办理案件所支出的费用，但金额不得超过胜诉方所得胜诉金额的5%。

海事仲裁委员会审理案件时，以事实为依据，以法律为准绳，严格按照当事人之间的合同中的规定，参照国际上长期以来在航运和贸易实践中形成的一些合理的习惯做法，公正地处理问题和进行裁定。

仲裁与调解相结合是我国海事仲裁的重要特点之一，是解决海事争议行之有效的办法。海事仲裁委员会经常使用这一办法，妥善地解决海事争议仲裁案件。然而，调解并不是仲裁的必经程序，不是必须先进行调解，然后才进行仲裁。调解的前提是当事人双方都同意调解，而且调解是在查清事实、分清是非和责任的基础上进行的。

海事仲裁委员会制定有标准格式的“救助契约”和“船舶碰撞仲裁协议”，供当事人使用。

海事仲裁委员会同全世界许多国家的海事仲裁机构保持着联系。1978年12月9日与日本海运集会所海事仲裁委员会签订了“关于采用仲裁方式解决中日海运争议的议定书”。

1986年，海事仲裁委员会审理的仲裁案近30件。

海事仲裁委员会计划在1987年改组其委员会并修改其仲裁程序规则。

（唐厚志）

附：

中国国际贸易促进委员会海事仲裁委员会仲裁程序暂行规则

（一九五九年一月八日中国国际贸易促进委员会第七次委员会议通过）

第一条 本规则根据1958年11月21日国务院关于在中国国际贸易促进委员会内设立海事仲裁委员会的决定第十二条的规定制定。

第二条 海事仲裁委员会受理：

1. 关于海上船舶互相救助、海上船舶和内河船舶互相救助的报酬的争议；

2. 关于海上船舶碰撞、海上船舶和内河船舶碰撞或者海上船舶损坏港口建筑物或设备所发生的争议；

3. 关于海上船舶租赁业务、海上船舶代理业务和根据运输合同、提单或者其他运输文件而办理的海上运输业务以及海上保险等所发生的争议。

第三条 海事仲裁委员会对于前条争议根据双方当事人在争议发生前或者争议发生后所签订的提请海事仲裁委员会仲裁的书面协议，并依一方当事人的书面申请予以受理。

前项协议是指在争议所由发生的契约内规定的仲裁条款或者以其他形式（例如特别协议、往来函件、其他有关文件内的特别约定）规定的仲裁协议。

第四条 仲裁申请书应当叙明下列各项：

1. 申诉人和被诉人的名称和地址；

2. 申诉人的要求和所根据的事实和证据；

3. 就海事仲裁委员会委员中选定仲裁员一人的姓名，或者委托海事仲裁委员会主席代为指定的声明。

第五条 仲裁申请书应当附具有关的证件（契约、仲裁协议、当事人往来函件等）原本或者经过证明的副本或者抄本。

第六条 申诉人在提出仲裁申请书的时候，应当缴纳仲裁手续费的预付金，金额是争议金额的百分之一。

第七条 仲裁申请书和附件应当依被诉人的数目备具副本一并送交海事仲裁委员会。

第八条 海事仲裁委员会收到仲裁申请书后，应当立即通知被诉人，并且附送仲裁申请书和一切附件的副本。

第九条 被诉人应当在收到通知之日起十五日内，就海事仲裁委员会委员中选定仲裁员一人，通知海事仲裁委员会，或者委托海事仲裁委员会主席代为指定。

如果双方当事人对期限另有约定，依照约定的期限。

海事仲裁委员会根据被诉人的请求，对于十五日的期限也可以予以变更。

第十条 如果被诉人在前条规定期限内不选定仲裁员，海事仲裁委员会主席依申诉人的声请代为指定仲裁员。

第十一条 海事仲裁委员会应当通知被选定或者指定的仲裁员，在收到通知之日起十五日内，就海事仲裁委员会委员中共同推选首席仲裁员。

如果被选定或者指定的仲裁员在前项规定期限内对首席仲裁员的推选不能达成协议，就由海事仲裁委员会主席代为选任首席仲裁员。

第十二条 双方当事人可以就海事仲裁委员会委员中共同选定一人或者共同委托海事仲裁委员会主席代为指定一人为独任仲裁员。

如果双方当事人分别委托海事仲裁委员会主席代为指定仲裁员，海事仲裁委员会主席也可以在征取双方同意后就海事仲裁委员会委员中指定一人为独任仲裁员。

第十三条 如果仲裁员不能参加审理，海事仲裁委员会应当立即通知有关当事人，并且请他在收到通知之日起十五日内，就海事仲裁委员会委员中另行选定仲裁员。

如果当事人在前项规定期限内不选定仲裁员，就由海事仲裁委员会主席代为指定仲裁员。

第十四条 如果首席仲裁员不能参加审理，海事仲裁委员会应当立即通知双方仲裁员，并且请他们在收到通知之日起十五日内，就海事仲裁委员会委员中另行推选首席仲裁员。

如果双方仲裁员在前项规定期限内，对首席仲裁员的推选不能达成协议，就由海事仲裁委员会主席代为选任首席仲裁员。

第十五条 海事仲裁委员会主席对于有权受理的案件，可以根据一方当事人的声请作出保全措施的决定，并且规定保全要求的数额和方式。如果双方当事人对所要保全的数额和方式已有约定，依照约定的数额和方式。

第十六条 海事仲裁委员会主席对于保全措施所作的决定，由中华人民共和国人民法院依一方当事人的声请依法执行。

第十七条 争议案件的审理日期，由海事仲裁委员会主席和首席仲裁员或者独任仲裁员会商决定。

第十八条 海事仲裁委员会可以通知双方当事人

在审理前提出书面说明。

第十九条 海事仲裁委员会对于所受理的案件，可以进行调解。

第二十条 当事人可以委托代理人保护自己的利益并向海事仲裁委员会办理有关仲裁程序的事项。

前项代理人可以由中华人民共和国公民或者外国公民担任。

第二十一条 争议案件的审理，在海事仲裁委员会所在地举行，在必要的时候，经海事仲裁委员会主席核准，也可以在中国境内其他地方举行。

第二十二条 争议案件由首席仲裁员一人和仲裁员二人组成仲裁庭以合议方式进行审理。

独任仲裁员单独成立仲裁庭进行审理。

第二十三条 仲裁庭应当公开进行审理，如果有当事人双方或者一方的声请，也可以不公开进行。

第二十四条 仲裁庭开庭，应当作开庭记录，由首席仲裁员或者独任仲裁员在开庭记录上签名。

仲裁庭可以令当事人或者他们的代理人、证人或者其他人员在开庭记录上签名。

第二十五条 海事仲裁委员会在开庭前应当将仲裁庭开庭日期通知双方当事人。

第二十六条 被诉人对于海事仲裁委员会已受理的争议案件可以提起反诉。

本规则第二条至第七条的规定对于反诉同样适用。

第二十七条 当事人对于要求或者抗辩所根据的事实，应当提出证据。仲裁庭认为必要的时候，可以主动进行调查或者搜集证据。

第二十八条 证据的审核和评定，由仲裁庭酌量办理。

以合议方式进行审理的仲裁庭可以由仲裁员一人担任证据审核工作。

第二十九条 仲裁庭为明了专门问题或者惯例，可以咨询专家。

前项专家可以在中华人民共和国公民或者外国公民中指定。

第三十条 在仲裁庭开庭的时候，如果一方当事人或者他的代理人不出席，仲裁庭可以依出席一方当事人的声请，进行审理或者裁决。

第三十一条 在仲裁庭以合议方式进行审理的时候，裁决由多数决定，少数意见可以记录存卷。

第三十二条 裁决结论应当在审理终结的时候，当庭向当事人宣读。

裁决书应当在宣读结论后十五日内作成，并且说明理由，由首席仲裁员和仲裁员或者独任仲裁员签名。

第三十三条 海事仲裁委员会的裁决是终局裁决，双方当事人都不可以向法院或者其他机关提出变更的要求。

第三十四条 海事仲裁委员会的裁决，当事人应当依照裁决所规定的期限自动执行。如果逾期不执行，一方当事人可以向中华人民共和国人民法院声请依法执行。

第三十五条 海事仲裁委员会可以征收仲裁手续费，手续费金额由仲裁庭在裁决中规定，最多不可以超过争议金额的百分之二。

前项手续费是由败诉方当事人全部负担，或者由双方当事人按比例负担，由仲裁庭酌情决定。

根据第三十七条而撤销的案件，海事仲裁委员会也可以酌量征收手续费。

第三十六条 仲裁庭可以在裁决中规定败诉方补偿胜诉方因办理案件所支出的费用，金额不可以超过胜诉方所得胜诉金额的百分之五。

第三十七条 海事仲裁委员会已受理的争议案件，如果双方当事人成立和解，案件应当撤销。在仲裁庭组成前，由海事仲裁委员会主席决定撤销，在仲裁庭组成后，由仲裁庭决定撤销。

第三十八条 海事仲裁委员会以中国语文为正式语文。

在仲裁庭开庭的时候，如果当事人或者他们的代理人、证人或者其他人员不懂中国语文，仲裁庭可以指定翻译人员或者令当事人提供翻译人员。

第三十九条 海事仲裁委员会对当事人的一切通知以专人、挂号信或者电报送达。

第四十条 本规则自中国国际贸易促进委员会通过之日起施行。

国家工商行政管理局经济合同仲裁委员会及其工作

一、我国仲裁机关的设置

为了保障国民经济建设的顺利发展，前中央人民政府政务院于1954年5月6日决定，有关国内经济合同争议，分别由有关部门解决：工矿、工交之间的购销合同争议，由各级经委仲裁；建筑工程承包合同争议，由各级建委仲裁；工商之间的购销合同、农商之间的购销合同、不同商业部门之间的购销合同争议，由各级工商行政管理机关仲裁。

随着我国进入以经济建设为中心的四个现代化建设的新时期，国内经济合同争议的这种分头仲裁状况已不适应经济发展的需要。1983年8月22日，国务院发布了《中华人民共和国经济合同仲裁条例》，改变了分头仲裁的制度，规定建立统一的经济合同仲裁机关，即国家工商行政管理局和地方各级工商行政管理局设立的经济合同仲裁委员会。根据《中华人民共和国经济合同仲裁条例》的规定，经济合同仲裁委员会分为：

（一）县（市）、旗、市辖区经济合同仲裁委员会；

（二）省辖市、地区、自治州经济合同仲裁委员会；

（三）省、自治区、直辖市经济合同仲裁委员会；

（四）国家工商行政管理局经济合同仲裁委员会。

各级经济合同仲裁委员会由主任一人，副主任一至二人和委员若干人组成。主任、副主任和委员必须由具有工作经验和专业知识的人组成。经济合同仲裁委员会设专职仲裁员若干人办理经济合同纠纷案件。

仲裁机关办理经济合同纠纷案件，由仲裁员二人和仲裁委员会指定的首席仲裁员一人组成仲裁庭进行。简单的经济合同纠纷案件，可以指定一名仲裁员进行仲裁。

仲裁庭组成人员或者独任仲裁员，如果认为办理本案不适宜，应当自行申请回避；当事人发现仲裁庭组成人员或者独任仲裁员与本案有关联，有权用口头或者书面方式申请他们回避。

二、仲裁机关应遵循的原则和制度

我国的仲裁机关在自己的工作活动中遵循下列几项原则：

（一）贯彻以事实为根据，以法律为准绳的原则

仲裁机关处理经济合同纠纷，要尊重客观事实，虚心听取各方面的意见，加以分析研究，去伪存真，不能先入为主，偏听偏信；不能先划框子，后找材料。否则，就容易做出错误的判断和裁决。

仲裁机关在办案时，一定要做到有法必依，执法必严，违法必究；秉公执法，不讲私情，敢于同违反合同纪律、违反国家法律的行为作斗争。仲裁工作者应当养成忠于法律，执法如山，刚直不阿的高尚品德。

（二）贯彻先行调解的原则

经济合同纠纷发生的原因很多，情况也比较复杂，所以，仲裁机关在处理合同纠纷时，要注重调查研究，查明事实，分清是非，力求调解解决问题。仲裁机关着重用调解的方式解决经济合同纠纷案件，是我国仲裁工作的一条重要经验。实践证明，通过调解解决合同纠纷，可以更好地向当事人进行法律、政策教育，促进友好协作，发展经济往来。

（三）贯彻当事人行使权利一律平等的原则

经济合同当事人的法律地位是平等的，权利义务是对等的。仲裁机关对当事人适用法律应当一律平等，保证当事人平等地行使权利。在案件处理过程中，当事人对争议的问题自己有权进行辩论，有权聘请律师提供法律帮助，或者委托律师担任代理人参加仲裁诉讼。

在少数民族地区，仲裁机关对于不通晓当地民族通用语言、文字的当事人，应当为他们提供翻译。制作调解书、裁决书应当用两种文字。两种文字的文书具有同等的法律效力。

仲裁机关除了遵循以上几项原则外，还应当贯彻以下几项制度：

（一）贯彻一次裁决的制度

仲裁条例颁发以前，仲裁由几家搞，实行两裁两审制。这种制度，层次多，时间长，效率低，不利于生产、流通的迅速发展。仲裁机关实行一次裁决制度，有利于维护当事人的合法权益，有利于稳定社会经济秩序，有利于促进生产、经营事业的发展。

（二）贯彻回避制度

回避制度是保障当事人平等地行使权利的一项重要制度。如果当事人发现仲裁机关指定的仲裁员与本案有关联，有权请求他们回避。仲裁机关接到当事人的回避申请时，应当认真处理。如果属实，则应更换仲裁员。首席仲裁员的回避，由仲裁委员会决定；仲裁员的回避，由仲裁委员会主任或者副主任决定。如果查无实据，则应裁定驳回。但要做好当事人的思想工作，以利于仲裁工作的顺利进行。

（三）贯彻回访制度

仲裁机关对自己处理的合同纠纷案件，应当有目的地进行回访，检验自己的办案效果和办案质量，总结经验，提高水平。在回访时，还可以对当事人提出改进生产、经营活动的建议，帮助企业建立合同管理制度，堵塞漏洞，重合同，守信用，提高经济效益。

三、我国仲裁机关对案件的管辖

（一）按照地域划分案件管辖

1. 经济合同纠纷案件由合同履行地或者合同签订地的仲裁机关管辖。如果上述两地执行有困难，也可以由被诉方所在地的仲裁机关管辖。

2. 建筑工程承包合同纠纷，由建筑物所在地的仲裁机关管辖；铁路、公路、水路货物运输和联合货物运输中发生的经济合同纠纷，由负责查处该项纠纷的运输管理机关所在地的仲裁机关管辖；航空运输中发生的经济合同纠纷案件，由合同签订地、运输始发地、目的地或者事故发生地的仲裁机关管辖。

（二）按照仲裁级别划分案件管辖

经济合同纠纷案件，除按地域划分管辖权外，还按照争议金额的多少，社会影响大小来划分管辖权。

1. 县（市）、旗、市辖区的仲裁机关管辖争议金额在 50 万元以下的经济合同纠纷案件；

2. 省辖市、地区、自治州的仲裁机关管辖在本地区有较大影响或者争议金额在 50 万元至 500 万元的经济合同纠纷案件；

3. 省、自治区、直辖市的仲裁机关管辖在本地区

有重大影响或者争议金额在500万元至1000万元的经济合同纠纷案件；

4. 国家工商行政管理局经济合同仲裁委员会管辖在全国范围内有重大影响或者省、自治区、直辖市之间，中央部门与省、自治区、直辖市之间，中央各部门之间争议金额在1000万元以上的经济合同纠纷案件。

（三）指定管辖

仲裁条例规定，上级仲裁机关有权办理下级仲裁机关管辖的案件，也可以把自己管辖的案件交下级仲裁机关办理；下级仲裁机关管辖的案件，认为需要上级仲裁机关办理的，可以报请上级仲裁机关办理。如果管辖权发生争议，由争议双方协商解决，协商不成时，报共同上级仲裁机关指定管辖。

四、仲裁程序

（一）仲裁申请

当事人向仲裁机关申请仲裁，应从其知道或者应当知道权利被侵害之日起一年内提出，超过期限的，一般不予受理；但侵权人愿意承担债务的，不受时效限制。

向仲裁机关申请仲裁，应当递交仲裁申请书，并按照被诉人数提交副本。经审查，符合立案规定的，仲裁机关应当在七日内立案，并通知申诉人按照争议金额的比例预交仲裁费。经审查，不符合立案规定的，仲裁机关应当在七日内通知申诉人不予受理，并说明理由。仲裁机关受案后，应当在五日内将申请书副本发送被诉人。被诉人收到申请书副本后，应当在十五天内提交答辩书和有关证据。被诉人没有按时提交或者不提交答辩书的，不影响案件的处理。

（二）调查取证和保全措施

1. 调查取证。仲裁机关受理案件后，承办人员应当认真阅读申诉书和答辩材料，进行调查研究，收集证据。仲裁机关在调查取证时，有权查阅与案件有关的档案、资料和原始凭证。被调查单位应当如实地提供材料，协助调查。如果涉及到有关国家机密的证据，仲裁机关和调查人员必须保密。有的案件需要对物证进行技术鉴定或进行现场勘察的，应当通知当事人及有关人员到场；必要时可邀请有关单位派人协助。仲裁机关委托有关单位进行技术鉴定时，受托单位应当按照委托鉴定的项目、标准等要求认真办理。

2. 仲裁保全。在处理案件时，为避免造成更严重的财产损失，仲裁机关可以根据当事人的申请作出保全措施的裁定。仲裁机关决定采取保全措施时，可以令申请人提供担保，拒绝提供的，驳回申请。申请人败诉的，应当赔偿被申请人因采取保全措施所遭受的财产损失。仲裁保全措施可以采取中止合同的履行，查封和扣押货物，变卖不易保存的货物并保存价款，责令被申请人提供担保，或者法律准许的其他方法。

仲裁机关采取保全措施，只限于申请仲裁的范围，或者与本案有关的财物。

（三）调解

仲裁机关在查明事实、分清责任的基础上进行调解。调解可以由仲裁员一人主持，也可以由仲裁庭主持。仲裁机关主持调解一定要做好双方当事人的思想工作，实事求是，促使当事人达成协议。调解达成协议，双方必须自愿，不得强迫；协议内容不得违背法律、行政法规和政策，不得损害国家利益、社会公共利益和他人利益。仲裁机关要根据双方当事人达成的协议，制作调解书。调解书送达当事人后，即发生法律效力，双方当事人必须自动履行。一方当事人逾期不履行，另一方当事人可向有管辖权的人民法院申请执行。

（四）仲裁

经仲裁机关主持调解未达成协议，或者调解书送达前一方或者双方翻悔的，可进行仲裁。

仲裁庭开庭前，应当将开庭时间、地点，以书面形式通知当事人。如果当事人经两次通知，无正当理由拒不到庭的，可作缺席仲裁。

仲裁庭开庭时，由首席仲裁员宣布仲裁员、书记员名单，询问当事人是否申请回避。庭审时，仲裁庭应当认真听取当事人的陈述和辩论，出示有关证据，依申诉人、被诉人的顺序征询双方最后意见，然后可再行调解，调解未达成协议的，由仲裁庭评议后裁决。

仲裁庭评议案件，实行少数服从多数的原则。评议中的不同意见，必须如实记入笔录。疑难案件的处理，可以提请仲裁委员会讨论决定。仲裁委员会的决定，仲裁庭必须执行。

如果当事人对仲裁机关作出的裁决不服，可在收到裁决书之日起十五天内，向原仲裁机关所在地的人民法院起诉。逾期不起诉的，裁决书即发生法律效力。当事人对发生法律效力的裁决书，应当依照规定自动履行。一方逾期不履行，另一方可以向有管辖权的人民法院申请执行。

（五）仲裁监督

如果仲裁机关处理经济合同纠纷案件发生错误，应当及时纠正。但必须按照法律程序进行。不经法定程序，任何其他组织和个人都无权改变已经发生法律效力的裁决。所以，仲裁监督是指仲裁机关依照法定职权对已经发生法律效力的裁决，审查其在事实上或在适用法律上是否正确的一种特定的法律程序。仲裁监督的目的是本着对人民负责的精神，实事求是地纠正错误。

我国仲裁条例规定，经济合同仲裁委员会主任、副主任对本委员会已经发生法律效力的裁决，发现确有错误，需要重新处理的，可以提交经济合同仲裁委员会讨论决定。上级仲裁机关对下级仲裁机关已经发生法律效力的裁决，发现确有错误的，有权撤销原裁决，指令重新裁决。重新裁决的案件，应当另行组成仲裁庭进行。

五、我国仲裁工作取得显著成效

《中华人民共和国经济合同仲裁条例》发布后，各级人民政府按照《仲裁条例》的规定，设置机构，配备人员，积极受理经济合同纠纷案件。到1986年12月为止，全国县以上设置仲裁机关达2803个，占应设机构的89.7%。1983年下半年至1986年上半年受理经济合同纠纷案件83840起，解决争议金额118.1亿元。这对保护当事人的合法权益，维护社会经济秩序，促进经济建设的发展，起了积极的作用。

为了进一步提高仲裁机构的工作效率和办案质量，国家工商行政管理局于1986年1月11日至1月19日在北京召开了全国经济合同仲裁委员会主任会议，就建立健全仲裁机构，提高办案人员素质，严格依法办案，加强仲裁监督等问题，进行了讨论和研究。

1986年11月25日至1986年12月2日，国家工商行政管理局经济合同仲裁委员会在福建省泉州市召开了部分省、自治区、直辖市参加的仲裁工作座谈会。会议认为，由于对外开放、对内搞活经济政策的实行，商品经济迅速发展，横向经济联合加强，使经济合同大量增加，合同纠纷也成倍增长；1986年上半年，因合同纠纷提起诉讼的案件高达14.4万多起。仲裁机关面临着严重的任务，必须充分发挥仲裁机关办案“程序简便，方法灵活，处理及时”的特点，在保证办案质量的前提下，加快办案速度，提高结案率，更好地为四化建设服务。

（张成泉）

普及法律常识工作

中共中央、国务院转发《关于向全体公民基本普及法律常识的五年规划》的通知

各省、自治区、直辖市党委和人民政府，各大军区、省军区、野战军党委，中央和国家机关各部委，军委各总部、各军兵种党委，各人民团体：

中共中央和国务院同意中央宣传部、司法部《关于向全体公民基本普及法律常识的五年规划》，现转发给你们，望结合实际，具体安排，认真组织实施。

全民普及法律常识是我国人民政治生活中的一件大事，是社会主义精神文明建设的一个重要组成部分。做好这项工作，对于进一步发扬社会主义民主、加强社会主义法制，推进社会主义两个文明的建设，实现党在新时期总的奋斗目标和总任务，都具有重要的意义。要把这项工作，同社会治安的综合治理以及其他各项思想政治教育有机地结合起来，为培育有理想、有道德、有文化、有纪律的社会主义一代新人打好坚实的基础。要大力运用报刊、广播、电视、电影、文学艺术等各种宣传文化阵地和各种手段，准确地、形象地进行法制宣传。要通过正反两方面的典型，特别是通过大力宣扬和表彰正面的典型，在全体人民中树立各种遵纪守法的榜样，创造依法治国、依法办事的良好气氛。要引导人们不仅学法、知法，更要自觉守法、用法，勇于同各种违法乱纪的行为作斗争，为实现社会风气、社会秩序、社会治安的根本好转而努力。

应当指出，在一些干部中，违法乱纪、触犯刑律的现象，如贪赃枉法、营私舞弊、欺压群众、任意侵犯公民人身权利、民主权利和其他合法权益等，至今仍然不断发生，严重损害国家和人民的利益。各级党委、政府和各单位领导，要结合普及法律常识这项工作，认真检查本地区、本部门、本单位遵纪守法的情况，总结经验教训，订出改进措施，切实增强领导干部和广大工作人员的法制观念，提高遵纪守法的自觉性。对违法乱纪、触犯刑律的人，特别是违法的“执法者”，必须严肃依法追究，尽速查处，做到件件有着落。政法部门和一切执法工作人员更要带头学好法律，以法律为准绳，规范自己的言行，坚持光明正大、公道正派的原则，发扬廉洁奉公、见义勇为的优良作风，为维护法律的尊严，维护国家和人民的利益作出新的贡献。

争取用五年左右时间向全体公民基本普及法律常识，是一项艰巨的任务，各级党委和政府必须加强领导，及时解决实施中遇到的一些实际问题，保证这一任务圆满完成。

关于向全体公民基本普及法律常识的五年规划

根据宪法关于在公民中普及法制教育的规定和胡耀邦同志在党的第十二次全国代表大会上的报告中提出的关于在全体人民中间反复进行法制的宣传教育，努力使每个公民都知法守法的要求，中央宣传部和司

法部决定，从一九八五年起，争取用五年左右时间，在全体公民中基本普及法律常识。这是加强我国社会主义民主和法制建设的重大步骤。它对于巩固和发展安定团结的政治局面，争取社会风气、社会秩序、社会治安状况的根本好转，使国家长治久安；对于保障和促进社会主义物质文明和精神文明的建设，逐步实现工业、农业、国防和科学技术的现代化，把我国建设成为高度文明、高度民主的社会主义国家，具有重要的现实意义和深远的历史影响。为实现这个任务，特制定本规划。

一、普及法律常识的对象、内容和要求

普及法律常识的对象是工人、农（牧、渔）民、知识分子、干部、学生、军人、其他劳动者和城镇居民中一切有接受教育能力的公民。

普及法律常识的基本内容是：我国的宪法、刑法、刑事诉讼法、民事诉讼法（试行）、婚姻法、继承法、经济合同法、兵役法、治安管理处罚条例以及其他与广大公民有密切关系的法律常识。

通过普及法律常识教育，使全体公民增强法制观念，知法、守法，养成依法办事的习惯。

普及法律常识的要点是：

宪法：我国宪法的地位和作用，我们国家的根本制度和根本任务，公民的基本权利和义务，国家机构的组织、职权及活动原则，维护宪法尊严、保障宪法实施是每个公民的神圣职责。

刑法：我国刑法的任务，违法与犯罪，正当防卫和紧急避险，刑罚的种类，犯罪的种类，惩办与宽大相结合的原则，以刑法为武器积极同刑事犯罪作斗争。

刑事诉讼法：我国刑事诉讼法的任务，刑事诉讼原则，刑事诉讼制度，依法参加诉讼活动是每个公民的权利和义务。

民事诉讼法（试行）：民事诉讼法的任务，诉讼参与人的权利和义务，民事诉讼的管辖和程序，怎样写民事诉状。

婚姻法：我国婚姻法的主要原则，结婚的条件和结婚登记，离婚的条件和处理原则，社会主义家庭关系，要同婚姻家庭方面的违法犯罪行为作斗争。

继承法：继承权和遗产，法定继承、遗嘱继承和遗赠，遗产的处理。

经济合同法：经济合同法的作用，经济合同的订立、履行、变更和解除，违反经济合同的责任，经济合同纠纷的调解和仲裁，维护经济合同的严肃性和认真履行合同是每个当事人的义务。

兵役法：我国现行的兵役制度，兵员的征集，现役军人和预备役军人，民兵，依法服兵役和参加民兵组织是公民的义务，现役军人的优待和退出现役后的安置。

治安管理处罚条例：我国治安管理处罚的性质和作用，违反治安管理的行为，对违反治安管理行为的处罚及决定处罚的程序。

对上述内容，各地、各单位可根据不同对象、不同情况有所侧重。此外，各地还应根据不同地区、不同对象的需要，分别选学其他有关法律常识，如民族区域自治法、森林法、环境保护法（试行）、中外合资经营企业法、专利法、文物保护法、食品卫生法及各种税法等。

一切有接受教育能力的公民，都要积极参加普及法律常识的活动。普及法律常识的重点对象：第一是各级干部，尤其是各级领导干部；第二是青少年。

普及法律常识，对不同职业的公民应有不同的要求。各级领导干部要多学一点，学深一点。除应该掌握上述要点外，还要学点法学基础理论和经济法方面的知识，要熟悉同本职工作有关的法律、法规。通过学习，牢固地树立法制观念，尤其是遵守、维护宪法的观念，正确认识和处理法律与政策、法律与改革的关系，学会运用法律手段管理经济、管理科学文化教育事业以及其他各项事业，模范地遵守和执行国家法律。

在青少年中普及法律常识，要由浅入深，循序渐进，打好基础。各级各类大、中、小学要根据不同对象和不同要求设置有关法制教育的课程。小学应根据少年儿童的特点，结合思想品德课进行，重点是向小学生进行法制的启蒙教育，普及交通管理规则和治安管理处罚条例中的有关常识。在小学高年级学生中进行有关违法犯罪的简单概念教育；中学应重点普及宪法和刑法等有关法律常识；大学学生还应学习法学基础理论和同本专业有关的法律知识。所有大、中、小学都要向学生进行积极同违法犯罪行为作斗争的教育。

中国人民解放军和中国人民武装警察部队普及法律常识的工作，由中国人民解放军总政治部和中国人民武装警察总部政治部负责安排。

二、普及法律常识的方法

普及法律常识要紧密联系实际，采取多种形式进行。

有计划地、比较系统地上法制课是普及法律常识的重要形式。不同地区、不同部门可采取不同形式上法制课。党政机关、人民团体、企业事业单位采取在职学习的办法进行普及，也可以用举办短期法制培训班的办法进行。各级党校、团校、干部学校都要开设法制课，向干部普及法律常识。在农村，可以采取干部包片，党员包联系户，宣传员送法上门等方法，有条件的地方也可以用业余法制学校或法律夜校等形式，组织农民学习法律常识；还可以通过电视、有线广播或其他形式讲解法律常识。

为充分发挥报纸、刊物、广播、电视在法律普及工作中的重要作用。报刊、广播电台、电视台都要有专人负责，办好法制宣传栏目，增加法制方面的宣传报道，努力扩大法制宣传教育的效果。《中国法制报》和各省、自治区、直辖市及百万人口以上大城市的法制报刊要成为普及法律常识的重要阵地。积极做好各种普及法律常识书籍的编写、出版、发行工作。除已出版的普及法律常识的干部读本、工人读本、农民读本、战士课本、党校课本、团校课本之外，各省、自治区、直辖市和各行业系统要组织写作力量，紧密联系本地区、本行业的实际情况，为工人、农民编写法律常识的辅导教材或辅助读物。编写的教材、读物，内容一定要准确、通俗、生动、健康。要努力运用电影、电视、戏剧、曲艺、小说、歌曲等文艺形式宣传法律常识。要积极组织有关法制文艺作品的创作。各省、自治区、直辖市在近年内要制作一部或几部法制题材的电视剧。有电影制片厂的省、自治区、直辖市至少要制作一部法制题材的故事片。涉及法制问题的文艺作品，一定要符合法律规定。要注意发挥文化宫、青少年宫、文化馆(站)、俱乐部、影剧院以及乡镇文化中心等群众文化阵地的作用，开展法制宣传教育活动；通过举办法律常识答题竞赛、讲演、读书活动等方法，吸引青年参加学习；运用橱窗、板报、画廊、幻灯、展览等多种形式进行法制宣传，使广大人民群众耳濡目染，形象地、具体地了解法律常识，增强法制观念。

普及法律常识工作必须为实现党在现阶段的总任务、总目标服务，为社会主义经济建设和改革服务。要紧密结合生产和工作，结合社会治安的综合治理，结合思想政治工作、“四有”教育和五讲四美三热爱活动去进行。

三、普及法律常识的步骤

全国范围的普及法律常识工作，大体分三个阶段进行：

(一) 准备阶段。一九八四年六月至一九八五年六月作好准备。在这个阶段，主要做好以下几项工作：(1)进行思想动员，发动全体公民积极参加普及法律常识的活动；(2)制定全国和省、地(市)、县、乡的普及法律常识规划；(3)培训一支合格的宣传员队伍，首先培训各级领导骨干；(4)编写教材；(5)进行试点。中央和省、自治区、直辖市以及地(市)、县都要有自己的试点，以便取得经验，推动全面。

尚未完成准备工作的地方，应继续做好准备工作。

(二) 实施阶段。一九八五年七月至一九九〇年上半年认真实施。在全国范围内，首先抓好一百九十六个大、中城市及其郊县农村的法律常识普及工作。各地、各行业也要确定自己的工作重点和步骤，分期分批组织实施。

(三) 总结考核阶段。考虑到一些地方和单位准备工作进展不一致，实施阶段有先有后，考核时间不作统一规定，各地可根据实际情况，在分批普及的基础上，分批考核。

四、考核的方法和标准

个人考核标准是：

(1) 所学内容考核合格；

(2) 能够自觉遵纪守法，懂得正确地行使公民权利和自觉地履行公民义务。

干部，特别是各级领导干部，除达到上述标准外，还要模范地遵守法律，并学会运用法律手段管理自己的本职工作。

单位考核标准是：

(1) 参加学习并考核及格的人数达到规定指标，即个人及格率应达到参加考核人数的百分之六十以上，干部、特别是领导干部的及格率应该更高一些。

(2) 能够依照法律管理本地区、本部门的生产、工作和其他各项活动。

考核的方法由各地区、各部门根据自己的实际情况自行确定。对考核及格的个人可发给结业证书或张榜公布。考核合格的单位，应发给合格证。个人的考核成绩应作为今后考核使用干部、确定职级、评选先进的一项条件。对在普及法律常识中表现突出的先进单位和个人应当予以表扬和奖励。

五、普及法律常识的组织领导

向全体公民普及法律常识是国家政治生活中的一件大事，必须在各级党委和政府统一领导下，由党委宣传部门和司法部门主管，组织公检法、工青妇、文化、教育、新闻、出版、工业、农业、交通、财贸等各部门通力合作。

各级党委应将普及法律常识工作纳入议事日程，切实加强领导，并采取得力措施保证其实施。要把法制教育纳入干部政治理论学习、青工系统教育和学校正规教育之中。

普及法律常识工作，在指导思想上要实事求是，从实际出发，讲求实效，力戒浮夸和形式主义；在方法上要实行以点带面，典型示范，分类指导。

法制宣传部门人员过少的，请当地党委、政府根据情况适当增加编制，充实必要的骨干力量。普及法律常识所需经费列入地方财政开支，一些必需购置的宣传设备，请各级党委、政府切实予以解决。

要建立请示报告制度。从一九八五年下半年起，各省、自治区、直辖市党委宣传部和司法厅(局)每半年要分别向中宣部和司法部报告一次工作，以便加强业务指导，保证普及法律常识工作的顺利进行。

中共中央宣传部

中华人民共和国司法部

一九八五年六月

全国人民代表大会常务委员会
关于在公民中基本普及法律常识的决议

（一九八五年十一月二十二日第六届全国人民代表大会常务委员会第十三次会议通过）

为了发展社会主义民主，健全社会主义法制，必须将法律交给广大人民掌握，使广大人民知法、守法，树立法制观念，学会运用法律武器，同一切违反宪法和法律的行为作斗争，保障公民合法的权利和利益，维护宪法和法律的实施。大力加强法制宣传教育，在公民中普及法律常识，对于加强社会主义法制，保障国家的长治久安，促进社会主义物质文明和精神文明的建设，实现我国在新时期的奋斗目标和总任务，具有重大的意义。第六届全国人民代表大会常务委员会第十三次会议认为，国务院提出关于在公民中普及法律常识的决议（草案）的议案很重要，很适时，并决定如下：

一、从一九八六年起，争取用五年左右时间，有计划、有步骤地在一切有接受教育能力的公民中，普遍进行一次普及法律常识的教育，并且逐步做到制度化、经常化。

二、普及法律常识的重点对象，是各级干部和青少年。各级领导干部，尤其应当成为学法、懂法、依法办事的表率。

三、普及法律常识的内容，以宪法为主，包括刑事、民事、国家机构等方面基本法律① 的基本内容，以及其他与广大干部和群众有密切关系的法律常识。各部门还应当着重学习与本部门业务有关的法律常识，各地区还可以根据需要选学其他有关的法律常识。

四、学校是普及法律常识的重要阵地。大学、中学、小学以及其他各级各类学校，都要设置法制教育的课程，或者在有关课程中增加法制教育的内容，列入教学计划，并且把法制教育同道德品质教育、思想政治教育结合起来。

五、要编写简明、通俗的法律常识读物，紧密联系实际，采取多种形式，进行普及法律常识的宣传教育，努力做到准确、通俗、生动、健康。要扎扎实实，讲求实效，防止形式主义。

六、普及法律常识，要在中国共产党的领导下，动员和依靠全社会的力量。一切国家机关和武装力量、各政党和各社会团体、各企业事业组织，都应当认真向本系统、本单位的公民进行普及法律常识的教育。报刊、通讯社和广播、电视、出版、文学艺术等部门，都应当把加强法制宣传教育、普及法律常识作为经常的重要任务。各级人民代表大会常务委员会和人民政府要加强对本决议的实施的领导，制订切实可行的规划，并采取有效措施，认真贯彻执行。

① 国家机构方面的基本法律包括：《全国人民代表大会组织法》、《国务院组织法》、《地方各级人民代表大会和地方各级人民政府组织法》、《民族区域自治法》、《全国人民代表大会和地方各级人民代表大会选举法》和《人民法院组织法》、《人民检察院组织法》。

中共中央宣传部、司法部关于一九八六年
全国普及法律常识工作的安排意见

各省、自治区、直辖市党委宣传部，人民政府司法厅（局），总政治部宣传部，武警总部政治部，中直机关、国家机关党委宣传部，中央宣传系统各单位党委、党组，司法部直属各单位、政法院校：

根据中共中央、国务院转发《关于向全体公民基本普及法律常识五年规划》的通知和六届全国人大常委会第十三次会议关于在公民中普及法律常识的决议，一九八六年是组织实施《关于向全体公民基本普及法律常识的五年规划》的头一年，各级党委宣传部门和人民政府司法行政机关，以及各部门、各单位、各人民团体，必须结合实际，通力协作，扎实工作，为今后五年圆满完成这一任务打好基础。为此，安排如下：

一、任务和要求

一九八六年全国普及法律常识的重点是各级干部，特别是县、团级以上领导干部和领导机关。要争取县、团以上干部在今、明两年内基本学完“八法一例”和有关法律知识。干部的学习主要采用在职学习和分批分期脱产半脱产轮训两种方式，但不论采取何种方式，都必须相对集中时间，严格制度，有计划、有组织地进行。各类干部除学习《规划》规定的内容外，还可结合本职工作学习其他有关的法律和法律知识。各级领导机关、领导干部要带头学法、用法。政法干部更要起表率

作用。除自己学好、用好外，还应为全民普及法律常识积极主动地多做工作。

全国一百九十六个三十万以上人口的大中城市的普及法律常识工作，要在做好培训骨干工作的基础上，有准备、有步骤地全面展开。首先是抓好这些城市中的机关、团体、企事业单位的干部、职工学法。其次，对于城市街道居民和分散的个体工商户、待业青年等人员，在经过试点取得经验之后，也要有计划地逐步展开。

在农村，尚未试点的，一九八六年要进行试点，争取每个县至少有五个以上的各类试点单位；已经试点的要根据领导力量和教学条件，先在百分之十到百分之十五的地区内铺开。本年内对农村的基本要求：第一，通过试点，取得初步经验，进行典型示范；第二，根据各自情况，努力轮训区、乡（镇）主要领导干部，准备好骨干力量；第三，有计划地培训宣传员。完成这三项任务，是为明年在更大范围内开展工作创造条件。农村普及法律常识工作要因地制宜，采取农民易于接受的多种形式，努力创造和总结一些行之有效的经验。在有条件的乡、村，尽可能采取办农民法制夜校的方式，以确保质量。农村普及法律常识的重点，首先是乡、村党政干部、共产党员、共青团员；其次是青年农民和各户户主。要充分发挥共青团、妇联和民兵组织的作用，利用乡、村文化室、俱乐部和夜校等，为广大农民、尤其是青少年开辟学法活动场所。

学校是法制宣传教育的重要阵地。要协同教育部门继续总结中学法制课经验，提高授课质量；认真贯彻全国小学法制教育会议精神，要求所有小学结合思想品德课进行法制启蒙教育。鉴于高等院校教学情况比较复杂，建议各地对高等院校不同专业设置法制课问题进行分类试点，提出试行方案，拟于明年协同教育部门统一讨论解决。根据全国人大常委会决议和全国党校法制教育会议精神，各级党校、团校和干部学校都要开设法制课和法律知识培训班，把党校、团校、干部学校办成干部学法的基地。

中国人民解放军和中国人民武装警察部队的普及法律常识工作，分别按照总政治部和武警总部政治部部署进行。

在全体公民中普及法律常识，必须同端正党风和争取社会风气好转，同经济体制改革和经济建设，同社会治安的综合治理以及其他各项工作相结合，做到学用结合，学以致用。联系实际既是法制宣传教育的方法，也是它的基本要求。无论是机关、企业事业单位、军队、人民团体或学校，都要在学法中密切结合实际，结合分析案例，加深理解，不要照本宣科，就法论法；要总结正反两方面的经验，认真检查和坚决纠正有法不依、执法不严、违法不究的行为，养成依法办事的习惯。要使广大干部模范地遵纪守法，学会依法管理各项事业；使广大群众知法守法，学会正确行使公民权利，履行公民义务，依法参与管理国家事务和社会事务，用法律保护自己的合法权益，勇于同违法犯罪行为做斗争。

普及法律常识工作要按《规划》要求进行，既要抓紧时机积极组织，又要扎扎实实保证质量，防止走过场。各地、各部门应结合自己的实际情况，制定实施规划。

二、运用各种宣传手段加强法制宣传

根据“一手抓建设，一手抓法制”的精神，继续通过各种途径和形式广泛深入地宣传普及法律常识的重大意义及其必要性、可行性，做到家喻户晓，人人皆知。

认真贯彻全国报刊法制宣传会议和陈丕显同志在首都新闻界负责人座谈会上讲话的精神，充分发挥新闻工作对推动法制宣传教育的重大作用。报纸、刊物、广播、电视、通讯社都要设置法制宣传栏目，不断提高宣传效果。

用文学艺术进行形象化宣传，是群众喜闻乐见的宣传形式。要协同文化部门和文联各协会组织创作宣传法制的小说、戏剧、曲艺、歌曲、连环画等作品。各省、自治区、直辖市要积极摄制法制题材的电视剧、故事片，有条件的要摄制电影故事片。要着手开拍有关普及法律知识的科教片、新闻纪录片和电视系列片，制作这类幻灯、录像、录音、图片等制品，以提供给广大基层单位，使群众性的法制宣传活动更加生动活泼、丰富多彩。

三、切实加强领导，狠抓落实

在各级党委、政府统一领导下，宣传和司法行政部门要抓好试点，认真总结经验，每地都要有机关、学校、工厂、商店、街道、农村的各种试点单位，力争在年内总结一批成功的典型经验，做到以点带面，保证普及法律常识工作健康地发展。

抓紧编写通俗教材。司法部已开始编写以案说法的通俗教材，供广大农村使用。各省、自治区、直辖市也可以根据本地实际情况编写这类通俗教材。省以下地方一般不要编写教材，但可酌情选编参考材料。

要层层检查落实。为了了解各地落实普及法律常识工作规划的情况，各省、自治区、直辖市有关部门应定期下去检查、帮助工作，总结好的经验，及时推广；发现问题，认真帮助解决。第四季度拟召开第二次全国法制宣传教育工作会议，总结交流经验，并部署一九八七年工作，请各地做好准备。

建立请示报告制度。为了沟通上下联系，从现在起，各省、自治区、直辖市的宣传和司法行政部门（或普及法律常识办公室），每个季度要向中央宣传部和司法部报告工作情况，包括普及法律常识的工作安排、进度、经验、问题、成果以及有关思想动向等；紧急情况要随时请示报告。各种材料可分别报送中央宣传部宣传局、司法部宣传司。

一九八六年三月二十二日

普及法律常识工作概况

在全体公民中普及法律常识，是党的十一届三中全会以来，党和国家在发展社会主义民主、健全社会主义法制方面的一项重要措施。中共中央、国务院在转发《关于向全体公民基本普及法律常识的五年规划》的通知中指出："全民普及法律常识是我国人民政治生活中的一件大事，是社会主义精神文明建设的一个重要组成部分。做好这项工作，对于进一步发扬社会主义民主、加强社会主义法制，推动社会主义两个文明的建设，实现党在新时期总的奋斗目标和总任务，都具有重要的意义。"

一、普及法律常识的基本要求

1985年6月，中共中央宣传部与中华人民共和国司法部联合召开了第一次全国法制宣传教育工作会议。这次会议提出的《关于向全体公民基本普及法律常识的五年规划》（以下简称《五年规划》），很快就得到党中央、国务院的批准，转发各地、各部门执行。同年11月22日，第六届全国人大常委会第十三次会议也通过了《关于在公民中基本普及法律常识的决议》，以立法的形式，把这项工作确定了下来。

《五年规划》指出：普及法律常识的对象是工人、农（牧、渔）民、知识分子、干部、学生、其他劳动者和城镇居民中一切有接受教育能力的公民。重点对象第一是各级干部，尤其是各级领导干部；第二是青少年。普及法律常识的基本内容是：中华人民共和国宪法、刑法、刑事诉讼法、民事诉讼法（试行）、婚姻法、继承法、经济合同法、兵役法、治安管理处罚条例以及其他与广大公民有密切关系的法律常识。《中华人民共和国民法通则》颁布后，中宣部和司法部又联合发出《关于学习宣传〈民法通则〉的通知》，要求各地宣传、司法部门在普及法律常识工作中把《民法通则》列为普及内容，向全体公民进行广泛、深入的宣传。这样，普及法律常识的基本内容就包括有10个法律（简称"九法一条例"）和其他与广大公民有密切关系的法律常识。关于普及法律常识要达到的目的，《五年规划》要求：通过普及法律常识教育，使全体公民增强法制观念，知法、守法，养成依法办事的习惯。五年规划还对普及法律常识的方法、步骤、考核的方法和标准、组织领导等问题做了原则规定。

全国人大常委会《关于在公民中基本普及法律常识的决议》要求：普及法律常识，要在中国共产党的领导下，动员和依靠全社会的力量来进行。一切国家机关和武装力量、各政党和各社会团体、各企业事业组织，都应当认真向本系统、本单位的公民进行普及法律常识的教育。报刊、通讯社和广播、电视、出版、文学艺术等部门，都应当把加强法制宣传教育，普及法律常识作为经常的重要任务。各级人民代表大会常务委员会和人民政府要加强对本决议实施的领导，制定切实可行的规划，并采取有效措施，认真贯彻执行。在此之后，国务院在制定国民经济和社会发展第七个五年计划中，也将普及法律常识工作列为正式项目，第五十五章中规定了在一切有接受能力的公民中，基本普及法律常识，增强法制观念的内容。中共中央1986年7月在《关于全党必须坚决维护社会主义法制的通知》中再次强调指出：用五年左右时间在全体公民中基本普及法律常识，是加强法制建设的一项重大措施，各级党组织都要为实现这个目标进行切实有效的工作。中共中央十二届六中全会《关于社会主义精神文明建设指导方针的决议》也提出：要在全体人民中坚持不懈地普及法律常识，增强社会主义的公民意识，使人们懂得公民的基本权利和义务，懂得与自己工作和生活有关的法律和纪律，养成守法遵纪的良好习惯。这一切表明，普及法律常识教育已经成为党和国家政治生活中的一件大事。

1986年是普及法律常识工作的第一年。根据《五年规划》，中宣部、司法部于3月22日发出《关于一九八六年全国普及法律常识工作的安排意见》（以下简称"安排意见"），指出：1986年全国普及法律常识的重点对象是各级干部、特别是县、团级以上领导干部和领导机关，并要求争取用两年的时间，使全国县、团级以上干部学习完"九法一条例"；要求全国196个30万以上人口的大、中城市的普及法律常识工作，要在做好培训骨干工作的基础上，有准备、有步骤地全面展开；对农村普及法律常识工作的基本要求是，通过试点，取得初步经验，进行典型示范，根据各地情况，轮训区、乡（镇）主要领导干部，准备好宣传骨干力量，同时要有计划地培训宣传员。"安排意见"还对学校的法制教育问题，中国人民解放军和中国人民武装警察部队的普及法律常识工作做了部署。

二、1986年普及法律常识工作发展概况

到1986年年底，全国约有3亿公民参加了有组织的法律常识学习。全国发行了由省级以上司法部门编写或组织编写出版的普及法律常识教材1.5亿余册。全国95%以上的中学、85%以上的小学都开设了法制课，参加学法的中小学生已达1.5亿人；大专院校第一步正在按照《五年规划》的要求进行普及教育，第二步要根据国家教委1986年9月1日发出的《关于在高等学校开设法律基础课》的通知，逐步开设法制教育课

程。因此，从总的方面看，1986 年普及法律常识工作的势头是喜人的。

1986 年普及法律常识工作的第一个特点，是各级领导干部带头学法。7 月 3 日，中央书记处为中央领导人组织的法律知识讲座在中南海怀仁堂开课。中央政治局和书记处的成员、中央纪律检查委员会、中共中央办公厅、中央政法各部门、宣传部门和中共北京市委的主要负责人都参加听课。胡启立在开课前的讲话中说：这个活动是由中央书记处举办的。从 7 月份开始，有计划地安排几次法制课，分别请一些专家主讲，请政治局、书记处的同志，还有有关部门的主要负责同志都来听。胡启立并说，小平同志 6 月 28 日在中央政治局常委听取端正党风、纠正不正之风工作汇报时指出，我们现在的重点是端正党风，但对全局来说是抓法制。加强法制重要的是解决教育问题，根本问题是教育人。现在一些领导人听法制课，是中央加强法制建设的一项措施。领导干部学法，不仅有助于普及法律知识，教育和带动全党学法、守法、依法办事，而且有助于保证全面改革和四化建设的顺利进行，相信这个讲座对我们增加法律知识会有帮助。

中央领导人集体听法制课，将各级领导干部学法活动推向了高潮。全国 29 个省、自治区、直辖市的党委、人大常委会、人民政府、党的顾问委员会和纪律检查委员会，以及人民政协的领导人都先后集中听课。中国人民解放军各大军区、三大总部、军兵种领导人也都先后开始了学法活动。1986 年元月份，中国人民解放军总参谋长杨得志亲自主持了总参机关领导干部的第一次法律知识讲座。水电部举办了 3 期机关领导干部法律知识学习班，钱正英部长亲自主持了第一期学习班。中央机关 600 余名司局长和主管普法工作的负责人参加了由中宣部、司法部、中直机关党委、国家机关党委共同组织的为期一个月的法律知识学习班的学习。省以下各级领导干部也都积极地投入普法学习中来。据 1986 年 10 月份统计，全国已有 90%的省级领导干部，84%的厅级干部，81%的县处级干部参加过法律学习。

1986 年普及法律常识工作的第二个特点，是学法用法，在依法办事、用法管理上下功夫。浙江省委在总结领导干部学习法律知识的收获时谈到："由于种种历史原因形成的、曾经束缚人们思想和视野的一些传统观念，首先在领导干部的头脑里开始转变和更新。例如改变了那种认为法就是刑、法律的作用就是惩治犯罪的传统观念，认识到法律是治理国家、调整各个领域重要社会关系的基本手段；改变了那种认为法制建设是政法部门的事，学法、执法是政法部门业务工作的传统观念，认识到加强社会主义民主和法制建设是整个党和国家新时期的根本目标之一，是每个党员义不容辞的责任；改变了那种认为法律手段仅是制裁的观点，认识到法律的职能作用不仅是制裁，还有确定权利、义务，评价、教育、引导、鼓励、管理等方面的功能；改变了长期形成的仅仅依靠政策办事的观念，认识到不仅要依靠政策，而且还要严格依法办事；改变了那种'以法治民'，法律是管老百姓的陈旧观念，认识到党也必须在宪法和法律的范围内活动，等等。正是这些观念的改变，使得他们能够在工作中严格依法办事，在省委领导工作中，把加强地方人民代表大会的工作和建设，尊重、支持、维护人民代表大会依法行使职权，明确领导权利和责任，逐步实行了政府管理工作法制化，以此作为自己的目标"。浙江省的经验是很有代表性的。

在普及法律常识工作中，已经涌现出了象辽宁省本溪市、黑龙江省大庆市、佳木斯市、吉林省图门市、江苏省常州市、福建省龙岩市等一批依法治市的先进城市。他们的共同特点是，在组织干部群众全面学习基本法律的基础上，认真学习有关专业法律，充分发挥地方人民代表大会和人民政府的职能作用，根据法律、法规，完善规章制度，制定实施细则，将城市管理、经济建设和文化、政治生活纳入法制的轨道，推动两个文明建设的发展。

1986 年普及法律常识工作存在的缺点和问题是，一些地区和单位的领导对普及法律常识工作的认识还不足；有的在工作指导上存在着比较严重的急躁情绪，片面地追求学习进度，不注意联系实际，忽视学习质量；也有的并没有摆在议事日程上，只是在形势的逼迫下讲几句普法很重要之类的空话，缺乏实在的措施，使这些地方和单位的普及法律常识工作有走过场的危险，需要引起密切注意。

（刘一杰）

社会治安综合治理工作

社会治安综合治理，是新的历史时期，我国社会治安工作的总方针、总政策。综合治理，是指在各级党委和政府领导下，组织社会各方面的力量，实行专门机关与群众路线相结合，明确分工，各司其职，通力合作，运用政治的、经济的、法律的、行政的、教育的、文化的等各种手段，预防犯罪，惩治犯罪，教育改造违法犯罪的人，逐步消除犯罪产生的土壤和条件，建立良好稳定的社会秩序，保证四化建设的顺利进行，维护国家的长治久安。这个方针的基本指导思想是治标与治本相结合，重在治本。它是一项教育人、挽救人、改造人的社会系统工程。

一、社会治安综合治理方针确立的客观依据和背景。

现在提出的综合治理的方针，实际上是我国政治工作长期坚持的专门机关与群众路线相结合的原则在新的历史条件下的继续和发展。在新的历史时期，我国社会治安工作出现了一系列的新情况、新特点，违法犯罪的原因愈来愈显示出多样性、复杂性。在这种情况下，不能仅仅依靠政法机关来维护整个社会的治安秩序，必须实行综合治理。我们有优越的社会主义制度，这是实行社会治安综合治理方针的根本保证。

社会治安综合治理的方针，是根据社会治安工作的实践，逐步确立起来的。

（一）针对我国青少年犯罪的严重性，1979 年中共中央转发了中央宣传部、公安部等八个单位《关于提请全党重视解决青少年违法犯罪问题的报告》。《报告》认为：单单依靠政法部门，单单用惩办的办法，孤立的就事论事，是不能从根本上解决青少年犯罪问题的，因此提出必须实行党委领导，全党动员，书记动手，依靠全社会的力量，加强对青少年的教育。这个文件里虽然没有写上综合治理的词语，但是通篇贯穿了综合治理的思想，奠定了综合治理方针的基础，是确立综合治理方针的第一个重要文件。这个文件传达贯彻后，引起了全党全社会的普遍重视，很多省、自治区、直辖市建立了相应的领导小组及办公机构，并创造了许多教育、挽救、改造违法犯罪青少年的经验。

（二）1981 年，针对当时全国社会治安形势，中央召开了京、津、沪、穗、汉五大城市治安座谈会。中共中央批转了《京、津、沪、穗、汉五大城市治安座谈会纪要》，明确提出：各级党委应把综合治理社会治安列入议事日程，“全党动手，认真落实‘综合治理’”。一方面，把依法从重从快打击严重犯罪放到了综合治理的重要位置；另一方面，对大量有轻微违法行为的人，实行教育、感化、挽救的方针。同时，强调搞好党风和社会风气对预防、减少犯罪的重要作用。《纪要》还肯定了综合治理工作中的一些经验，提出了综合治理的若干具体措施。这就使综合治理的涵义更为明确和具体了。1982 年 1 月，中央明确提出了社会治安综合治理的方针。

二、社会治安综合治理工作的主要内容和基本经验。

社会治安综合治理是需要动员全社会的力量来共同完成的一项工作。它牵涉的面很广，不仅包括政法部门的工作，而且包括宣传、教育、文化、劳动、工、青、妇等部门以及基层组织的工作。总结我们的经验，概括起来，主要是做好七个方面的工作。

打击犯罪。这是综合治理的重要环节。特别是在社会治安形势不好，犯罪活动猖獗的时候，依法严厉打击严重犯罪活动，就成了综合治理的首要环节。打击犯罪活动，不仅能够起到震慑犯罪的特殊预防作用，而且有利于促进社会治安综合治理的其他措施的贯彻落实。开展打击严重刑事犯罪活动（包括打击严重经济犯罪活动），必须把依法从重从快的方针同稳、准、狠的原则结合起来，坚持以事实为根据，以法律为准绳，做到：“事实清楚，证据确凿，定性准确，量刑适当，程序合法”。必须贯彻惩办与宽大相结合的政策。对严重刑事犯罪分子从重惩处，决不能理解为一律从重，应该从轻的要从轻处理。这样可以分化瓦解犯罪分子。

改造犯罪分子和劳教人员。这是难度最大的一项工作。做好这项工作，对于预防和减少犯罪，避免或减少重大恶性案件，稳定治安形势，变消极因素为积极因素，都具有重要的意义。我国的劳改工作，已经积累了丰富的成功经验，主要有：第一，坚持“改造第一，生产第二”、“教育、感化、挽救”的方针。结合生产劳动进行文化教育、科学技术知识教育、政治思想教育、法制教育，通过生产劳动和多种教育活动，转变犯罪分子和劳教人员的思想，矫正其违法犯罪心理，改恶从善，并使他们在劳改、劳教场所学到一技之长，以便回到社会上有自食其力的能力。工作的重点始终放在教育人，改造人上。管教人员严格按照马克思主义关于改造世界改造人的原理，并利用教育学、心理学、犯罪学的理论进行教育改造工作。第二，坚持革命人道主义。对劳改、劳教人员不歧视，不打骂，不侮辱人格，要以饱满的热情和耐心，象医生对待病人、老师对待学生、家长对待孩子一样，严管善教，动之以情，晓之以理，教育感化，把他们的恶习和腐朽的思想矫正过来。对于劳改、劳教人员刑满释放，解除劳教之后，积极帮助安置就业、上学和落实社会帮教措施，把“大墙”内外的教育改造工作结合起来。

预防犯罪。打击和预防犯罪是相辅相成的，不过预防犯罪具有更积极的意义。因此，预防和减少犯罪，是我国社会治安综合治理工作所竭力追求的重要目标之一。在预防犯罪方面，我们的经验主要是：组织社会各方面的力量，综合运用政治、经济、法律、行政、教育、文化等各种手段，组成家庭、学校、社会等多道防线，采用帮教、调解、群防群治、共建文明单位、实行治安承包责任制等多种措施，建立治标与治本相结合的预防犯罪的体系和网络。同时，把预防犯罪同我国的物质文明建设和精神文明建设结合起来，同我国的经济、文化、社会发展战略结合起来，建立从根本上预防犯罪现象的战略对策。

加强教育。经常不断地向全体公民，特别是青少年进行政治思想教育、理想教育、道德教育、文化教育、纪律教育、法制教育，提高全体公民的思想道德素质和科学文化素质，这是搞好社会治安综合治理工作的根本问题。要从小学开始就进行理想、道德、民主、法制和纪律的教育。要在全体公民中坚持不懈地普及法律常识，增强社会主义的公民意识，使人们懂得公民的基本权利和义务，懂得与自己工作和生活直接有关的法律和纪律。懂得什么是违法和犯罪，养成守法遵纪的良好习惯，自觉地用社会主义道德和法律规范约束自己的行为，并勇于运用法律武器同各种违法犯罪现象作斗争，维护社会主义的社会秩序，提高公民参加社会治安综合治理的自觉性和责任感。

加强管理。包括行政管理、企业管理、财经管理、治安管理、人事管理以及各个具体工作系统、工作环节上的管理等。这是严密社会结构，堵塞漏洞，控制、减少犯罪的有力措施。近几年来，不少地区的人民检察院、人民法院在起诉、审判工作中，结合具体案件，有针对性地提出司法建议，促进了有关单位的管理工作，对控制和减少犯罪起到了明显的作用。因此结合改革和开放，不断调整和完善我国的各种管理结构、管理制度、管理体系，是搞好综合治理必不可少的重要一环。

加强建设。包括四层意思：一是加强基层基础工作的建设，包括基层政权、基层自治组织（如居民委员会、村民委员会、调解委员会、治保委员会等）、人民法庭、公安派出所、司法助理员以及劳改劳教基层管教单位的建设，等等。这是搞好综合治理的基础。二是加强政法队伍的建设，不断提高公安司法干警的业务素质、文化素质、政治素质，提高他们的工作责任心和工作效率，加快公、检、法、司各部门的现代化技术装备建设，以适应不断变化的社会情况和繁重的治安任务。这是综合治理的专业队伍和基本力量。三是加强法制建设。从立法、执法、守法、法律监督、法律宣传和法学理论研究等方面，全面进行法制建设，运用法制，组织和推动社会治安综合治理工作。这是做好社会治安综合治理工作的法律保证。四是把社会治安综合治理工作列为精神文明建设的重要内容之一。特别是把建设文明单位，包括建设文明街道、文明工厂、文明商店、文明楼院、文明村镇等，作为开展综合治理工作的一种重要组织形式，取得了良好的效果。各地很多典型经验都生动地说明了这一点。

加强组织领导。即在党和政府领导下，建立综合治理领导机构，使它成为本辖区范围内综合治理工作的指挥中心、协调中心、信息中心，成为组织和动员社会各方面的力量参加综合治理的专门机构。目前，全国县以上的党委和政府一般都相继建立了社会治安综合治理领导小组或联席会议。这样有利于把各方面的力量组织起来，分工协作，各自发挥特有的功能，完成特定的任务。它是搞好综合治理工作的组织保证。事实表明：凡是综合治理工作搞得出色的地方和单位，原因之一，就是综合治理的领导机构比较健全，并能积极开展工作。

几年来的实践表明，我们的经验是卓有成效的，是成功的。

三、社会治安综合治理的理论研究状况。

理论来源于实践，实践需要理论的指导。综合治理的实践经验，为综合治理的理论研究提供了客观的依据和大量的素材。近几年来，我国广大理论工作者和实际工作者在马克思主义的指导下，对我国社会治安综合治理的丰富经验作了比较深入的研究和系统的总结，并在此基础上，由浅入深地进行了科学的抽象和理论的概括。

由于青少年犯罪问题比较严重和突出，因此，对青少年犯罪问题的研究起步较早，成果也比较显著。除出版了大量的一般研究资料外，1986 年还出版了一些研究青少年犯罪问题的专著。这些专著的出版，初步创立了我国青少年犯罪学的理论体系，推动了对综合治理的理论研究。

对我国社会治安综合治理进行较全面系统的调查研究，是从 1983 年严厉打击严重刑事犯罪活动之后开始的。为了探求在严厉打击严重刑事犯罪活动的斗争的同时，如何贯彻实行综合治理方针的问题，北京、上海、天津、浙江、四川、湖北、吉林等省、市组织了综合治理调查研究小组，深入街道、工厂、学校、劳改劳教场所，对社会治安综合治理工作进行了全面的调查研究，编写了大量的调查研究资料。1984 年中国法学会组织专门力量，对社会治安综合治理进行调查，并于同年 10 月在成都组织召开了全国社会治安综合治理调查研究讨论会。这次会议上所交流的调研成果，大体上反映了当时我国综合治理的研究水平，具有一定的价值。

为了系统总结我国社会治安综合治理的经验，推动综合治理的理论研究，1985 年下半年，由中国法学会牵头，邀请有关实际工作部门和教学、科研机构的专家、学者，讨论了撰写《中国社会治安综合治理》系列专著问题。1986 年这个项目被正式列入社会科学《七五规划》。随着社会治安综合治理方针的深入贯彻和实践经验的日益丰富，社会治安综合治理的理论研究必将日益繁荣。

（马　结）

第　二　部　分

中华人民共和国法律

宪　法

中华人民共和国宪法

（一九八二年十二月四日第五届全国人民代表大会第五次会议通过
一九八二年十二月四日全国人民代表大会公告公布施行）

目　录

序　　言

中国是世界上历史最悠久的国家之一。中国各族人民共同创造了光辉灿烂的文化，具有光荣的革命传统。

一八四〇年以后，封建的中国逐渐变成半殖民地、半封建的国家。中国人民为国家独立、民族解放和民主自由进行了前仆后继的英勇奋斗。

二十世纪，中国发生了翻天覆地的伟大历史变革。

一九一一年孙中山先生领导的辛亥革命，废除了封建帝制，创立了中华民国。但是，中国人民反对帝国主义和封建主义的历史任务还没有完成。

一九四九年，以毛泽东主席为领袖的中国共产党领导中国各族人民，在经历了长期的艰难曲折的武装斗争和其他形式的斗争以后，终于推翻了帝国主义、封建主义和官僚资本主义的统治，取得了新民主主义革命的伟大胜利，建立了中华人民共和国。从此，中国人民掌握了国家的权力，成为国家的主人。

中华人民共和国成立以后，我国社会逐步实现了由新民主主义到社会主义的过渡。生产资料私有制的社会主义改造已经完成，人剥削人的制度已经消灭，社会主义制度已经确立。工人阶级领导的、以工农联盟为基础的人民民主专政，实质上即无产阶级专政，得到巩固和发展。中国人民和中国人民解放军战胜了帝国主义、霸权主义的侵略、破坏和武装挑衅，维护了国家的独立和安全，增强了国防。经济建设取得了重大的成就，独立的、比较完整的社会主义工业体系已经基本形成，农业生产显著提高。教育、科学、文化等事业有了很大的发展，社会主义思想教育取得了明显的成效。广大人民的生活有了较大的改善。

中国新民主主义革命的胜利和社会主义事业的成就，都是中国共产党领导中国各族人民，在马克思列宁主义、毛泽东思想的指引下，坚持真理，修正错误，战胜许多艰难险阻而取得的。今后国家的根本任务是集中力量进行社会主义现代化建设。中国各族人民将继续在中国共产党领导下，在马克思列宁主义、毛泽东思想指引下，坚持人民民主专政，坚持社会主义道路，不断完善社会主义的各项制度，发展社会主义民主，健全社会主义法制，自力更生，艰苦奋斗，逐步实现工业、农业、国防和科学技术的现代化，把我国建设成为高度文明、高度民主的社会主义国家。

在我国，剥削阶级作为阶级已经消灭，但是阶级斗争还将在一定范围内长期存在。中国人民对敌视和破坏我国社会主义制度的国内外的敌对势力和敌对分子，必须进行斗争。

台湾是中华人民共和国的神圣领土的一部分。完成统一祖国的大业是包括台湾同胞在内的全中国人民的神圣职责。

社会主义的建设事业必须依靠工人、农民和知识分子，团结一切可以团结的力量。在长期的革命和建设过程中，已经结成由中国共产党领导的，有各民主党派和各人民团体参加的，包括全体社会主义劳动者、拥护社会主义的爱国者和拥护祖国统一的爱国者的广泛的爱国统一战线，这个统一战线将继续巩固和发展。中国人民政治协商会议是有广泛代表性的统一战线组织，过去发挥了重要的历史作用，今后在国家政治生活、社会生活和对外友好活动中，在进行社会主义现代化建设、维护国家的统一和团结的斗争中，将进一步发挥它的重要作用。

中华人民共和国是全国各族人民共同缔造的统一的多民族国家。平等、团结、互助的社会主义民族关系已经确立，并将继续加强。在维护民族团结的斗争中，要反对大民族主义，主要是大汉族主义，也要反对地方民族主义。国家尽一切努力，促进全国各民族的共同繁荣。

中国革命和建设的成就是同世界人民的支持分不开的。中国的前途是同世界的前途紧密地联系在一起的。中国坚持独立自主的对外政策，坚持互相尊重主权和领土完整、互不侵犯、互不干涉内政、平等互利、和平共处的五项原则，发展同各国的外交关系和经济、文化的交流；坚持反对帝国主义、霸权主义、殖民主义，加强同世界各国人民的团结，支持被压迫民族和发展中国家争取和维护民族独立、发展民族经济的正义斗争，为维护世界和平和促进人类进步事业而努力。

本宪法以法律的形式确认了中国各族人民奋斗的成果，规定了国家的根本制度和根本任务，是国家的根本法，具有最高的法律效力。全国各族人民、一切国家机关和武装力量、各政党和各社会团体、各企业事业组织，都必须以宪法为根本的活动准则，并且负有维护宪法尊严、保证宪法实施的职责。

第一章　总　　纲

第一条　中华人民共和国是工人阶级领导的、以工农联盟为基础的人民民主专政的社会主义国家。

社会主义制度是中华人民共和国的根本制度。禁止任何组织或者个人破坏社会主义制度。

第二条　中华人民共和国的一切权力属于人民。

人民行使国家权力的机关是全国人民代表大会和地方各级人民代表大会。

人民依照法律规定，通过各种途径和形式，管理国家事务，管理经济和文化事业，管理社会事务。

第三条　中华人民共和国的国家机构实行民主集中制的原则。

全国人民代表大会和地方各级人民代表大会都由民主选举产生，对人民负责，受人民监督。

国家行政机关、审判机关、检察机关都由人民代表大会产生，对它负责，受它监督。

中央和地方的国家机构职权的划分，遵循在中央的统一领导下，充分发挥地方的主动性、积极性的原则。

第四条　中华人民共和国各民族一律平等。国家保障各少数民族的合法的权利和利益，维护和发展各民族的平等、团结、互助关系。禁止对任何民族的歧视和压迫，禁止破坏民族团结和制造民族分裂的行为。

国家根据各少数民族的特点和需要，帮助各少数民族地区加速经济和文化的发展。

各少数民族聚居的地方实行区域自治，设立自治机关，行使自治权。各民族自治地方都是中华人民共和国不可分离的部分。

各民族都有使用和发展自己的语言文字的自由，都有保持或者改革自己的风俗习惯的自由。

第五条　国家维护社会主义法制的统一和尊严。

一切法律、行政法规和地方性法规都不得同宪法相抵触。

一切国家机关和武装力量、各政党和各社会团体、各企业事业组织都必须遵守宪法和法律。一切违反宪法和法律的行为，必须予以追究。

任何组织或者个人都不得有超越宪法和法律的特权。

第六条　中华人民共和国的社会主义经济制度的基础是生产资料的社会主义公有制，即全民所有制和劳动群众集体所有制。

社会主义公有制消灭人剥削人的制度，实行各尽所能，按劳分配的原则。

第七条　国营经济是社会主义全民所有制经济，是国民经济中的主导力量。国家保障国营经济的巩固和发展。

第八条　农村人民公社、农业生产合作社和其他生产、供销、信用、消费等各种形式的合作经济，是社会主义劳动群众集体所有制经济。参加农村集体经济组织的劳动者，有权在法律规定的范围内经营自留地、自留山、家庭副业和饲养自留畜。

城镇中的手工业、工业、建筑业、运输业、商业、服务业等行业的各种形式的合作经济，都是社会主义劳动群众集体所有制经济。

国家保护城乡集体经济组织的合法的权利和利益，鼓励、指导和帮助集体经济的发展。

第九条　矿藏、水流、森林、山岭、草原、荒地、滩涂等自然资源，都属于国家所有，即全民所有；由法律规定属于集体所有的森林和山岭、草原、荒地、滩涂除外。

国家保障自然资源的合理利用，保护珍贵的动物和植物。禁止任何组织或者个人用任何手段侵占或者破坏自然资源。

第十条　城市的土地属于国家所有。

农村和城市郊区的土地，除由法律规定属于国家所有的以外，属于集体所有；宅基地和自留地、自留山，也属于集体所有。

国家为了公共利益的需要，可以依照法律规定对土地实行征用。

任何组织或者个人不得侵占、买卖、出租或者以其他形式非法转让土地。

一切使用土地的组织和个人必须合理地利用土地。

第十一条　在法律规定范围内的城乡劳动者个体经济，是社会主义公有制经济的补充。国家保护个体经济的合法的权利和利益。

国家通过行政管理，指导、帮助和监督个体经济。

第十二条　社会主义的公共财产神圣不可侵犯。

国家保护社会主义的公共财产。禁止任何组织或者个人用任何手段侵占或者破坏国家的和集体的财产。

第十三条 国家保护公民的合法的收入、储蓄、房屋和其他合法财产的所有权。

国家依照法律规定保护公民的私有财产的继承权。

第十四条 国家通过提高劳动者的积极性和技术水平，推广先进的科学技术，完善经济管理体制和企业经营管理制度，实行各种形式的社会主义责任制，改进劳动组织，以不断提高劳动生产率和经济效益，发展社会生产力。

国家厉行节约，反对浪费。

国家合理安排积累和消费，兼顾国家、集体和个人的利益，在发展生产的基础上，逐步改善人民的物质生活和文化生活。

第十五条 国家在社会主义公有制基础上实行计划经济。国家通过经济计划的综合平衡和市场调节的辅助作用，保证国民经济按比例地协调发展。

禁止任何组织或者个人扰乱社会经济秩序，破坏国家经济计划。

第十六条 国营企业在服从国家的统一领导和全面完成国家计划的前提下，在法律规定的范围内，有经营管理的自主权。

国营企业依照法律规定，通过职工代表大会和其他形式，实行民主管理。

第十七条 集体经济组织在接受国家计划指导和遵守有关法律的前提下，有独立进行经济活动的自主权。

集体经济组织依照法律规定实行民主管理，由它的全体劳动者选举和罢免管理人员，决定经营管理的重大问题。

第十八条 中华人民共和国允许外国的企业和其他经济组织或者个人依照中华人民共和国法律的规定在中国投资，同中国的企业或者其他经济组织进行各种形式的经济合作。

在中国境内的外国企业和其他外国经济组织以及中外合资经营的企业，都必须遵守中华人民共和国的法律。它们的合法的权利和利益受中华人民共和国法律的保护。

第十九条 国家发展社会主义的教育事业，提高全国人民的科学文化水平。

国家举办各种学校，普及初等义务教育，发展中等教育、职业教育和高等教育，并且发展学前教育。

国家发展各种教育设施，扫除文盲，对工人、农民、国家工作人员和其他劳动者进行政治、文化、科学、技术、业务的教育，鼓励自学成才。

国家鼓励集体经济组织、国家企业事业组织和其他社会力量依照法律规定举办各种教育事业。

国家推广全国通用的普通话。

第二十条 国家发展自然科学和社会科学事业，普及科学和技术知识，奖励科学研究成果和技术发明创造。

第二十一条 国家发展医疗卫生事业，发展现代医药和我国传统医药，鼓励和支持农村集体经济组织、国家企业事业组织和街道组织举办各种医疗卫生设施，开展群众性的卫生活动，保护人民健康。

国家发展体育事业，开展群众性的体育活动，增强人民体质。

第二十二条 国家发展为人民服务、为社会主义服务的文学艺术事业、新闻广播电视事业、出版发行事业、图书馆博物馆文化馆和其他文化事业，开展群众性的文化活动。

国家保护名胜古迹、珍贵文物和其他重要历史文化遗产。

第二十三条 国家培养为社会主义服务的各种专业人才，扩大知识分子的队伍，创造条件，充分发挥他们在社会主义现代化建设中的作用。

第二十四条 国家通过普及理想教育、道德教育、文化教育、纪律和法制教育，通过在城乡不同范围的群众中制定和执行各种守则、公约，加强社会主义精神文明的建设。

国家提倡爱祖国、爱人民、爱劳动、爱科学、爱社会主义的公德，在人民中进行爱国主义、集体主义和国际主义、共产主义的教育，进行辩证唯物主义和历史唯物主义的教育，反对资本主义的、封建主义的和其他的腐朽思想。

第二十五条 国家推行计划生育，使人口的增长同经济和社会发展计划相适应。

第二十六条 国家保护和改善生活环境和生态环境，防治污染和其他公害。

国家组织和鼓励植树造林，保护林木。

第二十七条 一切国家机关实行精简的原则，实行工作责任制，实行工作人员的培训和考核制度，不断提高工作质量和工作效率，反对官僚主义。

一切国家机关和国家工作人员必须依靠人民的支持，经常保持同人民的密切联系，倾听人民的意见和建议，接受人民的监督，努力为人民服务。

第二十八条 国家维护社会秩序，镇压叛国和其他反革命的活动，制裁危害社会治安、破坏社会主义经济和其他犯罪的活动，惩办和改造犯罪分子。

第二十九条 中华人民共和国的武装力量属于人民。它的任务是巩固国防，抵抗侵略，保卫祖国，保卫人民的和平劳动，参加国家建设事业，努力为人民服务。

国家加强武装力量的革命化、现代化、正规化的建设，增强国防力量。

第三十条 中华人民共和国的行政区域划分如下：

（一）全国分为省、自治区、直辖市；

（二）省、自治区分为自治州、县、自治县、市；

（三）县、自治县分为乡、民族乡、镇。

直辖市和较大的市分为区、县。自治州分为县、自治县、市。

自治区、自治州、自治县都是民族自治地方。

第三十一条 国家在必要时得设立特别行政区。在特别行政区内实行的制度按照具体情况由全国人民代表大会以法律规定。

第三十二条 中华人民共和国保护在中国境内的外国人的合法权利和利益，在中国境内的外国人必须遵守中华人民共和国的法律。

中华人民共和国对于因为政治原因要求避难的外国人，可以给予受庇护的权利。

第二章 公民的基本权利和义务

第三十三条 凡具有中华人民共和国国籍的人都是中华人民共和国公民。

中华人民共和国公民在法律面前一律平等。

任何公民享有宪法和法律规定的权利，同时必须履行宪法和法律规定的义务。

第三十四条 中华人民共和国年满十八周岁的公民，不分民族、种族、性别、职业、家庭出身、宗教信仰、教育程度、财产状况、居住期限，都有选举权和被选举权；但是依照法律被剥夺政治权利的人除外。

第三十五条 中华人民共和国公民有言论、出版、集会、结社、游行、示威的自由。

第三十六条 中华人民共和国公民有宗教信仰自由。

任何国家机关、社会团体和个人不得强制公民信仰宗教或者不信仰宗教，不得歧视信仰宗教的公民和不信仰宗教的公民。

国家保护正常的宗教活动。任何人不得利用宗教进行破坏社会秩序、损害公民身体健康、妨碍国家教育制度的活动。

宗教团体和宗教事务不受外国势力的支配。

第三十七条 中华人民共和国公民的人身自由不受侵犯。

任何公民，非经人民检察院批准或者决定或者人民法院决定，并由公安机关执行，不受逮捕。

禁止非法拘禁和以其他方法非法剥夺或者限制公民的人身自由，禁止非法搜查公民的身体。

第三十八条 中华人民共和国公民的人格尊严不受侵犯。禁止用任何方法对公民进行侮辱、诽谤和诬告陷害。

第三十九条 中华人民共和国公民的住宅不受侵犯。禁止非法搜查或者非法侵入公民的住宅。

第四十条 中华人民共和国公民的通信自由和通信秘密受法律的保护。除因国家安全或者追查刑事犯罪的需要，由公安机关或者检察机关依照法律规定的程序对通信进行检查外，任何组织或者个人不得以任何理由侵犯公民的通信自由和通信秘密。

第四十一条 中华人民共和国公民对于任何国家机关和国家工作人员，有提出批评和建议的权利；对于任何国家机关和国家工作人员的违法失职行为，有向有关国家机关提出申诉、控告或者检举的权利，但是不得捏造或者歪曲事实进行诬告陷害。

对于公民的申诉、控告或者检举，有关国家机关必须查清事实，负责处理。任何人不得压制和打击报复。

由于国家机关和国家工作人员侵犯公民权利而受到损失的人，有依照法律规定取得赔偿的权利。

第四十二条 中华人民共和国公民有劳动的权利和义务。

国家通过各种途径，创造劳动就业条件，加强劳动保护，改善劳动条件，并在发展生产的基础上，提高劳动报酬和福利待遇。

劳动是一切有劳动能力的公民的光荣职责。国营企业和城乡集体经济组织的劳动者都应当以国家主人翁的态度对待自己的劳动。国家提倡社会主义劳动竞赛，奖励劳动模范和先进工作者。国家提倡公民从事义务劳动。

国家对就业前的公民进行必要的劳动就业训练。

第四十三条 中华人民共和国劳动者有休息的权利。

国家发展劳动者休息和休养的设施，规定职工的工作时间和休假制度。

第四十四条 国家依照法律规定实行企业事业组织的职工和国家机关工作人员的退休制度。退休人员的生活受到国家和社会的保障。

第四十五条 中华人民共和国公民在年老、疾病或者丧失劳动能力的情况下，有从国家和社会获得物质帮助的权利。国家发展为公民享受这些权利所需要的社会保险、社会救济和医疗卫生事业。

国家和社会保障残废军人的生活，抚恤烈士家属，优待军人家属。

国家和社会帮助安排盲、聋、哑和其他有残疾的公民的劳动、生活和教育。

第四十六条 中华人民共和国公民有受教育的权利和义务。

国家培养青年、少年、儿童在品德、智力、体质等方面全面发展。

第四十七条 中华人民共和国公民有进行科学研究、文学艺术创作和其他文化活动的自由。国家对于从事教育、科学、技术、文学、艺术和其他文化事业的公民的有益于人民的创造性工作，给以鼓励和帮助。

第四十八条 中华人民共和国妇女在政治的、经济的、文化的、社会的和家庭的生活等各方面享有同男子平等的权利。

国家保护妇女的权利和利益，实行男女同工同酬，培养和选拔妇女干部。

第四十九条 婚姻、家庭、母亲和儿童受国家的保护。

夫妻双方有实行计划生育的义务。

父母有抚养教育未成年子女的义务，成年子女有赡养扶助父母的义务。

禁止破坏婚姻自由，禁止虐待老人、妇女和儿童。

第五十条 中华人民共和国保护华侨的正当的权利和利益，保护归侨和侨眷的合法的权利和利益。

第五十一条　中华人民共和国公民在行使自由和权利的时候，不得损害国家的、社会的、集体的利益和其他公民的合法的自由和权利。

第五十二条　中华人民共和国公民有维护国家统一和全国各民族团结的义务。

第五十三条　中华人民共和国公民必须遵守宪法和法律，保守国家秘密，爱护公共财产，遵守劳动纪律，遵守公共秩序，尊重社会公德。

第五十四条　中华人民共和国公民有维护祖国的安全、荣誉和利益的义务，不得有危害祖国的安全、荣誉和利益的行为。

第五十五条　保卫祖国、抵抗侵略是中华人民共和国每一个公民的神圣职责。

依照法律服兵役和参加民兵组织是中华人民共和国公民的光荣义务。

第五十六条　中华人民共和国公民有依照法律纳税的义务。

第三章　国家机构

第一节　全国人民代表大会

第五十七条　中华人民共和国全国人民代表大会是最高国家权力机关。它的常设机关是全国人民代表大会常务委员会。

第五十八条　全国人民代表大会和全国人民代表大会常务委员会行使国家立法权。

第五十九条　全国人民代表大会由省、自治区、直辖市和军队选出的代表组成。各少数民族都应当有适当名额的代表。

全国人民代表大会代表的选举由全国人民代表大会常务委员会主持。

全国人民代表大会代表名额和代表产生办法由法律规定。

第六十条　全国人民代表大会每届任期五年。

全国人民代表大会任期届满的两个月以前，全国人民代表大会常务委员会必须完成下届全国人民代表大会代表的选举。如果遇到不能进行选举的非常情况，由全国人民代表大会常务委员会以全体组成人员的三分之二以上的多数通过，可以推迟选举，延长本届全国人民代表大会的任期。在非常情况结束后一年内，必须完成下届全国人民代表大会代表的选举。

第六十一条　全国人民代表大会会议每年举行一次，由全国人民代表大会常务委员会召集。如果全国人民代表大会常务委员会认为必要，或者有五分之一以上的全国人民代表大会代表提议，可以临时召集全国人民代表大会会议。

全国人民代表大会举行会议的时候，选举主席团主持会议。

第六十二条　全国人民代表大会行使下列职权：

（一）修改宪法；

（二）监督宪法的实施；

（三）制定和修改刑事、民事、国家机构的和其他的基本法律；

（四）选举中华人民共和国主席、副主席；

（五）根据中华人民共和国主席的提名，决定国务院总理的人选；根据国务院总理的提名，决定国务院副总理、国务委员、各部部长、各委员会主任、审计长、秘书长的人选；

（六）选举中央军事委员会主席；根据中央军事委员会主席的提名，决定中央军事委员会其他组成人员的人选；

（七）选举最高人民法院院长；

（八）选举最高人民检察院检察长；

（九）审查和批准国民经济和社会发展计划和计划执行情况的报告；

（十）审查和批准国家的预算和预算执行情况的报告；
（十一）改变或者撤销全国人民代表大会常务委员会不适当的决定；
（十二）批准省、自治区和直辖市的建置；
（十三）决定特别行政区的设立及其制度；
（十四）决定战争和和平的问题；
（十五）应当由最高国家权力机关行使的其他职权。

第六十三条　全国人民代表大会有权罢免下列人员：
（一）中华人民共和国主席、副主席；
（二）国务院总理、副总理、国务委员、各部部长、各委员会主任、审计长、秘书长；
（三）中央军事委员会主席和中央军事委员会其他组成人员；
（四）最高人民法院院长；
（五）最高人民检察院检察长。

第六十四条　宪法的修改，由全国人民代表大会常务委员会或者五分之一以上的全国人民代表大会代表提议，并由全国人民代表大会以全体代表的三分之二以上的多数通过。

法律和其他议案由全国人民代表大会以全体代表的过半数通过。

第六十五条　全国人民代表大会常务委员会由下列人员组成：
委员长，
副委员长若干人，
秘书长，
委员若干人。

全国人民代表大会常务委员会组成人员中，应当有适当名额的少数民族代表。

全国人民代表大会选举并有权罢免全国人民代表大会常务委员会的组成人员。

全国人民代表大会常务委员会的组成人员不得担任国家行政机关、审判机关和检察机关的职务。

第六十六条　全国人民代表大会常务委员会每届任期同全国人民代表大会每届任期相同，它行使职权到下届全国人民代表大会选出新的常务委员会为止。

委员长、副委员长连续任职不得超过两届。

第六十七条　全国人民代表大会常务委员会行使下列职权：

（一）解释宪法，监督宪法的实施；

（二）制定和修改除应当由全国人民代表大会制定的法律以外的其他法律；

（三）在全国人民代表大会闭会期间，对全国人民代表大会制定的法律进行部分补充和修改，但是不得同该法律的基本原则相抵触；

（四）解释法律；

（五）在全国人民代表大会闭会期间，审查和批准国民经济和社会发展计划、国家预算在执行过程中所必须作的部分调整方案；

（六）监督国务院、中央军事委员会、最高人民法院和最高人民检察院的工作；

（七）撤销国务院制定的同宪法、法律相抵触的行政法规、决定和命令；

（八）撤销省、自治区、直辖市国家权力机关制定的同宪法、法律和行政法规相抵触的地方性法规和决议；

（九）在全国人民代表大会闭会期间，根据国务院总理的提名，决定部长、委员会主任、审计长、秘书长的人选；

（十）在全国人民代表大会闭会期间，根据中央军事委员会主席的提名，决定中央军事委员会其他组成人员的人选；

（十一）根据最高人民法院院长的提请，任免最高人民法院副院长、审判员、审判委员会委员和军事法院院长；

（十二）根据最高人民检察院检察长的提请，任免最高人民检察院副检察长、检察员、检察委员会委员和军事检察院检察长，并且批准省、自治区、直辖市的人民检察院检察长的任免；

（十三）决定驻外全权代表的任免；

（十四）决定同外国缔结的条约和重要协定的批准和废除；

（十五）规定军人和外交人员的衔级制度和其他专门衔级制度；

（十六）规定和决定授予国家的勋章和荣誉称号；

（十七）决定特赦；

（十八）在全国人民代表大会闭会期间，如果遇到国家遭受武装侵犯或者必须履行国际间共同防止侵略的条约的情况，决定战争状态的宣布；

（十九）决定全国总动员或者局部动员；

（二十）决定全国或者个别省、自治区、直辖市的戒严；

（二十一）全国人民代表大会授予的其他职权。

第六十八条 全国人民代表大会常务委员会委员长主持全国人民代表大会常务委员会的工作，召集全国人民代表大会常务委员会会议。副委员长、秘书长协助委员长工作。

委员长、副委员长、秘书长组成委员长会议，处理全国人民代表大会常务委员会的重要日常工作。

第六十九条 全国人民代表大会常务委员会对全国人民代表大会负责并报告工作。

第七十条 全国人民代表大会设立民族委员会、法律委员会、财政经济委员会、教育科学文化卫生委员会、外事委员会、华侨委员会和其他需要设立的专门委员会。在全国人民代表大会闭会期间，各专门委员会受全国人民代表大会常务委员会的领导。

各专门委员会在全国人民代表大会和全国人民代表大会常务委员会领导下，研究、审议和拟订有关议案。

第七十一条 全国人民代表大会和全国人民代表大会常务委员会认为必要的时候，可以组织关于特定问题的调查委员会，并且根据调查委员会的报告，作出相应的决议。

调查委员会进行调查的时候，一切有关的国家机关、社会团体和公民都有义务向它提供必要的材料。

第七十二条 全国人民代表大会代表和全国人民代表大会常务委员会组成人员，有权依照法律规定的程序分别提出属于全国人民代表大会和全国人民代表大会常务委员会职权范围内的议案。

第七十三条 全国人民代表大会代表在全国人民代表大会开会期间，全国人民代表大会常务委员会组成人员在常务委员会开会期间，有权依照法律规定的程序提出对国务院或者国务院各部、各委员会的质询案。受质询的机关必须负责答复。

第七十四条 全国人民代表大会代表，非经全国人民代表大会会议主席团许可，在全国人民代表大会闭会期间非经全国人民代表大会常务委员会许可，不受逮捕或者刑事审判。

第七十五条 全国人民代表大会代表在全国人民代表大会各种会议上的发言和表决，不受法律追究。

第七十六条 全国人民代表大会代表必须模范地遵守宪法和法律，保守国家秘密，并且在自己参加的生产、工作和社会活动中，协助宪法和法律的实施。

全国人民代表大会代表应当同原选举单位和人民保持密切的联系，听取和反映人民的意见和要求，努力为人民服务。

第七十七条 全国人民代表大会代表受原选举单位的监督。原选举单位有权依照法律规定的程序罢免本单位选出的代表。

第七十八条 全国人民代表大会和全国人民代表大会常务委员会的组织和工作程序由法律

规定。

第二节 中华人民共和国主席

第七十九条 中华人民共和国主席、副主席由全国人民代表大会选举。

有选举权和被选举权的年满四十五周岁的中华人民共和国公民可以被选为中华人民共和国主席、副主席。

中华人民共和国主席、副主席每届任期同全国人民代表大会每届任期相同，连续任职不得超过两届。

第八十条 中华人民共和国主席根据全国人民代表大会的决定和全国人民代表大会常务委员会的决定，公布法律，任免国务院总理、副总理、国务委员、各部部长、各委员会主任、审计长、秘书长，授予国家的勋章和荣誉称号，发布特赦令，发布戒严令，宣布战争状态，发布动员令。

第八十一条 中华人民共和国主席代表中华人民共和国，接受外国使节；根据全国人民代表大会常务委员会的决定，派遣和召回驻外全权代表，批准和废除同外国缔结的条约和重要协定。

第八十二条 中华人民共和国副主席协助主席工作。

中华人民共和国副主席受主席的委托，可以代行主席的部分职权。

第八十三条 中华人民共和国主席、副主席行使职权到下届全国人民代表大会选出的主席、副主席就职为止。

第八十四条 中华人民共和国主席缺位的时候，由副主席继任主席的职位。

中华人民共和国副主席缺位的时候，由全国人民代表大会补选。

中华人民共和国主席、副主席都缺位的时候，由全国人民代表大会补选；在补选以前，由全国人民代表大会常务委员会委员长暂时代理主席职位。

第三节 国 务 院

第八十五条 中华人民共和国国务院，即中央人民政府，是最高国家权力机关的执行机关，是最高国家行政机关。

第八十六条 国务院由下列人员组成：

总理，

副总理若干人，

国务委员若干人，

各部部长，

各委员会主任，

审计长，

秘书长。

国务院实行总理负责制。各部、各委员会实行部长、主任负责制。

国务院的组织由法律规定。

第八十七条 国务院每届任期同全国人民代表大会每届任期相同。

总理、副总理、国务委员连续任职不得超过两届。

第八十八条 总理领导国务院的工作。副总理、国务委员协助总理工作。

总理、副总理、国务委员、秘书长组成国务院常务会议。

总理召集和主持国务院常务会议和国务院全体会议。

第八十九条 国务院行使下列职权：

（一）根据宪法和法律，规定行政措施，制定行政法规，发布决定和命令；

（二）向全国人民代表大会或者全国人民代表大会常务委员会提出议案；

（三）规定各部和各委员会的任务和职责，统一领导各部和各委员会的工作，并且领导不属于各部和各委员会的全国性的行政工作；

（四）统一领导全国地方各级国家行政机关的工作，规定中央和省、自治区、直辖市的国家行政机关的职权的具体划分；

（五）编制和执行国民经济和社会发展计划和国家预算；

（六）领导和管理经济工作和城乡建设；

（七）领导和管理教育、科学、文化、卫生、体育和计划生育工作；

（八）领导和管理民政、公安、司法行政和监察等工作；

（九）管理对外事务，同外国缔结条约和协定；

（十）领导和管理国防建设事业；

（十一）领导和管理民族事务，保障少数民族的平等权利和民族自治地方的自治权利；

（十二）保护华侨的正当的权利和利益，保护归侨和侨眷的合法的权利和利益；

（十三）改变或者撤销各部、各委员会发布的不适当的命令、指示和规章；

（十四）改变或者撤销地方各级国家行政机关的不适当的决定和命令；

（十五）批准省、自治区、直辖市的区域划分，批准自治州、县、自治县、市的建置和区域划分；

（十六）决定省、自治区、直辖市的范围内部分地区的戒严；

（十七）审定行政机构的编制，依照法律规定任免、培训、考核和奖惩行政人员；

（十八）全国人民代表大会和全国人民代表大会常务委员会授予的其他职权。

第九十条　国务院各部部长、各委员会主任负责本部门的工作；召集和主持部务会议或者委员会会议、委务会议，讨论决定本部门工作的重大问题。

各部、各委员会根据法律和国务院的行政法规、决定、命令，在本部门的权限内，发布命令、指示和规章。

第九十一条　国务院设立审计机关，对国务院各部门和地方各级政府的财政收支，对国家的财政金融机构和企业事业组织的财务收支，进行审计监督。

审计机关在国务院总理领导下，依照法律规定独立行使审计监督权，不受其他行政机关、社会团体和个人的干涉。

第九十二条　国务院对全国人民代表大会负责并报告工作；在全国人民代表大会闭会期间，对全国人民代表大会常务委员会负责并报告工作。

第四节　中央军事委员会

第九十三条　中华人民共和国中央军事委员会领导全国武装力量。

中央军事委员会由下列人员组成：

主席，

副主席若干人，

委员若干人。

中央军事委员会实行主席负责制。

中央军事委员会每届任期同全国人民代表大会每届任期相同。

第九十四条　中央军事委员会主席对全国人民代表大会和全国人民代表大会常务委员会负责。

第五节　地方各级人民代表大会和地方各级人民政府

第九十五条　省、直辖市、县、市、市辖区、乡、民族乡、镇设立人民代表大会和人民政府。

地方各级人民代表大会和地方各级人民政府的组织由法律规定。

自治区、自治州、自治县设立自治机关。自治机关的组织和工作根据宪法第三章第五节、第六节规定的基本原则由法律规定。

第九十六条 地方各级人民代表大会是地方国家权力机关。

县级以上的地方各级人民代表大会设立常务委员会。

第九十七条 省、直辖市、设区的市的人民代表大会代表由下一级的人民代表大会选举；县、不设区的市、市辖区、乡、民族乡、镇的人民代表大会代表由选民直接选举。

地方各级人民代表大会代表名额和代表产生办法由法律规定。

第九十八条 省、直辖市、设区的市的人民代表大会每届任期五年。县、不设区的市、市辖区、乡、民族乡、镇的人民代表大会每届任期三年。

第九十九条 地方各级人民代表大会在本行政区域内，保证宪法、法律、行政法规的遵守和执行；依照法律规定的权限，通过和发布决议，审查和决定地方的经济建设、文化建设和公共事业建设的计划。

县级以上的地方各级人民代表大会审查和批准本行政区域内的国民经济和社会发展计划、预算以及它们的执行情况的报告；有权改变或者撤销本级人民代表大会常务委员会不适当的决定。

民族乡的人民代表大会可以依照法律规定的权限采取适合民族特点的具体措施。

第一百条 省、直辖市的人民代表大会和它们的常务委员会，在不同宪法、法律、行政法规相抵触的前提下，可以制定地方性法规，报全国人民代表大会常务委员会备案。

第一百零一条 地方各级人民代表大会分别选举并且有权罢免本级人民政府的省长和副省长、市长和副市长、县长和副县长、区长和副区长、乡长和副乡长、镇长和副镇长。

县级以上的地方各级人民代表大会选举并且有权罢免本级人民法院院长和本级人民检察院检察长。选出或者罢免人民检察院检察长，须报上级人民检察院检察长提请该级人民代表大会常务委员会批准。

第一百零二条 省、直辖市、设区的市的人民代表大会代表受原选举单位的监督；县、不设区的市、市辖区、乡、民族乡、镇的人民代表大会代表受选民的监督。

地方各级人民代表大会代表的选举单位和选民有权依照法律规定的程序罢免由他们选出的代表。

第一百零三条 县级以上的地方各级人民代表大会常务委员会由主任、副主任若干人和委员若干人组成，对本级人民代表大会负责并报告工作。

县级以上的地方各级人民代表大会选举并有权罢免本级人民代表大会常务委员会的组成人员。

县级以上的地方各级人民代表大会常务委员会的组成人员不得担任国家行政机关、审判机关和检察机关的职务。

第一百零四条 县级以上的地方各级人民代表大会常务委员会讨论、决定本行政区域内各方面工作的重大事项；监督本级人民政府、人民法院和人民检察院的工作；撤销本级人民政府的不适当的决定和命令；撤销下一级人民代表大会的不适当的决议；依照法律规定的权限决定国家机关工作人员的任免；在本级人民代表大会闭会期间，罢免和补选上一级人民代表大会的个别代表。

第一百零五条 地方各级人民政府是地方各级国家权力机关的执行机关，是地方各级国家行政机关。

地方各级人民政府实行省长、市长、县长、区长、乡长、镇长负责制。

第一百零六条 地方各级人民政府每届任期同本级人民代表大会每届任期相同。

第一百零七条 县级以上地方各级人民政府依照法律规定的权限，管理本行政区域内的经济、教育、科学、文化、卫生、体育事业、城乡建设事业和财政、民政、公安、民族事务、司法行政、监察、计划生育等行政工作，发布决定和命令，任免、培训、考核和奖惩行政工作人员。

乡、民族乡、镇的人民政府执行本级人民代表大会的决议和上级国家行政机关的决定和命令，管理本行政区域内的行政工作。

省、直辖市的人民政府决定乡、民族乡、镇的建置和区域划分。

第一百零八条 县级以上的地方各级人民政府领导所属各工作部门和下级人民政府的工作，有权改变或者撤销所属各工作部门和下级人民政府的不适当的决定。

第一百零九条 县级以上的地方各级人民政府设立审计机关。地方各级审计机关依照法律规定独立行使审计监督权，对本级人民政府和上一级审计机关负责。

第一百一十条 地方各级人民政府对本级人民代表大会负责并报告工作。县级以上的地方各级人民政府在本级人民代表大会闭会期间，对本级人民代表大会常务委员会负责并报告工作。

地方各级人民政府对上一级国家行政机关负责并报告工作。全国地方各级人民政府都是国务院统一领导下的国家行政机关，都服从国务院。

第一百一十一条 城市和农村按居民居住地区设立的居民委员会或者村民委员会是基层群众性自治组织。居民委员会、村民委员会的主任、副主任和委员由居民选举。居民委员会、村民委员会同基层政权的相互关系由法律规定。

居民委员会、村民委员会设人民调解、治安保卫、公共卫生等委员会，办理本居住地区的公共事务和公益事业，调解民间纠纷，协助维护社会治安，并且向人民政府反映群众的意见、要求和提出建议。

第六节 民族自治地方的自治机关

第一百一十二条 民族自治地方的自治机关是自治区、自治州、自治县的人民代表大会和人民政府。

第一百一十三条 自治区、自治州、自治县的人民代表大会中，除实行区域自治的民族的代表外，其他居住在本行政区域内的民族也应当有适当名额的代表。

自治区、自治州、自治县的人民代表大会常务委员会中应当有实行区域自治的民族的公民担任主任或者副主任。

第一百一十四条 自治区主席、自治州州长、自治县县长由实行区域自治的民族的公民担任。

第一百一十五条 自治区、自治州、自治县的自治机关行使宪法第三章第五节规定的地方国家机关的职权，同时依照宪法、民族区域自治法和其他法律规定的权限行使自治权，根据本地方实际情况贯彻执行国家的法律、政策。

第一百一十六条 民族自治地方的人民代表大会有权依照当地民族的政治、经济和文化的特点，制定自治条例和单行条例。自治区的自治条例和单行条例，报全国人民代表大会常务委员会批准后生效。自治州、自治县的自治条例和单行条例，报省或者自治区的人民代表大会常务委员会批准后生效，并报全国人民代表大会常务委员会备案。

第一百一十七条 民族自治地方的自治机关有管理地方财政的自治权。凡是依照国家财政体制属于民族自治地方的财政收入，都应当由民族自治地方的自治机关自主地安排使用。

第一百一十八条 民族自治地方的自治机关在国家计划的指导下，自主地安排和管理地方性的经济建设事业。

国家在民族自治地方开发资源、建设企业的时候，应当照顾民族自治地方的利益。

第一百一十九条 民族自治地方的自治机关自主地管理本地方的教育、科学、文化、卫生、体育事业，保护和整理民族的文化遗产，发展和繁荣民族文化。

第一百二十条 民族自治地方的自治机关依照国家的军事制度和当地的实际需要，经国务院批准，可以组织本地方维护社会治安的公安部队。

第一百二十一条 民族自治地方的自治机关在执行职务的时候，依照本民族自治地方自治条例的规定，使用当地通用的一种或者几种语言文字。

第一百二十二条　国家从财政、物资、技术等方面帮助各少数民族加速发展经济建设和文化建设事业。

国家帮助民族自治地方从当地民族中大量培养各级干部、各种专业人才和技术工人。

第七节　人民法院和人民检察院

第一百二十三条　中华人民共和国人民法院是国家的审判机关。

第一百二十四条　中华人民共和国设立最高人民法院、地方各级人民法院和军事法院等专门人民法院。

最高人民法院院长每届任期同全国人民代表大会每届任期相同，连续任职不得超过两届。

人民法院的组织由法律规定。

第一百二十五条　人民法院审理案件，除法律规定的特别情况外，一律公开进行。被告人有权获得辩护。

第一百二十六条　人民法院依照法律规定独立行使审判权，不受行政机关、社会团体和个人的干涉。

第一百二十七条　最高人民法院是最高审判机关。

最高人民法院监督地方各级人民法院和专门人民法院的审判工作，上级人民法院监督下级人民法院的审判工作。

第一百二十八条　最高人民法院对全国人民代表大会和全国人民代表大会常务委员会负责。地方各级人民法院对产生它的国家权力机关负责。

第一百二十九条　中华人民共和国人民检察院是国家的法律监督机关。

第一百三十条　中华人民共和国设立最高人民检察院、地方各级人民检察院和军事检察院等专门人民检察院。

最高人民检察院检察长每届任期同全国人民代表大会每届任期相同，连续任职不得超过两届。

人民检察院的组织由法律规定。

第一百三十一条　人民检察院依照法律规定独立行使检察权，不受行政机关、社会团体和个人的干涉。

第一百三十二条　最高人民检察院是最高检察机关。

最高人民检察院领导地方各级人民检察院和专门人民检察院的工作，上级人民检察院领导下级人民检察院的工作。

第一百三十三条　最高人民检察院对全国人民代表大会和全国人民代表大会常务委员会负责。地方各级人民检察院对产生它的国家权力机关和上级人民检察院负责。

第一百三十四条　各民族公民都有用本民族语言文字进行诉讼的权利。人民法院和人民检察院对于不通晓当地通用的语言文字的诉讼参与人，应当为他们翻译。

在少数民族聚居或者多民族共同居住的地区，应当用当地通用的语言进行审理；起诉书、判决书、布告和其他文书应当根据实际需要使用当地通用的一种或者几种文字。

第一百三十五条　人民法院、人民检察院和公安机关办理刑事案件，应当分工负责，互相配合，互相制约，以保证准确有效地执行法律。

第四章　国旗、国徽、首都

第一百三十六条　中华人民共和国国旗是五星红旗。

第一百三十七条　中华人民共和国国徽，中间是五星照耀下的天安门，周围是谷穗和齿轮。

第一百三十八条　中华人民共和国首都是北京。

附：

关于中华人民共和国宪法修改草案的报告

——一九八二年十一月二十六日在第五届全国人民代表大会第五次会议上

宪法修改委员会副主任委员　彭　真

主席团、各位代表：

我受叶剑英主任委员的委托，代表宪法修改委员会，作关于宪法修改草案的报告。

现行宪法是一九七八年三月第五届全国人民代表大会第一次会议通过的。从那时以来的几年，正是我们国家处在历史性转变的重要时期。一九七八年十二月中国共产党十一届三中全会以后，党和国家领导全国人民全面清理"文化大革命"的错误，深入总结建国以来的历史经验，恢复并根据新情况制订一系列正确的方针和政策，使国家的政治生活、经济生活和文化生活发生了巨大的变化。现行宪法在许多方面已经同现实的情况和国家生活的需要不相适应，有必要对它进行全面的修改。中国共产党去年召开的十一届六中全会通过的《关于建国以来党的若干历史问题的决议》和今年召开的第十二次全国代表大会的文件，得到全国人民的拥护，为宪法修改提供了重要的依据。

这次宪法的修改、讨论工作前后进行了两年之久，是做得相当认真、慎重和周到的。一九八〇年九月十日，第五届全国人民代表大会第三次会议接受中共中央的建议，决定成立宪法修改委员会，主持修改现行宪法。宪法修改委员会和它的秘书处成立以后，经过广泛征集和认真研究各地方、各部门、各方面的意见，于今年二月提出《中华人民共和国宪法修改草案》讨论稿。宪法修改委员会第二次会议，用九天的时间对那个讨论稿进行了讨论和修改。全国人大常委会委员、全国政协常委会部分委员、各民主党派和人民团体领导人，中共中央各部门、国务院各部门、人民解放军各领导机关以及各省、自治区、直辖市的负责人，也都提出了修改意见。四月，宪法修改委员会第三次会议又进行了九天的讨论并通过了宪法修改草案，由全国人大常务委员会公布，交付全国各族人民讨论。

这次全民讨论的规模之大、参加人数之多、影响之广，足以表明全国工人、农民、知识分子和其他各界人士管理国家事务的政治热情的高涨。通过全民讨论，发扬民主，使宪法的修改更好地集中了群众的智慧。这次全民讨论，实际上也是一次全国范围的群众性的法制教育，增强了干部和群众遵守宪法和维护宪法尊严的自觉性。讨论中普遍认为，这个宪法修改草案科学地总结了我国社会主义发展的历史经验，反映了全国各族人民的共同意志和根本利益，是合乎国情，适应社会主义现代化建设的需要的。全民讨论中也提出了大量的各种类型的意见和建议。宪法修改委员会秘书处根据这些意见和建议，对草案又进行了一次修改。许多重要的合理的意见都得到采纳，原来草案的基本内容没有变动，具体规定作了许多补充和修改，总共有近百处，纯属文字的改动还没有计算在内。还有一些意见，虽然是好的，但实施的条件不具备、经验不够成熟，或者宜于写在其他法律和文件中，不需要写进国家的根本大法，因而没有写上。这个草案，经宪法修改委员会第四次会议历时五天逐条讨论，又作了一些修改，于十一月二十三日在宪法修改委员会第五次会议上通过，现在提交全国人民代表大会审议。

这次修改宪法是按照什么指导思想进行的呢？

宪法修改草案的总的指导思想是四项基本原则，这就是坚持社会主义道路，坚持人民民主专政，坚持中国共产党的领导，坚持马克思列宁主义、毛泽东思想。这四项基本原则是全国各族人民团结前进的共同的政治基础，也是社会主义现代化建设顺利进行的根本保证。

宪法修改草案的《序言》回顾了一百多年来中国革命的历史。《序言》指出，二十世纪中国发生了翻天覆地的伟大历史变革，其中有四件最重大的历史事件。除了一九一一年的辛亥革命是孙中山先生领导的以外，其他三件都是以毛泽东主席为领袖的中国共产党领导全国人民进行的。这三件大事是：推翻帝国主义、封建主义和官僚资本主义的统治，建立了中华人民共和国；消灭延续几千年的剥削制度，建立了社会主义制度；基本上形成独立的、比较完整的工业体系，发展了社会主义的经济、政治和文化。辛亥革命有重大的历史意义，但那次革命没有完成中国的民族民主革命任务。以后的三件大事，使中国人民的命运，使中国社会和国家的状况，发生了根本的变化。从这些伟大的历史变革中，中国人民得出的最基本的结论是：没有中国共产党就没有新中国，只有社会主义才能救中国。四项基本原则既反映了不以人们的意志为转移的历史发展规律，又是中国亿万人民在长期斗争中作出的决定性选择。

在中国确立社会主义制度以后，历史进入新的发展时期。新时期的基本特点是，剥削阶级作为阶级整体已经消灭，阶级斗争不再是社会的主要矛盾。国家工作的重点和方针，必须适应这个基本特点作出重大的改变。在新的历史条件下坚持四项基本原则，必须把马克思主义的普遍真理同中国社会主义建设的具体实践结合起来，走出一条具有中国特色的社会主义建设的道路。从五十年代中期开始，我们寻找这条正确道路，既取得了重大的成就，也犯过许多错误。“文化大革命”的发动和延续，是极严重的错误。我们犯错误，当然不是由于坚持了四项基本原则，而是由于没有正确地执行这些原则。至于“文化大革命”中林彪、江青反革命集团的破坏，那完全是打着这些原则的旗号，根本背叛这些原则。粉碎林彪、江青反革命集团和纠正“文化大革命”的错误，都是四项基本原则的胜利。现在，我们完成了指导思想上的拨乱反正，确立了全面开创社会主义现代化建设新局面的正确纲领。这对于我们国家的兴旺发达，具有非常重大和深远的意义。实现这一历史性转变的过程，就是恢复四项基本原则的本来面目，坚持和发展四项基本原则的过程。四项基本原则在新的历史时期得到了极大的充实，具有更加丰富和新鲜的内容。

拨乱反正的一项重大战略方针，就是把国家的工作重点坚决转移到社会主义现代化经济建设上来。一切工作都要围绕这个重点，为这个重点服务。国家的巩固强盛，社会的安定繁荣，人民物质文化生活的改善提高，最终都取决于生产的发展，取决于现代化建设的成功。今后必须坚定不移地贯彻执行这个战略方针，除非敌人大规模入侵；即使那时，也必须进行为战争所需要和实际可能的经济建设。把这个方针记载在宪法中，是十分必要的。在强调以经济建设作为工作重点的同时，还必须充分重视社会主义精神文明的建设，充分重视发展社会主义民主。宪法修改草案的《序言》明确规定，“今后国家的根本任务是集中力量进行社会主义现代化建设”，“逐步实现工业、农业、国防和科学技术的现代化，把我国建设成为高度文明、高度民主的社会主义国家”。全国各族人民一定要齐心协力为实现这个伟大任务而奋斗！

中华人民共和国的第一部宪法，即一九五四年宪法，是一部很好的宪法。但是，那时我国还刚刚开始社会主义改造和社会主义建设。现在我们国家和社会的情况已经有了很大变化，一九五四年宪法当然不能完全适用于现在。这个宪法修改草案继承和发展了一九五四年宪法的基本原则，充分注意总结我国社会主义发展的丰富经验，也注意吸取国际的经验；既考虑到当前的现实，又考虑到发展的前景。因此，我们这次代表大会一定能够制定出一部有中国特色的、适应新的历史时期社会主义现代化建设需要的、长期稳定的新宪法。

现在，我就宪法修改草案的基本内容，联系全民讨论中提出的意见和问题，作一些说明。

一、关于我国的人民民主专政制度

宪法修改草案第一条规定：“中华人民共和国是工人阶级领导的、以工农联盟为基础的人民民主专政的社会主义国家。”这是关于我们国家性质的规定，是我国的国体。

我国的人民民主专政实质上就是无产阶级专政。宪法修改草案在《序言》里指明了这一点。无产阶级专政在不同国家可以有不同形式，人民民主专政是中国共产党领导人民所创造的适合我国情况和革命传统的一种形式。在一九四九年《共同纲领》中，在一九五四年宪法中，在一九五六年中国共产党第八次全国代表大会的文件中，我们一直把我国的国家政权称为人民民主专政。现在的宪法修改草案仍然这样规定。工人阶级是我国的领导阶级，它在总人口中是少数，但有广大农民作为巩固的同盟者，并且在长期的革命和建设过程中形成了共产党领导的极其广泛的统一战线。我们国家能够在最广大的人民内部实行民主，专政的对象只是极少数人。人民民主专政的提法，确切地表明我国的这种阶级状况和政权的广泛基础，明白地表示出我们国家政权的民主性质。

对于现在的宪法修改草案规定的人民民主专政，不能理解为只是简单地恢复一九五四年宪法的提法和内容。中华人民共和国成立的初期，人民民主专政是同过渡时期的情况和任务相适应的。那个时候，国家政权的主要任务是继续完成新民主主义革命，进而实行对生产资料私有制的社会主义改造，实现由新民主主义向社会主义的过渡。在社会主义制度确立以后，我国人民民主专政的国家政权的任务，主要是保卫社会主义制度，领导和组织社会主义建设。组成这个政权的阶级结构，已经发生了明显的变化。工人阶级队伍进一步壮大，人数增长了许多倍，在国家政治生活中的比重进一步增大。广大农民经过社会主义改造，已经从个体农民变成集体农民。知识分子的人数也增长了许多倍，从总体上说，他们已经成为工人阶级的一部分。剥削阶级已经不再存在，原来这些阶级的成员绝大多数已经改造成为自食其力的劳动者。

在建设社会主义的事业中，工人、农民、知识分子是三支基本的社会力量。宪法修改草案根据全民讨论中提出的意见，在《序言》中概括地加写了："社会主义的建设事业必须依靠工人、农民和知识分子，团结一切可以团结的力量。"这里，把知识分子同工人、农民并列，是从劳动方式上讲的。那么，为什么草案第一条不提"工人、农民、知识分子联盟"？这是因为，在社会主义制度下，知识分子和工人、农民的差别并不是阶级的差别，就他们对生产资料的占有状况即阶级性质来说，知识分子并不是工人、农民以外的一个阶级。这一条是规定我国的国家性质即国体，是从阶级关系上讲的。"以工农联盟为基础"，这里就包括了广大的知识分子在内。

人民民主专政的国家性质决定，在我国，人民，只有人民，才是国家和社会的主人。宪法修改草案明确规定："中华人民共和国的一切权力属于人民。"这是我国国家制度的核心内容和根本准则。草案并具体规定："人民行使国家权力的机关是全国人民代表大会和地方各级人民代表大会。""人民依照法律规定，通过各种途径和形式，管理国家事务，管理经济和文化事业，管理社会事务。"十亿人民掌握国家权力，是维护人民的根本利益的可靠保证，也是我们的国家能够经得起各种风险的可靠保证。

宪法修改草案关于公民的基本权利和义务的规定，是《总纲》关于人民民主专政的国家制度和社会主义的社会制度的原则规定的延伸。我们的国家制度和社会制度从法律上和事实上保证我国公民享有广泛的、真实的自由和权利。草案恢复了一九五四年宪法关于公民在法律面前一律平等的规定。我国的法律是工人阶级领导全国人民制定的，是广大人民的意志和利益的集中表现。在这样的法律面前，在它的实施上，所有公民都是平等的，任何公民都不允许有超越宪法和法律的特权。恢复这项规定是十分必要的。这是保证社会主义民主和社会主义法制实施的一条基本原则。选举权和被选举权，是人民行使国家权力的重要标志。在剥削阶级消灭以后，有选举权和被选举权的人数在总人口中的比重日益扩大。据一九八一年全国县级直接选举统计，享有这种权利的人占十八周岁以上公民人数的百分之九十九点九七，这充分说明了我国社会主义民主的广泛性。根据历史的经验和"文化大革命"的教训，草案关于公民的各项基本权利的规定，不仅恢复了一九五四年宪法的内容，而且规定得更加切实和明确，还增加了新的内容。例如关于公民的人格尊严不受侵犯的条文，是新增加的；关于公民的人身自由，宗教信仰自由，公民住宅不受侵犯，通信自由和通信秘密受法律保护，以及公民对于任何国家机关和国家工作人员有提出批评和建议的权利，对于任何国家机关和国家工作人员的违法失职行为有提出申诉、控告或检举的权利，等等，都比过去规定得更加具体。为了保证公民权利的实现和逐步扩大，草案还规定了国家相应的基本政策和措施。

世界上从来不存在什么绝对的、不受任何限制的自由和权利。我们是社会主义国家，国家的、社会的利益同公民个人利益在根本上是一致的。只有广大人民的民主权利和根本利益都得到保障和发展，公民个人的自由和权利才有可能得到切实保障和充分实现。因此宪法修改草案规定："中华人民共和国公民在行使自由和权利的时候，不得损害国家的、社会的、集体的利益和其他公民的合法的自由和权利。"

宪法修改草案规定："任何公民享有宪法和法律规定的权利，同时必须履行宪法和法律规定的义务。"根据这个基本原则，草案规定了公民对于国家和社会应尽的各项义务。大家都遵守和履行公民的这些基本义务，才能保障大家都享受宪法规定的公民权利。

人民民主专政，除了在人民内部实行民主的一面，还有全体人民对于人民的敌人实行专政的一面。在剥削制度和剥削阶级消灭以后，专政的对象已经不是完整的反动阶级，人数也大为减少。但是，由于国内的因素和国际的影响，阶级斗争还将在一定范围内长期存在，并且在某种条件下还有可能激化。我国人民对于敌视和破坏我国社会主义制度的国内外敌对势力和敌对分子，还必须进行斗争。因此，国家的专政职能还不能取消。依照宪法和法律，镇压叛国和其他反革命的活动，打击经济领域和其他领域的蓄意破坏和推翻社会主义制度的严重犯罪分子，都属于国家的专政职能。坚持这种专政的职能，是顺利进行社会主义现代化建设的保障，也是保卫和发展社会主义民主所必需的。

二、关于我国的社会主义经济制度

宪法修改草案正确地反映了社会主义经济制度在我国已经确立起来和正在发展壮大的事实，肯定了生产资料的社会主义公有制是我国社会主义经济制度的基础。

我国的社会主义公有制有全民所有制和劳动群众集体所有制这两种形式。宪法修改草案规定："国营经济是社会主义全民所有制经济，是国民经济中的主导力量。"这是保证劳动群众集体所有制经济沿着社会主义方向前进，保证个体经济为社会主义服务，保证整个国民经济的发展符合于劳动人民的整体利益和长远利益的决定性条件。草案规定，在自然资源中，矿藏、水流完全属于国家所有；森林、山岭、草原、荒地、滩涂等除由法律规定属于集体所有的以外，都属于国家所有。国家所有的某些资源，经国家允许，还可以划出一定范围由集体经济组织以至个人使用。

劳动群众集体所有制是我国农村的主要经济形式，它适合于我国现阶段农业生产力的状况。在农村，除了人民公社的形式以外，还存在和发展着农业生产合作社和其他生产、供销、信用、消费等各种形式的合作经济。在城镇，也不能由国营经济包办一切，无论是在商业和服务业中，还是在手工业、工业、建筑业和运输业等行业中，都有相当的部分适合于发展集体所有制的合作经济。宪法修改草案规定：“国家保护城乡集体经济组织的合法的权利和利益，鼓励、指导和帮助集体经济的发展。”

关于土地的所有权问题，宪法修改草案从我国的现实状况出发，作出了明确规定。城市的土地属于国家所有。农村和城市郊区的土地，除由法律规定属于国家所有的以外，属于集体所有。宅基地和自留地、自留山，归农户长期使用，但是不属于农户私有。对于集体所有的土地，国家为了公共利益的需要，可以依照法律实行征用。“任何组织或者个人不得侵占、买卖、出租或者以其他形式非法转让土地。”这些原则规定，对于保证国家的社会主义经济建设，特别是保证农业经济发展的社会主义方向，具有重大的意义。这里需要说明一下，草案第十条中原来是把镇的土地和农村、城市郊区一律看待的。全民讨论中有人指出，全国各地情况不同，有些地方镇的建制较大，今后还要发展，实际上是小城市。因此删去了有关镇的规定。镇的土地所有权问题，可以根据实际情况分别处理。

在城市和农村，劳动者个体经济在相当长的时期内还有必要存在并有一定程度的发展。宪法修改草案确认，在法律规定范围内的城乡劳动者个体经济，是社会主义公有制经济的补充；国家保护个体经济的合法的权利和利益，并通过行政管理，对个体经济进行指导、帮助和监督。草案还规定：“参加农村集体经济组织的劳动者，有权在法律规定的范围内经营自留地、自留山、家庭副业和饲养自留畜。”

总起来说，国营、集体和个体这三种经济，各在一定范围内有其优越性，虽然它们的地位和作用不同，但都是不可缺少的。个体经济在整个国民经济中所占比重不大，它的存在并不妨碍社会主义公有制是我国经济制度的基础和它的顺利发展。我们要在坚持国营经济占主导地位的前提下，发展多种形式的经济，以利于整个国民经济的繁荣。

社会主义公有制的确立，为消除社会生产的无政府状态，实行计划经济，提供了客观的可能性。计划经济是社会主义经济的基本制度，也是社会主义制度优越于资本主义制度的重要标志。我国的国民经济必须有计划地发展，而计划管理体制又必须适合于我国存在着多种经济形式的具体情况和经济发展的现实水平。宪法修改草案在明确肯定“国家在社会主义公有制基础上实行计划经济”的同时，规定“国家通过经济计划的综合平衡和市场调节的辅助作用，保证国民经济按比例地协调发展”。这就是说，国家应当把基本的生产和流通纳入统一的计划，包括指令性计划和指导性计划；至于在统一计划以外的其他产品，则允许生产这些产品的企业根据市场供求的变化灵活地自行安排生产。为了保证社会经济的正常运行和国家计划的权威性，草案规定：“禁止任何组织或者个人扰乱社会经济秩序，破坏国家经济计划。”

鉴于过去国家在计划管理上存在着统得过多、过死的毛病，除了需要根据不同情况采取多种计划形式以外，还需要把国家计划的统一领导和生产单位的自主性结合起来，给企业以不同范围的自主权。宪法修改草案规定：“国营企业在服从国家的统一领导和全面完成国家计划的前提下，在法律规定的范围内，有经营管理的自主权。”“集体经济组织在接受国家计划指导和遵守有关法律的前提下，有独立进行经济活动的自主权。”此外，草案还规定要“实行各种形式的社会主义责任制”。所有这些，对于调动生产单位和劳动者的积极性、主动性，搞活经济，群策群力推进社会主义现代化建设，具有重大的意义。

社会主义公有制的确立，消灭了人剥削人的制度，各尽所能、按劳分配成为社会主义经济的一项基本制度。宪法修改草案再一次把它肯定下来。按劳分配是同各尽所能相联系的。实行按劳分配，应当从思想上要求劳动者并且从物质利益上鼓励劳动者尽其所能地为社会劳动。在社会主义社会中，固然还没有条件使所有人的才能都得到全面的发展，但是同剥削制度的社会相比，劳动的性质已经发生了根本的变化。草案规定：“国营企业和城乡集体经济组织的劳动者都应当以国家主人翁的态度对待自己的劳动。”从社会方面来说，劳动是有计划有组织的，既要使劳动者按照他们劳动的数量和质量取得应得的报酬，又要为劳动者发展他们的才能尽可能地创造条件。

我国经济比较落后，要尽快改变这种状况，把我国建设成为现代化的社会主义国家，必须发挥社会主义制度的优越性，充分动员广大人民，自力更生，艰苦奋斗。同时，我国地域辽阔，各地区、各部门、各企业经济技术文化发展很不平衡。我们的社会主义经济既要有原则性、又要有灵活性，既要是统一的、又要是多样的。这样做有利于在中央的集中统一领导下，充分发挥地方、部门、企业和劳动者的积极性，因地制宜，因时制宜，因事制宜，因人制宜，做到人尽其才，地尽其利，物尽其用，货畅其流。宪法修改草案是本着这样的精神来规定有关经济方面的条文的。当前我国正在进行经济体制的改革，并取得了很大的成绩，今后还要全面、深入地进行下去。草案有关规定为这种改革确定了原则。按照这个方向前进，我们一定能够建设和发展有中国特色的社会主义经济，使我国逐步地富强起来。

三、关于社会主义精神文明

在建设高度物质文明的同时，努力建设高度的社会主义精神文明，是我国人民建设社会主义的一项根本任务。充实了有关社会主义精神文明建设的条款，是这次修改宪法的重要进展之一。

关于社会主义精神文明建设中的文化建设这个方

面，这次宪法修改草案的《总纲》，根据全民讨论中提出的意见，将教育、科学、卫生体育、文化各自单列一条。这比原来草案中合为一条，加重了份量，也充实了内容。

教育的发展，一方面要努力普及，一方面要努力提高，以促进工人、农民的知识化和干部队伍的知识化，扩大知识分子队伍，培养各种专业人才。这不仅是整个科学文化发展的基础和人民群众思想觉悟提高的条件，而且是物质文明发展的不可缺少的前提。接受教育，是公民应享的权利，也是公民应尽的义务，包括适龄儿童接受初等教育的义务，还包括成年劳动者接受适当形式的政治、文化、科学、技术、业务教育的义务，以及就业前的公民接受劳动就业训练的义务。我国文化比较落后，为了较快地发展教育，既要靠正规的学校教育，又要靠各种形式的业余教育。国家一定要用足够的力量举办教育事业，同时又要发动各种社会力量，包括集体经济组织、国家企业事业组织、其他社会组织以至经国家批准的私人办学者，采取多种形式和依靠广大群众来举办教育事业。科学技术现代化是四个现代化的关键。发展自然科学和社会科学，发展基础研究、应用研究和普及工作，对于社会主义建设有极大的重要性。卫生和体育事业对于保护人民健康、增强人民体质、提高学习和工作效率的重要性，文学艺术、新闻、出版等各项文化事业对于丰富和提高人民精神生活的重要性，都是很明显的。它们的发展，也不能单靠国家的力量，都需要依靠各种社会力量，需要开展广泛的群众性的活动。这些原则和要求，都已写进了有关条文。

文化建设的条文中没有写“百花齐放、百家争鸣”方针，这是考虑到：第一，作为公民的权利，宪法修改草案已经写了言论、出版自由，写了进行科学研究、文学艺术创作和其他文化活动的自由，就是说，已经用法律的语言，并且从更广的角度，表达了这个方针的内容；第二，科学和文化工作中，除了这项方针以外，还有其他一些基本方针，不必要也不可能一一写入宪法。当然，“百花齐放、百家争鸣”是我们国家指导科学和文化工作的基本方针之一，必须坚定不移地贯彻执行，以促进社会主义的科学文化事业的繁荣，这是没有疑问的。

关于社会主义精神文明建设中的思想建设这个方面，首先应当提到，马克思列宁主义、毛泽东思想是我们的根本指导思想，这已经作为四项基本原则之一写在宪法修改草案的《序言》中。

宪法修改草案第二十四条规定：“国家通过普及理想教育、道德教育、文化教育、纪律和法制教育，通过在城乡不同范围的群众中制定和执行各种守则、公约，加强社会主义精神文明的建设。”这就是要努力使越来越多的公民成为有理想、有道德、有文化、守纪律的公民，从而树立起新的社会道德风尚，形成我们民族的革命的朝气蓬勃的精神面貌。

这一条还规定：“国家提倡爱祖国、爱人民、爱劳动、爱科学、爱社会主义的公德”。这是建国初期的《共同纲领》中关于国民公德的“五爱”要求的发展。《共同纲领》中提出的“五爱”要求，鲜明、朴实，起过很好的教育作用，广大人民对它有深刻的印象。在当时的历史条件下，还没有向全国人民提出“爱社会主义”的要求。现在，提出这样的要求就是理所当然的了，因此原来“五爱”中的“爱护公共财物”现在改为“爱社会主义”。“爱社会主义”不是抽象的，爱护公共财物正是爱社会主义的一项重要内容。

这一条还提出要在人民中进行共产主义的思想教育。共产主义思想是社会主义精神文明的核心。还在新民主主义革命时期，毛泽东同志就明确地指出：“当作国民文化的方针来说，居于指导地位的是共产主义的思想”。现在，我们已经建立了社会主义制度，就应该而且能够在全国范围内和全体规模上加强对干部和群众的共产主义教育，只有这样才能指导我们的现代化建设坚持社会主义的方向，使我们社会的发展保持前进的目标和精神的动力。共产主义的思想教育应该体现在帮助越来越多的公民树立辩证唯物主义和历史唯物主义的世界观，培养全心全意为人民服务的劳动态度和工作态度，把个人利益同集体利益、国家利益结合起来，把目前利益同长远利益结合起来，并使个人的目前的利益服从共同的长远的利益。这种教育当然不是要超越历史发展的阶段去推行只有在生产力高度发展的共产主义高级阶段才能实行的经济和社会制度。相反，这种教育必须同现阶段在经济和社会生活中坚持实行按劳分配和明确的经济责任制等各项社会主义原则相结合，也只有在这样的思想教育的指导下，各项社会主义的原则和政策才能得到充分的和正确的贯彻。

这一条还规定要“反对资本主义的、封建主义的和其他的腐朽思想”，从而提出了思想战线上的斗争任务。由于历史的和现实的原因，由于国内的因素和国际的环境，这个斗争任务是长期的，决不可以稍有松懈。

这里还要说明一点：宪法修改草案中关于公民的基本权利和义务的许多条款，实际上同时包含着建设社会主义精神文明的要求。在我们的社会主义国家里，思想教育、社会舆论、道德要求和法律规定，这几个方面是相互结合的。我们的宪法规定了公民享有的权利，同时要求公民提高自己作为国家和社会主人翁的自觉性，正确地维护和行使自己的各项权利。维护自己的权利和尊重他人的权利不可分离。这就要求每个公民在维护自身权利的同时，维护国家、社会和集体的利益，尊重他人的自由和权利。宪法规定的公民义务，具有法律强制的性质，但更重要的是要求公民提高自己作为主人翁对国家、社会和其他公民的责任感，自觉地履行自己的各项义务，包括维护社会主义制度的义务，维护国家统一和全国各民族团结的义务，维护祖国的安全、荣誉和利益的义务，遵守宪法、法律、纪律和公共秩序的义务，爱护公共财产的义务，等等。提高这样的自觉性和责任感，按照社会主义、集体主义原则来处理公民个人同国家和社会的关系、同其他公民的关系，建立同社会主义政治制度相适应的权利义务观念和组织纪律观念，养成社会主义的公民意识，正是在全社会建设社会主义精神文明的重要内容。

四、关于国家机构

宪法修改草案规定："中华人民共和国的国家机构实行民主集中制的原则。"根据这一原则和我国三十多年来政权建设的经验，草案对国家机构作了许多重要的新规定，主要有以下几个方面。

（一）加强人民代表大会制度。将原来属于全国人大的一部分职权交由它的常委会行使，扩大全国人大常委会的职权和加强它的组织。全国人大和它的常委会行使国家立法权；除基本法律应当由全国人大制定以外，其他法律由全国人大常委会制定。人大常委会委员不得担任国家行政机关、审判机关和检察机关的职务，实际上将有相当数量的委员是专职的。为了加强全国人大的工作，还将增设一些专门委员会，在全国人大和它的常委会领导下，研究、审议和拟订有关议案。

（二）恢复设立国家主席和副主席。建国以来的实践证明，设立国家主席对健全国家体制是必要的，也比较符合我国各族人民的习惯和愿望。

（三）国家设立中央军事委员会，领导全国武装力量。中央军委实行主席负责制。军委主席由全国人大选举，对全国人大和它的常委会负责。中国共产党缔造和领导的人民解放军，在中华人民共和国成立以后，就是国家的军队。宪法修改草案总结了建国以来的历史经验，根据我国现在的实际情况和需要，恰当地规定了军队在国家体制中的地位。在国家的中央军委成立以后，中国共产党对军队的领导并不会改变。《序言》里明确肯定了党在国家生活中的领导作用，当然也包括党对军队的领导。

（四）国务院实行总理负责制；总理、副总理、国务委员和秘书长组成国务院常务会议；总理召集和主持国务院全体会议和国务院常务会议。各部、各委员会实行部长、主任负责制；部长、委员会主任召集和主持部务会议或者委员会会议、委务会议。

为了加强对财政、财务活动的监督，国务院增设审计机关，依照法律规定独立行使审计监督权。地方各级人民政府也相应地设立审计机关。

（五）在中央的统一领导下，加强地方政权的建设。县级以上的地方各级人大设立常委会。省、直辖市的人大和它的常委会有权制定和颁布地方性法规。地方各级人民政府分别实行省长、市长、县长、区长、乡长、镇长负责制。这些规定同样适用于民族自治地方。

（六）改变农村人民公社的政社合一的体制，设立乡政权。人民公社将只是农村集体经济的一种组织形式。这种改变将有利于加强农村基层政权建设，也有利于集体经济的发展。至于政社分开的具体实施，这是一件细致的工作，各地要从实际出发，因地制宜，有领导、有计划、有步骤地进行，不要草率行事。

我国长期行之有效的居民委员会、村民委员会等群众性自治组织的地位和作用，现在列入了宪法。

（七）规定国家主席、副主席，全国人大常委会委员长、副委员长，国务院总理、副总理等国家领导人连续任职不得超过两届。这就取消了实际上存在的领导职务的终身制。

现在，着重说明一下作出这些规定所遵循的方向和所体现的要求。

第一，使全体人民能够更好地行使国家权力。

我们国家政治体制的改革和国家机构的设置，都应当是从政治上和组织上保证全体人民掌握国家权力，真正成为国家的主人。根据这个原则，从中央来说，主要是加强全国人民代表大会。我国国大人多，全国人大代表的人数不宜太少；但是人数多了，又不便于进行经常的工作。全国人大常委会是人大的常设机关，它的组成人员也可以说是人大的常务代表，人数少，可以经常开会，进行繁重的立法工作和其他经常工作。所以适当扩大全国人大常委会的职权是加强人民代表大会制度的有效办法。从地方来说，主要是加强各级地方政权（包括基层政权）的民主基础，同时适当扩大他们的职权，以便各地能够在中央统一领导下因地制宜地发展本地的建设事业。在基层社会生活中，还要加强群众性自治组织的建设，以便发动群众自己管理自己的公共事务和公益事业。实现这些规定，将使我国社会主义民主得到进一步的发展。

全民讨论中，有人提出，在扩大全国人大常委会的职权时，应当充分保证全国人大作为最高权力机关的地位。这个意见是对的。因此，宪法修改草案第六十七条关于全国人大常委会的职权第三项原来规定，在全国人大闭会期间，对全国人大制定的法律进行部分补充和修改，现在加上了"不得同该法律的基本原则相抵触"这样的限制。在第六十二条关于全国人大的职权又加上了第十一项，即"改变或者撤销全国人民代表大会常务委员会不适当的决定"。

第二，使国家机关能够更有效地领导和组织社会主义建设事业。

国家机构的设置和职责权限的规定，要体现这样的精神：在法律的制定和重大问题的决策上，必须由国家权力机关，即全国人大和地方各级人大，充分讨论，民主决定，以求真正集中和代表人民的意志和利益；而在它们的贯彻执行上，必须实行严格的责任制，以求提高工作效率。这种责任制对于发展社会主义民主，保证人民行使国家权力，是不可缺少的。人民通过国家权力机关作出决定以后，只有这些决定得到行政机关的迅速有效的执行，人民的意志才能得到实现。

第三，使各个国家机关更好地分工合作、相互配合。

在社会主义制度下，形成了全体人民根本利益的一致。因此，我们国家可以而且必须由人民代表大会统一地行使国家权力；同时在这个前提下，对于国家的行政权、审判权、检察权和武装力量的领导权，也都有明确的划分，使国家权力机关和行政、审判、检察机关等其他国家机关能够协调一致地工作。国家主席、国务院、中央军委、最高人民法院和最高人民检察院，都由全国人大产生并对它负责，受它监督。全国人大、国家主席和其他国家机关都在他们各自的职权范围内进行工作。国家机构的这种合理分工，既可以避免权力过分集中，又可以使国家的各项工作有效地进行。

当前我国正在进行国家机构的改革，宪法修改草案关于国家机构的规定，反映了这方面改革的方针和成果，并将推动这方面的改革继续前进。

五、关于国家的统一和民族的团结

建国三十多年来的历史表明，我国已经实现的国家统一和民族团结，对于我们社会主义事业的发展，对于整个中华民族的兴旺发达，具有十分重大的意义。正如毛泽东同志所说的："国家的统一，人民的团结，国内各民族的团结，这是我们的事业必定要胜利的基本保证。"

现在，我们伟大的祖国还有未完成的统一事业，需要我们去努力完成。宪法修改草案的《序言》指出："台湾是中华人民共和国的神圣领土的一部分。完成统一祖国的大业是包括台湾同胞在内的全中国人民的神圣职责。"近三十多年台湾同祖国的分离，完全是违反我们民族利益和人民要求的。早日结束这种分裂局面，无论对于台湾地方和整个祖国的繁荣富强，对于维护远东和世界和平，都是极为有利的。这是大势所趋，人心所向，任何党派、势力和个人都无法抗拒。这是中国的内政，任何外国都无权干预。去年国庆节前夕，全国人民代表大会常务委员会委员长叶剑英同志发表谈话指出，实现和平统一后，台湾可作为特别行政区，享有高度的自治权。这种自治权，包括台湾现行社会、经济制度不变，生活方式不变，同外国的经济、文化关系不变等等。考虑到这种特殊情况的需要，宪法修改草案第三十一条规定："国家在必要时得设立特别行政区。在特别行政区内实行的制度按照具体情况由全国人民代表大会以法律规定。"在维护国家的主权、统一和领土完整的原则方面，我们是决不含糊的。同时，在具体政策、措施方面，我们又有很大的灵活性，充分照顾台湾地方的现实情况和台湾人民以及各方面人士的意愿。这是我们处理这类问题的基本立场。

实现各民族平等、团结和共同繁荣，是中国共产党和我们国家奉行的基本原则。建国三十多年来在这方面取得的成就是巨大的。其间也犯过"左"的错误，特别是"文化大革命"中，党和国家的民族政策被歪曲和破坏，许多少数民族干部和群众受到伤害，是一个严重的教训。这次修改宪法，高度重视总结这方面的历史经验，吸取近几年民族工作中拨乱反正的重大成果。

宪法修改草案的《序言》指出："在维护民族团结的斗争中，要反对大民族主义，主要是大汉族主义，也要反对地方民族主义。"因为它们都是损害民族团结的。反对大民族主义，主要是反对大汉族主义，这是由汉族占全国人口的绝大多数，在全国政治、经济和文化生活中有最大影响这一现实情况所决定的。汉族同志在警惕和克服大汉族主义方面，应当高度自觉和经常注意。反对地方民族主义，和反对大民族主义一样，对于保证国内各民族团结也是必需的。但是在这方面过去有严重扩大化的错误，一是反对了许多并没有犯地方民族主义错误的同志，二是把思想认识的错误当作敌我矛盾来处理。如同大民族主义一样，地方民族主义也是思想认识范围的问题，除了勾结外国势力进行叛乱和分裂活动的以外，都属于人民内部矛盾。反对大民族主义和地方民族主义应当正确地进行，主要靠思想教育和各项必要的政治、经济、文化措施。

民族区域自治制度是经过实践考验适合我国国情的正确制度。我国是中华各民族共同缔造的统一的多民族国家。解放前共同遭受帝国主义的侵略，使汉族人民与少数民族人民结成了患难相助的紧密联系。建国后在共同的社会主义道路上，各民族在政治、经济、文化方面结成了相互依存、相互帮助的亲密关系。在统一的国家内实行民族区域自治，既能保障各少数民族的合法的权利和利益，加速各少数民族地区经济和文化的发展，又能抵御外来的侵略和颠覆，保障整个国家的独立和繁荣。所以宪法修改草案规定："各民族自治地方都是中华人民共和国不可分离的部分。""中华人民共和国公民有维护国家统一和全国各民族团结的义务。"这是完全符合全国各民族的根本利益和共同意志的。

这次修改宪法，关于民族区域自治的规定，不但恢复了一九五四年宪法中一些重要的原则，而且根据国家情况的变化增加了新的内容。宪法修改草案在《国家机构》的第六节"民族自治地方的自治机关"中规定：民族自治地方的人大常委会中应当有实行区域自治的民族的公民担任主任或者副主任；自治区主席、自治州州长、自治县县长由实行区域自治的民族的公民担任；自治机关在国家计划的指导下，自主地安排和管理地方性的经济建设事业；自治机关自主地管理本地方的教育、科学、文化、卫生、体育事业；国家在民族自治地方开发资源、建设企业的时候，应当照顾民族自治地方的利益；国家从财政、物资、技术等方面帮助各少数民族加速发展经济建设和文化建设事业，国家帮助民族自治地方从当地民族中大量培养各级干部、各种专业人才和技术工人。草案关于民族自治地方自治权的规定，体现了国家充分尊重和保障各少数民族管理本民族内部事务的民主权利的精神。

六、关于独立自主的对外政策

宪法修改草案在《序言》中规定了我国的对外政策的基本原则，这就是独立自主，就是在互相尊重主权和领土完整、互不侵犯、互不干涉内政、平等互利、和平共处的五项原则的基础上发展同各国的外交关系和经济、文化的交流；就是反对帝国主义、霸权主义、殖民主义，加强同世界各国人民的团结，支持被压迫民族和发展中国家争取和维护民族独立、发展民族经济的正义斗争，为维护世界和平和促进人类进步事业而努力。

我国坚持这样的对外政策的原则是由我国的国家和社会性质决定的。中国人民从中华人民共和国成立以前一百年的苦难历程中深深懂得，没有国家的独立，就不可能有人民的民主权利，不可能建设一个富强的国家。中国人民从长期的革命和建设的过程中，又深深懂得，中国人民的命运是同世界人民的命运息息相关的。社会主义制度的建立，从根本上消灭了我国屈服于任何外国压迫的社会根源，也从根本上消除了以任何形式对外实行侵略的社会根源。现在的世界处于剧烈的动荡不安中，今后只要世界上还存在着帝国主义、霸权主义，动荡不安的局面就不会终止。在我国外部无论出现什么情况，我们一定要坚持独立自主的政策，如同邓小平同志在中国共产党第十二次全国代表大会上所说：“任何外国不要指望中国做他们的附庸，不要指望中国会吞下损害我国利益的苦果。”我们也一定要坚持以平等态度对待一切大小国家，始终不渝地同一切被压迫民族和发展中国家以及其他一切维护世界和平的国家和人民站在一起。中国永远不称霸，也绝不允许任何霸权主义者压在我们的头上。

在独立自主的原则下对外开放，是我国已经实行并将坚持实行的政策。我国将根据平等互利的原则继续扩大同世界各国的经济、技术和文化交流。外国的经济组织或者个人可以在中国投资，同中国的经济组织进行经济合作，这在宪法修改草案中作了规定。当然，在中国境内的任何外国经济组织都必须遵守中华人民共和国的法律；它们的合法权利和利益也受到中华人民共和国法律的保护。

我国根据国际的通例维护在外国居住的中国籍侨民的正当的权利和利益，同时要求他们遵守所在国的法律，同所在国的人民和睦相处。我国对于居住在中国的外国人的合法的权利和利益给以保护，同时要求他们遵守中华人民共和国的法律。这些也都载明在宪法修改草案中。

中国人民为争得和维护国家的独立自主的权利，进行过长期艰难的斗争。我国的对外政策代表中国人民的根本利益，也是同世界人民的根本利益一致的。宪法修改草案规定，国家要在广大人民中既进行爱国主义的教育，也进行国际主义的教育。我们一定要使中国人民中的爱国主义和国际主义的传统代代相传，这是坚持我国的独立自主的对外政策的根本保证。

各位代表！宪法修改草案经过这次全国人民代表大会审议和正式通过以后，就要作为具有最大权威性和最高法律效力的国家根本大法，付诸实施了。它将成为我国新的历史时期治国安邦的总章程。我们相信，新的宪法必定能够得到严格遵守和贯彻执行。《序言》总结建国以来制定和执行宪法的正反两方面的历史经验，明确指出：“全国各族人民、一切国家机关和武装力量、各政党和各社会团体、各企业事业组织，都必须以宪法为根本的活动准则，并且负有维护宪法尊严、保证宪法实施的职责。”全国人大和它的常委会都有监督宪法实施的职权，地方各级人大在本行政区域内保证宪法的遵守和执行。胡耀邦同志在中国共产党第十二次全国代表大会上的报告中庄严宣告：“特别要教育和监督广大党员带头遵守宪法和法律。新党章关于‘党必须在宪法和法律的范围内活动’的规定，是一项极其重要的原则。从中央到基层，一切党组织和党员的活动都不能同国家的宪法和法律相抵触。”中国人民和中国共产党都已经深知，宪法的权威关系到政治的安定和国家的命运，决不容许对宪法根基的任何损害。我们国家的权力属于人民，国家的命运由觉悟了的人民来掌握。中国共产党是代表中国人民利益，执行人民意志的工人阶级政党，除了人民的利益之外，没有自己的特殊利益。中国共产党对这次宪法修改工作十分重视，中共中央政治局和书记处都专门讨论过。中共中央政治局和书记处的成员大都是宪法修改委员会的委员，中共中央的意见已经充分地反映在宪法修改草案中。中国共产党领导中国人民制定了新宪法，中国共产党也将同全国各族人民一道，同各民主党派和各人民团体一道，共同维护宪法尊严和保证宪法实施。宪法通过以后，要采取各种形式广泛地进行宣传，做到家喻户晓。十亿人民养成人人遵守宪法、维护宪法的观念和习惯，同违反和破坏宪法的行为进行斗争，这是一个伟大的力量。体现了人民意志和中国共产党的正确主张的新宪法，又由全体人民和中国共产党的努力来保证它的实施，就一定能够在促进我国社会主义现代化事业的胜利发展中发挥伟大的作用。

1986年制定的法律

中华人民共和国民法通则

（一九八六年四月十二日第六届全国人民代表大会第四次会议通过
一九八六年四月十二日中华人民共和国主席令第三十七号公布
一九八七年一月一日起施行）

目　录

第一章　基本原则

第一条　为了保障公民、法人的合法的民事权益，正确调整民事关系，适应社会主义现代化建设事业发展的需要，根据宪法和我国实际情况，总结民事活动的实践经验，制定本法。

第二条　中华人民共和国民法调整平等主体的公民之间、法人之间、公民和法人之间的财产关系和人身关系。

第三条　当事人在民事活动中的地位平等。

第四条　民事活动应当遵循自愿、公平、等价有偿、诚实信用的原则。

第五条　公民、法人的合法的民事权益受法律保护，任何组织和个人不得侵犯。

第六条　民事活动必须遵守法律，法律没有规定的，应当遵守国家政策。

第七条　民事活动应当尊重社会公德，不得损害社会公共利益，破坏国家经济计划，扰乱社会经济秩序。

第八条　在中华人民共和国领域内的民事活动，适用中华人民共和国法律，法律另有规定的除外。

本法关于公民的规定，适用于在中华人民共和国领域内的外国人、无国籍人，法律另有规定的除外。

第二章　公民（自然人）

第一节　民事权利能力和民事行为能力

第九条　公民从出生时起到死亡时止，具有民事权利能力，依法享有民事权利，承担民事义务。

第十条　公民的民事权利能力一律平等。

第十一条　十八周岁以上的公民是成年人，具有完全民事行为能力，可以独立进行民事活动，是完全民事行为能力人。

十六周岁以上不满十八周岁的公民，以自己的劳动收入为主要生活来源的，视为完全民事行为能力人。

第十二条　十周岁以上的未成年人是限制民事行为能力人，可以进行与他的年龄、智力相适应的民事活动；其他民事活动由他的法定代理人代理，或者征得他的法定代理人的同意。

不满十周岁的未成年人是无民事行为能力人，由他的法定代理人代理民事活动。

第十三条　不能辨认自己行为的精神病人是无民事行为能力人，由他的法定代理人代理民事活动。

不能完全辨认自己行为的精神病人是限制民事行为能力人，可以进行与他的精神健康状况相适应的民事活动；其他民事活动由他的法定代理人代理，或者征得他的法定代理人的同意。

第十四条 无民事行为能力人、限制民事行为能力人的监护人是他的法定代理人。

第十五条 公民以他的户籍所在地的居住地为住所，经常居住地与住所不一致的，经常居住地视为住所。

第二节 监 护

第十六条 未成年人的父母是未成年人的监护人。

未成年人的父母已经死亡或者没有监护能力的，由下列人员中有监护能力的人担任监护人：

（一）祖父母、外祖父母；

（二）兄、姐；

（三）关系密切的其他亲属、朋友愿意承担监护责任，经未成年人的父、母的所在单位或者未成年人住所地的居民委员会、村民委员会同意的。

对担任监护人有争议的，由未成年人的父、母的所在单位或者未成年人住所地的居民委员会、村民委员会在近亲属中指定。对指定不服提起诉讼的，由人民法院裁决。

没有第一款、第二款规定的监护人的，由未成年人的父、母的所在单位或者未成年人住所地的居民委员会、村民委员会或者民政部门担任监护人。

第十七条 无民事行为能力或者限制民事行为能力的精神病人，由下列人员担任监护人：

（一）配偶；

（二）父母；

（三）成年子女；

（四）其他近亲属；

（五）关系密切的其他亲属、朋友愿意承担监护责任，经精神病人的所在单位或者住所地的居民委员会、村民委员会同意的。

对担任监护人有争议的，由精神病人的所在单位或者住所地的居民委员会、村民委员会在近亲属中指定。对指定不服提起诉讼的，由人民法院裁决。

没有第一款规定的监护人的，由精神病人的所在单位或者住所地的居民委员会、村民委员会或者民政部门担任监护人。

第十八条 监护人应当履行监护职责，保护被监护人的人身、财产及其他合法权益，除为被监护人的利益外，不得处理被监护人的财产。

监护人依法履行监护的权利，受法律保护。

监护人不履行监护职责或者侵害被监护人的合法权益的，应当承担责任；给被监护人造成财产损失的，应当赔偿损失。人民法院可以根据有关人员或者有关单位的申请，撤销监护人的资格。

第十九条 精神病人的利害关系人，可以向人民法院申请宣告精神病人为无民事行为能力人或者限制民事行为能力人。

被人民法院宣告为无民事行为能力人或者限制民事行为能力人的，根据他健康恢复的状况，经本人或者利害关系人申请，人民法院可以宣告他为限制民事行为能力人或者完全民事行为能力人。

第三节 宣告失踪和宣告死亡

第二十条 公民下落不明满二年的，利害关系人可以向人民法院申请宣告他为失踪人。

战争期间下落不明的，下落不明的时间从战争结束之日起计算。

第二十一条 失踪人的财产由他的配偶、父母、成年子女或者关系密切的其他亲属、朋友代管。代管有争议的，没有以上规定的人或者以上规定的人无能力代管的，由人民法院指定的人代管。

失踪人所欠税款、债务和应付的其他费用，由代管人从失踪人的财产中支付。

第二十二条 被宣告失踪的人重新出现或者确知他的下落，经本人或者利害关系人申请，人民法院应当撤销对他的失踪宣告。

第二十三条 公民有下列情形之一的，利害关系人可以向人民法院申请宣告他死亡：

（一）下落不明满四年的；

（二）因意外事故下落不明，从事故发生之日起满二年的。

战争期间下落不明的，下落不明的时间从战争结束之日起计算。

第二十四条 被宣告死亡的人重新出现或者确知他没有死亡，经本人或者利害关系人申请，人民法院应当撤销对他的死亡宣告。

有民事行为能力人在被宣告死亡期间实施的民事法律行为有效。

第二十五条 被撤销死亡宣告的人有权请求返还财产。依照继承法取得他的财产的公民或者组织，应当返还原物；原物不存在的，给予适当补偿。

第四节 个体工商户、农村承包经营户

第二十六条 公民在法律允许的范围内，依法经核准登记，从事工商业经营的，为个体工商户。个体工商户可以起字号。

第二十七条 农村集体经济组织的成员，在法律允许的范围内，按照承包合同规定从事商品经营的，为农村承包经营户。

第二十八条 个体工商户、农村承包经营户的合法权益，受法律保护。

第二十九条 个体工商户、农村承包经营户的债务，个人经营的，以个人财产承担；家庭经营的，以家庭

财产承担。

第五节　个人合伙

第三十条　个人合伙是指两个以上公民按照协议，各自提供资金、实物、技术等，合伙经营、共同劳动。

第三十一条　合伙人应当对出资数额、盈余分配、债务承担、入伙、退伙、合伙终止等事项，订立书面协议。

第三十二条　合伙人投入的财产，由合伙人统一管理和使用。

合伙经营积累的财产，归合伙人共有。

第三十三条　个人合伙可以起字号，依法经核准登记，在核准登记的经营范围内从事经营。

第三十四条　个人合伙的经营活动，由合伙人共同决定，合伙人有执行和监督的权利。

合伙人可以推举负责人。合伙负责人和其他人员的经营活动，由全体合伙人承担民事责任。

第三十五条　合伙的债务，由合伙人按照出资比例或者协议的约定，以各自的财产承担清偿责任。

合伙人对合伙的债务承担连带责任，法律另有规定的除外。偿还合伙债务超过自己应当承担数额的合伙人，有权向其他合伙人追偿。

第三章　法　　人

第一节　一般规定

第三十六条　法人是具有民事权利能力和民事行为能力，依法独立享有民事权利和承担民事义务的组织。

法人的民事权利能力和民事行为能力，从法人成立时产生，到法人终止时消灭。

第三十七条　法人应当具备下列条件：

（一）依法成立；

（二）有必要的财产或者经费；

（三）有自己的名称、组织机构和场所；

（四）能够独立承担民事责任。

第三十八条　依照法律或者法人组织章程规定，代表法人行使职权的负责人，是法人的法定代表人。

第三十九条　法人以它的主要办事机构所在地为住所。

第四十条　法人终止，应当依法进行清算，停止清算范围外的活动。

第二节　企业法人

第四十一条　全民所有制企业、集体所有制企业有符合国家规定的资金数额，有组织章程、组织机构和场所，能够独立承担民事责任，经主管机关核准登记，取得法人资格。

在中华人民共和国领域内设立的中外合资经营企业、中外合作经营企业和外资企业，具备法人条件的，依法经工商行政管理机关核准登记，取得中国法人资格。

第四十二条　企业法人应当在核准登记的经营范围内从事经营。

第四十三条　企业法人对它的法定代表人和其他工作人员的经营活动，承担民事责任。

第四十四条　企业法人分立、合并或者有其他重要事项变更，应当向登记机关办理登记并公告。

企业法人分立、合并，它的权利和义务由变更后的法人享有和承担。

第四十五条　企业法人由于下列原因之一终止：

（一）依法被撤销；

（二）解散；

（三）依法宣告破产；

（四）其他原因。

第四十六条　企业法人终止，应当向登记机关办理注销登记并公告。

第四十七条　企业法人解散，应当成立清算组织，进行清算。企业法人被撤销、被宣告破产的，应当由主管机关或者人民法院组织有关机关和有关人员成立清算组织，进行清算。

第四十八条　全民所有制企业法人以国家授予它经营管理的财产承担民事责任。集体所有制企业法人以企业所有的财产承担民事责任。中外合资经营企业法人、中外合作经营企业法人和外资企业法人以企业所有的财产承担民事责任，法律另有规定的除外。

第四十九条　企业法人有下列情形之一的，除法人承担责任外，对法定代表人可以给予行政处分、罚款，构成犯罪的，依法追究刑事责任：

（一）超出登记机关核准登记的经营范围从事非法经营的；

（二）向登记机关、税务机关隐瞒真实情况、弄虚作假的；

（三）抽逃资金、隐匿财产逃避债务的；

（四）解散、被撤销、被宣告破产后，擅自处理财产的；

（五）变更、终止时不及时申请办理登记和公告，使利害关系人遭受重大损失的；

（六）从事法律禁止的其他活动，损害国家利益或者社会公共利益的。

第三节　机关、事业单位和社会团体法人

第五十条　有独立经费的机关从成立之日起，具有法人资格。

具备法人条件的事业单位、社会团体，依法不需要办理法人登记的，从成立之日起，具有法人资格；依法需要办理法人登记的，经核准登记，取得法人资格。

第四节 联　　营

第五十一条　企业之间或者企业、事业单位之间联营，组成新的经济实体，独立承担民事责任、具备法人条件的，经主管机关核准登记，取得法人资格。

第五十二条　企业之间或者企业、事业单位之间联营，共同经营、不具备法人条件的，由联营各方按照出资比例或者协议的约定，以各自所有的或者经营管理的财产承担民事责任。依照法律的规定或者协议的约定负连带责任的，承担连带责任。

第五十三条　企业之间或者企业、事业单位之间联营，按照合同的约定各自独立经营的，它的权利和义务由合同约定，各自承担民事责任。

第四章　民事法律行为和代理

第一节　民事法律行为

第五十四条　民事法律行为是公民或者法人设立、变更、终止民事权利和民事义务的合法行为。

第五十五条　民事法律行为应当具备下列条件：

(一)行为人具有相应的民事行为能力；

(二)意思表示真实；

(三)不违反法律或者社会公共利益。

第五十六条　民事法律行为可以采取书面形式、口头形式或者其他形式。法律规定用特定形式的，应当依照法律规定。

第五十七条　民事法律行为从成立时起具有法律约束力。行为人非依法律规定或者取得对方同意，不得擅自变更或者解除。

第五十八条　下列民事行为无效：

(一)无民事行为能力人实施的；

(二)限制民事行为能力人依法不能独立实施的；

(三)一方以欺诈、胁迫的手段或者乘人之危，使对方在违背真实意思的情况下所为的；

(四)恶意串通，损害国家、集体或者第三人利益的；

(五)违反法律或者社会公共利益的；

(六)经济合同违反国家指令性计划的；

(七)以合法形式掩盖非法目的的。

无效的民事行为，从行为开始起就没有法律约束力。

第五十九条　下列民事行为，一方有权请求人民法院或者仲裁机关予以变更或者撤销：

(一)行为人对行为内容有重大误解的；

(二)显失公平的。

被撤销的民事行为从行为开始起无效。

第六十条　民事行为部分无效，不影响其他部分的效力的，其他部分仍然有效。

第六十一条　民事行为被确认为无效或者被撤销后，当事人因该行为取得的财产，应当返还给受损失的一方。有过错的一方应当赔偿对方因此所受的损失，双方都有过错的，应当各自承担相应的责任。

双方恶意串通，实施民事行为损害国家的、集体的或者第三人的利益的，应当追缴双方取得的财产，收归国家、集体所有或者返还第三人。

第六十二条　民事法律行为可以附条件，附条件的民事法律行为在符合所附条件时生效。

第二节　代　　理

第六十三条　公民、法人可以通过代理人实施民事法律行为。

代理人在代理权限内，以被代理人的名义实施民事法律行为。被代理人对代理人的代理行为，承担民事责任。

依照法律规定或者按照双方当事人约定，应当由本人实施的民事法律行为，不得代理。

第六十四条　代理包括委托代理、法定代理和指定代理。

委托代理人按照被代理人的委托行使代理权，法定代理人依照法律的规定行使代理权，指定代理人按照人民法院或者指定单位的指定行使代理权。

第六十五条　民事法律行为的委托代理，可以用书面形式，也可以用口头形式。法律规定用书面形式的，应当用书面形式。

书面委托代理的授权委托书应当载明代理人的姓名或者名称、代理事项、权限和期间，并由委托人签名或者盖章。

委托书授权不明的，被代理人应当向第三人承担民事责任，代理人负连带责任。

第六十六条　没有代理权、超越代理权或者代理权终止后的行为，只有经过被代理人的追认，被代理人才承担民事责任。未经追认的行为，由行为人承担民事责任。本人知道他人以本人名义实施民事行为而不作否认表示的，视为同意。

代理人不履行职责而给被代理人造成损害的，应当承担民事责任。

代理人和第三人串通，损害被代理人的利益的，由代理人和第三人负连带责任。

第三人知道行为人没有代理权、超越代理权或者代理权已终止还与行为人实施民事行为给他人造成损害的，由第三人和行为人负连带责任。

第六十七条　代理人知道被委托代理的事项违法仍然进行代理活动的，或者被代理人知道代理人的代理行为违法不表示反对的，由被代理人和代理人负连带责任。

第六十八条　委托代理人为被代理人的利益需要转托他人代理的，应当事先取得被代理人的同意。事先没有取得被代理人同意的，应当在事后及时告诉被代理人，如果被代理人不同意，由代理人对自己所转托的人的行为负民事责任，但在紧急情况下，为了保护被代理人的利益而转托他人代理的除外。

第六十九条 有下列情形之一的，委托代理终止：

（一）代理期间届满或者代理事务完成；

（二）被代理人取消委托或者代理人辞去委托；

（三）代理人死亡；

（四）代理人丧失民事行为能力；

（五）作为被代理人或者代理人的法人终止。

第七十条 有下列情形之一的，法定代理或者指定代理终止：

（一）被代理人取得或者恢复民事行为能力；

（二）被代理人或者代理人死亡；

（三）代理人丧失民事行为能力；

（四）指定代理的人民法院或者指定单位取消指定；

（五）由其他原因引起的被代理人和代理人之间的监护关系消灭。

第五章 民事权利

第一节 财产所有权和与财产所有权有关的财产权

第七十一条 财产所有权是指所有人依法对自己的财产享有占有、使用、收益和处分的权利。

第七十二条 财产所有权的取得，不得违反法律规定。

按照合同或者其他合法方式取得财产的，财产所有权从财产交付时起转移，法律另有规定或者当事人另有约定的除外。

第七十三条 国家财产属于全民所有。

国家财产神圣不可侵犯，禁止任何组织或者个人侵占、哄抢、私分、截留、破坏。

第七十四条 劳动群众集体组织的财产属于劳动群众集体所有，包括：

（一）法律规定为集体所有的土地和森林、山岭、草原、荒地、滩涂等；

（二）集体经济组织的财产；

（三）集体所有的建筑物、水库、农田水利设施和教育、科学、文化、卫生、体育等设施；

（四）集体所有的其他财产。

集体所有的土地依照法律属于村农民集体所有，由村农业生产合作社等农业集体经济组织或者村民委员会经营、管理。已经属于乡（镇）农民集体经济组织所有的，可以属于乡（镇）农民集体所有。

集体所有的财产受法律保护，禁止任何组织或者个人侵占、哄抢、私分、破坏或者非法查封、扣押、冻结、没收。

第七十五条 公民的个人财产，包括公民的合法收入、房屋、储蓄、生活用品、文物、图书资料、林木、牲畜和法律允许公民所有的生产资料以及其他合法财产。

公民的合法财产受法律保护，禁止任何组织或者个人侵占、哄抢、破坏或者非法查封、扣押、冻结、没收。

第七十六条 公民依法享有财产继承权。

第七十七条 社会团体包括宗教团体的合法财产受法律保护。

第七十八条 财产可以由两个以上的公民、法人共有。

共有分为按份共有和共同共有。按份共有人按照各自的份额，对共有财产分享权利，分担义务。共同共有人对共有财产享有权利，承担义务。

按份共有财产的每个共有人有权要求将自己的份额分出或者转让。但在出售时，其他共有人在同等条件下，有优先购买的权利。

第七十九条 所有人不明的埋藏物、隐藏物，归国家所有。接收单位应当对上缴的单位或者个人，给予表扬或者物质奖励。

拾得遗失物、漂流物或者失散的饲养动物，应当归还失主，因此而支出的费用由失主偿还。

第八十条 国家所有的土地，可以依法由全民所有制单位使用，也可以依法确定由集体所有制单位使用，国家保护它的使用、收益的权利；使用单位有管理、保护、合理利用的义务。

公民、集体依法对集体所有的或者国家所有由集体使用的土地的承包经营权，受法律保护。承包双方的权利和义务，依照法律由承包合同规定。

土地不得买卖、出租、抵押或者以其他形式非法转让。

第八十一条 国家所有的森林、山岭、草原、荒地、滩涂、水面等自然资源，可以依法由全民所有制单位使用，也可以依法确定由集体所有制单位使用，国家保护它的使用、收益的权利；使用单位有管理、保护、合理利用的义务。

国家所有的矿藏，可以依法由全民所有制单位和集体所有制单位开采，也可以依法由公民采挖。国家保护合法的采矿权。

公民、集体依法对集体所有的或者国家所有由集体使用的森林、山岭、草原、荒地、滩涂、水面的承包经营权，受法律保护。承包双方的权利和义务，依照法律由承包合同规定。

国家所有的矿藏、水流，国家所有的和法律规定属于集体所有的林地、山岭、草原、荒地、滩涂不得买卖、出租、抵押或者以其他形式非法转让。

第八十二条 全民所有制企业对国家授予它经营管理的财产依法享有经营权，受法律保护。

第八十三条 不动产的相邻各方，应当按照有利生产、方便生活、团结互助、公平合理的精神，正确处理截水、排水、通行、通风、采光等方面的相邻关系。给相邻方造成妨碍或者损失的，应当停止侵害，排除妨碍，赔偿损失。

第二节　债　　权

第八十四条　债是按照合同的约定或者依照法律的规定，在当事人之间产生的特定的权利和义务关系。享有权利的人是债权人，负有义务的人是债务人。

债权人有权要求债务人按照合同的约定或者依照法律的规定履行义务。

第八十五条　合同是当事人之间设立、变更、终止民事关系的协议。依法成立的合同，受法律保护。

第八十六条　债权人为二人以上的，按照确定的份额分享权利。债务人为二人以上的，按照确定的份额分担义务。

第八十七条　债权人或者债务人一方人数为二人以上的，依照法律的规定或者当事人的约定，享有连带权利的每个债权人，都有权要求债务人履行义务；负有连带义务的每个债务人，都负有清偿全部债务的义务，履行了义务的人，有权要求其他负有连带义务的人偿付他应当承担的份额。

第八十八条　合同的当事人应当按照合同的约定，全部履行自己的义务。

合同中有关质量、期限、地点或者价款约定不明确，按照合同有关条款内容不能确定，当事人又不能通过协商达成协议的，适用下列规定：

（一）质量要求不明确的，按照国家质量标准履行，没有国家质量标准的，按照通常标准履行。

（二）履行期限不明确的，债务人可以随时向债权人履行义务，债权人也可以随时要求债务人履行义务，但应当给对方必要的准备时间。

（三）履行地点不明确，给付货币的，在接受给付一方的所在地履行，其他标的在履行义务一方的所在地履行。

（四）价款约定不明确的，按照国家规定的价格履行；没有国家规定价格的，参照市场价格或者同类物品的价格或者同类劳务的报酬标准履行。

合同对专利申请权没有约定的，完成发明创造的当事人享有申请权。

合同对科技成果的使用权没有约定的，当事人都有使用的权利。

第八十九条　依照法律的规定或者按照当事人的约定，可以采用下列方式担保债务的履行：

（一）保证人向债权人保证债务人履行债务，债务人不履行债务的，按照约定由保证人履行或者承担连带责任；保证人履行债务后，有权向债务人追偿。

（二）债务人或者第三人可以提供一定的财产作为抵押物。债务人不履行债务的，债权人有权依照法律的规定以抵押物折价或者以变卖抵押物的价款优先得到偿还。

（三）当事人一方在法律规定的范围内可以向对方给付定金。债务人履行债务后，定金应当抵作价款或者收回。给付定金的一方不履行债务的，无权要求返还定金；接受定金的一方不履行债务的，应当双倍返还定金。

（四）按照合同约定一方占有对方的财产，对方不按照合同给付应付款项超过约定期限的，占有人有权留置该财产，依照法律的规定以留置财产折价或者以变卖该财产的价款优先得到偿还。

第九十条　合法的借贷关系受法律保护。

第九十一条　合同一方将合同的权利、义务全部或者部分转让给第三人的，应当取得合同另一方的同意，并不得牟利。依照法律规定应当由国家批准的合同，需经原批准机关批准。但是，法律另有规定或者原合同另有约定的除外。

第九十二条　没有合法根据，取得不当利益，造成他人损失的，应当将取得的不当利益返还受损失的人。

第九十三条　没有法定的或者约定的义务，为避免他人利益受损失进行管理或者服务的，有权要求受益人偿付由此而支付的必要费用。

第三节　知 识 产 权

第九十四条　公民、法人享有著作权（版权），依法有署名、发表、出版、获得报酬等权利。

第九十五条　公民、法人依法取得的专利权受法律保护。

第九十六条　法人、个体工商户、个人合伙依法取得的商标专用权受法律保护。

第九十七条　公民对自己的发现享有发现权。发现人有权申请领取发现证书、奖金或者其他奖励。

公民对自己的发明或者其他科技成果，有权申请领取荣誉证书、奖金或者其他奖励。

第四节　人　身　权

第九十八条　公民享有生命健康权。

第九十九条　公民享有姓名权，有权决定、使用和依照规定改变自己的姓名，禁止他人干涉、盗用、假冒。

法人、个体工商户、个人合伙享有名称权。企业法人、个体工商户、个人合伙有权使用、依法转让自己的名称。

第一百条　公民享有肖像权，未经本人同意，不得以营利为目的使用公民的肖像。

第一百零一条　公民、法人享有名誉权，公民的人格尊严受法律保护，禁止用侮辱、诽谤等方式损害公民、法人的名誉。

第一百零二条　公民、法人享有荣誉权，禁止非法剥夺公民、法人的荣誉称号。

第一百零三条　公民享有婚姻自主权，禁止买卖、包办婚姻和其他干涉婚姻自由的行为。

第一百零四条 婚姻、家庭、老人、母亲和儿童受法律保护。

残疾人的合法权益受法律保护。

第一百零五条 妇女享有同男子平等的民事权利。

第六章 民事责任

第一节 一般规定

第一百零六条 公民、法人违反合同或者不履行其他义务的,应当承担民事责任。

公民、法人由于过错侵害国家的、集体的财产,侵害他人财产、人身的,应当承担民事责任。

没有过错,但法律规定应当承担民事责任的,应当承担民事责任。

第一百零七条 因不可抗力不能履行合同或者造成他人损害的,不承担民事责任,法律另有规定的除外。

第一百零八条 债务应当清偿。暂时无力偿还的,经债权人同意或者人民法院裁决,可以由债务人分期偿还。有能力偿还拒不偿还的,由人民法院判决强制偿还。

第一百零九条 因防止、制止国家的、集体的财产或者他人的财产、人身遭受侵害而使自己受到损害的,由侵害人承担赔偿责任,受益人也可以给予适当的补偿。

第一百一十条 对承担民事责任的公民、法人需要追究行政责任的,应当追究行政责任;构成犯罪的,对公民、法人的法定代表人应当依法追究刑事责任。

第二节 违反合同的民事责任

第一百一十一条 当事人一方不履行合同义务或者履行合同义务不符合约定条件的,另一方有权要求履行或者采取补救措施,并有权要求赔偿损失。

第一百一十二条 当事人一方违反合同的赔偿责任,应当相当于另一方因此所受到的损失。

当事人可以在合同中约定,一方违反合同时,向另一方支付一定数额的违约金;也可以在合同中约定对于违反合同而产生的损失赔偿额的计算方法。

第一百一十三条 当事人双方都违反合同的,应当分别承担各自应负的民事责任。

第一百一十四条 当事人一方因另一方违反合同受到损失的,应当及时采取措施防止损失的扩大;没有及时采取措施致使损失扩大的,无权就扩大的损失要求赔偿。

第一百一十五条 合同的变更或者解除,不影响当事人要求赔偿损失的权利。

第一百一十六条 当事人一方由于上级机关的原因,不能履行合同义务的,应当按照合同约定向另一方赔偿损失或者采取其他补救措施,再由上级机关对它因此受到的损失负责处理。

第三节 侵权的民事责任

第一百一十七条 侵占国家的、集体的财产或者他人财产的,应当返还财产,不能返还财产的,应当折价赔偿。

损坏国家的、集体的财产或者他人财产的,应当恢复原状或者折价赔偿。

受害人因此遭受其他重大损失的,侵害人并应当赔偿损失。

第一百一十八条 公民、法人的著作权(版权)、专利权、商标专用权、发现权、发明权和其他科技成果权受到剽窃、篡改、假冒等侵害的,有权要求停止侵害,消除影响,赔偿损失。

第一百一十九条 侵害公民身体造成伤害的,应当赔偿医疗费、因误工减少的收入、残废者生活补助费等费用;造成死亡的,并应当支付丧葬费、死者生前扶养的人必要的生活费等费用。

第一百二十条 公民的姓名权、肖像权、名誉权、荣誉权受到侵害的,有权要求停止侵害,恢复名誉,消除影响,赔礼道歉,并可以要求赔偿损失。

法人的名称权、名誉权、荣誉权受到侵害的,适用前款规定。

第一百二十一条 国家机关或者国家机关工作人员在执行职务中,侵犯公民、法人的合法权益造成损害的,应当承担民事责任。

第一百二十二条 因产品质量不合格造成他人财产、人身损害的,产品制造者、销售者应当依法承担民事责任。运输者、仓储者对此负有责任的,产品制造者、销售者有权要求赔偿损失。

第一百二十三条 从事高空、高压、易燃、易爆、剧毒、放射性、高速运输工具等对周围环境有高度危险的作业造成他人损害的,应当承担民事责任;如果能够证明损害是由受害人故意造成的,不承担民事责任。

第一百二十四条 违反国家保护环境防止污染的规定,污染环境造成他人损害的,应当依法承担民事责任。

第一百二十五条 在公共场所、道旁或者通道上挖坑、修缮安装地下设施等,没有设置明显标志和采取安全措施造成他人损害的,施工人应当承担民事责任。

第一百二十六条 建筑物或者其他设施以及建筑物上的搁置物、悬挂物发生倒塌、脱落、坠落造成他人损害的,它的所有人或者管理人应当承担民事责任,但能够证明自己没有过错的除外。

第一百二十七条 饲养的动物造成他人损害的,动物饲养人或者管理人应当承担民事责任;由于受害人的过错造成损害的,动物饲养人或者管理人不承担民事责任；由于第三人的过错造成损害的，第三人应当承担民事责任。

第一百二十八条 因正当防卫造成损害的，不承担民事责任。正当防卫超过必要的限度，造成不应有的损害的，应当承担适当的民事责任。

第一百二十九条 因紧急避险造成损害的，由引起险情发生的人承担民事责任。如果危险是由自然原因引起的，紧急避险人不承担民事责任或者承担适当的民事责任。因紧急避险采取措施不当或者超过必要的限度，造成不应有的损害的，紧急避险人应当承担适当的民事责任。

第一百三十条 二人以上共同侵权造成他人损害的，应当承担连带责任。

第一百三十一条 受害人对于损害的发生也有过错的，可以减轻侵害人的民事责任。

第一百三十二条 当事人对造成损害都没有过错的，可以根据实际情况，由当事人分担民事责任。

第一百三十三条 无民事行为能力人、限制民事行为能力人造成他人损害的，由监护人承担民事责任。监护人尽了监护责任的，可以适当减轻他的民事责任。

有财产的无民事行为能力人、限制民事行为能力人造成他人损害的，从本人财产中支付赔偿费用。不足部分，由监护人适当赔偿，但单位担任监护人的除外。

第四节 承担民事责任的方式

第一百三十四条 承担民事责任的方式主要有：

(一)停止侵害；

(二)排除妨碍；

(三)消除危险；

(四)返还财产；

(五)恢复原状；

(六)修理、重作、更换；

(七)赔偿损失；

(八)支付违约金；

(九)消除影响、恢复名誉；

(十)赔礼道歉。

以上承担民事责任的方式，可以单独适用，也可以合并适用。

人民法院审理民事案件，除适用上述规定外，还可以予以训诫、责令具结悔过、收缴进行非法活动的财物和非法所得，并可以依照法律规定处以罚款、拘留。

第七章 诉讼时效

第一百三十五条 向人民法院请求保护民事权利的诉讼时效期间为二年，法律另有规定的除外。

第一百三十六条 下列的诉讼时效期间为一年：

(一)身体受到伤害要求赔偿的；

(二)出售质量不合格的商品未声明的；

(三)延付或者拒付租金的；

(四)寄存财物被丢失或者损毁的。

第一百三十七条 诉讼时效期间从知道或者应当知道权利被侵害时起计算。但是，从权利被侵害之日起超过二十年的，人民法院不予保护。有特殊情况的，人民法院可以延长诉讼时效期间。

第一百三十八条 超过诉讼时效期间，当事人自愿履行的，不受诉讼时效限制。

第一百三十九条 在诉讼时效期间的最后六个月内，因不可抗力或者其他障碍不能行使请求权的，诉讼时效中止。从中止时效的原因消除之日起，诉讼时效期间继续计算。

第一百四十条 诉讼时效因提起诉讼、当事人一方提出要求或者同意履行义务而中断。从中断时起，诉讼时效期间重新计算。

第一百四十一条 法律对诉讼时效另有规定的，依照法律规定。

第八章 涉外民事关系的法律适用

第一百四十二条 涉外民事关系的法律适用，依照本章的规定确定。

中华人民共和国缔结或者参加的国际条约同中华人民共和国的民事法律有不同规定的，适用国际条约的规定，但中华人民共和国声明保留的条款除外。

中华人民共和国法律和中华人民共和国缔结或者参加的国际条约没有规定的，可以适用国际惯例。

第一百四十三条 中华人民共和国公民定居国外的，他的民事行为能力可以适用定居国法律。

第一百四十四条 不动产的所有权，适用不动产所在地法律。

第一百四十五条 涉外合同的当事人可以选择处理合同争议所适用的法律，法律另有规定的除外。

涉外合同的当事人没有选择的，适用与合同有最密切联系的国家的法律。

第一百四十六条 侵权行为的损害赔偿，适用侵权行为地法律。当事人双方国籍相同或者在同一国家有住所的，也可以适用当事人本国法律或者住所地法律。

中华人民共和国法律不认为在中华人民共和国领域外发生的行为是侵权行为的，不作为侵权行为处理。

第一百四十七条 中华人民共和国公民和外国人结婚适用婚姻缔结地法律，离婚适用受理案件的法院所在地法律。

第一百四十八条 扶养适用与被扶养人有最密切联系的国家的法律。

第一百四十九条 遗产的法定继承，动产适用被继承人死亡时住所地法律，不动产适用不动产所在地法律。

第一百五十条 依照本章规定适用外国法律或者国际惯例的，不得违背中华人民共和国的社会公共利益。

第九章　附　则

第一百五十一条　民族自治地方的人民代表大会可以根据本法规定的原则，结合当地民族的特点，制定变通的或者补充的单行条例或者规定。自治区人民代表大会制定的，依照法律规定报全国人民代表大会常务委员会批准或者备案；自治州、自治县人民代表大会制定的，报省、自治区人民代表大会常务委员会批准。

第一百五十二条　本法生效以前，经省、自治区、直辖市以上主管机关批准开办的全民所有制企业，已经向工商行政管理机关登记的，可以不再办理法人登记，即具有法人资格。

第一百五十三条　本法所称的"不可抗力"，是指不能预见、不能避免并不能克服的客观情况。

第一百五十四条　民法所称的期间按照公历年、月、日、小时计算。

规定按照小时计算期间的，从规定时开始计算。规定按照日、月、年计算期间的，开始的当天不算入，从下一天开始计算。

期间的最后一天是星期日或者其他法定休假日的，以休假日的次日为期间的最后一天。

期间的最后一天的截止时间为二十四点。有业务时间的，到停止业务活动的时间截止。

第一百五十五条　民法所称的"以上"、"以下"、"以内"、"届满"，包括本数；所称的"不满"、"以外"，不包括本数。

第一百五十六条　本法自一九八七年一月一日起施行。

中华人民共和国义务教育法

（一九八六年四月十二日第六届全国人民代表大会第四次会议通过
一九八六年四月十二日中华人民共和国主席令第三十八号公布
一九八六年七月一日起施行）

第一条　为了发展基础教育，促进社会主义物质文明和精神文明建设，根据宪法和我国实际情况，制定本法。

第二条　国家实行九年制义务教育。省、自治区、直辖市根据本地区的经济、文化发展状况，确定推行义务教育的步骤。

第三条　义务教育必须贯彻国家的教育方针，努力提高教育质量，使儿童、少年在品德、智力、体质等方面全面发展，为提高全民族的素质，培养有理想、有道德、有文化、有纪律的社会主义建设人才奠定基础。

第四条　国家、社会、学校和家庭依法保障适龄儿童、少年接受义务教育的权利。

第五条　凡年满六周岁的儿童，不分性别、民族、种族，应当入学接受规定年限的义务教育。条件不具备的地区，可以推迟到七周岁入学。

第六条　学校应当推广使用全国通用的普通话。

招收少数民族学生为主的学校，可以用少数民族通用的语言文字教学。

第七条　义务教育可以分为初等教育和初级中等教育两个阶段。在普及初等教育的基础上普及初级中等教育。初等教育和初级中等教育的学制，由国务院教育主管部门制定。

第八条　义务教育事业，在国务院领导下，实行地方负责，分级管理。

国务院教育主管部门应当根据社会主义现代化建设的需要和儿童、少年身心发展的状况，确定义务教育的教学制度、教学内容、课程设置，审订教科书。

第九条　地方各级人民政府应当合理设置小学、初级中等学校，使儿童、少年就近入学。

地方各级人民政府为盲、聋哑和弱智的儿童、少年举办特殊教育学校（班）。

国家鼓励企业、事业单位和其他社会力量，在当地人民政府统一管理下，按照国家规定的基本要求，举办本法规定的各类学校。

城市和农村建设发展规划必须包括相应的义务教育设施。

第十条　国家对接受义务教育的学生免收学费。

国家设立助学金，帮助贫困学生就学。

第十一条　父母或者其他监护人必须使适龄的子女或者被监护人按时入学，接受规定年限的义务教育。

适龄儿童、少年因疾病或者特殊情况，需要延缓入学或者免予入学的，由儿童、少年的父母或者其他监护人提出申请，经当地人民政府批准。

禁止任何组织或者个人招用应该接受义务教育的适龄儿童、少年就业。

第十二条　实施义务教育所需事业费和基本建设投资，由国务院和地方各级人民政府负责筹措，予以保证。

国家用于义务教育的财政拨款的增长比例，应当高于财政经常性收入的增长比例，并使按在校学生人数平均的教育费用逐步增长。

地方各级人民政府按照国务院的规定，在城乡征收教育事业费附加，主要用于实施义务教育。

国家对经济困难地区实施义务教育的经费，予以补助。

国家鼓励各种社会力量以及个人自愿捐资助学。

国家在师资、财政等方面，帮助少数民族地区实施义务教育。

第十三条 国家采取措施加强和发展师范教育，加速培养、培训师资，有计划地实现小学教师具有中等师范学校毕业以上水平，初级中等学校的教师具有高等师范专科学校毕业以上水平。

国家建立教师资格考核制度，对合格教师颁发资格证书。

师范院校毕业生必须按照规定从事教育工作。国家鼓励教师长期从事教育事业。

第十四条 全社会应当尊重教师。国家保障教师的合法权益，采取措施提高教师的社会地位，改善教师的物质待遇，对优秀的教育工作者给予奖励。

教师应当热爱社会主义教育事业，努力提高自己的思想、文化、业务水平，爱护学生，忠于职责。

第十五条 地方各级人民政府必须创造条件，使适龄儿童、少年入学接受义务教育。除因疾病或者特殊情况，经当地人民政府批准的以外，适龄儿童、少年不入学接受义务教育的，由当地人民政府对他的父母或者其他监护人批评教育，并采取有效措施责令送子女或者被监护人入学。

对招用适龄儿童、少年就业的组织或者个人，由当地人民政府给予批评教育，责令停止招用；情节严重的，可以并处罚款、责令停止营业或者吊销营业执照。

第十六条 任何组织或者个人不得侵占、克扣、挪用义务教育经费，不得扰乱教学秩序，不得侵占、破坏学校的场地、房屋和设备。

禁止侮辱、殴打教师，禁止体罚学生。

不得利用宗教进行妨碍义务教育实施的活动。

对违反第一款、第二款规定的，根据不同情况，分别给予行政处分，行政处罚；造成损失的，责令赔偿损失；情节严重构成犯罪的，依法追究刑事责任。

第十七条 国务院教育主管部门根据本法制定实施细则，报国务院批准后施行。

省、自治区、直辖市人民代表大会常务委员会可以根据本法，结合本地区的实际，制定具体实施办法。

第十八条 本法自一九八六年七月一日起施行。

中华人民共和国外资企业法

（一九八六年四月十二日第六届全国人民代表大会第四次会议通过
一九八六年四月十二日中华人民共和国主席令第三十九号公布施行）

第一条 为了扩大对外经济合作和技术交流，促进中国国民经济的发展，中华人民共和国允许外国的企业和其他经济组织或者个人（以下简称外国投资者）在中国境内举办外资企业，保护外资企业的合法权益。

第二条 本法所称的外资企业是指依照中国有关法律在中国境内设立的全部资本由外国投资者投资的企业，不包括外国的企业和其他经济组织在中国境内的分支机构。

第三条 设立外资企业，必须有利于中国国民经济的发展，并且采用先进的技术和设备，或者产品全部出口或者大部分出口。

国家禁止或者限制设立外资企业的行业由国务院规定。

第四条 外国投资者在中国境内的投资、获得的利润和其他合法权益，受中国法律保护。

外资企业必须遵守中国的法律、法规，不得损害中国的社会公共利益。

第五条 国家对外资企业不实行国有化和征收；在特殊情况下，根据社会公共利益的需要，对外资企业可以依照法律程序实行征收，并给予相应的补偿。

第六条 设立外资企业的申请，由国务院对外经济贸易主管部门或者国务院授权的机关审查批准。审查批准机关应当在接到申请之日起九十天内决定批准或者不批准。

第七条 设立外资企业的申请经批准后，外国投资者应当在接到批准证书之日起三十天内向工商行政管理机关申请登记，领取营业执照。外资企业的营业执照签发日期，为该企业成立日期。

第八条 外资企业符合中国法律关于法人条件的规定的，依法取得中国法人资格。

第九条 外资企业应当在审查批准机关核准的期限内在中国境内投资；逾期不投资的，工商行政管理机关有权吊销营业执照。

工商行政管理机关对外资企业的投资情况进行检查和监督。

第十条 外资企业分立、合并或者其他重要事项变更，应当报审查批准机关批准，并向工商行政管理机关办理变更登记手续。

第十一条 外资企业的生产经营计划应当报其主管部门备案。

外资企业依照经批准的章程进行经营管理活动，不受干涉。

第十二条 外资企业雇用中国职工应当依法签定合同，并在合同中订明雇用、解雇、报酬、福利、劳动保护、劳动保险等事项。

第十三条 外资企业的职工依法建立工会组织，开展工会活动，维护职工的合法权益。

外资企业应当为本企业工会提供必要的活动条件。

第十四条 外资企业必须在中国境内设置会计帐簿，进行独立核算，按照规定报送会计报表，并接受财政税务机关的监督。

外资企业拒绝在中国境内设置会计帐簿的，财政税务机关可以处以罚款，工商行政管理机关可以责令停止营业或者吊销营业执照。

第十五条 外资企业在批准的经营范围内需要的原材料、燃料等物资，可以在中国购买，也可以在国际市场购买；在同等条件下，应当尽先在中国购买。

第十六条 外资企业的各项保险应当向中国境内的保险公司投保。

第十七条 外资企业依照国家有关税收的规定纳税并可以享受减税、免税的优惠待遇。

外资企业将缴纳所得税后的利润在中国境内再投资的，可以依照国家规定申请退还再投资部分已缴纳的部分所得税税款。

第十八条 外资企业的外汇事宜，依照国家外汇管理规定办理。

外资企业应当在中国银行或者国家外汇管理机关指定的银行开户。

外资企业应当自行解决外汇收支平衡。外资企业的产品经有关主管机关批准在中国市场销售，因而造成企业外汇收支不平衡的，由批准其在中国市场销售的机关负责解决。

第十九条 外国投资者从外资企业获得的合法利润、其他合法收入和清算后的资金，可以汇往国外。

外资企业的外籍职工的工资收入和其他正当收入，依法缴纳个人所得税后，可以汇往国外。

第二十条 外资企业的经营期限由外国投资者申报，由审查批准机关批准。期满需要延长的，应当在期满一百八十天以前向审查批准机关提出申请。审查批准机关应当在接到申请之日起三十天内决定批准或者不批准。

第二十一条 外资企业终止，应当及时公告，按照法定程序进行清算。

在清算完结前，除为了执行清算外，外国投资者对企业财产不得处理。

第二十二条 外资企业终止，应当向工商行政管理机关办理注销登记手续，缴销营业执照。

第二十三条 国务院对外经济贸易主管部门根据本法制定实施细则，报国务院批准后施行。

第二十四条 本法自公布之日起施行。

附(1)：

关于《中华人民共和国民法通则(草案)》的说明

——一九八六年四月二日在第六届全国人民代表大会第四次会议上

全国人大常委会秘书长
法制工作委员会主任 王汉斌

各位代表：

民法是国家的基本法律之一。制定民法是国家法制建设的一件大事。它对于保障公民和法人在民事活动中的合法权益，适应改革、开放、搞活的需要，加强运用法律手段管理经济，保障社会主义现代化建设事业的顺利进行，具有重要意义。

五十年代，全国人大常委会曾着手起草民法。一九七九年，法制委员会专门组成民法起草小组，到一九八二年起草了民法草案四稿。由于民法牵涉范围很广泛，很复杂，经济体制改革刚开始，我们还缺乏经验，制定完整的民法典的条件还不成熟，只好先将那些急需的、比较成熟的部分，制定单行法。几年来，陆续制定了一批民事的或者与调整民事关系有关的经济合同法、涉外经济合同法、专利法、商标法、婚姻法、继承法等。但是，民事活动中的一些共同性的问题，如公民和法人的法律地位、民事法律行为、民事代理、民事权利、民事责任、时效等，还缺乏法律规定。同时，这几年民事纠纷、特别是经济纠纷大量增加，迫切需要制定共同遵循的规范，使民事活动可以有所遵循，调整民事关系有法可依。总结几年来制定有关的单行法律、进行经济体制改革、对外开放和人民法院审理民事、经济纠纷案件的实践经验，参考我国处理民事关系的民间习惯，现在已有可能对民事活动中一些共同性的问题作出法律规定，但是仍然有些问题还看得不很清楚，考虑到民法通则还不是民法典，草案可以对比较成熟或者比较有把握的问题作出规定，一些还不成熟、把握不大的问题，可以暂不规定。

根据这个原则，法制工作委员会会同最高人民法院和一些法律专家经过反复进行调查研究，广泛征求法律专家、中央有关部门、各地方以及法律院系、研究单位的意见，参考国外有关法律资料，在民法草案(四稿)的基础上，起草了民法通则草案，于一九八五年十一月提请全国人大常委会第十三次会议进行初步审议。会后，法律委员会和法制工作委员会又召开了有全国民法专家、各级人民法院民庭、经济庭一些负责干部以及中央有关部门和各省、自治区、直辖市人大常委会有关负责同志一百八十多人参加的座谈会；还邀请在京的经济法专家座谈；并再次将草案印发中央有关部门、各省、自治区、直辖市人大常委会和法律院、系师生征求意见，结合全国人大常委会委员初步审议提出的意见，对草案的许多条款做了修改和补充。全国人大常委会第十五次会议审议决定将民法通则(草案)提交六届全国人大四次会议审议。现在，我将草案的主要内容和问题说明如下：

一、关于民法通则的基本原则和调整范围

1.民法是反映社会经济关系的，民法的准则是以法律形式表现了社会的经济生活条件。我国民法是社会主义的民法，是为社会主义经济基础服务的。民法通则的规定，要从我国的实际情况出发，体现社会主义原则，研究改革、开放、搞活的新情况、新问题和新经验，规定民事活动共同遵循的准则，并体现我国社会主义经济的某些特色，包括有计划的商品经济，发展横向经济联系，扩大国营企业自主权，社会主义公有制经济基础上个人或集体的承包经营，以及作为社会主义公有制经济的必要补充的个体经济等。因此，民法通则在公民、法人、所有权、承包经营权、民事责任、民事权利等方面，应当有反映这些特色的规定，使它成为具有中国特色的社会主义民法。

2.草案规定，民法调整作为平等主体的公民之间、法人之间、公民和法人之间的财产关系和人身关系。这一规定体现了民法的两条基本原则：第一，民法有很大一部分是以法律形式反映商品经济关系的，而商品交换的当事人的地位和权利是平等的，在民事关系中当事人的法律地位平等是民法的基本原则。第二，民法主要调整平等主体间的财产关系，即横向的财产、经济关系。政府对经济的管理，国家和企业之间以及企业内部等纵向经济关系或者行政管理关系，不是平等主体之间的经济关系，主要由有关经济法、行政法调整，民法基本上不作规定。

3.民法还要调整属于民事范围内的人身关系。公民的名誉权、肖像权、生命健康权、法人的名称权、名誉权等，不仅受刑法的保护，而且也应受民法的保护。

4.民事关系的核心是民事权利和义务。民法通则应当规定民事活动的基本原则、民事权利主体、民事权利和义务的内容、民事权利的取得和行使，以及民事权利的保护、民事责任等。

二、关 于 法 人

法人和自然人一样，是民事权利的主体。它是具有民事权利能力和民事行为能力，依法独立享有民事权利和承担民事义务的组织。党的十二届三中全会决定，要使国营企业“成为具有一定权利和义务的法人”。建立法人制度，对于经济体制改革和对外开放，具有重要作用。草案提出法人应当具备以下四个条件：第一，依法成立，即开办的企业或者成立的机关、事业单位和社会团体符合法律规定，为法律所允许的。第二，有必要的财产或者经费。至于哪类企业需要多少数额的自有资金，可以另行规定。第三，有自己的名称和组织机构。第四，能够独立承担民事责任。那些没有必要的财产、机构，买空卖空、牟取暴利的所谓公司或中心，不具备法人条件，不但不能成为法人，该取缔的还应当依法取缔。

我国社会主义经济制度的基础是生产资料的社会主义公有制，即全民所有制和劳动群众集体所有制，城乡劳动者个体经济是社会主义公有制经济必要的补充。企业法人主要是全民所有制企业和集体所有制企业，城乡劳动者个体经济在民事活动中的法律地位、权利、义务、责任，适用公民个人的规定。其次，在我国境内设立的中外合资经营企业、中外合作经营企业、外资企业，符合法人条件的，经我国有关主管机关批准，向法人登记机关登记，取得中国法人资格。

关于企业法人在债务方面承担民事责任问题，全民所有制企业法人由于它的财产属于全民所有，企业不能完全独立处分，但又必须独立承担民事责任，因此草案规定，以国家交由它经营管理的全部财产承担民事责任，国家对全民所有制企业法人的债务不另行承担责任。集体所有制企业法人，以它所有的财产承担民事责任。

草案还规定企业法人如有超出登记机关核定的业务范围从事非法经营的，向登记机关、监督机关隐瞒真实情况、弄虚作假的，抽逃资金、隐匿财产逃避债务的，以及从事法律禁止的活动，损害国家利益和社会公共利益的，除由企业法人承担民事责任外，对法定代表人还可以给予行政处分，并可以责令赔偿、罚款，情节严重构成犯罪的，依法追究刑事责任。这对于防止违法经营和不正之风、维护社会主义经济秩序，是有必要的。

除企业法人外，草案还规定，机关、事业单位、社会团体在民事活动中具备法人条件的，也可以取得法人资格，享有民事权利，承担民事义务。

为了有利于企业之间和企业、事业单位之间横向

联营的健康发展，草案作了以下规定：第一，企业之间和企业、事业单位之间联营，组成新的经济实体，独立承担民事责任、具备法人条件的，依法向工商行政管理机关核准登记，取得法人资格。第二，企业之间和企业、事业单位之间共同经营、不具备法人条件的，由联营各方按照出资比例或者协议，以各自所有的或者经营管理的财产承担责任，依照法律或者协议规定负有连带责任的，应当承担连带责任。第三，企业之间和企业、事业单位之间联营，按照合同各自独立经营的，其权利义务由合同规定，各自承担民事责任。由于目前企业之间、企业事业单位之间各种形式的横向联营正在发展，草案对此只作一些原则规定，有些问题还看得不很清楚的，暂不规定，以便企业之间、企业事业单位之间的横向联营有灵活发展的余地。

三、关于个体工商户、农村承包经营户、个人合伙

全国现有个体工商业一千多万户，农村有大量承包经营户从事商品生产和经营。为了保障他们的合法权益，明确经济责任，以利于个体工商户和农村承包经营户的健康发展，草案规定：第一，个体工商户、农村承包经营户的合法权益，受法律保护。第二，个体工商户的债务，个人经营的，以个人财产承担，家庭经营的，以家庭财产承担。农村承包经营户的债务，以共同生活的家庭成员的财产承担。

随着经济的发展，有不少个体劳动者合伙经营，财产由合伙统一管理和使用，合伙经营，共同劳动，分享收益，分担责任。现在这种个人合伙内部、外部责任不清，存在的经济纠纷也比较多，为此，草案规定：第一，合伙人应当对出资数额、盈余分配、债务承担、入伙退伙、合伙的终止等事项，订立书面协议。第二，合伙的债务，由合伙人按照出资比例或者协议的规定承担，除法律另有规定的以外，还应当承担连带责任，偿还合伙债务超过自己应当承担数额的合伙人，有权向其他合伙人追偿。此外，还有的个人合伙已经发展成为带有集体经济性质的组织，因为情况比较复杂，而且还正在发展，草案未作规定。

四、关于民事法律行为

为了使公民和法人在进行民事活动时，有必要的共同遵循的准则，避免和减少民事纠纷，防止违法投机分子钻空子，草案规定：第一，当事人法律地位平等，遵循自愿原则。这一点与行政关系中的上下级关系不同。第二，遵循公平、等价有偿、诚实信用的原则。规定民事法律行为自成立时起，即具有法律约束力。第三，遵守法律，尊重社会公德，不得损害社会公共利益。目前，在国内和涉外经济活动中，都发生过一些采取行贿受贿等违法手段或者以权谋私，使国家、集体遭受损失的情况，为此，草案规定，违背法律、社会公共利益的，恶意串通，损害国家、集体或者他人利益的民事行为无效。第四，不得破坏国家经济计划、扰乱社会经济秩序，经济合同不得违背国家指令性计划。

随着商品经济的发展，代理活动越来越多，有不少代理活动手续混乱、权限不清、责任不明，无权代理、越权代理等问题时有发生。草案对这些问题作了相应的规定，并规定了代理人和被代理人在各种情况下各自承担应负的民事责任。

五、关于民事权利

公民、法人的民事权利主要包括：财产所有权；债权；著作权（版权）、专利权、商标权等知识产权；人身权等。草案规定，公民、法人的合法权益受法律保护，任何组织或者个人不得侵犯。

财产所有权是民事权利中最重要的一项权利。草案强调要保护全民和集体所有的财产，禁止任何组织或者个人侵占、破坏。同时规定保护公民的合法财产，禁止任何组织或者个人侵占、破坏或者非法查封、扣押、冻结、没收。

经营权、使用权是与所有权有密切关系而又可以和所有权适当分开的重要财产权。草案根据经济体制改革的经验规定：第一，国营企业对国家授予它经营管理的财产享有经营权，受法律保护。第二，国家所有的土地、矿藏、水面、森林、山岭、草原、荒地、滩涂，可以固定由集体经济组织长期使用，国家保护其使用、收益的权利。第三，集体所有的以及固定由集体使用的国家所有的土地、矿藏、水面、森林、山岭、草原、荒地、滩涂，可以由个人或者集体承包经营，国家依法保护其承包经营权。草案对公民承包乡镇企业，集体或者公民承包小型全民所有制企业未作规定，可由有关经济法律另行规定。第四，根据农村改革出现的新情况，拟规定农村集体所有的土地属村农民集体所有，由村农业合作社等村农业集体经济组织或者村民委员会管理；已经属于乡（镇）集体经济组织所有的属乡（镇）农民集体所有。

草案规定，公民、法人依法享有的著作权（版权）、专利权、商标权、发现权、发明权，受法律保护，不得剽窃、假冒或者以其他方式侵犯。这对促进我国科学技术发展和文化事业的繁荣，引进外国的先进科学技术，都是有必要的。

六、关于民事责任

为了切实保障公民和法人的民事权利，草案规定公民、法人由于过错侵害社会主义公共财产，侵害他人财产、人身权利的，违反合同或者不履行债务的，应当承担民事责任。我们一般采取过错责任的原则，即对有过错的行为承担民事责任。但是，有一些虽然没有过错的行为，法律规定应当承担民事责任的，也应当承担民事责任。

草案对几种民事责任专门作了规定：第一，国家机关或者国家工作人员在执行职务中，侵犯公民、法人合法权益造成损害的，应当承担民事责任。这是宪法已有规定的。它不但是为了保护公民、法人的合法权益，而且是为了有利于促进国家机关和国家工作人员改进工作、纠正不正之风和官僚主义。至于具体执行问题，还需要另行规定。第二，因产品质量不合格造成他人财产、人身损害的，产品制造者和销售者应当依法承担民事责任。运输者、仓储者对此负有责任的，产品制造者和销售者有权要求赔偿损失。这样可以保护消费者的利益，也有利于促进改进产品质量。第三，当事人一方由于上级机关的原因，不能履行合同的，仍然应当依照合同规定向另一方赔偿损失或者采取其他合理补救措施，再由有关上级机关对其因此受到的损失负责处理。

七、关于涉外民事关系的法律适用

我国实行对外开放的政策，国际交往日益扩大，涉外民事纠纷不断增加，迫切需要对法院处理涉外民事、经济纠纷时适用法律问题作出规定。草案总结我国处理这些问题的实践经验，参照国际惯例规定：第一，中华人民共和国缔结或者参加的国际条约同中华人民共和国的民事法律有不同规定的，适用国际条约的规定，但中华人民共和国声明保留的条款除外。中华人民共和国法律和中华人民共和国缔结或者参加的国际条约没有规定的，可以适用国际惯例。第二，在中华人民共和国领域内的涉外民事活动适用中华人民共和国法律，法律另有规定的除外。第三，涉外经济合同的当事人可以共同选择合同适用的法律，但是我国法律另有规定的除外。如在中国境内履行的中外合资经营企业合同、中外合作经营企业合同、中外合作勘探开发自然资源合同，适用我国的法律。第四，依照民法通则规定适用外国法律或者国际惯例的，不得违背中华人民共和国的社会公共利益。这些规定既有利于对外开放，又能维护我国主权和利益。

八

鉴于各少数民族风俗习惯不同，情况各异，草案规定，民族自治地方的人民代表大会可以根据本法规定的原则，结合当地民族的特点，制定变通的或者补充的单行条例或者规定。

民法通则（草案）和以上说明是否妥当，请审议。

附(2)：

关于《中华人民共和国义务教育法(草案)》的说明

——一九八六年四月二日在第六届全国人民代表大会第四次会议上

国务院副总理兼国家教育委员会主任　李　鹏

各位代表：

去年五月《中共中央关于教育体制改革的决定》提出了要制订义务教育法的要求。国家教育委员会经过调查研究，比较广泛地听取了各省、区、市，教育部门和社会各方面的意见，拟订了《中华人民共和国义务教育法（草案）》（以下简称《草案》）。《草案》经国务院提交人大常委会审议。根据人大常委会第十四次会议和第十五次会议审议的意见，对原来的《草案》又作了修改，形成现在提交大会审议的《草案》。现在，我受国务院的委托，对这个《草案》作如下说明：

一、关于制订义务教育法的必要性

建国以来，我国的中小学教育有了很大的发展，从根本上改变了旧中国基础教育事业极为落后的状况。在旧中国，只有百分之二十的学龄儿童能够入学，现在，百分之九十以上的学龄儿童都能够入学。初中教育有了更大的发展，初中校数由四千多所增加到近七万六千所，增加了十七倍，初中在校学生数由八十多万人增加到近四千万人，增加了四十六倍。但是，总的看来，我国的基础教育仍然比较薄弱，不能适应宏伟的社会主义现代化建设的需要。相当一部分农村地区至今尚未普及小学教育，许多适龄儿童特别是女儿童没有受完规定年限的小学教育，致使青壮年中的文盲、半文盲仍在继续产生；许多中小学教师缺乏应有的培训，师资的文化业务素质达不到国家要求的现象还相当普遍；相当一部分中小学的校舍破旧失修，教学设备和文体设施严重缺乏。这种状况不能不影响到教学质量的提高。在一些城镇和乡村，初中学生中途就业或从事劳动的情况比较突出；一些企业招用学龄儿童、少年的现象时有发生。基础教育种种落后的状况，不能不引起党和政府以及社会上广大有识之士的关注和焦虑，一致认为，这种状况同全国人民建设富强、文明、民主的社会主义现代化国家的宏伟目标形成了尖锐的矛盾。因此，我们国家迫切需要制订义务教育法，以法律为依据，在全国有步骤地实行义务教育。这既是进行社会主义物质文明和精神文明建设的需要，也反映了广大人民群众的愿望。

《义务教育法》的颁布和贯彻执行，将标志着我国普及基础教育工作进入了一个新阶段。经过坚持不懈的努力，到本世纪末，我国绝大多数地区的适龄儿童和少年将受到九年的学校教育，我国各民族的科学文化素质将提高到一个新的水平。它不仅为各类专门人才的培养奠定良好的基础，而且为“两个文明”建设创造必要的前提条件，促使教育“面向四化、面向世界、面向未来”并将对今后的社会发展和科技进步产生深远的影响。因此，制订和贯彻执行《义务教育法》，是关系国家和民族未来的一项具有战略意义的重大措施。

二、关于义务教育的性质

义务教育，是依照法律规定，适龄儿童和少年必须接受的，国家、社会、学校、家庭必须予以保证的国民教育。实行义务教育，既是国家对人民的义务，也是家长对国家和社会的义务。国家和社会要提供条件使每个中国儿童和少年受到法律规定年限的教育，家长也要保证自己的子女接受这种教育。《草案》第四条规定：“国家、社会、学校和家庭依法保障适龄儿童、少年接受义务教育的权利”。第十五条规定：“地方各级人民政府必须创造条件，使适龄儿童、少年入学接受义务教育”。在《草案》其他条款中，还分别对国家、社会、学校、家庭所应承担的义务作出了具体规定。

义务教育具有强制性质。因此，在《草案》中对不履行应承担的各项义务的行为，规定了适当的强制性措施。《草案》第十五条规定：“适龄儿童、少年不入学接受义务教育的，由当地人民政府对其家长批评教育，并采取有效措施责令送子女入学”，“对招用适龄儿童、少年就业的组织或者个人，由当地人民政府给予批评教育，责令停止招用，可以并处罚款、停止生产、营业或者吊销营业执照”。目前，有些家长出于眼前的、暂时的经济利益，使自己的适龄子女中途退学参加生产劳动或就业，或者由于封建思想影响，使女儿童和少年中途退学；有些企业出于本单位甚至个人眼前的利益，招用适龄少年就业。这些行为妨碍了儿童、少年正当的接受教育的权利，不利于国家和民族的发展，也不利于儿童、少年和家庭的长远利益。因此，规定这些强制性措施是保证义务教育实施的必要手段。在使用这些强制性措施时，首先应重在批评教育，只对那些经批评教育仍不改正，情节严重的少数人和单位，采取必要的处罚措施。

三、关于义务教育的入学年龄

同建国初期相比，我国的经济、文化、科学技术水平和人民生活水平都有了很大提高。这些，都对我国儿童的智力和身体的发展产生了良好影响，为儿童的智力发展创造了有利条件。根据上述情况并从我国教育事业长远发展着眼，《草案》第五条规定：“凡年满六周岁的适龄儿童，不分性别、民族、种族，应当入学接受规定期限的义务教育”。但是，应当说明，目前，在我国绝大多数地区，小学的入学年龄为七周岁。如要求在短期内全部过渡到六周岁入学，师资、校舍、设备和经费等条件都不具备。尤其是在农村，在尚未普及小学教育的情况下，面临的困难更大。各地应从实际出发，创造必要的条件，使小学的入学年龄逐步过渡到六周岁，但步子必须稳妥，过渡时要注意衔接，以免造成在一个学年两个年龄的儿童同时进入学校等情况。因此《草案》第五条还规定“条件不具备的地区，可以推迟到七周岁入学”。

四、关于义务教育的学制

《草案》第二条规定要根据当地的“经济、文化发展状况，确定推行义务教育的步骤”。目前，我国小学和初中的学制年限有“六、三”制、“五、四”制、“五、三”制和九年一贯制等多种形式。多种学制并存，是我国现存的实际情况。在农村，小学和初中的学制年限多为“五、三”制，在师资、校舍、设备和经费都存在较大困难的情况下，勉强在短期内过渡为“五、四”制或“六、三”制，实际上并不利于广大农村普及初中教育。因此，在实施九年制义务教育过程中，应允许“五、三”制作为一种过渡性学制在一定时期内存在。

但是，从长远来看，我国小学和初中应该有一个基本的学制。基本学制的确定是一个比较复杂的问题，需要根据儿童、少年身心发展的特点和教育规律，以及社会经济发展的需要等多种因素，在调查研究的基础上，经过周密论证，然后加以确定。所以，《草案》没有就这个问题明确加以规定，而授权“由国务院教育主管部门制定”。

关于初级职业技术学校是否作为实施九年义务教育的一种学校形式，是同学制有关的另一个问题，在审议过程中多数同志同意，在初中适当增设一些职业技术教育课程，适合我国特别是农村经济发展的需要。至于独立设置的初级职业技术学校是否作为实施九年义务教育的一种学校形式，则有不同意见。国外的作法也不相同。因此，《草案》未就这个问题明确加以规定。可以在总结现有初级职业技术学校经验的基础上，由国家教育委员会或省、自治区、直辖市在实施细则或实施办法中加以确定。

五、关于贯彻党的教育方针

《草案》第三条规定:"义务教育必须贯彻国家的教育方针,努力提高教育质量,使儿童、少年在品德、智力、体质等方面全面发展,为提高全民族的素质,培养有理想、有道德、有文化、有纪律的社会主义建设人才奠定基础"。这是实行九年制义务教育的一条重要指导思想。所有中小学都应该认真贯彻这一规定,当前要有效地减轻学生的学习负担,防止和纠正片面追求升学率的偏向。在中小学教育中,应当使青少年儿童在德、智、美、体等方面全面发展,受到比较全面的基础教育。在不断提高语文、数学等科目的教学水平的同时,还要注意加强音乐、美术、体育等科目的教育,培养中小学生的高尚情操和品质,为中小学生的文化素养和身心健康的全面发展打下良好的基础。各地教育部门正在采取具体措施解决这方面的问题。例如,在已经普及初中的地区,将逐步实行小学和初中就近入学,取消小学升初中的统一考试;进一步修订教学大纲和教学计划,提高教育质量,减轻学生负担;改革和加强思想品德和政治教育等等。希望全社会都来关心和支持中小学的改革,促进儿童和少年的全面发展。

在这里,我还要讲一讲推广全国通用的普通话问题。我国地域辽阔,存在各种地方方言。为了便于思想和文化的交流,促进经济和社会的发展,非常有必要推广和使用全国通用的普通话。同时,我国又是一个多民族的国家,必须尊重各少数民族的语言。所以《草案》第六条规定:"学校应当推广和使用全国通用的普通话","招收少数民族学生为主的学校,可以用当地民族通用的语言教学"。这个规定,同《宪法》和《民族区域自治法》的规定的精神是一致的。

六、关于实行九年制义务教育的步骤

我国是一个十亿人口的大国,各地经济、文化发展又很不平衡。实行九年制义务教育,必须坚持实事求是、因地制宜的方针,不能搞一刀切,也不要脱离实际地去追求高指标。从这个总的指导思想出发,全国大致可以分为三类地区。第一类地区是经济、文化比较发达的地区,要求在一九九○年左右实现九年制义务教育。第二类地区是经济、文化中等发展程度的地区,要求一九九○年前普及初等义务教育,同时积极创造条件,在一九九五年左右实现九年制义务教育。第三类地区是经济、文化不发达的地区,要随着经济的发展,争取在本世纪末普及初等义务教育。

以上三类地区的划分,是就全国范围而言的。事实上,每个省、自治区内,经济、文化的发展也是不平衡的。在经济、文化发达的省内,也有经济、文化不发达的地区和县;而在经济、文化不发达的省内,也有经济、文化发达的地区和县。甚至在一个县内发展也是不平衡的。因此,每个省,每个市,乃至每个县,都要坚持从实际出发,区分不同类型的地区,提出切合实际的奋斗目标,有步骤地实施。《草案》把确定各地推行九年制义务教育的具体步骤、办法和实现期限的权力,下放给省、自治区、直辖市,在第二条中明确规定:"省、自治区、直辖市根据本地区的经济、文化发展状况,确定推行义务教育的步骤"。

七、关于基础教育由地方负责和鼓励社会力量办学

随着我国经济体制的逐步改革,近几年来,我国中小学的管理体制也进行了改革,取得了明显的效果。《中共中央关于教育体制改革的决定》明确了把发展基础教育的责任交给地方,即在国务院领导下,实行地方负责,分级管理的原则。《草案》第八条对此作出了明确规定。中小学的管理权限适当下放以后,克服了过去集中过多,统得过死的弊端,调动了各级地方政府办学的积极性。应该指出,地方的繁荣、兴旺,社会的安定团结,精神文明的建设都同发展基础教育有着密切关系。各地方政府都应把发展基础教育放在重要的位置上。随着地方的经济发展,应当提倡把更多的资金用于教育事业,这既是地方政府对当地人民群众应尽的义务,也是进一步发展当地经济的需要。

我国普及初等教育的一条重要经验是坚持"两条腿走路"的办学方针。实行义务教育不可能完全由国家包下来。所以《草案》第九条规定:"国家鼓励企业、事业单位和社会力量,在当地人民政府统一管理下,按照国家规定的基本要求,举办本法规定的各类学校"。企业、事业单位和其他部门办学,这是它们依法承担的社会义务,同本单位的利益是一致的,不应视为不合理负担。职工和农民群众在自愿、量力的原则下捐资助学,应予以鼓励。

八、关于义务教育阶段免收学费

免收学费,是实施义务教育的一项重要措施,也是世界各国,特别是经济比较发达的国家,目前在实行义务教育时所采取的一项政策。《草案》第十条规定:"国家对接受义务教育的学生免收学费"。这项规定,将为适龄儿童和少年接受义务教育提供更好的条件。

至于是否征收少量杂费,问题比较复杂,从发展方向上看原则上应该逐步作到免收杂费。但应视当地政府财政状况逐步实施,可由省、自治区、直辖市人民政府按实际情况在实施办法中决定。

九、关于实施义务教育的经费和办学条件

增加必要的事业费和基建投资,逐步改善办学条件,是实施义务教育的重要保证。从我国的国情出发,教育费用必须实行多渠道筹措的方针。为了保证实施

义务教育所需要的费用,《草案》第十二条规定:“国家每年用于义务教育的财政拨款的增长应当高于当年财政经常性收入的增长,并使按在校学生人数平均的教育费用逐步增长”,“地方各级人民政府按照国务院的规定,在城乡征收教育事业费附加”。教育经费作到“两个增长”,是中央关于教育体制改革的决定提出的。实现这“两个增长”,中央财政是一个方面,地方财政是一个方面,两个方面都要予以支持和保证。在“七五”期间,国家财政用于教育的事业费将达到一千一百六十六亿元,比“六五”期间增长72%,已高于同期财政计划增加的比例。要作到按在校学生人数平均的教育费用逐年增长,不但要靠中央靠地方各级政府的努力,还要靠社会各方面的资助。当前在控制基建规模时,国务院同意对办中小学和师范的基建可以不纳入控制指标。这是对自筹资金办教育的一种鼓励政策,是从政策上支持各种社会力量为实施义务教育的一项重要措施。

十、关于义务教育的师资

建设一支数量足够、质量合格、结构合理并相对稳定的师资队伍,是实施义务教育的关键所在。加强师范教育培养各级学校的合格师资队伍,是我国教育事业的战略问题,必须引起各方面足够的重视并从财力和物力上给予支持。《草案》第十三条规定:“国家采取措施加强和发展师范教育,加速培养、培训师资,有计划地实现小学教师具有中等师范学校毕业以上水平,初级中等学校的教师具有高等师范专科学校毕业以上水平”。当然,实现这个目标要根据本地区实际情况分阶段实现,切不可不顾条件一哄而起、搞形式主义。

我国现有七百五十多万小学和初中教师,他们为人民的教育事业作出了巨大贡献。为了适应九年制义务教育的需要,一方面要发展和改革师范教育,培养和补充新师资。另一方面必须采取多种形式、多种渠道抓紧对现有师资的培训、提高工作。通过函授和电视教育开展在职培训,是一种有效的方法。我们将利用电视卫星专门开设教育频道,为中小学教师培训提供服务。培训现有小学和初中教师,应该着重实行教什么学什么、缺什么补什么的原则,建立正规的学习制度,经过考核合格的,可分别授予相当于中等师范学校,高等师范专科和大学的各种学历证书。

逐步提高中小学教师的社会地位和经济待遇,吸引优秀人才到中小学任教,是稳定和提高教师队伍的根本措施。为此,《草案》第十四条规定:“社会应当尊重教师。国家采取措施,提高教师的社会地位,保障教师的合法权益,改善教师的物质待遇,鼓励教师努力从事教育事业,对优秀的教育工作者给予奖励”。去年,发表了《中共中央关于教育体制改革的决定》,庆祝了建国以来第一个教师节,提高了中小学教师的工资待遇,尊师重教的社会风气有了很大的改善。今后,应该继续贯彻“少讲空话,多办实事”的精神,切切实实为改善教师工作条件和生活条件解决一些实际问题。特别对民办教师,他们在比较艰苦的条件下坚持工作,为人民的教育事业作出了贡献。今后,无论在什么地方,在政治待遇和社会地位上,包括晋升职务、推选先进,对民办教师和公办教师要一视同仁。

全社会尊重教师,对教师提出了更高的要求,教师要不断提高自己的思想水平和文化、业务水平,既要教书,又要育人。广大教师真正作到为人师表,才能不辜负党、国家和人民的重托。人民教师是光荣的岗位,国家对教师应有严格的要求。《草案》第十三条规定:“国家建立教师资格考核制度,对合格教师颁发资格证书”。所以,《义务教育法》的颁布和执行,将为广大教师创造出更好的条件,也对教师提出了更高的要求。教师应该在贯彻执行《义务教育法》的过程中,起到模范带头作用。

《草案》对实行义务教育的各项重大问题都作了原则规定,但不可能规定得十分具体。所以《草案》第十七条规定:“国务院教育主管部门根据本法制定实施细则,报国务院批准后施行”,“省、自治区、直辖市人民代表大会常务委员会可以根据本法,结合本地区的实际,制定具体实施办法”。这就要求我们要发扬改革的精神,通过实践,不断地总结经验,使我国的义务教育逐步完善起来。

各位代表,制订义务教育法是关系国家和民族未来的大事,同广大工人、农民、知识分子、解放军以及千家万户都有密切关系。《草案》虽然比较广泛地征求了各方面的意见,经过反复修改,还会有不够完善的地方,欢迎各位代表继续提出修改意见。

附(3):

关于《中华人民共和国外资企业法(草案)》的说明

——一九八六年四月二日在第六届全国人民代表大会第四次会议上

对外经济贸易部部长　郑拓彬

各位代表:

《中华人民共和国外资企业法(草案)》于1985年12月3日经国务院常务会议讨论通过,今年1月10日,赵紫阳总理将国务院关于《中华人民共和国外资经营企业法(草案)的议案》提请全国人民代表大会常务委员会审议。全国人大常委会第十四次、第十五次会议对草案进行了审议、修改,并决定提请这次大会审议。我受国务院委托,现就《中华人民共和国外资企业法(草案)》说明如下:

各位代表:

我国利用外国直接投资的主要形式有三种:一是设立中外合资经营企业,二是设立中外合作经营企业,三是设立外资企业。到1985年底,全国累计批准设立中外合资经营企业二千三百多家,中外合作经营企业三千七百多家,外资企业一百二十家。

设立中外合资经营企业以《中华人民共和国中外合资经营企业法》为依据。自《中华人民共和国中外合资经营企业法》于1979年7月1日经第五届全国人民代表大会第二次会议通过后,在中外合资经营企业的登记管理、劳动管理、外汇管理、征税等方面,国家又陆续制订和发布了一系列配套法规,因此,可以说有关中外合资经营企业的法律和法规已经基本齐备。

但是,我国外资企业法至今尚未制订,处理一些重要问题还缺乏必要的法律依据,迫切需要立法。有关省、市、自治区和部门希望尽快制订外资企业法;外国企业家也希望了解有关法律规定,以便对我国允许的各种投资形式进行选择。

一、制订外资企业法的依据

《中华人民共和国宪法》第十八条规定:"中华人民共和国允许外国的企业和其他经济组织或者个人依照中华人民共和国法律的规定在中国投资,同中国的企业或者其他经济组织进行各种形式的经济合作。"

为了进一步扩大对外经济合作和技术交流,我国政府还允许外国的企业和其他经济组织或者个人在中国境内设立全部资本由外国投资者投资的外资企业。实践证明,设立外资企业也是我国引进外资、引进技术的一种可行的方式。制订外资企业法,一方面可以保护外资企业的合法权益,为外资企业在我国境内的经营活动提供法律依据;另一方面也便于我国政府对外资企业进行管理和监督。

二、设立外资企业的条件

在拟订《中华人民共和国外资企业法(草案)》(以下简称草案)过程中,考虑到外资企业是我国利用外资的一种重要方式,但是,这类企业的全部资本为外国投资者投资,又没有中方参与经营管理,与中外合资经营企业和中外合作经营企业有很大不同,因之对它们的要求也应有所区别。就是说,要求外资企业采用先进的技术和设备,生产的产品全部或者大部分出口。所以草案第三条作了这样的规定:"设立外资企业,必须有利于中国国民经济的发展,并且是采用先进的技术和设备,产品全部出口或者大部分出口的。"

三、关于外资企业的法人资格问题

在拟订草案过程中,许多地方和部门提出,在本法中应当规定,在中国境内举办的外资企业,凡符合我国法律关于法人条件的规定的,都依法取得中国法人资格。这样,有利于外资企业的经营活动,也有利于政府部门对外资企业进行管理监督。因此,草案第七条规定:"外资企业符合中国法律关于法人条件的规定的,依法取得中国法人资格。"

四、关于外资企业的税收问题

有的同志提出,草案应对外资企业纳税和申请减免税问题作出原则规定。经研究,草案第十六条规定:"外资企业依照国家有关税收的规定纳税并可以申请享受减税、免税的优惠待遇。"这里所说的"国家有关税收的规定",包括外国企业所得税法和国务院关于经济特区和沿海十四个港口城市减征、免征企业所得税和工商统一税的暂行规定以及其他有关税收规定。

五、关于外资企业的经营期限问题

在拟订草案过程中,很多地方和部门都认为外资企业应有一个期限,因为每个时期国民经济发展的重点有所不同,外资企业的可行性研究也有一定的时间性,因此外资企业在申请时确定一个期限是必要的,期满时可以申请延长。经研究,在法律中就经营期限作强制性具体规定,不尽恰当。草案第十九条作了灵活规定:“外资企业的经营期限由外国投资者申报,由审查批准机关批准。期满需要延长的,应当在期满一百八十天以前向审查批准机关提出申请。审查批准机关应当在接到申请之日起三十天内决定批准或者不批准。”

六、对外资企业的管理和监督

对外资企业加强管理和监督是必要的,草案在这方面作了一些规定。例如,草案第四条规定:“外资企业必须遵守中国的法律、法规,不得损害中国的社会公共利益。”草案第八条规定:“外资企业应当在审查批准机关核准的期限内在中国境内投资;逾期不投资的,工商行政管理机关有权吊销营业执照。工商行政管理机关对外资企业的投资情况进行检查和监督。”草案第十三条规定:“外资企业必须在中国境内设置会计帐簿,进行独立核算,按照规定报送会计报表,并接受财政税务机关的监督。外资企业拒绝在中国境内设置会计帐簿或者制造假帐的,财政税务机关可以处以罚款,工商行政管理机关可以责令停止营业或者吊销营业执照。”

七、关于外资企业的工会问题

在拟订草案过程中,很多地方和部门提出,应当对维护外资企业职工合法权益和外资企业对工会活动应当承担一定义务作出规定。因此,草案第十二条规定:“外资企业的职工依法建立工会组织,开展工会活动,维护职工的合法权益。外资企业应当为本企业工会提供必要的活动条件。”

八、关于对外国投资者合法权益的保护问题

为了贯彻对外开放方针,吸收外国投资者来我国投资,有助于促进我国国民经济的发展,对外国投资者的合法权益应当依法给予保护。草案第四条规定:“外国投资者在中国境内的投资、获得的利润和其他合法权益,受中国法律的保护。”草案第十八条规定:“外资企业的合法利润、其他合法收入和结业清算、转让后的资金,可以汇往国外。外资企业的外籍职工的工资收入和其他正当收入,依法缴纳个人所得税后,可以汇往国外。”

本法实施细则,正在抓紧拟订,有关具体问题将在细则中订明。实施细则由对外经济贸易部拟订,报国务院批准后施行。

我的说明完了,请予审议。

附(4):

第六届全国人民代表大会法律委员会关于三个法律草案审议结果的报告

全国人大常委会副委员长
全国人大法律委员会主任委员　彭　冲

(一九八六年四月十一日第六届全国人民代表大会第四次会议主席团第三次会议通过)

第六届全国人民代表大会第四次会议主席团:

第六届全国人民代表大会第四次会议全体代表,从四月二日到四月七日,对《中华人民共和国民法通则(草案)》、《中华人民共和国义务教育法(草案)》、《中华人民共和国外资企业法(草案)》等三个法律案进行了认真的审议,提出了许多很好的意见。代表们认为:民法通则是一个重要的基本法,制定民法通则十分必要,对于保障公民、法人在民事活动中的合法权益,调动各方面的积极性,维护社会经济秩序,保障经济体制改革和社会主义现代化建设事业的顺利进行,具有重大意义。义务教育法的制定,标志着我国的基础教育发展到一个新的阶段,为普及义务教育提供了法律保证,对于促进整个教育事业的发展,提高全民族的素质,推动社会主义的物质文明建设和精神文明建设,具有战略意义。为了扩大对外经济合作和技术交流,促进我国国民经济的发展,制定外资企业法十分必要,有利于引进外资和先进技术,体现了我国实行对外开放的方针,符合

我们国家和人民的长远利益。代表们认为这三个法律草案总结了我国的实践经验，坚持了社会主义原则，反映了改革、开放、搞活的成果，对三个法律草案表示赞同。

法律委员会于四月五日、七日、九日召开了四次全体会议，财经委员会、教科文卫委员会、外事委员会、华侨委员会的负责同志列席了有关的会议，根据各代表团讨论的意见，对三个法律草案逐条进行了审议。会议认为：三个法律草案在起草过程中，经过广泛征求意见，提请全国人大常委会审议前后，全国人大法律委员会、教科文卫委员会、财经委员会和全国人大常委会法制工作委员会分别进行了调查研究，提出了修改意见，由全国人大法律委员会统一审议修改后，经第六届全国人大常委会第十五次会议审议决定提请本次大会审议。三个法律草案经过多次修改，是比较成熟的，可行的。这三个法律的制定对于健全社会主义法制，将发挥重要的作用。同时建议根据代表的意见作以下修改和补充：

一、关于《中华人民共和国民法通则(草案)》

(1)关于农村集体所有的土地问题。王汉斌主任在向大会作的关于民法通则草案的说明中已经对草案条文提出了修改建议。根据各代表团小组讨论的意见和各省、自治区、直辖市以及中央有关部门的意见，建议将草案第七十二条中关于农村集体所有的土地的规定修改为：“集体所有的土地属于村农民集体所有，由村农业生产合作社等村农业集体经济组织或者村民委员会经营、管理。已经属于乡(镇)农民集体经济组织所有的，可以属于乡(镇)农民集体所有”。这样规定，能够保持政策的连续性和稳定性，适应农村改革的新情况。由于各地情况差别较大，比较复杂，有关土地管理的许多问题可由土地法作出规定。

(2)关于农村承包经营户的债务问题。草案第二十八条规定，“农村承包经营户的债务，以共同生活的家庭成员的财产承担”。有些代表认为，对农村承包经营户承担债务的规定，应当同个体工商户一样。因此，建议修改为：“个体工商户、农村承包经营户的债务，个人经营的，以个人财产承担；家庭经营的，以家庭财产承担。”

(3)关于个人合伙的债务问题。有些代表认为，应当明确规定，合伙人对合伙的债务一般应负连带责任。这样，有利于保护债权人的利益，有利于个人合伙的健康发展。因此，建议修改为：“合伙人对合伙的债务承担连带责任，法律另有规定的除外。”

(4)有些代表提出，民法通则应当规定保护老人、残疾人的合法权益。因此，建议将草案第一百零二条修改为：“婚姻、家庭、母亲、老人、儿童受法律保护。”并建议增加一款：“残疾人的合法权益受法律保护。”

(5)有的代表提出，应当增加保护出版者的权利的规定。因此，建议根据王汉斌主任的说明，在草案第九十二条规定的“公民、法人享有著作权”后面加上“(版权)”。这样规定，既包括作者的著作权，也包括出版者的出版权。著作权(版权)还包括哪些具体内容，可由版权法规定。

(6)有些代表提出，应当明确规定对公民、法人的著作权、专利权等不得剽窃。因此，建议将草案第一百一十七条修改为：“公民、法人的著作权(版权)、专利权、商标专用权、发现权、发明权和其他科技成果权受到剽窃、篡改、假冒等侵害的，有权要求停止侵害，消除影响，赔偿损失。”

(7)草案第一百二十条规定：“国家机关或者国家工作人员在执行职务中，侵犯公民、法人合法权益造成损害的，国家机关应当承担民事责任。”有的代表提出，为了促使国家机关工作人员克服官僚主义，提高为人民服务的责任心，有过错的国家工作人员也应当承担民事责任。因此，建议将这一条修改为：“国家机关或者国家机关工作人员在执行职务中，侵犯公民、法人的合法权益，造成损害的，应当承担民事责任。”

(8)草案第一百五十一条规定，自治区人民代表大会制定的变通的或者补充的单行条例或者规定，“报全国人民代表大会常务委员会备案”。根据有些代表的意见，建议修改为：“自治区人民代表大会制定的，依照法律规定报全国人民代表大会常务委员会批准或者备案”。

有些代表建议，在草案第十二条规定的无民事行为能力人、限制民事行为能力人中，除精神病人外，还应当增加“痴呆人”。考虑到选举法中规定的“精神病人”包括了“痴呆人”，本法中的“精神病人”也应当解释为包括痴呆人，因此可以不作修改。

二、关于《中华人民共和国义务教育法(草案)》

(1)草案第六条第二款规定，招收少数民族学生为主的学校，可以用“当地民族通用的语言教学”。根据有些代表的意见，建议修改为“可以用少数民族通用的语言文字教学”。

(2)草案第十二条第三款规定，“地方各级人民政府按照国务院的规定，在城乡征收教育事业费附加”。有些代表提出，征收的教育事业费附加，在尚未普及义务教育的地方，应当用于义务教育。因此，建议在“征收教育事业费附加”之后增加“主要用于实施义务教育”。

(3)有些代表提出，建设一支合格的教师队伍是推行义务教育的关键，师范学校毕业生应当从事教育工作，义务教育法对此应当作出明确规定。因此，建议在草案第十三条增加一款：“师范院校毕业生必须按照规定，从事教育工作。国家鼓励教师长期从事教育事业。”

不少代表提出，现在有些地方不能及时供应小学教科书和文具纸张，这是当前妨碍义务教育实施的一个很大的问题。各级人民政府应当对此引起重视，采取有效措施，加强教科书出版工作，保证义务教育需要的教科书和文具纸张的供应。法律委员会认为这个意见很好，可以考虑在实施细则中作出规定，并建议转请国务院有关部门注意在实际工作中解决。

代表们还对教育经费、提高教育质量、培训师资、提高教师待遇、开展教育科研以及有关民办教师等问题，提出了许多好的意见和建议。考虑到有些可以在实施细则中加以规定，有些是应当在实际工作中解决的问题，因此本法可以不作规定。

三、关于《中华人民共和国外资企业法(草案)》

(1)有些代表提出，草案第一条应当增加规定“促进中国国民经济的发展”。因此，建议将这一条修改为：“为了扩大对外经济合作和技术交流，促进中国国民经济的发展，中华人民共和国允许外国的企业和其他经济组织或者个人(以下简称外国投资者)在中国境内举办外资企业，保护外资企业的合法权益。”

(2)草案第三条第一款规定，设立外资企业必须有利于中国国民经济的发展，还要具备两个条件，一是采用先进的技术和设备，二是产品全部出口或者大部分出口。有些代表认为，这样规定，对设立外资企业的条件要求严了，不利于吸引外资和引进先进技术。因此，建议将这一款修改为：“设立外资企业，必须有利于中国国民经济的发展，并且采用先进的技术和设备，或者产品全部出口或者大部分出口。”这样修改后，采用先进技术、设备，产品不是全部或者大部出口的外资企业，也是可以允许设立的。

(3)根据有些代表的意见，为了体现对外开放、对外国投资给予保护的精神，建议增加一条，作为第五条：“国家对外资企业不实行国有化和征收；在特殊情况下，根据社会公共利益的需要，对外资企业可以依照法律程序实行征收，并给予相应的补偿。”

此外，对这三个法律草案还作了一些文字修改。

代表们还提了不少很好的意见，有些可在其他法律或者行政法规中规定，有些需要有关部门在工作中注意解决。

法律委员会建议对这三个法律草案按照上述意见修改后，提请大会通过。

以上审查意见是否妥当，请主席团审议。

全国人大法律委员会

一九八六年四月十一日

全国人民代表大会常务委员会关于修改《中华人民共和国全国人民代表大会和地方各级人民代表大会选举法》的决定

(一九八六年十二月二日第六届全国人民代表大会常务委员会第十八次会议通过　一九八六年十二月二日中华人民共和国主席令第四十八号公布施行)

第六届全国人民代表大会常务委员会第十八次会议根据宪法、选举法的基本原则和几年来选举工作的实践经验，决定对《中华人民共和国全国人民代表大会和地方各级人民代表大会选举法》作如下修改和补充：

一、第六条增加一款，作为第二款：“旅居国外的中华人民共和国公民在县级以下人民代表大会代表选举期间在国内的，可以参加原籍地或者出国前居住地的选举。”

二、第七条第二款关于“乡、民族乡、镇的选举委员会受乡、民族乡、镇的人民政府的领导”的规定，修改为：“乡、民族乡、镇的选举委员会受不设区的市、市辖区、县、自治县的选举委员会的领导。”

增加第三款：“省、自治区、直辖市、设区的市、自治州的人民代表大会常务委员会指导本行政区域内县级以下人民代表大会代表的选举工作。”

三、第十三条第二款修改为：“全国人民代表大会代表的名额不超过三千人。名额的分配由全国人民代表大会常务委员会根据情况决定。”

四、第十六条第二款修改为：“聚居境内同一少数民族的总人口数占境内总人口数30%以上的，每一代表所代表的人口数应相当于当地人民代表大会每一代表所代表的人口数。”

增加第四款：“聚居境内同一少数民族的总人口数占境内总人口数15%以上、不足30%的，每一代表所代表的人口数，可以适当少于当地人民代表大会每一代表所代表的人口数，但该少数民族的代表名额不得超过代表总名额的30%。”

五、第二十二条修改为：“不设区的市、市辖区、县、自治县、乡、民族乡、镇的人民代表大会的代表名额分配到选区，按选区进行选举。选区可以按居住状况划分，也可以按生产单位、事业单位、工作单位划分。”

六、第二十三条第一款修改为：“选民登记按选区进行，经登记确认的选民资格长期有效。每次选举前对上次选民登记以后新满十八周岁的、被剥夺政治权利期满后恢复政治权利的选民，予以登记。对选民经登记后迁出原选区的，列入新迁入的选区的选民名单；对死亡的和依照法律被剥夺政治权利的人，从选民名单上除名。”

七、第二十五条关于“申诉人如果对处理决定不服，可以向人民法院起诉，人民法院的判决为最后决定”的规定修改为：“申诉人如果对处理决定不服，可以在选举日的五日以前向人民法院起诉，人民法院应在选举日以前作出判决。人民法院的判决为最后决定。”

八、第二十六条第二款修改为：“各政党、各人民团体，可以联合或者单独推荐代表候选人。选民或者代表，十人以上联名，也可以推荐代表候选人。推荐者应向选举委员会或者大会主席团介绍候选人的情况。”

九、第二十七条第二款修改为：“由选民直接选举的代表候选人名额，应多于应选代表名额三分之一至一倍；由地方各级人民代表大会选举上一级人民代表大会代表候选人的名额，应多于应选代表名额五分之一至二分之一。”

十、第二十八条修改为：“由选民直接选举的人民代表大会代表候选人，由各选区选民和各政党、各人民团体提名推荐。选举委员会汇总后，在选举日的二十日以前公布，并由各该选区的选民小组反复酝酿、讨论、协商，根据较多数选民的意见，确定正式代表候选人名单，并在选举日的五日以前公布。

“县级以上的地方各级人民代表大会在选举上一级人民代表大会代表时，由各该级人民代表大会主席团把各政党、各人民团体和代表提出的代表候选人名单提交全体代表反复酝酿、讨论、协商，根据较多数代表的意见，确定正式代表候选人名单。”

十一、第三十条修改为：“选举委员会或者人民代表大会主席团应当向选民或者代表介绍代表候选人的情况。推荐代表候选人的政党、人民团体和选民、代表可以在选民小组或者代表小组会议上介绍所推荐的代表候选人的情况。但是在选举日必须停止对代表候选人的介绍。”

十二、第三十五条修改为：“选民如果在选举期间外出，经选举委员会同意，可以书面委托其他选民代为投票。每一选民接受的委托不得超过三人。”

十三、第三十八条第一款修改为两款，作为第一款、第二款：

“在选民直接选举人民代表大会代表时，选区全体选民的过半数参加投票，选举有效。代表候选人获得参加选举的选民过半数的选票，始得当选。

“县级以上的地方各级人民代表大会在选举上一级人民代表大会代表时，代表候选人获得全体代表过半数的选票，始得当选。”

十四、第四十条增加一款，作为第三款：“罢免代表的具体程序，由省、自治区、直辖市的人民代表大会常务委员会规定。”

十五、删去第四十一条，增加一条，作为第四十一条：“全国人民代表大会代表，省、自治区、直辖市、设区的市、自治州的人民代表大会代表，可以向选举他的人民代表大会的常务委员会提出辞职。”

十六、第四十二条增加一款，作为第四款：“补选出缺的代表时，代表候选人的名额可以多于应选代表的名额，也可以同应选代表的名额相等。补选的程序和方式，由省、自治区、直辖市的人民代表大会常务委员会规定。”

此外，根据宪法和本决定对部分条文的文字和条款的顺序作相应的调整和修改。

《中华人民共和国全国人民代表大会和地方各级人民代表大会选举法》根据本决定作相应的修正，重新公布。

附：

中华人民共和国全国人民代表大会和地方各级人民代表大会选举法(修正本)

(一九七九年七月一日第五届全国人民代表大会第二次会议通过

根据一九八二年十二月十日第五届全国人民代表大会第五次会议《关于修改〈中华人民共和国全国人民代表大会和地方各级人民代表大会选举法〉的若干规定的决议》第一次修正

根据一九八六年十二月二日第六届全国人民代表大会常务委员会第十八次会议《关于修改〈中华人民共和国全国人民代表大会和地方各级人民代表大会选举法〉的决定》第二次修正)

目　录

第一章　总　则

第一条　根据中华人民共和国宪法，制定全国人民代表大会和地方各级人民代表大会选举法。

第二条　全国人民代表大会的代表，省、自治区、直辖市、设区的市、自治州的人民代表大会的代表，由下一级人民代表大会选举。

不设区的市、市辖区、县、自治县、乡、民族乡、镇的人民代表大会的代表，由选民直接选举。

第三条　中华人民共和国年满十八周岁的公民，不分民族、种族、性别、职业、家庭出身、宗教信仰、教育程度、财产状况和居住期限，都有选举权和被选举权。

依照法律被剥夺政治权利的人没有选举权和被选举权。

第四条　每一选民在一次选举中只有一个投票权。

第五条　人民解放军单独进行选举，选举办法另订。

第六条　全国人民代表大会和归侨人数较多地区的地方人民代表大会，应当有适当名额的归侨代表。

旅居国外的中华人民共和国公民在县级以下人民代表大会代表选举期间在国内的，可以参加原籍地或者出国前居住地的选举。

第七条　全国人民代表大会常务委员会主持全国人民代表大会代表的选举。省、自治区、直辖市、设区的市、自治州的人民代表大会常务委员会主持本级人民代表大会代表的选举。

不设区的市、市辖区、县、自治县、乡、民族乡、镇设立选举委员会，主持本级人民代表大会代表的选举。不设区的市、市辖区、县、自治县的选举委员会受本级人民代表大会常务委员会的领导。乡、民族乡、镇的选举委员会受不设区的市、市辖区、县、自治县的选举委员会的领导。

省、自治区、直辖市、设区的市、自治州的人民代表大会常务委员会指导本行政区域内县级以下人民代表大会代表的选举工作。

第八条　全国人民代表大会和地方各级人民代表大会的选举经费，由国库开支。

第二章　地方各级人民代表大会代表名额

第九条　地方各级人民代表大会代表的名额，由各省、自治区、直辖市的人民代表大会常务委员会，按照便于召开会议、讨论问题和解决问题，并且使各民族、各地区、各方面都能有适当数量的代表的原则自行决定，报全国人民代表大会常务委员会备案。

第十条　自治州、县、自治县的人民代表大会代表的名额，由本级人民代表大会常务委员会按照农村每一代表所代表的人口数四倍于镇每一代表所代表的人口数的原则分配。在县、自治县的人民代表大会中，人口特少的乡、民族乡、镇，至少应有代表一人。

县、自治县行政区域内，镇的人口特多的，或者不属于县级以下人民政府领导的企业事业组织的职工人数在全县总人口中所占比例较大的，经省、自治区、直辖市的人民代表大会常务委员会决定，农村每一代表所代表的人口数同镇或者企业事业组织职工每一代表所代表的人口数之比可以小于四比一直至一比一。

第十一条 直辖市、市、市辖区的农村每一代表所代表的人口数，应多于市区每一代表所代表的人口数。

第十二条 省、自治区的人民代表大会代表的名额，由本级人民代表大会常务委员会按照农村每一代表所代表的人口数五倍于城市每一代表所代表的人口数的原则分配。

第三章 全国人民代表大会代表名额

第十三条 全国人民代表大会的代表，由省、自治区、直辖市的人民代表大会和人民解放军选举产生。

全国人民代表大会代表的名额不超过三千人。名额的分配由全国人民代表大会常务委员会根据情况决定。

第十四条 省、自治区、直辖市应选全国人民代表大会代表的名额，由全国人民代表大会常务委员会按照农村每一代表所代表的人口数八倍于城市每一代表所代表的人口数的原则分配。

第十五条 全国少数民族应选全国人民代表大会代表，由全国人民代表大会常务委员会参照各少数民族的人口数和分布等情况，分配给各省、自治区、直辖市的人民代表大会选出。人口特少的民族，至少应有代表一人。

第四章 各少数民族的选举

第十六条 有少数民族聚居的地方，每一聚居的少数民族都应有代表参加当地的人民代表大会。

聚居境内同一少数民族的总人口数占境内总人口数百分之三十以上的，每一代表所代表的人口数应相当于当地人民代表大会每一代表所代表的人口数。

聚居境内同一少数民族的总人口数不足境内总人口数百分之十五的，每一代表所代表的人口数可以适当少于当地人民代表大会每一代表所代表的人口数，但不得少于二分之一；实行区域自治的民族人口特少的自治县，经省、自治区的人民代表大会常务委员会决定，可以少于二分之一。人口特少的其他民族，至少应有代表一人。

聚居境内同一少数民族的总人口数占境内总人口数百分之十五以上、不足百分之三十的，每一代表所代表的人口数，可以适当少于当地人民代表大会每一代表所代表的人口数，但该少数民族的代表名额不得超过代表总名额的百分之三十。

第十七条 自治区、自治州、自治县和有少数民族聚居的乡、民族乡、镇的人民代表大会，对于聚居在境内的其他少数民族和汉族代表的选举，适用本法第十六条的规定。

第十八条 散居的少数民族应选当地人民代表大会的代表，每一代表所代表的人口数可以少于当地人民代表大会每一代表所代表的人口数。

自治区、自治州、自治县和有少数民族聚居的乡、民族乡、镇的人民代表大会，对于散居的其他少数民族和汉族代表的选举，适用前款的规定。

第十九条 有少数民族聚居的不设区的市、市辖区、县、乡、民族乡、镇的人民代表大会代表的产生，按照当地的民族关系和居住状况，各少数民族选民可以单独选举或者联合选举。

自治县和有少数民族聚居的乡、民族乡、镇的人民代表大会，对于居住在境内的其他少数民族和汉族代表的选举办法，适用前款的规定。

第二十条 自治区、自治州、自治县制定或者公布的选举文件、选民名单、选民证、代表候选人名单、代表当选证书和选举委员会的印章等，都应当同时使用当地通用的民族文字。

第二十一条 少数民族选举的其他事项，参照本法有关各条的规定办理。

第五章 选区划分

第二十二条 不设区的市、市辖区、县、自治县、乡、民族乡、镇的人民代表大会的代表名额分配到选区，按选区进行选举。选区可以按居住状况划分，也可以按生产单位、事业单位、工作单位划分。

第六章 选民登记

第二十三条 选民登记按选区进行，经登记确认的选民资格长期有效。每次选举前对上次选民登记以后新满十八周岁的、被剥夺政治权利期满后恢复政治权利的选民，予以登记。对选民经登记后迁出原选区的，列入新迁入的选区的选民名单；对死亡的和依照法律被剥夺政治权利的人，从选民名单上除名。

精神病患者不能行使选举权利的，经选举委员会确认，不列入选民名单。

第二十四条 选民名单应在选举日的三十日以前公布，并发给选民证。

第二十五条 对于公布的选民名单有不同意见的，可以向选举委员会提出申诉。选举委员会对申诉意见，应在三日内作出处理决定。申诉人如果对处理决定不服，可以在选举日的五日以前向人民法院起诉，人民法院应在选举日以前作出判决。人民法院的判决为最后决定。

第七章 代表候选人的提出

第二十六条 全国和地方各级人民代表大会的代表候选人，按选区或者选举单位提名产生。

各政党、各人民团体，可以联合或者单独推荐代表候选人。选民或者代表，十人以上联名，也可以推荐代表候选人。推荐者应向选举委员会或者大会主席团介绍候选人的情况。

第二十七条 全国和地方各级人民代表大会代表候选人的名额，应多于应选代表的名额。

由选民直接选举的代表候选人名额，应多于应选代表名额三分之一至一倍；由地方各级人民代表大会选举上一级人民代表大会代表候选人的名额，应多于应选代表名额五分之一至二分之一。

第二十八条 由选民直接选举的人民代表大会代表候选人，由各选区选民和各政党、各人民团体提名推荐。选举委员会汇总后，在选举日的二十日以前公布，并由各该选区的选民小组反复酝酿、讨论、协商，根据较多数选民的意见，确定正式代表候选人名单，并在选举日的五日以前公布。

县级以上的地方各级人民代表大会在选举上一级人民代表大会代表时，由各该级人民代表大会主席团把各政党、各人民团体和代表提出的代表候选人名单提交全体代表反复酝酿、讨论、协商，根据较多数代表的意见，确定正式代表候选人名单。

第二十九条 县级以上的地方各级人民代表大会在选举上一级人民代表大会代表时，代表候选人不限于各该级人民代表大会的代表。

第三十条 选举委员会或者人民代表大会主席团应当向选民或者代表介绍代表候选人的情况。推荐代表候选人的政党、人民团体和选民、代表可以在选民小组或者代表小组会议上介绍所推荐的代表候选人的情况。但是在选举日必须停止对代表候选人的介绍。

第八章 选举程序

第三十一条 在选民直接选举人民代表大会的代表时，各选区应设立投票站或者召开选举大会进行。投票站或者选举大会由选举委员会主持。

第三十二条 县级以上的地方各级人民代表大会在选举上一级人民代表大会代表时，由各该级人民代表大会主席团主持。

第三十三条 全国和地方各级人民代表大会代表的选举，一律采用无记名投票的方法。

选民如果是文盲或者因残疾不能写选票的，可以委托他信任的人代写。

第三十四条 选举人对于代表候选人可以投赞成票，可以投反对票，可以另选其他任何选民，也可以弃权。

第三十五条 选民如果在选举期间外出，经选举委员会同意，可以书面委托其他选民代为投票。每一选民接受的委托不得超过三人。

第三十六条 投票结束后，由选民或者代表推选的监票、计票人员和选举委员会或者人民代表大会主席团的人员将投票人数和票数加以核对，作出记录，并由监票人签字。

第三十七条 每次选举所投的票数，多于投票人数的无效，少于投票人数的有效。

每一选票所选的人数，多于规定应选代表人数的作废，少于规定应选代表人数的有效。

第三十八条 在选民直接选举人民代表大会代表时，选区全体选民的过半数参加投票，选举有效。代表候选人获得参加选举的选民过半数的选票时，始得当选。

县级以上的地方各级人民代表大会在选举上一级人民代表大会代表时，代表候选人获得全体代表过半数的选票，始得当选。

获得过半数选票的代表候选人名额超过应选代表名额时，以得票多的当选。如遇票数相等不能确定当选人时，应当就票数相等的候选人重新投票。

获得过半数选票的当选代表的名额少于应选代表的名额时，不足的名额应当在没有当选的代表候选人中另行选举，以得票多的当选，但是得票数不得少于选票的三分之一。

第三十九条 选举结果由选举委员会或者人民代表大会主席团根据本法确定是否有效，并予以宣布。

第九章 对代表的监督、罢免和补选

第四十条 全国和地方各级人民代表大会的代表，受选民和原选举单位的监督。选民或者选举单位都有权罢免自己选出的代表。

罢免代表，由选民直接选出的，须经原选区过半数的选民通过；由各级人民代表大会选出的，须经各该级人民代表大会过半数的代表通过，在代表大会闭会期间，须经常务委员会组成人员的过半数通过。被罢免的代表可以出席上述会议或者书面申诉意见。罢免的决议，须报送上一级人民代表大会常务委员会备案。

罢免代表的具体程序，由省、自治区、直辖市的人民代表大会常务委员会规定。

第四十一条 全国人民代表大会代表，省、自治区、直辖市、设区的市、自治州的人民代表大会代表，可以向选举他的人民代表大会的常务委员会提出辞职。

第四十二条 代表在任期内，因故出缺，由原选区或者原选举单位补选。

地方各级人民代表大会代表在任期内调离或者迁出本行政区域的，其代表资格自行终止，缺额另行补选。

县级以上的地方各级人民代表大会闭会期间，可以由本级人民代表大会常务委员会补选上一级人民代表大会代表。

补选出缺的代表时，代表候选人的名额可以多于应选代表的名额，也可以同应选代表的名额相等。补选的程序和方式，由省、自治区、直辖市的人民代表大会常务委员会规定。

第十章　对破坏选举的制裁

第四十三条　为保障选民和代表自由行使选举权和被选举权，对有下列违法行为的，应当依法给予行政处分或者刑事处分：

（一）用暴力、威胁、欺骗、贿赂等非法手段破坏选举或者妨害选民和代表自由行使选举权和被选举权的；

（二）伪造选举文件、虚报选举票数或者有其他违法行为的；

（三）对于控告、检举选举中违法行为的人，或者对于提出要求罢免代表的人进行压制、报复的。

第十一章　附　　则

第四十四条　省、自治区、直辖市的人民代表大会常务委员会根据本法可以制定选举实施细则，报全国人民代表大会常务委员会备案。

全国人民代表大会常务委员会关于修改《中华人民共和国地方各级人民代表大会和地方各级人民政府组织法》的决定

（一九八六年十二月二日第六届全国人民代表大会常务委员会第十八次会议通过　一九八六年十二月二日中华人民共和国主席令第四十九号公布施行）

第六届全国人民代表大会常务委员会第十八次会议根据宪法、地方各级人民代表大会和地方各级人民政府组织法的基本原则和几年来的实践经验，决定对《中华人民共和国地方各级人民代表大会和地方各级人民政府组织法》作如下修改和补充：

一、第六条改为第七条，增加一款，作为第二款："省、自治区的人民政府所在地的市和经国务院批准的较大的市的人民代表大会根据本市的具体情况和实际需要，在不同宪法、法律、行政法规和本省、自治区的地方性法规相抵触的前提下，可以制定地方性法规，报省、自治区的人民代表大会常务委员会批准后施行，并由省、自治区的人民代表大会常务委员会报全国人民代表大会常务委员会和国务院备案。"

第二十七条改为第三十八条，第二款修改为："省、自治区的人民政府所在地的市和经国务院批准的较大的市的人民代表大会常务委员会，在本级人民代表大会闭会期间，根据本市的具体情况和实际需要，在不同宪法、法律、行政法规和本省、自治区的地方性法规相抵触的前提下，可以制定地方性法规，报省、自治区的人民代表大会常务委员会批准后施行，并由省、自治区的人民代表大会常务委员会报全国人民代表大会常务委员会和国务院备案。"

二、第七条改为第八条，第三项修改为："讨论、决定本行政区域内的政治、经济、教育、科学、文化、卫生、民政、民族工作的重大事项。"

第五项修改为："选举省长、副省长，自治区主席、副主席，市长、副市长，州长、副州长，县长、副县长，区长、副区长。"

第六项和第七项合并为一项，作为第六项，修改为："选举本级人民法院院长和人民检察院检察长；选出的人民检察院检察长，须报经上一级人民检察院检察长提请该级人民代表大会常务委员会批准。"

第十二项改为第十项，修改为："改变或者撤销本级人民代表大会常务委员会的不适当的决议。"

第十六项改为第十五项，修改为："保障宪法和法律赋予妇女的男女平等、同工同酬和婚姻自由等各项权利。"

三、第八条改为第九条，增加一项，作为第四项："审查和批准本行政区域内的财政预算和预算执行情况的报告。"

第十一项改为第十二项，修改为："保障宪法和法律赋予妇女的男女平等、同工同酬和婚姻自由等各项权利。"

四、增加第十三条："县级以上的地方各级人民代表大会每次会议举行预备会议，选举本次会议的主席团和秘书长，通过本次会议的议程和其他准备事项的决定。

"预备会议由本级人民代表大会常务委员会主持。每届人民代表大会第一次会议的预备会议，由上届本级人民代表大会常务委员会主持。

"县级以上的地方各级人民代表大会举行会议的时候，由主席团主持会议。

"县级以上的地方各级人民代表大会会议设副秘书长若干人；副秘书长的人选由主席团决定。"

五、第十条第二款改为第十四条，修改为："乡、民族乡、镇的人民代表大会举行会议的时候，选举主席团。由主席团主持会议，并负责召集下一次的本级人民代表大会会议。"

六、增加第十五条："地方各级人民代表大会每届第一次会议，在本届人民代表大会代表选举完成后的两个月内，由上届本级人民代表大会常务委员会或者乡、民族乡、镇的上次人民代表大会主席团召集。"

七、第十三条修改为三条，作为第二十五条、第二十七条、第四十五条：

1.“第二十五条省、自治区、直辖市、自治州、设区的市的人民代表大会根据需要，可以设法制（政法）委员会、财政经济委员会、教育科学文化卫生委员会等专门委员会。各专门委员会受本级人民代表大会领导；在大会闭会期间，受本级人民代表大会常务委员会领导。

“各专门委员会的主任委员、副主任委员和委员的人选，由主席团在代表中提名，大会通过。在大会闭会期间，常务委员会可以补充任命专门委员会的个别副主任委员和部分委员，由主任会议提名，常务委员会会议通过。

“各专门委员会在本级人民代表大会及其常务委员会领导下，研究、审议和拟订有关议案；对属于本级人民代表大会及其常务委员会职权范围内同本委员会有关的问题，进行调查研究，提出建议。”

2.“第二十七条乡、民族乡、镇的每届人民代表大会第一次会议通过的代表资格审查委员会，行使职权至本届人民代表大会任期届满为止。”

3.“第四十五条县级以上的地方各级人民代表大会常务委员会设立代表资格审查委员会。

“代表资格审查委员会的主任委员、副主任委员和委员的人选，由常务委员会主任会议在常务委员会组成人员中提名，常务委员会会议通过。”

增加第二十六条：“县级以上的地方各级人民代表大会及其常务委员会可以组织对于特定问题的调查委员会。”

八、第十四条修改为两条，作为第十七条、第十八条：

1.“第十七条地方各级人民代表大会举行会议的时候，主席团、常务委员会、各专门委员会、本级人民政府，可以向本级人民代表大会提出属于本级人民代表大会职权范围内的议案，由主席团决定提交人民代表大会会议审议，或者并交有关的专门委员会审议、提出报告，再由主席团审议决定提交大会表决。

县级以上的地方各级人民代表大会代表十人以上联名，乡、民族乡、镇的人民代表大会代表五人以上联名，可以向本级人民代表大会提出属于本级人民代表大会职权范围内的议案，由主席团决定是否列入大会议程，或者先交有关的专门委员会审议，提出是否列入大会议程的意见，再由主席团决定是否列入大会议程。

“向人民代表大会提出的议案，在交付大会表决前，提案人要求撤回的，对该议案的审议即行终止。”

2.“第十八条县级以上的地方各级人民代表大会代表向本级人民代表大会及其常务委员会提出的对各方面工作的建议、批评和意见，由本级人民代表大会常务委员会的办事机构交有关机关和组织研究处理并负责答复。

“乡、民族乡、镇的人民代表大会代表向本级人民代表大会提出的对各方面工作的建议、批评和意见，由本级人民代表大会主席团交有关机关和组织研究处理并负责答复。”

增加第四十一条：“县级以上的地方各级人民政府、人民代表大会各专门委员会，可以向本级人民代表大会常务委员会提出属于常务委员会职权范围内的议案，由主任会议决定提请常务委员会会议审议，或者先交有关的专门委员会审议、提出报告，再提请常务委员会会议审议。

“省、自治区、直辖市、自治州、设区的市的人民代表大会常务委员会组成人员五人以上联名，县级的人民代表大会常务委员会组成人员三人以上联名，可以向本级常务委员会提出属于常务委员会职权范围内的议案，由主任会议决定是否提请常务委员会会议审议，或者先交有关的专门委员会审议、提出报告，再决定是否提请常务委员会会议审议。”

九、第十六条改为第二十条，第一款修改为两款：

“县级以上的地方各级人民代表大会常务委员会的组成人员，省长、副省长，自治区主席、副主席，市长、副市长，州长、副州长，县长、副县长，区长、副区长，乡长、副乡长，镇长、副镇长，人民法院院长，人民检察院检察长的人选，由本级人民代表大会主席团或者十人以上代表联合提名。

“人民代表大会常务委员会主任、秘书长，省长、自治区主席、市长、州长、县长、区长、乡长、镇长，人民法院院长，人民检察院检察长的候选人数一般应多一人，进行差额选举；如果提名的候选人只有一人，也可以等额选举。人民代表大会常务委员会副主任、副省长、自治区副主席、副市长、副州长、副县长、副区长、副乡长、副镇长的候选人数应比应选人数多一人至三人，人民代表大会常务委员会委员的候选人数应比应选人数多十分之一至五分之一，进行差额选举。如果提名的候选人超过上述差额，由主席团将全部候选人名单提交全体代表酝酿、讨论，根据较多数代表的意见，确定正式候选人名单。”

增加一款，作为第四款：“地方各级人民代表大会补选常务委员会主任、副主任、秘书长、委员，省长、副省长，自治区主席、副主席，市长、副市长，州长、副州长，县长、副县长，区长、副区长，乡长、副乡长，镇长、副镇长，人民法院院长，人民检察院检察长时，候选人数可以多于应选人数，也可以同应选人数相等。选举程序和方式，由本级人民代表大会决定。”

十、增加第二十一条：“县级以上的地方各级人民代表大会举行会议的时候，主席团、常务委员会或者十分之一以上代表联名，可以提出对本级人民代表大会常务委员会组成人员、人民政府领导人员、人民法院院长、人民检察院检察长的罢免案，由主席团提请大会审议。

“乡、民族乡、镇的人民代表大会举行会议的时候，主席团或者五分之一以上代表联名，可以提出对乡长、副乡长，镇长、副镇长的罢免案，由主席团提请大会审议。”

十一、增加第二十二条：“地方各级人民政府领导人员，县级以上的地方各级人民代表大会常务委员会组成人员，人民法院院长，人民检察院检察长，可以向本级人民代表大会提出辞职，由大会决定是否接受辞职；大会闭会期间，可以向本级人民代表大会常务委员会提出辞职，由常务委员会决定是否接受辞职。常务委员会决定接受辞职后，报本级人民代表大会备案。人民检察院检察长的辞职，须报经上一级人民检察院检察长提请该级人民代表大会常务委员会批准。”

十二、第十七条改为第十六条，修改为：“地方各级人民政府组成人员和人民法院院长、人民检察院检察长列席本级人民代表大会会议；其他有关机关、团体负责人，经主席团决定，可以列席本级人民代表大会会议。”

十三、第十八条修改为两条，作为第二十三条、第二十四条：

1.“第二十三条地方各级人民代表大会举行会议的时候，代表十人以上联名可以书面提出对本级人民政府和它所属各工作部门以及人民法院、人民检察院的质询案，由主席团决定交受质询的机关。受质询的机关必须在会议中负责答复。”

2.“第二十四条在地方各级人民代表大会审议议案的时候，代表可以向有关地方国家机关提出询问，由有关机关派人说明。”

增加第四十二条：“在常务委员会会议期间，省、自治区、直辖市、自治州、设区的市的人民代表大会常务委员会组成人员五人以上联名，县级的人民代表大会常务委员会组成人员三人以上联名，可以向常务委员会书面提出对本级人民政府、人民法院、人民检察院的质询案，由主任会议决定交受质询机关答复。”

十四、增加第二十八条：“地方各级人民代表大会代表任期，从每届本级人民代表大会举行第一次会议开始，到下届本级人民代表大会举行第一次会议为止。”

增加第三十七条：“县级以上的地方各级人民代表大会常务委员会每届任期同本级人民代表大会每届任期相同，它行使职权到下届本级人民代表大会选出新的常务委员会为止。”

十五、增加第二十九条：“地方各级人民代表大会代表、常务委员会组成人员，在人民代表大会和常务委员会会议上的发言和表决，不受法律追究。”

第十九条改为第三十条，修改为：“县级以上的地方各级人民代表大会代表，非经本级人民代表大会主席团许可，在大会闭会期间，非经本级人民代表大会常务委员会许可，不受逮捕或者刑事审判。如果因为是现行犯被拘留，执行拘留的公安机关应当立即向该级人民代表大会主席团或者常务委员会报告。”

十六、第二十四条改为第三条，修改为：“自治区、自治州、自治县的自治机关除行使本法规定的职权外，同时依照宪法、民族区域自治法和其他法律规定的权限行使自治权。”

十七、第二十六条改为第三十六条，第一款修改为两款：

“省、自治区、直辖市、自治州、设区的市的人民代表大会常务委员会由本级人民代表大会在代表中选举主任、副主任若干人、秘书长、委员若干人组成。

“县、自治县、不设区的市、市辖区的人民代表大会常务委员会由本级人民代表大会在代表中选举主任、副主任若干人和委员若干人组成。”

第二十九条第三款改为第四十三条，修改为：“省、自治区、直辖市、自治州、设区的市的人民代表大会常务委员会主任、副主任和秘书长组成主任会议；县、自治县、不设区的市、市辖区的人民代表大会常务委员会主任、副主任组成主任会议。主任会议处理常务委员会的重要日常工作。”

十八、第二十八条改为第三十九条，增加三项，分别作为第一项、第八项和第十二项：

1.“（一）在本行政区域内，保证宪法、法律、行政法规和上级人民代表大会及其常务委员会决议的遵守和执行”。

2.“（八）撤销本级人民政府的不适当的决定和命令”。

3.“（十二）在本级人民代表大会闭会期间，决定撤销个别副省长、自治区副主席、副市长、副州长、副县长、副区长的职务；决定撤销由它任命的本级人民政府其他组成人员和人民法院副院长、庭长、副庭长、审判委员会委员、审判员，人民检察院副检察长、检察委员会委员、检察员，中级人民法院院长，人民检察院分院检察长的职务”。

第三项改为第四项，修改为：“讨论、决定本行政区域内的政治、经济、教育、科学、文化、卫生、民政、民族工作的重大事项”。

第七项改为第九项，修改为：“在本级人民代表大会闭会期间，决定副省长、自治区副主席、副市长、副州长、副县长、副区长的个别任免；在省长、自治区主席、市长、州长、县长、区长和人民法院院长、人民检察院检察长因故不能担任职务的时候，从本级人民政府、人民法院、人民检察院副职领导人员中决定代理的人选；决定代理检察长，须报上一级人民检察院和人民代表大会常务委员会备案”。

第八项改为第十项，修改为：“根据省长、自治区主席、市长、州长、县长、区长的提名，决定本级人民政府秘书长、厅长、局长、主任、科长的任免，报上一级人民政府备案”。

第九项改为第十一项，修改为：“按照人民法院组织法和人民检察院组织法的规定，任免人民法院副院长、庭长、副庭长、审判委员会委员、审判员，任免人民检察院副检察长、检察委员会委员、检察员，批准任免下一级人民检察院检察长；省、自治区、直辖市的人民代表大会常务委员会根据主任会议的提名，决定在省、自治区内按地区设立的和在直辖市内设立的中级人民法院院长的任免，根据省、自治区、直辖市的人民检察院检察长的提名，决定人民检察院分院检察长的任免”。

十九、增加第四十四条：“常务委员会主任因为健康情况不能工作或者缺位的时候，由常务委员会在副主任中推选一人代理主任的职务，直到主任恢复健康或者人民代表大会选出新的主任为止。”

二十、第三十三条改为第四十九条，修改为：

“省、自治区、直辖市、自治州、设区的市的人民政府分别由省长、副省长，自治区主席、副主席，市长、副市长，州长、副州长和秘书长、厅长、局长、委员会主任等组成。

“县、自治县、不设区的市、市辖区的人民政府分别由县长、副县长，市长、副市长，区长、副区长和局长、科长等组成。

“乡、民族乡的人民政府设乡长、副乡长。民族乡的乡长由建立民族乡的少数民族公民担任。镇人民政府设镇长、副镇长。”

二十一、第三十五条改为第五十一条，第五项修改为：“执行国民经济和社会发展计划、预算，管理本行政区域内的经济、教育、科学、文化、卫生、体育事业、城乡建设事业和财政、民政、公安、民族事务、司法行政、监察、计划生育等行政工作”。

第八项修改为：“保障少数民族的权利和尊重少数民族的风俗习惯，帮助本行政区域内各少数民族聚居的地方依照宪法和法律实行区域自治，帮助各少数民族发展政治、经济和文化的建设事业”。

第九项修改为：“保障宪法和法律赋予妇女的男女平等、同工同酬和婚姻自由等各项权利”。

二十二、第三十六条改为第五十二条，删去第二项、第三项，将第四项改为第二项，修改为：“执行本行政区域内的经济和社会发展计划、预算，管理本行政区域内的经济、教育、科学、文化、卫生、体育事业和财政、民政、公安、司法行政、计划生育等行政工作”。

第八项改为第六项，修改为：“保障宪法和法律赋予妇女的男女平等、同工同酬和婚姻自由等各项权利”。

二十三、增加第五十四条：“县级以上的地方各级人民政府会议分为全体会议和常务会议。全体会议由本级人民政府全体成员组成。省、自治区、直辖市、自治州、设区的市的人民政府常务会议，分别由省长、副省长，自治区主席、副主席，市长、副市长，州长、副州长和秘书长组成。县、自治县、不设区的市、市辖区的人民政府常务会议，分别由县长、副县长，市长、副市长，区长、副区长组成。省长、自治区主席、市长、州长、县长、区长召集和主持本级人民政府全体会议和常务会议。政府工作中的重大问题，须经政府常务会议或者全体会议讨论决定。”

二十四、第三十八条改为第五十五条，增加一款，作为第二款：“县级以上的地方各级人民政府设立审计机关。地方各级审计机关依照法律规定独立行使审计监督权，对本级人民政府和上一级审计机关负责。”

二十五、第四十二条改为第五十九条，第一款修改为：“省、自治区的人民政府在必要的时候，经国务院批准，可以设立若干派出机关。”

二十六、增加第五章附则第六十条：“省、自治区、直辖市的人民代表大会及其常务委员会可以根据本法和实际情况，对执行中的问题作具体规定。”

此外，根据宪法和本决定对部分条文的文字和条、款、项的顺序作相应的调整和修改。

《中华人民共和国地方各级人民代表大会和地方各级人民政府组织法》根据本决定作相应的修正，重新公布。

《中华人民共和国人民法院组织法》第三十五条第二款、《中华人民共和国人民检察院组织法》第二十二条第一款按照本决定第十八条作相应的修改。

附：

一、《中华人民共和国人民法院组织法》第三十五条第二款：“在省内按地区设立的和在直辖市内设立的中级人民法院院长，由省、直辖市人民代表大会选举，副院长、庭长、副庭长和审判员由省、直辖市人民代表大会常务委员会任免。”根据本决定修改为：“在省、自治区内按地区设立的和在直辖市内设立的中级人民法院院长、副院长、庭长、副庭长和审判员，由省、自治区、直辖市的人民代表大会常务委员会任免。”

二、《中华人民共和国人民检察院组织法》第二十二条第一款：“省、自治区、直辖市人民检察院检察长和人民检察院分院检察长由省、自治区、直辖市人民代表大会选举和罢免，副检察长、检察委员会委员和检察员由省、自治区、直辖市人民检察院检察长提请本级人民代表大会常务委员会任免”。根据本决定修改为：“省、自治区、直辖市人民检察院检察长由省、自治区、直辖市人民代表大会选举和罢免，副检察长、检察委员会委员、检察员和人民检察院分院检察长、副检察长、检察委员会委员、检察员由省、自治区、直辖市人民检察院检察长提请本级人民代表大会常务委员会任免。”

附(1):

中华人民共和国地方各级人民代表大会和地方各级人民政府组织法(修正本)

(一九七九年七月一日第五届全国人民代表大会第二次会议通过

根据一九八二年十二月十日第五届全国人民代表大会第五次会议《关于修改〈中华人民共和国地方各级人民代表大会和地方各级人民政府组织法〉的若干规定的决议》第一次修正

根据一九八六年十二月二日第六届全国人民代表大会常务委员会第十八次会议《关于修改〈中华人民共和国地方各级人民代表大会和地方各级人民政府组织法〉的决定》第二次修正)

目　　录

第一章　总　　则

第一条　省、自治区、直辖市、自治州、县、自治县、市、市辖区、乡、民族乡、镇设立人民代表大会和人民政府。

第二条　县级以上的地方各级人民代表大会设立常务委员会。

第三条　自治区、自治州、自治县的自治机关除行使本法规定的职权外,同时依照宪法、民族区域自治法和其他法律规定的权限行使自治权。

第二章　地方各级人民代表大会

第四条　地方各级人民代表大会都是地方国家权力机关。

第五条　省、自治区、直辖市、自治州、设区的市的人民代表大会代表由下一级的人民代表大会选举;县、自治县、不设区的市、市辖区、乡、民族乡、镇的人民代表大会代表由选民直接选举。

地方各级人民代表大会代表名额和代表产生办法由选举法规定。各行政区域内的少数民族应当有适当的代表名额。

第六条　省、自治区、直辖市、自治州、设区的市的人民代表大会每届任期五年。县、自治县、不设区的市、市辖区、乡、民族乡、镇的人民代表大会每届任期三年。

第七条　省、自治区、直辖市的人民代表大会根据本行政区域的具体情况和实际需要,在不同宪法、法律、行政法规相抵触的前提下,可以制定和颁布地方性法规,报全国人民代表大会常务委员会和国务院备案。

省、自治区的人民政府所在地的市和经国务院批准的较大的市的人民代表大会根据本市的具体情况和实际需要,在不同宪法、法律、行政法规和本省、自治区的地方性法规相抵触的前提下,可以制定地方性法规,报省、自治区的人民代表大会常务委员会批准后施行,并由省、自治区的人民代表大会常务委员会报全国人民代表大会常务委员会和国务院备案。

第八条　县级以上的地方各级人民代表大会行使下列职权:

(一)在本行政区域内,保证宪法、法律、行政法规和上级人民代表大会及其常务委员会决议的遵守和执行,保证国家计划和国家预算的执行;

(二)审查和批准本行政区域内的国民经济和社会发展计划、预算以及它们执行情况的报告;

(三)讨论、决定本行政区域内的政治、经济、教育、科学、文化、卫生、民政、民族工作的重大事项;

(四)选举本级人民代表大会常务委员会的组成人员;

(五)选举省长、副省长,自治区主席、副主席,市长、副市长,州长、副州长,县长、副县长,区长、副区长;

(六)选举本级人民法院院长和人民检察院检察长;选出的人民检察院检察长,须报经上一级人民检察院检察长提请该级人民代表大会常务委员会批准;

(七)选举上一级人民代表大会代表;

(八)听取和审查本级人民代表大会常务委员会的工作报告;

(九)听取和审查本级人民政府和人民法院、人民检察院的工作报告;

(十)改变或者撤销本级人民代表大会常务委员会的不适当的决议;

（十一）撤销本级人民政府的不适当的决定和命令；

（十二）保护社会主义的全民所有的财产和劳动群众集体所有的财产，保护公民私人所有的合法财产，维护社会秩序，保障公民的人身权利、民主权利和其他权利；

（十三）保障农村集体经济组织应有的自主权；

（十四）保障少数民族的权利；

（十五）保障宪法和法律赋予妇女的男女平等、同工同酬和婚姻自由等各项权利。

第九条 乡、民族乡、镇的人民代表大会行使下列职权：

（一）在本行政区域内，保证宪法、法律、行政法规和上级人民代表大会及其常务委员会决议的遵守和执行；

（二）在职权范围内通过和发布决议；

（三）根据国家计划，决定本行政区域内的经济、文化事业和公共事业的建设计划；

（四）审查和批准本行政区域内的财政预算和预算执行情况的报告；

（五）决定本行政区域内的民政工作的实施计划；

（六）选举乡长、副乡长，镇长、副镇长；

（七）听取和审查乡、民族乡、镇的人民政府的工作报告；

（八）撤销乡、民族乡、镇的人民政府的不适当的决定和命令；

（九）保护社会主义的全民所有的财产和劳动群众集体所有的财产，保护公民私人所有的合法财产，维护社会秩序，保障公民的人身权利、民主权利和其他权利；

（十）保障农村集体经济组织应有的自主权；

（十一）保障少数民族的权利；

（十二）保障宪法和法律赋予妇女的男女平等、同工同酬和婚姻自由等各项权利。

少数民族聚居的乡、民族乡、镇的人民代表大会在行使职权的时候，应当采取适合民族特点的具体措施。

第十条 地方各级人民代表大会有权罢免本级人民政府的组成人员。县级以上的地方各级人民代表大会有权罢免本级人民代表大会常务委员会的组成人员和由它选出的人民法院院长、人民检察院检察长。罢免人民检察院检察长，须报经上一级人民检察院检察长提请该级人民代表大会常务委员会批准。

第十一条 地方各级人民代表大会会议每年至少举行一次。

经过五分之一代表提议，可以临时召集本级人民代表大会会议。

第十二条 县级以上的地方各级人民代表大会会议由本级人民代表大会常务委员会召集。

第十三条 县级以上的地方各级人民代表大会每次会议举行预备会议，选举本次会议的主席团和秘书长，通过本次会议的议程和其他准备事项的决定。

预备会议由本级人民代表大会常务委员会主持。每届人民代表大会第一次会议的预备会议，由上届本级人民代表大会常务委员会主持。

县级以上的地方各级人民代表大会举行会议的时候，由主席团主持会议。

县级以上的地方各级人民代表大会会议设副秘书长若干人；副秘书长的人选由主席团决定。

第十四条 乡、民族乡、镇的人民代表大会举行会议的时候，选举主席团。由主席团主持会议，并负责召集下一次的本级人民代表大会会议。

第十五条 地方各级人民代表大会每届第一次会议，在本届人民代表大会代表选举完成后的两个月内，由上届本级人民代表大会常务委员会或者乡、民族乡、镇的上次人民代表大会主席团召集。

第十六条 地方各级人民政府组成人员和人民法院院长、人民检察院检察长列席本级人民代表大会会议；其他有关机关、团体负责人，经主席团决定，可以列席本级人民代表大会会议。

第十七条 地方各级人民代表大会举行会议的时候，主席团、常务委员会、各专门委员会、本级人民政府，可以向本级人民代表大会提出属于本级人民代表大会职权范围内的议案，由主席团决定提交人民代表大会会议审议，或者并交有关的专门委员会审议、提出报告，再由主席团审议决定提交大会表决。

县级以上的地方各级人民代表大会代表十人以上联名，乡、民族乡、镇的人民代表大会代表五人以上联名，可以向本级人民代表大会提出属于本级人民代表大会职权范围内的议案，由主席团决定是否列入大会议程，或者先交有关的专门委员会审议，提出是否列入大会议程的意见，再由主席团决定是否列入大会议程。

向人民代表大会提出的议案，在交付大会表决前，提案人要求撤回的，对该议案的审议即行终止。

第十八条 县级以上的地方各级人民代表大会代表向本级人民代表大会及其常务委员会提出的对各方面工作的建议、批评和意见，由本级人民代表大会常务委员会的办事机构交有关机关和组织研究处理并负责答复。

乡、民族乡、镇的人民代表大会代表向本级人民代表大会提出的对各方面工作的建议、批评和意见，由本级人民代表大会主席团交有关机关和组织研究处理并负责答复。

第十九条 地方各级人民代表大会进行选举和通过决议，以全体代表的过半数通过。

第二十条 县级以上的地方各级人民代表大会常务委员会的组成人员，省长、副省长，自治区主席、副主席，市长、副市长，州长、副州长，县长、副县长，区长、副区长，乡长、副乡长，镇长、副镇长，人民法院院长，人民检察院检察长的人选，由本级人民代表大会主席团或者十人以上代表联合提名。

人民代表大会常务委员会主任、秘书长，省长、自治区主席、市长、州长、县长、区长、乡长、镇长，人民法院院长，人民检察院检察长的候选人数一般应多一人，进行差额选举；如果提名的候选人只有一人，也可以等额选举。人民代表大会常务委员会副主任、副省长、自治区副主席、副市长、副州长、副县长、副区长、副乡长、副镇长的候选人数应比应选人数多一人至三人，人民代表大会常务委员会委员的候选人数应比应选人数多十分之一至五分之一，进行差额选举。如果提名的候选人超过上述差额，由主席团将全部候选人名单提交全体代表酝酿、讨论，根据较多数代表的意见，确定正式候选人名单。

选举采用无记名投票方式。代表对于确定的候选人，可以投赞成票，可以投反对票，可以另选其他任何代表或者选民，也可以弃权。

地方各级人民代表大会补选常务委员会主任、副主任、秘书长、委员，省长、副省长，自治区主席、副主席，市长、副市长，州长、副州长，县长、副县长，区长、副区长，乡长、副乡长，镇长、副镇长，人民法院院长，人民检察院检察长时，候选人数可以多于应选人数，也可以同应选人数相等。选举程序和方式，由本级人民代表大会决定。

第二十一条 县级以上的地方各级人民代表大会举行会议的时候，主席团、常务委员会或者十分之一以上代表联名，可以提出对本级人民代表大会常务委员会组成人员、人民政府领导人员、人民法院院长、人民检察院检察长的罢免案，由主席团提请大会审议。

乡、民族乡、镇的人民代表大会举行会议的时候，主席团或者五分之一以上代表联名，可以提出对乡长、副乡长，镇长、副镇长的罢免案，由主席团提请大会审议。

第二十二条 地方各级人民政府领导人员，县级以上的地方各级人民代表大会常务委员会组成人员，人民法院院长，人民检察院检察长，可以向本级人民代表大会提出辞职，由大会决定是否接受辞职；大会闭会期间，可以向本级人民代表大会常务委员会提出辞职，由常务委员会决定是否接受辞职。常务委员会决定接受辞职后，报本级人民代表大会备案。人民检察院检察长的辞职，须报经上一级人民法院院长提请该级人民代表大会常务委员会批准。

第二十三条 地方各级人民代表大会举行会议的时候，代表十人以上联名可以书面提出对本级人民政府和它所属各工作部门以及人民法院、人民检察院的质询案，由主席团决定交受质询的机关。受质询的机关必须在会议中负责答复。

第二十四条 在地方各级人民代表大会审议议案的时候，代表可以向有关地方国家机关提出询问，由有关机关派人说明。

第二十五条 省、自治区、直辖市、自治州、设区的市的人民代表大会根据需要，可以设法制（政法）委员会、财政经济委员会、教育科学文化卫生委员会等专门委员会。各专门委员会受本级人民代表大会领导；在大会闭会期间，受本级人民代表大会常务委员会领导。

各专门委员会的主任委员、副主任委员和委员的人选，由主席团在代表中提名，大会通过。在大会闭会期间，常务委员会可以补充任命专门委员会的个别副主任委员和部分委员，由主任会议提名，常务委员会会议通过。

各专门委员会在本级人民代表大会及其常务委员会领导下，研究、审议和拟订有关议案；对属于本级人民代表大会及其常务委员会职权范围内同本委员会有关的问题，进行调查研究，提出建议。

第二十六条 县级以上的地方各级人民代表大会及其常务委员会可以组织对于特定问题的调查委员会。

第二十七条 乡、民族乡、镇的每届人民代表大会第一次会议通过的代表资格审查委员会，行使职权至本届人民代表大会任期届满为止。

第二十八条 地方各级人民代表大会代表任期，从每届本级人民代表大会举行第一次会议开始，到下届本级人民代表大会举行第一次会议为止。

第二十九条 地方各级人民代表大会代表、常务委员会组成人员，在人民代表大会和常务委员会会议上的发言和表决，不受法律追究。

第三十条 县级以上的地方各级人民代表大会代表，非经本级人民代表大会主席团许可，在大会闭会期间，非经本级人民代表大会常务委员会许可，不受逮捕或者刑事审判。如果因为是现行犯被拘留，执行拘留的公安机关应当立即向该级人民代表大会主席团或者常务委员会报告。

第三十一条 地方各级人民代表大会代表在出席人民代表大会会议和执行代表职务的时候，国家根据需要给予往返的旅费和必要的物质上的便利或者补贴。

第三十二条 地方各级人民代表大会代表应当和原选举单位或者选民保持密切联系，宣传法律和政策，协助本级人民政府推行工作，并且向人民代表大会及其常务委员会、人民政府反映群众的意见和要求。

省、自治区、直辖市、自治州、设区的市的人民代表大会代表可以列席原选举单位的人民代表大会会议。

县、自治县、不设区的市、市辖区、乡、民族乡、镇的人民代表大会代表分工联系选民，有代表三人以上的居民地区或者生产单位可以组织代表小组，协助本级人民政府推行工作。

第三十三条 省、自治区、直辖市、自治州、设区的市的人民代表大会代表受原选举单位的监督；县、自治县、不设区的市、市辖区、乡、民族乡、镇的人民代表大会代表受选民的监督。

地方各级人民代表大会代表的选举单位和选民有权随时撤换自己选出的代表。代表的撤换必须由原选举单位以全体代表的过半数通过，或者由原选区以选民的过半数通过。

第三十四条 地方各级人民代表大会代表因故不能担任代表职务的时候，由原选举单位或者由原选区选民补选。

第三章 县级以上的地方各级人民代表大会常务委员会

第三十五条 省、自治区、直辖市、自治州、县、自治县、市、市辖区的人民代表大会设立常务委员会。

县级以上的地方各级人民代表大会常务委员会是本级人民代表大会的常设机关，对本级人民代表大会负责并报告工作。

第三十六条 省、自治区、直辖市、自治州、设区的市的人民代表大会常务委员会由本级人民代表大会在代表中选举主任、副主任若干人、秘书长、委员若干人组成。

县、自治县、不设区的市、市辖区的人民代表大会常务委员会由本级人民代表大会在代表中选举主任、副主任若干人和委员若干人组成。

常务委员会的组成人员不得担任国家行政机关、审判机关和检察机关的职务；如果担任上述职务，必须向常务委员会辞去常务委员会的职务。

常务委员会组成人员的名额：

（一）省、自治区、直辖市三十五人至六十五人，人口特多的省不超过八十五人；

（二）自治州、市十三人至三十五人，人口特多的市不超过四十五人；

（三）县、自治县、市辖区十一人至十九人，人口特多的县、市辖区不超过二十九人。

第三十七条 县级以上的地方各级人民代表大会常务委员会每届任期同本级人民代表大会每届任期相同，它行使职权到下届本级人民代表大会选出新的常务委员会为止。

第三十八条 省、自治区、直辖市的人民代表大会常务委员会在本级人民代表大会闭会期间，根据本行政区域的具体情况和实际需要，在不同宪法、法律、行政法规相抵触的前提下，可以制定和颁布地方性法规，报全国人民代表大会常务委员会和国务院备案。

省、自治区的人民政府所在地的市和经国务院批准的较大的市的人民代表大会常务委员会，在本级人民代表大会闭会期间，根据本市的具体情况和实际需要，在不同宪法、法律、行政法规和本省、自治区的地方性法规相抵触的前提下，可以制定地方性法规，报省、自治区的人民代表大会常务委员会批准后施行，并由省、自治区的人民代表大会常务委员会报全国人民代表大会常务委员会和国务院备案。

第三十九条 县级以上的地方各级人民代表大会常务委员会行使下列职权：

（一）在本行政区域内，保证宪法、法律、行政法规和上级人民代表大会及其常务委员会决议的遵守和执行；

（二）领导或者主持本级人民代表大会代表的选举；

（三）召集本级人民代表大会会议；

（四）讨论、决定本行政区域内的政治、经济、教育、科学、文化、卫生、民政、民族工作的重大事项；

（五）根据本级人民政府的建议，决定对本行政区域内的国民经济和社会发展计划、预算的部分变更；

（六）监督本级人民政府、人民法院和人民检察院的工作，联系本级人民代表大会代表，受理人民群众对上述机关和国家工作人员的申诉和意见；

（七）撤销下一级人民代表大会及其常务委员会的不适当的决议；

（八）撤销本级人民政府的不适当的决定和命令；

（九）在本级人民代表大会闭会期间，决定副省长、自治区副主席、副市长、副州长、副县长、副区长的个别任免；在省长、自治区主席、市长、州长、县长、区长和人民法院院长、人民检察院检察长因故不能担任职务的时候，从本级人民政府、人民法院、人民检察院副职领导人员中决定代理的人选；决定代理检察长，须报上一级人民检察院和人民代表大会常务委员会备案；

（十）根据省长、自治区主席、市长、州长、县长、区长的提名，决定本级人民政府秘书长、厅长、局长、主任、科长的任免，报上一级人民政府备案；

（十一）按照人民法院组织法和人民检察院组织法的规定，任免人民法院副院长、庭长、副庭长、审判委员会委员、审判员，任免人民检察院副检察长、检察委员会委员、检察员，批准任免下一级人民检察院检察长；省、自治区、直辖市的人民代表大会常务委员会根据主任会议的提名，决定在省、自治区内按地区设立的和在直辖市内设立的中级人民法院院长的任免，根据省、自治区、直辖市的人民检察院检察长的提名，决定人民检察院分院检察长的任免；

（十二）在本级人民代表大会闭会期间，决定撤销个别副省长、自治区副主席、副市长、副州长、副县长、副区长的职务；决定撤销由它任命的本级人民政府其他组成人员和人民法院副院长、庭长、副庭长、审判委员会委员、审判员，人民检察院副检察长、检察委员会委员、检察员，中级人民法院院长，人民检察院分院检察长的职务；

（十三）在本级人民代表大会闭会期间，补选上一级人民代表大会出缺的代表和撤换个别代表；

（十四）决定授予地方的荣誉称号。

第四十条 常务委员会会议由主任召集，每两个月至少举行一次。

常务委员会的决议，由常务委员会以全体组成人员的过半数通过。

第四十一条 县级以上的地方各级人民政府、人民代表大会各专门委员会，可以向本级人民代表大会常务委员会提出属于常务委员会职权范围内的议案，由主任会议决定提请常务委员会会议审议，或者先交有关的专门委员会审议、提出报告，再提请常务委员会会议审议。

省、自治区、直辖市、自治州、设区的市的人民代表大会常务委员会组成人员五人以上联名，县级的人民代表大会常务委员会组成人员三人以上联名，可以向本级常务委员会提出属于常务委员会职权范围内的议案，由主任会议决定是否提请常务委员会会议审议，或者先交有关的专门委员会审议、提出报告，再决定是否提请常务委员会会议审议。

第四十二条 在常务委员会会议期间，省、自治区、直辖市、自治州、设区的市的人民代表大会常务委员会组成人员五人以上联名，县级的人民代表大会常务委员会组成人员三人以上联名，可以向常务委员会书面提出对本级人民政府、人民法院、人民检察院的质询案，由主任会议决定交受质询机关答复。

第四十三条 省、自治区、直辖市、自治州、设区的市的人民代表大会常务委员会主任、副主任和秘书长组成主任会议；县、自治县、不设区的市、市辖区的人民代表大会常务委员会主任、副主任组成主任会议。主任会议处理常务委员会的重要日常工作。

第四十四条 常务委员会主任因为健康情况不能工作或者缺位的时候，由常务委员会在副主任中推选一人代理主任的职务，直到主任恢复健康或者人民代表大会选出新的主任为止。

第四十五条 县级以上的地方各级人民代表大会常务委员会设立代表资格审查委员会。

代表资格审查委员会的主任委员、副主任委员和委员的人选，由常务委员会主任会议在常务委员会组成人员中提名，常务委员会会议通过。

第四十六条 常务委员会根据工作需要，设立办事机构。

第四章 地方各级人民政府

第四十七条 地方各级人民政府是地方各级人民代表大会的执行机关，是地方各级国家行政机关。

第四十八条 地方各级人民政府对本级人民代表大会和上一级国家行政机关负责并报告工作。县级以上的地方各级人民政府在本级人民代表大会闭会期间，对本级人民代表大会常务委员会负责并报告工作。

全国地方各级人民政府都是国务院统一领导下的国家行政机关，都服从国务院。

第四十九条 省、自治区、直辖市、自治州、设区的市的人民政府分别由省长、副省长，自治区主席、副主席，市长、副市长，州长、副州长和秘书长、厅长、局长、委员会主任等组成。

县、自治县、不设区的市、市辖区的人民政府分别由县长、副县长，市长、副市长，区长、副区长和局长、科长等组成。

乡、民族乡的人民政府设乡长、副乡长。民族乡的乡长由建立民族乡的少数民族公民担任。镇人民政府设镇长、副镇长。

第五十条 省、自治区、直辖市、自治州、设区的市的人民政府每届任期五年。县、自治县、不设区的市、市辖区、乡、民族乡、镇的人民政府每届任期三年。

第五十一条 县级以上的地方各级人民政府行使下列职权：

（一）执行本级人民代表大会及其常务委员会的决议，以及上级国家行政机关的决定和命令，规定行政措施，发布决定和命令。省、自治区、直辖市以及省、自治区的人民政府所在地的市和经国务院批准的较大的市的人民政府，还可以根据法律和国务院的行政法规，制定规章；

（二）领导所属各工作部门和下级人民政府的工作；

（三）改变或者撤销所属各工作部门的不适当的命令、指示和下级人民政府的不适当的决定、命令；

（四）依照法律的规定任免、培训、考核和奖惩国家行政机关工作人员；

（五）执行国民经济和社会发展计划、预算，管理本行政区域内的经济、教育、科学、文化、卫生、体育事业、城乡建设事业和财政、民政、公安、民族事务、司法行政、监察、计划生育等行政工作；

（六）保护社会主义的全民所有的财产和劳动群众集体所有的财产，保护公民私人所有的合法财产，维护社会秩序，保障公民的人身权利、民主权利和其他权利；

（七）保障农村集体经济组织应有的自主权；

（八）保障少数民族的权利和尊重少数民族的风俗习惯，帮助本行政区域内各少数民族聚居的地方依照宪法和法律实行区域自治，帮助各少数民族发展政治、经济和文化的建设事业；

（九）保障宪法和法律赋予妇女的男女平等、同工同酬和婚姻自由等各项权利；

（十）办理上级国家行政机关交办的其他事项。

第五十二条 乡、民族乡、镇的人民政府行使下列职权：

（一）执行本级人民代表大会的决议和上级国家行政机关的决定和命令，发布决定和命令；

（二）执行本行政区域内的经济和社会发展计划、预算，管理本行政区域内的经济、教育、科学、文化、卫生、体育事业和财政、民政、公安、司法行政、计划生育等行政工作；

（三）保护社会主义的全民所有的财产和劳动群众集体所有的财产，保护公民私人所有的合法财产，维护社会秩序，保障公民的人身权利、民主权利和其他权利；

（四）保障农村集体经济组织应有的自主权；

（五）保障少数民族的权利和尊重少数民族的风俗习惯；

（六）保障宪法和法律赋予妇女的男女平等、同工同酬和婚姻自由等各项权利；

（七）办理上级人民政府交办的其他事项。

第五十三条 地方各级人民政府分别实行省长、自治区主席、市长、州长、县长、区长、乡长、镇长负责制。

省长、自治区主席、市长、州长、县长、区长、乡长、镇长分别主持地方各级人民政府的工作。

第五十四条 县级以上的地方各级人民政府会议分为全体会议和常务会议。全体会议由本级人民政府全体成员组成。省、自治区、直辖市、自治州、设区的市的人民政府常务会议，分别由省长、副省长，自治区主席、副主席，市长、副市长，州长、副州长和秘书长组成。县、自治县、不设区的市、市辖区的人民政府常务会议，分别由县长、副县长，市长、副市长，区长、副区长组成。省长、自治区主席、市长、州长、县长、区长召集和主持本级人民政府全体会议和常务会议。政府工作中的重大问题，须经政府常务会议或者全体会议讨论决定。

第五十五条 地方各级人民政府根据工作需要和精干的原则，设立必要的工作部门。

县级以上的地方各级人民政府设立审计机关。地方各级审计机关依照法律规定独立行使审计监督权，对本级人民政府和上一级审计机关负责。

省、自治区、直辖市的人民政府的厅、局、委员会等工作部门的设立、增加、减少或者合并，由本级人民政府报请国务院批准。

自治州、县、自治县、市、市辖区的人民政府的局、科等工作部门的设立、增加、减少或者合并，由本级人民政府报请上一级人民政府批准。

第五十六条 各厅、局、委员会、科分别设厅长、局长、主任、科长，在必要的时候可以设副职。

办公厅、办公室设主任，在必要的时候可以设副主任。

省、自治区、直辖市、自治州、设区的市的人民政府设秘书长一人，副秘书长若干人。

第五十七条 省、自治区、直辖市的人民政府的各工作部门受人民政府统一领导，并且受国务院主管部门的领导或者业务指导。

自治州、县、自治县、市、市辖区的人民政府的各工作部门受人民政府统一领导，并且受上级人民政府主管部门的领导或者业务指导。

第五十八条 省、自治区、直辖市、自治州、县、自治县、市、市辖区的人民政府应当协助设立在本行政区域内不属于自己管理的国家机关、企业、事业单位进行工作，并且监督它们遵守和执行法律和政策。

第五十九条 省、自治区的人民政府在必要的时候，经国务院批准，可以设立若干派出机关。

县、自治县的人民政府在必要的时候，经省、自治区、直辖市的人民政府批准，可以设立若干区公所，作为它的派出机关。

市辖区、不设区的市的人民政府，经上一级人民政府批准，可以设立若干街道办事处，作为它的派出机关。

第五章 附 则

第六十条 省、自治区、直辖市的人民代表大会及其常务委员会可以根据本法和实际情况，对执行中的问题作具体规定。

附(2)：

关于修改选举法和地方组织法的说明

全国人大常委会秘书长
法制工作委员会主任 王汉斌

（一九八六年十一月十五日）

委员长、副委员长、各位委员：

《全国人民代表大会和地方各级人民代表大会选举法》和《地方各级人民代表大会和地方各级人民政府组织法》是一九七九年重新制定的。这两个法律的贯彻实施，对改进选举工作，发展社会主义民主、加强地方政权建设，发挥了很大的作用。

全国人大常委会第十七次会议根据宪法和选举法的规定，决定县、乡两级人民代表大会代表应在一九八七年年底以前进行换届选举。许多地方人大常委会提出，为了便于换届选举工作的顺利进行和进一步加强地方政权建设，建议对选举法和地方组织法作一些补充和修改。一九八二年制定新宪法，同时通过了修改选举法和地方组织法的决议，一些地方提出应作更充分的修改。由于当时对一些问题还看得不很清楚，意见也不大一致，只根据宪法作了一些必要的修改。六届全国人大以来，黑龙江、安徽等省代表团和一些代表在历次大会上分别提出修改选举法和地方组织法的议案和建议。根据这几年来的实践经验和实际需要，已有条件对选举法和地方组织法作进一步的补充、修改。

今年四月，法制工作委员会先请各地对选举法和地方组织法提出修改意见，然后加以汇总研究，提出了修改方案，于六月下旬由彭冲副委员长主持召开各省、自治区、直辖市人大常委会负责同志座谈会讨论修改后，又印发各省、自治区、直辖市和中央有关部委征求意见，在此基础上起草了关于修改选举法和地方组织法的决定草案。根据宪法关于在全国人民代表大会闭会期间，全国人大常委会对大会制定的法律，在不同该法律的基本原则相抵触的前提下，可以进行部分补充和修改的规定，提请全国人大常委会审议。

现在，我就这两个决定草案的主要内容，分别说明如下：

一、关于《中华人民共和国全国人民代表大会和地方各级人民代表大会选举法》，主要有以下修改：

（一）简化选民登记手续。

各地普遍反映，每次选举都普遍进行选民登记，工作量很大，耗费时间长，建议简化选民登记手续，可采用一次登记、选民资格长期有效的办法。因此，草案将选民登记的规定修改为："选民登记按选区进行，经登记确认的选民资格长期有效。每次选举前只对上次选举以后新满十八周岁的、被剥夺政治权利期满后恢复政治权利的选民，予以登记；对死亡的和依照法律被剥夺政治权利的人，从选民名单上除名。选民经登记后迁出原选区的，列入新迁入的选区的选民名单。"

（二）关于代表候选人的提名。

选举法规定，"任何选民或者代表，有三人以上附议"，可以推荐代表候选人；由选民直接选举的代表候选人名额，应多于应选代表名额"二分之一至一倍"。根据一些地方的意见，为了便于进行选举，草案修改为，"选民或者代表，十人以上联名，可以推荐代表候选人"；由选民直接选举的代表候选人应多于应选代表名额"三分之一至一倍"，并删去"如果所提候选人名额过多，可以进行预选"的规定。

（三）关于少数民族代表。

为了照顾聚居境内人数较少的少数民族，选举法规定："聚居境内同一少数民族的总人口数不及境内总人口数百分之十五的，每一代表所代表的人口数可以比当地人民代表大会每一代表所代表的人口数少二分之一。"对聚居境内同一少数民族的总人口数占境内总人口数百分之十五以上的，选举法规定"每一代表所代表的人口数应相当于当地人民代表大会每一代表所代表的人口数"。这样，占境内总人口数百分之十五以上不满百分之三十的少数民族产生的代表的名额，有可能少于境内总人口数不足百分之十五的少数民族产生的代表，显然是有问题的，因此修改为："聚居境内同一少数民族的总人口数占境内总人口数百分之十五以上、不足百分之三十的，每一代表所代表的人口数，可以适当少于当地人民代表大会每一代表所代表的人口数，但该少数民族的代表名额不得超过代表总名额的百分之三十。""聚居境内同一少数民族的总人口数占境内总人口数百分之三十以上的，每一代表所代表的人口数应相当于当地人民代表大会每一代表所代表的人口数。"

（四）关于华侨回国期间参加选举问题。

选举法对华侨参加选举问题未作具体规定，在上两次县级以下直接选举工作中，有的华侨回国期间正值选举，提出要求参加当地的基层直接选举，当地也允许参加。为了从法律上明确这一问题，草案补充规定："旅居国外的中华人民共和国公民在县级以下人民代表大会代表选举期间回国的，可以参加原籍地或者出国前居住地的选举。"

（五）关于委托投票。

投票选举是选民行使管理国家事务的重要政治权利，原则上应由选民亲自投票。有的选民在选举期间临时外出、患病或有其他特殊情况不能亲自去投票，可以委托其他选民代为投票。鉴于有些地方在执行过程中，一个选民接受很多人委托，容易发生弊病，草案补充规定："每一选民接受的委托不得超过三人。"

（六）关于直接选举的人大代表候选人得票多少才能当选的问题。

选举法规定"各级人民代表大会的代表候选人，获得选区全体选民或者选举单位的代表过半数的选票时，始得当选。"在实际执行中，有些选区候选人较多，在选举中获得过半数选民选票当选代表的名额少于应选代表的名额，需要进行第二次甚至第三次选举，工作量很大，也影响选民参加选举的积极性。考虑到我国一九五三年选举法曾规定候选人获得参加投票人的过半数选票即可当选，世界上许多国家也是采用获得过半数选票或多数选票即可当选的办法，草案将这条规定修改为，在直接选举县和乡、镇人大代表时，选区全体选民的过半数参加投票，选举有效；代表候选人获得过半数的选票，始得当选。县级以上的地方各级人民代表大会选举上一级人大代表时，仍维持候选人获得全体代表过半数的选票始得当选的规定。

（七）在一九八四年县级以下人大代表的直接选举工作中，各省、自治区、直辖市的人大常委会分别设立了选举委员会、选举办公室或选举工作领导小组，对县、乡直接选举工作进行指导，取得了较好的效果。因此，草案补充规定，省、自治区、直辖市、设区的市、自治州的人大常委会指导本行政区域内县级以下人大代表的选举工作。

（八）关于代表的辞职、代表的补选和罢免的具体程序，选举法没有规定，这次作了补充规定。

二、关于《中华人民共和国地方各级人民代表大会和地方各级人民政府组织法》，主要有以下修改：

（一）关于较大的市制定地方性法规的问题。

地方组织法规定，省、自治区的人民政府所在地的市和经国务院批准的较大的市的人大常委会，“可以拟订本市需要的地方性法规草案，提请省、自治区的人民代表大会常务委员会审议制定”。草案建议适当扩大较大的市制定地方性法规的权力，规定省、自治区人民政府所在地的市和经国务院批准的较大的市的人大及其常委会，可以在同宪法、法律、行政法规和地方性法规不相抵触的前提下，制定本市需要的地方性法规，报省、自治区的人大常委会批准后施行。并建议省、自治区简化审批程序，只要同宪法、法律、行政法规和地方性法规没有抵触，原则上应尽快批准。

（二）关于地方国家机关领导人的差额选举问题。

地方组织法规定，对地方国家机关领导人员实行差额选举，实践证明，有利于代表行使民主的选举权利，对干部也有监督作用。为了进一步搞好差额选举，修改草案规定：“人民代表大会常务委员会副主任、副省长、自治区副主席、副市长、副州长、副县长、副区长的候选人数应比应选人数多五分之一至二分之一，人民代表大会常务委员会委员的候选人数应比应选人数多十分之一至五分之一，进行差额选举”，“人民代表大会常务委员会主任、省长、自治区主席、市长、州长、县长、区长、人民法院院长、人民检察院检察长的候选人数一般应多一人，进行差额选举；如果提名的候选人只有一人，也可以等额选举”。同时，为了更好地贯彻差额选举的原则，草案将“选举可以采用候选人数多于应选人数的办法；也可以经过预选产生候选人名单，然后进行选举”的规定删去，改为“如果提名的候选人超过上述差额比例，由主席团将全部候选人名单提交全体代表酝酿、讨论，根据较多数代表的意见，确定正式候选人名单”。

（三）关于地方国家机关领导人员撤职的问题。

地方组织法规定人大有权罢免地方国家机关领导人员，对人大常委会只规定了有权免职，没有规定可以罢免或者撤职。在实际工作中，还存在因犯错误需要由人大常委会决定撤职的，这同正常的免职不同，草案补充规定，人大常委会有权撤销个别政府副职领导人员和由它任命的其他组成人员以及法院审判人员、检察院检察人员的职务。

（四）关于省、自治区、直辖市、自治州、设区的市的人大常委会设秘书长问题。

现在，各省、自治区、直辖市、自治州、设区的市的人大常委会普遍设了秘书长。根据各地意见，为了加强人大常委会的工作，草案补充规定，省、自治区、直辖市、自治州、设区的市的人大常委会设秘书长。秘书长是常委会和主任会议的成员。

（五）关于中级法院院长、检察院分院检察长的任免问题。

地方组织法规定，地区中级法院院长、检察院分院检察长以及直辖市内设立的中级法院院长、检察院分院检察长，由省、自治区、直辖市的人民代表大会选举。根据一些地方的建议，为简化上述人员的任免手续，草案修改为由省、自治区、直辖市的人大常委会任免。法院组织法第三十五条、检察院组织法第二十二条作相应的修改。

（六）关于县级以上地方各级人民政府常务会议和全体会议。

县级以上地方各级人民政府的组成人员人数较多，经常召开政府全体会议不大方便。为便于各级政府进行工作，参照国务院组织法的规定，草案提出将县级以上地方各级人民政府会议分为常务会议和全体会议。省、自治区、直辖市、自治州、设区的市的人民政府常务会议分别由省长、副省长，自治区主席、副主席，市长、副市长，州长、副州长和秘书长组成，县、自治县、不设区的市、市辖区的人民政府常务会议分别由县长、副县长，市长、副市长，区长、副区长组成。

（七）关于省级人民政府派出机关问题。

地方组织法规定，省、自治区的人民政府在必要的时候，经国务院批准，可以设立若干行政公署，作为派出机关。建国后地区一级一直设专员公署，“文化大革命”后改为行政公署。现在有的地区行政公署的机构越来越大，而派出机构不是一级政权，应当尽量精简，有的建议仍改为专员公署，因为意见还不一致，草案修改为省、自治区的人民政府在必要的时候，经国务院批准，可以设派出机关，较为灵活机动。

（八）根据宪法，参照全国人大组织法的规定，草案对地方各级人大及其常委会设立专门委员会和代表资格审查委员会，提议案、质询案、罢免案和提出询问等程序，代表在人大和人大常委会会议上的发言和表决不受法律追究，以及县级以上地方人民政府设立审计机关等问题，作了具体规定。

（九）考虑到各地的情况不同，为了使各地能因地制宜地执行地方组织法，草案补充规定，省、自治区、直辖市的人大常委会可以根据本法和实际情况，对执行中的问题作具体规定。

此外，还对选举法和地方组织法的文字和条文顺序作了一些修改。建议选举法和地方组织法根据本决定作相应的修正，重新公布。

两个法的修改决定草案是否妥当，请审议。

中华人民共和国渔业法

(一九八六年一月二十日第六届全国人民代表大会常务委员会第十四次会议通过
一九八六年一月二十日中华人民共和国主席令第三十四号公布
一九八六年七月一日起施行)

目　录

第一章　总　则

第一条　为了加强渔业资源的保护、增殖、开发和合理利用,发展人工养殖,保障渔业生产者的合法权益,促进渔业生产的发展,适应社会主义建设和人民生活的需要,特制定本法。

第二条　在中华人民共和国的内水、滩涂、领海以及中华人民共和国管辖的一切其他海域从事养殖和捕捞水生动物、水生植物等渔业生产活动,都必须遵守本法。

第三条　国家对渔业生产实行以养殖为主,养殖、捕捞、加工并举,因地制宜,各有侧重的方针。

各级人民政府应当把渔业生产纳入国民经济发展计划,采取措施,加强水域的统一规划和综合利用。

第四条　国家鼓励渔业科学技术研究,推广先进技术,提高渔业科学技术水平。

第五条　在增殖和保护渔业资源、发展渔业生产、进行渔业科学技术研究等方面成绩显著的单位和个人,由各级人民政府给予精神的或者物质的奖励。

第六条　国务院渔业行政主管部门主管全国的渔业工作。县级以上地方人民政府渔业行政主管部门主管本行政区域内的渔业工作。县级以上人民政府渔业行政主管部门可以在重要渔业水域、渔港设渔政监督管理机构。

县级以上人民政府渔业行政主管部门及其所属的渔政监督管理机构可以设渔政检查人员。渔政检查人员执行渔业行政主管部门及其所属的渔政监督管理机构交付的任务。

第七条　国家对渔业的监督管理,实行统一领导、分级管理。

海洋渔业,除国务院划定由国务院渔业行政主管部门及其所属的渔政监督管理机构监督管理的海域和特定渔业资源渔场外,由毗邻海域的省、自治区、直辖市人民政府渔业行政主管部门监督管理。

江河、湖泊等水域的渔业,按照行政区划由有关县级以上人民政府渔业行政主管部门监督管理;跨行政区域的,由有关县级以上地方人民政府协商制定管理办法,或者由上一级人民政府渔业行政主管部门及其所属的渔政监督管理机构监督管理。

第八条　外国人、外国渔业船舶进入中华人民共和国管辖水域,从事渔业生产或者渔业资源调查活动,必须经国务院有关主管部门批准,并遵守本法和中华人民共和国其他有关法律、法规的规定;同中华人民共和国订有条约、协定的,按照条约、协定办理。

国家渔政渔港监督管理机构对外行使渔政渔港监督管理权。

第二章　养　殖　业

第九条　国家鼓励全民所有制单位、集体所有制单位和个人充分利用适于养殖的水面、滩涂,发展养殖业。

第十条　县级以上地方人民政府根据国家对水域利用的统一安排,可以将规划用于养殖业的全民所有的水面、滩涂,确定给全民所有制单位和集体所有制单位从事养殖生产,核发养殖使用证,确认使用权。

全民所有制单位使用的水面、滩涂,集体所有的水面、滩涂和集体所有制单位使用的全民所有的水面、滩涂,可以由集体或者个人承包,从事养殖生产。

水面、滩涂的所有权和使用权受法律保护,任何单位和个人不得侵犯。

第十一条　使用全民所有的水面、滩涂从事养殖生产,无正当理由使水面、滩涂荒芜满一年的,由发放养殖使用证的机关责令限期开发利用;逾期未开发利用的,可以吊销养殖使用证。

第十二条　全民所有制单位之间、集体所有制单位之间以及全民所有制单位与集体所有制单位之间的水面、滩涂所有权和使用权的争议,由当事人协商解决;协商不成的,由县级以上地方人民政府处理。当事人对有关人民政府的处理决定不服的,可以在接到通知之日起三十天内,向人民法院起诉。

在水面、滩涂所有权和使用权的争议解决以前,任何一方不得破坏养殖生产。

第十三条　国家建设征用集体所有的水面、滩涂,按照《国家建设征用土地条例》的规定办理。

国家建设使用确定给全民所有制单位或者集体所有制单位用于养殖的全民所有的水面、滩涂,由建设单位给予适当补偿。

第三章 捕 捞 业

第十四条 国家鼓励、扶持外海和远洋捕捞业的发展，合理安排内水和近海捕捞力量。

第十五条 从事外海、远洋捕捞业，必须经国务院渔业行政主管部门批准，国家从资金、物资、技术和税收等方面给予扶持或者优惠。

第十六条 从事内水、近海捕捞业，必须向渔业行政主管部门申请领取捕捞许可证。海洋大型拖网、围网作业的捕捞许可证，由国务院渔业行政主管部门批准发放。其他作业的捕捞许可证，由县级以上地方人民政府渔业行政主管部门批准发放，但是，批准发放海洋作业的捕捞许可证不得超过国家下达的船网工具控制指标，具体办法由省、自治区、直辖市人民政府规定。

捕捞许可证不得买卖、出租和以其他形式非法转让，不得涂改。

第十七条 在内水、近海从事捕捞业的单位和个人，必须按照捕捞许可证关于作业类型、场所、时限和渔具数量的规定进行作业，并遵守有关保护渔业资源的规定。

第十八条 制造、更新改造、购置、进口的从事捕捞业的船舶经渔业船舶检验部门检验合格，方可下水作业，具体管理办法由国务院渔业行政主管部门制定。

第四章 渔业资源的增殖和保护

第十九条 县级以上人民政府渔业行政主管部门应当对其管理的渔业水域统一规划，采取措施，增殖渔业资源。县级以上人民政府渔业行政主管部门可以向受益的单位和个人征收渔业资源增殖保护费，专门用于增殖和保护渔业资源。渔业资源增殖保护费的征收办法由国务院渔业行政主管部门会同财政部门制定，报国务院批准后施行。

第二十条 禁止炸鱼、毒鱼。不得在禁渔区和禁渔期进行捕捞，不得使用禁用的渔具、捕捞方法和小于最小网目尺寸的网具进行捕捞。

重点保护的渔业资源品种，禁渔区和禁渔期，禁止使用或者限制使用的渔具和捕捞方法，最小网目尺寸以及其他保护渔业资源的措施，由县级以上人民政府渔业行政主管部门规定。

第二十一条 禁止捕捞有重要经济价值的水生动物苗种。因养殖或者其他特殊需要，捕捞有重要经济价值的苗种或者禁捕的怀卵亲体的，必须经国务院渔业行政主管部门或者省、自治区、直辖市人民政府渔业行政主管部门批准，在指定的区域和时间内，按照限额捕捞。

在水生动物苗种重点产区引水用水时，应当采取措施，保护苗种。

第二十二条 在鱼、虾、蟹洄游通道建闸、筑坝，对渔业资源有严重影响的，建设单位应当建造过鱼设施或者采取其他补救措施。

第二十三条 用于渔业并兼有调蓄、灌溉等功能的水体，有关主管部门应当确定渔业生产所需的最低水位线。

第二十四条 禁止围湖造田。沿海滩涂未经县级以上人民政府批准，不得围垦；重要的苗种基地和养殖场所不得围垦。

第二十五条 进行水下爆破、勘探、施工作业，对渔业资源有严重影响的，作业单位应当事先同有关县级以上人民政府渔业行政主管部门协商，采取措施，防止或者减少对渔业资源的损害；造成渔业资源损失的，由有关县级以上人民政府责令赔偿。

第二十六条 各级人民政府应当依照《海洋环境保护法》和《水污染防治法》的规定，采取措施，保护和改善渔业水域的生态环境，防治污染，并追究污染渔业水域的单位和个人的责任。

第二十七条 国家规定禁止捕捞的珍贵水生动物应当予以保护；因特殊需要捕捞的，按照有关法律、法规的规定办理。

第五章 法 律 责 任

第二十八条 炸鱼、毒鱼的，违反关于禁渔区、禁渔期的规定进行捕捞的，使用禁用的渔具、捕捞方法进行捕捞的，擅自捕捞国家规定禁止捕捞的珍贵水生动物的，没收渔获物和违法所得，处以罚款，并可以没收渔具，吊销捕捞许可证；情节严重的，依照《刑法》第一百二十九条的规定对个人或者单位直接责任人员追究刑事责任。

第二十九条 偷捕、抢夺他人养殖的水产品的，破坏他人养殖水体、养殖设施的，由渔业行政主管部门或者其所属的渔政监督管理机构责令赔偿损失，并处罚款；数额较大，情节严重的，依照《刑法》第一百五十一条或者第一百五十六条的规定对个人或者单位直接责任人员追究刑事责任。

第三十条 未按本法规定取得捕捞许可证擅自进行捕捞的，没收渔获物和违法所得，可以并处罚款；情节严重的，并可以没收渔具。

第三十一条 违反捕捞许可证关于作业类型、场所、时限和渔具数量的规定进行捕捞的，没收渔获物和违法所得，可以并处罚款；情节严重的，并可以没收渔具，吊销捕捞许可证。

第三十二条 买卖、出租或者以其他形式非法转让捕捞许可证的，没收违法所得，吊销捕捞许可证，可以并处罚款。

第三十三条 本法规定的行政处罚，由渔业行政主管部门或者其所属的渔政监督管理机构决定。当事人对行政处罚决定不服的，可以在接到通知之日起三十天内，向人民法院起诉；期满不起诉又不履行的，由作出处罚决定的机关申请人民法院强制执行。但是，在海上作业的，必须先执行有关处罚决定。

第六章　附　　则

第三十四条　国务院渔业行政主管部门根据本法制定实施细则，报国务院批准后施行。

省、自治区、直辖市人民代表大会常务委员会可以根据本法及其实施细则，制定实施办法。

第三十五条　本法自一九八六年七月一日起施行。

中华人民共和国矿产资源法

（一九八六年三月十九日第六届全国人民代表大会常务委员会第十五次会议通过　一九八六年三月十九日中华人民共和国主席令第三十六号公布　一九八六年十月一日起施行）

目　　录

第一章　总　　则

第一条　为了发展矿业，加强矿产资源的勘查、开发利用和保护工作，保障社会主义现代化建设的当前和长远的需要，根据中华人民共和国宪法，特制定本法。

第二条　在中华人民共和国领域及管辖海域勘查、开采矿产资源，必须遵守本法。

第三条　矿产资源属于国家所有。地表或者地下的矿产资源的国家所有权，不因其所依附的土地的所有权或者使用权的不同而改变。

国家保障矿产资源的合理开发利用。禁止任何组织或者个人用任何手段侵占或者破坏矿产资源。各级人民政府必须加强矿产资源的保护工作。

勘查矿产资源，必须依法登记。开采矿产资源，必须依法申请取得采矿权。国家保护合法的探矿权和采矿权不受侵犯，保障矿区和勘查作业区的生产秩序、工作秩序不受影响和破坏。

采矿权不得买卖、出租，不得用作抵押。

第四条　国营矿山企业是开采矿产资源的主体。国家保障国营矿山企业的巩固和发展。

国家鼓励、指导和帮助乡镇集体矿山企业的发展。

国家通过行政管理，指导、帮助和监督个人依法采矿。

第五条　国家对矿产资源实行有偿开采。开采矿产资源，必须按照国家有关规定缴纳资源税和资源补偿费。

第六条　国家对矿产资源的勘查、开发实行统一规划、合理布局、综合勘查、合理开采和综合利用的方针。

第七条　国家鼓励矿产资源勘查、开发的科学技术研究，推广先进技术，提高矿产资源勘查、开发的科学技术水平。

第八条　在勘查、开发、保护矿产资源和进行科学技术研究等方面成绩显著的单位和个人，由各级人民政府给予奖励。

第九条　国务院地质矿产主管部门主管全国矿产资源勘查、开采的监督管理工作。国务院有关主管部门协助国务院地质矿产主管部门进行矿产资源勘查、开采的监督管理工作。

省、自治区、直辖市人民政府地质矿产主管部门主管本行政区域内矿产资源勘查、开采的监督管理工作。省、自治区、直辖市人民政府有关主管部门协助同级地质矿产主管部门进行矿产资源勘查、开采的监督管理工作。

第二章　矿产资源勘查的登记和开采的审批

第十条　国家对矿产资源勘查实行统一的登记制度。矿产资源勘查登记工作，由国务院地质矿产主管部门负责；特定矿种的矿产资源勘查登记工作，可以由国务院授权有关主管部门负责。矿产资源勘查登记的范围和办法由国务院制定。

第十一条　国务院矿产储量审批机构或者省、自治区、直辖市矿产储量审批机构负责审查批准供矿山建设设计使用的勘探报告，并在规定的期限内批复报送单位。勘探报告未经批准，不得作为矿山建设设计的依据。

第十二条　矿产资源勘查成果档案资料和各类矿产储量的统计资料，实行统一的管理制度，按照国务院规定汇交或者填报。

第十三条　开办国营矿山企业，分别由国务院、国务院有关主管部门和省、自治区、直辖市人民政府审查批准。

国务院和国务院有关主管部门批准开办的国营矿山企业，由国务院地质矿产主管部门在批准前对其开采范围、综合利用方案进行复核并签署意见，在批准后根据批准文件颁发采矿许可证；特定矿种的采矿许可证，可以由国务院授权的有关主管部门颁发。省、自治区、直辖市人民政府批准开办的国营矿山企业，由省、自治区、直辖市人民政府地质矿产主管部门在批准前对其开采范围、综合利用方案进行复核并签署意见，在批准后根据批准文件颁发采矿许可证。

第十四条 开办乡镇集体矿山企业的审查批准、颁发采矿许可证的办法，个体采矿的管理办法，由省、自治区、直辖市人民代表大会常务委员会制定。

第十五条 国家对国家规划矿区、对国民经济具有重要价值的矿区和国家规定实行保护性开采的特定矿种，实行有计划的开采；未经国务院有关主管部门批准，任何单位和个人不得开采。

第十六条 国家规划矿区的范围、对国民经济具有重要价值的矿区的范围、矿山企业矿区的范围依法划定后，由划定矿区范围的主管机关通知有关县级人民政府予以公告。

矿山企业变更矿区范围，必须报请原审批机关批准，并报请原颁发采矿许可证的机关重新核发采矿许可证。

任何单位或者个人不得进入他人已取得采矿权的矿山企业矿区范围内采矿。

第十七条 非经国务院授权的有关主管部门同意，不得在下列地区开采矿产资源：

一、港口、机场、国防工程设施圈定地区以内；

二、重要工业区、大型水利工程设施、城镇市政工程设施附近一定距离以内；

三、铁路、重要公路两侧一定距离以内；

四、重要河流、堤坝两侧一定距离以内；

五、国家划定的自然保护区、重要风景区，国家重点保护的不能移动的历史文物和名胜古迹所在地；

六、国家规定不得开采矿产资源的其他地区。

第十八条 关闭矿山，必须提出矿山闭坑报告及有关采掘工程、不安全隐患、土地复垦利用、环境保护的资料，并按照国家规定报请审查批准。

第十九条 勘查、开采矿产资源时，发现具有重大科学文化价值的罕见地质现象以及文化古迹，应当加以保护并及时报告有关部门。

第三章 矿产资源的勘查

第二十条 区域地质调查按照国家统一规划进行。区域地质调查的报告和图件按照国家规定验收，提供有关部门使用。

第二十一条 矿产资源普查在完成主要矿种普查任务的同时，应当对工作区内包括共生或者伴生矿产的成矿地质条件和矿床工业远景作出初步综合评价。

第二十二条 矿床勘探必须对矿区内具有工业价值的共生和伴生矿产进行综合评价，并计算其储量。未作综合评价的勘探报告不予批准。但是，国务院计划部门另有规定的矿床勘探项目除外。

第二十三条 普查、勘探易损坏的特种非金属矿产、流体矿产、易燃易爆易溶矿产和含有放射性元素的矿产，必须采用省级以上人民政府有关主管部门规定的普查、勘探方法，并有必要的技术装备和安全措施。

第二十四条 矿产资源勘查的原始地质编录和图件，岩矿心、测试样品和其他实物标本资料，各种勘查标志，应当按照有关规定保护和保存。

第二十五条 矿床勘探报告及其他有价值的勘查资料，按照国务院规定实行有偿使用。

第四章 矿产资源的开采

第二十六条 开办矿山企业，由审批机关对其矿区范围、矿山设计或者开采方案、生产技术条件、安全措施和环境保护措施等，依照法律和国家有关规定进行审查；审查合格的，方予批准。

第二十七条 开采矿产资源，必须采取合理的开采顺序、开采方法和选矿工艺。矿山企业的开采回采率、采矿贫化率和选矿回收率应当达到设计要求。

第二十八条 在开采主要矿产的同时，对具有工业价值的共生和伴生矿产应当统一规划，综合开采，综合利用，防止浪费；对暂时不能综合开采或者必须同时采出而暂时还不能综合利用的矿产以及含有有用组分的尾矿，应当采取有效的保护措施，防止损失破坏。

第二十九条 开采矿产资源，必须遵守国家劳动安全卫生规定，具备保障安全生产的必要条件。

第三十条 开采矿产资源，必须遵守有关环境保护的法律规定，防止污染环境。

开采矿产资源，应当节约用地。耕地、草原、林地因采矿受到破坏的，矿山企业应当因地制宜地采取复垦利用、植树种草或者其他利用措施。

开采矿产资源给他人生产、生活造成损失的，应当负责赔偿，并采取必要的补救措施。

第三十一条 在建设铁路、工厂、水库、输油管道、输电线路和各种大型建筑物或者建筑群之前，建设单位必须向所在省、自治区、直辖市地质矿产主管部门了解拟建工程所在地区的矿产资源分布和开采情况。非经国务院授权的部门批准，不得压覆重要矿床。

第三十二条 国务院规定由指定的单位统一收购的矿产品，任何其他单位或者个人不得收购；开采者不得向非指定单位销售。

第三十三条 国家在民族自治地方开采矿产资源，应当照顾民族自治地方的利益，作出有利于民族自治地方经济建设的安排，照顾当地少数民族群众的生产和生活。

民族自治地方的自治机关根据法律规定和国家的统一规划，对可以由本地方开发的矿产资源，优先合理开发利用。

第五章 乡镇集体矿山企业和个体采矿

第三十四条 国家对乡镇集体矿山企业和个体采矿实行积极扶持、合理规划、正确引导、加强管理的方针，鼓励乡镇集体矿山企业开采国家指定范围内的矿产资源，允许个人采挖零星分散资源和只能用作普通建筑材料的砂、石、粘土以及为生活自用采挖少量矿产。

国家指导、帮助乡镇集体矿山企业和个体采矿不断提高技术水平、资源利用率和经济效益。

地质矿产主管部门、地质工作单位和国营矿山企业应当按照积极支持、有偿互惠的原则向乡镇集体矿山企业和个体采矿提供地质资料和技术服务。

第三十五条 国务院和国务院有关主管部门批准开办的矿山企业矿区范围内已有的乡镇集体矿山企业，应当关闭或者到指定的其他地点开采，由矿山建设单位给予合理的补偿，并妥善安置群众生活；也可以按照该矿山企业的统筹安排，实行联合经营。

第三十六条 在国营矿山企业的统筹安排下，经国营矿山企业上级主管部门批准，乡镇集体矿山企业可以开采该国营矿山企业矿区范围内的边缘零星矿产，但是必须按照规定申请办理采矿许可证。

第三十七条 乡镇集体矿山企业和个体采矿应当提高技术水平，提高矿产资源回收率。禁止乱挖滥采，破坏矿产资源。

乡镇集体矿山企业必须测绘井上、井下工程对照图。

第三十八条 县级以上人民政府应当指导、帮助乡镇集体矿山企业和个体采矿进行技术改造，改善经营管理，加强安全生产。

第六章 法律责任

第三十九条 违反本法规定，未取得采矿许可证擅自采矿的，擅自进入国家规划矿区、对国民经济具有重要价值的矿区和他人矿区范围采矿的，擅自开采国家规定实行保护性开采的特定矿种的，责令停止开采、赔偿损失，没收采出的矿产品和违法所得，可以并处罚款；拒不停止开采，造成矿产资源破坏的，依照《刑法》第一百五十六条的规定对直接责任人员追究刑事责任。

第四十条 超越批准的矿区范围采矿的，责令退回本矿区范围内开采、赔偿损失，没收越界开采的矿产品和违法所得，可以并处罚款；拒不退回本矿区范围内开采，造成矿产资源破坏的，吊销采矿许可证，依照《刑法》第一百五十六条的规定对直接责任人员追究刑事责任。

第四十一条 盗窃、抢夺矿山企业和勘查单位的矿产品和其他财物的，破坏采矿、勘查设施的，扰乱矿区和勘查作业区的生产秩序、工作秩序的，分别依照《刑法》有关规定追究刑事责任；情节显著轻微的，依照《治安管理处罚条例》有关规定予以处罚。

第四十二条 买卖、出租或者以其他形式转让矿产资源的，没收违法所得，处以罚款。

买卖、出租采矿权或者将采矿权用作抵押的，没收违法所得，处以罚款，吊销采矿许可证。

第四十三条 违反本法规定收购和销售国家统一收购的矿产品的，没收矿产品和违法所得，可以并处罚款；情节严重的，依照《刑法》第一百一十七条、第一百一十八条的规定，追究刑事责任。

第四十四条 违反本法规定，采取破坏性的开采方法开采矿产资源，造成矿产资源严重破坏的，责令赔偿损失，处以罚款；情节严重的，可以吊销采矿许可证。

第四十五条 本法第三十九条、第四十条、第四十二条规定的行政处罚，由市、县人民政府决定。第四十三条规定的行政处罚，由工商行政管理部门决定。第四十四条规定的行政处罚，由省、自治区、直辖市人民政府地质矿产主管部门决定；对国务院和国务院有关主管部门批准开办的矿山企业给予吊销采矿许可证处罚的，须报省、自治区、直辖市人民政府批准。

第四十六条 当事人对行政处罚决定不服的，可以在收到处罚通知之日起十五日内，向人民法院起诉。对罚款和没收违法所得的行政处罚决定期满不起诉又不履行的，由作出处罚决定的机关申请人民法院强制执行。

第四十七条 矿山企业之间的矿区范围的争议，由当事人协商解决，协商不成的，由有关县级以上地方人民政府根据依法核定的矿区范围处理；跨省、自治区、直辖市的矿区范围的争议，由有关省、自治区、直辖市人民政府协商解决，协商不成的，由国务院处理。

第七章 附 则

第四十八条 本法实施细则由国务院制定。

第四十九条 本法自一九八六年十月一日起施行。

第五十条 本法施行以前，未办理批准手续、未划定矿区范围、未取得采矿许可证开采矿产资源的，应当依照本法有关规定申请补办手续。

中华人民共和国土地管理法

（一九八六年六月二十五日第六届全国人民代表大会常务委员会第十六次会议通过　一九八六年六月二十五日中华人民共和国主席令第四十一号公布　一九八七年一月一日起施行）

目　　录

第一章　总　　则

第一条　为了加强土地管理，维护土地的社会主义公有制，保护、开发土地资源，合理利用土地，切实保护耕地，适应社会主义现代化建设的需要，特制定本法。

第二条　中华人民共和国实行土地的社会主义公有制，即全民所有制和劳动群众集体所有制。

任何单位和个人不得侵占、买卖、出租或者以其他形式非法转让土地。

国家为了公共利益的需要，可以依法对集体所有的土地实行征用。

第三条　各级人民政府必须贯彻执行十分珍惜和合理利用土地的方针，全面规划，加强管理，保护、开发土地资源，制止乱占耕地和滥用土地的行为。

第四条　在保护和开发土地资源、合理利用土地以及进行有关的科学研究等方面成绩显著的单位和个人，由人民政府给予奖励。

第五条　国务院土地管理部门主管全国土地的统一管理工作。

县级以上地方人民政府土地管理部门主管本行政区域内的土地的统一管理工作，机构设置由省、自治区、直辖市根据实际情况确定。

乡级人民政府负责本行政区域内的土地管理工作。

第二章　土地的所有权和使用权

第六条　城市市区的土地属于全民所有即国家所有。

农村和城市郊区的土地，除法律规定属于国家所有的以外，属于集体所有；宅基地和自留地、自留山，属于集体所有。

第七条　国有土地可以依法确定给全民所有制单位或者集体所有制单位使用，国有土地和集体所有的土地可以依法确定给个人使用。使用土地的单位和个人，有保护、管理和合理利用土地的义务。

第八条　集体所有的土地依照法律属于村农民集体所有，由村农业生产合作社等农业集体经济组织或者村民委员会经营、管理。已经属于乡（镇）农民集体经济组织所有的，可以属于乡（镇）农民集体所有。

村农民集体所有的土地已经分别属于村内两个以上农业集体经济组织所有的，可以属于各该农业集体经济组织的农民集体所有。

第九条　集体所有的土地，由县级人民政府登记造册，核发证书，确认所有权。

全民所有制单位、集体所有制单位和个人依法使用的国有土地，由县级以上地方人民政府登记造册，核发证书，确认使用权。

确认林地、草原的所有权或者使用权，确认水面、滩涂的养殖使用权，分别依照《森林法》、《草原法》和《渔业法》的有关规定办理。

第十条　依法改变土地的所有权或者使用权的，必须办理土地权属变更登记手续，更换证书。

第十一条　土地的所有权和使用权受法律保护，任何单位和个人不得侵犯。

第十二条　集体所有的土地，全民所有制单位、集体所有制单位使用的国有土地，可以由集体或者个人承包经营，从事农、林、牧、渔业生产。

承包经营土地的集体或者个人，有保护和按照承包合同规定的用途合理利用土地的义务。

土地的承包经营权受法律保护。

第十三条　土地所有权和使用权争议，由当事人协商解决；协商不成的，由人民政府处理。

全民所有制单位之间、集体所有制单位之间、全民所有制单位和集体所有制单位之间的土地所有权和使用权争议，由县级以上人民政府处理。

个人之间、个人与全民所有制单位和集体所有制单位之间的土地使用权争议，由乡级人民政府或者县级人民政府处理。

当事人对有关人民政府的处理决定不服的，可以在接到处理决定通知之日起三十日内，向人民法院起诉。

在土地所有权和使用权争议解决以前，任何一方不得改变土地现状，不得破坏土地上的附着物。

第三章 土地的利用和保护

第十四条 国家建立土地调查统计制度。县级以上人民政府土地管理部门会同有关部门进行土地调查统计。

第十五条 各级人民政府编制土地利用总体规划，地方人民政府的土地利用总体规划经上级人民政府批准执行。

第十六条 城市规划和土地利用总体规划应当协调。在城市规划区内，土地利用应当符合城市规划。

在江河、湖泊的安全区内，土地利用应当符合江河、湖泊综合开发利用规划。

第十七条 开发国有荒山、荒地、滩涂用于农、林、牧、渔业生产的，由县级以上人民政府批准，可以确定给开发单位使用。

第十八条 采矿、取土后能够复垦的土地，用地单位或者个人应当负责复垦，恢复利用。

第十九条 使用国有土地，有下列情形之一的，由土地管理部门报县级以上人民政府批准，收回用地单位的土地使用权，注销土地使用证：

一、用地单位已经撤销或者迁移的；

二、未经原批准机关同意，连续二年未使用的；

三、不按批准的用途使用的；

四、公路、铁路、机场、矿场等经核准报废的。

第二十条 各级人民政府应当采取措施，保护耕地，维护排灌工程设施，改良土壤，提高地力，防治土地沙化、盐渍化、水土流失，制止荒废、破坏耕地的行为。

国家建设和乡（镇）村建设必须节约使用土地，可以利用荒地的，不得占用耕地；可以利用劣地的，不得占用好地。

第四章 国家建设用地

第二十一条 国家进行经济、文化、国防建设以及兴办社会公共事业，需要征用集体所有的土地或者使用国有土地的，按照本章规定办理。

第二十二条 按照国家规定，列入国家固定资产投资计划的或者准许建设的国家建设项目，经过批准，建设单位方可申请用地。

第二十三条 国家建设征用土地，建设单位必须持国务院主管部门或者县级以上地方人民政府按照国家基本建设程序批准的设计任务书或者其他批准文件，向县级以上地方人民政府土地管理部门提出申请，经县级以上人民政府审查批准后，由土地管理部门划拨土地。

国家建设征用土地，被征地单位应当服从国家需要，不得阻挠。

第二十四条 国家建设所征用的集体所有的土地，所有权属于国家，用地单位只有使用权。

第二十五条 国家建设征用耕地一千亩以上，其他土地二千亩以上的，由国务院批准。

征用省、自治区行政区域内的土地，由省、自治区人民政府批准；征用耕地三亩以下，其他土地十亩以下的，由县级人民政府批准；省辖市、自治州人民政府的批准权限，由省、自治区人民代表大会常务委员会决定。

征用直辖市行政区域内的土地，由直辖市人民政府批准；直辖市的区人民政府和县人民政府的批准权限，由直辖市人民代表大会常务委员会决定。

第二十六条 一个建设项目需要使用的土地，应当根据总体设计一次申请批准，不得化整为零。分期建设的项目，应当分期征地，不得先征待用。铁路、公路和输油、输水等管线建设需要使用的土地，可以分段申请批准，办理征地手续。

第二十七条 国家建设征用土地，由用地单位支付土地补偿费。征用耕地的补偿费，为该耕地被征用前三年平均年产值的三至六倍。征用其他土地的补偿费标准，由省、自治区、直辖市参照征用耕地的补偿费标准规定。

被征用土地上的附着物和青苗的补偿标准，由省、自治区、直辖市规定。

征用城市郊区的菜地，用地单位应当按照国家有关规定缴纳新菜地开发建设基金。

第二十八条 国家建设征用土地，用地单位除支付补偿费外，还应当支付安置补助费。

征用耕地的安置补助费，按照需要安置的农业人口数计算。需要安置的农业人口数，按照被征用的耕地数量除以征地前被征地单位平均每人占有耕地的数量计算。每一个需要安置的农业人口的安置补助费标准，为该耕地被征用前三年平均每亩年产值的二至三倍。但是，每亩被征用耕地的安置补助费，最高不得超过被征用前三年平均年产值的十倍。征用其他土地的安置补助费标准，由省、自治区、直辖市参照征用耕地的安置补助费标准规定。

第二十九条 依照本法第二十七条、第二十八条的规定支付土地补偿费和安置补助费，尚不能使需要安置的农民保持原有生活水平的，经省、自治区、直辖市人民政府批准，可以增加安置补助费。但是，土地补偿费和安置补助费的总和不得超过土地被征用前三年平均年产值的二十倍。

第三十条 国家建设征用土地的各项补偿费和安置补助费，除被征用土地上属于个人的附着物和青苗的补偿费付给本人外，由被征地单位用于发展生产和安排因土地被征用而造成的多余劳动力的就业和不能就业人员的生活补助，不得移作他用，任何单位和个人不得占用。

第三十一条 因国家建设征用土地造成的多余劳动力，由县级以上地方人民政府土地管理部门组织被征地单位、用地单位和有关单位，通过发展农副业生产和举办乡（镇）村企业等途径，加以安置；安置不完的，可以安排符合条件的人员到用地单位或者其他集体所有制单位、全民所有制单位就业，并将相应的安置补助费转拨给吸收劳动力的单位。

被征地单位的土地被全部征用的，经省、自治区、直辖市人民政府审查批准，原有的农业户口可以转为非农业户口。原有的集体所有的财产和所得的补偿费、安置补助费，由县级以上地方人民政府与有关乡（镇）村商定处理，用于组织生产和不能就业人员的生活补助，不得私分。

第三十二条 大中型水利、水电工程建设征用土地的补偿费标准和移民安置办法，由国务院另行规定。

第三十三条 工程项目施工，需要材料堆场、运输通路和其他临时设施的，应当尽量在征用的土地范围内安排。确实需要另行增加临时用地的，由建设单位向批准工程项目用地的机关提出临时用地数量和期限的申请，经批准后，同农业集体经济组织签订临时用地协议，并按该土地前三年平均年产值逐年给予补偿。在临时使用的土地上不得修建永久性建筑物。使用期满，建设单位应当恢复土地的生产条件，及时归还。

架设地上线路、铺设地下管线、建设其他地下工程、进行地质勘探等，需要临时使用土地的，由当地县级人民政府批准，并按照前款规定给予补偿。

建设单位为选择建设地址，需要对土地进行勘测的，应当征得当地县级人民政府同意；造成损失的，应当给予适当补偿。

第三十四条 国家建设使用国有荒山、荒地以及其他单位使用的国有土地的，按照国家建设征用土地的程序和批准权限经批准后划拨。使用国有荒山、荒地的，无偿划拨。使用其他单位使用的国有土地，原使用单位受到损失的，建设单位应当给予适当补偿；原使用单位需要搬迁的，建设单位应当负责搬迁。

第三十五条 城市集体所有制单位进行建设，需要使用土地的，按照本章规定办理。

第三十六条 全民所有制企业、城市集体所有制企业同农业集体经济组织共同投资举办的联营企业，需要使用集体所有的土地的，必须持国务院主管部门或者县级以上地方人民政府按照国家基本建设程序批准的设计任务书或者其他批准文件，向县级以上地方人民政府土地管理部门提出申请，按照国家建设征用土地的批准权限，经县级以上人民政府批准；经批准使用的土地，可以按照国家建设征用土地的规定实行征用，也可以由农业集体经济组织按照协议将土地的使用权作为联营条件。

第五章 乡（镇）村建设用地

第三十七条 乡（镇）村建设应当按照合理布局、节约用地的原则制定规划，经县级人民政府批准执行。城市规划区内的乡（镇）村建设规划，经市人民政府批准执行。

农村居民住宅建设，乡（镇）村企业建设，乡（镇）村公共设施、公益事业建设等乡（镇）村建设，应当按照乡（镇）村建设规划进行。

第三十八条 农村居民建住宅，应当使用原有的宅基地和村内空闲地。使用耕地的，经乡级人民政府审核后，报县级人民政府批准；使用原有的宅基地、村内空闲地和其他土地的，由乡级人民政府批准。

农村居民建住宅使用土地，不得超过省、自治区、直辖市规定的标准。

出卖、出租住房后再申请宅基地的，不予批准。

第三十九条 乡（镇）村企业建设需要使用土地的，必须持县级以上地方人民政府批准的设计任务书或者其他批准文件，向县级人民政府土地管理部门提出申请，按照省、自治区、直辖市规定的批准权限，由县级以上地方人民政府批准。

乡（镇）村企业建设用地，必须严格控制。省、自治区、直辖市可以按照乡（镇）村企业的不同行业和经营规模，分别规定用地标准。

乡（镇）办企业建设使用村农民集体所有的土地的，应当按照省、自治区、直辖市的规定，给被用地单位以适当补偿，并妥善安置农民的生产和生活。

第四十条 乡（镇）村公共设施、公益事业建设，需要使用土地的，经乡级人民政府审核，报县级人民政府批准。

第四十一条 城镇非农业户口居民建住宅，需要使用集体所有的土地的，必须经县级人民政府批准，其用地面积不得超过省、自治区、直辖市规定的标准，并参照国家建设征用土地的标准支付补偿费和安置补助费。

第四十二条 地方各级人民政府可以制定乡（镇）村建设用地控制指标，报上一级人民政府批准执行。

第六章 法律责任

第四十三条 全民所有制单位、城市集体所有制单位未经批准或者采取欺骗手段骗取批准，非法占用土地的，责令退还非法占用的土地，限期拆除或者没收在非法占用的土地上新建的建筑物和其他设施，并处罚款；对非法占地单位的主管人员由其所在单位或者上级机关给予行政处分。

超过批准的用地数量占用土地的，多占的土地按照非法占用土地处理。

第四十四条 乡（镇）村企业未经批准或者采取欺骗手段骗取批准，非法占用土地的，责令退还非法占用的土地，限期拆除或者没收在非法占用的土地上新建的建筑物和其他设施，可以并处罚款。

超过批准的用地数量占用土地的，多占的土地按照非法占用土地处理。

第四十五条 农村居民未经批准或者采取欺骗手段骗取批准，非法占用土地建住宅的，责令退还非法占用的土地，限期拆除或者没收在非法占用的土地上新建的房屋。

第四十六条 城镇非农业户口居民未经批准或者采取欺骗手段骗取批准，非法占用土地建住宅的，责令退还非法占用的土地，限期拆除或者没收在非法占用的土地上新建的房屋。

国家工作人员利用职权，未经批准或者采取欺骗手段骗取批准，非法占用土地建住宅的，责令退还非法占用的土地，限期拆除或者没收在非法占用的土地上新建的房屋，并由其所在单位或者上级机关给予行政处分。

第四十七条 买卖、出租或者以其他形式非法转让土地的，没收非法所得，限期拆除或者没收在买卖、出租或者以其他形式非法转让的土地上新建的建筑物和其他设施，并可以对当事人处以罚款；对主管人员由其所在单位或者上级机关给予行政处分。

第四十八条 无权批准征用、使用土地的单位或者个人非法批准占用土地的，超越批准权限非法批准占用土地的，批准文件无效，对非法批准占用土地的单位主管人员或者个人由其所在单位或者上级机关给予行政处分；收受贿赂的，依照《刑法》有关规定追究刑事责任。非法批准占用的土地按照非法占用土地处理。

第四十九条 上级单位或者其他单位非法占用被征地单位的补偿费和安置补助费的，责令退赔，可以并处罚款，对主管人员由其所在单位或者上级机关给予行政处分；个人非法占用的，以贪污论处。

第五十条 依照本法第三十三条的规定临时使用土地，期满不归还的，依照本法第十九条的规定土地使用权被收回，拒不交出土地的，责令交还土地，并处罚款。

第五十一条 开发土地，造成土地沙化、盐渍化、水土流失的，责令限期治理，可以并处罚款。

第五十二条 本法规定的行政处罚由县级以上地方人民政府土地管理部门决定，本法第四十五条规定的行政处罚可以由乡级人民政府决定。当事人对行政处罚决定不服的，可以在接到处罚决定通知之日起三十日内，向人民法院起诉；期满不起诉又不履行的，由作出处罚决定的机关申请人民法院强制执行。

第五十三条 侵犯土地的所有权或者使用权的，由县级以上地方人民政府土地管理部门责令停止侵犯，赔偿损失；当事人对处理决定不服的，可以在接到处理决定通知之日起三十日内向人民法院起诉。被侵权人也可以直接向人民法院起诉。

第五十四条 在变更土地的所有权、使用权和解决土地所有权、使用权争议的过程中，行贿、受贿，敲诈勒索，贪污、盗窃国家的和集体的财物，或者煽动群众闹事、阻挠国家建设，构成犯罪的，依照《刑法》有关规定追究刑事责任。

第七章　附　　则

第五十五条 中外合资经营企业、中外合作经营企业、外资企业使用土地的管理办法，由国务院另行规定。

第五十六条 国务院土地管理部门根据本法制定实施条例，报国务院批准施行。

省、自治区、直辖市人民代表大会常务委员会根据本法制定实施办法。

第五十七条 本法自一九八七年一月一日起施行，一九八二年二月十三日国务院发布的《村镇建房用地管理条例》和一九八二年五月十四日国务院公布的《国家建设征用土地条例》同时废止。

中华人民共和国治安管理处罚条例

（一九八六年九月五日第六届全国人民代表大会常务委员会第十七次会议通过　一九八六年九月五日中华人民共和国主席令第四十三号公布　一九八七年一月一日起施行）

目　　录

第一章　总　　则

第一条 为加强治安管理，维护社会秩序和公共安全，保护公民的合法权益，保障社会主义现代化建设的顺利进行，制定本条例。

第二条 扰乱社会秩序，妨害公共安全，侵犯公民人身权利，侵犯公私财产，依照《中华人民共和国刑法》的规定构成犯罪的，依法追究刑事责任；尚不够刑事处罚，应当给予治安管理处罚的，依照本条例处罚。

第三条 在中华人民共和国领域内发生的违反治安管理行为，除法律有特别规定的以外，适用本条例。

在中华人民共和国船舶或者航空器内发生的违反治安管理行为，也适用本条例。

第四条 公安机关对违反治安管理的人，坚持教育与处罚相结合的原则。

第五条 对于因民间纠纷引起的打架斗殴或者损毁他人财物等违反治安管理行为，情节轻微的，公安机关可以调解处理。

第二章 处罚的种类和运用

第六条 对违反治安管理行为的处罚分为下列三种：

（一）警告。

（二）罚款：一元以上，二百元以下。本条例第三十条、第三十一条、第三十二条另有规定的，依照规定。

（三）拘留：一日以上，十五日以下。

第七条 违反治安管理所得的财物和查获的违禁品，依照规定退回原主或者没收。违反治安管理使用的本人所有的工具，可以依照规定没收。具体办法由公安部另行规定。

第八条 违反治安管理造成的损失或者伤害，由违反治安管理的人赔偿损失或者负担医疗费用；如果违反治安管理的人是无行为能力人或者限制行为能力人，本人无力赔偿或者负担的，由其监护人依法负责赔偿或者负担。

第九条 已满十四岁不满十八岁的人违反治安管理的，从轻处罚；不满十四岁的人违反治安管理的，免予处罚，但是可以予以训诫，并责令其监护人严加管教。

第十条 精神病人在不能辨认或者不能控制自己行为的时候违反治安管理的，不予处罚，但是应当责令其监护人严加看管和治疗。间歇性的精神病人在精神正常的时候违反治安管理的，应予处罚。

第十一条 又聋又哑的人或者盲人，由于生理缺陷的原因而违反治安管理的，不予处罚。

第十二条 醉酒的人违反治安管理的，应予处罚。

醉酒的人在醉酒状态中，对本人有危险或者对他人的安全有威胁的，应当将其约束到酒醒。

第十三条 一人有两种以上违反治安管理行为的，分别裁决，合并执行。

第十四条 二人以上共同违反治安管理的，根据情节轻重，分别处罚。

教唆或者胁迫、诱骗他人违反治安管理的，按照其所教唆、胁迫、诱骗的行为处罚。

第十五条 机关、团体、企业、事业单位违反治安管理的，处罚直接责任人员；单位主管人员指使的，同时处罚该主管人员。

第十六条 违反治安管理有下列情形之一的，可以从轻或者免予处罚：

（一）情节特别轻微的；

（二）主动承认错误及时改正的；

（三）由于他人胁迫或者诱骗的。

第十七条 违反治安管理有下列情形之一的，可以从重处罚：

（一）有较严重后果的；

（二）胁迫、诱骗他人或者教唆不满十八岁的人违反治安管理的；

（三）对检举人、证人打击报复的；

（四）屡犯不改的。

第十八条 违反治安管理行为在六个月内公安机关没有发现的，不再处罚。

前款期限从违反治安管理行为发生之日起计算，违反治安管理行为有连续或者继续状态的，从行为终了之日起计算。

第三章 违反治安管理行为和处罚

第十九条 有下列扰乱公共秩序行为之一，尚不够刑事处罚的，处十五日以下拘留、二百元以下罚款或者警告：

（一）扰乱机关、团体、企业、事业单位的秩序，致使工作、生产、营业、医疗、教学、科研不能正常进行，尚未造成严重损失的；

（二）扰乱车站、码头、民用航空站、市场、商场、公园、影剧院、娱乐场、运动场、展览馆或者其他公共场所的秩序的；

（三）扰乱公共汽车、电车、火车、船只等公共交通工具上的秩序的；

（四）结伙斗殴，寻衅滋事，侮辱妇女或者进行其他流氓活动的；

（五）造谣惑众，煽动闹事的；

（六）谎报险情，制造混乱的；

（七）拒绝、阻碍国家工作人员依法执行职务，未使用暴力、威胁方法的。

第二十条 有下列妨害公共安全行为之一的，处十五日以下拘留、二百元以下罚款或者警告：

（一）非法携带、存放枪支、弹药或者有其他违反枪支管理规定行为，尚不够刑事处罚的；

（二）违反爆炸、剧毒、易燃、放射性等危险物品管理规定，生产、储存、运输、使用危险物品，尚未造成严重后果的；

（三）非法制造、贩卖、携带匕首、三棱刀、弹簧刀或者其他管制刀具的；

（四）经营旅馆、饭店、影剧院、娱乐场、运动场、展览馆或者其他供群众聚集的场所，违反安全规定，经公安机关通知不加改正的；

（五）组织群众集会或者文化、娱乐、体育、展览、展销等群众性活动，不采取相应的安全措施，经公安机关通知不加改正的；

（六）违反渡船、渡口安全规定，经公安机关通知不加改正的；

（七）不听劝阻抢登渡船，造成渡船超载或者强迫渡船驾驶员违反安全规定，冒险航行，尚不够刑事处罚的；

（八）在铁路、公路、水域航道、堤坝上，挖掘坑穴，放置障碍物，损毁、移动指示标志，可能影响交通运输安全，尚不够刑事处罚的。

第二十一条 有下列妨害公共安全行为之一的，处二百元以下罚款或者警告：

（一）设置、使用民用射击场，不符合安全规定的；

（二）未经批准，安装、使用电网的，或者安装、使用电网不符合安全规定，尚未造成严重后果的；

（三）在车辆、行人通行的地方施工，对沟井坎穴不设覆盖物、标志、防围的，或者故意损毁、移动覆盖物、标志、防围的。

第二十二条 有下列侵犯他人人身权利行为之一，尚不够刑事处罚的，处十五日以下拘留、二百元以下罚款或者警告：

（一）殴打他人，造成轻微伤害的；

（二）非法限制他人人身自由或者非法侵入他人住宅的；

（三）公然侮辱他人或者捏造事实诽谤他人的；

（四）虐待家庭成员，受虐待人要求处理的；

（五）写恐吓信或者用其他方法威胁他人安全或者干扰他人正常生活的；

（六）胁迫或者诱骗不满十八岁的人表演恐怖、残忍节目，摧残其身心健康的；

（七）隐匿、毁弃或者私自开拆他人邮件、电报的。

第二十三条 有下列侵犯公私财物行为之一，尚不够刑事处罚的，处十五日以下拘留或者警告，可以单处或者并处二百元以下罚款：

（一）偷窃、骗取、抢夺少量公私财物的；

（二）哄抢国家、集体、个人财物的；

（三）敲诈勒索公私财物的；

（四）故意损坏公私财物的。

第二十四条 有下列妨害社会管理秩序行为之一的，处十五日以下拘留、二百元以下罚款或者警告：

（一）明知是赃物而购买的；

（二）倒卖车票、船票、文艺演出或者体育比赛入场票券及其他票证，尚不够刑事处罚的；

（三）违反政府禁令，吸食鸦片、注射吗啡等毒品的；

（四）利用封建迷信手段，扰乱社会秩序或者骗取财物，尚不够刑事处罚的；

（五）偷开他人机动车辆的。

第二十五条 妨害社会管理秩序，有下列第一项至第三项行为之一的，处二百元以下罚款或者警告；有第四项至第七项行为之一的，处五十元以下罚款或者警告：

（一）在地下、内水、领海及其他场所中发现文物隐匿不报，不上交国家的；

（二）刻字业承制公章违反管理规定，尚未造成严重后果的；

（三）故意污损国家保护的文物、名胜古迹，损毁公共场所雕塑，尚不够刑事处罚的；

（四）故意损毁或者擅自移动路牌、交通标志的；

（五）故意损毁路灯、邮筒、公用电话或者其他公用设施，尚不够刑事处罚的；

（六）违反规定，破坏草坪、花卉、树木的；

（七）违反规定，在城镇使用音响器材，音量过大，影响周围居民的工作或者休息，不听制止的。

第二十六条 违反消防管理，有下列第一项至第四项行为之一的，处十日以下拘留、一百元以下罚款或者警告；有第五项至第八项行为之一的，处一百元以下罚款或者警告：

（一）在有易燃易爆物品的地方，违反禁令，吸烟、使用明火的；

（二）故意阻碍消防车、消防艇通行或者扰乱火灾现场秩序，尚不够刑事处罚的；

（三）拒不执行火场指挥员指挥，影响灭火救灾的；

（四）过失引起火灾，尚未造成严重损失的；

（五）指使或者强令他人违反消防安全规定，冒险作业，尚未造成严重后果的；

（六）违反消防安全规定，占用防火间距，或者搭棚、盖房、挖沟、砌墙堵塞消防车通道的；

（七）埋压、圈占或者损毁消火栓、水泵、水塔、蓄水池等消防设施或者将消防器材、设备挪作他用，经公安机关通知不加改正的；

（八）有重大火灾隐患，经公安机关通知不加改正的。

第二十七条 违反交通管理，有下列第一项至第六项行为之一的，处十五日以下拘留、二百元以下罚款或者警告；有第七项至第十一项行为之一的，处五十元以下罚款或者警告：

（一）挪用、转借机动车辆牌证或者驾驶证的；

（二）无驾驶证的人、醉酒的人驾驶机动车辆，或者把机动车辆交给无驾驶证的人驾驶的；

（三）在城市集会、游行，违反有关规定妨碍交通，不听民警指挥的；

（四）无理拦截车辆或者强行登车影响车辆正常运行，不听劝阻的；

（五）在县级以上公安机关明令禁止通行的地区，强行通行，不听公安人员劝阻的；

（六）违反交通规则，造成交通事故，尚不够刑事处罚的；

（七）驾驶未经交通管理部门检验和批准行驶的机动车辆的；

（八）驾驶机件不合安全要求的机动车辆的；

（九）饮酒后驾驶机动车辆的；

（十）指使、强迫车辆驾驶人员违反交通规则的；

（十一）未经主管部门批准，在街道上搭棚、盖房、摆摊、堆物或者有其他妨碍交通行为的。

第二十八条 有下列违反交通管理行为之一的，处五元以下罚款或者警告：

（一）驾驶机动车违反装载、车速规定或者违反交通标志、信号指示的；

（二）非机动车驾驶人员或者行人违反交通规则的；

（三）在交通管理部门明令禁止停放车辆的地方停放车辆的；

（四）在机动车辆上非法安装、使用特殊音响警报器或者标志灯具的。

第二十九条 违反户口或者居民身份证管理，有下列第一项至第三项行为之一的，处五十元以下罚款或者警告；有第四项或者第五项行为的，处一百元以下罚款或者警告：

（一）不按规定申报户口或者申领居民身份证，经公安机关通知拒不改正的；

（二）假报户口或者冒用他人户口证件、居民身份证的；

（三）故意涂改户口证件的；

（四）旅店管理人员对住宿的旅客不按照规定登记的；

（五）出租房屋或者床铺供人住宿，不按照规定申报登记住宿人户口的。

第三十条 严厉禁止卖淫、嫖宿暗娼以及介绍或者容留卖淫、嫖宿暗娼，违者处十五日以下拘留、警告、责令具结悔过或者依照规定实行劳动教养，可以并处五千元以下罚款；构成犯罪的，依法追究刑事责任。

嫖宿不满十四岁幼女的，依照刑法第一百三十九条的规定，以强奸罪论处。

第三十一条 严厉禁止违反政府规定种植罂粟等毒品原植物，违者除铲除其所种罂粟等毒品原植物以外，处十五日以下拘留，可以单处或者并处三千元以下罚款；构成犯罪的，依法追究刑事责任。

第三十二条 严厉禁止下列行为：

（一）赌博或者为赌博提供条件的；

（二）制作、复制、出售、出租或者传播淫书、淫画、淫秽录像或者其他淫秽物品的。

有上述行为之一的，处十五日以下拘留，可以单处或者并处三千元以下罚款；或者依照规定实行劳动教养；构成犯罪的，依法追究刑事责任。

第四章 裁决与执行

第三十三条 对违反治安管理行为的处罚，由县、市公安局、公安分局或者相当于县一级的公安机关裁决。

警告、五十元以下罚款，可以由公安派出所裁决；在农村，没有公安派出所的地方，可以由公安机关委托乡（镇）人民政府裁决。

第三十四条 对违反治安管理的人处警告或者五十元以下罚款的，或者罚款数额超过五十元，被处罚人没有异议的，可以由公安人员当场处罚。

对违反治安管理的人的其他处罚，适用下列程序：

（一）传唤。公安机关对违反治安管理的人，需要传唤的，使用传唤证。对于当场发现的违反治安管理的人，可以口头传唤。对无正当理由不接受传唤或者逃避传唤的，公安机关可以强制传唤。

（二）讯问。违反治安管理的人，应当如实回答公安机关的讯问。讯问应当作出笔录；被讯问人经核对认为无误后，应当在笔录上签名或者盖章，讯问人也应当在笔录上签名。

（三）取证。公安机关收集证据材料时，有关单位和公民应当积极予以支持和协助。询问证人时，证人应当如实反映情况，询问应当作出笔录。证人经核对认为无误后，应当在笔录上签名或者盖章。

（四）裁决。经讯问查证，违反治安管理行为事实清楚，证据确凿的，依照本条例的有关条款裁决。

裁决应当填写裁决书，并应立即向本人宣布。裁决书一式三份，一份交给被裁决人，一份交给被裁决人的所在单位，一份交给被裁决人的常住地公安派出所。单位和常住地公安派出所应当协助执行裁决。

（五）对违反治安管理的人，公安机关传唤后应当及时讯问查证。对情况复杂，依照本条例规定适用拘留处罚的，讯问查证的时间不得超过二十四小时。

第三十五条 受拘留处罚的人应当在限定的时间内，到指定的拘留所接受处罚。对抗拒执行的，强制执行。

在拘留期间，被拘留人的伙食费由自己负担。

第三十六条 受罚款处罚的人应当将罚款当场交公安人员或者在接到罚款通知或者裁决书后五日内送交指定的公安机关。无正当理由逾期不交纳的，可以按日增加罚款一元至五元。拒绝交纳罚款的，可以处十五日以下拘留，罚款仍应执行。

公安机关或者公安人员收到罚款后，应当给被罚款人开具罚款收据。

罚款全部上交国库。

第三十七条 裁决机关没收财物，应当给被没收人开具收据。

没收的财物全部上交国库。属偷窃、抢夺、骗取或者敲诈勒索他人的，除违禁品外，六个月内查明原主的，依法退还原主。

第三十八条 被裁决赔偿损失或者负担医疗费用的，应当在接到裁决书后五日内将费用交裁决机关代转；数额较大的，可以分期交纳。拒不交纳的，由裁决机关通知其所在单位从本人工资中扣除，或者扣押财物折抵。

第三十九条 被裁决受治安管理处罚的人或者被侵害人不服公安机关或者乡（镇）人民政府裁决的，在接到通知后五日内，可以向上一级公安机关提出申诉，由上一级公安机关在接到申诉后五日内作出裁决；不服上一级公安机关裁决的，可以在接到通知后五日内向当地人民法院提起诉讼。

第四十条 对治安管理处罚提出申诉或者提起诉讼的，在申诉和诉讼期间原裁决继续执行。

被裁决拘留的人或者他的家属能够找到担保人或者按照规定交纳保证金的，在申诉和诉讼期间，原裁决暂缓执行。裁决被撤销或者开始执行时，依照规定退还保证金。

第四十一条 公安人员在执行本条例时，应当严格遵守法纪，秉公执法，不得徇私舞弊。禁止对违反治安管理的人打骂、虐待或者侮辱。违反的给予行政处分；构成犯罪的，依法追究刑事责任。

第四十二条 公安机关对公民给予的治安管理处罚错误的，应当向受处罚人承认错误，退回罚款及没收的财物；对受处罚人的合法权益造成损害的，应当赔偿损失。

第五章 附 则

第四十三条 本条例所说以上、以下、以内，都包括本数在内。

第四十四条 对违反交通管理行为处罚的实施办法，由国务院另行制定。

第四十五条 本条例自一九八七年一月一日起施行。一九五七年十月二十二日公布的《中华人民共和国治安管理处罚条例》同时废止。

中华人民共和国外交特权与豁免条例

（一九八六年九月五日第六届全国人民代表大会常务委员会第十七次会议通过 一九八六年九月五日中华人民共和国主席令第四十四号公布施行）

第一条 为确定外国驻中国使馆和使馆人员的外交特权与豁免，便于外国驻中国使馆代表其国家有效地执行职务，特制定本条例。

第二条 使馆外交人员原则上应当是具有派遣国国籍的人。如果委派中国或者第三国国籍的人为使馆外交人员，必须征得中国主管机关的同意。中国主管机关可以随时撤销此项同意。

第三条 使馆及其馆长有权在使馆馆舍和使馆馆长交通工具上，使用派遣国的国旗或者国徽。

第四条 使馆馆舍不受侵犯。中国国家工作人员进入使馆馆舍，须经使馆馆长或者其授权人员的同意。中国有关机关应当采取适当措施，保护使馆馆舍免受侵犯或者损害。

使馆的馆舍、设备及馆舍内其他财产和使馆交通工具免受搜查、征用、扣押或者强制执行。

第五条 使馆馆舍免纳捐税，但为其提供特定服务所收的费用不在此限。

使馆办理公务所收规费和手续费免纳捐税。

第六条 使馆的档案和文件不受侵犯。

第七条 使馆人员在中国境内有行动和旅行的自由，中国政府规定禁止或者限制进入的区域除外。

第八条 使馆为公务目的可以与派遣国政府以及派遣国其他使馆和领事馆自由通讯。通讯可以采用一切适当方法，包括外交信使、外交邮袋和明码、密码电信在内。

第九条 使馆设置和使用供通讯用的无线电收发信机，必须经中国政府同意。使馆运进上述设备，按中国政府的有关规定办理。

第十条 使馆来往的公文不受侵犯。

外交邮袋不得开拆或者扣留。

外交邮袋以装载外交文件或者公务用品为限，应予加封并附有可资识别的外部标记。

第十一条 外交信使必须持有派遣国主管机关出具的信使证明书。外交信使人身不受侵犯，不受逮捕或者拘留。

临时外交信使必须持有派遣国主管机关出具的临时信使证明书，在其负责携带外交邮袋期间，享有与外交信使同等的豁免。

商业飞机机长受委托可以转递外交邮袋，但机长必须持有委托国官方证明文件，注明所携带的外交邮袋件数。机长不得视为外交信使。使馆应当派使馆人员向机长接交外交邮袋。

第十二条 外交代表人身不受侵犯，不受逮捕或者拘留。中国有关机关应当采取适当措施，防止外交代表的人身自由和尊严受到侵犯。

第十三条 外交代表的寓所不受侵犯，并受保护。

外交代表的文书和信件不受侵犯。外交代表的财产不受侵犯，但第十四条另有规定的除外。

第十四条 外交代表享有刑事管辖豁免。

外交代表享有民事管辖豁免和行政管辖豁免，但下列各项除外：

（一）外交代表以私人身份进行的遗产继承的诉讼；

（二）外交代表违反第二十五条第三项规定在中国境内从事公务范围以外的职业或者商业活动的诉讼。

外交代表免受强制执行，但对前款所列情况，强制执行对其人身和寓所不构成侵犯的，不在此限。

外交代表没有以证人身份作证的义务。

第十五条 外交代表和第二十条规定享有豁免的人员的管辖豁免可以由派遣国政府明确表示放弃。

外交代表和第二十条规定享有豁免的人员如果主动提起诉讼，对与本诉直接有关的反诉，不得援用管辖豁免。

放弃民事管辖豁免或者行政管辖豁免，不包括对判决的执行也放弃豁免。放弃对判决执行的豁免须另作明确表示。

第十六条 外交代表免纳捐税，但下列各项除外：

（一）通常计入商品价格或者服务价格内的捐税；

（二）有关遗产的各种捐税，但外交代表亡故，其在中国境内的动产不在此限；

（三）对来源于中国境内的私人收入所征的捐税；

（四）为其提供特定服务所收的费用。

第十七条 外交代表免除一切个人和公共劳务以及军事义务。

第十八条 使馆运进的公务用品、外交代表运进的自用物品，按照中国政府的有关规定免纳关税和其他捐税。

外交代表的私人行李免受查验，但中国有关机关有重大理由推定其中装有不属于前款规定免税的物品或者中国法律和政府规定禁止运进、运出或者检疫法规规定管制的物品的，可以查验。查验时，须有外交代表或者其授权人员在场。

第十九条 使馆和使馆人员携运自用的枪支、子弹入境，必须经中国政府批准，并且按中国政府的有关规定办理。

第二十条 与外交代表共同生活的配偶及未成年子女，如果不是中国公民，享有第十二条至第十八条所规定的特权与豁免。

使馆行政技术人员和与其共同生活的配偶及未成年子女，如果不是中国公民并且不是在中国永久居留的，享有第十二条至第十七条所规定的特权与豁免，但民事管辖豁免和行政管辖豁免，仅限于执行公务的行为。使馆行政技术人员到任后半年内运进的安家物品享有第十八条第一款所规定的免税的特权。

使馆服务人员如果不是中国公民并且不是在中国永久居留的，其执行公务的行为享有豁免，其受雇所得报酬免纳所得税。其到任后半年内运进的安家物品享有第十八条第一款所规定的免税的特权。

使馆人员的私人服务员如果不是中国公民并且不是在中国永久居留的，其受雇所得的报酬免纳所得税。

第二十一条 外交代表如果是中国公民或者获得在中国永久居留资格的外国人，仅就其执行公务的行为，享有管辖豁免和不受侵犯。

第二十二条 下列人员享有在中国过境或者逗留期间所必需的豁免和不受侵犯：

（一）途经中国的外国驻第三国的外交代表和与其共同生活的配偶及未成年子女；

（二）持有中国外交签证或者持有外交护照（仅限互免签证的国家）来中国的外国官员；

（三）经中国政府同意给予本条所规定的特权与豁免的其他来中国访问的外国人士。

对途经中国的第三国外交信使及其所携带的外交邮袋，参照第十条、第十一条的规定办理。

第二十三条 来中国访问的外国国家元首、政府首脑、外交部长及其他具有同等身份的官员，享有本条例所规定的特权与豁免。

第二十四条 来中国参加联合国及其专门机构召开的国际会议的外国代表、临时来中国的联合国及其专门机构的官员和专家、联合国及其专门机构驻中国的代表机构和人员的待遇，按中国已加入的有关国际公约和中国与有关国际组织签订的协议办理。

第二十五条 享有外交特权与豁免的人员：

（一）应当尊重中国的法律、法规；

（二）不得干涉中国的内政；

（三）不得在中国境内为私人利益从事任何职业或者商业活动；

（四）不得将使馆馆舍和使馆工作人员寓所充作与使馆职务不相符合的用途。

第二十六条 如果外国给予中国驻该国使馆、使馆人员以及临时去该国的有关人员的外交特权与豁免，低于中国按本条例给予该国驻中国使馆、使馆人员以及临时来中国的有关人员的外交特权与豁免，中国政府根据对等原则，可以给予该国驻中国使馆、使馆人员以及临时来中国的有关人员以相应的外交特权与豁免。

第二十七条 中国缔结或者参加的国际条约另有规定的，按照国际条约的规定办理，但中国声明保留的条款除外。

中国与外国签订的外交特权与豁免协议另有规定的，按照协议的规定执行。

第二十八条 本条例中下列用语的含义是：

（一）"使馆馆长"是指派遣国委派担任此项职位的大使、公使、代办以及其他同等级别的人；

（二）"使馆人员"是指使馆馆长和使馆工作人员；

（三）"使馆工作人员"是指使馆外交人员、行政技术人员和服务人员；

（四）“使馆外交人员”是指具有外交官衔的使馆工作人员；

（五）“外交代表”是指使馆馆长或者使馆外交人员；

（六）“使馆行政技术人员”是指从事行政和技术工作的使馆工作人员；

（七）“使馆服务人员”是指从事服务工作的使馆工作人员；

（八）“私人服务员”是指使馆人员私人雇用的人员；

（九）“使馆馆舍”是指使馆使用和使馆馆长官邸的建筑物及其附属的土地。

第二十九条 本条例自公布之日起施行。

中华人民共和国企业破产法（试行）

（一九八六年十二月二日第六届全国人民代表大会常务委员会第十八次会议通过 一九八六年十二月二日中华人民共和国主席令第四十五号公布 自全民所有制工业企业法实施满三个月之日起试行）

目 录

第一章 总 则

第一条 为了适应社会主义有计划的商品经济发展和经济体制改革的需要，促进全民所有制企业自主经营，加强经济责任制和民主管理，改善经营状况，提高经济效益，保护债权人、债务人的合法权益，特制定本法。

第二条 本法适用于全民所有制企业。

第三条 企业因经营管理不善造成严重亏损，不能清偿到期债务的，依照本法规定宣告破产。

企业由债权人申请破产，有下列情形之一的，不予宣告破产：

（一）公用企业和与国计民生有重大关系的企业，政府有关部门给予资助或者采取其他措施帮助清偿债务的；

（二）取得担保，自破产申请之日起六个月内清偿债务的。

企业由债权人申请破产，上级主管部门申请整顿并且经企业与债权人会议达成和解协议的，中止破产程序。

第四条 国家通过各种途径妥善安排破产企业职工重新就业，并保障他们重新就业前的基本生活需要，具体办法由国务院另行规定。

第五条 破产案件由债务人所在地人民法院管辖。

第六条 破产案件的诉讼程序，本法没有规定的，适用民事诉讼程序的法律规定。

第二章 破产申请的提出和受理

第七条 债务人不能清偿到期债务，债权人可以申请宣告债务人破产。

债权人提出破产申请时，应当提供关于债权数额、有无财产担保以及债务人不能清偿到期债务的有关证据。

第八条 债务人经其上级主管部门同意后，可以申请宣告破产。

债务人提出破产申请时，应当说明企业亏损的情况，提交有关的会计报表、债务清册和债权清册。

第九条 人民法院受理破产案件后，应当在十日内通知债务人并且发布公告。人民法院在收到债务人提交的债务清册后十日内，应当通知已知的债权人。公告和通知中应当规定第一次债权人会议召开的日期。

债权人应当在收到通知后一个月内，未收到通知的债权人应当自公告之日起三个月内，向人民法院申报债权，说明债权的数额和有无财产担保，并且提交有关证明材料。逾期未申报债权的，视为自动放弃债权。

人民法院对有财产担保债权和无财产担保债权的申报，应当分别登记。

第十条 债权人提出破产申请的，债务人应当在收到人民法院通知后十五日内，向人民法院提交本法第八条第二款所列有关材料。

债务人为其他单位担任保证人的，应当在收到人民法院通知后五日内转告有关当事人。

第十一条 人民法院受理破产案件后，对债务人财产的其他民事执行程序必须中止。

第十二条 人民法院受理破产案件后，债务人对部分债权人的清偿无效。但是债务人正常生产经营所必需的除外。

第三章　债权人会议

第十三条　所有债权人均为债权人会议成员。债权人会议成员享有表决权，但是有财产担保的债权人未放弃优先受偿权利的除外。债务人的保证人，在代替债务人清偿债务后可以作为债权人，享有表决权。

债权人会议主席由人民法院从有表决权的债权人中指定。

债务人的法定代表人必须列席债权人会议，回答债权人的询问。

第十四条　第一次债权人会议由人民法院召集，应当在债权申报期限届满后十五日内召开。以后的债权人会议在人民法院或者会议主席认为必要时召开，也可以在清算组或者占无财产担保债权总额的四分之一以上的债权人要求时召开。

第十五条　债权人会议的职权是：

（一）审查有关债权的证明材料，确认债权有无财产担保及其数额；

（二）讨论通过和解协议草案；

（三）讨论通过破产财产的处理和分配方案。

第十六条　债权人会议的决议，由出席会议的有表决权的债权人的过半数通过，并且其所代表的债权额，必须占无财产担保债权总额的半数以上，但是通过和解协议草案的决议，必须占无财产担保债权总额的三分之二以上。

债权人会议的决议，对于全体债权人均有约束力。

债权人认为债权人会议的决议违反法律规定的，可以在债权人会议作出决议后七日内提请人民法院裁定。

第四章　和解和整顿

第十七条　企业由债权人申请破产的，在人民法院受理案件后三个月内，被申请破产的企业的上级主管部门可以申请对该企业进行整顿，整顿的期限不超过两年。

第十八条　整顿申请提出后，企业应当向债权人会议提出和解协议草案。

和解协议应当规定企业清偿债务的期限。

第十九条　企业和债权人会议达成和解协议，经人民法院认可后，由人民法院发布公告，中止破产程序。和解协议自公告之日起具有法律效力。

第二十条　企业的整顿由其上级主管部门负责主持。

企业整顿方案应当经过企业职工代表大会讨论。企业整顿的情况应当向企业职工代表大会报告，并听取意见。

企业整顿的情况应当定期向债权人会议报告。

第二十一条　整顿期间，企业有下列情形之一的，经人民法院裁定，终结该企业的整顿，宣告其破产：

（一）不执行和解协议的；

（二）财务状况继续恶化，债权人会议申请终结整顿的；

（三）有本法第三十五条所列行为之一，严重损害债权人利益的。

第二十二条　经过整顿，企业能够按照和解协议清偿债务的，人民法院应当终结对该企业的破产程序并且予以公告。

整顿期满，企业不能按照和解协议清偿债务的，人民法院应当宣告该企业破产，并且按照本法第九条的规定重新登记债权。

第五章　破产宣告和破产清算

第二十三条　有下列情形之一的，由人民法院裁定，宣告企业破产：

（一）依照本法第三条的规定应当宣告破产的；

（二）依照本法第二十一条的规定终结整顿的；

（三）整顿期满，不能按照和解协议清偿债务的。

第二十四条　人民法院应当自宣告企业破产之日起十五日内成立清算组，接管破产企业。清算组负责破产财产的保管、清理、估价、处理和分配。清算组可以依法进行必要的民事活动。

清算组成员由人民法院从企业上级主管部门、政府财政部门等有关部门和专业人员中指定。清算组可以聘任必要的工作人员。

清算组对人民法院负责并且报告工作。

第二十五条　任何单位和个人不得非法处理破产企业的财产、帐册、文书、资料和印章等。

破产企业的债务人和财产持有人，只能向清算组清偿债务或者交付财产。

第二十六条　对破产企业未履行的合同，清算组可以决定解除或者继续履行。

清算组决定解除合同，另一方当事人因合同解除受到损害的，其损害赔偿额作为破产债权。

第二十七条　破产企业的法定代表人在向清算组办理移交手续前，负责保管本企业的财产、帐册、文书、资料和印章等。

破产企业的法定代表人在破产程序终结以前，根据人民法院或者清算组的要求进行工作，不得擅离职守。

第二十八条　破产财产由下列财产构成：

（一）宣告破产时破产企业经营管理的全部财产；

（二）破产企业在破产宣告后至破产程序终结前所取得的财产；

（三）应当由破产企业行使的其他财产权利。

已作为担保物的财产不属于破产财产；担保物的价款超过其所担保的债务数额的，超过部分属于破产财产。

第二十九条　破产企业内属于他人的财产，由该财产的权利人通过清算组取回。

第三十条 破产宣告前成立的无财产担保的债权和放弃优先受偿权利的有财产担保的债权为破产债权。

债权人参加破产程序的费用不得作为破产债权。

第三十一条 破产宣告时未到期的债权，视为已到期债权，但是应当减去未到期的利息。

第三十二条 破产宣告前成立的有财产担保的债权，债权人享有就该担保物优先受偿的权利。

有财产担保的债权，其数额超过担保物的价款的，未受清偿的部分，作为破产债权，依照破产程序受偿。

第三十三条 债权人对破产企业负有债务的，可以在破产清算前抵销。

第三十四条 下列破产费用，应当从破产财产中优先拨付：

（一）破产财产的管理、变卖和分配所需要的费用，包括聘任工作人员的费用；

（二）破产案件的诉讼费用；

（三）为债权人的共同利益而在破产程序中支付的其他费用。

破产财产不足以支付破产费用的，人民法院应当宣告破产程序终结。

第三十五条 人民法院受理破产案件前六个月至破产宣告之日的期间内，破产企业的下列行为无效：

（一）隐匿、私分或者无偿转让财产；

（二）非正常压价出售财产；

（三）对原来没有财产担保的债务提供财产担保；

（四）对未到期的债务提前清偿；

（五）放弃自己的债权。

破产企业有前款所列行为的，清算组有权向人民法院申请追回财产。追回的财产，并入破产财产。

第三十六条 破产财产中的成套设备，应当整体出售；不能整体出售的，可以分散出售。

第三十七条 清算组提出破产财产分配方案，经债权人会议讨论通过，报请人民法院裁定后执行。

破产财产优先拨付破产费用后，按照下列顺序清偿：

（一）破产企业所欠职工工资和劳动保险费用；

（二）破产企业所欠税款；

（三）破产债权。

破产财产不足清偿同一顺序的清偿要求的，按照比例分配。

第三十八条 破产财产分配完毕，由清算组提请人民法院终结破产程序。破产程序终结后，未得到清偿的债权不再清偿。

第三十九条 破产程序终结后，由清算组向破产企业原登记机关办理注销登记。

第四十条 破产企业有本法第三十五条所列行为之一，自破产程序终结之日起一年内被查出的，由人民法院追回财产，依照本法第三十七条的规定清偿。

第四十一条 破产企业有本法第三十五条所列行为之一的，对破产企业的法定代表人和直接责任人员给予行政处分；破产企业的法定代表人和直接责任人员的行为构成犯罪的，依法追究刑事责任。

第四十二条 企业被宣告破产后，由政府监察部门和审计部门负责查明企业破产的责任。

破产企业的法定代表人对企业破产负有主要责任的，给予行政处分。

破产企业的上级主管部门对企业破产负有主要责任的，对该上级主管部门的领导人，给予行政处分。

破产企业的法定代表人和破产企业的上级主管部门的领导人，因玩忽职守造成企业破产，致使国家财产遭受重大损失的，依照《中华人民共和国刑法》第一百八十七条的规定追究刑事责任。

第六章 附 则

第四十三条 本法自全民所有制工业企业法实施满三个月之日起试行，试行的具体部署和步骤由国务院规定。

中华人民共和国国境卫生检疫法

（一九八六年十二月二日第六届全国人民代表大会常务委员会第十八次会议通过　一九八六年十二月二日中华人民共和国主席令第四十六号公布　一九八七年五月一日起施行）

目 录

第一章 总 则

第一条 为了防止传染病由国外传入或者由国内传出，实施国境卫生检疫，保护人体健康，制定本法。

第二条 在中华人民共和国国际通航的港口、机场以及陆地边境和国界江河的口岸(以下简称国境口岸),设立国境卫生检疫机关,依照本法规定实施传染病检疫、监测和卫生监督。

国务院卫生行政部门主管全国国境卫生检疫工作。

第三条 本法规定的传染病是指检疫传染病和监测传染病。

检疫传染病,是指鼠疫、霍乱、黄热病以及国务院确定和公布的其他传染病。

监测传染病,由国务院卫生行政部门确定和公布。

第四条 入境、出境的人员、交通工具、运输设备以及可能传播检疫传染病的行李、货物、邮包等物品,都应当接受检疫,经国境卫生检疫机关许可,方准入境或者出境。具体办法由本法实施细则规定。

第五条 国境卫生检疫机关发现检疫传染病或者疑似检疫传染病时,除采取必要措施外,必须立即通知当地卫生行政部门,同时用最快的方法报告国务院卫生行政部门,最迟不得超过二十四小时。邮电部门对疫情报告应当优先传送。

中华人民共和国与外国之间的传染病疫情通报,由国务院卫生行政部门会同有关部门办理。

第六条 在国外或者国内有检疫传染病大流行的时候,国务院可以下令封锁有关的国境或者采取其他紧急措施。

第二章 检 疫

第七条 入境的交通工具和人员,必须在最先到达的国境口岸的指定地点接受检疫。除引航员外,未经国境卫生检疫机关许可,任何人不准上下交通工具,不准装卸行李、货物、邮包等物品。具体办法由本法实施细则规定。

第八条 出境的交通工具和人员,必须在最后离开的国境口岸接受检疫。

第九条 来自国外的船舶、航空器因故停泊、降落在中国境内非口岸地点的时候,船舶、航空器的负责人应当立即向就近的国境卫生检疫机关或者当地卫生行政部门报告。除紧急情况外,未经国境卫生检疫机关或者当地卫生行政部门许可,任何人不准上下船舶、航空器,不准装卸行李、货物、邮包等物品。

第十条 在国境口岸发现检疫传染病、疑似检疫传染病,或者有人非因意外伤害而死亡并死因不明的,国境口岸有关单位和交通工具的负责人,应当立即向国境卫生检疫机关报告,并申请临时检疫。

第十一条 国境卫生检疫机关依据检疫医师提供的检疫结果,对未染有检疫传染病或者已实施卫生处理的交通工具,签发入境检疫证或者出境检疫证。

第十二条 国境卫生检疫机关对检疫传染病染疫人必须立即将其隔离,隔离期限根据医学检查结果确定;对检疫传染病染疫嫌疑人应当将其留验,留验期限根据该传染病的潜伏期确定。

因患检疫传染病而死亡的尸体,必须就近火化。

第十三条 接受入境检疫的交通工具有下列情形之一的,应当实施消毒、除鼠、除虫或者其他卫生处理:

(一) 来自检疫传染病疫区的;

(二) 被检疫传染病污染的;

(三) 发现有与人类健康有关的啮齿动物或者病媒昆虫的。

如果外国交通工具的负责人拒绝接受卫生处理,除有特殊情况外,准许该交通工具在国境卫生检疫机关的监督下,立即离开中华人民共和国国境。

第十四条 国境卫生检疫机关对来自疫区的、被检疫传染病污染的或者可能成为检疫传染病传播媒介的行李、货物、邮包等物品,应当进行卫生检查,实施消毒、除鼠、除虫或者其他卫生处理。

入境、出境的尸体、骸骨的托运人或者其代理人,必须向国境卫生检疫机关申报,经卫生检查合格后发给入境、出境许可证,方准运进或者运出。

第三章 传染病监测

第十五条 国境卫生检疫机关对入境、出境的人员实施传染病监测,并且采取必要的预防、控制措施。

第十六条 国境卫生检疫机关有权要求入境、出境的人员填写健康申明卡,出示某种传染病的预防接种证书、健康证明或者其他有关证件。

第十七条 对患有监测传染病的人、来自国外监测传染病流行区的人或者与监测传染病人密切接触的人,国境卫生检疫机关应当区别情况,发给就诊方便卡,实施留验或者采取其他预防、控制措施,并及时通知当地卫生行政部门。各地医疗单位对持有就诊方便卡的人员,应当优先诊治。

第四章 卫生监督

第十八条 国境卫生检疫机关根据国家规定的卫生标准,对国境口岸的卫生状况和停留在国境口岸的入境、出境的交通工具的卫生状况实施卫生监督:

(一) 监督和指导有关人员对啮齿动物、病媒昆虫的防除;

(二) 检查和检验食品、饮用水及其储存、供应、运输设施;

(三) 监督从事食品、饮用水供应的从业人员的健康状况,检查其健康证明书;

(四) 监督和检查垃圾、废物、污水、粪便、压舱水的处理。

第十九条 国境卫生检疫机关设立国境口岸卫生监督员,执行国境卫生检疫机关交给的任务。

国境口岸卫生监督员在执行任务时,有权对国境口岸和入境、出境的交通工具进行卫生监督和技术指导，对卫生状况不良和可能引起传染病传播的因素提出改进意见，协同有关部门采取必要的措施，进行卫生处理。

第五章　法律责任

第二十条　对违反本法规定，有下列行为之一的单位或者个人，国境卫生检疫机关可以根据情节轻重，给予警告或者罚款：

（一）逃避检疫，向国境卫生检疫机关隐瞒真实情况的；

（二）入境的人员未经国境卫生检疫机关许可，擅自上下交通工具，或者装卸行李、货物、邮包等物品，不听劝阻的。

罚款全部上缴国库。

第二十一条　当事人对国境卫生检疫机关给予的罚款决定不服的，可以在接到通知之日起十五日内，向当地人民法院起诉。逾期不起诉又不履行的，国境卫生检疫机关可以申请人民法院强制执行。

第二十二条　违反本法规定，引起检疫传染病传播或者有引起检疫传染病传播严重危险的，依照《中华人民共和国刑法》第一百七十八条的规定追究刑事责任。

第二十三条　国境卫生检疫机关工作人员，应当秉公执法，忠于职守，对入境、出境的交通工具和人员，及时进行检疫；违法失职的，给予行政处分，情节严重构成犯罪的，依法追究刑事责任。

第六章　附　　则

第二十四条　中华人民共和国缔结或者参加的有关卫生检疫的国际条约同本法有不同规定的，适用该国际条约的规定。但是，中华人民共和国声明保留的条款除外。

第二十五条　中华人民共和国边防机关与邻国边防机关之间在边境地区的往来，居住在两国边境接壤地区的居民在边境指定地区的临时往来，双方的交通工具和人员的入境、出境检疫，依照双方协议办理，没有协议的，依照中国政府的有关规定办理。

第二十六条　国境卫生检疫机关实施卫生检疫，按照国家规定收取费用。

第二十七条　国务院卫生行政部门根据本法制定实施细则，报国务院批准后施行。

第二十八条　本法自一九八七年五月一日起施行。一九五七年十二月二十三日公布的《中华人民共和国国境卫生检疫条例》同时废止。

中华人民共和国邮政法

（一九八六年十二月二日第六届全国人民代表大会常务委员会第十八次会议通过　一九八六年十二月二日中华人民共和国主席令第四十七号公布　一九八七年一月一日起施行）

目　　录

第一章　总　　则

第一条　为了保护通信自由和通信秘密，保障邮政工作的正常进行，促进邮政事业的发展，以适应社会主义建设和人民生活的需要，根据《中华人民共和国宪法》，制定本法。

第二条　国务院邮政主管部门管理全国邮政工作。

国务院邮政主管部门根据需要设立地区邮政管理机构，管理各该地区的邮政工作。

第三条　国务院邮政主管部门所属的邮政企业是全民所有制的经营邮政业务的公用企业。

邮政企业按照国务院邮政主管部门的规定设立经营邮政业务的分支机构。

第四条　通信自由和通信秘密受法律保护。除因国家安全或者追查刑事犯罪的需要，由公安机关、国家安全机关或者检察机关依照法律规定的程序对通信进行检查外，任何组织或者个人不得以任何理由侵犯他人的通信自由和通信秘密。

第五条　用户交寄的邮件、交汇的汇款和储蓄的存款受法律保护。除法律另有规定外，任何组织或者个人不得检查、扣留。

第六条　邮政企业应当为用户提供迅速、准确、安全、方便的邮政服务。

除法律另有规定外，邮政企业和邮政工作人员不得向任何组织或者个人提供用户使用邮政业务的情况。

第七条　邮件和汇款在未投交收件人、收款人之前，所有权属于寄件人或者汇款人。

第八条 信件和其他具有信件性质的物品的寄递业务由邮政企业专营，但是国务院另有规定的除外。

邮政企业根据需要可以委托其他单位或者个人代办邮政企业专营的业务。代办人员办理邮政业务时，适用本法关于邮政工作人员的规定。

第九条 任何单位或者个人不得伪造或者冒用邮政专用标志、邮政标志服和邮政专用品。

第二章 邮政企业的设置和邮政设施

第十条 邮政企业及其分支机构的设置标准，由国务院邮政主管部门规定。

第十一条 邮政企业应当在方便群众的地方设置分支机构、邮亭、报刊亭、邮筒等设施，或者进行流动服务。

城市居民楼应当设置住户接收邮件的信报箱。

在较大的车站、机场、港口和宾馆内，应当设有办理邮政业务的场所。

第三章 邮政业务的种类和资费

第十二条 邮政企业经营下列业务：

（一）国内和国际邮件寄递；

（二）国内报刊发行；

（三）邮政储蓄、邮政汇兑；

（四）国务院邮政主管部门规定的适合邮政企业经营的其他业务。

第十三条 邮政企业及其分支机构不得擅自停办国务院邮政主管部门和地区邮政管理机构规定的必须办理的邮政业务。

因不可抗力或者特殊原因，邮政企业及其分支机构需要暂时停止或者限制办理部分邮政业务，必须经国务院邮政主管部门或者地区邮政管理机构批准。

第十四条 邮政企业应当加强报刊发行工作。出版单位委托邮政企业发行报刊，应当与邮政企业订立发行合同。

第十五条 邮政业务的基本资费，由国务院物价主管部门制定，报国务院批准。非基本资费由国务院邮政主管部门规定。

第十六条 各类邮件资费的交付，以邮资凭证或者证明邮资已付的戳记表示。

第十七条 邮票、邮资信封、邮资明信片、邮资邮简等邮资凭证由国务院邮政主管部门发行，任何单位或者个人不得伪造。

仿印邮票图案的管理办法，由国务院邮政主管部门规定。

第十八条 售出的邮资凭证不得向邮政企业及其分支机构兑换现金。

停止使用的邮资凭证，由国务院邮政主管部门在停止使用前一个月公告并停止出售，持有人可以自公告之日起六个月内向邮政企业及其分支机构换取有效的邮资凭证。

第十九条 下列邮资凭证不得使用：

（一）经国务院邮政主管部门公告已经停止使用的；

（二）盖销或者划销的；

（三）污染、残缺或者褪色、变色，难以辨认的；

（四）从邮资信封、邮资明信片、邮资邮简上剪下的邮票图案。

第四章 邮件的寄递

第二十条 用户交寄邮件，必须遵守国务院有关主管部门关于禁止寄递物品、限量寄递物品的规定。

第二十一条 用户交寄除信件以外的其他邮件，应当交邮政企业或者其分支机构当面验视内件。拒绝验视的，不予收寄。

用户交寄的信件必须符合准寄内容的规定，必要时邮政企业及其分支机构有权要求用户取出进行验视。

第二十二条 邮政企业及其分支机构应当按照国务院邮政主管部门规定的时限投交邮件。

第二十三条 无法投递的邮件，应当退回寄件人。

无法投递又无法退回的信件，在国务院邮政主管部门规定的期限内无人认领的，由地区邮政管理机构负责销毁。

无法投递又无法退回的进口国际邮递物品，在国务院邮政主管部门规定的期限内无人认领的，由海关依法处理。

无法投递又无法退回的其他邮件的处理办法，由国务院邮政主管部门规定。

第二十四条 邮政汇款的收款人应当自收到汇款通知之日起两个月内凭有效证明到邮政企业或者其分支机构兑领汇款；逾期未领的汇款，由邮政企业或者其分支机构退回汇款人。自退汇通知投交汇款人之日起满十个月未被领回的汇款，上缴国库。

第二十五条 寄递邮件逐步实行邮政编码，具体办法由国务院邮政主管部门规定。

第五章 邮件的运输、验关和检疫

第二十六条 铁路、公路、水运、航空等运输单位均负有载运邮件的责任，保证邮件优先运出，并在运费上予以优惠。

第二十七条 邮政企业在车站、机场、港口转运邮件，有关运输单位应当统一安排装卸邮件的场所和出入通道。

第二十八条 带有邮政专用标志的邮政车船和邮政工作人员进出港口、通过渡口时，应当优先放行。带有邮政专用标志的邮政车辆需要通过禁行路线或者在禁止停车地段停车的，由有关主管部门核准通行、停车。

第二十九条 邮件通过海上运输时，不参与分摊共同海损。

第三十条 国际邮递物品未经海关查验放行，邮政企业不得寄递。国际邮袋出入境、开拆和封发，应当由海关监管。邮政企业应当将作业时间事先通知海关，海关应当按时派员到场监管查验。

第三十一条 依法应当施行卫生检疫或者动植物检疫的邮件，由检疫部门负责拣出并进行检疫；未经检疫部门许可，邮政企业不得运递。

第六章 损失赔偿

第三十二条 用户对交寄的给据邮件和交汇的汇款，可以在交寄或者交汇之日起一年内，持据向收寄、收汇的邮政企业或者其分支机构查询。邮政企业及其分支机构应当在国务院邮政主管部门规定的期限内将查询结果通知查询人。

查复期满无结果的，邮政企业应当先予赔偿或者采取补救措施。自赔偿之日起一年内，查明有本法第三十四条第(二)项和第(三)项情形之一的，邮政企业有权收回赔偿。

第三十三条 邮政企业对于给据邮件丢失、损毁、内件短少，依照下列规定赔偿或者采取补救措施：

(一) 挂号信件，按照国务院邮政主管部门规定的金额赔偿。

(二) 保价邮件，丢失或者全部损毁的，按照保价额赔偿；内件短少或者部分损毁的，按照保价额同邮件全部价值的比例对邮件实际损失予以赔偿。

(三) 非保价邮包，按照邮包实际损失价值赔偿，但是最高不超过国务院邮政主管部门规定的限额。

(四) 其他给据邮件，按照国务院邮政主管部门规定的办法赔偿或者采取补救措施。

第三十四条 有下列情形之一的，邮政企业不负赔偿责任：

(一) 平常邮件的损失；

(二) 由于用户的责任或者所寄物品本身的原因造成给据邮件损失的；

(三) 除汇款和保价邮件以外的其他给据邮件由于不可抗力的原因造成损失的；

(四) 用户自交寄给据邮件或者交汇汇款之日起满一年未查询又未提出赔偿要求的。

第三十五条 用户因损失赔偿同邮政企业发生争议的，可以要求邮政企业的上级主管部门处理，对处理不服的可以向人民法院起诉；也可以直接向人民法院起诉。

第七章 罚 则

第三十六条 隐匿、毁弃或者非法开拆他人信件，侵犯公民通信自由权利，情节严重的，依照《中华人民共和国刑法》第一百四十九条的规定追究刑事责任；尚不够刑事处罚的，依照《中华人民共和国治安管理处罚条例》第二十二条的规定处罚。

第三十七条 邮政工作人员私自开拆或者隐匿、毁弃邮件的，依照《中华人民共和国刑法》第一百九十一条第一款的规定追究刑事责任。

犯前款罪而窃取财物的，依照《中华人民共和国刑法》第一百九十一条第二款的规定，按贪污罪从重处罚。

第三十八条 故意损毁邮筒等邮政公用设施，尚不够刑事处罚的，依照《中华人民共和国治安管理处罚条例》第二十五条的规定处罚；情节严重的，依照《中华人民共和国刑法》第一百五十六条的规定追究刑事责任。

第三十九条 邮政工作人员拒不办理依法应当办理的邮政业务的，故意延误投递邮件的，给予行政处分。邮政工作人员玩忽职守，致使公共财产、国家和人民利益遭受重大损失的，依照《中华人民共和国刑法》第一百八十七条的规定追究刑事责任。

第四十条 违反本法第八条规定，经营信件和其他具有信件性质的物品的寄递业务的，由工商行政管理部门责令其将收寄的信件和其他具有信件性质的物品及收取的资费退还寄件人，处以罚款。

当事人对处罚决定不服的，可以在接到处罚通知之日起十五日内向人民法院起诉；逾期不起诉又不履行的，由工商行政管理部门申请人民法院强制执行。

第八章 附 则

第四十一条 本法下列用语的含义是：

(一) 邮件：指通过邮政企业寄递的信件、印刷品、邮包、汇款通知、报刊等。

(二) 信件：指信函和明信片。

(三) 平常邮件：指邮政企业及其分支机构在收寄时不出具收据，投递时不要求收件人签收的邮件。

(四) 给据邮件：指挂号信件、邮包、保价邮件等由邮政企业及其分支机构在收寄时出具收据，投递时要求收件人签收的邮件。

(五) 国际邮递物品：指中华人民共和国与其他国家和地区的用户相互寄递的印刷品和邮包。

(六) 邮政专用品：指邮政日戳、邮政夹钳和邮袋。

第四十二条 中华人民共和国缔结或者参加的有关国际邮政事务的国际条约同本法有不同规定的，适用该国际条约的规定。但是，中华人民共和国声明保留的条款除外。

第四十三条 国务院邮政主管部门根据本法制定实施细则，报国务院批准施行。

第四十四条 本法自一九八七年一月一日起施行。

全国人民代表大会常务委员会关于批准长江南京港对外国籍船舶开放的决定

（一九八六年一月二十日通过）

第六届全国人民代表大会常务委员会第十四次会议，审议了国务院、中央军委提出的关于提请批准南京港对外国籍船舶开放的议案，决定批准将长江南京港对外国籍船舶开放。今后南京港至长江口沿岸再有其他港口需对外国籍船舶开放时，授权国务院审批。

全国人民代表大会常务委员会关于县、乡两级人民代表大会代表选举时间的决定

（一九八六年九月五日通过）

第六届全国人民代表大会常务委员会第十七次会议决定：根据《中华人民共和国宪法》第九十八条关于县、乡人民代表大会每届任期的规定，县、乡两级人民代表大会代表应在 1987 年年底以前进行换届选举。

1979 年至 1985 年制定的法律选载

一　九　七　九　年

中华人民共和国森林法（试行）*

（一九七九年二月二十三日第五届全国人民代表大会常务委员会第六次会议原则通过）

目　　录

第一章　总　　则

第一条　森林是国家的重要资源，能够提供木材和各种林产品，满足国家经济建设和人民生活的需要；能够调节气候、涵养水源、保持水土、防风固沙，保障农业、牧业的发展；能够防治空气污染，保护和美化环境，增强人民身心健康。为了加快造林速度，加强森林保护管理，合理开发利用森林资源，特制定森林法。

第二条　森林资源包括林木、竹子和林地，以及林区范围内的植物和动物。

根据森林的不同效益，将森林划分为以下五类：

（一）防护林：以防护为主要目的的森林。包括水土保持林，水源涵养林，防风固沙林，农田牧场防护林，护岸林，护路林，国防林。

（二）用材林：以生产木材、竹材为主要目的的森林。

（三）经济林：以生产果品、食用油料、工业原料和药材为主要目的的林木。

（四）薪炭林：以生产燃料为目的的乔木林和灌木林。

（五）特种用途林：以保护环境，科学实验等特殊用途为主要目的的森林和林木。包括实验林、母树林、环境保护林、风景林，名胜古迹和革命圣地的林木，自

然保护区的森林。

第三条 根据宪法关于现阶段生产资料所有制的规定，森林属于社会主义全民所有和社会主义劳动群众集体所有。

人民公社社员在房前屋后和生产队指定的地方种植的树木，归社员个人所有。

机关、团体、部队、学校、厂矿、农场、牧场等单位，在当地革命委员会指定的地方种植的林木，归本单位所有。

保障国家、集体和个人的林木所有权不受侵犯。不准将国有林划归集体和非林业单位，不准将集体所有林划归个人，不准平调社队的林木和社员个人的树木。

第四条 林区县和林区社、队，实行以林为主、全面发展的方针。林区县和林区社、队的确定，由省、自治区、直辖市革命委员会决定。

第五条 林业建设实行以营林为基础、造管并举、造多于伐、采育结合、综合利用的方针。

第六条 林业建设的基本任务：大力植树造林，不断增加森林覆盖面积和林木蓄积量；加强森林保护，坚持合理采伐，及时更新迹地；加速林区的开发建设，改善森林经营管理，提高森林生长量，合理利用森林资源；加强林业科学教育，培养林业技术人才，加强林业科学研究，加速林业生产现代化。

第七条 植树造林、爱林护林，是全国人民的光荣义务和权利。各地都要在每年植树节和各个适宜植树的时候，组织广大群众植树造林。

各级革命委员会要经常开展爱林护林宣传教育，发动广大群众保护森林和树木。

第二章 森林管理

第八条 国务院设立林业部，主管全国林业建设事业。各省、自治区、直辖市和自治州、县、自治县、市革命委员会设立林业管理机构，主管本地区的林业建设事业。

林业建设事业中的林木种子经营、调查规划设计、基本建设、木材生产、木材加工、林产化工、物资供应、机械设备制造和维修等，可以建立专业公司或者联合公司，实行企业管理。

第九条 国家检察机关，在林区县的林业部门、国营林业局和重点国营林场，各委任一至三名不脱产的林业检察员，负责检察国家林业政策法令的贯彻执行。林业检察员的职责范围，由国家检察机关统一规定。

省、自治区革命委员会，应当根据实际需要，在重点林区设立公安局、派出所，配备森林警察，加强治安，保护森林。

第十条 各级革命委员会要加强森林的管理。国有林，由国营林业局、国营林场统一经营管理。机关、团体、部队、学校、厂矿、农场、牧场等单位营造的林木，由本单位经营管理。集体所有林，由社队林场、专业队，或者由社队指定的人员经营管理。

第十一条 国营林业局、国营林场实行分级管理。重点国有林区的国营林业局，由林业部或者由所在省、自治区的林业部门领导。大型国营林场，由省、自治区、直辖市林业部门领导。

国营林业局、国营林场，全部实行企业管理。以造林为主的林场，在进入采伐利用以前的整个生产过程，包括采种、育苗、造林、抚育、保护，作为企业建设阶段，考核投资效果。

第十二条 各省、自治区林业部门，可以在集体所有林较多的地区建立林业专业公司，采取订立合同等经济办法，指导社队发展林业生产。

第十三条 国家和各级革命委员会，都要制定林业长远发展规划。

各级林业部门，要按照国家的规定，定期进行森林资源清查，掌握森林的消长变化情况。

国营林业局、国营林场，要根据林业长远发展规划，编制森林经营方案，报上级主管部门批准后实行。

各级林业部门要指导社队和机关、团体、部队、学校、厂矿、农场、牧场等单位搞好林业发展规划。

第十四条 在林区修筑工程设施和开采矿藏，必须伐开林木或者占用林地时，建设单位应当与森林经营管理单位协商，报省、自治区、直辖市革命委员会批准。占用林地面积在一千亩以上的，报林业部批准。采伐的林木，交给森林经营管理单位统一处理。占用的林地和毁林造成的损失，由建设单位给予补偿。

第十五条 为了提高森林经营管理水平，要加快林区的道路建设。国有林区的基本建设投资，应当优先用于修建道路。集体所有林区的道路建设，实行民办或者民办公助。

第十六条 为了适应林业生产周期长的特点，弥补历史上长期过伐所造成的森林资源的损失，从木材、竹子和林产品的售价中征收一定数额的育林费，建立育林基金制度。

育林基金主要用于迹地更新也可用于营造新林，由财政部门和银行监督使用。

育林基金分为国有林和集体林两种。国有林育林基金，由省、自治区、直辖市林业部门管理，林业部有权调剂使用。集体林育林基金的管理，由省、自治区、直辖市革命委员会规定。

煤炭和造纸工业部门，可以按照煤炭和纸张的产量提取一定数额的育林费，用于营造坑木林和造纸原料林。

征收育林基金的具体办法，由林业部和财政部制定。

第三章 森林保护

第十七条 各省、自治区、直辖市和林区县革命委员会，根据实际需要，组织有关部门建立护林指挥机构。林区的社队和国营林场、农场、牧场、厂矿等单位，要建立群众性基层护林组织。行政区交界的林区，要在各有关革命委员会的领导下，建立护林联防组织。

林区的社队和国营林场、农场、牧场、厂矿等单位，在县革命委员会领导下，划定森林保护责任区，配备专职或者兼职的护林人员。

护林人员的主要职责：

（一）进行巡察。

（二）制止一切可能引起破坏森林的行为。

（三）将引起森林火灾和其他破坏森林的违法分子，送交当地公安部门处理。

第十八条 各级革命委员会和各有关部门必须采取有效措施，防止森林火灾，保障森林的安全：

（一）要规定森林防火期。在森林防火期内，对林区野外一切用火和一切可能引起火灾的活动，必须规定安全措施，严加管理。

（二）在林区建设各种护林防火设施。在大面积国有林区，由民航部门建立航空护林专业队伍，进行航空护林。

（三）发生森林火灾，必须立即组织力量，全力扑救。当地驻军和商业、粮食、卫生等部门要大力支援。扑救森林火灾时，可以优先利用铁路、公路、水运、航空和邮电等部门的交通和通讯工具。

（四）发生森林火灾，必须查明原因，调查损失，追究肇事责任，严肃处理。

（五）扑救森林火灾负伤或者死亡的人员，国家给予医疗或者抚恤。

第十九条 严禁毁林开荒、毁林搞副业。已经毁林的，限期由毁林单位或者毁林人员还林。

禁止在幼林地、封山育林区、防风固沙林和特种用途林内砍柴、放牧、采取砂石。

第二十条 国家和各省、自治区、直辖市革命委员会，应当在珍贵、稀有动物和植物的生长繁殖地区，划定自然保护区，建立机构，加强保护管理，开展科学研究。

第二十一条 进入林区的人员，必须遵守下列规定：

（一）在森林防火期，必须遵守护林防火的各项规定。

（二）不得破坏林木、道路、河流和为林业服务的工程设施。

（三）放牧的，必须加强看管牲畜，防止毁坏林木。

（四）狩猎的，必须遵守狩猎管理的规定。

第二十二条 各级革命委员会，应当根据实际需要，建立森林病虫害防治机构，积极防治森林病虫害，确定林木种苗的检疫对象，划定疫区和保护区，对林木种苗进行检疫，防止危险性的病虫害传播和蔓延。

第四章 植树造林

第二十三条 国家和各级革命委员会，按照下列规定制定规划，限期完成造林绿化任务：

（一）全国森林覆盖面积要达到百分之三十。省、自治区、直辖市和自治州、县、自治县，都要计算森林覆盖面积，山区县一般达到百分之四十以上，丘陵区县一般达到百分之二十以上，平原区县一般达到百分之十以上。

（二）在农业和牧业区，在水土流失和风沙危害严重的地区，在铁路、公路两旁，在河渠两侧、水库周围、海岸和湖边，营造各种防护林。

（三）国家和各省、自治区、直辖市，应当有计划地建设新的用材林和经济林基地。少林的省、自治区，必须限期做到木材自给。

凡是有条件的生产大队、生产队，都要根据实际需要营造薪炭林。

（四）有条件的城市和工矿区，按照平均每人不少于五平方米绿化面积的要求，营造园林和环境保护林。

（五）植树造林要严格执行技术规程，保证成活成林。大面积的造林、更新，要注意更换树种和营造混交林。

第二十四条 各级革命委员会，对宜林荒山荒地，要做出规划，限期造林。在限期内没有完成造林而无正当理由的，国有的宜林荒山荒地，要追究有关领导的责任；集体所有的宜林荒山荒地，由国家安排造林，林木的收益归造林单位所有。

第二十五条 在铁路、公路两旁，河渠两侧，水库周围，工矿区，机关、学校、部队营房附近，以及农场、牧场经营地区，要按照当地革命委员会规定的期限，由各主管单位植树造林。

煤炭、造纸等厂矿企业，应当利用一切可能的条件，建立用材林基地。

第二十六条 森林采伐以后，必须执行人工更新为主的方针，在采伐的当年或者次年内，按照国家规定，及时更新。

第二十七条 国有林的抚育采伐和低产林的改造，要列入国家计划，因林制宜地采取经营措施，促进林木速生丰产。

第二十八条 各级林业部门要大力推广优质速生树种，建立母树林和种子园，培育良种壮苗，实行林木良种化。

第五章 森林采伐利用

第二十九条 对森林要实行合理采伐。以县或者国营林业局为单位计算，每年的森林采伐量不得超过生长量。国家和地方的木材生产必须全部纳入国家计划，不准进行计划外的采伐。

国有林，由国营林业局、国营林场根据国家下达的计划进行采伐。集体所有林，在国家计划的指导下，由森林所有单位与林业部门订立合同，按照合同进行采伐。

社队在自己的森林内采伐自用木材，年采伐量超过十立方米的，必须报县革命委员会批准。机关、团体、部队、学校、厂矿、农场、牧场等单位在自己的森林内采伐自用木材，年采伐量超过一百立方米的，必须报省、自治区、直辖市林业部门批准。

第三十条 森林采伐必须遵守下列规定：

（一）用材林，必须按照国家规定实行合理采伐，保证作业质量。

（二）防护林和环境保护林、风景林、母树林，只准进行抚育和更新性质的采伐。

（三）自然保护区的森林，严禁任何性质的采伐。

违反上述规定的，林业部门有权制止。

第三十一条 成批的竹、柴、炭和木竹制品、半成品，由林业部门设立专业公司，统一经营管理；或者由林业和供销部门根据保护森林资源和合理利用小材小料的原则，共同制定计划，报省、自治区、直辖市计划委员会批准，林业部门负责组织生产，供销部门负责销售。其他任何单位和个人，不准进入林区进行采伐、加工和收购。

第三十二条 运输木材、竹子和木竹制品、半成品出县的，必须有县林业部门发给的运输证明，出省、自治区的，必须有省、自治区林业部门发给的运输证明。

第三十三条 积极发展木材综合利用，有计划地在林区建设木材加工工业和林产化学工业，提高森林资源和木材利用率。

第三十四条 建设用材要逐步实现标准化。林区的木材加工企业，实行按需加工，定点供应。城市木材加工企业，实行集中加工，统一供应。

第六章 奖励与惩罚

第三十五条 有下列先进事迹之一的单位，按照贡献大小，由国家或者各级革命委员会，给予精神鼓励或者物质奖励：

（一）认真贯彻执行林业方针政策，连续三年全面完成国家计划，主要经济技术指标达到国内先进水平的。

（二）保护森林成绩显著或者连续三年无森林火灾的。

（三）育苗产量高、质量好、成本低，连续三年完成任务的。

（四）造林投资少、质量高、速度快，提前完成全部造林绿化任务的。

（五）适时抚育林木，积极改造低产林，促进林木速生丰产，成绩显著的。

（六）坚持合理采伐，及时更新，成绩显著的。

（七）积极发展综合利用，节约木材，不断提高木材利用率，成绩显著的。

（八）林业教育和科学研究成绩显著的。

第三十六条 有下列先进事迹之一的个人，按照贡献大小，由国家或者各级革命委员会，给予精神鼓励或者物质奖励：

（一）在林业基层工作十五年以上，热爱林业事业，成绩显著的。

（二）在林业生产、教学和科学研究上，有发明创造或者重大革新的。

（三）坚守生产岗位，遵守劳动纪律，完成林业生产任务成绩优异的。

（四）模范地执行林业政策法令，同违法行为作坚决斗争，有显著功绩的。

（五）扑救森林火灾，英勇顽强，奋不顾身，事迹突出的。

（六）防止和挽救事故有功，使国家和人民财产免遭重大损失的。

第三十七条 国家工作人员有下列失职行为之一的，按照情节轻重，分别给予不同的行政处分，直至开除公职：

（一）领导不力，经营管理不善，给林业生产造成损失的。

（二）违反林业政策法令、规章制度，使森林遭受损失或者造成木材严重浪费的。

（三）不按国家规定进行采伐和更新的。

（四）挪用育林基金的。

（五）弄虚作假，虚报成绩的。

第三十八条 毁坏城镇和村旁、路旁、水旁、宅旁树木的，毁坏一株要栽活三株，或者处以罚款。

第三十九条 违反森林法，有下列行为之一，情节较轻的，责令赔偿损失，或者处以罚款，并追回非法所得的财物；情节严重的，予以法律制裁：

（一）引起森林火灾的。

（二）毁林开荒、毁林搞副业和放牧损坏林木的。

（三）在幼林地、封山育林区、防风固沙林和特种用途林内砍柴、放牧、采取砂石的。

（四）违反自然保护区管理规定或者狩猎管理规定的。

（五）擅自进入林区收购木材、竹子、柴、炭和木竹制品、半成品的。

（六）侵占、盗伐林木或者抢劫、盗窃木材的。

（七）进行木材投机倒把活动的。

（八）违反森林法，不听劝阻，殴打护林人员的。

（九）工作严重失职，使森林遭受损失的。

第四十条 蓄意纵火烧毁山林，聚众破坏森林或者杀害护林人员的，依法从严惩处。

第四十一条 凡是受本单位负责人指使，有违反森林法行为的，除追究本人的责任外，还应当追究负责人的责任，按照情节轻重，严肃处理。

第七章　附　　则

第四十二条　森林法实施细则由林业部制定，报国务院批准。各省、自治区、直辖市革命委员会，根据森林法和实施细则，制定具体施行办法。

* 一九八四年九月二十日第六届全国人民代表大会常务委员会第七次会议通过《中华人民共和国森林法》，自一九八五年一月一日起施行。见本书243页。

中华人民共和国逮捕拘留条例

（一九七九年二月二十三日第五届全国人民代表大会常务委员会第六次会议通过　一九七九年二月二十三日全国人民代表大会常务委员会令第一号公布施行）

第一条　根据中华人民共和国宪法第十八条和第四十七条的规定，为了保卫社会主义制度，维护社会秩序，惩罚犯罪，保护公民的人身自由和住宅不受侵犯，特制定本条例。

第二条　中华人民共和国公民，非经人民法院决定或者人民检察院批准，不受逮捕。

第三条　主要犯罪事实已经查清，可能判处徒刑以上刑罚的人犯，有逮捕必要的，经人民法院决定或者人民检察院批准，应即逮捕。

应当逮捕的人犯，患有严重疾病，或者是正在怀孕、哺乳自己婴儿的妇女，可以改用取保候审或者监视居住的办法。

第四条　经人民法院决定或者人民检察院批准逮捕的人犯，由公安机关执行逮捕。

公安机关要求逮捕人犯的时候，由人民检察院批准。

第五条　公安机关逮捕人犯的时候，必须持有逮捕证，并且向被逮捕人宣布。逮捕后，除有碍侦查或者无法通知的情形外，公安机关、人民检察院或者人民法院应当把逮捕的原因和羁押的处所，在二十四小时以内告知被逮捕人的家属。

第六条　公安机关对罪该逮捕的现行犯或者重大犯罪嫌疑分子，如果有下列情形之一的，由于情况紧急，可以先行拘留：

（一）正在预备犯罪、实行犯罪或者在犯罪后即时被发觉的；

（二）被害人或者在场亲眼看见的人指认他犯罪的；

（三）在身边或者住处发现有犯罪证据的；

（四）犯罪后企图自杀、逃跑或者在逃的；

（五）有毁灭、伪造证据或者串供可能的；

（六）身份不明有流窜作案重大嫌疑的；

（七）正在进行打、砸、抢、抄和严重破坏工作、生产、社会秩序的。

第七条　对下列人犯，任何公民都可以立即扭送公安机关、人民检察院或者人民法院处理：

（一）正在实行犯罪或者在犯罪后即时被发觉的；

（二）通缉在案的；

（三）越狱逃跑的；

（四）正在被追捕的。

第八条　公安机关拘留的人犯，需要逮捕的，应当在拘留后的三天以内，把被拘留人的犯罪事实和证据材料通知本级人民检察院。在特殊情况下，拘留的时间可以再延长四天。人民检察院应当在接到通知后的三天以内，批准逮捕或者不批准逮捕；人民检察院不批准逮捕的，公安机关应当在接到通知后立即释放，并且发给释放证明。

公安机关或者人民检察院如果没有按照前款规定办理，被拘留的人犯或者他的家属有权要求释放被拘留人，公安机关或者人民检察院应当立即释放。

第九条　执行逮捕、拘留任务的人员，对抗拒逮捕、拘留的人犯，可以采取适当的强制方法，在必要的时候可以使用武器。

第十条　公安机关在逮捕、拘留人犯的时候，为了寻找犯罪证物，可以对人犯的身体、物品、住处或者其他有关的地方进行搜查；如果发现其他的人有隐藏人犯或者隐藏犯罪证物的嫌疑，也可以对他的身体、物品、住处或者其他有关的地方进行搜查。在搜查的时候，除紧急情形外，应当有公安机关的搜查证。

在搜查的时候，应当有邻居或者其他见证人、被搜查人或者他的家属在场。搜查后，应当写出搜查和扣押犯罪证物的记录，并且由邻居或者其他见证人、被搜查人或者他的家属、执行搜查的人员在记录上签名。如果被搜查人或者他的家属在逃，或者拒绝签名，应当在记录上注明。

第十一条　人民法院、人民检察院、公安机关对被逮捕、拘留人犯的邮件、电报，认为有扣押必要的时候，可以通知邮电机关加以扣押。

第十二条　人民法院、人民检察院、公安机关对被逮捕、拘留的人犯，必须在逮捕、拘留后的二十四小时以内进行讯问；在发现不应当逮捕、拘留的时候，必须立即释放，并且发给释放证明。

第十三条　人民检察院对违法进行逮捕、拘留和搜查公民的负责人员，应当查究；如果这种违法行为是出于陷害、报复、贪赃或者其他个人目的，应当追究刑事责任。

第十四条 公安机关对于违反治安管理规则的公民所采取的行政处罚的拘留，不适用本条例的规定。

第十五条 本条例自公布之日施行。一九五四年十二月二十日公布的《中华人民共和国逮捕拘留条例》即行废止。

中华人民共和国地方各级人民代表大会和地方各级人民政府组织法*

（一九七九年七月一日第五届全国人民代表大会第二次会议通过
一九七九年七月四日全国人民代表大会常务委员会委员长令第一号公布 一九八〇年一月一日起施行）

目　录

第一章 总　　则

第一条 省、自治区、直辖市、自治州、县、自治县、市、市辖区、镇设立人民代表大会和人民政府。

人民公社设立人民代表大会和管理委员会。

第二条 县级以上的地方各级人民代表大会设立常务委员会。

第二章 地方各级人民代表大会

第三条 地方各级人民代表大会都是地方国家权力机关。

第四条 省、自治区、直辖市、自治州、设区的市的人民代表大会代表由下一级的人民代表大会选举；县、自治县、不设区的市、市辖区、人民公社、镇的人民代表大会代表由选民直接选举。

地方各级人民代表大会代表名额和代表产生办法由选举法规定。各行政区域内的少数民族应当有适当的代表名额。

第五条 省、自治区、直辖市的人民代表大会每届任期五年。自治州、县、自治县、市、市辖区的人民代表大会每届任期三年。人民公社、镇的人民代表大会每届任期两年。

第六条 省、自治区、直辖市的人民代表大会根据本行政区域的具体情况和实际需要，在和国家宪法、法律、政策、法令、政令不抵触的前提下，可以制订和颁布地方性法规，并报全国人民代表大会常务委员会和国务院备案。

第七条 县级以上的地方各级人民代表大会行使下列职权：

（一）在本行政区域内，保证宪法、法律、政策、法令、政令和上级人民代表大会决议的遵守和执行，保证国家计划和国家预算的执行；

（二）审查和批准本行政区域的国民经济计划和预算、决算；

（三）讨论、决定本行政区域的政治、经济、文化、教育、卫生、民政、民族工作的重大事项；

（四）选举本级人民代表大会常务委员会的组成人员；

（五）决定省长、副省长，自治区主席、副主席，市长、副市长，州长、副州长，县长、副县长，区长、副区长的人选；

（六）省、自治区、直辖市的人民代表大会选举本级人民法院院长和中级人民法院院长；

自治州、县、自治县、市、市辖区的人民代表大会选举本级人民法院院长；

（七）省、自治区、直辖市的人民代表大会选举本级人民检察院检察长和人民检察院分院检察长；

自治州、县、自治县、市、市辖区的人民代表大会选举本级人民检察院检察长；

选出的人民检察院检察长，须报经上级人民检察院检察长提请该级人民代表大会常务委员会批准；

（八）选举上一级人民代表大会代表；

（九）听取和审查本级人民代表大会常务委员会的工作报告；

（十）听取和审查本级人民政府和人民法院、人民检察院的工作报告；

（十一）改变或者撤销本级人民政府的不适当的决议和命令；

（十二）改变或者撤销下一级人民代表大会的不适当的决议和下一级人民政府的不适当的决议和命令；

（十三）保护社会主义的全民所有的财产和劳动群众集体所有的财产，保护公民私人所有的合法财产，维护社会秩序，保障公民的人身权利、民主权利和其他权利；

（十四）保障人民公社基本核算单位应有的自主权；

（十五）保障少数民族的权利；

（十六）保障妇女同男子有平等的政治权利、劳动权利、同工同酬和其他权利。

第八条 人民公社、镇的人民代表大会行使下列职权：

（一）在本行政区域内，保证宪法、法律、政策、法令、政令和上级人民代表大会决议的遵守和执行；

（二）在职权范围内通过和发布决议；

（三）根据国家计划，决定本行政区域的经济、文化事业和公共事业的建设计划；

（四）决定本行政区域民政工作的实施计划；

（五）选举人民公社主任、副主任、管理委员会委员，决定镇长、副镇长的人选；

（六）听取和审查人民公社管理委员会、镇人民政府的工作报告；

（七）改变或者撤销人民公社管理委员会、镇人民政府的不适当的决议和命令；

（八）保护社会主义的全民所有的财产和劳动群众集体所有的财产，保护公民私人所有的合法财产，维护社会秩序，保障公民的人身权利、民主权利和其他权利；

（九）保障人民公社基本核算单位应有的自主权；

（十）保障少数民族的权利；

（十一）保障妇女同男子有平等的政治权利、劳动权利、同工同酬和其他权利。

少数民族聚居的人民公社、镇的人民代表大会在行使职权的时候，应当采取适合民族特点的具体措施。

第九条 地方各级人民代表大会有权罢免本级人民政府的组成人员。县级以上的地方各级人民代表大会有权罢免本级人民代表大会常务委员会的组成人员和由它选出的人民法院院长、人民检察院检察长。罢免人民检察院检察长，须报经上级人民检察院检察长提请该级人民代表大会常务委员会批准。

第十条 县级以上的地方各级人民代表大会会议由本级人民代表大会常务委员会召集。

人民公社、镇的人民代表大会会议由人民公社管理委员会、镇人民政府召集。

第十一条 地方各级人民代表大会会议每年至少举行一次。

经过五分之一代表提议，可以临时召集本级人民代表大会会议。

第十二条 地方各级人民代表大会举行会议的时候，选举主席团主持会议。

县级以上的地方各级人民代表大会会议设秘书长一人，副秘书长若干人。秘书长的人选由人民代表大会会议通过；副秘书长的人选由主席团决定。

第十三条 地方各级人民代表大会举行会议的时候，可以设立代表资格审查委员会、议案审查委员会和其他需要设立的委员会，在主席团领导下进行工作。

第十四条 地方各级人民代表大会举行会议的时候，主席团、常务委员会、本级人民政府和代表（有三人以上附议），都可以提出议案。

向地方各级人民代表大会会议提出的议案，由主席团提请人民代表大会会议讨论，或者交付议案审查委员会审查后提请人民代表大会会议讨论。

第十五条 地方各级人民代表大会进行选举和通过决议，以全体代表的过半数通过。

第十六条 省长、副省长，自治区主席、副主席，市长、副市长，州长、副州长，县长、副县长，区长、副区长，镇长、副镇长，人民公社管理委员会的组成人员，县级以上的地方各级人民代表大会常务委员会的组成人员和人民法院院长、人民检察院检察长的人选，由本级人民代表大会主席团或者代表联合提名。候选人名额一般应多于应选人名额。如果所提候选人名额过多，可以进行预选，根据较多数人意见，确定正式候选人名单。

选举采用无记名投票方式。代表对于确定的候选人，可以投赞成票，可以投反对票，可以另选其他任何选民，也可以弃权。

第十七条 地方各级人民代表大会举行会议的时候，本级人民政府所属各工作部门负责人员和人民法院院长、人民检察院检察长可以列席。

第十八条 地方各级人民代表大会举行会议的时候，代表向本级人民政府和它所属各工作部门以及人民法院、人民检察院提出的质询，经过主席团提交受质询的机关。受质询的机关必须在会议中负责答复。

第十九条 县级以上的地方各级人民代表大会代表，非经本级人民代表大会常务委员会同意，不受逮捕或者审判。如果因为是现行犯被拘留，执行拘留的机关必须立即报请该级人民代表大会常务委员会批准。

第二十条 地方各级人民代表大会代表在出席人民代表大会会议和执行代表职务的时候，国家根据需要给以往返的旅费和必要的物质上的便利或者补贴。

第二十一条 地方各级人民代表大会代表应当和原选举单位或者选民保持密切联系，宣传法律、法令和政策，协助本级人民政府推行工作，并且向人民代表大会和它的常务委员会、人民政府反映群众的意见和要求。

省、自治区、直辖市、自治州、设区的市的人民代表大会代表可以列席原选举单位的人民代表大会会议。

县、自治县、不设区的市、市辖区、人民公社、镇的人民代表大会代表分工联系选民，有代表三人以上的居民地区或者生产单位可以组织代表小组，协助本级人民政府推行工作。

第二十二条 省、自治区、直辖市、自治州、设区的市的人民代表大会代表受原选举单位的监督；县、自治县、不设区的市、市辖区、人民公社、镇的人民代表大会代表受选民的监督。

地方各级人民代表大会代表的选举单位和选民有权随时撤换自己选出的代表。代表的撤换必须由原选举单位以全体代表的过半数通过，或者由原选区以选民的过半数通过。

第二十三条 地方各级人民代表大会代表因故不能担任代表职务的时候，由原选举单位或者由原选区选民补选。

第二十四条 自治区、自治州、自治县的自治机关除行使本法规定的职权外，依照法律规定的权限行使自治权。

第三章 县级以上的地方各级人民代表大会常务委员会

第二十五条 省、自治区、直辖市、自治州、县、自治县、市、市辖区的人民代表大会设立常务委员会。

县级以上的地方各级人民代表大会常务委员会是本级人民代表大会的常设机关，对本级人民代表大会负责并报告工作。

第二十六条 县级以上的地方各级人民代表大会常务委员会由本级人民代表大会在代表中选举主任一人、副主任若干人和委员若干人组成。

常务委员会的组成人员不兼任本级人民政府、人民法院、人民检察院的组成人员。

常务委员会组成人员的名额：

（一）省、自治区、直辖市三十五人至六十五人，人口特多的省不超过八十五人；

（二）自治州、市十三人至三十五人，人口特多的市不超过四十五人；

（三）县、自治县、市辖区十一人至十九人，人口特多的县、市辖区不超过二十九人。

第二十七条 省、自治区、直辖市的人民代表大会常务委员会在本级人民代表大会闭会期间，根据本行政区域的具体情况和实际需要，在和国家宪法、法律、政策、法令、政令不抵触的前提下，可以制订和颁布地方性法规，并报全国人民代表大会常务委员会和国务院备案。

第二十八条 县级以上的地方各级人民代表大会常务委员会行使下列职权：

（一）领导或者主持本级人民代表大会代表的选举；

（二）召集本级人民代表大会会议；

（三）讨论、决定本行政区域的政治、经济、文化、教育、卫生、民政、民族工作的重大事项；

（四）根据本级人民政府的建议，决定对本行政区域国民经济计划和预算的部分变更；

（五）监督本级人民政府、人民法院和人民检察院的工作，联系本级人民代表大会代表，受理人民群众对上述机关和国家工作人员的申诉和意见；

（六）改变或者撤销下一级人民代表大会的不适当的决议；

（七）在本级人民代表大会闭会期间，决定副省长、自治区副主席、副市长、副州长、副县长、副区长的个别任免；在省长、自治区主席、市长、州长、县长、区长因故不能担任职务的时候，决定代理的人选；

（八）决定本级人民政府秘书长、厅长、局长、主任、科长的任免，报经国务院或者上一级人民政府批准；

（九）按照人民法院组织法和人民检察院组织法的规定，任免人民法院副院长、庭长、副庭长、审判委员会委员、审判员，任免或者批准任免人民检察院副检察长、检察委员会委员、检察员；

（十）在本级人民代表大会闭会期间，补选上一级人民代表大会出缺的代表和撤换个别代表；

（十一）决定授予地方的荣誉称号。

第二十九条 常务委员会会议由主任召集，每两个月至少举行一次。

常务委员会的决议，由常务委员会以全体组成人员的过半数通过。

第三十条 常务委员会根据工作需要，设立办事机构。

第四章 地方各级人民政府

第三十一条 地方各级人民政府，是地方各级人民代表大会的执行机关，是地方各级国家行政机关。

第三十二条 地方各级人民政府都对本级人民代表大会和上一级国家行政机关负责并报告工作。县级以上的地方各级人民政府在本级人民代表大会闭会期间，对本级人民代表大会常务委员会负责并报告工作。

全国地方各级人民政府都是国务院统一领导下的国家行政机关，都服从国务院。

第三十三条 省、自治区、直辖市的人民政府分别由省长、副省长，自治区主席、副主席，市长、副市长和秘书长、厅长、局长、委员会主任等组成。

自治州、县、自治县、市、市辖区的人民政府分别由州长、副州长，县长、副县长，市长、副市长，区长、副区长和局长、科长等组成。

镇人民政府设镇长、副镇长。人民公社管理委员会由主任、副主任和委员若干人组成。

第三十四条 省、自治区、直辖市的人民政府每届任期五年。自治州、县、自治县、市、市辖区的人民政府每届任期三年。人民公社管理委员会、镇人民政府每届任期两年。

第三十五条 县级以上的地方各级人民政府行使下列职权：

（一）执行本级人民代表大会和它的常务委员会的决议，以及上级国家行政机关的决议和命令，规定行政措施，发布决议和命令；

（二）领导所属各工作部门和下级人民政府的工作；

（三）改变或者撤销所属各工作部门的不适当的命令、指示和下级人民政府的不适当的决议、命令；

（四）依照法律的规定任免和奖惩国家机关工作人员；

（五）执行经济计划和预算，管理本行政区域内经济、文化建设和民政、公安等工作；

（六）保护社会主义的全民所有的财产和劳动群众集体所有的财产，保护公民私人所有的合法财产，维护社会秩序，保障公民的人身权利、民主权利和其他权利；

（七）保障人民公社基本核算单位应有的自主权；

（八）保障少数民族的权利和尊重少数民族的风俗习惯，省人民政府并且帮助本省各少数民族聚居的地方实行区域自治，帮助各少数民族发展政治、经济和文化的建设事业；

（九）保障妇女同男子有平等的政治权利、劳动权利、同工同酬和其他权利；

（十）办理上级国家行政机关交办的其他事项。

第三十六条 人民公社管理委员会、镇人民政府行使下列职权：

（一）执行本级人民代表大会的决议和上级国家行政机关的决议和命令，发布决议和命令；

（二）领导本级人民代表大会代表的选举；

（三）召集本级人民代表大会会议；

（四）管理本行政区域内经济、文化建设和民政、公安等工作；

（五）保护社会主义的全民所有的财产和劳动群众集体所有的财产，保护公民私人所有的合法财产，维护社会秩序，保障公民的人身权利、民主权利和其他权利；

（六）保障人民公社基本核算单位应有的自主权；

（七）保障少数民族的权利和尊重少数民族的风俗习惯；

（八）保障妇女同男子有平等的政治权利、劳动权利、同工同酬和其他权利；

（九）办理上级人民政府交办的其他事项。

第三十七条 省长、自治区主席、市长、州长、县长、区长、镇长分别主持地方各级人民政府的工作。人民公社主任主持公社管理委员会的工作。

第三十八条 地方各级人民政府根据工作需要和精干的原则，设立必要的工作部门。

省、自治区、直辖市的人民政府的厅、局、委员会等工作部门的设立、增加、减少或者合并，由本级人民政府报请国务院批准。

自治州、县、自治县、市、市辖区的人民政府的局、科等工作部门的设立、增加、减少或者合并，由本级人民政府报请上一级人民政府批准。

第三十九条 各厅、局、委员会、科分别设厅长、局长、主任、科长，在必要的时候可以设副职。

办公厅、办公室设主任，在必要的时候可以设副主任。

省、自治区、直辖市、自治州、设区的市的人民政府设秘书长一人，副秘书长若干人。

第四十条 省、自治区、直辖市的人民政府的各工作部门受人民政府统一领导，并且受国务院主管部门的领导或者业务指导。

自治州、县、自治县、市、市辖区的人民政府的各工作部门受人民政府统一领导，并且受上级人民政府主管部门的领导或者业务指导。

第四十一条 省、自治区、直辖市、自治州、县、自治县、市、市辖区的人民政府应当协助设立在本行政区域内不属于自己管理的国家机关、企业、事业单位进行工作，并且监督它们遵守和执行法律、法令和政策。

第四十二条 省、自治区的人民政府在必要的时候，经国务院批准，可以设立若干行政公署，作为它的派出机关。

县、自治县的人民政府在必要的时候，经省、自治区、直辖市的人民政府批准，可以设立若干区公所，作为它的派出机关。

市辖区、不设区的市的人民政府，经上一级人民政府批准，可以设立若干街道办事处，作为它的派出机关。

---

* 根据一九八二年十二月十日第五届全国人民代表大会第五次会议《关于修改〈中华人民共和国地方各级人民代表大会和地方各级人民政府组织法〉的若干规定的决议》第一次修正。

根据一九八六年十二月二日第六届全国人民代表大会常务委员会第十八次会议《关于修改〈中华人民共和国地方各级人民代表大会和地方各级人民政府组织法〉的决定》第二次修正，本法的修正本见本书 97 页。

中华人民共和国全国人民代表大会和地方各级人民代表大会选举法*

（一九七九年七月一日第五届全国人民代表大会第二次会议通过
一九七九年七月四日全国人民代表大会常务委员会委员长令第二号公布　一九八〇年一月一日起施行）

目　录

第一章　总　则

第一条　根据中华人民共和国宪法，制定全国人民代表大会和地方各级人民代表大会选举法。

第二条　全国人民代表大会的代表，省、自治区、直辖市、设区的市、自治州的人民代表大会的代表，由下一级人民代表大会选出。

不设区的市、市辖区、县、自治县、人民公社、镇的人民代表大会的代表，由选民直接选出。

第三条　年满十八周岁的中华人民共和国公民，不分民族、种族、性别、职业、社会出身、宗教信仰、教育程度、财产状况和居住期限，都有选举权和被选举权。

依照法律被剥夺政治权利的人没有选举权和被选举权。

第四条　每一选民在一次选举中只有一个投票权。

第五条　人民解放军单独进行选举，选举办法另订。

第六条　华侨代表的产生办法另订。

第七条　全国人民代表大会常务委员会主持全国人民代表大会代表的选举。省、自治区、直辖市、设区的市、自治州的人民代表大会常务委员会主持本级人民代表大会代表的选举。在地方人民代表大会常务委员会成立以前，由地方行政机关主持。

不设区的市、市辖区、县、自治县、人民公社、镇设立选举委员会，主持本级人民代表大会代表的选举。不设区的市、市辖区、县、自治县的选举委员会受本级人民代表大会常务委员会的领导。人民公社、镇的选举委员会受人民公社管理委员会、镇人民政府的领导。

第八条　全国人民代表大会和地方各级人民代表大会的选举经费，由国库开支。

第二章　地方各级人民代表大会代表名额

第九条　地方各级人民代表大会代表的名额，由各省、自治区、直辖市的人民代表大会常务委员会，按照便于召开会议、讨论问题和解决问题，并且使各民族、各地区、各方面都能有适当数量的代表的原则自行决定，并报全国人民代表大会常务委员会备案。

第十条　自治州、县、自治县人民代表大会代表的名额，由本级人民代表大会常务委员会按照农村每一代表所代表的人口数四倍于镇每一代表所代表的人口数的原则分配。人口特少的人民公社、镇，也应有代表参加。

第十一条　直辖市、市、市辖区的农村每一代表所代表的人口数，应多于市区每一代表所代表的人口数。

第十二条　省、自治区人民代表大会代表的名额，由本级人民代表大会常务委员会按照农村每一代表所代表的人口数五倍于城市每一代表所代表的人口数的原则分配。

第三章　全国人民代表大会代表名额

第十三条　全国人民代表大会的代表，由省、自治区、直辖市的人民代表大会和人民解放军选举产生。

全国人民代表大会代表的名额不超过三千五百人。名额的分配由全国人民代表大会常务委员会根据情况决定。

第十四条　省、自治区、直辖市应选全国人民代表大会代表的名额，由全国人民代表大会常务委员会按照农村每一代表所代表的人口数八倍于城市每一代表所代表的人口数的原则分配。

第十五条　全国少数民族应选全国人民代表大会代表，由全国人民代表大会常务委员会参照各少数民族的人口数和分布等情况，分配给各省、自治区、直辖市的人民代表大会选出。人口特少的民族，至少也应有代表一人。

第四章 各少数民族的选举

第十六条 有少数民族聚居的地方，每一聚居的少数民族都应有代表参加当地的人民代表大会。

聚居境内同一少数民族的总人口数占境内总人口数百分之十以上的，每一代表所代表的人口数应相当于当地人民代表大会每一代表所代表的人口数。

聚居境内同一少数民族的总人口数不及境内总人口数百分之十的，每一代表所代表的人口数，可以少于当地人民代表大会每一代表所代表的人口数，但不得少于二分之一。人口特少的民族也应有代表一人。

第十七条 自治区、自治州、自治县和有少数民族聚居的人民公社、镇的人民代表大会，对于聚居在境内的其他少数民族和汉族代表的选举，适用本法第十六条的规定。

第十八条 散居的少数民族应选当地人民代表大会的代表，每一代表所代表的人口数可以少于当地人民代表大会每一代表所代表的人口数。

自治区、自治州、自治县和有少数民族聚居的人民公社、镇的人民代表大会，对于散居在境内的其他少数民族和汉族代表的选举，适用前款的规定。

第十九条 有少数民族聚居在境内的市、市辖区、县、人民公社、镇的人民代表大会代表的产生，按照当地的民族关系和居住状况，各少数民族选民可以单独选举或者联合选举。

自治区、自治州、自治县和有少数民族聚居的人民公社、镇的人民代表大会，对于居住在境内的其他少数民族和汉族代表的选举办法，适用前款的规定。

第二十条 自治区、自治州、自治县制定或者公布的选举文件、选民名单、选民证、代表候选人名单、代表当选证书和选举委员会的印章等，都应当同时使用当地通用的民族文字。

第二十一条 少数民族选举的其他事项，参照本法有关各条的规定办理。

第五章 选区划分

第二十二条 不设区的市、市辖区、县、自治县、人民公社、镇的人民代表大会的代表名额分配到选区，按选区进行选举。选区应按生产单位、事业单位、工作单位和居住状况划分。

第六章 选民登记

第二十三条 选民登记按选区进行。

无法行使选举权和被选举权的精神病患者，不列入选民名单。

第二十四条 选民名单应在选举日前三十天公布，并发给选民证。

第二十五条 对于公布的选民名单有不同意见的，可以向选举委员会提出申诉。选举委员会对申诉意见，应在三日内作出处理决定。申诉人如果对处理决定不服，可以向人民法院起诉，人民法院的判决为最后决定。

第七章 代表候选人的提出

第二十六条 全国和地方各级人民代表大会的代表候选人，按选区或者选举单位提名产生。

中国共产党、各民主党派、各人民团体，可以联合或者单独推荐代表候选人。任何选民或者代表，有三人以上附议，也可以推荐代表候选人。推荐时，应向选举委员会介绍候选人的情况。

第二十七条 全国和地方各级人民代表大会代表候选人的名额，应多于应选代表的名额。

由选民直接选举的代表候选人名额，应多于应选代表名额的二分之一至一倍；由地方各级人民代表大会选举上一级人民代表大会代表候选人的名额，应多于应选代表名额的五分之一至二分之一。

第二十八条 由选民直接选举的人民代表大会代表候选人，由各选区选民和各单位提名推荐。选举委员会汇总各方面推荐的代表候选人名单和各候选人情况，在选举日前二十天公布并由各该选区的选民小组反复讨论、民主协商，如果所提候选人名额过多，可以进行预选，根据较多数选民的意见，确定正式代表候选人名单，并在选举日前五天公布。

县级以上的地方各级人民代表大会在选举上一级人民代表大会代表时，由各该级人民代表大会主席团汇总大会代表和中国共产党、各民主党派、各人民团体提出的代表候选人名单，组织全体代表反复讨论、民主协商，如果所提候选人名额过多，可以进行预选，根据较多数代表的意见，确定正式代表候选人名单。

第二十九条 县级以上的地方各级人民代表大会在选举上一级人民代表大会代表时，代表候选人不限于各该级人民代表大会的代表。

第三十条 各党派、团体和选民，都可以用各种形式宣传代表候选人。但在选举日须停止对代表候选人的宣传。

第八章 选举程序

第三十一条 在选民直接选举人民代表大会的代表时，各选区应设立投票站或者召开选举大会进行。投票站或者选举大会由选举委员会主持。

第三十二条 县级以上的地方各级人民代表大会在选举上一级人民代表大会代表时，由各该级人民代表大会主席团主持。

第三十三条 全国和地方各级人民代表大会代表的选举，一律采用无记名投票的方法。

选民如果是文盲或者因残疾不能写选票的，可以委托他信任的人代写。

第三十四条 选举人对于代表候选人可以投赞成

票，可以投反对票，可以另选其他任何选民，也可以弃权。

第三十五条 选民如果在选举期间外出的，可以书面委托其他选民代为投票，但事先须经选举委员会认可。

第三十六条 投票结束后，由选民推选的监票、计票人员和选举委员会的人员将投票人数和票数加以核对，作出记录，并由监票人签字。

第三十七条 每次选举所投的票数，多于投票人数的无效，少于投票人数的有效。

每一选票所选的人数，多于规定应选代表人数的作废，少于规定应选代表人数的有效。

第三十八条 各级人民代表大会的代表候选人，获得选区全体选民或者选举单位的代表过半数的选票时，始得当选。

获得过半数选票的代表候选人名额超过应选代表名额时，以得票多的当选。如遇票数相等不能确定当选人时，应当就票数相等的候选人重新投票。

获得过半数选票的代表候选人名额少于应选代表名额时，对不足的名额，另行选举。

第三十九条 选举结果由选举委员会或者人民代表大会主席团根据本法确定是否有效，并予以宣布。

第九章 对代表的监督、罢免和补选

第四十条 全国和地方各级人民代表大会的代表，受选民和原选举单位的监督。选民或者选举单位都有权罢免自己选出的代表。

罢免代表，由选民直接选出的，须经原选区过半数的选民通过；由各级人民代表大会选出的，须经各该级人民代表大会过半数的代表通过，在代表大会闭会期间，须经常务委员会过半数的委员通过。被罢免的代表可以出席上述会议或者书面申诉意见。罢免的决议，须报送上一级人民代表大会常务委员会备案。

第四十一条 任何公民或者单位对违法乱纪或者严重失职的代表，都可以提出罢免的要求。

公民或者单位要求罢免代表时，可以向各级人民代表大会常务委员会提出。受理机关必须及时组织调查，并应听取被指控代表的申辩。

对代表的指控经查证属实后，提交原选区或者原选举单位罢免。

第四十二条 代表在任期内，因故出缺，由原选区或者原选举单位补选。

县级以上的地方各级人民代表大会闭会期间，可以由本级人民代表大会常务委员会补选上一级人民代表大会代表。

第十章 对破坏选举的制裁

第四十三条 为保障选民自由行使选举权和被选举权，对有下列违法行为的，应当依法给予行政处分或者刑事处分：

（一）用暴力、威胁、欺骗、贿赂等非法手段破坏选举或者妨害选民自由行使选举权和被选举权的；

（二）伪造选举文件、虚报选举票数或者有其他违法行为的；

（三）对于控告、检举选举中违法行为的人，或者对于提出要求罢免代表的人进行压制、报复的。

第十一章 附 则

第四十四条 省、自治区、直辖市的人民代表大会常务委员会根据本法可以制定选举实施细则，报全国人民代表大会常务委员会备案。

---

* 根据一九八二年十二月十日第五届全国人民代表大会第五次会议《关于修改〈中华人民共和国全国人民代表大会和地方各级人民代表大会选举法〉的若干规定的决议》第一次修正。

根据一九八六年十二月二日第六届全国人民代表大会常务委员会第十八次会议《关于修改〈中华人民共和国全国人民代表大会和地方各级人民代表大会选举法〉的决定》第二次修正，本法的修正本见本书 90 页。

中华人民共和国人民法院组织法*

（一九七九年七月一日第五届全国人民代表大会第二次会议通过
一九七九年七月五日全国人民代表大会常务委员会委员长令第
三号公布 一九八〇年一月一日起施行）

目 录

第一章 总 则

第一条 中华人民共和国人民法院是国家的审判机关。

第二条 中华人民共和国的审判权由下列人民法院行使：

（一）地方各级人民法院；
（二）专门人民法院；
（三）最高人民法院。

地方各级人民法院分为：基层人民法院、中级人民法院、高级人民法院。

专门人民法院包括：军事法院、铁路运输法院、水上运输法院、森林法院、其他专门法院。

第三条 人民法院的任务是审判刑事案件和民事案件，并且通过审判活动，惩办一切犯罪分子，解决民事纠纷，以保卫无产阶级专政制度，维护社会主义法制和社会秩序，保护社会主义的全民所有的财产、劳动群众集体所有的财产，保护公民私人所有的合法财产，保护公民的人身权利、民主权利和其他权利，保障国家的社会主义革命和社会主义建设事业的顺利进行。

人民法院用它的全部活动教育公民忠于社会主义祖国，自觉地遵守宪法和法律。

第四条 人民法院独立进行审判，只服从法律。

第五条 人民法院审判案件，对于一切公民，不分民族、种族、性别、职业、社会出身、宗教信仰、教育程度、财产状况、居住期限，在适用法律上一律平等，不允许有任何特权。

第六条 各民族公民都有用本民族语言文字进行诉讼的权利。人民法院对于不通晓当地通用的语言文字的当事人，应当为他们翻译。在少数民族聚居或者多民族杂居的地区，人民法院应当用当地通用的语言进行审讯，用当地通用的文字发布判决书、布告和其他文件。

第七条 人民法院审理案件，除涉及国家机密、个人阴私和未成年人犯罪案件外，一律公开进行。

第八条 被告人有权获得辩护。被告人除自己进行辩护外，有权委托律师为他辩护，可以由人民团体或者被告人所在单位推荐的或者经人民法院许可的公民为他辩护，可以由被告人的近亲属、监护人为他辩护。人民法院认为必要的时候，可以指定辩护人为他辩护。

第九条 人民法院审判第一审案件实行人民陪审员陪审的制度，但是简单的民事案件、轻微的刑事案件和法律另有规定的案件除外。

第十条 人民法院审判案件，实行合议制。

人民法院审判第一审案件，由审判员和人民陪审员组成合议庭进行，但是简单的民事案件、轻微的刑事案件和法律另有规定的案件除外。

人民法院审判上诉和抗诉的案件，由审判员组成合议庭进行。

合议庭由院长或者庭长指定审判员一人担任审判长。院长或者庭长参加审判案件的时候，自己担任审判长。

第十一条 各级人民法院设立审判委员会，实行民主集中制。审判委员会的任务是总结审判经验，讨论重大的或者疑难的案件和其他有关审判工作的问题。

地方各级人民法院审判委员会委员，由院长提请本级人民代表大会常务委员会任免；最高人民法院审判委员会委员，由最高人民法院院长提请全国人民代表大会常务委员会任免。

各级人民法院审判委员会会议由院长主持，本级人民检察院检察长可以列席。

第十二条 人民法院审判案件，实行两审终审制。

地方各级人民法院第一审案件的判决和裁定，当事人可以按照法律规定的程序向上一级人民法院上诉，人民检察院可以按照法律规定的程序向上一级人民法院抗诉。

地方各级人民法院第一审案件的判决和裁定，如果在上诉期限内当事人不上诉、人民检察院不抗诉，就是发生法律效力的判决和裁定。

中级人民法院、高级人民法院和最高人民法院审判的第二审案件的判决和裁定，最高人民法院审判的第一审案件的判决和裁定，都是终审的判决和裁定，也就是发生法律效力的判决和裁定。

第十三条 死刑案件由最高人民法院判决或者核准。死刑案件的复核程序按照中华人民共和国刑事诉讼法第三编第四章的规定办理。

第十四条 各级人民法院院长对本院已经发生法律效力的判决和裁定，如果发现在认定事实上或者在适用法律上确有错误，必须提交审判委员会处理。

最高人民法院对各级人民法院已经发生法律效力的判决和裁定，上级人民法院对下级人民法院已经发生法律效力的判决和裁定，如果发现确有错误，有权提审或者指令下级人民法院再审。

最高人民检察院对各级人民法院已经发生法律效力的判决和裁定，上级人民检察院对下级人民法院已经发生法律效力的判决和裁定，如果发现确有错误，有权按照审判监督程序提出抗诉。

各级人民法院对于当事人提出的对已经发生法律效力的判决和裁定的申诉，应当认真负责处理。

第十五条 人民法院对于人民检察院起诉的案件认为主要事实不清、证据不足，或者有违法情况时，可以退回人民检察院补充侦查，或者通知人民检察院纠正。

第十六条 当事人如果认为审判人员对本案有利害关系或者其他关系不能公平审判，有权请求审判人员回避。审判人员是否应当回避，由本院院长决定。

审判人员如果认为自己对本案有利害关系或者其他关系，需要回避时，应当报告本院院长决定。

第十七条 最高人民法院对全国人民代表大会和全国人民代表大会常务委员会负责并报告工作。地方各级人民法院对本级人民代表大会及其常务委员会负责并报告工作。

下级人民法院的审判工作受上级人民法院监督。

各级人民法院的司法行政工作由司法行政机关管

理。

第二章　人民法院的组织和职权

第十八条　基层人民法院包括：

（一）县人民法院和市人民法院；

（二）自治县人民法院；

（三）市辖区人民法院。

第十九条　基层人民法院由院长一人，副院长和审判员若干人组成。

基层人民法院可以设刑事审判庭和民事审判庭，庭设庭长、副庭长。

第二十条　基层人民法院根据地区、人口和案件情况可以设立若干人民法庭。人民法庭是基层人民法院的组成部分，它的判决和裁定就是基层人民法院的判决和裁定。

第二十一条　基层人民法院审判刑事和民事的第一审案件，但是法律、法令另有规定的案件除外。

基层人民法院对它所受理的刑事和民事案件，认为案情重大应当由上级人民法院审判的时候，可以请求移送上级人民法院审判。

第二十二条　基层人民法院除审判案件外，并且办理下列事项：

（一）处理不需要开庭审判的民事纠纷和轻微的刑事案件；

（二）指导人民调解委员会和人民公社司法助理员的工作；

（三）在上级司法行政机关授予的职权范围内管理司法行政工作。

第二十三条　中级人民法院包括：

（一）在省、自治区内按地区设立的中级人民法院；

（二）在直辖市内设立的中级人民法院；

（三）省、自治区辖市的中级人民法院；

（四）自治州中级人民法院。

第二十四条　中级人民法院由院长一人，副院长、庭长、副庭长和审判员若干人组成。

中级人民法院设刑事审判庭、民事审判庭，根据需要可以设其他审判庭。

直辖市的中级人民法院和省、自治区辖的市中级人民法院应设经济审判庭。

第二十五条　中级人民法院审判下列案件：

（一）法律、法令规定由它管辖的第一审案件；

（二）基层人民法院移送审判的第一审案件；

（三）对基层人民法院判决和裁定的上诉案件和抗诉案件；

（四）人民检察院按照审判监督程序提出的抗诉案件。

中级人民法院对它所受理的刑事和民事案件，认为案情重大应当由上级人民法院审判的时候，可以请求移送上级人民法院审判。

第二十六条　高级人民法院包括：

（一）省高级人民法院；

（二）自治区高级人民法院；

（三）直辖市高级人民法院。

第二十七条　高级人民法院由院长一人，副院长、庭长、副庭长和审判员若干人组成。

高级人民法院设刑事审判庭、民事审判庭、经济审判庭，根据需要可以设其他审判庭。

第二十八条　高级人民法院审判下列案件：

（一）法律、法令规定由它管辖的第一审案件；

（二）下级人民法院移送审判的第一审案件；

（三）对下级人民法院判决和裁定的上诉案件和抗诉案件；

（四）人民检察院按照审判监督程序提出的抗诉案件。

第二十九条　专门人民法院的组织和职权由全国人民代表大会常务委员会另行规定。

第三十条　最高人民法院是国家最高审判机关。

最高人民法院监督地方各级人民法院和专门人民法院的审判工作。

第三十一条　最高人民法院由院长一人，副院长、庭长、副庭长和审判员若干人组成。

最高人民法院设刑事审判庭、民事审判庭、经济审判庭和其他需要设的审判庭。

第三十二条　最高人民法院审判下列案件：

（一）法律、法令规定由它管辖的和它认为应当由自己审判的第一审案件；

（二）对高级人民法院、专门人民法院判决和裁定的上诉案件和抗诉案件；

（三）最高人民检察院按照审判监督程序提出的抗诉案件。

第三十三条　最高人民法院对于在审判过程中如何具体应用法律、法令的问题，进行解释。

第三章　人民法院的审判人员和其他人员

第三十四条　有选举权和被选举权的年满二十三岁的公民，可以被选举为人民法院院长，或者被任命为副院长、庭长、副庭长、审判员和助理审判员，但是被剥夺过政治权利的人除外。

第三十五条　地方各级人民法院院长由地方各级人民代表大会选举，副院长、庭长、副庭长和审判员由地方各级人民代表大会常务委员会任免。

在省内按地区设立的和在直辖市内设立的中级人民法院院长，由省、直辖市人民代表大会选举，副院长、庭长、副庭长和审判员由省、直辖市人民代表大会常务委员会任免。

在民族自治地方设立的地方各级人民法院的院

长，由民族自治地方各级人民代表大会选举，副院长、庭长、副庭长和审判员由民族自治地方各级人民代表大会常务委员会任免。

最高人民法院院长由全国人民代表大会选举，副院长、庭长、副庭长、审判员由全国人民代表大会常务委员会任免。

第三十六条 各级人民法院院长任期与本级人民代表大会每届任期相同。

各级人民代表大会有权罢免由它选出的人民法院院长。在地方两次人民代表大会之间，如果本级人民代表大会常务委员会认为人民法院院长需要撤换，须报请上级人民法院报经上级人民代表大会常务委员会批准。

第三十七条 各级人民法院按照需要可以设助理审判员，由司法行政机关任免。

助理审判员协助审判员进行工作。助理审判员，由本院院长提出，经审判委员会通过，可以临时代行审判员职务。

第三十八条 有选举权和被选举权的年满二十三岁的公民，可以被选举为人民陪审员，但是被剥夺过政治权利的人除外。

人民陪审员在人民法院执行职务期间，是他所参加的审判庭的组成人员，同审判员有同等权利。

第三十九条 人民陪审员在执行职务期间，由原工作单位照付工资；没有工资收入的，由人民法院给以适当的补助。

第四十条 各级人民法院设书记员，担任审判庭的记录工作并办理有关审判的其他事项。

第四十一条 地方各级人民法院设执行员，办理民事案件判决和裁定的执行事项，办理刑事案件判决和裁定中关于财产部分的执行事项。

地方各级人民法院设法医。

各级人民法院设司法警察若干人。

第四十二条 各级人民法院的设置、人员编制和办公机构由司法行政机关另行规定。

---

* 一九八三年九月二日第六届全国人民代表大会常务委员会第二次会议通过《关于修改〈中华人民共和国人民法院组织法〉的决定》，本法的修订本见本书 221 页。

中华人民共和国人民检察院组织法*

（一九七九年七月一日第五届全国人民代表大会第二次会议通过
一九七九年七月五日全国人民代表大会常务委员会委员长令第
四号公布　一九八〇年一月一日起施行）

目　录

第一章　总　则

第一条 中华人民共和国人民检察院是国家的法律监督机关。

第二条 中华人民共和国设立最高人民检察院、地方各级人民检察院和专门人民检察院。

地方各级人民检察院分为：

（一）省、自治区、直辖市人民检察院；

（二）省、自治区、直辖市人民检察院分院，自治州和省辖市人民检察院；

（三）县、市、自治县和市辖区人民检察院。

省一级人民检察院和县一级人民检察院，根据工作需要，提请本级人民代表大会常务委员会批准，可以在工矿区、农垦区、林区等区域设置人民检察院，作为派出机构。

专门人民检察院包括：军事检察院、铁路运输检察院、水上运输检察院、其他专门检察院。

专门人民检察院的设置、组织和职权由全国人民代表大会常务委员会另行规定。

第三条 各级人民检察院设检察长一人，副检察长和检察员若干人。检察长统一领导检察院的工作。

各级人民检察院设立检察委员会。检察委员会实行民主集中制，在检察长的主持下，讨论决定重大案件和其他重大问题。如果检察长在重大问题上不同意多数人的决定，可以报请本级人民代表大会常务委员会决定。

第四条 人民检察院通过行使检察权，镇压一切叛国的、分裂国家的和其他反革命活动，打击反革命分子和其他犯罪分子，维护国家的统一，维护无产阶级专政制度，维护社会主义法制，维护社会秩序、生产秩序、工作秩序、教学科研秩序和人民群众生活秩序，保护社会主义的全民所有的财产和劳动群众集体所有的财产，保护公民私人所有的合法财产，保护公民的人身权利、民主权利和其他权利，保卫社会主义现代化建设的顺利进行。

人民检察院通过检察活动，教育公民忠于社会主义祖国，自觉地遵守宪法和法律，积极同违法行为作斗争。

第五条 各级人民检察院行使下列职权：

（一）对于叛国案、分裂国家案以及严重破坏国家的政策、法律、法令、政令统一实施的重大犯罪案件，行使检察权。

（二）对于直接受理的刑事案件，进行侦查。

（三）对于公安机关侦查的案件，进行审查，决定是否逮捕、起诉或者免予起诉；对于公安机关的侦查活动是否合法，实行监督。

（四）对于刑事案件提起公诉，支持公诉；对于人民法院的审判活动是否合法，实行监督。

（五）对于刑事案件判决、裁定的执行和监狱、看守所、劳动改造机关的活动是否合法，实行监督。

第六条 人民检察院依法保障公民对于违法的国家工作人员提出控告的权利，追究侵犯公民的人身权利、民主权利和其他权利的人的法律责任。

第七条 人民检察院在工作中必须坚持实事求是，贯彻执行群众路线，倾听群众意见，接受群众监督，调查研究，重证据不轻信口供，严禁逼供信，正确区分和处理敌我矛盾和人民内部矛盾。

各级人民检察院的工作人员，必须忠实于事实真象，忠实于法律，忠实于社会主义事业，全心全意地为人民服务。

第八条 各级人民检察院行使检察权，对于任何公民，在适用法律上一律平等，不允许有任何特权。

第九条 人民检察院依照法律规定独立行使检察权，不受其他行政机关、团体和个人的干涉。

第十条 最高人民检察院对全国人民代表大会和全国人民代表大会常务委员会负责并报告工作。地方各级人民检察院对本级人民代表大会和本级人民代表大会常务委员会负责并报告工作。

最高人民检察院领导地方各级人民检察院和专门人民检察院的工作，上级人民检察院领导下级人民检察院的工作。

第二章　人民检察院行使职权的程序

第十一条 人民检察院发现并且认为有犯罪行为时，应当依照法律程序立案侦查，或者交给公安机关进行侦查。侦查终结，人民检察院认为必须对被告人追究刑事责任时，应当向人民法院提起公诉；认为不需要追究刑事责任时，应当将原案撤销。

第十二条 对于任何公民的逮捕，除人民法院决定的以外，必须经人民检察院批准。

第十三条 人民检察院对于公安机关要求起诉的案件，应当进行审查，决定起诉、免予起诉或者不起诉。对于主要犯罪事实不清、证据不足的，可以退回公安机关补充侦查。

人民检察院发现公安机关的侦查活动有违法情况时，应当通知公安机关予以纠正。

第十四条 人民检察院对于公安机关移送的案件所作的不批准逮捕的决定、不起诉或者免予起诉的决定，公安机关认为有错误时，可以要求人民检察院复议，并且可以要求上级人民检察院复核。上级人民检察院应当及时作出决定，通知下级人民检察院和公安机关执行。

第十五条 人民检察院提起公诉的案件，由检察长或者检察员以国家公诉人的身份出席法庭，支持公诉，并且监督审判活动是否合法。

第十六条 人民检察院起诉的案件，人民法院认为主要犯罪事实不清、证据不足，或者有违法情况时，可以退回人民检察院补充侦查，或者通知人民检察院予以纠正。

第十七条 地方各级人民检察院对于本级人民法院第一审案件的判决和裁定，认为有错误时，应当按照上诉程序提出抗诉。

第十八条 最高人民检察院对于各级人民法院已经发生法律效力的判决和裁定，上级人民检察院对于下级人民法院已经发生法律效力的判决和裁定，如果发现确有错误，应当按照审判监督程序提出抗诉。

按照审判监督程序审理的案件，人民检察院必须派人出席法庭。

第十九条 人民检察院发现刑事判决、裁定的执行有违法情况时，应当通知执行机关予以纠正。

人民检察院发现监狱、看守所、劳动改造机关的活动有违法情况时，应当通知主管机关予以纠正。

第三章　人民检察院的机构设置和人员的任免

第二十条 最高人民检察院设置刑事、法纪、监所、经济等检察厅，并且可以按照需要，设立其他业务机构。

地方各级人民检察院和专门人民检察院可以设置相应的业务机构。

第二十一条 最高人民检察院检察长由全国人民代表大会选举和罢免。

最高人民检察院副检察长、检察委员会委员和检察员由最高人民检察院检察长提请全国人民代表大会常务委员会任免。

第二十二条 省、自治区、直辖市人民检察院检察长和人民检察院分院检察长由省、自治区、直辖市人民代表大会选举和罢免，副检察长、检察委员会委员和检察员由省、自治区、直辖市人民检察院检察长提请本级人民代表大会常务委员会任免。

省、自治区、直辖市人民检察院检察长、副检察长和检察委员会委员的任免，须报最高人民检察院检察长提请全国人民代表大会常务委员会批准。

第二十三条 自治州、省辖市、县、市、市辖区人民检察院检察长由本级人民代表大会选举和罢免，副检察长、检察委员会委员和检察员由自治州、省辖市、县、市、市辖区人民检察院检察长提请本级人民代表大会常务委员会任免。

自治州、省辖市、县、市、市辖区人民检察院检察长、副检察长和检察委员会委员的任免，须报省、自治区、直辖市人民检察院检察长提请本级人民代表大会常务委员会批准。

第二十四条 省一级人民检察院和县一级人民检察院设置的工矿区、农垦区、林区人民检察院检察长、副检察长、检察委员会委员和检察员，均由派出的人民检察院检察长提请本级人民代表大会常务委员会任免。

第二十五条 各级人民检察院检察长的任期，与本级人民代表大会每届任期相同。

第二十六条 全国和省、自治区、直辖市人民代表大会常务委员会根据本级人民检察院检察长的建议，可以撤换下级人民检察院检察长、副检察长和检察委员会委员。

第二十七条 各级人民检察院设助理检察员和书记员各若干人。经检察长批准，助理检察员可以代行检察员职务。书记员办理案件的记录工作和有关事项。

助理检察员、书记员由各级人民检察院检察长任免。

各级人民检察院根据需要可以设司法警察。

第二十八条 各级人民检察院的人员编制由最高人民检察院另行规定。

---

* 一九八三年九月二日第六届全国人民代表大会常务委员会第二次会议通过《关于修改〈中华人民共和国检察院组织法〉的决定》，本法的修订本见 224 页。

中华人民共和国刑法

（一九七九年七月一日第五届全国人民代表大会第二次会议通过 一九七九年七月六日全国人民代表大会常务委员会委员长令第五号公布 一九八〇年一月一日起施行）

目　录

第一编　总　则

第一章　刑法的指导思想、任务和适用范围

第一条 中华人民共和国刑法，以马克思列宁主义毛泽东思想为指针，以宪法为根据，依照惩办与宽大相结合的政策，结合我国各族人民实行无产阶级领导的、工农联盟为基础的人民民主专政即无产阶级专政和进行社会主义革命、社会主义建设的具体经验及实际情况制定。

第二条 中华人民共和国刑法的任务，是用刑罚同一切反革命和其他刑事犯罪行为作斗争，以保卫无产阶级专政制度，保护社会主义的全民所有的财产和劳动群众集体所有的财产，保护公民私人所有的合法财产，保护公民的人身权利、民主权利和其他权利，维护社会秩序、生产秩序、工作秩序、教学科研秩序和人民群众生活秩序，保障社会主义革命和社会主义建设

事业的顺利进行。

第三条 凡在中华人民共和国领域内犯罪的，除法律有特别规定的以外，都适用本法。

凡在中华人民共和国船舶或者飞机内犯罪的，也适用本法。

犯罪的行为或者结果有一项发生在中华人民共和国领域内的，就认为是在中华人民共和国领域内犯罪。

第四条 中华人民共和国公民在中华人民共和国领域外犯下列各罪的，适用本法：

（一）反革命罪；

（二）伪造国家货币罪（第一百二十二条），伪造有价证券罪（第一百二十三条）；

（三）贪污罪（第一百五十五条），受贿罪（第一百八十五条），泄露国家机密罪（第一百八十六条）；

（四）冒充国家工作人员招摇撞骗罪（第一百六十六条），伪造公文、证件、印章罪（第一百六十七条）。

第五条 中华人民共和国公民在中华人民共和国领域外犯前条以外的罪，而按本法规定的最低刑为三年以上有期徒刑的，也适用本法；但是按照犯罪地的法律不受处罚的除外。

第六条 外国人在中华人民共和国领域外对中华人民共和国国家或者公民犯罪，而按本法规定的最低刑为三年以上有期徒刑的，可以适用本法；但是按照犯罪地的法律不受处罚的除外。

第七条 凡在中华人民共和国领域外犯罪、依照本法应当负刑事责任的，虽然经过外国审判，仍然可以依照本法处理；但是在外国已经受过刑罚处罚的，可以免除或者减轻处罚。

第八条 享有外交特权和豁免权的外国人的刑事责任问题，通过外交途径解决。

第九条 本法自一九八〇年一月一日起生效。中华人民共和国成立以后本法施行以前的行为，如果当时的法律、法令、政策不认为是犯罪的，适用当时的法律、法令、政策。如果当时的法律、法令、政策认为是犯罪的，依照本法总则第四章第八节的规定应当追诉的，按照当时的法律、法令、政策追究刑事责任。但是，如果本法不认为是犯罪或者处刑较轻的，适用本法。

第二章 犯 罪

第一节 犯罪和刑事责任

第十条 一切危害国家主权和领土完整，危害无产阶级专政制度，破坏社会主义革命和社会主义建设，破坏社会秩序，侵犯全民所有的财产或者劳动群众集体所有的财产，侵犯公民私人所有的合法财产，侵犯公民的人身权利、民主权利和其他权利，以及其他危害社会的行为，依照法律应当受刑罚处罚的，都是犯罪；但是情节显著轻微危害不大的，不认为是犯罪。

第十一条 明知自己的行为会发生危害社会的结果，并且希望或者放任这种结果发生，因而构成犯罪的，是故意犯罪。

故意犯罪，应当负刑事责任。

第十二条 应当预见自己的行为可能发生危害社会的结果，因为疏忽大意而没有预见，或者已经预见而轻信能够避免，以致发生这种结果的，是过失犯罪。

过失犯罪，法律有规定的才负刑事责任。

第十三条 行为在客观上虽然造成了损害结果，但是不是出于故意或者过失，而是由于不能抗拒或者不能预见的原因所引起的，不认为是犯罪。

第十四条 已满十六岁的人犯罪，应当负刑事责任。

已满十四岁不满十六岁的人，犯杀人、重伤、抢劫、放火、惯窃罪或者其他严重破坏社会秩序罪，应当负刑事责任。

已满十四岁不满十八岁的人犯罪，应当从轻或者减轻处罚。

因不满十六岁不处罚的，责令他的家长或者监护人加以管教；在必要的时候，也可以由政府收容教养。

第十五条 精神病人在不能辨认或者不能控制自己行为的时候造成危害结果的，不负刑事责任；但是应当责令他的家属或者监护人严加看管和医疗。

间歇性的精神病人在精神正常的时候犯罪，应当负刑事责任。

醉酒的人犯罪，应当负刑事责任。

第十六条 又聋又哑的人或者盲人犯罪，可以从轻、减轻或者免除处罚。

第十七条 为了使公共利益、本人或者他人的人身和其他权利免受正在进行的不法侵害，而采取的正当防卫行为，不负刑事责任。

正当防卫超过必要限度造成不应有的危害的，应当负刑事责任；但是应当酌情减轻或者免除处罚。

第十八条 为了使公共利益、本人或者他人的人身和其他权利免受正在发生的危险，不得已采取的紧急避险行为，不负刑事责任。

紧急避险超过必要限度造成不应有的危害的，应当负刑事责任；但是应当酌情减轻或者免除处罚。

第一款中关于避免本人危险的规定，不适用于职务上、业务上负有特定责任的人。

第二节 犯罪的预备、未遂和中止

第十九条 为了犯罪，准备工具、制造条件的，是犯罪预备。

对于预备犯，可以比照既遂犯从轻、减轻处罚或者免除处罚。

第二十条 已经着手实行犯罪，由于犯罪分子意志以外的原因而未得逞的，是犯罪未遂。

对于未遂犯，可以比照既遂犯从轻或者减轻处罚。

第二十一条 在犯罪过程中，自动中止犯罪或者自动有效地防止犯罪结果发生的，是犯罪中止。

对于中止犯，应当免除或者减轻处罚。

第三节 共同犯罪

第二十二条 共同犯罪是指二人以上共同故意犯罪。

二人以上共同过失犯罪，不以共同犯罪论处；应当负刑事责任的，按照他们所犯的罪分别处罚。

第二十三条 组织、领导犯罪集团进行犯罪活动的或者在共同犯罪中起主要作用的，是主犯。

对于主犯，除本法分则已有规定的以外，应当从重处罚。

第二十四条 在共同犯罪中起次要或者辅助作用的，是从犯。

对于从犯，应当比照主犯从轻、减轻处罚或者免除处罚。

第二十五条 对于被胁迫、被诱骗参加犯罪的，应当按照他的犯罪情节，比照从犯减轻处罚或者免除处罚。

第二十六条 教唆他人犯罪的，应当按照他在共同犯罪中所起的作用处罚。教唆不满十八岁的人犯罪的，应当从重处罚。

如果被教唆的人没有犯被教唆的罪，对于教唆犯，可以从轻或者减轻处罚。

第三章 刑 罚

第一节 刑罚的种类

第二十七条 刑罚分为主刑和附加刑。

第二十八条 主刑的种类如下：

（一）管制；

（二）拘役；

（三）有期徒刑；

（四）无期徒刑；

（五）死刑。

第二十九条 附加刑的种类如下：

（一）罚金；

（二）剥夺政治权利；

（三）没收财产。

附加刑也可以独立适用。

第三十条 对于犯罪的外国人，可以独立适用或者附加适用驱逐出境。

第三十一条 由于犯罪行为而使被害人遭受经济损失的，对犯罪分子除依法给予刑事处分外，并应根据情况判处赔偿经济损失。

第三十二条 对于犯罪情节轻微不需要判处刑罚的，可以免予刑事处分，但可以根据案件的不同情况，予以训诫或者责令具结悔过、赔礼道歉、赔偿损失，或者由主管部门予以行政处分。

第二节 管 制

第三十三条 管制的期限，为三个月以上二年以下。

管制由人民法院判决，由公安机关执行。

第三十四条 被判处管制的犯罪分子，在执行期间，必须遵守下列规定：

（一）遵守法律、法令，服从群众监督，积极参加集体劳动生产或者工作；

（二）向执行机关定期报告自己的活动情况；

（三）迁居或者外出必须报经执行机关批准。

对于被判处管制的犯罪分子，在劳动中应当同工同酬。

第三十五条 被判处管制的犯罪分子，管制期满，执行机关应即向本人和有关的群众宣布解除管制。

第三十六条 管制的刑期，从判决执行之日起计算；判决执行以前先行羁押的，羁押一日折抵刑期二日。

第三节 拘 役

第三十七条 拘役的期限，为十五日以上六个月以下。

第三十八条 被判处拘役的犯罪分子，由公安机关就近执行。

在执行期间，被判处拘役的犯罪分子每月可以回家一天至两天；参加劳动的，可以酌量发给报酬。

第三十九条 拘役的刑期，从判决执行之日起计算；判决以前先行羁押的，羁押一日折抵刑期一日。

第四节 有期徒刑、无期徒刑

第四十条 有期徒刑的期限，为六个月以上十五年以下。

第四十一条 被判处有期徒刑、无期徒刑的犯罪分子，在监狱或者其他劳动改造场所执行；凡有劳动能力的，实行劳动改造。

第四十二条 有期徒刑的刑期，从判决执行之日起计算；判决执行以前先行羁押的，羁押一日折抵刑期一日。

第五节 死 刑

第四十三条 死刑只适用于罪大恶极的犯罪分子。对于应当判处死刑的犯罪分子，如果不是必须立即执行的，可以判处死刑同时宣告缓期二年执行，实行劳动改造，以观后效。

死刑除依法由最高人民法院判决的以外，都应当报请最高人民法院核准。死刑缓期执行的，可以由高级人民法院判决或者核准。

第四十四条 犯罪的时候不满十八岁的人和审判的时候怀孕的妇女，不适用死刑。已满十六岁不满十八岁的，如果所犯罪行特别严重，可以判处死刑缓期二年执行。

第四十五条 死刑用枪决的方法执行。

第四十六条 判处死刑缓期执行的，在死刑缓期执行期间，如果确有悔改，二年期满以后，减为无期徒刑；如果确有悔改并有立功表现，二年期满以后，减为十五年以上二十年以下有期徒刑；如果抗拒改造情节恶劣、查证属实的，由最高人民法院裁定或者核准，执行死刑。

第四十七条 死刑缓期执行的期间，从判决确定之日起计算。死刑缓期执行减为有期徒刑的刑期，从裁定减刑之日起计算。

第六节 罚 金

第四十八条 判处罚金，应当根据犯罪情节决定罚金数额。

第四十九条 罚金在判决指定的期限内一次或者分期缴纳。期满不缴纳的，强制缴纳。如果由于遭遇不能抗拒的灾祸缴纳确实有困难的，可以酌情减少或者免除。

第七节 剥夺政治权利

第五十条 剥夺政治权利是剥夺下列权利：

（一）选举权和被选举权；

（二）宪法第四十五条规定的各种权利；

（三）担任国家机关职务的权利；

（四）担任企业、事业单位和人民团体领导职务的权利。

第五十一条 剥夺政治权利的期限，除本法第五十三条规定外，为一年以上五年以下。

判处管制附加剥夺政治权利的，剥夺政治权利的期限与管制的期限相等，同时执行。

第五十二条 对于反革命分子应当附加剥夺政治权利；对于严重破坏社会秩序的犯罪分子，在必要的时候，也可以附加剥夺政治权利。

第五十三条 对于被判处死刑、无期徒刑的犯罪分子，应当剥夺政治权利终身。

在死刑缓期执行减为有期徒刑或者无期徒刑减为有期徒刑的时候，应当把附加剥夺政治权利的期限改为三年以上十年以下。

第五十四条 附加剥夺政治权利的刑期，从徒刑、拘役执行完毕之日或者从假释之日起计算；剥夺政治权利的效力当然施用于主刑执行期间。

第八节 没收财产

第五十五条 没收财产是没收犯罪分子个人所有财产的一部或者全部。

在判处没收财产的时候，不得没收属于犯罪分子家属所有或者应有的财产。

第五十六条 查封财产以前犯罪分子所负的正当债务，需要以没收的财产偿还的，经债权人请求，由人民法院裁定。

第四章 刑罚的具体运用

第一节 量 刑

第五十七条 对于犯罪分子决定刑罚的时候，应当根据犯罪的事实、犯罪的性质、情节和对于社会的危害程度，依照本法的有关规定判处。

第五十八条 犯罪分子具有本法规定的从重处罚、从轻处罚情节的，应当在法定刑的限度以内判处刑罚。

第五十九条 犯罪分子具有本法规定的减轻处罚情节的，应当在法定刑以下判处刑罚。

犯罪分子虽然不具有本法规定的减轻处罚情节，如果根据案件的具体情况，判处法定刑的最低刑还是过重的，经人民法院审判委员会决定，也可以在法定刑以下判处刑罚。

第六十条 犯罪分子违法所得的一切财物，应当予以追缴或者责令退赔；违禁品和供犯罪所用的本人财物，应当予以没收。

第二节 累 犯

第六十一条 被判处有期徒刑以上刑罚的犯罪分子，刑罚执行完毕或者赦免以后，在三年以内再犯应当判处有期徒刑以上刑罚之罪的，是累犯，应当从重处罚；但是过失犯罪除外。

前款规定的期限，对于被假释的犯罪分子，从假释期满之日起计算。

第六十二条 刑罚执行完毕或者赦免以后的反革命分子，在任何时候再犯反革命罪的，都以累犯论处。

第三节 自 首

第六十三条 犯罪以后自首的，可以从轻处罚。其中，犯罪较轻的，可以减轻或者免除处罚；犯罪较重的，如果有立功表现，也可以减轻或者免除处罚。

第四节 数罪并罚

第六十四条 判决宣告以前一人犯数罪的，除判处死刑和无期徒刑的以外，应当在总和刑期以下、数刑中最高刑期以上，酌情决定执行的刑期；但是管制最高不能超过三年，拘役最高不能超过一年，有期徒刑最高不能超过二十年。

如果数罪中有判处附加刑的，附加刑仍须执行。

第六十五条 判决宣告以后，刑罚还没有执行完毕以前，发现被判刑的犯罪分子在判决宣告以前还有其他罪没有判决的，应当对新发现的罪作出判决，把前后两个判决所判处的刑罚，依照本法第六十四条的规定，决定执行的刑罚。已经执行的刑期，应当计算在新判决决定的刑期以内。

第六十六条 判决宣告以后，刑罚还没有执行完毕以前，被判刑的犯罪分子又犯罪的，应当对新犯的罪作出判决，把前罪没有执行的刑罚和后罪所判处的刑罚，依照本法第六十四条的规定，决定执行的刑罚。

第五节 缓 刑

第六十七条 对于被判处拘役、三年以下有期徒刑的犯罪分子，根据犯罪分子的犯罪情节和悔罪表现，认为适用缓刑确实不致再危害社会的，可以宣告缓刑。

被宣告缓刑的犯罪分子，如果被判处附加刑，附加刑仍须执行。

第六十八条 拘役的缓刑考验期限为原判刑期以上一年以下，但是不能少于一个月。

有期徒刑的缓刑考验期限为原判刑期以上五年以下，但是不能少于一年。

缓刑考验期限，从判决确定之日起计算。

第六十九条 对于反革命犯和累犯，不适用缓刑。

第七十条 被宣告缓刑的犯罪分子，在缓刑考验期限内，由公安机关交所在单位或者基层组织予以考察，如果没有再犯新罪，缓刑考验期满，原判的刑罚就不再执行；如果再犯新罪，撤销缓刑，把前罪和后罪所判处的刑罚，依照本法第六十四条的规定，决定执行的刑罚。

第六节 减 刑

第七十一条 被判处管制、拘役、有期徒刑、无期徒刑的犯罪分子，在执行期间，如果确有悔改或者立功表现，可以减刑。但是经过一次或者几次减刑以后实际执行的刑期，判处管制、拘役、有期徒刑的，不能少于原判刑期的二分之一；判处无期徒刑的，不能少于十年。

第七十二条 无期徒刑减为有期徒刑的刑期，从裁定减刑之日起计算。

第七节 假 释

第七十三条 被判处有期徒刑的犯罪分子，执行原判刑期二分之一以上，被判处无期徒刑的犯罪分子，实际执行十年以上，如果确有悔改表现，不致再危害社会，可以假释。如果有特殊情节，可以不受上述执行刑期的限制。

第七十四条 有期徒刑的假释考验期限，为没有执行完毕的刑期；无期徒刑的假释考验期限，为十年。

假释考验期限，从假释之日起计算。

第七十五条 被假释的犯罪分子，在假释考验期限内，由公安机关予以监督，如果没有再犯新罪，就认为原判刑罚已经执行完毕；如果再犯新罪，撤销假释，把前罪没有执行的刑罚和后罪所判处的刑罚，依照本法第六十四条的规定，决定执行的刑罚。

第八节 时 效

第七十六条 犯罪经过下列期限不再追诉：

（一）法定最高刑为不满五年有期徒刑的，经过五年；

（二）法定最高刑为五年以上不满十年有期徒刑的，经过十年；

（三）法定最高刑为十年以上有期徒刑的，经过十五年；

（四）法定最高刑为无期徒刑、死刑的，经过二十年。如果二十年以后认为必须追诉的，须报请最高人民检察院核准。

第七十七条 在人民法院、人民检察院、公安机关采取强制措施以后，逃避侦查或者审判的，不受追诉期限的限制。

第七十八条 追诉期限从犯罪之日起计算；犯罪行为有连续或者继续状态的，从犯罪行为终了之日起计算。

在追诉期限以内又犯罪的，前罪追诉的期限从犯后罪之日起计算。

第五章 其他规定

第七十九条 本法分则没有明文规定的犯罪，可以比照本法分则最相类似的条文定罪判刑，但是应当报请最高人民法院核准。

第八十条 民族自治地方不能全部适用本法规定的，可以由自治区或者省的国家权力机关根据当地民族的政治、经济、文化的特点和本法规定的基本原则，制定变通或者补充的规定，报请全国人民代表大会常务委员会批准施行。

第八十一条 本法所说的公共财产是指下列财产：

（一）全民所有的财产；

（二）劳动群众集体所有的财产。

在国家、人民公社、合作社、合营企业和人民团体管理、使用或者运输中的私人财产，以公共财产论。

第八十二条 本法所说的公民私人所有的合法财产是指下列财产：

（一）公民的合法收入、储蓄、房屋和其他生活资料；

（二）依法归个人、家庭所有或者使用的自留地、自留畜、自留树等生产资料。

第八十三条 本法所说的国家工作人员是指一切国家机关、企业、事业单位和其他依照法律从事公务的人员。

第八十四条 本法所说的司法工作人员是指有侦讯、检察、审判、监管人犯职务的人员。

第八十五条 本法所说的重伤是指有下列情形之一的伤害：

（一）使人肢体残废或者毁人容貌的；

（二）使人丧失听觉、视觉或者其他器官机能的；

（三）其他对于人身健康有重大伤害的。

第八十六条 本法所说的首要分子是指在犯罪集团或者聚众犯罪中起组织、策划、指挥作用的犯罪分子。

第八十七条 本法所说的告诉才处理，是指被害人告诉才处理。如果被害人因受强制、威吓无法告诉的，人民检察院和被害人的近亲属也可以告诉。

第八十八条 本法所说的以上、以下、以内，都连本数在内。

第八十九条 本法总则适用于其他有刑罚规定的法律、法令，但是其他法律有特别规定的除外。

第二编 分 则

第一章 反革命罪

第九十条 以推翻无产阶级专政的政权和社会主义制度为目的的、危害中华人民共和国的行为，都是反革命罪。

第九十一条 勾结外国，阴谋危害祖国的主权、领土完整和安全的，处无期徒刑或者十年以上有期徒刑。

第九十二条 阴谋颠覆政府、分裂国家的，处无期徒刑或者十年以上有期徒刑。

第九十三条 策动、勾引、收买国家工作人员、武装部队、人民警察、民兵投敌叛变或者叛乱的，处无期徒刑或者十年以上有期徒刑。

第九十四条 投敌叛变的，处三年以上十年以下有期徒刑；情节严重的或者率众投敌叛变的，处十年以上有期徒刑或者无期徒刑。

率领武装部队、人民警察、民兵投敌叛变的，处无期徒刑或者十年以上有期徒刑。

第九十五条 持械聚众叛乱的首要分子或者其他罪恶重大的，处无期徒刑或者十年以上有期徒刑；其他积极参加的，处三年以上十年以下有期徒刑。

第九十六条 聚众劫狱或者组织越狱的首要分子或者其他罪恶重大的，处无期徒刑或者十年以上有期徒刑；其他积极参加的，处三年以上十年以下有期徒刑。

第九十七条 进行下列间谍或者资敌行为之一的，处十年以上有期徒刑或者无期徒刑；情节较轻的，处三年以上十年以下有期徒刑：

（一）为敌人窃取、刺探、提供情报的；

（二）供给敌人武器军火或者其他军用物资的；

（三）参加特务、间谍组织或者接受敌人派遣任务的。

第九十八条 组织、领导反革命集团的，处五年以上有期徒刑；其他积极参加反革命集团的，处五年以下有期徒刑、拘役、管制或者剥夺政治权利。

第九十九条 组织、利用封建迷信、会道门进行反革命活动的，处五年以上有期徒刑；情节较轻的，处五年以下有期徒刑、拘役、管制或者剥夺政治权利。

第一百条 以反革命为目的，进行下列破坏行为之一的，处无期徒刑或者十年以上有期徒刑；情节较轻的，处三年以上十年以下有期徒刑：

（一）爆炸、放火、决水、利用技术或者以其他方法破坏军事设备、生产设施、通讯交通设备、建筑工程、防险设备或者其他公共建设、公共财物的；

（二）抢劫国家档案、军事物资、工矿企业、银行、商店、仓库或者其他公共财物的；

（三）劫持船舰、飞机、火车、电车、汽车的；

（四）为敌人指示轰击目标的；

（五）制造、抢夺、盗窃枪支、弹药的。

第一百零一条 以反革命为目的，投放毒物、散布病菌或者以其他方法杀人、伤人的，处无期徒刑或者十年以上有期徒刑；情节较轻的，处三年以上十年以下有期徒刑。

第一百零二条 以反革命为目的，进行下列行为之一的，处五年以下有期徒刑、拘役、管制或者剥夺政治权利；首要分子或者其他罪恶重大的，处五年以上有期徒刑：

（一）煽动群众抗拒、破坏国家法律、法令实施的，

（二）以反革命标语、传单或者其他方法宣传煽动推翻无产阶级专政的政权和社会主义制度的。

第一百零三条 本章上述反革命罪行中，除第九十八条、第九十九条、第一百零二条外，对国家和人民危害特别严重、情节特别恶劣的，可以判处死刑。

第一百零四条 犯本章之罪的，可以并处没收财产。

第二章 危害公共安全罪

第一百零五条 放火、决水、爆炸或者以其他危险方法破坏工厂、矿场、油田、港口、河流、水源、仓库、住宅、森林、农场、谷场、牧场、重要管道、公共建筑物或者其他公私财产，危害公共安全，尚未造成严重后果的，处三年以上十年以下有期徒刑。

第一百零六条 放火、决水、爆炸、投毒或者以其他危险方法致人重伤、死亡或者使公私财产遭受重大损失的，处十年以上有期徒刑、无期徒刑或者死刑。

过失犯前款罪的，处七年以下有期徒刑或者拘役。

第一百零七条 破坏火车、汽车、电车、船只、飞机，足以使火车、汽车、电车、船只、飞机发生倾覆、毁坏危险，尚未造成严重后果的，处三年以上十年以下有期徒刑。

第一百零八条 破坏轨道、桥梁、隧道、公路、机场、航道、灯塔、标志或者进行其他破坏活动，足以使火车、汽车、电车、船只、飞机发生倾覆、毁坏危险，尚未造成严重后果的，处三年以上十年以下有期徒刑。

第一百零九条　破坏电力、煤气或者其他易燃易爆设备，危害公共安全，尚未造成严重后果的，处三年以上十年以下有期徒刑。

第一百一十条　破坏交通工具、交通设备、电力煤气设备、易燃易爆设备造成严重后果的，处十年以上有期徒刑、无期徒刑或者死刑。

过失犯前款罪的，处七年以下有期徒刑或者拘役。

第一百一十一条　破坏广播电台、电报、电话或者其他通讯设备，危害公共安全的，处七年以下有期徒刑或者拘役；造成严重后果的，处七年以上有期徒刑。

过失犯前款罪的，处七年以下有期徒刑或者拘役。

第一百一十二条　非法制造、买卖、运输枪支、弹药的，或者盗窃、抢夺国家机关、军警人员、民兵的枪支、弹药的，处七年以下有期徒刑；情节严重的，处七年以上有期徒刑或者无期徒刑。

第一百一十三条　从事交通运输的人员违反规章制度，因而发生重大事故，致人重伤、死亡或者使公私财产遭受重大损失的，处三年以下有期徒刑或者拘役；情节特别恶劣的，处三年以上七年以下有期徒刑。

非交通运输人员犯前款罪的，依照前款规定处罚。

第一百一十四条　工厂、矿山、林场、建筑企业或者其他企业、事业单位的职工，由于不服管理、违反规章制度，或者强令工人违章冒险作业，因而发生重大伤亡事故，造成严重后果的，处三年以下有期徒刑或者拘役；情节特别恶劣的，处三年以上七年以下有期徒刑。

第一百一十五条　违反爆炸性、易燃性、放射性、毒害性、腐蚀性物品的管理规定，在生产、储存、运输、使用中发生重大事故，造成严重后果的，处三年以下有期徒刑或者拘役；后果特别严重的，处三年以上七年以下有期徒刑。

第三章　破坏社会主义经济秩序罪

第一百一十六条　违反海关法规，进行走私，情节严重的，除按照海关法规没收走私物品并且可以罚款外，处三年以下有期徒刑或者拘役，可以并处没收财产。

第一百一十七条　违反金融、外汇、金银、工商管理法规，投机倒把，情节严重的，处三年以下有期徒刑或者拘役，可以并处、单处罚金或者没收财产。

第一百一十八条　以走私、投机倒把为常业的，走私、投机倒把数额巨大的或者走私、投机倒把集团的首要分子，处三年以上十年以下有期徒刑，可以并处没收财产。

第一百一十九条　国家工作人员利用职务上的便利，犯走私、投机倒把罪的，从重处罚。

第一百二十条　以营利为目的，伪造或者倒卖计划供应票证，情节严重的，处三年以下有期徒刑或者拘役，可以并处、单处罚金或者没收财产。

犯前款罪的首要分子或者情节特别严重的，处三年以上七年以下有期徒刑，可以并处没收财产。

第一百二十一条　违反税收法规，偷税、抗税，情节严重的，除按照税收法规补税并且可以罚款外，对直接责任人员，处三年以下有期徒刑或者拘役。

第一百二十二条　伪造国家货币或者贩运伪造的国家货币的，处三年以上七年以下有期徒刑，可以并处罚金或者没收财产。

犯前款罪的首要分子或者情节特别严重的，处七年以上有期徒刑或者无期徒刑，可以并处没收财产。

第一百二十三条　伪造支票、股票或者其他有价证券的，处七年以下有期徒刑，可以并处罚金。

第一百二十四条　以营利为目的，伪造车票、船票、邮票、税票、货票的，处二年以下有期徒刑、拘役或者罚金；情节严重的，处二年以上七年以下有期徒刑，可以并处罚金。

第一百二十五条　由于泄愤报复或者其他个人目的，毁坏机器设备、残害耕畜或者以其他方法破坏集体生产的，处二年以下有期徒刑或者拘役；情节严重的，处二年以上七年以下有期徒刑。

第一百二十六条　挪用国家救灾、抢险、防汛、优抚、救济款物，情节严重，致使国家和人民群众利益遭受重大损害的，对直接责任人员，处三年以下有期徒刑或者拘役；情节特别严重的，处三年以上七年以下有期徒刑。

第一百二十七条　违反商标管理法规，工商企业假冒其他企业已经注册的商标的，对直接责任人员，处三年以下有期徒刑、拘役或者罚金。

第一百二十八条　违反保护森林法规，盗伐、滥伐森林或者其他林木，情节严重的，处三年以下有期徒刑或者拘役，可以并处或者单处罚金。

第一百二十九条　违反保护水产资源法规，在禁渔区、禁渔期或者使用禁用的工具、方法捕捞水产品，情节严重的，处二年以下有期徒刑、拘役或者罚金。

第一百三十条　违反狩猎法规，在禁猎区、禁猎期或者使用禁用的工具、方法进行狩猎，破坏珍禽、珍兽或者其他野生动物资源，情节严重的，处二年以下有期徒刑、拘役或者罚金。

第四章　侵犯公民人身权利、民主权利罪

第一百三十一条　保护公民的人身权利、民主权利和其他权利，不受任何人、任何机关非法侵犯。违法侵犯情节严重的，对直接责任人员予以刑事处分。

第一百三十二条　故意杀人的，处死刑、无期徒刑或者十年以上有期徒刑；情节较轻的，处三年以上十年以下有期徒刑。

第一百三十三条　过失杀人的，处五年以下有期徒刑；情节特别恶劣的，处五年以上有期徒刑。本法另有规定的，依照规定。

第一百三十四条　故意伤害他人身体的，处三年以下有期徒刑或者拘役。

犯前款罪，致人重伤的，处三年以上七年以下有期徒刑；致人死亡的，处七年以上有期徒刑或者无期徒刑。本法另有规定的，依照规定。

第一百三十五条　过失伤害他人致人重伤的，处二年以下有期徒刑或者拘役；情节特别恶劣的，处二年以上七年以下有期徒刑。本法另有规定的，依照规定。

第一百三十六条　严禁刑讯逼供。国家工作人员对人犯实行刑讯逼供的，处三年以下有期徒刑或者拘役。以肉刑致人伤残的，以伤害罪从重论处。

第一百三十七条　严禁聚众"打砸抢"。因"打砸抢"致人伤残、死亡的，以伤害罪、杀人罪论处。毁坏或者抢走公私财物的，除判令退赔外，首要分子以抢劫罪论处。

犯前款罪，可以单独判处剥夺政治权利。

第一百三十八条　严禁用任何方法、手段诬告陷害干部、群众。凡捏造事实诬告陷害他人(包括犯人)的，参照所诬陷的罪行的性质、情节、后果和量刑标准给予刑事处分。国家工作人员犯诬陷罪的，从重处罚。

不是有意诬陷，而是错告，或者检举失实的，不适用前款规定。

第一百三十九条　以暴力、胁迫或者其他手段强奸妇女的，处三年以上十年以下有期徒刑。

奸淫不满十四岁幼女的，以强奸论，从重处罚。

犯前两款罪，情节特别严重的或者致人重伤、死亡的，处十年以上有期徒刑、无期徒刑或者死刑。

二人以上犯强奸罪而共同轮奸的，从重处罚。

第一百四十条　强迫妇女卖淫的，处三年以上十年以下有期徒刑。

第一百四十一条　拐卖人口的，处五年以下有期徒刑；情节严重的，处五年以上有期徒刑。

第一百四十二条　违反选举法的规定，以暴力、威胁、欺骗、贿赂等非法手段破坏选举或者妨害选民自由行使选举权和被选举权的，处三年以下有期徒刑或者拘役。

第一百四十三条　严禁非法拘禁他人，或者以其他方法非法剥夺他人人身自由。违者处三年以下有期徒刑、拘役或者剥夺政治权利。具有殴打、侮辱情节的，从重处罚。

犯前款罪，致人重伤的，处三年以上十年以下有期徒刑；致人死亡的，处七年以上有期徒刑。

第一百四十四条　非法管制他人，或者非法搜查他人身体、住宅，或者非法侵入他人住宅的，处三年以下有期徒刑或者拘役。

第一百四十五条　以暴力或者其他方法，包括用"大字报"、"小字报"，公然侮辱他人或者捏造事实诽谤他人，情节严重的，处三年以下有期徒刑、拘役或者剥夺政治权利。

前款罪，告诉的才处理。但是严重危害社会秩序和国家利益的除外。

第一百四十六条　国家工作人员滥用职权、假公济私，对控告人、申诉人、批评人实行报复陷害的，处二年以下有期徒刑或者拘役；情节严重的，处二年以上七年以下有期徒刑。

第一百四十七条　国家工作人员非法剥夺公民的正当的宗教信仰自由和侵犯少数民族风俗习惯，情节严重的，处二年以下有期徒刑或者拘役。

第一百四十八条　在侦查、审判中，证人、鉴定人、记录人、翻译人对与案件有重要关系的情节，故意作虚假证明、鉴定、记录、翻译，意图陷害他人或者隐匿罪证的，处二年以下有期徒刑或者拘役；情节严重的，处二年以上七年以下有期徒刑。

第一百四十九条　隐匿、毁弃或者非法开拆他人信件，侵犯公民通信自由权利，情节严重的，处一年以下有期徒刑或者拘役。

第五章　侵犯财产罪

第一百五十条　以暴力、胁迫或者其他方法抢劫公私财物的，处三年以上十年以下有期徒刑。

犯前款罪，情节严重的或者致人重伤、死亡的，处十年以上有期徒刑、无期徒刑或者死刑，可以并处没收财产。

第一百五十一条　盗窃、诈骗、抢夺公私财物数额较大的，处五年以下有期徒刑、拘役或者管制。

第一百五十二条　惯窃、惯骗或者盗窃、诈骗、抢夺公私财物数额巨大的，处五年以上十年以下有期徒刑；情节特别严重的，处十年以上有期徒刑或者无期徒刑，可以并处没收财产。

第一百五十三条　犯盗窃、诈骗、抢夺罪，为窝藏赃物、抗拒逮捕或者毁灭罪证而当场使用暴力或者以暴力相威胁的，依照本法第一百五十条抢劫罪处罚。

第一百五十四条　敲诈勒索公私财物的，处三年以下有期徒刑或者拘役；情节严重的，处三年以上七年以下有期徒刑。

第一百五十五条　国家工作人员利用职务上的便利，贪污公共财物的，处五年以下有期徒刑或者拘役；数额巨大、情节严重的，处五年以上有期徒刑；情节特别严重的，处无期徒刑或者死刑。

犯前款罪的，并处没收财产，或者判令退赔。

受国家机关、企业、事业单位、人民团体委托从事公务的人员犯第一款罪的，依照前两款的规定处罚。

第一百五十六条　故意毁坏公私财物，情节严重的，处三年以下有期徒刑、拘役或者罚金。

第六章　妨害社会管理秩序罪

第一百五十七条　以暴力、威胁方法阻碍国家工作人员依法执行职务的，或者拒不执行人民法院已经发生法律效力的判决、裁定的，处三年以下有期徒刑、拘役、罚金或者剥夺政治权利。

第一百五十八条 禁止任何人利用任何手段扰乱社会秩序。扰乱社会秩序情节严重，致使工作、生产、营业和教学、科研无法进行，国家和社会遭受严重损失的，对首要分子处五年以下有期徒刑、拘役、管制或者剥夺政治权利。

第一百五十九条 聚众扰乱车站、码头、民用航空站、商场、公园、影剧院、展览会、运动场或者其他公共场所秩序，聚众堵塞交通或者破坏交通秩序，抗拒、阻碍国家治安管理工作人员依法执行职务，情节严重的，对首要分子处五年以下有期徒刑、拘役、管制或者剥夺政治权利。

第一百六十条 聚众斗殴，寻衅滋事，侮辱妇女或者进行其他流氓活动，破坏公共秩序，情节恶劣的，处七年以下有期徒刑、拘役或者管制。

流氓集团的首要分子，处七年以上有期徒刑。

第一百六十一条 依法被逮捕、关押的犯罪分子脱逃的，除按其原犯罪行判处或者按其原判刑期执行外，加处五年以下有期徒刑或者拘役。

以暴力、威胁方法犯前款罪的，处二年以上七年以下有期徒刑。

第一百六十二条 窝藏或者作假证明包庇反革命分子的，处三年以下有期徒刑、拘役或者管制；情节严重的，处三年以上十年以下有期徒刑。

窝藏或者作假证明包庇其他犯罪分子的，处二年以下有期徒刑、拘役或者管制；情节严重的，处二年以上七年以下有期徒刑。

犯前两款罪，事前通谋的，以共同犯罪论处。

第一百六十三条 违反枪支管理规定，私藏枪支、弹药，拒不交出的，处二年以下有期徒刑或者拘役。

第一百六十四条 以营利为目的，制造、贩卖假药危害人民健康的，处二年以下有期徒刑、拘役或者管制，可以并处或者单处罚金；造成严重后果的，处二年以上七年以下有期徒刑，可以并处罚金。

第一百六十五条 神汉、巫婆借迷信进行造谣、诈骗财物活动的，处二年以下有期徒刑、拘役或者管制；情节严重的，处二年以上七年以下有期徒刑。

第一百六十六条 冒充国家工作人员招摇撞骗的，处三年以下有期徒刑、拘役、管制或者剥夺政治权利；情节严重的，处三年以上十年以下有期徒刑。

第一百六十七条 伪造、变造或者盗窃、抢夺、毁灭国家机关、企业、事业单位、人民团体的公文、证件、印章的，处三年以下有期徒刑、拘役、管制或者剥夺政治权利；情节严重的，处三年以上十年以下有期徒刑。

第一百六十八条 以营利为目的，聚众赌博或者以赌博为业的，处三年以下有期徒刑、拘役或者管制，可以并处罚金。

第一百六十九条 以营利为目的，引诱、容留妇女卖淫的，处五年以下有期徒刑、拘役或者管制；情节严重的，处五年以上有期徒刑，可以并处罚金或者没收财产。

第一百七十条 以营利为目的，制作、贩卖淫书、淫画的，处三年以下有期徒刑、拘役或者管制，可以并处罚金。

第一百七十一条 制造、贩卖、运输鸦片、海洛英、吗啡或者其他毒品的，处五年以下有期徒刑或者拘役，可以并处罚金。

一贯或者大量制造、贩卖、运输前款毒品的，处五年以上有期徒刑，可以并处没收财产。

第一百七十二条 明知是犯罪所得的赃物而予以窝藏或者代为销售的，处三年以下有期徒刑、拘役或者管制，可以并处或者单处罚金。

第一百七十三条 违反保护文物法规，盗运珍贵文物出口的，处三年以上十年以下有期徒刑，可以并处罚金；情节严重的，处十年以上有期徒刑或者无期徒刑，可以并处没收财产。

第一百七十四条 故意破坏国家保护的珍贵文物、名胜古迹的，处七年以下有期徒刑或者拘役。

第一百七十五条 故意破坏国家边境的界碑、界桩或者永久性测量标志的，处三年以下有期徒刑或者拘役。

以叛国为目的的，按照反革命罪处罚。

第一百七十六条 违反出入国境管理法规，偷越国(边)境，情节严重的，处一年以下有期徒刑、拘役或者管制。

第一百七十七条 以营利为目的，组织、运送他人偷越国(边)境的，处五年以下有期徒刑、拘役或者管制，可以并处罚金。

第一百七十八条 违反国境卫生检疫规定，引起检疫传染病的传播，或者有引起检疫传染病传播严重危险的，处三年以下有期徒刑或者拘役，可以并处或者单处罚金。

第七章　妨害婚姻、家庭罪

第一百七十九条 以暴力干涉他人婚姻自由的，处二年以下有期徒刑或者拘役。

犯前款罪，引起被害人死亡的，处二年以上七年以下有期徒刑。

第一款罪，告诉的才处理。

第一百八十条 有配偶而重婚的，或者明知他人有配偶而与之结婚的，处二年以下有期徒刑或者拘役。

第一百八十一条 明知是现役军人的配偶而与之同居或者结婚的，处三年以下有期徒刑。

第一百八十二条 虐待家庭成员，情节恶劣的，处二年以下有期徒刑、拘役或者管制。

犯前款罪，引起被害人重伤、死亡的，处二年以上七年以下有期徒刑。

第一款罪，告诉的才处理。

第一百八十三条 对于年老、年幼、患病或者其他没有独立生活能力的人，负有扶养义务而拒绝扶养，情节恶劣的，处五年以下有期徒刑、拘役或者管制。

第一百八十四条 拐骗不满十四岁的男、女，脱离家庭或者监护人的，处五年以下有期徒刑或者拘役。

第八章 渎 职 罪

第一百八十五条 国家工作人员利用职务上的便利，收受贿赂的，处五年以下有期徒刑或者拘役。赃款、赃物没收，公款、公物追还。

犯前款罪，致使国家或者公民利益遭受严重损失的，处五年以上有期徒刑。

向国家工作人员行贿或者介绍贿赂的，处三年以下有期徒刑或者拘役。

第一百八十六条 国家工作人员违反国家保密法规，泄露国家重要机密，情节严重的，处七年以下有期徒刑、拘役或者剥夺政治权利。

非国家工作人员犯前款罪的，依照前款的规定酌情处罚。

第一百八十七条 国家工作人员由于玩忽职守，致使公共财产、国家和人民利益遭受重大损失的，处五年以下有期徒刑或者拘役。

第一百八十八条 司法工作人员徇私舞弊，对明知是无罪的人而使他受追诉、对明知是有罪的人而故意包庇不使他受追诉，或者故意颠倒黑白做枉法裁判的，处五年以下有期徒刑、拘役或者剥夺政治权利；情节特别严重的，处五年以上有期徒刑。

第一百八十九条 司法工作人员违反监管法规，对被监管人实行体罚虐待，情节严重的，处三年以下有期徒刑或者拘役；情节特别严重的，处三年以上十年以下有期徒刑。

第一百九十条 司法工作人员私放罪犯的，处五年以下有期徒刑或者拘役；情节严重的，处五年以上十年以下有期徒刑。

第一百九十一条 邮电工作人员私自开拆或者隐匿、毁弃邮件、电报的，处二年以下有期徒刑或者拘役。

犯前款罪而窃取财物的，依照第一百五十五条贪污罪从重处罚。

第一百九十二条 国家工作人员犯本章之罪，情节轻微的，可以由主管部门酌情予以行政处分。

中华人民共和国刑事诉讼法

（一九七九年七月一日第五届全国人民代表大会第二次会议通过
一九七九年七月七日全国人民代表大会常务委员会委员长令第
六号公布　一九八〇年一月一日起施行）

目　录

第一编　总　则

第一章　指导思想、任务和基本原则

第一条 中华人民共和国刑事诉讼法，以马克思列宁主义毛泽东思想为指针，以宪法为根据，结合我国

各族人民实行无产阶级领导的、工农联盟为基础的人民民主专政即无产阶级专政的具体经验和打击敌人、保护人民的实际需要制定。

第二条 中华人民共和国刑事诉讼法的任务，是保证准确、及时地查明犯罪事实，正确应用法律，惩罚犯罪分子，保障无罪的人不受刑事追究，教育公民自觉遵守法律，积极同犯罪行为作斗争，以维护社会主义法制，保护公民的人身权利、民主权利和其它权利，保障社会主义革命和社会主义建设事业的顺利进行。

第三条 对刑事案件的侦查、拘留、预审，由公安机关负责。批准逮捕和检察（包括侦查）、提起公诉，由人民检察院负责。审判由人民法院负责。其他任何机关、团体和个人都无权行使这些权力。

人民法院、人民检察院和公安机关进行刑事诉讼，必须严格遵守本法和其他法律的有关规定。

第四条 人民法院、人民检察院和公安机关进行刑事诉讼，必须依靠群众，必须以事实为根据，以法律为准绳。对于一切公民，在适用法律上一律平等，在法律面前，不允许有任何特权。

第五条 人民法院、人民检察院和公安机关进行刑事诉讼，应当分工负责，互相配合，互相制约，以保证准确有效地执行法律。

第六条 各民族公民都有用本民族语言文字进行诉讼的权利。人民法院、人民检察院和公安机关对于不通晓当地通用的语言文字的诉讼参与人，应当为他们翻译。

在少数民族聚居或者多民族杂居的地区，应当用当地通用的语言进行审讯，用当地通用的文字发布判决书、布告和其他文件。

第七条 人民法院审判案件，实行两审终审制。

第八条 人民法院审判案件，除本法另有规定的以外，一律公开进行。被告人有权获得辩护，人民法院有义务保证被告人获得辩护。

第九条 人民法院审判案件，依照本法实行人民陪审员陪审的制度。

第十条 人民法院、人民检察院和公安机关应当保障诉讼参与人依法享有的诉讼权利。

对于不满十八岁的未成年人犯罪的案件，在讯问和审判时，可以通知被告人的法定代理人到场。

诉讼参与人对于审判人员、检察人员和侦查人员侵犯公民诉讼权利和人身侮辱的行为，有权提出控告。

第十一条 有下列情形之一的，不追究刑事责任，已经追究的，应当撤销案件，或者不起诉，或者宣告无罪：

（一）情节显著轻微、危害不大，不认为是犯罪的；

（二）犯罪已过追诉时效期限的；

（三）经特赦令免除刑罚的；

（四）依照刑法告诉才处理的犯罪，没有告诉或者撤回告诉的；

（五）被告人死亡的；

（六）其他法律、法令规定免予追究刑事责任的。

第十二条 对于外国人犯罪应当追究刑事责任的，适用本法的规定。

对于享有外交特权和豁免权的外国人犯罪应当追究刑事责任的，通过外交途径解决。

第二章 管　　辖

第十三条 告诉才处理和其他不需要进行侦查的轻微的刑事案件，由人民法院直接受理，并可以进行调解。

贪污罪、侵犯公民民主权利罪、渎职罪以及人民检察院认为需要自己直接受理的其他案件，由人民检察院立案侦查和决定是否提起公诉。

第一、二款规定以外的其他案件的侦查，都由公安机关进行。

第十四条 基层人民法院管辖第一审普通刑事案件，但是依照本法由上级人民法院管辖的除外。

第十五条 中级人民法院管辖下列第一审刑事案件：

（一）反革命案件；

（二）判处无期徒刑、死刑的普通刑事案件；

（三）外国人犯罪或者我国公民侵犯外国人合法权利的刑事案件。

第十六条 高级人民法院管辖的第一审刑事案件，是全省（直辖市、自治区）性的重大刑事案件。

第十七条 最高人民法院管辖的第一审刑事案件，是全国性的重大刑事案件。

第十八条 上级人民法院在必要的时候，可以审判下级人民法院管辖的第一审刑事案件，也可以把自己管辖的第一审刑事案件交由下级人民法院审判；下级人民法院认为案情重大、复杂需要由上级人民法院审判的第一审刑事案件，可以请求移送上一级人民法院审判。

第十九条 刑事案件由犯罪地的人民法院管辖。如果由被告人居住地的人民法院审判更为适宜的，可以由被告人居住地的人民法院管辖。

第二十条 几个同级人民法院都有权管辖的案件，由最初受理的人民法院审判。在必要的时候，可以移送主要犯罪地的人民法院审判。

第二十一条 上级人民法院可以指定下级人民法院审判管辖不明的案件，也可以指定下级人民法院将案件移送其他人民法院审判。

第二十二条 专门人民法院案件的管辖另行规定。

第三章 回　　避

第二十三条 审判人员、检察人员、侦查人员有下列情形之一的，应当自行回避，当事人及其法定代理人

也有权要求他们回避:

(一)是本案的当事人或者是当事人的近亲属的;

(二)本人或者他的近亲属和本案有利害关系的;

(三)担任过本案的证人、鉴定人、辩护人或者附带民事诉讼当事人的代理人的;

(四)与本案当事人有其他关系,可能影响公正处理案件的。

第二十四条 审判人员、检察人员、侦查人员的回避,应当分别由院长、检察长、公安机关负责人决定;院长的回避,由本院审判委员会决定;检察长和公安机关负责人的回避,由同级人民检察院检察委员会决定。

对侦查人员的回避作出决定前,侦查人员不能停止对案件的侦查。

对驳回申请回避的决定,当事人可以申请复议一次。

第二十五条 本法第二十三条、第二十四条的规定也适用于书记员、翻译人员和鉴定人。

第四章 辩 护

第二十六条 被告人除自己行使辩护权以外,还可以委托下列的人辩护:

(一)律师;

(二)人民团体或者被告人所在单位推荐的,或者经人民法院许可的公民;

(三)被告人的近亲属、监护人。

第二十七条 公诉人出庭公诉的案件,被告人没有委托辩护人的,人民法院可以为他指定辩护人。

被告人是聋、哑或者未成年人而没有委托辩护人的,人民法院应当为他指定辩护人。

第二十八条 辩护人的责任是根据事实和法律,提出证明被告人无罪、罪轻或者减轻、免除其刑事责任的材料和意见,维护被告人的合法权益。

第二十九条 辩护律师可以查阅本案材料,了解案情,可以同在押的被告人会见和通信;其他的辩护人经过人民法院许可,也可以了解案情,同在押的被告人会见和通信。

第三十条 在审判过程中,被告人可以拒绝辩护人继续为他辩护,也可以另行委托辩护人辩护。

第五章 证 据

第三十一条 证明案件真实情况的一切事实,都是证据。

证据有下列六种:

(一)物证、书证;

(二)证人证言;

(三)被害人陈述;

(四)被告人供述和辩解;

(五)鉴定结论;

(六)勘验、检查笔录。

以上证据必须经过查证属实,才能作为定案的根据。

第三十二条 审判人员、检察人员、侦查人员必须依照法定程序,收集能够证实被告人有罪或者无罪、犯罪情节轻重的各种证据。严禁刑讯逼供和以威胁、引诱、欺骗以及其他非法的方法收集证据。必须保证一切与案件有关或者了解案情的公民,有客观地充分地提供证据的条件,除特殊情况外,并且可以吸收他们协助调查。

第三十三条 公安机关提请批准逮捕书、人民检察院起诉书、人民法院判决书,必须忠实于事实真象。故意隐瞒事实真象的,应当追究责任。

第三十四条 人民法院、人民检察院和公安机关有权向有关的国家机关、企业、事业单位、人民公社、人民团体和公民收集、调取证据。

对于涉及国家机密的证据,应当保密。

凡是伪造证据、隐匿证据或者毁灭证据的,无论属于何方,必须受法律追究。

第三十五条 对一切案件的判处都要重证据,重调查研究,不轻信口供。只有被告人供述,没有其他证据的,不能认定被告人有罪和处以刑罚;没有被告人供述,证据充分确实的,可以认定被告人有罪和处以刑罚。

第三十六条 证人证言必须在法庭上经过公诉人、被害人和被告人、辩护人双方讯问、质证,听取各方证人的证言并经过查实以后,才能作为定案的根据。法庭查明证人有意作伪证或者隐匿罪证时,应当依法处理。

第三十七条 凡是知道案件情况的人,都有作证的义务。

生理上、精神上有缺陷或者年幼,不能辨别是非、不能正确表达的人,不能作证人。

第六章 强制措施

第三十八条 人民法院、人民检察院和公安机关根据案件情况,对被告人可以拘传、取保候审或者监视居住。

被监视居住的被告人不得离开指定的区域。监视居住由当地公安派出所执行,或者由受委托的人民公社、被告人的所在单位执行。

对被告人采取取保候审、监视居住的,如果情况发生变化,应当撤销或者变更。

第三十九条 逮捕人犯,必须经过人民检察院批准或者人民法院决定,由公安机关执行。

第四十条 对主要犯罪事实已经查清,可能判处徒刑以上刑罚的人犯,采取取保候审、监视居住等方法,尚不足以防止发生社会危险性,而有逮捕必要的,应即依法逮捕。

对应当逮捕的人犯,如果患有严重疾病,或者是正在怀孕、哺乳自己婴儿的妇女，可以采用取保候审或者监视居住的办法。

第四十一条 公安机关对于罪该逮捕的现行犯或者重大嫌疑分子，如果有下列情形之一的，可以先行拘留：

（一）正在预备犯罪、实行犯罪或者在犯罪后即时被发觉的；

（二）被害人或者在场亲眼看见的人指认他犯罪的；

（三）在身边或者住处发现有犯罪证据的；

（四）犯罪后企图自杀、逃跑或者在逃的；

（五）有毁灭、伪造证据或者串供可能的；

（六）身份不明有流窜作案重大嫌疑的；

（七）正在进行"打砸抢"和严重破坏工作、生产、社会秩序的。

第四十二条 对于下列人犯，任何公民都可以立即扭送公安机关、人民检察院或者人民法院处理：

（一）正在实行犯罪或者在犯罪后即时被发觉的；

（二）通缉在案的；

（三）越狱逃跑的；

（四）正在被追捕的。

第四十三条 公安机关拘留人的时候，必须出示拘留证。

拘留后，除有碍侦查或者无法通知的情形以外，应当把拘留的原因和羁押的处所，在二十四小时以内，通知被拘留人的家属或者他的所在单位。

第四十四条 公安机关对于被拘留的人，应当在拘留后的二十四小时以内进行讯问。在发现不应当拘留的时候，必须立即释放，发给释放证明。对需要逮捕而证据还不充足的，可以取保候审或者监视居住。

第四十五条 公安机关要求逮捕人犯的时候，应当写出提请批准逮捕书，连同案卷材料、证据，一并移送同级人民检察院审查批准。必要时，人民检察院可以派人参加公安机关对于重大案件的讨论。

第四十六条 人民检察院审查批准逮捕人犯由检察长决定。重大案件应当提交检察委员会讨论决定。

第四十七条 人民检察院对于公安机关提请批准逮捕的案件进行审查后，应当根据情况分别作出批准逮捕，不批准逮捕或者补充侦查的决定。

第四十八条 公安机关对被拘留的人，认为需要逮捕的，应当在拘留后的三日以内，提请人民检察院审查批准。在特殊情况下，提请审查批准的时间可以延长一日至四日。人民检察院应当在接到公安机关提请批准逮捕书后的三日以内，作出批准逮捕或者不批准逮捕的决定。人民检察院不批准逮捕的，公安机关应当在接到通知后立即释放，发给释放证明。

公安机关或者人民检察院如果没有按照前款规定办理，被拘留的人或者他的家属有权要求释放，公安机关或者人民检察院应当立即释放。

第四十九条 公安机关对人民检察院不批准逮捕的决定，认为有错误的时候，可以要求复议，但是必须将被拘留的人立即释放。如果意见不被接受，可以向上一级人民检察院提请复核。上级人民检察院应当立即复核，作出是否变更的决定，通知下级人民检察院和公安机关执行。

第五十条 公安机关逮捕人的时候，必须出示逮捕证。

逮捕后，除有碍侦查或者无法通知的情形以外，应当把逮捕的原因和羁押的处所，在二十四小时以内通知被逮捕人的家属或者他的所在单位。

第五十一条 人民法院、人民检察院对于各自决定逮捕的人，公安机关对于经人民检察院批准逮捕的人，都必须在逮捕后的二十四小时以内进行讯问。在发现不应当逮捕的时候，必须立即释放，发给释放证明。

第五十二条 人民检察院在审查批准逮捕工作中，如果发现公安机关的侦查活动有违法情况，应当通知公安机关予以纠正，公安机关应当将纠正情况通知人民检察院。

第七章 附带民事诉讼

第五十三条 被害人由于被告人的犯罪行为而遭受物质损失的，在刑事诉讼过程中，有权提起附带民事诉讼。

如果是国家财产、集体财产遭受损失的，人民检察院在提起公诉的时候，可以提起附带民事诉讼。

人民法院在必要的时候，可以查封或者扣押被告人的财产。

第五十四条 附带民事诉讼应当同刑事案件一并审判，只有为了防止刑事案件审判的过分迟延，才可以在刑事案件审判后，由同一审判组织继续审理附带民事诉讼。

第八章 期间、送达

第五十五条 期间以时、日、月计算。

期间开始的时和日不算在期间以内。

法定期间不包括路途上的时间。上诉状或者其他文件在期满前已经交邮的，不算过期。

第五十六条 当事人由于不能抗拒的原因或者有其他正当理由而耽误期限的，在障碍消除后五日以内，可以申请继续进行应当在期满以前完成的诉讼活动。

前款申请是否准许，由人民法院裁定。

第五十七条 送达传票、通知书和其他诉讼文件应当交给收件人本人；如果本人不在，可以交给他的成年家属或者所在单位的负责人员代收。

收件人本人或者代收人拒绝接收或者拒绝签名、盖章的时候，送达人可以邀请他的邻居或者其他见证人到场，说明情况，把文件留在他的住处，在送达证上记明拒绝的事由、送达的日期，由送达人签名，即认为已经送达。

第九章 其他规定

第五十八条 本法下列用语的含意是：

（一）侦查是指公安机关、人民检察院在办理案件过程中，依照法律进行的专门调查工作和有关的强制性措施；

（二）"当事人"是指自诉人、被告人、附带民事诉讼的原告人和被告人；

（三）"法定代理人"是指被代理人的父母、养父母、监护人和负有保护责任的机关、团体的代表；

（四）"诉讼参与人"是指当事人、被害人、法定代理人、辩护人、证人、鉴定人和翻译人员；

（五）"近亲属"是指夫、妻、父、母、子、女、同胞兄弟姊妹。

第二编 立案、侦查和提起公诉

第一章 立 案

第五十九条 机关、团体、企业、事业单位和公民发现有犯罪事实或者犯罪嫌疑人，有权利也有义务按照本法第十三条规定的管辖范围，向公安机关、人民检察院或者人民法院提出控告和检举。

公安机关、人民检察院或者人民法院对于控告、检举和犯罪人的自首，都应当接受。对于不属于自己管辖的，应当移送主管机关处理，并且通知控告人、检举人；对于不属于自己管辖而又必须采取紧急措施的，应当先采取紧急措施，然后移送主管机关。

第六十条 控告、检举可以用书面或者口头提出。接受口头控告、检举的工作人员，应当写成笔录，经宣读无误后，由控告人、检举人签名或者盖章。

接受控告、检举的工作人员，应当向控告人、检举人说明诬告应负的法律责任。但是，只要不是捏造事实，伪造证据，即使控告、检举的事实有出入，甚至是错告的，也要和诬告严格加以区别。

控告人、检举人如果不愿公开自己的姓名，在侦查期间，应当为他保守秘密。

第六十一条 人民法院、人民检察院或者公安机关对于控告、检举和自首的材料，应当按照管辖范围，迅速进行审查，认为有犯罪事实需要追究刑事责任的时候，应当立案；认为没有犯罪事实，或者犯罪事实显著轻微，不需要追究刑事责任的时候，不予立案，并且将不立案的原因通知控告人。控告人如果不服，可以申请复议。

第二章 侦 查

第一节 讯问被告人

第六十二条 讯问被告人必须由人民检察院或者公安机关的侦查人员负责进行。讯问的时候，侦查人员不得少于二人。

第六十三条 对于不需要逮捕、拘留的被告人，可以传唤到指定的地点或者到他的住处、所在单位进行讯问，但是应当出示人民检察院或者公安机关的证明文件。

第六十四条 侦查人员在讯问被告人的时候，应当首先讯问被告人是否有犯罪行为，让他陈述有罪的情节或者无罪的辩解，然后向他提出问题。被告人对侦查人员的提问，应当如实回答。但是对与本案无关的问题，有拒绝回答的权利。

第六十五条 讯问聋、哑的被告人，应当有通晓聋、哑手势的人参加，并且将这种情况记明笔录。

第六十六条 讯问笔录应当交被告人核对，对于没有阅读能力的，应当向他宣读。如果记载有遗漏或者差错，被告人可以提出补充或者改正。被告人承认笔录没有错误后，应当签名或者盖章。侦查人员也应当在笔录上签名。被告人请求自行书写供述的，应当准许。必要的时候，侦查人员也可以要被告人亲笔书写供词。

第二节 询问证人

第六十七条 侦查人员询问证人，可以到证人的所在单位或者住处进行，但是必须出示人民检察院或者公安机关的证明文件。在必要的时候，也可以通知证人到人民检察院或者公安机关提供证言。

询问证人应当个别进行。

第六十八条 询问证人，应当告知他应当如实地提供证据、证言和有意作伪证或者隐匿罪证要负的法律责任。

第六十九条 本法第六十六条的规定，也适用于询问证人。

第七十条 询问被害人，适用本节各条规定。

第三节 勘验、检查

第七十一条 侦查人员对于与犯罪有关的场所、物品、人身、尸体应当进行勘验或者检查。在必要的时候，可以指派或者聘请具有专门知识的人，在侦查人员的主持下进行勘验、检查。

第七十二条 任何单位和个人，都有义务保护犯罪现场，并且立即通知公安机关派员勘验。

第七十三条 侦查人员执行勘验、检查，必须持有公安机关的证明文件。

第七十四条 对于死因不明的尸体，公安机关有权决定解剖，并通知死者家属到场。

第七十五条　为了确定被害人、被告人的某些特征、伤害情况或者生理状态，可以对人身进行检查。

被告人如果拒绝检查，侦查人员认为必要的时候，可以强制检查。

检查妇女的身体，应当由女工作人员或者医师进行。

第七十六条　勘验、检查的情况应当写成笔录，由参加勘验、检查的人和见证人签名或者盖章。

第七十七条　人民检察院审查案件时，对公安机关的勘验、检查，认为需要复验、复查时，可以要求公安机关复验、复查，并且可以派检察人员参加。

第七十八条　为了查明案情，在必要的时候，经公安局长批准，可以进行侦查实验。

侦查实验，禁止一切足以造成危险、侮辱人格或者有伤风化的行为。

第四节　搜　　查

第七十九条　为了收集犯罪证据、查获犯罪人，侦查人员可以对被告人以及可能隐藏罪犯或者犯罪证据的人的身体、物品、住处和其他有关的地方进行搜查。

第八十条　任何单位和个人，有义务按照人民检察院和公安机关的要求，交出可以证明被告人有罪或者无罪的物证、书证。

第八十一条　进行搜查，必须向被搜查人出示搜查证。

在执行逮捕、拘留的时候，遇有紧急情况，不另用搜查证也可以进行搜查。

第八十二条　在搜查的时候，应当有被搜查人或者他的家属，邻居或者其他见证人在场。

搜查妇女的身体，应当由女工作人员进行。

第八十三条　搜查的情况应当写成笔录，由侦查人员和被搜查人或者他的家属，邻居或者其他见证人签名或者盖章。如果被搜查人或者他的家属在逃或者拒绝签名、盖章，应当在笔录上注明。

第五节　扣押物证、书证

第八十四条　在勘验、搜查中发现的可用以证明被告人有罪或者无罪的各种物品和文件，应当扣押；与案件无关的物品、文件，不得扣押。

对于扣押的物品、文件，要妥善保管或者封存，不得使用或者损毁。

第八十五条　对于扣押的物品和文件，应当会同在场见证人和被扣押物品持有人查点清楚，当场开列清单一式二份，由侦查人员、见证人和持有人签名或者盖章，一份交给持有人，另一份附卷备查。

第八十六条　侦查人员认为需要扣押被告人的邮件、电报的时候，经公安机关或者人民检察院批准，即可通知邮电机关将有关的邮件、电报检交扣押。

不需要继续扣押的时候，应即通知邮电机关。

第八十七条　对于扣押的物品、文件、邮件、电报，经查明确实与案件无关的，应当迅速退还原主或者原邮电机关。

第六节　鉴　　定

第八十八条　为了查明案情，需要解决案件中某些专门性问题的时候，应当指派、聘请有专门知识的人进行鉴定。

第八十九条　鉴定人进行鉴定后，应当写出鉴定结论，并签名。

第九十条　用作证据的鉴定结论应当告知被告人。如果被告人提出申请，可以补充鉴定或者重新鉴定。

第七节　通　　缉

第九十一条　应当逮捕的被告人如果在逃，公安机关可以发布通缉令，采取有效措施，追捕归案。

各级公安机关在自己管辖的地区以内，可以直接发布通缉令；超出自己管辖的地区，应当报请有权决定的上级机关发布。

第八节　侦查终结

第九十二条　对被告人在侦查中的羁押期限不得超过二个月。案情复杂、期限届满不能终结的案件，可以经上一级人民检察院批准延长一个月。

特别重大、复杂的案件，依照前款规定延长后仍不能终结的，由最高人民检察院报请全国人民代表大会常务委员会批准延期审理。

第九十三条　人民检察院侦查的案件，侦查终结后，应当作出提起公诉、免予起诉或者撤销案件的决定。

公安机关侦查的案件，侦查终结后，应当写出起诉意见书或者免予起诉意见书，连同案卷材料、证据一并移送同级人民检察院审查决定。

第九十四条　在侦查过程中，发现不应对被告人追究刑事责任的，应当撤销案件；被告人已被逮捕的，应当立即释放，发给释放证明，并且通知原批准逮捕的人民检察院。

第三章　提起公诉

第九十五条　凡需要提起公诉或者免予起诉的案件，一律由人民检察院审查决定。

第九十六条　人民检察院审查案件的时候，必须查明：

（一）犯罪事实、情节是否清楚，证据是否确实、充分，犯罪性质和罪名的认定是否正确；

（二）有无遗漏罪行和其他应当追究刑事责任的人；

（三）是否属于不应追究刑事责任的；

（四）有无附带民事诉讼；

（五）侦查活动是否合法。

第九十七条 人民检察院对于公安机关移送起诉或者免予起诉的案件，应当在一个月以内作出决定，重大、复杂的案件，可以延长半个月。

第九十八条 人民检察院审查案件，应当讯问被告人。

第九十九条 人民检察院审查案件，对于需要补充侦查的，可以自行侦查，也可以退回公安机关补充侦查。

对于补充侦查的案件，应当在一个月以内补充侦查完毕。

第一百条 人民检察院认为被告人的犯罪事实已经查清，证据确实、充分，依法应当追究刑事责任的，应当作出起诉决定，按照审判管辖的规定，向人民法院提起公诉。

第一百零一条 依照刑法规定不需要判处刑罚或者免除刑罚的，人民检察院可以免予起诉。

第一百零二条 免予起诉的决定，应当公开宣布，并且将免予起诉决定书交给被告人和他的所在单位。如果被告人在押，应当立即释放。

对于公安机关移送起诉的案件，人民检察院决定免予起诉的，应当将免予起诉决定书送公安机关。公安机关认为免予起诉的决定有错误的时候，可以要求复议，如果意见不被接受，可以向上一级人民检察院提请复核。

对于有被害人的案件，决定免予起诉的，人民检察院应当将免予起诉决定书送被害人。被害人如果不服，可以在收到后七日内向人民检察院申诉。人民检察院应当将复查结果告知被害人。

第一百零三条 对于免予起诉的决定，被告人如果不服，可以在七日内向人民检察院申诉。人民检察院应当作出复查决定，通知被告人，同时抄送公安机关。

第一百零四条 被告人有本法第十一条规定的情形之一的，人民检察院应当作出不起诉决定。

本法第一百零二条的规定适用于不起诉的决定。

第三编 审 判

第一章 审判组织

第一百零五条 基层人民法院、中级人民法院审判第一审案件，除自诉案件和其他轻微的刑事案件可以由审判员一人独任审判以外，应当由审判员一人、人民陪审员二人组成合议庭进行。

高级人民法院、最高人民法院审判第一审案件，应当由审判员一人至三人、人民陪审员二人至四人组成合议庭进行。

人民陪审员在人民法院执行职务，同审判员有同等的权利。

人民法院审判上诉和抗诉案件，由审判员三人至五人组成合议庭进行。

合议庭由院长或者庭长指定审判员一人担任审判长。院长或者庭长参加审判案件的时候，自己担任审判长。

第一百零六条 合议庭进行评议的时候，如果意见分歧，应当少数服从多数，但是少数人的意见应当写入笔录。评议笔录由合议庭的组成人员签名。

第一百零七条 凡是重大的或者疑难的案件，院长认为需要提交审判委员会讨论的，由院长提交审判委员会讨论决定。审判委员会的决定，合议庭应当执行。

第二章 第一审程序

第一节 公 诉 案 件

第一百零八条 人民法院对提起公诉的案件进行审查后，对于犯罪事实清楚、证据充分的，应当决定开庭审判；对于主要事实不清、证据不足的，可以退回人民检察院补充侦查；对于不需要判刑的，可以要求人民检察院撤回起诉。

第一百零九条 人民法院在必要的时候，可以进行勘验、检查、搜查、扣押和鉴定。

第一百一十条 人民法院决定开庭审判后，应当进行下列工作：

（一）确定合议庭的组成人员；

（二）将人民检察院的起诉书副本至迟在开庭七日以前送达被告人，并且告知被告人可以委托辩护人，或者在必要时为被告人指定辩护人；

（三）将开庭的时间、地点在开庭三日以前通知人民检察院；

（四）传唤当事人，通知辩护人、证人、鉴定人和翻译人员，传票和通知书至迟在开庭三日以前送达；

（五）公开审判的案件，先期公布案由、被告人姓名、开庭时间和地点。

上述活动情形应当写入笔录，由审判人员和书记员签名。

第一百一十一条 人民法院审判第一审案件应当公开进行。但是有关国家机密或者个人阴私的案件，不公开审理。

十四岁以上不满十六岁未成年人犯罪的案件，一律不公开审理。十六岁以上不满十八岁未成年人犯罪的案件，一般也不公开审理。

对于不公开审理的案件，应当当庭宣布不公开审理的理由。

第一百一十二条 人民法院审判公诉案件，除罪行较轻经人民法院同意的以外，人民检察院应当派员出席法庭支持公诉。

出庭的检察人员发现审判活动有违法情况，有权向法庭提出纠正意见。

第一百一十三条 开庭时，审判长查明当事人是否到庭，宣布案由；宣布合议庭的组成人员、书记员、公诉人、辩护人、鉴定人和翻译人员的名单；告知当事人有权对合议庭组成人员、书记员、公诉人、鉴定人和翻译人员申请回避；告知被告人享有辩护权利。

第一百一十四条 公诉人在审判庭上宣读起诉书后，审判人员开始审问被告人。

公诉人经审判长许可，可以讯问被告人。

被害人、附带民事诉讼的原告人和辩护人，在审判人员审问被告人后，经审判长许可，可以向被告人发问。

第一百一十五条 审判人员、公诉人询问证人，应当告知他要如实地提供证言和有意作伪证或者隐匿罪证要负的法律责任。当事人和辩护人可以申请审判长对证人、鉴定人发问，或者请求审判长许可直接发问。审判长认为发问的内容与案件无关的时候，应当制止。

第一百一十六条 审判人员应当向被告人出示物证，让他辨认；对未到庭的证人的证言笔录、鉴定人的鉴定结论、勘验笔录和其他作为证据的文书，应当当庭宣读，并且听取当事人和辩护人的意见。

第一百一十七条 法庭审理过程中，当事人和辩护人有权申请通知新的证人到庭，调取新的物证，申请重新鉴定或者勘验。

法庭对于上述申请，应当作出是否同意的决定。

第一百一十八条 法庭调查后，应当由公诉人发言，被害人发言，然后由被告人陈述和辩护，辩护人进行辩护，并且可以互相辩论。审判长在宣布辩论终结后，被告人有最后陈述的权利。

第一百一十九条 在法庭审判过程中，如果诉讼参与人违反法庭秩序，审判长应当警告制止；情节严重的，可以责令退出法庭或者依法追究刑事责任。

第一百二十条 在被告人最后陈述后，审判长宣布休庭，合议庭进行评议，根据已经查明的事实、证据和有关的法律规定，作出被告人有罪或者无罪、犯的什么罪、适用什么刑罚或者免除刑罚的判决。

第一百二十一条 宣告判决，一律公开进行。

当庭宣告判决的，应当在五日以内将判决书送达当事人和提起公诉的人民检察院；定期宣告判决的，应当在宣告后立即将判决书送达当事人和提起公诉的人民检察院。

第一百二十二条 判决书应当由合议庭的组成人员和书记员署名，并且写明上诉的期限和上诉的法院。

第一百二十三条 在法庭审判过程中，遇有下列情形之一影响审判进行的，可以延期审理：

(一)需要通知新的证人到庭，调取新的物证，重新鉴定或者勘验的；

(二)检察人员发现提起公诉的案件需要补充侦查，提出建议的；

(三)合议庭认为案件证据不充分，或者发现新的事实，需要退回人民检察院补充侦查或者自行调查的；

(四)由于当事人申请回避而不能进行审判的。

第一百二十四条 法庭审判的全部活动，应当由书记员写成笔录，经审判长审阅后，由审判长和书记员签名。

法庭笔录中的证人证言部分，应当当庭宣读或者交给证人阅读。证人在承认没有错误后，应当签名或者盖章。

法庭笔录应当交给当事人阅读或者向他宣读。当事人认为记载有遗漏或者差错的，可以请求补充或者改正。当事人承认没有错误后，应当签名或者盖章。

第一百二十五条 人民法院审理公诉案件，应当在受理后一个月内宣判，至迟不得超过一个半月。

第二节 自诉案件

第一百二十六条 人民法院对于自诉案件进行审查后，可以按照下列情形分别处理：

(一)犯罪事实清楚，有足够证据的案件，应当开庭审判；

(二)必须由人民检察院提起公诉的案件，应当移送人民检察院；

(三)缺乏罪证的自诉案件，如果自诉人提不出补充证据，经人民法院调查又未能收集到必要的证据，应当说服自诉人撤回自诉，或者裁定驳回；

(四)被告人的行为不构成犯罪的案件，应当说服自诉人撤回自诉，或者裁定驳回。

第一百二十七条 人民法院对自诉案件，可以进行调解；自诉人在宣告判决前，可以同被告人自行和解或者撤回自诉。

第一百二十八条 自诉案件的被告人在诉讼过程中，可以对自诉人提起反诉。反诉适用自诉的规定。

第三章 第二审程序

第一百二十九条 当事人或者他们的法定代理人，不服地方各级人民法院第一审的判决、裁定，有权用书状或者口头向上一级人民法院上诉。被告人的辩护人和近亲属，经被告人同意，可以提出上诉。

附带民事诉讼的当事人和他们的法定代理人，可以对地方各级人民法院第一审的判决、裁定中的附带民事诉讼部分，提出上诉。

对被告人的上诉权，不得以任何借口加以剥夺。

第一百三十条 地方各级人民检察院认为本级人民法院第一审的判决、裁定确有错误的时候，应当向上一级人民法院提出抗诉。

第一百三十一条 不服判决的上诉和抗诉的期限为十日，不服裁定的上诉和抗诉的期限为五日，从接到判决书、裁定书的第二日起算。

第一百三十二条 当事人通过原审人民法院提出

上诉的，原审人民法院应当在三日以内将上诉状连同案卷、证据移送上一级人民法院，同时将上诉状副本送交同级人民检察院和对方当事人。

当事人直接向第二审人民法院提出上诉的，第二审人民法院应当在三日以内将上诉状交原审人民法院送交同级人民检察院和对方当事人。

第一百三十三条 地方各级人民检察院对同级人民法院第一审判决、裁定的抗诉，应当通过原审人民法院提出抗诉书，并且将抗诉书抄送上一级人民检察院。原审人民法院应当将抗诉书连同案卷、证据移送上一级人民法院，并且将抗诉书副本送交当事人。

上级人民检察院如果认为抗诉不当，可以向同级人民法院撤回抗诉，并且通知下级人民检察院。

第一百三十四条 第二审人民法院应当就第一审判决认定的事实和适用法律进行全面审查，不受上诉或者抗诉范围的限制。

共同犯罪的案件只有部分被告人上诉的，应当对全案进行审查，一并处理。

第一百三十五条 人民检察院提出抗诉的案件或者第二审人民法院要求人民检察院派员出庭的案件，同级人民检察院都应当派员出庭。第二审人民法院必须在开庭十日以前通知人民检察院查阅案卷。

第一百三十六条 第二审人民法院对不服第一审判决的上诉、抗诉案件，经过审理后，应当按照下列情形分别处理：

（一）原判决认定事实和适用法律正确、量刑适当的，应当裁定驳回上诉或者抗诉，维持原判；

（二）原判决认定事实没有错误，但适用法律有错误，或者量刑不当的，应当改判；

（三）原判决事实不清楚或者证据不足的，可以在查清事实后改判；也可以裁定撤销原判，发回原审人民法院重新审判。

第一百三十七条 第二审人民法院审判被告人或者他的法定代理人、辩护人、近亲属上诉的案件，不得加重被告人的刑罚。

人民检察院提出抗诉或者自诉人提出上诉的，不受前款规定的限制。

第一百三十八条 第二审人民法院发现第一审人民法院违反法律规定的诉讼程序，可能影响正确判决的时候，应当撤销原判，发回原审人民法院重新审判。

第一百三十九条 原审人民法院对于发回重新审判的案件，应当依照第一审程序进行审判。对于重新审判后的判决，当事人可以上诉，同级人民检察院可以抗诉。

第一百四十条 第二审人民法院对不服第一审裁定的上诉或者抗诉，经过审查后，应当参照本法第一百三十六条、第一百三十八条和第一百三十九条的规定，分别情形用裁定驳回上诉、抗诉，或者撤销、变更原裁定。

第一百四十一条 第二审人民法院审判上诉或者抗诉案件的程序，除本章已有规定的以外，参照第一审程序的规定进行。

第一百四十二条 第二审人民法院受理上诉、抗诉案件后，应当在一个月以内审结，至迟不得超过一个半月。

第一百四十三条 第二审的判决、裁定和最高人民法院的判决、裁定，都是终审的判决、裁定。

第四章　死刑复核程序

第一百四十四条 死刑由最高人民法院核准。

第一百四十五条 中级人民法院判处死刑的第一审案件，被告人不上诉的，应由高级人民法院复核后，报请最高人民法院核准。高级人民法院不同意判处死刑的，可以提审或者发回重新审判。

高级人民法院判处死刑的第一审案件被告人不上诉的，和判处死刑的第二审案件，都应当报请最高人民法院核准。

第一百四十六条 中级人民法院判处死刑缓期二年执行的案件，由高级人民法院核准。

第一百四十七条 最高人民法院复核死刑案件，高级人民法院复核死刑缓期执行的案件，应当由审判员三人组成合议庭进行。

第五章　审判监督程序

第一百四十八条 当事人、被害人及其家属或者其他公民，对已经发生法律效力的判决、裁定，可以向人民法院或者人民检察院提出申诉，但不能停止判决、裁定的执行。

第一百四十九条 各级人民法院院长对本院已经发生法律效力的判决和裁定，如果发现在认定事实上或者在适用法律上确有错误，必须提交审判委员会处理。

最高人民法院对各级人民法院已经发生法律效力的判决和裁定，上级人民法院对下级人民法院已经发生法律效力的判决和裁定，如果发现确有错误，有权提审或者指令下级人民法院再审。

最高人民检察院对各级人民法院已经发生法律效力的判决和裁定，上级人民检察院对下级人民法院已经发生法律效力的判决和裁定，如果发现确有错误，有权按照审判监督程序提出抗诉。

第一百五十条 人民法院按照审判监督程序重新审判的案件，应当另行组成合议庭进行。如果原来是第一审案件，应当依照第一审程序进行审判，所作的判决、裁定，可以上诉、抗诉；如果原来是第二审案件，或者是上级人民法院提审的案件，应当依照第二审程序进行审判，所作的判决、裁定，是终审的判决、裁定。

第四编 执 行

第一百五十一条 判决和裁定在发生法律效力后执行。

下列判决和裁定是发生法律效力的判决和裁定：

（一）已过法定期限没有上诉、抗诉的判决和裁定；

（二）终审的判决和裁定；

（三）最高人民法院核准的死刑的判决和高级人民法院核准的死刑缓期二年执行的判决。

第一百五十二条 第一审人民法院判决被告人无罪、免除刑事处罚的，如果被告人在押，在宣判后应当立即释放。

第一百五十三条 最高人民法院判处和核准的死刑立即执行的判决，应当由最高人民法院院长签发执行死刑的命令。

被判处死刑缓期二年执行的罪犯，在死刑缓期执行期间，如果确有悔改或者有立功表现应当依法予以减刑的，由执行机关提出书面意见，报请当地高级人民法院裁定；如果抗拒改造情节恶劣、查证属实，应当执行死刑的，高级人民法院必须报请最高人民法院核准。

第一百五十四条 下级人民法院接到最高人民法院执行死刑的命令后，应当在七日以内交付执行。但是发现有下列情形之一的，应当停止执行，并且立即报告最高人民法院，由最高人民法院作出裁定：

（一）在执行前发现判决可能有错误的；

（二）罪犯正在怀孕。

前款第一项停止执行的原因消失后，必须报请最高人民法院院长再签发执行死刑的命令才能执行；由于前款第二项原因停止执行的，应当报请最高人民法院依法改判。

第一百五十五条 人民法院在交付执行死刑前，应当通知同级人民检察院派员临场监督。

指挥执行的审判人员，对罪犯应当验明正身，讯问有无遗言、信札，然后交付执行人员执行死刑。在执行前，如果发现可能有错误，应当暂停执行，报请最高人民法院裁定。

执行死刑应当公布，不应示众。

执行死刑后，在场书记员应当写成笔录。交付执行的人民法院应当将执行死刑情况报告最高人民法院。

执行死刑后，交付执行的人民法院应当通知罪犯家属。

第一百五十六条 对于被判处死刑缓期二年执行、无期徒刑、有期徒刑或者拘役的罪犯，应当由交付执行的人民法院将执行通知书、判决书送达监狱或者其他劳动改造场所执行，并且由执行机关通知罪犯家属。

判处有期徒刑、拘役的罪犯，执行期满，应当由执行机关发给刑满释放证。

第一百五十七条 对于被判处无期徒刑、有期徒刑或者拘役的罪犯，有下列情形之一的，可以暂予监外执行：

（一）有严重疾病需要保外就医的；

（二）怀孕或者正在哺乳自己婴儿的妇女。

对于监外执行的罪犯，可以由公安机关委托罪犯原居住地的公安派出所执行，基层组织或者原所在单位协助进行监督。

第一百五十八条 对于被判处徒刑缓刑的罪犯，由公安机关交所在单位或者基层组织予以考察。

对于被假释的罪犯，在假释考验期限内，由公安机关予以监督。

第一百五十九条 对于被判处管制、剥夺政治权利的罪犯，由公安机关执行。执行期满，应当由执行机关通知本人，并向有关群众公开宣布解除管制或者恢复政治权利。

第一百六十条 被判处罚金的罪犯，期满不缴纳的，人民法院应当强制缴纳；如果由于遭遇不能抗拒的灾祸缴纳确实有困难的，可以裁定减少或者免除。

第一百六十一条 没收财产的判决，无论附加适用或者独立适用，都由人民法院执行；在必要的时候，可以会同公安机关执行。

第一百六十二条 罪犯在服刑期间又犯罪的，或者发现了判决时所没有发现的罪行，监狱和劳动改造机关应当移送人民检察院处理。

被判处管制、拘役、有期徒刑或者无期徒刑的罪犯，在执行期间确有悔改或者立功表现，应当依法予以减刑、假释的时候，由执行机关提出书面意见，报请人民法院审核裁定。

第一百六十三条 监狱和劳动改造机关在刑罚执行中，如果认为判决有错误或者罪犯提出申诉，应当转请人民检察院或者原判人民法院处理。

第一百六十四条 人民检察院对刑事案件的判决、裁定的执行和监狱、看守所、劳动改造机关的活动是否合法，实行监督。如果发现有违法的情况，应当通知执行机关纠正。

中华人民共和国中外合资经营企业法

（一九七九年七月一日第五届全国人民代表大会第二次会议通过　一九七九年七月八日全国人民代表大会常务委员会委员长令第七号公布施行）

第一条　中华人民共和国为了扩大国际经济合作和技术交流，允许外国公司、企业和其它经济组织或个人（以下简称外国合营者），按照平等互利的原则，经中国政府批准，在中华人民共和国境内，同中国的公司、企业或其它经济组织（以下简称中国合营者）共同举办合营企业。

第二条　中国政府依法保护外国合营者按照经中国政府批准的协议、合同、章程在合营企业的投资、应分得的利润和其他合法权益。

合营企业的一切活动应遵守中华人民共和国法律、法令和有关条例规定。

第三条　合营各方签订的合营协议、合同、章程，应报中华人民共和国外国投资管理委员会，该委员会应在三个月内决定批准或不批准。合营企业经批准后，向中华人民共和国工商行政管理总局登记，领取营业执照，开始营业。

第四条　合营企业的形式为有限责任公司。

在合营企业的注册资本中，外国合营者的投资比例一般不低于百分之二十五。

合营各方按注册资本比例分享利润和分担风险及亏损。

合营者的注册资本如果转让必须经合营各方同意。

第五条　合营企业各方可以现金、实物、工业产权等进行投资。

外国合营者作为投资的技术和设备，必须确实是适合我国需要的先进技术和设备。如果有意以落后的技术和设备进行欺骗，造成损失的，应赔偿损失。

中国合营者的投资可包括为合营企业经营期间提供的场地使用权。如果场地使用权未作为中国合营者投资的一部分，合营企业应向中国政府缴纳使用费。

上述各项投资应在合营企业的合同和章程中加以规定，其价格（场地除外）由合营各方评议商定。

第六条　合营企业设董事会，其人数组成由合营各方协商，在合同、章程中确定，并由合营各方委派和撤换。董事会设董事长一人，由中国合营者担任；副董事长一人或二人，由外国合营者担任。董事会处理重大问题，由合营各方根据平等互利原则协商决定。

董事会的职权是按合营企业章程规定，讨论决定合营企业的一切重大问题：企业发展规划、生产经营活动方案、收支预算、利润分配、劳动工资计划、停业，以及总经理、副总经理、总工程师、总会计师、审计师的任命或聘请及其职权和待遇等。

正副总经理（或正副厂长）由合营各方分别担任。

合营企业职工的雇用、解雇，依法由合营各方的协议、合同规定。

第七条　合营企业获得的毛利润，按中华人民共和国税法规定缴纳合营企业所得税后，扣除合营企业章程规定的储备基金、职工奖励及福利基金、企业发展基金，净利润根据合营各方注册资本的比例进行分配。

具有世界先进技术水平的合营企业开始获利的头两年至三年可申请减免所得税。

外国合营者将分得的净利润用于在中国境内再投资时，可申请退还已缴纳的部分所得税。

第八条　合营企业应在中国银行或者经中国银行同意的银行开户。

合营企业的有关外汇事宜，应遵照中华人民共和国外汇管理条例办理。

合营企业在其经营活动中，可直接向外国银行筹措资金。

合营企业的各项保险应向中国的保险公司投保。

第九条　合营企业生产经营计划，应报主管部门备案，并通过经济合同方式执行。

合营企业所需原材料、燃料、配套件等，应尽先在中国购买，也可由合营企业自筹外汇，直接在国际市场上购买。

鼓励合营企业向中国境外销售产品。出口产品可由合营企业直接或与其有关的委托机构向国外市场出售，也可通过中国的外贸机构出售。合营企业产品也可在中国市场销售。

合营企业需要时可在中国境外设立分支机构。

第十条　外国合营者在履行法律和协议、合同规定的义务后分得的净利润，在合营企业期满或者中止时所分得的资金以及其它资金，可按合营企业合同规定的货币，通过中国银行按外汇管理条例汇往国外。

鼓励外国合营者将可汇出的外汇存入中国银行。

第十一条　合营企业的外籍职工的工资收入和其它正当收入，按中华人民共和国税法缴纳个人所得税后，可通过中国银行按外汇管理条例汇往国外。

第十二条　合营企业合同期限，可按不同行业、不同情况，由合营各方商定。合营企业合同期满后，如各方同意并报请中华人民共和国外国投资管理委员会批准，可延长期限。延长合同期限的申请，应在合同期满六个月前提出。

第十三条　合营企业合同期满前，如发生严重亏损、一方不履行合同和章程规定的义务、不可抗力等，经合营各方协商同意，报请中华人民共和国外国投资管理委员会批准，并向工商行政管理总局登记，可提前终止合同。如果因违反合同而造成损失的，应由违反合同的一方承担经济责任。

第十四条 合营各方发生纠纷，董事会不能协商解决时，由中国仲裁机构进行调解或仲裁，也可由合营各方协议在其它仲裁机构仲裁。

第十五条 本法自公布之日起生效。本法修改权属于全国人民代表大会。

中华人民共和国环境保护法（试行）

（一九七九年九月十三日第五届全国人民代表大会常务委员会第十一次会议原则通过　一九七九年九月十三日全国人民代表大会常务委员会令第二号公布试行）

目　　录

第一章　总　　则

第一条 根据中华人民共和国宪法第十一条关于“国家保护环境和自然资源，防治污染和其他公害”的规定，制定本法。

第二条 中华人民共和国环境保护法的任务，是保证在社会主义现代化建设中，合理地利用自然环境，防治环境污染和生态破坏，为人民造成清洁适宜的生活和劳动环境，保护人民健康，促进经济发展。

第三条 本法所称环境是指：大气、水、土地、矿藏、森林、草原、野生动物、野生植物、水生生物、名胜古迹、风景游览区、温泉、疗养区、自然保护区、生活居住区等。

第四条 环境保护工作的方针是：全面规划，合理布局，综合利用，化害为利，依靠群众，大家动手，保护环境，造福人民。

第五条 国务院和所属各部门、地方各级人民政府必须切实做好环境保护工作；在制定发展国民经济计划的时候，必须对环境的保护和改善统筹安排，并认真组织实施；对已经造成的环境污染和其他公害，必须作出规划，有计划有步骤地加以解决。

第六条 一切企业、事业单位的选址、设计、建设和生产，都必须充分注意防止对环境的污染和破坏。在进行新建、改建和扩建工程时，必须提出对环境影响的报告书，经环境保护部门和其他有关部门审查批准后才能进行设计；其中防止污染和其他公害的设施，必须与主体工程同时设计、同时施工、同时投产；各项有害物质的排放必须遵守国家规定的标准。

已经对环境造成污染和其他公害的单位，应当按照谁污染谁治理的原则，制定规划，积极治理，或者报请主管部门批准转产、搬迁。

第七条 在老城市改造和新城市建设中，应当根据气象、地理、水文、生态等条件，对工业区、居民区、公用设施、绿化地带等作出环境影响评价，全面规划，合理布局，防治污染和其他公害，有计划地建设成为现代化的清洁城市。

第八条 公民对污染和破坏环境的单位和个人，有权监督、检举和控告。被检举、控告的单位和个人不得打击报复。

第九条 凡进入或者经过中国领陆、领水、领空的外国人和外国的航空器、船舶、车辆、物资、生物等，必须遵守本法和其他有关环境保护的条例、规定。

第二章　保护自然环境

第十条 因地制宜地合理使用土地，改良土壤，增加植被，防止土壤侵蚀、板结、盐碱化、沙漠化和水土流失。

开垦荒地、围海围湖造地、新建大中型水利工程等，必须事先做好综合科学调查，切实采取保护和改善环境的措施，防止破坏生态系统。

第十一条 保护江、河、湖、海、水库等水域，维持水质良好状态。

保护、发展和合理利用水生生物，禁止灭绝性的捕捞和破坏。

严格管理和节约工业用水、农业用水和生活用水，合理开采地下水，防止水源枯竭和地面沉降。

第十二条 开发矿藏资源，必须实行综合勘探、综合评价、综合利用，严禁乱挖乱采，妥善处理尾矿矿渣，防止破坏资源和恶化自然环境。

第十三条 严格遵守国家森林法规，保护和发展森林资源，进行合理采伐，及时抚育更新，严禁毁林开荒、乱砍滥伐，防止森林火灾。

大力植树造林，绿化荒山荒地，绿化沙漠区和半沙漠区，绿化村庄、城镇和工矿区。要充分利用工厂、矿区、学校、机关内外和村旁、路旁、水旁、宅旁等一切零散空地，植树种草，实现大地园林化。

第十四条 保护和发展牧草资源。积极规划和进行草原建设，合理放牧，保持和改善草原的再生能力，防止草原退化，严禁滥垦草原，防止草原火灾。

第十五条 保护、发展和合理利用野生动物、野生植物资源。按照国家规定，对于珍贵和稀有的野生动物、野生植物，严禁捕猎、采伐。

第三章 防治污染和其他公害

第十六条 积极防治工矿企业的和城市生活的废气、废水、废渣、粉尘、垃圾、放射性物质等有害物质和噪声、震动、恶臭等对环境的污染和危害。

第十七条 在城镇生活居住区、水源保护区、名胜古迹、风景游览区、温泉、疗养区和自然保护区，不准建立污染环境的企业、事业单位。已建成的，要限期治理、调整或者搬迁。

第十八条 积极试验和采用无污染或少污染的新工艺、新技术、新产品。

加强企业管理，实行文明生产，对于污染环境的废气、废水、废渣，要实行综合利用、化害为利；需要排放的，必须遵守国家规定的标准；一时达不到国家标准的要限期治理；逾期达不到国家标准的，要限制企业的生产规模。

超过国家规定的标准排放污染物，要按照排放污染物的数量和浓度，根据规定收取排污费。

第十九条 一切排烟装置、工业窑炉、机动车辆、船舶等，都要采取有效的消烟除尘措施，有害气体的排放，必须符合国家规定的标准。

大力发展和利用煤气、液化石油气、天然气、沼气、太阳能、地热和其他无污染或者少污染的能源。在城市要积极推广区域供热。

第二十条 禁止向一切水域倾倒垃圾、废渣。排放污水必须符合国家规定的标准。

禁止船舶向国家规定保护的水域排放含油、含毒物质和其他有害废弃物。

严禁使用渗坑、裂隙、溶洞或稀释办法排放有毒有害废水，防止工业污水渗漏，确保地下水不受污染。

严格保护饮用水源，逐步完善城市排污管网和污水净化设施。

第二十一条 积极发展高效、低毒、低残留农药。推广综合防治和生物防治，合理利用污水灌溉，防止土壤和作物的污染。

第二十二条 加强对城市和工业噪声、震动的管理。各种噪声大、震动大的机械设备、机动车辆、航空器等，都应当装置消声、防震设施。

第二十三条 散发有害气体、粉尘的单位，要积极采用密闭的生产设备和生产工艺，并安装通风、吸尘和净化、回收设施。劳动环境的有害气体和粉尘含量，必须符合国家工业卫生标准的规定。

第二十四条 对有毒化学品必须严格登记和管理。对剧毒物品应当严加密封，防止在储存和运输过程中散漏。

对放射性物质、电磁波辐射等，必须按照国家有关规定，严加防护和管理。

第二十五条 严防食品在生产、加工、包装、运输、储存、销售过程中的污染。加强食品检验，不符合国家卫生标准的食品，严禁出售、出口和进口。

第四章 环境保护机构和职责

第二十六条 国务院设立环境保护机构，主要职责是：

(一)贯彻并监督执行国家关于保护环境的方针、政策和法律、法令；

(二)会同有关部门拟定环境保护的条例、规定、标准和经济技术政策；

(三)会同有关部门制定环境保护的长远规划和年度计划，并督促检查其执行；

(四)统一组织环境监测，调查和掌握全国环境状况和发展趋势，提出改善措施；

(五)会同有关部门组织协调环境科学研究和环境教育事业，积极推广国内外保护环境的先进经验和技术；

(六)指导国务院所属各部门和各省、自治区、直辖市的环境保护工作；

(七)组织和协调环境保护的国际合作和交流。

第二十七条 省、自治区、直辖市人民政府设立环境保护局。市、自治州、县、自治县人民政府根据需要设立环境保护机构。

地方各级环境保护机构的主要职责是：检查督促所辖地区内各部门、各单位执行国家保护环境的方针、政策和法律、法令；拟定地方的环境保护标准和规范；组织环境监测，掌握本地区环境状况和发展趋势；会同有关部门制定本地区环境保护长远规划和年度计划，并督促实施；会同有关部门组织本地区环境科学研究和环境教育；积极推广国内外保护环境的先进经验和技术。

第二十八条 国务院和地方各级人民政府的有关部门，大、中型企业和有关事业单位，根据需要设立环境保护机构，分别负责本系统、本部门、本单位的环境保护工作。

第五章 科学研究和宣传教育

第二十九条 中国环境科学研究院、有关的科学研究机构和大专院校应当大力开展环境科学基础理论、环境管理、环境经济、综合治理技术、环境质量评价、环境污染与人体健康、自然环境合理利用与保护等问题的研究。

第三十条 文化宣传部门要积极开展环境科学知识的宣传教育工作，提高广大人民群众对环境保护工作的认识和科学技术水平。

要有计划地培养环境保护的专门人材。教育部门要在大专院校有关科系设置环境保护必修课程或专业；在中小学课程中，要适当编写有关环境保护的内容。

第六章 奖励和惩罚

第三十一条 国家对保护环境有显著成绩和贡献的单位、个人，给予表扬和奖励。

国家对企业利用废气、废水、废渣作主要原料生产的产品，给予减税、免税和价格政策上的照顾，盈利所得不上交，由企业用于治理污染和改善环境。

第三十二条 对违反本法和其他环境保护的条例、规定，污染和破坏环境，危害人民健康的单位，各级环境保护机构要分别情况，报经同级人民政府批准，予以批评、警告、罚款，或者责令赔偿损失、停产治理。

对严重污染和破坏环境，引起人员伤亡或者造成农、林、牧、副、渔业重大损失的单位的领导人员、直接责任人员或者其他公民，要追究行政责任、经济责任，直至依法追究刑事责任。

第七章 附 则

第三十三条 国务院根据本法，可以制定有关环境保护的条例、规定。

全国人民代表大会常务委员会关于中华人民共和国建国以来制定的法律、法令效力问题的决议

（一九七九年十一月二十九日第五届全国人民代表大会常务委员会第十二次会议通过 一九七九年十一月二十九日全国人民代表大会常务委员会令第三号公布施行）

为了加强和健全社会主义法制，保障社会主义现代化建设的顺利进行，根据一九五四年第一届全国人民代表大会第一次会议关于中华人民共和国现行法律、法令继续有效的决议的精神，现决定：从一九四九年十月一日中华人民共和国建立以来，前中央人民政府制定、批准的法律、法令；从一九五四年九月二十日第一届全国人民代表大会第一次会议制定中华人民共和国宪法以来，全国人民代表大会和全国人民代表大会常务委员会制定、批准的法律、法令，除了同第五届全国人民代表大会制定的宪法、法律和第五届全国人民代表大会常务委员会制定、批准的法令相抵触的以外，继续有效。

全国人民代表大会常务委员会批准《国务院关于劳动教养的补充规定》的决议

（一九七九年十一月二十九日通过）

一九七九年十一月二十九日第五届全国人民代表大会常务委员会第十二次会议决议：批准国务院关于劳动教养的补充规定，由国务院公布施行。

附：

国务院关于劳动教养的补充规定

（一九七九年十一月二十九日全国人民代表大会常务委员会第十二次会议批准 一九七九年十一月二十九日国务院公布施行）

为了更好地贯彻执行一九五七年八月一日第一届全国人民代表大会常务委员会第七十八次会议批准的国务院关于劳动教养问题的决定，作如下补充规定：

一、省、自治区、直辖市和大中城市人民政府成立劳动教养管理委员会，由民政、公安、劳动部门的负责人组成，领导和管理劳动教养的工作。

二、劳动教养收容大中城市需要劳动教养的人。对于需要实行劳动教养的人，由省、自治区、直辖市和大中城市劳动教养管理委员会审查批准。

三、劳动教养的期限为一年至三年。必要时得延长一年。节日、星期日休息。

四、劳动教养人员解除劳动教养后，就业、上学不受歧视。对劳动教养人员的家属、子女不得歧视。

五、人民检察院对劳动教养机关的活动实行监督。

一九八〇年

中华人民共和国学位条例

（一九八〇年二月十二日第五届全国人民代表大会常务委员会第十三次会议通过　一九八〇年二月十二日全国人民代表大会常务委员会令第四号公布　一九八一年一月一日起施行）

第一条　为了促进我国科学专门人才的成长，促进各门学科学术水平的提高和教育、科学事业的发展，以适应社会主义现代化建设的需要，特制定本条例。

第二条　凡是拥护中国共产党的领导、拥护社会主义制度，具有一定学术水平的公民，都可以按照本条例的规定申请相应的学位。

第三条　学位分学士、硕士、博士三级。

第四条　高等学校本科毕业生，成绩优良，达到下述学术水平者，授予学士学位：

（一）较好地掌握本门学科的基础理论、专门知识和基本技能；

（二）具有从事科学研究工作或担负专门技术工作的初步能力。

第五条　高等学校和科学研究机构的研究生，或具有研究生毕业同等学力的人员，通过硕士学位的课程考试和论文答辩，成绩合格，达到下述学术水平者，授予硕士学位：

（一）在本门学科上掌握坚实的基础理论和系统的专门知识；

（二）具有从事科学研究工作或独立担负专门技术工作的能力。

第六条　高等学校和科学研究机构的研究生，或具有研究生毕业同等学力的人员，通过博士学位的课程考试和论文答辩，成绩合格，达到下述学术水平者，授予博士学位：

（一）在本门学科上掌握坚实宽广的基础理论和系统深入的专门知识；

（二）具有独立从事科学研究工作的能力；

（三）在科学或专门技术上做出创造性的成果。

第七条　国务院设立学位委员会，负责领导全国学位授予工作。学位委员会设主任委员一人，副主任委员和委员若干人。主任委员、副主任委员和委员由国务院任免。

第八条　学士学位，由国务院授权的高等学校授予；硕士学位、博士学位，由国务院授权的高等学校和科学研究机构授予。

授予学位的高等学校和科学研究机构（以下简称学位授予单位）及其可以授予学位的学科名单，由国务院学位委员会提出，经国务院批准公布。

第九条　学位授予单位，应当设立学位评定委员会，并组织有关学科的学位论文答辩委员会。

学位论文答辩委员会必须有外单位的有关专家参加，其组成人员由学位授予单位遴选决定。学位评定委员会组成人员名单，由学位授予单位提出，报主管部门批准。主管部门应将批准的学位评定委员会组成人员名单报国务院学位委员会备案。

第十条　学位论文答辩委员会负责审查硕士和博士学位论文、组织答辩，就是否授予硕士学位或博士学位作出决议。决议以不记名投票方式，经全体成员三分之二以上通过，报学位评定委员会。

学位评定委员会负责审查通过学士学位获得者的名单；负责对学位论文答辩委员会报请授予硕士学位或博士学位的决议，作出是否批准的决定。决定以不记名投票方式，经全体成员过半数通过。决定授予硕士学位或博士学位的名单，报国务院学位委员会备案。

第十一条　学位授予单位，在学位评定委员会作出授予学位的决议后，发给学位获得者相应的学位证书。

第十二条　非学位授予单位应届毕业的研究生，由原单位推荐，可以就近向学位授予单位申请学位。经学位授予单位审查同意，通过论文答辩，达到本条例规定的学术水平者，授予相应的学位。

第十三条　对于在科学或专门技术上有重要的著作、发明、发现或发展者，经有关专家推荐，学位授予单位同意，可以免除考试，直接参加博士学位论文答辩。对于通过论文答辩者，授予博士学位。

第十四条 对于国内外卓越的学者或著名的社会活动家，经学位授予单位提名，国务院学位委员会批准，可以授予名誉博士学位。

第十五条 在我国学习的外国留学生和从事研究工作的外国学者，可以向学位授予单位申请学位。对于具有本条例规定的学术水平者，授予相应的学位。

第十六条 非学位授予单位和学术团体对于授予学位的决议和决定持有不同意见时，可以向学位授予单位或国务院学位委员会提出异议。学位授予单位和国务院学位委员会应当对提出的异议进行研究和处理。

第十七条 学位授予单位对于已经授予的学位，如发现有舞弊作伪等严重违反本条例规定的情况，经学位评定委员会复议，可以撤销。

第十八条 国务院对于已经批准授予学位的单位，在确认其不能保证所授学位的学术水平时，可以停止或撤销其授予学位的资格。

第十九条 本条例的实施办法，由国务院学位委员会制定，报国务院批准。

第二十条 本条例自一九八一年一月一日起施行。

中华人民共和国律师暂行条例

（一九八〇年八月二十六日第五届全国人民代表大会常务委员会第十五次会议通过　一九八〇年八月二十六日全国人民代表大会常务委员会令第五号公布　一九八二年一月一日起施行）

目　录

第一章　律师的任务和权利

第一条 律师是国家的法律工作者，其任务是对国家机关、企业事业单位、社会团体、人民公社和公民提供法律帮助，以维护法律的正确实施，维护国家、集体的利益和公民的合法权益。

第二条 律师的主要业务如下：

（一）接受国家机关、企业事业单位、社会团体、人民公社的聘请，担任法律顾问。

（二）接受民事案件当事人的委托，担任代理人参加诉讼。

（三）接受刑事案件被告人的委托或者人民法院的指定，担任辩护人；接受自诉案件自诉人、公诉案件被害人及其近亲属的委托，担任代理人，参加诉讼。

（四）接受非诉讼事件当事人的委托，提供法律帮助，或者担任代理人，参加调解、仲裁活动。

（五）解答关于法律的询问，代写诉讼文书和其它有关法律事务的文书。

律师应当通过全部业务活动，宣传社会主义法制。

第三条 律师进行业务活动，必须以事实为根据，以法律为准绳，忠实于社会主义事业和人民的利益。

律师依法执行职务，受国家法律保护，任何单位、个人不得干涉。

第四条 律师担任法律顾问的责任，是为聘请单位就业务上的法律问题提供意见，草拟、审查法律事务文书，代理参加诉讼、调解或者仲裁活动，维护聘请单位的合法权益。

第五条 律师担任诉讼和非诉讼事件代理人的责任，是在所受委托的权限内，维护委托人的合法权益。

律师在代理权限内的诉讼行为和法律行为，与委托人自己的诉讼行为和法律行为有同等效力。

第六条 律师担任刑事辩护人的责任，是根据事实和法律，维护被告人的合法权益。

律师认为被告人没有如实陈述案情，有权拒绝担任辩护人。

第七条 律师参加诉讼活动，有权依照有关规定，查阅本案材料，向有关单位、个人调查。律师担任刑事辩护人时，可以同在押的被告人会见和通信。

律师进行前款所列活动，有关单位、个人有责任给予支持。

律师对于在业务活动中接触的国家机密和个人阴私，有保守秘密的责任。

第二章　律 师 资 格

第八条 热爱中华人民共和国，拥护社会主义制度，有选举权和被选举权的下列公民，经考核合格，可以取得律师资格，担任律师：

（一）在高等院校法律专业毕业，并且做过两年以上司法工作、法律教学工作或者法学研究工作的；

（二）受过法律专业训练，并且担任过人民法院审判员、人民检察院检察员的；

（三）受过高等教育，做过三年以上经济、科技等工作，熟悉本专业以及与本专业有关的法律、法令，并且经过法律专业训练，适合从事律师工作的；

（四）其他具有本条第（一）项或第（二）项所列人员的法律业务水平，并具有高等学校文化水平，适合从事律师工作的。

第九条 取得律师资格，须经省、自治区、直辖市司法厅（局）考核批准，发给律师证书，并报中华人民共和国司法部备案。司法部发现审批不当的，应当通知司法厅（局）重新审查。

第十条 取得律师资格的人员不能脱离本职的，可以担任兼职律师。兼职律师所在单位应当给予支持。

人民法院、人民检察院、人民公安机关的现职人员不得兼做律师工作。

第十一条 高等院校法律专业毕业生或者经过法律专业训练的人员，经省、自治区、直辖市司法厅（局）考核批准，可以担任实习律师。

实习律师的实习期为两年。实习期满，依照本条例第九条规定的程序，授予律师资格；考核不合格的，可以延长其实习期。

第十二条 律师严重不称职的，得经省、自治区、直辖市司法厅（局）决定，报司法部批准，取消其律师资格。

第三章　律师的工作机构

第十三条 律师执行职务的工作机构是法律顾问处。

法律顾问处是事业单位，受国家司法行政机关的组织领导和业务监督。

第十四条 法律顾问处按县、市、市辖区设立。必要时，经司法部批准，可以设立专业性的法律顾问处。

法律顾问处之间没有隶属关系。

第十五条 法律顾问处的主要任务，是领导律师开展业务工作，组织律师学习政治和法律业务知识，总结、交流律师的工作经验。

第十六条 法律顾问处设主任一人，根据需要，可以设副主任。主任、副主任均由本处律师选举产生，报经省、自治区、直辖市司法厅（局）批准，任期为三年，连选得连任。

法律顾问处主任、副主任领导法律顾问处的工作，并且必须执行律师职务。

第十七条 律师承办业务，由法律顾问处统一接受委托，并且统一收费。

法律顾问处给律师分配任务，应当根据实际条件尽量满足委托人的指名要求。

第十八条 法律顾问处可以指派律师到外地进行业务活动，当地法律顾问处应当给予帮助。

第十九条 为维护律师的合法权益，交流工作经验，促进律师工作的开展，增进国内外法律工作者的联系，建立律师协会。

律师协会是社会团体。组织章程由律师协会制订。

第四章　附　　则

第二十条 律师职称标准、律师奖惩规定和律师收费办法，由司法部另行制订。

第二十一条 本条例自一九八二年一月一日起施行。

中华人民共和国国籍法

（一九八〇年九月十日第五届全国人民代表大会第三次会议通过　一九八〇年九月十日全国人民代表大会常务委员会委员长令第八号公布施行）

第一条 中华人民共和国国籍的取得、丧失和恢复，都适用本法。

第二条 中华人民共和国是统一的多民族的国家，各民族的人都具有中国国籍。

第三条 中华人民共和国不承认中国公民具有双重国籍。

第四条 父母双方或一方为中国公民，本人出生在中国，具有中国国籍。

第五条 父母双方或一方为中国公民，本人出生在外国，具有中国国籍；但父母双方或一方为中国公民并定居在外国，本人出生时即具有外国国籍的，不具有中国国籍。

第六条 父母无国籍或国籍不明，定居在中国，本人出生在中国，具有中国国籍。

第七条 外国人或无国籍人，愿意遵守中国宪法和法律，并具有下列条件之一的，可以经申请批准加入中国国籍：

一、中国人的近亲属；

二、定居在中国的；

三、有其它正当理由。

第八条 申请加入中国国籍获得批准的，即取得中国国籍；被批准加入中国国籍的，不得再保留外国国籍。

第九条 定居外国的中国公民，自愿加入或取得外国国籍的，即自动丧失中国国籍。

第十条 中国公民具有下列条件之一的，可以经申请批准退出中国国籍：

一、外国人的近亲属；

二、定居在外国的；

三、有其它正当理由。

第十一条 申请退出中国国籍获得批准的，即丧失中国国籍。

第十二条 国家工作人员和现役军人，不得退出中国国籍。

第十三条 曾有过中国国籍的外国人，具有正当理由，可以申请恢复中国国籍；被批准恢复中国国籍的，不得再保留外国国籍。

第十四条 中国国籍的取得、丧失和恢复，除第九条规定的以外，必须办理申请手续。未满十八周岁的人，可由其父母或其他法定代理人代为办理申请。

第十五条 受理国籍申请的机关，在国内为当地市、县公安局，在国外为中国外交代表机关和领事机关。

第十六条 加入、退出和恢复中国国籍的申请，由中华人民共和国公安部审批。经批准的，由公安部发给证书。

第十七条 本法公布前，已经取得中国国籍的或已经丧失中国国籍的，继续有效。

第十八条 本法自公布之日起施行。

中华人民共和国婚姻法

（一九八〇年九月十日第五届全国人民代表大会第三次会议通过
一九八〇年九月十日全国人民代表大会常务委员会委员长令第
九号公布　一九八一年一月一日起施行）

目　录

第一章　总　则

第一条 本法是婚姻家庭关系的基本准则。

第二条 实行婚姻自由、一夫一妻、男女平等的婚姻制度。

保护妇女、儿童和老人的合法权益。

实行计划生育。

第三条 禁止包办、买卖婚姻和其他干涉婚姻自由的行为。禁止借婚姻索取财物。

禁止重婚。禁止家庭成员间的虐待和遗弃。

第二章　结　婚

第四条 结婚必须男女双方完全自愿，不许任何一方对他方加以强迫或任何第三者加以干涉。

第五条 结婚年龄，男不得早于二十二周岁，女不得早于二十周岁。晚婚晚育应予鼓励。

第六条 有下列情形之一的，禁止结婚：

一、直系血亲和三代以内的旁系血亲；

二、患麻风病未经治愈或患其他在医学上认为不应当结婚的疾病。

第七条 要求结婚的男女双方必须亲自到婚姻登记机关进行结婚登记。符合本法规定的，予以登记，发给结婚证，取得结婚证，即确立夫妻关系。

第八条 登记结婚后，根据男女双方约定，女方可以成为男方家庭的成员，男方也可以成为女方家庭的成员。

第三章　家庭关系

第九条 夫妻在家庭中地位平等。

第十条 夫妻双方都有各用自己姓名的权利。

第十一条 夫妻双方都有参加生产、工作、学习和社会活动的自由，一方不得对他方加以限制或干涉。

第十二条 夫妻双方都有实行计划生育的义务。

第十三条 夫妻在婚姻关系存续期间所得的财产，归夫妻共同所有，双方另有约定的除外。

夫妻对共同所有的财产，有平等的处理权。

第十四条 夫妻有互相扶养的义务。

一方不履行扶养义务时，需要扶养的一方，有要求对方付给扶养费的权利。

第十五条 父母对子女有抚养教育的义务；子女对父母有赡养扶助的义务。

父母不履行抚养义务时，未成年的或不能独立生活的子女，有要求父母付给抚养费的权利。

子女不履行赡养义务时，无劳动能力的或生活困难的父母，有要求子女付给赡养费的权利。

禁止溺婴和其他残害婴儿的行为。

第十六条 子女可以随父姓，也可以随母姓。

第十七条 父母有管教和保护未成年子女的权利和义务。在未成年子女对国家、集体或他人造成损害时，父母有赔偿经济损失的义务。

第十八条 夫妻有相互继承遗产的权利。

父母和子女有相互继承遗产的权利。

第十九条 非婚生子女享有与婚生子女同等的权

利，任何人不得加以危害和歧视。

非婚生子女的生父，应负担子女必要的生活费和教育费的一部或全部，直至子女能独立生活为止。

第二十条 国家保护合法的收养关系。养父母和养子女间的权利和义务，适用本法对父母子女关系的有关规定。

养子女和生父母间的权利和义务，因收养关系的成立而消除。

第二十一条 继父母与继子女间，不得虐待或歧视。

继父或继母和受其抚养教育的继子女间的权利和义务，适用本法对父母子女关系的有关规定。

第二十二条 有负担能力的祖父母、外祖父母，对于父母已经死亡的未成年的孙子女、外孙子女，有抚养的义务。有负担能力的孙子女、外孙子女，对于子女已经死亡的祖父母、外祖父母，有赡养的义务。

第二十三条 有负担能力的兄、姊，对于父母已经死亡或父母无力抚养的未成年的弟、妹，有抚养的义务。

第四章 离 婚

第二十四条 男女双方自愿离婚的，准予离婚。双方须到婚姻登记机关申请离婚。婚姻登记机关查明双方确实是自愿并对子女和财产问题已有适当处理时，应即发给离婚证。

第二十五条 男女一方要求离婚的，可由有关部门进行调解或直接向人民法院提出离婚诉讼。

人民法院审理离婚案件，应当进行调解；如感情确已破裂，调解无效，应准予离婚。

第二十六条 现役军人的配偶要求离婚，须得军人同意。

第二十七条 女方在怀孕期间和分娩后一年内，男方不得提出离婚。女方提出离婚的，或人民法院认为确有必要受理男方离婚请求的，不在此限。

第二十八条 离婚后，男女双方自愿恢复夫妻关系的，应到婚姻登记机关进行复婚登记。婚姻登记机关应予以登记。

第二十九条 父母与子女间的关系，不因父母离婚而消除。离婚后，子女无论由父方或母方抚养，仍是父母双方的子女。

离婚后，父母对于子女仍有抚养和教育的权利和义务。

离婚后，哺乳期内的子女，以随哺乳的母亲抚养为原则。哺乳期后的子女，如双方因抚养问题发生争执不能达成协议时，由人民法院根据子女的权益和双方的具体情况判决。

第三十条 离婚后，一方抚养的子女，另一方应负担必要的生活费和教育费的一部或全部，负担费用的多少和期限的长短，由双方协议；协议不成时，由人民法院判决。

关于子女生活费和教育费的协议或判决，不妨碍子女在必要时向父母任何一方提出超过协议或判决原定数额的合理要求。

第三十一条 离婚时，夫妻的共同财产由双方协议处理；协议不成时，由人民法院根据财产的具体情况，照顾女方和子女权益的原则判决。

第三十二条 离婚时，原为夫妻共同生活所负的债务，以共同财产偿还。如该项财产不足清偿时，由双方协议清偿；协议不成时，由人民法院判决。男女一方单独所负债务，由本人偿还。

第三十三条 离婚时，如一方生活困难，另一方应给予适当的经济帮助。具体办法由双方协议；协议不成时，由人民法院判决。

第五章 附 则

第三十四条 违反本法者，得分别情况，依法予以行政处分或法律制裁。

第三十五条 对拒不执行有关扶养费、抚养费、赡养费、财产分割和遗产继承等判决或裁定的，人民法院得依法强制执行。有关单位应负协助执行的责任。

第三十六条 民族自治地方人民代表大会和它的常务委员会可以依据本法的原则，结合当地民族婚姻家庭的具体情况，制定某些变通的或补充的规定。自治州、自治县制定的规定，须报请省、自治区人民代表大会常务委员会批准。自治区制定的规定，须报全国人民代表大会常务委员会备案。

第三十七条 本法自一九八一年一月一日起施行。

一九五〇年五月一日颁行的《中华人民共和国婚姻法》，自本法施行之日起废止。

中华人民共和国中外合资经营企业所得税法*

（一九八〇年九月十日第五届全国人民代表大会第三次会议通过 一九八〇年九月十日全国人民代表大会常务委员会委员长令第十号公布施行）

第一条 在中华人民共和国境内的中外合资经营企业（以下简称合营企业），从事生产、经营所得和其它所得，都按照本法的规定缴纳所得税。

合营企业在中国境内和境外的分支机构，从事生产、经营所得和其它所得，由总机构汇总缴纳所得税。

第二条 合营企业每一纳税年度的收入总额，减除成本、费用以及损失后的余额，为应纳税的所得额。

第三条 合营企业的所得税税率为百分之三十。另按应纳所得税额附征百分之十的地方所得税。

开发石油、天然气和其它资源的合营企业的所得税税率，另行规定。

第四条 合营企业的外国合营者，从企业分得的利润汇出国外时，按汇出额缴纳百分之十的所得税。

第五条 对新办的合营企业，合营期在十年以上的，经企业申请，税务机关批准，从开始获利的年度起，第一年免征所得税，第二年和第三年减半征收所得税。

对农业、林业等利润较低的合营企业和在经济不发达的边远地区开办的合营企业，按前款规定免税、减税期满后，经中华人民共和国财政部批准，还可以在以后的十年内继续减征所得税百分之十五至百分之三十。

第六条 合营企业的合营者，从企业分得的利润在中国境内再投资，期限不少于五年的，经合营者申请，税务机关批准，退还再投资部分已纳所得税税款的百分之四十。投资不满五年撤出的，应当缴回已退的税款。

第七条 合营企业发生年度亏损，可以从下一年度的所得中提取相应的数额加以弥补；下一年度的所得不足弥补的，可以逐年提取所得继续弥补，但是最长不得超过五年。

第八条 合营企业所得税，按年计征，分季预缴。每季在季度终了后十五天内预缴，每年在年度终了后三个月内，汇算清缴，多退少补。

第九条 合营企业应当在每次预缴所得税的期限内，向当地税务机关报送预缴所得税申报表；年度终了后三个月内，报送年度所得税申报表和会计决算报表。

第十条 合营企业的所得税以人民币为计算单位。所得为外国货币的，按照中华人民共和国国家外汇管理总局公布的外汇牌价折合成人民币缴纳税款。

第十一条 合营企业的开业、转产、迁移、停业以及注册资本的变更、转让，在向中华人民共和国工商行政管理总局登记后，应当持有关证件在三十天内向当地税务机关办理税务登记。

第十二条 税务机关对合营企业的财务、会计和纳税情况，有权进行检查。合营企业必须据实报告，并提供有关资料，不得拒绝或者隐瞒。

第十三条 合营企业必须按照规定的期限，缴纳税款。逾期不缴的，税务机关除限期缴纳外，从滞纳之日起，按日加收滞纳税款的千分之五的滞纳金。

第十四条 合营企业违反本法第九条、第十一条、第十三条规定的，税务机关可以酌情处以罚金。

合营企业偷税、抗税的，税务机关除追缴税款外，可以根据情节轻重，处以应补税款五倍以下的罚金。情节严重的，由当地人民法院依法处理。

第十五条 合营企业同税务机关在纳税问题上发生争议时，必须先按照规定纳税，然后再向上级税务机关申请复议。如果不服复议后的决定，可以向当地人民法院提起诉讼。

第十六条 合营企业及其分支机构，在国外缴纳的所得税，可以在总机构应纳所得税额内抵免。

中华人民共和国政府和外国政府之间订有避免双重征税协定的，所得税的抵免，应当依照各该协定的规定办理。

第十七条 本法的施行细则，由中华人民共和国财政部制定。

第十八条 本法自公布之日起施行。

* 一九八三年九月二日第六届全国人民代表大会常务委员会第二次会议通过《关于修改〈中华人民共和国中外合资经营企业所得税法〉的决定》，本法的修订本见本书 226 页。

中华人民共和国个人所得税法

（一九八〇年九月十日第五届全国人民代表大会第三次会议通过
一九八〇年九月十日全国人民代表大会常务委员会委员长令第
十一号公布 一九八〇年九月十日起施行）

第一条 在中华人民共和国境内居住满一年的个人，从中国境内和境外取得的所得，都按照本法的规定缴纳个人所得税。

不在中华人民共和国境内居住或者居住不满一年的个人，只就从中国境内取得的所得，缴纳个人所得税。

第二条 下列各项所得，应纳个人所得税：

一、工资、薪金所得；

二、劳务报酬所得；

三、特许权使用费所得；

四、利息、股息、红利所得；

五、财产租赁所得；

六、经中华人民共和国财政部确定征税的其它所得。

第三条 个人所得税的税率：

一、工资、薪金所得，适用超额累进税率，税率为百分之五至百分之四十五(税率表附后)。

二、劳务报酬所得,特许权使用费所得,利息、股息、红利所得,财产租赁所得和其它所得,适用比例税率,税率为百分之二十。

第四条 下列各项所得,免纳个人所得税:

一、科学、技术、文化成果奖金;

二、在中华人民共和国的国家银行和信用合作社储蓄存款的利息;

三、福利费、抚恤金、救济金;

四、保险赔款;

五、军队干部和战士的转业费、复员费;

六、干部、职工的退职费、退休费;

七、各国政府驻华使馆、领事馆的外交官员薪金所得;

八、中国政府参加的国际公约、签订的协议中规定免税的所得;

九、经中华人民共和国财政部批准免税的所得。

第五条 各项应纳税所得额的计算:

一、工资、薪金所得,按每月收入减除费用八百元,就超过八百元的部分纳税。

二、劳务报酬所得、特许权使用费所得、财产租赁所得,每次收入不满四千元的,减除费用八百元;四千元以上的,减除百分之二十的费用,然后就其余额纳税。

三、利息、股息、红利所得和其它所得,按每次收入额纳税。

第六条 个人所得税,以所得人为纳税义务人,以支付所得的单位为扣缴义务人。没有扣缴义务人的,由纳税义务人自行申报纳税。

第七条 扣缴义务人每月所扣的税款,自行申报纳税人每月应纳的税款,都应当在次月七日内缴入国库,并向税务机关报送纳税申报表。

从中国境外取得所得的纳税义务人,应当在年度终了后三十日内,将应纳的税款缴入国库,并向税务机关报送纳税申报表。

第八条 各项所得的计算,以人民币为单位。所得为外国货币的,按照中华人民共和国国家外汇管理总局公布的外汇牌价折合成人民币缴纳税款。

第九条 税务机关对纳税情况有权进行检查,扣缴义务人和自行申报纳税人必须据实报告,并提供有关资料,不得拒绝或者隐瞒。

第十条 对扣缴义务人按照所扣缴的税款,付给百分之一的手续费。

第十一条 扣缴义务人和自行申报纳税人,必须按照规定的期限,缴纳税款。逾期不缴的,税务机关除限期缴纳税款外,从滞纳之日起,按日加收滞纳税款千分之五的滞纳金。

第十二条 扣缴义务人和自行申报纳税人,违反本法第九条规定的,税务机关可以酌情处以罚金。

匿报所得额,偷税、抗税的,税务机关除追缴税款外,可以根据情节轻重,处以应补税款五倍以下的罚金;情节严重的,由当地人民法院依法处理。

第十三条 扣缴义务人和自行申报纳税人同税务机关在纳税问题上发生争议时,必须先按照规定纳税,然后再向上级税务机关申请复议。如果不服复议后的决定,可以向当地人民法院提起诉讼。

第十四条 本法的施行细则,由中华人民共和国财政部制定。

第十五条 本法自公布之日起施行。

个人所得税税率表

(工资、薪金所得适用)

级数	级距	税率%	级数	级距	税率%
1	全月收入额在 800 元以下的	免	5	全月收入额 6,001 元至 9,000 元的部分	30
2	全月收入额 801 元至 1,500 元的部分	5	6	全月收入额 9,001 元至 12,000 元的部分	40
3	全月收入额 1,501 元至 3,000 元的部分	10	7	全月收入额 12,001 元以上的部分	45
4	全月收入额 3,001 元至 6,000 元的部分	20			

全国人民代表大会常务委员会关于批准《广东省经济特区条例》的决议

(一九八〇年八月二十六日通过)

第五届全国人民代表大会常务委员会第十五次会议决定:批准国务院提出的《广东省经济特区条例》。

附：

广东省经济特区条例

（一九八〇年八月二十六日全国人民代表大会
常务委员会第十五次会议批准施行）

第一章　总　　则

第一条　为发展对外经济合作和技术交流，促进社会主义现代化建设，在广东省深圳、珠海、汕头三市分别划出一定区域，设置经济特区（以下简称特区）。特区鼓励外国公民、华侨、港澳同胞及其公司、企业（以下简称客商），投资设厂或者与我方合资设厂，兴办企业和其他事业，并依法保护其资产、应得利润和其他合法权益。

第二条　特区内的企业和个人，必须遵守中华人民共和国的法律、法令和有关规定。本条例有特别规定的，按照本条例的规定执行。

第三条　设立广东省经济特区管理委员会，代表广东省人民政府对各特区实行统一管理。

第四条　特区为客商提供广阔的经营范围，创造良好的经营条件，保证稳定的经营场所。一切在国际经济合作和技术交流中具有积极意义的工业、农业、畜牧业、养殖业、旅游业、住宅和建筑业、高级技术研究制造业，以及客商与我方共同感兴趣的其他行业，都可以投资兴办或者与我方合资兴办。

第五条　特区的土地平整工程和供水、排水、供电、道路、码头、通讯、仓储等各项公共设施，由广东省经济特区管理委员会负责兴建，必要时也可以吸收外资参与兴建。

第六条　各特区分别聘请国内外专家和热心我国现代化建设的有关人士组成顾问委员会，作为该特区的咨询机构。

第二章　注册和经营

第七条　客商在特区投资设厂，兴办各项经济事业，应向广东省经济特区管理委员会提出申请，经审核、批准后，发给注册证书和土地使用证书。

第八条　客商可在特区内设立的中国银行或者其他经我方批准设立的银行开户，并办理有关外汇事宜。

客商的各项保险，可向特区内设立的中国人民保险公司或者其他经我方批准设立的保险公司投保。

第九条　特区企业的产品供国际市场销售；其产品如向我国内地销售，须经广东省经济特区管理委员会核准，并办理海关补税手续。

第十条　客商在特区内可以独立经营自己的企业，雇用外籍人员担任技术和管理工作。

第十一条　客商在特区所办的企业中途停业，应向广东省经济特区管理委员会申报理由，办理停业手续，清理债权债务；停业后，其资产可转让，资金可汇出。

第三章　优 惠 办 法

第十二条　特区的土地为中华人民共和国所有。客商用地，按实际需要提供，其使用年限、使用费数额和缴纳办法，根据不同行业和用途，给予优惠，具体办法另行规定。

第十三条　特区企业进口生产所必需的机器设备、零配件、原材料、运输工具和其他生产资料，免征进口税；对必需的生活用品，可以根据具体情况，分别征税或者减免进口税。上述物品进口和特区产品出口时，均应向海关办理申报手续。

第十四条　特区企业所得税税率为百分之十五。对在本条例公布后两年内投资兴办的企业，或者投资额达五百万美元以上的企业，或者技术性较高、资金周转期较长的企业，给予特别优惠待遇。

第十五条　客商在缴纳企业所得税后所得的合法利润，特区企业的外籍职工、华侨职工、港澳职工在缴纳个人所得税后的工资和其他正当收入，可以按照特区外汇管理办法的规定，通过特区内的中国银行或者其他银行汇出。

第十六条　客商将所得利润用于在特区内进行再投资为期五年以上者，可申请减免用于再投资部分的所得税。

第十七条　鼓励特区企业采用我国生产的机器设备、原材料和其他物资，其价格可按我国当时同类商品的出口价格给予优惠，以外汇结算。这些产品和物资，可凭售货单位的销售凭证直接运往特区。

第十八条　凡来往特区的外籍人员、华侨和港澳同胞，出入境均简化手续，给予方便。

第四章　劳 动 管 理

第十九条　各特区设立劳动服务公司。特区企业雇用中国职员和工人，或者由当地劳动服务公司介绍，或者经广东省经济特区管理委员会同意由客商自行招聘，都由企业考核录用，同职工签订劳动合同。

第二十条　特区企业雇用的职工，由该企业按其经营的要求进行管理，必要时可以解雇，其手续按照劳动合同的规定办理。

特区企业职工可按照劳动合同规定，向企业提请辞职。

第二十一条 特区企业中的中国职工工资水平、工资形式、奖励办法，以及劳动保险、国家对职工的各项补贴，按照广东省经济特区管理委员会的规定，由企业同职工签订合同。

第二十二条 特区企业应有必要的劳动保护措施，保证职工在安全、卫生的条件下进行工作。

第五章 组织管理

第二十三条 广东省经济特区管理委员会行使以下职权：

1. 制订特区发展计划并组织实施；
2. 审核、批准客商在特区的投资项目；
3. 办理特区工商登记和土地核配；
4. 协调设在特区内的银行、保险、税务、海关、边检、邮电等机构的工作关系；
5. 为特区企业所需的职工提供来源，并保护职工的正当权益；
6. 举办特区教育、文化、卫生和各项公益事业；
7. 维护特区治安，依法保护特区内人身和财产不受侵犯。

第二十四条 深圳特区由广东省经济特区管理委员会直接经营管理；珠海、汕头特区设立必要的办事机构。

第二十五条 为适应特区经济活动的开展，设立广东省经济特区发展公司。公司业务范围：承办资金筹集和信托投资业务；经营或者与客商合资经营特区的有关企业；代理特区客商与内地贸易往来的购销事宜，并提供洽商服务。

第六章 附则

第二十六条 本条例由广东省人民代表大会通过，并报中华人民共和国全国人民代表大会常务委员会批准后施行。

全国人民代表大会常务委员会
关于批准《国务院关于老干部离职休养的暂行规定》的决议

（一九八〇年九月二十九日通过）

第五届全国人民代表大会常务委员会第十六次会议决定：批准《国务院关于老干部离职休养的暂行规定》，由国务院公布施行。

附：

国务院关于老干部离职休养的暂行规定

（一九八〇年九月二十九日全国人民代表大会常务委员会第十六次会议批准　一九八〇年十月七日国务院公布施行）

我们国家的老干部，在长期的革命斗争和社会主义建设事业中，艰苦奋斗，努力工作，为国家和人民作出了重大贡献，是党和国家的宝贵财富。但是，随着年龄的增长，老干部当中不能坚持正常工作的将愈益增多。根据党和国家关心、爱护老干部的传统，让年老体弱、不能坚持正常工作的老干部离职休养（以下简称离休），在政治上予以尊重，生活上予以照顾，这是改革和完善我国干部制度的一项重要措施，也是社会主义制度优越性的体现。这既有利于保护老干部的健康，继续发挥他们的积极性，也有利于年轻干部的选拔成长。为此，作如下规定：

第一条 第一、二次国内革命战争时期参加革命工作的干部，抗日战争时期参加革命工作的副县长及相当职务或行政十八级以上的干部，建国以前参加革命工作的行政公署副专员及相当职务或行政十四级以上的干部，年老体弱、不能坚持正常工作的，应当离休。

已经退休的干部，符合上述规定的应当改为离休。

第二条 干部离休，由所在单位按照干部管理权限，报任免机关批准。

第三条 离休干部一般可就地分散安置，也可在本人原籍或配偶所在地安置。国家鼓励离休干部到农村或中小城镇安家落户。

跨省安置的，由两省协商解决。对要求到北京、天津、上海安置的，要从严控制。在青藏等高原地区工作的内地干部离休后要求回内地安置的，有关省、自治区、直辖市应当予以安置。

第四条 对离休干部的管理，就地安置的，由原单位负责；易地安置的（包括军队已转地方的），由接受地区的干部、人事部门负责，必要时可建立小型干部休养所。

第五条 干部离休后，原标准工资（含保留工资）照发，福利待遇不变。其他各项生活待遇，都与所在地区同级在职干部一样对待，并切实给予保证。医疗、住房、用车、生活品供应等方面，应当优先照顾。

因公致残饮食起居需要人扶助的离休干部，一般可发给不超过当地普通机械行业二级工标准工资的护理费。由于瘫痪等原因，生活长期完全不能自理的，可酌情发给护理费。需要购置病残工具而本人有困难的，可酌情补助。

跨省安置的离休干部，确需新建住房的，由原工作单位将经费划拨给接受地区，由接受地区负责解决。

干部休养所和直接管理离休干部较多的部门，要配备必要的车辆，为离休干部服务。

第六条 离休干部单列编制。离休干部需要的各项经费，由原单位支付。跨省安置的，由原单位拨交接受地区的干部、人事部门掌握支付，医疗费用由原单位负责报销；过去已由接受地区负责支付的，应当由接受地区干部、人事部门列预算支付。

离休干部易地安置的，由原工作单位一次发给安置补助费一百五十元，安置到农村生产队的，发给三百元。离休干部本人及其供养的直系亲属，前往安置地点的车船费、旅馆费、行李搬运费和途中伙食补助费，都按在职干部差旅费的规定报销。

干部离休后，继续享受国家规定的探亲待遇，另外本人可报销一次探视父母、子女或回原籍的往返车船费。

第七条 离休干部去世后，其丧葬补助费、遗属抚恤费和生活困难补助等，与同级在职干部一样待遇。

第八条 各级领导和有关部门要关心离休干部的政治、文化生活，采取具体措施，保证他们能按同级在职干部规定的范围看文件、听报告，及时了解党和国家的方针政策。要定期召开离休干部座谈会或看望离休干部，倾听他们的意见和要求。

第九条 注意发挥离休干部的作用。凡是能写革命回忆录的，要为他们口述或撰写提供必要的条件。鼓励他们发扬革命传统，关心国家大事，关心人民生活，反映情况，提出建议，做些力所能及的工作。

第十条 各地区、各部门要加强对离休干部工作的领导。县以上的部门要有一名领导同志分管，干部、人事部门和其他有离休干部的单位，应当根据情况，配备专职或兼职干部，注意与有关部门密切配合，共同做好这项工作。要对有关人员加强政治思想工作，切实地及时解决离休干部的实际困难，使他们感到党和国家的温暖。要在干部和群众中形成尊重和关心离休干部的良好风气。

第十一条 本规定自颁发之月起实行，适用于党政机关、人民团体和全民所有制企业、事业单位的干部，以及因工作需要由组织委派到集体所有制企业、事业单位工作的国家干部。过去有关规定与本规定不一致的，以本规定为准。

第十二条 本规定的实施细则由国家人事局制定报国务院批准后颁发。

一 九 八 一 年

中华人民共和国惩治军人违反职责罪暂行条例

（一九八一年六月十日第五届全国人民代表大会常务委员会第十九次会议通过　一九八一年六月十日全国人民代表大会常务委员会令第七号公布　一九八二年一月一日起施行）

第一条 根据《中华人民共和国刑法》的指导思想和基本原则，为惩治军人违反职责的犯罪行为，教育军人认真履行职责，巩固部队战斗力，特制定本条例。

第二条 中国人民解放军的现役军人，违反军人职责，危害国家军事利益，依照法律应当受刑罚处罚的行为，是军人违反职责罪。但是情节显著轻微、危害不大的，不认为是犯罪，按军纪处理。

第三条 违反武器装备使用规定，情节严重，因而发生重大责任事故，致人重伤、死亡或者造成其他严重后果的，处三年以下有期徒刑或者拘役；后果特别严重的，处三年以上七年以下有期徒刑。

第四条 违反保守国家军事机密法规，泄露或者遗失国家重要军事机密，情节严重的，处七年以下有期徒刑或者拘役。

战时犯前款罪的，处三年以上十年以下有期徒刑；情节特别严重的，处十年以上有期徒刑或者无期徒刑。

为敌人或者外国人窃取、刺探、提供军事机密的，处十年以上有期徒刑、无期徒刑或者死刑。

第五条 指挥人员和值班、值勤人员擅离职守或者玩忽职守，因而造成严重后果的，处七年以下有期徒刑或者拘役。

战时犯前款罪的，处五年以上有期徒刑。

第六条 违反兵役法规，逃离部队，情节严重的，处三年以下有期徒刑或者拘役。

战时犯前款罪的，处三年以上七年以下有期徒刑。

第七条 偷越国(边)境外逃的，处三年以下有期徒刑或者拘役；情节严重的，处三年以上十年以下有期徒刑。战时从重处罚。

第八条 边防海防线的值勤人员，徇私舞弊，私放他人偷越国(边)境的，处五年以下有期徒刑或者拘役；情节严重的，处五年以上有期徒刑。战时从重处罚。

第九条 滥用职权，虐待、迫害部属，情节恶劣，因而致人重伤或者造成其他严重后果的，处五年以下有期徒刑或者拘役；致人死亡的，处五年以上有期徒刑。

第十条 以暴力、威胁方法，阻碍指挥人员或者值班、值勤人员执行职务的，处五年以下有期徒刑或者拘役；情节严重的，处五年以上有期徒刑；情节特别严重的或者致人重伤、死亡的，处无期徒刑或者死刑。战时从重处罚。

第十一条 盗窃武器装备或者军用物资的，处五年以下有期徒刑或者拘役；情节严重的，处五年以上十年以下有期徒刑；情节特别严重的，处十年以上有期徒刑或者无期徒刑。战时从重处罚，情节特别严重的，可以判处死刑。

第十二条 破坏武器装备或者军事设施的，处三年以下有期徒刑或者拘役；破坏重要武器装备或者重要军事设施的，处三年以上十年以下有期徒刑；情节特别严重的，处十年以上有期徒刑、无期徒刑或者死刑。战时从重处罚。

第十三条 战时自伤身体，逃避军事义务的，处三年以下有期徒刑；情节严重的，处三年以上七年以下有期徒刑。

第十四条 战时造谣惑众，动摇军心的，处三年以下有期徒刑；情节严重的，处三年以上十年以下有期徒刑。

勾结敌人造谣惑众，动摇军心的，处十年以上有期徒刑或者无期徒刑；情节特别严重的，可以判处死刑。

第十五条 在战场上故意遗弃伤员，情节恶劣的，对直接责任人员，处三年以下有期徒刑。

第十六条 畏惧战斗，临阵脱逃的，处三年以下有期徒刑；情节严重的，处三年以上十年以下有期徒刑；致使战斗、战役遭受重大损失的，处十年以上有期徒刑、无期徒刑或者死刑。

第十七条 在战斗中违抗命令，对作战造成危害的，处三年以上十年以下有期徒刑；致使战斗、战役遭受重大损失的，处十年以上有期徒刑、无期徒刑或者死刑。

第十八条 故意谎报军情或者假传军令，对作战造成危害的，处三年以上十年以下有期徒刑；致使战斗、战役遭受重大损失的，处十年以上有期徒刑、无期徒刑或者死刑。

第十九条 在战场上贪生怕死，自动放下武器投降敌人的，处三年以上十年以下有期徒刑；情节严重的，处十年以上有期徒刑或者无期徒刑。

投降后为敌人效劳的，处十年以上有期徒刑、无期徒刑或者死刑。

第二十条 在军事行动地区，掠夺、残害无辜居民的，处七年以下有期徒刑；情节严重的，处七年以上有期徒刑；情节特别严重的，处无期徒刑或者死刑。

第二十一条 虐待俘虏，情节恶劣的，处三年以下有期徒刑。

第二十二条 在战时，对被判处三年以下有期徒刑没有现实危险宣告缓刑的犯罪军人，允许其戴罪立功，确有立功表现时，可以撤销原判刑罚，不以犯罪论处。

第二十三条 现役军人犯本条例以外之罪的，依照《中华人民共和国刑法》有关条款的规定处罚。

第二十四条 对于危害重大的犯罪军人，可以附加剥夺勋章、奖章和荣誉称号。

第二十五条 军内在编职工犯本条例之罪的，适用本条例。

第二十六条 本条例自一九八二年一月一日起施行。

中华人民共和国经济合同法

(一九八一年十二月十三日第五届全国人民代表大会第四次会议通过
一九八一年十二月十三日全国人民代表大会常务委员会委员长令第
十二号公布　一九八二年七月一日起施行)

目　录

第一章 总 则

第一条 为了保护经济合同当事人的合法权益，维护社会经济秩序，提高经济效益，保证国家计划的执行，促进社会主义现代化建设的发展，特制定本法。

第二条 经济合同是法人之间为实现一定经济目的，明确相互权利义务关系的协议。

第三条 经济合同，除即时清结者外，应当采用书面形式。当事人协商同意的有关修改合同的文书、电报和图表，也是合同的组成部分。

第四条 订立经济合同，必须遵守国家的法律，必须符合国家政策和计划的要求。任何单位和个人不得利用合同进行违法活动，扰乱经济秩序，破坏国家计划，损害国家利益和社会公共利益，牟取非法收入。

第五条 订立经济合同，必须贯彻平等互利、协商一致、等价有偿的原则。任何一方不得把自己的意志强加给对方，任何单位和个人不得非法干预。

第六条 经济合同依法成立，即具有法律约束力，当事人必须全面履行合同规定的义务，任何一方不得擅自变更或解除合同。

第七条 下列经济合同为无效：

一、违反法律和国家政策、计划的合同；

二、采取欺诈、胁迫等手段所签订的合同；

三、代理人超越代理权限签订的合同或以被代理人的名义同自己或者同自己所代理的其他人签订的合同；

四、违反国家利益或社会公共利益的经济合同。

无效的经济合同，从订立的时候起，就没有法律约束力。确认经济合同部分无效的，如果不影响其余部分的效力，其余部分仍然有效。

无效经济合同的确认权，归合同管理机关和人民法院。

第八条 购销、建设工程承包、加工承揽、货物运输、供用电、仓储保管、财产租赁、借款、财产保险、科技协作以及其他经济合同，均适用本法的规定。

第二章 经济合同的订立和履行

第九条 当事人双方依法就经济合同的主要条款经过协商一致，经济合同就成立。

第十条 代订经济合同，必须事先取得委托单位的委托证明，并根据授权范围以委托单位的名义签订，才对委托单位直接产生权利和义务。

第十一条 属于国家指令性计划产品和项目的经济往来，必须按国家下达的指标签订经济合同；如果在签订时不能达成一致意见，由双方上级计划主管机关处理。属于国家指导性计划产品和项目的经济往来，参照国家下达的指标，结合本单位的实际情况签订经济合同。

第十二条 经济合同应具备以下主要条款：

一、标的（指货物、劳务、工程项目等）；

二、数量和质量；

三、价款或者酬金；

四、履行的期限、地点和方式；

五、违约责任。

根据法律规定的或按经济合同性质必须具备的条款，以及当事人一方要求必须规定的条款，也是经济合同的主要条款。

第十三条 经济合同用货币履行义务时，除法律另有规定的以外，必须用人民币计算和支付。

除国家允许使用现金履行义务的以外，必须通过银行转账结算。

第十四条 当事人一方可向对方给付定金。经济合同履行后，定金应当收回，或者抵作价款。

给付定金的一方不履行合同的，无权请求返还定金。接受定金的一方不履行合同的，应当双倍返还定金。

第十五条 经济合同当事人一方要求保证的，可由保证单位担保。保证单位是保证当事人一方履行合同的关系人。被保证的当事人不履行合同的时候，由保证单位连带承担赔偿损失的责任。

第十六条 经济合同被确认无效后，当事人依据该合同所取得的财产，应返还给对方。有过错的一方应赔偿对方因此所受的损失；如果双方都有过错，各自承担相应的责任。

违反国家利益或社会公共利益的合同，如果双方都是故意的，应追缴双方已经取得或者约定取得的财产，收归国库所有。如果只有一方是故意的，故意的一方应将从对方取得的财产返回对方；非故意的一方已经从对方取得或约定取得的财产，应收归国库所有。

第十七条 购销合同（包括供应、采购、预购、购销结合及协作、调剂等合同）中产品数量、产品质量和包装质量、产品价格和交货期限按以下规定执行：

一、产品数量，按国家和上级主管部门批准的计划签订；没有国家和主管部门批准计划的，由供需双方协商签订。产品数量的计量方法，按国家的规定或主管部门的规定执行；没有国家和主管部门规定的，按供需双方商定的方法执行。

二、产品质量和包装质量，有国家标准或专业标准的，按国家标准或专业标准签订；无国家标准或专业标准的，按主管部门标准签订；当事人有特殊要求的，由双方协商签订。

供方必须对产品的质量和包装质量负责，提供据以验收的必要的技术资料或实样。

产品质量的验收、检疫方法，根据国务院批准的有关规定执行，没有规定的由当事人双方协商确定。

三、产品的价格，按照各级物价主管部门规定的价格（包括国家订价、浮动价）签订。政策上允许议价的，价格由当事人协商议定。

执行国家订价的，在合同规定的交付期限内国家价格调整时，按交付时的价格计价。逾期交货的，遇价格上涨时，按原价格执行；价格下降时，按新价格执行。逾期提货或者逾期付款的，遇价格上涨时，按新价格执行；价格下降时，按原价格执行。执行浮动价、议价的，按合同规定的价格执行。

四、交(提)货期限要按照合同规定履行。任何一方要求提前或延期交(提)货，应在事先达成协议，并按协议执行。

第十八条 建设工程承包合同，必须根据国家规定的程序和国家批准的投资计划、计划任务书等文件签订。

建设工程承包，包括勘察、设计、建筑、安装，可以由一个总包单位与建设单位签订总包合同，也可以由几个承包单位与建设单位分别签订合同。

勘察、设计合同中，应规定双方提交勘察、设计基础资料、设计文件(包括概预算)的时间，设计的质量要求以及其他协作条件等条款。

建筑、安装工程合同中，应明确规定工程范围、建设工期、中间交工工程开竣工时间、工程质量、工程造价、技术资料交付时间、材料和设备供应责任、拨款和结算、交工验收、双方互相协作等条款。

建设工程的竣工验收，应以施工图纸及说明书、国家颁发的施工验收规范和质量检验标准为依据。

第十九条 加工承揽合同，应根据定作方提出的品名、项目、质量要求和承揽方的加工、定作、修缮能力签订。除合同另有规定的以外，承揽方必须以自己的设备、技术和劳力，完成加工、定作、修缮任务的主要部分，不经定作方同意，不得把接受的任务转让给第三方。定作方应当接受承揽方完成的物品或工作成果，并给付报酬。

承揽方对定作方提供的原材料，应及时检验，发现不符合合同规定时，应立即通知定作方调换或者补齐。承揽方对定作方提供的原材料不得擅自更换，对修理的物品不得偷换零件，违反的应承担赔偿责任。

承揽方修缮房屋或者加工成批非标准化物品，应接受定作方必要的检查和监督，但定作方不得妨碍承揽方的正常工作。承揽方承揽的复制、设计、翻译和物品性能测试、检验等任务，定作方要求保密的，应严格遵守。

定作方超过领取期限六个月不领取定作物的，承揽方有权将定作物变卖，所得价款在扣除报酬、保管费用以后，用定作方的名义存入银行。

第二十条 货物运输合同，根据货物调拨计划、运输能力和运输计划签订。零星货物的运输合同，根据国家的有关运输规定签订。

凡涉及联运的，应明确规定双方或多方的责任和交接办法。

托运的货物按照规定需要包装的，托运方必须按照国家主管机关规定的标准包装；没有统一规定包装标准的，应根据保证货物运输安全的原则进行包装，否则承运方有权拒绝承运。

第二十一条 供用电合同，根据用电方需要和电力可供量签订。合同中应明确规定电力、电量、用电时间和违约责任等条款。

第二十二条 仓储保管合同，根据存货方委托储存计划和保管方的仓储能量由双方协商签订。零星货物的储存，根据有关仓储规定签订。

仓储保管合同中，应明确规定储存货物的品名、规格、数量和保管方法，验收项目和验收方法，入库、出库手续，损耗标准和损耗的处理，费用负担和结算方法，违约责任等条款。

保管方应按照合同规定的包装外观、货物品种、数量和质量，对入库货物进行验收，如果发现入库货物与合同规定不符，应及时通知存货方。保管方验收后，如果发生货物品种、数量、质量不符合同规定，由保管方承担赔偿责任。

存货方应当向保管方提供必要的货物验收资料，否则，发生货物品种、数量、质量不符合同规定时，保管方不承担赔偿责任。

第二十三条 财产租赁合同，应明确规定租赁财产的名称、数量、用途、租赁期限、租金和租金交纳期限、租赁期间财产维修保养的责任、违约责任等条款。

出租方应按照合同规定时间和标准，将出租的财产交给承租方使用。如果出租方将财产所有权转移给第三方时，租赁合同对财产新的所有方继续有效。

承租方因工作需要，可以把租赁物转让给第三方承租使用，但必须事先征得出租方的同意。

租金的标准，国家有统一规定的，按统一规定签订；没有统一规定的，由当事人双方协商议定。

第二十四条 借款合同，根据国家批准的信贷计划和有关规定签订。合同中，应明确规定贷款的数额、用途、期限、利率、结算办法和违约责任等条款。

贷款利率由国家规定，中国人民银行统一管理。

第二十五条 财产保险合同，采用保险单或保险凭证的形式签订。

保险合同中，应明确规定保险标的、座落地点(或运输工具及航程)、保险金额、保险责任、除外责任、赔偿办法、保险费缴付办法以及保险起迄期限等条款。

投保方应当维护被保险财产的安全。保险方可以对被保险财产的安全情况进行检查，如发现不安全因素，应及时通知投保方加以消除。

被保险财产的损失，应由第三人负责赔偿的，如果投保方向保险方提出要求，保险方可以按照合同规定先予赔偿，但投保方必须将追偿权转让给保险方，并协助保险方向第三者追偿。

第二十六条 科技协作合同(包括科研、试制、成果推广、技术转让、技术咨询服务等)根据上级主管部门或有关部门的计划签订；没有计划的，由当事人双方协商签订。

科技协作合同中，应明确规定科技协作的项目、技术经济要求、进度、协作方式、经费和物资概算、报酬、违约责任等条款。

第三章 经济合同的变更和解除

第二十七条 凡发生下列情况之一者，允许变更或解除经济合同：

一、当事人双方经过协商同意，并且不因此损害国家利益和影响国家计划的执行；

二、订立经济合同所依据的国家计划被修改或取消；

三、当事人一方由于关闭、停产、转产而确实无法履行经济合同；

四、由于不可抗力或由于一方当事人虽无过失但无法防止的外因，致使经济合同无法履行；

五、由于一方违约，使经济合同履行成为不必要。

当事人一方要求变更或解除经济合同时，应及时通知对方。因变更或解除经济合同使一方遭受损失的，除依法可以免除责任的外，应由责任方负责赔偿。

当事人一方发生合并、分立时，由变更后的当事人承担或分别承担履行合同的义务和享受应有的权利。

第二十八条 变更或解除经济合同的通知或协议，应当采取书面形式(包括文书、电报等)。协议未达成之前，原经济合同仍然有效。

第二十九条 经济合同的变更或解除如涉及国家指令性计划产品或项目，在签订协议前应报下达该计划的业务主管部门批准。

第三十条 变更或解除经济合同的建议和答复，在双方协议的期限内或有关业务主管部门规定的期限内提出。

第三十一条 经济合同订立后，不得因承办人或法定代表人的变动而变更或解除。

第四章 违反经济合同的责任

第三十二条 由于当事人一方的过错，造成经济合同不能履行或者不能完全履行，由有过错的一方承担违约责任；如属双方的过错，根据实际情况，由双方分别承担各自应负的违约责任。

对由于失职、渎职或其它违法行为造成重大事故或严重损失的直接责任者个人，应追究经济、行政责任直至刑事责任。

第三十三条 由于上级领导机关或业务主管机关的过错，造成经济合同不能履行或者不能完全履行的，上级领导机关或业务主管机关应承担违约责任。应先由违约方按规定向对方偿付违约金或赔偿金，再由应负责任的上级领导机关或业务主管机关负责处理。

第三十四条 当事人一方由于不可抗力的原因不能履行经济合同时，应及时向对方通报不能履行或者需要延期履行、部分履行经济合同的理由，在取得有关主管机关证明以后，允许延期履行、部分履行或者不履行，并可根据情况部分或全部免予承担违约责任。

第三十五条 当事人一方违反经济合同时，应向对方支付违约金。如果由于违约已给对方造成的损失超过违约金的，还应进行赔偿，补偿违约金不足的部分。对方要求继续履行合同的，应继续履行。

第三十六条 违约金、赔偿金，企业应从企业基金、利润留成或盈亏包干分成中开支，不得计入成本；行政、事业单位应从预算包干的节余经费中开支。

第三十七条 违约金、赔偿金应在明确责任后十天内偿付，否则按逾期付款处理。任何一方不得自行用扣发货物或扣付货款来充抵。

第三十八条 违反购销合同的责任

一、供方的责任：

1. 产品的品种、规格、数量、质量和包装质量不符合合同规定，或未按合同规定日期交货，应偿付违约金、赔偿金。

2. 产品错发到货地点或接货单位(人)，除按合同规定负责运到规定的到货地点或接货单位(人)外，并承担因此而多支付的运杂费；如果造成逾期交货，偿付逾期交货的违约金。

二、需方的责任：

1. 中途退货应偿付违约金、赔偿金。

2. 未按合同规定日期付款或提货，应偿付违约金。

3. 错填或临时变更到货地点，承担由此而多支出的费用。

第三十九条 违反建设工程承包合同的责任

一、承包方的责任：

1. 因勘察设计质量低劣或未按期提交勘察设计文件拖延工期造成损失，由勘察设计单位继续完善设计，并减收或免收勘察设计费，直至赔偿损失。

2. 工程质量不符合合同规定，发包方有权要求限期无偿修理或者返工、改建，经过修理或者返工、改建后，造成逾期交付的，承包方偿付逾期的违约金。

3. 工程交付时间不符合合同规定，偿付逾期的违约金。

二、发包方的责任：

1. 未按合同规定的时间和要求提供原材料、设备、场地、资金、技术资料等，除工程日期得予顺延外，还应偿付承包方因此造成停工、窝工的实际损失。

2. 工程中途停建、缓建，应采取措施弥补或减少损失，同时赔偿承包方由此而造成的停工、窝工、倒运、机械设备调迁、材料和构件积压等损失和实际费用。

3. 由于变更计划，提供的资料不准确，或未按期提供必需的勘察、设计工作条件而造成勘察、设计的返工、停工或修改设计，按承包方实际消耗的工作量增付费用。

4. 工程未经验收，提前使用，发现质量问题，自己承担责任。

5. 超过合同规定日期验收或付工程费，偿付逾期的违约金。

第四十条　违反加工承揽合同的责任

一、承揽方的责任：

1. 由于保管不善，致使定作方提供的材料和物品损坏、灭失的，负责赔偿。

2. 未按合同规定的质量、数量完成定作方交付的工作，应无偿进行修理、补足数量或者酌减报酬。如果工作成果有重大缺陷，还应承担赔偿责任。

二、定作方的责任：

1. 未按时、按质、按量向承揽方提供原材料，造成工作延期的，负责赔偿损失。

2. 超过规定期限领取定作或修理的物品，应向承揽方给付逾期保管费。

3. 超过合同规定期限付款，偿付逾期的违约金。

第四十一条　违反货物运输合同的责任

一、承运方的责任：

1. 不按运输合同规定的时间和要求配车(船)发运的，偿付托运方违约金。

2. 货物错运到货地点或接货人，应无偿运至合同规定的到货地点或接货人。如果货物运到逾期，偿付逾期交货的违约金。

3. 运输过程中货物灭失、短少、变质、污染、损坏，按货物的实际损失(包括包装费、运杂费)赔偿。

4. 联运的货物发生灭失、短少、变质、污染、损坏应由承运方承担赔偿责任的，由终点阶段的承运方按照规定赔偿，再由终点阶段的承运方向负有责任的其他承运方追偿。

5. 在符合法律和合同规定条件下的运输，由于下列原因造成货物灭失、短少、变质、污染、损坏的，承运方不承担违约责任：

①不可抗力；

②货物本身的自然性质；

③货物的合理损耗；

④托运方或收货方本身的过错。

二、托运方的责任：

1. 未按运输合同规定的时间和要求提供托运的货物，偿付承运方违约金。

2. 由于在普通货物中夹带、匿报危险货物，错报笨重货物重量等而招致吊具断裂、货物摔损、吊机倾翻、爆炸、腐蚀等事故，承担赔偿责任。

3. 由于货物包装缺陷产生破损，致使其他货物或运输工具、机械设备被污染腐蚀、损坏，造成人身伤亡的，承担赔偿责任。

4. 在托运方专用线或在港、站公用专用线、专用铁道自装的货物，在到站卸货时，发现货物损坏、短少，在车辆施封完好或无异状的情况下，应赔偿收货人的损失。

5. 罐车发运货物，因未随车附带规格质量证明或化验报告，造成收货方无法卸货时，偿付承运方卸车等存费及违约金。

第四十二条　违反供用电合同的责任

一、供电方的责任：

供电方要按照国家规定的供电标准和合同规定安全供电。因故限电，应事先通知用电方。如无正当理由限电或由于供电方的责任断电，应赔偿用电方由此而造成的损失。

二、用电方的责任：

用电方要根据合同规定用电。因特殊情况需要超负荷用电或不能按规定时间用电时，应事先通知供电方。如无正当理由超负荷用电或不按规定时间用电，应偿付违约金。

违反供用水合同、供用气合同的责任，可参照本条规定处理。

第四十三条　违反仓储保管合同的责任

一、保管方的责任：

1. 货物在储存期间，由于保管不善而发生货物灭失、短少、变质、污染、损坏的，负责赔偿损失。如属包装不符合合同规定或超过有效储存期而造成货物损坏、变质的，不负赔偿责任。

2. 对危险物品和易腐货物，不按规定操作或妥善保管，造成毁损的，负责赔偿损失。

3. 由于保管方的责任，造成退仓或不能入库时，应按合同规定赔偿存货方运费和支付违约金。

4. 由保管方负责发运的货物，不能按期发货，赔偿存货方逾期交货的损失；错发到货地点，除按合同规定无偿运到规定的到货地点外，并赔偿存货方因此而造成的实际损失。

二、存货方的责任：

1. 易燃、易爆、有毒等危险物品和易腐物品，必须在合同中注明，并提供必要的资料，否则造成货物毁损或人身伤亡，承担赔偿责任直至刑事责任。

2. 超议定储存量储存或逾期不提时，除交纳保管费外，还应偿付违约金。

第四十四条　违反财产租赁合同的责任

一、承租方的责任：

1. 由于使用保管或维修保养不当，造成租用财产损坏、灭失的，负责修复或赔偿。

2. 擅自拆改房屋、设备、机具等财产，负责赔偿由此而造成的损失。

3. 擅自将租赁财产转租或进行非法活动，出租方有权解除合同。

4. 逾期不还租赁财产，除补交租金外，还应偿付违约金。

二、出租方的责任：

1. 未按合同规定的时间提供出租财产，应偿付违约金。

2. 未按合同规定质量提供出租财产，负责赔偿由此而造成的损失。

3. 未按合同规定提供有关设备、附件等，致使承租方不能如期正常使用的，除按规定如数补齐外，还应偿付违约金。

4. 出租船舶、车辆等大型工具，如因出租方操作不当或服务人员的过失，造成租赁逾期，按合同或有关规定偿付承租方违约金。

第四十五条　违反借款合同的责任

一、贷款方的责任：

人民银行、专业银行、信用合作社，未按合同规定及时贷款，应偿付违约金。

二、借款方的责任：

借款方不按合同规定使用贷款，应按有关规定加付利息；贷款方有权提前收回一部或全部贷款。

第四十六条　违反财产保险合同的责任

一、保险方的责任：

对于保险事故造成的损失和费用，在保险金额的范围内承担赔偿责任。被保险方为了避免或减少保险责任范围内的损失而进行的施救、保护、整理、诉讼所支出的合理费用，根据合同规定偿付。如果不及时偿付，应承担违约责任。

二、投保方的责任：

投保方如隐瞒被保险财产的真实情况，保险方有权解除合同或不负赔偿责任。

投保方对被保险的财产发现有危险情况，不采取措施消除，由此发生事故造成的损失由自己负责，保险方不负赔偿责任。

第四十七条　违反科技协作合同的责任

一、受托方或技术转让方的责任：

受托方或技术转让方不履行合同，应根据具体情况，部分或全部退还委托方或技术受让方所拨付的委托费或转让费；拖延进度，应偿付因此所造成的额外费用。

二、委托方或技术受让方的责任：

委托方或技术受让方不履行合同，所拨付的委托费或转让费不得追回，并偿付受托方或技术转让方善后处理所支出的各项费用。

第五章　经济合同纠纷的调解和仲裁

第四十八条　经济合同发生纠纷时，当事人应及时协商解决。协商不成时，任何一方均可向国家规定的合同管理机关申请调解或仲裁，也可以直接向人民法院起诉。

第四十九条　调解达成协议的，当事人应当履行。仲裁作出裁决，由国家规定的合同管理机关制作仲裁决定书。当事人一方或双方对仲裁不服的，可以在收到仲裁决定书之日起十五天内，向人民法院起诉；期满不起诉的，裁决即具有法律效力。

第五十条　经济合同当事人向合同管理机关申请调解或仲裁，应从其知道或应当知道权利被侵害之日起一年内提出，超过期限的，一般不予受理。

第六章　经济合同的管理

第五十一条　各级业务主管部门和工商行政管理部门应对有关的经济合同进行监督检查，建立必要的管理制度。各级业务主管部门还应把企业经济合同的履行情况，作为一项经济指标进行考核。

第五十二条　人民银行、专业银行、信用合作社应通过信贷管理和结算管理，监督经济合同的履行。

人民银行、专业银行、信用合作社应当按照结算制度的规定办理结算，并处理承付、拒付以及扣收延付款项。

经济合同当事人对调解书、仲裁决定书或法院的判决，在规定期限内没有自动履行的，人民银行、专业银行、信用合作社在收到人民法院的协助执行通知书后，应当从当事人帐户中扣留或划拨需支付的款项。

第五十三条　对于订立假经济合同，或倒卖经济合同，或利用经济合同买空卖空、转包渔利、非法转让、行贿受贿，以及其他危害国家利益和社会公共利益的违法行为，由工商行政管理部门负责处理，需要追究刑事责任的移送司法机关处理。

第七章　附　　则

第五十四条　个体经营户、农村社员同法人之间签订经济合同，应参照本法执行。

第五十五条　涉外经济贸易合同条例参照本法的原则和国际惯例另行制定。

第五十六条　国务院有关部门和各省、市、自治区人民政府可以根据本法制定实施条例，报国务院批准施行。

第五十七条　本法从一九八二年七月一日起实施。

中华人民共和国外国企业所得税法

（一九八一年十二月十三日第五届全国人民代表大会第四次会议通过
一九八一年十二月十三日全国人民代表大会常务委员会委员长令第
十三号公布　一九八二年一月一日起施行）

第一条　在中华人民共和国境内，外国企业的生产、经营所得和其它所得，都按照本法的规定缴纳所得税。

本法所称外国企业，除第十一条另有规定者外，是指在中华人民共和国境内设立机构，独立经营或者同中国企业合作生产、合作经营的外国公司、企业和其它经济组织。

第二条　外国企业每一纳税年度的收入总额，减除成本、费用以及损失后的余额，为应纳税的所得额。

第三条　外国企业的所得税，按应纳税的所得额超额累进计算，税率如下：

全年所得额不超过二十五万元的，税率为百分之二十；

全年所得额超过二十五万元至五十万元的部分，税率为百分之二十五；

全年所得额超过五十万元至七十五万元的部分，税率为百分之三十；

全年所得额超过七十五万元至一百万元的部分，税率为百分之三十五；

全年所得额超过一百万元的部分，税率为百分之四十。

第四条　外国企业按照前条规定缴纳所得税的同时，应当另按应纳税的所得额缴纳百分之十的地方所得税。

对生产规模小，利润低，需要给予减征或者免征地方所得税的外国企业，由企业所在地的省、自治区、直辖市人民政府决定。

第五条　从事农业、林业、牧业等利润率低的外国企业，经营期在十年以上的，经企业申请，税务机关批准，从开始获利的年度起，第一年免征所得税，第二年和第三年减半征收所得税。

按前款规定免税、减税期满后，经财政部批准，还可以在以后的十年内继续减征百分之十五至百分之三十的所得税。

第六条　外国企业发生年度亏损，可以从下一年度的所得中提取相应的数额弥补；下一年度的所得额不足弥补的，可以逐年提取所得继续弥补，但是最长不得超过五年。

第七条　外国企业缴纳所得税，按年计算，分季预缴。每季在季度终了后十五日内预缴；每年在年度终了后五个月内，汇算清缴，多退少补。

第八条　外国企业应当在每次预缴所得税的期限内，向当地税务机关报送预缴所得税申报表；年度终了后四个月内，报送年度所得税申报表和会计决算报表。

第九条　外国企业的财务、会计制度，应当报送当地税务机关备查。

外国企业的财务、会计处理办法同税法规定有抵触的，应当依照税法规定计算纳税。

第十条　外国企业依法开业、停业，应当持有关证件向当地税务机关办理税务登记。

第十一条　外国公司、企业和其它经济组织，在中国境内没有设立机构而有来源于中国的股息、利息、租金、特许权使用费和其它所得，应当缴纳百分之二十的所得税。税款由支付单位在每次支付的款额中扣缴。

按照前款规定缴纳的所得税，以取得所得的外国公司、企业和其它经济组织为纳税义务人，以支付所得的单位为扣缴义务人。扣缴义务人每次所扣的税款，应当于五日内缴入国库，并向税务机关报送扣缴所得税报告表。

国际金融组织贷款给中国政府和中国国家银行的利息所得，免征所得税。外国银行按照优惠利率贷款给中国国家银行的利息所得，也免征所得税。

外国银行在中国国家银行的存款和按照一般利率贷款给中国国家银行的利息所得，应当缴纳所得税；但是，中国国家银行在对方国内的存款、贷款利息所得不缴纳所得税的，可以相应给予免税。

第十二条　税务机关有权对外国企业的财务、会计和纳税情况进行检查；有权对扣缴义务人代扣代缴税款情况进行检查。外国企业和扣缴义务人必须据实报告，并提供有关资料，不得拒绝或隐瞒。

第十三条　外国企业的所得税以人民币为计算单位。所得为外国货币的，按照中华人民共和国国家外汇管理总局公布的外汇牌价折合成人民币缴纳税款。

第十四条　外国企业和扣缴义务人必须按照规定的期限，缴纳税款。逾期不缴的，税务机关除限期缴纳外，从滞纳之日起，按日加收滞纳税款的千分之五的滞纳金。

第十五条　外国企业违反本法第八条、第九条、第十条、第十二条规定的，税务机关可以酌情处以罚金。

扣缴义务人违反本法第十一条规定的，税务机关除限期追缴应扣未扣税款外，可以酌情处以应扣未扣税款的一倍以下的罚金。

外国企业偷税、抗税的，税务机关除追缴税款外，可以根据情节轻重，处以应补税款五倍以下的罚金。情节严重的，由当地人民法院依法处理。

第十六条 外国企业同税务机关在纳税问题上发生争议时，必须先按照规定纳税，然后再向上级税务机关申请复议。如果不服复议后的决定，可以向当地人民法院提起诉讼。

第十七条 中华人民共和国政府和外国政府之间订有税收协定的，按照协定的规定办理。

第十八条 本法的施行细则，由中华人民共和国财政部制定。

第十九条 本法自一九八二年一月一日起施行。

全国人民代表大会常务委员会关于批准《国务院关于职工探亲待遇的规定》的决议

（一九八一年三月六日通过）

第五届全国人民代表大会常务委员会第十七次会议决定：批准《国务院关于职工探亲待遇的规定》，由国务院公布施行。

附：

国务院关于职工探亲待遇的规定

（一九八一年三月六日第五届全国人民代表大会常务委员会第十七次会议批准　一九八一年三月十四日国务院公布施行）

第一条 为了适当地解决职工同亲属长期远居两地的探亲问题，特制定本规定。

第二条 凡在国家机关、人民团体和全民所有制企业、事业单位工作满一年的固定职工，与配偶不住在一起，又不能在公休假日团聚的，可以享受本规定探望配偶的待遇；与父亲、母亲都不住在一起，又不能在公休假日团聚的，可以享受本规定探望父母的待遇。但是，职工与父亲或与母亲一方能够在公休假日团聚的，不能享受本规定探望父母的待遇。

第三条 职工探亲假期：

（一）职工探望配偶的，每年给予一方探亲假一次，假期为三十天。

（二）未婚职工探望父母，原则上每年给假一次，假期为二十天。如果因为工作需要，本单位当年不能给予假期，或者职工自愿两年探亲一次的，可以两年给假一次，假期为四十五天。

（三）已婚职工探望父母的，每四年给假一次，假期为二十天。

探亲假期是指职工与配偶、父、母团聚的时间，另外，根据实际需要给予路程假。上述假期均包括公休假日和法定节日在内。

第四条 凡实行休假制度的职工（例如学校的教职工），应该在休假期间探亲；如果休假期较短，可由本单位适当安排，补足其探亲假的天数。

第五条 职工在规定的探亲假期和路程假期内，按照本人的标准工资发给工资。

第六条 职工探望配偶和未婚职工探望父母的往返路费，由所在单位负担。已婚职工探望父母的往返路费，在本人月标准工资百分之三十以内的，由本人自理，超过部分由所在单位负担。

第七条 各省、直辖市人民政府可以根据本规定制定实施细则，并抄送国家劳动总局备案。

自治区可以根据本规定的精神制定探亲规定，报国务院批准执行。

第八条 集体所有制企业、事业单位职工的探亲待遇，由各省、自治区、直辖市人民政府根据本地区的实际情况自行规定。

第九条 本规定自发布之日起施行。一九五八年二月九日《国务院关于工人、职员回家探亲的假期和工资待遇的暂行规定》同时废止。

中国人民解放军选举全国人民代表大会和地方各级人民代表大会代表的办法

（一九八一年六月十日第五届全国人民代表大会常务委员会第十九次会议通过
一九八一年六月十日全国人民代表大会常务委员会令第六号公布施行）

根据《中华人民共和国全国人民代表大会和地方各级人民代表大会选举法》第五条的规定，制定本办法。

第一条 参加选举的范围

（一）中国人民解放军的现役军人，参加军队选举。

驻地方工厂、铁路、水运、科研等单位的军代表，在地方院校学习的军队干部战士，为选举方便，参加所在地区的地方选举。

（二）行政关系在军队的工厂的人员，参加军队选举。

为军队服务而行政关系不在军队的工厂的人员，参加所在地区的地方选举。

（三）在军队工作的在编和非编职工，经过批准的随军家属，参加军队选举。

第二条 选举权和被选举权

年满十八周岁的现役军人、在编和非编职工、家属，不分民族、种族、性别、职业、社会出身、宗教信仰、教育程度、财产状况和居住期限，符合第一条规定的条件的，都在军内有选举权和被选举权。

依照法律被剥夺政治权利的人没有选举权和被选举权。

无法行使选举权和被选举权的精神病患者，不列入选民名单。

第三条 选举委员会

（一）人民解放军及人民解放军各总部、各军区、各军兵种、国防科学技术委员会、国防工业办公室、军事科学院、军事学院、政治学院、后勤学院，省军区、军与相当于军的单位，军分区、师级警备区，团与相当于团的单位，均成立选举委员会，负责办理各该级的选举事宜，指导所属部队的选举工作。

人民解放军选举委员会的人选，由全国人民代表大会常务委员会批准。其他各级选举委员会的人选，由上一级选举委员会批准。

（二）人民解放军选举委员会由十一人至十五人组成，设主任一人，副主任一至三人，委员若干人。其他各级选举委员会由五人至十一人组成，设主任一人，副主任一至二人，委员若干人。

（三）选举委员会的任务是指导所属部队（工厂，下同）进行选举工作，登记和审查军人代表大会（工厂为职工代表大会，下同）代表，汇总和公布代表候选人名单，规定选举日期，召开军人代表大会进行选举。

（四）选举工作结束后，选举委员会即行撤销。

第四条 代表的产生

（一）选举全国和地方各级人民代表大会的代表，一般由下而上隔级召开军人代表大会复选产生。连队和基层单位召开军人大会（工厂车间为职工大会，下同），选举出席上级军人代表大会的代表；团与相当于团的单位，军分区、师级警备区，省军区、军与相当于军的单位召开军人代表大会，选举各该级出席上级军人代表大会和地方各级人民代表大会的代表（人数少的团与相当于团的单位，也可以召开军人大会直接选举）；各总部、各军区、各军兵种、国防科学技术委员会、国防工业办公室、军事科学院、军事学院、政治学院、后勤学院的军人代表大会，选举出席全国人民代表大会的代表。

军人大会和各级军人代表大会选举出席上级军人代表大会的代表的名额，按照下列原则分配：连队和基层单位按总人数每二十人至三十人选代表一人，不足二十人的连队和基层单位也可选代表一人；团与相当于团的单位按总人数每四百人至五百人选代表一人，不足四百人的团与相当于团的单位也可选代表一人；军分区、师级警备区按所辖机关、部队总人数每一百五十人至二百人选代表一人；省军区、军与相当于军的单位按所辖机关、部队总人数每二千五百人至三千人选代表一人，不足二千五百人的相当于军的单位也可以选代表一人。

各总部、各军区、各军兵种、国防科学技术委员会、国防工业办公室、军事科学院、军事学院、政治学院、后勤学院的军人代表大会按照人民解放军选举委员会分配的名额，选举出席全国人民代表大会的代表。

（二）各地驻军选举出席地方各级人民代表大会的代表的名额由驻军所在省、自治区、直辖市、市、县的人民代表大会常务委员会决定。其他有关选举事宜，统一由省军区（凡驻有大军区的省、自治区由大军区，北京市由卫戍区）、警备区、人民武装部同所在省、自治区、直辖市、市、县的人民代表大会常务委员会协商决定。

（三）出席地方各级人民代表大会的代表，一般应当与出席上级军人代表大会的代表同时选举产生。

第五条 代表候选人的提出

（一）出席各级军人代表大会的代表候选人以及全国和地方各级人民代表大会的代表候选人，由选民、代表（均须有三人以上附议）或者单位提名。由各级选举委员会（连队由革命军人委员会、工厂车间由工会组织）汇总各方面推荐的代表候选人名单和各候选人情况，向选民或代表公布，经过反复讨论、民主协商，根据较多数选民或代表的意见，确定正式代表候选人名单，并在选举前予以公布。

（二）选举出席各级军人代表大会的代表候选人以及全国和地方各级人民代表大会的代表候选人的名额，应比应选代表名额多五分之一至一倍。

（三）在选举出席上级军人代表大会的代表以及全国和地方各级人民代表大会的代表时，其代表候选人不限于各该级军人代表大会的代表。

第六条　选举程序

（一）选举日期，由各级选举委员会根据全国人民代表大会常务委员会和所在地区各级选举委员会或人民代表大会常务委员会的具体要求安排。

（二）各级军人代表大会设主席团。主席团由选举委员会提名，经大会选举产生，负责主持大会。

（三）选举出席各级军人代表大会的代表以及全国和地方各级人民代表大会的代表，一律采用无记名投票的方法。文盲或因残疾不能写选票的选民，可以委托他信任的人代写。选举人可以对代表候选人投赞成票或者反对票，可以另选符合参加选举范围的其他任何选民，也可以弃权。在选举期间外出的选民，可以书面委托他信任的人代为投票，但事先须经选举委员会认可。

（四）投票结束后，由大会推选的监票、计票人员和选举委员会的人员将投票人数和票数加以核对，作出记录，并由监票人签字。

（五）每次选举，所投的票数多于投票人数的无效，少于投票人数的有效；每一选票，所选的人数多于规定应选代表人数的作废，少于规定应选代表人数的有效。

（六）出席各级军人代表大会的代表候选人以及全国和地方各级人民代表大会的代表候选人，获得选举单位全体选民或者代表过半数的选票时，始得当选。获得过半数选票的代表候选人名额超过应选代表名额时，以得票多的当选。如遇票数相等不能确定当选人时，应当就票数相等的候选人重新投票；获得过半数选票的代表候选人名额少于应选代表名额时，对不足的名额，另行选举。

（七）选举结果由革命军人委员会或军人代表大会主席团根据本办法确定是否有效，并予以宣布。

第七条　对代表的监督、罢免和补选

（一）出席全国和地方各级人民代表大会的代表，受选民和原选举单位的监督。选民或者选举单位都有权罢免自己选出的代表。

罢免代表，由各级军人代表大会选出的，须经各该级军人代表大会过半数的代表通过。被罢免的代表可以出席上述会议或者书面申诉意见。罢免的决议，须报同级人民代表大会常务委员会和部队上一级政治机关备案。

（二）出席全国和地方各级人民代表大会的代表在任期内被罢免、死亡或者因故不能继续担任代表的，应当由原选举单位补选。

补选的代表，一律任至本届人民代表大会任期届满为止。

（三）出席地方各级人民代表大会的代表，在任期内调离本行政区域的，其代表资格自行终止，缺额另行补选。

（四）补选为出席全国和地方各级人民代表大会代表的，由各该级人民代表大会常务委员会分别发给代表当选证书。

第八条　选举经费

选举委员会的办公费，从各单位政治工作费内解决；团以上各级军人代表大会代表的伙食补助费，从各单位特支费中解决；代表的路费，从各单位差旅费中解决。

全国人民代表大会常务委员会
关于处理逃跑或者重新犯罪的劳改犯和劳教人员的决定

（一九八一年六月十日第五届全国人民代表大会常务委员会第十九次会议通过　一九八一年七月十日起施行）

目前严重危害社会治安的犯罪分子中，有相当一批是从劳动改造、劳动教养场所逃跑或者期满释放后继续犯罪，屡教不改的。为了维护社会治安，加强对劳改犯和劳教人员的教育改造，特作如下决定：

一、劳教人员逃跑的，延长劳教期限。

劳教人员解除教养后三年内犯罪、逃跑后五年内犯罪的，从重处罚，并且注销本人城市户口，期满后除确实改造好的以外，一律留场就业，不得回原大中城市。其中情节轻微、不够刑事处分的，重新劳动教养或者延长劳动教养期限，并且可以注销本人城市户口，期满后一般留场就业，不得回原大中城市。

二、劳改犯逃跑的，除按原判刑期执行外，加处五年以下有期徒刑；以暴力、威胁方法逃跑的，加处二年以上七年以下有期徒刑。

劳改犯逃跑后又犯罪的，从重或者加重处罚；刑满释放后又犯罪的，从重处罚。刑满后一律留场就业，不得回原大中城市。

劳改期满释放后，有轻微犯罪行为、不够刑事处分的，给予劳动教养处分。期满后一般留场就业，不得回原大中城市。

没有改造好的劳改罪犯，劳改期满后留场就业。

三、劳教人员、劳改罪犯对检举人、被害人和有关的司法工作人员以及制止违法犯罪行为的干部、群众行凶报复的，按照其所犯罪行的法律规定，从重或者加重处罚。

四、本决定自一九八一年七月十日起施行。

全国人民代表大会常务委员会关于加强法律解释工作的决议

（一九八一年六月十日第五届全国人民代表大会常务委员会第十九次会议通过）

第五届全国人民代表大会第二次会议通过几个法律以来，各地、各部门不断提出一些法律问题要求解释。同时，在实际工作中，由于对某些法律条文的理解不一致，也影响了法律的正确实施。为了健全社会主义法制，必须加强立法和法律解释工作。现对法律解释问题决定如下：

一、凡关于法律、法令条文本身需要进一步明确界限或作补充规定的，由全国人民代表大会常务委员会进行解释或用法令加以规定。

二、凡属于法院审判工作中具体应用法律、法令的问题，由最高人民法院进行解释。凡属于检察院检察工作中具体应用法律、法令的问题，由最高人民检察院进行解释。最高人民法院和最高人民检察院的解释如果有原则性的分歧，报请全国人民代表大会常务委员会解释或决定。

三、不属于审判和检察工作中的其他法律、法令如何具体应用的问题，由国务院及主管部门进行解释。

四、凡属于地方性法规条文本身需要进一步明确界限或作补充规定的，由制定法规的省、自治区、直辖市人民代表大会常务委员会进行解释或作出规定。凡属于地方性法规如何具体应用的问题，由省、自治区、直辖市人民政府主管部门进行解释。

由于林彪、江青反革命集团对社会主义法制的严重破坏和毒害，有些人的法制观念比较薄弱。同时，对法制的宣传教育还做得很不够，许多人对法律还很不熟悉。全国人民代表大会常务委员会认为，各级国家机关、各人民团体，都应当结合实际情况和问题，并利用典型案例，有计划有针对性地加强社会主义法制的宣传教育工作，使广大干部、群众了解有关的法律规定，逐步普及法律的基本知识，进一步肃清林彪、江青反革命集团破坏社会主义法制的流毒，教育广大干部、群众，特别是各级领导干部和公安、检察、法院等司法工作人员，认真遵守和正确执行法律，依法处理人民内部的各种纠纷，同时要善于运用法律武器，同一切破坏社会主义法制的违法犯罪行为进行斗争。

全国人民代表大会常务委员会关于授权广东省、福建省人民代表大会及其常务委员会制定所属经济特区的各项单行经济法规的决议

（一九八一年十一月二十六日通过）

第五届全国人民代表大会常务委员会第二十一次会议审议了国务院关于建议授权广东省、福建省人民代表大会及其常务委员会制定所属经济特区的各项单行经济法规的议案，会议认为，为了使广东省、福建省所属经济特区的建设顺利进行，使特区的经济管理充分适应工作需要，更加有效地发挥经济特区的作用，决定：授权广东省、福建省人民代表大会及其常务委员会，根据有关的法律、法令、政策规定的原则，按照各该省经济特区的具体情况和实际需要，制定经济特区的各项单行经济法规，并报全国人民代表大会常务委员会和国务院备案。

一 九 八 二 年

中华人民共和国民事诉讼法(试行)

(一九八二年三月八日第五届全国人民代表大会常务委员会第二十二次会议通过 一九八二年三月八日全国人民代表大会常务委员会令第八号公布 一九八二年十月一日起试行)

目 录

第一编 总 则

第一章 任务和基本原则

第一条 中华人民共和国民事诉讼法以宪法为根据,结合我国民事审判工作的经验和实际情况制定。

第二条 中华人民共和国民事诉讼法的任务,是保证人民法院查明事实,分清是非,正确适用法律,及时审理民事案件,确认民事权利义务关系,制裁民事违法行为,保护国家、集体和个人的权益,教育公民自觉遵守法律。

第三条 凡在中华人民共和国领域内进行民事诉讼,必须遵守本法。

法律规定由人民法院审理的行政案件,适用本法规定。

第四条 民事案件的审判权由人民法院行使。

人民法院依照法律规定对民事案件独立进行审判,不受行政机关、团体和个人的干涉。

第五条 人民法院审理民事案件,必须以事实为根据,以法律为准绳;对于诉讼当事人在适用法律上一律平等;保障诉讼当事人平等地行使诉讼权利。

第六条 人民法院审理民事案件,应当着重进行调解;调解无效的,应当及时判决。

第七条 人民法院审理民事案件,应当根据需要和可能,派出法庭巡回审理,就地办案。

第八条 人民法院审判民事案件,依照法律规定实行两审终审、公开审判、合议和回避制度。

第九条 各民族公民都有用本民族语言、文字进行民事诉讼的权利。

在少数民族聚居或者多民族共同居住的地区，人民法院应当用当地民族通用的语言、文字进行审判和发布法律文书。

人民法院应当对不通晓当地民族通用的语言、文字的诉讼参与人提供翻译。

第十条 民事诉讼当事人有权对争议的问题进行辩论。

第十一条 民事诉讼当事人有权在法律规定的范围内处分自己的民事权利和诉讼权利。

第十二条 人民检察院有权对人民法院的民事审判活动实行法律监督。

第十三条 机关、团体、企业事业单位对损害国家、集体或者个人民事权益的行为，可以支持受损害的单位或者个人向人民法院起诉。

第十四条 人民调解委员会是在基层人民政府和基层人民法院指导下，调解民间纠纷的群众性组织。

人民调解委员会依照法律规定，根据自愿原则，用说服教育的方法进行调解工作。当事人对调解达成的协议应当履行；不愿调解或者调解不成的，可以向人民法院起诉。

人民调解委员会调解案件，如有违背政策法律的，人民法院应当予以纠正。

第十五条 民族自治地方的人民代表大会和它的常务委员会，根据宪法和本法的原则，结合当地民族的具体情况，可以制定某些变通或者补充的规定。自治区的规定，报全国人民代表大会常务委员会备案。自治州、自治县的规定，报自治区或者省人民代表大会常务委员会批准，并报全国人民代表大会常务委员会备案。

第二章 管 辖

第一节 级别管辖

第十六条 基层人民法院管辖第一审民事案件，但是本法另有规定的除外。

第十七条 中级人民法院管辖下列第一审民事案件：

（一）涉外案件；

（二）在本辖区有重大影响的案件。

第十八条 高级人民法院管辖在本辖区有重大影响的第一审民事案件。

第十九条 最高人民法院管辖下列第一审民事案件：

（一）在全国有重大影响的案件；

（二）认为应当由自己审判的案件。

第二节 地域管辖

第二十条 民事诉讼由被告户籍所在地人民法院管辖；被告的户籍所在地与居所地不一致的，由居所地人民法院管辖。

对企业事业单位、机关、团体提起的民事诉讼，由被诉单位所在地人民法院管辖。

同一诉讼的几个被告户籍所在地、居所地在两个以上人民法院辖区的，各该人民法院都有管辖权。

第二十一条 下列民事诉讼，由原告户籍所在地人民法院管辖；原告的户籍所在地与居所地不一致的，由居所地人民法院管辖：

（一）非军人对军人提起的诉讼；

（二）对不在中华人民共和国领域内居住的人提起的有关身份关系的诉讼；

（三）对正在被劳动教养的人提起的诉讼；

（四）对正在被监禁的人提起的诉讼。

第二十二条 因侵权行为提起的诉讼，由侵权行为地人民法院管辖。

第二十三条 因合同纠纷提起的诉讼，由合同履行地或者合同签订地人民法院管辖。

第二十四条 铁路、公路、水上运输和联合运输中发生的诉讼，由负责查处该项纠纷的管理机构所在地人民法院管辖。

第二十五条 航空运输中发生的诉讼，由运输始发地、目的地或者合同签订地人民法院管辖。

第二十六条 因航空事故追索损害赔偿提起的诉讼，由事故发生地或者航空器最初降落地人民法院管辖。

第二十七条 因船舶碰撞或者其他海事损害事故追索损害赔偿的诉讼，由受害船舶最初到达地、加害船舶被扣留地或者加害船舶船籍港所在地人民法院管辖。

第二十八条 追索海难救助费用的诉讼，由救助地或者被救助船舶最初到达地人民法院管辖。

第二十九条 第二十二条至第二十八条的规定执行有困难的，可以适用第二十条或者第二十一条的规定。

第三十条 下列案件，由本条规定的人民法院专属管辖：

（一）因不动产提起的诉讼，由不动产所在地人民法院管辖；

（二）港口作业中发生的诉讼，由港口所在地人民法院管辖；

（三）因登记发生的诉讼，由登记机关所在地人民法院管辖；

（四）继承遗产的诉讼，由被继承人生前户籍所在地或者主要遗产所在地人民法院管辖。

第三十一条 两个以上人民法院都有管辖权的诉讼，原告可以选择其中一个人民法院起诉；原告向两个以上有管辖权的人民法院起诉的，由最先收到起诉状的人民法院受理。

第三节　移送管辖和指定管辖

第三十二条　人民法院发现受理的案件不属自己管辖时，应当移送有管辖权的人民法院，受移送的人民法院不得再自行移送。

第三十三条　有管辖权的人民法院由于特殊原因，不能行使管辖权的，由上级人民法院指定管辖。

管辖权发生争议，由争议双方协商解决；协商解决不了的，报它们的共同上级人民法院指定管辖。

第三十四条　上级人民法院有权审判下级人民法院管辖的第一审民事案件，也可以把自己管辖的第一审民事案件交下级人民法院审判。

下级人民法院对它所管辖的第一审民事案件，认为需要由上级人民法院审判的，可以报请上级人民法院审判。

第三章　审 判 组 织

第三十五条　人民法院审判第一审民事案件，由审判员、陪审员共同组成合议庭或者由审判员组成合议庭。合议庭的成员，必须是单数。

简单的民事案件，由审判员一人独任审判。

陪审员在人民法院执行职务时，和审判员有同等权利。

第三十六条　人民法院审判第二审民事案件，由审判员组成合议庭。合议庭的成员，必须是单数。

第二审人民法院发回重审的案件，原审人民法院应当按照第一审程序另行组成合议庭。

审理再审案件，原来是第一审的，按照第一审程序另行组成合议庭；原来是第二审的，按照第二审程序另行组成合议庭。

第三十七条　合议庭的审判长由院长或者庭长指定审判员一人担任；院长或者庭长参加审判的，由院长或者庭长担任。

第三十八条　合议庭评议案件，实行少数服从多数的原则。评议应当制作笔录，由合议庭成员签名。评议中的不同意见，必须如实记入笔录。

第三十九条　重大、疑难的民事案件的处理，由院长提交审判委员会讨论决定。审判委员会的决定，合议庭必须执行。

第四章　回　　避

第四十条　审判人员有下列情形之一的，必须自行回避，当事人也有权用口头或者书面方式申请他们回避：

（一）是本案当事人或者当事人的近亲属；

（二）与本案有利害关系；

（三）与本案当事人有其他关系，可能影响对案件公正审理的。

前款规定，适用于书记员、翻译人员、鉴定人。

第四十一条　当事人申请回避，应当说明理由，在案件开始审理时提出；回避事由得知或者发生在审理开始以后的，也可以在法庭辩论终结前提出。

被申请回避的人员，应当暂停执行职务。但是，案件需要采取的紧急措施除外。

第四十二条　院长担任审判长时的回避，由审判委员会决定；审判人员的回避，由院长决定；其他人员的回避，由审判长决定。

第四十三条　人民法院对申请回避所作的决定，可以采取口头或者书面的形式。当事人对决定不服的，可以申请复议一次。复议期间，不停止本案的审理。

第五章　诉讼参加人

第一节　当　事　人

第四十四条　有诉讼权利能力的人可以作为民事诉讼的当事人。

企业事业单位、机关、团体可以作为民事诉讼的当事人，由这些单位的主要负责人作为法定代表人。

第四十五条　当事人有权委托代理人，有权申请回避，提供证据，进行辩论，请求调解，提起上诉，申请执行。

经人民法院许可，当事人可以查阅本案的庭审材料，请求自费复制本案的庭审材料和法律文书。但是，涉及国家机密或者个人隐私的材料除外。

当事人必须依法行使诉讼权利，遵守诉讼秩序，履行发生法律效力的判决、裁定和调解协议。

第四十六条　双方当事人可以自行和解。原告可以放弃或者变更诉讼请求。被告可以承认或者反驳诉讼请求，有权提起反诉。

第四十七条　当事人一方或者双方为二人以上，其诉讼标的是共同的，或者诉讼标的是同一种类、人民法院认为可以合并审理的，为共同诉讼。

共同诉讼的一方当事人对诉讼标的有共同权利、义务的，其中一人的诉讼行为经全体承认，对全体发生效力；对诉讼标的没有共同权利、义务的，其中一人的诉讼行为对其他共同诉讼人不发生效力。

第四十八条　对当事人争议的诉讼标的，第三人认为有独立请求权的，有权提起诉讼，成为诉讼当事人。

对当事人争议的诉讼标的，第三人虽然没有独立请求权，但是案件处理结果同他有法律上的利害关系的，可以申请参加诉讼，或者由人民法院通知他参加诉讼。

第二节　诉讼代理人

第四十九条　没有诉讼行为能力的人，由他的法定代理人代为诉讼；没有法定代理人的，由人民法院指定代理人。

法定代理人之间互相推诿代理责任的，由人民法院指定其中一人代为诉讼。

第五十条 当事人、法定代表人、法定代理人，都可以委托一至二人代为诉讼。

当事人的近亲属、律师、社会团体和当事人所在单位推荐的人，以及经人民法院许可的其他公民，都可以被委托为诉讼代理人。

第五十一条 委托他人代为诉讼，必须向人民法院提交由委托人签名或者盖章的授权委托书。

授权委托书必须记明委托事项和权限。诉讼代理人代为承认、放弃或者变更诉讼请求，进行和解，提起反诉或者上诉，必须有被代理人的特别授权。

侨居在国外的中国公民委托代理人的授权委托书，必须经我国驻该国的使、领馆证明，没有使、领馆的，由爱国的华侨团体证明。

第五十二条 诉讼代理权限的变更或者解除，当事人应当书面告知人民法院，并由人民法院通知对方当事人。

第五十三条 代理诉讼的律师，可以依照有关规定查阅本案有关材料，但是对涉及国家机密或者个人隐私的材料，必须对当事人和其他人保密。经人民法院许可，其他诉讼代理人可以查阅本案庭审材料，但是涉及国家机密或者个人隐私的材料除外。

第五十四条 离婚案件有诉讼代理人的，本人除不能表达意志的以外，仍应出庭；确因特殊情况无法出庭的，必须向人民法院提交书面意见。

第六章 证 据

第五十五条 证据有下列几种：

(一)书证；

(二)物证；

(三)视听资料；

(四)证人证言；

(五)当事人的陈述；

(六)鉴定结论；

(七)勘验笔录。

以上证据必须经过查证属实，才能作为认定事实的根据。

第五十六条 当事人对自己提出的主张，有责任提供证据。

人民法院应当按照法定程序，全面地、客观地收集和调查证据。

第五十七条 人民法院有权向有关单位和个人调取证据，有关单位和个人不得拒绝。

人民法院对机关、团体、企业事业单位和个人提出的证明文书，应当辨别真伪，审查确定其效力。

第五十八条 人民法院对于涉及国家机密或者个人隐私的证据应当保密。需要向当事人出示的，不得在公开开庭时进行。

第五十九条 人民法院对经过公证证明的法律行为、法律事实和文书，应当确认其效力。但是，有相反证据足以推翻公证证明的除外。

第六十条 书证应当提交原件。物证应当提交原物。提交原件或者原物确有困难的，可以提交复制品、照片、副本、节录本。

提交外文书证，必须附送中文译本。

第六十一条 凡是知道案件情况的人，都有义务出庭作证。有关单位的负责人应当支持证人作证。证人确有困难不能出庭的，经人民法院许可，可以提交书面证言。

不能正确表达意志的人，不能作证。

第六十二条 人民法院对当事人的陈述，应当结合本案的其他证据，审查确定能否作为认定事实的根据。

当事人拒绝陈述的，不影响人民法院根据证据确定对案件事实的认定。

第六十三条 人民法院需要解决专门性问题时，有关部门有义务按照人民法院的通知，指派有专业知识的人进行鉴定。

鉴定人有权了解进行鉴定所需要的案件材料，询问当事人、证人。

鉴定人应当提出书面鉴定结论，在鉴定书上签名或者盖章，并由鉴定人所在单位加盖公章，证明鉴定人身份。

第六十四条 勘验物证或者现场，勘验人必须出示人民法院的证件，邀请当地基层组织或者有关单位派人参加。当事人或者他的成年家属应当到场；拒不到场的，不影响勘验的进行。

有关单位和个人根据人民法院的通知，有义务保护现场，协助勘验工作。

勘验人勘验时，可以对物证或者现场进行拍照和测量，对勘验情况和结果应当制作笔录，由勘验人、当事人和被邀参加人签名或者盖章。

第六十五条 在证据可能灭失或者以后难以取得的情况下，诉讼参加人可以申请证据保全，人民法院也可以主动采取保全措施。

第七章 期间、送达

第一节 期 间

第六十六条 期间包括法定期间和人民法院指定的期间。

期间以时、日、月、年计算。期间开始的时和日，不计算在期间内。

期间届满的最后一日是节假日的，以节假日后的第一日为期间届满的日期。

期间不包括在途时间。诉讼文书在期满前交邮的，不算过期。

第六十七条 当事人因不可抗拒的事由或者其他正当理由耽误期限的，在障碍消除后的十日内，可以申请顺延期限；是否准许，由人民法院决定。

第二节 送 达

第六十八条 送达诉讼文书必须有送达回证，由受送达人在送达回证上记明收到日期，签名或者盖章。

受送达人在送达回证上的签收日期为送达日期。

第六十九条 人民法院送达诉讼文书，应当直接送交受送达人；本人不在的，交他的同住成年家属签收；受送达人已向人民法院指定代收人的，交代收人签收。

第七十条 受送达人拒绝接收诉讼文书的，送达人应当邀请有关基层组织的代表或者其他人到场，说明情况，在送达回证上记明拒收事由和日期，由送达人、见证人签名或者盖章，把诉讼文书留在受送达人的住处，即视为送达。

第七十一条 直接送达诉讼文书有困难的，可以委托其他人民法院代为送达，或者邮寄送达。邮寄送达，以挂号回执上注明的收件日期为送达日期。

第七十二条 受送达人是军人的，通过其所在部队团以上单位的政治机关转交。

第七十三条 受送达人是被监禁的，通过其所在监所或者劳动改造单位转交。

受送达人是被劳动教养的，通过其劳动教养单位转交。

第七十四条 代为转交的机关、单位收到诉讼文书后，必须立即交受送达人签收。

第七十五条 受送达人下落不明，或者用本章规定的其他方式无法送达的，公告送达。自发出公告之日起，经过三个月，即视为送达。

公告送达，应当在案卷中记明原因和经过。

第八章 对妨害民事诉讼的强制措施

第七十六条 人民法院对必须到庭的被告，经两次合法传唤，无正当理由拒不到庭的，可以拘传。

第七十七条 诉讼参与人或者其他人有下列行为之一的，人民法院可以根据情节轻重，予以训诫、责令具结悔过或者予以罚款、拘留；构成犯罪的，依法追究刑事责任：

（一）伪造、隐藏、毁灭证据；

（二）指使、贿买他人作伪证；

（三）隐藏、转移、变卖、毁损已被查封、扣押的财产；

（四）以暴力、威胁或者其他方法阻碍司法工作人员执行职务，或者扰乱司法机关的工作秩序；

（五）对司法工作人员、证人、鉴定人、勘验人、诉讼参加人、协助执行的人，进行侮辱、诽谤、诬陷、殴打或者以其他方法进行打击报复；

（六）有义务协助执行的人，对人民法院的协助执行通知书，无故推拖、拒绝或者妨碍执行。

第七十八条 罚款的金额，为人民币二百元以下。

拘留的期限，为十五日以下。

被拘留的人，由人民法院交公安机关看管。在拘留期间，被拘留人承认并改正错误的，人民法院可以决定提前解除拘留。

罚款和拘留，可以合并使用。

第七十九条 拘传、罚款、拘留，必须经人民法院院长批准。

罚款、拘留，用决定书。本人对罚款、拘留不服的，可以申请复议一次。复议期间，不停止决定的执行。

第九章 诉讼费用

第八十条 当事人进行民事诉讼，应当依照规定交纳案件受理费。财产案件，除交纳案件受理费外，并依照规定交纳其他诉讼费用。

收取诉讼费用的办法另行制定。

第二编 第一审程序

第十章 普通程序

第一节 起诉和受理

第八十一条 起诉必须符合以下条件：

（一）原告是与本案有直接利害关系的个人、企业事业单位、机关、团体；

（二）有明确的被告、具体的诉讼请求和事实根据；

（三）属于人民法院管辖范围和受诉人民法院管辖。

第八十二条 起诉应当向人民法院递交起诉状，并按被告人数提出副本。

书写起诉状确有困难的，可以口诉，由人民法院记入笔录，并告知对方当事人。

第八十三条 起诉状应当记明以下事项：

（一）当事人的姓名、性别、年龄、民族、籍贯、职业、工作单位和住址，企业事业单位、机关、团体的名称、所在地和法定代表人的姓名、职务；

（二）诉讼请求和所根据的事实与理由；

（三）证据和证据来源，证人姓名和住址。

第八十四条 人民法院对于下列起诉，分别情况，予以处理：

（一）违反治安管理处罚条例的案件，告知原告向公安机关申请解决；

（二）依法应当由其他行政机关处理的争议，告知原告向有关行政机关申请解决；

（三）对判决、裁定已经发生法律效力的案件，当事人又起诉的，告知原告按申诉处理；

（四）依法在一定时期内不得起诉的案件，在不得起诉的期限内起诉的，不予受理；

（五）判决不准离婚的案件，没有新情况、新理由，在六个月内又起诉的，不予受理。

第八十五条 人民法院接到起诉状或者口头起诉，经审查，符合本法规定的受理条件的，应当在七日内立案；不符合本法规定的受理条件的，应当在七日内通知原告不予受理，并说明理由。

第二节 审理前的准备

第八十六条 人民法院对追索赡养费、扶养费、抚育费、抚恤金和劳动报酬的案件，应当在受理后五日内将起诉状副本发送被告；被告在收到后十日内提出答辩状。其他案件的起诉状副本，应当在受理后五日内发送被告；被告在收到后十五日内提出答辩状。

被告不提出答辩状的，不影响人民法院审理。

第八十七条 审判人员必须认真审阅诉讼材料，进行调查研究，收集证据。

有关单位有义务协助人民法院进行调查。

第八十八条 人民法院派出人员进行调查时，应当先向被调查人出示证件。

调查笔录经被调查人校阅后，由被调查人、调查人签名或者盖章。

第八十九条 人民法院在必要时可以委托外地人民法院调查。

委托调查，必须提出明确的项目和要求。受委托人民法院可以主动补充调查。

受委托人民法院收到委托书后，应当在三十日内完成调查；因故不能完成的，应当在上述期限内函告委托人民法院。

第九十条 起诉或者应诉的人不符合当事人条件的，人民法院应当通知符合条件的当事人参加诉讼，更换不符合条件的当事人。

第九十一条 必须共同进行诉讼的当事人没有参加诉讼的，人民法院应当通知其参加诉讼。

第三节 诉讼保全和先行给付

第九十二条 人民法院对于可能因当事人一方的行为或者其他原因，使判决不能执行或者难以执行的案件，可以根据对方当事人的申请，或者依职权作出诉讼保全的裁定。

人民法院接受当事人诉讼保全的申请后，对情况紧急的，必须在四十八小时内作出裁定，并开始执行。

第九十三条 诉讼保全限于诉讼请求的范围，或者与本案有关的财物。

诉讼保全采取查封、扣押、冻结、责令提供担保或者法律准许的其他方法。

人民法院对查封、扣押的物品，不宜长期保存的，可以变卖，保存价款。

第九十四条 人民法院决定采取诉讼保全措施，可以令申请人提供担保；拒绝提供的，驳回申请。

申请人败诉的，应当赔偿被申请人因诉讼保全所遭受的财产损失。

第九十五条 人民法院对下列案件，必要时可以书面裁定先行给付，并立即执行：

（一）追索赡养费、扶养费、抚育费、抚恤金的；

（二）追索劳动报酬的；

（三）其他需要先行给付的。

第九十六条 当事人不服诉讼保全或者先行给付裁定的，可以申请复议一次。复议期间，不停止裁定的执行。

第四节 调　　解

第九十七条 人民法院受理的民事案件，能够调解的，应当在查明事实、分清是非的基础上进行调解，促使当事人互相谅解，达成协议。

第九十八条 人民法院进行调解，可以由审判员一人主持，也可以由合议庭主持，并且尽可能就地进行。

第九十九条 人民法院进行调解，根据案件需要，可以邀请有关单位和群众协助。被邀请的单位和个人，应当协助人民法院进行调解。

第一百条 调解达成协议，必须双方自愿，不得强迫。

第一百零一条 调解达成协议，应当制作调解书，由审判人员、书记员署名，并加盖人民法院印章。调解书送达后，即具有法律效力。

对不需要制作调解书的协议，应当记入笔录，由双方当事人、审判人员、书记员签名或者盖章后，即具有法律效力。

第一百零二条 调解未达成协议或者调解书送达前一方翻悔的，人民法院应当进行审判，不应久调不决。

第五节 开 庭 审 理

第一百零三条 人民法院审理民事案件，除涉及国家机密、个人隐私或者法律另有规定的以外，一律公开进行。

离婚案件当事人申请不公开审理的，可以不公开审理。

第一百零四条 人民法院审理民事案件，应当根据需要和可能，派出法庭巡回就地开庭审理。

人民法院派出法庭巡回审理时，除重大、复杂的案件以外，适用简易程序。

第一百零五条 人民法院审理民事案件，应当在开庭三日前通知当事人和其他诉讼参与人。公开审理的，应当公告当事人姓名、案由和开庭的时间、地点。

第一百零六条 开庭审理前，书记员应当查明当事人和其他诉讼参与人是否到庭，宣布法庭纪律。

开庭审理时，由审判长或者独任审判员核对当事人，宣布案由，宣布审判人员、书记员名单，告知当事人的诉讼权利和义务，询问当事人是否申请回避。

第一百零七条 法庭调查按下列顺序进行：

（一）询问当事人和当事人陈述；

（二）告知证人的权利义务，询问证人，宣读未到庭的证人证言；

（三）询问鉴定人，宣读鉴定结论；

（四）出示书证、物证和视听资料；

（五）宣读勘验笔录。

第一百零八条 当事人在法庭上可以提出新的证据。

当事人经法庭许可，可以向证人、鉴定人、勘验人发问。

当事人可以要求重新进行鉴定、调查或者勘验，是否准许，由人民法院决定。

第一百零九条 原告增加诉讼请求，被告提出反诉，第三人提出与本案有关的诉讼请求，可以合并审理。

第一百一十条 法庭辩论按下列顺序进行：

（一）原告及其诉讼代理人发言；

（二）被告及其诉讼代理人答辩；

（三）双方互相辩论。

法庭辩论终结，由审判长按原告、被告的先后顺序征询双方最后意见。

第一百一十一条 法庭辩论终结，可以再行调解；调解未达成协议的，依法作出判决。

第一百一十二条 原告经人民法院两次合法传唤，无正当理由拒不到庭的，或者未经法庭许可中途退庭的，可以按撤诉处理；被告反诉的，可以缺席判决。

第一百一十三条 被告经人民法院两次合法传唤，无正当理由拒不到庭的，或者未经法庭许可中途退庭的，除适用本法第七十六条规定外，可以缺席判决。

第一百一十四条 宣判前，原告申请撤诉的，是否准许，由人民法院裁定。

第一百一十五条 人民法院宣告判决，一律公开进行。当庭宣判的，应当在十日内发送判决书；定期宣判的，宣判后立即发给判决书。

宣告判决时，必须告知当事人上诉权利、上诉期限和上诉审法院。

宣告离婚判决，必须告知当事人在判决发生法律效力前不得另行结婚。

第一百一十六条 有下列情形之一的，延期审理：

（一）必须到庭的当事人和其他诉讼参与人没有到庭；

（二）因当事人申请回避不能进行审理；

（三）需要通知新的证人到庭，调取新的证据，重新鉴定、勘验，或者需要补充调查；

（四）其他应当延期审理的情况。

第一百一十七条 书记员应当将法庭审理的全部活动记入笔录，由审判人员和书记员签名。

法庭笔录应当当庭宣读，也可以告知当事人和其他诉讼参与人当庭或者在五日内阅读。当事人和其他诉讼参与人认为对自己的陈述记载确有遗漏或者差错的，有权申请补正。

法庭笔录由当事人和其他诉讼参与人签名或者盖章；拒绝签名盖章的，记明情况附卷。

第六节 诉讼中止和终结

第一百一十八条 有下列情形之一的，中止诉讼：

（一）一方当事人死亡，需要等待继承人参加诉讼；

（二）一方当事人丧失诉讼行为能力，尚未确定法定代理人；

（三）一方当事人因不可抗拒的事由，不能参加诉讼；

（四）本案必须以另一案的审理结果为依据，而另一案尚未审结；

（五）其他应当中止诉讼的情况。

中止诉讼的原因消除后，恢复诉讼程序。

第一百一十九条 有下列情形之一的，终结诉讼：

（一）原告死亡，没有继承人，或者继承人放弃诉讼权利；

（二）被告死亡，没有遗产，也没有应当承担义务的人；

（三）一方当事人死亡，中止诉讼满六个月没有继承人参加诉讼；

（四）离婚案件一方当事人死亡。

第七节 判决和裁定

第一百二十条 判决书应当写明：

（一）案由、诉讼请求、争议的事实和理由；

（二）判决认定的事实、理由和适用的法律；

（三）判决结果和诉讼费用的负担；

（四）上诉期限和上诉审法院。

判决书由审判人员、书记员署名，加盖人民法院印章。

第一百二十一条 人民法院审理的案件，其中一部分事实已经清楚，可以就该部分先行判决。

第一百二十二条 裁定适用于下列范围：

（一）驳回起诉；

（二）关于诉讼保全和先行给付；

（三）准予或者不准撤诉；

（四）中止或者终结诉讼；

（五）补正判决书中的失误；

（六）其他需要裁定解决的事项。

对第（一）项裁定，可以上诉。

裁定书由审判人员、书记员署名，加盖人民法院印章。口头裁定的，记入笔录。

第一百二十三条 最高人民法院的判决、裁定，以及依法不准上诉或者超过上诉期没有上诉的判决、裁定，是发生法律效力的判决、裁定。

第十一章 简易程序

第一百二十四条 基层人民法院和它派出的法庭审理简单的民事案件，可以适用本章规定的简易程序。

第一百二十五条 对简单的民事案件，原告可以口头起诉。

当事人双方可以同时到基层人民法院或者它派出的法庭，请求解决争议。基层人民法院或者它派出的法庭可以当即审理，也可以另定日期审理。

第一百二十六条 基层人民法院和它派出的法庭审理简单的民事案件，可以用简便方式随时传唤当事人、证人。

第一百二十七条 简单的民事案件由审判员一人独任审判，并不受本法第一百零五条、第一百零七条、第一百一十条规定的限制。

第十二章 特别程序

第一节 一般规定

第一百二十八条 人民法院审理选民名单案件、宣告失踪人死亡案件、认定公民无行为能力案件和认定财产无主案件，适用本章规定。本章没有规定的，适用本法和其他法律的有关规定。

第一百二十九条 依照本章程序审理的案件，实行一审终审。选民名单案件或者重大、疑难的案件，由审判员组成合议庭审判；其他案件由审判员一人独任审判。

第一百三十条 人民法院在依照本章程序审理案件的过程中，发现本案属于民事权益争议的，应当裁定终结特别程序，并告知利害关系人按照普通程序或者简易程序另行起诉。

第二节 选民名单案件

第一百三十一条 公民不服选举委员会对于选民名单的申诉所作的决定，向选区所在地的基层人民法院起诉。

第一百三十二条 人民法院受理选民名单案件后，必须在选举前审理。

审理时，起诉人、选举委员会的代表和有关公民必须参加。

人民法院的判决书，应当立即送达选举委员会和起诉人，并通知有关公民。

第三节 宣告失踪人死亡案件

第一百三十三条 利害关系人要求宣告失踪人死亡的申请，向失踪人最后居所地的基层人民法院提出。

申请书应当写明失踪的事实、时间和请求，并附有公安机关关于该公民失踪的书面证明。

第一百三十四条 人民法院受理宣告失踪人死亡案件后，应当发出寻找失踪人的公告。公告期间为一年。

公告期间届满，人民法院根据被宣告失踪人死亡的事实是否得到确认，作出终结审理的裁定或者宣告死亡的判决。

第一百三十五条 被宣告死亡的公民重新出现，经本人或者利害关系人申请，人民法院应当作出新判决，撤销原判决。

第四节 认定公民无行为能力案件

第一百三十六条 申请认定公民无行为能力，由其近亲属或者所在单位，向该公民户籍所在地基层人民法院提出。

申请书应当写明该公民无行为能力的事实和根据。

第一百三十七条 人民法院受理申请后，必要时应当对被要求认定为无行为能力的公民进行鉴定；申请人已提供鉴定结论的，应当对鉴定结论进行审查。

第一百三十八条 人民法院审理认定公民无行为能力的案件，必要时应当为该公民指定代理人，并且应当询问本人；本人健康情况许可的，应当传唤到庭。

第一百三十九条 人民法院判决认定该公民为无行为能力的人，应当依法为他指定监护人。

人民法院认定申请无理的，应当予以驳回。

第一百四十条 人民法院根据被认定为无行为能力的人或者他的监护人的申请，证实该公民无行为能力的原因已经消除的，应当作出新判决，撤销原判决。

第五节 认定财产无主案件

第一百四十一条 申请认定财产无主，由有关机关、团体、企业事业单位、基层组织或者个人，向财产所在地基层人民法院提出。

申请书应当写明财产的种类、数量以及要求认定财产无主的根据。

第一百四十二条 人民法院对认定财产无主的申请，经审查核实，公告满一年后无人认领的，即判决认定财产无主，收归国家或者集体所有。

第一百四十三条 判决认定财产无主后，原财产所有人或者合法继承人出现，并对财产提出请求的，人民法院审查属实后，应当作出新判决，撤销原判决。

第三编　第二审程序、审判监督程序

第十三章　第二审程序

第一百四十四条　当事人不服地方各级人民法院第一审判决、裁定的，有权向上一级人民法院提起上诉。

第一百四十五条　对判决提起上诉的期限为十五日，对裁定提起上诉的期限为十日。

第一百四十六条　上诉状的内容，应当包括当事人的姓名，企业事业单位、机关、团体的名称及其法定代表人的姓名；原审人民法院名称、案件的编号和案由；上诉的请求和理由。

第一百四十七条　上诉状应当通过原审人民法院提出，并且按照对方当事人的人数提出副本。

当事人直接向第二审人民法院上诉的，第二审人民法院应当在五日内将上诉状发交原审人民法院。

第一百四十八条　原审人民法院收到上诉状，应当在五日内将上诉状副本送达对方当事人。对方当事人收到上诉状副本，应当在十五日内提出答辩状。当事人不提出答辩状的，不影响人民法院审理。

原审人民法院收到上诉状、答辩状，应当连同全部案卷和证据，尽快报送第二审人民法院。

第一百四十九条　第二审人民法院必须全面审查第一审人民法院认定的事实和适用的法律，不受上诉范围的限制。

第一百五十条　第二审人民法院对上诉案件，应当组成合议庭，开庭审判。经过阅卷和调查，询问当事人，在事实核对清楚后，合议庭认为不需要开庭审判的，也可以径行判决。

第二审人民法院审判上诉案件，可以在本法院进行，也可以到案件发生地或者原审人民法院所在地就地进行。

第一百五十一条　第二审人民法院对上诉案件，经过审理，按照下列情形，分别处理：

（一）原判决认定事实清楚，适用法律正确的，判决驳回上诉，维持原判；

（二）原判决认定事实清楚，但是适用法律错误的，依法改判；

（三）原判决认定事实不清，证据不足，或者由于违反法定程序可能影响案件正确判决的，裁定撤销原判，发回原审人民法院重审，也可以查清事实后改判。

当事人对重审案件的判决、裁定，可以上诉。

第一百五十二条　第二审人民法院对不服第一审人民法院裁定的上诉案件的处理，一律使用裁定。

第一百五十三条　第二审人民法院审理上诉案件，可以进行调解。调解达成协议，应当制作调解书，由审判人员、书记员署名，并加盖人民法院印章。调解书送达后，原审人民法院的判决即视为撤销。

第一百五十四条　第二审人民法院宣判前，上诉人申请撤回上诉的，由第二审人民法院裁定。

第一百五十五条　第二审人民法院审判上诉案件，除依照本章规定外，适用第一审普通程序。

第一百五十六条　第二审人民法院的判决、裁定，是终审的判决、裁定。

第十四章　审判监督程序

第一百五十七条　各级人民法院院长对本院已经发生法律效力的判决、裁定，发现确有错误，需要再审的，提交审判委员会讨论决定。

最高人民法院对地方各级人民法院已经发生法律效力的判决、裁定，上级人民法院对下级人民法院已经发生法律效力的判决、裁定，发现确有错误的，有权提审或者指令下级人民法院再审。

第一百五十八条　当事人、法定代理人对已经发生法律效力的判决、裁定，认为确有错误的，可以向原审人民法院或者上级人民法院申诉，但是不停止判决、裁定的执行。

人民法院对已经发生法律效力的判决、裁定的申诉，经过复查，认为原判决、裁定正确，申诉无理的，通知驳回；原判决、裁定确有错误的，由院长提交审判委员会讨论决定。

第一百五十九条　按照审判监督程序决定再审的案件，裁定中止原判决的执行。裁定由院长署名，加盖人民法院印章。

第一百六十条　人民法院按照审判监督程序再审的案件，原来是第一审的，按照第一审程序审判，所作的判决、裁定，当事人可以上诉；原来是第二审的，或者是上级人民法院提审的，按照第二审程序审判，所作的判决、裁定，是发生法律效力的判决、裁定。

第四编　执 行 程 序

第十五章　一 般 规 定

第一百六十一条　发生法律效力的民事判决、裁定和调解协议，以及刑事判决、裁定中的财产部分，由原第一审人民法院执行。

法律规定由人民法院执行的其他法律文书，由有管辖权的人民法院执行。

第一百六十二条　执行过程中，案外人对执行标的提出异议的，执行员应当进行审查。无理由的，予以驳回；有理由的，报院长批准中止执行，由合议庭审查或者审判委员会讨论决定。

第一百六十三条　执行工作由执行员、书记员进行；重大执行措施，应当有司法警察参加。

采取强制执行措施时，执行员应当向被执行人或者他的成年家属出示证件；并将执行情况制作笔录，由在场的有关人员签名或者盖章。

第一百六十四条 有关单位和个人都有义务按照人民法院的通知,协助执行。无故推拖、拒绝或者妨碍执行的,依照本法第七十七条的规定处理。

第一百六十五条 被执行人、被执行的财产在外地的,可以委托当地人民法院代为执行。受委托人民法院收到委托函件后,应当在十五日内开始执行;执行完毕后,应当把执行结果及时函复委托人民法院。

第十六章 执行的移送和申请

第一百六十六条 发生法律效力的民事判决、裁定、调解协议和其他应当由人民法院执行的法律文书,当事人必须履行。一方拒绝履行的,由审判员移送执行员执行,对方当事人也可以向人民法院申请执行。

第一百六十七条 仲裁机构的裁决发生法律效力后,一方当事人不履行的,对方当事人可以向有管辖权的人民法院申请执行。

第一百六十八条 公证机关依法赋予强制执行效力的债权文书,一方当事人不履行的,对方当事人可以向有管辖权的基层人民法院申请执行。受申请的人民法院发现公证文书确有错误的,不予执行,并通知原公证机关。

第一百六十九条 申请执行的期限,双方或者一方当事人是个人的为一年;双方是企业事业单位、机关、团体的为六个月。

前款规定的期限,从法律文书规定履行期限的最后一日起计算;法律文书规定分期履行的,从规定的每次履行期限的最后一日起计算。

第一百七十条 执行员接到申请执行书或者移交执行书,应当在十日内了解案情,并通知被执行人在指定的期限内履行。逾期不履行的,强制执行。

第十七章 执行措施

第一百七十一条 人民法院为扣留、提取被执行人的储蓄存款或者劳动收入而发出的协助执行通知书,有关单位必须按照办理。

人民法院决定扣留、提取劳动收入时,应当保留被执行人及其所供养家属的生活必需费用。

第一百七十二条 人民法院查封、扣押、冻结、变卖被执行人的财产,应当保留被执行人必要的生产工具和他本人及其所供养家属的生活必需品。

采取前款措施,必须经人民法院院长批准。

第一百七十三条 人民法院查封、扣押财产时,应当通知被执行人或者他的成年家属到场;拒不到场的,不影响执行。被执行人的工作单位和财产所在地的基层组织应当派人参加。

对于被查封、扣押的财产,必须造具清单,由在场人签名或者盖章后,交被执行人或者他的成年家属一份。

第一百七十四条 被查封的财产,执行员可以指定被执行人负责保管;因被执行人的过错造成的损失,由被执行人承担。

第一百七十五条 财产被查封、扣押后,执行员应当通知被执行人在指定期限内履行法律文书确定的义务;逾期不履行的,交有关单位收购、变卖。

第一百七十六条 法律文书指定交付的财物或者票证,由执行员传唤双方当事人当面交付,或者由执行员转交,并由被交付人签收。

有关单位持有该项财物或者票证的,应当根据人民法院的协助执行通知书转交,并由被交付人签收。

当事人以外的人持有该项财物或者票证的,人民法院通知其交出。拒不交出的,强制执行。

第一百七十七条 强制迁出房屋或者强制退出土地,由院长签发公告,通知被执行人在指定的期限内履行。逾期不履行的,由执行员强制执行。

强制执行时,被执行人的工作单位和房屋、土地所在地的基层组织应当派人参加。被执行人或者他的成年家属应当到场;拒不到场的,不影响执行。执行员应当将强制执行情况记入笔录,由在场人签名或者盖章。

强制执行的财物,由人民法院派人运至指定处所,交给被执行人或者他的成年家属;因拒绝接收而造成的损失,由被执行人承担。

第一百七十八条 对于法律文书指定的行为,执行员应当通知被执行人履行;无正当理由拒不履行的,人民法院可以委托有关单位或者其他人完成,费用由被执行人负担。

第一百七十九条 执行企业事业单位、机关、团体的存款,由银行、信用合作社根据人民法院的协助执行通知书划拨或者转交。

第一百八十条 被执行人被执行的财产,不能满足所有申请人要求的,按下列顺序清偿:

(一)工资、生活费;

(二)国家税收;

(三)国家银行和信用合作社贷款;

(四)其他债务。

不足清偿同一顺序的申请人要求的,按比例分配。

第一百八十一条 在执行中,双方当事人自行和解达成协议的,执行员应当将协议内容记入笔录,由双方当事人签名或者盖章。

第十八章 执行中止和终结

第一百八十二条 有下列情形之一的,人民法院裁定中止执行:

(一)申请人表示可以延期执行;

(二)案外人对执行提出确有理由的异议;

(三)被执行人短期内无偿付能力;

(四)一方当事人死亡,需要等待继承人继承权利或者承担义务;

（五）人民法院认为应当中止执行的其他情况。

造成中止的情况消失后，恢复执行。

第一百八十三条 有下列情形之一的，人民法院裁定终结执行：

（一）申请人撤销申请；

（二）据以执行的法律文书被撤销；

（三）被执行人死亡，无遗产可供执行，又无义务承担人；

（四）追索赡养费、扶养费、抚育费案件的权利人死亡；

（五）人民法院认为应当终结执行的其他情况。

第一百八十四条 中止和终结执行的裁定，送达当事人后立即生效。

第五编 涉外民事诉讼程序的特别规定

第十九章 一般原则

第一百八十五条 外国人、无国籍人、外国企业和组织在中华人民共和国领域内进行民事诉讼，适用本编规定。本编没有规定的，适用本法其他有关规定。

第一百八十六条 外国人、无国籍人在人民法院起诉、应诉，同中华人民共和国公民有同等的诉讼权利和义务。

外国企业和组织在人民法院起诉、应诉，依照本法规定享有诉讼权利，承担诉讼义务。

第一百八十七条 外国法院对中华人民共和国公民、企业和组织的民事诉讼权利加以限制的，人民法院对该国公民、企业和组织的民事诉讼权利，实行对等原则。

第一百八十八条 对享有司法豁免权的外国人、外国组织或者国际组织提起的民事诉讼，人民法院根据中华人民共和国法律和我国缔结或者参加的国际条约的规定办理。

第一百八十九条 中华人民共和国缔结或者参加的国际条约同本法有不同规定的，适用该国际条约的规定。但是，我国声明保留的条款除外。

第一百九十条 人民法院审理涉外案件，用中华人民共和国通用的语言、文字。当事人要求提供翻译的，可以提供，费用由当事人负担。

第一百九十一条 外国人、无国籍人、外国企业和组织在人民法院起诉、应诉，委托律师代理诉讼的，必须委托中华人民共和国的律师。

不在中华人民共和国领域内居住的外国人、无国籍人，寄给中国律师或者中国公民的授权委托书，必须经所在国公证机关证明，并经我国驻该国使、领馆认证，才具有效力。

第二十章 仲 裁

第一百九十二条 对外经济、贸易、运输和海事中发生的纠纷，当事人有书面协议提交中华人民共和国的涉外仲裁机构仲裁的，不得向人民法院起诉；没有书面协议的，可以向人民法院起诉。

外国企业、组织之间的经济、贸易、运输和海事中发生的纠纷，当事人按照书面协议，可以提交中华人民共和国的涉外仲裁机构仲裁，也可以向有管辖权的人民法院起诉。

第一百九十三条 经中华人民共和国的涉外仲裁机构裁决的案件，当事人不得向人民法院起诉。

第一百九十四条 中华人民共和国的涉外仲裁机构根据当事人的申请，认为需要采取保全措施的，应当提请被申请人财产所在地或者仲裁机构所在地的中级人民法院裁定。

第一百九十五条 对中华人民共和国的涉外仲裁机构的裁决，一方当事人不履行的，对方当事人可以申请该仲裁机构所在地或者财产所在地的中级人民法院依照本法的有关规定执行。

第二十一章 送达、期间

第一百九十六条 人民法院对不在中华人民共和国领域内居住的当事人送达诉讼文书，可以用下列方式：

（一）通过外交途径送达；

（二）对中国籍当事人，可以委托所在国的中华人民共和国使、领馆代为送达；

（三）当事人所在国的法律允许邮寄送达的，邮寄送达；

（四）当事人所在国和中华人民共和国有司法协助协议的，可以委托外国法院代为送达，或者按协议规定的其他方式送达；

（五）由当事人的诉讼代理人送达；

（六）不能用上述方式送达的，公告送达。自公告之日起，满六个月，即视为送达。

第一百九十七条 被告不在中华人民共和国领域内居住的，人民法院在送给被告的起诉状副本上加盖收文印章，通知被告在收到起诉状副本后六十日内提出答辩状。被告申请延期的，可以准许，所延期限不得超过三十日。

第一百九十八条 不在中华人民共和国领域内居住的当事人，不服第一审人民法院判决的上诉期为六十日。被上诉人在收到上诉状副本后，应当在六十日内提出答辩状。当事人不能在规定期限内提起上诉或者提出答辩状，申请延期的，可以准许，所延期限不得超过三十日。

第二十二章 诉讼保全

第一百九十九条 人民法院裁定准许当事人诉讼保全的申请后，应当责令被申请人提供担保；拒不提供的，即发布扣押命令，扣押其财产。

第二百条 人民法院决定扣押的财产，需要监督的，应当通知有关单位实行监督，费用由被申请人负担。由于申请错误所造成的损失和费用，由申请人负担。

第二百零一条 人民法院解除扣押的命令由执行员执行，或者通知监督单位执行。

第二十三章 司法协助

第二百零二条 根据中华人民共和国缔结或者参加的国际条约，或者按照互惠原则，人民法院和外国法院可以互相委托，代为一定的诉讼行为。

外国法院委托的事项同中华人民共和国的主权、安全不相容的，予以驳回；不属于人民法院职权范围的，应当说明理由，退回外国法院。

第二百零三条 中华人民共和国人民法院发生法律效力的判决，或者仲裁机构确定的裁决，申请人要求强制执行的，如果被申请人或者他的财产不在我国领域内，人民法院可以根据我国缔结或者参加的国际条约，或者按照互惠原则，委托外国法院协助执行。

第二百零四条 中华人民共和国人民法院对外国法院委托执行的已经确定的判决、裁决，应当根据中华人民共和国缔结或者参加的国际条约，或者按照互惠原则进行审查，认为不违反中华人民共和国法律的基本准则或者我国国家、社会利益的，裁定承认其效力，并且依照本法规定的程序执行。否则，应当退回外国法院。

第二百零五条 外国法院委托中华人民共和国人民法院代为送达、协助执行的法律文书，以及委托代为一定诉讼行为的委托书，必须附有中文译本。

人民法院委托外国法院代为送达、协助执行的法律文书，以及委托代为一定诉讼行为的委托书，必须附有外文译本。

中华人民共和国海洋环境保护法

（一九八二年八月二十三日第五届全国人民代表大会常务委员会第二十四次会议通过　一九八二年八月二十三日全国人民代表大会常务委员会令第九号公布　一九八三年三月一日起施行）

目　录

第一章 总　则

第一条 为了保护海洋环境及资源，防止污染损害，保护生态平衡，保障人体健康，促进海洋事业的发展，特制定本法。

第二条 本法适用于中华人民共和国的内海、领海以及中华人民共和国管辖的一切其他海域。

在中华人民共和国管辖海域内从事航行、勘探、开发、生产、科学研究及其他活动的任何船舶、平台、航空器、潜水器、企业事业单位和个人，都必须遵守本法。

在中华人民共和国管辖海域以外，排放有害物质，倾倒废弃物，造成中华人民共和国管辖海域污染损害的，也适用于本法。

第三条 进入中华人民共和国管辖海域的一切单位和个人，都有责任保护海洋环境，并有义务对污染损害海洋环境的行为进行监督和检举。

第四条 国务院有关部门和沿海省、自治区、直辖市人民政府，可以根据海洋环境保护的需要，划出海洋特别保护区、海上自然保护区和海滨风景游览区，并采取相应的保护措施。海洋特别保护区、海上自然保护区的确定，须经国务院批准。

第五条 国务院环境保护部门主管全国海洋环境保护工作。

国家海洋管理部门负责组织海洋环境的调查、监测、监视，开展科学研究，并主管防止海洋石油勘探开发和海洋倾废污染损害的环境保护工作。

中华人民共和国港务监督负责船舶排污的监督和调查处理，以及港区水域的监视，并主管防止船舶污染损害的环境保护工作。

国家渔政渔港监督管理机构负责渔港船舶排污的监督和渔业港区水域的监视。

军队环境保护部门负责军用船舶排污的监督和军港水域的监视。

沿海省、自治区、直辖市环境保护部门负责组织协调、监督检查本行政区域的海洋环境保护工作，并主管防止海岸工程和陆源污染物污染损害的环境保护工作。

第二章　防止海岸工程对海洋环境的污染损害

第六条　海岸工程建设项目的主管单位，必须在编报计划任务书前，对海洋环境进行科学调查，根据自然条件和社会条件，合理选址，并按照国家有关规定，编报环境影响报告书。

第七条　建造港口、油码头，兴建入海河口水利和潮汐发电工程，必须采取措施，保护水产资源。在鱼蟹回游通道筑坝，要建造相应的过鱼设施。

第八条　港口和油码头应当设置残油、废油、含油污水和废弃物的接收和处理设施，配备必要的防污器材和监视、报警装置。

第九条　海涂的开发利用应当全面规划，加强管理。对围海造地或其他围海工程，以及采挖砂石，应当严格控制。确需进行的，必须在调查研究和经济效果对比的基础上，提出工程的环境影响报告书，报省、自治区、直辖市环境保护部门审批，大型围海工程并须报国务院环境保护部门审批。

禁止毁坏海岸防护林、风景林、风景石和红树林、珊瑚礁。

第三章　防止海洋石油勘探开发对海洋环境的污染损害

第十条　开发海洋石油的企业或其主管单位，在编报计划任务书前，应当提出海洋环境影响报告书，包括防止污染损害海洋环境的有效措施，并报国务院环境保护部门审批。

第十一条　海洋石油勘探和其他海上活动需要爆破作业时，应当采取有效措施，保护渔业资源。

第十二条　对勘探开发过程中使用的油料，应当加强管理，防止发生漏油事故。残油、废油应当予以回收，不准排放入海。

第十三条　海洋石油钻井船、钻井平台和采油平台的含油污水和油性混合物，不得直接排放；经回收处理后排放的，其含油量不得超过国家规定的标准。

第十四条　海洋石油钻井船、钻井平台和采油平台不得向海域处置含油的工业垃圾。处置其他工业垃圾不得对渔业水域、航道造成污染损害。

第十五条　海上试油时，油和油性混合物不得排放入海，并应当确保油气充分燃烧，防止污染海洋。

第十六条　海上输油管线，储油设施，应当符合防渗、防漏、防腐蚀的要求，经常保持良好状态，防止漏油事故。

第十七条　勘探开发海洋石油，必须配备相应的防污设施和器材，采取有效的技术措施，防止井喷和漏油事故的发生。

发生井喷、漏油事故的，应当立即向国家海洋管理部门报告，并采取有效措施，控制和消除油污染，接受国家海洋管理部门的调查处理。

第四章　防止陆源污染物对海洋环境的污染损害

第十八条　沿海单位向海域排放有害物质，必须严格执行国家或省、自治区、直辖市人民政府颁布的排放标准和有关规定。

在海上自然保护区、水产养殖场、海滨风景游览区内，不得新建排污口。本法公布前已有的排污口排放污染物不符合国家排放标准的，应当限期治理。

第十九条　含强放射性物质的废水，禁止向海域排放。

含弱放射性物质的废水，确需向海域排放的，必须执行国家放射防护的规定和标准。

第二十条　含传染病原体的医疗污水和工业废水，必须经过处理和严格消毒，消灭病原体后，方能排入海域。

第二十一条　含有机物和营养物质的工业废水、生活污水，应当控制向海湾、半封闭海及其他自净能力较差的海域排放，防止海水富营养化。

第二十二条　向海域排放含热废水，应当采取措施，保证邻近的渔业水域的水温符合国家水质标准，避免热污染对水产资源的危害。

第二十三条　沿海农田施用化学农药，应当执行国家农药安全使用的规定和标准。

第二十四条　任何单位不经沿海省、自治区、直辖市环境保护部门批准，不得在岸滩弃置、堆放尾矿、矿渣、煤灰渣、垃圾和其他废弃物。依法被批准在岸滩设置废弃物堆放场和处理场的，应当建造防护堤，防止废弃物流失入海。

第二十五条　沿海省、自治区、直辖市环境保护部门和水系管理部门，应当加强入海河流的管理，防治污染，使入海河口处的水质处于良好状态。

第五章　防止船舶对海洋环境的污染损害

第二十六条　在中华人民共和国管辖海域，禁止任何船舶违反本法规定排放油类、油性混合物、废弃物和其他有害物质。

第二十七条　150总吨以上的油轮和400总吨以上的非油轮，应当设有相应的防污设备和器材。

不足150总吨的油轮和不足400总吨的非油轮，应当设有专用容器，回收残油、废油。

第二十八条　150总吨以上的油轮和400总吨以上的非油轮，应当备有油类记录簿。

载运2,000吨以上的散装货油的船舶，应当持有有效的《油污损害民事责任保险或其他财务保证证书》，或《油污损害民事责任信用证书》，或提供其他财务信用保证。

第二十九条 150总吨以上的油轮和400总吨以上的非油轮，排放含油污水，必须按照国家有关船舶污水的排放标准和规定进行，并如实地记入油类记录簿。

第三十条 载运有毒、含腐蚀性货物的船舶，排放洗仓水和其他残余物，必须按照国家有关船舶污水排放的规定进行，并如实地记入航海日志。

第三十一条 核动力船舶和载运放射性物质的船舶，排放放射性物质，必须遵守本法第十九条的规定。

第三十二条 船舶进行加油和装卸油作业时，必须遵守操作规程，采取有效的预防措施，防止发生漏油事故。

第三十三条 造船、修船、拆船和打捞船单位，均应备有防止污染器材和设备。进行作业时，应当采取预防措施，防止油类、油性混合物和废弃物污染海域。

第三十四条 船舶非正常排放油类、油性混合物和其他有害物质，或有毒、含腐蚀性货物落水造成污染时，应当立即采取措施，控制和消除污染，并向就近的港务监督报告，接受调查处理。

第三十五条 船舶发生海损事故造成或者可能造成海洋环境重大污染损害的，中华人民共和国港务监督有权强制采取避免或减少这种污染损害的措施。

第三十六条 所有船舶均有监视海上污染的义务，如发现违章行为和污染情事，应当立即向就近的港务监督报告，渔船也可以向就近的渔政渔港监督管理机构报告。

第三十七条 在中华人民共和国管辖海域航行、停泊和作业的船舶，发生污染情事的，由中华人民共和国港务监督登轮检查处理。经港务监督授权的政府有关机关的公务人员也可以登轮检查，并将检查结果报告港务监督处理。

第六章　防止倾倒废弃物对海洋环境的污染损害

第三十八条 任何单位未经国家海洋管理部门批准，不得向中华人民共和国管辖海域倾倒任何废弃物。

需要倾倒废弃物的单位，必须向国家海洋管理部门提出申请，经国家海洋管理部门审批，发给许可证后，方可倾倒。

第三十九条 获准倾倒废弃物的单位，应当按许可证注明的期限及条件，到指定的区域进行倾倒。废弃物装载之后，批准部门应予核实。利用船舶倾倒废弃物的，由驶出港的港务监督核实。

第四十条 获准倾倒废弃物的单位，应当详细记录倾倒的情况，并在倾倒后向批准部门作出书面报告。倾倒废弃物的船舶须向驶出港的港务监督作出书面报告。

第七章　法律责任

第四十一条 凡违反本法，造成或者可能造成海洋环境污染损害的，本法第五条规定的有关主管部门可以责令限期治理，缴纳排污费，支付消除污染费用，赔偿国家损失；并可以给予警告或者罚款。当事人不服的，可以在收到决定书之日起十五日内，向人民法院起诉；期满不起诉又不履行的，由有关主管部门申请人民法院强制执行。

第四十二条 因海洋环境污染受到损害的单位和个人，有权要求造成污染损害的一方赔偿损失。赔偿责任和赔偿金额纠纷，可以由有关主管部门处理，当事人不服的，依照《中华人民共和国民事诉讼法（试行）》规定的程序解决；也可以直接向人民法院起诉。

第四十三条 完全属于下列情形之一，经过及时采取合理措施仍然不能避免对海洋环境造成污染损害的，免予承担赔偿责任：

（1）战争行为；

（2）不可抗拒的自然灾害；

（3）负责灯塔或者其他助航设备的主管部门在执行职责时的疏忽或者其他过失行为。

完全是由于第三者的故意或者过失造成污染损害海洋环境的，由第三者承担赔偿责任。

第四十四条 凡违反本法，污染损害海洋环境，造成公私财产重大损失或者致人伤亡的，对直接责任人员可以由司法机关依法追究刑事责任。

第八章　附　　则

第四十五条 本法中下列用语的含义是：

（一）"海洋环境污染损害"是指直接或间接地把物质或能量引入海洋环境，产生损害海洋生物资源、危害人体健康、妨碍渔业和海上其他合法活动、损坏海水使用素质和减损环境质量等有害影响。

（二）"渔业水域"是指鱼虾类的产卵场、索饵场、越冬场、回游通道和鱼虾贝藻类的养殖场。

（三）"油类"是指任何类型的油及其炼制品。

（四）"油性混合物"是指任何含有油份的混合物。

（五）"排放"是指把污染物排入海洋的行为，包括泵出、溢出、泄出、喷出和倒出。

（六）"倾倒"是指通过船舶、航空器、平台或其他载运工具，向海洋处置废弃物或其他有害物质的行为，包括弃置船舶、航空器、平台和其他浮动工具的行为。

第四十六条 现行的有关海洋环境保护的规定，凡与本法抵触的，均以本法为准。

第四十七条 国务院环境保护部门可根据本法制订实施细则，报国务院批准施行。

国务院有关部门和沿海省、自治区、直辖市人民代表大会常务委员会、人民政府可根据本法，结合本部门、本地区的实际，制订具体实施办法。

第四十八条 本法自一九八三年三月一日起生效。

中华人民共和国商标法

（一九八二年八月二十三日第五届全国人民代表大会常务委员会第二十四次会议通过　一九八二年八月二十三日全国人民代表大会常务委员会令第十号公布　一九八三年三月一日起施行）

目　录

第一章　总　　则

第一条 为了加强商标管理，保护商标专用权，促使生产者保证商品质量和维护商标信誉，以保障消费者的利益，促进社会主义商品经济的发展，特制定本法。

第二条 国务院工商行政管理部门商标局主管全国商标注册和管理的工作。

第三条 经商标局核准注册的商标为注册商标，商标注册人享有商标专用权，受法律保护。

第四条 企业、事业单位和个体工商业者，对其生产、制造、加工、拣选或者经销的商品，需要取得商标专用权的，应当向商标局申请注册。

第五条 国家规定必须使用注册商标的商品，必须申请商标注册，未经核准注册的，不得在市场销售。

第六条 商标使用人应当对其使用商标的商品质量负责。各级工商行政管理部门应当通过商标管理，监督商品质量，制止欺骗消费者的行为。

第七条 商标使用的文字、图形或者其组合，应当有显著特征，便于识别。使用注册商标的，并应当标明“注册商标”或者注册标记。

第八条 商标不得使用下列文字、图形：

（1）同中华人民共和国的国家名称、国旗、国徽、军旗、勋章相同或者近似的；

（2）同外国的国家名称、国旗、国徽、军旗相同或者近似的；

（3）同政府间国际组织的旗帜、徽记、名称相同或者近似的；

（4）同“红十字”、“红新月”的标志、名称相同或者近似的；

（5）本商品的通用名称和图形；

（6）直接表示商品的质量、主要原料、功能、用途、重量、数量及其他特点的；

（7）带有民族歧视性的；

（8）夸大宣传并带有欺骗性的；

（9）有害于社会主义道德风尚或者有其他不良影响的。

第九条 外国人或者外国企业在中国申请商标注册的，应当按其所属国和中华人民共和国签订的协议或者共同参加的国际条约办理，或者按对等原则办理。

第十条 外国人或者外国企业在中国申请商标注册和办理其他商标事宜的，应当委托国家指定的组织代理。

第二章　商标注册的申请

第十一条 申请商标注册的，应当按规定的商品分类表填报使用商标的商品类别和商品名称。

第十二条 同一申请人在不同类别的商品上使用同一商标的，应当按商品分类表分别提出注册申请。

第十三条 注册商标需要在同一类的其他商品上使用的，应当另行提出注册申请。

第十四条 注册商标需要改变文字、图形的，应当重新提出注册申请。

第十五条 注册商标需要变更注册人的名义、地址或者其他注册事项的，应当提出变更申请。

第三章　商标注册的审查和核准

第十六条 申请注册的商标，凡符合本法有关规定的，由商标局初步审定，予以公告。

第十七条 申请注册的商标，凡不符合本法有关规定或者同他人在同一种商品或者类似商品上已经注册的或者初步审定的商标相同或者近似的，由商标局驳回申请，不予公告。

第十八条 两个或者两个以上的申请人，在同一种商品或者类似商品上，以相同或者近似的商标申请注册的，初步审定并公告申请在先的商标；同一天申请的，初步审定并公告使用在先的商标，驳回其他人的申请，不予公告。

第十九条 对初步审定的商标，自公告之日起三个月内，任何人均可以提出异议。无异议或者经裁定异议不能成立的，始予核准注册，发给商标注册证，并予公告；经裁定异议成立的，不予核准注册。

第二十条 国务院工商行政管理部门设立商标评审委员会，负责处理商标争议事宜。

第二十一条 对驳回申请、不予公告的商标，商标局应当书面通知申请人。申请人不服的，可以在收到通知十五天内申请复审，由商标评审委员会做出终局决定，并书面通知申请人。

第二十二条 对初步审定、予以公告的商标提出异议的，商标局应当听取异议人和申请人陈述事实和理由，经调查核实后，做出裁定。当事人不服的，可以在收到通知十五天内申请复审，由商标评审委员会做出终局裁定，并书面通知异议人和申请人。

第四章 注册商标的续展、转让和使用许可

第二十三条 注册商标的有效期为十年，自核准注册之日起计算。

第二十四条 注册商标有效期满，需要继续使用的，应当在期满前六个月内申请续展注册；在此期间未能提出申请的，可以给予六个月的宽展期。宽展期满仍未提出申请的，注销其注册商标。

每次续展注册的有效期为十年。

续展注册经核准后，予以公告。

第二十五条 转让注册商标的，转让人和受让人应当共同向商标局提出申请。受让人应当保证使用该注册商标的商品质量。

转让注册商标经核准后，予以公告。

第二十六条 商标注册人可以通过签订商标使用许可合同，许可他人使用其注册商标。许可人应当监督被许可人使用其注册商标的商品质量。被许可人应当保证使用该注册商标的商品质量。

商标使用许可合同应当报商标局备案。

第五章 注册商标争议的裁定

第二十七条 对已经注册的商标有争议的，可以自该商标经核准注册之日起一年内，向商标评审委员会申请裁定。

商标评审委员会收到裁定申请后，应当通知有关当事人，并限期提出答辩。

第二十八条 对核准注册前已经提出异议并经裁定的商标，不得再以相同的事实和理由申请裁定。

第二十九条 商标评审委员会做出维持或者撤销有争议的注册商标的终局裁定后，应当书面通知有关当事人。

第六章 商标使用的管理

第三十条 使用注册商标，有下列行为之一的，由商标局责令限期改正或者撤销其注册商标：

(1)自行改变注册商标的文字、图形或者其组合的；

(2)自行改变注册商标的注册人名义、地址或者其他注册事项的；

(3)自行转让注册商标的；

(4)连续三年停止使用的。

第三十一条 使用注册商标，其商品粗制滥造，以次充好，欺骗消费者的，由各级工商行政管理部门分别不同情况，责令限期改正，并可以予以通报或者处以罚款，或者由商标局撤销其注册商标。

第三十二条 注册商标被撤销的或者期满不再续展的，自撤销或者注销之日起一年内，商标局对与该商标相同或者近似的商标注册申请，不予核准。

第三十三条 违反本法第五条规定的，由地方工商行政管理部门责令限期申请注册，可以并处罚款。

第三十四条 使用未注册商标，有下列行为之一的，由地方工商行政管理部门予以制止，限期改正，并可以予以通报或者处以罚款：

(1)冒充注册商标的；

(2)违反本法第八条规定的；

(3)粗制滥造，以次充好，欺骗消费者的。

第三十五条 对商标局撤销注册商标的决定，当事人不服的，可以在收到通知十五天内申请复审，由商标评审委员会做出终局决定，并书面通知申请人。

第三十六条 对工商行政管理部门根据本法第三十一条、第三十三条、第三十四条的规定做出的罚款决定，当事人不服的，可以在收到通知十五天内，向人民法院起诉；期满不起诉又不履行的，由有关工商行政管理部门申请人民法院强制执行。

第七章 注册商标专用权的保护

第三十七条 注册商标的专用权，以核准注册的商标和核定使用的商品为限。

第三十八条 有下列行为之一的，均属侵犯注册商标专用权：

(1)未经注册商标所有人的许可，在同一种商品或者类似商品上使用与其注册商标相同或者近似的商标的；

(2)擅自制造或者销售他人注册商标标识的；

(3)给他人的注册商标专用权造成其他损害的。

第三十九条 有本法第三十八条所列侵犯注册商标专用权行为之一的，被侵权人可以向侵权人所在地的县级以上工商行政管理部门要求处理。有关工商行政管理部门有权责令侵权人立即停止侵权行为，赔偿被侵权人的损失，赔偿额为侵权人在侵权期间因侵权

所获得的利润或者被侵权人在被侵权期间因被侵权所受到的损失；对情节严重的，可以并处罚款。当事人不服的，可以在收到通知十五天内，向人民法院起诉；期满不起诉又不履行的，由有关工商行政管理部门申请人民法院强制执行。

对侵犯注册商标专用权的，被侵权人也可以直接向人民法院起诉。

第四十条 假冒他人注册商标，包括擅自制造或者销售他人注册商标标识的，除赔偿被侵权人的损失，可以并处罚款外，对直接责任人员由司法机关依法追究刑事责任。

第八章 附 则

第四十一条 申请商标注册和办理其他商标事宜的，应当缴纳费用，具体收费标准另定。

第四十二条 本法的实施细则，由国务院工商行政管理部门制定，报国务院批准施行。

第四十三条 本法自一九八三年三月一日起施行。一九六三年四月十日国务院公布的《商标管理条例》同时废止；其他有关商标管理的规定，凡与本法抵触的，同时失效。

本法施行以前已经注册的商标继续有效。

中华人民共和国文物保护法

（一九八二年十一月十九日第五届全国人民代表大会常务委员会第二十五次会议通过　一九八二年十一月十九日全国人民代表大会常务委员会令第十一号公布施行）

目 录

第一章 总 则

第一条 为了加强国家对文物的保护，有利于开展科学研究工作，继承我国优秀的历史文化遗产，进行爱国主义和革命传统教育，建设社会主义精神文明，特制定本法。

第二条 在中华人民共和国境内，下列具有历史、艺术、科学价值的文物，受国家保护：

（一）具有历史、艺术、科学价值的古文化遗址、古墓葬、古建筑、石窟寺和石刻；

（二）与重大历史事件、革命运动和著名人物有关的，具有重要纪念意义、教育意义和史料价值的建筑物、遗址、纪念物；

（三）历史上各时代珍贵的艺术品、工艺美术品；

（四）重要的革命文献资料以及具有历史、艺术、科学价值的手稿、古旧图书资料等；

（五）反映历史上各时代、各民族社会制度、社会生产、社会生活的代表性实物。

文物鉴定的标准和办法由国家文化行政管理部门制定，并报国务院批准。

具有科学价值的古脊椎动物化石和古人类化石同文物一样受国家的保护。

第三条 国家文化行政管理部门主管全国文物工作。

地方各级人民政府保护本行政区域内的文物。各省、自治区、直辖市和文物较多的自治州、县、自治县、市可以设立文物保护管理机构，管理本行政区域内的文物工作。

一切机关、组织和个人都有保护国家文物的义务。

第四条 中华人民共和国境内地下、内水和领海中遗存的一切文物，属于国家所有。

古文化遗址、古墓葬、石窟寺属于国家所有。国家指定保护的纪念建筑物、古建筑、石刻等，除国家另有规定的以外，属于国家所有。

国家机关、部队、全民所有制企业、事业组织收藏的文物，属于国家所有。

第五条 属于集体所有和私人所有的纪念建筑物、古建筑和传世文物，其所有权受国家法律的保护。文物的所有者必须遵守国家有关保护管理文物的规定。

第六条 文物保护管理经费分别列入中央和地方的财政预算。

第二章 文物保护单位

第七条 革命遗址、纪念建筑物、古文化遗址、古墓葬、古建筑、石窟寺、石刻等文物，应当根据它们的历史、艺术、科学价值，分别确定为不同级别的文物保护单位。

县、自治县、市级文物保护单位，由县、自治县、市人民政府核定公布，并报省、自治区、直辖市人民政府备案。

省、自治区、直辖市级文物保护单位，由省、自治区、直辖市人民政府核定公布，并报国务院备案。

国家文化行政管理部门在各级文物保护单位中，选择具有重大历史、艺术、科学价值的作为全国重点文物保护单位，或者直接指定全国重点文物保护单位，报国务院核定公布。

第八条 保存文物特别丰富、具有重大历史价值和革命意义的城市，由国家文化行政管理部门会同城乡建设环境保护部门报国务院核定公布为历史文化名城。

第九条 各级文物保护单位，分别由省、自治区、直辖市人民政府和县、自治县、市人民政府划定必要的保护范围，作出标志说明，建立记录档案，并区别情况分别设置专门机构或者专人负责管理。全国重点文物保护单位的保护范围和记录档案，由省、自治区、直辖市文化行政管理部门报国家文化行政管理部门备案。

第十条 各级人民政府制定城乡建设规划时，事先要由城乡规划部门会同文化行政管理部门商定对本行政区域内各级文物保护单位的保护措施，纳入规划。

第十一条 文物保护单位的保护范围内不得进行其他建设工程。如有特殊需要，必须经原公布的人民政府和上一级文化行政管理部门同意。在全国重点文物保护单位范围内进行其他建设工程，必须经省、自治区、直辖市人民政府和国家文化行政管理部门同意。

第十二条 根据保护文物的实际需要，经省、自治区、直辖市人民政府批准，可以在文物保护单位的周围划出一定的建设控制地带。在这个地带内修建新建筑和构筑物，不得破坏文物保护单位的环境风貌。其设计方案须征得文化行政管理部门同意后，报城乡规划部门批准。

第十三条 建设单位在进行选址和工程设计的时候，因建设工程涉及文物保护单位的，应当事先会同省、自治区、直辖市或者县、自治县、市文化行政管理部门确定保护措施，列入设计任务书。

因建设工程特别需要而必须对文物保护单位进行迁移或者拆除的，应根据文物保护单位的级别，经该级人民政府和上一级文化行政管理部门同意。全国重点文物保护单位的迁移或者拆除，由省、自治区、直辖市人民政府报国务院决定。迁移、拆除所需费用和劳动力由建设单位列入投资计划和劳动计划。

第十四条 核定为文物保护单位的革命遗址、纪念建筑物、古墓葬、古建筑、石窟寺、石刻等（包括建筑物的附属物），在进行修缮、保养、迁移的时候，必须遵守不改变文物原状的原则。

第十五条 核定为文物保护单位的属于国家所有的纪念建筑物或者古建筑，除可以建立博物馆、保管所或者辟为参观游览场所外，如果必须作其他用途，应当根据文物保护单位的级别，由当地文化行政管理部门报原公布的人民政府批准。全国重点文物保护单位如果必须作其他用途，应经省、自治区、直辖市人民政府同意，并报国务院批准。这些单位以及专设的博物馆等机构，都必须严格遵守不改变文物原状的原则，负责保护建筑物及附属文物的安全，不得损毁、改建、添建或者拆除。使用纪念建筑物、古建筑的单位，应当负责建筑物的保养和维修。

第三章 考古发掘

第十六条 一切考古发掘工作，都必须履行报批手续。地下埋藏的文物，任何单位或者个人都不得私自发掘。出土的文物除根据需要交给科学研究部门研究的以外，由当地文化行政管理部门指定的单位保管，任何单位或者个人不得侵占。为了保证文物安全、进行科学研究和充分发挥文物的作用，省、自治区、直辖市文化行政管理部门，必要时可以报经省、自治区、直辖市人民政府批准，调用本行政区域内的出土文物；国家文化行政管理部门经国务院批准，可以调用全国的重要出土文物。

第十七条 各省、自治区、直辖市文物机构、考古研究机构和高等学校等，为了科学研究进行考古发掘，必须提出发掘计划，报国家文化行政管理部门会同中国社会科学院审查，经国家文化行政管理部门批准后，始得进行发掘。

需要对全国重点文物保护单位进行的考古发掘，由国家文化行政管理部门会同中国社会科学院审核后，报国务院批准。

第十八条 在进行大型基本建设项目的时候，建设单位要事先会同省、自治区、直辖市文化行政管理部门在工程范围内有可能埋藏文物的地方进行文物的调查或者勘探工作。调查、勘探中发现文物，应当共同商定处理办法。遇有重要发现，由省、自治区、直辖市文化行政管理部门及时报国家文化行政管理部门处理。

在进行基本建设工程或者农业生产中，任何单位或者个人发现文物，应立即报告当地文化行政管理部门。遇有重要发现，当地文化行政管理部门必须及时报请上级文化行政管理部门处理。

第十九条 需要配合建设工程进行的考古发掘工作，应由省、自治区、直辖市文化行政管理部门在勘探工作的基础上提出发掘计划，报国家文化行政管理部门会同中国社会科学院审查，由国家文化行政管理部门批准。确因建设工期紧迫或有自然破坏的危险，对古文化遗址、古墓葬急需进行抢救的，可由省、自治区、直辖市文化行政管理部门组织力量进行发掘工作，并同时补办批准手续。

第二十条 凡因进行基本建设和生产建设需要文物勘探、考古发掘的，所需费用和劳动力由建设单位列入投资计划和劳动计划，或者报上级计划部门解决。

第二十一条 非经国家文化行政管理部门报国务

院特别许可，任何外国人或者外国团体不得在中华人民共和国境内进行考古调查和发掘。

第四章 馆藏文物

第二十二条 全民所有的博物馆、图书馆和其他单位对收藏的文物，必须区分文物等级，设置藏品档案，建立严格的管理制度，并向文化行政管理部门登记。

地方各级文化行政管理部门，应分别建立本行政区域内的馆藏文物档案；国家文化行政管理部门应建立国家一级文物藏品档案。

第二十三条 全民所有的博物馆、图书馆和其他单位的文物藏品禁止出卖。这些单位进行文物藏品的调拨、交换，必须报文化行政管理部门备案；一级文物藏品的调拨、交换，须经国家文化行政管理部门批准。未经批准，任何单位或者个人不得调取文物。

第五章 私人收藏文物

第二十四条 私人收藏的文物可以由文化行政管理部门指定的单位收购，其他任何单位或者个人不得经营文物收购业务。

第二十五条 私人收藏的文物，严禁倒卖牟利，严禁私自卖给外国人。

第二十六条 银行、冶炼厂、造纸厂以及废旧物资回收部门，应与文化行政管理部门共同负责拣选出掺杂在金银器和废旧物资中的文物，除供银行研究所必需的历史货币可以由银行留用外，其余移交给文化行政管理部门处理。移交的文物须合理作价。

公安、海关、工商行政管理部门依法没收的重要文物，应当移交给文化行政管理部门。

第六章 文物出境

第二十七条 文物出口和个人携带文物出境，都必须事先向海关申报，经国家文化行政管理部门指定的省、自治区、直辖市文化行政管理部门进行鉴定，并发给许可出口凭证。文物出境必须从指定口岸运出。经鉴定不能出境的文物，国家可以征购。

第二十八条 具有重要历史、艺术、科学价值的文物，除经国务院批准运往国外展览的以外，一律禁止出境。

第七章 奖励与惩罚

第二十九条 有下列事迹的单位或者个人，由国家给予适当的精神鼓励或者物质奖励：

（一）认真执行文物政策法令，保护文物成绩显著的；

（二）为保护文物与违法犯罪行为作坚决斗争的；

（三）将个人收藏的重要文物捐献给国家的；

（四）发现文物及时上报或者上交，使文物得到保护的；

（五）在文物保护科学技术上有重要发明创造或者其他重要贡献的；

（六）在文物面临破坏危险的时候，抢救文物有功的；

（七）长期从事文物工作有显著成绩的。

第三十条 有下列行为的，给予行政处罚：

（一）在地下、内水、领海及其他场所中发现文物隐匿不报，不上交国家的，由公安部门给予警告或者罚款，并追缴其非法所得的文物；

（二）未经文化行政管理部门批准，私自经营文物购销活动的，由工商行政管理部门给予警告或者罚款，并可没收其非法所得或者非法经营的文物；

（三）将私人收藏的文物私自卖给外国人的，由工商行政管理部门罚款，并可没收其文物和非法所得。

第三十一条 有下列行为的，依法追究刑事责任：

（一）贪污或者盗窃国家文物的；

（二）盗运珍贵文物出口或者进行文物投机倒把活动情节严重的；

（三）故意破坏国家保护的珍贵文物或者名胜古迹的；

（四）国家工作人员玩忽职守，造成珍贵文物损毁或者流失，情节严重的。

私自挖掘古文化遗址、古墓葬的，以盗窃论处。

将私人收藏的珍贵文物私自卖给外国人的，以盗运珍贵文物出口论处。

文物工作人员对所管理的文物监守自盗的，依法从重处罚。

第八章 附 则

第三十二条 国家文化行政管理部门根据本法制定实施细则，报国务院批准施行。

文物的复制、拓印、拍摄等管理办法由国家文化行政管理部门制定。

第三十三条 本法自公布之日起施行。一九六一年国务院颁发的《文物保护管理暂行条例》即行废止。其他有关文物保护管理的规定，凡与本法相抵触的，以本法为准。

中华人民共和国食品卫生法(试行)

(一九八二年十一月十九日第五届全国人民代表大会常务委员会第二十五次会议通过　一九八二年十一月十九日全国人民代表大会常务委员会令第十二号公布　一九八三年七月一日起试行)

目　录

第一章　总　　则

第一条　为保证食品卫生,防止食品污染和有害因素对人体的危害,保障人民身体健康,增强各族人民的体质,特制定本法。

第二条　国家实行食品卫生监督制度。

第三条　凡在中华人民共和国领域内从事食品生产经营的,都必须遵守本法。对违反本法的行为,任何人都有权检举和控告。

本法适用于一切食品,食品添加剂,食品容器、包装材料和食品用工具、设备;也适用于食品的生产经营场所、设施和有关环境。

第二章　食品的卫生

第四条　食品应当无毒、无害,符合应当有的营养要求,具有相应的色、香、味等感官性状。

第五条　专供婴幼儿的主、辅食品,必须符合国务院卫生行政部门制定的营养、卫生标准。

第六条　食品生产经营过程必须符合下列卫生要求:

(一)保持内外环境整洁,采取消除苍蝇、老鼠、蟑螂和其他有害昆虫及其孳生条件的措施,与有毒、有害场所保持规定的距离;

(二)食品生产经营企业应当有与产品品种、数量相适应的食品原料处理、加工、包装、贮存等厂房或者场所;

(三)应当有相应的消毒、更衣、盥洗、采光、照明、通风、防腐、防尘、防蝇、防鼠、洗涤、污水排放、存放垃圾和废弃物的设施;

(四)设备布局和工艺流程应当合理,防止生食品与熟食品、原料与成品交叉污染,食品不得接触有毒物、不洁物;

(五)餐具、茶具和盛放直接入口食品的容器,使用前必须洗净、消毒,炊具、用具用后必须洗净,保持清洁;

(六)运输和装卸食品的包装容器、工具、设备和条件必须符合卫生要求,防止食品污染;

(七)直接入口的食品应当有小包装或者使用无毒、清洁的包装材料;

(八)食品生产经营人员应当经常保持个人卫生,生产、销售食品时,必须将手洗净,穿戴清洁的工作衣、帽;销售直接入口食品时,必须使用售货工具;

(九)用水必须分别符合国家规定的城乡生活饮用水卫生标准。

对食品商贩和城乡集市贸易食品经营者在食品生产经营过程中的卫生要求,由省、自治区,直辖市人民代表大会常务委员会参照本条另行规定。

第七条　禁止生产经营下列食品:

(一)腐败变质、油脂酸败、霉变、生虫、污秽不洁、混有异物或者其他感官性状异常,可能对人体健康有害的;

(二)含有毒、有害物质或者被有毒、有害物质污染,可能对人体健康有害的;

(三)含有致病性寄生虫、微生物的,或者微生物毒素含量超过国家限定标准的;

(四)未经兽医卫生检验或者检验不合格的肉类及其制品;

(五)病死、毒死或者死因不明的禽、畜、兽、水产动物等及其制品;

(六)容器包装污秽不洁、严重破损或者运输工具不洁造成污染的;

(七)掺假、掺杂、伪造,影响营养、卫生的;

(八)用非食品原料加工的;

(九)超过保存期限的;

(十)为防病等特殊需要,国务院卫生行政部门或者省、自治区、直辖市人民政府专门规定禁止出售的;

(十一)含有未经国务院卫生行政部门批准使用的添加剂、农药(残留)的;

(十二)其他不符合食品卫生标准、卫生规定的。

第八条　食品不得加入药物。按照传统既是食品又是药品的以及作为调料或者食品强化剂加入的除外。

第三章　食品添加剂的卫生

第九条　食品添加剂必须符合质量标准，由国务院和省、自治区、直辖市的化工、轻工、石油、林业、水产、医药等主管部门指定工厂生产。

第十条　生产经营和使用食品添加剂，必须符合食品添加剂使用卫生标准和卫生管理办法的规定；不得经营、使用不合格产品和非指定工厂的产品。

第四章　食品容器、包装材料和食品用工具、设备的卫生

第十一条　食品容器、包装材料和食品用工具、设备必须符合卫生标准和卫生管理办法的规定。

第十二条　食品容器、包装材料和食品用工具、设备的生产必须采用符合卫生要求的原料。产品应当便于清洗和消毒。

第十三条　直接接触食品的纸张、塑料、橡胶等制品和涂料应当由生产主管部门负责组织专门生产。

第五章　食品卫生标准和管理办法的制定

第十四条　食品，食品添加剂，食品容器、包装材料，食品用工具、设备，用于清洗食品和食品用工具、设备的洗涤剂以及食品中污染物质、放射性物质容许量的国家卫生标准、卫生管理办法和检验规程，由国务院卫生行政部门制定或者批准颁发。

第十五条　国家未制定卫生标准的食品，省、自治区、直辖市人民政府可以制定地方卫生标准，报国务院卫生行政部门备案；食品生产经营主管部门或者食品生产经营企业，经同级卫生行政部门同意，可以在产品质量标准中列入卫生指标。

第十六条　食品添加剂的国家产品质量标准中有卫生学意义的指标，必须经国务院卫生行政部门审定。

农药、化肥等农用化学物质的安全性鉴定结论，必须经国务院卫生行政部门审定。

屠宰畜、禽的兽医卫生检验规程，由国务院有关部门会同卫生行政部门制定。

第十七条　各项卫生标准、卫生管理办法和检验规程，由制定或者颁发的部门根据实际需要及时进行修订或者审定。

第六章　食品卫生管理

第十八条　食品生产经营企业的主管部门负责本系统的食品卫生工作，并对执行本法情况进行检查。

第十九条　食品生产经营企业的主管部门和食品生产经营企业必须建立健全本系统、本单位的食品卫生管理、检验机构或者配备专职或者兼职食品卫生管理人员。

第二十条　食品卫生管理、检验机构或者食品卫生管理人员的职责是：

（一）贯彻执行食品卫生法规和有关规章制度，组织培训食品生产经营人员；

（二）对食品和食品生产经营过程进行卫生管理、检验或者检查；

（三）对食品卫生工作进行监督，对违反食品卫生法规的行为进行批评、制止，向上级和食品卫生监督机构反映情况，并提出处理意见。

第二十一条　食品生产经营企业的新建、扩建、改建工程的选址和设计应当符合卫生要求，其设计审查和工程验收必须有食品卫生监督机构参加。

第二十二条　利用新资源生产的食品、食品添加剂的新品种，生产经营企业在投入生产前，必须提出该产品卫生评价和营养评价所需的资料；利用新的原材料生产的食品容器、包装材料和食品用工具、设备的新品种，生产经营企业在投入生产前，必须提出该产品卫生评价所需的资料。上述新品种在投入生产前还需提供样品，并按照规定的食品卫生标准审批程序报请审批。

第二十三条　定型包装食品和食品添加剂，必须有产品说明书或者商品标志，根据不同产品分别按规定标出品名、产地、厂名、生产日期、批号（或者代号）、规格、配方或者主要成分、保存期限、食用或者使用方法等。食品、食品添加剂的产品说明书或者商品标志，不得有夸大或者虚假的宣传内容。

第二十四条　食品生产经营者采购食品，应当按照国家有关规定索取检验合格证或者化验单，销售者应当保证提供。需要索证的范围和种类由省、自治区、直辖市卫生行政部门规定。

第二十五条　食品生产经营人员每年必须进行健康检查；新参加工作和临时参加工作的食品生产经营人员必须进行健康检查，取得健康证后方可参加工作。

凡患有痢疾、伤寒、病毒性肝炎等消化道传染病（包括病原携带者），活动性肺结核，化脓性或者渗出性皮肤病以及其他有碍食品卫生的疾病的，不得参加接触直接入口食品的工作。

第二十六条　食品生产经营企业和食品商贩，必须先取得卫生许可证方可向工商行政管理部门申请登记或者变更登记。

卫生许可证的发放管理办法由省、自治区、直辖市卫生行政部门规定。

第二十七条　城乡集市贸易的食品卫生管理工作和一般食品卫生检查工作，由工商行政管理部门负责，食品卫生监督检验工作由食品卫生监督机构负责，畜、禽兽医卫生检验工作由农牧渔业部门负责。

第二十八条　进口的食品、食品添加剂、食品容器、包装材料和食品用工具及设备，必须符合国家卫生标准和卫生管理办法的规定。

进口上款所列产品，由国境食品卫生监督检验机

构进行卫生监督、检验。进口单位在申报检验时，应当提供输出国（地区）所使用的农药、添加剂、熏蒸剂等有关资料和检验报告。

海关凭国境食品卫生监督检验机构的证书放行。

第二十九条 出口食品由国家进出口商品检验部门进行卫生监督、检验。

海关凭国家进出口商品检验部门的证书放行。

第七章 食品卫生监督

第三十条 各级卫生行政部门领导食品卫生监督工作。

第三十一条 卫生行政部门所属县以上卫生防疫站或者食品卫生监督检验所为食品卫生监督机构，负责管辖范围内的食品卫生监督工作。

铁道、交通、厂（场）矿卫生防疫站在管辖范围内执行食品卫生监督机构的职责，接受地方食品卫生监督机构的业务指导。

第三十二条 食品卫生监督机构设立食品卫生监督员。食品卫生监督员由合格的专业人员担任，由同级人民政府发给证书。

铁道、交通、厂（场）矿的食品卫生监督员，由其上级主管部门发给证书。

第三十三条 食品卫生监督机构的职责是：

（一）进行食品卫生监测、检验和技术指导；

（二）协助培训食品生产经营人员，监督食品生产经营人员的健康检查；

（三）宣传食品卫生、营养知识，进行食品卫生评价，公布食品卫生情况；

（四）对食品生产经营企业的新建、扩建、改建工程的选址和设计进行卫生审查，并参加工程验收；

（五）对食物中毒和食品污染事故进行调查，并采取控制措施；

（六）进行现场检查和巡回监督，及时处理发现的问题；

（七）对违反本法的行为追查责任，依法进行行政处罚；

（八）负责其他食品卫生监督事项。

第三十四条 食品卫生监督员执行食品卫生监督机构交付的任务。

食品卫生监督员在执行任务时，可以向食品生产经营者了解情况，索取必要的资料，进入生产经营场所检查，按照规定无偿采样。生产经营者不得拒绝或者隐瞒。

食品卫生监督员对生产经营者提供的技术资料有保密的义务。

第三十五条 国务院和省、自治区、直辖市的卫生行政部门，根据需要可以在食品卫生监督机构之外确定具备条件的单位作为食品卫生检验单位，进行食品卫生检验并出具检验报告。

第三十六条 发生食物中毒的单位和接收病人进行治疗的单位，除采取抢救措施外，应当根据国家有关规定，及时向所在地食品卫生监督机构报告。

第八章 法律责任

第三十七条 对违反本法情节较重的，食品卫生监督机构可以给予以下行政处罚：

（一）警告并限期改进；

（二）责令追回已售出的禁止生产经营的产品；

（三）没收或者销毁禁止生产经营的食品、食品添加剂；

（四）罚款二十元以上、三万元以下；

（五）责令停业改进；

（六）吊销卫生许可证。

吊销卫生许可证或者罚款五千元以上的，必须经县以上人民政府批准。

各项行政处罚可以单独或者合并适用。

没收的物品由食品卫生监督机构监督处理。

第三十八条 当事人对食品卫生监督机构给予的行政处罚不服的，在接到处罚通知之日起十五天内，可以向人民法院起诉。但是，对食品控制的决定应当立即执行。对罚款的决定不履行又逾期不起诉的，由食品卫生监督机构申请人民法院依照中华人民共和国民事诉讼法（试行）规定的程序强制执行。

第三十九条 违反本法，造成食物中毒事故或者其他食源性疾患的，应当负损害赔偿责任。受害人有权要求损害赔偿。

损害赔偿包括医药费、误工工资、生活补助费、丧葬费、遗属抚恤费。

第四十条 损害赔偿要求，由县以上卫生行政部门处理，当事人不服的，可以向人民法院起诉；也可以由受害人或者其代理人直接向人民法院起诉。

损害赔偿要求，应当从受害人或者其代理人知道或者应当知道被损害情况之日起一年内提出，超过期限的，不予受理。

第四十一条 违反本法，造成严重食物中毒事故或者其他严重食源性疾患，致人死亡或者致人残疾因而丧失劳动能力的，根据不同情节，对直接责任人员分别依照中华人民共和国刑法第一百八十七条、第一百一十四条或者第一百六十四条的规定，追究刑事责任。情节轻微、依照中华人民共和国刑法规定可以免予刑事处分的，由主管部门酌情给予行政处分。

第九章 附 则

第四十二条 国务院卫生行政部门根据本法，制定实施细则，报国务院批准施行。

第四十三条 本法用语定义如下：

食品：指各种供人食用或者饮用的成品和原料以及按照传统既是食品又是药品的物品，但是不包括以治疗为目的的物品。

食品添加剂：指为改善食品品质和色、香、味，以及为防腐和加工工艺的需要而加入食品中的化学合成或者天然物质。

食品强化剂：指为增强营养成分而加入食品中的天然的或者人工合成的属于天然营养素范围的食品添加剂。

食品容器、包装材料：指包装、盛放食品用的纸、竹、木、金属、搪瓷、陶瓷、塑料、橡胶、天然纤维、化学纤维、玻璃等制品和接触食品的涂料。

食品用工具、设备：指食品生产经营过程中接触食品的机械、管道、传送带、容器、用具、餐具等。

食品生产经营：指一切食品的生产（不包括种植业和养殖业）、采集、收购、加工、储存、运输、陈列、供应、销售等活动。

食品生产经营者：指一切从事食品生产经营的单位或者个人，包括职工食堂、食品商贩等。

第四十四条 出口食品的管理办法，由国家进出口商品检验部门会同国务院卫生行政部门和有关生产主管部门另行制定。

第四十五条 本法自一九八三年七月一日起试行。

自本法试行之日起，《中华人民共和国食品卫生管理条例》即行废止。过去颁布的食品卫生法规与本法抵触的，以本法为准。

中华人民共和国全国人民代表大会组织法

（一九八二年十二月十日第五届全国人民代表大会第五次会议通过
一九八二年十二月十日全国人民代表大会公告公布施行）

目　录

第一章　全国人民代表大会会议

第一条 全国人民代表大会会议，依照中华人民共和国宪法的有关规定召集。

每届全国人民代表大会第一次会议，在本届全国人民代表大会代表选举完成后的两个月内由上届全国人民代表大会常务委员会召集。

第二条 全国人民代表大会常务委员会应当在全国人民代表大会会议举行一个月以前，将开会日期和建议大会讨论的主要事项通知全国人民代表大会代表。

临时召集的全国人民代表大会会议不适用前款的规定。

第三条 全国人民代表大会代表选出后，由全国人民代表大会常务委员会代表资格审查委员会进行审查。

全国人民代表大会常务委员会根据代表资格审查委员会提出的报告，确认代表的资格或者确定个别代表的当选无效，在每届全国人民代表大会第一次会议前公布代表名单。

对补选的全国人民代表大会代表，依照前款规定进行代表资格审查。

第四条 全国人民代表大会代表按照选举单位组成代表团。各代表团分别推选代表团团长、副团长。

代表团在每次全国人民代表大会会议举行前，讨论全国人民代表大会常务委员会提出的关于会议的准备事项；在会议期间，对全国人民代表大会的各项议案进行审议，并可以由代表团团长或者由代表团推派的代表，在主席团会议上或者大会全体会议上，代表代表团对审议的议案发表意见。

第五条 全国人民代表大会每次会议举行预备会议，选举本次会议的主席团和秘书长，通过本次会议的议程和其他准备事项的决定。

预备会议由全国人民代表大会常务委员会主持。每届全国人民代表大会第一次会议的预备会议，由上届全国人民代表大会常务委员会主持。

第六条 主席团主持全国人民代表大会会议。

主席团互推若干人轮流担任会议的执行主席。

主席团推选常务主席若干人，召集并主持主席团会议。

第七条 全国人民代表大会会议设立秘书处，在秘书长领导下工作。

全国人民代表大会会议设副秘书长若干人。副秘书长的人选由主席团决定。

第八条 国务院的组成人员，中央军事委员会的组成人员，最高人民法院院长和最高人民检察院检察长，列席全国人民代表大会会议；其他有关机关、团体的负责人，经主席团决定，可以列席全国人民代表大会会议。

第九条 全国人民代表大会主席团，全国人民代表大会常务委员会，全国人民代表大会各专门委员会，国务院，中央军事委员会，最高人民法院，最高人民检察院，可以向全国人民代表大会提出属于全国人民代表大会职权范围内的议案，由主席团决定交各代表团审议，或者并交有关的专门委员会审议、提出报告，再由主席团审议决定提交大会表决。

第十条 一个代表团或者三十名以上的代表，可以向全国人民代表大会提出属于全国人民代表大会职权范围内的议案，由主席团决定是否列入大会议程，或者先交有关的专门委员会审议、提出是否列入大会议程的意见，再决定是否列入大会议程。

第十一条 向全国人民代表大会提出的议案，在交付大会表决前，提案人要求撤回的，对该议案的审议即行终止。

第十二条 全国人民代表大会会议对于宪法的修改案、法律案和其他议案的通过，依照中华人民共和国宪法的有关规定。

第十三条 全国人民代表大会常务委员会委员长、副委员长、秘书长、委员的人选，中华人民共和国主席、副主席的人选，中央军事委员会主席的人选，最高人民法院院长和最高人民检察院检察长的人选，由主席团提名，经各代表团酝酿协商后，再由主席团根据多数代表的意见确定正式候选人名单。

第十四条 国务院总理和国务院其他组成人员的人选，中央军事委员会除主席以外的其他组成人员的人选，依照宪法的有关规定提名。

第十五条 全国人民代表大会三个以上的代表团或者十分之一以上的代表，可以提出对于全国人民代表大会常务委员会的组成人员，中华人民共和国主席、副主席，国务院和中央军事委员会的组成人员，最高人民法院院长和最高人民检察院检察长的罢免案，由主席团提请大会审议。

第十六条 在全国人民代表大会会议期间，一个代表团或者三十名以上的代表，可以书面提出对国务院和国务院各部、各委员会的质询案，由主席团决定交受质询机关书面答复，或者由受质询机关的领导人在主席团会议上或者有关的专门委员会会议上或者有关的代表团会议上口头答复。在主席团会议或者专门委员会会议上答复的，提质询案的代表团团长或者提质询案的代表可以列席会议，发表意见。

第十七条 在全国人民代表大会审议议案的时候，代表可以向有关国家机关提出询问，由有关机关派人在代表小组或者代表团会议上进行说明。

第十八条 全国人民代表大会会议进行选举和通过议案，由主席团决定采用无记名投票方式或者举手表决方式或者其它方式。

第十九条 全国人民代表大会举行会议的时候，应当为少数民族代表准备必要的翻译。

第二十条 全国人民代表大会会议公开举行；在必要的时候，经主席团和各代表团团长会议决定，可以举行秘密会议。

第二十一条 全国人民代表大会代表向全国人民代表大会或者全国人民代表大会常务委员会提出的对各方面工作的建议、批评和意见，由全国人民代表大会常务委员会的办事机构交由有关机关、组织研究处理并负责答复。

第二章 全国人民代表大会常务委员会

第二十二条 全国人民代表大会常务委员会行使中华人民共和国宪法规定的职权。

第二十三条 全国人民代表大会常务委员会由下列人员组成：

委员长，

副委员长若干人，

秘书长，

委员若干人。

常务委员会的组成人员由全国人民代表大会从代表中选出。

常务委员会的组成人员不得担任国家行政机关、审判机关和检察机关的职务；如果担任上述职务，必须向常务委员会辞去常务委员会的职务。

第二十四条 常务委员会委员长主持常务委员会会议和常务委员会的工作。副委员长、秘书长协助委员长工作。副委员长受委员长的委托，可以代行委员长的部分职权。

委员长因为健康情况不能工作或者缺位的时候，由常务委员会在副委员长中推选一人代理委员长的职务，直到委员长恢复健康或者全国人民代表大会选出新的委员长为止。

第二十五条 常务委员会的委员长、副委员长、秘书长组成委员长会议，处理常务委员会的重要日常工作：

（一）决定常务委员会每次会议的会期，拟定会议议程草案；

（二）对向常务委员会提出的议案和质询案，决定交由有关的专门委员会审议或者提请常务委员会全体会议审议；

（三）指导和协调各专门委员会的日常工作；

（四）处理常务委员会其他重要日常工作。

第二十六条 常务委员会设立代表资格审查委员会。

代表资格审查委员会的主任委员、副主任委员和委员的人选，由委员长会议在常务委员会组成人员中提名，常务委员会会议通过。

第二十七条 常务委员会设立办公厅，在秘书长领导下工作。

常务委员会设副秘书长若干人，由委员长提请常务委员会任免。

第二十八条 常务委员会可以根据需要设立工作

委员会。

工作委员会的主任、副主任和委员由委员长提请常务委员会任免。

第二十九条 常务委员会会议由委员长召集，一般两个月举行一次。

第三十条 常务委员会举行会议的时候，可以由各省、自治区、直辖市的人民代表大会常务委员会派主任或者副主任一人列席会议，发表意见。

第三十一条 常务委员会审议的法律案和其他议案，由常务委员会以全体组成人员的过半数通过。

第三十二条 全国人民代表大会各专门委员会，国务院，中央军事委员会，最高人民法院，最高人民检察院，可以向常务委员会提出属于常务委员会职权范围内的议案，由委员长会议决定提请常务委员会会议审议，或者先交有关的专门委员会审议、提出报告，再提请常务委员会会议审议。

常务委员会组成人员十人以上可以向常务委员会提出属于常务委员会职权范围内的议案，由委员长会议决定是否提请常务委员会会议审议，或者先交有关的专门委员会审议、提出报告，再决定是否提请常务委员会会议审议。

第三十三条 在常务委员会会议期间，常务委员会组成人员十人以上，可以向常务委员会书面提出对国务院和国务院各部、各委员会的质询案，由委员长会议决定交受质询机关书面答复，或者由受质询机关的领导人在常务委员会会议上或者有关的专门委员会会议上口头答复。在专门委员会会议上答复的，提质询案的常务委员会组成人员可以出席会议，发表意见。

第三十四条 常务委员会在全国人民代表大会每次会议举行的时候，必须向全国人民代表大会提出工作报告。

第三章 全国人民代表大会各委员会

第三十五条 全国人民代表大会设立民族委员会、法律委员会、财政经济委员会、教育科学文化卫生委员会、外事委员会、华侨委员会和全国人民代表大会认为需要设立的其他专门委员会。各专门委员会受全国人民代表大会领导；在全国人民代表大会闭会期间，受全国人民代表大会常务委员会领导。

各专门委员会由主任委员、副主任委员若干人和委员若干人组成。

各专门委员会的主任委员、副主任委员和委员的人选，由主席团在代表中提名，大会通过。在大会闭会期间，全国人民代表大会常务委员会可以补充任命专门委员会的个别副主任委员和部分委员，由委员长会议提名，常务委员会会议通过。

第三十六条 各专门委员会主任委员主持委员会会议和委员会的工作。副主任委员协助主任委员工作。

各专门委员会可以根据工作需要，任命专家若干人为顾问；顾问可以列席专门委员会会议，发表意见。

顾问由全国人民代表大会常务委员会任免。

第三十七条 各专门委员会的工作如下：

（一）审议全国人民代表大会主席团或者全国人民代表大会常务委员会交付的议案；

（二）向全国人民代表大会主席团或者全国人民代表大会常务委员会提出属于全国人民代表大会或者全国人民代表大会常务委员会职权范围内同本委员会有关的议案；

（三）审议全国人民代表大会常务委员会交付的被认为同宪法、法律相抵触的国务院的行政法规、决定和命令，国务院各部、各委员会的命令、指示和规章，省、自治区、直辖市的人民代表大会和它的常务委员会的地方性法规和决议，以及省、自治区、直辖市的人民政府的决定、命令和规章，提出报告；

（四）审议全国人民代表大会主席团或者全国人民代表大会常务委员会交付的质询案，听取受质询机关对质询案的答复，必要的时候向全国人民代表大会主席团或者全国人民代表大会常务委员会提出报告；

（五）对属于全国人民代表大会或者全国人民代表大会常务委员会职权范围内同本委员会有关的问题，进行调查研究，提出建议。

民族委员会还可以对加强民族团结问题进行调查研究，提出建议；审议自治区报请全国人民代表大会常务委员会批准的自治区的自治条例和单行条例，向全国人民代表大会常务委员会提出报告。

法律委员会统一审议向全国人民代表大会或者全国人民代表大会常务委员会提出的法律草案；其他专门委员会就有关的法律草案向法律委员会提出意见。

第三十八条 全国人民代表大会或者全国人民代表大会常务委员会可以组织对于特定问题的调查委员会。调查委员会的组织和工作，由全国人民代表大会或者全国人民代表大会常务委员会决定。

第四章 全国人民代表大会代表

第三十九条 全国人民代表大会代表每届任期五年，从每届全国人民代表大会举行第一次会议开始，到下届全国人民代表大会举行第一次会议为止。

第四十条 全国人民代表大会代表必须模范地遵守宪法和法律，保守国家秘密，并且在自己参加的生产、工作和社会活动中，协助宪法和法律的实施。

第四十一条 全国人民代表大会代表应当同原选举单位和人民保持密切联系，可以列席原选举单位的人民代表大会会议，听取和反映人民的意见和要求，努力为人民服务。

第四十二条 全国人民代表大会代表在出席全国人民代表大会会议和执行其他属于代表的职务的时候，国家根据实际需要给予适当的补贴和物质上的便利。

第四十三条 全国人民代表大会代表、全国人民代表大会常务委员会的组成人员，在全国人民代表大会和全国人民代表大会常务委员会各种会议上的发言和表决，不受法律追究。

第四十四条 全国人民代表大会代表非经全国人民代表大会主席团许可，在全国人民代表大会闭会期间非经全国人民代表大会常务委员会许可，不受逮捕或者刑事审判。

全国人民代表大会代表如果因为是现行犯被拘留，执行拘留的公安机关应当立即向全国人民代表大会主席团或者全国人民代表大会常务委员会报告。

第四十五条 全国人民代表大会代表受原选举单位的监督。原选举单位有权罢免自己选出的代表。

罢免全国人民代表大会代表，须经原选举单位以全体代表的过半数通过。

省、自治区、直辖市的人民代表大会常务委员会在本级人民代表大会闭会期间，经全体组成人员的过半数通过，可以罢免本级人民代表大会选出的个别全国人民代表大会代表。

被罢免的代表可以出席上述会议或者书面申诉意见。

罢免代表的决议，须报全国人民代表大会常务委员会备案。

第四十六条 全国人民代表大会代表因故出缺的，由原选举单位补选。省、自治区、直辖市的人民代表大会常务委员会在本级人民代表大会闭会期间，可以补选个别出缺的全国人民代表大会代表。

中华人民共和国国务院组织法

（一九八二年十二月十日第五届全国人民代表大会第五次会议通过　一九八二年十二月十日全国人民代表大会常务委员会委员长令第十四号公布施行）

第一条 根据中华人民共和国宪法有关国务院的规定，制定本组织法。

第二条 国务院由总理、副总理、国务委员、各部部长、各委员会主任、审计长、秘书长组成。

国务院实行总理负责制。总理领导国务院的工作。副总理、国务委员协助总理工作。

第三条 国务院行使宪法第八十九条规定的职权。

第四条 国务院会议分为国务院全体会议和国务院常务会议。国务院全体会议由国务院全体成员组成。国务院常务会议由总理、副总理、国务委员、秘书长组成。总理召集和主持国务院全体会议和国务院常务会议。国务院工作中的重大问题，必须经国务院常务会议或者国务院全体会议讨论决定。

第五条 国务院发布的决定、命令和行政法规，向全国人民代表大会或者全国人民代表大会常务委员会提出的议案，任免人员，由总理签署。

第六条 国务委员受总理委托，负责某些方面的工作或者专项任务，并且可以代表国务院进行外事活动。

第七条 国务院秘书长在总理领导下，负责处理国务院的日常工作。

国务院设副秘书长若干人，协助秘书长工作。

国务院设立办公厅，由秘书长领导。

第八条 国务院各部、各委员会的设立、撤销或者合并，经总理提出，由全国人民代表大会决定；在全国人民代表大会闭会期间，由全国人民代表大会常务委员会决定。

第九条 各部设部长一人，副部长二至四人。各委员会设主任一人，副主任二至四人，委员五至十人。

各部、各委员会实行部长、主任负责制。各部部长、各委员会主任领导本部门的工作，召集和主持部务会议或者委员会会议、委务会议，签署上报国务院的重要请示、报告和下达的命令、指示。副部长、副主任协助部长、主任工作。

第十条 各部、各委员会工作中的方针、政策、计划和重大行政措施，应向国务院请示报告，由国务院决定。根据法律和国务院的决定，主管部、委员会可以在本部门的权限内发布命令、指示和规章。

第十一条 国务院可以根据工作需要和精简的原则，设立若干直属机构主管各项专门业务，设立若干办事机构协助总理办理专门事项。每个机构设负责人二至五人。

全国人民代表大会常务委员会
关于严惩严重破坏经济的罪犯的决定

（一九八二年三月八日第五届全国人民代表大会常务委员会第二十二次会议通过）

鉴于当前走私、套汇、投机倒把牟取暴利、盗窃公共财物、盗卖珍贵文物和索贿受贿等经济犯罪活动猖獗，对国家社会主义建设事业和人民利益危害严重，为了坚决打击这些犯罪活动，严厉惩处这些犯罪分子和参与、包庇或者纵容这些犯罪活动的国家工作人员，有必要对《中华人民共和国刑法》的一些有关条款作相应的补充和修改。现决定如下：

一、对刑法有关条款作下列补充和修改：

（一）对刑法第一百一十八条走私、套汇、投机倒把牟取暴利罪，第一百五十二条盗窃罪，第一百七十一条贩毒罪，第一百七十三条盗运珍贵文物出口罪，其处刑分别补充或者修改为：情节特别严重的，处十年以上有期徒刑、无期徒刑或者死刑，可以并处没收财产。

国家工作人员利用职务犯前款所列罪行，情节特别严重的，按前款规定从重处罚。本决定所称国家工作人员，包括在国家各级权力机关、各级行政机关、各级司法机关、军队、国营企业、国家事业机构中工作的人员，以及其他各种依照法律从事公务的人员。

（二）对刑法第一百八十五条第一款和第二款受贿罪修改规定为：国家工作人员索取、收受贿赂的，比照刑法第一百五十五条贪污罪论处；情节特别严重的，处无期徒刑或者死刑。

（三）国家工作人员，无论是否司法人员，利用职务包庇、窝藏本条（一）、（二）规定的犯罪分子，隐瞒、掩饰他们的犯罪事实的，都按刑法第一百八十八条徇私舞弊罪的规定处罚；

国家工作人员的亲属或者已离职的国家工作人员，犯上述罪行的，按刑法第一百六十二条第二款包庇罪的规定处罚；

为上述犯罪分子销毁罪证或者制造伪证的，按刑法第一百四十八条伪证罪的规定处罚；

对执法人员和揭发检举作证人员进行阻挠、威胁、打击报复的，按刑法第一百五十七条妨害社会管理秩序罪或者第一百四十六条报复陷害罪的规定处罚。

犯前四款罪，事前与本条（一）、（二）所列举的罪犯通谋的，以共同犯罪论处。

（四）对于本条（一）、（二）、（三）所列的犯罪人员，有追究责任的国家工作人员不依法处理，或者因受阻挠而不履行法律所规定的追究职责的；对犯罪人员和犯罪事实知情的直接主管人员或者仅有的知情的工作人员不依法报案和不如实作证的，分别比照刑法第一百八十七条、第一百八十八条、第一百九十条所规定的渎职罪处罚。

二、本决定自一九八二年四月一日起施行。

凡在本决定施行之日以前犯罪，而在一九八二年五月一日以前投案自首，或者已被逮捕而如实地坦白承认全部罪行，并如实地检举其他犯罪人员的犯罪事实的，一律按本决定施行以前的有关法律规定处理。凡在一九八二年五月一日以前对所犯的罪行继续隐瞒拒不投案自首，或者拒不坦白承认本人的全部罪行，亦不检举其他犯罪人员的犯罪事实的，作为继续犯罪，一律按本决定处理。

三、本决定对国家和全体人民利益关系重大，所有国家机关、军队、企业、事业机构、农村社队、政党组织、人民团体、学校、报纸、电台和其他宣传单位，自本决定公布之日起，都有义务采取一切有效方法，对全体工作人员、指战员、职工、学生和城乡居民，反复进行通俗的宣传解释，做到家喻户晓，人人皆知。

附：刑法有关条文

第一百一十八条 以走私、投机倒把为常业的，走私、投机倒把数额巨大的或者走私、投机倒把集团的首要分子，处三年以上十年以下有期徒刑，可以并处没收财产。

第一百五十二条 惯窃、惯骗或者盗窃、诈骗、抢夺公私财物数额巨大的，处五年以上十年以下有期徒刑；情节特别严重的，处十年以上有期徒刑或者无期徒刑，可以并处没收财产。

第一百七十一条 制造、贩卖、运输鸦片、海洛英、吗啡或者其他毒品的，处五年以下有期徒刑或者拘役，可以并处罚金。

一贯或者大量制造、贩卖、运输前款毒品的，处五年以上有期徒刑，可以并处没收财产。

第一百七十三条 违反保护文物法规，盗运珍贵文物出口的，处三年以上十年以下有期徒刑，可以并处罚金；情节严重的，处十年以上有期徒刑或者无期徒刑，可以并处没收财产。

第一百八十五条 国家工作人员利用职务上的便利，收受贿赂的，处五年以下有期徒刑或者拘役。赃款、赃物没收，公款、公物追还。

犯前款罪，致使国家或者公民利益遭受严重损失的，处五年以上有期徒刑。

向国家工作人员行贿或者介绍贿赂的，处三年以下有期徒刑或者拘役。

第一百五十五条 国家工作人员利用职务上的便利，贪污公共财物的，处五年以下有期徒刑或者拘役；数额巨大、情节严重的，处五年以上有期徒刑；情节特别严重的，处无期徒刑或者死刑。

犯前款罪的，并处没收财产，或者判令退赔。

受国家机关、企业、事业单位、人民团体委托从事公务的人员犯第一款罪的，依照前两款的规定处罚。

第一百八十八条 司法工作人员徇私舞弊，对明知是无罪的人而使他受追诉、对明知是有罪的人而故意包庇不使他受追诉，或者故意颠倒黑白做枉法裁判的，处五年以下有期徒刑、拘役或者剥夺政治权利；情节特别严重的，处五年以上有期徒刑。

第一百六十二条 窝藏或者作假证明包庇反革命分子的，处三年以下有期徒刑、拘役或者管制；情节严重的，处三年以上十年以下有期徒刑。

窝藏或者作假证明包庇其他犯罪分子的，处二年以下有期徒刑、拘役或者管制；情节严重的，处二年以上七年以下有期徒刑。

犯前两款罪，事前通谋的，以共同犯罪论处。

第一百四十八条 在侦查、审判中，证人、鉴定人、记录人、翻译人对与案件有重要关系的情节，故意作虚假证明、鉴定、记录、翻译，意图陷害他人或者隐匿罪证的，处二年以下有期徒刑或者拘役；情节严重的，处二年以上七年以下有期徒刑。

第一百五十七条 以暴力、威胁方法阻碍国家工作人员依法执行职务的，或者拒不执行人民法院已经发生法律效力的判决、裁定的，处三年以下有期徒刑、拘役、罚金或者剥夺政治权利。

第一百四十六条 国家工作人员滥用职权、假公济私，对控告人、申诉人、批评人实行报复陷害的，处二年以下有期徒刑或者拘役；情节严重的，处二年以上七年以下有期徒刑。

第一百八十七条 国家工作人员由于玩忽职守，致使公共财产、国家和人民利益遭受重大损失的，处五年以下有期徒刑或者拘役。

第一百九十条 司法工作人员私放罪犯的，处五年以下有期徒刑或者拘役；情节严重的，处五年以上十年以下有期徒刑。

全国人民代表大会常务委员会关于宽大释放全部在押的原国民党县团以下党政军特人员的决定

（一九八二年三月八日通过）

第五届全国人民代表大会常务委员会第二十二次会议，审议了国务院提出的关于宽大释放全部在押的原国民党县团以下党政军特人员的建议，决定：对在押的原国民党县团以下党政军特人员，全部予以宽大释放，并给予政治权利。

全国人民代表大会常务委员会关于批准长江南通港、张家港对外国籍船舶开放的决定

（一九八二年十一月十九日通过）

第五届全国人民代表大会常务委员会第二十五次会议，审议了国务院提出的关于提请批准长江南通港、张家港对外国籍船舶开放的议案。决定：批准将长江南通港、张家港对外国籍船舶开放。

第五届全国人民代表大会第五次会议关于中华人民共和国国歌的决议

（一九八二年十二月四日第五届全国人民代表大会第五次会议通过）

第五届全国人民代表大会第五次会议决定：恢复《义勇军进行曲》为中华人民共和国国歌，撤销本届全国人民代表大会第一次会议一九七八年三月五日通过的关于中华人民共和国国歌的决定。

一 九 八 三 年

中华人民共和国海上交通安全法

（一九八三年九月二日第六届全国人民代表大会常务委员会第二次会议通过　一九八三年九月二日中华人民共和国主席令第七号公布　一九八四年一月一日起施行）

目　　录

第一章　总　　则

第一条　为加强海上交通管理，保障船舶、设施和人命财产的安全，维护国家权益，特制定本法。

第二条　本法适用于在中华人民共和国沿海水域航行、停泊和作业的一切船舶、设施和人员以及船舶、设施的所有人、经营人。

第三条　中华人民共和国港务监督机构，是对沿海水域的交通安全实施统一监督管理的主管机关。

第二章　船舶检验和登记

第四条　船舶和船上有关航行安全的重要设备必须具有船舶检验部门签发的有效技术证书。

第五条　船舶必须持有船舶国籍证书，或船舶登记证书，或船舶执照。

第三章　船舶、设施上的人员

第六条　船舶应当按照标准定额配备足以保证船舶安全的合格船员。

第七条　船长、轮机长、驾驶员、轮机员、无线电报务员话务员以及水上飞机、潜水器的相应人员，必须持有合格的职务证书。

其他船员必须经过相应的专业技术训练。

第八条　设施应当按照国家规定，配备掌握避碰、信号、通信、消防、救生等专业技能的人员。

第九条　船舶、设施上的人员必须遵守有关海上交通安全的规章制度和操作规程，保障船舶、设施航行、停泊和作业的安全。

第四章　航行、停泊和作业

第十条　船舶、设施航行、停泊和作业，必须遵守中华人民共和国的有关法律、行政法规和规章。

第十一条　外国籍非军用船舶，未经主管机关批准，不得进入中华人民共和国的内水和港口。但是，因人员病急、机件故障、遇难、避风等意外情况，未及获得批准，可以在进入的同时向主管机关紧急报告，并听从指挥。

外国籍军用船舶，未经中华人民共和国政府批准，不得进入中华人民共和国领海。

第十二条　国际航行船舶进出中华人民共和国港口，必须接受主管机关的检查。本国籍国内航行船舶进出港口，必须办理进出港签证。

第十三条　外国籍船舶进出中华人民共和国港口或者在港内航行、移泊以及靠离港外系泊点、装卸站等，必须由主管机关指派引航员引航。

第十四条　船舶进出港口或者通过交通管制区、通航密集区和航行条件受到限制的区域时，必须遵守中华人民共和国政府或主管机关公布的特别规定。

第十五条　除经主管机关特别许可外，禁止船舶进入或穿越禁航区。

第十六条　大型设施和移动式平台的海上拖带，必须经船舶检验部门进行拖航检验，并报主管机关核准。

第十七条　主管机关发现船舶的实际状况同证书所载不相符合时，有权责成其申请重新检验或者通知其所有人、经营人采取有效的安全措施。

第十八条　主管机关认为船舶对港口安全具有威胁时，有权禁止其进港或令其离港。

第十九条　船舶、设施有下列情况之一的，主管机关有权禁止其离港，或令其停航、改航、停止作业：

一、违反中华人民共和国有关的法律、行政法规或规章；

二、处于不适航或不适拖状态；

三、发生交通事故，手续未清；

四、未向主管机关或有关部门交付应承担的费用，也未提供适当的担保；

五、主管机关认为有其他妨害或者可能妨害海上交通安全的情况。

第五章 安全保障

第二十条 在沿海水域进行水上水下施工以及划定相应的安全作业区，必须报经主管机关核准公告。无关的船舶不得进入安全作业区。施工单位不得擅自扩大安全作业区的范围。

在港区内使用岸线或者进行水上水下施工包括架空施工，还必须附图报经主管机关审核同意。

第二十一条 在沿海水域划定禁航区，必须经国务院或主管机关批准。但是，为军事需要划定禁航区，可以由国家军事主管部门批准。

禁航区由主管机关公布。

第二十二条 未经主管机关批准，不得在港区、锚地、航道、通航密集区以及主管机关公布的航路内设置、构筑设施或者进行其他有碍航行安全的活动。

对在上述区域内擅自设置、构筑的设施，主管机关有权责令其所有人限期搬迁或拆除。

第二十三条 禁止损坏助航标志和导航设施。损坏助航标志或导航设施的，应当立即向主管机关报告，并承担赔偿责任。

第二十四条 船舶、设施发现下列情况，应当迅速报告主管机关：

一、助航标志或导航设施变异、失常；

二、有妨碍航行安全的障碍物、漂流物；

三、其他有碍航行安全的异常情况。

第二十五条 航标周围不得建造或设置影响其工作效能的障碍物。航标和航道附近有碍航行安全的灯光，应当妥善遮蔽。

第二十六条 设施的搬迁、拆除，沉船沉物的打捞清除，水下工程的善后处理，都不得遗留有碍航行和作业安全的隐患。在未妥善处理前，其所有人或经营人必须负责设置规定的标志，并将碍航物的名称、形状、尺寸、位置和深度准确地报告主管机关。

第二十七条 港口码头、港外系泊点、装卸站和船闸，应当加强安全管理，保持良好状态。

第二十八条 主管机关根据海上交通安全的需要，确定、调整交通管制区和港口锚地。港外锚地的划定，由主管机关报上级机关批准后公告。

第二十九条 主管机关按照国家规定，负责统一发布航行警告和航行通告。

第三十条 为保障航行、停泊和作业的安全，有关部门应当保持通信联络畅通，保持助航标志、导航设施明显有效，及时提供海洋气象预报和必要的航海图书资料。

第三十一条 船舶、设施发生事故，对交通安全造成或者可能造成危害时，主管机关有权采取必要的强制性处置措施。

第六章 危险货物运输

第三十二条 船舶、设施储存、装卸、运输危险货物，必须具备安全可靠的设备和条件，遵守国家关于危险货物管理和运输的规定。

第三十三条 船舶装运危险货物，必须向主管机关办理申报手续，经批准后，方可进出港口或装卸。

第七章 海难救助

第三十四条 船舶、设施或飞机遇难时，除发出呼救信号外，还应当以最迅速的方式将出事时间、地点、受损情况、救助要求以及发生事故的原因，向主管机关报告。

第三十五条 遇难船舶、设施或飞机及其所有人、经营人应当采取一切有效措施组织自救。

第三十六条 事故现场附近的船舶、设施，收到求救信号或发现有人遭遇生命危险时，在不严重危及自身安全的情况下，应当尽力救助遇难人员，并迅速向主管机关报告现场情况和本船舶、设施的名称、呼号和位置。

第三十七条 发生碰撞事故的船舶、设施，应当互通名称、国籍和登记港，并尽一切可能救助遇难人员。在不严重危及自身安全的情况下，当事船舶不得擅自离开事故现场。

第三十八条 主管机关接到求救报告后，应当立即组织救助。有关单位和在事故现场附近的船舶、设施，必须听从主管机关的统一指挥。

第三十九条 外国派遣船舶或飞机进入中华人民共和国领海或领海上空搜寻救助遇难的船舶或人员，必须经主管机关批准。

第八章 打捞清除

第四十条 对影响安全航行、航道整治以及有潜在爆炸危险的沉没物、漂浮物，其所有人、经营人应当在主管机关限定的时间内打捞清除。否则，主管机关有权采取措施强制打捞清除，其全部费用由沉没物、漂浮物的所有人、经营人承担。

本条规定不影响沉没物、漂浮物的所有人、经营人向第三方索赔的权利。

第四十一条 未经主管机关批准，不得擅自打捞或拆除沿海水域内的沉船沉物。

第九章 交通事故的调查处理

第四十二条 船舶、设施发生交通事故，应当向主管机关递交事故报告书和有关资料，并接受调查处理。

事故的当事人和有关人员，在接受主管机关调查时，必须如实提供现场情况和与事故有关的情节。

第四十三条 船舶、设施发生的交通事故，由主管机关查明原因，判明责任。

第十章 法律责任

第四十四条 对违反本法的，主管机关可视情节，给予下列一种或几种处罚：

一、警告；

二、扣留或吊销职务证书；

三、罚款。

第四十五条 当事人对主管机关给予的罚款、吊销职务证书处罚不服的，可以在接到处罚通知之日起十五天内，向人民法院起诉；期满不起诉又不履行的，由主管机关申请人民法院强制执行。

第四十六条 因海上交通事故引起的民事纠纷，可以由主管机关调解处理，不愿意调解或调解不成的，当事人可以向人民法院起诉；涉外案件的当事人，还可以根据书面协议提交仲裁机构仲裁。

第四十七条 对违反本法构成犯罪的人员，由司法机关依法追究刑事责任。

第十一章 特别规定

第四十八条 国家渔政渔港监督管理机构，在以渔业为主的渔港水域内，行使本法规定的主管机关的职权，负责交通安全的监督管理，并负责沿海水域渔业船舶之间的交通事故的调查处理。具体实施办法由国务院另行规定。

第四十九条 海上军事管辖区和军用船舶、设施的内部管理，为军事目的进行水上水下作业的管理，以及公安船舶的检验登记、人员配备、进出港签证，由国家有关主管部门依据本法另行规定。

第十二章 附 则

第五十条 本法下列用语的含义是：

“沿海水域”是指中华人民共和国沿海的港口、内水和领海以及国家管辖的一切其他海域。

“船舶”是指各类排水或非排水船、筏、水上飞机、潜水器和移动式平台。

“设施”是指水上水下各种固定或浮动建筑、装置和固定平台。

“作业”是指在沿海水域调查、勘探、开采、测量、建筑、疏浚、爆破、救助、打捞、拖带、捕捞、养殖、装卸、科学试验和其他水上水下施工。

第五十一条 国务院主管部门依据本法，制定实施细则，报国务院批准施行。

第五十二条 过去颁布的海上交通安全法规与本法相抵触的，以本法为准。

第五十三条 本法自一九八四年一月一日起施行。

中华人民共和国统计法

（一九八三年十二月八日第六届全国人民代表大会常务委员会第三次会议通过　一九八三年十二月八日中华人民共和国主席令第九号公布　一九八四年一月一日起施行）

目　录

第一章 总 则

第一条 为了有效地、科学地组织统计工作，保障统计资料的准确性和及时性，发挥统计在了解国情国力、指导国民经济和社会发展中的重要作用，促进社会主义现代化建设事业的顺利发展，特制定本法。

第二条 统计的基本任务是对国民经济和社会发展情况进行统计调查、统计分析，提供统计资料，实行统计监督。

第三条 国家机关、社会团体、企业事业组织和个体工商户，以及在中国境内的外资、中外合资和中外合作经营的企业事业组织，必须依照本法和国家规定，提供统计资料，不得虚报、瞒报、拒报、迟报，不得伪造、篡改。

基层群众性自治组织和公民有义务如实提供国家统计调查所需要的情况。

第四条 国家建立集中统一的统计系统，实行统一领导、分级负责的统计管理体制。

国务院设立国家统计局，负责组织领导和协调全国统计工作。

各级人民政府、各部门和企业事业组织，根据统计任务的需要，设置统计机构和统计人员。

第五条 国家有计划地加强统计计算和数据传输技术的现代化建设。

第六条 各地方、各部门、各单位的领导人领导和监督统计机构、统计人员和其他有关人员执行本法和统计制度。

各地方、各部门、各单位的领导人对统计机构和统计人员依照本法和统计制度提供的统计资料，不得修改；如果发现数据计算或者来源有错误，应当责成统计机构、统计人员和有关人员核实订正。

第七条 统计机构和统计人员实行工作责任制，依照本法和统计制度的规定，如实提供统计资料，准确及时完成统计工作任务，保守国家机密。

统计机构和统计人员依照本法规定独立行使统计调查、统计报告、统计监督的职权，不受侵犯。

第二章 统计调查计划和统计制度

第八条 统计调查必须按照经过批准的计划进行。统计调查计划按照统计调查项目编制。

国家统计调查项目，由国家统计局拟订，或者由国家统计局和国务院有关部门共同拟订，报国务院审批。

部门统计调查项目，调查对象属于本部门管辖系统内的，由该部门拟订，报国家统计局或者同级地方人民政府统计机构备案；调查对象超出本部门管辖系统的，由该部门拟订，报国家统计局或者同级地方人民政府统计机构审批，其中重要的，报国务院或者同级地方人民政府审批。

地方统计调查项目，由县级以上地方各级人民政府统计机构拟订，或者由县级以上地方各级人民政府统计机构和有关部门共同拟订，报同级地方人民政府审批。

发生重大灾情或者其他不可预料的情况，县级以上地方各级人民政府可以决定在原定计划以外进行临时性调查。

制定统计调查项目计划，必须同时制定相应的统计调查表，报国家统计局或者同级地方人民政府统计机构审查或者备案。

国家统计调查、部门统计调查、地方统计调查必须明确分工，互相衔接，不得重复。

第九条 重大的国情国力普查，需要动员各方面力量进行的，由国务院和地方各级人民政府统一领导，组织统计机构和有关部门共同实施。

第十条 国家制定统一的统计标准，以保障统计调查中采用的指标涵义、计算方法、分类目录、调查表式和统计编码等方面的标准化。

国家统计标准由国家统计局制定，或者由国家统计局和国家标准局共同制定。

国务院各部门可以制定补充性的部门统计标准。部门统计标准不得与国家统计标准相抵触。

第十一条 对违反本法和国家规定编制发布的统计调查表，有关单位有权拒绝填报。

第三章 统计资料的管理和公布

第十二条 国家统计调查和地方统计调查范围内的统计资料，分别由国家统计局、县级以上地方各级人民政府统计机构或者乡、镇统计员统一管理。

部门统计调查范围内的统计资料，由主管部门的统计机构或者统计负责人统一管理。

企业事业组织的统计资料，由企业事业组织的统计机构或者统计负责人统一管理。

第十三条 国家统计局和省、自治区、直辖市的人民政府统计机构依照国家规定，定期公布统计资料。

各地方、各部门、各单位公布统计资料，必须经本法第十二条规定的统计机构或者统计负责人核定，并依照国家规定的程序报请审批。

第十四条 属于国家机密的统计资料，必须保密。属于私人、家庭的单项调查资料，非经本人同意，不得泄露。

第四章 统计机构和统计人员

第十五条 县级以上地方各级人民政府设立独立的统计机构，乡、镇人民政府设置专职或者兼职的统计员，负责组织领导和协调本行政区域内的统计工作。

第十六条 县级以上地方各级人民政府统计机构和乡、镇统计员的管理体制由国务院具体规定。

地方各级人民政府统计机构的人员编制由国家统一规定。

第十七条 国务院和地方各级人民政府的各部门，根据统计任务的需要设立统计机构，或者在有关机构中设置统计人员，并指定统计负责人。这些统计机构和统计负责人在统计业务上并受国家统计局或者同级地方人民政府统计机构的指导。

第十八条 企业事业组织根据统计任务的需要设立统计机构，或者在有关机构中设置统计人员，并指定统计负责人。

企业事业组织执行国家统计调查或者地方统计调查任务，接受地方人民政府统计机构的指导。

第十九条 国家统计局和地方各级人民政府统计机构的主要职责是：

一、制定统计调查计划，部署和检查全国或者本行政区域内的统计工作；

二、组织国家统计调查、地方统计调查，搜集、整理、提供全国或者本行政区域内的统计资料；

三、对国民经济和社会发展情况进行统计分析，实行统计监督；

四、管理和协调各部门制定的统计调查表和统计标准。

乡、镇统计员会同有关人员负责农村基层统计工作，完成国家统计调查和地方统计调查任务。

第二十条 国务院和地方各级人民政府的各部门的统计机构或者统计负责人的主要职责是：

一、组织、协调本部门各职能机构的统计工作，完成国家统计调查和地方统计调查任务，制定和实施本部门的统计调查计划，搜集、整理、提供统计资料；

二、对本部门和管辖系统内企业事业组织的计划执行情况，进行统计分析，实行统计监督；

三、组织、协调本部门管辖系统内企业事业组织的统计工作，管理本部门的统计调查表。

第二十一条 企业事业组织的统计机构或者统计负责人的主要职责是：

一、组织、协调本单位的统计工作，完成国家统计调查、部门统计调查和地方统计调查任务，搜集、整理、提供统计资料；

二、对本单位的计划执行情况进行统计分析，实行统计监督；

三、管理本单位的统计调查表，建立健全统计台帐制度，并会同有关机构或者人员建立健全原始记录制度。

第二十二条 统计人员有权：

一、要求有关单位和人员依照国家规定，提供资料；

二、检查统计资料的准确性，要求改正不确实的统计资料；

三、揭发和检举统计调查工作中的违反国家法律和破坏国家计划的行为。

第二十三条 统计人员应当具有执行统计任务所需要的专业知识。对不具备专业知识的统计人员，应当组织专业学习。

第二十四条 国务院和地方各级人民政府的统计机构、各部门和企业事业组织，应当依照国家规定，评定统计人员的技术职称，保障有技术职称的统计人员的稳定性。

第五章 法律责任

第二十五条 有下列违法行为之一、情节较重的，可以对有关领导人员或者直接责任人员给予行政处分：

一、虚报、瞒报统计资料的；

二、伪造、篡改统计资料的；

三、拒报或者屡次迟报统计资料的；

四、侵犯统计机构、统计人员行使本法规定的职权的；

五、违反本法规定，未经批准，自行编制发布统计调查表的；

六、违反本法规定，未经核定和批准，自行公布统计资料的；

七、违反本法有关保密规定的。

个体工商户有上列一、二、三项违法行为，情节严重的，可以经县级人民政府批准，由工商行政管理部门给予暂停营业或者吊销营业执照的处罚。当事人对处罚不服的，可以在接到处罚通知之日起十五日内向人民法院起诉。

第二十六条 对违反本法构成犯罪的人员，由司法机关依法追究刑事责任。

第六章 附 则

第二十七条 国家统计局根据本法制定实施细则，报国务院批准施行。

第二十八条 本法自一九八四年一月一日起施行。一九六三年国务院发布的《统计工作试行条例》即行废止。

全国人民代表大会常务委员会关于由对外经济贸易部行使原外国投资管理委员会的批准权的决定

（一九八三年三月五日第五届全国人民代表大会常务委员会第二十六次会议通过）

第五届全国人民代表大会常务委员会第二十二次会议《关于国务院机构改革问题的决议》决定“将进出口管理委员会、对外贸易部、对外经济联络部和外国投资管理委员会合并，设立对外经济贸易部。”因此，《中华人民共和国中外合资经营企业法》及有关的涉外经济法规规定由外国投资管理委员会行使的批准权，相应由对外经济贸易部行使。

全国人民代表大会常务委员会
关于严惩严重危害社会治安的犯罪分子的决定

（一九八三年九月二日第六届全国人民代表大会常务委员会第二次会议通过
一九八三年九月二日中华人民共和国主席令第三号公布施行）

为了维护社会治安，保护人民生命、财产的安全，保障社会主义建设的顺利进行，对严重危害社会治安的犯罪分子必须予以严惩。为此决定：

一、对下列严重危害社会治安的犯罪分子，可以在刑法规定的最高刑以上处刑，直至判处死刑：

1．流氓犯罪集团的首要分子或者携带凶器进行流氓犯罪活动，情节严重的，或者进行流氓犯罪活动危害特别严重的；

2．故意伤害他人身体，致人重伤或者死亡，情节恶劣的，或者对检举、揭发、拘捕犯罪分子和制止犯罪行为的国家工作人员和公民行凶伤害的；

3．拐卖人口集团的首要分子，或者拐卖人口情节特别严重的；

4．非法制造、买卖、运输或者盗窃、抢夺枪支、弹药、爆炸物，情节特别严重的，或者造成严重后果的；

5．组织反动会道门，利用封建迷信，进行反革命活动，严重危害社会治安的；

6．引诱、容留、强迫妇女卖淫，情节特别严重的。

二、传授犯罪方法，情节较轻的，处五年以下有期徒刑；情节严重的，处五年以上有期徒刑；情节特别严重的，处无期徒刑或者死刑。

三、本决定公布后审判上述犯罪案件，适用本决定。

附：刑法有关条文

第一百六十条　聚众斗殴，寻衅滋事，侮辱妇女或者进行其他流氓活动，破坏公共秩序，情节恶劣的，处七年以下有期徒刑、拘役或者管制。

流氓集团的首要分子，处七年以上有期徒刑。

第一百三十四条　故意伤害他人身体的，处三年以下有期徒刑或者拘役。

犯前款罪，致人重伤的，处三年以上七年以下有期徒刑；致人死亡的，处七年以上有期徒刑或者无期徒刑。本法另有规定的，依照规定。

第一百四十一条　拐卖人口的，处五年以下有期徒刑；情节严重的，处五年以上有期徒刑。

第一百一十二条　非法制造、买卖、运输枪支、弹药的，或者盗窃、抢夺国家机关、军警人员、民兵的枪支、弹药的，处七年以下有期徒刑；情节严重的，处七年以上有期徒刑或者无期徒刑。

第九十九条　组织、利用封建迷信、会道门进行反革命活动的，处五年以上有期徒刑；情节较轻的，处五年以下有期徒刑、拘役、管制或者剥夺政治权利。

第一百四十条　强迫妇女卖淫的，处三年以上十年以下有期徒刑。

第一百六十九条　以营利为目的，引诱、容留妇女卖淫的，处五年以下有期徒刑、拘役或者管制；情节严重的，处五年以上有期徒刑，可以并处罚金或者没收财产。

全国人民代表大会常务委员会
关于迅速审判严重危害社会治安的犯罪分子的程序的决定

（一九八三年九月二日第六届全国人民代表大会常务委员会第二次会议通过
一九八三年九月二日中华人民共和国主席令第四号公布施行）

为了迅速严惩严重危害社会治安的犯罪分子，保护国家和人民的利益，决定：

一、对杀人、强奸、抢劫、爆炸和其他严重危害公共安全应当判处死刑的犯罪分子，主要犯罪事实清楚，证据确凿，民愤极大的，应当迅速及时审判，可以不受刑事诉讼法第一百一十条规定的关于起诉书副本送达被告人期限以及各项传票、通知书送达期限的限制。

二、前条所列犯罪分子的上诉期限和人民检察院的抗诉期限，由刑事诉讼法第一百三十一条规定的十日改为三日。

附：刑事诉讼法有关条文

第一百一十条　人民法院决定开庭审判后，应当进行下列工作：

……

（二）将人民检察院的起诉书副本至迟在开庭七日

以前送达被告人，并且告知被告人可以委托辩护人，或者在必要时为被告人指定辩护人；

（三）将开庭的时间、地点在开庭三日以前通知人民检察院；

（四）传唤当事人，通知辩护人、证人、鉴定人和翻译人员，传票和通知书至迟在开庭三日以前送达；

……

第一百三十一条 不服判决的上诉和抗诉的期限为十日，不服裁定的上诉和抗诉的期限为五日，从接到判决书、裁定书的第二日起算。

全国人民代表大会常务委员会
关于修改《中华人民共和国人民法院组织法》的决定

（一九八三年九月二日第六届全国人民代表大会常务委员会第二次会议通过
一九八三年九月二日中华人民共和国主席令第五号公布施行）

第六届全国人民代表大会常务委员会第二次会议决定对《中华人民共和国人民法院组织法》作如下修改：

一、第二条第一款第二项“专门人民法院”修改为“军事法院等专门人民法院”。

删去第三款“专门人民法院包括：军事法院、铁路运输法院、水上运输法院、森林法院、其他专门法院。”

二、第四条“人民法院独立进行审判，只服从法律。”修改为：“人民法院依照法律规定独立行使审判权，不受行政机关、社会团体和个人的干涉。”

三、删去第九条“人民法院审判第一审案件实行人民陪审员陪审的制度，但是简单的民事案件、轻微的刑事案件和法律另有规定的案件除外。”

第十条第二款“人民法院审判第一审案件，由审判员和人民陪审员组成合议庭进行，但是简单的民事案件、轻微的刑事案件和法律另有规定的案件除外。”修改为：“人民法院审判第一审案件，由审判员组成合议庭或者由审判员和人民陪审员组成合议庭进行；简单的民事案件、轻微的刑事案件和法律另有规定的案件，可以由审判员一人独任审判。”

四、第十三条“死刑案件由最高人民法院判决或者核准。死刑案件的复核程序按照中华人民共和国刑事诉讼法第三编第四章的规定办理。”修改为：“死刑案件除由最高人民法院判决的以外，应当报请最高人民法院核准。杀人、强奸、抢劫、爆炸以及其他严重危害公共安全和社会治安判处死刑的案件的核准权，最高人民法院在必要的时候，得授权省、自治区、直辖市的高级人民法院行使。”

五、删去第十七条第三款“各级人民法院的司法行政工作由司法行政机关管理。”

六、第十九条第二款“基层人民法院可以设刑事审判庭和民事审判庭，庭设庭长、副庭长。”修改为：“基层人民法院可以设刑事审判庭、民事审判庭和经济审判庭，庭设庭长、副庭长。”

七、第二十二条第二项“指导人民调解委员会和人民公社司法助理员的工作；”修改为：“指导人民调解委员会的工作。”

删去第三项“在上级司法行政机关授予的职权范围内管理司法行政工作。”

八、第二十四条第二款“中级人民法院设刑事审判庭、民事审判庭，根据需要可以设其他审判庭。”修改为：“中级人民法院设刑事审判庭、民事审判庭、经济审判庭，根据需要可以设其他审判庭。”

删去第三款“直辖市的中级人民法院和省、自治区辖的市中级人民法院应设经济审判庭。”

九、第三十四条增加一款，作为第二款：“人民法院的审判人员必须具有法律专业知识。”

十、第三十七条第一款“各级人民法院按照需要可以设助理审判员，由司法行政机关任免。”修改为：“各级人民法院按照需要可以设助理审判员，由本级人民法院任免。”

十一、删去第四十二条“各级人民法院的设置、人员编制和办公机构由司法行政机关另行规定。”

附：

中华人民共和国人民法院组织法

（一九七九年七月一日第五届全国人民代表大会第二次会议通过 根据一九八三年九月二日第六届全国人民代表大会常务委员会第二次会议通过的《关于修改〈中华人民共和国人民法院组织法〉的决定》修订）

目 录

第一章 总 则

第一条 中华人民共和国人民法院是国家的审判机关。

第二条 中华人民共和国的审判权由下列人民法院行使：

（一）地方各级人民法院；

（二）军事法院等专门人民法院；（1983年9月2日修改）

（三）最高人民法院。

地方各级人民法院分为：基层人民法院、中级人民法院、高级人民法院。

（1983年9月2日删去第三款）

第三条 人民法院的任务是审判刑事案件和民事案件，并且通过审判活动，惩办一切犯罪分子，解决民事纠纷，以保卫无产阶级专政制度，维护社会主义法制和社会秩序，保护社会主义的全民所有的财产、劳动群众集体所有的财产，保护公民私人所有的合法财产，保护公民的人身权利、民主权利和其他权利，保障国家的社会主义革命和社会主义建设事业的顺利进行。

人民法院用它的全部活动教育公民忠于社会主义祖国，自觉地遵守宪法和法律。

第四条 人民法院依照法律规定独立行使审判权，不受行政机关、社会团体和个人的干涉。（1983年9月2日修改）

第五条 人民法院审判案件，对于一切公民，不分民族、种族、性别、职业、社会出身、宗教信仰、教育程度、财产状况、居住期限，在适用法律上一律平等，不允许有任何特权。

第六条 各民族公民都有用本民族语言文字进行诉讼的权利。人民法院对于不通晓当地通用的语言文字的当事人，应当为他们翻译。在少数民族聚居或者多民族杂居的地区，人民法院应当用当地通用的语言进行审讯，用当地通用的文字发布判决书、布告和其他文件。

第七条 人民法院审理案件，除涉及国家机密、个人阴私和未成年人犯罪案件外，一律公开进行。

第八条 被告人有权获得辩护。被告人除自己进行辩护外，有权委托律师为他辩护，可以由人民团体或者被告人所在单位推荐的或者经人民法院许可的公民为他辩护，可以由被告人的近亲属、监护人为他辩护。人民法院认为必要的时候，可以指定辩护人为他辩护。

第九条 （1983年9月2日删去）

第十条 人民法院审判案件，实行合议制。

人民法院审判第一审案件，由审判员组成合议庭或者由审判员和人民陪审员组成合议庭进行；简单的民事案件、轻微的刑事案件和法律另有规定的案件，可以由审判员一人独任审判。（1983年9月2日修改）

人民法院审判上诉和抗诉的案件，由审判员组成合议庭进行。

合议庭由院长或者庭长指定审判员一人担任审判长。院长或者庭长参加审判案件的时候，自己担任审判长。

第十一条 各级人民法院设立审判委员会，实行民主集中制。审判委员会的任务是总结审判经验，讨论重大的或者疑难的案件和其他有关审判工作的问题。

地方各级人民法院审判委员会委员，由院长提请本级人民代表大会常务委员会任免；最高人民法院审判委员会委员，由最高人民法院院长提请全国人民代表大会常务委员会任免。

各级人民法院审判委员会会议由院长主持，本级人民检察院检察长可以列席。

第十二条 人民法院审判案件，实行两审终审制。

地方各级人民法院第一审案件的判决和裁定，当事人可以按照法律规定的程序向上一级人民法院上诉，人民检察院可以按照法律规定的程序向上一级人民法院抗诉。

地方各级人民法院第一审案件的判决和裁定，如果在上诉期限内当事人不上诉、人民检察院不抗诉，就是发生法律效力的判决和裁定。

中级人民法院、高级人民法院和最高人民法院审判的第二审案件的判决和裁定，最高人民法院审判的第一审案件的判决和裁定，都是终审的判决和裁定，也就是发生法律效力的判决和裁定。

第十三条 死刑案件除由最高人民法院判决的以

外，应当报请最高人民法院核准。杀人、强奸、抢劫、爆炸以及其他严重危害公共安全和社会治安判处死刑的案件的核准权，最高人民法院在必要的时候，得授权省、自治区、直辖市的高级人民法院行使。（1983年9月2日修改）

第十四条 各级人民法院院长对本院已经发生法律效力的判决和裁定，如果发现在认定事实上或者在适用法律上确有错误，必须提交审判委员会处理。

最高人民法院对各级人民法院已经发生法律效力的判决和裁定，上级人民法院对下级人民法院已经发生法律效力的判决和裁定，如果发现确有错误，有权提审或者指令下级人民法院再审。

最高人民检察院对各级人民法院已经发生法律效力的判决和裁定，上级人民检察院对下级人民法院已经发生法律效力的判决和裁定，如果发现确有错误，有权按照审判监督程序提出抗诉。

各级人民法院对于当事人提出的对已经发生法律效力的判决和裁定的申诉，应当认真负责处理。

第十五条 人民法院对于人民检察院起诉的案件认为主要事实不清、证据不足，或者有违法情况时，可以退回人民检察院补充侦查，或者通知人民检察院纠正。

第十六条 当事人如果认为审判人员对本案有利害关系或者其他关系不能公平审判，有权请求审判人员回避。审判人员是否应当回避，由本院院长决定。

审判人员如果认为自己对本案有利害关系或者其他关系，需要回避时，应当报告本院院长决定。

第十七条 最高人民法院对全国人民代表大会和全国人民代表大会常务委员会负责并报告工作。地方各级人民法院对本级人民代表大会及其常务委员会负责并报告工作。

下级人民法院的审判工作受上级人民法院监督。

（1983年9月2日删去第三款）

第二章 人民法院的组织和职权

第十八条 基层人民法院包括：

（一）县人民法院和市人民法院；

（二）自治县人民法院；

（三）市辖区人民法院。

第十九条 基层人民法院由院长一人，副院长和审判员若干人组成。

基层人民法院可以设刑事审判庭、民事审判庭和经济审判庭，庭设庭长、副庭长。（1983年9月2日修改）

第二十条 基层人民法院根据地区、人口和案件情况可以设立若干人民法庭。人民法庭是基层人民法院的组成部分，它的判决和裁定就是基层人民法院的判决和裁定。

第二十一条 基层人民法院审判刑事和民事的第一审案件，但是法律、法令另有规定的案件除外。

基层人民法院对它所受理的刑事和民事案件，认为案情重大应当由上级人民法院审判的时候，可以请求移送上级人民法院审判。

第二十二条 基层人民法院除审判案件外，并且办理下列事项：

（一）处理不需要开庭审判的民事纠纷和轻微的刑事案件；

（二）指导人民调解委员会的工作。（1983年9月2日修改）

（1983年9月2日删去第三项）

第二十三条 中级人民法院包括：

（一）在省、自治区内按地区设立的中级人民法院；

（二）在直辖市内设立的中级人民法院；

（三）省、自治区辖市的中级人民法院；

（四）自治州中级人民法院。

第二十四条 中级人民法院由院长一人，副院长、庭长、副庭长和审判员若干人组成。

中级人民法院设刑事审判庭、民事审判庭、经济审判庭，根据需要可以设其他审判庭。（1983年9月2日修改）

（1983年9月2日删去第三款）

第二十五条 中级人民法院审判下列案件：

（一）法律、法令规定由它管辖的第一审案件；

（二）基层人民法院移送审判的第一审案件；

（三）对基层人民法院判决和裁定的上诉案件和抗诉案件；

（四）人民检察院按照审判监督程序提出的抗诉案件。

中级人民法院对它所受理的刑事和民事案件，认为案情重大应当由上级人民法院审判的时候，可以请求移送上级人民法院审判。

第二十六条 高级人民法院包括：

（一）省高级人民法院；

（二）自治区高级人民法院；

（三）直辖市高级人民法院。

第二十七条 高级人民法院由院长一人，副院长、庭长、副庭长和审判员若干人组成。

高级人民法院设刑事审判庭、民事审判庭、经济审判庭，根据需要可以设其他审判庭。

第二十八条 高级人民法院审判下列案件：

（一）法律、法令规定由它管辖的第一审案件；

（二）下级人民法院移送审判的第一审案件；

（三）对下级人民法院判决和裁定的上诉案件和抗诉案件；

（四）人民检察院按照审判监督程序提出的抗诉案件。

第二十九条 专门人民法院的组织和职权由全国人民代表大会常务委员会另行规定。

第三十条 最高人民法院是国家最高审判机关。

最高人民法院监督地方各级人民法院和专门人民法院的审判工作。

第三十一条 最高人民法院由院长一人，副院长、庭长、副庭长和审判员若干人组成。

最高人民法院设刑事审判庭、民事审判庭、经济审判庭和其他需要设的审判庭。

第三十二条 最高人民法院审判下列案件：

（一）法律、法令规定由它管辖的和它认为应当由自己审判的第一审案件；

（二）对高级人民法院、专门人民法院判决和裁定的上诉案件和抗诉案件；

（三）最高人民检察院按照审判监督程序提出的抗诉案件。

第三十三条 最高人民法院对于在审判过程中如何具体应用法律、法令的问题，进行解释。

第三章 人民法院的审判人员和其他人员

第三十四条 有选举权和被选举权的年满二十三岁的公民，可以被选举为人民法院院长，或者被任命为副院长、庭长、副庭长、审判员和助理审判员，但是被剥夺过政治权利的人除外。

人民法院的审判人员必须具有法律专业知识。（1983年9月2日增加本款）

第三十五条 地方各级人民法院院长由地方各级人民代表大会选举，副院长、庭长、副庭长和审判员由地方各级人民代表大会常务委员会任免。

在省内按地区设立的和在直辖市内设立的中级人民法院院长，由省、直辖市人民代表大会选举，副院长、庭长、副庭长和审判员由省、直辖市人民代表大会常务委员会任免。

在民族自治地方设立的地方各级人民法院的院长，由民族自治地方各级人民代表大会选举，副院长、庭长、副庭长和审判员由民族自治地方各级人民代表大会常务委员会任免。

最高人民法院院长由全国人民代表大会选举，副院长、庭长、副庭长、审判员由全国人民代表大会常务委员会任免。

第三十六条 各级人民法院院长任期与本级人民代表大会每届任期相同。

各级人民代表大会有权罢免由它选出的人民法院院长。在地方两次人民代表大会之间，如果本级人民代表大会常务委员会认为人民法院院长需要撤换，须报请上级人民法院报经上级人民代表大会常务委员会批准。

第三十七条 各级人民法院按照需要可以设助理审判员，由本级人民法院任免。（1983年9月2日修改）

助理审判员协助审判员进行工作。助理审判员，由本院院长提出，经审判委员会通过，可以临时代行审判员职务。

第三十八条 有选举权和被选举权的年满二十三岁的公民，可以被选举为人民陪审员，但是被剥夺过政治权利的人除外。

人民陪审员在人民法院执行职务期间，是他所参加的审判庭的组成人员，同审判员有同等权利。

第三十九条 人民陪审员在执行职务期间，由原工作单位照付工资；没有工资收入的，由人民法院给以适当的补助。

第四十条 各级人民法院设书记员，担任审判庭的记录工作并办理有关审判的其他事项。

第四十一条 地方各级人民法院设执行员，办理民事案件判决和裁定的执行事项，办理刑事案件判决和裁定中关于财产部分的执行事项。

地方各级人民法院设法医。

各级人民法院设司法警察若干人。

第四十二条 （1983年9月2日删去）

全国人民代表大会常务委员会关于修改《中华人民共和国人民检察院组织法》的决定

（一九八三年九月二日第六届全国人民代表大会常务委员会第二次会议通过
一九八三年九月二日中华人民共和国主席令第六号公布施行）

第六届全国人民代表大会常务委员会第二次会议决定对《中华人民共和国人民检察院组织法》作如下修改：

一、第二条第一款“中华人民共和国设立最高人民检察院、地方各级人民检察院和专门人民检察院。”修改为：“中华人民共和国设立最高人民检察院、地方各级人民检察院和军事检察院等专门人民检察院。”

删去第四款“专门人民检察院包括：军事检察院、铁路运输检察院、水上运输检察院、其他专门检察院。”

二、第二十条第一款“最高人民检察院设置刑事、法纪、监所、经济等检察厅，并且可以按照需要，设立其他业务机构。”和第二款“地方各级人民检察院和专门人民检察院可以设置相应的业务机构。”修改为：“最高人民检察院根据需要，设立若干检察厅和其他业务机构。地方各级人民检察院可以分别设立相应的检察处、科和其他业务机构。”

三、第二十二条第二款“省、自治区、直辖市人民检察院检察长、副检察长和检察委员会委员的任免，须报最高人民检察院检察长提请全国人民代表大会常务委员会批准。”修改为：“省、自治区、直辖市人民检察院检察长的任免，须报最高人民检察院检察长提请全国人民代表大会常务委员会批准。”

四、第二十三条第二款“自治州、省辖市、县、市、市辖区人民检察院检察长、副检察长和检察委员会委员的任免，须报省、自治区、直辖市人民检察院检察长提请本级人民代表大会常务委员会批准。”修改为：“自治州、省辖市、县、市、市辖区人民检察院检察长的任免，须报上一级人民检察院检察长提请该级人民代表大会常务委员会批准。”

附：

中华人民共和国人民检察院组织法

（一九七九年七月一日第五届全国人民代表大会第二次会议通过　根据一九八三年九月二日第六届全国人民代表大会常务委员会第二次会议通过《关于修改〈中华人民共和国人民检察院组织法〉的决定》修订）

目　　录

第一章　总　　则

第一条　中华人民共和国人民检察院是国家的法律监督机关。

第二条　中华人民共和国设立最高人民检察院、地方各级人民检察院和军事检察院等专门人民检察院。（1983年9月2日修改）

地方各级人民检察院分为：

（一）省、自治区、直辖市人民检察院；

（二）省、自治区、直辖市人民检察院分院，自治州和省辖市人民检察院；

（三）县、市、自治县和市辖区人民检察院。

省一级人民检察院和县一级人民检察院，根据工作需要，提请本级人民代表大会常务委员会批准，可以在工矿区、农垦区、林区等区域设置人民检察院，作为派出机构。

（1983年9月2日删去第四款）

专门人民检察院的设置、组织和职权由全国人民代表大会常务委员会另行规定。

第三条　各级人民检察院设检察长一人，副检察长和检察员若干人。检察长统一领导检察院的工作。

各级人民检察院设立检察委员会。检察委员会实行民主集中制，在检察长的主持下，讨论决定重大案件和其他重大问题。如果检察长在重大问题上不同意多数人的决定，可以报请本级人民代表大会常务委员会决定。

第四条　人民检察院通过行使检察权，镇压一切叛国的、分裂国家的和其他反革命活动，打击反革命分子和其他犯罪分子，维护国家的统一，维护无产阶级专政制度，维护社会主义法制，维护社会秩序、生产秩序、工作秩序、教学科研秩序和人民群众生活秩序，保护社会主义的全民所有的财产和劳动群众集体所有的财产，保护公民私人所有的合法财产，保护公民的人身权利、民主权利和其他权利，保卫社会主义现代化建设的顺利进行。

人民检察院通过检察活动，教育公民忠于社会主义祖国，自觉地遵守宪法和法律，积极同违法行为作斗争。

第五条　各级人民检察院行使下列职权：

（一）对于叛国案、分裂国家案以及严重破坏国家的政策、法律、法令、政令统一实施的重大犯罪案件，行使检察权。

（二）对于直接受理的刑事案件，进行侦查。

（三）对于公安机关侦查的案件，进行审查，决定是否逮捕、起诉或者免予起诉；对于公安机关的侦查活动是否合法，实行监督。

（四）对于刑事案件提起公诉，支持公诉；对于人民法院的审判活动是否合法，实行监督。

（五）对于刑事案件判决、裁定的执行和监狱、看守所、劳动改造机关的活动是否合法，实行监督。

第六条　人民检察院依法保障公民对于违法的国家工作人员提出控告的权利，追究侵犯公民的人身权利、民主权利和其他权利的人的法律责任。

第七条　人民检察院在工作中必须坚持实事求是，贯彻执行群众路线，倾听群众意见，接受群众监督，调查研究，重证据不轻信口供，严禁逼供信，正确区分和处理敌我矛盾和人民内部矛盾。

各级人民检察院的工作人员，必须忠实于事实真象，忠实于法律，忠实于社会主义事业，全心全意地为人民服务。

第八条 各级人民检察院行使检察权，对于任何公民，在适用法律上一律平等，不允许有任何特权。

第九条 人民检察院依照法律规定独立行使检察权，不受其他行政机关、团体和个人的干涉。

第十条 最高人民检察院对全国人民代表大会和全国人民代表大会常务委员会负责并报告工作。地方各级人民检察院对本级人民代表大会和本级人民代表大会常务委员会负责并报告工作。

最高人民检察院领导地方各级人民检察院和专门人民检察院的工作，上级人民检察院领导下级人民检察院的工作。

第二章 人民检察院行使职权的程序

第十一条 人民检察院发现并且认为有犯罪行为时，应当依照法律程序立案侦查，或者交给公安机关进行侦查。侦查终结，人民检察院认为必须对被告人追究刑事责任时，应当向人民法院提起公诉；认为不需要追究刑事责任时，应当将原案撤销。

第十二条 对于任何公民的逮捕，除人民法院决定的以外，必须经人民检察院批准。

第十三条 人民检察院对于公安机关要求起诉的案件，应当进行审查，决定起诉、免予起诉或者不起诉。对于主要犯罪事实不清、证据不足的，可以退回公安机关补充侦查。

人民检察院发现公安机关的侦查活动有违法情况时，应当通知公安机关予以纠正。

第十四条 人民检察院对于公安机关移送的案件所作的不批准逮捕的决定、不起诉或者免予起诉的决定，公安机关认为有错误时，可以要求人民检察院复议，并且可以要求上级人民检察院复核。上级人民检察院应当及时作出决定，通知下级人民检察院和公安机关执行。

第十五条 人民检察院提起公诉的案件，由检察长或者检察员以国家公诉人的身份出席法庭，支持公诉，并且监督审判活动是否合法。

第十六条 人民检察院起诉的案件，人民法院认为主要犯罪事实不清、证据不足，或者有违法情况时，可以退回人民检察院补充侦查，或者通知人民检察院予以纠正。

第十七条 地方各级人民检察院对于本级人民法院第一审案件的判决和裁定，认为有错误时，应当按照上诉程序提出抗诉。

第十八条 最高人民检察院对于各级人民法院已经发生法律效力的判决和裁定，上级人民检察院对于下级人民法院已经发生法律效力的判决和裁定，如果发现确有错误，应当按照审判监督程序提出抗诉。

按照审判监督程序审理的案件，人民检察院必须派人出席法庭。

第十九条 人民检察院发现刑事判决、裁定的执行有违法情况时，应当通知执行机关予以纠正。

人民检察院发现监狱、看守所、劳动改造机关的活动有违法情况时，应当通知主管机关予以纠正。

第三章 人民检察院的机构设置和人员的任免

第二十条 最高人民检察院根据需要，设立若干检察厅和其他业务机构。地方各级人民检察院可以分别设立相应的检察处、科和其他业务机构。（1983 年 9 月 2 日修改）

第二十一条 最高人民检察院检察长由全国人民代表大会选举和罢免。

最高人民检察院副检察长、检察委员会委员和检察员由最高人民检察院检察长提请全国人民代表大会常务委员会任免。

第二十二条 省、自治区、直辖市人民检察院检察长和人民检察院分院检察长由省、自治区、直辖市人民代表大会选举和罢免，副检察长、检察委员会委员和检察员由省、自治区、直辖市人民检察院检察长提请本级人民代表大会常务委员会任免。

省、自治区、直辖市人民检察院检察长的任免，须报最高人民检察院检察长提请全国人民代表大会常务委员会批准。（1983 年 9 月 2 日修改）

第二十三条 自治州、省辖市、县、市、市辖区人民检察院检察长由本级人民代表大会选举和罢免，副检察长、检察委员会委员和检察员由自治州、省辖市、县、市、市辖区人民检察院检察长提请本级人民代表大会常务委员会任免。

自治州、省辖市、县、市、市辖区人民检察院检察长的任免，须报上一级人民检察院检察长提请该级人民代表大会常务委员会批准。（1983 年 9 月 2 日修改）

第二十四条 省一级人民检察院和县一级人民检察院设置的工矿区、农垦区、林区人民检察院检察长、副检察长、检察委员会委员和检察员，均由派出的人民检察院检察长提请本级人民代表大会常务委员会任免。

第二十五条 各级人民检察院检察长的任期，与本级人民代表大会每届任期相同。

第二十六条 全国和省、自治区、直辖市人民代表大会常务委员会根据本级人民检察院检察长的建议，可以撤换下级人民检察院检察长、副检察长和检察委员会委员。

第二十七条 各级人民检察院设助理检察员和书记员各若干人。经检察长批准，助理检察员可以代行检察员职务。书记员办理案件的记录工作和有关事项。

助理检察员、书记员由各级人民检察院检察长任免。

各级人民检察院根据需要可以设司法警察。

第二十八条 各级人民检察院的人员编制由最高人民检察院另行规定。

全国人民代表大会常务委员会关于修改《中华人民共和国中外合资经营企业所得税法》的决定

（一九八三年九月二日第六届全国人民代表大会常务委员会第二次会议通过 一九八三年九月二日中华人民共和国主席令第八号公布施行）

第六届全国人民代表大会常务委员会第二次会议决定对《中华人民共和国中外合资经营企业所得税法》作如下修改：

一、第五条第一款“对新办的合营企业，合营期在十年以上的，经企业申请，税务机关批准，从开始获利的年度起，第一年免征所得税，第二年和第三年减半征收所得税。”修改为“合营企业的合营期在十年以上的，经企业申请，税务机关批准，从开始获利的年度起，第一年和第二年免征所得税，第三年至第五年减半征收所得税。”

二、第八条“合营企业所得税，按年计征，分季预缴。每季在季度终了后十五天内预缴，每年在年度终了后三个月内，汇算清缴，多退少补。”其中“每年在年度终了后三个月内”修改为“每年在年度终了后五个月内”。

三、第九条“合营企业应当在每次预缴所得税的期限内，向当地税务机关报送预缴所得税申报表；年度终了后三个月内，报送年度所得税申报表和会计决算报表。”其中“年度终了后三个月内”修改为“年度终了后四个月内”。

附：

中华人民共和国中外合资经营企业所得税法

（一九八〇年九月十日第五届全国人民代表大会第三次会议通过 根据一九八三年九月二日第六届全国人民代表大会常务委员会第二次会议《关于修改〈中华人民共和国中外合资经营企业所得税法〉的决定》修订）

第一条 在中华人民共和国境内的中外合资经营企业（以下简称合营企业），从事生产、经营所得和其它所得，都按照本法的规定缴纳所得税。

合营企业在中国境内和境外的分支机构，从事生产、经营所得和其它所得，由总机构汇总缴纳所得税。

第二条 合营企业每一纳税年度的收入总额，减除成本、费用以及损失后的余额，为应纳税的所得额。

第三条 合营企业的所得税税率为百分之三十。另按应纳所得税额附征百分之十的地方所得税。

开发石油、天然气和其它资源的合营企业的所得税税率，另行规定。

第四条 合营企业的外国合营者，从企业分得的利润汇出国外时，按汇出额缴纳百分之十的所得税。

第五条 合营企业的合营期在十年以上的，经企业申请，税务机关批准，从开始获利的年度起，第一年和第二年免征所得税，第三年至第五年减半征收所得税。（1983年9月2日修改）

对农业、林业等利润较低的合营企业和在经济不发达的边远地区开办的合营企业，按前款规定免税、减税期满后，经中华人民共和国财政部批准，还可以在以后的十年内继续减征所得税百分之十五至百分之三十。

第六条 合营企业的合营者，从企业分得的利润在中国境内再投资，期限不少于五年的，经合营者申请，税务机关批准，退还再投资部分已纳所得税税款的百分之四十。投资不满五年撤出的，应当缴回已退的税款。

第七条 合营企业发生年度亏损，可以从下一年度的所得中提取相应的数额加以弥补；下一年度的所得不足弥补的，可以逐年提取所得继续弥补，但是最长不得超过五年。

第八条 合营企业所得税，按年计征，分季预缴。每季在季度终了后十五天内预缴；每年在年度终了后五个月内，汇算清缴，多退少补。（1983年9月2日修改）

第九条 合营企业应当在每次预缴所得税的期限内，向当地税务机关报送预缴所得税申报表；年度终了后四个月内，报送年度所得税申报表和会计决算报表。（1983年9月2日修改）

第十条 合营企业的所得税以人民币为计算单位。所得为外国货币的，按照中华人民共和国国家外汇管理总局公布的外汇牌价折合成人民币缴纳税款。

第十一条 合营企业的开业、转产、迁移、停业以及注册资本的变更、转让，在向中华人民共和国工商行政管理总局登记后，应当持有关证件在三十天内向当地税务机关办理税务登记。

第十二条 税务机关对合营企业的财务、会计和纳税情况，有权进行检查。合营企业必须据实报告，并提供有关资料，不得拒绝或者隐瞒。

第十三条 合营企业必须按照规定的期限，缴纳税款。逾期不缴的，税务机关除限期缴纳外，从滞纳之日起，按日加收滞纳税款的千分之五的滞纳金。

第十四条 合营企业违反本法第九条、第十一条、第十二条规定的，税务机关可以酌情处以罚金。

合营企业偷税、抗税的，税务机关除追缴税款外，可以根据情节轻重，处以应补税款五倍以下的罚金。情节严重的，由当地人民法院依法处理。

第十五条 合营企业同税务机关在纳税问题上发生争议时，必须先按照规定纳税，然后再向上级税务机关申请复议。如果不服复议后的决定，可以向当地人民法院提起诉讼。

第十六条 合营企业及其分支机构，在国外缴纳的所得税，可以在总机构应纳所得税额内抵免。

中华人民共和国政府和外国政府之间订有避免双重征税协定的，所得税的抵免，应当依照各该协定的规定办理。

第十七条 本法的施行细则，由中华人民共和国财政部制定。

第十八条 本法自公布之日起施行。

全国人民代表大会常务委员会关于国家安全机关行使公安机关的侦查、拘留、预审和执行逮捕的职权的决定

（一九八三年九月二日第六届全国人民代表大会常务委员会第二次会议通过）

第六届全国人民代表大会第一次会议决定设立的国家安全机关，承担原由公安机关主管的间谍、特务案件的侦查工作，是国家公安机关的性质，因而国家安全机关可以行使宪法和法律规定的公安机关的侦查、拘留、预审和执行逮捕的职权。

附：一、宪法有关条文

第三十七条 ……

任何公民，非经人民检察院批准或者决定或者人民法院决定，并由公安机关执行，不受逮捕。

……

第四十条 中华人民共和国公民的通信自由和通信秘密受法律的保护。除因国家安全或者追查刑事犯罪的需要，由公安机关或者检察机关依照法律规定的程序对通信进行检查外，任何组织或者个人不得以任何理由侵犯公民的通信自由和通信秘密。

二、刑事诉讼法有关条文

第三条 对刑事案件的侦查、拘留、预审，由公安机关负责。批准逮捕和检察（包括侦查）、提起公诉，由人民检察院负责。审判由人民法院负责。其他任何机关、团体和个人都无权行使这些权力。

……

第三十八条 人民法院、人民检察院和公安机关根据案件情况，对被告人可以拘传、取保候审或者监视居住。

……

第三十九条 逮捕人犯，必须经过人民检察院批准或者人民法院决定，由公安机关执行。

第四十一条 公安机关对于罪该逮捕的现行犯或者重大嫌疑分子，如果有下列情形之一的，可以先行拘留：

……

第五十八条 本法下列用语的含意是：

（一）侦查是指公安机关、人民检察院在办理案件过程中，依照法律进行的专门调查工作和有关的强制性措施；

……

第七十三条 侦查人员执行勘验、检查，必须持有公安机关的证明文件。

第八十六条 侦查人员认为需要扣押被告人的邮件、电报的时候，经公安机关或者人民检察院批准，即可通知邮电机关将有关的邮件、电报检交扣押。

……

第九十一条 应当逮捕的被告人如果在逃，公安机关可以发布通缉令，采取有效措施，追捕归案。

……

全国人民代表大会常务委员会关于授权国务院对职工退休退职办法进行部分修改和补充的决定

（一九八三年九月二日通过）

第六届全国人民代表大会常务委员会第二次会议决定：授权国务院对一九七八年五月二十四日第五届全国人民代表大会常务委员会第二次会议原则批准的《国务院关于安置老弱病残干部的暂行办法》和《国务院关于工人退休、退职的暂行办法》的部分规定作一些必要的修改和补充。

一 九 八 四 年

中华人民共和国专利法

（一九八四年三月十二日第六届全国人民代表大会常务委员会第四次会议通过　一九八四年三月十二日中华人民共和国主席令第十一号公布　一九八五年四月一日起施行）

目　　录

第一章　总　　则

第一条　为了保护发明创造专利权，鼓励发明创造，有利于发明创造的推广应用，促进科学技术的发展，适应社会主义现代化建设的需要，特制定本法。

第二条　本法所称的发明创造是指发明、实用新型和外观设计。

第三条　中华人民共和国专利局受理和审查专利申请，对符合本法规定的发明创造授予专利权。

第四条　申请专利的发明创造涉及国家安全或者重大利益需要保密的，按照国家有关规定办理。

第五条　对违反国家法律、社会公德或者妨害公共利益的发明创造，不授予专利权。

第六条　执行本单位的任务或者主要是利用本单位的物质条件所完成的职务发明创造，申请专利的权利属于该单位；非职务发明创造，申请专利的权利属于发明人或者设计人。申请被批准后，全民所有制单位申请的，专利权归该单位持有；集体所有制单位或者个人申请的，专利权归该单位或者个人所有。

在中国境内的外资企业和中外合资经营企业的工作人员完成的职务发明创造，申请专利的权利属于该企业；非职务发明创造，申请专利的权利属于发明人或者设计人。申请被批准后，专利权归申请的企业或者个人所有。

专利权的所有人和持有人统称专利权人。

第七条　对发明人或者设计人的非职务发明创造专利申请，任何单位或者个人不得压制。

第八条　两个以上单位协作或者一个单位接受其他单位委托的研究、设计任务所完成的发明创造，除另有协议的以外，申请专利的权利属于完成或者共同完成的单位；申请被批准后，专利权归申请的单位所有或者持有。

第九条　两个以上的申请人分别就同样的发明创造申请专利的，专利权授予最先申请的人。

第十条　专利申请权和专利权可以转让。

全民所有制单位转让专利申请权或者专利权的，必须经上级主管机关批准。

中国单位或者个人向外国人转让专利申请权或者专利权的，必须经国务院有关主管部门批准。

转让专利申请权或者专利权的，当事人必须订立书面合同，经专利局登记和公告后生效。

第十一条　发明和实用新型专利权被授予后，除本法第十四条规定的以外，任何单位或者个人未经专利权人许可，都不得实施其专利，即不得为生产经营目的制造、使用或者销售其专利产品，或者使用其专利方法。

外观设计专利权被授予后，任何单位或者个人未经专利权人许可，都不得实施其专利，即不得为生产经营目的制造或者销售其外观设计专利产品。

第十二条 任何单位或者个人实施他人专利的，除本法第十四条规定的以外，都必须与专利权人订立书面实施许可合同，向专利权人支付专利使用费。被许可人无权允许合同规定以外的任何单位或者个人实施该专利。

第十三条 发明专利申请公布后，申请人可以要求实施其发明的单位或者个人支付适当的费用。

第十四条 国务院有关主管部门和省、自治区、直辖市人民政府根据国家计划，有权决定本系统内或者所管辖的全民所有制单位持有的重要发明创造专利允许指定的单位实施，由实施单位按照国家规定向持有专利权的单位支付使用费。

中国集体所有制单位和个人的专利，对国家利益或者公共利益具有重大意义，需要推广应用的，由国务院有关主管部门报国务院批准后，参照上款规定办理。

第十五条 专利权人有权在其专利产品或者该产品的包装上标明专利标记和专利号。

第十六条 专利权的所有单位或者持有单位应当对职务发明创造的发明人或者设计人给予奖励；发明创造专利实施后，根据其推广应用的范围和取得的经济效益，对发明人或者设计人给予奖励。

第十七条 发明人或者设计人有在专利文件中写明自己是发明人或者设计人的权利。

第十八条 在中国没有经常居所或者营业所的外国人、外国企业或者外国其他组织在中国申请专利的，依照其所属国同中国签订的协议或者共同参加的国际条约，或者依照互惠原则，根据本法办理。

第十九条 在中国没有经常居所或者营业所的外国人、外国企业或者外国其他组织在中国申请专利和办理其他专利事务的，应当委托中华人民共和国国务院指定的专利代理机构办理。

中国单位或者个人在国内申请专利和办理其他专利事务的，可以委托专利代理机构办理。

第二十条 中国单位或者个人将其在国内完成的发明创造向外国申请专利的，应当首先向专利局申请专利，并经国务院有关主管部门同意后，委托国务院指定的专利代理机构办理。

第二十一条 在专利申请公布或者公告前，专利局工作人员及有关人员对其内容负有保密责任。

第二章 授予专利权的条件

第二十二条 授予专利权的发明和实用新型，应当具备新颖性、创造性和实用性。

新颖性，是指在申请日以前没有同样的发明或者实用新型在国内外出版物上公开发表过、在国内公开使用过或者以其他方式为公众所知，也没有同样的发明或者实用新型由他人向专利局提出过申请并且记载在申请日以后公布的专利申请文件中。

创造性，是指同申请日以前已有的技术相比，该发明有突出的实质性特点和显著的进步，该实用新型有实质性特点和进步。

实用性，是指该发明或者实用新型能够制造或者使用，并且能够产生积极效果。

第二十三条 授予专利权的外观设计，应当同申请日以前在国内外出版物上公开发表过或者国内公开使用过的外观设计不相同或者不相近似。

第二十四条 申请专利的发明创造在申请日以前六个月内，有下列情形之一的，不丧失新颖性：

一、在中国政府主办或者承认的国际展览会上首次展出的；

二、在规定的学术会议或者技术会议上首次发表的；

三、他人未经申请人同意而泄露其内容的。

第二十五条 对下列各项，不授予专利权：

一、科学发现；

二、智力活动的规则和方法；

三、疾病的诊断和治疗方法；

四、食品、饮料和调味品；

五、药品和用化学方法获得的物质；

六、动物和植物品种；

七、用原子核变换方法获得的物质。

对上款第四项至第六项所列产品的生产方法，可以依照本法规定授予专利权。

第三章 专利的申请

第二十六条 申请发明或者实用新型专利的，应当提交请求书、说明书及其摘要和权利要求书等文件。

请求书应当写明发明或者实用新型的名称，发明人或者设计人的姓名，申请人姓名或者名称、地址，以及其他事项。

说明书应当对发明或者实用新型作出清楚、完整的说明，以所属技术领域的技术人员能够实现为准；必要的时候，应当有附图。摘要应当简要说明发明或者实用新型的技术要点。

权利要求书应当以说明书为依据，说明要求专利保护的范围。

第二十七条 申请外观设计专利的，应当提交请求书以及该外观设计的图片或者照片等文件，并且应当写明使用该外观设计的产品及其所属的类别。

第二十八条 专利局收到专利申请文件之日为申请日。如果申请文件是邮寄的，以寄出的邮戳日为申请日。

第二十九条 外国申请人就同一发明或者实用新型在外国第一次提出专利申请之日起十二个月内，或者就同一外观设计在外国第一次提出专利申请之日起六个月内，又在中国提出申请的，依照其所属国同中国签订的协议或者共同参加的国际条约，或者依照相互承认优先权的原则，可以享有优先权，即以其在外国第一次提出申请之日为申请日。

申请人要求优先权，有本法第二十四条所列情形之一的，优先权的期限自该情形发生之日起计算。

第三十条 申请人要求优先权的，应当在申请的时候提出书面声明，写明在外国提出申请的申请日和受理该申请的国家，并且在三个月内提交经该国受理机关证明的该申请文件副本；未提出书面声明或者逾期未提交文件的，即被视为未要求优先权。

第三十一条 一件发明或者实用新型专利申请应当限于一项发明或者实用新型。属于一个总的发明构思的两项以上的发明或者实用新型，可以作为一件申请提出。

一件外观设计专利申请应当限于一种产品所使用的一项外观设计。用于同一类别并且成套出售或者使用的产品的两项以上的外观设计，可以作为一件申请提出。

第三十二条 申请人可以在被授予专利权之前随时撤回其专利申请。

第三十三条 申请人可以对其专利申请文件进行修改，但是不得超出原说明书记载的范围。

第四章 专利申请的审查和批准

第三十四条 专利局收到发明专利申请后，经初步审查认为符合本法要求的，自申请日起十八个月内，予以公布。专利局可以根据申请人的请求早日公布其申请。

第三十五条 发明专利申请自申请日起三年内，专利局可以根据申请人随时提出的请求，对其申请进行实质审查；申请人无正当理由逾期不请求实质审查的，该申请即被视为撤回。

专利局认为必要的时候，可以自行对发明专利申请进行实质审查。

第三十六条 发明专利的申请人请求实质审查的时候，应当提交在申请日前与其发明有关的参考资料。

发明专利已经在外国提出过申请的，申请人请求实质审查的时候，应当提交该国为审查其申请进行检索的资料或者审查结果的资料；无正当理由不提交的，该申请即被视为撤回。

第三十七条 专利局对发明专利申请进行实质审查后，认为不符合本法规定的，应当通知申请人，要求其在指定的期限内陈述意见，或者对其申请进行修改；无正当理由逾期不答复的，该申请即被视为撤回。

第三十八条 发明专利申请经申请人陈述意见或者进行修改后，专利局仍然认为不符合本法规定的，应当予以驳回。

第三十九条 发明专利申请经实质审查没有发现驳回理由的，专利局应当作出审定，予以公告，并通知申请人。

第四十条 专利局收到实用新型和外观设计专利申请后，经初步审查认为符合本法要求的，不再进行实质审查，即行公告，并通知申请人。

第四十一条 专利申请自公告之日起三个月内，任何人都可以依照本法规定向专利局对该申请提出异议。专利局应当将异议的副本送交申请人，申请人应当在收到异议副本之日起三个月内提出书面答复；无正当理由逾期不提出书面答复的，该申请即被视为撤回。

第四十二条 专利局经审查认为异议成立的，应当作出驳回申请的决定，并通知异议人和申请人。

第四十三条 专利局设立专利复审委员会。申请人对专利局驳回申请的决定不服的，可以在收到通知之日起三个月内，向专利复审委员会请求复审。专利复审委员会复审后，作出决定，并通知申请人。

发明专利的申请人对专利复审委员会驳回复审请求的决定不服的，可以在收到通知之日起三个月内向人民法院起诉。

专利复审委员会对申请人关于实用新型和外观设计的复审请求所作出的决定为终局决定。

第四十四条 对专利申请无异议或者经审查异议不成立的，专利局应当作出授予专利权的决定，发给专利证书，并将有关事项予以登记和公告。

第五章 专利权的期限、终止和无效

第四十五条 发明专利权的期限为十五年，自申请日起计算。

实用新型和外观设计专利权的期限为五年，自申请日起计算，期满前专利权人可以申请续展三年。

专利权人享有优先权的，专利权的期限自在中国申请之日起计算。

第四十六条 专利权人应当自被授予专利权的当年开始缴纳年费。

第四十七条 有下列情形之一的，专利权在期限届满前终止：

一、没有按照规定缴纳年费的；

二、专利权人以书面声明放弃其专利权的。

专利权的终止，由专利局登记和公告。

第四十八条 专利权被授予后，任何单位或者个人认为该专利权的授予不符合本法规定的，都可以请求专利复审委员会宣告该专利权无效。

第四十九条 专利复审委员会对宣告专利权无效的请求进行审查，作出决定，并通知请求人和专利权人。宣告专利权无效的决定，由专利局登记和公告。

对专利复审委员会宣告发明专利权无效或者维持发明专利权的决定不服的，可以在收到通知之日起三个月内向人民法院起诉。

专利复审委员会对宣告实用新型和外观设计专利权无效的请求所作出的决定为终局决定。

第五十条 宣告无效的专利权视为自始即不存在。

第六章 专利实施的强制许可

第五十一条 专利权人负有自己在中国制造其专利产品、使用其专利方法或者许可他人在中国制造其专利产品、使用其专利方法的义务。

第五十二条 发明和实用新型专利权人自专利权被授予之日起满三年，无正当理由没有履行本法第五十一条规定的义务的，专利局根据具备实施条件的单位的申请，可以给予实施该专利的强制许可。

第五十三条 一项取得专利权的发明或者实用新型比前已经取得专利权的发明或者实用新型在技术上先进，其实施又有赖于前一发明或者实用新型的实施的，专利局根据后一专利权人的申请，可以给予实施前一发明或者实用新型的强制许可。

在依照上款规定给予实施强制许可的情形下，专利局根据前一专利权人的申请，也可以给予实施后一发明或者实用新型的强制许可。

第五十四条 依照本法规定申请实施强制许可的单位或者个人，应当提出未能以合理条件与专利权人签订实施许可合同的证明。

第五十五条 专利局作出的给予实施强制许可的决定，应当予以登记和公告。

第五十六条 取得实施强制许可的单位或者个人不享有独占的实施权，并且无权允许他人实施。

第五十七条 取得实施强制许可的单位或者个人应当付给专利权人合理的使用费，其数额由双方商定；双方不能达成协议的，由专利局裁决。

第五十八条 专利权人对专利局关于实施强制许可的决定或者关于实施强制许可的使用费的裁决不服的，可以在收到通知之日起三个月内向人民法院起诉。

第七章 专利权的保护

第五十九条 发明或者实用新型专利权的保护范围以其权利要求的内容为准，说明书及附图可以用于解释权利要求。

外观设计专利权的保护范围以表示在图片或者照片中的该外观设计专利产品为准。

第六十条 对未经专利权人许可，实施其专利的侵权行为，专利权人或者利害关系人可以请求专利管理机关进行处理，也可以直接向人民法院起诉。专利管理机关处理的时候，有权责令侵权人停止侵权行为，并赔偿损失；当事人不服的，可以在收到通知之日起三个月内向人民法院起诉；期满不起诉又不履行的，专利管理机关可以请求人民法院强制执行。

在发生侵权纠纷的时候，如果发明专利是一项产品的制造方法，制造同样产品的单位或者个人应当提供其产品制造方法的证明。

第六十一条 侵犯专利权的诉讼时效为二年，自专利权人或者利害关系人得知或者应当得知侵权行为之日起计算。

第六十二条 有下列情形之一的，不视为侵犯专利权：

一、专利权人制造或者经专利权人许可制造的专利产品售出后，使用或者销售该产品的；

二、使用或者销售不知道是未经专利权人许可而制造并售出的专利产品的；

三、在专利申请日前已经制造相同产品、使用相同方法或者已经作好制造、使用的必要准备，并且仅在原有范围内继续制造、使用的；

四、临时通过中国领土、领水、领空的外国运输工具，依照其所属国同中国签订的协议或者共同参加的国际条约，或者依照互惠原则，为运输工具自身需要而在其装置和设备中使用有关专利的；

五、专为科学研究和实验而使用有关专利的。

第六十三条 假冒他人专利的，依照本法第六十条的规定处理；情节严重的，对直接责任人员比照刑法第一百二十七条的规定追究刑事责任。

第六十四条 违反本法第二十条规定，擅自向外国申请专利，泄露国家重要机密的，由所在单位或者上级主管机关给予行政处分；情节严重的，依法追究刑事责任。

第六十五条 侵夺发明人或者设计人的非职务发明创造专利申请权和本法规定的其他权益的，由所在单位或者上级主管机关给予行政处分。

第六十六条 专利局工作人员及有关国家工作人员徇私舞弊的，由专利局或者有关主管机关给予行政处分；情节严重的，比照刑法第一百八十八条的规定追究刑事责任。

第八章 附 则

第六十七条 向专利局申请专利和办理其他手续，应当按照规定缴纳费用。

第六十八条 本法实施细则由专利局制订，报国务院批准后施行。

第六十九条 本法自一九八五年四月一日起施行。

中华人民共和国水污染防治法

（一九八四年五月十一日第六届全国人民代表大会常务委员会第五次会议通过　一九八四年五月十一日中华人民共和国主席令第十二号公布　一九八四年十一月一日起施行）

目　录

第一章　总　　则

第一条　为防治水污染，保护和改善环境，以保障人体健康，保证水资源的有效利用，促进社会主义现代化建设的发展，特制定本法。

第二条　本法适用于中华人民共和国领域内的江河、湖泊、运河、渠道、水库等地表水体以及地下水体的污染防治。

海洋污染防治另由法律规定，不适用本法。

第三条　国务院有关部门和地方各级人民政府，必须将水环境保护工作纳入计划，采取防治水污染的对策和措施。

第四条　各级人民政府的环境保护部门是对水污染防治实施统一监督管理的机关。

各级交通部门的航政机关是对船舶污染实施监督管理的机关。

各级人民政府的水利管理部门、卫生行政部门、地质矿产部门、市政管理部门、重要江河的水源保护机构，结合各自的职责，协同环境保护部门对水污染防治实施监督管理。

第五条　一切单位和个人都有责任保护水环境，并有权对污染损害水环境的行为进行监督和检举。

因水污染危害直接受到损失的单位和个人，有权要求致害者排除危害和赔偿损失。

第二章　水环境质量标准和污染物排放标准的制定

第六条　国务院环境保护部门制定国家水环境质量标准。

省、自治区、直辖市人民政府可以对国家水环境质量标准中未规定的项目，制定地方补充标准，并报国务院环境保护部门备案。

第七条　国务院环境保护部门根据国家水环境质量标准和国家经济、技术条件，制定国家污染物排放标准。

省、自治区、直辖市人民政府对执行国家污染物排放标准不能保证达到水环境质量标准的水体，可以制定严于国家污染物排放标准的地方污染物排放标准，并报国务院环境保护部门备案。

凡是向已有地方污染物排放标准的水体排放污染物的，应当执行地方污染物排放标准。

第八条　国务院环境保护部门和省、自治区、直辖市人民政府，应当根据水污染防治的要求和国家经济、技术条件，适时修订水环境质量标准和污染物排放标准。

第三章　水污染防治的监督管理

第九条　国务院有关部门和地方各级人民政府在开发、利用和调节、调度水资源的时候，应当统筹兼顾，维护江河的合理流量和湖泊、水库以及地下水体的合理水位，维护水体的自然净化能力。

第十条　国务院有关部门和地方各级人民政府必须把保护城市水源和防治城市水污染纳入城市建设规划，建设和完善城市排水管网和污水处理设施。

第十一条　国务院有关部门和地方各级人民政府应当合理规划工业布局，对造成水污染的企业进行整顿和技术改造，采取综合防治措施，提高水的重复利用率，合理利用资源，减少废水和污染物排放量。

第十二条　县级以上人民政府可以对生活饮用水源地、风景名胜区水体、重要渔业水体和其他具有特殊经济文化价值的水体，划定保护区，并采取措施，保证保护区的水质符合规定用途的水质标准。

第十三条　新建、扩建、改建直接或者间接向水体排放污染物的建设项目和其他水上设施，必须遵守国家有关建设项目环境保护管理的规定。

建设项目的环境影响报告书，必须对建设项目可能产生的水污染和对生态环境的影响作出评价，规定防治的措施，按照规定的程序报经有关环境保护部门审查批准。在运河、渠道、水库等水利工程内设置排污口，应当经过有关水利工程管理部门同意。

建设项目投入生产或者使用的时候，其水污染防治设施必须经过环境保护部门检验，达不到规定要求的，该建设项目不准投入生产或者使用。

第十四条　直接或者间接向水体排放污染物的企

业事业单位，应当按照国务院环境保护部门的规定，向所在地的环境保护部门申报登记拥有的污染物排放设施、处理设施和在正常作业条件下排放污染物的种类、数量和浓度，并提供防治水污染方面的有关技术资料。

排放污染物的种类、数量和浓度有重大改变的，应当及时申报。拆除或者闲置污染物处理设施的，应当提前申报，并征得所在地的环境保护部门的同意。

第十五条 企业事业单位向水体排放污染物的，按照国家规定缴纳排污费；超过国家或者地方规定的污染物排放标准的，按照国家规定缴纳超标准排污费，并负责治理。

第十六条 对造成水体严重污染的排污单位，限期治理。

中央或者省、自治区、直辖市人民政府直接管辖的企业事业单位的限期治理，由省、自治区、直辖市人民政府的环境保护部门提出意见，报同级人民政府决定。市、县或者市、县以下人民政府管辖的企业事业单位的限期治理，由市、县人民政府的环境保护部门提出意见，报同级人民政府决定。排污单位应当如期完成治理任务。

第十七条 在生活饮用水源受到严重污染，威胁供水安全等紧急情况下，环境保护部门应当报经同级人民政府批准，采取强制性的应急措施，包括责令有关企业事业单位减少或者停止排放污染物。

第十八条 各级人民政府的环境保护部门和有关的监督管理部门，有权对管辖范围内的排污单位进行现场检查，被检查的单位必须如实反映情况，提供必要的资料。检查机关有责任为被检查的单位保守技术秘密和业务秘密。

第四章　防止地表水污染

第十九条 在生活饮用水源地、风景名胜区水体、重要渔业水体和其他有特殊经济文化价值的水体的保护区内，不得新建排污口。在保护区附近新建排污口，必须保证保护区水体不受污染。

本法公布前已有的排污口，排放污染物超过国家或者地方标准的，应当治理；危害饮用水源的排污口，应当搬迁。

第二十条 排污单位发生事故或者其他突然性事件，排放污染物超过正常排放量，造成或者可能造成水污染事故的，必须立即采取应急措施，通报可能受到水污染危害和损害的单位，并向当地环境保护部门报告。船舶造成污染事故的，应当向就近的航政机关报告，接受调查处理。

第二十一条 禁止向水体排放油类、酸液、碱液或者剧毒废液。

第二十二条 禁止在水体清洗装贮过油类或者有毒污染物的车辆和容器。

第二十三条 禁止将含有汞、镉、砷、铬、铅、氰化物、黄磷等的可溶性剧毒废渣向水体排放、倾倒或者直接埋入地下。

存放可溶性剧毒废渣的场所，必须采取防水、防渗漏、防流失的措施。

第二十四条 禁止向水体排放、倾倒工业废渣、城市垃圾和其他废弃物。

第二十五条 禁止在江河、湖泊、运河、渠道、水库最高水位线以下的滩地和岸坡堆放、存贮固体废弃物和其他污染物。

第二十六条 禁止向水体排放或者倾倒放射性固体废弃物或者含有高放射性和中放射性物质的废水。

向水体排放含低放射性物质的废水，必须符合国家有关放射防护的规定和标准。

第二十七条 向水体排放含热废水，应当采取措施，保证水体的水温符合水环境质量标准，防止热污染危害。

第二十八条 排放含病原体的污水，必须经过消毒处理；符合国家有关标准后，方准排放。

第二十九条 向农田灌溉渠道排放工业废水和城市污水，应当保证其下游最近的灌溉取水点的水质符合农田灌溉水质标准。

利用工业废水和城市污水进行灌溉，应当防止污染土壤、地下水和农产品。

第三十条 使用农药，应当符合国家有关农药安全使用的规定和标准。

运输、存贮农药和处置过期失效农药，必须加强管理，防止造成水污染。

第三十一条 船舶排放含油污水、生活污水，必须符合船舶污染物排放标准。从事海洋航运的船舶，进入内河和港口的，应当遵守内河的船舶污染物排放标准。

船舶的残油、废油必须回收，禁止排入水体。

禁止向水体倾倒船舶垃圾。

船舶装载运输油类或者有毒货物，必须采取防止溢流和渗漏的措施，防止货物落水造成水污染。

第五章　防止地下水污染

第三十二条 禁止企业事业单位利用渗井、渗坑、裂隙和溶洞排放、倾倒含有毒污染物的废水、含病原体的污水和其他废弃物。

第三十三条 在无良好隔渗地层，禁止企业事业单位使用无防止渗漏措施的沟渠、坑塘等输送或者存贮含有毒污染物的废水、含病原体的污水和其他废弃物。

第三十四条 在开采多层地下水的时候，如果各含水层的水质差异大，应当分层开采；对已受污染的潜水和承压水，不得混合开采。

第三十五条 兴建地下工程设施或者进行地下勘探、采矿等活动，应当采取防护性措施，防止地下水污染。

第三十六条 人工回灌补给地下水，不得恶化地下水质。

第六章 法律责任

第三十七条 违反本法规定，有下列行为之一的，环境保护部门或者交通部门的航政机关可以根据不同情节，给予警告或者处以罚款：

（一）拒报或者谎报国务院环境保护部门规定的有关污染物排放申报登记事项的；

（二）建设项目的水污染防治设施没有建成或者没有达到国家有关建设项目环境保护管理的规定的要求，投入生产或者使用的；

（三）拒绝环境保护部门或者有关的监督管理部门现场检查，或者弄虚作假的；

（四）违反本法第四章、第五章有关规定，贮存、堆放、弃置、倾倒、排放污染物、废弃物的；

（五）不按国家规定缴纳排污费或者超标准排污费的。

罚款的办法和数额由本法实施细则规定。

第三十八条 造成水体严重污染的企业事业单位，经限期治理，逾期未完成治理任务的，除按照国家规定征收两倍以上的超标准排污费外，可以根据所造成的危害和损失处以罚款，或者责令其停业或者关闭。

罚款由环境保护部门决定。责令企业事业单位停业或者关闭，由作出限期治理决定的地方人民政府决定；责令中央直接管辖的企业事业单位停业或者关闭的，须报经国务院批准。

第三十九条 违反本法规定，造成水污染事故的企业事业单位，由环境保护部门或者交通部门的航政机关根据所造成的危害和损失处以罚款；情节较重的，对有关责任人员，由所在单位或者上级主管机关给予行政处分。

第四十条 当事人对行政处罚决定不服的，可以在收到通知之日起十五天内，向人民法院起诉；期满不起诉又不履行的，由作出处罚决定的机关申请人民法院强制执行。

第四十一条 造成水污染危害的单位，有责任排除危害，并对直接受到损失的单位或者个人赔偿损失。

赔偿责任和赔偿金额的纠纷，可以根据当事人的请求，由环境保护部门或者交通部门的航政机关处理；当事人对处理决定不服的，可以向人民法院起诉。当事人也可以直接向人民法院起诉。

水污染损失由第三者故意或者过失所引起的，第三者应当承担责任。

水污染损失由受害者自身的责任所引起的，排污单位不承担责任。

第四十二条 完全由于不可抗拒的自然灾害，并经及时采取合理措施，仍然不能避免造成水污染损失的，免予承担责任。

第四十三条 违反本法规定，造成重大水污染事故，导致公私财产重大损失或者人身伤亡的严重后果的，对有关责任人员可以比照刑法第一百一十五条或者第一百八十七条的规定，追究刑事责任。

第七章 附 则

第四十四条 本法中下列用语的含义是：

（一）"水污染"是指水体因某种物质的介入，而导致其化学、物理、生物或者放射性等方面特性的改变，从而影响水的有效利用，危害人体健康或者破坏生态环境，造成水质恶化的现象。

（二）"污染物"是指能导致水污染的物质。

（三）"有毒污染物"是指那些直接或者间接为生物摄入体内后，导致该生物或者其后代发病、行为反常、遗传异变、生理机能失常、机体变形或者死亡的污染物。

（四）"油类"是指任何类型的油及其炼制品。

（五）"渔业水体"是指划定的鱼虾类的产卵场、索饵场、越冬场、回游通道和鱼虾贝藻类的养殖场。

第四十五条 国务院环境保护部门根据本法制定实施细则，报国务院批准后施行。

第四十六条 本法自一九八四年十一月一日起施行。

中华人民共和国民族区域自治法

（一九八四年五月三十一日第六届全国人民代表大会第二次会议通过 一九八四年五月三十一日中华人民共和国主席令第十三号公布 一九八四年十月一日起施行）

目 录

序　　言

中华人民共和国是全国各族人民共同缔造的统一的多民族国家。民族区域自治是中国共产党运用马克思列宁主义解决我国民族问题的基本政策，是国家的一项重要政治制度。

民族区域自治是在国家统一领导下，各少数民族聚居的地方实行区域自治，设立自治机关，行使自治权。实行民族区域自治，体现了国家充分尊重和保障各少数民族管理本民族内部事务权利的精神，体现了国家坚持实行各民族平等、团结和共同繁荣的原则。

实行民族区域自治，对发挥各族人民当家作主的积极性，发展平等、团结、互助的社会主义民族关系，巩固国家的统一，促进民族自治地方和全国社会主义建设事业的发展，都起了巨大的作用。今后，民族区域自治制度将在国家的社会主义现代化建设进程中发挥更大的作用。

实践证明，坚持实行民族区域自治，必须切实保障民族自治地方根据本地实际情况贯彻执行国家的法律和政策；必须大量培养少数民族的各级干部、各种专业人才和技术工人；民族自治地方必须发扬自力更生、艰苦奋斗精神，努力发展本地方的社会主义建设事业，为国家建设作出贡献；国家根据国民经济和社会发展计划，努力帮助民族自治地方加速经济和文化的发展。在维护民族团结的斗争中，要反对大民族主义，主要是大汉族主义，也要反对地方民族主义。

民族自治地方的各族人民和全国人民一道，在中国共产党的领导下，在马克思列宁主义、毛泽东思想的指引下，坚持人民民主专政，坚持社会主义道路，集中力量进行社会主义现代化建设，加速民族自治地方经济、文化的发展，建设团结、繁荣的民族自治地方，为各民族的共同繁荣，把祖国建设成为高度文明、高度民主的社会主义国家而努力奋斗。

中华人民共和国民族区域自治法是实施宪法规定的民族区域自治制度的基本法律。

第一章　总　　则

第一条　中华人民共和国民族区域自治法，根据中华人民共和国宪法制定。

第二条　各少数民族聚居的地方实行区域自治。

民族自治地方分为自治区、自治州、自治县。

各民族自治地方都是中华人民共和国不可分离的部分。

第三条　民族自治地方设立自治机关，自治机关是国家的一级地方政权机关。

民族自治地方的自治机关实行民主集中制的原则。

第四条　民族自治地方的自治机关行使宪法第三章第五节规定的地方国家机关的职权，同时依照宪法和本法以及其他法律规定的权限行使自治权，根据本地方的实际情况贯彻执行国家的法律、政策。

自治州的自治机关行使下设区、县的市的地方国家机关的职权，同时行使自治权。

第五条　民族自治地方的自治机关必须维护国家的统一，保证宪法和法律在本地方的遵守和执行。

第六条　民族自治地方的自治机关领导各族人民集中力量进行社会主义现代化建设。

民族自治地方的自治机关根据本地方的情况，在不违背宪法和法律的原则下，有权采取特殊政策和灵活措施，加速民族自治地方经济、文化建设事业的发展。

民族自治地方的自治机关在国家计划的指导下，从实际出发，不断提高劳动生产率和经济效益，发展社会生产力，逐步提高各民族人民的物质生活水平。

民族自治地方的自治机关继承和发扬民族文化的优良传统，建设具有民族特点的社会主义精神文明，不断提高各民族人民的社会主义觉悟和科学文化水平。

第七条　民族自治地方的自治机关要把国家的整体利益放在首位，积极完成上级国家机关交给的各项任务。

第八条　上级国家机关保障民族自治地方的自治机关行使自治权，并且依据民族自治地方的特点和需要，努力帮助民族自治地方加速发展社会主义建设事业。

第九条　上级国家机关和民族自治地方的自治机关维护和发展各民族的平等、团结、互助的社会主义民族关系。禁止对任何民族的歧视和压迫，禁止破坏民族团结和制造民族分裂的行为。

第十条　民族自治地方的自治机关保障本地方各民族都有使用和发展自己的语言文字的自由，都有保持或者改革自己的风俗习惯的自由。

第十一条　民族自治地方的自治机关保障各民族公民有宗教信仰自由。

任何国家机关、社会团体和个人不得强制公民信仰宗教或者不信仰宗教，不得歧视信仰宗教的公民和不信仰宗教的公民。

国家保护正常的宗教活动。任何人不得利用宗教进行破坏社会秩序、损害公民身体健康、妨碍国家教育制度的活动。

宗教团体和宗教事务不受外国势力的支配。

第二章　民族自治地方的建立和自治机关的组成

第十二条　少数民族聚居的地方，根据当地民族关系、经济发展等条件，并参酌历史情况，可以建立以一个或者几个少数民族聚居区为基础的自治地方。

民族自治地方内其他少数民族聚居的地方，建立相应的自治地方或者民族乡。

民族自治地方依据本地方的实际情况，可以包括一部分汉族或者其他民族的居民区和城镇。

第十三条　民族自治地方的名称，除特殊情况外，按照地方名称、民族名称、行政地位的顺序组成。

第十四条　民族自治地方的建立、区域界线的划分、名称的组成，由上级国家机关会同有关地方的国家机关，和有关民族的代表充分协商拟定，按照法律规定的程序报请批准。

民族自治地方的区域界线一经确定，不得轻易变动；需要变动的时候，由上级国家机关的有关部门和民族自治地方的自治机关充分协商拟定，报国务院批准。

第十五条　民族自治地方的自治机关是自治区、自治州、自治县的人民代表大会和人民政府。

民族自治地方的人民政府对本级人民代表大会和上一级国家行政机关负责并报告工作，在本级人民代表大会闭会期间，对本级人民代表大会常务委员会负责并报告工作。各民族自治地方的人民政府都是国务院统一领导下的国家行政机关，都服从国务院。

民族自治地方的自治机关的组织和工作，根据宪法和法律，由民族自治地方的自治条例或者单行条例规定。

第十六条　民族自治地方的人民代表大会中，除实行区域自治的民族的代表外，其他居住在本行政区域内的民族也应当有适当名额的代表。

民族自治地方的人民代表大会中，实行区域自治的民族和其他少数民族代表的名额和比例，根据法律规定的原则，由省、自治区的人民代表大会常务委员会决定，并报全国人民代表大会常务委员会备案。

民族自治地方的人民代表大会常务委员会中应当有实行区域自治的民族的公民担任主任或者副主任。

第十七条　自治区主席、自治州州长、自治县县长由实行区域自治的民族的公民担任。自治区、自治州、自治县的人民政府的其他组成人员，要尽量配备实行区域自治的民族和其他少数民族的人员。

民族自治地方的人民政府实行自治区主席、自治州州长、自治县县长负责制。自治区主席、自治州州长、自治县县长，分别主持本级人民政府的工作。

第十八条　民族自治地方的自治机关所属工作部门的干部中，要尽量配备实行区域自治的民族和其他少数民族的人员。

第三章　自治机关的自治权

第十九条　民族自治地方的人民代表大会有权依照当地民族的政治、经济和文化的特点，制定自治条例和单行条例。自治区的自治条例和单行条例，报全国人民代表大会常务委员会批准后生效。自治州、自治县的自治条例和单行条例，报省或者自治区的人民代表大会常务委员会批准后生效，并报全国人民代表大会常务委员会备案。

第二十条　上级国家机关的决议、决定、命令和指示，如有不适合民族自治地方实际情况的，自治机关可以报经该上级国家机关批准，变通执行或者停止执行。

第二十一条　民族自治地方的自治机关在执行职务的时候，依照本民族自治地方自治条例的规定，使用当地通用的一种或者几种语言文字；同时使用几种通用的语言文字执行职务的，可以以实行区域自治的民族的语言文字为主。

第二十二条　民族自治地方的自治机关根据社会主义建设的需要，采取各种措施从当地民族中大量培养各级干部、各种科学技术、经营管理等专业人才和技术工人，充分发挥他们的作用，并且注意在少数民族妇女中培养各级干部和各种专业技术人才。

民族自治地方的自治机关可以采取特殊措施，优待、鼓励各种专业人员参加自治地方各项建设工作。

第二十三条　民族自治地方的企业、事业单位在招收人员的时候，要优先招收少数民族人员；并且可以从农村和牧区少数民族人口中招收。自治州、自治县从农村和牧区少数民族人口中招收人员，须报省或者自治区人民政府批准。

第二十四条　民族自治地方的自治机关依照国家的军事制度和当地的实际需要，经国务院批准，可以组织本地方维护社会治安的公安部队。

第二十五条　民族自治地方的自治机关在国家计划的指导下，自主地安排和管理地方性的经济建设事业。

第二十六条　民族自治地方的自治机关在国家计划的指导下，根据本地方的特点和需要，制定经济建设的方针、政策和计划。

第二十七条　民族自治地方的自治机关在坚持社会主义原则的前提下，根据法律规定和本地方经济发展的特点，合理调整生产关系，改革经济管理体制。

民族自治地方的自治机关根据法律规定，确定本地方内草场和森林的所有权和使用权。

第二十八条　民族自治地方的自治机关依照法律规定，管理和保护本地方的自然资源。

民族自治地方的自治机关保护、建设草原和森林，组织和鼓励植树种草。禁止任何组织或者个人利用任何手段破坏草原和森林。

民族自治地方的自治机关根据法律规定和国家的统一规划，对可以由本地方开发的自然资源，优先合理开发利用。

第二十九条　民族自治地方的自治机关在国家计划的指导下，根据本地方的财力、物力和其他具体条件，自主地安排地方基本建设项目。

第三十条　民族自治地方的自治机关自主地管理隶属于本地方的企业、事业。

第三十一条　民族自治地方的自治机关自主地安排利用完成国家计划收购、上调任务以外的工农业产品和其他土特产品。

第三十二条 民族自治地方依照国家规定，可以开展对外经济贸易活动，经国务院批准，可以开辟对外贸易口岸。

与外国接壤的民族自治地方经国务院批准，开展边境贸易。

民族自治地方的自治机关在对外经济贸易活动中，在外汇留成等方面享受国家的优待。

第三十三条 民族自治地方的财政是一级财政，是国家财政的组成部分。

民族自治地方的自治机关有管理地方财政的自治权。凡是依照国家财政体制属于民族自治地方的财政收入，都应当由民族自治地方的自治机关自主地安排使用。

民族自治地方的财政收入和财政支出的项目，由国务院按照优待民族自治地方的原则规定。

民族自治地方依照国家财政体制的规定，财政收入多于财政支出的，定额上缴上级财政，上缴数额可以一定几年不变；收入不敷支出的，由上级财政机关补助。

民族自治地方的财政预算支出，按照国家规定，设机动资金，预备费在预算中所占比例高于一般地区。

民族自治地方的自治机关在执行财政预算过程中，自行安排使用收入的超收和支出的节余资金。

第三十四条 民族自治地方的自治机关对本地方的各项开支标准、定员、定额，根据国家规定的原则，结合本地方的实际情况，可以制定补充规定和具体办法。自治区制定的补充规定和具体办法，报国务院备案；自治州、自治县制定的补充规定和具体办法，须报省或者自治区人民政府批准。

第三十五条 民族自治地方的自治机关在执行国家税法的时候，除应由国家统一审批的减免税收项目以外，对属于地方财政收入的某些需要从税收上加以照顾和鼓励的，可以实行减税或者免税。自治州、自治县决定减税或者免税，须报省或者自治区人民政府批准。

第三十六条 民族自治地方的自治机关根据国家的教育方针，依照法律规定，决定本地方的教育规划，各级各类学校的设置、学制、办学形式、教学内容、教学用语和招生办法。

第三十七条 民族自治地方的自治机关自主地发展民族教育，扫除文盲，举办各类学校，普及初等义务教育，发展中等教育；举办民族师范学校、民族中等专业学校、民族职业学校和民族学院，培养各少数民族专业人才。

民族自治地方的自治机关可以为少数民族牧区和经济困难、居住分散的少数民族山区，设立以寄宿为主和助学金为主的公办民族小学和民族中学。

招收少数民族学生为主的学校，有条件的应当采用少数民族文字的课本，并用少数民族语言讲课；小学高年级或者中学设汉文课程，推广全国通用的普通话。

第三十八条 民族自治地方的自治机关自主地发展具有民族形式和民族特点的文学、艺术、新闻、出版、广播、电影、电视等民族文化事业。

民族自治地方的自治机关收集、整理、翻译和出版民族书籍，保护民族的名胜古迹、珍贵文物和其它重要历史文化遗产。

第三十九条 民族自治地方的自治机关自主地决定本地方的科学技术发展规划，普及科学技术知识。

第四十条 民族自治地方的自治机关，自主地决定本地方的医疗卫生事业的发展规划，发展现代医药和民族传统医药。

民族自治地方的自治机关加强地方病防治和妇幼卫生保健，改善卫生条件。

第四十一条 民族自治地方的自治机关自主地发展体育事业，开展民族传统体育活动，增强各族人民的体质。

第四十二条 民族自治地方的自治机关积极开展和其他地方的教育、科学技术、文化艺术、卫生、体育等方面的交流和协作。

自治区、自治州的自治机关依照国家规定，可以和国外进行教育、科学技术、文化艺术、卫生、体育等方面的交流。

第四十三条 民族自治地方的自治机关根据法律规定，制定管理流动人口的办法。

第四十四条 民族自治地方的自治机关根据法律规定，结合本地方的实际情况，制定实行计划生育的办法。

第四十五条 民族自治地方的自治机关保护和改善生活环境和生态环境，防治污染和其他公害。

第四章 民族自治地方的人民法院和人民检察院

第四十六条 民族自治地方的人民法院和人民检察院对本级人民代表大会及其常务委员会负责。民族自治地方的人民检察院并对上级人民检察院负责。

民族自治地方人民法院的审判工作，受最高人民法院和上级人民法院监督。民族自治地方的人民检察院的工作，受最高人民检察院和上级人民检察院领导。

民族自治地方的人民法院和人民检察院的领导成员和工作人员中，应当有实行区域自治的民族的人员。

第四十七条 民族自治地方的人民法院和人民检察院应当用当地通用的语言检察和审理案件。保障各民族公民都有使用本民族语言文字进行诉讼的权利。对于不通晓当地通用的语言文字的诉讼参与人，应当为他们翻译。法律文书应当根据实际需要，使用当地通用的一种或者几种文字。

第五章　民族自治地方内的民族关系

第四十八条　民族自治地方的自治机关保障本地方内各民族都享有平等权利。

民族自治地方的自治机关团结各民族的干部和群众，充分调动他们的积极性，共同建设民族自治地方。

第四十九条　民族自治地方的自治机关教育和鼓励各民族的干部互相学习语言文字。汉族干部要学习当地少数民族的语言文字，少数民族干部在学习、使用本民族语言文字的同时，也要学习全国通用的普通话和汉文。

民族自治地方的国家工作人员，能够熟练使用两种以上当地通用的语言文字的，应当予以奖励。

第五十条　民族自治地方的自治机关帮助聚居在本地方的其他少数民族，建立相应的自治地方或者民族乡。

民族自治地方的自治机关帮助本地方各民族发展经济、教育、科学、文化、卫生、体育事业。

民族自治地方的自治机关照顾本地方散居民族的特点和需要。

第五十一条　民族自治地方的自治机关在处理涉及本地方各民族的特殊问题的时候，必须与他们的代表充分协商，尊重他们的意见。

第五十二条　民族自治地方的自治机关保障本地方内各民族公民都享有宪法规定的公民权利，并且教育他们履行公民应尽的义务。

第五十三条　民族自治地方的自治机关提倡爱祖国、爱人民、爱劳动、爱科学、爱社会主义的公德，对本地方内各民族公民进行爱国主义、共产主义和民族政策的教育。教育各民族的干部和群众互相信任，互相学习，互相帮助，互相尊重语言文字、风俗习惯和宗教信仰，共同维护国家的统一和各民族的团结。

第六章　上级国家机关的领导和帮助

第五十四条　上级国家机关有关民族自治地方的决议、决定、命令和指示，应当适合民族自治地方的实际情况。

第五十五条　上级国家机关从财政、物资和技术等方面，帮助各民族自治地方加速发展经济建设和文化建设事业。

上级国家机关在制定国民经济和社会发展计划的时候，应当照顾民族自治地方的特点和需要。

第五十六条　国家设立各项专用资金，扶助民族自治地方发展经济文化建设事业。

国家设立的各项专用资金和临时性的民族补助专款，任何部门不得扣减、截留、挪用，不得用以顶替民族自治地方的正常的预算收入。

第五十七条　上级国家机关根据国家的民族贸易政策，对民族自治地方的商业、供销和医药企业，给予照顾。

第五十八条　上级国家机关合理核定或者调整民族自治地方的财政收入和支出的基数。

第五十九条　上级国家机关在分配生产资料和生活资料的时候，应当照顾民族自治地方的需要。

上级国家机关在制定民族自治地方的工、农业产品和其他土特产品的收购、上调计划的时候，应当照顾民族自治地方和生产者的利益，确定合理的上调基数或者购留比例。

第六十条　上级国家机关在投资、贷款、税收以及生产、供应、运输、销售等方面，扶持民族自治地方合理利用本地资源发展地方工业，发展交通、能源，发展和改进少数民族特需商品和传统手工业品的生产。

第六十一条　上级国家机关应当组织和支持经济发达地区与民族自治地方开展经济、技术协作，帮助和促进民族自治地方提高经营管理水平和生产技术水平。

第六十二条　国家在民族自治地方开发资源、进行建设的时候，应当照顾民族自治地方的利益，作出有利于民族自治地方经济建设的安排，照顾当地少数民族的生产和生活。

上级国家机关隶属的在民族自治地方的企业事业单位，在招收人员的时候，应当优先招收当地少数民族人员。

上级国家机关隶属的在民族自治地方的企业事业单位，要尊重当地自治机关的自治权，接受当地自治机关的监督。

第六十三条　上级国家机关非经民族自治地方自治机关同意，不得改变民族自治地方所属企业的隶属关系。

第六十四条　上级国家机关帮助民族自治地方从当地民族中大量培养各级干部、各种专业人才和技术工人；根据民族自治地方的需要，采取多种形式调派适当数量的教师、医生、科学技术和经营管理人员，参加民族自治地方的工作，对他们的生活待遇给予适当照顾。

第六十五条　上级国家机关帮助民族自治地方加速发展教育事业，提高当地各民族人民的科学文化水平。

国家举办民族学院，在高等学校举办民族班、民族预科，专门招收少数民族学生，并且可以采取定向招生、定向分配的办法。高等学校和中等专业学校招收新生的时候，对少数民族考生适当放宽录取标准和条件。

第六十六条　上级国家机关应当对各民族的干部和群众加强民族政策的教育，经常检查民族政策和有关法律的遵守和执行。

第七章　附　　则

第六十七条　本法由全国人民代表大会通过，自一九八四年十月一日起施行。

中华人民共和国兵役法

（一九八四年五月三十一日第六届全国人民代表大会第二次会议通过　一九八四年五月三十一日中华人民共和国主席令第十四号公布　一九八四年十月一日起施行）

目　录

第一章　总　则

第一条　根据中华人民共和国宪法第五十五条"保卫祖国、抵抗侵略是中华人民共和国每一个公民的神圣职责。依照法律服兵役和参加民兵组织是中华人民共和国公民的光荣义务"和其他有关条款的规定，制定本法。

第二条　中华人民共和国实行义务兵役制为主体的义务兵与志愿兵相结合、民兵与预备役相结合的兵役制度。

第三条　中华人民共和国公民，不分民族、种族、职业、家庭出身、宗教信仰和教育程度，都有义务依照本法的规定服兵役。

有严重生理缺陷或者严重残疾不适合服兵役的人，免服兵役。

依照法律被剥夺政治权利的人，不得服兵役。

第四条　中华人民共和国的武装力量，由中国人民解放军、中国人民武装警察部队和民兵组成。

第五条　兵役分为现役和预备役。在中国人民解放军服现役的称现役军人；编入民兵组织或者经过登记服预备役的称预备役人员。

第六条　现役军人和预备役人员，必须遵守宪法和法律，履行公民的义务，同时享有公民的权利；由于服兵役而产生的权利和义务，除本法的规定外，另由军事条令规定。

第七条　现役军人必须遵守军队的条令和条例，忠于职守，随时为保卫祖国而战斗。

预备役人员必须按照规定参加军事训练，随时准备参军参战，保卫祖国。

第八条　现役军人和预备役人员建立功勋的，得授予勋章、奖章或者荣誉称号。

第九条　中国人民解放军实行军衔制度。

第十条　全国的兵役工作，在国务院、中央军事委员会领导下，由国防部负责。

各军区按照国防部赋予的任务，负责办理本区域的兵役工作。

省军区（卫戍区、警备区）、军分区（警备区）和县、自治县、市、市辖区的人民武装部，兼各该级人民政府的兵役机关，在上级军事机关和同级人民政府领导下，负责办理本区域的兵役工作。

机关、团体、企业事业单位和乡、民族乡、镇的人民政府，依照本法的规定完成兵役工作任务。兵役工作业务，在设有人民武装部的单位，由人民武装部办理；不设人民武装部的单位，确定一个部门办理。

第二章　平时征集

第十一条　全国每年征集服现役的人数、要求和时间，由国务院和中央军事委员会的命令规定。

第十二条　每年十二月三十一日以前年满十八岁的男性公民，应当被征集服现役。当年未被征集的，在二十二岁以前，仍可以被征集服现役。

根据军队需要，可以按照前款规定征集女性公民服现役。

根据军队需要和自愿的原则，可以征集当年十二月三十一日以前未满十八岁的男女公民服现役。

第十三条　每年十二月三十一日以前年满十八岁的男性公民，都应当在当年九月三十日以前，按照县、自治县、市、市辖区的兵役机关的安排，进行兵役登记。经兵役登记和初步审查合格的，称应征公民。

第十四条　在征集期间，应征公民应当按照县、自治县、市、市辖区的兵役机关的通知，按时到指定的体格检查站进行体格检查。

应征公民符合服现役条件，并经县、自治县、市、市辖区的兵役机关批准的，被征集服现役。

第十五条　应征公民是维持家庭生活的唯一劳动力或者是正在全日制学校就学的学生，可以缓征。

第十六条　应征公民被羁押正在受侦查、起诉、审判的或者被判处徒刑、拘役、管制正在服刑的，不征集。

第三章　士兵的现役和预备役

第十七条　士兵包括义务兵和志愿兵。

第十八条　义务兵服现役的期限：陆军三年；海军、空军四年。

义务兵服现役期满，根据军队的需要和本人自愿，可以超期服现役。超期服现役的期限：陆军一年至二年；海军、空军一年。

第十九条　超期服现役的义务兵服现役满五年，已成为专业技术骨干的，由本人申请，经师级以上机关批准，可以改为志愿兵。

志愿兵服现役的期限，从改为志愿兵之日算起，至少八年，不超过十二年，年龄不超过三十五岁；军队有特殊需要，本人自愿，经军级以上机关批准，可以适当延长。

第二十条　士兵服现役期满，应当退出现役。因军队编制员额缩减需要退出现役的，经军队医院诊断证明本人健康状况不适合继续服现役的，或者因其他特殊原因需要退出现役的，经师级以上机关批准，可以提前退出现役。

第二十一条　士兵退出现役时，符合预备役条件的，由部队确定服士兵预备役；经过考核，适合担任军官职务的，服军官预备役。

退出现役的士兵，由部队确定服预备役的，在回到本人居住地以后的三十天内，到当地县、自治县、市、市辖区的兵役机关办理预备役登记。

第二十二条　按照本法第十三条规定经过兵役登记的应征公民，未被征集服现役的，服士兵预备役。

第二十三条　士兵预备役的年龄，为十八岁至三十五岁。

第二十四条　士兵预备役分为第一类和第二类。

第一类士兵预备役包括下列人员：

（一）按照本法第三十八条规定编入基干民兵组织的人员；

（二）在不建立民兵组织的单位，经过预备役登记的二十八岁以下的退出现役的士兵；

（三）经过预备役登记的二十八岁以下的专业技术人员。

第二类士兵预备役包括下列人员：

（一）按照本法第三十八条规定编入普通民兵组织的人员；

（二）在不建立民兵组织的单位，经过预备役登记的二十九岁至三十五岁的退出现役的士兵，以及其他符合士兵预备役条件的男性公民。

第一类预备役士兵，二十九岁转入第二类预备役；第二类预备役士兵，三十五岁退出预备役。

第四章　军官的现役和预备役

第二十五条　现役军官由下列人员补充：

（一）军事院校毕业的学员；

（二）在中央军事委员会批准开办的培训军官的机构受训后，经考核适合担任军官职务的士兵；

（三）高等院校、中等专业学校毕业的适合担任军官职务的学生；

（四）军队的文职干部和个别接收的非军事部门的专业技术人员。

在战时，现役军官还由下列人员补充：

（一）可以直接任命为军官的士兵；

（二）征召的预备役军官和适合服现役的非军事部门的干部。

第二十六条　预备役军官包括下列人员：

（一）退出现役转入预备役的军官；

（二）确定服军官预备役的退出现役的士兵；

（三）确定服军官预备役的高等院校毕业学生；

（四）确定服军官预备役的专职人民武装干部和民兵干部；

（五）确定服军官预备役的非军事部门的干部和专业技术人员。

第二十七条　军官服现役和服预备役的最高年龄由中国人民解放军军官服役条例规定。

第二十八条　现役军官按照规定服役已满最高年龄的，退出现役；未满最高年龄因特殊情况需要退出现役的，经批准可以退出现役。

军官退出现役时，符合服预备役条件的，转入军官预备役。

第二十九条　退出现役转入预备役的军官，退出现役确定服军官预备役的士兵，以及确定服军官预备役的高等院校毕业学生，在到达工作单位或者居住地以后的三十天内，到当地县、自治县、市、市辖区的兵役机关办理预备役登记。

适合担任军官职务的专职人民武装干部、民兵干部、非军事部门的干部和专业技术人员，由县、自治县、市、市辖区的兵役机关进行登记，报请上级军事机关批准，服军官预备役。

预备役军官按照规定服预备役已满最高年龄的，退出预备役。

第五章　军事院校从青年学生中招收的学员

第三十条　根据军队建设的需要，军事院校可以从青年学生中招收学员。招收学员的年龄，不受征集服现役年龄的限制。

第三十一条　学员完成学业考试合格的，由院校发给毕业证书，按照规定任命为现役军官或者文职干部。

第三十二条　学员学完规定的科目，考试不合格的，由院校发给结业证书，回入学前户口所在地，由县、自治县、市、市辖区的人民政府按照国家同等院校结业生的安置办法安置。

第三十三条　学员因患慢性疾病或者其他原因不宜在军事院校继续学习，经批准退学的，由院校发给肄业证书，由入学前户口所在地的县、自治县、市、市辖区的人民政府接收安置。

第三十四条　学员被开除学籍的，由入学前户口所在地的县、自治县、市、市辖区的人民政府接收，按照国家同等院校开除学籍学生的处理办法办理。

第三十五条　本法第三十一条、第三十二条、第三十三条、第三十四条的规定，也适用于从现役士兵中招收的学员。

第六章　民　　兵

第三十六条　民兵是不脱离生产的群众武装组织，是中国人民解放军的助手和后备力量。

民兵的任务是：

（一）积极参加社会主义现代化建设，带头完成生产和各项任务；

（二）担负战备勤务，保卫边疆，维护社会治安；

（三）随时准备参军参战，抵抗侵略，保卫祖国。

第三十七条　乡、民族乡、镇和企业事业单位建立民兵组织。凡十八岁至三十五岁符合服兵役条件的男性公民，除应征服现役的以外，编入民兵组织服预备役。民兵干部的年龄可以适当放宽。

不建立民兵组织的单位，按照规定对符合服兵役条件的男性公民，进行预备役登记。

第三十八条　民兵分为基干民兵和普通民兵。二十八岁以下的退出现役的士兵和经过军事训练的人员，以及选定参加军事训练的人员，编为基干民兵；其余十八岁至三十五岁符合服兵役条件的男性公民，编为普通民兵。

根据需要，吸收女性公民参加基干民兵。

陆海边疆、少数民族地区和城市有特殊情况的单位，基干民兵的年龄可以适当放宽。

第七章　预备役人员的军事训练

第三十九条　预备役士兵的军事训练，在民兵组织中进行，或者单独进行。

未服过现役的基干民兵，在十八岁至二十岁期间，应当参加三十天至四十天的军事训练；专业技术民兵的训练时间，按照实际需要适当延长。

服过现役和受过军事训练的基干民兵的复习训练，普通民兵和未编入民兵组织的预备役士兵的军事训练，按照中央军事委员会的规定进行。

第四十条　预备役军官在服预备役期间，应当参加三个月至六个月的军事训练。

第四十一条　国务院和中央军事委员会在必要的时候，可以决定预备役人员参加应急训练。

第四十二条　机关、团体、企业事业单位的预备役人员，在参加军事训练期间，由原单位照发工资和奖金，原有的福利待遇不变。

农村的预备役人员，在参加军事训练期间，由乡、民族乡、镇的人民政府采取平衡负担的办法，按照同等劳力的收入给予误工补贴。

第八章　高等院校和高级中学学生的军事训练

第四十三条　高等院校的学生在就学期间，必须接受基本军事训练。

根据国防建设的需要，对适合担任军官职务的学生，再进行短期集中训练，考核合格的，经军事机关批准，服军官预备役。

第四十四条　高等院校设军事训练机构，配备军事教员，组织实施学生的军事训练。

第四十三条第二款规定的培养预备役军官的短期集中训练，由军事部门派出现役军官与高等院校军事训练机构共同组织实施。

第四十五条　高级中学和相当于高级中学的学校，配备军事教员，对学生实施军事训练。

第四十六条　高等院校和高级中学学生的军事训练，由教育部、国防部负责。教育部门和军事部门设学生军事训练的工作机构或者配备专人，承办学生军事训练工作。

第九章　战时兵员动员

第四十七条　为了对付敌人的突然袭击，抵抗侵略，各级人民政府、各级军事机关，在平时必须做好战时兵员动员的准备工作。

第四十八条　在国家发布动员令以后，各级人民政府、各级军事机关，必须迅速实施动员：

（一）现役军人停止退出现役，休假、探亲的军人必须立即归队；

（二）预备役人员随时准备应召服现役，在接到通知后，必须准时到指定的地点报到；

（三）机关、团体、企业事业单位和乡、民族乡、镇的人民政府负责人，必须组织本单位被征召的预备役人员，按照规定的时间、地点报到；

（四）交通运输部门要优先运送应召的预备役人员和返回部队的现役军人。

第四十九条　战时遇有特殊情况，国务院和中央军事委员会可以决定征召三十六岁至四十五岁的男性公民服现役。

第五十条　战争结束后，需要复员的现役军人，根据国务院和中央军事委员会的复员命令，分期分批地退出现役，由各级人民政府妥善安置。

第十章 现役军人的优待和退出现役的安置

第五十一条 现役军人，革命残废军人，退出现役的军人，革命烈士家属，牺牲、病故军人家属，现役军人家属，应当受到社会的尊重，受到国家和人民群众的优待。

第五十二条 革命残废军人乘坐火车、轮船、飞机、长途汽车，优先购票，并按照规定享受减价优待。

义务兵从部队发出的平信，免费邮递。

第五十三条 现役军人参战或者因公负伤致残的，由部队评定残废等级，发给革命残废军人抚恤证。退出现役的特等、一等革命残废军人，由国家供养终身。二等、三等革命残废军人，家居城镇的，由本人所在地的县、自治县、市、市辖区的人民政府安排力所能及的工作；家居农村的，其所在地区有条件的，可以在企业事业单位安排适当工作，不能安排的，按照规定增发残废抚恤金，保障他们的生活。

第五十四条 家居农村的义务兵家属，由乡、民族乡、镇的人民政府采取平衡负担的办法给予优待。优待的具体办法和标准，由省、自治区、直辖市的人民政府规定。

家居城镇的义务兵家属，生活困难的，由县、自治县、市、市辖区的人民政府给予适当补助。

第五十五条 现役军人牺牲、病故，由国家发给其家属一次抚恤金。其家属无劳动能力或者无固定收入不能维持生活的，再由国家定期发给抚恤金。

第五十六条 义务兵退出现役后，按照从那里来、回那里去的原则，由原征集的县、自治县、市、市辖区的人民政府接收安置：

（一）家居农村的义务兵退出现役后，由乡、民族乡、镇的人民政府妥善安排他们的生产和生活。机关、团体、企业事业单位在农村招收职工时，对他们给予适当照顾。

（二）家居城镇的义务兵退出现役后，由县、自治县、市、市辖区的人民政府安排工作。入伍前是机关、团体、企业事业单位正式职工的，允许复工、复职。

（三）义务兵退出现役后，报考高等院校和中等专业学校，在和其他考生同等条件下，优先录取。

第五十七条 在服现役期间患精神病的义务兵退出现役后，视病情轻重，送地方医院收容治疗或者回家休养，所需医疗和生活费用，由县、自治县、市、市辖区的人民政府负责。

在服现役期间患过慢性病的义务兵退出现役后，旧病复发需要治疗的，由当地医疗机构负责给予治疗，所需医疗和生活费用，本人经济困难的，由县、自治县、市、市辖区的人民政府给予补助。

第五十八条 志愿兵退出现役后，由原征集的县、自治县、市、市辖区的人民政府安排工作；遇有特殊情况，也可以由上一级或者省、自治区、直辖市的人民政府统筹安排；自愿回乡参加农业生产的，给予鼓励，增发安家补助费。

志愿兵在服现役期间，参战或者因公致残、积劳成疾基本丧失工作能力的，办理退休手续，由原征集的县、自治县、市、市辖区的人民政府或者其直系亲属所在地的县、自治县、市、市辖区的人民政府接收安置。

第五十九条 军官退出现役后，由国家妥善安置。

第六十条 民兵因参战执勤牺牲、残废的，预备役人员和学生因参加军事训练牺牲、残废的，由当地人民政府按照民兵抚恤优待条例给予抚恤优待。

第十一章 惩　　处

第六十一条 按照本法规定，有服兵役义务的公民拒绝、逃避兵役登记的，应征公民拒绝、逃避征集的，预备役人员拒绝、逃避军事训练的，经教育不改，基层人民政府应当强制其履行兵役义务。

在战时，预备役人员拒绝、逃避征召或者拒绝、逃避军事训练，情节严重的，比照《中华人民共和国惩治军人违反职责罪暂行条例》第六条第一款的规定处罚。

第六十二条 国家工作人员办理兵役工作时，收受贿赂、营私舞弊的，或者玩忽职守，致使兵役工作遭受严重损失的，分别依照《中华人民共和国刑法》第一百八十五条、第一百八十七条的规定处罚。情节较轻的，可以给予行政处分。

第十二章 附　　则

第六十三条 本法适用于中国人民武装警察部队。

第六十四条 中国人民解放军根据需要配备文职干部。文职干部条例另定。

第六十五条 本法自一九八四年十月一日起施行。

中华人民共和国森林法

（一九八四年九月二十日第六届全国人民代表大会常务委员会第七次会议通过　一九八四年九月二十日中华人民共和国主席令第十七号公布　一九八五年一月一日起施行）

目　录

第一章　总　则

第一条　为了保护、培育和合理利用森林资源，加快国土绿化，发挥森林蓄水保土、调节气候、改善环境和提供林产品的作用，适应社会主义建设和人民生活的需要，特制定本法。

第二条　在中华人民共和国领域内从事森林的采伐利用、培育种植、经营管理活动，都必须遵守本法。

第三条　森林资源属于全民所有，由法律规定属于集体所有的除外。

全民所有的和集体所有的森林、林木和林地，个人所有的林木和使用的林地，由县级以上地方人民政府登记造册，核发证书，确认所有权或者使用权。

森林、林木、林地的所有者和使用者的合法权益，受法律保护，任何单位和个人不得侵犯。

第四条　森林分为以下五类：

（一）防护林：以防护为主要目的的森林、林木和灌木丛。包括水源涵养林，水土保持林，防风固沙林，农田、牧场防护林，护岸林，护路林。

（二）用材林：以生产木材为主要目的的森林和林木，包括以生产竹材为主要目的的竹林。

（三）经济林：以生产果品，食用油料、饮料、调料，工业原料和药材等为主要目的的林木。

（四）薪炭林：以生产燃料为主要目的的林木。

（五）特种用途林：以国防、环境保护、科学实验等为主要目的的森林和林木。包括国防林、实验林、母树林、环境保护林、风景林，名胜古迹和革命纪念地的林木，自然保护区的森林。

第五条　林业建设实行以营林为基础，普遍护林，大力造林，采育结合，永续利用的方针。

国家鼓励林业科学研究，提高林业科学技术水平。

第六条　国家对森林资源实行以下保护性措施：

（一）对森林实行限额采伐，鼓励植树造林、封山育林，扩大森林覆盖面积。

（二）根据国家和地方人民政府有关规定，对集体和个人造林、育林给予经济扶持或者长期贷款。

（三）征收育林费，专门用于造林育林。

（四）煤炭、造纸等部门，按照煤炭和木浆纸张等产品的产量提取一定数额的资金，专门用于营造坑木、造纸等用材林。

（五）建立林业基金制度。

第七条　国家和省、自治区人民政府，对民族自治地方的林业生产建设，依照国家对民族自治地方自治权的规定，在森林开发、木材分配和林业基金使用方面，给予比一般地区更多的自主权和经济利益。

第八条　国务院林业主管部门主管全国林业工作。县级以上地方人民政府林业主管部门，主管本地区的林业工作。乡级人民政府设专职或者兼职人员负责林业工作。

第九条　植树造林、保护森林，是公民应尽的义务。各级人民政府应当组织全民义务植树，开展植树造林活动。

第十条　在植树造林、保护森林以及森林管理等方面成绩显著的单位或者个人，由各级人民政府给予精神的或者物质的奖励。

第二章　森林经营管理

第十一条　各级林业主管部门依照本法规定，对森林资源的保护、利用、更新，实行管理和监督。

第十二条　各级林业主管部门负责组织森林资源清查，建立资源档案制度，掌握资源变化情况。

第十三条　各级人民政府应当制定林业长远规划。国营林业企业事业单位和自然保护区，应当根据林业长远规划，编制森林经营方案，报上级主管部门批准后实行。

林业主管部门应当指导农村集体经济组织和国营的农场、牧场、工矿企业等单位编制森林经营方案。

第十四条　全民所有制单位之间、集体所有制单位之间以及全民所有制单位与集体所有制单位之间发生的林木、林地所有权和使用权争议，由县级以上人民政府处理。

个人之间、个人与全民所有制单位或者集体所有制单位之间发生的林木、林地所有权和使用权争议，由当地县级或者乡级人民政府处理。

当事人对人民政府的处理决定不服的，可以在接到通知之日起一个月内，向人民法院起诉。

在林木、林地权属争议解决以前，任何一方不得砍伐有争议的林木。

第十五条 进行勘察设计、修筑工程设施、开采矿藏，应当不占或者少占林地；必须占用或者征用林地的，按照有关法律规定办理。占用、征用林地面积二千亩以上的，报国务院批准。

第三章 森林保护

第十六条 地方各级人民政府应当组织有关部门建立护林组织，负责护林工作；根据实际需要在大面积林区增加护林设施，加强森林保护；督促有林的和林区的基层单位，订立护林公约，组织群众护林，划定护林责任区，配备专职或者兼职护林员。

护林员可以由县级或者乡级人民政府委任。护林员的主要职责是：巡护森林，制止破坏森林资源的行为。对造成森林资源破坏的，护林员有权要求当地有关部门处理。

第十七条 地方各级人民政府应当切实做好森林火灾的预防和扑救工作：

（一）规定森林防火期。在森林防火期内，禁止在林区野外用火；因特殊情况需要用火的，必须经过县级人民政府或者县级人民政府授权的机关批准。

（二）在林区设置防火设施。

（三）发生森林火灾，必须立即组织当地军民和有关部门扑救。

（四）因扑救森林火灾负伤、致残、牺牲的，国家职工由所在单位给予医疗、抚恤；非国家职工由起火单位按照国务院有关主管部门的规定给予医疗、抚恤，起火单位对起火没有责任或者确实无力负担的，由当地人民政府给予医疗、抚恤。

第十八条 各级林业主管部门负责组织森林病虫害防治工作。

林业主管部门负责规定林木种苗的检疫对象，划定疫区和保护区，对林木种苗进行检疫。

第十九条 禁止毁林开垦和毁林采石、采砂、采土以及其他毁林行为。

禁止在幼林地和特种用途林内砍柴、放牧。

进入森林和森林边缘地区的人员，不得擅自移动或者损坏为林业服务的标志。

第二十条 国务院林业主管部门和省、自治区、直辖市人民政府，应当在不同自然地带的典型森林生态地区、珍贵动物和植物生长繁殖的林区、天然热带雨林等具有特殊保护价值的林区，划定自然保护区，加强保护管理。

自然保护区的管理办法，由国务院林业主管部门制定，报国务院批准施行。

对自然保护区以外的珍贵树木和林区内具有特殊价值的植物资源，应当认真保护；未经省、自治区、直辖市林业主管部门批准，不得采伐和采集。

第二十一条 林区内列为国家保护的野生动物，禁止猎捕；因特殊需要猎捕的，按照国家有关法规办理。

第四章 植树造林

第二十二条 各级人民政府应当制定植树造林规划，因地制宜地确定本地区提高森林覆盖率的奋斗目标。

各级人民政府应当组织各行各业和城乡居民完成植树造林规划确定的任务。

宜林荒山荒地，属于全民所有的，由林业主管部门和其他主管部门组织造林；属于集体所有的，由集体经济组织组织造林。

铁路公路两旁、江河两侧、湖泊水库周围，由各有关主管单位因地制宜地组织造林；工矿区，机关、学校用地，部队营区以及农场、牧场、渔场经营地区，由各该单位负责造林。

全民所有和集体所有的宜林荒山荒地可以由集体或者个人承包造林。

第二十三条 全民所有制单位营造的林木，由营造单位经营并按照国家规定支配林木收益。

集体所有制单位营造的林木，归该单位所有。

农村居民在房前屋后、自留地、自留山种植的林木，归个人所有。城镇居民和职工在自有房屋的庭院内种植的林木，归个人所有。

集体或者个人承包全民所有和集体所有的宜林荒山荒地造林的，承包后种植的林木归承包的集体或者个人所有；承包合同另有规定的，按照承包合同的规定执行。

第二十四条 新造幼林地和其他必须封山育林的地方，由当地人民政府组织封山育林。

第五章 森林采伐

第二十五条 国家根据用材林的消耗量低于生长量的原则，严格控制森林年采伐量。全民所有的森林和林木以国营林业企业事业单位、农场、厂矿为单位，集体所有的森林和林木以县为单位，制定年采伐限额，由省、自治区、直辖市林业主管部门汇总，经同级人民政府审核后，报国务院批准。

第二十六条 国家制定统一的年度木材生产计划。年度木材生产计划不得超过批准的年采伐限额。计划管理的范围由国务院规定。

第二十七条 采伐森林和林木必须遵守下列规定：

（一）成熟的用材林应当根据不同情况，分别采取择伐、皆伐和渐伐方式。皆伐应当严格控制，并在采伐的当年或者次年内完成更新造林。

（二）防护林和特种用途林中的国防林、母树林、环境保护林、风景林，只准进行抚育和更新性质的采伐。

（三）特种用途林中的名胜古迹和革命纪念地的林木、自然保护区的森林，严禁采伐。

第二十八条 采伐林木必须申请采伐许可证，按许可证的规定进行采伐；农村居民采伐自留地和房前屋后个人所有的零星林木除外。

国营林业企业事业单位、机关、团体、部队、学校和其他国营企业事业单位采伐林木，由所在地县级以上林业主管部门审核发放采伐许可证。

铁路、公路的护路林和城镇林木的更新采伐，由有关主管部门审核发放采伐许可证。

农村集体经济组织采伐林木，由县级林业主管部门审核发放采伐许可证。

农村居民采伐自留山和个人承包集体的林木，由县级林业主管部门或者其委托的乡、镇人民政府审核发放采伐许可证。

采伐以生产竹材为主要目的的竹林，适用以上各款规定。

第二十九条 审核发放采伐许可证的部门，不得超过批准的年采伐限额发放采伐许可证。

第三十条 国营林业企业事业单位申请采伐许可证时，必须提出伐区调查设计文件。其他单位申请采伐许可证时，必须提出有关采伐的目的、地点、林种、林况、面积、蓄积、方式和更新措施等内容的文件。

对伐区作业不符合规定的单位，发放采伐许可证的部门有权收缴采伐许可证，中止其采伐，直到纠正为止。

第三十一条 采伐林木的单位或者个人，必须按照采伐许可证规定的面积、株数、树种、期限完成更新造林任务，更新造林的面积和株数必须大于采伐的面积和株数。

第三十二条 林区木材的经营和监督管理办法，由国务院另行规定。

第三十三条 从林区运出木材，必须持有林业主管部门发给的运输证件，国家统一调拨的木材除外。

经省、自治区、直辖市人民政府批准，可以在林区设立木材检查站，负责检查木材运输。对未取得运输证件或者物资主管部门发给的调拨通知书运输木材的，木材检查站有权制止。

第六章 法律责任

第三十四条 盗伐森林或者其他林木，情节轻微的，由林业主管部门责令赔偿损失，补种盗伐株数十倍的树木，并处以违法所得三至十倍的罚款。滥伐森林或者其他林木，情节轻微的，由林业主管部门责令补种滥伐株数五倍的树木，并处以违法所得二至五倍的罚款。

盗伐、滥伐森林或者其他林木，情节严重的，依照《刑法》第一百二十八条的规定追究刑事责任。

盗伐林木据为己有，数额巨大的，依照《刑法》第一百五十二条的规定追究刑事责任。

第三十五条 违反本法规定，超过批准的年采伐限额发放林木采伐许可证或者超越职权发放林木采伐许可证的，对直接责任人员给予行政处分；情节严重，致使森林遭受严重破坏的，对直接责任人员依照《刑法》第一百八十七条的规定追究刑事责任。

第三十六条 伪造或者倒卖林木采伐许可证的，由林业主管部门没收违法所得，处以罚款；情节严重的，比照《刑法》第一百二十条的规定追究刑事责任。

第三十七条 违反本法规定，进行开垦、采石、采砂、采土、采种、采脂、砍柴和其他活动，致使森林、林木受到毁坏的，由林业主管部门责令赔偿损失，补种毁坏株数一至三倍的树木。

第三十八条 采伐林木的单位或者个人没有按照规定完成更新造林任务的，发放采伐许可证的部门有权不再发给采伐许可证，直到完成更新造林任务为止；情节严重的，可以由林业主管部门处以罚款，对直接责任人员由所在单位或者上级主管机关给予行政处分。

第三十九条 当事人对林业主管部门的罚款决定不服的，可以在接到罚款通知之日起一个月内，向人民法院起诉；期满不起诉又不履行的，林业主管部门可以申请人民法院强制执行。

第七章 附 则

第四十条 国务院林业主管部门根据本法制定实施办法，报国务院批准施行。

第四十一条 民族自治地方不能全部适用本法规定的，自治机关可以根据本法的原则，结合民族自治地方的特点，制定变通或者补充规定，依照法定程序报省、自治区或者全国人民代表大会常务委员会批准施行。

第四十二条 本法自一九八五年一月一日起施行。

中华人民共和国药品管理法

（一九八四年九月二十日第六届全国人民代表大会常务委员会第七次会议通过　一九八四年九月二十日中华人民共和国主席令第十八号公布　一九八五年七月一日起施行）

目　录

第一章　总　则

第一条　为加强药品监督管理，保证药品质量，增进药品疗效，保障人民用药安全，维护人民身体健康，特制定本法。

第二条　国务院卫生行政部门主管全国药品监督管理工作。

第三条　国家发展现代药和传统药，充分发挥其在预防、医疗和保健中的作用。

国家保护野生药材资源，鼓励培育中药材。

第二章　药品生产企业的管理

第四条　开办药品生产企业必须由所在省、自治区、直辖市药品生产经营主管部门审查同意，经所在省、自治区、直辖市卫生行政部门审核批准，并发给《药品生产企业许可证》。无《药品生产企业许可证》的，工商行政管理部门不得发给《营业执照》。

《药品生产企业许可证》应当规定有效期，到期重新审查发证。具体办法由国务院卫生行政部门规定。

第五条　开办药品生产企业必须具备以下条件：

一、具有与所生产药品相适应的药师或者助理工程师以上技术人员及技术工人。

中药饮片加工企业没有药师或者助理工程师以上技术人员的，配备熟悉药性并经县级以上卫生行政部门审查登记的药工人员。

二、具有与所生产药品相适应的厂房、设施和卫生环境。

三、具有能对所生产药品进行质量检验的机构或者人员以及必要的仪器设备。

第六条　药品必须按照工艺规程进行生产，生产记录必须完整准确。

中药饮片的炮制，必须符合《中华人民共和国药典》或者省、自治区、直辖市卫生行政部门制定的《炮制规范》的规定。

第七条　生产药品所需的原料、辅料以及直接接触药品的容器和包装材料，必须符合药用要求。

第八条　药品出厂前必须经过质量检验；不符合标准的，不得出厂。

第九条　药品生产企业必须按照国务院卫生行政部门制定的《药品生产质量管理规范》的要求，制定和执行保证药品质量的规章制度和卫生要求。

第三章　药品经营企业的管理

第十条　开办药品经营企业必须由所在地药品生产经营主管部门审查同意，经县级以上卫生行政部门审核批准，并发给《药品经营企业许可证》。无《药品经营企业许可证》的，工商行政管理部门不得发给《营业执照》。

《药品经营企业许可证》应当规定有效期，到期重新审查发证。具体办法由国务院卫生行政部门规定。

第十一条　开办药品经营企业必须具备以下条件：

一、具有与所经营药品相适应的药学技术人员。

经营中药的企业和兼营药品的企业没有药学技术人员的，配备熟悉所经营药品的药性并经县级以上卫生行政部门审查登记的药工人员。

二、具有与所经营药品相适应的营业场所、设备、仓储设施和卫生环境。

第十二条　收购药品，必须进行质量验收；不合格的，不得收购。

第十三条　销售药品必须准确无误，并正确说明用法、用量和注意事项；调配处方必须经过核对，对处方所列药品不得擅自更改或者代用。对有配伍禁忌或者超剂量的处方，应当拒绝调配；必要时，经处方医生更正或者重新签字，方可调配。

销售地道中药材，必须标明产地。

第十四条　药品仓库必须制定和执行药品保管制度，采取必要的冷藏、防潮、防虫、防鼠等措施。

药品入库和出库必须执行检查制度。

第十五条　城乡集市贸易市场可以出售中药材，国家另有规定的除外。

城乡集市贸易市场不得出售中药材以外的药品，持有《药品经营企业许可证》的除外。

第四章　医疗单位的药剂管理

第十六条　医疗单位必须配备与其医疗任务相适应的药学技术人员，非药学技术人员不得直接从事药剂技术工作。

第十七条　医疗单位配制制剂必须经所在省、自治区、直辖市卫生行政部门审查批准，并发给《制剂许可证》。

《制剂许可证》应当规定有效期，到期重新审查发证。具体办法由国务院卫生行政部门规定。

第十八条　医疗单位配制制剂必须具有能够保证制剂质量的设施、检验仪器和卫生条件。

第十九条　医疗单位配制的制剂，必须根据临床需要并按照规定进行质量检验；合格的，凭医生处方使用。

医疗单位配制的制剂，不得在市场销售。

第二十条　医疗单位购进药品，必须执行质量验收制度。

第五章　药品的管理

第二十一条　国家鼓励研究、创制新药。

研制新药，必须按照规定向国务院卫生行政部门或者省、自治区、直辖市卫生行政部门报送研制方法、质量指标、药理及毒理试验结果等有关资料和样品，经批准后，方可进行临床试验或者临床验证。

完成临床试验或者临床验证并通过鉴定的新药，由国务院卫生行政部门批准，发给证书。

第二十二条　生产新药，必须经国务院卫生行政部门批准，并发给批准文号。但是，生产中药饮片除外。

生产已有国家标准或者省、自治区、直辖市标准的药品，必须经省、自治区、直辖市卫生行政部门征求同级药品生产经营主管部门意见后审核批准，并发给批准文号。但是，生产中药饮片除外。

第二十三条　药品必须符合国家药品标准或者省、自治区、直辖市药品标准。

国务院卫生行政部门颁布的《中华人民共和国药典》和药品标准为国家药品标准。

国务院卫生行政部门的药典委员会，负责组织国家药品标准的制定和修订。

第二十四条　国务院卫生行政部门和省、自治区、直辖市卫生行政部门可以成立药品审评委员会，对新药进行审评，对已经生产的药品进行再评价。

第二十五条　国务院卫生行政部门对已经批准生产的药品，应当组织调查；对疗效不确、不良反应大或者其他原因危害人民健康的药品，应当撤销其批准文号。

已被撤销批准文号的药品，不得继续生产、销售；已经生产的，由当地卫生行政部门监督销毁或者处理。

第二十六条　禁止进口疗效不确、不良反应大或者其他原因危害人民健康的药品。

第二十七条　首次进口的药品，进口单位必须提供该药品的说明书、质量标准、检验方法等有关资料和样品以及出口国（地区）批准生产的证明文件，经国务院卫生行政部门批准，方可签订进口合同。

第二十八条　进口的药品，必须经国务院卫生行政部门授权的药品检验机构检验；检验合格的，方准进口。

医疗单位临床急需或者个人自用进口的少量药品，按照海关的规定办理进口手续。

第二十九条　对国内供应不足的中药材、中成药，国务院卫生行政部门有权限制或者禁止出口。

第三十条　进口、出口麻醉药品和国务院卫生行政部门规定范围内的精神药品，必须持有国务院卫生行政部门发给的《进口准许证》、《出口准许证》。

第三十一条　新发现和从国外引种的药材，经省、自治区、直辖市卫生行政部门审核批准后，方可销售。

第三十二条　地区性民间习用药材的具体管理办法，由国务院卫生行政部门制定。

第三十三条　禁止生产、销售假药。有下列情形之一的为假药：

一、药品所含成份的名称与国家药品标准或者省、自治区、直辖市药品标准规定不符合的。

二、以非药品冒充药品或者以他种药品冒充此种药品的。

有下列情形之一的药品按假药处理：

一、国务院卫生行政部门规定禁止使用的。

二、未取得批准文号生产的。

三、变质不能药用的。

四、被污染不能药用的。

第三十四条　禁止生产、销售劣药。有下列情形之一的药品为劣药：

一、药品成份的含量与国家药品标准或者省、自治区、直辖市药品标准规定不符合的。

二、超过有效期的。

三、其他不符合药品标准规定的。

第三十五条　药品生产企业、药品经营企业和医疗单位直接接触药品的工作人员，必须每年进行健康检查。患有传染病或者其他可能污染药品的疾病的患者，不得从事直接接触药品的工作。

第六章　药品的包装和分装

第三十六条　药品包装必须适合药品质量的要求，方便储存、运输和医疗使用。规定有效期的药品，必须在包装上注明有效期。

发运中药材必须有包装。在每件包装上，必须注明品名、产地、日期、调出单位，并附有质量合格的标志。

第三十七条 药品包装必须按照规定贴有标签并附有说明书。

标签或者说明书上必须注明药品的品名、规格、生产企业、批准文号、产品批号、主要成份、适应症、用法、用量、禁忌、不良反应和注意事项。

麻醉药品、精神药品、毒性药品、放射性药品和外用药品的标签，必须印有规定的标志。

第三十八条 药品经营企业分装药品，必须具有与所分装药品相适应的设施和卫生条件，由药学技术人员负责，分装记录必须完整准确。

分装药品必须附有说明书，在包装上注明品名、规格、生产企业和产品批号、分装单位和分装批号。规定有效期的药品，分装后必须注明有效期。

第七章 特殊管理的药品

第三十九条 国家对麻醉药品、精神药品、毒性药品、放射性药品，实行特殊的管理办法。管理办法由国务院制定。

第四十条 麻醉药品，包括原植物，只准由国务院卫生行政部门会同有关部门指定的单位生产，并由省、自治区、直辖市卫生行政部门会同有关部门指定的单位按照规定供应。

第八章 药品商标和广告的管理

第四十一条 除中药材、中药饮片外，药品必须使用注册商标；未经核准注册的，不得在市场销售。

注册商标必须在药品包装和标签上注明。

第四十二条 药品广告必须经省、自治区、直辖市卫生行政部门审查批准；未经批准的，不得刊登、播放、散发和张贴。

第四十三条 外国企业在我国申请办理药品广告，必须提供生产该药品的国家（地区）批准的证明文件、药品说明书和有关资料。

第四十四条 药品广告的内容必须以国务院卫生行政部门或者省、自治区、直辖市卫生行政部门批准的说明书为准。

第九章 药品监督

第四十五条 县级以上卫生行政部门行使药品监督职权。

县级以上卫生行政部门可以设置药政机构和药品检验机构。

第四十六条 县级以上卫生行政部门设药品监督员。药品监督员由药学技术人员担任，由同级人民政府审核发给证书。

第四十七条 药品监督员有权按照规定对辖区内的药品生产企业、药品经营企业和医疗单位的药品质量进行监督、检查、抽验，必要时可以按照规定抽取样品和索取有关资料，有关单位不得拒绝和隐瞒。药品监督员对药品生产企业和科研单位提供的技术资料，负责保密。

第四十八条 药品生产企业、药品经营企业和医疗单位，应当经常考察本单位所生产、经营、使用的药品的质量、疗效和不良反应。

医疗单位发现药品中毒事故，必须及时向当地卫生行政部门报告。

第四十九条 药品生产企业和药品经营企业的药品检验机构或者人员，受当地药品检验机构的业务指导。

第十章 法律责任

第五十条 生产、销售假药的，没收假药和违法所得，处以罚款，并可以责令该单位停产、停业整顿或者吊销《药品生产企业许可证》、《药品经营企业许可证》、《制剂许可证》。

对生产、销售假药，危害人民健康的个人或者单位直接责任人员，依照刑法第一百六十四条的规定追究刑事责任。

第五十一条 生产、销售劣药的，没收劣药和违法所得，可以并处罚款；情节严重的，并责令该单位停产、停业整顿或者吊销《药品生产企业许可证》、《药品经营企业许可证》、《制剂许可证》。

对生产、销售劣药，危害人民健康，造成严重后果的个人或者单位直接责任人员，比照刑法第一百六十四条的规定追究刑事责任。

第五十二条 未取得《药品生产企业许可证》、《药品经营企业许可证》、《制剂许可证》生产药品、经营药品或者配制制剂的，责令该单位停产、停业或者停止配制制剂，没收全部药品和违法所得，可以并处罚款。

第五十三条 违反本法关于药品生产、药品经营的管理的其他规定的，处以警告或者罚款。

第五十四条 本法规定的行政处罚，由县级以上卫生行政部门决定。违反本法第十五条规定、第八章有关广告管理的规定的行政处罚，由工商行政管理部门决定。

对中央或者省、自治区、直辖市人民政府直接管辖的药品生产企业、药品经营企业处以停产、停业整顿七天以上或者吊销《药品生产企业许可证》、《药品经营企业许可证》处罚的，由省、自治区、直辖市卫生行政部门报同级人民政府决定。对市、县或者市、县以下人民政府管辖的药品生产企业、药品经营企业处以停产、停业整顿七天以上或者吊销《药品生产企业许可证》、《药品经营企业许可证》处罚的，由市、县人民政府卫生行政部门报同级人民政府决定。

没收的药品，由卫生行政部门监督处理。

第五十五条 当事人对行政处罚决定不服的，可以在接到处罚通知之日起十五天内向人民法院起诉。但是，对卫生行政部门作出的药品控制的决定，当事人必须立即执行。对处罚决定不履行逾期又不起诉的，由作出行政处罚决定的机关申请人民法院强制执行。

第五十六条 违反本法，造成药品中毒事故的，致害单位或者个人应当负损害赔偿责任。受害人可以请求县级以上卫生行政部门处理；当事人不服的，可以向人民法院起诉。受害人也可以直接向人民法院起诉。

损害赔偿要求，应当从受害人或者其代理人知道或者应当知道之日起一年内提出；超过期限的，不予受理。

第十一章 附 则

第五十七条 本法下列用语的含义是：

药品：指用于预防、治疗、诊断人的疾病，有目的地调节人的生理机能并规定有适应症、用法和用量的物质，包括中药材、中药饮片、中成药、化学原料药及其制剂、抗生素、生化药品、放射性药品、血清疫苗、血液制品和诊断药品等。

新药：指我国未生产过的药品。

辅料：指生产药品和调配处方时所用的赋形剂和附加剂。

药品生产企业：指生产药品的专营企业或者兼营企业。

药品经营企业：指经营药品的专营企业或者兼营企业。

第五十八条 本法所说的药品生产，不包括中药材的种植、采集和饲养。

第五十九条 国务院卫生行政部门根据本法制定实施办法报国务院批准施行。

中国人民解放军特需药品的管理办法，由国家军事主管部门制定。

第六十条 本法自一九八五年七月一日起施行。

全国人民代表大会常务委员会关于批准《中华人民共和国消防条例》的决议

（一九八四年五月十一日通过）

第六届全国人民代表大会常务委员会第五次会议决定：批准《中华人民共和国消防条例》，由国务院公布施行。

附：

中华人民共和国消防条例

（一九八四年五月十一日第六届全国人民代表大会常务委员会第五次会议批准 一九八四年五月十三日国务院公布）

目 录

第一章 总 则

第一条 为了加强消防工作，保卫社会主义现代化建设，保护公共财产和公民生命财产的安全，特制定本条例。

第二条 消防工作，实行"预防为主，防消结合"的方针。

第三条 消防工作由公安机关实施监督。

人民解放军各单位、国有森林、矿井地下部分的消防工作，由其主管部门实施监督，公安机关协助。

第二章 火 灾 预 防

第四条 城市规划建设部门，在新建、扩建和改建城市的时候，必须同时规划和建设消防站、消防供水、消防通讯和消防通道等公共消防设施。原有市区的公共消防设施不足或者不适合实际需要的，应当进行技术改造或者改建、增建。

第五条 新建、扩建和改建工程的设计和施工，必须执行国务院有关主管部门关于建筑设计防火规范的规定。

第六条 农村房屋建筑的设计和施工，必须执行国务院有关主管部门关于农村建筑设计防火规范的规定。

第七条 在森林、草原防火期间，禁止在林区、草原野外用火，因特殊情况需要用火的时候，必须经县级人民政府或者县级人民政府授权的机关批准，并按照有关规定采取严密的防范措施。

第八条 新建的生产、储存和装卸易燃易爆化学物品的工厂、仓库和专用车站、码头，必须设在安全地点，并报经所在的市、县人民政府审批。对原有的严重影响消防安全的单位，其主管部门应当采取措施，加以解决。

第九条 生产、使用、储存、运输易燃易爆化学物品的单位，必须执行国务院有关主管部门关于易燃易爆化学物品的安全管理规定。不了解易燃易爆化学物品性能和安全操作方法的人员，不得从事操作和保管工作。

第十条 交通运输、渔业、海洋资源调查、勘探等主管部门，应当根据飞机、船舶和车辆的特点，规定消防安全管理措施，并教育职工和乘客严格遵守。

第十一条 人员集中的公共场所，必须保持安全出口、疏散通道的畅通无阻，建立并严格执行用火用电与易燃易爆物品的管理制度，加强检查和值班巡逻，确保安全。

第十二条 生产易燃易爆化学物品的单位，对产品应当附有燃点、闪点、爆炸极限等数据的说明书，并且注明防火防爆注意事项。

第十三条 企业事业单位对采用的新材料、新设备、新工艺，必须研究其火灾危险性的特点，并采取相应的消防安全措施。

第十四条 机关、企业事业单位实行防火责任制度。

城市的居民委员会和农村的村民委员会，有责任动员和组织居民做好防火工作。

第十五条 机关、企业事业单位应当根据灭火的需要，配置相应种类、数量的消防器材、设备和设施。

第三章 消 防 组 织

第十六条 企业事业单位根据需要设立群众义务消防队或者义务消防员，负责防火和灭火工作。所需经费由本单位开支。

第十七条 火灾危险性较大、距离当地公安消防队（站）较远的大、中型企业或者较大的事业单位，根据需要建立专职消防队，负责本单位的消防工作。所需经费由本单位开支。

第十八条 新建的城市和扩建、改建的市区，应当按照接到报警后消防车能在五分钟内到达责任区边沿的原则设立公安消防队（站）；消防队（站）的设置不符合上述规定的原有城市，应当逐步增设。镇和工矿区根据需要设立公安消防队（站）。现有消防队（站）的消防器材、设备和设施不足的，应当逐步配置。

第四章 火 灾 扑 救

第十九条 任何单位和个人在发现火警的时候，都应当迅速准确地报警，并积极参加扑救。

起火单位必须及时组织力量，扑救火灾。邻近单位应当积极支援。

消防队接到报警后，必须迅速赶赴火场，进行扑救。

第二十条 火场的扑救工作，由消防监督机构统一组织和指挥。火场总指挥员有权根据需要调动企业事业单位的消防队协同灭火。

第二十一条 火场总指挥员在火灾蔓延，必须进行拆除才能避免重大损失的时候，有权决定拆除毗连火场的建筑物和构筑物；在紧急情况下，有权调用交通运输、供水、供电、电讯和医疗救护、环境卫生等部门的力量。

第二十二条 消防车、消防艇赶赴火场的时候，其他车辆、船舶和人员必须避让；必要时可以使用一般不准通行的道路、空地和水域。交通管理的指挥人员应当保证消防车、消防艇迅速通行。

第二十三条 消防车、消防艇以及其它消防器材、设备和设施，除抢险救灾外，不得用于与消防工作无关的方面。

第二十四条 在扑救火灾中受伤、致残或者牺牲的非国家职工，由起火单位按照国务院有关主管部门的规定给予医疗、抚恤；起火单位对起火没有责任的，或者确实无力负担的，以及火灾由住户引起的，由当地人民政府给予医疗、抚恤。

第五章 消 防 监 督

第二十五条 县级以上公安机关设立消防监督机构，负责消防监督工作。

第二十六条 各级消防监督机构有下列职权：

一、依照本条例和政府有关规定，对各部门、各单位和居民住宅的消防工作进行监督检查；

二、进行消防宣传教育，监督有关单位消除火险隐患；

三、审查各部门、各单位制订的有关消防安全的办法和技术标准；

四、监督检查建设项目在设计和施工中执行有关建筑设计防火规范规定的情况，参加竣工验收；

五、监督检查城市建设中的公共消防设施的规划建设，督促城市建设和城市管理部门维护、改善城市公共消防设施；

六、掌握火灾情况，进行火灾统计；

七、管理消防队伍，训练消防干警；

八、统一组织和指挥火灾的扑救工作；

九、组织调查火灾原因；

十、领导消防科学技术研究工作，鉴定和推广消防科学技术研究成果；

十一、对消防器材、设备的生产，在规格、质量方面实行监督。

第二十七条 各级消防监督机构发现火险隐患，应当及时通知有关单位或者个人采取措施，限期消除隐患。

第二十八条 各级消防监督机构，应当配备具有消防专业知识的消防监督员。消防监督员应当对分管地区内的单位和居民住宅的消防工作实行监督检查。

第六章 奖励与惩罚

第二十九条 对在消防工作中有贡献或者成绩显著的单位和个人，由公安机关、上级主管部门或者本单位给予表彰、奖励。

第三十条 违反本条例规定，经消防监督机构通知采取改正措施而拒绝执行，情节严重的，对有关责任人员由公安机关依照治安管理处罚条例给予处罚，或者由其主管机关给予行政处分。

违反本条例规定，造成火灾的，对有关责任人员依法追究刑事责任；情节较轻的，由公安机关依照治安管理处罚条例给予处罚，或者由其主管机关给予行政处分。

第七章 附 则

第三十一条 公安部根据本条例制定实施细则，报国务院批准后施行。

第三十二条 本条例自一九八四年十月一日起施行。一九五七年十一月二十九日全国人民代表大会常务委员会会议批准的《消防监督条例》同时废止。

第六届全国人民代表大会第二次会议关于海南行政区建置的决定

（一九八四年五月三十一日第六届全国人民代表大会第二次会议通过）

第六届全国人民代表大会第二次会议审议了国务院关于成立海南行政区人民政府的议案，决定设立海南行政区，统一管辖海口市、琼山、琼海、文昌、万宁、定安、屯昌、澄迈、临高、儋县和海南黎族苗族自治州及其所属的三亚市、东方、乐东、琼中、保亭、陵水、白沙、昌江县以及西沙群岛、南沙群岛、中沙群岛的岛礁及其海域。海南行政区设人民代表大会和人民政府，是一级地方国家政权机关。行政区人民政府设主席、副主席，由行政区人民代表大会选举产生。海南行政区人民政府归广东省人民政府领导。海南行政区的国家机构的组织和职权另行规定。

全国人民代表大会常务委员会关于刑事案件办案期限的补充规定

（一九八四年七月七日第六届全国人民代表大会常务委员会第六次会议通过
一九八四年七月七日中华人民共和国主席令第十五号公布施行）

刑事诉讼法根据尽量缩短办案期限、保障公民人身权利的精神，对刑事案件规定的办案期限是适当的、正确的，公安、司法机关应当继续改进工作，提高办案质量和工作效率，认真按照刑事诉讼法规定的办案期限执行，并且实事求是地尽可能缩短办案期限。同时，为了解决实施中的一些特殊的、具体的问题，特作如下补充规定：

一、重大的犯罪集团案件和流窜作案的重大复杂案件，在刑事诉讼法第九十二条第一款规定的侦查羁押期限、第一百二十五条规定的一审期限以及第一百四十二条规定的二审期限内不能办结的，侦查羁押期限经省、自治区、直辖市人民检察院批准或者决定，可以延长二个月；一审、二审期限经省、自治区、直辖市高级人民法院批准或者决定，可以延长一个月。

二、交通十分不便的边远地区的重大复杂的刑事案件，按照刑事诉讼法规定的侦查羁押期限和一审、二审期限不能办结的，可以适当延长办案期限。延长办案的期限和审批办法，依照第一条规定办理。

可以延长办案期限的交通十分不便的边远地区，由省、自治区人民代表大会常务委员会确定。

三、在侦查期间，发现被告人另有重要罪行，可以经人民检察院批准或者决定补充侦查，重新计算侦查羁押期限。

四、对被羁押正在受侦查、起诉、一审、二审的被告人，不能在刑事诉讼法规定的期限内办结，采取取保候审、监视居住的办法对社会没有危险性的，可以取保候审或者监视居住。取保候审或者监视居住期间，不计入刑事诉讼法规定的办案期限，但是不能中断对案件的审理。

五、人民检察院审查起诉和人民法院审理的公诉案件，被告人没有被羁押的，不受刑事诉讼法第九十七条、第一百二十五条、第一百四十二条规定的办案期限的限制，但是不能中断对案件的审理。

六、人民检察院和人民法院改变管辖的公诉案件，从改变后的办案机关收到案件之日起计算办案期限。

七、人民法院退回检察院补充侦查的案件，人民检察院应当在一个月以内补充侦查完毕。补充侦查完毕移送人民法院后，人民法院重新计算审理期限。

八、第二审人民法院发回原审人民法院重新审判的案件，原审人民法院从收到发回案件之日起，重新计算审理期限。

九、对被告人作精神病鉴定的期间不计入办案期限。

十、本规定自公布之日起施行。

附：刑事诉讼法有关条文

第九十二条　对被告人在侦查中的羁押期限不得超过二个月。案情复杂、期限届满不能终结的案件，可以经上一级人民检察院批准延长一个月。

特别重大、复杂的案件，依照前款规定延长后仍不能终结的，由最高人民检察院报请全国人民代表大会常务委员会批准延期审理。

第九十七条　人民检察院对于公安机关移送起诉或者免予起诉的案件，应当在一个月以内作出决定，重大、复杂的案件，可以延长半个月。

第一百二十五条　人民法院审理公诉案件，应当在受理后一个月内宣判，至迟不得超过一个半月。

第一百四十二条　第二审人民法院受理上诉、抗诉案件后，应当在一个月以内审结，至迟不得超过一个半月。

全国人民代表大会常务委员会关于授权国务院改革工商税制发布有关税收条例草案试行的决定

（一九八四年九月十八日通过）

第六届全国人民代表大会常务委员会第七次会议根据国务院的建议，决定授权国务院在实施国营企业利改税和改革工商税制的过程中，拟定有关税收条例，以草案形式发布试行，再根据试行的经验加以修订，提请全国人民代表大会常务委员会审议。国务院发布试行的以上税收条例草案，不适用于中外合资经营企业和外资企业。

全国人民代表大会常务委员会关于在沿海港口城市设立海事法院的决定

（一九八四年十一月十四日第六届全国人民代表大会常务委员会第八次会议通过　一九八四年十一月十四日中华人民共和国主席令第二十号公布施行）

为了适应我国海上运输和对外经济贸易事业发展的需要，有效地行使我国司法管辖权，及时地审理海事、海商案件，以维护我国和外国的当事人的合法权益，特作如下决定：

一、根据需要在沿海一定的港口城市设立海事法院。

海事法院的设置或者变更、撤销，由最高人民法院决定。

海事法院的审判机构和办事机构的设置，由最高人民法院规定。

二、海事法院对所在地的市人民代表大会常务委员会负责。

海事法院的审判工作受所在地的高级人民法院监督。

三、海事法院管辖第一审海事案件和海商案件，不受理刑事案件和其他民事案件。

各海事法院管辖区域的划分，由最高人民法院规定。

对海事法院的判决和裁定的上诉案件由海事法院所在地的高级人民法院管辖。

四、海事法院院长由所在地的市人民代表大会常务委员会主任提请本级人民代表大会常务委员会任免。

海事法院副院长、庭长、副庭长、审判员和审判委员会委员，由海事法院院长提请所在地的市人民代表大会常务委员会任免。

一 九 八 五 年

中华人民共和国会计法

（一九八五年一月二十一日第六届全国人民代表大会常务委员会第九次会议通过　一九八五年一月二十一日中华人民共和国主席令第二十一号公布　一九八五年五月一日起施行）

目　录

第一章　总　则

第一条　为了加强会计工作，保障会计人员依法行使职权，发挥会计工作在维护国家财政制度和财务制度、保护社会主义公共财产、加强经济管理、提高经济效益中的作用，特制定本法。

第二条　国营企业事业单位、国家机关、社会团体、军队办理会计事务，必须遵守本法。

第三条　会计机构、会计人员必须遵守法律、法规，按照本法规定办理会计事务，进行会计核算，实行会计监督。

第四条　各地方、各部门、各单位的行政领导人领导会计机构、会计人员和其他人员执行本法，保障会计人员的职权不受侵犯。任何人不得对会计人员打击报复。

对认真执行本法，忠于职守，做出显著成绩的会计人员，给予精神的或者物质的奖励。

第五条　国务院财政部门管理全国的会计工作。

地方各级人民政府的财政部门管理本地区的会计工作。

第六条　国家统一的会计制度，由国务院财政部门根据本法制定。

各省、自治区、直辖市人民政府的财政部门，国务院业务主管部门，中国人民解放军总后勤部，在同本法和国家统一的会计制度不相抵触的前提下，可以制定本地区、本部门和军队的会计制度或者补充规定，报国务院财政部门审核批准或者备案。

第二章　会 计 核 算

第七条　下列事项，应当办理会计手续，进行会计核算：

（一）款项和有价证券的收付；

（二）财物的收发、增减和使用；

（三）债权债务的发生和结算；

（四）基金的增减和经费的收支；

（五）收入、费用、成本的计算；

（六）财务成果的计算和处理；

（七）其他需要办理会计手续、进行会计核算的事项。

第八条　会计年度自公历一月一日起至十二月三十一日止。

第九条　会计记帐以人民币元为单位。

以外国货币计算的，应当折合人民币记帐，同时登记外国货币金额和折合率。

第十条　会计凭证、会计帐簿、会计报表和其他会计资料必须真实、准确、完整，并符合会计制度的规定。

第十一条　办理本法第七条规定的事项，必须填制或者取得原始凭证，并及时送交会计机构。

会计机构必须对原始凭证进行审核，并根据经过审核的原始凭证编制记帐凭证。

第十二条　各单位按照会计制度的规定设置会计科目和会计帐簿。

会计机构根据经过审核的原始凭证和记帐凭证，按照会计制度关于记帐规则的规定记帐。

第十三条　各单位应当建立财产清查制度，保证帐簿记录与实物、款项相符。

第十四条　各单位按照国家统一的会计制度的规定，根据帐簿记录编制会计报表上报，经上级主管单位汇总后，报送财政部门和有关部门。

会计报表由单位行政领导人和会计机构负责人、会计主管人员签名或者盖章。设置总会计师的单位并由总会计师签名或者盖章。

第十五条　会计凭证、会计帐簿、会计报表和其他会计资料，应当按照国家有关规定建立档案，妥善保管。会计档案的保管期限和销毁办法，由国务院财政部门会同有关部门制定。

第三章　会 计 监 督

第十六条　各单位的会计机构、会计人员对本单位实行会计监督。

第十七条　会计机构、会计人员对不真实、不合法的原始凭证，不予受理；对记载不准确、不完整的原始凭证，予以退回，要求更正、补充。

第十八条　会计机构、会计人员发现帐簿记录与实物、款项不符的时候，应当按照有关规定进行处理；无权自行处理的，应当立即向本单位行政领导人报告，请求查明原因，作出处理。

第十九条　会计机构、会计人员对违反国家统一的财政制度、财务制度规定的收支，不予办理。

会计机构、会计人员认为是违反国家统一的财政制度、财务制度规定的收支，单位行政领导人坚持办理的，会计机构、会计人员可以执行，同时必须向上级主管单位行政领导人提出书面报告，请求处理，并报审计机关。上级主管单位行政领导人在接到会计机构、会计人员的报告之日起一个月内，必须作出处理决定。会计人员不向上级主管单位行政领导人提出报告的，也负有责任。

第二十条　各单位必须接受审计机关、财政机关和税务机关依照法律和国家有关规定进行的监督，如实提供会计凭证、会计帐簿、会计报表和其他会计资料以及有关情况，不得拒绝、隐匿、谎报。

经国务院财政部门或者省、自治区、直辖市人民政府的财政部门批准的注册会计师组成的会计师事务所，可以按照国家有关规定承办查帐业务。

第四章　会计机构和会计人员

第二十一条　各单位根据会计业务的需要设置会计机构，或者在有关机构中设置会计人员并指定会计主管人员。大、中型企业事业单位和业务主管部门可以设置总会计师。总会计师由具有会计师以上技术职称的人员担任。

会计机构内部应当建立稽核制度。

出纳人员不得兼管稽核、会计档案保管和收入、费用、债权债务帐目的登记工作。

第二十二条　会计机构、会计人员的主要职责是：

(一)按照本法第二章的规定，进行会计核算；

(二)按照本法第三章的规定，实行会计监督；

(三)拟订本单位办理会计事务的具体办法；

(四)参与拟订经济计划、业务计划，考核、分析预算、财务计划的执行情况；

(五)办理其他会计事务。

第二十三条　会计人员按照干部管理权限的规定任免，企业事业单位的会计机构负责人、会计主管人员的任免并应经过上级主管单位同意。会计人员忠于职守，坚持原则，受到错误处理的，上级主管单位应当责成所在单位予以纠正；玩忽职守，丧失原则，不宜担任会计工作的，上级主管单位应当责成所在单位予以撤换。

第二十四条　会计人员调动工作或者离职，必须与接管人员办清交接手续。

一般会计人员办理交接手续，由会计机构负责人、会计主管人员监交。会计机构负责人、会计主管人员办理交接手续，由单位行政领导人监交，必要时可以由上级主管单位派人会同监交。

第五章　法 律 责 任

第二十五条　单位行政领导人、会计人员违反本法第二章关于会计核算的规定，情节严重的，给予行政处分。

第二十六条　单位行政领导人、会计人员和其他人员伪造、变造、故意毁灭会计凭证、会计帐簿的，给予行政处分；情节严重的，依法追究刑事责任。

第二十七条　会计人员对明知是不真实、不合法的原始凭证予以受理，或者对明知是违反国家统一的财政制度、财务制度规定的收支予以办理，单位行政领导人、上级主管单位行政领导人对明知是违反国家统一的财政制度、财务制度规定的收支决定办理或者坚持办理，情节严重的，给予行政处分；给国家造成重大经济损失的，依法追究刑事责任。

第二十八条　上级主管单位行政领导人接到会计人员按照本法第十九条第二款规定提出的书面报告，无正当理由逾期不作出处理决定，造成严重后果的，给予行政处分。

第二十九条　单位行政领导人和其他人员对依照本法履行职责的会计人员进行打击报复的，给予行政处分；情节严重的，依法追究刑事责任。

第六章　附　　则

第三十条　城乡集体经济组织的会计工作管理办法，根据本法的原则，由国务院财政部门会同有关主管部门另行制定。

第三十一条　本法自一九八五年五月一日起施行。

中华人民共和国涉外经济合同法

（一九八五年三月二十一日第六届全国人民代表大会常务委员会第十次会议通过　一九八五年三月二十一日中华人民共和国主席令第二十二号公布　一九八五年七月一日起施行）

目　　录

第一章　总　　则

第一条　为了保障涉外经济合同当事人的合法权益，促进我国对外经济关系的发展，特制定本法。

第二条　本法的适用范围是中华人民共和国的企业或者其他经济组织同外国的企业和其他经济组织或者个人之间订立的经济合同（以下简称合同）。但是，国际运输合同除外。

第三条　订立合同，应当依据平等互利、协商一致的原则。

第四条　订立合同，必须遵守中华人民共和国法律，并不得损害中华人民共和国的社会公共利益。

第五条　合同当事人可以选择处理合同争议所适用的法律。当事人没有选择的，适用与合同有最密切联系的国家的法律。

在中华人民共和国境内履行的中外合资经营企业合同、中外合作经营企业合同、中外合作勘探开发自然资源合同，适用中华人民共和国法律。

中华人民共和国法律未作规定的，可以适用国际惯例。

第六条　中华人民共和国缔结或者参加的与合同有关的国际条约同中华人民共和国法律有不同规定的，适用该国际条约的规定。但是，中华人民共和国声明保留的条款除外。

第二章　合同的订立

第七条　当事人就合同条款以书面形式达成协议并签字，即为合同成立。通过信件、电报、电传达成协议，一方当事人要求签订确认书的，签订确认书时，方为合同成立。

中华人民共和国法律、行政法规规定应当由国家批准的合同，获得批准时，方为合同成立。

第八条　合同订明的附件是合同的组成部分。

第九条　违反中华人民共和国法律或者社会公共利益的合同无效。

合同中的条款违反中华人民共和国法律或者社会公共利益的，经当事人协商同意予以取消或者改正后，不影响合同的效力。

第十条　采取欺诈或者胁迫手段订立的合同无效。

第十一条　当事人一方对合同无效负有责任的，应当对另一方因合同无效而遭受的损失负赔偿责任。

第十二条　合同一般应当具备以下条款：

一、合同当事人的名称或者姓名、国籍、主营业所或者住所；

二、合同签订的日期、地点；

三、合同的类型和合同标的的种类、范围；

四、合同标的的技术条件、质量、标准、规格、数量；

五、履行的期限、地点和方式；

六、价格条件、支付金额、支付方式和各种附带的费用；

七、合同能否转让或者合同转让的条件；

八、违反合同的赔偿和其他责任；

九、合同发生争议时的解决方法；

十、合同使用的文字及其效力。

第十三条　合同应当视需要约定当事人对履行标的承担风险的界限；必要时应当约定对标的的保险范围。

第十四条　对于需要较长期间连续履行的合同，当事人应当约定合同的有效期限，并可以约定延长合同期限和提前终止合同的条件。

第十五条　当事人可以在合同中约定担保。担保人在约定的担保范围内承担责任。

第三章　合同的履行和违反合同的责任

第十六条　合同依法成立，即具有法律约束力。当事人应当履行合同约定的义务，任何一方不得擅自变更或者解除合同。

第十七条　当事人一方有另一方不能履行合同的确切证据时，可以暂时中止履行合同，但是应当立即通知另一方；当另一方对履行合同提供了充分的保证时，应当履行合同。当事人一方没有另一方不能履行合同的确切证据，中止履行合同的，应当负违反合同的责任。

第十八条 当事人一方不履行合同或者履行合同义务不符合约定条件，即违反合同的，另一方有权要求赔偿损失或者采取其他合理的补救措施。采取其他补救措施后，尚不能完全弥补另一方受到的损失的，另一方仍然有权要求赔偿损失。

第十九条 当事人一方违反合同的赔偿责任，应当相当于另一方因此所受到的损失，但是不得超过违反合同一方订立合同时应当预见到的因违反合同可能造成的损失。

第二十条 当事人可以在合同中约定，一方违反合同时，向另一方支付一定数额的违约金；也可以约定对于违反合同而产生的损失赔偿额的计算方法。

合同中约定的违约金，视为违反合同的损失赔偿。但是，约定的违约金过分高于或者低于违反合同所造成的损失的，当事人可以请求仲裁机构或者法院予以适当减少或者增加。

第二十一条 当事人双方都违反合同的，应当各自承担相应的责任。

第二十二条 当事人一方因另一方违反合同而受到损失的，应当及时采取适当措施防止损失的扩大；没有及时采取适当措施致使损失扩大的，无权就扩大的损失要求赔偿。

第二十三条 当事人一方未按期支付合同规定的应付金额或者与合同有关的其他应付金额的，另一方有权收取迟延支付金额的利息。计算利息的方法，可以在合同中约定。

第二十四条 当事人因不可抗力事件不能履行合同的全部或者部分义务的，免除其全部或者部分责任。

当事人一方因不可抗力事件不能按合同约定的期限履行的，在事件的后果影响持续的期间内，免除其迟延履行的责任。

不可抗力事件是指当事人在订立合同时不能预见、对其发生和后果不能避免并不能克服的事件。

不可抗力事件的范围，可以在合同中约定。

第二十五条 当事人一方因不可抗力事件不能履行合同的全部或者部分义务的，应当及时通知另一方，以减轻可能给另一方造成的损失，并应在合理期间内提供有关机构出具的证明。

第四章 合同的转让

第二十六条 当事人一方将合同权利和义务的全部或者部分转让给第三者的，应当取得另一方的同意。

第二十七条 中华人民共和国法律、行政法规规定应当由国家批准成立的合同，其权利和义务的转让，应当经原批准机关批准。但是，已批准的合同中另有约定的除外。

第五章 合同的变更、解除和终止

第二十八条 经当事人协商同意后，合同可以变更。

第二十九条 有下列情形之一的，当事人一方有权通知另一方解除合同：

一、另一方违反合同，以致严重影响订立合同所期望的经济利益；

二、另一方在合同约定的期限内没有履行合同，在被允许推迟履行的合理期限内仍未履行；

三、发生不可抗力事件，致使合同的全部义务不能履行；

四、合同约定的解除合同的条件已经出现。

第三十条 对于包含几个相互独立部分的合同，可以依据前条的规定，解除其中的一部分而保留其余部分的效力。

第三十一条 有下列情形之一的，合同即告终止：

一、合同已按约定条件得到履行；

二、仲裁机构裁决或者法院判决终止合同；

三、双方协商同意终止合同。

第三十二条 变更或者解除合同的通知或者协议，应当采用书面形式。

第三十三条 中华人民共和国法律、行政法规规定应当由国家批准成立的合同，其重大变更应当经原批准机关批准，其解除应当报原批准机关备案。

第三十四条 合同的变更、解除或者终止，不影响当事人要求赔偿损失的权利。

第三十五条 合同约定的解决争议的条款，不因合同的解除或者终止而失去效力。

第三十六条 合同约定的结算和清理条款，不因合同的解除或者终止而失去效力。

第六章 争议的解决

第三十七条 发生合同争议时，当事人应当尽可能通过协商或者通过第三者调解解决。

当事人不愿协商、调解的，或者协商、调解不成的，可以依据合同中的仲裁条款或者事后达成的书面仲裁协议，提交中国仲裁机构或者其他仲裁机构仲裁。

第三十八条 当事人没有在合同中订立仲裁条款，事后又没有达成书面仲裁协议的，可以向人民法院起诉。

第七章 附 则

第三十九条 货物买卖合同争议提起诉讼或者仲裁的期限为四年，自当事人知道或者应当知道其权利受到侵犯之日起计算。其他合同争议提起诉讼或者仲裁的期限由法律另行规定。

第四十条 在中华人民共和国境内履行、经国家批准成立的中外合资经营企业合同、中外合作经营企业合同、中外合作勘探开发自然资源合同，在法律有新的规定时，可以仍然按照合同的规定执行。

第四十一条 本法施行之日前成立的合同，经当事人协商同意，可以适用本法。

第四十二条 国务院依据本法制定实施细则。

第四十三条 本法自一九八五年七月一日起施行。

中华人民共和国继承法

（一九八五年四月十日第六届全国人民代表大会第三次会议通过 一九八五年四月十日中华人民共和国主席令第二十四号公布 一九八五年十月一日起施行）

目 录

第一章 总 则

第一条 根据《中华人民共和国宪法》规定，为保护公民的私有财产的继承权，制定本法。

第二条 继承从被继承人死亡时开始。

第三条 遗产是公民死亡时遗留的个人合法财产，包括：

（一）公民的收入；

（二）公民的房屋、储蓄和生活用品；

（三）公民的林木、牲畜和家禽；

（四）公民的文物、图书资料；

（五）法律允许公民所有的生产资料；

（六）公民的著作权、专利权中的财产权利；

（七）公民的其他合法财产。

第四条 个人承包应得的个人收益，依照本法规定继承。个人承包，依照法律允许由继承人继续承包的，按照承包合同办理。

第五条 继承开始后，按照法定继承办理；有遗嘱的，按照遗嘱继承或者遗赠办理；有遗赠扶养协议的，按照协议办理。

第六条 无行为能力人的继承权、受遗赠权，由他的法定代理人代为行使。

限制行为能力人的继承权、受遗赠权，由他的法定代理人代为行使，或者征得法定代理人同意后行使。

第七条 继承人有下列行为之一的，丧失继承权：

（一）故意杀害被继承人的；

（二）为争夺遗产而杀害其他继承人的；

（三）遗弃被继承人的，或者虐待被继承人情节严重的；

（四）伪造、篡改或者销毁遗嘱，情节严重的。

第八条 继承权纠纷提起诉讼的期限为二年，自继承人知道或者应当知道其权利被侵犯之日起计算。但是，自继承开始之日起超过二十年的，不得再提起诉讼。

第二章 法定继承

第九条 继承权男女平等。

第十条 遗产按照下列顺序继承：

第一顺序：配偶、子女、父母。

第二顺序：兄弟姐妹、祖父母、外祖父母。

继承开始后，由第一顺序继承人继承，第二顺序继承人不继承。没有第一顺序继承人继承的，由第二顺序继承人继承。

本法所说的子女，包括婚生子女、非婚生子女、养子女和有扶养关系的继子女。

本法所说的父母，包括生父母、养父母和有扶养关系的继父母。

本法所说的兄弟姐妹，包括同父母的兄弟姐妹、同父异母或者同母异父的兄弟姐妹、养兄弟姐妹、有扶养关系的继兄弟姐妹。

第十一条 被继承人的子女先于被继承人死亡的，由被继承人的子女的晚辈直系血亲代位继承。代位继承人一般只能继承他的父亲或者母亲有权继承的遗产份额。

第十二条 丧偶儿媳对公、婆，丧偶女婿对岳父、岳母，尽了主要赡养义务的，作为第一顺序继承人。

第十三条 同一顺序继承人继承遗产的份额，一般应当均等。

对生活有特殊困难的缺乏劳动能力的继承人，分配遗产时，应当予以照顾。

对被继承人尽了主要扶养义务或者与被继承人共同生活的继承人，分配遗产时，可以多分。

有扶养能力和有扶养条件的继承人，不尽扶养义务的，分配遗产时，应当不分或者少分。

继承人协商同意的，也可以不均等。

第十四条 对继承人以外的依靠被继承人扶养的缺乏劳动能力又没有生活来源的人，或者继承人以外的对被继承人扶养较多的人，可以分给他们适当的遗产。

第十五条 继承人应当本着互谅互让、和睦团结的精神，协商处理继承问题。遗产分割的时间、办法和份额，由继承人协商确定。协商不成的，可以由人民调解委员会调解或者向人民法院提起诉讼。

第三章 遗嘱继承和遗赠

第十六条 公民可以依照本法规定立遗嘱处分个人财产，并可以指定遗嘱执行人。

公民可以立遗嘱将个人财产指定由法定继承人的一人或者数人继承。

公民可以立遗嘱将个人财产赠给国家、集体或者法定继承人以外的人。

第十七条 公证遗嘱由遗嘱人经公证机关办理。

自书遗嘱由遗嘱人亲笔书写，签名，注明年、月、日。

代书遗嘱应当有两个以上见证人在场见证，由其中一人代书，注明年、月、日，并由代书人、其他见证人和遗嘱人签名。

以录音形式立的遗嘱，应当有两个以上见证人在场见证。

遗嘱人在危急情况下，可以立口头遗嘱。口头遗嘱应当有两个以上见证人在场见证。危急情况解除后，遗嘱人能够用书面或者录音形式立遗嘱的，所立的口头遗嘱无效。

第十八条 下列人员不能作为遗嘱见证人：

（一）无行为能力人、限制行为能力人；

（二）继承人、受遗赠人；

（三）与继承人、受遗赠人有利害关系的人。

第十九条 遗嘱应当对缺乏劳动能力又没有生活来源的继承人保留必要的遗产份额。

第二十条 遗嘱人可以撤销、变更自己所立的遗嘱。

立有数份遗嘱，内容相抵触的，以最后的遗嘱为准。

自书、代书、录音、口头遗嘱，不得撤销、变更公证遗嘱。

第二十一条 遗嘱继承或者遗赠附有义务的，继承人或者受遗赠人应当履行义务。没有正当理由不履行义务的，经有关单位或者个人请求，人民法院可以取消他接受遗产的权利。

第二十二条 无行为能力人或者限制行为能力人所立的遗嘱无效。

遗嘱必须表示遗嘱人的真实意思，受胁迫、欺骗所立的遗嘱无效。

伪造的遗嘱无效。

遗嘱被篡改的，篡改的内容无效。

第四章 遗产的处理

第二十三条 继承开始后，知道被继承人死亡的继承人应当及时通知其他继承人和遗嘱执行人。继承人中无人知道被继承人死亡或者知道被继承人死亡而不能通知的，由被继承人生前所在单位或者住所地的居民委员会、村民委员会负责通知。

第二十四条 存有遗产的人，应当妥善保管遗产，任何人不得侵吞或者争抢。

第二十五条 继承开始后，继承人放弃继承的，应当在遗产处理前，作出放弃继承的表示。没有表示的，视为接受继承。

受遗赠人应当在知道受遗赠后两个月内，作出接受或者放弃受遗赠的表示。到期没有表示的，视为放弃受遗赠。

第二十六条 夫妻在婚姻关系存续期间所得的共同所有的财产，除有约定的以外，如果分割遗产，应当先将共同所有的财产的一半分出为配偶所有，其余的为被继承人的遗产。

遗产在家庭共有财产之中的，遗产分割时，应当先分出他人的财产。

第二十七条 有下列情形之一的，遗产中的有关部分按照法定继承办理：

（一）遗嘱继承人放弃继承或者受遗赠人放弃受遗赠的；

（二）遗嘱继承人丧失继承权的；

（三）遗嘱继承人、受遗赠人先于遗嘱人死亡的；

（四）遗嘱无效部分所涉及的遗产；

（五）遗嘱未处分的遗产。

第二十八条 遗产分割时，应当保留胎儿的继承份额。胎儿出生时是死体的，保留的份额按照法定继承办理。

第二十九条 遗产分割应当有利于生产和生活需要，不损害遗产的效用。

不宜分割的遗产，可以采取折价、适当补偿或者共有等方法处理。

第三十条 夫妻一方死亡后另一方再婚的，有权处分所继承的财产，任何人不得干涉。

第三十一条 公民可以与扶养人签订遗赠扶养协议。按照协议，扶养人承担该公民生养死葬的义务，享有受遗赠的权利。

公民可以与集体所有制组织签订遗赠扶养协议。按照协议，集体所有制组织承担该公民生养死葬的义务，享有受遗赠的权利。

第三十二条 无人继承又无人受遗赠的遗产，归国家所有；死者生前是集体所有制组织成员的，归所在集体所有制组织所有。

第三十三条 继承遗产应当清偿被继承人依法应当缴纳的税款和债务，缴纳税款和清偿债务以他的遗产实际价值为限。超过遗产实际价值部分，继承人自愿偿还的不在此限。

继承人放弃继承的，对被继承人依法应当缴纳的税款和债务可以不负偿还责任。

第三十四条 执行遗赠不得妨碍清偿遗赠人依法应当缴纳的税款和债务。

第五章 附 则

第三十五条 民族自治地方的人民代表大会可以根据本法的原则，结合当地民族财产继承的具体情况，制定变通的或者补充的规定。自治区的规定，报全国人民代表大会常务委员会备案。自治州、自治县的规定，报省或者自治区的人民代表大会常务委员会批准后生效，并报全国人民代表大会常务委员会备案。

第三十六条 中国公民继承在中华人民共和国境外的遗产或者继承在中华人民共和国境内的外国人的遗产，动产适用被继承人住所地法律，不动产适用不动产所在地法律。

外国人继承在中华人民共和国境内的遗产或者继承在中华人民共和国境外的中国公民的遗产，动产适用被继承人住所地法律，不动产适用不动产所在地法律。

中华人民共和国与外国订有条约、协定的，按照条约、协定办理。

第三十七条 本法自一九八五年十月一日起施行。

中华人民共和国草原法

（一九八五年六月十八日第六届全国人民代表大会常务委员会第十一次会议通过 一九八五年六月十八日中华人民共和国主席令第二十六号公布 一九八五年十月一日起施行）

第一条 为了加强草原的保护、管理、建设和合理利用，保护和改善生态环境，发展现代化畜牧业，促进民族自治地方经济的繁荣，适应社会主义建设和人民生活的需要，根据中华人民共和国宪法，制定本法。

第二条 本法适用于我国境内的一切草原，包括草山、草地。

第三条 国务院农牧业部门主管全国的草原管理工作，县级以上地方人民政府农牧业部门主管本行政区域内的草原管理工作。

第四条 草原属于国家所有，即全民所有，由法律规定属于集体所有的草原除外。

全民所有的草原，可以固定给集体长期使用。全民所有的草原、集体所有的草原和集体长期固定使用的全民所有的草原，可以由集体或者个人承包从事畜牧业生产。

全民所有制单位使用的草原，由县级以上地方人民政府登记造册，核发证书，确认使用权。集体所有的草原和集体长期固定使用的全民所有的草原，由县级人民政府登记造册，核发证书，确认所有权或者使用权。

草原的所有权和使用权受法律保护，任何单位和个人不得侵犯。

第五条 遇有自然灾害等特殊情况，需要临时调剂使用草原的，按照自愿、互利的原则，由双方协商解决；需要跨县临时调剂使用草原的，由有关县级人民政府组织协商解决。

第六条 草原所有权和使用权的争议，由当事人本着互谅互让、有利团结的精神协商解决；协商不成的，由人民政府处理。

全民所有制单位之间、集体所有制单位之间以及全民所有制单位与集体所有制单位之间的草原所有权和使用权的争议，由县级以上人民政府处理。

个人之间、个人与全民所有制单位或者集体所有制单位之间的草原使用权的争议，由乡级或者县级人民政府处理。

当事人对有关人民政府的处理决定不服的，可以在接到通知之日起一个月内，向人民法院起诉。

在草原权属争议解决以前，任何一方不得破坏草原和草原上的设施。

第七条 国家建设征用集体所有的草原，按照《国家建设征用土地条例》的规定办理。

国家建设使用集体长期固定使用的全民所有的草原，参照《国家建设征用土地条例》的规定，给予适当补偿，并妥善安置牧民的生产和生活。

国家建设在民族自治地方征用或者使用草原，应当照顾民族自治地方的利益，作出有利于民族自治地方经济建设的安排。

国家建设临时使用草原，按照《国家建设征用土地条例》的规定办理。使用期满，用地单位应当恢复草原植被。

第八条 地方各级人民政府负责组织本行政区域内的草原资源普查，制定草原畜牧业发展规划并纳入国民经济发展计划，加强草原的保护、建设和合理利用，提高草原的载畜能力。

第九条 国家鼓励草原畜牧业科学研究，提高草原畜牧业的科学技术水平。

国家鼓励在农、林、牧区和城镇种草，促进畜牧业的发展，改善生态环境。

国家保护草原的生态环境，防治污染。

第十条 严格保护草原植被，禁止开垦和破坏。草原使用者进行少量开垦，必须经县级以上地方人民政府批准。已经开垦并造成草原沙化或者严重水土流失的，县级以上地方人民政府应当限期封闭，责令恢复植被，退耕还牧。

第十一条 在草原上割灌木、挖药材、挖野生植物、刮碱土、拉肥土等，必须经草原使用者同意，报乡级或者县级人民政府批准，在指定的范围内进行，并做到随挖随填，保留一部分植物的母株。

禁止在荒漠草原、半荒漠草原和沙化地区砍挖灌木、药材及其他固沙植物。未经县级人民政府批准，不得采集草原上的珍稀野生植物。

第十二条 合理使用草原，防止过量放牧。因过量放牧造成草原沙化、退化、水土流失的，草原使用者应当调整放牧强度，补种牧草，恢复植被。对已经建成的人工草场应当加强管理，合理经营，科学利用，防止退化。

第十三条 地方各级人民政府应当采取措施，防治草原鼠虫害，保护捕食鼠虫的益鸟益兽。

第十四条 地方各级人民政府应当采取措施，防治草原地区牲畜疫病和人畜共患疾病。

猎捕草原野生动物，应当严格遵守当地人民政府关于预防疫病流行的有关规定。

第十五条 机动车辆在草原上行驶，应当注意保护草原；有固定公路线的，不得离开固定的公路线行驶。

收购牲畜应当按指定的路线赶运和放牧，不得与牧民争用牧场和水源。

第十六条 加强草原防火工作，贯彻“预防为主，防消结合”的方针，建立防火责任制，制定草原防火制度和公约，规定草原防火期。在草原防火期间，应当采取安全措施，严格管理。发生草原火灾，应当迅速组织群众扑灭，查明火灾原因和损失情况，及时处理。

第十七条 在保护、管理和建设草原、发展草原畜牧业等方面成绩显著的单位或者个人，由各级人民政府给予精神的或者物质的奖励。

第十八条 草原所有权、使用权受到侵犯的，被侵权人可以请求县级以上地方人民政府农牧业部门处理。有关农牧业部门有权责令侵权人停止侵权行为，赔偿损失。被侵权人也可以直接向人民法院起诉。

第十九条 违反本法规定开垦草原的，县级以上地方人民政府农牧业部门有权责令停止开垦，恢复植被；情节严重的，还可以处以罚款。

第二十条 违反本法规定在草原上砍挖固沙植物和其他野生植物或者采土，致使草原植被遭受破坏的，乡级人民政府或者县级人民政府农牧业部门有权制止，并责令恢复植被，赔偿损失；情节严重的，还可以处以罚款。

第二十一条 当事人对有关地方人民政府农牧业部门或者乡级人民政府作出的罚款或者赔偿损失的决定不服的，可以在接到通知之日起一个月内，向人民法院起诉；对有关罚款的决定，期满不起诉又不履行的，有关地方人民政府农牧业部门或者乡级人民政府可以申请人民法院强制执行。

第二十二条 国务院农牧业部门根据本法制定实施细则，报国务院批准后施行。

自治区、省的人民代表大会常务委员会可以根据宪法和本法规定的原则，结合本地方的特点，制定实施细则，报全国人民代表大会常务委员会备案。

第二十三条 本法自一九八五年十月一日起施行。

中华人民共和国计量法

（一九八五年九月六日第六届全国人民代表大会常务委员会第十二次会议通过　一九八五年九月六日中华人民共和国主席令第二十八号公布　一九八六年七月一日起施行）

目　录

第一章　总　　则

第一条 为了加强计量监督管理，保障国家计量单位制的统一和量值的准确可靠，有利于生产、贸易和科学技术的发展，适应社会主义现代化建设的需要，维护国家、人民的利益，制定本法。

第二条 在中华人民共和国境内，建立计量基准器具、计量标准器具，进行计量检定，制造、修理、销售、使用计量器具，必须遵守本法。

第三条 国家采用国际单位制。

国际单位制计量单位和国家选定的其他计量单位，为国家法定计量单位。国家法定计量单位的名称、符号由国务院公布。

非国家法定计量单位应当废除。废除的办法由国务院制定。

第四条 国务院计量行政部门对全国计量工作实施统一监督管理。

县级以上地方人民政府计量行政部门对本行政区域内的计量工作实施监督管理。

第二章 计量基准器具、计量标准器具和计量检定

第五条 国务院计量行政部门负责建立各种计量基准器具，作为统一全国量值的最高依据。

第六条 县级以上地方人民政府计量行政部门根据本地区的需要，建立社会公用计量标准器具，经上级人民政府计量行政部门主持考核合格后使用。

第七条 国务院有关主管部门和省、自治区、直辖市人民政府有关主管部门，根据本部门的特殊需要，可以建立本部门使用的计量标准器具，其各项最高计量标准器具经同级人民政府计量行政部门主持考核合格后使用。

第八条 企业、事业单位根据需要，可以建立本单位使用的计量标准器具，其各项最高计量标准器具经有关人民政府计量行政部门主持考核合格后使用。

第九条 县级以上人民政府计量行政部门对社会公用计量标准器具，部门和企业、事业单位使用的最高计量标准器具，以及用于贸易结算、安全防护、医疗卫生、环境监测方面的列入强制检定目录的工作计量器具，实行强制检定。未按照规定申请检定或者检定不合格的，不得使用。实行强制检定的工作计量器具的目录和管理办法，由国务院制定。

对前款规定以外的其他计量标准器具和工作计量器具，使用单位应当自行定期检定或者送其他计量检定机构检定，县级以上人民政府计量行政部门应当进行监督检查。

第十条 计量检定必须按照国家计量检定系统表进行。国家计量检定系统表由国务院计量行政部门制定。

计量检定必须执行计量检定规程。国家计量检定规程由国务院计量行政部门制定。没有国家计量检定规程的，由国务院有关主管部门和省、自治区、直辖市人民政府计量行政部门分别制定部门计量检定规程和地方计量检定规程，并向国务院计量行政部门备案。

第十一条 计量检定工作应当按照经济合理的原则，就地就近进行。

第三章 计量器具管理

第十二条 制造、修理计量器具的企业、事业单位，必须具备与所制造、修理的计量器具相适应的设施、人员和检定仪器设备，经县级以上人民政府计量行政部门考核合格，取得《制造计量器具许可证》或者《修理计量器具许可证》。

制造、修理计量器具的企业未取得《制造计量器具许可证》或者《修理计量器具许可证》的，工商行政管理部门不予办理营业执照。

第十三条 制造计量器具的企业、事业单位生产本单位未生产过的计量器具新产品，必须经省级以上人民政府计量行政部门对其样品的计量性能考核合格，方可投入生产。

第十四条 未经国务院计量行政部门批准，不得制造、销售和进口国务院规定废除的非法定计量单位的计量器具和国务院禁止使用的其他计量器具。

第十五条 制造、修理计量器具的企业、事业单位必须对制造、修理的计量器具进行检定，保证产品计量性能合格，并对合格产品出具产品合格证。

县级以上人民政府计量行政部门应当对制造、修理的计量器具的质量进行监督检查。

第十六条 进口的计量器具，必须经省级以上人民政府计量行政部门检定合格后，方可销售。

第十七条 使用计量器具不得破坏其准确度，损害国家和消费者的利益。

第十八条 个体工商户可以制造、修理简易的计量器具。

制造、修理计量器具的个体工商户，必须经县级人民政府计量行政部门考核合格，发给《制造计量器具许可证》或者《修理计量器具许可证》后，方可向工商行政管理部门申请营业执照。

个体工商户制造、修理计量器具的范围和管理办法，由国务院计量行政部门制定。

第四章 计量监督

第十九条 县级以上人民政府计量行政部门，根据需要设置计量监督员。计量监督员管理办法，由国务院计量行政部门制定。

第二十条 县级以上人民政府计量行政部门可以根据需要设置计量检定机构，或者授权其他单位的计量检定机构，执行强制检定和其他检定、测试任务。

执行前款规定的检定、测试任务的人员，必须经考核合格。

第二十一条 处理因计量器具准确度所引起的纠纷，以国家计量基准器具或者社会公用计量标准器具检定的数据为准。

第二十二条 为社会提供公证数据的产品质量检验机构，必须经省级以上人民政府计量行政部门对其

计量检定、测试的能力和可靠性考核合格。

第五章 法律责任

第二十三条 未取得《制造计量器具许可证》、《修理计量器具许可证》制造或者修理计量器具的，责令停止生产、停止营业，没收违法所得，可以并处罚款。

第二十四条 制造、销售未经考核合格的计量器具新产品的，责令停止制造、销售该种新产品，没收违法所得，可以并处罚款。

第二十五条 制造、修理、销售的计量器具不合格的，没收违法所得，可以并处罚款。

第二十六条 属于强制检定范围的计量器具，未按照规定申请检定或者检定不合格继续使用的，责令停止使用，可以并处罚款。

第二十七条 使用不合格的计量器具或者破坏计量器具准确度，给国家和消费者造成损失的，责令赔偿损失，没收计量器具和违法所得，可以并处罚款。

第二十八条 制造、销售、使用以欺骗消费者为目的的计量器具的，没收计量器具和违法所得，处以罚款；情节严重的，并对个人或者单位直接责任人员按诈骗罪或者投机倒把罪追究刑事责任。

第二十九条 违反本法规定，制造、修理、销售的计量器具不合格，造成人身伤亡或者重大财产损失的，比照《刑法》第一百八十七条的规定，对个人或者单位直接责任人员追究刑事责任。

第三十条 计量监督人员违法失职，情节严重的，依照《刑法》有关规定追究刑事责任；情节轻微的，给予行政处分。

第三十一条 本法规定的行政处罚，由县级以上地方人民政府计量行政部门决定。本法第二十七条规定的行政处罚，也可以由工商行政管理部门决定。

第三十二条 当事人对行政处罚决定不服的，可以在接到处罚通知之日起十五日内向人民法院起诉；对罚款、没收违法所得的行政处罚决定期满不起诉又不履行的，由作出行政处罚决定的机关申请人民法院强制执行。

第六章 附 则

第三十三条 中国人民解放军和国防科技工业系统计量工作的监督管理办法，由国务院、中央军事委员会依据本法另行制定。

第三十四条 国务院计量行政部门根据本法制定实施细则，报国务院批准施行。

第三十五条 本法自一九八六年七月一日起施行。

中华人民共和国居民身份证条例

（一九八五年九月六日第六届全国人民代表大会常务委员会第十二次会议通过
一九八五年九月六日中华人民共和国主席令第二十九号公布施行）

第一条 为了证明居民身份，便利公民进行社会活动，维护社会秩序，保障公民的合法权益，制定本条例。

第二条 居住在中华人民共和国境内的年满十六周岁的中国公民应当依照本条例的规定，申请领取中华人民共和国居民身份证。

正在服现役的人民解放军军人、人民武装警察，不领取居民身份证，由中华人民共和国中央军事委员会和中国人民武装警察部队总部颁发军人和武装警察身份证件。

第三条 居民身份证登记项目包括姓名、性别、民族、出生日期、住址。

居民身份证登记项目使用全国通用的文字填写。

民族自治地方的自治机关根据本地区的实际情况，可以决定同时使用本民族的文字或者选用一种当地通用的民族文字。

第四条 居民身份证的有效期限分为十年、二十年、长期三种。十六周岁至二十五周岁的，发给有效期十年的居民身份证；二十六周岁至四十五周岁的，发给有效期二十年的居民身份证；四十六周岁以上的，发给长期有效的居民身份证。

第五条 居民身份证由公安机关统一印制、颁发和管理。

第六条 公民应当向常住户口所在地的户口登记机关申请领取居民身份证，并按照规定履行申请领取手续。

第七条 华侨回国定居的，在办理户口登记手续时，申请领取居民身份证。

第八条 居民身份证有效期满或者登记内容有变更、更正或者证件严重损坏不能辨认时，应当按照规定申报换领新证；丢失证件的，应当申报补领。

第九条 公民被征集服现役的，在办理注销户口手续时，交回居民身份证；退出现役后，发还居民身份证或者再申请领取居民身份证。

第十条 被判处拘役、有期徒刑以上刑罚的人和被劳动教养的人以及被羁押的人，尚未申请领取居民身份证的，在服刑、劳动教养和羁押期间，不发给居民身份证；已领取居民身份证的，由执行机关按照规定收缴其居民身份证，释放或者解除劳动教养后，由本人申请领取居民身份证或者将原居民身份证发还本人。

第十一条 公民出境按照规定需要注销户口的，在办理注销户口手续时，交回居民身份证。

第十二条 公民死亡的，由公安机关收回居民身份证。

第十三条 公安机关在执行任务时，有权查验居民身份证，被查验的公民不得拒绝。

执行任务的公安人员在查验公民的居民身份证时，应当出示自己的工作证件。

公安机关除对于依照《中华人民共和国刑事诉讼法》被执行强制措施的人以外，不得扣留公民的居民身份证。

第十四条 公民在办理涉及政治、经济、社会生活等权益的事务时，可以出示居民身份证，证明其身份。有关单位不得扣留或者要求作为抵押。

第十五条 有下列行为之一的，按照《中华人民共和国治安管理处罚条例》有关规定给予处罚：

(一)拒绝公安机关查验居民身份证的；

(二)转让、出借居民身份证的；

(三)使用他人居民身份证的；

(四)故意毁坏他人居民身份证的。

第十六条 伪造、变造居民身份证的或者窃取居民身份证情节严重的，依照《中华人民共和国刑法》第一百六十七条的规定处罚。

第十七条 公安机关工作人员在执行本条例时，徇私舞弊、侵害公民合法权利和利益的，应当给予行政纪律处分，情节严重构成犯罪的，应当依法追究刑事责任。

第十八条 居留在中华人民共和国境内的外国人和无国籍人，不适用本条例。

第十九条 本条例的实施细则，由公安部制定，报国务院批准后施行。

第二十条 本条例自公布之日起施行。

中华人民共和国外国人入境出境管理法

(一九八五年十一月二十二日第六届全国人民代表大会常务委员会第十三次会议通过　一九八五年十一月二十二日中华人民共和国主席令第三十一号公布　一九八六年二月一日起施行)

目　录

第一章　总　则

第一条 为维护中华人民共和国的主权、安全和社会秩序，有利于发展国际交往，特制定本法。

外国人入、出、通过中华人民共和国国境和在中国居留、旅行，适用本法。

第二条 外国人入境、过境和在中国境内居留，必须经中国政府主管机关许可。

第三条 外国人入境、出境、过境，必须从对外国人开放的或者指定的口岸通行，接受边防检查机关的检查。

外国的交通工具入境、出境、过境，必须从对外国人开放的或者指定的口岸通行，接受边防检查机关的检查和监护。

第四条 中国政府保护在中国境内的外国人的合法权利和利益。

外国人的人身自由不受侵犯，非经人民检察院批准或者决定或者人民法院决定，并由公安机关或者国家安全机关执行，不受逮捕。

第五条 外国人在中国境内，必须遵守中国法律，不得危害中国国家安全、损害社会公共利益、破坏社会公共秩序。

第二章　入　境

第六条 外国人入境，应当向中国的外交代表机关、领事机关或者外交部授权的其他驻外机关申请办理签证。在特定情况下，依照国务院规定，外国人也可以向中国政府主管机关指定口岸的签证机关申请办理签证。

同中国政府订有签证协议的国家的人员入境，按照协议执行。

外国对中国公民入境、过境有专门规定的，中国政府主管机关可以根据情况采取相应措施。

持联程客票搭乘国际航班直接过境，在中国停留不超过二十四小时不出机场的外国人，免办签证。要求临时离开机场的，需经边防检查机关批准。

第七条 外国人申请各项签证，应当提供有效护照，必要时提供有关证明。

第八条 应聘或者受雇来中国工作的外国人，申请签证时，应当持有应聘或者受雇证明。

第九条 来中国定居的外国人，申请签证时，应当持有定居身份确认表。定居身份确认表，由申请人向申请定居地的公安机关申请领取。

第十条 中国政府主管机关根据外国人申请入境的事由，发给相应的签证。

第十一条 从事国际航行的航空器或者船舶抵达中国口岸时，机长、船长或者代理人必须向边防检查机关提交旅客名单；外国的飞机、船舶还必须提供机组、船员名单。

第十二条 被认为入境后可能危害中国的国家安全、社会秩序的外国人，不准入境。

第三章 居　　留

第十三条 外国人在中国居留，必须持有中国政府主管机关签发的身份证件或者居留证件。

身份证件或者居留证件的有效期限，根据入境的事由确定。

在中国居留的外国人，应当在规定的时间内到当地公安机关缴验证件。

第十四条 依照中国法律在中国投资或者同中国的企业、事业单位进行经济、科学技术、文化合作以及其他需要在中国长期居留的外国人，经中国政府主管机关批准，可以获得长期居留或者永久居留资格。

第十五条 对因为政治原因要求避难的外国人，经中国政府主管机关批准，准许在中国居留。

第十六条 对不遵守中国法律的外国人，中国政府主管机关可以缩短其在中国停留的期限或者取消其在中国居留的资格。

第十七条 外国人在中国境内临时住宿，应当依照规定，办理住宿登记。

第十八条 持居留证件的外国人在中国变更居留地点，必须依照规定办理迁移手续。

第十九条 未取得居留证件的外国人和来中国留学的外国人，未经中国政府主管机关允许，不得在中国就业。

第四章 旅　　行

第二十条 外国人持有效的签证或者居留证件，可以前往中国政府规定的对外国人开放的地区旅行。

第二十一条 外国人前往不对外国人开放的地区旅行，必须向当地公安机关申请旅行证件。

第五章 出　　境

第二十二条 外国人出境，凭本人有效护照或者其他有效证件。

第二十三条 有下列情形之一的外国人，不准出境：

（一）刑事案件的被告人和公安机关或者人民检察院或者人民法院认定的犯罪嫌疑人；

（二）人民法院通知有未了结民事案件不能离境的；

（三）有其他违反中国法律的行为尚未处理，经有关主管机关认定需要追究的。

第二十四条 有下列情形之一的外国人，边防检查机关有权阻止出境，并依法处理：

（一）持用无效出境证件的；

（二）持用他人出境证件的；

（三）持用伪造或者涂改的出境证件的。

第六章 管 理 机 关

第二十五条 中国政府在国外受理外国人入境、过境申请的机关，是中国的外交代表机关、领事机关和外交部授权的其他驻外机关。

中国政府在国内受理外国人入境、过境、居留、旅行申请的机关，是公安部、公安部授权的地方公安机关和外交部、外交部授权的地方外事部门。

第二十六条 受理外国人入境、过境、居留、旅行申请的机关有权拒发签证、证件；对已经发出的签证、证件，有权吊销或者宣布作废。

公安部和外交部在必要时，可以改变各自授权的机关所作出的决定。

第二十七条 对非法入境、非法居留的外国人，县级以上公安机关可以拘留审查、监视居住或者遣送出境。

第二十八条 县级以上公安机关外事民警在执行任务时，有权查验外国人的护照和其他证件。外事民警查验时，应当出示自己的工作证件，有关组织或者个人有协助的责任。

第七章 处　　罚

第二十九条 对违反本法规定，非法入境、出境的，在中国境内非法居留或者停留的，未持有效旅行证件前往不对外国人开放的地区旅行的，伪造、涂改、冒用、转让入境、出境证件的，县级以上公安机关可以处以警告、罚款或者十日以下的拘留处罚；情节严重，构成犯罪的，依法追究刑事责任。

受公安机关罚款或者拘留处罚的外国人，对处罚不服的，在接到通知之日起十五日内，可以向上一级公安机关提出申诉，由上一级公安机关作出最后的裁决，也可以直接向当地人民法院提起诉讼。

第三十条 有本法第二十九条所列行为情节严重的，公安部可以处以限期出境或者驱逐出境处罚。

第八章 附　　则

第三十一条 本法所称的外国人是指依照《中华人民共和国国籍法》不具有中国国籍的人。

第三十二条 同中国毗邻国家的外国人，居住在两国边境接壤地区的，临时入中国国境、出中国国境，有两国之间协议的按照协议执行，没有协议的按照中国政府的规定执行。

第三十三条 公安部和外交部根据本法制定实施细则，报国务院批准施行。

第三十四条 外国驻中华人民共和国外交代表机关、领事机关成员以及享有特权和豁免的其他外国人入境后的管理，按国务院及其主管机关的有关规定办理。

第三十五条 本法自一九八六年二月一日起施行。

中华人民共和国公民出境入境管理法

（一九八五年十一月二十二日第六届全国人民代表大会常务委员会第十三次会议通过　一九八五年十一月二十二日中华人民共和国主席令第三十二号公布　一九八六年二月一日起施行）

目　录

第一章　总　则

第一条 为保障中国公民出入中国国境的正当权利和利益，促进国际交往，特制定本法。

第二条 中国公民凭国务院主管机关及其授权的机关签发的有效护照或者其他有效证件出境、入境，无需办理签证。

第三条 中国公民出境、入境，从对外开放的或者指定的口岸通行，接受边防检查机关的检查。

第四条 中国公民出境后，不得有危害祖国安全、荣誉和利益的行为。

第二章　出　境

第五条 中国公民因私事出境，向户口所在地的市、县公安机关提出申请，除本法第八条规定的情形外，都可以得到批准。

公安机关对中国公民因私事出境的申请，应当在规定的时间内作出批准或者不批准的决定，通知申请人。

第六条 中国公民因公务出境，由派遣部门向外交部或者外交部授权的地方外事部门申请办理出境证件。

第七条 海员因执行任务出境，由港务监督局或者港务监督局授权的港务监督办理出境证件。

第八条 有下列情形之一的，不批准出境：

（一）刑事案件的被告人和公安机关或者人民检察院或者人民法院认定的犯罪嫌疑人；

（二）人民法院通知有未了结民事案件不能离境的；

（三）被判处刑罚正在服刑的；

（四）正在被劳动教养的；

（五）国务院有关主管机关认为出境后将对国家安全造成危害或者对国家利益造成重大损失的。

第九条 有下列情形之一的，边防检查机关有权阻止出境，并依法处理：

（一）持用无效出境证件的；

（二）持用他人出境证件的；

（三）持用伪造或者涂改的出境证件的。

第三章　入　境

第十条 定居国外的中国公民要求回国定居的，应当向中国驻外国的外交代表机关、领事机关或者外交部授权的其他驻外机关办理手续，也可以向有关省、自治区、直辖市的公安机关办理手续。

第十一条 入境定居或者工作的中国公民，入境后应当按照户口管理规定，办理常住户口登记。入境暂住的，应当按照户口管理规定办理暂住登记。

第四章　管理机关

第十二条 因公务出境的中国公民所使用的护照由外交部或者外交部授权的地方外事部门颁发，海员证由港务监督局或者港务监督局授权的港务监督颁发，因私事出境的中国公民所使用的护照由公安部或者公安部授权的地方公安机关颁发。

中国公民在国外申请护照、证件，由中国驻外国的外交代表机关、领事机关或者外交部授权的其他驻外机关颁发。

第十三条 公安部、外交部、港务监督局和原发证机关，各自对其发出的或者其授权的机关发出的护照和证件，有权吊销或者宣布作废。

第五章　处　　罚

第十四条　对违反本法规定，非法出境、入境，伪造、涂改、冒用、转让出境、入境证件的，公安机关可以处以警告或者十日以下的拘留处罚；情节严重，构成犯罪的，依法追究刑事责任。

第十五条　受公安机关拘留处罚的公民对处罚不服的，在接到通知之日起十五日内，可以向上一级公安机关提出申诉，由上一级公安机关作出最后的裁决，也可以直接向当地人民法院提起诉讼。

第十六条　执行本法的国家工作人员，利用职权索取、收受贿赂的，依照《中华人民共和国刑法》和全国人民代表大会常务委员会《关于严惩严重破坏经济的罪犯的决定》处罚；有其他违法失职行为，情节严重，构成犯罪的，依照《中华人民共和国刑法》有关规定追究刑事责任。

第六章　附　　则

第十七条　中国公民往来香港地区或者澳门地区的管理办法，由国务院有关部门另行制订。

第十八条　在同中国毗邻国家接壤边境地区居住的中国公民临时出境、入境，有两国之间协议的，按照协议执行，没有协议的按照中国政府的规定执行。

国际列车和民航国际航班乘务人员、国境铁路工作人员的出境、入境，按照协议和有关规定执行。

第十九条　公安部、外交部、交通部根据本法制定实施细则，报国务院批准施行。

第二十条　本法自一九八六年二月一日起施行。

中华人民共和国第六届全国人民代表大会第三次会议关于授权国务院在经济体制改革和对外开放方面可以制定暂行的规定或者条例的决定

（一九八五年四月十日第六届全国人民代表大会第三次会议通过）

为了保障经济体制改革和对外开放工作的顺利进行，第六届全国人民代表大会第三次会议决定：授权国务院对于有关经济体制改革和对外开放方面的问题，必要时可以根据宪法，在同有关法律和全国人民代表大会及其常务委员会的有关决定的基本原则不相抵触的前提下，制定暂行的规定或者条例，颁布实施，并报全国人民代表大会常务委员会备案。经过实践检验，条件成熟时由全国人民代表大会或者全国人民代表大会常务委员会制定法律。

中华人民共和国第六届全国人民代表大会第三次会议关于成立中华人民共和国香港特别行政区基本法起草委员会的决定

（一九八五年四月十日第六届全国人民代表大会第三次会议通过）

中华人民共和国第六届全国人民代表大会第三次会议决定成立中华人民共和国香港特别行政区基本法起草委员会，负责香港特别行政区基本法的起草工作。

香港特别行政区基本法起草委员会向全国人民代表大会负责，在全国人民代表大会闭会期间，向全国人民代表大会常务委员会负责。

香港特别行政区基本法起草委员会由包括香港同胞在内的各方面的人士和专家组成。具体名单由全国人民代表大会常务委员会决定并公布。

第　三　部　分

中华人民共和国行政法规选载

1986年行政法规选载

经　济　体　制　改　革

国务院关于进一步推动横向经济联合若干问题的规定

（一九八六年三月二十三日发布）

党的十一届三中全会以来，随着对内搞活经济、对外实行开放方针的贯彻执行，地区、部门之间开始打破封锁，在生产、流通、科技领域，多层次、多形式的横向经济联系有了很大的发展，势头很好。在扩大企业自主权的基础上，企业之间出现了不同内容、不同形式的横向经济联合，这是我国经济生活中的一个新事物，已经显示出了很大的优越性和强大的生命力。横向经济联合，是经济体制改革的重要内容，是发展社会生产力的要求。它促进了资源开发和资金的合理使用，促进了商品流通和社会主义统一市场的形成，促进了技术进步和人才的合理交流，促进了经济结构和地区布局的合理化。横向经济联合，是发展社会主义商品经济的客观要求，是社会化大生产的必然趋势，是对条块分割、地区封锁的有力冲击，对于加快整个经济体制改革和社会主义现代化建设，具有深远的意义。

为了进一步推动横向经济联合的健康发展，现就有关问题作如下规定。

横向经济联合的原则和目标

一、企业之间的联合，是横向经济联合的基本形式，是发展的重点。企业之间的横向经济联合，要在自愿的基础上，坚持"扬长避短、形式多样、互利互惠、共同发展"的原则，不受地区、部门、行业界限的限制，不受所有制的限制。要积极发展原材料生产与加工企业之间的联合，生产企业与科研单位（包括大专院校）之间的联合，民用与军工企业之间的联合，工、农、商、贸企业之间的联合，以及铁路、公路、水运、民航企业之间的联营，等等。这些联合，可以是专业化协作，也可以是人才、资源、资金、技术和商品购销等方面的联合。通过企业之间的横向经济联合，逐步形成新型的经济联合组织，发展一批企业群体或企业集团。

二、企业之间的经济联合，提倡以大中型企业为骨干，以优质名牌产品为龙头进行组织。联合可以是紧密型的、半紧密型的，也可以是松散型的。可以采取合资经营、合作生产、来料加工等多种方式。各种经济联合，都要以合同、协议关系确定下来。

三、发展经济联合，应当围绕以下目标和要求进行：(1)有利于充分挖掘现有企业潜力，做到投入少、产出多，产品质量好，技术进步快，经济效益高；(2)有利于促进企业组织结构、产业结构和地区布局的合理化；(3)有利于形成和发展商品市场、资金市场和技术市场；(4)有利于打破条块分割，实现政企职责分开、简政放权和所有权与经营权适当分开。

四、企业发展经济联合，是一项重要经营战略决策，要按照国家宏观经济发展的要求，进行可行性论证，注意经济、技术的合理性，不要一哄而起。

维护企业横向经济联合的自主权

五、要维护企业横向经济联合的自主权，允许企业按照协议和章程的规定，自愿参加、自愿退出。经济联合的组织管理形式，由参加联合的各方协商确定。

六、国务院有关部门和各级政府要进一步贯彻落实国务院发布的有关扩大企业自主权的规定，积极推动和引导企业发展各种形式的经济联合，特别是跨地区、跨部门、跨行业的企业之间的经济联合，不得从本位利益出发加以干涉。要防止继续采取行政办法拼凑各种所谓的经济联合组织。对联合中暴露出来的管理体制上的各种弊端和妨碍联合的某些政策、规定，都要认真加以研究，积极进行调整和改革。

七、企业之间的横向经济联合组织是企业性的，不能变成行政性的管理机构。不允许在联合组织上面再加一层行政性的公司，或把现有的行政性公司换个牌子当作联合组织，不准行政性公司干涉企业之间的经济联合。

改进计划管理和统计方法

八、在发展经济联合中，要切实加强宏观管理和指导，搞好行业、地区规划，避免盲目性。鼓励联合开发能源，增加原材料生产和资源的综合利用；联合发展交通运输事业；联合增产市场短缺产品。特别要鼓励工贸、农贸联合增加出口产品和顶替进口产品的生产，为国家多创外汇和节约外汇。同时，要限制长线产品的生产，限制工艺技术落后、消耗高、质量差的产品的发展。

九、发展横向经济联合，是控制固定资产投资规模，改善投资结构，提高投资效益的重要途径。凡通过企业横向联合，在产量、质量、品种上能够满足需要的，就不要另上新的建设项目。凡联合起来进行技术引进和技术改造能够做到投资省、见效快的项目，要优先予以安排。

十、在国家控制的固定资产投资规模内，国家、部门、地区每年要预留一定额度，主要用于能源、交通和原材料联合建设项目。企业联合兴建的基本建设和技术改造项目，按国家规定程序进行审批。企业和单位用原有厂房、设备和技术、专利、商标等折价投资的，均不计入固定资产投资规模控制指标。

十一、参加经济联合组织的企业，必须保证完成国家的指令性计划，严格履行合同。经济联合组织承担的指令性生产计划，由主管部门或地区按原来渠道下达到经济联合组织的各个企业，也可以直接下达到经济联合组织。国家统配物资的分配指标，随生产、建设计划下达。在经济联合组织内部，生产、建设指标和物资分配指标可以互相划转。

十二、经济联合组织的生产、建设、劳动、物资、财务、成本等各项经济技术指标，要纳入国家统计范围，按统一核算的联合组织或按独立核算的基层企业统计。同时，经济联合组织应按统计办法汇总所属企业的统计资料，报送主管部门和当地统计部门，作为上报计算“所在地”和“所属地”统计数字的依据。统计部门对经济联合组织的经济活动要进行统计分析，定期编报有关资料。

促进物资的横向流通

十三、物资管理部门要促进横向经济联合。各地要逐步扩大和发展生产资料市场，中心城市要办好物资贸易中心，吸收生产、物资、商业、外贸企业参加，积极开展物资协作、串换，搞活物资流通。仓储、运输、装卸也要通过横向经济联合，逐步实现社会化和企业化，提高储运能力和社会经济效益。

十四、通过横向经济联合增加的产品，除国家有特殊规定的以外，凡不属于国家投资和计划供应原材料的，由企业自行销售。企业从联合中分得的产品和节约的能源、原材料，物资部门不扣减分配指标。高能耗产品转移到能源富裕地区生产，不减少给原地区切块分配的能源指标。

十五、经济联合组织内部自产自用属于国家计划分配的原材料，由参加联合组织的企业的主管部门或所在地区划转分配指标，经主管订货部门平衡安排后，可由企业直拨自供。大宗经济协作物资，都要经过有关部门的综合平衡，纳入运输计划。

加强生产与科技的结合

十六、要采取有力措施，促进生产与科技密切结合，推动生产企业同科研单位的联合。科研单位与生产企业的联合，可以以科研单位为主，吸收生产企业参加；也可以以生产企业为主，吸收科研单位参加。有关主管部门都要积极促进，给予支持。

十七、经济联合组织要加强技术开发能力，可以通过联合吸收科研单位作为自己的开发机构，为联合组织的技术开发工作服务，也允许它们为其它企业和单位服务。参加联合的科研单位，可继续享受独立的科研单位原来的纳税优惠，其事业费的增减不受影响。

十八、要积极支持生产企业和科研单位联合进行中间试验。主管部门在计划上要给予安排，银行要在贷款方面制定鼓励办法。纳税有困难的，可向税务部门申请减免税。

十九、经济联合组织投资开发的技术成果，属联合组织所有，由成员单位共享。各成员单位自行开发的成果归本单位所有；互相委托开发的成果，属投资方和技术开发方共有，其利益分配比例应按资金和智力投资情况在合同或协议中予以明确。

发展资金的横向融通

二十、在工商行政管理部门已登记注册的经济联合组织，各专业银行应按分工和开户规定，允许其在当地开立帐户。

二十一、在国家控制的固定资产投资规模和贷款额度内，允许各专业银行跨地区、跨专业向经济联合组织发放固定资产投资贷款，也可以跨地区、跨专业组织银团贷款。要保障银行在这方面的自主权不受侵犯。经济联合组织及参加各种形式联合的企业和单位，从银行取得的固定资产投资贷款，可以用于内部互相投资。流动资金贷款，可以由经济联合组织上贷下拨、统贷统还，也可以由参加联合的企业分别贷款，横向划拨，谁贷谁还，但不准用于固定资产投资，不准参与分配。

二十二、各专业银行及其它金融机构，可以采取多种信用方式支持经济联合。联合组织签发的商业票据，经付款企业或有关银行承兑后，可以跨地区、跨专业向金融机构办理贴现。

二十三、经济联合组织按照中国人民银行的有关规定，经过批准，可以通过银行和其它金融机构向内部职工以及社会发行债券。

调整征税办法

二十四、对经济联合组织不要重复征税。凡实行统一核算的经济联合组织，内部各单位之间相互提供的协作产品，不缴纳产品税；对外销售的产品缴纳产品税，税率要按联合前各单位缴纳的税额占对外销售额的比例换算确定。不实行统一核算的经济联合组织的产品，除烟、酒、化妆品等高税率产品外，可以实行增值税。增值税征收办法，暂由省、自治区、直辖市及计划单列城市税务局商有关部门制定，报财政部税务总局备案。没有条件实行增值税的协作产品，按税务总局制定的减免税的规定执行。

二十五、采取补偿贸易方式，由对方提供资金、设备，以新增产品分期偿还投资的，应当在交付产品时，按实际销售收入就地缴纳产品税（增值税）、资源税。

二十六、经济联合组织及参加各种形式联合的企业，应在当地依法缴纳产品税（增值税）、营业税，然后按照"先分后税"的原则，由联合各方按协议规定分配利润，在各自所在地缴纳所得税。全民所有制从联合中新分得的利润，免缴调节税，这些企业的原有利润，应继续缴纳调节税。

二十七、企业和单位向能源、交通设施以及"老、少、边、穷"地区进行投资分得的利润，可减半征收所得税五年。参与投资的企业和单位，从联合中分得的利润再投资于上述行业和地区的，可免征所得税。联合集资办电（柴油发电除外），其新增的售电量定期减免产品税。经济联合组织开发的新产品，按照有关税收规定减征或免征产品税（增值税），减免的税款，专项用于技术开发。企业的技术转让收入，年净收入在三十万元以下的，暂免征收所得税；超过三十万元的部分，依法缴纳所得税。

保障经济联合组织的合法权益

二十八、经济联合组织，经所在地政府授权部门批准后，工商行政管理部门按有关规定予以登记注册。经济联合组织必须遵守国家的法律和有关政策、规定；它的合法权益如本金、利息、利润、产品和外汇留成等，受国家的法律保护。

二十九、经济联合组织的章程，是联合组织的基本准则，由参加单位协商制定，共同遵守。章程应明确规定：参加各方的权利和义务，利益的分配和风险的承担，加入和退出的手续，领导机构的产生和领导人员的任期等。

三十、联合各方如有不履行章程、合同和协议或在执行中发生纠纷时，属于行政管理方面的，由所在地的主管部门协调解决；协调不了的，在省范围内的由省有关部门协调解决，跨省、跨部门的由国务院有关部门协调解决。属于经济合同方面的，可依法由工商行政管理部门仲裁，也可向法院起诉。

本规定自发布之日起施行。各省、自治区、直辖市和经济特区可根据本规定制定具体实施办法。

国务院关于深化企业改革增强企业活力的若干规定

（一九八六年十二月五日发布）

按照"七五"期间经济体制改革任务的要求，一九八七年要在深化企业改革，增强企业特别是大中型企业的活力方面迈出较大的步子。为此，特作如下规定。

一、认真落实搞活企业的有关政策规定

近年来，党中央、国务院先后颁发了关于扩大企业自主权，增强企业活力的一系列重要文件。各级人民政府要组织有关部门对这些文件的贯彻执行情况进行认真检查，逐条抓好落实。凡文件规定放给企业的权利被中间环节截留的，要坚决放给企业。各部门、各地区要认真清理各自下发的文件，对不符合党中央、国务院关于搞活企业规定精神的，应予废止或纠正。今后，要把扩大企业自主权的落实情况，作为考核、评价各级政府部门和领导人工作的一项重要内容。

二、推行多种形式的经营承包责任制，给经营者以充分的经营自主权

根据企业所有权与经营权分离的原则，给经营者以充分的经营自主权，是深化企业改革、增强企业活力的重要内容。

全民所有制小型企业可积极试行租赁、承包经营。选择一部分亏损或微利的全民所有制中型企业，进行租赁、承包经营试点。要保证承租人或承包人在遵守国家有关规定的前提下，拥有充分的经营自主权，保护他们按照合同规定取得的合法利益。全民所有制大中型企业要实行多种形式的经营责任制。各地要从实际出发，制订租赁、承包经营的具体试行办法，并加强审计监督。

各地可以选择少数有条件的全民所有制大中型企业，进行股份制试点。企业之间互相投资，或联合投资新建企业，一般宜采取股份制形式。

有些全民所有制小型商业、服务业企业，可由当地财政、银行、工商行政管理部门和企业主管部门共同核定资产，由企业主管部门进行拍卖或折股出售，允许购买者分期偿付资产价款。出售企业的收入全部上交国家财政，由中央和企业所在城市五五分成。

集体所有制企业仍由主管部门统负盈亏的，一律改为自负盈亏，不再上交合作事业基金。

三、加快企业领导体制的改革

全面推行厂长(经理)负责制。厂长(经理)是企业法人的代表，对企业负有全面责任，处于中心地位，起中心作用。

实行厂长负责制的企业，要同时实行厂长任期目标责任制，并切实保障经营者的利益。凡全面完成任期内年度责任目标的，经营者的个人收入可以高于职工平均收入的一至三倍。做出突出贡献的，还可以再高一些。完不成年度责任目标的，应扣减厂长的个人收入。

为保证厂长集中精力组织生产经营，各级政府部门和其他单位要尽量减少对企业的检查、评比和召开会议等活动。

企业要精简机构，减少脱产人员。任何部门不得强制企业设置对口机构，不得规定企业内部机构的人员编制。

四、进一步增强企业自我改造、自我发展的能力

一九八七年，继续减免轻纺企业和其他进行重点技术改造的大中型企业的调节税，企业由此增加的留利，必须用于企业发展生产。对纺织产品和某些轻工产品适当降低产品税或增值税税率。具体减征办法由财政部、国家经委商定。

工业企业全面实行分类折旧。对技术密集的新兴产业，经财政部会同有关部门批准，可试行加速折旧办法。目前仍由上级部门集中掌握的30%的折旧基金，要全部留给企业，原来规定免征能源交通建设基金的部分，继续免征。

今后，企业用税后留利进行生产性投资所增加的利润，按40%的税率征收所得税。

对国家急需发展的社会经济效益好的企业技术改造所需贷款，银行要优先给予安排。

要采取坚决有效的措施，制止对企业的摊派。各级政府以及部门的主要领导人对此要切实负责，违者要追究责任。

五、改进企业的工资、奖金分配制度

在国家规定的工资总额(包括增资指标)和政策范围内，对于企业内部职工工资、奖金分配的具体形式和办法，以及调资升级的时间、对象等，由企业自主决定，国家一般不再作统一规定。

降低奖金税税率。企业全年发放奖金总额不超过标准工资四个月的部分，继续免征奖金税；四个月至五个月的部分，奖金税税率由现行的30%降为20%；五个月至六个月的部分，奖金税税率由100%降为50%；六个月至七个月的部分，奖金税税率由300%降为100%；七个月以上的部分，奖金税税率定为200%。

试行工资总额同上交利税挂钩的企业，工资增长率为7%至13%的部分，工资调节税税率由30%降为20%；增长率为13%以上至20%的部分，工资调节税税率由100%降为50%；增长率为20%以上至27%的部分，工资调节税税率由300%降为100%；增长率为27%以上的部分，工资调节税税率定为200%。

国家经委、财政部、劳动人事部要研究改进能源、原材料节约奖的提奖办法，解决“鞭打快牛”的问题。

六、继续缩减对企业下达的指令性计划

国务院各部门，各省、自治区、直辖市和国家计划单列省辖市，要继续缩减向企业下达的指令性计划产品的种类、生产任务和调拨量，扩大企业自销比例(具体种类、数量由计划下达单位另行规定)。除上述单位外，其他单位一律无权向企业下达指令性计划。

生产资料由企业自销的部分，价格由供需双方议定。加工产品中，小商品价格要切实放开，随行就市；一般机电产品价格要进一步放开，重要机电产品以浮动价格为主，必要时可规定最高限价；工业消费品价格要有控制地逐步放开，其中对人民生活影响较大的商品需要提价时，要履行申报手续。

七、限期清理、撤销行政性公司

在一九八七年第一季度内，除少数经国务院批准赋予其行政职能的全国性公司以外，要停止行政性公司管理企业的职能，促使其尽快转为经营型或服务型的经济实体，实行独立核算，自负盈亏，并将他们承担的行政管理职能转给政府有关部门。一九八七年六月底还不能实现转变的，一律撤销。

八、鼓励发展企业集团

在发展横向经济联合的基础上，以大型骨干企业或名牌产品生产企业为主体，根据自愿互利的原则，由企业自主组建企业集团，政府部门不得阻止。允许企业参加两个以上的企业集团，并允许退出。有条件的企业集团可实行股份制。各级政府部门一般不应自上而下地组建企业集团，也不能指派企业集团的经营负责人，要防止把企业集团变成行政性公司或由行政性公司翻牌变成“企业集团”。国家对企业集团主要运用经济的、法律的手段进行间接管理。

在同一行业中，一般不搞独家垄断的企业集团，以利于开展竞争，促进技术进步。

一九八七年，中国人民银行要在信贷计划中，拨出一定的贷款额度，通过城市专业银行，重点支持企业集团的技术开发与产品开发。

各地区和各有关部门可根据本规定，结合实际情况，制定实施细则。

公　　安

中华人民共和国居民身份证条例实施细则

（一九八六年十一月三日国务院批准　一九八六年十一月二十八日公安部发布）

第一章　总　　则

第一条　依照《中华人民共和国居民身份证条例》第十九条的规定，制定本细则。

第二条　居民身份证式样和制证工艺以及申领居民身份证应当填写的《常住人口登记表》和居民身份证编号工作使用的《居民身份证编号顺序码登记表》，由公安部制定。

第三条　居民身份证为聚酯薄膜密封、单页卡式，由公安机关统一负责印制、颁发和管理。

省、自治区、直辖市公安厅（局）可根据需要设立证件制作中心或制证点，并报公安部备案。

第四条　户口登记机关负责办理公民申领、换领、补领居民身份证的日常工作。

第五条　颁发居民身份证是户口管理制度的一项重要工作，应当贯彻方便群众、科学管理的原则。

第二章　申　　领

第六条　年满十六周岁的中国公民，应当向常住户口所在地的户口登记机关履行申领居民身份证的手续。

公民年满十六周岁时，在从生日起计算的三十天内申领居民身份证。

第七条　回国定居的华侨，回内地定居的香港、澳门同胞，回大陆定居的台湾同胞，年满十六周岁的，在办理户口登记手续的同时申领居民身份证。

第八条　在中国境内定居的外国人和无国籍人被批准加入中华人民共和国国籍，年满十六周岁的，在办理户口登记手续的同时申领居民身份证。

第九条　被判处拘役、有期徒刑以上刑罚的人和被劳动教养的人以及被羁押的人，没有领取居民身份证的，在被释放或者被解除劳动教养后，申领居民身份证。

被判处管制或独立适用刑罚附加刑的人，以及被判处拘役、有期徒刑宣告缓刑的人，可以申领居民身份证。

第十条　公民申领居民身份证，需填写《常住人口登记表》，交验户口簿，交近期标准相片两张。

第三章　换领、补领

第十一条　公民的常住户口在本市各市辖区的行政区域之间和本县行政区域内迁移变动的，可以不换领居民身份证。

公民的常住户口迁出本市市辖区和本县行政区域的，在迁入地办理户口登记手续的同时换领居民身份证。

第十二条　被征集服现役的公民，在办理户口注销手续时，应当交回居民身份证。退出现役回原户口所在地定居的公民，如果居民身份证有效期未满的，可继续使用；有效期已满的，应当申报换领新证。退出现役不回原户口所在地定居的公民，向现居住地户口登记机关申报换领新证，新证使用原编号。

第十三条　公民出境定居的，在办理注销户口手续时，应当交回居民身份证。

第十四条　公民领取居民身份证后因犯罪被拘留或者被逮捕的，其居民身份证由执行拘留、逮捕的公安机关收缴归入本人案卷。当被判处刑罚或者被批准劳动教养时，其居民身份证由人民法院或者批准劳动教养的机关交执行刑罚或者劳动教养的机关保存。在被释放或者被解除劳动教养时，由执行刑罚或者劳动教养的机关将居民身份证发还本人。

被释放或者被解除劳动教养的人，回原户口所在地定居，居民身份证有效期未满，可继续使用；有效期已满，申报换领新证。不回原户口所在地定居的，向现居住地户口登记机关申报换领新证。

第十五条　公民应当在居民身份证有效期满之日的三个月前申报换领新证，户口登记机关应当在旧证有效期满前将新证发给本人。

第十六条　公民的居民身份证污损、残缺不能辨认时，应当申报换领新证。

第十七条　公民需要变更居民身份证登记的内容，在履行申请变更手续的同时申报换领新证。

第十八条　公民遗失居民身份证时，应当立即向公安机关报告。从报告之日起三个月仍未找到的，应当申报补领新证。

补领新证后找回原证的，应当将原证交给户口登记机关。

第十九条　凡申报换领、补领新证的，需重新填写《常住人口登记表》，交近期标准相片两张。申报换领新证的，户口登记机关发给新证的同时收回旧证。申报补领新证的，原证作废。

第四章　使　　用

第二十条　公民在办理下列事务，需要证明身份时，可以出示居民身份证：

（一）选民登记；

（二）户口登记；

（三）兵役登记；

（四）婚姻登记；

（五）入学、就业；

（六）办理公证事务；

（七）前往边境管理区；

（八）办理申请出境手续；

（九）参与诉讼活动；

（十）办理机动车、船驾驶证和行驶证，非机动车执照；

（十一）办理个体营业执照；

（十二）办理个人信贷事务；

（十三）参加社会保险，领取社会救济；

（十四）办理搭乘民航飞机手续；

（十五）投宿旅店办理登记手续；

（十六）提取汇款、邮件；

（十七）寄卖物品；

（十八）办理其他事务。

第二十一条 除公安机关依法对被告人采取强制措施可以扣留居民身份证外，其他任何单位和个人不得扣留公民的居民身份证或者作为抵押。

第五章 签 发

第二十二条 居民身份证的签发机关是县公安局、不设区的市公安局和设区的市的公安分局。签发居民身份证的具体手续，由户口登记机关办理。

第二十三条 《常住人口登记表》内有关公民申报的项目，经核对无误，由本人或者代理人签名后，作为签发居民身份证的凭据。

第二十四条 居民身份证有效期限自签发之日起计算。

第二十五条 户口登记机关应当在受理公民申领、换领、补领居民身份证手续后的三个月内发给证件。

第六章 编 号

第二十六条 对居民身份证实行全国统一编号。编号由十五位阿拉伯数字组成。数码排列为：行政区划代码、出生日期码、分配顺序码。

第二十七条 居民身份证编号工作在签发机关指导下，由户口登记机关按照《居民身份证编号顺序码登记表》办理。居民身份证的编号不得重复、遗漏、错乱。

第二十八条 行政区划代码使用国家标准局批准的《GB 2260—84 中华人民共和国行政区划代码》。

行政区划有变动的，使用国家标准局批准的新的行政区划代码。新的代码没有批准前，经省、自治区、直辖市公安厅（局）同意，可暂时沿用原行政区划代码。没有县（市、旗、镇、区）一级行政区划代码的，可使用地区（市、州、盟）的行政区划代码；没有地区（市、州、盟）行政区划代码的，可使用省（自治区、直辖市）一级的行政区划代码。

第二十九条 出生日期码按公民出生的公历年月日编定。

第三十条 分配顺序码是对行政区划代码表示的区域范围内同年同月同日出生的人编定的顺序号。

分配顺序码的奇数分配给男性公民，偶数分配给女性公民。

第三十一条 公民年满百岁时，应当对其居民身份证重新编号。分配顺序码的999、998、997、996四个顺序号为百岁以上老人的特定编号。

第三十二条 办理本细则第二十条规定的事务的机关以及执行逮捕、劳动教养、刑事处罚的机关，应当在相应记载表册中设居民身份证编号栏目。

第三十三条 公民因居民身份证有效期满、丢失、损坏或因户口迁移变动、变更身份内容（不含变更出生日期），按照规定需换领、补领的新证，仍使用原编号。

第七章 管 理

第三十四条 《常住人口登记表》由户口登记机关以户为单位管理。

第三十五条 公民按照本细则第十一条第一款规定不换领居民身份证的，户口登记机关应当将其《常住人口登记表》复制、造册，并将原表移交迁入地户口登记机关。

第三十六条 公民按照本细则的规定换领、补领居民身份证的，户口登记机关应当在公民原《常住人口登记表》上注明领证原因，并另行造册保管。

第三十七条 《居民身份证编号顺序码登记表》由户口登记机关按年度装订成册，长期保管。

第三十八条 交回存放的居民身份证，由户口登记机关造册并妥善保管，有效期限已满的证件，按作废处理。

第三十九条 作废的居民身份证，由户口登记机关将证件签发机关印章的一部分剪掉，并编造销毁清册，由签发机关定期销毁。

第八章 查 验

第四十条 公民应当随身携带并妥善保管居民身份证。

第四十一条 公安机关在下列情况下，有权查验公民的居民身份证：

（一）追捕逃犯、侦破案件中，遇有形迹可疑或被指控有违法犯罪行为的人需要查明身份时；

（二）维护铁路、公路、水运、民航等公共场所治安秩序以及巡逻执勤中，对有违反治安管理行为的人需要查明身份时；

（三）对各种灾害事故和突发性事件进行现场调查时；

（四）办理户口登记手续和核查户口时。

第四十二条 户口登记机关应当结合日常管理工作定期查验居民身份证。

第四十三条 公安人员依法执行公务需要查验公民的居民身份证时，应当首先出示自己的工作证件。

第九章 附 则

第四十四条 公民第一次领取居民身份证，免交证件工本费。

公民申报换领新证，应当交纳证件工本费。

公民丢失居民身份证申报补领新证，交纳相当于证件工本费二倍的费用。

第四十五条 证件工本费由财政部根据制证成本核定。

公民交纳的证件工本费作为地方预算收入全部上缴国库。

第四十六条 本细则自公布之日起施行。

中国公民因私事往来香港地区或者澳门地区的暂行管理办法

（一九八六年十二月三日国务院批准 一九八六年十二月二十五日公安部发布）

第一章 总 则

第一条 根据《中华人民共和国公民出境入境管理法》第十七条的规定，制定本办法。

第二条 本办法适用于内地公民因私事往来香港地区（下称香港）或者澳门地区（下称澳门）以及港澳同胞来往内地。

第三条 内地公民因私事前往香港、澳门，凭我国公安机关签发的前往港澳通行证或者往来港澳通行证从指定的口岸通行；返回内地也可以从其他对外开放的口岸通行。

指定的口岸：往香港是深圳，往澳门是拱北。

第四条 港澳同胞来往于香港、澳门与内地之间，凭我国公安机关签发的港澳同胞回乡证或者入出境通行证，从中国对外开放的口岸通行。

第二章 内地公民前往香港、澳门

第五条 内地公民因私事前往香港、澳门定居，实行定额审批的办法，以利于维护和保持香港和澳门的经济繁荣和社会稳定。

第六条 内地公民因私事前往香港、澳门，须向户口所在地的市、县公安局出入境管理部门提出申请。

第七条 有下列情形之一的，可以申请前往香港、澳门定居：

（一）夫妻一方定居香港、澳门，分居多年的；

（二）定居香港、澳门的父母年老体弱，必须由内地子女前往照料的；

（三）内地无依无靠的老人和儿童须投靠在香港、澳门的直系亲属和近亲属的；

（四）定居香港、澳门直系亲属的产业无人继承，必须由内地子女去定居才能继承的；

（五）有其他特殊情况必须去定居的。

第八条 有下列情形之一的，可以申请短期前往香港、澳门：

（一）在香港、澳门有定居的近亲属，须前往探望的；

（二）直系亲属或者近亲属是台湾同胞，必须由内地亲人去香港、澳门会亲的；

（三）归国华侨的直系亲属、兄弟姐妹和侨眷的直系亲属不能回内地探亲，必须去香港、澳门会面的；

（四）必须去香港、澳门处理产业的；

（五）有其他特殊情况，必须短期去香港、澳门的。

第九条 内地公民因私事申请前往香港、澳门，须回答有关的询问并履行下列手续：

（一）交验户口簿或者其他户籍证明；

（二）填写申请表；

（三）提交所在工作单位对申请人前往香港、澳门的意见；

（四）提交与申请事由相应的证明。

第十条 本办法第九条第四项所称的证明是指：

（一）夫妻团聚，须提交合法婚姻证明，以及配偶在香港、澳门有永久居住资格的证明；

（二）去香港、澳门照顾年老体弱父母或者无依无靠的老人、儿童投靠香港、澳门亲属，须提交与香港、澳门亲属关系及其在香港、澳门有永久居住资格的证明；

（三）继承或者处理产业，须提交产业状况和合法继承权的证明；

（四）探望在香港、澳门亲属，须提交亲属函件；时间急迫的，应尽可能提交与申请事由相关的说明或者证明；

（五）会见台湾亲属或者会见居住国外的亲属，须提交亲属到达香港、澳门日期的确切证明。

第十一条 公安机关出入境管理部门受理的前往香港、澳门的申请，应当在六十天内作出批准或者不批准的决定，通知申请人。

第十二条 经批准前往香港、澳门定居的内地公民，由公安机关出入境管理部门发给前往港澳通行证。持证人应当在前往香港、澳门之前，到所在地公安派出所注销户口，并在规定的时间内前往香港、澳门。

经批准短期前往香港、澳门的内地公民，发给往来港澳通行证。持证人应当在规定时间内前往并按期返回。

第十三条 内地公民申请去香港、澳门，有下列情形之一的，不予批准：

（一）属于《中华人民共和国公民出境入境管理法》第八条规定情形的；

（二）不属于本办法第七条和第八条规定情形的；

（三）编造情况、提供假证明，欺骗公安机关出入境管理部门的。

第三章 港澳同胞来内地

第十四条 港澳同胞来内地，须申请领取港澳同胞回乡证。港澳同胞回乡证由广东省公安厅签发。

申领港澳同胞回乡证须交验居住身份证明、填写申请表。

不经常来内地的港澳同胞，可申请领取入出境通行证。申领办法与申领港澳同胞回乡证相同。

第十五条 有下列情形之一的，不发给港澳同胞回乡证或者入出境通行证：

（一）被认为有可能进行抢劫、盗窃、贩毒等犯罪活动的；

（二）编造情况，提交假证明的；

（三）精神病患者。

第十六条 港澳同胞驾驶机动车辆来内地，应当按照广东省人民政府有关规定申请行车执照，驾驶人员还须向广东省公安厅出入境管理处申请驾驶港澳机动车辆来往内地的许可。

第十七条 港澳同胞短期来内地，要按照户口管理规定，办理暂住登记。在宾馆、饭店、旅店、招待所、学校等企业、事业单位或者机关、团体及其他机构内住宿的，应当填写临时住宿登记表；住在亲友家的，由本人或者亲友在二十四小时内（农村可在七十二小时内）到住地公安派出所或者户籍办公室办理暂住登记。

第十八条 港澳同胞要求回内地定居的，应当事先向拟定居地的市、县公安局提出申请，获准后，持注有回乡定居签注的港澳同胞回乡证，至定居地办理常住户口手续。

第四章 出入境检查

第十九条 内地公民往来香港、澳门以及港澳同胞来往内地，须向对外开放口岸或者指定口岸的边防检查站出示出入境证件，填交出境、入境登记卡，接受查验。

第二十条 有下列情形之一的，边防检查站有权阻止出境、入境：

（一）未持有往来港澳通行证件、港澳同胞回乡证或其他有效证件的；

（二）持用伪造、涂改等无效的往来港澳通行证件或者港澳同胞回乡证，冒用他人往来港澳通行证件或者港澳同胞回乡证的；

（三）拒绝交验证件的。

具有前款第二项规定的情形的，并可依照本办法第二十六条的规定处理。

第五章 证件管理

第二十一条 港澳同胞回乡证由持证人保存，有效期十年，在有效期内可以多次使用。超过有效期或者查验页用完的，可以换领新证。申请新证按照本办法第十四条规定办理。

第二十二条 前往港澳通行证在有效期内一次使用有效。往来港澳通行证有效期五年，可以延期二次，每次不超过五年，证件由持证人保存、使用，每次前往香港、澳门均须按照本办法第六条、第八条、第十条的规定办理申请手续，经批准的作一次往返签注。经公安部特别授权的公安机关可以作多次往返签注。

第二十三条 港澳同胞来内地后遗失港澳同胞回乡证，应向遗失地的市、县或者交通运输部门的公安机关报失，经公安机关调查属实，出具证明，由公安机关出入境管理部门签发一次有效的入出境通行证，凭证返回香港、澳门。港澳同胞无论在香港、澳门或者内地遗失港澳同胞回乡证，均可以按照本办法第十四条规定重新申请领取港澳同胞回乡证。

第二十四条 内地公民在前往香港、澳门之前遗失前往港澳通行证、往来港澳通行证的，应立即报告原发证机关，并由本人登报声明，经调查属实的，重新发给证件。

第二十五条 港澳同胞回乡证持证人有本办法第十五条规定情形之一的，证件应予以吊销。

吊销证件由原发证机关或其上级机关决定并予以收缴。

第六章 处 罚

第二十六条 持用伪造、涂改等无效的或者冒用他人的前往港澳通行证、往来港澳通行证、港澳同胞回乡证、入出境通行证的，除可以没收证件外，并视情节轻重，处以警告或五日以下拘留。

第二十七条 伪造、涂改、转让前往港澳通行证、往来港澳通行证、港澳同胞回乡证、入出境通行证的，处十日以下拘留；情节严重，构成犯罪的，依照《中华人民共和国刑法》的有关条款的规定追究刑事责任。

第二十八条 编造情况，提供假证明，或者以行贿等手段，获取前往港澳通行证、往来港澳通行证、港澳同胞回乡证、入出境通行证，情节较轻的，处以警告或五日以下拘留；情节严重，构成犯罪的，依照《中华人民共和国刑法》的有关条款的规定追究刑事责任。

第二十九条 公安机关的工作人员在执行本办法时，如有利用职权索取、收受贿赂或者有其他违法失职行为，情节轻微的，可以由主管部门酌情予以行政处分；情节严重，构成犯罪的，依照《中华人民共和国刑法》的有关条款的规定追究刑事责任。

第七章 附 则

第三十条 本办法由公安部组织实施，负责解释。

第三十一条 本办法自公布之日起施行。

中华人民共和国公民出境入境管理法实施细则

（一九八六年十二月三日国务院批准 一九八六年十二月二十六日公安部、外交部、交通部发布）

第一章 总 则

第一条 根据《中华人民共和国公民出境入境管理法》第十九条的规定，制定本实施细则。

第二条 本实施细则适用于中国公民因私事出境、入境。所称"私事"，是指：定居、探亲、访友、继承财产、自费留学、就业、旅游和其他私人事务。

第二章 出 境

第三条 居住国内的公民因私事出境，须向户口所在地的市、县公安局出入境管理部门提出申请，回答有关的询问并履行下列手续：

（一）交验户口簿或者其他户籍证明；

（二）填写出境申请表；

（三）提交所在工作单位对申请人出境的意见；

（四）提交与出境事由相应的证明。

第四条 本实施细则第三条第四项所称的证明是指：

（一）出境定居，须提交拟定居地亲友同意去定居的证明或者前往国家的定居许可证明；

（二）出境探亲访友，须提交亲友邀请证明；

（三）出境继承财产，须提交有合法继承权的证明；

（四）出境自费留学，须提交接受学校入学许可证件和必需的经济保证证明；

（五）出境就业，须提交聘请、雇用单位或者雇主的聘用、雇用证明；

（六）出境旅游，须提交旅行所需外汇费用证明。

第五条 市、县公安局对出境申请应当在三十天内，地处偏僻、交通不便的应当在六十天内，作出批准或者不批准的决定，通知申请人。

申请人在规定时间内没有接到审批结果通知的，有权查询，受理部门应当作出答复；申请人认为不批准出境不符合《中华人民共和国公民出境入境管理法》的，有权向上一级公安机关提出申诉，受理机关应当作出处理和答复。

第六条 居住国内的公民经批准出境的，由公安机关出入境管理部门发给中华人民共和国护照，并附发出境登记卡。

第七条 居住国内的公民办妥前往国家的签证或者入境许可证件后，应当在出境前办理户口手续。出境定居的，须到当地公安派出所或者户籍办公室注销户口。短期出境的，办理临时外出的户口登记，返回后凭护照在原居住地恢复常住户口。

第八条 定居国外的中国公民回国后出境，凭有效的中华人民共和国护照或者有效的中华人民共和国旅行证或者其他有效出境入境证件，无需办理签证。

第三章 入 境

第九条 定居国外的中国公民短期回国探亲、访友、投资、经商、旅游等，凭有效的中华人民共和国护照或者有效的中华人民共和国旅行证或者其他有效入境出境证件入境，无需办理签证。

第十条 定居国外的中国公民要求回国定居的，应当在入境前向中国驻外国的外交代表机关、领事机关或者外交部授权的其他驻外机关提出申请，也可由本人或者经由国内亲属向拟定居地的市、县公安局提出申请，由省、自治区、直辖市公安厅（局）核发回国定居证明。

第十一条 定居国外的中国公民要求回国工作的，应当向中国劳动人事部门或者聘请、雇用单位提出申请。

第十二条 定居国外的中国公民回国定居或者回国工作抵达目的地后，应当在三十天内凭回国定居证明或者经中国劳动人事部门核准的聘请、雇用证明到当地公安局办理常住户口登记。

第十三条 定居国外的中国公民短期回国，要按照户口管理规定，办理暂住登记。在宾馆、饭店、旅店、招待所、学校等企业、事业单位或者机关、团体及其他机构内住宿的，应当填写临时住宿登记表；住在亲友家的，由本人或者亲友在二十四小时内（农村可在七十二小时内）到住地公安派出所或者户籍办公室办理暂住登记。

第四章 出境入境检查

第十四条 中国公民应当从对外开放的或者指定的口岸出境、入境，向边防检查站出示中华人民共和国护照或者其他出境入境证件，填交出境、入境登记卡，接受查验。

第十五条 有下列情形之一的，边防检查站有权阻止出境、入境：

（一）未持有中华人民共和国护照或者其他出境入境证件的；

（二）持用无效护照或者其他无效出境入境证件的；

（三）持用伪造、涂改的护照、证件或者冒用他人护照、证件的；

（四）拒绝交验证件的。

具有前款第二、三项规定的情形的，并可依照本实施细则第二十三条的规定处理。

第五章 证件管理

第十六条 中国公民出境入境的主要证件——中华人民共和国护照和中华人民共和国旅行证由持证人保存、使用。除公安机关和原发证机关有权依法吊销、收缴证件以及人民检察院、人民法院有权依法扣留证件外，其他任何机关、团体和企业、事业单位或者个人不得扣留证件。

第十七条 中华人民共和国护照有效期五年，可以延期二次，每次不超过五年。申请延期应在护照有效期满前提出。

在国外，护照延期，由中国驻外国的外交代表机关、领事机关或者外交部授权的其他驻外机关办理。在国内，定居国外的中国公民的护照延期，由省、自治区、直辖市公安厅（局）及其授权的公安机关出入境管理部门办理；居住国内的公民在出境前的护照延期，由原发证的或者户口所在地的公安机关出入境管理部门办理。

第十八条 中华人民共和国旅行证分一年一次有效和二年多次有效两种，由中国驻外国的外交代表机关、领事机关或者外交部授权的其他驻外机关颁发。

第十九条 中华人民共和国入出境通行证，是入出中国国（边）境的通行证件，由省、自治区、直辖市公安厅（局）及其授权的公安机关签发。这种证件在有效期内一次或者多次入出境有效。一次有效的，在出境时由边防检查站收缴。

第二十条 中华人民共和国护照和其他出境入境证件的持有人，如因情况变化，护照、证件上的记载事项需要变更或者加注时，应当分别向市、县公安局出入境管理部门或者中国驻外国的外交代表机关、领事机关或者外交部授权的其他驻外机关提出申请，提交变更、加注事项的证明或者说明材料。

第二十一条 中国公民持有的中华人民共和国护照和其他出境入境证件因即将期满或者签证页用完不能再延长有效期限，或者被损坏不能继续使用的，可以申请换发，同时交回原持有的护照、证件；要求保留原护照的，可以与新护照合订使用。护照、出境入境证件遗失的，应当报告中国主管机关，在登报声明或者挂失声明后申请补发。换发和补发护照、出境入境证件，在国外，由中国驻外国的外交代表机关、领事机关或者外交部授权的其他驻外机关办理；在国内，由省、自治区、直辖市公安厅（局）及其授权的公安机关出入境管理部门办理。

第二十二条 中华人民共和国护照和其他出境入境证件的持有人有下列情形之一的，其护照、出境入境证件应予以吊销或者宣布作废：

（一）持证人因非法进入前往国或者非法居留被送回国内的；

（二）居住国内的公民持护照、证件招摇撞骗的。

护照和其他出境入境证件的吊销和宣布作废，由原发证机关或其上级机关作出。

第六章 处 罚

第二十三条 持用伪造、涂改等无效证件或者冒用他人证件出境、入境的，除可以没收证件外，并视情节轻重，处以警告或者五日以下拘留。

第二十四条 伪造、涂改、转让出境、入境证件的，处十日以下拘留；情节严重，构成犯罪的，依照《中华人民共和国刑法》的有关条款的规定追究刑事责任。

第二十五条 编造情况，提供假证明，或者以行贿等手段，获取出境入境证件，情节较轻的，处以警告或者五日以下拘留；情节严重，构成犯罪的，依照《中华人民共和国刑法》的有关条款的规定追究刑事责任。

第二十六条 公安机关的工作人员在执行《中华人民共和国公民出境入境管理法》和本实施细则时，如有利用职权索取、收受贿赂或者有其他违法失职行为，情节轻微的，由主管部门酌情予以行政处分；情节严重，构成犯罪的，依照《中华人民共和国刑法》的有关条款的规定追究刑事责任。

第七章 附 则

第二十七条 中国公民因公务出境和中国海员因执行任务出境管理办法，另行制订。

第二十八条 本实施细则自公布之日起施行。

中华人民共和国外国人入境出境管理法实施细则

（一九八六年十二月三日国务院批准　一九八六年十二月二十七日公安部、外交部发布）

根据《中华人民共和国外国人入境出境管理法》（以下简称《外国人入境出境管理法》）第三十三条的规定，制定本实施细则。

第一章　入　　境

第一条　外国人入境，应当向中国的外交代表机关、领事机关或者外交部授权的其他驻外机关申请办理签证。

外国人持有中国国内被授权单位的函电，并持有与中国有外交关系或官方贸易往来国家的普通护照，因下列事由确需紧急来华而来不及在上述中国驻外机关申办签证的，也可以向公安部授权的口岸签证机关申请办理签证：

（一）中方临时决定邀请来华参加交易会的；

（二）应邀来华参加投标或正式签订经贸合同的；

（三）按约来华监装出口、进口商检或参加合同验收的；

（四）应邀参加设备安装或工程抢修的；

（五）应中方要求来华解决索赔问题的；

（六）应邀来华提供科技咨询的；

（七）应邀来华团组办妥签证后，经中方同意临时增换的；

（八）看望危急病人或处理丧事的；

（九）直接过境人员由于不可抗拒的原因不能在二十四小时内乘原机离境或需改乘其他交通工具离境的；

（十）其他被邀请确实来不及在上述中国驻外机关申请签证，并持有指定的主管部门同意在口岸申办签证的函电的。

不属上述情况者，口岸签证机关不得受理其签证申请。

第二条　公安部授权的口岸签证机关设立在下列口岸：北京、上海、天津、大连、福州、厦门、西安、桂林、杭州、昆明、广州（白云机场）、深圳（罗湖、蛇口）、珠海（拱北）。

第三条　根据外国人来中国的身份和所持护照的种类，分别发给外交签证、礼遇签证、公务签证、普通签证。

第四条　签发普通签证时，根据外国人申请来中国的事由，在签证上标明相应的汉语拼音字母：

（一）D字签证发给来中国定居的人员；

（二）Z字签证发给来中国任职或就业的人员及其随行家属；

（三）X字签证发给来中国留学、进修、实习六个月以上的人员；

（四）F字签证发给应邀来中国访问、考察、讲学、经商、进行科技文化交流及短期进修、实习等活动不超过六个月的人员；

（五）L字签证发给来中国旅游、探亲或因其他私人事务入境的人员，其中九人以上组团来中国旅游的，可以发给团体签证；

（六）G字签证发给经中国过境的人员；

（七）C字签证发给执行乘务、航空、航运任务的国际列车乘务员、国际航空机机组人员及国际航行船舶的海员及其随行家属。

第五条　外国人申请签证须回答被询问的有关情况并履行下列手续：

（一）提供有效护照或者能够代替护照的证件；

（二）填写签证申请表，交近期二寸半身正面免冠照片；

（三）交验与申请入境、过境事由有关的证明。

第六条　本实施细则第五条（三）项所说的有关证明是指：

（一）申请D字签证，须持有定居身份确认表。定居身份确认表由申请人或委托其在中国的亲属向申请定居地的市、县公安局出入境管理部门申请领取；

（二）申请Z字签证，须有中国聘雇单位的聘请或雇用证明，或被授权单位的函电；

（三）申请X字签证，须有接受单位或主管部门的证明；

（四）申请F字签证，须有被授权单位的函电；

（五）申请L字签证，来华旅游的，须有中国旅游部门的接待证明；

（六）申请G字签证，须持有前往国家（地区）的有效签证。如果申请人免办前往国家（地区）的签证，须持有联程客票；

（七）申请C字签证，按协议提供有关的证明。

外国人来中国定居或者居留一年以上的，在申请入境签证时，还须交验所在国政府指定的卫生医疗部门签发的，或者卫生医疗部门签发的并经过公证机关公证的健康证明书。健康证明书自签发之日起六个月有效。

第七条　下列外国人不准入境：

（一）被中国政府驱逐出境，未满不准入境年限的；

（二）被认为入境后可能进行恐怖、暴力、颠覆活动的；

（三）被认为入境后可能进行走私、贩毒、卖淫活动的；

（四）患有精神病和麻疯病、艾滋病、性病、开放性肺结核病等传染病的；

（五）不能保障其在中国期间所需费用的；

（六）被认为入境后可能进行危害我国国家安全和利益的其他活动的。

第八条 外国人持有联程客票并已定妥联程座位搭乘国际航班从中国直接过境，在过境城市停留不超过二十四小时，不出机场的，免办过境签证；要求离开机场的，须向边防检查站申请办理停留许可手续。

第九条 国际航行船舶在中国港口停泊期间，外国船员及其随行家属要求登陆，不出港口城市的，向边防检查站申请登陆证，要求在陆地住宿的，申请住宿证。有正当理由需要前往港口城市以外的地区，或不能随原船出境的，须向当地公安局申请办理相应的签证。

第二章 入出境证件检查

第十条 外国人抵达口岸，必须向边防检查站缴验有效护照和中国的签证、证件，填写入出境卡，经边防检查站查验核准加盖验讫章后入境。

第十一条 外国航空器或者船舶抵达中国口岸时，其负责人负有下列责任：

（一）机长、船长或代理人必须向边防检查站提交机组人员、船员名单和旅客名单；

（二）如果载有企图偷越国境的人员，发现后应立即向边防检查站报告，听候处理；

（三）对于不准入境的人员，必须负责用原交通工具带走，对由于不可抗拒的原因不能立即离境的人，必须负责其在中国停留期间的费用和离开时的旅费。

第十二条 对下列外国人，边防检查站有权阻止入境或出境：

（一）未持有效护照、证件或签证的；

（二）持伪造、涂改或他人护照、证件的；

（三）拒绝接受查验证件的；

（四）公安部或者国家安全部通知不准入境、出境的。

第十三条 外国人出境，须缴验有效护照或者其他有效证件，以及准予在中国停留的签证或者居留证件。

第十四条 被签证机关指定通行口岸的外国人和外国人的交通工具，必须从指定的口岸入、出境。

第十五条 对于本实施细则第十二条所列被阻止入境的外国人，如不能立即随原交通工具返回，边防检查站可以采取必要的措施限制其活动范围，并令其乘最近一班交通工具离境。

第三章 居　留

第十六条 持标有D、Z、X字签证的外国人，必须自入境之日起十日内到居住地市、县公安局办理外国人居留证或外国人临时居留证。上述居留证件的有效期即为准许持证人在中国居留的期限。

外国人居留证，发给在中国居留一年以上的人员。

外国人临时居留证，发给在中国居留不满一年的人员。

持标有F、L、G、C字签证的外国人，可以在签证注明的期限内在中国停留，不需办理居留证件。

第十七条 外国人申请居留证件须回答被询问的有关情况并履行下列手续：

（一）交验护照、签证和与居留事由有关的证明；

（二）填写居留申请表；

（三）申请外国人居留证的，还要交验健康证明书，交近期二寸半身正面免冠照片。

第十八条 外国人居留证有效期可签发一年至五年，由市、县公安局根据外国人居留的事由确定。

对符合《外国人入境出境管理法》第十四条规定的外国人，公安机关可以发给一年至五年长期居留资格的证件；有显著成效的可以发给永久居留资格的证件。

第十九条 根据中国政府同外国政府签定的协议免办签证的外国人，需在中国停留三十日以上的，应于入境后按本实施细则第十六、十七条申请居留证件。

但是，《外国人入境出境管理法》第三十四条规定的外国人，不适用前款的规定。

第二十条 外国人在签证或居留证件有效期满后需继续在中国停留或居留，须于期满前申请延期。

外国人在中国居留期间，如果发现患有本实施细则第七条第四项规定的疾病，中国卫生主管机关可以提请公安机关令其提前出境。

第二十一条 在外国人居留证上填写的项目内容（姓名、国籍、职业或身份、工作单位、住址、护照号码、偕行儿童等）如有变更，持证人须于十日内到居住地公安局办理变更登记。

第二十二条 持外国人居留证的人迁出所在市、县，须于迁移前向原居住地的公安局办理迁移登记，到达迁入地后，须于十日内向迁入地公安局办理迁入登记。

定居的外国人申请迁移，须事先向迁入地公安局申请准予迁入的证明，凭该证明按前款规定办理迁移登记。

第二十三条 出于维护国家安全、社会秩序或其他公共利益的原因，市、县公安局可以限制外国人或外国机构在某些地区设立住所或办公处所；已在上述限制地区设立住所或办公处所的，必须在市、县公安局迁移通知书指定的期限内迁至许可的地区。

第二十四条 在中国定居的外国人必须每年一次

在指定的时间到居住地的公安局缴验外国人居留证。

公安局认为必要时，可通知外国人到出入境管理部门缴验外国人居留证，外国人应按通知指定的时间前往缴验。

第二十五条 在中国居留或停留的年满十六周岁以上的外国人必须随身携带居留证件或者护照，以备外事民警查验。

第二十六条 在中国出生的外国婴儿，须于出生后一个月内，由其父母或代理人持出生证明向当地公安局申报，办理登记手续。

第二十七条 外国人在中国死亡，其家属或监护人或代理人须于三日内持死亡证明向当地公安局申报并缴销死者的居留证件或签证。

外国人非正常死亡，有关人员或发现者应当立即向公安机关报告。

第二十八条 《外国人入境出境管理法》第十九条所称的中国政府主管机关是指中华人民共和国劳动人事部。

第四章 住宿登记

第二十九条 外国人在宾馆、饭店、旅店、招待所、学校等企业、事业单位或者机关、团体及其他中国机构内住宿，应当出示有效护照或者居留证件，并填写临时住宿登记表。在非开放地区住宿还要出示旅行证。

第三十条 外国人在中国居民家中住宿，在城镇的，须于抵达后二十四小时内，由留宿人或本人持住宿人的护照、证件和留宿人的户口簿到当地公安机关申报，填写临时住宿登记表；在农村的，须于七十二小时内向当地派出所或者户籍办公室申报。

第三十一条 外国人在中国的外国机构内或在中国的外国人家中住宿，须于住宿人抵达后二十四小时内，由留宿机构、留宿人或者本人持住宿人的护照或居留证件，向当地公安机关申报，并填写临时住宿登记表。

第三十二条 长期在中国居留的外国人离开自己的住所临时在其他地方住宿，应当按本实施细则第二十九、三十、三十一条规定申报住宿登记。

第三十三条 外国人在移动性住宿工具内临时住宿，须于二十四小时内向当地公安机关申报。为外国人的移动性住宿工具提供场地的机构或个人，应于二十四小时前向当地公安机关申报。

第五章 旅 行

第三十四条 外国人前往不对外国人开放的市、县旅行，须事先向所在市、县公安局申请旅行证，获准后方可前往。申请旅行证须履行下列手续：

（一）交验护照或居留证件；

（二）提供与旅行事由有关的证明；

（三）填写旅行申请表。

第三十五条 外国人旅行证的有效期最长为一年，但不得超过外国人所持签证或居留证件的有效期限。

第三十六条 外国人领取旅行证后，如要求延长旅行证有效期、增加不对外国人开放的旅行地点、增加偕行人数，必须向公安局申请延期或者变更。

第三十七条 外国人未经允许，不得进入不对外开放的场所。

第六章 出 境

第三十八条 外国人应当在签证准予停留的期限内或者居留证件的有效期内出境。

第三十九条 持有外国人居留证件的人，在其居留证件有效期内出境并需返回中国的，应当在出境前按本实施细则第五、六条有关规定向当地公安机关申请办理返回中国的签证。

持有居留证件的外国人出境后不再返回中国的，出境时应向边防检查站缴销居留证件。

第七章 处 罚

第四十条 对非法进入中国境内的外国人，可以处五百元以上、二千元以下的罚款，或处三日以上、十日以下的拘留，也可以并处限期出境或驱逐出境；情节严重，构成犯罪的，依法追究刑事责任。

第四十一条 对违反本实施细则第十一条规定，拒绝承担责任的交通工具负责人或其代理人，可以处五百元以上、二千元以下的罚款，或处三日以上、十日以下的拘留。

第四十二条 对违反本实施细则第十六、十九、二十、二十一、二十二、二十三条规定，非法居留或者违反居留管理规定的外国人，可以处警告或一百元以上、五百元以下的罚款，或处一日以上、三日以下的拘留；情节严重的，并处限期出境。

第四十三条 对违反本实施细则第二十四、二十五条规定，不按要求缴验居留证，不随身携带护照或者居留证件，或者拒绝民警查验证件的外国人，可以处警告，或处二十元以上、五十元以下的罚款；情节严重的，并处限期出境。

第四十四条 对未经中华人民共和国劳动人事部批准私自谋职的外国人，在终止其任职或就业的同时，可以处二百元以上、一千元以下的罚款；情节严重的，并处限期出境。

第四十五条 对违反本实施细则第四章规定，不办理住宿登记或者不向公安机关申报住宿登记或者留宿未持有效证件外国人的责任者，可以处警告，或处十元以上、五十元以下的罚款。

第四十六条 对违反本实施细则第三十四、三十六、三十七条规定，未经批准前往不对外国人开放地区旅行的外国人，可以处警告，或处三十元以上、一百元以下的罚款；情节严重的，并处限期出境。

第四十七条 对伪造、涂改、冒用、转让签证、证件的外国人，在吊销或没收原签证、证件的同时，可以处五百元以上、二千元以下的罚款，或处三日以上、十日以下的拘留，也可以并处限期出境；情节严重，构成犯罪的，依法追究刑事责任。

第四十八条 由于不可抗拒的原因而违反《外国人入境出境管理法》及本实施细则的，可免予处罚。

外国人无力缴纳罚款的，可以改处拘留。

第四十九条 本章规定的各项罚款、拘留处罚，也适用于协助外国人非法入境或出境、造成外国人非法居留或停留、聘雇私自谋职的外国人、为未持有效旅行证件的外国人前往不对外国人开放的地区旅行提供方便的有关责任者。

第五十条 被处罚人对公安机关的罚款、拘留处罚不服的，在接到通知之日起十五日内，可以通过原裁决机关或者直接向上一级公安机关申诉，上一级公安机关自接到申诉之日起三日内作出最后裁决。被处罚人也可以直接向当地人民法院提起诉讼。

第五十一条 本章规定的处罚，由公安机关执行。

第八章 其他规定

第五十二条 外国人申请各项签证、证件的延期或者变更，须履行下列手续：

（一）交验护照和签证、证件；

（二）填写延期申请表或者变更申请表；

（三）提供与延期或者变更事由有关的证明。

第五十三条 外国人申请各项签证、证件或者申请签证、证件延期、变更，必须按规定缴纳签证、证件费。

各项签证、证件的收费标准，由公安部和外交部另行制定。

同中国政府订有签证费协议国家的人员，按有关协议执行。

第五十四条 不满十六周岁的外国少年儿童，与其父母或监护人使用同一护照的，随其父母或监护人来中国时，可以不单独办理入境、过境、居留、旅行手续。

第五十五条 外国人所持中国的签证、证件如有遗失或损坏，应当立即向当地公安局出入境管理部门报告，申请补领或换发。遗失外国人居留证的，须在当地政府报纸上声明作废。

第五十六条 本实施细则涉及的各种签证、证件和申请表的式样，由公安部和外交部另行制定。

第五十七条 本实施细则自公布之日起施行。

附(1)：

中华人民共和国对外国人开放的市、县

为适应对外开放的需要，我国政府于1986年1月30日决定对外国人开放的地区，从1986年2月1日起，由1985年的一百零七个增加到二百四十四个；1986年11月30日又决定再增加一百九十二个市县为对外国人开放地区。至此，我国对外国人开放的地区已达四百三十六个。根据《中华人民共和国外国人入境出境管理法》第四章第二十条规定，外国人持有效签证或者居留证件，即可前往这些地区旅行。

我国对外国人开放的市县名单如下：

北京市

天津市

上海市

河北省的：秦皇岛市、石家庄市、承德市、保定市、唐山市、邯郸市、邢台市、廊坊市、沧州市、泊头市、涿县、赵县、滦平县（金山岭长城）

山西省的：太原市、大同市、临汾市、运城市、阳泉市、长治市、平遥县、洪洞县、芮城县

内蒙古自治区的：呼和浩特市、包头市、二连浩特市、满洲里市、通辽市、海拉尔市、东胜市、锡林浩特市、扎兰屯市、乌兰浩特市、赤峰市、达拉特旗

辽宁省的：沈阳市、大连市、鞍山市、抚顺市、丹东市、锦州市、营口市、阜新市、辽阳市、本溪市、铁岭市、朝阳市、盘锦市

吉林省的：长春市、吉林市、延吉市、四平市、辽源市、通化市、白城市、浑江市、公主岭市、梅河口市、图们市、龙井县、安图县（长白山自然保护区）

黑龙江省的：哈尔滨市、齐齐哈尔市、大庆市、佳木斯市、牡丹江市、鸡西市、鹤岗市、七台河市、伊春市、五大连池市、双鸭山市、安达市、绥化市、北安市、海伦县、双城县、方正县、嫩江县、肇东县、加格达奇区（属大兴安岭行政公署辖）

江苏省的：南京市、苏州市、无锡市、连云港市、南通市、常州市、扬州市、镇江市、徐州市、淮阴市、盐城市

浙江省的：杭州市、宁波市、绍兴市、温州市、嘉兴市、湖州市、金华市、椒江市、衢州市、丽水市、天台县、青田县、缙云县、普陀县（普陀山游览区）

安徽省的：合肥市、芜湖市、黄山市、蚌埠市、屯溪市、马鞍山市、安庆市、淮南市、淮北市、滁州市、巢湖市、阜阳市、宿州市、六安市、亳州市、阜阳县、歙县、凤阳县、泾县、九华山游览区

福建省的：福州市、厦门市、泉州市、漳州市、莆田市、崇安县

江西省的：南昌市、九江市、景德镇市、鹰潭市、井岗山市、赣州市、萍乡市、新余市、宜春市、抚州市、吉安市、婺源市、德兴县、铅山县、弋阳县、南丰县、崇仁县、乐安县、宜黄县、吉安县、赣县、全南县、寻乌县、万载县、上高县、宜丰县、奉新县

山东省的：济南市、青岛市、烟台市、泰安市、潍坊市、淄博市、济宁市、枣庄市、东营市、日照市、德州市、临沂市、威海市

河南省的：郑州市、开封市、洛阳市、安阳市、新乡市、信阳市、南阳市、濮阳市、平顶山市、三门峡市、焦作市、鹤壁市、商丘市、许昌市、驻马店市、周口市、漯河市、温县

湖北省的：武汉市、宜昌市、沙市市、襄樊市、咸宁市、丹江口市、黄石市、荆门市、鄂州市、十偃市、蒲圻市、江陵县、黄岗县、洪湖县、监利县

湖南省的：长沙市、衡阳市、岳阳市、湘潭市、株洲市、常德市、津市市、益阳市、郴州市、资兴市、吉首市、大庸市、邵阳市、娄底市、冷水江市、永州市、冷水滩市、桃源县、临澧县、澧县、安乡县、汉寿县、南县、桃江县、沅江县、郴县、安仁县、永兴县、桂阳县、宜章县、桂东县、汝城县、桑植县、凤凰县、永顺县、涟源县、沅陵县、芷江县、溆浦县、新晃侗族自治县、东安县、江华瑶族自治县、祁阳县、常德县

广东省的：广州市、佛山市、肇庆市、深圳市、珠海市、汕头市、海口市、湛江市、中山市、江门市、韶关市、茂名市、惠州市、潮州市、三亚市、梅县市、东莞市、高安市、琼山县、定安县、琼海县、万宁县、屯昌县、澄迈县、临高县、儋县、文昌县、保亭县、白沙县、琼中县、陵水县、乐东县、东方县、昌江县、兴宁县、惠阳县、博罗县、河源县、陆丰县、海丰县、惠东县、新兴县、云浮县、四会县、封开县、德庆县

广西壮族自治区的：南宁市、桂林市、北海市、柳州市、梧州市、玉林市、钦州市、宾阳县、桂平县、容县、贵县、北流县、兴安县、陆川县、融水苗族自治县、三江侗族自治县、金秀瑶族自治县、龙胜各族自治县、隆安县、合浦县、灵山县

四川省的：成都市、重庆市、乐山市、万县市、自贡市、渡口市、泸州市、德阳市、绵阳市、广元市、内江市、涪陵市、宜宾市、南充市、西昌市、云阳县、奉节县、巫山县、忠县、巫溪县、丰都县、江安县、长宁县、珙县、兴文县、松潘县、南坪县、马尔康县、茂汶羌族自治县

贵州省的：贵阳市、安顺市、遵义市、凯里市、六盘水市、施秉县、清镇县、镇远县、黄果树风景区

云南省的：昆明市、大理市、玉溪市、楚雄市、曲靖市、通海县、景洪县、勐海县、思茅县、丽江纳西族自治县

西藏自治区的：拉萨市、日喀则县（日喀则镇）、那曲县（那曲镇）、乃东县（泽当镇）、聂拉木县（樟木区）

陕西省的：西安市、咸阳市、延安市、宝鸡市、韩城市、铜川市、汉中市、华阴县、蒲城县、黄陵县、南郑县、勉县、留坝县、略阳县

甘肃省的：兰州市、白银市、嘉峪关市、酒泉市、天水市、临夏市、金昌市、玉门市、张掖市、武威市、平凉市、西峰市、永靖县、敦煌县、夏河县、民勤县、庆阳县、岷县、武都县、宕昌县、成县、文县、迭部县、舟曲县、安西县

青海省的：西宁市、湟中县（塔尔奇）、格尔木市、共和县、刚察县（青海湖鸟岛）

宁夏回族自治区的：银川市、吴忠市、青铜峡市、中卫县、灵武县、盐池县、中宁县、平罗县、同心县、固原县、西吉县、海原县

新疆维吾尔自治区的：乌鲁木齐市、石河子市、吐鲁番市、喀什市、哈密市、库尔勒市、阿克苏市、阿图什市、昌吉市

附(2)：

中华人民共和国中外籍人员入境出境通行口岸

1. 机场：

北京（首都）、上海虹桥、天津张贵庄、哈尔滨（阎家岗）、沈阳（东塔）、大连周水子、西安、昆明、乌鲁木齐（地窝堡）、南宁（吴圩）、桂林、成都（双流）、南京、杭州、厦门高崎、福州义序、广州白云、海口。

2. 港口：

上海（包括宝钢、石化码头）；

天津；

辽宁：大连（包括新港）、营口；

河北：秦皇岛；

山东：青岛（包括黄岛）、烟台、石臼、威海、黄县龙口；

江苏：南京、连云港、南通、张家港；

浙江：宁波、温州；

福建：福州、厦门、泉州；

广东：广州（包括洲头咀）、黄浦（包括芳村）、汕头、汕尾、海口、湛江（包括霞海、南油码头）、深圳蛇口（包括赤湾）、惠阳澳头、太平、八所、开平三埠、三亚、珠海九州、中山、江门、肇庆、番禺莲花山、台山广海、深圳大亚湾、深圳梅沙；

广西：北海、防城、梧州。

3. 陆地：

辽宁：丹东；

吉林：图门；

内蒙古：满洲里、二连；

西藏：聂拉木(樟木)，

新疆：红其拉甫；

广东：深圳罗湖、深圳文锦渡、深圳沙头角、珠海拱北、广州(火车站)。

4. 下列十四个口岸仅限于毗邻双方国家人员按证件上指定的口岸通行：

吉林：集安、和龙县南坪、龙井县开山屯、龙井县三合、浑江市临江；

黑龙江：绥芬河、黑河；

新疆：霍尔果斯、巴克图、吐尔尕特；

西藏：普兰、吉隆；

云南：畹町、瑞丽。

5. 下列十二个口岸经特殊批准者，方可入出境：

机场：

新疆：和田；

内蒙古：海拉尔。

港口：

广东：广州大铲岛、珠江口桂山岛、惠阳三门岛、拱北湾仔；

浙江：海门、舟山沈家门；

福建：东山。

陆地：

广西：友谊关；

云南：河口；

西藏：亚东。

司　　法

国务院办公厅转发司法部关于加强和改革律师工作的报告的通知

(一九八六年三月十四日)

司法部《关于加强和改革律师工作的报告》，已经国务院领导同志同意，现转发给你们，请结合实际情况贯彻执行。

司法部关于加强和改革律师工作的报告

(一九八五年十二月十九日)

我国律师制度是在党的十一届三中全会以后恢复起来的。几年来在党中央、国务院以及地方各级党委和政府的领导下，律师队伍有了很大发展。到一九八五年底，全国已有律师工作人员一万八千余人(其中专职律师一万二千人，兼职律师四千九百人，辅助工作人员一千二百人)。各级司法行政部门围绕党在新时期的中心工作，领导和组织律师工作人员发挥了积极作用。

1. 参与运用法律手段管理经济。律师应聘担任企业的法律顾问，保障了企业按照法律规定开展各项业务活动，维护了委托单位的合法权益，促进了改善企业管理，提高经济效益；律师为农村专业户、经济联合体提供法律帮助，推动了农村经济体制改革和商品经济的发展；律师参与对外经济的谈判、签约及仲裁、诉讼等活动，维护了国家的利益以及企业和外商的合法权益，促进了利用外资、引进技术的顺利进行。一九八五年，仅广东、上海、辽宁等二十个省、自治区、直辖市有律师参加的对外经济活动一万五千余起；律师在全国为二十三万七千余起经济活动提供法律服务的过程中，为委托单位避免或挽回的经济损失达六亿六千余万元。

2. 参与严厉打击严重刑事犯罪和严重经济犯罪活动的斗争。一九八三年八月以来，由律师承担的刑事辩护案件二十八万件，维护了法律的正确实施，促进了依法"从重从快"惩处方针的贯彻执行。同时，律师还运用担任被告辩护人的身份，教育罪犯交代罪行，认罪服法，做他们亲属的思想工作，对于促进罪犯的改造起了积极作用。

3. 为广大人民群众提供法律帮助。全国一九八五年由律师接待群众来访一百五十余万人次，代写法律文书三十四万余件，在厂矿、机关和学校上法制课十一万余次。通过这些活动，不仅解决了一部分群众实际生活中遇到的有关法律问题，而且为普及法律常识，增强人民群众的法制观念起了重要作用。

实践证明，律师制度是我国社会主义法制必不可少的组成部分，必须大大加强。当前，需要解决以下问题：

一、加强对律师制度的宣传，使各条战线、各个方面充分重视和积极支持律师的工作。随着我国经济建设的发展和社会主义民主与法制建设的加强，律师制度已被越来越多的干部和群众所认识。但是，由于"左"的思想和旧的习惯势力的影响，有些地区和部门的同志认为律师只是为刑事案件被告人进行辩护的，与经济工作无关，或者把聘请律师当顾问看成是"自找麻烦"、"束缚手脚"；少数负责同志和政法干部还把律师执行辩护制度说成是"丧失立场"、"替坏人说话"，有的甚至刁难、辱骂、捆绑和非法监禁律师。这些事实说明，要更好地实行律师制度，必须提高干部特别是领导干部的认识。为此，我们打算在今后五年向广大干部、群众基本普及法律常识的活动中，把宣传律师制度作为重要内容之一。各级司法行政机关要进一步加强律师的思想政治工作，使他们自觉坚持四项基本原则，坚持执行宪法和法律的原则，抵制和反对各种不正之风，防止资产阶级腐朽思想和封建残余思想的侵袭，做到廉洁奉公，依法秉公办事。建议各级政法部门，进一步宣传律师制度，使广大政法干警了解律师制度的必要性，为律师履行职务提供方便。建议工商行政管理、银行、税务、海关、外经贸、财政、保险、邮电等部门密切配合，为律师在参与国内和对外经济活动中办理法律事务提供方便。各级政府以及司法机关对妨碍律师履行职务和非法侮辱、打击、迫害律师事件的当事人，应当认真严肃处理，直至依法追究刑事责任。

二、大力发展律师队伍。当前，全国各地律师机构还很不健全，有一百六十多个县尚未成立法律服务机构。已经成立的法律服务机构也有80%以上难以适应实际需要。全国有工商企业一百余万个，而律师应聘担任法律顾问的单位仅三万个，农村专业户和经济联合体请律师就更难了。法院一年审理的近百万件民事案件中，有60%要求委托律师代理，实际上律师代理的仅四万件，占6.6%；法院审理的刑事案件近四十万件，80%以上的案件要求委托律师辩护，而实际上律师接受委托辩护的仅十万件，占31%。

为了适应各个方面特别是经济建设的需要，要继续加速发展我国的律师队伍。劳动人事部已同意在一九八六年内增加一些律师和公证人员的编制。今后五年内请国务院在核准的政法总编制以外，每年增拨一些编制，用以扩充律师队伍。律师来源主要从机关、企事业单位现有人员中选调一批；从部队转业干部中挑选一批；从全日制政法院、校、系毕业生中分配一批。此外，还可以从社会上自学成才的法律人才中招聘一批，这些人员不占国家编制，一切开支由法律顾问处从收费中支付。建立律师资格统考制度。今后，律师（包括专职和兼职）必须通过全国统考，经省、自治区、直辖市司法厅（局）审查合格，取得资格后，才能从事律师工作。

三、改进和加强律师管理工作。应当逐步改变全部由国家下达事业编制、经费和行政包干的办法。目前有的地方的司法行政部门，对某些有条件的律师机构实行"单独核算，自负盈亏，自收自支，结余留用"的办法，解决经费不足的问题。拟在通过试点、总结经验的基础上逐步推广。中央书记处已原则同意成立中华全国律师协会。它的任务是，加强律师的思想政治工作和职业道德教育，维护律师的合法权益，总结交流律师工作经验，为律师工作提供信息、资料和咨询服务，开展对外交往活动。

四、切实提高律师队伍的专业水平。一是加强在职律师的培训，通过函授、电大、夜大与自学考试等多种途径，提高现有律师的政策、法律水平和工作能力。二是建立律师培训中心，重点培养办理经济法律事务的律师人才。三是对国家分配给司法系统的理工、经济、外贸、外语等大专院校毕业生再到政法院、系学习两年，以培养成合格的律师。四是定期对律师进行考试和考核，对不合格者，暂时停止其律师职务，或吊销其律师证书。

五、改善律师的政治、生活待遇和工作条件。律师是从事艰苦智力劳动的，他们用自己的社会知识、经济知识和法律知识对社会提供服务，是知识分子队伍的重要组成部分，应与其它专业知识分子同等对待。律师是国家的法律工作者，在政治上应与政法干部一视同仁。

以上如无不妥，请批转各地执行。

民　政

婚　姻　登　记　办　法

（一九八五年十二月三十一日国务院批准　一九八六年三月十五日民政部发布）

第一条　根据《中华人民共和国婚姻法》的有关规定，为保障婚姻自由、一夫一妻、男女平等的婚姻制度的实行，保护婚姻当事人的合法权益，防止违反婚姻法的行为，制定本办法。

第二条 男女双方自愿结婚、离婚或复婚，必须依照本办法进行婚姻登记。

依法履行登记的婚姻当事人的合法权益受法律保护。

第三条 办理婚姻登记的机关，在农村是乡、民族乡、镇人民政府，在城市是街道办事处或区人民政府、不设区的市人民政府。

第四条 男女双方自愿结婚的，必须双方亲自到一方户口所在地的婚姻登记机关申请结婚登记。申请时，应持本人居民身份证或户籍证明、所在单位或村民委员会（居民委员会）出具的写明本人出生年月和婚姻状况（未婚、离婚、丧偶）的证明。离过婚的申请再婚时，还应持离婚证件。

第五条 婚姻登记机关经审查了解，对符合婚姻法和本办法规定的，应准予登记，发给《结婚证》；对不符合婚姻法和本办法规定的，不予登记，并向当事人进行婚姻法的宣传教育。

申请结婚的当事人，因受单位或他人干涉不能获得所需证明时，婚姻登记机关查明确实符合婚姻法和本办法规定的，也应准予登记，发给《结婚证》。

第六条 申请结婚的男女双方或一方有下列情形之一的禁止结婚，不予登记：

（一）未到法定结婚年龄的；

（二）非自愿的；

（三）已有配偶的；

（四）属于直系血亲和三代以内旁系血亲的；

（五）患麻风病或性病未治愈的。

第七条 男女双方自愿离婚，并对子女抚养和财产处理达成协议的，必须双方亲自到一方户口所在地的婚姻登记机关申请离婚登记。申请时，应持居民身份证或户籍证明和《结婚证》。婚姻登记机关查明情况属实，应准予登记，发给《离婚证》，收回《结婚证》。

男女一方要求离婚，或双方要求离婚但对子女抚养和财产处理未达成协议的，婚姻登记机关不予受理。

第八条 离婚后，男女双方自愿恢复夫妻关系的，必须双方亲自到一方户口所在地的婚姻登记机关申请复婚登记。婚姻登记机关按照结婚登记程序办理登记，发给《结婚证》，收回《离婚证》。

第九条 申请结婚、离婚或复婚登记的男女双方，对婚姻登记机关必须了解的情况，应如实提供。

婚姻登记机关发现婚姻当事人有违反婚姻法的行为，或在登记时弄虚作假、骗取《结婚证》的，应宣布该项婚姻无效，收回已骗取的《结婚证》，并对责任者给予批评教育。触犯刑律的，由司法机关依法追究刑事责任。

第十条 婚姻登记机关应按照档案管理规定，保管好婚姻登记档案。

婚姻登记机关可以根据婚姻登记档案向丢失《结婚证》或《离婚证》的当事人出具《夫妻关系证明书》或《解除夫妻关系证明书》。上述两种证明书同《结婚证》或《离婚证》具有同等法律效力。

婚姻登记机关也可以根据婚姻登记档案向需要了解情况的公安、司法等机关出具婚姻当事人依法登记结婚（离婚、复婚）的证明。

第十一条 《结婚证》、《离婚证》、《夫妻关系证明书》、《解除夫妻关系证明书》的式样，由民政部统一制定；由省、自治区、直辖市人民政府统一印制；由县、市辖区或不设区的市人民政府加盖印章。

《结婚证》、《夫妻关系证明书》须贴男女双方像片，并加盖婚姻登记专用章（钢印）。

婚姻登记机关颁发《结婚证》、《离婚证》或出具《夫妻关系证明书》、《解除夫妻关系证明书》时，收取工本费。

第十二条 婚姻登记机关的登记员，应由经县级以上民政部门进行业务培训、考核合格并取得婚姻登记员证书的人员担任。

婚姻登记员在办理结婚登记中，如有依法应准予登记而不给登记或依法不准登记而给予登记的行为，应视情节轻重给予批评教育或行政处分；触犯刑律的，由司法机关依法追究刑事责任。

第十三条 民族自治地方的婚姻登记，如果本办法某些规定不适用，可以根据本办法的原则，结合当地民族婚姻的具体情况，制订某些变通的或补充的规定，并报上级人民政府和民政部、国家民族事务委员会备案。

第十四条 中国公民同外国人的婚姻登记，华侨同国内公民、港澳同胞同内地公民的婚姻登记，分别按照《中国公民同外国人办理婚姻登记的几项规定》和《华侨同国内公民、港澳同胞同内地公民之间办理婚姻登记几项规定》办理。

第十五条 本办法自发布之日起施行。一九八〇年十一月十一日发布的《婚姻登记办法》同时废止。

财　　政

国务院关于加强预算外资金管理的通知

（一九八六年四月十三日）

近几年来，随着经济体制的改革和生产事业的发展，预算外资金有了很大增长。一九七九年至一九八四年，这项资金平均每年增长22.8%，而预算内收入每年只增长4.6%。一九八五年预算外资金总额预计达到一千四百多亿元，相当于预算内收入的81%。这部分资金，对搞活企业，发展横向经济联系，促进国民经济和社会发展，发挥了积极作用。但是，由于管理制度不健全，财经纪律松弛，在资金的管理和使用方面存在不少问题。一是有些单位巧立名目乱收费，化预算内收入为预算外收入，有的甚至将这笔资金变成单位的"小钱柜"；二是有些地方、部门和单位用预算外资金乱上计划外项目，盲目扩大固定资产投资规模；三是有些专项资金没有完全用于规定用途，如挪用生产发展基金发放奖金、实物和搞福利等。这些都是导致固定资产投资规模和消费基金膨胀的一个重要原因。

为了切实加强对预算外资金的管理，搞好社会财力的综合平衡，更好地发挥其在国民经济建设中的作用，特作如下通知：

一、预算外资金是由各地区、各部门、各单位根据国家有关规定，自行提取、自行使用的不纳入国家预算的资金。这项资金包括地方财政部门按国家规定管理的各项附加收入等；事业、行政单位自收自支的不纳入国家预算的资金；国营企业及其主管部门管理的各种专项资金；地方和中央主管部门所属的预算外企业收入；其他按照国家规定不纳入预算的各种收入。具体项目由财政部规定，各地区、各部门如需增设，一律报财政部批准。

二、各种预算外资金的收费标准、提留比例、开支范围和标准，都必须按照国务院及财政部规定的制度执行。国家有规定用途的专项资金，要保证按规定使用，不得挪作他用。除国务院或财政部另有规定者外，各地区、各部门、各单位有权按照国家有关规定，自行安排使用预算外资金，任何地区、部门都不得平调。

三、预算外资金用于基本建设要严格控制，并按规定程序报批。凡用于基本建设的预算外资金，各级财政部门要认真审查其来源是否符合国家规定，对符合规定用于基本建设的，要纳入国家下达给地方和部门的基本建设计划。资金要在建设银行存足半年后使用，并由建设银行按规定监督拨款。

四、基本折旧基金应用于企业固定资产更新改造，专款专用，不得挪用于基本建设。某些项目因技术改造需要与基本建设结合进行的，可以将两种资金结合使用。企业和企业主管部门应按有关规定，编制固定资产更新改造计划，报经批准后执行。财政部门和银行要加强监督，协助管好用好折旧基金，提高使用效果。

五、职工福利基金、奖励基金和工资增长基金，必须按照财政、劳动人事部门和主管部门核定的比例提取，坚持先提后用，并按规定缴纳奖金税和工资调节税。不得用发展生产和发展事业的预算外资金发放奖金、实物和补贴。

六、各地区、各部门对预算外资金的管理，可以在资金所有权不变的前提下，采取不同的方式。对于事业、行政单位管理的预算外资金，原则上采取由财政部门专户储存、计划管理、财政审批、银行监督的方式。专户储存的预算外资金，不准用于开办金融机构（少数财政拨款有偿使用除外）、开发公司，未经批准不得用于基本建设投资。对于国营企业及其主管部门管理的预算外资金，原则上采取计划管理、政策引导的方式，不宜采取由财政部门专户储存的方式。具体管理方式，由各地区、各部门本着加强管理、提高资金使用效益和便于横向融通资金的原则，结合实际情况研究规定。

七、各地区、各部门、各单位应编制年度预算外资金收支计划和决算，并按季报送收支执行情况，由财政部门逐级汇总后，上报财政部。财政部要及时向国务院报告预算外资金收支情况，并抄送国家计委、国家经委、国家统计局。各基层单位对预算外资金必须加强管理，做好记账、核算、报账工作。预算外资金的预决算制度和会计制度，由财政部制定。

八、各级预算外资金收支计划，都要纳入综合财政信贷计划，进行综合平衡，以便加强对社会财力的引导。各级计划、财政、金融等部门应根据国家的方针、政策和宏观经济的要求，通过运用经济杠杆、提供经济信息和采用必要的行政手段，对预算外资金的使用方向进行指导和监督，协助主管部门和单位把资金安排使用好。

九、各级财政部门和银行要经常掌握预算外资金收支计划的执行情况，检查收入是否正当，支出是否合理，发现问题加以纠正，及时向上反映。各级审计机关对预算外资金要加强审计监督。对弄虚作假，隐瞒不报或转移资金的，要以违反财经纪律论处。

十、各级财政部门应建立健全预算外资金管理机构，充实和配备必要的人员，负责汇编预算外资金收支计划和决算，加强制度建设和调查研究工作。各级财务部门也应配备专职或兼职人员，负责管理预算外资金。

十一、各省、自治区、直辖市和国务院各部门，可根据本通知的精神，结合实际情况，制定具体实施办法，并报财政部备案。

征收教育费附加的暂行规定*

（一九八六年四月二十八日国务院发布）

第一条 为贯彻落实《中共中央关于教育体制改革的决定》，加快发展地方教育事业，扩大地方教育经费的资金来源，特制定本规定。

第二条 凡缴纳产品税、增值税、营业税的单位和个人，除按照《国务院关于筹措农村学校办学经费的通知》（国发〔1984〕174号文）的规定，缴纳农村教育事业费附加的单位外，都应当依照本规定缴纳教育费附加。

第三条 教育费附加，以各单位和个人实际缴纳的产品税、增值税、营业税的税额为计征依据，教育费附加率为1%，分别与产品税、增值税、营业税同时缴纳。

对从事生产卷烟和经营烟叶产品的单位，减半征收教育费附加。

第四条 依照现行有关规定，除铁道、人民银行、专业银行和保险总公司等汇总缴纳营业税的单位集中向指定的银行缴款外，其余的单位和个人，向其所在地银行缴款。

第五条 教育费附加由税务机关负责征收，各级银行要为同级教育部门设立教育费附加专户。

第六条 教育费附加的征收管理，按照产品税、增值税、营业税的有关规定办理。

第七条 企业缴纳的教育费附加，一律在销售收入（或营业收入）中支付。

第八条 地方征收的教育费附加，按专项资金管理，由教育部门统筹安排，提出分配方案，商同级财政部门同意后，用于改善中小学教学设施和办学条件，不得用于职工福利和发放奖金。

铁道、人民银行、专业银行和保险总公司等汇总缴纳营业税的单位集中缴纳的教育费附加，由国家教育委员会按年度提出分配方案，商财政部同意后，用于基础教育的薄弱环节。

地方征收的教育费附加，主要留归当地安排使用。省、自治区、直辖市可根据各地征收教育费附加的实际情况，适当提取一部分数额，用于地区之间的调剂、平衡。

第九条 地方各级教育部门每年应定期向当地人民政府、上级主管部门和财政部门，报告教育费附加的收支情况。

第十条 凡办有职工子弟学校的单位，应当先按本规定缴纳教育费附加；教育部门可根据它们办学的情况酌情返还给办学单位，作为对所办学校经费的补贴。办学单位不得借口缴纳教育费附加而撤并学校，或者缩小办学规模。

第十一条 征收教育费附加以后，地方各级教育部门和学校，不准以任何名目向学生家长和单位集资，或者变相集资，不准以任何借口不让学生入学。

对违反前款规定者，其上级教育部门要予以制止，直接责任人员要给予行政处分。单位和个人有权拒缴。

第十二条 本规定由财政部负责解释。各省、自治区、直辖市人民政府可结合当地实际情况制定实施办法。

第十三条 本规定从一九八六年七月一日起施行。

---

* 按：一九八六年四月二十八日国务院关于发布《征收教育费附加的暂行规定》的通知：本规定发布施行以后，农村征收教育事业费附加，仍按照《国务院关于筹措农村学校办学经费的通知》（国发〔1984〕174号文件）执行。

中华人民共和国注册会计师条例*

（一九八六年七月三日国务院发布）

第一章　总　　则

第一条 为了加强对注册会计师的管理，发挥注册会计师在社会经济活动中的作用，根据《中华人民共和国会计法》第五条、第二十条的规定，制定本条例。

第二条 注册会计师是经国家批准执行会计查帐验证业务和会计咨询业务的人员。

注册会计师依法独立执行业务，受国家法律保护。

第三条 注册会计师的工作机构为会计师事务所，注册会计师必须加入会计师事务所，才能接受委托，办理法律、行政法规规定由注册会计师执行的业务。

第四条 注册会计师和会计师事务所的管理机关，在全国为财政部，在各地区为省、自治区、直辖市财政厅（局）。

第五条 为维护合法的职业权益，交流工作经验，增进国内外交往，注册会计师可以组织成立注册会计师协会。

第二章 考试和注册

第六条 凡热爱中华人民共和国，拥护社会主义制度，具有大专或者相当于大专学历，并从事三年以上会计、审计工作的中国公民，可以申请参加注册会计师考试。

担任过高级会计师的人员，担任过会计学教授、副教授、研究员、副研究员并有会计工作实践经验的人员，以及具有大专或者相当于大专学历，或者大专同等学力，从事财务会计工作二十年以上，确有会计业务专长的人员，申请担任注册会计师，经考核合格，可以免予考试。

第七条 注册会计师的考试、考核，应当在财政部批准组成的全国考试委员会统一领导、组织和监督下进行，由省级财政厅（局）批准组成的考试委员会负责具体实施。

具体考试、考核办法，由财政部另行制定。

第八条 经注册会计师考试、考核合格的，由其申请加入的会计师事务所报财政部或者省级财政厅（局）批准注册。省级财政厅（局）批准的注册会计师，应当报财政部备案；财政部发现审批不当的，应当通知批准的财政厅（局）重新审查。

经批准注册的注册会计师，由财政部统一制发注册会计师证书。

第九条 注册会计师退出所属会计师事务所，该所应当报请主管的财政机关批准，缴还其注册会计师证书；要求再次执行注册会计师业务的，应当按照规定重新申请注册。

第十条 国家机关现职工作人员，不得担任注册会计师。

第三章 业务范围

第十一条 注册会计师办理下列会计查帐验证业务：

一、审查会计帐目、会计报表和其他财务资料，出具查帐报告书；

二、验证企业的投入资本，出具验资报告书；

三、参与办理企业解散、破产的清算事项；

四、参与调解经济纠纷，协助鉴别经济案件证据；

五、其他会计查帐验证事项。

第十二条 注册会计师办理下列会计咨询业务：

一、设计财务会计制度，担任会计顾问，提供会计、财务、税务和经济管理咨询；

二、代理纳税申报；

三、代办申请注册登记，协助拟订合同、章程和其他经济文件；

四、培训财务会计人员；

五、其他会计咨询业务。

第十三条 国家机关，企业、事业单位和个人，均可委托注册会计师办理本条例第十一条、第十二条所列各项业务。

委托人委托注册会计师办理业务，应当付费。

第十四条 注册会计师接受国家机关委托办理业务，根据业务需要，有权查阅有关财务会计资料和文件，查看业务现场和设施，向有关单位和个人进行调查与核实。

其他委托人委托注册会计师办理业务，需要查阅资料、文件和进行调查的，按照依法签订的委托书的约定办理。

第四章 工作规则

第十五条 注册会计师执行业务，应当遵守国家法律、行政法规，以有关协议、合同、章程为依据。

第十六条 注册会计师应当恪守公正、客观、实事求是的原则，对所出具报告书内容的正确性、合法性负责。

第十七条 注册会计师与委托人或者其他当事人有利害关系的，应当向会计师事务所申明，实行回避。委托人或者其他当事人有权要求回避。

第十八条 注册会计师对在执行业务中取得和了解的资料、情况，应当严格保守秘密。

第十九条 注册会计师在执行业务中，发现有弄虚作假、营私舞弊等违反国家法律、行政法规行为的，应当在出具的报告书中明确指出；委托人示意作不实或者不当证明的，应当予以拒绝。

第二十条 注册会计师违反工作规则造成不良后果的，会计师事务所应当如实上报，由主管的财政机关根据情况分别给予下列处分：

一、警告；

二、罚款；

三、暂停执行业务；

四、吊销注册会计师证书。

注册会计师触犯刑律，构成犯罪的，由司法机关依法惩处。

第二十一条 注册会计师确实不称职的，原批准注册的财政机关应当撤销注册，收回注册会计师证书，并报财政部备案。

第五章 会计师事务所

第二十二条 会计师事务所是国家批准的依法独

立承办注册会计师业务的事业单位。会计师事务所应当自收自支、独立核算、依法纳税。

第二十三条 成立会计师事务所，应当按照规定报财政部或者省级财政厅（局）审查批准。省级财政厅（局）批准成立的会计师事务所，应当将会计师事务所的名称、章程、负责人等报财政部备案。

经批准成立的会计师事务所，应当按照规定向当地工商行政管理机关办理登记，领取执照后，始得开业。

第二十四条 注册会计师办理业务，必须由会计师事务所统一接受委托。注册会计师出具报告书，应当由本人签署并经会计师事务所加盖公章。

会计师事务所可以跨越行政区域承办业务。

第二十五条 注册会计师承办业务，应当由会计师事务所统一收费。收费标准，由省级财政厅（局）会同同级有关部门制定，报财政部备案。

第二十六条 财政部和省级财政厅（局）对会计师事务所负责业务监督。会计师事务所应当定期向主管的财政机关报告业务开展、经济收支和人员变动等情况。

第二十七条 会计师事务所违反本条例规定，主管的财政机关可以根据情节轻重，给予警告、罚款、停业整顿、责令解散等处分。

第二十八条 注册会计师在查帐中，对于委托人发生在国外的财务收支，可由会计师事务所转托在中国设有常驻代表机构的外国会计师事务所就地审查和出具证明。

第六章 附　　则

第二十九条 本条例由财政部负责解释；实施办法由财政部制定。

第三十条 本条例自一九八六年十月一日起施行。

---

* 按：国务院关于发布《中华人民共和国注册会计师条例》的通知：

各地区建立会计师事务所，应当根据实际工作需要和具体条件，有步骤、有重点地进行，取得经验后再逐步推开，不要一哄而起。注册会计师必须按照本条例规定进行考试、考核，合格者才能注册；考试、考核工作由财政部统一负责，严格把关。

本条例发布施行后，承办本条例规定的会计查帐验证业务的会计师事务所或者其他社会会计、社会审计机构，未向国家授权机关办理批准、登记手续的，应当按照本条例规定办理。

国务院批转财政部关于派设中央企业财政驻厂员机构报告的通知

（一九八六年八月十八日）

国务院同意财政部《关于派设中央企业财政驻厂员机构的报告》，现转发给你们，请照此执行。

国务院各经济部门在各地的企业，对国民经济发展和财政收支平衡关系很大。为了改变目前地方财政部门对这些企业难以进行监督管理，而中央主管部门又“鞭长莫及”的状况，切实加强财政监督，改善经营管理，提高经济效益，财政部在中央企业多的省、市派设中央企业财政驻厂员机构，是很有必要的。各地要抓紧建立机构，严格按照条件选配干部，边组建边工作。

财政部关于派设中央企业财政驻厂员机构的报告

（一九八六年七月十一日）

目前，国务院各经济部门在各地的企业有两万户左右。这些企业对国民经济发展和财政收支平衡关系很大。由于这些企业的盈亏列中央财政预算，地方财政部门难以监督管理，中央主管部门又“鞭长莫及”，漏洞很多，不少企业损失浪费和违反财经纪律的现象严重。

为了加强对中央企业的财务管理和财政监督，提高经济效益，遵照国务院领导同志关于“财政部门可以继续派驻厂员”的指示，我们建议，财政部在十八个省、市财政厅（局）设中央企业财政驻厂员机构，实行就地监督和管理。具体意见如下：

一、在中央大中型企业较多、盈利和亏损数额较大的北京、天津、上海、河北、辽宁、吉林、黑龙江、江苏、浙江、安徽、福建、山东、河南、湖北、广东、四川、陕西、甘肃十八个省、市财政厅（局）设立中央企业财政驻厂员处；进出口业务较大的北京、上海、天津、大连、青岛、广州、深圳等主要口岸，还可单独设立外贸企业财政驻厂员机构。中央企业财政驻厂员机构为财政部的派出单位，委托省、市财政厅（局）代管。财政部负责业务领导，日常工作由财政厅（局）负责管理。处级干部，由财政厅（局）提名，报财政部任命。

二、中央企业财政驻厂员机构的任务主要是：宣传和执行党和国家有关财经工作的方针、政策；帮助企业健全财务会计制度，加强经济核算，改善经营管理，提高经济效益；监督检查企业各项财务收支、专用资金和贷款的使用、归还情况；审查企业的财务收支计划和财务会计报表，提出初审意见；检查违反财经纪律事件，反映企业在生产经营中的问题，并提出改进建议。

三、十八个省、市中央企业财政驻厂员机构的编制为二千八百人，具体分配方案，由劳动人事部和财政部下达。人员来源，主要从各地财税系统和工交、外贸、粮食、金融、农垦、文教等部门的干部中选挑，并从大专、中专毕业生中挑选一批。人员条件，在职干部须从事财经工作三年以上，年龄一般男同志在五十五岁以下，女同志在五十岁以下；大、中专毕业生必须是学习财经专业的。

四、中央企业财政驻厂员机构，由省、市财政厅（局）负责筹建。请有关部门积极支持，严格按要求选调人员。

五、中央企业财政驻厂员列为事业编制，所需经费由财政部拨款解决。

以上意见如可行，请批转执行。

税　务

中华人民共和国城乡个体工商业户所得税暂行条例

（一九八六年一月七日国务院发布）

第一条　凡从事工业、商业、服务业、建筑安装业、交通运输业以及其他行业，经工商行政管理部门批准开业的城乡个体工商业户，都是城乡个体工商业户所得税的纳税义务人（以下简称纳税人），都应当依照本条例的规定缴纳所得税。

第二条　纳税人每一纳税年度的收入总额，减除成本、费用、工资、损失以及国家允许在所得税前列支的税金后的余额，为应纳税所得额。

第三条　城乡个体工商业户所得税依照本条例所附的《十级超额累进所得税税率表》计算征收。

第四条　纳税人全年应纳税所得额超过五万元的，按超过部分的应纳所得税额，加征百分之十至百分之四十的所得税。具体加征办法，由省、自治区、直辖市人民政府确定。

第五条　下列纳税人纳税确有困难的，可由省、自治区、直辖市人民政府确定，定期减征、免征所得税：

一、孤老、残疾人员和烈属从事个体生产经营的；

二、某些社会急需、劳动强度大而收入又低于一定标准的。

第六条　城乡个体工商业户所得税，按年计算，分月或分季预缴。年终汇算清缴，多退少补。具体纳税期限，由县、市税务机关确定。

第七条　城乡个体工商业户所得税应当就地向税务机关缴纳。

第八条　纳税人经工商行政管理机关批准开业，应自领取营业执照之日起三十日内，持有关证件向当地税务机关办理税务登记。

第九条　纳税人经工商行政管理机关批准歇业、合并、联合、分设、改组、转业、迁移时，应自批准之日起三十日内，持有关证件向当地税务机关办理变更登记或者注销登记，并清缴应纳税款和缴销发票。

第十条　纳税人应当建立帐册，正确核算盈亏，按照规定向当地税务机关进行纳税申报。

纳税人不能提供准确的成本、费用凭证，不能正确计算应纳税所得额的，当地税务机关有权核定其应纳税所得额。

第十一条　税务机关有权对纳税人的生产经营情况进行检查。纳税人必须据实报告，并提供帐册、凭证和有关资料，不得拒绝或隐瞒。

第十二条　纳税人必须按照规定的期限缴纳税款。逾期不缴的，除限期追缴外，并从滞纳之日起，按日加收滞纳税款千分之五的滞纳金。

第十三条　纳税人违反本条例第八条、第九条、第十一条规定的，税务机关可酌情处以五千元以下的罚款。

第十四条　纳税人偷税、抗税的，税务机关除限期追缴税款外，并可酌情处以应补税款一倍以下的罚款。

偷税、抗税情节严重，触犯刑律的，由税务机关提请司法机关依法追究刑事责任。

第十五条　纳税人同税务机关在纳税问题上发生争议时，必须先按税务机关的决定缴税，然后向上级税务机关申请复议。上级税务机关应当在接到申请之日起的三十日内作出答复。纳税人对上级税务机关的复议不服时，可以向当地人民法院起诉。

第十六条　本条例由财政部负责解释；施行细则由各省、自治区、直辖市人民政府制定，抄送财政部备案。

第十七条 本条例自一九八六年度起施行。

十级超额累进所得税税率表

级距	全年所得额	税率%	速算扣除数（元）
1	不超过1,000元的	7	0
2	超过1,000至2,000元的部分	15	80
3	超过2,000至4,000元的部分	25	280
4	超过4,000至6,000元的部分	30	480
5	超过6,000至8,000元的部分	35	780
6	超过8,000至12,000元的部分	40	1,180
7	超过12,000至18,000元的部分	45	1,780
8	超过18,000至24,000元的部分	50	2,680
9	超过24,000至30,000元的部分	55	3,880
10	超过30,000元以上的部分	60	5,380

超额累进税额计算公式：应纳所得税额＝应纳税所得额×适用税率－速算扣除数

中华人民共和国税收征收管理暂行条例

（一九八六年四月二十一日国务院发布）

第一章 总 则

第一条 为了保障国家税收法规、政策的贯彻实施，加强税收征收管理，确保国家财政收入，充分发挥税收调节经济的杠杆作用，促进经济体制改革和国民经济协调发展，特制定本条例。

第二条 凡由税务机关主管的各种税收的征收管理，除国家法律另有规定者外，都应当按照本条例规定执行。

有纳税义务的单位和个人（以下简称纳税人），有代征、代扣、代缴税款义务的单位和个人（以下简称代征人），都必须按照税收法规的规定履行纳税义务或者代征、代扣、代缴税款义务。

第三条 各种税收的征收和减免，必须按照税收法规和税收管理体制的规定执行。任何地区、部门、单位和个人，都不得以任何形式作出同现行税收法规和税收管理体制的规定相抵触的决定。

第四条 对违反税收法规的行为，任何单位和个人都有权检举揭发。税务机关应当为检举者保密，并按照规定给予奖励。

第五条 本条例由税务机关负责组织实施。

第二章 税务登记

第六条 凡从事生产、经营，实行独立经济核算，并经工商行政管理部门批准开业的纳税人，应当自领取营业执照之日起三十日内，向当地税务机关申报办理税务登记。

其他有纳税义务的单位和个人，除按照税务机关规定不需办理税务登记者外，应当在按照税收法规的规定成为法定纳税人之日起三十日内，向当地税务机关申报办理税务登记。

第七条 纳税人所属的跨地区的非独立经济核算的分支机构，应当自设立之日起三十日内，向各该分支机构所在地的税务机关申报办理注册登记。

第八条 纳税人申报办理税务登记，应提出申请登记报告和有关批准文件，同时提供有关证件。

主管税务机关对前款报告、文件、证件审核后，予以登记，发给税务登记证。

税务登记证只限纳税人使用，不得转借或转让。

税务登记的内容包括：纳税人名称、地址、所有制形式、隶属关系、经营方式、经营范围以及其它有关事项。

第九条 纳税人办理税务登记后，发生转业、改组、分设、合并、联营、迁移、歇业、停业、破产以及其它需要改变税务登记的情形时，应当在有关部门批准或者宣告之日起三十日内，向主管税务机关申报办理变更登记、重新登记或者注销登记。

第十条 纳税人办理变更登记、重新登记或者注销登记时，按照规定需要结清税款和缴销票证的，应当在办理登记手续之前，向主管税务机关结清应纳税款，缴销发票和税务机关发给的有关证件。

第三章 纳税鉴定

第十一条 按照本条例第六条的规定，办理税务登记的纳税人，应当向主管税务机关申报办理纳税鉴定，根据具体情况，分别就所有制形式、经营方式、经营范围、生产产品的名称、性能、用途,以及收入、所得和其它应税项目,如实填写纳税鉴定申报表。

第十二条 主管税务机关应当依法对纳税人的纳税鉴定申报进行审核,确定其适用的税种、税目、税率(单位税额)和纳税环节、计税依据、纳税期限、征收方式等,发给纳税鉴定书。

第十三条 主管税务机关应当依法发给代征人代征、代扣、代缴税款证书,明确代征人代征、代扣、代缴税款适用的税种、税目、税率、缴款期限和缴库方式等。

第十四条 纳税人纳税鉴定项目发生变化时,应当自发生变化之日起十五日内,向主管税务机关申报,修订纳税鉴定书。

纳税人生产新的产品,应当将该产品的样品和产品鉴定书送交主管税务机关进行纳税鉴定,验后退回。对不便送验的样品,纳税人应当报请税务机关进厂查验。

第十五条 国家新定、修订税收法规时,主管税务机关应当通知纳税人和代征人按照变动后的规定执行,修订纳税鉴定书和代征、代扣、代缴税款证书。

第四章 纳税申报

第十六条 纳税人必须按照规定进行纳税申报,向主管税务机关报送纳税申报表、财务会计报表和有关纳税资料。代征人应当按照规定履行代征、代扣、代缴税款的申报手续。

纳税人纳税申报时间和代征人申报代征、代扣、代缴税款时间,由税务机关根据税收法规和纳税人、代征人的具体情况分别确定。

第十七条 纳税人因有特殊情况,不能按期办理纳税申报,必须报告主管税务机关,酌情准予延期。主管税务机关应当根据情况,暂先核定纳税额,通知纳税人预缴税款,待申报后结算。

代征人因有特殊情况,不能按期申报代征、代扣、代缴税款的,应当报告主管税务机关,酌情准予延期。

第十八条 纳税人发生纳税义务超过三十日或者超过税务机关核定的纳税期限十五日,未向税务机关申报纳税的,主管税务机关有权确定其应纳税额,限期缴纳。

纳税申报期限和税款缴纳期限的最后一日,如遇公休、假日,可以顺延。

第十九条 纳税人申报减税、免税,应当向主管税务机关提出书面报告。减税、免税申请获得批准之前,纳税人必须按照规定缴纳税款。

第五章 税款征收

第二十条 税款征收方式,由税务机关根据税收法规的规定和纳税人的生产经营情况、财务管理水平以及便于征收管理的原则,具体确定。主要方式有:查帐征收、查定征收、查验征收、定期定额征收以及代征、代扣、代缴。

第二十一条 税收征收的管理形式,可以采取驻厂管理、行业管理、分片管理、巡回管理等,具体管理形式由税务机关确定。纳税人的主管部门、行业组织、居民组织都应当配合、协助税务机关做好税收管理工作。

第二十二条 代征人必须按照税收法规和代征、代扣、代缴税款证书的规定,履行代征、代扣、代缴税款义务,办理代征、代扣、代缴税款手续。税务机关应当按照规定付给代征人手续费。

第二十三条 税务机关有权对纳税人的货物和应税财产进行查验登记。

第二十四条 对从事临时经营的纳税人,主管税务机关可以责成其提供纳税保证人或者预缴纳税保证金,限期进行纳税清算。逾期未进行纳税清算的,由其保证人负责缴纳税款,或者以纳税保证金抵缴税款。

主管税务机关预收纳税保证金时应当开具收据。

第二十五条 纳税人超过应纳税额缴付税款的,允许从超缴之日起一年内向原征收机关提出退款申请,经县级或者县级以上税务机关批准,退还超缴款项,对逾期的,税务机关不予受理。

第六章 帐务、票证管理

第二十六条 纳税人必须按照国家财务会计法规和税务机关的规定,建立健全财务会计制度,配备人员办理纳税事项,并完整保存帐簿、凭证、缴款书、完税证等纳税资料。个别纳税人确无建帐能力的,可以报经县级或者县级以上税务机关批准,暂缓建帐,但是应当完整保存有关票证、缴款书、完税证等纳税资料。代征人应当按照规定设立专门帐户,妥善保存代征、代扣、代缴税款资料。

前款资料如有丢失,应当及时报告主管税务机关处理。

第二十七条 纳税人的主管部门制定的本系统的财务会计制度,应当抄送同级税务机关。纳税人的财务会计制度和具体的财务会计处理办法,不得同税收法规相抵触;如有抵触,应当按照税收法规执行。

第二十八条 发票由税务机关统一管理。未经县级或者县级以上税务机关批准,任何单位、个人都不得自行印制、出售或者承印发票。

除经税务机关认可的特殊票据外,发票必须套印县级或者县级以上税务机关的发票监制章。

第二十九条 纳税人和代征人必须按照税务机关的规定保管和使用发票。

第三十条 税务机关对纳税人应当逐户建立税收管理档案,妥善保管,严格保密。

第七章 税务检查

第三十一条 纳税人和代征人必须接受税务机关的监督检查,如实反映情况,提供有关资料,不得隐瞒、阻挠、刁难。

税务人员进行税务检查时，应当出示税务检查证。

第三十二条 税务机关根据需要，报经省级人民政府批准，可以在车站、码头、机场以及交通要道等处会同有关部门设置联合检查站(组)；在未设联合检查站(组)的地方，如果确有必要，也可以单独设置税务检查站(组)，执行税收稽查任务。工商行政管理、公安、交通、铁道、民航、邮电、金融等部门应当配合、协助。

第三十三条 纳税人到外地从事生产、经营、提供劳务，必须持其原所在地税务机关填发的税收管理证明，向所到地税务机关报验登记，接受税务检查。

第三十四条 固定工商户在城乡集贸市场从事经营活动，应当携带税务登记证或者税务机关核发的其它有关证件，亮证经营。

第八章 违章处理

第三十五条 税务机关处理违章案件应当立案，查清事实，依法处理，并将处理决定书面通知当事人。

第三十六条 纳税人有下列违章行为之一的，除责令限期纠正外，可酌情处以五千元以下的罚款：

一、未依照本条例规定办理税务登记、注册登记和使用税务登记证的；

二、未依照本条例规定办理纳税鉴定的；

三、未依照本条例规定办理纳税申报的；

四、未依照本条例规定建立、使用和保存帐务、票证的；

五、未依照本条例规定提供纳税资料的；

六、拒绝接受税务机关监督检查的。

第三十七条 对有漏税、欠税、偷税、抗税行为的，按照下列规定处理：

一、漏税：是指纳税人并非故意未缴或者少缴税款的行为。对漏税者，税务机关应当令其限期照章补缴所漏税款；逾期未缴的，从漏税之日起，按日加收所漏税款5‰的滞纳金。

二、欠税：是指纳税人因故超过税务机关核定的纳税期限，未缴或者少缴税款的行为。对欠税者，税务机关除令其限期照章补缴所欠税款外，并从滞纳之日起，按日加收所欠税款5‰的滞纳金。

三、偷税：是指纳税人使用欺骗、隐瞒等手段逃避纳税的行为。对偷税者，税务机关除令其限期照章补缴所偷税款外，并处以所偷税款五倍以下的罚款；对直接责任人和指使、授意、怂恿偷税行为者，可处以一千元以下的罚款。

四、抗税：是指纳税人拒绝遵照税收法规履行纳税义务的行为。对抗税者，税务机关除令其限期照章补缴税款和处以所抗税款五倍以下罚款外，并可以根据纳税人的具体情况，加罚五万元以下的罚款；对直接责任人和唆使、包庇、支持抗税行为者，可处以一千元以下的罚款。

第三十八条 纳税人拖欠税款、滞纳金、罚款，经催缴无效，主管税务机关可以酌情采取以下措施：

一、正式书面通知其开户银行扣缴入库；

二、吊销其税务登记证、收回由税务机关发给的票证，限期缴纳；

三、提请工商行政管理部门吊销其营业执照，停止其营业，限期缴纳；

四、采取上述一、二、三项措施无效时，由税务机关提请人民法院强制执行。

第三十九条 代征人违反本条例第十六条、第十七条、第二十二条、第二十六条、第二十九条、第三十一条规定的，参照本章第三十六条、第三十七条、第三十八条对纳税人的有关规定处理。

第四十条 纳税人、代征人或其他当事人同税务机关在纳税或者违章处理问题上发生争议时，必须首先按照税务机关的决定缴纳税款、滞纳金、罚款，然后在十日内向上级税务机关申请复议。上级税务机关应当在接到申诉人的申请之日起三十日内作出答复。申诉人对答复不服的，可以在接到答复之日起三十日内向人民法院起诉。

第四十一条 纳税人违反税收法规，构成犯罪的，由税务机关提请司法机关追究刑事责任。

第九章 附 则

第四十二条 中外合资经营企业所得税、外国企业所得税、个人所得税、关税、农业税的征收管理，都不适用本条例。

第四十三条 本条例由财政部负责解释；各省、自治区、直辖市人民政府，根据本条例制定实施办法。

第四十四条 本条例自一九八六年七月一日起施行。

中华人民共和国房产税暂行条例

(一九八六年九月十五日国务院发布)

第一条 房产税在城市、县城、建制镇和工矿区征收。

第二条 房产税由产权所有人缴纳。产权属于全民所有的，由经营管理的单位缴纳。产权出典的，由承典人缴纳。产权所有人、承典人不在房产所在地的，或者产权未确定及租典纠纷未解决的，由房产代管人或者使用人缴纳。

前款列举的产权所有人、经营管理单位、承典人、房产代管人或者使用人，统称为纳税义务人（以下简称纳税人）。

第三条 房产税依照房产原值一次减除10%至30%后的余值计算缴纳。具体减除幅度，由省、自治区、直辖市人民政府规定。

没有房产原值作为依据的，由房产所在地税务机关参考同类房产核定。

房产出租的，以房产租金收入为房产税的计税依据。

第四条 房产税的税率，依照房产余值计算缴纳的，税率为1.2%；依照房产租金收入计算缴纳的，税率为12%。

第五条 下列房产免纳房产税：

一、国家机关、人民团体、军队自用的房产；

二、由国家财政部门拨付事业经费的单位自用的房产；

三、宗教寺庙、公园、名胜古迹自用的房产；

四、个人所有非营业用的房产；

五、经财政部批准免税的其他房产。

第六条 除本条例第五条规定者外，纳税人纳税确有困难的，可由省、自治区、直辖市人民政府确定，定期减征或者免征房产税。

第七条 房产税按年征收、分期缴纳。纳税期限由省、自治区、直辖市人民政府规定。

第八条 房产税的征收管理，依照《中华人民共和国税收征收管理暂行条例》的规定办理。

第九条 房产税由房产所在地的税务机关征收。

第十条 本条例由财政部负责解释；施行细则由省、自治区、直辖市人民政府制定，抄送财政部备案。

第十一条 本条例自一九八六年十月一日起施行。

中华人民共和国车船使用税暂行条例

（一九八六年九月十五日国务院发布）

第一条 凡在中华人民共和国境内拥有并且使用车船的单位和个人，为车船使用税的纳税义务人（以下简称纳税人），都应当依照本条例的规定缴纳车船使用税。

第二条 船舶的适用税额，依照本条例所附的《船舶税额表》计算。车辆的适用税额，由省、自治区、直辖市人民政府在本条例所附的《车辆税额表》规定的幅度内确定。

第三条 下列车船免纳车船使用税：

一、国家机关、人民团体、军队自用的车船；

二、由国家财政部门拨付事业经费的单位自用的车船；

三、载重量不超过一吨的渔船；

四、专供上下客货及存货用的趸船、浮桥用船；

五、各种消防车船、洒水车、囚车、警车、防疫车、救护车船、垃圾车船、港作车船、工程船；

六、按有关规定缴纳船舶吨税的船；

七、经财政部批准免税的其他车船。

第四条 除本条例第三条规定者外，纳税人纳税确有困难的，可由省、自治区、直辖市人民政府确定，定期减征或者免征车船使用税。

第五条 个人自有自用的自行车和其他非营业用的非机动车船，征收或者免征车船使用税，由省、自治区、直辖市人民政府确定。

第六条 车船使用税按年征收、分期缴纳。纳税期限由省、自治区、直辖市人民政府确定。

第七条 车船使用税的征收管理，依照《中华人民共和国税收征收管理暂行条例》的规定办理。

第八条 车船使用税由纳税人所在地的税务机关征收。

附：

船舶税额表

类别	计税标准	每年税额	备注
机动船	150吨以下	每吨1.20元	按净吨位计征
	151吨至500吨	每吨1.60元	按净吨位计征
	501吨至1,500吨	每吨2.20元	按净吨位计征
	1,501吨至3,000吨	每吨3.20元	按净吨位计征
	3,001吨至10,000吨	每吨4.20元	按净吨位计征
	10,001吨以上	每吨5.00元	按净吨位计征
非机动船	10吨以下	每吨0.60元	按载重吨位计征
	11吨至50吨	每吨0.80元	按载重吨位计征
	51吨至150吨	每吨1.00元	按载重吨位计征
	151吨至300吨	每吨1.20元	按载重吨位计征
	301吨以上	每吨1.40元	按载重吨位计征

车辆税额表

类别	项目	计税标准	每年税额	备注
机动车	乘人汽车	每辆	60元至320元	包括电车
	载货汽车	按净吨位每吨	16元至60元	
	二轮摩托车	每辆	20元至60元	
	三轮摩托车	每辆	32元至80元	
非机动车	人力驾驶	每辆	1.20元至24元	包括三轮车及其他人力拖行车辆
	畜力驾驶	每辆	4元至32元	
	自行车	每辆	2元至4元	

第九条 本条例由财政部负责解释；施行细则由省、自治区、直辖市人民政府制定，抄送财政部备案。

第十条 本条例自一九八六年十月一日起施行。

中华人民共和国个人收入调节税暂行条例

（一九八六年九月二十五日国务院发布）

第一条 为了调节公民个人之间的收入状况，有利于促进经济体制改革的顺利进行，特制定本条例。

第二条 在中华人民共和国境内有住所，取得个人收入的中国公民，都是个人收入调节税的纳税义务人（以下简称纳税人），都应当按照本条例规定缴纳个人收入调节税。

第三条 下列各项收入，应当缴纳个人收入调节税：

一、工资、薪金收入；

二、承包、转包收入；

三、劳务报酬收入；

四、财产租赁收入；

五、专利权的转让、专利实施许可和非专利技术的提供、转让取得的收入；

六、投稿、翻译取得的收入；

七、利息、股息、红利收入；

八、经财政部确定征税的其他收入。

第四条 个人收入调节税，根据收入来源，分别按照超倍累进税率和比例税率计算征收。

第五条 本条例第三条第一、二、三、四项收入，合并为综合收入，按照地区计税基数核算，按月计征。纳税人月综合收入额超过地区计税基数的，就其超基数的三倍以上的部分，按照超倍累进税率征收个人收入调节税（税率表附后）。

第六条 地区计税基数，可以根据实际情况进行调整。

地区计税基数的调整，由财政部会同有关部门拟订，报国务院批准施行。

第七条 下列个人收入，按照比例税率计算征收：

一、投稿、翻译，专利权的转让、专利实施许可和非专利技术的提供、转让取得的收入，每次收入不满4000元的，减除费用800元；4000元以上的，减除20%的费用，然后就其余额按比例税率20%征税。

二、利息、股息、红利收入，就每次收入额按比例税率20%征税。

第八条 本条例第三条第八项“其他收入”适用的税率，由财政部确定。

第九条 下列个人收入，免征个人收入调节税：

一、省级人民政府、国务院部委以上单位颁发的科学、技术、文化成果等奖金；

二、国库券利息、国家发行的金融债券利息；

三、在国家银行、信用合作社、邮政储蓄存款利息；

四、按照国家统一规定发给的补贴、津贴；

五、福利费、抚恤金、救济金；

六、保险赔款；

七、军队干部和战士的转业费、复员费；

八、按照国家统一规定发给干部、职工的安家费、退职费、退休金、离休工资、离休干部生活补助费；

九、经财政部批准免税的其他收入。

第十条 个人收入调节税的征收，实行由支付单位源泉扣缴和纳税人自行申报纳税两种方法。

第十一条 向个人支付本条例第三条所列项目金额的单位为扣缴义务人，应当按照下列规定计算扣缴：

一、纳税人综合收入的各个单项收入，超过所在地区计税基数的三倍以上的部分，按照规定的适用税率计算扣缴；

二、投稿、翻译，专利权的转让、专利实施许可和非专利技术的提供、转让取得的收入，按照本条例第七条第一项规定减除费用后，对余额部分按照规定税率计算扣缴；

三、利息、股息、红利收入，按照本条例第七条第二项规定的税率计算扣缴。

第十二条 纳税人月综合收入额超过计税基数的，超基数三倍以上的部分，都应当向当地税务机关自行办理纳税申报。

纳税人单项收入已经扣缴的，应当持扣缴凭证报当地税务机关抵免税款。

第十三条 自行申报纳税人和扣缴义务人，都应当在每个月的前十日内向当地税务机关报送纳税申报表，缴纳上一个月应纳、应扣的税款。

第十四条 税务机关对扣缴义务人按其所扣缴税款的金额，付给3%以下的手续费。

第十五条 本税的征收管理，按照《中华人民共和国税收征收管理暂行条例》的规定办理。

第十六条 纳税人未依照本条例规定纳税，任何人都有权检举揭发。税务机关为检举者保密，并按照规定给予奖励。

第十七条 本条例由财政部负责解释；施行细则由财政部制定。

第十八条 本条例自一九八七年一月一日起施行。

附：

个人收入调节税税率表

档次	一	二	三	四	税率
适用地区	六类和六类以下工资区	七、八类工资区	九、十类工资区	十一类工资区	
地区计税基数	100元	105元	110元	115元	
超基数的倍数	全月应纳税收入额				
三倍	400元以上至500元部分	420元以上至525元部分	440元以上至550元部分	460元以上至575元部分	20%
四倍	500元以上至600元部分	525元以上至630元部分	550元以上至660元部分	575元以上至690元部分	30%
五倍	600元以上至700元部分	630元以上至735元部分	660元以上至770元部分	690元以上至805元部分	40%
六倍	700元以上至800元部分	735元以上至840元部分	770元以上至880元部分	805元以上至920元部分	50%
七倍	800元以上部分	840元以上部分	880元以上部分	920元以上部分	60%

国务院对财政部关于对外国企业常驻代表机构降低核定利润率征税请示的批复

（一九八六年九月二十九日）

国务院批准，将《中华人民共和国财政部对外国企业常驻代表机构征收工商统一税、企业所得税的暂行规定》第四条中“暂以业务收入额的15%为应纳税的所得额，计算征收所得税”的规定，修改为“暂以业务收入额的10%为应纳税的所得额，计算征收所得税”。由财政部对外公布，自一九八六年十月一日起施行。

附：

财政部关于对外国企业常驻代表机构降低核定利润率征税问题的通知

（一九八六年十月六日）

经国务院批准，我部于一九八五年五月十五日公布了《对外国企业常驻代表机构征收工商统一税、企业所得税的暂行规定》，其中第四条规定：对常驻代表机构“应征收的企业所得税，除了能够提供准确的成本、费用凭证，正确计算应纳税所得额的以外，应按照《中华人民共和国外国企业所得税法施行细则》第二十四条规定，核定利润率，暂以业务收入额的15%为应纳税的所得额，计算征收所得税。”为了进一步鼓励代表机构开展业务，照顾代表机构之间利润率水平高低不一的实际情况，经报请国务院批准，现决定对常驻代表机构的核定利润率由15%减按10%执行。

本规定自一九八六年十月一日起执行。

金　　融

中华人民共和国银行管理暂行条例

（一九八六年一月七日国务院发布）

第一章　总　　则

第一条　为了加强对银行和其他金融机构的管理，保证金融事业的健康发展，促进社会主义现代化建设，特制定本条例。

第二条　凡经营存款、贷款、个人储蓄、票据贴现、外汇、结算、信托、投资、金融租赁、代募证券等项业务的银行和其他金融机构，都应当遵守本条例的规定。

第三条 中央银行、专业银行和其他金融机构，都应当认真贯彻执行国家的金融方针政策；其金融业务活动，都应当以发展经济、稳定货币、提高社会经济效益为目标。

第四条 禁止非金融机构经营金融业务。

第二章 中央银行

第五条 中国人民银行是国务院领导和管理全国金融事业的国家机关，是国家的中央银行，应当全面履行下列职责：

一、研究拟订全国金融工作的方针、政策，报经批准后组织实施；

二、研究拟订金融法规草案；

三、制定金融业务基本规章；

四、掌管货币发行，调节货币流通，保持货币稳定；

五、管理存款、贷款利率，制定人民币对外国货币的比价；

六、编制国家信贷计划，集中管理信贷资金，统一管理国营企业流动资金；

七、管理外汇、金银和国家外汇储备、黄金储备；

八、审批专业银行和其他金融机构的设置或撤并；

九、领导、管理、协调、监督、稽核专业银行和其他金融机构的业务工作；

十、经理国库，代理发行政府债券；

十一、管理企业股票、债券等有价证券，管理金融市场；

十二、代表政府从事有关的国际金融活动。

第六条 中国人民银行按照国家法律、行政法规的规定，管理全国的保险企业。

第七条 中国人民银行设理事会，为总行决策机构。

理事会的主要任务如下：

一、审议金融方针、政策问题；

二、审议年度国家信贷计划、现金计划和外汇计划的有关重大问题；

三、确定专业银行和其他金融机构的设置、撤并、业务分工的原则；

四、研究涉及金融全局的其他重要事项。

第八条 中国人民银行根据经济发展需要，设立分支机构。

中国人民银行的分支机构，在各自辖区内，履行中央银行的有关职责，具体领导和管理本辖区的金融事业。

第九条 中国人民银行应当在资金调度、工作协调、信息提供、人才培养等方面，为专业银行和其他金融机构服务，支持其发展业务。

第十条 中国人民银行总行及其分支机构，负责协调、仲裁专业银行、其他金融机构之间业务方面发生的分歧。

第十一条 中国人民银行不对企业、个人直接办理存款、贷款业务。

第三章 专业银行

第十二条 国家根据国民经济发展的需要，设立若干专业银行。各专业银行按照规定的业务范围，分别经营本、外币的存款、贷款、结算以及个人储蓄存款等业务。

第十三条 专业银行都是独立核算的经济实体，按照国家法律、行政法规的规定，独立行使职权，进行业务活动。

第十四条 专业银行应当履行下列基本职责：

一、根据金融业务基本规章，制定具体业务制度、办法；

二、按照国家政策和国家计划，决定对企业的贷款；

三、在规定范围内实行利率浮动；

四、负责本系统的资金调度；

五、实行信贷监督和结算监督；

六、按照国家规定对开户单位实行现金管理；

七、按照国家规定对开户单位实行工资基金监督；

八、根据中国人民银行授权管理国营企业流动资金；

九、按照规定拥有和支配利润留成资金；

十、经国务院或中国人民银行总行批准，从事有关国际金融业务活动。

第十五条 专业银行设立分支机构，应当具备下列条件：

一、确属经济发展需要，具有同其规模相适应的业务量；

二、符合业务分工范围；

三、具有合格的金融业务管理人员；

四、符合经济核算原则。

专业银行总行对所属分支机构，实行垂直领导。

第十六条 专业银行总行的下列事项，应当报经中国人民银行总行审批：

一、涉及本条例第五条第一款第一项范围的业务方针、政策的事项；

二、超出规定的业务分工范围的事项；

三、超出现行金融业务基本规章，或者涉及其他专业银行，需要统一规定的业务规章制度；

四、组织章程的制订和修改；

五、在境外设立分支机构。

前款事项，超出本条例规定的中央银行职责权限范围的，统一由中国人民银行总行报请国务院审批。

第十七条 专业银行分支机构的下列事项，应当报经中国人民银行省级分行审批：

一、结合本辖区具体情况制订的重要业务规定；

二、信贷资金投向的重大变动；

三、涉及本辖区其他专业银行，需要统一规定的业务规章制度。

第十八条 专业银行应当按照规定向中国人民银行报送信贷计划执行情况、统计报表、会计报表和业务报告。

第十九条 设立专业银行机构，应当分别按照下列规定报经批准：

一、总行，由中国人民银行总行审核，报国务院批准；

二、省级分行，由专业银行总行提出申请，报中国人民银行总行批准；

三、地、市级中心支行和县级支行，由专业银行省级分行提出申请，报中国人民银行省级分行批准；

四、县级支行以下的业务单位，由专业银行地、市级中心支行提出申请，报中国人民银行地、市级分行批准。

第二十条 专业银行总行以及经批准设立的专业银行分支机构，应当分别由中国人民银行总行、分行发给《经营金融业务许可证》，并且按照《工商企业登记管理条例》的规定，办理登记手续，领取营业执照后，始得营业。

第二十一条 经批准设立的专业银行分支机构需要撤销时，应当于停业前两个月向原批准单位提出申请；经批准后，在原批准单位监督下清理债权、债务；清理完毕，分别缴销《经营金融业务许可证》和营业执照。

第四章 其他金融机构

第二十二条 本章所指的其他金融机构，包括信托投资公司、农村信用合作社、城市信用合作社，以及经中国人民银行批准设立的其他金融组织。

本条例有关专业银行的规定，除国家另有规定或者本章有特别规定者外，适用于其他金融机构。

第二十三条 设立其他金融机构，除应当具备本条例第十五条规定的条件外，应当具有中国人民银行规定的最低限额的资本金，并具有组织章程。

第二十四条 在确有需要的大中城市，可以设立信托投资公司，经营资金和财产委托、代理资财保管、金融租赁、经济咨询、证券发行以及投资等业务。

信托投资公司的业务活动，按照中国人民银行批准的计划进行。

第二十五条 申请设立信托投资公司，应当分别按照下列规定报经批准：

一、全国性的信托投资公司，由中国人民银行总行审核，报国务院批准；

二、省级信托投资公司，由中国人民银行省级分行审核，报中国人民银行总行批准；

三、地、市级信托投资公司，由中国人民银行地、市级分行审核，报中国人民银行省级分行批准。

第二十六条 大中城市的专业银行设立的信托投资公司，应为独立法人，进行独立核算，在业务上受中国人民银行领导。

专业银行不设立独立的信托投资公司而经营信托业务的，其资金来源、运用，必须全额纳入专业银行信贷计划，收益由专业银行统一核算。

第二十七条 农村和大中城市，可以设立信用合作社。信用合作社是群众性的合作金融组织，实行民主管理。

农村信用合作社，经营农村存款、贷款、结算、个人储蓄业务。

城市信用合作社，经营城市街道集体组织和个体工商户的存款、贷款、结算以及代办个人储蓄存款等业务。

信用合作社的管理、审批办法，由中国人民银行另行制定。

第二十八条 地方各级人民政府不得设立地方银行。

个人不得设立银行或其他金融机构，不得经营金融业务。

第五章 货币发行管理

第二十九条 货币发行必须集中统一管理。中国人民银行总行根据国民经济发展的需要提出货币发行计划，报经国务院批准后组织实施。

第三十条 财政部门不得向中国人民银行透支。中国人民银行不得直接购买政府债券。

第三十一条 中国人民银行的各级发行库调拨人民币发行基金，应当依照上级发行库的调拨命令办理。任何单位、任何个人都不得违反规定，动用发行库的库款。

第三十二条 专业银行向中国人民银行提取现金，应当以其在中国人民银行分支机构的存款余额为限，不得透支。

专业银行向中国人民银行交存现金，应当按照中国人民银行的出纳制度办理。

第三十三条 专业银行应当对货币流通情况进行调查研究，并定期向中国人民银行提出报告。

第三十四条 人民币的残损票券、铸币，由专业银行按照中国人民银行的规定兑换，中国人民银行负责逐级收回销毁。

第六章 信贷资金管理

第三十五条 专业银行的信贷收支必须按照规定纳入国家信贷计划。国家信贷计划由中国人民银行总行编制，报经国务院批准后，由中国人民银行总行下达执行。

第三十六条 国库存款是中国人民银行信贷资金的来源，经办银行不得动用、转移。

机关、团体、部队等财政性存款的交存办法，由中国人民银行制定。

第三十七条 专业银行吸收的各种存款，都应向中国人民银行分支机构交存存款准备金。存款准备金的比例由中国人民银行规定，并根据放松或者收缩银根的需要进行调整。

第三十八条 中国人民银行分支机构在上级银行批准的计划内，根据信贷政策、信贷计划向专业银行发放贷款。

第三十九条 专业银行之间的资金可以相互拆借。

第四十条 专业银行应当建立呆帐准备金，呆帐准备金的额度由中国人民银行总行会商财政部制定。

第四十一条 专业银行的外汇信贷资金，按照国家外汇管理的规定办理。

第七章 利率管理

第四十二条 各种存款的最高利率和各种贷款的最低利率，由中国人民银行总行拟订，报经国务院批准后，由中国人民银行总行根据国家经济政策，分别制定差别利率，并根据情况变化进行调整。

各专业银行总行具有一定的利率浮动权。利率浮动幅度由中国人民银行总行规定。

信用合作社的存款、贷款利率，根据中国人民银行的规定和授权，可以上下浮动。

第四十三条 对国家优先发展的行业和产品以及对社会经济效益好而企业经济效益不明显的贷款，除银行给予优惠条件外，可以实行贴息办法；应贴补的利息由批准贴息的地方、部门支付。

第四十四条 中国人民银行同专业银行之间的存款、贷款利率，由中国人民银行总行规定，并根据放松、收缩银根的需要进行调整。

第四十五条 专业银行之间相互拆借的利率，由借贷双方协商议定。

第八章 存款、贷款、结算管理

第四十六条 国家保护存款人的合法权益，存款人自主支配使用其存款，他人不得动用。

第四十七条 国家保护个人储蓄存款，实行存款自愿、取款自由、存款有息、为储户保密的原则。

第四十八条 专业银行办理贷款应当严格遵守审批制度、责任制度，按照贷款政策和有关规定发放贷款，以保障贷款安全和使用效益。

专业银行有权检查、监督贷款的使用情况，了解借贷企业的计划执行、经营管理、财务活动、物资库存等情况。

第四十九条 专业银行享有贷款自主权。任何单位、任何个人都不得强令发放贷款，不得阻挠收回贷款。未经国务院批准，任何单位无权豁免贷款。

第五十条 专业银行应当保持足够的支付能力，以保证按时偿付各项债务。

第五十一条 专业银行办理票据承兑和贴现，以合法的商业行为签发的票据为限。

第五十二条 专业银行办理转帐结算，必须维护收付双方的正当权益。结算规章制度由中国人民银行制定。

第九章 违法处理

第五十三条 违反本条例规定，擅自设立专业银行分支机构或者其他金融机构的，中国人民银行应当责令其停业，依法没收其非法所得，并对直接责任人员追究行政责任。

第五十四条 违反本条例规定，擅自动用发行库库款的，应当追回库款，并对直接责任人员追究行政责任。

第五十五条 金融工作人员利用职务上的便利，以贷款谋取私利的，应当追究行政责任，并没收其非法所得。

第五十六条 金融工作人员玩忽职守，造成贷款损失的，应当对直接责任人员追究行政责任。

第五十七条 强令专业银行分支机构或者其他金融机构发放贷款，造成贷款损失的，应当对直接责任人员追究行政责任和经济责任。

第五十八条 本章第五十四条至五十七条的直接责任人员，构成犯罪的，由司法机关依法追究刑事责任。

第五十九条 专业银行或者其他金融机构违反本条例规定，动用、转移财政性存款，或者不按规定期限和比例交存存款准备金的，中国人民银行应当扣回同额存款，并按照贷款利率加收罚息，同时追究经办人员和主要负责人的责任。

第十章 附则

第六十条 本条例不适用于在我国境内举办的中外合资经营、外国独资经营的金融机构。

第六十一条 经济特区的专业银行分支机构和其他金融机构的管理，由中国人民银行总行根据本条例制定补充规定。

第六十二条 本条例由中国人民银行总行负责解释；各专项施行细则由中国人民银行总行制定。

第六十三条 本条例自发布之日起施行。

国务院关于中国加入亚洲开发银行的通知

（一九八六年三月三日）

亚洲开发银行理事会一九八六年二月十七日第176号决议，通过了中华人民共和国政府加入亚洲开发银行的申请。外交部长吴学谦代表中华人民共和国政府签署了接受《建立亚洲开发银行协定》和亚洲开发银行理事会第176号决议的接受书。自亚洲开发银行确认我已完成各项入行手续之日起，中华人民共和国将正式成为亚洲开发银行成员，同时上述《协定》和决议将对中华人民共和国具有法律拘束力。现将《建立亚洲开发银行协定》第四十八条至五十八条和亚洲开发银行理事会第176号决议发给你们，请遵照执行。

建立亚洲开发银行协定（部分）

第八章　法律地位、豁免权、免税权及特权

第四十八条　本章之目的

为使亚行能有效地实现其宗旨，履行其所负的职责，亚行在各成员境内得享有本章所规定的法律地位、豁免权、免税权及特权。

第四十九条　法律地位

亚行具有完整的法律人格，特别是有全权：

一、签订契约；

二、取得与处置动产和不动产；

三、提起诉讼。

第五十条　司法程序的豁免

一、亚行对一切形式的法律程序均享受豁免，但由于亚行行使其借款权、债务担保权、买卖或包销债券权而引起的案件，或者与亚行行使这些权力有关的案件除外。凡属这类案件，在亚行设立了总部或分支机构的国家境内，或在亚行任命了一名代理人专门接受诉讼传票或通知，或者发行过或担保过债券的国家境内，可向有充分司法权力的主管法院对亚行提起诉讼。

二、尽管有本条第一款的各项规定，但任何成员、成员的任何代理机构或执行机构、任何直接或间接代表一个成员或成员的代理机构或执行机构的实体或个人、任何直接或间接从成员或成员的代理机构或执行机构取得债权的实体或个人，均不得对亚行提起诉讼。成员应采用本协定、亚行的附则及各种条例或与亚行签订的契约中可能规定的特别程序，来解决亚行与成员之间的争端。

三、亚行的财产和资产，不论在何地和由何人所持有，在对亚行作出最后宣判之前，均不得施以任何形式的没收、查封或强制执行。

第五十一条　资产的豁免

亚行的财产和资产，不论在何地和由何人所保管，均应免受搜查、征用、充公、没收或通过行政或立法措施采取的任何其他形式的抵押或取消赎回抵押品的权利。

第五十二条　档案的豁免

亚行的档案及属于亚行或由亚行持有的所有文件，不论存放于何地，一律不受侵犯。

第五十三条　资产的不受限制

在有效地实施亚行宗旨和任务所需要的范围内，并在遵照协定规定的情况下，亚行的一切财产和资产不受任何性质的限制、管理、管制和延缓偿付的约束。

第五十四条　通讯特权

各成员给予亚行的官方通讯的待遇，应不低于它给予其他成员官方通讯的待遇。

第五十五条　亚行人员的豁免权与特权

亚行的全体理事、董事、副理事、副董事、官员和雇员，包括为亚行执行任务的专家，应享有下列豁免权和特权。

（一）对于他们以公务身份采取的行为应免除法律程序。但亚行放弃此项豁免权时不在此限。

（二）如果他们不是当地公民或国民，则他们在移民限制、外国人登记和兵役义务方面，应享有其他成员国相当等级的代表、官员和雇员所享有的同样的豁免权，并在外汇管制方面享有同样的便利。

（三）在旅行方面享受的便利应与成员给予其他成员同等级别的代表、官员及雇员的待遇相同。

第五十六条　免税权

一、亚行及其资产、财产、收益、业务和交易，应免除一切捐税和关税。亚行并应免除有关支付、预扣或征收任何捐税或关税的义务。

二、对亚行付给董事、副董事、官员和雇员（包括为亚行执行任务的专家）的薪金和津贴不得征税。除非成员在递交批准书或接受书时，声明对亚行向其本国公民或国民支付的薪金和津贴该成员及其行政部门保留征税的权力。

三、对于亚行发行的任何债券或证券，包括与此有关的红利和利息，不论由何人持有，均不得因下列原因而征收任何种类的税收：

（一）仅仅因为此类债券或证券是由亚行发行而给予歧视待遇；或

（二）如果征税的唯一法律依据是该项债券或证券的发行、偿付或支付的地点或所使用的货币种类，或因亚行设办事处或进行业务的地点。

四、对于亚行担保的任何债券或证券，包括有关

的红利和利息，不论由何人持有，均不得因下列原因而征收任何种类的税收：

（一）仅仅因为此类债券或证券是由亚行担保而给予歧视待遇；或

（二）仅以亚行办事处或进行业务的地点为唯一法律根据而征税。

第五十七条　实施

各成员应根据其司法制度，迅速采取必要的行动，使本章各项条文在其境内生效，并将已采取的行动通知亚行。

第五十八条　豁免权、免税权与特权的放弃

亚行根据自己的意愿可在任何情况或事例中，以自己认为最有利于亚行的方式和条件，放弃本章给予它的任何一种豁免权、免税权和特权。

亚洲开发银行理事会第176号决议

中华人民共和国的成员资格及增加核定股本

鉴于中华人民共和国已申请加入亚洲开发银行；

中华人民共和国是本地区发展中国家，具有亚行协定第三条规定的亚行成员资格；而且

有必要增加亚行的核定股本以供中华人民共和国认缴；

亚行理事会现为此决定：

依照下述条件，接纳中华人民共和国成为亚行成员，并增加亚行核定股本：

甲、接纳中华人民共和国为成员

股本认缴额

一、中华人民共和国将认缴亚行股本114,000股，每股10,000美元，按一九六六年一月三十一日的美元含金量和成色计值，其中13,691股为实缴股本，100,309股为待缴股本。

实缴股本的支付

二、中华人民共和国的实缴股本，分四次支付，每年支付四分之一，支付方法如下：

（一）第一笔支付应在一九八六年四月十五日之前或由董事会决定的推迟的日期之前进行；

（二）其余三次支付应分别在中华人民共和国成为亚行成员的第一、第二、第三周年之日进行。

三、每次支付时，中华人民共和国将支付：

（一）43.46%的可兑换货币，该支付即亚行协定第六条第二款（一）项下的支付，应是到期即付；

（二）56.54%的中华人民共和国货币，该支付即亚行协定第六条第二款（二）项下的支付，应是到期即付。

四、在未就亚行股本的价值问题作出决定之前，中华人民共和国认缴的实缴股本，其定值方法可由中华人民共和国在下述两者之中选其一：（一）每股为12,063.50现价美元，或（二）每股为10,000特别提款权，特别提款权按到期支付当天的汇率折算。在亚行资本定值的问题得到解决之时，依照本段上述规定进行的支付均应进行调整。

五、除董事会另有决定，为了确定本决议内认缴的支付额，各种货币之间或各币种与特别提款权之间使用的汇率，即是亚行在到期支付之日记帐中为折算目的所使用的汇率。

协定的适用

六、亚行协定将适用于中华人民共和国。

取得成员资格的先决条件

七、只有下列取得成员资格的先决条件于一九八六年四月十五日前，或由董事会确定的推迟的日期之前得到履行，中华人民共和国才能成为亚行的成员：

（一）中华人民共和国将交存接受书，接受书声明，依照本国法律，中华人民共和国接受亚行协定以及本决议所规定的成员资格的条件，并已采取一切必要措施以使协定及本决议规定的中华人民共和国的义务能得以执行。

（二）中华人民共和国将向亚行提供能使亚行满意的证据，以证明上述（一）项所指的接受书已根据所有有关的授权加以签署和交存。

（三）中华人民共和国将根据本决议第二、三、四及五段支付其第一笔认缴股本。

成员资格生效日期

八、从亚行秘书以书面形式认证本决议第七段所述的入行先决条件确已得到履行之日起，中华人民共和国将依照本决议规定的条件成为亚行成员。

乙、增加核定股本

九、亚行核定股本将增加114,000股，每股10,000美元，按一九六六年一月三十一日的美元含金量及成色计值。

十、本决议核定的股本仅供中华人民共和国依照本决议的规定认缴。

十一、本决议规定增加的核定股本仅在中华人民共和国的成员资格按照本决议第七段和第八段生效之时方为有效。

接　受　书

鉴于中华人民共和国政府审查并核准了一九六五年十二月四日通过的《建立亚洲开发银行协定》；并鉴于亚行理事会于一九八六年二月十七日通过176号决议，决定按照该决议规定的条件接纳中华人民共和国为亚行成员。

据此，中华人民共和国政府声明：中华人民共和国根据本国法律接受上述协定和决议；并进一步声明：中华人民共和国已采取一切必要措施，使上述协定和决议所规定的义务得以执行。

中华人民共和国外交部长　吴学谦

一九八六年三月三日于北京

法律意见书

中华人民共和国政府于一九八五年十一月二十八日提出了加入亚洲开发银行(以下简称亚行)的申请。亚行理事会于一九八六年二月十七日通过第176号决议同意按照该项决议所规定的条件接纳中华人民共和国为亚行成员。

按照亚行理事会第176号决议第七款二项的规定,中华人民共和国政府向亚行提交此项法律意见书,并证明如下:

一、根据中华人民共和国法律,中华人民共和国外交部长吴学谦代表本国政府签署了接受《建立亚洲开发银行协定》和亚行理事会第176号决议的接受书。中华人民共和国国务院已授权中华人民共和国驻菲律宾共和国大使陈嵩禄代表中华人民共和国政府向亚行交存该接受书。

二、为执行上述协定和决议所规定的义务,中华人民共和国国务院已于一九八六年三月三日发布(86)28号通知,要求中华人民共和国政府各主管机关履行《建立亚洲开发银行协定》和亚行理事会第176号决议。该通知复印件附后。上述协定和决议将在中华人民共和国正式成为亚行成员之日起对中华人民共和国具有法律拘束力,并由中华人民共和国政府保证实施。

中华人民共和国外交部条约法律司司长 许光建代

一九八六年三月三日于北京

菲律宾,马尼拉
邮政信箱789号
亚洲开发银行
藤冈真佐夫行长
行长先生:

按照《建立亚洲开发银行协定》第二十七条的规定,中华人民共和国政府任命中国人民银行行长陈慕华为亚洲开发银行中国理事,中国人民银行理事会理事、外事局局长车培钦为副理事,自一九八六年三月十一日起生效。

中华人民共和国外交部长 吴学谦

一九八六年三月十一日于北京

指定官方联系机构函

菲律宾,马尼拉
邮政信箱789号
亚洲开发银行
藤冈真佐夫行长
行长先生:

我受权通知您,按照《建立亚洲开发银行协定》第三十八条第一款的规定,中华人民共和国政府指定中国人民银行为中华人民共和国的亚洲开发银行官方联系机构。亚行可就有关执行亚行协定的任何事宜与中国人民银行联系。

中国人民银行通讯处如下:
地址:中华人民共和国,北京,三里河
电报挂号:RENMINBANK
电传号:22612 PBCHO CN

中国人民银行行长 陈慕华

一九八六年三月十一日于北京

指定保管银行函

菲律宾,马尼拉
邮政信箱789号
亚洲开发银行
藤冈真佐夫行长
行长先生:

我受权通知您,按照《建立亚洲开发银行协定》第三十八条第二款的规定,中华人民共和国政府指定中国人民银行为保管亚洲开发银行持有的中华人民共和国货币及其他亚行资产的保管银行。

我们理解,亚行会接受此项指定,同时我们确认,未经亚行同意,不得改变官方保管银行。

中国人民银行行长 陈慕华

一九八六年三月十一日于北京

国务院关于坚决纠正提价或变相提价集资搞基建的通知

(一九八六年七月十九日)

最近一个时期,有些地方和部门采用提价或变相提价的办法筹集资金,用于办电、建厂等基本建设。这不仅增加了企业和人民群众的负担,而且扩大了基建规模,对国家建设的全局十分不利,必须坚决纠正。为此,现对有关问题通知如下:

一、国家鼓励集资兴办各项经济事业,但资金来源必须符合国家有关规定,严禁擅自提价或变相提价筹集资金,扩大基建规模,增加企业和群众的负担。

二、除经国务院批准的以外,各部门、各级人民政府自行决定提价或变相提价集资搞建设的,从文到之日起,立即停止执行,银行停止拨款,并进行清查和处理。

三、各部门、各级人民政府凡是通过提价或变相提价筹集的资金,或者上交国库,或者退还原单位,由各级计划、财政、审计、银行、物价部门监督执行。所筹资金已经用于基建投资的，由国务院有关部门和各省、自治区、直辖市人民政府妥善处理。

四、今后，如再发生擅自提价或变相提价集资搞基建的，按违反财经纪律从严查处，并按隶属关系，相应扣减国务院有关部门或省、自治区、直辖市下年自筹基建指标。

各地区、各部门要将清理提价或变相提价集资搞基建的情况，于九月底以前报告国务院。

商　业

国务院办公厅转发商业部等部门关于进一步做好城市蔬菜产销工作报告的通知

（一九八六年四月七日）

商业部、农牧渔业部、国家物价局、国家工商行政管理局《关于进一步做好城市蔬菜产销工作的报告》，已经国务院批准，现转发给你们，请结合本地区实际情况，认真贯彻执行。

去年蔬菜产销体制改革，路子是对的，取得了显著成绩，发展趋势很好。但是，必须指出，今后改革任务仍然很重，在蔬菜这样一个非常敏感、与群众利益息息相关的领域搞改革，难度很大。各级领导要高度重视蔬菜工作，不断总结经验，及时解决出现的新问题，坚定不移地把产销体制改革深入进行下去，切实把城市蔬菜生产、供应工作抓细抓好，努力保持价格基本稳定，为巩固、发展大好形势作出新贡献。

商业部、农牧渔业部、国家物价局、国家工商行政管理局关于进一步做好城市蔬菜产销工作的报告

（一九八六年三月三十一日）

一九八五年，大中城市蔬菜产销体制和价格的改革迈出了重要一步，总的情况是好的，调动了农民种菜的积极性，蔬菜品种增加，质量提高，流通渠道增多，群众购买比较方便。有的城市蔬菜价格虽然一度上涨过多，但由于及时采取了措施，很快趋于稳定。特别是秋菜供应数量充足，价格合理，消费者比较满意。这些都说明，蔬菜产销体制改革的路子是对的，发展趋势是好的。

一九八六年各地要对已经采取的改革措施进行巩固、消化、补充、改善，做到深入改革、加强管理、发展生产、搞好供应，特别要做好淡季和北方秋菜的供应工作。为此，提出以下建议：

一、认真抓好蔬菜生产。大中城市的蔬菜生产要合理布局，贯彻以近郊为主、远郊为辅、外埠调剂、保证供应的方针。要采取经济手段、行政手段和思想教育相结合的办法，确保郊区有足够数量的菜田，并对主要蔬菜品种种植面积实行计划指导。计划安排的菜田，要加强管理，登记造册，发放菜地证，以保证菜田稳定。郊区菜田要纳入城市的总体规划，严格控制征用，必须占用的要先补后占。要认真执行有关规定，征用并管好用好新菜地开发建设基金，不得挪作它用。对菜农的口粮、食油、生产资料供应和信贷、税收等优惠措施，要同蔬菜生产和上市量挂钩，具体办法由各地自定。承包菜地而不种菜的，不能享受上述优惠待遇。对乱占菜地和撂荒菜田的，要采取必要的处罚措施。

要落实以工副业收入补菜的政策。以工补菜的钱，主要用于扶持蔬菜生产，通过支持生产增加菜农收入。如把其中一部分直接补给菜农，必须与提供蔬菜的品种、数量、质量挂钩。

要积极地有步骤地发展远郊、邻县和全国性的蔬菜商品生产基地，制定发展规划，抓好具体落实。蔬菜生产基地要根据销区需要，签订供销合同，固定产销关系，有计划地发展蔬菜生产，避免盲目生产造成损失。

二、搞好为蔬菜商品生产的系列化服务。对郊区蔬菜基地的菜农，要从生产技术、生产资料供应、商品销售等方面，提供系列化服务。要向菜农提供技术咨询，传授生产技术，介绍先进的栽培方法，协助搞好留种、育苗和病虫害的防治。要及时向生产者传递销售、价格、生产等信息，密切产销关系。要安排好生产资料供应，帮助菜农解决运输和销售中的困难。这些服务，

可由农民自愿组织，也可由商业、供销社或农业部门组织，在生产、技术、销售方面还可以发展服务内容不同的专业户。

三、开展蔬菜产销的横向联系。各地区可根据蔬菜产销体制改革的需要，采取多形式、多层次、跨地区的蔬菜、副食品横向联合经营。产区同销区可实行单品种联营，也可实行多品种联营；可实行长年联营，也可实行季节性的联营。无论采取哪种形式，都要单独核算，合理分配利润。产区的国营公司、供销社和其他集体、个体经营者可以进城设栈、设点卖菜，也可以委托销区代销。蔬菜加工厂同原料产地可直接挂钩，原料产地也可根据加工厂的要求，对原料进行初加工，增加收入。

四、抓紧蔬菜批发交易市场的建设。批发交易市场是蔬菜商品流通的集散中心，要根据城市的总体规划统筹安排。有些中等城市的批发市场，可以和集贸市场建在一起。国营蔬菜公司现有的批发站(点)，凡有条件的要改建或扩建为蔬菜批发交易市场。各地要根据蔬菜商品流通发展的需要，建设几个设备较全、规模较大的批发交易市场。批发交易市场的建设资金，主要由地方政府投资，也可以多方集资。要建在交通方便的地方，以利于买卖双方交易。

批发交易市场可以专营蔬菜，也可以扩大为包括水果、水产、肉禽蛋等综合经营。要通过提供优质服务，吸引各个方面、各条渠道的货源进场成交，并可按成交额向买卖双方收取合理的手续费。要开展代购、代销、代运等业务，向产销双方提供市场信息，以指导生产和上市。要实行独立核算，以业养业。按照规定国家不征收蔬菜批发环节的营业税。

五、发挥大中城市国营蔬菜公司的主导作用。蔬菜市场放开后，国营公司仍肩负着平抑菜价、安排市场的重要任务。要端正经营思想、经营作风，改进经营方法，向经营服务型方向发展，增强竞争能力。要充分利用本身的优势，走出新路子，开辟新的服务领域。要掌握足够的大路菜货源，以吞吐调剂、平抑菜价，具体掌握多少合适由各地确定。

要继续搞好国营蔬菜零售企业的改革，进一步完善经营承包责任制，努力改善经营管理，提高服务质量，全心全意为人民服务。各种形式的国营和集体蔬菜市场(商店)，都必须坚持以经营蔬菜为主，围绕着“菜篮子”开展副食品的综合经营，方便群众购买。国营蔬菜经营部门必要的经营设施，各地要有计划地加以解决。

六、保持蔬菜价格的基本稳定。蔬菜价格是人们十分关心的问题，是今年稳定市场物价的重点，要采取必要的补充、疏导和管理措施，坚决把菜价稳定下来。一九八六年的零售价格水平，一般都要稳定在上年放开后的平均水平，上年上涨幅度过大的要力争有所回落。大中城市每月都要安排好几种当家菜的市场供应，实行国家指导价格，遇到市场价格过高时，对国营零售、必要时也可对集贸市场出售的，实行最高限价。菜价大跌时，对国家计划安排的基地商品菜，要按合同规定的保护价收购。国营蔬菜公司的亏损补贴，仍按国务院的规定，列入地方财政预算，逐级落实。

七、加强蔬菜市场管理，办好集贸市场。对蔬菜市场要加强管理，保护合法经营，制止非法牟利。国营、集体和个体菜店(场)、集贸市场、早市、夜市等蔬菜零售点，要逐步形成有秩序、有固定场所的零售市场。个体经营者要进入固定的蔬菜市场，或到指定区域出售，亮证经营，照章纳税交费。不得缺斤少两、以次顶好，严禁套购倒卖、哄抬菜价、欺行霸市、强买强卖。要加强群众监督，设立公平秤。要抓紧集贸市场建设，统筹规划，改善设施，以适应需要。

八、加强对蔬菜工作的领导。蔬菜供应好坏、价格高低，直接关系到安定团结和人民生活，既是一个经济问题，又是一个政治问题，各级领导都要高度重视。各市主要领导同志要亲自抓菜，及时解决存在问题。郊区政府要把种足种好蔬菜，支援城市供应当作一项重要任务。要层层有专人负责，搞目标责任制，并抓好落实。各有关部门要在财力、物力上大力支援蔬菜产销工作。经过共同努力，进一步完善蔬菜产销体制改革，切实把蔬菜生产和供应工作搞好。

以上报告如无不妥，请批转执行。

国务院关于认真解决商品搭售问题的通知

(一九八六年五月二十五日)

目前不少地方存在商品搭售现象，即以名牌、优质、畅销商品搭配杂牌、劣质、滞销商品出售，引起广大消费者强烈不满。对此，有些地方和部门尚未引起足够重视，纠正不力；有些地方、部门虽已采取措施，但因不是全国一致行动，商品搭售问题难以彻底解决。应当指出，搞商品搭售虽然能够推销一些劣质、滞销产品，为本单位或个人谋取一点暂时的经济利益，但对国家、企业的长远利益，对广大消费者的利益危害很大。一是保护劣质、滞销产品的生产和销售，造成极大的社会浪费；二是有些可以正常销售的产品，由于被当作劣质、滞销产品搭售，有损这些产品和生产企业的声誉，影响以后的生产和销售；三是硬性搭售质次价高的滞销产品，损害广大消费者利益，败坏社会主义商业的信誉。因此，对这种只顾一己眼前利益而不惜损害国家、企业和人民利益的做法，必须引起足够重视，切实采取措施，认真加以解决。

一、要把住生产关。商品搭售现象的存在，要害是一些工业企业管理不善，技术不求进步，不顾市场需要，生产并通过商业强行搭售劣质、滞销产品。解决商品搭售问题必须首先抓住这个要害。各地区、各工业主管部门和企业，要遵循社会主义生产的根本宗旨，努力增加优质、名牌等适销对路产品的生产，不断满足人民物质和文化生活日益增长的需要。要严格限制滞销产品生产，坚决淘汰不合格产品，没有销路产品即应停产和转产。所有企业生产的劣质、滞销产品，均不得以任何名义、任何形式搭售给其它单位和个人。

二、要把住商业关。一些劣质、滞销产品之所以能进入流通领域并搭售给消费者，另一个重要原因是商业部门盲目进货。各级商业部门和企业，要加强调查研究，搞好市场预测，通过提供信息和及时收购、销售等手段积极支持适销对路产品的生产，对工业部门强行搭售的滞销产品要坚决抵制。无论国营、集体、个体商业企业，对因盲目进货、接受搭售而购进的滞销产品，不得以任何名义、任何形式搭售给零售企业和消费者。

三、要抓紧拟订具体解决办法。对如何按市场需要安排好生产，紧缺商品怎样合理供应，滞销商品如何妥善处理，对违反规定搞商品搭售的单位和个人怎么处罚等，要作出具体规定。此事由国家计委、国家经委、商业部商有关部门办理，并发文执行。

四、要切实抓好检查监督工作。各级工业、商业主管部门，要经常检查并制止商品搭售现象，工商行政管理、物价等有关部门要密切配合，切实搞好监督。要提倡和接受广大消费者的检查监督。对检查中发现的问题，一定要严肃、及时地进行处理。

国务院批转国家体改委、商业部等单位关于一九八六年商业体制改革几个问题报告的通知

（一九八六年五月三十日）

国务院同意国家经济体制改革委员会、商业部等单位《关于一九八六年商业体制改革几个问题的报告》，现转发给你们，请结合本地区的情况，认真贯彻落实。

近几年商业改革有了一定的进展。但是，必须清醒地看到，目前商业流通体制仍然不适应有计划商品经济发展的要求，必须进行深入改革。要在对已出台的改革作好巩固、消化、补充、改善的同时，进一步解放思想，抓好商业的横向经济联合，探索新的流通渠道、新的商业形式，把改革推向前进。

商业流通体制改革涉及国民经济的许多部门，各地人民政府要做好协调工作，并纳入整个经济体制改革统一部署。当前要特别注意把体制改革同安排好市场结合起来，促进市场繁荣稳定，为改革创造良好的经济环境。

国家经济体制改革委员会、商业部、财政部、国务院经济技术社会发展研究中心关于一九八六年商业体制改革几个问题的报告

（一九八六年五月十三日）

近几年，各级人民政府和各有关部门认真贯彻执行中共中央、国务院有关文件精神，在商业流通领域进行了一系列改革，取得了一定成绩。取消了农副产品统购派购和日用工业品的统购包销，大大减少了计划商品；商业批发开始打破“三固定”（固定供应区域、固定供应对象、固定倒扣作价）的做法，兴办了一批贸易中心、批发市场、农贸市场和小商品市场；调整了商业所有制形式，国营和集体、个体商业共同发展；国营商业的大中型企业和粮店推行了内部经营承包责任制，75%的小型企业已经放开；供销社开始恢复组织上的群众性、管理上的民主性和经营上的灵活性，逐步由“官办”向“民办”转变。实践证明，所有这些改革，方向是正确的，对促进生产、搞活流通、繁荣市场、保障供应都起了积极作用，是整个经济体制改革的重要成果。但是，由于目前正处在新旧体制交替时期，市场机制不完整，宏观调节措施不配套，有些方面还没有真正放开搞活，有些方面又需要在放开搞活的基础上重新组合，因而商业流通还不适应商品经济发展的新要求，必须进

一步改革。一九八六年要继续贯彻中共中央、国务院有关文件精神，做好巩固、消化、补充和改善工作，积极探索新的流通渠道、新的商业形式、新的管理体制和新的宏观调节措施。

一、广泛发展商业流通领域的横向经济联合

广泛发展横向经济联合，是进一步改革商业流通体制的关键，应该作为重点工作，大力推进。要认真贯彻执行《国务院关于进一步推动横向经济联合若干问题的规定》，根据商品流通的特点，发展以企业为基础、以城市为中心、以商品购销服务为主要内容的多种形式的横向联合，逐步形成四通八达的流通网络和全国统一的商品市场。要打破条条块块的分割封锁，打破地区、城乡、部门和行业的限制，促进跨地区、跨部门的工商、农商、农工商、商商、商贸之间的联合。联合的形式，可以是产前、产中、产后服务的联合，可以是商品购销联合，可以是一种或几种业务的联合，可以是企业的松散或紧密联合。对日用工业品，应当注意发展工商、商商之间的联合，并在此基础上逐步建立大型综合商社。对农副产品，应当提倡发展以市县为主的跨地区的联合，并在此基础上逐步开拓经济合理的新的流通渠道。要发展地方联办商业，独立自主经营，实行产销结合、农工商结合，城乡直接挂钩、产销直接见面，减少环节，加快流通。商业部门的设施，如运输队、仓储和场所等，应面向社会，搞好服务。

各地政府和各主管部门，对发展横向联合要积极鼓励和支持。要切实维护企业的自主权，让企业按照自愿、平等、互利的原则，进行各种横向联合。要解决企业联合中的资金融通和重复纳税等问题。要健全和完善各种法规，保障企业进行横向经济联合的合法权益。要为发展横向联合开放“绿灯”，允许农村和外地企业在城市直接开店设点或联合经营，允许供销社和乡镇企业同城市任何企业开展联营，允许城市商业在农村开展购销联营。除计划商品和地方财政补贴的特定商品以外，允许生产企业自由选择客户和商业企业自由选择进货厂家。同时，对企业的横向经济联合要加强指导，防止一哄而起。

在发展横向联合中，要进一步理顺批发体系。产地商业批发可以为生产企业经销、代销、代理或与生产企业联营联销，可以由生产企业与销地商业批发和零售企业直接挂钩或联营，逐步形成新的批发网络。国营商业批发要根据既经营又服务的原则，一方面支持产地工厂直接批发商品，搞好销售服务和物流、信息服务，一方面根据市场需要，积极经营当地产品和外地产品。要减少调拨分配式的商品品种，少开各种纵向分配商品的供应会。

各大中城市都要统一规划，办好工业品批发贸易中心、农副产品批发市场、小商品市场和农贸市场，并把它列入城市发展建设规划，安排场地，筹集资金，加快建设。对现有贸易中心要认真整顿，逐步办成开放式、服务型的批发交易场所，并使之成为批量期货交易的常设贸易市场，但目前可以搞些自营业务作为过渡。

二、进一步搞活国营大中型商业企业

国营大中型商业企业在市场和商品流通中占有重要地位，应当进一步搞活。要制定大中型商业企业扩大自主权的规定，保证企业行使规定的权利，真正成为自主经营、自负盈亏的经济实体。要进一步完善企业内部的经营承包责任制，逐步实行企业规范化管理（包括企业管理规范化和服务质量规范化），不断提高企业的经营管理水平，提高经济效益和社会效益。严禁对企业的不合理摊派。

三、继续放开国营小型商业企业

放开小型企业是商业的一项重要改革，要继续贯彻国务院国发〔1984〕92号文件的规定，对已经放开的做好巩固、完善工作，没有放开的要逐步放开。

放开小型商业企业，应当更多地提倡转为集体所有和个人经营。已经实行国家所有、集体经营的小型企业要逐步转向集体所有。实行租赁经营的小型企业应规定一定的租赁期限。期满后，集体租赁的可以转为集体所有，也可以继续租赁；个人租赁的，可以折价卖给个人。对放开的小型企业，要积极创造条件，逐步改变与国营公司的行政隶属关系。

四、加强对市场商品流通的宏观调节和管理

在目前许多比价不合理、价格没有理顺的情况下，应当充分利用信贷、税收、财政补贴等手段，对市场和商品流通进行宏观调节。对粮、棉、油、猪等重要计划商品的收购资金，应重点给以保证；对适销对路的日用消费品和农副产品的收购资金，应积极给以支持。对以劳务为主和经营人民生活必需品的微利小型企业，纳税有困难的，报经税务部门批准，适当减免营业税。对集体、个体商业和放开的国营小型商业企业应加强税收管理。

要在保持物价总水平基本稳定的前提下，改进商业物价的管理。对国家定价和实行指导价的商品价格应加强管理，调整价格和制订作价办法应按物价管理权限进行审批。对国家已经决定放开的日用工业品和农副产品的价格，除需要实行指导性价格管理的品种以外，均由企业自行定价。生产企业批发和商业批发，应推行批量作价办法。

各级商业行政部门同工商行政管理机关要分工合作，密切配合，切实加强对社会商业和市场的行政管理。要适应放开搞活的新形势，逐渐完善商业和市场法规，严格依法办事，打击非法活动，保护合法经营，整顿市场秩序。

五、进一步简政放权

各级商业行政部门要实行政企职责分开，进一步简政放权，把属于企业的权力彻底放给企业，并积极探索间接管理企业的办法。同时，要在地方政府统一部署下，继续进行统管社会商业的试点。

省、地一级行政性公司原则上应当撤销。

在进行政企职责分开的改革试验中，有条件的市、县，可以研究试办各种商会和行业协会，由企业自愿组织，不得用行政办法建立。

商业体制改革是一项政策性强、牵动面广的重要改革，各级政府必须切实加强领导。要把发展商业、饮食服务业摆在重要位置，根据整个经济体制改革的要求，统一部署改革，搞好协调配套。要加强商业人员的思想政治工作和精神文明建设，提高政治业务素质。要注意研究解决改革中出现的实际问题，把商业流通的改革推向前进。

国务院办公厅关于严禁在社会经济活动中牟取非法利益的通知

（一九八六年六月五日）

当前，在社会经济活动中，以"回扣"、"佣金"、"红包"、"提成费"、"好处费"等名目非法收授"酬金"，违反财经纪律，牟取非法利益的现象相当严重。有的为了小集团的、个人的非法利益，为犯罪分子提供方便；有的利用职权和工作之便，敲诈勒索，中饱私囊；有的招摇撞骗，推销伪劣商品，坑害消费者，等等。这些行为不仅危害社会主义经济秩序，干扰经济体制改革，而且腐蚀干部、职工思想，败坏社会风气，必须严加禁止。为此，特作如下通知：

一、国家工作人员必须严格执行财经纪律，不准在社会经济活动中非法接受任何名义的"酬金"或"馈赠"。

二、任何单位、个人，不准向上级机关、有关单位或其工作人员"馈赠"现金或实物，不准以低于国家规定价格或以象征性收费办法向其"出售"各种物品。

三、任何单位、个人，不准非法转让或倒卖经济合同，租借银行帐户、支票、公章、营业执照，代开发票和证明。

四、任何单位、个人，不准借出售商品或分配物资之机，勒索或收取票外款或实物。

五、任何单位、个人，不准在购销和承揽业务中，用以少报多、抬价压价，以及提高工程造价，降低工程质量等手段，从中牟取非法利益。

六、企事业单位在经营活动中，根据国家规定收取的手续费，必须按照财经制度全部列入单位收入，除国家另有明文规定的外，不得分给个人。

七、任何单位、个人，在国际贸易等活动中根据国际惯例收取的回扣，必须按照财经制度全部列入单位收入，不准归个人所有。不准向外商、侨商索取外币或实物。外商、侨商赠送的礼品按照国家有关规定处理。

八、企事业单位之间有偿提供业务和技术咨询服务，根据合同规定收取的酬金，必须按照财经制度全部列入单位收入，其分配使用不得违反国家有关规定。

九、违反本通知规定的单位，除由主管部门配合经济监督部门没收其非法所得、限期退赔外，有关经济监督部门并可根据情况处以其非法支出或所得数额两至三倍的罚款。

对违反本通知规定的个人（包括违法单位的主管人员和直接责任人员），由主管部门给予行政处分；触犯刑律者，交司法部门追究其刑事责任。

十、各级财政、审计、税务、工商、物价、银行等经济监督部门要密切协作，对本通知的贯彻执行加强监督管理。公安等部门要支持、配合经济监督部门的工作。

国务院关于完善粮食合同定购制度的通知

（一九八六年十月十四日）

目前，粮食作物的秋冬季播种即将开始，为安排好粮食生产，保证明年粮食产量稳定增长和国家必需的商品粮来源，有必要进一步完善粮食合同定购制度。为此，特作如下通知。

一、稳定粮食合同定购任务。一九八七年全国粮食合同定购任务，仍维持一九八六年的水平。个别地区定购任务突出不合理的，各省、自治区、直辖市可在不减少国务院核定的定购任务前提下适当调整。为了以丰补欠，保证合同定购任务的完成，中央对各省、自治区、直辖市定购任务仍按九折包干，即90%的部分按"倒三七"比例价结算，其余10%按"议转平"价结算。

二、充实合同定购的经济内容。一九八七年中央专项安排一些化肥、柴油与粮食合同定购挂钩，每百斤贸易粮拨付优质标准化肥六斤、柴油三斤（上调中央的合同定购粮食，每百斤贸易粮仍拨给优质标准化肥十斤）。各地也要尽可能挤出一部分化肥和柴油用于粮食定购，同中央拨付的部分合在一起确定挂钩标准，向农民宣布。中央专拨同粮食合同定购挂钩的化肥和柴油，一律按平价保证供应，不准挪作他用，由各地有关部门印制票证发给农民购买。票证当年有效，允许群众之间相互调剂。国家对合同定购的粮食发放预购定金，由粮食部门按合同定购粮食价款的20%发放，在农民交粮时扣还，利息由中央财政负担。具体办法，由中国农业银行与中国人民银行、财政部、商业部拟定下达。预购定金主要用于商品粮集中产区和粮食专业户，不缺少资金的，也可以不发放。

三、从一九八七粮食年度开始，国家对农民完成合同定购任务外的粮食，实行随行就市，议价收购，让农民从多卖议价粮中增加收入。国家弥补平价粮食收支差额所需要的粮食，用“议转平”的办法解决。“议转平”的粮食品种，限于大米、小麦、玉米和主产区调出的大豆。“议转平”的具体办法，由商业部、财政部另行下达。

四、一九八六粮食年度国家委托代购计划，从秋粮收购开始，除小麦外，可通过议价收购方式完成。向农民议购的价格，每斤贸易粮可在原超购价基础上加三分钱；市价低于这个水平的，应随行就市议购。各级粮食部门要严格手续制度，严禁弄虚作假套取国家差价款。违反规定的，要严肃处理。

五、在完善粮食合同定购制度的同时，采取有效措施压缩平价粮食销售，扩大议价销售和市场调节范围，争取在三、四年内逐步做到合同定购与平价销售所需要的粮食基本平衡。

以上完善粮食合同定购制度的内容，各地要及早向农民宣布，讲清粮食合同定购任务既是经济合同，又是国家任务，是农民应尽的义务，必须保证完成。

对外经济贸易和技术合作

国务院关于修订《中华人民共和国中外合资经营企业法实施条例》第一百条的通知

（一九八六年一月十五日）

国务院于一九八三年九月二十日发布的《中华人民共和国中外合资经营企业法实施条例》第一百条规定：“合营企业的合营期限，根据不同行业和项目的具体情况，由合营各方协商决定。一般项目的合营期限原则上为十年至三十年。投资大、建设周期长、资金利润率低的项目，合营期限也可以在三十年以上。”现修改为：

“合营企业的合营期限，根据不同行业和项目的具体情况，由合营各方协商决定。一般项目的合营期限为十年至三十年。投资大、建设周期长、资金利润率低的项目，由外国合营者提供先进技术或关键技术生产尖端产品的项目，或在国际上有竞争能力的产品的项目，其合营期限可以延长到五十年。经国务院特别批准的可在五十年以上。”

国务院关于中外合资经营企业外汇收支平衡问题的规定

（一九八六年一月十五日发布）

第一条 为鼓励外国合营者在中国境内兴办中外合资经营企业，促进其外汇收支平衡，以利于生产经营和外国合营者将所得合法利润汇往国外，特制定本规定。

第二条 中外合资经营企业生产的产品应多出口，多创汇，做到外汇收支平衡。

第三条 依法批准兴办的中外合资经营企业，其外汇收支需要调剂的，应按照审批权限，分级管理解决。

经国家主管机关批准兴办的中外合资经营企业，由国家主管机关负责在全国范围内的中外合资经营企业的外汇收入中调剂解决，也可由国家主管机关同地方人民政府按商定的比例调剂解决。经由国务院授权的或国家主管机关委托的地方人民政府或国务院有关部门批准兴办的中外合资经营企业，由各该地方人民政府或部门负责在所批准兴办的中外合资经营企业的外汇收入中调剂解决。

第四条 对于外国合营者提供先进技术、关键技术生产的尖端产品，或在国际上有竞争能力的优质产品，如国内急需，经主管部门鉴定合格，按国家规定的审批权限和审批程序，经过批准，可在内销比例和内销期限上给予优惠。此项内销，应由产需双方签订合同加以明确。

前款企业的外汇平衡方案，按本规定第三条第二款规定由批准机关制订。批准机关制订的外汇平衡方案，应分别按行政序列，送对外经济贸易部或地方经贸部门审查提出意见，报国家计划委员会或地方计划委员会批准后纳入长期或年度用汇计划，予以解决。

第五条 中外合资经营企业生产国内需要长期进口或急需进口的产品，可根据对该项产品的质量、规格要求和进口情况，经国务院主管部门或地方主管部门批准实行进口替代。此项替代，应在双方签订的中外合资经营企业合同或产需合同中加以明确。

经贸部门应积极支持国内用货单位同前款中外合资经营企业按国际价格订立购销合同；其用汇方案按本规定第三条第二款规定制订，并分别按行政序列，送对外经济贸易部或地方经贸部门审查提出意见，报国家计划委员会或地方计划委员会批准后纳入长期或年度进口用汇计划，予以解决。

第六条 中外合资经营企业为求得外汇收支平衡，经对外经济贸易部门批准，可利用外国合营者的销售关系，推销国内产品出口，实行综合补偿。但属于国家统一经营的、有出口配额的和应申报领取出口许可证的产品，须报对外经济贸易部特许批准；未经批准，中外合资经营企业不得经营此类产品的出口业务。

第七条 中外合资经营企业未按合同规定完成其所承担的出口和创汇任务，因而造成外汇收支不平衡的，有关机关不承担调剂解决的责任。

第八条 中外合资经营企业销售给经济特区和沿海开放城市的经济技术开发区以外的其他地区有外汇支付能力的企业的产品，经国家外汇管理部门批准，允许以外币计价结算。

第九条 同一外国合营者在中国境内(包括不同地方、不同部门)兴办两个或两个以上的中外合资经营企业，其合法所得的外汇份额有的有余、有的不足时，经国家外汇管理部门批准，可在其所办的各个企业之间调剂解决。

前款调剂，应取得合营各方同意。

第十条 经对外经济贸易部门和外汇管理部门批准，外汇收支不能平衡的中外合资经营企业的外国合营者，可将其从中外合资经营企业分得的人民币利润，按《中外合资经营企业法》第七条的规定再投资于国内能够新创外汇或新增加外汇收入的企业，除依法享受退还已缴纳的部分所得税的优惠外，并可从接受该项投资企业新增加的外汇收入中获得外汇，以汇出其合法利润。

第十一条 本规定适用于在中国境内兴办的中外合作经营企业，以及香港、澳门、台湾地区的公司、企业和其他经济组织在内地兴办的合资经营企业、合作经营企业，也适用于华侨投资兴办的合资经营企业、合作经营企业。

外国的合营者在中国境内兴办的金融、保险类企业，以及香港、澳门、台湾地区的合营者在内地兴办的此类企业，不适用本规定。

第十二条 本规定发布前的有关中外合资经营企业外汇收支平衡的规定，凡与本规定相抵触的，以本规定为准。

第十三条 本规定由对外经济贸易部负责解释。

第十四条 本规定自一九八六年二月一日起施行。

中外合作设计工程项目暂行规定

(一九八六年三月二十七日国务院批准　一九八六年六月五日
国家计划委员会、对外经济贸易部发布)

第一条 为了加强对中国设计机构同外国设计机构合作设计工程项目(以下简称合作设计)的管理，促进合作设计活动的开展，特制定本规定。

第二条 中国投资或中外合资、外国贷款工程项目的设计，需要委托外国设计机构承担时，应有中国设计机构参加，进行合作设计。

中国投资的工程项目，中国设计机构能够设计的，不得委托外国设计机构承担设计，但可以引进与工程项目有关的部分设计技术或向外国设计机构进行技术经济咨询。

外国在中国境内投资的工程项目，原则上也应由中国设计机构承担设计；如果投资方要求由外国设计机构承担设计，应有中国设计机构参加，进行合作设计。

第三条 需要进行合作设计的工程项目(包括合作设计所需的外汇)，按照项目管理权限，由主管部门或建设单位在上报项目建议书或设计任务书的同时，提出申请，经批准后方可对外开展工作。小型项目，按隶属关系由主管部门或省、自治区、直辖市计划委员会批准。大中型项目，按隶属关系由主管部门或省、自治区、直辖市提出审查意见，报国家计划委员会审批；其中特大型项目，由国家计划委员会组织初审，提出审核意见，报国务院批准。

项目的主管部门或建设单位在择优选定外国设计

机构的同时，应选定中国的合作设计机构。

第四条 外国设计机构经设计资格审查合格者，方可承担中国工程项目的设计任务。外国设计机构的资格是否合格，由项目的主管部门进行审查。

审查设计资格是否合格的主要内容：

（一）外国设计机构所在国或地区出具的设计资格注册证书；

（二）技术水平、技术力量和技术装备状况；

（三）承担工程设计的资历和经营管理状况；

（四）社会信誉。

第五条 合作设计双方必须签订合作设计合同，明确双方的权利和义务。

合作设计合同应包括以下内容：

（一）合作设计双方的名称、国籍、主营业所和法定代表人的姓名、职务、国籍、住所；

（二）合作的目的、范围和期限；

（三）合作的形式，对设计内容、深度、质量和工作进度的要求；

（四）合作设计双方对设计收费的货币构成、分配方法和分配比例；

（五）合作设计双方工作联系的方法；

（六）违反合同的责任；

（七）对合同发生争议时的解决方法；

（八）合同生效的条件；

（九）合同签订的日期、地点。

第六条 在签订合作设计合同时，被选定为合作设计的主设计方应与项目委托方签订设计承包合同。

第七条 合作设计可以包括从工程项目的勘察到工程设计的全过程，也可选择其中某一阶段进行合作。

第八条 合作设计项目的设备选型和材料选用，经合作设计双方协商后由主设计方提出，在确保生产工艺技术或使用要求的条件下，应优先选用中国的设备和材料。

第九条 合作设计应采用先进的、适用的标准规范，合作设计双方应互相提供拟采用的范本。

第十条 合作设计双方要进行设计条件会审，并对设计质量负责。合作设计双方按合同完成设计后，送项目委托方审查认可。

第十一条 在合作设计中，外国设计机构需要的地形、地质、水文、气象、环境调查等基础资料，由项目委托方按类别向各主管部门办理审批手续，实行有偿提供。使用资料者不得向第三方转让。

第十二条 在合作设计的过程中，合作设计双方应按合同要求严格履行自己的义务，如未达到合同要求，应按合同规定承担责任。

第十三条 合作设计双方设计所得收入，应按中国有关税法规定纳税。

第十四条 香港、澳门设计机构与境内设计机构进行合作设计，参照本规定执行。

第十五条 本规定由国家计划委员会负责解释。

第十六条 本规定自一九八六年七月一日起施行。

国务院关于鼓励外商投资的规定

（一九八六年十月十一日发布）

第一条 为了改善投资环境，更好地吸收外商投资，引进先进技术，提高产品质量，扩大出口创汇，发展国民经济，特制定本规定。

第二条 国家鼓励外国的公司、企业和其他经济组织或者个人（以下简称外国投资者），在中国境内举办中外合资经营企业、中外合作经营企业和外资企业（以下简称外商投资企业）。

国家对下列外商投资企业给予特别优惠：

一、产品主要用于出口，年度外汇总收入额减除年度生产经营外汇支出额和外国投资者汇出分得利润所需外汇额以后，外汇有结余的生产型企业（以下简称产品出口企业）；

二、外国投资者提供先进技术，从事新产品开发，实现产品升级换代，以增加出口创汇或者替代进口的生产型企业（以下简称先进技术企业）。

第三条 产品出口企业和先进技术企业，除按照国家规定支付或者提取中方职工劳动保险、福利费用和住房补助基金外，免缴国家对职工的各项补贴。

第四条 产品出口企业和先进技术企业的场地使用费，除大城市市区繁华地段外，按下列标准计收：

一、开发费和使用费综合计收的地区，为每年每平方米五元至二十元；

二、开发费一次性计收或者上述企业自行开发场地的地区，使用费最高为每年每平方米三元。

前款规定的费用，地方人民政府可以酌情在一定期限内免收。

第五条 对产品出口企业和先进技术企业优先提供生产经营所需的水、电、运输条件和通信设施，按照当地国营企业收费标准计收费用。

第六条 产品出口企业和先进技术企业在生产和流通过程中需要借贷的短期周转资金，以及其他必需的信贷资金，经中国银行审核后，优先贷放。

第七条 产品出口企业和先进技术企业的外国投资者，将其从企业分得的利润汇出境外时，免缴汇出额的所得税。

第八条 产品出口企业按照国家规定减免企业所得税期满后，凡当年企业出口产品产值达到当年企业产品产值70%以上的，可以按照现行税率减半缴纳企业所得税。

经济特区和经济技术开发区的以及其他已经按15%的税率缴纳企业所得税的产品出口企业，符合前款条件的，减按10%的税率缴纳企业所得税。

第九条 先进技术企业按照国家规定减免企业所得税期满后，可以延长三年减半缴纳企业所得税。

第十条 外国投资者将其从企业分得的利润，在中国境内再投资举办、扩建产品出口企业或者先进技术企业，经营期不少于五年的，经申请税务机关核准，全部退还其再投资部分已缴纳的企业所得税税款。经营期不足五年撤出该项投资的，应当缴回已退的企业所得税税款。

第十一条 对外商投资企业的出口产品，除原油、成品油和国家另有规定的产品外，免征工商统一税。

第十二条 外商投资企业可以自行组织其产品出口，也可以按照国家规定委托代理出口。属于需要申领出口许可证的产品，按照企业年度出口计划，每半年申领一次许可证。

第十三条 外商投资企业为履行其产品出口合同，需要进口（包括国家限制进口）的机械设备、生产用的车辆、原材料、燃料、散件、零部件、元器件、配套件，不再报请审批，免领进口许可证，由海关实行监管，凭企业合同或者进出口合同验放。

前款所述进口料、件，只限于本企业自用，不得在国内市场出售；如用于内销产品，应当按照规定补办进口手续，并照章补税。

第十四条 外商投资企业之间，在外汇管理部门监管下，可以相互调剂外汇余缺。

中国银行以及经中国人民银行指定的其他银行，可以对外商投资企业开办现汇抵押业务，贷放人民币资金。

第十五条 各级人民政府和有关主管部门应当保障外商投资企业的自主权，支持外商投资企业按照国际上先进的科学方法管理企业。

外商投资企业有权在批准的合同范围内，自行制定生产经营计划，筹措、运用资金，采购生产资料，销售产品；自行确定工资标准、工资形式和奖励、津贴制度。

外商投资企业可以根据生产经营需要，自行确定其机构设置和人员编制，聘用或者辞退高级经营管理人员，增加或者辞退职工；可以在当地招聘和招收技术人员、管理人员和工人，被录用人员所在单位应当给予支持，允许流动；对违反规章制度，造成一定后果的职工，可以根据情节轻重，给予不同处分，直至开除。外商投资企业招聘、招收、辞退或者开除职工，应当向当地劳动人事部门备案。

第十六条 各地区、各部门必须执行《国务院关于坚决制止向企业乱摊派的通知》，由省级人民政府制定具体办法，加强监督管理。

外商投资企业遇有不合理收费的情况可以拒交；也可以向当地经济委员会直到国家经济委员会申诉。

第十七条 各级人民政府和有关主管部门，应当加强协调工作，提高办事效率，及时审批外商投资企业申报的需要批复和解决的事宜。由国务院主管部门审批的外商投资企业的协议、合同、章程，审批机关必须在收到全部文件之日起三个月以内决定批准或者不批准。

第十八条 本规定所指产品出口企业和先进技术企业，由该企业所在地的对外经济贸易部门会同有关部门根据企业合同确认，并出具证明。

产品出口企业的年度出口实绩，如果未能实现企业合同规定的外汇平衡有结余的目标，应当在下一年度内补缴上一年度已经减免的税、费。

第十九条 本规定除明确规定适用于产品出口企业或者先进技术企业的条款外，其他条款适用于所有外商投资企业。

本规定施行之日前获准举办的外商投资企业，凡符合本规定的优惠条件的，自施行之日起适用本规定。

第二十条 香港、澳门、台湾的公司、企业和其他经济组织或者个人投资举办的企业，参照本规定执行。

第二十一条 本规定由对外经济贸易部负责解释。

第二十二条 本规定自发布之日起施行。

海　　关

中华人民共和国海关总署对进出经济特区的货物、运输工具、行李物品和邮递物品的管理规定*

（一九八六年三月二十一日国务院批准　一九八六年三月二十五日海关总署发布）

第一章　总　　则

第一条　为了促进经济特区的发展，维护国家利益，保障社会主义经济建设的顺利进行，制定本规定。

第二条　本规定适用于深圳、珠海、汕头、厦门四个经济特区（以下简称特区）。

第三条　进出特区的货物、运输工具、行李物品、邮递物品，必须经由设有海关机构的铁路车站、公路道口、港口码头、机场、邮局通过，并向海关申报，接受海关监管。

第四条　特区内从事进出口业务的外贸企业、生产企业，应当持省级以上对外经济贸易管理部门或特区人民政府批准的证件，向海关办理登记手续。

海关认为确有必要，可以在前款的生产企业中派驻海关人员进行监管，办理海关手续；各该企业应当免费提供必需的办公场所和用房。

本条第一款所列企业应当定期向海关书面报告进口货物的使用、销售、库存等有关情况，由海关进行核查。

第五条　严禁利用国家给予特区的优惠和便利条件进行走私违法活动。海关对特区内有藏匿走私物品嫌疑的场所，有权依照《中华人民共和国暂行海关法》的规定进行检查。

第六条　由外国和香港、澳门等地区（以下简称境外）通过特区运进内地或者由内地通过特区运出境外的货物、运输工具、行李物品、邮递物品，按照国家对进出口的有关管理规定办理。

第七条　特区海关对进出特区的货物、运输工具、行李物品、邮递物品，应当按进口、出口和来往特区与内地等情况分别作出统计。

第二章　对进出特区的货物的管理

第八条　特区进出口货物，应当由收货人、发货人或他们的代理人填写进出口货物报关单向海关申报，并按照有关规定交验许可证件和其他有关单证。

第九条　特区内的行政机关、企业、事业等单位，经国家规定的主管机构批准，进口供特区内使用的货物，其关税和工商统一税（产品税或增值税），按以下规定办理：

一、用于特区建设和生产所需的机器、设备、零件、部件、原料、材料、燃料及货运车辆，旅游、饮食业营业用的餐料，行政机关、企业、事业等单位自用的、数量合理的办公用品和交通工具，予以免税。

二、国家规定限制进口的货物及其零件、部件，除供本企业生产或营业自用的，以及供行政机关、事业单位自用的予以免税外，均按规定税率照章征税。

三、本条第一、二项所列物品以外的其它货物，每年由国家授权的部门审定进口额度，在进口额度以内的货物，按规定税率减半计征；对超出额度部分的货物照章征税。

第十条　特区企业出口特区产品，免征出口关税。

第十一条　特区企业生产的制成品，按照国家有关规定，经批准运往内地，发货人或其代理人应当填写《经济特区运往内地货物报关单》，并且按照有关规定交验许可证件和其他有关单证，经海关查验后放行。

特区进口的货物，除国家另有规定者外，严禁转销内地。

第十二条　特区企业使用免税进口的原料、材料、零件、部件（以下简称料、件）加工装配的制成品，应复运出口。

前款制成品，经批准运往内地时，海关对进口料、件补征税款；在特区内销售的，对其所用的料、件，由海关按照本规定第九条的规定，免征或补征税款；需补征税款的制成品，发货人或其代理人对所含进口料、件的品名、数量、价值申报不清的，海关按制成品补征税款。

第十三条　从内地运进特区的货物，收货人或其代理人应当向海关申报，经海关查验后放行。

第三章　对进出特区的运输工具的管理

第十四条　进出特区的船舶、火车、汽车和航空器，应当由运输工具的负责人、所有人或他们的代理人向海关申报，接受海关检查。

第十五条　特区内经营客货运输企业的汽车、船舶和其他企业所有或者个人自有进出特区的运输汽车、船舶，应当由所属单位或所有人，持特区有关主管部门批准的证件，向海关登记、备案。

登记内容包括：车、船数量，车、船牌照号码、名称及驾驶员（或船员）名单等。

第四章　对进出特区的行李物品和邮递物品的管理

第十六条　由境外运进特区或者由特区运出境外的个人行李物品以及从境外寄入特区或者从特区寄往境外的个人邮递物品，分别按照海关对进出境旅客行李物品和运进运出邮递物品监管办法办理。

第十七条　境外人员在特区购置住宅或者在特区长期居住，需要运进安家物品，应当持特区有关主管部门出具的证明文件向海关申请，经海关核准，在自用、合理数量范围内的，予以查验免税放行。

第十八条　来往于特区与内地的人员携带的行李物品，以合理数量为限，海关查验放行。

第十九条　从特区寄往内地或者从内地寄进特区的个人邮递物品，以合理数量为限。

第五章　附　　则

第二十条　对违反本规定的走私、违章行为，应当由海关按照《中华人民共和国暂行海关法》和其他有关法规的规定处理。对触犯刑律的人员，由司法机关依法追究刑事责任。

第二十一条　本规定由海关总署负责解释；各特区海关可根据本规定制定实施细则，报海关总署批准后施行。

第二十二条　本规定自一九八六年四月一日起施行。

---

* 按：一九八六年三月二十一日国务院对该规定的批复函：该规定发布后，《中华人民共和国国务院关于经济特区和沿海十四个港口城市减征、免征企业所得税和工商统一税的暂行规定》（国发〔1984〕161号）中，关于对经济特区的进口货物征收工商统一税的规定与本规定不一致的，以本规定为准。

自本规定施行之日起，国务院一九八四年七月十七日发布的《中华人民共和国海关总署对进出经济特区的货物、运输工具、行李物品和邮递物品的管理规定》即行废止。

中华人民共和国海关总署关于外国驻中国使馆和使馆人员进出境物品的规定*

（一九八六年十月三十一日国务院批准　一九八六年十二月一日海关总署发布）

第一条　根据《中华人民共和国外交特权与豁免条例》，制定本规定。

第二条　外国驻中国使馆（以下简称使馆）运进运出公务用品，使馆人员运进运出自用物品，除有双边协议按协议执行外，应当按照本规定办理。

前款中，“公务用品”系指使馆执行职务直接需用的物品，包括家具、陈设品、办公用品、招待用品和机动车辆等；“自用物品”系指使馆人员和与其共同生活的配偶及未成年子女在中国居留期间直接需用的生活用品，包括家具、家用电器和机动车辆等。

第三条　使馆运进运出公务用品，外交代表以托运或者邮寄方式运进运出自用物品，应当书面向海关申报。

外交代表进出境时有随身携带的或者附载于同一运输工具上的私人行李物品，应当口头向海关申报，海关予以免验放行。但具有重大理由推定其中装有非公务用品、非自用物品，或者装有中国法律和规章禁止进出口的物品时，海关有权查验。查验时，必须有外交代表或者其授权人员在场。

第四条　使馆申报运进的公务用品和外交代表申报运进的自用物品，经海关审核在直接需用数量范围内的，予以免税。

申报运出公务用品和自用物品，由海关审核后予以放行。

第五条　使馆和使馆人员不得携运中华人民共和国法律和规章禁止进出口的物品进出境。因特殊情况需要运进运出上述物品，必须事先得到中国政府有关部门的批准，并按中国政府有关规定办理。

运进无线电收发信机及其器材，必须事先以书面申请报经中国外交部批准。使馆和使馆人员应当向海关申报并提供有关批准文件，海关予以审核放行。

携运文物出境，必须事先向海关申报，经国家文化行政管理部门指定的省、自治区、直辖市文化行政管理部门鉴定，并发给许可出境凭证。使馆和使馆人员应当向海关提供有关凭证，海关予以审核放行。

携运枪支、子弹进出境，按照《中华人民共和国枪支管理办法》的规定办理。

携运属于中国检疫法规规定管制的物品进出境，海关按有关法规办理。

第六条　使馆和使馆人员申报属于中国法律和规章禁止进出口的物品，除经中国政府有关部门批准的以外，海关予以扣留，有关使馆或者使馆人员应当在九十天内退运。逾期未退运的，由海关变价上缴国库。

第七条　使馆和使馆人员免税运进的物品，不得转让。确有特殊原因需要转让的，必须报经海关批准。

经批准转让的物品，应当由受让人或者出让人按规定向海关办理纳税或者免税手续。

第八条 使馆发送或者收受的外交邮袋，海关予以免验放行。外交邮袋应予加封，附有可资识别的外部标记，并以装载外交文件或者公务用品为限。

外交邮袋由外交信使转递时，必须持有派遣国主管机关出具的信使证明书。商业飞机机长可以受委托为使馆转递外交邮袋，但机长必须持有委托国的官方证明文件(注明邮袋件数)。由商业飞机机长转递或者托运的外交邮袋，应当由使馆派使馆人员办理接交、提取或者发运手续。

第九条 使馆的行政技术人员和服务人员，如非中国公民或者在中国的永久居留者，携运进境自用物品，包括到任后半年内运进安家物品，应当书面向海关申报。上述物品经海关审核在直接需用数量范围内(其中汽车每户限一辆)的，海关予以查验免税放行。申报携运出境的自用物品，海关予以审核查验放行。

前款所述人员寄进或者寄出的个人自用物品，海关按照个人邮递物品的有关规定办理。

本条第一款所述人员任职期间托运进境的自用物品，海关比照本条第二款办理。

第十条 联合国及其专门机构和其他国际组织驻中国代表机构运进运出公务用品和邮袋，代表机构的代表、行政技术人员、服务人员和与其共同生活的配偶及未成年子女运进运出自用物品，海关根据中国已加入的有关国际公约和中国与有关国际组织签订的协议办理；遇有公约和协议未涉及的情况，参照本规定有关条款办理。

第十一条 外国驻中国领事馆运进运出公务用品和领事邮袋，领事官员、领馆工作人员和与其共同生活的配偶及未成年子女运进运出自用物品，海关根据中国已加入的有关国际公约和中国与有关国家签订的协议办理；遇有公约和协议未涉及的情况，根据互惠的原则，参照本规定有关条款办理。

第十二条 本规定自发布之日起施行。

---

* 按：一九八六年十月三十一日国务院对本《规定》的批复：该《规定》由海关总署发布施行，同时由外交部照会各国驻中国使馆。此《规定》施行之日，一九七七年一月一日起实行的《中华人民共和国关于各国驻华外交代表机关、外交官进出境物品的规定》同时废止。

农　业

中共中央、国务院关于加强土地管理、制止乱占耕地的通知

(一九八六年三月二十一日)

党的十一届三中全会以来，党中央、国务院三令五申，要求各地加强土地管理，节约用地，制止乱占耕地、滥用土地，在一些地方收到了成效。但从全国来看，城乡非农业建设乱占滥用土地的问题仍然普遍存在，有的地方甚至出现了猛增的势头。乡镇企业和农村建房乱占耕地、滥用土地的现象极为突出。许多地方耕地大量减少，有的省一年减少一个中等县的耕地面积，有的城镇郊区农民几乎已无地可种。这种情况如果继续发展下去，将会给国家建设和人民生活造成严重后果，贻害子孙后代。各级党委和政府必须高度重视，采取有力措施，加强土地管理，迅速制止乱占耕地、滥用土地的现象。为此，特作如下通知：

一、广泛宣传，提高广大干部群众对合理用地、保护耕地重要意义的认识

我国人多地少，耕地后备资源不足，国家为进行经济、文化和国防建设以及兴办社会公共事业，今后势必还要征用一些土地和耕地，农民居民兴建住宅也要使用一些土地。因此，十分珍惜和合理利用每寸土地，切实保护耕地，是我国必须长期坚持的一项基本国策。但是，有些同志对这个问题的特殊重要意义认识不够。一些干部和群众在土地使用上，考虑当前利益和局部利益多，考虑长远利益和全局利益少。在国家建设征用土地中，有些单位不注意节约用地，多征少用、早征迟用或征而不用的情况相当普遍。农村中不少干部和群众，存在着集体土地可以自由支配的错误观念，有的发展乡镇企业用地不搞规划，不履行审批手续，随意占用；有的干部目无法纪，以权代法，随意批准用地，甚至自批自用；有的违反宪法，买卖、租赁、擅自转让土地。针对这些情况。亟需在全党和全国人民中，广泛宣传珍惜和合理利用土地、保护耕地的重要意义，宣传国家关于土地的法律、法规和有关政策规定，使全体人民都能自觉地遵守，树立起人人珍惜土地、节约用地、依法使用土地的良好社会风尚。

二、认真检查清理非农业用地

(一) 为了迅速制止乱占耕地、滥用土地，各级党委和人民政府要尽快组织有关部门，在今年内，对一九八二年五月《国家建设征用土地条例》公布施行以来的非农业用地，根据该条例和国务院发布的有关城市规

划、村镇建房用地等各项规定，认真进行一次清理。首先，要抓紧清理正在动工占用和准备占用，以及占而未用的非农业用地。凡违反规定占用的，一律停止使用，坚决把乱占滥用土地的歪风刹住。然后，再清理过去占用的非农业用地。

（二）对清查出来的违法占地问题，都要按照国家有关法规严肃处理，该补办手续的补办手续，该罚款的罚款，该没收的没收，该判刑的判刑。对那些以权谋私，带头或支持违法占地的领导干部，必须从严处理。各级党委、政府和纪检部门要把检查清理和狠刹乱占滥用土地歪风，列为维护党纪国法的重要内容之一，公检法部门要主动配合土地管理部门抓好违法案件的查处。

（三）各省、自治区、直辖市对检查清理非农业用地的工作，要做出具体安排和部署。各级领导机关的领导干部，凡有违反规定乱批乱占土地的，要主动检查，自觉纠正，服从有关部门的查处，否则要从严处理。对清查处理乱占滥用土地的工作领导不力，甚至顶着不办的，上级党委和政府要及时核查，作出处理。

（四）在全面清查非法占地的基础上，各地要对所有非农业用地进行登记和发证，建立健全地籍管理制度。

（五）关于军事单位占地的检查清理，由军委总参谋部、总政治部、总后勤部根据上述精神另行制定具体办法。

三、采取综合措施，强化土地管理

（一）加强行政管理。凡非农业建设占用土地，必须按照国家有关规定，严格履行申请和审批手续。各级政府不得擅自下放审批权限，已经下放的，要立即纠正。申请和审批用地，不准化整为零、弄虚作假，不准越权审批。按照规定，凡国家建设征用土地，乡镇企业建设用地，农民盖房占用耕地、园地，必须按照国家规定分别报县和县以上人民政府批准。要坚决纠正目前乡镇建设中自批自用土地、随意扩大宅基地以及买卖、租赁土地等错误做法。今后，无论哪里发现乱批乱用土地的问题，都要追究当地政府和审批人的责任。

各地要尽快制订和完善土地利用总体规划和城市、村镇建设规划，有关部门和地方要抓紧制订各类企业、事业、公共设施和农村宅基地的用地标准。今后必须严格按照用地规划、用地计划和用地标准审批土地。

对规划确定的重要的农业高产基地和名、特、优农产品生产基地，要切实保护，严加管理。城市规划区内的商品菜地，一般不得占用，确需占用的，必须同时落实新菜地。

（二）运用经济手段控制非农业用地。国家要区别土地的不同用途和不同等级，征收不同数量的土地税和土地使用费。具体办法由财政部商有关部门制订，报国务院批准后执行。

（三）建立和完善土地管理法规。要抓紧制订《中华人民共和国土地法》。在《土地法》公布后，各省、自治区、直辖市政府要结合自己的实际情况，制订本地区的土地管理实施办法。对乡镇企业、农村道路等非农业用地，也要作出相应的规定。各级政府要经常检查土地法和有关规定的执行情况，做到有法必依，违法必究。

四、建立健全土地管理机构

为了加强对全国土地的统一管理，决定成立国家土地管理局，作为国务院的直属机构。国家土地管理局负责全国土地、城乡地政的统一管理工作，主要职责是：贯彻执行国家关于土地的法律、法规和政策；主管全国土地的调查、登记和统计工作，组织有关部门编制土地利用总体规划；管理全国的土地征用和划拨工作，负责需要国务院批准的征、拨用地的审查、报批；调查研究，解决土地管理中的重大问题；对各地、各部门的土地利用情况进行检查、监督，并做好协调工作；会同有关部门解决土地纠纷，查处违法占地案件。

在国家统一管理的前提下，各有关部门要认真做好本部门用地的规划、利用、保护和建设。所有土地的权属变更，都必须报土地管理部门审查，统一办理批准手续。

县以上地方各级人民政府都要根据统一管理土地的原则，建立健全土地管理机构。机构设置，由各省、自治区、直辖市自行确定。乡镇一级，可由县人民政府委派土地管理人员。

请各省、自治区、直辖市党委和人民政府将贯彻本通知的情况，于今年年底前报告中共中央、国务院。

国务院办公厅转发财政部、农牧渔业部、水利电力部关于加强发展粮食生产专项资金管理报告的通知

（一九八六年七月二十一日）

财政部、农牧渔业部、水利电力部《关于加强发展粮食生产专项资金管理的报告》及所附《关于加强发展粮食生产专项资金管理的若干规定》，已经国务院同意，现转发给你们，请照此执行。

财政部、农牧渔业部、水利电力部关于加强发展粮食生产专项资金管理的报告

（一九八六年七月十五日）

根据中共中央一九八六年一号文件精神，从今年开始，国家从乡镇企业增长的税收中每年拿出十亿元，用于发展粮食生产。这项资金数字不小，如何管得合理，用得有效，是大家普遍关注的，需要各地加强领导，落实规划，保证效益。为此，建议作好以下几项工作：

一、各省、自治区、直辖市人民政府要加强组织领导，指定一位领导同志负责，并由一个综合部门牵头做好组织协调工作。

二、要尽快制定发展粮食生产的五年规划和分期实施计划。财政、农牧渔业、水电部门要发挥职能作用，保证计划的顺利实施，并负责检查执行情况和资金使用效果，确保粮食增产，提供更多的商品粮。

三、资金的投放和使用，一定要用于发展粮食生产，并相对集中，不得抵顶和挪作他用。如有挪用，按违反财经纪律论处。必须建立明确的经济责任制，坚持按项目投资，按项目检查效果。投资项目要有部门和专人负责，有明确的考核指标，逐级签订责任明确的经济合同。

根据以上要求，财政、农牧渔业、水电三部共同制定了“关于加强发展粮食生产专项资金管理的若干规定”现随文呈报。

以上意见及若干规定如无不妥，请转发各省、自治区、直辖市人民政府和国务院有关部门执行。

附件：

关于加强发展粮食生产专项资金管理的若干规定

为了增强农业发展的后劲，保证粮食生产的稳定增长，中共中央、国务院决定，在“七五”期间每年从乡镇企业增长的税收中，由中央和地方财政共同安排十亿元，作为发展粮食生产的专项资金。为管好用好这项资金，保证专款专用，达到预期的经济效益，现对这项资金的使用管理作如下规定：

一、资金的使用原则

（一）建立发展粮食生产专项资金，是中共中央、国务院为发展粮食生产所采取的重要措施。凡是使用这项资金的地区和部门，都必须围绕发展粮食生产的要求，保证这项资金直接用于改善生产条件，改进技术措施，增加粮食产量，增强粮食生产后劲。该资金必须专款专用，任何地区、任何部门不得以任何理由挤占挪用。

（二）各级财政不得将发展粮食生产专项资金抵顶中央和地方的“农口”基建投资、支援农村生产支出和农林水利气象等部门的正常事业费，不得因此减少应正常增加的上述资金。各项支援农村生产的资金要统筹安排，合理使用，避免重复或脱节。

（三）这项专项资金要重点投放到粮食生产基地县和发展粮食生产潜力大的地区，不要分散财力。要从增产粮食出发，因地制宜，缺什么补什么，讲求实效，尽快形成生产能力。粮食生产基地要建一片成一片。

（四）划分基本建设投资与事业费，要按有关规定办理。按规定应由基本建设投资安排的项目，必须在基本建设投资中安排，不要挤占发展粮食生产专项资金。

二、资金的使用范围

（一）用于兴建和整修小型农田水利设施所需材料、设备费及技工工资补助。小型农田水利设施，是指大中型排灌区骨干工程的支渠以下（不包括支渠）的配套工程和县属排灌工程、排灌站、机电井建设及设备更新改造、机械清淤；小型水库的除险加固；渠道防渗、管道灌溉等节水节能技术措施。

（二）用于县级及其以下事业单位为改造中低产田、推广先进农业技术所必需添置的仪器设备和小型化验室（每县一般二十平方米左右）的费用。

（三）用于繁育推广优良品种所需增添的基础设施的经费，包括晒场、精选加工设施、检验仪器及良种储存设施等。

为鼓励种子部门积极经营、示范推广当地农民尚未种植过的粮食优良新品种，经省或地（市）的农业和财政部门批准，可酌情给予“新良种示范推广补贴”，补贴期限不超过两年。

（四）用于县级农业服务单位为普及农业、水利新技术经营有关生产资料所需的周转金。

（五）用于县级为推广农业、水利、农机先进技术，培训干部和农民技术员所需的资料印刷、设备购置、师资补助费等。

发展粮食生产专项资金不得用于农业生产资料及农产品的价格补贴，不得用于事业单位人员、机构的开支，不得用于发展乡镇企业和其他多种经营，不得用于购置汽车、电视录相等设备，不得盖楼堂馆所，不得用于修建办公室、宿舍等非生产性建筑设施。

三、资金的管理

（一）年度指标由财政部商农牧渔业部、水利电力

部下达到省、自治区、直辖市，其中中央财政安排40%，地方财政安排60%。地方财政安排不足60%的，年终决算时，按比例扣回中央拨款或抵作下年中央拨款。

地方财政安排的资金，省、县级各负担的额度，由省、自治区、直辖市自行规定，并组织落实。

（二）资金的使用管理和经济效益，由省级人民政府负责落实。各省、自治区、直辖市及计划单列市的粮食生产基地建设项目、资金分配和经济效益计划，要报送财政部、农牧渔业部、水利电力部核备。省级财政部门要根据批准的规划，按项目按进度拨款。

（三）要将发展粮食生产专项资金纳入预算管理，并按支农资金用途列入有关科目，除在地方财政总预算中反映外，还要单独编报预算。年终应按预算编报程序和计算口径，及时编报支出决算，并附送经济成果说明。年终结余（包括待分配指标），结转下年度使用。

（四）各地要结合实际情况，实行资金有偿使用和无偿补助相结合的办法。凡在三、五年内有明显经济收入的项目，原则上应实行有偿使用。收回的资金继续用于发展粮食生产，按财政部门有关规定管理。

（五）各级财政、农牧渔业、水利电力部门要加强对建设项目进展和资金使用情况的监督检查，特别是对设备购置经费要严格控制，不得随意开口。发现问题要及时纠正，被挤占挪用的资金要限期收回；超过使用范围的支出必须剔除。项目完成后，要及时组织验收，发现质量不合格的，应采取措施加以补救。

林　业

中华人民共和国森林法实施细则

（一九八六年四月二十八日国务院批准　一九八六年五月十日林业部发布）

第一条　根据《中华人民共和国森林法》（以下简称森林法）第四十条的规定，制定本细则。

第二条　森林资源，包括林地以及林区内野生的植物和动物。

森林，包括竹林。林木，包括树木、竹子。林地，包括郁闭度零点三以上的乔木林地，疏林地，灌木林地，采伐迹地，火烧迹地，苗圃地和国家规划的宜林地。

第三条　省、自治区、直辖市林业主管部门，根据林业部关于森林资源清查和划分林种的规定，负责组织划定本地区的防护林、用材林、经济林、薪炭林和特种用途林。

地方重点的防护林和特种用途林的确定，由省、自治区、直辖市林业主管部门提出意见，报同级人民政府批准公布；国家重点的防护林和特种用途林的确定，由林业部提出意见，报国务院批准公布。

第四条　征收育林费和建立林业基金制度的具体办法，由林业部和财政部制定。

第五条　煤炭、冶金、造纸、铁道、交通、农垦、水电、城建等部门，应当提取或者安排造林绿化资金，并制定使用管理办法，实行专款专用。

第六条　国家对造林、育林给予低息长期贷款，贷款指标和利率由中国人民银行总行拟订，报国务院批准后施行。

第七条　各级人民政府应当按照《国务院关于开展全民义务植树运动的实施办法》的规定，组织全民义务植树。

第八条　省、自治区、直辖市林业主管部门，根据同级人民政府的部署和林业部的有关规定，定期组织森林资源调查，为编制森林经营方案，建立森林资源档案，确定森林采伐限额提供依据。地方森林资源管理、调查设计的机构设置和人员配备，由省、自治区、直辖市林业主管部门根据实际需要提出方案，报同级人民政府批准，所需经费列入地方财政预算。

第九条　因勘察设计、修筑工程设施、开采矿藏的需要，必须占用国有林地的，应当遵守下列规定：

（一）占用林地单位根据上级主管部门批准的计划任务书或设计文件，按照国家土地管理法规规定的审批权限和程序提出占地申请，报县级以上人民政府批准。占用林地面积二千亩以上的，由省、自治区、直辖市人民政府报国务院批准。

（二）占用林地单位必须伐除所占林地上的林木时，应严格遵守采伐及其他有关规定，并按照批准文件中指定的地点，将伐倒木集中归堆，交森林经营单位处理。

（三）占用林地单位应当向森林经营单位补偿实际损失。占用林地时间在一年之内的，可以适当降低补偿标准。具体补偿办法由省、自治区、直辖市人民政府制定。

（四）森林经营单位在所经营的林地内修筑直接为林业生产服务的道路或者其他工程设施的，按照上级主管部门批准的文件执行。

征用集体所有林地的，按国家土地征用法规办理。

征用林地面积二千亩以上的，由省、自治区、直辖市人民政府报国务院批准。

第十条 国营林业局、国营林场经营的各类土地的面积及其界线，除了经过原批准机关同意或者按照本细则第九条规定批准的以外，其他单位和个人不得变更。

第十一条 地方各级人民政府应当根据实际需要，组织有关部门建立健全护林防火组织，负责护林防火工作。

林区的村民委员会和国营企业、事业等单位，应当建立基层护林防火组织，划定责任区，落实责任制。

在大面积林区可开展航空护林，增加护林设施，加强森林保护。

在行政区域交界的林区，有关地方人民政府应建立护林联防组织，负责联防地区的护林工作。

第十二条 发生森林火灾时，当地人民政府必须立即组织军民积极扑救。商业、粮食、物资、卫生等部门应当做好物资供应和医护工作，铁路、交通、民航、邮电等部门应当优先提供运输和通讯工具。

第十三条 发生林木病虫害时，有关经营单位和个人应当及时除治；发生严重林木病虫害时，当地人民政府应当采取紧急除治措施，防止蔓延，消除隐患。

第十四条 全国森林覆盖率的奋斗目标为30%。县级以上地方人民政府按照山区一般达到70%以上、丘陵区一般达到40%以上、平原区一般达到10%以上的标准，确定本行政区域内的森林覆盖率的奋斗目标。

森林覆盖率是指全国或一个地区森林面积占土地面积的百分比。森林面积是指郁闭度零点三以上的乔木林地面积，经济林地和竹林地面积；国家特别规定的灌木林地面积，农田林网以及村旁、路旁、水旁、宅旁林木的覆盖面积也列为森林面积。

第十五条 植树造林应遵守造林技术规程，实行科学造林，保证质量。

县级人民政府对造林应认真组织验收，核实造林面积。对所造林木应按面积抽取2%以上进行检查，成活率不足85%的，不得计入年度造林完成面积。

第十六条 全民所有的森林和林木以国营的林业局、林场、农场、厂矿为单位，集体所有的森林和林木及农村居民自留山的林木以县为单位，根据合理经营和永续利用的原则，提出年森林采伐限额指标，逐级上报，由省、自治区、直辖市林业主管部门汇总、平衡，经同级人民政府审核后，报国务院批准。

除了用材林的成熟林和过熟林蓄积量超过用材林的总蓄积量三分之二的个别省和自治区以外，其他省、自治区、直辖市都必须按用材林的消耗量低于生长量的原则，核定年森林采伐限额。

国务院批准的年森林采伐限额，每五年调整一次。

第十七条 凡采伐全民所有制单位经营的森林和林木、集体所有制单位所有的森林和林木以及农村居民自留山的林木，都必须纳入国家的年度木材生产计划；但采伐农村居民自留山的薪炭林除外。

第十八条 凡采伐林木都必须申请林木采伐许可证。但采伐竹子和不是以生产竹材为主要目的的竹林，以及农村居民采伐自留地、房前屋后自有的零星林木除外。

申请林木采伐许可证的单位和个人，应分别情况提交下列文件：国营林业局、国营林场应提交伐区调查设计文件和上年度更新验收证明；其他单位应提交有关采伐的目的、地点、林种、林况、面积、蓄积、方式和更新措施等内容的文件，部队还应提交师级以上领导机关同意采伐的文件；个人应提交包括采伐的地点、面积、树种、株数、蓄积、更新时间等内容的文件。

第十九条 林木采伐许可证的核发，除森林法已有规定的以外，县属国营林场和机关、团体、学校，由所在地的县林业主管部门核发；省、自治区、直辖市和设区的市、自治州所属的国营林业局、国营林场，其他国营企业、事业单位和部队，由所在地的省、自治区、直辖市林业主管部门或其授权的单位核发；林业部直属的国营林业局，由林业部或其授权的单位核发。

负责核发林木采伐许可证的部门和单位，在接到采伐林木申请后，除特殊情况外，应在一个月之内办理完毕。

遇有紧急抢险情况，必须就地采伐林木的，可以免除申请林木采伐许可证，但事后组织抢险的单位和部门应将采伐情况报当地县级以上林业主管部门备案。

第二十条 省、自治区、直辖市林业主管部门，可根据森林法和本细则等有关规定，制定林木采伐管理办法。

第二十一条 从林区运出木材，依森林法第三十三条规定发给的运输证件，从木材起运点到终点全程有效。

发放运输证件的单位，由省、自治区、直辖市林业主管部门规定。

第二十二条 对违反森林法行为的行政处罚规定如下：

（一）盗伐森林或者其他林木，林区木材一立方米以下、幼树五十株以下的，非林区木材半立方米以下、幼树二十株以下的，或者相当于上述损失的，责令赔偿损失，补种盗伐株数十倍的树木，并处以违法所得三至七倍的罚款；滥伐森林或者其他林木，林区木材五立方米以下、幼树一百株以下的，非林区木材二立方米以下、幼树五十株以下的，责令补种滥伐株数五倍的树木，并处以违法所得二至四倍的罚款。

盗伐森林或者其他林木，林区木材超过一立方米、幼树超过五十株的，非林区木材超过半立方米、幼树超过二十株的，或者相当于上述损失的，除责令赔偿损失、补种树木以外，并处以违法所得五至十倍的罚款；滥伐森林或者其他林木，林区木材超过五立方米、幼树超过一百株的，非林区木材超过二立方米、幼树超过五十株的，除责令补种树木以外，并处以违法所得三至五倍的罚款。

盗伐的林木或其变卖所得，应予追缴，返还原主。

（二）伪造或者倒卖林木采伐许可证、木材运输证件的，处以五十元至一百元的罚款；对已获利的除应予没收外，并处以违法所得二至五倍的罚款。

（三）采伐林木的单位或者个人，没有按照规定完成更新造林任务，情节严重的，除承担代为更新造林的费用外，并可处以相当于所需造林费用的罚款。

（四）在森林防火期违反规定用火的，处以十元至五十元的罚款；违反规定用火引起森林火灾的，责令限期更新造林，赔偿损失，并处以五十元至五百元的罚款。

第二十三条 盗伐、滥伐森林或者其他林木情节严重以及其他违反森林法的行为构成犯罪的，由司法机关依法追究刑事责任。

第二十四条 对违反森林法行为的行政处罚，由县级以上林业主管部门或其授权的单位决定。

当事人对林业主管部门所作的罚款决定不服的，可以在接到罚款通知之日起一个月内，向人民法院起诉；期满不起诉又不履行的，作出决定的林业主管部门可以申请人民法院强制执行。

林业行政处罚文书格式，由林业部统一制发。

第二十五条 违反森林法规定，致使防护林、经济林、特种用途林、珍贵树木和自然保护区的森林资源遭受破坏的，除应当依法追究刑事责任的以外，按本细则第二十二条的规定从重处罚。

第二十六条 被责令补种树木者因故不能补种的，可以交纳造林费，由林业主管部门收取后代为补种。

第二十七条 地方各级人民政府应加强林业法制和林政管理工作，建设好林政、林业公安队伍。

第二十八条 本细则由林业部负责解释。

第二十九条 本细则自发布之日起施行。

国务院批转林业部关于审定国家级森林和野生动物类型自然保护区请示的通知

（一九八六年七月九日）

国务院同意林业部《关于审定国家级森林和野生动物类型自然保护区的请示》，现转发给你们，请贯彻执行。

国务院批准长白山等二十个自然保护区为国家级森林和野生动物类型自然保护区。这些保护区，均具有较高的科学价值，有的是濒危珍稀树种的原生地和珍稀动物的主要栖息地，有的在国际上具有一定的影响。确定为国家级自然保护区以后，当地人民政府要切实加强保护、管理和必要的建设。国务院有关部门，主要负责保护区的规划和指导工作，拟定有关方针、政策和措施，并检查、监督其执行情况。希望各有关部门密切配合，积极支持地方政府做好这项工作。

林业部关于审定国家级森林和野生动物类型自然保护区的请示

（一九八六年五月二十五日）

根据国务院批准的《森林和野生动物类型自然保护区管理办法》，我部会同有关省、自治区、直辖市对森林和野生动物类型的二百九十二处自然保护区进行了评价和鉴定，并经有关专业会议反复研究，选择二十处拟定为国家级森林和野生动物类型自然保护区（名单附后），请予审定。

我国地域辽阔，自然条件得天独厚，野生动植物种类繁多。闻名世界的大熊猫、金丝猴、扬子鳄和银杉、珙桐、金花茶等珍稀动植物，是我国宝贵的自然资源。为了保存各种有代表性的自然景观、植被类型和珍稀野生动植物，一九五六年国务院责成林业部办理自然保护区的规划建设工作。到一九八五年底，全国已建立自然保护区三百多处，面积约一千六百七十万公顷，占国土面积的1.7%。这些自然保护区对拯救濒危珍稀动植物，保存典型的森林生态系统和开展科学研究等都发挥了重要作用。但是，目前我国自然保护区的管理工作还很薄弱，一些地方自然资源迅速减少，某些珍稀动植物已经或濒于绝灭，保护濒危物种资源、强化管理工作已刻不容缓。这次拟定的二十处国家级自然保护区，均具有较高的科学价值。有的代表了我国特有森林植被类型，有的是濒危珍稀树种的原生地和珍稀动物的主要栖息地。经国务院审定后，要公告周知，明令保护。

已建立的自然保护区，都要按照《森林法》和《森林和野生动物类型自然保护区管理办法》，加强管理，搞好建设。

一、加强领导，实行统一管理。森林和野生动物类型自然保护区的管理机构，要在林业部门的指导下，依靠当地政府，全面安排自然保护区内的工作。其主要任务是，贯彻执行《森林和野生动物类型自然保护区管理办法》，做好保护区内自然资源和拯救濒于绝灭的生物物种工作；进行科学研究，探索合理利用森林和动植物资源的途径。

二、国家级自然保护区的建设要按规划要求分期分批进行，建设项目要按基建程序和隶属关系报林业主管部门审批，在林业基本建设投资中优先安排。如暂时不能拿出更多的资金，林业主管部门也应切实管护起来。

三、切实保护好自然保护区内的自然环境和自然资源，维护自然生态。未经林业主管部门同意，任何单位和个人不得进入自然保护区建立机构和修筑设施。严禁在自然保护区内进行生产性的采伐、采掘、开垦和猎捕等破坏环境和物种资源的活动。

四、自然保护区内的群众，要遵守自然保护区管理部门的有关规定，共同做好保护工作。自然保护区管理机构要关心群众的生产、生活，组织他们开展多种经营，承包自然保护区的劳务或保护工作，以增加经济收入。

五、有关地区、部门要协助自然保护区管理机构开展各项保护工作，充分发挥自然保护区的生态、经济和社会效益，为民造福。

以上妥否，请批示。

附：

国家级森林和野生动物类型自然保护区名单

（一九八六年七月九日国务院发布）

一、长白山自然保护区

位于吉林省安图、抚松、长白三县交界处。一九六〇年经吉林省政府批准建立，面积十九万公顷。一九八〇年加入联合国教科文组织“人与生物圈”保护区网。长白山是我国同纬度带上动植物资源最丰富的地区之一，有高等植物一千六百多种，野生动物三百多种，在整个远东地区也是少有的。长白山自然保护区在开展科研、教学以及进行对外科技交流等方面已发挥了重要作用。

二、向海自然保护区

位于吉林省通榆县境内。一九八一年经吉林省政府批准建立，面积十万五千多公顷。区内湖泡星罗棋布，有芦苇沼泽、羊草草原、稀树灌丛、沙丘榆林等类型多样的植被，是世界濒危物种丹顶鹤、白鹳等珍禽的重要繁殖区。

三、医巫闾山自然保护区

位于辽宁省义县、北镇两县境内。一九八一年经辽宁省政府批准建立，面积一万四千公顷。该区是辽西植被保存最完好的地区。既分布着东亚地区特有的天然油松林，还保存着较完整的天然针阔叶混交林，是珍禽天鹅、鸳鸯等候鸟迁徙的重要途经地。

四、庞泉沟自然保护区

位于山西省方山、交城两县境内，属于吕梁山脉中段。一九八〇年经山西省政府批准建立，面积一万零四百多公顷。庞泉沟自然保护区是我国特有的珍禽褐马鸡的主要栖息繁殖地和华北落叶松的原产地，也是我国暖温带残存的天然林中少数保存完整的地区之一。

五、天目山自然保护区

位于浙江省临安县境内。面积一千余公顷。区内有我国特有的古老植物银杏的野生种，还分布着天目紫茎、天目铁木、天目杜鹃等近三千种高等植物，是我国中亚热带林区高等植物分布较多的地区，是开展科学研究和教学的重要基地。

六、扬子鳄自然保护区

扬子鳄是我国特有的古老爬行动物，分布范围和种群数量急剧减少，目前仅见于安徽的宣城、南陵、广德、泾县等少数地区。为抢救这一濒危物种，一九七五年建立了扬子鳄自然保护区，是抢救、保护和研究扬子鳄的重要基地。

七、神农架自然保护区

位于湖北省巴东、兴山、房县三县交界处。是温带与亚热带的过渡地区，面积九万公顷。分布着高等植物一千八百多种。我国特有的珙桐、双盾木等都有分布，药用、花卉植物资源丰富。该区有野生动物五百多种，有珍稀动物金丝猴、毛冠鹿、灰斑角雉、白冠长尾雉及大鲵等二十余种，是一个丰富的物种宝库。

八、八大公山自然保护区

位于湖南省桑植县境内。面积二万公顷。分布着典型的中亚热带山地常绿阔叶林，植物种类三千余种。该区是鹅掌楸、青钱柳、水青树等古老植物的保存中心，特别是以珙桐为主的成片混交林，形成了罕见的植物群落。脊椎动物有一百五十多种，珍稀动物有水鹿、毛冠鹿、苏门羚、白冠长尾雉、红腹角雉等二十多种。

九、梵净山自然保护区

位于贵州省的江口、印江、松桃三县交界处。一九七八年建立，面积三万八千公顷。梵净山是武陵山脉的主峰，是我国西部中亚热带山地典型的原生植被保存地，生物资源丰富，生态系统保存较好。这里是我国特有的珍贵树种珙桐的产地。数量极少的我国特产动物灰金丝猴仅分布于此，其它珍稀动物有华南虎、红腹角雉、大鲵等。

十、东寨港自然保护区

位于海南岛琼山县境内。一九八〇年经广东省批准建立，面积二千五百多公顷。该区分布的红树林是热带、亚热带南部海岸特殊的森林植物群落，且分布面积较大，生长良好。对扩大海滩、维护海湾生态平衡等方面都有重要作用。

十一、大田自然保护区

位于海南岛东方县境内。一九八〇年经广东省政府批准建立，面积二千五百公顷。该区有国家重点保护动物海南坡鹿，仅产于海南岛西部和西南部。坡鹿不仅经济价值很高，而且对研究海南岛特殊的动物区系有重要的科学价值。

十二、西双版纳自然保护区

位于云南省景洪、勐腊、勐海三县境内。一九五八年经云南省政府批准建立，面积二十万公顷，分为不相连接的五大片。西双版纳自然环境得天独厚，热带森林保存比较完整，有高等植物四千五百多种，陆栖脊椎动物六百多种，被誉为“动植物王国”而闻名中外。西双版纳不仅是研究热带森林和探索热带森林动植物资源开发利用的良好基地，也是生物物种的天然基因库。

十三、墨脱自然保护区

位于西藏自治区墨脱县境内。一九八五年经西藏自治区政府批准建立，面积六万二千多公顷。海拔七百五十至四千八百米，具有从热带到寒温带的垂直自然景观和丰富的物种资源，仅高等植物就有三千多种，国家保护的珍稀动物四十多种，被誉为西藏的“天然动植物博物馆”，是研究不同气候带生态系统的重要基地。

十四、唐家河自然保护区

位于四川省青川县境内。一九七八年经四川省政府批准建立，面积四万公顷，森林植被丰富，自然景观保存完好。主要树种有冷杉、铁杉、云杉、珙桐、连香树、水青树、槭树等；动物资源有大熊猫、羚牛、金丝猴、短尾猴、毛冠鹿、云豹、白马鸡、蓝马鸡、灰斑角雉、绿尾虹雉等。一九八三年，中外合作在唐家河自然保护区建立了大熊猫野外定位观察站，科研工作正在进行。

十五、太白山自然保护区

位于陕西省太白、眉县、周至三县交界处，一九六五年陕西省政府批准建立，面积五万四千公顷。太白山属秦岭中段，是我国内地最高峰，最高海拔三千七百六十七米。该区为南北气候和植物的分界线，植被垂直分布类型明显。有植物一千五百多种，野生动物近三百种。太白山的森林生态系统比较完整，古冰川遗迹保存完好，是进行科学研究工作难得的天然实验室。

十六、隆宝自然保护区

位于青海省玉树县境内。一九八四年青海省政府批准建立，面积一万公顷。在海拔四千二百米处有一个以隆宝湖为中心的高山草甸沼泽区。这里水域辽阔，草本植物丰富，是世界濒危珍禽黑颈鹤的栖息地，是保护、繁殖黑颈鹤的重要基地。

十七、哈纳斯自然保护区

位于新疆维吾尔自治区布尔津县境内。一九八〇年新疆自治区政府批准建立，面积二十五万公顷。属于寒温带气候，森林、草原、草甸相间交错呈垂直分布；顶峰有保存完整的第四纪冰川。哈纳斯森林景观独特，分布着红松、落叶松、云杉、冷杉等。区内栖息着寒温带及荒漠区动物雪豹、盘羊、猞猁、紫貂、黑琴鸡、松鸡等。哈纳斯自然生态系统保存完好，具有很高的科研价值。

十八、巴音布鲁克自然保护区

位于新疆维吾尔自治区和静县境内。一九八〇年新疆自治区政府批准建立，面积十万公顷。四周群山环抱，成为天山纵深的闭塞区域，区内河流纵横，盆地积水总面积达一百二十多万公顷。巴音布鲁克以“天鹅湖”驰名中外，有鸟类七十二种，是我国天鹅等珍稀水禽重要栖息繁殖基地。

十九、高黎贡山自然保护区

位于云南省腾冲、保山、泸水三县交界处，一九八三年云南省政府批准建立，面积十二万公顷。高黎贡山是横断山的支脉，由于地理位置及气候条件的特殊性，形成了独特的生态环境，动植物资源十分丰富，种类繁多，种群组成十分复杂，从怒江河谷至山顶有六个植物带，垂直分布明显。被列为国家保护动物三十多种，有“天然动物园”之称。在地质构造上又是印度板块和欧亚板块的碰撞地带，历来为国内外学者所注目。

二十、松山自然保护区

位于北京市延庆县海坨山南麓，一九八五年经北京市政府批准建立，面积六千六百多公顷。这里保存着华北地区唯一的大片天然油松林，还有保存良好的核桃楸、椴树、白蜡、榆树、桦木等落叶阔叶林。该区共有种子植物六百余种，野生动物有金钱豹、青羊等七十多种。区内地表水资源十分丰富，三条主沟常年流水，水质良好。松山靠近首都，具有重要的保护价值。

工　业

国务院批转电子工业部关于推进电子工业管理体制改革报告的通知

（一九八六年三月八日）

国务院原则同意电子工业部《关于推进电子工业管理体制改革的报告》，现转发给你们，请贯彻执行。

工业经济管理体制的改革一定要坚持政企职责分开、简政放权的原则，紧紧围绕增强企业活力这一中心环节进行。电子工业部关于电子工业经济管理体制改革的设想，符合《中共中央关于经济体制改革的决定》的精神，方向对头，方法、步骤和措施也是可行的。

电子工业部是统筹规划和管理全国电子行业的职能部门，国务院赋予其报告中提出的必要的权限和调节手段。电子工业部在直属企业下放后，要逐步面向全行业，认真搞好行业管理。各级电子工业管理部门也要转变职能，从企业的主管部门转变为政府管理本地区电子行业的职能部门。各级人民政府和各有关部门对电子工业管理体制的改革要给予支持和配合，并进行相应的配套改革，把这一工作切实抓好。

电子工业部关于推进电子工业管理体制改革的报告

（一九八六年一月三十一日）

我部在深入学习《中共中央关于经济体制改革的决定》和中央领导同志指示的基础上，广泛听取意见，制定了电子工业管理体制改革方案，一九八五年一月向国务院作了汇报。随后，我部又召开全国电子工业厅局长会议和部属企业事业单位领导干部会议，对电子工业经济管理体制改革工作作了部署。到目前为止，部属企业均已下放（个别企业除外），同时还下放了为企业服务的十个职工医院和三个技工学校。为了保证企业下放的顺利进行，使企业的生产经营活动不因下放受到影响，在反复征求地方和企业意见的基础上，制定了《电子工业部部属企业管理体制改革若干问题的暂行规定》等办法，已开始进行。为了进一步推动电子工业经济管理体制改革的深入进行，现将意见报告如下：

（一）

发展电子工业的根本出路在于改革。改革要服务于发展，发展要依靠改革，通过改革为发展创造良好的环境和条件。根据国家整个经济体制改革的部署和电子工业发展的要求，电子工业改革的目标和基本任务是：建立一个充满生机和活力的电子工业经济管理体制，以利于电子行业的更快发展，适应新技术发展的要求，取得更大的社会效益和经济效益，保证电子行业更好地为四化建设服务，为人民生活服务。总的设想是：简政放权，扩大企业自主权，把生产经营权切实放给企业，增强企业的活力，使之真正成为独立经营、自负盈亏的社会主义商品生产者和经营者；政企职责分开，下放企业，充分发挥城市的中心作用；加强横向联系，进行部际、部省对话与合作，发展联合，组织专业化生产，解决条条块块的分割封锁和企业“大而全”、“小而全”的问题；改革电子工业管理部门的职能，对企业从直接经营管理为主逐步转为宏观上的间接控制为主，面向全行业，搞好整个行业的统筹规划和管理。

1. 简政放权，搞活企业。一九八四年，我部为贯彻落实国务院关于扩大企业自主权的有关规定，制定了有利于把企业搞活的九条补充规定。一九八五年六月又下发了《关于搞活工业企业的若干政策措施》，鼓励企业发展跨行业、跨地区的经济联合等；减少指令性计划，扩大指导性计划和市场调节的范围，从而进一步扩大了企业的自主权。今后，还要进一步贯彻落实国务院关于扩大国营工业企业自主权的十条规定和增强大中型国营工业企业活力的十四条规定，并结合电子工业的实际情况，继续从外部和内部两个方面采取措施，增强企业特别是大中型企业的活力，切实把搞活企业作为整个改革的中心环节来抓。

2. 政企职责分开，下放企业。这次企业下放与以往几次下放不同，不是简单地划转企业的隶属关系，给企业换“婆婆”，而是让企业“自立”、“创业”，根本目的是搞活企业。电子工业部直属工业企业原则上全部下放，以大中城市为中心组织经济活动。企业下放后，除少数骨干企业的领导干部仍由部管理或协助中央管理外，其他企业领导干部分别由地方电子工业管理部门或所在城市管理。

为了打破条块分割、部门所有，使企业在平等条件下竞争，有利于加强横向联系，实现行业的统筹规划和管理，各省、自治区以及国务院各部门直属的电子企业原则上也应尽快下放。

3. 推进联合改组，改变企业结构。企业可以先联合后下放，也可在下放的同时或下放后组织联合。联合要打破部门界限、地区界限，从企业内在经济技术的联系和要求出发，坚持自愿互利的原则；联合体要实行企业化管理，不搞行政性公司；要有利于竞争，不搞全国垄断性公司。联合的形式应从实际出发，多种多样。要从生产上的联合向经济技术联合发展，从本地区、本部门、本专业的联合向跨地区、跨部门、跨专业的联合发展。要在专业化协作的基础上，推进联合体的专业化改组，在全国逐步形成若干个实力强大、有中国特色的“电子企业集团”。

4. 转变职能，搞好行业管理。政企职责分开后，电子工业部作为国务院的职能部门，负责统筹规划和管理全国电子行业。各省、自治区、直辖市人民政府也要加强对本地区电子行业的管理。目前有些地方用行政性电子工业公司代替政府职能机构的，以及一个省（自治区、直辖市）的电子工业由多部门管理的，应逐步进行调整。为了加强行业管理和宏观控制，打破条块分割，各省、自治区、直辖市的电子工业管理部门在业务上受当地人民政府领导的同时，在行业的统筹规划和管理上，应接受电子工业部的领导。各省、自治区应根据城市的大小及其具有的功能、产业结构、工业基础和管理水平等条件，赋予城市不同的管理职责。要区别对待，不一刀切，不搞一个模式。各级电子工业管理部门都要按照党的十二届三中全会的《决定》，转变职能，搞好行业管理；要在继续搞活微观的同时，加强宏观控制，要运用经济手段和法律手段，逐步减少行政手段，大力加强对各项经济活动的间接控制，并逐步完善间接控制的制度和办法。各部门、各地区以及各个电子生产、科研乃至经销单位，都要服从整个行业的统筹规划和管理。

企业下放后，电子工业部的管理职能和机构要相应改革：精简层次，建立科学的决策系统、执行系统和监督反馈系统，加强政策、法规、规划、调节、信息、监督和咨询、服务机构；把目前的部、管理局两级管理改为一级管理，设立专业职能局；按政企职责分开的原则整顿现有直属公司，使之成为独立核算、自负盈亏的经济实体。在步骤上要先管行业，后改机构，平滑过渡。

要加强与有关部门和各省、自治区、直辖市的联系，按照“行业合作、共同发展、部际对话、企业竞争”，“条块合作、统筹安排、部省对话、宏观管理”的方针处理条块与行业之间的关系。

以上改革设想，拟在两年左右的时间内初步实现。一九八五年，重点抓了扩大企业自主权和企业下放工作，基本上把部属企业分期分批放下去。一九八六年，改革的重点是完善、巩固和发展多种形式的联合体，探讨研究并逐步转向行业管理，发挥政府管理部门的职能，搞好各级管理机构的调整，并促成其他各部门电子企业下放。

（二）

电子工业是科研开发型的新兴工业，技术密集，知识密集，发展非常迅速，产品和生产设备更新换代很快。目前我国电子工业的基础薄弱，老企业长期得不到改造，只有加速电子工业的技术进步，才能适应四化建设的需要。因此，需要国家给予扶持。

1. 随着国民经济的发展，建议国家逐步增加对电子工业的投资，对纳入电子行业规划的重点、关键项目，根据情况给予优惠贷款。

2. 部分老的骨干企业为国家作出了重要贡献，但长期未得到较好的改造。为增强其活力，应给予适当照顾，酌情减免其调节税。

3. 对于建设与科研生产必需进口的关键元器件、原材料、设备以及零配件所需外汇，请国家继续给予支持。

4. 各有关部门要支持电子工业和有关材料工业部门，加快发展电子基础元器件与原材料工业，使之逐步减少进口，立足国内。

（三）

为了使电子工业部能够有效地进行行业管理，建议国家赋予电子工业部必要的权限和调节手段。主要是：⑴根据国家的有关方针、政策和法规，由电子工业部制定统一的电子行业的各项具体方针、政策及经济技术法规。⑵开办新的电子工业企业，应按项目的性质和规模征得电子工业部或省、自治区、直辖市电子工业管理部门同意后，工商行政管理部门才予以登记注册。⑶基本建设和重点技术改造项目由电子工业部统筹规划安排，特别是投资和技术密集的项目必须相对集中，要在征得电子工业部同意后才能立项。⑷凡国家用于电子行业的开发基金以及重点基本建设、技术改造、技术引进项目的投资、贷款指标等，由电子工业部根据发展规划统一申请、下达。⑸参与制定电子企业有关电子产品的税目及税率和用于电子工业不同用途贷款的利率。⑹重要电子产品中，除少数由国家物价局定价外，其余由电子工业部定价。⑺参与核定和调整电子行业固定资产分类及具体折旧年限。⑻参与制定有关电子工业技术引进、产品进出口等方面的方针政策。⑼电子工业部面向全行业后，国务院各部门的电子科研生产单位要纳入电子行业的统筹规划的行业管理。

以上报告如无不妥，请批转各地区、各有关部门贯彻执行。

工业产品质量责任条例

（一九八六年四月五日国务院发布）

第一章　总　　则

第一条　为了明确工业产品（以下简称产品）质量责任，维护用户和消费者（以下简称用户）的合法权益，保证有计划的商品经济健康发展，促进社会主义现代化建设，特制定本条例。

第二条　产品质量是指国家的有关法规、质量标准以及合同规定的对产品适用、安全和其它特性的要求。

产品质量责任是指因产品质量不符合上述要求，给用户造成损失后应承担的责任。

第三条　国家标准化部门负责制定全国统一的国家标准。国家标准应不低于国际标准水平。国家标准可以分级分等。企业主管部门要规定生产企业达到国家标准最高等级的期限。国家物价部门按标准等级，实行按质论价。

第四条　产品的生产、储运、经销企业必须按照本条例的规定，承担产品质量责任。

各部门、各地区，特别是企业主管机关必须对产品质量进行严格管理，监督有关企业坚持质量第一的方针，保证产品质量，承担质量责任；管理和监督不力的也应承担连带责任。

第五条　质量监督机构、工商行政管理机关必须对产品质量进行监督，维护用户的利益。

第六条　产品的合格证、说明书、优质标志、认证标志等都必须与产品的实际质量水平相一致。

产品广告中关于产品质量的说明，必须符合产品的实际质量。

第七条　所有生产、经销企业必须严格执行下列规定：

（1）不合格的产品不准出厂和销售；（2）不合格的原材料、零部件不准投料、组装；（3）国家已明令淘汰的产品不准生产和销售；（4）没有产品质量标准、未经质量检验机构检验的产品不准生产和销售；（5）不准弄虚作假、以次充好、伪造商标、假冒名牌。

所有生产、经销企业都不得用搭配手段推销产品。

第二章　产品生产企业的质量责任

第八条　产品的生产企业必须保证产品质量符合国家的有关法规、质量标准以及合同规定的要求。

产品的生产企业必须建立严密、协调、有效的质量保证体系，要明确规定产品的质量责任。

企业必须保证质量检验机构能独立行使监督、检验的职权；严禁对质量检验人员进行打击报复。

第九条　产品出厂，必须符合下列要求：

（一）达到本条例第二条规定的质量要求，有检验机构和检验人员签证的产品检验合格证；

（二）根据不同特点，有产品名称、规格、型号、成份、含量、重量、用法、生产批号、出厂日期、生产厂家、厂址、产品技术标准编号等文字说明，限时使用的产品应注明失效时间。优质产品必须有标志；

（三）实行生产许可证制度的产品，要有许可证编号、批准日期和有效期限；

（四）机器、设备、装置、仪表以及耐用消费品，除符合本条（一）、（二）、（三）项要求外，还应有详细的产品使用说明书。内容包括：产品的技术经济参数、使用寿命、使用范围、保证期限、安装方法、维修方法和保存条件、技术保养检修期以及其它有关产品设计参数的有效数据。

电器产品，应附有线路图和原理图；

（五）包装必须符合国家有关规定和标准。剧毒、危险、易碎、怕压、需防潮、不装倒置的产品，在内外包装上必须有显著的指示标志和储运注意事项。产品包装上必须注明实际重量（净重和毛重）；

（六）使用商标和分级分等的产品，在产品或包装上应有商标和分级分等标记；

（七）符合国家安全、卫生、环境保护和计量等法规的要求。

第十条　达不到国家的有关标准规定等级、仍有使用价值的“处理品”，经企业主管机关批准后，方可降价销售，在产品和包装上必须标出显著的“处理品”字样。

违反国家安全、卫生、环境保护、计量等法规要求的产品，必须及时销毁或作必要的技术处理，不得以“处理品”流入市场。

不得用“处理品”生产和组装用以销售的产品。

第十一条　在产品保证期限内发现质量不符合第二条要求时，根据不同情况，由产品生产企业对用户和经销企业承担质量责任：

（一）产品的一般零部件、元器件失效，更换后即能恢复使用要求的，应负责按期修复；

（二）产品的主要零部件、元器件失效，不能按期修复的，应负责更换合格品；

（三）产品因设计、制造等原因造成主要功能不符合第二条要求，用户要求退货的，应负责退还货款；

（四）造成经济损失的，还应负责赔偿实际经济损失；

（五）由维修服务或经销企业负责产品售后技术服务时，生产企业必须按售后技术服务合同，提供足够的备品、备件和必要的技术支援。

第三章　产品储运企业的质量责任

第十二条　承储、承运、装卸企业必须根据国家有关规定和产品包装上标明的储运要求进行储存、运输和装卸。

第十三条　承储、承运企业在产品入库储存或出库、产品承运或交货时，应按照国家有关规定，严格执行交接验收制度，明确质量责任。确属储存、运输、装卸原因造成产品损伤，承储、承运、装卸企业应分别承担责任，按国家有关规定，赔偿经济损失。

第四章　产品经销企业的质量责任

第十四条　经销企业在进货时，应对产品进行验收，明确产品的质量责任。经销企业出售的产品，必须符合本条例第七条、第九条的规定。

第十五条　经销企业售出的产品在保证期限内发现质量不符合第二条的要求时，应由经销企业负责对用户实行包修、包换、包退、承担赔偿实际经济损失的责任。

第五章　产品质量的监督管理

第十六条　各质量监督机构，按照国家有关规定，单独组织或者会同工商行政管理部门、各行业主管部门、企业主管部门，对产品的生产、储运和经销等各个环节实行经常性的监督抽查，并定期公布抽查产品的质量状况。企业必须如实提供抽查样品，并在检测手段和工作条件方面提供方便。

除国家已有规定外，质量监督机构抽查产品，不准向企业收费，以保证监督机构的公正性。质量监督机构所需的技术措施费用和检测费用，按实际需要由国家或地方财政拨款解决。

各级经济委员会负责对产品质量监督管理工作进行领导和组织协调。

第十七条　各级行业主管部门和企业主管部门负责本行业产品质量的管理工作，其职责是：在授权范围内，制定或参与制定有关产品质量标准以及有关规章制度，负责产品质量的监督管理，督促企业保证产品质量，完善质量保证系统；组织发放生产许可证。

第十八条　对产品质量实行社会性监督。用户可以向产品生产、储运、经销企业提出质量查询；社团组织可以协助用户参与质量争议的调解、仲裁，支持用户向人民法院起诉。

第十九条　用户按双方协议可以派出代表到生产企业对产品生产过程和产品质量进行现场监督。

第六章　产品质量责任争议的处理

第二十条　因产品质量问题发生争议时，有经济合同的，按《经济合同法》的有关规定执行；没有合同的，争议的任何一方都可提请有关的质量监督机构调解处理，也可向人民法院起诉。

第二十一条　对产品质量的技术检验数据有争议时，当事人或调解、仲裁机构可委托法定的质量检验单位进行仲裁检验，质量检验单位应对提供的仲裁检验数据负责。

第二十二条　除国家另有规定外，质量责任的仲裁请求和起诉，应从当事人知悉或应当知悉权益受损害之日起一年内提出。产品质量责任方愿意承担责任时，不受时效限制。

第七章　罚　　则

第二十三条　企业产品质量达不到国家规定的标准，企业主管机关应令其限期整顿。经整顿仍无效者，企业主管机关应令其停产或转产，直至建议有关主管机关撤销生产许可证，吊销营业执照。在整顿期间，企业主管机关视不同情况，可扣发企业负责人和职工的奖金、工资。

第二十四条　生产、经销企业违反本条例规定，有下列行为之一者，由企业主管机关对企业负责人和直接责任者给以行政处分，由工商行政管理机关没收其全部非法收入，并视其情节轻重，处以相当于非法收入的15%至20%的罚款，直至由司法机关追究法律责任。

（一）生产、经销掺假产品、冒牌产品，以“处理品”冒充合格品；

（二）生产、经销隐匿厂名、厂址的产品；

（三）生产、经销没有产品检验合格证的产品；

（四）生产、经销国家已明令淘汰的产品；

（五）生产、经销国家实行生产许可证制度而到期未取得生产许可证的产品；

（六）生产、经销用不合格原材料、零部件生产或组装的产品；

（七）生产、经销违反国家安全、卫生、环境保护和计量等法规要求的产品；

（八）经销过期失效产品。

罚没收入全部上交国家财政。

第二十五条　在质量监督抽查中发现生产和经销企业有第二十四条中列举的行为时，由质量监督机构按第二十四条规定处理。对于不符合本条例第九条第七项规定的，由质量监督机构监督就地销毁或作必要的技术处理，并令生产、经销企业在限期内追回已售出的不合格产品。

违反本条例第八条的规定，对质量检验人员进行打击报复的，或质量监督、检验机构工作人员徇私舞弊的，由有关主管机关给予行政处分；情节特别严重的，依法追究刑事责任。

第二十六条 由于产品的质量责任，造成用户人身伤亡，财产损失，触犯刑律的，由司法机关依法追究当事人的刑事责任。

第二十七条 上述处罚，不免除产品质量责任方对用户承担的产品包修、包换、包退、赔偿实际经济损失的责任。

第八章 附 则

第二十八条 有关主管部门可根据本条例的规定，制定实施细则；进出口商品、军用产品及有特殊要求的产品的质量责任可由有关主管部门参照本条例的原则，另行规定。

第二十九条 本条例适用于所有全民、集体所有制企业，个体工商业经营者以及在中国境内的中外合资、合作、外资企业。

第三十条 本条例授权国家经济委员会负责解释。

第三十一条 本条例自一九八六年七月一日起施行。

国务院关于坚决制止向企业乱摊派的通知

（一九八六年四月二十三日）

为解决乱摊派造成企业社会负担过重的问题，一九八二年国务院颁发了《关于解决企业社会负担过重问题的若干规定》，一九八三年国务院、中纪委联合发出了《关于坚决制止乱涨生产资料价格和向建设单位乱摊派费用的紧急通知》，中共中央办公厅、国务院办公厅根据中央书记处和国务院的指示发出了《关于坚决制止以“集资”为名向企业事业单位和个人乱摊派的通知》（中办发〔1983〕59号）。一些地区和部门遵照上述文件精神做了不少工作，取得了一定成效。但是，仍有不少地区和部门对中央、国务院的三令五申置若罔闻，有令不行，有禁不止。有的单位利用职权，强行摊派，甚至敲诈勒索；有的地方讲排场、摆阔气，追求形式主义，大兴土木，劳民伤财；有的领导干部，急功近利，不顾国家财力可能，乱上计划外工程项目，等等，致使向企业乱摊派的问题至今未得到解决，甚至有些地方有增无减，愈演愈烈，“四面伸手，八方要钱”，名目繁多，数额很大。据查，辽宁省锦州市一百六十八个企业，一九八四年支付各种摊派款共五百二十四万元，占这些企业留利总额的9.5%；一九八五年上半年支付五百二十二万元，占留利总额的13.1%。河南省安阳市一百零四个企业，一九八四年支付各种摊派款一百六十五万元，占企业留利总额的7.3%。郑州市五个纺织厂，一九八〇年用于社会负担的支出为六万元，一九八四年达到一百一十四万元，一九八五年上半年猛增到二百二十六万元。湖南省常德市二十八个局级部门中，有二十一个部门向企业摊派财物，一九八四年和一九八五年上半年，四十七个工商企业支付各种社会负担总额达三百四十八万元，人均负担一百九十七元，一个只有二百七十五名职工的集体所有制工厂也被摊派了十三万元，人均负担四百七十九元。其他不少地方也不同程度地存在着类似情况。这种做法，助长了计划外基本建设投资规模的扩大，加剧了原材料、能源、交通的紧张局面；企业支付摊派的费用，有的打入成本，有的在营业外支出或企业留利中列支，不但减少了国家财政收入，而且侵占了国家留给企业作为技术改造的资金，影响了企业发展生产的后劲，也损害了职工的合法利益。一些单位甚至把摊派来的资金作为“小钱柜”，谋私利，搞不正之风。对这种严重情况，必须采取果断措施，坚决予以制止。为此，国务院重申，各地区、各部门必须严格执行中央和国务院关于制止向企业乱摊派的各项规定，并再作如下通知：

一、各级人民政府、各部门，各行政、事业单位，各团体以及街道等基层组织，都不准以任何借口、任何形式向企业摊派。

（一）不准以兴办市政建设和城市公用设施为名，向企业摊派费用（包括实物等，下同）。

（二）不准以经费不足为名，向企业摊派办公费、管理费、交通工具购置费和其他费用；不准巧立名目向企业摊派，为本单位搞福利、发奖金、建宿舍和办公楼。

（三）不准以召开会议和举办各种活动为由，向企业摊派活动经费和伙食补贴费等。

（四）不准借举办文体娱乐活动、发行报刊、拍摄电影电视为名或以“赞助”、“资助”、“捐献”等名目向企业摊派费用。

（五）各种协会、学会、研究会、基金会等社会、群众团体，除国家规定的经费来源外，不准向企业摊派各种费用。

二、除国家法律、行政法规和国务院另有规定者外，任何单位不得向企业集资。

个别特殊项目确有必要由企业负担某些费用的，要经省、自治区、直辖市人民政府或国务院主管部门核报国家经委，由国家经委会同审计署、财政部审批，并明确规定经费的限额和使用范围。其中重大项目，要报国务院批准。

三、国务院责成国家经委会同审计署、财政部对各地区、各部门制止向企业乱摊派的情况和问题负责监督、查办，并把这项工作作为今后税收、财务、物价大检查的一项重要内容。各级审计、财政、银行、税务、工商行政管理等机关和单位要从各自业务方面，加强对向企业乱摊派问题的检查、稽核。有关单位对监督、检查机关作出的处理决定必须执行，对拒不执行的，由审计机关通知银行从搞摊派单位的有关存款中强制扣还给企业。对搞乱摊派的，除追回所摊派的钱物外，由其上级主管单位追究主要责任者和单位负责人的责任。各地区、各部门要模范地遵守中央和国务院关于制止向企业乱摊派的有关规定，并保证这项工作的顺利进行。

四、企业必须维护国家利益，遵守财经纪律，坚决抵制各种不正之风。对乱摊派的行为，企业有权抵制，抵制无效时，可向上级经委、审计、财政和税收、财务、物价大检查办公室反映，有关机关应及时处理；企业还可向人民法院起诉。企业如受到要挟、刁难和打击报复，要追究有关人员的责任，并从严处理。

五、各地区、各部门要对一九八二年国务院《关于解决企业社会负担过重问题的若干规定》下达以来，向企业乱摊派的情况进行一次认真的检查和清理，并将清理和处理结果于今年八月底以前报国家经委、审计署和财政部。国家经委要会同审计署、财政部负责监督、检查各地区、各部门对本通知的贯彻执行情况，并报告国务院。

对向行政、事业单位和个人乱摊派的问题，可参照本通知规定处理。

国务院批转轻工业部、全国手工业合作总社关于纠正平调二轻集体企事业资产问题报告的通知

（一九八六年六月二十日）

国务院同意轻工业部、全国手工业合作总社《关于纠正平调二轻集体企事业资产问题的报告》，现转发给你们，请贯彻执行。

近几年来，党中央、国务院曾三令五申，要求保护集体经济的合法权益，禁止任何组织或个人用任何手段侵占或破坏集体资产。但是，有一些地方和部门不按党和国家的政策办事，仍然平调二轻集体企事业的资产，影响了集体经济的发展。各地区、各部门要对本地区所发生的平调二轻集体企事业资产的问题，进行一次认真检查，并采取坚决措施加以纠正。

轻工业部、全国手工业合作总社关于纠正平调二轻集体企事业资产问题的报告

（一九八六年六月二日）

保护集体经济的合法权益，是党中央、国务院的一贯政策。中央、国务院《关于广开门路，搞活经济，解决城镇就业问题的若干决定》、国务院《关于城镇集体所有制经济若干政策问题的暂行规定》和国务院一九八四年批转轻工业部、全国手工业合作总社有关轻工集体经济政策问题的报告，都一再重申保护、发展集体经济的具体政策。但是，有些地方和部门至今仍然利用职权，无偿平调、划走二轻集体企事业的财产、资金、劳动力以及其它物资，侵占各级联社的集体资金和用集体资金兴办的企事业设施。据不完全统计，一九八一年至一九八五年，广西、辽宁、安徽、甘肃、陕西、江苏、江西、云南、湖南、山西、天津等十一个省（自治区、直辖市）二轻集体企业被平调和划走的集体资产达三亿一千四百余万元，严重影响了集体经济的发展。

当前，平调二轻集体企事业资产的，不少是在盈利较多的企业身上打主意，有的将整个行业的盈利企业"连锅端"；有的以"联合"、"开发"的名义，强行侵吞一些具有生产经营优势的骨干企业；有的利用二轻管理机构变动的机会，侵占企事业的资产。

我国的二轻集体经济主要是靠上级联社组织集体企业互助合作、相互支持发展起来的。不少企业在联社和其它集体企业的帮助下发展起来了，又回过头帮助其它集体企业，这是历史形成的二轻集体经济发展的特点。如果无偿划走盈利骨干企业，把联社投入的资金带走，尽管在形式上保持集体所有制不变，但改变了企业的隶属关系和财务关系，必然要损害参加联社的其它集体企业的利益，削弱二轻集体经济。所以，维护二轻集体企事业单位的合法权益，坚持所有制、隶属关系和财务收缴关系"三不变"的原则，不是权宜之计，而是在总结历史经验基础上提出来的党和国家的一项重要经济政策。

为了保证党和国家对集体经济的政策得到贯彻执

行，有效地制止以各种形式对二轻集体企事业资产的平调，现提出以下几点建议：

一、要认真检查一下各地发生平调二轻集体企事业单位以及联社集体资产的情况。各省、自治区、直辖市人民政府要加强对这项工作的领导，组成各有关部门参加的联合检查组，对本地区平调二轻集体企事业资产的问题，进行一次认真检查，对发现的问题要边核实，边退赔。特别是中共中央、国务院中发〔1981〕42号文件下发后，各地所发生的平调，要坚决退赔。在二轻集体企业被划走期间，除按国家规定安置的人员外，其它由有关部门硬性安插在企业的干部、职工，原则上都要由这些部门收回去。

二、在实行经济改组、归口管理和联合经营中，要坚持二轻集体企业的所有制、隶属关系和财务收缴关系"三不变"的原则。已划走的二轻集体企业如因特殊原因不能退回的，要改成合资联营，以维护集体利益不受侵犯。

三、按照国家政策和规定，只限各级联社（包括与轻工、二轻机构合署办公的联社）向所属的集体企业收缴合作事业基金和管理费，其它任何部门都无权收缴，已收缴的要坚决纠正。各地二轻机构的行政管理干部，应由行政经费开支。各级联社收缴的合作事业基金，要取之于集体，用之于集体，不准挪用，并定期公布，接受集体企业的监督。

四、凡过去利用集体资金创建的二轻院校、手工业干校，现仍被部队和有关单位占用的，要在这次检查中，根据国务院的有关规定，同时进行清理，限期归还。对确因改建、拆并等原因，不能归还原校舍的，要根据具体情况，由占用部队和单位采取合理作价赔偿等办法妥善处理。

五、各地集体企事业单位的干部职工对无偿平调集体企事业资产的问题，可向有关部门反映，有关部门对提出的问题，要认真查办，维护集体企事业单位的合法权益。任何部门、单位和个人，都不得对反映问题的干部和职工进行打击报复，对打击报复的要从严处理。

六、要加强对二轻工业的领导，各级二轻（轻工）厅局和联社要切实担负起维护集体企业合法权益的责任，及时发现问题，解决问题，使集体企业得到扶植和发展。

国务院关于加强工业企业管理若干问题的决定

（一九八六年七月四日发布）

一、"六五"时期，经过全面整顿和初步改革，我国工业企业的面貌发生了很大变化，为保证国民经济持续稳定协调发展做出了重大贡献。但是，企业素质差的问题仍然存在，技术落后，管理更落后。突出表现在不少企业的产品质量差，物质消耗高，经济效益低，不能适应现代化建设和人民消费的需要。随着社会主义市场体系的逐步完善，对外经济技术联系的不断扩大，所有企业都面临着优胜劣汰竞争的严峻考验。质量不上去，消耗不下来，经济效益不提高，企业就不能继续生存和发展，国家也难以实现现代化建设的预期目标。对此，必须有清醒的认识和强烈的紧迫感。

二、"七五"期间，要把提高产品质量、降低物质消耗和增加经济效益，作为考核工业企业管理水平的主要指标。为此，提出国家特级企业、国家一级企业、国家二级企业和省（自治区、直辖市）级先进企业的主要标准。

国家特级企业的主要标准是：主要产品质量和物质消耗指标，达到国际先进水平，进入世界先进行列。

国家一级企业的主要标准是：主要产品质量达到国际七十年代末八十年代初的先进水平，主要物质消耗指标达到一九八五年国内同行业先进水平。

国家二级企业的主要标准是：有在国内同行业领先、适合市场需要的优质名牌产品，主要物质消耗指标达到一九八五年国内同行业先进水平。

省（自治区、直辖市）级先进企业的主要标准是：有在省内同行业领先、适合市场需要的优质名牌产品，主要物质消耗指标达到一九八五年省内同行业先进水平。

全国工业企业，特别是全民所有制大中型企业，都要从自己的实际情况出发，制定出"抓管理、上等级、全面提高素质"的规划，并采取切实措施，努力实现。

企业上等级工作，应该有计划有步骤地进行。从全国来说，先在机械、电子、钢铁、有色金属、石化、纺织以及某些轻工行业中试行。其它行业，可参照以上要求，选择部分企业进行试点。在工作中要坚持实事求是，防止形式主义。不论哪一级的先进企业，都不搞"终身制"。要定期评审，有升有降，符合标准的就上，不符合标准的就下。评审工作要由公正的机构组织实施。对达到国家特级、一级、二级标准的企业，国家在信贷、出口、工资、奖金等方面分别给予相应的鼓励。

企业等级的具体标准、上等级规划和实施细则，国家级企业由国务院有关主管部门负责制定，国家经委组织协调；省级企业由省、自治区、直辖市自行制定。企业上等级工作涉及的方面很多，各地区、各部门要有相应的机构负责组织协调。

三、积极推行和完善全面质量管理，建立质量保证体系。必须牢固树立质量第一的观点，千方百计为用户提供优质产品和服务。企业主管生产经营的干部必须学会质量管理的科学方法，积极动员和组织全体职工参加质量管理活动。要充实质量管理和检验机构。要把产品质量与职工的荣誉和物质利益结合起来，使质量指标在工资、奖金分配上具有否决权。

加强国家对产品质量的监督。要尽快在全国范围内建立起科学、公正、有权威的质量监督网。用科学的手段和方法，到市场和用户抽查商品，并发布抽查公告。对不合格产品的生产者提出警告，限期改进。对危害人民健康和生命安全的食品、医药、电器等产品，以及危害使用单位生产建设安全的产品，必须立即停止生产销售，并追究责任。国家实行优质优价、低质低价的政策。质量监督机构抽查商品的检测费用，由国家和地方财政拨款解决，除国家另有规定外，不准向企业收费。要积极探索和试行消费者对产品质量监督的办法。

四、认真搞好节能降耗工作。尽快改变物质消耗在总成本中所占比重过高的状况，采取切实有效措施降低物质消耗，节约的资金按规定提取一部分用于奖励职工。要坚持勤俭办企业的方针，把节能降耗工作落实到每一个环节，广泛开展综合利用和回收利废工作，合理使用各种物资，杜绝浪费。要把节能降耗列为企业技术改造的重点，优先纳入计划，安排资金。国家已公布淘汰的机电产品和超过消耗标准的设备，要按规定限期停用或更新改造。对原料、材料和能源消耗实行节约有奖、超耗有罚的办法。浪费严重、长期得不到解决的，要追究企业负责人和直接责任者的行政责任。

五、加强企业管理基础工作，加快企业管理现代化的步伐。到一九九〇年，大中型企业的主要产品都要按照国际标准或国外先进标准组织生产。逐步建立起以技术标准为主体，包括工作标准和管理标准在内的企业标准化系统。所有企业凡是能够实行定额考核的劳动、物资、资金、费用等，都应实行定额管理，扩大定额面，提高定额水平。企业要尽快完善计量器具和检测手段，认真做好计量定级升级工作，逐步实现检测手段和计量技术现代化。企业的信息工作要从原始记录、凭证、台帐、统计报表和用户信息反馈抓起，把生产经营全过程的信息收集、反馈、分析、处理扎扎实实地建立健全起来。有条件的企业，逐步采用电子计算机进行管理。必须加强班组建设。广泛开展班组竞赛活动，不断提高班组管理水平。班组建设的关键是选拔和培养责任心强、技术熟练、作风正派，能团结人的班组长。

六、大力推进企业的技术进步，加速产品更新换代和技术改造。每个企业都要根据实际情况，制定“七五”期间技术进步规划和年度实施计划。按照改进一代、研制一代、预研一代的方针，积极采用新技术、新设备、新材料，改造、淘汰老产品，开发新产品。企业技术改造项目，必须采用先进工艺和设备，使产品质量显著提高，物质消耗大幅度降低。

七、加强财务管理，搞好经济核算。必须认真贯彻会计法和成本管理条例，严格遵守财经纪律，执行财经制度。要完善会计制度，搞好资金筹措、结算和运用，提高资金使用效率。有条件的企业，还应当学会并运用价值工程等现代化管理方法，从产品设计、生产工艺、供应销售等每一个环节上节支增收。

八、改进和加强企业的经营工作。企业要从生产型转变为生产经营型。要注意研究市场变化，适应市场需要，向用户提供适销对路的商品和满意的服务，维护企业信誉，树立良好的经营作风。

九、认真抓好安全生产工作，维护国家财产，保障职工人身安全。厂长（或经理，下同）对企业的安全生产负有全面责任。要改善职工劳动条件，努力消除事故隐患，在保证职工安全的前提下组织领导生产。要加强安全教育，安全知识考核不合格的职工不得上岗操作。对违章指挥和操作造成重大事故的，必须严肃处理。

十、以提高产品质量、降低物质消耗为重点，进一步完善和发展企业内部经济责任制体系。做到责、权、利相结合，兼顾国家、集体和职工个人利益，职工劳动所得同劳动成果相联系，职权清楚，责任落实，考核严格，奖惩合理。

十一、切实搞好职工培训，不断提高职工队伍素质。“七五”期间，大中型企业领导干部在完成厂长国家统考的基础上，要分期分批进行系统培训，管理干部、技术干部、政工干部、班组长以及其他生产技术骨干要按照岗位、职务的需要，开展多层次的业务技术培训。鼓励职工学政治、学技术、学业务，苦练基本功。在试点的基础上，逐步恢复和完善统一考工晋级和晋升技师制度。

十二、加强纪律，从严治厂。执行纪律必须奖惩严明。对劳动态度好、工作贡献大的职工要给予精神鼓励和物质奖励；对于玩忽职守，严重违犯纪律，造成重大损失的职工，要按有关规定，给予行政处分直至追究法律责任。

十三、要有领导、有步骤地完成全民所有制工业企业领导体制的改革。“七五”期间，企业要在总结试点经验的基础上，普遍推行厂长负责制。实行厂长负责制的企业，厂级行政副职由厂长提名，报主管部门批准；中层行政干部由厂长任免。在任免干部的时候，要注意征求各方面的意见。

企业领导班子按照革命化、年轻化、知识化、专业化的要求调整以后，应保持相对稳定。厂长任期为三至五年，任期内实行目标责任制。实现任期目标的，可以连任。

十四、健全职工民主管理制度。要发扬我国社会主义企业职工民主管理的优良传统，发扬广大职工的主人翁责任感和主动性、积极性、创造性。要充分发挥职工代表大会或职工代表会议在企业民主管理中的作用。企业经营战略、发展规划、内部分配和经济责任制总体方案，要经过职工代表大会或职工代表会议讨论审议；有关职工切身利益的集体福利等方面的重要事项，要由职工代表大会或职工代表会议讨论决定。企业各级领导干部要自觉接受职工群众的监督，认真听取职工群众对于改革和加强企业管理方面的意见，积极发动群众开展合理化建议和技术革新活动。企业全体职工都要以办好企业为己任，关心企业发展，努力为国家多做贡献。

十五、改进和加强企业思想政治工作。企业上等级工作，要与创建精神文明单位的活动结合起来。要坚持四项基本原则，深入进行有理想、有道德、有文化、有纪律的教育，加强社会主义法制教育，用共产主义理想激发职工献身社会主义现代化建设的巨大热情，把职工对远大理想的追求，落实到“爱国家、爱企业、爱本职工作”上来。

十六、各级经济主管部门和综合部门，要在企业开展“抓管理、上等级、全面提高素质”工作中，精心进行指导，为企业创造良好的外部环境。要坚持政企职责分开的原则，保证企业的正当权益。必须坚决贯彻落实国务院已经发布的关于扩大企业自主权、增强大中型企业活力，推进技术进步、推动横向经济联合、制止向企业乱摊派等项决定。对侵犯企业自主权和经济利益的问题，一经发现，必须立即纠正。

十七、交通、邮电、商业、服务、建筑施工等行业，可参照本决定，结合具体情况，拟订加强企业管理的实施办法。

全民所有制工业企业厂长工作条例

（一九八六年九月十五日中共中央、国务院发布）

第一章 总 则

第一条 为改革全民所有制工业企业的领导体制，确定厂长的责任和权限，实行厂长负责制，特制定本条例。

第二条 全民所有制工业企业（以下简称企业）依照国家法律规定，取得企业法人资格。企业的法定代表人为厂长，负责代表法人行使职权。厂长依据本条例规定，对本企业的生产指挥和经营管理工作统一领导，全面负责。

第三条 厂长在组织企业生产经营活动中，必须坚持企业的社会主义经营方向，执行党和国家的方针、政策，遵守国家的法律、法规，执行企业主管机关的决定。

第四条 厂长必须维护国家利益，保护国家财产，正确处理国家、企业、职工三者利益关系。

第五条 厂长在企业缴纳税金、上交利润和提取、使用利用留成以及转让固定资产和进行重大经济活动等方面，必须接受审计、财政、税务、工商行政管理等部门和国家银行的监督。

第六条 厂长应当定期向企业党的基层委员会（含不设基层委员会的党总支部委员会、支部委员会，以下简称党委）报告工作，接受监督。

第七条 厂长应当定期向职工代表大会（或职工大会，下同）报告工作，听取意见，组织实施职工代表大会在其职权范围内作出的有关决定，负责处理职工代表大会提出应由行政方面处理的提案，接受职工代表大会的监督。

第二章 厂长的条件和任免

第八条 厂长应当具备以下条件：

一、有从事社会主义建设事业的革命精神，能坚持企业的社会主义经营方向；

二、熟悉本行业生产业务，懂得有关的经济政策和法律、法规，善于经营管理，有组织领导能力；

三、廉洁奉公，联系群众，有民主作风；

四、大中型企业的厂长一般应当具有大专以上文化水平，小型企业的厂长一般不应低于中等文化水平，或者通过国家厂长考试，成绩及格；

五、身体健康，能适应工作的需要。

第九条 厂长的产生，应当根据企业的不同情况，分别采取下列方式：

一、按照干部管理权限，由企业主管机关或干部管理机关委派任命；

二、按照企业主管机关的部署，由企业职工代表大会选举或推荐，然后按照干部管理权限由企业主管机关或干部管理机关批准或任命；

三、企业主管机关招聘、提名，经企业职工代表大会同意，按照干部管理权限，由企业主管机关或干部管理机关任命。

第十条 厂长实行任期制，每届任期三至五年，可以连任。

厂长任期内，实行任期目标责任制。厂长应当根据国家要求、社会需要，结合企业实际，提出企业的长远发展目标和实现长远发展目标的任期责任目标，经管理委员会和职工代表大会讨论并报企业主管机关批准后组织实施。任期责任目标的实施，应当作为对厂长考核、监督和决定可否连任的主要依据之一。

厂长任期届满前，原任命或批准机关应当根据厂长在任期内的实绩，在听取职工代表大会意见的基础上作出连任或离任的决定。

厂长在任期内申请辞职，必须向企业主管机关提出书面报告，经原任命或批准机关同意后方可离职。

职工代表大会提出要求罢免厂长的建议时，企业主管机关应当在三十天内调查处理完毕。在调查处理期间，厂长是否继续履行职责，应当由企业主管机关决定。

厂长在任期内因力不胜任或有严重失职行为，企业主管机关有权免除其职务。

厂长在任期内，企业主管机关和干部管理机关一般不调动厂长工作。

厂长离任前，企业主管机关（或会同干部管理机关）可以提请审计机关对厂长进行经济责任审计评议。

第三章　企业的经营管理决策和生产指挥

第十一条　企业设立管理委员会，就企业经营管理中的重大问题协助厂长决策。

管理委员会由厂长、副厂长、总工程师、总经济师、总会计师，党委书记、工会主席、团委书记和职工代表大会选出的职工代表组成。职工代表（包括工会主席）人数一般应当为管理委员会全体成员的三分之一。厂长任管理委员会主任。

第十二条　本条例第十一条所称重大问题是指：

一、经营方针、长远和年度计划、重大技术改造和技术引进计划、职工培训计划、工资调整计划和财务预决算、自有资金分配和使用方案；

二、企业党政工团等脱产人员编制和管理机构的设置和调整；

三、重要规章制度的建立、修改和废除。

上述重大问题的讨论方案，均由厂长提出。

第十三条　管理委员会讨论本条例第十二条规定事项中需经企业主管机关审批的，由厂长负责上报。

第十四条　管理委员会讨论本条例第十二条规定的事项中需经职工代表大会审议的，由厂长负责提出。

第十五条　企业建立以厂长为首的生产经营管理系统，实行统一领导，分级负责。

企业建立各级经济责任制。

第十六条　企业根据规模大小和生产经营的需要，可设总工程师、总经济师、总会计师等厂级经济技术负责人。企业是否设副厂长以及副厂长的名额，由厂长提出方案，报企业主管机关决定。

厂长可以设置专职或聘请兼职的法律顾问。

副厂长、总工程师、总经济师、总会计师和法律顾问，在厂长的领导下进行工作，并对厂长负责。

行政职能科（室）科长（主任）和车间主任，在厂长或分管的厂级负责人的直接领导下进行工作，并对厂长或分管的厂级负责人负责。

厂长暂时不能履行职责时，由厂长指定一名厂级负责人代理其职务。

第十七条　企业应当根据生产经营工作的需要设立必要的、精干的管理机构。

有关会计、统计、审计、质量检验等机构的调整及其主要负责人的任免，厂长应当执行国家有关规定。

第四章　厂长的职责

第十八条　厂长应当根据国家计划和市场需求，结合任期责任目标，提出企业的年度经营目标和发展方向，经管理委员会讨论和职工代表大会审议后组织实施。

第十九条　厂长应当组织企业各方面的力量，保证完成国家计划，组织实施国家下达给企业的各项任务，严格履行经济合同。

第二十条　厂长应当注重市场信息，不断开发新产品，降低成本和费用，增强企业的应变、竞争能力。

第二十一条　厂长应当通过严格的质量管理，保证产品质量达到国家规定的标准或合同的要求。

第二十二条　厂长应当采取切实措施，推进企业的技术进步和企业的现代化管理，提高经济效益，增强企业自我改造和自我发展能力。

第二十三条　厂长应当不断改善企业的劳动条件，高度重视安全生产，认真搞好环境保护。

厂长应当在发展生产、提高经济效益的基础上，逐步改善职工的物质文化生活条件。

厂长应当组织职工群众切实做好企业的治安保卫工作。

第二十四条　厂长应当采取切实措施，进行智力投资和人才开发，加强对职工的思想、文化、业务教育，组织职工进行技术革新，支持合理化建议，做好思想政治工作，充分发挥职工参加社会主义建设的主动性、积极性和创造性。

第二十五条　厂长应当按照法律、法规规定，保障企业职工代表大会和工会行使其职权；在决定同广大职工切身利益有关的问题时，应当征求企业工会的意见。

厂长应当支持企业共青团和科协等群众组织的工作，充分发挥它们在社会主义建设中的积极作用。

第五章　厂长的权限

第二十六条　厂长有企业经营管理工作的决策权和生产指挥权。

厂长同管理委员会的多数成员对经营管理中的重大问题意见不一致时，厂长有权作出决定。

第二十七条　本条例第十六条所列副厂长和厂级经济技术负责人，以及中层行政干部的人选方案由厂长负责提出，并征求企业党委意见。中层行政干部由厂长决定任免;厂级行政副职按干部管理权限上报审批。

厂长用人必须坚持德才兼备、任人唯贤的原则。人选方案,厂长应当倾听各方面意见,经充分酝酿后提出。

第二十八条 厂长有权按国家规定对职工进行奖惩。

除经营亏损企业外,厂长对确有特殊贡献的职工可按国家规定予以晋级。

厂长对违纪职工,有权予以行政处分,直至辞退;辞退职工应征求本企业工会的意见。

厂长对厂级干部的奖惩、调资、晋级和对本条例第十七条第二款所列人员的奖惩、调资、晋级应按照干部管理权限上报审批。

第二十九条 厂长有权拒绝企业外部任何组织和个人抽调、借用企业的人员,无偿占用企业的资金和物资,对企业摊派劳务、费用。

第三十条 厂长对职工代表大会在其职权范围内决定的事项如有不同意见,可以提请复议。复议后仍有不同意见,厂长应当按决定执行,同时报告上级主管机关。

第三十一条 厂长有国家规定的企业生产指挥和经营管理工作方面的其他权限。

第三十二条 厂长按照本条例规定行使职权时,受国家法律保护,任何组织和个人不得威胁、压制、阻挠和打击报复。

第六章 奖励与处罚

第三十三条 厂长在工作中成绩显著,具有下列情形之一者,给予荣誉奖励、一次性物质奖励或晋级奖励:

一、主要经济技术指标达到国际先进水平,或在全国同行业、同类企业中达到先进水平;

二、产品进入国际市场,有竞争能力,为国家创汇做出较大贡献;

三、产品销售额、实现利润、上交税利连续三年以上有较大幅度增长,职工收入有所增加;

四、创优质名牌产品,社会经济效益显著;

五、推行技术改造和技术进步成绩显著,有重大技术突破,或为企业创造了自我发展的条件;

六、推行现代化管理取得显著效果。

第三十四条 由于厂长工作上的过错,发生下列情形,应当区别情节轻重,给予处分:

一、违反法律、法规和规章制度,损害国家、企业、职工、用户或消费者利益;

二、没有不可克服的外部原因,连续两年完不成国家指令性计划;

三、有条件履行而未履行经济合同,造成重大经济损失;

四、忽视产品质量,多次发生重大质量事故;

五、在物质、技术条件许可的条件下,忽视环境保护,造成严重污染;

六、由于指挥不当,管理不善,企业发生重大安全事故,使国家财产、人民生命财产遭到重大损失;

七、犯有其他严重错误。

第三十五条 厂长以权谋私,违法乱纪,弄虚作假,骗取荣誉或经济利益,应当区别情况,给予处分;触犯刑律的,依法追究刑事责任。

第三十六条 对厂长的奖惩和调资、晋级,由企业主管机关决定;或由企业主管机关提出,按照干部管理权限报上级机关决定。

第七章 附 则

第三十七条 实行承包、租赁的企业,厂长的产生、任期、任免、奖惩,企业经营管理中重大问题的决策,都按照根据国家有关规定签订的协议或合同执行。

第三十八条 本条例原则上适用于全民所有制交通运输、邮电、地质、建筑施工、农林、水利等企业。

第三十九条 本条例由国家经济委员会负责解释。

第四十条 本条例自 1986 年 10 月 1 日起施行。

能 源

节约能源管理暂行条例

(一九八六年一月十二日国务院发布)

第一章 总 则

第一条 为贯彻国家对能源实行开发和节约并重的方针,合理利用能源,降低能源消耗,提高经济效益,保证国民经济持续、稳定、协调的发展,特制定本条例。

第二条 城乡一切企业、事业单位以及机关、部队、团体和个人,都应当遵守本条例。

第三条 本条例所称能源,是指煤炭、原油、天然气、电力、焦炭、煤气、蒸汽、汽油、煤油、柴油、燃料油、薪柴等。

本条例所称节约能源，是指通过技术进步、合理利用、科学管理和经济结构合理化等途径，以最小的能源消耗取得最大的经济效益。

第二章　节能管理体系

第四条　国务院建立节能工作办公会议制度，研究和审查有关节能的方针、政策、法规、计划和改革措施，部署和协调节能工作任务。日常工作，由国家计委、国家经委分工负责。

第五条　省、自治区、直辖市人民政府和国务院有关部门，应当指定主要负责人主管节能工作，并可建立节能工作办公会议制度。日常工作，由节能管理机构负责。

省、自治区、直辖市的重点耗能厅、局和地、市，应当有主要负责人主管节能工作，并明确相应的管理机构。

地方和部门的节能管理机构，主要负责贯彻执行国家有关节能的方针、政策、法规和标准，制定本地区、本行业或者本部门的节能技术政策和规划，组织、指导节能的技术开发、技术改造，检查、督促本地区、本行业或者本部门的企业和其他单位改进节能管理，统筹、协调完成节能工作任务。

第六条　年综合耗资能折合标准煤一万吨以上的企业(以下简称重点耗能企业)，应当有主要负责人主管节能工作，并明确相应的管理机构。年耗能不足一万吨的企业，由地方和部门参照上述规定并结合具体情况，做出规定。

企业的节能管理机构，主要负责本企业贯彻执行国家有关节能的方针、政策、法规、标准以及地方、部门发布的有关节能的规定，制订并组织实施本企业的节能技术措施，完善节能科学管理，降低单位产品能耗，完成节能工作任务。

第七条　地方、部门、企业的节能工作，必须实行责任制。

各级节能管理机构，应当配备有专业知识、有业务能力和热心节能工作的干部和技术人员。

第八条　地方人民政府和国务院有关部门的节能管理机构，同时有所辖地区或者所属企业执行本条例的监督机关。

地方和部门的节能管理机构，除履行本条例第五条规定的监督职责外，还可委托节能技术服务中心或者其他有关单位，对所辖地区或者所属企业的生产、生活用能进行监测和检查。

第三章　节能管理基础工作

第九条　国家统计局应当建立健全能源统计体系。各级统计部门应当会同企业主管部门做好能源统计工作。

企业应当建立健全能源消耗原始记录和统计台帐。按照《中华人民共和国统计法》和国家有关统计工作的其他规定，定期向统计部门、节能管理机构和企业主管部门报送有关能源统计报表。

第十条　企业应当根据《中华人民共和国计量法》和国家有关计量工作的其他规定，配备能源计量器具，加强能源计量管理。

第十一条　国家标准局应当组织制订各项能源基础标准、能源管理标准和产品能耗标准。地方和部门应当根据国家标准结合具体情况，制订地方和部门节能标准。企业应当认真执行各项节能标准。

第十二条　企业主管部门应当会同能源供应部门，根据国务院主管部门制订的综合能耗考核定额和单项消耗定额，定期对企业主要耗能产品制订先进、合理的能源消耗定额，并认真进行考核。企业应当把各种能源消耗定额分解落实到车间、班组、机台，建立能源使用责任制度。

第十三条　企业应当进行能耗分析，并根据需要开展能量平衡工作。重点耗能企业应当实行综合能耗考核和单项消耗考核制度。

第四章　能源供应管理

第十四条　地方节能管理机构应当会同能源供应部门和企业主管部门，组织企业做好能源的供应和节约工作。根据企业能源管理的水平、产品能耗和综合经济效益的高低，择优供应能源。对基本由国家分配能源的企业，应当根据不同情况，实行定量或者定额包干。节约的部分，归企业留用。

第十五条　煤炭工业应当发展煤炭筛选和洗选加工，提高煤质，有计划地实行对路供应。

煤炭生产部门和交通运输部门，应当根据分配计划和企业供销、运输合同，组织煤炭的定质、定量供应。对冶金、电力、化工、建材行业的大型企业和铁路机车用煤，实行对路供应，并逐步实行定点供应。

城市燃料公司应当根据中小企业的需要，供应动力配煤。

第十六条　煤炭供应实行按质论价的原则。对燃料用煤推行按发热量计价的办法。

煤炭的计量，逐步推行按商品煤计量和标准煤折量的制度。

第十七条　严格执行计划供电和计划用电的制度。使用电双方的权利义务范围，按国务院主管部门制定的《全国供用电规则》执行。

实行多种电价，并鼓励企业在丰水的弃水期和用电负荷的低谷期用电。电价的计算方法，按国务院批转国家经委等部门《关于鼓励集资办电和实行多种电价的暂行规定》执行。

第十八条　严格控制烧油。新开烧油户，应当按国家有关规定办理审批手续。确定以烧煤代烧油的企业，必须限期改造。

对锅炉和工业窑炉燃烧用的平价原油和燃料油，依税法规定，征收烧油特别税。

第十九条 严格控制柴油发电机组用油。除无电源地区的生产作业，边境、牧区用电，以及医院、广播、邮电、科研等必须备用的电源机组外，对其他柴油发电机组不保证供油。

第二十条 石油供应部门应当会同有关部门合理安排城乡加油站的建设，减少成品油贮运中的损耗和浪费。

第五章 工业用能管理

第二十一条 工业企业的建设，应当综合考虑能源资源条件、地区能源产销平衡和合理流向，实行合理布局。在缺能地区，除国家特别需要外，不得安排建设高耗能工业项目。

除能源丰富或者交通不便地区，经省、自治区、直辖市人民政府批准或者经其委托的机关批准外，不得恢复和发展小高炉、小转炉、小电炉、小轧机、小火电、小型有色金属冶炼、电解等能耗高的生产。

第二十二条 在保证社会需要的前提下，应当按照合理用能的原则，调整产业结构、企业结构和产品结构。

第二十三条 企业应当按照合理用能的原则，均衡、稳定、集中、协调地组织生产，避免能源损失浪费。

第二十四条 企业供热系统的运行、管理和余热利用，应当按国家标准局《评价企业合理用热技术导则》的有关规定执行。

第二十五条 禁止擅自扩大锅炉容量。企业新增锅炉或者改造锅炉需要扩大蒸发量的，必须事先申报，经当地节能管理机构会同企业主管部门、劳动部门和燃料供应部门审核批准。

第二十六条 企业主管部门应当根据本行业的窑炉等级考核标准，对所属企业的主要窑炉定期检查评比，晋等升级。

第二十七条 严格限制土法炼焦。但因条件特殊可予保留的，应由企业所在地的省、自治区、直辖市人民政府或者经其委托的机关批准。

第二十八条 电力部门应当合理建设和改造电网结构，提高供电能力，保证供电质量。应当采取合理利用水能和高效火电机组发电、加强电网经济调度等措施，降低水耗和煤耗，节约燃料。

企业供用电的技术要求，按国家标准局《评价企业合理用电技术导则》有关规定执行。

第二十九条 发展热电联产。热用户生产用汽量达到一定规模，并有常年稳定的热负荷时，电力部门和地方应当按照"以热定电"的原则，实行热电联产。

鼓励企业利用余热、余压发电。企业自备的热电站以及地方建设的小型热电站通过电网售电时，电力部门应当按国家规定实行扶持政策。

第三十条 在工业比较集中的地区，当地经济管理部门应当有计划地组织热处理、电镀、铸造、锻造、制氧等专业化生产，提高能源利用率。

第三十一条 冶金、石油、化工、煤炭等企业放散的可燃气体，应当积极回收，合理利用。

煤矿以及附近地区的工业企业，在经济合理的前提下，应当开展煤矸石综合利用。在石煤、劣质煤、油母页岩资源丰富的地区，应当根据经济效益的高低，综合利用当地的低热值燃料。

第六章 城乡生活用能管理

第三十二条 生活用煤应当逐步实现型煤化，大力推广蜂窝煤。积极开发烟煤的无烟燃烧技术，扩大民用煤品种资源。

第三十三条 积极发展薪炭林，推广省柴和节煤炉灶。有条件的地区应当积极开发和利用沼气、太阳能、风能、地热能等新能源。

第三十四条 利用多种气源，发展城市煤气。城乡建设环境保护部门应当会同有关部门制订规划，逐步提高城市气化率。

第三十五条 建筑物设计，在保证室内合理生活环境的前提下，应当采取妥善确定建筑体形和朝向、改进围护结构、选择低耗能设施以及充分利用自然光源等综合措施，减少照明、采暖和制冷的能耗。

第三十六条 发展集中供热。凡新建采暖住宅以及公共建筑，应当统一规划，采用集中供热。对现有的分散供热系统，必须积极采取措施，逐步淘汰低效锅炉，实行集中供热。

建筑物的采暖设施，应当根据经济合理的原则，采用或者改为热水采暖。

第三十七条 城乡居民使用电、水和煤气，应当装表计量收费，取消包费制和无偿转供。

第七章 推进技术进步

第三十八条 新建、改建和扩建工程项目，必须采用合理用能的先进工艺和设备，其能耗不应高于国内先进指标。有关部门在制定或者修订本行业的设计规范、准则和规定时，必须有节能的具体要求。工程项目的可行性研究和初步设计，必须有合理利用能源的专题论证。凡不符合设计规范、准则和规定中节能要求的工程项目，审批单位不予批准建设。

第三十九条 地方、部门和企业，应当根据行业节能技术政策，编制节能改造的中长期规划和年度计划，并组织实施。主要耗能行业应当有计划地建设一批技术先进、经济合理、便于推广的节能示范项目。

第四十条 企业节能技术改造资金，主要从企业折旧基金和留用的生产基金中支出。主要产品能耗高于本行业平均水平的重点耗能企业，必须把节能列为企业技术改造的重点，优先纳入计划，安排资金。

地方、部门掌握的折旧基金，每年应当提取一定比例，用于企业节能措施，其中能源调入地区和重点耗能部门提取的比例，不得少于本地区、本部门所掌握的折旧基金的20%。

第四十一条 对国家信贷计划内的节能贷款，实行优惠利率，并可由有关主管部门按国家规定给予贴息；允许贷款企业在缴纳所得税前，以新增收益归还。

对社会效益较大而企业效益较小的节能基建拨款改贷款的项目，有关主管部门可按国家规定豁免部分或者全部本息。

对国家安排的节能基建项目，国家给予部分投资并鼓励地方、部门和企业集资用于节能工程建设。

节能工程建设应当采用招标、投标办法。

第四十二条 重大节能项目，必须由节能管理机构同意的设计、咨询单位进行技术经济论证或者可行性研究。设计、咨询单位应当依据合同的规定，对建设项目的技术可靠性和经济合理性，承担相应的法律责任。

第四十三条 重大节能技术开发项目，应当纳入国家重点科研计划。地方和部门的节能管理机构，应当积极组织节能应用技术的研究和推广。

第四十四条 对节能效果显著、社会需要量大的产品，经国务院主管部门审查批准，实行优质优价。

经有关部门鉴定批准的节能新产品，按国务院批转国家经委等部门《关于推进国营企业技术进步若干政策的暂行规定》，在一定时期内免征产品税、增值税。

第四十五条 引进国外工艺和设备，必须综合考虑技术条件、经济效益和能耗水平。节能效果好的优先引进，能耗高的限制引进。

第四十六条 企业技术改造所需引进的节能机器设备、测试仪器仪表等，按国家税法规定，减免进口关税和产品税（或增值税）。

第四十七条 国家公布淘汰的机电产品，制造企业必须按规定期限停止生产和销售。

企业使用国家已公布淘汰的机电产品和超过能耗标准的设备，必须按主管部门规定，限期停用或者更新改造，并禁止转移他用。

第四十八条 地方和部门应当积极开发节能技术市场，实行技术有偿转让。根据需要和条件，可建立节能技术服务中心，对企业开展咨询、信息服务和能源测试等项业务活动。

第八章 奖 惩

第四十九条 国家定期举行节能先进单位的评选活动，对在节能工作中做出显著成绩的单位予以奖励。

第五十条 国家鼓励人民群众参加节能工作。对节约能源提出合理化建议的，由受益单位根据建议采纳后的经济效益，按国家规定对建议人予以奖励；对浪费能源现象提出批评的，国家保障批评人的合法权利，禁止打击报复。

第五十一条 国营工业、交通企业，凡符合本条例第九、十、十一、十二条规定要求，并经节能管理机构和其他有关部门批准，可按国家关于特定燃料、原材料节约奖励的有关规定，提取节约能源奖金。

第五十二条 城市节水和水力发电节水的奖励，由城乡建设环境保护部和水电部分别拟订办法，经审批后公布实施。

第五十三条 对违反本条例的单位和个人，情节较轻的，由节能管理机构批评教育；情节较重的，分别不同情况，按下列规定予以处理：

（一）对违反第十八条第一款的规定，逾期继续烧油的企业，停止供油。停止供油的决定由主管压缩烧油的机关做出，通知燃料供应部门执行。

（二）对违反第二十一条第二款和二十七条的规定，恢复和发展能耗高的小高炉、小转炉、小电炉、小轧机、小火电、小型有色金属冶炼、电解等生产以及继续保留土法炼焦的企业，由地方节能管理机构决定停供能源，由工商行政管理部门吊销营业执照。

（三）对违反第二十五条的规定，擅自扩大锅炉容量的企业，由地方节能管理机构处以罚款；对擅自扩大的锅炉容量，燃料供应部门不供应能源。

（四）对违反第四十七条的规定，逾期继续生产、销售、使用、转移他用该条所指机电产品和设备的企业，由银行停发贷款，由地方节能管理机构决定停供能源和处以罚款。

（五）对违反上述有关条款的规定，造成严重浪费能源后果的企业，除进行上述处理外，节能管理机构还应当协助有关部门追究企业负责人和其他直接责任人的行政责任。

单位和个人受到上述处罚后，并不免除其对于本条例所规定的有关义务的继续履行。

第五十四条 对企业超定额耗用的能源应当加价收费，加价费用不得摊入成本和营业外支出。地方加价收入由地方节能管理机构统一掌握安排，用于节能措施。

企业支付加价费用，并不免除其因违反本条例的规定而应当承担的缴纳罚款的责任。

第九章 宣传教育

第五十五条 宣传部门应当积极宣传节能的方针、政策和科技知识，充分运用广播、电视、报纸、刊物、讲座等宣传形式，提高全民对节能工作的认识和科学技术水平。

第五十六条 教育部门应当积极进行多层次节能人才的开发。大学和中等专业学校应当有计划地培养高、中级能源管理人才。

中、小学应当注意对青少年灌输能源知识；培养节能意识。

第五十七条 企业主管节能工作的厂长、节能机构的管理人员以及有关操作工人，都应当有计划地接受节能培训。节能培训的考核成绩，应当作为职工全面考核的内容之一。

第十章 附 则

第五十八条 省、自治区、直辖市人民政府和国务院有关部门以及部队，可以根据本条例并结合具体情况，制定实施细则。

第五十九条 本条例由国家经委负责解释。

第六十条 本条例自一九八六年四月一日起施行。

自本条例生效之日起，《国务院关于压缩各种锅炉和工业窑炉烧油的指令》、《国务院关于节约用电的指令》、《国务院关于节约成品油的指令》、《国务院关于节约工业锅炉用煤的指令》、《国务院关于发展煤炭洗选加工合理利用能源的指令》即行废止。

国务院批转城乡建设环境保护部、国家计划委员会关于加强城市集中供热管理工作报告的通知

（一九八六年二月六日）

国务院同意建设部、国家计委《关于加强城市集中供热管理工作的报告》，现转发给你们，请结合本地区、本部门的具体情况贯彻执行。

城市集中供热设施是现代化城市的基础设施之一。在城市经济体制改革中，各地要加强对这项工作的组织领导和管理，不断地摸索和总结经验，推动城市集中供热工作的开展。

城乡建设环境保护部、国家计划委员会关于加强城市集中供热管理工作的报告

（一九八五年十二月十八日）

我国城市集中供热是解放后发展起来的。在第一个五年计划期间建设了一批热电厂，初步奠定了我国城市集中供热的基础。党的十一届三中全会以来，国家用节能资金又扶植了一批集中供热项目的建设，使这项工作有了进一步的发展，不仅节约了能源，改善了环境，而且促进了工业生产，方便了群众生活。但总的来看，城市集中供热在我国仍然发展较慢。据一九八五年统计，在北方一百零八个城市中，仅有三十个城市建立了集中供热设施，供热面积四千九百万平方米，只占这些城市房屋总建筑面积的5.7%，城市居民基本上仍用分散的小锅炉和小煤炉采暖。

城市集中供热发展较慢的主要原因是：缺乏明确的政策；建设资金缺少稳定来源；管理体制不健全，一些热力公司供热管理水平较低；出厂热力价格不够合理。为了适应城市现代化建设和提高人民生活水平的需要，应进一步加强城市集中供热管理工作。为此，提出以下意见：

一、明确发展城市集中供热的方针

城市供热应该明确集中供热的方针。要因地制宜，广开热源，并且力求技术先进、经济合理。今后，集中供热要根据工业用热和生活用热的需要，采取热电联产，建设集中供热的锅炉房，充分利用工业余热和开发地热等多种方式，在城市总体规划的指导下，有计划、有步骤地分期实施。凡是新建住宅、公用设施和工厂用热，在技术经济合理的条件下，都应采取集中供热，一般不再建分散的供热锅炉房。

二、健全城市集中供热管理体制

城市供热设施，是城市建设的基础设施之一。按照国务院关于各部委业务分工的规定，由建设部归口管理，负责拟定城市供热工作的方针、政策和法规，指导城市供热的管理工作。

凡生活用热规模较大的城市可以设立热力公司，负责城市热网、集中锅炉房的建设和管理工作。各单位建设各类供热锅炉房，应由计划部门组织规划、环保、供热管理、劳动、煤炭供应等部门审查批准。各城市人民政府要加强对集中供热工作的领导，协调各方面的工作。

以工业用热为主的蒸汽供热设施的管理工作，可采取企业自管、电力部门管理和地方管理等多种形式。

为有利于城市集中供热的发展，建议现归水电部管理的以供热为主的小型热电厂，其供电对电网影响不大的，经双方协商后，可下放地方管理或改为企业的

自备电厂，并同时划转财政、燃料指标和人员。所发电量可由电网采取代售办法处理。电价可参照国家经委《关于小火电电价的规定》执行。

各部门管理的热电厂向热网供热，供需双方应签订合同，并各自纳入计划。热网管理部门要按照热源的供热能力发展用户，避免盲目扩大。供热所需的煤炭指标，由地方按计划调拨给供热电厂。

三、采取多种渠道解决城市集中供热的建设资金

为推动城市集中供热的发展，热源厂和热网的建设要紧密配合，同步进行。城市集中供热的建设资金，可采取多种渠道解决，一是地方自筹；二是向受益单位集资，受益单位也可根据具体情况，从自有的更新改造资金和生产发展基金中，适当拿出一部分用于供热建设；三是从城市维护建设税中适当拿出部分资金补助城市民用集中供热热网的建设；四是国家根据情况，可给予部分节能投资，以补助热力建设。

四、对城市集中供热采取优惠政策和合理的价格政策

城市集中供热是公用事业，社会效益好。城市供热企业，是服务性的生产企业，利润甚微，因此，国家要采取优惠政策。个别城市的供热企业纳税确有困难的，按照国家税法规定，可根据具体情况酌情减免调节税，以加强城市供热企业热力设施的维修和更新改造。热力价格要按照热源生产单位、热力公司和用户三兼顾的原则，根据实际成本和效益，合理确定。

五、加强城市集中供热的立法和管理工作

为了适应城市集中供热发展的需要，应及早制定城市集中供热规范、技术标准、管理条例等法规。

城市供热企业要实行经营承包责任制，独立核算，自负盈亏。要大力加强企业管理，减少能耗，防止跑、冒、滴、漏，千方百计降低成本，提高管理水平。

以上报告如无不妥，请批转各省、自治区、直辖市和国务院有关部门执行。

国务院关于处理第三方核责任问题给核工业部、国家核安全局、国务院核电领导小组的批复

（一九八六年三月二十九日）

关于处理第三方核责任问题的请示报告收悉。现批复如下：

一、在中华人民共和国境内，经政府指定，经营核电站的单位，或者从事核电站核材料的供应、处理、运输，而拥有其他核设施的单位，为该核电站或者核设施的营运人。

营运人依法取得法人资格。

二、在核电站现场内发生核事故所造成的核损害，或者核设施的核材料于其他人接管之前，以及在接管其他人的核材料之后，在中华人民共和国境内发生核事故所造成的核损害，该营运人对核损害承担绝对责任；其他人不承担任何责任。

三、对于一次核事故所造成的核损害，营运人对全体受害人的最高赔偿额合计为人民币一千八百万元。

对核损害的应赔总额如果超过前款规定的最高赔偿额，中华人民共和国政府将提供必要的、有限的财政补偿，其最高限额为人民币三亿元。

四、如果核损害是由致害人故意的作为或者不作为所造成的，有关营运人只对该致害人有追索权。

五、对直接由于武装冲突、敌对行动、暴乱，或者由于特大自然灾害所引起的核事故造成的核损害，任何营运人都不承担责任。

六、核事故的受害人，有权在受害人已知或者应知核事故所造成的核损害之日起的三年内，要求有关营运人予以赔偿；但是，这种要求必须在核事故发生之日起的十年内提出，逾期赔偿要求权即告丧失。

七、由于在中华人民共和国境内发生核事故造成核损害而引起的有关第三方核责任的一切诉讼，都必须遵照中华人民共和国法律规定，提请对该核事故发生地有管辖权的人民法院受理。

中华人民共和国民用核设施安全监督管理条例

（一九八六年十月二十九日国务院发布）

第一章　总　　则

第一条　为了在民用核设施的建造和营运中保证安全，保障工作人员和群众的健康，保护环境，促进核能事业的顺利发展，制定本条例。

第二条　本条例适用于下列民用核设施的安全监

督管理：

（一）核动力厂（核电厂、核热电厂、核供汽供热厂等）；

（二）核动力厂以外的其他反应堆（研究堆、实验堆、临界装置等）；

（三）核燃料生产、加工、贮存及后处理设施；

（四）放射性废物的处理和处置设施；

（五）其他需要严格监督管理的核设施。

第三条 民用核设施的选址、设计、建造、运行和退役必须贯彻安全第一的方针；必须有足够的措施保证质量，保证安全运行，预防核事故，限制可能产生的有害影响；必须保障工作人员、群众和环境不致遭到超过国家规定限值的辐射照射和污染，并将辐射照射和污染减至可以合理达到的尽量低的水平。

第二章 监督管理职责

第四条 国家核安全局对全国核设施安全实施统一监督，独立行使核安全监督权，其主要职责是：

（一）组织起草、制定有关核设施安全的规章和审查有关核安全的技术标准；

（二）组织审查、评定核设施的安全性能及核设施营运单位保障安全的能力，负责颁发或者吊销核设施安全许可证件；

（三）负责实施核安全监督；

（四）负责核安全事故的调查、处理；

（五）协同有关部门指导和监督核设施应急计划的制订和实施；

（六）组织有关部门开展对核设施的安全与管理的科学研究、宣传教育及国际业务联系；

（七）会同有关部门调解和裁决核安全的纠纷。

第五条 国家核安全局在核设施集中的地区可以设立派出机构，实施安全监督。

国家核安全局可以组织核安全专家委员会。该委员会协助制订核安全法规和核安全技术发展规划，参与核安全的审评、监督等工作。

第六条 核设施主管部门负责所属核设施的安全管理，接受国家核安全局的核安全监督，其主要职责是：

（一）负责所属核设施的安全管理，保证给予所属核设施的营运单位必要的支持，并对其进行督促检查；

（二）参与有关核安全法规的起草和制订，组织制订有关核安全的技术标准，并向国家核安全局备案；

（三）组织所属核设施的场内应急计划的制订和实施，参与场外应急计划的制订和实施；

（四）负责对所属核设施中各类人员的技术培训和考核；

（五）组织核能发展方面的核安全科学研究工作。

第七条 核设施营运单位直接负责所营运的核设施的安全，其主要职责是：

（一）遵守国家有关法律、行政法规和技术标准，保证核设施的安全；

（二）接受国家核安全局的核安全监督，及时、如实地报告安全情况，并提供有关资料；

（三）对所营运的核设施的安全、核材料的安全、工作人员和群众以及环境的安全承担全面责任。

第三章 安全许可制度

第八条 国家实行核设施安全许可制度，由国家核安全局负责制定和批准颁发核设施安全许可证件，许可证件包括：

（一）核设施建造许可证；

（二）核设施运行许可证；

（三）核设施操纵员执照；

（四）其他需要批准的文件。

第九条 核设施营运单位，在核设施建造前，必须向国家核安全局提交《核设施建造申请书》、《初步安全分析报告》以及其他有关资料，经审核批准获得《核设施建造许可证》后，方可动工建造。

核设施的建造必须遵守《核设施建造许可证》所规定的条件。

第十条 核设施营运单位在核设施运行前，必须向国家核安全局提交《核设施运行申请书》、《最终安全分析报告》以及其他有关资料，经审核批准获得允许装料（或投料）、调试的批准文件后，方可开始装载核燃料（或投料）进行启动调试工作；在获得《核设施运行许可证》后，方可正式运行。

核设施的运行必须遵守《核设施运行许可证》所规定的条件。

第十一条 国家核安全局在审批核设施建造申请书及运行申请书的过程中，应当向国务院有关部门以及核设施所在省、自治区、直辖市人民政府征询意见，国务院有关部门、地方人民政府应当在三个月内给予答复。

第十二条 具备下列条件的，方可批准发给《核设施建造许可证》和《核设施运行许可证》：

（一）所申请的项目已按照有关规定经主管部门及国家计划部门或省、自治区、直辖市人民政府的计划部门批准；

（二）所选定的厂址已经国务院或省、自治区、直辖市人民政府的城乡建设环境保护部门、计划部门和国家核安全局批准；

（三）所申请的核设施符合国家有关的法律及核安全法规的规定；

（四）申请者具有安全营运所申请的核设施的能力，并保证承担全面的安全责任。

第十三条 核设施操纵员执照分《操纵员执照》和《高级操纵员执照》两种。

持《操纵员执照》的人员方可担任操纵核设施控制

系统的工作。

持《高级操纵员执照》的人员方可担任操纵或者指导他人操纵核设施控制系统的工作。

第十四条 具备下列条件的，方可批准发给《操纵员执照》：

（一）身体健康，无职业禁忌症；

（二）具有中专以上文化程度或同等学力，核动力厂操纵人员应具有大专以上文化程度或同等学力；

（三）经过运行操作培训，并经考核合格。

具备下列条件的，方可批准发给《高级操纵员执照》：

（一）身体健康，无职业禁忌症；

（二）具有大专以上文化程度或同等学力；

（三）经运行操作培训，并经考核合格；

（四）担任操纵员二年以上，成绩优秀者。

第十五条 核设施的迁移、转让或退役必须向国家核安全局提出申请，经审查批准后方可进行。

第四章 核安全监督

第十六条 国家核安全局及其派出机构可向核设施制造、建造和运行现场派驻监督组（员）执行下列核安全监督任务：

（一）审查所提交的安全资料是否符合实际；

（二）监督是否按照已批准的设计进行建造；

（三）监督是否按照已批准的质量保证大纲进行管理；

（四）监督核设施的建造和运行是否符合有关核安全法规和《核设施建造许可证》、《核设施运行许可证》所规定的条件；

（五）考察营运人员是否具备安全运行及执行应急计划的能力；

（六）其他需要监督的任务。

核安全监督员由国家核安全局任命并发给《核安全监督员证》。

第十七条 核安全监督员在执行任务时，凭其证件有权进入核设施制造、建造和运行现场，调查情况，收集有关核安全资料。

第十八条 国家核安全局在必要时有权采取强制性措施，命令核设施营运单位采取安全措施或停止危及安全的活动。

第十九条 核设施营运单位有权拒绝有害于安全的任何要求，但对国家核安全局的强制性措施必须执行。

第五章 奖励和处罚

第二十条 对保证核设施安全有显著成绩和贡献的单位和个人，国家核安全局或核设施主管部门应给予适当的奖励。

第二十一条 凡违反本条例的规定，有下列行为之一的，国家核安全局可依其情节轻重，给予警告、限期改进、停工或者停业整顿、吊销核安全许可证件的处罚：

（一）未经批准或违章从事核设施建造、运行、迁移、转让和退役的；

（二）谎报有关资料或事实，或无故拒绝监督的；

（三）无执照操纵或违章操纵的；

（四）拒绝执行强制性命令的。

第二十二条 当事人对行政处罚不服的，可在接到处罚通知之日起十五日内向人民法院起诉。但是，对吊销核安全许可证件的决定应当立即执行。对处罚决定不履行逾期又不起诉的，由国家核安全局申请人民法院强制执行。

第二十三条 对于不服管理、违反规章制度，或者强令他人违章冒险作业，因而发生核事故，造成严重后果，构成犯罪的，由司法机关依法追究刑事责任。

第六章 附　　则

第二十四条 本条例中下列用语的含义是：

（一）“核设施”是指本条例第二条中所列出的各项民用核设施。

（二）“核设施安全许可证件”是指为了进行与核设施有关的选址定点、建造、调试、运行和退役等特定活动，由国家核安全局颁发的书面批准文件。

（三）“营运单位”是指申请或持有核设施安全许可证，可以经营和运行核设施的组织。

（四）“核设施主管部门”是指对核设施营运单位负有领导责任的国务院和省、自治区、直辖市人民政府的有关行政机关。

（五）“核事故”是指核设施内的核燃料、放射性产物、废料或运入运出核设施的核材料所发生的放射性、毒害性、爆炸性或其他危害性事故，或一系列事故。

第二十五条 国家核安全局应根据本条例制定实施细则。

第二十六条 本条例自发布之日起施行。

国务院办公厅关于努力改善当前农业用油紧缺状况的通知

（一九八六年十一月十七日）

今年以来，各地不断反映农用柴油油源不足，供应紧张。一些地方和部门对国家计划分配的平价农用柴油管理不严，有的甚至以油谋私，使供需矛盾更加突出。这种状况如不改变，将影响农业生产的发展。根据国务院领导同志的指示，为了加强农业用油的管理，改进分配、供应和销售工作，特作如下通知：

一、努力增加生产和供应

为了缓和国内石油供需矛盾，国家已减少部分成品油和原油出口，并适当进口了一部分成品油，以增加国内用油的供应，国家计委要会同有关部门认真组织落实。石化总公司要督促炼油企业从全局出发，调整产品结构，多生产一些柴油；各省、自治区、直辖市在分配安排上要优先考虑农业生产的需要。今后，国家要根据资源情况，可多增加一些高价柴油供应农村。

二、改进分配办法

对平价农用柴油，国家仍实行专项下达，各地、各有关部门要按分配计划保证落实。在平价柴油的分配上，要重点保证种植业、特别是粮食生产的农田机械作业和无电区的口粮及饲料加工用油。

各省、自治区、直辖市对农业用油分配指标要下达到基层。为应付急需的机动油，只准留在省、县两级，两级所留机动油的比例不得超过总量的5%。不准把规定内的机动指标挪作他用，更不准层层截留。

农牧渔业部要会同有关部门修订《农用柴油分配、供应管理办法》，下发各地执行。

三、切实加强管理

农业用油的分配、供应、销售单位，都要改善服务态度，提高服务质量。各经营单位要通力协作，及时掌握供需变化，积极组织货源，搞好运输调度，保证农业用油的供应，不误农时。基层分配管理部门要定期公布分配指标，接受群众监督。基层供油点要搞活经营，方便群众。批发公司分给基层供油点的指标和基层供油点发给农民的油票必须保证兑现，决不可失信于民，有关部门要检查落实情况，任何单位和个人都不准乱批条子。要坚决打击套购倒卖和以油谋私等违法乱纪行为，对违者要严肃处理，并追究领导者的责任。

四、严格执行价格政策

各级石油经营单位必须严格执行国家规定的牌价（包括平价和计划内高价），炼油企业自销油和所有经营计划外高价油的单位（包括集体、个体），价格都要控制在规定的最高限价以下。任何单位都不准随意涨价和变相涨价，不准把平价油转成高价油销售。物价部门和工商行政管理等部门要加强监督检查，对违者要按规定严肃处理。至于是否改变批发公司对基层供销社的现行作价办法问题，由石化总公司和商业部等有关部门，另行研究解决。

五、大力开展节约用油

当前，不少地方农业用油中，存在比较严重的浪费现象，节约用油潜力很大。各地区、各有关部门要注意控制柴油动力机具的增长，积极配合使用部门，大力宣传节约用油，推广节油措施，杜绝浪费现象。国家经委要会同有关部门制定具体的节约用油措施，下发各地执行。

物　　资

国务院办公厅转发国家经委、国家计委、国家物资局关于加强统配物资管理意见的通知

（一九八六年九月九日）

国务院同意国家经委、国家计委、国家物资局《关于加强统配物资管理的意见》，现转发给你们，请认真贯彻执行。

国家经委、国家计委、国家物资局关于加强统配物资管理的意见

（一九八六年八月二日）

近几年来，国家统配物资分配调拨计划和订货合同执行情况不够好。

国家统配物资调拨计划不落实和订货合同兑现差的原因主要是：一些企业对国家计划的严肃性认识不足；国家对指令性计划缺乏有效的监督措施，纪律松懈；有些企业的原材料、电力、运输等生产条件不够落

实。

《中共中央关于经济体制改革的决定》指出："指令性计划是必须执行的"。这是当前保证国家重点生产建设，稳定经济全局的重要手段。为了严肃指令性计划，加强统配物资管理，维护国家计划的严肃性，现提出以下措施：

一、各地区、部门和企业都必须严格执行国家统配物资调拨计划，教育广大干部和职工，树立全局观念，把完成国家计划作为自己的光荣职责和首要任务。

二、所有承担国家统配物资分配调拨任务的企业，都必须严格按计划接受订货，按需要的品种规格组织生产，全面完成供货合同。在确保按质、按量、按期完成国家调拨计划的前提下，企业才能自销（国家有特殊规定的产品不能自销）。没有按计划完成供货合同而擅自自销的企业，由工商行政管理部门没收其全部自销多得的收入，上缴国家财政。

三、国家安排生产计划时，要做好综合平衡工作，要给企业特别是大中型企业留有适当的超产余地。指令性生产计划所需的主要原材料、燃料、电力等生产条件，各有关主管部门和地方，要按国家下达的计划给予保证。企业要千方百计完成国家指令性计划，如遇到难以解决的重大问题，各有关主管部门和地方，要认真帮助协调解决，确实解决不了的要立即向国家计委、国家经委报告。

四、企业如因主要原材料、燃料不足，自行采购议价原材料、燃料完成国家调拨计划的，其多支出的费用，按一九八五年国务院批准的国家经委、国家体改委《关于增强大中型国营工业企业活力若干问题的暂行规定》第十条办理。

五、在组织订货前，由国家物价局、国家物资局和生产主管部门，根据供需情况，在物资价格总水平基本不动的前提下，对少数产品制定浮动价格。

六、交通、运输部门要切实保证国家指令性计划调拨物资运输，不允许以计划外物资挤占计划内物资运输。

七、要把按质、按量、按期完成国家统配物资分配调拨计划和供货合同作为考核企业全面完成计划的重要指标，并与企业提取奖励基金挂钩。

八、加强监督检查，严肃经济纪律。由国家经委、国家计委和有关部门，对企业执行国家统配物资调拨计划和完成合同的情况，要认真进行监督检查。国家物资局按季通报企业完成国家统配物资调拨计划和供货合同的执行情况。对完成调拨计划好的企业、部门和地区，要给予表彰和奖励；对无故不完成国家调拨计划的，要追究企业和主管部门领导人的责任，并根据其情节轻重，分别给予停发奖金、扣发部分工资或行政处分，并限期补交所欠物资。

以上报告如无不妥，请批转各地区、各部门贯彻执行。

铁　　路

铁路货物运输合同实施细则

（一九八六年十一月八日国务院批准　一九八六年十二月二十日铁道部发布）

第一章　总　　则

第一条　根据《中华人民共和国经济合同法》的有关规定，制定本细则。

第二条　本细则所指铁路货物运输是中华人民共和国铁道部公布的营业铁路货物运输。

本细则适用于铁路运输部门与企业、农村经济组织、国家机关、事业单位、社会团体等法人之间签订的货物运输合同。

个体经营户、个人与铁路运输部门签订的货物运输合同，应参照本细则执行。

军事运输，国际联运，铁路与水路、公路、航空、管道之间的货物联运，另行规定。

第三条　托运人利用铁路运输货物，应与承运人签订货物运输合同。

铁路货物运输合同，应按照优先运输国家指令性计划产品，兼顾指导性计划产品和其他物资的原则，根据国家下达的产品调拨计划、铁路运输计划和铁路运输能力签订。在签订国家指令性计划产品运输合同中，如不能达成一致意见，可逐级报请双方上级主管综合部门处理。其他货物运输，由托运人与承运人协商签订货物运输合同。

第二章　货物运输合同的签订

第四条　大宗物资的运输，有条件的可按年度、半年度或季度签订货物运输合同，也可以签订更长期限的运输合同；其他整车货物运输，应按月签订运输合同。按月度签订的运输合同，可以用月度要车计划表代替。

零担货物和集装箱货物运输，以货物运单作为运输合同。

第五条 按年度、半年度、季度或月度签订的货物运输合同，经双方在合同上签认后，合同即告成立。托运人在交运货物时，还应向承运人按批提出货物运单，作为运输合同的组成部分。

零担货物和集装箱货物的运输合同，以承运人在托运人提出的货物运单上加盖车站日期戳后，合同即告成立。

第六条 按年度、半年度、季度或月度签订的货物运输合同，应载明下列基本内容：

一、托运人和收货人名称；

二、发站和到站；

三、货物名称；

四、货物重量；

五、车种和车数；

六、违约责任；

七、双方约定的其他事项。

第七条 货物运单应载明下列内容：

一、托运人、收货人名称及其详细地址；

二、发站、到站及到站的主管铁路局；

三、货物名称；

四、货物包装、标志；

五、件数和重量(包括货物包装重量)；

六、承运日期；

七、运到期限；

八、运输费用；

九、货车类型和车号；

十、施封货车和集装箱的施封号码；

十一、双方商定的其他事项。

第三章 货物运输合同的履行

第八条 托运人应当承担下列义务：

一、按照货物运输合同约定的时间和要求向承运人交付托运的货物；

二、需要包装的货物，应当按照国家包装标准或部包装标准(专业包装标准)进行包装，没有统一规定包装标准的，要根据货物性质，在保证货物运输安全的原则下进行包装，并按国家规定标明包装储运指示标志，笨重货物还应在每件货物包装上标明货物重量；

三、按规定需要凭证运输的货物，应出示有关证件；

四、对整车货物，提供装载货物所需的货车装备物品和货物加固材料；

五、托运人组织装车的货物，装车前应对车厢完整和清洁状态进行检查，并按规定的装载技术要求进行装载，在规定的装车时间内将货物装载完毕或在规定的停留时间内，将货车送至交接地点；

六、在运输中需要特殊照料的货物，须派人押运；

七、向承运人交付规定的运输费用；

八、将领取货物凭证及时交给收货人并通知其向到站领取货物；

九、货物按保价运输办理时，须提出货物声明价格清单，支付货物保价费；

十、国家规定必须保险的货物，托运人应在托运时投保货物运输险，对于每件价值在七百元以上的货物或每吨价值在五百元以上的非成件货物，实行保险与负责运输相结合的补偿制度，托运人可在托运时投保货物运输险，具体办法另行规定。

第九条 承运人应当承担下列义务：

一、按照货物运输合同约定的时间、数量、车种，拨调状态良好、清扫干净的货车；

二、在车站公共装卸场所装卸的货物，除特定者外，负责组织装卸；

三、将承运的货物按照合同规定的期限和到站，完整、无损地交给收货人；

四、对托运人或收货人组织装车或卸车的货物，将货车调到装、卸地点或商定的交接地点；

五、由承运人组织卸车的货物，向收货人发出到货催领通知；

六、发现多收运输费用，及时退还托运人或收货人。

第十条 收货人应当承担下列义务：

一、缴清托运人在发站未交或少交以及运送期间发生的运输费用和由于托运人责任发生的垫款；

二、及时领取货物，并在规定的免费暂存期限内，将货物搬出车站；

三、收货人组织卸车的货物，应当在规定的卸车时间内将货物卸完或在规定的停留时间内将货车送至交接地点；

四、由收货人组织卸车的货物，卸车完毕后，应将货车清扫干净并关好门窗、端侧板(特种车为盖、阀)，规定需要洗刷消毒的应进行洗刷消毒。

第十一条 托运人托运个人搬家货物、行李每十千克价值在三十元以上者，可声明价格，要求保价运输。承运人按保价运输办理时，按规定核收货物保价费。

第十二条 托运人向承运人托运货物和承运人向收货人交付货物的时候，都应进行交接验收。如果发现货物(托运人组织装车的为封印、货物装载状态、篷布苫盖状态或规定标记)有异状或与货物运单记载不符，在承运时，应由托运人改善后接收；在交付时，收货人应即向承运人提出异议。收货人在验收货物的时候，没有提出异议，即认为运输合同履行完毕。

由承运人组织装车并在专用线、专用铁道内卸车的货物，按承运人同收货人商定的办法，办理交接验收。

第十三条 承运人在查找不到收货人或收货人拒绝领取货物时，除不宜于长期保管的货物外，从发出催领通知次日起三十日内或从收货人拒绝领取货物时起三日内通知托运人。托运人自接到通知次日起，五日内提出处理办法答复承运人。超过期限，运输合同仍无法履行时，承运人有权按照有关规定处理。

收货人拒绝领取货物的时候，应当出具书面说明。

第十四条 因自然灾害，货物运输发生阻碍，承运人应当采取绕路运输或卸下再装措施。因货物性质特殊，绕路运输或卸下再装会造成货物损失时，承运人应联系托运人或收货人在要求的时间内提出处理办法。超过期限未答复时，承运人可比照本细则第十三条规定处理。

第四章 货物运输合同的变更或解除

第十五条 货物运输合同必须经双方同意，并在规定的变更范围内办理变更。

第十六条 托运人或收货人由于特殊原因，经承运人同意，对承运后的货物可以按批在货物所在的途中站或到站办理变更到站、变更收货人，但属于下列情况，不得办理变更：

一、违反国家法律、行政法规、物资流向或运输限制；

二、变更后的货物运输期限，大于货物容许运送期限；

三、变更一批货物中的一部分；

四、第二次变更到站。

第十七条 货物运输合同在货物发送前，经双方同意，可以解除。

第五章 违反货物运输合同的责任和处理

第十八条 承运人的责任

一、由于下列原因之一，未按货物运输合同履行，按车向托运人偿付违约金五十元：

（一）未按旬间日历装车计划及商定的车种、车型配够车辆，但当月补足或改变车种、车型经托运人同意装运者除外；

（二）对托运人自装的货车，未按约定的时间送到装车地点，致使不能在当月装完；

（三）拨调车辆的完整和清扫状态，不适合所运货物的要求；

（四）由于承运人的责任停止装车或使托运人无法按计划将货物搬入车站装车地点。

二、从承运货物时起，至货物交付收货人或依照有关规定处理完毕时止，货物发生灭失、短少、变质、污染、损坏，按下列规定赔偿：

（一）已投保货物运输险的货物，由承运人和保险公司按规定赔偿；

（二）保价运输的货物，由承运人按声明价格赔偿，但货物实际损失低于声明价格的按实际损失赔偿；

（三）除上述一、二两项外，均由承运人按货物的实际损失赔偿。赔偿的价格如何计算，由铁道部商国家物价局、国家工商行政管理局另行规定。

三、由于下列原因之一造成的货物灭失、短少、变质、污染、损坏，承运人不负赔偿责任：

（一）不可抗力；

（二）货物本身性质引起的碎裂、生锈、减量、变质或自燃等；

（三）国家主管部门规定的货物合理损耗；

（四）托运人、收货人或所派押运人的过错。

四、由于承运人的过错将货物误运到站或误交收货人，应免费运至合同规定的到站，并交给收货人。

五、未按规定的运到期限，将货物运至到站，向收货人偿付该批货物所收运费5%至20%的违约金。

六、如果托运人或收货人证明损失的发生确属承运人的故意行为，则承运人除按规定赔偿实际损失外，由合同管理机关处其造成损失部分10%至50%的罚款。

第十九条 托运人的责任

一、由于下列原因之一，未按货物运输合同履行，按车向承运人偿付违约金五十元：

（一）未按规定期限提出旬间日历装车计划，致使承运人未拨货车（当月补足者除外），或未按旬间日历装车计划的安排，提出日要车计划；

（二）收货人组织卸车的，由于收货人的责任卸车迟延，线路被占用，影响向装车地点配送空车或对指定使用本单位自卸的空车装货，而未完成装车计划；

（三）承运前取消运输；

（四）临时计划外运输致使承运人违约造成其他运输合同落空者。

二、由于下列原因之一招致运输工具、设备或第三者的货物损坏，按实际损失赔偿：

（一）匿报或错报货物品名或货物重量的；

（二）货物包装有缺陷，无法从外部发现，或未按国家规定在货物包装上标明包装储运指示标志的；

（三）托运人组织装车的，加固材料不符合规定条件或违反装载规定，在交接时无法发现的；

（四）由于押运人过错的。

第二十条 由于收货人原因招致运输工具、设备或第三者的货物损坏，由收货人按实际损失赔偿。

第二十一条 货物运输合同遇有下列情况，承运人或托运人免除责任：

一、因不可抗力或铁路发生重大事故影响排空送车，企业发生重大事故以及停电影响装车，超过二十四小时时；

二、根据国家和省、自治区、直辖市的主管行政机关的书面要求停止装车时；

三、由于组织轻重配装或已完成货物吨数而未完成车数时；

四、由于海运港口、国境口岸站车辆积压堵塞，不能按计划接车而少装时。

第二十二条 承运人同托运人或收货人相互间要求赔偿或退补费用的时效期限为一百八十日（要求铁路支付运到期限违约金为六十日）。

托运人或收货人向承运人要求赔偿或退还运输费用的时效期限，由下列日期起算：

一、货物灭失、短少、变质、污染、损坏，为车站交给货运记录的次日；

二、货物全部灭失未编有货运记录，为运到期限满期的第十六日，但鲜活货物为运到期限满期的次日；

三、要求支付货物运到期限违约金，为交付货物的次日；

四、多收运输费用，为核收该项费用的次日。

承运人向托运人或收货人要求赔偿或补收运输费用的时效期限，由发生该项损失或少收运输费用的次日起算。

第二十三条 承运人与托运人或收货人相互提出的赔偿要求，应自收到书面赔偿要求的次日起三十日内（跨及两个铁路局以上运输的货物为六十日内）进行处理，答复赔偿要求人。

索赔的一方收到对方的答复后，如有不同意见，应在接到答复的次日起六十日内提出。

第二十四条 对货物运输合同的纠纷，承运人和托运人或收货人应协商解决。协商不一致时，任何一方均可向合同管理机关申请调解或仲裁，也可以直接向人民法院起诉。

第六章 附 则

第二十五条 本细则由铁道部负责解释。

第二十六条 本细则自一九八七年七月一日起施行。

交 通

港口水上过驳作业暂行办法

（一九八六年一月十一日国务院批准发布）

第一条 为了促进港口开展水上过驳作业，扩大港口吞吐量，以适应国民经济建设发展的需要，特制定本办法。

第二条 本办法所称水上过驳作业（以下简称过驳作业），是指大船靠码头、浮筒、装卸平台，或大船在锚地用驳船或其他小船装卸货物。

本办法适用于中华人民共和国境内的一切港口。

第三条 在船舶到港排队等泊的情况下，港口应当按照“三先三后”的原则（先计划内后计划外，先重点后一般，在相同条件下按船舶到港先后顺序），统一调度，统一指挥，合理安排过驳作业。

船方（或其代理人）和货主（或其代理人），应当服从港口安排。

第四条 港口除应当利用本港浅水码头和其他设施进行过驳作业外，还应当利用货主码头和临近的港口，进行过驳作业。

第五条 过驳作业的装卸费率，应当按照国家规定的价格管理权限，分别执行交通部或省级交通厅（局）公布的港口费收规则。

过驳作业的过驳费率，由各港口根据本港实际情况提出建议草案，按照分级管理的原则，分别报交通部或省级交通厅（局）批准后公布执行。

第六条 过驳作业的费用，由货主负担。但是，大船因受港口公布的吃水限制，在锚地、港外加载或减载的过驳作业费用，由船方负担。

第七条 港口可以根据实际情况，确定本港同一货种“水转岸”的年计划过驳量，按照年计划过驳量所收的过驳费用，由该货种（过驳的和未过驳的）均摊。

港口当年所收的过驳费用，应列为专项，不得挪用。当年如有结余，可用于下年度超计划过驳的开支。

港口对货种、工艺、流向固定的过驳作业，可以按照本办法第五条的规定，与货主签定过驳费用包干合同，并报交通部或省级交通厅（局）备案。

第八条 驳船到非本港经营的码头装卸，驳船经营单位应当和码头经营单位签订合同，逾期不履行合同的，码头经营单位应当缴纳驳船滞期费。

第九条 交通部、省级交通厅（局）和各港口应当加强过驳作业的考核、管理工作，制定港口过驳作业的年度、月度计划指标，健全统计报告制度。

第十条 本办法由交通部负责解释。

第十一条 本办法自发布之日起施行。

国务院口岸领导小组关于加强疏港工作的几项补充规定

（一九八六年五月十五日国务院批准发布）

《关于加强疏港工作的几项规定》(以下简称《规定》)实施以来，对加强外贸运输的计划管理，加速港口货物集疏，提高经济效益，起到了一定作用。但在执行过程中，发现《规定》有些地方不够明确，为了进一步搞好疏港工作，经商得有关部门同意，现作如下补充规定：

一、为了维护计划的严肃性，必须严格执行交通、铁道、经贸三部平衡的月度运输计划。各提报单位报送的运输计划必须符合实际。凡是平衡后纳入月度船货到港运输计划的，在执行中发生计划落空时，对提报单位处以每吨五角的罚款。对确有客观原因不能落实计划的，免予罚款。

二、关于《规定》中几项罚款问题。

（一）凡集中到港的大宗物资（季节性商品除外），以年度计划的月平均水平为准，超过15%的，按《规定》对订货公司处以罚款。

（二）凡没有年度运输计划，又未按有关规定办理追加计划而自行到货的，应按《规定》对货主处以罚款。

（三）凡未按有关规定提报月度计划的，应按《规定》作无计划处理。属我方派船的，对船舶公司处以罚款；属对方派船的，对订货公司处以罚款。

三、凡计划内到船，并跨两个港以上接卸的，前一港船舶代理公司应按规定将船舶抵达下一港的动态，通知下一港船舶代理公司，并转报下一港口岸办、港务局等有关单位，对误期未报者，由外代总公司或外运总公司给予各自的船舶代理公司通报批评。

四、经交通、铁道、经贸三部平衡的月度到船到货计划，由交通部统一下达，并抄送铁道、经贸两部运输局及国务院口岸办。各港务局接到交通部月度计划后，要及时抄送当地口岸办、铁路车站、外运公司。当地口岸办以交通部月度计划文本作为督促、检查和无计划运输罚款的依据。铁路月度港口装卸车计划，仍按现行办法办理。

五、月度运输计划是执行年度运输计划的具体保证。各港口、铁路、货主（代理人）必须各负其责，按月度平衡计划组织实施。

（一）计划内到船，不能出现“超月船”，交通部要将是否出现“超月船”作为考核港口的主要指标之一，进行定期检查。对出现的“超月船”，因港方原因，由交通部通报批评；因外运原因，由经贸部通报批评。

（二）要确保完成铁路月度运输计划。因铁路方面的责任未完成的，由铁路主管部门通报批评。

（三）对违背定港合理流向的到港物资，除限额以内（杂货不超五百吨，大宗物资不超一千吨）的外，原则上铁路不予疏运。如有特殊情况，需经铁道部主管单位批准，否则自负经济损失。

（四）口岸各有关单位签订双边与多边经济协议，是调动各方面积极性，加快车、船、货周转的必要手段，各地口岸办要积极组织好这项工作。

六、为保证计划内到船的靠泊装卸，要严格控制签订临时单船速遣协议。计划外到船不得签订速遣协议。各港口应严格按交通部颁发的《外贸船舶在中国港口装卸速延工作管理办法》执行。

七、《规定》和本补充规定中有关罚款的规定，适用于大连、秦皇岛、天津、青岛、连云港、上海、黄埔、湛江等八个港口。

八、本补充规定自一九八六年七月一日起施行。

国务院关于改革道路交通管理体制的通知

（一九八六年十月七日）

目前，我国的城乡道路标准低、质量差，人车混杂，交通管理又分别由公安、交通、农业（农机）部门负责，机构重叠，政出多门，互相扯皮。这种多头管理的体制，在城乡机动车辆大幅度增长的情况下，已愈来愈不适应我国对外实行开放、对内搞活经济的需要，亟待加以改革。为此，国务院决定，全国城乡道路交通由公安机关负责统一管理。现将有关问题通知如下：

一、全国统一的道路交通安全管理法规，由公安部起草，征求交通部、城乡建设环境保护部、农牧渔业部等有关部门的意见，经批准后由公安机关负责实施。

二、公安机关对全国城乡道路交通依法管理，包括交通安全宣传教育、交通指挥、维护交通秩序、处理交通事故和车辆检验、驾驶员考核与发牌发证、路障管理以及交通标志、标线等安全设施的设置与管理等。

农用拖拉机的道路交通管理工作，除专门从事农田作业的拖拉机及其驾驶员由农业（农机）部门负责管理外，凡上道路行驶的专门从事运输和既从事农田作业又从事运输的拖拉机及其驾驶员，由公安机关按机动车辆进行管理。有关道路行驶安全技术检验、驾驶员考核、核发全国统一的道路行驶牌证等项工作，公安机关可以委托农业（农机）部门负责，并有权进行监督、检查。

三、任何单位和个人未经公安机关批准，不准占用道路摆摊设点、停放车辆、堆物作业、违章建筑和搞集市贸易等。公路养护和市政管理部门为维修道路需占用、挖掘道路时（日常维修、养护作业除外），须与公安机关协商后再行施工，并共同采取维持交通的措施。公安机关要大力支持，积极协助，维护施工作业的顺利进行。其他单位和个人，临时占用道路需经公安机关批准；挖掘道路和超限运输，需经公路养护或市政管理部门审核同意后，由公安机关办理手续。

四、除公安机关外，其他部门不准在道路上设置检查站拦截、检查车辆。有关部门确需上路进行检查时，可派人参加公安机关的检查站进行工作。没有公安检查站的地区，有关部门如要设立检查站，须经当地公安机关批准。经省、自治区、直辖市人民政府批准，可在必要的路口、桥头、渡口设立收取通行费的站卡。

公安机关要向交通部门提供车辆、驾驶员等有关统计资料，并在路查、年检中把积极协助交通部门做好养路费和车辆购置附加费的征收工作作为一项任务规定下来。具体办法，由各省、自治区、直辖市人民政府制定。

养路费征收和路政管理人员，目前仍暂着原交通监理服装。

五、公安机关对于车辆检验、驾驶员考核，可委托给有设备和技术条件的单位，按照标准和公安机关的要求代行办理。公安机关有权对受托单位进行监督、检查和决定变更委托事项。交通部门的院校应积极协助公安机关培训交通管理人员，并按培训交通系统人员的收费标准收取费用。

六、改革城乡道路交通管理体制，应以不增加编制、经费为原则，由公安机关负责组建全国统一的交通管理机构。

（一）交通部现有的交通监理机构，要成建制地划归公安部。地方各级交通监理机构，包括人员、编制、房产、场地、设施、装备等（不含养路费征收人员及其设施），要成建制地划归地方各级公安部门。原共用的房屋、设施，明确产权后仍继续共用。具体办法，由地方各级人民政府研究确定并组织实施。

（二）交通管理所需经费，维持原有开支渠道，即城市交通管理经费，列入国家预算收支科目，由原来的行政费和城市维护费开支。用于公路交通管理的经费，包括基建费、装备费、交通安全设施费、宣传费、事故处理费和人员经费，由监理规费开支，不足部分仍从养路费中开支。其标准，凡原由养路费开支的地区，按一九八三年至一九八五年平均每年从养路费中开支（扣除养路费征收人员的开支）的比例提取，具体办法由各地人民政府根据当地的实际情况确定。

实行由公安机关统一负责全国道路交通的管理体制，是一项重大改革，牵动面较大，政策性较强，各省、自治区、直辖市人民政府要切实加强对这项工作的领导，尽快组织实施。各级公安、交通、农业（农机）等有关部门要积极协助各地人民政府做好这项工作。

公路货物运输合同实施细则

（一九八六年十一月八日国务院批准　一九八六年十二月一日交通部发布）

第一章　总　　则

第一条　根据《中华人民共和国经济合同法》的有关规定，制定本细则。

第二条　本细则适用于中华人民共和国国内经营公路货物运输的企业与其他企业、农村经济组织、国家机关、事业单位、社会团体等法人之间签订的公路货物运输合同。

个人或联户与法人签订的公路货物运输合同，应参照本细则执行。

签订公路货物运输合同的承运方必须持有经营公路货物运输的营业执照。

军事运输，公路与水路、铁路、航空、管道之间的货物联运，另行规定。

第三条　公路货物运输合同，是按照平等互利，协商一致，等价有偿的原则，依法签订的书面协议。

第四条　公路货物运输合同，必须符合国家政策、法律、行政法规和计划的要求。根据运输能力与国家物资调拨计划和公路运输管理的规定签订。

第二章　运输合同的签订和履行

第五条　承、托双方根据需要，可订立年度、季度、月度货物运输合同，亦可按货物的批量订立运输合同。

年、季、月度货物运输合同签订后，托运方应在合同商定的期限内，向承运方提送履行合同的月、旬、日运输计划。运输计划是货物运输合同的组成部分。

第六条　属于国家指令性计划调运货物的运输合同，必须根据国家平衡下达的指标签订；属于国家指导性计划调运货物的运输合同，参照国家下达的指标，结合承、托双方的实际情况签订。

第七条 代订运输合同，要有委托单位证明。根据授权范围，以委托单位名义签订，对委托单位直接产生权利和义务。

第八条 运输合同应包括的主要内容：

一、货物的名称、性质、体积、数量及包装标准；

二、货物起运和到达地点、运距、收发货人名称及详细地址；

三、运输质量及安全要求；

四、货物装卸责任和方法；

五、货物的交接手续；

六、批量货物运输起止日期；

七、年、季、月度合同的运输计划（文书、表式、电报）提送期限和运输计划的最大限量；

八、运杂费计算标准及结算方式；

九、变更、解除合同的期限；

十、违约责任；

十一、双方商定的其他条款。

第九条 长大、笨重货物、危险品和国家限运以及需要办理检疫、商检、海关、公安、监理手续的货物，交运前，托运方应提供有关机关的准运证明。

第十条 货物交运时，托运方应按合同规定向承运方支付运杂费。

运杂费的支付办法，按人民银行的有关规定办理。

第十一条 合同签订后，双方应按合同规定履行各自的义务。

托运方的义务：

一、按合同约定时间准备好货物，在货物起运期内及时发货、收货，所装货物符合合同签订内容，装卸地点、货场具备承运方正常通车条件；

二、负责装卸时，应准备相应的劳力和装卸机具，按约定时间和质量要求搞好装卸；

三、装运散装货物，应提供计量设备，按规定标准装载。需要包装的货物，必须符合国家或国家主管部门规定的包装标准；国家未规定包装标准的货物，应在保证运输安全的原则下进行包装；

四、托运超限货物，应事先向承运方提供货物说明书。需要特殊加固车箱时，应负担所需费用。

承运方的义务：

一、按合同规定的期限、数量、起止点，合理调派车辆，完成运输任务；

二、负责装卸时，应严格遵守作业规程和装载标准，保证装卸质量；

三、实行责任运输。安排装货的车辆，货箱要完整清洁，货物要捆扎牢固，苫盖严密。运输途中要定时检查，发现异常情况，及时采取措施，保证运输质量；

四、装运鲜活、易腐等有特殊要求的货物，应承担专门约定的义务。

第十二条 在货物装卸和运输过程中，合同双方当事人都应按合同规定办好货物交接手续，做到责任分明。

一、托运方应凭约定的装货手续发货。装货时，双方当事人应在场点件交接，并查看包装及装载是否符合规定标准，承运方确认无误后，应在托运方发货单上签字；

二、货物运达指定地点后，收货人和承运方应在场点件交接，收货人确认无误后，应在承运方所持的运费结算凭证上签字。如发现有差错，双方当事人应共同查明情况，分清责任，由收货人在运费凭证上批注清楚。

第三章 运输合同的变更与解除

第十三条 运输合同签订后，任何一方不得擅自变更或解除。如确有特殊原因不能继续履行或需变更时，需经双方同意，并在合同规定的时间内办理变更。如在合同规定的期限外提出，必须负担对方已造成的实际损失。

第十四条 涉及国家指令性计划的运输合同，在签订变更或解除协议前，须报下达计划的主管部门核准。

第十五条 因自然灾害造成运输线路断阻或执行政府命令等原因影响按时履行运输合同时，承运方应及时通知托运方提出处理意见。

第十六条 变更或解除运输合同，应当以书面形式（包括公函、电报、变更计划表）提出或答复。

第四章 违反运输合同的责任

第十七条 承运方责任：

一、由于承运方过错，造成货物逾期到达，应按合同规定支付对方违约金。

二、从货物装运时起，至货物运抵到达地交付完毕时止，承运方应对货物的灭失、短少、变质、污染、损坏负责，并按货物实际损失赔偿。但有下列情况之一者除外：

（一）不可抗力；

（二）货物的自然损耗或性质变化；

（三）包装不符合规定（无法从外部发现）；

（四）包装完整无损而内装货物短损、变质；

（五）托运方的过错；

（六）有押运人且不属承运方责任的；

（七）其他经查证非承运方责任造成的损失。

三、货物错运到达地或收货人，由承运方无偿运到规定地点，交给指定的收货人，由此造成的货物逾期到达，按本条第一项的规定处理。

四、如果托运方或收货人证明损失的发生确属承运人的故意行为，则承运人除按规定赔偿实际损失外，由合同管理机关处其造成损失部分10%到50%的罚款。

第十八条 托运方的责任：

一、未按合同规定的时间和要求提供托运的货物，应按合同规定支付给对方违约金。

二、由于托运人发生下列过错造成事故，致使车辆、机具、设备损坏、腐蚀或人身伤亡以及涉及到第三者物质的损失，应由托运人负赔偿责任：

（一）在普通货物中夹带、匿报危险品或其他违反危险品运输规定的行为；

（二）错报笨重货物重量；

（三）货物包装不良或未按规定制作标志。

三、货物包装完整无损而货物短损、变质，收货人拒收，或货物运抵到达地找不到收货人，以及由托运方负责装卸的货物，超过合同规定装卸时间所造成的损失，均应由托运方负责赔偿。

第十九条 违约金、赔偿金的规定：

一、违约金数额由双方商订，同等对待，一般最高不应超过违约部分运量应计运费的10%。

二、货物的灭失、短少按灭失、短少货物的价值赔偿；货物的变质、污染、损坏按受损货物所减低价值或修理费赔偿。赔偿的价格如何计算，由交通部商国家物价局、国家工商行政管理局另行规定。

三、造成车辆、设备损坏或第三者物质损失，按损坏或损失部分的价值赔偿。

四、造成车辆空驶损失或延误损失，按空驶损失费或延滞费赔偿。

第二十条 承、托双方彼此之间要求赔偿的时效，从货物运抵到达地点的次日起算，不超过一百八十日。赔偿要求应以书面形式提出，对方应在收到书面赔偿要求的次日起六十日内处理。

第二十一条 违约金、赔偿金应在明确责任后十日内偿付，否则按逾期付款处理；任何一方不得自行用扣发货物或扣付运费来充抵。

第五章 运输合同纠纷的调解和仲裁

第二十二条 承、托双方在履行公路货物运输合同中发生纠纷时，应及时协商解决。协商不成时，可以申请交通主管部门调解，或申请合同管理机关调解、仲裁，也可以直接向人民法院起诉。

第六章 运输合同的管理

第二十三条 各级人民政府交通运输主管部门和工商行政管理部门根据国家的有关规定，对本辖区的运输合同进行检查监督。

第二十四条 凡签订货物运输合同的承运方，都应定期向交通运输主管部门书面报送履行合同的情况，以便考核。

第七章 附 则

第二十五条 本细则不适用于涉外的公路货物运输合同。

第二十六条 本细则由交通部负责解释。

第二十七条 本细则自一九八七年三月一日起施行。

水路货物运输合同实施细则

（一九八六年十一月八日国务院批准 一九八六年十二月一日交通部发布）

第一章 总 则

第一条 根据《中华人民共和国经济合同法》的有关规定，制定本细则。

第二条 本细则所称水路运输是指中华人民共和国沿海、江河、湖泊以及其他通航水域中一切营业性的货物运输。

本细则适用于水路运输企业与其他企业、农村经济组织、国家机关、事业单位、社会团体等法人之间签订的水路货物运输合同。

持有营业执照的个体（联户）船民与企业、农村经济组织、国家机关、事业单位、社会团体等法人之间，以及水路运输企业与个体经营户、个人之间签订的水路货物运输合同，应参照本细则执行。

军事运输，水路与铁路、公路、航空、管道之间的货物联运，另行规定。

第三条 水路货物运输合同，应贯彻优先运输国家指令性计划产品和急需物资，适当兼顾指导性计划产品和其他物资的原则，根据国家下达的产品调拨或购销计划和船舶运输、港口通过能力签订。

对指令性计划产品的运输，在签订合同中如不能达成一致意见，可报请双方上级主管综合部门处理；其他物资运输，由托运人与承运人协商签订货物运输合同。

第二章 货物运输合同的签订

第四条 水路货物运输合同，除短途驳运、摆渡零星货物，双方当事人可以即时清结者外，应当采用书面的形式。大宗物资运输，可按月签订货物运输合同。对其他按规定必须提送月度托运计划的货物，经托运人和承运人协商同意，可以按月签订货物运输合同或以货物运单作为运输合同。零星货物运输和计划外的整批货物运输，以货物运单作为运输合同。

第五条 按月度签订的货物运输合同，经双方在合同上签认后，合同即告成立。如承、托运双方当事人无需商定特约事项的，可以用月度托运计划表代替运输合同，经双方在计划表上签认后，合同即告成立。在实际办理货物承托运手续时，托运人还应向承运人按批提出货物运单，作为运输合同的组成部分。

以货物运单作为运输合同的，经承、托运双方商定货物的集中时间、地点，由双方认真验收、交接，并经承运人在托运人提出的货物运单上加盖承运日期戳后，合同即告成立。货物运单的格式，江海干线和跨省运输的由交通部统一规定；省（自治区、直辖市）内运输的由省（自治区、直辖市）交通主管部门统一规定。

第六条 按月度签订的货物运输合同，应具备下列基本内容：

一、货物名称；

二、托运人和收货人名称；

三、起运港和到达港，海江河联运货物应载明换装港；

四、货物重量，按体积计费的货物应载明体积；

五、违约责任；

六、特约条款。

第七条 货物运单应具备下列内容：

一、货物名称；

二、重量、件数，按体积计费的货物应载明体积；

三、包装；

四、运输标志；

五、起运港和到达港，海江河联运货物应载明换装港；

六、托运人、收货人名称及其详细地址；

七、运费、港口费和有关的其他费用及其结算方式；

八、承运日期；

九、运到期限（规定期限或商定期限）；

十、货物价值；

十一、双方商定的其他事项。

第三章 货物运输合同的履行

第八条 托运人应当承担下列义务：

一、托运的货物必须与货物运单记载的品名相符；

二、在货物运单上准确地填写货物的重量或体积。对起运港具备符合国家规定计量手段的，托运人应按照起运港核定的数据确定货物重量；对整船散装货物，托运人确定重量有困难时，可以要求承运人提供船舶水尺计量数，作为托运人确定的重量。对按照规定实行重量和体积择大计费的货物，应填写货物的重量和体积。对笨重长大货物，还应列出单件货物的重量和体积（长、宽、高）；

三、需要包装的货物，必须按照国家或国家主管部门规定的标准包装；没有统一规定包装标准的，应在保证运输安全和货物质量的原则下进行包装；需要随附备用包装的，应提供备用包装；

四、正确制作货物的运输标志和必要的指示标志；

五、在托运货物的当时，按照合同规定的结算方式付清运输费用；

六、实行保价运输的个人生活用品，应提出货物清单，逐项声明价格，并按声明价格支付规定的保价费；

七、国家规定必须保险的货物，托运人应在托运时投保货物运输险。对于每件价值在七百元以上的货物或每吨价值在五百元以上的非成件货物，实行保险与负责运输相结合的补偿制度，托运人可在托运时投保货物运输险，具体办法另行规定；

八、按规定必须凭证运输的货物，应当提供有关证件；

九、按照货物属性或双方商定需要押运的货物，应派人随船押运；

十、托运危险货物必须按危险货物运输的规定办理，不得匿报品名、隐瞒性质或在普通货物中夹带危险货物。

第九条 承运人应当承担下列义务：

一、应按商定的时间和地点调派适航、适载条件的船舶装运，并备妥相应的护货垫隔物料；但按规定应由托运人自行解决的特殊加固、苫垫材料及所需人工除外；

二、对承运货物的配积载、运输、装卸、驳运、保管及交接工作，应谨慎处理，按章作业，保证货运质量；

三、对经由其他运输工具集中到港的散装运输、不计件数的货物，如具备计量手段的，应对托运人确定的重量进行抽查或复查；如不具备计量手段的，应在保证质量的前提下，负责原来、原转、原交。对按体积计收运输费用的货物，应对托运人确定的体积进行抽查或复查，准确计费；

四、对扫集的地脚货物，应做到物归原主；对不能分清货主的地脚货物，应按无法交付货物的规定处理；

五、组织好安全及时运输，保证运到期限；

六、按照船舶甲板货物运输的规定，谨慎配装甲板货物；

七、按照规定的航线运输货物，到达后，应由到达港发出到货通知，并负责将货物交付给指定的收货人。

第十条 收货人应当承担下列义务：

一、接到达港到货通知后，应在规定时间内同到达港办妥货物交接验收手续，将货物提离港区；

二、按规定应由收货人支付的运输费用、托运人少缴的费用以及运输途中发生的垫款，应在提取货物时一次付清；

三、由收货人自理卸船的货物，应在商定的时间内完成卸船作业，将船舱、甲板清扫干净；对装运污秽货物、有毒害性货物的，应负责洗刷、消毒，使船舱恢复正常清洁状态。

第十一条 散装液体货物，只限于整船、整舱运输。装船前应由托运人验舱，合格后才能装运。托运人要求在两个以上地点装船或卸船，或在同一卸船地点由几个收货人接收货物时，其计量分劈工作及发生重量差数，由托运人和收货人自行处理。

第十二条 拖带运输的货物，托运人应按规定提供被拖物的技术资料。承运人应当根据被拖物的技术资料和航道、气象等条件，调配适当的拖轮。在航行中，被拖物上的人员应听从拖轮船长的指挥，配合拖轮保证航行安全。

对于有特殊技术要求的拖带运输，承、托运双方必须签订特约条款。

第十三条 易腐货物和有生动植物，承、托运双方应预先商定容许的运到期限；采用冷藏设备船舶装运的，应商定冷藏温度。有生动植物在运输途中需要照料、饲养的，由托运人自行负责；随带的饲料免收运费，需用的淡水由承运人按规定提供。

第十四条 遇有下列情况之一，应采取包船、包舱或租船运输：

一、由于货物本身性质，需用专船、专舱运输，造成船舶亏吨的；

二、货物的起运点或到达点超出正常的营业航线，承运人必须指派专船运输，造成船舶亏吨或排空的；

三、由于其他原因，经承、托运双方协议采用包船运输的。

第十五条 在已经开办集装箱运输的水运航线和海江河联运线路上，凡精密、易碎、价高及其他适于集装箱运输的物品，承、托运双方应采用集装箱运输。

第十六条 承运人向收货人交付货物时应认真进行验收交接。按件承运的货物如发现货物有异状或与货物运单记载不符，按舱、按箱施封的货物如发现舱封、箱封有异状，收货人应即向承运人提出异议。收货人在验收交接时没有提出异议，并在提货单上签章后，运输合同即终止。

运输合同的终止，不影响履行合同中发生违约责任事项的处理。

第四章 货物运输合同的变更和解除

第十七条 凡发生下列情况之一者，允许变更或解除月度货物运输合同：

一、订立运输合同所依据的国家计划被变更或取消；

二、由于不可抗力使运输合同无法履行；

三、合同当事人一方由于关闭、停产、转产而确实无法履行合同；

四、由于合同当事人一方违约，使合同履行成为不必要或不可能；

五、在不损害国家利益和不影响国家计划的前提下，经当事人双方协商同意。

变更或解除月度货物运输合同应当采用书面形式（包括文书、电报或变更计划表等），并应在货物发送前，由要求变更或解除的一方向对方提出。月度货物运输合同只能变更一次。

第十八条 以货物运单作为运输合同的，允许按下列规定变更或解除运输合同：

一、货物发运前，承运人或托运人征得对方同意，可以解除运输合同。承运人提出解除合同的，应退还已收的运输费用，并付给托运人已发生的货物进港短途搬运费用；托运人提出解除合同的，应付给承运人已发生的港口费用和船舶待时费用；

二、货物发运后，承运人或托运人征得对方同意，可以变更货物的到达港和收货人。同一运单的货物不得变更其中的一部分，并只能变更一次。对指令性运输计划内的货物要求变更时，除必须征得对方同意外，还必须报下达该计划的主管部门核准。

由于航道、船闸障碍、海损事故、自然灾害、执行政府命令或军事行动，货物不能运抵到达港时，承运人可以到就近港口卸货，并及时通知托运人或收货人提出处理意见。

合同中订有特约变更条款的，应按双方商定的变更条款办理。

第五章 违反货物运输合同的责任

第十九条 按月度签订的货物运输合同，承运人在履行时未配备足够的运力，应按落空的运量每吨偿付违约金一元；托运人在履行时未提供足够的货源，应按落空的货源每吨偿付违约金一元；运量与货源均有落空时，应按对等数量相互抵销违约金，偿付差额。

由于第十七条第一、二、五项所规定的情况变更或解除月度货物运输合同时，免除托运人或承运人的违约金。

第二十条 从承运货物时起，至货物交付收货人或依照规定处理完毕时止，货物发生灭失、短少、变质、污染、损坏，按下列规定赔偿：

一、已投保货物运输险的货物，由承运人和保险公司按规定赔偿。

二、实行保价运输的个人生活用品，由承运人按声明价格赔偿，但货物实际损失低于声明价格的按实际损失赔偿。

三、除上述一、二两项外，均由承运人按货物的实际损失赔偿。赔偿的价格如何计算，由交通部商国家物价局、国家工商行政管理局另行规定。

第二十一条 由于下列原因造成货物灭失、短少、变质、污染、损坏的，承运人不承担赔偿责任：

一、不可抗力；

二、货物的自然属性和潜在缺陷；

三、货物的自然减量和合理损耗，以及托运人自行确定的重量不正确；

四、包装内在缺陷或包装完整、内容不符；

五、标记错制、漏制、不清；

六、有生动植物的疾病、死亡、枯萎、减重；

七、非责任性海损事故的货物损失；

八、免责范围内的甲板货物损失；

九、其他经承运人举证或经合同管理机关或审判机关查证非承运人责任造成的损失。

第二十二条 如果托运人或收货人证明损失的发生确属承运人的故意行为，则承运人除按规定赔偿实际损失外，由合同管理机关处其造成损失部分10%到50%的罚款。

第二十三条 由于承运人责任发生货物错运、错交，应无偿运回合同规定的到达港，交给指定的收货人。如由此发生逾期运到，应按本细则第二十四条规定偿付逾期违约金。

第二十四条 承运人未按规定或约定的时间将货物运抵到达港，应按规定向收货人偿付违约金，但由于下列原因之一引起的滞延时间应从实际运到期限中扣除：

一、自然灾害或气象、水文原因；

二、参加水上救助或发生海损事故；

三、政府命令或军事行动；

四、等候通过船闸；

五、应托运人要求在起运港预收保管的时间；

六、其他非承运人责任造成的延误。

逾期运到违约金额，视逾期天数的长短，按照每票货物的装卸或运费的5%到20%偿付。

对于海江河联运货物的运到期限责任，另行规定。

对于代办中转货物的运到期限责任，按承、托运双方的协议执行。

第二十五条 由于托运人责任发生下列事故，以致船舶、港口设备或波及其他货物的损坏、污染、腐蚀，或造成人身伤亡的，应由托运人负责赔偿：

一、在普通货物中夹带危险货物，匿报危险货物品名，隐瞒危险货物性质，或其他违反危险货物运输规定的行为，引起燃烧、爆炸、中毒、污染、腐蚀等事故；

二、在普通货物中夹带流质、易腐货物，引起污染事故；

三、错报笨重货物重量，引起船体损伤、吊机倾翻、货件摔损、人员伤亡等事故；

四、货物包装材质不良、强度不足或内部支衬不当等缺陷，以及外包装上必须制作的指示标志错制、漏制，引起摔损事故。

第二十六条 由于托运人责任发生下列情况之一，应由托运人负责处理：

一、自理装船的货物，卸船时船体完好，舱封完整或装载状态无异状，而发生货物灭失、短少、损坏的；

二、自行装箱、施封的集装箱运输货物，箱体完整，铅封完好，拆箱时发现货物灭失、短少、损坏或内容不符；

三、除证明属于承运人责任外，自行押运的货物所发生的灭失、短少、变质、污染、损坏或其他损失。

第二十七条 由于托运人或收货人责任发生下列情况之一，应由托运人或收货人承担有关的费用或违约金：

一、货物运抵到达港，承运人发出到货通知后，收货人拒绝收货或找不到收货人，承运人应通知托运人在限期内自行处理该项货物，并应承担由此而发生的一切费用；如托运人在限期内不予处理的，承运人可以按照无法交付货物的规定对该项货物就地处理；

二、以货物运单作为运输合同的，未按运单规定的时间和要求提供托运的货物，应向承运人支付落空货源每吨一元违约金，但由于自然灾害影响货物按期托运的以及已按本细则第十九条规定承担违约责任的货物除外；

三、托运人或收货人未及时付清运输费用及其他应付的费用，应按规定按日向承运人支付迟交金额的滞纳金。

第二十八条 由于货物本身原因或应托运人要求，需要对货物、船舱、库场进行检疫、薰蒸、消毒的，应由托运人或收货人负责办理检疫、薰蒸、消毒并承担有关费用。

第二十九条 承、托运双方对拖带运输的责任划分如下：

一、木（竹）排在拖运途中，属于木（竹）排本身原因造成的散失，由托运人负责；属于拖轮责任造成的散失，承运人应支付清漂费和必须的重新扎排费，未能全部清回的，应按照本细则第二十条规定承担实际短少部分的赔偿；

二、拖带船舶或其他水上浮物，属于拖轮责任造成被拖物或第三者损失的，由承运人负责；属于被拖物本身原因造成自身、拖轮或第三者损失的，由托运人负责；属于拖轮和被拖物双方责任造成彼此的损失以及第三者的损失，按双方应负的责任比例，分别承担。

对钻井平台、浮船坞、工程船舶及其他大型水上装置的特殊拖带，承运人和托运人的权利、义务关系和责任划分，可以由双方签订特约条款另行规定。

第三十条 由托运人自理装船或收货人自理卸船的货物，可以由承运人与托运人或收货人签订装卸合同，商定装卸时间和条件，实行船舶速遣和滞期奖罚办法。

对工矿企业自备船舶运输经由交通部门管辖港口装卸的货物，可以按照上款规定由当事双方签订船舶速遣和滞期的奖罚办法。

第三十一条 承运人与托运人或收货人彼此之间要求赔偿的时效，从货运记录交给托运人或收货人的次日起算不超过一百八十日。赔偿要求应以书面形式提出，对方应在收到书面赔偿要求的次日起六十日内处理。

承、托运双方相互索取各项违约金、滞纳金、速遣奖金或滞期费的时效，按有关规定办理。

第六章 争议处理

第三十二条 承运人和托运人或收货人在履行货物运输合同中发生纠纷，应协商解决。协商不成时，可向合同管理机关申请调解、仲裁，也可以直接向人民法院起诉。

第七章 附 则

第三十三条 对行驶国际航线，香港、澳门航线的船舶及所载货物，在我国港口作业中发生的船体、船具或货物的灭失、损坏事故，不适用于本细则。

第三十四条 本细则由交通部负责解释。

第三十五条 本细则自一九八七年七月一日起施行。

中华人民共和国内河交通安全管理条例

（一九八六年十二月十六日国务院发布）

第一章 总 则

第一条 为加强内河交通安全管理，保障船舶、排筏、设施以及人身和财产的安全，以利社会主义建设事业的发展，特制定本条例。

第二条 本条例适用于在中华人民共和国内河通航水域航行、停泊、作业的一切船舶、排筏、设施和人员，以及船舶、排筏、设施的所有人和经营人（以下简称所有人和经营人）。

前款内河通航水域，适用于国境河流中国管辖水域；但是，中国政府同其他国家政府签有协议或者协定的，按照协议或者协定执行。

第三条 各级交通管理部门设置的港航监督机构是对内河交通安全实施统一监督管理的主管机关。

第二章 船舶、排筏、设施和人员

第四条 船舶必须具备下列条件，方准航行：

一、经船舶检验部门检验，持有合格的技术证书或者文件；

二、经登记持有船舶国籍证书或者船舶登记证书或者船舶执照；

三、按国家规定必须投保船舶险的船舶，应当持有保险文书或者证明文件；

四、按国家规定配备持有合格职务证书的技术船员、驾长、渡工和其他船员。

第五条 机动船舶的船长、轮机长、驾驶员、轮机员、无线电报务员或者话务员，应当经过考试，持有合格职务证书。

非机动船舶的驾长、渡工，应当经过考核，持有合格证件。

其他船员应当经过安全教育和专业训练。

第六条 竹木排筏应当配备必要的安全航行设备、救生设备和足以保障安全航行的排工。排工配备标准由林业主管部门规定。排头工应当经过林业部门培训，持有合格证件。

游览排筏驾驶人员的管理，由主管机关会同有关部门规定。

第七条 设施应当按国家规定配备安全设备和人员。

第八条 船舶应当按国家规定，向主管机关缴纳船舶港务费。

第三章 所有人和经营人

第九条 所有人和经营人必须遵守本条例和国家有关交通安全的规定。

第十条 所有人或者经营人必须对其所有的或者所经营的船舶、排筏、设施的安全负责，并且应当做到下列各项：

一、加强对船舶、排筏、设施的安全技术管理，使之处于适航状态或者保持良好技术状况；

二、配备的船员、排工或者人员必须符合国家有关规定，不得任用无合格职务证书或者合格证件的人员担任船长、轮机长、驾驶员、轮机员、报务员、话务员、驾长、渡工和排头工；

三、加强对船员、排工和其他人员的技术培训和安全教育，不得强令所属人员违章操作；

四、根据船舶的技术性能、船员条件、限定航区和水文气象条件，合理调度船舶；

五、接受主管机关的监督检查和管理。

第四章 航行、停泊和作业

第十一条 船舶、排筏、设施在内河航行、停泊和作业，必须遵守中华人民共和国的法律、法规和港航规章。

第十二条 外国籍船舶进出中华人民共和国对外国籍船舶开放的内河港口，必须事先经主管机关批准，并申请指派引航员引航。进出港口和在内河航行期间，必须接受主管机关的检查和监护。

第十三条 中国籍船舶进出内河港口，应当办理船舶进出港签证或者接受检查。

第十四条 船舶进出港口和通过交通管制区、通航密集区或者航行条件受到限制的区域，必须遵守中华人民共和国交通部或者主管机关公布的特别规定。

第十五条 除主管机关特别许可外，禁止船舶、排筏进入或者穿越禁航区。

第十六条 船舶不得超载运输。严禁不具备载客条件的船舶私自搭客。

第十七条 船舶从事拖带航行，应当遵守拖航的有关规定。

第十八条 船舶应当在核定的航区内航行，所采用的航速应当足以保障自身的安全和不危及其它船舶、排筏、设施的安全。在限制航速的区域内和在汛期高水位期间，应当按照规定的航速行驶。

第十九条 船舶和排筏停泊，不得妨碍其它船舶、排筏的正常航行和危及设施、堤防的安全。

除无人驳船外，停泊船舶必须留有足以保证船舶安全的船员值班。

第二十条 在通航河流中人放或者拖运竹木排，应当遵守人放或者拖运竹木排的规定。规定由主管机关会同林业主管部门制定。

第二十一条 船舶、排筏、设施有下列情况之一者，主管机关有权禁止其离港，或者令其停航、停止作业、驶向指定地点：

一、违反中华人民共和国的有关法律、法规或者港航规章；

二、不适航或者不适拖；

三、发生交通事故后手续未清；

四、未向主管机关或者有关部门交付应承担的费用，也未提供适当的担保；

五、有妨碍交通安全的情况。

第二十二条 船舶、排筏、设施发生事故，对交通安全造成或者可能造成危害时，主管机关有权采取强制性处置措施。

第五章 危险货物管理

第二十三条 船舶、排筏、设施储存、装卸、运输危险货物，必须遵守国家有关危险货物管理和运输的规定。

第二十四条 船舶在港口装卸危险货物或者载运危险货物进出港口，应当按国家有关规定事先报经当地主管机关核准。

第六章 渡口管理

第二十五条 城市渡口的设置或者迁移，由当地人民政府指定的机关批准，其它渡口的设置或者迁移，由县或者县以上人民政府批准。未经批准，不得擅自设置或者迁移渡口，也不得渡客。

第二十六条 渡口管理部门应当加强对渡口的安全管理，主管机关应当加强对渡口安全管理的监督和指导。

第七章 安全保障

第二十七条 航道管理部门和助航标志管理部门，应当加强对航道和助航标志的管理和养护，保持航道畅通和助航标志明显、有效。

第二十八条 助航标志周围不得建造影响其效能的物体。航道两岸有碍航行安全的强灯光和与助航标志相混淆的灯光，应当妥善遮蔽。

第二十九条 未经主管机关或者航道管理部门批准，任何单位和个人不得擅自移动助航标志。如移动或者损坏助航标志，必须立即报告主管机关或者航道管理部门。

第三十条 使用港区岸线，应当事先附图报港口管理部门批准。在港区岸线构筑设施，应当事先经主管机关审核。

第三十一条 设置禁航区、进行水上水下施工或者体育竞赛，以及其它有碍交通安全的活动，应当事先经主管机关核准并发布航行警告或者航行通告。

设置军事禁航区，应当事先与主管机关商定，由主管机关发布航行警告或者航行通告。

第三十二条 交通管制区、锚地和停泊区的划定与调整，必须征得当地人民政府同意后，由主管机关报上级机关批准。

第三十三条 在习惯航道内，禁止设置固定网具和拦河捕捞网具，不得种植水生物。擅自设置网具或者种植水生物的，主管机关应当责令所有人限期清除，或者强制清除。

第三十四条 禁止向航道倾倒砂石和废弃物。

第三十五条 沉没在通航水域的船舶、设施或者有碍航行安全的物体，其所有人或者经营人必须按规定设置标志，并报告主管机关。

第三十六条 对影响航行安全和有潜在危险的沉没物、漂流物，其所有人或者经营人应当在主管机关限定的时间内打捞清除。逾期不清除的，主管机关有权采取措施强制打捞清除，其全部费用由沉没物、漂流物的所有人或者经营人承担。

本条前款的规定不影响沉没物、漂流物的所有人、经营人向第三方索赔的权利。

第三十七条 未经主管机关批准，不得擅自打捞或者拆除通航水域内的沉船、沉物。

第三十八条 设施的搬迁或者拆除，沉船、沉物的打捞或者清除，水上水下施工的善后处理，均不得留有妨碍航行、停泊和作业安全的物体。

第三十九条 船舶、排筏、设施和人员发现下列情况，应当迅速向主管机关报告：

一、航道变迁；

二、有碍航行安全的物体；

三、航行标志的损坏、失常、移位或者灭失；

四、有碍航行安全的其它情况。

第四十条 内河航行警告和航行通告，由主管机关统一发布和管理。

第八章 救 助

第四十一条 船舶、排筏、设施遇险，应当采取一切有效措施组织自救，并迅速将发生事故的时间、地点、受损情况、救助要求、事故原因向就近主管机关及其所有人、经营人报告。

第四十二条 事故现场附近的船舶、排筏、设施或者人员，收到求救信号后，应当全力救助遇险人员，并将救助情况及时报告就近主管机关。

第四十三条 船舶、排筏或设施发生碰撞事故，在不危及自身安全的情况下，应当全力救助，不得擅自离开事故现场。

第四十四条 主管机关接到求救报告后，必须立即组织救助，有关部门和事故现场附近的船舶、排筏、设施和人员，应当服从主管机关的统一指挥。

第九章 交通事故的调查处理

第四十五条 船舶、排筏、设施发生交通事故，应当向主管机关提交事故报告书和有关资料，接受调查处理。

竹木排筏的交通事故，由主管机关会同林业主管部门调查处理。

第四十六条 主管机关接到事故报告后，应当组织调查。事故当事人和有关人员在接受主管机关调查时，必须如实提供与事故有关的情况。

第四十七条 交通事故引起的民事纠纷，当事人可以申请主管机关调解，不申请调解或者调解不成的，可以向人民法院起诉。涉外民事案件的当事人，还可以书面协议提交涉外仲裁机构仲裁。

第十章 奖励与处罚

第四十八条 对交通安全作出显著成绩，使人员免遭伤亡或者减少伤亡、财产免遭损失或者减少损失的单位或者个人，由主管机关或者本单位给予表彰或者奖励。

第四十九条 对违反本条例或者对交通事故负有责任者，主管机关可给予下列一种或者几种处罚：

一、警告；

二、扣留或者吊销证书、证件；

三、罚款。

第五十条 当事人对主管机关的处罚不服时，可以在接到处罚通知之日起十五日内向人民法院起诉；期满不起诉又不履行的，由主管机关申请人民法院强制执行。

第五十一条 违反本条例应当受治安管理处罚的，由公安机关处理；构成刑事犯罪的，由司法机关依法追究刑事责任。

第十一章 附 则

第五十二条 本条例下列用语的含义是：

“内河通航水域”是指中华人民共和国境内的江、河、湖泊、水库、运河内船舶可以航行的水域及其港口。

“船舶”是指各类排水或者非排水的船艇和移动式平台。

“设施”是指水上、水下各种浮动或者固定的建筑、装置、管道、电缆和固定平台。

“作业”是指在通航水域及其岸线进行装卸、勘探、开采、测量、建筑、疏浚、爆破、打捞、救助、捕捞、养殖、潜水以及科学实验和其他水上、水下施工。

“交通事故”是指船舶、排筏、设施的碰撞、搁浅、触礁、触损、浪损、风灾、火灾及其它事故。

第五十三条 外国籍船舶进出内河，除遵守本条例外，还应当遵守中华人民共和国对外国籍船舶管理的有关规定。

第五十四条 军事管辖区及军用船舶和公安船舶的内部管理，由国家有关部门依据本条例另行规定。

第五十五条 渔业船舶的登记、检验，渔业船舶船员的考试、发证，渔业船舶之间交通事故的调查处理等内部管理，由国家渔政渔港监督管理部门会同主管机关依据本条例另行规定。

第五十六条 城市风景园林水域和经省、自治区、直辖市人民政府批准的厂矿企业专用水域的交通安全管理，由其所属主管部门或者厂矿企业依据本条例另行规定。

第五十七条 本条例由交通部负责解释，施行细则由交通部制定。

第五十八条 本条例自一九八七年一月一日起施行。

民　　航

国务院关于通用航空管理的暂行规定

（一九八六年一月八日发布）

第一条　为了促进通用航空事业的健康发展，维护公共利益，保障飞行安全，以适应社会主义现代化建设的需要，特制定本规定。

第二条　凡使用民用航空器从事为工业、农业、林业、牧业、渔业生产和国家建设服务的作业飞行，以及从事医疗卫生、抢险救灾、海洋及环境监测、科学实验、教育训练、文化体育及游览等项飞行活动（以下统称通用航空），都应当遵守本规定。

紧急情况下的救援飞行活动，按照国家的有关规定执行。

第三条　通用航空由中国民用航空局（以下简称民航局）归口管理。

第四条　从事通用航空飞行的单位或个人，经营通用航空业务的企业，都应当按照下列规定，履行申请审批手续：

（一）从事或经营省际通用航空飞行或业务的，由民航局审查、批准，发给通用航空许可证；

（二）从事或经营省、自治区、直辖市境内的通用航空飞行或业务的，由地区民用航空管理机构审查、批准，发给通用航空许可证，报民航局备案。

前款审批机关收到申请之后，应当在三个月内作出决定。

第五条　申请通用航空许可证，应当具备与通用航空要求相适应的下列条件：

（一）航空器经民航局检验合格，登记注册，领有适航证件。租用外国民用航空器的，并应提交租赁合同及其他有关证件。

（二）飞行人员、航空器维修人员和航行调度人员经民航局考核合格，领有执照。从事空中作业的驾驶员，应当经过专业训练，考核合格，具备空中作业必需的专门知识和技能。

（三）所使用的机场以及机务维修条件，能够保证正常飞行和作业。

第六条　经营通用航空业务的企业，应当持通用航空许可证，按照《工商企业登记管理条例》的规定，办理登记手续，领取营业执照，方可经营业务。

经营通用航空业务的企业，需要变更通用航空许可证载明的事项时，应当报经原发证机关批准，并且应当按照《工商企业登记管理条例》的规定，办理相应手续。

第七条　从事通用航空飞行的单位或个人，经营通用航空业务的企业，都应当向中国人民保险公司投保机身险和第三者责任险。

第八条　经民航局批准，经营通用航空业务的企业，可以承担中国境外通用航空业务。

第九条　企业、单位或个人实施通用航空作业飞行时，应当采取有效措施保护环境；噪声或排放有害物质，都必须符合国家规定的标准。

违反前款规定，造成损害的，应当负责赔偿损失；发生纠纷的，由司法机关依法处理。

第十条　从事或经营通用航空飞行或业务的单位、个人、企业，都应当遵守国家法律、行政法规的规定，接受有关部门的监督检查。

第十一条　从事或经营通用航空飞行或业务的单位、个人、企业，都应当遵守有关民用航空的规章、条令，接受民航局对飞行事故的调查处理。

第十二条　从事或经营通用航空飞行或业务的单位、个人、企业，都应当按照民航局的规定，定期报送通用航空统计资料和其他材料。

经营通用航空业务的企业，还应当在国家计划指导下，编制并向民航局报送本企业的中、长期计划。

民航局应当扶持通用航空事业的发展，协调、监督通用航空企业的经营活动。

第十三条　从事民用航空教育、训练的学校或机构，应当接受民航局的监督检查。

民用航空教育、训练管理办法，由民航局制定。

第十四条　航空体育主管部门应当根据本规定制定航空体育管理办法，并报民航局备案。

第十五条　从事或经营通用航空飞行或业务的单位、个人、企业违法、违章，民航局或地区民用航空管理机构可以分别给予警告、罚款、暂停业务、吊销通用航空许可证等处分。

对被吊销通用航空许可证的企业，民航局或地区民用航空管理机构应当会商工商行政管理部门按规定同时吊销其营业执照。

第十六条　本规定由民航局负责解释。

第十七条　本规定自发布之日起施行。在本规定发布前已经从事或经营通用航空飞行或业务的单位、个人、企业，应当在三个月内按照本规定补办申请、批准手续；逾期不办的，不得从事或经营通用航空飞行或业务。

民用机场管理暂行规定

(一九八六年四月六日国务院发布)

第一条 为了加强对民用机场的管理,保障飞行安全,维护机场秩序,提高机场使用效率,以利于民用航空事业的发展,特制定本规定。

第二条 本规定适用于从事民用航空运输、航空训练、航空作业的民用航空器使用的机场。用于航空作业的季节性临时机场和直升机临时起降点除外。

第三条 民用机场由中国民用航空局(以下简称民航局)归口管理。

第四条 民用机场必须持有机场使用许可证方可开放使用。

机场使用许可证由机场管理机构向民航局申请,经民航局审查批准后颁发。

民航局收到申请后,应当在三个月内作出决定。

第五条 申请机场使用许可证的民用机场,应当具备下列条件:

(一) 持有机场修建批准文件和工程验收合格文件。

(二) 具备与航空器型号、运行方式和运营业务量相适应的飞行区、工作区及其设施和人员。

(三) 具备能够保障飞行正常和安全的航行管制、通信导航、气象等设施和人员;申请开放仪表飞行的机场,必须符合民航局有关仪表飞行的规定。

(四) 具备安全保卫条件。

(五) 具备处理特殊情况的应急计划以及相应的设施和人员。

第六条 国际机场应当具备国际通航的条件,并按国家规定办理审批手续。

国际机场的开放使用,由民航局对外公布;对外提供国际机场资料,由民航局统一办理。

第七条 民用机场必须按照机场使用许可证规定的范围开放使用。需要变更使用范围的,须经民航局核准,并换发机场使用许可证。机场停止使用和恢复使用,均须事前报民航局批准;长期停止使用的,须注销机场使用许可证。

民用机场废弃或改作他用,按照国家规定办理审批手续。

第八条 民用机场的土地,由机场管理机构统一规划管理,任何单位和个人都不得侵占。

机场管理机构应当根据民航局批准的机场总体规划,提出用地计划,按照国家规定办理审批手续。

与机场业务有关的单位,在机场内修建业务所需的工程设施,应当服从机场总体规划和安全使用的要求,经机场管理机构及其上级机关审查同意后,报请当地人民政府批准。

第九条 机场管理机构应当根据国家关于保护机场净空的规定,做好机场净空保护工作,保障飞行安全。

第十条 机场管理机构应当根据国家环境保护法律、法规的规定,做好机场环境保护工作。对噪声超过国家规定标准的航空器,机场管理机构有权拒绝其起降。

第十一条 使用机场的单位和个人,应当遵守国家法律、法规以及机场管理规章,并按规定向机场管理机构交付机场使用费和服务费。

机场收费标准,由民航局商有关部门制定。

第十二条 机场管理机构违反本规定,或者对机场管理不善,导致机场条件严重恶化、危及飞行安全的,民航局有权根据情节轻重,给予警告、暂停使用或者吊销机场使用许可证等处罚;对主要责任者,有关主管部门应当给予行政处分。

第十三条 本规定由民航局负责解释。

第十四条 本规定自发布之日起施行。本规定发布前已经开放使用的民用机场,其管理机构应当在六个月内按照本规定补办申请审批手续;逾期不办的,不得继续开放使用。

航空货物运输合同实施细则

(一九八六年十一月八日国务院批准　一九八六年十二月一日中国民用航空局发布)

第一章　总　　则

第一条 根据《中华人民共和国经济合同法》的有关规定,制定本细则。

第二条 本细则适用于航空运输承运人与企业、农村经济组织、国家机关、事业单位、社会团体等法人之间签订的国内航空货物运输合同。

个体经营户、个人与航空运输承运人签订的国内航空运输合同，应参照本细则执行。

军事运输，航空与铁路、水路、公路之间的货物联运，另行规定。

第二章　货物运输合同的签订和履行

第三条　托运人托运货物应向承运人填交货物托运单，并根据国家主管部门规定随附必要的有效证明文件。托运人应对托运单填写内容的真实性和正确性负责。

托运人填交的货物托运单经承运人接受，并由承运人填发货运单后，航空货物运输合同即告成立。

第四条　托运人要求包用飞机运输货物，应填交包机申请书，经承运人同意接受并签订包机运输协议书后，航空包机货物运输合同即告成立。签订协议书的当事人，均应遵守民航主管机关有关包机运输的规定。

第五条　托运人对托运的货物，应当按照国家主管部门规定的标准包装；没有统一规定包装标准的，应当根据保证运输安全的原则，按货物的性质和承载飞机等条件包装。凡不符合上述包装要求的，承运人有权拒绝承运。

第六条　托运人必须在托运的货件上标明发站、到站和托运人、收货人的单位、姓名和地址，按照国家规定标明包装储运指示标志。

第七条　国家规定必须保险的货物，托运人应在托运时投保货物运输险。对于每千克价值在十元以上的货物，实行保险与负责运输相结合的补偿制度，托运人可在托运时投保货物运输险，具体办法另行规定。

第八条　承运人承运货物时，应对托运人填交的托运单进行查核，并有权在必要时会同托运人开箱进行安全检查。

第九条　在运输过程中必须有专人照料、监护的货物，应由托运人指派押运员押运。押运员对货物的安全负责，并遵守民航主管机关的有关规定，承运人应协助押运员完成押运任务。

第十条　托运货物内不得夹带国家禁止运输、限制运输物品和危险物品。如发现托运人谎报品名，夹带上述物品，应按有关规定处理。

第十一条　托运人托运货物，应按照民航主管机关规定的费率缴付运费和其他费用。除托运人和承运人另有协议外，运费及其他费用一律于承运人开具货运单时一次付清。

第十二条　承运人应按照货运单上填明的地点，按约定的期限将货物运达到货地点。货物错运到货地点，应无偿运至货运单上规定的到货地点，如逾期运到，应承担逾期运到的责任。

第十三条　承运人应于货物运达到货地点后二十四小时内向收货人发出到货通知。收货人应及时凭提货证明到指定地点提取货物。货物从发出到货通知的次日起，免费保管三日。收货人逾期提取，应按运输规则缴付保管费。

第十四条　货物从发出提货通知的次日起，经过三十日无人提取时，承运人应及时与托运人联系征求处理意见；再经过三十日，仍无人提取或托运人未提出处理意见，承运人有权将该货物作为无法交付货物，按运输规则处理。对易腐或不易保管的货物，承运人可视情况及时处理。

第十五条　承运人应按货运单交付货物。交付时，如发现货物灭失、短少、变质、污染、损坏时，应会同收货人查明情况，并填写货运事故记录。收货人在提取货物时，对货物状态或重量无异议，并在货运单上签收，承运人即解除运输责任。

第三章　货物运输合同的变更和解除

第十六条　货物承运后，托运人可以按照有关规定要求变更到站、变更收货人或运回原发站，承运人应及时处理。但如托运人的变更要求违反国家法律、法规和运输规定，承运人应予以拒绝。

第十七条　由于承运人执行国家交给的特殊任务或气象等原因，航空货物运输受到影响，需要变更运输时，承运人应及时与托运人或收货人商定处理办法。

第十八条　货物发运前，经合同当事人双方协商同意，或任何一方因不可抗力不能履行合同时，可以解除运输合同，但应及时通知对方。承运人提出解除合同的，应退还已收的运输费用；托运人提出解除合同的，应付给承运人已发生的费用。

第四章　违反货物运输合同的责任

第十九条　从承运货物时起，至货物交付收货人或依照规定处理完毕时止，货物发生灭失、短少、变质、污染、损坏，按下列规定赔偿：

一、已投保货物运输险的货物，由承运人和保险公司按规定赔偿；

二、除本条第一项规定外，均由承运人按货物的实际损失赔偿。赔偿的价格如何计算，由中国民用航空局商国家物价局、国家工商行政管理局另行规定。

第二十条　由于下列原因造成货物灭失、短少、变质、污染、损坏的，承运人不承担责任：

一、不可抗力；

二、货物本身性质所引起的变质、减量、破损或灭失；

三、包装方法或容器质量不良，但从外部无法发现；

四、包装完整，封志无异状而内件短少；

五、货物的合理损耗；

六、托运人或收货人的过错。

第二十一条　如果托运人或收货人证明损失的发生确属承运人的故意行为，则承运人除按规定赔偿实际损失外，由合同管理机关处其造成损失部分10%到50%的罚款。

第二十二条　货物超过约定期限运达到货地点，每超过一日，承运人应偿付运费5%的违约金，但总额不能超过运费的50%。但因气象条件或不可抗力的原因造成货物逾期运到，可免除承运人的责任。

第二十三条　由于托运人在托运货物内夹带、匿报危险物品，错报笨重货物重量，或违反包装标准和规定，而造成承运人或第三者的损失，托运人应承担赔偿责任。

第二十四条　由于收货人的过错，造成承运人或第三者的损失，收货人应承担赔偿责任。

第二十五条　托运人或收货人要求赔偿时，应在填写货运事故记录的次日起一百八十日内，以书面形式向承运人提出，并随附有关证明文件。承运人对托运人或收货人提出的赔偿要求，应在收到书面赔偿要求的次日起六十日内处理。

第五章　货物运输合同争议的解决

第二十六条　航空货物运输合同当事人，在执行合同过程中发生纠纷时，应及时协商解决。如协商不成，任何一方均可向合同管理机关申请调解或仲裁，也可以直接向人民法院起诉。

第六章　附　　则

第二十七条　本细则由中国民用航空局负责解释。

第二十八条　本细则自一九八七年七月一日起施行。

城乡建设

地名管理条例

（一九八六年一月二十三日国务院发布）

第一条　为了加强对地名的管理，适应社会主义现代化建设和国际交往的需要，制定本条例。

第二条　本条例所称地名，包括：自然地理实体名称，行政区划名称，居民地名称，各专业部门使用的具有地名意义的台、站、港、场等名称。

第三条　地名管理应当从我国地名的历史和现状出发，保持地名的相对稳定。必须命名和更名时，应当按照本条例规定的原则和审批权限报经批准。未经批准，任何单位和个人不得擅自决定。

第四条　地名的命名应遵循下列规定：

（一）有利于人民团结和社会主义现代化建设，尊重当地群众的愿望，与有关各方协商一致。

（二）一般不以人名作地名。禁止用国家领导人的名字作地名。

（三）全国范围内的县、市以上名称，一个县、市内的乡、镇名称，一个城镇内的街道名称，一个乡内的村庄名称，不应重名，并避免同音。

（四）各专业部门使用的具有地名意义的台、站、港、场等名称，一般应与当地地名统一。

（五）避免使用生僻字。

第五条　地名的更名应遵循下列规定：

（一）凡有损我国领土主权和民族尊严的，带有民族歧视性质和妨碍民族团结的，带有侮辱劳动人民性质和极端庸俗的，以及其它违背国家方针、政策的地名，必须更名。

（二）不符合本条例第四条第三、四、五款规定的地名，在征得有关方面和当地群众同意后，予以更名。

（三）一地多名、一名多写的，应当确定一个统一的名称和用字。

（四）不明显属于上述范围的、可改可不改的和当地群众不同意改的地名，不要更改。

第六条　地名命名、更名的审批权限和程序如下：

（一）行政区划名称的命名、更名，按照国务院《关于行政区划管理的规定》办理。

（二）国内外著名的或涉及两个省（自治区、直辖市）以上的山脉、河流、湖泊等自然地理实体名称，由省、自治区、直辖市人民政府提出意见，报国务院审批。

（三）边境地区涉及国界线走向和海上涉及岛屿归属界线以及载入边界条约和议定书中的自然地理实体名称和居民地名称，由省、自治区、直辖市人民政府提出意见，报国务院审批。

（四）在科学考察中，对国际公有领域新的地理实体命名，由主管部门提出意见，报国务院审批。

（五）各专业部门使用的具有地名意义的台、站、港、场等名称，在征得当地人民政府同意后，由专业主管部门审批。

（六）城镇街道名称，由直辖市、市、县人民政府审批。

（七）其他地名，由省、自治区、直辖市人民政府规定审批程序。

（八）地名的命名、更名工作，可以交地名机构或管理地名工作的单位承办，也可以交其他部门承办；其他部门承办的，应征求地名机构或管理地名工作单位的意见。

第七条 少数民族语地名的汉字译写，外国地名的汉字译写，应当做到规范化。译写规则，由中国地名委员会制定。

第八条 中国地名的罗马字母拼写，以国家公布的“汉语拼音方案”作为统一规范。拼写细则，由中国地名委员会制定。

第九条 经各级人民政府批准和审定的地名，由地名机构负责汇集出版。其中行政区划名称，民政部门可以汇集出版单行本。

出版外国地名译名书籍，需经中国地名委员会审定或由中国地名委员会组织编纂。

各机关、团体、部队、企业、事业单位使用地名时，都以地名机构或民政部门编辑出版的地名书籍为准。

第十条 地名档案的管理，按照中国地名委员会和国家档案局的有关规定执行。

第十一条 地方人民政府应责成有关部门在必要的地方设置地名标志。

第十二条 本条例在实施中遇到的具体问题，由中国地名委员会研究答复。

第十三条 本条例自发布之日起施行。

国务院办公厅转发城乡建设环境保护部关于整顿建筑市场情况报告的通知

（一九八六年十二月十三日）

城乡建设环境保护部《关于整顿建筑市场情况的报告》已经国务院批准，现转发给你们，请结合实际情况贯彻执行。

整顿建筑市场、纠正行业不正之风，对于巩固和发展建筑业改革成果，具有重要意义。近一年来，对建筑市场的整顿工作已初见成效，并取得一些经验，但发展不平衡，还存在不少问题。请各级人民政府继续加强领导，采取有效措施，进一步抓好这项工作。各有关部门要加强指导和督促检查，密切配合，共同把整顿建筑市场的工作做好。

关于整顿建筑市场情况的报告

（一九八六年九月二十三日）

一九八五年十月，中央领导同志对建筑业的工程质量问题作了重要批示，我部进行了认真的学习和研究，并及时召开了专门会议，部署全国建筑市场的整顿工作。今年一月，为明确整顿工作的指导思想、方法、步骤和政策界限，我部发了《关于整顿建筑市场的通知》。同时，先后派出四个工作组到各地了解情况，总结经验，推动整顿工作的健康发展。现将主要情况报告如下：

各省、自治区、直辖市人民政府对整顿建筑市场工作都很重视，普遍成立了临时领导机构，召开了动员大会，专门发了文件。各地城乡建设主管部门与工商行政管理、税务、建设银行、审计等部门密切配合，审查设计、施工单位营业资格，揭露违纪案件，查处重大质量事故，纠正行业不正之风，已经收到了初步效果。整顿工作中查出的主要问题：一是无证设计、无证施工和越级承包工程的情况严重。二是发包工程要回扣，承包工程搞贿赂。三是非法转包，坐收渔利。四是高估乱要的现象较为普遍。整顿工作起步较早的北京市，在整改中认真进行了“三退”：一退不合理的工程收费；二退领导干部的不合理收入；三退占用建设单位的住房。

经过前段整顿工作，上述问题已得到一定程度的纠正，但所取得的成绩是初步的，揭露出来的问题大多是浮在面上的，整顿工作还必须广泛深入地开展下去。我们准备继续抓好以下工作：

一、把整顿建筑市场与纠正行业不正之风结合起来进行。现在，有的地方把两者割裂开来，重复部署，增加了基层负担。今后，统一提为整顿建筑市场，纠正行业不正之风，巩固改革成果，发展大好形势。目前先抓好城市范围内建筑市场的整顿，重点是：取缔无证设计、无证施工和越级承包工程的违法经营；查处内外勾结、上下串通、行贿受贿、偷税漏税、坑害国家的行为；查处出卖营业执照、企业资格证书、银行帐号和非法转包渔利的行为；查处弄虚作假、偷工减料造成重大质量事故和倒塌事故的行为；纠正高估冒算、敲竹杠、设梗刁难用户的行为。

二、整顿建筑市场不仅涉及设计、施工、建设单位，还涉及材料供应单位和市场管理等部门。因此，城市人民政府要加强领导，搞好协调。各有关部门、单位都要支持主管部门充分发挥职能作用。要加强立法，搞好监督、协调、服务，切实把建筑市场管起来。

三、划清不正之风与违法犯罪的界限。对建筑市场活动中的各种不正之风，要认真纠正。对于行贿受贿、非法倒卖建筑材料牟取暴利、贪污盗窃和出卖营业执照、企业资格证书、银行帐号、设计图签以及偷工减料、粗制滥造造成重大质量、伤亡事故等违法行为，要根据情节轻重严肃处理，直至追究刑事责任。要把按规定实行总包分包责任制同不负任何经济技术责任的倒手转包、从中渔利区别开来；把按合同工期提取提前工期奖同高估乱要、非法牟利区别开来。各地在整顿中清退不符合要求的建筑队伍时，一定要注意保护竞争，防止排斥外来队伍、封闭建筑市场的现象。

四、抓紧解决工程质量下降的问题。首先，要切实加强工程质量管理，完善责任制，把好质量关。非持证设计单位设计的工程，一律不准施工；无出厂合格证明和未按规定复试的原材料，一律不准使用；不合格的建筑构件，一律不准出厂和用在工程上；所有工程都必须按照国家规范、标准施工和验收，不准降低标准，质量不合格的工程及构件，一律不准报竣工面积和产值、产量。其次，有关部门要加强对工程质量的监督，所有监督人员都要严格执行质量监督条例，尽职尽责。因失职、渎职或受贿造成严重质量事故的，要从严惩处。第三，认真查处一九八五年以来的重大质量事故，过去处理不当的要重新处理。凡因设计、施工原因造成的质量缺陷，必须返修补强，不能留有隐患，损害用户利益。

五、抓紧处理违章违纪案件。属于一般违章违纪行为，由所在单位处理；属于重大工程质量事故，由质量监督部门查明原因，分清责任，提交施工企业的主管部门处理；属于违反工商行政管理法规的，由工商行政管理机关处理；对于偷税漏税的，按照有关税法规定处理；触犯刑律的，提交司法部门依法惩处。要通过解剖分析典型案例，教育广大干部、职工和群众。

以上报告，如无不妥，请批转各地执行。

环 境 保 护

对外经济开放地区环境管理暂行规定

（一九八六年三月四日国务院批准　一九八六年三月十五日国家环境保护局发布）

第一条　为了加强对外经济开放地区的环境管理，防治环境污染和生态破坏，保障人体健康，保护和创造良好的投资环境，促进经济和社会发展，特制定本规定。

第二条　本规定所称对外经济开放地区，是指国家批准的经济特区、沿海开放城市和沿海经济开放区。

在对外经济开放地区从事生产、经营活动的一切单位和个人，必须遵守本规定。

第三条　对外经济开放地区的各级人民政府，必须坚持"预防为主、防治结合"的方针，加强环境综合整治工作。应当把环境保护纳入本地区的经济和社会发展规划，明确环境保护的目标、任务和措施，并组织实施。

第四条　对外经济开放地区进行新区建设必须作出环境影响评价，全面规划，合理布局。各有关部门必须严格按照规划和布局的要求进行建设。

对外经济开放地区现有的不合理布局，应当结合城市改造、工业调整逐步加以解决。在生活居住区、水源保护区、疗养区、自然保护区，风景游览区、名胜古迹和其他需要特殊保护的地区，不得建设污染环境的项目；已建成的，要限期治理、调整或搬迁。

第五条　管辖对外经济开放地区的省、自治区、直辖市人民政府，对国家环境质量标准中未规定的项目，可以制定地方补充标准；对执行国家污染物排放标准不能保证达到本地区环境质量要求的，可以制定严于国家污染物排放标准的地方污染物排放标准，报国家环境保护部门备案。

按照前款规定制定的地方污染物排放标准，所在地的企业、事业单位必须执行。

第六条　对外经济开放地区从国外引进技术和设备，必须符合无污染或少污染的要求，对产生污染，国内又不能配套解决的，应当同时引进相应的环境保护设施。一切新建、改建和扩建项目，必须做到防治环境污染的配套设施与主体工程同时投入使用。

第七条　对外经济开放地区的一切单位和个人，在签订经济合同时，应当明确当事人各方在环境保护方面的义务和责任，落实防治环境污染的措施。合同中不得有违反国家和地方环境保护法律、法规的内容。

第八条　在对外经济开放地区进行开发建设的单位，必须按照国家规定报送环境影响报告书（表）和建设项目初步设计环境保护篇章；竣工后，必须报送环境保护设施竣工验收报告。

环境保护部门应当在接到环境影响报告书（表）的四十五日内，初步设计环境保护篇章、环境保护设施竣工验收报告的三十日内予以批复；逾期不批复的，上报方案自行生效。

第九条 对外经济开放地区的企业事业单位排放污染物，必须到所在地人民政府环境保护部门提出排污申请，如实填报拥有的污染物排放设施、处理设施和在正常作业条件下排放污染物的种类、方式、数量和浓度，经审核批准并取得排污登记证件后，方能生产或营业。排污情况发生变化的，应当及时向所在地人民政府环境保护部门申报。

超过国家或地方污染物排放标准的，按照国家规定缴纳超标准排污费；向水体排放污染物的，按照国家规定缴纳排污费。

第十条 对外经济开放地区各级人民政府的环境保护部门，负责组织、协调、监督、检查本地区的环境保护工作。被监督检查单位必须如实提供有关情况和资料。

环境保护部门对被监督检查单位提供的情况和资料有保密的义务和责任。

第十一条 凡违反本规定，造成污染损害的单位，对外经济开放地区各级人民政府的环境保护部门或国家规定的其他主管部门，可以责令其限期治理，支付消除污染费用，赔偿损失；并可以给予警告或罚款。

当事人不服的，可以在收到决定书之日起十五日内，向人民法院起诉；期满不起诉又不履行的，由环境保护部门或其他主管部门提请人民法院强制执行。

第十二条 对外经济开放地区所在的省、自治区、直辖市人民政府可以根据本规定制定实施办法。

第十三条 本规定自发布之日起施行。

劳 动 人 事

国务院办公厅转发全国安全生产委员会关于重视安全生产控制伤亡事故恶化的意见的通知

（一九八六年三月十五日）

国务院同意全国安全生产委员会《关于重视安全生产控制伤亡事故恶化的意见》，现转发你们，请认真贯彻执行。

去年，全国职工伤亡事故又有较大回升，有些方面的情况十分严重。望各级领导高度重视，采取切实有效措施，搞好安全生产，迅速扭转这种被动局面。

全国安全生产委员会关于重视安全生产控制伤亡事故恶化的意见

（一九八六年一月十六日）

一九八五年以来，经济形势很好。实现了持续、稳定、协调地发展。但是，安全生产状况不好，工伤事故、交通事故、火灾事故有所增长，情况十分严重。

党的十一届三中全会以后的几年内，安全生产形势是比较好的，因工死亡人数连续三年大幅度下降。但自一九八三年起下降速度减缓，一九八五年又开始上升。安全生产问题必须引起我们高度重视，并采取有效措施，控制伤亡事故发展，扭转被动局面，保证四化建设的顺利进行。

为什么会出现这种严重状况？

第一，在生产中，有些领导同志仍有片面追求产量指标，忽视质量，忽视安全的思想。

第二，不少单位在推行经济责任制当中，只承包经济技术指标，没有安全项目，或者只有一般安全口号，没有落实安全责任和措施。安全管理不是层层落实，而是“以包代管”。一些经济部门、总公司的承包，也没有承包安全。

第三，安全管理混乱，违章指挥、违章作业严重。一九八五年我们分析解剖了二百零四例伤亡事故。这些事故涉及煤炭、冶金、建工、建材、石油、化工、机械、轻工、交通、林业、纺织、水电、铁路等十几个行业。通过分析，发现其中百分之九十八点五三是可以避免的责任事故。这些责任事故中百分之七十八点六是由于领导违章指挥、工人违章作业造成的。

第四，在协议工、轮换工大量增加的情况下，干部培训和职工安全教育、技术培训跟不上，队伍素质相对降低，这也是事故增加的原因之一。

今年是“七五”计划的第一年，要争取在安全生产上有一个良好开端。总的工作目标是：基本控制重大伤亡事故；大幅度降低一般伤亡事故；尘毒浓度的合格率有明显提高。矿山安全、交通安全、防火、防尘、防毒仍然是今年安全工作的重点。

在安全生产管理上，几十年来我国积累了不少行之有效的办法和经验。如安全第一，预防为主；国家监察、行政管理与群众监督相结合的制度；安全技术培训的三级教育；处理事故的三不放过；新建工程项目的“三同时”；健全安全责任制；制订和实施安全技术措施计划；定期安全检查；开展安全竞赛，等等。其中不少已形成了党的政策、国家的法规和企业的规章制度，问题是许多单位没有认真贯彻执行，“写在纸上，挂在墙上，喊在嘴上”的现象还相当普遍。为了克服官僚主义和目无法纪的恶劣作风，落实党和国家有关的方针、政策、法令，强化安全管理，实现今年安全生产的目标，必须坚决采取以下措施：

第一，各级领导必须认真贯彻落实“安全第一、预防为主”的方针。要把安全生产问题纳入领导的重要议事日程，摆正安全和生产的关系。当生产和安全发生矛盾，危及职工生命和国家财产的时候，要停产治理，消除隐患。

第二，坚持管生产必须管安全的原则。各级经济承包责任制一定要有安全承包内容，要同产量、质量、利润等经济技术指标一样，有安全保证指标和措施。没有安全承包内容的方案不能实施。中央一级的经济部门和各总公司的经济承包方案，应送交劳动人事部、国家经委、全国总工会征求意见，实行国家监察、行政管理和群众监督；基层以上各级经济部门和公司也要按上述方法办理；企业的经济承包方案要征求工会和安全部门的意见，提交职工代表大会审议通过。

第三，工矿企业要加强各种安全设施的建设。新建、扩建、改建（包括全厂性的技术改造）工程项目以及引进项目，必须认真执行安全卫生设施“三同时”审查验收的规定；对于生产设备、技术上存在的危及安全生产的重大隐患，必须订出措施限期解决；企业要结合“七五”计划制订和实施安全技术措施计划，完善预防各种事故和职业危害的物质技术条件。

第四，加强安全管理，严禁违章指挥和违章作业。发现这种情况时，应立即严肃处理。领导违章指挥造成严重后果的，要停职检查，视检查情况重新任命；工人违章作业造成严重后果的，要立即撤岗，重新培训。在干部停职、工人撤岗后的检查和培训期间，停发其奖金和补贴。由于违章指挥、违章作业造成事故的，要视责任大小、情节轻重给予政纪、党纪处分，直至追究刑事责任，决不能姑息迁就。

为了加强安全管理，各类企业要根据条件大力推行现代化管理方法和采用先进的监测手段，建立报警系统。

第五，要按照规定对新工人和调换工种的职工进行安全教育和技术培训。不经安全教育和培训的工人不得上岗；如果上岗，应作违章处理，并追究领导的责任。

第六，组织强有力的检查团，抓住几起重大恶性事故进行严肃处理，造成社会舆论，引起各方面的重视，教育干部和群众。中央检查团由国务委员、全国安全生产委员会主任张劲夫同志负责组建，劳动人事部牵头，国家经委、全国总工会等有关部门的负责同志参加，一九八六年第一季度开始检查。各省、自治区、直辖市如何组织检查团，何时开始检查，根据实际情况自行决定。

要实现安全生产状况的根本好转，除了采取上述措施以外，必须有治本之策，各地区、各有关部门要高度重视并努力做好各项基础工作，加强劳动保护的科学管理和科学研究工作；提高技术装备水平，补还安全欠帐，提高抗灾能力；要尽快制订、修改、补充有关安全生产和劳动保护方面的法规、规章，使安全工作有法可依，有章可循。

国务院关于发布改革劳动制度四个规定的通知

（一九八六年七月十二日）

《国营企业实行劳动合同制暂行规定》、《国营企业招用工人暂行规定》、《国营企业辞退违纪职工暂行规定》和《国营企业职工待业保险暂行规定》，业经全国省长会议讨论修改和国务院常务会议通过，现予发布。请你们根据中共中央、国务院发出《关于认真执行改革劳动制度几个规定的通知》精神，结合实际情况，认真做好准备工作，从一九八六年十月一日起开始实施。现将有关问题通知如下：

一、统一思想，提高认识。要采取自上而下、先党内后党外、先骨干后群众的步骤，层层组织传达、学习四个规定，深入地做好干部、群众的思想政治工作。宣传部门和新闻单位，要按照统一的宣传提纲和统一部署，有计划有步骤地开展宣传工作，防止各行其是。几个《规定》见报的时间，要同有关部门联系。

二、认真做好改革的准备工作。要在七、八、九三个月抓紧研究落实有关的各项配套政策和措施，制定实施细则，搞好干部培训。要加强劳动人事部门的组织建设，相应地建立劳动争议仲裁和社会劳动保险机构，并充实和加强劳动服务公司。

考虑到北京、天津等地的具体情况，这两个市实行劳动合同制的时间可以适当推迟。

三、废止"子女顶替"制度。"子女顶替"制度实行多年，弊病甚多，必须废止。考虑到部分家居农村的老工人的实际情况，在贯彻执行中允许适当灵活一些，即对一九五七年底以前参加工作、家居农村的老工人，在他们办理退休手续后，允许其一名农村的适龄未婚子女到父母原工作单位的城镇，参加全民所有制单位或集体所有制单位的招工考试或考核，在同等条件下优先录用。被录用的，由当地劳动部门办理录用手续，公安、粮食部门办理户、粮关系转移手续，退休工人本人的户、粮关系同时迁回农村；未被录用的，仍应留在农村劳动。

"内招"职工子女的办法也必须废止。矿山井下、野外勘探、森林采伐、盐业生产等四个行业是否继续"内招"职工子女，由国务院有关主管部门与省、自治区、直辖市人民政府商定。

四、国家机关、事业单位今后招用工人，应当比照《国营企业实行劳动合同制暂行规定》和《国营企业招用工人暂行规定》执行。合同制工人的养老保险和待业保险基金的来源，机关从行政费中列支，事业单位从事业费中列支。

五、劳动制度的改革，关系广大群众的切身利益，牵涉面广，政策性强，各级人民政府要切实加强领导，精心部署。各有关部门要积极配合，协调行动。各地准备和贯彻实施四个规定的情况，应分别在今年九月中旬和十二月中旬向国务院报告，实施中的重要情况和问题要随时报告。

国营企业实行劳动合同制暂行规定

（一九八六年七月十二日国务院发布）

第一章　总　　则

第一条　为改革国营企业（以下简称企业）的劳动制度，增强企业活力，充分发挥劳动者的积极性和创造性，保障劳动者的合法权益，促进社会主义现代化建设，特制定本规定。

第二条　企业在国家劳动工资计划指标内招用常年性工作岗位上的工人，除国家另有特别规定者外，统一实行劳动合同制。用工形式，由企业根据生产、工作的特点和需要确定，可以招用五年以上的长期工、一年至五年的短期工和定期轮换工。不论采取哪一种用工形式，都应当按照本规定签订劳动合同。

企业招用一年以内的临时工、季节工，也应当签订劳动合同。

第三条　劳动合同制工人与所在企业原固定工人享有同等的劳动、工作、学习、参加企业的民主管理、获得政治荣誉和物质鼓励等权利。

第二章　招 收 录 用

第四条　企业招用劳动合同制工人，应当在当地劳动行政主管部门指导下，贯彻公开招收、自愿报名、德智体全面考核、择优录用的原则。由企业向当地劳动行政主管部门办理录用手续。对重新就业的工人，企业应当注重实际技能的考核，经过考核合格的，优先录用。

第五条　对劳动合同制工人，应当建立《劳动手册》制度。

《劳动手册》由劳动人事部统一制发。

第六条　企业招用劳动合同制工人，应当订明试用期。试用期为三个月至六个月，由企业根据不同工种具体确定。

第三章　劳动合同的订立、变更、终止和解除

第七条　企业与被招用的工人签订劳动合同时，必须遵守国家政策和法规的规定，坚持平等自愿和协商一致的原则，以书面形式明确规定双方的责任、义务和权利。劳动合同一经签订，就受到法律保护，双方必须严格遵照执行。

第八条　劳动合同的内容应当包括：

（一）在生产上应当达到的数量指标、质量指标，或应当完成的任务；

（二）试用期限、合同期限；

（三）生产、工作条件；

（四）劳动报酬和保险、福利待遇；

（五）劳动纪律；

（六）违反劳动合同者应当承担的责任；

（七）双方认为需要规定的其他事项。

第九条　劳动合同期限，由企业和工人协商确定。

劳动合同期限届满，应即终止执行。由于生产、工作需要，在双方完全同意的条件下，可以续订合同。

轮换工的劳动合同，期限届满时必须终止。

第十条 企业经上级主管部门批准转产、调整生产任务，或者由于情况变化，经合同双方协商同意，可以变更合同的相关内容。

第十一条 劳动合同制工人因生产、工作需要，或按照国家有关规定，需要跨地区转移工作单位时，经有关地区劳动行政主管部门协商同意，并办理户口和退休养老基金的转移手续，可以与所在企业解除劳动合同，与所需单位签订劳动合同。

第十二条 在下列情况下，企业可以解除劳动合同：

（一）劳动合同制工人在试用期内，经发现不符合录用条件的；

（二）劳动合同制工人患病或非因工负伤，医疗期满后不能从事原工作的；

（三）按照《国务院关于国营企业辞退违纪职工暂行规定》，属于应予辞退的；

（四）企业宣告破产，或者濒临破产处于法定整顿期间的。

第十三条 劳动合同制工人被除名、开除、劳动教养，以及被判刑的，劳动合同自行解除。

第十四条 劳动合同制工人在下列情况下，企业不得解除劳动合同：

（一）劳动合同期限未满，又不符合第十二条规定的；

（二）患有职业病或因工负伤并经劳动鉴定委员会确认的；

（三）患病或非因工负伤，在规定的医疗期内的；

（四）女工在孕期、产假和哺乳期间的；

（五）符合国家规定条件的。

第十五条 在下列情况下，劳动合同制工人可以解除劳动合同：

（一）经国家有关部门确认，劳动安全、卫生条件恶劣，严重危害工人身体健康的；

（二）企业不能按照劳动合同规定支付劳动报酬的；

（三）经企业同意，自费考入中等专业以上学校学习的；

（四）企业不履行劳动合同，或者违反国家政策、法规，侵害工人合法权益的。

第十六条 任何一方解除劳动合同，必须提前一个月通知对方，方可办理解除劳动合同的手续。

解除劳动合同，企业应当报请上级主管部门和当地劳动行政主管部门备案。

一方违反劳动合同，给对方造成经济损失的，应当根据其后果和责任大小，予以赔偿。

第十七条 企业解除劳动合同，应当征求本企业工会的意见。

第四章　在职和待业期间的待遇

第十八条 劳动合同制工人的工资和保险福利待遇，应当与本企业同工种、同岗位原固定工人保持同等水平，其保险福利待遇低于原固定工人的部分，用工资性补贴予以补偿。工资性补贴的幅度，为劳动合同制工人标准工资的15%左右。

劳动合同制工人的奖金、津贴、保健食品、劳动保护用品、口粮补差和物价补贴等待遇，应当与所在企业同工种原固定工人同等对待。

第十九条 重新就业的劳动合同制工人，仍从事原工种的，经考核合格后，按照原工资等级支付工资；改变工种的，试用期间的工资按照不低于二级工工资标准支付，试用期满后考核定级。

第二十条 劳动合同制工人患职业病或因工负伤，以及女工孕期、产假和哺乳期间，应当与所在企业同工种的原固定工人同等对待。

第二十一条 劳动合同制工人患病或非因工负伤，按其在本单位工作时间的长短，给予三个月至一年的医疗期。在本单位工作二十年以上的，医疗期可以适当延长。在医疗期内，其医疗待遇和病假工资与所在企业原固定工人同等对待。医疗期满后因不能从事原工作被解除劳动合同的，由企业发给相当于本人标准工资三个月至六个月的医疗补助费。

第二十二条 劳动合同制工人因工或因病死亡的丧葬补助费、供养直系亲属抚恤费、救济费，应当与所在企业原固定工人同等对待。

第二十三条 劳动合同制工人因合同期满或属于第十二条（二）项和第十五条规定情况，解除劳动合同时，企业应当按照其在本企业工作年限，每满一年发给相当于本人标准工资一个月的生活补助费；但是，最多不超过十二个月的本人标准工资。

按照第十二条（三）项规定被解除劳动合同的，或按照第十三条规定自行解除劳动合同的，以及自行离职的，不发给生活补助费。

第二十四条 劳动合同制工人，其公休假、婚丧假、探亲假、上下班交通费补贴、取暖和防暑降温补贴等，应当与所在企业原固定工人同等对待。

第二十五条 劳动合同制工人待业期间，按照国家规定领取待业救济金和医疗补助费。

第五章　退休养老期间的待遇

第二十六条 国家对劳动合同制工人退休养老实行社会保险制度。退休养老基金的来源，由企业和劳动合同制工人缴纳。退休养老金不敷使用时，国家给予适当补助。

企业缴纳的退休养老基金，在缴纳所得税前列支，缴纳的数额为劳动合同制工人工资总额的15%左右。由企业开户银行按月代为扣缴，转入当地劳动行政主管部门所属的社会保险专门机构在银行开设的“退休养老基金”专户。对逾期不缴者，按照规定加收滞纳金。

劳动合同制工人缴纳的退休养老基金数额为不超过本人标准工资的3%。由企业按月在工资中扣除，向当地劳动行政主管部门所属的社会保险专门机构缴纳。

退休养老基金存入银行的款项，按照城乡居民个人储蓄存款利率计息，所得利息转入退休养老基金项下。

第二十七条 劳动合同制工人的退休养老待遇包括：退休费（含国家规定加发的其他补贴、补助）、医疗费和丧葬补助费、供养直系亲属抚恤费、救济费。

劳动合同制工人退休后，按月发给退休费，直至死亡。退休费标准，根据缴纳退休养老基金年限长短、金额多少和本人一定工作期间平均工资收入的不同比例确定，医疗费和丧葬补助费、供养直系亲属抚恤费、救济费，参照国家有关规定执行。

对缴纳退休养老基金年限比较短的工人，其退休养老费用可以一次发给。

第二十八条 劳动合同制工人退休养老工作，由劳动行政主管部门所属的社会保险专门机构管理，其主要职责是筹集退休养老基金，支付退休养老费用和组织管理退休工人。

第六章 组织管理

第二十九条 劳动合同制工人在企业工作期间，由企业负责管理；在待业期间，由当地劳动行政主管部门所属的劳动服务公司负责管理。

第三十条 劳动行政主管部门有监督、检查劳动合同履行情况的责任和权力。

第三十一条 劳动合同双方发生劳动争议时，应当协商解决；协商无效的，可以向当地劳动争议仲裁委员会申诉，由劳动争议仲裁委员会仲裁；对仲裁不服的，可以向当地人民法院起诉。

第七章 附则

第三十二条 国家机关、事业单位和社会团体在常年性岗位上招用的工人，应当比照本规定执行。

第三十三条 本规定第四、五章不适用矿山、建筑、装卸、搬运行业从农村招用的户、粮关系不变的劳动合同制工人，以及从城镇招用的临时工、季节工，他们的劳动报酬、保险福利待遇，按照国家有关规定执行。

第三十四条 省、自治区、直辖市人民政府可以根据本规定制订实施细则，并报劳动人事部备案。

第三十五条 本规定由劳动人事部负责解释。

第三十六条 本规定自一九八六年十月一日起施行。

国营企业招用工人暂行规定

（一九八六年七月十二日国务院发布）

第一章 总则

第一条 为了改革国营企业（以下简称企业）招工制度，保证招工质量，提高工人队伍素质，适应社会主义现代化建设事业发展的需要，特制定本规定。

第二条 企业招用工人，必须在国家劳动工资计划指标之内，贯彻执行先培训后就业的原则，面向社会，公开招收，全面考核，择优录用。

第三条 企业招用工人，必须实行劳动合同制。

第二章 面向社会，公开招收

第四条 企业招用工人，应当公布招工简章，符合报考条件的城镇待业人员和国家规定允许从农村招用的人员，均可报考。

第五条 企业招用工人，应当张榜公布经过考核合格者名单，公开录用。

企业不得以任何形式进行内部招工，不再实行退休工人“子女顶替”的办法。

第三章 德智体全面考核，择优录用

第六条 企业招用工人，必须具备的基本条件是：年满十六周岁，身体健康，具有初中以上文化程度，现实表现好。

第七条 企业招用工人，实行德智体全面考核，其考核内容和标准，可以根据生产、工作需要有所侧重。招用学徒工人，侧重文化考核；直接招用技术工人，侧重专业知识技能考核；招用繁重体力劳动工人，侧重身体条件考核。

第八条 企业招用工人，凡适合妇女从事劳动的工种，应当招用女工。

第九条 企业招用工人，应当规定试用期。在试用期内发现不符合招工条件的，企业可以解除劳动合同，由原户口所在地负责接收。

第四章 组织管理

第十条 企业招工工作，应当在地方人民政府的领导下，由劳动行政主管部门负责管理。其主要职责是：审批下达招工计划，执行招工政策，确定招工地区，审查招工简章，对招工工作进行监督和检查。

第十一条 企业招用工人，应当向当地劳动行政主管部门办理录用手续，并按照《国营企业实行劳动合同制暂行规定》签订劳动合同。

第十二条 企业招用工人，应当在城镇招收。需要从农村招收工人时，除国家规定的以外，必须报经省、自治区、直辖市人民政府批准。

第十三条 企业招用工人，必须严格按照本规定执行。凡违反本规定招收的工人，一律无效，情节严重的，应当追究有关人员的行政责任。

第五章 附 则

第十四条 国家机关、事业单位和社会团体招用工人，应当比照本规定执行。

第十五条 省、自治区、直辖市人民政府可以根据本规定制定实施细则，并报劳动人事部备案。

第十六条 本规定由劳动人事部负责解释。

第十七条 本规定自一九八六年十月一日起施行。

国营企业辞退违纪职工暂行规定

（一九八六年七月十二日国务院发布）

第一条 为加强国营企业（以下简称企业）劳动纪律，提高职工队伍素质，增强企业活力，促进社会主义建设，特制定本规定。

第二条 企业对有下列行为之一，经过教育或行政处分仍然无效的职工，可以辞退：

（一）严重违犯劳动纪律，影响生产、工作秩序的；

（二）违反操作规程，损坏设备、工具，浪费原材料、能源，造成经济损失的；

（三）服务态度很差，经常与顾客吵架或损害消费者利益的；

（四）不服从正常调动的；

（五）贪污、盗窃、赌博、营私舞弊，不够刑事处分的；

（六）无理取闹，打架斗殴，严重影响社会秩序的；

（七）犯有其他严重错误的。

符合除名、开除条件的职工，按照《企业职工奖惩条例》的规定执行。

第三条 企业辞退职工应当征求本企业工会的意见，并报企业主管部门和当地劳动人事部门备案。

第四条 企业对被辞退的职工应当发给辞退证明书。被辞退的职工可以持辞退证明书到本人户口所在地的劳动部门办理待业登记。

被辞退的职工在待业期间的管理和待业救济金、医疗补助费的发放，按照《国营企业职工待业保险暂行规定》办理。

第五条 被辞退的职工对企业作出的辞退处理不服的，可以在收到辞退证明书之日起的十五日内，向当地劳动争议仲裁委员会申诉，由劳动争议仲裁委员会仲裁；对仲裁不服的，可以向当地人民法院起诉。

第六条 被辞退的职工无理取闹、纠缠领导，影响生产、工作和社会秩序的，由公安部门按照《治安管理处罚条例》的有关规定处理。

第七条 省、自治区、直辖市人民政府可以根据本规定制定实施细则，并报劳动人事部备案。

第八条 本规定由劳动人事部负责解释。

第九条 本规定自一九八六年十月一日起施行。

国营企业职工待业保险暂行规定

（一九八六年七月十二日国务院发布）

第一章 总 则

第一条 为适应劳动制度改革的需要，促进劳动力合理流动，保障国营企业（以下简称企业）职工在待业期间的基本生活需要，特制定本规定。

第二条 本规定适用于：

（一）宣告破产的企业的职工；

（二）濒临破产的企业法定整顿期间被精减的职工；

（三）企业终止、解除劳动合同的工人；

（四）企业辞退的职工。

第二章 职工待业保险基金的筹集和管理

第三条 职工待业保险基金的来源：

（一）企业按照其全部职工标准工资总额的1%

缴纳的待业保险基金(缴纳所得税前列支);

(二) 职工待业保险基金存入银行后,由银行按照国家规定支付的利息;

(三) 地方财政补贴。

第四条 职工待业保险基金由省、自治区、直辖市统筹使用。不敷使用时,由地方财政补贴。

职工待业保险基金的预算、决算和财务管理办法,由劳动人事部会同财政部制订。

第五条 职工待业保险基金,由企业开户银行按月代为扣缴,转入所在市、县主管职工待业救济机构在银行开设的"职工待业保险基金"专户。

第三章 职工待业保险基金的使用

第六条 职工待业保险基金的开支项目:

(一) 宣告破产的企业职工和濒临破产的企业法定整顿期间被精减的职工,在待业期间的待业救济金;

(二) 宣告破产的企业职工和濒临破产的企业法定整顿期间被精减的职工,在待业期间的医疗费、死亡丧葬补助费、供养直系亲属抚恤费、救济费;

(三) 宣告破产的企业离休、退休职工和濒临破产的企业法定整顿期间被精减而又符合离休、退休条件职工的离休、退休金;

(四) 企业辞退的职工和终止、解除劳动合同的工人,在待业期间的待业救济金和医疗补助费;

(五) 待业职工的转业训练费;

(六) 扶持待业职工的生产自救费;

(七) 待业职工和职工待业保险基金的管理费。

第七条 待业救济金,以职工离开企业前两年内本人月平均标准工资额为基数,按以下办法发放:

(一)宣告破产的企业职工和濒临破产的企业法定整顿期间被精减的职工,在宣告破产和宣告濒临破产法定整顿期以后,工龄在五年和五年以上的,最多发给二十四个月的待业救济金,其中:第一至十二个月,每月为本人标准工资的60%至75%,第十三至二十四个月,每月为本人标准工资的50%;工龄不足五年的,最多发给十二个月的待业救济金,每月为本人标准工资的60%至75%。

(二) 终止、解除劳动合同的工人,在扣除已发给本人的生活补助费的月份后,按照本条(一)项规定领取待业救济金。

(三) 企业辞退的职工,按照本条(一)项规定领取待业救济金。

第八条 宣告破产的企业职工和濒临破产的企业法定整顿期间被精减而又符合离休、退休条件职工的离休、退休金的支付办法为:

(一) 在社会保障制度建立前,已实行退休金社会统筹的地区,按照统筹办法办理;未实行退休金社会统筹的地区,暂在待业保险基金中按照原规定的标准支付。

(二) 距法定离休、退休年龄不足五年的职工,在待业期间符合离休、退休条件的,其离休、退休待遇按本条(一)项规定办理。已享受离休、退休待遇的,不再领取待业救济金。

第九条 发生下列情况之一的,停止享受待业救济待遇:

(一) 领取待业救济金超过第七条(一)项规定期限的(其中符合社会救济条件的,按照有关规定领取社会救济金);

(二) 已重新就业(包括从事个体劳动)的;

(三) 无正当理由,两次不接受有关部门介绍就业的;

(四) 待业期间受劳动教养或被判刑的。

第十条 以非法手段获取待业救济待遇的,应当追回其全部非法所得的救济金。

第十一条 职工待业救济基金在保证用于第六条(一)、(二)、(三)、(四)项的前提下,可以用于转业训练和建立培训设施,扶持待业职工进行生产自救,开辟就业门路。

第四章 管理机构

第十二条 待业职工和职工待业保险基金的管理,由当地劳动行政主管部门所属的劳动服务公司负责,其职责是:

(一) 负责待业职工的登记、建档、建卡、组织管理工作;

(二) 负责职工待业保险基金的管理和发放工作;

(三) 负责待业职工的就业指导、就业介绍工作;

(四) 组织待业职工的转业训练,扶持、指导生产自救和自谋职业。

第十三条 各地劳动服务公司应当设立专职机构或配备专职管理人员,管理待业职工和职工待业保险基金。所需人员编制,由省、自治区、直辖市人民政府根据精简原则,列为事业编制。其经费可在职工待业保险基金的管理费中列支。

第五章 附则

第十四条 省、自治区、直辖市人民政府,可以根据本规定制定实施细则,并报劳动人事部备案。

第十五条 本规定由劳动人事部负责解释。

第十六条 本规定自一九八六年十月一日起施行。

国务院关于清理非常设机构的通知

（一九八六年十月三十日）

近几年来，各级国家机关在常设机构之外设置了不少委员会、领导小组、办公室等非常设机构。从实际情况考虑，由于新旧管理体制正处于转换时期，现有常设机构不能完全适应社会发展、经济建设和各项改革的需要，临时设置一些非常设机构，加强某些方面的工作是必要的。但是，目前非常设机构设置过多过乱，在许多地方超过了常设机构的数量，而且还在继续增加；有的任务已基本完成或主要工作已移交常设机构办理，机构依然存在；有的设置实体的办事机构，还形成上下对口的管理系统，从而加剧了政府机构的臃肿、重叠，既扩大了人员编制，增加了国家财政负担，又造成常设与非常设机构分工不清，以致助长了官僚主义，降低了工作效率。国务院认为，当前必须认真清理非常设机构，清理的重点是设有工作实体的非常设机构。为此，特作如下通知：

一、区别情况，撤并一批非常设机构。各级国家机关现有的非常设机构中，凡承担的任务已基本完成或可交由有关部门办理的一律撤销；具体工作可交由有关部门办理，但确因对内对外工作需要一时不能撤销的，可保留名义，撤销实体办事机构；确属经济体制改革需要，为弥补常设机构设置不足成立的，或承担的任务尚未完成，而目前又难以交由某一部门管理的，可暂予保留。

二、要严格控制非常设机构的设置。已明确属于有关部门职责范围内的工作，或可确定由某一部门负责的任务，或可由政府办公会议、部门联席会议解决的问题，不再设非常设机构。属于综合、协调、咨询性的工作，原则上不设非常设机构，非设不可时，其日常工作由主管部门负责。属于跨部门、跨地区或涉及军民合作的任务，需设非常设机构的，其实体办事机构由依托单位代管。属于临时性、阶段性的社会工作任务，需设非常设机构时，从有关部门抽调人员组成精干班子，不列编制，任务完成后立即撤销。属于需设非常设机构动员、号召群众和组织社会力量共同完成某些任务，可在有关部门挂牌子，不另设办事机构。上级政府一般不得要求下级政府对口设立非常设机构；县以下特别是区、乡、镇，原则上不准设立非常设机构。

三、加强对设置非常设机构的管理，建立健全审批制度。今后各级国家机关增设非常设机构，须由有关部门提出专题报告，经编制部门审核并提出意见，由同级政府讨论决定；需在非常设机构之下设立实体办事机构的，要按照设置常设机构的审批程序，实行"一支笔"审批的原则，从严掌握。

四、各地区、各部门要按照本通知要求，结合实际情况，制订清理方案，抓紧落实。中央国家机关在清理工作中要起表率作用。已经进行清理、整顿的要作进一步的检查。各省、自治区、直辖市要在今年底将清理、整顿结果报告中央精简工作领导小组办公室。

教　　育

高等教育管理职责暂行规定

（一九八六年三月十二日国务院发布）

为了加强和改进对高等教育的宏观指导和管理，扩大高等学校的管理权限，进一步调动学校和广大师生员工、办学单位和用人部门等各方面的积极性，使高等教育更好地为社会主义现代化建设服务，现就国家教育委员会、国务院有关部门和省、自治区、直辖市人民政府对高等教育的管理职责及扩大高等学校的管理权限，作如下规定：

一、国家教育委员会在国务院的领导下，主管全国高等教育工作，其主要职责是：

（一）贯彻执行党和国家有关高等教育的方针政策、法律和行政法规，制订高等教育工作的具体政策和规章。

指导、检查各省、自治区、直辖市，国务院各有关部门和高等学校对党和国家有关高等教育的方针政策、法律和行政法规的贯彻执行。

（二）组织进行全国专门人才需求预测，编制全国高等教育事业发展规划和年度招生计划，调整高等教育的结构和布局。审批高等学校（含高等专科学校，下同）、研究生院的设置、撤销和调整。制订招生和毕业生分配工作的规定，编制国家统一调配的毕业生年度分配方案。

（三）制订高等学校、研究生院的设置标准。制订高等学校的基本专业目录与专业设置标准，组织审批专业设置。

（四）会同国务院有关部门制订高等教育的基建投资、事业经费、人员编制、劳动和统配物资设备的管理制度和定额标准的原则；对中央一级高等教育的基建投资、教育和科学研究经费、专项费用、外汇和统配物资设备的分配方案提出指导性建议；掌管用于调节高等教育协调发展和支持重点学科建设的基建投资、事业经费和人员编制。管理国外高等教育援款、贷款工作。

（五）制订高等学校人事管理的规章制度，规划、组织高等学校师资队伍和干部队伍建设。根据国务院《关于实行专业技术职务聘任制度的规定》，对高等学校这方面的工作进行组织和指导。

（六）指导高等学校的思想政治工作、教学工作、体育工作、卫生工作和总务工作。确定研究生、本科生、专科生的修业年限和培养规格。制订指导性的教学文件，规划、组织教材编审。组织检查、评估高等学校的教育质量。

（七）指导和管理高等学校和科学研究机构招收、培养研究生工作。指导学位授予工作。指导和管理高等学校博士后科研流动站工作。

（八）指导高等学校的科学研究工作。配合国家科学技术研究的主管部门，组织制订高等学校科学研究的规划和管理制度。促进学校与科学研究、生产、社会等部门的协作、联合及校际合作。

（九）指导和管理到国外高等学校留学人员、来华留学人员以及对外智力援助的工作，促进高等学校的国际学术交流与合作。

（十）组织为高等学校提供教育情报、人才需求信息和考试等方面的服务工作。

（十一）统一指导各种形式的成人高等教育，编制成人高等教育发展规划，制订和下达年度招生计划。会同国务院有关部门编制继续教育规划。

（十二）直接管理少数高等学校。

二、国务院有关部门在国家教育委员会的指导下，管理其直属高等学校，其主要职责是：

（一）贯彻执行党和国家有关高等教育的方针政策、法律和行政法规。

（二）组织进行本系统、本行业专门人才的需求预测，编制直接管理的高等学校的发展规划、年度招生计划和自行分配部分的毕业生分配计划。指导招生和毕业生分配工作。

（三）对直接管理的高等学校的设置、撤销和调整及所属专业的设置和重点学科建设进行审查，向国家教育委员会提出申请或建议。接受国家教育委员会的委托，按照有关规定，审批直接管理的高等专科学校所属专业的增设和撤销。

（四）负责直接管理的高等学校的基建投资、统配物资设备、事业经费预算的分配和决算的审核。

（五）指导直接管理的高等学校的思想政治工作、教学工作、科学研究工作和总务工作。任免学校主要负责人。根据国务院《关于实行专业技术职务聘任制度的规定》，对直接管理的高等学校这方面的工作进行组织和指导。

（六）按照国家教育委员会统一部署，会同有关省、自治区、直辖市对高等学校对口专业的教育质量组织评估，组织和规划对口专业的教材编审。

（七）指导和协调高等学校学生在本系统的生产实习和社会实践。鼓励高等学校有关专业、研究机构参加本系统的科学技术开发，促进企业与学校的联系。

（八）鼓励直接管理的高等学校面向社会办学，实行本部门与国务院有关部门、本部门与地方联合办学。

（九）管理本部门成人高等教育、专业培训、继续教育和有关教材编审的工作。

三、省、自治区、直辖市人民政府管理本地区内的高等学校，其主要职责是：

（一）负责指导、检查本地区内各高等学校对党和国家有关高等教育的方针政策、法律和法规的贯彻执行。

（二）组织进行本地区专门人才的需求预测，编制直接管理的高等学校的发展规划、年度招生计划，组织领导招生和毕业生分配工作。对直接管理的高等学校的设置、撤销和调整及专业设置进行审查，向国家教育委员会提出申请或建议。接受国家教育委员会的委托，按照国家有关规定，审批直接管理的高等专科学校所属专业的增设和撤销。

（三）负责直接管理的高等学校的基建投资、统配物资设备、事业经费预算的分配和决算的审核。

（四）指导直接管理的高等学校的思想政治工作、教学工作、科学研究工作和总务工作。任免学校主要负责人。根据国务院《关于实行专业技术职务聘任制度的规定》，对这些高等学校和部分国务院有关部门直接管理的高等学校这方面的工作，进行组织和指导。帮助本地区内各高等学校的总务工作逐步实现社会化。

（五）组织本地区内各高等学校的校际协作和经验交流，进行教育质量的检查与评估。指导和协调高等学校学生在本地区内的生产实习和社会实践。

（六）鼓励本地区各高等学校面向社会办学和跨地区、跨部门联合办学。在国家教育委员会指导下，对国务院有关部门直接管理的高等学校，在保证投资、经费和人才需求等条件下，统筹组织联合办学的试点。促进高等学校与科学研究、生产等部门的联合与协作。

（七）管理本地区所属成人高等教育。

四、扩大高等学校管理权限，增强高等学校适应经济和社会发展需要的能力，其主要内容是：

（一）在保证完成国家下达的培养人才任务的前提下，可以按照国家规定的比例实行跨部门、跨地区的联合办学，接受委托培养生和自费生。可以提出招生来源计划建议，按照国家有关规定，录取学生，处理和淘汰不合格的学生。落实国家下达的毕业生分配计划，制订毕业生分配方案，并向用人单位推荐部分毕业生。

（二）执行勤俭办学的方针并在遵守国家财务制度的前提下，按照"包干使用，超支不补，节余留用，自求平衡"的经费预算管理原则，可以安排使用主管部门核定的年度事业经费。

接受委托培养生、自费生，举办干部专修科、函授、夜大学及社会技术服务和咨询取得的收入，按照国家有关规定安排用于发展事业、集体福利和个人奖励。

（三）按照主管部门批准的总体设计任务书、总体规划、长远和年度基建计划，在向主管部门实行投资包干的前提下，可以自行择优选择设计施工单位。在保证实现投资效益的前提下，经过主管部门批准可以自行审定设计文件，调整长远和年度基建计划。包干投资，节余留成使用，超支不补。

（四）按照干部管理权限，可以根据规定的干部条件、编制和选拔步骤由校长提名报请任免副校长；任免其他各级行政人员；聘任、辞退教师和辞退职工。

（五）经过批准的高等学校，可以按照国家有关规定，评定副教授的任职资格，其中少数具备条件的高等学校，可以评定教授的任职资格；审定授予硕士学位的学科、专业，增补博士研究生导师。

（六）根据党和国家的教育方针政策及修业年限、培养规格，可以按社会需要调整专业服务方向，制订教学计划（培养方案）、教学大纲，选用教材，进行教学内容和方法的改革。

（七）在保证完成国家下达的科学研究任务的前提下，可以自行决定参加科学研究项目的投标，承担其他单位委托的科学研究任务，面向社会开展技术服务和咨询。

在不需要主管部门增加基建投资、事业经费和人员编制的情况下，可以自行决定单独设立或与其他单位合办科学研究机构或教学、科学研究、生产的联合体。可以接受企业单位的资助并决定其使用重点。

（八）在国家外事政策和有关规定的范围内，积极开展对外交流活动。凡属学校自筹经费（含留成外汇），经过上一级主管部门批准认为可以接受的对方资助或在主管部门下达的经费外汇限额内，可以决定出国和来华的学术交流人员。经过批准的学校可以自行负责出国人员的政治审查。

国务院批转国家教育委员会、财政部关于改革现行普通高等学校人民助学金制度报告的通知

（一九八六年七月八日）

国务院同意国家教育委员会、财政部《关于改革现行普通高等学校人民助学金制度的报告》，现转发给你们，望结合实际情况贯彻执行。

改革普通高等学校人民助学金制度是教育体制改革的内容之一。改革的目的是促进学生奋发向上，刻苦学习，德、智、体全面发展，多出人才，出好人才。各地区、各有关部门要切实加强领导，认真做好这一改革工作。

实行奖学金和学生贷款制度，今年进行试点，总结经验，逐步推广。具体试行办法和实施步骤，由国家教育委员会、财政部制定。

国家教育委员会、财政部关于改革现行普通高等学校人民助学金制度的报告

（一九八六年六月二日）

为贯彻落实《中共中央关于教育体制改革的决定》，根据国务院领导同志的指示，我们于一九八五年十月组成联合调查组，同时责成部分省市教育、财政厅（局）就普通高等学校人民助学金制度的改革问题进行了调查研究。

在调查中，各地普遍反映，党的十一届三中全会以来，我国的科学、教育事业发生了巨大变革。现行的人民助学金制度与这种变革的新情况很不适应，必须进行改革。现行人民助学金制度存在以下弊端：

一是国家对高等学校学生包得过多。国家每年除了支付大量的高等学校教职工的工资、教学业务经费和校舍建设投资之外，还要负担大部分学生的生活费用。这不仅加重了国家的财政负担，而且助长了考入高等学校的学生一切都要依赖国家包下来的思想。"入了

大学门，就是国家人”，即是这种思想的反映。

二是不利于鼓励先进和调动广大学生奋发向上、刻苦学习的积极性。人民助学金是依据学生提供的家庭经济情况进行评定的。多年来，在评定人民助学金时，存在着平均主义思想，人民助学金的使用与学生的表现相脱节。有不少学生认为人民助学金是国家应该发给的，领取了人民助学金，学习不努力，不求上进。甚至学习态度不端正、学习成绩差的学生照样享受人民助学金。

三是不利于促进学生思想、品德健康成长。评定人民助学金主要是依据学生的家庭经济困难状况，对学生的思想政治、道德品质表现考虑甚少。因此，政治上不求进步，思想品德表现一般的学生也能享受人民助学金。而且，对学生的家庭经济情况，学校又难以调查清楚。

此外，不少地方和学校评定人民助学金办法不够合理，管理上存在混乱现象。

针对现行人民助学金制度存在的主要问题，在调查研究的基础上，经过广泛征求意见，我们拟定了改革方案。现简要报告如下：

一、改革的指导思想

（一）改革国家对高等学校学生“包得过多”的状况。除考入师范和一些毕业后工作环境特别艰苦的专业的学生，由国家供给膳宿并免收学杂费外，其他学生在学习期间的生活费用原则上都应自理。

（二）对思想品德和学习成绩优秀的学生给予奖励，激励广大学生奋发向上，刻苦学习，德、智、体全面发展。

（三）保证经济确有困难而努力学习的学生能得到必要的资助，使其完成学业。

（四）促进高等学校毕业生到国家最需要的地方去，为四化建设积极努力工作。

二、改革方案

经多次反复研究讨论，拟将人民助学金改为奖学金制度和学生贷款制度。

（一）奖学金制度

奖学金分为三种：

1. 优秀学生奖学金：用于奖励德、智、体全面发展的优秀学生。分三个等级：一等优秀学生奖学金，按学生人数的5%评定，每人每年三百五十元；二等优秀学生奖学金，按学生人数的10%评定，每人每年二百五十元；三等优秀学生奖学金，按学生人数的10%评定，每人每年一百五十元。

2. 专业奖学金：用于考入师范、农林、体育、民族、航海等专业的学生。分三个等级：入学第一年，一律享受三等专业奖学金，每人每年三百元。从第二学年开始，按学生人数的5%评定一等专业奖学金，每人每年四百元；按学生人数的10%评定二等专业奖学金，每人每年三百五十元；其余85%仍享受三等专业奖学金。

3. 定向奖学金：用于立志毕业后到边疆地区、经济贫困地区和艰苦行业工作的学生。定向奖学金，由有关部门和有关地区根据计划确定的名额设立，一律从有关地区和部门的预算外资金或自有资金中开支。定向奖学金的标准和办法，可参照专业奖学金的规定拟定，并报经上级教育、财政部门审查同意后执行。

为了便于学生有计划安排生活，各类奖学金按月平均发放到个人。

（二）学生贷款制度

为了帮助部分确有经济困难、不能部分或全部解决在校学习期间生活费用的学生，实行由中国工商银行提供低息贷款的办法。

1. 申请贷款条件及金额

经济确有困难、学习努力、遵守国家法律和学校纪律的学生，根据实际需要由本人提出申请，经学校和银行审核批准给予贷款。最高贷款限额每人每年不超过三百元，按月平均发放到贷款学生。

2. 发放贷款的控制比例

每年发放学生贷款，按最高限额每人每年三百元计算，严格控制在本专科学生人数的30%以内。

3. 贷款偿还办法

使用贷款的学生毕业后，由其所在工作单位一次垫还给发放贷款的单位。见习期满后，五年之内由所在单位从其本人工资中逐月扣还。

凡符合下列条件之一，并保证工作五年以上者，经学校和银行审查批准，可以免还所借贷款：(1)学生毕业到中等学校或初等学校任教；(2)学生毕业到边疆地区、老区、经济贫困地区、少数民族地区、山区工作；(3)学生毕业到条件比较艰苦的行业的基层单位工作。批准免还的贷款数额，从国家核定给高等学校的事业经费预算中补偿银行信贷。

学生偿还贷款，只还贷款原额。银行按低利率计算的利息，由学校从国家核定的高等学校事业经费预算中支付。

4. 学生贷款资金来源和管理

由中国工商银行提供的学生低息贷款资金，列入国家信贷资金计划。高等学校设立学生贷款机构，代表工商银行负责发放学生贷款和还款的具体管理工作。

三、改革人民助学金制度，实行奖学金和学生贷款制度的步骤

根据《中共中央关于教育体制改革的决定》提出的要求，改革人民助学金制度，实行奖学金制度和学生贷款制度，今年先选择一部分条件较好的高等学校在招收的新生中进行试点，总结经验，逐步推广。

经与各方面交换意见，今年试点院校方案已经商定，目前正在抓紧进行试点准备工作。

以上报告如无不妥，请批转各地区、各部门执行。

国务院办公厅转发国家教育委员会等部门关于实施《义务教育法》若干问题意见的通知

（一九八六年九月十一日）

国务院同意国家教育委员会、国家计划委员会、财政部、劳动人事部《关于实施〈义务教育法〉若干问题的意见》，现转发给你们，请贯彻执行。

《义务教育法》的颁布，标志着我国普及基础教育工作进入了一个新的阶段。经过坚持不懈的努力，到本世纪末，我国绝大多数地区的适龄儿童和少年将受到九年的学校教育，全国各族人民的科学文化素质将提高到一个新的水平。各级人民政府、各部门要切实加强领导，结合实际情况作出具体规划，充分调动各方面的积极性，首先把师资和办学条件等问题解决好，努力使实施义务教育工作取得成效。

国家教育委员会、国家计划委员会、财政部、劳动人事部关于实施《义务教育法》若干问题的意见

（一九八六年六月二十六日）

为了便于各地贯彻实施《义务教育法》和检查、督促、指导这项工作，国务院教育主管部门将在适当时候制订实施细则。在实施细则公布以前，现就实施《义务教育法》的若干问题，提出如下意见：

一、普及九年制义务教育的基本要求

（一）为了在实施义务教育中保持工作上的延续性，目前普及小学教育的检查验收工作，仍按原规定的“四率”（即：入学率、巩固率、毕业率、普及率）等要求执行。经检查验收合格的不设区的市、县（区），要再用一段时间，继续采取有效措施，进一步加强小学建设，巩固、提高普及程度和教育水平，按质按量地完成普及初等义务教育的任务。在此基础上，实施普及初级中等教育，保证小学毕业生升入初级中等学校，并受完九年义务教育。十七至十八岁年龄段的青少年，大多数达到初级中等学校毕业程度。

（二）普及初等或初级中等教育应做到：

1. 学校的经费、校舍（含住宿生的宿舍和体育运动场地）、教学设备、仪器和图书资料等办学条件，符合省、自治区、直辖市规定的标准和要求。

2. 小学、初级中等学校的教师能胜任或基本胜任教育、教学工作，多数教师具备合格学历（小学教师具备中师毕业及其以上程度，初级中等学校教师具备师专毕业及其以上程度），其余取得所任学科专业合格证书。教师数量足够，专业结构合理。

3. 教育思想端正，认真贯彻教育方针，积极进行教育、教学改革，为学生在品德、智力、体质诸方面的全面发展打下良好的基础。

二、分地区、有步骤地实施义务教育

（三）按质按量普及初等教育是普及九年制义务教育的基础。在实施九年制义务教育时应做到：一是在初等教育尚未普及时，不要盲目地去普及初级中等教育；二是在发展初级中等教育的时候，办学条件、特别是师资准备工作要提早安排。坚决制止在人、财、物等方面挖、挤小学的做法。目前，又有恢复用小学“戴帽”的办法发展初中的趋势，应采取措施，予以制止。

（四）实施义务教育的步骤和普及程度，应该因地制宜。全国大致可分为三类地区：

第一类地区是经济、文化比较发达的地区，要求在一九九〇年左右基本实现九年制义务教育。

第二类地区是经济、文化中等发展程度的地区，要求在一九九〇年左右普及初等义务教育，同时积极准备条件，在一九九五年左右实现九年制义务教育。

第三类地区是经济、文化不发达的地区，要随着经济的发展，争取在本世纪末大体上普及初等义务教育。

在一个省、自治区、直辖市内，甚至在一个县内，经济、文化的发展也是不平衡的。在各类地区内，都要坚持从实际出发，不仅要按全国的要求划分不同类别的地区，分步骤地实施义务教育，而且可以比全国划分得更细一些。没有条件的地区，要把注意力放在提高、巩固已有的教育成果和进一步发展的准备工作上。

三、九年制义务教育的学制年限

（五）九年制义务教育，分为初等教育和初级中等教育两个阶段。初级中等教育包括普通初中教育和初级中等职业技术教育。

（六）目前，我国九年制义务教育的学制年限实行小学六年、初中三年的“六、三”制，或小学五年、初中四年的“五、四”制，或九年一贯制。小学五年、初中三年为过渡学制，将在相当长的时期内存在。因此，目前的五

年制小学不要急于向六年制过渡。

（七）在科学论证和试验的基础上，国家教育委员会负责确定我国九年制义务教育的基本学制年限。

四、入学年龄及学习期限

（八）义务教育起始入学年龄为六周岁。当前，条件尚不具备的地区，仍可实行七周岁入学；特别困难的地区，还可适当推迟入学年龄。

（九）丧失学习能力的儿童，免于入学。因疾病或者特殊原因，经当地人民政府批准，可以延缓入学。儿童免学、缓学的具体办法，由省、自治区、直辖市制订。

（十）各省、自治区、直辖市规定的义务教育年限，为适龄儿童、少年必须接受的法定学习期限。如期达到毕业程度或虽未满学习年限而达到毕业程度的，发给毕业证书。凡学满规定的义务教育年限而未达到毕业程度的，发给结业证书。

五、免收学费和实行助学金制度

（十一）义务教育阶段免收学费。

（十二）少数民族地区，贫困、边远地区等，已实行免收杂费的，仍按原有规定执行。

有条件的地区可以免收杂费。条件尚不具备的地区，要向家长做好解释工作，并在当地财政状况许可时，免收杂费；对家庭经济困难的学生，可减免杂费。

免收杂费的金额，应由当地人民政府拨款给教育部门，由教育部门分配给各校使用，不得克扣挪用。非教育部门举办的中小学免收杂费的金额，由各举办单位负责解决。

（十三）凡收缴杂费的地区和学校，其收缴杂费的标准和办法，由各省、自治区、直辖市教育部门会同有关部门共同制订。学校一律不得自定标准，乱收费。杂费收入全部留在学校，主要用于学生学习、生活等方面的开支。

（十四）国家在初级中等学校和部分小学（主要是有困难的少数民族地区、其他贫困地区和需要寄宿就读的地区）实行助学金制度。具体办法和标准，由各地自订。

六、学校的设置、布局和办学标准

（十五）学校设置、布局要合理。小学校的设置要有利于儿童少年就近入学。农村中心小学以下的村办小学、简易小学的设置、撤销，由乡人民政府提出意见，报县教育局审批。农村中心小学、城市小学，初级中等学校的新建、撤销、合并、搬迁，由不设区的市、县教育主管部门提出意见，报同级人民政府审批。设区的市的中小学设置审批办法，由省、自治区、直辖市制订。

（十六）采取多种形式办学。小学除举办按教学计划开设全部课程的全日制小学外，也可在贫困、边远、居住分散的地区举办适当减少课程门类、适当调整教学要求的村办小学或简易小学。初级中等学校，除举办普通初中外，还可举办初级中等职业技术学校。九年制学校，其师资、校舍、设备等，应分别符合小学、初中的办学标准要求，并且实行小学、初中分部管理。

边远、海岛等人口稀少、居住分散的地区，具备师资等办学条件的小学，由不设区的市、县教育主管部门提出意见，经同级人民政府批准，也可以举办初中班。

（十七）小学、初级中等学校除国家举办外，鼓励集体经济组织、国家企事业单位、其他社会力量举办学校；对于个人依法举办学校，目前各地可进行试办。上述有关学校文化课师资的补充和培训工作，应统一列入当地教育主管部门的师资队伍建设规划，并在教学仪器供应和教学业务上，对这些学校给予帮助和指导。

（十八）各省、自治区、直辖市应根据实际情况，拟订和逐步健全城乡小学和初级中等学校的经费预算定额，教师编制、校舍及教学设备的标准，并积极创造条件，争取逐步实现。

有条件的高等院校应挖掘潜力，积极主动地承担培训中小学师资任务。提倡和鼓励科研单位、党政军机关和社会各界关心、支援中小学的建设，但不要借此向学校提出优待职工子女入学等要求。

（十九）各级人民政府应当采取措施，加强中小学教科书的印刷、出版、发行工作。提高教科书的印刷质量，保证义务教育需要的教科书和文具纸张的供应，并保证教科书在开学前发到学生手中。

七、教育经费和基建投资

（二十）中央和地方人民政府要采取切实措施，负责筹措义务教育经费。保证用于义务教育的财政拨款的增长，高于财政经常性收入的增长，并使按在校学生人数平均的教育费用逐步增长。地方机动财力也应有一定比例用于义务教育事业。乡财政收入应主要用于义务教育事业。中央拨给的支援经济不发达地区资金、边境建设事业补助费、少数民族补助费等，地方都应从中划出一部分用于这类地区的义务教育事业。

地方增加的教育经费，应优先考虑实施义务教育。“七五”期间，中央补助经济困难地区普及小学教育的基建投资和事业费，仍按原规定的使用范围执行。

教育事业费预算每年由财政部门核定后，由教育行政部门统一掌握使用。教育行政部门要管好、用好，不得挪作他用。各级财政部门应在财政收入的可能范围内，尽量照顾到教育的特点及时拨款，以保证事业的需要。在执行中，要加强监督检查。

（二十一）省、市（地）、县、乡人民政府要根据义务教育阶段在校生规模，参照各项经费开支标准和其他专项开支规定，统一筹措教育事业费，并予以保证。要严格控制社会各方面向学校征收费用，严禁向学校乱摊派。

各地按有关规定在城乡征收的教育事业费附加，主要用于实施义务教育。农村教育事业费附加，由乡人民政府征收。社会各界和个人在自愿、量力的原则下捐资助学，应当给予鼓励。

积极开展勤工俭学活动，提高经济效益，改善办学条件，提高师生集体福利待遇。

（二十二）基本建设投资，采取地方拨款、群众捐资相结合的办法筹集。中央对经济困难地区给予适当补助。

在城镇，义务教育设施应当列入城镇建设规划，并与当地实施义务教育规划相协调。凡国家举办的中小学和各级各类师范院校新建、扩建、改建校舍所需投资，按学校隶属关系，列入主管部门基本建设投资计划，并予以照顾。社会各界举办的中小学所需基建投资，由举办单位负责筹集。

各地及各单位用地方机动财力和预算外资金安排的中小学校舍建设和各级各类师范院校校舍建设，不纳入基本建设投资控制规模。

农村中小学校舍建设投资，以乡、村自筹为主。地方人民政府对经济有困难的地方，酌情予以补助。农村集镇建设规划也应包括义务教育设施，所需资金由乡（镇）政府负责筹集。

八、师资

（二十三）动员各方面力量，采取各种有效措施，用十五年或更长一些时间，建立一支有足够数量的、专业结构合理的、德才兼备的师资队伍。

（二十四）中央和地方都应拨出专款，优先发展和加强师范教育。充分发挥各类高等院校的潜力，为实施义务教育输送合格的师资。

各省、自治区、直辖市要根据当地实施义务教育的需要，制订培养师资的规划，并采取有力措施保证规划的落实。师范院校毕业生统一由教育行政部门分配，并保证从事教育工作。未经教育行政部门批准，任何单位不准抽调中小学教师改做其他工作。

各地区教师自然减员的指标，原则上用于招收新师资或合格民办教师的招收、招聘。

（二十五）争取在五年或者更长一点的时间内，通过各种途径培训，使现有不具备合格学历或不胜任教育、教学工作的教师，绝大多数能够胜任教育、教学工作，并取得所任学科的专业合格证书或合格学历。小学教师和初级中等学校教师的培训，分别由县、市（地）统一规划组织。

根据《中共中央关于教育体制改革的决定》中“切实办好教师进修院校”的要求，认真办好市（地）级教育学院和县级教师进修学校（或在师范院校内设立的培训部）。这些学校的办学经费、基建和师资补充与培训，分别参照当地师专和中师的标准，予以落实。

（二十六）建立教师考核制度。对不具备国家规定学历和不能胜任教学工作的中小学教师，应组织他们在职进修学习，并进行考核。省、自治区、直辖市教育主管部门应根据国家有关规定，制订具体考核标准和考核办法。考核合格者，发给证书。努力做到只有具备合格学历或有所任学科专业合格证书的，才能担任教师。

（二十七）采取有效措施，提高教师的社会地位和物质待遇。进一步开展尊师重教活动，努力为教师办实事。

教师要努力提高自己的思想、业务素质，做到教书育人，为人师表。

切实解决中小学教师的医疗问题。根据卫生部、财政部《关于进一步加强公费医疗管理的通知》（(84)卫计字第85号）精神，中小学公办教师看病、住院、转院和经费报销等，与当地党政机关和事业单位的干部享受同等待遇。

根据《国务院关于筹措农村学校办学经费的通知》（国发〔1984〕174号）的有关规定精神，改善民办教师的待遇。各地应逐步建立民办教师福利基金，用于解决民办教师的福利待遇、医疗保健和退休后的“老有所养”问题。

（二十八）建立奖励制度。在普及义务教育工作中成绩卓著的教师，由国家授予荣誉称号，具体办法另订。各省、自治区、直辖市可建立相应的奖励制度，具体办法自订。

九、管理体制

（二十九）中央一级主要负责制订有关方针、政策、法令；制订基本学制、指导性教学计划和教学大纲；组织编写和审定教材；扶持经济、文化教育基础较差的地区实施义务教育。

（三十）地方实行分级管理的体制。事业发展规划、校长任免、教师管理和教育业务指导等权限，一般应集中在县或县以上教育部门。省、市（地）、县、乡分级管理的职责如何划分，由省、自治区、直辖市确定。

十、残疾儿童的义务教育

（三十一）各级人民政府在实施义务教育的过程中，应当重视盲、聋哑、弱智等残疾儿童的义务教育，有计划、有步骤地解决残疾儿童入学问题。在制订特殊教育发展规划时，要从实际出发，分步骤实施。具体实施办法，由各省、自治区、直辖市制订。

（三十二）盲、聋哑、弱智儿童的入学年龄可以适当放宽，由各地根据城乡不同条件确定。

教学要求，要根据盲、聋哑、弱智儿童的特点，区别对待。具体教学要求，参照国家有关规定，由各省、自治区、直辖市教育主管部门确定。

办学形式要灵活多样，除设特殊教育学校外，还可在普通小学或初中附设特殊教学班。应该把那些虽有残疾，但不妨碍正常学习的儿童吸收到普通中小学上学。

（三十三）各地应采取切实措施，加强特殊教育师资队伍建设。凡是有条件的省、自治区、直辖市应设立特殊教育师范学校，或在师范院校附设特殊教育师范班，培养特殊教育所需的教师。

十一、考核与监督

（三十四）逐步建立基础教育督学（视导）制度。

国家和地方逐步建立基础教育督学（视导）机构，

负责对全国或本地区范围内义务教育的实施进行全面的视察、督促和指导，并协同当地人民政府处理有关实施义务教育的各项问题。

（三十五）建立考核与奖惩制度。

实施义务教育的工作由各级人民政府负责。

各级人民政府应定期向上级人民政府和同级人民代表大会或其常务委员会报告实施义务教育的情况，并接受检查、监督。

各级人民政府要把实施义务教育工作的情况，作为对有关干部政绩考核的重要内容。县以上人民政府建立考核制度，对实施义务教育作出显著成绩的县（区）或乡（镇），予以表彰、奖励；对实施义务教育工作不力的地方，要追究有关负责人的责任。

各级教育主管部门负责对本地区实施义务教育的学校进行考核，对作出显著成绩的，报请同级人民政府给予表彰、奖励；对严重失职的，要给予严肃处理。

对实施义务教育作出贡献的社会团体、厂矿、企事业单位、集体经济组织或个人，由各级人民政府根据管理权限，给予表彰、奖励。

十二、有关法律责任

（三十六）对适龄儿童、少年未经批准，无正当理由不入学接受义务教育的，由当地人民政府（城市由区人民政府或其指定的政府机关，农村由乡、镇人民政府）对他的父母或者其他监护人进行批评教育，并采取有效措施责令其送子女或者被监护人入学。

（三十七）对招用适龄儿童或少年做工、经商、当学徒或从事其他工作的组织或者个人，由当地人民政府会同主管部门给予批评教育，责令停止招用；情节严重的，可以并处罚款、令其停止营业或者吊销营业执照。对任何组织违法招用应受义务教育的儿童、少年的直接责任人员，根据不同情况，给予行政处分。所罚款项应用于本地区实施义务教育所需，不得挪作他用。罚款的数额及办法，由省、自治区、直辖市人民政府规定。

（三十八）擅自将学校的校舍、场地出租、出让或移作非教育之用的，由当地教育主管部门追究学校领导及有关人员的责任，按情节轻重分别给予批评教育、行政处分，并收回校舍、场地，没收非法所得。

（三十九）侵占、克扣、挪用义务教育经费的，由主管部门对直接责任人员给予行政处分，并追回款项；情节严重构成犯罪的，依法追究刑事责任。

（四十）扰乱学校教学秩序或侮辱、殴打教师，或体罚学生的，视情节轻重，分别给予批评教育、行政处分，对违反社会治安管理秩序的，由公安机关按《中华人民共和国治安管理处罚条例》处理，情节严重构成犯罪的，依法追究刑事责任。

侵占或者损坏学校场地、房屋、设备的，依照民法通则的规定承担民事责任；情节严重构成犯罪的，依法追究刑事责任。

普通高等学校设置暂行条例

（一九八六年十二月十五日国务院发布）

第一章　总　　则

第一条　为了加强高等教育的宏观管理，保证普通高等学校的教育质量，促进高等教育事业有计划、按比例地协调发展，制定本条例。

第二条　本条例所称的普通高等学校，是指以通过国家规定的专门入学考试的高级中学毕业学生为主要培养对象的全日制大学、独立设置的学院和高等专科学校、高等职业学校。

普通高等学校的设置，由国家教育委员会审批。

第三条　国家教育委员会应当根据经济建设和社会发展的需要、人才需求的科学预测和办学条件的实际可能，编制全国普通高等教育事业发展规划，调整普通高等教育的结构，妥善地处理发展普通高等教育同发展成人高等教育、中等专业教育和基础教育的关系，合理地确定科类和层次。

第四条　国家教育委员会应当根据学校的人才培养目标、招生及分配面向地区以及现有普通高等学校的分布状况等，统筹规划普通高等学校的布局，并注意在高等教育事业需要加强的省、自治区有计划地设置普通高等学校。

第五条　凡通过现有普通高等学校的扩大招生、增设专业、接受委托培养、联合办学及发展成人高等教育等途径，能够基本满足人才需求的，不另行增设普通高等学校。

第二章　设置标准

第六条　设置普通高等学校，应当配备具有较高政治素质和管理高等教育工作的能力、达到大学本科毕业文化水平的专职校（院）长和副校（院）长。同时，还应当配备专职思想政治工作和系科、专业的负责人。

第七条　设置普通高等学校，须按下列规定配备与学校的专业设置、学生人数相适应的合格教师。

（一）大学及学院在建校招生时，各门公共必修课程和专业基础必修课程，至少应当分别配备具有讲师职务以上的专任教师二人；各门专业必修课程，至少应当分别配备具有讲师职务以上的专任教师一人。具有副教授职务以上的专任教师人数，应当不低于本校

(院)专任教师总数的10%。

(二) 高等专科学校及高等职业学校在建校招生时,各门公共必修课程和专业基础必修课程,至少应当分别配备具有讲师职务以上的专任教师二人;各门主要专业课程至少应当分别配备具有讲师职务以上的专任教师一人。具有副教授职务以上的专任教师人数,应当不低于本校专任教师总数的5%。

(三) 大学及学院的兼任教师人数,应当不超过本校(院)专任教师人数的四分之一;高等专科学校的兼任教师人数,应当不超过本校专任教师的三分之一;高等职业学校的兼任教师人数,应当不超过本校专任教师的二分之一。

少数地区或特殊科类的普通高等学校建校招生,具有副教授职务以上的专任教师达不到(一)、(二)项要求的,需经国家教育委员会批准。

第八条 设置普通高等学校,须有与学校的学科门类和规模相适应的土地和校舍,保证教学、生活、体育锻炼及学校长远发展的需要。普通高等学校的占地面积及校舍建筑面积,参照国家规定的一般高等学校校舍规划面积的定额核算。

普通高等学校的校舍可分期建设,但其可供使用的校舍面积,应当保证各年度招生的需要。

第九条 普通高等学校在建校招生时,大学及学院的适用图书,文科、政法、财经院校应当不少于八万册;理、工、农、医院校应当不少于六万册。高等专科学校及高等职业学校的适用图书,文科、政法、财经学校应当不少于五万册;理、工、农、医学校应当不少于四万册。并应当按照专业性质、学生人数分别配置必需的仪器、设备、标本、模型。

理、工、农院校应当有必需的教学实习工厂或农(林)场和固定的生产实习基地;师范院校应当有附属的实验学校或固定的实习学校;医学院校至少应当有一所附属医院和适应需要的教学医院。

第十条 设置普通高等学校所需的基本建设投资和教育事业费,须有稳定的来源和切实的保证。

第三章 学校名称

第十一条 设置普通高等学校,应当根据学校的人才培养目标、学科门类、规模、领导体制、所在地等,确定名实相符的学校名称。

第十二条 称为大学的,须符合下列规定:

(一) 主要培养本科及本科以上专门人才;

(二) 在文科(含文学、历史、哲学、艺术)、政法、财经、教育(含体育)、理科、工科、农林、医药等八个学科门类中,以三个以上不同学科为主要学科;

(三) 具有较强的教学、科学研究力量和较高的教学、科学研究水平;

(四) 全日制在校学生计划规模在五千人以上。但边远地区或有特殊需要,经国家教育委员会批准,可以不受此限。

第十三条 称为学院的,须符合下列规定:

(一) 主要培养本科及本科以上专门人才;

(二) 以本条例第十二条第(二)项所列学科门类中的一个学科为主要学科;

(三) 全日制在校学生计划规模在三千人以上。但艺术、体育及其他特殊科类或有特殊需要的学院,经国家教育委员会批准,可以不受此限。

第十四条 称为高等专科学校的,须符合下列规定:

(一) 主要培养高等专科层次的专门人才;

(二) 以本条例第十二条第(二)项所列学科门类中的一个学科为主要学科;

(三) 全日制在校学生计划规模在一千人以上。但边远地区或有特殊需要的学校,经国家教育委员会批准,可以不受此限。

第十五条 称为高等职业学校的,须符合下列规定:

(一) 主要培养高等专科层次的专门人才;

(二) 以职业技术教育为主;

(三) 全日制在校学生计划规模在一千人以上。但边远地区或有特殊需要的学校,经国家教育委员会批准,可以不受此限。

第四章 审批验收

第十六条 国家教育委员会每年第三季度办理设置普通高等学校的审批手续。设置普通高等学校的主管部门,应当在每年第三季度以前提出申请,逾期则延至下一年度审批时间办理。

第十七条 设置普通高等学校的审批程序,一般分为审批筹建和审批正式建校招生两个阶段。完全具备建校招生条件的,也可以直接申请正式建校招生。

第十八条 设置普通高等学校,应当由学校的主管部门邀请教育、计划、人才需求预测、劳动人事、财政、基本建设等有关部门和专家共同进行论证,并提出论证报告。

论证报告应当包括下列内容:

(一) 拟建学校的名称、校址、学科门类、专业设置、人才培养目标、规模、领导体制、招生及分配面向地区;

(二) 人才需求预测、办学效益、高等教育的布局;

(三) 拟建学校的师资来源、经费来源、基建计划。

第十九条 凡经过论证,确需设置普通高等学校的,按学校隶属关系,由省、自治区、直辖市人民政府或国务院有关部门向国家教育委员会提出筹建普通高等学校申请书,并附交论证报告。

国务院有关部门申请筹建普通高等学校,还应当附交学校所在地的省、自治区、直辖市人民政府的意见书。

第二十条 普通高等学校的筹建期限，从批准之日起，应当不少于一年，但最长不得超过五年。

第二十一条 经批准筹建的普通高等学校，凡符合本条例第二章规定的，按学校隶属关系，由省、自治区、直辖市人民政府或国务院有关部门向国家教育委员会提出正式建校招生申请书，并附交筹建情况报告。

第二十二条 国家教育委员会在接到筹建普通高等学校申请书，或正式建校招生申请书后，应当进行审查，并做出是否准予筹建或正式建校招生的决定。

第二十三条 为保证新建普通高等学校的办学质量，由国家教育委员会或它委托的机构，对新建普通高等学校第一届毕业生进行考核验收。

第二十四条 经批准建立的普通高等学校，从批准正式建校招生之日起十年内，应当达到审定的计划规模及正常的教师配备标准和办学条件。国家教育委员会或它委托的机构负责对此进行审核验收。

第五章 检查处理

第二十五条 凡违反本规定有下列情形之一的，由国家教育委员会区别情况，责令其调整、整顿、停止招生或停办：

（一）虚报条件，筹建或建立普通高等学校的；

（二）擅自筹建或建校招生的；

（三）超过筹建期限，未具备招生条件的；

（四）第一届毕业生经考核验收达不到规定要求的；

（五）在规定期限内，达不到审定的计划规模及正常的教师配备标准和办学条件的。

第六章 附则

第二十六条 对本条例施行前设置或变更学校名称的普通高等学校，应当参照本条例，进行整顿。整顿办法，由国家教育委员会另行制定。

第二十七条 本条例由国家教育委员会负责解释。

第二十八条 本条例自发布之日起施行。

科学技术

国务院关于科学技术拨款管理的暂行规定

（一九八六年一月二十三日发布）

第一条 为了加强科技经费的宏观管理，合理和有效地使用科技拨款，推动科学技术工作面向经济建设，搞好科学研究的纵深配置，保证国家科学技术规划的实施，特制定本规定。

第二条 从第七个五年计划（以下简称“七五”计划）开始，由财政部会同国家计委，按照科技经费拨款的增长高于财政经常性收入增长速度的原则，安排中央财政支出的科技三项费用（中间试验、新产品试制、重大科研项目补助费，下同）和科研事业费的预算拨款额度。

第三条 列入国家计划的重大科技项目的经费，按下列规定管理：

（一）国家重大科技项目，由主持项目的部门或省、自治区、直辖市会同国家教委、中国科学院和有关部门向全国招标，保证所有投标单位的同等权利，保证项目指标达到国家计划要求。凡列入“七五”计划的国家重大科技项目，原则上都应当实行招标，主持项目的部门或省、自治区、直辖市应当积极进行试点，取得经验迅速推广。

（二）国家重大科技项目普遍实行合同制。用于这些项目的科技三项费用或其他财政拨款，应当根据项目的预测经济效益和偿还能力，分别实行有偿或无偿使用。凡经济效益好、具备偿还能力的项目，应当在合同中规定全部或部分偿还投资。承担单位是企业的，应当在缴纳所得税前，用该项目投产后的新增利润归还；是科研单位的，用该项目实现的收入归还。凡没有偿还能力的项目，可在合同中规定免还。在执行过程中，出现不可抗拒的因素而丧失偿还能力的，经主持项目的部门和开户银行审核批准，并报财政部、国家计委和有关部门备案，可以减免。

（三）国家重大科技项目的经费，由主持项目的部门或省、自治区、直辖市委托银行监督使用，并负责按照合同规定回收应该偿还的资金。回收的资金，一半上交中央财政，一半留在主持项目的部门或省、自治区、直辖市，继续用于国家的重大科技项目，并将项目报国家计委和有关部门备案，财政部门不予冲抵按计划应拨的经费。

第四条 国务院各部门科研事业费，以一九八五年度调整预算数（扣除一次性拨款，不扣除因进行改革试点而减发的拨款），加上一九八五年因工资改革按规定应由财政负担的经费为基数，连同增长的额度，自一九八六年度起，由财政部全部拨交国家科委统一管理。

国务院各部门科研事业费的年度计划，由各部门报国家科委审核后下达，抄送财政部备案。

国家科委应当向财政部报送科研事业费的年度预、决算和资金使用情况。

第五条 各类科研单位的科研事业费，按下列规定管理：

（一）主要从事技术开发工作和近期可望取得实用价值的应用研究工作的单位，国家拨给的科研事业费在“七五”期间逐年减少，直至完全或基本停拨。

（二）主要从事基础研究和近期尚不能取得实用价值的应用研究工作的单位，其研究经费应该逐步作到主要依靠申请基金，国家只拨给一定额度的事业费，以保证必要的经常费用和公共设施费用。

（三）从事医药卫生、劳动保护、计划生育、灾害防治、环境科学等社会公益事业的研究单位，从事情报、标准、计量、观测等技术基础工作的单位和农业科学研究单位，其科研事业费仍由国家拨给，实行包干。这些单位在完成国家规定的任务外还能取得合理收入的，其纯收入不超过本单位当年包干事业费百分之十的，全部留给本单位；超过部分，一半用以冲抵下一年度的单位事业费拨款，一半留给单位。单位留用部分，分别用作发展基金、福利基金和奖励基金，其中发展基金不得少于百分之五十。

（四）从事多种类型研究工作的单位，其经费来源可以分别具体情况，通过多种渠道解决。

（五）科研单位减下来的科研事业费，三分之二留给国务院主管部门用于行业技术工作和国家重大科研项目，三分之一由国家科委用作面向全国的科技委托信贷资金和科技贷款的贴息资金。凡建立面向全国的行业技术开发基金的部门，经国家科委批准，其减下来的事业费，全部留给行业主管部门用作技术开发基金。国家教委和中国科学院建立面向全国的开放实验室的费用，可在交给国家科委的三分之一中给予支持。

第六条 各类科研单位的基本建设投资，按照国家基本建设管理规定办理。

第七条 各类科研单位离、退休人员的离、退休金由科研事业费开支，不予减少。完全停拨科研事业费的单位，离、退休金仍应当照拨。

第八条 企业委托科研单位和高等院校承担的科技任务，其费用由企业支付。

第九条 国家自然科学基金的拨款办法，另行规定。

第十条 国防科技拨款管理办法，由国防科工委另行制订。

省、自治区、直辖市人民政府根据本规定的原则，结合当地实际情况，制定本地区科技拨款管理办法。

第十一条 本规定由国家科委负责解释。

第十二条 本规定自发布之日起施行。

国务院关于成立国家自然科学基金委员会的通知

（一九八六年二月十四日）

为了加强基础研究和部分应用研究工作，逐步试行科学基金制，国务院决定成立国家自然科学基金委员会。

一、国家自然科学基金委员会（以下简称国家科学基金会）暂挂靠在中国科学院。

国家科学基金会与国家教育委员会、中国科学院密切联系，独立开展工作，并充分发挥科学家、专家在管理中的作用。

二、国家科学基金会的任务是：根据国家发展科学技术的方针、政策和规划，有效地运用科学基金，指导、协调和资助基础研究和部分应用研究工作，发现和培养人才，促进科学技术进步和经济、社会发展。其主要职责是：

1. 根据国家科学技术发展规划，制订和发布基础研究和部分应用研究项目指南，受理课题申请，组织同行评议，择优资助。

2. 接受委托，对国家的基础研究和应用研究方面的重大问题提供咨询。

3. 支持其它面向全国的科学基金会的工作，并在课题安排上给予协调和指导。

4. 同其它国家的科学基金会和有关学术组织建立联系并开展国际合作。

三、国家科学基金会的基金，主要来自国家财政拨款，同时接受国内外单位和个人的捐赠。

在国家财政拨款中，当前主要由以下几部分组成：原由中国科学院管理的面向全国的科学基金，国家科委用于支持基础研究的经费，从中国科学院等国务院有关部门划转的基础研究和部分应用研究的研究经费，国家每年对基础研究和部分应用研究增加的经费，以及国家的专项拨款。

四、国家科学基金会的基金面向全国，各部门、各地区、各单位的科技工作者均可按规定申请。

科学基金主要用于获准资助课题的研究经费和管理费等，并应有一定额度的经费用于国际合作、学术交流和支持优秀青年研究人员的科学研究工作。

五、国家科学基金会设委员二十五名，由科学家、管理专家担任，实行任期制。其中主任一人，副主任若干人。国务院任命唐敖庆同志为国家科学基金会主任；副主任及其余委员由主任与国家科委、国家教育委员会、中国科学院等有关方面协商后报国务院科技领导小组任命。国家科学基金会的重大问题由委员会讨论决定，必要时以表决程序决策。国家科学基金会的日常工作由主任负责。

国家科学基金会设顾问委员会，由国家科学基金会主任聘请中外知名学者、专家和实业家五十人左右组成，实行任期制。顾问委员会对学科发展和资助方向等重大问题提供咨询。

国家科学基金会只设职能机构，不设科学研究实体，所需工作人员根据精简的原则配备，实行聘任制，其工资福利等费用在科学基金中列支。

合理化建议和技术改进奖励条例

（一九八二年三月十六日国务院发布　一九八六年六月四日国务院修订发布）

第一章　总　　则

第一条　为了鼓励职工积极提合理化建议，推动技术进步，改善经营管理，增强企业内部活力，促进国民经济发展，特制定本条例。

第二条　本条例所称合理化建议，是指有关改进和完善企业、事业单位生产技术和经营管理方面的办法和措施；所称技术改进，是指对机器设备、工具、工艺技术等方面所作的改进和革新。

合理化建议和技术改进的内容是：

（一）工业产品质量和工程质量的提高，产品结构的改进，生物品种的改良和发展，新产品的开发；

（二）更有效地利用和节约能源、原材料，以及利用自然条件；

（三）生产工艺和试验、检验方法，劳动保护、环境保护、安全技术、医疗、卫生技术，物资运输、储藏、养护技术以及设计、统计、计算技术等方面的改进；

（四）工具、设备、仪器、装置的改进；

（五）科技成果的推广，企业现代化管理方法、手段的创新和应用，引进技术、进口设备的消化吸收和革新。

第三条　对提合理化建议和技术改进者的奖励，实行精神鼓励与物质奖励相结合的原则。

第四条　本条例适用于全民所有制企业、事业单位。非全民所有制单位可以参照本条例执行。

第二章　奖励的标准和方法

第五条　职工（集体或者个人）提出的合理化建议或者进行的技术改进，必须经过试验研究和实际应用，并在企业、事业单位的生产或者工作中取得成效，方能获得奖励。

第六条　对被采用的、可以直接计算经济效益的合理化建议和技术改进项目，奖励分为五个等级：

奖励等级	年节约或创造价值	奖金额	荣誉奖
一	一百万元以上	二千五百元至四千元	奖状
二	五十万元以上一百万元以下	一千五百元至二千五百元	奖状
三	十万元以上五十万元以下	五百元至一千五百元	奖状
四	一万元以上十万元以下	三百元至五百元	表扬
五	一万元以下	三百元以下	表扬

对借鉴已经应用的科技成果，在本单位提出合理化建议或者进行技术改进取得显著经济效益者，应当降低一个等级奖励。

本条所称“以上”，含本数；所称“以下”，不含本数。

第七条　对被采用的、不能直接计算经济效益的合理化建议和技术改进项目，根据其作用大小、技术复杂程度和推广范围，参照本条例第六条的规定，评定相应的奖励等级。

第八条　被采纳的合理化建议和技术改进项目，经评审确定作为技术储备的，采纳项目的单位应当按照本条例第六条的规定，在第五等级的限额内酌情给予奖励；如作为技术储备的项目以后投入实际应用，应当按照应用后的经济效益大小，评定相应的奖励等级。实际应用后增发奖金时，应当剔除已发放的奖金额。

第九条　被采用的合理化建议和技术改进项目年节约或者创造的价值，自采用之日起，按十二个月为计算单位，并经采用单位财务部门审核。

第十条　工程技术人员、管理干部在完成本职工作前提下提出的，与本身职责虽有直接关联，但有创新的项目，采用见效后可以按照本条例奖励。厂级干部的奖励，报上级主管部门审批。

第十一条　获奖项目不得重复得奖。一个合理化建议或者技术改进项目符合两个以上奖励条例时，应当按照奖金额较高的条例奖励；一个合理化建议或者技术改进项目经再次评审提高了奖励等级，再次发放奖金时只补发差额部分。

第十二条　集体取得的合理化建议和技术改进项目的奖金，按照各人贡献大小合理分配。

第三章　审查和处理

第十三条　企业、事业单位应当建立合理化建议和技术改进项目评审委员会或者评审小组，由行政负责，吸收工会等有关部门的人员参加，负责合理化建议和技术改进项目的评议审定工作。

第十四条　各企业、事业单位的有关科室或者管理人员，应当及时对合理化建议和技术改进项目做出采纳或者不采纳的结论，并连同作结论的说明以书面形式送给主管建议工作的机构或者人员，提交评审委员会或者评审小组审批。

有关单位对已采用的合理化建议和技术改进项目，应当根据规定及时实施奖励；对未采纳的合理化建议和技术改进项目，必须向建议人说明未采纳的原因。

第十五条　对合理化建议和技术改进项目奖励等级的确定，由采用单位审查批准，其中：一、二等奖励项目，采用单位批准后报上级主管部门备案。

第十六条　奖金由采用单位支付。企业单位支付的奖金，计入生产成本；事业单位支付的奖金，在事业费或者收入提成中列支。

第十七条　对经济效益较高而本单位无法实施的合理化建议和技术改进项目，应当报上级主管部门或者省、自治区、直辖市经济委员会（计划经济委员会）处理；对经济效益显著的合理化建议和技术改进项目，也可以通过技术市场进行有偿转让。

第十八条　对提高工效和降低物质消耗的合理化建议和技术改进项目，对原定额可以给予六个月至一年的保留期。

第四章　监督检查和争议的解决

第十九条　企业、事业单位的工会和职工代表大会有权监督本条例的执行情况，可以对项目的处理、实施、奖励等问题向有关部门提出质询。

第二十条　上级主管部门应当对所属单位的合理化建议和技术改进工作进行监督、检查，并负责协调解决所属企业、事业单位在项目评审工作中发生的争议。

第二十一条　对弄虚作假骗取荣誉者，应当由授奖单位撤销其荣誉称号，扣回其所得奖金；情节严重的，由其所在单位给予行政处分，并追究其经济责任。

第五章　附　　则

第二十二条　本条例由国家经济委员会负责解释。

第二十三条　国家经济委员会根据本条例制订实施细则。各企业、事业单位根据本条例和实施细则，制订具体实施办法，并报上级主管部门备案。

第二十四条　本条例自修订发布之日起施行。

国务院关于扩大科学技术研究机构自主权的暂行规定

（一九八六年四月十九日发布）

为了增强科学技术研究机构（以下称研究所）的活力，成为自主的科学技术研究开发实体，现作如下规定：

一、任务

研究所在保证完成国家任务的前提下，根据社会、经济和科学技术发展的需要，从各自的特点和条件出发，有权面向社会承接各种科学技术任务，并根据自愿互利的原则，同企业、设计单位和高等学校等建立各种协作关系和各种形式的联合，上级部门应当给予鼓励和扶持，不要限制。研究所可以与其他单位就技术开发、技术转让和利用技术为社会服务订立合同，获得合法收入。

二、行政领导体制

研究所实行所长负责制。所长主持研究所的业务和行政工作，副所长协助所长工作。所长由上级部门任免，副所长由所长提名，按规定程序报上级部门批准任免。所长、副所长均实行任期制，可以连任。所长可以任免本单位中层行政干部。专业技术职务的聘任或任命，应当按照国家有关规定执行。

研究所应当健全管理制度，加强民主管理。可以建立所务委员会，学术、技术委员会和职工代表大会等民主管理的组织，充分尊重和发挥科技人员和其他职工在审议研究所重大决策、监督包括所长在内的各级领导和维护职工合法权益等方面的作用。

三、人事管理

凡由国家拨给事业费的研究所，有权在国家核定的编制范围内，按照人员配备的合理结构和国家的有关规定，自行调入、调出和安排使用各类人员。实现事业费完全自给的研究所，在遵循国家人事管理制度的前提下，可以根据工作需要自主聘用各类人员。

对于分配到研究所的人员，研究所应当进行考察和试用，对于不适合本单位工作的人员，有权拒绝接受，或在试用期满前退回原分配单位另行安排。

在研究所内应当扩大课题组长的职权，课题组长可以根据任务需要选配课题组成员。

四、经费和税收

研究所对从不同渠道取得的经费，按照国家的有关规定，自主安排使用。

实现事业费完全自给的研究所，其税后纯收入全部留给本单位，用以建立发展基金、福利基金和奖励基金，其中发展基金不得少于50%。

正在向事业费自给过渡的研究所，实行差额拨款，其纯收入分别用于冲抵事业费拨款，提取发展基金、福利基金和奖励基金，其中福利、奖励部分一般应当低于实现事业费完全自给的研究所。

实行事业费包干的研究所，在完成国家或上级规定的任务外，取得的合理收入，按照《国务院关于科学技术拨款管理的暂行规定》的有关规定办理。

从事多种类型研究工作的研究所，对内部各类科研人员的奖金分配，应当统筹兼顾，以利于各类研究工作的稳定。

为了扶持科学技术的发展，对研究所的技术性收入，暂免征所得税；对新产品和中试产品，按有关规定减税或免税。

五、资产处理

实现事业费完全自给的研究所，应当比照企业建立固定资产折旧制度，并有权按照国家有关规定处理除国家投资的大型、精密仪器设备以外的多余设备物资。正在向事业费自给过渡的研究所，应当视事业费自给程度逐步试行。

研究所应当努力提高大型、精密仪器设备的使用率，开展对外服务或租赁业务，所得收入的大部分应当用于本单位固定资产的更新。

对研究所内科研基地建设项目和大型、精密仪器设备，由国家择优支持。

六、科技外事和外汇

对科技改革工作搞得比较好，并有一定对外条件的研究所，如工作需要，经省、自治区、直辖市人民政府或国务院主管部门批准，可以直接对外进行科学技术合作和交流，所需外汇由上级部门核拨或补助。

研究所按照国家规定留成的创汇收入，可以以研究所的名义在银行开立帐户，并有权对上述留成外汇和自筹外汇按国家规定自行安排使用。

七、其他

本规定适用于独立的全民所有制研究所，其他类型的研究所可以参照执行。

省、自治区、直辖市人民政府和国务院有关部门可以根据本规定，结合本地区、本部门的实际情况制定实施办法。

本规定由国家科委解释。

国务院关于促进科技人员合理流动的通知

（一九八六年七月九日）

一九八三年国务院发布《关于科技人员合理流动的若干规定》（国发〔1983〕111号文）以来，各地做了大量工作，创造了许多推动科技人员合理流动的新经验。逐步开展起来的人才合理流动，对新技术的传播，城乡经济的发展，科学、教育事业的繁荣，起了积极的作用。但是，在某些地区和单位也曾发生过一些问题，需要解决和疏导。总的来说，科技人员流动工作刚刚起步，当前主要的问题，仍然是科技人员难以流动，积压、浪费和使用不当的现象还没有得到根本的解决。

根据经济、科技、教育体制改革的精神，结合几年来的工作实践，需要逐步改革科技人员管理制度，促进科技人员合理流动，以充分发挥科技人员的作用，为四化建设服务。现就有关问题作如下通知：

一、地方各级人民政府和国务院各部门要加强对科技人员合理流动工作的领导，努力创造人尽其才的环境，大力发掘科技人才资源，继续调整被积压、浪费和使用不当的科技人员，鼓励科技人员向急需人才的行业和单位流动，向更能发挥作用的岗位流动。在优先保证国家重点建设工程和重大科研项目人才需要的前提下，鼓励科技人员到工农业生产第一线，支援中小企业和城乡集体企业，加强企业技术改造和技术开发能力。鼓励和支持科技人员从城市到农村、从大城市到中小城市、从内地到边远地区去工作。

各级人事部门和科技人员管理部门应按照国家的有关政策、法规，切实做好组织协调和管理工作。通过组织调配、招聘、聘任等方式，疏通渠道，调剂人才余缺，改善科技人员的分布和结构。

各地应积极发展科技人员交流服务事业。人才交流服务机构和科技交流服务机构要积极向社会提供人才供求信息，在供需双方之间牵线搭桥，促进各行业、各企业事业单位之间人才合理流动。

二、企业事业单位应当按照中央的有关部署，逐步实行专业技术职务聘任制。实行专业技术职务聘任制的单位，应当在确定人员结构、定编定员的基础上，有领导地对内聘用、对外招聘科技人员。在国家规定的条件下，用人单位有聘任和不聘任的权利，本人有应聘和不应聘的权利。单位和本人订立聘约，双方都应遵守。未经对方同意，不得单方面中止聘约的履行。聘约到期，双方可再议是否延期。对未受聘用的科技人员，要区别情况妥善安排，鼓励他们到更需要或更能发挥专长的单位去工作。

三线艰苦地区、边远地区的科技人员以及全国各地的中小学校（含中等职业学校）教师需要保持相对稳定，并要有计划的调整和充实，其他地区和单位不得自行前去招聘。

三、在未实行专业技术职务聘任制的单位，凡使用不当，难以发挥作用，又未做调整的科技人员，可以辞职。但是，必须向单位提出书面辞职申请，单位接到申请三个月内应予答复。科技人员辞职申请被批准后，离开单位前，应当办理工作交接和辞职手续。以后被新单位录用，其工龄应当将辞职前和录用后的工龄累积计算。

科技人员应当遵守国家政策规定和劳动纪律，不得擅自离职。各单位录用科技人员应当严格遵守国家人事管理的规定。对已经擅自离职的科技人员，要按照不同情况妥善处理。对流向合理、原单位离得开的，在原工作岗位使用不合理的，或者确有特殊情况需要照顾的，经接受单位和其原单位协商同意后，按干部管理权限补办调动手续。本人要求辞职，经原单位批准，可以补办辞职手续。其余的要动员他们返回，由原单位妥善安排，不得歧视。经教育无效，拒不返回也不补办手续的，按自动离职处理，以后被其他单位录用，工龄从重新录用之日起计算。

有关辞职的具体规定，由国家科委、劳动人事部会同有关部门制订，报国务院批准。

四、对科技人员流动中发生的争议问题，应当协商解决。经协商未能达成一致意见的，由地方各级人民政府、国务院各部门指定主管部门或组织有关部门进行裁决。对裁决结论双方都必须服从。

五、鼓励科技人员到边远地区工作。边远省、自治区可以在国家规定的政策范围内给予优惠待遇。边远地区的范围和到边远地区工作的科技人员工作期限、工作条件、生活待遇、离退休待遇及安置等问题，按照国务院有关规定执行。

六、鼓励企业事业单位通过实行联合和技术经济协作，以及采用科技人员调动、借调、兼职等多种形式，调剂技术力量余缺。提倡中央部门所属单位向地方支援技术骨干，地方向中央部门所属单位分配和输送大学、中专毕业生。

七、发掘本地人才资源，启用有技术专长的职工充实中小企业、城乡集体企业的技术力量。鼓励全民所有制单位技术人员到城乡集体所有制单位工作。对确有技术专长尚未担任技术工作的电大、函大、夜大、职工业余大学等成人高等学校毕业和高等教育自学考试合格的职工，根据工作需要、本人自愿的原则，支持他们到中小企业和城乡集体企业担任技术工作。全民所有制单位职工到集体所有制单位担任技术职务或管理职务的，其全民所有制职工身份不变。

八、科技人员调离原单位不得私自带走原单位的科技成果、技术资料和设备器材等，不得泄露国家机密或侵犯原单位技术权益。如有违反，必须严肃处理。

地方各级人民政府、国务院各部门接到本通知后，应结合具体情况，切实做出安排，推动科技人员合理流动工作顺利开展。

医　药

国务院批转国家医药管理局关于进一步加强中药工作的报告的通知

（一九八六年一月十五日）

国务院同意国家医药管理局《关于进一步加强中药工作的报告》，现转发给你们，请贯彻执行。

中药是祖国医药宝库的重要组成部分，对中华民族的繁衍昌盛起了很大作用，至今仍然是我国人民防病治病的重要药品。做好中药工作，是关系到继承和发扬祖国医学遗产和我国十亿人民保健医疗事业的大事，各级人民政府和有关部门要切实加强对中药工作的领导。

近几年来，中药工作虽然取得了一定成绩，但还存在不少问题。中药材有近百个品种供应不足；不少地区的中药饮片质量较差；职工队伍业务技术素质不高，科技力量薄弱；中药出口，有些单位抬价抢购，低价倾销。对于这些问题，要采取有力措施，争取尽快解决，力争在三年内做到：除稀有的动、植物药材外，其他药材基本满足需要；全面提高中药质量，特别是饮片质量；在对一般药材经营放开搞活的同时，对人参、麝香等名贵药材和甘草、杜仲、厚朴等属于保护资源的少数品种，必须加强管理，统一收购，统一经营。

国家医药管理局关于进一步加强中药工作的报告

（一九八五年十二月十九日）

中药是我国的宝贵财富。保护和发展中药资源，促进中医中药事业的发展，是提高我国亿万人民健康水平的大事。近几年来，在中央领导同志的关怀下，经过各级人民政府的努力和有关部门的支持，中药的生产和供应开始出现了好的势头。一九八四年中药材种植面积比一九八一年增长61%。中成药产值比一九八一年增长74%；购进中药（包括中药材、中成药）价值、销售中药价值分别比一九八一年增长42%和46%。全国中药材供应紧缺品种由一九八二年初的一百四十种减少到九十多种，中成药已基本满足供应。

当前存在的主要问题是：有些药用野生资源破坏严重；有些家种药材的发展，由于缺乏信息指导，盲目性较大；有的饮片质量仍然较差；有些地区生产销售假、劣、冒牌中成药问题严重；中药教育和科研力量薄弱；对人才问题重视不够。为了尽快改变目前的状况，进一步把中药工作搞上去，实现三年大见成效的目标，我们准备做好以下各项工作：

一、结合调整农业生产结构，有计划地发展药材生产。

要在搞好药材资源普查的基础上，根据防病治病的需要，协同卫生部、农牧渔业部、林业部制订“七五”发展计划，加强信息传播和咨询工作，大力扶持和指导专业户的生产，并根据供需情况签订收购合同。认真按照有关规定，管好用好中药材开发基金（从中药材收购金额中提取百分之一）和生产扶持资金。

家种药材要以发展紧缺药材为主，要优先扶持发展重点药材生产基地，木本药材要纳入国家和各地造林计划。当前全国紧缺的品种（见附件一），主产地要按照需要或计划，保证种足种好，防止盲目生产。

野生药材，要继续贯彻“保护、养殖、猎取相结合”和“采集、保护、培育相结合”的方针，对重要野生资源，主产区要组织有关部门建立保护区，切实加强管理。

对资源稀少的动、植物药材，要加强科研工作，开展人工试养试种，并积极寻找供代用的同疗效药物。科研项目可采取招标方法，签订合同，争取早出成果。

对进口药材，凡国内适宜生产的要积极引种试种，逐步扩大生产。对犀牛角、玳瑁、海龟板、虎骨等，《濒危野生动植物种国际贸易公约》第五次成员国大会（我国是成员国）决定禁止国际间做商业性质的贸易，我们应维护国际信誉，不再进口，并努力寻找代用品。

对食药两用、交叉经营的品种，如山楂、乌梅、莲子等，要继续贯彻“优先保证药用”的原则。

二、进一步放宽购销政策，搞活管好中药市场。

中药材除甘草、麝香、杜仲、厚朴因属保护资源须统一由当地药材公司收购外，其余全部放开，自由购销。各地如还需增加管理品种，由省、自治区、直辖市人民政府批准。对甘草应制定保护法规，有组织地进行采挖，并按照国家计划安排甘草及其制品的生产和出口。猎麝取香要严格控制，进山猎捕须由当地人民政府审发狩猎证。砍伐杜仲、厚朴等珍贵树木药材，要按《森林法》的有关规定，经当地人民政府批准，砍伐的树龄必须在十五年以上。黄连、当归、人参、贝母等二十种重点药材，应根据供需状况，协商议购。

要发挥好大、中城市中药贸易中心的作用，恢复传统的中药集散市场，发展产供销的横向联系。对符合《药品管理法》规定从事中药经营的集体和个体商贩，要按照有关政策进行指导。药材门市部应积极收购零星药材，收售结合，议价购销。医药部门要积极配合卫生、物价、工商管理等部门，加强市场监督和管理。对哄抬药价，掺杂掺假，制造假、劣药品的不法分子，要严厉打击，依法严惩。

三、加快饮片厂的技术改造，提高中药质量。

一九八六年至一九九〇年期间，要对全国四十四个重点饮片厂分期分批进行改造。在列入地方基本建设和技术改造计划的基础上，国家每年给予一定扶持。其他饮片厂请各地根据需要投资改造。今后饮片炮制加工要严格执行《炮制规范》，不合格的不准出厂。

中成药应根据市场需要，合理调整产品结构，对混乱品种要由医药、卫生、工商行政管理部门按照《药品管理法》的要求严格整顿，争取二、三年内中成药质量得到全面提高。所有药材批发和零售单位不得收购和销售假、劣、冒牌中成药，违反者要依法制裁。对紧缺药材的使用，要继续贯彻执行“先饮片、后成药”和“先治疗、后滋补”的原则，由药材公司负责监督检查。对中成药厂、饮片加工厂要认真执行国务院国发〔1984〕第104号文件中有关商办工业的规定，在缴纳所得税后，不再缴调节税。企业税后留利，药材部门可适当集中一部分，用于补助重点技术改造项目，其余全部留给企业。北京、天津、上海三市的中成药工业，缴纳所得税后，新增的留利，40%上缴中国药材公司，用于支援落后地区的中药加工工业的技术改造。

要加强药材仓储的建设，抓紧解决中药仓库简陋和严重不足的问题。

各地药材公司要保持一定的合理库存，以适应中药季节生产、全年销售的特点，解决以丰补欠、调剂余缺的问题。中国药材公司要继续担负必要的储备任务，保证重大疫情、灾情、军需用药。各地药材公司所需资金,请银行按实际需要给予贷款。对于储备时间长,失去疗效的中药材,只要不是管理不善问题,经过核定,按财会制度报经批准,允许进行处理。

四、重视知识,重视人才,加强中药科研、教育工作。

振兴中药事业,首先要尊重知识、尊重人才,抓教育、抓培训,尽快改变中药职工队伍素质低,后继乏人的状况。为此要继续加强现有的四川、山西省等重点中药学校的建设,充实师资,改善校舍和设备,提高教学质量,扩大招生名额。所需教育经费,各省、自治区、直辖市要纳入教育规划和财政预算。各地医药部门要与卫生部门密切合作,充分利用现有中医学院中药系的教学能力,为药材行业培养人才。各省、自治区、直辖市医药部门和药材公司要全面规划,分别建立培训中心,加强对现有职工的培训,提高其政治、技术素质。在"七五"期间要完成南京中药学院建设,培养各种技术人才和经营管理人才。

对中药科研机构要加强领导,所需科研经费应统一纳入地方财政预算。中药主产区要创造条件,争取建立中药研究机构。要逐步开拓中药科技市场,实行科研、教育、生产三结合。依靠先进的科学技术,推广科研成果,为中药生产服务。

老药工是搞好中药工作不容忽视的力量,要充分发挥他们的作用。已经离退休的老药工,如果工作需要,本人愿意,身体还能坚持,经过主管部门批准,可以请回来继续工作,让他们带徒弟,把技术和经验传授下来,对有突出贡献的要给予相应的荣誉和待遇。

五、加强进出口业务和对外经济技术交流的协调管理。

对三十五种主要药材和十三种进口药材(见附件二),要继续实行进出口许可证办法。进出口许可证,由对外经济贸易部根据国家进出口计划签发。国家计划外的进出口许可证,需经中国医药保健品进出口总公司与中国药材公司协商同意后,向对外经济贸易部或其驻口岸特派员办事处申领。中药出口所创外汇,按现行规定留成。在中药生产、科研方面的对外经济技术合作交流,须经国家医药管理局批准。

六、要进一步改进药材公司的经营管理体制,加强自身建设。

搞好中药产、供、销的综合平衡和行业管理,要加强信息指导,咨询服务和技术开发,加强对中药市场的宏观控制,加强和健全各级药材公司的机构和自身建设,以适应中医药事业大发展的需要。

以上报告,如无不妥,请批转各地执行。

附件一:

1986—1988年解决中药材紧缺品种的要求和主要措施

一、1988年以前基本满足需要的品种(38种)

品种	主要产区
(一)家种18种:	
三七(又名田七)	云南、广西
元胡	浙江、江苏、上海
银花	山东、河南、湖南、广西、广东
人参	吉林、辽宁、黑龙江
白术	浙江、湖南、江西、安徽、湖北
茯苓	安徽、湖北、贵州、广西、广东、云南
芋肉	河南、浙江、陕西、安徽
吴茱萸	贵州、湖南、四川、广西
细辛	辽宁、吉林、黑龙江
蔓荆子	江西、山东、湖北、云南
益智仁	广东、广西
补骨脂	河南、四川、云南
柿霜	河南
瓜篓皮	大部分地区有产
泽泻	福建、四川、江西、广东
石斛	四川、安徽、广西、云南、贵州
麦冬	湖北、四川、浙江
砂仁	广东、云南、广西

主要措施:

1. 自觉运用价格杠杆的作用,促进生产,种足面积,加强管理,积极经营,加强主要产区基地建设。

2. 请农业、林业科研部门协同解决发展药材生产的科研技术问题,提高单产和质量。

3. 积极开展合同收购与市场收购,加强信息指导。

品种	主要产区
(二)野生15种	
射干	湖北、河南、安徽、四川、贵州
红大戟	广西、广东、云南
猫爪草	河南、四川、江苏、安徽、江西
兔丝子	河北、山东、河南、山西、江苏、辽宁
柴胡	河北、山西、安徽、陕西、河南、辽宁
半枝莲	安徽、江苏、浙江
女贞子	四川、湖南、江西
阿魏	新疆
蜂房	北方各省有产
桑螵蛸	大部分地区有产
田鸡油	吉林、黑龙江
虻虫	全国各地有产
全虫	山东、河南、河北、辽宁、陕西
蜈蚣	湖北、安徽、浙江、江苏
鱼脑石	沿海地区有产

主要措施：

保护资源，加强收购；积极开展野变家种家养。

（三）交叉 5 种

鱼　膘　浙江、福建、广东、上海

草　果　云南、广西

大茴香　广西、云南、广东

乌　梅　浙江、四川、贵州、湖南、云南、广东

五倍子　贵州、陕西、湖北、四川、湖南

主要措施：

交叉品种要按照“优先保证药用”的原则，搞好与有关部门的衔接工作。

二、1988 年前基本种足（开展饲养）的品种（12 种）

（一）木本 5 种

杜　仲　贵州、陕西、湖北、湖南、四川、河南

厚　朴　浙江、福建、湖北、湖南、四川

厚朴花　同上

黄　柏　黑龙江、四川、贵州、湖北、湖南、辽宁、吉林

辛夷花　河南、四川、云南、湖北、江西

主要措施：

请林业部门纳入造林计划，按照需要安排种植。

（二）其它 7 种

黄　连　四川、湖北、云南、陕西

贝　母　浙江、四川、青海、新疆、西藏、吉林、江苏、云南、上海

巴　戟　广东、广西、福建

千年健　云南、广西

西红花　上海、浙江、江苏

阿　胶　山东、河南、河北、辽宁

鳖　甲　湖北、湖南、安徽、江苏、江西

主要措施：

种足面积，加强田间管理和技术指导，落实好养驴、养鳖。搞好商品基地建设。

三、进口药材 9 种

血　竭　印度尼西亚

胖大海　泰国、柬埔寨、越南

胡黄连　印度

母丁香　桑给巴尔

豆　蔻　泰国、印度尼西亚

朝鲜参　朝鲜民主主义人民共和国、南朝鲜

没　药　索马里

沉　香　印度尼西亚、新加坡、印度、泰国、越南

西洋参　美国、加拿大

主要措施：

1. 请国家拨足外汇，在国外建立稳定的产区，固定产销关系。

2. 积极开展国际贸易，组织好进口。

3. 国内引种成功的品种，在适宜发展地区，积极普及技术，扩大种植。

四、资源稀少的动、植物药材（30 种）

（一）动物类 22 种

麝香、广角、豹骨、马宝、狗宝、熊胆、蛇蜕、紫河车、象皮、刺猬皮、海马、水獭肝、龙涎香、海狗肾、猴枣、甲片、鹿角（含其制品鹿角胶）、祁蛇、白花蛇、乌蛇、龟板、斑蝥

（二）植物类 7 种

马兜铃、秦艽、大芸、远志、千张纸、龙胆草、毛茨菇

（三）菌类 1 种

虫草

主要措施：

1. 积极开展资源保护。

2. 努力进行野变家种家养工作，科研和生产相结合，实行招标的办法予以落实。

3. 稀有动、植物的科研工作请农业、林业、卫生部门给予支持。

附件二：

中药材管理品种和实行进出口许可证的品种

一、管理品种（24 种）

麝香、甘草、杜仲、厚朴、黄连、当归、川芎、生地、白术、白芍、茯苓、麦冬、黄芪、贝母、银花、菊花、牛夕、元胡、桔梗、连翘、芋肉、三七（又名田七）、人参、牛黄（人工合成）

二、实行《出口许可证》的品种（35 种）

麝香、甘草（包括甘草制品）、杜仲、厚朴、黄连、当归、川芎、生地、白术、白芍、茯苓、麦冬、黄芪、贝母、银花、菊花、牛夕、元胡、桔梗、连翘、芋肉、三七（又名田七）、人参、牛黄、党参、枸杞、山药、丹皮、天麻、鹿茸、大黄、虫草、罗汉果、半夏、蜂王浆（包括蜂王浆粉）

三、实行《进口许可证》的品种（13 种）

豆蔻、血竭、羚羊角、广角、豹骨、沉香、牛黄、麝香、砂仁、西红花、胖大海、西洋参、海马

其　他

水利电力部门电测、热工计量仪表和装置检定、管理的规定

（一九八六年五月十二日国务院批准　一九八六年六月一日国家计量局、水利电力部发布）

为实施《中华人民共和国计量法》（以下简称计量法），现对水利电力部门电测、热工计量仪表和装置检定、管理工作，规定如下：

一、根据电力生产、科研和经营管理的特殊需要，在业务上属水利电力部门管理的各企业、事业单位内部使用的电测、热工计量仪表和装置，按计量法第七条规定，由水利电力部建立本部门的计量标准，并负责检定、管理。根据计量法第二十条规定，授权水利电力部门计量检定机构对所属单位的电测、热工最高计量标准执行强制检定。水利电力部门的电测、热工最高计量标准，接受国家计量基准的传递和监督。

二、在业务上属水利电力部门管理的各企业、事业单位，其电测、热工最高计量标准的建标考核，由被授权执行强制检定的水利电力部门计量检定机构考核合格后使用；属地方人民政府或其它单位管理的，由有关地方人民政府计量局主持考核合格后批准使用。

三、在业务上属水利电力部门管理的各企业、事业单位内部使用的强制检定的工作计量器具，授权水利电力部门计量检定机构执行强制检定。县级以上地方人民政府计量局负责对其计量工作检查、指导。

四、水利电力部门管理的用于结算、收费的电能计量仪表和装置，按照方便生产、利于管理的原则，根据计量法第二十条规定，授权水利电力部门计量检定机构执行强制检定。县级以上地方人民政府计量局对其考核检定人员，建立和执行计量规章制度及检定工作，负责监督检查。

属地方人民政府管理的用于结算、收费的电能计量仪表和装置，以及其它企业、事业单位使用的电能计量仪表和装置的检定、管理办法，由地方人民政府决定。

五、水利电力部门计量检定机构在计量器具的强制检定中，可根据需要开展修理业务，其工作受有关人民政府计量局检查、指导。

六、水利电力部门计量检定机构被授权执行强制检定工作的人员，在有关人民政府计量局监督下，由水利电力部门组织考核、发证。在此规定发布之前，水利电力部门已进行的考核有效。

七、水利电力部门要对授权检定的计量工作加强管理，保证结算、收费电能计量仪表和装置的准确。当用户对计量准确性提出质疑时，应负责认真查处。对违反计量法律、法规的行为，由县级以上地方人民政府计量局按计量法有关规定追究法律责任。

八、水利电力部门所属供电单位与其它部门用电单位因电能计量准确度发生的纠纷，先由上一级水利电力部门会同对方主管部门进行第一次复核调解。对第一次调解不服的，可向双方再上一级主管部门申请第二次调解。

对调解后仍未达成一致的问题，由相应的人民政府计量局主持仲裁检定，以国家电能计量基准或社会公用电能计量标准检定的数据为准。

国务院办公厅公告

（一九八六年九月四日）

一、一九八六年夏时制于九月十四日凌晨二时结束，届时应将钟表拨慢一小时，即从二时拨回到一时。广播电台等报时单位报时，应将“北京夏令时”改称“北京时间”。各地方和铁道、民航、交通、邮电、广播影视、气象等各部门，应根据时间的转换，提前精心安排好各项工作和生产活动。

二、从一九八七年开始，以后每年全国夏时制的起止时间确定为：四月中旬的第一个星期日凌晨二时开始（届时将时针拨到三时），九月中旬的第一个星期日凌晨二时结束（届时将时针拨到一时），每年夏时制起、止之前，各地方、各部门都应根据时间的转换，提前安排好各项工作。

附：

1986年国务院各部、委重要规章选载

公　安

关于加强集邮管理取缔非法倒卖邮票活动的公告

（一九八六年一月三十日邮电部、国家工商行政管理局、公安部公布）

集邮活动是社会主义精神文明建设的组成部分，是高尚的文化活动，它可以使人们丰富知识，陶冶情操。近年来，集邮爱好者大量增加，纪念邮票、特种邮票需要量较大，群众求购心切，少数邮票贩子乘机大量抢购套购，在一些自发形成的邮票交换场所，哄抬票价，非法倒卖，进行投机倒把活动，扰乱了社会治安和经济秩序，损害了正常的集邮活动。广大群众对此强烈不满。为了加强集邮管理，维护社会治安和正常的经济秩序，取缔非法倒卖邮票的黑市，打击投机倒把活动，把集邮纳入健康发展的轨道，特公告如下：

一、邮票是国家发行作为邮资凭证的有价证券。国家邮政部门、国营集邮公司以及受他们委托的代办机构，可以按照发行日期和规定价格销售、经营邮票，未经邮政部门或集邮公司委托的任何单位和个人不得销售、经营邮票。除集邮公司外，不得制售集邮品。

二、邮票在集邮领域是特殊商品。从邮票发售之日起，一年之内不准增值；一年后如需增值，由中国集邮总公司统一规定。

三、国家保护集邮爱好者正当的邮票交换活动。群众性交换活动，应在各地政府和群众团体支持下指定的邮票交换地点进行，以维护集邮活动的正常秩序。

四、各地邮政、工商行政管理和公安部门要加强对集邮活动的管理。凡违反公告规定，非法倒卖邮票者，由工商行政管理机关没收邮票及其非法所得；倒买倒卖邮票数量较大、情节严重，以及伪造邮票的，由公安、司法机关依法给予治安管理处罚直至追究刑事责任。

邮电工作人员利用职务之便与社会上不法分子内外勾结进行非法倒卖邮票活动的，从重予以处罚。

国家出版局、国家工商行政管理局、公安部
关于严厉打击非法出版活动的紧急通知

（一九八六年三月四日）

最近一个时期，社会上滥编滥印书刊情况严重，非法出版活动猖獗，且有发展趋势。这些非法出版活动突出表现在：有的伪称出版、发行、印刷单位，有的假冒正式出版、发行、印刷单位或盗用正式出版社书号，有的用非出版单位署名或根本不署名（详见附件）①。这类非法出版物大都宣扬打斗、色情、凶杀和封建迷信，对读者特别是青少年读者危害极大。这种非法出版活动，严重损害社会主义出版事业，破坏社会主义精神文明建设，妨碍社会安定，必须从速查处，坚决取缔。现通知如下：

一、各地出版、工商行政管理、公安部门要在当地政府领导下，采取有力措施，集中力量、集中时间坚决取缔非法出版活动，制止非法小报、刊物和书籍等出版物的印刷、发行，刹住滥编、滥印、滥出版的歪风。

二、对进行非法出版活动的单位和个人，要根据文化部、财政部、国家工商行政管理局文出字(85)第1781号文件规定，没收其全部出版物，由工商行政管理机关没收其非法收入并处以罚款，同时要追究当事人及单位领导者的责任。对伪称、假冒出版、发行、印刷单位进行诈骗活动或出版物中有反动、淫秽、荒诞内容的，视其情节轻重，由公安部门分别给予治安处罚或依法追究刑事责任。

三、各经营图书报刊的单位和个人，均不得经营非法出版物。如有非法出版物，应主动清理上缴，讲明来源，配合有关部门查清出版者和印制者。对拒绝检查、隐瞒不缴或瞒多缴少、暗中转移的，要没收其全部非法出版物和非法所得，并从重处以罚款，直至吊销其营业执照。

四、各印刷（装订）厂，均不得承印（装订）非法出版物。凡已承接非法出版物的，应及时向有关部门报告

交印的单位或个人，并将成品、半成品和书稿等全部上缴。对故意隐瞒、暗中转移或拒绝检查、屡犯不改的，要没收其全部非法出版物和非法收入，并从重处以罚款，直至令其停业整顿或吊销其营业执照；对当事人及单位主管负责人可以根据情节轻重，由主管部门分别予以政纪、法纪处理。

印刷（装订）厂承接非出版单位委托印制内部使用的图书、报刊、资料等，必须收验省级出版行政机关的批准证明。

五、各级新华书店要大力配合查处非法出版活动的工作，积极提供线索，协助有关部门对有疑问的出版物进行鉴别。发现非法出版物，应即报告有关部门予以查处。

六、各地收缴的非法出版物，每一品种除省内有关部门留存样本和向国家出版局、国家工商行政管理局、公安部送交样本备查外，其余一律就地销毁，任何单位和个人都不准存留。

七、查处非法出版活动是一项政策性很强的工作，各有关部门要加强联系，互通情况。对涉及其他省、市的单位和个人，应当及时通报，协同查处。此项工作的进展情况和处理结果，希随时向国家出版局、国家工商行政管理局、公安部报告。

---

① 附件略

高层建筑消防管理规则

（一九八六年五月十三日公安部发布）

第一章 总 则

第一条 为了加强高层建筑的消防管理，预防和减少火灾危害，保障国家经济建设和人民生命财产的安全，根据《中华人民共和国消防条例》和有关规定，制定本规则。

第二条 高层建筑的消防管理，要贯彻“预防为主，防消结合”的方针，本着自防自救的原则，实行严格管理和科学管理。

第三条 做好高层建筑的消防工作，是每个职工和居住人员应尽的责任。

第四条 本规则适用于建筑高度超过24米的宾馆、饭店、医院以及办公楼、广播楼、电信楼、商业楼、教学楼、科研楼等。

十层及十层以上的居住建筑，可由房产部门参照本规则实施消防管理。

本规则不适用于高层工业建筑。

第五条 本规则由高层建筑的设计、施工、经营或使用单位贯彻实施，各级公安消防监督机关实施监督。

第二章 管理责任

第六条 高层建筑的消防工作，实行逐级防火责任制，其上级主管部门负责领导。各单位应把预防火灾作为整个管理工作的一个重要部分，使防火工作经常化、制度化。

第七条 高层建筑的施工、经营或使用单位，必须确定一名领导为防火负责人，全面负责消防工作。

多家经营或使用的高层建筑，由当地公安消防监督机关与各方协商确定一家牵头，成立有关单位防火负责人参加的防火领导小组，统一管理消防工作。

第八条 高层建筑的经营或使用单位，应设置消防安全机构，或配备防火专职干部和从事消防设施管理、维护的工程技术人员。

第九条 高层建筑的施工、经营或使用单位，应建立义务消防队，并经常训练，定期考核。

第十条 防火负责人的职责：

（一）领导消防安全机构，贯彻执行消防法规；

（二）组织制定、修订各项消防规章制度；

（三）组织部署、检查、总结消防工作，并定期向当地公安消防监督机关报告消防工作情况；

（四）组织防火安全检查，整改火险隐患；

（五）对职工群众进行消防宣传教育；

（六）组织领导义务消防队开展消防工作；

（七）组织管理和维修消防设施、器材；

（八）组织制定紧急状态下的疏散方案；

（九）组织扑救初起火灾和指导安全疏散；

（十）调查火警事故，协助公安消防监督机关调查火灾原因。

第三章 防火设计与施工

第十一条 新建、扩建和改建高层建筑的防火设计，必须符合《高层民用建筑设计防火规范》和其他有关消防法规的要求。

第十二条 高层建筑的防火设计图纸，必须经当地公安消防监督机关审核批准，方可交付施工。施工中不得擅自变更防火设计内容。确需变更的，必须经当地公安消防监督机关核准。

第十三条 高层建筑施工现场的消防管理工作，由建设单位与施工单位签订管理合同，并报当地公安消防监督机关备案。

第十四条 高层建筑的高级宾馆、饭店和医院病房楼的室内装修，应当采用非燃或难燃材料。

第十五条　高层建筑竣工后，其消防设施必须经当地公安消防监督机关检查合格，方可交付使用。对不合格的，任何单位和个人不得自行决定使用。

第十六条　高层建筑的经营或使用单位，如改变建筑的使用性质，或进行内部装修时，应事先报经当地公安消防监督机关审批。凡增添的建筑材料、设备和构配件，必须符合消防安全要求。

第十七条　在《高层民用建筑设计防火规范》颁发前建造的高层建筑，凡不符合要求的重要消防设施和火险隐患，应采取有效措施，予以整改。

第四章　火 灾 预 防

第十八条　高层建筑内动用明火作业时，必须由经营或使用单位的消防安全机构批准。动火单位应严格执行动火制度，采取防火措施，做好灭火准备。

第十九条　餐厅、舞厅、酒巴间以及游乐场、礼堂、影剧院和体育馆等公共场所，必须按照额定人数售票，场内不准超员。

第二十条　建筑物内禁止储存易燃易爆化学物品。教学、科研、医疗等工作必须使用的易燃易爆化学物品，可按不超过一周的使用量储存，并定人、定点、定措施，予以妥善保管。

第二十一条　居住宾馆、饭店的旅客，不得将易燃易爆化学物品带入建筑物内。

建筑物内严禁焚烧可燃物品，燃放烟花爆竹。严格吸烟、用火、用电管理，防止引起火灾。

第二十二条　宾馆、饭店的客房内，不准使用电炉、电熨斗、电烙铁等电热器具。在客房内不得安装复印机、电传打字机等办公设备。确因工作需要的，应经消防安全机构审批。

第二十三条　经营或使用单位的职工，应掌握消防器材的使用方法，熟悉建筑内外的疏散路线。

第二十四条　经营或使用单位，要按照有关电力技术规范的规定，定期对电气设备、开关、线路和照明灯具等进行检查，凡不符合安全要求的，要及时维修或更换。

第二十五条　建筑物内煤气管道系统的仪表、阀门和法兰接头等，必须符合安全要求，并定期检查维修。

第二十六条　建筑物内的走道、楼梯、出口等部位，要经常保持畅通，严禁堆放物品。疏散标志和指示灯，要保证完整好用。

第五章　火 灾 扑 救

第二十七条　建筑物内的报警电话及其他报警设备必须保证灵敏好用。

高级宾馆和饭店要设有与附近公安消防队直通的火警电话。

第二十八条　消防控制室应设专人昼夜值班，随时观察、记录仪器设备的工作情况，及时处理火警信号。

第二十九条　建筑物内的所有人员，一旦发现火警，必须及时报警，并迅速采取扑救措施。

第三十条　经营或使用单位的领导和消防安全机构的负责人以及义务消防队员、职工，闻警后必须及时赶赴火场，扑救火灾。

第三十一条　宾馆、饭店各楼层服务台的值班人员，在火灾紧急情况下，必须负责引导住客迅速安全转移。

客房内应有安全疏散路线指导图。

第六章　消 防 设 备

第三十二条　经营或使用单位应当严格按照《高层民用建筑设计防火规范》和有关的规定，设置固定消防设施。

建筑物内的下列部位应当配置相应种类的轻便灭火器材：

（一）餐厅、观众厅、舞台等公共活动场所；

（二）各楼层服务台、电梯前室、走道；

（三）配电室、消防控制室、计算机房、发电机房、图书室、燃油燃气锅炉房和厨房；

（四）车库、可燃物品库房等重要部位。

第三十三条　建筑物内的自动报警和灭火系统，防、排烟设备，防火门、防火卷帘和消火栓等，要定期进行检查测试，凡失灵损坏的，要及时维修或更换，确保完整好用。

第三十四条　消防水泵、消防给水管道、消防水箱和消火栓等设施，不得任意改装或挪作他用。

第三十五条　消防给水系统需停水维修时，必须经公安消防监督机关批准。

第三十六条　宾馆、饭店的各楼层宜配备供住客自救用的安全绳或缓降器、软梯、救生袋等避难救生器具。

第三十七条　消防设施、器材的管理人员，对设备要认真管理和维护，并建立档案，记录每次检查情况。

第七章　奖　　惩

第三十八条　经营或使用单位应定期检查总结消防工作，对成绩突出的集体和个人给予奖励。

第三十九条　凡具备下列条件之一的个人或集体，可由本单位给予表扬和奖励：

（一）热爱消防工作，积极参加防火、灭火训练，成绩优秀、工作表现突出的；

（二）模范执行防火制度和岗位防火责任制，在预防火灾工作中做出贡献的；

（三）积极参加灭火战斗，抢救国家财产和保护人民生命安全表现突出的；

（四）积极钻研消防业务，提出合理化建议和技术革新成绩突出的；

（五）发现和消除重大火险隐患，表现突出的；

（六）及时发现和扑救火灾，避免了重大损失的。

第四十条 凡有下列情形之一的，情节较轻的，由经营或使用单位给予经济处罚、行政纪律处分；情节严重的，由公安机关依照治安管理处罚条例的有关规定给予处罚；构成犯罪的，依法追究刑事责任：

（一）擅自将消防设备、器材挪作他用或损坏的；

（二）违反消防法规和制度的；

（三）对存在火险隐患拒不整改的；

（四）造成火灾事故的直接责任人；

（五）贯彻消防法规不力，管理不严或因玩忽职守而引起火灾事故的单位领导人。

第八章　附　　则

第四十一条 高层建筑的经营或使用单位，可根据本规则结合实际情况制定具体实施办法，报当地公安消防监督机关备案。

第四十二条 本规则自一九八六年七月一日起施行。

人民警察使用武器和警械的规定

（国务院批准　一九八六年七月五日公安部公布）

第一条 为了使人民警察依法有效地执行公务，以及时制止犯罪行为，保护人民群众和采取正当防卫，特制订本规定。

第二条 人民警察在执行逮捕、拘留、押解人犯和值勤、巡逻、处理治安事件等公务时，可以根据本规定，使用武器和警械。武器和警械是指：枪支、警棍、警笛、手铐、警绳和其它警械。

第三条 人民警察在执行公务中，遇有下列情形之一时，可以开枪射击：

（一）逮捕、拘留、押解人犯，遇有以暴力抗拒、抢夺武器、行凶或脱逃等非常情况，非开枪不能制止时；

（二）犯罪分子以暴力破坏社会秩序，危及人民生命安全，非开枪不能制止时；

（三）人民警察保卫的对象、目标，受到暴力侵袭或者有受到暴力侵袭的紧迫危险，非开枪不能制止时；

（四）犯罪分子劫狱或在押人犯越狱、行凶、暴动、抢夺武器，非开枪不能制止时；

（五）人民警察的生命安全遭到犯罪分子的暴力威胁，非开枪不能自卫时。

第四条 人民警察依照第三条的规定对犯罪分子开枪时，除遇到特别紧迫的情况外，应当先进行口头警告或鸣枪警告，犯罪分子一有畏服表示，应当立即停止射击。开枪射击后，应当保护现场，并立即向上级报告。

第五条 人民警察在执行公务中，遇有下列情形之一时，可以使用警棍：

（一）依法执行逮捕、拘留，遇到抗拒时；

（二）处理打砸抢、聚众骚乱和结伙斗殴事件，警告无效时；

（三）遭到犯罪分子袭击，需要使用警棍自卫时。

第六条 人民警察在使用警棍制止犯罪行为时，应当以制服对方为限度。当对方的犯罪行为得到制止时，应即停止使用。

第七条 人民警察在执行公务中，遇有下列情形之一时，可以使用警笛：

（一）需要呼唤正在巡逻、值勤的军警共同制止犯罪时；

（二）需要动员群众协助追捕正在逃跑的人犯时；

（三）需要用以警告正在犯罪的分子停止犯罪行为时；

（四）需要用以制止违反交通规则的行为时。

前款第一、二、三项的笛声为连续短促音，第四项的笛声为持续长音。

第八条 人民警察在押解犯罪分子过程中，为防止逃跑、行凶，可以使用手铐、警绳。

第九条 人民警察在追捕人犯或者制止打砸抢行为时，为了避免伤亡，对被围困后仍进行抗拒的犯罪分子，可以使用其它警械。

第十条 人民警察正在执行公务的各种警车，可以使用特殊音响警报器和红色回转警灯。对使用特殊音响警报器和红色回转警灯的警车，其它车辆应当避让。

公安部关于严禁私自生产、销售、使用警械、警车、警灯、警用警报器和警服的通告

（一九八六年十月十日）

近来，发现一些单位和个人，私自生产、销售和使用警械、警车、警灯、警用警报器和警服等人民警察专用装备，有的在一些物品和车辆上涂印"公安"标志。这种非法行为，造成了人民群众识别警民的困难。有些地方已经发现不法分子利用人民警察的专用装备及其仿制品冒充公安人员进行违法犯罪活动，扰乱社会治安。广大人民群众对此反映十分强烈。

为了便于人民群众正确识别人民警察，保障人民警察庄严地维护社会治安秩序，防止不法之徒利用人民警察的专用装备及其仿制品进行违法犯罪活动，特通告如下：

一、警械、警车、警灯、警用警报器和警服是国家规定的人民警察专用装备，"公安"标志是公安机关的专用标志，除经特许批准的以外，其他任何单位和个人一律不准使用。

二、除经公安机关批准的单位以外，严禁任何企业事业单位和个人私自生产、销售警械、警车、警灯、警用警报器、警服（含现行帽徽、领章、符号、钮扣等专用标志）及其仿制品（颜色相同，制式相仿）。

三、严禁在非警用物品和车辆上涂印"公安"标志。违者，除责令其涂掉"公安"标志外，并追究有关人员的责任。

四、经指定和委托生产警械、警车、警灯、警用警报器和警服的单位，要严格执行生产供应计划，不得进行计划外生产，不得自行销售或调拨给其他单位。

五、凡违反本通告的规定，非法制作、销售和使用人民警察专用装备和"公安"标志的，一经发现，由公安机关全部没收制品，并可视情节轻重，对有关人员严肃处理。

六、对于违反本通告的单位和个人，任何公民都有检举告发的责任。

特此通告。

关于维护医院秩序的联合通告

（一九八六年十月三十日卫生部、公安部公布）

为维护医院医疗秩序，保障医疗预防工作正常进行，特通告如下：

一、医院是救死扶伤、治病救人的重要场所。禁止任何人利用任何手段扰乱医院的医疗秩序，侵犯医务人员的人身安全，损坏国家财产。

二、医务人员和病人要努力建立相互尊重、相互信任的良好关系，医务人员要有为人民服务的负责精神，同情和关心患者，努力改善服务态度，提高服务质量。患者要严格按照医嘱进行检查、治疗，不得在自己的要求未满足时寻衅滋事。

三、患者就诊、治疗要按章交费，不准以任何借口拒付医疗费用。

四、任何个人未经院方许可不得私自翻阅、索要、涂改、毁损病历及其它医疗文件。

五、不准以任何借口长期占据病床拒不出院。

六、不准干涉、阻挡对尸体的常规处置；严重传染病死者尸体必须及时火化。禁止将尸体停放在太平间以外的任何场所；禁止在医院内为死者举行各种形式的迷信祭祀活动。超过医院规定存放时限的尸体，医院有权代为处理，费用由家属（或单位）承担。

七、严禁以"医疗事故"为借口在医院无理取闹。

八、对寻衅滋事、打砸医院、殴打和污辱医务人员的人，情节轻微的由公安机关按照治安管理处罚条例的有关规定予以治安处罚；情节严重、触犯刑律的，依法追究刑事责任。

此通告自公布之日起实行。

财政、税务

财政部关于促进横向经济联合若干税收问题的暂行办法

（一九八六年三月二十九日发布）

为了支持和鼓励发展横向经济联合，发挥税收的经济杠杆作用，根据国务院《关于进一步推动横向经济联合若干问题的规定》，在税收方面特作具体规定如下：

一、经济联合组织生产的产品和内部互供产品征税问题。

对实行联合的企业互供产品配套协作，要避免重复征税。为此，要采取积极的步骤，加快推行增值税的步伐，并逐步简化征税手续。对目前尚未实行增值税的产品，也要采取鼓励联合的措施，原则是：不能因实行联合而增加企业的税收负担，也不能因实行联合而减少国家的税收。

（一）实行统一核算的经济联合组织，内部各单位相互提供的产品，不征产品税，只就经济联合组织对外销售的产品征收产品税。产品税的税率要按联合前各单位缴纳的税额占对外销售额的比例换算确定。

（二）不实行统一核算的经济联合组织，在全国未实行增值税前，除了生产烟、酒、化妆品等高税率产品的联合组织以外，均可以经济联合组织为单位先试行增值税。试行增值税的办法，暂由有关省、自治区、直辖市和计划单列城市税务局商有关部门制定，报财政部税务总局备案。全国实行增值税时，改按统一规定执行。

（三）没有条件实行增值税的松散型经济联合组织内部企业之间协作生产的产品，采取以下措施减征或免征产品税：

1. 企业为了实行专业化协作生产，将一部分自己生产的产品或零部件扩散给其他企业生产，生产这部分扩散产品或零部件的企业，以低于出厂价的协作价格提供给原扩散企业用于配套或连续生产的，在实行增值税前暂免征产品税。

2. 工业企业委托其他企业加工的产品，凡收回后用于本企业连续生产的，不征产品税。

3. 工业企业连续深度加工已税产品，凡加工改制后的产品与原来已税产品同属于一个税目、税率的，除另有规定者外，可按5%的税率从低征收产品税。

4. 工业企业协作生产的牙膏皂坯，自来水金笔、铱金笔、圆珠笔的零件，保温瓶的玻璃料坯、搪瓷瓶壳，日用灯泡（管）的玻璃料坯，协作双方有固定协作关系，订有协作合同，以低于出厂价的协作价格提供给对方作为原材料、零部件或配套产品的，可按5%的税率从低征收产品税。

（四）采取补偿贸易方式，对方提供资金、设备，用于企业技术改造，扩大生产能力，然后以新增产品分期偿还投资的，应当在交付产品时，按实际销售收入，就地征收产品税（增值税）、资源税。凡以平价供应产品为条件，由买方提供的无偿投资，不能作为补偿贸易，卖方应作为销售收入，依法纳税。

（五）集资办电新增的售电量（柴油发电除外），定期减免产品税。

（六）经济联合组织开发的新产品，按照有关税收规定减征或免征产品税（增值税），减免的税款，专项用于技术开发。

二、经济联合组织实现的利润征收所得税问题。

（一）经济联合组织（包括全民和集体所有制企业、单位）实现的利润，实行先分后税的办法，即联合各方按协议规定从联合组织分得的利润，拿回原地并入本企业利润一并征收所得税。联合方不是企业的，分得利润拿回原地后，要向税务部门申报纳税。

（二）参加经济联合组织的全民所有制企业，如果是用银行技措贷款投资的，其分得的利润，可以按照有关还款规定，在征收所得税前归还贷款。

（三）企业、单位向能源、交通设施以及“老、少、边、穷”地区投资分得的利润，在五年内减半征收所得税；以分得的利润再投资于上述行业和地区的，暂免征所得税。

（四）全民所有制企业从经济联合组织分得的利润，免征调节税，这些企业的原有利润，应继续交纳调节税。

（五）经济特区内联生产性企业所得税减免办法，按国务院有关规定执行。

三、技术转让收入征税问题

（一）全民、集体所有制企业进行技术转让（包括技术咨询、技术服务、技术培训等），年净收入在三十万元以下的，暂免征所得税；超过三十万元的部分，依法缴纳所得税。大专院校、科研单位以及其他全民所有制事业单位进行技术转让所得的净收入，暂免征收所得税。

（二）各企业、事业单位和个人的技术成果转让收入，暂免征收营业税。

四、除上述规定外，一切经济联合组织均应按照现行税法规定缴纳各项税收。

财政部关于对科学技术研究机构收入征税的暂行规定

（一九八六年四月一日发布）

为贯彻中共中央《关于科学技术体制改革的决定》，充分发挥税收的经济杠杆作用。配合科技体制改革的进行，现对全民所有制独立核算的科学研究机构（以下称“科研单位”。不包括企业所属研究所和各类技术开发、咨询、服务中介组织）收入的征税问题，暂作如下规定：

一、对科研单位的技术转让、技术咨询、技术服务、技术培训、技术承包、技术出口等收入，暂免征收营业税。

二、对科研单位研制的新产品，按国家税法有关规定，给予定期减免产品税、增值税的照顾。

三、对科研单位的技术转让、技术咨询、技术服务、技术培训、技术承包、技术出口、技术入股等技术所得，暂免征收所得税。

四、对科研单位的新产品凡按规定减免的产品税、增值税的税款，可专项用于技术开发，不计征所得税。

五、对科研单位利用闲置仪器和设备开展租赁业务的所得，暂不征收所得税，其所得留给科研单位专项用于固定资产的更新改造。

六、对科研单位向能源、交通基础设施以及“老、少、边、穷”地区投资分得的所得，五年内减半征收所得税；以分得的所得再投资于上述行业和地区的，暂免征收所得税。

七、除上述规定减免所得税以外。对科研单位的生产所得和非技术性经营所得，均应按国营企业所得税条例规定的八级超额累进税率征收所得税。试销新产品和中试产品的所得，如按规定纳所得税确有困难，经税务机关批准，可在一定期限内给予减征所得税的照顾。

八、科研单位经费自立后头三年内（一九八五年底以前已实现经费自立的可从一九八六年起计算），可按全部技术所得提取20%的技术开发基金，允许在应纳税所得额中扣除，用于科研事业的发展。

九、科研单位的各种技术所得要同生产所得、其他非技术性经营所得划分清楚，应分别记帐，单独计算盈亏。

十、科研单位应按国家有关规定，缴纳建筑税、能源交通重点建设基金和事业单位奖金税。

本暂行规定有关所得税条款，自发文之日起执行。

全国发票管理暂行办法*

（一九八六年八月十九日财政部发布）

第一条 为了加强税收管理和财务监督，有利于税收法规、政策的贯彻实施，保护合法经营，根据《中华人民共和国税收征收管理暂行条例》（以下简称《税收征管条例》）第二十八条、第二十九条的规定，制定本办法。

第二条 发票由税务机关统一管理。税务机关负责发票管理制度的制定和组织实施，并负责对一切印制，使用发票的单位和个人进行监督和管理。

第三条 发票是财务收支的法定凭证，是会计核算的原始凭据，是税务稽查的重要依据。一切单位和个人在销售商品、产品和提供劳务服务（包括工业加工，下同）以及从事其它业务（包括对内对外业务）活动取得收入时，所提供给付款方的各种票据，均属发票的范围。

第四条 发票的主要内容应包括：票头、字轨号码、联次及用途、客户名称、银行开户帐号、商（产）品名称或经营项目、计量单位、数量、单价、金额，以及大小写累计金额、经手人、开票日期等。实行增值税的单位所使用的增值税专用发票，还应有税种、税率、税额等内容。

发票可按所有制形式结合行业划分种类。

发票的具体格式、内容和种类的划分，由省、自治区、直辖市税务局统一确定。

第五条 凡销售商品、产品、提供劳务服务以及从事其它业务活动的单位和个人，在取得收入时，均应向付款方如实开具发票，并加盖印章。但向消费者个人零售小额商品也可不开具发票，如消费者索要发票，则不得拒开。

所有单位和个体工商业户，在购买商品、产品、接受劳务服务付出款项时，均应向收款方取得发票。

第六条 任何单位和个人未经税务机关批准，均不得印制、出售发票，也不得涂改、撕毁、转让（包括转让性代开）、销毁和拆本使用业务性发票。严禁伪制发票。对填写错的发票，应完整保存其各联，也不得私自销毁。丢失业务性发票，应及时报告税务机关处理。

第七条 发票一般应由税务机关统一设计式样，指定印刷厂印刷，并套印县（市）以上税务机关发票监制章。用票单位和个人需用发票时，应向税务机关购买，并按规定交纳工本管理费。

有的用票单位由于业务上的特殊需要，也可自行设计发票的式样，向税务机关提出印制发票的书面报告，经批准后，到指定的印刷厂按规定印制，并套印县（市）以上税务机关发票监制章。

具体哪些用票者应向税务机关购买发票或经批准可自行印制发票，以及发票监制章的形状、规格和印色等，由省、自治区、直辖市税务局统一确定。各地发票监制章的形状、规格和印色在确定后和变更时，均应报财政部税务总局备案。

第八条 凡向税务机关购买发票的单位和个人，必须按照规定提出购票申请报告，提供税务登记证或其它有关证件，经税务机关审核后，办理购票手续。

对从事生产经营的用票单位和个人，凡未办理税务登记的，一律不售给发票，也不批准印制发票。需要开用时，由其向经营地税务机关申请填开。

第九条 对全民所有制的银行、保险、邮政、电讯、铁路、公路、水运、航空等单位使用的专业票据（如车船票、飞机票、门票等，具体范围由省、自治区、直辖市税务局确定），可暂由用票单位自行确定式样、自行印制，可不套印税务机关发票监制章。

上述单位的业务承包给集体和个人经营的，对承包者所使用的票据，其印制和式样的设计等，仍应按本办法其它有关规定办理。

第十条 税务机关指定的印刷厂一般应为全民所有制单位，并有较好的保密措施，能按税务机关的规定承印发票，并有专人监制。

第十一条 发票只限于用票单位和个人自己使用，并不得带到本省、自治区、直辖市以外填开。到本省、自治区、直辖市以外从事经营活动需要开用发票的，属固定工商业户，应持其所在地税务机关开具的《固定工商业户外出经营税收管理证明单》向经营地税务机关申请购买发票；属临时经营者，应向经营地税务机关申请填开经营地的发票。在本省、自治区、直辖市范围内可否跨地市区县填开发票，以及到省际毗邻市县从事经营活动的，是否允许填开其原所在地的发票，由有关省级税务机关研究确定。

《固定工商业户外出经营税收管理证明单》，暂由省、自治区、直辖市税务局统一制定。

第十二条 使用发票的单位和个人因发生转业、改组、分设、合并、联营、迁移、歇业、停业、破产以及改变隶属税务机关时，按税务机关的规定需要缴销或更换发票的，应在税务机关规定的期限内向原购领或批准印制发票的税务机关办理发票的缴销、更换手续，一律不准私自处理。

第十三条 一切印制、使用发票的单位和个人，都必须遵守本办法，接受税务机关的监督管理。

税务机关有权对用票单位和个人的发票进行查验。税务机关需要将用票单位和个人的发票（不含空白发票）调出查验时，应向对方开具《发票换票证》。《发票换票证》与所对换的发票有同等效力。

税务机关需要调出查验用票单位和个人的空白发票时，应向对方开具证明或收据。

第十四条 税务机关和印制发票的单位以及一切使用发票的单位和个体工商业户，都必须建立必要的发票印领用存管理制度，严格审批审核手续，对发票的印制、入库、发放、购用、结存、销毁、缴销等事项，均应设置专项帐簿，并由专人负责，如实进行记录和统计，并定期向税务机关报告（税务机关应向上级报告）。

第十五条 对单位内部使用的非经营性票据（如内部借据、内部结算凭证等）的管理，是否按照对经营性票据管理的规定执行，由省、自治区、直辖市税务局确定。

第十六条 对违反发票管理的行为，任何单位和个人都有权检举揭发，税务机关对检举揭发者应按规定给予奖励，并为其保密。

第十七条 税务机关查处发票违章案件时，均应立案，并严格按照规定进行处理。

对有下列违章行为之一者，除没收其非法所得，责令其限期纠正外，可区别情况，给予批评教育，或酌情处以五千元以下的罚款，并对直接责任人员酌情处以一千元以下的罚款。对拒不纠正者，税务机关有权吊销其税务登记证、收缴其发票和其他税务管理证件。

1. 不按本办法的规定填开、取得、印制、使用、保管发票者；

2. 擅自出售、销毁发票者；

3. 伪造、涂改、转让、撕毁、丢失发票者；

4. 不按本办法的规定建立发票管理制度，不提供有关报表、资料、证件，以及不接受税务机关监督检查者。

由于上述违章行为造成漏税、偷税、抗税的，除按上款规定处理外，还应按《税收征管条例》第三十七条和第三十八条有关规定处理；情节严重，构成犯罪的，还应提请司法机关依法追究刑事责任。

第十八条 对中外合资经营企业、中外合作经营企业、外资企业以及在中国境内的华侨和外籍、港澳人员有关发票的管理事项，均不适用本办法。

第十九条 省、自治区、直辖市税务局根据本办法的规定，结合本地区具体情况，制定本省、自治区、直辖市的发票管理具体实施办法，报经当地人民政府批准颁发执行。

第二十条 本办法自一九八六年十月一日起执行。

* 一九八六年八月十九日财政部发布《全国发票管理暂行办法》的通知指出：

一、制定《全国发票办法》，加强对发票的管理，是适应改革形势的要求，对于加强税收管理和财务监督，保障合法经营，维护社会主义经济秩序等，都具有重要意义。对此，各级税务机关应予高度重视，认真学习，加强宣传，采取有力措施，切实贯彻落实好《全国发票办法》。要把这项工作，与贯彻执行《税收征管条例》结合起来，与提高纳税单位和个人依法纳税、依法使用发票的自觉性结合起来，与提高税务干部的征管水平结合起来。总之，要通过贯彻《全国发票办法》，进一步加强我们的税收征收管理工作。

二、《全国发票办法》自一九八六年十月一日起实行。各地要根据《全国发票办法》的规定，尽快制定出本省、自治区、直辖市的发票管理具体实施办法，报经当地人民政府批准后颁发实行。请抓紧做好有关准备工作。

三、各地税务部门要结合贯彻《全国发票办法》，对现行的发票管理制度进行一次清理和整顿。凡与《全国发票办法》有抵触的，均以《全国发票办法》为准。凡不符合要求的，要尽快采取措施加以纠正。各地的现行发票，如果不符合《全国发票办法》规定的，要尽快更换新的发票。至于新旧发票的具体更换时间，由各省、自治区、直辖市税务局确定，但不得超过一九八七年。在规定的更换期间内，各地原有的发票可以继续有效。

四、对发票的管理，涉及面广，政策性强。各级税务部门要加强对这项工作的领导，在贯彻执行中，要及时向当地党政领导请示汇报，要积极与有关部门联系，取得各方面支持，努力做好这项工作。工作中要注意总结经验，加强上下联系。遇到问题要认真研究，及时解决。对重大政策原则问题和重大违纪案件，应及时向上反映。

财政部关于个体工商业户帐簿管理的暂行规定

（一九八六年八月二十五日发布）

为了加强税收征收管理，有利于个体工商业户提高经营管理水平，促进个体经济的健康发展，根据《中华人民共和国税收征收管理暂行条例》和有关税收法规的规定，对个体工商业户的帐簿管理规定如下：

一、凡从事工业、商业、服务业、建筑安装业、交通运输业以及其它行业的城乡个体工商业户（以下简称个体业户），都必须按照税务机关的规定建立、使用和保管帐簿、凭证，并接受税务机关的监督检查。

二、个体业户的帐簿，可由业户自己办理帐务，也可按地段或行业联户聘请财会人员负责办理。但所聘请的财会人员必须经主管税务机关认可。

三、经营规模小、确无建帐能力而聘请财会人员又有实际困难的个体业户，可报经税务机关批准，暂缓建帐。但必须建立购货簿和发票及其他收支凭证粘贴簿。

对未经批准而不建帐的个体业户，税务机关有权根据其同行业、同等规模业户中最高的经营收入水平，确定其应纳税额。

四、个体业户的建帐种类，由省、自治区、直辖市税务局根据从简适用的原则，并按个体业户的不同情况（如不同行业、不同经营规模以及纳税人的建帐记帐能力等）确定，分别使用复式帐或简易单式帐。但对雇工经营、合伙经营、合作经营等经营规模较大的个体业户，必须建立复式帐。

五、个体业户使用帐簿的格式，由税务机关根据个体经营的特点统一设计制定。

个体业户启用帐簿，必须向税务机关办理启用登记，并由税务机关在业户的帐簿上加盖验讫印章。

六、个体业户必须按照税务机关的规定办理帐务，如实记帐，正确进行核算。记帐要凭法定的原始凭证，做到帐实相符，帐据相符，帐帐相符，不准弄虚作假，偷税漏税。如发生记帐、核算等帐务差错时，应按税务机关的规定予以改正。

七、个体业户不按本规定建帐记帐和使用、保管帐簿、凭证等有关纳税资料，以及不接受税务机关监督检查的，应按照《中华人民共和国税收征收管理暂行条例》和其它有关税收法规的规定处理。

八、本规定自一九八六年十月一日起执行。各省、自治区、直辖市税务局，根据本规定和其它有关税收法规的规定，结合本地区情况，制定具体实施办法。

金　　融

金融信托投资机构管理暂行规定

（一九八六年四月二十六日中国人民银行发布）

第一章　总　　则

第一条　根据《中华人民共和国银行管理暂行条例》的规定，为加强对金融信托投资机构的管理，保证信托业务的健康发展，特制订本规定。

第二条　凡经营信托投资业务的金融机构，均应遵守本规定。

第三条　本规定所称信托投资业务，系指受托人按照委托人指明的特定目的或要求，收受、经理或运用信托资金、信托财产的金融业务。

第四条　金融信托投资机构的设置或撤并，必须按照规定程序提出申请。未经批准，任何部门、单位一律不准经营信托投资业务。

禁止个人经营信托投资业务。

第五条　金融信托投资机构应认真贯彻执行国家的金融方针政策，其业务活动必须以发展经济、稳定货币、提高社会经济效益为目标。

第六条　中国人民银行应当在资金调度、工作协调、信息提供等方面，为金融信托投资机构服务，支持其开展正常的业务活动。

第二章　机 构 管 理

第七条　金融信托投资机构只在大中城市设立，并应具备下列条件：

一、确属经济发展需要；

二、具有合格的金融业务管理人员；

三、符合经济核算原则；

四、具有组织章程；

五、具有法定的最低限额实收货币资本金。

县及县以下地区不得设立金融信托投资机构。

第八条　金融信托投资机构必须具有最低限额的实收货币资本金。

一、设立全国性的金融信托投资机构，其实收人民币自有资本金最低限额为五千万元；

二、省、自治区、直辖市、计划单列城市、经济特区设立金融信托投资机构，其实收人民币自有资本金最低限额为一千万元；

三、地区、省辖市设立金融信托投资机构，其实收人民币自有资本金最低限额为五百万元；

四、在上述地区设立的经营外汇业务的金融信托投资机构，必须同时分别拥有五百万、二百万和一百万美元现汇的最低限额实收外汇自有资本金。

金融信托投资机构的自有资本金要保证完整无缺，任何部门不得抽调。

第九条　金融信托投资机构的注册资本，最高可以为实收货币资本金的三倍。

第十条　申请设立金融信托投资机构，应向当地中国人民银行提交下列资料：

一、设立金融信托投资机构的申请报告；

二、主管部门审批意见书；

三、组织章程，其内容包括机构名称、法定地址、企业性质、经营宗旨、注册资本数额、业务范围和种类、组织形式、经营管理等事项；

四、由有权部门出具的验资证明；

五、机构领导人名单和简历。

第十一条　申请设立金融信托投资机构（包括分支机构），应按下列规定报经批准：

一、全国性的机构，由中国人民银行总行审核，报国务院批准；

二、设立省级（包括计划单列城市、经济特区）机构，由中国人民银行省级分行审核，报中国人民银行总行批准；

三、设立地区、省辖市级机构，由中国人民银行地、市级分行审核，报中国人民银行省级分行批准，并报中国人民银行总行备案；

四、经营外汇业务的信托投资机构，一律报经中国人民银行总行批准，并向国家外汇管理局申请办理外汇业务。

第十二条　经批准的金融信托投资机构，由中国人民银行颁发《经营金融业务许可证》。经营外汇业务的机构，经批准后，由国家外汇管理局颁发《经营外汇业务许可证》。

金融信托投资机构应凭以上证件，向工商行政管理部门申请登记注册。

第十三条　金融信托投资机构实行合并，应按本规定重新履行申报手续，经批准后，更换《经营金融业务许可证》、《经营外汇业务许可证》。

第十四条　申请撤销金融信托投资机构，须在终止活动前六十天，以书面形式向当地中国人民银行提出报告。经批准后，在当地中国人民银行和有关部门监督下进行清理，缴纳税款，偿还债务，缴销《经营金融业务许可证》、《经营外汇业务许可证》，并持中国人民银行通知书，向工商行政管理部门报请缴销《营业执照》。

第三章 经营范围

第十五条 金融信托投资机构可以吸收下列一年期(含一年)以上的信托存款：

一、财政部门委托投资或贷款的信托资金；

二、企业主管部门委托投资或贷款的信托资金；

三、劳动保险机构的劳保基金；

四、科研单位的科研基金；

五、各种学会、基金会的基金。

第十六条 经营人民币业务的信托投资机构可申请经营下列业务：

一、委托人指明项目的信托投资与信托贷款业务(简称甲类信托投资业务)；

二、委托人提出一般要求的信托投资与信托贷款业务(简称乙类信托投资业务)；

三、融资性租赁业务；

四、代理资财保管与处理、代理收付、代理证券发行业务；

五、人民币债务担保和见证业务，担保限额按中国人民银行的规定执行；

六、经济咨询业务；

七、中国人民银行批准的证券发行业务；

八、中国人民银行批准的其它业务。

第十七条 经营人民币业务的信托投资机构所吸收的乙类信托存款用于固定资产投资、贷款和租赁业务的部分，按中国人民银行规定的比例执行。

第十八条 经营人民币业务的信托投资机构，发放流动资金贷款只限于对其投资企业；对其他企业可以发放临时性周转贷款，贷款期限最长不得超过三个月。

第十九条 经营外汇业务的信托投资机构可申请经营下列业务：

一、境内、外外币信托存款；

二、境外外币借款；

三、在境外发行和代理发行外币有价证券；

四、外汇信托投资业务；

五、对其投资企业的外币放款；

六、国际融资性租赁业务；

七、向国外借款、承包、投标、履约的担保及见证业务，担保限额按中国人民银行的规定执行；

八、有关推动对外经济贸易往来的征信调查和咨询业务；

九、国家外汇管理局批准的其它业务。

第二十条 经营外汇业务的信托投资机构所需配套人民币资金，除按第十五条规定范围筹集外，也可经中国人民银行批准发行人民币债券。

第二十一条 经营外汇业务的信托投资机构，未经中国人民银行批准，除配套人民币资金外，不得办理其它人民币资金的贷款、租赁与投资业务。

第二十二条 除经国务院、中国人民银行批准者外，金融信托投资机构不得以任何方式直接经营工商企业和本《规定》以外的其他业务。

第四章 业务管理

第二十三条 金融信托投资机构必须政企分设，实行独立核算、自负盈亏，成为企业法人，在业务上受中国人民银行的领导、管理、协调、监督与稽核。

第二十四条 金融信托投资机构的人民币资金来源与运用计划，应按规定报经中国人民银行批准；经营外汇业务的，其外汇资金收支计划应报国家外汇管理局批准。

第二十五条 金融信托投资机构办理用于固定资产的贷款、投资及租赁业务，应在国家正式批准的固定资产计划规模内。

第二十六条 金融信托投资机构一律在当地中国人民银行开立人民币存款帐户。其所吸收的乙类信托存款，应按规定比例缴存存款准备金。经营外汇业务的，同时在当地中国银行开立外汇帐户，并按规定向当地外汇管理局缴存外汇存款准备金。

第二十七条 金融信托投资机构，应按规定提留一定比例的呆帐准备金。

第二十八条 金融信托投资机构的人民币及外币存、贷款等利率，按中国人民银行的规定执行。

第二十九条 金融信托投资机构应按规定向中国人民银行报送下列资料：年度工作计划和总结，季度及月度资金来源和运用计划执行情况表、会计报表、财务报表，年度决算报表、决算说明书和损益报表，并及时报告重大业务活动情况。经营外汇业务的，应按规定向国家外汇管理局报送上述资料。

第三十条 大中城市专业银行设立的信托投资公司，应一律遵守本规定，实行独立核算，成为法人，其与专业银行的隶属关系可以不变。各专业银行应加强对其所属信托投资公司的领导和管理。

专业银行不设立独立的信托投资公司而经营信托业务的，必须按专业银行业务分工范围开展业务活动，其信托业务的资金来源与运用必须全额纳入专业银行信贷计划；用于固定资产的贷款、租赁等，必须在批准的专业银行固定资产贷款额度内发放。信托业务的收益，由专业银行统一核算。除中国人民银行特殊批准者外，不得办理投资业务。对外不得挂牌，不得单独开立帐户。

第三十一条 金融信托投资机构违反本规定，中国人民银行有权责令其限期纠正，并视情节轻重分别予以警告、通报、勒令停业整顿、吊销《经营金融业务许可证》、《经营外汇业务许可证》等处罚。

第五章 附 则

第三十二条 本规定由中国人民银行总行制订、修改、废止与解释。

第三十三条 本规定自公布之日起实行。

城市信用合作社管理暂行规定

（一九八六年七月十二日中国人民银行发布）

根据《中华人民共和国银行管理暂行条例》的规定，为加强对城市信用合作社的管理，保证其健康发展，特制定本规定。

一、城市集体金融组织，统一定名为城市信用合作社。它是群众性合作金融组织，必须办成自主经营、独立核算、自负盈亏、民主管理的经济实体。不得办成银行或其他任何部门的附属机构。

二、城市信用合作社是中国人民银行领导下的合作金融组织。中国人民银行各分行对城市信用合作社的业务活动进行领导和管理。

城市信用合作社在当地银行开立存、贷款帐户，并按中国人民银行信贷资金管理办法进行管理。城市信用合作社参加同城票据交换和资金清算。

三、城市信用合作社在大、中城市设立。县和县以下不得设立城市信用合作社。

四、申请建立城市信用合作社必须具备下列条件：

（一）确属经济发展需要，具有相当业务量；

（二）最少具有十万元人民币的自有资金；

（三）有懂得金融业务的合格管理人员；

（四）符合经济核算原则；

（五）具有组织章程；

（六）有固定的经营场所。

五、设立城市信用合作社必须由当地中国人民银行审核，报中国人民银行省、自治区、直辖市分行或计划单列城市分行批准，颁发《经营金融业务许可证》，并凭许可证向当地工商行政管理部门登记注册，领取营业执照。非经中国人民银行批准，不得开业，银行不得予以开户。

城市信用合作社的撤并必须经中国人民银行省、自治区、直辖市分行或计划单列城市分行批准。撤销的，要办理注销手续，在当地中国人民银行和开户银行监督下进行清理，缴回《经营金融业务许可证》；合并的，要重新报经批准，除缴回原《经营金融业务许可证》外，必须领取新的《经营金融业务许可证》。

六、城市信用合作社可以经营下列业务：

（一）办理城市集体企业和个体工商户的存款、贷款、结算；

（二）办理城市个人储蓄存款业务；

（三）代办保险及其他代收代付业务；

（四）代理发行中国人民银行批准的证券业务；

（五）办理中国人民银行批准的其他业务。

七、城市信用合作社要面向城市集体企业、个体工商户和城市居民（党、政机关干部和公职人员除外）招收股金，作为自有资金。

八、城市信用合作社应依靠自己的股金和吸收的存款开展业务；要编制资金来源与运用的信贷计划，报当地中国人民银行批准。城市信用合作社应在中国人民银行批准的信贷规模内，以存定贷，多存多贷，资金自求平衡。

九、城市信用合作社必须认真贯彻执行国家的金融政策，定期向当地中国人民银行及开户银行报送信贷、现金计划执行情况、会计报表和财务报告，并接受当地中国人民银行或人民银行委托的专业银行的检查、稽核和监督。

十、城市信用合作社的存款利率按国家统一规定的利率执行，贷款利率可参照中国人民银行的贷款利率上下浮动。浮动幅度由当地中国人民银行审核，报中国人民银行省、自治区、直辖市分行批准。

十一、城市信用合作社要向其所在地的中国人民银行分行交存存款准备金，存款准备金由开户银行代收。存款准备金比例由中国人民银行各省、自治区、直辖市分行确定报中国人民银行总行备案。城市信用合作社资金周转临时有困难时，可以进行资金拆借。拆借利率、期限由借贷双方协商议定。所在地人民银行也可发放临时贷款给予支持。

十二、城市信用合作社实行民主管理。由股东代表大会选举理事会和监事会。城市信用合作社的主任由股东代表大会民主选举产生。

十三、城市信用合作社在盈余分配上，要正确处理国家、集体、个人三者利益的关系。税后利润的分配：公积金不低于50%，风险基金不低于10%，余下的作为福利基金、奖励基金和股金分红。公积金应主要用于充实信贷基金。股金分红不得超过股金的15%。

城市信用合作社职工的工资、福利待遇，应根据经营状况，比照国家对集体企业职工工资、福利待遇有关规定执行。

十四、城市信用合作社的合法权益和正当经营要受到保护，任何单位和个人都不准挪用和平调其财产、资金，不得收取管理费，不得强令其贷款和投资。

十五、本规定自下达之日起执行。过去各地制定的办法中凡与本规定相抵触的，一律废止。

十六、违反本规定者，中国人民银行应监督纠正，并根据情节轻重，给予必要的制裁。

十七、中国人民银行各省、自治区、直辖市分行、计划单列城市分行可依据本暂行规定，拟定城市信用合作社管理实施细则，并报中国人民银行总行备案。

工　业

出口机电产品质量许可证管理试行条例

（一九八六年二月二十日国家进出口商品检验局、国家经济委员会、国务院机电产品出口办公室发布）

第一章　总　则

第一条　为了加强出口机电产品质量的管理，提高我国机电产品在国际市场上的信誉和竞争能力，扩大出口创汇，特制定本条例。

第二条　本办法适用于全国各工厂生产的重点出口机电产品。具体产品目录由国家进出口商品检验局会同机电产品归口部另发。生产厂经批准取得某个品种的出口机电产品质量许可证（以下简称质量许可证）时，只表明该产品具备了可供出口的质量条件。

第三条　国家进出口商品检验局（以下简称国家商检局）和有关机电产品归口部全面负责实施质量许可证的领导工作和对各有关单位的组织协调工作，制定颁发质量许可证考核办法，认可检测单位，审批颁发和吊销质量许可证。

第四条　凡实施质量许可证的产品，在出口前，必须在规定期限内取得质量许可证，无质量许可证者，一律不准出口。特殊情况，须经国家商检局和有关机电产品归口部批准，方准许出口。

第二章　工厂取得质量许可证的条件

第五条　生产出口机电产品的工厂，必须具备下列条件：

（一）有完整、统一、正确的产品图纸、技术条件和检验规程；

（二）有保证产品、零部件和原材料质量的生产设备、工艺装备和计量器具，检测仪器与试验设备；

（三）有一支足以保证产品质量，进行正常生产的专业技术人员，熟练的技术工人及计量检验人员队伍、并能严格按照图纸工艺和技术标准进行生产、试验和检测；

（四）对申请质量许可证的产品，已经建立了有效的质量保证体系；

（五）建立了文明生产的管理与考核制度，并能均衡生产和按期完成出口任务。

第六条　出口机电产品的质量必须符合现行国际通用技术标准，国际标准中没有规定的项目应符合国家标准和有关机电产品归口部标准（专业标准），没有上述标准，则按经过有关主管部（局）批准的企业标准执行，并达到有关机电产品归口部颁发的现行有关产品质量分等规定中一等品要求。

国外客户如有具体要求的，则按企业与客户所签合同中规定的产品技术条件，作为该出口产品检验依据。

对已出口多年、质量稳定、国外反映良好，但暂时不能或不宜贯彻上述质量标准的产品和非标准产品，由企业制订出口产品技术条件，经国家商检局和有关机电产品归口部批准后，作为过渡标准执行。

第七条　出口机电产品的包装要符合经贸部、国家商检局和有关机电产品归口部关于出口机电产品包装方面的要求。

第三章　检 测 单 位

第八条　检测单位应具有公正性和相对独立性。由国家商检局和有关机电产品归口部共同考核、认可并正式授权发给认可证书和质量许可证专用章。检测单位对出口产品质量的检测工作受国家商检局和有关机电产品归口部监督指导。检测单位对发证工作中产品检测和工厂审查负责。对工作严重失误者，国家商检局和有关机电产品归口部可吊销其认可证书及质量许可证专用章。

第九条　检测单位负责检测产品，审查工厂生产条件，并对是否颁发或吊销质量许可证签注意见，经上级机关审批后颁发或吊销质量许可证和寄发不合格通知单。

第十条　检测单位负责拟订各类出口机电产品质量许可证实施细则，报经国家商检局和有关机电产品归口部审批后正式下达执行。

第十一条 颁发质量许可证工作，检测单位遵循非盈利和节约原则，按实际劳务和消耗的支出，向受检单位收取费用。检测单位应根据有关机电产品归口部制定的收费办法制订具体收费标准，报国家商检局和有关机电产品归口部批准执行。

第十二条 检测单位应对检测产品的技术和检测结果保密，以保护受检单位的合法权益。

第四章 申请及发证程序

第十三条 凡实施质量许可证的产品，生产厂在出口前必须在申请期限内逐个品种申请质量许可证。申请手续由生产厂向当地商检局领取申请书。经各省、自治区、直辖市产品主管厅(局)和当地商检局审查后送有关检测单位。

检测单位接到申请书后，负责审查工厂生产条件及抽检产品，经考核已达到第二章所规定的条件者，签注考核意见，报国家商检局和有关机电产品归口部审查批准后，颁发质量许可证。质量许可证的检查要与生产许可证、采用国际标准验收、产品质量等级评定等工作互相衔接，内容相同的项目在有效期内一般不重复检查。

第十四条 已获质量许可证的产品，其结构、工艺、配方、生产条件和技术标准等发生较大改变时，须重新申请。新产品如拟出口，应按新产品管理办法，在试制完成并经过鉴定、定型达到稳定生产后方可申请。

第十五条 对于首次申请未通过的产品，自不合格通知单签署日期起，六个月后可重新办理申请手续，如仍未通过，则需再经过一年后方可重新办理申请。

第五章 出口检验和监督管理

第十六条 国家商检局将实施质量许可证的产品列入法定检验范围。出口经营部门在产品出口前，必须凭出口质量许可证，按商检规定手续到当地商检局申报，否则不接受报验。海关凭商检局签发的检验证书或在报关单上加盖的放行章查验放行。

第十七条 当地商检局会同当地主管厅(局)负责接受本地区工厂的产品出口质量许可证的申请，签署是否同意进行或免去检测审查的意见。

当地商检局负责产品抽、封样工作，并根据需要会同当地主管厅(局)参加由检测单位负责的产品检测和工厂条件的审查工作。

当地商检局负责对领证工厂的出口产品质量和检验制度的监督，负责签报吊销出口质量许可证意见。

第十八条 领证工厂必须定期向当地商检局及企业主管部门和检测单位报告出口产品质量情况，并及时报送产品技术条件的重要变更情况，国外索赔、退货情况以及重大质量事故与处理情况。接受当地商检局及检测单位对出口产品质量监督。

第六章 质量许可证的编号、有效期和吊销

第十九条 质量许可证由国家商检局统一印制，其编号由国家商检局在申请书审批后统一编制，编号由四部分组成，即：年号(最后二位数)，检测单位编号(按质量许可证专用章号)，产品代号(按产品系列型谱所采用的汉语拼音字母)，证书序号(取三位数)。如车床1号质量许可证的编号为(85)01 C 001。

第二十条 质量许可证的有效期一般为五年。到期者需重新办理申请颁发和批准手续。在有效期内当地商检局或检测单位至少复查两次。

第二十一条 在质量许可证有效期内有下列情况之一者，经检测单位和当地商检局检查属实，报国家商检局和有关机电产品归口部批准后，可吊销质量许可证。

(一) 国外厂商用户强烈反映质量问题，两次要求质量索赔和退货，经查明确系生产厂责任者；

(二) 在当地商检局实施出口检验时，连续五批中有两批不合格者；

(三) 由检测单位和当地商检局对领证工厂组织抽查复验时，发现生产厂或产品不符合第二章所规定的条件，并在限期内仍达不到规定要求者。

第二十二条 吊销出口质量许可证应由检测单位或当地商检局提出意见，经国家商检局和有关机电产品归口部批准后，通知检测单位吊销并收回原证书。质量许可证被吊销后，自吊销之日起六个月后，可重新办理申请手续。

第七章 附 则

第二十三条 质量许可证不准伪造、转让、冒用，违者除吊销其质量许可证外，还要追究有关生产企业厂长与当事人的经济责任和法律责任。

第二十四条 颁发质量许可证的各有关单位及其工作人员必须严格遵守《颁发出口机电产品质量许可证工作纪律》。

第二十五条 除国家商检局和有关机电产品归口部组织实施质量许可证的产品外，其它出口机电产品的质量许可证工作由各地商检局和省、自治区、直辖市产品主管厅(局)组织实施。实施办法报国家商检局和有关机电产品归口部备案。

第二十六条 出口船舶和申请质量认证的电子元器件等产品的质量检验和监督管理工作，可按有关专职的检验部门和认证机构以及国家有关主管部门的规定办理。

第二十七条 本条例自公布之日生效。其未尽事宜由国家商检局商和有关机电产品归口部做出规定。本条例解释权归国家商检局。

国家经济委员会、国家计划委员会、财政部、国家物资局、交通部、公安部、国家工商行政管理局、中国人民银行、中国石油化工总公司、中国汽车工业公司关于加速老旧汽车报废更新的暂行规定

（一九八六年九月十七日发布）

老旧汽车更新是国民经济技术改造的重要内容，也是促进我国汽车工业和交通运输事业发展的重要途径。一九八〇年以来，国家对老旧汽车更新工作前后发过四次文件，多次作过部署。一九八三年成立了全国老旧汽车更新改造领导小组及办公室，负责组织各地区、各部门有计划地开展老旧汽车更新工作，在促进老旧汽车更新、节约能源、提高运输效益、增加废钢铁回收等方面取得了一定成效。但我国汽车车龄老化问题仍相当严重。据调查，在全国汽车保有量中，约有五分之一的汽车应该淘汰。这些老旧汽车继续靠维修运行，油耗高、效率低、影响安全，必须加速报废更新，才能适应新的形势。为此，根据国务院领导同志的指示，我们结合近几年来的实践，对过去的有关规定进行了补充修改，现予公布执行。

一、把老旧汽车报废更新作为一项长期任务，规定目标，加速更新步伐。

原定从一九八二年起用十年时间更新五十万辆老旧汽车的计划，现在看来已不适应国民经济迅速发展的需要。考虑到今后社会在用车辆不断增加，需要报废更新的车辆相应增多，报废更新速度必须加快，拟在“七五”期间，每年报废更新十至十五万辆。要把汽车报废更新作为一项长期任务来抓，各地区、各部门应据此制订具体实施计划。

二、严格坚持老旧汽车报废标准。

各机关和各企、事业单位在籍的载重汽车、越野车、小轿车、大中小型客车以及各种类型的专用车，凡属下列情况之一者都应报废：

1．汽车累计行驶里程，载重汽车五十万公里、矿山特种车四十万公里、大客车七十万公里、其他车辆五十五万公里；

2．使用年限，载重汽车十二年、矿山特种车十年、大客车十四年、其他车辆十三年，虽未超过以上使用年限，但经二次大修，技术状况下降，已无修复价值的；

3．汽车经过长期使用，虽经检修或更换零部件，在正常路面条件下行驶，耗油量仍超过国家定型车出厂标准规定值百分之十五的；

4．由于各种原因造成车辆严重损坏，无法修复，或一次大修理费用为新车价格百分之五十以上的；

5．车型老旧，使用多年的进口汽车或国产非定型杂牌车，已无配件来源，技术状况低劣，又不宜修复的；

6．排污量、噪音都已超过国家规定标准的。

全国老旧汽车更新领导小组可按上述报废标准，定期颁发报废车型目录。

军队的汽车更新，按照总后勤部的有关规定办理。

三、各地车辆监理部门，要结合更换牌照和年检，对符合报废标准的老旧汽车，吊销牌照，强制淘汰；各地公安、交通车辆监理部门可随时进行抽查，对达到报废标准未及时报废的，应吊销牌照。

公安、交通监理部门要加强检测力量，添置必要的检测仪器和设备，所需的费用从各地车辆年检费收入中列支。

四、对报废后购车的单位，持报废证明，一年内给予下列优惠：

1．更新汽车的资金来源，仍按国务院国发〔1981〕173号文《关于更新改造老旧汽车报告的通知》第三条规定解决；对购车资金确有困难的企业，银行按有关规定给予贷款；国营企业允许在所得税前还贷，还贷款期限可放宽到三年。

2．减半征收车辆购置附加费。

3．更新汽车继续保证供油。一九八六年内报废的车辆，在购新车时，凭证每车一次性增加供油一吨半。

4．凡列入社会集团购买力控制范围内的各种车辆，在报废后购买新车时办理控购手续可以优先，随到随办。一九八六年内，企、事业单位用自有资金更新小汽车和大轿车，免办控购手续。

5．对报废后购买新车的，实行优惠价格。具体方案由国家物资局商有关部门办理。

五、扩大更新车辆资源。各地区、各部门应利用社会资源，多渠道组织更新。指令性计划分配的汽车，汽车制造厂自销和超产的汽车，进口的汽车，国家物资局所属的汽车贸易中心和中国汽车工业销售服务公司所属的汽车贸易公司经营的汽车，都应优先保证更新用车。

六、改进回收办法：

1．凡是报废汽车，由国家物资局和各地物资部门指定的金属回收单位或有回收解体能力的单位收购。

2．符合报废标准的老旧汽车，不得转卖其他单位和个人，违反者由工商行政管理机关查处，并追究有关人员责任。

3．各单位交售的报废汽车，其发动机等主要总成

要基本齐全，交车单位不得自行拆解、转卖。对尚有使用价值的其他零件，允许交车单位拆下利用，但要登记并出具证明，防止公用车个人拆卸，化公为私。

4．对收购的报废汽车，回收单位要及时进行解体加工，发动机、前后桥、变速器、车架、方向机等几大总成的主要件，必须作废钢铁处理，禁止直接出售报废旧车和总成；对尚可使用的零件允许回收单位作价出售，但严禁拼装整车转卖，违者由工商行政管理机关查处，责令卖方赔偿买方的经济损失，并追究有关人员责任。

5．报废汽车的收购价格，不得低于国家物价局〔1984〕价金字31号文《关于调整废钢铁价格的通知》中统料钢铁收购价，在统料收购价的基础上再增加百分之二十至三十；对零部件比较齐全的，加价收购。

6．回收部门要增设网点，尽量做到就地就近交车。交通不便的偏远地区，由交接双方协商交车地点。

回收单位按车辆监理部门的技术鉴定表接收报废车，并出具"报废车辆回收证明"，作为更新单位购买新车的凭证。

七、更新单位凭"报废车辆回收证明"购买新车。负责安排更新车计划的单位，应将分使用户头的更新计划抄送公安、交通车辆监理和回收部门，以便做好报废更新工作的衔接。

八、各地工商行政管理、公安、交通监理部门，要严格加强对旧机动车市场的监督管理，报废车辆不得进入旧机动车辆市场。已成交者，由工商行政管理机关没收车辆，交指定的回收单位收购，并责令卖方赔偿买方损失。

九、加强汽车报废更新工作的组织领导。

汽车报废更新工作牵涉面广，政策性强，需要加强组织领导。在全国老旧汽车更新领导小组统一领导下，由各省、自治区、直辖市经委、计委牵头，各地汽车更新领导小组办公室负责组织实施，协调好计划、物资、公安、交通、财政等部门的工作，并加强督促检查，推动报废更新工作的进行。各有关单位要通力协作，密切配合，认真做好这项工作。

本暂行规定从一九八六年九月二十日起执行。过去有关规定凡与本规定抵触的，一律按本规定执行。各地区、各部门可结合具体情况，制订实施细则。

林　　业

国家工商行政管理局、林业部关于集体林区木材市场管理的暂行规定

（一九八六年八月十九日发布）

根据中央关于集体林区木材坚持放开的精神，为了搞活、管好集体林区的木材市场，特做如下暂行规定：

一、集体林区的木材市场由工商行政管理机关领导和管理，林业主管部门要协助做好管理工作。各地应本着方便群众、有利管理的原则，设立固定的木材市场。

林业部门所属国营木材经营单位要积极参与市场调节，发挥木材流通的主渠道作用。

二、为了保护集体林区资源，维护集体林区木材市场秩序，除当地林业部门的国营木材经营单位可在集体林区直接收购外，其他生产、经营单位和个人的木材交易一律在木材市场进行。

三、凡经营（包括贩运）木材及其半成品的单位和个体工商户，必须提出包括经济性质、经营范围、经营方式、自有资金等内容的申请书，经县或县级以上林业部门同意并签署意见，报同级工商行政管理机关核准登记，发给营业执照后，方可经营。取缔无照经营。

四、集体林区木材生产单位和个人自伐的木材，凭林业主管部门发给的销售证明，可以在木材市场自由销售，也可以交木材经营单位代销或议价收购。有国家木材收购合同任务的地区，生产单位和个人在完成合同任务的前提下，可以上市自销木材。

集体林区和非林区的木材用户、木材经营单位和个体工商户，可以到集体林区木材市场采购木材。

五、运输木材出县、出省的，要经县级以上林业主管部门批准并发给木材运输证件。对手续齐全、合法运销或贩运木材的，各地有关部门不得随意阻拦处罚。

六、在木材市场进行木材交易，须经木材市场指定的检尺员按照国家木材检尺标准检尺，并出具检尺码单。

七、木材价格可在国家政策允许范围内，随行就市，由买卖双方议定。木材交易要按照国家有关规定缴纳税、费。

八、集体林区非木材经营单位和个人采购木材，只限自用，不得就地转手倒卖。

九、坚决取缔黑市交易。严禁无销售证明的木材上市。严禁任何单位和个人收购无证采伐的木材。不准伪造、涂改、买卖木材票证。

十、对违反上述规定的，分别由工商行政管理、林业、税务部门按有关规定处理；情节严重触犯刑律的，由司法机关依法追究其刑事责任。

工商行政管理

经济联合组织登记管理暂行办法

（一九八六年三月三十一日国家工商行政管理局发布）

为促进经济联合组织的健康发展，保障其合法权益，加强对经济联合组织的登记管理，根据《国务院关于进一步推动横向经济联合若干问题的规定》，特制定本办法。

第一条 紧密型经济联合组织应是从事生产经营或服务性业务的，具有独立财产，自主经营，独立核算，自负盈亏，能独立承担经济责任的经济组织。

半紧密型经济联合组织，联合各方在联合经营业务范围内，依据合同、协议，以各自所有的或者经营管理的财产，承担连带责任。

第二条 成立经济联合组织，应持所在地政府授权部门的批准文件，向市、县工商行政管理局申请登记，经核准登记领取营业执照后，方可营业。

紧密型经济联合组织，经核准发给营业执照；未形成经济实体的半紧密型经济联合组织，根据其合同、协议的期限，经核准发给注明有效期限的营业执照。

第三条 经济联合组织申请登记时，应当提交下列文件或副本：

（一）联合成员共同签署的申请登记书；

（二）参加联合的企业的营业执照副本；

（三）经过论证的由联合成员共同编制的可行性研究报告；

（四）经济联合组织所在地政府授权部门的批准文件；

（五）联合成员一致同意的章程；

（六）由联合成员各自的财务部门出具的投资证明或承担连带责任的证明文件以及财政机关、开户银行出具的资信证明；

（七）经济联合组织申请经营国家有特殊规定的行业，还应提交有关主管部门的专项批准证件。

第四条 经济联合组织的章程应载明下列事项：

（一）名称和地址；

（二）经营宗旨；

（三）联合成员的名称及其经济性质；

（四）联合出资方式、数额和投资期限；

（五）联合成员的权利和义务；

（六）利润分配和承担连带经济责任的具体方案；

（七）经营范围和经营方式；

（八）参加和退出的条件及程序；

（九）组织管理机构的产生、形式和职权，决策程序，主要负责人姓名及任期；

（十）章程修改的程序；

（十一）其他需要说明的事项。

第五条 承担连带责任的半紧密型经济联合组织，其注册资金不再规定最低限额，也可免于申报。但应在营业执照“注册资金”一栏中注明“联合成员承担连带责任”，在“核算形式”一栏中注明“非独立核算”。

第六条 经济联合组织应另起名称，并标明企业所在地和“联合”字样。具体核定办法按《工商企业名称登记管理暂行规定》执行。

第七条 经济联合组织应当按照工商行政管理机关核定的经营范围和经营方式从事生产经营。具体核定原则，根据其经营条件，可以在联合成员原有的经营范围的基础上，根据有关规定进行核定。企业为开展新的经营业务而组成的经济联合组织，其经营范围应按有关规定重新核定。

第八条 经济联合组织的经济性质，根据联合各方原所有制性质（国家拨款的事业单位按全民所有制对待）可核定为全民联营、集体联营、全民与集体联营。

教　育

普通高等学校接受委托培养学生管理工作暂行规定

（一九八六年一月十一日国家教育委员会发布）

根据《中共中央关于教育体制改革的决定》精神，普通高等学校委托培养的学生（自费生）与按国家计划招收的学生相比，仅是培养费用的来源与毕业生输送的方式不同。因此，国家关于学生管理工作的各项规定不仅适用于按国家计划招收的学生，原则上也适用委托培养学生（自费生）。为了加强和改善普通高等学校接受委托培养学生的管理工作，使委托培养工作健康发展，根据一九八四年国家计委、教育部、财政部联合颁发的《高等学校接受委托培养学生的试行办法》，结合委托培养学生管理工作的具体情况，补充制订本规定。

一、招生

1．普通高等学校接受委托培养二年制以上本、专科学生，必须从参加全国普通高等学校招生统一考试的考生中德、智、体全面考核，择优录取。

2．接受委托培养必须考虑学校办学条件。不应因接受委托培养而降低学生的基本学习、生活条件。委托培养招生计划由承担委托培养任务的学校单独编制，报送学校主管部门审核批准。学校主管部门负责汇总所属学校的委托培养招生计划，报国家教育委员会审核后纳入高等学校年度委托培养招生计划下达执行。未经国家教育委员会同意列入年度招生计划的，不得擅自招生。委托培养招生计划在执行中需要变动的，必须按国家教委的有关规定办理。

3．用人单位委托普通高等学校培养学生一律采用合同制。

委托培养合同应明确规定招生专业、年度招生数、在校学生达到的规模、招生来源（以及预备生源）、各项费用（包括经常费、基建设备费、奖学金、助学金、医疗费、招生经费等）的安排。双方各应承担的责任以及违约后的赔偿办法等。

接受委托培养的高等学校应在每年四月三十日前将委托培养合同报送考生所在的省、自治区、直辖市普通高等学校招生委员会办公室审核登记。凡内容不符合本规定的合同，不能招生；逾期报审的合同，当年不能招生。

委托培养合同签订后一般不应改变，如因情况变化需要修改合同内容，应在不影响考生正常报考、录取和在校生学习、毕业的前提下，由合同双方修订，并报经原审批部门审批。

4．省、自治区、直辖市普通高等学校招生委员会办公室向考生公布各高等学校在本地区招收委托培养学生的专业、招生范围、招生人数、委托单位、第几批录取、预备生源等内容，供考生填报志愿。

5．委托培养学生与同批国家计划招收的学生按考生所在省、自治区、直辖市的同一录取控制分数线录取。

省、自治区、直辖市党政机关，中央、国务院部门，全民所有制企事业单位委托培养学生一般应在省、自治区、直辖市范围内招生，不得缩小招生范围，不得降低录取标准。

农场、牧场、生产建设兵团、林区、林场、矿区、基地、油田、野外地质队、水电施工单位和国防科技工业三线地区所属企事业单位，城乡集体所有制企事业单位，个体户，以及山区、边远地区、少数民族聚居地区的委托培养，可以划定招生范围，同时明确预备生源，参照同批录取国家计划内定向招生的录取标准，首先在划定的招生范围内择优录取，如录不满额，则在预备生源中择优录取。

6．委托培养学生的政治思想品德考核、身体健康检查等工作按《普通高等学校招生规定》执行。

二、在校管理

1．委托培养学生在校期间由接受委托的高等学校按《全日制普通高等学校学生学籍管理办法》管理。

2．省、自治区、直辖市，中央、国务院部门，全民所有制企事业单位委托培养学生，招生时一般不与学生签订合同，毕业时，根据学校与委托单位合同规定的人数，参照学生填报的志愿由学校按国家计划内毕业生分配的有关规定向委托单位分配毕业生。

3．农场、牧场、生产建设兵团、林区、林场、矿区、基地、油田、野外地质队、水电施工单位和国防科技工业三线地区的企事业单位，城乡集体所有制企事业单位，个体户，以及山区、边远地区、少数民族聚居地区的委托培养，招生时，由考生填写委托培养志愿书；或由委托单位与考生签订合同，明确学生与学校、委托单位之间须承担的义务和享有的权利，学生毕业后按志愿书或合同到委托单位工作。

4．在校期间已明确委托单位的学生，学习成绩优秀的，征得委托单位同意可以报考研究生。研究生毕业后仍应回原委托单位工作。

5．委托培养学生按原教育部(83)教计字117号通知规定，与按国家计划招收的学生一样，享受人民助学金、人民奖学金等。

6．委托培养学生的户口，按国发〔1977〕140号文件有关规定办理。

三、毕业生使用

1．各委托单位要认真贯彻执行党的知识分子政策，尊重知识，爱惜人才，合理使用委托培养的毕业生。

2．委托培养学生的服务期，原则上应与按国家计划招收的学生一样，以五年为宜（不包括见习期），最多不得超过八年。

3．城乡集体所有制单位委托培养的毕业生，根据国发〔1981〕23号文件的规定，按国家干部管理，其工资待遇不得低于国家规定的普通高等学校毕业生工资标准。

四、招生经费

高等学校将委托培养学生合同报省、自治区、直辖市普通高等学校招生委员会办公室审核的同时，按国家计委、教育部、财政部（84）教计字110号通知规定交纳招生经费。

五、杜绝不正之风

委托培养是高等院校培养人才的新形式，各地招生委员会、各高等学校、委托单位要加强对委托培养工作的领导，端正指导思想，加强宣传工作，严格执行本规定，坚决反对和杜绝“以钱买分”、“以分卖钱”等各种不正之风。

六、本规定下达前，各地、各部门、单位制订的委托培养管理办法、签署的委托培养合同，如与本规定精神不符，须以本规定为准进行修改。今后，各地根据实际情况作的补充规定，不得违背本规定。

一九八六年各类成人高等学校招生规定

（一九八六年二月五日国家教育委员会、财政部发布）

为加强对成人高等教育的宏观管理，提高新生入学质量，促进成人教育结构的调整和成人高等教育的健康发展，国家教育委员会决定，一九八六年各类成人高等学校实行全国统一招生。由国家教育委员会组织统一命题、统一考试时间、统一评分标准；各省、自治区、直辖市组织统一考试、统一评卷、制定最低控制分数线；各招生学校进行录取。现将主要事项规定如下：

一、招生单位和招生计划

凡按国务院有关规定，经省、自治区、直辖市、计划单列市人民政府或国务院有关部委批准，并报经原教育部或国家教育委员会审定备案的广播电视大学、职工高等学校、农民高等学校、管理干部学院、教育学院（教师进修学院）、独立设置的函授学院和普通高等学校举办的干部专修科、教师班、函授部、夜大学，学制为脱产学习两年以上、业余学习三年以上，培养大学专科和本科毕业生的各类成人高等学校，都应参加全国统一招生。

符合上述条件的学校，应按隶属关系和有关规定将招生计划报省、自治区、直辖市、计划单列市或国务院有关部委教育司（局）审核汇总，报经国家教育委员会正式纳入国家成人高等教育招生计划后方可招生。

凡未经原教育部或国家教育委员会审定备案或未列入国家成人高等教育招生计划的学校，不能参加全国统一招生。自行招生的，国家不承认其颁发的文凭。

二、招生对象和报考案件

报考各类成人高等学校的考生，必须具有高中毕业文化程度或同等学力；拥护中国共产党，爱祖国、爱人民、爱社会主义，遵纪守法，身体健康。

在职职工（含集体企业、事业单位的职工，合同制职工。下同）报考各类成人高等学校脱产、半脱产学习的，应专业对口，并经本单位审查同意，方可报名；报考业余学习的，也须经本单位签署审查意见。

知识青年、个体劳动者报考有关成人高等学校，须经乡政府（或街道委员会）签署审查意见。

报考各类成人高等学校脱产或半脱产学习的考生，年龄应在四十岁（一九四六年八月三十一日以后出生）以下；报考业余学习的考生，年龄、工龄可不限。

职工大学、职工业余大学的脱产、半脱产班，招收具有两年以上工龄（一九八四年八月三十一日前参加工作）的在职职工。

普通高等学校举办的函授部、夜大学主要招收在职职工，也可以招收知识青年，招生比例由省、自治区、直辖市高教（教育）厅（局）会同计划、劳动人事部门研究确定。学生毕业后国家不包分配工作，由用人单位择优录用。

管理干部学院、普通高等学校举办的干部专修科招收具有五年以上工龄的在职在编干部。

广播电视大学的脱产、半脱产班主要招收具有两年以上工龄的在职职工；也可招收知识青年，但毕业后国家不包分配工作，由用人单位择优录用。

高等师范院校、教育学院（教师进修学院），限招各类中等学校的教师、少数教育行政干部。

普通高等学校、教育学院（教师进修学院）举办的脱产、半脱产中等学校教师本、专科班限招具有五年以上工龄的各类中等学校的在职教师、少数教育行政干部。

符合上述有关条件，生活能自理，能坚持学习的残疾人也可报考。

凡毕业后能取得国家承认学历的各类学校在校生，不得报考各类成人高等学校。

三、命题范围、考试科目和考试日期

命题范围：

考试命题的范围不超出国家教育委员会制定的《一九八六年全国各类成人高等学校招生考试复习大纲》。

考试科目：

理工农医类（含体育、非教师班地理专业）考政治、语文、数学（理工类）、物理、化学五科。

文史类（含财经、政法、外语、艺术、教师班地理专业）考政治、语文、数学（文史类）、历史、地理五科（艺术类专业，数学考试成绩不计入总分，供录取时参考）。

以上各科满分均为100分。

本科各专业（含试行两段制教学的本科；不含外语、外贸、外经专业和师范类教师班）须考公共外语。分英、俄、日三个语种，由考生任选一种。考分按百分之五十计入总分。

外语专业（含外贸、外经）本、专科均须加试专业外语，由国家教育委员会统一命题。满分为100分。考试成绩不计入总分，单定录取标准。

某些专业所需加试的科目由学校和主管部门决定并组织命题考试。加试科目的成绩，不计入总分，供录取时参考。

民族自治区用本民族语文授课的成人高等学校或系（科）招生，由省、自治区用本民族语文自行命题、组织考试。

少数民族聚居地区的少数民族考生，报考用汉语文授课的成人高等学校，汉语文试题由国家教育委员会另行命题，不翻译成少数民族文字，并用汉文答卷；其它各科（包括外语试题的汉语部分）可翻译成少数民族文字，用本民族文字答卷。汉语文成绩必须达到及格水平，方能录取。有关省、自治区若需加试少数民族语文，可自行决定并负责命题，汉语文和少数民族语文的考试成绩分别按百分之五十计入总分，但汉语文成绩也必须达到及格水平，方能录取。

考试日期：

定于五月十日、十一日两天。

四、录取工作

录取工作必须认真贯彻德、智、体全面衡量，由高分到低分择优录取的原则。

各省、自治区、直辖市在切实保证培养合格人才的新生入学质量前提下，结合本地实际情况制定本地区的最低控制分数线；本科的最低控制分数线应高于专科。

学校确定的录取分数线不得低于考生所在省、自治区、直辖市的最低控制分数线。

录取新生时，既要重视考生的总成绩，又要注意与其报考专业相关科目的成绩。

一九八〇年以来，地、市以上人民政府（党委）授予的劳动模范、先进生产（工作）者、模范（先进）教师；地、市级以上科技发明奖得者；军队内荣立三等功以上者；归侨、归侨子女、华侨子女、台湾省籍考生；个别特殊行业考生；边疆、山区、牧区、少数民族聚居地区的少数民族考生，录取时可适当照顾。

报考对口专业年龄在三十岁以上，并具有五年以上专业工龄的生产业务骨干；赴前线作战的复员、转业人员在相同分数段中可优先录取。退出现役的义务兵及散居在汉族地区的少数民族考生在与其它考生同等条件下优先录取。

各学校提出的录取名单，一般须报学校所在省、自治区、直辖市成人高校招生机构审查批准后，由学校发录取通知书；跨省、自治区、直辖市招生的部委所属学校的录取名单，也可以报经部委教育部门审批后，由学校发录取通知书，并将录取新生简明登记表抄送考生所在省、自治区、直辖市成人高校招生机构。

如果成绩合格的考生少，不足开班名额时，学校可削减或停止执行招生计划。

不同学校的相同或相近专业符合录取条件的考生，经考生本人和所在单位同意，可由学校之间协商，调剂录取。

各学校一律不得招收试读生和旁听生。

考生的成绩通知本人，不公布，不查卷。

五、招生经费

各省、自治区、直辖市成人高校招生机构向每名考生收取报名考务费五元（由本人自理）。招生经费，按节约原则开支，除考生报名考务费外，中央财政酌情适当补助，不足部分由地方教育事业费开支。

考生报考时所需的一切费用均由本人自理。

六、组织领导

成人高等学校招生工作政策性强，牵涉面广，任务繁重。请各省、自治区、直辖市人民政府和有关部委切实加强对招生工作的领导，抓紧建立和健全各级成人招生机构，增加必要的编制，配备得力的专职工作人员，给予必要的条件，确保招生工作的顺利进行。

招生工作必须坚决反对和抵制徇私舞弊、“走后门”等不正之风。对招生工作中出现的违法乱纪事件，各地必须认真查处，追究责任。对违反规定录取的考生经查证属实，取消入学资格。

七、其　　它

普通高等学校、教育学院举办的大专起点教师本科班限招大专毕业或具有同等学力的各类中等学校的在职教师、少量教育行政干部。报考脱产、半脱产学习的考生须具有五年以上教龄（工龄）；业余学习的可不限教龄（工龄）。具体考试规定，见附件一。

体育、艺术类各专业（史论、编导除外）本科的最低控制分数线不低于同地本科最低控制线的百分之七十；专科不低于百分之六十。史论、编导专业不低于百分之九十。

一九八六年继续试行推荐成人高考中少数考试成绩优秀的考生，进入需要招收有实践经验学生的普通高等学校有关专业学习。其办法是：参加成人高等学校招生考试成绩优秀者（年龄在二十八周岁以内，有三年以上实践经验），本人申请报考政法类、财经类、管理类和哲学、政治经济学、政治学、社会学、思想政治教育、学校教育学、教育学等专业，经省、自治区、直辖市成人高校招生机构向本省、自治区、直辖市所属普通高等学校推荐，学校可以单独考核，审查录取，录取后学生的一切待遇按普通高等学校有关规定办理。

有关招生工作细则和工作进程表见附件二、附件三（略）。

职工中等专业学校和中等专业学校举办的干部、职工中专班的招生考试办法，各省、自治区、直辖市可按国务院国发〔1982〕119号文件精神安排。其招生考试的组织领导可参照本规定精神办理。招生经费仍按原教育部、财政部（84）教成字006号文件精神执行。

各省、自治区、直辖市可根据本规定精神，结合本地区实际情况，作必要的补充规定。如补充规定超出本规定的范围须报经国家教育委员会批准。

附件一

一九八六年普通高等学校、教育学院举办大学专科起点的中等学校教师本科班招生规定

普通高等学校、教育学院举办的大学专科起点的各类中等学校教师本科班，一九八六年仍由各省、自治区、直辖市或有关部委组织招生考试。现将主要事项规定如下：

一、凡经原教育部或国家教育委员会审定备案的普通高等学校、教育学院，举办大专起点学制为两年以上的教师本科班，须纳入国家成人高等学校招生计划后方可招生。其考生一般应参加考生所在地的省、自治区、直辖市组织的大专起点的统一招生考试。

跨省、自治区、直辖市招生的学校，其考生按招生学校及其主管部门的规定可以参加考生所在省、自治区、直辖市组织的大专起点的统一招生考试；也可以参加学校所在地的省、自治区、直辖市或学校主管部委组织的统一招生考试。但部委组织本系统的统一招生考试应先征得国家教育委员会同意。

二、命题工作由省、自治区、直辖市或有关部委教育主管部门统一组织。提倡协作联合命题或相互借用试卷，但要严格做好保密工作。

招收普通中学教师的本科班，其命题范围不超出《中学教师进修高等师范专科教学大纲》规定的内容；其它教师本科班的命题要达到大专毕业水平，不能降低要求。

三、考试科目

1．普通中学教师（含各类中等学校普通课教师）本科班的考试科目共五科，公共课两科，专业课三科。

公共课：政治理论课（政治教育专业改为中国通史）、教育理论课（教育学、心理学）。

专业课，各专业分别规定如下：

政治教育专业：中共党史、哲学、政治经济学。

汉语言文学专业：现代汉语、中国文学（现代、古代）、文学概论。

历史专业：中国通史、世界通史、中国历史要籍介绍和选读。

英语专业：精读和泛读、听说、实用语法。

数学专业：空间解析几何、数学分析、高等代数。

物理专业：高等数学、普通物理、普通物理实验。

化学专业：高等数学、有机化学、无机化学（含分析化学）。

地理专业：中国地理、世界地理、自然地理基础。

生物专业：植物学、动物学、人体解剖及生理学。

体育专业：体育理论、运动生理学、综合考试（田径、球类、体操、武术）。

音乐专业：钢琴、声乐、基本乐理。

美术专业：美术技巧（素描、色彩画）、创作、美术史（中、外）。

2．其它教师本科班的考试科目共五科：

公共课两科：政治理论课、公共外语课。

专业课三科：由省、自治区、直辖市或有关部委教育主管部门确定。

四、大学专科起点的中等学校教师本科班招生考试工作的其它有关事项按《一九八六年各类成人高等学校招生规定》文件执行。

关于职业中学经费问题的补充规定

（一九八六年六月二十三日国家教育委员会发布）

一、关于职业中学（含农业中学，下同）经费渠道问题，仍按国发〔1980〕252号文件和教育部、劳动人事部、财政部、国家计委（83）教中字006号文件规定执行。对教育部门办（包括由普通中学改办）的职业中学的经费，在“国家预算收支科目”第179款教育事业费中已单列“职业教育经费”科目，规定从教育事业费中列支。即，普通教育经费和职业技术教育经费，均在地方教育事业费指标中，统筹安排。为此，职业技术教育经费应列入地方教育事业费预算。职业中学的基建投资亦应在地方教育事业基本建设投资中，统筹安排使用。各级人民政府在安排地方财政支出指标时，也应积极支持发展此项教育事业。

由于职业中学职业技能训练要求较高，设备投资较大，实习实验消耗较多，人均经费开支一般高于普通高中，其具体标准由各地自定。

二、要多渠道解决经费问题。为发展职业技术教育，其经费除按国发〔1980〕252号文件规定的有关渠道解决外，可以在自愿的基础上，鼓励社会力量、单位、集体和个人捐资助学；根据协商一致，自愿互利的原则，实行委托培养或向用人单位酌收一定数量的培养费的办法，以扶助职业中学的发展。收费标准可参照国家规定的中等专业学校委托培养生收费标准，由学校和用人单位双方议定。

三、要合理使用中央和地方财政拨给的职教补助费。中央和地方财政拨给的职教补助费，应由地方教育部门统一掌管。使用方式要注意适当集中，尽快形成培养能力。中央财政拨给的补助费主要用于支持办得好的学校购买教学设备、图书资料和培训人员。各地教育领导部门要认真检查学校对中央和地方财政拨给的职教补助费的使用情况和效益。

四、职业中学要大力提倡勤工俭学、半工（农）半读。学校应结合教学需要，举办校办工厂、场、店，所得收入主要用于改善办学条件，部分用于解决师生福利和个人奖励。

卫　生

女职工保健工作暂行规定（试行草案）

（一九八六年五月三十日卫生部、劳动人事部、全国总工会、全国妇联发布）

第一章　总　则

第一条　根据中华人民共和国宪法第四十八条、四十九条规定的精神，为保护女职工的身体健康，提高民族素质，特制定本规定。

第二条　女职工保健工作必须贯彻预防为主的方针，注意女性生理特点和职业特点，认真执行国家有关劳动保护、劳动卫生的各项法规和政策。

第三条　本规定适用于一切有女职工的企业、事业、机关和团体。

第二章　组织措施

第四条　本规定由各单位分管女职工保健工作的行政领导负责组织本单位医疗和托幼机构、保健人员及有关人员共同实施，工会组织应积极配合，督促检查各项措施的落实。

第五条　县（含城市区）以上的各级妇幼保健机构负责所辖范围的各单位实施本规定的业务指导。

第六条　各级卫生行政部门应协同劳动人事部门、工会组织、妇联组织对本规定的试行情况进行督促检查。

第三章　保健措施

第七条　月经期保健

（1）宣传普及月经期卫生知识，建立女职工月经卡。

（2）最大班女职工在一百人以上的单位，应建立女职工卫生室，健全相应的制度并设专人管理，对卫生室管理人员应进行必要的专业培训。女职工每班在四十至一百人的单位，可设置简易的温水箱及冲洗器。对流动、分散工作的单位可发放单人自用外阴冲洗器。

（3）女职工在月经期间，不得从事装卸、搬运等重体力劳动及高处、低温、冷水、野外作业。

第八条　婚前保健

对欲婚女职工应进行婚前卫生保健知识的宣传教育及咨询，并进行婚前健康检查及指导。

第九条　孕前保健

(1) 积极开展优生宣传和优生咨询。

(2) 对已婚女职工应进行妊娠知识的宣传教育，使她们在月经超期时主动接受检查。

(3) 有下列情况之一者，暂时不宜妊娠：射线病、慢性职业中毒、近期内有过急性中毒史及其他有害于母体和胎儿健康的疾病。

(4) 对有过二次以上自然流产史现又无子女的女职工，应暂时调离有可能直接或间接导致流产的作业岗位。

第十条　孕期保健

(1) 自确定妊娠之日起，即应建立孕产妇保健卡(册)，进行血压、体重、血、尿常规等基础检查。对接触铅、汞的孕妇，应进行尿中铅、汞含量的测定。

(2) 实行定期产前检查，进行孕期保健及孕期营养指导。

(3) 推广孕妇家庭自我监护，系统观察胎动、胎心、宫底高度及体重等。

(4) 实行高危孕妇专案管理，无诊疗条件的单位应及时转院就诊，并配合上级医疗和保健机构，严密观察和监护。

(5) 女职工较多的单位应建立孕妇休息室。妊娠满七个月后应给予工间休息。

(6) 妊娠女职工不应加班加点，妊娠满七个月后不得上夜班。

(7) 女职工妊娠后不得从事下列作业：重体力劳动、超过卫生防护要求的剂量当量限值的X射线、γ射线、接触高浓度的铅、汞、二硫化碳等工业毒物、有急性中毒危险的作业。

(8) 从事立位作业的女职工，妊娠满七个月后，其工作场所应设立工间休息座位。

(9) 孕妇在预产期前应安排休息两周。

第十一条　产后保健

(1) 进行产后访视及产后保健指导。

(2) 产后四十二天要对母子进行健康检查。

(3) 产假期满恢复工作时，应允许有一至二周时间逐渐恢复原定额工作量。

第十二条　哺乳期保健

(1) 宣传科学育儿知识，提倡母乳喂养。

(2) 对有未满一周岁婴儿的女职工，在每班工作时间内应给予两次授乳时间，每次纯授乳时间单胎为三十分钟。如路途较远，可将两次授乳时间合并使用(含人工喂养)。

(3) 婴儿满周岁时，经县(区)以上(含县、区)医疗或保健机构确诊为体弱儿，可适当延长授乳时间，但不得超过六个月。

(4) 有未满一周岁婴儿的女职工，不得安排上夜班及加班加点。

(5) 有哺乳婴儿五名以上的单位，应建立哺乳室。室内应有洗手设施，乳母不得穿工作服进入哺乳室。

(6) 哺乳期内，乳母不得接触铅、汞、砷、苯、三硝基甲苯等有毒物质。

第十三条　更年期保健

(1) 宣传更年期生理卫生知识，使进入更年期的女职工得到社会广泛的体谅与关怀。

(2) 经医疗、保健机构诊断为更年期综合症，经治疗但效果仍不显著者，已不适应现工作时，应暂时安排适宜的工作。

第十四条　定期进行以防癌为主的妇女病查治，特别要重视更年期妇女的检查工作。

第十五条　各单位女职工浴室不得设浴池(盆)，要淋浴化。

第十六条　建立健全女职工保健工作统计制度。

第四章　附　　则

第十七条　各地区、各部门可根据本规定，结合具体情况制定试行细则。

附：

《女职工保健工作暂行规定（试行草案）》的说明

根据中华人民共和国宪法第四十八条、四十九条规定精神制定的女职工保健工作暂行规定试行草案(以下简称规定)，分为总则、组织措施、保健措施、附则，共四章十七条。为了更好地贯彻执行本《规定》，现把《规定》中的有关条款做如下说明：

一、《规定》中的女职工，系指凡在《规定》第三条所指范围内从事各项工作的女性职工。

《规定》中第三条所指企业，系指国家经营、集体经营、中外合资经营、外资独资经营、乡镇企业、个体联办的企业等。

二、《规定》中第七条(3)所说的重体力劳动，系指GB3809—83《体力劳动强度分级》Ⅲ级以上者(含Ⅲ级)。高处作业，系指GB3608—83《高处作业分级》一级以上者(含一级)。关于低温、冷水、野外作业，目前国家尚无统一标准，各地区、各部门可根据本《规定》精神，结合当地具体情况，制定地区或部门的实施标准，在试行中及时总结经验，逐步地完善，为制定全国统一标准提供依据。

三、《规定》中第九条(3)所指的疾病，须经县(区)级以上的(含县、区)职业病防治机构或医疗机构确诊方能认定。

《规定》中第十条(6)所说夜班，系指从当日二十二时开始至次日晨六时止。法定休息日及八小时之外工作时间均视为加班加点。

《规定》中第十条(7)所指铅、汞、二硫化碳的浓度，可参照TJ36—79《工业企业设计卫生标准》执行。

四、《规定》中第十二条(2)所说二次授乳时间，一般以间隔二至三小时为宜。双胎或双胎以上者的哺乳时间，在单胎授乳时间基础上成倍增加。

《规定》中第十二条(5)所说“有哺乳婴儿五名以上的单位”，是参照《中华人民共和国劳动保险条例实施细则修正草案》中五十一条规定精神所制定。

中华人民共和国现行重要行政法规目录

(1949—1985)

财 贸 类

财 政

国务院关于提高主要副食品销价后发给职工副食品价格补贴的几项具体规定(一九七九年十月十七日发布)

国务院批转财政部关于财政监察工作的几项规定的通知(一九八〇年七月二日)

中华人民共和国国库券条例(一九八一年一月十六日国务院常务会议通过)

国务院关于平衡财政收支、严格财政管理的决定(一九八一年一月二十六日发布)

国务院批转财政部关于压缩国营企业管理费暂行规定的通知(一九八一年一月二十九日)

中华人民共和国一九八二年国库券条例(一九八二年一月十八日国务院发布)

中华人民共和国一九八三年国库券条例(一九八二年九月二十七日国务院发布)

国家能源交通重点建设基金征集办法(一九八二年十二月十五日国务院发布)

中华人民共和国一九八四年国库券条例(一九八三年九月二十三日国务院发布)

国营企业成本管理条例(一九八四年三月五日国务院发布)

中华人民共和国一九八五年国库券条例(一九八四年十一月二十七日国务院发布)

国务院关于实行“划分税种、核定收支、分级包干”财政管理体制的规定的通知(一九八五年三月二十一日)

国营企业固定资产折旧试行条例(一九八五年四月二十六日国务院发布)

事业单位工资制度改革后财务管理的若干规定(一九八五年十月七日国务院批准　一九八五年十月十二日财政部发布)

中华人民共和国一九八六年国库券条例(一九八五年十一月二十二日国务院发布)

税 务

契税暂行条例(一九五〇年三月三十一日政务院第二十六次政务会议通过　一九五〇年四月三日政务院发布)

屠宰税暂行条例(一九五〇年十二月十五日政务院第六十三次政务会议通过　一九五〇年十二月十九日政务院发布)

国务院批准财政部制定的集市交易税试行规定的通知(一九六二年四月十六日)

中华人民共和国中外合资经营企业所得税法施行细则(一九八〇年十二月十日国务院批准　一九八〇年十二月十四日财政部发布)

中华人民共和国个人所得税法施行细则(一九八〇年十二月十日国务院批准　一九八〇年十二月十四日财政部发布)

中华人民共和国外国企业所得税法施行细则(一九八二年二月十七日国务院批准　一九八二年二月二十一日财政部发布)

国务院关于对中外合资、合作项目征税问题的通知(一九八二年九月二十一日)

牲畜交易税暂行条例(一九八二年十二月十三日国务院发布)

建筑税征收暂行办法(一九八三年九月二十日国务院发布)

国务院关于对农林特产收入征收农业税的若干规定(一九八三年十一月十二日发布)

中华人民共和国产品税条例(草案)(一九八四年九月十八日国务院发布)

中华人民共和国增值税条例(草案)(一九八四年九月十八日国务院发布)

中华人民共和国盐税条例(草案)(一九八四年九月十八日国务院发布)

中华人民共和国营业税条例(草案)(一九八四年九月十八日国务院发布)

中华人民共和国资源税条例(草案)(一九八四年九月十八日国务院发布)

中华人民共和国国营企业所得税条例(草案)(一九八四年九月十八日国务院发布)

国营企业调节税征收办法(一九八四年九月十八日国务院发布)

中华人民共和国国务院关于经济特区和沿海十四个港口城市减征、免征企业所得税和工商统一税的暂行规定(一九八四年十一月十五日发布)

中华人民共和国城市维护建设税暂行条例(一九八五年二月八日国务院发布)

中华人民共和国进出口关税条例(一九八五年三月七日国务院发布)

中华人民共和国集体企业所得税暂行条例(一九八五年四月十一日国务院发布)

中华人民共和国财政部对外国企业常驻代表机构征收工商统一税、企业所得税的暂行规定(一九八五年四月十一日国务院批准　一九八五年五月十五日财政部发布)

国营企业奖金税暂行规定(一九八四年六月二十八日国务院发布　一九八五年七月三日国务院修订发布)

国营企业工资调节税暂行规定(一九八五年七月三日国务院发布)

集体企业奖金税暂行规定(一九八五年八月二十四日国务院发布)

事业单位奖金税暂行规定(一九八五年九月二十日国务院发布)

金　融

查检邮件中夹带外币或外币票据暂行处理办法(政务院批准　一九五〇年九月一日中国人民银行、邮电部发布)

中华人民共和国禁止国家货币出入国境办法(一九五一年三月六日政务院发布)

中华人民共和国禁止国家货币票据及证券出入国境暂行办法(一九五二年十月十五日政务院财经委员会批准发布)

国务院关于实行现金管理的决定(一九七七年十一月二十八日发布)

基本建设投资试行贷款办法(一九七九年八月二十八日国务院批准发布)

中华人民共和国国务院命令(一九七九年九月九日发布)

轻工纺织工业中短期专项贷款试行办法(一九八〇年一月十四日国务院批准发布)

中国银行短期外汇贷款办法(一九八〇年八月三十日国务院批准发布)

中华人民共和国外汇管理暂行条例(一九八〇年十二月十八日国务院发布)

国务院关于切实加强信贷管理严格控制货币发行的决定(一九八一年一月二十九日发布)

中国银行办理中外合资经营企业贷款暂行办法(一九八一年三月十三日国务院批准　中国银行发布)

对个人的外汇管理施行细则(一九八一年十二月三十一日国务院批准　国家外汇管理总局发布)

审批个人外汇申请施行细则(一九八一年十二月三十一日国务院批准　国家外汇管理总局发布)

中华人民共和国金银管理条例(一九八三年六月十五日国务院发布)

对侨资企业、外资企业、中外合资经营企业外汇管理施行细则(一九八三年七月十九日国务院批准　一九八三年八月一日国家外汇管理局发布)

国务院关于中国人民银行专门行使中央银行职能的决定(一九八三年九月十七日发布)

借款合同条例(一九八五年二月二十八日国务院发布)

中华人民共和国经济特区外资银行、中外合资银行管理条例(一九八五年四月二日国务院发布)

违反外汇管理处罚施行细则(一九八五年三月二十五日国务院批准　一九八五年四月五日国家外汇管理局发布)

中华人民共和国国家金库条例(一九八五年七月二十七日国务院发布)

保　险

轮船旅客意外伤害强制保险条例(一九五一年四月二十四日政务院财经委员会发布)

铁路旅客意外伤害强制保险条例(一九五一年四月二十四日政务院财经委员会发布)

飞机旅客意外伤害强制保险条例(一九五一年四月二十四日政务院财经委员会发布)

中华人民共和国财产保险合同条例(一九八三年九月一日国务院发布)

保险企业管理暂行条例(一九八五年三月三日国务院发布)

审　计

国务院关于审计工作的暂行规定(一九八五年八月二十九日发布)

商　业

政务院关于实行粮食的计划收购和计划供应的命令(一九五三年十一月二十三日发布)

国务院关于统一领导屠宰场及场内卫生和兽医工作的规定(一九五五年八月八日发布)

国务院关于市镇粮食定量供应暂行办法的命令(一九五五年八月二十五日发布)

国务院关于提高非农业人口食油供应定量标准的通知(一九六五年六月二十六日)

国务院关于制止商品流通中不正之风的通知(一九八

一年七月十五日)
国务院关于在工业品购销中禁止封锁的通知(一九八二年四月十日)
国务院关于疏通城乡商品流通渠道扩大工业品下乡的决定(一九八二年六月十七日发布)
商业部关于完成粮油统购任务后实行多渠道经营若干问题的试行规定(一九八三年一月二十五日国务院批准发布)
国家体改委、商业部关于改革农村商品流通体制若干问题的试行规定(一九八三年一月二十二日国务院批准发布)
工矿产品购销合同条例(一九八四年一月二十三日国务院发布)
农副产品购销合同条例(一九八四年一月二十三日国务院发布)
国务院关于组织和发展农副产品就地加工若干问题的规定(一九八四年二月二十五日发布)

物 价

国务院关于供应出口商品统一作价办法的暂行规定(一九六五年十一月十一日发布)
物价管理暂行条例(一九八二年八月六日国务院发布)
国务院关于加强市场和物价管理的通知(一九八三年五月二十日)
国务院关于加强物价管理和监督检查的通知(一九八五年三月十三日)

工商管理

中外合资经营企业登记管理办法(一九八〇年七月二十六日国务院发布)
国务院关于城镇非农业个体经济若干政策性规定(一九八一年七月七日发布)
广告管理暂行条例(一九八二年二月六日国务院发布)
工商企业登记管理条例(一九八二年八月九日国务院发布)
城乡集市贸易管理办法(一九八三年二月五日国务院发布)
外国企业常驻代表机构登记管理办法(一九八三年三月五日国务院批准 一九八三年三月十五日国家工商行政管理局发布)
中华人民共和国商标法实施细则(一九八三年三月十日国务院发布)
国务院关于城镇劳动者合作经营的若干规定(一九八三年四月十三日发布)
中华人民共和国经济合同仲裁条例(一九八三年八月二十二日国务院发布)
国务院关于合作商业组织和个人贩运农副产品若干问题的规定(一九八四年二月二十五日发布)
国务院关于农村个体工商业的若干规定(一九八四年二月二十七日发布)
加工承揽合同条例(一九八四年十二月二十日国务院发布)
国务院关于坚决制止就地转手倒卖活动的通知(一九八五年三月十三日)
关于申请商标注册要求优先权的暂行规定(一九八五年三月十五日国务院批准 一九八五年三月十五日国家工商行政管理局发布)
工商企业名称登记管理暂行规定(一九八五年五月二十三日国务院批准 一九八五年六月十五日国家工商行政管理局发布)
公司登记管理暂行规定(一九八五年八月十四日国务院批准 一九八五年八月二十五日国家工商行政管理局发布)
国家工商行政管理局关于汽车交易市场管理的暂行规定(一九八五年九月十一日国务院批准发布)

农 林 类

农(牧渔)业

中华人民共和国国务院关于渤海、黄海及东海机轮拖网渔业禁渔区的命令(一九五五年六月八日发布)
水产资源繁殖保护条例(一九七九年二月十日国务院发布)
国务院关于发展社队企业若干问题的规定(试行草案)(一九七九年七月三日发布)
兽药管理暂行条例(一九八〇年八月二十六日国务院批准发布)
国务院关于制止农村建房侵占耕地的紧急通知(一九八一年四月十七日)
国务院关于社队企业贯彻国民经济调整方针的若干规定(一九八一年五月四日发布)
村镇建房用地管理条例(一九八二年二月十三日国务院发布)
中华人民共和国进出口动植物检疫条例(一九八二年六月四日国务院发布)
植物检疫条例(一九八三年一月三日国务院发布)
国务院批转农牧渔业部关于发展农垦农工商联合企业若干问题的规定的通知(一九八三年二月十七日)
国务院关于制止买卖、租赁土地的通知(一九八三年十一月十九日)
中共中央、国务院关于进一步活跃农村经济的十项政策(一九八五年一月一日)
家畜家禽防疫条例(一九八五年二月十四日国务院发布)

林 业

政务院关于严防森林火灾的指示(一九五二年三月四日)

东北及内蒙古铁路沿线林区防火办法(国务院批准　一九五五年五月十一日铁道部、林业部发布)

国务院关于积极保护和合理利用野生动物资源的指示(一九六二年九月十四日)

中共中央、国务院关于大力开展植树造林的指示(一九八〇年三月五日)

中共中央、国务院关于保护森林发展林业若干问题的决定(一九八一年三月八日发布)

国务院关于开展全民义务植树运动的实施办法(一九八二年二月二十七日国务院常务会议通过)

军队营区植树造林与林木管理办法(一九八二年十二月二十日国务院、中央军事委员会发布)

国务院关于严格保护珍贵稀有野生动物的通令(一九八三年四月十三日发布)

中共中央、国务院关于深入扎实地开展绿化祖国运动的指示(一九八四年三月一日)

森林和野生动物类型自然保护区管理办法(一九八五年六月二十一日国务院批准　一九八五年七月六日林业部发布)

水利电力

政务院关于治理淮河的决定(一九五〇年十月十四日发布)

国务院关于黄河中游地区水土保持工作的决定(一九六三年四月十八日发布)

跨省电网管理办法(一九七五年十月十七日国务院批准)

国务院关于保护水库安全和水产资源的通令(一九七九年十月十六日发布)

国务院关于节约用电的指令(一九八一年四月十五日发布)

关于按省、市、自治区实行计划用电包干的暂行管理办法(一九八二年五月十一日国务院批准发布)

水土保持工作条例(一九八二年六月三十日国务院发布)

国务院关于电力统一分配确保重点企业用电的暂行规定(一九八四年一月十八日发布)

国务院关于大力开展城市节约用水的通知(一九八四年六月十九日)

水利工程水费核订、计收和管理办法(一九八五年七月二十二日国务院发布)

气　象

政务院关于加强灾害性天气的预报、警报和预防工作的指示(一九五四年三月六日)

国务院关于加强防御台风工作的指示(一九五五年八月十八日)

国务院关于加强气象工作的通知(一九五九年七月三十一日)

国家气象局基准气候站观测环境保护规定(一九八五年十二月十八日国务院批准发布)

外事对外经济贸易类

外交事务

中华人民共和国国务院关于管理外国新闻机构常驻记者的暂行规定(一九八一年三月九日发布)

对外经济贸易和技术合作

政务院财经委员会关于工商业户牌号不得以本国及外国国名命名的决定(一九五〇年十月十九日发布)

以进养出试行办法(一九七九年三月二十六日国务院批准)

中外合资经营企业劳动管理规定(一九八〇年七月二十六日国务院批准)

中华人民共和国对外合作开采海洋石油资源条例(一九八二年一月十二日国务院常务会议通过　一九八二年一月三十日国务院发布)

对外经济贸易部特派员办事处暂行条例(一九八二年七月十五日国务院批准)

中华人民共和国中外合资经营企业法实施条例(一九八三年九月二十日国务院发布)

中华人民共和国进口货物许可制度暂行条例(一九八四年一月十日国务院发布)

中华人民共和国进出口商品检验条例(一九八四年一月二十八日国务院发布)

边境小额贸易暂行管理办法(一九八四年十二月十五日国务院批准　一九八四年十二月二十日对外经济贸易部发布)

中华人民共和国技术引进合同管理条例(一九八五年五月二十四日国务院发布)

中华人民共和国国务院关于中外合资建设港口码头优惠待遇的暂行规定(一九八五年九月三十日发布)

海　　关

中华人民共和国海关船舶吨税暂行办法(一九五二年九月十六日政务院财经委员会批准　一九五二年九月二十九日海关总署发布)

中华人民共和国关于各国驻华外交代表机关、外交官进出口物品的规定(一九七六年十一月十八日国务院发布)

国务院关于改革海关管理体制的决定(一九八〇年二月九日发布)

海关总署、财政部关于中外合作开采海洋石油进出口货物征免关税和工商统一税的规定(一九八二年二月二十八日国务院批准　一九八二年四月一日海关总署、财政部发布)

中华人民共和国海关进出口税则(一九八五年二月二

十六日国务院发布）

华侨事务

国务院关于贯彻保护侨汇政策的命令（一九五五年二月二十三日发布）

旅　　游

国务院、中央军委批转公安部、总参谋部、外交部、国家旅游局关于外国人在我国旅行管理的规定的通知（一九八二年十月九日）

旅行社管理暂行条例（一九八五年五月十一日国务院发布）

涉外仲裁

中央人民政府政务院关于在中国国际贸易促进委员会内设立对外贸易仲裁委员会的决定（一九五四年五月六日政务院第二百一十五次政务会议通过）

中华人民共和国国务院关于在中国国际贸易促进委员会内设立海事仲裁委员会的决定（一九五八年十一月二十一日国务院全体会议第八十二次会议通过）

国务院关于将对外贸易仲裁委员会改称为对外经济贸易仲裁委员会的通知（一九八〇年二月二十六日）

工交城建类

经济体制改革

国务院关于推动经济联合的暂行规定（一九八〇年七月一日国务院常务会议通过）

国务院关于开展和保护社会主义竞争的暂行规定（一九八〇年十月十七日国务院常务会议通过）

国务院关于全国性专业公司管理体制的暂行规定（一九八二年三月十六日发布）

国务院关于进一步扩大国营工业企业自主权的暂行规定（一九八四年五月十日发布）

国务院关于改革建筑业和基本建设管理体制若干问题的暂行规定（一九八四年九月十八日发布）

国务院批转国家计委关于改进计划体制的若干暂行规定的通知（一九八四年十月四日）

国务院批转国家经委、国家体改委关于增强大中型国营工业企业活力若干问题的暂行规定的通知（一九八五年九月十一日）

企业管理

国务院批转国家经委、国家计委、财政部关于加强现有工业交通企业挖潜、革新、改造工作的暂行办法的通知（一九八〇年六月二十一日）

国务院关于对现有企业有重点、有步骤地进行技术改造的决定（一九八二年一月十八日发布）

工业产品生产许可证试行条例（一九八四年四月七日国务院发布）

国家经委关于改进技术进步工作的若干暂行规定（一九八五年二月八日国务院批准）

国家经委、财政部、人民银行关于推进国营企业技术进步若干政策的暂行规定（一九八五年二月八日国务院批准）

国家经委关于开展资源综合利用若干问题的暂行规定（一九八五年九月三十日国务院批准）

能　　源

煤炭送货办法（一九六五年十二月六日国务院批准　煤炭工业部、铁道部修订）

国务院关于严格限制发展小炼油厂和取缔小土炼油炉的通令（一九八一年十二月二十五日发布）

轻工业

国家经委关于旅游纪念品工艺品生产和经营若干问题的暂行规定（一九八〇年七月一日国务院批准）

烟草专卖条例（一九八三年九月二十三日国务院发布）

地质矿产

国务院关于解决野外地质、测绘人员的工作、生活用品及副食品供应问题的规定（一九六三年五月七日发布）

全国地质资料汇交办法（一九六三年五月三十日国务院批准）

群众报矿奖励办法（一九八〇年四月二十四日国务院批准　一九八〇年五月十二日地质部发布）

天然水晶管理办法（国务院批准　一九八二年八月十二日国家经委、国家计委发布）

铁　　道

铁路留用土地办法（一九五〇年六月二十四日政务院发布）

铁路江河堤坝分工负责办法（政务院财经委员会批准　一九五二年一月二十五日铁道部发布）

旅客丢失车票和发生疾病、死亡处理办法（一九六三年五月二十四日国务院批准）

火车与其他车辆碰撞和铁路路外人员伤亡事故处理暂行规定（一九七九年七月十六日国务院批准　铁道部、交通部、公安部修订）

铁路交通检疫管理办法（一九八五年九月十九日国务院批准　一九八五年十月十二日铁道部、卫生部发布）

交　　通

中华人民共和国海港管理暂行条例（一九五四年一月二十三日政务院发布）

中华人民共和国打捞沉船管理办法（一九五七年九月

七日国务院批准　一九五七年十月十一日交通部发布)

中华人民共和国非机动船舶海上安全航行暂行规则(一九五八年三月十七日国务院批准　一九五八年四月十九日交通部、水产部发布　一九五八年七月一日起施行)

进出口船舶联合检查通则(一九六一年九月八日国务院批准)

外国籍非军用船舶通过琼州海峡管理规则(一九六四年六月八日国务院发布)

国境河流外国籍船舶管理办法(一九六六年三月十五日国务院批准)

中华人民共和国对外国籍船舶管理规则(一九七九年八月二十五日国务院批准　一九七九年九月十八日交通部发布)

中华人民共和国外国籍船舶航行长江水域管理规定(一九八三年四月九日国务院批准　一九八三年四月二十日交通部发布)

国务院口岸领导小组关于加强疏港工作的几项规定(一九八四年十二月十九日国务院批准)

港口建设费征收办法(一九八五年十月二十二日国务院发布)

民　　航

外国民用航空器飞行管理规则(一九七九年二月二十三日国务院批准　中国民用航空总局发布)

国务院、中央军委关于民航管理体制若干问题的决定(一九八〇年五月十七日发布)

国务院关于保障民用航空安全的通告(一九八二年十二月一日发布)

国务院、中央军委关于保护机场净空的规定(一九八二年十二月十一日重新发布)

国务院关于开办民用航空运输企业审批权限的暂行规定(一九八五年五月二十八日发布)

邮　　电

国务院、中央军委关于保护通信线路的规定(一九八二年九月二十日发布)

物资管理

关于多余积压物资调度利用试行办法(一九七七年五月十三日国务院批准)

关于出口商品和原材料清仓利用试行办法(一九七七年五月十三日国务院批准)

关于燃料、电力凭证定量供应办法(一九七八年一月九日国务院批准)

国家计委、国家经委、工商行政管理总局、国家物资总局关于工业品生产资料市场管理暂行规定(一九八一年八月八日国务院批准)

国务院关于整顿和加强统配物资管理的通知(一九八三年八月十日)

仓储保管合同实施细则(一九八五年九月二十五日国务院批准　一九八五年十月十五日商业部、对外经济贸易部、国家物资局发布)

城建环保

关于用侨汇购买和建设住宅暂行办法(一九八〇年三月五日国务院批准)

征收排污费暂行办法(一九八二年二月五日国务院发布)

国务院关于结合技术改造防治工业污染的几项规定(一九八三年二月六日发布)

城镇个人建造住宅管理办法(一九八三年五月二十五日国务院批准　一九八三年六月四日城乡建设环境保护部发布)

建设工程勘察设计合同条例(一九八三年八月八日国务院发布)

建筑安装工程承包合同条例(一九八三年八月八日国务院发布)

国务院关于严格控制城镇住宅标准的规定(一九八三年十二月十五日发布)

城市私有房屋管理条例(一九八三年十二月十七日国务院发布)

中华人民共和国防止船舶污染海域管理条例(一九八三年十二月二十九日国务院发布)

中华人民共和国海洋石油勘探开发环境保护管理条例(一九八三年十二月二十九日国务院发布)

城市规划条例(一九八四年一月五日国务院发布)

测量标志保护条例(一九八四年一月七日国务院发布)

中华人民共和国海洋倾废管理条例(一九八五年三月六日国务院发布)

风景名胜区管理暂行条例(一九八五年六月七日国务院发布)

统　　计

国务院关于不合格品不计算产量产值的通知(一九七八年十二月十七日)

国家统计局关于统计报表管理的暂行规定(一九八〇年十一月十七日国务院批准)

标准计量

中华人民共和国标准化管理条例(一九七九年七月三十一日国务院发布)

国务院关于在我国统一实行法定计量单位的命令(一九八四年二月二十七日发布)

产品质量监督试行办法(一九八五年三月七日国务院批准　一九八五年三月十五日国家标准局发布)

劳动人事类

劳　动

全国年节及纪念日放假办法(一九四九年十二月二十三日政务院发布)

政务院关于各地厂矿对于法定假日工资发放办法的决定(一九五〇年七月三十一日发布)

劳动部关于劳动争议解决程序的规定(一九五〇年十一月十六日政务院批准　一九五〇年十一月二十六日发布)

关于搬运危险性物品的几项办法(政务院财经委员会批准　一九五一年十月九日劳动部发布)

中华人民共和国劳动保险条例(一九五一年二月二十六日政务院发布　一九五三年一月二日政务院修正发布)

国务院关于女工作人员生产假期的通知(一九五五年四月二十六日)

防止沥青中毒办法(一九五六年一月二十六日国务院批准　一九五六年一月三十一日劳动部发布)

国务院关于防止厂、矿企业中矽尘危害的决定(一九五六年五月二十五日国务院全体会议第二十九次会议通过　一九五六年五月三十一日发布)

工厂安全卫生规程(一九五六年五月二十五日国务院全体会议第二十九次会议通过)

建筑安装工程安全技术规程(一九五六年五月二十五日国务院全体会议第二十九次会议通过)

工人职员伤亡事故报告规程(一九五六年五月二十五日国务院全体会议第二十九次会议通过)

国务院关于建筑业实行八小时、小礼拜工作制度的规定(一九五六年六月八日发布)

国务院关于新厂委托老厂培训职工的工资问题的暂行规定(一九五六年九月二十五日发布)

国务院关于工业、基本建设、交通运输企业工人职员停工津贴的暂行规定(一九五七年七月九日发布)

国务院关于建筑安装企业工人、职员在冬季非施工期间的工资待遇的规定(一九五七年十一月十四日发布)

国务院关于加强企业生产中安全工作的几项规定(一九六三年三月三十日发布)

防止矽尘危害工作管理办法(一九六三年九月二十八日国务院批准　劳动部、卫生部、中华全国总工会发布)

国务院关于改进对临时工的使用和管理的暂行规定(一九六五年三月二十五日发布)

关于搬迁企业单位职工工资和劳保福利待遇问题暂行处理办法(一九六六年一月八日国务院批准)

中共中央、国务院关于加强职工教育工作的决定(一九八一年二月二十日发布)

中共中央、国务院关于广开门路,搞活经济,解决城镇就业问题的若干决定(一九八一年十月十七日发布)

锅炉压力容器安全监察暂行条例(一九八二年二月六日国务院发布)

矿山安全条例(一九八二年二月十三日国务院发布)

矿山安全监察条例(一九八二年二月十三日国务院发布)

企业职工奖惩条例(一九八二年四月十日国务院发布)

国务院关于城镇集体所有制经济若干政策问题的暂行规定(一九八三年四月十四日发布)

国务院关于加强防尘防毒工作的决定(一九八四年七月十八日发布)

国营建筑企业招用农民合同制工人和使用农村建筑队暂行办法(一九八四年十月五日国务院批准　一九八四年十月十五日劳动人事部、城乡建设环境保护部发布)

工资基金暂行管理办法(一九八五年九月二十四日国务院发布)

人　事

国务院关于处理国家机关工作人员退职、退休时计算工作年限的暂行规定(一九五五年十二月二十九日发布)

国务院关于国家机关工作人员退休和工作年限计算等几个问题的补充通知(一九五六年十一月十二日)

国务院关于国家机关工作人员福利费掌管使用的暂行规定(一九五七年五月二十二日发布)

国家机关工作人员病假期间生活待遇的规定(一九八一年四月六日国务院发布)

国务院关于高级专家离休退休若干问题的暂行规定(一九八三年九月十二日发布)

国务院关于延长部分骨干教师、医生、科技人员退休年龄的通知(一九八三年九月十二日)

劳动人事部、公安部、商业部、国家计委、城乡建设环境保护部关于离休干部跨省安置的补充规定(一九八三年十二月十五日国务院批准)

教科文卫类

教　育

政务院关于建立民族教育行政机构的决定(一九五二年四月十六日发布)

教育部关于各级公办学校教职工退职退休时解放以前和解放以后连续工龄计算的几点原则规定(一九六三年五月二十六日国务院批准)

国务院关于扫除文盲的指示(一九七八年十一月六日)

中共中央、国务院关于普及小学教育若干问题的决定(一九八〇年十二月三日发布)

中华人民共和国学位条例暂行实施办法(一九八一年

五月二十日国务院批准）

关于举办职工中等专业学校的试行办法（一九八二年九月九日国务院批准）

教育部关于加强教育学院建设若干问题的暂行规定（一九八二年十月二十一日国务院批准）

中小学勤工俭学暂行工作条例（一九八三年二月二十日国务院批准发布）

科学技术

中华人民共和国发明奖励条例（一九七八年十二月二十八日国务院发布）

中华人民共和国自然科学奖励条例（一九七九年十一月二十一日国务院发布）

科学技术档案工作条例（一九八〇年十二月九日国务院批准　国家经济委员会、国家基本建设委员会、国家科学技术委员会、国家档案局发布施行）

科学技术干部管理工作试行条例（一九八一年四月二十三日中共中央、国务院批准发布）

合理化建议和技术改进奖励条例（一九八二年三月十六日国务院发布　一九八六年六月四日国务院修订发布）

自然科学研究机构建立、调整的审批试行办法（一九八三年二月二十三日国务院批准　一九八三年三月十七日国家科委发布）

国务院关于科技人员合理流动的若干规定（一九八三年七月十三日发布）

国务院关于修改《中华人民共和国发明奖励条例》第六条和《中华人民共和国自然科学奖励条例》第三条有关奖金的规定的通知（一九八四年四月二十五日）

中华人民共和国科学技术进步奖励条例（一九八四年九月十二日国务院发布）

国务院关于技术转让的暂行规定（一九八五年一月十日发布）

中华人民共和国专利法实施细则（一九八五年一月十九日国务院批准　一九八五年一月十九日中国专利局发布）

地　震

国家地震局关于保护地震台站观测环境的暂行规定（一九七九年三月二十日国务院批准　一九七九年三月二十日国家地震局发布）

文化出版

政务院关于戏曲改革工作的指示（一九五一年五月五日）

中共中央、国务院关于收回文化革命期间散失的珍贵文物和图书的规定（一九八〇年六月四日发布）

加强对外合作出版管理的暂行规定（一九八一年十月十二日国务院批准　国家出版局发布）

进口影片管理办法（一九八一年十月十三日国务院批准　文化部、海关总署发布）

中共中央、国务院关于加强出版工作的决定（一九八三年六月六日发布）

国务院关于对期刊出版实行自负盈亏的通知（一九八四年十二月二十九日）

国务院关于严禁淫秽物品的规定（一九八五年四月十七日发布）

语言文字

国务院关于公布汉字简化方案的决议（一九五六年一月二十八日国务院全体会议第二十三次会议通过）

国务院关于推广普通话的指示（一九五六年二月二十日）

新闻广播

政务院关于中央人民政府所属各机关发表公报及公告性文件的办法（一九五〇年发布）

中共中央办公厅、国务院办公厅关于禁止营业性录相放映和加强录相管理的通知（一九八五年八月二十六日）

卫生医药

政务院关于全国各级人民政府、党派、团体及所属事业单位的国家工作人员实行公费医疗预防的指示（一九五二年六月十七日）

国家工作人员公费医疗预防实施办法（一九五二年八月二十四日政务院批准　一九五二年八月三十日卫生部发布）

国务院关于消灭血吸虫病的指示（一九五七年四月二十日）

麻醉药品管理条例（一九七八年九月十三日国务院批准发布）

中华人民共和国急性传染病管理条例（一九七八年九月二十日国务院批准　卫生部发布）

放射性同位素工作卫生防护管理办法（一九七九年二月二十四日国务院批准　卫生部、公安部、国家科委联合发布）

食盐加碘防治地方性甲状腺肿暂行办法（一九七九年十二月二十一日国务院批准）

防治布氏杆菌病暂行办法（一九八〇年一月三十一日国务院批准　卫生部农业部发布）

关于爱国卫生运动委员会及其办事机构若干问题的规定（一九八〇年五月九日国务院批准）

国务院关于加强医药管理的决定（一九八一年五月二十二日发布）

中华人民共和国国境口岸卫生监督办法（一九八一年十二月三十日国务院批准　一九八二年二月四日卫生部、交通部、民航总局发布）

计划生育

中共中央、国务院关于进一步做好计划生育工作的指示(一九八二年二月九日)

体　育

国家体育锻炼标准(一九八二年七月十二日国务院批准　一九八二年八月二十七日国家体育运动委员会发布)

政法和其它类

公　安

进出口列车、车员、旅客、行李检查暂行通则(一九五一年五月二十四日政务院发布)

印铸刻字业暂行管理规则(一九五〇年六月三十日政务院批准　一九五一年八月十五日公安部发布)

治安保卫委员会暂行组织条例(一九五二年六月二十七日政务院批准　一九五二年八月十一日公安部发布)

国务院关于建立经常户口登记制度的指示(一九五五年六月二十二日)

城市交通规则(一九五五年六月二十一日国务院批准　一九五五年八月六日公安部发布)

射击场设置管理使用暂行规定(一九五八年二月二十四日国务院批准　一九五八年三月二十九日体育运动委员会、公安部发布)

边防检查条例(一九六五年四月三十日国务院发布)

人民警察使用武器和警械的规定(一九八〇年七月五日国务院批准　一九八〇年七月十五日公安部发布)

仓库防火安全管理规则(一九八〇年八月一日国务院批准　一九八〇年八月十五日公安部发布)

中华人民共和国枪支管理办法(一九八一年一月五日国务院批准　一九八一年四月二十五日公安部发布)

中华人民共和国民用爆炸物品管理条例(一九八四年一月六日国务院发布)

民　政

社会团体登记暂行办法(一九五〇年九月二十九日政务院第五十二次政务会议通过　一九五〇年十月十九日政务院发布)

革命军人牺牲、病故褒恤暂行条例(一九五〇年十一月二十五日政务院批准　一九五〇年十二月十一日内务部发布)

革命工作人员伤亡褒恤暂行条例(一九五〇年十一月二十五日政务院批准　一九五〇年十二月十一日内务部发布)

革命残废军人优待抚恤暂行条例(一九五〇年十一月二十五日政务院批准　一九五〇年十二月十一日内务部发布)

革命烈士家属革命军人家属优待暂行条例(一九五〇年十一月二十五日政务院批准　一九五〇年十二月十一日内务部发布)

民兵民工伤亡抚恤暂行条例(一九五〇年十一月二十五日政务院批准　一九五〇年十二月十一日内务部发布)

关于经济建设工程民工伤亡抚恤问题的暂行规定(一九五四年五月二十二日政务院批准　一九五四年六月十二日内务部、劳动部发布)

复员建设军人安置暂行办法(一九五四年十月二十三日国务院批准)

国务院关于设置市、镇建制的决定(一九五五年六月九日国务院全体会议第十一次会议通过)

国务院关于处理义务兵退伍的暂行规定(一九五八年三月十七日国务院全体会议第七十三次会议通过　一九五八年五月三日发布)

国务院关于地名命名、更名的暂行规定(一九七九年十二月二十五日发布)

革命烈士褒扬条例(一九八〇年六月四日国务院发布)

行政区域边界争议处理办法(一九八一年五月三十日国务院发布)

国务院关于驻外、援外人员在国外牺牲、病故善后工作的暂行规定(一九八一年九月二十五日发布)

中国人民解放军志愿兵退出现役安置暂行办法(一九八三年二月三日国务院、中央军委发布)

中国公民同外国人办理婚姻登记的几项规定(一九八三年八月十七日国务院批准　一九八三年八月二十六日民政部发布)

国务院关于行政区划管理的规定(一九八五年一月十五日发布)

国务院关于殡葬管理的暂行规定(一九八五年二月八日发布)

司　法

人民调解委员会暂行组织通则(一九五四年二月二十五日政务院第二百〇六次政务会议通过　一九五四年三月二十二日政务院发布)

中华人民共和国劳动改造条例(一九五四年八月二十六日政务院通过　一九五四年九月七日政务院发布)

国务院关于转发公安部劳动教养试行办法的通知(一九八二年一月二十一日)

中华人民共和国公证暂行条例(一九八二年四月十三日国务院发布)

民族事务

其　它

第 四 部 分

1986 年地方性法规选载

北京市工业产品质量监督条例

（一九八六年九月十日北京市第八届人民代表大会
常务委员会第三十次会议通过）

第一条 为促进企业提高产品质量和经济效益，维护用户和消费者的合法权益，根据《中华人民共和国民法通则》、《工业产品质量责任条例》、《产品质量监督试行办法》和有关法律、法规的规定，结合本市具体情况，制定本条例。

第二条 本条例适用于本市工商企业生产的和在本市经销的工业产品（以下简称产品）。

个体工商户、农村承包经营户和个人合伙在本市生产、经销的产品，参照本条例执行。

第三条 市标准计量局依法主管产品质量监督工作。其主要任务是：负责本市产品质量监督检验网的规划和协调工作，监督检查产品技术标准的贯彻执行，参与优质产品的审定，管理产品质量的认证工作，对产品质量争议进行仲裁，对市场商品进行抽检。

药品、食品、锅炉及压力容器、进出口商品等，按照国家有关规定，分别由各专业质量监督部门进行产品质量监督。

各区、县标准计量管理部门负责区、县地方企业和乡镇企业的产品质量监督工作。

第四条 企业的主管部门负责本行业产品质量的管理工作，监督检查企业严格贯彻执行产品技术标准，保证产品质量。

各级经济委员会负责对产品质量监督管理工作进行领导和组织协调。

第五条 产品质量监督的重点是：有关人身安全和健康的产品，关系国计民生的重要产品，获得优质称号的产品以及同群众关系密切的市场商品。

第六条 对任何产品的质量问题，用户和消费者有权向生产、储运、经销等企业提出查询，被查询企业必须自接到查询的次日起一个月内答复查询人。如产品质量不合格，用户和消费者可以向标准计量管理部门申请质量仲裁，也可以向人民法院起诉，企业应当依法承担责任。

维护用户和消费者利益的社会团体应用户或消费者请求，可以参与产品质量争议的调解、仲裁，并支持用户和消费者向人民法院起诉。

第七条 市标准计量局根据工作需要建立、健全产品质量监督检验所、站，承担指定的产品质量监督检验任务。

市级产品质量监督检验站，由市标准计量局会同有关部门从现有的检测力量较强的检验测试机构或科研单位中审定，发给证书和印章。监督检验站的撤销及站长的任免须征得市标准计量局的同意。

市标准计量局可以委托有检验能力的科研单位、大专院校或其他部门承担指定的产品质量检验任务。

第八条 区、县人民政府根据工作需要，设立区、县产品质量监督检验站，承担区、县地方企业和乡镇企业生产、经销的产品质量监督检验任务。

第九条 产品质量监督检验的依据是国家标准、专业标准（部颁标准）、地方标准和企业标准。

第十条 生产、经销企业应当严格检查产品质量，保证生产、经销的产品符合《工业产品质量责任条例》第七条和第九条的规定。

经销有关人身安全、健康的产品和获得优质称号的产品，还应当附有国家专门规定的检验鉴定证明。

第十一条 经销企业对达不到质量标准尚有使用价值的"处理品"，经有关主管部门批准，可以降价出售，但是必须在产品或包装上标出明显的"处理品"字样。

涉及人身安全、健康的不合格品，严禁出售。

第十二条 获得优质称号的产品，经抽检达不到优质条件的，按下列办法处理：

（一）不准使用优质标志；

（二）达到技术标准的，可以按合格品出售；

（三）标准计量管理部门，应当责令本市生产企业限期达到优质条件，逾期未达到的，提请原评审部门取消优质称号，并予以通报。

第十三条 产品质量监督检验人员到企业抽检样品时，应当出示市标准计量局签发的质量监督检查证件和盖有质量监督检验机构印章的抽样单。企业应当如实提供样品和有关资料，并在检测手段和工作条件方面提供方便。检验人员不出示上述证明的，企业有权拒绝抽检。

产品质量监督检验人员对企业提供的技术资料负有保密责任，对产品检验结果除按规定公布外不得随意泄露。

第十四条 受检企业对产品质量检验结论有异议的，可以在接到检验报告十日内申请复验，也可以申请仲裁检验。

申请复验的，经复验，确属原检验失误的，由承检单位负责更正，免收检验费；原检验无误的，受验企业应当支付复验的费用。

申请仲裁检验的，按照有关仲裁的规定办理。

第十五条 生产、经销企业违反本条例规定应当追究责任的，依照《工业产品质量责任条例》第七章罚则的规定处理。法律另有规定的，依照规定。

标准计量管理部门依照前款规定提请有关主管机关对企业依法处理的，有关主管机关应当在一个月内将处理结果通知标准计量管理部门。标准计量管理部门对处理决定有异议的，可以提请同级人民政府决定。

第十六条 当事人对违反本条例被处罚款、没收非法收入、销毁产品等行政处罚不服的，可以在收到处罚决定的次日起十五日内向人民法院起诉。逾期不起诉又不履行决定的，作出处罚决定的部门可以申请人民法院强制执行。

第十七条 产品质量监督部门的工作人员，必须坚持原则，秉公办事，严格执法，成绩突出的，给予表扬和奖励；玩忽职守，徇私舞弊的，根据情节和后果，给予行政处分，直至依法追究刑事责任。

第十八条 本条例具体应用中的问题，由市标准计量局解释。

第十九条 本条例自公布之日起施行。

北京市关于游行示威的若干暂行规定

（一九八六年十二月二十六日北京市第八届人民代表大会常务委员会第三十三次会议通过）

第一条 为了保障公民依法行使游行、示威的权利，维护首都的公共秩序，根据宪法和法律的规定，结合本市实际情况，制定本规定。

第二条 公民依法举行的游行、示威，本市各级人民政府予以保护。

第三条 举行游行、示威的组织者应当在五日前到游行、示威地的区、县公安机关提出书面申请，跨区、县的到市公安机关提出书面申请，说明游行、示威的目的、人数、时间、地点、路线，并注明组织者的姓名、职业、住址。

第四条 市、区、县公安机关对于游行、示威的申请，除违反宪法、法律规定，损害国家的、社会的、集体的利益和其他公民的合法的自由和权利的以外，应当予以许可。同时，公安机关根据维护交通、治安秩序的需要，可以改变原申请的时间、地点和路线，并可提出相应的要求。

人民大会堂、中南海、钓鱼台国宾馆和首都机场的周围不许可游行、示威。

第五条 市、区、县公安机关应当在接到游行、示威的申请报告的次日起三日内，做出许可或者不许可的决定，并书面通知组织者。

第六条 游行、示威应当遵守宪法和法律，保守国家秘密，爱护公共财产，遵守公共秩序，尊重社会公德。

游行、示威应当按照许可的时间、地点和路线等条件进行。

游行、示威的组织者，应当负责维护游行、示威队伍的秩序。

游行、示威不得扰乱社会秩序、生产秩序、工作秩序、教学科研秩序和人民群众的生活秩序。

游行、示威不准携带和使用武器、凶器、易燃易爆等危害公共安全的物品。

游行、示威不得扰乱治安、妨碍交通，不得沿途涂写刻画、张贴标语，不得破坏园林、绿地、公共设施。

第七条 公安机关对于许可的游行、示威，应当负责维护交通秩序和治安秩序；对于违反本规定的游行、示威，应当采取必要措施予以劝阻、制止。

第八条 对于在游行、示威过程中以暴力、威胁方法阻碍或者抗拒国家工作人员依法执行职务的，或者进行其他违法犯罪活动的，由公安、司法机关依法追究法律责任。

第九条 本规定具体应用的问题，由市人民政府解释。

第十条 本规定自公布之日起施行。

天津市保护个体工商户合法权益和加强个体工商户管理规定

（一九八六年八月二十八日天津市第十届人民代表大会常务委员会第二十九次会议通过）

第一条 为保护个体工商户的合法权益，加强对个体工商户的管理，促使个体工商户生产经营的健康发展，根据宪法、法律和行政法规的有关规定，结合本市的具体情况，制定本规定。

第二条 本规定适用于在本市范围内依法经工商行政管理机关核准登记，取得营业执照，在法律允许范围内从事生产经营的个体工商户。

本规定还适用于经我市区、县工商行政管理机关核准、持有外地营业执照和县以上工商行政管理机关开具的来津经营证明、在本市从事生产经营的个体工商户。

第三条 个体劳动者协会是在同级工商行政管理机关指导下，个体工商户进行自我服务、自我教育、自我管理的群众组织。个体劳动者协会应依照法律、法规和规章进行活动。

个体劳动者协会可以聘请常年法律顾问，依法维护个体工商户的合法权益。

第四条 税务机关应依法向个体工商户征税。税收额由税务机关依法核定；必要时，可以征求工商行政管理机关和个体劳动者协会的意见。

第五条 向个体工商户收费，必须按照国务院、市人民政府的规定办理。任何部门不得另立收费项目、提高收费标准。对未经国务院、市人民政府规定的费用，个体工商户有权拒付。

第六条 国营商业批发部门、物资部门、生产部门和供销合作社向个体工商户出售商品，不得强行搭配。

第七条 个体工商户因从事违法活动需要收回或吊销营业执照的，应由当地工商行政管理机关处理。其它单位和个人无权扣缴和损坏个体工商户的营业执照。

第八条 经过批准设立的个体工商户的营业店铺、亭、棚及划定的摊位，任何部门和单位不得随意挤占、拆毁。确需占用或拆除的，须经原批准机关审定，并予以妥善安置。

第九条 任何部门、单位和个人不得在个体工商户中强行入股或者安插从业人员。

第十条 任何部门、单位和个人不得侵占个体工商户的资产及其合法权益；不准向个体工商户索要或者强行压价购买商品。

第十一条 个体工商户应在营业执照规定的范围内从事生产经营活动，遵纪守法，文明经营，提高生产和服务质量，接受有关部门和群众的监督。必须遵守下列规定：

（一）不准欺行霸市、强买强卖、哄抬物价、投机倒把；

（二）不准短尺少秤、掺杂使假；

（三）不准制作、出售不符合食品卫生标准的食品；

（四）不准转手倒卖国家计划供应的原材料；

（五）不准制作和出售反动、淫秽的书刊、画片、录音带、录像带及其它明令禁售的物品。

第十二条 个体工商户从国营批发部门、供销合作社购进的商品，凡国家规定零售牌价的，应按规定的零售牌价出售；国家实行浮动价格的，应在规定的浮动幅度内定价出售；放开价格的，可以随行就市。使用计划供应的原材料生产的商品，应参照国营、集体企业生产的同类产品价格按质论价出售。

第十三条 个体工商户应向税务机关如实申报营业额和收益额，照章纳税。不得偷税、漏税。需要减、免税的，应按税务机关的有关规定办理。

第十四条 个体工商户应按规定交纳各项费用。不得拒交、少交或拖延交纳。

第十五条 取缔无照经营。对无照经营者，工商行政管理机关或有关部门应根据有关规定进行处理。

第十六条 对损害个体工商户合法权益的，应由侵权人的主管机关视情节给予批评教育、行政处分、经济处罚；构成犯罪的，应追究刑事责任。造成个体工商户经济损失的，应负责赔偿。

第十七条 个体工商户违反本规定第十一条、第十二条、第十三条、第十四条的，分别由工商行政管理机关、物价管理机关、税务机关和收费部门依照有关规定处理；构成犯罪的，由司法机关依法处理。

个体工商户对行政管理机关给予的处罚不服的，应在接到处罚通知的十五日内，向上一级行政管理机关提出申诉。接受申诉的机关应在十五日内作出裁决。个体工商户对裁决仍不服的，可以向人民法院起诉。

第十八条 个体工商户辱骂、殴打或者以暴力威胁执行公务的管理人员，由公安、司法机关依法处理。

第十九条 个体工商户的合法权益受到非法侵害时，可以向侵权人的主管机关申诉，也可向人民法院起诉。

第二十条 本规定自公布之日起施行。

天津市城市建设拆迁安置办法

（一九八六年十一月六日天津市第十届人民代表大会
常务委员会第三十次会议通过）

第一条 为适应整顿、改造老市区，建设新天津的需要，根据国家有关法律、法规，结合本市实际情况，制定本办法。

第二条 凡在本市进行的城市建设工程，拆迁各类公有（包括企业事业单位自有，下同）、私有房屋或者公共设施的，均适用本办法。

第三条 建设单位必须具有经批准的建设工程计划，市城市规划管理部门审定的规划方案和拆迁安置方案，市或者区、县房地产管理部门核发的房屋准拆证，以及主管部门核发的土地使用证，方可进行拆迁。

建设单位对被拆迁房屋的所有者或者使用者，应当给予合理补偿，妥善安置。

被拆迁房屋的所有者或者使用者，必须服从建设需要，按期搬迁。

被拆迁单位的上级主管部门或者居民的工作单位，必须积极协助做好拆迁动员工作。

第四条 区、县人民政府负责组织本地区内的拆迁动员和安置工作，发布拆迁安置通告，确定拆迁范围内居民户口临时冻结的时间。户口冻结期间，特殊情况确需迁入的，经区、县人民政府同意，公安部门可予办理。

第五条 凡已确定拆迁的公有、私有房屋及其附属设施，不得转让、买卖、调换或者任意占用。在拆迁安置通告确定的范围内，不准新建、扩建房屋和其他设施。

第六条 拆除公有房屋，由区、县房地产管理部门按照市房地产管理部门制订的补偿标准进行评价，建设单位予以补偿，或者将不少于原拆除面积的新建房屋的产权交房地产管理部门。

第七条 拆除企业事业单位自有房屋，使用户由产权单位安置的，建设单位按照拆除公有房屋的补偿标准，给予产权单位补偿。使用户由建设单位建房安置的，如果原产权单位要求保留新建房屋产权，应向建设单位偿付新建房屋投资减除被拆除房屋应得补偿后的建房投资差额；如果原产权单位不要求保留新建房屋产权，建设单位不予补偿，新建房屋的产权归国家所有，由房地产管理部门管理。

第八条 拆除城镇居民的私有房屋，由区、县房地产管理部门根据房产所有证载明的房屋建筑面积、种类和等级，按照市房地产管理部门制订的补偿标准进行评价，建设单位予以补偿。

拆除工作由建设单位负责。拆除的旧料，归建设单位所有。

第九条 拆除乡村集体或者农民个人所有的房屋及其附属设施，由区、县房地产管理部门按照市房地产管理部门制订的补偿标准进行评价，建设单位给予补偿，乡村集体组织或者农民个人自行迁建。拆除的旧料，归原所有者。迁建所需地基，应当补偿的费用，由建设单位承担。

第十条 拆除违章建筑和迁腾违章用地，不予补偿。自行拆除的，旧料归原主所有。建设单位负责拆除的，以料抵工。

第十一条 拆除生产、经营、办公用房和其他公共建筑，建设单位应事先做好安置计划，与被拆迁单位签订安置协议。由建设单位在原地建房安置的，按原建筑面积还房。被拆迁单位确需增加面积的，应经城市规划管理部门批准，其增加面积部分的投资由被拆迁单位承担。迁址另建的，有关投资、地基和迁建工作，由建设单位和被拆迁单位协商解决。建设单位和被拆迁单位不能达成协议时，由当地区、县人民政府作出决定。当事人不服决定的，报市人民政府决定。

被拆迁单位停产、停业造成的经济损失，由建设单位予以合理补偿。

市人民政府组织的重点工程的拆迁事宜，按照市人民政府确定的方案办理。

第十二条 建设单位在办理拆迁补偿手续的同时，应将被拆除房屋的房产所有证和土地使用证收回，送房屋所在区、县房地产管理部门注销。

第十三条 因拆迁需要迁居的居民，由建设单位发给搬家补助费。搬家需要占用工作时间的，凭所在地区负责拆迁的单位的证明，工作单位给予公假三天。

第十四条 拆迁居民户的住房，以原公有房屋使用证或者私有房屋所有证和原居住面积为依据，参照冻结期间在册的户口人数进行分配；原地或者就近安置的，不扩大居住面积；全家迁往新辟住宅区定居的，按照市人民政府的规定办理。

第十五条 公安、商业、教育和其他有关部门，应及时办理被拆迁单位和居民的户口、商品供应关系的迁移和学生的转学等工作。

第十六条 拆迁、拆除人防工事、公共绿地、公厕、电杆、管线以及其他公共设施，各主管部门应积极配合，所需费用由建设单位负担。

移植、砍伐单位或者个人自栽自养的树木，按照园林部门的规定办理。

第十七条 拆迁、拆除风貌建筑物、古迹、寺庙以及教会、外侨和代管的房屋，建设单位必须向市房地产管理部门申报，由市房地产管理部门会同城市规划管理等有关部门审定，按照有关规定办理。

第十八条 拆迁中发现文物和贵重财物，要妥加保护，立即报告主管部门处理。

第十九条 按照规定带头搬迁或者积极协助拆迁的单位和个人，由当地区、县人民政府给予表扬或者奖励。

第二十条 按照本办法规定给予补偿安置，不按期搬迁，影响城市建设工程进行的，由当地区、县人民政府决定，强行搬迁。被拆迁户仍有异议的，搬迁后可以向人民法院起诉。

第二十一条 联建、自筹等其他建设工程的拆迁安置工作，参照本办法办理。

第二十二条 从事拆迁安置工作的有关人员，应当秉公执法，不得徇私舞弊。违反的，视情节轻重，由主管单位给予批评教育或者行政处分；构成犯罪的，依法追究刑事责任。

第二十三条 本办法自公布之日起施行。

一九八一年六月二十七日天津市第九届人民代表大会常务委员会第十一次会议原则批准，一九八一年六月三十日天津市人民政府公布施行的《天津市城市建设拆迁安置办法》和《天津市城市建设拆除城镇私有房屋补偿办法》同时废止。

河北省乡镇财政管理条例

（一九八六年七月十二日河北省第六届人民代表大会常务委员会第二十一次会议通过）

第一章 总 则

第一条 为了加强乡镇财政的建设和管理，促进农村经济和各项事业的发展，加快社会主义现代化建设，根据有关法律、法规的规定，结合本省实际情况，制定本条例。

第二条 乡镇财政是国家的一级地方财政，具有分配、调节和监督的职能，是乡镇政权的一个重要工具。

第三条 乡镇财政必须贯彻执行国家“统一领导，分级管理”的原则，正确处理国家、集体、个人之间的利益关系。

第四条 本条例适用于本省境内乡镇财政和有关的单位及个人。

第二章 任 务

第五条 认真贯彻执行国家有关的法律、法规和方针、政策，严格遵守国家的财经制度和纪律。

第六条 负责乡镇财政预算内资金、预算外资金和自有资金的管理，统筹安排，综合平衡，厉行节约，提高资金的使用效益。

第七条 支持农业生产、乡镇企业和交通运输的发展，广开财源，组织收入，完成财政任务。

第八条 促进教育、科学、文化、卫生和其它公共事业的发展，加速乡镇建设。

第九条 指导乡镇企业、事业单位建立和健全财务会计制度，改善经营管理，提高经济效益。

监督乡镇企业照章纳税和按规定进行利润分配。

第十条 按照《中华人民共和国会计法》的规定，管理本乡镇范围内的会计工作。

指导和协助农业部门管理村的会计工作。

第十一条 对乡镇和村的各项经济活动实行财政监督。

第十二条 完成上级财政部门和乡镇人民政府指定的其它财政工作。

第三章 管理体制

第十三条 乡镇财政管理体制的建立，必须遵循责、权、利相结合的原则。县对乡镇应当确定合理的收支基数和分成比例，分成比例可以一定一年或一定几年，以利于调动乡镇人民政府增收节支的积极性。

第十四条 县对乡镇的财政管理体制，可以根据实际情况分别采取以下形式：

一、定收定支，收支挂钩，总额分成，增长或超收另定分成比例；

二、定收定支，增长或超收分成，支出包干，减收、超支不补，结余留用；

三、定收定支，收支包干，定额上解或上解额逐年递增；

四、定收定支，收支包干，定额补助或补助额逐年递减；

五、其它管理形式。

第四章 收支范围

第十五条 按照财政管理体制属于本乡镇的财政收入，划归乡镇财政预算内收入管理。

凡本乡镇内经常性的财政支出，按照规定足额划归乡镇财政预算内支出管理。

第十六条 上级政府划归乡镇财政的农业税附加、公用事业附加、财政周转金等，列为乡镇财政预算外收入管理。

凡按规定用预算外收入开支的项目以及财政周转金的发放，列为乡镇财政预算外支出管理。

第十七条 乡镇办企业应当上缴乡镇财政的利润，乡镇本级公共事业统筹费，列为乡镇自有资金收入管理。

对乡镇办企业的投资、以工补农和按国家规定由乡镇统筹费开支的项目，列为乡镇自有资金支出管理。

第五章 公共事业费的管理

第十八条 乡镇公共事业费的收支管理，应当贯彻量力而行，合理负担的原则。

第十九条 筹集乡镇公共事业费的顺序：

一、按照国家和省人民政府规定征收的专项资金；

二、乡镇办企业应当上缴乡镇财政的利润；

三、进行统筹。

第二十条 乡镇本级公共事业统筹的项目，包括兴办教育、优待烈军属、建桥修路、实施计划生育等国家和省人民政府规定应由统筹费开支的项目。

本条例第十九条一、二项的资金能够满足所列项目的，不再统筹。

第二十一条 征收乡镇本级公共事业统筹费，可根据国家和省人民政府的规定，采取征收附加费的办法；也可按收益多少分别由乡办村办企业、经济联合体、专业户和农户合理负担；经县批准，也可采取适合当地情况的办法。

对贫困村和困难户，按规定减征或免征。

第二十二条 乡镇公共事业统筹的项目、数额及办法，须经乡镇人民代表大会讨论通过，并报县人民代表大会常务委员会和县人民政府备案。

村级公共事业统筹的项目、数额及办法，由村民大会确定，并报乡镇人民政府审查批准。

除国家和省人民政府规定的以外，任何部门和单位不准任意集资、筹款、收费和罚款。

第六章 预决算制度

第二十三条 乡镇财政预算内资金、预算外资金和自有资金的收支，均应建立预算、决算制度。

第二十四条 乡镇财政预算、决算，须经乡镇人民代表大会审议批准，并报上级财政部门备案。

第二十五条 编制乡镇财政年度预算，应统筹兼顾，量入为出，不编赤字预算。

第二十六条 在预算执行中，应定期向上级财政部门报告预算执行情况。调整收支预算，按照规定程序办理。

第二十七条 年度终了，按上级财政部门的要求编制年度决算。

第七章 乡镇国库

第二十八条 按照一级财政设立一级国库的原则，乡镇财政应当根据条件逐步设立乡镇国库。

第二十九条 乡镇国库必须贯彻执行《中华人民共和国国家金库条例》及其实施细则，负责收纳报解财政库款，办理预算支出的拨付，正确反映预算收支执行情况。

第八章 管理机构

第三十条 乡镇人民政府的财政机构，统称财政所，负责乡镇财政管理工作。

第三十一条 乡镇财政所既是乡镇人民政府的职能部门，又是国家财政的基层组织，受乡镇人民政府和上级财政部门的双重领导。

第三十二条 乡镇财政所人员列入编制序列。

第三十三条 乡镇财政所应建立岗位责任制，明确职责范围，加强自身建设，不断提高政治和业务素质。

第三十四条 乡镇人民政府必须加强对乡镇财政工作的领导，保持财政所人员的稳定。财政所人员变动，应当征得上级财政部门的同意。

第三十五条 基层税务所和有关部门应当积极支持乡镇财政所的工作。税务所或在乡的税收人员应定期向乡镇人民政府汇报税收工作情况。

第九章 奖 惩

第三十六条 凡认真执行本条例，有下列先进事迹之一的单位和个人，分别给予荣誉奖励、物质奖励：

一、广开财源，增收节支有显著成绩的；

二、坚持财经制度，积极同违反财经纪律的现象作斗争，保护国家资财事迹突出的；

三、勇于改革和创新，对健全和完善乡镇财政有显著成绩的；

四、帮助乡镇企业建立健全财务会计制度，指导乡、村财务活动取得明显效果的。

第三十七条 凡违反本条例，有下列行为之一的单位和个人，视情节轻重给予行政处分、经济制裁，触犯刑律的，由司法机关依法追究刑事责任：

一、违反财经法律、法规和财经纪律，造成损失的；

二、违反规定，擅立名目集资、筹款、收费、罚款的；

三、对坚持财务会计制度的乡镇财政所人员进行打击报复的；

四、玩忽职守，使国家资财遭受损失的；

五、行贿受贿，贪污盗窃国家资财的。

第十章　附　　则

第三十八条　本条例所指的"县"，包括自治县、县级市和省辖市设乡镇的区；所指的"乡"，包括民族乡。

第三十九条　省财政厅可根据本条例制定实施细则，报省人民政府批准后施行。

第四十条　本条例自一九八七年一月一日起施行。

山西省城乡集市贸易食品卫生管理规定

（一九八六年四月三十日山西省第六届人民代表大会常务委员会第十八次会议通过）

第一条　为加强对城乡集市贸易的食品卫生管理，保证食品卫生质量，保障人民身体健康，根据《中华人民共和国食品卫生法(试行)》第六条的规定，结合我省实际情况，制定本规定。

第二条　本规定适用于我省城乡集市贸易经营的食品、食品添加剂、食品容器、食品包装材料，食品用工具、设备，经营场所、设施和有关环境，经营食品的人员；也适用于食品摊点和零散食品商贩。

第三条　城乡集市贸易食品卫生管理工作和一般食品卫生检查及验证工作，由工商行政管理部门负责，食品卫生监督、检验和技术指导，由卫生部门的食品卫生监督机构负责；畜禽兽医卫生检疫检验工作，由农牧部门的畜禽防疫检疫机构负责。

第四条　城乡集市贸易市场的地址选择，应纳入城乡建设发展规划，食品市场应远离厕所、粪场、畜禽场、垃圾堆等污染源。集市贸易市场应设售货台、垃圾箱等设施。

第五条　凡上市销售的肉、禽、水产品、粮油、瓜果、蔬菜等农副产品，按当地工商行政管理部门指定的地区，按行业固定摊位，保持环境清洁，防止交叉污染。城市不得在车行道上摆摊或推车出售食品。

第六条　食品商贩开业前，必须由经营所在地食品卫生监督机构进行卫生审查，取得卫生许可证后，再向工商行政管理部门登记，领取营业执照。

对食品商贩应每年进行一次卫生审查，合格的发给卫生许可证；不合格的责令停业限期改进，逾期仍达不到卫生要求的，通知工商行政管理部门吊销其营业执照。

食品商贩变更营业范围的，须按第一款的规定，另行办理卫生许可证和营业执照。

食品商贩进行营业，应挂出卫生许可证和营业执照，接受群众监督。

第七条　经营直接入口食品的人员，每年必须进行健康检查，发现疑似传染病的应随时检查。凡患有痢疾、伤寒、病毒性肝炎等肠道传染病(包括病原携带者)、活动性肺结核、化脓性或渗出性皮肤病以及其他有碍食品卫生的疾病的，不得生产、经营直接入口食品。

第八条　生产、经营食品的人员必须保持个人卫生。出售的各种食品必须清洁卫生，无毒无害。销售直接入口食品时，必须使用工具售货，做到货款分开，生熟分开。

生产、经营熟肉制品和自行加工配制的冷饮品，须取得当地食品卫生监督机构检验合格证，方可上市。

销售直接入口食品必须有防蝇、防尘设备。食具每次用后必须清洗消毒。不得使用废旧纸张包装食品。

第九条　禁止生产经营下列食品：

一、腐败变质、油脂酸败、霉变、生虫、污秽不洁、混有异物或其他感官性状异常的食品；

二、含有毒、有害物质或被有毒、有害物质污染的食品；

三、含有致病性寄生虫、微生物，或微生物毒素含量超过国家限定标准的食品；

四、未经检验或检验不合格的肉类及其制品；

五、病死、毒死和死因不明的畜、禽、兽、水产动物及其制品；

六、容器包装污秽不洁，严重破损或者运输工具不洁造成污染的食品；

七、掺假、掺杂和伪造的食品；

八、用非食品原料或用不符合卫生标准的原料加工的食品；

九、含有未经批准使用的添加剂、农药(残留)的食品；

十、用糖精、色素、香精兑制的颜色水；

十一、染色膨化食品及吹糖人食品；

十二、无商标、产地、厂名、出厂日期的罐头和定型包装的饮料；

十三、超过保存期限的食品；

十四、其他不符合食品卫生标准的食品。

第十条　食品卫生监督人员、工商行政管理人员、畜牧兽医检验人员在执行任务时，可以向生产经营者了解情况，索取必要的资料，进入生产、经营场所检查，按照规定无偿采样。生产、经营者不得拒绝或隐瞒。

食品卫生监督员根据检测需要，无偿采样的品种、数量应限在最小限度，不得任意超量索取。采样时应开具采样单。

第十一条 对模范遵守《食品卫生法》和本规定的单位和个人，应给予表彰和奖励，具体办法由省卫生行政部门制定。

第十二条 对于违反本规定的行为，任何人都有权向负责执行本规定的有关部门检举揭发和控告。有关部门必须受理，不得推诿。

第十三条 凡生产经营本规定第九条禁止的食品，集市管理机构应予没收并按有关规定销毁或作其他处理。没收食品时要发给食品卫生违法处理通知单。

第十四条 对违反本规定第六条、第七条、第八条、第九条情节较重的单位和个人，由食品卫生监督机构给予行政处罚；情节较轻的由集市管理机构给予行政处罚；处罚办法由省人民政府制定。

第十五条 违反本规定，造成食物中毒事故或其他食源性疾患的，依照《食品卫生法》第三十九条、第四十条的规定处理。

对违反本规定，造成严重食物中毒事故或者其他严重食源性疾患，致人死亡或致人残疾丧失劳动能力的，依照《食品卫生法》第四十一条的规定处理。

第十六条 当事人对集市管理机构给予的行政处罚不服的，可向上一级工商行政管理部门申请复议，但对食品的控制性决定必须立即执行。受理复议申请的工商行政管理部门应在十日内对复议申请做出裁决。对罚款决定不履行的，由工商行政管理部门申请人民法院强制执行。

第十七条 当事人对食品卫生监督机构给予的行政处罚不服的，可在接到通知十五日内向人民法院起诉，但对食品的控制性决定必须立即执行。对罚款决定逾期不履行又不起诉的，由食品卫生监督机构申请人民法院强制执行。

第十八条 以暴力行为阻碍工商行政管理人员、食品卫生监督人员和兽医检验人员执行任务的，由公安机关依据有关规定处理；构成犯罪的，由司法机关依法追究刑事责任。

第十九条 工商行政管理人员、食品卫生监督人员和兽医检验人员，应忠于职守，秉公办事，执行任务时要出示证件。对依法办事，工作成绩显著的，由主管部门给予表彰或奖励。对利用职权违法乱纪的，根据情节轻重，由主管部门给予行政处分；构成犯罪的，由司法机关依法追究刑事责任。

第二十条 本规定自一九八六年七月一日起施行。

内蒙古自治区森林管理条例

（一九八六年十二月二十七日在自治区第六届人民代表大会常务委员会第二十次会议通过）

第一章 总 则

第一条 为了保护、培育和合理利用森林资源，加快绿化步伐，充分发挥森林的多种效益，适应社会主义建设和人民生活的需要，根据《中华人民共和国民族区域自治法》和《中华人民共和国森林法》的规定，结合自治区的实际，制定本条例。

第二条 在自治区境内从事森林的采伐利用、培育种植、经营管理活动，都必须遵守本条例。

第三条 自治区境内的森林、林木和林地实行全民所有和集体所有。

全民所有的和集体所有的森林、林木和林地，个人所有的林木和使用的林地，由旗县级以上人民政府登记造册，核发证书，确认所有权或者使用权。

森林、林木、林地的所有者和使用者的合法权益，受法律保护，任何单位和个人不得侵犯。

对破坏森林资源的行为，任何单位和个人有权制止或者检举控告。

第四条 自治区林业主管部门根据国家关于森林资源清查和划分林种的规定，负责组织划定自治区的防护林、用材林、经济林、薪炭林和特种用途林。

自治区重点的防护林和特种用途林，由自治区林业主管部门提出意见，报自治区人民政府批准公布。国务院已有规定的除外。

第五条 林业建设实行以营林为基础，普遍护林，大力造林，采育结合，永续利用的方针。

第六条 发展林业教育事业，积极培养科技人才，加强林业科学研究，努力改善科研条件，提高林业科学技术和经营管理水平。

第七条 自治区对森林资源实行以下保护性措施：

（一）对森林实行限额采伐，鼓励植树造林，封山育林，扩大森林覆盖面积。

（二）自治区人民政府要采取有效措施，在大兴安岭林区推行"以煤代木"，节约木材。

（三）根据国家和自治区人民政府有关规定，对集体和个人造林、育林给予经济扶持或者低息长期贷款。

（四）按采伐木材和主要林副产品销售收入征收一定比例的育林费，专门用于造林育林。征收育林费的办法，由自治区林业、财政主管部门制定。

（五）煤炭、冶金、造纸、盐池、碱矿、铁道、交通、农牧渔场、水电、城建等部门，应当提取或者安排一定数额的造林绿化资金，并制定管理使用办法，实行专款专用。

（六）建立林业基金制度。林业基金的具体管理办法由自治区林业、财政主管部门制定，报自治区人民政府批准。

第八条 植树造林，保护森林，是公民应尽的义务。各级人民政府应当组织全民义务植树，开展植树造林活动。

第九条 自治区林业主管部门主管全区林业工作。旗县（市）人民政府林业主管部门，主管本地区的林业工作。苏木、乡、镇人民政府设专职或者兼职人员负责林业工作。

第十条 自治区国有林区，要把保护和开发森林同民族自治地方的经济利益密切结合起来，在木材的分配和利润分成等方面，要给予民族自治地方以更多的自主权和经济利益。

第十一条 在植树造林、保护森林和森林经营管理等方面，要调动各种积极因素，对于做出显著成绩的单位或者个人，由自治区各级人民政府给予精神的或者物质的奖励。

第二章 森林经营管理

第十二条 各级林业主管部门依照国家法律和本条例的规定，对森林资源的保护、利用、更新，实行管理和监督。全民所有的森林由国营林业局、国营林场经营管理。

第十三条 在大兴安岭原始林区实行“营林为主，采育结合，综合利用，多种经营”的方针。在次生林区实行“封护为主，育造并举，综合利用，多种经营”的方针。

第十四条 自治区林业主管部门根据国家的规定和自治区人民政府的部署，定期组织森林资源调查，为编制森林经营方案，建立森林资源档案，确定森林采伐限额提供依据。各级林业主管部门根据实际需要，对森林资源管理、调查设计的机构设置提出方案，报同级人民政府批准。

第十五条 旗县级以上人民政府应当制定林业长远规划。国营林业企业事业单位和森林自然保护区，应当根据林业长远规划，编制森林经营方案，报上级主管部门批准后实行。

各级林业主管部门应当指导农村、牧区集体经济组织和国营农场、牧场、工矿企业等单位编制森林经营方案。

第十六条 全民所有制单位之间、集体所有制单位之间以及全民所有制单位与集体所有制单位之间发生的林木、林地所有权和使用权的争议，由苏木、乡、镇级以上人民政府处理。旗县（市）范围内的，由苏木、乡、镇或者旗县（市）人民政府处理；旗县（市）之间的，由盟行政公署、市人民政府处理；盟市之间的，由盟市协商处理，达不成协议的，双方可将各自的意见报自治区人民政府裁决。

凡涉及与大兴安岭原始林区各国营林业局发生的林木、林地所有权和使用权的争议，由林区旗（市）人民政府和国营林业局将各自的意见报自治区人民政府裁决。

个人之间、个人与全民所有制单位或者集体所有制单位之间发生的林木、林地所有权和使用权的争议，由当地苏木、乡、镇或者旗县（市）人民政府处理。

当事人如对人民政府的处理决定不服的，可在接到通知之日起一个月内，向人民法院起诉。

在林木、林地权属争议解决之前，任何一方不得砍伐有争议的林木。

第十七条 进行勘察设计、修筑工程设施、开采矿藏，应当不占或者少占林地，必须占用或者征用林地的一切单位，都应当遵守下列规定：

（一）占用或者征用林地单位根据上级主管部门批准的计划任务书或者设计文件，在与森林经营单位协商后提出占地申请。占用或者征用林地面积十亩以下的，报旗县（市）人民政府批准；占用或者征用林地面积十亩以上三十亩以下的，报盟行政公署、市人民政府批准；占用或者征用林地面积三十亩以上二千亩以下的，报自治区人民政府批准；占用或者征用林地面积二千亩以上的，由自治区人民政府签署意见，报国务院批准。

占用大兴安岭林区国营林业局林地二千亩以下的，报自治区人民政府批准。

（二）占用林地单位必须伐除所占林地上的林木时，应严格遵守采伐及其它有关规定，并按照批准文件中指定的地点，将采伐的林木集中归堆，交森林经营单位处理。

（三）占用林地单位应当按照规定向森林经营单位补偿全部损失。补偿办法由自治区人民政府制定。

（四）森林经营单位在所经营的林地内，修筑直接为林业生产服务的道路和其他工程设施的，按照上级主管部门批准的文件执行。

第十八条 旗县（市）管理的国营林场，对不便经营管理的、零星小片的国有次生林，由旗县（市）林业主管部门审核，报盟行政公署、市人民政府批准，可以委托给附近村屯群众经营管理；由盟行政公署、市人民政府审核，报自治区人民政府批准，可以作价归户一部分，也可以划给聚居的少数民族群众一部分。对委托经营和作价归户的次生林，要加强经营管理，合理利用，遵守采伐规定，严禁乱砍滥伐。

旗县（市）管理的国营林场近期无力造林的宜林地，可以划出一部分给集体和个人造林。宜林地上的散生木、灌丛，可同时划给集体和个人。

牧区的天然散生木和小片灌木林、梭梭林，可随草场划给集体经济组织所有，并可以承包到户经营。

第十九条 大兴安岭林区各国营林业局、国营林场根据需要，通过当地人民政府有计划、有组织地吸收当地的各族群众参加林业生产，扶持猎民队发展多种经营。

大兴安岭林区内的旗(市)人民政府可以组织施工队伍，承包林业基本建设任务，也可以利用林区资源，组织各族群众发展建筑材料生产，或者从事服务业、畜牧业和家庭副业生产。

自治区人民政府根据实际情况，可以将大兴安岭林区内的城镇周围的部分宜林地，划给镇人民政府，用于单位或者个人种树、种菜、种草、养畜。

第二十条 自治区人民政府要根据大兴安岭林区内少数民族生产生活需要，由自治区林业主管部门每年批售给大兴安岭林区内的自治旗、民族乡和村屯一定数量的价格优惠的木材。要扶持林区内的旗(市)木制品加工厂、社发展生产。

第二十一条 大兴安岭林区内的旗(市)、苏木、乡、镇人民政府和各国营林业局，要严格控制自流人员进入国有林区。

第三章 森林保护

第二十二条 各级人民政府必须采取有效措施保护森林：

(一)加强林业法制和林政管理工作。各级林业主管部门都要设立林政管理机构或者配备专职管理人员；公安机关要在重点林区、自然保护区设立必要的机构或者配备人员，负责治安管理。

(二)组织有关部门建立护林组织，负责护林工作；根据实际需要在大面积林区增加护林设施，加强森林保护；督促有林的和林区的基层单位，订立护林公约，组织群众护林，划定护林责任区，配备专职或者兼职护林员。

(三)护林员由旗县(市)或者苏木、乡、镇人民政府委任，发给检查证和佩戴的标志。大兴安岭林区各国营林业局专业护林员，由各国营林业局发给检查证和佩戴的标志。护林员的主要职责是：向群众宣传林业法规，进行爱林护林教育，巡护森林，制止一切破坏森林资源的行为。对造成森林资源破坏的，有权要求当地有关部门处理。

第二十三条 自治区高级人民法院、人民检察院可以依照法律规定，在重点林区、自然保护区设立必要的机构，保证林业法律、法规的实施。

第二十四条 根据森林资源分布情况，配备武装森林警察部队，由自治区林业主管部门领导，在护林防火工作上受自治区和所在地护林防火指挥部指挥。其主要职责是：巡护森林，预防、扑救森林火灾，制止一切破坏森林资源的行为，协助公安部门维护林区社会治安。

第二十五条 各级人民政府应当按照“预防为主，积极消灭”的方针，采取有效措施，切实做好森林火灾的预防和扑救工作：

(一)根据实际需要，组织有关部门建立健全护林防火指挥部，设立精干的办事机构，负责护林防火工作。林区的嘎查、村民委员会和国营企业事业等单位，应当建立林区基层护林防火组织，划定责任区，落实责任制。

在大兴安岭林区，开展航空护林，增加防火设施，加强森林保护。

在行政区域交界的林区，建立护林联防组织，负责联防地区的护林防火工作。

(二)规定森林防火期。在森林防火期内，禁止在林区野外用火。禁止在野外烧纸、放鞭炮、吸烟，或者用其他容易引起森林火灾的方法狩猎。

(三)在森林防火期内，因烧荒、烧牧场、烧防火线、军事演习等特殊情况需要用火时，必须经过旗县(市)人民政府或者旗县(市)人民政府授权的机关批准。并按照规定的安全措施，严加管理。

(四)在森林防火期内，烧木炭、烧石灰、烧砖瓦、烘烤林副产品或者进行野外勘探，要在场地、驻地或者机台周围按规定开设防火线，准备好扑火工具。烧饭、取暖，必须选择安全地点，采取防火措施，事后要彻底熄灭余火。

(五)在森林防火期内，通过林区的铁路机车，要安设防火装置，在安全地点清炉，严防喷火、漏火。

(六)发生森林火灾时，当地人民政府必须立即组织当地军民积极扑救。商业、粮食、物资、卫生等部门应当主动做好物资供应和医护工作。铁路、交通、民航、邮电等部门，应当优先提供运输和通讯工具。

(七)对发生的森林火灾，应及时查明原因，查清损失，追究肇事者的责任。

(八)因扑救森林火灾负伤、致残、牺牲的，国家职工由所在单位给予医疗、抚恤；非国家职工由起火单位按照国家和自治区有关主管部门的规定给予医疗、抚恤；起火单位对起火没有责任或者确实无力负担的，由当地人民政府给予医疗、抚恤。

第二十六条 各级林业主管部门根据实际需要，建立健全森林病虫害防治检疫机构，负责组织本地区森林病虫害的防治与森林植物的检疫：

(一)森林病虫害防治工作，要预防为主，综合防治，做好森林病虫害的预测预报，及时控制森林病虫害灾害。

(二)确定森林植物检疫对象，划定疫区和保护区，严格检疫制度，控制检疫对象的传播和蔓延。

(三)发生林木病虫害时，有关经营单位和个人应当及时除治；发生严重的林木病虫害时，当地人民政府应当采取紧急除治措施，及早控制灾害，防止蔓延。

第二十七条 禁止毁林开垦和毁林采石、采砂、采土以及其他毁林行为；严禁在幼林地和特种用途林内砍柴、放牧；进入森林和森林边缘地区的人员，不得擅自移动或者损坏为林业服务的标志。

第二十八条 自治区人民政府要在不同自然地带的典型森林生态地区、珍贵动物和植物生长繁殖以及具有特殊保护价值的林区，划定自然保护区，加强保护管理。

自然保护区的管理办法，由自治区林业主管部门制定，报自治区人民政府批准。

对自然保护区以外的珍贵林木和林区具有特殊价值的植物资源，应当认真保护；未经自治区林业主管部门批准，不得采伐和采集。

第二十九条 自治区境内的国家重点自然保护区，由自治区人民政府确定，报国务院批准，并由自治区林业主管部门管理。

地方自然保护区，由自治区林业主管部门或者盟行政公署、市人民政府提出报告，报自治区人民政府批准，并由盟市或者旗县(市)林业主管部门管理。

大兴安岭林区内的地方自然保护区，由所在地的林业部门管理。

凡进入自然保护区从事科研考察、拍摄影片、登山、旅游等活动的单位和个人，必须经过自然保护区管理部门同意。

经同意进入自然保护区的人员，必须遵守自然保护区的规定。

第三十条 林区内列为国家保护的野生动物，禁止猎捕；因特殊需要猎捕的，按照国家有关法规和自治区有关规章办理。

第四章 植树造林

第三十一条 自治区各级人民政府要努力提高森林覆盖率，因地制宜的确定本行政区域内森林覆盖率的奋斗目标。

第三十二条 各级人民政府应当制定以"三北"防护林体系建设为重点的植树造林规划，加快绿化步伐。植树造林要因地制宜，宜乔则乔，宜灌则灌，乔灌草结合；封育保护现有植被与人工种树种草结合。

各级人民政府要适时组织和领导义务植树活动，各行各业和城镇、农村、牧区居民，都要完成规划确定的植树造林任务。植树造林应遵守造林技术规程，坚持科学造林，保证质量。

旗县(市)人民政府，对植树造林应认真组织检查验收，建立严格的检查验收制度，核实造林面积，对所造林木应按面积抽取百分之二以上进行检查，乔木林成活率不足百分之八十五的、灌木林成活率不足百分之七十的，不得计入年度造林完成面积。

第三十三条 植树造林要实行个体、集体、国家一齐上，以家庭经营为主的方针。

宜林地，属于全民所有的，由林业主管部门和其他主管部门组织造林；属于集体所有的，由集体经济组织组织造林。

铁路公路两旁、河流两岸、湖泊、水库周围，由各有关主管单位组织造林，限期绿化；工矿区、机关、学校用地，部队营区以及农场、牧场、渔场经营地区，由各该单位负责造林。

农村、牧区根据实际情况，可以将全民所有或者集体所有的宜林地，划给中、小学校一部分，用于造林。

旗县(市)和苏木、乡、镇人民政府根据群众意愿和经营能力，可以将集体所有的宜林地划给或者承包给农牧民家庭种树种草，限期绿化，长期经营，并由旗县(市)人民政府发给宜林地使用证。限期内不绿化的要收回宜林地，并按其实际收入收取宜林地荒芜费。

第三十四条 国营林业局、林场和集体林场要采集优良树籽，办好苗圃，培育良种壮苗。

鼓励个人育苗，允许自行销售。

第三十五条 全民所有制单位营造的林木，由营造单位经营并按照国家规定支配林木收益。集体所有制单位营造的林木，归该单位所有。农牧民在房前屋后、自留地、自留山上种植的林木归个人所有，产品自主处理。城镇居民和职工在自有房屋的庭院内种植的林木，归个人所有。

集体或者个人承包全民所有的和集体所有的宜林地造林的，承包后种植林木的所有权及其收益，按承包合同的规定执行。

个人所有的林木，允许继承，可以转让。

义务植树的林木，归造林地的法定使用单位所有，或者归当地人民政府指定的单位所有。

第三十六条 集体所有的林木，可以兴办合作林场、折股经营或者由集体林场承包经营；适宜家庭经营的，也可以作价归户或者承包到户，积极发展林业专业户。

第三十七条 新造幼林地和其他适宜封山育林的地方，由当地人民政府组织封山育林。

第五章 森林采伐

第三十八条 大兴安岭原始林区以国营林业局为单位，其他全民所有的森林和林木以各国营林业局、国营林场、农场、厂矿为单位，集体所有的森林和林木以及农村、牧区居民自留山的林木以旗县(市)为单位，根据合理经营和永续利用的原则，提出年森林采伐限额指标，逐级上报自治区林业主管部门汇总、平衡，由自治区人民政府审核后，报国务院批准。

除用材林的成熟林和过熟林蓄积量超过用材林的总蓄积量三分之二的国营林业局以外，都要根据用材林的消耗量低于生长量的原则，核定森林年采伐限额。

第三十九条 凡采伐全民所有制单位经营的森林和林木、集体所有制单位所有的森林和林木以及农村、牧区居民自留山的林木，都必须纳入国家的年度木材生产计划；采伐农村、牧区居民自留山的薪炭林除外。

第四十条 采伐森林和林木必须遵守下列规定：

（一）成熟的用材林应当根据不同情况，分别采取择伐、皆伐和渐伐方式。皆伐应当严格控制，并在规定的期限内完成更新造林。对未成熟的用材林，只准进行以提高森林质量为目的的抚育采伐，严禁单纯取材性质的采伐。

（二）防护林和特种用途林中的国防林、母树林、环境保护林、风景林，只准进行抚育和更新性质的采伐。

（三）特种用途林中的名胜古迹和革命纪念地的林木，自然保护区的森林，严禁采伐。

第四十一条 采伐林木必须申请采伐许可证，按许可证的规定进行采伐；农牧民采伐自留地和房前屋后个人所有的零星林木除外。

大兴安岭林区各国营林业局采伐林木，由自治区林业主管部门或者委托其主管单位审核发放采伐许可证。

其他国营林业企业事业单位，机关、团体、部队、学校和其他国营企业事业单位采伐林木，由所在地旗县（市）以上林业主管部门审核发放采伐许可证。

铁路、公路的护路林和城镇林木的更新采伐，由有关主管部门审核发放采伐许可证。

农村牧区集体经济组织采伐林木，由旗县（市）林业主管部门审核发放采伐许可证。

农牧民采伐个人的成片林木和承包集体的林木，由旗县（市）林业主管部门或者其委托的苏木、乡、镇人民政府审核发放采伐许可证。

遇有紧急抢险情况，必须就地采伐林木的，可以免除申请林木采伐许可证，但事后组织抢险的单位应将采伐情况报旗县（市）以上林业主管部门备案。

审核发放采伐许可证的部门，不得超过批准的年采伐限额发放采伐许可证。

第四十二条 申请林木采伐许可证的单位和个人，除应持有林权证和上级批准的木材生产计划外，国营林业企业事业单位必须提出伐区调查设计文件和上年度更新验收证明；其他单位必须提出包括采伐的目的、地点、林种、林况、面积、蓄积、方式和更新措施等内容的文件；部队还应提交师级以上领导机关同意采伐的文件；个人应提交包括采伐的地点、面积、树种、株数、蓄积、更新时间等内容的文件。

负责核发林木采伐许可证的部门和单位，在接到采伐林木申请后，除特殊情况外，应在一个月内办理完毕。

对伐区作业不符合规定的单位，发放采伐许可证的部门有权收缴采伐许可证，中止其采伐，直到纠正为止。

第四十三条 采伐林木的单位或者个人，必须按照采伐许可证规定的面积、株数、树种、期限完成更新造林任务，更新造林的面积和株数必须大于采伐的面积和株数。

第四十四条 从林区运出木材，必须持有自治区林业主管部门发给的运输证件，国家统一调拨的木材必须按照木材调拨通知书办理运输手续。对未取得运输证件的，木材检查站有权制止，铁路交通运输部门不得运输。

木材运输的管理办法、林区木材的经营和监督管理办法，由自治区人民政府另行规定。

第六章 法律责任

第四十五条 盗伐滥伐森林或者其他林木，情节轻微的，由林业主管部门按下列规定处罚：

（一）盗伐森林或者其他林木，林区木材一立方米以下、幼树五十株以下的，非林区木材半立方米以下、幼树二十株以下或者相当于上述损失的，责令赔偿损失，补种盗伐株数十倍的树木，并处以违法所得三至七倍的罚款。

（二）滥伐森林或者其他林木，林区木材五立方米以下、幼树一百株以下的，非林区木材二立方米以下、幼树五十株以下的，责令补种滥伐株数五倍的树木，并处以违法所得二至四倍的罚款。

（三）盗伐森林或者其他林木，林区木材超过一立方米、幼树超过五十株的，非林区木材超过半立方米、幼树超过二十株的，或者相当于上述损失的，除责令赔偿损失、补种树木以外，并处以违法所得五至十倍的罚款。

（四）滥伐森林或者其他林木，林区木材超过五立方米、幼树超过一百株的，非林区木材超过二立方米、幼树超过五十株的，除责令补种树木以外，并处以违法所得三至五倍的罚款。

（五）盗伐的林木或其变卖所得，应予追缴，返还原主。滥伐林木或其变卖所得，由当地林业主管部门追缴，作为林业基金。

第四十六条 盗伐滥伐森林或者其他林木，情节严重的，依照《刑法》第一百二十八条的规定追究刑事责任。

滥伐林木据为己有，数额巨大的，依照《刑法》第一百五十二条的规定追究刑事责任，并追缴其非法所得。

第四十七条 对支持、纵容、包庇、袒护滥砍盗伐森林或者其他林木，以及打击报复检举人的领导者，要追查责任，依法从重处理。

利用职权内外勾结，倒买倒卖木材，情节严重的，要依法追究刑事责任。

第四十八条 违反本条例规定，超过批准的年采伐限额发放林木采伐许可证或者超越职权发放林木采伐许可证的，对直接责任人员给予行政处分；情节严重，致使森林遭受严重破坏的，对直接责任人员依照《刑法》第一百八十七条的规定追究刑事责任。

第四十九条 伪造、倒卖林木采伐许可证或者木材运输证明的，由林业主管部门处以五十元至一百元的罚款；对已获利的除应没收其违法所得外，并处以违法所得二至五倍的罚款。情节严重的，比照《刑法》第一百二十条规定追究刑事责任。

第五十条 违反本条例规定，进行开垦、放牧、采石、采砂、采土、采种、采脂、砍柴和其他活动，致使森林、林木受到毁坏的，要赔偿损失，补种毁坏株数一至三倍的树木。

第五十一条 采伐林木的单位或者个人，没有按照规定完成更新造林任务的，发放采伐许可证的部门有权停发其采伐许可证，直到完成更新造林任务为止；情节严重的，林业主管部门除可组织其他单位或者个人代其完成更新造林任务，所需费用由未完成更新造林任务的单位或者个人负担外，并处以相当于所需造林费用的罚款。对直接责任人员由所在单位或者上级主管机关给予行政处分。

第五十二条 在森林防火期内，违反规定用火的，处以十元至五十元的罚款；违反规定用火引起森林火灾，烧毁森林面积五十亩以下，或者造成损失价值一千元以下的，要责令限期更新造林，赔偿损失，并处以五十元至五百元的罚款；违反规定用火引起森林火灾，尚未造成严重后果的，比照《刑法》第一百零五条的规定追究刑事责任；使森林资源遭受重大损失的，比照《刑法》第一百零六条的规定追究刑事责任。

第五十三条 对违反本条例规定运输木材的直接责任人员，由所在单位或者上级主管机关给予行政处分，并处以本人三个月以下、一个月以上工资或者收入的罚款。

第五十四条 违反本条例规定，致使特种用途林、珍贵树木和自然保护区内的森林遭受破坏，以及未经批准捕杀一、二类保护动物的，依法从重处理。

第五十五条 被责令补种树木因故不补种的，可以交纳造林费，由林业主管部门收取后代为补种。

第五十六条 对违反本条例者的行政处罚，由旗县(市)级以上林业主管部门或其授权的部门决定。

第五十七条 当事人对林业主管部门的罚款决定不服的，可以在接到罚款通知之日起一个月内，向人民法院起诉；期满不起诉又不履行的，林业主管部门可以申请人民法院强制执行。

第七章 附 则

第五十八条 森林资源，包括森林、林木和林地，以及林区内的野生植物和动物。林地，包括郁闭度零点三以上的乔木林地，疏林地，灌木林地，采伐迹地，火烧迹地，苗圃地和国家规划的宜林地。

第五十九条 森林覆盖率是指全区或者一个地区森林面积占土地面积的百分比，森林面积是指郁闭度零点三以上的乔木林地面积，经济林地、国家特别规定的覆盖度百分之四十以上的灌木林地面积，农田林网以及村旁、路旁、水旁、宅旁林木的覆盖面积也列为森林面积。

第六十条 本条例自通过之日起施行。

辽宁省文化市场管理条例

（一九八六年七月二十日辽宁省第六届人民代表大会常务委员会第二十一次会议通过）

第一章 总 则

第一条 为了加强社会主义精神文明建设，促进文化市场改革，繁荣文化事业，丰富群众文化生活，满足广大人民群众日益增长的文化生活需要，根据宪法的有关规定，特制定本条例。

第二条 本条例管理的范围是：

(一)各类表演团体和个人所进行的营业性文艺演出和演出场所；

(二)音像制品的出版、发行和放映；

(三)各种图书、图片、报刊的出版、印刷、发行和租赁；

(四)其它营业性的精神文化产品和文化娱乐活动。

第三条 国营、集体和个人在文化市场经营的精神文化产品，进行的文化娱乐活动，必须坚持为人民服务、为社会主义服务的方向，坚持百花齐放、百家争鸣的方针，把社会效益放在首位。

各级人民政府支持文化市场的改革和开放，保护国营、集体和个人在文化市场的合法经营权益和人民群众正当的文化娱乐活动。

第四条 鼓励一切健康有益的文化娱乐活动。对从事文化工作有突出成绩的单位、个人及优秀作品应给予奖励和表彰。

第五条 对一切内容反动和宣扬淫秽、恐怖凶杀、封建迷信思想的文艺演出、音像制品、出版物等，必须予以取缔。

第二章 文艺演出

第六条 一切从事文艺演出的团体、个人，经县(区)以上文化行政管理部门审查批准，取得《营业演出许可证》，均可面向社会进行营业性演出。

第七条 鼓励省内外文化艺术交流，促进各种流派和风格的文化艺术的发展。省内外艺术表演团体或个人凡按国家规定，经双方文化行政管理部门同意，均可进出我省演出。国外和海外艺术表演团体来我省演出，按国家规定办理。演出内容由县（区）以上文化行政管理部门负责审查。

凡经审查批准的演出，除上级文化行政管理部门外，其它单位和个人无权制止。

未经审查批准的演出单位、节目，不得演出。

第八条 非演出单位邀请或招聘演员、演奏员临时组合演出，由县（区）以上文化行政管理部门办理《临时营业演出许可证》。

第九条 非专业演出单位如需面向社会售票或收费的，由市以上文化行政管理部门办理《临时营业演出许可证》。

第十条 一切从事营业性演出的场所，须经当地文化行政管理部门批准，公安部门安全检查合格，工商行政管理部门核准登记，发给营业执照。

接待营业性演出的场所，不得接待未履行规定手续的艺术表演团体和个人进行营业性演出。

第三章 音像制品

第十一条 录音录像制品的出版，统一由国家批准的音像出版社负责，其他单位或个人不得从事录音录像制品的出版业务。

第十二条 音像制品的发行、销售、出租，按国家有关规定办理。

第十三条 收费的录像放映单位和场所，由市一级广播电视局会同文化局批准，公安部门安全检查合格，发给《准放证》。

收费的录像放映单位，应放映国家批准的音像出版单位正式出版发行的节目。向观众收取成本费用和管理费用。

禁止一切非法录像放映活动。

第十四条 宾馆、旅游饭店的闭路电视只准播放国家批准发行的音像节目。有涉外任务的可播放经中央或省广播电视部门审定的海外节目。

播放海外文艺性的录像节目，由省广播电视厅审查批准。

第十五条 禁止走私、进口、录制、播放、私藏内容反动和宣扬淫秽、恐怖凶杀、封建迷信思想的录像带。

第十六条 录像出版单位出版的录像制品和电视台自制的电视节目版权，受法律保护。电视台不得播放没有取得演播权的国内外节目。

第四章 书刊出版

第十七条 建立出版社须向省出版行政管理部门申请，报国家出版局审查批准。

创办报刊，须向省出版行政管理部门申请，省出版行政管理部门会同有关部门审查批准。

第十八条 机关、团体、学校、企事业等非出版单位，编印与本单位有关的业务，教学和科研需要的内部资料，对外需收工本费的，各驻省单位、省直单位须经省出版行政管理部门审批；市及市以下单位须经市文化行政管理部门审批。

非出版单位不得自行编印书刊（报）出售。

第十九条 各出版社必须按规定的出版范围出版图书。期刊（报）社不得出版图书。

出版社、期刊（报）社不得向非出版单位和个人转让、出售图书、期刊（报）登记号。

第二十条 所有印刷厂均不得承印非法出版物。对出版社、期刊报社委托印制的出版物不得擅自加印出售，不得擅自转让纸型和图版。

第二十一条 新华书店经营出版社出版的各类图书，并可经营期刊零售业务。不准经营非出版单位的出版物和非法入境的书刊。

邮局从事报纸、期刊发行业务，可兼营图书零售业务。

第二十二条 鼓励发展集体、个体网点经销、代销书刊（报）业务。任何发行和经销、代销单位不得经营非法出版物和非法入境的书刊（报）。书刊（报）必须按定价销售，不得随意提价。

公开销售的挂历，由国家批准的出版社印制，市以上商业部门经省出版行政管理部门批准，也可印制。

广告挂历、广告年历的画面和印制，须经市以上出版（文化）、工商行政管理部门审查批准，但不得销售。

第二十三条 禁止一切非法出版活动。凡冒充出版社、期刊社和伪造出版社、书刊号出版书刊，出版无出版单位和书号的书刊，以及私自翻印的原版书刊、图片、画册，应一律收缴。

第二十四条 鼓励书刊、报纸开展各种学术观点的争鸣。禁止任何单位或个人出售、出租内容反动和宣传淫秽、恐怖凶杀、封建迷信思想的书刊、报纸，或进行书刊非法交易活动。

第五章 奖励与惩罚

第二十五条 对模范执行和维护本条例有显著成绩或突出贡献的单位和个人，由各级人民政府给予精神鼓励或物质奖励。

第二十六条 对违反本条例规定的演出、音像制品、出版物的责任者，要依据情节轻重，分别由文化、广播电视、出版、工商、公安等行政管理部门给予警告、罚款、停业整顿、吊销营业许可证和营业执照以及没收实物和非法经济收入等处分。情节严重的，要追究责任者和负责人的行政责任。对触犯刑律者，依法处理。

凡给以罚款、停业整顿、吊销营业许可证和营业执照处分的，分别由县（区）以上主管部门批准。对处罚不服者，可向上一级主管部门申诉。

第二十七条 对违反本条例规定的非法演出、音像制品和出版物，报社、电台、电视台和其他经营广告业务的单位,不得为其刊登、播放广告。银行不得为其建立帐户。

第六章　附　　则

第二十八条　县(区)以上文化、广播电视、出版行政管理部门保证本条例的实施。上述部门及所属单位,要有专人负责文化市场检查工作。

第二十九条　文化、广播电视、出版、工商、公安等行政管理部门要密切配合,加强对文化市场的有效管理,如有失职或渎职行为造成损失的,由各市人民政府追究有关部门领导的责任,以保证本条例的实施。

第三十条　本条例自公布之日起施行。

吉林省公路管理条例

(一九八六年九月二十六日吉林省第六届人民代表大会常务委员会第二十一次会议通过)

第一章　总　　则

第一条　为了加强公路建设、养护与管理,适应社会主义现代化建设的需要,根据国家法律、法规的有关规定,结合我省实际情况,制定本条例。

第二条　本条例适用于全省境内的国、省、县、乡级公路(以下分别简称:国道、省道、县道、乡道)以及专用公路。

第三条　公路的管理必须贯彻执行全面规划、重点发展、精心施工、加强养护、科学管理、确保公路畅通的方针。

第四条　各级人民政府和行政公署的交通行政部门为公路事业的主管部门,负责组织本条例实施和监督执行。各级公路管理部门是同级交通部门的分支机构,负责公路修建、养护与管理。

第五条　全省境内的公路实行统一领导,分级管理的原则。

国道、省道由省公路管理部门按照国家和省的规划,分别组织有关市、地、州公路管理部门修建、养护与管理。

县道由各市、地、州公路管理部门负责规划,并组织有关县(市、区)公路管理部门修建、养护与管理。

乡道由县(市、区)交通行政部门规划,由乡(镇)人民政府组织修建、养护与管理。达到公路技术标准时,由县(市、区)公路管理部门验收,经省公路管理部门批准后计入公路统计里程。

专用公路由专用部门或单位自行规划、修建、养护和管理。其规划须报当地交通行政部门备案。

第六条　各级人民政府对公路事业要加强领导,教育广大群众自觉遵守公路法规,维护和爱护公路。各级公路管理部门要建立健全路政管理机构,加强对公路的管理。

第二章　公 路 修 建

第七条　公路修建、改建应按规划和国家公路工程技术标准及基本建设程序进行,保证工程质量。

省道的建设规划,由省交通行政部门提出,经省人民政府批准,报交通部备案。

县道的建设规划,由市、地、州交通行政部门提出,经同级人民政府(行署)批准,报省交通行政部门核查备案。

乡道的建设规划,由县(市、区)交通行政部门提出,经同级人民政府报市、地、州批准,交通行政部门核查备案。

中外合资、独资建设的公路,由省人民政府按国家规定审批。

第八条　国道、省道的新建、改建所需资金,分别由预算内基本建设资金、能源交通基金与养路费安排。

县道的新建、改建所需资金,由地方财政和养路费支付,农业税地方附加亦应拨出适当数额用于公路建设。

乡道建设应纳入当地政府国民经济计划,由人民群众和受益单位自建、自养、自管或民办公助。

对少数民族地区、边远地区、贫困地区,省公路管理部门在资金和物资上应给予优先照顾。

专用公路的新建、改建由专用部门或单位自行负责。

位于县级以上公路线上的专用公路,应按所衔接的公路标准进行修建、养护与管理。

高速公路、高标准公路、大型公路桥梁的新建、改建所需资金,可采取贷款、合资、集资、其他部门投资等方式。凡利用以上四种资金来源修建的公路、桥梁,对过往车辆收取通行费时,须按有关规定报省人民政府批准。

第九条　新建、改建公路需占用土地、河道以及砍伐树木、拆迁建筑物和永久性测量标志,或与铁路、水利、电力、电讯等设施相互妨碍时,按国家和省的有关规定办理;无规定的,由交通行政部门与有关部门协商解决;经协商达不成协议的,报上一级人民政府决定,并由县级人民政府负责解决征用及附着物的拆迁。

第十条　各地公路用地,按下列规定宽度划定:

国道:路中心线两侧各十五米;省道:路中心线两

侧各十二点五米；县道：路中心线两侧各十米。

新建、改建公路需占用土地，按照《中华人民共和国土地管理法》的规定办理。公路用地要设立用地界桩。

第十一条 改建、维修公路，应采取措施保证通车，不得中断交通。

第三章 公路养护

第十二条 各级公路应全面养护。县级以上公路应保持路面平整，路拱适度，路肩整洁坚实，边坡稳定，边沟畅通，桥涵构造物维护完好，标(号)志完善鲜明，路树齐全。

第十三条 县级以上公路以专业工人养护为主，并实行民工建勤修建和养护公路制度。每年每个劳动力建勤不超过五个标准工日，每台车不超过两个车工日。超过规定用工限额时，须经上级人民政府批准。

乡道由乡(镇)人民政府组织群众养护。

专用公路由专用部门或单位自行养护。

第十四条 公路因严重自然灾害使交通受阻时，当地人民政府应立即动员和组织沿线单位和人民群众义务抢修，维持通车。

第十五条 修建、养护公路所需砂石土料，应尽量利用荒山、荒地、河滩。河道以外已有的料场，仍由公路管理部门使用。在新开辟的区域内取砂石土料，按吉林省土地管理、河道管理和城市建设管理等条例规定办理。任何单位和个人不得阻挠或索取其他价款。

第十六条 公路宜林路段应进行绿化，有条件路段可进行美化。公路绿化由公路管理部门统一规划，实行以公路管理部门营造为主和谁造谁有、合造共有的办法。

第十七条 对公路养护道班和养路工人实行经济责任制。

第四章 路政管理

第十八条 各级公路的路基、路面、边沟、截水沟、盲沟、护栏、挡土墙、护坡、导流堤坝、桥涵、交叉道口、标(号)志、测桩、里程碑、界碑、行道树、苗圃、工程设备、隧道，以及通讯、检测、监控和安全设施等，任何单位和个人不得侵占、迁移或破坏。

第十九条 禁止侵占公路用地。在公路用地外采矿或设窑，与公路最小间距，应按公路路基边坡比例放坡至矿(窑)底水平线的坡脚距矿(窑)作业面五十米；地面设施与公路规划用地边缘水平距离亦应保证五十米。

第二十条 不准利用桥涵添设闸门、渡槽和管线；不准在桥涵上下游二百米内挖砂取土、筑坝，压缩或扩宽河床以及距桥涵一百米内倾倒垃圾、设置建筑物、烧荒；不准在隧道洞口周围五百米内凿岩放炮、开山采石。在距隧道洞口五百米外的公路两侧二百米内凿岩放炮、开山取石时，需经县以上交通行政部门同意，并采取安全防护措施。

第二十一条 电讯、广播线路跨越公路的最低线条距公路路面垂直高度为五点五米，电力线为六米。公路路树与电力、电讯、广播线路的间距为二至三米。间距不够的，应由电力、邮电部门会同公路管理部门剪除树木，所剪树木归林权所有者。

第二十二条 兴建铁路、机场、电力、通讯、水库、堤坝、水渠、工厂等工程以及埋设管道、电缆和电杆，需占用公路及其附属设施时，应先征得主管该公路的交通行政部门同意，并签订协议。建设单位负责按公路原技术标准进行改建或迁建。竣工后，由交通行政部门验收。

第二十三条 通过公路、桥梁、渡口的一切车辆、行人，应严格执行公路、桥梁、渡口的有关规定。

禁止各种履带车和铁轮车在油路和砂石路面上行驶。无辅道又必须通过时，须经当地公路管理部门同意，并采取保护措施后方可靠右侧路肩行驶；部队坦克车拉练、训练、打靶需通过时，亦应按此规定办理。

因施工封闭的路段，除持有通行证件执行紧急任务外，禁止车辆通行。但公路管理部门必须指明绕行路线或修便道(桥)，保证通车。

超重超宽车辆，未经当地公路管理部门同意，禁止过桥；险桥降低载重标准，需经技术鉴定。国道、省道由省公路管理部门鉴定批准，县道由市、地、州公路管理部门鉴定批准。

晴通雨阻公路禁止车辆通行的时间，由县公路管理部门据雨情确定。

第二十四条 凡在公路和规划路线两侧新建各种建筑物，其边缘距公路用地边缘最小间距为：国道十五米，省道十二米，县道八米。专用公路可参照本规定执行。

在平交道口附近的建筑物、树木的距离，应满足行车视距的要求。

第二十五条 在国道、省道上增设道口，须经省交通行政部门批准；在县道及专养乡道上增设道口，须经市、地、州交通行政部门批准，并按技术标准进行设计和修建。

第二十六条 公路用地界内的自然林、历史遗留林和路树，由各级公路管理部门管理，但需按《吉林省森林管理条例》规定办理林权证件。国道、省道的树木需要采伐更新时，由省公路管理部门批准，县道及专养乡道的树木，由市、地、州公路管理部门批准。经批准部门发给采伐许可证方可采伐。

第二十七条 公路管理部门必须建立健全路产档案，长期保存；建立各种标(号)志和安全设施，及时清除各种路障，保证交通安全。

第二十八条 除交通联合检查站和持有证件的公安人员执行任务所设临时路卡外，任何单位和个人不得在公路上设置路卡、路栏。

未经省人民政府批准，任何单位和个人不得向过往车辆、行人索取过路费、过桥费。

第二十九条 禁止在公路及公路用地上建房、搭棚、砌墙、夹杖、挖土、制坯、采矿、设窨、筑坝、开渠、挖沟、引水、打场、晒粮、堆积物料、积肥沤麻、埋设管道、倾倒垃圾残土以及占路摆摊等堵塞道路、阻碍交通的行为。保证公路畅通和行车、行人安全。

因基本建设或其他原因确需临时占用公路时，须经公路管理部门批准，并按规定缴纳占路费。

第五章 养路费的征收与使用

第三十条 公路养路费的征收与减免，由各级交通行政部门按国家规定执行，其他任何机关和部门不得征收或减免。

车辆保有单位和个人，必须按国家规定缴纳养路费。

第三十一条 养路费的使用，要贯彻取之于路，用之于路的原则，在银行单列户头，专款专用。任何单位和个人不得截留、挪用、坐支或平调。

第六章 奖励与处罚

第三十二条 对在公路修建、养护、管理中成绩显著或在维护公路财产、治安及公路抢险中有功的单位和个人，应给予表彰和奖励。

第三十三条 违反本条例有下列行为之一的，分别给予以下处罚：

（一）违反本条例第十八条、第十九条、第二十条、第二十一条规定，未造成损失的，必须限期拆除或停止利用；已造成损失的应按价赔偿，并处二百元以下罚款。

（二）违反本条例第二十三条规定，损坏路面、桥涵的，除按价赔偿外，并处二百元以下的罚款。

（三）违反本条例第二十四条、第二十五条规定，必须限期拆除、封闭，并处二百元以下罚款。

（四）违反本条例第二十六条规定，按《吉林省森林管理条例》的有关规定处理。

（五）违反本条例第二十七条规定，因险桥险路标志不全造成交通事故的，应视其情节，追究公路管理部门的经济责任。造成严重后果的，并对单位领导人员和直接责任者给予行政处分、经济制裁、直至依法追究刑事责任。

（六）违反本条例第二十八条规定，滥设路栏、路卡的，必须立即撤除，没收其非法所得，并对单位领导人员和直接责任者处二百元以下的罚款。

（七）违反本条例第二十九条规定，给予批评教育或令其限期拆除、清除或修复；已造成损失的应按价赔偿，并处二百元以下罚款。

第三十四条 新建、改建公路及公路养护达不到质量标准，或因工作失职给国家和人民财产造成损失的，可视其情节，对单位领导人员和直接责任者给予行政处分、经济制裁、直至依法追究刑事责任。

第三十五条 利用职权滥用建勤民工、民车的，应赔偿经济损失；截留、挪用、坐支、平调养路费的，应限期如数清退，并对单位领导人员和直接责任者给予行政处分。

第三十六条 交通行政部门、公路管理部门的工作人员，应模范遵守本条例，秉公执法。对有玩忽职守、敲诈勒索、徇私舞弊行为的，应从严惩处。

第三十七条 违反本条例的行政处罚，由各级交通行政部门执行；触犯《中华人民共和国治安管理处罚条例》的，由各级公安部门给予治安处罚；触犯刑律的，由司法机关依法追究刑事责任。

第三十八条 依法处罚、没收的款物，应全部上缴财政；收缴的路产赔偿费，用于恢复被损坏的路产。

第三十九条 当事人不服交通行政部门处罚的，可在接到通知书之日起十五日内向当地人民法院起诉；逾期不起诉又不履行的，交通行政部门可申请人民法院强制执行。

第七章 附 则

第四十条 本条例自一九八七年一月一日起施行。省内过去有关规定与本条例有抵触的，按本条例执行。

黑龙江省实施《中华人民共和国义务教育法》条例

（一九八六年五月二十九日黑龙江省第六届人民代表大会第四次会议通过）

第一章 总 则

第一条 根据《中华人民共和国义务教育法》规定，结合我省具体情况，制定本条例。

第二条 全省实行九年制义务教育。政府、社会、学校和家庭依法保障适龄儿童、少年接受义务教育的权利。

第三条 义务教育必须贯彻国家教育方针，努力提高教育质量，使儿童、少年在品德、智力、体质等方面全面发展，为培养有理想、有道德、有文化、有纪律的社会主义建设人才打下良好基础。

第四条 学校应当推广和使用普通话。

少数民族学校、招收少数民族学生为主的学校，可以用本民族通用的语言文字教学。

第五条 义务教育分为初等教育和初级中等教育(含初级职业技术教育)两个阶段。在普及初等教育的基础上普及初级中等教育。义务教育学制执行国家规定。

第六条 义务教育实行分级办学、分级管理的体制。

第七条 义务教育应因地制宜分地区、分步骤实施。初等义务教育应在一九八八年实现；初级中等义务教育分为四类：经济发达，教育基础较好的地区和单位，一九九〇年实现；经济条件较好，已经普及初等义务教育的地区和单位，一九九三年实现；经济文化基础一般的地区和单位，一九九五年实现；经济不发达，教育基础薄弱的地区和单位，二〇〇〇年实现。具体规划，由县级以上(含县级)各级人民政府制定，经同级人民代表大会常务委员会审议批准。

第八条 各级人民政府的教育行政管理部门为实施本条例的主管部门。

第二章 学 生

第九条 具备条件的地区，凡年满六周岁的儿童，不分性别、民族、种族，都必须入学接受义务教育。

条件不具备的地区，接受义务教育的儿童的入学年龄可以推迟到七周岁。

第十条 父母或其他监护人有义务保障其抚养的学龄儿童按时入学，并受完规定年限的义务教育。

第十一条 确因疾病或特殊情况不能按时入学的学龄儿童、少年，应由其父母或其他监护人提出申请，提交有关证明，经住所市辖区、不设镇的市教育行政管理部门或乡(镇)人民政府批准，方可延缓入学或免于就学。

第十二条 接受义务教育的学生免缴学费。

设立助学金制度，帮助贫困学生就学。

第十三条 任何单位和个人不准招用应受义务教育的学龄儿童、少年就业。

第三章 教 师

第十四条 教师应当热爱社会主义教育事业，努力提高自己的思想、文化、业务水平，爱护学生，忠于职责。小学教师应逐步达到中师以上文化程度或同等学历；初级中等学校教师应逐步达到大专以上文化程度或同等学历。

第十五条 政府有关部门和办学单位应按编制配备小学和初级中等学校教师。不准将不具备教师条件的人员调入学校任教。

第十六条 中小学教师的管理、调配和计划、劳动部门安排的自然减员指标的补充，由教育行政管理部门负责。未经县级以上教育行政管理部门批准，不准抽调中小学教师改做其他工作。

第十七条 高中等师范院校毕业生，由教育行政管理部门统一分配到学校任教，并应首先保证义务教育的需要。其他高等院校毕业生也应分配一部分到中学任教。任何单位或个人不准改变上述毕业生分配的指令性计划，不准截留改做其他工作。

第十八条 建立教师考核制度。对考核合格者，由教育行政管理部门颁发资格证书。对考核不合格者，由教育行政管理部门负责培训。对不适合做教师工作的人员，应调离教育岗位；教育行政管理部门安排有困难的，由同级人事、劳动部门负责调离教育部门，逐步给予安排。

第十九条 各级教育行政管理部门应通过多种途径有计划地培训教师，不断提高中小学教师队伍的素质。

高中等师范院校、教师进修院校、电视大学、函授大学、业余大学和其他高等学校应承担培训现职教师的任务。

第二十条 根据教育事业发展需要，扩大师范院校和教师进修院校的建设规模，扩大招生名额，不断提高培训能力和培训质量。

第二十一条 中小学教师应得到全社会的尊重，其合法权益受法律保护。各级人民政府应采取切实措施，提高教师的社会地位和生活待遇，积极创造条件，优先解决教师住房、安排教师子女就业，鼓励教师长期从事教育事业。

第二十二条 民办教师的工资应保证及时发放。对民办教师有步骤地实行乡镇统筹工资制。

第二十三条 对少数民族地区、偏远山区和贫困地区，应在师范院校招生、师资配备、师资培训上给予照顾。

第四章 学校建设

第二十四条 各级人民政府应当合理设置小学、初级中等学校，方便儿童、少年就近入学，并为盲、聋哑、弱智和其他残疾儿童、少年举办特殊教育学校或班。

第二十五条 城市和乡镇(包括工矿区、新建或改建住宅区)建设发展规划，应根据义务教育实际需要，同时规划中小学校用地，并要征得教育行政管理部门同意。

第二十六条 中小学校的教室、实验室、图书阅览室、卫生室等设施及配套设备和运动场地、绿化园地应逐步做到按国家规范标准修建或配置。

第二十七条 各级人民政府应保证学校正常秩序不受干扰。任何单位或个人不准随意改变学校教学计划，不准侵占、损坏学校校舍、财产、场地。

禁止侮辱、殴打教师，禁止体罚学生。

第二十八条 严禁在学生中传播淫秽物品和进行

其他毒害学生思想的活动。严禁利用宗教活动妨碍义务教育的实施。

第五章 经 费

第二十九条 各级人民政府应保证义务教育事业费和基本建设投资的需要。预算内的正常教育事业费,应确保逐年有所增长,增长的比例应高于当地财政经常性收入增长比例的百分之二以上,并使按在校学生人数平均的公用经费逐步有所增加。

第三十条 在正常情况下,省、市、县地方机动财力应安排百分之二十以上作为教育专项补助费,并对偏远山区、贫困地区给予特殊照顾。城市维护费中应安排一定比例用于义务教育。

第三十一条 国家拨给少数民族地区的补助费,应安排一部分用于义务教育。

第三十二条 城乡教育事业费附加,按国家规定征收。主要用于实施义务教育。

第三十三条 财政拨给农村学校的办学经费应实行以乡(镇)为单位包干使用,其不足部分和教育事业发展需要增加的经费,由乡(镇)财政予以解决。

乡(镇)财政分成应主要用于义务教育。

第三十四条 鼓励和提倡企业、社会团体、集体或个人在自愿基础上资助义务教育。

第三十五条 支持中小学校在保证教学的情况下,开展勤工俭学活动,其收入应安排适当比例用于改善办学条件。

第三十六条 任何单位和个人不得侵占、克扣、挪用义务教育经费。

第六章 社会办学

第三十七条 鼓励和支持企业、事业单位和其他社会力量举办各类小学或初级中等学校。

第三十八条 凡企业、事业单位和其他社会力量举办中小学校必须具备固定的教学场所,必要的教学设备,胜任教育、教学工作的教师和有保证的资金来源,并须经县级以上教育行政管理部门批准。

第三十九条 大中型企业应单独或联合办中小学校。凡已单独办学或联合办学的企业,要坚持办好,不得随意撤销或收缩办学规模。

第四十条 各级教育行政管理部门应对企业、事业单位和其他社会力量举办的中小学校,在贯彻教育方针、政策,执行教学计划,使用教材方面进行监督和领导;在教学业务和师资培训方面给予帮助和指导。

第七章 奖励与惩罚

第四十一条 对在实施义务教育中做出显著成绩的地区、单位及有关人员,给予表彰、奖励。

第四十二条 违反本条例,有下列行为之一者,视其情节轻重,分别给予行政处分、经济制裁,并采取相应的强制措施。

(一)对违反本条例第十条规定,不履行义务的父母或其他监护人,进行批评教育,并采取有效措施强制其履行义务。

(二)对违反本条例第十三条规定的单位和个人罚款五百元至一千元,并强令学生返回学校就读。

(三)对违反本条例第十五条规定,将不具备教师条件的人员调入学校任教的当事人给予行政处分,并将调入的人员退回原单位。

(四)对违反本条例第十六条规定,擅自抽调中小学教师改做其他工作的当事人给予行政处分,并强令被抽调人员回学校任教。

(五)对违反本条例第十七条规定,改变毕业生分配的指令性计划或截留毕业生改做其他工作的当事人给予行政处分,对用人单位罚款一千元至一千五百元,并将毕业生退回教育部门。

(六)对违反本条例第十八条规定,弄虚作假,对不合格教师发给资格证书的当事人予以行政处分,并收回资格证书。

第四十三条 违反本条例,有下列行为之一者,视情节轻重,追究行政责任或刑事责任。

(一)对违反本条例第二十七条规定,扰乱学校正常秩序,殴打教师或学生的当事人,按《中华人民共和国治安处罚条例》有关规定处罚;对侵占或损坏学校校舍、财产或场地的当事人,令其限期退还,赔偿损失,情节严重构成犯罪者,依法追究刑事责任。

(二)对违反本条例第二十八条规定,传播淫秽物品或进行毒害学生思想活动及利用宗教活动妨碍义务教育实施的当事人,按国家有关规定处理,直至追究刑事责任。

(三)对违反本条例第三十六条规定,侵占、克扣、挪用教育经费的当事人给予行政处分,情节严重构成犯罪者,依法追究刑事责任。

第四十四条 单位受罚款项按《黑龙江省收费罚没集资管理条例》有关规定执行。个人受罚款项不得以任何形式予以核销。

第四十五条 被处罚单位或个人应按处罚机关的处理决定,在规定的期限内缴纳罚款。罚款按规定上缴当地财政。

对处罚不服的单位或个人,可在接到处罚决定之日起十五天内,向当地人民法院起诉;逾期不起诉又不履行的,处罚机关可申请当地人民法院强制执行。

第八章 附 则

第四十六条 各级教育行政管理部门可根据本条例制定实施意见,报当地人民政府批准后施行。

第四十七条 本条例如有与国家规定相抵触时,按国家规定执行。

第四十八条 本条例自一九八六年七月一日起施行。

上海市中外合资经营企业、中外合作经营企业、外资企业的申请和审批规定

（一九八六年六月二十日上海市第八届人民代表大会常务委员会第二十二次会议通过）

第一章　总　　则

第一条　为了扩大对外经济合作与技术交流，便于中外投资者在上海市设立中外合资经营企业、中外合作经营企业和外资企业，根据国家有关法律、法规，结合上海市的实际情况，特制定本规定。

第二条　中外投资者应根据上海市吸收外资和引进技术的方向和规划，选定投资项目。

第三条　在上海市申请设立中外合资经营企业、中外合作经营企业和外资企业，除国家规定由国务院主管部门审批的项目外，均由上海市对外经济贸易委员会（以下简称市对外经贸委）审批。

第二章　设立中外合资经营企业

第一节　编报项目建议书

第四条　中方或外方投资者可以通过市对外经贸委批准的对外咨询、代理机构介绍或直接选择合资者，在了解各合资者的业务范围和资信状况后，确定合作意向。

第五条　中外投资者确定合作意向后，应对合资经营项目进行初步可行性研究，由中方投资者编写项目建议书，报送主管局或区、县人民政府签署意见后，转报市对外经贸委审核。市对外经贸委应在接到项目建议书之日起三十天内决定批准或不批准。

第六条　在项目建议书批准前，中外双方不得签署任何有约束性的文件。

第七条　中外合资经营项目有两个或两个以上中方投资者，并隶属于两个或两个以上主管部门的，由市对外经贸委指定一个部门为项目的主管部门。

第八条　项目建议书批准后有效期为一年。需要延长有效期的，应在期满前一个月向审批机构提出申请报告，延长的有效期不得超过半年。逾期不办理延长手续的，项目建议书自行失效。

第二节　编报可行性研究报告及合同、章程

第九条　项目建议书经批准后，中外投资者应对合资经营项目作进一步可行性研究，具体落实有关资金、场地、设备、原材料、销售、劳动工资、外汇平衡以及基础设施配套等事项，并取得有关部门的签署意见。

第十条　中外投资者共同编制可行性研究报告，签订合同、章程后，由中方投资者报主管局或区、县人民政府签署意见，转报市对外经贸委审批。市对外经贸委应在接到可行性研究报告和合同、章程之日起三十天内决定批准或不批准。

第三节　申请颁发批准证书

第十一条　中外投资者申请颁发批准证书，可由中方投资者提出申请报告，报市对外经贸委审核。申请报告应附下列文件：

（一）中外投资者的合法证明；

（二）批准的项目建议书；

（三）批准的可行性研究报告、合同和章程（包括授权书）；

（四）董事会和高级管理人员的人选名单。

第十二条　市对外经贸委应在接到申请报告之日起十天内颁发批准证书。

第三章　设立中外合作经营企业

第十三条　设立中外合作经营企业的申请和审批，参照本条例第二章有关条款办理。

第四章　设立外资企业

第十四条　外国投资者设立外资企业，应委托市对外经贸委批准的对外咨询、代理机构办理申请和报批等事项。

第十五条　项目建议书由市对外经贸委初审后，转报国务院主管部门审批。

第十六条　项目建议书经批准后，外国投资者应参照本规定第九条、第十一条的要求，向市对外经贸委递交有关文件，由市对外经贸委转报国务院主管部门审批、颁发批准证书。

第五章　附　　则

第十七条　中外投资者领取批准证书后，凭批准证书在三十天内向市工商行政管理机关办理工商登记，领取营业执照。

营业执照签发日期为该企业的成立日期。

第十八条　合同、章程凡有外文文本的，应同时报送。审批以中文文本为准。

第十九条　项目建议书、可行性研究报告的具体

要求及格式，由市对外经贸委规定。

第二十条 本规定亦适用于华侨和香港、澳门的投资者。

第二十一条 本规定的具体应用由市对外经贸委进行解释。

第二十二条 本规定经上海市人民代表大会常务委员会通过，自一九八六年八月一日起施行。

上海市监护治疗管理肇事肇祸精神病人条例

（一九八六年八月二十九日上海市第八届人民代表大会常务委员会第二十三次会议通过）

第一章 总 则

第一条 为了加强对肇事、肇祸精神病人的监护、治疗和管理，维护社会秩序，保障人民生命财产安全和保护精神病人的合法权益，根据《中华人民共和国宪法》和其他法律的有关规定，结合本市实际情况，制定本条例。

第二条 本条例所指的肇事精神病人，是指不能辨认或者不能控制自己行为而违反《中华人民共和国治安管理处罚条例》后果较重的精神病人；肇祸精神病人是指不能辨认或者不能控制自己行为而违反《中华人民共和国刑法》以及其他严重危害社会治安的精神病人。

第三条 精神病人的监护人、家属或其所在单位，精神病人住所地的居民委员会、村民委员会以及卫生、公安、民政部门，应加强对精神病人的治疗、监护和管理，预防精神病人肇事、肇祸。

第四条 经精神病司法医学鉴定确认为肇事、肇祸的精神病人，应分别对其实行强制性监护治疗：有肇事行为的精神病人送卫生部门所属医院诊治；有肇祸行为的精神病人送精神病人管治医院监护治疗。

第五条 外省市的精神病人在本市肇事的，本市有近亲属的，由其近亲属领回严加看管和治疗，或送回原住所地；本市无近亲属的，由民政、公安部门共同负责遣送回原住所地。外省市的精神病人在本市肇祸的，由公安机关遣送回原住所地。

第二章 监护人及其职责

第六条 不能辨认或者不能控制自己行为的精神病人，依法由有监护能力的配偶、父母、成年子女、其他近亲属担任监护人。关系密切的其他亲属、朋友愿意承担监护责任的，经精神病人所在单位或者住所地的居民委员会、村民委员会同意，也可以担任监护人。

对担任监护人有争议的，由精神病人的所在单位或者住所地的居民委员会、村民委员会在近亲属中指定。对指定不服的，可以向人民法院起诉，由人民法院裁决。

没有第一款规定的监护人或其近亲属不宜作监护人的，由精神病人的所在单位担任监护人；无工作单位的，由精神病人住所地的居民委员会、村民委员会或民政部门担任监护人。

第七条 监护人应当履行监护职责，负责对精神病人的看管和医疗，保护其人身和财产等合法权益。

监护人依法履行监护的权益，受法律保护。

监护人不履行监护职责，致使精神病人肇事、肇祸，造成他人经济损失或人身伤害的，应负责赔偿损失或承担医疗费用，情节严重的并追究行政责任。监护人尽了监护责任的，可以适当减轻他的民事责任。担任监护人的居民委员会、村民委员会不承担赔偿责任。

第三章 肇事精神病人的管理治疗

第八条 有下列肇事行为之一的精神病人，应由其监护人、家属送医院诊治，拒不送往医院诊治的，由其住所地公安机关强制送往卫生部门所属医院诊治：

（一）行凶、殴打他人致伤的；

（二）侮辱妇女的；

（三）损毁公私财物的；

（四）妨害交通安全的；

（五）其他扰乱公共秩序，妨害社会治安的。

第九条 需强制住院治疗的肇事精神病人，卫生部门所属医院凭市或区、县公安机关签发的《收治肇事精神病人入院通知书》，办理入院手续。

第十条 肇事精神病人在强制住院期间，病情尚未缓解、稳定或痊愈的，监护人或家属不得领回。病情已缓解、稳定或痊愈的，由医院通知其监护人或家属办理出院手续；拒不办理出院手续的，由其住所地公安机关协助送回。既无家属又无生活来源的，由民政部门收容安置。

第十一条 有肇事行为的可疑精神病人，可由其住所地公安机关将其强制送精神病医疗机构诊断。经两名以上精神病科专业医生（其中至少一名应是主治医师以上）诊断，确认是精神病人的，予以强制住院治疗；不是精神病人的，由公安机关依法处理。

受害人、肇事人和他们的家属对诊断结果提出异议的，可向市精神病司法医学鉴定领导小组申请复核。

第十二条 肇事精神病人在强制住院期间的医疗费用，有工作单位的，按劳保、公费医疗规定办理；实行劳动合同制的职工，按国务院有关规定办理。无工作单位的，由监护人、家属承担；既无家属又无生活来源的，由民政部门承担。

第十三条 肇事精神病人在强制住院期间，其监护人或家属到医院无理纠缠、寻衅闹事，不听教育劝阻的，视情节轻重依法追究责任。

第四章 肇祸精神病人的监护治疗

第十四条 对有杀人、放火、爆炸、强奸、抢劫、投毒等行为或严重危害社会治安的肇祸精神病人，由上海市精神病人管治医院监护治疗。

第十五条 有肇祸行为的可疑精神病人，必须对其进行精神病司法医学鉴定。经鉴定确认是精神病人的，由肇祸所在地的公安机关填写《肇祸精神病人监护治疗审批表》，报市公安局批准，予以监护治疗。

受害人、肇祸人和他们的家属对精神病司法医学鉴定提出异议的，可向市精神病司法医学鉴定领导小组申请复核。

第十六条 肇祸精神病人在监护治疗期间的医疗费用，有工作单位的，按劳保、公费医疗规定办理；实行劳动合同制的职工，按国务院有关规定办理。无工作单位的，由监护人、家属承担；既无家属又无生活来源的，其医疗费用及市精神病人管治医院所需有关费用，由市公安局在公安事业费中列支。

第十七条 肇祸精神病人在监护治疗期间，住所地公安机关不得注销其户口；但其在住所地的粮油供应关系应予停止，由精神病人管治医院统一造册另行申请。

第十八条 肇祸精神病人经过监护治疗后，病情已缓解、稳定或痊愈的，由医院对其精神状态作出鉴定，经市公安局批准出院，并通知其监护人或家属领回。没有正当理由拒不领回的，由报送公安机关责成监护人或家属领回。

第五章 附 则

第十九条 本条例经上海市人民代表大会常务委员会通过，自一九八六年十月一日起施行。

第二十条 本条例颁布施行后，《上海市对肇事精神病患者实行强制住院的暂行规定》即行废止。本市过去有关肇事肇祸精神病人的管理规定与本条例有抵触的，以本条例为准。

江苏省幼儿教育暂行条例

（一九八六年六月二十日江苏省第六届人民代表大会常务委员会第二十次会议通过）

第一条 幼儿教育是国民教育的组成部分，是提高民族素质、培养一代新人的基础，也是与人民切身利益密切相关的一项社会福利事业。为发展我省幼儿教育事业，提高教育质量，根据《中华人民共和国宪法》和国家有关规定，特制定本条例。

第二条 幼儿教育的对象是三至六周岁的幼儿。小学七周岁入学的地区，可以为四至七周岁。

幼儿教育的任务是按照品德、智力、体质等方面全面发展的要求，进行早期教育，使幼儿身心健康成长。

第三条 各级人民政府要加强对幼儿教育的统一领导，负责制订本地区幼儿教育事业的发展规划，并组织实施。全省逐步普及三年幼儿教育。

第四条 各级人民政府和社会各方面都应该重视发展幼儿教育。除由政府举办幼儿园外，妇联、工会等群众团体、机关、部队、企业事业单位、城镇街道和乡村的集体组织，应当积极举办或联合举办幼儿园。鼓励并支持个人办幼儿园。

第五条 幼儿园的新办、变更、停办，由主办单位或个人报乡（镇）或不设区的市、市辖区人民政府审批，并向上一级教育行政部门备案。

第六条 各级教育行政部门是幼儿教育的业务主管部门。省、市教育行政部门设立幼儿教育管理机构，县（区）教育行政部门配备专职人员，乡（镇）设幼儿教育辅导员。

第七条 教育行政部门负责指导、检查和督促幼儿园的教学业务工作；制订并实施幼儿教育培训规划；组织幼儿教师进修、考试和考核；办好幼儿师范院校（班）和职业中学幼儿师范班；办好实验、示范幼儿园；组织幼儿教育科学研究工作。

卫生部门负责指导幼儿园的卫生保健工作，培训幼儿园的保健、医务人员。

第八条 各级人民政府要组织有关部门，会同妇联、工会及其他有关社会团体做好发展幼儿教育的工作，要保障幼儿园的食品、燃料、设备、玩具和教具的生产、供应，做好幼儿读物、文艺作品的创作、出版发行工作。

第九条 幼儿园负责具体实施幼儿教育，执行国家制定的幼儿教育的法律、法规和教育纲要，使用由国家有关部门审定的教材和经县（区）以上教育行政部门审定的补充教材。

幼儿园要贯彻保教结合的原则，通过游戏、体育活动、上课、观察、劳动、娱乐和日常生活对幼儿实施教育。

幼儿园要与幼儿家庭密切配合实施教育，向家长宣传科学教养的知识与方法。

幼儿园应当推广使用全国通用的普通话。

第十条 幼儿园办园形式以全日制为主，也可采取寄宿制、半日制等形式。幼儿园按年龄分班教学，混合班按年龄分组教学。

第十一条 幼儿园设园长、教师、保育员和其他人员。

幼儿教师应具有幼儿师范学校或职业中学幼儿师范班毕业以上水平。未达到上述水平的幼儿教师，要经县（区）教育行政部门考核，能基本完成幼儿教育工作任务的，方可录用。各级人民政府要采取措施加速培训师资，使幼儿教师能逐步达到应有的水平。

幼儿园园长应由具有幼儿园工作经验和管理能力的合格幼儿教师担任。

第十二条 全社会要尊重幼儿教师。各级人民政府保障幼儿教师的合法权益，提高幼儿教师的社会地位，对优秀幼儿教育工作者给予表彰或奖励。

幼儿教育工作者应具有高尚的职业道德，热爱幼儿，为人师表。严禁恐吓、体罚或变相体罚幼儿和其它摧残幼儿身心健康的行为。

第十三条 经考核合格的幼儿教师的工资标准和福利待遇，参照小学同类教师或主办单位职工的工资标准和福利待遇执行。

第十四条 幼儿园的经费由主办者负责安排。各级人民政府每年应安排一定的经费，用于发展幼儿教育事业。

第十五条 幼儿园主办者要负责改善办园条件，做到有活动室、有课桌凳、有教具和玩具，有卫生设施和室外活动场地。要加强卫生、保健管理，绿化、美化环境。

城镇幼儿教育设施的建设应纳入城镇建设规划，新建住宅区应配套建设幼儿园，幼儿园周围无危险场所，无污染源，无影响采光的建筑设施。

第十六条 任何单位和个人不得干扰幼儿园正常秩序，不得损坏幼儿园设备，不得侵占幼儿园场地、房屋，不得侵犯幼儿教育工作者的人身权利。违者要严肃处理，触犯刑律者必须依法追究刑事责任。

第十七条 省人民政府教育行政部门根据本条例制定实施办法，报省人民政府批准后施行。

第十八条 本条例自一九八六年九月一日起施行。

江苏省水利工程管理条例

（一九八六年九月九日江苏省第六届人民代表大会常务委员会第二十一次会议通过）

第一章 总 则

第一条 为加强水利工程管理，保证工程完好和安全，充分发挥水利工程的防洪、排涝、灌溉、供水、航运等综合效益，保障人民生命财产和国家财产的安全，促进社会主义建设事业的发展，根据《中华人民共和国宪法》和国家有关法规的规定，特制定本条例。

第二条 本条例适用于本省行政区域内的河道、湖泊、堤防、水库、涵闸、抽水站、水电站、灌区、沟渠、塘坝等各类大、中、小型水利工程和设施。

第三条 水利工程是抗御自然灾害、促进经济和社会发展的重要设施，各级人民政府应加强对水利工程管理工作的领导，负责本条例的组织实施和监督执行。

第四条 县级以上人民政府的水利部门，是水利工程的主管部门，并可根据工程管理需要，设置水利工程管理机构。水利工程主管部门的主要职责为：遵照国家法律、法规和本条例的规定，负责水利工程的管理、维修和养护；维护工程完好，制止破坏工程的行为；制定和执行水情调度方案，保证工程设施正常运行，为工农业生产、交通航运和城乡人民生活服务；加强经营管理，实行有偿供水，开展多种生产经营；提高职工的政治、业务素质和科学管理水平。

第五条 保护水利工程设施的完好和安全，是每个公民应尽的义务。一切机关、团体、部队、企业和事业单位、城乡集体经济组织和个人，都应遵守本条例。

第二章 工程保护

第六条 为了确保工程安全和防汛抢险的需要，水利工程的管理范围规定如下：

一、流域性主要河道的管理范围：

河道迎水坡的坡面、青坎、滩地、河槽为河道的管理范围。

二、流域性主要河、湖堤防的管理范围：

1、洪泽湖：迎水坡由盱眙县老堆头至二河闸段，防浪林台坡脚外十米；二河闸至码头镇段，以顺堤河为界（含水面）。背水坡有顺堤河的，以顺堤河为界（含水面）；没有顺堤河的，堤脚外五十米。

2. 骆马湖：迎水坡有防浪林台的，林台坡脚外十米；无防浪林台的，堤脚外三十米至五十米。背水坡东堤至自排河边，南堤至中运河边，西堤堤脚外四十米，北堤至顺堤河边。

3. 里运河（含高水河）：背水坡东、西堤堤脚外三十米至五十米。西堤临湖段有防浪林台的，林台坡脚外五十米；无防浪林台的，堤脚外湖面一百米至二百米。

4. 入江水道：背水坡堤脚外五十米。

5. 新沂河：背水坡南堤至沂南小河边，北堤至沂北小河边（漫水地段不得小于三十米）；无沂南、沂北小河的，堤脚外三十米至五十米。

6. 苏北灌溉总渠：背水坡北堤有排水渠的，至排水渠边；无排水渠的，堤脚外三十米。南堤有顺堤河的，以顺堤河为界（含水面）；无顺堤河的，堤脚外三十米至五十米。

7. 中运河、新沭河、总沭河、沂河、邳苍分洪道：背水坡堤脚外二十米。

8. 微山湖：迎水坡和背水坡堤脚外各六十米。

9. 淮沭河：背水坡堤脚外五十米。

10. 二河：东堤背水坡有顺堤河的，以顺堤河为界（含水面）；无顺堤河的，堤脚外五十米。

11. 长江：背水坡有顺堤河的，以顺堤河为界（含水面）；没有顺堤河的，堤脚外十米至十五米。

12. 太湖：迎水坡堤脚外二十米。背水坡有顺堤河的，以顺堤河为界（含水面）；没有顺堤河的，堤脚外十米至十五米。

13. 海堤：迎水坡堤脚外一百米至二百米；第二道海堤堤脚外二十米至一百米。背水坡有海堤河的，以海堤河为界（含水面）；无海堤河的，堤脚外三十米至五十米。

处于以上河道城镇段的堤防，在采取必要的工程措施、确保防洪安全的前提下，水坡的管理范围，堤脚外不得少于五米。

三、大中型涵闸、水库、灌区的管理范围：

1. 大型涵闸、抽水站：上下游河道、堤防各五百米至一千米；左右侧各一百米至三百米。

中型涵闸、抽水站、水电站：上下游河道、堤防各二百米至五百米；左右侧各五十米至二百米。

水利枢纽工程内分别由水利部门和其他部门管理的各类建筑物，凡各自的管理范围已经划分明确的，不再变动；未经划分明确的，在不影响水利工程设施安全管理的前提下，兼顾其他方面的需要，由有关部门根据实际情况具体协商划定，报县级以上人民政府批准。新建工程在批准设计时，应同时明确规定管理范围。

2. 大中型水库：设计最高洪水位线以下的库区及大坝背水坡坝脚外一百米至二百米。大坝两端的山头、岗地，可根据安全管理需要，由有关市、县人民政府划定管理范围。

3. 十万亩以上灌区：干渠背水坡坡脚外三米至五米；支渠背水坡坡脚外一米至三米。

四、其他河道、堤防等水利工程的管理范围以及前二、三款中水利工程管理范围内有幅度的具体划定，由市、县人民政府根据实际情况作出规定。

第七条 水利工程管理范围内属于国家所有的土地，由水利工程管理单位进行管理和使用。其中，已经县级以上人民政府批准，由其他单位或个人使用的，可继续由原单位或个人使用。属于集体所有的土地，其所有权和使用权不变。但以上所有从事生产经营的单位和个人，必须服从水利工程管理单位的安全监督，不得进行损害水利工程和设施的任何活动。

第八条 为了保护水利工程设施的安全，发挥工程应有的效益，所有单位和个人必须遵守以下规定：

一、禁止损坏涵闸、抽水站、水电站等各类建筑物及机电设备、水文、通讯、供电、观测等设施。

二、禁止在堤坝、渠道上扒口、取土、打井、挖坑、埋葬、建窑、垦种、放牧和毁坏块石护坡、林木草皮等其他行为。

三、禁止在水库、湖泊、江河、沟渠等水域炸鱼、毒鱼、电鱼。

四、禁止在行洪、排涝、送水河道和渠道内设置影响行水的建筑物、障碍物或种植高杆植物。

五、禁止向湖泊、水库、河道、渠道等水域和滩地倾倒垃圾、废渣、农药，排放油类、酸液、碱液、剧毒废液以及《环境保护法》、《水污染防治法》禁止排放的其他有毒有害的污水和废弃物。

六、禁止擅自在水利工程管理范围内盖房、圈围墙、堆放物料、开采沙石土料、埋设管道、电缆或兴建其他的建筑物。在水利工程附近进行生产、建设的爆破活动，不得危害水利工程的安全。

七、禁止擅自在河道滩地、行洪区、湖泊及水库库区内圈圩、打坝。

八、禁止拖拉机及其他机动车辆、畜力车雨后在堤防和水库大坝的泥泞路面上行驶。

九、禁止任意平毁和擅自拆除、变卖、转让、出租农田水利工程和设施。

第三章　工程管理

第九条 各级人民政府对水利工程每年应组织检查，对损坏的工程设施进行维修、养护、加固或更新。所需经费应纳入财政年度计划。

第十条 水利工程设施应按照受益和影响范围的大小，实行统一管理和分级管理相结合、专业管理和群众管理相结合的办法进行管理。受益和影响范围在两个市以上的流域性水利工程设施，由省水利部门负责管理；受益和影响范围在两个县以上、一个市范围内的水利工程，由市水利部门负责管理；受益范围在两个乡以上、一个县范围内的水利工程，由县水利部门负责管理；受益在一个乡范围内的水利工程，由乡水利站或村民委员会负责管理。

由省、市、县管理的水利工程，有的也可以按照工程的统一标准和管理要求，委托下级水利部门管理。集体经济组织按照工程统一标准和规定兴建的小型水利工程，也可以承包给专业队、专业户进行管理。

第十一条 场圃、厂矿、企业、事业单位和部队兴建的水利工程，必须按照所在地区防洪排涝和工程管理的要求，由兴建单位负责管理、维修和养护。

第十二条 利用堤坝做公路的，路面(含路面两侧各五十厘米的路肩)由交通部门负责管理、维修和养护；涵闸上的公路桥由交通部门负责维修养护，大修由水利部门和交通部门共同负责。

第十三条 河道中的航道，由交通部门负责管理。在流域性主要河道中，以行洪、排涝为主的河道，堤岸护坡工程由水利部门负责维修养护；以通航为主的河道，堤岸护坡工程由交通部门负责维修养护；既是行洪、排涝、送水的河道，又是通航的河道，堤岸护坡工程由水利部门与交通部门共同负责维修养护。

其他河道堤岸护坡工程的维修养护，由所在市、县人民政府根据实际情况确定。

第十四条 省、市、县、乡边界水利工程的管理，应严格按照国家和上级人民政府的有关规定或双方的协议执行，任何一方不得自行其是，损害另一方的利益。有争议的，由双方协商处理。不能解决的，报请上级人民政府决定。

第十五条 确因生产、工作需要，必须在水利工程管理范围内兴建的工程设施和建筑物，应当从严控制，建设单位必须先将建设项目的选址地点、工程规模、结构形式和占地范围，按分级管理权限，向水利部门提出书面申请报告，经审查批准后，方可向上级主管机关报送设计任务书。选址地点涉及到公路、航道等有关部门的，由水利部门会同交通和有关部门审批。

第十六条 规模较大的水利工程，可根据需要，报经省人民政府批准，设立公安保卫机构，依法维护水利工程设施的安全。属于国家规定的重要警卫目标的工程，由武警部队负责守护。

第十七条 县、乡(镇)人民政府要加强对小型农田水利工程设施的管理，定期组织检查、维修和养护，确保工程设施完好，保证农田灌溉和防洪排涝的需要。

第十八条 水利工程设施较多的乡(镇)，可根据需要设置水利站，作为县水利部门的派出机构，在县水利部门和乡(镇)人民政府的领导下，具体负责乡(镇)农田水利的建设和管理。

第四章 防洪与清障

第十九条 流域性主要河道的水情调度方案，主要河、湖的警戒水位和保证水位，大、中型水库的控制运用方案，由省防汛防旱指挥部审定。重大的防汛抢险和排洪、分洪、滞洪方案，由省人民政府或由省报请国务院批准后执行。其他河流、水库的控制运用方案，由市、县防汛防旱指挥部审定。任何单位及个人，不得擅自改变或阻挠以上方案的执行。

第二十条 城镇规划区域内的防洪排涝工程，必须符合江、河、湖、海综合开发利用规划，由城镇建设部门按照防洪排涝的要求，统一纳入城镇总体规划，进行建设和管理。

新工业区、新住宅区在新的防洪排涝工程系统建成以前，不得任意打乱、堵塞、填毁原有的防洪、排涝水系。

第二十一条 在水利工程管理范围内、危害水利工程安全和影响防洪抢险的生产、生活设施及其他各类建筑物，在险工险段或严重影响防洪安全的地段，应限期拆除；其它地段，应结合城镇规划、河道整治和土地开发利用规划，分期、分批予以拆除。具体实施办法由省水利部门拟订，报经省人民政府批准后执行。

第二十二条 行洪、排涝、送水河道中阻碍行水的圈堤、坝埂、矿渣、芦苇等障碍物，应按照"谁设障、谁清除"的原则，限期予以清除。未按防洪标准设计，严重壅水、阻水的码头、桥梁等建筑物和跨河工程设施，由原建单位或使用单位按照防洪要求重新改建或拆除。

第二十三条 防汛期间，在超过警戒水位的河道、湖泊内行驶的船舶和在堤防上行驶的车辆及生产、施工作业等活动，都必须按照防洪安全的要求，服从防汛部门的统一指挥。

第五章 经营管理

第二十四条 为合理利用水利工程管理范围内的水土资源，逐步解决水利工程必需的运行管理、大修和更新改造费用，减轻国家和人民的负担，水利工程管理单位应加强经营管理，实行有偿供水，充分发挥水利工程的效益。

第二十五条 工业、农业和其他一切由水利工程提供水源的用水单位和个人，都要实行计划用水，节约用水，并按照国家规定向水利工程管理单位交付水费；在水利工程防洪、排涝范围内受益明确的工商企业、农场、农户和其他单位，应按国家规定向水利工程管理单位交付工程维护管理费。实施办法由省水利部门会同有关部门制定，经省人民政府批准后执行。

第二十六条 水利工程管理单位，在严格执行本条例的各项规定，管好用好水利工程的前提下，应充分利用管理范围内的水土资源和设备、技术条件，因地制宜地开展多种生产经营活动，增加收入，逐步提高自给能力。

第六章 奖励和惩罚

第二十七条 有下列先进事迹之一的单位或个人，由各级人民政府或水利主管部门给予精神鼓励或物质奖励：

一、模范遵守国家法律和本条例，保护、管理水利工程设施成绩显著者；

二、在防汛抢险斗争中，保护国家和人民生命财产免遭重大损失者；

三、同危害水利工程的非法行为作斗争，保护水利工程设施有功者；

四、保护水资源，执行计划用水、节约用水，降低工农业生产成本成绩显著者；

五、植树、种草，防治水土流失成绩显著者；

六、钻研工程管理科学技术，有重大革新或创造发明者；

七、积极开展多种生产经营，厉行节约，努力减轻国家和人民负担成绩显著者。

第二十八条　违反国家法律和本条例有关规定的单位和个人，情节较轻的，责令赔偿损失或处以罚款，给予行政处分，并追回非法占用的土地和所得的财物；情节严重构成犯罪的，由司法机关依法予以制裁。

一、全民和集体所有制单位、乡（镇）村企业、国家工作人员、农村和城镇居民，未经合法批准，非法占用水利工程管理范围内的土地，新建生产、生活设施和其他建筑物的，由水利部门会同土地管理部门，责令其退还非法占用的土地，限期拆除或者没收在非法占用土地上新建的生产、生活设施及其他建筑物，并处以罚款。对其单位的主管人员及国家工作人员，由所在单位或上级机关给予行政处分。

非法买卖，出租或者以其他形式非法转让水利工程管理范围内土地的，责令退还非法占用的土地，没收其非法所得，限期拆除或者没收以上土地上新建的建筑物和其他设施，并可对当事人处以罚款；对其主管人员由所在单位或者上级机关给予行政处分。无权批准和超越批准权限非法批准占用土地的，批准文件无效。收受贿赂触犯刑法的，依照《刑法》有关规定予以惩处。

二、在行洪、排涝、灌溉河道内设置行水障碍，影响工程安全和工程效益的，责令设障单位或个人限期予以拆除。造成损失的，责令赔偿或处以罚款。对单位的主管人员，由所在单位或上级机关给予行政处分；后果严重构成犯罪的依法追究刑事责任。

三、损坏水利工程设施或附属设备，毁坏林木、草皮，盗窃防汛抢险物资器材以及其他危害水利工程的行为，应根据情节轻重，分别对其责任单位、主管人和当事人，处以赔偿损失、罚款、给予行政处分，直至依法追究刑事责任。

第二十九条　阻挠、殴打依法执行公务的水利工程管理人员，蓄意制造水利纠纷，强制水利工程管理人员改变工程设施控制运行方案，抗拒执行蓄洪、行洪、滞洪命令的，应给予批评教育或行政处分；情节严重的，对肇事的有关人员，应依照《治安管理处罚条例》或《刑法》有关规定，追究法律责任。

第三十条　各级水利部门和工程管理单位的工作人员，必须忠于职守，模范执行国家法律和法规。对利用职权，营私舞弊，违章运行，玩忽职守，致使国家和人民利益遭受损失的，应根据情节轻重，对单位主管人员和有关责任人员给予经济处罚或行政处分；触犯刑法构成犯罪者，依法追究刑事责任。

第三十一条　凡违反本条例的规定，应作出限期拆除或没收各类建筑物，赔偿损失，处以罚款，没收非法所得的财物等处罚的，由县级以上人民政府水利部门作出决定并负责执行。被处理单位和个人对处理决定不服的，可在接到处理决定通知书的次日起十五日内，向当地人民法院起诉。逾期不起诉又不履行的，由水利部门申请人民法院依法强制执行。赔偿损失和所收罚款，属于经济补偿性质的由水利部门用于工程的修复、维护；属于经济处罚性质的，上交当地财政部门。

第七章　附　　则

第三十二条　市、县人民政府可根据本条例，结合当地具体情况，制订水利工程管理实施办法。

第三十三条　本条例自一九八七年一月一日起施行。本省过去的有关规定，凡与本条例有抵触的，以本条例为准。

安徽省禁止赌博条例

（一九八六年三月一日安徽省第六届人民代表大会
常务委员会第二十次会议通过）

第一条　为严禁赌博活动，维护城乡社会秩序，促进社会主义精神文明建设，根据《中华人民共和国宪法》、《中华人民共和国刑法》、《中华人民共和国治安管理处罚条例》的规定精神，结合本省情况，制定本条例。

第二条　凡以获利为目的，以财物作赌注比输赢的活动，都是赌博行为。赌博是违法的，应予禁止。

第三条　查处赌博应贯彻教育为主，处罚为辅；教育多数，惩办少数的原则。

第四条　赌场上的赌资、赌具和赢得的财物，一律没收。赌场上输欠、借欠的赌债，一律废除。

第五条　初次赌博或赌博财物数额较少的，应予批评教育，责令具结悔过。

第六条　多次赌博或赌博财物数额较多的，为赌博活动巡风放哨的，处以五十元以下罚款。

第七条 有下列行为之一的，处五十元以上三百元以下罚款；或分别给予行政拘留、劳动教养，可并处罚款：

（一）多次赌博，屡教不改的；

（二）赌博财物数额巨大的；

（三）流窜赌博，情节较重的。

第八条 提供赌场的，根据情节轻重，分别按本条例第五条、第六条、第七条的规定处理。

第九条 有下列行为之一的，依法追究刑事责任：

（一）以营利为目的，聚众赌博或者以赌博为业的；

（二）以暴力、威胁方法抗拒国家工作人员或治安管理人员依法执行查禁赌博公务的。

第十条 国家工作人员和城乡基层干部参加赌博的，依法从严惩处。

第十一条 国家机关、企业事业单位和乡村、街道基层组织的领导人和主管人员对本单位、本辖区内赌博活动放任不管的，应予批评或行政处分。

第十二条 对检举、揭发或制止赌博活动的人员打击报复的，按本条例第七条的规定，从重处罚；构成犯罪的，依法追究刑事责任。

第十三条 利用执行禁赌公务之机，敲诈勒索，谋取私利，侵吞赌资、赌具的，依法从严惩处。

第十四条 对依法执行禁赌公务，成绩显著的，以及积极检举、揭发或制止赌博活动的人员，由当地人民政府、公安机关或所在单位予以表扬、奖励。

第十五条 依照本条例科处罚款、没收财物的，应由公安机关发给罚没凭证，罚没的款物按规定上缴财政。

第十六条 本条例由公安机关组织实施。

第十七条 本条例具体应用的问题，由安徽省公安厅解释。

第十八条 本条例自公布之日起施行。过去我省有关禁止赌博的规定与本条例不一致的，以本条例为准。

福州市经济技术开发区条例

（一九八六年十二月十二日福建省第六届人民代表大会常务委员会第二十二次会议批准）

第一章 总 则

第一条 为了发展对外经济合作和技术交流，根据《中华人民共和国宪法》和有关法律、法规，制定本条例。

第二条 经中华人民共和国国务院批准，在福州市马尾青洲设立福州市经济技术开发区（简称开发区），面积四点四平方公里。

第三条 设立福州市经济技术开发区管理委员会（简称开发区管委会），代表福州市人民政府对开发区实行统一领导和管理。

第四条 开发区以引进先进技术和科学管理知识、兴办技术密集型、生产型、出口创汇型的工业项目为主。开发区可设立对外贸易企业，按国家规定，自主经营开发区本身的进出口贸易。

第五条 鼓励外国公民、华侨、港澳同胞、台湾同胞及其企业和其他经济组织（简称客商）在开发区内投资兴办产品出口、先进技术的生产型企业和科研机构。

客商投资可以采取与我方合资经营、合作经营、独资经营及我国法律允许的其他方式。

第六条 鼓励国内企业事业单位在开发区与客商合资、合作或与开发区联合兴办产品出口、先进技术的生产型企业和科研机构。

第七条 开发区的公用基础设施由开发区管委会兴建，鼓励客商或国内企业事业单位与开发区的企业合资、合作兴建。

第八条 客商在开发区内的企业自主权、资产、应得利润和其他合法权益，受中华人民共和国法律、法规和本条例的保护。

第九条 开发区内任何单位和个人，必须遵守中华人民共和国的法律、法规和本条例。

第二章 行政管理

第十条 开发区管委会行使以下职权：

1. 制定开发区发展规划、年度计划，经批准后组织实施；
2. 制定开发区的行政管理规定并组织实施；
3. 统筹安排开发区内的投资项目，按规定审核、审批；
4. 管理开发区内的土地，办理土地核配；
5. 管理开发区的公用基础设施，制定收费标准；
6. 管理、监督开发区内的企业事业单位；
7. 管理开发区的财政收支；
8. 检查、监督设在开发区内市属分支机构的有关工作；
9. 协调设在开发区内非市属分支机构的有关工作；
10. 对开发区内的企业实行劳动行政管理，保护职工的合法权益；
11. 管理开发区的环境保护工作，防治污染；
12. 兴办开发区的公益事业；
13. 管理开发区的进出口业务；

14. 处理开发区的一般经济涉外事务；
15. 为客商投资提供咨询和服务；
16. 福州市人民政府授予的其他职权。

第十一条 由福州市审批的开发区内客商投资企业的协议、合同、章程，审批机关应在收到全部文件之日起三十日内，做出批复。

第十二条 开发区内的税务、金融、外汇、工商行政管理、海关、商品检验、环境保护等业务工作，由业务主管部门或其设在开发区内的办事机构依法管理。

第三章 优惠待遇

第十三条 生产型的客商投资企业从事生产、经营所得和其他所得，减按百分之十五的税率征收企业所得税。其中，经营期在十年以上的，经企业申请，福州市税务机关批准，从开始获利的年度起，第一年和第二年免征企业所得税，第三年至第五年减半征收企业所得税。

客商投资企业减免企业所得税期满后，先进技术企业，可再延长三年减半征收企业所得税；产品出口企业，凡当年企业出口产品产值达到当年企业产品产值百分之七十以上的，减按百分之十的税率征收企业所得税。

第十四条 客商投资企业免征地方所得税。

第十五条 客商将从企业所得的利润汇往中国境外时，免征汇出额的所得税。

第十六条 客商在中国境内没有设立机构，而有来源于开发区的股息、利息、租金、特许权使用费和其他所得，除依法免征所得税的以外，均减按百分之十的税率征收所得税。其中，提供资金、设备的条件优惠或者转让的技术先进，经福州市人民政府批准，可以减征、免征所得税。

第十七条 客商将从企业所得的利润在开发区内再投资兴办、扩建产品出口企业或先进技术企业，为期五年以上的，经申请税务机关核准，可以全部退还其已缴纳的所得税税款。但经营期不满五年撤出该项投资的，应当缴回已退的税款。

第十八条 开发区内管理机构和企业进口自用的建筑材料、生产设备、原材料、零配件、元器件、交通工具、办公用品，免征进口关税和工商统一税（或者产品税、增值税）。

客商投资企业用免税进口的原材料、零配件、元器件加工的产品转为内销的，对其所用的进口料、件，照章补税。

第十九条 客商投资企业生产的出口产品，免征出口关税；上述产品，除国家规定需征税的产品外，免征工商统一税。

第二十条 客商投资企业开发的新产品，具有国内先进水平，又能替代进口的，经省有关部门确认，两年内免征生产销售环节工商统一税。

第二十一条 在客商投资企业中工作或者在开发区内居住的客商人员，携带进口自用的安家物品和交通工具，凭开发区管委会的证明文件，在合理数量内免征进口关税和工商统一税。

第二十二条 客商投资企业发生年度亏损，可以从下一年度的所得中提取相应的数额弥补；下一年度的所得额不足弥补的，可以逐年提取所得继续弥补，但最长不得超过五年。

第二十三条 土地使用者按有关规定取得土地使用权，并缴纳场地使用费。客商在一九九〇年底前投资兴办企业，经申请开发区管委会批准，对于产品出口企业免收十年、先进技术企业免收五至十年的场地使用费。

第二十四条 华侨、港澳同胞和台湾同胞在开发区投资兴办企业或公益事业，可以适当安排其农村的亲属在所投资的企业事业中就业，户口迁入开发区。

第二十五条 内联企业的优惠办法，由福州市人民政府制定。

第四章 注册和经营

第二十六条 客商或国内企业事业单位，在开发区兴办各项经济事业，应向开发区管委会提出申请，经审核、批准后，领取土地使用证，办理工商登记手续，凭注册证书，办理税务登记。

第二十七条 客商投资企业应在开发区所在地的中国银行或经中国人民银行批准设立的其它银行开户。

客商投资企业的各项保险应向中国境内的保险公司投保。

第二十八条 开发区内的企业在登记机关核准的经营范围内自主经营。

第二十九条 开发区内的企业停业，须向开发区管委会申报理由，办理停业手续，清理债权债务；停业后，其资产可以转让，客商资金可以汇出。

第五章 劳动管理

第三十条 客商投资企业的机构设置和人员编制，由企业自行确定，报开发区劳动人事部门备案。

开发区内的国营、集体企业事业单位的年度劳动计划，经批准后，由开发区劳动人事部门实施。

第三十一条 客商投资企业可以自行聘用技术、咨询、管理人员和工人，也可以委托开发区劳动服务公司代为聘用，可以辞退或开除职工。

第三十二条 客商投资企业中方职工的工资标准、工资形式和奖励、津贴制度，由企业自行确定；并按国家规定支付或提取中方职工的劳动保险、福利费用和住房补助基金。

第三十三条 客商投资企业应有各项有效的劳动保护措施，保证职工在安全、卫生的条件下作业。

第三十四条 客商投资企业的职工依法建立工会组织，开展工会活动，维护职工的合法权益。

第六章 附 则

第三十五条 本条例自公布之日起施行。

第三十六条 本条例的应用解释权属福州市人民政府。

江西省乡镇集体矿山企业和个体采矿管理办法

（一九八六年九月二十九日江西省第六届人民代表大会常务委员会第十九次会议通过）

第一条 为促进乡镇集体和个体采矿事业的健康发展，合理开发和保护矿产资源，根据《中华人民共和国矿产资源法》，结合我省实际，特制定本办法。

第二条 凡在本省境内开办乡镇集体矿山企业和个体采矿者，必须遵守《中华人民共和国矿产资源法》和本办法。

乡镇集体矿山企业包括乡办、镇办、村办和企事业单位、社会团体自办的集体矿山企业。

个体采矿包括专业户、兼业户采矿。

第三条 开采矿产资源，必须依法申请取得采矿权，领取采矿许可证，禁止无证采矿。国家保护合法的采矿权不受侵犯。

采矿权不得买卖、出租，不得用作抵押或其他形式的转让。

第四条 国家对乡镇集体矿山企业和个体采矿实行积极扶持、合理规划、正确引导、加强管理的方针。

国家鼓励、指导和帮助乡镇集体矿山企业的发展。

国家通过行政管理，指导、帮助和监督个人依法采矿。

第五条 矿产资源开发管理必须坚持谁开发，谁保护；谁破坏，谁赔偿（受罚）；谁污染，谁治理的原则。

第六条 乡镇集体矿山企业开采国家指定范围内的矿产资源：

1. 国营矿山企业矿区范围外的零星分散资源；
2. 国家未列入开采规划的中型以下的一般非金属矿床和小型金属矿床；
3. 国营矿山企业矿区范围内的边缘零星矿产；
4. 国营矿山企业不再开采回收的非保安残留矿产。

个体采矿范围：

1. 国营矿山企业矿区范围外的零星分散资源；
2. 只能用作普通建筑材料的沙、石、粘土；
3. 为生活自用的少量矿产；
4. 零星分散的沙金矿。

第七条 禁止在下列地区开采矿产资源：

1. 《矿产资源法》第十七条规定的地区；
2. 县以上人民政府规划矿区和正在勘查的矿区，对国民经济具有重要价值的矿区和实行保护性开采的特定矿种；
3. 各种保安矿柱和废弃的危险矿井；
4. 水库、村庄附近一定距离以内。

第八条 申请颁发采矿许可证应具备下列条件：

乡镇集体矿山企业应具备：

1. 有可靠的矿产资源（包括相应的图件及文字说明）；
2. 开采地点、范围明确；
3. 有与生产相适应的开采方案、基建生产技术条件、安全措施、环境保护和水土保持措施；
4. 开采中、小型矿床，必须具备基建条件。

个体采矿者应具备：

1. 有一定矿产资源；
2. 有明确的开采地点和范围；
3. 有相应的安全条件、采掘技术和保护资源措施。

第九条 采矿审批权归县以上各级人民政府。

1. 在县（包括县级市、区，下同）行政区域范围内开办乡镇集体矿山企业和个体采矿须经当地县（市）人民政府审批。

2. 跨县开办的乡镇集体矿山企业由行政公署或者省辖市人民政府审批。

跨地、市开办的乡镇集体矿山企业由省人民政府审批。

3. 乡镇集体矿山企业在国营矿山边缘开采零星矿产资源或者回收残留矿产资源时，须征得该矿同意，并经国营矿山上级主管部门审核。其中凡在地、市、县办国营矿山企业采矿的，分别由行政公署和市、县人民政府审批；凡在中央或者省属国营矿山企业矿区范围内采矿的，须经省人民政府审批。采矿范围，由当地人民政府和国营矿山主管部门会同有关方面协商提出方案，地质矿产主管部门审定。

第十条 各级地质矿产主管部门负责颁发采矿许可证。凡申请开办乡镇集体矿山企业和个体采矿，在批准前，由批准机关的同级地质矿产主管部门会同有关部门对办矿条件进行复核，并签署意见，在批准后，根据批准文件颁发采矿许可证。获准开采的单位或个人凭采矿许可证向工商行政管理机关申请营业执照，办理税务登记手续，并及时向发证机关报告开工情况。

凡领取采矿许可证一年内未施工者，采矿许可证则自行失效。

第十一条 关闭矿山、变更开采范围必须提出申请报告，报请原批准机关审查批准。

因故终止矿山建设或采矿时，应办理注销手续和缴销采矿许可证及营业执照。

第十二条 各级人民政府及有关业务主管部门应当积极扶持乡镇集体矿山企业和个体采矿：

1. 各级人民政府和地质矿产主管部门要加强领导和管理，统筹规划，合理布点，积极安排，发展本地区的矿业生产。

2. 各级有关业务主管部门要积极帮助乡镇集体矿山企业和个体采矿者进行技术改造，提供信息，改善经营管理，加强安全生产。银行、供销、交通和工商管理等部门应在资金筹集、生产条件、物资供应、交通运输等方面给予积极支持。

3. 地质勘查单位、国营矿山企业和有关科研设计部门应本着有偿互惠的原则，在地质资料、生产技术、技术培训和安全措施等方面给予咨询和指导，帮助进行安全技术检测。

4. 鼓励国营、集体和个体采矿者之间发展横向联合。

第十三条 国家对矿产资源实行有偿开采，乡镇集体矿山企业和个体开采矿产资源必须按照国家和省人民政府有关规定缴纳资源税和资源补偿费。

第十四条 乡镇集体矿山企业和个体采矿应当采用合理的开采方法和选矿工艺，提高开采回采率、选矿回收率，降低采矿贫化率。禁止乱挖滥采，破坏矿产资源。

个体采矿的税后利润要提取一定比例的积累（一般在 10%以上）用于加强安全措施，改善生产条件，提高矿产资源的回收率。

凡进行井下作业的乡镇集体矿山企业，必须测绘井上、井下工程对照图。

第十五条 对具有工业价值的共生和伴生矿产，应当综合开采，综合利用，对暂时不能综合利用或者必须同时采出而暂时还不能综合利用的矿产以及含有有用组份的尾矿，必须采取有效的保护措施，防止损失破坏。

第十六条 开采矿产资源，必须遵守国务院颁发的《矿山安全条例》、《矿山安全监察条例》。必须遵守有关环境保护和水土保持的法律规定，防止污染环境和水土流失，要节约用地，尽量缩小对地貌和植被的破坏范围。耕地、草场、林地因采矿受到破坏的应由开采者因地制宜地采取复垦利用、植树种草或者其他利用措施，注意保护河床。

第十七条 国家批准开办的国营矿山企业矿区范围内已有的乡镇集体矿山企业，应当关闭或者到指定的其他地点开采，由矿山建设单位给予合理的补偿，并妥善安置群众生活；也可以按照国营矿山企业的统筹安排、实行联合经营。

国营矿山企业范围内，经县以上人民政府批准和国营矿山企业主管部门同意开办的乡镇集体矿山企业，不符合本办法采矿范围的规定，应当关闭或搬迁的，应由国营矿山企业与关、迁单位共同协商，给予合理补偿。

未经批准同意私自开矿者，不予补偿。

凡因采矿给他人生产、生活造成损失的，应当由开采者负责赔偿，并采取必要的补救措施。

第十八条 乡镇集体矿山企业和个体采矿者开采的矿产品，属于国务院规定由指定单位统一收购的，如金、银等，任何其他单位或者个人不得收购，开采者不得私自销售。

乡镇集体矿山企业和个体采矿者开采的钨、锡、稀土等矿产品，由县以上人民政府指定单位统一收购。

其他矿产品，允许自行销售。

第十九条 允许跨行业、跨地区采矿，引进先进技术、资金和人才，促进矿产资源的开发和综合利用。

外省到我省开办集体矿山企业必须持该省省级经济主管部门证明；个体采矿者，必须持县以上人民政府证明，并征得矿产资源所在县人民政府同意，按本办法有关规定，办理采矿手续。

第二十条 违反本办法的下列行为，视情节轻重分别给以处罚。

1. 未领取采矿许可证擅自采矿者，责令停止开采，没收其矿产品，处以罚款五百至一万元；

2. 买卖、出租、私自转让和抵押采矿许可证，没收其非法所得，处以罚款五百至二万元，吊销采矿许可证；

3. 超越批准的矿区范围采矿的，责令退回到本矿区范围内开采，赔偿损失，没收越界开采的矿产品和非法所得，并处以罚款三百至三千元；拒不退回到本矿区范围内开采，造成矿产资源破坏的，吊销其采矿许可证，破坏矿产资源严重的，并由司法机关按刑法规定追究刑事责任；

4. 乱挖滥采造成矿产资源严重损失浪费、污染环境和水土流失者，除责成将污染和水土流失治理好外，并处以罚款五百至一万元；情节严重的吊销采矿许可证；

5. 破坏、盗窃、哄抢矿山设备和矿产品，阻障矿山开发与地质勘探工作正常进行者，分别依照《刑法》有关规定追究刑事责任；情节显著轻微的，依照《治安管理处罚条例》有关规定予以处罚；

6. 违反本办法收购、销售国家统一收购的矿产品的，没收矿产品和非法所得，并处以罚款五百至一万元，情节严重触犯刑律者，由司法机关依法追究刑事责任。

属于本条第1、2、3项规定的行政处罚，由市、县人民政府决定；属于本条第5项规定的行政处罚，由市、县人民政府地质矿产主管部门决定；属于本条第6项规定的行政处罚，由工商行政管理部门决定。

罚款及没收的违法所得作为专项资金管理，用于矿产资源开发管理。受罚单位和个人在接到《罚款通知书》后，必须向指定银行如数交付罚款。

受处罚单位和个人在接到处罚通知后，如有不服，可在接到通知之日起十五天内，向罚款单位上一级主管部门申请复议，或向人民法院起诉。对逾期不交罚款又不申请复议或起诉者，由作出处罚决定的机关申请人民法院依法处理。

第二十一条 本办法公布后，所有乡镇集体矿山企业和个体采矿者，都应依照本办法有关规定，按地质矿产主管部门规定的时间申请办理采矿手续。

第二十二条 地区行署、省直市、县地质矿产主管部门，负责本行政区域的矿产资源勘查、开采的监督管理工作，机构设置由省人民政府根据实际情况确定。

第二十三条 本办法自一九八六年十一月一日起施行。

一九八一年十月三十一日公布的《江西省矿产资源保护暂行办法》同时废止。

洛阳市《食品卫生法（试行）》实施细则

（一九八六年八月二十七日河南省第六届人民代表大会常务委员会第二十二次会议批准）

第一章 总 则

第一条 根据《中华人民共和国食品卫生法（试行）》和《河南省〈食品卫生法（试行）〉实施办法》，结合我市实际情况，特制定本实施细则。

第二条 市、县（区）人民政府负责实施国家食品卫生监督制度，并主持解决监督工作中的重大问题。食品卫生监督机构行使食品卫生监督权。

第三条 凡在本市从事食品卫生经营的，都必须遵守《食品卫生法（试行）》、《实施办法》和本《实施细则》，并要自觉接受人民群众的监督。对违反食品卫生法规的行为，任何人都有权检举和控告。

第二章 食品的卫生

第四条 食品应当无毒、无害，符合应当有的营养要求，具有相应的色、香、味、形等感官性状。

第五条 专供婴幼儿的主、辅食品，必须符合国务院和省卫生行政部门制订的与其相应的营养、卫生标准。

第六条 食品生产经营过程必须符合下列卫生要求：

（一）必须符合《食品卫生法（试行）》第六条的卫生要求；

（二）公用餐具必须采用蒸汽或煮沸消毒。消毒应有专人负责和专用设备，所需经费应列入生产资金；

（三）在经营熟肉及其制品时，夏季超过六小时，冬季超过十二小时的，经充分加热后方可销售；

（四）凡制作冷荤凉拌菜的经营单位，必须具有专人、专间、专用工具、容器；

（五）生产加工用的工具、容器必须认真清洗消毒，设备应保持清洁。管道流程应尽量减少弯曲，便于清洗消毒。接触食品的涂料必须无毒无害，符合卫生要求。机具用的润滑剂不得污染食品；

（六）严禁利用废旧书报、废旧塑料及其制品包装食品；

（七）运输食品必须有专用车辆，使用前必须冲洗、消毒。食品要有防蝇防尘设备，严禁同车装运其他物品。

第七条 禁止生产经营下列食品：

（一）《食品卫生法（试行）》第七条禁止生产经营食品；

（二）用化肥和有害液体直接浸泡催生的豆芽；

（三）死甲鱼、鳝鱼及毒死的水产动物；

（四）用铵法生产的酱色制作的食品；

（五）未经消毒或掺水、碱、淀粉、化肥等的鲜奶；

（六）没有检验证明的畜、禽、兽及其制品；

（七）使用非食用化工产品和滥用食品添加剂制做的烧鸡、牛肉、糖葫芦、粉条、汽水等食品；

（八）用硫磺熏的馒头；

（九）未经精炼的棉籽油；

（十）垛子肉、包子肉；

（十一）用糖精、香精、色素兑制的颜色水，假汽水及不符合卫生要求的软包装饮料；

（十二）无包装的膨化食品；

（十三）腐败变质的部分超过果体三分之一的水果；

（十四）浸过或者拌过农药的粮食、油料；

（十五）含毒的动植物，如毒蘑菇、河豚鱼等；

（十六）囊虫肉；

（十七）兑制的酱油；

（十八）吹制的糖人、搅制的棉花糖等不符合卫生要求的小杂食品。

第八条 食品不得加入药物。但具有下列情况之一的除外：

（一）按照传统；既是食品又是药物的；

（二）作为调料或食品强化剂而加入的；

（三）按照外商合同规定加入药物的出口食品；

（四）经国家和省卫生行政部门批准允许加入药物的食品；

（五）为防治某种地方病、传染病和寄生虫病，需要往食品中加入一定剂量药物的。

第九条 食品添加剂必须符合卫生质量标准。生产经营和使用食品添加剂，必须符合食品添加剂使用卫生标准和卫生管理办法的规定；不得经营、使用不合格产品和非指定工厂的产品。

第三章 食品容器、包装材料和食品用工具、设备的卫生

第十条 食品容器包装材料和食品用工具、设备，必须符合卫生标准和卫生管理办法的规定。

第十一条 食品容器包装材料和食品用的工具、设备的生产必须采用符合卫生要求的原料，产品应当便于清洗和消毒。

禁止使用废塑料、废包装品、酚醛树脂等有毒物质做食品工具，食品容器，包装材料和直接接触食品的生产工具或设备；用回收铝制做食品用工具、容器必须符合国家卫生标准。

第十二条 生产塑料食品用工具、容器、包装材料用的添加剂，应当符合国家卫生标准。生产包装用纸，禁止添加荧光增白剂等有害助剂。包装纸用蜡不得用工业级石蜡，包装纸的印刷、颜料应符合食品卫生要求。

第十三条 直接接触食品的纸张、塑料、橡胶等制品和涂料，应当由生产主管部门提出，经食品卫生监督机构审查同意的专厂或专车间生产，专厂或专车间内不得同时生产其他有害化学物品。

第四章 食品的索证

第十四条 食品生产经营者采购食品，应当索取检验合格证或化验单，销售者必须保证提供。凡应索证的食品而未索证的，禁止调运和销售。凡投入市场的酒类及饮料（各种水果原汁、果味露、汽水和各种固体饮料）、乳制品、罐头、畜禽肉、水产品、食蛋制品、食品添加剂、调味品、酱腌菜、食用糖、食用动植物油、有包装的豆制品和粮食等各类食品均必须索证。

第十五条 进口食品，出口转内销食品和外地食品，在投放市场前必须将食品的品名、数量及食品卫生监督机构出具的卫生检验合格证，报当地食品卫生监督机构备案，必要时进行复验。

第十六条 发现下列情况之一者，食品采购者应采取积极控制措施，并立即向辖区食品卫生监督机构报告，不得随意投放市场。

（一）食品在运输、包装、贮存时不符合卫生要求，有可能被污染或变质的；

（二）食品感官性状不良或发现其它异常情况的；

（三）货证不符或超过该食品的保存期限的。

第十七条 凡本市外销食品必须持有食品卫生监督机构的检验合格证，否则，运输部门不得运输。

第五章 卫生许可证

第十八条 食品生产经营企业和食品商贩，必须先取得“卫生许可证”方可向工商行政管理部门申请登记或者变更登记。

第十九条 卫生许可证的发放管理办法：

（一）凡申请领取卫生许可证的单位和个人，要填报申请表，由主管部门或单位审查，报县（区）食品卫生监督机构审核合格后，予以发证；

（二）卫生许可证一般一年换发一次，延期使用的要加贴当年“有效”凭证。冷饮食品的卫生许可证，必须一年换发一次；

（三）食品生产经营企业和食品商贩改变或者扩大经营品种时，必须经食品卫生监督机构审查同意或者重新办理卫生许可证。

第二十条 任何单位和个人不得转让、倒卖、伪造卫生许可证，严禁无证经营。

第二十一条 发放卫生许可证的收费标准按省统一规定执行。

第六章 产品说明书、商品标志与广告

第二十二条 定型包装食品和食品添加剂，必须有产品说明书或商品标志，标出品名、产地、厂名、生产日期、批号（或者代号）保存期限。根据不同产品分别按规定标出规格、配方或主要成份，食用或使用方法等。

第二十三条 食品、食品添加剂的产品说明书和广告，不得有夸大、虚假以及适应症、疗效等宣传内容。

第二十四条 产品说明书与广告审查办法如下：

（一）产品生产经营企业应填写申请表，经主管部门同意后，报食品卫生监督机构审查。经审查产品的卫生质量合格与所写文字、图案是相符的，发给卫生审查合格证；

（二）产品说明书的审查由县（区）食品卫生监督机构负责；

（三）广告宣传部门须凭卫生审查合格证办理广告宣传手续。

第二十五条 办理产品说明书和广告审查手续时，可以收取工本费。收费标准由市卫生行政部门会同物价部门共同制定。

第七章　食品卫生管理

第二十六条　食品生产经营企业的主管部门，负责本系统的食品卫生工作。

第二十七条　食品生产经营主管部门及企业应加强自身的食品卫生管理工作。

食品生产经营企业的主管局(处)、公司和县(区)商业局设立卫生科(股或组)；食品生产企业应建立检验室；食品生产经营单位要配备相应的食品卫生管理和检验人员。

第二十八条　食品卫生管理、检验机构和食品卫生管理人员的职责是：

(一)贯彻执行食品卫生法规和有关规章制度，对所属企业生产负责人，食品卫生管理人员及从业人员，进行食品卫生知识、法制和职业道德教育；

(二)制订本系统、本单位防止食品污染规划，制订或修订有关食品卫生工作规章制度，改进生产经营设施的卫生条件；

(三)对食品和食品生产经营过程进行卫生管理、检验和检查，把好产品卫生标准的产品有权不予签发卫生合格证；

(四)对食品卫生工作进行检查管理。对违反食品卫生法规、标准的行为进行批评、制止，对不符合卫生标准的产品有权暂时控制，并向上级和食品卫生监督机构报告，提出处理意见。

食品卫生管理检验机构和食品卫生管理人员行使上述职权时，任何单位和个人不得干涉、阻挠或打击报复。

第二十九条　食品生产经营主管部门和企业的食品卫生管理人员、检验人员应具有卫生专业知识，经食品卫生监督机构考核合格后，由主管部门任命，接受卫生监督机构的业务指导。食品卫生管理员、检验员应保持相对稳定，有变动时应征得卫生监督部门同意。

第三十条　食品生产经营企业的新建、扩建、改建工程的选址和设计应当符合卫生要求，其设计审查和工程验收必须有食品卫生监督机构参加。

第三十一条　利用新资源生产的新食品、食品添加剂，新的原材料生产的食品容器、包装材料和食品用工具、设备的新品种必须经省卫生行政部门审查批准。

生产经营企业在申报审批时，必须提供卫生和营养评价资料。卫生资料包括：理化性质、毒理学安全评价(按卫生部发布的《食品安全性毒理学评价程序》)、质量规格、生产工艺、使用范围及用量，以及检验方法和残留量(或转移量)等；营养评价资料包括：营养成份、消化吸收和生物效价等。

第三十二条　食品生产经营人员每年必须由食品卫生监督机构组织进行健康检查。新参加工作和临时参加工作的食品生产经营人员必须进行健康检查，取得健康证后方可参加工作。

凡患有痢疾、伤寒、病毒性肝炎等消化道传染病(包括病原携带者)、活动性肺结核、化脓性或者渗出性皮肤病以及其他有碍食品卫生的疾病的，不得参加接触直接入口食品的工作，主管部门负责调离安排其他适当工作。

第三十三条　食品生产经营企业的领导和从业人员、食品管理、检验人员必须经过食品卫生业务知识(或检验专业)和食品卫生法规培训。并实行考核制度，其成绩作为其晋升职务、评定技术职称的条件之一。

新职工应经过《食品卫生法(试行)》和食品卫生知识的学习培训，考核合格后，方能进入工作岗位。

第八章　集贸市场和食品商贩的卫生管理

第三十四条　集贸市场的场址应避开交通要道、医院、有毒有害场所，要合理布局。划行归市。出售食品的区域要设售货台、防雨防晒棚、洗手池等卫生设施。

第三十五条　工商行政管理部门、农牧渔业部门和食品卫生监督机构应各负其责，做好食品卫生管理、检验和监督工作。并配备与工作量相适应的食品卫生管理和兽医检验人员。

第三十六条　凡从事经营饮食业、食品加工业和各类熟食品、饮料等的食品商贩在办理卫生许可证时，必须具备下列条件：

(一)具有与经营品种相适应的场所；

(二)具有专用的食具消毒、防蝇、防尘、防鼠设施和售货工具、工作服；

(三)具有符合食品卫生要求的流动车、售货亭和运输食品的车辆、盛放食品的容器；

(四)生产经营人员必须接受主管部门和卫生部门组织的食品卫生知识的培训和健康检查。

第三十七条　食品商贩在生产经营过程中，必须遵守下列卫生要求：

(一)出售的食品必须新鲜洁净。食品容器及用具应严格做到生熟分开，食具、茶具使用前必须洗净消毒；

(二)凡出售熟食品、切开的瓜果及直接入口的食品必须使用防蝇防尘等设施。坚持做到工具售货，货款分开，净纸包装；

(三)生产经营人员必须保持个人卫生，工作衣帽必须保持整洁干净。生产经营场所应保持环境卫生，禁止乱倒垃圾；

第三十八条　在传染病流行期间，经市、县(区)人民政府批准，可限期关闭疫区集贸市场。

第九章　食品卫生监督

第三十九条　各级卫生行政部门要加强对食品卫生工作的领导，建立、健全食品卫生监督机构，充实食品卫生监督力量,加强对食品卫生监督人员的教育管理,提高监督人员的执法素质。

第四十条 市、县(区)卫生防疫站或食品卫生监督检验所为食品卫生监督机构,负责本辖区内的食品卫生监督工作。

第四十一条 食品卫生监督机构设食品卫生监督员、助理食品卫生监督员。监督员、助理监督员由所在的食品卫生监督机构推荐,经上一级食品卫生监督机构同意后,监督员报同级人民政府批准任命,助理监督员报同级卫生行政部门批准任命。

在乡镇卫生院可设专职或兼职的食品卫生检查员,负责辖区范围内的食品卫生检查、指导工作。食品卫生检查员由所在乡、镇卫生院推荐,经县食品卫生监督机构同意后,由乡、镇人民政府任命。

食品卫生监督员、助理食品卫生监督员和食品卫生检查员应当作风正派、办事公道、遵纪守法、廉洁奉公、联系群众,全心全意为人民服务。

第四十二条 食品卫生监督机构的职责是:

(一)进行食品卫生监测、检验和技术指导;

(二)协助培训食品生产经营人员,监督并组织食品生产经营人员进行健康检查;

(三)宣传食品卫生、营养知识,进行食品卫生评价,公布食品卫生情况;

(四)对食品生产经营企业的新建、扩建、改建工程的选址和设计进行卫生审查,并参加工程验收;

(五)对食物中毒和食品污染事故进行调查,并采取控制措施;

(六)进行现场检查和巡回监督,及时处理发现的问题;

(七)对违犯本法的行为追查责任,依法进行行政处罚;

(八)对下级食品卫生检查机构或食品卫生检查员进行业务指导;

(九)负责其他食品卫生监督事项。

第四十三条 食品卫生监督人员执行食品卫生监督机构交付的任务。食品卫生监督员、助理监督员、检查员在执行任务时,必须出示证件,有权向食品生产经营者了解情况,索取必要的资料,进入生产经营场所检查,按照规定无偿采样。必要时可以拍照、录音、录像。生产经营者不得拒绝或隐瞒。

食品卫生监督人员对生产经营者提供的技术资料有保密的义务。

第四十四条 食品卫生监督机构在监督工作中,采取分级和地域管辖(以行政区划为准)。基层食品卫生监督机构在工作中发生争议时,由市食品卫生监督机构处理。

第四十五条 食品卫生监督机构对所送的检验样品,应收取检验费;对抽取的样品经检验符合卫生标准的,免收检验费,不符合卫生标准的,应收取检验费。收费标准按省统一规定执行。

第四十六条 市卫生行政部门可设立食品卫生咨询委员会,负责食品卫生监督管理工作中的重大事项的审议并提出咨询意见。

第四十七条 发生食物中毒的单位应保护现场;接收病人的医疗单位除采取抢救措施外,应同时留取病人的呕吐物、排泄物等样品,并于四小时内向所在地食品卫生监督机构报告。

第十章 法律责任

第四十八条 对违反本《实施细则》情节较重者,食品卫生监督机构可以给予以下行政处罚:

(一)警告并限期改进;适用于违反本《实施细则》如下规定的:

1. 违反本《实施细则》第四、五、十、十一、十二、十三条或第六条(一)、(五)、(七)项规定之一者;

2. 生产经营的食品经监督检验不合格者。

(二)责令追回已售出的禁止生产经营的产品:

1. 违反本《实施细则》第七、八、九、十四、十五、三十一条任何一条者;

2. 出售已引起或者可疑引起食物中毒等食源性疾患的产品,以及有可能危及消费者健康的食品;

(三)没收或销毁禁止生产经营的食品。食品添加剂:如本条第(二)项所指食品或产品,既无安全处理措施,也无再利用价值的;

(四)罚款:适用于屡教不改和故意违反本《实施细则》情节较重的及造成食物中毒、食源性疾患、重大食品污染事故等:

1. 违反本《实施细则》第六、三十七条一项或多项的,罚款二十至二百元。凡经"警告并限期改进"处罚仍无改进的,罚款二百至四百元;

2. 违反本《实施细则》第五、七、八条一项或多项的,罚款二十元至二千元。其中情节严重或危害较大的应给予上述罚款数的二至五倍处罚;

3. 违反本《实施细则》第九、十、十一、十二、十三、三十一条者,除必须立即停止生产、销售和使用该产品外,对生产者罚款五万至五千元;对销售使用者罚款二十元至一千元。其中情节严重的,应给予上述罚款二至三倍处罚;

4. 违反本《实施细则》第十四、十八、十九、二十、二十二、二十三、二十四、三十条的,罚款五十至一千元;

5. 凡进口食品、食品添加剂、食品容器、包装材料和食品用工具及设备,不向国境口岸食品卫生监督机构报验,或不执行该机构的决定,擅自在本市出售,经检查不符合我国卫生标准的,按食品(产品)总值的百分之零点五至百分之一进行罚款,最高罚款不超过三万元;

6. 不符合我国食品卫生标准和法规的出口转内

销食品(包括已出口转回的)，如未经检查批准而擅自在本市销售者。除立即报验外，应罚款二百至二千元；

7. 食品生产经营单位和食品商贩如拒绝接受食品卫生监督，或隐瞒实际情况，阻挠取证的，给予二十至五百元的罚款；

8. 对涂改、伪造食品卫生检验证书(包括检验单)牟取暴利，按其非法所得金额的一至五倍罚款，罚款金额最高不得超过三万元；

9. 由于不重视食品卫生或玩忽职守等，造成较大的食品污染事故者，给予罚款一千至三千元；

10. 由于食品不卫生，造成食物中毒或食源性疾患，应按中毒事故的大小，情节的轻重及危害程度(包括中毒人数)等给予不同的罚款：

中毒人数在十人以下者罚款五十至五百元；

中毒人数在十一人至三十人者罚款三百至三千元；

中毒人数在三十一人至一百五十人者罚款五百至五千元；

中毒人数在一百五十一人至三百人者罚款一千至一万元；

中毒人数在三百零一人以上或致伤、致残、致死的以及有意隐瞒不报情节恶劣的，应从重处罚，最高罚款额不超过三万元。

上述罚款不包括损害赔偿。

11. 接受食物中毒病人的医疗单位不及时报告者，罚款五十至一千元。

(五)责令停业改进：适用于造成食品严重污染、食物中毒或其他食源性疾患的；因设备陈旧、工艺落后，食品卫生质量长期达不到卫生要求的；食品卫生监督机构抽验。同种食品连续三次检验不合格者。责令停业改进一次不超过十天。

(六)吊销卫生许可证：适用于经责令停业改进和罚款后仍不改进者；违反食品卫生法规，情节恶劣并坚持不改者；经鉴定不具备继续生产经营食品条件者。

上述各项行政处罚可以单独或合并进行。

第四十九条 行政处罚的批准权限按省《实施办法》第六十条规定执行。

第五十条 罚款百分之五十交地方财政。百分之五十由食品卫生监督机构用于食品卫生宣传、监督检验仪器的购置等监测业务开支。罚款应出正式收据，并留有存根。

没收的物品由食品卫生监督机构监督处理。

第五十一条 食品卫生监督机构在调查违法者的行为时，可酌情暂时冻结其银行存款；银行接到食品卫生监督机构的通知后应予执行。

第五十二条 食品卫生监督机构在调查处理食物中毒、食源性疾患和食品污染事故较大案件时的经济开支应由肇事的单位或个人负责。

第五十三条 当事人对食品卫生监督机构给予的行政处罚不服，可在接到处罚通知之月起十五天内向人民法院起诉。但对食品控制的决定应当立即执行，对罚款的决定不履行又逾期不起诉的，由食品卫生监督机构申请人民法院依照《中华人民共和国民事诉讼法(试行)》规定的程序强制执行。

第五十四条 违反《食品卫生法(试行)》和省《实施办法》及本《实施细则》造成严重食物中毒事故或者其他严重食源性疾患，致人死亡或者致人残疾因而丧失劳动能力的，根据不同情节，对直接责任人员分别依照中华人民共和国刑法第一百八十七条、第一百一十四条或第一百六十四条的规定，追究刑事责任。情节轻微，依照中华人民共和国刑法规定可以免予刑事处分的，由主管部门酌情给予行政处分。

第五十五条 对违反《食品卫生法(试行)》和省《实施办法》及本《实施细则》造成食物中毒事故或者其他食源性疾患的，应当负损害赔偿责任，受害人有权要求损害赔偿。

损害赔偿包括医药费、误工工资、生活补助费、丧葬费、遗属抚恤费。

第五十六条 损害赔偿要求，由市、县(区)卫生行政部门处理，当事人不服的，可以向人民法院起诉，也可以由受害人或者其代理人直接向人民法院起诉。

损害赔偿要求，应当从受害人或其代理人知道或者应当知道被损害情况之日起一年内提出，超过期限的，不予受理。

第五十七条 食品卫生监督人员、检验人员和食品卫生管理人员玩忽职守或利用职务之便贪污、受贿、索贿、弄虚作假，情节严重或者造成严重后果的，除没收其非法所得外，构成犯罪的，依法追究刑事责任；情节轻微，不构成犯罪的，给予经济制裁或行政处分。

凡阻挠食品卫生监督、检验人员和食品卫生管理人员履行职责，或者对监督、检验、管理人员和检举揭发人进行辱骂、围攻、捆绑、禁闭、殴打和诬告陷害的，根据其情节，对直接责任人员给予行政处分，直至追究刑事责任。

第五十八条 对执行《食品卫生法(试行)》和省《实施办法》及本《实施细则》，有显著成绩和重大贡献的单位和个人，应给予奖励，或报请人民政府给予表彰。所需奖励经费由地方财政开支。

第十一章 附 则

第五十九条 本《实施细则》与国家的法律有抵触时，按国家法律执行。

第六十条 本《实施细则》自公布之日起施行。过去本市有关食品卫生的规定，与本《实施细则》有抵触时，按本《实施细则》执行。

第六十一条 本《实施细则》的修改权属河南省人民代表大会常务委员会。执行中的具体问题，由洛阳市人民代表大会常务委员会解释。

湖北省减轻农民负担的规定

（一九八六年九月二十日湖北省第六届人民代表大会常务委员会第二十三次会议通过）

第一条 为了切实减轻农民负担，保护广大农民的积极性，促进农业生产，推动农村经济持续稳定协调地发展，根据国家法律和行政法规的有关规定，结合我省实际情况，制定本规定。

第二条 农民的合理负担范围只限于国家税收、地方统筹费、集体提留和劳务负担。对上列四项负担实行如下限额：

（一）国家税收，严格按国家税法计征。税收的减免，按国家和省有关规定执行。对贫困地区的农业税，按国家和省有关规定核减（免）；凡耕地依法被征用、因灾减产或其他因素需减（免）农业税的，应根据国家和省有关规定减（免）。对先征后减（免）的农业税，从确定减（免）之日起，在三个月内如数退还给农民，严禁截留或挪用。

（二）地方统筹费和集体提留的提留比例，按不同地区的经济发展水平，以乡为单位分别控制在上一年农民纯收入实际数百分之三至百分之五以内。其中：地方统筹费和集体提留应约各占一半。

（三）劳务负担，每年每个劳动力一般控制在十五个标工以内。

第三条 地方统筹费和集体提留，由乡（镇）人民政府按本规定确定的限额，提出具体提取比例和金额的议案，提请乡（镇）人民代表大会审议通过后，分别计算到农户或承包单位。统筹费按人口分摊；集体提留按人口、承包收入比例分摊或按人口、田地比例分摊。负担数额计算到户后，订入合同，按期交纳。不准在农民出售农副产品时强行扣款，不准截留农业贷款和预购定金抵交负担款。

第四条 对温饱尚未解决的贫困户，经乡人民政府批准，可以少提或免提地方统筹费和集体提留。由于贫困户较多，提取的资金不能保证必要开支的乡、村，由县（市）人民政府给予适当补助，县（市）财力不足，解决有困难的，由市、州人民政府或省人民政府帮助解决。

第五条 地方统筹费用于教育、计划生育、民兵训练、优抚、交通等项民办公助事业。当年没有开支的项目，可以不提。在地方统筹费中，教育费应占百分之五十，有的地方，可以占百分之六十。地方统筹费由乡（镇）人民政府统一管理使用，每年向乡（镇）人民代表大会报告管理和使用的情况。

第六条 集体提留只限于公积金、公益金、管理费三项。公积金用于小型农田水利建设、购置必要的固定资产，当年没有这些开支的可以少提或不提；公益金用于供养五保户、照顾困难户、妇幼保健、防疫和举办村、组内必要的文化及其他公共福利事业；管理费用于村、组干部补贴和办公费开支。

集体提留，除公益金中的五保户供养费上交由乡（镇）人民政府统一管理使用外，其余全部由村民委员会管理使用，每年向群众公布收支和使用情况。乡（镇）人民政府要督促村民委员会按规定管理和使用好集体提留。

第七条 劳务负担只限于水利和公路民工建勤、义务植树、血防灭螺等项国家规定的义务工和作为劳动积累的农业基本建设用工。防汛抢险，村、组和农民联户进行的小型农田水利建设以及解决人畜饮水用工不计入劳务负担。

凡在农村落户的劳动力，包括从事非农业劳动的农村劳动力都应承担劳务。

第八条 乡、镇企业和村办企业按年利润在税前提取百分之十分别交由乡（镇）人民政府和村民委员会掌握使用，只限于教育、小集镇公共建设、公共福利事业、支农项目补助等社会性开支，不准挪作行政费用或其它用途，每年向乡（镇）人民代表大会和村民报告使用情况。税后利润，企业有权按规定分配使用，乡（镇）人民政府不得任意提取，不得任意抽走资金或平调产品。

乡镇企业已有一定基础，集体经济比较发达的地方，在保证企业必要的积累和企业职工合法的经济利益的前提下，经乡（镇）人民代表大会讨论决定，每年可从企业利润中提取一定的补农资金，用于改善农业生产条件，推广新技术，以减轻种田农民的负担。

第九条 乡（镇）集资兴办公益事业，必须坚持自愿和量力而行的原则。由乡（镇）人民政府提请同级人民代表大会审议决定，报县人大常委会和县人民政府备案。

第十条 供应农民的生产资料，凡属国家按平价分配的，不准搞议价销售，不准搭配滞销商品；议价销售的，其价格不得超过国家规定的上浮幅度；平价和议价经营的，要分开建立进销存账目。

第十一条 农用水，应坚持谁受益，谁负担，用水多少，交费多少的原则，改进放水计量方法，统一收费标准，严格按国家规定收费，不得任意加价。

第十二条 农用电，应按国家规定的价格与用户电表实际用电量计算收费。不得将线损、变损转嫁给农民。

第十三条 面向农民的各种收费，必须按县级以上人民政府的有关规定执行，不得巧立名目，任意扩大收费范围，不得层层加码，任意提高收费标准。

第十四条 严禁违反国家法律、法规和省人民政府有关规定，对农民任意罚款和没收财物。

第十五条 交纳国家税收和承担必要的社会负担，是广大农民应尽的义务，应按规定履行。

凡不符合本规定的不合理负担，各级人民政府应及时查处。已经向农民收取不合理的款项，应予退还。

各级人民代表大会和它的常委会，要认真作好本规定贯彻实施的监督工作。

第十六条 本规定自公布之日起实施。

湖南省文物保护条例

（一九八六年九月二十七日湖南省第六届人民代表大会常务委员会第二十一次会议通过）

第一章 总 则

第一条 为了加强对文物的保护，根据《中华人民共和国文物保护法》，结合我省实际情况，制定本条例。

第二条 我省境内属于《中华人民共和国文物保护法》第二条规定的文物，均受国家保护。

第三条 我省境内的文物，除国家另有规定的以外，均属国家所有。属于集体所有和私人所有的纪念建筑物、古建筑和传世文物，其所有权受国家法律保护。文物的所有者必须遵守有关文物保护的规定。

第四条 各级人民政府保护本行政区域内的文物。各级人民政府的文化行政管理部门主管本行政区域内的文物工作。

省和文物较多的地区、自治州、市、县、自治县经同级人民政府或行政公署批准，可以设立文物保护管理机构，管理本行政区域内的文物工作；未设立文物保护管理机构的地方，可以由文化行政管理部门委托文化馆负责。

乡、民族乡、镇文化站有保护当地文物的责任。

一切机关、组织和个人，都有保护国家文物的义务。

第五条 文物保护管理经费，应按照财政管理体制，分别列入各级财政预算。

园林部门管理使用的文物，其维护经费应纳入城市维护建设计划。

文物保护管理经费由各级文化行政管理部门管理，专款专用。文物保护管理机构按规定留用的预算外收入应主要用于发展文物事业。

第二章 文物保护单位

第六条 省、自治州、市、县、自治县人民政府应选择具有历史、艺术、科学价值的革命遗址、纪念建筑物、古建筑、古文化遗址、古墓葬、石窟寺、石刻等文物核定公布为同级文物保护单位，并报上一级人民政府备案。

各级文物保护单位均由当地文化行政管理部门统一管理，并根据实际需要设置专门的管理机构或管理人员。

宗教团体和园林部门管理使用的文物保护单位，其保护管理工作应接受文化行政管理部门的指导与监督。

第七条 对各级文物保护单位，任何单位和个人不得损毁、侵占。

《中华人民共和国文物保护法》颁布以前被占用的核定为文物保护单位的纪念建筑物、古建筑等，当地文化行政管理部门应提出保护管理的意见，报同级人民政府处理。凡是危及文物安全或有碍开放的，应责令占用单位限期迁出，所需经费由占用单位及其主管部门承担。

核定为文物保护单位的纪念建筑物、古建筑等，应设置安全消防设施，加强对火源、电源的管理。经批准作为宗教活动场所的寺观，焚香、化纸、燃放鞭炮应在指定地点进行，并有专人监管。

第八条 各级文物保护单位，由同级人民政府划定必要的保护范围，作出标志说明，建立记录档案，并报上级文化行政管理部门备案。全国重点文物保护单位的保护范围由省人民政府核定，报国家文化行政管理部门备案。

在保护范围内不得进行其他建设工程。如有特殊需要，须经原公布文物保护单位的人民政府和上一级文化行政管理部门同意。在全国重点文物保护单位的保护范围内进行其他建设工程，须经省人民政府和国家文化行政管理部门同意。

在保护范围内严禁存放易燃、易爆和腐蚀性物品，严禁进行爆破、射击、毁林开荒等危害文物安全的活动。

未经文化行政管理部门和工商行政管理部门批

准，不得在保护范围内摆摊设点和经营照相。

第九条 根据保护文物的实际需要，经省人民政府批准，可以在文物保护单位的周围划出一定的建设控制地带。

在建设控制地带内兴建建筑物和构筑物，其地点、形式、高度、体量、色调要与文物保护单位及其周围环境风貌相协调，设计方案必须按照文物保护单位的级别征得同级文化行政管理部门同意，报当地城乡建设部门批准。已有的建筑物或构筑物对文物保护单位周围环境风貌有影响的，要区别情况，进行改造，危害文物安全的，要限期治理或搬迁。

第十条 各级人民政府制定城乡建设规划时，应确定本行政区域内各级文物保护单位和其他文物的保护措施，并将文物保护单位的保护范围和建设控制地带纳入规划。

建设工程涉及文物保护单位的，建设单位应事先会同文化行政管理部门确定保护措施，列入设计任务书；未经文化行政管理部门同意，有关部门不得批准。

第十一条 文物保护单位进行修缮、保养、迁移时，须遵守不改变文物原状的原则。设计、施工方案应按照文物保护单位的级别，报同级文化行政管理部门批准。

核定为文物保护单位的属于国家所有的纪念建筑物或古建筑，可以建立博物馆、纪念馆或辟为群众参观游览场所。需要改作其他用途的，应按文物保护单位的级别，由当地文化行政管理部门报原公布文物保护单位的人民政府批准。使用单位应负责建筑物的保养和维修，不得损毁、改建、添建或拆除。

第十二条 经国家核定公布的历史文化名城，要全面规划，加强保护和管理。集中反映历史文化的文物古迹、纪念建筑物、古建筑、风景名胜，应严加保护。

第十三条 尚未核定公布为文物保护单位而确有重要价值的文物，当地文化行政管理部门应及时采取保护措施，办理保护审核手续，任何单位和个人不得损毁。

第三章 考古发掘

第十四条 文物考古专业机构和高等院校为了科学研究或配合建设工程进行考古发掘，必须提出发掘计划，由省文化行政管理部门报国家文化行政管理部门批准，其他任何单位和个人不得私自发掘。

确因建设工期紧迫或有自然破坏的危险，对古文化遗址、古墓葬急需进行抢救的，由省文化行政管理部门及时组织力量进行发掘同时补办批准手续。

进行考古发掘工作，必须严格遵守有关规定，确保考古发掘和资料整理的科学性。

第十五条 出土的文物由省文化行政管理部门根据文物价值和保管条件，分别交给科学研究部门、当地文物保护管理机构或指定的单位保管，任何单位或个人不得隐匿、变卖、侵占或损坏。

第十六条 在可能埋藏有文物的地方进行大型基本建设，建设单位要事先会同当地文化行政管理部门进行文物调查或者勘探工作。

在基本建设或生产活动中，任何单位或个人发现文物，要立即停工，保护现场，及时报告当地文化行政管理部门处理。遇有重要发现，当地文化行政管理部门应及时报告省文化行政管理部门处理。

第十七条 因进行基本建设和生产建设需要文物勘探、考古发掘的，所需经费由建设单位列入投资计划。

第四章 馆藏文物

第十八条 全民所有的博物馆、纪念馆、图书馆和其他单位，对收藏的文物应进行科学鉴定，根据价值大小和完残程度，区分等级，逐件登记，设置藏品档案，并报当地文化行政管理部门备案。

地区、自治州、市、县、自治县文化行政管理部门应建立三级以上文物藏品档案。省文化行政管理部门应建立二级以上文物藏品档案。

第十九条 收藏、陈列文物的单位，应建立严格的保护管理制度，登记账和藏品应分别确定专人保管。文物藏品应有固定库房和防火、防盗等安全保管设施。一级文物藏品应单独存放，重点保管。三级以上文物藏品应报当地公安部门备案。

第二十条 全民所有的博物馆、图书馆和其他单位的文物藏品禁止出卖和私相赠送。这些单位进行文物藏品的调拨、交换，必须按规定报文化行政管理部门批准；未经批准，任何单位和个人不得调取。

第五章 文物收购和出境

第二十一条 文物收购业务由文化行政管理部门统一管理，可以设点收购，也可以指定有关单位收购。收购文物的单位须经省文化行政管理部门批准，当地工商行政管理部门核发执照。其他任何单位和个人不得经营文物收购业务。

私人收藏的文物可以卖给经过批准的文物收购单位，严禁倒卖牟利，严禁私自卖给外国人。

全民所有的博物馆、纪念馆、文物管理所可以在当地征集和接收文物。

第二十二条 银行、冶炼厂、造纸厂以及废旧物资回收部门与同级文化行政管理部门从金银器和废旧物资中拣选出的文物，除银行研究所必需的历史货币由银行留用外，应按照实际的收购、储运、拣选等费用作价，移交给文化行政管理部门指定的单位收藏，不得自行销毁、变卖或贪占。

公安、海关、工商行政管理部门依法没收的文物，应无偿移交给当地文化行政管理部门指定的单位收藏。

第二十三条 文物出口和个人携带、邮寄、托运文物出境，须按规定办理报批手续。海关凭许可出口的凭证查验放行。

第六章 文物拓印、复制、拍摄

第二十四条 核定为文物的石刻和金属铸品，除管理该文物的单位可以按规定拓印外，其他任何单位和个人不得拓印。

第二十五条 文物的复制，须按规定履行报批手续。未经批准，任何单位和个人不得复制。

文物复制品的生产，须经省文化行政管理部门批准，当地工商行政管理部门核发执照。

第二十六条 开放的文物保护单位和博物馆、纪念馆的文物陈列品，不准从陈列柜中提出拍摄。禁止拍摄的文物，应树立标志。

凡使用省级以上文物保护单位作为场景摄制电影、电视，应报省文化行政管理部门批准。拍摄时，不准用文物作道具。

外国人在非开放地区和考古发掘现场拍摄文物，外国人与我国合作出版文物书刊和拍摄文物专题电影、电视，由省文化行政管理部门报国家文化行政管理部门批准。

未经省文化行政管理部门批准，任何单位和个人不得向外国人提供未公开发表的文物资料。

第七章 奖励与惩罚

第二十七条 凡有《中华人民共和国文物保护法》第二十九条规定的事迹之一的单位或个人，由人民政府给予精神鼓励或物质奖励。

第二十八条 有下列行为之一的，分别给予行政处罚：

（一）在地下、内水及其他场所中，发现文物隐匿不报，不上交国家的，由公安部门给予警告或者罚款，并追缴其非法所得的文物。私自变卖的，由工商行政管理部门没收其非法所得的收入，并从重处以罚款；

（二）将私人收藏文物私自卖给外国人的，由工商行政管理部门没收其文物和非法所得，并可处以相当其非法所得收入百分之二十以下的罚款；

（三）私自收购文物倒卖牟利的，由工商行政管理部门给予警告，没收其非法收购的文物或非法所得的收入，并可处以相当其非法所得收入百分之五十以下的罚款；

（四）私自复制、拓印文物的，由文化行政管理部门给予警告，没收其复制品、拓印件。出售文物复制品、拓印件的，由工商行政管理部门给予警告，没收其复制品、拓印件和非法所得收入，并可处以五百元以下的罚款；

（五）在基本建设或生产活动中发现文物，不及时向文化行政管理部门报告并保护现场，使文物受到损毁的，由文化行政管理部门给予警告，并可处以二千元以下的罚款；

（六）侵占、损毁文物保护单位，改变文物原状，擅自在文物保护单位保护范围内进行其他建设工程的，由文化行政管理部门给予警告，限期归还、修复或拆除，并可处以二千元以下的罚款；

（七）在文物保护单位的保护范围内存放危险物品，损坏文物保护标志或安全设施，污损文物的，由公安部门给予警告、罚款；

（八）国家工作人员失职使文物受到损失的，由主管部门给予行政处分。

对同一违法行为，一个部门给予处罚后，其他部门不再处罚。

当事人不服文化行政管理部门或工商行政管理部门行政处罚的，可以在接到处罚通知后十五日内，向作出处罚决定的部门的上一级机关申请复议，经上一级机关裁决仍不服的，可以在接到裁决通知后十日内，向当地人民法院起诉。逾期不申请复议、不起诉又不履行的，由作出处罚决定的部门申请人民法院强制执行。

当事人不服公安部门行政处罚的，提出申诉或提出诉讼按《中华人民共和国治安管理处罚条例》第三十九条的规定办理。

第二十九条 凡有《中华人民共和国文物保护法》第三十一条规定的行为之一的，依法追究刑事责任。

第八章 附 则

第三十条 本条例所说的以上、以下，都连本数在内。

第三十一条 本条例自公布之日起施行。我省其他有关文物保护管理的规定，凡与本条例相抵触的，以本条例为准。

附一：《中华人民共和国文物保护法》有关条文

第二条 在中华人民共和国境内，下列具有历史、艺术、科学价值的文物，受国家保护：

（一）具有历史、艺术、科学价值的古文化遗址、古墓葬、古建筑、石窟寺和石刻；

（二）与重大历史事件、革命运动和著名人物有关的，具有重要纪念意义、教育意义和史料价值的建筑物、遗址、纪念物；

（三）历史上各时代珍贵的艺术品、工艺美术品；

（四）重要的革命文献资料以及具有历史、艺术、科学价值的手稿、古旧图书资料等；

（五）反映历史上各时代、各民族社会制度、社会生产、社会生活的代表性实物。

文物鉴定的标准和办法由国家文化行政管理部门制定，并报国务院批准。

具有科学价值的古脊椎动物化石和古人类化石同文物一样受国家保护。

第二十九条 有下列事迹的单位或者个人，由国家给予适当的精神鼓励或者物质奖励：

（一）认真执行文物政策法令，保护文物成绩显著的；

（二）为保护文物与违法犯罪行为作坚决斗争的；

（三）将个人收藏的重要文物捐献给国家的；

（四）发现文物及时上报或者上交，使文物得到保护的；

（五）在文物保护科学技术上，有重大发明创造或者其他重要贡献的；

（六）在文物面临破坏危险的时候，抢救文物有功的；

（七）长期从事文物工作有显著成绩的。

第三十一条 有下列行为之一的，依法追究刑事责任；

（一）贪污或者盗窃国家文物的；

（二）盗运珍贵文物出口或者进行文物投机倒把活动情节严重的；

（三）故意破坏国家保护的珍贵文物或者名胜古迹的；

（四）国家工作人员玩忽职守，造成珍贵文物损毁或者流失，情节严重的。

私自挖掘古文化遗址、古墓葬的，以盗窃论处。

将私人收藏的珍贵文物私自卖给外国人的，以盗运珍贵文物出口论处。

文物工作人员对所管理的文物监守自盗的，依法从重处罚。

附二：《中华人民共和国治安管理处罚条例》有关条文

第三十九条 被裁决受治安管理处罚的人或者被侵害人不服公安机关或者乡（镇）人民政府裁决的，在接到通知后五日内，可以向上一级公安机关提出申诉，由上一级公安机关在接到申诉后五日内作出裁决，不服上一级公安机关裁决的，可以在接到通知后五日内向当地人民法院提起诉讼。

广东省经济特区涉外公司条例

（一九八六年九月二十八日广东省第六届人民代表大会常务委员会第二十二次会议通过）

目　录

第一章　总　则

第一条 为加强对广东省经济特区（以下简称特区）引进外资设立的公司的管理，确认其法律地位，保障其合法权益，促进特区经济发展，根据中华人民共和国法律、法规，结合特区的情况，制定本条例。

第二条 本条例适用于特区内设立的中外合资公司、中外合作公司、外资公司和中外股份有限公司（以下统称特区涉外公司）。

第三条 特区涉外公司必须根据本条例规定程序设立，有符合规定的资金数额，有组织章程、组织机构和场所，能够独立承担民事责任，经特区所在市工商行政管理局（以下简称市工商局）核准登记。

特区涉外公司均为有限责任公司。

第四条 特区涉外公司在特区内的投资、获得的利润和其他合法权益，受中国法律保护。

特区涉外公司的一切活动必须遵守中国的法律、法规。

第五条 特区涉外公司的设立、变更和解散，必须提出申请报经特区所在市人民政府（以下简称市人民政府）批准。

市人民政府接到申请之日起对设立公司的应在九十天内，对变更或解散公司的应在三十天内决定批准或者不批准。凡同意的应发给批准书。

第六条 市人民政府对特区涉外公司的经营活动进行指导和监督。

第七条 申请设立特区涉外公司，必须具备下列条件：

（一）符合中国法律、法规；

（二）为国民经济发展所需要；

（三）注册资本不少于人民币一百万元（或等值的其他货币），且首期投入现金不少于注册资本的百分之二十五；

（四）生产技术、经营管理先进；

（五）产品在国际市场上有销路，能全部或大部分出口。

第八条 申请设立特区涉外公司有下列情况之一的，市人民政府不予批准：

（一）有损中国主权的；

（二）违反中国法律、法规的；

（三）不符合国民经济发展要求的；

（四）造成环境污染的；

（五）协议、合同或章程显属不公平，损害一方权益的。

第九条 获准设立的特区涉外公司须持市人民政府批准书，按照有关法律、法规的规定，办理下列手续：

（一）向市工商局申请注册登记，领取营业执照，取得中国法人资格；

（二）向特区所在市税务局（以下称市税务机关）办理税务登记；

（三）向特区所在市外汇管理部门办理外汇事宜；

（四）在特区所在地的银行开立账户；

（五）向特区所在地的海关办理进出口登记事宜；

（六）其他应办的事项。

第十条 特区涉外公司注册登记的名称，为该公司法定的专有名称。

特区涉外公司名称应标明为有限公司或股份有限公司。

第十一条 特区涉外公司以其设在特区的经营管理机构所在地为住所。

特区涉外公司的住所为该公司的有效送达地址。

第二章 中外合资公司、中外合作公司、外资公司

第一节 设立程序

第十二条 申请设立中外合资公司、中外合作公司（以下简称合资公司、合作公司）和外资公司，应提交下列文件：

（一）申请书；

（二）可行性研究报告；

（三）合同和章程（外资公司不需提交合同）；

（四）拟任董事名单；

（五）各方资信证明。

第十三条 设立合资公司、合作公司、外资公司的可行性研究报告，应写明下列主要内容：

（一）生产经营或服务项目、规模；

（二）公司性质；

（三）出资方式（或合作条件），投资总额和资金投入期限；

（四）公司拟办期限；

（五）国际市场的需求和公司的经营能力；

（六）产品销售或服务方式，外汇平衡办法；

（七）技术、工艺规程研究及方案；

（八）经济效益研究；

（九）劳动生产组织、职工定员和职工培训计划；

（十）环境影响评价；

（十一）劳动安全和卫生影响评价；

（十二）场地选择和土地使用面积的要求；

（十三）生产经营和基本建设所需资金、能源、水源、原材料、劳动力及其解决办法；

（十四）项目实施的综合计划。

第十四条 合资公司、合作公司的合同和章程以及外资公司的章程的订立和生效，按照国家法律和特区法规的规定办理，其修改时同。

合作公司的合同和章程还应写明偿还客商投资的办法和合作期满后公司资产的归属。

第二节 组织机构

第十五条 合资公司、合作公司的最高权力机构是董事会。董事会成员不得少于三人，董事名额的分配由合资、合作各方协商确定。

董事长由特区方委派；副董事长一至二人，由客商委派。经双方报请市人民政府批准也可由特区方和客商轮流担任董事长和副董事长。

董事长为公司的法定代表人，董事长临时不能履行职责时，由董事长委托副董事长或其他董事代为履行。

董事长在董事会会议闭会期间，依照公司章程和董事会决议，处理公司的重大问题，负责检查、监督董事会决议的执行。

第十六条 董事会行使下列职权：

（一）制订和修改公司章程；

（二）制订公司的发展规划和生产经营方案；

（三）决定公司的增资、转让、合并、停业和解散；

（四）审查经营状况、财务预算和决算；

（五）决定利润分配和亏损弥补办法；

（六）聘请总经理、副总经理、总工程师、总会计师、审计师和其他高级管理人员；

（七）确定职工工资和制定职工奖惩办法。

其他事项可以根据章程载明的议事规则作出决定。

第十七条 董事会会议每年至少召开一次，经三分之一以上的董事提议，可召集董事会临时会议。

董事会会议由董事长召集并主持。

召开董事会会议应提前十天送达开会通知，并说明会议议程和地点。

董事会会议，应有半数以上的董事出席方为有效。董事因故不能出席时，可委托代理人行使其委托的职权。董事委托代理人出席会议，须向董事会出具委托书。

第十八条 董事会应设会议记录，记载每次会议的时间、地点、人员、讨论或决议的事项等。

出席会议的董事应在会议记录上签名。

会议记录由董事会指定专人保管，在规定期限内任何人不得销毁。

第十九条 合资公司、合作公司应在其住所设经营管理机构，负责公司日常经营管理。

经营管理机构设总经理一人，副总经理若干人。

第二十条 总经理行使下列职权：

（一）执行董事会的决议；

（二）组织和领导公司日常的经营管理；

（三）在董事会授权范围内，对外代表公司处理公司业务，对内聘请下属管理人员；

（四）行使董事会授予的其他职权。

副总经理协助总经理工作。总经理处理重要问题时，应同副总经理协商。意见不一致时，由董事长决定。

第二十一条 总经理、副总经理由董事会聘请，可以由中国公民担任，也可以由外国公民担任。

经董事会聘请，董事长、副董事长、董事可以兼任总经理或副总经理。

总经理、副总经理必须是常驻公司住所的专职人员，并不得兼任其他经济组织的总经理或副总经理，不得参与其他经济组织对本公司的竞争。

第二十二条 董事因营私舞弊或失职而造成公司经济损失，应承担法律责任。

总经理、副总经理有营私舞弊或严重失职行为的，经董事会决议，可以随时解聘。造成公司经济损失的，应承担法律责任。

第二十三条 外资公司的组织机构由其章程确定。外资公司的法定代表人必须是代表外资公司行使职权的负责人。

第三节 经营细则

第二十四条 合资、合作各方可用现金，也可用建筑物、场地使用权、机器设备或其他物料、工业产权、专有技术等作价出资，或作为合作条件。以建筑物、场地使用权、机器设备或其他物料、工业产权、专有技术作价出资的，其价格由合资、合作各方商定，也可由合资、合作各方共同聘请专业咨询公司，或中国注册的会计师核定。

第二十五条 客商作为出资或合作条件的机器设备或其他物料，必须符合下列要求：

（一）为生产经营所必需的；

（二）具有国际先进水平；

（三）作价不高于同类机器设备或其他物料当时国际市场价格的；

（四）经中国商品检验机构依法检验合格的。

凡以残旧落后的设备进行欺骗，造成损失的，应赔偿损失。

第二十六条 客商作为出资或合作条件的工业产权必须符合国家和特区有关技术引进的法律、法规的规定。

第二十七条 合资、合作各方的出资额应按合同规定分期验资。

每期出资额缴交后三十天内，由中国注册的会计师验证，出具验资报告。公司依据会计师的报告发给出资证明书，并将出资证明书副本报市工商局备案。

第二十八条 合资、合作各方应按合同规定的期限缴交各自的出资额或提供合作条件。逾期未履行的，应按合同规定支付迟延利息或赔偿损失。逾期超过一年的，市工商局可吊销公司营业执照。

第二十九条 合资公司、合作公司和外资公司应按照市工商局核准的经营范围和生产规模制订生产经营计划，经董事会批准后执行，并报上级业务主管部门备案。

第三十条 合资公司、合作公司有权自行决定在中国或国外购买机器设备等物资，在同等条件下，应尽先在中国购买，并制订物资的采购和验收制度。其制度须包括下列内容：

（一）采购和验收人员的职责；

（二）物资品种、规格、质量、数量和包装的验收办法；

（三）物资报价的核定办法以及凭证的确认办法；

（四）董事会和经理人员的审批权限；

（五）奖惩办法。

数量较大、价值较高的物资应由各方共同选择购买，或共同委托代购，或招标选购。

对有弄虚作假、营私舞弊、玩忽职守等行为的采购和验收人员，除按本公司的奖惩办法处理外，情节严重的，董事会可向人民法院起诉。

第三十一条 合资公司、合作公司在国际市场销售产品的价格，由董事会根据一定时期内的市场行情，规定该时期的最低价格。总经理和副总经理可共同确定高于最低价格的实际销售价格。

总经理和副总经理未经董事长或董事会同意，而在最低价格以下销售产品，董事会应追究其经济责任。

第三十二条 合资公司、合作公司和外资公司必须按照有关规定，填报生产、供应、销售统计表，报上级业务主管部门汇总上报市统计局。

第三十三条　合资公司、合作公司和外资公司必须在本特区内设置会计机构和会计帐簿。

合资公司、合作公司和外资公司应向市税务机关、上级业务主管部门和市财政局报送季度和年度会计报表。

第三十四条　合资公司、合作公司的审计师，负责审查、稽核公司的财务收支和会计帐目，并向董事会、总经理提出报告。

第三十五条　合作公司可用下列办法偿还客商投资本金：

（一）在一定时期内提高客商的利润或产品分配比例；

（二）在一定时期内以公司的全部可分配利润优先偿还。

合作公司合作期限届满，由于不可抗力的原因，客商未能回收投资本金的，可申请延长合作期限。

第四节　转让和抵押

第三十六条　合资公司一方向第三者转让其全部或部分股权，须经董事会同意，并报市人民政府批准。

合资一方转让其全部或部分股权时，在同等条件下合资他方有优先购买权。

合资一方向第三者转让股权的条件，不得比向合资他方转让的条件优惠。

违反上述规定的，其转让无效。

第三十七条　合资公司一方向第三者抵押其全部或部分股权，须经董事会同意。

第三十八条　合作公司的客商转让其全部或部分权益，或特区方转让其土地使用权和建筑物，须经董事会同意，并报市人民政府批准。

客商转让其全部或部分权益时，在同等条件下，特区方有优先购买权。

特区方转让其提供的土地使用权和建筑物，应转让给特区其他企业。

违反上述规定的，其转让无效。

第三十九条　合作公司的客商抵押其权益时，抵押价款不得超过其投资本金减除已收回部分的余额，并须经董事会同意。

第五节　资 产 处 理

第四十条　合资公司、合作公司和外资公司的客商在境外宣告破产，其在特区内的资产，可由客商本人或委托代理人提出处分意见。

第四十一条　客商代理人行使前条规定的权利，应提交公司董事会会议通过，并报市人民政府批准。

第四十二条　客商代理人申请处分客商在特区内的资产，必须向市人民政府提交下列文件：

（一）客商代理人身份及代理权证明书；

（二）客商破产宣告的有关文件；

（三）客商在特区投资所订立的合同、章程和出资证明书等文件；

（四）董事会决议。

缺少上款所列文件之一的，市人民政府不予受理。

第四十三条　客商代理人的申请经市人民政府批准后，客商资产所在的公司董事会应核定客商的全部资产金额。

第四十四条　客商代理人处分客商资产，应采用股权或权益转让形式，不得影响公司正常的生产经营活动。

第四十五条　转让客商资产所得的款项，扣除下列费用后，全部由客商代理人处理：

（一）核算费用；

（二）国家税收；

（三）境内的其它债务。

第三章　中外股份有限公司

第一节　设 立 程 序

第四十六条　设立中外股份有限公司（以下简称股份公司），须有五个以上发起人，其中特区方应占半数以上。

发起人应签订设立股份公司合同，制作招股说明书，拟定股份公司章程。

第四十七条　发起人必须向市人民政府提交下列文件：

（一）申请书；

（二）发起人的资信证明；

（三）可行性研究报告；

（四）发起人签订的设立公司合同；

（五）招股说明书；

（六）发起人拟定的公司章程。

第四十八条　股份公司合同应包括下列内容：

（一）法人发起人的名称、住所及其法定代表人的姓名、国籍、职务和住所；

（二）个人发起人的姓名、国籍、职务和住所；

（三）公司的宗旨和经营范围；

（四）发行股票范围、对象、办法；

（五）发行股份总额及每股的金额；

（六）各发起人认缴首期股份的数额、形式和期限；

（七）各发起人预支设立公司费用的数额；

（八）发起人对创立公司的连带责任；

（九）发起人在发起期间的报酬；

（十）创立公司的其他事宜；

（十一）发起人签名盖章；

（十二）签订合同的地点和时间。

第四十九条　招股说明书应包括下列内容：

（一）公司名称、地址、经营项目、规模等；

（二）发行股份总额及每股的金额；

（三）股票种类；

（四）各种货币面值股票的数额；

（五）股息和红利的分配办法；

（六）股票的发行和转让办法；

（七）各发起人认缴股份数额；

（八）法人发起人名称、住所及其法定代表人姓名、国籍、职务和住所；

（九）个人发起人的姓名、国籍、职务和住所；

（十）公告办法；

（十一）其他事项；

（十二）发起人签名盖章；

（十三）日期。

第五十条 股份公司章程应包括下列内容：

（一）名称和地址；

（二）宗旨、经营范围和规模；

（三）发行股份的总额、种类和每股金额；

（四）首期征集的股款、种类和缴纳期限；

（五）发起人对首期发行股份的认缴责任；

（六）发起人对设立公司费用的预付责任及公司成立后的偿还办法；

（七）向公众招募股份的种类和数额；

（八）股息和红利的分配办法；

（九）代理发行股票的金融机构和开户银行；

（十）股东的权利和义务；

（十一）股东会议的职权及召开办法；

（十二）经营决策和管理机构的设置、职权、办事制度及高级管理人员的聘请方法；

（十三）财务、会计、审计制度的原则；

（十四）公告办法；

（十五）解散和清算；

（十六）违反章程的责任；

（十七）章程修改的程序；

（十八）设立公司的其他事宜；

（十九）全体发起人盖章。

第五十一条 股份公司依法经市工商局核准登记，即为公司成立。

第五十二条 股份公司首期征集的股份，不得少于发行股份总额的百分之二十五。

发起人对首期征集股份的认购不得少于百分之二十五，余额可以公开招募。

发起人对首期公开招募而没有被公众认购的股份，应负连带责任。

第五十三条 发起人在首期股份全部认购后三十天内，召开公司的创立大会，并提前十五天书面通知全体认股人。

第五十四条 创立大会的任务和权限：

（一）听取并审查发起人关于设立公司的工作报告；

（二）修改并通过公司章程；

（三）选举公司的董事。

创立大会的表决权比照本条例第五十九条、第六十条、第六十一条的规定办理。

第二节 组织机构

第五十五条 股东会议是股份公司的最高权力机构。股东会议分为常会和临时会议。

股份公司设董事会，董事会为公司的经营决策和执行机构。

股东会议除本条例另有规定外由董事会召集。

第五十六条 股东常会每年一次，一般应在第一季度召开。

股东常会由董事会提前十五天书面通知全体股东。

第五十七条 股份公司有下列情形之一的，除本条例另有规定外，董事会可以召开股东临时会议：

（一）董事会认为必要时；

（二）有占股份总额四分之一以上的股东提议时。

临时会议，应提前十五天书面通知全体股东。

第五十八条 股东会议行使下列职权：

（一）听取并审查董事会的工作报告；

（二）听取并审查公司生产经营计划和财务预算、决算报告；

（三）审查批准董事会提出的储备基金、职工奖励及福利基金、发展基金的提取比例和分配股息、红利或弥补亏损方案；

（四）选举和罢免董事并确定其工资；

（五）对公司的增资、发行债券、合并、转让、解散和清算等重大事项作出决议；

（六）修改公司章程；

（七）公司重整或公司自动清算时，任免重整人或清算人，确定清算人的报酬；

（八）对公司其他重要事项作出决议。

第五十九条 股东会议进行表决时每股有一个表决权。

股东可委托代理人行使其表决权，但必须出具授权委托书。

第六十条 股东会议作出普通决议，应有占股份总额过半数的股东出席，并有出席股东表决权过半数的同意。

第六十一条 股东会议作出特别决议，应有占股份总额三分之二以上的股东出席，并有出席股东表决权过半数的同意。

须经股东会议作出特别决议的事项如下：

（一）第五十八条第（五）、（六）项规定的事项；

（二）聘请非股东人士担任董事长；

（三）公司章程规定需要特别决议的事项。

第六十二条 出席股东会议的股东所占股份总

额，不足本条例规定的数额时，股东会议延期十五天召开，并通知未出席的股东出席。

出席延期后召开的股东会议的股东所占股份总额，仍不足本条例规定数额时，视为达到规定数额。

第六十三条 股份公司应设股东会议记录簿，记载每次会议时间、地点、出席股东人数、讨论和决议的事项等。

每次会议的记录，均应由会议主持人签字，并指定专人保管，在规定期限内，任何人不得销毁。

第六十四条 股份公司的董事会设董事长一人，副董事长若干人。

董事会董事由股东会议选举或协商产生。

董事长和副董事长由董事会选举或协商产生。

第六十五条 董事会行使下列职权：

（一）召集股东会议；

（二）执行股东会议的决议；

（三）聘请正、副总经理、总工程师、总会计师、审计师和其他高级管理人员；

（四）确定职工工资和制定职工奖惩办法；

（五）拟定公司的生产经营计划、财务预算和决算、分配股息和红利、增资、合并、转让等方案；

（六）处理公司对外重大事务；

（七）公司章程规定或股东会议授予的其他职权。

第六十六条 董事长为公司法定代表人行使下列职权：

（一）主持股东会议；

（二）召集和主持董事会会议；

（三）董事会会议闭会期间执行董事会职权。

副董事长协助董事长工作。

董事长因故不能履行职责时，可授权副董事长或其他董事代理。

第六十七条 股份公司的经营管理机构的设置比照本条例第十九条、第二十条、第二十一条的规定办理。

第六十八条 股份公司的董事、总经理、副总经理有营私舞弊或失职行为，可以罢免、解聘，其行为对公司造成经济损失的，应承担法律责任。

第三节 股　　票

第六十九条 股票持有人为股份公司的股东。

股东根据公司章程的规定，享受权利和承担义务。

股东对股份公司的责任，以其各自认缴的股份为限。

第七十条 股份公司首期发行股票的实收资本为该公司的注册资本。

第七十一条 股份公司的股份每股金额均应一律。

股票的面值可以用人民币或其他货币表示。

股票为记名式股票，可分为普通股票和特别股票。

股票可以是单股股票，也可以是代表两股以上的复股股票。

第七十二条 股份公司有下列情形之一，可以发行特别股：

（一）普通股票发行有困难时；

（二）公司发生经济困难亟需资金时；

（三）需要引进先进技术但缺乏资金时。

第七十三条 特别股可享受下列权利：

（一）股息高于普通股；

（二）分配股息和公司剩余财产的顺序先于普通股。

特别股享有的权利应在章程中规定。

第七十四条 股份公司有权在适当的时期，收回特别股。收回的条件和时间应在章程中规定。

第七十五条 股份公司的认股程序：

（一）认股人领取并填写入股登记表；

（二）认股人将入股登记表及股款提交或邮寄给公司或公司委托发行股票的金融机构；

（三）公司交付或邮寄股票；

（四）公司办理股东登记。

第七十六条 股份公司应自市人民政府发给批准书之日起，六十天内制备股票、入股登记表、股东登记册和股票转移登记表。

第七十七条 股票应记载下列事项：

（一）编号；

（二）公司的名称；

（三）持有人姓名或名称、住所；

（四）所属种类、代表的股数、金额和币别；

（五）公司盖章和董事长签名；

（六）发行日期。

第七十八条 入股登记表应记载下列事项：

（一）公司名称；

（二）认股人姓名或名称、住所；

（三）认购股票种类、股数、金额和币别；

（四）缴纳股款方式和日期；

（五）认股人或法定代表人签名盖章。

第七十九条 股东登记册应记载下列事项：

（一）股东姓名或名称、住所；

（二）股东持有股票的种类、股数、金额和币别；

（三）股票的编号和取得股票的日期；

（四）股票的转移记录。

股东名册存于公司本部，其副本报市工商局备案。

第八十条 股票转移（含转让、赠与、继承）登记表应记载下列事项：

（一）公司名称；

（二）转让人（赠与人、被继承人）和受让人（受赠人、继承人）姓名或名称、住所；

（三）转移股票的数额、金额和币别；

（四）股票号码；

（五）转移日期及双方当事人签名盖章。

股票转移应在公司办理登记、过户手续。

第八十一条 股份公司自召开股东会议通知发出之日起至该会闭幕之日止，停止办理股票过户登记和其他变更登记。

第八十二条 股票可转让、赠与、继承或抵押，但自公司清算之日起不得办理。

股东不得退股。

第八十三条 发起人的股票，在公司建立后的一年内不得转让。

董事转让股票，须经董事会批准。

第八十四条 两人以上共同认购的股票，属认购人共有，共同认股人负连带交纳股款的义务。

股票共有人应推选一人为股东代表。未推选代表的，以股票所载姓名在前的共有人为股东代表。

共有股票转让，须经全体共有人同意。股票共有人之一转让其份额，其他共有人有优先购买权。

第八十五条 股东的股票毁失，可向公司申请补发股票，并在《南方日报》和《深圳特区报》或《珠海特区报》或《汕头特区报》上声明作废。

公司对股东的申请核实无误，应予补发，并办理变更登记。

第八十六条 股份公司当年利润，在弥补以前年度的亏损和缴纳所得税后，应按下列顺序使用：

（一）偿还到期债务；

（二）提取储备基金、职工奖励及福利基金、发展基金；

（三）分配股息和红利。

当年没有盈余的不得分配股息和红利；但其储备基金已达到资本总额的百分之五十以上的，经股东会议决议，可以用储备基金的二分之一分配股息和红利。

第八十七条 股份公司以发行新股增加资本，须由股东会议作出特别决议。

公司未收足已发行股票的全部股款之前，或连续两年亏损的，不得发行新股。但资金周转期较长，并有周密的经营计划和确有盈利能力的不在此限。

第八十八条 股份公司申请招募新股，须向市人民政府提交下列文件：

（一）招募新股申请书；

（二）股东会议的特别决议；

（三）修改后的章程。

第八十九条 招募新股须在股款缴足后三十天内，持市人民政府的批准书和修改后的章程，向市工商局办理变更登记。

第四节 债 券

第九十条 股份公司发行债券，须经股东会议作出决议，并报市人民政府批准。

债券应为记名式，其面值可用人民币或其他货币表示。

第九十一条 债券发行总额不得超过公司现有资产总额扣除全部债务后的余额。

第九十二条 股份公司已发行的债券未募足前，不得发行新债券。

公司为偿还旧债而发行债券所募集的款项，须用于清偿旧债。

第九十三条 股份公司发行债券，须制作发行债券说明书。说明书应写明下列主要内容：

（一）公司名称和住所；

（二）债券发行总额，每张债券的金额和种类；

（三）币别；

（四）债券的利率，还本付息的办法和期限；

（五）发行债券的用途；

（六）发行债券代理金融机构的名称和住所；

（七）公司实收资本的总额；

（八）公司现有资产总额扣除全部债务后的余额；

（九）发行债券的其他事宜。

第九十四条 股份公司申请发行债券，须向市人民政府提交下列文件：

（一）发行债券申请书；

（二）股东会议发行债券决议；

（三）发行债券说明书。

市人民政府自接到前款报批文件后三十天内给予批复。

第九十五条 经市人民政府批准后，股份公司应制作债券、认购债券登记表、债权人登记册、债券转移登记表。

债券、债权人登记册、债券转移登记表所记载的事项，分别比照本条例第七十七条、第七十九条和第八十条的规定办理。

第九十六条 债券认购人应按规定的办法和期限认购债券，其程序比照本条例第七十五条的规定办理。

第九十七条 债券共有人之间的权利义务，比照本条例第八十四条的规定办理。

第九十八条 股份公司债券的转让、赠与、继承和抵押，比照本条例第八十条第二款、第八十二条第一款和第八十四条第三款的规定办理。

第九十九条 债权人债券毁失后的补发，比照本条例第八十五条的规定办理。

第一百条 股份公司发行新股票时，债权人可用该公司债券转换股票，但须放弃未到期的债券利息，并征得该公司同意。

第五节 财务会计

第一百零一条 股份公司董事会应在股东常会召开前三十天编制下列财务会计资料：

（一）年度决算和预算报告；

（二）资产负债表；

（三）损益计算书；

（四）财产目录表；

（五）储备基金、职工奖励及福利基金、发展基金的提取方案；

（六）分配股息和红利或弥补亏损方案。

前款所列的决算报告书、资产负债表和损益计算书，须经中国注册的会计师验证和出具证明。

第一百零二条 董事会应将前条所列财务会计资料在股东常会召开前置于公司总部，供股东查阅；在股东常会召开时提交会议通过。

第一百零三条 股份公司的统计报表、会计报表的报送，比照本条例第三十二条和第三十三条的规定办理。

第一百零四条 股份公司的审计师，负责审查、稽核公司财务收支和会计帐目，向董事会提出报告。

第一百零五条 股份公司储备基金除用于弥补公司亏损外，经股东会议特别决议，也可用于公司增加资本，并按股东原有股份的比例分配新股份。

第四章 公司的重整

第一百零六条 重整是指特区涉外公司因财务困难濒临破产，为使其摆脱困难恢复正常生产经营活动而进行的整顿工作。

重整必须经公司的上级业务主管部门批准。

第一百零七条 申请重整必须具备下列条件之一：

（一）设备或技术比较先进的；

（二）产品为社会所亟需的；

（三）投资额大、资金周转期比较长的；

（四）破产后可能造成严重不良后果的。

第一百零八条 重整可由股东会议、董事会或债权人提出申请。

第一百零九条 重整申请书应写明下列事项：

（一）公司的财务现状；

（二）重整理由和计划；

（三）申请人签名盖章。

申请书应附公司的资产负债表、损益计算书等资料。

第一百一十条 上级业务主管部门应自收到重整申请书之日起三十天内给予批复。

第一百一十一条 重整申请经批准后十五天内，公司股东会议或董事会应委派或聘请三至五名重整人组成重整小组，并指定正、副组长各一人。

重整人可由股东、董事或有关专业人员担任。

第一百一十二条 上级业务主管部门和债权人应分别委派一至二名代表为公司重整监督人。

债权人有两名以上的，其重整监督人由债权人会议协商委派，协商达不成一致意见时，由债权金额较多的债权人委派。债权人会议由重整小组召集。

第一百一十三条 重整小组行使下列职权：

（一）代行董事会的职权；

（二）接管公司有关业务和财务的一切帐簿、凭证、文件等；

（三）接管公司的生产经营权；

（四）接管、行使公司财产的管理处分权；

（五）代表公司对外签订合同；

（六）拟定和执行重整计划；

（七）召集股东会议或董事会议和债权人会议。

重整小组行使上款第（四）、（五）、（六）项职权时，须经重整监督人同意。重整监督人意见不一致时由上级业务主管部门裁定。

第一百一十四条 重整计划应写明下列内容：

（一）公司现状；

（二）重整前的债权人或股东权利的变更；

（三）财产的处分；

（四）债权的收回和债务的清偿；

（五）筹集资金办法；

（六）生产经营或服务规模的变更；

（七）修改章程；

（八）机构的调整和职工的增减；

（九）其他必要的事项。

第一百一十五条 重整计划应提交股东会议或董事会议审议通过，并报上级业务主管部门备案。

重整工作应在重整计划审议通过后一百八十天内完成。

第一百一十六条 重整计划完成后，重整小组应召开股东会议或董事会议，报告重整工作，并由重整监督人作重整工作的监督报告。

重整工作经前款会议认可后，重整小组应将重整期间接管的工作及有关业务和财务的一切帐簿、凭证、文件等移交董事会。并将公司重整的完成情况向上级业务主管部门作出书面报告。

第一百一十七条 重整工作完成后，董事会重新行使职权，重整人和重整监督人即自动解任。

第一百一十八条 重整人或重整监督人在公司重整工作中，违反法律、法规或严重失职，给公司造成经济损失的，应承担法律责任。

第五章 公司的期限、变更和合并

第一百一十九条 合资公司、合作公司和外资公司的经营期限，在合同和章程中规定。

合资公司和外资公司一般项目的经营期限为五年至三十年。投资额大、技术先进、生产周期长、资金利润率低的项目，经营期限也可以在三十年以上。

合资公司、合作公司和外资公司的经营期限，从市工商局签发营业执照之日起算。

第一百二十条 合资公司、合作公司和外资公司经营期限届满，需要延长的，可申请延长。

延长经营期限，应在经营期届满前一百八十天，向市人民政府报送延长经营期的申请书。市人民政府应在接到申请书之日起三十天内决定批准或不批准。

第一百二十一条 特区涉外公司的变更应自批准之日起三十天内，办理下列手续：

（一）向市工商局、税务机关和有关管理部门办理变更登记或备案；

（二）在《南方日报》和《深圳特区报》或《珠海特区报》或《汕头特区报》上刊登公告；

（三）向债权人、债务人及有业务往来的客户发出书面通知。

第一百二十二条 特区涉外公司的合并形式分为：

（一）创建合并：两个以上的公司合并成立新的公司，原公司解散；

（二）加入合并：一个或一个以上的公司加入另一公司，加入方解散，接纳方存续。

第一百二十三条 合并应按下列程序办理：

（一）各方董事会或股东会议作出合并的特别决议；

（二）签订合并合同；

（三）报市人民政府批准。

第一百二十四条 合并合同应包括下列主要内容：

（一）合并各方的名称、住所；

（二）合并形式，合并后的公司名称、住所；

（三）合并各方的资产状况；

（四）合并各方资产的处理办法；

（五）合并前各方的债权债务处理办法；

（六）合并后各方的权利和义务。

合并合同对前款第（五）项未作出规定时，原公司的一切债权债务全部转移给新设立或存续的公司。

第一百二十五条 合并应向市人民政府提交下列文件：

（一）合并申请书；

（二）合并合同；

（三）合并各方董事会或股东会议的特别决议；

（四）合并后的公司章程。

第一百二十六条 特区涉外公司合并后，当事人应按照本条例第一百二十一条的规定，办理注册、变更或解散登记等手续。

第六章 公司的解散和清算

第一节 解 散

第一百二十七条 特区涉外公司有下列情形之一的，可向市人民政府申请解散：

（一）合同或章程规定的经营期限已届满的；

（二）合并或全部资产转让的；

（三）董事会或股东会议作出解散特别决议的；

（四）经批准停业而未按期恢复营业的；

（五）由于严重自然灾害、战争或合同约定的其他不可抗拒的事件致使公司无法继续经营的；

（六）合同或章程规定的其他解散原因已经发生的。

第一百二十八条 特区涉外公司有下列情形之一，经当事人申请，由市中级人民法院（以下简称法院）裁决其解散：

（一）严重污染环境和破坏生态，市环境保护部门责令限期治理而不治理，或治理无效的；

（二）公司或合资、合作一方严重违反合同或章程的规定，致使公司无法继续经营的；

（三）公司或合资、合作一方因有严重违法行为，致使公司无法继续经营的；

（四）公司破产的。

第二节 清 算

第一百二十九条 特区涉外公司解散，除本条例另有规定外，应进行清算。

经市人民政府批准解散的，进行自动清算。由法院裁决解散的，执行法院裁决清算。清算期限自批准或裁决之日起，最长不得超过一百八十天。

特区涉外公司破产的清算按有关法律、法规办理。

第一百三十条 特区涉外公司的清算，应自市人民政府批准或法院裁决解散之日起十天内，成立由三名清算人组成的清算委员会。自动清算的公司，清算人由董事会或股东会议委派；法院裁决清算的公司，清算人由法院指定。

第一百三十一条 清算委员会组成后十五天内，公司董事会、股东会议或法院须在《南方日报》和《深圳特区报》或《珠海特区报》或《汕头特区报》上发表清算公告，并书面通知债权人限期申报其债权。

第一百三十二条 清算公告应写明清算原因、清算时间、清算人名单和申报债权的期限。

清算委员会应将清算决议或清算裁决、清算公告报市工商局和市税务机关备案。

第一百三十三条 清算委员会行使下列职权：

（一）召集债权人会议，必要时召集董事会或股东会议；

（二）接管公司财产，编造资产负债表和财产目录；

（三）继续经营公司的未了业务；

（四）制定清算方案；

（五）清算和处分公司的财产；

（六）收回债权和清偿债务；

（七）追索合资、合作各方或股东应缴而未缴的款项；

（八）分配剩余财产；

（九）代表公司参与诉讼或非诉讼活动。

第一百三十四条 清算委员会行使职权时应协商一致；协商达不成一致意见时，自动清算的由董事会、股东会议决定，裁决清算的由法院决定。

第一百三十五条 清算委员会组成后十天内，董事会应将公司的财务帐册、财产目录表、股东登记册、债权人和债务人名册等有关清算资料，在上级业务主管部门或法院指定人员监督下，全部提交清算委员会。

第一百三十六条 董事会违反前条规定，经清算委员会申请，法院可分别按下列规定处理：

（一）不按期交出有关清算资料的，强制其执行；

（二）隐瞒、伪造、销毁有关清算资料的，对直接责任人处以罚款；

（三）触犯刑律的，依法追究直接责任人的刑事责任。

第一百三十七条 清算委员会召集债权人会议，应提前十五天通知债权人。债权人不能出席时，可委托代理人，但须出具委托书。

清算委员会应在债权人会议上公布清算方案，听取债权人的意见和要求。

第一百三十八条 清算委员会应将清算方案报送董事会、股东会议或法院审查同意，并定期向股东和债权人通报清算情况或经营状况。

第一百三十九条 清算委员会应将已申报并经确认的债权人债权列入清算范围。

清算公告限期内未申报债权的债权人，在公司剩余财产未分配前仍有权请求清偿；但剩余财产已分配，而且一部或全部已被领取的，不在此限。

第一百四十条 特区涉外公司资产不足清偿全部债务的，除抵押贷款债务外，按下列顺序清偿：

（一）清算费用；

（二）职工的劳动服务费和社会保险费；

（三）国家税收；

（四）其他债务。

不足清偿同一顺序的债务时，按比例清偿。

第一百四十一条 清算委员会在未清偿公司的全部债务之前，不得将公司资产分配给公司各方或股东。

清偿全部债务后的剩余资产，按公司各方的分配比例或股份进行分配。但合同或章程另有规定的不在此限。

第一百四十二条 特区涉外公司清算结束后，自动清算的清算委员会应向公司董事会、股东会议和市人民政府报告清算工作；裁决清算的，清算委员会应向法院报告清算工作。

市人民政府或法院应对清算工作报告进行审查，并作出决定。

第一百四十三条 清算委员会应在清算工作报告得到市人民政府或法院认可后十四天内，向市工商局办理解散登记。

第一百四十四条 清算人的酬金由公司支付，其数额由清算人与董事会、股东会议或法院商定。

第一百四十五条 在清算期间有下列情形之一的，董事会、股东会议或法院可更换或补派清算人：

（一）清算人有违法行为的；

（二）债权人请求更换，并确有正当理由的；

（三）清算人死亡或丧失行为能力的；

（四）其他原因。

第一百四十六条 清算人在执行任务期间有玩忽职守、弄虚作假、营私舞弊等违法行为的，应承担法律责任。

第一百四十七条 法院可裁决中止自动清算，执行法院裁决清算。

第一百四十八条 特区涉外公司因合并而解散的，或因期限届满结业没有债权债务的，可不进行清算。

第一百四十九条 进行清算的合作公司，债务大于债权部分，合作各方应按合同规定的利润分配平均比例退回款项，以清偿债务。

第一百五十条 不进行清算的合作公司，解散时应将公司的各项财务帐册、文件和资产移交登记册等资料，交特区方保存三年。

第一百五十一条 下列清算资料应经中国注册的会计师验证和出具证明：

（一）董事会提交清算委员会的财务帐册；

（二）清算方案所列的债权债务；

（三）清算的会计报表。

第七章　罚　　则

第一百五十二条 特区涉外公司有下列情形之一的，除公司承担责任外，对法定代表人、直接责任人可以给予罚款，构成犯罪的，依法追究刑事责任：

（一）超出市工商局核准登记的经营范围从事非法经营的；

（二）对市工商局、税务机关隐瞒真实情况、弄虚作假的；

（三）抽逃资金、隐匿财产逃避债务的；

（四）解散、被撤销、被宣告破产后，擅自处理财产的；

（五）变更、终止时不及时申请办理登记和公告，使利害关系人遭受重大损失的；

（六）从事法律禁止的其他活动，损害国家利益或社会公共利益的。

第一百五十三条 根据本条例规定受到处罚的当事人，对处罚不服，可在接到处罚通知之日起十五天内，向执罚机关的上一级机关申请复议，或向法院起诉。

第八章　附　　则

第一百五十四条　特区涉外公司向市人民政府及其有关部门报送的文件应使用中文书写。使用中外两种文字书写的，以中文文本为准。

第一百五十五条　本条例施行前设立的特区涉外公司，除市人民政府批准的合同或章程中允许的事项外，均须自本条例施行之日起一年内，按本条例规定补办各项手续。

第一百五十六条　华侨、港澳同胞、台湾同胞的经济组织或个人在特区投资设立的公司，或有其投资设立的合资公司、合作公司、股份公司，适用本条例。

第一百五十七条　本条例自一九八七年一月一日起施行。

深圳经济特区涉外公司破产条例

（一九八六年十一月二十九日广东省第六届人民代表大会常务委员会第二十三次会议通过）

目　　录

第一章　总　　则

第一条　为维护深圳经济特区（以下简称特区）的经济秩序，保护债权人、债务人的合法权益，根据中华人民共和国的有关法律，制定本条例。

第二条　本条例适用于特区内设立的中外合资公司、中外合作公司、外资公司和中外股份有限公司（以下统称特区涉外公司）。

第三条　本条例所称破产，是指特区涉外公司的全部财产不能清偿到期的债务，由人民法院依照本条例规定的程序宣告的破产。

第四条　对破产公司的待业的职工，应按照国家和特区关于劳动工资管理和社会保险的法律、法规，保障其待业期间的基本生活费用。

第五条　依国外破产法宣告的破产，对破产人在特区的财产不发生效力。

第六条　特区涉外公司的破产案件，由深圳市中级人民法院（以下简称法院）管辖。

第二章　申请和受理

第七条　债权人可以申请宣告债务人破产。

债务人可以申请和解或宣告破产。

申请和解或宣告破产均应向法院提交申请书。

第八条　债务人提交的申请书必须附有股东会议或董事会会议关于申请和解或宣告破产的决议、财产状况说明书和债权、债务清册。

债权人提交的申请书必须提供关于债权的数额，有无财产担保以及债务人不能清偿到期债务的有关证据。

第九条　法院收到申请书后，应在十日内作出受理或不予受理的决定。

第十条　债务人与其债权人之间能达成清偿债务协议的，可依法进行和解；不能和解或和解无效的，则宣告破产。

第十一条　法院受理案件前一百八十日内，破产公司的下列行为无效：

（一）隐匿、私分或无偿转让财产；

（二）对原未设担保的债务提供担保；

（三）对未到期的债务提前偿付；

（四）放弃自己的债权；

（五）允许他人无偿占有该公司的财产。

第三章　清算委员会

第十二条　法院应于立案后十日内，指定三至五名清算人组成清算委员会（含中国注册的会计师一名），并设主任一名。

清算人的报酬由债务人支付或从破产资财中优先支付，其数额由法院确定。

第十三条　清算委员会接受法院的领导和监督，执行和解程序和破产程序。

第十四条　清算委员会执行和解程序的主要职责是：

（一）召集和主持债权人会议；

（二）调查生产经营和财产状况；

（三）审核债权人、债务人名册；

（四）监督和解方案的制定；

（五）制止损害债权人利益的行为。

第十五条 清算委员会执行破产程序的主要职责是：

（一）召集和主持债权人会议；

（二）接管破产公司的全部财产，必要时可予以封存；

（三）接管破产公司有关业务和财产的一切帐簿、凭证、文件等；

（四）提出破产资财的管理和处分方案；

（五）收回债权，清偿债务；

（六）进行与破产公司有关的其他民事活动。

第四章 债权人会议

第十六条 法院应根据清算委员会的申请，或依自己的职权召开债权人会议。

债权人会议的主要职责是：

（一）审查债权；

（二）推选债权人代表了解清算委员会工作的情况，提出债权人的意见；

（三）审议和解方案或破产资财分配方案。

第十七条 破产公司的法定代表人或其他高级管理人员须出席债权人会议，答复清算委员会或债权人的询问。

第十八条 债权人会议通过和解方案或分配方案，须由出席会议的债权额占无担保债权总额半数以上的债权人同意。

第五章 和 解

第十九条 法院同意和解的，应于五日内发布公告，并将公告送达和解申请人和已知的债权人，公告应确定申报债权期限、第一次债权人会议日期和债权调查日期。

第二十条 清算委员会应召集债权人会议，审议和解方案。

第二十一条 和解方案的主要内容包括：

（一）和解申请人和债权人的名称或姓名，债权数额；

（二）债务延期偿还的期限或减免偿还的数额；

（三）生产经营情况和亏损的原因；

（四）改进经营管理的计划、措施。

第二十二条 和解申请人须出席债权人会议，并答复债权人的询问。

和解申请人无正当理由不出席债权人会议，或出席债权人会议而拒绝答复会议的询问，均视为撤回和解申请。

第二十三条 在和解程序进行中，和解申请人可继续从事生产经营。

第二十四条 在和解程序进行中，和解申请人的下列行为无效：

（一）无偿转让财产；

（二）超越正常生产经营范围的有偿行为。

第二十五条 和解方案经债权人会议通过后，债权人有异议的，应在债权人会议通过和解方案之日起七日内向法院提出。

法院应在债权人会议通过和解方案后十五日内，对和解方案作出认可或不认可的裁定。

第二十六条 法院认可和解方案后，如有下列情形之一的，法院可撤销认可，并应立即发表公告，宣告和解申请人破产：

（一）和解方案损害未参加债权人会议的债权人的合法权益，受害人在和解方案认可后十日内向法院提出申诉，经查证属实的；

（二）和解申请人不履行或不能履行和解方案，经债权额占无担保债权总额半数以上的债权人申请撤销和解方案的；

（三）和解方案认可后六个月内，发现和解申请人有欺诈和解行为，经查证属实的。

第六章 破 产

第一节 破产宣告

第二十七条 法院裁定破产的，应予公告，宣告债务人破产。公告应确定申报债权期限，第一次债权人会议日期和债权调查日期，并将公告送达破产公司和已知的债权人。

第二十八条 破产程序的期限从破产宣告之日起到破产终结之日止为一百八十日。有特殊情况的，经法院裁定，可以适当延长。

第二十九条 破产宣告后，如破产资财不足以支付破产费用的，根据清算委员会的申请，经债权人会议同意，法院可裁定破产程序终结。

第三十条 法院对妨害破产程序进行的破产公司董事会成员或高级管理人员，可依照《中华人民共和国民事诉讼法（试行）》的规定，采取强制措施。

第二节 破产资财

第三十一条 破产资财包括下列各项：

（一）宣告破产时，属于破产公司所有的财产；

（二）应由破产公司行使的其他财产权利；

（三）依照本条例第十一条规定追回的财产。

第三十二条 破产资财的管理、处分权，专属于清算委员会。

第三节 破产债权

第三十三条 破产宣告前成立的无担保债权为破

产债权。

破产宣告时未到期的债权，视为已到期债权，但应减去未到期的利息。

第三十四条 下列各项不得作为破产债权：

（一）破产宣告后的债权利息；

（二）债权人参加破产程序所支出的费用；

（三）因破产宣告不能履约所产生的损害赔偿、违约金和滞纳金。

第三十五条 债权人应在法院规定的期限内，将债权数额和产生的时间、地点、原因向清算委员会申报，并提出证据。

第三十六条 债权人不按规定期限申报债权的，其债权不予承认。但不是由于债权人的责任所造成，且在破产资财分配前申报的，不在此限。

第三十七条 清算委员会应将破产债权的调查结果向债权人会议公布，报法院确认。

第三十八条 债权的标的不是货币，或者是货币但数额未确定，或者以外国货币确定的，则以破产宣告时评定的金额作为债权额。

第三十九条 在破产宣告前，对以破产公司的财产为实物担保的债权，就该项财产有优先受偿的权利。

担保物的价值大于其所担保的债权数额的，其超过部分属于破产资财，依破产程序分配。

担保物的价值小于所担保的债权数额的，未受清偿部分的债权，作为破产债权，依破产程序受偿。

第四十条 债权人在公司宣告破产时对该公司负有债务的，可以先行抵销。

第四十一条 不属于破产公司的财产，所有人可不依破产程序取回。

第四节 破产资财的管理和变卖

第四十二条 清算委员会的下列行为，须经债权人会议同意：

（一）不动产的转让；

（二）专利权、商标权的转让；

（三）借款；

（四）债权和有价证券的转让；

（五）合同的履行；

（六）权利的放弃；

（七）破产资财争议的诉讼。

上述行为在第一次债权人会议前发生的，应经法院许可。

第四十三条 清算委员会必须向破产公司的出资人追缴其所认缴而未缴的出资额。

第四十四条 破产宣告后，清算委员会可终止破产公司的租赁合同。

第四十五条 清算委员会可以偿还有担保债权的债款，收回担保实物。

第四十六条 清算委员会对破产资财按有关规定变卖、转让。

第五节 破产资财的分配和破产终结

第四十七条 清算委员会应提出破产资财分配方案，经债权人会议讨论通过，报法院裁定后，对破产资财进行分配。

第四十八条 以下各项破产费用，应当优先从破产资财中拨付：

（一）破产资财的管理、变卖及分配所需要的费用，包括聘任工作人员的费用；

（二）破产案件诉讼的有关费用。

清算委员会应当将破产费用开支情况向债权人会议公布；债权人会议提出异议的，由法院裁定。

第四十九条 破产资财按如下顺序进行分配：

（一）职工的工资和劳动保险费；

（二）国家税收；

（三）破产债权。

第五十条 清算委员会在破产资财分配结束后，应向法院提出报告，由法院作出破产终结的裁定并发表公告。对法院的裁定，不得上诉。

第五十一条 在破产程序进行中，经破产公司申请，并征得全体债权人同意，法院可裁定中止破产程序。

第五十二条 自破产终结裁定公告之日起两年内，发现原破产公司尚有可分配的财产时，应给债权人追加分配。

第五十三条 债权人的债权根据破产程序未能受到清偿部分，破产公司不再承担清偿责任。

第七章 罚 则

第五十四条 破产公司的法定代表人、董事会成员或高级管理人员（以下统称为破产责任人）违反本条例，无故不参加债权人会议，或对清算委员会、债权人的询问不作说明、答复，或作虚假的说明、答复的，处以五百元至五千元的罚款。

第五十五条 破产责任人在破产宣告前一年内或破产程序进行中，有下列行为之一的，除赔偿损失外，并处以五千元至一万元的罚款；触犯刑律的，依法追究其刑事责任：

（一）侵吞、隐匿、转移、毁弃公司财产的；

（二）伪造债务或承认不真实债务的；

（三）毁弃或伪造财务帐目、凭证的。

第五十六条 清算委员会成员有受贿或失职行为，对债权人造成损失的，除赔偿债权人所受的损失外，并处以五百元至五千元的罚款；触犯刑律的，依法追究其刑事责任。

第五十七条 债权人为破产公司隐匿破产资财，除追回破产资财外，并处以五千元至一万元的罚款；触犯刑律的，依法追究直接责任人的刑事责任。

第八章 附 则

第五十八条 华侨、港澳同胞、台湾同胞的经济组织或个人在特区投资兴办的公司的破产案件，适用本条例。

第五十九条 本条例自一九八七年七月一日起施行。

广西壮族自治区乡镇集体矿山企业和个体开采矿产资源管理条例

（一九八六年十一月四日广西壮族自治区第六届人民代表大会常务委员会第二十三次会议通过）

第一章 总 则

第一条 为了加快我区矿产资源开发利用，加强矿产资源管理和保护工作，根据《中华人民共和国矿产资源法》和《中华人民共和国民族区域自治法》的有关规定，特制定本条例。

第二条 矿产资源属于国家所有，地表或者地下的矿产资源的国家所有权，不因其所依附的土地的所有权或使用权的不同而改变。国家保障矿产资源的合理开发利用。禁止任何组织或者个人用任何手段侵占或者破坏矿产资源。

乡镇集体矿山企业和个体采矿必须依法申请，经批准领到采矿许可证，并办清工商营业执照和税务登记手续，取得采矿权，方能进行采矿活动。

第三条 自治区对乡镇集体矿山企业和个体采矿实行积极扶持、合理规划、正确引导、加强管理的方针。

自治区鼓励、指导和帮助乡镇集体矿山企业的发展。

自治区通过行政管理，指导、帮助和监督个人依法采矿。

第四条 在我区的国营矿山企业和国家规划建设矿区的单位，应本着照顾民族自治地方的利益和照顾当地人民群众生产和生活的原则，作出有利于当地经济建设的安排，积极帮助当地发展采矿业。

县以上人民政府根据国家的统一规划，合理安排当地乡镇集体和个体开采矿产资源。

第五条 自治区地质矿产主管部门主管全区矿产资源勘查、开采的监督管理工作，自治区其他有关主管部门协助自治区地质矿产主管部门进行矿产资源勘查、开采的监督管理工作。

第六条 县以上矿产资源开发监督管理部门，负责矿产资源开发利用的监督管理工作，调解矿产资源开发的争议。

第二章 采矿的审批与发证

第七条 乡镇集体矿山企业可以开采下列矿产资源：

一、零星分散的矿产资源；

二、国家不开采的小型矿床；

三、国家近期内未规划建设的大中型矿区中划定的范围；

四、国家已规划建设的矿区和国营矿山在不影响矿山建设和正常生产的条件下划定的范围；

五、国营矿山企业矿区范围内划定的边缘零星矿产。

第八条 个体可以采挖下列矿产资源：

一、零星分散的矿产资源；

二、只能用作普通建筑材料的砂、石、粘土等。

第九条 下列地区的矿产资源和矿种，乡镇集体矿山企业和个体不得开采：

一、《中华人民共和国矿产资源法》第十七条规定的不得开采矿产资源的地区；

二、铀矿、钍矿、冰洲石、光学萤石、高级瓷土等国家实行保护性开采的矿产；

三、正在进行勘探的矿区。

第十条 本条例第七条第一、二项和第八条准采范围由市、县人民政府划定，报自治区地质矿产主管部门备案；第七条第三项准采范围的划定，由市、县人民政府提出申请，经自治区地质矿产主管部门征求有关主管部门意见并审核，报自治区人民政府批准；第七条第四、五项准采范围的划定，由市、县人民政府与国营矿山企业协商后申请，经国营矿山企业主管部门征求自治区地质矿产主管部门意见后审核，报自治区人民政府批准。

第十一条 乡镇集体矿山企业和个体申请采矿，由市、县人民政府审查批准。市、县矿产资源开发监督管理部门颁发采矿许可证。

第十二条 乡镇集体矿山企业申请采矿的条件：

一、具备企业法人的条件；

二、有矿山设计或者开采方案，有保护矿产资源、安全生产和环境保护的措施；

三、有地质采矿技术人员或聘请有技术咨询人员。

第十三条 以商品生产为目的的个体或个人合伙

申请采矿的条件：

一、具备个体工商户或个人合伙的条件；

二、有采矿方案，有安全生产、环境保护的措施；

三、由群众发现的矿点，应提供有矿的依据。

第十四条 采矿许可证不得买卖、出租，不得用作抵押。

乡镇集体矿山企业领到采矿许可证满一年，个体领到采矿许可证满半年，不进行采矿施工者，发证机关有权注销其采矿许可证。

变更采矿地区或范围，要重新申请领取新的采矿许可证。

停止采矿的，要向原发证机关提供资源开采的有关资料，办理申请关闭的手续，注销采矿许可证。

乡镇集体矿山企业和个体采矿许可证由自治区地质矿产主管部门统一印制。

第三章 采矿管理

第十五条 依法采矿的乡镇集体矿山企业和个体的合法权益，受国家法律保护。任何单位和个人不得阻挠、破坏他人合法采矿，不得进入他人已取得采矿权的范围内采矿，不得哄抢他人的矿产品及侵犯他人的其他合法权益。

第十六条 采矿用地应按照《中华人民共和国土地管理法》和自治区有关土地管理规定办理；采矿给他人生产、生活造成损失的，应当负责赔偿，并采取必要的补救措施。

第十七条 开采矿产资源，必须遵守有关环境保护的法律规定，制定防止污染环境，防止水土流失和处理排放有害物质的措施。

开采矿产资源，必须遵守国家和自治区有关劳动安全、卫生及劳动保护的规定。

第十八条 乡镇集体矿山企业和个体采矿，应当提高技术水平，实行综合利用，不断提高资源回收率和经济效益。禁止乱采滥挖，破坏矿产资源。

乡镇集体矿山企业必须测绘井上、井下工程对照图。

第十九条 在同一矿区的个体采矿者，必须接受有关部门统一编组，推选或指定矿段长和必要的管理人员，有组织地进行采矿。

第二十条 各级人民政府的计划、生产、交通和物资管理部门，在制定生产、运输、物资分配计划时，对乡镇集体矿山企业和个体采矿，应统筹安排。

第二十一条 地质矿产主管部门、地质工作单位、国营矿山企业以及有关的设计院、研究所、院校，应当按照积极支持、有偿互惠的原则，向乡镇集体矿山企业和个体采矿提供地质资料，承担勘查、设计任务，转让专用设备，提供技术、安全指导和咨询服务。

对边远、贫困地区的乡镇集体矿山企业和个体采矿，有关主管部门应给予扶持。

国营矿山企业可以将部分采矿任务承包给乡镇集体矿山企业，新办的国营矿山企业，用工应优先录用当地乡镇剩余劳动力，或者帮助当地村(居)民委员会组织剩余劳动力从事劳务承包。

第二十二条 乡镇集体矿山企业和个体开采的矿产品，属国家统管的，由国家规定的单位收购；列入自治区统管的以及计划收购的矿产品，由自治区规定的单位收购；超计划部分和合同以外的矿产品，生产企业可以自销，由经县级以上人民政府批准经营矿产品的单位收购经营。

第二十三条 开采矿产资源，要保护测绘勘查标志。发现特殊的地质现象及文化古迹，应加以保护并及时报告有关部门。

第二十四条 在国家批准开办的国营矿山企业矿区范围内，已有的按本条例规定批准的乡镇集体矿山企业和个体采矿，影响国营矿山企业正常生产和安全的，应当关闭或者到指定的地点开采，由国营矿山建设单位给予合理补偿，并妥善安置群众生活；或者按照该国营矿山企业的统筹安排，实行联合开采。

第二十五条 开采矿产资源，必须按照国家和自治区有关规定交纳税金和有关费用。

第四章 法律责任

第二十六条 违反本条例第二条规定擅自采矿的，责令停止开采，没收采出的矿产品和违法所得，可并处3000元以下罚款；拒不停止开采，造成矿产资源破坏的，对直接责任人员依法追究刑事责任。

第二十七条 超越批准的采矿范围采矿的，责令退出超越区，没收越界开采的矿产品和违法所得，给他人造成损失的，赔偿损失，可并处3000元以下罚款；拒不退出超越区，造成矿产资源破坏的，吊销采矿许可证，对直接责任人员依法追究刑事责任。

第二十八条 盗窃、抢夺乡镇集体矿山企业或个体的矿产品和其他财物的，破坏采矿、扰乱矿山作业区的生产秩序、工作秩序的，追回非法所得，依法追究刑事责任；情节显著轻微的，依《治安管理处罚条例》处罚。

第二十九条 买卖、出租或者以其他形式转让矿产资源的，没收违法所得，可并处3000元以下罚款。

买卖、出租采矿权或者将采矿权用作抵押的，没收违法所得，可处1000元以下罚款，吊销采矿许可证。

伪造或非法印制采矿许可证的，没收违法所得，可并处3000元以下罚款；情节严重者，依法追究刑事责任。

第三十条 违反本条例第二十二条规定收购和销售矿产品的，没收矿产品和违法所得，可并处3000元以下罚款；情节严重的，依法追究刑事责任。

第三十一条 采取破坏性的开采方法开采矿产资源，造成矿产资源严重破坏的，责令赔偿损失，可处

3000元以下罚款；情节严重的，吊销采矿许可证。

第三十二条 采矿中无安全措施的，责令停产整顿；拒不执行的，处1000元以下罚款，吊销采矿许可证。发生安全事故的，按国家和自治区劳动保护有关规定处理。

第三十三条 采矿不符合环境保护要求，造成水土流失，影响农业生产，危害人民健康的，责令停产治理，赔偿损失；拒不执行的，可处1000元以下罚款，吊销采矿许可证。

第三十四条 本条例第二十六条、第二十七条、第二十九条规定的行政处罚，由市、县矿产资源开发监督管理部门决定。第三十条规定的行政处罚，由工商行政管理部门决定。第三十一条规定的行政处罚，由自治区矿产主管部门决定。第三十二条、第三十三条规定的行政处罚，分别由劳动保护环境保护部门会同矿产资源开发监督管理部门决定。罚款上缴地方财政。

第三十五条 当事人对行政处罚决定不服的，可以在收到处罚通知之日起十五日内，向人民法院起诉，期满不起诉又不履行的，由作出处罚决定的机关申请人民法院强制执行。

第五章 附 则

第三十六条 本条例施行后三个月内，已开办的乡镇集体矿山企业和个体采矿，应依照本条例规定，申请补办或重新办理领证手续。

第三十七条 城市集体矿山企业和个体采矿，按照本条例规定执行。

第三十八条 自治区地质矿产主管部门根据本条例可制定实施办法，报自治区人民政府批准执行。

第三十九条 本条例自一九八六年十二月一日起施行。

四川省经济合同管理条例

（一九八六年十一月十四日四川省第六届人民代表大会常务委员会第二十二次会议通过 一九八六年十一月十八日四川省人民代表大会常务委员会公布施行）

第一章 总 则

第一条 为了加强经济合同的管理，根据《中华人民共和国经济合同法》和有关法律法规的规定，结合我省实际，制定本条例。

第二条 经济合同管理，必须依据有关法律、法规，保护经济合同当事人的合法权益，保证国家计划的执行，维护社会主义经济秩序，促进经济体制改革和社会主义现代化建设的顺利进行。

第三条 本条例适用于法人之间，法人与个体工商户、农村承包经营户、个人合伙之间，个体工商户、农村承包经营户、个人合伙相互之间，在四川省行政区域内订立或履行的经济合同。

第四条 各级人民政府应加强经济合同管理工作的领导。

各级工商行政管理部门是经济合同的主管机关，统一管理各类经济合同。

各级经济合同主管机关、司法行政机关与各业务主管部门、银行、信用合作社应密切配合，依照各自的职能，组织本条例的实施。

第二章 经济合同管理部门和企业事业单位的职责

第五条 经济合同主管机关的职责是：

（一）宣传贯彻经济合同法律、法规和政策，制订管理经济合同的规章制度；

（二）监督检查经济合同的订立、履行、变更和解除；

（三）办理经济合同鉴证；

（四）调解、仲裁经济合同纠纷；

（五）确认和处理无效经济合同；

（六）查处利用经济合同进行违法活动的行为；

（七）指导、监督各业务主管部门和企业事业单位的经济合同管理工作。

工商行政管理部门应设立经济合同管理机构，配备相应的管理人员。

第六条 各级业务主管部门负责管理本系统的经济合同，其职责是：

（一）宣传贯彻经济合同法律、法规，制订本系统的经济合同管理制度和考核办法；

（二）监督检查本系统经济合同的订立、履行、变更和解除；

（三）调解本系统的经济合同纠纷，促进双方互相谅解，达成协议；调解不成或事后翻悔的，督促当事人及时向经济合同仲裁机关申请调解、仲裁或直接向人民法院起诉；

（四）防止本系统订立无效经济合同和利用经济合同进行违法活动，一经发现，应报请工商行政管理部门或司法机关依法处理。

各级业务主管部门应设立或指定管理经济合同的

机构，配备相应的专职或兼职人员。

第七条 银行、信用合作社应通过信贷管理和结算管理，监督经济合同的履行，其职责是：

（一）银行、信用合作社应当按照结算制度的规定办理结算，并处理承付、拒付以及扣收延付款项，维护经济合同当事人的合法权益；

（二）工商行政管理部门在确认无效经济合同和查处违法经济合同案件过程中，确需向银行，信用合作社查询案件当事人的账户存款，银行、信用合作社应凭县以上（含县）工商行政管理部门的查询函件协助办理；

（三）经济合同当事人对调解书、仲裁决定书或法院的判决书在规定期限内没有自动履行的，银行、信用合作社在收到人民法院的协助执行通知书后，应当从当事人账户中扣留或划拨需支付的款项；

（四）经济合同当事人对工商行政管理部门已经确认生效的无效经济合同确认书、违法合同处理决定书，在规定期限内不自动履行的，银行、信用合作社在收到县以上（含县）工商行政管理部门的协助执行通知书后，应当从当事人帐户中扣留或划拨需支付的款项。

第八条 区公所、乡（镇）人民政府、街道办事处负责所属企业、个体工商户、农村承包经营户、个人合伙的经济合同管理工作。

第九条 各企业事业单位管理本单位的经济合同，其职责是：

（一）组织本单位干部、职工学习贯彻经济合同法律、法规，建立健全本单位的经济合同管理制度和考核办法；

（二）根据国家和业务主管部门下达的计划、项目和企业生产经营的需要，依法签订和履行经济合同，办理经济合同的变更，解除工作；

（三）发生经济合同纠纷，应及时协商解决，协商不成，依法向经济合同仲裁机关申请调解、仲裁或直接向人民法院起诉。

（四）发现所签订的经济合同属无效经济合同或违法经济合同，应报请工商行政管理部门或司法机关依法处理。

各企业事业单位视需要设立或指定管理经济合同的机构或人员。

第三章 经济合同的监督检查

第十条 各业务主管部门应建立定期或不定期的经济合同检查制度。工商行政管理部门应会同业务主管部门重点抽查或联合检查。

经济合同当事人必须接受、服从工商行政管理部门、银行、信用合作社、业务主管部门的监督检查。

第十一条 监督检查经济合同的主要内容：

（一）审查当事人的合法资格及经济合同的主要条款；

（二）审查经济合同的真实性、合法性及当事人的履约能力；

（三）监督当事人对不能及时清结的经济往来，必须依法签订书面经济合同；

（四）督促、检查当事人全面履行经济合同；

（五）检查变更或解除经济合同是否履行了法定手续；

（六）检查无效经济合同和利用经济合同进行违法的行为。

第十二条 凡法律、法规和规章规定应报送备案的经济合同，当事人必须将合同副本分别报送双方所在地的工商行政管理部门和业务主管部门备案。

加强经济合同文本管理，使合同文本规范化，除各级主管部门商得工商行政管理部门同意制定的专业合同文本外，凡未制定统一文本的，由县以上（含县）业务主管部门会同工商行政管理部门制定。

各级工商行政管理部门、业务主管部门、企业事业单位，都应建立经济合同档案。

第十三条 因经济合同当事人一方的违约行为，侵害国家或社会公共利益造成严重经济损失，另一方必须依法追究违约方的责任，如不追究责任，县以上（含县）工商行政管理部门有权收缴违约方应偿付的违约金和赔偿金，上缴国库。

第四章 经济合同的鉴证、公证和纠纷的处理

第十四条 经济合同的鉴证机关是各级工商行政管理部门，工商行政管理部门根据当事人双方的申请，依法证明该经济合同的真实性、合法性。

第十五条 经济合同的鉴证，一般由合同签订地或履行地的工商行政管理部门办理，签订合同的当事人至少有一方在合同签订地或履行地，工商行政管理部门才予以鉴证。

经鉴证的涉及外地的经济合同，由鉴证机关及时将合同副本转给对方所在地工商行政管理部门。

第十六条 经济合同的公证机关是公证处，公证机关根据经济合同当事人双方申请，依照法定程序证明该经济合同的真实性、合法性。

经济合同的公证，按照《中华人民共和国公证暂行条例》的规定办理。

第十七条 经济合同的鉴证与公证均实行自愿原则，但国家和省人民政府规定必须鉴证或公证的除外。

经济合同当事人，可到鉴证机关鉴证，也可到公证机关办理公证。

第十八条 经鉴证或公证的经济合同，如需变更或解除，必须经双方协商一致，并以协议书形式，报送原鉴证机关或公证机关备案。

第十九条 工商行政管理部门、公证机关依法鉴证或公证经济合同，符合鉴证或公证规定的，予以鉴证

或公证；不符合鉴证或公证规定的，不予鉴证或公证。

发现经鉴证或公证的经济合同有错误，原鉴证或公证机关应及时撤销鉴证或公证，责任属原鉴证或公证机关的，退还鉴证或公证费。

第二十条 人民法院受理经济合同纠纷案件按有关法律规定办理。

经济合同仲裁机关受理经济合同纠纷案件，按《中华人民共和国经济合同仲裁条例》办理。

第五章 无效经济合同的确认和处理

第二十一条 无效经济合同的确认权归工商行政管理部门和人民法院。

第二十二条 人民法院受理的无效经济合同案件，按有关法律规定办理。

第二十三条 工商行政管理部门在监督检查中发现的无效经济合同案件，用确认书处理；涉及罚款的无效经济合同案件，用决定书处理。

经济合同仲裁机关在仲裁经济合同纠纷案件中发现的无效经济合同，用调解书或仲裁决定书处理。

第二十四条 当事人对经济合同仲裁委员会的仲裁不服，在收到仲裁决定书之日起十五日内，向人民法院起诉，逾期不起诉的，仲裁决定书即发生法律效力。

第二十五条 当事人对工商行政管理部门确认的无效经济合同不服，可在接到确认书和处理决定书之日起十五日内，向上一级工商行政管理部门申请复议，逾期不申请复议的，确认书和处理决定书即生效。

上一级工商行政管理部门审查复议申请，如原确认正确，驳回复议申请；原确认错误，发回原处理机关重新处理，也可以直接处理。

上一级工商行政管理部门的复议确认为终局确认。

第二十六条 本级工商行政管理部门发现已经发生效力的确认确有错误的，应当撤销确认，重新处理。

上级工商行政管理部门发现下级工商行政管理部门已经发生效力的确认或终局确认确有错误的，应当撤销确认，重新处理。

第六章 利用经济合同违法的查处

第二十七条 下列行为属利用经济合同进行违法活动的行为：

（一）伪造经济合同，牟取非法利益；

（二）假冒他人名义签订经济合同，牟取非法利益；

（三）弄虚作假，签订没有履约能力的经济合同，牟取非法利益；

（四）利用经济合同倒卖调拨单、提货单、批文及国家规定的禁止流通物或限制流通物，牟取非法利益；

（五）倒卖经济合同牟取非法利益；

（六）为不法分子提供盖有公章的空白合同文本、证件和银行、信用合作社帐户，牟取非法利益；

（七）利用签订和履行合同之机，行贿受贿；

（八）利用经济合同转包，牟取非法利益；

（九）一方当事人未经对方同意，擅自将经济合同规定的权利义务转让给第三者，从中牟取非法利益；

（十）其他利用经济合同牟取非法利益的行为。

第二十八条 司法机关和工商行政管理部门依法查处利用经济合同进行违法活动的案件。

第二十九条 工商行政管理部门查处利用经济合同进行违法活动的案件，由发现地工商行政管理部门办理。管辖权发生争议的，由争议双方协商解决。协商不成的，报上级工商行政管理部门指定管辖。

第三十条 工商行政管理部门查处利用经济合同进行违法活动的案件，应以事实为依据，法律为准绳，区别不同情况，给予通报、返还原物、赔偿损失、罚款、收缴进行非法活动的财物和非法所得、限期停业整顿、吊销营业执照的处理。以上处理，可单独适用，也可并用。

利用经济合同进行违法活动触犯刑律的，移送司法机关处理。

第三十一条 工商行政管理部门对利用经济合同进行违法活动的行为，用违法合同处理决定书处理。

第三十二条 当事人对工商行政管理部门的处理不服，可在收到处理决定书之日起十五日内，向上一级工商行政管理部门申请复议，逾期不申请复议的，决定书即生效。

上一级工商行政管理部门审查复议申请，如原处理正确，驳回复议申请；原处理错误，发回原处理机关重新处理，也可以直接处理。

上一级工商行政管理部门的复议决定为终局决定。

第三十三条 本级工商行政管理部门发现已经发生效力的处理决定书确有错误的，应当撤销决定，重新处理。

上级工商行政管理部门发现下级工商行政管理部门已经发生效力的处理决定书或终局决定确有错误的应当撤销决定，重新处理。

第三十四条 任何单位和个人，不得包庇纵容利用经济合同进行违法活动的行为，不得对检举揭发人进行打击报复。违者，由有关部门给予行政处分；情节严重触犯刑律的，由司法机关处理。

第七章 附 则

第三十五条 本条例由四川省工商行政管理局解释。

第三十六条 本条例自颁布之日起施行。

拉萨市城市绿化管理条例

（一九八六年七月三十一日西藏自治区第四届人民代表大会常务委员会第十七次会议通过）

第一条 城市绿化是社会主义现代化城市的重要标志。为加强拉萨市城市绿化建设和管理，把拉萨市建设成为繁荣、富裕、文明、优美的社会主义现代化高原城市。根据国家和自治区已颁布的有关法律、法令，结合本市具体情况，特制定本《条例》。

本《条例》适用于本市城区和郊区。

第二条 绿化城市，人人有责。拉萨居民及机关、团体、部队、学校、工厂和其他企事业单位，都有植树绿化和管护树木、绿地的义务。

第三条 城市绿化工作的基本任务是：通过城市园林专业队伍的工作和开展全民义务植树、绿化活动，搞好城市园林绿化建设，为全市人民创造良好的工作和生活环境。

第四条 本市城区的绿化建设必须有计划地进行。各类绿地在施工前要做出设计。并按基本建设程序经过审查批准，绿化建设所需投资纳入基础建设计划。

第五条 本市城区绿化工作，在拉萨市人民政府和市绿化委员会的统一领导下进行，实行专业队伍和广大群众相结合的方针，实行分级管理，分片、分项、分段包干负责的制度。

（一）拉萨市城市园林局主管城市绿化事业，负责城区绿化规划。加强绿化的科学普及和宣传、指导、督促、检查各部门、各单位的绿化工作；

（二）公园、林卡等公共绿地及行道树由有关单位和居委会按分工负责绿化和管护；

（三）本市城区和郊区所有单位，要按照市绿化委员会的统一安排，负责指定地段和用地范围内的绿化和林木管护工作。

第六条 各单位要重视苗圃建设。市园林部门应在搞好专业苗圃建设的同时，积极支持和帮助有条件的机关、团体、部队、学校、工厂和其他企事业单位开展群众性育苗，逐步做到苗木自给。

第七条 新建住宅区和其它成片建设地区的绿化，要与建设工程同时规划，同时设计，其绿化的具体要求是：

（一）绿化面积在城区不得少于总用地面积的百分之三十；

（二）施工部门应及时清理场地，为绿化创造条件；

（三）完成绿化时间，不迟于投入使用后第二个绿化季节；

（四）现有的单位和住宅区，绿化面积低于上述要求而有空地者，必须在留够绿化面积后，方可进行其他建设。老城区内的绿化和管护工作，实行民办公助的原则，由街道办事处和居民委员会组织管界内的单位和居民，分段负责；

（五）新建城市干道的绿化要按照城市规划进行，绿化宽度不得少于道路总宽度的百分之二十五。

第八条 绿化工程要加强技术管理，严格按技术规程施工，保证栽植质量，提高树木花草的成活率和保存率。

第九条 树木所有权和收益的归属，按下列规定处理：

（一）本市城区和郊区公共用地上义务种植的林木，林权属于国有，由市园林部门负责管护、更新；

（二）市园林部门在其管辖范围内种植和管护的公有树木，归国家所有；

（三）本市城区和郊区所有单位，在其用地范围内种植的树木，分别归本单位所有。划规单位管护的国有林卡要认真管护好，日常收益归管护单位；

（四）街道办事处、居民委员会发动群众义务种植的树木归街道办事处、居民委员会所有。私人所有的庭院内自行种植的树木，归个人所有。公房宿舍院内私人种植并管护的树木，归房产权单位所有，日常收益归个人。

第十条 市区内的林卡、树木主要功能是维护生态平衡，改善环境，美化城市，无论公有或私有，都必须严加保护，不得随意砍伐。任何个人和单位都不许在林卡绿地内毁损花木、倾倒污物、挖沙取石、割草取土、放牧牲畜，必须砍伐、移植时，需由林权所有单位或个人提出申请，一处一次砍伐、移植十株以内者，报市园林局审批；超过十株者或进行大量砍伐、移植、更新、影响、改变环境面貌的，经市园林局同意后报市人民政府审批，经批准砍伐的树木，发给砍伐证，无砍伐证而伐树者，以私伐树木论处。

第十一条 凡申请砍伐树木的单位和个人，必须同时提出补栽计划。补栽的数量至少要等于砍伐的数量，由市园林局及砍伐者上级主管单位监督补栽计划的实施。

第十二条 本市百年以上的大树和稀有、名贵树种以及具有历史价值和纪念意义的树木，统称古树名木，对古树名木要建立档案和标志，进行重点保护，严禁砍伐和破坏。城市中的古树名木，由园林部门负责管理，散生于各单位范围内的，由各单位负责养护，园林部门负责监督和技术指导。

第十三条 城市现有和城市总体规划中确定的公共绿地，必须认真保护，任何单位和个人不得侵占或进行其他建筑。如有特殊情况，确需改做他用时，须经市城建部门和园林部门同意并报市人民政府审批。

第十四条 新建或改建架空及地下输电、通讯线缆、上下水管道等市政公用设施时，在设计过程中和施工前，要会同园林等主管部门确定保护绿化的措施。园林部门在进行绿化建设和管护时，要兼顾市政公用设施、水利工程和城市交通的要求。各部门必须从整体利益出发，共同协商，服从本市城市规划的安排。

第十五条 对于在本市城市绿化保护和建设方面做出优异成绩的单位和个人，要给予表扬、奖励。

第十六条 对没有完成绿化任务的单位，应给予批评教育，限期完成，过期不完成的，要追究领导责任，必要时给予适当处分。

第十七条 对于违反本《条例》的单位和个人，视其情节轻重，分别给予批评教育、赔偿损失、经济制裁、行政处分直至依法追究法律责任。

如单位和个人对经济制裁不服，可向罚款单位的上级机关申请复议或向人民法院起诉。

第十八条 本《条例》在拉萨市人民政府的统一领导下组织实施。

第十九条 以前本市的有关规定与本《条例》有抵触者，一律以本《条例》为准。

第二十条 拉萨市城市园林局可根据本《条例》制定实施细则。

甘肃省保护学校校园、校产若干规定

（一九八六年十一月十五日甘肃省第六届人民代表大会常务委员会第二十一次会议通过公布实行）

第一条 为维护各级各类学校（含幼儿园，以下简称学校）的合法权益，保护学校的校园、校产，根据宪法和有关法律规定，结合我省实际，制定本规定。

第二条 学校的校园、校产，包括校舍、运动场、校办工厂、农林牧场等一切用地和财产，均受法律保护，任何单位和个人不得侵占和破坏。

第三条 学校的一切用地，学校和主管部门都不得擅自调换、转让，确需调换、转让的，必须经主管部门按隶属关系报县以上人民政府批准，企业、事业单位办的学校由办学单位确定。

学校的固定资产，未经主管部门批准，不得调换、转让。

第四条 学校停办、合并，其校园、校产由学校主管部门统一处理，其他任何单位或个人不得侵占。闲置的校园、校产确需移作教育部门以外的单位使用，学校主管部门必须按隶属关系报县以上人民政府批准。企业、事业单位办的学校由办学单位决定。

第五条 城市规划部门和土地管理部门进行城乡建设规划和审批基建项目，要统一规划学校布局，并保证学校有必要的教学环境。

第六条 因实施城乡建设规划，确需征用、占用学校场地、校舍的，须经县以上人民政府批准。批准单位另行划拨学校用地，应征得学校及其主管部门同意，征用、占用单位按有关规定负责做好学校的搬迁工作，负担搬迁费用，并补偿搬迁损失。

第七条 学校接受外单位和个人的资助、投资修建房屋或购置教学设备，产权归学校所有。

第八条 任何单位不得在校园内与学校联建住宅，违者所建住宅予以没收，由教育部门统一安排教职工使用。

学校或主管部门给学校教职工修建住宅，不得占用教学用地和学生活动场地。

第九条 学校以外的任何单位和个人，不得擅自利用学校场地集会、训练驾驶员等；不得在学校内取土、采石、养畜；不得占用学校场地停放车辆、堆放农作物或其他杂物；禁止商贩在学校教学区内摆摊设点。

第十条 学校师生员工都有保护校园、校产的责任。学校领导和专管人员因管理不善或玩忽职守造成损失的，要按其情节追究责任。

第十一条 对违犯本规定的，根据不同情况，由有关部门分别给予批评教育、行政处罚；造成损失的，责令赔偿；触犯法律的，要依法处理。

第十二条 本规定自公布之日起实行。

新疆维吾尔自治区扫除文盲条例

（一九八六年二月一日新疆维吾尔自治区第六届人民代表大会常务委员会第十八次会议通过　一九八六年二月五日新疆维吾尔自治区人民代表大会常务委员会公布施行）

第一条　为贯彻执行中华人民共和国宪法和民族区域自治法关于扫除文盲的规定，适应社会主义现代化建设的需要，结合我区实际，特制定本条例。

第二条　自治区境内居住的公民中，十六周岁至四十周岁的有接受教育能力的文盲，均为扫盲对象，必须参加扫盲学习。

十二周岁以上不满十六周岁的少年文盲和小学辍学生必须接受普及初等义务教育或扫盲教育。

四十一周岁以上的文盲自愿参加扫盲学习。

第三条　扫盲工作是各级人民政府的任务，由各级人民政府领导，县（市、区）、乡（镇）人民政府和街道办事处组织实施。

机关、团体、企事业单位的扫盲工作，在当地人民政府的组织领导下由本单位负责进行。

各级人民政府应建立和健全扫盲工作管理机构，配备扫盲专职干部，加强对扫盲工作的管理和监督。

第四条　扫盲工作实行县（市、区）、乡（镇、街道办事处）、村（居民委员会）三级责任制和专职干部责任制，限期完成扫盲任务。对限期内完成扫盲任务成绩显著的单位和个人，予以表彰和奖励；对未能按期完成任务的单位和个人，要责令检查，限期完成；对严重失职者，由当地人民政府分别情况给予行政或经济处罚。

第五条　扫盲经费由各地教育事业费中开支。各级人民政府在编制年度财政预算时，应根据当地扫盲教育的实际从教育事业费中划拨出一定比例的经费，保证扫盲教育；并从地方机动财力和有条件的地方的乡村公共积累中提取一部分经费，用于扫盲教育。扫盲经费不得挪用和挤占。

各级人民政府在分配扫盲经费时，要优先照顾牧区、边远山区和经济落后地区，保证它们的扫盲经费高于一般地区。

厂矿企业、国营农牧场职工扫盲费用，在职工教育经费中开支。

个人自愿资助扫盲教育者，应予表彰。

第六条　办学单位根据政府有关规定可以聘用业余扫盲教师，付给合理报酬。

扫盲教师应受全社会的尊重。扫盲教师从事扫盲教育的活动受法律保护。

第七条　扫盲对象应根据乡（镇）人民政府或街道办事处的安排积极参加扫盲学习，在规定的期限内脱盲。扫盲对象无故不参加扫盲学习，要批评教育，帮助改正。

第八条　扫盲教学应从实际出发，采用多种形式，多种办法进行。

扫盲识字课本采用自治区教育厅统编教材。扫盲对象在规定期限内免费参加学习，免费供应课本。参加本民族文字扫盲学习或其他民族文字扫盲学习，参加集体学习或个人自学，经考核合格者，均为脱盲。

第九条　任何人不得利用宗教活动妨碍和干扰扫盲教育。

第十条　全民所有制单位不得录用未脱盲人员为干部或工人。任何组织和个人不得在应当接受扫盲教育的不满十六周岁的少年、儿童中招收徒工。

违犯前款规定的单位和个人，由当地人民政府宣布其行为无效，并分别情况对直接责任人予以适当处罚。

第十一条　达到脱盲标准的扫盲对象，由村或居民委员会组织考核，合格者报请乡（镇）人民政府或街道办事处批准发给脱盲证书。

达到扫盲标准的乡（镇、街道办事处）、县（市、区），由其上级人民政府组织验收并发给扫盲合格证书。验收标准和办法由自治区人民政府另行制定。

县（市、区）达到扫盲标准单位的验收工作和普及初等义务教育验收工作同时进行。

第十二条　达到扫盲标准的单位，应积极开展各种形式的成人教育活动，组织脱盲人员继续学习文化和科学知识，巩固扫盲成果。

第十三条　全社会都应关心和支持扫盲工作。机关、团体、学校、企事业单位，在完成本单位扫盲任务的同时，应积极协助所在地的扫盲工作。

第十四条　自治区各级人民政府根据本条例制定扫盲规划或实施办法。

新疆生产建设兵团的扫盲工作根据自治区人民政府的规划自行安排，所需经费在兵团职工教育经费中解决。

第十五条　本条例自公布之日起施行。

第五部分

民族自治地方自治条例和单行条例选载

民族自治地方自治条例

延边朝鲜族自治州自治条例

(一九八五年四月二十四日延边朝鲜族自治州第八届人民代表大会第三次会议通过 一九八五年七月三十一日吉林省第六届人民代表大会常务委员会第十四次会议批准)

第一章 总 则

第一条 本条例根据中华人民共和国宪法及中华人民共和国民族区域自治法的规定,结合延边朝鲜族自治州的政治、经济、文化、民族、边疆等特点制定。

第二条 延边朝鲜族自治州是吉林省管辖区域内的朝鲜族人民实行区域自治的地方。

自治州的辖区为:延吉市、图们市、敦化市、龙井县、和龙县、安图县、汪清县、珲春县。

自治州的首府设在延吉市。

第三条 自治州自治机关是自治州人民代表大会和人民政府,是国家的一级地方政权机关。

自治州自治机关实行民主集中制的原则。

自治州人民代表大会和人民政府依照宪法、民族区域自治法以及其他法律规定的权限,行使下设区、县的市的地方国家机关的职权,同时行使自治权。

第四条 自治州自治机关维护国家的统一,保证宪法和法律在本地方的遵守和执行,积极完成上级国家机关交给的各项任务。

第五条 自治州自治机关对上级国家机关的决议、决定、命令和指示,如有不适合自治州实际情况的,可以报经该上级国家机关批准,变通执行或者停止执行。

第六条 自治州内各民族一律平等。各民族公民都享有宪法所规定的基本权利,并履行公民的义务。

自治州自治机关维护和发展各民族的平等、团结、互助的社会主义民族关系。禁止对任何民族的歧视和压迫,禁止破坏民族团结和制造民族分裂的行为。

各民族都有使用和发展自己的语言文字的自由,都有保持或者改革自己的风俗习惯的自由。

第七条 自治州自治机关保障各民族公民有宗教信仰自由。

州内任何国家机关、社会团体和个人不得强制公民信仰宗教或者不信仰宗教,不得歧视信仰宗教的公民和不信仰宗教的公民。

自治州自治机关保护正常的宗教活动。任何人不得利用宗教进行破坏社会秩序、损害公民身体健康、妨碍国家教育制度的活动。

自治州内的宗教团体和宗教事务不受外国势力的支配。

第八条 自治州自治机关提倡爱祖国、爱人民、爱劳动、爱科学、爱社会主义的公德,对州内各民族公民进行爱国主义、集体主义和国际主义、共产主义教育。

第九条 自治州自治机关带领全州各族人民,在中国共产党的领导下,坚持马克思列宁主义、毛泽东思想,实行人民民主专政,走社会主义道路,立足于自力更生,艰苦奋斗,充分发挥资源优势,采取特殊政策和灵活措施,集中力量更快地更好地进行社会主义现代化建设,把延边建设成经济繁荣、文化发达、民族团结、社会安定、边疆巩固的自治州,为把祖国建设成高度文明、高度民主的社会主义国家做出贡献。

第二章 自治州的自治机关

第十条 自治州人民代表大会是自治州的地方国家权力机关。

第十一条 自治州人民代表大会的代表根据中华人民共和国选举法及吉林省选举实施细则的规定,由县、市人民代表大会选举产生。

自治州人民代表大会的朝鲜族和其他少数民族的代表名额和比例，根据法律规定的原则，按吉林省人民代表大会常务委员会的有关规定确定。

自治州人民代表大会代表的选举，由自治州人民代表大会常务委员会主持。

自治州人民代表大会每届任期五年。自治州人民代表大会任期届满一个月以前，自治州人民代表大会常务委员会必须完成下届自治州人民代表大会代表的选举。

自治州人民代表大会会议每年举行一次。

第十二条 自治州人民代表大会制定自治州的自治条例和单行条例，作为实行民族区域自治，行使自治权，发展政治、经济和文化等事业的自治法规。

自治条例须由自治州人民代表大会以全体代表的三分之二的多数通过。自治条例的修改，由自治州人民代表大会常务委员会或者五分之一以上的州人民代表大会代表提议，并由自治州人民代表大会以全体代表的三分之二的多数通过。单行条例须由自治州人民代表大会以全体代表的过半数通过。

自治条例和单行条例，报吉林省人民代表大会常务委员会批准后生效，并报全国人民代表大会常务委员会备案。

第十三条 自治州人民代表大会设立常务委员会。

自治州人民代表大会常务委员会是自治州人民代表大会的常设机关，对自治州人民代表大会负责并报告工作。

自治州人民代表大会常务委员会由自治州人民代表大会在代表中选出的主任一人、副主任若干人、委员若干人组成。

自治州人民代表大会常务委员会组成人员中，朝鲜族成员可以超过半数，其他民族也应有适当名额。

自治州人民代表大会常务委员会主任由朝鲜族公民担任。

自治州人民代表大会常务委员会，根据工作需要，设立办事机构。

自治州人民代表大会常务委员会每届任期同自治州人民代表大会每届任期相同。

第十四条 自治州人民政府是自治州人民代表大会的执行机关，是自治州的地方国家行政机关。

第十五条 自治州人民政府对自治州人民代表大会和吉林省人民政府负责并报告工作。在自治州人民代表大会闭会期间，自治州人民政府对自治州人民代表大会常务委员会负责并报告工作。

第十六条 自治州人民政府由州长、副州长和秘书长、局长、委员会主任等组成。

自治州州长由朝鲜族公民担任。在副州长、秘书长、局长、委员会主任等政府组成人员中，朝鲜族成员可以超过半数。

第十七条 自治州州长、副州长的人选，由自治州人民代表大会决定。

自治州人民政府秘书长、局长、委员会主任，由自治州人民代表大会常务委员会任免，并报吉林省人民政府备案。

自治州人民政府实行州长负责制，各局、委实行局长、主任负责制。

自治州人民政府每届任期同自治州人民代表大会每届任期相同。

第十八条 自治州自治机关在执行职务的时候，通用朝、汉两种语言文字，以朝鲜语言文字为主。

自治州内国家机关、企事业单位召开会议和下发文件、布告，应当同时或者分别使用朝、汉两种语言文字。

自治州内国家机关和企事业单位对干部、科技人员和工人进行技术考核、晋级、职称评定时，应使用朝、汉两种语言文字。各民族职工都可以使用本民族的语言文字进行工作和学习。

自治州内的国家机关和企事业单位的公章、牌匾，一律并用朝、汉两种文字。

自治州内的国家机关和有朝鲜族、汉族等多民族成份的企事业单位，要设立和加强翻译机构或设专职、兼职翻译人员，做好朝、汉两种语言文字的翻译工作。

第十九条 自治州自治机关设立朝鲜语文工作机构，加强对朝鲜语文的研究和规范化工作，促进朝鲜语言文字的健康发展。

第二十条 自治州人民政府重视各民族干部的培养使用，特别注重培养使用少数民族的科技干部、经济管理干部和其他专业干部，并且注意在少数民族妇女中培养使用各级干部和各种专业技术人才。

自治州人民政府可以采取特别措施，优待、鼓励各种专业人员参加自治州的各项建设工作。

第二十一条 自治州人民政府根据精兵简政的原则和民族地区的特点，确定和调整国家机关、事业单位的机构设置和编制员额，报吉林省人民政府批准。

第二十二条 自治州人民政府采取优惠政策和措施，加强边境乡镇政治、经济、教育、科技、文化、卫生、体育事业的建设，提高当地人民的物质文化生活水平。

第二十三条 自治州人民政府控制人口的机械增长，根据法律规定，制定流动人口的管理办法。

第二十四条 自治州人民政府依照国家的军事制度和自治州的实际需要，经省人民政府报国务院批准，可以组织维护自治州社会治安的公安部队。

自治州自治机关根据国家兵役法的规定，加强民兵预备役建设。

第三章　自治州人民法院和人民检察院

第二十五条 自治州设立中级人民法院和人民检

察院，依法独立行使审判权和检察权。

自治州中级人民法院和人民检察院向自治州人民代表大会及其常务委员会负责。自治州人民检察院并对吉林省人民检察院负责。

自治州中级人民法院的审判工作，受最高人民法院和吉林省高级人民法院监督。自治州人民检察院的工作，受最高人民检察院和吉林省人民检察院领导。

自治州中级人民法院、人民检察院中应当有朝鲜族公民担任院长、检察长或者副院长、副检察长。

第二十六条 自治州中级人民法院院长和自治州人民检察院检察长由自治州人民代表大会选举和罢免。选出或者罢免自治州人民检察院检察长报吉林省人民检察院检察长提请吉林省人民代表大会常务委员会批准。自治州中级人民法院院长和自治州人民检察院检察长的每届任期与自治州人民代表大会的每届任期相同。

自治州中级人民法院副院长、庭长、副庭长、审判委员会委员、审判员和自治州人民检察院副检察长、检察委员会委员、检察员由自治州人民代表大会常务委员会任免。

第二十七条 自治州中级人民法院和人民检察院应当用朝、汉两种语言文字审理和检察案件，保障各民族公民都有使用本民族语言文字进行诉讼的权利。对于不通晓朝、汉两种语言文字的诉讼参与人，应当为他们翻译。法律文书应当根据实际需要使用朝、汉两种文字或者其中一种。

第四章 自治州的经济建设和财政管理

第二十八条 自治州自治机关在国家计划的指导下，结合自治州的实际情况，自主地安排和管理自治州的经济建设事业。

第二十九条 自治州自治机关在坚持社会主义原则的前提下，根据法律规定和自治州经济发展的特点，合理调整生产关系，改革经济管理体制。

第三十条 自治州自治机关充分发挥资源优势，实行以山林为依托，农、工、商全面发展的经济建设方针。

第三十一条 自治州自治机关依照法律规定，保护和管理州内的矿藏、水流、森林、草原、土地等自然资源。

自治州自治机关根据自治州资源和经济发展的需要，在国家计划指导下，对可以由本地方开发的自然资源，优先合理开发利用。积极建立开发利用自然资源的企业，大力发展各种加工工业。

自治州自治机关对州内的资源，本着经济合理的原则，可以报请上级国家机关投资开发利用，或者采取与外地联合办企业的办法共同开发利用，或者经上级国家机关批准，同海外华侨、外籍华人及外国人合资或合作共同开发利用，并按国家规定，允许独资经营，实行优惠政策。

在国家规划指导下，经有关部门批准，鼓励和扶持集体、个人进行开发性生产。

自治州自治机关在开发利用资源时，应兼顾当地集体经济和人民群众的利益。

第三十二条 自治州是全国的重要林区之一，森林是自治州的主要经济命脉。自治州自治机关按照国家的林业法律和政策，积极搞好林业建设。

自治州自治机关在林业建设中，对林木、林地实行国家、集体、个人等多种经营形式，荒山荒地承包给集体和个人，实行谁造谁有的原则。

自治州自治机关在林业建设中，实行以营林为基础，普遍护林，大力造林，采育结合，永续利用的方针，切实搞好封山育林，护林防火，严禁滥砍盗伐，毁林开荒，毁林搞副业，保护和发展国家的森林资源。

自治州自治机关根据用材林的消耗量低于生长量的原则，严格控制森林年采伐量。

自治州自治机关要采取措施，保护珍贵野生动植物，严禁随意猎取和采集。

第三十三条 自治州自治机关合理调整农业结构，不放松粮食生产，保护、发展和利用山区资源，积极发展商品生产。

自治州自治机关在农业生产中，实行联产承包责任制，鼓励农民扩大生产规模，大力发展专业户和经济联合体，走农工商结合的道路。

自治州自治机关积极引导、大力扶持乡镇企业的发展，注意小城镇建设和边境村庄建设。

第三十四条 自治州自治机关要利用资源优势，挖掘现有企业的潜力，实行对外引进，对内联合，大力发展具有延边特点的工业。

自治州自治机关要继续发展全民所有制工业企业，大力发展集体所有制企业，同时发展个体企业。

自治州自治机关积极发展交通、邮电事业，搞好城乡和边远山区的道路以及邮电通讯网的建设。

第三十五条 自治州自治机关在上级国家机关的帮助和支持下，积极发展朝鲜族和其他少数民族特需商品生产，以满足少数民族生产和生活的特殊需要。

第三十六条 自治州自治机关对所管辖的企业、事业，可以根据经济发展的需要，进行调整和技术改造，并在国家计划指导下确定地方企业的兴建。

上级国家机关有关部门需要改变自治州所属企业的隶属关系时，事先应当征得自治州人民政府同意。

第三十七条 自治州内的企业、事业单位，招收工人时，要注意招收州内人员，在同等条件下，优先招收少数民族人员；并且经吉林省人民政府批准，可以从农村少数民族人口中招收。

第三十八条 自治州自治机关统一管理本地区的各类生产建设物资。上级国家机关分配给自治州的各类物资，除少数重大专项外，自治州可以根据需要调剂使用。

第三十九条 自治州自治机关实行开放式、多渠道、少环节的商品流通体制。

自治州按照国家政策，本着兼顾国家和自治地方利益的原则，自主地安排利用完成国家收购计划、上调任务以外的工农业产品和其他土特产品。

第四十条 自治州自治机关依照国家规定，积极开展对外经济贸易活动，经上级国家机关批准，开辟对外贸易口岸，直接经营进出口业务。

自治州自治机关在国家统一计划指导下，自行决定引进外资、引进技术。对国家下拨的各种地方外汇和外汇留成，自治州可以统筹安排使用。

自治州自治机关开展边境贸易，除国家控制出口进口的商品外，可以自行决定出口和进口。

第四十一条 自治州的财政是一级地方财政，是吉林省财政的组成部分。

自治州自治机关可以自主调剂自治州的财政预算收支，自主安排超收和上年结余。

第四十二条 自治州财政收入多于财政支出时，实行定额上缴；收入不敷支出时，报上级财政机关给予补助。

第四十三条 自治州的财政预算支出，按照国家规定设民族地区机动资金和预备费，自主安排使用。

第四十四条 自治州自治机关对自治州的各项开支标准、定员、定额，根据国家规定的原则，结合自治州的实际情况，可以制定补充规定和具体办法，报吉林省人民政府批准执行。

第四十五条 上级国家机关对自治州的各项建设投资、拨款、贷款等，除专用款项外，均由自治州按资金性质统筹安排使用。

第四十六条 自治州的财政预算在执行过程中，由于企业、事业隶属关系的变更，以及遇有重大灾害，使自治州预算收入和支出发生大的增减时，报上级国家机关作适当调整。

第四十七条 自治州自治机关在执行国家税法的时候，除应由上级国家机关审批的减免税收项目以外，对属于自治州财政收入的某些需要从税收上加以照顾的，报吉林省人民政府批准，可以实行减税或者免税。

第四十八条 自治州自治机关管理和发展州内的旅游事业。

第四十九条 自治州自治机关保护和改善生活环境和生态环境，防止污染和其他公害。

第五章 自治州的教育科学文化卫生体育事业

第五十条 自治州自治机关重视智力开发，以发展教育和科学技术为重点，根据民族特点、地方特点，积极发展教育、科学、文学、艺术、新闻、出版、广播、电视、电影、卫生和体育事业，不断提高朝鲜族和其他各民族的科学文化水平和健康水平，推进社会主义精神文明建设，以适应自治州社会主义现代化建设的需要。

第五十一条 自治州自治机关进行教育改革，积极发展幼儿教育，实行九年义务教育，大力发展职业技术教育，办好高中教育、中等专业教育和高等教育。

自治州自治机关要加强师范教育和师资培训，积极改善中、小学教学设施，提高教育质量。

自治州自治机关根据全国统一的普通教育制度，结合朝鲜族教育的特点，确定朝鲜族中、小学的学制、教学计划和有关学科的教学大纲，编译出版朝鲜文的各科教材、参考资料和朝鲜族少年儿童的课外读物。

自治州自治机关为经济困难、居住分散的边远山区，逐步设立以寄宿为主和助学金为主的公办民族中、小学。

第五十二条 自治州自治机关根据实际情况，在州内分别设立以朝、汉语言文字授课的中、小学校，也可以设立朝、汉两种语言文字分班授课的中、小学校。

第五十三条 自治州内各级各类学校都必须把民族政策教育列为政治课的一项重要内容。

自治州内的朝鲜族中学，应把朝鲜族历史列为历史课教学的内容之一。

自治州内朝鲜族中、小学，应当加强朝鲜语文的教学，也要加强汉语文教学，使学生掌握朝、汉两种语言文字。

自治州自治机关提倡汉族中、小学学生学习朝鲜语言文字。

第五十四条 自治州内的高等院校应根据国家教育计划和自治州的实际需要设置专业，大力培养朝鲜族及其他民族人才。高等院校的教学、科研工作，应当与自治州经济文化建设紧密配合，为自治州的经济建设和文化建设服务。

自治州内高等院校、中等专业学校招生时，各民族考生可以用本民族语言文字答卷。用朝鲜语答卷的学生，语文考试应当包括朝鲜语文和汉语文。

自治州内的高等院校和中等专业学校，根据自治州建设需要，可以实行定向招生和定向分配的办法。

自治州内的高等院校招生，在同等条件下，要优先招收朝鲜族学生和其他少数民族学生。毕业生的分配优先满足自治州的需要。

第五十五条 自治州自治机关根据两个文明建设的需要，设立各种中等专业学校和技工学校，培养朝鲜族和其他民族的专业技术人才。

第五十六条 自治州自治机关重视成人教育，办好农民大学、职工大学、电视大学、函授大学、刊授大学，鼓励国家机关、农村、城镇和工、商企业事业单位采取多种形式，开办各种类型的政治、文化、技术学校或训练班，并鼓励自学成才，普遍提高各民族公民的科学技术和政治文化水平。

第五十七条 自治州自治机关认真贯彻经济建设必须依靠科学技术，科学技术必须面向经济建设的方针，重视科学研究和技术引进工作，积极办好林业、农业、工业、商业、畜牧业和特产的研究事业，把专业队伍和群众性的科学研究活动结合起来，普及科学知识，提高科研水平。

第五十八条 自治州自治机关坚持以马克思列宁主义、毛泽东思想为指导，贯彻理论联系实际的方针，加强哲学、社会科学的研究，并重视社会科学和自然科学的交叉研究。

自治州自治机关设立民族研究机构，采取有力措施，积极开展民族理论和朝鲜族的语言、教育、历史、文学、艺术、新闻、出版、民俗、人口等方面的研究工作。

第五十九条 自治州自治机关在文化建设中，坚持为社会主义服务、为人民服务的方向，贯彻执行"百花齐放，百家争鸣"的方针，继承和发扬民族的文化艺术传统，积极发展具有民族特点和民族风格的文学艺术。

自治州自治机关加强专业文艺团体和艺术院校的建设，注重发展朝鲜族的文学、美术、音乐、舞蹈和戏曲，积极开展文学艺术的评论工作，促进文学艺术的健康发展。同时发展其他民族的文学艺术事业。

自治州自治机关鼓励文艺工作者搜集整理朝鲜族民间文化艺术遗产，繁荣朝鲜族文艺创作。

第六十条 自治州自治机关积极开展群众业余文化艺术活动，丰富各族人民的文化生活。

自治州自治机关加强对电影、电视片的朝鲜语涂磁录音和口语对白配音工作，建立电影、电视译制机构。

第六十一条 自治州自治机关重视图书馆、博物馆的建设，收集、整理、翻译和出版民族书籍，编写地方史志，保护名胜古迹、珍贵文物和其他重要历史文化遗产。

第六十二条 自治州自治机关重视发展朝鲜语文的新闻、出版、广播、电视事业，同时办好汉语文的新闻、广播和电视。

第六十三条 自治州自治机关积极进行医疗改革，发展城乡医疗卫生事业，重视中西医药的研究工作，继承和发展民族的传统医药遗产，广泛开展群众性的爱国卫生运动，不断提高防治地方病、常见病、多发病的能力。

自治州自治机关积极发展妇幼保健事业，改善妇女和儿童的医疗卫生条件。

第六十四条 自治州自治机关积极开展计划生育工作，有效地控制人口自然增长率。提倡优生优育，提高人口素质。

自治州自治机关根据上级国家机关对少数民族计划生育适当放宽的政策，制定实行计划生育的办法，使少数民族人口有计划的增长。

第六十五条 自治州自治机关积极开展群众性的体育活动，增强人民体质。

自治州自治机关重视民族传统体育活动和开展各种形式的体育运动。

第六十六条 自治州自治机关重视和加强边远山区的文教卫生事业，妥善解决这些地方的教育、医疗、电影、电视、广播等方面的问题。

第六十七条 自治州自治机关积极开展同其他地方的教育、科学技术、文化艺术、卫生、体育等方面的交流和协作。

自治州自治机关依照国家的规定，和国外进行教育、科学技术、文化艺术、卫生、体育等方面的交流；可以聘请外国专家、学者来自治州任职或讲学；派遣出国留学生，选派科学技术人员出国考察、进修。

第六章 自治州内的民族关系

第六十八条 自治州自治机关保障州内各民族都享有平等权利。

自治州自治机关团结各民族的干部和人民群众，充分调动他们的积极性和创造性，共同建设延边。

第六十九条 自治州自治机关教育和鼓励各民族的干部互相学习语言文字。汉族干部要学习朝鲜语言文字，朝鲜族和其他少数民族的干部在学习、使用本民族语言文字的同时，也要学习全国通用的普通话和汉文。

自治州的国家工作人员能够熟练使用朝、汉两种语言文字的应该予以表扬和奖励。

第七十条 自治州自治机关帮助聚居在州内的其他少数民族建立民族乡。

自治州自治机关关心州内其他少数民族的政治、经济和文化教育的发展，帮助他们解决生产、生活中存在的实际问题。

自治州自治机关在处理州内各民族特殊问题的时候，与他们的代表充分协商，尊重他们的意见。

自治州的县、市和乡镇人民政府，要教育本地区内人口占多数的民族，关怀和帮助人口较少的民族的政治、经济和文化的发展。

第七十一条 自治州自治机关加强民族政策教育，教育各民族的干部和群众互相信任、互相学习、互相帮助、互相尊重语言文字、风俗习惯和宗教信仰，共同维护国家的统一和各民族的团结。

第七章 附 则

第七十二条 每年九月三日是自治州成立纪念日，放假一天，举行纪念活动。

第七十三条 本条例经自治州人民代表大会通过后，由自治州人民代表大会常务委员会报吉林省人民代表大会常务委员会批准施行，并报全国人民代表大会常务委员会备案。

第七十四条 本条例解释权属于自治州人民代表大会常务委员会。

第七十五条 本条例自一九八五年十月一日起施行。

红河哈尼族彝族自治州自治条例

(一九八六年七月五日红河哈尼族彝族自治州第五届人民代表大会第四次会议通过 一九八六年八月三十日云南省第六届人民代表大会常务委员会第二十三次会议批准)

第一章 总 则

第一条 云南省红河哈尼族彝族自治州自治条例,根据中华人民共和国宪法和中华人民共和国民族区域自治法,结合红河哈尼族彝族自治州(以下简称自治州)的政治、经济、文化的特点制定。

第二条 自治州是哈尼族彝族实行民族区域自治的地方,属云南省管辖,是中华人民共和国不可分离的部分。州内还居住着汉族、苗族、壮族、傣族、瑶族、回族、拉祜族、布依族等民族。

自治州的辖区为:个旧市、开远市、蒙自县、建水县、石屏县、弥勒县、泸西县、元阳县、红河县、绿春县、屏边苗族自治县、河口瑶族自治县、金平苗族瑶族傣族自治县。

自治州的自治机关驻个旧市。

第三条 自治州的自治机关是自治州人民代表大会和自治州人民政府。

自治州的自治机关依照宪法、民族区域自治法和其他法律规定的权限,行使下设区、县的市的地方国家机关的职权,同时行使自治权。

第四条 自治州的自治机关维护国家的统一,保证宪法和法律在本地方的遵守和执行。要把国家的整体利益放在首位,积极完成上级国家机关交给的各项任务。

第五条 自治州的自治机关根据本地方的情况,在不违背宪法和法律的原则下,有权采取特殊政策和灵活措施,加速经济、文化建设事业的发展。

上级国家机关的决议、决定、命令和指示,如有不适合自治州实际情况的,自治州的自治机关可以报经该上级国家机关批准,变通执行或者停止执行。

第六条 自治州的自治机关在国家计划的指导下,从实际出发,制定自治州的经济建设方针、政策,制定国民经济计划和社会发展计划。

自治州的自治机关要充分发挥有色金属和其他矿产资源,热带、亚热带作物资源,山林草场资源,煤炭、水能资源和境内大中型企业较多的优势,积极发展坝区的经济,加速山区、边远地区的开发和建设,发展社会生产力,逐步提高各族人民的物质生活水平。

第七条 自治州的自治机关对贫困地区实行放宽政策、减轻负担和扶持帮助的方针,因地制宜地发展生产,尽快改变贫困面貌。

第八条 自治州的自治机关努力发展教育文化事业,采取特殊措施发展民族教育,提高各族人民的科学文化水平。

第九条 自治州的自治机关根据社会主义建设的需要,从哈尼族、彝族和其他民族中培养各级干部、各种专业人才和技术工人,并且重视在少数民族妇女中培养各级干部和各种专业技术人才。

第十条 自治州的自治机关做好拥军优属和军民共建文明单位的工作,增强军政、军民团结。

第十一条 自治州的自治机关维护和发展各民族平等、团结、互助的社会主义民族关系。禁止对任何民族的歧视和压迫,禁止破坏民族团结和制造民族分裂的行为。

自治州各民族公民在法律面前一律平等,享有宪法和法律规定的各项权利,同时必须履行宪法和法律规定的各项义务。任何组织或者个人都不得有超越宪法和法律的特权。

第十二条 自治州的自治机关保障自治州内各自治县行使同级地方国家机关的职权和自治权;照顾自治州内散居民族的特点和需要。

第十三条 自治州的自治机关保障自治州内各民族都有使用和发展自己的语言文字的自由,都有保持或者改革自己的风俗习惯的自由。

第十四条 自治州的自治机关依法保障各民族公民有宗教信仰自由。

任何国家机关、社会团体和个人不得强制公民信仰宗教或者不信仰宗教,不得歧视信仰宗教的公民和不信仰宗教的公民。信仰宗教的公民和不信仰宗教的公民要加强团结,共同为社会主义现代化建设做出贡献。

自治州的自治机关保护正常的宗教活动。任何人不得利用宗教进行破坏社会秩序、损害公民身体健康、妨碍国家教育制度的活动。

自治州内的宗教团体和宗教事务不受外国势力的支配。

第十五条 自治州的自治机关保护归侨和侨眷的合法权益。

第十六条 自治州的自治机关加强具有民族特色的社会主义精神文明建设，发展社会主义民主，健全社会主义法制。对自治州内各民族进行爱国主义、共产主义和民族政策的教育，发扬各民族爱祖国、爱民族、勤劳勇敢、团结互助的优良传统，反对资本主义的、封建主义的和其他的腐朽思想。

第十七条 自治州的自治机关带领自治州各族人民在中国共产党的领导下，在马克思列宁主义、毛泽东思想指引下，坚持人民民主专政，坚持社会主义道路，发扬自立更生、艰苦奋斗的精神，集中力量进行社会主义现代化建设，把自治州建设成为民族团结、经济繁荣、文化发达、人民富裕的民族自治地方，为祖国的社会主义现代化建设做出贡献。

第二章 自治州的自治机关

第十八条 自治州人民代表大会是自治州的地方国家权力机关。

自治州人民代表大会的代表，由自治州属各市、县、自治县人民代表大会和中国人民解放军驻自治州的部队按照法律规定选举产生。

第十九条 自治州人民代表大会常务委员会是自治州人民代表大会的常设机关，对自治州人民代表大会负责并报告工作。

自治州人民代表大会常务委员会的组成人员中，哈尼族、彝族成员所占比例可略高于其人口比例，其他民族也应有一定的名额。并且应当有哈尼族、彝族的公民担任主任或者副主任。

自治州人民代表大会常务委员会设立必要的办事机构。

第二十条 自治州人民政府是自治州人民代表大会的执行机关，是自治州的地方国家行政机关。

自治州人民政府对自治州人民代表大会和云南省人民政府负责并报告工作，在自治州人民代表大会闭会期间，对自治州人民代表大会常务委员会负责并报告工作。

自治州人民政府服从国务院的统一领导。

第二十一条 自治州人民政府由州长、副州长、秘书长、局(处)长、委员会主任等组成。自治州人民政府州长，由哈尼族或者彝族的公民担任。在自治州人民政府的组成人员中，哈尼族、彝族成员所占比例可略高于其人口比例。

第二十二条 自治州的自治机关所属工作部门的正职或者副职领导成员中，至少配备一名少数民族干部。其他工作人员中，应逐步做到少数民族干部与其人口比例大体相适应。

第二十三条 自治州的自治机关在执行职务的时候，使用当地通用的汉语言文字和哈尼族、彝族语言。

自治州的自治机关积极研究和规范哈尼文、彝文，在条件成熟的时候也作为执行职务的文字。

第三章 自治州的人民法院和人民检察院

第二十四条 自治州中级人民法院和人民检察院的组织、职能和工作，依照法律的有关规定执行。

自治州中级人民法院和人民检察院的领导成员和工作人员中，应当有哈尼族、彝族的人员。

第二十五条 自治州中级人民法院和人民检察院使用通用的汉语检察和审理案件。保障各民族公民都有使用本民族语言文字进行诉讼的权利。对于不通晓汉语言文字的诉讼参与人，应当为他们翻译。制作法律文书用汉文。

第四章 自治州的经济建设

第二十六条 自治州的自治机关在国家计划的指导下，制定本地方经济建设和社会发展的战略和计划，自主地安排和管理地方性的经济建设事业。

自治州的自治机关在坚持社会主义原则的前提下，根据法律规定和自治州经济发展的特点，合理调整生产关系，改革经济管理体制，发展社会生产力。

第二十七条 自治州的自治机关坚持以农业为基础，以有色金属工业和轻工业为骨干，农、工、商协调发展的方针，加速发展社会主义的商品经济。

第二十八条 自治州的自治机关在农村实行农林牧副渔全面发展，农工商综合经营的方针，合理调整农村产业结构，改善农业生产条件，保持粮食稳定增长。并积极发展和逐步建立热带亚热带作物及其他经济作物的商品生产基地。

自治州的自治机关长期坚持和继续完善农村家庭联产承包责任制。发展专业户和经济联合体。根据自愿互利原则和发展商品经济的要求，鼓励农民发展多种形式的合作制。

自治州的自治机关全面规划、加强管理、保护和开发土地资源，制止乱占耕地和滥用土地的行为。农村的自留地、宅基地、承包地属于集体所有，归农民经营和使用，任何单位和个人不得侵占、买卖、出租、抵押或以其他形式非法转让。承包地和自留地非经国家规定的审批机关批准，不得改作非农业生产用地。

第二十九条 自治州的自治机关依法管理、保护和发展国家、集体的森林资源，鼓励农民积极发展林业，坚持以营林为基础，普遍护林，大力造林，采育结合，永续利用的方针。

自治州的自治机关根据法律规定和国家统一规划，制定林业发展规划，重视发展经济林、水源涵养林、水土保持林、薪炭林，加强速生丰产林、用材林基地的建设。

林业建设实行国家、集体、个人多种经营的形式。加强对林木的种植、采伐、加工、运销的指导和服务，保护经营者的合法权益，增加山区人民的林业收入。

责任山由承包者长期经营管理。农村居民在自留山、自留地、房前屋后或指定的地方种植的林木，归个人所有，允许继承或转让。林木依法采伐，产品自主处理。

加强以法治林，严禁乱砍滥伐，毁林开荒。严防山林火灾。严格控制森林年采伐量，采伐林木必须按森林法的规定经过批准。

加强对自然保护区、国防林带、母树林、热带雨林、防护林的管理，保护珍稀动物、植物，保护生态环境不受破坏。

对不宜耕种的陡坡地，由州人民政府制定计划，逐步退耕还林还牧。

第三十条 自治州的自治机关采取有力措施积极发展畜牧业，提高畜产品的商品率。保护草山资源，改良牧草，建立良种繁育、饲料、防疫、加工、贮运、销售等服务体系。

第三十一条 自治州的自治机关依照法律规定，管理和保护本地方的矿产资源和其他自然资源。

自治州的自治机关根据法律规定和国家的统一规划，对可以由本地方开发的矿产资源和其他自然资源，优先合理开发利用。

自治州的自治机关鼓励集体、经济联合体和个人，根据法律规定和国家规划，经有关部门批准，合理开发自然资源，其合法权益受国家法律保护。

自治州的自治机关根据法律和本地方发展经济的需要，采取多种经营的形式，引进资金、技术和设备，开发利用自然资源。

第三十二条 自治州的自治机关自主地管理隶属于自治州的企业、事业。

自治州的自治机关按政企分开、简政放权的原则，尊重企业的自主权，增强企业活力。

第三十三条 自治州的自治机关根据资源条件和市场需求，积极发展有色金属和其他矿业、各种加工工业、日用品工业和服务业，加强能源、化工、建材等工业的建设。

第三十四条 自治州的自治机关在国家计划的指导下，根据自治州的财力、物力及其他具体条件，自主地安排地方基本建设项目和技术进步项目。

第三十五条 自治州的自治机关支持和鼓励自治州、市、县、自治县所属企业和乡镇企业，采取多种形式，同中央、省属企业密切合作，发展横向经济联系，同时要积极引进国内外的资金、先进技术、工艺、设备和管理方法，挖掘生产潜力，提高劳动生产率和经济效益。

第三十六条 自治州的人民政府积极支持上级国家机关在自治州兴办企业，开发资源；监督自治州内隶属于上级国家机关的企业事业单位，按照民族区域自治法和其他法律的规定，照顾自治州的利益，照顾当地群众的生产和生活。

第三十七条 自治州的自治机关自主地安排利用完成国家计划收购、上调任务以外的工农业产品和其他土特产品。

第三十八条 自治州的自治机关积极发展交通事业，采取民工建勤和民办公助的办法，建设县乡公路。

自治州的自治机关对边远山区和贫困地区采取国家扶持、地方集资和以工代赈的办法，加速驿道和公路建设。扶持发展民间畜力运输，促进物资交流。

第三十九条 自治州的自治机关贯彻执行积极扶持、合理规划、正确引导、加强管理的方针，大力发展乡镇企业，保障企业的自主权。提倡户办和联户办企业，并从贷款、物资和技术上予以扶持。

第四十条 自治州实行国家、集体、个体并存的商业结构和多种经营方式，经营者的合法利益受国家保护；他们在法律和政策范围内的经济活动，不受行政区划和经营层次的限制。

自治州的商业、供销和医药企业，享受上级国家机关按照民族贸易政策给予的照顾，积极参与市场调节，发挥主渠道和平衡供求的作用。

第四十一条 自治州的自治机关扶持民族特需商品的生产和经营，优先安排所需的原材料。对纳税有困难的，依照法律规定，经过批准，可以给予定期的减税或者免税照顾。

第四十二条 自治州的自治机关在对外经济贸易活动中所得的留成外汇和国家下拨的外汇，由自治州人民政府按照国务院有关规定安排使用。

第四十三条 自治州的自治机关把贫困山区列为扶持发展的重点，进行统一规划，分类指导，分级负责，分批治理。并从资金、物资、人才和技术上给予配套扶持，使其尽快走上能够利用本地资源，自力更生，发展生产，改善生活的道路。

第四十四条 自治州的自治机关重视城市和集镇建设，以市、县为主，统一规划和管理，充分发挥城市和集镇的中心作用。建设具有民族特色，布局合理，环境优美的城镇。

自治州的自治机关对农村房屋建设实行就地改造为主的方针，要利用原有的宅基地和村内空闲地，严格控制占用耕地。重视改善贫困山区的居住条件，并在建筑设计、施工技术、建材生产等方面给予帮助和指导。

第四十五条 自治州的自治机关保护环境和水资源不受污染。凡污染环境，危害人民身体健康的单位，要作出规划限期治理。一切新建、改建和扩建项目的污染防治措施，必须与主体工程同时设计、同时施工、同时投产，达不到要求的不得试车投产。

自治州的自治机关在经济建设中加强安全生产和劳动保护工作。

第五章 自治州的财政管理

第四十六条 自治州的财政是一级财政，是国家财政的组成部分。自治州的自治机关有管理地方财政的自治权。凡是依照国家财政体制属于自治州的财政收入，由自治机关自主地安排使用。

自治州的财政收入和财政支出的项目，享受国务院对民族自治地方的优待。

自治州的自治机关实行分级包干的财政管理体制。在执行财政预算过程中，自行安排使用收入的超收和支出的节余资金。

第四十七条 自治州对所辖市、县、自治县实行预算定额包干，差额补助，超收全留或者州、市、县分成的办法。

第四十八条 国家下拨的各项民族专用资金和临时性补助款任何部门不得扣减、截留、挪用。

第四十九条 自治州的自治机关应逐年增加用于发展教育、科学技术和文化事业的经费。

在自治州的财政预算中，应优先安排教育经费。教育经费的增长比例应高于经常性财政收入增长的比例，并使按在校学生人数平均的教育费用逐步增长。

自治州的自治机关在制定财政预算时，应增加扶持和开发贫困山区的投资。

第五十条 自治州的自治机关对本地方的各项开支标准、定员、定额，根据国家规定的原则，结合本地方的实际情况，可以制定补充规定和具体办法，报省人民政府批准后实施。

第五十一条 自治州的财政管理，要开源节流，增收节支，提高各项投资的效益。要严格执行财政纪律，对造成重大损失的单位和个人应追究责任。

第六章　自治州的文化建设

第五十二条 自治州的自治机关自主地规划、管理和发展自治州的教育、科学、文学、艺术、新闻、出版、广播、电影、电视、卫生、体育等事业。

第五十三条 自治州的自治机关根据国家的教育方针，依照法律规定，决定自治州的教育规划、各级各类学校的设置、学制、办学形式、教学内容、教学用语和招生办法。

自治州的自治机关积极发展学前教育，积极地有计划、有步骤、分阶段地实行九年制义务教育，加速发展职业技术教育，加强和发展师范教育，逐步发展高等教育。

自治州的自治机关对经济困难、居住分散的少数民族山区，有计划地设立以寄宿为主和助学金为主的公办民族小学和民族中学。在有条件的中学、中等专业学校，以及师范专科学校举办民族班、民族预科班。

自治州的中等专业学校、技术学校和师范专科学校对少数民族考生适当放宽录取标准和条件，逐步做到在校民族生的总人数与民族人口的比例相适应。

自治州内招收少数民族学生为主的小学，有当地通用民族文字的，应当采用少数民族文字的课本；没有民族文字的，用民族语言辅助教学。同时都要推广全国通用的普通话和汉文。

自治州的自治机关加速发展成人教育，开办各种形式的成人学校，通过各种进修渠道，鼓励自学成才。

自治州积极采取措施扫除文盲。在有民族文字的地区，可以用民族文字扫盲。

第五十四条 自治州的自治机关努力办好师范院校和各级教师进修学校，建设一支有足够数量的、合格的、稳定的教师队伍。

自治州的自治机关重视民族教师的培训提高，优先培训贫困山区的教师，经过考核，有计划地把贫困山区的民办教师转为公办教师。

第五十五条 自治州的自治机关鼓励和指导企业、事业单位和其他社会力量，在当地人民政府的统一管理下，按照国家的规定，举办各级各类学校。鼓励各种社会力量以及个人自愿捐资助学。

第五十六条 自治州的自治机关根据经济建设的需要，制定科学技术发展规划，建立健全各级各类科学技术研究推广机构，做好科学技术的普及和推广工作。

自治州和市、县、自治县建立技术培训中心，重点对山区的回乡知识青年、退伍军人和基层干部进行各种职业技能培训。

自治州的自治机关充分发挥现有科技人员的积极性，并引进外地科学技术、经营管理等专业人才参加自治州的各项建设工作，待遇从优。

自治州的自治机关对科学研究、推广先进技术和振兴各项事业有显著成果和贡献的人员，给予奖励。

第五十七条 自治州的自治机关继承和发扬民族文化的优良传统，繁荣社会主义的民族文化。

自治州的自治机关发展具有民族特色的、健康向上的文化艺术，开展对外文化交流活动。鼓励集体或者个人兴办文化事业，丰富各族人民的文化生活。

自治州的自治机关保护革命文物、历史文物和名胜古迹，加强对民族历史文物的发掘、搜集和研究工作。

第五十八条 自治州的自治机关积极发展民族的新闻、广播、电影、电视、翻译和出版事业，逐步建设具有民族特色和地方特色的社会主义现代化宣传网。

自治州的自治机关对边远地区和民族山区的广播、电影、电视事业，给予积极的扶持。

第五十九条 自治州的自治机关积极发展医疗卫生事业，坚持中西医结合，加强对民族医药的研究和应用，加强对地方病、常见病、多发病和工矿职业病的研究和防治工作。积极发展妇幼、老年保健事业。

自治州的自治机关健全和充实城乡医疗卫生网，鼓励集体办医，允许个人行医。稳定和发展乡村医生队伍，重视改善边远地区和贫困山区的医药条件。

自治州的自治机关坚持深入开展以除害灭病为中心的群众卫生运动，改善城乡卫生状况。

自治州的自治机关依法加强食品卫生监督工作。

自治州的自治机关依法加强药品监督管理，取缔假药、劣药。

第六十条 自治州的自治机关认真开展计划生育工作，控制人口自然增长率，提高人口素质。按照国家规定，少数民族的计划生育适当放宽。

第六十一条 自治州的自治机关积极发展体育事业，开展群众性的现代体育和民族传统体育运动，增强各族人民体质。增加城乡体育设施，培养体育人才，提高体育运动技术水平。

第七章 自治州的民族干部和职工队伍建设

第六十二条 自治州的民族干部学校，采取定向、定额、定民族的办法招收学生，积极培养各民族的经济管理等专业干部。

第六十三条 自治州的自治机关有计划地从机关、企业、事业单位选送哈尼族、彝族及其他民族中的干部、科技人员和有一定文化科学知识的青年职工，到州内外各级各类学校或者对口单位培训和进修。

第六十四条 自治州内国家机关、企业、事业单位在招收人员时，应优先招收哈尼族、彝族和其他少数民族的人员。在省人民政府下达的招收人员总额中，可以确定从农村中招收的比例。

自治州内隶属于上级国家机关的企业、事业单位，在招收人员的时候，应当优先招收当地少数民族人员。

第六十五条 自治州的自治机关经省人民政府批准，对州、市、县、自治县国家机关、企业、事业单位的干部和职工，分别不同地区给予边疆工作补贴。

第六十六条 自治州的自治机关对外地在元阳、红河、绿春、金平、河口、屏边县工作的离休退休人员，在当地安置的，待遇从优。到自治州内其他市、县城区居住的，准予落户。

第八章 自治州内的民族关系

第六十七条 自治州的自治机关保障自治州内各民族享有平等权利，团结各民族的干部和群众，充分调动他们的积极性，共同建设民族自治地方。在处理州内各民族的特殊问题时，必须与他们的代表充分协商，尊重他们的意见。

提倡各民族干部要互相尊重、互相学习、互相帮助、互谅、互让，发扬人口较多的民族照顾人口较少的民族、先进民族帮助后进民族的优良传统。

第六十八条 自治州的自治机关提倡和鼓励汉族和各少数民族干部互相学习语言文字。并积极学习全国通用的普通话。

第六十九条 自治州的自治机关维护自治州内民族乡和散居少数民族享有的权益，培养和任用他们的干部，积极帮助他们发展经济、文化事业，逐步改善生活，促进各民族共同进步繁荣。

第七十条 每年十一月十八日为自治州建州纪念日，开展民族团结友爱活动，表彰先进。

自治州内各民族的传统节日都应当受到尊重。

第九章 自治州边远地区的建设

第七十一条 自治州的自治机关对边远地区采取更加特殊的政策和灵活的措施，发展经济、文化建设事业。

第七十二条 自治州的自治机关扶持边远地区发展生产。减免农业税、工商税。给予必要的贴息或者低息贷款和特殊补助，帮助推广适用的科学技术。

第七十三条 自治州的自治机关有计划地建立和扩大边远地区的商业网点，积极帮助发展集体、个体运销业。

第七十四条 自治州的自治机关在国家的扶持下，加强边远地区的交通建设、乡镇和村寨的建设。

第七十五条 自治州的自治机关采取有效措施在边远地区首先普及初等教育，积极发展和办好寄宿制小学和中学，优先选送当地学生到内地中学、中等专业学校和高等院校学习。

第七十六条 自治州的自治机关加强边远地区文化设施建设。实行电影队免费放映电影。

自治州的自治机关在边远地区有计划地建立医院，增设医疗点，实行减费或者免费医疗。

第十章 附　则

第七十七条 本条例经自治州人民代表大会通过，报请云南省人民代表大会常务委员会批准后生效，并报全国人民代表大会常务委员会备案。

自治州人民政府应按照本条例制定实施办法。

本条例的修改应经自治州人民代表大会通过，并报云南省人民代表大会常务委会批准。

本条例的解释权属于自治州人民代表大会常务委员会。

第七十八条 自治州内的一切国家机关和武装力量、各政党组织和各社会团体、各企业事业组织和各民族公民都必须遵守本条例。

湘西土家族苗族自治州自治条例

（一九八六年七月十四日湘西土家族苗族自治州第七届人民代表大会第四次会议通过　一九八六年七月二十七日湖南省第六届人民代表大会常务委员会第二十次会议批准）

第一章　总　　则

第一条　根据中华人民共和国宪法和中华人民共和国民族区域自治法的规定，结合湘西土家族苗族自治州（以下简称自治州）的政治、经济和文化的特点制定本条例。

第二条　自治州是土家族苗族实行区域自治的地方。

自治州的行政区域为吉首市、泸溪县、凤凰县、花垣县、保靖县、古丈县、永顺县、大庸市、桑植县、龙山县。

自治州的首府设在吉首市。

第三条　自治州设立自治机关。

自治机关行使下设区、县的市的地方国家机关的职权，同时依照宪法和民族区域自治法以及其他法律规定的权限行使自治权。

第四条　自治州的各族人民在中国共产党的领导下，在马克思列宁主义、毛泽东思想的指引下，坚持人民民主专政，坚持社会主义道路，集中力量进行社会主义物质文明和精神文明建设，努力把自治州建设成为文明昌盛的民族自治地方。

第五条　自治州的自治机关保证宪法和法律在本州的遵守和执行，把国家的整体利益放在首位，努力完成上级国家机关交给的各项任务。

自治州的自治机关根据本州的情况在不违背宪法和法律的原则下，采取特殊政策和灵活措施，加速经济文化建设事业的发展，上级国家机关的决议、决定、命令和指示，如有不适合本州实际情况的，自治机关在报经该上级国家机关批准后，变通执行或者停止执行。

第六条　自治州的自治机关维护和发展各民族的平等、团结、互助的社会主义民族关系，禁止对任何民族的歧视和压迫，禁止破坏民族团结和制造民族分裂的行为。

第七条　自治州的自治机关保障各民族公民享有宪法规定的公民权利，并且教育他们履行公民应尽的义务。

第八条　自治州的自治机关提倡爱祖国、爱人民、爱劳动、爱科学、爱社会主义的公德，对全州各族人民进行爱国主义、集体主义和国际主义、共产主义的教育，反对资本主义的、封建主义的和其他的腐朽思想。

第二章　自治机关

第九条　自治州的自治机关是自治州人民代表大会和自治州人民政府。

自治州人民代表大会常务委员会是自治州人民代表大会的常设机关，对自治州人民代表大会负责并报告工作。

自治州人民政府对自治州人民代表大会和湖南省人民政府负责并报告工作，在自治州人民代表大会闭会期间对自治州人民代表大会常务委员会负责并报告工作。

自治州的自治机关实行民主集中制的原则。

第十条　自治州人民代表大会中，土家族、苗族和其他民族代表的名额，根据法律规定的原则确定。

自治州人民代表大会常务委员会的组成人员中，土家族和苗族的公民应当超过半数。

自治州人民代表大会常务委员会主任或者副主任中，应当有土家族、苗族的公民。

第十一条　自治州人民政府的组成人员，要尽量配备土家族和苗族的人员，逐步做到超过半数。

自治州州长由土家族或者苗族的公民担任。

第十二条　自治州的自治机关所属工作部门的干部中，要尽量配备土家族、苗族和其他少数民族的人员，同时注意配备各民族的妇女干部。

第十三条　自治州的自治机关加强县、市和乡、民族乡、镇的政权建设。

自治州的自治机关加强居民委员会和村民委员会及其所属的人民调解、治安保卫、公共卫生等组织的建设。

第十四条　自治州的自治机关根据法律和国家的规定，结合本州的实际情况，确定国家机关、事业单位的机构设置，报湖南省人民政府批准。

第十五条　自治州的一切国家机关和国家工作人员，必须忠于职责，廉洁奉公，遵纪守法，密切联系群众，努力为各族人民服务。

第三章　人民法院和人民检察院

第十六条　自治州中级人民法院和自治州人民检察院对自治州人民代表大会及其常务委员会负责。

自治州中级人民法院的审判工作，受上级人民法院监督。自治州人民检察院的工作，受上级人民检察院领导。

第十七条 自治州中级人民法院和自治州人民检察院的领导成员中，应当有土家族、苗族的人员；工作人员中要尽量配备土家族、苗族和其他少数民族的人员。

第十八条 自治州中级人民法院和自治州人民检察院保障各民族公民都有使用本民族语言文字进行诉讼的权利，对于不通晓汉族语言文字的诉讼参与人，应当为他们翻译。

第四章 经济建设和文化建设

第十九条 自治州的自治机关在国家计划指导下，根据本州的实际情况，制定经济文化建设计划和相应的政策措施，自主地安排和管理本州的经济文化建设事业。

自治州的自治机关在国家计划指导下，根据本州的财力、物力和其他条件，自主地安排基本建设项目，确定地方企业的新建、扩建和技术改造。

第二十条 自治州的自治机关根据法律规定和本州经济发展的特点，合理调整生产关系，改革经济管理体制，坚持对内搞活、对外开放的方针，发展各种形式的经济联合，促进社会生产力的发展。

第二十一条 自治州的自治机关按照因地制宜的原则，调整农村产业结构，加强农田水利建设，稳步发展粮食生产，积极发展多种经营，提高农业生产水平和农业经济效益。

自治州的自治机关鼓励和支持乡、镇办企业，并在贷款和税收上给予照顾。

第二十二条 自治州的自治机关在农村推行以家庭联产承包为主的农业生产责任制，鼓励农民按照自愿互利的原则发展多种形式的合作经济，保护集体经济组织和农民的合法权益。

第二十三条 自治州的自治机关根据法律规定，维护森林、林木和林地的所有权和使用权，鼓励护林造林，禁止乱砍滥伐，加强林业生产的建设和管理。

第二十四条 自治州的自治机关加强水土保持工作，积极开展小流域治理，严禁毁林开荒，对二十五度以上的坡耕地要有计划地退耕植树种草。

第二十五条 自治州的自治机关鼓励集体和个人发展畜牧业、水产业和其他养殖业，支持集体和个人开发利用草山，发展草食动物。

第二十六条 自治州的自治机关大力发展并积极支持县、市发展以农副产品、矿产品为原料的加工工业和其他工业，在贷款和税收上给予照顾。

自治州的自治机关大力发展并积极支持县、市发展小水电，鼓励集体和个人办电。

自治州的自治机关依照法律规定，保护和管理矿藏资源，对可以由本州开发的矿藏资源，划定范围和地段，分别组织州属企业、县市所属企业，乡镇企业或者个人开采。

第二十七条 自治州的自治机关鼓励企业、事业单位同经济发达地区的企业、事业单位开展经济、技术协作。

第二十八条 自治州的自治机关积极发展交通运输和乡村电信事业。

第二十九条 自治州的自治机关加强城乡建设的统一规划和管理，有计划地把农村小集镇建设成为农村区域性的政治、经济、文化中心。

自治州的自治机关依照法律规定，加强土地管理，严格控制城乡建设用地，禁止乱占滥用耕地。

第三十条 自治州的自治机关执行国家民族贸易政策，充分发挥国营商业和供销合作社的作用，积极开拓边区市场，发展集市贸易，鼓励农民进入城镇开店办厂。

自治州的自治机关努力做好少数民族特需商品的生产和供应工作。

自治州的自治机关依照国家规定，积极开展对外经济贸易活动，扶持出口商品基地建设，在外汇留成等方面享受国家的优待。

第三十一条 自治州的自治机关充分利用旅游资源，积极发展旅游事业。

第三十二条 自治州的自治机关积极发展民族教育，努力扫除文盲，有计划有步骤地普及九年制义务教育，大力发展职业技术教育，同时发展普通高中教育和高等教育，并且发展学前教育。

自治州的自治机关为盲、聋哑和弱智的儿童、少年举办特殊教育学校（班）。

第三十三条 自治州的自治机关对特别贫困的少数民族地区，设立以助学金为主和寄宿为主的公办民族小学和民族中学。

自治州的自治机关对居住分散的乡村采取多种形式办学。

招收少数民族学生为主的学校，可以同时采用汉语和本民族语言进行教学，并积极推广全国通用的普通话。

第三十四条 自治州的高等院校和中等专业学校，对特别贫困的地区实行定向、定额招生的办法，对少数民族考生适当放宽录取标准和条件。

第三十五条 自治州的自治机关积极发展成人教育，鼓励企业事业单位和其他社会力量，举办各类学校或者培训班，鼓励自学成才。

第三十六条 自治州的自治机关加强师资队伍建设。

自治州的自治机关根据民族地区的特点和多种形式办学的需要，确定小学和中等学校的人员编制，报上级国家机关批准，列入教育事业计划。

第三十七条 自治州的自治机关努力发展科学事业，积极推广科学研究成果，普及科学技术知识，开拓技术市场。

自治州的自治机关对科学研究和推广运用先进技术取得显著成效的单位和人员给予奖励，对有特殊贡献和创造发明的给予重奖。

第三十八条 自治州的自治机关积极发展具有民族特点和民族形式的文艺事业，开展群众性的文化活动，加强民族理论、历史、语言、文字等方面的研究工作，收集、整理和编纂民族书籍，保护文物、名胜古迹和其他重要民族文化遗产。

第三十九条 自治州的自治机关积极发展广播、电视和新闻事业。

第四十条 自治州的自治机关积极发展医疗卫生事业，开展中西医药和少数民族的传统医药的研究工作，加强地方病的防治和妇幼卫生保健，努力改善医疗卫生条件。

第四十一条 自治州的自治机关积极发展体育事业，开展民族传统体育活动，提高各类体育运动的技术水平，增强各族人民的体质。

第四十二条 自治州的自治机关根据国家政策和法律，按照比汉族地区适当放宽的原则，制定实行计划生育的办法。

第四十三条 自治州的自治机关努力做好社会福利工作，帮助各民族中的孤儿、孤老和残疾人解决生产、生活等方面的困难。

第四十四条 自治州的自治机关根据社会主义经济文化建设的需要，积极从本州各民族中培养干部、专业人才和技术工人。

自治州的国家机关和企业、事业单位在招收人员的时候，对少数民族青年应适当放宽录取标准和条件，并可以按上级国家机关核定的计划，从农村招收少数民族青年。

第四十五条 自治州的自治机关采取特殊措施，优待、鼓励外地干部、专业人才和技术工人参加本州的经济、文化建设。

第四十六条 自治州的国家工作人员享受民族地区生活补贴，在其他生活福利方面，也可以享受优待。

第五章 财政管理

第四十七条 自治州的自治机关依照法律规定，自主地调整财政预算的收支，安排使用收入的超收和支出的结余资金。

自治州的自治机关依照国家财政体制的规定，在财政收入多于支出时，实行定额上缴；在财政收入不敷支出时，报请上级财政机关给予定额补助。在执行预算过程中，如因国家经济政策改变使财政收支发生较大的变化时，报请上级财政机关调整包干基数或者增加补助。

自治州的自治机关对本州的各项开支标准、定员、定额，根据国家规定的原则，结合实际情况，制定补充规定和具体办法，报湖南省人民政府批准。

第四十八条 自治州的自治机关依照国家财政体制的规定，对财政收入多于财政支出的县、市，实行定额上缴；对于财政收入不敷支出的县、市，实行定额补助。

自治州设立乡镇一级财政，乡镇财政收支的管理办法，由县、市人民政府制定，报上级国家机关备案。

第四十九条 自治州的自治机关对上级国家机关拨给的各项少数民族地区补助费和本州的机动财力，主要用于经济文化建设事业。

第五十条 自治州的自治机关按照国家税收管理体制，除应由上级国家机关审批的减免税收项目以外，对属于地方财政收入的某些需要从税收上加以照顾的，可以实行减税或者免税。

第五十一条 自治州的自治机关在财政、税收、贷款等方面，帮助特别贫困的地区和革命老根据地发展生产。

第六章 民族关系

第五十二条 自治州的自治机关加强民族政策教育，经常检查民族政策和民族法规的遵守和执行，教育各民族干部和群众互相信任，互相学习，互相帮助，互相尊重语言文字、风俗习惯和宗教信仰，共同维护国家的统一和各民族的团结。

第五十三条 自治州的自治机关帮助其他聚居的少数民族建立民族乡。民族乡的人民代表大会依照法律规定的权限，可以采取适合本民族特点的具体措施。

自治州的自治机关照顾各散居民族的特点和需要。

第五十四条 自治州的自治机关在处理涉及各民族的特殊问题的时候，应当与有关民族的代表充分协商。

第五十五条 自治州的自治机关尊重各民族的传统节日。

第七章 附则

第五十六条 九月二十日为自治州成立纪念日。

第五十七条 本条例经自治州人民代表大会通过，报湖南省人民代表大会常务委员会批准，并报全国人民代表大会常务委员会备案。

第五十八条 本条例自一九八六年九月二十日起施行。

新晃侗族自治县自治条例

（一九八六年四月十二日新晃侗族自治县第九届人民代表大会第三次会议通过　一九八六年四月二十八日湖南省第六届人民代表大会常务委员会第十八次会议批准）

第一条　根据《中华人民共和国宪法》和《中华人民共和国民族区域自治法》的规定，结合新晃侗族自治县（以下简称自治县）政治、经济、文化的实际情况，制定本条例。

第二条　自治县各族人民在中国共产党的领导下，在马克思列宁主义、毛泽东思想的指引下，坚持人民民主专政，坚持社会主义道路，集中力量进行社会主义物质文明和精神文明建设，把自治县逐步建设成为团结、繁荣的民族自治地方。

第三条　自治县的自治机关是县人民代表大会和县人民政府。

自治县人民代表大会是自治县的国家权力机关，它的常设机关是县人民代表大会常务委员会。

自治县人民政府是自治县人民代表大会的执行机关，是自治县的国家行政机关。

第四条　自治县的自治机关保证宪法、法律在本县的遵守和执行，积极完成上级国家机关交给的各项任务。

第五条　自治县的自治机关行使宪法第三章第五节规定的县级国家机关的职权，同时依照宪法和民族区域自治法以及其他法律规定的权限行使自治权。

自治县的自治机关根据本县的情况，在不违背宪法和法律的原则下，采取特殊政策和灵活措施，加速本县经济、文化事业的发展。上级国家机关的决议、决定、命令和指示，如不适合本县实际情况，在报经该上级国家机关批准后，变通执行或者停止执行。

第六条　自治县人民代表大会的代表中，除侗族代表外，聚居在本县内的其他民族应当有适当名额的代表。各民族代表的名额和比例，根据《中华人民共和国全国人民代表大会和地方各级人民代表大会选举法》和《中华人民共和国民族区域自治法》规定的原则确定。

第七条　自治县人民代表大会常务委员会的组成人员中，侗族公民应占多数，苗族、汉族也应当有适当名额。

自治县人民代表大会常务委员会应当有侗族的公民担任主任或副主任。

第八条　自治县人民政府的组成人员中，侗族公民应占多数，苗族、汉族也应当有适当名额。

自治县县长由侗族公民担任。

第九条　自治县人民法院院长或副院长、人民检察院检察长或副检察长中，应当有侗族公民。

自治县人民法院和人民检察院应当注意配备侗族和其他少数民族工作人员。

第十条　自治县的自治机关根据本县的特点和需要，经上级国家机关批准，设置工作部门，并在上级国家机关确定的总编制内，自主地安排和调剂各部门的编制员额。

自治县的自治机关所属工作部门要尽量配备侗族工作人员，并注意配备苗族、汉族工作人员。

第十一条　自治县的自治机关采取多种形式，积极从本县各民族中培养干部和科学技术、文化教育、经营管理等专业人才，并注意在妇女中培养干部和专业人才。

第十二条　自治县的自治机关和企业、事业单位在招收干部或工人时，应优先招收侗族和其他少数民族人员。在报请省人民政府批准后，可以从农村少数民族人口中招收。

第十三条　自治县的国家工作人员，享受民族地区生活补贴。在其他生活福利方面，也可以给予适当优待。

自治县的自治机关鼓励外地科学技术、文化教育、经营管理等专业人才参加本县的经济、文化建设。

自治县的自治机关对科学技术、文化教育、经营管理等专业人才，分别情况，给予津贴；对专业技术骨干给予特殊照顾。

自治县的自治机关对坚持自学，经考试考核合格，获得中专以上学历或技术职称的人员，给予奖励。

自治县的自治机关对在社会主义建设中成绩显著的工人、农民、知识分子、干部和其他劳动者，授予各种荣誉称号，并给予物质奖励；有重大贡献的，给予重奖。

本条的实施办法，由自治县人民政府制定。

第十四条　自治县的国家机关和国家工作人员，必须经常保持同人民的密切联系，听取人民的意见和建议，关心人民的疾苦，接受人民的监督，努力为各族人民服务。

第十五条　自治县的自治机关保障县内各民族的平等权利，维护和发展各民族的平等、团结、互助的社会主义民族关系。

自治县的自治机关对本县各族人民进行爱国主义、社会主义、共产主义和民族政策的教育。教育各民族的干部和群众互相信任，互相学习，互相帮助，互相尊重，共同维护民族团结。

第十六条　自治县各民族公民可以使用本民族的

语言、文字进行学习、工作和其他社会活动，任何人不得歧视。

自治县各族公民都有用本民族语言、文字进行诉讼的权利。对不通晓本地通用语言、文字的当事人，人民法院、人民检察院和公安机关应当为他们翻译。

第十七条 自治县在苗族聚居的地方设立苗族乡。苗族乡乡长由苗族公民担任。苗族乡人民政府应当尽量配备苗族工作人员。苗族乡的人民代表大会和人民政府可以依照法律的规定，采取适合苗族特点的具体措施。

自治县人民政府有关苗族乡的决定、命令和指示，应当适合苗族乡实际情况。

第十八条 自治县的经济建设，在国家计划指导下，充分利用本地资源，建立合理的产业结构，实行多种经济形式和多种经营方式，大力发展商品生产，走农、工、商综合发展的道路。

第十九条 自治县的自治机关尊重农民的生产自主权，在抓紧粮食生产的同时，大力发展林业、牧业和其他多种经营，积极建设商品生产基地，努力发展乡镇企业，提高农业经济效益。

第二十条 自治县的自治机关依照法律规定，确定山林的所有权和使用权。集体的山林，可以划给农户承包经营，也可以划给农户作自留山。集体的荒山可划给农户长期经营。按政策和合同确定的个人所有的林木，允许继承、转让，或按《中华人民共和国森林法》的有关规定自主处理。

第二十一条 自治县的自治机关加强土地管理，合理利用土地资源，禁止乱占滥用耕地。

自治县的自治机关重视水土保持，严禁乱砍滥伐、毁林开荒和烧山开荒；坡度在25度以上的耕地，要逐步退耕还林还草或改造成为梯田梯土。

第二十二条 自治县的自治机关在坚持土地公有的前提下，指导和帮助农民实行以家庭联产承包为主的多种形式的农业生产责任制。鼓励和支持农民从事各种专业生产或联合经营。对于从事开发性生产的农户和经济联合体，给予重点扶持。禁止任何组织或个人侵犯专业户和经济联合体的合法权益。

第二十三条 自治县的自治机关自主管理县属企业、事业。如改变隶属关系，应按照《中华人民共和国民族区域自治法》第六十三条的规定办理。

自治县的自治机关积极扶持乡镇企业，保障其所有权和经营自主权。非经企业所有者同意，任何组织或个人不得改变其隶属关系。

第二十四条 自治县的自治机关充分利用水能资源，统一规划，分级办电。鼓励乡(镇)、村、组、个人办电，保障其合法权益。

第二十五条 自治县的自治机关管理和保护县内的矿产资源。对国家允许由本县开发的矿产资源，依照法律规定划定范围和地段，分别组织县属企业、乡镇企业或个人开采。

第二十六条 自治县的自治机关积极发展以农副产品、矿产品为原材料的加工工业和交通运输业。

第二十七条 自治县的自治机关在国家计划的指导下，根据本县的财力、物力和其他具体条件，自主安排基本建设项目。

第二十八条 自治县的自治机关建立以国营商业为主导的多种经营方式、多种流通渠道的商品流通体制。

第二十九条 自治县的自治机关重视农村集镇建设，统一规划，加强管理，改进服务设施。鼓励农民到集镇摆摊设点，开店办厂。

第三十条 自治县的自治机关积极开拓边区市场，发展与邻近地区的贸易，并积极做好少数民族特需商品的供应工作。

第三十一条 自治县的自治机关依照国家的有关法律和政策，鼓励县外、省外、国外的经济组织或者个人来本县投资办企业，努力为他们提供优惠条件。

第三十二条 自治县的自治机关依照民族区域自治法和国家财政管理体制的规定，自主安排使用属于本县的财政收入，调剂本县财政预算，制定本县财政管理实施办法。

自治县的财政收入多于财政支出时，定额上缴上级财政，上缴数额一定几年不变；收入不敷支出时，报请上级财政机关补助。

自治县的自治机关在执行财政预算过程中，自行安排使用收入的超收和支出的节余资金。

第三十三条 自治县的财政预算如因国家税收政策和企业、事业隶属关系的改变，以及遇到严重自然灾害，使财政预算收入和预算支出发生较大增减时，报请上级国家机关批准作适当调整。

第三十四条 自治县的自治机关对国家拨给本县的民族补助费和各项专用资金实行专款专用。

第三十五条 自治县人民政府应将地方机动财力和上级国家机关拨给的民族经费，重点用于本县经济建设和智力开发，并接受县人民代表大会或它的常务委员会的监督。

第三十六条 自治县的自治机关根据上级国家机关的规定，建立乡、民族乡、镇一级财政，实行“定收定支、超收分成”的管理办法。

第三十七条 自治县的自治机关采取特殊措施，帮助苗族乡和其他贫困地方加速发展经济建设和文化建设。

第三十八条 自治县的自治机关大力发展民族教育，扫除文盲，普及义务教育，发展职业教育。

自治县设立民族中学，并在边远贫困、居住分散的山区设立民族小学、简易小学或教学点。民族中学、民族小学以寄宿为主和助学金为主。民族中学主要招收少数民族学生，对苗族乡和文化基础差的乡实行定向招生。

自治县设立民族职业中学，建立职业培训中心，开办各种形式的职业培训班，培养专业人才。自治县的企业、事业单位在招收人员时，优先招收经过职业培训的人员。

第三十九条 自治县的自治机关鼓励城乡集体经济组织、国家企业、事业单位和其他社会力量，集资兴办教育事业。

第四十条 自治县的自治机关加强教师培训，努力提高师资素质。

第四十一条 自治县的自治机关尊重教师的社会地位，保护学校财产，维护正常的教学秩序。

第四十二条 自治县的自治机关重视科学研究机构的建设，改善科学技术人员的工作条件。

自治县的科学技术人员应面向本县经济建设，积极开展科学研究，推广应用科学研究成果，普及科学技术知识。

第四十三条 自治县的自治机关积极发展具有民族特点的文化、体育事业，收集整理县内民族文化遗产，保护民族历史文物和名胜古迹。

第四十四条 自治县的自治机关重视医疗卫生队伍建设，加强对地方病、职业病的防治，努力提高各族人民的健康水平。

自治县的自治机关重视民族传统医药的发掘、整理和利用，鼓励民间医生正当行医。

第四十五条 自治县的自治机关积极开展同外地的教育、科学技术、文学艺术、卫生、体育等方面的交流和协作。

第四十六条 自治县的自治机关尊重县内各民族的风俗习惯和宗教信仰，照顾各民族的特殊需要，支持各民族人民开展有益于民族团结和身心健康的传统节日活动。

第四十七条 自治县少数民族公民的结婚年龄，男方不得早于二十周岁，女方不得早于十八周岁。

自治县的自治机关根据法律和政策，按照比汉族地区适当放宽的原则，制定实行计划生育的具体办法。

第四十八条 十二月五日为自治县成立纪念日。

民族自治地方单行条例

新疆维吾尔自治区执行中华人民共和国婚姻法的补充规定

（一九八〇年十二月十四日新疆维吾尔自治区第五届人民代表大会第三次会议通过）

第一条 根据中华人民共和国婚姻法第三十六条的规定，特制定本规定。

第二条 结婚年龄，男不得早于二十周岁，女不得早于十八周岁。

第三条 依照中华人民共和国婚姻法的规定，禁止三代以内的旁系血亲结婚。

第四条 寡妇有再结婚的自由，任何人不得以任何借口进行干涉。

第五条 禁止买卖婚姻和借婚姻索取财物。

第六条 结婚、离婚必须履行法律手续。禁止一方用口头或文字通知对方的方法离婚。

第七条 禁止宗教干涉婚姻家庭。

禁止以宗教仪式代替法定结婚登记。

第八条 禁止未达结婚年龄的男女预先订婚。

第九条 在少数民族中不提倡计划生育。个人是否实行计划生育，听从自愿。

第十条 本规定只适用于本自治区各少数民族。

第十一条 自治州、自治县人民代表大会或它的常务委员会可以根据当地少数民族婚姻家庭的具体情况，依照中华人民共和国婚姻法和本规定的原则，制定某些变通或补充规定，报请自治区人民代表大会常务委员会批准施行。

第十二条 本规定自一九八一年元月一日起与中华人民共和国婚姻法同时施行。

西藏自治区施行中华人民共和国婚姻法的变通条例

（一九八一年四月十八日西藏自治区第三届人民代表大会常务委员会第五次会议通过）

根据中华人民共和国婚姻法第三十六条的规定， 结合西藏自治区各少数民族婚姻家庭的实际情况，对中华人民共和国婚姻法的有关条款作如下变通：

第一条 结婚年龄，男不得早于二十周岁，女不得早于十八周岁。

第二条 废除一夫多妻，一妻多夫等封建婚姻，对执行本条例之前形成的上述婚姻关系，凡不主动提出解除婚姻关系者，准予维持。

第三条 对各少数民族传统的婚嫁仪式，在不妨害婚姻自由原则的前提下，应予尊重。

第四条 禁止利用宗教干涉婚姻家庭。

第五条 结婚、离婚必须履行登记手续。

第六条 对非婚生子女生活费和教育费的负担，应按中华人民共和国婚姻法第十九条的规定执行。改变全由生母负担的习惯。

第七条 各县人民代表大会和它的常务委员会，可以依照中华人民共和国婚姻法和本条例的原则，结合当地少数民族婚姻家庭的具体情况，制定某些变通的或补充的规定，报请自治区人民代表大会常务委员会批准后施行。

第八条 本条例自一九八二年元月一日起施行。凡本变通条例未加补充或变更的条款，均按中华人民共和国婚姻法的规定执行。

宁夏回族自治区执行中华人民共和国婚姻法的补充规定

（一九八一年六月十五日宁夏回族自治区第四届人民代表大会第三次会议通过）

第一条 根据《中华人民共和国婚姻法》第三十六条规定，结合宁夏回族自治区婚姻家庭的具体情况，制定本补充规定。

第二条 回族男女的结婚年龄，男不得早于二十周岁，女不得早于十八周岁。

第三条 《中华人民共和国婚姻法》禁止三代以内的旁系血亲结婚的规定，回族推迟到一九八三年一月一日起执行。

第四条 禁止用宗教仪式代替法定的结婚登记。信奉伊斯兰教的男女结婚，自愿举行宗教仪式的，只能在领取结婚证后进行。

第五条 保护寡妇的婚姻自由，任何人不得以任何借口进行干涉。

第六条 回族同其他民族的男女自愿结婚，任何人不得干涉。子女的民族从属，未成年时由父母商定，成年后由子女自定。

第七条 本补充规定适用于居住在本自治区内的其他少数民族。

第八条 违反本规定者，按《中华人民共和国婚姻法》第三十四条规定处理。

第九条 本规定自公布之日起施行。

内蒙古自治区执行中华人民共和国婚姻法的补充规定

（一九八一年九月二十一日内蒙古自治区第五届人民代表大会常务委员会第九次会议通过）

第一条 根据《中华人民共和国婚姻法》第三十六条规定，结合内蒙古自治区蒙古族和其他少数民族婚姻家庭的具体情况，为了发展少数民族人口，特制定本补充规定。

第二条 本规定适用于居住在内蒙古自治区的蒙古族和其他少数民族。

第三条 结婚年龄，男不得早于二十周岁，女不得早于十八周岁。

汉族男女同蒙古族和其他少数民族男女结婚的，汉族一方年龄按《中华人民共和国婚姻法》规定执行。

第四条 大力提倡三代以内的旁系血亲不结婚。

第五条 不同民族男女结婚的，所生子女的民族从属由父母商定。

第六条 在蒙古族和其他少数民族中不提倡节制生育。对有节育要求者给予支持。

少数民族男女与汉族男女结婚的，其子女商定为汉族的，则实行计划生育。

第七条 自治旗的人民代表大会和它的常务委员会，可以根据当地民族婚姻家庭的具体情况，依照《中华人民共和国婚姻法》和本补充规定的原则，制定某些变通或补充的规定，并报请自治区人民代表大会常务委员会批准施行。

第八条 违反本补充规定者，按《中华人民共和国婚姻法》第三十四条规定处理。

第九条 本补充规定自公布之日起施行。

凉山彝族自治州施行中华人民共和国婚姻法的规定

（一九八三年二月二十六日四川省第五届人民代表大会常务委员会第十九次会议通过）

第一条 根据《中华人民共和国婚姻法》第三十六条的规定，制定本规定。

第二条 实行婚姻自由、一夫一妻、男女平等的婚姻制度。废除旧的等级婚姻制度。

保护妇女的合法权益。

第三条 禁止利用等级、家支、宗教或其他形式干涉婚姻自由。禁止包办、买卖婚姻。禁止借婚姻索取财物。

禁止重婚。

第四条 禁止干涉丧偶妇女的婚姻自由，不许强迫丧偶妇女转房。

第五条 结婚年龄，男不得早于二十周岁，女不得早于十八周岁。实行计划生育，鼓励晚婚晚育。

第六条 禁止直系血亲结婚。不许三代以内的旁系血亲结婚。

第七条 订婚不是结婚的法定程序，不产生任何法律效力。

第八条 结婚、离婚必须履行法律手续。

第九条 提倡婚事新办，嫁娶从简。

对各少数民族传统的婚嫁仪式，在不违反《中华人民共和国婚姻法》基本原则的前提下，应予尊重。

第十条 本规定施行以前，按照《中华人民共和国婚姻法》的基本原则已经处理的婚姻案件和纠纷，继续有效。

第十一条 凡本规定未作变通和补充的，均按《中华人民共和国婚姻法》的规定执行。

第十二条 本规定适用于自治州内各少数民族和与少数民族结婚的汉族。

第十三条 对违反本规定者，应分别情况依法予以行政处分或法律制裁。

第十四条 木里藏族自治县人民代表大会，可以根据《中华人民共和国婚姻法》和本规定的原则，结合当地民族婚姻家庭的具体情况，制定变通的或者补充的规定，报请四川省人民代表大会常务委员会批准。

第十五条 本规定自一九八三年十月一日起施行。

黔西南布依族苗族自治州执行中华人民共和国全国人民代表大会和地方各级人民代表大会选举法的变通规定

（一九八四年五月二十六日黔西南布依族苗族自治州首届人民代表大会常务委员会第十一次会议通过　贵州省第六届人民代表大会常务委员会第四次会议批准）

遵照《中华人民共和国宪法》、《中华人民共和国全国人民代表大会和地方各级人民代表大会选举法》和《贵州省县级以下人民代表大会选举实施细则》的有关规定，结合我州的实际情况，制定本变通规定。

一、自治州境内县级以上（含州、县两级）的地方各级人民代表大会，在选举上一级人民代表大会代表时，由各级人民代表大会主席团汇总大会代表和中国共产党、各民主党派、各人民团体提出的代表候选人名单，组织全体代表反复讨论，民主协商，根据较多数代表的意见，确定正式代表候选人，或通过预选确定正式代表候选人名单，正式代表候选人名额可以多于应选代表名额的五分之一至二分之一；也可以与应选代表的名额相等。

二、自治州境内的县、乡、民族乡、镇的人民代表大会代表，由选民直接选出。中国共产党、各民主党派、各人民团体可以联合或者单独向选举委员会推荐代表候选人，任何选民有三人以上附议，均可以推荐代表候选人，并向选举委员会介绍候选人的情况。经选举委员会汇总公布候选人名单，组织选民反复讨论，民主协商，根据多数选民的意见，确定正式代表候选人，或者通过预选确定正式代表候选人名单，正式代表候选人名额，可以多于应选代表名额的二分之一至一倍；也可以与应选代表的名额相等。

三、本规定由自治州首届人大常委会征求了州人民代表的意见后，经首届人大常委会第十一次会议通过，报请贵州省人民代表大会常务委员会批准后执行。

互助土族自治县森林管护暂行办法

（一九八一年八月十四日青海省人民代表大会常务委员会第十二次会议批准）

第一条 根据《中华人民共和国森林法（试行）》及有关规定，特制订本办法。

第二条 国家、集体、个人的林木所有权不受侵犯。社队集体种植的林木，归社队集体所有。社员在房前屋后或生产队指定的地方种植的林木，归社员个人所有。机关、团体、部队、学校、厂矿、农牧场等单位，在当地人民政府指定的地方种植的林木，归本单位所有。

第三条 国营林场的抚育改造要按照国家颁布的抚育改造规程，头年搞好作业计划，经县林业局审核同意并报省农林厅批准后方能施工。

社队集体和其他部门的林木，年采伐量超过十立方米或百株以上的，报县林业部门批准。年采伐量不足十立方米或百株以下的由公社管委会批准。擅自采伐按破坏森林论处。

第四条 国营林场、苗圃要制订劳动生产定额，实行定、包、奖岗位责任制。并按国家有关规定，从木材和林产品的售价中提取育林费，以弥补森林资源损失，扩大再生产。

第五条 出县的木材及半成品，由县林业部门批准后发给证明，无证不准出境。

第六条 县设立护林防火指挥部，国有林区设立护林防火委员会，社队集体林木设立护林组，毗邻林区设立联防组织，制订工作制度，做好护林工作。县公安局在北山设立森林公安派出所，县检察院在国营林场委任一至三名不脱产的林业检察员，搞好林区保卫工作。

第七条 国营林场和林区社队，要划分森林保护责任区，配备专职或兼职护林员。社队集体林木的管护责任也要落实到组、到户、到人。护林员要以身作则，坚守工作岗位，对林区进行巡察，制止一切可能引起破坏森林树木的行为。

第八条 各级护林组织必须坚决执行《森林法》和有关林业方针、政策，认真检查森林和林木的管护情况，调查处理毁林事件。

第九条 严禁携带易燃易爆物品进入林区；不准在林区和林缘用火或吸烟；在林缘附近烧灰，必须指定专人看管，严防跑火；批准在林区用火的，要在护林组织规定的安全近水地点进行，用后必须彻底熄灭火种；煨炕、上坟烧纸，待火熄灭后方能离开现场。

在防火警戒期（十一月至第二年四月）内，各级护林组织和林场要有专人值班，护林员要在自己的责任区经常巡逻，发现火情及时上报，并立即组织力量扑救。

第十条 严格入山制度，任何单位和个人，没有林业部门的批准手续，不得擅自进入林区进行林副业生产、狩猎、收购林副产品。

第十一条 严禁乱砍滥伐、毁林开荒、毁林搞副业、毁林放牧，不准在林区砍松枝、折柏香、挖树根、挖森林腐植质土，不准损坏母树根、种子园、苗圃、护林防火设施和为林业生产建设服务的工程设施。

第十二条 严禁任何单位和个人进入县社队划定的封山育林区。

第十三条 确因生产建设需要占用林地的单位，必须按规定办理审批、征用手续后方能施工。采伐的林木交还林木所有单位和个人处理。占用的林地和毁林造成的损失，由建设单位给予补偿；

不够检尺直径的幼树，每株补偿一元；

在检尺直径以上的树木（中央直径满4公分的椽材），每株补偿三元；

占用乔木林地每亩补偿一千元；

占用灌木林地每亩补偿七百元；

占用其它林地每亩补偿五百元。

第十四条 国有林区要在适当地点设立护林检查站，加强对出入林区人员进行遵守护林防火制度的宣传教育和监督检查。

第十五条 奖励与惩罚

（一）有下列事迹之一的单位和个人，由林业部门按贡献大小给予精神鼓励或物质奖励。

认真学习、宣传、贯彻《森林法》，模范地执行林业政策、法令，在所管护的责任区内连续三年没有发生森林火灾与毁林事件的；

检举、揭发破坏森林、偷盗林木行为的；

扑救森林火灾英勇顽强，奋不顾身，事迹突出的；

防止和挽救事故有功的；

坚守工作岗位，在护林防火和营林工作中做出优异成绩的。

先进集体奖给价值一百至三百元的木材、物资或现金；先进个人奖给现金五十至一百元。对检举揭发盗伐林木的人，奖给被盗木材价款的百分之二十。

（二）对下列行为，情节较轻的责令赔偿损失或者处以罚款，追回非法所得的财物，情节严重的，依法处理：

违犯林业政策、法令和规章制度，使森林遭受损失或者造成木材严重浪费的；

经营管理不善，不按国家规定进行采伐和更新的；

引起森林火灾的；

毁林开荒、毁林搞副业和放牧毁坏林木的；

盗伐林木的；

违犯《森林法》，不听劝阻，殴打护林人员的；

林业工作人员利用职权营私舞弊，或玩忽职守造成损失者，要加重惩处。

赔偿办法：

擅自砍伐或毁坏幼树一株，赔偿三至五元；

盗伐木材，收回被盗伐的木材，并赔偿其价款的一至两倍；

毁坏一亩林木，木材收回，并赔偿七百至一千五百元。

集体林木的奖惩，可参照本办法自订。

第十六条 本办法自青海省人民代表大会常务委员会批准之日起施行。

第六部分

中华人民共和国行政区划

中华人民共和国行政区划简介

中华人民共和国行政区划是在社会主义社会发展规律的指导下，按照其自身固有的规律制订的。它兼顾了我国的地理条件、历史传统、风俗习惯、民族分布以及各地方间的经济联系等实际状况。同时贯彻了下列原则：有利于社会主义现代化建设；便于国家行政管理；有利于各民族团结；有利于巩固国防；发展与稳定相统一。它是我国实施行政管理的一项基本制度。

一、中华人民共和国行政区划的结构和特点

根据《中华人民共和国宪法》的规定，我国行政区域的划分如下：

（一）全国分为省、自治区、直辖市；

（二）省、自治区分为自治州、县、自治县、市；

（三）县、自治县分为乡、民族乡、镇。

直辖市和较大的市分为区、县。自治州分为县、自治县、市。

自治区、自治州、自治县都是民族自治地方。

国家在必要时得设立特别行政区。

为了加强对广东省海南岛的开发建设，作为特殊情况，1984 年全国人民代表大会决定设立广东省海南行政区人民代表大会和人民政府。

我国的行政区域除了上述的省、自治区、直辖市、特别行政区、行政区、自治州、市、县、自治县、市辖区、乡、民族乡、镇等等行政区外，根据《中华人民共和国地方各级人民代表大会和地方各级人民政府组织法》的规定："省、自治区的人民政府在必要的时候，经国务院批准，可以设立若干行政公署，作为它的派出机关。县、自治县的人民政府在必要的时候，经省、自治区、直辖市的人民政府批准，可以设立若干区公所，作为它的派出机关。市辖区、不设区的市的人民政府，经上一级人民政府批准，可以设立若干街道办事处，作为它的派出机关。上述派出机关不设地方权力机关和地方政府。

我国地方行政区划体系，按照政权层次划分可以分为以下四种类型：

（一）两级制。主要包括以下形式：

1. 直辖市——直辖区；

2. 省、自治区——地级市；

3. 省、自治区——县级市。

（二）三级制。主要包括以下形式：

1. 省、自治区——县、自治县、县级市——乡、民族乡、镇；

2. 直辖市——市辖区、县——乡、镇；

3. 省、自治区——地级市——市辖区；

4. 省、自治区——地级市——乡、镇；

5. 省、自治区——自治州——镇。

（三）四级制。属于此种类型主要有：

1. 省、自治区——地级市——县、自治县、市辖区——乡、民族乡、镇；

2. 省、自治区——自治州——县、自治县、县级市——乡、民族乡、镇；

（四）五级制。省——行政区——自治州——县、县级市——乡、民族乡、镇。广东省的海南行政区的部分地区属于这一类型。

目前，我国的地方行政区划体系以省、自治区——县、自治县、县级市——乡、民族乡、镇和省、自治区——地级市——县、自治县、市辖区——乡、民族乡、镇两种形式为主，是三级制、四级制为主的并存制。

二、中华人民共和国行政区划的批准权限及程序

我国的行政区划工作由民政部门具体承办，由有关的权力机关、行政机关分级审批。《中华人民共和国宪法》规定我国行政区划的审批权限为三级：

全国人民代表大会行使批准省、自治区和直辖市的建置和决定特别行政区的设立及其制度的职权。

国务院行使批准省、自治区、直辖市的区域划分，批准自治州、县、自治县、市的建置和区域划分的职权。

省、直辖市的人民政府决定乡、民族乡、镇的建置和区域划分。

自治区的自治机关行使宪法第三章第五节规定的地方国家机关的职权（包括决定乡、民族乡、镇的建置和区域划分）。

为了进一步明确行政区划的审批、管理权限，加强对我国行政区划的管理，根据《中华人民共和国宪法》和《中华人民共和国地方各级人民代表大会和地方各

级人民政府组织法》的有关规定，国务院于1985年颁布了《关于行政区划管理的规定》，其中明确规定：

全国人民代表大会审议决定省、自治区、直辖市的设立、撤销、更名。

国务院负责审批省、自治区、直辖市的行政区域界线的变更，省、自治区人民政府驻地的迁移；自治州、县、自治县、市、市辖区的设立、撤销、更名和隶属关系的变更以及自治州、县、自治县、市人民政府驻地的迁移；自治州、自治县的行政区域界线的变更，县、市的行政区域界线的重大变更；凡涉及海岸线、海岛要地、重要资源地区及特殊情况地区的隶属关系或行政区域界线的变更。

由国务院授权省、自治区、直辖市人民政府审批县、市、市辖区的部分行政区域界线的变更，批准变更时，同时抄送民政部备案。

由省、自治区、直辖市人民政府审批乡、民族乡、镇的设立、撤销、更名和行政区域界线的变更，乡、民族乡、镇人民政府驻地的迁移。

《关于行政区划管理的规定》又指出："各级民政部门分级负责行政区划的管理工作"。民政部门在行政区划工作中承担的具体业务是，代各级人民政府办理行政区划变更事项；在政府主持下协助解决本行政区域的边界争议和纠纷；对行政区划方面出现的新情况、新问题进行调查研究；收集整理行政区划资料，并建立完整的行政区划档案。其中以办理行政区划变更事项为最基本的任务，它主要包括各级行政单位的设立、撤销、名称变更，行政区域界线变更，政府驻地的迁移等等。

三、近几年我国行政区划工作的改革

自1978年成立民政部以来，我国的行政区划工作结合党的工作重心的转移，根据经济发展和经济体制、政治体制改革的需要，进行了适当的调整。从1983年开始，逐步放宽了设置市、镇的标准，并从江苏省开始在经济发达地区试行市领导县的体制。1984年国务院批转了民政部《关于调整建镇标准的报告》，1986年国务院又批转了民政部《关于调整设市标准和市领导县条件的报告》，促进了小城镇的发展。截至1986年底，我国的建制镇达到10718个，比1982年的2768个增加2.78倍；市1986年底发展到353个（其中直辖市3个，地级市166个，县级市184个），比1982年增加108个，比1977年增加163个；截至1986年底，共有148个市领导680个县、自治县、旗等，还有三个直辖市领导23个县。

此外，从1983年起，国务院陆续批准了沈阳、大连、哈尔滨、武汉、广州、重庆、西安、青岛8市和海南行政区实行经济计划单列，赋予其相当于省一级的经济管理权限。

1984年国务院批准唐山市、大同市、包头市、大连市、鞍山市、抚顺市、吉林市、齐齐哈尔市、青岛市、无锡市、淮南市、洛阳市、重庆市等13市为"较大的市"，根据《中华人民共和国地方各级人民代表大会和地方各级人民政府组织法》第七条的规定，这些市的人民代表大会可以制定本市需要的地方性法规。

在民族区域自治方面，最近几年也有较大发展，截至1986年底，共设5个自治区、31个自治州、101个自治县，比1978年增加2个自治州和36个自治县，促进了各民族的团结和民族经济的发展。

截至1986年底，全国的行政区划分为22个省，5个自治区，3个直辖市，1个行政区，31个自治州，166个地级市，119个地区，8个盟，1856个县，101个自治县，184个县级市，629个市辖区，51个旗，3个自治旗，4个特区，1个工农区，1个林区，6165个区公所，58481个乡，2936个民族乡，10717个镇，5178个街道办事处。

（民政部民政司）

国务院关于行政区划管理的规定

（一九八五年一月十五日发布）

第一条 为了加强行政区划的管理，根据《中华人民共和国宪法》和《中华人民共和国地方各级人民代表大会和地方各级人民政府组织法》的有关规定，制定本规定。

第二条 行政区划应保持稳定。必须变更时，应本着有利于社会主义现代化建设，有利于行政管理，有利于民族团结，有利于巩固国防的原则，制订变更方案，逐级上报审批。

第三条 省、自治区、直辖市的设立、撤销、更名，报全国人民代表大会审议决定。

第四条 下列行政区划的变更由国务院审批：

（一）省、自治区、直辖市的行政区域界线的变更，省、自治区人民政府驻地的迁移；

（二）自治州、县、自治县、市、市辖区的设立、撤销、更名和隶属关系的变更以及自治州、县、自治县、市人民政府驻地的迁移；

（三）自治州、自治县的行政区域界线的变更，县、市的行政区域界线的重大变更；

（四）凡涉及海岸线、海岛、边疆要地、重要资源地区及特殊情况地区的隶属关系或行政区域界线的变更。

第五条 县、市、市辖区的部分行政区域界线的变更，国务院授权省、自治区、直辖市人民政府审批；批准变更时，同时报送民政部备案。

乡、民族乡、镇的设立、撤销、更名和行政区域界线的变更，乡、民族乡、镇人民政府驻地的迁移，由省、自治区、直辖市人民政府审批。

第六条 行政公署、区公所、街道办事处的撤销、更名、驻地迁移，由依法批准设立各该派出机关的人民政府审批。

第七条 变更行政区划向上级人民政府报告的内容应包括：变更的理由、范围、隶属关系，政治经济情况，人口和面积数字，拟变更的行政区域界线地图，以及县级和县级以上人民政府（含行政公署）的报告或意见等。

第八条 各级民政部门分级负责行政区划的管理工作。各级民政部门在承办行政区划变更的工作时，应根据情况分别同民族、人事、财政、外事、城乡建设、地名等有关部门联系洽商；在承办民族自治地方的行政区划变更的工作时，应同民族自治地方的自治机关和有关民族的代表充分协商拟定。

各级民政部门，应建立完整的行政区划档案。

第九条 本规定由民政部门负责解释。

第十条 本规定自发布之日起施行。

国务院批转民政部关于调整设市标准和市领导县条件报告的通知

各省、自治区、直辖市人民政府，国务院各部委、各直属机构：

国务院同意民政部《关于调整设市标准和市领导县条件的报告》，现转发给你们试行。

各地要认真总结设市和市领导县工作的经验，搞好规划，合理布局，严格按条件办理。应成熟一个搞一个，有计划有步骤地发展中小城市，促进城乡经济的发展。

一九八六年四月十九日

关于调整设市标准和市领导县条件的报告

国务院：

近年来，由于城乡经济的蓬勃发展，城镇的产业结构和人口结构发生了很大变化。现行的设市标准和市领导县条件，已不适应城乡变化了的新情况。为了适应城乡经济发展的需要，贯彻“控制大城市规模，合理发展中等城市，积极发展小城市”的方针，我部会同国家体改委、城乡建设环境保护部、劳动人事部、公安部、国家统计局等有关部门，进行了广泛的调查研究，并多次征求了各省、自治区、直辖市的意见，建议对一九八三年提出、内部掌握执行的设市标准和市领导县条件作如下调整：

一、非农业人口（含县属企事业单位聘用的农民合同工、长年临时工，经工商行政管理部门批准登记的有固定经营场所的镇、街、村和农民集资或独资兴办的第二、三产业从业人员，城镇中等以上学校招收的农村学生，以及驻镇部队等单位的人员，下同）六万以上，年国民生产总值二亿元以上，已成为该地经济中心的镇，可以设置市的建制。少数民族地区和边远地区的重要城镇，重要工矿科研基地，著名风景名胜区，交通枢纽，边境口岸，虽然非农业人口不足六万、年国民生产总值不足二亿元，如确有必要，也可设置市的建制。

二、总人口五十万以下的县，县人民政府驻地所在镇的非农业人口十万以上、常住人口中农业人口不超过40%、年国民生产总值三亿元以上，可以设市撤县。设市撤县后，原由县管辖的乡、镇由市管辖。

总人口五十万以上的县，县人民政府驻地所在镇的非农业人口一般在十二万以上、年国民生产总值四亿元以上，可以设市撤县。

自治州人民政府或地区（盟）行政公署驻地所在镇，非农业人口虽然不足十万、年国民生产总值不足三亿元，如确有必要，也可以设市撤县。

三、市区非农业人口二十五万以上、年国民生产总值十亿元以上的中等城市（即设区的市），已成为该地区政治、经济和科学、文化中心，并对周围各县有较强的辐射力和吸引力，可实行市领导县的体制。一个市领导多少县，要从实际出发，主要应根据城乡之间的经济联系状况，以及城市经济实力大小决定。

四、有关设市的审批手续，仍按《国务院关于行政区划管理的规定》（国发〔1985〕8号）办理。

以上报告如无不妥，请批转各地试行。

民政部

一九八六年二月三日

国务院批转民政部《关于调整建镇标准的报告》的通知

（一九八四年十一月二十二日）

各省、自治区、直辖市人民政府，国务院各部委、各直属机构：

国务院同意民政部《关于调整建镇标准的报告》，现发给你们试行。

为了适应城乡经济发展的需要，适当放宽建镇标准，实行镇管村体制，对于加速小城镇的建设和发展，逐步缩小城乡差别，进行物质文明和精神文明建设，具有重要意义。现在对已具备建镇条件的地方，地方政府要积极做好建镇工作，成熟一个，建一个，不要一哄而起。要按照建镇标准，搞好规划，合理布局，使小城镇建设真正起到促进城乡物资交流和经济发展的作用。

附：

民政部关于调整建镇标准的报告

（一九八四年十月九日）

国务院：

随着农村商品经济和乡镇工业的蓬勃发展，小城镇的作用日益显示出来。加速小城镇建设，充分发挥其联结城乡的桥梁和纽带作用，促进城乡经济的交流和发展，已成为当前基层政权建设上的一项重要任务。

我国小城镇（指建制镇）的建设和发展经历了一个曲折的过程。建国初期，随着国民经济的恢复和发展，小城镇有了较快的发展。以后由于“左”的影响，小城镇发展缓慢。在十年动乱期间，小城镇又遭到了破坏。党的十一届三中全会以来，农村经济的繁荣，促进了小城镇的恢复和发展，现在全国已有建制镇五千六百九十八个。特别是今年中央一号文件下达后，各地对建镇工作更加重视，仅半年多时间，全国就新建了二千多个镇。预计到今年年底还将有一个较大的发展。

为了研究小城镇的政权建设问题，我们于今年八月召集十三个省、自治区、直辖市的有关同志进行了座谈；还派人到部分省市进行了典型调查。当前建镇工作中的主要问题是，建镇标准不统一，有的地方把镇、村分割开来，很不利于小城镇的发展。在发展方向上，小城镇应成为农村发展工副业、学习科学文化和开展文化娱乐活动的基地，逐步发展成为农村区域性的经济文化中心。

鉴于上述情况，我们建议，对一九五五年和一九六三年中共中央和国务院关于设镇的规定作如下调整：

一、凡县级地方国家机关所在地，均应设置镇的建制。

二、总人口在二万以下的乡，乡政府驻地非农业人口超过二千的，可以建镇；总人口在二万以上的乡，乡政府驻地非农业人口占全乡人口10%以上的，也可以建镇。

三、少数民族地区、人口稀少的边远地区、山区和小型工矿区、小港口、风景旅游、边境口岸等地，非农业人口虽不足二千，如确有必要，也可设置镇的建制。

四、凡具备建镇条件的乡，撤乡建镇后，实行镇管村的体制；暂时不具备设镇条件的集镇，应在乡人民政府中配备专人加以管理。

各地在建镇工作中，应深入进行调查研究，结合当地的实际情况，搞好规划，合理布局，认真把这项工作做好。

以上意见如无不妥，请批转各地试行。

国务院关于批准唐山等市为“较大的市”的通知

（一九八四年十二月十五日）

各省、自治区、直辖市人民政府，国务院各部委、各直属机构：

《地方各级人民代表大会和地方各级人民政府组织法》第二十七条规定：“省、自治区的人民政府所在地的市和经国务院批准的较大的市的人民代表大会常务委员会，可以拟订本市需要的地方性法规草案，提请省、自治区的人民代表大会常务委员会审议制定，并报全国人民代表大会常务委员会和国务院备案。”

据此，国务院现在批准唐山市、大同市、包头市、大连市、鞍山市、抚顺市、吉林市、齐齐哈尔市、青岛市、无锡市、淮南市、洛阳市、重庆市等十三个市为“较大的市”。这些市的人民代表大会常务委员会依法可以拟订本市需要的地方性法规草案。

国务院关于发布《行政区域边界争议处理办法》的通知

（一九八一年五月三十日）

各省、市、自治区人民政府，国务院各部委、各直属机构：

现将《行政区域边界争议处理办法》发给你们，请遵照执行。

附：

行政区域边界争议处理办法

第一条 为了妥善处理行政区域边界争议，以利于巩固和发展安定团结的政治局面和促进社会主义现代化建设，特制定本办法。

第二条 处理边界争议，必须坚持有利于各族人民的团结，有利于当地群众的生产和生活，有利于行政管理，有利于社会主义现代化建设的原则。

第三条 处理边界争议，应当从实际情况出发，主要参照解放后的历史，结合自然地形，实事求是地解决问题。

第四条 处理边界争议，争议双方必须依照有关政策、法律和法令的规定，用协商的方法来解决。

第五条 省、自治区、直辖市境内的边界争议，应当由当地双方人民政府协商解决。达成协议的，应当由双方负责人在协议书上（附图）签字盖章，报请上一级人民政府批准。经反复协商仍达不成协议的，双方可将各自的解决方案报请上一级人民政府决定。

第六条 省、自治区、直辖市之间的边界争议，应当由有关省、自治区、直辖市人民政府协商解决。达成协议的，应当由双方负责人在协议书上（附图）签字盖章，报请国务院批准。经反复协商仍达不成协议的，双方可将各自的解决方案报国务院决定。

第七条 边界争议解决后，行政区域界线有变更的，必须按照行政区域变更的有关规定，办理报批手续。

第八条 本办法发布前，经双方负责人签字的协议文件继续有效。但原协议因情况发生较大变化需要修改的，应当按本办法的有关规定由双方重新协商修订。在新协议未经上级批准前，双方仍应遵守原协议。

第九条 各级干部特别是领导干部，都应当以对国家和人民高度负责的精神，采取积极态度，认真做好处理边界争议工作。争议双方都要严格要求自己，克服本位主义，讲团结，顾大局，发扬互谅互让精神，妥善处理好自己管辖区域与毗邻区域的边界争议。

第十条 边界争议未解决前，当地人民政府应当主动教育自己一方的干部和群众，搞好同毗邻地区的友好和团结互助关系。任何一方或个人，都不得以任何借口扩大事态，侵害国家、集体和个人财产，更不许械斗伤人。发生武装械斗，致使群众遭受伤亡，财产遭受损失的，必须追究领导和肇事者的责任，根据情节轻重给予行政处分，或由司法机关依法惩处。

第十一条 边界争议较多的省、自治区，可根据需要临时设立由人民政府负责人和有关部门负责人组成的处理边界争议领导小组，有计划地抓紧解决边界争议。

第十二条 本办法由民政部负责解释。

第十三条 本办法自发布之日起施行。

附:

中华人民共和国行政区划统计表

(截至一九八六年十二月三十一日止)

顺序号	省级		地级		县级		市			市辖区
	合计	行政单位	合计	行政单位	合计	行政单位	合计	地级	县级	
	30	3 直辖市 22 省 5 自治区	159	119 地区 31 自治州 1 行政区 8 盟	2017	1856 县 101 自治县 51 旗 3 自治旗 4 特区 1 工农区 1 林区	350	166	184	629
1	北京市				8	8 县				10
2	天津市				5	5 县				13
3	河北省		9	9 地区	132	128 县 4 自治县	17	9	8	37
4	山西省		6	6 地区	96	96 县	10	5	5	17
5	内蒙古自治区		8	8 盟	72	18 县 51 旗 3 自治旗	16	4	12	16
6	辽宁省				40	35 县 5 自治县	19	13	6	54
7	吉林省		2	1 地区 1 自治州	35	33 县 2 自治县	12	6	6	18
8	黑龙江省		4	4 地区	62	61 县 1 自治县	18	10	8	64
9	上海市				10	10 县				12
10	江苏省				60	60 县	15	11	4	41
11	浙江省		3	3 地区	63	62 县 1 自治县	14	8	6	20
12	安徽省		8	8 地区	66	66 县	16	8	8	33
13	福建省		3	3 地区	59	59 县	10	6	4	16
14	江西省		5	5 地区	78	78 县	12	6	6	17
15	山东省		5	5 地区	91	91 县	22	9	13	33
16	河南省		5	5 地区	110	110 县	18	12	6	43
17	湖北省		7	6 地区 1 自治州	59	56 县 2 自治县 1 林区	20	8	12	26
18	湖南省		7	6 地区 1 自治州	82	77 县 5 自治县	22	6	16	25

顺序号	省级行政单位	地级 合计	地级 行政单位	县级 合计	县级 行政单位	市 合计	市 地级	市 县级	市辖区
19	广东省	5	3地区 1行政区 1自治州	92	89县 3自治县	18	10	8	27
20	广西壮族自治区	8	8地区	76	65县 11自治县	11	5	6	21
21	四川省	9	6地区 3自治州	174	164县 9自治县 1工农区	19	11	8	31
22	贵州省	7	4地区 3自治州	77	62县 11自治县 4特区	6	2	4	5
23	云南省	15	7地区 8自治州	114	87县 27自治县	11	2	9	4
24	西藏自治区	6	6地区	76	76县	2	1	1	1
25	陕西省	6	6地区	89	89县	8	4	4	14
26	甘肃省	9	7地区 2自治州	68	61县 7自治县	12	5	7	10
27	青海省	7	1地区 6自治州	37	30县 7自治县	2	1	1	4
28	宁夏回族自治区	2	2地区	15	15县	4	2	2	7
29	新疆维吾尔自治区	13	8地区 5自治州	71	65县 6自治县	16	2	14	10
30	台湾省								

注：台湾省的行政区划资料暂缺。

中华人民共和国各省自治区直辖市县级以上行政区划一览表

（截至一九八六年十二月三十一日止）

1. 北京市

市辖区：东城区　西城区　宣武区　崇文区　海淀区　朝阳区　丰台区　门头沟区　石景山区　房山区

县：昌平县　延庆县　怀柔县　密云县　顺义县　平谷县　通县　大兴县

2. 天津市

市辖区：和平区　河东区　河西区　河北区　南开区　红桥区　塘沽区　汉沽区　东郊区　南郊区　西郊区　北郊区　大港区

县：蓟县　宝坻县　武清县　静海县　宁河县

3. 河北省

石家庄市：获鹿县　井陉县　正定县　栾城县

邯郸市：邯郸县　武安县

邢台市：邢台县

保定市：满城县　清苑县

张家口市：宣化县

承德市：承德县

唐山市：迁西县　迁安县　滦南县　玉田县　唐海县　遵化县　乐亭县　滦县　丰南县　丰润县

秦皇岛市：昌黎县　卢龙县　抚宁县　青龙满族自治县

沧州市：沧县　青县

石家庄地区：辛集市　行唐县　灵寿县　晋县　藁城

县　高邑县　赵县　新乐县　深泽县　无极县　赞皇县　元氏县　平山县

邯郸地区：永年县　曲周县　馆陶县　魏县　成安县　大名县　涉县　鸡泽县　丘县　广平县　肥乡县　临漳县　磁县

邢台地区：南宫市　柏乡县　宁晋县　隆尧县　临西县　巨鹿县　任县　沙河县　临城县　内丘县　新河县　清河县　威县　广宗县　平乡县　南和县

保定地区：涿州市　定州市　涞水县　定兴县　容城县　安新县　蠡县　博野县　阜平县　唐县　涞源县　易县　新城县　雄县　徐水县　高阳县　安国县　望都县　曲阳县　完县

张家口地区：康保县　赤城县　怀来县　蔚县　张北县　沽源县　崇礼县　涿鹿县　阳原县　怀安县　尚义县　万全县

承德地区：围场县　平泉县　宽城县　兴隆县　滦平县　隆化县　丰宁满族自治县

廊坊地区：廊坊市　三河县　香河县　霸县　固安县　大城县　文安县　永清县　大厂回族自治县

沧州地区：泊头市　任丘市　黄骅县　盐山县　吴桥县　东光县　肃宁县　河间县　海兴县　南皮县　献县　孟村回族自治县

衡水地区：衡水市　饶阳县　阜城县　景县　枣强县　深县　安平县　武强县　武邑县　故城县　冀县

4. 山西省

太原市：阳曲县　娄烦县　清徐县

大同市

阳泉市：平定县　盂县

长治市：长治县　襄垣县　黎城县　壶关县　长子县　沁源县　潞城县　武乡县　平顺县　屯留县　沁县

晋城市：高平县　陵川县　阳城县　沁水县

雁北地区：大同县　阳高县　天镇县　广灵县　灵丘县　浑源县　怀仁县　应县　山阴县　朔县　平鲁县　左云县　右玉县

忻州地区：忻州市　代县　繁峙县　五台县　定襄县　静乐县　岢岚县　保德县　五寨县　河曲县　偏关县　神池县　宁武县　原平县

晋中地区：榆次市　昔阳县　寿阳县　左权县　和顺县　太谷县　榆社县　平遥县　祁县　灵石县　介休县

吕梁地区：离石县　孝义县　兴县　交口县　方山县　石楼县　岚县　中阳县　交城县　临县　文水县　柳林县　汾阳县

临汾地区：临汾市　侯马市　汾西县　永和县　安泽县　洪洞县　古县　霍县　翼城县　浮山县　曲沃县　襄汾县　吉县　乡宁县　大宁县　蒲县　隰县

运城地区：运城市　闻喜县　夏县　垣曲县　绛县　芮城县　平陆县　临猗县　永济县　新绛县　万荣县　河津县　稷山县

5. 内蒙古自治区

呼和浩特市：土默特左旗　托克托县

包头市：土默特右旗　固阳县

乌海市

赤峰市：宁城县　林西县　喀喇沁旗　敖汉旗　翁牛特旗　巴林右旗　巴林左旗　阿鲁科尔沁旗　克什克腾旗

乌兰察布盟：集宁市　兴和县　清水河县　武川县　卓资县　商都县　丰镇县　凉城县　和林格尔县　化德县　察哈尔右翼后旗　察哈尔右翼中旗　察哈尔右翼前旗　四子王旗　达尔罕茂明安联合旗

锡林郭勒盟：二连浩特市　锡林浩特市　多伦县　阿巴嘎旗　西乌珠穆沁旗　东乌珠穆沁旗　苏尼特左旗　苏尼特右旗　太仆寺旗　正镶白旗　正蓝旗　镶黄旗

呼伦贝尔盟：海拉尔市　满洲里市　牙克石市　扎兰屯市　陈巴尔虎旗　额尔古纳右旗　额尔古纳左旗　阿荣旗　新巴尔虎左旗　新巴尔虎右旗　鄂伦春自治旗　莫力达瓦达斡尔族自治旗　鄂温克族自治旗

哲里木盟：通辽市　霍林郭勒市　开鲁县　科尔沁左翼中旗　科尔沁左翼后旗　库伦旗　奈曼旗　扎鲁特旗

伊克昭盟：东胜市　准格尔旗　乌审旗　伊金霍洛旗　鄂托克旗　鄂托克前旗　杭锦旗　达拉特旗

巴彦淖尔盟：临河市　五原县　磴口县　杭锦后旗　乌拉特中旗　乌拉特前旗　乌拉特后旗

阿拉善盟：阿拉善左旗　阿拉善右旗　额济纳旗

兴安盟：乌兰浩特市　突泉县　扎赉特旗　科尔沁右翼前旗　科尔沁右翼中旗

6. 辽宁省

沈阳市：新民县　辽中县

大连市：金县　庄河县　新金县　长海县

瓦房店市*

鞍山市：台安县

海城市*

抚顺市：抚顺县　清原县　新宾满族自治县

本溪市：本溪县　桓仁县

丹东市：东沟县　宽甸县　岫岩满族自治县　凤城满族自治县

锦州市：锦县　北镇县　义县　黑山县　绥中县

锦西市*

兴城市*

营口市：营口县　盖县
盘锦市：大洼县　盘山县
阜新市：阜新蒙古族自治县　彰武县
辽阳市：辽阳县　灯塔县
铁岭市：铁岭县　康平县　开原县　法库县　昌图县　西丰县
铁法市*
朝阳市：朝阳县　凌源县　建昌县　建平县　喀喇沁左翼蒙古族自治县
北票市*

7. 吉林省

长春市：农安县　九台县　德惠县　双阳县　榆树县
吉林市：永吉县　桦甸县　舒兰县　磐石县　蛟河县
四平市：梨树县　双辽县　伊通县
公主岭市*
辽源市：东辽县　东丰县
通化市：通化县　辉南县　柳河县　集安县
梅河口市*
浑江市：靖宇县　抚松县　长白朝鲜族自治县
白城地区：白城市　镇赉县　长岭县　大安县　通榆县　扶余县　洮安县　乾安县　前郭尔罗斯蒙古族自治县
延边朝鲜族自治州：延吉市　图们市　敦化市　龙井县　和龙县　汪清县　安图县　珲春县

8. 黑龙江省

哈尔滨市：阿城县　呼兰县
齐齐哈尔市：富裕县　林甸县　讷河县　泰来县　克山县　龙江县　克东县　甘南县　拜泉县　依安县　杜尔伯特蒙古族自治县
鹤岗市
双鸭山市
鸡西市：鸡东县
大庆市
伊春市：嘉荫县　铁力县
牡丹江市：林口县　穆棱县　密山县　宁安县　虎林县　海林县　东宁县
绥芬河市*
镜泊湖市*
佳木斯市：桦川县　饶河县　萝北县　宝清县　绥滨县　集贤县　富锦县　桦南县　同江县　依兰县　抚远县　汤原县　友谊县
七台河市：勃利县
绥化地区：绥化市　安达市　肇东市　绥棱县　肇州县　海伦县　肇源县　庆安县　明水县　兰西县　青冈县　望奎县
黑河地区：黑河市　北安市　五大连池市　德都县　逊克县　孙吴县　嫩江县
松花江地区：巴彦县　延寿县　宾县　尚志县　木兰县　五常县　通河县　双城县　方正县
大兴安岭地区：呼玛县　漠河县　塔河县

9. 上海市

市辖区：黄浦区　静安区　南市区　虹口区　卢湾区　杨浦区　徐汇区　普陀区　长宁区　吴淞区　闸北区　闵行区
县：上海县　奉贤县　嘉定县　松江县　宝山县　金山县　川沙县　青浦县　南汇县　崇明县

10. 江苏省

南京市：江宁县　江浦县　六合县　高淳县　溧水县
徐州市：铜山县　丰县　沛县　邳县　睢宁县　新沂县
连云港市：东海县　赣榆县　灌云县
淮阴市：淮阴县　沭阳县　洪泽县　灌南县　泗洪县　涟水县　宿迁县　淮安县　泗阳县　盱眙县　金湖县
盐城市：建湖县　射阳县　阜宁县　大丰县　滨海县　东台县　响水县
扬州市：邗江县　江都县　泰县　高邮县　靖江县　泰兴县　宝应县　兴化县
泰州市*
仪征市*
南通市：南通县　海门县　启东县　如东县　如皋县　海安县
镇江市：丹徒县　丹阳县　扬中县　句容县
常州市：武进县　金坛县　溧阳县
无锡市：无锡县　宜兴县　江阴县
苏州市：吴县　吴江县　昆山县　太仓县
常熟市*
张家港市*

11. 浙江省

杭州市：余杭县　萧山县　富阳县　桐庐县　建德县　淳安县　临安县
宁波市：鄞县　奉化县　宁海县　象山县　慈溪县
余姚市*
温州市：瓯海县　乐清县　永嘉县　瑞安县　洞头县　文成县　平阳县　苍南县　泰顺县
嘉兴市：嘉善县　平湖县　海盐县　桐乡县
海宁市*
湖州市：德清县　长兴县　安吉县
绍兴市：绍兴县　上虞县　诸暨县　嵊县　新昌县
金华市：金华县　磐安县　浦江县　义乌县　东阳县　永康县　武义县
兰溪市*
衢州市：衢县　龙游县　江山县　常山县　开化县

舟山地区：定海县　嵊泗县　岱山县　普陀县

台州地区：椒江市　临海市　天台县　三门县　黄岩县　温岭县　玉环县　仙居县

丽水地区：丽水市　缙云县　青田县　云和县　庆元县　龙泉县　遂昌县　松阳县　景宁畲族自治县

12. 安徽省

合肥市：长丰县　肥西县　肥东县

淮南市：凤台县

淮北市：濉溪县

芜湖市：芜湖县　青阳县　繁昌县　南陵县

铜陵市：铜陵县

蚌埠市：怀远县　五河县　固镇县

马鞍山市：当涂县

安庆市

直辖行政单位：黄山市

宿县地区：宿州市　宿县　灵璧县　砀山县　泗县　萧县

滁县地区：滁州市　嘉山县　全椒县　天长县　定远县　来安县　凤阳县

巢湖地区：巢湖市　含山县　无为县　和县　庐江县

宣城地区：宣城县　泾县　郎溪县　宁国县　广德县

徽州地区：屯溪市　休宁县　祁门县　旌德县　黟县　绩溪县　石台县　歙县

安庆地区：桐城县　太湖县　枞阳县　岳西县　怀宁县　潜山县　望江县　东至县　宿松县　贵池县

六安地区：六安市　六安县　舒城县　霍丘县　霍山县　寿县　金寨县

阜阳地区：阜阳市　亳州市　阜阳县　颍上县　阜南县　涡阳县　临泉县　蒙城县　界首县　利辛县　太和县

13. 福建省

福州市：闽侯县　闽清县　永泰县　长乐县　福清县　平潭县　连江县　罗源县

厦门市：同安县

三明市：明溪县　清流县　宁化县　大田县　龙溪县　沙县　将乐县　泰宁县　建宁县

永安市*

莆田市：莆田县　仙游县

泉州市：惠安县　晋江县　南安县　安溪县　永春县　德化县　金门县(待回归祖国)

漳州市：龙海县　云霄县　漳浦县　诏安县　长泰县　东山县　南靖县　平和县　华安县

建阳地区：南平市　邵武市　建阳县　顺昌县　建瓯县　浦城县　崇安县　光泽县　松溪县　政和县

宁德地区：宁德县　福鼎县　霞浦县　福安县　古田县　屏南县　寿宁县　周宁县　柘荣县

龙岩地区：龙岩市　长汀县　永定县　上杭县　武平县　漳平县　连城县

14. 江西省

南昌市：新建县　南昌县　安义县　进贤县

景德镇市：乐平县

萍乡市

新余市：分宜县

九江市：九江县　永修县　彭泽县　德安县　湖口县　瑞昌县　都昌县　武宁县　星子县　修水县

鹰潭市：贵溪县　余江县

上饶地区：上饶市　上饶县　横峰县　婺源县　万年县　德兴县　波阳县　玉山县　余干县　广丰县　弋阳县　铅山县

宜春地区：宜春市　万载县　奉新县　铜鼓县　高安县　宜丰县　清江县　上高县　丰城县　靖安县

抚州地区：抚州市　临川县　宜黄县　金溪县　崇仁县　资溪县　乐安县　黎川县　东乡县　南丰县　广昌县　南城县

吉安地区：吉安市　井冈山市　吉安县　遂川县　新干县　宁冈县　峡江县　永新县　吉水县　莲花县　永丰县　安福县　泰和县　万安县

赣州地区：赣州市　石城县　龙南县　宁都县　全南县　兴国县　信丰县　于都县　赣县　瑞金县　南康县　会昌县　上犹县　安远县　崇义县　寻乌县　大余县　定南县

15. 山东省

济南市：历城县　章丘县　长清县　平阴县

青岛市：崂山县　胶南县　即墨县　胶县　莱西县　平度县

淄博市：桓台县

枣庄市：滕县

东营市：垦利县　利津县　广饶县

潍坊市：昌邑县　昌乐县　高密县　临朐县　诸城县　五莲县　寿光县　安丘县

青州市*

烟台市：牟平县　掖县　荣成县　招远县　文登县　栖霞县　蓬莱县　莱阳县　长岛县　乳山县　海阳县

威海市*

龙口市*

济宁市：兖州县　鱼台县　金乡县　邹县　嘉祥县　微山县　汶上县　泗水县

曲阜市*

泰安市：宁阳县　肥城县　东平县

莱芜市*

新泰市*

德州地区：德州市　陵县　济阳县　宁津县　齐河县　乐陵县　禹城县　庆云县　平原县　商河县　夏

津县　临邑县　武城县
惠民地区：滨州市　滨县　邹平县　沾化县　惠民县　博兴县　阳信县　高青县　无棣县
临沂地区：临沂市　日照市　沂南县　郯城县　沂水县　苍山县　莒县　费县　沂源县　平邑县　莒南县　蒙阴县　临沭县
菏泽地区：菏泽市　鄄城县　单县　郓城县　曹县　梁山县　定陶县　巨野县　东明县　成武县
聊城地区：聊城市　临清市　高唐县　阳谷县　茌平县　莘县　东阿县　冠县

16. 河南省

郑州市：荥阳县　中牟县　新郑县　密县　登封县　巩县
开封市：开封县　通许县　杞县　兰考县　尉氏县
平顶山市：宝丰县　叶县　鲁山县　郏县　襄城县　临汝县
洛阳市：孟津县　新安县　偃师县　伊川县　汝阳县　宜阳县　嵩县　洛宁县　栾川县
焦作市：修武县　博爱县　温县　武陟县　济源县　孟县　沁阳县
鹤壁市：浚县　淇县
新乡市：新乡县　汲县　封丘县　延津县　获嘉县　原阳县　长垣县　辉县
安阳市：安阳县　汤阴县　林县　滑县　内黄县
濮阳市：南乐县　范县　清丰县　台前县
许昌市：许昌县　长葛县　鄢陵县　禹县
漯河市：郾城县　临颍县　舞阳县
三门峡市：灵宝县　卢氏县　陕县　渑池县
义马市*
商丘地区：商丘市　商丘县　虞城县　夏邑县　永城县　柘城县　宁陵县　睢县　民权县
周口地区：周口市　商水县　西华县　扶沟县　太康县　鹿邑县　郸城县　淮阳县　项城县　沈丘县
驻马店地区：驻马店市　确山县　遂平县　西平县　上蔡县　汝南县　平舆县　新蔡县　正阳县　泌阳县
信阳地区：信阳市　信阳县　罗山县　息县　淮滨县　固始县　商城县　潢川县　光山县　新县
南阳地区：南阳市　南阳县　南召县　方城县　社旗县　唐河县　桐柏县　新野县　镇平县　邓县　内乡县　淅川县　西峡县

17. 湖北省

武汉市：武昌县　汉阳县　黄陂县　新洲县
黄石市：大冶县
襄樊市：襄阳县　枣阳县　南漳县　宜城县　谷城县　保康县
随州市*
老河口市*
十堰市
沙市市
宜昌市
荆门市
鄂州市
直辖行政单位：神农架林区
孝感地区：孝感市　应城市　汉川县　大悟县　云梦县　应山县　安陆县
黄冈地区：麻城市　黄冈县　蕲春县　红安县　黄梅县　广济县　罗田县　英山县　浠水县
咸宁地区：咸宁市　蒲圻市　阳新县　嘉鱼县　通山县　崇阳县　通城县
荆州地区：仙桃市　石首市　江陵县　天门县　钟祥县　潜江县　京山县　监利县　洪湖县　公安县　松滋县
宜昌地区：宜昌县　秭归县　远安县　兴山县　当阳县　枝江县　宜都县　五峰土家族自治县　长阳土家族自治县
郧阳地区：丹江口市　郧县　竹山县　房县　郧西县　竹溪县
鄂西土家族苗族自治州：恩施市　利川市　巴东县　建始县　来凤县　宣恩县　鹤峰县　咸丰县

18. 湖南省

长沙市：长沙县　望城县　浏阳县　宁乡县
株洲市：株洲县　酃县　攸县　茶陵县
醴陵市*
湘潭市：湘潭县
湘乡市*
衡阳市：衡阳县　衡南县　衡山县　衡东县　常宁县　祁东县
耒阳市*
邵阳市：邵东县　新邵县　邵阳县　隆回县　洞口县　武冈县　绥宁县　新宁县　城步苗族自治县
岳阳市：岳阳县　临湘县　平江县　湘阴县　汨罗县　华容县
郴州地区：郴州市　资兴市　郴县　永兴县　安仁县　汝城县　桂东县　临武县　宜章县　桂阳县　嘉禾县
零陵地区：永州市　冷水滩市　祁阳县　东安县　新田县　双牌县　道县　宁远县　蓝山县　江永县　江华瑶族自治县
娄底地区：娄底市　冷水江市　涟源县　双峰县　新化县
怀化地区：怀化市　洪江市　麻阳县　辰溪县　沅陵县　溆浦县　黔阳县　会同县　靖县　新晃侗族自治县　通道侗族自治县　芷江侗族自治县
常德地区：常德市　津市市　常德县　汉寿县　桃源

县　慈利县　石门县　临澧县　澧县　安乡县

益阳地区：益阳市　益阳县　安化县　沅江县　南县　桃江县

湘西土家族苗族自治州：吉首市　大庸市　古丈县　泸溪县　凤凰县　花垣县　保靖县　永顺县　龙山县　桑植县

19. 广东省

广州市：花县　从化县　新丰县　龙门县　增城县　番禺县　佛冈县　清远县

韶关市：曲江县　翁源县　乐昌县　英德县　仁化县　阳山县　南雄县　连县　始兴县　连山壮族瑶族自治县　连南瑶族自治县　乳源瑶族自治县

深圳市：宝安县

珠海市：斗门县

汕头市：澄海县　惠来县　饶平县　普宁县　南澳县　揭西县　潮阳县　揭阳县

潮州市*

佛山市：南海县　顺德县　三水县　高明县

中山市*

江门市：鹤山县　新会县　开平县　阳春县　台山县　阳江县　恩平县

湛江市：廉江县　海康县　吴川县　遂溪县　徐闻县

茂名市：化州县　信宜县　高州县　电白县

惠阳地区：惠州市　东莞市　惠阳县　龙川县　博罗县　紫金县　河源县　惠东县　连平县　陆丰县　和平县　海丰县

梅县地区：梅县市　平远县　丰顺县　蕉岭县　五华县　大埔县　兴宁县

肇庆地区：肇庆市　高要县　云浮县　怀集县　罗定县　广宁县　郁南县　四会县　德庆县　新兴县　封开县

海口市

海南行政区直辖行政单位：琼山县　屯昌县　文昌县　澄迈县　定安县　儋县　琼海县　临高县　万宁县

海南黎族苗族自治州：三亚市　通什市　保亭县　白沙县　乐东县　琼中县　东方县　陵水县　昌江县

20. 广西壮族自治区

南宁市：邕宁县　武鸣县

柳州市：柳江县　柳城县

桂林市：阳朔县　临桂县

梧州市：苍梧县

北海市

南宁地区：凭祥市　马山县　宁明县　上林县　龙州县　宾阳县　大新县　横县　天等县　扶绥县　隆安县　崇左县

河池地区：河池市　凤山县　宜山县　天峨县　东兰县　南丹县　都安瑶族自治县　巴马瑶族自治县　罗城仫佬族自治县　环江毛南族自治县

柳州地区：合山市　融安县　武宣县　鹿寨县　来宾县　象州县　忻城县　融水苗族自治县　三江侗族自治县　金秀瑶族自治县

桂林地区：灵川县　恭城县　兴安县　平乐县　资源县　荔浦县　全州县　永福县　灌阳县　龙胜各族自治县

梧州地区：钟山县　藤县　贺县　蒙山县　岑溪县　昭平县　富川瑶族自治县

玉林地区：玉林市　桂平县　博白县　平南县　贵县　容县　陆川县　北流县

钦州地区：钦州市　灵山县　合浦县　浦北县　上思县　防城各族自治县

百色地区：百色市　凌云县　德保县　乐业县　靖西县　田阳县　那坡县　田东县　西林县　平果县　田林县　隆林各族自治县

21. 四川省

成都市：金堂县　温江县　灌县　新都县　崇庆县　蒲江县　双流县　郫县　彭县　新津县　邛崃县　大邑县

重庆市：长寿县　巴县　永川县　合川县　荣昌县　铜梁县　綦江县　江北县　江津县　璧山县　大足县　潼南县

自贡市：荣县　富顺县

渡口市：米易县　盐边县

泸州市：泸县　合江县　叙永县　纳溪县　古蔺县

德阳市：中江县　什邡县　绵竹县　广汉县

绵阳市：江油县　平武县　安县　北川县　三台县　盐亭县　梓潼县

广元市：青川县　剑阁县　旺苍县　苍溪县

遂宁市：射洪县　蓬溪县

内江市：内江县　乐至县　安岳县　威远县　资中县　资阳县　简阳县　隆昌县

乐山市：夹江县　洪雅县　丹棱县　青神县　眉山县　彭山县　井研县　仁寿县　犍为县　沐川县　峨眉县　马边彝族自治县　峨边彝族自治县

宜宾地区：宜宾市　宜宾县　兴文县　南溪县　珙县　长宁县　高县　江安县　筠连县　屏山县

涪陵地区：涪陵市　垫江县　武隆县　丰都县　南川县　石柱土家族自治县　秀山土家族苗族自治县　酉阳土家族苗族自治县　黔江土家族苗族自治县　彭水苗族土家族自治县

万县地区：万县市　万县　奉节县　开县　云阳县　城口县　忠县　巫溪县　梁平县　巫山县

南充地区：南充市　华蓥市　南充县　营山县　阆中县　蓬安县　仪陇县　广安县　南部县　岳池县

西充县　武胜县
达县地区：达县市　达县　渠县　万源县　南江县　宣汉县　巴中县　开江县　平昌县　邻水县　通江县　大竹县　白沙工农区
雅安地区：雅安市　芦山县　石棉县　各山县　天全县　荥经县　宝兴县　汉源县
阿坝藏族自治州：马尔康县　南坪县　红原县　汶川县　阿坝县　理县　若尔盖县　小金县　黑水县　金川县　松潘县　壤塘县　茂汶羌族自治县
甘孜藏族自治州：康定县　丹巴县　炉霍县　九龙县　甘孜县　雅江县　新龙县　道孚县　白玉县　理塘县　德格县　乡城县　石渠县　稻城县　色达县　巴塘县　泸定县　得荣县
凉山彝族自治州：西昌市　美姑县　昭觉县　金阳县　甘洛县　布拖县　雷波县　普格县　宁南县　喜德县　会东县　越西县　会理县　盐源县　德昌县　冕宁县　木里藏族自治县

22. 贵州省

贵阳市
六盘水市：水城特区　盘县特区　六枝特区
遵义地区：遵义市　遵义县　桐梓县　绥阳县　正安县　凤冈县　湄潭县　余庆县　仁怀县　赤水县　习水县　道真仡佬族苗族自治县　务川仡佬族苗族自治县
铜仁地区：铜仁县　江口县　思南县　石阡县　德江县　万山特区　玉屏侗族自治县　松桃苗族自治县　印江土家族苗族自治县　沿河土家族自治县
毕节地区：毕节县　大方县　黔西县　金沙县　织金县　纳雍县　赫章县　威宁彝族回族苗族自治县
安顺地区：安顺市　安顺县　开阳县　息烽县　修文县　清镇县　平坝县　普定县　镇宁布依族苗族自治县　紫云苗族布依族自治县　关岭布依族苗族自治县
黔西南布依族苗族自治州：兴义县　册亨县　普安县　安龙县　贞丰县　兴仁县　望谟县　晴隆县
黔东南苗族侗族自治州：凯里市　施秉县　三穗县　镇远县　岑巩县　天柱县　锦屏县　剑河县　台江县　黎平县　榕江县　从江县　雷山县　麻江县　丹寨县　黄平县
黔南布依族苗族自治州：都匀市　贵定县　荔波县　瓮安县　福泉县　平塘县　独山县　长顺县　罗甸县　惠水县　龙里县　三都水族自治县

23. 云南省

昆明市：富民县　宜良县　晋宁县　呈贡县　嵩明县　安宁县　禄劝彝族苗族自治县　路南彝族自治县
东川市
昭通地区：昭通市　永善县　盐津县　大关县　威信县　彝良县　镇雄县　鲁甸县　巧家县　绥江县　水富县
曲靖地区：曲靖市　宣威县　罗平县　富源县　陆良县　师宗县　马龙县　会泽县　寻甸回族彝族自治县
玉溪地区：玉溪市　华宁县　江川县　通海县　易门县　澄江县　峨山彝族自治县　元江哈尼族彝族傣族自治县　新平彝族傣族自治县
思茅地区：思茅县　镇沅县　普洱哈尼族彝族自治县　景东彝族自治县　景谷傣族彝族自治县　墨江哈尼族自治县　澜沧拉祜族自治县　西盟佤族自治县　江城哈尼族彝族自治县　孟连傣族拉祜族佤族自治县
临沧地区：临沧县　永德县　云县　凤庆县　镇康县　双江拉祜族佤族布朗族傣族自治县　沧源佤族自治县　耿马傣族佤族自治县
保山地区：保山市　施甸县　昌宁县　腾冲县　龙陵县
丽江地区：丽江纳西族自治县　华坪县　永胜县　宁蒗彝族自治县
文山壮族苗族自治州：文山县　马关县　广南县　丘北县　西畴县　砚山县　麻栗坡县　富宁县
红河哈尼族彝族自治州：个旧市　开远市　弥勒县　泸西县　蒙自县　石屏县　元阳县　绿春县　红河县　建水县　河口瑶族自治县　金平苗族瑶族傣族自治县　屏边苗族自治县
西双版纳傣族自治州：景洪县　勐腊县　勐海县
楚雄彝族自治州：楚雄市　元谋县　永仁县　武定县　牟定县　禄丰县　双柏县　南华县　姚安县　大姚县
大理白族自治州：大理市　剑川县　鹤庆县　洱源县　永平县　宾川县　云龙县　弥渡县　祥云县　漾濞彝族自治县　巍山彝族回族自治县　南涧彝族自治县
德宏傣族景颇族自治州：畹町市　潞西县　陇川县　瑞丽县　梁河县　盈江县
怒江傈僳族自治州：泸水县　福贡县　兰坪县　贡山独龙族怒族自治县
迪庆藏族自治州：中甸县　德钦县　维西傈僳族自治县

24. 西藏自治区

拉萨市：林周县　达孜县　当雄县　曲水县　墨竹工卡县　堆龙德庆县　尼木县
那曲地区：那曲县　聂荣县　巴青县　索县　比如县　安多县　班戈县　申扎县　嘉黎县　尼玛县
昌都地区：昌都县　江达县　贡觉县　察雅县　左贡县　芒康县　洛隆县　八宿县　丁青县　边坝县　盐井县　类乌齐县　碧土县　妥坝县　生达县

山南地区：乃东县 桑日县 加查县 隆子县 曲松县 措美县 错那县 洛扎县 琼结县 扎囊县 贡嘎县 浪卡子县

日喀则地区：日喀则市 南木林县 定结县 萨迦县 拉孜县 定日县 聂拉木县 吉隆县 谢通门县 昂仁县 仲巴县 萨嘎县 江孜县 仁布县 康马县 白朗县 亚东县 岗巴县

阿里地区：噶尔县 日土县 革吉县 改则县 札达县 普兰县 措勒县 隆格尔县

林芝地区：林芝县 朗县 米林县 墨脱县 察隅县 工布江达县 波密县

25. 陕西省

西安市：长安县 高陵县 蓝田县 户县 临潼县 周至县

铜川市：耀县 宜君县

宝鸡市：宝鸡县 岐山县 凤翔县 扶风县 千阳县 眉县 陇县 太白县 麟游县 凤县

咸阳市：礼泉县 泾阳县 永寿县 三原县 彬县 兴平县 长武县 乾县 旬邑县 武功县 淳化县

榆林地区：榆林县 绥德县 神木县 清涧县 府谷县 子洲县 佳县 横山县 米脂县 靖边县 吴堡县 定边县

延安地区：延安市 安塞县 洛川县 子长县 黄陵县 延川县 富县 延长县 甘泉县 宜川县 志丹县 黄龙县 吴旗县

渭南地区：渭南市 韩城市 蒲城县 潼关县 白水县 华阴县 澄城县 华县 合阳县 富平县 大荔县

商洛地区：商县 山阳县 洛南县 镇安县 丹凤县 柞水县 商南县

安康地区：安康县 岚皋县 旬阳县 紫阳县 白河县 汉阴县 平利县 石泉县 镇坪县 宁陕县

汉中地区：汉中市 留坝县 镇巴县 城固县 南郑县 洋县 宁强县 佛坪县 勉县 西乡县 略阳县

26. 甘肃省

兰州市：永登县 皋兰县 榆中县

金昌市：永昌县

白银市：靖远县 会宁县 景泰县

天水市：武山县 甘谷县 秦安县 清水县 张家川回族自治县

嘉峪关市

定西地区：定西县 通渭县 陇西县 渭源县 临洮县 漳县 岷县

平凉地区：平凉市 灵台县 泾川县 华亭县 崇信县 静宁县 庄浪县

庆阳地区：西峰市 庆阳县 环县 华池县 合水县 正宁县 宁县 镇原县

陇南地区：成县 宕昌县 武都县 康县 徽县 两当县 礼县 西和县 文县

武威地区：武威市 民勒县 古浪县 天祝藏族自治县

张掖地区：张掖市 民乐县 山丹县 临泽县 高台县 肃南裕固族自治县

酒泉地区：玉门市 酒泉市 敦煌县 安西县 金塔县 阿克塞哈萨克族自治县 肃北蒙古族自治县

甘南藏族自治州：临潭县 卓尼县 舟曲县 迭部县 玛曲县 碌曲县 夏河县

临夏回族自治州：临夏市 临夏县 康乐县 永靖县 广河县 和政县 东乡族自治县 积石山保安族东乡族撒拉族自治县

27. 青海省

西宁市：大通回族土族自治县

海东地区：平安县 乐都县 湟中县 湟源县 民和回族土族自治县 互助土族自治县 化隆回族自治县 循化撒拉族自治县

海北藏族自治州：门源回族自治县 海晏县 祁连县 刚察县

黄南藏族自治州：同仁县 泽库县 尖扎县 河南蒙古族自治县

海南藏族自治州：共和县 同德县 贵德县 兴海县 贵南县

果洛藏族自治州：玛沁县 班玛县 甘德县 达日县 久治县 玛多县

玉树藏族自治州：玉树县 杂多县 称多县 治多县 囊谦县 曲麻莱县

海西蒙古族藏族自治州：格尔木市 乌兰县 天峻县 都兰县

28. 宁夏回族自治区

银川市：永宁县 贺兰县

石咀山市：平罗县 陶乐县

银南地区：吴忠市 青铜峡市 同心县 盐池县 灵武县 中卫县 中宁县

固原地区：固原县 海原县 西吉县 隆德县 泾源县 彭阳县

29. 新疆维吾尔自治区

乌鲁木齐市：乌鲁木齐县

克拉玛依市

直辖行政单位：石河子市

吐鲁番地区：吐鲁番市 托克逊县 鄯善县

哈密地区：哈密市 伊吾县 巴里坤哈萨克自治县

和田地区：和田市 和田县 洛浦县 民丰县 皮山

县　策勒县　墨玉县　于田县

阿克苏地区：阿克苏市　温宿县　沙雅县　拜城县　阿瓦提县　库车县　柯坪县　新和县　乌什县

喀什地区：喀什市　巴楚县　泽普县　伽师县　叶城县　岳普湖县　疏勒县　麦盖提县　英吉沙县　莎车县　疏附县　塔什库尔干塔吉克自治县

克孜勒苏柯尔克孜自治州：阿图什市　阿克陶县　阿合奇县　乌恰县

巴音郭楞蒙古自治州：库尔勒市　和静县　尉犁县　和硕县　且末县　博湖县　轮台县　若羌县　焉耆回族自治县

昌吉回族自治州：昌吉市　阜康县　米泉县　奇台县　玛纳斯县　吉木萨尔县　呼图壁县　木垒哈萨克自治县

博尔塔拉蒙古自治州：博乐市　精河县　温泉县

伊犁哈萨克自治州：

奎屯市*

伊犁地区：伊宁市　伊宁县　特克斯县　尼勒克县　昭苏县　新源县　霍城县　巩留县　察布查尔锡伯自治县

塔城地区：塔城市　额敏县　裕民县　乌苏县　沙湾县　托里县　和布克赛尔蒙古自治县

阿勒泰地区：阿勒泰市　青河县　吉木乃县　富蕴县　布尔津县　福海县　哈巴河县

30. 台湾省　（资料暂缺）

注释：本表中所列带“*”的市系县级。

第七部分

有关香港问题的法律文件

中华人民共和国政府和大不列颠及北爱尔兰联合王国政府关于香港问题的联合声明

（一九八四年十二月十九日正式签字）

中华人民共和国政府和大不列颠及北爱尔兰联合王国政府满意地回顾了近年来两国政府和两国人民之间的友好关系，一致认为通过协商妥善地解决历史上遗留下来的香港问题，有助于维持香港的繁荣与稳定，并有助于两国关系在新的基础上进一步巩固和发展，为此，经过两国政府代表团的会谈，同意声明如下：

一、中华人民共和国政府声明：收回香港地区（包括香港岛、九龙和“新界”，以下称香港）是全中国人民的共同愿望，中华人民共和国政府决定于一九九七年七月一日对香港恢复行使主权。

二、联合王国政府声明：联合王国政府于一九九七年七月一日将香港交还给中华人民共和国。

三、中华人民共和国政府声明，中华人民共和国对香港的基本方针政策如下：

（一）为了维护国家的统一和领土完整，并考虑到香港的历史和现实情况，中华人民共和国决定在对香港恢复行使主权时，根据中华人民共和国宪法第三十一条的规定，设立香港特别行政区。

（二）香港特别行政区直辖于中华人民共和国中央人民政府。除外交和国防事务属中央人民政府管理外，香港特别行政区享有高度的自治权。

（三）香港特别行政区享有行政管理权、立法权、独立的司法权和终审权。现行的法律基本不变。

（四）香港特别行政区政府由当地人组成。行政长官在当地通过选举或协商产生，由中央人民政府任命。主要官员由香港特别行政区行政长官提名，报中央人民政府任命。原在香港各政府部门任职的中外籍公务、警务人员可以留用。香港特别行政区各政府部门可以聘请英籍人士或其他外籍人士担任顾问或某些公职。

（五）香港的现行社会、经济制度不变；生活方式不变。香港特别行政区依法保障人身、言论、出版、集会、结社、旅行、迁徙、通信、罢工、选择职业和学术研究以及宗教信仰等各项权利和自由。私人财产、企业所有权、合法继承权以及外来投资均受法律保护。

（六）香港特别行政区将保持自由港和独立关税地区的地位。

（七）香港特别行政区将保持国际金融中心的地位，继续开放外汇、黄金、证券、期货等市场，资金进出自由。港币继续流通，自由兑换。

（八）香港特别行政区将保持财政独立。中央人民政府不向香港特别行政区征税。

（九）香港特别行政区可同联合王国和其他国家建立互利的经济关系。联合王国和其他国家在香港的经济利益将得到照顾。

（十）香港特别行政区可以“中国香港”的名义单独地同各国、各地区及有关国际组织保持和发展经济、文化关系，并签订有关协定。

香港特别行政区政府可自行签发出入香港的旅行证件。

（十一）香港特别行政区的社会治安由香港特别行政区政府负责维持。

（十二）关于中华人民共和国对香港的上述基本方针政策和本联合声明附件一对上述基本方针政策的具体说明，中华人民共和国全国人民代表大会将以中华人民共和国香港特别行政区基本法规定之，并在五十年内不变。

四、中华人民共和国政府和联合王国政府声明：自本联合声明生效之日起至一九九七年六月三十日止的过渡时期内，联合王国政府负责香港的行政管理，以维护和保持香港的经济繁荣和社会稳定；对此，中华人民共和国政府将给予合作。

五、中华人民共和国政府和联合王国政府声明：为求本联合声明得以有效执行，并保证一九九七年政权的顺利交接，在本联合声明生效时成立中英联合联络小组；联合联络小组将根据本联合声明附件二的规定建立和履行职责。

六、中华人民共和国政府和联合王国政府声明：关于香港土地契约和其他有关事项，将根据本联合声明附件三的规定处理。

七、中华人民共和国政府和联合王国政府同意，上述各项声明和本联合声明的附件均将付诸实施。

八、本联合声明须经批准，并自互换批准书之日起生效。批准书应于一九八五年六月三十日前在北京互换。本联合声明及其附件具有同等约束力。

一九八四年十二月十九日在北京签订，共两份，每份都用中文和英文写成，两种文本具有同等效力。

中华人民共和国政府代表	大不列颠及北爱尔兰联合王国政府代表
（签字）	（签字）

附件一

中华人民共和国政府对香港的基本方针政策的具体说明

中华人民共和国政府就中华人民共和国政府和大不列颠及北爱尔兰联合王国政府关于香港问题的联合声明第三款所载中华人民共和国对香港的基本方针政策，具体说明如下：

一

中华人民共和国宪法第三十一条规定："国家在必要时得设立特别行政区。在特别行政区内实行的制度按照具体情况由全国人民代表大会以法律规定。"据此，中华人民共和国将在一九九七年七月一日对香港恢复行使主权时，设立中华人民共和国香港特别行政区。中华人民共和国全国人民代表大会将根据中华人民共和国宪法制定并颁布中华人民共和国香港特别行政区基本法（以下简称《基本法》），规定香港特别行政区成立后不实行社会主义的制度和政策，保持香港原有的资本主义制度和生活方式，五十年不变。

香港特别行政区直辖于中华人民共和国中央人民政府，并享有高度的自治权。除外交和国防事务属中央人民政府管理外，香港特别行政区享有行政管理权、立法权、独立的司法权和终审权。中央人民政府授权香港特别行政区自行处理本附件第十一节所规定的各项涉外事务。

香港特别行政区政府和立法机关由当地人组成。香港特别行政区行政长官在当地通过选举或协商产生，由中央人民政府任命。香港特别行政区政府的主要官员（相当于"司"级官员）由香港特别行政区行政长官提名，报请中央人民政府任命。香港特别行政区立法机关由选举产生。行政机关必须遵守法律，对立法机关负责。

香港特别行政区的政府机关和法院，除使用中文外，还可使用英文。

香港特别行政区除悬挂中华人民共和国国旗和国徽外，还可以使用区旗和区徽。

二

香港特别行政区成立后，香港原有法律（即普通法及衡平法、条例、附属立法、习惯法）除与《基本法》相抵触或香港特别行政区的立法机关作出修改者外，予以保留。

香港特别行政区的立法权属于香港特别行政区立法机关。立法机关可根据《基本法》的规定并依照法定程序制定法律，报中华人民共和国全国人民代表大会常务委员会备案。立法机关制定的法律凡符合《基本法》和法定程序者，均属有效。

在香港特别行政区实行的法律为《基本法》，以及上述香港原有法律和香港特别行政区立法机关制定的法律。

三

香港特别行政区成立后，除因香港特别行政区法院享有终审权而产生的变化外，原在香港实行的司法体制予以保留。

香港特别行政区的审判权属于香港特别行政区法院。法院独立进行审判，不受任何干涉。司法人员履行审判职责的行为不受法律追究。法院依照香港特别行政区的法律审判案件，其他普通法适用地区的司法判例可作参考。

香港特别行政区法院的法官，根据当地法官和法律界及其他方面知名人士组成的独立委员会的推荐，由行政长官予以任命。法官应根据本人的司法才能选用，并可从其他普通法适用地区聘用。法官只有在无力履行职责或行为不检的情况下，才能由行政长官根据终审法院首席法官任命的不少于三名当地法官组成的审议庭的建议，予以免职。主要法官（即最高一级法官）的任命和免职，还须由行政长官征得香港特别行政区立法机关的同意并报全国人民代表大会常务委员会备案。法官以外的其他司法人员的任免制度继续保持。

香港特别行政区的终审权属于香港特别行政区终审法院。终审法院可根据需要邀请其他普通法适用地区的法官参加审判。

香港特别行政区的检察机关主管刑事检察工作，不受任何干涉。

香港特别行政区政府可参照原在香港实行的办法，作出有关当地和外来的律师在香港特别行政区工作和执业的规定。

中央人民政府将协助或授权香港特别行政区政府同外国就司法互助关系作出适当安排。

四

香港特别行政区成立后，原在香港各政府部门（包括警察部门）任职的公务人员和司法人员均可留用，继续工作；其薪金、津贴、福利待遇和服务条件不低于原来的标准。对退休或约满离职的人员，包括一九九七年七月一日以前退休的人员，不论其所属国籍或居住地点，香港特别行政区政府将按不低于原来的标准向他们或其家属支付应得的退休金、酬金、津贴及福利费。

香港特别行政区政府可任用原香港公务人员中的或持有香港特别行政区永久性居民身分证的英籍和其他外籍人士担任政府部门的各级公务人员，各主要政府部门（相当于"司"级部门，包括警察部门）的正职和某些主要政府部门的副职除外。香港特别行政区政府还可聘请英籍和其他外籍人士担任政府部门的顾问；必要时并可从香港特别行政区以外聘请合格人员担任政府部门的专业和技术职务。上述人士只能以个人身分受聘，并和其他公务人员一样对香港特别行政区政府负责。

公务人员应根据本人的资格、经验和才能予以任命和提升。香港原有关于公务人员的招聘、雇用、考核、纪律、培训和管理的制度（包括负责公务人员的任用、薪金、服务条件的专门机构），除有关给予外籍人员特权待遇的规定外，予以保留。

五

香港特别行政区自行管理财政事务，包括支配财政资源，编制财政预算和决算。香港特别行政区的预决算须报中央人民政府备案。

中央人民政府不向香港特别行政区征税。香港特别行政区的财政收入全部用于自身需要，不上缴中央人民政府。征税和公共开支经立法机关批准、公共开支向立法机关负责和公共帐目的审计等制度，予以保留。

六

香港特别行政区保持原在香港实行的资本主义经济制度和贸易制度。香港特别行政区政府自行制定经济和贸易政策。财产所有权，包括财产的取得、使用、处置和继承的权利，以及依法征用财产得到补偿（补偿相当于该财产的实际价值、可自由兑换、不无故迟延支付）的权利，继续受法律保护。

香港特别行政区将保持自由港地位，并继续实行自由贸易政策，包括货物和资本的自由流动。香港特别行政区可单独同各国、各地区保持和发展经济和贸易关系。

香港特别行政区为单独的关税地区。香港特别行政区可参加关税和贸易总协定、关于国际纺织品贸易安排等有关的国际组织和国际贸易协定，包括优惠贸易安排。香港特别行政区取得的出口配额、关税优惠和达成的其他类似安排，全由香港特别行政区享有。香港特别行政区有权根据当时的产地规则，对在当地制造的产品签发产地来源证。

香港特别行政区可根据需要在外国设立官方或半官方的经济和贸易机构，并报中央人民政府备案。

七

香港特别行政区将保持国际金融中心的地位。原在香港实行的货币金融制度，包括对接受存款机构和金融市场的管理和监督制度，予以保留。

香港特别行政区政府可自行制定货币金融政策，并保障金融企业的经营自由以及资金在香港特别行政区流动和进出香港特别行政区的自由。香港特别行政区不实行外汇管制政策。外汇、黄金、证券、期货市场继续开放。

港元作为当地的法定货币，继续流通，自由兑换。港币发行权属香港特别行政区政府。在确知港币的发行基础是健全的以及有关发行的安排符合保持港币稳定的目的的情况下，香港特别行政区政府可授权指定银行根据法定权限发行或继续发行香港货币。凡所带标志与中华人民共和国香港特别行政区地位不符的香港货币，将逐步更换和退出流通。

外汇基金由香港特别行政区政府管理和支配，主要用于调节港元汇价。

八

香港特别行政区保持原在香港实行的航运经营和管理体制，包括有关海员的管理体制。香港特别行政区政府可自行规定在航运方面的具体职能和责任。香港的私营航运及与航运有关的企业和私营集装箱码头，可继续自由经营。

香港特别行政区经中央人民政府授权继续进行船舶登记，并可根据法律以"中国香港"名义颁发有关证件。

除外国军用船只进入香港特别行政区须经中央人民政府特别许可外，其他船舶可根据香港特别行政区法律进出其港口。

九

香港特别行政区将保持香港作为国际和区域航空中心的地位。在香港注册并以香港为主要营业地的航空公司和与民用航空有关的行业可继续经营。香港特别行政区继续沿用原在香港实行的民用航空管理制度，并按中央人民政府关于飞机国籍标志和登记标志的规定，设置自己的飞机登记册。香港特别行政区自行负责民用航空的日常业务和技术管理，包括机场管理，在香港特别行政区飞行情报区内提供空中交通服务，以及履行国际民用航空组织的区域性航行规划程序所规定的其他职责。

中央人民政府经同香港特别行政区政府磋商作出安排，为在香港特别行政区注册并以香港特别行政区为主要营业地的航空公司和中华人民共和国的其他航空公司，提供香港特别行政区和中华人民共和国其他地区之间的往返航班。凡涉及中华人民共和国其他地区与其他国家和地区的往返并经停香港特别行政区的航班，和涉及香港特别行政区与其他国家和地区的往返并经停中华人民共和国其他地区航班的民用航空运输协定，由中央人民政府签订。为此，中央人民政府将考虑香港特别行政区的特殊情况和经济利益，并同香港特别行政区政府磋商。中央人民政府在同外国政府商谈有关此类航班的安排时，香港特别行政区政府的代表可作为中华人民共和国政府代表团成员参加。

经中央人民政府具体授权，香港特别行政区政府可以：对原有的民用航空运输协定和协议续签或修改，这些协定和协议原则上都可以续签或修改，原协定和协议规定的权利尽可能保留；谈判签订新的民用航空运输协定，为在香港特别行政区注册并以香港特别行政区为主要营业地的航空公司提供航线，以及过境和技术停降权利；在同外国和其它地区没有民用航空运输协定的情况下，谈判签订临时协议。凡不涉及往返、经停中国内地而只往返、经停香港特别行政区的定期航班，均由本段所述的民用航空运输协定或临时协议加以规定。

中央人民政府授权香港特别行政区政府：同其他当局商谈并签订有关执行上述民用航空运输协定和临时协议的各项安排；对在香港特别行政区注册并以香港特别行政区为主要营业地的航空公司签发执照；按照上述民用航空运输协定和临时协议指定航空公司；对外国航空公司除往返、经停中国内地的航班以外的其他航班签发许可证。

十

香港特别行政区保持原在香港实行的教育制度。香港特别行政区政府自行制定有关文化、教育和科学技术方面的政策，包括教育体制及管理、教学语言、经费分配、考试制度、学位制度、承认学历及技术资格等政策。各类院校，包括宗教及社会团体所办院校，均可保留其自主性，并可继续从香港特别行政区以外招聘教职员，选用教材。学生享有选择院校和在香港特别行政区以外求学的自由。

十一

在外交事务属中央人民政府管理的原则下，香港特别行政区政府的代表，可作为中华人民共和国政府代表团的成员，参加由中央人民政府进行的与香港特别行政区直接有关的外交谈判。香港特别行政区可以"中国香港"的名义，在经济、贸易、金融、航运、通讯、旅游、文化、体育等领域单独地同世界各国、各地区及有关国际组织保持和发展关系，并签订和履行有关协定。对以国家为单位参加的、与香港特别行政区有关的、适当领域的国际组织和国际会议，香港特别行政区政府的代表可作为中华人民共和国政府代表团的成员或以中央人民政府和上述有关国际组织或国际会议允许的身分参加，并以"中国香港"的名义发表意见。对不以国家为单位参加的国际组织和国际会议，香港特别行政区可以"中国香港"的名义参加。

中华人民共和国缔结的国际协定，中央人民政府可根据香港特别行政区的情况和需要，在征询香港特别行政区政府的意见后，决定是否适用于香港特别行政区。中华人民共和国尚未参加但已适用于香港的国际协定仍可继续适用。中央人民政府根据需要授权或协助香港特别行政区政府作出适当安排，使其他有关的国际协定适用于香港特别行政区。对中华人民共和国已经参加而香港目前也以某种形式参加的国际组织，中央人民政府将采取必要措施使香港特别行政区以适当形式继续保持在这些组织中的地位。对中华人民共和国尚未参加而香港目前以某种形式参加的国际组织，中央人民政府将根据需要使香港特别行政区以适当形式继续参加这些组织。

外国在香港特别行政区设立领事机构或其他官方、半官方机构，须经中央人民政府批准。同中华人民共和国建立正式外交关系的国家在香港设立的领事机构和其他官方机构，可予保留；尚未同中华人民共和国建立正式外交关系国家的领事机构和其他官方机构，可根据情况予以保留或改为半官方机构；尚未为中华人民共和国承认的国家，只能设立民间机构。

联合王国可在香港特别行政区设立总领事馆。

十二

香港特别行政区的社会治安由香港特别行政区政府负责维持。中央人民政府派驻香港特别行政区负责防务的部队不干预香港特别行政区的内部事务，驻军军费由中央人民政府负担。

十三

香港特别行政区政府依法保障香港特别行政区居民和其他人的权利和自由。香港特别行政区政府保持香港原有法律中所规定的权利和自由，包括人身、言论、出版、集会、结社、组织和参加工会、通信、旅行、迁徙、罢工、游行、选择职业、学术研究和信仰自由、住宅不受侵犯、婚姻自由以及自愿生育的权利。

任何人均有权得到秘密法律咨询、向法院提起诉讼、选择律师在法庭上为其代理以及获得司法补救。任何人均有权对行政部门的行为向法院申诉。

宗教组织和教徒可同其他地方的宗教组织和教徒保持关系，宗教组织所办学校、医院、福利机构等均可继续存在。香港特别行政区的宗教组织与中华人民共和国其他地区宗教组织的关系应以互不隶属、互不干涉和互相尊重的原则为基础。

《公民权利和政治权利国际公约》和《经济、社会与文化权利的国际公约》适用于香港的规定将继续有效。

十四

在香港特别行政区有居留权并有资格按香港特别行政区的法律获得香港特别行政区政府签发的载明此项权利的永久性居民身分证者为：在香港特别行政区成立以前或以后在当地出生或通常居住连续七年以上的中国公民及其在香港以外所生的中国籍子女；在香港特别行政区成立以前或以后在当地通常居住连续七年以上并以香港为永久居住地的其他人及其在香港特别行政区成立以前或以后在当地出生的未满二十一岁的子女；以及在香港特别行政区成立前只在香港有居留权的其他人。

中央人民政府授权香港特别行政区政府依照法律，给持有香港特别行政区永久性居民身分证的中国公民签发中华人民共和国香港特别行政区护照，并给在香港特别行政区的其他的合法居留者签发中华人民共和国香港特别行政区其他旅行证件。上述护照和证件，前往各国和各地区有效，并载明持有人有返回香港特别行政区的权利。

香港特别行政区居民出入当地，可使用香港特别行政区政府或中华人民共和国其他主管部门，或其他国家主管部门签发的旅行证件。凡持有香港特别行政区永久性居民身分证者，其旅行证件可载明此项事实，以证明其在香港特别行政区有居留权。

对中国其他地区的人进入香港特别行政区将按现在实行的办法管理。

对其他国家和地区的人入境、逗留和离境，香港特别行政区政府可实行出入境管制。

有效旅行证件持有人，除非受到法律制止，可自由离开香港特别行政区，无须特别批准。

中央人民政府将协助或授权香港特别行政区政府同各国或各地区缔结互免签证协定。

附件二

关于中英联合联络小组

一、为促进双方共同目标，并为保证一九九七年政权的顺利交接，中华人民共和国政府和联合王国政府同意，继续以友好的精神进行讨论并促进两国政府在香港问题上已有的合作关系，以求《联合声明》得以有效执行。

二、为了进行联络、磋商及交换情况的需要，两国政府同意成立联合联络小组。

三、联合联络小组的职责为：

（一）就《联合声明》的实施进行磋商；

（二）讨论与一九九七年政权顺利交接有关的事宜；

（三）就双方商定的事项交换情况并进行磋商。

联合联络小组未能取得一致意见的问题，提交两国政府通过协商解决。

四、在联合联络小组成立到一九九七年七月一日的前半段时期中审议的事项包括：

（一）两国政府为使香港特别行政区作为独立关税地区保持其经济关系，特别是为确保香港特别行政区继续参加关税及贸易总协定、多种纤维协定及其他国际性安排所需采取的行动；

（二）两国政府为确保同香港有关的国际权利与义务继续适用所需采取的行动。

五、两国政府同意，在联合联络小组成立到一九九七年七月一日的后半段时期中，有必要进行更密切的合作，因此届时将加强合作。在此第二阶段时期中审议的事项包括：

（一）为一九九七年顺利过渡所要采取的措施；

（二）为协助香港特别行政区同各国、各地区及有关国际组织保持和发展经济、文化关系并就此类事项签订协议所需采取的行动。

六、联合联络小组是联络机构而不是权力机构，不参与香港或香港特别行政区的行政管理，也不对之起监督作用。联合联络小组的成员和工作人员只在联合联络小组职责范围内进行活动。

七、双方各指派一名大使级的首席代表和另外四名小组成员。每方可派不超过二十名的工作人员。

八、联合联络小组在《联合声明》生效时成立。联合联络小组自一九八八年七月一日起以香港为主要驻地。联合联络小组将继续工作到二〇〇〇年一月一日为止。

九、联合联络小组在北京、伦敦和香港开会。每年至少在上述三地各开会一次。每次开会地点由双方商定。

十、联合联络小组成员在上述三地享有相应的外交特权与豁免。除非双方另有协议，联合联络小组讨论情况须加以保密。

十一、经双方协议，联合联络小组可决定设立专家小组以处理需要专家协助的具体事项。

十二、联合联络小组成员以外的专家可参加联合联络小组和专家小组的会议。每方按照讨论的问题和选定的地点，决定其参加联合联络小组或专家小组每次会议的人员组成。

十三、联合联络小组的工作程序由双方按照本附件规定讨论决定。

附件三

关 于 土 地 契 约

中华人民共和国政府和联合王国政府同意自《联合声明》生效之日起，按下列规定处理关于香港土地契约和其他有关事项：

一、《联合声明》生效前批出或决定的超越一九九七年六月三十日年期的所有土地契约和与土地契约有关的一切权利，以及该声明生效后根据本附件第二款或第三款批出的超越一九九七年六月三十日年期的所有土地契约和与土地契约有关的一切权利，按照香港特别行政区的法律继续予以承认和保护。

二、除了短期租约和特殊用途的契约外，已由香港英国政府批出的一九九七年六月三十日以前满期而没有续期权利的土地契约，如承租人愿意，均可续期到不超过二〇四七年六月三十日，不补地价。从续期之日起，每年交纳相当于当日该土地应课差饷租值百分之三的租金，此后，随应课差饷租值的改变而调整租金。至于旧批约地段、乡村屋地、丁屋地和类似的农村土地，如该土地在一九八四年六月三十日的承租人，或在该日以后批出的丁屋地的承租人，其父系为一八九八年在香港的原有乡村居民，只要该土地的承租人仍为该人或其合法父系继承人，租金将维持不变。一九九七年六月三十日以后满期而没有续期权利的土地契约，将按照香港特别行政区有关的土地法律及政策处理。

三、从《联合声明》生效之日起至一九九七年六月三十日止，香港英国政府可以批出租期不超过二〇四七年六月三十日的新的土地契约。该项土地的承租人须交纳地价并交纳名义租金至一九九七年六月三十日，该日以后不补地价，但需每年交纳相当于当日该土地应课差饷租值百分之三的租金，此后，随应课差饷租值的改变而调整租金。

四、从《联合声明》生效之日起至一九九七年六月三十日止，根据本附件第三款所批出的新的土地，每年限于五十公顷，不包括批给香港房屋委员会建造出租的公共房屋所用的土地。

五、在一九九七年七月一日之前，可继续批准修改香港英国政府所批出的土地契约规定的土地使用条件，补交的地价为原有条件的土地价值和修改条件后的土地价值之间的差额。

六、从《联合声明》生效之日起至一九九七年六月三十日止，香港英国政府从土地交易所得的地价收入，在扣除开发土地平均成本的款项后，均等平分，分别归香港英国政府和日后的香港特别行政区政府所有。属于香港英国政府所得的全部收入，包括上述扣除的款项，均拨入“基本工程储备基金”，用于香港土地开发和公共工程。属于香港特别行政区政府的地价收入部分，将存入在香港注册的银行，除按照本附件第七款（四）的规定用于香港土地开发和公共工程外，不得动用。

七、《联合声明》生效之日起，立即在香港成立土地委员会。土地委员会由中华人民共和国政府和联合王国政府指派同等人数的官员组成，辅以必要的工作人员。双方官员向各自的政府负责。土地委员会将于一九九七年六月三十日解散。

土地委员会的职权范围为：

（一）就本附件的实施进行磋商；

（二）监察本附件第四款规定的限额，批给香港房屋委员会建造出租的公共房屋所用的土地数量，以及本附件第六款关于地价收入的分配和使用的执行；

（三）根据香港英国政府提出的建议，考虑并决定提高本附件第四款所述的限额数量；

（四）审核关于拟动用本附件第六款所述的属于香港特别行政区政府的地价收入部分的建议，并提出意见，供中方决定。

土地委员会未能取得一致意见的问题，提交中华人民共和国政府和联合王国政府决定。

八、有关建立土地委员会的细则，由双方另行商定。

双方准备交换的备忘录

备忘录（英方）

联系到今天签订的大不列颠及北爱尔兰联合王国政府和中华人民共和国政府关于香港问题的联合声明，联合王国政府声明，在完成对联合王国有关立法的必要修改的情况下，

一、凡根据联合王国实行的法律，在一九九七年六月三十日由于同香港的关系为英国属土公民者，从一九九七年七月一日起，不再是英国属土公民，但将有资格保留某种适当地位，使其可继续使用联合王国政府签发的护照，而不赋予在联合王国的居留权。取得这种地位的人，必须为持有在一九九七年七月一日以前

签发的该种英国护照或包括在该种护照上的人，但在一九九七年一月一日或该日以后、一九九七年七月一日以前出生的有资格的人，可在一九九七年十二月三十一日截止的期间内取得该种护照或包括在该种护照上。

二、在一九九七年七月一日或该日以后，任何人不得由于同香港的关系而取得英国属土公民的地位。凡在一九九七年七月一日或该日以后出生者，不得取得第一节中所述的适当地位。

三、在香港特别行政区和其他地方的联合王国的领事官员可为第一节中提及的人所持的护照延长期限和予以更换，亦可给他们在一九九七年七月一日前出生并且原来包括在他们护照上的子女签发护照。

四、根据第一节和第三节已领取联合王国政府签发的护照的人或包括在该护照上的人，经请求有权在第三国获得英国的领事服务和保护。

备忘录（中方）

中华人民共和国政府收到了大不列颠及北爱尔兰联合王国政府一九八四年　月　日的备忘录。

根据中华人民共和国国籍法，所有香港中国同胞，不论其是否持有“英国属土公民护照”，都是中国公民。

考虑到香港的历史背景和现实情况，中华人民共和国政府主管部门自一九九七年七月一日起，允许原被称为“英国属土公民”的香港中国公民使用由联合王国政府签发的旅行证件去其他国家和地区旅行。

上述中国公民在香港特别行政区和中华人民共和国其他地区不得因其持有上述英国旅行证件而享受英国的领事保护的权利。

中华人民共和国香港特别行政区基本法结构（草案）

（中华人民共和国香港特别行政区基本法起草委员会
第二次全体会议一九八六年四月二十二日通过）

说　　明

本草案经中华人民共和国香港特别行政区基本法起草委员会第二次会议全体委员认真讨论、反复修改，于一九八六年四月二十二日通过。

本草案只是初步确定的大纲，供会后的基本法起草工作作参考。本草案还没有能完全包括部分委员所提出的一些问题。这些问题将写入《备忘录》，并交有关的专题小组继续研究。

今后在草拟具体条文的过程中，如发现本草稿有不完善之处，可以经起草委员会全体会议的同意，作必要的增删或者调整。

目　　录

序　　言

（一）香港的区域范围，历史背景，中英联合声明的签订，香港问题的解决

（二）在“一个国家，两种制度”方针指导下设立香港特别行政区

（三）根据宪法第三十一条制订香港特别行政区基本法以维护国家主权和香港的繁荣与稳定

第一章　总　　则

（一）香港特别行政区是中华人民共和国的不可分离的一部分，在全国人民代表大会授权下实行高度自治

（二）行政机关和立法机关由当地人组成

（三）不实行社会主义制度和政策，保持原有的资本主义制度和生活方式五十年不变

（四）保护私有财产，保护企业所有权、合法继承权

（五）土地的所有权、管理权和使用权

（六）自然资源的所有权、管理权、使用权

（七）原有法律基本不变

（八）语言、文字

第二章 中央与香港特别行政区的关系

（一）香港特别行政区直辖于中央人民政府

（二）外交事务由中央人民政府管理（香港特别行政区按照本法第七章及其他有关条款处理外事）

（三）防务和驻军由中央负责

（四）香港特别行政区享有行政管理权（香港特别行政区在人事、治安、财政、税收、金融、货币、邮政、工商业、贸易、关税和教育、科学、文化、出入境以及其他方面的管理权）

（五）香港特别行政区享有立法权

（六）香港特别行政区享有独立的司法权和终审权

（七）全国人民代表大会和国务院授予香港特别行政区的其他职权

（八）香港特别行政区的代表得参与国家事务的管理

（九）中央所属各部门、各省、自治区、直辖市同香港特别行政区的关系（但不得干预特别行政区的内部事务）

第三章 香港居民的基本权利和义务

（一）香港居民的定义

（二）选举权和被选举权

（三）言论、出版、集会、结社、组织和参加工会的自由、罢工、游行自由

（四）人身自由

（五）住宅不受侵犯，通信自由

（六）迁徙和出入国境自由

（七）宗教和信仰自由

（八）选择职业的自由、学术研究自由

（九）有权得到秘密法律咨询、向法院提起诉讼、选择律师在法庭上为其代理以及获得司法补救。居民有权依法对行政部门的行为向法院申诉

（十）依法享受社会福利的权利。退休、离职公务员的福利待遇受保护

（十一）保障婚姻自由、保障自愿生育的权利

（十二）《公民权利和政治权利国际公约》和《经济、社会与文化权利的国际公约》适用于香港的规定将继续有效

（十三）享有由普通法所保障的其他权利和自由

（十四）居住在香港的其他人的合法权益受保护

（十五）新界原居民的合法权益受保护

（十六）香港居民有遵守基本法和香港特别行政区一切法律的义务

第四章 香港特别行政区的政治体制

第一节 行 政 长 官

（一）行政长官的产生和任免

（二）行政长官的任期

（三）行政长官的职权

第二节 行 政 机 关

（一）行政机关的组织形式和组成人员的产生和任免

（二）行政机关主要官员的任期

（三）行政机关的职权

（四）行政机关和立法机关的关系

第三节 立 法 机 关

（一）立法机关的组成和产生办法

（二）立法机关组成人员的任期

（三）立法机关的职权

（四）会议的召集和立法程序

（五）立法机关组成人员的职责和权利

第四节 司 法 机 关

（一）司法机关的组织体系

（二）司法机关的职权

（三）法官和其他司法人员的任免

（四）独立审判

（五）陪审制度

（六）辩护原则

（七）刑事检控

（八）同各省、自治区、直辖市在司法方面的联系

（九）司法互助

第五节 区 域 组 织

区域组织的职能和产生

第六节 公 务 员

第五章 香港特别行政区的经济

（一）财政管理，税收政策

（二）金融制度和政策（国际金融中心，港币的流通和发行，不实行外汇管制政策，外汇、黄金、证券、期货市场继续开放）

（三）自由贸易政策（自由港，单独的关税地区，单独享有出口配额、关税优惠和其他类似安排，产地来源证的签发）

（四）制造业等工业政策

（五）商业、旅游业、房地产业政策

（六）航运管理和民航管理

第六章　香港特别行政区的教育、科学、技术、文化、体育和宗教

（一）教育制度和教育政策
（二）科技政策
（三）文化政策。体育事业
（四）宗教政策
（五）专业人士的专业资格问题
（六）其他社会事务

第七章　香港特别行政区的对外事务

（一）参与有关的外交谈判
（二）参加有关的国际组织、国际会议，签订和履行有关国际协定
（三）国际协定在香港的适用问题
（四）签发护照和其它旅行证件的问题
（五）同外国或外地区互免签证的问题
（六）在外国或外地区设立官方、半官方的经济贸易机构
（七）外国或外地区在香港设立机构的条件和程序

第八章　香港特别行政区的区旗、区徽

（一）除挂国旗和国徽外，可使用区旗和区徽
（二）香港特别行政区的区旗
（三）香港特别行政区的区徽

第九章　香港特别行政区基本法的法律地位和解释、修改

（一）基本法的法律地位以及它与宪法的关系
（二）对基本法的解释
（三）对基本法的修改

第十章　附　　则

（一）香港特别行政区第一届政府的产生
（二）原有法律的延续和原有证件、契约的继续有效问题
（三）基本法的生效

中华人民共和国香港特别行政区基本法起草委员会及其工作

香港，包括香港岛和深圳河以南的九龙半岛及附近岛屿，自古以来就是中国的领土。1840 年鸦片战争后被英国占领而同祖国分离。

1984 年 12 月，中英两国政府签署了关于香港问题的联合声明，确认中华人民共和国政府于 1997 年 7 月 1 日恢复对香港行使主权，从而实现了一百多年来全中国人民收回香港的共同愿望。

为了维护国家的统一和领土完整，保持香港的稳定繁荣，从香港的历史和现实情况出发，根据中华人民共和国宪法第三十一条规定，国家决定在对香港恢复行使主权时，设立香港特别行政区，按照“一个国家，两种制度”的方针，实行不同于内地的制度和政策，50 年不变。并以基本法这样的法律形式来保障国家对香港基本方针政策的实施。

1985 年 4 月 10 日第六届全国人民代表大会第三次会议在正式批准《中英联合声明》的同时，决定成立中华人民共和国香港特别行政区基本法起草委员会，负责香港特别行政区基本法的起草工作。香港特别行政区基本法起草委员会由包括香港同胞在内的各方面的人士和专家组成。1986 年 6 月 18 日第六届全国人大常委会第 11 次会议通过并公布《中华人民共和国香港特别行政区基本法起草委员会名单》。起草委员会共有委员 59 人，其中有关部门负责人 15 人，各界知名人士 10 人，法律界人士 11 人，香港各方面人士（包括工商、文化教育、法律、工会、宗教等各界）23 人。

1985 年 7 月 1 日至 5 日中华人民共和国香港特别行政区基本法起草委员会第一次全体会议在北京举行。姬鹏飞在开幕词中阐明了起草委员会的性质和任务，提出了关于起草工作的大体规划与步骤的初步意见，他提出，起草工作，计划用四五年时间来完成，争取在 1990 年上半年提出基本法（草案），报请全国人民代表大会审议通过并颁布。具体步骤是，在广泛调查研究的基础上，于 1986 年第一季度确定基本法的结构，并划分专题，着手进行起草工作。1986、1987 两年，按专题进行研究和起草，争取在 1988 年初拟出基本法（草案）讨论稿，印发给有关方面征求意见。1988 年用一年时间讨论修改基本法（草案）讨论稿，争取在 1988 年底提请全国人大常委会进行审议并公布基本法（草案），广泛征询各方面和香港各界同胞的意见。1989 年下半年对基本法（草案）作进一步的修订，于 1990 年上半年提请全国人民代表大会审议通过并颁布。姬鹏飞主任委员在讲话中还委托起草委员会在香港的委员在香港发起筹组一个具有广泛代表性的民间性的基本法咨询组织，在香港征询有关基本法的意见、建议和方案，并向起草委员会反映。委员们同意姬鹏飞主任委员讲话中提出的关于起草工作的大体规划和设想，认为在

1990年上半年提请全国人民代表大会审议通过并颁布中华人民共和国香港特别行政区基本法是适宜的。一致认为有必要在香港成立一个民间性的、有广泛代表性的基本法咨询委员会，并决定委托在香港地区的二十五位委员共同发起筹组。

1985年7月5日，党和国家领导人胡耀邦、邓小平、李先念、彭真接见了出席会议的委员，下午彭真委员长代表全国人大常委会向全体委员颁发了任命书。

基本法起草委员会第一次全体会议后，内地和香港的起草委员即开始进行起草基本法的有关准备工作。为了直接听取香港各界人士对基本法起草工作的意见，姬鹏飞主任委员在李后秘书长等陪同下，于是年底访问香港，广泛接触了香港各界人士。随后，鲁平副秘书长又率领调查组到香港，就基本法结构及有关的内容等问题广泛听取各方面的意见。起草委员会秘书处着手搜集、整理各方面对基本法的意见，起草了基本法结构（草案）讨论稿；还根据第一次全体会议上委员们的建议，起草了起草委员会工作规则（草案）。

经过发起人和各界人士近半年的共同努力，由香港各界人士共180人组成的基本法咨询委员会于1985年12月19日正式成立。

1986年4月18日至22日，中华人民共和国香港特别行政区基本法起草委员会第二次全体会议在北京举行。会议的议程有三项：第一，讨论并初步确定基本法的结构；第二，划分专题并成立专题小组；第三，讨论并通过起草委员会工作规划。经过委员会的认真讨论和修改，全体会议于4月22日上午通过了《中华人民共和国香港特别行政区基本法结构（草案）》（简称《基本法结构（草案）》）、《中华人民共和国香港特别行政区基本法起草委员会工作规划》（简称《起草委员会工作规划》）和《关于设立中华人民共和国香港特别行政区起草委员会专题小组的决定》。根据设立专题小组决定成立了中央与香港特别行政区的关系的专题小组、香港特别行政区的政治体制的专题小组、香港居民的基本权利和义务的专题小组、香港特别行政区的经济的专题小组和香港特别行政区的教育、科学、技术、文化、体育和宗教的专题小组。姬鹏飞主任委员在全体会议上致闭幕词时指出，这次会议标志着基本法起草工作进入了一个新的阶段，会议通过的《基本法结构（草案）》，为今后的具体起草工作创造了一个好的开端。他还指出，在今后的具体起草过程中，《基本法结构（草案）》还可能根据实际情况作一些必要的修改和调整。

起草委员会第二次全体会议后，各专题小组的内地委员及秘书处的专家、工作人员均先后赴港进行调查研究，与在香港的委员一道，分别同各有关方面的人士和团体举行座谈，听取他们对基本法的意见和建议。各专题小组均多次召开会议，讨论和研究各自负责的基本法的有关章节，其中中央与香港特别行政区的关系专题小组和香港居民的基本权利和义务专题小组还草拟了有关章节的初步条文的讨论稿。

一年多来，香港基本法咨询委员会作为香港各界人士与基本法起草委员会联系、沟通的桥梁和反映对基本法意见、建议的重要渠道的民间组织，做了很多的工作。咨询委员会积极配合了起草委员会在香港进行的调查研究的工作；向起草委员会提供了大量的书面意见和资料。咨询委员会的各个专题小组对各自负责的专题进行了认真的研究和讨论，提出了许多意见和建议。咨询委员会还组织了三批交流团到内地访问、座谈，既及时沟通了情况，也增进了内地和香港的相互了解。

1986年11月29日至12月2日，中华人民共和国香港特别行政区基本法起草委员会第三次会议在北京举行。会议听取了五个专题小组的工作报告，讨论了中央与香港特别行政区的关系专题小组和香港居民的基本权利和义务专题小组拟出的基本法第二章、第三章、第七章和第九章的初步条文的讨论稿，提出了修改和补充的意见。会议还讨论了《关于香港特别行政区区旗、区徽图案的征集和审定办法（草案）》，决定作进一步修改完善后，再提交起草委员会第四次全体会议讨论通过。会议决定，1987年4月召开第四次全体会议，主要议程是：一、讨论基本法的序言和第一章总则的初步条文（讨论稿）；二、进一步讨论基本法第二、第三、第七、第九章的条文（草稿）；三、讨论和通过《关于香港特别行政区区旗、区徽图案的征集和审定办法（草案）》。此外，主任委员会议还商定，1987年8月和12月将分别召开起草委员会第五、第六次全体会议。姬鹏飞主任委员在全体会议致闭幕词中指出，经过一年多的合作共事，增进了起草委员会的各位委员相互间的信任、了解和友谊。1987年是基本法起草工作关键性的一年，相信通过充分的讨论和共同努力，一定能够制定出一部大家满意的，能为各方所接受的基本法。

（中华人民共和国香港特别行政区
基本法起草委员会秘书处）

第　八　部　分

中华人民共和国同外国签订的双边条约和参加的国际公约

中华人民共和国同外国签订的双边条约一览表

下表包括从中华人民共和国成立到1986年6月底我国同外国签订的40个双边条约的简况。条约是双边协议中比较重要的一种形式，一般用来规定国家关系中的重大问题。所列条约，除注明失效者外，均仍有效。我国还同外国签订了数以千计的其他协议，如协定、议定书、换文等，也都是条约性文件。这些文件和本表所列条约，大都按年度编入了《中华人民共和国条约集》，本年鉴未予收录。

	条约名称	签订日期	签字地点	我方签字人	对方签字人	我方批准日期	对方批准日期	生效日期	备　注
1	中华人民共和国与苏维埃社会主义共和国联盟友好同盟互助条约	1950年2月14日	莫斯科	中华人民共和国中央人民政府全权代表政务院总理兼外交部长 周恩来	苏维埃社会主义共和国联盟最高苏维埃主席团 全权代表　外交部长 安·扬·维辛斯基	1950年4月11日	1950年4月11日	1950年4月11日	1979年4月3日我人大常委员通过不延长的决议，1979年4月3日通知苏方。根据条约第六条的规定，条约自1980年4月11日起失效。
2	中华人民共和国和印度尼西亚共和国关于双重国籍问题的条约	1955年4月22日	万隆	中华人民共和国政府 全权代表　外交部长 周恩来	印度尼西亚共和国政府 全权代表　外交部长 苏纳约	1958年2月10日	1958年1月11日	1960年1月20日	条约第十四条规定："本条约有效期二十年，期满后继续有效。在期满后，如一方要求废除本条约，必须在一年之前书面通知另一方，在发出上述通知一年之后，本条约即行废除。"印尼方面未遵守条约的上述规定，1969年3月7日印尼国会批准撤销关于中、印尼双重国籍条约的1958年第二号法令。同年4月印尼总统签署了1969年第四号法令，单方面宣布废除该条约。
3	中华人民共和国和德意志民主共和国友好合作条约	1955年12月25日	北京	中华人民共和国 全权代表　国务院总理 周恩来	德意志民主共和国 全权代表　总理 奥托·格罗提渥	1956年1月23日	1956年2月2日	1956年2月10日	

（续 表）

	条约名称	签订日期	签字地点	我方签字人	对方签字人	我方批准日期	对方批准日期	生效日期	备　注
4	中华人民共和国和捷克斯洛伐克共和国友好合作条约	1957年3月27日	北京	中华人民共和国全权代表　国务院总理 周恩来	捷克斯洛伐克共和国全权代表　政府总理 威廉·西罗基	1957年5月12日	1957年7月23日	1957年8月1日	
5	中华人民共和国和也门穆塔瓦基利亚王国友好条约	1958年1月12日	北京	中华人民共和国全权代表　国务院总理 兼外交部长 周恩来	也门穆塔瓦基利亚王国 全权代表　副首相兼外交大臣、国防大臣 塞弗·伊斯兰·穆罕默德·巴德尔	1958年3月20日	1958年5月1日	1958年5月15日	根据1964年6月9日签订的《中华人民共和国和阿拉伯也门共和国友好条约》第四条的规定，自该条约生效之日，即1964年6月9日起本条约即行失效。
6	中华人民共和国和也门穆塔瓦基利亚王国商务条约	1958年1月12日	北京	中华人民共和国全权代表　国务院总理兼外交部长 周恩来	也门穆塔瓦基利亚王国 全权代表　副首相兼外交大臣、国防大臣 塞弗·伊斯兰·穆罕默德·巴德尔	1958年3月20日	1958年5月1日	1958年5月15日	
7	中华人民共和国和苏维埃社会主义共和国联盟通商航海条约	1958年4月23日	北京	中华人民共和国主席全权代表　对外贸易部部长 叶季壮	苏联最高苏维埃主席团 全权代表　对外贸易部部长 卡巴诺夫	1958年7月14日	1958年7月15日	1958年7月25日	
8	中华人民共和国和德意志民主共和国领事条约	1959年1月27日	北京	中华人民共和国主席全权代表　国务院副总理兼外交部长 陈　毅	德意志民主共和国总统 全权代表　部长会议副主席兼外交部长 洛塔·博尔茨	1959年4月18日	1959年4月8日	1959年6月4日	自1986年12月6日起失效。
9	中华人民共和国和匈牙利人民共和国友好合作条约	1959年5月6日	北京	中华人民共和国全权代表　国务院总理 周恩来	匈牙利人民共和国全权代表　工农革命政府总理 明尼赫·费伦茨	1959年6月25日	1959年7月2日	1959年11月2日	
10	中华人民共和国和苏维埃社会主义共和国联盟领事条约	1959年6月23日	北京	中华人民共和国主席全权代表　外交部长 陈　毅	苏维埃社会主义共和国联盟最高苏维埃主席团 全权代表　驻中华人民共和国特命全权大使 尤　金	1959年12月8日	1959年8月10日	1959年12月19日	
11	中华人民共和国和德意志民主共和国通商航海条约	1960年1月18日	北京	中华人民共和国主席全权代表　国务院副总理 李先念	德意志民主共和国总统 全权代表　副总理 海因里希·劳	1960年2月9日	1960年5月4日	1960年6月18日	

（续 表）

	条约名称	签订日期	签字地点	我方签字人	对方签字人	我方批准日期	对方批准日期	生效日期	备 注
12	中华人民共和国和缅甸联邦之间的友好和互不侵犯条约	1960年1月28日	北京	中华人民共和国政府全权代表 国务院总理 周恩来	缅甸联邦政府全权代表 联邦总理 奈温	1960年2月19日	1960年5月12日	1960年5月14日	1969年3月4日缅方通知不延长条约期限。根据条约第六条的规定，条约自1970年5月14日起失效。
13	中华人民共和国和尼泊尔王国和平友好条约	1960年4月28日	加德满都	中华人民共和国全权代表 国务院总理 周恩来	尼泊尔王国全权代表 首相 毕什韦什瓦·普拉萨德·柯伊拉腊	1960年5月31日	1961年5月31日	1961年11月13日	
14	中华人民共和国和捷克斯洛伐克共和国领事条约	1960年5月7日	布拉格	中华人民共和国主席全权代表 驻捷克斯洛伐克特命全权大使 曹瑛	捷克斯洛伐克共和国总统全权代表 外交部长 瓦茨拉夫·戴维	1960年9月9日	1961年4月21日	1961年6月8日	
15	中华人民共和国和蒙古人民共和国友好互助条约	1960年5月31日	乌兰巴托	中华人民共和国全权代表 国务院总理 周恩来	蒙古人民共和国全权代表 部长会议主席 尤睦佳·泽登巴尔	1960年9月9日	1960年7月7日	1960年10月12日	
16	中华人民共和国和阿富汗王国友好和互不侵犯条约	1960年8月26日	喀布尔	中华人民共和国全权代表 国务院副总理兼外交部长 陈毅	阿富汗王国全权代表 副首相兼外交大臣 萨达尔·穆罕默德·纳伊姆	1960年10月21日	1960年10月9日	1960年12月12日	
17	中华人民共和国和几内亚共和国友好条约	1960年9月13日	北京	中华人民共和国全权代表 周恩来	几内亚共和国全权代表 塞古·杜尔	1960年10月21日	1960年12月19日	1961年7月1日	
18	中华人民共和国和缅甸联邦边界条约	1960年10月1日	北京	中华人民共和国全权代表 国务院总理 周恩来	缅甸联邦全权代表 总理 吴努	1960年12月20日	1960年12月29日	1961年1月4日	
19	中华人民共和国和柬埔寨王国友好和互不侵犯条约	1960年12月19日	北京	中华人民共和国全权代表 国务院总理 周恩来	柬埔寨王国全权代表 政府首相 福·波伦	1961年2月6日	1961年4月8日	1961年5月2日	
20	中华人民共和国和阿尔巴尼亚人民共和国通商航海条约	1961年2月2日	北京	中华人民共和国主席全权代表 国务院副总理 李先念	阿尔巴尼亚人民共和国人民议会主席团全权代表 部长会议第一副主席 斯皮罗·科列加	1961年5月19日	1961年4月17日	1961年7月22日	
21	中华人民共和国和印度尼西亚共和国友好条约	1961年4月1日	雅加达	中华人民共和国代表 中华人民共和国国务院副总理兼外交部长 陈毅	印度尼西亚共和国代表印度尼西亚共和国第二副首席部长兼外交部长 苏班德里约	1961年5月25日	1961年6月10日	1961年6月14日	1971年6月14日期满失效。

（续　表）

	条约名称	签订日期	签字地点	我方签字人	对方签字人	我方批准日期	对方批准日期	生效日期	备　注
22	中华人民共和国和蒙古人民共和国通商条约	1961年4月26日	乌兰巴托	中华人民共和国主席全权代表 叶季壮	蒙古人民共和国大人民呼拉尔主席团全权代表 德·莫洛姆扎木茨	1961年7月25日	1962年1月12日	1962年3月2日	
23	中华人民共和国和朝鲜民主主义人民共和国友好合作互助条约	1961年7月11日	北京	中华人民共和国全权代表 国务院总理 周恩来	朝鲜民主主义人民共和国全权代表 内阁首相 金日成	1961年8月30日	1961年8月23日	1961年9月10日	
24	中华人民共和国和加纳共和国友好条约	1961年8月18日	北京	中华人民共和国全权代表 周恩来	加纳共和国全权代表 克瓦米·恩克鲁玛	1961年10月16日	1962年2月20日	1962年3月28日	
25	中华人民共和国和尼泊尔王国边界条约	1961年10月5日	北京	中华人民共和国主席 刘少奇	尼泊尔国王陛下 马亨德拉·比尔·比克拉姆·沙阿·德瓦			1961年10月5日	自签字之日起生效
26	中华人民共和国和朝鲜民主主义人民共和国通商航海条约	1962年11月5日	北京	中华人民共和国主席全权代表 国务院副总理 李先念	朝鲜民主主义人民共和国最高人民会议常任委员会全权代表 内阁副首相 李周渊	1962年11月29日	1962年12月8日	1962年12月15日	
27	中华人民共和国和越南民主共和国通商航海条约	1962年12月5日	北京	中华人民共和国主席全权代表 对外贸易部部长 叶季壮	越南民主共和国主席全权代表 对外贸易部部长 潘　英	1962年12月25日	1963年1月12日	1963年2月15日	
28	中华人民共和国和蒙古人民共和国边界条约	1962年12月26日	北京	中华人民共和国全权代表 国务院总理 周恩来	蒙古人民共和国全权代表 部长会议主席 尤睦佳·泽登巴尔	1963年3月8日	1963年2月4日	1963年3月25日	
29	中华人民共和国和阿富汗王国边界条约	1963年11月22日	北京	中华人民共和国全权代表 外交部长 陈　毅	阿富汗王国全权代表 内务大臣 阿布杜·卡尤姆			1963年11月22日	自签字之日起生效
30	中华人民共和国和阿拉伯也门共和国友好条约	1964年6月9日	北京	中华人民共和国主席 刘少奇	阿拉伯也门共和国总统 阿卜杜拉·萨拉勒			1964年6月9日	自签字之日起生效
31	中华人民共和国和刚果共和国（布拉柴维尔）友好条约	1964年10月2日	北京	中华人民共和国全权代表 主席 刘少奇	刚果共和国（布拉柴维尔）全权代表 总统 阿方斯·马桑巴—代巴	1964年11月23日	1964年11月21日	1965年1月9日	
32	中华人民共和国和马里共和国友好条约	1964年11月3日	北京	中华人民共和国主席 刘少奇	马里共和国国家元首政府首脑 莫迪博·凯塔	1964年12月19日	1965年3月27日	1965年4月20日	

(续　表)

	条约名称	签订日期	签字地点	我方签字人	对方签字人	我方批准日期	对方批准日期	生效日期	备　注
33	中华人民共和国和坦桑尼亚联合共和国友好条约	1965年2月20日	北京	中华人民共和国主席 刘少奇	坦桑尼亚联合共和国总统 朱利叶斯·克·尼雷尔	1965年4月12日	1965年10月16日	1965年11月9日	
34	中华人民共和国和日本国和平友好条约	1978年8月12日	北京	中华人民共和国 全权代表　外交部长 黄　华	日本国 全权代表　外务大臣 园田直	1978年8月16日	1978年8月12日	1978年10月23日	
35	中华人民共和国和美利坚合众国领事条约	1980年9月17日	华盛顿	中华人民共和国 全权代表　副总理 薄一波	美利坚合众国 全权代表　总统 卡　特	1981年11月26日	1982年1月4日	1982年2月18日	
36	中华人民共和国和南斯拉夫社会主义联邦共和国领事条约	1982年2月4日	北京	中华人民共和国 全权代表　国务院副总理兼外交部长 黄　华	南斯拉夫社会主义联邦共和国 全权代表　驻中国特命全权大使 米尔科·奥斯托依奇	1982年8月23日	1982年8月5日	1982年11月26日	
37	中华人民共和国政府和波兰人民共和国政府领事条约	1984年7月14日	北京	中华人民共和国政府 全权代表 钱其琛	波兰人民共和国政府 全权代表 埃尔奈斯库·库查	1984年9月20日	1984年12月13日	1985年2月20日	
38	中华人民共和国和朝鲜民主主义人民共和国领事条约	1985年11月26日	北京	中华人民共和国 全权代表　外交部长 吴学谦	朝鲜民主主义人民共和国 全权代表　外交部长 金永南	1986年3月19日	1985年10月23日	1986年7月2日	
39	中华人民共和国和德意志民主共和国领事条约	1986年5月31日	柏林	中华人民共和国 全权代表　外交部长 吴学谦	德意志民主共和国 全权代表　外交部长 奥斯卡·菲舍尔	1986年9月5日	1986年6月3日	1986年12月6日	自本条约生效之日起，双方于1959年1月27日签订的领事条约即行失效。
40	中华人民共和国和匈牙利人民共和国领事条约	1986年6月3日	布达佩斯	中华人民共和国 全权代表　外交部长 吴学谦	匈牙利人民共和国 全权代表　外交部长 瓦尔科尼·波得	1986年9月5日	1986年6月13日	1986年11月28日	

注：后两项条约系1986年签订的。

(外交部条法司　王春香)

中华人民共和国参加的国际公约一览表

编号	公约名称	签订日期和地点	公约生效日期	公约保存国	我国参加情况	保留情况
1	米制公约 Metric Convention	1875年5月20日订于巴黎 1921年10月6日在赛维尔修订	1876年1月1日	法国	1977年5月20日由中国政府致函法国政府，宣布加入米制公约。同年6月16日法国政府复照确认。	

（续 表）

编号	公约名称	签订日期和地点	公约生效日期	公约保存国	我国参加情况	保留情况
2	保护工业产权的巴黎公约 Convention for the Protection of Industrial Property	1883年3月20日订于巴黎 1967年7月14日在斯德哥尔摩修订		世界知识产权组织总干事	1984年12月19日中国政府向世界知识产权组织总干事交存加入书，1985年3月19日对我生效。	加入书中声明：中国不受公约第28条第一款的约束。
3	国际海关税则出版联盟公约 International Convention for the Publication of customs Tariffs	1890年7月5日订于布鲁塞尔	1891年4月1日	比利时	中国原系本公约的缔约国，1976年12月比利时外交部给我备忘录，说明该组织已断绝与台湾当局的一切关系。黄华外长于1978年5月3日致函比利时外交大臣，通知我承认本公约。	
4	本国工人与外国工人关于事故赔偿的同等待遇公约 Convention concerning Equality of Treatment for National and Foreign Workers as regards Workmen's compensation for Accidents	1925年5月19日国际劳工大会在日内瓦通过	1926年9月8日生效	国际劳工局局长	1984年6月11日吴学谦外长致函国际劳工局局长承认当时中国政府对本公约的批准。	
5	关于禁用毒气或类似毒品及细菌方法作战议定书 Protocol for the Prohibition of Use in War of Asphyxiating, Poisonous or Other Gases, and of Bacteriological Methods of Warfare	1925年6月17日订于日内瓦	1928年2月8日	法国	中国于1929年8月7日加入本议定书，1952年7月13日周恩来外长以中华人民共和国中央人民政府的名义声明承认本议定书。	
6	海员协议条款公约 Convention concerning Seamen's Articles of Agreement	1926年6月24日国际劳工大会在日内瓦通过	1928年4月4日生效	国际劳工局局长	1984年6月11日，吴学谦外长致函国际劳工局局长承认当时中国政府对本公约的批准。	
7	航运的重大包裹标明重量公约 Convention concerning the Marking of the Weight on Heavy Packages Transported by Vessels	1929年6月21日国际劳工大会在日内瓦通过	1932年3月9日生效	国际劳工局局长	1984年6月11日，吴学谦外长致函国际劳工局局长承认当时中国政府对本公约的批准。	
8	国际统一私法协会章程 Statute of the International Institute for the Unification of Private Law	1940年3月15日在罗马通过，1976年9月29日修订		意大利	中国政府接受本章程。声明自1986年1月1日起，为该协会成员。	
9	国际货币基金协定 Agreement of the International Monetary Fund	1944年7月22日订于布雷顿森林	1945年12月27日	美国	中国系本协定的缔约国，于1945年8月25日批准，1945年12月27日签字。1980年4月1日黄华外长致函国际货币基金组织总裁，承认当时中国政府的批准书有效。	

（续 表）

编号	公约名称	签订日期和地点	公约生效日期	公约保存国	我国参加情况	保留情况
10	国际复兴开发银行协定 Agreement of the International Bank for Reconstruction and Development	1944年7月22日订于布雷顿森林	1945年12月27日	美国	中国系本协定的缔约国，于1945年8月25日批准，1945年12月27日签字。1980年4月14日韩念龙代表外交部长致函国际复兴开发银行行长，指出：中华人民共和国政府是中国的唯一合法政府。只有中华人民共和国政府才能在国际复兴开发银行及其附属机构（国际开发协会和国际金融公司）中代表中国。中华人民共和国根据这些机构的现行协定，履行其权利义务。1980年5月15日世界银行执行董事会决定恢复中华人民共和国在世界银行的席位。	
11	国际民用航空公约 Convention on International Civil Aviation	1944年12月7日订于芝加哥	1947年4月4日	美国	中国系本公约的缔约国。1971年11月19日国际民航组织理事会通过决议，承认中华人民共和国政府是在该组织的唯一合法代表。1974年2月15日，姬鹏飞外长通知国际民航组织秘书长，我政府决定承认本公约，并从即日起参加国际民航组织的活动。该公约于1974年3月28日对我生效。	
12	联合国宪章 Charter of the United Nations	1945年6月26日订于旧金山	1945年10月24日	美国	中国系联合国原始成员国，1945年6月26日在宪章上签字，1945年9月28日批准。1971年10月25日联合国大会通过决议，驱除台湾当局的代表，恢复中华人民共和国的合法席位。	
13	国际法院规约 Statute of the International Court of Justice	1945年6月26日订于旧金山			联合国宪章规定，国际法院规约是联合国宪章的构成部分，联合国会员国为国际法院规约之当然当事国。中国系联合国原始成员国，1945年签署和批准宪章，当然也是国际法院规约当事国。	1946年10月26日当时中国政府通知联合国秘书长表示接受国际法院强制管辖。1972年12月5日中华人民共和国政府通知联合国秘书长，中国不承认当时政府的声明。
14	联合国粮食及农业组织章程 Constitution of Food and Agriculture Organization of the United Nations	1945年10月16日订于渥太华	1945年10月16日	加拿大	中国系粮农组织的原始成员国，于1945年10月16日签署该章程，中华人民共和国于1973年4月1日恢复参加粮农组织的活动。	
15	联合国教育、科学及文化组织组织法 Constitution of the United Nations Educational, Scientific and Cultural Organization	1945年11月16日订于伦敦	1946年11月4日	联合国教科文组织	中国于1946年9月13日签署本组织法。1971年10月29日该组织驱逐台湾当局代表，中华人民共和国于1972年10月派代表参加该组织第十七届大会。	

（续 表）

编号	公约名称	签订日期和地点	公约生效日期	公约保存国	我国参加情况	保留情况
16	联合国特权和豁免公约 Convention on the Privileges and Immunities of the United Nations	1946年2月13日订于纽约	1946年9月17日	联合国	1979年9月11日中国政府向联合国秘书长交存加入书，同日对我生效。	对此公约第八条第三十节的规定持有保留。
17	世界卫生组织组织法 Constitution of the World Health Organization	1946年7月22日订于纽约	1948年4月7日	联合国	中国于1946年7月22日无保留签字接受。1972年5月10日该组织驱逐台湾当局代表，并恢复中华人民共和国的合法席位，1972年8月姬鹏飞外长通知该组织总干事我参加该组织活动。	
18	世界气象组织公约 Convention of the World Meteorological Organization	1947年10月11日订于华盛顿	1950年3月23日	美国	中国于1947年10月11日签署公约。1973年1月19日我国批准该公约，同日姬鹏飞外长致函世界气象组织秘书长，函中载明：中国政府决定承认当时中国政府代表签字的"世界气象组织公约"。1973年4月27日，美国政府通知收到我批准该公约的批准书。	批准书中载明：对公约第二十九条的规定作如下保留：由于对公约的解释或应用而产生的任何问题和争端，如未经中国政府同意即提交仲裁，中国政府将不受该项仲裁裁决的约束。
19	专门机构特权和豁免公约 Convention on the Privileges and Immunities of the Specialized Agencies	1947年11月21日订于纽约	1948年12月2日	联合国	1979年9月11日交存加入书，同日对我生效。	对公约第九条第三十二节的规定持有保留。同时通知：中国政府承担将该公约的规定适用于联合国粮食及农业组织、国际民用航空组织、联合国教育、科学及文化组织、世界卫生组织、万国邮政联盟、国际电信联盟、世界气象组织和政府间海事协商组织。1981年6月30日中国政府根据公约第十一条的规定，再次通知联合国秘书

（续 表）

编号	公约名称	签订日期和地点	公约生效日期	公约保存国	我国参加情况	保留情况
19						长，将该公约的规定扩大适用于：国际货币基金组织、国际复兴开发银行、国际金融公司、国际开发协会四机构。1981年6月30日起对我生效。
20	国际海事组织公约 Convention on the International Maritime Organization	1948年3月6日订于日内瓦	1958年3月17日	联合国	1973年3月1日交存接受书，同日对我生效。	接受书中载明：台湾当局对该公约的接受和签字是非法无效的。
21	防止及惩治灭绝种族罪公约 Convention on the Prevention and Punishment of the Crime of Genocide	1948年12月9日联合国大会通过	1951年1月12日	联合国	1949年7月20日签署，1983年4月18日交存批准书，同年7月17日对我生效。	对公约第九条持有保留，声明：台湾当局于1951年7月19日以中国名义对该公约的批准是非法的和无效的。
22	改善战地武装部队伤者病者境遇之日内瓦公约 Geneva Convention for the Amelioration of the Condition of the Woundedand Sick in Armed Forces in the Field	1949年8月12日订于日内瓦	1950年10月21日	瑞士	1949年12月10日签字，但未批准。1952年7月13日周恩来外长发表声明予以承认。1956年12月28日中华人民共和国政府向瑞士联邦政府交存批准书。1957年6月28日对我生效。	对公约第十条持有保留。
23	改善海上武装部队伤者病者及遇船难者境遇之日内瓦公约 Geneva Convention for the Amelioration of the Condition of the Wounded, Sick and Shipwrecked Members of Armed Forces at Sea	1949年8月12日订于日内瓦	1950年10月21日	瑞士	1949年12月10日签字，但未批准。1952年7月13日周恩来外长发表声明予以承认。1956年12月28日中华人民共和国政府向瑞士联邦政府交存批准书。1957年6月28日对我生效。	对公约第十条持有保留。
24	关于战俘待遇之日内瓦公约 Geneva Convention relative to the Treatment of Prisoners of War	1949年8月12日订于日内瓦	1950年10月21日	瑞士	1949年12月10日签字，但未批准。1952年7月13日周恩来外长发表声明予以承认。1956年12月28日中华人民共和国政府向瑞士联邦政府交存批准书。1957年6月28日对我生效。	对公约第十、第十二条和第八十五条持有保留。
25	关于战时保护平民之日内瓦公约 Geneva Convention relative to the Protection of Civilian Persons in Time of War	1949年8月12日订于日内瓦	1950年10月21日	瑞士	1949年12月10日签字，但未批准。1952年7月13日周恩来外长发表声明予以承认。1956年12月28日中华人民共和国政府向瑞士联邦政府交存批准书。1957年6月28日对我生效。	对公约第十一条和第四十五条持有保留。

（续 表）

编号	公约名称	签订日期和地点	公约生效日期	公约保存国	我国参加情况	保留情况
26	建立海关合作理事会公约 Convention Establishing a Customs Co-operation Council	1950年12月15日订于布鲁塞尔	1952年11月4日	比利时	1983年7月8日吴学谦外长致函比利时对外关系大臣，通知中国政府决定加入公约，同年7月18日交存加入书，同日对我生效。	
27	关于难民地位的公约 Convention relating to the Status of Refugees	1951年7月28日订于日内瓦	1954年4月22日	联合国	1982年9月24日交存加入书，同年12月23日对我生效。	
28	国际制冷学会的国际协定 International Agreement concerning the International Institute of Refrigeration	1954年12月1日订于巴黎 1976年9月2日修订	1955年6月1日	法国	1978年10月16日中国政府向法国政府交存加入书，同日对我生效。	
29	修订1929年10月12日在华沙签订的统一国际航空运输某些规则的公约的议定书 Protocol to Amend the Convention for the Unification of Certain Rules relating to International Carriage by Air Signed at Warsaw on 12 October, 1929	1955年9月28日订于海牙	1963年8月1日生效	波兰	1975年8月20日中国政府向波兰政府交存批准书，同年11月8日对我生效。	
30	国际法制计量组织公约 Convention instituant une organisation internationale de Métrologie légale	1955年10月12日订于巴黎 1963年11月12日修订	1958年5月28日	法国	1985年3月26日交存加入书，同年4月26日对我生效。	
31	国际刑事警察组织章程与规则 INTERPOL: Constitution and General Regulations	1956年6月13日国际刑警组织在维也纳召开第25届大会通过	1956年6月13日	国际刑警组织秘书长	1984年5月17日中国政府向国际刑事警察组织秘书长提出申请，同年9月5日该组织第53届大会接纳中国为该组织正式成员国。	
32	国际原子能机构规约 Statute of the International Atomic Energy Agency	1956年10月26日订于联合国	1957年7月29日生效	美国	1984年1月1日中国政府交存接受书，同日对我生效。	

（续 表）

编号	公约名称	签订日期和地点	公约生效日期	公约保存国	我国参加情况	保留情况
32		总部1973年6月1日修订				
33	南极条约 Antarctic Treaty	1959年12月1日订于华盛顿	1961年6月23日	美国	1983年6月8日中国政府向美国政府交存加入书。	
34	国际开发协会协定 Agreement of the International Development Association	1960年9月24日世界银行理事会通过		国际复兴开发银行	我国参加情况见国际复兴开发银行协定。	
35	维也纳外交关系公约 Vienna Convention on Diplomatic Relations	1961年4月18日订于维也纳	1964年4月24日	联合国	1975年11月25日交存加入书，1975年12月25日对我生效。	加入书中声明：对公约第十四条、第十六条持有保留。
36	国际金融公司协定 Agreement of the International Finance Corporation	1956年7月20日订于华盛顿1961年9月21日和1965年9月1日的决议修订			我国参加情况见国际复兴开发银行协定。	
37	维也纳领事关系公约 Vienna Convention on Consular Relations	1963年4月24日订于维也纳	1967年3月19日	联合国	1979年7月3日中国政府向联合国秘书长交存加入书。同年8月1日对我生效。	
38	建立非洲开发银行协定 Agreement Establishing the African Development Bank	1963年8月4日订于喀土穆1979年5月17日修订	1964年9月10日	联合国秘书长	1985年5月9日中国政府代表签署本协定并交存接受书，同年5月10日非行理事会通过接纳中国为该行非非洲地区成员。	
39	关于在航空器内的犯罪和犯有某些其他行为公约 Convention on Offences and Certain Other Acts Committed on Board Aircraft	1963年9月14日订于东京	1969年12月4日	国际民航组织	1978年11月14日在蒙特利尔交存加入书，1979年2月12日对我生效。	加入书中载明：对公约第二十四条第一款持有保留。
40	万国邮政联盟组织法 Constitution of the Universal Postal Union	1964年7月10日订于维也纳	1966年1月1日	瑞士	1973年2月7日中华人民共和国政府向瑞士联邦政府交存加入书，同日对我生效。	
41	消除一切形式种族歧视国际公约 International Convention on the Elimination of all Forms of Racial Discrimination	1965年12月21日联合国大会通过，1966年3月7日开放签字	1969年1月4日	联合国	1981年12月29日中华人民共和国政府向联合国秘书长交存加入书，1982年1月28日对我生效。	加入书中声明：对公约第二十二条持有保留。

（续 表）

编号	公约名称	签订日期和地点	公约生效日期	公约保存国	我国参加情况	保留情况
42	国际船舶载重线公约 International Load Line Convention	1966年4月5日订于伦敦	1968年7月21日	国际海事组织	1973年10月5日中华人民共和国政府向国际海事组织秘书长交存加入书，同时退出《1930年国际船舶载重线公约》。于1974年1月5日对我生效。	加入书中载明：关于中华人民共和国沿海区域的划分，不受该公约附则二第四十九条和第五十条有关规定的约束。外文见联合国条约集第640册，第133页。
43	关于各国探索和利用包括月球和其它天体在内外层空间活动的原则条约 Treaty on Principles governing the Activities of States in the Exploration and Use of Outer Space, including the Moon and Other Celestral Bodies	1967年1月27日在伦敦、莫斯科、华盛顿开放签字	1967年10月10日	英国、苏联、美国	中国政府分别于1983年12月30日、1984年1月6日和1月12日向美国政府、苏联政府和英国政府交存加入书。本条约自1983年12月30日对我生效。	
44	关于难民地位的议定书 Protocol relating to the Status of Refugees	1967年1月31日订于纽约	1967年10月4日	联合国	1982年9月24日交存加入书，同年12月23日对我生效。	对议定书第四条持有保留。
45	拉丁美洲禁止核武器条约第二附加议定书 Protocol II Additional to the Treaty for the Prohibition of Nuclear Weapons in Latin America	1967年2月14日订于墨西哥城	1968年4月22日	墨西哥	1973年8月21日签字，1974年6月12日批准，同日对我生效。	附中华人民共和国有关签署这一议定书的声明。
46	国际水道测量组织公约 Convention on the International Hydrographic Organization	1967年5月3日订于摩纳哥	1970年9月22日	摩纳哥	1979年5月15日中国政府致函摩纳哥政府，通知中国政府决定承认该公约，并参加该组织活动。根据公约第20条规定，谨通知中国现有船队的吨位为五百十八万四千总吨。	同时声明：中华人民共和国政府对该组织公约第十七条予以保留。
47	建立世界知识产权组织公约 Convention Establishing the World Intellectual Property Organization	1967年7月14日订于斯德哥尔摩	1970年4月26日	世界知识产权组织总干事	1980年3月4日交存加入书，同年6月4日对我生效。	
48	国际船舶吨位丈量公约 International Convention on Tonnage Measurements of Ships	1969年6月23日订于伦敦	1982年7月18日	国际海事组织	1980年4月8日交存加入书，1982年7月18日对我生效。	

（续 表）

编号	公约名称	签订日期和地点	公约生效日期	公约保存国	我国参加情况	保留情况
49	国际卫生条例 International Health Rogulations	1969年7月25日世界卫生大会于波士顿通过	1971年1月1日生效	世界卫生组织总干事	1979年5月11日中华人民共和国卫生部长致函世界卫生组织总干事，通知中国政府自1979年6月1月起承认“国际卫生条例”。	
50	万国邮政联盟组织法附加议定书 Additional Protocol to the Constitution of the Universal Postal Union	1969年11月14日订于东京	1971年7月1日	瑞士	1973年1月12日姬鹏飞外长通知瑞士联邦政治部长，宣布我国政府决定加入万国邮政联盟组织法和附加议定书。同年2月12日对我生效。	
51	国际油污损害民事责任公约 International Convention on Civil Liability for Oil Pollution Damage	1969年11月29日订于布鲁塞尔	1975年6月19日	国际海事组织	1980年1月30日中国政府向海事组织秘书长交存接受书，同年5月30日对我生效。	
52	关于制止非法劫持航空器的公约 Convention for the Suppression of Unlawful Seizure of Aircraft	1970年12月16日订于海牙	1971年10月14日	苏联 英国 美国	1980年9月10日中国政府向美国政府交存加入书，同年10月10日对我生效。	对本公约第十二条第一款持保留。
53	1971年精神药物公约 Convention on Psychotropic Substances	1971年2月21日订于维也纳	1976年8月16日	联合国秘书长	1985年8月22日中国政府向联合国秘书长交存加入书。 外文见联合国条约集第1019册第175页。	加入书中载明：(1)对公约第31条第二款持有保留。
54	国际通信卫星组织协定 Agreement relating to the International Telecommunications Satellite Organization	1971年8月20日订于华盛顿	1973年2月12日	美国	1978年8月16日交存加入书，同日对我生效。	
55	国际通信卫星组织业务协定 Operating Agreement relating to the International Telecommunications Satellite Organization	1971年8月20日订于华盛顿	签字生效	美国	1977年8月16日中国以北京长途电信局的名义签字，同日对我生效。1981年7月5日中国政府通知美国政府，本协定的签字者更换为中华人民共和国邮电部。	
56	关于制止危害民用航空安全的非法行为的公约 Convention for the Suppression of Unlawful Acts against the Safety of Civil Aviavion	1971年9月23日订于蒙特利尔	1973年1月26日	苏联 英国 美国	1980年9月10日在华盛顿交存加入书，同年10月10日对我生效。	加入书中载明：对本公约的第十四条第一款持保留。
57	禁止细菌(生物)及毒素武器的发展、生产及储存以及销毁这类武器的公约 Convention on the Prohibition of the Development, Production and Stockpiling of Bacteriological (Biological)	1972年4月10日订于华盛顿、伦敦、莫斯科	1975年3月26日	美国 英国 苏联	1984年11月15日中国政府分别向英、美、苏政府交存加入书，同日对我生效。	

（续 表）

编号	公约名称	签订日期和地点	公约生效日期	公约保存国	我国参加情况	保留情况
57	and Toxin Weapons and on their Destruction					
58	核科学技术研究、发展和培训区域性合作协定(RCA) Regional Cooperation Agreement for Research, Development and Training related to Nuclear Science and Technology (RCA) of 1972	1972年6月签订 1977年1982年延长		国际原子能机构总干事	1985年7月1日国际原子能机构理事会、中国理事、核工业部副部长周平致函国际原子能机构总干事，通知中国政府接受该协定。	
59	国际海上避碰规则公约 Convention on the International Regulations for Preventing Collisions at Sea	1972年10月20日订于伦敦	1977年7月15日	国际海事组织	1980年1月7日交存加入书，同日对我生效。	
60	建立非洲开发基金协定 Agreement Establishing the African Development Fund	1972年11月29日订于阿比让	1973年12月31日	非行总部	1985年5月3日中国政府代表签署本协定，并交存接受书，同年5月8日非行理事会和基金理事会通过接纳中国为基金成员。	
61	国际集装箱安全公约 International Convention for Safe Containers	1972年12月2日订于日内瓦	1977年9月6日	国际海事组织	1980年9月23日交存加入书，1981年9月23日对我生效。	
62	防止倾倒废物及其他物质污染海洋的公约 Convention on the Prevention of Marine Pollution by Dumping of Wastes and Other Matter	1972年12月29日订于伦敦、莫斯科、华盛顿、墨西哥城	1975年8月30日	英国 苏联 美国 墨西哥	1985年11月14日交存加入书。	
63	濒危野生动植物种国际贸易公约 Convention on International Trade in Endangered Species of Wild Fauna and Flora	1973年3月3日订于华盛顿	1975年7月1日	瑞士	1981年1月8日交存加入书，同年4月8日对我生效。	
64	禁止并惩治种族隔离罪行国际公约 International Convention on the Suppression and Punishment of the Crime of Apartheid	1973年11月30日联合国大会通过	1976年7月18日	联合国	1983年4月18日交存加入书，同年5月18日对我生效。	
65	国际纺织品贸易协议 Arrangement regarding International Trade in Textiles	1973年12月20日订于日内瓦	1974年1月1日	关贸总协定总干事	1983年10月6日中华人民共和国政府正式提出申请加入本协议。同年12月15日关税和贸易总协定纺织品委员会对此一致通过。1984年1月我国政府确认加入该协议。	

（续 表）

编号	公约名称	签订日期和地点	公约生效日期	公约保存国	我国参加情况	保留情况
66	联合国班轮公会行动守则公约 United Nation Convention on a Code of Conduct for Liner Conferences	1974年4月6日订于日内瓦	1983年10月6日	联合国	1980年9月23日中国政府向联合国秘书长交存加入书。	加入书中载明："中华人民共和国和其他国家之间，经过协商，在合适的基础上建立的联合航线，与班轮公会的性质完全不同，不适用联合国班轮公会行动守则公约的各项规定"。
67	1974年国际海上人命安全公约 International Convention for the Safety of Life at Sea	1974年11月1日订于伦敦	1980年5月25日	国际海事组织	1975年6月20日签字，1979年12月22日批准，1980年1月7日交存批准书，同年5月25日对我生效。	
68	经1972年3月25日修正1961年麻醉品单一公约议定书修正的1961年麻醉品单一公约 Single Convention on Narcotic Drugs, 1961, as Amended by the Protocol of 25, March 1972 Amending the Single Convention on Narcotic Drugs, 1961	1975年8月8日订于纽约	1975年8月8日	联合国秘书长	1985年8月22日中国政府向联合国秘书长交存加入书。	加入书中载明：对公约第48条第二款持有保留。
69	亚洲太平洋地区电信组织章程 Constitution of the Asian-Pacific Telecommunity	1976年3月27日订于曼谷	1979年2月25日	联合国	1976年10月25日签署，1977年5月20日接受，同年6月2日交存接受书。	
70	关于建立国际农业发展基金会的协定 Agreement Establishing the International Fund for Agricultural Development	1976年6月13日订于罗马	1977年11月30日	联合国	1980年1月15日交存加入书，同日对我生效。	
71	国际海事卫星组织公约 Convention on the International Maritime Satellite Organization	1976年9月3日订于伦敦	1979年7月16日	国际海事组织	1979年7月13日由我驻英使馆临时代办褚启元在公约上签字。	
72	国际海事卫星组织业务协定 Operating Agreement on the International Maritime Satellite Organization	1976年9月3日订于伦敦	1979年7月16日	海事组织	1979年7月13日中国政府代表签字。	

编号	公约名称	签订日期和地点	公约生效日期	公约保存国	我国参加情况	保留情况
73	设立亚洲再保险公司的协定 Agreement Establishing the Asian Reinsurance Corporation	1977年4月20日订于曼谷	1979年5月24日	联合国亚太经社委员会	1979年2月23日签字，同年3月29日核准。	
74	1949年8月12日日内瓦四公约关于保护国际性武装冲突受难者的附加议定书（第一议定书） Protocol Additional to the Geneva Conventions of 12 August 1949, and relating to the Protection of Victims of International Armed Conflicts (Protocol Ⅰ)	1977年6月8日订于日内瓦	1978年12月7日	瑞士	1983年9月14日交存加入书，1984年3月14日对我生效。	对议定书第88条第二款持有保留。
75	1949年8月12日日内瓦四公约关于保护非国际性武装冲突受难者的附加议定书（第二议定书） Protocol Additional to the Geneva Conventions of 12 August 1949, and relating to the Protection of Victims of Non-International Armed Conflicts (Protocol Ⅱ)	1977年6月8日订于日内瓦	1978年12月7日	瑞士	1983年9月14日交存加入书，1984年3月14日对我生效。	
76	1974年国际海上人命安全公约1978年议定书 Protocol of 1978 relating to the International Convention for the Safety of Life at Sea, 1974	1978年2月17日订于伦敦	1981年5月1日	国际海事组织	1982年12月17日交存加入书，1983年3月17日对我生效。	
77	关于1973年国际防止船舶造成污染公约的1978年议定书 Protocol of 1978 relating to the International Convention for the Prevention of Pollution from Ships, 1973	1978年2月17日订于伦敦	1983年10月2日	国际海事组织	1983年7月1日交存加入书。	加入书中载明：不受公约附则Ⅲ、Ⅳ、Ⅴ的约束。
78	海员培训、发证和值班标准国际公约 International Convention on Standards of Training, Certification and Watchkeeping for Seafarers	1978年7月7日订于伦敦	1984年4月28日	国际海事组织	1979年6月3日我政府代表作了有待核准的签字，1981年6月8日交存核准书。	
79	联合国工业发展组织章程 Constitution of the United Nations Industrial Development Organization	1979年4月8日订于维也纳		联合国	1979年9月6日签字，1980年1月9日核准，1980年2月14日交存核准书。	

编号	公约名称	签订日期和地点	公约生效日期	公约保存国	我国参加情况	保留情况
80	1979年国际海上搜寻救助公约 International Convention on Maritime Search and Rescue, 1979	1979年4月27日订于汉堡	1985年6月22日	国际海事组织	1980年9月11日我政府代表作了有待核准的签字，1985年6月24日交存核准书，同年7月24日对我生效。	
81	国际天然橡胶协定 International Natural Rubber Agreement	1979年10月6日订于日内瓦	1982年4月15日	联合国	1980年6月17日签字，同年9月15日交存核准书。	
82	万国邮政联盟总规则 General Regulations of the Universal Postal Union	1979年10月26日订于里约热内卢	1981年7月1日	瑞士	1979年10月26日签字，1982年8月25日我政府核准，同年11月25日交存核准书，同日对我生效。	
83	万国邮政公约 Universal Postal Convention	1979年10月26日订于里约热内卢	1981年7月1日	瑞士	1979年10月26日签字，1982年8月25日我政府核准，同年11月25日交存核准书，同日对我生效。	
84	邮政包裹协定 Agreement concerning Postal Parcels	1979年10月26日订于里约热内卢	1981年7月1日	瑞士	1979年10月26日签字，1982年8月25日我政府核准，同年11月25日交存核准书，同日对我生效。	
85	消除对妇女一切形式歧视公约 Convention on the Elimination of all Forms of Discrimination against Women	1979年12月18日订于哥本哈根	1981年9月3日	联合国	1980年7月17日签字，同年11月4日交存批准书，同年12月4日对我生效。	批准书中载明：中华人民共和国不接受公约第二十九条第一款的约束。
86	联合国国际货物销售合同公约 United Nations Convention on Contracts for the International Sale of Goods	1980年4月11日订于维也纳		联合国秘书长	我国于1981年9月30日签署本公约。1986年12月11日交存核准书。	核准书中载明：中国不受公约第一条第一款（b）、第十一条及与十一条内容有关的规定的约束。
87	建立商品共同基金协定 Agreement Establishing the Common Fund for Commodities	1980年6月27日订于日内瓦		联合国秘书长	1980年11月5日签字，1981年9月2日交存核准书。	
88	禁止或限制使用某些可被认为具有过分伤害力或滥杀滥伤作用的常规武器公约 Convention on Prohibitions or Restrictions on the Use of Certain Conventional Weapons which may be deemed to be Excessively	1980年10月10日订于日内瓦	1983年12月2日	联合国秘书长	1981年9月14日签字，1982年4月7日交存公约及三项附加议定书的批准书，1983年12月2日对我生效。	

（续 表）

编号	公约名称	签订日期和地点	公约生效日期	公约保存国	我国参加情况	保留情况
88	Injurious or to have Indiscriminate Effects					
89	亚洲太平洋邮政公约 Asian-Pacific Postal Convention	1981年3月27日订于日惹	1981年7月1日	菲律宾	1981年3月27日我政府代表签字，1982年8月25日我政府核准，并通知菲律宾政府。亚太邮联于1982年10月18日通告各会员国中国核准该公约。	
90	国际海事卫星组织特权与豁免议定书 Protocol on the Privileges and Immunities of the INMARSAT	1981年12月1日订于伦敦		英国	1982年5月28日中国政府代表作了有待核准的签字。	
91	国际纺织品贸易协议的延长议定书 Protocol Extending the Arrangement regarding International Trade in Textiles	1981年12月22日订于日内瓦	1982年1月1日	关贸总协定总干事	1984年1月18日中国交存加入书。	
92	亚洲和太平洋发展中心章程 Charter of the Asian and Pacific Development Center	1982年4月1日亚太经社委员会在曼谷通过	1983年7月1日	联合国秘书长	1983年2月18日中国政府代表签字。	
93	黄麻及黄麻产品国际协定 International Agreement on Jute and Jute Products	1982年10月1日订于日内瓦		联合国秘书长	1983年6月24日中国政府代表签字，同年6月30日交存核准书。	
94	国际电信公约 International Telecommunications Convention	1982年11月6日订于内罗毕	1984年1月1日	国际电信联盟	1982年11月6日中国政府代表签字，1985年6月18日批准，同年8月15日交存批准书。	
95	联合国海洋法公约 United Nations Convention on the Law of the Sea	1982年12月10日订于蒙特哥湾		联合国秘书长	1982年12月10日中国政府代表签字。	
96	各国议会联盟章程 Statutes of the Inter-Parliamentary Union	1889年成立联盟并通过章程1983年10月全文修订		各国议会联盟秘书长	1984年3月　日全国人大常委会委员长向各国议会联盟秘书长申请中国全国人民代表大会代表团参加该联盟，1984年4月2日联盟理事会通过中国加入，同日对我生效。	
97	亚洲和太平洋地区承认高等教育学历、文凭与学位的地区公约 Regional Convention on the Recognition of Studies, Diplomas and Degrees in Higher Education in Asia and the Pacific	1983年12月16日订于曼谷		联合国教科文组织总干事	1983年12月16日中国政府代表签字，1984年9月25日交存核准书。	

（续　表）

编号	公约名称	签订日期和地点	公约生效日期	公约保存国	我国参加情况	保留情况
98	设立国际纺织品和服装局的安排 Arrangement Establishing the International Textiles and Clothing Bureau	1984年5月21日订于日内瓦	1985年1月12日	国际纺织品和服装局理事会	1984年7月24日中国政府代表作了有待核准的签署，同年12月12日国务院核准，1985年1月11日交存核准书。	
99	保护世界文化和自然遗产公约 Convention for the Protection of the World Cultural and Natural Heritage	1972年11月16日联合国教科文组织第十七届会议在巴黎通过	1972年12月生效		1985年11月22日第六届全国人民代表大会第十三次会议决定批准本公约，同年12月12日交存批准书。	
100	1972年集装箱关务公约 Customs Convention on Containers	1972年12月2日订于日内瓦	1975年12月6日	联合国秘书长	1986年1月22日中国政府向联合国秘书长交存加入书，同年7月22日对我生效。	
101	亚洲开发银行协定 Agreement Establishing the Asian Development Bank	1965年12月4日订于马尼拉			1986年2月17日亚行理事会通过决议，接纳中国为亚行成员，在中国完成了亚行的所有必要手续后，亚行正式通知我自1986年3月10日起成为亚行成员。	
102	国际通信卫星组织特权免除和豁免议定书 Protocol on INTELSAT Privileges, Exemptions and Immunities	1978年5月19日订于华盛顿	1980年10月9日生效		1986年3月27日中国政府代表向国际通信卫星组织总干事交存加入书，同年4月26日对我生效。	
103	1983年国际热带木材协定 International Tropical Timber Agreement	1983年11月18日订于日内瓦	1985年4月1日生效		1986年7月2日中国政府代表向联合国秘书长交存加入书。	
104	及早通报核事故公约 Convention on Early Notification of a Nuclear Accident	1986年9月26日订于维也纳			1986年9月26日中国政府代表作了有待核准的签署，并声明①不受本公约第十一条第二款的约束。②鉴于核安全问题的紧迫性，在公约对其生效前，中国接受该公约第十三条临时适用条款。	
105	核事故或辐射紧急情况援助公约 Convention on Assistance in the Case of a Nuclear Accident or Radio logical Emergency	1986年9月26日订于维也纳			1986年9月26日中国政府代表作了有待核准的签署，并声明：①不受本公约第十条第二款和第十三条第二款的约束。②在公约对其生效前，中国接受该公约第十五条临时适用条款。	
106	承认及执行外国仲裁裁决公约 Convention on the Recognition and Enforcement of Foreign Arbitral Awards	1958年6月10日订于纽约	1959年6月7日生效		1986年12月2日全国人民代表大会常务委员会决定中国加入该公约。	
107	禁止酷刑和其他残忍、不人道或有辱人格的待遇或处罚公约 Convention Against Tortuce and other Cruel, Inhuman or Degrading Treatment or Punishment		1984年12月10日联合国大会通过		1986年12月12日中国政府代表作了有保留尚待核准的签署。	

附：

1985—1986年中国参加的国际公约简介

1949年至1986年，中华人民共和国参加的国际公约(包括条约、协定、议定书、章程等)共121个(其中2个尚未完成批准或核准手续)，本年鉴收录107个。现将1985—1986年我国参加的14个主要国际公约，按参加时间先后简介如下：

一、国际法制计量组织公约

该公约于1955年10月12日订于巴黎，1963年11月12日修订，保存国为法国。现有50个缔约国。中国政府于1985年3月26日交存加入书，从而成为该组织成员。

该组织是一个政府间组织，其宗旨是成立一个文献和情报中心，促进各缔约国计量部门之间的联系。最高决策机构是大会，常设领导机构为委员会，国际法制计量局则是其常设办事机构。

二、建立非洲开发基金协定

该协定于1972年11月29日订于象牙海岸(科特迪瓦)，保存者为非洲开发银行总部。参加该协定是非非洲地区国家参加非洲开发银行协定的先决条件。中国政府代表于1985年5月3日签署该协定并交存接受书。5月8日非行理事会和基金理事会通过接纳中国为基金成员。

“基金”是“非行”的附属机构，其主要职能是向非洲最贫困国家发放条件优惠的无息贷款。

三、建立非洲开发银行协定

该协定于1963年8月4日订于苏丹喀土穆，1979年5月17日修订，保存者为联合国秘书长。现有72个缔约国。中国政府代表于1985年5月9日签署该协定并交存接受书。5月10日非行理事会通过接纳中国为该行非非洲地区成员。

协定的宗旨是协助成员国单独或集体地发展经济和促进社会进步，谋求同国际组织或参与开发非洲的其他机构进行合作。

四、国际统一私法协会章程

该章程于1940年3月15日订于罗马，1976年9月29日修订，保存国为意大利。现有52个会员国。中国政府于1985年7月23日向意大利政府交存接受书，从而成为该协会的会员国。

协会的宗旨是：探求各国、国家集团的私法统一化和协调的途径，逐步为各国采用统一的私法规则做准备工作。协会设有理事会，理事会主席由意大利总统任命，理事会主席代表协会。

五、亚洲太平洋地区核科学技术研究、发展和培训区域性合作协定

该协定是1972年6月由国际原子能机构和亚太地区的机构成员之间签订的区域性核技术合作协定，期限为5年。1977年协定顺延5年，1982年再次顺延5年。现有13个亚太地区国家参加。中国政府于1985年7月1日通知国际原子能机构总干事接受该协定。

协定的宗旨是鼓励有关和平利用原子能的研究、开发和实际应用。

六、1971年精神药物公约

该公约于1971年2月21日订于维也纳，1976年8月16日生效，保存者为联合国秘书长。现有75个缔约国。

七、经1972年3月25日修正1961年麻醉品单一公约议定书修正的1961年麻醉品单一公约

该公约于1975年8月8日订于纽约并同时生效，保存者为联合国秘书长。现有80个缔约国。

中国政府代表于1985年8月22日向联合国秘书长交存加入上述两公约的加入书，同时声明对精神药物公约第31条第二款和麻醉药品公约第48条第二款持有保留；台湾当局盗用中国名义对精神药物公约的签署和对1961年麻醉品公约的签署和批准是非法的、无效的。

该两公约的宗旨和内容是从保护人类健康出发，加强国际间的合作，限制精神药物和麻醉品的种植、生产、制造、使用和防止滥用，同时保证医疗和科研所需的数量。

八、修正1969年国际油污损害民事责任公约的1984年议定书

该议定书于1984年5月25日订于伦敦，保存者为国际海事组织。

中国政府代表于1980年1月30日向国际海事组织秘书长交存了接受1969年国际油污损害民事责任公约的接受书。公约的目的在于在缔约国领土和领海发生污染损害时确定损害的民事责任，为防止或减轻这种损害采取措施。

1984年议定书于1984年12月30日至1985年11月30日在伦敦开放签字，现有8个国家签署和一个国家加入了议定书。中国政府代表于1985年11月22日签署了议定书，但作了有待核准的声明。1984年议定书与1969年

公约的主要区别在于，提高油污损害赔偿限额和扩大了海域适用范围，即由原来的领海扩大到从领海基线算起200海里的区域。

九、保护世界文化和自然遗产公约

该公约于1972年11月16日由联合国教科文组织大会通过，1972年12月生效，保存者为联合国教科文组织总干事，现有76个缔约国。根据公约第31条的规定，联合国教科文组织会员国应予批准或接受。我国李先念主席根据全国人民代表大会常务委员会的决定批准了该公约。中国政府代表于1985年12月12日向教科文组织总干事交存批准书。

公约的目的在于为国际社会集体保护具有突出的普遍价值的文化和自然遗产，建立一个永久性的有效制度。

十、防止倾倒废物和其他物质污染海洋的公约

该公约于1972年12月29日在伦敦、墨西哥城、莫斯科和华盛顿签订，1975年8月30日生效，保存国为英国、苏联、美国和墨西哥，现有69个国家和地区参加该公约。中国政府于1985年11月14日分别向英、苏、美、墨4国政府交存加入书。

公约的目的是缔约各国应个别地或集体地促进对海洋环境污染的一切来源进行有效的控制，并保证采取一切切实可行的措施，以防止倾倒废物及其他物质污染海洋，并在这方面协调其政策。

十一、1972年集装箱关务公约

该公约于1972年12月2日订于日内瓦，1975年12月6日生效，保存者为联合国秘书长。现有25个国家和地区参加。中国政府代表于1986年1月22日向联合国秘书长交存加入书，同年7月22日对我生效。

公约的宗旨是发展和推动国际集装箱运输。主要内容是：缔约国给符合技术标准的新制造的集装箱颁发海关核准牌，该集装箱即可凭海关封条在国际间运输货物；缔约各国准予上述集装箱享受暂时进口待遇，免交海关关税或保证金。

十二、建立亚洲开发银行协定

该协定于1965年12月4日订于菲律宾马尼拉，1966年8月22日生效。保存者为联合国秘书长。加入亚行的程序较加入其他多边条约的程序复杂、具体。做法是：1985年11月25日中国人民银行代表与亚行代表签署了双方之间的谅解备忘录。备忘录载明：中华人民共和国作为中国唯一合法代表加入亚行，台湾当局在亚行改称为“中国台北”。同年11月28日陈慕华代表中国政府向亚行正式提出入行认股申请书。1986年2月7日亚行董事会作出接纳我入行的决议草案，同年2月17日决议草案获得亚行最高权力机构理事会通过，我即交存接受亚行协定和上述决议的接受书，同时还递交了法律意见书，证明我接受书符合我国法律程序，并证明我国务院已发出通知，要求我主管机关执行亚行协定和决议，同时还交存了任命亚行中国理事、副理事的任命书和指定官方联系机构及指定保管银行的函件等。在完成了上述手续后，亚行正式通知我自1986年3月10日起成为亚行成员。

亚行的宗旨是，促进亚洲和远东地区的经济增长和合作，并协助该地区的发展中成员国集体和单独地加速经济发展的进程。

十三、国际通信卫星组织特权、免除和豁免议定书

该议定书于1978年5月19日订于华盛顿，1980年10月9日生效，保存者为国际通信卫星组织总干事。现有27个国家参加议定书。中国政府代表于1986年3月27日向国际通信卫星组织总干事交存加入书，同年4月26日对我生效。

议定书的宗旨是有效的履行通信卫星组织的职能，以便长久地继续并促进全球商业通信卫星系统空间段的设计、研制、建造、安装，以及操作和维护等项活动。

十四、国际热带木材协定

该协定于1983年11月18日订于日内瓦，1985年4月1日生效，保存者为联合国秘书长。现有37个国家和一国际组织参加该协定。中国政府代表于1986年7月2日向联合国秘书长交存加入书。

该协定是为实现联合国贸易和发展会议商品综合方案的有关目标而签订的第三个国际商品协定。该协定的目标是：为热带木材生产成员和消费成员之间的合作和协商提供有效的体制；促进国际热带木材贸易的扩展和多样化，改善市场的结构状况；促进研究和开发森林的管理和木材利用；鼓励发展旨在持久利用和养护热带森林及其生产资源，保持有关区域生态平衡的国家政策。

十五、及早通报核事故公约（以下简称“通报公约”）和核事故或核辐射紧急情况援助公约（以下简称“援助公约”）

该两公约1986年9月26日在维也纳由国际原子能机构大会特别会议通过。保存者为原子能机构总干事。该两公约自1986年9月26日和10月6日起分别在维也纳原子能机构总部和纽约联合国总部开放签字。中国政府代表于1986年9月26日对上述两公约作了有待核准的签署，并同时声明：

（一）鉴于核安全问题的紧迫性，在两公约对我生效前，中国接受两公约临时适用条款。

（二）中国对“通报公约”第十一条第二款和“援助公约”第十三条第二款予以保留。

（三）由于个人重大过失而造成死亡、受伤、损失或毁坏的情况下，中国不适用“援助公约”第十条第二款。

该两公约的宗旨是采取全面措施确保核活动的高度安全，防止发生核事故，如果发生，各缔约国互相进行国际合作，以尽量减少其后果，并试图建立一个核事故处理的国际体制。公约的主要内容是：

（一）“通报公约”对核事故通报的范围、内容、方式和对象做了具体规定。

（二）“援助公约”规定在发生核事故紧急时，缔约各国迅速提供援助，各国可进行双边或多边合作，以防止或尽量减少核事故发生时造成的伤害和损失。公约就援助的提供、对援助的指导和管理、援助方的待遇和地位问题做了比较详细的规定。

（三）两公约对机构的职责做了明确规定，使之成为核事故通报和紧急援助活动中各国间的协调机构。

十六、承认及执行外国仲裁裁决公约

该公约1958年6月10日订于纽约，1959年6月7日生效，保存者为联合国秘书长。现有71个国家参加该公约。第六届全国人民代表大会常务委员会第十八次会议于1986年12月2日通过中国加入该公约的决定，并同时声明：

（一）中华人民共和国在互惠的基础上对在另一缔约国领土内作出的仲裁裁决的承认和执行适用该公约；

（二）中华人民共和国只对根据中华人民共和国法律认定为属于契约性和非契约性商事法律关系所引起的争议适用该公约。

公约的主要内容是：（一）统一规定了缔约国承认及执行外国仲裁裁决的义务和条件。（二）当事人证明仲裁程序有欠缺的，执行地法院认为争议的事项不能通过仲裁解决或承认和执行该裁决是违反执行地国家的公共政策的，则可以拒绝承认和执行。（三）公约规定缔约国可以在加入时作两项保留，即“互惠保留”和“商事保留”。

十七、禁止酷刑和其他残忍、不人道或有辱人格的待遇或处罚公约

该公约1984年12月10日由联合国大会通过，保存者为联合国秘书长。该公约向所有国家开放签署或加入。现有56个国家签署该公约。中国政府代表于1986年12月12日作了有保留尚待核准的签署。

公约是根据《联合国宪章》的原则，“承认人类大家庭一切成员均具有平等与不可剥夺的权利”，而“这些权利起源于人的固有尊严”。公约规定：各国有义务促进对人权和基本自由的普遍尊重和遵守；每一缔约国应采取有效的立法、行政、司法或其他措施，防止在其管辖的任何领土内出现酷刑行为，并保护所有人不受酷刑和其他残忍、不人道或有辱人格的待遇或处罚。

（外交部条法司　彭泽华）

第九部分

司法文件选载

最高人民法院、最高人民检察院、公安部、司法部关于律师参加诉讼的几项具体规定的联合通知

（一九八一年四月二十七日）

根据《中华人民共和国刑事诉讼法》和《中华人民共和国律师暂行条例》有关规定的精神，为保证律师能够顺利执行职务，做好出庭参加诉讼的工作，以维护法律的正确实施，维护诉讼当事人的合法权益，特就律师（包括兼职律师、实习律师。下同）参加诉讼的几个问题作如下规定：

一、关于查阅案卷

1. 律师担任刑事案件的辩护人、代理人或民事案件的代理人，可以到法院查阅所承办的本案材料，了解案情。但审判委员会和合议庭的记录以及事关他案的线索材料，不应查阅。

2. 律师阅卷，法院应当给予必要的方便，并提供律师阅卷处所。

3. 律师阅卷可以摘录。摘录的材料存入法律顾问处的档案。

4. 律师对于阅卷中接触到的国家机密和个人阴私，应当严格保守秘密。

二、关于会见在押被告人

1. 担任刑事案件辩护人的律师，可以凭法律顾问处的工作证以及有固定格式的专用介绍信，在看守所或其它监管场所（以下合称看管场所）会见被告人。每次会见，律师去一人或二人，由法律顾问处决定。其他辩护人须经法院许可，并持有法院专用介绍信，才能会见在押被告人。

2. 律师和法院许可的其他辩护人会见在押被告人，看管场所应当给予方便，指定适当的会见房间。对于必须实行戒护的，看管人员要注意方式，尽量避免增加被告人谈话的顾虑；会见后也不要追问被告人与律师或其他辩护人谈话的内容，以免影响被告人充分行使辩护权。

3. 律师和法院许可的其他辩护人会见在押被告人时，要提高警惕，严防被告人逃跑、行凶、自杀等事件的发生。会见结束，要按看管场所规定的手续，将被告人交看管人员收监；对于看管中需要了解和注意的问题，应及时告诉看管场所。

三、关于诉讼文书副本

1. 凡属公诉案件，检察院应当附起诉书副本一份，交由法院转发辩护律师。有律师辩护的第一审案件，检察院如提起抗诉，也应附抗诉书副本交由法院转发辩护律师。

2. 凡有律师参加诉讼的刑、民案件，无论一审、二审，法院所作的判决书、裁定书，都应发给承办律师副本。

3. 律师的辩护词在具备打印条件的情况下，应送交法院和检察院各一份存档。

四、关于其它有关事项

1. 依法不公开审理的有关国家机密、个人阴私的案件，被告人可以申请法院指定律师为其辩护，也可以自行委托经法律顾问处主任同意的律师进行辩护；如果被告人要求由律师以外的人担任辩护人，应由法院审查，决定可否。

2. 法院开庭审理案件，对于开庭日期的确定，应当留有律师准备出庭所需的时间。律师如因案情复杂，开庭日期过急，可以申请法院延期审理，法院应在不影响法定结案的时间内予以考虑。

3. 案件开庭审理后，如果改期继续审理，在再次开庭前，法院也应适时通知承办律师。

4. 刑事案件的判决、裁定发生法律效力以前，法律顾问处认为有必要，可以直接派辩护律师到看管场所会见被告人询问对判决、裁定的意见。

5. 法院审理有律师担任诉讼代理人的刑、民案件，在庭审中不应讯问律师的姓名、年龄、籍贯、住址和职业。法庭应有律师的座位。

6. 律师参加诉讼（包括参加调解或仲裁活动），可以持法律顾问处介绍信向有关单位、个人进行访问，调查本案案情，有关单位、个人应当给予支持。

以上通知，望贯彻执行。

最高人民法院、最高人民检察院、公安部、国家安全部、司法部关于人民警察执行职务中实行正当防卫的具体规定

（一九八三年八月十日）

《中华人民共和国刑法》第十七条关于对不法侵害采取正当防卫行为的规定，适用于全体公民。鉴于人民警察是武装性质的国家治安行政力量，在打击和制止犯罪、维护社会治安、保护公共利益和公民合法权益、保卫国家政权和社会主义现代化建设方面，负有特定责任，现对人民警察执行职务中实行正当防卫问题，作如下具体规定。

一、遇有下列情形之一，人民警察必须采取正当防卫行为，使正在进行不法侵害行为的人丧失侵害能力或者中止侵害行为：

（一）暴力劫持或控制飞机、船舰、火车、电车、汽车等交通工具，危害公共安全时；

（二）驾驶交通工具蓄意危害公共安全时；

（三）正在实施纵火、爆炸、凶杀、抢劫以及其他严重危害公共安全、人身安全和财产安全的行为时；

（四）人民警察保卫的特定对象、目标受到暴力侵袭或者有受到暴力侵袭的紧迫危险时；

（五）执行收容、拘留、逮捕、审讯、押解人犯和追捕逃犯，遇有以暴力抗拒、抢夺武器、行凶等非常情况时；

（六）聚众劫狱或看守所、拘役所、拘留所、监狱和劳改、劳教场所的被监管人员暴动、行凶、抢夺武器时；

（七）人民警察遭到暴力侵袭，或佩带的枪支、警械被抢夺时。

二、人民警察执行职务中实行正当防卫，可以按照一九八〇年七月五日国务院批准的《人民警察使用武器和警械的规定》，使用警械直至开枪射击。

三、遇有下列情形之一时，应当停止防卫行为：

（一）不法侵害行为已经结束；

（二）不法侵害行为确已自动中止；

（三）不法侵害人已经被制服，或者已经丧失侵害能力。

四、人民警察在必须实行正当防卫行为的时候，放弃职守，致使公共财产、国家和人民利益遭受严重损失的，依法追究刑事责任；后果轻微的，由主管部门酌情给予行政处分。

五、人民警察采取的正当防卫行为，不负刑事责任。

防卫超过必要限度造成不应有的危害的，应当负刑事责任，但是应当酌情减轻或者免除处罚。

六、人民警察在使用武器或其他警械实施防卫时，必须注意避免伤害其他人。

七、本规定也适用于国家审判机关、检察机关、公安机关、国家安全机关和司法行政机关其他依法执行职务的人员。

全国人大常委会法制工作委员会、最高人民法院、最高人民检察院、公安部、司法部、民政部关于正在服刑的罪犯和被羁押的人的选举权问题的联合通知

（一九八四年三月二十四日）

全国县、乡两级人民代表大会代表的选举工作，正在逐步展开。在当前严厉打击严重危害社会治安的刑事犯罪活动的情况下，对于过去已判刑、但没有附加剥夺政治权利的严重刑事罪犯和被羁押正在受侦查、起诉、审判的人是否准许行使选举权问题，有些地方提出一些问题和意见，经研究后，现做如下通知，望遵照执行：

一、一九八三年三月全国人大常委会通过的《关于县级以下人民代表大会代表直接选举的若干规定》，对于已被判刑的罪犯和被羁押正在受侦查、起诉、审判的人的选举权问题已经作了规定。这一规定是根据宪法关于公民的选举权、被选举权的规定的原则确定的，是适当的，在这次县、乡直接选举工作中，仍应贯彻执行。

二、对这次严厉打击严重危害社会治安的刑事犯罪活动中因反革命案或者严重破坏社会秩序案被羁押正在受侦查、起诉、审判的人，应当依照法律规定经人民检察院或者人民法院决定，在被羁押期间停止行使选举权利；其他未经人民检察院或者人民法院决定停止行使选举权利的，应准予行使选举权利。

三、对正在服刑的反革命罪犯和被判处死刑、无期徒刑的其他罪犯，凡是没有附加剥夺政治权利的，应当由人民法院依照审判监督程序，判处附加剥夺政治权利；被判处有期徒刑(包括原判死缓、无期徒刑后减为有期徒刑的)、现正在服刑的故意杀人、强奸、放火、爆炸、投毒、抢劫、流氓、盗窃(重大)等严重破坏社会秩序的罪犯，凡是需要剥夺选举权利的，也可由人民法院依照审判监督程序，判处附加剥夺政治权利。如果原来是第一审生效的案件，应当由上一级人民法院提审；如果原来是第二审生效的案件，应当由第二审人民法院再审。根据刑事诉讼法第一百五十条的规定，依照上述程序所做的判决、裁定，是终审的判决、裁定，不得上诉。

四、今后对于反革命罪犯和判处死刑、无期徒刑的其他罪犯，各级人民法院在审判时，应当依照刑法第五十二条、第五十三条的规定，一律同时判处附加剥夺政治权利；对于严重破坏社会秩序的罪犯，需要剥夺政治权利的，也应依照刑法第五十二条的规定，同时判处附加剥夺政治权利。

五、对准予行使选举权利的被羁押的人和正在服刑的罪犯，经选举委员会和执行羁押、监禁的机关共同决定，可以在原户口所在地参加选举，也可以在劳改场所参加选举；可以在流动票箱投票，也可以委托有选举权的亲属或者其他选民代为投票。

最高人民法院、司法部
关于已公证的债权文书依法强制执行问题的答复

（一九八五年四月九日）

湖北省高级人民法院：

你院鄂法(1985)2号关于公证机关赋予强制执行效力的债权文书问题的请示报告收悉。对所提出的问题，经共同研究，答复如下：

根据国务院发布的《中华人民共和国公证暂行条例》第四条的规定，公证机关能够证明有强制执行的效力的，不是第四条第㈠项规定的一般的合同文书，仅限于第四条第㈩项规定的“追偿债款、物品的文书”。而且，要经过审查，认为这种追偿债款、物品的文书是无疑义的，公证机关才在该文书上证明“有强制执行的效力”。因此，当事人申请人民法院强制执行的，应当是公证机关在公证时明确赋予强制执行效力的追偿债款、物品的文书。根据《中华人民共和国民事诉讼法(试行)》第一百六十八条的规定，受申请的人民法院发现公证文书确有错误的，不予执行，并通知原公证机关。

此复

司法部、最高人民法院、最高人民检察院、公安部
关于律师参加诉讼的几项补充规定

（一九八六年六月二十六日）

一九八一年四月二十七日，最高人民法院、最高人民检察院、公安部和司法部作出的《关于律师参加诉讼的几项具体规定的联合通知》，对保障律师顺利执行任务，做好出庭参加诉讼的工作，起了积极的作用。为使律师在诉讼活动中更好地发挥作用，并根据《中华人民共和国刑事诉讼法》、《中华人民共和国民事诉讼法(试行)》、《中华人民共和国律师暂行条例》的有关规定，对律师参加诉讼的几项具体问题特作如下补充规定：

一、律师向人民法院正式提出的书面证据、辩护词、代理词，人民法院必须入卷；意见书和其它与本案有关的材料，人民法院认为必要时也应附卷。

二、对于律师提供的证据材料人民法院认为必要时，可以自行查证核实或者送交侦查机关查证核实，以在定案时查考。

三、人民法院应当用通知书通知律师到庭履行职务，不得使用传票传唤律师。律师应按人民法院的通知到庭依法履行职务，不允许借故妨碍诉讼的正常进行。

四、律师依法出庭履行职务，应严格遵守法庭的规则和秩序，严格遵守和执行法律规定的诉讼程序。法庭上的审判人员应尊重和保障律师出庭时依法履行职务的权利，不准随意责令律师退庭。

五、凡有律师参加诉讼的案件，人民法院应当在对该案的判决书或裁定书上列名。

六、根据《中华人民共和国律师暂行条例》第二条第(三)款的规定，律师可以接受公诉案件被害人及其近亲属的委托，担任代理人参加诉讼。担任被害人代理人的律师应同担任公诉人的检察员密切配合。在庭审过程中，担任被害人代理人的律师，经审判长的许可，可以在法庭调查时提问和回答问题，向法庭陈述被代

理人的意见，以充分维护被害人的合法权益。

最高人民法院、最高人民检察院关于依法严肃惩处国家机关企业事业单位走私犯罪活动的通知

（一九八六年六月二十七日）

当前，有些国家机关、企业、事业等单位为了牟取暴利，置国家和人民的利益于不顾，进行走私违法犯罪活动，而且往往数额特别巨大，严重危害社会主义经济建设。因此，对情节严重的走私行为，构成犯罪的，必须坚决依法追究刑事责任。为此，特通知如下：

对于国家机关、企业、事业等单位进行走私的案件，当前应参照最高人民法院、最高人民检察院一九八五年七月十八日《关于当前办理经济犯罪案件中具体应用法律的若干问题的解答（试行）》中，关于处理国家机关、企业、事业单位投机倒把案件的有关规定办理，即走私数额特别巨大（走私数额在二十万元以上，或者非法获利数额在十万元以上的，一般可视为“数额特别巨大”），或者给国家造成重大损失的，应依法追究其主管人员和直接责任人员的刑事责任。

以上通知，希遵照执行。在执行中发现有何问题及意见，请报告。

全国人民代表大会常务委员会法制工作委员会、最高人民法院、最高人民检察院、司法部关于劳教工作干警适用刑法关于司法工作人员规定的通知

（一九八六年七月十日）

近几年，有些司法机关在处理劳教工作干警体罚虐待劳教人员的犯罪案件时，对劳教工作干警是否适用刑法关于司法工作人员的规定有不同认识，影响对案件的处理。根据实际情况和需要，经研究认为：劳教工作干警担负着对劳教人员的管理、教育、改造工作，可适用刑法关于司法工作人员的规定。劳教工作干警违反监管法规，体罚虐待劳教人员，情节严重的，依照《刑法》第一百八十九条的规定处理。

过去对这类案件已经作过处理，与本通知规定不符的，不再变更。

最高人民法院、最高人民检察院关于当前办理经济犯罪案件中具体应用法律的若干问题的解答（试行）

（一九八五年七月八日）

一、关于贪污罪的几个问题

《中华人民共和国刑法》第一百五十五条：国家工作人员利用职务上的便利，贪污公共财物的，处五年以下有期徒刑或者拘役；数额巨大、情节严重的，处五年以上有期徒刑；情节特别严重的，处无期徒刑或者死刑。

犯前款罪的，并处没收财产，或者判令退赔。

受国家机关、企业、事业单位、人民团体委托从事公务的人员犯第一款罪的，依照前两款的规定处罚。

（一）关于贪污罪与内部职工的盗窃罪的区别问题

贪污罪是指国家工作人员利用职务上的便利，侵吞、盗窃、骗取或者以其他手段非法占有公共财物的行为。贪污罪的主体是国家工作人员，也可以是集体经济组织工作人员或者其他受国家机关、企业、事业单位、人民团体委托从事公务的人员。

利用职务上的便利盗窃公共财物（即监守自盗）构成的贪污罪，与内部职工的盗窃罪，有时不易区别。区别这两种罪的关键在于是否利用职务上的便利。

利用职务上的便利，是指国家工作人员、集体经济组织工作人员或者前述其他受委托从事公务的人员，利用其职务上主管、管理、经手公共财物的便利条件。例如：出纳员利用其职务上保管现金的便利，盗窃由其保管的公款，是贪污罪；如果出纳员仅是利用对本单位情况熟悉的条件，盗窃由其他国家工作人员保管的公共财物，则应是盗窃罪。售货员利用其受国营商店委托经管货物和售货款的便利，盗窃由其经管的货物或售货款，是贪污罪；如果他仅是利用对商店情况熟悉的条件，盗窃由其他售货员经管的货物或售货款，则是盗窃罪。

（二）关于内外勾结进行贪污或者盗窃活动的共同犯罪案件如何定罪的问题

内外勾结进行贪污或者盗窃活动的共同犯罪（包括一般共同犯罪和集团犯罪），应按其共同犯罪的基本特征定罪。共同犯罪的基本特征一般是由主犯犯罪的基本特征决定的。

如果共同犯罪中主犯犯罪的基本特征是贪污，同案犯中不具有贪污罪主体身份的人，应以贪污罪的共犯论处。例如：国家工作人员某甲与社会上的某乙内外勾结，由甲利用职务上的便利，侵吞、盗窃或者骗取公共财物，乙在共同犯罪中起次要、辅助作用，甲定贪污罪，乙虽然不是国家工作人员，也以贪污罪的共犯论处。售货员某甲与社会上的某乙、某丙内外勾结，由甲利用职务上的便利，采取付货不收款、多付货少收款，或者伪开退货票交由乙、丙到收款台领取现金等手段，共同盗骗国家财物，三人共同分赃，甲定贪污罪，乙、丙也以贪污罪的共犯论处。

如果共同犯罪中主犯犯罪的基本特征是盗窃，同案犯中的国家工作人员不论是否利用职务上的便利，应以盗窃罪的共犯论处。例如：社会上的盗窃罪犯某甲、某乙为主犯，企业内仓库保管员某丙、值夜班的工人某丁共同为某甲、某乙充当内线，于夜间引甲、乙潜入仓库盗窃国家财物，四人分赃。甲、乙、丁均定盗窃罪，丙虽是国家工作人员，在参与盗窃活动时也曾利用其仓库保管员职务上的便利，但因他在共同犯罪中起次要或辅助的作用，仍以盗窃罪的共犯论处。

（三）关于贪污财物达到多少金额才定罪判刑的问题

根据近几年的司法实践，个人贪污数额不满二千元的，处二年以下有期徒刑或者拘役；情节较轻的，由主管部门酌情予以行政处分。这既有一个数额上的限定和相应的量刑幅度，又可以根据具体情节灵活掌握，是符合实际的。个人贪污二千元以上的，应追究刑事责任，定罪判刑。个人贪污二千元以下的，并不是都不追究刑事责任。如果认为，贪污千元左右，情节严重的，都一律不定罪判刑，是不符合上述精神的。因此，贪污二千元以下的，根据情节，可以判刑，也可以不判刑，不宜都不判刑。

对二人以上共同贪污的，按照个人所得数额及其在犯罪中的地位和作用，分别处罚。共同犯罪的贪污案件，特别是内外勾结的贪污案件，对主犯应当依法从重处罚。贪污犯罪集团的危害尤为严重。贪污集团的首要分子，要按照集团贪污的总数额处罚。

（四）关于挪用公款归个人使用或者进行非法活动以贪污论处的问题

关于挪用公款归个人使用的问题，首先应区别是否归还。如果归还了，则性质是挪用，除刑法第一百二十六条规定应判刑的外，一般属于违反财经纪律，应由主管部门给予行政处分。如果不归还，在性质上则是将国家和集体所有的公共财产转变为私人所有，可以视为贪污。但确定挪用公款是否归还、是否构成贪污在时间上需要有一个期限，在金额上需要达到一定数量。当然，还要注意挪用公款的其他情节。司法实践中，国家工作人员、集体经济组织工作人员和其他经手、管理公共财物的人员，挪用公款归个人使用，超过六个月不还的，或者挪用公款进行非法活动的，以贪污论处。其非法活动构成其他罪的，按照数罪并罚的规定处罚。应当注意：

1. 挪用公款归个人使用，超过六个月不还的，要根据每个案件的具体情况，具体分析。例如：挪用公款供个人（包括本人或借给他人）进行营利活动，或者挥霍享受等，金额达到追究贪污罪刑事责任的数量，超过六个月未还的，应以贪污罪论处。如果因家庭生活困难、为亲人治病等原因，挪用公款归个人使用，虽然金额已达到追究贪污罪刑事责任的数量，但被发现前已归还，或者确实准备归还、而暂时尚未归还的，可不以贪污罪论处；由主管部门追回挪用公款，并酌情予以行政处分。

对于挪用公款供个人进行营利活动，或者挥霍享受，挪用时间虽未超过六个月，但数额巨大的，也应以贪污罪论处。

2. 挪用公款进行走私、投机倒把、赌博等非法活动，挪用金额达到追究贪污罪刑事责任的数量的，应以贪污罪论处。其挪用的时间不受需要超过六个月的限制，不满六个月的也应以贪污罪论处。其非法活动构成其他犯罪的，依法实行数罪并罚。

3. 多次挪用公款归个人使用，用后次挪用的公款归还前次挪用的公款，每次挪用均不超过六个月的，其挪用时间应从第一次挪用算起，连续累计至挪用行为终止。追究刑事责任计算贪污数额应按最后未还的实际挪用金额认定。

4. 银行、信用社人员利用职务上的便利，冒名贷款给个人使用，或者偷支储蓄户存款的，均属于私自动用库款。其金额达到追究贪污罪刑事责任的数量，挪用时间虽未超过六个月的，应以贪污罪论处。金额较小或已归还的，由主管部门酌情予以行政处分。

（五）关于生产资料、资金全部或者基本属集体经济组织所有，交由个人或若干人负责经营的经济组织，其主管人员或者管理财物的人员利用经营之便，侵吞、盗窃、骗取集体财物的，可否以贪污罪论处的问题

当前，凡生产资料、资金全部或者基本上为集体经济组织所有，交由个人或若干人负责经营的，应视为集体经济组织的经营层次，其主管人员或者管理财物的人员，利用经营之便，以侵吞、盗窃或骗取等手段，将属于集体经济组织的生产资料、资金或应上交集体经济组织的利润非法占为私有的，以贪污罪论处。

二、关于受贿罪的几个问题

《中华人民共和国刑法》第一百八十五条：国家工作人员利用职务上的便利，收受贿赂的，处五年以下有期徒刑或者拘役。赃款、赃物没收，公款、公物追还。

犯前款罪，致使国家或者公民利益遭受严重损失的，处五年以上有期徒刑。

向国家工作人员行贿或者介绍贿赂的，处三年以下有期徒刑或者拘役。

《全国人民代表大会常务委员会关于严惩严重破坏经济的罪犯的决定》第一条（二）：对刑法第一百八十五条第一款和第二款受贿罪修改规定为：国家工作人员索取、收受贿赂的，比照刑法第一百五十五条贪污罪论处；情节特别严重的，处无期徒刑或者死刑。

（一）关于国家工作人员在经济活动中，为他人谋取利益，以酬谢费等各种名义收受财物的，可否认定受贿罪的问题

受贿罪是指国家工作人员利用职务上的便利，为他人谋取利益，而索取或者非法收受他人财物的行为，是渎职罪的一种。

对于国家工作人员在经济活动中，为他人谋取利益，以酬谢费、手续费、提成、回扣等各种名义收受财物的行为，是否构成受贿罪，要作具体分析，区分不同情况：

1. 把利用职务上的便利与未利用职务上的便利区分开来。利用职务上的便利，是构成受贿罪的不可缺少的要件。国家工作人员没有利用职务上的便利，而为他人推销产品、购买物资、联系业务，以“酬谢费”等名义索取、收受财物的，不应认定受贿罪。对于其中违反党政机关工作人员严禁经商的规定，或违反有关工作制度和纪律的，由所在单位处理。有其他违法犯罪行为的，按其他法律规定处理。

2. 把合理报酬与违法所得区分开来。如经本单位领导批准，为外单位提供业务服务，按规定得到合理奖励的；为本单位推销产品、承揽业务作出成绩，按规定取得合理报酬的；经国家有关主管部门批准成立专门机构，从事提供信息、介绍业务、咨询服务等工作，按规定提取合理手续费的；取得这些合理的劳动报酬，均不属于受贿。

3. 把对搞活经济、发展生产有利与无利区分开来。国家工作人员利用职务上的便利，为他人谋取利益，非法索取或者收受他人财物，不论对搞活经济有利或者无利，其性质都是受贿行为。但是，区分对搞活经济、发展生产有利或无利这一界限，对于衡量情节轻重，决定是否追究刑事责任；以及对追究刑事责任的应否从轻、减轻或从重处罚，都是必要的、有意义的。

当前，在经济活动中，国家工作人员利用职权或者工作便利，为他人谋取利益，以“酬谢费”等名义索取、收受财物的；利用职务上的便利，与他人勾结，以次充好、以假冒真、以少报多、以多报少、抬高或降低物资价格、提高工程造价、降低工程质量等手段为他人谋取利益，使国家或集体受到损失，而以“酬谢费”等名义索取或者收受财物的，均应认定为受贿罪。

犯受贿罪，同时犯投机倒把罪、诈骗罪、贪污罪的，应依法实行数罪并罚。

在司法实践中，对个人受贿罪追究刑事责任的金额可以参照贪污罪的金额，并可根据具体情节来掌握。

（二）关于国家工作人员利用职务上的便利，为他人谋取利益，接受对方物品，只付少量现金，可否认定为受贿罪以及受贿金额应如何计算的问题

国家工作人员利用职务上的便利，为他人谋取利益，收受物品，只付少量现金。这往往是行贿、受贿双方为掩盖犯罪行为的一种手段，情节严重，数量较大的，应认定为受贿罪。受贿金额以行贿人购买物品实际支付的金额扣除受贿人已付的现金额来计算。行贿人的物品未付款或无法计算行贿人支付金额的，应以受贿人收受物品当时当地的市场零售价格扣除受贿人已付现金额来计算。

（三）关于国家机关、团体、企业事业单位和集体经济组织收受贿赂，应如何处理的问题

国家机关、团体、企业事业单位和集体经济组织收受贿赂的问题，要根据不同情况，区别对待：

对单位主管人员和直接责任人员借机中饱私囊，情节严重的，除没收全部受贿财物外，应对主管人员和直接责任人员追究其受贿罪的刑事责任。

对单位进行走私、投机倒把等违法活动，或者为谋取非法利益，收受贿赂，数额巨大，情节严重的，除没收全部受贿财物外，对主管人员和直接责任人员应追究受贿罪的刑事责任。

对单位没有进行违法活动的，或者其主管人员和直接责任人员没有中饱私囊的，由主管部门没收该单位的不正当收入，并酌情对其主管人员和直接责任人员给予行政处分。

（四）关于行贿罪和介绍贿赂罪的问题

个人为谋取非法利益，向国家工作人员行贿或者介绍贿赂的，应按刑法第一百八十五条第三款追究刑事责任。行贿人因被敲诈勒索而给予国家工作人员财物的，不以行贿论。

国家机关、团体、企业事业单位和集体经济组织为谋取非法利益而行贿，数额巨大，情节严重的，对其主管人员和直接责任人员应追究行贿罪的刑事责任。

三、关于投机倒把罪的几个问题

《中华人民共和国刑法》第一百一十七条：违反金融、外汇、金银、工商管理法规，投机倒把，情节严重的，处三年以下有期徒刑或者拘役，可以并处、单处罚金或者没收财产。

第一百一十八条：以走私、投机倒把为常业的，走私、投机倒把数额巨大的或者走私、投机倒把集团的首要分子，处三年以上十年以下有期徒刑，可以并处没收财产。

《全国人民代表大会常务委员会关于严惩严重破坏经济的犯罪的决定》第一条㈠：对刑法第一百一十八条走私、套汇、投机倒把牟取暴利罪，……其处刑分别补充或者修改为：情节特别严重的，处十年以上有期徒刑、无期徒刑或者死刑，可以并处没收财产。

国家工作人员利用职务犯前款所列罪行，情节特别严重的，按前款规定从重处罚。

（一）关于哪些行为是投机倒把行为以及如何处罚的问题

当前，投机倒把行为主要有：

1. 倒卖国家不允许自由买卖的物资（包括倒卖这些物资的指标、合同，提货凭证，车皮指标）。这主要是指：倒卖国家不允许自由经营的重要生产资料和紧俏耐用消费品；倒卖国家禁止上市的物资，如走私物品等；倒卖国家指定专门单位经营的物资，如火工产品（民用炸药、火药等）、军工产品、天然金刚石、麻醉药品、毒限剧药等。在一定的时期内，哪些是国家不允许自由买卖的物资，其范围由主管部门规定。

2. 倒卖外汇（包括外币、外汇兑换券、外汇指标）。

3. 倒卖金银（包括各种形状的金银及银元）；倒卖金银制品、金银器皿或其它金银工艺品。

4. 倒卖文物（指具有历史、艺术、科学价值的文物）。

5. 违反国家的价格规定（包括国家规定的浮动价格），哄抬物价，扰乱市场，牟取暴利的。

6. 在生产、流通中，以次顶好、以少顶多、以假充真、掺杂使假。

7. 将应出口外销的商品不运销出口，转手在国内倒卖。

8. 为从事非法倒卖活动的人提供证明信、发票、合同书、银行帐户、支票、现金或其它方便条件，从中牟利的。

上述投机倒把行为，情节较轻的，由有关主管部门依法予以行政处罚；情节严重，构成犯罪的，应按投机倒把定罪判刑。

（二）关于如何认定投机倒把"情节严重"的问题

"情节严重"是刑法规定的投机倒把罪构成的必要条件。认定"情节严重"，应当以非法经营的数额或非法获利的数额较大为起点，并结合考虑其他严重情节。

目前对于追究投机倒把罪的数额起点不宜规定太死，应本着既有统一的衡量标准，又可以因地制宜、适当掌握的原则，把数额和其他严重情节结合起来认定。对非法经营数额在一万元以上，或者非法获利数额在三千元以上的，一般可视为"数额较大"。同时，应结合考虑其他严重情节，例如：多次进行投机倒把活动，经行政处罚仍不悔改的；利用职权进行投机倒把活动，影响很坏的；哄抬物价，严重扰乱市场，引起民愤的，等等。

对非法经营数额在五万元以上，或者非法获利数额在三万元以上的，一般可视为投机倒把"数额巨大"。

对非法经营数额在二十万元以上，或者非法获利数额在十万元以上的，一般可视为"数额特别巨大"。数额特别巨大是认定投机倒把罪"情节特别严重"的一项主要内容。

以上所提的"数额较大"、"数额巨大"、"数额特别巨大"，都是供参考的数额。各省、自治区、直辖市司法机关可参照上述数额，根据本地区的实际情况规定本地区应掌握的数额标准。

（三）关于如何处理国家机关、企事业单位投机倒把的问题

国家机关、企事业单位进行投机倒把活动，为本单位牟取不正当利益的，一般由有关部门依法予以行政处罚；对其中主管人员和直接责任人员中饱私囊，情节严重，构成犯罪的，应依法追究其主管人员和直接责任人员的刑事责任。上述单位进行投机倒把活动，数额特别巨大，或者给国家造成重大损失的，对其主管人员和直接责任人员也应依法追究刑事责任。

四、关于诈骗罪的几个问题

《中华人民共和国刑法》第一百五十一条：盗窃、诈骗、抢夺公私财物数额较大的，处五年以下有期徒刑、拘役或者管制。

第一百五十二条：惯窃、惯骗或者盗窃、诈骗、抢夺公私财物数额巨大的，处五年以上十年以下有期徒刑；情节特别严重的，处十年以上有期徒刑；或者无期徒刑，可以并处没收财产。

（一）关于如何认定个人诈骗公私财物"数额较大"、"数额巨大"的问题

个人诈骗公私财物所得的数额在五百元以上的，一般可视为"数额较大"；在一万元以上的，一般可视为"数额巨大"。各省、自治区、直辖市司法机关可根据本地区经济发展和社会治安等情况，参照上述数额，规定本地区应掌握的数额标准，办案中再结合其他情节一并考虑。

（二）关于以签订经济合同的方法骗取财物的，应认定诈骗罪还是按经济合同纠纷处理的问题

1．个人明知自己并无履行合同的实际能力或担保，以骗取财物为目的，采取欺诈手段与其他单位、经济组织或个人签订合同，骗取财物数额较大的，应以诈骗罪追究刑事责任。个人有部分履行合同的能力或担保，虽经过努力，但由于某些原因造成不能完全履行合同的，应按经济合同纠纷处理。

2．国营单位或集体经济组织，不具备履行合同的能力，而其主管人员和直接责任人员以骗取财物为目的，采取欺诈手段同其他单位或个人签订合同，骗取财物数额较大，给对方造成严重经济损失的，应按诈骗罪追究其主管人员和直接责任人员的刑事责任。如果经对方索取，已将所骗财物归还的，可以从宽处理。

3．国营单位或集体经济组织，有部分履行合同的能力，但其主管人员或直接责任人员用夸大履约能力的方法，取得对方信任与其签订合同。合同生效后，虽为履行合同作了积极的努力，但未能完全履行合同的，应按经济合同纠纷处理。

最高人民检察院发言人就《关于当前办理经济犯罪案件中具体应用法律的若干问题的解答(试行)》答《中国法制报》记者问

（一九八五年七月三十一日）

一九八五年七月三十一日最高人民检察院发言人就最高人民法院、最高人民检察院联合作出《关于当前办理经济犯罪案件中具体应用法律的若干问题的解答(试行)》，回答了记者的提问。

问：请谈一下作出《关于当前办理经济犯罪案件中具体应用法律的若干问题的解答(试行)》(以下简称《解答》)的必要性。

答：我国实行对外开放、对内搞活经济和以城市为重点的经济体制改革以来，经济建设形势很好。但与此同时，从农村到城市都出现了许多我们不熟悉的、过去没有过的新情况、新问题，而且有一些不法分子趁机钻开放、搞活、改革的空子，非法侵占国家和集体财物，进行破坏社会主义经济秩序的犯罪活动。这样，就要求司法机关要正确地运用法律手段，保护法律、政策允许的正当的经济活动，打击严重的经济犯罪，以保障对外开放、对内搞活经济和经济体制改革的顺利进行。在过去的一段时间内，不少司法工作人员，特别是检察工作人员，对于在新形势下哪些合法的经济活动应当予以保护，哪些非法活动应当依法惩处；怎样区分罪与非罪、此罪与彼罪的界限；怎样认定某些犯罪行为属于“情节严重”、“情节特别严重”以及怎样根据不同的情况实行区别对待等问题，感到拿不准，甚至有些束手束脚，影响了对经济犯罪案件的及时处理。从这样一种情况出发，为了更好地运用法律武器同经济犯罪作斗争，由最高人民法院和最高人民检察院在广泛调查研究，听取各方面意见的基础上，根据各地在司法实践中遇到的较为普遍的几个问题，按照我国已有的法律规定，作出了具体适用法律的解释，不仅符合各地司法机关工作上的需要，同时也必将对正确、及时地打击经济犯罪活动，保护和促进经济建设的发展起到积极的作用。

问：在司法实践中执行这一《解答》，应当注意些什么问题？

答：司法机关办理犯罪案件时，历来是遵循以事实为根据，以法律为准绳的原则的。在当前新的形势下，重要的是在思想认识上，要明确一个基本原则，就是：凡是有利于社会安定，生产发展，人民生活改善和国家财力增强，有利于建设具有中国特色的社会主义，符合对外开放、对内搞活经济和经济体制改革方针、政策的，就要坚决依法予以保护和支持；凡是破坏这一方针、政策的经济犯罪行为，就要坚决依法惩处，这是一个根本前提。因此，需要在办案中十分注意适用法律、政策得当，严格区分罪与非罪的界限。要把因缺乏经验、工作失误同违法犯罪区别开来；要把违反党纪、政纪和一般违法行为同犯罪区别开来。至于具体办理经济犯罪案件时，就要善于依照国家法律和党的政策，根据不同地区、不同案件的具体情况，进行正确处理。当前，在具体办理案件中，还经常遇到一些在搞活经济、增强企业活力等方面作出了一定贡献，但同时又有犯罪行为的人。对于这种人，如经查实确有犯罪行为，则应当依法办事，不能因有一定贡献就不以犯罪论处。当然，也要衡量情节轻重，决定是否追究刑事责任，应否从轻、减轻或从重处罚。

鉴于经济犯罪案件情况比较复杂，《解答》中对有关问题的规定，一般都有一定程度的灵活幅度，便于具体掌握。《解答》未涉及的问题，各地可以据情处理，不能理解为凡未涉及的问题，就不追究处理了。《解答》还需要进一步完善，望各级司法人员在实践中注意总结经验，及时提出建议或修改意见。

问：认定贪污罪的几个问题，还有需要加以说明的吗？

答：有两个问题需要作简要地说明：一是，关于国家工作人员利用职务上的便利，用盗窃的手段，非法侵占自己主管、管理、经手的公共财物，按贪污还是按

盗窃定罪的问题。过去这个问题无论在法学理论上，还是在司法实践中，认识、做法都不尽一致。《解答》是在大部分地区实践的基础上，经过反复讨论，认为仍按我国司法传统，以贪污定罪为妥。这样既可以不打乱原来的法理解释，又可避免侦查工作重新分工带来的新问题。为了解决过去按贪污定罪产生的实际问题，《解答》中指出了认定贪污罪的数额不限于二千元以上，根据情节数额在二千元以下的也可以定罪处罚。即使贪污一千元左右，情节严重的，也不能认为都一律不定罪判刑。同时，对于内外勾结作案的，作了从实际出发的规定，以避免对犯罪分子打击不力。二是，关于挪用公款六个月不归还，以贪污论处的问题，各地执行的情况不一。这次作出的解释，既考虑到行为人的主观犯意，又考虑到所造成的社会危害性；既有原则，又适当灵活掌握，有利于执法人员从实际出发，正确适用法律。

问：认定受贿罪的问题有什么需要说明的？

答：关于受贿罪的认定，由于情况比较复杂，很不易区分罪与非罪的界限。比如，国家工作人员在经济活动中为他人牟取利益，以“手续费”“酬谢费”等名义收受财物，是否以受贿罪论处？根据司法实践和经过调查研究，目前对这一问题大体可以分为三种情况，应当区别对待：一是如《解答》中规定的合法收入，不应追究法律责任；二是利用职务、工作的便利，为他人谋取利益而索取、收受财物的，应以受贿罪论处；三是未利用职务、工作便利，为他人谋取利益而索取收受财物的，不构成受贿罪，但是并不等于这类行为都是合法的。如果在这一活动中其行为触犯了刑法规定的其他罪名的，应按其他罪处罚；未构成犯罪的，应由主管单位酌情给以党政纪律处分，追回其非法所得，不使其在经济上占到便宜。

问：认定投机倒把罪有什么需要说明的？

答：近几年来，有一种观点认为，实行搞活经济的政策，就不能再追究投机倒把罪，否则就会束缚经济的发展。实践证明，这种观点不符合实际，是不妥当的。当前有些人趁开放、搞活、改革之机，大肆倒卖国家不允许自由买卖的物资，损公肥私，严重扰乱了社会主义经济秩序，给国家和人民带来了许多危害，必须依法惩处。《解答》对于在新形势下怎样认定投机倒把行为和怎样区分罪与非罪，划出了一些界限，便于执法人员掌握。今后根据形势的发展变化，可能在投机倒把行为认定的范围上，有新变化，但掌握这些界限不会从整体上影响这一罪名的认定。当前的问题是要敢于同投机倒把犯罪作斗争，以保障经济体制改革和四化建设的顺利进行。

问：请再说明一下认定诈骗罪中的有关问题。

答：在当前的经济犯罪活动中，有一种是一些不法分子专门利用签订合同作为犯罪的手段，根本没有履行合同的意愿和能力，而其诈骗财物的行为又具有较大的社会危害性，所以对这种犯罪行为，应按诈骗罪追究刑事责任。《解答》中区分诈骗罪与经济合同纠纷的界限，正是为了有力地打击那些诈骗犯罪活动。

问：还有一个问题，就是《解答》的时间效力应该怎么理解？

答：《解答》是对具体应用法律问题的解释，它不具有刑事立法的时间效力。因此，从《解答》下发之日起，应即在工作中试行。对过去已经处理的案件与《解答》规定不一致的，则不需要按《解答》的规定进行改正。

最高人民检察院、公安部、劳动人事部
关于检察机关决定不起诉、免予起诉的
原系国家职工的被告人羁押期间工资是否补发问题的答复

（一九八六年一月二十三日）

近来，一些省、自治区人民检察院、劳动人事厅来函请示原系国家职工的被告人，由于检察机关决定不起诉或免予起诉的，其羁押期间工资是否应予补发的问题。经研究，现答复如下：

一、检察机关依照《刑事诉讼法》第十一条的规定，决定不起诉的，如被告人原系国家职工，其工资问题可按下列原则分别处理：被告人未受到劳动教养或治安处罚、原所在单位也未给予行政纪律处分的，由原所在单位补发其羁押期间的全部工资；如未受到劳动教养或治安处罚，原所在单位给予行政纪律处分的，其羁押期间的工资由原所在单位酌情决定减发或不发；如被告人受到劳动教养或治安处罚的，其羁押期间的工资不予补发。

二、检察机关决定免予起诉，是指被告人的行为已构成犯罪，但情节轻微，依照刑法的有关规定，不需要判处刑罚或免除刑罚的。因此，被告人如原系国家职工的，其羁押期间的工资不应补发。

最高人民法院、最高人民检察院关于刑法第一百一十四条规定的犯罪主体的适用范围的联合通知

（一九八六年六月二十一日）

各省、自治区、直辖市高级人民法院、人民检察院、军事法院、军事检察院、铁路运输高级法院、全国铁路运输检察院：

近来，有些国营和集体企业、事业单位，以及群众合作经营组织和个体经营户，由于忽视安全生产而不断发生人员伤亡和财产损失的重大责任事故。为了确保人身安全，减少经济损失，除有关部门切实加强安全生产教育外，对于重大责任事故一定要认真查处，情节严重，触犯刑律，已构成犯罪的，必须依法追究刑事责任。

刑法第一百一十四条关于重大责任事故罪的犯罪主体，既包括国营和集体的工厂、矿山、林场、建筑企业或其他企业、事业单位的职工；也包括群众合作经营组织或个体经营户的从业人员。对于群众合作经营组织和个体经营户的主管负责人，在管理工作中玩忽职守，致使发生重大伤亡事故，造成严重后果的，也应按刑法第一百一十四条的规定，追究刑事责任。

最高人民检察院发言人就刑法第一百一十四条的有关规定答《中国法制报》记者问

（一九八六年七月四日）

问：请谈谈最高人民法院、最高人民检察院颁发《关于刑法第一百一十四条规定的犯罪主体的适用范围的联合通知》的目的何在？

答：随着我国社会主义经济改革的深入进行，城乡建设事业有了很大的发展。但是，由于有些国营和集体经营的企业、事业单位，特别是有些群众合作经营组织和个体经营户，忽视安全生产，致使重大责任事故不断发生。最高人民法院，最高人民检察院在联合通知中，对刑法第一百一十四条规定的犯罪主体的适用范围问题，作了司法解释。目的是以法律的手段，促进企业、事业单位和群众合作经营组织、个体经营户安全生产，健康发展；保证开放，搞活政策的顺利实施。

问：对刑法第一百一十四条讲的“重大伤亡”和“严重后果”，如何理解和掌握？

答：根据几年来的司法实践和有关规定，所谓重大伤亡，既包括重大的人身伤残，也包括人员死亡，是指死亡一人以上，或重伤三人以上的。所谓严重后果，既包括重大伤亡，也包括重大的直接经济损失。直接经济损失的数额，一般掌握在五万元以上。由于各地经济发展状况不同，各省、自治区、直辖市人民检察院，在参照执行时，可根据本地的实际情况，自行制定一个适当提高或降低的数额。

直接经济损失，若不足上述规定的数额，但情节严重，使生产、工作受到重大损失的，亦应追究直接责任者的刑事责任。相反的，重大责任事故的社会危害性，即使达到上述规定的数额，也还应具体案件具体分析。如行为与后果没有直接因果关系，就不应追究刑事责任；如由集体讨论决定，而造成重大责任事故，应追究对事故的发生起决定性作用的主要责任者的刑事责任。

问：刑法第一百一十四条讲的：“情节特别恶劣”，指的是哪些？

答：所谓情节特别恶劣，指的是经常违反规章制度，屡教不改；明知安全没有保证，不听劝阻，强令工人违章冒险作业；发生过事故，不引以为戒，仍继续违章冒险作业；事故发生后，不组织抢救，使危害后果蔓延扩大；为逃避责任，伪造或破坏现场、嫁祸于人等。

问：刑法第一百一十四条讲的规章制度，指的是哪些？

答：刑法第一百一十四条讲的规章制度，是指国家颁发的各种法规性文件，和企业、事业单位及其上级管理机关制定的反映安全生产客观规律的各种规章制度，包括工艺技术、生产操作、技术监督、劳动保护、安全管理等方面的规程、规则、章程、条例、办法和制度等，它们都具有不同的约束力和法律效力。同时也包括那些虽无明文规定，但却反映了生产、科研、设计、施工中安全操作的客观规律与要求，长期为群众所公认的行之有效的正确的操作习惯与惯例。

问：有些企业事业单位和群众合作经营组织、个体经营户，由于没有规章制度，因而发生重大责任事故案件，如何追究刑事责任？

答：对这种情况，造成严重后果的，就以国家颁发的有关法规和发生事故的单位、经营组织、经营户的上级管理部门的有关规章制度为准。追究有直接责任

的负责人员的刑事责任。如果企业、事业单位和经营组织、经营户的规章制度切合实际，符合国家有关法规精神，行为人违章作业或强令工人违章冒险作业，因而发生重大伤亡事故，造成严重后果的，即使国家颁发的法规和发生事故的单位、经营组织、经营户的上级管理部门的规章制度没有具体明文规定，也应追究其刑事责任。

问：企业、事业单位的职工和群众合作经营组织、个体经营户的从业人员，没经过培训，也没经过技术交底，没受到必要的安全教育，不了解规章制度，因而发生重大责任事故，应如何追究刑事责任？

答：这种情况下应由发生事故的单位和经营组织、经营户有直接责任的负责人负法律责任。如果职工和从业人员经过培训，经过技术交底，或者有多年的工作经验，了解岗位操作法，而违章发生重大责任事故，或发生事故的单位、经营组织、经营户没有相应的规章制度，或没有落实有关法规和规章制度，行为人也应负直接责任，有关负责人应负领导责任，其中触犯刑律的要负法律责任。

问：在生产和工程建设的承包中，发包人（甲方）与承包人（乙方），签订有发生事故，造成死亡，由乙方自行负责内容的合同，有的还经过行政主管部门批准，或者经过公证。如果由甲方行为造成重大伤亡，能否追究其刑事责任？

答：这种合同，违反我国法律和政策的规定，违反国家利益和社会公共利益，不论是否经过批准或公证，都是无效的。

从订立的时候起，就无法律约束力，因此，由于甲方行为发生重大伤亡事故，造成严重后果，触犯刑律的，就要追究甲方行为人的刑事责任。

问：行政主管部门对不具备“必要的安全生产条件”就在“国家严禁开采经营的地区”的群众合作经营组织和个体经营户，擅自批准其经营，因而发生重大伤亡事故，情节严重，造成严重后果的，如何追究刑事责任？

答：这种情况应按刑法第一百八十七条的规定，以玩忽职守罪，追究批准人的刑事责任，这里讲的“必要的安全生产条件”和“国家严禁开采经营的地区”，指的是什么？以采掘业为例，按照有关法规的规定，“必要的安全生产条件”是指禁止独眼井开采、禁止自然通风、禁止井下明火明电照明、明火明电放炮、明刀闸等；同时，应具有抗瓦斯爆炸等重大灾害的能力。“国家严禁开采经营的地区”，是指严禁在铁路、公路、桥梁、水体、防洪堤坝、水源地和受保护的文化古迹及飞机场、国防工程设施等重要建筑物下面开采经营。

司法部、最高人民法院、最高人民检察院、公安部关于印发《人体重伤鉴定标准（试行）》的通知

（一九八六年八月十五日）

现将司法部拟定的《人体重伤鉴定标准（试行）》印发给你们，作为法医评定重伤的标准，在法医检案中参照执行。在试行的二年中遇到的问题，及时按系统上报，以便进一步修改完善。

附：人体重伤鉴定标准（试行）

人体重伤鉴定标准（试行）

第一章　总　　则

第一条　本鉴定标准依照《中华人民共和国刑法》第八十五条规定，以医学和法医学的理论和技术为基础，结合我国法医检案的实践经验，为重伤的鉴定提供科学依据。

第二条　评定损伤程度，必须坚持实事求是的科学原则，具体伤情，具体分析。

鉴定时，应依据人体损伤当时的伤情及其损伤的后果或者结局，全面分析，综合评定。

损伤程度包括损伤当时原发性变化、与损伤有直接联系的严重并发症，以及损伤引起的严重后遗症。评定时，不能因临床治疗好转、预后良好而减轻原损伤程度，也不能因医疗处理失误或者因损伤使原病情加重，以及个体特异体质而加重原损伤程度。

第三条　鉴定损伤程度，应当由法医或者由司法机关指派、聘请的医师进行。法医或医师进行鉴定时，有权了解与损伤有关的案情、调阅病历档案、勘验现场。

第二章　肢体残废

第四条　肢体残废是指由各种致伤因素致使肢体缺失，或者肢体完整但肢体功能丧失。

第五条　肢体缺失是指下列情形之一：

（一）缺失任何一手拇指；
（二）除拇指外，其余四指中缺失任何三指以上；
（三）缺失一手任何两指及其掌骨；
（四）缺失一足百分之五十或者足跟百分之五十；
（五）缺失一足全部足趾；等。

第六条 肢体完整，但肢体功能丧失是指下列情形之一：
（一）肩关节强直畸形或者关节活动度丧失达百分之五十；
（二）肩关节连枷；
（三）肘关节活动限制在伸直位，活动度小于90度，或中立位，活动度小于10度；
（四）肘关节连枷；
（五）肱骨骨折，并发假关节或者畸形愈合，影响上肢功能；
（六）前臂骨折畸形愈合，强直在旋前或者旋后位；
（七）前臂骨折或者软组织损伤，致使腕和掌或者手指功能严重障碍，不能对指和握物①；
（八）腕关节强直、屈曲挛缩畸形、关节下垂或者关节活动度丧失达百分之五十；
（九）腕关节连枷；
（十）掌骨骨折，严重影响手指功能，不能对指和握物；
（十一）拇指挛缩畸形，不能对指和握物；
（十二）除拇指外，其余四指挛缩畸形，不能对指和握物；
（十三）髋关节强直、挛缩畸形或者关节活动度丧失达百分之五十；
（十四）膝关节强直、成角畸形、挛缩畸形或者关节活动度丧失达百分之五十；
（十五）踝关节强直、挛缩畸形或者关节活动度丧失达百分之五十；
（十六）股骨或者胫骨、腓骨骨折，并发假关节或者畸形愈合，缩短超过5厘米，成角畸形超过30度或者严重旋转畸形；
（十七）四肢长骨开放性骨折、闭合性粉碎骨折，并发骨髓炎或者骨不连接等后遗症；
（十八）肢体软组织瘢痕挛缩，影响大关节功能，关节活动度丧失达百分之五十；
（十九）肢体重要神经完全断裂或者缺损；
（二十）肢体重要血管断裂、血栓形成或者栓塞，引起血循环障碍，严重影响肢体功能；
（二十一）肢体受挤压，引起挤压综合征；等。

第三章 容貌毁损

第七条 毁人容貌是指毁损他人面容②，致使容貌变形、丑陋及功能障碍。

第八条 眼部毁损是指下列情形之一：
（一）一侧眼球缺损；
（二）眼睑下垂，严重影响视力；
（三）眼部损伤致成鼻泪管全部断裂，内眦韧带断裂致使视力障碍和影响面容；等。

第九条 耳廓毁损是指下列情形之一：
（一）一侧耳廓缺损达百分之五十或者两侧耳廓缺损总面积超过一耳百分之六十；
（二）耳廓损伤致使严重变形；等。

第十条 外鼻缺损、严重塌陷致使变形。

第十一条 口唇损伤，严重影响面容、发音和进食。

第十二条 颧骨损伤致使张口度小于1厘米；颧骨骨折错位愈合致使面容严重变形。

第十三条 颌骨和颞颌关节毁损是指下列情形之一：
（一）上颌骨或者下颌骨骨折后，致使面容变形；
（二）牙齿脱落或者折断七个以上，影响面容、咀嚼和发音；
（三）颞颌关节损伤，致使张口度小于1厘米；下颌骨健侧向伤侧偏斜，致使面下部不对称；等。

第十四条 其他容貌毁损是指下列情形之一：
（一）面部深二度以上烧、烫伤引起瘢痕挛缩，造成口、鼻、眼睑、耳廓等其中一部位畸形致使容貌毁损和功能障碍；
（二）头皮损伤致使眼睑畸形，或耳廓缺损致使面容显著变形；
（三）面部损伤后留有增生性瘢痕，面积大于4平方厘米；条索状瘢痕长于5厘米，致使眼睑、鼻、口唇、面颊等部位容貌毁损和功能障碍；
（四）面神经损伤造成大部或者全部面肌瘫痪；
（五）面部损伤后留有大面积细小瘢痕或者大面积色素沉着致使容貌丑陋；
（六）颈部深二度以上烧、烫伤后致瘢痕挛缩，影响颈部活动和面容；等。

第四章 丧失听觉③

第十五条 损伤后，一耳语音听力减退在91分贝以上。

第十六条 损伤后，两耳语音听力减退在60分贝以上。

第五章 丧失视觉④

第十七条 各种损伤致使视觉丧失是指下列情形之一：
（一）损伤后，一眼盲；
（二）损伤后，两眼低视力，其中一眼低视力2级。

第十八条 眼部损伤或者颅脑损伤致使视野缺损（直径10度以下）。

第六章　其他器官损伤和功能丧失

第一节　颅脑损伤

第十九条　头皮撕脱伤范围达头皮面积百分之二十五；头皮损伤致使头皮丧失生存能力，范围达头皮面积百分之二十五；头皮损伤出现出血性休克。

第二十条　颅盖骨线状骨折、凹陷性骨折伴有脑实质及血管损伤或大血管受压症状和明显的神经系统体征。

第二十一条　开放性颅脑损伤，颅骨粉碎性骨折，硬脑膜破裂，脑挫裂伤，颅内异物存留。

第二十二条　颅底骨折伴有明显症状，如脑脊液漏、内耳出血等。

第二十三条　颅脑损伤当时昏迷并出现单瘫、偏瘫、失语或者其他明显神经系统症状和体征。

第二十四条　颅脑损伤致成硬脑膜外血肿、硬脑膜下血肿、脑内血肿。

第二十五条　颅脑损伤致使颅内感染，如脑膜炎、脑脓肿等。

第二十六条　颅脑损伤除嗅神经以外的其他脑神经不易恢复的损伤。

第二十七条　颅脑损伤后致外伤性癫痫。

第二十八条　颅脑损伤后致各种严重器质性精神障碍。

第二十九条　颅脑损伤致使神经系统器质性损害引起的症状或者病征，如外伤后颈内动脉海绵窦瘘、尿崩症、糖尿病、垂体低功能综合征、丘脑下部综合征等。

第二节　颈部损伤

第三十条　咽喉部、气管、颈部或者口腔底部等邻近组织的损伤致成严重呼吸困难；上述各部外伤后瘢痕性狭窄致使呼吸困难。

第三十一条　颈部血管损伤出现出血性休克或者呼吸困难；颈部损伤后形成颈动脉瘤或者颈动静脉瘘。

第三十二条　颈部损伤后致使一侧颈动脉或者椎动脉血栓形成。

第三十三条　颈部损伤，累及臂丛神经，严重影响上肢功能；颈部损伤累及胸膜顶部致成气胸。

第三十四条　甲状腺损伤伴有喉返神经损伤，致使功能严重障碍。

第三十五条　胸导管损伤。

第三十六条　咽或者食管损伤引起局部脓肿、纵隔炎、脓毒败血症。

第三十七条　咽或者食管损伤致其狭窄并伴有梗阻症状。

第三十八条　颈部损伤后，致深部异物残留，影响相应组织器官功能或者有潜在危险。

第三十九条　喉损伤后致不易恢复的失音或者严重嘶哑。

第三节　胸部损伤

第四十条　肋骨骨折刺破肺脏引起出血、气胸。

第四十一条　三根以上肋骨骨折或者多发性肋骨骨折致使呼吸困难。

第四十二条　胸骨骨折致使呼吸困难、心肌挫伤、心包填塞影响心脏功能；胸骨骨折致成气管、支气管裂断；胸骨骨折伤及胸内血管引起血胸。

第四十三条　胸部损伤致使大片胸壁组织缺损或者大片瘢痕畸形，严重影响呼吸或者其他功能。

第四十四条　胸部穿孔伤致成气胸、血胸、纵隔气肿、呼吸窘迫综合症和气管、支气管破裂以及肺或者胸内异物存留。

第四十五条　气管或者食管损伤致成纵隔炎、纵隔脓肿、纵隔气肿、血气胸或者脓胸。

第四十六条　心脏损伤或者心脏存留异物。

第四十七条　胸部大血管损伤、创伤性主动脉瘤或者创伤性乳糜胸。

第四十八条　胸部损伤致成脓胸、肺脓肿、肺不张、支气管胸膜瘘、食管胸膜瘘或者支气管食管瘘。

第四十九条　胸部的严重挤压致使血循环障碍、呼吸功能障碍、颅内出血。

第五十条　女性一侧乳房缺失；两侧乳房损伤丧失哺乳功能。

第四节　腹部损伤

第五十一条　胃、肠、胆道系统穿孔、破裂，或虽未穿破已引起出血性休克。

第五十二条　肝、脾、胰等器官穿孔或者破裂，因损伤致使这些器官形成脓肿、血管瘤或者功能严重障碍。

第五十三条　肾裂伤、破裂出血出现休克；尿外渗需手术治疗（包括肾动脉栓塞术）；肾损伤后期并发肾性高血压、肾功能障碍。

第五十四条　输尿管损伤后致使尿外渗或者输尿管严重狭窄致肾积水。

第五十五条　腹部损伤致成腹膜炎、脓毒败血症、肠梗阻、肠瘘等。

第五十六条　腹部损伤致使腹腔积血或者其它伤情须剖腹手术。

第五节　骨盆部损伤

第五十七条　骨盆骨折致使腹膜后大血管破裂出血出现休克，致成膀胱、尿道及其他内脏器官破裂，致产道严重狭窄影响功能。

第五十八条　尿道破裂、断裂须行手术修补。

第五十九条　尿道损伤后致尿道狭窄排尿困难，瘘管漏尿，肾功能障碍。

第六十条 膀胱破裂。

第六十一条 阴茎损伤致使阴茎缺损或者严重畸形影响功能。

第六十二条 阴囊撕脱伤范围达阴囊皮肤面积百分之六十，两侧睾丸缺失或者两侧睾丸损伤后致睾丸萎缩、坏死；输精管闭锁影响生殖功能。

第六十三条 外阴、阴道损伤出血出现休克。

第六十四条 阴道破裂累及周围器官，瘘管形成，瘢痕形成影响功能。

第六十五条 各种损伤致使子宫或者附件穿孔、破裂，子宫、附件损伤后期并发性器官萎缩或者影响性器官发育。

第六十六条 孕妇损伤后致早产、死胎、胎盘早期剥离、流产并发出血性休克或者严重感染等。

第六十七条 幼女外阴严重损伤，阴道损伤。

第六十八条 肛门损伤致使严重大便失禁或者严重肛管狭窄。

第六节 脊柱和脊髓损伤

第六十九条 脊椎骨骨折或者脱位伴有脊髓损伤或者多根脊神经损伤。

第七十条 脊髓损伤影响脊髓功能，留有后遗症，如，肢体活动功能以及大小便和性功能障碍等。

第七节 其他对于人体健康的重大损伤

第七十一条 烧、烫伤。

（一）成人烧、烫伤总面积在百分之三十以上或者三度在百分之十以上；儿童总面积在百分之十以上或者三度在百分之五以上。

烧、烫伤面积低于上述程度但有下列情形之一：

1．出现休克；

2．合并化学中毒；

3．严重呼吸道烧伤；

4．伴有并发症致严重后果；等。

（二）特殊部位（如头、面、手、会阴等）的深度烧、烫伤；严重影响外形和功能，参照容貌毁损等相应条款。

第七十二条 冻伤。

（一）冻伤达三度，致成耳、鼻、手、足等部位坏死及功能严重障碍。

（二）冻伤后致局部组织缺损、畸形和运动功能障碍或者慢性血管病变；等。

第七十三条 电击损伤后致肢体残废；伴有并发症或者严重后遗症。

第七十四条 物理性损伤（如放射线、激光等）、化学性损伤（如强酸、强碱等）、生物性损伤（如蛇毒、病菌等）致使人体内脏器官功能严重障碍或者严重后遗症。

第七十五条 损伤致异物存留在重要器官内。

第七十六条 创伤性休克或者损伤合并严重感染，致使心、肝、肺、脑、肾等功能障碍。

第七十七条 皮下组织广泛出血，总面积在百分之三十以上或者肌肉出血，血肿在百分之十以上，伴有并发症或者后遗症。

第七十八条 损伤引起脂肪栓塞综合征。

第七十九条 颌骨骨折或者口腔内组织损伤（如舌缺损）丧失语言能力，咀嚼、吞咽功能明显障碍。

第八十条 眼部损伤或者颅脑损伤致成不易恢复的复视，严重影响工作和生活。

第七章 附 则

第八十一条 多处损伤者，必须有一处损伤符合本鉴定标准，不能以多种损伤相加，作为重伤。

第八十二条 本鉴定标准仅适用于《刑法》规定的重伤的法医学鉴定，不适用于专门性的劳动能力的鉴定。

第八十三条 本鉴定标准参照试行时间，从一九八六年十月一日起至一九八八年九月三十日止。

《人体重伤鉴定标准》说明

① 对指活动是指拇指的指端与其余各指的指端相对合的动作。正常时，拇指指端与各指指端均可对合。

② 面容的范围是指前额发际下，两耳根前与下颌下缘之间的区域，包括额部、眶部、鼻部、口唇部、颏部、颧部、颊部、腮腺咬肌部和耳廓。

③ 鉴定听力减退的方法：

1．听力检查宜用电测定器以气导为标准，听力级单位为分贝(dB)，一般采用500、1000和2000赫兹三个频率的平均值。这一平均值相当于生活语音的听力阈值。

2．语音听力减退未达30分贝的，应属于听力基本正常。

3．损伤后，两耳语音听力减退按如下方法计算：

（较好耳的语音听力减退×5＋较差耳的语音听力减退×1）除以6。

如计算结果，语音听力减退在60分贝以上应属于重伤。

④ 鉴定视力障碍的方法：

1．视力（指远距视力）经用镜片纠正达到正常或接近正常视力的，都不作视力障碍论。正常视力，最好矫正视力0.8以上为正常视力范围，0.4—0.8为接近正常视力，视力障碍分级见下表：

视力障碍			
低视力及盲目分级标准			
级别		最好矫正视力	
		最好视力低于	最低视力等于或优于
低视力	1	0.3	0.1
	2	0.1	0.05(三米数指)
盲	3	0.05	0.02(一米数指)
	4	0.02	光感
目	5	无光感	

评定视力障碍，应以“远距视力”为标准，参考“近距视力”。

2. 中心视力检查法：用通用标准视力表检查远距视力和近距视力。对颅脑损伤后，应作中心暗点、生理盲点和视野检查。对有复视的更应详细检查，分析复视性质。

最高人民检察院、最高人民法院、公安部关于严格依法处理反盗窃斗争中自首案犯的通知

（一九八六年九月十三日）

今年以来，许多省、自治区、直辖市的公安、司法机关，在开展反盗窃斗争中加强政策、法制宣传，采取了一些促使犯罪分子坦白自首的措施，使大批犯罪分子投案自首，坦白交代罪行，自动交出大量赃款赃物，取得了显著成效。对分化瓦解犯罪分子起了重要作用。为了保证反盗窃斗争继续健康深入地发展，特作如下通知：

一、 对犯罪分子自首的认定，必须符合刑法的有关规定和最高人民法院、最高人民检察院、公安部《关于当前处理自首和有关问题具体应用法律的解答》中确定的自首条件，不得任意扩大认定自首的范围。对犯罪以后自首的，应按照法律的规定，可以从轻、减轻或免除处罚。对于犯罪分子因为其犯罪行为以外的问题被收容或采取强制措施后，主动交代了自己未被公安、司法机关掌握的犯罪事实，经查证属实的，虽然不属于“自动投案”，但也可以酌情从轻、减轻或免除处罚。

二、 在反盗窃斗争中，对自首的案犯，如其行为已构成犯罪的，必须严格按照刑事诉讼法的规定，由公安机关写出起诉意见书或免予起诉意见书，由人民检察院分别决定提起公诉、免予起诉或不起诉，由人民法院依照刑法有关规定，分别做出从轻、减轻或者免除处罚的判决。

三、 各级人民法院在召开从宽处理自首的犯罪分子的宣判大会时，应同时适当审判一些犯罪情节严重、拒不认罪的从严处罚的案犯，以充分体现宽严相济的政策，进一步扩大社会效果。

四、 在本通知前，各地已经作过处理的自首案件，一般不再改变原来的决定。对已免除处罚的自首案犯又重新犯罪的，或者未如实交代犯罪事实不符合自首条件的，应当根据犯罪事实和情节，依法严肃处理。

最高人民法院、最高人民检察院、公安部、劳动人事部关于被判处管制、剥夺政治权利和宣告缓刑、假释的犯罪分子能否外出经商等问题的通知

（一九八六年十一月八日）

近年来，不少地方对被判处管制、剥夺政治权利和宣告缓刑、假释的犯罪分子在监督改造或考察期间，能否外出经商，能否搞承包或从事其他个体劳动，能否担任国营企事业或乡镇企业的领导职务等问题，屡有请示。对此，现特作如下通知：

一、 对被判处管制、剥夺政治权利和宣告缓刑、假释的犯罪分子，公安机关和有关单位要依法对其实行经常性的监督改造或考察。被管制、假释的犯罪分子，不能外出经商；被剥夺政治权利和宣告缓刑的犯罪分子，按现行规定，属于允许经商范围之内的，如外出经商，需事先经公安机关允许。

二、 犯罪分子在被管制、剥夺政治权利、缓刑、

假释期间，若原所在单位确有特殊情况不能安排工作的，在不影响对其实行监督考察的情况下，经工商管理部门批准，可以在常住户口所在地自谋生计；家在农村的，亦可就地从事或承包一些农副业生产。

三、犯罪分子在被管制、剥夺政治权利、缓刑、假释期间，不能担任国营或集体企事业单位的领导职务。

最高人民法院关于贯彻执行《民事诉讼法（试行）》若干问题的意见

（一九八四年八月三十日）

一、管 辖 问 题

管辖是确定人民法院审理第一审民事案件分工的问题。各级人民法院必须认真执行《民事诉讼法（试行）》（以下简称民诉法）关于管辖的各项规定，坚持“两便”原则，妥善解决管辖中的争议。

（1）一方当事人是受诉基层人民法院的工作人员，或案情复杂，涉及面广，基层人民法院审理有困难的案件，可按民诉法第三十四条的规定，报请上级人民法院审判。亦可按民诉法第三十三条的规定，由上级人民法院指定管辖。

（2）民诉法第二十条和二十一条规定的居所地，为当事人最后连续居住满一年以上的地方。

（3）离婚诉讼双方当事人都是现役军人的，一般可由被告所在部队团以上机关所在地人民法院管辖。

（4）诉讼双方当事人都是被监禁或被劳动教养的，一般可由被告原户籍地的人民法院管辖。

（5）诉讼双方当事人都是因受公安部门的行政处分而被注销城市户口的，其诉讼由被告居所地的人民法院管辖。被告一方被注销城市户口的，由原告户籍地的人民法院管辖；原告的户籍地与居所地不一致的，由居所地人民法院管辖。

（6）民事案件在第一审审理过程中，当事人之间发生新的侵权行为，如与原案有联系，适于合并审理的，可以合并审理。新的侵权行为发生在第二审审理过程中，可与原案合并进行调解；调解不成，对新发生的侵权行为应当另案处理。

（7）人民法院发现受理的案件不属自己管辖，应移送有管辖权的人民法院。受移送的人民法院，认为移送的案件不属于自己管辖，可报请共同上一级人民法院指定管辖，不得再自行移送。

（8）在案件审理期间，当事人的户籍迁移，或者居所地变更的，受诉人民法院应当继续审理，不得移送。

（9）离婚案件的被告长期在外地住医院治疗的，案件由其原户籍所在地人民法院管辖。

二、诉讼参加人问题

保障诉讼参加人的诉讼权利，明确他们在诉讼中的权利义务，有利于人民法院查清案件事实，正确地审理案件，保护当事人的合法权益。

（10）人民法院在审查起诉时，应当对当事人是否符合条件进行审查。在诉讼进行中，发现当事人不符合条件的，应当根据民诉法第九十条的规定进行更换。通知更换后，不符合条件的原告不愿意退出诉讼的，以裁定驳回起诉；符合条件的原告全部不愿参加诉讼的，可终结案件的审理。被告不符合条件，原告不同意更换的，裁定驳回起诉。

（11）必须共同进行诉讼的当事人没有参加诉讼的，人民法院应当根据民诉法第九十一条的规定，通知其参加诉讼；当事人也可以向人民法院申请追加。人民法院对当事人提出的申请，应当进行审查，申请无理的，可以裁定驳回；申请有理的，应当及时书面通知被追加的当事人参加诉讼。

（12）第二审人民法院在诉讼进行中发现需要更换、追加当事人的，在更换、追加后，经调解，当事人之间不能达成协议时，应当将案件发回重审。

（13）人民法院追加共同诉讼的原告时，应通知其他当事人。通知追加的原告，已明确表示放弃实体权利的，可不予追加；既不愿意参加诉讼，又不放弃实体权利的，仍追加其为原告，即使不来参加诉讼，也不影响人民法院对案件的审理和依法作出判决。

（14）机关、团体、企业事业单位的法定代表人，应是该单位的正职行政负责人。没有正职行政负责人时，可以由副职行政负责人作为法定代表人。法定代表人有权按照民诉法的规定委托诉讼代理人。

（15）在诉讼进行中，作为当事人的机关、团体、企业事业单位改组或主要行政负责人更换的，应向人民法院提交新的法定代表人的身份证明书，继续参加诉讼；已进行的诉讼活动对于继续参加诉讼的法定代表人具有约束力。

（16）按照民诉法第四十八条的规定，无独立请求权的第三人，可以申请参加诉讼，人民法院也应当通知其参加诉讼。人民法院在判决中确认其承担义务，他们有权上诉；在调解协议中确定他们承担义务，应征求他们的意见。

（17）离婚案件中，当事人无行为能力，由父母、成年子女或共同生活并有扶养关系的兄弟姐妹作为法定代理人代为诉讼;没有上述亲属,或上述亲属确有困难不能代理的,可以由其所在机关、团体、企业事业单位作为法定代理人代为诉讼。

(18) 离婚诉讼中,法定代理人不愿出庭的,人民法院应当耐心地进行宣传解释,动员其到庭;如仍不出庭,可就地征询其意见,在查清事实的基础上,依法作出判决。

(19) 当事人委托诉讼代理人,应向人民法院提交授权委托书。委托书须经人民法院审查同意。解除委托,应向人民法院提交书面报告。

(20) 当事人和诉讼代理人,按照民诉法第四十五条、第五十三条的规定要求查阅本案庭审笔录和证据材料时,必须在人民法院内进行。对准许查阅的案卷材料可以摘抄,但不得擅自复制。

合议庭评议记录、审判委员会讨论记录、法律文书原本以及人民法院对案件研究讨论的材料,不应让当事人和诉讼代理人查阅。

(21) 在诉讼中,一方当事人死亡,需要等待继承人参加诉讼的,人民法院应当及时通知继承人作为当事人承担诉讼,不能仍将死亡的人列为当事人。

三、调 解 问 题

人民法院审理民事案件,应当着重进行调解。调解应坚持自愿与合法的原则,并依靠当事人所在单位和基层组织以及当事人的亲友多做思想工作,尽可能帮助解决某些实际问题。要防止强迫当事人接受调解和久调不决。

(22) 基层人民法院对于调解和好的离婚案件,以及争议数额不大、调解达成协议后当即能全部履行的赔偿和债务案件,一般可以不制作调解书,由书记员将调解协议记入笔录,经双方当事人、审判人员、书记员签名或者盖章后,即具有法律效力。

(23) 调解书应当直接送达当事人本人。一方拒绝签收,应视为调解不成,原调解书不发生效力,人民法院要及时通知对方当事人,继续进行审判。

(24) 无行为能力人的离婚案件,对离婚、财产和子女抚养等问题,可以由法定代理人或者指定的诉讼代理人与对方进行协商,如达成协议,一般应以判决的形式结案。

(25) 人民法院调解案件时,当事人不能出庭的,经其特别授权,可以由委托代理人到场协商,但离婚案件须按民诉法第五十四条的规定,由当事人向法院出具书面意见。

(26) 调解结案后发现确有错误的案件,按照审判监督程序的规定处理。

四、证 据 问 题

证据是查明和确定案件真实情况的根据。掌握充分、确凿的证据,是正确处理案件的基础。全面、客观地收集和调查证据,认真地审查证据,准确地判断证据,对于提高办案质量,具有特别重要的意义。

(27) 收集和调查证据,应由审判人员主持,两人以上共同进行。调查材料要写明调查人、被调查人、记录人、调查的时间、地点,并由调查人、被调查人、记录人签名或盖章。

(28) 人民法院收集和调查证据,应当深入群众,依靠有关组织,认真查清纠纷发生的时间、地点、原因、经过和结果,不受当事人提供证据范围的限制。

(29) 从有关单位摘抄的证明材料,应说明摘抄材料的名称、出处,并由有关单位盖章。

(30) 作为定案依据的主要证据,应当庭出示或宣读,允许双方当事人辩论和质证。

五、强制措施问题

对妨碍民事诉讼的行为采取强制措施,是排除障碍、保障诉讼活动正常进行的强制手段。人民法院对诉讼参与人或其他人在诉讼进行过程中故意妨碍民事诉讼构成民诉法第七十七条所指的各种行为,可以视情节轻重,采取相应的强制措施,但必须慎重,并切实做好工作,严格按照有关程序办事。

(31) 必须到庭的被告,经人民法院用传票两次合法传唤,无正当理由拒不到庭的,可以拘传。拘传必须用拘传票,并直接送达被拘传人,向他们说明拒不到庭的后果,经批评教育仍拒不到庭的,可强制其到庭。

(32) 必须到庭的被告,一般是指负有赡养、抚育、扶养义务和不到庭就无法查清案情的被告。

给国家、集体或他人造成损害的未成年人的法定代理人,如果是必须到庭的,也可以适用拘传。

(33) 在巡回就地办案开庭审理时,需要采取拘留强制措施的,应当口头或书面请示院长批准后执行。因哄闹法庭、行凶打人等,必须紧急采取拘留措施,来不及请示院长的,可以在采取措施后,立即报告院长补办批准手续。院长认为所采取的措施不当的,应当撤销原决定,解除强制措施。

(34) 在宣布拘留决定后,对被拘留人仍应坚持说服教育。被拘留人当场认错悔过的,可报院长决定,暂缓拘留或解除拘留;在拘留期间,经教育认错悔改的,可以提前解除拘留。

(35) 对公民和机关、团体的直接责任人员都可适用罚款。

罚款可与拘留合并使用,也可单独使用。

六、起诉与受理问题

人民法院接到当事人的起诉后,应当进行审查,在法定期间内作出是否受理的决定。作好审查起诉与受理的工作,对保障当事人的诉讼权利,防止滥行诉讼,保证案件的正确处理,十分重要。

(36) 人民法院收到原告起诉状，经认真审查，认为不符合民诉法规定的受理条件的，应当通知原告不予受理并说明理由。原告仍坚持起诉的，可以立案受理，经进一步查明起诉确实不符合受理条件的，以书面裁定驳回起诉。

(37) 调解组织或有关基层组织对于调解不成的民事纠纷，要求人民法院处理的，应由当事人直接向人民法院起诉。

(38) 民诉法第八十五条规定的立案时限，应当从人民法院收到起诉状的次日起计算。因起诉状内容欠缺令原告补正的，从补正后交法院的次日起计算。由上级人民法院转交下级人民法院，或者由基层人民法院转交有关人民法庭受理的案件，从受诉人民法院或人民法庭收到起诉状的次日起计算。

(39) 当事人在诉状中有谩骂和人身攻击之词，送达副本可能引起新的纠纷或激化矛盾，不利于案件解决的，人民法院应当说服他们实事求是地修改。坚持不改的，可以将诉状的内容用口头或书面的方式，简要地通知对方当事人，被告坚持要看起诉状的，也可以送达诉状副本。

(40) 原告起诉，经审查通知不予受理，由审判员或庭长决定；立案以后，适用什么程序审理，由审判员决定；裁定驳回起诉，由院长或院长授权庭长决定。

(41) 调解和好、原告自动撤诉或者按撤诉处理的离婚案件，没有新情况、新理由，六个月内又起诉的，可比照民诉法第八十四条第五项的规定不予受理。

(42) 因侵犯人身权利或者毁坏公私财物，触犯刑律构成犯罪的，不按民事案件处理。由于被告人的犯罪行为引起的赔偿纠纷，按刑事诉讼法的有关规定，以刑事附带民事处理。是否触犯刑律，一时难以查清的，按起诉人的诉讼请求立案。

(43)历次政治运动遗留的属于落实政策的房屋纠纷，农村中划分责任田、规划宅基地引起的纠纷，违章建筑的纠纷和确定离婚登记效力的纠纷，以及其他依法应由行政部门处理的争议，告知原告向有关部门申请解决。

七、普通程序问题

普通程序是审判程序中的基本程序。人民法院审理重大复杂的第一审民事案件，应当适用普通程序，组成合议庭进行审理。正确适用普通程序，有利于查清案件的事实和正确适用法律，有利于进行法制宣传和判决的顺利执行。

(44) 人民法院审理第一审民事案件，无论是调解处理还是判决处理，是适用简易程序审理还是适用普通程序审理，是法院内审理还是巡回就地审理，都应当开庭向当事人告知诉讼权利和义务，听取他们的陈述，出示必要的证据，允许双方辩论。

(45) 人民法院对无诉讼行为能力当事人的法定代理人，经两次合法传唤，无正当理由拒不到庭，又不委托诉讼代理人的，如属原告，可以比照民诉法第一百一十二条的规定，按撤诉处理；如属被告，可以比照民诉法第一百一十三条的规定缺席判决。

(46) 原告申请撤诉后，经人民法院裁定不准撤诉的案件，如原告拒不到庭，可以比照民诉法第一百一十二条规定的精神缺席判决。

(47) 裁定中止诉讼的原因消除，恢复诉讼程序时，不必撤销原裁定，从人民法院通知或准许当事人双方继续进行诉讼时起，中止诉讼的裁定即失去效力。

(48) 第一审已审结并已公开宣判或者已经送达了判决书的案件，在上诉期限内原审法院发现确有错误，应在上诉期满后，由院长提交审判委员会讨论，认为确有错误的，按审判监督程序进行再审。当事人提起上诉，应当按照上诉程序进行审理，原审人民法院可以提出原判决确有错误的意见，报送上诉审人民法院。

(49) 发现发生法律效力的法律文书有错写、误算、诉讼费用的负担漏判和其他失误，可由制作该法律文书的人民法院裁定补正。对经过庭审的诉讼请求漏判，或判决主文不明确无法执行的，可由制作该判决的人民法院作出补充判决。一审人民法院的补充判决，当事人不服，可以上诉；二审人民法院的补充判决，是终审判决。

八、简易程序问题

简易程序的规定，体现了我国民诉法便利当事人诉讼，便利人民法院审判工作的特点。正确适用简易程序，有利于及时审结案件。简易程序只适用于基层人民法院和它派出的人民法庭审理简单的民事案件，不能任意扩大简易程序的适用范围。

(50) 以下几类案件可以适用简易程序：

1. 结婚时间短，财产争议不大的离婚案件，或者当事人婚前就患有法律规定不准结婚的疾病的离婚案件。

2. 权利义务关系明确，只是给付时间和金额上有争议的赡养费、扶养费和抚育费案件。

3. 确认或变更收养、抚养关系，双方争议不大的案件。

4. 借贷关系明确、证据充分和金额不大的债务案件。

5. 遗产和继承人范围明确，讼争遗产数额不大的继承案件。

6. 事实清楚、责任明确、赔偿金额不大的损害赔偿案件。

7. 事实清楚、情节简单、是非分明、争议焦点明确、讼争金额不大的其他案件。

(51) 适用简易程序审理案件，应当将起诉内容，用口头或书面方式告知被告，由审判员独任审判，书记员担任记录，不得自审自记。判决结案的，应当按民诉法第一百一十五条规定公开宣判。

(52) 人民法庭是基层人民法院的派出机构和组成部分。根据民诉法第一百零一条、一百二十条和一百二十二条的规定,人民法庭制作的判决书、调解书、裁定书,必须加盖人民法院印章,不得用人民法庭印章代替基层人民法院的印章。

九、特别程序问题

特别程序是人民法院审理几类特别的非民事权益争议案件的程序。必须适用特别程序审理的案件,要严格按照民诉法规定的条件和程序办理。

(53) 宣告失踪人死亡,必须有申请人的申请,并附有公安机关关于该公民失踪的书面证明,否则不予受理。

当事人一方下落不明,对方只要求离婚而不申请宣告死亡的,不适用宣告失踪人死亡的特别程序。外出一方已连续两年以上与家庭断绝通讯联系,经多方查找,确无下落,另一方坚持要求离婚的,可以公告送达诉讼文书,在公告期满后依法判决。判决书公告送达后,待上诉期满即发生法律效力。

(54) 当事人为精神病人,只要经有关医院确诊其有精神病,就无须先适用特别程序宣告其无行为能力。

十、第二审程序和审判监督程序问题

上诉程序和审判监督程序是人民法院实行审判监督,保证办案质量的重要制度。人民法院应当按上诉程序、审判监督程序切实处理好上诉和申诉案件。

(55) 无行为能力人的法定代理人,可以代理当事人提起上诉和申诉。

(56) 重审和再审的案件,应当按民诉法第三十六条的规定,另行组成合议庭,不得适用简易程序独任审判。原合议庭成员或独任审判员,不能参加新组成的合议庭。

(57) 人民法院对上诉案件、再审案件和提审案件宣告判决应当一律公开进行。作出判决的法院可以自行宣判,也可以委托原审人民法院代行宣判。

(58) 最高人民法院对地方各级人民法院、上级人民法院对下级人民法院、各级人民法院对本院已经发生法律效力的判决、裁定、调解协议,认为确有错误,需要进行提审、指令下级人民法院再审或者自行再审的,应当作出提审、指令再审或者自行再审的裁定,此裁定可以包括中止执行的内容。

(59) 按审判监督程序决定再审或提审的案件,不必先将原判决撤销,应当由实施再审或提审的人民法院在作出新的判决中确定是否撤销;达成调解协议的,调解书送达后,原判决即视为撤销。

(60) 经上级人民法院判决、裁定和调解的案件,需要再审的,应由上级人民法院自行再审,不得指令下级人民法院再审。

(61) 必要共同诉讼人中的一人或部分人单独提起上诉,上诉后成为可分之诉的,同一方当事人在法律文书中可以不列;不可分之诉,其他当事人均可列为被上诉人。

(62) 双方当事人不服一审判决,都提起上诉的,均可列为上诉人。

十一、执 行 问 题

执行是民事诉讼程序的最后阶段,是维护法律尊严、保护当事人的合法权益的重要制度。要正确理解和适用执行程序,区分自愿履行与强制执行的界限,明确执行的对象,遵守申请执行的期限,正确采取强制执行措施。

(63) 强制执行的标的只能是财物或行为。当事人拒绝履行发生法律效力的判决、裁定、调解协议,首先要对其进行法制宣传教育,教育无效的,强制执行。在强制执行中,当事人或案外人故意妨碍民事诉讼的,按民诉法第七十七条的规定处理;情节严重,构成犯罪的,按刑法第一百五十七条的规定追究刑事责任。

(64) 执行员在执行本院的判决、裁定和调解协议时,发现确有错误的,应当提出书面意见,报请院长审查处理。在执行上级人民法院或外地人民法院委托执行的判决、裁定和调解协议时,发现确有错误的,可提出书面意见,经院长批准,函请上级人民法院或外地人民法院审查处理。在此期间,暂缓执行。

(65) 当事人根据民诉法第一百六十七条规定申请执行的仲裁机关裁决,人民法院发现确有错误的,经院长批准,可通知仲裁机关复议,中止执行。

(66) 行政主管机关作出的处理决定,依法申请人民法院强制执行时,须提交申请执行书、据以执行的法律文书和其他必须提交的材料。人民法院发现处理决定确有错误,可发还有关机关复议。

(67) 执行中,发现应查封、扣押的财物被毁损、变卖、转移、灭失的,除可按照民诉法第七十七条规定处理外,执行员应令被执行人交出财物,或责令赔偿。拒不交出和赔偿的,裁定强制执行。

(68) 执行特定物,应执行原物。原物确已不存在的,可折价赔偿。

(69) 在执行中,当事人对原法律文书中确定的执行事项有争议,应当做思想工作,促其自觉履行。当事人自愿和解达成协议的,将协议记录在卷,由双方当事人签名或盖章,终结执行。

十二、审理涉及港、澳同胞的案件问题

涉及港、澳同胞的案件不属涉外案件。鉴于港、澳地区的特殊地位,审理这类案件,可参照民诉法第五编和其他有关规定办理。

(70) 涉及港、澳同胞的案件一般由基层人民法院作为第一审，重大、复杂的案件由中级人民法院作第一审。

(71) 夫妻双方原在内地结婚，后到港、澳地区定居，因特殊原因，双方回内地向人民法院提起离婚诉讼，可由当事人原结婚登记地、原婚姻缔结地或被告原户籍所在地人民法院受理。

(72) 港、澳同胞寄交内地的授权委托书和对离婚案件的书面意见，须按司法部一九八一年四月二十九日(81)司发公字第129号《关于为港、澳同胞回内地申请公证而出具证明办法的通知》和一九八二年二月二十日(82)司发公字第39号《关于港、澳同胞回内地申请公证出具证明办法的补充通知》的规定办理。

(73) 人民法院向居住在港、澳地区的当事人送达诉讼文书，可以邮寄送达，也可以由当事人的诉讼代理人送达。不能用上述方式送达的，公告送达。自公告之日起，满三个月，即视为送达。

(74) 必须到庭应诉或继续参加诉讼活动的港、澳当事人要求离境的，应向人民法院提供担保。

十三、涉外诉讼程序问题

人民法院审理诉讼当事人一方或双方是外国人、无国籍人、外国企业或组织的民事案件，应当适用民诉法关于涉外民事诉讼程序的特别规定，坚持主权、对等和当事人的诉讼权利、义务同等的原则。

人民法院审理当事人双方争执的财产在外国，以及民事法律关系发生、变更、消灭的法律事实在外国的民事案件，可参照民诉法第五编和其他有关规定办理。

(75) 凡当事人一方或双方为外国人、无国籍人、外国企业或组织的民事纠纷，当事人向有管辖权的人民法院起诉，应立案受理。

民诉法第三十条规定的专属管辖，不能依当事人的协议而改变。

(76) 在国内结婚后，定居国外的华侨，如定居国法院以离婚诉讼须由婚姻缔结地法院或国籍所属国法院管辖为理由不予受理，双方回国要求人民法院处理的，可由原结婚登记地或被告原户籍所在地人民法院受理。

(77) 双方在外国结婚并定居的华侨，他们的离婚案件，人民法院原则上不予受理。如所在国以当事人的国籍所属为理由拒不受理，双方回国要求人民法院处理的，可由被告原户籍所在地人民法院受理。

(78) 中国公民一方居住在国外(包括出国探亲、考察和学习的)，一方居住在国内，不论哪一方提起离婚诉讼，均应向国内一方户籍所在地或居所地的人民法院起诉。如国外的一方向居住国法院起诉，而国内一方也向人民法院起诉的，受诉的人民法院可按民诉法第二十一条第二项的规定，予以受理。

(79) 不在国内居住的当事人，因离婚案件在人民法院起诉、应诉，无法出庭的，必须向人民法院提交书面意见。这种书面意见，如系从国外寄交人民法院的，外国人须经所在国公证机关证明，并经我驻该国使领馆认证；华侨须经我国驻该国使领馆证明，没有使领馆的，由爱国华侨团体证明。

(80) 对外国法院涉及中国公民的离婚判决，不违反我国婚姻法的基本精神，当事人双方又无异议的，可以承认其对双方当事人有拘束力。如该判决要在我国内执行的，须由外国法院按民诉法第二百零四条的规定委托我国人民法院执行。

(81) 居住在国外的当事人，对在国内的财产申请诉讼保全的，必须提供担保。

(82) 人民法院向侨居外国的中国公民进行调查的询问提纲，经高级人民法院审查后，送请外交部领事司转送我国驻该国的使领馆进行询问。

最高人民法院关于在经济审判工作中贯彻执行《民事诉讼法(试行)》若干问题的意见

(一九八四年九月十七日)

一、管辖问题

(一) 经济合同案件的地域管辖

根据《民事诉讼法(试行)》第二十三条规定，因合同纠纷提起的诉讼，应由合同履行地或者合同签订地人民法院管辖。合同履行地是指合同规定的义务履行的地点，一般是指合同标的物交付的地点。合同签订地是指订立合同的地点。经济合同案件，原告向合同履行地人民法院起诉的，该地人民法院应当依法予以受理；原、被告有一方在合同签订地的，也可由合同签订地人民法院管辖。两个以上人民法院都有管辖权的，按照《民事诉讼法(试行)》第三十一条的规定，原告可以选择其中一个人民法院起诉。

《民事诉讼法(试行)》第二十九条规定，执行第二十三条有困难的，则按第二十条规定由被诉单位所在地人民法院管辖。所谓执行第二十三条有困难的情况主要有：(1)标的物在被诉方所在地，由合同履行地或者合同签订地人民法院进行勘验、鉴定或者采取诉讼保全措施确有困难的(2)合同是在诉讼当事人所在地和合同履行地以外的地方订立的，由合同签订地或者履行地人民法院管辖确有困难的。

(二) 经济纠纷案件的级别管辖

关于经济纠纷案件的级别管辖，根据《民事诉讼法(试行)》的有关规定，可以按诉讼单位的隶属关系、诉讼标的金额及案情繁简考虑确定：诉讼单位属地区、省辖市以下的(含本级)，一般由基层人民法院作第一审，但标的金额较大、案情比较复杂的，也可以由中级人民法院作第一审；属省、自治区、直辖市以上的，一般由中级人民法院作第一审，但标的金额较小、案情比较简单的，也可以由基层人民法院作第一审；在省、自治区、直辖市内有重大影响的案件，由高级人民法院作第一审。至于涉外经济纠纷案件，一律由中级人民法院作第一审。涉及港澳同胞及其企业、组织的案件，一般也由中级人民法院作第一审，但这类案件较多的地方，对标的金额较小、案情比较简单的案件，经高级人民法院批准，也可由基层人民法院作第一审。

二、诉讼参加人

(一) 当事人

根据《民事诉讼法(试行)》第四十四条第二款规定，企事业单位、机关、团体，可以作为诉讼当事人。

在诉讼过程中，企业合并或关闭的，要及时变更诉讼当事人。企业合并的，由合并后的新企业作为诉讼当事人；企业关闭的，由其主管单位或清理人(单位)作为诉讼当事人。

个体经营户、农村专业户和农村社员也可作为经济合同案件的诉讼当事人。已向工商行政管理部门领取营业执照的合作经济组织，可以作为独立的诉讼主体参加诉讼。

(二) 法定代表人

法定代表人必须是企事业单位、机关、团体及其它经济组织的主要行政负责人。主要有三种情况：一是指单位的正职行政负责人，如工厂的厂长，公司的董事长或不设董事会的经理；二是有的单位没有正职行政负责人，可由主持工作的副职人员，如副厂长、副经理担任；三是有的没有明确正副职务时，由主持工作的行政负责人担任。单位其他人不能作为法定代表人。

(三) 诉讼代理人

当事人如何委托诉讼代理人代为诉讼，《民事诉讼法(试行)》第五十条已有规定。法定代表人除可以委托律师外，还可以委托经人民法院允许的其他人担任诉讼代理人。其它诉讼主体，也可以依法委托诉讼代理人。

(四) 第三人

《民事诉讼法(试行)》第四十八条中所规定的第三人，仅限于对当事人争议的诉讼标的有独立请求权，或者虽然没有独立请求权，但是案件处理结果同他有法律上利害关系的人。第三人在当事人提起诉讼后、人民法院判决前，可以申请或经人民法院通知参加诉讼。有独立请求权的第三人参加诉讼，享有原告诉讼权利，承担诉讼义务。人民法院判决无独立请求权的第三人负有经济责任，此种第三人为了保护自己的合法权益提起上诉的，应当准许。

在第一审中没有参加诉讼的第三人，在二审中为了保护自己的合法权益，可以申请参加诉讼。二审法院对于准许第三人参加诉讼的案件，经调解达不成协议的，应当作出裁定，撤销原判，发回重审。

三、送　　达

经济纠纷案件的调解书送达时，如当事人拒收，应按照《民事诉讼法(试行)》第一百零二条规定，视为送达前翻悔，法院应当进行审判，不能按《民事诉讼法(试行)》第七十条规定办理。

四、拘　　传

《民事诉讼法(试行)》第七十六条规定，人民法院对必须到庭的被告，经两次用传票合法传唤，无正当理由拒不到庭的，可以拘传。对事实清楚，证据确凿的案件，则可根据《民事诉讼法(试行)》第一百一十三条规定缺席判决。

五、起诉与受理

(一) 立案

原告起诉，符合《民事诉讼法(试行)》第八十一条规定的条件，而且属于经济审判庭的收案范围，经济审判庭即应受理。依照《民事诉讼法(试行)》第八十五条规定，收到诉状应及时审查，符合受理条件的，应当在七日内立案；不符合受理条件的，应当在七日内通知原告，并说明理由。凡补正起诉状欠缺的，不应计算在七日之内。至于对法人资格、法定代表人、诉讼代理人的审查，则可在立案后进行，如发现有不应立案的，可裁定驳回起诉。

(二) 案由

《民事诉讼法(试行)》第一百二十条第一款第一项规定，判决书应当写明案由。

案由是案件的内容提要，也是案件性质的集中体现。定准案由是正确处理案件的重要环节。案由要简单明了，做到划分类别明确，反映争议确切，判断性质准确。本着上述原则，对经济合同案件的案由，应当按照《经济合同法》列举的十大类经济合同分别归类，如：“购销合同质量纠纷”，“运输合同赔偿纠纷”等。

对双方当事人为了生产、交换等即时清结的口头协议纠纷案件，可参照上述经济合同案件确定案由。

收案案由与结案案由不一致的，以结案案由为准。

六、简易程序

根据《民事诉讼法(试行)》第一百二十四条的规定,基层人民法院和它派出的法庭对事实清楚、情节简单、争议不大的简单经济纠纷案件,适用简易程序。所谓事实清楚,是指当事人双方对争议的事实陈述基本一致,又能提供可靠的证据,无须作大量调查即可判明事实、分清是非、确定责任的;所谓情节简单,是指纠纷的发展过程没有曲折复杂的变化,争议的焦点明确,涉及的人与事也不多;所谓争议不大,是指当事人对案件的是非、责任以及诉讼标的争执无重大原则分歧。

开始按简易程序审理的经济纠纷案件,审理中发现并非简单案件的,可以改用普通程序。但已按普通程序审理的简单案件,不要改用简易程序。

适用简易程序审理的经济纠纷案件,卷宗中一般要有:(1)诉状或口头起诉的笔录;(2)答辩状或口头答辩的笔录;(3)授权委托书或证明;(4)必要的证据;(5)对原被告的询问笔录;(6)审理(包括调解)笔录;(7)判决书或裁定书、调解书等;(8)执行报告书;(9)诉讼费收据。

七、执行问题

执行是民事诉讼程序的一个重要阶段,是保证发生法律效力的判决书、裁定书、调解书和法律规定由人民法院执行的其他法律文书得以实现的一个重要环节。执行有困难的可参照下述办法解决。

(一)通过调查,弄清不履行的原因,做好当事人的思想教育工作,并同有关方面取得联系,促使其自觉履行。

(二)对于暂时缺乏偿付能力,经当事人协商同意,可适当放宽偿付期限,但要承担逾期偿付的经济责任;对尚有外单位欠款可以收回的,应责令其积极索回欠款还债。

(三)对有履行能力,而到期拒不履行,做思想教育工作又无效的,应当向人民银行制发"协助执行通知书",采取强行划拨的措施,或对财产进行查封、扣押。查封、扣押后,被执行人超越指定期限仍不履行法律文书确定义务的,可将查封、扣押的财产交有关单位变卖。

(四)被执行的财产在外地的,应主动与当地人民法院联系,委托其代为执行。被委托的人民法院应当按照《民事诉讼法(试行)》第一百六十五条规定,积极协助执行,在执行中,发现确有错误的,可提出书面意见,经院长批准,函请委托人民法院或其上级人民法院审查处理。在此期间,应暂缓执行。

(五)执行中,遇到《民事诉讼法(试行)》第一百八十二条、第一百八十三条规定情形的,裁定中止执行或终结执行。

(六)当事人根据《民事诉讼法(试行)》第一百六十七条规定申请执行仲裁机关的裁决,人民法院发现确有错误的,经院长批准,不予执行,并通知仲裁机关。

(七)行政机关作出的经济处分决定,依法申请人民法院强制执行时,须提交申请执行书、据以执行的行政决定文书和其他必须提交的材料。人民法院发现处理决定确有错误的,经院长批准,不予执行,并通知行政机关。

最高人民法院关于贯彻执行《经济合同法》若干问题的意见

(一九八四年九月十七日)

一、关于无效经济合同的确认与处理问题

审理经济合同案件,首先要解决的是确认经济合同的效力问题。被确认无效的经济合同,不受法律保护,对于合同双方没有约束力。但是对于合同被确认无效所引起的经济纠纷,则应在查明事实、分清是非的基础上,依照国家的法律、政策合情合理地予以解决。

(一)如何审查合同是否有效

确认无效经济合同的法律依据,是《经济合同法》第七条的规定。在实践中,确定合同是否有效,主要从四个方面审查。

1. 审查合同主体是否具有法人资格

这里主要是指审查除依法成立的机关、团体以外的企事业单位和其他经济组织是否具有法人资格的问题。我国目前尚无法人登记法规,但是根据其它的法规和有关规定,法人至少应是由国家批准并按照有关规定成立的独立经济核算组织。一九七九年国家经委、农委、工商总局发布的《关于开展工业企业普查登记的通知》明确规定,全民和集体所有制工业企业必须全面登记。按照这个规定,凡在当地开展全面普查登记后,仍不按照规定办理登记,或者虽已申请登记但工商行政管理部门不予认可的组织,应视为不具备法人资格。一九八二年八月九日国务院发布的《工商企业登记管理条例》规定,工商企业必须向工商行政管理局办理登记,否则不准筹建或者开业,不得刻制公章、签订合同等。当前发生纠纷的经济合同有不少是在上述《通知》、《条例》发布以前签订的。确定这部分经济合同的

主体是否具有法人资格，需要从实际出发，具体分析，区别对待。凡在开展工业企业全面普查登记前虽不符合规定手续，但确经上一级主管部门同意成立的经济组织所签订的合同，如无其他违法情况，一般应按有效合同处理；如未经上一级主管部门同意擅自成立的，所签订的经济合同，应视为无效。

在审查法人资格时，还应注意审查合同签订人的代理人资格及其代理权限。其中：(1)盗用、冒用单位名义签订合同的，其所签订的合同无效；(2)超越代理权限的，其越权部分无效，但在发生纠纷前经被代理人追认的除外；(3)代理人以被代理人的名义同自己或者同自己所代理的其他人签订的合同无效。合同签订人虽无委托书，但持有委托单位能够说明情况的介绍信的，应视为有代理资格。

凡合同主体为个体经营户、农村专业户、经济联合体的，需审查其是否按法律规定登记并领得执照。

2. 审查合同内容是否合法

第一是审查合同的标的是否属于法律、政策禁止生产经营的范围。第二是审查合同中有关标的的数量、质量、价格和违约责任等规定是否违反国家计划、法规和政策。第三是审查合同的内容是否违反国家利益或社会公共利益，有无规避法律的行为。第四是审查合同的内容是否超越批准的经营范围。如合同签订时，已向工商行政部门申请变更或扩大经营范围，合同签订后，经工商行政部门核准经营的，可不视为超越经营范围。

3. 审查合同当事人的意思表示是否真实

根据《经济合同法》第五条的规定，必须审查当事人在签订合同过程中的意思表示是否真实，有无违反平等互利、协商一致、等价有偿的情况。

4. 审查合同是否履行了法定的审批手续

法律、法规规定必须经过主管部门审核批准才能生效的合同，如果没有履行法定的审批手续，则不具有法律约束力。

我国的经济体制改革正在深入进行，新情况不断产生。审查合同是否有效，一定要依照法律的规定，要符合当前的政策，要从实际出发，要有利于进一步搞活经济和对外开放。

（二）对无效经济合同的处理

经济合同被确认无效后，有两个方面的问题需要处理：一个是无效经济合同造成的财产后果；另一个是无效经济合同中的违法行为。

对无效经济合同所引起的财产争讼，应当按照《经济合同法》第十六条规定的返还、赔偿或追缴三种方法处理。

在具体处理案件时，要注意以下三个问题：

1. 要注意返还财产和追缴财产的区别

返还财产不是惩罚措施，而是消除无效经济合同造成的财产后果的一种法律手段。追缴财产才是一种惩罚手段。根据《经济合同法》第十六条的规定，追缴财产只适用于故意违反国家利益或社会公共利益的无效合同，因为故意违反国家利益或社会公共利益的合同，其性质和损害后果，要比其他无效合同严重，用返还财产的方法处理不足以消除其造成的不良后果。《经济合同法》第十六条规定：违反国家利益或社会公共利益的经济合同，如果双方都是故意的，应追缴双方已经取得或约定取得的财产，收归国库所有。如果是由一方的故意造成的，则故意的一方应将从对方取得的财产返还对方；非故意的一方已经从对方取得或约定取得的财产，应收归国库所有。

用返还还是用追缴的方法处理，大体上可以从导致合同无效的行为的性质、损害的对象、危害的后果等方面进行分析。属于违反法律和国家政策的，主要是违反工商企业登记和市场、财政、税务、金融、商标以及劳动管理等法规，妨害了国家对企业正常的经济管理秩序。这类情况中的过错方有的是明知故犯，也有的是由于法制观念淡薄或者缺少法律知识，不了解有关法律、政策，不懂得办理必要的法律手续。但违反国家利益或社会公共利益的，主观上一般都是明知故犯，并有牟取非法利益的动机，例如订立假经济合同或者利用经济合同买空卖空，购销内容淫秽的书画、录音带、录相带，购销质量低劣有损人民身体健康的药品或违禁品等。

2. 损失赔偿应当区分责任大小，承担相应的份额

无效经济合同的双方如果都有过错，对返还财产后的损失赔偿，应按照《经济合同法》第十六条规定，“各自承担相应的责任”。所谓“相应责任”不应理解为平均分担损失或各自承担自己的损失。合同双方应当按照责任的主次、轻重，分别承担经济损失中与其责任相适应的份额。

此外，还应区别无效合同的责任与有效合同的责任。当事人违反了有效合同，主要通过偿付违约金、赔偿损失等办法来承担责任；而无效合同的责任，则应按照《经济合同法》第十六条规定的原则来解决。两种责任的性质不同，不可混淆。不能一方面确认合同无效，另一方面又追究当事人的违约责任。

3. 对无效合同的确认和处理方式

对无效合同的确认和处理可以用以下几种方式：

(1) 对无效合同可以先用裁定书确认，然后对当事人之间的财产纠纷进行调解解决。但是对于利用经济合同进行违法、犯罪活动因而需要给予经济制裁以至追究刑事责任的，则不应当进行调解。

(2) 对涉及追缴、罚款的无效合同则必须用判决书确认和处理。

(3) 对不涉及追缴、罚款的无效合同，也可以用调解书确认和处理。在调解书的认定是非责任部分写明合同无效，然后再写处理财产纠纷所达成的协议。

二、关于违反经济合同的责任问题

（一）如何确定违反经济合同的责任

在查明经济合同案件的事实后，按照《经济合同法》第三十二条第一款关于过错方应当承担违约责任的规定，明确合同当事人的违约责任，是解决纠纷的基础。分析确定违约责任时，应当注意区别两种情况：一种是违约尚未给对方造成损害后果的，只需要向对方支付违约金即可；另一种是违约给对方造成损害后果而损失超过违约金或者合同没有规定违约金的，应当支付赔偿金。前一种情况只需要有过错和违约行为即可确定责任；后一种违约责任则要从四个方面去认定：1.要有不履行或不完全履行合同的行为。2.要有财产上的损害事实。这是指由于不履行或不完全履行合同所造成的损失。损失的计算要有根据。3.要有过错，也就是当事人不履行或不完全履行经济合同是出于故意或过失。4.行为与损害结果之间要有因果关系。但不论是哪一种情况，都要根据有关的法律、政策分清合同当事人责任的大小，是全部责任还是部分责任，是主要责任还是次要责任。

（二）违约金和赔偿金

违约金是指一方当事人由于过错不履行或不完全履行经济合同，应当依照合同的约定或者法律的规定支付给对方当事人的一定数量的货币，而不论这种违约行为是否使对方当事人遭受损失。赔偿金是违约一方由于给对方造成经济损失所给予的赔偿。在合同规定了违约金的情况下，赔偿金是用来补偿违约金的不足部分。如果违约金已能补偿经济损失，就不再支付赔偿金。但是如果合同没有违约金的规定，只要造成了损失，就应向对方支付赔偿金。

违约金有法定违约金和约定违约金两种，前者是由法规（如：《工矿产品购销合同条例》、《农副产品购销合同条例》等）明文规定的；后者是由合同双方当事人在签订合同时约定的。如果合同中没有规定违约金的条款，则可按照签订合同时有效的有关条例的规定执行，有关条例对违约金未作规定，而违约又未给对方造成损失的，可以根据实际情况酌情处理。

关于违约金的数额，可由双方协议解决。但是对于故意违约的，违约金和赔偿金不能减少。对于过失违约的，可以考虑适当减免违约金，但必须是违约方经济上确有困难，主动提出请求或者没有给对方造成经济损失的。如果是判决的，则应依据有关法规规定的或者合同约定的经济责任判处。对违约金应计算到人民法院结案时止。

《经济合同法》第三十七条规定违约金、赔偿金应在明确责任后十天内偿付，是指自合同仲裁机关的仲裁书和人民法院的调解书、判决书发生法律效力之日起的十天内偿付。

（三）在上级领导机关或业务主管机关有过错情况下的违约责任问题

《经济合同法》第三十三条规定：由于上级领导机关或业务主管机关的过错，造成经济合同不能履行或者不能完全履行的，上级领导机关或业务主管机关对签订合同一方的违约行为负有责任。应先由违约方按规定向对方偿付违约金或赔偿金，再由应负责任的上级领导机关或业务主管机关负责处理。这是因为，违反合同责任的处理，应在合同的双方当事人之间进行，而不应在违约方的上级领导机关或业务主管机关与对方之间进行，所以不能直接追究上级领导机关或业务主管机关的责任。

此外，由于国家计划的调整，某些企业关、停造成的经济合同纠纷，应当按照国家关于关、停企业资产维护、处理的有关规定处理。

（四）经济责任处理后的继续履行合同问题

支付违约金或赔偿金是违约一方承担经济责任的主要方式，但支付违约金和赔偿金并不能代替合同规定的实物或劳务的履行。《经济合同法》第三十五条规定："对方要求继续履行合同的，应继续履行"。对任意撕毁合同又有条件继续履行的一方，更应严格执行这一规定。

原订合同中的某些项目如果需要修改、补充的，双方可以重新协商，然后按双方达成的新协议履行。

三、关于诉讼时效问题

《经济合同法》第五十条规定，经济合同当事人向合同管理机关申请调解或仲裁，应从其知道或应当知道权利被侵害之日起一年内提出，超过期限的，一般不予受理。这是对仲裁时效的规定，不是对诉讼时效的规定。

目前我国法律尚未对诉讼时效作出规定。在实践中可以按照民事诉讼法（试行）第八十一条规定的起诉条件特别是有无事实根据这一条件，并结合合同本身有无索赔期限的规定来考虑是否受理。如果合同纠纷发生的时间较长，或者无人证物证，事实显已无法查清的，可以不予受理。对于合同规定有索赔期限而逾期起诉的，应不予受理。

四、关于经济合同案件中的犯罪和其他违法问题

在审理经济合同案件中发现的犯罪和其他违法行为，要分别不同情况，采取不同方式认真处理。

（一）对需要追究刑事责任的，分别转公安、检察机关侦查处理。

（二）在本合同案件中有违法行为，但情节显著轻微，危害不大，尚不构成犯罪，仅须给予经济制裁的，一般可由人民法院直接处理；如须给予纪律处分，应转给当事人所在单位处理。

（三）对于不属于法院管辖的违法乱纪问题，可转有关部门处理，但应同时提出司法建议，必要时还要将司法建议书抄送其上级主管机关和有关部门。

最高人民法院关于设立海事法院几个问题的决定

（一九八四年十一月二十八日）

第六届全国人民代表大会常务委员会第八次会议通过的《全国人民代表大会常务委员会关于在沿海港口城市设立海事法院的决定》业经中华人民共和国主席李先念命令公布施行。据此，现对有关设立海事法院的几个问题决定如下：

一、在以下港口城市设立海事法院：

1. 在广州市设立广州海事法院；

2. 在上海市设立上海海事法院；

3. 在青岛市设立青岛海事法院；

4. 在天津市设立天津海事法院；

5. 在大连市设立大连海事法院。

二、海事法院设：海事审判庭、海商审判庭、研究室和办公室等机构。机构设置和人员配备都要力求精简。

三、海事法院收案范围暂定为：国内企业、组织、公民之间，中国企业、组织、公民同外国企业、组织、公民之间，外国企业、组织、公民之间的依法应当由我国管辖的下列海事案件和海商案件：

1. 船舶碰撞损害赔偿案件；

2. 船舶碰撞海上和港口设施损害赔偿案件；

3. 船舶排放有害物质和海上作业措施不当，造成水域污染的损害赔偿案件；

4. 海上作业设施影响船舶航行造成经济损失的索赔案件；

5. 海上运输和海上、港口作业过程中的人身伤亡事故引起的损害赔偿案件；

6. 海运和海上作业中的重大责任事故案件（审理过程中发现构成犯罪需要追究刑事责任的，分别转公安、检察机关依照法律规定的程序办理）；

7. 海上货物运输合同纠纷案件；

8. 海上旅客和行李运输合同纠纷案件；

9. 船舶租赁、代理、修理合同纠纷案件；

10. 海上保险业务纠纷案件；

11. 海上救助、打捞、拖航纠纷案件；

12. 共同海损纠纷案件；

13. 港口装卸作业和理货纠纷案件；

14. 海洋开发和海洋利用纠纷案件；

15. 因海事、海商等纠纷，起诉前一方当事人申请采取保全措施扣押船舶的案件；

16. 因违反有关海事的法律、条例受主管行政机关处罚，当事人不服，在法律规定的期限内起诉的案件；或者在期限内不起诉，期满又不履行，主管行政机关申请强制执行的案件；

17. 海事仲裁机构申请采取保全措施的案件；对海事仲裁机构作出的裁决，一方当事人逾期不履行，对方当事人申请执行的案件；

18. 上级人民法院交办的和法律规定由海事法院受理的其他海事、海商案件。

四、各海事法院的管辖区域分别为：

1. 广州海事法院管辖下列区域内发生的海事案件和海商案件：西自广西壮族自治区的北仑河口（东兴）、东至广东省与福建省交界处的延伸海域和珠江口至广州港一段水域，其中包括南海、海南岛、南澳岛、南海诸岛（东沙、西沙、中沙、南沙、黄岩岛等岛屿）和防城、北海、海口、三亚、八所、湛江、黄埔、广州、蛇口、汕头等主要港口。

2. 上海海事法院管辖下列区域内发生的海事案件和海商案件：南自福建省与广东省交界处、北至江苏省与山东省交界处的延伸海域和闽江口至福州港一段水域、长江口至张家港一段水域，其中包括东海、黄海南部、台湾省、海上岛屿和厦门、福州、温州、宁波、上海、南通、张家港、连云港等主要港口。

3. 青岛海事法院管辖下列区域内发生的海事案件和海商案件：南自山东省与江苏省交界处、北至山东省与河北省交界处的延伸海域，其中包括黄海一部分、渤海一部分、海上岛屿和石臼所、青岛、威海、烟台等主要港口。

4. 天津海事法院管辖下列区域内发生的海事案件和海商案件：南自河北省与山东省交界处、北至河北省与辽宁省交界处的延伸海域，其中包括黄海一部分、渤海一部分、海上岛屿和天津、秦皇岛等主要港口。

5. 大连海事法院管辖下列区域内发生的海事案件和海商案件：南自辽宁省与河北省交界处、东至鸭绿江口的延伸海域和鸭绿江水域，其中包括黄海一部分、渤海一部分、海上岛屿和大连、营口等主要港口。

五、本决定自即日起开始施行。

最高人民法院关于人民法院可以直接与银行系统的营业所、信用社联系查询、冻结或者扣划企事业等单位存款的批复

（一九八五年一月十七日）

广东省高级人民法院：

你院（84）粤法经行字第147号请示收悉。我院经与中国人民银行联系研究后，答复如下：

我院与中国人民银行于一九八三年十二月二十八日联合发出的（83）法研字第30号《关于查询、冻结和扣划企业事业单位、机关、团体的银行存款的联合通知》第一项中所说的“（主任）”系指银行系统中营业所或者信用社的主任。人民法院需要查询、冻结或者扣划企业事业单位、机关、团体的银行存款，可以出具公函，直接同作为上述单位开户银行的营业所、信用社联系，或者向它们发出协助执行通知书（附判决书、裁定书或调解书副本），请它们协助执行，而无须先经银行县、市支行或市分行区办一级核对。

此复

最高人民法院关于申请执行仲裁裁决应向何地法院提出的批复

（一九八五年一月十七日）

天津市高级人民法院：

你院一九八四年十二月二十四日津高法（1984）第95号请示收悉。关于民事诉讼法（试行）第一百六十七条“仲裁机构的裁决发生法律效力后，一方当事人不履行的，对方当事人可以向有管辖权的人民法院申请执行”中所说的“有管辖权的人民法院”应如何理解的问题，我们同意你院的意见，即应向被执行人户籍所在地（或被执行单位所在地）的人民法院或者被执行财产所在地的人民法院申请执行；被执行人的户籍所在地与居所地不一致的，可向被执行人居所地的人民法院申请执行。

此复

最高人民法院关于开展专利审判工作的几个问题的通知

（一九八五年二月十六日）

《中华人民共和国专利法》公布后，各高级人民法院和有关的中级人民法院组织审判人员认真学习了专利法，并为实施专利法进行了积极的准备。专利法即将自今年四月一日起施行，现将有关开展专利审判工作的几个问题通知如下：

一、有关专利纠纷案件的审判工作

（一）收案范围

根据专利法和专利法实施细则的规定，应当由人民法院经济审判庭审理专利案件有下列七类：

1. 关于是否应当授予发明专利权的纠纷案件；

2. 关于宣告授予的发明专利权无效或者维持发明专利权的纠纷案件；

3. 关于实施强制许可的纠纷案件；

4. 关于实施强制许可使用费的纠纷案件；

5. 关于专利申请公布后、专利权授予前使用发明、实用新型、外观设计的费用的纠纷案件；

6. 关于专利侵权的纠纷案件（包括假冒他人专利尚未构成犯罪的案件）；

7. 关于转让专利申请权或者专利权的合同纠纷案件。

（二）案件管辖

根据《中华人民共和国民事诉讼法（试行）》和专利法、专利法实施细则的有关规定以及当前的实际情况，对专利纠纷案件的管辖规定如下：

1. 上列收案范围中1—4类案件，均由北京市中级人民法院作为第一审法院，北京市高级人民法院为第二审法院。

2. 各省、自治区、直辖市和经济特区内的上列收案范围中5—7类案件，分别由各省、自治区、直辖市人民政府所在地的中级人民法院和各经济特区的中级人民法院作为第一审法院，各省、自治区、直辖市高级人民法院为第二审法院。

各省、自治区高级人民法院根据实际需要、经最高人民法院同意，可以指定本省、自治区内的开放城市或者设有专利管理机关的较大城市的中级人民法院

作为审理其辖区内的上列收案范围中5—7类案件的第一审法院。

（三）诉讼程序

人民法院审理各类专利纠纷案件，应当按照民事诉讼法（试行）和专利法规定的诉讼程序进行，但有两个问题需要加以明确：

1. 关于是否应当授予发明专利权的纠纷案件、关于宣告授予的发明专利权无效或者维持发明专利权的纠纷案件，应当以专利复审委员会为被告；关于实施强制许可的纠纷案件，应当以国家专利局为被告；关于实施强制许可使用费的纠纷、侵犯专利权的纠纷、专利申请公布后专利权授予前使用发明、实用新型、外观设计的费用的纠纷不服国家专利局或者专利管理机关所作的裁决或者处理决定向人民法院起诉的案件，仍应以在国家专利局或者专利管理机关处理时的争议双方为诉讼当事人。

2. 在专利侵权的诉讼过程中，遇有被告反诉专利权无效时，受理专利侵权诉讼的人民法院，应当告知被告按照专利法第四十八条和第四十九条的规定办理。在此期间，受理专利侵权诉讼的法院，可根据民事诉讼法（试行）第一百一十八条第四项的规定中止诉讼，待专利权有效或无效的问题解决后，再恢复专利侵权诉讼。

（四）尽快配备审判干部，发挥技术专家的作用

专利诉讼是科学技术与法律紧密结合的工作，专业技术性很强，涉外案件较多。承担专利审判任务的各高、中级人民法院要根据实际需要，选配适当数量的有一定审判经验的审判人员，特别要注意适当选配学过理工专业和懂得外语的人员参加专利审判工作，并且至少要能够组成一个合议庭。

人民法院在审理专利案件时，要与有关部门密切联系，充分发挥科研单位、生产部门的专家、学者的作用，可以聘请他们作临时的或者长期的技术顾问，也可以请他们担任技术鉴定人，还可以邀请他们担任陪审员，直接参与专利审判工作。

专利审判是一项新的工作，各有关高、中级人民法院要组织专利审判人员进一步认真学习专利法和其他有关的法律、法令，并注意通过审判实践，总结专利纠纷案件的审判经验。

二、有关专利的犯罪案件的审判工作

（一）对于以下三种构成犯罪的行为，应当根据专利法和《中华人民共和国刑法》的有关规定追究刑事责任：

1. 假冒他人专利，情节严重的，对直接责任人员比照刑法第一百二十七条的规定，以假冒他人专利罪处罚；

2. 违反专利法第二十条规定，擅自向外国申请专利，泄露国家重要机密，情节严重的，依照刑法第一百八十六条的规定，以泄露国家重要机密罪处罚；

3. 专利局工作人员及有关国家工作人员徇私舞弊，情节严重构成犯罪的，比照刑法第一百八十八条的规定，以徇私枉法罪处罚。

（二）根据《中华人民共和国刑事诉讼法》的有关规定，上述三种刑事案件，应由有管辖权的人民法院的刑事审判庭审判。

最高人民法院关于外国驻华使馆的职员能否以外交代表身份为本国国民在我国聘请中国律师代理民事诉讼的批复

（一九八五年三月二十八日）

上海市高级人民法院：

你院一九八五年一月十日(81)沪高民上字第5号请示收悉。关于瑞士驻华大使馆参赞能否以外交代表身份为其本国国民在我国的民事诉讼中聘请中国律师代理诉讼问题，经研究，我们认为，根据我国参加的《维也纳外交关系公约》和《维也纳领事关系公约》的有关规定，瑞士驻华大使馆受其本国国民李美提、李爱维的委托代聘律师，属于使馆公务，因此，该大使馆授权其本馆职员以外交代表身份为李美提、李爱维在我国聘请中国律师代理民事诉讼，是可以的。

此复

最高人民法院关于缓刑考验期内表现好的罪犯可否缩减其缓刑考验期限的批复

（一九八五年五月九日）

上海市高级人民法院：

你院(85)沪高法办字第30号《关于缓刑犯可否减

刑的请示报告》收悉。经研究，我们认为，运用缓刑必须符合刑法第六十七条、第六十八条、第七十条的规定，缓刑不能离开原判刑罚独立存在，因此，对缓刑考验期限单独缩减没有法律依据。被判处拘役或者三年以下有期徒刑、宣告缓刑的犯罪分子，如果在缓刑考验期间确有突出的悔改表现或者立功表现，可以参照刑法第七十一条的规定，对原判刑罚予以减刑，同时相应地缩减其缓刑考验期限。减刑后的刑期不能少于原判刑期的二分之一，减刑后相应缩减的缓刑考验期限不能低于减刑后的刑期，而且判拘役的缓刑的考验期限不能少于一个月，判有期徒刑的缓刑的考验期限不能少于一年。

此复

最高人民法院关于个人非法制造、销售他人注册商标标识而构成犯罪的应按假冒商标罪惩处的批复

（一九八五年五月九日）

浙江省高级人民法院：

你院一九八四年十一月七日请示的关于个人非法制造、购买名牌产品的商标标识，用于其他产品上，冒充名牌产品出售，可否按假冒商标罪处罚的问题，经研究，我们认为，根据商标法第四条、第三十八条、第四十条的规定，无论是企业、事业单位或者个体工商业者，假冒他人注册商标，包括非法制造或者销售他人注册商标标识的，均构成对商标专用权的侵犯。对实施上述行为，构成犯罪的，可以直接依照刑法第一百二十七条定罪判刑。

此复

最高人民法院关于是否允许外籍当事人委托居住我国境内的外国人、或本国驻我国领事馆工作人员为诉讼代理人的批复

（一九八五年六月八日）

上海市高级人民法院：

你院一九八五年一月十七日(84)沪高民他字第13号请示收悉。关于外籍当事人委托居住我国境内的外国人，或本国驻我国领事馆工作人员为诉讼代理人，可否允许的问题，我院经研究并征求外交部领事司、条法司的意见认为：

一、外籍当事人委托居住我国境内的本国人为诉讼代理人，不违背我国民事诉讼法(试行)的规定，可以准许。

二、外国驻华使、领馆官员，受本国国民的委托，以个人名义担任诉讼代理人时，亦应准许。同时根据我国参加的《维也纳领事关系公约》的规定，外国驻华领事馆官员(包括经我国外交部确认的外国驻华使馆的外交官同时兼有领事官衔者)，当作为当事人的本国国民不在我国境内，或由于其他原因不能适时到我国法院出庭时，还可以在没有委托的情况下，直接以领事名义担任其代表或为其安排代表在我国法院出庭。

你院请示中所提原居住在我国的德意志联邦共和国国民尤塔·毛雷尔，在其回国后，欲委托在上海市任教的本国人或本国驻上海领事馆工作人员，担任她离婚诉讼中代理人的问题，可参照上述意见办理。

此复

最高人民法院关于一方当事人在国内居住、另一方当事人在国外居住的涉外民事案件的上诉期应如何确定的批复

（一九八五年六月十一日）

北京市高级人民法院：

对你院四月二十八日请示的问题，我们意见如下：根据民事诉讼法(试行)第一百九十八条、第一百八十五条及第一百四十五条的规定，人民法院在处理涉外民事诉讼案件中，对在中华人民共和国领域内居住的一方当事人，不服第一审人民法院判决的上诉期为十五日；对不在中华人民共和国领域内居住的另一方当事人，不服第一审人民法院判决的上诉期为六十日。十

五日期满后，在中华人民共和国领域内居住的一方当事人没有上诉的，不得上诉。但是由于不在中华人民共和国领域内居住的另一方当事人的上诉期限未满，本案的第一审人民法院的判决还不能发生法律效力。只有上诉期均已届满而双方当事人没有上诉时，第一审人民法院的判决才具有法律效力。

此复

最高人民法院关于男女登记离婚后一方翻悔，向人民法院提起诉讼，人民法院是否应当受理的批复

（一九八五年六月十五日）

河北省高级人民法院：

你院一九八五年三月八日冀法民〔1985〕6号函收悉。

关于男女双方在婚姻登记机关办理离婚登记后，一方翻悔，向人民法院提起诉讼，人民法院是否应当受理的问题，经研究，我们认为，根据婚姻法第二十四条的规定，和国务院一九八〇年十月二十三日批准、民政部于同年十一月十一日发布的《婚姻登记办法》的有关规定，男女双方自愿离婚，并对子女和财产问题已有适当处理，在婚姻登记机关办理了离婚登记，领取了离婚证的，其婚姻关系即正式解除。一方对这种已发生法律效力的离婚，及对子女和财产问题的处理翻悔，在原婚姻登记机关未撤销离婚登记的情况下，向人民法院提起诉讼的，人民法院不应受理，可按本院(84)法办字第112号文件《关于贯彻执行〈民事诉讼法（试行）〉若干问题的意见》第四十三条规定的精神，告知当事人向原婚姻登记机关申请解决。

此复

最高人民法院关于国内工矿产品购销合同、农副产品购销合同中的合同履行地如何确定的批复

（一九八五年七月四日）

河北省高级人民法院：

你院经济庭(85)冀法经字第8号函收悉。关于河北省大城县水利局食品厂（需方）诉上海市物资交易所综合门市部（供方）购销饼干机合同质量纠纷一案的管辖问题，经我们研究，答复如下：

民事诉讼法（试行）第二十三条规定："因合同纠纷提起的诉讼，由合同履行地或者合同签订地人民法院管辖。"合同履行地是指履行合同规定义务的地点，合同标的为实物的，一般是指标的交付的地点。具体到经济合同法中的工矿产品购销合同或农副产品购销合同，其合同履行地除供需双方在合同中有特殊约定的以外，因交货方式不同而有所不同：凡合同规定由供方送货、代运的，合同履行地为产品发运地；凡合同规定由需方自提的，合同履行地为产品提货地。

本案的合同是在上海市签订的，产品是由供方在上海市交承运部门运出的，因此，合同签订地和履行地均为上海市。你院以供方承担产品安装调试义务而认定合同履行地为需方所在地是欠妥的。河北省大城县人民法院应依照民事诉讼法（试行）第二十三条、第三十二条的规定，将本案移送上海市供方所在地的区人民法院审理。

此复

最高人民法院关于审判监督程序中，上级人民法院对下级人民法院已经发生法律效力的判决、裁定，何时裁定中止执行和中止执行的裁定由谁署名问题的批复

（一九八五年七月九日）

山东省高级人民法院：

你院(85)鲁法民字第20号《关于执行审判监督程序中几个问题的请示》收悉。经研究，我们认为：

一、上级人民法院对下级人民法院已经发生法律

效力的判决、裁定，须发现确有错误，并作出了提审或者指令再审决定的，才可裁定中止执行。所以，上级人民法院对下级人民法院已经发生法律效力的判决、裁定，在调卷审查的过程中，如尚未发现确有错误，且未作出提审或者指令再审决定的，不得裁定中止执行。

二、上级人民法院对下级人民法院已经发生法律效力的判决、裁定，发现确有错误，可作出提审或者指令下级人民法院再审的裁定。此裁定应包括中止执行的内容，由院长署名，并加盖人民法院印章。

此复

最高人民法院关于合同纠纷当事人一方向仲裁机关申请仲裁，仲裁机关已立案，另一方向人民法院起诉，人民法院应否受理的批复

（一九八五年八月三日）

上海市高级人民法院：

你院(85)沪高法办字第110号请示收悉。关于合同纠纷当事人一方向仲裁机关申请仲裁，仲裁机关已立案，另一方向人民法院起诉，人民法院应否受理的问题，经研究答复如下：

根据《中华人民共和国经济合同仲裁条例》第十二条第二款“一方向仲裁机关申请仲裁，另一方向人民法院起诉的案件，仲裁机关不予受理”的规定。合同纠纷的当事人一方向仲裁机关申请仲裁，即使仲裁机关已经立案，并发出应诉通知书，而另一方拒绝应诉，并向人民法院起诉的，只要起诉符合《中华人民共和国民事诉讼法(试行)》第八十一条规定的条件，人民法院即应予以受理。但是如果合同纠纷的当事人一方向仲裁机关申请仲裁，另一方作出答辩或者表示同意应诉后又向人民法院起诉的，人民法院不予受理。仲裁机关裁决后，当事人一方或者双方对裁决不服，可按《中华人民共和国经济合同法》第四十九条和《中华人民共和国经济合同仲裁条例》第三十三条的规定，向仲裁机关所在地的人民法院起诉。

此复

最高人民法院关于人民法院审判严重刑事犯罪案件中具体应用法律的若干问题的答复

（一九八五年八月二十一日）

问：《全国人民代表大会常务委员会关于严惩严重危害社会治安的犯罪分子的决定》第一条第4项中规定有：盗窃爆炸物，情节特别严重的，或者造成严重后果的，可以在刑法第一百一十二条规定的最高刑以上处刑，直至判处死刑；而刑法第一百一十二条中，并无盗窃爆炸物的规定。那么，对盗窃炸药的犯罪，不属于情节特别严重的，或者尚未造成严重后果的，应当如何定罪处罚？我们意见：基于某种犯罪目的而盗窃炸药的，定盗窃爆炸物罪，比照刑法第一百一十二条类推判处；其他盗窃炸药数量较大的，按盗窃罪处理。（四川、辽宁）

答：我们认为，《全国人民代表大会常务委员会关于严惩严重危害社会治安的犯罪分子的决定》第一条第4项的规定，在定罪和刑罚上，都补充了刑法第一百一十二条，把非法制造、买卖、运输或者盗窃、抢夺爆炸物的行为增定为犯罪；其法定最高刑可以直至判处死刑。因此，对于非法制造、买卖、运输或者盗窃、抢夺爆炸物，情节特别严重的，或者造成严重后果的，应直接依据该决定第一条第4项的规定定罪处刑；不属于情节特别严重的，或者尚未造成严重后果的，可依据该决定第一条第4项的规定定罪，并按照刑法第一百一十二条的规定处刑，不需要类推。对于农村中偷拿少量爆炸物的，依照刑法第十条的规定，属于情节显著轻微，危害不大的行为，不要作为犯罪处理。

问：有的人私自用工厂的钢材制作土枪（猎枪式样）出售，或将体育用枪改装成装火药、砂子的火药枪，有一定的杀伤力，象这样的情况能否适用刑法第一百一十二条的非法制造枪支罪？（山东、宁夏）

答：我们认为，对私自制作土枪出售，或者将体育运动用枪改装成火药枪的，应根据具体情况，区别对待。构成犯罪的，应当依照刑法第一百一十二条的规定，以非法制造(或买卖)枪支罪予以处罚；如果情节显著轻微，危害不大的，可以请公安机关酌情予以治安处罚。

问：刑法第十四条所规定的刑事责任年龄应以日计算，还是以时计算？如果是以日计算，是到生日当

天，还是到生日的前一天或者后一天，认为是满周岁？（河南）

答：刑法第十四条规定的已满十四岁，是指实足年龄，应以日计算，即过了十四周岁生日，从第二天起，才认为已满十四岁。例如，被告人一九六八年七月二十六日生，至一九八二年七月二十七日即认为已满十四岁。对已满十六岁、已满十八岁年龄的计算，亦与此相同。并且一律按公历的年、月、日计算。

问：处理已满十六岁的人所犯盗窃罪或者其他刑事罪时，对其已满十四岁不满十六岁期间的盗窃行为是否还要一并追究刑事责任？（新疆）

答：根据我国刑法第十四条第二款的规定，已满十四岁不满十六岁的人，除犯杀人、重伤、抢劫、放火、惯窃罪或者其他严重破坏社会秩序罪（包括重大盗窃罪），应当负刑事责任外，他们实施的其他危害社会的行为，包括一般盗窃行为，不负刑事责任。因此，在审理被告人满十六岁以后的犯罪时，不应一并追究其在已满十四岁不满十六岁期间实施的一般盗窃行为的刑事责任。

问：已满十四岁不满十六岁的人，犯杀人、重伤、抢劫、放火、惯窃罪或者其他严重破坏社会秩序罪，如果所犯罪行特别严重，可否判处死刑缓期二年执行？（宁夏）

答：刑法第四十四条规定，犯罪的时候不满十八岁的人，不适用死刑。已满十六岁不满十八岁的，如果所犯罪行特别严重，可以判处死刑缓期二年执行。刑法没有规定对犯罪特别严重的不满十六岁的人可以判处死刑缓期二年执行。因此，对犯罪时不满十六岁的人，不能判处死刑缓期二年执行。

问：对刑满释放后又犯罪的，发现他在前罪判决前，还有其他罪没有处理，在对其新犯的罪判决时，可否实行数罪并罚？（湖南、北京、四川、福建）

答：在处理被告人刑满释放后又犯罪的案件时，发现他在前罪判决宣告以前，或者在前罪判处的刑罚执行期间，犯有其他罪行，未经过处理，并且依照刑法的规定应当追诉的，如果漏罪与新罪分属于不同种的罪，即应对漏罪与刑满释放后又犯的新罪分别定罪量刑，并依照刑法第六十四条的规定，实行数罪并罚；如果漏罪与新罪属于同一种罪，可以判处一罪从重处罚，不必实行数罪并罚。

问：在缓刑考验期限内，发现犯罪分子有漏罪没有判决的，是撤销缓刑，对前罪和漏罪所判处的刑罚实行数罪并罚，还是按照审判监督程序全部重新审判？（北京、广西、江西）

答：在缓刑考验期限内，发现被宣告缓刑的犯罪分子在缓刑宣告以前还有其他罪没有判决的，应当参照我国刑法第七十条的规定，并依照刑法第六十五条的规定，对漏罪定罪判刑，再对前罪与漏罪实行数罪并罚，决定执行的刑罚。如果必须判处实刑，则应撤销对前罪所宣告的缓刑，已经执行的缓刑考验期，不予折抵刑期；但是，判决执行以前先行羁押的日期应当予以折抵刑期；如果仍符合缓刑条件，仍可宣告缓刑，已经执行的缓刑考验期，应当计算在新决定的缓刑考验期以内。

问：被判处拘役、有期徒刑宣告缓刑的犯罪分子，在缓刑考验期限内再犯新罪，而在缓刑考验期满后才被发现，对这样的犯罪分子是否应当撤销缓刑，把前罪和后罪所判处的刑罚，按照刑法第六十四条的规定实行数罪并罚？这种做法是否也适用于同样情况的被假释的犯罪分子？（北京）

答：根据我国刑法第七十条的规定，对被宣告缓刑的犯罪分子不再执行原判的刑罚，是以罪犯在缓刑考验期限内不再犯新罪为条件的；如果罪犯在缓刑考验期限内再犯新罪，就应当撤销缓刑，把前罪和后罪所判处的刑罚，依照刑法第六十四条的规定，决定执行的刑罚。即使是在缓刑考验期满后，才发现该罪犯在缓刑考验期限内所犯的新罪，如未超过追诉时效期限的，也应当按照刑法第七十条的有关规定执行。

对于被假释的犯罪分子，如果在假释考验期满后，才发现该罪犯在假释考验期限内又犯新罪，对尚未超过追诉时效期限的，也应当依照刑法第七十五条的有关规定，撤销假释，把前罪没有执行的刑罚和后罪所判处的刑罚，按照刑法第六十四条的规定，决定执行的刑罚。

问：犯罪分子在缓刑考验期限内又犯罪的，应当由哪个法院撤销缓刑？如果原来是上级法院宣告缓刑的，审判新罪的下级法院是否可以撤销？（广西、湖北）

答：被宣告缓刑的犯罪分子，在缓刑考验期限内再犯新罪需撤销缓刑的，依照我国刑事诉讼法有关管辖的规定，并考虑到我院一九五六年十一月二十四日《关于宣告假释或缓刑的罪犯另犯新罪，应由哪一个法院撤销假释或缓刑等问题的批复》的精神，应当由审判新罪的人民法院，在审判新罪时，对前罪判决宣告的缓刑予以撤销。如果原来是上级法院宣告缓刑的，审判新罪的下级法院也可以撤销原判宣告的缓刑，并将前罪和后罪所判处的刑罚，依照刑法第七十条的规定，决定执行的刑罚；但是，不能改变原判的刑罚，也不能撤销原判决。

问：对于被判处拘役或有期徒刑，宣告缓刑的，犯罪分子在押，第一审宣判后，是否应立即释放？（江西）

答：根据我国刑法第六十七条第一款和第七十条的规定，对于被判处拘役或有期徒刑，宣告缓刑的犯罪分子，在缓刑考验期限内，是放在社会上予以考察的。因此，第一审人民法院宣告缓刑后，对于犯罪分子已无须再予关押。但是，依照我国刑事诉讼法第一百五十一条第一款、第二款第一项的规定，已过法定期限没有上诉、抗诉的判决和裁定，即发生法律效力的判决和裁定，才能交付执行。据此，第一审人民法院宣告缓刑后，尚未发生法律效力的判决，还不能立即交付执行。如果被宣告缓刑的犯罪分子在押，第一审人民法院可以先作出变更强制措施的决定，改为监视居住或者取保候审，并即通知有关的公安机关。待判决发生法律效力后，再依照刑事诉讼法第一百五十八条第一款的规定，由公安机关将犯罪分子交所在单位或者基层组织予以考察。

问：依照我国刑法第七十六条的规定，确定对犯罪的追诉时效期限时，如何计算法定最高刑？即对刑法第七十六条规定的法定最高刑应如何理解？我们这里有两种意见：一种意见是按条计算，因为案件尚未审判，难于弄准罪行轻重或情节如何，不好确定应适用的款或量刑幅度；另一种意见是按款或相应的量刑幅度计算，因为罪行轻重不同，适用的款或量刑幅度不同，追诉期限长短也就不同，应按照罪行的实际情况确定追诉期限长短，才合理合法。我们倾向于后一种意见。（北京、四川）

答：同意你们所倾向的意见。刑法第七十六条按照罪与刑相适应的原则，将追诉期限分别规定为长短不同的四档，因此，根据所犯罪行的轻重，应当分别适用刑法规定的不同条款或相应的量刑幅度，按其法定最高刑来计算追诉期限。如果所犯罪行的刑罚，分别规定有几条或几款时，即按其罪行应当适用的条或款的法定最高刑计算；如果是同一条文中，有几个量刑幅度时，即按其罪行应当适用的量刑幅度的法定最高刑计算；如果只有单一的量刑幅度时，即按此条的法定最高刑计算。虽然案件尚未开庭审判，但是，经过认真审查案卷材料和必要的核实案情，在基本事实查清的情况下，已可估量刑期，计算追诉期限。如：盗窃罪，分别规定在刑法第一百五十一条、第一百五十二条和《全国人民代表大会常务委员会关于严惩严重破坏经济的罪犯的决定》第一条中。对盗窃财物数额巨大的，应当适用刑法第一百五十二条关于“盗窃公私财物数额巨大的，处五年以上十年以下有期徒刑”的规定，按法定最高刑十年计算，其追诉期限为十五年。

问：在人民法院一审或者二审过程中，被告人死亡的案件，应如何处理？在共同犯罪案件中，有一个被告人在审理过程中死亡，如果是上诉人死亡，其他被告人没有上诉，应如何处理？（安徽、北京、上海、宁夏、新疆、铁路）

答：刑事案件被告人在法院审理过程中死亡，人民法院应当依照刑事诉讼法第十一条的规定，以裁定宣告对本案终止审理。如果根据已有的证据材料，能够确认被告人无罪的，应判决宣告无罪。如果确能认定被告人有罪的，应根据刑事诉讼法第十一条的规定，不再追究刑事责任。对于同违法犯罪无关的财物，已被扣押的应予发还；同违法犯罪有关的财物，可以依照刑法第六十条的规定处理。

在法院审理共同犯罪（包括集团犯罪）案件的过程中，如有一被告人死亡，应对死亡的被告人宣告终止审理，对该案其他被告人仍应继续进行审理；如果上诉案件已经移送第二审人民法院后，上诉人死亡，其他被告人没有上诉，第二审人民法院仍应当就第一审判决认定的事实和适用法律进行全面审查，对已死亡的上诉人宣告终止审理，对其他同案犯作出判决或裁定。

问：被告人（包括聋、哑人）犯罪时未满十八岁，开庭审理时已满十八岁，法院是否还要为其指定辩护人？未成年被告人，本人不要辩护人，法院为其指定后，又被当庭拒绝，怎么办？（河南、陕西）

答：被告人是聋、哑人的，不论犯罪时或开庭审判时是成年人或未成年人，凡没有委托辩护人的，根据我国刑事诉讼法第二十七条第二款的规定，人民法院都应当为其指定辩护人。

对于被告人犯罪时不满十八岁，开庭审判时仍未满十八岁，没有委托辩护人的，根据上述法律规定，人民法院应当为其指定辩护人。如果被告人犯罪时不满十八岁，而开庭审判时已满十八岁，已经能够自己行使辩护权，也可以自行委托辩护人，在这种情况下，如果他自己没有委托辩护人，人民法院也应为他指定辩护人。

对于未成年被告人，本人不要辩护人的，法院为其指定后，应向其讲明这种做法对于切实保障未成年被告人行使辩护权的意义，如果本人仍坚持不同意或当庭拒绝辩护人为其辩护，法院可以根据刑事诉讼法第三十条规定“在审判过程中，被告人可以拒绝辩护人继续为他辩护……”的精神，对被告人的要求予以准许，但应记录在卷备查。

问：刑事诉讼法第一百一十一条第二款规定：“十四岁以上不满十六岁未成年人犯罪的案件，一律不公开审理。十六岁以上不满十八岁未成年人犯罪的案件，一般也不公开审理。”有的被告人犯罪时，在十四岁以上不满十六岁，有的被告人犯罪时，在十六岁以上不满十八岁，而审判时已满十八岁，能否公开审理？共同犯罪案件中，犯罪时多数被告人已满十八岁，个别被告人已满十四岁不满十六岁，全案可否公开审理？（浙江、北京、河北、广东、青海、福建、江西、贵州、云南）

答：刑事诉讼法第一百一十一条第二款规定的年龄，是指审理时被告人的年龄。即：对审理时十四岁以上不满十六岁的未成年人犯罪案件，一律不公开审理；对审理时已满十六岁不满十八岁的未成年人犯罪案件，一般也不公开审理。有的共同犯罪案件的被告人中既有成年人又有未成年人，全案是一律不公开审理还是一般不公开审理，也应按审理时未成年被告人的年龄来定。

问：被告人患有严重疾病，无法到庭，也不能承受审问的，人民法院能否暂不受理这类案件？或者能否不开庭审理或者缺席审判？延期审理的审判时限怎么办？如果被告人长期患重病，不能承受审问，可否中止审理？对于共同犯罪案件中，有一人因病不能到庭时，在不影响全案审理的情况下，可否分案处理？（河北、北京、山东、上海、河南、四川、军事、天津、广东、浙江、黑龙江、云南、湖北）

答：根据刑事诉讼法第一百一十三条至第一百一十八条的规定，人民法院审判第一审刑事案件，必须在被告人到庭的情况下开庭审判。被告人有申请回避、发问质证、申请调取新证和申请重新鉴定、辩护、最后陈述等一系列的诉讼权利，这些权利只有在人民法院开庭审判的情况下才能行使。因此，人民法院对于第一审刑事案件，不应由于被告人患有严重疾病而不开庭审理或缺席审判。

在人民法院审理过程中，发现被告人病情严重，不能到庭，但神志清醒，体力能够承受审问的，人民法院可以到被告人所在地去就地审判。如果神志不清或者体力不能承受审问的，人民法院可以参照刑事诉讼法第一百二十三条的规定，决定延期审理。如果被告人长期患重病不能承受审问的，也可以决定中止审理；待其病情好转时，再开庭审判。延期审理或者中止审理的时间，不计算在案件审理期限内。对于这类案件的案情、证据都必须及时抓紧查实，力求避免出现时过境迁、无法查证的情况。

如果案件起诉到人民法院以前，被告人因患重病，已不能承受讯问的，应由承办机关决定中止诉讼程序的进行，待其病情好转，能够对其讯问时，再继续进行诉讼。

对于共同犯罪（包括集团犯罪）案件中有一个被告人患病不能到庭时，可以采取依法确能保障被告人诉讼权利的办法，如就地审问、听取该被告人的陈述，尽量避免影响到对整个案件不能及时审判。

问：高级人民法院在复核中级人民法院判处的死刑案件时，发现原判决量刑过重，不同意判处死刑的，可否直接改判为死刑缓期二年执行、无期徒刑或者有期徒刑？改判是用判决还是用裁定？发现被判处无期徒刑的同案犯的量刑不当的，可否在复核死刑的裁定上一并直接改判？（河北、山西、青海、安徽）

答：中级人民法院第一审判处被告人死刑，被告人未提出上诉，检察院也未提出抗诉的案件，高级人民法院在复核时，发现原判决量刑过重，因而不同意判处死刑的，应参照刑事诉讼法第一百四十五条的规定："可以提审或者发回重新审判。"即：可以由高级人民法院提审后用判决直接改判；或者由高级人民法院用裁定撤销原判，发回原审中级人民法院重新审判。

我院一九七九年十二月十二日《关于报送死刑复核案件的几项规定的通知》第三条规定，报送死刑复核案件时，对共同犯罪而判处其他刑罚的罪犯的案卷要全案报送。这是为了便于对全案进行审查，正确地依法分别判处。但是，根据我国刑事诉讼法关于死刑复核程序的规定，应由高级人民法院复核的，只是判处死刑的和判处死刑缓期二年执行的犯罪分子。而同案一审被判处无期徒刑以下的犯罪分子已过法定期限，没有上诉或者抗诉的，判决即已发生法律效力。高级人民法院发现原判决对他们量刑过重需要改判时，应当依照刑事诉讼法第一百四十九条第二款规定的审判监督程序处理，即上级人民法院"有权提审或者指令下级人民法院再审"。高级人民法院提审的，应当用判决改判。

问：经高级人民法院二审判决并核准死刑的案件，或者由原审人民法院判处死刑，报经高级人民法院核准的案件，已签发了执行死刑命令，并向罪犯宣布后，发现原一、二审判决有错误，应当按照什么程序处理？（铁路、青海）

答：经过高级人民法院二审判决，维持原判，并核准死刑，或者报经高级人民法院核准死刑，已由院长签发了执行死刑命令的案件，均属于判决已经发生法律效力的案件。如果已向罪犯宣布后，发现原一、二审判决可能有错误，或者发现其他不能执行的情况，参照刑事诉讼法第一百五十四条和第一百五十五条第二款的规定，应当由高级人民法院院长签发停止执行死刑命令，停止或暂停执行死刑。如经查实认为原判决确有错误，或者有其他依法不应执行的情况，应当依照审判监督程序，原经高级人民法院二审的，可以由高级人民法院重新审判，原经一审后，即报高级人民法院核准死刑的，高级人民法院也可以提审，或者发回一审人民法院再审；如经查实认为原判决正确，应当由高级人民法院院长再签发执行死刑命令，其中写明决定撤销原停止执行死刑的命令，才能执行。

最高人民法院关于贯彻执行《中华人民共和国继承法》若干问题的意见

（一九八五年九月十一日）

第六届全国人民代表大会第三次会议通过的《中华人民共和国继承法》，是我国公民处理继承问题的准则，是人民法院正确、及时审理继承案件的依据。人民法院贯彻执行继承法，要根据社会主义的法制原则，坚持继承权男女平等，贯彻互相扶助和权利义务相一致的精神，依法保护公民的私有财产的继承权。

为了正确贯彻执行继承法，我们根据继承法的有关规定和审判实践经验，对审理继承案件中具体适用继承法的一些问题，提出以下意见，供各级人民法院在审理继承案件时试行。

一、关于总则部分

1. 继承从被继承人生理死亡或被宣告死亡时开始。

失踪人被宣告死亡的，以法院判决中确定的失踪人的死亡日期，为继承开始的时间。

2. 相互有继承关系的几个人在同一事件中死亡，如不能确定死亡先后时间的，推定没有继承人的人先死亡。死亡人各自都有继承人的，如几个死亡人辈份不同，推定长辈先死亡；几个死亡人辈份相同，推定同时死亡，彼此不发生继承，由他们各自的继承人分别继承。

3. 公民可继承的其他合法财产包括有价证券和履行标的为财物的债权等。

4. 承包人死亡时尚未取得承包收益的，可把死者生前对承包所投入的资金和所付出的劳动及其增值和孳息，由发包单位或者接续承包合同的人合理折价、补偿，其价额作为遗产。

5. 被继承人生前与他人订有遗赠扶养协议，同时又立有遗嘱的，继承开始后，如果遗赠扶养协议与遗嘱没有抵触，遗产分别按协议和遗嘱处理；如果有抵触，按协议处理，与协议抵触的遗嘱全部或部分无效。

6. 遗嘱继承人依遗嘱取得遗产后，仍有权依继承法第十三条的规定取得遗嘱未处分的遗产。

7. 不满六周岁的儿童、精神病患者，可以认定其为无行为能力人。

已满六周岁，不满十八周岁的未成年人，应当认定其为限制行为能力人。

8. 法定代理人代理被代理人行使继承权、受遗赠权，不得损害被代理人的利益。法定代理人一般不能代理被代理人放弃继承权、受遗赠权。明显损害被代理人利益的，应认定其代理行为无效。

9. 在遗产继承中，继承人之间因是否丧失继承权发生纠纷，诉讼到人民法院的，由人民法院根据继承法第七条的规定，判决确认其是否丧失继承权。

10. 继承人虐待被继承人情节是否严重，可以从实施虐待行为的时间、手段、后果和社会影响等方面认定。

虐待被继承人情节严重的，不论是否追究刑事责任，均可确认其丧失继承权。

11. 继承人故意杀害被继承人的，不论是既遂还是未遂，均应确认其丧失继承权。

12. 继承人有继承法第七条第㈠项或第㈡项所列之行为，而被继承人以遗嘱将遗产指定由该继承人继承的，可确认遗嘱无效，并按继承法第七条的规定处理。

13. 继承人虐待被继承人情节严重的，或者遗弃被继承人的，如以后确有悔改表现，而且被虐待人、被遗弃人生前又表示宽恕，可不确认其丧失继承权。

14. 继承人伪造、篡改或者销毁遗嘱，侵害了缺乏劳动能力又无生活来源的继承人的利益，并造成其生活困难的，应认定其行为情节严重。

15. 在诉讼时效期间内，因不可抗拒的事由致继承人无法主张继承权利的，人民法院可按中止诉讼时效处理。

16. 继承人在知道自己的权利受到侵犯之日起的二年之内，其遗产继承权纠纷确在人民调解委员会进行调解期间，可按中止诉讼时效处理。

17. 继承人因遗产继承纠纷向人民法院提起诉讼，诉讼时效即为中断。

18. 自继承开始之日起的第十八年后至第二十年期间内，继承人才知道自己的权利被侵犯的，其提起诉讼的权利，应当在继承开始之日起的二十年之内行使，超过二十年的，不得再行提起诉讼。

二、关于法定继承部分

19. 被收养人对养父母尽了赡养义务，同时又对生父母扶养较多的，除可依继承法第十条的规定继承养父母的遗产外，还可依继承法第十四条的规定分得生父母的适当的遗产。

20. 在旧社会形成的一夫多妻家庭中，子女与生母以外的父亲的其他配偶之间形成扶养关系的，互有继承权。

21. 继子女继承了继父母遗产的，不影响其继承生父母的遗产。

继父母继承了继子女遗产的，不影响其继承生子女的遗产。

22. 收养他人为养孙子女，视为养父母与养子女的关系的，可互为第一顺序继承人。

23. 养子女与生子女之间、养子女与养子女之间，系养兄弟姐妹，可互为第二顺序继承人。

被收养人与其亲兄弟姐妹之间的权利义务关系，因收养关系的成立而消除，不能互为第二顺序继承人。

24. 继兄弟姐妹之间的继承权，因继兄弟姐妹之间的扶养关系而发生。没有扶养关系的，不能互为第二顺序继承人。

继兄弟姐妹之间相互继承了遗产的，不影响其继承亲兄弟姐妹的遗产。

25. 被继承人的孙子女、外孙子女、曾孙子女、外曾孙子女都可以代位继承，代位继承人不受辈数的限制。

26. 被继承人的养子女、已形成扶养关系的继子女的生子女可代位继承；被继承人亲生子女的养子女可代位继承；被继承人养子女的养子女可代位继承；与被继承人已形成扶养关系的继子女的养子女也可以代位继承。

27. 代位继承人缺乏劳动能力又没有生活来源，或者对被继承人尽过主要赡养义务的，分配遗产时，可以多分。

28. 继承人丧失继承权的，其晚辈直系血亲不得代位继承。如该代位继承人缺乏劳动能力又没有生活来源，或对被继承人尽赡养义务较多的，可适当分给遗产。

29. 丧偶儿媳对公婆、丧偶女婿对岳父、岳母，无论其是否再婚，依继承法第十二条规定作为第一顺序继承人时，不影响其子女代位继承。

30. 对被继承人生活提供了主要经济来源，或在劳务等方面给予了主要扶助的，应当认定其尽了主要赡养义务或主要扶养义务。

31. 依继承法第十四条规定可以分给适当遗产的人，分给他们遗产时，按具体情况可多于或少于继承人。

32. 依继承法第十四条规定可以分给适当遗产的人，在其依法取得被继承人遗产的权利受到侵犯时，本人有权以独立的诉讼主体的资格向人民法院提起诉讼。但在遗产分割时，明知而未提出请求的，一般不予受理；不知而未提出请求，在二年以内起诉的，应予受理。

33. 继承人有扶养能力和扶养条件，愿意尽扶养义务，但被继承人因有固定收入和劳动能力，明确表示不要求其扶养的，分配遗产时，一般不应因此而影响其继承份额。

34. 有扶养能力和扶养条件的继承人虽然与被继承人共同生活，但对需要扶养的被继承人不尽扶养义务，分配遗产时，可以少分或者不分。

三、关于遗嘱继承部分

35. 继承法实施前订立的，形式上稍有欠缺的遗嘱，如内容合法，又有充分证据证明确为遗嘱人真实意思表示的，可以认定遗嘱有效。

36. 继承人、受遗赠人的债权人、债务人，共同经营的合伙人，也应当视为与继承人、受遗赠人有利害关系，不能作为遗嘱的见证人。

37. 遗嘱人未保留缺乏劳动能力又没有生活来源的继承人的遗产份额，遗产处理时，应当为该继承人留下必要的遗产，所剩余的部分，才可参照遗嘱确定的分配原则处理。

继承人是否缺乏劳动能力又没有生活来源，应按遗嘱生效时该继承人的具体情况确定。

38. 遗嘱人以遗嘱处分了属于国家、集体或他人所有的财产，遗嘱的这部分，应认定无效。

39. 遗嘱人生前的行为与遗嘱的意思表示相反，而使遗嘱处分的财产在继承开始前灭失，部分灭失或所有权转移、部分转移的，遗嘱视为被撤销或部分被撤销。

40. 公民在遗书中涉及死后个人财产处分的内容，确为死者真实意思的表示，有本人签名并注明了年、月、日，又无相反证据的，可按自书遗嘱对待。

41. 遗嘱人立遗嘱时必须有行为能力。无行为能力人所立的遗嘱，即使其本人后来有了行为能力，仍属无效遗嘱。遗嘱人立遗嘱时有行为能力，后来丧失了行为能力，不影响遗嘱的效力。

42. 遗嘱人以不同形式立有数份内容相抵触的遗嘱，其中有公证遗嘱的，以最后所立公证遗嘱为准；没有公证遗嘱的，以最后所立的遗嘱为准。

43. 附义务的遗嘱继承或遗赠，如义务能够履行，而继承人、受遗赠人无正当理由不履行，经受益人或其他继承人请求，人民法院可以取消他接受附义务那部分遗产的权利，由提出请求的继承人或受益人负责按遗嘱人的意愿履行义务，接受遗产。

四、关于遗产的处理部分

44. 人民法院在审理继承案件时，如果知道有继承人而无法通知的，分割遗产时，要保留其应继承的遗产，并确定该遗产的保管人或保管单位。

45. 应当为胎儿保留的遗产份额没有保留的应从继承人所继承的遗产中扣回。

为胎儿保留的遗产份额，如胎儿出生后死亡的，由其继承人继承；如胎儿出生时就是死体的，由被继承人的继承人继承。

46. 继承人因放弃继承权，致其不能履行法定义务的，放弃继承权的行为无效。

47. 继承人放弃继承应当以书面形式向其他继承人表示。用口头方式表示放弃继承，本人承认，或有其它充分证据证明的，也应当认定其有效。

48. 在诉讼中，继承人向人民法院以口头方式表示放弃继承的，要制作笔录，由放弃继承的人签名。

49. 继承人放弃继承的意思表示，应当在继承开始后、遗产分割前作出。遗产分割后表示放弃的不再是继承权，而是所有权。

50. 遗产处理前或在诉讼进行中，继承人对放弃继承翻悔的，由人民法院根据其提出的具体理由，决定是否承认。遗产处理后，继承人对放弃继承翻悔的，不予承认。

51. 放弃继承的效力，追溯到继承开始的时间。

52. 继承开始后，继承人没有表示放弃继承，并于遗产分割前死亡的，其继承遗产的权利转移给他的合法继承人。

53. 继承开始后，受遗赠人表示接受遗赠，并于遗产分割前死亡的，其接受遗赠的权利转移给他的继承人。

54. 由国家或集体组织供给生活费用的烈属和享

受社会救济的城市居民，其遗产仍应准许合法继承人继承。

55. 集体组织对“五保户”实行“五保”时，双方有扶养协议的，按协议处理；没有扶养协议，死者有遗嘱继承人或法定继承人要求继承的，按遗嘱继承或法定继承处理，但集体组织有权要求扣回“五保”费用。

56. 扶养人或集体组织与公民订有遗赠扶养协议，扶养人或集体组织无正当理由不履行，致协议解除的，不能享有受遗赠的权利，其支付的供养费用一般不予补偿；遗赠人无正当理由不履行，致协议解除的，则应偿还扶养人或集体组织已支付的供养费用。

57. 遗产因无人继承收归国家或集体组织所有时，按继承法第十四条规定可以分给遗产的人提出取得遗产的要求，人民法院应视情况适当分给遗产。

58. 人民法院在分割遗产中的房屋、生产资料和特定职业所需要的财产时，应依据有利于发挥其使用效益和继承人的实际需要，兼顾各继承人的利益进行处理。

59. 人民法院对故意隐匿、侵吞或争抢遗产的继承人，可以酌情减少其应继承的遗产。

60. 继承诉讼开始后，如继承人、受遗赠人中有既不愿参加诉讼，又不表示放弃实体权利的，应追加为共同原告；已明确表示放弃继承的，不再列为当事人。

61. 继承人中有缺乏劳动能力又没有生活来源的人，即使遗产不足清偿债务，也应为其保留适当遗产，然后再按继承法第三十三条和民事诉讼法第一百八十条的规定清偿债务。

62. 遗产已被分割而未清偿债务时，如有法定继承又有遗嘱继承和遗赠的，首先由法定继承人用其所得遗产清偿债务；不足清偿时，剩余的债务由遗嘱继承人和受遗赠人按比例用所得遗产偿还；如果只有遗嘱继承和遗赠的，由遗嘱继承人和受遗赠人按比例用所得遗产偿还。

五、关于附则部分

63. 涉外继承，遗产为动产的，适用被继承人住所地法律，即适用被继承人生前最后住所地国家的法律。

64. 继承法施行前，人民法院已经审结的继承案件，继承法施行后，按审判监督程序提起再审的，适用审结时的有关政策、法律。

人民法院对继承法生效前已经受理、生效时尚未审结的继承案件，适用继承法。但不得再以超过诉讼时效为由驳回起诉。

最高人民法院关于人民法院依法执行行政机关的行政处罚决定应用何种法律文书的问题的批复

（一九八五年九月十四日）

辽宁省高级人民法院：

关于你院询问当事人对行政机关的行政处罚决定，在规定期限内不向人民法院起诉又不履行，主管行政机关依法申请人民法院强制执行的，人民法院应用何种法律文书的问题，我们研究后认为，依照民事诉讼法（试行）第一百七十条的规定，人民法院接到主管行政机关的申请执行书后，应当了解案情。如果认为处罚决定正确，则用《执行通知书》通知被执行人在指定的期限内履行。逾期不履行的，强制执行。如果发现处罚决定确有错误，则不予执行，并通知主管行政机关。

最高人民法院关于我国法院有权受理旅居外国的中国公民同时向两国法院起诉的案件的批复

（一九八五年九月十八日）

上海市高级人民法院：

你院一九八五年七月二十五日（85）沪高民核字第76号请示报告收悉。经研究，答复如下：

一、关于旅居美国的中国公民张雪芬，为与居住国内的贺安廷离婚，向我国法院起诉，同时也向美国法院起诉，现美国法院已作出判决，我国受诉法院是否还应作出判决的问题，我们同意你院报告的意见，在张雪芬未撤回向我国法院起诉的情况下，按《中华人民共和国民事诉讼法（试行）》第二十条第一款的规定，我国受诉法院得依法做出裁决，不受外国法院受理同一案件和是否作出裁决的影响。

另外，在张雪芬一案中，在我国与美国尚无司法协助协定的情况下，美国法院通过美国驻沪总领事馆直接向我国内当事人送达诉讼文书是不允许的。

二、关于华侨向居住国法院起诉离婚，其国内配偶不应诉；或外国法院判决离婚后，其国内配偶不上诉，而另向我国法院提起离婚之诉，我国法院是否受理的问题，我们也同意你院报告的意见，即我国领域内的中国公民的婚姻关系，受我国法律的保护和调整。在上述情况下的起诉，按《中华人民共和国民事诉讼法（试行）》第二十一条第（二）项的规定，我国法院应予受理并依法裁决。

此复

最高人民法院关于二审人民法院作出的维持一审人民法院驳回起诉的裁定，发现确有错误应如何予以纠正的批复

（一九八五年十月二十八日）

四川省高级人民法院：

你院川法民（85）字第43号《关于二审人民法院裁定驳回起诉的民事案件，发现确有错误如何予以纠正的请示》收悉。本院经研究认为，按照《中华人民共和国民事诉讼法（试行）》第一百五十七条和第一百六十条的规定，来函请示的问题可由上级人民法院按照审判监督程序提审或者指令第二审人民法院再审，或者由第二审人民法院按照审判监督程序自行再审，不应指令第一审人民法院再审。决定再审的裁定，无须撤销原裁定。经再审后，确定撤销原裁定的，即应在新的裁定主文中明确予以撤销。

最高人民法院关于侵犯商标专用权如何计算损失赔偿额和侵权期间问题的批复

（一九八五年十一月六日）

江西省高级人民法院：

你院（85）赣法经字第16号请示报告收悉。关于在审理侵犯商标专用权案件中，如何具体适用《商标法》第三十九条第一款的规定计算损失赔偿额和侵权期间的问题，经本院研究，答复如下：

一、在侵犯商标专用权案件中，被侵权人可以按其所受的实际损失额请求赔偿。也可以请求将侵权人在侵权期间因侵权所获的利润（指除成本和税金外的所有利润）作为赔偿额。对于以上两种计算方法，被侵权人有选择权。

二、关于请求损失赔偿的期间计算问题，如果侵权行为发生在《商标法》实施前并延续到《商标法》实施后的，侵权期间从《商标法》实施之日（一九八三年三月一日）起计算；如果侵权行为发生在《商标法》实施后的，从侵权之日起计算。

最高人民法院关于人民法院审理经济行政案件不应进行调解的通知

（一九八五年十一月六日）

近几年国家制定的一些经济法律、法规大都有当事人如果对主管行政机关所作的行政处罚决定或者其他行政处理决定不服，可以在一定期限内向人民法院起诉的规定。这种行政案件的原告是受到行政处罚或者其他行政处理的企业事业单位、其他组织或者个人，被告是行使国家管理职权的主管行政机关。人民法院审理这种行政案件，不同于解决原、被告之间的民事权利义务关系问题，而是要以事实为根据，以法律为准绳，审查和确认主管行政机关依据职权所作的行政处罚决定或者其他行政处理决定是否合法、正确。因此，人民法院不应进行调解，而应在查明情况的基础上作出公正的判决：如果主管行政机关所作的行政处罚决定或者其他行政处理决定正确、合法，应当驳回原告的起诉；如果主管行政机关的行政处罚决定或者其他行政处理决定在认定事实、适用法律方面确有错误，应当予以撤销或者变更。

特此通知

最高人民法院关于审理经济纠纷案件必须严肃执法的通知

（一九八五年十二月九日）

一个时期以来，各地人民法院在审理经济纠纷案件中，经常遇到不少案件在判决后不能执行或者难以执行；还发现不少案件表面上看是经济纠纷，实质上是违法犯罪，甚至是严重的犯罪，特别是利用经济合同进行投机诈骗的犯罪活动，十分猖獗。这对于进一步贯彻实施对外开放、对内搞活经济的政策，对于社会主义经济体制改革，对于社会主义物质文明和精神文明的建设，危害很大。因此，各级人民法院对以上种种情况，必须认真研究，正确判断，及时依法采取严密果断的措施。否则，就不能维护国家和集体的利益，不能保护公民的合法权益，不能保障社会主义经济体制改革和四化建设的顺利进行。为此，特作如下通知：

一、人民法院在审理经济纠纷案件中，发现可能因当事人一方的行为或者其他原因，使判决不能执行或者难以执行，应依照民事诉讼法（试行）第九十二条和第九十三条的规定，作出查封、扣押、冻结当事人有关财物等诉讼保全的裁定。人民法院发生法律效力的判决、裁定，均可依照民事诉讼法（试行）的有关规定，通知有义务协助执行的单位依法协助执行。

二、人民法院在审理经济纠纷案件中，发现利用经济合同买空卖空、转包渔利、非法转让、行贿受贿，以及其他危害国家利益和社会公共利益的违法行为，尚未构成犯罪的，应按照国务院一九八二年五月四日国发〔1982〕73号《通知》的规定办理，即："一般不必移交工商行政管理部门处理，而可由法院依法处理。这样可以简化工作程序，便于及时处理案件。在某些特殊情况下，法院不便直接处理的（如被告人在外地等），可移交有关工商行政管理部门处理。"

三、人民法院在审理经济纠纷案件中，发现经济犯罪，特别是严重经济犯罪，必须追究刑事责任，不能只当作经济纠纷案件来处理，放纵了犯罪分子。人民法院应依照刑事诉讼法规定的程序，把有关犯罪的线索和材料及时移送公安机关或人民检察院查处。对此，最高人民法院、最高人民检察院和公安部已于一九八五年八月十九日联合发出法（研）发〔1985〕17号《通知》，各级人民法院必须严格执行。

四、对于经济纠纷案件中发现的经济犯罪的人犯，为防止其逃跑、串供和发生其他危害社会的行为，人民法院可以依照刑事诉讼法第三十八条、第三十九条和第四十条的规定，根据案件的具体情况，采取拘传、取保候审、监视居住的措施或决定逮捕。监视居住和逮捕，依法由公安机关执行。

五、人民法院在审理经济纠纷案件中，对妨害诉讼进行的，应依照民事诉讼法（试行）第七十七条的规定，根据情节轻重，采取必要的强制措施，直至依法追究刑事责任；凡是以暴力、威胁等方法拒不执行人民法院已经发生法律效力的判决、裁定的，应依照刑法第一百五十七条的规定追究刑事责任。

六、近来发现对一些严重经济犯罪，有关部门仅给予没收、罚款等行政处罚，而没有依法移送司法机关追究刑事责任。这对于保障社会主义经济体制改革和对外开放、对内搞活经济政策的顺利实施，甚为不利。人民法院发现这种轻纵了的严重经济犯罪案件，应建议主管部门依法移送司法机关查处，并将有关情况通报人民检察院或公安机关，同时，报告上级人民法院。

以上几点，在执行中有何新的情况和问题，请及时报告我院。

最高人民法院关于加强经济审判工作的通知

（一九八五年十二月九日）

全国地方各级人民法院，各级军事法院、铁路运输法院，各海事法院：

党的全国代表会议通过的《中共中央关于制定国民经济和社会发展第七个五年计划的建议》指出："经济体制改革的深入进行和国民经济的进一步发展，要求把更多的经济关系和经济活动的准则用法律的形式固定下来，使法律成为调节经济关系和经济活动的重要手段"，要求重视和加强经济司法工作。为贯彻党的全国代表会议的精神，保障和促进社会主义经济体制改革的顺利进行，更好地为建设社会主义物质文明和精神文明服务，对当前进一步加强经济审判工作的几个问题通知如下：

一、关于人民法院经济审判的收案范围

一九八四年三月，第一次全国经济审判工作会议

明确规定，人民法院经济审判的收案范围主要是：(1)经济合同纠纷案件。包括法人之间，法人与个体经营户、专业户、农村社员之间的经济合同纠纷案件；(2)涉外的和涉港澳的经济、贸易、运输和海事纠纷案件；(3)农村承包合同纠纷案件；(4)法人之间或以法人为一方当事人，在生产、流通领域因侵权行为发生的损害赔偿纠纷案件；(5)当事人不服行政机关的行政处分决定，按照民事诉讼法(试行)和有关法律、法规的规定，向人民法院起诉的经济行政案件；(6)法律和法规规定可以向人民法院起诉的法人之间或以法人为一方当事人的其他经济纠纷案件。

一九八四年十一月，我院在《关于设立海事法院几个问题的决定》中，规定海事法院的收案范围包括：国内企业、组织、公民之间，中国企业、组织、公民同外国企业、组织、公民之间，外国企业、组织、公民之间，依法应当由我国法院管辖的船舶碰撞损害赔偿，海上货物运输，海上打捞、救助，共同海损等十八种海事、海商案件。

一九八五年五月，我院在《关于开展专利审判工作的几个问题的通知》中，对应当由人民法院审理的七类专利纠纷案件，作了具体规定。

各级人民法院应当按照以上规定，及时受理上列各类经济纠纷案件。

二、认真研究新情况、妥善处理新问题

随着城乡经济体制改革的深入进行，对外开放和对内搞活经济政策的深入实施，经济生活中新的事物层出不穷，经济纠纷案件也成倍增长，而且种类增多，情况错综复杂，有许多是我们不熟悉的，法律也还没有规定。为了切实保护公民的合法权益，维护国家和集体的利益，保障和促进社会主义经济体制改革顺利进行，各级人民法院要对新情况、新问题进行周密系统的调查研究，掌握情况，对具体情况进行具体分析，一切从实际出发，实事求是地妥善处理。

1. 行政案件大量起诉到法院。依照法律和法规的规定，绝大部分行政案件首先应由主管的行政部门处理。对行政机关的处理或处罚不服的，凡法律和法规规定可以向人民法院起诉的，法院应即受理；法律和法规没有规定可以向人民法院起诉的，在全国人民代表大会及其常务委员会和国务院没有作出新的或补充的规定前，仍按照民事诉讼法(试行)第三条第二款的原则办理。

2. 许多企业内部的经济纠纷要求法院受理。这类纠纷原则上应由企业或其上级主管机关处理。工资、福利、奖金等方面的纠纷，因各单位情况不同，而且变化很多，由企业或其上级主管机关调处比较适宜。企业内部的承包合同纠纷，大部分应由企业或其上级主管机关调处；极少数违反法律，必须由人民法院受理的，人民法院应予受理。

3. 农村承包合同纠纷，绝大多数可以由当地基层组织、有关部门和人民调解委员会用调解办法解决。起诉到人民法院的，人民法院应当依法受理。争水、争田边地角等类纠纷，时间性很强，应及时由有关方面用调解办法解决，以利生产并防止矛盾激化。

以上各点，望各级人民法院密切注意情况的发展和处理的效果，随时总结经验，提出更好的办法报告我院。此外，还有一些这里没有讲到的新情况、新问题，请各级人民法院加强调查研究，提出处理办法。

三、严格依法办案、提高办案质量

党的十一届三中全会以来，大力发展社会主义民主和加强社会主义法制，国家的立法，包括经济立法，有了很大的进展。从一九七九年到现在，全国人民代表大会及其常务委员会通过了四十五个重要法律，其中有二十个是关于经济的重要法律；还通过了四十七个重要的决议和决定。一九七九年至今年十月底，国务院制定了四百二十二个行政法规，其中有三百一十七个是关于经济的行政法规。根据第六届全国人民代表大会第三次会议《关于授权国务院在经济体制改革和对外开放方面可以制定暂行的规定或者条例的决定》，今后一个时期内，国务院还将制定更多的经济和行政的法规。

对所有上列法律和法规，各级人民法院的全体审判工作人员，都应认真学习，深入研究，正确运用，提高办案质量，切实做到有法必依、执法必严、违法必究。

我国宪法第一百条规定："省、直辖市的人民代表大会和它们的常务委员会，在不同宪法、法律、行政法规相抵触的前提下，可以制定地方性法规，报全国人民代表大会常务委员会备案。"这些地方性法规，人民法院在审理属于当地的经济纠纷案件时，可作为一种依据，认真研究，正确运用。如果发现地方性法规同宪法、法律、行政法规相抵触，应向当地人民代表大会及其常务委员会提出。

宪法第一百一十六条规定："民族自治地方的人民代表大会有权依照当地民族的政治、经济和文化的特点，制定自治条例和单行条例。自治区的自治条例和单行条例，报全国人民代表大会常务委员会批准后生效。自治州、自治县的自治条例和单行条例，报省或自治区的人民代表大会常务委员会批准后生效，并报全国人民代表大会常务委员会备案。"对这些民族自治地方的自治条例和单行条例，人民法院在审理属于民族自治地方当地的经济纠纷案件时，可作为一种依据，认真研究，正确运用。

人民法院审理经济纠纷案件，应当贯彻执行民事诉讼法(试行)规定的"着重进行调解"的原则；应当总结调解工作的经验，进一步提高调解工作的质量。要做

到是非分明，责任清楚，合法、自愿；不应久调不决；以保障当事人的合法权益，维护国家和集体的利益。

四、深入到群众中去解决经济纠纷

人民法院的审判人员要注意改进工作方法和工作作风，不要单纯等案上门、就案办案、关门办案和孤立办案；要发扬群众路线的优良传统，走出机关，深入到厂、矿、企事业单位中去，到农村中去，到群众中去，主动提供司法服务。人民法院要通过办理经济纠纷案件，特别要抓住典型案件，就案讲法，对基层干部和群众进行生动活泼的法制宣传教育，使基层干部和群众在经济活动中知道：什么是合法的，什么是违法的；什么样的经济合同是有效的，什么样的经济合同是无效的，什么是假合同；知道应当怎样订立经济合同。有不少地方的人民法院采取这种办法，办理一案，教育了一片，解决了一系列问题，大大地减少了经济合同纠纷，使许多基层干部和群众学会了自己依法调处经济纠纷。这种经验应当普遍推广。人民法院的审判人员，既要做好审判工作，又要做好群众工作；既当审判员，又当法制宣传员。

五、经济审判人员必须纪律严明

各级人民法院都要对审判人员加强共产主义理想和纪律的教育，抵制和反对资本主义、封建主义腐朽思想的侵蚀，抵制和反对资产阶级自由化思想，抵制和反对金钱至上、个人至上思想的影响。人民审判员是国家执法人员，应当全心全意为人民服务，用自己的一言一行维护法律的尊严，树立社会主义法制的权威。人民审判员务必做到实事求是，依法办事，刚正不阿，铁面无私。人民审判员在审理经济案件和其他一切案件中，都必须纪律严明，奉公守法。绝对不容许执法犯法。不允许走后门，吃请受礼，占便宜；更不准收受贿赂。法院和法院干部不准经商，严禁法院干部参与倒买倒卖的非法活动或在一些经济单位中入股分红。任何违法乱纪、徇私枉法、徇情舞弊的行为，一经查明，必定严惩。各级人民法院对已经发现的行贿受贿、徇私枉法、非法经商、投机倒把等不法行为，必须认真查明，严肃处理，直至依法追究刑事责任。绝不容许姑息纵容，不了了之。有关情况应及时报告我院。

六、加强审判力量、改善办案条件

各级人民法院要进一步加强经济审判庭的力量。必须增加人员的，要在现有编制内合理调整，收案少的庭应当支援收案多的庭。当前最重要的问题是大力提高审判人员的素质。提高他们的政治水平、经济理论与政策水平和法律专业水平。可以根据工作的需要，举办一些专业的训练班，也可以选派干部进行专业培训。同时，经济审判人员要深入到经济体制改革的实践中去，进行调查研究，学习和熟悉经济体制改革的指导思想、基本方针和基本政策，以及改革中的实际经验。尤其要注意分析和总结典型案件，总结审判经验，提高业务水平。

经济纠纷案件一般都比较复杂，涉及的面很广。许多案件要到许多单位和许多地方去调查取证，所需费用往往很多。各级人民法院办案经费普遍不足，尤其是基层人民法院更为突出。以至有些案件因经费不足，办到中途，办不下去；有的基层人民法院因经费不足，不得不被迫宣告停止收案。为了解决办案经费问题，我院会同财政部于一九八五年八月三十一日下发了《关于切实解决人民法院业务经费困难问题的通知》，各级法院应对办案经费问题进行调查研究，掌握实际需要的规律，提出实事求是的预算，提请有关部门解决。

以上通知，在执行中有何新的情况和问题，请及时报告我院。

最高人民法院关于原告向某人民法院起诉后撤诉又向另一个人民法院起诉该法院是否受理的批复

（一九八五年十二月十四日）

辽宁省高级人民法院：

你院辽法（经）请〔1985〕6号请示报告收悉。关于沈阳市化工设备厂为与乌鲁木齐市化工厂加工承揽合同纠纷一案，向乌鲁木齐市中级人民法院起诉后撤诉，又以同一诉讼请求和同一被告向沈阳市中级人民法院起诉，沈阳市中级人民法院是否应当受理的问题，经研究答复如下：（一）乌鲁木齐市中级人民法院作出的准予撤诉的裁定，根据民事诉讼法（试行）第一百二十三条的规定，是发生法律效力的裁定；（二）根据民事诉讼法（试行）第八十四条第三项的规定，对裁定已经发生法律效力的案件，当事人不得再行起诉。因此，沈阳市中级人民法院对沈阳市化工设备厂的起诉应不予受理。沈阳市化工设备厂可向乌鲁木齐市中级人民法院申诉。

最高人民法院关于成武县油化二厂诉瑞昌县流庄乡砖瓦厂购销合同纠纷案管辖问题的批复

（一九八五年十二月十四日）

山东省高级人民法院：

你省成武县人民法院于一九八五年十一月五日就成武县油化二厂诉江西省瑞昌县流庄乡砖瓦厂购销合同纠纷一案，报我院指定管辖。经与瑞昌县人民法院联系，确定该案合同的签订地是瑞昌县，合同履行地是成武县。根据《中华人民共和国民事诉讼法（试行）》第二十三条和第三十一条的规定，合同签订地与履行地的人民法院都有管辖权。合同签订地的瑞昌县人民法院既已受理原告的起诉，就不应再将该案移送成武县人民法院审理。现指定该案由江西省瑞昌县人民法院管辖。

最高人民法院关于美国法院未通过外交途径迳直将离婚判决书寄给我人民法院如何处理的批复

（一九八五年十二月二十六日）

江苏省高级人民法院：

你院（85）民请第27号请示报告及所附美国加利福尼亚高等法院给苏州市中级人民法院寄来的蔡××与周××离婚判决书副本收悉。经与有关部门研究，现答复如下：

在中美两国目前尚无司法协定的情况下，美国加利福尼亚高等法院未通过外交途径，直接给苏州市中级人民法院寄来蔡××与周××离婚判决书副本，这种做法，不仅违反我国民事诉讼法的有关规定，也不符合一般国际关系中的互惠原则。因此，以上材料可由苏州市中级人民法院迳直退回美国加利福尼亚高等法院。

最高人民法院对我国留学生夫妻双方要求离婚如何办理离婚手续的通知

（一九八五年十二月三十一日）

×××、×××：

你们双方要求解除婚姻关系一事的来信收悉。根据我国法律的有关规定，如果你们双方对离婚及财产分割、子女抚养等问题没有任何争议，可以回国向原结婚登记机关申请办理离婚手续；如果对以上问题存有争议，则需回国向原结婚登记地人民法院提起离婚诉讼。你们双方如因特殊情况不能回国，可办理授权委托书，委托国内亲友或律师作为代理人代为办理，并向国内原结婚登记机关或结婚登记地人民法院提交书面意见，由该登记机关办理或由人民法院进行审理。委托书和意见书须经当地公证机关公证、我驻美使领馆认证，亦可由我驻美使领馆直接公证。

最高人民法院关于涉外海事诉讼管辖的具体规定

（一九八六年一月三十一日）

为了维护国家主权，保护海事诉讼当事人的合法权益，便于海事诉讼的及时进行，现根据《中华人民共和国民事诉讼法（试行）》、《中华人民共和国海洋环境保护法》、《中华人民共和国海上交通安全法》以及我国参加的有关国际公约，并参照国际习惯做法，对我国海事法院的涉外海事诉讼管辖具体规定如下：

一、因船舶碰撞或船舶损坏海上作业设施等海损事故引起的索赔诉讼

1. 船舶碰撞或其他海损事故发生在我国港口、内水、领海以及我国管辖的其他海域的；

2. 船舶碰撞或其他海损事故虽然发生在我国管辖海域以外，但受害船舶或加害船舶的最初到达港为我国港口、加害船舶或者属于加害船舶所有人的其他船舶在我国港口被扣留、受害船舶或加害船舶的船籍港为我国港口的；

3. 船舶碰撞或其他海损事故造成中国公民伤亡或财产损害的。

二、因海上作业或设施安置不当妨碍船舶安全航行造成损害事故，海上运输和海上、港口作业过程中发生人身伤亡事故或者海上运输和海上作业中发生重大责任事故引起索赔的诉讼

1. 事故发生在我国领海或者我国管辖的其他海域的；

2. 受损害船舶的最初到达港为我国港口的；

3. 事故造成中国公民伤亡或财产损害的。

三、因船舶排放油类或向海洋倾倒废物或其他有害物质或者因海洋石油勘探开发、拆船作业不当造成海域污染引起的索赔诉讼

1. 污染损害发生在我国领海或者我国管辖的其他海域的；

2. 污染事故虽然发生在我国管辖海域以外，但使我国海域受到污染的；

3. 为了防止、减轻污染损害，我国采取了预防措施的。

四、因追索海难救助、打捞费用提起的诉讼

1. 救助或打捞是在我国领海或者我国管辖的其他海域进行的；

2. 救助船舶，被救助船舶的最初到达港为我国港口的。

五、因海洋开发和海洋综合利用合同纠纷提起的诉讼

1. 合同履行地在我国领海或者我国管辖的其他海域的；

2. 开发和利用的是我国领海或者我国管辖的其他海域的。

六、因拖航合同纠纷提起的诉讼

1. 合同是在我国签订或履行的；

2. 合同双方或一方的船舶到达我国港口或进入我国管辖海域的。

七、因海上运输合同纠纷提起的诉讼

1. 合同在我国签订或履行的；

2. 货物的装货港、卸货港、目的港、船舶中途停泊港以及旅客和行李的启运港、转运港、到达港或目的港为我国港口的；

3. 合同、提单订有由我国法院管辖的条款的。

八、因定期租船合同纠纷或光船租船合同纠纷提起的诉讼

1. 合同在我国签订或履行的；

2. 船舶的船籍港、交还港为我国港口的。

九、因船务代理合同纠纷提起的诉讼

1. 合同是在我国签订或履行的；

2. 合同任何一方的营业机构在我国境内的；

3. 被代理船舶进入我国管辖海域或到达我国港口的。

十、因港口装卸作业或理货发生纠纷提起的诉讼，装卸作业或理货是在我国港口进行的。

十一、因船舶修理合同纠纷提起的诉讼

1. 合同在我国签订或者船舶在我国修理的；

2. 在国外修理的船舶到达我国港口或进入我国管辖海域的。

十二、因海上保险合同纠纷提起的诉讼

1. 保险人主事务所、常设机构在我国境内的；

2. 被保险的船、货到达我国港口的。

十三、因共同海损提起的诉讼

1. 共同海损发生在我国领海或者我国管辖的其他海域的；

2. 共同海损的理算是在我国进行的；

3. 发生共同海损船舶的航程终点为我国港口的。

十四、因船舶建造、买卖合同纠纷提起的诉讼

1. 合同是在我国签订或履行的；

2. 建造、买卖的船舶到达我国港口或进入我国管辖海域的。

十五、因船舶抵押权或优先受偿权提起的诉讼

1. 抵押权或优先受偿权是在我国设定或发生的；

2. 该船舶到达我国港口或进入我国管辖海域的。

十六、因船员与船东、雇主的劳务合同纠纷提起的诉讼

1. 合同是在我国签订或履行的；

2. 船员所在船舶到达我国港口或进入我国管辖海域的；

3. 船员、船东、雇主为中国公民的。

十七、除上述各条外，凡具有下列情形之一的涉外海事诉讼，我国海事法院亦有管辖权：

1. 被告在我国境内有住所、惯常居所、主事务所或常设机构的；

2. 我国海事法院应海事请求权人的申请为保全其海事请求权的行使，已对船舶实行扣押或当事人在我国已经提供担保的；

3. 被告在我国境内有其他财产可供扣押的；

4. 双方当事人协议在我国法院进行诉讼的。

最高人民法院关于诉讼前扣押船舶的具体规定

（一九八六年一月三十一日最高人民法院审判委员会通过）

海事请求权人在提起海事诉讼之前，可以申请法院对有关船舶实行扣押，以保全其海事请求权的行使。为了及时保护海事纠纷当事人的合法权益，促进国际经济贸易和国际航运事业的发展，现根据《中华人民共和国民事诉讼法（试行）》的基本原则，在总结审判经验的基础上，参照国际习惯做法，对于我国海事法院实行诉讼前扣押船舶具体规定如下：

一、海事请求权的范围

海事请求权是指与海运船舶的建造、买卖、租赁、营运、操作、救助以及船舶的所有权、占有权、抵押权、优先受偿权等有关的或者由此产生的索赔权利，例如：

1．因船舶发生碰撞或者发生其他事故造成损害而产生的请求权；

2．由船舶或者因船舶的操作、营运造成人身伤亡而产生的请求权；

3．因船舶污染海域造成损害而产生的请求权；

4．为防止可能发生的污染或者减轻、排除污染损害采取措施所产生的请求权；

5．由海难救助或者打捞、清除船舶残骸或其沉没物、漂浮物所产生的请求权；

6．由租船合同产生的请求权；

7．由货物或者旅客运输合同以及因船舶载运货物或者行李的灭失、损坏所产生的请求权；

8．由共同海损产生的请求权；

9．由拖航、引航产生的请求权；

10．因供应船舶营运或日常维护所需食品、物品、材料、燃料、设备（包括集装箱）或劳务所产生的请求权；

11．追索港口使费或运河、航道费的请求权；

12．因建造、修理、改装或者装备船舶所产生的请求权；

13．因船舶的抵押权所产生的请求权；

14．因海上保险合同产生的请求权；

15．追索船长、船员工资及社会保险金等其他费用的请求权；

16．由船长、船舶所有人、光船租船人、其他承租人或代理人为船舶支付费用而产生的请求权；

17．船舶所有人、光船租船人或者其他人代表他们为船舶支付佣金、手续费、代理费所产生的请求权；

18．因船舶所有权或占有权所产生的请求权；

19．船舶共有人之间对船舶的经营或收益分配所产生的请求权；

20．因船舶买卖合同产生的请求权。

二、可扣押船舶的范围

具有前条所列海事请求权之一的当事人可以向我国海事法院申请扣押发生该海事请求的当事船舶，但有两个条件，一是该当事船舶的所有人应对该海事请求负有责任，二是除为行使优先受偿权申请扣船外，该当事船舶在申请扣押时和发生海事请求时必须属于同一船舶所有人；也可以申请扣押对该海事请求负有责任的船舶所有人、经营人或者承租人现时所拥有的其他船舶，但如海事请求是由船舶所有权、抵押权或者船舶的经营、收益分配引起的，只能申请扣押当事船舶。

军用船舶或者专门用于公务的政府船舶不得扣押。

三、申请扣押船舶的程序

申请扣押船舶，不受当事人间关于该海事请求在管辖、仲裁或适用法律方面的协议的约束。

海事请求权人申请扣押船舶应向海事法院提交书面申请，并提供具有海事请求权的证据，如物权或债权凭证，合同，提单，理货报告，装卸记录，海事报告，船舶受损报告，货物检验报告，污染海域情况报告，货物灭失、损坏通知书，照片等。

海事法院接到申请人的扣船申请后，经过审查，认为申请符合扣押船舶的条件并有合理依据的，应当经院长批准及时裁定准予扣船，情况紧急的，应当在四十八小时内作出准予扣船的裁定，同时发布扣押船舶命令。在准予扣船的裁定中应责令被申请人提供担保。

被申请人提供可靠的、充分的担保后，海事法院经过审查认可的，应当经院长批准及时发布解除扣押命令。

被申请人为使被扣押船舶获释而提供担保，并不等于是对责任的承认或对责任限制权利的放弃。

海事法院在裁定准予扣船前，可以令申请人提供担保，以赔偿被申请人因申请人申请错误所造成的损失。申请人拒绝提供担保的，驳回其申请。

担保的种类、方式和金额由海事法院决定。

四、送达与执行

扣押船舶和释放被扣押船舶的法律文书，由海事法院执行人员送达给被扣押船舶的船长，船长应在送达回证上签字。执行人员登轮送达扣押船舶命令或解除扣押命令，应向船长宣读，并将命令张贴在船舶主桅下部或者其他明显部位。执行人员执行送达任务时，应着制式服装并出示“执行公务证”。

海事法院在发布扣押船舶命令或解除扣押命令的

同时，应向港监、边防以及其他海上巡逻、监视部门发出协助执行通知书；必要时，海事法院可以派出法警或安排看守员到船上执行扣船任务。

五、扣船费用

扣押船舶申请费为一千元，由申请人支付。执行扣船任务的其他费用由被申请人支付；如申请错误，则由申请人负担。

六、扣押船舶与诉讼

扣押船舶的海事法院对于根据该海事请求提起的诉讼具有管辖权。

被申请人提供担保使被扣押船舶获释后，争议双方也可按原定的管辖协议向其他有管辖权的法院提起诉讼、或按原定的仲裁协议提交仲裁。

保全海事请求权的扣船期限为三十天。申请人在此期间内向扣船的海事法院提起诉讼，即进入普通程序。

在扣船期限内，被申请人未提供担保、申请人又未起诉的，扣船的海事法院应当释放被扣押船舶。因船舶被扣押而使被申请人所遭受的损失由申请人负担。如果被申请人提供了担保，而申请人未在扣船期限内起诉的，被申请人可以申请发还其提供的担保。

最高人民法院关于失踪人的工作单位能否向人民法院申请宣告失踪人死亡的批复

（一九八六年二月十八日）

湖北省高级人民法院：

你院鄂法（1985）民行字第14号《关于失踪人的工作单位能否向人民法院提出申请宣告失踪人死亡》的请示报告收悉。经我们研究认为：《中华人民共和国民事诉讼法（试行）》第一百三十三条所指的利害关系人，必须是与被申请宣告死亡的人存在一定的人身关系或者民事权利义务关系的人。宣恩县人大常委会为解决减员增补以及停发失踪人聂××的工资等问题，不宜作为利害关系人向人民法院申请宣告失踪人死亡，应按《中华人民共和国地方各级人民代表大会和地方各级人民政府组织法》及我国劳动制度的有关规定处理。

此复。

最高人民法院关于继母与生父离婚后仍有权要求已与其形成抚养关系的继子女履行赡养义务的批复

（一九八六年三月二十一日）

辽宁省高级人民法院：

你院（85）民监字6号关于王淑梅诉李春景姐弟等人赡养费一案处理意见的请示报告收悉。

据报告及所附材料，被申诉人王淑梅于一九五一年十二月与申诉人李春景之父李明心结婚时，李明心有前妻所生子女李春景等五人（均未成年）。在长期共同生活中，王淑梅对五个继子女都尽了一定的抚养教育义务，直至其成年并参加工作。一九八三年四月王淑梅与李明心离婚。一九八三年八月王淑梅向大连市西岗区人民法院起诉，要求继子女给付赡养费。一、二审法院判决认为，继子女李春景姐弟五人受过王淑梅的抚养教育，根据权利义务一致的原则，在王淑梅年老体弱，生活无来源的情况下，对王淑梅应履行赡养义务。李春景姐弟对判决不服，以王淑梅已与生父离婚，继母与继子女关系即消失为由，拒不承担对王淑梅的赡养义务，并向你院申诉。你院认为，王淑梅与李明心既已离婚，继子女与继母关系事实上已经消除，李春景姐弟不应再承担对王淑梅的赡养义务。

经我们研究认为：王淑梅与李春景姐弟五人之间，既存在继母与继子女间的姻亲关系，又存在由于长期共同生活而形成的抚养关系。尽管继母王淑梅与生父李明心离婚，婚姻关系消失，但王淑梅与李春景姐弟等人之间已经形成的抚养关系不能消失。因此，有负担能力的李春景姐弟等人，对曾经长期抚养教育过他们的年老体弱、生活困难的王淑梅应尽赡养扶助的义务。

此复

最高人民法院关于上级人民法院发现下级人民法院对没有严重妨害民事诉讼行为的当事人采取的强制措施能否纠正问题的批复

(一九八六年四月二日)

江苏省高级人民法院:

你院苏法民〔1985〕137号请示收悉。关于上级人民法院发现下级人民法院对没有严重妨害民事诉讼行为的当事人采取的拘留强制措施,能否纠正和纠正的方法问题,经我们研究认为:根据人民法院组织法关于下级人民法院的审判工作受上级人民法院监督的规定,上级人民法院如果发现下级人民法院采取拘留强制措施不当时,应及时予以纠正。纠正的方法,可以口头或者书面通知下级人民法院纠正,也可以使用决定书,撤销下级人民法院的拘留决定,解除强制措施。

此复

最高人民法院关于如何确定合同签订地问题的批复

(一九八六年四月十一日)

江西省高级人民法院:

你院赣法经(1986)01号请示报告收悉。关于你省南昌市青山城乡企业产品贸易中心诉福建省宁化县工业贸易公司购销合同纠纷案,应如何确定合同签订地问题,经我们研究认为:凡书面合同写明了合同签订地点的,以合同写明的为准;未写明的,以双方在合同上共同签字盖章的地点为合同签订地;双方签字盖章不在同一地点的,以最后一方签字盖章的地点为合同签订地。本案的合同是在南昌市协议拟定并盖了原告单位的公章,最后由被告在宁化县盖了公章,因此,本案的合同签订地为宁化县。依据民事诉讼法(试行)第二十三条和第三十二条的规定,南昌市中级人民法院应将本案移送福建省宁化县人民法院管辖。

此复

最高人民法院关于典当房屋在“文革”期间未能按期回赎,应作时效中止处理的批复

(一九八六年四月十一日)

北京市高级人民法院:

你院(1985)京高法字第141号《关于宛若海诉安淑珍房屋典当一案的请示报告》收悉。据报告所述,安淑珍于一九六三年十月一日出典给宛若海三间房屋,典契载明:典期十年,典价四百五十元,如出典人到期无力回赎,由承典人按当时房价转典为卖。在履行期间,该房在“文化大革命”期间被收归公有,未能按期回赎。一九八四年十月安淑珍向宛若海提出赎房要求时,宛认为典期已过,拒绝回赎,并向通县人民法院起诉,要求确认该房产权归其所有。

经我们研究认为:安淑珍出典的房屋,一九六六年九月已交由房管部门接收。由于当地政府有关部门一九六六年至一九八四年初停办回赎,致出典人在典期届满时,无法按照典契载明的期限回赎,这是在特殊的历史条件下造成的。因此,一九八四年十月安淑珍要求回赎时,不应将房屋归公和停办回赎的这段时间,计入回赎时效期内。至于你院提出增补赎金问题,如无其他特殊原因,回赎时一般应按契约规定的典价办理。

此复

最高人民法院关于审理农村承包合同纠纷案件若干问题的意见

（一九八六年四月十四日）

随着农村经济体制改革的深入开展，农村联产承包责任制已普遍推行，农村承包合同纠纷大量发生。为了解决各地人民法院在审理农村承包合同纠纷案件中遇到的一些问题，现根据有关政策和法律、法规，结合各地人民法院的审判实践经验，提出意见如下：

一、农村承包合同纠纷案件的受理问题

处理农村承包合同纠纷，应当发挥有关农村基层组织以及承包合同管理部门的作用，绝大多数纠纷可以由它们调处。当事人不服处理向人民法院起诉的，人民法院应当依法受理；当事人直接向人民法院起诉的，人民法院也应当依法受理。

有些农村承包合同的履行因受自然条件的制约，季节性很强。因此，人民法院对此类合同纠纷要及时立案，尽快审理，必要时可裁定先行恢复生产，然后解决纠纷。

二、无效农村承包合同的确认和财产处理问题

审理农村承包合同纠纷案件，首先要审查合同是否有效，具有下列情况之一的应确认合同无效：(一)属于违反国家法律、政策的；(二)损害国家利益和社会公共利益的；(三)违背民主议定原则的；(四)采取欺诈、胁迫或其他不正当手段签订的；(五)发包人无权发包的；(六)承包人私自转让、转包承包合同以及转包渔利的。

承包合同被确认无效后，对产生的财产问题应当依照法律、政策合理解决。有过错的一方应当赔偿对方因此而遭受的经济损失；如果双方都有过错，各自承担相应的责任。

三、农村承包合同的转让与转包问题

转让是指承包人自找对象，由第三者代替自己向发包人履行承包合同的行为。转让的合同内容虽无改变，但是变更了承包人，终结了原承包人与发包人的权利义务关系，确立了受让人与发包人的权利义务关系。

转包是指承包人把自己承包项目的部分或全部，以一定的条件发包给第三者，由第二份合同的承包人向第一份合同的承包人履行，再由第一份合同的承包人向原发包人履行合同的行为。

承包人将承包合同转让或转包给第三者，必须经发包人同意，并不得擅自改变原承包合同的生产经营等内容，否则转让或转包合同无效。

承包人在履行承包合同中有安排劳务的经营自主权，某些临时性的劳务，如季节性的农活，果子的摘收、销售等，可以不经发包人同意包给他人。

承包人承包后自己既不从事经营或生产活动，又不承担任何风险，坐收“管理费”或者高价转包的，属于转包渔利。如果转包的价额超出承包价额，而其超出部分大致接近于承包人的投资（包括劳务）加上由于投资（劳务）应当获得的正常利润，可以视为合理；如果悬殊过大，则应作为转包渔利论处。转包渔利部分应当收归集体或追缴国库。

四、承包合同的变更和解除问题

出现下列情况之一的，应当允许变更或者解除承包合同：㈠ 当事人双方协商同意，并且不损害国家、集体利益的；㈡ 订立承包合同依据的计划变更或者取消的；㈢ 因国家税收、价格等政策的调整，致使收益情况发生较大变化的；㈣ 由于自然灾害等不可抗力的原因，致使承包合同无法履行的；㈤ 因发包方或承包方不履行承包合同规定的义务，致使承包合同无法继续履行或者没有必要继续履行的；㈥ 承包人丧失承包能力的；㈦ 承包人进行破坏性、掠夺性生产经营经发包人劝阻无效的。

因变更或解除合同使对方遭受损失的，应当负责赔偿，但依法可以免除责任的除外。

五、因自然灾害而产生的责任免除问题

由于自然灾害等不可抗力的外因，致使合同不能履行或者不能完全履行的，可以全部或者部分免除承包人的责任。

审理涉及这类问题的案件，必须查明自然灾害所造成的损害程度和承包人对自然灾害的抗御情况，然后决定对承包人的责任是部分还是全部免除。如果承包人已经尽了自己应尽的责任，仍不能避免标的物遭受损失，可以全部免除承包人的责任；如果既有自然灾害的影响，又有承包人经营不善的原因，则应按两个因素所占的比例，酌情免除承包人的部分责任。

六、发包方单方任意毁约问题

有些农村承包合同纠纷是因为发包方任意毁约或有关行政部门违法干预造成毁约而引起的。审理这类案件，应当依法维护原合同的效力。承包人要求继续履行合同的，应予支持。发包方毁约给承包人造成的经济

损失，应当予以赔偿。因行政部门违法干预而毁约的应由行政部门承担违约责任，给承包人造成的经济损失，应当先由发包方赔偿，再由应负责任的行政部门负责处理。发包方无力赔偿的，如果承包合同尚未到期，可以按赔偿数额抵除承包人应缴交的承包金额；如果承包合同已经到期，可适当延长承包期，并在承包期内按赔偿数额抵除承包人应缴交的承包金额，或者延期给付赔偿金。

七、承包指标过高或过低问题

审理因承包指标过高或过低而发生的纠纷案件，应对承包指标的高低作具体分析，主要审查指标是否符合客观实际。承包指标一般可根据承包前三至五年平均产量（或产值）并考虑合理增产比例予以确定。

目前，农村承包合同中的承包指标一般都以投标方式确定。有的承包人为了取得承包权，违背客观实际，盲目地提高承包指标，导致指标明显过高而无法履行。对于因此而发生的承包合同纠纷，应当通过调解，引导双方当事人协商，实事求是地确定合理指标。但对指标基本合理，主要由于承包人本身不努力而完不成指标的，应当维持原合同的承包指标。

对于发包人因缺乏经验，导致指标明显过低而发生的承包合同纠纷，应当通过调解，引导双方当事人协商，确定合理的承包指标。如果承包指标基本合理，承包人通过积极努力和科学管理取得较好的经济效益，发包人为此要求提高指标的，则不予支持，而应维持原合同的承包指标。

对于承包指标的调整，双方当事人协商不成的，由法院依法判决。

八、承包人搞破坏性掠夺性生产问题

承包人在承包期间进行生产经营活动，应当注意对自然资源的保护，例如：承包土地不得破坏地力；承包山林不得乱砍乱伐；承包矿业生产不得乱开乱采；承包果园不得为短期收益而破坏果树的长期生长。承包人在承包期间搞破坏性、掠夺性生产经营，发包人劝阻无效要求解除合同的，应予支持，因此而造成的损失应当由承包人负责赔偿，情节严重的可责令加倍赔偿，直至依法追究刑事责任。

九、农村的乡镇企业承包中对外发生债务的承担问题

承包人对于企业在其承包前的债务，如果在承包合同中规定由其承担的，应按合同规定承担；如果承包合同中未作规定的，应由发包人承担，亦可酌情由承包人先予偿付，然后从应向发包人缴纳的承包金中扣除。

承包人对于企业在其承包期内所欠的债务，应当承担清偿责任，发包人应负连带责任。

承包人逃匿或无力清偿债务的，由发包人负责清偿。

十、合伙承包人的诉讼地位问题

合伙承包人在诉讼过程中，应作为共同诉讼人对待。合伙人众多的，可由他们选派代表（须经法院认可）参加诉讼。参加诉讼的代表人一经确定，其诉讼行为对全体合伙人或合伙组织的全体成员有效。

十一、执行问题

农村承包合同纠纷案件的判决、裁定、调解协议发生法律效力后，被执行人暂无给付能力的，可裁定中止执行。中止执行的原因消失后，应当及时恢复执行。被执行人丧失给付能力的，可裁定终结执行。被执行人有能力履行而拒不履行或者故意拖延履行的，应传唤其到庭，责令自动履行，仍不履行的，按照《民事诉讼法（试行）》第十七章的规定，强制执行。

最高人民法院关于未成年的养子女，其养父在国外死亡后回生母处生活，仍有权继承其养父的遗产的批复

（一九八六年五月十九日）

福建省高级人民法院：

你院一九八五年十二月十日《关于泉州市戴玉芳与戴文良析产、继承上诉案中黄钦辉有无继承权的请示报告》收悉。

据报告称，戴文化、戴文良兄弟二人于一九二九年至一九三一年先后从菲律宾回国在泉州市新街四十一号建楼房一座，由其父母戴淑和、林英蕊等人居住。一九四二年戴母林英蕊收黄钦辉为戴文化的养子。黄钦辉与祖母林英蕊共同生活，由其养父戴文化从国外寄给生活费和教育费，直至一九五五年戴文化在国外去世。当时黄钦辉尚未成年，后因生活无来源于一九五七年回到生母处。一九八〇年黄钦辉向法院提起诉讼，要求继承其养父戴文化新街四十一号楼房遗产。

经我们研究认为：黄钦辉于一九四二年被戴文化之母林英蕊收养为戴文化的养子，直至一九五五年戴文化去世，在长达十三年的时间里，其生活费和教育费一直由戴文化供给。这一收养关系戴文化生前及其亲属、当地基层组织和群众都承认，应依法予以保护。

关于黄钦辉是否自动解除收养关系或放弃继承权的问题，黄钦辉因养父戴文化一九五五年在国外去世，当时本人尚未成年，在无人供给生活费，又无其他经济来源的情况下，不得不于一九五七年回到生母处生活，对此不能认为黄钦辉自动解除了收养关系。黄钦辉在继承开始和遗产处理前，没有明确表示放弃继承，应当依法准许其继承戴文化的遗产。

此复

最高人民法院关于需要再审而又发现遗漏了诉讼第三人的案件应指令哪一审法院按什么程序再审问题的批复

（一九八六年五月二十一日）

青海省高级人民法院：

你院（86）青法经发字第3号请示收悉。关于上级人民法院对业经二审终审的经济纠纷案件，发现确有错误需要再审，但又发现原来的一审、二审遗漏了诉讼第三人，应指令哪一审法院按什么程序再审的问题，经研究，答复如下：

《中华人民共和国民事诉讼法（试行）》第一百六十条规定："人民法院按照审判监督程序再审的案件，原来是第一审的，按照第一审程序审判，所作的判决、裁定，当事人可以上诉；原来是第二审的，或者是上级人民法院提审的，按照第二审程序审判，所作的判决、裁定，是发生法律效力的判决、裁定。"根据这一规定，对业经二审终审的案件需要再审的，无论是上级人民法院提审或指令原二审法院再审，都须按第二审程序审判。原二审法院再审，应按照最高人民法院《关于贯彻执行〈民事诉讼法（试行）〉若干问题的意见》（12）办理，即：第二审人民法院在诉讼进行中发现需要更换、追加当事人的，在更换、追加后，经调解，当事人之间不能达成协议时，应当将案件发回原审人民法院重新审判。

此复

最高人民法院关于民事诉讼收费几个问题的批复

（一九八六年六月二十一日）

山东省高级人民法院：

你院（85）鲁法民字第36号《关于民事诉讼收费几个问题的请示报告》收悉。经研究，答复如下：

一、关于第二审人民法院审理上诉案件，在进行调解时，第一审的诉讼费如何负担的问题。根据《中华人民共和国民事诉讼法（试行）》第一百五十二条的规定，第二审人民法院审理上诉案件，经过调解达成协议的，第一审人民法院的判决即视为撤销，其中关于诉讼费的负担部分也应视为撤销。因此，在第二审调解过程中，对第一审和第二审的诉讼费的负担，应由双方当事人协商，达成协议的应在调解书中写明。

二、关于两个以上诉讼标的的案件如何收取案件费的问题。原告在同一案件中提出了两个以上诉讼请求，人民法院在受理后，要对不同的诉讼请求分别进行审理。而且，对其中一个诉讼请求审理的结果，并不影响对其它诉讼请求的审理，所以，在处理这类案件时，应按不同的诉讼标的分别计算，合并收取受理费。

三、关于第二审人民法院对第一审人民法院收取诉讼费有误应否纠正的问题。第二审人民法院在审理上诉案件时，发现第一审人民法院对案件实体部分的处理正确，但收取诉讼费有误，应当在终审判决中予以纠正。

此复

最高人民法院关于人民法院对申请强制执行仲裁机构的调解书应如何处理的通知

（一九八六年八月二十日）

近来有些地方人民法院就仲裁机构的调解书能否向人民法院申请强制执行的问题向我院请示。经研究认为，根据经济合同法第五十二条第三款、民事诉讼法（试行）第一百六十一条第二款和第一百六十六条的规定，对仲裁机构发生法律效力的调解书一方当事人不履行的，对方当事人可以向有管辖权的人民法院申请执行。受申请的人民法院发现仲裁机构的调解书确有错误的，不予执行，并通知原仲裁机构。

最高人民法院关于在审理经济纠纷案件中发现经济犯罪问题后移送有关部门，是否退还预收的案件受理费的批复

（一九八六年八月二十八日）

贵州省高级人民法院：

你院黔法〔1986〕17号"关于在审理经济纠纷案件中发现经济犯罪移送有关部门后，是否退还预收的案件受理费的请示报告"收悉。经研究，答复如下：

第一审人民法院在审理经济纠纷案件中，发现经济犯罪，移送有关部门依法处理时，对当事人所预交的案件受理费，应分别不同情况进行处理：案件全部移送的，预收的案件受理费应全部退还；案件部分移送，即只移送经济犯罪部分，经济纠纷仍需继续审理的，预收的受理费不予退还。至于实际应收取多少，待案件审结后，按核定的数额计算。

第二审人民法院在审理经济纠纷上诉案件中，发现经济犯罪移送有关部门处理时，对所预收的受理费的处理方法与第一审相同。

此复

最高人民法院关于印发《人民法院审理治安行政案件具体应用法律的若干问题的暂行规定》的通知

（一九八六年十月二十四日）

全国地方各级人民法院：

现将我院制定的《人民法院审理治安行政案件具体应用法律的若干问题的暂行规定》发给你们，请在《中华人民共和国治安管理处罚条例》生效之日起执行。在执行中有何意见和问题，请及时报告我院。

附：人民法院审理治安行政案件具体应用法律的若干问题的暂行规定

人民法院审理治安行政案件具体应用法律的若干问题的暂行规定

一九八六年九月五日第六届全国人民代表大会常务委员会第十七次会议通过了《中华人民共和国治安管理处罚条例》。该《条例》第三十九条规定："被裁决受治安管理处罚的人或者被侵害人不服公安机关或者乡（镇）人民政府裁决的，在接到通知后五日内，可以向上一级公安机关提出申诉，由上一级公安机关在接到申诉后五日内作出裁决；不服上一级公安机关裁决的，可以在接到通知后五日内向当地人民法院提起诉讼。"为审理好治安行政案件，现作如下暂行规定。

一、治安行政案件一般应由最先作出裁决的公安机关或者乡（镇）人民政府所在地的基层人民法院管辖。根据法律规定，在需要的时候，基层人民法院对它所管辖的案件，可以报请上级人民法院审判；上级人民法院有权审判基层人民法院管辖的案件。

涉外治安行政案件由中级人民法院管辖。

人民法院受理治安行政案件，应通知后一次裁决的公安机关应诉。后一次裁决的公安机关可以指定原裁决的公安机关应诉。

二、人民法院审理治安行政案件，实行合议制；案情简单的，由审判员一人独任审判。

当事人如果不服人民法院的裁定，可在五日内向上一级人民法院申请复核一次。

三、人民法院审理拘留处罚的治安行政案件，应当在受理后十日内作出裁定；审理罚款或警告处罚的治安行政案件，应当在受理后二十日内作出裁定。

复核治安行政案件的人民法院应当在十日内将复核结果告知当事人。

情况特殊、期限届满不能终结的案件，可以经上一级人民法院批准延长十日。

四、人民法院只就公安机关的后一次裁决是否符

合事实以及是否合法进行审查，依法分别作出维持或者撤销的裁定。

五、人民法院受理治安行政案件，按照民事诉讼法（试行）的规定，由原告预交诉讼费，每件五元至三十元。案件审理终结，诉讼费用由败诉一方负担。原告申请缓交、减交或免交的，由人民法院审查决定。

最高人民法院关于合同转让后如何确定合同签订地的批复

（一九八六年十月三十日）

辽宁省高级人民法院：

你院辽法（经）请〔1986〕12号请示收悉。经研究，我们认为：佳木斯市轻工机械厂（供方）同抚顺市绣品工艺厂（需方）在佳木斯市签订的购销背心袋制造机合同，经双方与抚顺市包装总厂协商，一致同意抚顺市绣品工艺厂将合同转让给抚顺市包装总厂履行，并在抚顺市办理了转让手续后，新的法律关系产生，原法律关系消灭。转让合同共同签字盖章的所在地抚顺市应为本案合同签订地。转让合同规定的发货地是佳木斯市，故合同履行地仍在佳木斯市。依据《民事诉讼法（试行）》第二十三条规定，抚顺市新抚区人民法院和佳木斯市东风区人民法院对本案均有管辖权。据来文反映，抚顺市新抚区人民法院比佳木斯市东风区人民法院早一天收案；而且，本案标的物在抚顺市，当事人争议的焦点又是产品质量问题，因此，依据《民事诉讼法（试行）》第三十一条规定，本案应由抚顺市新抚区人民法院受理。

此复

最高人民法院关于应当允许检察院派书记员随检察长或检察员出庭支持公诉的通知

（一九八六年十一月七日）

湖北省高级人民法院：

近接最高人民检察院转来湖北省人民检察院刑事检察处和远安县人民检察院两位同志的信，反映有的法院拒绝检察院派书记员随检察长或检察员出庭办理记录工作一事。经我们研究认为，虽然刑事诉讼法、人民法院组织法和人民检察院组织法对检察院可否派书记员随检察长或检察员出庭支持公诉问题未作明确规定，但从审判实践来看，检察院派书记员随检察长或检察员出庭有利于工作，应当允许。

特此通知

最高人民法院关于公民对宅基地只有使用权没有所有权的批复

（一九八六年十一月十四日）

广西壮族自治区高级人民法院：

你院（86）民请字第4号《关于处理刘国柱、刘光辉与龙凤弟、霍路弟宅基纠纷的请示报告》收悉。

据报告称，双方讼争的宅基地原为刘国柱所有。一九五一年，霍胜祥经刘国柱同意，在此修建房屋一幢。一九五二年，霍胜祥领取了政府颁发的房产所有证，其中注明"此屋地系刘国柱所有"。霍胜祥死后，其妻龙凤弟及女儿霍路弟于一九六〇年在屋后扩建猪圈，一九六五年、一九七七年又对此房的墙壁、大门进行修建，刘国柱均无异议。一九七八年，刘国柱之侄刘光辉与龙凤弟订立了《借地文约》，其中写道"所建房屋一切天面属于霍姓，地基主权属于刘家"。一九八二年，刘国柱、刘光辉提出要地建房发生纠纷，并向临桂县人民法院起诉。

经我们研究认为：双方讼争之宅基地原虽属刘国柱所有，但是，已经长期经他人使用，且自一九六二年九月中共中央颁布《农村人民公社工作条例修正草案》之后，土地（包括宅基地）所有权归了集体，社员只有使用权，没有所有权（包括处分权）。因此，一九七八年双方订立的《借地文约》中"地基主权属于刘家"的约定，违背了当时政策和现行法律的规定，应属违反法律规定的无效行为，依法不予保护。根据国家法律政策规定，结合本案实际情况，龙凤弟、霍路弟已经长期使用了该宅基地，况且他们的建筑物已经县人民政府承认并颁发给了产权证，所以，我们同意你院审判委员会关于将讼争之宅基地仍由龙凤弟、霍路弟继续使用的意见。

此复

最高人民检察院关于加强信访工作的决定

（一九八五年一月十六日）

检察机关重建以来，在各级党委和检察长的领导下，信访部门认真贯彻执行党的十一届三中全会以来的路线、方针、政策，在平反冤、假、错案，配合严厉打击严重刑事犯罪和严重经济犯罪的斗争，提供案件线索，反映情况信息，查办案件，参与综合治理，解决矛盾可能激化的问题等方面，做了大量工作，成绩是显著的。

但是，从全国来看，工作发展很不平衡，不少地方信访工作还是一个薄弱环节，很不适应开创检察工作新局面的要求。根据党的十二届三中全会的决定，我国以城市为重点的整个经济体制改革正在逐步全面展开，社会主义建设将出现新的高涨的形势，这就向检察工作，包括信访工作提出了新的、更高的要求。

为了适应整个检察工作的发展，信访工作必须进一步加强，迅速改变当前思想落后于实际、工作不适应形势的状况。

一

必须明确和统一检察机关信访工作的业务指导思想。

根据中央关于信访工作的历次指示及检察机关的性质和职能，检察机关的信访工作，是检察业务的一个重要环节和组成部分，是检察机关直接联系群众，受理公民的控告、申诉，了解执行党的方针、政策和国家法律情况的一个重要渠道。信访工作通过提供犯罪案件线索，查办控告申诉案件，打击犯罪，纠正冤假错案，维护公民的民主权利，履行检察机关法律监督的职能，为实现社会治安的根本好转，为加强社会主义民主，健全社会主义法制和社会主义四个现代化建设服务。

从全国来说，多数检察机关对这一指导思想是明确的，工作是做得好的。但是，在某些地方和少数同志中间，也不同程度地存在一些模糊认识和片面观点。有些干部甚至有的领导干部对信访工作的性质、在检察机关的地位和作用，以及做好这项工作的重要性，认识不够明确，把信访工作当作“软任务”，不予重视；在组织机构和人员配备上，不能按照实际工作的需要加以切实解决；对一些本来应该直接查处的案件，不是认真负责到底，而是一转了事，以致出现重复信访十几次、数十次和告诉无门的现象。这是对党、对人民不负责任的表现，它不符合改革的精神，也不符合开创检察工作新局面的要求。

对于信访工作中的官僚主义，胡耀邦同志曾作过中肯批评。他说：“我们许多机关将人民来信一概一转了事，造成许多该办的事长期不能解决，使自己的机关在人民群众中建立不起更大的威信，又实际上纵容了下面不正之风的存在，一举三失，实在不好，请改变这种作风。”我们检察机关的信访部门，应该很好地学习和贯彻胡耀邦同志的指示，切实防止“一举三失”，力求做到“一举三得”，扶正、祛邪、建立威信。

二

处理来信来访，要根据“分级负责，归口办理”的原则，分别办理，力争做到“案案有着落，件件有交代”。

检察机关上下级之间要实行“分级负责”制。上级领导机关按照分级负责的原则，将一般信访案件转交下级机关处理，是正常的。但是，凡属应该由自己办的案件，就不要往下转。上级机关对交办的案件要加强督促和检查，要大力支持下级检察院办理信访案件，帮助解决工作中出现的问题和困难，并且有重点地派人参与查处一些重大案件。分、市院和县、区院要按照“把问题解决在基层”的原则，加强查办信访案件的工作，认真把群众来信来访中反映的问题处理好。分级负责，关键是要严格按照刑事案件管辖范围和诉讼程序的规定，建立明确具体的责任制，明确各级信访部门的“职、责、权”，建立层层负责的制度，切实克服互相推诿，不负责任和不解决问题的官僚主义作风。

处理控告、申诉案件既是信访部门的职责，也是全院各业务部门的共同任务，既要明确分工，又要互相配合。作为检察机关的信访部门，应切实承担起自己的职责，同时，各业务部门也都有责任承办一部分与其业务相关的控告、申诉案件，并且要通过办理信访案件来检验办案质量，总结经验，提高工作水平，促进自身业务的开展。

对不属检察机关管辖的案件，要按“归口办理”的原则，分别移送主管机关处理，有的可以采取“搭桥引线”的方法，协助落实主办单位。

三

检察机关信访部门是检察院的检察业务部门之一，它的具体任务主要有五条：

第一，统一处理来信，接待来访。对涉及刑事问题的控告、检举、申诉、自首等，要进行登记，采取转办，催办、自办、联办等方法，落实处理。

第二，直接查处一部分控告、申诉案件，主要有五类：1. 不服人民检察院不批准逮捕、不起诉及免予起诉决定，虽经复查驳回，仍有错误可能的再申诉案件；2. 刑满释放人员不服人民法院判决、裁定，虽经复查驳回，仍有错误可能的再申诉案件；3. 矛盾可能激化的控告、申诉案件；4. 属于检察机关管辖的部分需要立案前调查的控告案件及部分需要初步调查的申诉案件；5. 上级机关和检察长交办的案件。

第三，积极宣传法制，提供必要的法律咨询，参与综合治理。重点是对那些随时可能酿成恶性事件和出现严重后果的来信来访，进行教育疏导，提供法律咨询，指出解决纠纷的正确途径和法律程序，妥善解决矛盾，防止事态扩大和恶化。

第四，综合分析信访情况，及时向上反映，对信访中发现的重要犯罪线索，要及时提供主管部门处理。向院领导或上级反映情况，主要包括以下几个方面：1. 一个时期内的信访动态；2. 有关执行政策、法律中的情况和问题；3. 反映突出的、典型的案例；4. 结合办案工作反映有关干部在法纪、作风等方面存在的问题；5. 配合“两打”，及时提供重大犯罪线索，反映斗争中的问题。总之，情况反映工作要从形势出发，紧密配合各个时期的中心任务进行。当前，要注意反映打击刑事犯罪和打击经济犯罪斗争中的新动向，反映经济体制改革中的新情况、新问题。如农村中侵犯“两户一体”的问题，城市经济体制改革中的违法犯罪和破坏活动情况，第一战役中不服判刑的申诉情况，政法干警执法犯法等问题。各省、自治区、直辖市院要办好信访简报，分、市院以上的单位都要建立重大信访情况报告制度，对信访中反映的信息及时地进行综合分析和反映。

第五，对下的业务联系和指导。上级信访部门要经常深入基层，调查研究，掌握业务工作开展情况，组织交流办案经验，加强业务工作上的指导，以便正确地执行政策和法律。下级信访部门在工作和办案中遇有阻力时，应给予指导和支持，必要时应派人协助办理。由于依法办事而受到打击报复的同志要坚决予以保护。

四

建立、健全信访机构，配备信访干部。

自一九七九年以来，整个检察系统平均每年都要受理信访一百万件次。当前，信访工作的任务仍然是很繁重的，这种状况短期内很难改变。现在的情况是，非业务的信访比例减少，新案的申诉和属检察业务范围以内的控告、检举都有所上升，重复信访比重仍然很大，许多问题长期未能得到解决，信访案件的自办率和办结率都比较低，这同机构不健全，人员素质差有重要关系。各地要按照一九八四年八月全国各省、自治区、直辖市检察长会议精神，继续落实〔84〕高检发（信）6号通知的要求，省、自治区、直辖市院要尽早把信访（控告申诉）处建立、健全起来，原来没有的要设置，撤销的要恢复。分、市院要建立独立的信访机构。人口多、信访量大的县、区院也应设信访机构，其他的应配备专职干部。要进一步充实和加强信访干部队伍，迅速改变目前不适应工作需要的状况。

信访干部的配备，要符合干部“四化”的要求，要保证工作、任务的需要。信访干部应有强烈的政治责任感和事业心；有一定的政策水平、法律知识和群众工作的经验；还要有一定的文化水平。信访干部要按照条件任命检察员、助理检察员、书记员等法律职务。

建立、健全信访机构，建设一支与任务相适应的干部队伍，是做好信访工作的组织保证。各地要切实予以解决，并请于一九八五年六月底以前将落实情况向高检写出专题报告。

五

要加强领导，积极开展信访工作。

各级检察院要把信访工作做为一项经常性的重要业务工作列入议事日程，定期研究、部署和督促检查，要有领导分管。当前，许多检察院信访部门的工作条件和物质条件都比较差，各级领导都要关心支持，认真予以解决。对群众来信来访提出的重大问题和疑难案件，检察长要亲自过问，具体指导，切实解决。

要建立、健全信访工作制度。在多年信访工作的实践中，各地已经形成了一套行之有效的规章制度，其中包括登记、接待、转办、催办、查办、结案、统计、归档等制度。对那些不适应工作需要的部分要进行认真研究，加以改革，没有建立的要尽快建立起来。当前，需要着重抓好岗位责任制，检察长接待来访、批阅来信制度，信访情况反映制度，重大信访案件请示报告和查办制度。

处理来信来访要注意工作方法。信访案件的特点是案情比较复杂，几经周折，拖的时间比较长，经手人员、单位比较多。因此，一定要依靠党委和各方面力量，采取多种方式方法，积极而又慎重地办好信访案件。尤其对重大、疑难案件，仅由信访部门单枪匹马、孤军作战是不行的。有的要同院内有关部门协同办，有的要与主管单位结合办，有的要上下一起动手办；能够协商解决的就协商解决，必须运用法律手段的，一定要按办案程序，依法办事。总之，要分别不同情况，采取不同方法，争取最终解决问题。

当前，经济体制的全面改革将逐步展开，打击刑事犯罪和打击经济犯罪的斗争正在深入发展。在新的形势下，如何开创信访工作的新局面，需要进行新的探索，要通过实践，逐步走出一条适应经济改革和“四化”建设新形势的、更好地为广大人民服务、符合加强法制建设的新路子。各地要通过整党，通过认真总结几年来信访工作的经验教训，切实解决好存在的问题。我们相信，在各级党委和各级检察院的领导下，在有关部门及广大人民群众的支持下，经过全体信访干部的共同努力，一定能够做出新的成绩，在开创检察工作新局面中做出应有的贡献。

林业部、最高人民检察院关于调整林业检察任务和机构等问题的通知

（一九八六年三月六日）

为了适应盗伐滥伐森林案件改由公安机关管辖后的新情况，需要对林业检察任务和机构作相应调整。现就有关问题通知如下：

一、黑龙江、吉林、甘肃等省人民检察院在大面积国有林区设置的派出检察院，依照《人民检察院组织法》等有关法律的规定，负责辖区内的全部检察工作。森林案件的侦查工作移交给公安机关管辖之后，林区检察机关要做好案件的审查批捕、审查起诉和经济、法纪案件的侦查、起诉工作，依法维护林区的社会治安，保护森林资源，保障林业改革和生产建设的顺利进行。为此，要进一步加强这些林区检察院。

二、对在森林资源较多的省（区）、地（州、市、盟）、县的人民检察院内设置的林业检察处、科，请有关的省（区）人民检察院与省林业厅（局），本着有利于保护森林资源，有利于依法办案的原则商议调整。对机构没有撤销的，工作要进一步加强；已经撤销的，是否恢复，根据工作量和实际需要，由双方商定。对保留和恢复的，应当做好森林案件的审查批捕、审查起诉及检察院授予的其他林业检察工作。双方商定的意见，报最高人民检察院和林业部备案。

三、林区检察机关是国家检察机关的一部分。凡确定继续在林业检察机构工作的检察人员，应享受国家检察干部的各项权利和待遇。人员的任免，要严格按照《人民检察院组织法》规定的法律程序办理，并注意干部的相对稳定。对检察业务经费、干警住房、补贴、子女就业等福利待遇问题，林业部门应根据有关规定，切实解决好。

最高人民检察院关于印发《人民检察院直接受理的经济检察案件立案标准的规定（试行）》、《人民检察院直接受理的法纪检察案件立案标准的规定（试行）》等文件的通知

（一九八六年三月二十四日）

经一九八六年三月二十四日召开的最高人民检察院检察委员会讨论决定，现将《人民检察院直接受理的经济检察案件立案标准的规定（试行）》、《人民检察院直接受理的法纪检察案件立案标准的规定（试行）》、《人民检察院直接受理侦查的刑事案件管理制度（试行）》、《人民检察院直接受理侦查的刑事案件办案程序（试行）》印发各地试行。在试行中遇到什么问题，请随时报告我院，以便作进一步修改。

人民检察院直接受理的经济检察案件立案标准的规定（试行）

根据《中华人民共和国刑法》、《中华人民共和国刑事诉讼法》和其他有关法律规定，结合司法实践，制定本规定。

一、贪污案（刑法第一百五十五条）

贪污罪是指国家工作人员、集体经济组织工作人员或者受国家机关、企业、事业单位、人民团体委托从事公务的人员，利用职务上的便利，侵吞、盗窃、骗取或者以其他手段非法占有公共财物的行为。

具有下列情形之一的应予立案：

1. 贪污公共财物金额在人民币一千元以上或实物折合人民币一千元以上的；

2. 贪污粮食一千五百公斤（三千斤），粮票二千五百公斤（五千斤）以上的；

3. 贪污公共财物虽不足上述数额，但具有下列情形之一的：

（1）贪污救灾、救济、优抚等款物，贪污党费、团费、会费，贪污赃款赃物或罚没款物的；

（2）共同进行贪污犯罪活动的主犯；

（3）多次贪污、屡教不改的；

（4）为掩盖贪污行为而销毁凭证或栽赃陷害他人的；

（5）其他贪污公共财物情节恶劣、后果严重的。

二、贿赂案(刑法第一百八十五条)

受贿罪是指国家工作人员利用职务上的便利,为他人谋取利益,而索取或者非法收受他人财物的行为。

行贿罪是指为使国家工作人员利用职务上的便利,为其谋取利益,而非法给付财物的行为。

介绍贿赂罪是指在行贿人和受贿人之间进行勾通、撮合,使行贿、受贿行为得以实现的行为。

具有下列情形之一的应予立案:

1. 收受贿赂金额在人民币一千元以上,行贿金额在人民币二千元以上,向行贿、受贿双方介绍贿赂金额在人民币二千元以上,以及受贿、行贿、介绍贿赂实物折款达上述数额的;

2. 行贿、受贿或介绍贿赂虽不足上述数额,但具有下列情形之一的:

(1)因贿赂行为致使国家、集体、公民个人利益遭受重大损害的;

(2)故意刁难、要挟有关单位、个人,强行索取贿赂的;

(3)索取、收受外商、港澳商人贿赂,造成恶劣影响的;

(4)通过行贿、受贿、介绍贿赂行为进行其他非法活动的;

(5)其他行贿、受贿、介绍贿赂情节恶劣、后果严重的。

三、偷税、抗税案(刑法第一百二十一条)

偷税罪是指纳税人有意违反税收法规,用欺骗、隐瞒等方式逃避纳税,情节严重的行为。

抗税罪是指纳税人抗拒依照税收法规履行纳税义务,情节严重的行为。

具有下列情形之一的,属情节严重,对直接责任人员应予立案:

1. 国营、集体纳税单位和各类经济联合体以及有代征、代扣、代缴税款义务的单位,偷税、抗税数额达到下列程度的:

(1)偷、抗应纳税金额一万元以上,且偷、抗税额已占该单位同期应纳该税种税款总额的百分之三十以上的;

(2)偷、抗应纳税金额五万元以上,且偷、抗税额已占该单位同期应纳该税种税款总额的百分之二十以上的;

(3)偷、抗应纳税金额十万元以上,且偷、抗税额已占该单位同期应纳该税种税款总额的百分之十以上的;

(4)偷、抗各种应纳税款总金额达三十万元以上的;

2. 个体工商业户或其他纳税个人偷税二千元,抗税一千元以上的;

3. 偷税、抗税虽不足上述数额,但具有下列情形之一的也应立案:

(1)一贯偷税或抗税,屡教不改的;

(2)为逃避追查而有意毁坏有关计税凭证或其他纳税资料的;

(3)偷税、抗税并有谩骂、殴打、威胁税务工作人员情节的;

(4)组织、煽动、指使、唆使纳税人偷税、抗税的;

(5)其他偷税、抗税情节恶劣、后果严重的。

四、挪用救灾、抢险、防汛、优抚、救济款物案(刑法第一百二十六条)

挪用救灾、抢险、防汛、优抚、救济款物罪,是指违反国家有关专款专用的财经管理规定,挪用国家救灾、抢险、防汛、优抚、救济款物,情节严重,致使国家和人民群众利益遭受重大损害的行为。

挪用国家救灾、抢险、防汛、优抚、救济款物,情节严重,致使国家和人民群众利益遭受重大损害的,对直接责任人员应予立案。

五、假冒商标案(刑法第一百二十七条)

假冒商标罪是指企业、事业单位和个体工商业者,违反商标管理法规,故意侵犯他人注册商标专用权,假冒他人已经注册的商标的行为。

具有下列情形之一的,对直接责任人员应予立案:

1. 未经注册商标所有人许可,在同种商品或类似商品上使用与其注册商标相同或近似的商标,或者有意销售假冒商标的商品,达到下列程度的:

(1)国营、集体单位假冒商标非法经营额在一万元以上,或者非法获利三千元以上的;

(2)个体工商业者假冒商标非法经营额在三千元以上,或者非法获利一千元以上的;

2. 擅自制造或者销售他人注册商标标识,非法获利五百元以上的;

3. 假冒他人注册商标虽不足上述数额,但已对他人注册商标信誉造成严重损害,或已给国家、集体、个人利益造成严重损害的;

4. 其他假冒商标情节恶劣、后果严重、影响极坏的。

六、其他

1. 本规定中所说的"以上"含本数在内。

2. 本规定中的各种数额标准,各地应参照执行;各省、自治区、直辖市人民检察院、军事检察院、全国铁路运输检察院也可以根据本地区、本部门的实际情况,适当提高或降低,但须报最高人民检察院备案。

3. 此规定在执行过程中发现的问题应及时上报上级检察院。

关于《人民检察院直接受理的经济检察案件立案标准的规定(试行)》中几个问题的说明

一、对贪污粮食、粮票的立案标准,应注意以下问题:

(1)贪污粮食一般是按公斤数计算,但如果公斤数尚未达到标准,而折价款数已超过贪污案的标准(一千元)时,应予立案;

(2)贪污粮食指标,凡能折算成粮票的,均按贪污粮票的立案标准立案;

(3)贪污粮食和粮票,均不足各自的立案标准,但两项相加已超过贪污粮票的立案标准(二千五百公斤)的,应予立案;

(4)贪污军用粮票按贪污粮食计算。

二、在立案标准中,对贪污特定款物只列举了救灾、救济、优抚等款物及党费、团费、会费、赃款赃物、罚没款物等。这是实际办案中经常遇到的几种主要的特定款物。对办案中遇到的其他情况,可比照所列举的几种灵活掌握。

三、"共同进行贪污犯罪活动的主犯"一款,是指共同犯罪的金额已超过立案标准(一千元),主犯的个人所得虽没有达到一千元,对主犯亦可立案。

四、"屡教不改"应理解为包括批评教育及党政纪处分。

五、挪用公款以贪污罪论处的立案标准,应比一般贪污案的数额高一些。具体标准可由各地依据本地实际情况酌情掌握。

六、在偷税、抗税案立案标准中,国营、集体纳税单位偷、抗税金额占应纳税金额比例的计算:纳税人偷、抗税金额占该纳税人本期应纳同一税种税款总额的比例＝该纳税人所偷、抗的本期该税种税款金额÷该纳税人本期应纳该税种税款总额×100%;

对同一纳税人同时偷、抗几种税的,其偷、抗税金额占应纳税金额的比例,应分税种计算。其中,只要有一种税的偷、抗税金额和比例达到规定数额的,即应予以立案,且其他税种的偷、抗税金额应一并计入偷、抗税总额;

对代征、代扣、代缴税款单位应征未征、应扣未扣、应缴未缴税款金额占该单位同期应征、应扣、应缴同种税金额比例的计算,也按上述计算原则办理。

人民检察院直接受理的法纪检察案件立案标准的规定(试行)

根据《中华人民共和国刑法》、《中华人民共和国刑事诉讼法》及其他有关法律,结合司法实践,制定本规定。

一、重大责任事故案(刑法第一百一十四条)

重大责任事故罪,是指工厂、矿山、林场、建筑企业或者其他企业、事业单位的职工,由于不服管理、违反规章制度,或者强令工人违章冒险作业,因而发生重大伤亡事故,造成严重后果或重大经济损失的行为。

具有下列情形之一的,应予立案:

1. 致人死亡一人以上,或者致人重伤三人以上的;

2. 造成直接经济损失五万元以上的;

3. 经济损失虽不足规定数额,但情节严重,使生产、工作受到重大损害的。

二、刑讯逼供案(刑法第一百三十六条)

刑讯逼供罪,是指国家工作人员对人犯使用肉刑或变相肉刑,逼取口供的行为。

具有下列情形之一的,应予立案:

1. 出于泄愤报复的个人动机而对人犯刑讯逼供的;

2. 对多人进行刑讯逼供,屡教不改,造成恶劣影响的;

3. 刑讯逼供手段残忍、恶劣的;

4. 刑讯逼供,造成冤假错案的;

5. 刑讯逼供,致人精神失常或者自杀的;

6. 刑讯逼供,致人伤残、死亡的;

7、刑讯逼供,造成其他严重后果的。

三、诬告陷害案(刑法第一百三十八条)

诬告陷害罪,是指故意捏造犯罪事实,向国家机关告发,意图陷害他人(包括犯人),使他人受刑事处罚的行为。

具有下列情形的,应予立案:

为陷害他人,故意捏造足以使他人受到刑事追究的犯罪事实,并由本人或指使他人向国家机关告发的。

四、破坏选举案(刑法第一百四十二条)

破坏选举罪,是指违反选举法的规定,以暴力、威胁、欺骗、贿赂等非法手段破坏选举或者妨害选民自由行使选举权和被选举权的行为。

具有下列情形之一的,应予立案:

1. 违反选举法的规定,以暴力、胁迫或者欺骗、贿赂等非法手段破坏选举或者妨害选民自由行使选举权和被选举权的;

2. 伪造选举文件和选票，虚报选举票数，或强行宣布合法选举无效，故意捣乱选举会场，情节恶劣的；

3. 在选举期间对控告、检举在选举中营私舞弊或违法乱纪行为的公民，进行压制、打击报复，情节严重的。

五、非法拘禁案（刑法第一百四十三条）

非法拘禁罪，是指以拘禁或者其他强制方法非法地剥夺他人人身自由的行为。

具有下列情形之一的，应予立案：

1. 非法拘禁他人，具有殴打、侮辱等情节的；

2. 非法拘禁他人时间较长的；

3. 多次非法拘禁他人，或非法拘禁多人，造成极坏影响的；

4. 出于个人的动机和目的，借故非法拘禁他人的；

5. 非法拘禁，致人重伤、死亡的；

6. 非法拘禁，致人精神失常或自杀的；

7、非法拘禁，造成其他严重后果的。

六、非法管制、非法搜查、非法侵入他人住宅案（刑法第一百四十四条）

非法管制罪，是指无权管制他人的机关、团体、单位的工作人员或个人，以强制方法非法限制他人人身自由的行为。

非法搜查罪，是指无权进行搜查的机关、团体、单位的工作人员或个人，或者虽有权进行搜查，但滥用职权，擅自决定非法对他人身体或住宅进行搜查的行为。

非法侵入他人住宅罪，是指非法强行闯入他人住宅，或经要求其退出仍拒不退出，影响他人正常生活和居住安全的行为。

具有下列情形之一的，应予立案：

1. 非法管制他人，情节严重或者造成一定后果的；

2. 非法搜查他人身体、住宅，手段恶劣的；

3. 多次或对多家非法搜查，影响很坏的；

4. 非法搜查引起被搜查人自杀或造成财物严重损坏的；

5. 非法搜查，造成其他严重后果的；

6. 非法强行侵入他人住宅，严重妨害他人正常生活、工作的。

七、报复陷害案（刑法第一百四十六条）

报复陷害罪，是指国家工作人员滥用职权，假公济私，对控告人、申诉人、批评人实行报复陷害，或者对执法人员和揭发检举、作证人员进行打击报复的行为。

具有下列情形之一的，应予立案：

1. 报复陷害，致使被害人的人身权利、民主权利或其他权利受到严重损害的；

2. 对执法人员和揭发检举作证人员打击报复，情节严重的；

3. 报复陷害，致人精神失常或自杀的；

4. 报复陷害，手段恶劣的；

5. 报复陷害，造成其他严重后果的。

八、非法剥夺公民的宗教信仰自由和侵犯少数民族风俗习惯案（刑法第一百四十七条）

非法剥夺公民的宗教信仰自由罪，是指国家工作人员非法剥夺他人正当的宗教信仰自由，情节严重的行为。

侵犯少数民族风俗习惯罪，是指国家工作人员以强制手段非法干涉、破坏少数民族的风俗习惯，情节严重的行为。

具有下列情形之一的，应予立案：

1. 采取强制手段，干涉他人正当的宗教活动或者强迫教徒退教、强迫公民信教或信某一教派，情节恶劣，后果严重，影响很坏的；

2. 非法封闭或捣毁合法宗教场所及其他宗教设施的；

3. 强迫少数民族改变风俗习惯或非法干涉、破坏少数民族风俗习惯，引起民族纠纷的；

4. 非法剥夺他人宗教信仰自由和侵犯少数民族风俗习惯，造成其他严重后果的。

九、伪证案（刑法第一百四十八条）

伪证罪，是指在侦查、审判过程中，证人、鉴定人、记录人、翻译人意图陷害他人或为他人隐匿罪证，对与案件有重要关系的情节，故意作虚假的证明、鉴定、记录、翻译，或者是国家工作人员为严重经济犯罪分子销毁、隐匿罪证，制造伪证的行为。

具有下列情形之一的，应予立案：

1. 伪证行为足以使他人受到刑事处罚或者轻罪重判的；

2. 伪证行为足以使犯罪分子逃避刑事处罚或者重罪轻判的；

3. 伪证行为造成冤、假、错案的；

4. 国家工作人员利用职务，为走私、套汇、投机倒把、贪污、贿赂、重大盗窃、贩毒、盗运珍贵文物出口等经济犯罪分子销毁，隐匿罪证或者制造伪证的；

5. 由于伪证行为，致使他人自杀或精神失常的；

6. 伪证行为造成其他严重后果的。

十、侵犯公民通信自由案（刑法第一百四十九条）

侵犯公民通信自由罪，是指隐匿、毁弃或者非法开拆他人信件，侵犯公民通信自由权利，情节严重的行为。

具有下列情形之一的，应予立案：

1. 隐匿、毁弃或者非法开拆他人信件，次数较多，数量较大的；

2. 隐匿、毁弃或者非法开拆他人信件，致使他人工作、生活受到严重妨害或身体、精神受到严重损害的；

3. 非法开拆他人信件、涂改信中内容，或者张扬他人隐私、侮辱他人人格、破坏他人名誉的；

4. 隐匿、毁弃、或者非法开拆他人信件、电报，造成其他严重后果的。

十一、重婚案（刑法第一百八十条）

重婚罪，是指有配偶而又与他人结婚的，或者明知他人有配偶而与之结婚的行为。

具有下列情形之一的，应予立案：

1. 本人有配偶而又与他人结婚的；

2. 本人虽无配偶，但明知他人有配偶而与之结婚的。

十二、泄露国家重要机密案（刑法第一百八十六条）

泄露国家重要机密罪，是指行为人违反国家保密法规，泄露国家重要机密，情节严重的行为。

具有下列情形之一的，应予立案：

1. 国家工作人员违反国家保密法规，泄露国家重要机密，情节严重的；

2. 非国家工作人员泄露国家重要机密，造成严重后果的。

十三、玩忽职守案（刑法第一百八十七条）

玩忽职守罪，是指国家工作人员由于玩忽职守，致使公共财产、国家和人民利益遭受重大损失的行为。

具有下列情形之一的，应予立案：

1. 由于玩忽职守，造成死亡一人以上，或者重伤三人以上的；

2. 由于玩忽职守，造成直接经济损失五万元以上的；

3. 玩忽职守造成经济损失虽不足规定数额，但情节恶劣，使工作、生产受到重大损害的；

4. 由于玩忽职守，造成严重政治影响的；

5. 对全国人大常委会《关于严惩严重破坏经济的罪犯的决定》第一条（一）、（二）、（三）项所列的犯罪人员，有追究责任的国家工作人员不依法处理，或者因受阻挠而不履行法律所规定的追究职责的。

十四、徇私舞弊案（刑法第一百八十八条）

徇私舞弊罪，是指司法工作人员对明知是无罪的人而使他受追诉，对明知是有罪的人而故意包庇不使他受追诉，或者故意颠倒黑白做枉法裁判，以及其他国家工作人员利用职务包庇、窝藏严重破坏经济的犯罪分子，隐瞒、掩饰其犯罪事实的行为。

具有下列情形之一的，应予立案：

1. 司法工作人员徇私舞弊，使明知是无罪的人受到追诉的；

2. 司法工作人员徇私舞弊，故意包庇，使明知是有罪的人不受追诉的；

3. 司法工作人员徇私舞弊，故意歪曲事实和法律，减轻或者加重对有罪的人处罚的；

4. 司法工作人员徇私舞弊，故意颠倒黑白，作出违反事实，违反法律的判决、裁定或决定的；

5. 国家工作人员利用职务包庇、窝藏走私、套汇、投机倒把、重大盗窃、贩毒、盗运珍贵文物出口、收受贿赂等犯罪分子，隐瞒、掩饰其犯罪事实的；

6. 对全国人大常委会《关于严惩严重破坏经济的罪犯的决定》第一条（一）、（二）、（三）项所列的犯罪人员和犯罪事实知情的直接主管人员或者仅有的知情的工作人员不依法报案和不如实作证的；

7. 司法工作人员徇私舞弊，造成其他严重后果的。

十五、私放罪犯案（刑法第一百九十条）

私放罪犯罪，是指司法工作人员利用职务上的便利，非法私自将罪犯放走的行为。

具有下列情形之一的，应予立案：

1. 司法工作人员利用职务之便，私自将罪犯放走或者授意、指使他人将罪犯放走的；

2. 司法工作人员利用职务之便，伪造、变造或涂改有关法律文书，将罪犯放走的；

3. 司法工作人员利用职务之便，为罪犯提供便利条件，致使罪犯脱逃的；

4. 司法工作人员在执行任务过程中，向罪犯通风报信，或者制造条件，致使罪犯脱逃的；

5. 对全国人大常委会《关于严惩严重破坏经济的罪犯的决定》第一条（一）、（二）、（三）项所列的犯罪人员和犯罪事实知情的直接主管人员或者仅有的知情的工作人员不依法报案和不如实作证，致使罪犯脱逃的。

十六、私自开拆、隐匿、毁弃邮件、电报案（刑法第一百九十一条）

私自开拆、隐匿、毁弃邮件、电报罪，是指邮电工作人员利用职务上的便利，私自开拆或者隐匿、毁弃他人邮件、电报的行为。

具有下列情形之一的，应予立案：

1. 私拆或者隐匿、毁弃邮件、电报、次数较多或数量较大的；

2. 私拆或者隐匿、毁弃邮件、并从中窃取财物的；

3. 私拆或者隐匿、毁弃邮件、电报，虽然次数不多，数量不大，但给国家、集体利益以及公民合法权益造成严重后果的；

4. 私拆或者隐匿、毁弃邮件、电报，造成其他危害后果的。

关于《人民检察院直接受理的法纪检察案件立案标准的规定(试行)》中一些问题的说明

一、关于《人民检察院直接受理的法纪检察案件立案标准的规定(试行)》中所说的"国家工作人员",是指在国家权力机关、各级行政机关、各级司法机关、军队、国营企业、国家事业机构中工作的人员,以及其他依照法律或受国家机关、团体、企业、事业单位委托从事公务的人员。

二、刑法第一百一十四条所规定的"重大责任事故",是指工厂、矿山、林场、建筑企业或者其他企业、事业单位的职工,由于不服管理,违反规章制度,或者强令工人冒险作业而造成的重大伤亡或重大经济损失。要把刑法第一百一十四条的规定与刑法第一百一十五条规定的违反爆炸性、易燃性、放射性、毒害性、腐蚀性物品的管理规定,在生产、储存、运输、使用中发生的重大事故区别开来;与刑法第一百一十三条规定的因交通肇事而发生的重大事故区别开来;与国家工作人员由于严重官僚主义和极端不负责任而造成重大损失的玩忽职守罪区别开来;与破坏事故、自然事故、技术事故等区别开来。

该条所说的"工厂、矿山、林场、建筑企业或者其他企业、事业单位",包括国营、集体的企业、事业单位,也包括联合经营、个体经营的经济组织。该条所说的"职工",是指在上述企业、事业单位和联合经营、个体经营的经济组织中工作的人员(包括固定工、合同工、临时工)。

三、重大责任事故案和玩忽职守案中所说的"直接经济损失",是指由于事故而造成的建筑、设备、产品等的毁坏、损失(即全部或部分丧失价值或使用价值),以及因人员伤亡而支付的医疗、丧葬、抚恤等费用。

关于"造成直接经济损失五万元以上的"立案数额问题,各省(区、市)在参照执行时,可根据实际情况,适当提高或降低,但须报最高人民检察院备案。

四、刑法第一百三十六条规定刑讯逼供案的犯罪主体是国家工作人员,在司法实践中,主要是指公安、检察、法院的工作人员,企业,事业单位的保卫干部,农村各级治保干部和受国家机关委托协助办理刑事案件的人员。

该条所说的"人犯",是指犯罪嫌疑人和正在侦查、起诉、审判过程中的刑事被告人。为达到取得证据和口供的目的,对证人、无辜群众和其他人员使用肉刑或变相肉刑,符合刑讯逼供罪立案标准之规定的,亦应以刑讯逼供定罪。

该条所说的"以肉刑致人伤残的,以伤害罪从重论处",应理解为以刑讯逼供定罪,按故意伤害罪的有关条款量刑处罚;刑讯逼供致人死亡的,亦以刑讯逼供定罪,按故意伤害致人死亡的条款量刑处罚。

"刑讯逼供致人死亡",是指由于暴力摧残或其他虐待,致使被害人当场死亡或经抢救无效死亡的。因刑讯逼供而导致被害人自杀的,要根据具体情节分析认定,一般不宜定为"刑讯逼供致人死亡"。

五、刑法第一百四十三条规定的非法拘禁罪是指未经司法机关的批准或决定,擅自采取关押、捆绑、审讯、私设公堂、游街示众等手段,非法剥夺他人人身自由的行为。

该条所说的"非法拘禁致人死亡",是指在非法拘禁过程中,由于暴力摧残或其他虐待,致使被害人当场死亡或抢救无效死亡的,以及被害人在非法拘禁期间自杀的。非法拘禁解除后被害人自杀的,要根据具体情节分析认定,一般不宜定为"非法拘禁致人死亡"。

六、刑法第一百三十八条中所说的"向国家机关告发",是指向国家各级权力机关、各级行政机关、各级司法机关告发,也包括向所在单位或组织、报社或有关人员告发。

七、刑法第一百九十条所说的"罪犯",是指正在服刑的犯人,已被拘留、逮捕的刑事被告人,被群众扭送到政法机关的现行犯,以及经审查证实有犯罪事实的收容审查人员。

八、刑法第一百九十一条所说的"邮件",是指邮电部门传递过程中的函件(包括信函、明信片、印刷品、盲人读物四种)和包件,传递中的报刊杂志和汇票也视为"邮件"。

邮电工作人员利用职务之便,采取私拆、隐匿、毁弃邮件的手段窃取财物的,应依照刑法第一百五十五条贪污罪从重处罚,但罪名仍应定为"私自开折、隐匿、毁弃邮件、电报罪",不应定为贪污罪。

九、刑法第一百八十条规定的重婚案件,根据最高人民法院、最高人民检察院、公安部有关通知的精神,法纪检察部门只受理"被害人不控告,而由人民群众、社会团体或有关单位提出控告"需要公诉的案件,其余重婚案件都由人民法院直接受理。

重婚案查处的重点,应当是那些道德败坏、品质恶劣、喜新厌旧、影响极坏或者出于封建落后思想,为了传宗接代而重婚的案件。由于以下几种情况而重婚的,可以认为不构成重婚罪:

1. 对主动解除或经劝说、批评教育后解除非法婚姻关系的;

2. 因自然灾害、被拐卖或者其他客观原因而流落外地,为生活所迫而与他人结婚的;

3. 因强迫、包办婚姻或因遭受虐待,与原配偶没有感情，无法继续维持夫妻生活而外逃，由于生活无着，又与他人结婚的；

4. 因配偶长期外出下落不明，造成家庭生活严重困难，又与他人结婚的。

对认为不构成重婚罪，但需要对离婚、子女、财产等进行调解或裁定、判决的案件，应依法移送人民法院处理。

根据宪法、婚姻法有关规定的精神和司法实践，各自治区和少数民族集居较多的省，可根据本地的实际情况和少数民族的婚姻、风俗习惯，对重婚罪的立案标准作出相应的变通规定，但须报最高人民检察院备案。

人民检察院直接受理侦查的刑事案件办案程序(试行)

根据《中华人民共和国人民检察院组织法》、《中华人民共和国刑事诉讼法》的规定和查办案件的需要，特制定本程序。

第一节　受理案件范围和案件来源

第一条　人民检察院直接受理刑事案件的范围，应当按照刑事诉讼法第十三条第二款的规定和最高人民法院、最高人民检察院、公安部关于案件管辖范围的分工执行。

第二条　人民检察院受理案件的来源：

一、机关、团体、企业、事业单位控告和检举的；

二、个人控告和检举的；

三、党委、人大常委、上级人民检察院交办的；

四、有关机关移送的；

五、犯罪人自首的；

六、人民检察院自己发现的。

第三条　机关、团体、企业、事业单位向人民检察院控告、检举犯罪，用书面形式提出。个人向人民检察院控告、检举犯罪，可以用书面形式，也可以口头提出。检察人员接受口头控告、检举时，应将控告、检举写成笔录，经控告、检举人确认无误后，由控告、检举人签名或盖章，同时向控告、检举人讲明诬告应负的法律责任。

控告、检举人如果不愿意公开自己的姓名，在侦查期间，应当为他保守秘密。

第四条　犯罪人坦白、自首可以用书面形式或口头陈述。对口头自首的，检察人员应作好笔录，记明犯罪的具体事实(包括时间、地点、情节、手段、后果等)，经自首人核对无误后，签名或盖章。记录人亦应在笔录上签名。

第五条　对于个人的控告、检举，犯罪人的自首和其他单位移送的案件都应当接受，其中不属于人民检察院管辖范围的，应当及时移送主管机关处理，并通知控告、检举单位或控告、检举人。对必须采取紧急措施的，应当先采取紧急措施，然后移送。

第二节　立案前的审查和立案

第六条　人民检察院对于控告、检举、自首、移送、交办和自己发现的违法犯罪材料，应当及时进行审查，并分别情况，进行处理。

一、经审查认为有犯罪事实，需要追究刑事责任的，即填写《立案请示报告》，经检察长批准或检察委员会决定，制作《立案决定书》。按照案件管理制度的规定及时报上级人民检察院备案。上级人民检察院认为不应当立案的，应用书面形式及时通知下级人民检察院予以撤销。下级人民检察院有不同意见时，可以提请上级人民检察院复议。复议结果应及时通知下级人民检察院执行。

《立案决定书》内容包括：被告人姓名、性别、年龄、籍贯、文化程度、工作单位、职务、案由和案件来源、主要犯罪事实、决定立案的根据等。

二、经审查认为没有犯罪事实或具有刑事诉讼法第十一条规定的情形之一不予立案的，经科、处长或检察长批准后，应制作《不立案通知书》，将不立案的原因和理由通知控告、检举单位或控告、检举人。控告、检举单位或控告、检举人不服，可以申请复议，复议的结果，应当通知控告、检举单位或控告、检举人。

三、经审查认为控告、检举的犯罪事实不清、需要补充材料才能确定立案或不立案的，可以通知控告、检举单位补充材料，人民检察院也可以派人直接调查，或者配合有关部门联合调查，对认为有犯罪事实，需要追究刑事责任的应立案侦查；认为犯罪情节显著轻微，不需要追究刑事责任的，移送有关部门处理。并通知原控告、检举单位或个人。

第七条　对于有关部门随案移交的调查材料，必须认真审查核实，经主办案件的检察员认定签字，才可作证据使用。

第八条　县级以上干部、知名人士犯罪需要立案侦查的，按干部管理权限的规定，由相应的人民检察院向有关部门通报。

全国人民代表大会代表或县级以上地方各级人民代表大会代表犯罪，需要立案侦查的，应向全国人民代表大会常务委员会或相应的地方人民代表大会常务委员会通报。

第九条　受案后，对于需要勘验现场的案件，应迅速组织力量勘验，以发现和收取犯罪痕迹和证据。

第三节 侦　　查

第十条 立案侦查的案件，应当制定侦查计划，经主管科、处长或检察长批准后实施。侦查计划的内容包括：应查明的问题和追查的线索、侦查的方法、步骤、措施、时间、注意事项、参与侦查人员的职责分工等。

第十一条 从事侦查工作的人员，凭人民检察院的证明文件向有关单位和人员收集、调取证据。对于不能调取的证据，可以拍照、复制。

第十二条 对不需要拘留、逮捕的被告人，可以传唤到人民检察院或人民检察院指定的地点进行讯问，也可以到被告人所在单位或住处进行。对在押的被告人，应填写《提押证》，前往看守所进行讯问，或者提到人民检察院讯问。

在讯问被告人时，办案人员不得少于二人。

第十三条 传唤被告人，应使用《传讯通知书》。经过传唤无故不到的，经科、处长批准，可以拘传。拘传要出示人民检察院的《拘传证》。

第十四条 讯问被告人前应作好充分准备，熟悉案情和适用的法律条款，作出讯问计划。讯问时既让被告人陈述有罪情节，也允许被告人作无罪辩解，并可以结合案情进行必要的政策、法律教育。

第十五条 讯问被告人，要作好讯问笔录（可以录音、录像）。讯问笔录应交被告人核对，对于没有阅读能力的应当向他宣读。如笔录有差错、遗漏，应当允许被告人更正或者补充，经核对无误后，由被告人逐页在笔录上签名（盖章）或者捺指印。讯问人员和记录人员亦在笔录末页上签名。如果被告人拒绝签名（盖章）或捺指印的，应在笔录上注明。被告人可以自行书写供词，检察人员也可以让被告人书写供词。

第十六条 询问证人，应个别进行。询问前，应告知证人要如实地提供证据、证言和有意作伪证或者隐匿罪证应负的法律责任。询问时，办案人员不得少于二人。

询问证人和被害人要作好询问笔录，询问笔录应交被询问人核对，对于没有阅读能力的应当向他宣读。如笔录有差错、遗漏，应允许被询问人更正或补充，经核对无误后，由被询问人签名或盖章。询问人和记录人员亦应在笔录末页签名。

第十七条 被害人由于被告人犯罪行为而遭受物质损失的，应告知他有提起附带民事诉讼的权利。

第十八条 为了发现和搜索犯罪证据，对与犯罪有关的场所、物品、人身、尸体等应当在检察人员主持下进行勘验、检查，人民检察院可以指派或者聘请有专门知识的人员进行，也可以请公安机关协助，共同进行。检察人员主持或参与勘验、检查工作，必须持有人民检察机关的证明文件。被告人如拒绝检查，检察人员认为有必要时，可以强制检查。

现场勘查必须邀请两名与案件无关、为人公正的公民作见证人。公安司法人员不能充当见证人。

第十九条 侦查中，如有必要由受害人、被告人、证人对某些物品、文件、尸体或参与犯罪的人进行辨认的时候，经科、处长或检察长批准可以进行辨认。在组织对人的辨认时，应将被辨认的对象混杂在三个以上年龄、衣着、体貌等特征大致相似的人当中，进行辨认。辨认应当分别进行。在辨认前，应详细询问辨认人，要其陈述被辨认的人或物有哪些突出的特征。不能让辨认人事前看到所要辨认的对象。在辨认过程中，检察人员不能对辨认者给予任何暗示。

第二十条 勘验、检查、辨认的情况，应当写成笔录，由参加勘验、检查、辨认的人和见证人、检察人员签名或者盖章。

第二十一条 为了查明案情，需要解决案件中某些专门性问题的时候，应当指派或聘请有专门知识并和本案无利害关系的人员进行鉴定。

第二十二条 聘请鉴定人应先由人民检察院写出《聘请书》，通过鉴定人所在机关、团体聘请。进行鉴定前，应向鉴定人送达所需鉴定的文件、物品、痕迹、帐簿、凭证以及有关材料。并提出要求鉴定解决的问题。鉴定后应写出鉴定结论，由鉴定人签名或盖章。用作证据的鉴定结论如果被告人提出申请，可以补充鉴定或者重新鉴定。

第二十三条 为了确定案件中某种事实情节的存在或者不存在，在必要的时候，经检察长批准，可以进行侦查实验。但要禁止一切足以造成危险、侮辱人格或有伤风化的行为。侦查实验的过程和结果，要全面、详细、准确地记录下来。参加实验的人应在笔录上签字或盖章。

第二十四条 为了收集犯罪证据，检察人员可以对被告人以及可能隐藏罪证的人的身体、物品、住处和其他有关的地方进行搜查。搜查时应出示《搜查证》，并有见证人在场。《搜查证》应由检察长签发。

在执行拘留、逮捕时，遇有紧急情况，不另用搜查证也可以进行搜查。

第二十五条 检查和搜查妇女的身体，应由女工作人员进行，检查身体，必要时也可由医师进行。

第二十六条 搜查的情况应当写成笔录，由检察人员、被搜查人或者家属和见证人签名或者盖章。如果被搜查人在逃或者他的家属拒绝签名、盖章，应当在笔录上注明。

第二十七条 对于扣押的物品和文件，应当会同在场见证人和被扣押物品持有人查点清楚，并当场开列清单一式两份，由检察人员、见证人、被搜查人或其家属签名或者盖章，一份交被搜查人或其家属，一份附卷备查。

第二十八条 需要扣押被告人的邮件、电报或者冻结被告人银行存款的时候，应经检察长批准，填写《决定扣押邮件、电报通知书》、《停止支付储蓄存款通知书》，分别通知邮电部门和银行执行。

第二十九条 对于已决定扣押的邮件、电报和冻结的存款，如不需要继续“扣押”或者“冻结”的时候，应当按原审批手续填写《停止扣押邮件、电报通知书》或《解除停止支付储蓄存款通知书》，分别通知有关部门，停止扣押或者解除冻结。

第三十条 对于扣押的物品、文件、邮件、电报，应妥善保存，不得动用、调换或毁损。经查明确实与案件无关的，应当迅速退还原主或者原邮电部门。

第三十一条 检察人员遇有《中华人民共和国刑事诉讼法》第二十三条规定情形之一的，应当自行回避。当事人及其法定代理人也有权要求检察人员回避。对驳回申请回避的决定，当事人可以申请复议一次。检察人员的回避由检察长决定；检察长的回避由同级人民检察院检察委员会决定。对侦查人员的回避作出决定前，侦查人员不能停止对案件的侦查。

第四节 侦查中的强制措施

第三十二条 人民检察院在侦查中可以使用五种强制措施，即：拘传、取保候审、监视居住、拘留、逮捕。

第三十三条 人民检察院在侦查过程中，对于犯罪分子犯罪后企图行凶、自杀、逃跑以及有毁灭、伪造证据或者串供等情况，确实需要先行拘留的，填写《呈请拘留审批表》经检察长决定后，填写《拘留人犯通知书》通知公安机关填发《拘留证》并执行，必要时人民检察院可派员协助。并按照刑事诉讼法的有关规定办理。

第三十四条 逮捕人犯，应当严格按照刑事诉讼法第四十条的规定执行。逮捕人犯应填写《逮捕人犯审批表》，经检察长或者检察委员会决定，并签发《决定逮捕通知书》通知公安机关填发《逮捕证》并执行，必要时人民检察院可派员协助。同时报上级人民检察院备案。上级人民检察院发现错捕，应通知下级人民检察院纠正。

应当逮捕的被告人如果在逃，可提请公安机关发布通缉令，采取有效措施追捕归案。

第三十五条 县级以上干部和知名人士犯罪需要逮捕的，由相应的人民检察院按干部管理权限的规定征求有关部门的意见后审查决定。与有关部门意见有分歧的，报告上级人民检察院决定。

全国人民代表大会代表或地方县级以上各级人民代表大会代表犯罪需要逮捕的，应经全国人民代表大会常务委员会或相应的地方人民代表大会常务委员会许可。人民检察院认为同级人民代表大会常务委员会不同意逮捕意见有错误的时候，可以要求复议。如属现行犯被拘留，决定拘留的机关必须立即报请该级人民代表大会常务委员会批准。

第三十六条 人民检察院对于已拘留、逮捕的被告人，应当在二十四小时内进行讯问。除有碍侦查或者无法通知的情形以外，应当把拘留、逮捕的原因和羁押的处所在二十四小时内通知被拘留、逮捕人家属或者所在单位。

第三十七条 对被告人需要采取取保候审或者监视居住时，应经检察长批准。取保候审，应填写《取保候审决定书》，由保证人出具《保证书》。监视居住，应制作《监视居住决定书》，并填写《监视居住委托书》，由当地公安派出所执行，或者交由受委托的当地政府部门、被告人所在单位执行。对被监视居住的，应根据案件和被告人的具体情况，指定不得离开的区域。

以上两种决定书都应向被告人宣读，并让被告人签名或者盖章。

第三十八条 对已经采取取保候审或者监视居住的，如果需要撤销时，应经检察长批准，发出《撤销取保候审通知书》或《撤销监视居住通知书》，通知保证人、当地公安派出所、受委托的单位、被告人；需要逮捕的，应及时办理逮捕手续，予以逮捕。

第三十九条 对于被羁押的正在受侦查的被告人，不能在刑事诉讼法规定的期限内办结，采取取保候审、监视居住的办法对社会没有危险性的，经检察长批准，可以变更强制措施，改为取保候审或监视居住。取保候审或者监视居住期间，不计入刑事诉讼法规定的办案期限，但是不能中断对案件的侦查。解除羁押时，应制作《决定释放通知书》通知公安机关执行。经上级人民检察院决定逮捕的人犯，需要变更或撤销强制措施的，应请示原决定逮捕的上级人民检察院决定。

第四十条 已逮捕的被告人，在侦查中的羁押期限不得超过两个月。案情复杂、期限届满不能终结的案件，应在羁押期限届满七天前报上一级人民检察院批准延长一个月。重大的犯罪集团案件和流窜作案的、交通十分不便的边远地区的重大复杂案件，在刑事诉讼法第九十二条第一款规定的侦查羁押期限内不能办结的，应在羁押期限届满十五天前提出申请报告，经省、自治区、直辖市人民检察院批准或者决定，可以延长二个月；在侦查期间，发现被告人另有与原来立案的性质不同的罪行，可以经检察长批准补充侦查，重新计算羁押期限。改变管辖的侦查、起诉案件，从改变后的办案机关收到案件之日起计算办案期限。对被告人作精神病鉴定的期间不计入办案期限。凡延长羁押期限，都必须按规定办理延长羁押期限手续。

第五节 侦查终结

第四十一条 对于已侦查终结的案件，应由承办人写出《侦查终结报告》，提出提起公诉、或免予起诉或者撤销案件的意见，对于共同犯罪案件中不构成犯罪的被告人，应提出不起诉处理意见。经检察长或者检察委员会审查决定后，分别制作《起诉书》、《免予起诉决定书》、《不起诉决定书》、《撤销案件决定书》并按照规定报上级人民检察院备案。

第四十二条 提起公诉的案件，应当是刑事诉讼法第一百条规定的，事实清楚，证据确实、充分，依法应当追究刑事责任的案件。

第四十三条 免予起诉的案件，应当是已经构成犯罪，依照刑法规定不需要判处刑罚或者免除刑罚的案件。

对于免予起诉案件的赃款赃物、违禁品、作案工具等，须经检察长批准后予以收缴，并填写收缴赃款、赃物清单和《没收决定书》一式两份，一份交被告人，一份存档，并在《免予起诉决定书》的附注栏内注明。对被告人免予起诉决定后，应将免予起诉决定书送交被告人及其所在单位。如其在押，应当立即通知公安机关释放。

免予起诉案件的附带民事诉讼，可以对被告人予以训诫或者责令具结悔过、赔礼道歉、赔偿损失。并监督当事者双方达成协议。在执行协议中发生的纠纷，当事人可以自诉到人民法院审理。

第四十四条 对决定撤销的案件，应填写《撤销案件决定书》，分别交被告人所在单位，报上级人民检察院备案、存档，有通知被告人必要的，可交被告人一份。如被告人在押，应当立即通知公安机关释放。

第四十五条 已经侦查终结的案件，准备起诉的时间不得超过一个月；重大复杂的案件，可以延长半个月。

第四十六条 起诉以后，由人民法院退回补充侦查的案件，应当在一个月内补充侦查完毕。

第四十七条 对于控告、检举材料，经审查认为被告人不需要作刑事处罚或决定免诉、撤销案件或不予起诉，需要移送有关机关处理的；以及查处案件中发现发案单位在工作和管理方面存在漏洞或问题的，应向有关机关发出《检察建议书》，并请他们将研究处理结果告诉人民检察院。

第六节 其 他

第四十八条 对于决定起诉的案件的提起公诉、出庭支持公诉、审判监督工作以及本程序有关逮捕、起诉、免予起诉的未尽事项，参照本院《刑事检察工作试行细则》的有关规定执行。

第四十九条 军事检察院、铁路运输检察院直接受理刑事案件的办案程序可参照本程序自行制订。并报最高人民检察院备案。

第五十条 关于案件材料归档立卷制度另行规定。

最高人民检察院、劳动人事部关于印发《关于查处重大责任事故的几项暂行规定》的通知

（一九八六年三月二十五日）

各省、自治区、直辖市人民检察院，劳动人事厅（局）、劳动局：

近几年来，各级人民检察院、劳动部门，在各级党委领导下，密切配合，认真查处了重大责任事故，处理了有关责任人员，惩办了犯罪者，宣传了法制，教育了职工，促进了安全生产。

但是，目前有些地区、部门和企、事业单位，片面追求产值利润，忽视安全生产，致使重大伤亡事故不断发生，特大伤亡事故也有上升，因为法制观念淡薄，有些重大责任事故没有受到严肃处理。有的隐瞒、拖延不报；有的大事化小，小事化了，草率处理了事；有的以种种借口长期不加处理，成为积案。这种有法不依，违法不究的行为，严重地损害了法制，影响了安全生产。

为严肃法纪，保障职工在生产建设中的安全健康，使公共财产、国家和人民利益免受重大损失，以利于改革和四化建设的顺利进行，特制定《关于查处重大责任事故的几项暂行规定》，发给你们，望认真贯彻执行。

针对目前伤亡事故发生的情况，综合以往实践经验，各级人民检察院和劳动部门，必须进一步加强协作联系，认真查处重大责任事故，对造成事故的责任人员，除加强教育，采取经济、行政手段外，对触犯刑律者，必须绳之以法。

执行中有什么问题，请及时报告。

关于查处重大责任事故的几项暂行规定

为确保职工人身安全，减少国家经济损失，有利于改革和四化建设的顺利进行，根据《中华人民共和国刑法》、《中华人民共和国刑事诉讼法》的有关规定和国务院颁发的有关劳动保护、安全监察法规的规定精神，在查处重大责任事故方面，特制订如下几项暂行规定。

一、工厂、矿山、林场、建筑企业或者其他企业、事业单位的职工，由于不服管理、违反规章制度，或者强令工人违章冒险作业，因而发生重大伤亡事故，致死亡一人以上或致重伤三人以上或造成重大经济损失的重大责任事故案件，属于人民检察院直接受理的案件。机

关、团体、企业、事业单位和公民，有权利也有义务向人民检察院提出控告和检举。

二、厂、矿企业和其他单位，发生重大伤亡事故，除必须遵照国务院关于《工人、职员伤亡事故报告规程》上报外，应向当地人民检察院报告。

三、发生重大伤亡事故的单位，应保护好现场；因抢救伤员和防止事故扩大，需要移动现场物件时，必须做出标志、拍照、详细记录和绘制事故现场图；伤亡事故现场，必须经过劳动部门和人民检察院或事故调查组同意，才能清理，以确保现场勘查。

四、人民检察院接到重大伤亡事故报告或劳动部门的通知，应及时派员参加对重大伤亡事故的调查工作。

五、人民检察院在参加事故调查中，为了及时依法做好必要的取证工作，提出必要的补充调查和技术鉴定事项的要求时，事故调查组应给予补充调查和技术鉴定。

六、事故调查组应对重大伤亡事故的性质和主要原因做出结论，并对事故的主要责任人员提出处理意见。

七、人民检察院在事故调查的基础上，认为有犯罪事实需要追究刑事责任的重大责任事故案件，应及时立案侦查。

八、对于人民检察院没有参加调查的，由劳动部门移送或由其他机关、团体、企业、事业单位和公民提出控告的重大责任事故，人民检察院应及时审查，并做出是否立案的决定。决定不立案的，应写明原因，书面通知劳动部门或控告单位和个人。

九、人民检察院在查处重大责任事故案件中，既要追究职工犯有重大责任事故罪的责任人员的刑事责任，也要追究国家工作人员犯有玩忽职守罪的责任人员的刑事责任。

十、人民检察院对重大责任事故案件处理时，可征求劳动部门的意见。

十一、劳动部门和人民检察院在认定重大伤亡事故的性质和主要责任人员上，如与有关方面存在重大分歧，遇有困难和阻力时，应分别向各自的上级领导机关反映，以求得支持和解决。

十二、人民检察院依法作出免予起诉决定的案件，将《免予起诉决定书》交给被告人所在单位时，应同时提出给予被告人以纪律处分的建议。

十三、对重大伤亡事故中，构成重大责任事故罪和玩忽职守罪的人员，任何机关、单位都不能以经济处罚代替刑事处罚；不能以党纪、政纪处分代替依法惩处。

十四、对重大责任事故，厂、矿企业和其他单位，如有隐瞒不报、虚报或有意拖延报告，造成一定后果的，劳动部门和人民检察院，应建议有关单位对有关责任人员给予纪律处分或经济制裁。情节、后果严重的，由人民检察院追究其法律责任。

十五、人民检察院和劳动部门，应选择典型案例，进行公开处理，采取各种形式和方法，加强法制宣传，教育国家工作人员和工人遵章守法。

十六、人民检察院在查处重大责任事故中，如发现厂、矿企业和其他单位，在管理上存有漏洞、隐患时，应提出纠正意见或发出《检察建议书》，以预防事故的发生。

十七、劳动部门召开有关研究重大伤亡事故的会议时，可通知当地人民检察院派员参加。

十八、各级劳动部门和人民检察院，应及时沟通情况，加强联系。劳动部门的重大伤亡简报及定期的事故统计分析，在上报的同时，可抄送当地人民检察院。人民检察院要主动配合劳动部门搞好安全监察工作。

最高人民检察院关于执行《关于检察机关决定不起诉、免予起诉的原系国家职工的被告人羁押期间工资是否补发问题的答复》的有关问题的答复

（一九八六年四月七日）

江苏省人民检察院：

你院苏检办(86)第9号文收悉。经研究，对所请示的两个问题，答复如下：

（一）(86)高检会(研)字第1号文《关于检察机关决定不起诉、免予起诉的原系国家职工的被告人羁押期间工资是否补发问题的答复》自一九八六年一月二十三日起执行。在此之前有关这方面的问题，可按各省、自治区、直辖市劳动人事厅(局)原规定执行。

（二）关于检察机关决定不起诉、免予起诉的原系集体所有制职工的被告人羁押期间工资是否补发的问题，应参照(86)高检会(研)字第1号文件的精神办理。

此复

最高人民检察院、财政部关于进一步搞好查处偷税、抗税案件工作的联合通知

（一九八六年六月十六日）

当前，一些纳税单位和个人违反国家税收法规，偷税、抗税的情况十分严重，影响了国家税收工作的正常进行，给国家造成了重大经济损失。依法查处偷税、抗税案件，维护国家税法尊严，保证国家税收收入，是各级人民检察院、财税部门的共同职责。各级检察机关和财税部门都应切实把查处偷税、抗税违法犯罪活动作为一项重要任务来抓，并应注意互通情况，加强联系，密切配合。为此，特作如下通知：

一、偷税、抗税案件，一般可先由税务机关查处；情节严重、已构成犯罪的，税务机关应将全案材料移送所在地的市、县、区检察院，追究直接责任人员的刑事责任。检察机关对税务机关移送的偷税、抗税案件，应将查处情况通报给税务机关；经审查认为不构成犯罪的，应及时向税务机关说明原因。

为了便于各地在查处偷税、抗税案件中有个统一掌握的罪与非罪界限，我们将《人民检察院直接受理的经济检察案件立案标准的规定（试行）》中的偷税、抗税案部分随文发给你们，供参照执行。

二、检察机关对自己发现并立案查处的偷税、抗税案件，应将简要案情及查处情况通报给同级税务机关，税务机关有责任积极协助检察机关共同搞好查证工作。检察机关对情节较轻、不构成犯罪的案件，应移交给同级税务机关处理，必要时可以《检察建议》的形式建议有关部门、单位对偷税、抗税的责任人员给予党纪、政纪处分。

三、各地在查处偷税、抗税案件过程中，应结合典型案例认真宣传国家税收法规和税收政策，教育纳税单位、个人自觉守法，主动纳税。

四、各省、自治区、直辖市人民检察院、税务局可根据本通知制定具体实施办法。对偷税、抗税案件是否构成犯罪的界限，可参照本通知所附的《人民检察院直接受理的经济检察案件立案标准的规定（试行）》，结合本地区的实际情况，作出具体规定。

检察机关、税务机关对执行本通知的情况和工作中遇到的问题应及时上报上级检察机关、财税部门。

最高人民检察院关于抓紧复查处理检察机关经办的冤假错案的通知

（一九八六年六月二十三日）

党的十一届三中全会以来，中央十分重视复查历史老案，平反冤假错案的工作。根据中央的指示，特别是一九八三年中共中央办公厅转发公、检、法三党组《关于进一步复查平反政法系统经手办理的冤假错案的意见的报告》后，各级检察机关进行了大量的复查工作，平反纠正了一大批冤假错案，产生了很好的社会效果。但是，就全国检察系统来说，工作进展不平衡。有些检察机关对这项工作没有很好开展起来，还有一定数量的冤假错案没有得到平反纠正。今年，中共中央办公厅、国务院办公厅在转发《关于进一步贯彻落实〈中央落实政策小组扩大会议纪要〉的补充意见》的通知中要求，在一九八七年党的第十三次代表大会召开以前基本完成落实政策的任务，把“文化大革命”以前和“文化大革命”中，在“左”的思想指导下处理错了的历史问题，实事求是地纠正过来，妥善做好善后工作。最近，“四部两院”联合下发了关于复查处理政法机关经办的冤假错案通知。因此，各级检察机关要按照中央的要求，与有关部门密切配合，进一步抓紧抓好本部门经手办理案件的复查工作，确实把“文化大革命”中和“文化大革命”以前处理错了的案件实事求是地纠正过来。

一、各级检察机关要以胡耀邦同志关于“一切尚未平反的冤假错案要坚决平反过来”的指示为指导思想，认真贯彻执行中办发〔1983〕9号文件和中办发〔1984〕32号文件，切实执行中办发〔1986〕6号文件和四部两院发的组通字〔1986〕25号通知，充分认识平反冤假错案对于保障人民民主权利，健全社会主义法制，清除“左”的思想影响，巩固和发展安定团结的政治局面，促进社会主义现代化建设，都具有重要的意义。各级检察院要充分重视，加强领导，由一名副检察长主管，具体部署，检查督促，按期完成复查任务。

二、复查的具体工作，建议各省、自治区、直辖市检察院由控告申诉检察（信访）部门承担，配备与复查任务相适应的力量。高检院信访厅负责复查进度情况的汇总等经常性工作。

三、摸清底数，分期分批进行。复查的范围主要是检察机关重建前处理的免诉案件。凡是本人和亲属提

出申诉的，或检察机关发现可能是冤假错案的，特别是有关部门提出需要复查的免诉案件，都应列入复查范围，逐案复查落实。对不服法院在“文革”中和“文革”以前判决、经法院复查驳回、仍有错误可能的再申诉案件，凡申诉到检察机关的，可商同法院进行复查，履行法律监督的职能。

四、复查工作要坚持历史唯物主义的观点，坚持实事求是、有错必纠的原则。要根据党的十一届三中全会以来的方针、政策和《关于建国以来党的若干历史问题的决议》精神，考虑到当时的历史背景，具体案件具体分析。要依照法律规定，全错全纠，部分错部分纠，不错不纠，把这项工作善始善终地做好。

五、为了掌握复查进度情况，交流推广经验，完成复查任务，请各省、自治区、直辖市人民检察院把已经复查或正在进行的情况及今后打算报告高检院。今后请每季度报一次进展情况，年底作一次专题报告。

最高人民检察院、国家档案局、人民检察院诉讼档案管理办法

（一九八六年八月二日）

一、总　　则

第一条　为了加强人民检察院诉讼档案的科学管理，根据国家档案局制定的《机关档案工作条例》的有关规定，结合检察工作的实际情况，制定本办法。

第二条　人民检察院的诉讼档案是检察活动的记录，是做好检察工作的必要条件。诉讼档案管理工作是检察业务工作的一个组成部分。

第三条　人民检察院的诉讼档案应实行集中统一管理，以保证诉讼档案的完整与安全，便于利用，并为国家积累史料。

第四条　各级人民检察院必须做好诉讼档案管理工作。档案部门的基本任务是：

（一）负责管理本机关的全部诉讼档案，积极提供利用。

（二）对本机关各业务部门诉讼文书材料的立卷归档工作进行指导、监督和检查。

（三）进行本机关诉讼档案的鉴定和整理。

（四）上级人民检察院对下级人民检察院的诉讼档案工作进行指导、监督和检查。下级人民检察院定期向上级人民检察院报告诉讼档案管理工作情况。

第五条　各级人民检察院诉讼档案的管理工作，在业务上接受上级人民检察院和同级地方政府档案业务管理机关的指导和监督。

第六条　档案业务部门必须贯彻执行保密制度，保守党和国家的机密。

二、档案工作机构

第七条　最高人民检察院和各省、自治区、直辖市人民检察院应设专门的档案工作机构。检察分院、自治州和省辖市检察院应设档案工作机构或专职档案人员。基层检察院应设专职或兼职档案人员。

各级检察院都应配备与档案工作任务相适应的力量。档案人员要保持相对稳定。

三、档案的接收

第八条　档案部门要组织好诉讼档案的归档工作。接收档案时，要逐卷点清。按照《人民检察院诉讼文书立卷归档办法》的要求，检查案卷质量，符合要求的方可接收，并履行交接手续。

四、档案的整理

第九条　诉讼档案应按年度——组织机构，或年度——问题（侦查、审判监督的刑事案卷，直接受理立案侦查的刑事案卷，控告申诉案卷）进行排列、保管，不得分散放置。

同一案件由于诉讼程序的改变或其他原因形成几个案号的案卷，应合并保管，增加分册号（近年申诉卷应并入早年申诉卷，复查卷应并入原卷），并在备考表上注明。并入或移出的案卷，应在案卷登记簿上注明并入或移出的卷号。

编制案卷目录、姓名索引、档案卡片等检索工具。

五、档案的鉴定

第十条　各级人民检察院应定期对保管期限已满的诉讼档案的保存价值进行鉴定。鉴定工作应在办公厅（室）主任主持下，由有关业务部门和档案部门组成鉴定小组，逐卷审查，提出处理意见，其中如有需要延长保管期限的，可以适当延长。

第十一条　对确无继续保存价值的档案，应登记造册，经主管检察长批准后销毁。销毁时应有监销人，监销人要在销毁清册上签字，严禁将应销毁的档案卖给任何部门或个人。

销毁报告和销毁清册应立卷存档。

六、档案的保管和移交

第十二条　各级人民检察院应设专门库房保管档案，购置必需的设备，不断改善档案的保管条件。并根据需要与可能，采用先进技术设备，逐步实现档案管理

的现代化和科学化。

档案库房必须坚固，并应有防盗、防火、防虫(鼠)、防潮、防尘、防高温等设施、库内严禁吸烟、库房周围严禁存放易燃品和爆炸物，保证档案的安全与完好无损。档案库房要保持整齐、清洁，不得存放与档案无关的物品。

第十三条 为便于查找，档案柜上应附有指引卡，标明存放档案的年度和案卷起止号码。

第十四条 随卷归档的录音带、录像带、影片等声像档案，应注明卷号、承办单位、制作人、制作时间、单独存放。

第十五条 要定期对档案进行检查清点，发现破损、虫蛀、褪色或字迹模糊等现象时，应及时修补、复制或进行其它技术处理。

第十六条 档案管理人员调动工作时，应在离职前办好交接手续。

第十七条 各地人民检察院由于行政区划变动或领导体制改变，需要移交档案时，要办理好交接事宜。

第十八条 各级人民检察院的档案部门对收入和移交出的诉讼档案要及时进行登记，并于每年年底对库存档案的数量、利用情况进行统计，报送上级检察院档案部门。

第十九条 按国家有关规定，应进馆的档案在本机关保存期满后，向有关档案馆移交。

七、档案的借阅

第二十条 各级人民检察院应建立诉讼档案的借阅制度，既要便利档案的借阅利用，又要保证档案的安全，防止失密。

第二十一条 承办部门因工作需要，可借阅本部门归档的诉讼档案。非承办部门因工作需要调阅诉讼档案，要有一定的批准手续。

第二十二条 对其他检察院和法院、公安机关调借本院诉讼档案，应根据正式函件，经本院有关领导人批准后，办理借出手续，并规定借阅时间。对其他单位原则上不借出。

第二十三条 外单位查阅本院档案，应有县、团级以上单位的介绍信，经本院有关领导人批准，方可查阅。

第二十四条 对外单位来函索要法律文书或其他证明材料，按有关规定摘抄寄送，或通知该单位派人阅卷。

第二十五条 对借阅的档案、严禁涂改、圈划、抽换、批注、污损和折绉，如发现上述情况，应及时追查。

第二十六条 经批准抄录、复制、复印的档案材料，由档案部门核对无误后，加盖档案部门证明专用章，可与原本档案同效。

八、附　　则

第二十七条 各级人民检察院可根据本办法的规定，结合实际需要，制定补充办法。

最高人民检察院关于盗窃中国工商银行的债券如何计算数额的批复

(一九八六年十二月一日)

四川省人民检察院：

你院《关于盗窃中国工商银行发行的金融债券是否应按票面数额计算的请示》收悉。

经我们与最高人民法院协商认为，中国工商银行发行的金融债券是一种有价证券，此种金融债券还本付息的期限为一年。虽然一年期满以前不能提前兑现，但此种债券不记名，不挂失。盗窃金融债券分子未被捉获前，就无法阻止其获得债券的本金和利息。因此，同意你们提出的意见，即：盗窃工商银行发行的金融债券，应按票面数额计算盗窃数额。未兑现的，可作为量刑时予以考虑的情节。

最高人民检察院关于适用刑法第一百零九条有关问题的批复

(一九八六年十二月九日)

四川省人民检察院：

你院川检发〔1986〕88号“关于适用《刑法》第一百零九条‘破坏电力设备罪’遇到的几种情况定性处理意见的请示”文收悉。经研究，现答复如下：

一、尚未安装完毕的农用低压照明电线路，不属于正在使用中的电力设备。行为人即使盗走其中架设好的部分的电线，也不致对公共安全造成危害，其行为应以盗窃定性。

二、已经通电使用，只是由于枯水季节或电力不足等原因，而暂停供电的线路，仍应认为是正在使用的线路。行为人偷割这类线路中的电线，如果构成犯罪，应按破坏电力设备罪追究其刑事责任。

三、对偷割已经安装完毕，但还未供电的电力线路的行为，应分别不同情况处理。如果偷割的是未正式交付电力部门使用的线路，应按盗窃案件处理。如果行为人明知线路已交付电力部门使用而偷割电线的，应定为破坏电力设备罪。

人民检察院控告申诉检察工作细则（试行）

（一九八六年十二月十日）

第一章 性质、指导思想、工作任务和原则

第一条 根据《中华人民共和国宪法》第四十一条和《中华人民共和国刑事诉讼法》、《中华人民共和国人民检察院组织法》的有关规定，结合控告申诉检察工作的实践制定本细则。

第二条 控告申诉检察工作是人民检察院直接依靠群众实施法律监督的一项检察业务工作。控告申诉检察部门是人民检察院履行法律监督的职能部门之一。

第三条 控告申诉检察工作的业务指导思想是，通过受理公民的控告、申诉，查办控告申诉案件，了解执行政策、法律情况，提供犯罪案件线索，惩罚犯罪，纠正冤假错案，履行检察机关法律监督的职能，为维护社会治安，保护公民的人身权利、民主权利和其他合法权益，为加强社会主义民主、健全社会主义法制，为社会主义物质文明和精神文明建设服务。

第四条 控告申诉检察工作的主要任务是：

（一）统一受理来信，接待来访，处理涉及刑事问题的控告、检举、申诉和自首。

（二）承办分管的控告、申诉案件。

（三）结合处理来信来访和办案工作，宣传法制，提供法律咨询，处理矛盾可能激化的控告申诉，预防犯罪，参与社会治安的综合治理。

（四）综合分析信访情况，及时反映信息，提供案件线索。

第五条 控告申诉检察工作必须遵循下列原则：

（一）依靠群众，对人民负责，全心全意为人民服务。

（二）以事实为根据，以法律为准绳，坚持公民在法律面前一律平等，严格依照法定程序办案。

（三）坚持实事求是，重证据，重调查研究，严禁逼供信。

（四）办理控告申诉案件实行“归口办理，分级负责”制。

（五）把来信来访的问题解决在基层。

第二章 统一受理来信，接待来访

第六条 对来信来访和控告、申诉，应认真填写登记表。

接受口头控告、申诉时，应制作笔录，经控告申诉人确认无误后，由控告申诉人签名盖章。对检举、控告人，要告知必须如实提供情况，并讲明诬告应负的法律责任。

犯罪分子投案自首的，应向其宣传党的政策和国家法律，严防发生意外事故，并应认真制作笔录，经自首人核对无误后，签名或盖章，并根据案情及时移送有关机关或本院有关业务部门处理。

第七条 对来访人应文明接待。来访人的食宿、返程等费用，原则上自理。确有困难的，可按有关规定酌情解决。

第八条 对不属于检察机关管辖的控告申诉案件，应按“归口办理”的原则分别处理：

（一）对人民法院、公安、安全、司法行政机关管辖的刑事案件的控告、检举和申诉，依照有关规定分别移送主管部门处理。

（二）其他不涉及刑事责任问题的来信来访，分别移送有关主管部门处理。

第九条 对性质不明、难以归口的检举、控告案件，由控告申诉检察部门进行初步调查，根据情况决定转办或自办。

第十条 严禁把控告检举材料转给被控告检举的单位和个人。

第十一条 对不予立案或不复查的控告申诉案件，应将不立案、不复查的原因以书面或口头形式通知控告申诉人。控告申诉人如果不服，可予以复议。

对决定转出的应将转往单位和转出时间以书面或口头形式通知控告申诉人。

由本院查办的控告申诉案件，结案后要以书面形式答复控告申诉人。对控告、申诉人的答复，由承办案件的部门负责。

第十二条 对无理取闹的来访人，要坚持原则，进

行批评教育。对妨碍检察工作人员履行公务，扰乱检察机关正常工作秩序，情节严重的，应及时采取措施，送交公安机关处理。

第十三条 检察长应阅批重要来信，定期或不定期接待群众来访。在基层人民检察院和分(州、市、盟)院，检察长接待日应向群众公布。

第三章 办理控告、申诉案件

第一节 案件管辖

第十四条 控告申诉检察部门承办和查处下列控告、申诉案件：

(一)不服人民检察院不批准逮捕决定的申诉案件；

(二)不服人民检察院不起诉决定的申诉案件；

(三)不服人民检察院免予起诉决定的申诉案件；

(四)刑满释放人员不服人民法院判决、裁定，虽经法院复查，仍有错误可能的申诉案件；

(五)上级机关和检察长交办的控告、申诉案件；

(六)认为需要自己办理的控告、申诉案件。

第十五条 处理检察机关管辖的控告、申诉案件，是人民检察院各业务部门的共同任务，是检验办案效果的重要渠道。控告申诉检察部门与其他检察业务部门要互相配合，分工负责：

(一)对于与正在审查批捕、审查起诉的刑事案件有关的控告、申诉，对公安机关的侦查活动和人民法院的审判活动提出的控告，移送刑事检察部门处理。

(二)对于与正在查处中的经济、法纪犯罪案件有关的控告、申诉和属经济、法纪检察部门管辖范围的控告、检举，分别移送经济、法纪检察部门处理。

(三)在押服刑和管制、缓刑、假释、保外就医的犯人及其家属对判决或裁定不服，虽经人民法院复查驳回，仍有错误可能的申诉，以及对执行刑事判决、裁定中的违法活动和对监狱、看守所、劳改、劳教机关的违法活动的控告、检举，移送监所检察部门处理。

(四)对检察干警违纪的检举、控告，移送人事、纪检等部门处理。

第二节 分级负责制

第十六条 各级人民检察院的控告申诉检察部门查处控告、申诉案件，实行分级负责制。

第十七条 县(市、区、旗)人民检察院负责查办下列案件：

(一)不服本院不批准逮捕、不起诉、免予起诉决定的申诉案件；

(二)刑满释放人员不服基层人民法院已发生法律效力的判决、裁定，虽经法院复查，仍有错误可能的申诉案件；

(三)上级机关和检察长交办的控告、申诉案件；

(四)认为需要自己办理的控告、申诉案件。

第十八条 分(州、市、盟)人民检察院负责查办以下案件：

(一)不服本院不批准逮捕、不起诉、免予起诉决定的申诉案件；

(二)不服县(市、区、旗)人民检察院复查驳回的申诉案件；

(三)刑满释放人员不服中级人民法院已发生法律效力的判决、裁定，虽经法院复查，仍有错误可能的申诉案件；

(四)上级机关和检察长交办的控告、申诉案件；

(五)认为需要自己办理的控告、申诉案件。

第十九条 省(自治区、直辖市)人民检察院、专门人民检察院负责查办或协助查办以下案件：

(一)不服本院不批准逮捕、不起诉、免予起诉决定的申诉案件；

(二)刑满释放人员不服高级人民法院已发生法律效力的判决、裁定，虽经法院复查，仍有错误可能的申诉案件；

(三)不服分(州、市、盟)人民检察院复查处理的申诉案件和分(州、市、盟)人民检察院提请办理的案件；

(四)上级机关和检察长交办的控告、申诉案件；

(五)认为需要自己办理的重要控告、申诉案件。

第二十条 最高人民检察院负责查办以下案件：

(一)不服省(自治区、直辖市)人民检察院控告申诉检察部门复查处理的申诉案件；

(二)刑满释放人员不服最高人民法院判决、裁定，经法院复查，仍有错误可能的申诉案件；

(三)上级机关和检察长交办的控告、申诉案件；

(四)认为需要自己办理的重大控告、申诉案件。

第三节 查办申诉案件程序

第二十一条 需要立案复查的申诉案件，应当以“有错误可能的”为原则，从以下五个方面加以考查：

(一)认定的主要犯罪事实是否可能有错误；

(二)证据是否确实、充分；

(三)定性是否准确，罪名是否确切；

(四)刑事处罚是否恰当；

(五)诉讼程序是否合法。

第二十二条 对申诉材料应迅速审查，认为需要复查的，由承办人填写案件处理呈批表，经控告申诉检察部门负责人或主管检察长批准后复查。

对批准复查的申诉案件，应当制订复查计划，确定需要查清的主要问题，以及复查的方法、步骤、措施和完成的时间等。

第二十三条 复查终结后，办案人员应制作结案报告，内容包括：

(一)申诉的主要问题和主要事实；

(二)查证的情况和结果；

(三)复查处理的意见。

第二十四条 结案报告须经控告申诉检察部门集体讨论,认为可以结案时,应填写结案审批表,经控告申诉检察部门负责人批准后结案。重大的、改变原处理决定的案件应报检察长或检察委员会批准结案。

第二十五条 复查申诉案件结案的标准是:

(一)案件的事实清楚;

(二)证据确实、充分,案件性质能够认定;

(三)有明确的结论和处理意见,并经领导审查批准。

第二十六条 复查刑满释放人员不服人民法院判决、裁定,虽经法院复查,仍有错误可能的申诉案件,一般应在九十天内办结。

复查不服人民检察院不批准逮捕、不起诉、免予起诉决定的申诉案件,一般应在六十天内办结。

第二十七条 结案处理,必须履行法律手续。

法院原判决、裁定正确的,驳回申诉,并制作驳回申诉通知书。原判决、裁定确有错误,需要纠正的,应制作改判建议书,建议人民法院重新审理,必要时经检察长或检察委员会决定,可按照审判监督程序提出抗诉。

检察院原不批准逮捕、不起诉或免予起诉的决定是正确的,应予维持,驳回申诉,并制作驳回申诉通知书,发给申诉人,同时做好息诉工作。原决定确有错误,需要纠正时,应报请主管检察长或检察委员会批准,撤销原不批准逮捕、不起诉或免予起诉决定。需要追捕、追诉的,原则上移送原主管业务部门办理。

第二十八条 上级控告申诉检察部门对下级控告申诉检察部门实行业务指导。

第二十九条 上级检察院控告申诉检察部门,可代表本级检察院向下级检察院交办重要的控告、申诉案件。上级检察院交办的案件,下级检察院按内部分工或经检察长批示,由控告申诉检察部门或其他检察业务部门查办,承办单位应认真负责办理,并将查处结果主送上级检察院控告申诉检察部门。

上级交办的案件,一般应在九十天内办结,逾期未能结案的,要上报办理情况并说明原因。

第三十条 下级检察院上报的交办案件结案报告,上级检察院要认真审查。如发现事实不清、处理不当的,应提出意见,交下级检察院重新调查或复议,必要时可调卷审查、调人汇报或直接派人督促检查,协助办理。对确有错误而又坚持不改的,上级检察院可撤销下级检察院的原处理决定,并作出新的决定。

第四节 查办控告案件程序

第三十一条 办理控告案件,按照刑事诉讼法及人民检察院有关实施细则规定的立案标准和程序执行。

第四章 参与社会治安综合治理

第三十二条 人民检察院控告申诉检察部门通过以下工作,积极参与社会治安的综合治理:

(一)从群众控告检举中,发现和积极提供犯罪线索,配合打击经济犯罪和刑事犯罪斗争。

(二)复查申诉案件,维护正确裁判、决定,纠正和建议改正冤假错案。办结后可进行必要的回访,巩固办案成果。对平反冤假错案后的善后工作,要协助有关部门落实政策,促进社会的安定团结。

(三)对可能产生严重后果的控告申诉,进行疏导,宣传法制,缓解矛盾,防止事态扩大、矛盾激化,避免酿成刑事案件。

(四)开展法律咨询工作。对来信来访人提供必要的政策、法律咨询,指出解决问题的正确途径和法律程序,为民排忧解难。

(五)结合办案,对有关部门和单位发出检察建议,预防违法犯罪。

参与社会治安的综合治理,形式可以多样,要注重工作实效,正确行使职权。

第五章 情况反映工作

第三十三条 信访情况的综合反映,就是把群众来信来访和查办控告申诉案件中直接反映的各种问题,通过综合分析,加以整理,为领导正确估计形势,作出决断和解决问题,提供信息和参考材料。

第三十四条 各级检察院都要建立健全信访情况反映制度,逐步形成信访信息渠道。要确定专人负责,并根据实际情况和需要,办好控告申诉情况简报,要有重大信访情况的报告,综合情况的定期分析,倾向性问题的专题反映等。

第三十五条 信访情况反映主要包括以下内容:

(一)信访数量、内容结构的变化情况和发展趋势以及原因的分析;

(二)执行政策、法律中的情况和问题;

(三)群众反映较多的社情动向;

(四)突出的典型案例;

(五)其他应该反映的问题。

第三十六条 信访情况反映工作应注意以下问题:

(一)坚持为党的中心工作服务,围绕党的中心工作进行;

(二)反映情况要实事求是,注意真实性;

(三)重大情况反映要及时,注意时效。

第六章 附 则

第三十七条 本细则经最高人民检察院检察委员会批准施行。过去有关人民检察院处理控告、申诉案件的规定与本细则不相一致的，按本细则规定办理。

第三十八条 各省、自治区、直辖市人民检察院和专门人民检察院，可根据本细则的规定，结合本地区、本系统的实际情况，作出补充规定，并报最高人民检察院备案。

公安部关于没收、处理违反治安管理所得财物和使用工具的暂行规定

（一九八六年十二月二十日）

根据1986年9月5日公布的《中华人民共和国治安管理处罚条例》第七条的规定，对没收、处理违反治安管理所得的财物和违反治安管理所使用的工具问题，作如下暂行规定：

一、公安机关在办理违反治安管理案件时，对违反治安管理所得的财物和违反治安管理所使用的工具，必须认真查证，核实后依照本暂行规定处理。

二、违反治安管理所得的一切财物，除下列应退还原主的以外，一律没收：

（一）偷窃、骗取、抢夺、哄抢以及敲诈勒索的公私财物；

（二）隐匿的他人邮件、电报；

（三）公安机关认为其他应当退还原主的财物。

三、违反治安管理使用的本人所有的下列工具或财物应当没收：

（一）赌博用的赌具；

（二）吸食鸦片、注射吗啡等毒品的器具，

（三）殴打他人使用的器械；

（四）制作、复制、传播淫书、淫画、淫秽音像制品和其他淫秽物品使用的设备；

（五）损毁公用设施的用具；

（六）倒卖营利的各种票证或者骗取财物的用品；

（七）公安机关认为其他应当没收的工具和财物。

四、在办理违反治安管理案件中查获的违禁品，一律没收。

五、违反治安管理所使用的工具，经查明非本人所有的可以不没收，但违禁品除外。

六、查获的违反治安管理所得财物和使用的工具，除退还原主的以外，没收的应登记清单，妥善保管，待裁决生效后，按照下列原则分别处理：应当交国库的，上交财政部门处理；属于违禁品的，经公安派出所所长以上负责人批准，送交专门机关处理或者自行销毁，其中属于淫秽物品的，按照有关规定处理。

七、应退还原主的财物，通知原主后，在六个月内未来领取的，按无主财物处理，上交国库。如有特殊情况，可酌情延期处理，但延期最长不得超过三个月。

八、对不能及时找到原主而又容易腐烂变质的或者其他无法保管的物品，可以根据具体情况，经公安派出所所长以上负责人批准，先委托有关部门变卖，变卖的价款按照本暂行规定第六条、第七条处理。对于无法变卖的，登记清单后可以自行销毁。

九、对没收的财物，任何单位和个人不得借用、挪用、调换和侵占。如有违反，给予行政纪律处分；构成犯罪的，依法追究刑事责任。

十、各省、自治区、直辖市公安厅、局可根据本暂行规定的原则，制定实施办法，并报公安部备案。

公安部关于治安管理处罚中担保人和保证金的暂行规定

（一九八六年十二月二十日）

根据1986年9月5日公布的《中华人民共和国治安管理处罚条例》第四十条的规定，对治安管理处罚中有关担保人和保证金问题作如下暂行规定：

一、公安机关依法保护被治安管理处罚人的申诉权和提起诉讼权。被裁决拘留的人提出申诉或者提起诉讼后，应当依照本暂行规定提出担保人或者交纳保证金。

二、下列有固定住址的人可以担任担保人：

（一）被裁决拘留人的近亲属；

（二）被裁决拘留人所在单位保卫部门负责人或者单位负责人；

（三）被裁决拘留人长期居住地街道居民委员会或者村民委员会；

（四）经公安机关许可的其他公民。

三、有下列情况之一的，不能担任担保人：

（一）与被裁决拘留人共同违反治安管理的人；

（二）被判处管制、缓刑、假释、监外执行的人以及实行保外就医、取保候审、监视居住和被剥夺政治权利的人；

（三）无行为能力人和限制行为能力人；

（四）在裁决拘留的公安机关所在地无常住户口的人；

（五）公安机关认为其他不适宜作担保的人。

四、担保人应当保证被裁决拘留的人不阻碍、逃避复查或审理，并随时听候公安机关和人民法院的传唤。如果被裁决拘留的人有阻碍或逃避行为，担保人应当及时报告公安机关，并负责限期找回被担保人。

担保人故意放纵或者指使被裁决拘留的人阻碍、逃避复查或审理的，按照治安管理处罚条例第十四条、第十九条第七项的规定，以教唆他人阻碍国家工作人员依法执行职务的违反治安管理行为处罚。

五、公安机关经审查认定担保人符合条件的，由担保人出具保证书后，亲自到公安机关将被担保人领回。

六、被裁决拘留的人不愿找担保人或者提不出担保人的，应当交纳保证金。保证金按裁决拘留的期限计算，拘留一日交纳保证金二十元至五十元。

七、被裁决拘留的人在提出申诉时即行交纳保证金。公安机关收到保证金后，应当填写保证金收据一式二份，一份交给交纳人，一份留存备查。

八、裁决被撤销或者开始执行时，应当将所交纳的保证金如数退回本人。

九、被裁决拘留的人交纳保证金后逃跑逾期一个月的，所交保证金予以没收。原裁决的拘留仍必须执行。

没收的保证金，上交国库。

十、被裁决拘留的人，同时并处罚款的，在其提出申诉或者提起诉讼后，所处罚款仍应当按规定期限交纳，不因提出担保人或者交纳保证金而暂缓执行。

十一、本暂行规定第二条（一）项所规定的近亲属，是指夫妻、父母、子女和同胞兄弟姐妹。

十二、各省、自治区、直辖市公安厅、局可根据本暂行规定的原则，制定实施办法，并报公安部备案。

司法部关于宣传新宪法的通知

（一九八二年十二月十日）

中共中央宣传部最近发出了《关于宣传新宪法的通知》，各级司法行政部门应当立即动员起来，坚决执行这一通知。

五届人大五次会议通过的《中华人民共和国宪法》，是一部具有中国特色的宪法，是适应新的历史时期社会主义现代化建设需要的宪法，是治国安邦的总章程，保证国家长治久安的根本大法。新宪法确认了党的十二大的路线、方针和政策，使之具有最高的法律效力。它充分反映了全国各族人民的共同意志和根本利益。因此，我们认真宣传新宪法，使人民群众都懂得宪法的基本精神和基本内容，对于进一步鼓舞全国各族人民沿着十二大所指引的方向前进，为在二十世纪内实现工农业总产值翻两番的战略目标，为发展社会主义民主和健全社会主义法制，推动社会风气、社会治安的根本好转，进一步巩固安定团结的政治局面，都将起到极其重大的作用。各级司法行政部门应当把这项工作作为今冬明春一项重要任务，动员全体司法行政工作人员，积极参加新宪法的宣传活动。

这次宣传新宪法要求做到：广大人民和干部都知道宪法在国家政治生活中、在社会主义建设中、在发展社会主义民主和健全社会主义法制中的重要性，知道宪法的基本精神和各项重要规定，知道宪法的实施是国家、集体和每个公民根本利益的保障，遵守宪法是每个公民最崇高的权利和义务，要认真遵守宪法，积极维护宪法的尊严，同违反和破坏宪法的行为作斗争。

宣传和学习新宪法，应以《中华人民共和国宪法》和彭真同志《关于宪法修改草案的报告》为主要文件。宣传要注意联系干部群众的思想实际，解决一些认识问题，特别要着重解决提高法制观念和民主观念问题。

各级司法行政部门宣传新宪法的工作，应当在各级党委的统一领导和党委宣传部、政法委的统一部署下进行。

第一，全体司法行政工作人员要认真学习、深入领会新宪法，并且在自己的工作中模范地执行宪法和遵守宪法。

第二，有计划地组织经过短期训练的司法助理员、人民调解委员会骨干、法制宣传员、报告员以及各级司法行政部门的领导干部、律师、公证工作人员、政法院校、司法学校的教师等，作为宣讲宪法的报告员，在当地党政的统一安排下，分赴工厂、农村、学校、机关等单位进行宣讲。

第三，各种法制报刊、宣传栏、黑板报，都应当突出地宣传新宪法。

第四，组织法学会、律师协会、政法院校，召开宪法学习会、座谈会，有选择地发表一些对新宪法有深刻理解和精辟阐述的言论，在这个基础上，组织撰写一些有深度、有份量的宣传新宪法的文章。《中国法制报》将发表由张友渔同志等撰写的宣传讲话。司法部将编发《宪法》通俗讲话。

第五，主动和公安、检察院、法院、民政和文化、教育、报刊、出版、广播、电视、文化馆站加强联系，互相配合。使这次新宪法的宣传，成为一个规模宏大、广泛深入的宣传活动。

第六，宣传的方法要因地制宜，采取群众喜闻乐见、灵活多样的形式。比如可以配合和支持一些专业和业余的文艺工作者创作、演出宣传新宪法的文艺节目；配合和支持有关部门制作宣传新宪法的宣传画、年画、幻灯片；协助城镇繁华街道的商店布置一些宣传新宪法的橱窗；主动向基层单位提供一些编写黑板报的材料。在农村，还可以利用赶集等机会，采取口头宣讲和其他多种形式进行宣传。

各省、市、自治区司法行政部门应认真掌握宣传新宪法的情况和工作中的问题，及时报告当地党政领导和司法部。要善于发现、总结好的典型和好的经验，通过新闻报道或编印一些内部资料，迅速传播推广，并请及时报告司法部。

司法部关于解释和公证婚姻状况问题的通知

（一九八三年七月十六日）

广东、福建等省司法厅（局）多次来文提出如何解释和公证婚姻状况问题。经与有关部门研究，现通知如下：

一、关于婚姻状况的解释问题

我国实行登记婚姻制度。凡符合我国婚姻法规定结婚条件的男女，到婚姻登记机关登记，领取结婚证后，即确立了夫妻关系。登记时间为结婚时间。

由于我国是一个经历过长期封建统治的国家，经济和文化较落后，解放后三十多年来，虽然两次颁布婚姻法，多次大张旗鼓地宣传婚姻法，但历史上遗留的某些封建传统习惯对于婚姻家庭问题的影响，还一时难以完全消除。至今在一些地方，特别是偏僻地区的农村，仍有一些人结婚时没有按婚姻法的规定到婚姻登记机关登记，就以夫妻相待共同生活，有的已生儿育女，形成了事实上的夫妻关系（所谓“事实婚姻”）。对于这种不符合我国婚姻法规定的情况，一般应通过宣传教育，动员他们到婚姻登记机关办理登记手续，登记时间为结婚时间。他们在登记前所生育的子女，根据我国婚姻法第十九条的规定，享有与婚生子女同等的权利。

二、关于婚姻状况的公证问题

1. 对于第一部婚姻法公布施行前（即1950年5月1日以前），按当时当地风俗习惯结婚，且为群众公认的，经调查核实后，给予办理夫妻关系证明。

2. 对第一部婚姻法公布施行后结婚的（即1950年5月1日以后结婚的），公证处凭申请人的结婚证，经调查核实后，给予办理结婚证明，出具公证书。

3. 对于未履行结婚登记手续的所谓“事实婚姻”的当事人，申请办理有关婚姻状况公证书的，公证处应动员教育他们先办理结婚登记手续，然后凭他们的结婚证，经调查核实后，给予办理结婚证明，出具公证书。登记时间为结婚时间。不得凭其他证明文件办理结婚证明，出具公证书。

对于他们办理结婚登记以前生育的子女，公证处在办理其出生证明时，公证书的内容按《公证书试行格式》第八式出具即可，不必证明他们的父母结婚登记前的婚姻状况。

以上精神，希即通知所属地、市、县司法局（处）和公证处，并自文到之日起一律按本文的规定办理有关婚姻状况证明。各地如有疑问或遇到特殊情况，可逐级请示解决。

司法部、国家工商行政管理局关于经济合同鉴证与公证问题的联合通知

（一九八三年八月十三日）

《中华人民共和国经济合同法》和《中华人民共和国公证暂行条例》实施以来，各级工商行政管理部门和司法行政部门对宣传贯彻执行这两个法规做了大量工作，取得了显著成绩。但一些地方就经济合同的鉴证和公证问题认识不一，做法各异，不利于经济合同法的正确贯彻实施。为了充分运用行政手段和法律手段保障和促进经济合同法的贯彻实施，经研究，对经济合同的鉴证和公证问题，特作如下通知：

1. 根据国务院国发（82）73号文件规定精神，中央及地方的各级工商行政管理部门统一管理经济合同。鉴证，是合同管理机关审查经济合同当事人的资格和合同内容是否真实、合法，给予证明。公证，是国家公证机关依照法定程序，证明经济合同的真实性和合法性，这是国家对经济合同的签订和履行实行监督的法律制度。它们的目的都是为了维护社会主义经济秩序，保护经济合同双方当事人的合法权益。

2. 经济合同法第六条规定，“经济合同依法成立，即具有法律约束力”。公证暂行条例第二条规定，公证

事项应根据当事人的申请办理。鉴证也应采取自愿原则。各地工商行政管理部门、公证机关都不应对经济合同实行强制鉴证或公证，已经这样做的，要改变过来。

3. 目前，经济合同鉴证、公证工作的经验还不足，希望地方各级工商行政管理部门、司法行政机关和公证机关在当地党委和政府的统一领导下，互相配合，通力协作，注意调查研究，不断总结经验，做好经济合同的鉴证、公证工作，并希将工作中发现的新情况、新问题及时告诉我们。

司法部关于办理国际票据拒绝证书的通知

（一九八三年九月十四日）

为适应对外贸易和经济交往发展的需要，根据国际惯例，经与中国银行研究决定，在北京、上海、天津、广州、大连、青岛、南京、石家庄、福州、杭州、武汉、南宁等十二个市公证处，开展办理国际票据拒绝证书的公证业务。

票据是具有一定格式的支付凭证，具有流通作用，在国际经济贸易往来中经常使用。票据拒绝证书是证明票据持有人在法定或约定期限内，行使或保全票据上权利的必要行为已被拒绝的一种要式公证书，是票据流通中可能发生的一种情况，其作用在于保护票据流通中的债权关系。在我国尚未制定颁布“票据法”的情况下，如果不办理此项公证业务，不利于票据在我国的流通，甚至引起国外某些人怀疑票据在我国的有效性，从而影响我国对外贸易和经济交往的发展。

目前，我国对外贸易和经济交往中发生票据拒付的情况虽然很少，但当付款人拒绝承兑或付款时，为维护票据持有人的合法权益，保证票据的流通，公证处应当根据票据持有人的申请及委托，给予办理票据拒绝证书。办证程序是：将申请人提供的票据到付款人处核实，证实付款人确实拒绝承兑或付款时，即可出具票据“拒绝证书”，并将原票据附后，加盖骑缝章，作为该证书不可分割的组成部分。如果当事人需要，可附译文（英译文附后）。票据“拒绝证书”须制作二份，正本交票据持有人，副本由公证处归档存查。办理该公证事项应按件收费，每件收费人民币五十元。

办理票据“拒绝证书”是我公证机关一项新的业务。由于缺乏经验，各公证处在工作中应主动与当地中国银行分行联系，认真办好，并注意总结经验。

以上通知，请即转发所属的有关市司法局和公证处，自文到之日起执行。

司法部关于人民调解委员会调解纠纷不应向当事人收费问题的复函

（一九八三年十二月六日）

云南省司法厅：

你厅一九八三年八月二十九日来信所提人民调解委员会在调解纠纷中收取调解费问题，我部曾于一九八一年根据《人民调解委员会暂行组织通则》中有关调解组织的性质、调解工作的纪律和原则在（81）司发办字第305号文件中明确指出人民调解不得收费。请根据此精神检查纠正调解收费问题。

人民调解委员会是群众自己管理自己、自己教育自己的群众性组织，它不同于法院调解和行政机关的行政调解，不能采用民事诉讼和行政机关仲裁的收费办法。此复。

司法部关于律师不宜担任兼职仲裁员的批复

（一九八四年三月二十九日）

天津市司法局：

你局津司律管发（1984）14号文收悉。关于律师可否担任经济合同仲裁委员会兼职仲裁员问题，根据国家工商行政管理局（83）工商251号通知附件《经济合同仲裁委员会组织规则（试行）》第八条“仲裁委员会的工作人员不得兼做律师工作”的规定，经与国家工商行政管理局研究认为，律师不宜担任经济合同仲裁委员会兼职仲裁员。此复

司法部关于律师调动工作后其律师资格应予保留的批复

（一九八四年七月十一日）

青海省司法厅公证律师处：

你厅公证律师处(84)青司公字第19号请示报告收悉。关于律师调往检察院、法院等政法机关工作后，其律师资格是否保留问题，我们研究认为：

一、律师调往检察院、法院和我部有关文件规定不宜兼做律师工作的单位工作，应按《律师暂行条例》和我部有关文件规定办理，即停止履行律师职务，收回律师工作证，但其律师资格应予保留。

二、律师因工作需要调往其它单位，按《律师暂行条例》和我部有关文件规定可以担任兼职律师的，经所在单位同意，可以担任兼职律师，但无需重新审批律师资格。

三、律师工作变动，应报我部备案。

中华人民共和国司法部复联合国秘书长SD 4002／10号照会

（一九八五年三月十三日）

驻维也纳代表团：

根据联合国秘书长一九八五年二月八日关于要求向其提供我国的替刑办法（代替在监狱服刑的办法）及罪犯的社会安置情况的照会，现送上我国的答复中文稿，请转交联合国社发中心。

附件：秘书长SD 4002／10号照会

关于“替刑办法及罪犯的社会安置”问题给联合国的复照

中华人民共和国驻联合国维也纳办事处代表团谨向联合国秘书长致意，并对秘书长一九八五年二月八日关于“替刑办法和罪犯的社会安置问题的第SD 4002／10号照会答复如下：

一、关于“替刑办法”问题，中国没有“替刑”制度，但中国有“缓刑”制度。中国刑法明文规定，除了反革命犯和累犯外，对于被判处拘役、三年以下有期徒刑的犯罪分子，根据犯罪分子的犯罪情节和悔改表现，认为适用缓刑确实不再危害社会的，可以宣告缓刑。被宣告缓刑的犯罪分子，在缓刑期内，如没有再犯新罪，原判的刑罚就不再执行；如果再犯新罪，撤销缓刑，按数罪并罚处理。

二、关于对罪犯的社会安置问题，中国政府向来十分重视。中国政府对在押罪犯，在进行守法教育的同时，还进行文化、技术教育，组织他们进行力所能及的生产劳动，并根据其劳动成果付给一定报酬。这样，我国的监狱不仅是关押罪犯的场所，而且也是工厂、农场，是改造罪犯，造就新人的特殊学校。罪犯服刑到一定刑期，如确有悔改表现、不再危害社会的，依法可以假释，由社会妥善安排其工作和生活；中国政府对刑满释放人员一贯坚持“给出路”政策，教育群众对他们不歧视，不嫌弃，切实帮助解决他们的生活困难，积极为他们提供参加学习、工作、劳动的机会，促使他们走上正路。具体形式有：(一)原工作单位需要的，由原单位安置；(二)回城镇的，由所在地的基层政府会同劳动人事部门、厂矿企业、街道等，采取多种形式，解决他们的就业问题；(三)回农村的，由社队负责拨给责任田和自留地，或安排在乡镇企业；(四)有个体经营条件的，由工商行政管理部门发给营业执照，批准开业或从事个体劳动；(五)对青少年，凡符合学龄规定，经考试合格，可以复学或升学。通过多渠道、多层次的安排，使大多数刑满释放人员得到了比较妥善的安置，进一步弃旧图新、改邪归正，不少人在国家建设中作出了贡献。特别是近几年，中国贯彻“对外实行开放、对内搞活经济”的方针后，社会安置出现了更加广阔的前景，一些刑满释放人员通过劳动致富，有些人当上了企业的负责人，先进生产者。由于执行这些正确的政策，中国刑满释放人员的重新犯罪率是比较低的。

顺致最崇高的敬意。

司法部、财政部关于修订《司法业务费开支范围的规定》的通知

（一九八五年九月二十日）

一九八〇年十月二十四日司法部、财政部《关于司法业务费开支范围的规定的联合通知》下达以来，司法行政部门的任务发生了变化，特别是近几年来司法行政部门的各项业务发展迅速，原《规定》的部分内容与当前的实际情况已不完全适应。现将重新修订的《关于司法业务费开支范围的规定》发给你们，请结合当地实际情况贯彻执行。

一、自司法行政部门重建以来，各级政府对司法业务建设都比较重视，从财力、物力上给予了支持。但司法行政部门在经费、物质条件方面还存在不少问题，不能适应工作发展的需要。因此，各级财政部门对司法行政部门存在的实际困难，应根据财力状况尽量予以安排解决，以发挥司法行政部门的职能作用。

二、（略）

三、司法行政部门要加强对业务费的管理，每年编报业务费预算，送同级财政部门审批。凡有条件的可采取由省、自治区、直辖市司法厅（局）统一管理的办法。在经费使用上，要加强计划性，做到有计划、有重点、分步骤地进行业务建设。精打细算，厉行节约，反对浪费。要建立和健全财务管理制度，充实财务人员，不断总结经验，改进工作。财政部门要加强对司法行政部门业务费的监督检查。

附：《关于司法业务费开支范围的规定》

关于司法业务费开支范围的规定

一、调解费

调解委员会的办公文具、纸张补助费，调解人员学习专业资料费、误工补贴、表彰会经费，无固定工资收入、工作成绩优异的调解人员生活补助费。

二、宣传费

法制宣传和业务用的报刊、资料、书籍、简报、汇编、图片等的印刷、翻译、购置费；举办展览会、报告会、制作幻灯片等费用；组织指导和协助制作法制宣传影片的费用及法制宣传报刊、杂志的补助费。

三、短期培训费

短期培训基层司法干警、公证员、律师、司法助理员、调解员、公证联络员、法制报告员、法制宣传员所需差旅费、住宿、公杂、伙食补助、误工补贴、讲课、书刊资料、场地租赁费等。以及无固定工资收入的培训人员的生活补助或误工补贴等。

四、业务设备购置费

司法行政业务用的交通工具（如法制宣传车、摩托车、自行车、马匹等），法制宣传和短期培训机构用的设备和器材（如录像机、投影机、录音机、扩大机、电视机、照像机、复印机、打字机、幻灯机）；新建法制宣传栏和宣传橱窗；司法专业图书；按规定配备的枪支、弹药；司法助理员、外勤人员公用的雨衣、棉大衣、文件包等购置费。

五、专业会议费

不属于行政工作的各种司法专业会议、座谈会所需的开支，其开支标准按当地财政部门规定的会议费标准执行。

六、业务设备消耗费

司法行政业务用的器材设备的保养费、修理费、燃料费、饲料费、武器修理费。

七、公证、律师业务补助费

实行定额补助的公证处、法律顾问处（律师事务所）等单位的各项业务费用的定额补助费。

八、科研费

司法行政部门业务专题科学研究经费。

九、其他

上述一至八项未能包括的其他司法行政业务费用。

司法部印发《关于加强司法队伍建设的意见》的通知

（一九八六年三月十三日）

各省、自治区、直辖市司法厅（局）：

现将《关于加强司法队伍建设的意见》印发给你们。

加强司法队伍建设，提高全体干警的素质，是加强

社会主义法制，提高司法工作质量，搞好“四个服务”的重要保证。请你们高度重视这项工作，按照我部提出的关于加强司法干部队伍的要求，结合本地区实际，针对存在的主要问题，采取积极有效的措施，使司法干警的政治业务素质在今年内有较大的提高。

各地关于加强队伍建设的部署、经验，请及时报部。

附：《关于加强司法队伍建设的意见》

关于加强司法队伍建设的意见

自中央决定重建司法部以来，在党中央、国务院和各级党委、政府的领导下，司法行政工作发展较快，队伍逐步壮大。六年来，广大司法干警坚决贯彻党的十一届三中全会以来的路线、方针、政策，坚持四项基本原则，服从于、服务于党的总任务、总目标，在推进各项司法业务工作中，为我国的社会主义民主与法制和社会主义经济建设，为争取社会治安的好转与国家的长治久安做出了积极的贡献。整个司法队伍的素质在实际斗争中经受了锻炼，得到了提高，战斗力逐步增强。几年来，司法系统涌现出了一大批先进集体和先进个人。据各省、自治区、直辖市司法厅(局)的不完全统计，一九八三年以来司法系统九千零三十三名干警被评为省级先进工作者，一千四百三十七个单位被评为先进集体。在一九八五年司法部召开的全国司法系统先进集体、先进工作者表彰大会上，一名干警被授予一级英模称号、九名干警被授予二级英模称号、十三个单位被命名为一等功集体，四百四十五个先进集体和先进工作者受到大会表彰。

这些先进集体和先进个人集中体现了广大干警的精神风貌，代表了司法队伍的本质和主流。他们的高尚品质和革命精神，就是邹瑜同志在全国司法系统先进集体、先进工作者表彰大会上概括的“五大精神”，即：坚持改革，开拓前进的创业精神；临危不惧，无私无畏的献身精神；秉公执法，竭诚服务的自觉精神；永不满足，不断学习的进取精神；遵纪守法，齐心奋斗的团结精神。几年来，广大干警在司法行政部门复建后的极端困难的条件下，千方百计地抓工作，用取得的成绩赢得了党委的重视和支持，开创了工作的新局面。广大干警，特别是劳改、劳教工作干警长年累月地工作在偏远地区，克服了工作和生活上的种种困难，无私地贡献着自己的全部聪明才智。“严打”以来，有十九名干警英勇牺牲，一百二十八名干警光荣负伤。广大干警坚持“四个服务”的业务指导思想，在法学教育、法制宣传、劳改、劳教、律师公证、人民调解、司法外事等项业务中，忠于职守，努力工作，赢得了社会的赞扬，已经成为我国“两个文明”和社会主义民主与法制建设的一支不可缺少的服务大军。广大干警努力学习马列主义、毛泽东思想，学习司法行政工作的业务知识，不断增强服务的本领。六年来，已有八万多名干警受到各种形式的业务培训，工作能力和业务知识有了不同程度的提高。广大干警严守纪律，不少同志金钱面前不眼红，歪风面前不动摇，秉公执法，刚直不阿，在广大人民群众中树立了良好的形象。实践证明，我们司法干警队伍是好的，是有战斗力的。

但是，必须看到，司法队伍的现状同党中央的要求和当前形势发展的需要还不相适应，还存在着一些应当引起我们高度重视并要认真加以解决的问题：

——少数干警政治素质不高，为人民服务的思想淡薄。有的干警事业心不强，工作消极，干劲不足；有的受资本主义、封建主义腐朽思想的影响，不顾党和国家的利益，经营个人的“安乐窝”，追求个人的名利。

——少数干警组织纪律和法制观念淡薄，以权谋私，违法乱纪，甚至走上了犯罪的道路。

——一部分司法干警的文化水平低，业务素质差，难以胜任工作。

司法干警队伍存在上述问题的主要原因是：司法行政部门在组建过程中，由于各项司法业务工作亟待开展，干部严重不足，因而在进人时把关不严，调入了一些素质较低的干部；政治工作机构不健全，思想政治工作薄弱；近几年来新干部增加较多，培训工作没有跟上。

最近，邓小平同志强调指出：“搞四个现代化一定要有两手，一手是不行的。所谓两手，即一手抓建设，一手抓法制。”中央书记处在听取司法部整党汇报时指出：“要在本世纪末把我国建设成为高度文明、高度民主的社会主义现代化强国，必须有严格的法制做保障，司法部应当以此作为奋斗目标。”在社会主义经济建设和民主与法制建设中，党和国家赋予司法行政部门很繁重的任务，提出了很高的要求，只有狠下决心，切实加强队伍建设才能适应形势发展和实际工作的需要。因此，我们要求经过几年的努力，建设起一支能坚持“四项基本原则”，坚持“四个服务”的业务指导思想，政治、业务素质都比较高，“顾大局、讲团结、比贡献、重实效”，深受广大人民群众爱戴，有权威的司法干警队伍。

具体措施是：

一、加强各级领导班子建设。用一年时间，在原有调整的基础上，把各级司法行政部门的领导班子进一步充实加强，使其达到：能坚持四项基本原则，在政治上同党中央保持高度一致；能胜任所担负的工作，群体结构合理，年龄形成梯型；能团结共事，协作精神好。对各级司法行政部门和劳改、劳教场所领导班子，要逐个进行考核。对好的要总结经验，进一步巩固提高；对总体上是好的，个别成员不适合担任现职工作的，要进行调整充实；对极少数政治上或业务上不合格的领导班子要下决心全面调整。在充实和加强领导班子中，要注意选拔优秀中青年干部。对那些年龄较大但工作经验丰富，身体健康的同志要留下来过渡一段，继续发挥他们的骨干作用。

要有计划地从各级司法行政部门的领导机关中选调一批年富力强、有培养前途的同志到基层去锻炼，作为充实领导班子的后备力量。今后，各司法厅(局)以及劳改、劳教局(处)的领导干部都必须有五年以上基层工作的实践经验，这要成为提拔任用干部的重要条件之一。

各级司法行政部门在提拔任用干部时，一定要坚持“任人唯贤”、“德才兼备”的原则，要把政治素质作为考察干部的重要内容，对那些闹名利地位、伸手要官的人，绝对不能提拔重用，而且要严肃地批评教育。

要注重基层的班子建设。特别是劳改、劳教单位，中队是基础，支队是关键，一定要把这两级的领导班子配备好。对地、县司法局的领导班子，要依靠当地党委进一步充实加强。

二、对司法干警普遍进行轮训，努力提高政治、业务素质。要用五年左右的时间采取多层次、多渠道的办法把需要培训的司法干警基本轮训一遍。今年全国轮训五万人，各省、自治区、直辖市今年抽调轮训的干警要达到应训人数的百分之二十左右。培训分工大体是：中央政法管理干部学院与部属政法院校主要训练省级司法厅(局)的领导干部以及部分政治和业务干部、中央司法部门的干警和省政法管理干部学院、政法干校的师资；省政法管理干部学院和政法干校（含劳改劳教管理干部学院、劳改干校及其分校）主要训练地、市、县司法部门的领导干部、省司法部门的干警和地、市司法干警培训班的师资；地、市司法干警培训班(含二百七十个劳改单位常设训练班)培训地、县司法干警、劳改、劳教工作干警、司法助理员；县司法局负责培训调解委员会干部。

各级司法行政部门要摸清干警的基本情况，分清轻重缓急，优先培训那些没有经过培训或者虽经培训但不能胜任工作的干警。干警轮训要统一规划、统一部署、统一要求，具体方法各地可根据实际情况，灵活掌握。基本要求是：每个干警的受训时间不得少于半年；要注重思想政治教育，通过总结工作中的经验教训，开展批评和自我批评，提高思想水平；在课程的时间安排上，思想政治教育与业务培训的比例大体为四比六；通过培训，要提高干警的思想觉悟，增强工作的责任心，使每个干警进一步理解和坚持“四个服务”的业务指导思想，了解并遵守职业道德，掌握党的有关方针、政策和法律常识等专业知识，具备工作的基本条件。还要针对干警的不同情况提出不同的培训内容和培训要求，以便使培训工作更有针对性和实效性。

培训经费问题，各地要按照司法部、财政部(85)司发计字第384号《关于修订司法业务费开支范围的规定的通知》单列项目，请当地财政部门予以解决。

三、调整、充实司法干警队伍。为了保持司法队伍的纯洁性，对那些严重违法乱纪、道德败坏、屡教不改、不适合从事司法行政工作的，要请当地组织人事部门帮助调离司法部门。暂时调不出去的，要在内部调整工作，或积极创造条件，举办一些国家政策允许的第三产业，消化一批。

上述干警的调整，各地要从实际出发，做出具体安排，分期分批完成。决心要大，工作要细，步骤要稳，确定调整对象要慎重。自然减员和调出干警以后空余的编制，要用于补充那些政治上强，文化水平较高，受过专业训练，身体健康的干警。调入新干警，一定要严格把关，认真考察，坚决反对走后门、拉关系等不正之风。

对长期在司法行政部门领导机关工作的干警，要有计划地组织他们到第一线去锻炼，以便在实际工作中提高干警的素质。对第一线的骨干力量，不要频繁调动，以保持司法队伍的稳定性和工作的连续性。

四、加强思想政治工作，深入开展社会主义精神文明的建设。要组织广大司法干警认真学习去年以来中央关于司法工作的重要文件和中央领导同志的一系列重要指示，使广大干警进一步明确司法行政工作在社会主义经济建设和民主与法制建设中的地位和作用，从而提高工作的责任心和自豪感，牢固树立艰苦奋斗和英勇献身的精神，扎扎实实地搞好本职工作。在此基础上，制定出本部门精神文明建设的具体规划，完善各项规章制度，落实岗位责任制。

要建立健全政治工作机构，加强政工干部队伍，改革思想政治工作方法，做到理论联系实际。各省、自治区、直辖市司法厅(局)要设立政治部，地(市)司法局也要设立相应的机构，县司法局要设专职政工干部。各级司法行政部门都要对本地区司法队伍的思想状况、组织状况和加强思想政治工作中的问题，作深入细致的调查研究，推广先进经验，加强薄弱环节，力戒形式主义，切实讲究实效。

要广泛深入地开展争先创优学习英雄模范人物的活动，鼓励广大干警比工作、比贡献，树立吃苦在前，享受在后的良好风气，争做有理想、有道德、有文化、有纪律的人。要特别注重正面教育，大力发现和培养司法系统的先进模范人物，要采取内部通报、登报表扬、巡回讲演等方法，广泛宣传他们的模范事迹和革命精神，充分发挥英雄模范的带头作用、骨干作用和桥梁作用，使他们的高贵品质成为团结、鼓励广大干警奋发向上、努力工作的强大动力，从而带动和促进整个司法系统的精神文明建设，把司法干警队伍的思想素质提高到一个新的水平。

要坚持“从严治警”的原则，坚决纠正以权谋私、徇私枉法、打骂体罚犯人等违法乱纪行为。对违法乱纪的，一定要及时发现，抓紧处理，决不能护短。对已经发生的案件要逐一查清，该党纪政纪处理的要实行党纪政纪处理。该追究刑事责任的一定要追究刑事责任。要把端正党风、纪律教育和普及法律常识结合起来，教育广大干警带头学法，严格执法守法，依法办事。

在各级党委、政府的重视和支持下，经过全体干警的努力，司法队伍一定能建设好，一定能在社会主义民主与法制建设和经济建设中发挥重要的作用，做出新的贡献。

司法部关于印发《关于法律服务机构若干问题的暂行规定》的通知

（一九八六年三月十九日）

各省、自治区、直辖市司法厅（局）：

根据国务院办公厅（1985）82号文件《国务院办公厅转发司法部关于加强法律服务机构统一管理的请示的通知》精神，我部制定了《关于法律服务机构若干问题的暂行规定》（以下简称规定），现印发给你们，望贯彻执行。今后申报审批法律服务机构，必须严格按照《规定》办理。对已成立的法律服务机构，也必须按《规定》的要求，认真进行复查整顿。凡符合《规定》要求的，发给批准证书并公之于众；不符合《规定》要求的，应予撤销；对暂时不完全具备条件者，待条件具备后再批发证书，缓发证书期限不得超过一年。整顿结果请于十月底报部。在此整顿期间原则上不要批准建立新的机构。

目前各地相继出现了乡、镇法律服务站、室，对乡、镇以下法律服务机构的设置办法，我部将另行规定。

附：关于法律服务机构若干问题的暂行规定

注：批准证书暂由各省、自治区、直辖市司法厅（局）自行制发。

关于法律服务机构若干问题的暂行规定

根据《律师暂行条例》和《国务院办公厅转发司法部关于加强法律服务机构统一管理的请示的通知》精神，现对法律服务机构的若干问题作如下规定：

一、法律服务机构的性质

法律服务机构是面向社会为法人和公民提供法律服务的专门机构。法律服务机构有两种类型：(1)律师工作机构；(2)有条件的法学研究和法律教学单位设立的法律咨询机构。

二、法律服务机构的名称和业务范围

1. 法律服务机构的名称

律师执行职务的工作机构称“法律顾问处”（或“律师事务所”，下同），冠以所在行政区划名称。一个行政区划内有两个以上法律顾问处的，可另加序号或以业务类别以示区分。

法律咨询机构的名称为“法律咨询处”，前面可冠以其所属单位的名称以示区分；不得称法律顾问处（律师事务所）。

法律服务机构的名称不得冠以本规定所许可以外的字样，如：“中国”、“全国”、“中华”、“国际”等。如确有必要使用其他名称者，须报经司法部批准。

2. 法律服务机构的业务范围

凡法律顾问处，均可开展《律师暂行条例》及其他有关文件规定的全部律师业务。经省、自治区、直辖市司法厅（局）或司法部批准，也可侧重某项律师业务。

法律咨询处只能从事解答有关法律问题的咨询。其成员（包括已经取得律师资格的）受法律咨询处的指派从事咨询活动时，一律不得使用律师名义，不享有律师的各种权利。

三、法律服务机构必须具备的条件

法律顾问处必须有专门的编制和三名以上的专职律师人员才能成立。

只有兼职律师和其他工作人员而无专职律师的，一律不准成立法律顾问处。已经成立的，应予调整。

法律顾问处不得与其他机构、包括司法行政机关内的律师管理等职能科室及律师协会混为一体。兼职律师和兼职工作人员不得兼任法律顾问处负责人。

法律咨询处必须具有大学法律水平的专职人员，有固定的办公地点和必要的办公条件。

四、法律服务机构的申报和审批

法律顾问处一般按行政区划设立，由所属司法行政机关申报省、自治区、直辖市司法厅（局）批准成立，并报司法部备案。

法律咨询处由设置法律咨询处的政法院校或法学研究单位申报，经司法行政机关批准后成立。中央、国务院各部委直属的、在京的法学研究和教学单位设置法律咨询处，由司法部批准；其他，由其所在地的省、自治区、直辖市司法厅（局）批准，并报司法部备案。

申请成立法律咨询处，申报单位要向司法行政机关正式行文并提供具备成立条件的详细资料。司法部或省、自治区、直辖市司法厅(局)在认真审查后，及时作出批准或不予批准的决定，正式批文通知申报单位。

法律服务机构的停办、变更，须报经原批准其成立的司法行政机关批准。

任何单位未经司法行政机关批准不得成立面向社会的法律服务机构。

五、法律服务机构的管理

1. 组织领导

法律顾问处受司法行政机关的组织领导和业务监督。各法律顾问处之间没有隶属关系，不得设立分支机构；不得跨地区、跨省、市设立联合律师工作机构。

法律咨询处隶属于法学研究机构和教学单位，业务上受司法行政机关的指导和监督。

法律顾问处和法律咨询处要定期向批准其成立的司法行政机关报告工作计划、业务开展情况及工作总结。

2. 收费及经费管理

法律顾问处业务收费办法及经费管理，一律按照司法部、财政部有关规定执行。

法律咨询处义务向社会提供法律服务，不得收取费用。

六、我部以前下达的有关规定，凡与本规定有抵触的，一律按本规定执行。

司法部关于印发《兼职律师管理办法(试行)的补充规定》的通知

(一九八六年四月九日)

各省、自治区、直辖市司法厅(局)：

一九八四年我部制订了兼职律师管理办法(试行)，经过一年多的实践，现做出几项补充规定并印发给你们，请严格遵照执行。

附：兼职律师管理办法(试行)的补充规定。

兼职律师管理办法(试行)的补充规定

一、符合《中华人民共和国律师暂行条例》第二章第八条规定并按司法部已有规定可做兼职律师的人员，由本人申请，所在单位同意，经全国律师资格统一考试合格和见习期满，并经省、自治区、直辖市司法厅(局)审核批准，报司法部备案，担任兼职律师。

二、兼职律师每年必须到指定的法律顾问处(律师事务所，下同)履行职务满60个工作日。

各地法律顾问处应将兼职律师的工作情况填入统一格式的表格(附后)之内，装入本人业务档案，以备上级司法行政机关年终检查。

对不能完成工作任务的兼职律师，法律顾问处应报告司法行政机关，由省、自治区、直辖市司法厅(局)做出停止其担任兼职律师工作的决定。由法律顾问处收回其律师工作证，上缴发证机关。

三、兼职律师的工作由所在律师事务所分配，本人不得私自接受案件；不得私自收取费用。对于违反上述规定的兼职律师，应给予批评教育，直至取消律师资格。

四、兼职律师每年到所申报的法律顾问处注册登记一次，未经注册登记的，不予分配工作。

五、在本补充规定发出之前的文件规定若与本补充规定内容相抵触，按本补充规定办理。

司法部、财政部关于法律顾问处经费管理问题的若干补充规定

(一九八六年五月十四日)

为了贯彻落实中央书记处一九八四年七月二十五日会议纪要对律师工作管理体制改革的指示，加速我国律师事业的发展，结合各地贯彻司法部、财政部一九八四年十月十三日(84)司发公字第513号《关于法律顾问处、公证处经费管理改革意见的通知》的实际情况，现对法律顾问处(律师事务所，下同)经费管理问题作若干补充规定：

(一)为了扶持和发展我国律师事业，调动律师工作人员的积极性，合理地组织业务收入，有效地使用资金，根据各地法律顾问处业务收支情况，可分别采取不同的经费管理办法：

对具有一定规模、业务开展全面、收入稳定、且确

有一定结余的法律顾问处，可以采取“自收自支”，结余留用”的办法；

对暂不具备实行“自收自支”条件的法律顾问处，可采取“全额管理，定额补助”的办法，每年由当地财政部门给予定额补助，增收节支留用，减收超支不补。这部分法律顾问处要积极创造条件逐步过渡到实行“自收自支”。

不论采取上述哪一种办法，都要由法律顾问处提出申请，报主管司法行政部门和财政部门核定。

（二）实行“自收自支”经费管理办法的法律顾问处，其在编人员的公费医疗经费、离退休后的费用仍由同级财政部门解决，基本建设投资应由计划部门安排，其他一切费用由业务收入中列支。对经过批准必须租房办公支付房租费确有困难的单位，可商请当地财政部门给予适当补助。

对开放城市中办理涉外律师业务的法律顾问处，在经费、设备等方面存在的困难问题，各级财政部门要适当帮助解决。

（三）实行“自收自支”经费管理办法的法律顾问处全年业务收入减去总支出后的结余部分，按百分之十至百分之十五上缴同级和上级司法行政机关，其具体比例由各省、自治区、直辖市司法厅（局）确定。上缴后的剩余部分留在法律顾问处内用于建立三项基金，其中：事业发展基金的比例一般不低于百分之五十，职工福利基金的比例一般不高于百分之二十五，职工奖励基金的比例一般不高于百分之二十五。

司法行政机关按规定从法律顾问处提取的上述收入，主要用于发展律师事业，不得用于增加司法行政机关人员的福利和奖金。

（四）法律顾问处的经费，按预算经费管理，实行独立核算，单立户头。建立健全财会机构和各项财务制度，配备合格的会计、出纳人员。其他人员不得兼做财务工作。要加强财务管理，实事求是地核实收入，合理安排支出，按国家现行财务制度和有关规定办理各项收支业务。严格财经纪律。年度预、决算必须报主管司法行政部门审批，并逐级汇总上报，同时抄报财政部门。司法行政部门要加强对法律顾问处财务工作的领导、检查和监督。

（五）法律顾问处奖金的发放限额分别为：实行“自收自支”经费管理办法的，其奖金发放额全年不超过三个月基本工资额；实行“全额管理，定额补助”经费管理办法的，自给程度达到百分之六十以上者，其奖金发放限额全年不超过两个月基本工资额；自给程度在百分之六十以下者，其奖金发放额全年不超过一个半月基本工资额。

（六）各省、自治区、直辖市司法厅（局）、财政厅（局）根据本通知规定，结合当地的实际情况，制定具体实施细则，并报司法部、财政部备案。

司法部关于加强劳改、劳教部门与学校联系的通知

（一九八六年六月五日）

为了加强理论与实际的联系，及时把劳改和劳教工作实践中的新经验反映到教学中去，进一步提高教育质量，为劳改、劳教系统培养合格的专门人才。请你们根据中央政法委员会文件精神，加强对劳改、劳教教学的业务指导，把西南、西北政法学院劳改专业、华东政法学院犯罪学专业、中国政法大学的劳改法学教研室（担负培养劳改专业研究生任务）、中央劳改、劳教管理干部学院以及各省、自治区、直辖市的劳改干校列为固定发文单位，提供有关劳改、劳教工作的文件、资料和经验（学校应制订保密制度，做好保密工作）；邀请劳改、劳教专业教师参加劳改、劳教工作的专业会议；派负责同志或具有实践工作经验的同志，向师生介绍劳改、劳教工作的情况和经验，作有关政策、法律报告，同院校结合进行有关的理论研究；积极提供条件支持和大力协助师生深入实际进行调查研究和专业实习。请对上述工作予以充分重视并认真落实。

司法部关于结合农村整党进一步整顿农村人民调解组织的意见

（一九八六年十月二十日）

在各级党、政机关领导和司法机关的指导下，各地农村人民调解工作在增进人民内部团结，促进社会主义精神文明建设，搞好社会治安综合治理等方面做了大量工作，起到了良好的作用。事实证明：凡是人民调解组织健全，人民调解工作正常开展的地方，民间纠纷能得到及时调解，由民间纠纷激化为刑事案件和非正常死亡的大大减少，社会治安秩序良好，保障了两个文明建设的顺利进行。

最近中共中央、国务院发出的关于加强农村基层政权建设工作的通知中指出：乡党委和乡政府要采取有力措施，加强政法工作，动员多方面的力量，经过扎扎实实的努力，为改革和建设创造良好社会环境。这个通知又指出：要采取措施，认真整顿农村基层组织，要帮助村（居）民委员会建立健全人民调解等工作委员会（组）和各项工作制度。人民调解工作是政法工作的第一道防线，加强人民调解委员会的组织建设和思想建设，是加强农村基层组织的重要内容，是加强基层政法工作，加强社会治安综合治理的需要。目前，人民调解组织还存在一些急待解决的问题，主要是：部分地区调解组织不健全，一些组织处于瘫痪、半瘫痪状态，有些调解人员政治、业务素质较差，责任心不强，不能适应新时期人民调解工作的需要，加上不少地方调解工作报酬一直不落实，难以调动调解人员的工作积极性等。这些问题长期得不到解决，严重影响农村人民调解工作的进一步发展。

在党中央的统一部署下，各地农村基层整党工作正在全面展开，村一级党组织的整党工作即将进行。各级司法行政机关应主动向当地党委和整党领导机关提出在农村整党中整顿健全农村人民调解组织的意见，请示当地整党领导机构通知各整党单位予以具体安排并抓落实。

这次整顿的重点是，帮助那些处于瘫痪、半瘫痪的调解组织与调解人员，充实力量，建立正常的工作制度。通过整顿，进一步巩固一类调解委员会，健全二类调解委员会，把瘫痪、半瘫痪的调解组织减少到最低限度，使农村的人民调解工作能够在加强社会治安综合治理，加强精神文明建设中发挥更大的作用。

整顿过程中，要对调解人员进行思想教育，提高他们的思想政治觉悟，树立全心全意为人民服务的思想；要组织广大调解人员学习建国以来，特别是近几年来党中央、国务院和中央领导同志对人民调解工作的有关指示，学习第二次全国人民调解工作会议有关文件，进一步认清人民调解工作在新时期的地位和任务，增强光荣感和责任感。特别是从事基层调解工作的共产党员，通过整党坚定从事调解工作的决心和信心，在努力建设一支有理想、有道德、有文化、有纪律的调解队伍中，发挥先锋模范作用。

在整顿人民调解组织中，要进一步建立健全各项制度，落实纠纷登记、学习、例会、回访、总结评比等制度。结合本地实际，落实责、权、利相一致的调解工作责任制，尽可能落实调解人员报酬，进一步推广“联片调解组织”和“十户调解员”的经验。

通过农村整党，对新调整的调解主任、调解委员，县（区）、市司法局要有计划组织培训，向他们介绍调解工作情况，讲解人民调解工作任务，组织他们学习《民法通则》和《婚姻法》、《继承法》、《经济合同法》等有关人民调解工作单项法规，帮助他们尽快明确职责、任务，学会掌握工作原则，懂得调解方法，努力做好调解工作。

各地司法行政机关要深入调查分析本地区人民调解组织的状况，主动向基层党委、政府汇报，取得领导和支持，并根据各地农村整党的步骤，在整党领导机构的统一安排下，加强对农村人民调解组织整顿工作的指导。要注意抓好整顿的试点工作，及时推广好的做法、经验，抓紧在今冬明春的农村整党中，整顿好农村人民调解组织。有关这方面的情况和经验，请及时报部。

司法部关于进一步加强司法工作，保障和促进社会主义精神文明建设的通知

（一九八六年十一月二日）

党的十二届六中全会通过的《中共中央关于社会主义精神文明建设指导方针的决议》（以下简称《决议》），是对我国三十多年来社会主义革命和建设，特别是党的十二大以来开展精神文明建设的历史经验的高度概括和总结，是在新的历史时期加强社会主义精神文明建设的纲领性文献，对各项工作都有着重要的指导意义。为贯彻落实《决议》精神，搞好司法行政部门精神文明建设，加强司法行政工作，保障和促进整个社会主义精神文明建设的深入开展，经部研究决定，现作如下通知：

一、各级司法行政部门要组织广大干警认真、扎实地学习《决议》，深刻领会精神实质。《决议》是马列主义基本原理同我国实际相结合的产物。有两个十分显著的特征：一是把历史唯物主义的基本原理与我国四化建设的实践结合起来，提出了许多新的理论问题；二是把坚持四项基本原则和坚持改革、开放结合起来，十分准确地体现了十一届三中全会以来的基本路线方针。全体干警要认真学习，深入思考，联系思想和工作实际，切实解决实际问题。要克服那种轰轰烈烈，华而不实的做法，不搞形式，不走过场。通过学习，要达到两个目的：一是提高认识，统一思想，明确司法行政部门在精神文明建设中所肩负的重大责任，增强建设精神文明的自觉性和创造性；二是振奋精神，鼓舞斗志，促进各项业务工作的开展，努力为保障和促进精神文明

建设的深入开展作出贡献。

二、要进一步加强领导，把普法工作引向深入。向全民普及法律常识是加强精神文明建设的基础性工作，是维护社会秩序，搞好社会风气的根本措施之一。在当前的大好形势下，各级司法行政部门要进一步加强领导，与有关部门密切配合，把普法工作引向深入。要把普法教育与精神文明建设结合起来，与各地区、各部门执法的实际结合起来。要大力推广大庆、本溪、龙岩等地的经验，提倡边学法、边用法、边检查，坚决纠正不依法办事的问题，大力表彰、鼓励遵纪守法的先进单位和个人，逐步实现依法治厂、治校、治市，充分发挥社会主义法制对精神文明建设的保障和促进作用。

三、要充分发挥司法行政部门在精神文明建设的职能作用。司法行政部门的各项业务工作都和精神文明建设有着密切的联系，有的本身就是精神文明建设的组成部分。按照《决议》的要求，各级司法行政部门要通过开展各项业务工作为精神文明建设提供有力的保障和支持，形成有利于精神文明开展的舆论力量、价值观念、文化条件和社会环境。

四、要千方百计提高司法队伍的素质。《决议》指出："人的素质是历史的产物，又给历史以巨大的影响"。努力提高广大司法干警的素质，是搞好司法行政工作，保障和促进精神文明建设的必不可少的条件。各级司法行政部门要通过切实有效的思想政治工作，开展"四有"教育和职业道德教育，不断提高司法干警的政治素质；通过开展各种形式的业务培训和深造，不断提高司法干警的业务素质。司法干警应当成为精神文明建设中的模范和表率。

五、加强自身精神文明建设，使司法行政部门的每个单位都成为精神文明建设的窗口。精神文明要从个人做起，从家庭做起，从本单位做起。各级司法行政部门的领导同志，不仅要以身作则，严于律己，自觉地接受群众的监督和党纪、法律的约束，抵制和纠正各种不正之风和违法乱纪的行为，做精神文明建设的带头人，而且要认真负起责任，加强对本地区、本部门精神文明建设的领导，结合实际情况，作出具体实施的规划和安排，努力把本单位建设成为精神文明的先进单位，使精神文明之花在司法行政部门越开越旺，结出累累硕果。

各地学习贯彻《决议》的情况，采取的具体措施以及开展精神文明建设的经验，请及时报部。

司法部关于发布《办理公证程序试行细则》的通知

（一九八六年十二月四日）

经部务会议审议，特决定发布《办理公证程序试行细则》，望各地遵照执行。

附件：《办理公证程序试行细则》

关于《办理公证程序试行细则（送审稿）》的几点说明。

办理公证程序试行细则

总　　则

第一条　根据《中华人民共和国公证暂行条例》，特制定本细则。

第二条　公证处办理公证事项应坚持真实、合法的原则，对违背法律和社会公共利益的行为应予制止。

第三条　公证员应亲自办理公证事项，公证处的其他人员协助公证员办理公证事项。

第四条　公证人员办理公证事项应为当事人保守秘密。

公证事项的当事人

第五条　具有民事权利能力的人可以作为公证事项的当事人。

法人可以作为公证事项的当事人。

第六条　限制民事行为能力人在征得其法定代理人的同意后方可申办公证事项或由其法定代理人代理。无民事行为能力人由其法定代理人代理。

当事人可委托代理人代理，但办理遗嘱、收养子女、赠与、委托书、声明书等与个人人身有密切关系的公证事项除外。

第七条　代理人代为办理公证，必须向公证处提交有委托人签名或盖章的委托书。

居住在香港、澳门、台湾以及外国的当事人，委托代理人办理重大公证事项的，应提交经当地公证人或我部认可的驻外机构、律师或我驻外使领馆公证、认证或证明的委托书。

第八条　住所地不同的若干名当事人共同办理同一项公证的，必须共同到其中一名当事人住所地公证处办理。如果不便共同到一个公证处办理，并且所申请的公证事项可以委托他人办理的，可委托同一人代为办理。涉及到产权转移的公证事项，委托书应经公证处公证。

第九条 法人办理公证，须由其法定代表人或持有法定代表人委托书的代理人代为办理。

第十条 代理人是监护人的，应提交有监护资格的证明。

公证人员的回避

第十一条 公证人员有下列情况之一的，必须自行回避，当事人也有权申请他们回避：

1. 是本公证事项的当事人或当事人的近亲属；
2. 与本公证事项有利害关系的；
3. 与本公证事项的当事人有其他关系，可能影响正确办证的。

第十二条 公证员回避由公证处主任或副主任决定；公证处主任或副主任回避由同级司法局长决定。

公证事项的申请和受理

第十三条 当事人向公证处申请公证，公证人员应当认真接待并做好接待笔录。

第十四条 当事人申请公证应提交能够证明其身份的证件和与申请事项有关的文件、材料。

第十五条 申请公证应填写申请表。填写申请表确有困难的，可以口述，由公证人员填写。

第十六条 申请表应记明：

1. 当事人姓名、性别、年龄、籍贯、民族、职业、工作单位和住址，或法人的名称、住所和法定代表人的姓名、职务；
2. 申请公证的事项和公证书的使用目的；
3. 有关证据和证据来源，证人的姓名和住址；
4. 其他有关事项。

第十七条 对符合下列条件的申请，公证处应决定受理：

1. 当事人是与本公证事项有利害关系的个人或法人；
2. 申请的事项属于公证处的业务范围；
3. 对申请的公证事项当事人、利害关系人之间无争议；
4. 申请的公证事项属于受理公证处管辖。

第十八条 公证处对不应受理的申请，应告诉当事人到有关部门或有管辖权的公证处申请。

第十九条 公证处决定受理后，应立即编号立卷。

第二十条 公证处可以应当事人的请求，帮助当事人审查、修改、起草法律文书。

公证事项的审查

第二十一条 公证员必须认真审阅当事人提供的材料。

第二十二条 法律行为的公证事项应符合下列条件：

1. 当事人具有相应的民事行为能力；
2. 当事人意思表示真实；
3. 当事人签署的文件内容符合法律和社会公共利益。

第二十三条 法律事件，有法律意义的事实和文书的公证事项除应符合本细则第二十二条的第1项外，还应核对事实或文件或签名、印鉴，确实无误。

第二十四条 继承权的公证事项应符合《中华人民共和国继承法》的规定。

第二十五条 公证人员应认真收集证据。

当事人提供的证件、文件、材料，公证处认为不完备或有疑义的，应通知当事人作必要的补充或者向有关单位、个人调查索取有关证件和材料。

第二十六条 对原件或其他无法入卷的证据和材料，应有复制件或影印件入卷，复制人应在复制件上签名并注明与原件相符及日期。影印件、副本、节本、译本、抄本必须与原件核对。如不能提供原件进行核对的，应提供原件所在地公证处出具的复制件与原件相符的公证书。

第二十七条 公证处需要解决专门性问题，可聘请有专业知识的人进行鉴定、翻译。鉴定结论或翻译材料，应有鉴定人、翻译人的签名。

第二十八条 必要时，公证人员应到现场作实地调查。

第二十九条 公证处在必要时可委托外地公证处调查。委托调查，必须提出明确的要求。受托公证处可以主动补充调查。

受托公证处收到委托调查书后，应在二十日内完成调查。因故不能完成的，应在上述期限内函告委托公证处。

第三十条 调查时，一般应由两名以上公证人员进行。

第三十一条 调查时，应认真做好谈话、会议、电话等记录。

除电话记录外，各种笔录均应交被调查人核对并签名或盖章。

第三十二条 公证处发现当事人或其他单位，个人有违法行为时，应教育制止。

第三十三条 公证员审查后，应填写审批表，连同卷宗报公证处主任、副主任或主任、副主任指定的公证员审批。主任或副主任认为是复杂、疑难的公证事项，应提交公证处处务会讨论决定。

第三十四条 公证事项符合本细则第二十二、二十三、二十四条规定的，应决定出具公证书，不符合上述规定的，应拒绝公证。

第三十五条 对拒绝公证的，公证人员应向当事人说明理由，并告知对公证处拒绝公证不服的申诉程序。

公证书的制作和发送

第三十六条 制作公证书应符合下列条件：

1. 司法部规定或批准的格式；
2. 国家规定的数字用法体例；
3. 日期采用公历；
4. 单位名称第一次出现用全称；
5. 签名、盖章齐全；
6. 不得涂改，挖补，必须修改的应加盖公证处的校对章；
7. 其他有关规定。

第三十七条 公证书应用中文作成。在少数民族聚居或者多民族共同居住的地区，除涉外公证事项外，可使用当地民族通用的文字作成。

第三十八条 因使用需要或当事人要求，公证书可附外文译文。

第三十九条 公证书应制作若干份发给当事人。公证处留存原件。

公证书从签署之日起生效。

第四十条 公证书根据规定需要办理领事认证的，应由承办公证处送有关部门认证。

第四十一条 公证处办理公证事项应按规定收取公证费。减、免收费应由主任或副主任决定。办理认证的还应代收认证费。

第四十二条 公证书由当事人或代理人到公证处领取。必要时，也可由公证处发送。收件人必须在公证书收执上签名或盖章并记明收到日期。

办理公证事项的期限与终止

第四十三条 公证事项应及时办理。

一般公证事项应在一个月内办结。重大复杂的公证事项经公证处主任或副主任批准可适当延长，但最长不得超过三个月。期限从公证处受理立卷之日起计算。在规定的期限内不能办结的，应及时告知当事人原因，并报告同级司法局。

第四十四条 有下列情况之一的，终止办理公证：

1. 公证处立卷后因当事人的原因，在一个月内不能决定是否出具公证书，并经通知当事人提供必要的证据后，在两个月内，当事人仍不能按要求提供证据的；
2. 公证员在签署公证书前当事人撤回申请的；
3. 因当事人死亡，不能继续办理的。

第四十五条 终止公证事项应由公证员写出书面报告，经主任、副主任或主任、副主任指定的公证员审批、决定。

公证卷宗的整理与归档

第四十六条 公证事项办理结束或终止后，应及时整理归档。公证卷宗装订应符合下列条件：

1. 材料内容齐全；
2. 材料按时间的先后顺序排列；
3. 材料内容与公证事项有关；
4. 编写页码和目录；
5. 每证一卷，但为同一目的而办的数项公证可合为一卷；为同一目的而办的数项公证不能合订一卷的，缺少有关材料的卷宗内，应注明所缺材料归入的卷宗；
6. 卷后封线结，应有公证处的封签和承办人的印章；
7. 对无法入卷的证据，应写明标签妥善保管。

第四十七条 对公证事项的讨论意见、上级的有关批示等不宜对外公开的材料，应装订成副卷，与正卷一起保存。

第四十八条 涉及到国家机密的公证事项，应以密卷保存，密卷封面的右上角，应盖密卷印章。

第四十九条 公证卷宗应由专人管理，并建立管理、调阅制度。

公证事项的复查与撤销

第五十条 公证处发现本处发出的公证书有不当或错误，应当主动撤销。

各级司法行政机关发现所属公证处已经发出的公证书有不当或错误，应当撤销或通知公证处撤销。

第五十一条 当事人、利害关系人、有关单位对公证处出具的公证书或撤销公证书以及拒绝办理和终止办理的公证事项有疑义可向公证处、司法行政机关提出申诉，受理机关应在三个月内作出复查结论。

第五十二条 受理申诉的司法行政机关可自行复查或责成下级机关或原办证机关复查。

公证处复查的，不能由原办公证员进行。

第五十三条 复查的公证事项，如原公证书正确，应维持原公证书；如公证书内容正确，但文字表述不当的，应收回公证书修改后重新制发；不能收回的可另行制发补充性质的公证书。

第五十四条 认定事实不清或违背法律、社会公共利益以及严重违反公证程序的公证书，经公证处决定或同级、上级司法行政机关决定，应予撤销或更正。对已经发往域外使用的公证书的撤销或更正，应报省、自治区、直辖市司法厅、局决定，并报司法部备案。

第五十五条 复查结论的处理意见应告知当事人并通知原公证处和有关人员及部门。对不能收回原公证书的，应公告撤销原公证书。

第五十六条 复查材料应由复查单位立卷归档，复查结论应存入原公证卷内一份。

第五十七条 因公证处的过错而撤销的公证书，所收的公证费应全部退还当事人。因当事人的过错而撤销的公证书，所收公证费不予退还。因公证处和当事人双方过错而撤销的公证书，所收公证费应酌情退还。

附　　则

第五十八条　外国人、无国籍人和外国法人在中国办理公证适用本试行细则。

第五十九条　本试行细则自发布之日起试行。

关于《办理公证程序试行细则(送审稿)》的几点说明

公证律师司

为使办理公证程序规范化、制度化，提高公证工作质量，根据《中华人民共和国公证暂行条例》的有关规定，结合几年来办理公证的实践，在征询部分省、市意见的基础上，我们草拟了《办理公证程序试行细则(征求意见稿)》(下称试行细则)在征求各地意见后，又进行了修改和补充，形成了现在提交部务会议审议的送审稿。现就送审稿中的主要问题作一简要说明。

一、制定试行细则是提高公证工作质量的重要措施

一九七九年以来，我国公证机关陆续恢复并逐渐发展，办理了大量的公证事项，据统计截止一九八五年底，全国共办理公证八百八十九万多件，其中经济合同公证五百八十八万件，涉外公证八十一万多件，公民权利义务方面公证二百二十万多件。公证工作的大力开展，在保护我国公民、法人和港澳台同胞，促进社会安定团结，维护社会主义经济秩序，加强社会主义法制等方面，发挥了一定的作用。但是，公证工作的质量还存在一定的问题，主要是：一、办证效率不高，一些公证事项得不到及时办理；二、错证时有发生，据不完全统计：错证将近占全部办证量的0.8%；三、公证书不规范，整卷、归档等工作粗糙、零乱。这不仅影响了公证机关的信誉和有效地发挥社会效益，而且也影响了公证机关的正常工作和内部管理工作。出现这些问题的原因是多方面的，其中主要原因之一就是办理公证程序不规范，不明确不完善，尽管公证暂行条例对公证程序作了些规定，但是，这些规定比较原则，简单，不便具体掌握。因此，尽快在公证暂行条例的基础上，制定试行细则，对于提高公证工作质量是十分重要的。

二、关于试行细则的结构

试行细则是公证暂行条例关于办证程序规定的具体化，是公证机关办理公证事项的操作规程。根据公证暂行条例的规定和各地办证实践，公证程序主要分为三个环节，即接待、审查、出证，为便于理解和操作，试行细则基本上按照这三个环节分列，由于一些内容不宜列入这三个环节，特别是一些基本原则、回避、当事人、期限、终止、复查等，而这些内容是公证程序中不可缺少的，因此，有必要将这些内容各列一部分来写，这样就形成了目前这样的结构，共十个部分，五十九条。在征求各地意见时，许多同志提出，在实践中，办理经济合同公证后，公证机关对当事人履行合同做了一些回访、监督和调解工作，建议把回访、监督和调解工作列入程序，在试行细则中单独加以规定。我们认为：公证制度是一种预防性的司法制度，在办理经济合同公证方面，公证处的主要职责是指导当事人正确地签定经济合同，使之符合法律和社会公共利益，易于履行，少出纠纷。由于办了公证，证据清楚，即使发生了纠纷，也便于人民法院和仲裁机关处理。至于合同履行问题，是当事人根据签定的经济合同，实际行使权力、履行义务的问题，与签定经济合同是不同的问题。因此，对经济合同履行的回访、监督和调解等工作不是公证处的职责，也就没有必要列入公证程序并写进试行细则。但是，从实际工作来看，回访、监督和调解工作对促进合同履行是有一定作用的，必要时，公证机关仍应积极做好这些工作。

三、关于如何审查公证事项的问题

审查是办理公证事项的重要环节，是保证正确出证的关键。因此，试行细则第二十二、二十三、二十四条对此做了明确规定。真实、合法是公证工作的一项基本原则，但是，过去有一些人认为，坚持这一原则就必须要求所有的公证事项都同时做到真实、合法。实际上，有的公证事项并不涉及合法问题，如经历、出生、死亡、签名等。因此，要求所有的公证事项都符合真实、合法就不十分准确。为此，试行细则采取了分类加以规定的方法，使办证要求更加具体、明确。从总的要求来看，仍然坚持了真实、合法的原则。另外，继承权是因亲属关系或法律行为而产生的法律后果，不同于法律事实，有法律意义的事实和文书等，是一种特殊的公证事项，为此我们把它单列一条加以规定。

目前，各地都把当事人的履行能力作为审查的内容，有的还提出审查当事人履行合同的可行性。我们考虑到，《民法通则》仅规定了民事法律行为应具备“行为人具有相应的民事行为能力”；“意思表示真实”；“不违背法律或社会公共利益”三项条件。履行合同能力并不是民事法律行为的必备条件。同时，履行合同能力是一个十分复杂的问题。涉及到技术能力、设备能力、管理能力以及产、供、销、运等各个环节，对此，公证机关也无法查实，查清。因此，为严格执行《民法通则》，使程序更为合理、可行，我们未把履行能力作为审查内容。

四、关于办证期限和终止问题

为了提高办证效率，维护当事人的合法权益，根据近几年的实践，试行细则对办证期限作了规定。一般公证事项应在一个月内办结；重大、复杂的公证事项应在三个月内办结。在规定期限内不能办结的，应告诉当事人不能办结的原因，并报告同级司法行政机关。过去，对于如何处理已经受理的公证事项，由于某些原因不能继续办理或不需办理的问题，一直未做规定，造成一些公证事项长期悬而未决，形成积压。根据各地意见，试行细则对此类公证事项作了终止的规定。

五、关于复查和撤证问题

公证暂行条例规定："当事人对公证处的拒绝不服或者认为公证员处理不当，可以向公证处所在地的市、县司法行政机关或上级司法机关申诉，由受理机关作出决定。"根据这一规定，试行细则规定了对当事人提出申诉应及时复查；应作出结论等内容。同时，对公证书的撤销、更改、已收公证费的处理等问题也作了相应的规定。

试行细则和以上说明，是否妥当，请审议。

司法部、财政部关于兼职律师酬金的规定

（一九八六年十二月十一日）

为了加强律师工作的管理，合理地支付兼职律师的酬金，现重新规定如下：

一、兼职律师办理各项律师业务，法律顾问处（又称律师事务所，下同）按下列办法将委托人（或单位）缴费的一部分，定期付给兼职律师所在单位：

1. 办理刑事辩护，不涉及财产关系的民事诉讼代理，非诉讼法律事务，代写法律文书和解答法律询问，每件按收取费用的百分之四十至六十支付；

2. 办理涉及财产关系的民事诉讼代理及经济纠纷案件的诉讼代理和非诉讼代理，每件按收取费用的百分之三十至五十支付，但最高不得超过一百五十元；

3. 担任常年法律顾问，聘请单位缴纳固定费用的按不超过百分之二十支付；聘请单位不缴纳固定费用的，根据实际工作情况按前两款办法支付。

二、兼职律师单位按法律顾问处所付酬金的百分之五十，定期付给兼职律师个人。兼职律师个人全年所得酬金，不得超过本人的三个月标准工资额。

三、兼职律师办案，收费必须经法律顾问处统一办理。不得自行收案或受聘担任法律顾问，不得私自收费，违者由司法行政机关处理，直至取消其律师资格。

以上规定请各省、自治区、直辖市司法厅（局）、财政厅（局）结合当地的实际情况，贯彻执行。一九八一年二月二十一日司法部、财政部《关于兼职律师酬金问题的联合通知》即日起废止。

民政部关于发布《华侨同国内公民、港澳同胞同内地公民之间办理婚姻登记的几项规定》的通知

（一九八三年三月十日）

《华侨同国内公民、港澳同胞同内地公民之间办理婚姻登记的几项规定》，已征得外交部、公安部、司法部、国务院侨务办公室等有关部门同意，现予公布实行。各地规定与本规定有抵触的，应以本规定为准。

华侨同国内公民、港澳同胞同内地公民之间办理婚姻登记的几项规定

为了便于华侨同国内公民、港澳同胞同内地公民之间的婚姻登记，根据《中华人民共和国婚姻法》和《婚姻登记办法》，特作如下规定：

一、华侨同国内公民、港澳同胞同内地公民之间结婚、双方自愿离婚和复婚，凡要求在国内（内地）办理的，男女双方须共同到国内（内地）一方户口所在地的县级以上人民政府婚姻登记机关申请登记。

二、申请结婚登记的男女双方，须分别持有下列证件：

甲、国内公民

（一）本人户口所在地公安派出所出具的户口证明；

（二）所在工作单位或市、镇街道办事处，农村乡（镇）人民政府出具的本人出生年月、民族、职业和婚姻

状况证明。

乙、华侨

(一)我驻该国使、领馆颁发的本人护照;

(二)经我驻该国使、领馆认证的居住国公证机构出具的本人无配偶证明,或我驻该国使、领馆出具的本人无配偶证明。

丙、港澳同胞

(一)港澳居民身份证,港澳同胞回乡证或海员证;

(二)我司法行政机关委托的香港律师辨认的香港婚姻注册处出具的婚姻状况证明,和经该律师证明的由申请人作出的在其它任何地方从未登记结婚的声明书。

(三)澳门行政局或警察局出具的婚姻状况证明;

我驻港澳机构的工作人员和港九工会联合会、香港中华总商会、香港教育工作者联合会、澳门工会联合会、澳门中华教育会和澳门中华总商会的会员,持所在机构或社团出具的婚姻状况证明,可免交(二)、(三)项规定的证明。

此外,华侨、港澳同胞在申请结婚登记时,还须持有在国外和港澳从事的职业或可靠经济来源的证明;婚姻登记机关指定的县级以上医院出具的婚前健康检查证明。不在原籍登记结婚的港澳同胞还须持有原籍(或原驻地、原工作单位)乡(镇)人民政府,市、镇街道办事处出具的本人婚姻状况证明,或内地两个了解情况的亲友为其出具的无配偶保证。

申请结婚登记的当事人离过婚的,还须持有离婚证件;丧偶的,须持有配偶的死亡证件;有过同居关系的,须持有脱离同居关系的协议书。

三、对于来自和我无外交关系国家(地区)的华侨同国内公民之间申请结婚登记的,须持有华侨居住国(地区)公证机构公证的,并经与我国和华侨居住国都有外交关系的第三国使、领馆认证的无配偶证明;取得上述证明确有困难的,根据其国内原籍乡(镇)人民政府、街道办事处了解后所出具的婚姻状况证明,国内两个了解情况的亲友为其出具的无配偶保证,以及本人出具的无配偶的书面声明,由县以上民政部门会同侨务部门审查后,可予办理结婚登记。

四、男女双方自愿离婚并已对子女抚养和财产作了妥善处理的,须共同到婚姻登记机关申请离婚登记。一方要求离婚或一方不能到婚姻登记机关申请离婚的,可由有关部门进行调解或直接向国内(内地)一方户口所在地的人民法院提出离婚诉讼。

五、离婚后,男女双方自愿恢复夫妻关系的,按照申请结婚登记办理。男女双方持离婚后未再结婚的证件,共同到婚姻登记机关申请复婚登记,并退回离婚证。

六、申请婚姻登记的男女双方,对婚姻登记机关所要了解的情况,必须如实提供。故意隐瞒事实或伪造证件的,婚姻登记机关不予登记,情节严重的,提请当地司法机关依法处理。

七、华侨同国内公民,港澳同胞同内地公民之间办理婚姻登记所使用的结婚申请书和结婚证,均须贴有双方当事人的照片。结婚证、离婚证加盖县级以上人民政府婚姻登记专用章。婚姻登记机关在办理婚姻登记时,应收取婚姻证书工本费和登记手续费。所需翻译费由本人自理。

民政部关于颁布《中国公民同外国人办理婚姻登记的几项规定》的通知

(一九八三年八月二十六日)

《中国公民同外国人办理婚姻登记的几项规定》,国务院已于一九八三年八月十七日国发〔1983〕128号文批准,现予颁布实行。

中国公民同外国人办理婚姻登记的几项规定

一、中国公民同外国人(包括常驻我国和临时来华的外国人、外籍华人、定居我国的侨民)在中国境内自愿结婚的,男女双方当事人必须共同到中国公民一方户口所在地的省、自治区、直辖市人民政府指定的婚姻登记机关申请登记。

二、申请结婚登记的男女双方,必须遵守中华人民共和国婚姻法和本规定的有关条款。

三、申请结婚登记的中国公民和外国人,须分别持有下列证件:

甲、中国公民:

(一)本人的户籍证明;

(二)本人户口所在地的县级人民政府或工作所在单位的县级以上机关、学校、事业、企业单位出具的本人姓名、性别、出生年月、民族、婚姻状况(未婚、离婚、丧偶,下同)、职业、工作性质、申请与何人结婚的证明。

乙、外国人:

（一）本人护照或其他身份、国籍证件；

（二）公安机关签发的《外国人居留证》，或外事部门颁发的身份证件，或临时来华的入境、居留证件；

（三）经本国外交部（或外交部授权机关）和我驻该国使、领馆认证的由本国公证机关出具的婚姻状况证明；或该国驻华使、领馆出具的婚姻状况证明。

丙、外国侨民：

（一）本人护照或代替护照的身份、国籍证件（无国籍者免交）；

（二）公安机关签发的《外国人居留证》；

（三）本人户口所在地县级人民政府或工作所在单位的县级以上机关、学校、事业、企业单位出具的本人姓名、性别、出生年月、婚姻状况、职业、申请与何人结婚的证明。

此外，申请结婚的男女双方，还须提交婚姻登记机关指定医院出具的婚前健康检查证明。

四、下列中国公民不准同外国人结婚：

（一）现役军人、外交人员、公安人员、机要人员和其他掌握重大机密的人员；

（二）正在接受劳动教养和服刑的人。

五、凡证件齐全、符合本规定的中国公民和外国人，可持证件和男女双方照片，到婚姻登记机关提出申请。经婚姻登记机关审查了解，符合中华人民共和国婚姻法和本规定的准予登记，一个月内办理登记手续，发给结婚证。结婚证须贴有男女双方当事人照片，并加盖办理涉外婚姻登记的县级以上人民政府婚姻登记专用章（钢印）。

六、中国公民和外国人在华要求离婚的，应按中华人民共和国《民事诉讼法（试行）》有关规定，向该管人民法院提出离婚诉讼。要求复婚的，按结婚办理。

七、申请结婚的中国公民和外国人应向婚姻登记机关交纳婚姻证书工本费和登记手续费。所需翻译费由本人自理。

八、本规定经国务院批准后施行，过去有关规定同时废止。

民政部关于办理婚姻登记中几个涉外问题处理意见的批复

（一九八三年十二月九日）

上海市民政局：

一九八三年十月二十八日沪民社（83）第80号来文收悉。经商得外交部同意，答复如下：

一、长期居住港澳的外籍华人申请与内地公民结婚的，对持有其国籍所属国证明的，应按照《中国公民同外国人办理婚姻登记的几项规定》办理；对持有港澳有关当局出具的婚姻状况证明的，可参照《华侨同国内公民、港澳同胞同内地公民办理婚姻登记的几项规定》办理。

二、华侨、港澳同胞在申请结婚登记时，须持有在国外和港澳从事的职业或可靠经济来源的证明。但它不是申请结婚登记的主要证明。要这一证明的目的在于了解华侨、港澳同胞在国外是否从事正当职业，以保护国内（内地）公民不受欺骗和出国以后有可靠的经济生活保障。无职业或可靠经济来源证明的，可由婚姻当事人在国内的亲友出具。持有我驻外使、领馆出具或认证的本人无配偶证明，而没有从事职业或可靠经济来源证明，又未发现其他问题的，也可予以办理结婚登记。

三、对于男女双方都是来华工作的外国人；或一方是在华工作的外国人，另一方是临时来华的外国人，要求在华办理结婚登记的，只要他们具备《中国公民同外国人办理婚姻登记的几项规定》中所要求的证件，符合我国《婚姻法》关于结婚的规定，可予办理结婚登记。为了保证我婚姻登记的有效性，可以让婚姻当事人提供本国法律在国外办理结婚登记有效的条文。

四、《中国公民同外国人办理婚姻登记的几项规定》中，关于中国公民同外国人在华要求离婚的规定，是根据有的国家不经法院判决离婚无效的情况做出的，不论双方自愿离婚还是一方要求离婚的，都由我人民法院处理。这一规定是经最高人民法院同意的，应按规定执行。

民政部关于婚姻状况证明有效期限补充规定的通知

（一九八四年四月二十一日）

我部颁布的关于《中国公民同外国人办理婚姻登记的几项规定》第三条乙款规定，外国人要求与中国公民结婚的，需持有经本国外交部（或外交部授权机关）和我驻该国使、领馆认证的由本国公证机关出具的婚姻状况证明；或该国驻华使、领馆出具的婚姻状况证明。现对“婚姻状况证明”的有效期限补充规定如下：

一、外国人和外籍华人所持本国公证机关出具的“婚姻状况证明”，到我驻外使、领馆认证的期限从公证之日起三个月有效；

二、经我使、领馆认证后，来我国办理婚姻登记的期限从认证之日起半年有效。

本规定也适用于华侨。

望各驻外使、领馆协助执行。

特此通知。

民政部关于对持外国护照的中国血统香港居民同我国内地公民结婚问题的批复

（一九八六年五月八日）

广东省民政厅：

你厅一九八六年二月一日《关于长住香港的中国血统外籍人回内地结婚一些问题的请示》收悉。经研究，答复如下：

一、一九八四年十二月十九日中英关于香港问题的联合声明中方备忘录明确指出：“根据中华人民共和国国籍法，所有香港中国同胞，不论其是否持有《英国属土公民护照》，都是中国公民”。因此，凡持《英国属土公民护照》或《英国国民（海外）护照》的香港中国同胞申请同内地公民结婚时，我婚姻登记机关均应按照民政部发布的《华侨同国内公民、港澳同胞同内地公民之间办理婚姻登记的几项规定》（民〔1983〕民 20 号文件）中对香港同胞同内地公民婚姻登记的要求办理。

二、凡持《英国本土公民护照》或其他国家护照的长住香港的中国血统外籍人要求同我国内地公民登记结婚的，应按《中国公民同外国人办理婚姻登记的几项规定》（民〔1983〕民 94 号文件）办理。

三、关于在港澳出生长大或自幼就移居港澳的同胞回内地申请结婚，因原籍无亲友或原籍不明，无法取得内地亲友为其出具的无配偶保证的问题。同意你厅意见，凡在港澳出生长大或未满十八周岁即移居港澳的港澳同胞，回内地申请与内地公民结婚登记时，可免予出示原籍亲友的保证。

民政部、教育部、外交部关于出国留学生办理婚姻登记的暂行规定

（一九八四年七月十九日）

各省、自治区、直辖市民政、教育厅（局）、外事办公室，各驻外使、领馆：

我驻美国大使馆教育处一九八四年六月六日请示关于自费出国留学生申请结婚如何办理问题，经研究，暂作如下规定：

一、出国自费留学生要求在国内办理婚姻登记的，应持本人护照和我驻外使、领馆出具的国外期间婚姻状况证明；公费留学生可持有教育部出国人员集训部出具的出国留学生结婚证明；到国内一方户口所在地或本人原户口所在地的城市街道办事处或乡、镇人民政府办理结婚登记。

二、当事人双方均为出国留学生要求在国外登记结婚的，如其出生年月、婚姻状况有档案可资证明，可以到我驻外使、领馆办理结婚登记；无档案可资证明则须先取得国内原户口所在地的城市街道办事处或乡、镇人民政府出具的出生年月和婚姻状况证明（从工作单位出国留学的，也可由原工作单位出具）。如驻在国不承认我使、领馆办理的婚姻登记，也可以在当地婚姻登记机关办理。当事人双方要求在国内办理婚姻登记的，按第一条规定办理。

民政部关于婚姻登记若干问题的解答的通知

（一九八六年九月十一日）

现将《关于婚姻登记若干问题的解答》发给你们，请照此执行。

附：

民政部关于婚姻登记若干问题的解答

问题一：有的生产建设兵团、国营农场、牧场、林场规模很大，又没有设立政权机构，这些单位的职工、家属到何处办理婚姻登记？

答：上述单位的职工、家属可以就近到单位驻地附近的婚姻登记机关办理婚姻登记。路途较远、交通不便的，也可以由所在市、市辖区、县人民政府委托上述单位代办婚姻登记。市、市辖区、县民政部门负责对代办单位的婚姻登记人员进行培训、考核、发证和业务指导。代办单位的婚姻登记统计工作由市、市辖区、县民政部门负责管理。

问题二：申请结婚的当事人，要求共同到一方父母户口所在地的婚姻登记机关办理结婚登记，该婚姻登记机关可否受理？

答：原则上应按《婚姻登记办法》执行。如婚姻当事人双方不在同一地区工作，也不和父母同住一地，要求共同到一方父母户口所在地的婚姻登记机关办理结婚登记，该婚姻登记机关可作为特殊情况受理。婚姻当事人除需提供《婚姻登记办法》规定的证件外，还需提供当事人父或母所在单位或村（居）民委员会出具的该人与当事人确属父子（女）或母子（女）关系的证明。

问题三：当事人以受单位或他人干涉取不到申请结婚所需证明为由要求办理结婚登记，婚姻登记机关如何受理？

答：婚姻登记机关应首先查明当事人取不到有关证明的原因。如当事人双方或一方不符合婚姻法规定的结婚条件，婚姻登记机关应向当事人进行婚姻法的宣传教育。如当事人双方均已符合婚姻法规定的结婚条件，婚姻登记机关应主动同有关单位联系，充分做好疏导工作。经疏导无效，当事人仍不能取得申请结婚登记所需证明的，婚姻登记机关可以将调查和工作的情况注明于《结婚申请书》中“提供证件情况”栏内，依法为当事人办理结婚登记。

问题四：《婚姻登记办法》对协议离婚没有规定调解程序，是否意味着婚姻登记机关在受理离婚申请时不需进行调解工作？

答：《婚姻登记办法》规定，双方协议离婚，“婚姻登记机关查明情况属实，应准予登记”。这里所说的“查明情况属实”，主要指当事人离婚是否确属双方自愿，是否感情确已破裂，是否对子女抚养、财产处理有了妥善安排。对于尚不构成上述协议离婚三要件的申请，婚姻登记机关应当配合当事人所在单位或村（居）民委员会做好调解工作。对确实符合离婚条件的，婚姻登记机关不应久拖不办，以保障当事人离婚自由的合法权益。

问题五：《婚姻登记办法》规定，办理复婚登记时应收回《离婚证》。由法院判决离婚的当事人申请复婚时，婚姻登记机关是否收回法院的判决书？

答：规定复婚登记时收回《离婚证》的目的，是防止当事人重婚。因此，由法院判决离婚的当事人申请复婚时，婚姻登记机关应收回法院的离婚判决书。如当事人坚持要求自己保存，婚姻登记机关可在办理复婚登记时，在原离婚判决书上注明当事人已于何时在何处办理复婚登记并加盖婚姻登记机关印章。

问题六：出具《夫妻关系证明书》或《解除夫妻关系证明书》需要什么手续？

答：婚姻当事人在丢失婚姻证件以后，因出国、继承财产等原因，需要证明夫妻关系或已解除夫妻关系，应持本人户籍证明和所在单位或所在村（居）民委员会出具的《婚姻状况证明》（申请理由注明于《婚姻状况证明》的“备注”栏内），到原婚姻登记机关提出申请。婚姻登记机关经核查婚姻登记档案，证实当事人确曾依法在此办理过婚姻登记，应将当事人申请及核查婚姻登记档案情况报市、市辖区、县民政部门审查批准后，依法出具《夫妻关系证明书》或《解除夫妻关系证明书》。

问题七：申请与我国公民结婚的外国人，其所在国与我国无外交关系，其婚姻状况证明如何出具？

答：与我国无外交关系的国家的公民要求与我国公民结婚，其婚姻状况证明须经与我国和当事人所属国均有外交关系的第三国的外交部或该国驻我国使领馆认证。

问题八：有的港澳同胞申请同内地公民结婚时，取不到原籍出具的婚姻状况证明或内地两个了解情况的亲友为其出具的无配偶保证，婚姻登记机关如何受理？

答：《华侨同国内公民、港澳同胞同内地公民之间办理婚姻登记的几项规定》要求不在原籍登记结婚的港澳同胞还需持有此项证明的目的，是为了全面掌握当事人的婚姻状况。如当事人从小就随父辈去港澳定居或出生在港澳、从未回过内地，申请同内地公民结婚时可免交此项证明。不属这个范围的，按原规定执行。

问题九：婚姻当事人因《结婚证》陈旧或《结婚证》遗失，要求更换《结婚证》或补发《结婚证》，婚姻登记机关是否可以受理？

答：不论当事人《结婚证》如何陈旧，仍为有效法律证件。更换《结婚证》会引起发证时间的变动，从而影响到该证件的法律效力。因此，不能更换。对于因《结婚证》遗失而要求补发《结婚证》以证明其夫妻关系的，婚姻登记机关可根据婚姻登记档案依法向当事人出具《夫妻关系证明书》，不能补发《结婚证》。

问题十：港澳同胞双方原在内地办理过结婚登记，现要求原婚姻登记机关为其办理自愿离婚登记手续，婚姻登记机关是否受理？

答：经核查婚姻登记档案，当事人确在该机关办理过结婚登记，现双方确系自愿离婚并对子女抚养和财产处理达成协议的，原婚姻登记机关可以受理。如婚姻登记机关查不到婚姻登记档案、当事人的《结婚证》也已遗失，可着当事人到办理婚姻登记时居住地的户籍管理机关出具其原在该地居住过的户籍证明、当事人双方出具确在该机关办理过结婚登记手续的声明书及由内地两名亲友出具的保证书。当事人的声明书和亲友保证书均须经过当地公证机关的公证。具备上述条件后，婚姻登记机关方可受理。

第十部分

有关法制建设的重要报告和讲话选载

进一步实施宪法 严格按照宪法办事

彭真委员长发表谈话纪念新宪法颁布一周年

（一九八三年十二月三日）

在新宪法颁布一周年的时候，彭真委员长就进一步贯彻执行宪法的若干问题，今天向新华社记者发表了谈话。

五届全国人大五次会议去年通过的现行宪法，是高度民主基础上高度集中的产物。它是我国一百多年来的基本历史经验，特别是建国以来三十多年社会主义革命和建设的经验的结晶，同时也吸收了国际的经验。它是中国共产党的正确主张和十亿人民的共同意志的统一，集中反映了最大多数人民的最大利益，完全适应我国社会主义现代化建设的需要，受到全国各族人民的热烈拥护。一年来，中央和地方的各部门、各方面，宣传宪法，实施宪法，做了大量工作，取得显著成绩，现行宪法已经日益显示出自己强大的威力。今后的问题在于进一步实施宪法，严格按照宪法办事。

（一）实施宪法的核心问题，是要维护和发展社会主义制度，一刻也不能忘记或者背离社会主义的方向。

宪法明确规定："社会主义制度是中华人民共和国的根本制度。禁止任何组织或者个人破坏社会主义制度。"从五四运动起，争论来争论去的根本问题，归根到底，是中国革命由资产阶级领导还是由无产阶级领导，中国走资本主义道路还是走社会主义道路。毛泽东同志在《论人民民主专政》一文中对此做了深刻的论述。只有社会主义能够救中国，这是我们的基本历史经验，是实践证明了的真理。建国三十多年以来，尽管我们在工作中有过失误以至严重的失误，我国的经济发展水平同经济发达国家相比还有很大差距，但我们还是取得了旧中国没有取得过也不可能取得的进步。社会主义的优越性在我国已经日益显示出来。为什么我国能够自力更生地解决十亿人的吃饭穿衣问题？为什么我国的经济文化原来那么落后，能够在这么短的时间内就基本上建成独立的而不是依附外国的，比较完整的而不是畸形的，社会主义的而不是资本主义的工业体系和国民经济体系？为什么我国在遭受十年内乱的严重挫折以后，能够如此迅速地恢复和发展起来？根本原因就在于中国共产党领导全国各族人民坚持了社会主义道路。

执行宪法，就要坚持社会主义道路。社会主义是共产主义的初级阶段，作为一种崭新的社会制度，在世界上时间还不长，经验还不够。社会主义、共产主义是人类社会发展的必然趋势，方向、目标是清楚的。至于社会主义怎样发展，怎样向共产主义过渡，具体的路怎么走，只能从实际出发，进行认真的、充分的调查研究，不断系统地、全面地总结经验教训，一步一步摸索，根据生产力发展的要求，调整生产关系，调整上层建筑，不断完善和发展社会主义的各项制度。为此，就必须把马列主义的普遍真理同我国的具体实际结合起来，建设有中国特色的社会主义。在这方面，我们已经有了良好的开端和基础，取得了一些成功的经验。还要看到，由于我国是一个有十亿人口、地域辽阔的大国，各地经济、政治、文化发展很不平衡，因此各地在具体贯彻党和国家总的政策时，又要同本地的实际紧密结合起来，因地制宜，不能千篇一律，不能一刀切。但是，宪法规定的社会主义的基本政治制度和经济制度必须坚持。任何动摇或者背离社会主义制度的言行，无论来自"左"的方面，还是来自右的方面，都是错误的。任何地方，任何单位，政法、财经、文教等各个方面的工作，是不是符合宪法精神，是对是错，是好是坏，看什么？基本标准就是看是不是坚持了社会主义道路，是不是有利于社会主义事业的发展。至于宪法中规定的"特别行政区"实行什么制度，那是另外一个问题。

（二）宪法规定，我国是"工人阶级领导的、以工农联盟为基础的人民民主专政的社会主义国家"。"一切权力属于人民"，"人民行使国家权力的机关是全国人民代表大会和地方各级人民代表大会"。我国是一个统一的多民族国家。实施宪法，必须发展社会主义民主，进一步健全人民代表大会制度，切实保障人民行使管理国家的权力，尊重和保障各少数民族管理本民族内部事务的民主权利。党领导十亿人民掌握国家的、民族的和自己的命运，这是我们国家比较能够经得起各种风险的可靠保证。

作为国家和社会的主人，我国人民在法律上和事实上享有空前广泛和真实的民主权利。宪法对公民的自由和权利作了充分的规定和切实的保障。限制只有一条，就是“公民在行使自由和权利的时候，不得损害国家的、社会的、集体的利益和其他公民的合法的自由和权利”。作这样的限制，对于保障最大多数人民的最大利益，以及保障公民个人的合法的自由和权利，是完全必要的。难道一个公民在行使自由和权利的时候，可以任意损害国家的、社会的、集体的利益，可以任意侵犯其他公民的合法的自由和权利吗？问题很清楚，如果允许这样，那就谁都不可能享有真实的自由和权利了。

对人民实行民主，对人民的敌人实行专政，是一个问题的两个方面。保护人民同打击敌人、惩罚犯罪是统一的。最近一个时期，全国各地依法严厉打击严重危害社会治安的刑事犯罪，社会治安、社会风气开始明显好转，人民群众拍手称快。可是，也有人怀疑，这样做会不会动摇甚至破坏社会主义法制。其实，这正是社会主义法制的体现。宪法明确规定：“国家维护社会秩序，镇压叛国和其他反革命的活动，制裁危害社会治安、破坏社会主义经济和其他犯罪的活动，惩办和改造犯罪分子。”当前，对极少数凶杀、强奸、抢劫、放火、爆炸和其他严重危害社会治安的刑事犯罪分子，依法严惩，正是为了保障广大人民的人身和财产安全，保护国家的和集体的利益。特别是刑事犯罪分子当中那些煽动、腐蚀、收买、强迫青少年犯罪的，屡教不改的和犯罪团伙的头子、骨干，人数不多，危害很大。他们不但自己犯罪，而且象瘟疫、毒菌一样，传染缺乏社会经验的青少年，使他们失足、犯罪。国家怎能软弱姑息，任其所为！对这些极少数人依法严惩，也是对一般犯罪分子的一种教育。至于对那些有轻微违法犯罪行为的失足青少年，我们还是要象父母对待害传染病的孩子、老师对待犯了错误的学生、医生对待病人那样，满腔热情、耐心细致地教育、感化、改造他们。首先应当责成他们的家庭和所在单位（包括街道居民组织）对他们进行有效的教育，同时，加强工青妇等群众团体对青少年的工作。家庭、单位管不了，又不够逮捕判刑条件的，送劳动教养或者送工读学校，进行挽救，使他们弃旧图新，成为新人。

（三）我国社会主义经济制度的基础是生产资料的社会主义公有制，即全民所有制和劳动群众集体所有制。这两种在国民经济中占绝对优势的社会主义公有制经济和作为社会主义公有制经济的补充的劳动者个体经济，是今后一个相当长的时期内我国的三种经济形式，它们各在一定的范围内有其优越性，虽然各自的地位和作用不同，但都是不可缺少的。实施宪法，就要坚决维护社会主义公有制，同时保护个体经济的合法的权利和利益。

宪法规定，“社会主义公有制消灭人剥削人的制度，实行各尽所能，按劳分配的原则”。邓小平同志也早就指出：“我们一定要坚持按劳分配的社会主义原则。”“按劳分配”是同“各尽所能”相互联系、不可分割的。“各尽所能”就是要求劳动者尽其所能地为社会劳动，为此就要“实行各种形式的社会主义责任制”。“按劳分配”就是社会产品作了必要的扣除以后，劳动者按其为国家、为集体提供的劳动的数量和质量取得报酬，多劳多得，少劳少得，能劳动而不劳动的不得。我们允许一部分人先富起来，是讲依靠劳动致富，不是依靠剥削致富。从根本上说来，不劳而获，把个人的幸福建筑在别人受剥削、受痛苦的基础上，这同社会主义制度是不相容的。

宪法规定，“社会主义的公共财产神圣不可侵犯”。“国家保护社会主义的公共财产。禁止任何组织或者个人用任何手段侵占或者破坏国家的和集体的财产”。一年多来，我们严厉打击严重经济犯罪，就是依照宪法和法律进行的一场保卫社会主义经济制度、保护社会主义公共财产的斗争。贪污盗窃、行贿受贿、走私贩私、投机诈骗、偷税漏税等，侵占国家的和集体的财产，侵占他人的合法财产，这些都是不能容许的犯罪行为。打击经济犯罪，是坚持社会主义道路和实现四个现代化的一项重要保证。只有这样做，对外开放、对内搞活经济才能沿着正确的方向走。这是一个长期的斗争，经常的工作，要一直抓下去。

（四）集中力量进行社会主义现代化建设，要求我们按照宪法的规定，通过各种形式，“加强社会主义精神文明的建设”，用社会主义来统一人们的思想。

马克思主义认为，革命人民在改造客观世界的同时又要改造自己的主观世界，用共产主义思想武装自己的头脑，自觉地走历史的必然之路——社会主义道路。特别应当看到，由于我国的封建社会延续几千年之久，封建主义腐朽思想的影响还存在；由于十年内乱搞乱了人们的思想，“四人帮”的余毒还没有完全肃清；由于在对外开放、对内搞活经济的新条件下，资本主义思想的影响也有所滋长，因此加强社会主义精神文明建设、反对精神污染就成为一项十分重要的任务。在这方面，我们的思想政治工作者、理论宣传工作者、文化艺术工作者、教育工作者等同志们，肩负着伟大光荣的责任。思想、理论、宣传、文艺、新闻、出版、广播、电视、教育等工作，都应当依照宪法的要求，“在人民中进行爱国主义、集体主义和国际主义、共产主义的教育，进行辩证唯物主义和历史唯物主义的教育，反对资本主义的、封建主义的和其他的腐朽思想”，使全国各族人民都成为合乎社会主义现代化建设要求的，有理想、有道德、有文化、守纪律的人。总之，这些部门的工作都要为人民服务，为社会主义服务，而决不能搞精神污染，不能瓦解人们的社会主义斗志、动摇人们的社会主义信念。希望在这些部门工作的同志们，都能自觉地、明确地意识到自己对历史、对人民的崇高职责。

（五）实施宪法，就要加强社会主义法制。没有社会主义法制，社会主义制度、人民的合法的自由和权利就都没有保障。在这方面，十年内乱给了我们痛苦的经验教训。难道还可以允许那种局面重演吗！

现行宪法的颁布实施，标志着我国的社会主义法制建设进入了一个新的阶段。许多重要的基本法律已经制定或者正在逐步制定。问题是要坚决执行宪法和法律，严格依照宪法和法律办事。为此，首先需要采取多种形式，紧密结合实际，继续普遍地深入地进行社会主义法制首先是宪法的宣传和教育，使每一个公民，尤其是每一个干部，都牢固地树立法制观念，特别是宪法观念，逐步使我们的宪法和法律家喻户晓，人人养成遵守宪法和法律、依法办事的观念和习惯。

宪法规定："全国各族人民、一切国家机关和武装力量、各政党和各社会团体、各企业事业组织，都必须以宪法为根本的活动准则，并且负有维护宪法尊严、保证宪法实施的职责。"由于宪法的许多规定主要是依靠国家机关去贯彻执行的，各级国家机关和领导干部应当带头学好宪法，熟悉宪法，遵守宪法，维护宪法，严格按照宪法办事。

贯彻执行宪法和法律，必须坚持"公民在法律面前一律平等"的原则。宪法规定，任何组织或者个人"都必须遵守宪法和法律"，"都不得有超越宪法和法律的特权"，"一切违反宪法和法律的行为，必须予以追究"。不管什么单位，不管什么人，党内党外，干部群众，只要是犯了法，依法该怎么处理就怎么处理。不这么办，还有什么社会主义法制！

（六）宪法和法律的实施，要求进一步加强中国共产党的领导，发挥共产党员的模范带头作用。

胡耀邦同志在党的十二大的报告中指出："特别要教育和监督广大党员带头遵守宪法和法律。新党章关于'党必须在宪法和法律的范围内活动'的规定，是一项极其重要的原则。从中央到基层，一切党组织和党员的活动都不能同国家的宪法和法律相抵触。"

在我国，党领导人民制定宪法和法律，党也领导人民遵守、执行宪法和法律。坚持党的领导，遵从人民意志，严格依法办事，三者是一致的、统一的。党的各级组织和广大党员模范地遵守和执行宪法，并同全国各族人民一道，同各民主党派和各人民团体一道，共同维护宪法的尊严和保证宪法的实施，我们的宪法就一定能够在维护社会主义制度、促进社会主义现代化建设事业胜利发展中，发挥更加巨大的作用。

在省、自治区、直辖市人大常委会负责同志座谈会上的讲话

彭　真

（一九八四年三月十三日）

人大常委会的工作仍处在一个大转变的过程中。

（一）我们曾经历过从进行革命战争推翻三座大山到建国、进行社会主义建设的过渡。

在战争时期，党也好，军队也好，群众也好，注意的是党的政策。一件事情来了，老百姓总是问，这是不是党的政策？毛泽东同志在党的七大开会期间，对各地的同志讲过，中央给你们的就是政策。当时，农村根据地长期被敌分割，交通不便，党中央给各地的，概括起来可以说就是政策。这不对吗？依靠政策，最后经过解放战争，三年半消灭了国民党八百万军队，把三座大山推翻了。那时，只能靠政策。当然，我们根据地的政权也有一些法，但有限，也很简单。就全国讲，法是国民党的或外来侵略者的。如果要讲法，就不能革命，就是维护三大敌人的统治。那时候对反动统治阶级要"无法无天"，在人民内部主要讲政策。这是一个历史阶段。我们在座的同志大多是那个时期成长起来的，也或多或少养成了那个时期的一些工作习惯。

建国以后，我们有了全国性的政权，情况不同了，不讲法制怎么行？要从依靠政策办事，逐步过渡到不仅靠政策，还要建立、健全法制，依法办事。一要有法可依，二要依法办事。建国后我们就开始做这项工作。一九四九年制定了《共同纲领》，有人说是"约法"，实际上是临时性宪法，是那时全国人民办事的总章程。一九五四年制定了我国的第一部宪法。此外，还陆续制定了一批法律、法令。在建国初期，在社会主义建设初期，马上要有完备的法制是不可能的。但是，应该承认，长时期内我们对法制建设有时抓得紧，有时放松了，甚至丢掉了。

过去我们曾经对法制建设的重要意义认识不够，强调不够，经过"十年内乱"，大家头脑比较清醒了，认识到象"文化大革命"中那样无法无天是要吃苦头的，决不能再让它重演。党的十一届三中全会指出："为了保障人民民主，必须加强社会主义法制，使民主制度化、法律化，使这种制度和法律具有稳定性、连续性和极大的权威，做到有法可依，有法必依，执法必严，违法必究。"在那次会议前召开的中央工作会议上，邓小平同志还指出："必须使民主制度化、法律化，使这种制度和法律不因领导人的改变而改变，不因领导人的看法

和注意力的改变而改变。”三中全会以后，我们发展社会主义民主，健全社会主义法制，取得了很大的成绩。我们还要坚持不懈地把健全社会主义法制这个工作进行下去。

（二）战争时期，谁说了算？共产党是无产阶级的先锋队组织，要革命，没有共产党这个总参谋部是不行的。这在任何时期都是一样的。在战争时期，虽然党在根据地里领导建立了政权，可是没有全国性的政权。因此，那时应该、也只能是党说了算。在整个革命队伍（包括军队）里，党的政策也就是“法”。当然，那时党在决定有关广大人民群众的利益的政策时，强调要听取群众的意见，要和群众商量。

建国以后情况就有所不同了。我们这样一个大国，现在有十亿人口。虽然党是代表人民、全心全意为人民的，但党员在十亿人民中只占极少数，绝大多数是非党员。我们不仅有党，还有国家。党和国家要做的事，讲内容，当然是一个东西，总起来说即坚持四项基本原则，实现社会主义现代化，发展社会主义民主，健全社会主义法制，建设高度文明、高度民主的社会主义国家。讲形式，那就不仅有党，还有国家的形式。党的政策要经过国家的形式而成为国家的政策，并且要把在实践中证明是正确的政策用法律的形式固定下来。讲法，要有宪法，还要有许多法，那都要按照国家的立法程序制定出来，一经制定，就要依法办事。有些同志对经过国家的形式不习惯，嫌麻烦。民主就不能怕麻烦。“一言堂”不行，几个人说了算不行。凡是关系国家和人民的大事，光是党内作出决定也不行，还要同人民商量，要通过国家的形式。

两种形式，什么关系？我看，党的领导与依法办事是一致的、统一的。党领导人民制定宪法和法律，党也领导人民遵守、执行宪法和法律。党章明确规定，党的组织和党员要在宪法和法律的范围内活动。这句话是经过痛苦的“十年内乱”，才写出来的。

（三）党中央决定用三年的时间整党，现在还不到一年，还有两年多，要从思想上、政治上、作风上、组织上把整党工作完成。还要继续进行机构改革、体制改革，实现干部“四化”，这是一个很大的改革，也是一个过渡。各地同志讲到现在领导班子变动频繁，就是这种过渡的反映。调整领导班子，不光是清理“三种人”，还有许多老同志退下来，使各级领导班子年轻化。从全局、长远看，意义是很大的。党不整好，怎么领导好国家？这里，涉及许多改革，需要解决很多很复杂的问题（包括继续拨乱反正），从中央到地方，从国家权力机关到行政、审判、检察机关，各级、各方面的任务都很繁重。

（四）我们这些同志，很多是长期做党的工作，做政府工作的，现在改为做人大工作，有一个改变工作习惯、工作作风的问题。

过去做党的工作、政府工作，现在改做人大工作，工作制度、工作方法不完全相同了。人大是集体决定问题、集体行使权力。实行民主是麻烦的，但是不能怕麻烦。修改宪法，准备了一年多，广泛地征求了各地方、各部门、各方面的意见，才提出一个稿子。中央前后原则审议、讨论了八次，宪法修改委员会开了五次全体会议，一共二十多天，逐条讨论修改，最后才提到全国人大审议修改通过。党中央决定了的事情，属于国家的事，还要通过全国人大、国务院，还要经过法定的国家机关讨论决定。党领导的国家、工人阶级领导的国家所作的决定，党当然应该领导遵守、执行。党的活动不在法律范围内，行么？不行！决不行！这是“十年内乱”已经证明了的。党章、宪法对此有明确的规定。

工作习惯、工作方法的改变，不容易。一般说，考虑处理问题的习惯是反映一个人的立场、观点、方法的。当然，有些不一定是根本立场问题，但总在一定程度上反映他办事的观点、方法。要以马列主义、毛泽东思想的基本原则，以党章、宪法、法律为标准，来衡量我们的工作习惯和工作方法，不适应、不合适的就改。

（五）现在发生的很多问题，都是同上面所说的过渡这个客观现实有关的。大多数部门、地方是过渡得好的，有的过渡得差一些。党的决定，哪些要通过人大或者政府去办，中央是注意了的，下面的负责同志多数也是注意了的，但有一小部分同志却不大注意。总的看，过渡是好的，在过渡中出现这样那样问题的毕竟是少数，也在所难免。怎么办？注意就是了。该提醒的提醒，该监督的监督。列宁说，聪明的人不是不犯错误，而是不犯重大错误，同时又能容易而迅速地纠正错误。他还说，承认错误，改正错误，这是一个郑重的党的标志。毛泽东同志多次讲，坚持真理，随时修正错误。这样处理比较顺当，效果会好一些。

上面讲的过渡，不是一两年的事，许多都联系到一个历史发展阶段、历史任务，要做耐心艰苦的工作。我们做党的、人大的、政府的、群众团体的工作的同志们，要在党的领导下，同心协力，搞好过渡的有关工作，把问题解决得好一些，顺利一些。

我们的同志除学习党章中有关的部分外，要学习、熟悉宪法和法律。宪法和法律是武器，是办事的准绳、依据、章程，不学习，不熟悉，怎么执行、运用？怎么监督？当然，我们的法律还不够完备，应该抓紧立法工作。不过，总是已经有了一些，宪法有了，一批重要的法律有了，不全是无法可依。有的法一时还定不出来，不是工作不积极，而是因为经验不成熟，或意见还没有系统地集中起来。随着我们经验的蓄积和调查研究的深入，条件成熟了，法律也会日益完备起来的。

再一个是关于调查研究问题。我们不少同志过去做党的工作、政府工作，每天要繁忙地处理很多具体问题。现在到人大工作，有个好处，就是没有那么多日常工作了，应该、也有条件考虑基本的、重大的、长远的问题，进行系统的调查研究了。这些同志大都有长期工作的经验，可以一面调查现实的情况，一面回顾总结过去的经验，结合当前工作，重新学习马列主义、毛泽东思想，把理论与实际更好地结合起来，这对党和国家的工作，是很必要的。过去的经验，不论是成功的，还是失败的，只要正确地加以总结，都是宝贵的财富。没有"十年内乱"，现在的党章和宪法、刑法、刑诉法等有些条文就写不出来。这说明，"文化大革命"中的一些坏事已经引出了好的结果。

现在，党和国家的情况一天比一天好，但也存在一些问题要解决。既然是过渡，当然会有很多问题，有困难。我们大家要同心协力，把过渡的工作做得好一点。

彭真委员长在全国《民法通则(草案)》座谈会上的讲话要点

(一九八五年十二月四日上午)

这次座谈会是我提议经委员长会议赞同召开的，事先与中央领导同志商议过。1954年制定宪法和1982年制定新宪法时，都广泛请了各方面有真才实学、丰富经验的专家和实际工作者参加，反复讨论修改。这次请全国这么多有关专家和实际工作者来，对民主通则草案进行讨论修改，是在立法方面很好的一种理论联系实际和民主集中制的组织形式，今后应继续采用。我讲两个问题：

一、理论与实际相结合

制定重要法律，请专家和实际工作者来参加，不是简单的技术问题。现在做实际工作的同志有丰富的实践经验，但因忙于日常工作，多半没有时间很好学习理论，而搞理论研究的同志又多半对实际接触较少，因此理论和实际不能很好结合，这是我们工作中一个带根本性的缺点。全国党代表会议上邓小平同志对干部提出了要学习马克思主义理论的新要求，就是针对这个带根本性缺点提出来的。在延安整风时，干部学习马克思主义理论与中国革命实践相结合，把很多问题解决了。理论是从实践中来的，并且要经社会实践检验，不与实际密切结合要成为理论权威很难。毛泽东思想就是马列主义普遍真理与中国革命实践相结合的思想。在延安时，有人提毛泽东主义，毛主席不同意。大家提毛泽东思想，他说，大家主张将马列主义普遍真理与中国革命实践相结合的思想称毛泽东思想，用我的名字做代表，我可以接受，但必须声明，它是中国革命的集体产物，是许多同志共同努力的思想结晶，不是我个人的。在"文化大革命"期间，林彪讲毛主席的话"句句是真理"，毛主席的话就是"最高指示"，这既不符合事实，也不符合马列主义和党的民主集中制原则，是对毛泽东思想的根本歪曲。

立法工作也一样，要理论与实际结合。现在，搞立法、司法实际工作的同志，有丰富的实践经验，但多半没有时间很好学习理论，而法律院校和科研部门搞理论研究教学的同志，又多半对实际不那么熟悉。怎么办？在制定法律过程中，把各方面专家和实际工作同志请来，大家一起讨论，共同审议修改，可以使理论和实践密切结合，补救这方面的一些缺点。

立法要从中国实际出发，解决中国的实际问题，并且以我们的社会实践来检验。民法通则是解决民法中一些共同性的问题。我们是社会主义国家，生产资料的社会主义公有制是社会主义经济制度的基础，但还存在着三种经济。不同经济之间、各种经济自身之间，以及消费者和生产者之间，都要有商品来交换，要有市场，同时还有人和人之间的复杂的社会生活关系，这就需要制定民法。1954年全国人大常委办公厅就开始正式起草民法工作了，1979年全国人大常委法制委员会成立了民法起草小组。民法典的确不好搞，我国民法要从我国实际出发，解决中国的实际问题。有些问题实践还没提出来，或者提出来了，还看不清楚，如何解决经验还不成熟，不可能一下子搞完备的民法，所以我们是一方面搞民法，一方面搞单行法，随着历史的发展和经验的积累，法也随着发展，逐步完备，实现共产主义要经过很长的历史时期，在这段时间里，法要逐步完备，任务是繁重的，任重道远。

法律是一门科学，有自身的体系，左右、上下，特别是与宪法不能抵触，立法要有系统的理论指导。对外国的经验，不管是社会主义国家的，还是资本主义国家的，不管是英美法系，还是大陆法系，以及对我国历史的经验，都要参考、借鉴。但是，要根据我国的实际情况，吸收其中对当前立法工作有益的好的东西，吸取精华，抛弃糟粕。

二、在高度民主基础上高度集中

高度民主和高度集中是辩证统一的。我们是社会主义国家，在我国可以实行社会主义的高度民主和高度集中，因为我国生产资料私有制的社会主义改造已经完成，消灭了剥削制度；全国各族人民根本利益是一致的；无产阶级在旧社会处在被压迫、剥削的最底层，无产阶级只有解放全人类才能彻底解放自己，因此它的先锋队共产党除全心全意为人民服务外，没有自己特殊的利益。这就是我们实行高度民主和高度集中的基础。我们立法工作也必须实行高度的民主和高度的集中，只有在高度民主基础上，才能取得多数人意见的真正一致，才能达到高度的集中。我们的法律主要是靠广大干部、群众自觉地积极地遵守和执行的，在制定法律时取得多数人意见的一致，就更容易顺利实现。

在人民根本利益一致的基础上，人们之间当然也还会有这样那样的矛盾。有关的立法就是要对这些矛盾划一个合理解决的界线作为准则。根据什么标准来划？对单位、个人在社会生活、经济生活中发生的矛盾，都要在与宪法、各族人民的根本利益不抵触的前提下解决。划好这个界线不是容易的事，所以立法要十分严肃谨慎，就是要听取各方面的意见，反复考虑，集中正确的意见，估计到实施中可能出现的问题，并且不断注意社会实践的检验。

民主集中制是我国的政体，群众路线是我们的基本路线。全国人大常委会的工作，制定法律的过程中，要坚持民主集中制，在高度民主基础上高度集中；要坚持群众路线，从群众中来，再回到群众中去，反复用实践检验。不仅要集中委员们、代表们的意见，而且要听取、反映和集中各方面专家、实际工作者以及群众中的意见。宪法就是这样，中央先后讨论了八次，宪法修改委员会反复逐条讨论修改了那么多次，最后全国人民代表大会还改了那么多，由于广泛发扬了民主，达到了高度的集中，三千零四十位代表无记名投票，弃权的不到千分之一，其余的都赞成。民法通则是一个重要的基本法律，请大家充分发表意见，畅所欲言，认真研究，进行科学地讨论修改。对大家提出的增删、改写的意见，应该认真地研究考虑。我相信，这样做可以使民法通则搞得比较符合实际，比较周密和严谨。

以上意见，仅供参考。

彭冲副委员长在全国《民法通则（草案）》座谈会上的讲话

（一九八五年十二月四日）

这次座谈会是根据彭真委员长的建议召开的。我们邀请了全国民法、经济法、国际私法方面的专家、法院的同志、中央和地方有关部门的同志，共180多人参加。会前，我们已将民法通则草案和王汉斌同志所作的说明发给了大家，关于民法通则草案的主要内容和问题，我就不多讲了。下面，我主要讲讲与座谈会有关的几个问题：

一、请大家来的目的是为了对民法通则草案进一步地充分讨论研究，提出比较切实可行的修改意见。在草拟民法通则的过程中，我们曾经广泛地征求过意见。上个月，已将民法通则草案向十三次人大常委会议作了说明。同时，我们又将民法通则草案印发各省、自治区、直辖市和中央各部门以及法律教学研究单位，再次征求意见。那么，为什么还要开这个会呢？这是因为我们这次邀请了更多的专家和搞实际工作的同志，大家有较多的法学理论知识和实践经验，可以理论结合实际，进一步对民法通则作全面系统的深入研究讨论。请同志们敞开思想，畅所欲言，充分发表意见，各种意见都可以讲，讲对讲错都没有关系，有不同意见，才能有比较，有鉴别，做到集思广益。请大家抓住主要的、实质性的问题，开门见山，直截了当地谈看法，不仅要提问题，挑毛病，而且还要提出比较切实可行的修改意见，使这次会议收到实实在在的效果，为下一步结合全国各地、各部门的意见，进一步修改民法通则打好基础。我们还希望大家在会后，同法律院校师生、法律研究单位和其他有关部门的同志一起，继续深入讨论研究，提出修改意见。这样，使立法工作广泛地吸收专家和实际工作者参加，反复地征求意见，不仅能将法律制定得更加完善一些，也有利于培养法律人才

二、民法通则很重要，现在有需要也有可能制定民法通则。 1954年全国人大常委办公厅就开始起草民法。1979年全国人大常委法制委员会成立了民法起草小组起草民法，先后搞了几稿，为什么没有搞出来？因为民法本身涉及的问题就相当复杂，同时经济体制正在改革中，一下子搞出完备的法典有困难，实践提出的问题和经验都不够。所以，当时决定一边研究起草民法，一边制定有关的单行法。看来，这样做是必要的、适当的。经过几年的努力，我们已经制定了一批重要的单行法。现在很需要也可能搞民法通则了。没有这么一个通则，处理民事案件就还缺乏一些共同的准绳，许多经济纠纷，包括涉外经济纠纷，谁负责，负什么责，如何处理，都搞不清楚，出了问题就不好解决，法院也不好判。同时经过几年实践，也积累了一些经验，有条件把民法通则搞出来。我们不是不想搞民法典，主要是现在条件还不成熟。比如我国经济体制改革在城市刚刚起步，总的方向、原则有了，具体的步骤措施正在一步步探索。民法的起草，到1982年搞出了民法草案四稿，对这次拟订民法通则起了很大的作用。现在制定民法通则不妨碍将来根据需要搞一部完整的民法。在这个问题上，大家的想法和认识比较一致了，有利于把这个会

议开好。

三、制定民法通则要从实际情况出发，要符合广大人民的根本利益。 彭真同志在1981年民法座谈会上的讲话中曾经形象地比喻："如果说什么是民法的母亲的话，就法律体系来说是宪法，但归根到底，还是中国的实际是母亲，九百六十万平方公里的十亿人民是母亲。"民法通则要规定民事活动共同遵循的准则，必须贯穿这个原则。我国现实的实际情况是：社会主义制度是我国的根本制度，社会主义经济制度的基础是生产资料的社会主义公有制，社会主义公有制消灭人剥削人的制度。这是宪法规定了的。它关系到我们国家的性质，关系到人民的根本利益，我们必须坚持，这是我们制定民法的基础和基本原则。同时，现实情况很复杂。就当前的改革说，有许多新情况，新问题。比如：对内要搞活经济，对外要实行开放。要在公有制基础上发展有计划的商品经济。要以计划经济为主，市场调节为辅。要增强企业特别是全民所有制大中型企业的活力，使它们真正成为相对独立的，自主经营、自负盈亏的社会主义商品生产者和经营者。农村的家庭联产承包责任制正在不断完善和发展，农民之间根据自愿互利原则在发展多种形式的合作和联合经营，乡镇企业发展很快。制定民法通则必须根据实际情况，体现社会主义原则，适应经济关系和社会关系的发展，实事求是地总结实践经验，把成熟的、可行的经验用法律形式固定下来。

我国民法是为建设具有中国特色的社会主义服务的。它同资本主义的民法有本质的区别，同苏联东欧等社会主义国家的民法也有所不同。我们不能教条主义地照抄照搬外国的东西，但是各国民法又都有共同性的东西，我们应该吸收外国民法中好的、有用的经验，这对我们研究制定民法通则是很有必要的。

民法通则草案是由法制工作委员会会同最高人民法院和一些法律专家，依据宪法，从实际情况出发，总结我国民事审判工作的实践经验，借鉴外国民法有益的经验，在民法四稿的基础上拟订的。起草的同志力求拟订出适应我国国情的民法通则。但是，这个草案是否正确反映客观实际？民法的调整范围、调整内容应该有哪些特点，才能体现中国的特色？民法通则应该在哪些方面作出规定，才能有利于维护社会主义制度，巩固和发展社会主义公有制，保护公民和组织的合法权益？民法通则对经济体制改革中出现的新问题，哪些现在有需要也有可能作出规定，哪些应由国务院先制定暂行的规定或者条例，等条件成熟时再制定为法律，才能适应经济体制改革，促进社会主义现代化建设？民法通则关于涉外的规定，如何才能适应对外开放的需要，并且符合平等互利的原则？民法通则怎样比较准确地总结我国民事审判工作的经验，借鉴外国有益的经验？这些重大的问题，请同志们着重讨论研究，使民法通则制定得比较切合实际，经得起实践检验。

四、制定民法通则只能把比较成熟的经验先固定下来，对尚不成熟的暂不规定，做到逐步完备。 法律属于上层建筑，它是由经济基础决定的，又是为经济基础服务的。法律的制定，只能随着实践经验的积累，成熟一个，制定一个。就一个法律的制定来说，也只能成熟一条，制定一条，逐步走向完备。不能匆忙，不能草率从事。民法通则草案是按这个原则拟订的。为了把民法通则制定得比较符合实际，能够行得通，还需要大家认真考虑，草案所作的规定，哪些是比较成熟的、比较有把握的；哪些还不成熟，需要再作调查研究，特别是经济体制改革中的有些问题，还需要经过实践，总结经验；哪些内容还不够恰当，意思还不够确切，需要修改补充。请同志们充分发表意见，不同意见可以进行科学地讨论，真正做到集思广益。

五、民法通则要简明、易懂，便于群众熟悉、掌握。 由于我国各地的经济、文化水平发展很不平衡，群众的文化程度差别较大，我们在制定法律时必须考虑到简明、易懂，这是立法工作中的一个群众观点问题。只有这样，才能使群众比较容易知法、懂法，自觉地遵守、维护法律，牢固树立法制观念，养成依法办事的习惯。民法通则既要规定得简明准确，又要通俗易懂，防止过于繁琐，有些法律术语要尽可能用通俗语言表述，使群众容易看得明白，弄得清楚，了解民法通则的重要性，自觉地遵守和运用这个法律。请大家在这方面多想想，下点功夫。

陈丕显副委员长在全国《民法通则（草案）》座谈会上的讲话

（一九八五年十二月四日）

我同意彭冲同志的讲话。我讲两点：

一、民法通则很重要。制定民法通则是逐步完善民事法律，健全社会主义法制的重要步骤。

党的十一届三中全会以来，党中央对社会主义法制建设十分重视，国家的立法工作取得了重大的进展。1982年，全国人民代表大会通过了我国的根本大法——新宪法。除宪法外，从党的十一届三中全会到现在，全国人大及其常委会，已经制定了四十四个法律。

虽然总的说来，法律还不够完备，但是在基本的、重要的方面已经不是无法可依，而是有法可依了。我们有了新宪法，以及刑法、刑事诉讼法、民事诉讼法，全国人大组织法、国务院组织法、民族区域自治法等一批基本法律。民法是国家的基本法律之一。我们很早就想制定民法，经过很多同志的努力，到1982年已经起草了民法四稿。由于民法包括的内容很广泛，很复杂，并且经济体制改革正在进行中，很多问题有待于在实践中摸索，积累经验，因此从当时直到现在看，制定一部完整的民法有困难。只好先将条件比较成熟、实际又比较急需的部分，制定为单行的民事法律。目前，我们已经有了经济合同法、涉外经济合同法、专利法、商标法、婚姻法、继承法等一批民事单行法，但是，对民事活动中的一些共同性问题还缺乏规定。现在有需要和有可能搞个民法通则，这个问题，彭冲同志刚才已经讲过，我就不多讲了。总之，制定民法通则很重要。从现实需要的角度看，民法通则对民事活动中公民和法人的法律地位、法律行为、民事权利、民事责任等作出规定，使民事活动有了共同遵循的准则，有利于巩固和发展社会主义公有制，保护公民和法人的合法权益，维护社会主义的经济秩序和社会秩序，适应经济体制改革和社会主义现代化建设的需要。从法制建设的角度看，民法通则是民法的重要组成部分，制定民法通则有利于逐步完善民事法律，健全社会主义法制。明年一月中旬要召开六届全国人大常委会十四次会议，进一步审议民法通则，并且决定是否提交六届全国人大四次会议通过。因此，这次座谈会确实很重要，也可以说是为明年全国人大作准备工作的一次会议。我们应该共同努力，把这次会议开好，争取早日制定出民法通则。

二、开这次会很重要，既可以广泛听取大家的意见，把民法通则制定得更加完备些，又可以同大家建立广泛的联系。

我们的立法工作要坚持走群众路线。

今天在座的有的认识，大多数不认识。今后讨论重要的法，要邀请大家来，这个办法好。上下之间，相互之间，广泛联系，有利于立法工作。小平同志提出要多找一些各方面的专家参加立法工作。彭真同志也多次讲过这个问题。起草和研究法律草案的时候，要广泛邀请法律、经济、文化、科技等方面的专家和有经验的实际工作者，包括一些学生参加工作。这样，既可以广泛地把群众意见集中起来，做到集思广益，又可以促进立法、司法、法制宣传教育等各方面干部的培养。这次座谈会就是彭真同志建议开的。请大家来，对民法通则草案充分发表意见，特别是要对一些主要问题、实质性问题展开讨论，各种意见都可以讲，有争论也不要紧，真理愈辩愈明嘛！这不仅有利于把问题搞清楚，把民法通则制定得更加完备些，也有利于培养法律人才。同时，这次开会，可以使我们结识很多的法律专家和有经验的实际工作者，可以建立起关系，以后保持广泛的联系，你们对法制工作或某个法律有什么想法和建议，有什么问题和意见，可以经常反映给我们，互相交流、学习，促进我国的法制建设。

彭冲副委员长在全国《民法通则（草案）》座谈会各组召集人会议上的讲话

（一九八五年十二月十一日）

座谈会开了8天，今天要结束了。刚才各组召集人的发言很好，基本上把大家想要说的都说了，实际上是对这次会议作了概括、总结。我简单地讲几点：

一、大家对这次讨论是很认真，很下功夫的。同志们在会前就准备了意见，在会上踊跃发言；许多同志在会议期间放弃休息时间准备意见，特别是有的同志亲自动手写出书面意见，甚至是成章成节地写出来。这种积极负责的工作精神，值得我们学习。在此，向同志们表示感谢，并请你们转达我们向各位同志的谢意。

对于同志们提出的各种增加、删减、修改的意见，特别是不同的意见，法工委的同志已在分类整理，我们在下一步研究修改通则草案时，要尽量吸收大家的意见。

二、座谈会是开得成功的，是很有收获的，达到了预期的目的。一是理论结合实际。讨论中，大家将法学理论、实际情况、司法实践有机地联系起来，既以科学的理论作指导，又以实际为根据，努力解决我国的实际问题。二是全面系统。同志们不仅按章抓住主要的、实质性的问题，提出了许多好的修改意见，还提出了总的看法，对草案修改考虑得比较周密、严谨。三是敞开思想，畅所欲言。同志们各抒己见，有的提出建议，有的提出问题，有的提出不足的地方，有的提出不同意见，展开深入讨论，做到了集思广益。当然，也可能还有些同志的意见没有讲完。总之，这次座谈会的实践说明：在拟订法律的过程中，请有关专家和实际工作者来参加讨论修改，这是在立法方面很好的一种理论联系实际和民主集中的组织形式，今后应继续采用。这次座谈会后，我们要总结经验，克服不足，争取开得一次比一次好。

三、希望大家回去后起到桥梁、纽带作用。请同志们把这次座谈会的情况带给法律院校师生、法律研究单位和其他有关部门的同志，对通则草案进行更广泛、深入地讨论修改，并把意见和建议反映给我们，以利于进一步修改。最后由全国人民代表大会及其常委会在高度民主的基础上高度集中，使民法通则制定得充分体现人民的意志。

四、要广泛地经常地同大家保持联系。这次座谈会是个良好的开端。同志们既有专长，又了解情况，富有实践经验，对全国人大及其常委会制定法律能够起到重要的参谋作用。今后，我们要保持经常的联系，互相学习，互相交流。同志们对立法工作有什么设想或建议，可以及时向人大常委会反映。让我们为加强社会主义民主，健全社会主义法制而共同努力。

在省、自治区、直辖市人大常委会负责人座谈会上的讲话

彭　真

（一九八六年六月二十七日）

今天，我讲两个问题，一个是民主与法制的问题，一个是人大常委会的工作问题。

一、关于民主与法制的问题

要搞好社会主义民主与法制建设，关键还是思想要统一。我们办事情，首先是思想一致。思想一致了，别的都好办。

发展社会主义民主，健全社会主义法制，这是党的十一届三中全会提出来的，反映了历史发展的客观要求。今年一月十七日，在中央政治局常委会上，邓小平同志说："还是我们过去的想法，搞四个现代化一定要有两手，一手是不行的。所谓两手，即一手抓建设，一手抓法制。党纪、国法都是法。只有一手不行。"这话确实是讲到要害了。

"文化大革命"那段历史时期，"和尚打伞，无法无天"。现在，人们不是讲我们与发达国家的差距吗？"文化大革命"那十年正是世界科学技术发展比较快的时期，我们自已搞了内乱。马克思主义历来认为人类历史的发展归根结底是由社会生产力的发展决定的，而"文化大革命"中却批判什么"唯生产力论"，使我们与经济技术发达国家之间的差距拉得更大了。总之，"无法无天"的结果是整个国家、整个民族的一场灾难。

教训在哪里？毛主席当然要负主要责任，还有林彪、"四人帮"反革命集团的破坏。但是，不能只从个人身上找原因。要讲个人，不能说毛主席不英明，他一生中的功绩是主要的，在中国革命几十年的斗争中贡献最大，党的十一届六中全会决议对此已经做了结论。可是，到了晚年，他搞了"文化大革命"，闯了大祸，这就不能说英明了。十亿人口，十年灾难，这个祸相当不小就是了。为什么？政策不对是一方面，最根本的还是一个制度问题，党内也好，国家也好，民主、法制被破坏了。党内没有民主，社会的民主也就受影响，两个方面是互相关联的。邓小平同志说，民主首先是党内的民主，"国要有国法，党要有党规党法"，"没有党规党法，国法就很难保障"。这句话讲得很深刻。"文化大革命"首先是从党内民主受到破坏而发生的，民主集中制没有了，最后发展到毛主席的话就是"最高指示"，"句句是真理，一句顶一万句"。如果那时党内的民主集中制是健全的，很多问题经过讨论不是不可避免，起码不至于发展到那么严重的程度。

经过"文化大革命"这么一场大灾难，中国历史的发展向我们提出了发展社会主义民主、健全社会主义法制的要求。党的十一届三中全会正是在总结建国以来的经验、特别是"文化大革命"的教训的基础上，反映历史发展的客观要求，按照历史发展的客观规律，提出：为了保障人民民主，必须加强社会主义法制，使民主法律化、制度化，使这种法律和制度不因领导人的改变而改变，不因领导人的看法和注意力的改变而改变，做到有法可依，有法必依，执法必严，违法必究。只有这样，我们的国家才能够安定团结、长治久安，比较能够经得起各种风险、克服各种困难，顺利地进行社会主义现代化建设。

现在，有些地方发生许多问题，关键是这个问题没有解决好。有人说，人大常委会和司法机关要注意法制。这把问题看得轻了。不错，人大常委会在这个方面担负的责任多一些。但是，发展社会主义民主、健全社会主义法制是根本性、全局性的问题，它决不仅是人大常委会的事情，而是全党的事情，整个国家、整个民族的事情。不论党委书记，还是人大常委会主任，省长、市长、自治区主席以至县长，不论党委部门，还是人大常委会，还是政府部门，都要抓好发展民主、健全法制这件大事。这是一个党政军民共同的划时代的历史任务，关系到子孙后代，是党和国家的百年大计、千年大计。

二、关于人大常委会的工作问题

（一）这几天，大家谈到党委、人大、政府的分工问

题，我就从这里谈起。

首先讲讲党的领导问题。在我们这个国家，要把事情办好，没有党的领导不行。这是历史证明了的。宪法写了四项基本原则，其中一条就是坚持党的领导。坚持党的领导，不是简单地由党下命令。党对党员是要下命令的，但对人大、政府不能直接下命令。那么，党对国家怎么领导？党的领导，最根本、最主要的是思想政治领导，靠党的路线、方针、政策的正确；靠党和群众的密切联系，党的主张经过“从群众中来，到群众中去”，“集中起来，坚持下去”，反映最大多数人民的最大利益；靠广大党员的带头和模范作用，团结、带领群众为自己的利益而奋斗。全心全意为人民服务是我们党的唯一宗旨，群众路线是我们党一切工作的根本路线。所以，坚持党的领导，不是说党委说句话就是“最高指示”。那样，还有什么民主？为了实现党对国家的领导，各级党委的一项重要任务是抓社会主义民主与法制建设这件大事。在我们的国家，党领导人民制定宪法和法律，党又领导人民遵守、执行宪法和法律，党自己也必须在宪法和法律的范围内活动。一个地方的民主与法制搞得怎么样，人大常委会当然有责任，但首先党委要负责。

我们是社会主义国家，人民是国家和社会的主人。十亿人民当家做主，管理国家，总得有个组织形式。这个组织形式就是全国人民代表大会和各级人民代表大会。凡是国家根本的、长远的、重大的问题，都由人大决定。没有人大，人民怎样当家作主，管理国家？人大代表由人民选举产生，人大的决定权是人民给的，是代表人民行使的。这是一种民主的组织形式。人大决定问题，并不具体执行。谁执行？政府。十亿人的事情，总还得有一个行政制度。国务院就是中央人民政府，是最高国家权力机关的执行机关，是最高国家行政机关。此外，还有军委、两高。国家行政机关、审判机关、检察机关都由人大产生，对它负责，受它监督。这就是我们国家的民主制度。有了这个制度，坚持这个制度，人民民主就有保障，国家就会比较稳定。

党委、人大、政府，分工不同，职责不同，不是权力分割，没有权力之争，三个机关实际上干的是一件事情，概括起来，就是：在坚持四项基本原则的前提下，实现四个现代化，发展社会主义民主，健全社会主义法制，建设高度文明、高度民主的社会主义国家。所以，健全民主与法制，这是党委、人大、政府的一项共同任务。不能今天当党委书记是一个意见，明天做了人大常委会主任又是另外一个意见，今天当省长是一个意见，明天不当了又是另外一个意见。有人提出，到底是党委书记大，还是人大常委会主任大，还是省长、市长、县长大。我们不搞这一套。我们是靠制度办事，党内靠党规、党法，国家靠宪法、法律。

（二）人大和人大常委会是国家权力机关，它的任务是审议、决定国家根本的、长远的、重大的问题。最大的是两件事：

第一是决定国家的大政方针。大政方针定好了，事情就好办。立法工作涉及的都是根本性的问题，政府和司法机关提请审议、决定的议案，审查、批准的计划，不论长期计划，还是年度计划，都是国家的大事情，人大和人大常委会对这些大事情要多考虑考虑，把决定搞得比较周到一点。

第二是选举和决定任命各级国家机构领导人员。路线确定以后，干部就是决定的因素。用人得当，很重要。拿什么做标准？任人唯贤。大家反映，在用人问题上常常发生一些问题，谁提出来了，你没有通过，他非要通过不行，等等。我看，问题不在于是谁提的，而是用人以什么为标准。我们这个民族在用人上历来有两条方针：一个是任人唯亲，一个是任人唯贤。任人唯贤是我们党的方针，党章写了的。你有权提这个人，但大家认为他不够贤，缺点比较多，不赞成，怎么办？不赞成当然不通过，你能强迫我举手？所以，关键还是任人唯贤。这里有个是非问题，你说他贤，我看他不够贤。谁是谁非，实践是检验的标准。至于如何决定，那要依法办事，依法该由谁决定就由谁决定。

（三）现在的人大与过去的人大在很多方面不同了。现行宪法赋于人大和人大常委会的职权比过去更加广泛。过去人大常委会的组成人员中实际工作经验多的比较少，现在情况变了，很多曾经担任省委书记、省长、部长的同志到人大常委会来工作了，他们对实际工作比较熟悉，对人也比较熟悉。有这么多有丰富经验、有工作能力、有相当理论、对“文化大革命”有亲身体验、身体又比较好的同志，搞好人大常委会的工作就有了基础，有了良好的条件。有人曾说人大是“橡皮图章”，现在没有那个问题。至于有人硬要把人大当“橡皮图章”，那是他的事情，他的自由。我们认真地把事情办好就是了，现在也有把事情办好的条件。

过去做党的工作、政府工作的同志，现在改做人大常委会的工作，有一个改变工作习惯、工作作风的问题。过去做党的工作、政府工作，有许多日常事务要处理，门市压死人，忙得很。现在，改做人大常委会的工作，情况不同了，要参与研究决定国家的大政方针，大事情。把大事情办好，当然也不容易。但是，没有那么多的日常工作、那么多的门市了，就有了时间读书，有了时间调查研究，有了时间翻来复去考虑问题，把时间和精力用来研究国家大事，根本的、长远的、重大的问题。所以，我们的作风就要改变一下，不能再用原来那个办法处理问题。比如监察工作，如果这个那个政府部门和这个那个国家工作人员的缺点都要人大常委会来监察，那么，部长干什么？省长干什么？他就不用去监察了。有的同志提出，国务院和各级政府应该成立监察部门。这个意见我赞成。怎么办，可以再研究。处理政纪问题，是政府的事情，不是人大常委会的事情，也不是检察院的事情。党有党纪，政有政纪，国有国法。违反党纪的，由党的组织管；违反政纪的，由政府去处理；

违法犯罪的，由司法机关管。人大常委会要多作一些调查研究，把国家大事、大政方针考虑、处理得更妥当、更好一些。

（四）现在，全国人大常委会开会，请各省、自治区、直辖市人大常委会的负责同志列席，发表意见，有助于使我们作出的决定和制定的法律缺点比较少一点。但是，光这一条还不够。怎样加强全国人大代表、常委委员与选举单位的联系、与群众的联系，怎样搞好，请大家再研究一下。我们与群众的联系紧密了，了解情况就会比较客观、全面，决定问题就可以比较正确。在资本主义国家，议员同他的选区有经常的、密切的联系，有的每个礼拜六接见选民，他们各人代表一部分人的利益。我们不一定采取他们那一套办法。我们的代表当然也要代表选区人民的利益，但更主要的是按照全国最大多数人民的最大利益来考虑问题。

上面我讲的几点意见，仅供同志们参考。

全国人民代表大会常务委员会工作报告

——一九八六年四月二日在第六届全国人民代表大会第四次会议上

全国人民代表大会常务委员会副委员长 陈丕显

各位代表：

我受彭真委员长和全国人民代表大会常务委员会的委托，向大会报告六届全国人大三次会议以来常委会的工作。

一年来，常委会根据六届全国人大三次会议关于常委会工作报告的决议，按照宪法所赋予的职权，加强了对宪法、法律的实施的监督和对行政、审判、检察工作的监督，加强了立法工作，特别是经济立法工作，并加强了常委会的组织、制度建设和各专门委员会的工作，在发展社会主义民主、健全社会主义法制方面，取得了新的进展。

一、适应改革和建设的需要，加强立法工作。

六届全国人大三次会议以来，根据党的十二届三中全会决定指出的“经济体制的改革和国民经济的发展，使越来越多的经济关系和经济活动准则需要用法律形式固定下来”的精神，常委会进一步加强了立法工作，特别是经济立法。一年来，制定了草原法、渔业法、计量法、矿产资源法、外国人入境出境管理法、中国公民出境入境管理法和居民身份证条例七个法律，并审议、决定将民法通则、外资企业法、义务教育法三个法律草案提请这次大会审议。在这十个法律中，五个是有关经济方面的法律，两个是有关对外开放的法律，民法通则也是调整一定范围的经济关系的很重要的法律。

为了适应对外开放以及引进外资和先进技术、先进设备的需要，外资企业法草案对外资企业在中国投资的合法权益，提供了法律保障，规定了有利于吸引外资的优惠条件；同时，规定申请设立的外资企业必须有利于我国国民经济的发展，并且是采用先进的技术和设备，或者产品全部或大部出口的。常委会制定的中国公民出境入境管理法，作出了放宽出入境限制、简化出入境手续的规定。外国人入境出境管理法对外国人取消了出境签证，放宽了旅行限制。这些方便出入境的规定，对进一步发展对外经济合作和科学技术文化交流，是有促进作用的。

常委会制定的草原法、渔业法和矿产资源法，注意加强对自然资源的合理开发利用和保护，并根据改革、搞活、管好的方针，把经济体制改革中的成功经验用法律形式固定下来。草原法、渔业法根据所有权和使用权适当分开的原则，规定全民所有的草原、水面、滩涂，可以确定由全民所有制单位和集体所有制单位使用；集体所有的以及集体使用的全民所有的草原、水面、滩涂，可以由个人或者集体承包经营。矿产资源法根据全民、集体、个人采矿都能得到发展的精神，规定国家保障国营矿山企业的巩固和发展，鼓励、指导和帮助集体所有制矿山企业的发展，指导、帮助个人依法开采矿产。同时，这三个法律都对资源的保护作了必要的规定。这些规定不是为了限制，而是为了更好地开发和利用资源，对经济建设的发展是有利的。常委会还制定了计量法，它对于维护社会经济秩序，保障社会主义经济建设的顺利进行，也有重要的作用。

民法是国家的基本法律之一。民法的制定，是国家法制建设的一件大事。民法通则草案对民事活动中一些共同性的问题，规定了共同遵循的规范，同时规定了民法调整平等主体的公民之间、法人之间和公民、法人之间的财产关系，并对公民、法人、个体工商户、承包经营户、个人合伙和法人联营的民事权利和民事责任作了规定，使民事活动和调整民事关系有法可依，对于保护公民、法人在民事活动中的合法权益，发展对外经济、文化、科学技术交流和合作，对于适应经济体制改革的需要，加强运用法律手段管理经济，都具有重要的意义。

制定义务教育法，是发展基础教育，培养人才，提高全民族素质的迫切需要。义务教育法草案规定，国家实行九年制义务教育，省、自治区、直辖市根据本地区的经济、文化发展的状况，确定推行义务教育的步骤和实现九年制义务教育的期限。国家采取措施，保证适龄儿童入学，发展师范教育，培养合格的师资，积极帮助经济困难地区和少数民族地区发展义务教育。

根据六届全国人大三次会议的决定，去年六月全国人大常委会第十一次会议决定成立了香港特别行政区基本法起草委员会，并于七月初召开了第一次会议，提出了起草工作的大体规划和设想。另外，在香港还成立了香港特别行政区基本法咨询委员会。现在，基本法起草工作正在抓紧进行。基本法起草委员会最近就要举行第二次会议。我们相信，经过努力，我们将会根据中英关于香港问题的联合声明，按照“一个国家、两种制度”和维护国家主权、保持香港稳定与繁荣的原则，在广泛征询和听取香港同胞和各界人士意见的基础上，起草出一部符合包括香港同胞在内的全国人民意愿的香港特别行政区基本法。

为了适应经济体制改革和社会主义现代化建设的需要，必须根据轻重缓急和具体条件，积极负责地加快经济立法的步伐。目前正在抓紧拟订土地法、国营工业企业法、海关法、海商法、公司法、破产法、乡镇企业法、劳动法等重要的经济、行政法律。国家工作人员法以及版权法、技术合同法等教育、科学、文化、卫生方面的法律，也正在研究、起草。由于全面的经济体制改革和教育、科技体制改革正在开展，一些重要的改革还在实践和积累经验的过程中，因此这些法律还需要根据条件逐步制定，在总结经验的基础上，成熟一个制定一个。一些条件还不成熟的，涉及经济体制改革和对外开放方面的立法，国务院还可以根据全国人大授权的决定制定暂行的规定或者条例。同时，各省、自治区、直辖市也正在加强制定地方性法规的工作。国家还没有制定的一些法律，可以先制定地方性法规，这也有利于加快国家立法工作的步伐。

在制定法律的过程中，常委会注意广泛征求各地方、各部门、各方面的意见，发挥法律专家的积极作用，使法律理论工作者和实际工作者结合起来，搞好制订法律的工作。去年常委会法制工作委员会两次把民法通则草案印发各省、自治区、直辖市、中央有关部门以及法律院系、研究单位征求意见，召开了三次有民法专家、法院民庭、经济庭一些负责干部以及中央有关部门同志参加的座谈会，还专门邀请在京的经济法专家座谈征求意见。在起草、研究、修改外资企业法、草原法时，也广泛邀请法律、经济等有关方面的专家和实际工作者讨论修改，提出了许多很好的修改补充意见。实践证明，这是在立法工作中坚持理论联系实际和贯彻民主集中制的一种比较好的方法，又可以在实践中培养法律队伍。今后要把这一做法形成制度。

二、加强对宪法和法律实施的监督。

实践证明，顺利地、健康地进行社会主义建设，一定要有两手，即一手抓建设，一手抓法制。只有健全法制，做到有法可依、有法必依、执法必严、违法必究，建设高度的社会主义物质文明和精神文明才有保障。这几年，我们在健全社会主义法制方面做了许多工作，仅从立法方面讲，除现行宪法外，全国人大和人大常委会已经制定了47个法律。此外，国务院还制定了400多个行政法规和根据全国人大授权的决定制定的一些有关经济体制改革和对外开放的暂行的规定或者条例。尽管我们的法律还不够完备，但在主要的方面，已经不是无法可依，而是有法可依。当前法制建设的突出问题是，有法不依或者执法不严的现象还相当普遍，在某些地方、某些方面还相当严重。这种状况必须坚决加以改变。

六届全国人大三次会议以来，常委会在法律监督方面采取了以下一些措施：首先，支持和督促一些地方纠正违反宪法和法律的行为，例如：在选举、任免国家机关工作人员时，不尊重人大代表或人大常委会委员的民主权利，不尊重人大、人大常委会依法行使职权，对依法应由人民代表大会选举或人大常委会任免的干部，未履行法律程序就由上级机关直接任命或对外公布；任意调动选举产生的县、乡、镇干部，并且没有依照法律程序任免；有的人大常委会依法履行职权对提请任命的人选未予批准竟受到指责，等等。对这些不符合宪法和法律的行为，常委会要求有关地方作出必要的处理，常委会办公厅编印的《工作通讯》也注意刊登一些地方采取措施纠正不依法办事的错误做法。常委会法制工作委员会一年来还对各地提出的二百多件有关法律的问题作了答复。这对于保证宪法和法律的实施，起了积极作用。其次，针对有些地方在新形势下出现的有法不依、执法不严的问题，加强了对一些法律实施情况的监督。在常委会第十二次会议上，委员们指出，一些地方制售假药劣药、有毒有害食品和冒牌商品的违法行为是很严重的问题，要求司法机关和有关部门认真依照商标法、食品卫生法（试行）和药品管理法严肃处理；按照法律规定应当追究刑事责任的，决不能以经济制裁代替刑事处罚。第三，常委会也注意严格依法办事。凡是按照宪法和法律规定应由全国人大审议、决定的事项，都提请全国人大审议；属于政府职权范围的事项，常委会不作决定；凡属常委会职权范围内的事，坚持依照宪法、法律的规定和程序去办，认真履行职责。这就避免了一些不符合法律规定的做法。

为了增强广大人民群众和干部的法制观念，学会运用法律武器同一切违反宪法和法律的行为做斗争，维护公民的合法权利和利益，常委会通过了国务院提交审议的《关于在公民中基本普及法律常识的决议》。这是一个具有重大意义的文件，国内外都很重视，对推动我国的民主与法制建设将有深远的影响。为了保证决议的贯彻执行，常委会召开了首都新闻界负责人座谈会，研究如何加强基本普及法律常识的宣传问题。目前，各地方、各部门都在抓紧落实，普及法律常识的工作正在全国逐步展开。

健全社会主义法制，认真做到依法办事，需要经过相当长期的过程。常委会在法律监督方面做了一些工作，但采取的措施还不够有力，对已经制定的法律的贯彻执行情况检查监督做得不够，今后还必须努力改进和加强。

三、听取和审议国务院、法院、检察院的工作报告，加强工作监督。

听取和审议有关国家机构的工作报告，是常委会对这些国家机构进行工作监督的基本方式，也是对他们工作的支持和促进。一年来，常委会围绕社会主义经济建设和经济体制改革的重大问题，听取和审议了国务院副总理李鹏关于经济形势的报告，国家经委关于当前产品质量状况和改进措施的报告，国家物价局关于物价改革情况的报告，国家审计署关于审计工作情况的报告。还听取了水利电力部关于黄河、长江、淮河、永定河防御特大洪水方案的报告。委员们对上述工作报告及国务院为推动经济建设和经济体制改革所采取的重大措施表示满意，认为当前我国的经济形势很好，是建国以来政治、经济形势最好的时期之一。去年改革的步子迈得比原来预料的要大，效果比原来预料的要好，确实做到了"初战必胜"。对国民经济发展中出现的一些问题，国务院及时采取了一系列措施，加强宏观管理，已见成效。我国的社会主义现代化建设事业正在沿着健康发展的道路不断前进，我们对改革的方针必须坚定不移地贯彻执行。同时委员们认为，近年来出现的新的不正之风严重妨碍改革和开放的顺利进行，必须坚决加以制止和纠正，决不允许任何单位和个人借改革、开放之机，违法乱纪，损公肥私，以权谋私；纠正不正之风与加强精神文明建设是联系在一起的，在抓好社会主义物质文明建设的同时，一定要重视和加强社会主义精神文明建设，在广大人民群众中坚持不懈地进行有理想、有道德、有文化、有纪律的教育，坚持四项基本原则，反对和抵制资本主义、封建主义和其他腐朽思想的侵蚀，反对和抵制资产阶级自由化；在搞活经济的同时，要加强对经济活动的宏观控制和管理、监督，特别是要严肃财经纪律；要采取有力措施坚决纠正一些企业片面追求产值、利润，忽视质量和社会经济效益的倾向；物价改革要继续坚持稳步前进、放调结合的原则，保持物价总水平的基本稳定。

为了推动打击严重经济犯罪斗争的深入开展，保证经济体制改革和社会主义建设的顺利进行，常委会听取了最高人民法院院长郑天翔、最高人民检察院检察长杨易辰关于打击严重经济犯罪活动的报告。委员们对最高人民法院和最高人民检察院一年来在打击严重经济犯罪斗争中取得的成绩表示满意，认为前一个时期的主要问题是手软、打击不力，一些经济案件处理不下去，不是无法可依，而是执法不严。必须坚决依法办案，特别是要抓紧查处大案要案，要敢于碰硬，打破关系网、保护层，不管涉及什么人，都要查个水落石出，依法严惩。委员们还提出，不能搞"以罪当风"、"以罚代刑"。国务院有关部门也根据委员们的意见，决定改变"罚没留成"等办法，规定罚没收入一律上缴国库。这是加强打击经济犯罪、克服不正之风的必要的措施。

此外，常委会还听取了关于李先念主席、赵紫阳总理出访欧亚美一些国家的报告，听取了国务委员兼外交部长吴学谦关于一九八五年的国际形势和我国外交工作的报告。委员们认为，一年来我国外交工作又取得了显著成绩，证明我国坚持独立自主的和平外交政策是正确的、成功的。常委会还通过批准或加入《国际电信公约》、《保护世界文化和自然遗产公约》、《防止倾倒废物及其他物质污染海洋的公约》和有关麻醉品、精神药物等五个国际公约，批准《中华人民共和国和朝鲜民主主义人民共和国领事条约》。这对发展对外关系是重要的。

四、认真办理代表提出的议案和建议。

六届全国人大三次会议上，代表和代表团共提出128件议案，经大会主席团决定，将33件交全国人大有关的专门委员会审议；其余95件属于对各方面工作的建议、批评和意见，交有关方面研究处理。民族、法律、财经、教科文卫委员会对提交审议的33件议案，在调查研究和征求国务院有关部门意见的基础上，逐件进行了审议，提出了审议结果的报告，已经常委会批准。这些议案中有21件是立法方面的建议，多数得到采纳。如渔业法已经颁布；义务教育法草案已经提请这次大会审议；公司法、国家公路法、电业法、农药管理法、职工劳动保护法、军事设施保护法等，有关部门正在拟订中。有的法律、法规，制定的条件尚不成熟，待积累和总结经验后再作研究。其余12件属于财政经济和教育等方面的重大问题，经会同有关部门研究，也已提出了解决意见。上述33件议案，经常委会审议决定，不列入全国人大或人大常委会会议的议程，由有关部门进一步具体处理、落实。作为建议处理的95件议案，大部分属于经济、文教、科技、卫生等方面的具体建议，如兴建铁路、港口、机场、水利设施、学校、科技馆等，国务院有关部门正根据国家财力、物力以及其他方面的条件，进行综合平衡，统盘考虑。有的已列入“七五”计划；有的目前尚难解决；还有一些是地方性的建设项目，可由地方安排解决。这些议案的处理意见已书面答复了有关代表或代表团，并向常委会作了报告。

在常委会第十四次会议上，有五十九名委员分别联名提出关于把加强师范教育列为“七五”计划的专项、拨出专款以保证义务教育法的实施等两项议案。国家计委、财政部认真研究，提出了办理意见，经国务院批准报常委会，委员长会议两次审议了对议案的处理意见，决定由财经委员会进行审议，并征求教科文卫委员会的意见，向提出议案的委员作了说明，委员们对这样认真处理表示满意。

六届全国人大三次会议上，代表们还提出了2832件建议、批评和意见，涉及国家政治生活、经济建设、体制改革、教育科学文化和精神文明建设等各个方面，其数量超过了前两次会议。许多承办单位以认真负责的态度，对代表提出的建议逐件进行研究，凡能够解决的问题不推不拖，积极争取解决；不能解决的问题也作出了负责的答复。截至今年一月中旬，代表提出的建议已全部处理完毕。建议中所提问题已经解决的占26%，正在解决或列入规划将逐步解决的占55%。其余的建议，需待条件具备后逐步解决，或供有关部门研究参考。

代表提出的议案和建议，反映了人民群众的意愿和要求。办理好这些议案和建议，既是代表联系群众、行使代表职权的一种重要方式，也是国家机构更好地听取群众意见、改进工作的一个重要渠道。现在对代表提出的建议也有一些处理得不够认真负责，我们必须切实改进。

五、改进全国人大代表视察办法。

根据一些地方组织人大代表视察的经验，并征求一些省、自治区、直辖市人大常委会同志的意见，常委会办公厅发出了《关于改进全国人大代表视察办法的意见》，把集中组织代表视察逐步改为经常的、分散的视察，以便于代表深入基层，直接听取人民群众的意见和要求，更好地发挥代表的作用。代表可以根据自己熟悉的或想了解的情况，自行确定视察的具体内容、单位和日期。可以个人单独视察，也可以两三个人或几个人一起视察。根据代表的要求和工作需要，也可以对一些重大问题组织集中视察或专题视察。为了便于代表进行视察等活动，各省、自治区、直辖市和全国人大代表较多的城市可以组成代表组，同当地人大常委会一起安排和组织视察活动。今年二三月间，按照上述办法组织全国人大代表进行了视察。代表们反映，这次视察办法的改进，有助于更加深入调查研究，了解实际情况，在全国人大开会审议议案时更有发言权了，今后视察要逐步做到经常化、制度化。

六届全国人大三次会议以来，常委会委员围绕审议有关议案进行了视察活动。1985年10月，常委会部分委员组成了五个视察组，分赴内蒙古、山东、湖南、贵州、青海五个省、自治区，重点视察了教育体制改革的情况。视察组采取集中和分散相结合的方式，走访了31个市、县的80多所学校和幼儿园，有的还深入到“老少边穷”地区进行考察。通过视察，委员们了解到，各地在贯彻落实中共中央关于教育体制改革的决定方面，采取了许多措施，做了大量工作，例如：增加了教育经费；普及初等义务教育的工作全面展开；各类学校学生入学率显著提高；进一步落实知识分子政策，调动了教师的积极性；调整中等教育结构等，教育体制改革已见成效。委员们提出，为了保证和促进教育事业在经济发展的基础上有一个更大的发展，必须采取有力措施发展师范教育，解决师资不足和经费问题，并且有步骤地调整中等教育结构和高等教育的层次结构，对“老少边穷”地区要给予特殊照顾和重点支持。这次视察对常委会审议义务教育法草案发挥了重要的作用。

六、加强同地方人大常委会的联系。

全国人大常委会同地方人大常委会在工作上加强联系，交流经验，有利于加强各级人大常委会的工作。一年来，委员长、副委员长和委员们到一些省、自治区、直辖市视察时，都同当地人大常委会的同志进行座谈，了解人大常委会的工作情况。彭真委员长还多次主持召开各省、自治区、直辖市人大常委会负责同志座谈会，研究各级人大常委会的工作和建设。在去年11月召开的座谈会上，交流了工作经验，提出了很多建设性的意见。大家认为，近几年来，地方人大常委会的工作有了很大进步，做了大量有成效的工作。但是，也遇到了不少困难和问题。在人大常委会如何依法行使职权，审议决定本行政区域的重大事项，监督本级政府和法院、检察院的工作，从本地区的实际出发制定好地方性法规；如何加强自身的组织、制度建设，改革常委会组成人员的结构，发挥委员的作用，使工作进一步制度化、规范化；如何更好地发挥代表的作用；如何健全工作机构，按照干部“四化”的标准配备好工作班子，适当解决编制、经费和工作条件等方面，都还存在一些问题，需要在实践中逐步加以解决。当前的关键问题是，必须增强广大干部的民主与法制观念，真正尊重宪法和地方组织法规定的地方人大常委会的地位和职权。人大常委会的同志首先要明确，社会主义民主与法制建设是国家的根本大事、根本建设，也是人民交给我们人大和人大常委会的一项重要任务，要为实现这一任务进行长期的、坚持不懈的努力。

一年来，各专门委员会也加强了同地方人大常委会的联系。财经委员会先后倡议召开了华东、中南、西北、西南、东北、华北各省、自治区、直辖市人大财经委员会工作座谈会。教科文卫委员会召开了东北、华北和华东十五省、自治区、直辖市人大教科文卫委员会工作座谈会。华侨委员会邀请一些省、自治区人大侨委会或人大分管侨务工作的负责人举行了两次座谈会。在这些座谈会上，总结了有关专门委员会的工作经验，研究和探讨了工作中遇到的问题。大家进一步明确了省、自治区、直辖市人大专门委员会要把积极参与制定地方性法规作为重要任务，要协助常委会做好监督工作，同时防止不适当地干预政府职权范围内的工作，并加强委员会自身的建设，充实和加强办事机构。民族委员会加强了对民族自治地方制定自治条例情况的调查研究，同一些省、自治区以及自治州、自治县的同志座谈研究起草自治条例问题。强调制定自治条例必须坚持法制统一的原则，不能与宪法、民族区域自治法的规定相抵触；要体现本地区的特点，把加速经济、文化建设事业发展作为重点。这对各地制定民族区域自治条例有很大帮助。此外，常委会法制工作委员会还和司法部联合举办了立法干部培训班，由各省、自治区、直辖市和经济特区、沿海开放城市人大常委会选派从事立法工作的干部参加，着重学习、研究立法的指导思想、基本原则和主要经验，帮助各地加强法制工作。常委会办公厅的《工作通讯》刊载了一些地方人大常委会工作的经验，这对推动各级人大常委会的工作起了积极作用。

七、进一步开展同外国议会的交往和联系。

六届全国人大三次会议以来，全国人大常委会的外事活动有了新的进展。去年四月，彭真委员长对日本的访问，是中日邦交正常化以后，我国党和国家主要领导人对日本的又一次重要访问，进一步促进了中日睦邻友好关系的发展。耿飚、王任重、廖汉生、黄华副委员长分别率领全国人大代表团访问了十三个国家。通过访问，进一步加强了同第三世界国家的团结与合作；继续加强了同罗马尼亚、南斯拉夫的友好合作，同时，继恢复了同苏联最高苏维埃的交往之后，又恢复了同东欧一些社会主义国家议会的关系；进一步发展了同西欧和北美一些国家的友好合作关系，全国人大代表团第一次访问了美国。此外，全国人大代表团出席了各国议会联盟的三次会议，全国人大人口代表团访问了印度，全国人大常委会还派常委会委员参加了土耳其大国民议会成立 65 周年庆祝活动。彭真委员长和全国人大代表团在出访中都受到了隆重、热情、友好的接待，这反映了我国国际威望的提高和外交政策的正确。在此期间，全国人大常委会和专门委员会还接待了来自五大洲 28 个国家和一个地区的 33 个代表团。全国人大已建立的 10 个对外双边友好小组也开展了一些外事活动，全国人大两个友好小组代表团访问了欧洲议会和法国。最近，常委会第十五次会议又决定新设立六个对外双边友好小组。这对发展同有关国家议会的友好关系将会发挥积极的作用。

在上述外事活动中，我们注意根据不同国家的情况进行工作。彭真委员长访问日本期间，针对中日经济合作中的问题，通过各种场合，强调中日经济关系要同政治关系相适应，资本、技术合作要同贸易关系相适应；并从法律上阐明中国的对外开放政策和经济改革的方向不会变。在同第三世界国家的交往中，我们明确表示，坚决支持第三世界各国维护民族独立与国家主权，积极发展民族经济、谋求改革不合理的国际经济秩序的斗争，在“平等互利、讲求实效、形式多样、共同发展”的基础上，共同探索进行经济技术合作的新途径和新方式，以及开展易货贸易的可能性。在同苏联和东欧社会主义国家的交往中，我们指出，中国的对外开放政策，不单是对西方国家的，对社会主义国家和第三世界国家也要开放。我们还表示，我们希望苏联采取实际行动消除三大障碍，使两国关系得到切实的改善。在同西欧、北美一些经济发达国家议会的交往中，我们着重介绍我国的开放政策和法律保障、投资环境，愿意在平等互利的基础上进一步开展同这些国家的经贸往来和技术合作，欢迎他们的企业界来我国投资办企业；同时，希望这些国家的政府在提供市场和技术转让方面，对我国实行更加开放的政策，在向我国出口的产品的价格方面，增加竞争能力。在同美国朝野各界人士的接触中，我代表团指出，近年来两国关系有所发展是好的，但是，台湾问题仍然是中美关系发展的主要障碍，希望美国以实际行动支持而不是阻挠我国实现和平统一的努力。对美国国会攻击我国计划生育政策和关于限制纺织品进口法案，我代表团表明了严正的立场和关注。

通过同外国议会的交往，我们阐明了我国独立自主的外交政策以及对一系列重大国际问题的原则立场，介绍了我国经济体制改革的大好形势和建设成就，对促进各国议员对我国的了解，加强彼此之间的友好关系，起到了良好的作用。有的来访者为我们热情友好的接待、周到的安排和诚恳的态度所感动，消除了某些误解和疑虑，表示愿为发展同我国的友好关系作出努力。一些发展中国家的代表团认为，中国的建设经验值得他们研究和借鉴。同时，也增进了我们对外国议会情况的了解，沟通了我国人大同更多的外国议会的联系，了解了许多国家议会工作和经济文化建设方面有益的经验，可供我们学习和借鉴。此外，人大代表团在一些国家访问期间，还同华侨和华人会面，向他们介绍了国内的大好形势、发展的宏伟目标和侨务等方面的政策，他们听后深受鼓舞，并表示愿为祖国的振兴和统一大业做出贡献。

全国人大及其常委会的外事工作是我国整个外交工作的一个重要组成部分，是我国国际交往中不可缺少的一个渠道。随着我国对外工作的日益开展和对外开放政策的进一步贯彻执行，全国人大常委会同外国议会间的双边和多边交往将越来越多。今后，人大常委会的外事工作需要进一步总结经验，加强调查研究，采取灵活多样的形式，积极开展多层次的议会外交活动。

八、加强常委会的组织、制度建设和工作机构的建设。

彭真委员长多次提出，要研究解决全国人大常委会的工作和组织、制度建设问题，使常委会的工作逐步走上制度化、规范化的轨道；同时，要把常委会的工作机构逐步健全起来，以利于加强常委会的经常性工作和保持工作的连续性。一年来，常委会在这方面做了一些努力和尝试。六届全国人大一次会议成立的民族、法律、财经、教科文卫、外事、华侨六个专门委员会，作为全国人大的常设机构，两年多来，在深入调查研究，审议、拟订有关法律草案和议案方面，作了大量工作，为全国人大和它的常委会有效地行使立法权，更好地行使最高国家权力机关的职权，为加强和充实全国人大和它的常委会的经常工作，发挥了重要作用。为了进一步加强专门委员会的工作，更好地发挥全国人大常委会委员的作用，经委员长会议研究，建议对住在北京的尚未参加专门委员会工作的全国人大常委会委员，除少数特殊情况外，原则上都增补为专门委员会的成员，并拟出增补方案提请这次大会审议。根据这个方案，全国人大六个专门委员会的组成人员将增加60%，全国人大常委会委员参加各专门委员会的将增至占常委会组成人员的2/3。这是加强常委会和专门委员会组织建设的一个重要步骤。同时，委员长会议还决定，根据常委会委员的意见，吸收他们参加制定法律的经常性工作。现已有47位委员参加了15个法律草案的起草、研究、修改工作。这些委员有丰富的实践经验和专业知识，他们参加法律草案的起草、研究、修改工作，对于常委会审议法律草案、制定法律已经发挥了很好的作用。

几年来，常委会的办事机构有所加强。特别是经过整党，进一步明确了常委会的办事机构要为开好全国人大会议、常委会会议服务；为全国人大代表和常委会委员依法行使职权服务；为发展社会主义民主、健全社会主义法制服务，努力当好“助手”和“参谋”。机关工作有了改进和加强。但是，无论在机构设置方面还是在干部的质量和数量方面，都还不适应工作的要求，迫切需要调整和加强，充实必要的机构和人员；同时要按照中央机关大会提出的要求，反对不正之风，整顿工作作风，改进工作方法，克服官僚主义，提高办事效率，健全工作制度，以适应加强常委会工作的需要。

各位代表：

六届全国人大三次会议以来，常委会在各方面的工作都有所改进和加强，在国家政治生活中发挥着越来越重要的作用。但是，还必须看到，常委会的工作同宪法赋予的职权和全国人民的期望还有不小的差距，工作中也存在不少缺点和问题。我们的法律还不完备，尤其是经济立法工作还跟不上社会主义现代化建设和经济体制改革的需要；如何加强对宪法、法律实施的监督和对行政、审判、检察工作的监督，还有待于继续探索和改进；如何加强常委会的组织制度建设，充分发挥各专门委员会的作用；如何加强同代表的联系，发挥代表的作用；如何加强全国人大常委会同地方人大常委会的联系等方面，还存在一系列的问题，需要在实践中逐步解决。我们要进一步总结经验，研究新情况和新问题，不断改进工作，认真履行宪法赋予全国人大常委会的职权，为完成第七个五年计划，实现党在新时期的总任务、总目标，把我国建设成现代化的高度文明、高度民主的社会主义国家而努力。

以上报告，是否妥当，请各位代表审查、批评、指正。

最高人民法院工作报告

——一九八六年四月八日在第六届全国人民代表大会第四次会议上

最高人民法院院长　郑天翔

各位代表：

一年来，全国各级人民法院进一步明确了审判工作必须为党和国家的总任务、总目标服务，为社会主义现代化建设服务。遵照第六届全国人民代表大会第三次会议决议的精神，最高人民法院着重抓了以下三个方面的工作：第一，在严厉打击严重危害社会治安的犯罪活动的斗争取得巨大胜利的基础上，适应形势的发展，把各项审判工作全面抓起来，并积极主动地参加对社会治安的综合治理；第二，严肃执法，为健全社会主义法制而奋斗；第三，加强人民法院革命化、专业化和现代化的建设。在今后的一年里，最高人民法院将依据形势的发展，在统筹兼顾、全面安排的前提下，突出“两打”，即继续坚定不移地严厉打击严重危害社会治安的犯罪活动，坚决加强打击严重破坏经济的犯罪活动；抓好经济审判和民事审判；同时，继续为健全社会主义法制，提高法院干部素质而努力。现将主要情况和任务报告如下：

一、继续严厉打击严重危害社会治安的犯罪活动，争取社会治安稳定好转

1983年9月2日第六届全国人民代表大会常务委员会第二次会议通过了《关于严惩严重危害社会治安的犯罪分子的决定》和《关于迅速审判严重危害社会治安的犯罪分子的程序的决定》，全国各级人民法院坚决贯彻执行这两个决定。根据当前社会治安的情况，人民法院今年仍然要坚定不移地贯彻执行依法从重从快的方针，严厉打击严重危害社会治安的犯罪分子，争取社会治安稳定好转，为进一步实现社会治安的根本好转打下坚实的基础。

1983年8月至1985年底，全国各级人民法院和专门法院共审结刑事案件110.2万多件，依法判处人犯139.5万多名。重点打击的对象是流氓集团、杀人、强奸、抢劫等七个方面严重危害社会治安的犯罪分子，占判处人犯总数的51%。对严重刑事犯罪活动的打击是准的、狠的。一度被严重危害社会治安的犯罪分子闹得乌烟瘴气、人心不安的状况大大改变了，流氓犯罪集团受到了摧毁性的打击，社会治安明显好转。据全国统计，严厉打击严重危害社会治安的犯罪活动前后28个月对比，刑事发案数下降了35.9%。一九八五年发案54.2万起，发案率为5.26‱，同许多国家相比是比较低的；同我国1956年和1965年所达到的最低水平3‱左右相比还是高的，但是，同1981年的8.9‱，1982年的7.4‱，1983年的6‱相比，明显地降低了。这是在党的领导下，在广大人民的支持下，政法各机关密切配合、共同努力的结果。实践证明，党中央、全国人大常委会关于严厉打击严重刑事犯罪活动的一系列方针、政策、决定完全正确。

在贯彻依法从重从快的方针中，还执行了惩办与宽大相结合的政策。全国各级人民法院对严厉打击严重刑事犯罪活动以来审理的人犯，根据不同的具体情节，区别对待，依法判处。其中，判处五年以上有期徒刑、无期徒刑、死刑（包括死缓）的，占42%；判处五年以下有期徒刑、拘役、管制、免予刑事处分以及无罪释放的，占58%。1985年，全国各级人民法院对在服刑期间确有悔改或者立功表现等情节，可以依法减刑或假释的罪犯，实行减刑或假释的有10.7万余人；对脱逃和脱逃后又犯罪的罪犯，依法加处刑罚的有5600余人。这样做的效果很好。

目前社会治安状况虽已有了明显好转，但不能估计过高。1985年全国各级人民法院受理一审刑事案件24.6万多件，人犯27.7万多名，分别比上一年下降了43%和54%。但这还不能全面反映社会治安状况。因为，第一，这一年刑事发案数还有54万多件，比上一年还增加了2.8万多件；第二，当前社会治安好转的状况很不平衡，有些地方很好，有些地方还不好；第三，恶性案件时有发生，有些犯罪还有上升趋势。因此，各级人民法院绝不能松懈麻痹，要看到同犯罪斗争的长期性、复杂性和艰巨性，要坚持人民民主专政，把同严重危害社会治安的犯罪活动的斗争抓得很紧很紧。打击的重点仍然是七个方面的罪犯，同时，当前在审判工作中，还要特别注意以下的新情况：

第一，盗窃、诈骗和抢劫等犯罪活动猖獗，必须坚决予以打击。盗窃、诈骗和抢劫的主要目标是公共财物，也有些犯罪分子以敲诈勒索、抢劫个体户、专业户为目标。有些地方出现了盗窃、运输、销赃的"一条龙"，形成一种破坏社会主义经济秩序的黑社会性质的势力。对于严重侵犯公共财产的犯罪，要继续给予严厉打击。另外，对于那些给国家造成严重损失的渎职者，要依法追究其玩忽职守罪。否则，改善管理很难。

第二，对重新出现和蔓延的旧社会丑恶现象，必须坚决取缔。建国后曾经绝迹的一些犯罪，如：引诱、容留、强迫妇女卖淫和利用封建迷信进行犯罪活动等，在一些地方又沉渣泛起。走私、制造、贩卖和放映淫秽录相的违法犯罪活动，有一段时间在不少地方相当突出；加上宣扬恐怖、色情和资产阶级腐朽生活方式的小报、书刊一度相当泛滥；对人民特别是对青少年的腐蚀作用很大。近些年来，青少年犯罪在犯罪总数中占相当大的比例，并且在有些地方继续上升，同这种污秽不堪的严重精神污染直接有关。对此，今后还要坚决取缔，继续给予严厉打击。对于青少年犯罪的教唆犯，对于构成传授犯罪方法罪的罪犯，都坚决依法从重惩处。

第三，流氓犯罪集团以及骚扰公共秩序的流氓犯罪活动，在某些地方又有抬头，必须迎头痛击。不少地方出现一些票霸、菜霸、鱼霸，欺行霸市，为非作歹。对于这些严重犯罪活动必须除恶务尽，对其中的首要分子和骨干分子，坚决依法从重惩处。

第四，对惯犯、累犯、脱逃后重新犯罪的，坚决依法从重或加重处罚。一些惯犯、累犯和脱逃犯流窜作案，不少大案、恶性案件就是这些坏人干的。对进行盗窃、诈骗活动的惯犯，对累犯，对刑满释放后又犯罪的，对劳改犯逃跑后又犯罪的，坚决依法从重或者加重处罚。

在继续贯彻依法从重从快的方针，严厉打击严重危害社会治安的犯罪活动的斗争中，各级人民法院一定要把审判工作做得扎扎实实，注重一个"准"字，做到稳、准、狠。

二、坚决打击严重经济犯罪活动，保卫社会主义经济体制改革和建设的顺利进行

1982年3月8日第五届全国人民代表大会常务委员会第二十二次会议通过了《关于严惩严重破坏经济的罪犯的决定》。自1982年至1985年底，全国各级

法院共审结贪污、行贿、受贿、走私、投机倒把、诈骗和盗窃公共财物等各类经济犯罪案件 18.3 万多件，判处人犯 22.4 万多名。去年以来，党中央和地方党委在加强建设社会主义精神文明的同时，加强了对打击严重经济犯罪活动斗争的领导，党的纪律检查部门、国家检察机关和公安机关，突破了一批大案要案，各地人民法院依法严厉惩处了一批严重经济犯罪分子，打击严重经济犯罪活动的斗争有所进展。但是，严重经济犯罪活动还很猖獗，许多严重经济犯罪分子还逍遥法外，从全局上看，打击还不够有力。主要原因是有法不依，执法不严。今年 1 月，我在全国人大常委会第十四次会议上曾汇报了加强打击严重经济犯罪活动必须解决的五个问题：第一，必须合理解决"以罚代刑"的问题，即对必须依法追究刑事责任的严重经济犯罪分子，不能只作行政罚款处理，必须移送司法机关依法惩处；第二，在打击投机诈骗活动的同时，必须严格追查那些因为得到"好处"就给犯罪分子大开绿灯，甚至同流合污的人；第三，对行贿受贿的双方必须一并严格追究责任；第四，对玩忽职守者必须依法严办；第五，对一些党、政、军机关，社会团体和企事业单位进行经济犯罪活动的，必须依法严加追查。这五个问题集中起来，就是必须严肃执法。我们的这几点意见得到多方面的支持。财政部也已于 3 月 7 日发出通知，解决同"以罚代刑"有关的问题。

当前严重经济犯罪的突出表现是：贪污、行贿、受贿和利用经济合同进行投机诈骗的案件很多；大案，尤其是内外勾结的大案显著增加；一些国营、集体企事业单位和党、政、军机关参与、掩护或者直接进行的严重经济犯罪活动为数不少。这些严重经济犯罪活动，对改革、开放、搞活的破坏很大，对党风和社会风气的毒害很大，对社会主义建设事业的危害很大。为了深入开展打击严重经济犯罪活动的斗争，我们认为应当做到：

（一）坚持违法必究，坚决严厉惩办严重破坏经济的罪犯。

邓小平同志在 1982 年就指出：要坚决打击经济犯罪活动，"如果不搞这个斗争，四个现代化建设，对外开放和对内搞活经济的政策，就要失败。所以，我们要有两手，一手就是坚持对外开放和对内搞活经济的政策，一手就是坚决打击经济犯罪活动"。胡耀邦同志在党的十二大报告中重申了这两手抓的方针后指出："只注意后一手而怀疑前一手是错误的，只强调前一手而忽视后一手是危险的"。还特别强调我们决不能把经济领域中严重的犯罪活动"仅仅看成是一般的犯罪，一般的反社会行为，它们是在我国实行对外开放、对内搞活经济这种新的历史条件下阶级斗争的重要表现"。最近，邓小平同志又着重指出："搞四个现代化一定要有两手，一手是不行的。所谓两手，即一手抓建设，一手抓法制"；"四个坚持为什么要有一条坚持人民民主专政？只有人民内部的民主，而没有对破坏分子的专政，社会就不可能保持安定团结的政治局面，就不可能把现代化建设搞成功"。我国政治上安定团结，经济持续、稳定、协调地发展，其重要条件之一，就是因为坚持了人民民主专政。为了巩固和发展这个好形势，必须继续坚持四项基本原则，坚持人民民主专政，对严重经济犯罪活动，各级人民法院必须如同对其他严重犯罪活动一样，坚定不移地、毫不手软地给以打击。

现在有一种错误论调，认为打击严重经济犯罪活动会妨碍改革、开放、搞活。事实恰恰相反，只有严厉打击严重经济犯罪活动，才能保障社会主义经济体制改革的顺利实施，巩固改革的胜利成果。缺乏经验，工作上肯定会出现一些差错。但工作上的差错和犯罪，性质是根本不同的。象大量生产或销售假药、假酒、有毒食品那样的"致富"，走的是什么路子？是改革还是犯罪？这是一目了然的。大搞投机倒把、走私贩私，是搞活还是犯罪？也是一目了然的。有些地方制造假桐油，以行贿手段销售，仅在舟山地区，就推销了 30 多万公斤，渔民用来修船，致使去年 11 月进入冬季渔汛以来，沉船十九艘，死亡 33 人。这种严重犯罪活动，是发展社会生产力还是破坏社会生产力，不也是一目了然吗！不严厉打击这种种严重经济犯罪活动，社会主义的改革能够健康发展吗？有人硬给严重破坏经济改革的罪犯戴上"创业者"的桂冠，把他们封为"搞活经济"的"功臣"，硬说依法严惩严重经济犯罪分子就会"挫伤和打击"改革的积极性。这种颠倒黑白的"犯罪有理"论乃至"犯罪有功"论，对社会主义的改革和建设有百害而无一利。必须坚决排除这种干扰。

（二）坚持惩罚与教育相结合的方针，清除资产阶级思想的腐蚀和毒害。

严肃执法和加强政治思想教育要互相配合，相辅相成。我国绝大多数人民的生活已经有了改善，一部分有了很大的改善。现在有些人走上严重犯罪道路，并不是由于生活困难，主要是由于资产阶级腐朽思想的侵蚀。唯利是图，不顾一切地"向钱看"是最严重的思想侵蚀。为了捞钱，有些人就不择手段，不顾国格人格，出卖国家机密，出卖国家利益，践踏党纪国法，什么卑鄙龌龊、伤天害理的事都干得出来。有的单位不顾一切地唯利是图，竟然把一些惯犯、在逃犯、骗子和林、江反革命集团的一些骨干分子等等，当做"能人"，当做"摇钱树"，委以重任，给以大权，让他们拿着巨款、公章、介绍信四处招摇撞骗。为了捞钱，有的企业、事业单位和国家机关巧立名目，以什么"公司"、"中心"的名义，进行投机倒把、走私贩私、扰乱金融等违法犯罪活动；有的单位执法犯法、知法犯法，有的人甚至不惜与不法商人狼狈为奸。在封建社会、资本主义世界司空见惯的行贿、受贿等丑恶现象，近来竟然在我们的一些地区、一些单位流行开来。许多大的投机诈骗犯所以能得逞，就是因为他们用重金收买了一些干部为他们大开绿灯，大行方便，甚至同他们同流合污、共同犯罪。强调社会主义精神文明和物质文明一齐抓，强调加强马克思主义的学习，强调加强思想政治工作，是清除经济犯罪思想根源的关键。中央并决定把端正党风和查处大案要案密切结合，再一次强调对严重经济犯罪分子必须严厉惩处，依法该怎么办就怎么办。各级人民法院要同有关方面密切配合，严厉惩处严重经济犯罪分子，丝毫不能手软。严厉惩处也是一种教育。要选择典型案件，就案讲法，进行生动具体的理想、法制和纪律教育。教育干部和人民群众分清什么是坚持社会主义道路，什么不是坚持社会主义道路；分清什么是合法的、正当的，什么是违法的、不正当的；促进和加强社会主义精神文明的建设。

（三）坚持对重大经济犯罪案件追查到底，全案处理。

重大经济犯罪案件往往内外勾结，涉及的单位和人很多。必须在党中央和各级党委的统一领导下，公、检、法机关同党的纪律检查部门和整党领导机构密切配合，查个水落石出；对触犯刑律的，有关部门要及时依法移送司法机关，不给犯罪分子留下空子；人民法院坚持法律面前人人平等的原则，该怎么判就怎么判；同时，我们认为，要对全案综合分析，分清问题的性质，分清罪行的轻重，全案处理。该法办的法办，该处分的绳之以党纪、政纪。不能只判主犯，轻纵其他，姑息养奸。处理投机诈骗案件，不仅要依法严惩投机诈骗犯，而且要追究为什么那么多单位、那么多人那么容易"上当受骗"。宪法第五条规定："一切国家机关和武装力量、各政党和各社会团体、各企业事业组织都必须遵守宪法和法律。一切违反宪法和法律的行为，必须予以追究"。据此，对一些党、政、军机关，社会团体和企事业单位进行严重经济犯罪活动的，也应当依法严加追究。这种性质的犯罪，给党和国家在政治上、经济上造成的损失更大。对这种犯罪活动的直接策划者、直接组织者、直接指挥者，凡是触犯刑律的，都要依法惩处；不能因"没有中饱私囊"而轻轻放过。没有中饱私囊，只能说明个人没有犯贪污罪或受贿罪，其所犯的其他罪还是必须要依法追究刑事责任。

（四）坚持实事求是的思想路线，在"准"字上狠下功夫。

打击严重的经济犯罪活动是一场很复杂的斗争，人民法院既要旗帜鲜明，态度坚决；又要深入细致，扎扎实实。一定要"以事实为根据，以法律为准绳"，认真调查研究，认真核实证据；做到事实清楚，证据确凿，定性准确，量刑适当，程序合法。在任何情况下，都要坚持实事求是的思想路线，注重一个"准"字，做到稳、准、狠。要区分缺乏经验发生的差错同违法犯罪的界限，既不能把缺乏经验当作违法犯罪，也不能借口"缺乏经验"掩护违法犯罪；要区分经济上的不正之风同经济犯罪的界限，既不能把不正之风当作犯罪，也不能以不正之风掩护犯罪；要区分官僚主义造成的问题同犯罪的界限，既不能把一般官僚主义当作犯罪也不能拿官僚主义的帽子掩盖犯罪；要区分在改革、开放、搞活中某些制度、办法不完善而发生的问题同贪污受贿、走私贩私、投机诈骗等犯罪的界限，既不应当把产生问题的客观原因当作主观责任，也不允许借口"客观原因"为犯罪分子开脱罪责。人民法院审理经济犯罪案件，当然要以犯罪的金额作为定罪量刑的依据。但这不是唯一的依据，而要同时衡量其犯罪情节和对社会主义事业的危害程度。有的犯罪分子，个人非法所得虽然不很大，但给国家造成的经济损失却很大，就应当重判；有的罪犯，在经济上造成的直接损失并不很大，但在政治上给国家和人民的危害很大，也应当重判。

我们深信，在党中央和全国人民代表大会及其常务委员会的领导、监督下，公、检、法以及有关部门密切配合、共同努力，一定能够把打击严重经济犯罪活动的斗争深入进行下去。

三、抓好经济审判和民事审判，保障人民的合法权益，发挥对经济关系和经济活动的调节作用

根据经济体制改革的深入进行和国民经济的进一步发展的新形势，人民法院必须把经济审判工作放到调节社会主义经济关系和经济活动的高度上来予以重视和加强。近几年来，经济纠纷案件成倍地增长。1983年收案为4.4万多件，1984年收案为8.57万多件，增加了将近一倍；1985年收案为22.66万多件，比1984年又增加了1.6倍。这种种纠纷，如不及时正确处理，就会直接影响商品生产和商品流通。这样，在我们面前就摆着一个尖锐的矛盾：一方面，经济审判任务十分繁重；另一方面，全国各级人民法院普遍建立经济审判庭只有三年多的时间，经济审判队伍力量有限，又缺乏经验和必要的专业知识，因而主观力量同客观要求之间就有一个不相适应的问题。不少经济纠纷案件办得质量不高，工作效率也不高。我们准备用一年或者更多一些时间，努力提高办案的质量和效率，基本上解决这个矛盾。

经济纠纷案件中90%多是经济合同纠纷案件。各级人民法院要以审理经济合同纠纷案件为重点，深入实际，深入群众，对新情况、新问题进行周密系统的调查研究；要进行典型调查，对一个市、一个区、一个县发生的经济纠纷案件进行具体分析，总结经验，就案学法，在经济审判的实践中学会做经济审判工作。审判人员要学一点经济学，了解经济工作，主动与经济部门联系。大量的经济纠纷是由行政部门、经济管理部门和有关各方面调解解决的。人民法院审理经济纠纷案件也实行着重进行调解的原则。调解要做到是非分明，责任清楚，必须坚持合法、自愿，并有效地执行。审判人员要深入到厂、矿、企事业单位和农村去，宣传经济合同法

和有关经济法规，主动地协助当地党委和政府主管部门理顺经济合同关系，抓住典型案件，就案讲法，使基层干部和群众认清信守合同的重要意义，认清合法和违法的界限，认清有效经济合同和无效经济合同、假合同的区别；让法律成为群众手中的武器，规范自己的经济活动。最高人民法院准备选编案例，加强对经济审判工作的具体指导。

1985年，全国各级人民法院共受理一审民事案件84.6万多件，比前年略有增加。由于生产关系的某些调整和财产关系的某些变化，争土地、山林、水利等生产资料的纠纷，去年比前年上升了12.7%；因房屋租赁、买卖和宅基地的占有、使用等引起的纠纷，以及继承和赡养、抚养的纠纷，数量都很大，情况很复杂。在婚姻关系上，青年人的"草结草离"和因第三者介入引起的离婚案件明显增多。人民法院将继续对这些新情况、新问题进行调查研究，在处理这类案件时，注意保护生产的发展，保护家庭的和睦，保护公民特别是妇女、儿童和老人的合法权益。

当前，一个特别值得注意的情况是：群众中因一般民事纠纷激化而发生凶杀、重伤害的案件十分突出。其中，有些同法院办得慢或办得不妥有关。为了尽可能协助有关单位及时把矛盾解决在激化之前，各级人民法院、特别是基层人民法院的派出机构——人民法庭的审判人员，要大力改进工作，继续发扬艰苦奋斗的革命精神和密切联系群众的优良传统，深入基层，实行巡回办案，就地办案，到群众中去，既当审判员，又当法制宣传员，既做审判工作，又做群众工作，积极主动地参加社会治安的综合治理，预防和减少矛盾激化。

民法通则草案已由全国人大常委会提交这次大会审议。制定这个调整我国民事关系和经济关系的基本法，是我国社会主义法制建设的一个重大成就。在民法通则颁布后，全国各级人民法院都要认真学习和努力贯彻实施，以此为基本准则，把民事审判工作和经济审判工作提高到一个新的水平。

四、严肃执法，为健全社会主义法制而奋斗

党的十一届三中全会以来，我国的立法工作有了很大的进展，在重要的和基本的方面，已经不能笼统地说无法可依了。执法工作也有了明显的进步。遵纪守法的观念在干部和群众中加强了。但是，健全社会主义民主与法制，仍是一项长期的、艰巨的历史任务。从许多事实来看，当前的问题主要的还不是无法可依，而仍然是已经制定的法律没有得到普遍的遵守和执行。健全社会主义法制最重要的关键就是要严肃执法，做到有法必依、执法必严、违法必究。

去年，党中央、国务院和全国人大常委会先后作出决定，争取用五年左右的时间对全国公民普遍进行一次基本普及法律常识的教育。这是我国人民政治生活中的一件大事，是一个伟大的创举，坚持下去，必将有力地促进社会主义法制建设，推动社会主义精神文明和物质文明建设的胜利前进。我们各级人民法院要积极主动地参加这项艰巨的工作。

为了严肃执法，最高人民法院加强了对审判活动的监督，对一些大案要案在审理过程中就及时监督。对下级法院办案中遇到的新问题、疑难问题，在如何适用法律上进行解释，并发布案例，进行具体指导。我们各级法院重视检察机关的抗诉，重视申诉案件和人民来信来访，重视对审判工作进行检查。发现错判案件，依法予以纠正；原判正确的，则予以维持。宪法规定，不允许任何单位和个人有超于宪法和法律之上的特权。邓小平同志指出：我们的制度和法律"不因领导人的改变而改变，不因领导人看法和注意力的改变而改变"。人民法院审判监督的一个关键问题，就是要对任何"以言代法"、"以权压法"的干扰进行抵制和纠正。

由于历史的原因，特别是由于"十年动乱"的恶劣影响，藐视法庭，"以言代法"，"以权压法"，对法院依法办事横加干涉的事不是个别的，有的是不懂法律，有的是偏听偏信，有的是滥耍威风，还有的是以权谋私。在经济活动领域内，一些干部不是将法律作为保护人民合法权益和国家利益的武器，而是实用主义地对待法律，把法律当成保护本地区局部利益的工具。法院的判决，如果对本地有利，就高兴，就说法院的好话；如果法院判决本地应偿还外地的债务，就不高兴，就指责法院"胳膊肘往外拐"；甚至阻挠法院对一些案件的受理、判决和执行。当然，这些都是前进中的问题。正如一切事物在矛盾的运动中发展一样，在执法过程中，干扰和反干扰，违法与纠正违法的斗争将是长期的。我们人民法院不能回避这种斗争。

人民法院要忠实于法律和制度，忠实于人民利益，忠实于事实真相，要敢于排除干扰，敢于坚持原则，敢于实事求是，铁面无私，执法如山。审判人员因为受到干扰或压力而违心地作出违法裁判，是错误的；利用权势硬要审判人员做出违法裁判，也是错误的；情节严重的，都要追究责任。对徇私枉法裁判者和利用权势硬要审判人员作徇私枉法裁判的，都要依法追究刑事责任。对依法应协助执行而不协助的，以及阻碍执行或拒不执行法院判决的，要依照民诉法（试行）和刑法规定的处罚条款办理。

邓小平同志最近提出的"一手抓建设，一手抓法制"的思想，是建国三十六年正反经验的高度概括，是马克思主义普遍真理和建设具有中国特色的社会主义实践的具体结合，是人民民主专政理论在新的历史条件下的重要发展。贯彻执行邓小平同志的这个指导思想，贯彻执行党中央关于健全社会主义民主和法制的指示，严格遵守和执行国家的宪法、法律、法令和法规，必将有力地促进社会主义精神文明和物质文明的建设，使我国长治久安，繁荣昌盛，建设成为高度文明、高

度民主的现代化社会主义强国。

五、加强人民法院革命化、专业化和现代化的建设

我们的着重点是加强现有队伍的建设，一抓教育，二抓纪律。

从去年开始，我们对法院现有的干部着手进行大规模的、比较正规的培训，同时，采取多种形式进行专业训练。经彭真委员长和中央、国务院其他领导同志批准，并得到国家教育委员会的支持，我们创办了全国法院干部业余法律大学。从最高法院到基层法院建立了一套教育领导体制，聘请了专职和兼职的教员以及教学辅导人员。教育界和法学界的专家、教授给了我们热情的支持。通过正规考试，第一期录取了学员3万多名，计划用三年或再多一点时间，使学员达到法律大专水平。我们决心克服一切困难，坚持质量第一的办学方针，把这个全国规模的法律业余大学办好。教学中我们特别强调要理论密切联系实际，认真总结具有中国特色的审判工作经验，使之系统化，提高学员的马克思主义理论水平和审判业务水平。与此同时，还采取了多种短期培训办法，轮训干部。去年参加各类短期培训的有10多万人次。我们打算到1990年使全国法院队伍的素质有一个明显的提高。

我们强调要从审判工作中学习审判。随着社会主义经济体制改革、开放、搞活的顺利实施，摆在审判工作面前的新情况、新问题层出不穷，无论是有经验的还是没有经验的审判人员，都有一个重新学习或从头学起的问题。我们强调法院干部要用马克思主义的立场、观点和方法，深入调查研究，分析新情况、新问题，同时向各条战线的同志们学习；对典型案件作具体分析，就案学法。法院干部不仅要熟悉我国的法律，而且要了解外国的法律和审判制度，了解有关的国际条约和国际惯例，以便在审理涉外案件中正确地适用我国法律，维护国家主权和利益，依法保护本国和外国当事人的合法权益，为我国的对外开放政策服务。

纪律是严肃执法的保证。法院干部必须成为遵纪守法的模范。目前全国法院系统有许多实事求是、依法办事、刚直不阿、铁面无私、全心全意为人民服务的先进集体和先进个人。两年多来，法院干警因执行任务被打伤、甚至以身殉职的，有80多人。广大法院干部在很困难的工作条件下，靠着党的优良传统，靠着政法战线的优良传统，凭着党性，艰苦奋斗，努力完成了艰巨的任务。1985年，全年审结了各类案件150万件，工作是很辛苦的，纪律是严明的，作风是正派的。这是主流。同时，也不断发现极少数法院干部违法乱纪，甚至犯罪的事件。去年全国各级人民法院共查处法院干部违法乱纪以及犯罪的事件372件380人，其中触犯了刑律、依法追究了刑事责任的34人，给予党纪、政纪处分的346人。我们提出，人民法院和法院干警必须做到八个不准：一不准主观臆断，二不准徇情枉法，三不准贪赃卖法，四不准吃请受礼，五不准索贿受贿，六不准经商牟利，七不准欺压群众，八不准泄露机密。我们希望人民代表和社会各界对人民法院和法院干警的作风、纪律进行监督。

法院管理方式的现代化问题已经提到日程上来。我们强调要加强信息传递，加强统计工作，加强综合分析，以改变信息不灵的落后状况。对应用电子计算机进行管理并辅助审判工作等问题，最高人民法院和有的高级人民法院已着手进行研究，提出规划，准备根据国家财力情况逐步实现。

各位代表，当前我国的政治、经济形势都很好。胡耀邦同志指出：八十年代的前五年，开创了新局面，开始了一个振兴时期；八十年代的后五年要发扬愚公精神，成为团结奋斗的五年，扎实奋斗的五年，坚韧奋斗的五年。我们全国各级人民法院要遵循党中央的指示和这次大会的决议，努力奋斗，同政法各部门密切配合，同各条战线的同志密切配合，使我国的社会主义现代化建设和改革，在第七个五年计划的头一年，各方面都取得新的更加伟大的胜利，有力地保证第七个五年计划的胜利完成。

以上报告，请审议。

最高人民检察院工作报告(摘要)

最高人民检察院检察长　杨易辰

杨易辰检察长1986年4月8日在第六届全国人民代表大会第四次会议上报告工作说，一年来，最高人民检察院和地方各级人民检察院、专门人民检察院，紧密围绕社会主义现代化建设的总任务，坚持四项基本原则，继续深入开展了打击严重经济犯罪和其他刑事犯罪的斗争，全面开展检察工作，为促进社会治安的稳定好转，保障经济体制改革和经济建设的顺利进行，做出了新的贡献。

1985年，全国检察机关依法批准公安机关提请逮捕的各类刑事犯罪分子25.4万余人，向法院提起公诉25.5万余人(包括上年移转的案件)；检察机关追捕犯罪分子4000余人，追诉3000余人。立案侦查经济犯罪案件2.8万余件，决定逮捕各类经济犯罪分子1.7万余人，提起公诉1.9万余人，为国家挽回经济损失26800余万元。立案侦查侵犯公民民主权利的犯罪案件和玩忽职守等渎职犯罪案件5800余件，决定逮捕犯罪分子2800余人，起诉5000余人。查处劳改、劳教人员犯罪案件7500余件，办理劳改、劳教、看守所管教干警犯罪案件240余件。受理群众来信来访93.9万余件(次)，查处控告申诉案件14.2万余件。由于全党全社会和执法部门的共同努力，社会治安状况有了明显好转，打击经济犯罪工作有了新的突破。

杨易辰同志说，在过去的一年里，我们主要抓了以下几个方面的工作。

一、抓统一思想工作，不断提高对打击各种犯罪特别是打击经济犯罪重要性和紧迫性的认识，明确检察工作的指导思想。我们始终强调检察工作要适应改革的新形势，为经济体制改革和社会主义现代化建设服务。去年上半年，提出了检察机关要坚持“两打”并举，既要坚持打击严重刑事犯罪，也要坚持打击严重经济犯罪。同年六月，鉴于社会治安有了明显好转和经济犯罪的严重情况，又进一步提出，检察机关要在绝不放松打击刑事犯罪的同时，把打击严重经济犯罪作为主要任务来抓，不断破除把打击经济犯罪同开放、搞活、改革，同打击刑事犯罪对立起来的观念，摆正“两打”的关系，使检察工作更直接地为经济体制改革和社会主义现代化建设服务。

二、解决关键问题，推动斗争深入发展。1984年下半年，新的不正之风泛起，经济犯罪活动十分猖獗。少数地方和单位还出现了为犯罪分子鸣冤和要求给予平反的情况。因而，不少检察机关不敢办案，怕将来“平反”。为了打破这种沉闷局面，我们着重抓了三个方面的工作：一是抓住江苏省江阴县原新桥公社管委会副主任兼新桥毛纺厂党支部书记孙永根贪污受贿案、黑龙江省建筑情报中心站工程师王异行贿案这两个在全国有影响，有争论的案件，与有关部门密切配合，查清事实，依法处理，并通报各地。二是针对当时办案中存在的某些法律、政策界限不清的问题，加强了具体应用法律、政策的研究、解释工作。经过调查研究，与最高人民法院共同制订了《关于当前办理经济犯罪案件中具体应用法律的若干问题的解答(试行)》，为及时准确地打击经济犯罪提供了依据。三是抓住重点，以点带面，加强指导。重点抓了广东、福建、河北、河南等几个地区，多次派出工作组，指导办案，帮助解决办案中的困难。解决了这样三个问题，就打开了突破口，推动了打击经济犯罪斗争的深入开展。

三、集中力量，查处大案要案，克服和纠正打击不力的现象。各级检察机关在办理大案要案中，一是把已经受理的大案要案分类排队，一个一个地突破。二是采取“抓系统、系统抓”的方法，以粮食、银行、供销、建筑等系统为重点，与有关部门密切配合，清查严重经济犯罪案件。三是配合财务和税收大检查，发现案件线索，查处大案要案。全年检察机关立案侦查的大案要案共6200多件，比上年增加两倍多。

四、坚持严格执法，做到敢于碰硬，打破关系网、保护层。要求各级检察机关和广大检察干警，必须坚持有法必依、执法必严、违法必究，不怕得罪人，不怕打击报复；搞好调查研究，查明案件的主要事实、情节，坚持以事实为根据，以法律为准绳，把案件办得扎扎实实，经得起历史的检验；经常向党委和上级检察机关反映情况，得到党委和上级检察机关的支持。在工作中，注意根据不同情况，区别对待。对属于认识问题的，以教育为主；对利用职权包庇犯罪的，则坚决依法追查。既查案件本身，又查清关系网、保护层，严肃处理。一年来，各级检察机关查处了一些阻力很大的案件。

五、坚持从严治警，加强检察队伍的自身建设。为了适应形势发展的需要，保证“两打”斗争的顺利进行，各级检察机关进一步加强了自身建设。一是加强思想政治工作，搞好精神文明建设。教育广大检察干警充分认识检察工作在“两个文明建设”中的地位和作用，做到刚正不阿，秉公执法。坚持从严治警，奖惩分明。二是抓紧干警的培训工作。各级检察机关继续采取多种形式和渠道，培训干部近3万人。

一年来，检察工作取得了很大成绩，这是主流。但是我们的工作也有缺点和不足，最高人民检察院对下级检察机关的工作指导还不够及时有力；打击经济犯罪的工作发展还不平衡，有的地方查处经济犯罪案件的结案率还不够高；有的地方对有法必依、执法必严、违法必究的原则坚持不够，在查处经济犯罪案件中仍有手软，打击不力的现象。这些都有待于进一步加以克服。同时，还要看到，当前在一些地方重大刑事案件有所回升，应该引起高度重视，绝不可有盲目乐观的思想，要继续贯彻依法从重从快的方针，坚决打击严重刑事犯罪活动。

杨易辰同志说，当前，我国的政治、经济形势很好。最近中共中央对进一步加强社会主义民主和法制建设，加强政法工作作出了许多重要指示。特别是邓小平同志提出的“一手抓建设，一手抓法制”的战略思想，对加强民主和法制建设，坚持人民民主专政，严厉打击经济犯罪人民民主专政，严厉打击经济犯罪和其他刑事犯罪，都具有重大指导意义，是我们在新形势下加强和改革检察工作的指导思想。今年是打击刑事犯罪，实现社会治安稳定好转的关键一年，也是打击严重经济犯罪的关键一年。检察机关面临的任务十分艰巨。在最近召开的全国检察长会议上，我们进一步强调，各级检察机关仍然要坚持在绝不放松打击严重刑事犯罪的同时，把打击严重经济犯罪作为主要任务，紧紧围绕“两打一建”，即打击严重经济犯罪和严重刑事犯罪，加强社会主义法制建设，全面开展各项检察业务。同时，要继续加强检察队伍的自身建设。

关于打击严重经济犯罪活动的几个问题的汇报（摘要）

——一九八六年一月十三日在第六届全国人民代表大会常务委员会第十四次会议上

最高人民法院院长　郑天翔

打击严重经济犯罪活动是直接保卫社会主义经济体制改革和建设的斗争，这一斗争虽然已经打开局面，但总的看来还不够有力，今后要进一步打击严重经济犯罪活动。

从1982年开始打击严重经济犯罪活动以来，全国各级法院受理经济犯罪案件的情况是：

1982年收案35176件；

1983年收案51486件，比上年增加46.36%；

1984年收案46625件，比上年减少9.45%；

1985年收案大约4.84万件，比上年增加3.8%。但是，这一年经济犯罪案件中上升最多的是盗窃公共财物案件，其他的经济犯罪案件则普遍下降。

过去一年来，党的纪律检查部门，公安、检察机关，集中力量突破了一批大案要案。打击严重经济犯罪活动的新局面，陆续打开。在去年九月党的全国代表会议之后，打击严重经济犯罪活动的斗争，有了明显的加强。许多省、市、自治区党委加强了对打击严重经济犯罪活动的领导。但是，严重经济犯罪活动仍然十分猖獗，犯罪分子的气焰仍然十分嚣张。

为了进一步加强打击严重经济犯罪活动的斗争，有几个问题需要解决：

第一、“以罚代刑”的问题需要合理解决。“以罚代刑”，会放掉一批严重经济犯罪分子。合理地解决“以罚代刑”的问题，是打击严重经济犯罪的一个关键。我们建议有关部门进行研究，予以改革。

第二、对行贿受贿的双方都要追究责任。行贿受贿这种违法犯罪行为，严重败坏了党风和社会风气，毁了一批干部，并且使党和国家在政治上、经济上都蒙受了很大损害。许多严重行贿受贿的犯罪行为，有不少被当作不正之风轻轻放过，没有依法追究刑事责任。这极不利于改革、开放、搞活的顺利实施，也极不利于端正党风，必须认真对待。

第三、对投机诈骗活动必须严厉打击。从前年第四季度起，一些“公司”、“中心”蜂拥而起，其中有些是“四无公司”。它们骗取或用其他不正当手段得到银行贷款和预付货款，买空卖空，投机诈骗。这种犯罪活动严重地破坏了社会主义经济秩序和经济体制改革，使国家、集体受到极大损失，必须以投机倒把罪并诈骗罪给予严处。

这种投机诈骗的犯罪活动，多数采取了经济合同的形式。前一时期，有些地方人民法院处理这类案件，只从表面上看，当作经济纠纷处理，而没有追究其犯罪行为。我们认为，对查证确实的严重投机诈骗分子，工商行政管理部门应移送公安、检察部门，依法追究刑事责任。公、检、法要密切配合，及时收案，抓紧侦查、起诉、审理。对于一些“上当受骗”的单位和个人也应当查一查，为什么那么容易“上当受骗”？如有违法犯罪行为，应根据情节轻重，分别绳之以党纪、政纪和国法。对主管部门或其工作人员以“手续费”、“管理费”、“好处费”、“提成”、“回扣”种种名目捞了钱而给投机诈骗犯大开绿灯，大行方便，甚至于同流合污、共同犯罪的，应严加追查，根据情节轻重，以受贿罪或者以共同犯罪论处。对其中没有中饱私囊的，也要查一查是否有玩忽职守的渎职行为。

第四、对玩忽职守者必须追究责任。人民法院受理的盗窃公共财物案件，1985年1至11月份，比前年同期上升了38.5%。特别是内外勾结，盗窃原材料、输变电器材，盗窃油田、矿山、工厂、水利设施、机械配件等，给国家财产造成很大的损失。这种内外勾结、里应外合、明目张胆地大肆盗窃公共财物的犯罪行为，许多地方都有。有些单位的领导可能是为了顾全面子，或者为了怕影响奖金，或者为了保持“先进”的牌子，往往隐匿不报；也有一些单位的领导，官僚主义十分严重，当政法机关把查获出来的被盗财物送上门去，还不知道是他们丢失的。对这种玩忽职守的渎职行为，应分别情节轻重，追究责任，直至追究刑事责任。

第五、对一些党政军机关、社会团体、集体组织和企事业单位进行犯罪活动的，也必须严加追究。这种性质的犯罪，差不多都没有受到法律制裁，有些只追究了执行者的法律责任，而没有追究其策划者、组织者的法律责任。执行者受审，主谋者不判，这是不实事求是的，不能平民愤，也不足以正法纪，更无助于争取党风的根本好转。过去以“没有中饱私囊”为理由，而没有依法追究上述性质犯罪活动的策划者、组织者的法律责任。这是不严肃的。没有中饱私囊，只是说其负责人没有个人直接犯贪污罪或受贿罪，对所犯的其他的罪，还是要依法追究刑事责任。当然，中饱私囊和没有中饱私囊在处理轻重上是应当有区别的。

打击严重经济犯罪活动是直接保卫社会主义经济体制改革和建设的斗争。许多案件的情况是很复杂的。法院既要旗帜鲜明，态度坚决；又要把工作做得深入细致，扎扎实实；就象打击严重扰乱社会治安的刑事犯罪活动一样，强调一个准字，做到稳、准、狠。

关于检察机关打击严重经济犯罪工作情况的报告

——一九八六年一月十三日在第六届全国人民代表大会常务委员会第十四次会议上

最高人民检察院检察长　杨易辰

委员长、副委员长、各位委员：

现在，我就检察机关打击严重经济犯罪的工作情况作一简要汇报。

六届全国人大三次会议上，代表们对最高人民检察院工作报告提出了很多好意见，有鼓励，有批评，有希望。那次会议以后，我们将代表们的意见分类整理，印发给各级检察机关，使广大干警深受教育和鼓舞，对检察工作是一个很大的促进。一年来，全国各级检察机关进一步加强了对经济犯罪行为的检察工作，打击严重经济犯罪的斗争有了新的进展，取得了显著成绩。

一、已经扭转了对严重经济犯罪“等等看”、“不能办”，徘徊观望、束手无策的状况，出现了一个主动进攻，突破大案要案，陆续打开局面的好势头。

我在六届全国人大三次会议上的工作报告中曾经提出，在打击经济犯罪活动中，不少地方存在着“贪污案件积极办，行贿受贿等等看，投机倒把不能办”的状况。这三句话反映了当时办案难的情况。办大案难，办小案也难；立案侦查难，依法处理也难；有的案件在司法机关办结以后，仍然有人为犯罪分子鸣不平，硬要在报纸上公开讨论，为罪犯平反。这样来自各方面的干扰和压力很多很大，加之当时出现新的不正之风，在法律、政策界限方面也有不少模糊不清的问题，有些人竟将行贿行骗分子当成“开拓者”、“改革先锋”来吹嘘，闹得一些检察干部不敢秉公执法，怕将来翻案，自己犯错误。不少检察机关在查处经济犯罪案件中确实处在徘徊观望、束手无策的状态。

在这种情况下，我们抓住两个在全国有影响、有争论的案子，与有关部门密切配合，深入调查研究，坚持以事实为根据，以法律为准绳，一抓到底，一办到底，搞个水落石出。这两个案子，一个是原江苏省江阴县新桥公社管委会副主任兼新桥毛纺厂党支部书记孙永根贪污受贿案。这是一个事实清楚，证据确凿，定性准确，量刑适当的案件，本不该有任何争议，但却有人在报纸、杂志上发表文章，称之为《六“8”奇案》，要求在报纸上开展全国性的大讨论，“为勇于改革的孙永根平反”。另一个是黑龙江省建筑情报中心站工程师王异行贿案。这也是一个比较容易看清的案件，可是有些人竟把打击经济犯罪和落实知识分子政策混为一谈，说判王异有罪就是打击知识分子，要求给王异平反。我们查清办实这两个案件以后，就打开了突破口，有力地推动了检察机关打击严重经济犯罪斗争的深入发展。

1984年下半年至去年上半年，不正之风掩盖经济犯罪，经济犯罪利用不正之风，严重经济犯罪相当突出。鉴于打击严重刑事犯罪的斗争已经取得很大成绩，社会治安有了明显好转，检察机关有可能拿出力量转到打击严重经济犯罪方面来，1985年6月，我们提出，检察机关要在绝不放松打击刑事犯罪的同时，把打击严重经济犯罪作为主要任务来抓。在中央提出纠正新的不正之风以后，各级党委进一步加强了对打击经济犯罪的领导，各个经济管理部门开展了财务、税收、物价大检查和清理整顿公司工作，我们及时抓住这个有利时机，几次发出通知，要求各级检察机关在当地党委和政府的统一领导和组织下，密切配合财务、税收、物价大检查和清理整顿公司工作，发现案件线索，查处经济犯罪案件。同时，我们还重点抓了广东、福建、河北、河南等地的大案要案，来带动全国检察机关的办案工作。许多在当时“等等看”、“不能办”的重大案件被陆续突破。例如：

广东省海南行政区倒卖汽车、外汇案，检察机关现已立案侦查212件292人，其中个人非法所得5万元至10万元的有12件23人，10万元以上的有19件30人。原区党委常委、组织部长林桃森，受贿4.4万余元，已被逮捕。

福建省晋江假药案现已基本查清。从1982年下半年至1985年上半年，该县先后办了55家假药厂，伪造药品生产批准文号170多个，制造、贩卖假药100余种，价值3500万元，行销全国二十九个省、市、自治区的1000多个医疗医药单位。检察机关现已批准逮捕了一批制造、贩卖假药的犯罪分子。

广东省佛山市刘浩然诈骗案，经检察机关查明，刘犯自1984年11月至1985年3月，以所谓“中华国际技术开发公司烟台分公司”等单位名义，伪造印章、证件，先后同17个省、市的88个单位签定假合同110份，总金额有人民币78亿多元，美元4亿多元，港币2000多万元，日币3000多万元，骗取预付款1970多万元，已经挥霍100多万元。现已将刘犯依法逮捕。

福建省福州市杜国祯投机诈骗案，检察机关已经侦查终结，报纸也已公布，即将向法院提起公诉。

广州市电子工业总公司计划处副处长谭永豪索贿受贿16万多美元案，检察机关已经侦查终结，将谭永豪提起公诉。

一年来，打击严重经济犯罪的斗争发生了很大变化。全国检察机关1985年查办的经济犯罪案件是近年来最多的一年，特别是下半年以后进展更大，立案数季季、月月上升，其中大案要案成倍增加。据统计，1985年1月至11月，全国检察机关共立案侦查经济犯罪案件26772件，比上年同期增加24.7%，其中大案要案5937件，比上年同期增加两倍多。决定逮捕经济犯罪分子14229人，起诉12711人，为国家挽回经济损失1.4亿元。

现在，已经不是“等等看”、“不能办”了，而是主动进攻，敢查敢办了；不是无案可办了，而是有案办不过来了。广大检察干警的精神状态很好，干劲很足，好势头在不断发展，局面在陆续打开。实践证明，检察机关把打击经济犯罪工作摆到更重要的位置上来，作为当前的主要任务来抓，符合党中央的战略思想，符合开放、搞活和改革的需要，符合法律赋予检察机关的任务和职责。

二、一年来的主要经验。

1.不断提高对打击经济犯罪重要性和紧迫性的认识，把打击经济犯罪作为检察机关的主要任务。1982年，中共中央、国务院发出《关于打击经济领域中严重犯罪活动的决定》以后，各地检察机关积极行动起来，查处了一批经济犯罪案件。1983年严厉打击严重刑事犯罪斗争开始后，我们提出，要“念一本经，唱一台戏”，全力以赴投入打击刑事犯罪斗争。在当时社会治安处于非正常状态，群众没有安全感的情况下，这样做是必要的。1984年下半年以来，出现新的不正之风，经济犯罪猖獗。1985年1月，我们根据社会治安状况明显好转和经济犯罪猖獗的情况，提出检察机关要坚持打击刑事犯罪和打击经济犯罪并举，在经济特区和其他经济犯罪猖獗的地区，要把打击经济犯罪放在首位。随着形势的发展，6月份我们又进一步提出，检察机关要在绝不放松打击刑事犯罪的同时，把打击经济犯罪作为主要任务。特别强调了要破除两个对立论，正确处理好两个关系：一是破除把开放、搞活与打击经济犯罪对立起来的观念，处理好“两手”的关系，牢固地树立一手坚持对外开放和对内搞活经济的政策，一手坚决打击经济犯罪活动的思想。二是破除把打击经济犯罪与打击刑事犯罪对立起来的观念，处理好“两打”的关系，在继续依法从重从快打击严重刑事犯罪的同时，把打击经济犯罪工作摆到更重要的位置上抓紧抓好。

2.突出重点，狠抓大案要案。经济犯罪的大案要案危害大，影响大，办大案对犯罪分子的震动大，对干部群众的教育作用也大，可以收到办一案，带一串，突破一片的效果。因此，我们一直强调要先从大案要案办起，把已经立案的大案要案和掌握的大案要案线索分类排队，组织精干的办案力量，检察长带头，逐案攻关，抓住不放，一个一个地突破，逐步打开局面。先办大案，越搞越有信心，越搞越有声势，越搞越有经验，一般的案子也就好办了。

3.“抓系统，系统抓”，一个系统一个系统地开展清查经济犯罪工作。这是在打击经济犯罪斗争中实行专门机关和群众路线相结合的有效方法。一般都是经过调查研究，选择发案多，危害严重，上下都有同类问题的系统和方面，以大案要案为突破口，带动整个系统的查处工作，在各系统自查、联查的基础上，发现经济犯罪案件的线索，打击严重经济犯罪活动。比如河北省在去年就明确以粮食、供销和银行三个系统和假冒商标为重点，收到很好的效果。采取"抓系统，系统抓"的办法，不仅可以使斗争深入发展，还可以使发案单位从被动变主动，我们的工作路子也越走越宽了。

4. 敢于碰硬，善于碰硬，打破关系网、保护层。在打击严重经济犯罪活动中，少数领导干部和机关单位，或者是因为坚持"两手"的思想不明确，认为打击经济犯罪偏离了经济建设的中心，会妨碍开放、搞活，或者是由于本身就不干净，有的自己就有严重经济问题，不仅不积极协助检察机关查处案件，反而多方干扰，设置障碍。他们有的四处奔走，开脱说情；有的以罚代刑，以罪当风；有的以言代法，以权代法，甚至将检察机关的办案人员赶出门外，利用职权包庇犯罪分子。有些案件突破关系网、保护层要比查处案件本身难度大。因此，一是必须坚持有法必依，执法必严，违法必究，秉公执法，刚直不阿，不怕得罪人，不怕打击报复，敢于碰硬，这是检察干部必须具备的品格。二是要搞好调查研究工作，查明案情关键，才能坚持以事实为根据，以法律为准绳，只要有确凿的证据，就有充分的说服力。三是要密切检察机关与党委的联系，经常向党委和上级检察机关反映情况，得到党委和上级检察机关的支持。这样，什么关系网、保护层都是能够打破的。

5. 加强具体应用法律、政策的研究、解释工作。在开放、搞活的新形势下，经济犯罪活动出现了许多新情况、新特点，办案中一些法律、政策界限不易掌握，影响了斗争的深入发展。针对这种情况，在分析研究案例，反复征求意见的基础上，最高人民检察院和最高人民法院共同制定了《关于当前办理经济犯罪案件中具体应用法律的若干问题的解答(试行)》，对贪污、受贿、投机倒把、诈骗等案件的一些界限问题作了具体解释，为及时准确地打击经济犯罪提供了依据。《解答》下发以后，各方面反映很好，起到了积极的推动作用。

6. 加强业务指导，推动斗争不断深入发展。一是请上来，请下级检察机关带着重大、疑难案件来上级检察机关汇报，共同研究解决办案中的困难。二是走下去，调查研究，帮助办案，加强业务指导。最高人民检察院抓了广东、福建、河北、河南四个重点地区，多次派出工作组，参与办案，指导办案。我们还先后向各地推广了河南、河北、山东、山西、陕西、黑龙江、贵州等地查处经济案件的经验。

7. 运用典型案例作活的教材，进行法制宣传教育。从一定意义上来说，这比查处案件更重要。因此，总结经验，进行宣传也要和查处案件一样，认认真真，一丝不苟。在突破大案要案的同时，用典型案例作活教材，采用多种形式，宣传法制，教育群众。

8. 依靠党委领导，打一场打击严重经济犯罪的总体战。党的领导是我们的斗争能够取得胜利的根本保证。实践中不少重大案件的关系网、保护层就是在党委的直接领导下打破的。打击经济犯罪也和打击其他刑事犯罪一样，光靠打不行，必须同时加强综合治理的其他各项工作；光靠检察机关、政法部门不行，必须全党全社会都重视和行动起来才行。只有在各级党委领导下，才能使政法各部门和有关部门协同动作，密切配合，打总体战，共同和严重经济犯罪行为作斗争。

三、现在经济犯罪仍然相当猖獗，要坚定不移地把打击严重经济犯罪的斗争坚持下去。

一年来，打击严重经济犯罪的斗争虽然取得了很大成绩，但是经济犯罪活动还十分猖獗，数额之巨，危害之大，手段之恶劣，情节之严重，为建国以来所罕见。万元以上大案占经济犯罪案件总数的比例不断增加，有的行贿受贿数十万元，贪污百万元，倒卖外汇上亿元，投机诈骗高达百亿元，走私贩私也很厉害。据统计，去年全国倒买倒卖外汇总金额达10亿美元以上，其中十万至百万美元的有886起，百万美元以上的有196起。全国偷税抗税总金额近100亿元，有些地方偷税抗税的单位和个人占应纳税单位、个人总数的80%左右。令人触目惊心。当前经济犯罪活动的主要特点是：

1. 内外勾结，上下串通，共同犯罪的情况突出。现在的经济犯罪几乎无不与我们内部的单位和干部有牵连，有些案件牵涉上百个单位和县以上领导干部。犯罪分子以金钱为"万能钥匙"，不惜用重金贿赂那些手中有权的国家干部，打通关节；国家工作人员收受贿赂后，利用职权为犯罪分子开绿灯，提供方便。有的犯罪分子说："用我的钱买你的权，用你的权赚我的钱。"

2. 以各种"公司"、"中心"、"商行"的名义，利用合同或制造假合同进行投机诈骗的犯罪活动十分猖獗。有些"公司"的名称大得惊人，什么"中华"、"国际"、"环球"、"宇宙"无所不有，本事大得很，你要啥，他"有"啥；你有啥，他骗啥，实际上是既无资金，又无货源和经营场地，甚至连"皮包"也没有的"皮包公司"，专门以签定合同为手段，买空卖空，倒买倒卖，进行投机诈骗活动。

3. 一些国家机关和国营、集体企事业单位为了小团体，实质上是为了个人的利益，见利忘义，和社会上的不法分子互相勾结，互相利用，大搞经济犯罪活动，上挖国家，下害百姓。由于他们打着搞改革、为集体的旗号，又有机关、企事业单位的招牌和资金，以合法的名义掩盖非法的活动，具有更大的欺骗性和危害性。这种犯罪比个人犯罪的危害要大得多。在偷税抗税、走私贩私、倒买倒卖汽车、外汇等案件中，这类犯罪约占90%以上。

4. 几乎是每当我们制定一些新的具体政策，或是对某些体制进行改革的时候，总有一些不法分子千方百计地变换手法，采取新的形式钻政策、制度和管理上的空子，进行犯罪活动。国家对粮食收购价格进行改革，他们就搞"平价转议价"、"议价转超购价"，套取国家购粮款；国家对物资管理体制进行改革，他们就倒买倒卖紧俏物资，牟取暴利；国家对经济特区实行一些特殊政策，他们就逃汇套汇，走私贩私；国家对集体企业实行减免税收政策，他们就将国营企业的生产资料和资金转为集体企业所有，化大公为小公，偷漏税收，中饱私囊或集体私分。

5.一些有前科劣迹的人被当作"能人"、"财神"重用，重新作案。特别是一些"四人帮"的帮派骨干分子"要在经济上捞一把"，有的成了经济上的"暴发户"。这些人有和我们作斗争的经验，手段狡猾，具有更大的危险性。

当前，确有一批亡命之徒在经济领域铤而走险，不择手段，不计后果地进行犯罪活动，气焰嚣张，危害严重。经济上，他们侵吞国家和集体财产，造成外汇流失，国家税收减少，直接破坏了改革、开放和搞活，破坏了社会主义经济建设。政治上，他们损害我们党和社会主义制度的信誉，践踏社会公德和国家法律，破坏安定团结的政治局面，扰乱社会治安和社会秩序。思想上，他们侵蚀党和国家的肌体，污染社会风气，毒化人们的思想，腐蚀干部群众。少数入党多年、担负领导职务的老干部没有倒在枪林弹雨之中，却被糖衣炮弹所击中，躺在了经济犯罪分子的脚下，被他们拉下水，堕落为犯罪分子。如果我们对经济犯罪的严重性和危害性认识不足，将是非常有害和危险的。如果放任这些犯罪分子胡作非为，我们的社会主义事业将被他们所断送。所以，打击经济犯罪是关系到我们党和国家生死存亡，关系到我们社会主义四个现代化兴衰成败的斗争，一点也松不得。全党全社会都要行动起来，打一场打击经济犯罪的总体战，坚决把犯罪分子的嚣张气焰打下去。

现在，我国的政治、经济形势很好。全国党代会以后，党中央强调社会主义物质文明建设和社会主义精神文明建设一齐抓，强调加强思想政治工作。最近，中央又决定，首先抓中央党、政、军机关和北京市机关党风问题，半年至一年务必抓出成效。这为深入开展打击严重经济犯罪的斗争创造了极为有利的条件。从全国检察机关的工作情况看，打击经济犯罪的斗争已经进入了一个新时期。整党、纠正新的不正之风、财务税收物价大检查和清理整顿公司工作以及司法部门查办经济犯罪案件，结合在一起，形成了打击经济犯罪的强大力量。只要我们抓住当前这个有利时机，认真总结经验教训，努力巩固和发展已经出现的好势头，继续坚持依法从重从严的方针，切实纠正打击不力的现象，狠抓大案要案，加强综合治理工作，就一定能够把经济犯罪的嚣张气焰压下去。最高人民检察院准备在近期召开各省、市、自治区检察长和经济检察处长会议，以打击经济犯罪为中心，总结交流经验，研究部署下一步的工作，争取在打击严重经济犯罪的斗争中取得新的更大的胜利。

四、当前在打击经济犯罪斗争中遇到的几个问题：

1.在办理经济案件中，仍有一些法律、政策问题没有解决，有的是法律不完善，有的是具体界限不明确。如对于国家机关和国营、集体企事业单位犯罪追究刑事责任没有法律依据。许多企事业单位走私贩私、投机倒把等重大案件处理不了。特别是倒买倒卖外汇的大案，由于没有明确的法律、政策界限，难于下手，查清后也不好处理。这类案件已经发现不少，往往涉及到有关部门的领导干部，数额巨大，危害严重。但因为没有发现中饱私囊行为而很难处理。需要抓紧补充立法。我们准备集中一批这类大案重点突破，搞准搞好，通过典型案例，推动办案工作。又如按现行法律规定，对诈骗犯罪不能判处死刑，这与目前诈骗犯罪活动越来越多，数额越来越大的情况很不适应，也需要对刑法有关条款加以修改补充。

2.随着继续开放搞活，涉外案件不断增多。一些不法港商、外商利用我们管理制度和工作上的漏洞，以及一些人崇洋迷外、捞钱心切的心理进行经济犯罪活动。这类案件调查取证工作比较困难。检察机关缺乏这方面的经验，也没有和外界勾通、联系的渠道和机构。今后涉外案件还会不断增加，需要逐步解决这些问题。检察机关要主动地承办涉外案件，并注意总结和积累经验。

3.一些单位在重大经济案件尚在侦查过程中，到司法机关索要被骗资金。这样做，往往会把严重的经济犯罪化为经济合同纠纷，把刑事案件化为民事案件，放纵对犯罪分子的打击。我们应该坚决抵制，并注意从中发现有无互相勾结的行为，有无玩忽职守的渎职犯罪案件，依法追究。

4.检察机关在打击严重经济犯罪斗争中，要自行受理和立案侦查贪污、行贿受贿、偷税抗税等多种经济犯罪案件，同时还要担负对公安机关立案侦查的盗窃、投机倒把等案件的批捕、起诉和出庭公诉工作，加上经济犯罪案件案情复杂，调查取证范围广，办案周期长，任务很艰巨。但是目前在工作条件方面的困难很多，一些地方已经影响了办案工作，亟需解决。检察机关在"文革"中被彻底砸烂，恢复又比较晚，在工作条件方面没有基础。尽管几年来边干边建，但仍不能适应工作的需要。突出的问题是办案经费严重不足，交通工具缺乏，办公用房紧张。有些地方把检察机关视为一般行政机关，只给行政经费，不给办案经费，出现了借钱办案或没钱办案的情况。现在实行的办案退库留成办法弊多利少，应该改由各级财政保证办案经费，实报实销。由于工作条件差，生活待遇偏低，一些干部不安心在检察机关工作，出现人员外流，队伍不稳的现象，办案力量日趋紧张。这些问题如不尽快解决，对深入打击经济犯罪十分不利。我们再次呼吁和希望各级政府和有关部门切实予以重视，抓紧解决。也希望各级人大常委会对此问题予以关注，以保证检察机关办案工作的正常进行。

一年来，广大检察干警在斗争中，经受了锻炼和考验，政治素质和业务素质不断增强。我们一定要认真贯彻全国党代会精神，进一步加强思想政治工作，搞好精神文明建设，提高队伍的战斗力，教育广大干警真正做到一身正气，两袖清风，刚直不阿，秉公执法，树立和维护检察队伍的好形象，在打击严重经济犯罪斗争中做出新贡献。

以上汇报，如有不妥，请指正。

新闻界要为普及法律常识做出贡献

——一九八六年十二月七日陈丕显同志在全国人大常委会召开的首都新闻界负责人座谈会上讲话

中共中央书记处书记、全国人大常委会副委员长陈丕显同志在全国人大常委会召开的首都新闻界负责人座谈会上说，普及法律常识是关系到国家长治久安的大事，是社会主义精神文明建设的重要内容之一，也是对全民进行有理想、有道德、有文化、有纪律教育的一个重要方面。新闻战线肩负着传播法律知识、进行法制教育的责任，要充分利用舆论力量，使人们耳濡目染，逐渐养成依法办事的观念和习惯。

陈丕显在座谈会上指出，普及法律常识的重大意义是多方面的，首先是保障广大人民当家做主、有效地行使民主权利的需要。我们的国家是工人阶级领导的、以工农联盟为基础的人民民主专政的社会主义国家。在我国，人民享受着广泛的民主权利。人民行使民主权利要有个章法，要依照法律的规定。民主与法制不可分，要建设高度的民主，就必需有健全的法制。其次，是加强全民族的法制观念，使全体人民知法、守法的需要。现在我们国家在重要的基本方面已经是有法可依了，当然还不完备，还需要继续积极努力。目前的主要问题并不是无法可依，而是法制观念薄弱，有法不依、执法不严、违法不究的情况还不少。因此，有计划地、有步骤地向全体公民普及法律常识，使广大干部和群众知法、懂法、守法，增强法制观念，养成依法办事的习惯，从而把国家法律立在广大干部和群众自觉执行的基础上。第三，普及法律常识是顺利地进行以经济建设为中心的社会主义现代化建设的需要。经济建设和经济体制改革都离不开法律的保障作用，特别是经济方面的法律保障。要运用法律手段调节经济，要运用法律武器维护社会秩序，都必须学习法律，懂得法律。第四，是进行社会治安综合治理的需要。目前青少年犯罪占很大的比重，他们所以走上犯罪道路，不少是由于缺乏法律常识和法制观念。

陈丕显说，在10亿人民中普及法律常识，是一项艰巨而繁重的任务，但是经过努力是能够实现的。因为，第一，党中央和各级党委高度重视。第二，广大人民群众人心所向。全国法制宣传教育工作会议以后，普及法律知识的工作势头很好。到目前为止，已有27个省、自治区、直辖市开了会，新疆、西藏也将要开会。另外，大部分省市已开始组织干部学习法律。只要大家同心协力，这件事就一定能办好。

陈丕显在讲话中希望新闻战线要为普及法律常识做出贡献。他说，我们的新闻战线，包括通讯社、广播、电视、报纸等是党的喉舌、国家的喉舌、人民的喉舌。不但肩负着传播法律知识，进行法制教育的责任，而且要运用舆论力量，造成一种气氛，一种耳濡目染的环境，使人们逐渐养成依法办事的习惯。党的十一届三中全会以来，新闻界的同志在法制宣传方面，做了大量的工作，特别是全国法制宣传教育工作会议以后，这方面工作得到了明显的加强。法律常识普及工作取得了今天这样可喜的局面，有新闻界的一份功劳。党和国家对此是满意的。但是为了适应在五年内基本普及法律常识的需要，还应当继续加强这方面的工作。在普及法律常识工作中要进一步发挥新闻部门的作用，新闻界各级领导应真正重视这一工作，把它摆到重要议事日程上来。

陈丕显提出，各新闻单位要根据中共中央和国务院的通知、全国人大常委会的决议精神和要求，作出自己的宣传规划，有计划有步骤地进行法律普及宣传工作。在宣传方法上要紧密联系实际，注意做到准确、通俗、生动、健康。在宣传内容上要着重如下几个方面：宣传党的政法工作的路线、方针和政策，宣传法制建设的成就；进行增强法制观念和养成依法办事习惯的教育，宣传普及法律常识的必要性和重要性；宣传法律常识，介绍普及法律常识的工作经验；宣传加强民主与法制建设的理论；宣传干部群众学法、执法以及同违法犯罪行为作斗争的英雄模范和先进事迹。这方面要以宣传好的典型为主，对于不依法办事的情况也要进行必要的批评和斗争。当前，首先要宣传“决议”和“通知”的精神，宣传普及法律常识工作的紧迫性和可行性，进行舆论动员，增强人们的信心。为了适应普及法律常识的要求，各新闻单位都要适当增加报道量，增加版面或播出时间。要加强领导，请中央宣传部加强对新闻单位关于法制宣传工作的领导，司法部要加强指导，各新闻单位内部更要加强对这项工作的具体领导，编委会要经常讨论和部署法制宣传工作，切实加以重视。希望新闻界成为贯彻中共中央、国务院“通知”和全国人大常委会“决议”的模范。

全国人大常委会副委员长、全国人大法律委员会主任委员彭冲主持了座谈会。

在全国法制宣传教育工作会议上的讲话

邓　力　群

（一九八五年六月十五日）

全国法制宣传教育工作会议今天闭幕了。

这次会议是建国以来专门讨论法制宣传教育工作第一次全国性的重要会议。会议讨论了如何在全国范围内，争取用五年左右时间达到在全体公民中基本普及法律常识，使我国法制宣传教育工作经常化、制度化、系统化的问题。这是一项非常重要的工作，对于社会主义法制建设，将起到积极的促进作用。

我们的会议，是在彭真同志倡议下召开的。邹瑜同志在会议开始时作了工作报告，我同意这个报告。为了召开这次会议，司法部在制定规划、总结试点经验和编写教材等方面，做了大量工作；各级党委宣传部门和司法部门也做了许多准备工作。会上几个试点经验的发言和印发的一批材料，都可以作为在全国开展法制宣传教育工作，普及法律常识的借鉴。由于到会代表充分认识到这次会议的重要性和迫切性，大家集中精力开好会议，对规划和工作报告提出了很好的意见和建议。这次会议开得是成功的。会上讨论确定的全民基本普及法律常识的规划以及它的实施部署，待上报党中央、国务院批准后下达。我们相信，依靠全党、全军和全国各族人民坚持不懈的努力，我们的目标是一定能够实现的。

对会议中提出的一些共同关心的问题，昨天丕显同志在部分代表的座谈会上已经作了回答，实际上为会议作了总结，我完全同意。希望各地认真按照丕显同志讲的精神去贯彻。这里，我就下面三个问题讲点意见。

一、认清健全社会主义法制的重大意义

在我国新的历史时期，健全社会主义法制，对于逐步实现工业、农业、国防和科学技术的现代化，把我国建设成为高度文明、高度民主的社会主义国家，有着十分重要的意义。党的十一届三中全会以来，我们在法制建设方面做了大量的工作。特别是全国人大及其常委会在短短的五、六年时间里，制订颁布了宪法和几十个法律、条例和决定。由全国人大常委会法制工作委员会编辑的《中华人民共和国法律汇编》（1979—1984）已经出版，国务院颁布的经济法规和其他方面的法规也正在汇编。我们的社会主义法律体系已经初步形成，并正在逐步充实、完善。这几年，立法工作进展较快，正如邓小平同志所说，全国人民都看到了严格实行社会主义法制的希望。

健全社会主义法制的重大意义，首先在于它是发展社会主义民主，巩固和发展安定团结的政治局面，确保我们国家长治久安的根本大计。宪法规定“中华人民共和国的一切权力属于人民”。这是我们社会主义制度的本质特征。民主必须制度化、法律化，否则就没有保障。有了法律，还必须使广大干部群众掌握法律、运用法律，这样，法律才能发挥应有的作用。全民普及法律常识的目的，集中起来说，就是使广大干部能够更自觉地依法办事，广大群众能够更自觉地遵守法律，正确地运用法律，维护自身的合法权利，并同各种违法行为作斗争。

建国以前，早在土地革命时期，在我们党领导下的革命根据地里就已经产生了属于人民的法律。后来，在抗日战争时期各边区和解放战争时期各解放区建立的革命政权，都制定了施政纲领和法律、法规，建立了相应的司法、执法机关。但是，就全国来讲，还是国民党或者外国侵略者制定的“法”，那时讲“依法办事”就不能革命了。同时，由于我们党领导下的革命斗争的特点是“枪杆子里面出政权”，一切工作必须服从于党领导下的武装斗争的开展，服从于争取战争的胜利，那时长期处于战争环境，事情紧急，情况变化快，所以党的政治领导主要靠政策。当时很有限、很简单的法，基本上还是属于党的政策的一种辅助形式，有些法也是直接由党中央审定发布的。那个时候，在我们的干部以至人民群众中是习惯于按照党的政策办事的。

建国以后，我们有了全国性的政权，就不仅要依靠

政策，还要建立、健全法制，依法办事了。但是，在健全社会主义法制的问题上，我们还经历了一个曲折的发展过程。这个曲折过程，是同我们党和国家的命运密切联系着的。1958年以前，法制建设处于比较正常的发展状态。国家制定了一系列重要的法律、法规；1954年9月颁布了第一部《中华人民共和国宪法》。正如毛泽东同志指出的："用宪法这样一个根本大法的形式，把人民民主和社会主义原则固定下来，使全国人民有一条清楚的轨道，使全国人民感到有一条清楚的明确的和正确的道路可走，就可以提高全国人民的积极性。"这一时期，我们的社会主义事业是蒸蒸日上的。1957年以后，由于党内产生"左"的错误指导思想，党内和整个国家的民主生活遭到了损害，社会主义法制建设也相应地受到削弱。十年内乱，林彪、"四人帮"横行，他们肆意破坏、践踏社会主义民主和法制到了无以复加的地步，这是众所周知的。粉碎"四人帮"以后，党的十一届三中全会在总结历史经验的基础上明确规定："为了保障人民民主，必须加强社会主义法制，使民主制度化、法律化"，"要保证人民在自己的法律面前人人平等，不允许任何人有超于法律之上的特权"。这是合乎党心、民心的重大决定。从此，我们国家重新走上了恢复和健全社会主义民主和社会主义法制的健康发展道路。我们党所以能够完全自觉地、坚定地用极大的决心和毅力来抓这件大事，主要是十年内乱的教训，使我们党在这个问题的认识上发生了一次飞跃。小平同志在为十一届三中全会作准备的一次报告中提出："必须使民主制度化、法律化，使这种制度和法律不因领导人的改变而改变，不因领导人的看法和注意力的改变而改变。"这是从痛苦的历史经验教训中总结出的一条结论。历史经验说明，有了健全的社会主义法制，才能把我们立国的四项基本原则用法律的形式确定下来；才能保障人民作为国家主人翁的民主权利，发展人民民主，正确贯彻民主集中制；才能使我们的国家沿着宪法所规定的道路前进，巩固和发展安定团结的政治局面，使国家长治久安。

其次，健全社会主义法制，是保障以经济建设为中心的社会主义现代化建设顺利进行的必不可少的条件。党的十一届三中全会把党的工作着重点转移到以经济建设为中心的四化建设的轨道上来。这是一个重大的历史转折。这几年来，我国国民经济持续、稳定协调地发展，城乡市场活跃，人民生活逐步有所改善。农村的经济改革已经取得巨大胜利，城市的经济体制改革正在稳步前进。按照历史唯物主义原理，法律属于上层建筑的范畴，它由经济基础所决定，又反作用于经济基础。当前我国法律对经济的作用，就是要巩固社会主义基本经济制度，保护经济建设和经济体制改革的成果，保证经济发展的社会主义方向，维护正常的社会经济秩序，保障国家、集体的公共财产和全体公民的合法权益不受侵犯。从根本说，以宪法为核心的整个社会主义法律体系，都是在直接或间接地为社会主义经济服务，对社会主义经济的发展起着维护、保障和促进的作用。经济法是整个社会主义法律体系中一个重要的部分。党的十二届三中全会关于经济体制改革的决定指出："经济体制的改革和国民经济的发展，使越来越多的经济关系和经济活动的准则需要用法律形式固定下来。"目前经济方面的法律在我国的法律中已占很大的份量。从十一届三中全会以来，经过全国人大和人大常委会通过的四十五个法律中，经济方面的法律占了一半以上。国务院制定的有关经济方面的法规就更多了。今后，随着社会主义建设的深入发展，它将越来越显得重要。当前我国的经济体制改革、对外开放的步伐以及整个社会活动的节奏都在加快。在经济工作中，如何适应新的形势，有效地保障社会主义经济有条不紊、活而不乱地健康发展，无论是宏观控制还是微观搞活方面，都面临着一系列急待解决的问题。在法制建设中迫切需要进一步加快经济立法。至于制定为法律条件尚不成熟的，可以先由国务院制定行政法规；一些超出行政法规调整范围的，第六届全国人大第三次会议已授权国务院对于有关经济体制改革和对外开放方面的问题，在必要时可以根据宪法，在同有关法律的基本原则和全国人大及其常委会的有关决定不相抵触的前提下，制定暂行的规定或条例，颁布实施，以便通过实践检验，条件成熟时，再由全国人大和全国人大常委会制定法律。目前我国管理经济工作的总的趋势是，从过去主要依靠政策，转到既要依靠政策又要按照法律办事的轨道上来；即使是管理经济不可缺少的行政手段、经济手段，它们所必须遵守的行为准则也要逐步用法的形式加以规范化，以便有所遵循和进行监督。经济方面的法律的制定需要抓紧，经济方面的法律的实施更需要抓紧。经济方面的法律是我们从事经济活动的规范，只有用它来指导和约束人们的行动，社会经济才能顺利发展。

再次，健全社会主义法制还有利于推动社会主义精神文明建设，实现社会风气、社会秩序、社会治安的根本好转，有利于培育有理想、有道德、有文化、有纪律的社会主义新人。党的十二大报告指出："社会主义精神文明是社会主义的重要特征，是社会主义制度优越性的重要表现。"没有社会主义精神文明，就没有社会主义。我国宪法已将"加强社会主义精神文明的建设"的原则和基本要求载入它的"序言"和"总纲"，并规定了若干条款。宪法要求把共产主义思想体系作为教育人民的法定内容和建设社会主义精神文明的基本指导方针，规定"国家提倡爱祖国、爱人民、爱科学、爱社会主义的公德，在人民中进行爱国主义、集体主义和国际主义、共产主义的教育，进行辩证唯物主义和历史唯物主义的教育，反对资本主义、封建主义的和其他腐朽思想"。第19条至第22条对精神文明的文化建设方面，即发展教育、科学、卫生体育和文化事业都各自单列一条；特别是对“扫除文盲”，“普及初级义务教育”和鼓励社会各方面的力量依法“举办各种教育事业”等作了明确规定。宪法把“受教育”列为公民的基本权利和义务之一，规定并鼓励公民“有进行科学研究、文学艺术创作和其他文化活动的自由”。与此相适应的，为了进行共产主义思想教育，提高社会道德水准，促进教育、科学、文学艺术和其他文化事业的繁荣和发展，国家已经和正在制订的一系列法律，都在一定范围内和一定意义上直接或间接地对社会主义精神文明建设起到保障和促进作用。社会主义法律是根植于社会主义制度，在四项基本原则的指导下形成的。它施加于人们的思想影响，是属于社会主义精神文明的范畴。我们必须把社会主义法制建设作为社会主义精神文明建设的重要组成部分，用以推进人民之间平等、团结、互助、友爱的新型的社会关系和新的社会道德风尚的树立和发扬，实现整个社会风气、社会秩序、社会治安的根本好转。

此外，健全社会主义法制对于提高国家行政机构的效率，加强人民武装部队的建设以及调整对外关系等方面，都起着重要的作用。

综上所述，无论从历史的经验来看，还是从新时期的历史任务看，健全社会主义法制都是关系到党和国家前途命运的大事。对于法制建设的重要性，我们一定要有清楚的认识。

二、各级干部都要进一步增强法制观念

随着社会主义法制的恢复和逐步完善，近几年来，我们开展了各种法制宣传活动，特别是打击严重经济犯罪和刑事犯罪的斗争显示了法制的威力，许多干部和人民群众的法制观念正在日益加强，一批能够铁面无私地执法和奋不顾身地护法的模范人物不断涌现。但是，有法不依、执法不严的问题，在一些单位、一些干部中还相当突出。还有一些地方发生干部利用职权，任意侵犯人民群众合法权益，侵犯公民人身自由权利的违法犯罪事件。我们必须同这些违反社会主义法制的现象作斗争。

守法，这是社会主义法制的基本要求，也是全国所有公民必须履行的基本义务。所有公民，包含各级干部，任何人都不能例外。以为法只是管老百姓的，干部可以例外的观点，反映了封建社会里所谓“礼遇君子，法制小人”、“刑不上大夫，礼不下庶人”等封建意识的遗毒。我们党历来有个传统：要求党员和干部遵纪守法，比要求一般军民更加严格。这是我们党保持工人阶级先进部队本色的一个重要标志。现在有些干部把这个传统丢了，自觉或不自觉地把自己凌驾于法律之上，置身于法律之外，甚至干出欺压群众、违法乱纪的坏事。还有一种情况是，一些同志习惯于过去的一套领导方式和工作方法，不习惯依法办事，有的甚至把法律看作“碍手碍脚的东西”。产生这些问题的原因，主要是认识不清，是老观念、老习惯作怪。也有不正之风，如“关系网”、“保护层”以及个人主义、官僚主义、以权谋私等因素。因此，解决这些问题的办法，主要是使广大干部，特别是各级领导干部懂得法律的重要性和严肃性，认真学习法律，自觉地增强法制观念。当然，违法行为构成犯罪的，还要依法追究刑事责任。广大干部知法懂法，依法办事了，就可以带动广大群众也这样做。广大人民群众掌握了法律，就能依法行使各项民主权利，监督各级领导干部和一切国家干部忠于职守和严于法纪，检举和依法制裁那些为非作歹的违法干部。我赞成邹瑜同志报告中讲的，全民普及法律常识和加强法制教育的对象，首先应当是广大干部，特别是各级领导干部。因为他们无论是在执法方面还是在宣传群众、影响群众以及保障人民民主权利方面，都处于十分重要的地位。

有人问：“讲依法办事，把党的领导摆到那里去了？”这种看法把依法办事和党的领导对立起来了，是一种糊涂观念。党的十一届三中全会公报指出，要使社会主义法制具有“极大的权威”，并提出了“有法可依，有法必依，执法必严，违法必究”的法制原则，“不允许任何人有超于法律之上的特权”。党章的“总纲”中写了这样的准则：“党必须在宪法和法律的范围内活动”。党的十二大的报告指出：“特别要教育和监督广大党员带头遵守宪法和法律。新党章关于‘党必须在宪法和法律的范围内活动’的规定，是一项极其重要的原则。从中央到基层，一切党组织和党员的活动都不能同国家的宪法和法律相抵触。党是人民的一部分，党领导人民制定宪法和法律，一经国家权力机关通过，全党必须严格遵守。”所有这些都清楚地告诉我们，依法办事同党的领导是一致的，把二者对立起来的观点是错误的。至于从这里还引伸出来比如“党大还是法大”一类问题，也是一种形而上学的观点。我们的法律，是在党的领导下，在党的政策实施的基础上，通过国家权力机关的立法程序形成的。它是人民的意志和党的意志的统一。党的活动如果不按宪法和法律行事，那就等于违背了自己的意志，也就实际上损害了党对国家事务的领导作用。我们有的同志一听说“法制”，就担心党的领导不起作用了，这是对我们党已经不是处于革命战争时期，因而必须改变那时的领导方法缺乏认识的表现；是停留在过去所谓“党的一元化领导”的观念和方法上面，不懂得实行社会主义法制恰恰是为了进一步加强和改善党的领导的表现。事实证明，我们党越是通过实行社会主义法制，更加充分地发挥国家机关的作用，更加扩大人民的民主权利，就越是能使全国人民更加紧密地团结在党的周围，为更有力地保障社会主义秩序的稳固和社会主义建设事业的顺利发展，为实现党提出的战略目标而团结奋斗。这难道不是作为一个工人阶级的政党在新的历史时期所必须遵循的领导方式和所应起的领导作用吗？我们各级党的组织和各级领导干部都

应当充分认识这一点，积极促进我们各项工作走上法制的轨道。

有的同志提出："今后是按法律办事还要不要政策？"这牵涉到如何认识法律和政策的关系。过去革命战争时期，主要是依靠政策办事。人民有了政权以后，就不仅依靠政策，还必须把成熟的政策制定为法律，依法办事。这是一个历史性的过渡。经验证明，凡是新的重大问题、重要改革，总要有个探索试验阶段，这里有一个从政策指导到制定法律的过渡问题。先是用政策作指导，经过试验，成功的就坚持，不成功或者不完全成功的就修正。法律要有稳定性，不能朝令夕改。政策经过社会实践证明是成熟的、正确的，才能用法律的形式固定下来，所以法律是依据党的政策制订的，是成熟的政策的定型化、法律化。当然，法律的实施和适用，以及根据形势变化要求加以修改或废除，也必须接受党的政策指导。在经济建设和经济改革发展进程中，出现一些新问题，一时得不到法律具体条文作为处理的依据，这是常有的事。在这种情况下，可以按照宪法和有关法律的基本原则和党的政策精神灵活地加以处理，不能因为法律条文没有具体规定就一推了事；也不能不顾法律和政策规定的基本原则自行其是地乱加处置。一般来说，党的政策比之法律，具有较大的灵活性、适应性，它可以根据实际情况的变化及时加以指导。当适应情况变化而确定的政策还没有形成法律的时候，在实际工作中仍应根据政策精神办事，并注意总结经验，加快实现政策向法律的过渡。

有人认为，现有的法律、法规是阻碍改革的"框框"，主张"法律也要松绑"。这是一种错误的说法。经济体制改革，当然要改革不适应生产力发展的旧体制，建立富有活力的新体制；也要相应地冲破一些陈旧的观念。但是，我们的改革决不是要改变社会主义制度，也决不可冲破用法的形式表现出来的社会生活的行为准则。恰恰相反，我们改革的目的，是要建立起符合中国国情的社会主义的经济体制，大力发展生产力加快社会主义现代化建设的进程，使国家繁荣昌盛，人民共同富裕。法律要体现这个根本目的。如果说这是个"框框"的话，那么，这个"框框"是应该有也必须有的。它不会限制和阻碍改革，恰恰相反，它象轨道那样，可以保证改革的列车，沿着正确的方向飞驰前进。为了保证搞活经济，法律对那些破坏社会主义经济制度和经济秩序的非法行为和犯罪活动一定要加以限制和制裁。不这样做，改革就会遭到破坏，国家和人民的利益就要受到损害。正如小平同志告诫的：我们不能拿空话而要拿事实来解除人们"担心中国会不会变成资本主义"的这个忧虑，并且回答那些希望我们变成资本主义的人。可是，前一段时候，我们有些同志在这个问题上缺乏清醒头脑，对于社会上出现的一些走私、套汇、投机倒把、欺行霸市、扰乱金融、勾结不法外商坑害国家等违法犯罪活动制止不力，执法不严；有的把严重的违法犯罪活动，仅仅看成是不正之风，结果让一些不法分子"自由自在"地活跃于社会主义经济舞台上，竟无人查究。如果要求这样的"法律松绑"，那就会绑住社会主义，放任资本主义活动。当然，随着改革的发展，可能要求对某些法规或法律的条文进行修改，但是，法律没有国家权力机关作出决定，任何人也无权任意改动，更谈不上什么"松绑"了。

三、把法律交给10亿人民

健全社会主义法制，一要有法可依，二要依法办事。目前，我们有了以宪法为核心的一批法律、法规，应当认为，在重要的和基本的方面，可以说有法可依了。但"徒法不足以自行"，现在问题的焦点在于人人要依法办事。而要依法办事，就要使体现全国人民意志、由人民制订出来的法律为全国人民所熟知、所掌握，这是人人依法办事的基本条件，也是发展社会主义民主、在社会主义条件下依法办事的必然要求。为此就必须通过宣传教育，使全国人民人人知法、懂法，正确地运用法律和自觉地维护法律。总之，人民要成为法律的主人，法律要成为人民手中的武器。马克思说："理论一经掌握群众，也会变成物质力量。"我们普及法律常识，把法律武器交给10亿人民，将汇成巨大的物质力量，把社会主义民主和法制建设推向一个新的阶段。正如彭真同志在《关于中华人民共和国宪法修改草案的报告》中所说："10亿人民养成人人遵守宪法、维护宪法的观念的习惯，同违反和破坏宪法的行为进行斗争，这是一个伟大的力量。体现了人民和中国共产党的正确主张的新宪法，又由全体人民和中国共产党的努力来保证它的实施，就一定能够在促进我国社会主义现代化事业的胜利发展中发挥伟大的作用。"

争取五年左右时间在全体公民中基本普及法律常识，是做到这一点的重要一步。各级党委都应充分认识它的重要意义，并把这一任务提到重要的议事日程上来。最近有的同志讲了这样一个看法："立法不容易，普及法律知识，养成依法办事的习惯更不容易。"这个看法不是没有道理的。由于我国一般群众的文化水平不高，许多地方的经济还不发达，各方面的任务又很繁重，特别是农村实行经济承包责任制，人员分散，流动性大，要把这项工作做好，确实会有许多困难。但是，从党和国家的要求和人民群众的心愿来看，这件事是非抓不可的。在打击严重刑事犯罪活动中，不少青少年罪犯被抓了，有的家长批评我们过去对社会上的不良现象，一是教育不够，二是管得不严。为了准备这个会，我们有的同志看了劳教所、劳改队，大多数是青少年；是"文盲、法盲加流氓"。这些人犯罪，虽然主要应由他们自己负责，但是，我们当干部的，也确实有愧于职守，没有把这些人教育好。长春有个黑咀子劳教所，今年元旦前夕，长影的同志同他们联欢，有位老演员在联欢会上说："年轻的朋友们，你们的位置本来不应该在这里，而应该在四化的洪流中!”当场青年们都流下了眼泪，有的泣不成声。现在这一代青年是在社会主义制度下成长的，我们有责任把他们培养成有理想、有道德、有文化、有纪律的新的一代人，只有这样，才能够使社会主义的江山长青不衰，才对得起无数为人民解放事业流血牺牲的革命先烈。所以，我们各级党委、各级领导，都应当以对党、对人民高度负责的精神，下定决心，从实际情况出发，加强领导，深入发动群众，认真制订和实施自己的规划，努力促其实现。耀邦同志最近在一次讲话中提出，明年年底以前，要求196个有30万人口以上的大、中城市做到社会风气、社会秩序、社会治安明显好转。根据这个要求，我们也应重点抓好这些大、中城市及其郊县农村的普及法律常识工作。普及工作要因地因人制宜。除了需要全民普及的宪法和几个基本法律外，对其他一些重要的法律，应区别不同地区、不同民族、不同对象，提出不同的要求，并采取适当的方法，组织实施。开展这项工作所必不可少的人员、经费、设备等物质条件，各级党委、政府和行政领导，要本着讲求效果、勤俭办一切事业的原则，安排解决。会上介绍的本溪、大庆等试点单位的经验证明，只要领导重视，全党动手，下决心扎扎实实地抓，全民普及法律常识的工作是可以做好的，我们应该有这个信心。

由于这项工作牵涉到党政军民学各个方面、各条战线，因此要办好这件事情，需要在各级党委统一领导下，党委宣传部门与司法部门主管，各方协同配合。设立什么形式的领导机构由各地决定。全民普及法律常识可以同五讲四美三热爱活动、创文明单位活动以及社会综合治理等工作紧密地结合起来，包括制订各种岗位的守则、条例以及乡规民约等。法制教育应列为干部、职工、农民以及城镇居民的政治教育重要内容之一。学校从小学到大学，以及各级党校、各类干部学校、干部培训班，都要设置不同层次的法制课程。司法部门还要结合公证、律师工作、公开审判和民事调解工作等司法活动进行法制宣传。工会、共青团、妇联等人民团体，也都应根据各自工作对象的特点，提出不同的重点和要求，采取灵活多样的方式，开展丰富多彩的宣传活动和学习辅导活动，为搞好这一教育作出自己的贡献。

在全民普及法律常识教育中，各级干部、党员首先要带头学好，成为学习和宣传法律的模范。从会上介绍的许多经验来看，这是一条基本经验。在新的历史时期，我们的干部在经济方面要努力学会掌握社会主义的客观经济规律以及商品经济的规律——价值规律来管理经济，在政治方面要努力学会按照社会主义法制原则来治理国家和管理社会事务，进一步说，管理经济也需要运用法律手段。但是，现在我们许多干部缺乏法律知识。因此，我们首先要扫除干部中的“法盲”，使我们的各级干部都能知法、守法，养成依法办事的习惯。应当把是否知法，是否按法律办事，作为考核、选拔干部的基本条件之一。对肆意违反宪法和法律的干部，要坚决处理，情节严重、构成犯罪的要依法追究刑事责任。政法部门的干部和所有执法干部在奉公守法的要求上更应当严格，任何地方、任何部门都不该再出现“违法的执法者”了。强调抓好干部学法，不仅是为了更好地实施全民普及法律常识规划，以干部学法来带动全民学法，也是我们党致力于提高干部素质、提高全党领导水平的一个重要措施。

法制宣传是党的宣传工作部门份内的职责。全民普及法律常识是全党的大事，是党的思想政治教育的重要内容。在新的历史条件下，如何把这一教育同日常的思想政治工作结合起来，这是摆在我们思想政治工作部门和各级政治工作干部、宣传工作干部面前的一个新的课题。

法制宣传本身是一项宣传工作，而今后宣传工作的内容和活动又必须合乎法制的要求。普及法律常识是一项全民的教育，而推行这一教育又必须靠宣传工作为它开道。因此，党的宣传部门和宣传战线的干部，更应认识这项工作的重大意义和自己应负的责任，支持和协同司法部门准确有力地开展法制宣传工作和进行普及法律常识的教育。紫阳、彭真等中央领导同志对法制宣传都非常重视。彭真同志强调“要做到依法办事，离不开宣传工作”。对新闻单位多次提醒：一是全国人大常委会审议通过的法律和有关决定，这是国家最高权力机关发布的东西，一定要宣传报导；二是法制方面的新闻报导和文章数量要增加，要开辟一些专题栏目；三是在新闻报导中要注意避免出现不合法律的事例和用语。我们的报纸、广播电视节目和新闻电影等天天要同广大群众见面，文学艺术作品包括电影和图书、刊物等也是人民生活中不可缺少的精神食粮，它们也是宣传法制的重要工具。上述有关部门及各级、各类文化宣传单位一定要把法制宣传列为自己工作的重要内容。宣传法律，首先要熟悉和掌握法律，避免在宣传法律中出现违反法律的现象。记者、编辑、作家、艺术家、评论家以及一切从事意识形态工作的人员，不仅要积极宣传法制，而且也要把自己的工作和工作成果纳入社会主义法制的轨道。这一要求，对于一个“灵魂工程师”来说，乃是起码的要求，对于一个公民来说，则是必须履行的基本义务。更重要的是，任何精神产品都必须顾及它的社会影响和社会效果。现在在一些报刊、广播、电视的宣传中，在一些电影和文学艺术作品中，宣传共产主义理想和遵守法纪少了，宣传爱国主义和国际主义少了，宣传艰苦奋斗、勤俭建国的方针少了，宣传个人的和局部的利益必须服从全局的利益少了，甚至宣传了一些和这相反的东西，这是不符合党的十二大文件、宪法关于加强社会主义精神文明建设的要求的。至于在宣传中出现的一些不合乎法制要求的内容和说法，也不是个别现象。例如，有些报刊报导招聘乡长，把触犯刑律的严重经济犯罪分子说成是“改革的功臣”，等等；有些报告文学、通讯或新闻报导严重失实，在社会上产生了不好的效果，引起当事人要求追究法律责任；还有一些小报借宣传法制为名，利用案例编造渲染低级趣味的东西，对社会特别是青少年产生了不良影响。所有这类问题，有多方面的因素，缺少法制观念和应有的法律知识，也是一个重要原因。教育者必先受教育。在全民普及法律常识的教育中，我们各级宣传部门的干部和思想战线的同志一定要先学一步，学得更多一点、更深一点，学得更有成效，以适应新形势的需要。

为争取五年左右时间在全体公民中基本普及法律常识而奋斗

——一九八五年六月九日邹瑜在全国法制宣传教育工作会议上的报告

由中央宣传部和司法部共同召开的这次全国法制宣传教育工作会议，是在党中央关怀下，根据彭真同志的倡议召开的，是在中央宣传部、中央政法委员会的具体指导下进行的。这是一次意义重大的会议。会议的主要任务是讨论在我国全体公民中基本普及法律常识问题。党的十一届三中全会以来，中央十分重视法制宣传教育工作。邓小平同志早就讲过："要讲法制，真正使人人懂法，使越来越多的人不仅不犯法，而且积极地维护法律。"党的十二大报告指出："要在全体人民中间反复进行法制的宣传教育，从小学起各级学校都要设置有关法制教育的课程，努力使每个公民都知法守法。"彭真同志一再强调，要把法律交给十亿人民。他在几次接见首都新闻界人士时提出要对全体人民进行法制教育，增强法制观念，使人人知法、守法，养成依法办事的观念和习惯，要使我们的国家由主要依靠政策办事，逐步过渡到既要依靠政策，又要依靠法制办事的阶段。我国宪法第 24 条也对普及法制教育作了规定。从 1979 年以来，在党和政府的领导下，全国各地开展了法制宣传工作，比较广泛地宣传了宪法和刑法、刑事诉讼法、婚姻法等法律，法制宣传工作取得了显著的成绩。但是，就全国范围来讲，还没有做到经常化、制度化、系统化，没有达到每个公民都知法守法的要求。为了实现这个要求，去年六月，司法部根据中央一系列指示精神，在本溪召开的全国法制宣传工作现场会上提出，用五年左右时间（到 1990 年前后）在全体公民中基本普及法律常识。中央宣传部转发了本溪会议的文件，中央政法委员会非常重视这项工作，陈丕显同志在上海召开的全国政法工作会议上强调指出这项工作的重大意义，要求抓紧落实。普及法制宣传教育的工作已引起各级党政领导机关和群众团体的重视，并得到广大干部、群众的拥护。到目前为止，全国已有 27 个省、自治区、直辖市的党委、人大或政府，作出了决议，发出了通知，具体部署了这项工作，并且制定了规划，培训了骨干，编写了教材，进行了试点。根据总的规划要求，从今年下半年起，这项工作将在全国各地陆续展开。为了提高认识、统一思想、加强领导、全面推动这项工作的发展，很有必要召开这样一次全国性的会议。在这次会上，中央领导同志将作重要讲话，邓力群同志要作总结。这里，我讲几点意见，供大家讨论。

一、提高认识　统一思想

党的十一届三中全会以来，我国社会主义法制建设有了很大发展。一方面，立法工作取得显著成绩，在短短几年之内，就制定了涉及国家政治生活、经济生活和社会生活各个重要领域的法律、法规 300 多个，应该说是有法可依的。另一方面，人民群众的法制观念有所增强，已经颁布的法律，总的来说，实施的情况也是好的。但是，应当看到，有相当一部分同志的法制观念还比较淡薄，正如十二大报告中指出的那样："现在的问题是，不但有相当数量的群众，而且有相当数量的党员，包括一些负责干部，对法制建设的重要性还认识不足，有法不依、执法不严的现象在一些方面仍然存在，已经制定的法律还没有得到充分的遵守和执行。"干部、群众中法制观念不强，有其深刻的社会原因和历史原因。我国经历了长期的封建专制主义统治，文化又不够发达，缺乏法制观念和习惯。从干部队伍情况看，在长期革命战争过程中主要依靠政策办事，并且由于受反动法律的压迫，仇恨反动的法统，正如董必武同志曾经深刻地指出过的这种仇视旧法律的心理在革命胜利后可能引起对革命法制的轻视。建国以后党内又长期存在着轻视法律、忽视法制的"左"的思想影响，再加上十年内乱时期无法无天的无政府主义严重泛滥，致使干部和群众法制观念薄弱的问题至今没有得到根本的解决。

法制观念淡薄、轻视法制的一种表现是，一些干部不重视法制教育，认为抓经济工作是硬任务，抓法制教育是"远水解不了近渴"；有的甚至把法制宣传教育同经济工作对立起来，认为抓法制宣传教育影响生产和工作；有的认为只要按政策办事就行了，学不学法没关系；还有的认为法制宣传教育是宣传部门与政法部门的事，与己无关。以上这些糊涂思想集中到一点来说，就是对于法律的作用以及在全体公民中基本普及法律常识的必要性、紧迫性认识不足。为了提高认识，统一思想，下面我着重从六个方面谈谈这个问题。

第一，普及法律常识，使干部群众懂得必须在法律的范围内从事经济活动，学会运用法律手段管理经济，有利于促进经济体制改革和经济建设的顺利进行，促进社会生产力的发展。法律是上层建筑，它由经济基础决定，又反作用于经济基础。反映客观经济规律的我国社会主义法律，一旦被群众所掌握必将转化为巨大的物质力量，推动我国社会主义经济建设的发展。生产力的发展，要求法律为它提供发展的条件，生产关系的改革，要求法律积极地为它提供保障和服务。随着经济体制改革的逐步展开，商品经济的发展，用法律调整复杂的经济关系是生产力发展的客观要求。但是，目前我们很多同志对用行政手段管理经济很熟悉，对用经济手段管理经济也正在加强，而对于用法律手段管理经济则很陌生。因而法律作为上层建筑服务于经济基础的作用，还没有充分发挥出来。要充分发挥它的作用，使法律化为强大的物质力量的条件，就是普及法律常识，把法律交给人民群众，使法律为广大群众所掌握，并养成依法办事的习惯。

首先，普及法律常识，可以使广大人民群众自觉地维护以公有制为主体的社会主义生产关系，保证我国发展的社会主义方向。邓小平同志最近指出："总之，一个公有制占主体，一个共同富裕，这是我们所必须坚持的社会主义的根本原则。"小平同志的这个指示有着重要的现实意义。保护社会主义公有制是我国各种法律、法规的根本任务之一。宪法明确规定，中华人民共和国的社会主义经济制度的基础是生产资料的社会主义公有制，社会主义的公共财产神圣不可侵犯。只有经常地、系统地把法律中关于保护公有制的内容告诉广大人民群众，使他们熟悉这方面的法律规定，才能提高他们的觉悟，使维护公有制成为群众的自觉行动。农村实行联产承包责任制后，许多地方在一段时间里，乱占耕地、乱盖私房和滥伐森林的情况比较突出，一些省、市人大常委会制定了相应的法规，并广泛宣传了森林法等项法律，上述情况就得到了制止。前一个时期，有的铁路沿线地区，曾发生过哄抢国家财产，毁坏铁路设施的现象，当群众接受了法制教育后，这些问题就解决的比较好。

其次，在经济体制改革的过程中，使广大干部和人民群众掌握了有关法律知识，就能调动生产和经营的积极性，并且能够依法正确处理国家、企业和个人之间的关系。广大干部群众都懂法，就可以依法监督经济主管部门使其依法简政放权，增强企业的活力；另一方面，企业也必须依法用权，不至于松了绑就有法不依，甚至违法犯罪。近年来，经济体制改革在各个方面逐步展开，国家对改革成果已经和将要用法律的形式确认下来。确认这些改革成果的各项法律和法规，都应当让广大干部群众知道。经济体制改革经验证明，应把有关的法律、政策交给八亿农民，使他们知道究竟经营什么是合法的，经营什么是违法的。例如，农民进城办企业行不行？长途贩运与投机倒把怎么区分？这些问题搞不清楚，农民对发展商品经济就会束手束脚。有的专业户说："不是不想富，就怕保不住。"他们为什么说这个话？因为有些干部群众不知道国家保护专业户的法律，或者只知道一点，但法制观念不强，随意向专业户伸手，甚至多方限制，侵犯专业户的合法权益。最近出现的几股新的不正之风以及经济方面的违法犯罪行为，对经济体制改革造成了一定的干扰。据财政部税务总局1984年上半年进行的税收检查情况，1983年，仅全国国营企业和大集体企业就偷税漏税八亿多元。另据河北省去年调查，国营企业偷税漏税的约占40%，乡镇企业偷税漏税的约占60%，个体户偷税漏税的约占80%。由此可见，在企业中进行关于纳税是宪法规定的公民义务的教育，进行各种税法的教育，是使改革顺利进行的重要保证。六届人大三次会议指出，要用经济手段、行政手段和法律手段刹住改革中的不正之风。只有普及了法律常识，使机关、企业、个体户、专业户都知法、守法，在政策法律允许的范围内活动，才能刹住歪风，保障经济体制改革的顺利进行。

再次，普及法律常识，有助于维护国家、企业和消费者相互之间正常的经济关系，建立良好的经济秩序。随着商品经济的发展，从生产、分配、交换到消费的法律关系以及由此而产生的权利、义务的纠纷急剧增加，法人之间、其他经济主体之间的经济联系和法律关系，越来越多地以经济合同的形式表现出来。据工商行政管理总局估算，1984年，全国签订的购销合同就有6.25亿份，其中农村的数量最大。有关部门预计，今年全国农村将要签订10亿份合同。因此，普及有关经济合同的法律常识，使广大干部群众依法签订合同、履行合同，从而维护正常的经济秩序，已成为经济发展的迫切要求。当前，在许多地方，由于人们不懂经济合同法，以致于乱签合同，条款混乱，使合同无法执行，有的即使合同符合法律要求，也随意撕毁，有的则受骗上当，遭受严重损失。浙江省绍兴县，1984年工农业总产值为19.2亿元，据工商管理部门调查的74554份与外地签订的经济合同，标的达13.5亿元，其中不符合经济合同法的规定，因而无效的合同就有17187份，占22.8%。无效合同标的5.1亿元，占总标的金额37.8%。该县被外地拖欠的货款达二亿元。江苏武进县过去合同管理混乱，到1984年初，全县乡镇企业拖欠在外的款项达1.16亿元。从1984年5月开始，县司法局在乡镇企业中开展了经济合同法宣传，并对合同进行了复查，使企业干部初步掌握了合同法的知识，学会运用法律手段解决合同纠纷，仅半年，就收回了欠款2300多万元。可见懂法不懂法结果大不一样。

再其次，普及法律常识，有助于运用法律手段管理企业，促进提高科学技术水平和经济效益。近几年来，我国制订了许多涉及企业管理活动的法律、法规。学会这些法律常识，提高人们的法制观念，可以保证政府有关机关正确行使管理企业的八项职能，保证企业在自主权扩大以后，正确区分厂长、党委和职工代表大会的职权，建立健全财务管理、质量管理、技术管理、劳动保护等方面的规章制度，依法从事生产经营活动。特别是通过实施专利法、技术转让暂行条例和关于奖励发明的法律、法规，将激发广大职工和科技人员的创造热情，推动技术进步。

普及法律常识，有助于在对外经济技术往来中维护国家利益。实行对外开放政策以来，对外贸易在引进外资、引进技术方面的往来急剧增加，由于我们一些同志不懂涉外法律常识，吃亏上当的事时有发生，有的给国家造成很大的经济损失，有的甚至损害了国家的尊严。某省向某国购买烟叶2700吨，被敲诈美元400多万元；某公司进口化工原料，被港商诈骗了300万美元。如果把全国的损失加在一起，这个数字是惊人的。1973年，我们从国外引进乙二醇生产技术，由于缺乏专利知识，对七项已经期满失效的专利，两项即将期满的专利支付了使用费，花了41万美元的冤枉钱。另外一个例子，同样是引进技术，由于有了法律知识，就出现了不同的结果。1982年，上海耀华玻璃厂引进英国一家公司的“浮法”工艺技术，由于事先查明了这家公司拥有的专利中，有37%已经失效或即将失效，心里有了底，在谈判时通过反复交涉，从原要价的1250万英镑，减为52万多英镑，只花了一个零头。如果不懂这方面的法律知识，可能又有多少英镑白白“送礼”了。一些地方，这几年涉外经济往来很多，有的不知道审查外商资信，随意签合同，钱付出去了，可迟迟不来货。一查，对方是皮包商，连个电话号码也没有，根本不具备法人资格，吃了大亏。几年来的经验告诉我们，在对外经济技术往来中，必须懂得涉外法律知识，才能维护国家利益。现在，有些地方规定，同外商谈判必须有律师参加，没有律师参加的合同不算数。有些企业家深有体会地说，管理现代化经济少不了“三师”，即工程师、会计师与律师。当然，法律问题光靠律师还不行，经济管理人员都要熟悉有关的法律，才能适应现代经济关系的要求。

第二，普及法律常识，增强人民的法制观念，是实现国家长治久安的保障。建国30多年来正反两方面的经验表明，社会主义民主的巩固和发展，必须有健全的法制作保障。正如中共中央关于建国以来的若干历史问题的决议所指出的：“种种历史原因又使我们没有能把党内民主和国家政治社会生活的民主加以制度化、法律化，或者虽然制定了法律，却没有应有的权威……也就使党和国家难于防止和制止‘文化大革命’的发动和发展。”要使制定的法律有极大的权威，须要多方面的条件，其中一个主要条件是把法律交给10亿人民，使法律成为人民手中的强大武器。十年动乱的一个惨痛教训就是“无法无天”，这一教训是绝对不允许重复的。从长远看，要使我们的国家经得起风浪考验，长久地保持安定团结，永远沿着社会主义轨道前进，必须有法律的保障。只有这样，才能形成一个强大的群众监督力量，一旦有人企图破坏民主，破坏法制，制造动乱，就会得到防止和制止。这是实现国家长治久安十分重要的条件。为了长治久安，必须正确执行党关于阶级斗争的方针，既要反对把阶级斗争扩大化的观点，又要反对认为阶级斗争已经熄灭的观点，要正确处理这些问题，必须严格遵循法律。现在，甚至今后相当长的时间内，我们还要经常注意那些严重危害社会秩序，甚至威胁国家安全的集体闹事的事端，防止和制止这类事端，对于维护国家安全是十分必要的，而只有加强法制教育，才能从根本上达到防止和制止的目的。由此可见，普及法律常识，把法律交给10亿人民，是实现国家长治久安的百年大计。

第三，普及法律常识，增强人民的法制观念是社会治安综合治理的根本措施，是争取社会治安和社会风气根本好转的基础工作。综合治理的目的，是预防犯罪，减少犯罪。如果不大大提高广大群众的法制观念，单靠打击犯罪，远远不能达到这一目的。犯罪分子中除了那些屡教不改、明知故犯的累犯、惯犯之外，有相当一部分是违法不知法、犯罪不知罪，或是法制观念淡薄，不能以法律约束自己的行为而犯罪的。吉林医学院有个女学生，因妹妹患有精神病，经常给她添麻烦。就给妹妹打空气针，用绳子勒，把妹妹弄死了。案件发生后，公安局去拘留她，她说：“这是我家里的家务事，你们管不着。”这是一个犯罪不知罪的典型。哈尔滨市有个死刑犯，临刑前写了一份诀别书，他写道：“我犯了罪，这是不懂法的缘故，……请尊敬的审判长向有关部门反映一下，对青少年要多做法制宣传，使之懂法，少触法。”这很值得我们深思。让我们从这份临刑前的诀别书中得到启发，把普及法律常识的工作作为争取社会治安根本好转的重大措施坚持不懈地抓下去。吉林省扶余县三岔河镇原先治安情况不好，1981年刑事发案率高达15/10000。从1982年以来，在县委的领导下，全镇广泛开展了法制宣传教育，普及法律常识，发动群众同犯罪分子作斗争，并开展了严厉打击刑事犯罪活动，到1984年，刑事发案率降到7/10000，帮教对象转好率达90%以上，可以说基本实现了社会治安的根本好转。广东潮州市，有18万中小学生，从1981年以来，由于上了法制课，加强了法制教育，加上各方面的综合治理的措施，这个市的在校中小学生至今没有出现一个犯罪的。

第四，普及法律常识是建设社会主义精神文明的重要内容。我国宪法第24条把向公民普及法制教育规定为社会主义精神文明建设的重要组成部分。最近，邓小平同志在全国科技工作会议上讲，建设具有中国特色的社会主义，要教育人们有理想、有道德、有文化、有纪律，并且指出，有纪律主要是指遵守政策和法律。知法守法是“四有”的起码要求。一个有远大的共产主义理想，高尚的道德情操，高度的文化素养和严明的组织纪律观念的人，必然是遵纪守法的人。相反，在一个违法乱纪的人身上，则很难看到精神文明的影子。我们要认识“四有”与法制观念的密切联系，深刻理解法制宣传教育在精神文明建设中的地位和作用，加强法制教育，自觉培养有理想、有道德、有文化、有纪律的一代新人。实践证明，凡是法制教育搞得好的地方，也都是精神文明建设搞得好的地方。例如本溪市是全国法制宣传的先进城市，也是精神文明建设的先进城市，全市30多万户居民中，有10万多户被评为“五好家庭”。大庆是法制宣传的先进企业，同时也是全国精神文明建设的先进企业。相反，如果忽视法制教育，就可能发生5月19日晚那样的危害社会治安的事端。中国足球队和香港足球队比赛结束后，少数“害群之马”无理哄闹，在国内外造成恶劣的影响。这起事件的教训，进一步告诉我们加强法制宣传教育对于争取社会风气、社会秩序好转的重大意义。我们抓好普及法律常识工作，正是贯彻小平同志两个文明建设一起抓的指示。

第五，普及法律常识能够促进社会主义民主发展，更好地保障人民民主权利。我们的民主是最高类型的民主，人民享有的民主权利远非资本主义国家所能比拟。但是，要发展社会主义民主，必须要有法制来保障。要使我国公民都知道，他有哪些权利，应该履行哪些义务。现在，有一些国家工作人员，法制观念不强，缺少必要的法律知识，随意侵犯公民的合法权益，例如一些地方殴打教师事件时有发生，还有的地方随意把律师撵出法庭，甚至无理逮捕律师。又比如，现在写匿名信告状的不少，有一部分确实是诬告。“一张邮票八分钱，让你领导忙一年”，“文化大革命”中造谣有理，中伤无罪，这个遗风在一些人身上还没有清除。一些本来是很优秀的第三梯队的对象，组织上突然接到匿名信，说这个人有严重问题。为了慎重起见，便派人查一查，一查就是一年，又增加了一岁，结果根本没那么回事，证明是诬告，但却干扰了第三梯队的建设。应当让人们知道写匿名信诬告是违法的。很多群众不知道自己有哪些权利，也不知道如何运用法律武器维护自己的权利。比如哈尔滨有一个奶牛场工人冒充公安派出所民警去查夜，闯入一户人家，对家里人拳打脚踢，最后以送到公安局审查为名，把一名16岁女青年带走强奸。当时在家的有四个人，谁也不懂得查问这个歹徒的身份，也不知道如何对付这个歹徒，眼看着他行凶作恶，把人带走。有一位妇女长期受丈夫虐待，直至被打瞎了眼睛，这位妇女只知道没法一起过了，要求离婚，不知道她有权诉讼，后来律师告诉她，你的丈夫犯了伤害罪，应当到法院告他，这时她才懂得有诉讼的权利。有的农民或乡镇企业，碰到乱摊派、搞平调，却不知道如何抵制。因此，很有必要普及法律常识，使10亿公民都知道宪法关于公民权利和义务的规定，大家都能记住它。这还不够，还要教育群众学会如何运用法律维护自己的权利，履行自己的义务，并且约束自己的行动，敢于和善于同一切侵犯公民权利和违反公民义务的行为做斗争。

第六，普及法律常识是当前加强我国法制建设的重要环节。法制建设的要求，集中起来就是有法可依，有法必依，执法必严，违法必究。“有法可依”是指国家要加强立法，后三句话概括起来就是执法和守法，这都有赖于法律知识的普及和人们法制观念的提高。只有法律知识普及了，才能更好地做到有法可依，有法必依，执法必严，违法必究，广大群众才能更好地参加立法活动和监督司法机关的工作。当前，国家除了要进一步加强立法工作以外，法制建设的一个重要的问题，就是要依法办事，而要做到依法办事，首要的一条，就是要使广大干部群众掌握法律常识，增强法制观念，养成依法办事的习惯。只有这样，才能全面地加强法制建设。

二、普及法律常识的要求和基本措施

第一，普及法律常识要有一个恰当的要求。即从1985年起，用五年左右的时间（到1990年前后），有计划地、比较系统地向全体公民基本普及宪法、刑法、刑事诉讼法、民事诉讼法（试行）、婚姻法、继承法、经济合同法、兵役法、治安管理处罚条例以及与群众生活有密切关系的其它法律常识。各行各业可以按照自己的需要学习有关专业法律，例如林区要学森林法，经济和科研部门要学专利法，企业要学各种税法等等。做到逐步增强广大干部和人民群众的法制观念，使大家养成依法办事的习惯，使我国从主要依靠政策办事，逐步过渡到不仅依靠政策，而且依靠健全的法制办事。这里包括知法和守法两方面的要求，知法不仅要知道宪法和法律规定的内容，什么行为是法律允许的，什么行为是法律不允许的，而且要知道守法有什么好处，违法有什么害处，还要懂得用法律来维护公民的权利，履行公民的义务，敢于同违法犯罪行为作斗争。干部特别是领导干部要学会用法律手段管理经济，管理自己掌管的事业。

普及法律常识的内容要求和普及的先后顺序，对不同地区，不同职业的干部和群众，应有不同的要求，不求一致。在学习内容上，除了都要完成上述共同学习任务外，可以按照本部门本单位的情况，侧重学习与自己关系较密切的法律、法规。

关于普及法律常识的重点对象：第一个重点是干部，特别是各级领导干部。他们的法律知识水平高低，能不能依法办事，对正确贯彻党和国家的路线、方针、政策，保证我国经济体制和各项改革事业的顺利进行关系重大。只有干部，特别是领导干部知法，守法，严格依法办事了，才能带动广大群众学法、守法、用法。第二个重点是青少年。对青少年的法制教育，关系到国家的长治久安和一代新人的健康成长，意义十分重大。

为了保证学习质量，要进行必要的考核。干部考核的标准，是不是有这样三条：第一条，对于所学的法律知识考试合格。本溪市采取考试的办法进行考核。市委书记亲自主考，1400名县团级以上干部参加了考试，平均82.5分。市委正副书记五人，两个100分，两个98分，一个90分。市委书记徐步云同志的答卷非常好。长春汽车制造厂、大庆都对领导干部学法的情况进行了考试，成绩都很好。第二条，模范地遵守法律。学习了法律常识，仅仅知法懂法还不够，还要有行动，知而不行，仍然不依法办事，答卷一百分也不合格。第三条，逐步学会运用法律手段，管理好经济，管理好本职工作。对于工人、农民和城镇居民的要求是两条：第一，对所学的法律常识考核合格。考核可以用考试的办法，也可以用其他办法。考试凡是能笔试的以笔试为好。不能笔试的，也可以口试。辽宁本溪县泉水乡有一个70岁的老太太，学习法律常识后，问她宪法与其他法律的关系，她说：宪法是各种法律的妈妈。对农民和文化程度较低的群众，只要领会了所学法律的基本精神，又能用朴素的语言回答出大意来就行了，不要强求背诵条文。第二，自觉守法。特别是要懂得如何正确行使公民的权利，自觉履行公民的义务。集体考核的要求有两条：第一，参加考核合格人数达到规定的指标，即个人及格率应达到参加考核人数的60%以上，干部、特别是领导干部的及格率应该更高一些。第二条，能够依照法律管理本地区、本部门的生产、工作和其他各项活动。中、小学生法律常识课考试及格即应视为合格。考核的顺序一般是学习一门，考核一门。另外，应把干部掌握法律常识情况，作为选拔、使用干部的一个条件，建议各级领导班子的建设要把懂法作为“四化”的一项要求。

中国人民解放军的学习要求，由总政治部规定。中国人民武装警察部队的学习由武警总部政治部规定。我们希望军队在普及法律常识工作中起带头作用，除组织好自身学习外，把普及法律常识做为军民共建精神文明的重要内容，帮助地方做好这项工作。我们还希望在培养军地两用人才时，把培养法律人才也作为一个方面，为地方输送一批懂得法律的干部。

民族自治地方的法律常识普及工作，应当依照全国规划的要求，从本民族的实际情况出发，确定本地区的法律常识普及的要求、方法、步骤和教材，要实事求是，不要强求一律。

第二，要有一套好的读本和辅助教材。什么叫好的读本和教材呢？就是要准确、通俗、生动、健康。准确，就是对法律的宣传要符合法律条文的原意。法律是严谨的，在宣传上不可以有主观随意性和片面性。通俗就是用浅显的道理和群众的语言来讲解，使大家明白易懂。不能从概念到概念，从条文到条文。生动，就是通过具体的形象，通过案例和事例，来说明法律的条款和原则，回答群众现实生活中遇到的法律问题。例如宣传刑法，什么叫犯罪？什么叫故意杀人罪？什么叫贪污罪？什么叫渎职罪？什么叫累犯？什么叫数罪并罚？什么叫正当防卫？全都用案例事例来说明，或编成故事来讲，使群众一听就明白。可是，现在的教材，多数都达不到这个要求，多数都没有跳出院校教材的框子，群众听不懂，效果不好。健康就是指内容和案例要选得适当，既生动，又健康。离开健康讲生动，追求离奇的情节，迎合少数人的低级趣味，法制宣传就会走偏方向。所以生动与健康要并提。

编写好的课本，不是很困难，但要下功夫。首先要深入群众，深入基层，深入到经济部门，进行法律访问。访问一二百户人家，访问一二百个工厂，一二十个机关，看看那些单位、那里的干部、群众有什么法律问题。例如张家有承包合同问题，赵家有婚姻问题，李家有财产继承问题，王家有赡养老人问题，这家工厂有债务问题，那家工厂有合同纠纷问题，另一家工厂有专利权纠纷问题，如此等等，把这些问题统统集中起来，然后梳辫子，依据规划的要求，参照全国通用课本的内容，结合本地实际情况，从案例、事例中引出法律条文，对这些问题逐个回答。

我们在大庆参观了一个法律知识百题竞赛，其中有一部分题目就是案例分析。比如讲某人有一个什么样的行为，大家看这个行为是违法？还是不道德？还是犯罪？如果是犯罪，那么犯了什么罪？这样来讲解法律，深入浅出，大家一听就明白。符合由具体到抽象，由个别到一般的认识规律。

第三，联系实际，形式多样。在经济活动、文化教育、科学技术、家庭生活中以及各种社会生活中，都有大量的法律问题。要针对这些问题来进行法律普及教育，不要离开实际去做生硬的说教。在法律常识普及的形式上，根据试点经验，有以下几种：（一）集中上课。工厂、机关、学校、军队，都可以广泛采用这个方法。各级党校、团校、各系统的干部学校，都可采取开设法制课的办法，对在职干部还可以采取短期轮训的办法，从小学到大学，各级学校都应当按照党的十二大报告中所要求的“都要开设法制课”。（二）在农村要采取干部包干、党员包联系户、宣传员包宣传对象、学生包家长等方法送法上门。有条件的地方也可以用业余法制学校或法律夜校等办法进行普及。在农村，要注意农时季节，农闲多学，农忙少学，狠抓冬春，常年坚持。（三）电视台、广播电台开设法律常识讲座。我国有4710万部电视机，如果一部电视机有10个人看，就是4.7亿人。（四）要充分运用各种报刊，特别是法制报刊。全国省以上的法制报刊发行量已经超过1000万份，光是中国法制报就发行144万份，《法律与生活》近100万份，这是一个很大的阵地。许多地方通过组织订阅法制报，送法上门，这也是一种宣传法律的好形式。此外，建议中央各大报刊和各省市的报纸、刊物，增加法制方面的宣传报道，并开设《法制园地》、《法律顾问》、《法律咨询》等栏目。(五)充分运用文学艺术形式宣传法制，如运用电影、电视剧、文学、美术、音乐、戏曲等。我们建议各省、自治区、直辖市五年内至少出两部法制题材的电视剧或系列片，有电影制片厂的省份出两部法制题材的故事影片。(六)举办法律知识答解竞赛和法制演讲会。大庆、本溪以及长春第一汽车制造厂等单位都举办过这样的活动，对青年很有吸引力和感染力，值得向大家推荐。(七)要继续广泛运用宣传橱窗、板报、画廊、幻灯、展览等传统的宣传形式。

第四，要把法制宣传教育纳入企业管理、业务工作和日常思想政治工作以及社会主义精神文明建设之中，不要孤立地进行。在工作部署和时间安排上都要搞好结合，不要单打一。比如讲，在企业，就可以把学习法律常识，遵纪守法同生产责任制挂起钩来。在精神文明建设中，就可以把学法、守法作为其中的一项内容统一安排，把法律常识学习的考核成绩作为评比五好家庭、文明单位、先进个人的一个条件，学法、守法不好的不能评为先进个人和先进集体。

第五，普及法律常识的步骤是一年准备，五年教育，多次检查，严格验收。一年准备是指从去年6月到今年6月。7月份开始陆续实施，一直到1990年前后，在五年过程中要多次检查，不断总结经验，表彰普及法律常识的先进个人和先进集体。各地可以根据全国总的安排，确定自己的步骤。比如，基本同步进行，次序有先有后，先干部后群众，先城市后农村。重点抓好196个30万人口以上的大、中城市的法律常识普及工作。在农村则是先劳力后一般成员，以劳力带一般成员。动员中学生在家当小先生。还要靠五好家庭、文明单位来带动群众学法。有的省考虑头两年重点抓干部和职工的学习，后三年重点抓农村的学习。总之，要根据实际情况，有步骤地、扎扎实实地进行。

第六，要有一支强有力的法制宣传队伍。建立一支强有力的法制宣传队伍，是实现全民法律常识普及的重要条件。每个县、乡，每个单位都要有一支过硬的队伍，当前要抓紧挑选、培养法制宣传员的工作。要挑选那些能够自觉遵守法纪，在群众中有威信、具有一定文化水平和语言表达能力的同志。特别注意挑选基层党政干部和离、退休干部担任法制宣传员。在农村要注意吸收中、小学教师和部分有文化的青年，在工厂要挑选一些优秀的工人担任法制宣传员。基层公安派出所、人民法庭的干警、司法助理员、村委会、居委会的主任、调解主任、治保主任都应当是法制宣传的骨干。要学习三岔河镇公安分局的经验，充分发挥公安派出所在普及法律常识工作中的作用。此外还要注意发挥各级人民代表和政协委员的作用。

已经建立起法制宣传队伍的单位，要抓紧培训提高工作，培训工作要从上到下、分期分批地进行，方法上可以“现买现卖”，一次学习一个法律，回去进行宣传。有条件的地方也可以比较全面系统地进行培训，时间长一些，一次多学几个法律。无论采取哪种方法，都要保证质量，真正使法制宣传员先学一步，多学一些，学深一些。

三、加强党对法律常识普及工作的统一领导

向全体公民普及法律常识是全党的事业，必须依靠各级党委统一领导，党委宣传部门与司法部门主管，公、检、法、安、民、工、青、妇、经委、农林、文化、教育、新闻等部门以及法学会都应共同负责，通力协作才能完成。

为了加强领导，有必要建立相应的领导组织和办事机构。一些地方建立了普及法律常识领导小组并设立了办公室，这是很必要的。至于各地究竟设立什么样的机构，由各省、自治区、直辖市党委确定。当前，司法行政机关人员较少，担负这么繁重的任务困难很大，建议各地党政机关尽力帮助解决。普及法律常识所需要的经费、宣传车辆、电影机、录音、录像设备等，也请予以解决，为开展这项工作提供必要的物质保证。

加强党的领导，首先是各级党委书记要带头学法，带头抓法制宣传。一年来的实践经验证明，领导带头是关键。本溪市委书记徐步云同志带头学法，从1981年到现在，他通读了六本法学著作，并组织市委一班人都来学法。他亲自动员干部学习法律知识，亲自布置全市的法律常识普及工作，亲自为市里部、委、办、局干部普法培训班讲课。在徐步云同志的带动下，市委一班人积极学法，认真领导普及法律常识的工作，全市1400多名县团级领导干部分别为本单位干部职工讲法制课，从而使全市的法律常识普及工作做到了经常化、系统化、制度化，成绩显著。领导带头，势如破竹，北京、大庆等单位的经验也都证明了这一点。加强领导的第二条，是典型引路，以点带面、点面结合。以点带面的工作方法，是我们的优良传统。土改时这样做的，合作化时也是这样做的。无点无面，一哄而起，难以坚持下去。各地都要对前段试点情况进行检查，用以带动面上的工作。加强领导的第三条是要注意实事求是，讲求实效，力戒形式主义，防止走过场。一定不能满足于开几次大会，多少人次听了报告，要经得起检查。

从去年六月提出这个任务到现在，已经将近一年了，回头来看，我们认为，这个任务的提出，不仅是必要的、适时的，而且也是能够成功的。因为：

第一，我国出现了前所未有的大好局面。整党工作的开展，五讲四美三热爱活动的发展，严厉打击严重刑

事犯罪活动和经济犯罪活动的斗争，所有这些工作，迎来了党风、社会风气和社会治安的不断好转。我国安定团结的政治局面越来越巩固，国民经济得到持续、稳定和协调发展。大好形势的出现，使党的威信越来越高。现在各级党委、政府说话比前几年灵多了。农村的干部也说，现在干部好当了。所有这一切，使我们有理由引出这样一个结论，现在我们加强思想政治工作，加强法制宣传教育，都面临着一个极为有利的时机。

第二，党中央、全国人大和国务院，都非常重视法制宣传教育工作。几年来，小平、彭真等中央领导同志多次讲话强调过这个问题。最近，中央书记处、国务院领导同志再一次强调了向干部群众进行法制教育的重要意义，并且由党中央批转了陈丕显同志在上海全国政法工作会议上的讲话，明确指出争取用五年左右的时间，在全体公民中基本普及法律常识。党中央这一重要的号召，必定会得到全党的热烈响应。

第三，如同前面已经讲到的，以经济建设为中心的社会主义现代化建设，迫切要求人们知法、守法、用法，迫切地要求用法律手段同行政手段、经济手段结合起来，保证经济体制改革的顺利进行。社会生产力的发展，经济体制的改革对于上层建筑提出了迫切要求，普及法律常识反映了这一客观规律，因而是势不可挡的。

第四，广大干部和人民群众，从来没有象现在这样踊跃学习法律知识。在这方面，出现了许多可喜的现象。我举几个数字就可以说明这一点。《中国法制报》社办了一个"中华全国律师函授中心"，招生广告一登出去，一报名就是10万人，还有些人找到我家里来要求报名。山东、辽宁两省的电大、函大法律专业招生，也有10万多人。现在新华书店什么书最畅销呢？一是科普读物，二是法律读物，法律书籍经常脱销，书一到就争购一空。应当说，我国公民这种学习法律的热情，是前所未有的，这是普及法律常识工作的一个非常有利的条件。

第五，去年六月以来，全国许多地方进行了普及法律常识的试点，取得了一定的经验。特别应当指出，在试点过程中出现了北京、本溪、大庆、扶余县三岔河镇、江苏省建湖县、江西省临川县、山西省洪洞县、山东省诸城县和滕县的官桥镇、广东省顺德县、湖北省沙市市中学教育系统、中国人民解放军二十六军、上海警备区炮团以及上海文汇报等一批有成功经验的先进典型。大庆市65万普及对象，到去年底，通过考试，已有15万人取得了五门法律单科合格证。湖北沔阳县八号乡新河口村，全村四百多户农民中，有1000多人学习了刑法、经济合同法，经过笔试或口试，全部合格，还出了三名"学法女状元"。这些试点单位取得的成绩足以提高我们的信心，积累的经验足以为我们引路。

这就可以看出，用五年左右时间，在全体公民中基本普及法律常识的条件已经基本成熟。当然，这决不是说实现这一任务是轻而易举的。相反，我们应当充分估计到它的艰巨性。在一个拥有10亿人口而且农民占大多数、文化又不够发达的大国里，普及法律常识，是一项十分艰巨、十分光荣的事业。这一事业的完成，必将加速两个文明建设的进程。我们坚信，只要统一认识，加强领导，各方协力，扎扎实实地坚持不懈地工作，我们的目的一定能够达到。

在第二次全国法制宣传教育工作会议上的讲话

乔　石

（一九八六年十二月二十日）

同志们：

中央宣传部、司法部联合召开的第二次全国法制宣传教育工作会议，对于进一步深入开展普及法律常识的工作具有重要意义。我代表党中央、国务院，向大会表示热烈的祝贺，并向在全国法制宣传教育战线上辛勤工作的全体同志致以亲切的问候！

用五年左右的时间在全体公民中基本普及法律常识，是党中央、全国人大常委会和国务院决定的一项重大措施，是加强我国社会主义法制建设的有深远意义的重要工作。中央领导同志对加强法制宣传教育工作作过许多重要指示，中央书记处还专门抽出时间请法律专家给中央领导同志上法制课，这些都体现了中央对这项工作的高度重视。一年来，在各级党委、人大、政府的领导下，经过宣传部门和司法行政部门的大力推进，各条战线的通力合作，普及法律常识工作取得了比较显著的成绩，并初步摸索和创造了一些好的做法和经验。全国上下有几千万干部、职工，几百万解放军，1亿多农民，近2亿学生，投入了大规模的学法、用法活动，掀起了普及法律常识的热潮。这是建国以来没有过的。由此可以看到我国亿万人民对加强社会主义法制建设的迫切要求，看到我国完全能够逐步建设成为高度民主与法制健全的社会主义国家。特别值得提出的是，一年来已有约70%的干部，包括从中央到地方的各级党政军领导干部，开始带头学习法律知识。这对于带动广大群众学法、守法、用法，对于加强党的建设，提高干部的民主观念和法制观念，使各级干部的知识结构适应社会主义现代化建设的需要，都将产生积极的深远的影响。

在我国这样一个人口众多的大国，下决心用五年左右的时间基本普及法律常识，是一个历史性的创举，是一项宏大的社会工程。目前这项工程虽已有了一个良好的开端，但要达到既定的目标还任重而道远，需要我们认清形势，振奋精神，既坚定不移，又精心指导，把这项工作扎扎实实地抓下去。

第一，要进一步充分认识普及法律常识的重大意义。加强法制宣传教育，普及法律常识，增强全民族的法律意识和法制观念，使人人养成遵纪守法的习惯，是发扬社会主义民主和健全社会主义法制，保证国家长治久安的需要，是加快现代化建设，促进社会主义精神文明建设的需要。这项工作抓好了，将大大有助于我国经济体制改革和政治体制改革的顺利进行，大大有助于社会主义建设事业的发展。对在10亿人口的大国中普及法律常识这一工作，国内外的舆论反映都很强烈。一年来的实践也充分证明，进行这项工作，不仅极为必要，而且效果也是很好的。我们要继续把这项工作作为大事来抓。

第二，要把普及法律常识工作作为加强社会主义精神文明建设的一个重要组成部分。党的十二届六中全会的决议中指出："加强社会主义民主和法制的建设，根本问题是教育人"，"要在全体人民中坚持不懈地普及法律常识，增强社会主义的公民意识，使人们懂得公民的基本权利和义务，懂得与自己工作和生活直接有关的法律和纪律，养成守法遵纪的良好习惯"。没有法律常识的普及，没有法制观念和公民意识的提高，就不可能建设高度的社会主义精神文明，就无法培养、造就出有理想、有道德、有文化、有纪律的一代新人。因此，一定要把普及法律常识的工作纳入到各地区、各部门、各单位精神文明建设的具体规划中去，一起部署，一起检查，一起落实。

第三，要把普及法律常识的工作作为社会治安综合治理的一项重要措施。社会治安能否持续稳定地好转，取决于打击犯罪、改造罪犯和预防犯罪的成效，而最根本的是教育人，使人人懂法，守法、用法，人人都依法办事，自觉地用法律来规范和约束自己的行为，用法律来保护自己的合法权利和利益，从而有效地预防和减少违法犯罪现象的发生。实践证明，哪个地方普及法律常识工作开展得好，那里的违法犯罪现象就少，社会治安秩序就好。因此，普及法律常识的工作，也是预防犯罪，减少犯罪，维护社会治安，保障社会安定的根本措施之一。

第四，普及法律常识的工作一定要做得扎扎实实，讲究实效，不做表面文章，不搞"花架子"、形式主义，不走过场。普及法律常识的根本目的，在于增强法律意识和法制观念，不仅要增强公民的守法观念，而且要增强公民意识，用法律来保护自己的当家作主的权利，来保护自己的合法利益；不仅要增强党员、干部带头守法和严格执法的观念，在宪法和法律范围内活动，尊重和保护公民的合法权利和利益，而且要使党员、干部学会用法律手段来管理经济和其他各项事业。普及法律常识的工作，不能满足于简单地宣传一点法律条文，而必须紧密联系实际，针对不同对象和当地存在的有法不依、执法不严、违法不究等方面的问题，采取就案论法，就案讲法等形式多样、生动活泼、深入浅出的宣传教育方法，不断提高人们学习法律的兴趣，增强人们学习法律的自觉性。

第五，要进一步加强对普及法律常识工作的统一领导和精心指导。普及法律常识的工作，不只是宣传部门和司法行政部门的事，而是全党和各个方面、各个部门的共同任务。必须实行由各级党委、人大、政府统一领导，由各级宣传部门和司法行政部门主管，由各条战线、各个部门共同负责的原则。随着这项工作的逐步深入，要分地区分层次地加强具体指导和帮助。各级政府还要切实保证开展这项工作所必需的经费，使这项任务能够按期完成。

同志们，通过这次大会，我们要认真总结、交流经验，再加一把劲，争取在今后几年中作出更大的成绩。预祝这次会议取得圆满成功！

认真贯彻十二届六中全会决议紧密联系实际，扎扎实实地将普及法律常识工作引向深入

——一九八六年十二月二十日司法部部长邹瑜同志在第二次全国法制宣传教育工作会议上的工作报告

同志们：

1985年11月，中共中央和国务院发出了《转发中央宣传部和司法部〈关于用五年左右时间向全体公民基本普及法律常识的五年规划〉的通知》，同月又由六届全国人大常委会第十三次会议作出了《关于在公民中基本普及法律常识的决议》，去年六月，召开了第一次全国法制宣传教育工作会议，到现在已经一年多了。这段时间里，在党中央、国务院的领导和全国人大常委会的监督下，各地区、各部门经过比较充分的准备，进行了动员、制订了规划、组织了试点、训练了骨干、准备了教材、建立了机构。从今年一月开始，在全国范围内有计划、有步骤地开展了普法工作。通过几年的试点，特别是今年的实践，积累了经验，为在公民中普及法律常识摸索出了路子。为了认真贯彻十二届六中全会决议，坚持不懈地把普法工作引向深入，中央宣传部和司法部决定，共同召开第二次全国法制宣传教育工作会议，总结交流经验，部署1987年的工作。现在，我代表中宣部和司法部作工作报告，提请会议讨论。我讲两个问题。

一、对1986年普及法律常识工作的基本估计

今年是五年普法的头一年。各地区、各部门根据规划和决议的要求，按照中宣部和司法部发出的关于1986年普法实施计划要点中提出的具体步骤开展了工作。经过一年的努力，形势很好，出现了一个工、农、商、学、兵、政、党、干部和群众学法的生动局面。据不完全统计，全国共有普法对象7亿5千万人，现在已参加学习的包括中小学生在内约有3亿人左右，约占40%左右。

今年普法工作的重点是干部，主要是县团级以上各级领导干部。根据这个要求，各地区、各部门在党委和政府的领导下，着重抓了干部的法律常识普及教育。到现在为止，全国29个省、自治区、直辖市的党委常委、人大常委正副主任、正副省长(正副主席、正副市长)、政协正副主席、顾委正副主任、纪委正副书记等六套班子成员，都已开始上法制课。据初步统计，参加学习的省级领导干部有1300多名，占省级干部总数的90%。地(市)、县级领导班子的学习也已全面开始。地、市级(含厅局级)干部参加学习的有2.32万多名，占这级干部总数的84%；已经学完“九法一例”的有9700多名，占35%。县处级干部参加学习的有34万人，占这级干部总数的81%；已经学完“九法一例”的有28.88万多人，占总数的68%。一般干部参加学习的约占70%左右。中央机关参加普法学习的干部，占应参加学习总数33.5万名的90%以上。我国驻外使领馆的同志，也同国内同志一样参加了学习和考试。一个全国规模的干部学法活动已经展开。

根据计划要求，全国近半数的企事业单位，包括大多数大中型工矿企业，都开始了普法工作。据不完全统计，全国已有5000万名职工参加了普法学习，约占全国1亿多名职工的半数左右。在普法中，已涌现出本溪钢铁公司、鞍山钢铁公司、大庆石油管理局、江汉油田管理局、沈阳新阳机械厂、长春汽车制造厂、徐州矿务局、大同矿务局等先进单位，为全国企业做出了榜样。

农村普法工作难度较大，为了保证质量，我们采取了稳步前进的方针，今年在农村中继续试点，为逐步展开准备条件。根据这个要求，全国大约有7000万左右农村人口参加了普法，占农村应普法对象4.65亿人的17%，同时，培训了200万多名法制报告员和宣传员。实践证明，虽然农村普法困难较多，但只要做好思想工作和组织工作，同时，密切联系农村的实际，广大农民对学法是有积极性的。在农村普法试点中，已经出现了象江西省抚州地区、吉林省榆树县、湖南省沅江县、山东省滕县、北京市房山县等一批先进单位，为全国农村普法提供了有益的经验。

学校是法制教育的重要阵地，青少年是普法的另一个重要对象。按照国家教委要求，绝大部分中小学都开设了法制教育课。全国现有中学约7.66万多所，已开设法制课的7.57万多所，占98%；全国有小学66.8万所，目前已开课的有57万多所，占83%。两项合计，参加学习的中小学生已达1.5亿多人。国家教委最近规定，所有高等学校都要开设法制课，列入教学计划，今年下半年试点，明年正式实施。现在东北、华东、华北一部分高等学校已经开设法制课。

党校是培训各级党政领导干部的主要场所，也是进行法制教育的重要阵地。去年八月中央党校牵头，在重庆召开了全国党校法制课会议，要求全国各级党校都要增设法制课程作为必修课，要设立法学教研室。现在中央党校、省级党校和大多数地市级、县级党校都开设了法制课。各级党校开设法制课，对在各级领导干部中有计划地进行法制教育，起到了重要作用。

中国人民解放军的普法工作抓得很紧。去年六月第一次全国法制宣传教育工作会议一结束，总政治部

就召开了全军普法工作会议，讨论制定了全军三年普法规划。余秋里同志在会议上作了重要讲话。今年八月，总政治部又召开了全军普法工作经验交流会，进一步推动了军队法制教育。现在，普法工作已在全军普遍开展起来。从机关到部队，从内地到边疆，从后方到前线，广大干部、战士踊跃参加各种学法活动。老山前线的边防战士，在猫耳洞里利用战斗间隙自动学法，并且参加四川省举办的法律知识竞赛。有些部队把培养法律人才作为培养军地两用人才的一个内容。许多干部战士不满足于规定的学习内容，自己购买书籍，参加法律函授，努力自学，涌现了一批懂得较多法律知识的人才。各部队还把普法列为军民共建的重要内容，帮助地方开展普法工作。中国人民武装警察部队同中国人民解放军一样，高度重视部队的法制教育，在去年九月召开了全部队的普法工作会议，制定了普法规划，提出把中国人民武装警察部队建设成为法制大学校的奋斗目标。当前，整个部队上上下下也掀起了学法用法的高潮。干部、战士依法执勤、依法办事的能力显著提高，警政警民关系进一步密切，推动了部队和地方的精神文明建设和各项任务的完成。

通过学法用法活动，广大干部、群众不但懂得了一些法律知识，更重要的是增强了法制观念，提高了依法办事的自觉性，在观念上出现了可喜的变化：由认为自己不犯法就行了，学不学法没关系，逐步认识到学不学法关系到自己切身利益，关系到国家和社会的大局；从习惯于仅仅依靠政策办事，开始认识到既要依靠政策办事，又要依靠法律办事；从习惯于崇尚个人权威，开始认识到必须树立法律权威；从把法制同党的领导对立起来，逐步认识到这两者的统一性；从认为法制建设只是某一部门的事，开始认识到这是全党全军全民共同的大事。以上这些变化主要表现在：第一，许多干部提高了运用法律手段管理经济和各项事业的自觉性，从而促进了经济体制改革，促进了经济和各项事业发展。在普法过程中，省级权力机关都很重视根据国家法律，结合本地特点，制定各种地方性法规；各级政府及其主管部门，也都积极制定了各种规章制度，将各项工作纳入依法管理的轨道。到今年九月底为止，全国已有3万多家企事业单位聘请律师担任法律顾问，有九千多家企业设立了法律顾问室，有1.5万多个乡镇成立了法律服务机构，1980年至1985年有588万件经济合同到公证机关办理了公证。在企业中，特别是在大中型企业中，通过普法改善经营管理，提高经济效益等取得了明显的效果。各地区、各部门还十分重视法律、法规和各项规章制度的执行情况，积极开展各种形式的执法大检查活动。福建省龙岩市五套领导班子，在普法中边学习法律常识，边检查法律执行情况，边纠正违法行为。他们检查了宪法、环保法、各种税法以及食品卫生法、药品管理法的执行情况，纠正了许多不依法办事的现象：治理了一条污水河，收缴了偷税漏税款600多万元，销毁了价值12万元的假药和变质啤酒4万瓶，对23家卫生不合格的食品店实行停业整顿等。经过这些工作，市容为之一新，群众学法的热情倍增。在这个基础上，他们又提出了依法治城的口号，要把龙岩市建成民主、法制、文明城。大庆市委和市政府在普法学习中，组织上万名干部用四个月时间，对36个法律、法规的执行情况进行大检查，促进了大庆市的法制建设和各项工作。其中共查出2.9万多件违法情况，已经纠正了2.4万多件，仅税收一项就查出偷税漏税款1500多万元，立即补收入库1400多万元。本溪市是全国普法的先进城市，他们在学法、用法的基础上，对各项工作全面实行依法管理，市人大常委会作出了依法治市的决议，市政府作出了依法治市的规划。现在，本溪市正朝着建设一个高度民主、健全法制的文明城市前进。第二，广大干部提高了依法维护公民的民主权利和人身权利的自觉性，敢于同侵犯公民权利的行为作斗争。不少干部学法之后，带头遵纪守法，纠正以权代法、不尊重公民民主权利甚至侵犯公民民主权利的行为。一些司法机关也更加注意纠正特权思想，严防发生冤假错案。山西省汾西县委书记刘郁瑞学习宪法后，主动督促司法机关纠正几起冤案，其中一起拖延16年，告状1200余次。吉林省榆树县委督促公安机关，依法清理看守所，释放了36名查无实据又长期羁押的嫌疑对象。第三，各级党政机关提高了维护国家权力机关权威的自觉性，尊重各级国家权力机关的职权，依照法律程序任免干部。第四，广大干部群众提高了遵纪守法的自觉性，从而有助于促进社会治安的好转。凡是普法搞得比较好的地方，社会风气和道德风尚都有较大变化，青少年犯罪也有所减少，社会秩序、社会治安也在一定程度上有了持续稳定好转。特别是在开展普法试点的农村，不同程度地呈现出了一些新气象，如赌博的少了，乱砍滥伐林木的少了，打架斗殴的少了，小偷小摸的少了，依照合同要求及时向国家出售订购粮食的多了，主动归还借款的多了，主动照章纳税的多了，青年踊跃报名入伍的多了，依法办理结婚登记手续的多了，尊敬老人、赡养父母的多了等等。第五，一些群众提高了依法维护国家利益和自身合法权益的自觉性。国务院一个部在1984年同某个国家的一个公司签订了进口45万套摩托车散装件合同，由于该市大幅度升值，对方要求我方多支付4000万元。为了维护国家利益，该部副部长率团出访这个国家，走访了有关的专家学者。他们掌握了必要的法律知识后，与该公司进行了艰苦的谈判，终于取得成功，使我方避免了4000万元的经济损失。江西省广昌县新安乡原党委书记，领着几个人滥伐树木，两位农民出来制止他们，这个书记说："你凭什么不准我砍树？你们两个人管六个家属，我管六千人，你们算老几，敢管我?!"两位农民举起手中的《森林法》说："我就凭这个管你！"这位乡党委书记不听劝阻，继续砍树。两个农民提起控告，司法机关依法逮捕了那个乡党委书记。还有一个村丢了一台电视机，村干部要挨户搜查，一个小学生听到后制止说："不能搜查，法律规定只有司法机关才有权搜查，别人搜查都是犯法的行为。"村干部听说有法律规定，就停止了搜查。吉林省榆树县的农民，学了经济合同法后向政府提出：法律规定当事人之间是平等关系，国家收购生猪时，农民晚交几天要按天计算付违约金，那么收购站不按时收购为什么不付违约金？县政府认为农民的意见合理合法，于是依照经济合同法的要求，规定了每头猪收购站晚收一天也要付三角钱。第六，各级党政领导支持司法机关独立行使职权等等。尽管以上这些变化还是局部的，而且仅仅是开始，各地发展也很不平衡，绝不能估计过高，但是，这些变化显示出广大干部和群众学了法律之后，确实是向有法必依、运用法律手段管理各项事业的目标前进了一步，证明了普法对健全法制的重大作用，同时也展示了我国社会主义民主与法制建设的光辉前景。全国人民对此寄予了极大的希望。

普法工作在短短的时间里，取得这样的进展，除社会主义现代化建设的内在要求外，主要有如下几点原因：首先，是党和国家高度重视法制建设、高度重视法制宣传教育的结果。中共中央、全国人大常委会和国务院不仅作出决议或发出通知，强调普法工作的重大意义，而且在六届四次全国人大会议通过的"七五"计划中，也把普法列为社会发展的一项目标。今年七月，中央在关于全党必须坚决维护社会主义法制的通知中又一次强调指出："用五年左右时间在公民中基本普及法律常识，是加强法制建设的一项重大措施，各级党组织都要为实现这个目标而进行切实有效的工作"。最近召开的党的十二届六中全会关于社会主义精神文明建设指导方针的决议，还明确提出要坚持不懈地进行普及法律常识工作。小平同志今年两次阐述了法制建设和法制教育的意义。紫阳、彭真等中央领导同志，几年来都反复强调法制宣传教育工作的重要性，要求全党、全军、全民认真学法、守法、用法。中央的高度重视，是普法工作得以顺利展开的决定性因素。第二，是各级党委、政府积极领导、人大常委主动监督、党委宣传部门和司法行政部门共同负责、各条战线通力合作的结果。各级人大常委对普法工作抓得很紧，定期听取汇报，提出工作要求，组织检查团进行检查。公、检、法、工、青、妇、文化、教育、新闻等各个部门，都积极参加工作，推动了普法的开展。中央和国家机关各部委除积极抓好机关干部的普法学习外，还结合纠正行业不正之风，促进了本系统的普法教育。各部门齐抓共管是取得今天局面的重要原因。第三，领导干部带头学法，是开展普法活动的关键。中央领导同志以普通学员的身份听法制课，震动了国内外，带动了全党干部学法的积极性。各省、自治区、直辖市的领导干部也都带头学习，并且绝大多数的第一把手亲自组织学习，亲自到场听课，而且几乎场场必到。各地人大常委领导同志学法的积极性也很高，他们说：我们是地方权力机关，不懂法就不能工作。一些年事已高的老同志虽然身体不好，也以满腔热情主动学习。有的老同志年逾古稀，还拄着拐杖坚持听讲。有的领导同志因病住院，还让人搀扶着去听法制课。有的下乡、出差，回来后还补课、补考。中央国家机关许多部门的领导同志也带头学法，如中纪委、中央组织部、邮电部、外交部、卫生部等。原兵器工业部、水电部还专门办了"部长法律知识学习班"。中国人民解放军的领导机关和领导干部，也积极带头学法。杨得志总参谋长亲自主持总参机关学法动员大会，亲自听课。总参、总政、总后三大总部和海军、空军以及各军兵种、各大军区领导干部都带头学法，从而带动了全军各部队，形成了全军学法的热潮。在中央和各省、自治区、直辖市领导同志的带动下，全国大多数的地（市）、县级领导班子也都积极学法，形成了一级带一级，全国干部都学法的局面。这是建国以来前所未有的。许多干部是越学越爱学，积极性越来越高。第四，采取了以讲课为主的方法，并辅之以其他灵活多样的形式，保证了普法的效果。干部学法采取了脱产轮训和分散自学、集中辅导、统一考试两种办法。中央、国家机关举办了五百多人的司局长法律知识学习班，许多省市也举办了领导干部学习班。工矿企业单位的职工，多采取班前班后讲课或者脱产轮训的办法。北京市组织了百万青工轮训学习。除讲课外，还有广播、电影、电视、板报、法制文艺表演、法律知识竞赛、法制演讲、法制故事会、法制书法、法制摄影等多种生动活泼的形式。仅工人日报等首都11家报纸发起的法律知识竞赛，全国就有几百万职工参加。全国各地新闻单位紧密配合，29个省、自治区、直辖市一级的报纸、社会刊物、广播电台、电视台都开辟了法制宣传专栏。全国专业性法制报刊已有93家。新华社、人民日报、中央人民广播电台、中央电视台、中国法制报等各中央新闻单位，为普法做了大量工作，对今天普法局面的出现作出了重大贡献。许多文艺单位也围绕法制题材创作和摄制了许多电影、电视、戏剧、曲艺、美术、摄影等作品。据不完全统计，两年来制作这类影片约30部，电视剧200多部，普及法律常识的电视短剧200余部，戏剧10多台，曲艺演出数量则更多了。其中有不少受到广大观众热烈欢迎，如故事影片《少年犯》、电视系列片《寻找回来的世界》以及戏剧《家庭公案》等。这些创作和演出活动，对于增强人们法制观念，起到了积极的作用。

普法工作虽然取得了较大成绩，开了一个好头，但这仅仅是开始。全国还有60%左右的普法对象，特别是还有3.8亿多万农村人口普法教育尚未开始，而且难度较大；已经开始的地区或部门广度和深度都还不够，还有的单位对普法敷衍了事，搞形式主义走过场，以考代学，考试及格，万事大吉。特别要指出的是对宪法的宣传还远没有达到广泛深入的程度，不少人对于民主与法制、民主与集中、自由与纪律、权利与义务还缺乏全面的正确的理解，增强社会主义公民意识的任务还十分艰巨。必须指出，艰巨繁重的任务还在后面，务必保持清醒的头脑，坚持不懈地努力奋斗。

二、1987年的任务

党的十二届六中全会决议提出，我国社会主义现代化建设的总体布局是：以经济建设为中心，坚定不移地进行经济体制改革，坚定不移地进行政治体制改革，坚定不移地加强精神文明建设。普及法律常识工作，必须紧紧围绕这个总体布局进行，适应总体布局的要求。要坚定不移地贯彻六中全会决议中关于“要在全体人民中坚持不懈地普及法律常识，增强社会主义的公民意识，使人们懂得公民的基本权利和义务，懂得与自己工作和生活直接有关的法律和纪律，养成守法遵纪的良好习惯”的要求。1987年普法工作总的要求是：在1986年的基础上继续努力，紧密联系实际，注重实际效果，扎扎实实地把普法工作引向深入。具体分述如下：

第一，明年的普法坚持把干部和青少年作为重点，继续抓紧城市工作，逐步在农村铺开，促进学校和各个方面普法的平衡开展。

干部特别是领导干部是普法的重点。1987年要继续抓好领导干部的普法工作，县级以上领导干部要完成九法一例的学习任务。现在还未学完的，要继续学习；已经学完的，要组织干部学习同本职工作有直接关系的法律知识，引导干部学会运用法律管理自己所从事的工作，并要实现经常化、制度化。为了保证学习质量，对各级干部的学习状况要实行逐级检查制度。我们拟提请全国人大常委会会同有关部门，于明年适当时候检查各省级班子的学法用法情况。希望各地也照此办理。

农村普法要分期分批进行，不要急于全面铺开。有条件的地方先开始，条件不具备的地方要积极创造条件，待条件具备后再开始。从全国范围看，1986年农村普法面实际已达到17%左右。要求1987年连同1986年在内，控制在30%以内，即大约在1.39亿人以内。还剩70%的人口，留待后三年完成。1988年和1989年，步子可以大一些，大约每年完成30%左右，1990年完成10%左右，留下半年时间做普法的复查补课和总结工作。总之，要一步一步走，切不可操之过急。急躁势必走过场。1987年农村普法的另一件工作是训练宣传员。农村有4.65亿普法对象，平均按每百人中有一个宣传员计算，需要465万名。现在仅有200万；还要抓紧培训，扩大宣传员队伍。农村普法除学习九法一例外，还要根据需要，组织农民学习土地管理法、森林法、草原法、矿产资源法等有关法律。另外，在农村还要重点做好乡镇干部的普法教育，促进基层政权建设。

经过两年多的试点，我们已初步摸索出一些农村普法的原则和办法：（一）农村普法的重点是村干部、党团员、青壮年劳动力以及乡、村企业的职工。这部分人约占农村普法人口的40%左右，大约近2亿人。紧紧抓住了这个重点，农村普法就有希望。（二）农村普法的形式应当以面授为主，实行多种形式渗透。面授包括法制夜校、联院辅导、家庭辅导等办法；多种形式包括广播、电视、板报、书报、文艺等等。没有多种形式就不能因地制宜，丰富多彩；不以面授为主，就不可能保证普法质量。（三）农村普法必须坚持实事求是，从实际出发的原则，一个地方，先学什么，后学什么，学习侧重点是什么，用什么方法学，什么时候学，都要从本县、本乡、本村农民的实际情况出发，不要套用一个模式，不要搞“一刀切”。这个地方的婚姻问题突出就先学婚姻法，那个地区商品经济发达，就先学经济合同法，另一个地方群众的民主权利没有保障就先学宪法。通过学法，要解决一批同群众生产、生活密切相关的问题，给农民群众以看得见的效益。（四）讲课要紧密联系实际。根据法律内容的要求，选择农民身边的案例事例进行生动的讲解，不可生硬地宣读法律条文和讲义。要编写适合本地需要的乡土教材，讲课要注意准确性、知识性、趣味性，引人入胜，内容健康。（五）要选择好教员。教员讲课质量高低，决定着普法的效果。农村普法教员，一般以有文化的、有一定讲解能力的乡、村干部和中小学教员、离退休干部为主，也可以吸收一批遵守法纪、作风正派、有讲解能力的农村知识青年。（六）充分发挥党团员在普法中的先锋作用，落实责任制。实行党团员和干部分工包干责任制，并且建立学习制度，使普法工作制度化。（七）一个得力胜任的村党支部是普法能否开展的关键。在选择普法试点时，首先要看那个地方的党支部领导是否得力。（八）农村普法要同精神文明建设、整党工作、农业生产和农村商品经济的发展紧密结合。要注意鼓励先进分子，把学法、守法、用法的表现列为评选各种先进活动的一项条件。上述这些原则和办法可供各地参考。

1987年，企业事业单位的普法工作要全面展开。除学习九法一例外，这些单位还要学习同自己业务有关的法律、法规，在普法的基础上要逐步建立法律机构，订立规章制度，走上依法管理的轨道。当前，工厂要学习中共中央、国务院新颁布的三个条例，即《全民所有制工业企业厂长工作条例》、《中国共产党全民所有制工业企业基层组织工作条例》、《全民所有制工业企业职工代表大会条例》，切实贯彻厂长负责制，确保职工参加工厂管理的民主权利。要加强对商业、服务业、个体工商户普法工作的领导。这些部门的普法工作起步较晚，进度较慢，需要进行试点，总结经验，使他们跟上来。青年工人是普法的重点，要采用生动的形式，引导他们积极学法，用法律规范、约束自己的行为。在可能条件下，要象北京市那样采用脱产轮训办法，以保证学习质量。

党的十二届六中全会决议指出：“要从小学生开始，在进行理想、道德、文明礼貌等教育的同时，进行民主、法制和纪律的教育”。加强对大中小学学生的法制教育，对提高整个民族的素质都将起到重要的作用。学校是1987年普法工作的重点，要有新的起色。首先要协助教育部门训练师资，把高等学校法制课先开起来，然后再总结经验，编写教材。高等学校要注意对学生进行民主、法制和纪律教育，使他们了解民主、自由同法制和纪律的关系，引导他们正确地行使民主权利，履行公民的义务。中、小学校已经设了法制课，当前的主要任务是，提高授课质量，增强教学效果。明年要修改中学法律常识课本；小学在没有全国统编法制教材以前，建议各省、自治区、直辖市先自行编写。对中小学学生进行法制教育，要根据不同年龄特点，采取灵活多样的方式，使学生学得生动活泼。要以正面教育为主，防止淫秽的不健康的东西毒害学生思想。中等专业学校、技工学校、电视大学、各种成人学校以及尚未开设法制课的党校，在明年内都要开设法制课，并列入教学计划。

1987年城镇居民普法工作的安排，由各地根据实际情况确定。从全国范围看，当前还是试点阶段。城镇居民的普法工作要充分依靠离退休干部和教师，普法重点对象是待业青年。街道要协助做好个体工商户的普法工作。

要加强对民族地区普法工作的领导，省以上党政领导机关和民族自治地方的干部、群众，都要学习民族区域自治法。要认真做好调查研究工作，从本民族、本地区的实际状况和需要出发，确定本地区的普法内容、要求和工作步骤，决不可照搬其他地方的经验，也不要求同其他地区同步进行。

要继续发挥通讯社、报纸、刊物、广播电台、电视台等新闻单位在普法和法制宣传中的重要作用。通过新闻单位，宣传干部和群众学法用法的先进经验，宣传普法的重大作用和有关法制建设的理论，继续提高全国人民的认识，推动普法工作和法制建设。要广泛地开展群众性的法制文艺活动，歌颂普法的成果和法制建设的意义，使广大公民增强法制观念，鼓舞人们积极参加法制建设。法制文艺和法制新闻工作者要继续注意使自己的作品准确、通俗、生动、健康。

中国人民解放军和中国人民武装警察部队1987年的普法任务，由解放军总政治部和武警总部确定。我们希望中国人民解放军和中国人民武装警察部队，除做好部队自身普法教育外，还要通过军民共建活动带动地方的普法工作，特别是偏僻地区和边疆地区的工作。我们还希望部队在培养军地两用人才中，多多培养法律人才，为地方输送大量的法制建设骨干。

第二，紧密联系实际，把普法引向深入，提高普法的社会效益。

联系实际，引向深入，不只是方法问题，在这里作为明年的主要任务提出来，把质量的要求摆在突出的位置，这是因为：学习法律的目的在于增强法制观念，做到依法办事，用法管理各项事业。也只有依法、用法才能达到真正的懂法，增强法律意识。过去一年的经验证明，凡是注意联系实际的单位，普法工作就生动活泼，效果显著。联系实际提高社会效益是检查普法工作的首要标准。

联系实际，引向深入，就是要联系民主与法制建设、社会主义物质文明建设和社会主义精神文明建设的实际。针对这三个方面在依法办事，用法管理上的要求，有针对性地对干部和群众进行法制宣传教育。

首先要联系民主与法制建设的实际。党的十一届三中全会以来，社会主义民主与法制建设进展比较迅速，取得了重大成就，这是举世公认的。特别是经过一年多来的普法教育，人们的法制观念正在不断增强，法律实施情况有了进步。但是，正象赵紫阳总理在六届人大四次会议上的报告指出的那样：“现在的一个突出问题是，不依法办事的现象还相当普遍。”这是法律缺乏必要权威的一个重要原因。有法不依、执法不严、违法不究的表现是：有少数领导机关和领导干部，不尊重、不执行权力机关的决议，横加干涉司法机关的正常工作，强制司法机关按他们的意图办事，强行更改或拒不执行人民法院裁决，有的不尊重甚至阻碍律师履行职务；少数地区无视权力机关尊严，不按法律程序任免干部，或在任期内随意频繁调动；有少数地区在处理案件时，混淆党纪、政纪与法律的界限，以罚代刑，以党纪、政纪处分代替法律制裁；有少数人侵犯公民权利，也有少数人不履行公民的义务，只要民主不要法制，只要自由，不要纪律，只要民主，不要集中；有些地方乱罚款，乱没收，乱摊派；有少数企业乱摊成本，挪用资金，偷税漏税，虚报浮夸，截留国家收入；有些地方乱砍滥伐，侵占耕地，违章建筑，破坏资源，污染环境；有些单位违反平等、有偿、互利原则，订立霸王合同，随意撕毁合同，非法转让合同；有个别地方假冒商标，侵犯版权。存在以上这些有法不依现象的原因是复杂的，最主要的原因是：（一）有一些领导机关和领导干部法制观念薄弱。（二）国家权力机关的监督作用尚未得到充分发挥，国家对政府工作人员的监督制度尚未健全，有些监督措施也没有制度化、法律化。（三）有些司法机关和司法人员不能做到无私无畏，有的甚至徇私情。有的部门互相推诿，不负责任。（四）法制宣传教育工作尚未深入开展，法制宣传部门工作做得不够。（五）法律本身还不够完备，有的法律因为没有配套的细则或具体规定而难于执行，有的法律一时还来不及制定。特别在新旧体制转换中，个别领域出现了一些难以避免的空子，给执法工作带来一定困难，也给极少数经济犯罪分子可乘之机。

鉴于上述情况，要结合普法工作纠正有法不依、执法不严、违法不究的现象，各级法制宣传领导机关就应当一方面针对这些问题开展宣传教育，另一方面深入调查研究，全面掌握情况，找到产生上述现象的准确原因，向领导机关提出切实可行的建议，逐步加以消除。

为了加强民主与法制建设，必须认真组织全国公民学习宪法。宪法是国家的根本大法，是治国安邦的总章程。过去一段时间，宪法的宣传教育虽然做了不少工作，但是，远没有达到使宪法家喻户晓深入人心的要求。1987年无论城市农村都要把宪法作为普法的重点内容，在全国范围内普遍地深入地进行宪法的宣传教育。

在宪法的宣传教育中，要着重地解决好坚持四项基本原则，反对资产阶级自由化和正确处理权利与义务的关系，加强社会主义公民意识两个问题。

几年来，资产阶级思想自由泛滥，危害甚大。资产阶级自由化就是否定社会主义制度，主张资本主义制度。归根到底就是否定四项基本原则。这是违背中国人民的根本利益，为广大人民所坚决反对的。四项基本原则是我国宪法的指导思想，而且在宪法的序言中作了明确的规定。为此，引导公民认真学习四项基本原则，旗帜鲜明地反对资产阶级自由化是学习宪法的最根本的要求。坚持四项基本原则反对资产阶级自由化的教育，要在各级党委和政府的统一部署下进行，宪法学习的安排要与此结合起来，协调地开展。

学习宪法的另一要求就是引导公民正确处理权利与义务的关系，加强社会主义公民意识。宪法规定的公民的权利必须充分行使，与此同时，宪法规定公民的义务也必须充分履行，没有无权利的义务，也没有无义务的权利。为了正确处理好权利与义务的关系，应当引导公民正确处理好民主与法制，民主与集中，自由与纪律的关系。这些问题的两个方面都是互为条件互相依存的，只强调一面而忽略另一面都是不对的，只有全面地正确地理解和处理好两者的关系才能加强社会主义公民意识，才能有助于维护和巩固安定团结的政治局面。

其次是要联系物质文明建设的实际，把普法引向深入。我国经济战线明年的主要任务是坚持改革，以改革促进经济发展，而增强大中型企业的活力，又是改革的中心。经济领域的普法工作，必须紧紧围绕这些任务进行。为此，在普法中要注意解决好下述几个问题：

（一）要通过普法，使企业充分了解法人的权利和义务，真正依法行使经营权，把权、责、利全面落实到企业。要使企业懂得它有权选择灵活多样的经营方式，有权安排自己的产供销活动，有权拥有和支配自留资金，有权依照规定自行任免、聘用和选举本企业的工作人员，有权自行决定用工办法和工资奖励方式，有权在国家允许的范围内确定本企业产品的价格等等。要帮助企业懂得，不要只依靠行政手段，而且要重视和学会运用法律手段管理经济，完善内部责任制度。要使企业学会依法维护自己的权利，依法履行自己的义务，依法用权；对于滥用权力的违法行为也要注意纠正。另一方面，要通过普法，提高国家主管部门依法放权，依法维护企业自主权的自觉性。

（二）要通过普法调动职工的创造性和积极性。国家已经颁布了《全民所有制工业企业职工代表大会条例》，要通过宣传这个条例，教育职工发挥主人翁的精神，依法参加企业管理，积极发明创造，推动技术进步，提高经济效益。

（三）要通过普法，促进横向经济联系的发展。要帮助企业总结实施经济合同法的经验教训，完善合同条款，改善合同的管理，使合同的制定、履行都符合法律的要求。

（四）要通过普法，帮助农民分清生产、交换、分配、消费领域中合法与违法的界限，使他们树立依法经营的安全感，从而提高发展商品经济的积极性。要对农民宣传宪法第15条的精神和国务院关于城乡集市贸易管理的规定，使广大农民懂得依法进行集市贸易。此外，在向农民宣传依法履行粮食和农副产品订购合同的同时，也要对国家商业粮食部门宣传民法通则和合同法，促使他们及时履行应承担的义务。

再次，要紧密联系社会主义精神文明建设进行。法制是社会主义精神文明在国家和社会生活中的重要体现。我国宪法第24条指出："国家通过普及理想教育、道德教育、文化教育、纪律和法制教育，通过在城乡不同范围的群众中制定和执行各种守则、公约，加强社会主义精神文明的建设"。我们要按照宪法的规定，把普法同四有教育结合起来。只有将二者结合起来，才能从整体上提高公民的法制观念；只有建筑在远大理想、高尚情操和严明纪律基础之上的法制观念，才是真正自觉的法制观念。因此，在普法中，要充分联系四有教育中干部群众思想上、行动上存在的问题和愿望来宣传法律，使普法教育同四有教育相辅相成，互相促进。

最后，普法教育要同社会治安综合治理相结合。法制教育是社会治安综合治理的基础工作。人们增强了法制观念，用法律规范自己的行为，积极同违法犯罪行为作斗争，必然会有助于社会治安状况的好转。要针对违法犯罪的各种表现宣传治安管理处罚条例和刑法常识，有效地预防和减少犯罪。要加强对劳改、劳教人员的法制教育，促使他们认罪服法和认错改过。要加强对刑满释放人员和期满解教人员的法制宣传教育，协同各部门把他们教育培养为四有公民。

要使普法紧密联系实际，还必须有恰当的方法和途径。根据一年多的实践，这些方法和途径大体有以下几种：（一）建议有条件的省、自治区、直辖市，在党委、政府领导下和人大常委监督下，普遍进行一次从上到下的执法情况大检查。这种检查要有广大干部、群众参加，边学习、边检查、边纠正。司法行政部门应当积极参加检查，了解情况，提出建议，协调关系，主动服务。（二）总结执法过程中正反两方面的经验，正确开展表扬与批评。要表彰认真执法的先进单位和遵纪守法的模范人物，树立守法光荣的风尚；要批评违法行为，指出它的危害，使人们引以为戒。（三）各级干部参加法制学习时，要结合本部门的实际检查、总结依法办事的情况和经验，不要脱离本单位本部门的实际，孤立地学习法律条文。（四）发展法律界同经济、文教、科技、体育、卫生以及其他各界的横向联系，互相启发，互通情报，互相促进。可以定期或不定期地举行座谈会，也可共同派出工作组，调查研究各个方面的法制状况，共同研究学法、用法和法律服务中的问题。（五）普法工作要紧密围绕党的中心工作进行，要为中心工作服务。（六）正人先正己，身教与言教并重。要请遵纪守法的人去宣讲法律，用他们的表率行动去教育群众，影响群众。领导干部搞普法，首先要用法律管好自己，管好自己的家庭和身边的工作人员，管好自己的工作。如果真正这样做了，必将在群众中产生较大的影响，带动广大群众遵纪守法。

第三，进一步提高认识，加强领导。

首先，要进一步提高对普法工作的认识，主要是提高领导干部的认识。当前，从全国干部的总体上看，对普法是重视的，在认识上也有一定深度。但也有少数同志不够重视，认为普法“只是有关部门的事，同自己关系不大”，有的认为“不学法也照样工作”，对学法抱敷衍态度，还有一些同志，虽然也认为普法是重要的，但仅仅从“治乱”角度去理解它的意义，在认识上还没有把普法工作提到应有的高度。这些问题不解决，势必影响普法深入发展。即使勉强发动起来，也难免流于形式。应当使大家认识到，加强法制建设是治国安邦的根本大计，是国家的根本建设。民主和法制是社会主义的本质属性。中共中央关于社会主义精神文明建设指导方针的决议中指出：“民主和法制、纪律不可分。社会主义法制，体现人民意志，保障人民的合法权利和利益……”，“只有大力加强以宪法为根本的社会主义法制，加强劳动纪律和工作纪律，同实际生活中种种压制和破坏民主的行为作斗争，才能推进并保证经济建设和全面改革的顺利开展，维护国家的长治久安”。小平同志说：“没有民主就没有社会主义。”同样也可以说，没有法制就没有社会主义现代化。高度的民主和健全的法制是科学社会主义的基本特征之一，是具有中国特色的社会主义的一个重要标志，是经济体制改革、政治体制改革和精神文明建设的保障。但是，高度的民主与健全的法制，不是从来就有的，它同经济建设一样，也要通过长期的艰苦努力才能实现。最近，党的十二届六中全会决议深刻指出：“我国社会主义发展中的主要历史教训，一是没有集中力量发展经济，二是没有切实建设民主政治。”为了不使历史重蹈覆辙，我们应当把这个历史教训转化为建设高度文明、高度民主的社会主义现代化强国的自觉性，转化为健全社会主义法制和积极搞好普法的自觉性。那种认为法制建设和普法工作仅仅是某个部门的事，显然是不对的。应该如同对待经济建设那样，无论任何机关、任何团体、任何部门，也不论哪级干部，都要关心这件大事，都要抓这件大事，都要学法、守法、依法办事。

今年，小平同志关于法制建设“根本问题是教育人”的指示和六中全会决议，对普法工作赋予了崭新的意义。它把普法工作作为法制建设的根本问题和精神文明建设的重要内容提了出来，使普法工作同民主与法制建设、同两个文明建设紧密地联系在一起，成为不可分割的一个战略整体，赋予它以全局的战略地位。我们一定要认真学习小平同志的指示和六中全会的决议，不断提高我们的认识。

其次，在普法工作中，要引导人们正确理解和处理好以下两个问题：（一）即要重视法律打击敌人、惩治犯罪的作用，又要重视保护人民、服务四化的作用。乔石同志提出，政法工作的任务是“保护人民，打击敌人，惩治犯罪，服务四化。”根据这一精神，我们要全面理解法制的职能。打击敌人，惩治犯罪绝对不能放松，因为在社会主义阶段里，在一定范围内还存在着阶级斗争，并且在某种条件下，还有可能激化，对于敌视和破坏我国社会主义制度的国内外敌对势力和敌对分子还必须进行坚决的斗争，在各个领域里还有形形色色的犯罪分子，因此，国家的专政职能还必须坚持。同时，还必须加深认识法制在保护人民、服务四化方面的作用。这方面的作用会越来越突出。过去对于这一方面宣传得不够，今后要加强宣传。（二）既要重视宣传法律的禁止性作用，又要宣传法律的示范性作用。在普法中要告诉人们，哪些行为是违法的，禁止做的；哪些行为是合法的，可以做的；哪些行为是国家提倡做的。过去，宣传禁止性规范多，宣传示范性规范少。今后要加强示范性宣传，引导人们积极从事有利于国家和人民的事业。如积极参加管理国家事务和各项事业，积极发明创造，依法发展社会主义商品生产，搞好商品流通，尊老爱幼，尊重社会公德等。

为了加强领导，还要坚持抓典型、搞试点的工作方法，实行典型示范，以点带面，不断创造新经验。同时，要注意分类指导。普及与提高，在时间上不是截然分开的。在当前，大量的地区和单位，主要任务是普及，但也有一些地区和单位，联系实际工作做得比较深入，对学法、用法提出了较高的要求。对后者，应当着重抓提高，满足干部、群众新的求知欲，回答他们提出的新问题。当然，分类指导的方法，也适用于对不同普法对象的不同普法方式。

最后，要解决普法工作中的人、财、物问题。一年来，为了开展普法工作，各级党委和政府都建立了普法领导小组，多数地方还建立了普法办事机构，配备了一些人员，拨给了一些经费。但是各地很不平衡。突出的问题是普法办事机构尚未健全，办事机构中人员太少，有的县只有一两个人，有的直辖市只有几个专职干部。由于缺编严重，许多地方的普法工作难以开展；勉强开展起来的，则挤掉了司法行政部门的其他工作。关于普法工作经费问题，今年1月14日财政部、司法部已联合发出通知，要求各地逐年编报专项经费预算，列入地方财政开支。不少地区在财政部门的大力支持下，普法工作经费确有明显增长。但也确有部分地区经费短缺的问题远未解决。有的地方至今没有列专项经费，有的一个县一年到头仅给几百元。这种状况，实在难以应付正在蓬勃兴起的群众性普法局面，特别难以适应明年普法工作全面铺开的形势。我们希望各级党委和政府，充分认识普法工作的深远意义，真正把它作为国家立法机关作出的法律性决议，采取积极有效的措施，切实贯彻执行。我们建议各级权力机关在审议批准本地区的经济和社会发展计划以及财政预算时，也请对普法的编制、经费给予必要的注意。总之，希望各级政府在搞好综合平衡的前提下，尽可能为各级普法办事机构充实一批干部，增拨专项经费，以适应今后四年大规模普法工作发展的需要。

为了推动普法工作，我们准备同有关部门在1987年内召开高等学校法制教育座谈会，工矿企业普法经验交流会，民族地区普法座谈会，另外，准备在1988年底召开全国普法工作表彰大会，以推动后两年的工作，请各地做好准备。

同志们，只要我们努力解决存在的困难，用一年来已经取得的成绩鼓舞信心，并在今后几年里坚定不移地抓下去，五年普法的伟大目标就一定能够达到!

法制教育要着眼于增强社会主义公民意识

——一九八六年十二月二十六日中央宣传部副部长王大明同志在第二次全国法制宣传教育工作会议上的讲话

在党中央、国务院的领导和关怀下，第二次全国法制宣传教育工作会议开了七天，今天就要闭幕了。会议期间，乔石同志作了重要讲话，邹瑜同志作了工作报告，还有20几位同志发言和介绍经验；到会的同志围绕如何依据党的十二届六中全会通过的关于社会主义精神文明建设指导方针的决议，进一步把普及法律常识工作引向深入的问题，进行了认真讨论，提出了不少宝贵的意见和建议。我们这次会议开得是好的，达到了预定的目的。至于会议确定的工作任务以及需要解决的问题，还有待于我们大家共同努力去做、去解决。普及法律常识的任务是艰巨的，相信我们大家一定能够坚持不懈地努力完成这个任务。

当前全国普及法律常识的发展形势和明年的工作任务，邹瑜同志的报告中已经作了全面的分析和阐述，我完全同意。自从党中央、国务院批准发布《关于向全体公民基本普及法律常识的五年规划》和全国人大常委会通过关于在公民中基本普及法律常识的决议以来，仅仅一年的时间，从中央到地方各级领导机关，各条战线，各行各业，从城市到农村，在全国范围和在全体规模上开始形成一个群众性的学习法律知识的热潮。特别是各级领导干部带头学法用法，在广大人民群众中产生了很好的影响。出现如此好的势头，充分说明了：加强法制，势所必然；普及法律，人心所向。当然，我们还应当看到，在好的形势底下还存在着一些问题，主要是，一些单位强调工作忙，对学法缺少紧迫感，行动迟缓，抓得不紧；一些单位抱着任务观点抓"普法"，赶进度，图形式，走过场，"以考代学"，应付了事。这都是对法制建设和普及法律常识的战略意义认识不足的反映。还有不少同志担心学法热情能否长久保持下去。总之，我们对已经取得的成绩还不能估计过高，巩固和发展目前出现的好势头，还需要作很大的努力。特别是要不断地提高认识，这样才能把普及法律常识教育不断引向深入。这也是会议讨论中大家提出的共同意见。

现在根据大家的意见，结合学习党的十二届六中全会决议精神，就这个问题讲几点看法，供参考。

一、进一步认清法制建设的时代意义

中央一再指出，在新的历史条件下，全党必须认真贯彻落实"一手抓建设，一手抓法制"的思想，坚决维护和加强社会主义法制建设。"一手抓建设，一手抓法制"，是邓小平同志总结建国以来的历史经验所提出的一个重要的治国思想，把法制建设提到了十分重要的战略地位。坚持两手抓，相互推动，相互促进，这对于完善我国社会主义制度，加速社会主义现代化建设的进程，具有极端重要的意义。我们应该从全局的高度，加深对社会主义法制建设的必要性和重要性的认识。

首先，加强法制建设是新的历史条件下发展社会主义商品经济的内在要求。

我们不少同志长期来对法制很不重视，总认为法律在我们实际生活特别是经济生活中的作用不大，有的说"不犯法就行，何必学法"。产生这种思想主要是历史原因造成的，这和商品经济没有得到充分发展有很大关系。大家知道，我们的国家原来就是一个自然半自然经济占了极大比重的半封建、半殖民地的社会。建国以后，由于我们实行的是高度集中的计划经济，加之"左"的思想影响，长期以来把计划经济和商品经济对立起来，把社会经济活动，限制在以产品经济和自然半自然经济的狭窄天地里，使人们习惯于依靠行政手段来管理经济，因此产生了一种错觉，认为法律对经济活动没有多大作用，"没有法律，同样可以搞生产"。党的十一届三中全会以来，我们首先在农村，以后在城市实行了经济体制改革，改革、开放、搞活，都是为了发展社会主义有计划的商品经济。《中共中央关于经济体制改革的决定》指出，“商品经济的充分发展，是社会经济发展的不可逾越的阶段，是实现我国经济现代化的必要条件”。这是我们党在总结国际国内历史经验的基础上，根据我国国情提出的在新的历史时期经济发展的必由之路。人类的历史告诉我们，以民主政治为必要前提的近代意义的法制，是社会化大生产和商品经济迅速发展的必然产物。现在，我们要充分发展社会主义有计划的商品经济，也就必然要求建立和健全与之相适应的社会主义法制。例如，我们要把企业搞活，使企业成为独立经营、自负盈亏的经济实体，这就需要确立法人制度，保护他们的合法权益；我们要进行商品交换，发展横向经济联系，就必须制定经济合同法，明确当事人的权利义务关系；发展商品经济必然带来竞争，这就需要通过加强法制，保护正常的社会主义竞争，打击坑蒙拐骗、以次充好、哄抬物价等不法行为，等等。可见，要发展社会主义商品经济，不加强法制特别是经济法制的建设，是不行的。社会主义法制和社会主义商品经济的发展是协调一致、相互依存的。

但是，如前所说，我国社会主义制度建立以后，在这个问题上曾经走了一段弯路。六中全会《决议》指出：“我国社会主义发展中的主要历史教训，一是没有集中力量发展经济，二是没有切实建设民主政治。”由于“左”倾错误的影响和高度集权的经济模式的束缚，一方面商品经济的发展被当成“资本主义尾巴”受到限制、扼杀；另一方面，在连续不断的政治运动冲击下，特别是在“文化大革命”中，国家缺乏正常的民主生活，法制遭到了极大破坏，使国民经济濒临崩溃的边缘。这个历史教训我们必须认真记取，要坚持两手抓，一方面，必须坚定不移地把工作重点转移到以经济建设为中心的社会主义现代化建设上来，大力发展社会主义商品经济；另一方面，又必须十分重视加强社会主义法制建设，使之与社会主义现代化建设、与商品经济和各项改革同步发展。这样，社会主义制度高于资本主义制度的巨大优越性才能真正发挥出来，社会主义事业才能焕发出蓬勃的生机和活力。

第二，健全法制是经济体制改革的重要保证。

为了适应社会主义商品经济的发展，我们正在进行经济体制改革。历史上任何一次大的社会改革，都得借助于法制的威力，我国古代就把这种改革称之为“变法”。今天改革的深入，同样也越来越迫切要求健全法制；不加强法制，改革就寸步难行。大家知道，在搞活商品流通问题上，前几年就出现过长途贩运是不是投机倒把的争议；国营企业的经营管理自主权，宪法虽已作了原则规定，但在没有配套的法律加以切实保障之前，这种自主权的真正实现也是十分困难的。经济改革的每项成果都需要用法律形式固定下来，使之得到法律的保护；同时，法律还可以为改革的发展指示方向，开辟道路。由于改革而产生的经济关系的变动，要用法律规范加以调整；而法律又可为经济发展创造良好的环境和正常的社会秩序，依法打击经济领域中的违法犯罪活动，保障国家、集体的财产和公民的合法权益不受侵犯，促进改革健康、顺利地发展。在改革中，国家对国民经济的运行，要运用经济手段、法律手段和行政手段进行直接或间接的宏观控制；而使用经济杆杠和必要的行政手段，也要由法律加以规范。在改革中，不仅要发展以公有制为主体的多种经济形式和多种经营方式，增强各类企业的内部活力；而且要大力促进各种横向经济联系，在计划指导下形成统一的社会主义市场体系，这也必须建立相应的法律制度，保障经济活动的迅速、便利和安全，保护商品生产者和经营者的积极性，并学会用法律手段改善企业内部的经营管理，提高经济效益。

有的同志说：“加强法制，会受到限制，经济就没法搞活了。”这话是没有道理的。在他们看来，法制仅仅是惩罚犯罪的工具，是一种制裁手段，似乎法就是“紧箍咒”，对搞活经济只能起消极的制约作用，而看不到法也是一种管理手段，能对搞活经济起到积极的调整和促进作用。事实上，在旧的体制下，社会经济活动既然排斥了商品经济的发展，也就排斥了经济活动对法制的依赖，排斥了法律对经济关系的调整作用，这样，怎么能搞活经济呢？马克思说：“无论是政治的立法或市民的立法，都只是表明和记载经济关系的要求而已。”在改革中产生的新的经济关系，得到法律的认可，受到法律的保护，这恰恰意味着宣布与新的经济关系不相适应的旧体制开始退出历史舞台，从而也是对被旧体制所束缚的生产力的“松绑”和对人的积极因素的有力调动。一部正在拟订中的国营工业企业法即将诞生，它将使全国几十万个企业依法获得平等的自主经营权利；一部《民法通则》的颁布，从调整民事关系和民事活动上，肯定了经济体制的改革必须有利于发展社会主义商品经济，促进横向经济联系的发展。这不正是搞活经济的有力保证吗？事实上，只有充分发挥法律调整经济关系和社会关系的作用，才能有利于改变单纯依靠行政手段的手工业方式的管理方法，实现现代化管理；同时才能使广大企业法人和公民在社会主义商品经济活动的天地里，在遵守统一的法律规范的前提下，充分运用独立自主的权利，最大限度地发挥各自的开拓创造精神，这是搞活经济的必要前提。

在总结改革实践经验基础上形成的法律制度，对改革的发展起着重要的规范作用和引导作用。各项改革活动都应该严格遵守法律，否则，改革将会遭受挫折。据我们了解，一些商品经济发达的地区，人们学习法律普遍比较自觉，就是因为他们从切身的经验中尝到了学法的甜头和不懂法的辛酸苦辣。即使是知名的企业改革家，如果不注意法律，也会碰到麻烦。例如，步鑫生和孙红娟因发生领带合同纠纷，打了一场“官司”，双方都受到了深刻的教益：搞改革光凭热情不行，一要学会按经济规律办事，二要学会按法律办事，学会用法律维护自己企业的合法权益。有些单位领导重用不法分子从事“经营”活动，使自己陷入违法犯罪的泥坑，把一个个好端端的企业搞垮了。他们说：搞活经济不用法，就象盲人骑瞎马。当然，有些改革尚在试验阶段，经验还不成熟，还不能达到规范化的程度，因而也不可能马上把改革的成果制订成法律。所以，法律有个从不完备到逐步配套完备的过程；即使已制定出来的法律也还要经受实践的检验，如有不适应，可经国家权力机关通过法定程序加以补充、修改或废除。这不仅不会影响法律所具有的权威性和相对稳定性，而且会使法律更符合于社会发展的要求，反映历史前进的方向，充分体现人民的意志。

第三，加强社会主义民主和法制建设，是政治体制改革的重要内容。

经济体制改革必然牵动政治体制的改革；没有政治体制的相应改革，经济体制改革是难以真正搞好的。政治体制改革的问题已提上党和国家的议事日程，中央对这个问题正在调查研究。这里仅就政治体制改革和法制的关系讲一点不成熟的看法。

政治体制改革是一项非常复杂的工作，一要积极，二要谨慎。邓小平同志说，政治体制改革看来要达到以下目标，即机构要体现充分活力；要克服官僚主义，提高工作效率；党政要适当分工；要权力下放，调动基层和人民的积极性。应当指出，我们所进行的政治体制改革，是社会主义制度的自我完善，绝不是否定党的领导，改变社会主义制度。我们的政治体制改革，不仅同经济体制改革一样需要法制建设的同步进行；而且与法制建设的关系更为密切，更加直接。目前政治体制上存在的问题，在一定意义上说，同我们的法制尚不健全有相当大的关系。法律要依靠国家机构及其工作人员忠诚地执行，才能发挥它的权威作用；同时，法律又必须包含一些能够制约国家机构及其工作人员的规范，防止某些国家机构及其工作人员的越权或滥用权力的违法犯罪行为，充分保障人民当家作主的民主权利。国家机构本身的执法与守法是统一的。回顾过去对政治体制的某些方面，如党政适当分工问题、中央与地方分权问题以及精简机构和克服官僚主义等，曾进行过一些调整，但没有用法律形式加以规范化，这样，事后往往受到习惯势力的干扰或随领导人的主意改变而改变，因而成效不能得到巩固。十一届三中全会以来，对政治体制的一些方面进行了重要的改革和调整，如加强国家权力机关的职能、改变领导职务终身制等等，无疑是个很大的进步，但随着经济体制改革的逐步深入，对政治体制改革也提出了进一步的要求。当然，政治体制改革也是一个渐进过程，必须在党的领导下有步骤地进行，不能操之过急，更不能用大民主的方法来搞政治体制改革，那样只会把事情搞乱。根据已往的经验，在政治体制改革中要集思广益注意把改革成果制度化、法律化，要逐步建立一个高度民主、法制完备、富有效率、充满生机和活力的社会主义政治体制，以适应社会主义现代化建设的需要。

第四，为了适应对外开放的需要，也必须进一步加快法制建设的步伐。

我国在自力更生的基础上实行对外开放，这是长期的国策。几年来我国在开放经济特区和若干沿海港口城市，发展对外经济贸易，利用外资、引进先进技术等方面，都积累了不少正反两方面的经验。其中，重要的一条，就是一定要重视并尽快完善有关法律制度，提高管理机构的办事效率，增强涉外经济人员的法制观念，学会运用法律手段，严格依法办事。这样，对外，可以给外商提供可信、可靠、可预测、有效率的投资、合作的环境。在国际交往中，有经验的外商考察一个国家的投资气候，往往先从法律保障中了解，我们如果不具备这个“气候”，只能让人家徘徊观望，却步不前。对内，可以保证在对外经济交往中，维护国家的主权、尊严和经济利益，提高科学性，减少盲目性，避免徒劳无功或上当吃亏，造成不应有的浪费和损失。随着我国在国际上的威望和作用不断提高，对外开放政策的深入贯彻，我们除了完善外交领域和涉外经济领域的法律法规外，还要有意识地研究和借鉴国外的法律制度，努力熟悉和运用国际经济法，这也是保证我国在政治上扩大对世界的影响，在经济技术、思想文化领域中面向世界、走向世界，为人类多做贡献的必不可少的条件。

总之，我们要认清当前形势的发展趋势，从时代的要求，从全局的高度，进一步加深对法制建设的重要战略意义的认识，增强搞好普及法律常识和法制宣传教育工作的紧迫感，更加自觉地肩负起这项光荣的使命。

二、法制教育要着眼于增强社会主义公民意识

民主和法制是制度化了的文明，是人类文明发展史上的一个极其重要的标志。而社会主义民主和法制，则是人类历史上迄今为止所达到的最高文明阶段。新中国成立以来，在建立社会主义制度的基础上，我们进入了伟大的中国文明的复兴时代。建立和健全社会主义民主和法制，是中国文明复兴应有的题中之义。但是，过去一个时期，由于我们指导思想上的失误，在发展商品经济和建设民主政治两方面没有搞好，导致走了一段曲折的路。现在党领导人民进一步制定法律，把法律交给十亿人民掌握，不仅有利于从根本上为全面加强社会主义民主和法制建设，保证和促进经济体制改革和政治体制改革顺利发展，创造良好的社会条件；同时，也必将大大推动社会主义精神文明建设，使全国人民的精神面貌发生深刻的变化。

六中全会《决议》指出：“加强社会主义民主和法制的建设，根本问题是教育人。”“要在全体人民中坚持

不懈地普及法律常识，增强社会主义的公民意识”。这里，把民主法制建设和普及法律常识教育的根本立足点，落到提高人的素质，增强社会主义公民意识上面，这同《决议》规定社会主义精神文明建设的根本任务在于“培育有理想、有道德、有文化、有纪律的社会主义公民”前后呼应，使我们对于提高人的素质问题有了一个更加明确的认识。

十一届三中全会以来，我们党和国家在集中力量发展社会生产力的同时，在民主和法制建设方面做了大量的工作，特别是立法方面已经制定了为数相当可观的法律、法规，具有中国特色的社会主义法律体系正在形成，在国家政治生活、经济生活、社会生活的基本的和主要的方面，已经是有法可依了。当前突出的问题是，如何认真做到有法必依、执法必严、违法必究，在这方面，还需要作很大的努力。而要做到这些，归根到底就在于增强人们的社会主义公民意识，提高人的精神素质。作为社会主义法律意识核心部分的社会主义公民意识，主要包括以坚持四项基本原则、公民的权利义务关系和“法律面前人人平等”原则为主形成的观念系列。这是发展社会主义有计划的商品经济和社会主义民主政治对于人的精神素质的基本要求。而其中最为重要的是坚持四项基本原则，即坚持社会主义道路，坚持人民民主专政、坚持党的领导、坚持马克思列宁主义、毛泽东思想。四项基本原则，是我们的立国之本，是亿万人民在长期的革命斗争中作出的决定性选择，它庄严地载入了宪法。这是我们胜利进行改革、开放和社会主义现代化建设的根本保证，是全国各族人民的根本利益所在。普及法律常识，增强社会主义的公民意识，首先要牢固地树立起坚持四项基本原则的观念，在这个基础上，还应当着重注意树立以下几个观念：

（一）人民当家作主的观念。这是社会主义公民意识的灵魂。我国是人民民主专政的社会主义国家，人民是国家的主人。宪法规定：“中华人民共和国的一切权力属于人民。”这一宪法原则，是我国政治生活中的最高原则，是建立社会主义民主政体的根本。宪法既规定了人民是国家一切权力的主体，也相应地规定了人民行使国家权力的人民代表大会制度，并从法律制度上明确国家机关及其机构中的国家工作人员（干部）都是受人民委托来行使权力。在我国，人民的权力是高于一切的，而任何干部的权力，都必须在人民的监督下依法行使。干部既是人民中的一员，又是人民的“公仆”，必须努力服务于人民，忠诚于职守，不得超越法律赋予的职权范围，更不能任意滥用人民委托的权力侵犯公民权利。针对目前存在的一些国家工作人员中缺乏为人民服务的“公仆”意识，群众中缺乏公民意识，以及人民代表大会制度有待于进一步完善的情况，普及法律常识应首先强调认真学好宪法，用宪法精神武装人们的头脑。使广大人民群众懂得自己在国家和社会生活中的政治地位、参与政治和监督国家工作人员的权利，以及人民如何行使国家权力的根本政治制度以及途径和方法，增强人民当家作主的观念。而人民既然是国家的主人，也就应该以主人翁的态度来对待自己的国家，注意维护国家的整体利益，提高主人翁的责任感。同时，要使全体国家工作人员牢固树立为人民服务的思想和“依法用权”的观念，坚决反对“有权就有一切”的封建特权意识，自觉地接受人民的监督，服从人民的意志。这是每一个国家工作人员所必备的品质。这里应该强调指出的是，我国近100多年来的历史证明，人民当家作主，离不开共产党的领导和马克思列宁主义、毛泽东思想的指导，离不开社会主义道路，也离不开人民自己建立的人民民主政权，没有这几个最基本的条件，人民是不可能真正当家作主的。现在有极少数人向往西方的民主，要“全盘西化”，这是错误的。西方资产阶级民主，由于它的阶级性质所决定，“不能不是狭隘的、残缺不全的、虚伪的民主，对富人是天堂，对被剥削者、对穷人是陷阱和骗局”。（《列宁选集》第3卷360页）这已由无数活生生的事实所证明了的。最近放映的《冒险者的故事》和过去放映过的《一个检察官的自白》等西方影片，都使我们不难看到西方民主的实质。当然，我们也不讳言，社会主义民主还在发展中，要建立高度的民主，还有一个发展过程。党中央提出的政治体制改革，就是要进一步发展社会主义民主，健全社会主义法制，但这决不是要搞西方的资产阶级民主。我们的人民政权，是按照民主集中制的原则建立起来的。民主和集中是密不可分的，民主是基础，没有民主，就不可能有正确的集中；而没有集中，也就没有人民的统一意志。人民政权机构担负着统一和行使人民的意志的神圣职责，它必须成为密切联系人民群众的、有高度权威性和办事效率的、强有力的国家机关。在我们社会主义国家里，人民当家作主和维护国家机关的权威是根本上一致的。资产阶级自由化和无政府主义思潮，都是根本违背人民的意志，极不利于社会主义现代化建设的，我们必须坚决防止和克服这种错误思潮。

（二）公民的权利和义务观念。正确对待权利义务关系，是社会主义公民意识的一个十分重要的内容。我国古代封建社会的法律是以义务为本位的。在我国封建法律制度中几乎很难找到关于老百姓享有任何权利的规定，而只有尽忠尽孝等一大套义务；在封建礼教的思想控制下，老百姓恪守忍让、委曲求全、逆来顺受等信条，权利意识非常淡薄。当时还有一个怪现象：凡平民百姓进衙门告状的，往往被看作“刁民”，甚至先打30大板。它给人们带来了对打官司的憎恶心理。这种思想，在今天一部分干部和群众中，仍然有很深的影响。因此，在一些侵权事件中，往往侵权者不以为非，被侵犯者也无可奈何，忍气吞声，有的甚至自寻短见，也有的激化为“以牙还牙”地报仇雪恨，不愿或者不知道如何寻求法律的保护。目前有些地方在普及法律常识中，往往只讲或多讲公民义务，不讲或少讲公民权利，讲守法多，讲用法少。而有些人懂得了一点法律，又往往只看到自己的公民权利，而忽视履行自己的公民义务。由此可见，不改变"重义务，轻权利"的传统观念，不正确认识公民的权利和义务关系，人民当家作主就无从谈起。在普及法律常识中，要使每个公民根据宪法、民法通则、婚姻法、继承法、民事诉讼法（试行）、刑法和刑事诉讼法等法律的规定，学会运用法律武器保护自己的合法权益，懂得怎样依法打官司，自觉地同各种非法侵犯公民权利的行为作斗争；同时也尊重别人的合法权益，自觉履行公民的义务，当前特别要重视维护祖国的安全、荣誉和利益，以及在经济活动中依法纳税的义务等等。在我们社会主义国家里，权利和义务是不可分的，要享受一定的权利，就必须承担一定的义务，有些权利（如劳动、受教育等）同时也就是义务；决不允许任何人只享权利不尽义务，也不能让任何人只尽义务不享权利。

（三）社会主义的平等观念。平等原则是建筑在社会的、经济的平等关系基础上的。"法律面前人人平等"的原则是民主和法制的精髓。如同资产阶级的民主一样，资产阶级法律上的"平等"，只不过是在剥削者和被剥削者不平等前提下的形式上的平等。我国社会主义制度的建立，消灭了人剥削人的私有制度，为实现事实上和法律上的真正平等创造了必要的社会条件。但是由于历史的原因，封建传统观念的影响很深，至今仍渗透在很多方面。因此，"法律面前人人平等"的原则，必须进一步认真贯彻。鉴于历史教训，我国1982年宪法恢复了1954年第一部宪法确立的这一原则，重新明确规定："中华人民共和国公民在法律面前一律平等"；同时还规定，"任何组织或者个人都不得有超越宪法和法律的特权"，"一切违反宪法和法律的行为，必须予以追究"。在人民法院组织法、人民检察院组织法和刑事诉讼法中都规定：在法律面前，"不允许有任何特权"。党章也郑重地作出规定："党必须在宪法和法律的范围内活动。"我们应当通过普及法律常识，在全体人民特别是干部中树立社会主义平等观念，把提倡平等、反对特权作为社会主义公民的共同准则，牢固地建立起平等、团结、互助、友爱的新型的社会主义人际关系。当然，我们的社会主义平等观，是建立在社会主义公有制和按劳分配的经济基础之上的，它并不意味着要求消灭由社会分工、个人天赋、自然条件等因素带来的一切差别，也绝不能同小资产阶级的平均主义相混淆，更不应把平等庸俗化。现在有些人一提平等，就反对一切差别，把一些在今天社会主义条件下仍然应该承认的合理差别，也看成是封建特权，这就把问题搞混了。对于这些问题，也应该帮助人们认识清楚。

（四）社会主义的自由和纪律观念。"自由"二字，从来就是同人类解放的历史活动联系在一起的。《共产党宣言》描述了人类彻底解放的前景："在那里，每个人的自由发展是一切人的自由发展的条件。"现在有些人一提自由，就狭隘地把它划归为资产阶级的口号，这是一种误解。自由，并不是资产阶级的"专利品"。而且，在资本主义社会里，资产阶级所鼓吹的自由，对于广大劳动人民来说，究竟意味着什么？那就是受剥削的自由，受压迫的自由。就说《冒险者的代价》那部影片吧，当影片的主人公揭露了那些资产阶级骗局的时候，他就被当作"疯子"抓走了。这就是在资本主义制度下人们享有的"自由"。社会主义砸碎了阶级剥削压迫的枷锁，为人民群众开辟了更大、更广阔的自由天地。然而，历史经验证明，自由必须由法制来保障。17世纪英国资产阶级启蒙思想家洛克说："哪里没有法律，哪里就不能有自由，但是正如人们告诉我们的，自由并非人人爱怎么样就可以怎么样的那种自由。"（《论政府》下册第36页）我国宪法和法律规定了从政治、经济、文化思想领域到婚姻家庭等社会生活各个方面的权利义务，人们在法律规定的范围以内，本着对社会有益或无害的原则，有着极为广阔的自由活动的天地。在这个天地里，人们可以充分发挥个人的聪明才智和创造精神，为社会创造物质财富和精神财富，为两个文明贡献力量，这是推进社会主义事业兴旺发达的巨大力量。10亿人民的能量自由地、充分地迸发出来，将创造出人间多少奇迹！在四项基本原则指导下，在宪法和法律的规范和保障下，每个公民充分享有创作自由、学术研究自由和言论、出版自由等权利，这有利于发挥人的积极性、创造性，有利于合理吸收世界上先进的和有益的东西，促进我国社会主义文化科学事业更加繁荣、进步。当然，法律赋予每个公民以充分享有的自由，每个公民也应充分地珍惜这些自由权利，要慎重地考虑自己的言论、行为的社会效果。自由和纪律是社会生活中不可偏废的两个侧面。法律既对自由有保护的一面，又有对不正当的"自由"制约的一面。伤害别人和损害公共利益的"自由"，破坏社会秩序和违反劳动纪律的"自由"，否定四项基本原则、主张实行资本主义制度的"自由"，等等，都是根本违背人民利益，为广大人民所坚决反对的。宪法第51条规定："中华人民共和国公民在行使自由和权利的时候，不得损害国家的、社会的、集体的利益和其他公民的合法的自由和权利。"我们要通过普及法律常识，推动人们树立正确的社会主义的自由观。我们的自由观，是同社会主义民主和法制密切联系着的自由观。当前特别要珍惜和维护今天来之不易的安定团结的大好局面，这是全体人民的根本利益所在。在十年"文化大革命"中，我国人民吃够了动乱的苦头。如果损害以至破坏了安定团结的局面，我们的改革和四化建设事业就难以进行下去，我们的人民就会重新失去自由。总之，我们要努力创造一个既有民主又有集中，既有纪律又有自由，既有个人心情舒畅又有统一意志、生动活泼的政治局面。

（五）依法办事的观念。依法办事，即实行有法必依，执法必严，违法必究，这是任何公民必须恪守的行为准则。目前在相当一部分干部群众中依法办事观念比较薄弱，必须通过普及法律常识尽快加以改变。无论是谁，都必须守法，遇事要以法律为准绳，规范自己的言论和行为，维护宪法和法律的权威，做一个守法遵纪的好公民。尤其是干部，在学法过程中，要正确认识法律与政策的关系，依法办事与坚持党的领导的关系，养成既要依靠政策又要依靠法律办事的习惯，反对超越法律之上、置身于法律之外的特权意识，克服权力大于法、人情重于法等一切阻碍依法办事的错误思想和行为。司法、执法人员更要严格依法办事，做守法遵纪的模范；要排除一切干扰，坚持和发扬公正廉明、执法如山的法治精神和职业道德，带动人民群众养成依法办事的习惯。

（六）公共财产神圣不可侵犯的观念。这是社会主义法律意识区别于一切剥削阶级法律意识的又一个重要特征。根据宪法和民法通则的规定，社会主义的公共财产，包括国家财产和集体财产，神圣不可侵犯。这是一条极为重要的社会主义原则。每一个社会主义公民都应树立坚决维护这一原则的坚定信念，按照这一原则指导自己的思想和行为，正确处理个人利益和国家利益、集体利益的关系，提高社会主义觉悟，发扬爱祖国、爱人民、爱劳动、爱科学、爱社会主义的道德风尚。在实行改革、开放的过程中，不可避免地会出现少数不法分子进行损害国家和集体利益、挖社会主义墙脚、破坏改革和建设的罪恶活动。面对这种情况，每个公民都应当以主人翁的姿态，担负起保卫国家和集体利益的光荣责任，运用法律武器同一切犯罪行为作坚决的斗争。在维护公共财产不受侵犯的同时，也要坚决依法保护公民个人的财产和合法利益不受损害。

社会主义公民意识所包涵的思想内容是丰富的、多方面的，还可以举出一些。上面所举的，主要是指通过普及法律常识应该着重树立的几种观念。还有哪些需要树立的观念，或者侧重于树立哪些观念，各地可根据实际情况和不同对象、范围来加以确定。总起来看，在这些观念中，诸如平等、自由、权利等观念，在资产阶级革命时期早就提出来了。正如《决议》所指出的，这些观念“是人类精神的一次大解放。马克思主义批判继承资产阶级的这些观念，又同它们有原则的区别。从根本上说，资产阶级民主是为维护资本主义制度服务的。社会主义在消灭阶级压迫和剥削的基础上，为充分实现人民当家做主，把民主推向新的历史高度开辟了道路”。在普及法律常识中，应当引导广大干部群众在熟悉法律的基本内容的基础上，十分注意树立上面这些观念。要联系实际，反复地、正确地深入宣传这些观念，坚持四项基本原则，增强社会主义的公民意识，提高人们的精神素质，推动社会主义精神文明建设的进一步发展。这也是检验学习法律知识是否有效果、普及工作是否深入的一个重要尺度。

三、把群众性学法活动引向持久深入

全民普及法律常识是党和国家领导的一次持久的人民群众自我教育活动。这一教育活动由于适应时代的潮流，符合人民的心愿，一开始就受到了广大干部群众的欢迎，形成了全国性的学习热潮。如何使群众学法的热情保持下去，把这一教育活动引向深入，这是大家普遍关心的问题。一年来的实践经验证明，各级党委、人大常委会和政府把普及法律常识教育提上重要议事日程，认真加强对这项工作的领导，这是普及法律常识工作出现这样好形势的一条最重要的原因。毫无疑义，今后这项工作的深入发展，同样必须首先依靠各级党委、人大常委会和政府进一步加强领导。各级党委宣传部门必须在党委、人大常委会和政府的统一领导下，在各条战线的共同努力下，同司法部门紧密合作，切实把普及法律常识教育和法制宣传工作抓紧、抓好。关于这方面的问题，邹瑜同志在报告中已经作了全面的阐述，这里我只补充几点：

第一、要做好普及法律常识过程中的思想发动工作，扎扎实实，讲究实效。这样一个规模宏大的群众自我教育活动，没有群众的积极参加是不可想象的。我们既要珍惜群众中已经出现的高涨的学习热情，又要承认群众学习热情的差别和不平衡，坚持从正面启发引导学习热情尚未激发起来的群众参加学习，推动学习热情的普遍高涨。只要我们把加强法制和普及法律常识同人民群众切身利益相关的道理，以及体现这些道理的典型事例，向广大人民群众反反复复地讲清楚，使大家明白这些道理，群众就会自觉地、热情地参加学习。在这个根本点上，我们必须建立起充分相信群众、依靠群众的坚定信念。普及法律常识是一项牵涉面广而又非常繁重的任务，需要对整个工作发展中可能遇到的问题作通盘的考虑，讲求科学性和有效性，做到周密计划、合理安排，建立一定的制度，有层次、有步骤地逐步展开。同时，必须强调，普及法律常识教育的一切做法，都必须有利于增强广大群众的社会主义公民意识和主人翁精神。企图单纯用行政命令和强制手段，或者用“罚款”等方法来“动员”群众参加学习；或者单纯赶任务，短促突击，“以考代学”，发了“合格证”就算了事；或者借口“生产任务重，没有时间抓普法”，把这项工作当成“软任务”等等观点和做法，都是同普及法律常识的根本目的相违背的，是不可取的。因此，担负普及法律常识工作的同志，应该首先提高自己的认识，明确这项任务的目的和意义，把它作为加强社会主义精神文明建设的一个重要组成部分来抓。在具体实施中，要本着一切从实际出发的原则，既要保证学习质量，又要注意针对不同对象，确定不同深度的内容、要求和方法，切忌“一刀切”、“一锅煮”。要把工作做扎实，办实事，讲实效，切忌做表面文章，搞形式主义。

第二，要联系实际，把学法和用法密切结合起来。这既是普及法律常识的目的之一，又是进行这项教育的基本原则和主要方法。会上介绍了很多先进经验，其中共同的一条是，学法联系了实际，解决了实际问题，出现了新气象、新面貌，见到了成效。尤其是本溪、常州、大庆、吉林图们等一批城市，在学法用法的基础上，有领导、有步骤地把各项工作纳入依法管理的轨道，从而也进一步把全民普及法律常识引向深入。这些城市的先进经验非常可贵，给我们很大的启发。应当看到，我国广大工人、农民和其他劳动者，都比较注重实际。普及法律常识不能学用脱节，“纸上谈兵”，必须同实际紧密联系起来，使群众感到学了法有用，学习的兴趣才会越来越浓。因此，在普及法律常识进程中，除密切联系当前改革和建设的实际，联系精神文明建设和社会治安综合治理的实际外，要不断启发和鼓励广大干部群众增强主人翁责任感，以高度的政治热情关心民主和法制建设，用法律对照本地区、本部门、本单位的实际，对法制建设的各个环节，包括立法、司法、执法和法律监督等方面存在的问题，积极地反映并提出自己的意见；同时，要热情支持群众保护自己的民主权利，正确地解决一些涉及自己切身利益的有关法律问题，包括家庭、婚姻、继承问题，民事纠纷、经济合同纠纷问题等等。使广大干部群众在学法和用法的结合中，增强法制观念，养成依法办事的习惯，推动改革和建设的发展。

第三，充分发挥干部特别是领导干部在学法用法中的表率作用。这是推动群众学法热潮持续高涨的关键。今年全国各级领导有相当大的一部分人基本上学完了普及内容。学完以后怎么办？我们认为，这次普及法律常识是一次启蒙性的法制教育。“普法合格证”只不过是一张“入场证”，干部学法不应就此止步。《五年规划》指出：“各级领导干部要多学一点、学深一点”。在学习内容方面，除学完全民普及的内容外，“还要学点法学基础理论和经济法方面的知识，要熟悉同本职工作有关的法律、法规”；在学习要求方面，“通过学习，牢固地树立法制观念，尤其是遵守、维护宪法的观念”。应当看到，由于过去对法制不重视，有了宪法也不照着办，凭老规矩和旧观念办事，习以为常。现在违反宪法和法律的事情不少发生在一些领导机关和领导干部身上。因此，各级干部特别是领导干部，除学习必要的经济法、行政法和与业务有关的法律外，还必须结合经济改革和政治体制改革进一步把宪法和有关法律学深学透，牢固地树立起社会主义法律意识，尤其是社会主义的公民意识，切实克服特权思想和不正之风。各级领导干部除自己学好用好外，还必须积极地领导好本地区、本部门、本单位普及法律常识工作的开展。我们干部队伍的素质提高了，作风改变了，法制精神发扬起来了，各方面的工作走上法制轨道就有了保证，全国人民也就会更加信赖我们的党和国家机关，就会更加热爱自己的法律。

青少年是祖国的未来和社会主义事业的接班人。他们也是普及教育的重点对象之一，尤其需要从小进行民主和法制教育。从小学、中学到大学，要尽快编好循序渐进的配套教材，将民主和法制教育列入教学大纲，认真组织实施。对青年职工、青年农民、青年国家工作人员以及青年个体工商户和其他社会青年，都要根据不同情况，加强民主和法制教育。我们一定要根据青少年的特点，扎扎实实地通过普及法律常识，增强他们的社会主义公民意识，把他们培养成一代“四有”新人。

全民普及法律常识是全党的大事，是党的思想政治教育的重要内容。法制宣传是党的宣传工作部门份内的职责。一年来的实践证明，开展全民普及法律常识，不仅为法制宣传教育工作开创了新的局面，同时也给思想政治教育和宣传工作本身打开了新的视野。加强民主和法制宣传教育，不仅是党的宣传工作适应并服务于党和国家建立社会主义民主政治的需要，也是加强社会主义精神文明建设的需要。我们应当认真总结这方面的经验，进一步把法制教育同理想、道德教育密切地结合起来，以利于培育有理想、有道德、有文化、有纪律的社会主义公民，适应社会主义现代化建设的需要。根据当前的实际情况，开展全民普及法律常识是“四有”教育普及到全体公民尤其是青少年中去的一个十分重要的步骤。

普及法律常识，还须借助于具有高度覆盖效能的现代化宣传工具。我们应当充分重视报纸、期刊、广播、电视、电影、戏剧、图书以及其他文化艺术形式在法制宣传中的地位和作用，调动宣传文化战线各方面的积极力量，创造更多、更好的精神产品，把民主和法制的气氛造得更浓一点。法制宣传不管运用什么形式，都一定要合乎法律规范，强调严肃性和准确性，注重社会效果，富有教育意义。总之，通过这次会议的贯彻，我们相信，普及法律常识和法制宣传工作，将会更加广泛、深入地开展下去，取得更大更好的效果。

谈打击经济犯罪

最高人民检察院检察长杨易辰同《法律与生活》杂志记者谈话(摘要)

1986年6月,最高人民检察院杨易辰检察长接见《法律与生活》杂志记者,就检察机关打击经济犯罪活动的问题发表了谈话。

杨易辰检察长首先介绍了近几年全国检察机关查处经济犯罪案件的情况。他说:"1982年党中央、全国人大常委会和国务院发出打击经济领域中严重犯罪活动的重要决定以后,各级检察机关积极行动起来,发挥职能作用,依法查处了一批经济犯罪案件。这一年打击经济犯罪斗争的成效较大。全国检察机关共立案侦查各类经济犯罪案件30505件,其中大案要案2963件,为国家挽回直接经济损失9085万元。但是到了1983年,出现立案数下降的情况,全国检察机关共立案23516件。出现这种情况的原因主要有两个:一是我们的工作有所放松;二是8月份严厉打击刑事犯罪的斗争开始以后,各级检察机关把大部分力量都投入到打击刑事犯罪方面,办理经济犯罪案件的力量减少了。1984年,由于办理经济犯罪案件的一些法律政策界限不清,来自各方面的阻力,干扰也很多,所以检察机关不敢大胆办案。特别是到了1984年下半年,经济犯罪和不正之风发展到十分严重的地步。检察机关处于'贪污案件积极办,行贿受贿等等看,投机倒把不能办'徘徊观望、束手无策的状况。这一年全国检察机关立案的经济犯罪案件数量又有下降,从1983年的23516件降到22490件。"

杨易辰检察长接着说:"针对这种情况,我们在1985年初,提出检察机关要坚持打击刑事犯罪和打击经济犯罪'两打'并举。同年6月,鉴于社会治安有了明显的好转和经济犯罪的严重情况,我们又进一步提出,检察机关要在绝对不放松打击刑事犯罪的同时,把打击经济犯罪作为主要任务来抓。各级检察机关认真贯彻这一指导思想,加强经济检察工作,调整充实了办案力量,从查处大案要案入手,'抓系统,系统抓',使检察机关打击经济犯罪的工作有了比较大的突破。1985年,全国检察机关共立案侦查经济犯罪案件28000多件,比上年增加29.8%,其中大案要案6200多件,比上年增加两倍多。这一年的立案总数虽然还没有1982年多,但立案的大要案等于前三年总数的84%。打击经济犯罪的斗争出现了几个明显的变化:一是扭转了'等等看'、'不能办',徘徊观望的状况,出现了敢查敢办的好势头;二是突破了大量的'死角'、'死面',办理了一批大案要案,陆续打开了局面;三是不少地方由专门机关一条战线打击经济犯罪,发展为各有关部门配合共同与经济犯罪作斗争的总体战。从各地反映的情况看,今年以来,这种好势头还在不断发展。"

在六届全国人大四次会议上,杨易辰检察长代表最高人民检察院作的工作报告中提出,要争取用一年左右的时间把经济犯罪分子的嚣张气焰压下去,引起了与会代表和全国人民的关注。当记者问为什么要这样提时,杨检察长说:"简单地说,这是当前我国经济建设和经济体制改革的客观要求,也是广大人民群众的希望。从近几年的情况看,每当我们制定一些新的、具体政策,或是对某些管理体制进行改革的时候,总有一些不法分子千方百计地进行经济犯罪活动。如近几年国家对粮食收购价格进行改革,他们就搞'平价转议价'、'议价转超购价',套取和贪污加价款;国家对物资管理体制进行改革,他们就倒买倒卖紧俏物资,牟取暴利;国家对经济特区实行一些特殊政策,他们就逃汇套汇,走私贩私;国家对集体企业实行减免税收政策,他们就将国营企业的生产资料和资金转为集体企业所有,化大公为小公,偷漏税收,中饱私囊或集体私分。这种情况,在进行全面改革的过程中是始终要加以注意的问题。"

在谈到实现这一目标的有种条件时,杨易辰检察长强调说:"最根本的保证是有党中央的正确领导,广大人民群众的大力支持。今年初,邓小平同志提出了'一手抓建设,一手抓法制的战略思想,是我们在新形势下加强和改革检察工作的指导思想。党中央召开八千人大会,号召中央机关要做全国端正党风的表率,决定首先抓中央和北京市机关党风问题,半年至一年务必抓出成效。党中央又把政法工作作为今年四项重要工作之一。这为我们打击经济犯罪的斗争指出了方向,给广大检察干警增添了力量。检察机关和广大检察干警经过几年来斗争的锻炼和考验,政治素质和业务素质都有明显的提高,也积累了一些经验,工作有了一定的基础。在全党领导下,各有关部门密切配合,全国人民共同努力,打一场打击经济犯罪的总体战,1984年下半年至去年上半年期间泛起的经济犯罪恶浪是能够被压下去的。"

杨易辰检察长在回答记者提出的"检察机关准备重点从哪几个方面抓好打击经济犯罪的工作"的问题时说:"总的说,检察机关要坚决认真执行党中央、人大常委会的一系列重要指示和决定,坚决贯彻'一手抓经济,一手抓法制'的方针,继续在不放松打击刑事犯罪的同时,把打击经济犯罪作为主要任务。

具体说,要抓好以下几项工作:一是要进一步统一思想认识，使广大检察干警认识到坚决打击经济犯罪的重要性、紧迫性。二是要集中力量查处大案要案。三是要坚持‘抓系统，系统抓’，深入清查经济犯罪。四是要提高质量，抓紧结案工作。五是要继续研究解决某些法律、政策界限不清的问题。我们还要积极参加普及法律常识工作，对一些典型案例进行很好的总结，作为教材，就案论法，就案论理。向广大干部和群众宣传法制。”

杨易辰检察长最后说：“打击经济犯罪是一场长期的、艰巨的斗争，即使我们用一年左右的时间把经济犯罪分子的嚣张气焰压下去了，我们同经济犯罪的斗争仍然是长期的，打击经济犯罪还将继续深入开展下去，正象邓小平同志说的那样，至少是伴随到实现四个现代化那一天。目前打击经济犯罪的形势是好的，广大检察干警劲头很足、决心很大。只要我们严格依法办事，坚决贯彻落实整党的方针政策，把经济犯罪分子的嚣张气焰压下去是完全可能的。”

中国司法制度对知识产权的保护

——最高人民法院副院长任建新一九八六年十月九日在司法和知识产权地区讨论会上的发言

主席先生：

联合国世界知识产权组织和巴基斯坦高级法院法官以及亚洲及西太平洋律师协会在联合国计划开发署赞助下，联合举办的司法和知识产权制度地区讨论会，是一次重要的会议，对促进亚太地区各国法院及知识产权界之间增进了解，发展友谊，加强交流与合作具有重大意义。我能应世界知识产权组织总干事鲍格胥博士和巴基斯坦最高法院首席大法官穆罕默得·哈里姆阁下的邀请参加会议感到非常高兴。请允许我借此机会对东道国和有关国际组织对这次讨论会所作出的贡献，以及对我们热情友好的接待，表示衷心的感谢，对参加会议的各国朋友们表示友好的问候。

现在我就中国的司法制度对知识产权的保护问题，向在座的朋友们作一个简略的介绍。

中国各民族人民正在同心同德，团结一致，集中精力进行社会主义现代化建设。今年四月召开的第六届全国人民代表大会第四次全体会议强调指出：为了有力地促进社会主义现代化事业的健康发展，我们一定要有两手，一手抓建设，一手抓健全社会主义法制。随着我国经济体制改革的深入进行和经济建设的进一步发展，加强法制已成为保障和促进社会主义四化建设的重要手段。我国在加强社会主义法制工作过程中，非常重视对知识产权的保护。1982年8月23日颁布了新的《中华人民共和国商标法》，1984年3月12日又颁布了《中华人民共和国专利法》。今年4月12日颁布的《中华人民共和国民法通则》对知识产权的保护又作了明确规定：“公民、法人享有著作权（版权），依法有署名、发表、出版、获得报酬等权利”；“公民、法人依法取得的专利权受法律保护”；“法人、个体工商户、个人合伙依法取得的商标专用权受法律保护”；“公民对自己的发现享有发现权，发现人有权申请领取发现证书、奖金或者其他奖励”；“公民对自己的发明或者其他科技成果，有权申请领取荣誉证书、奖金或者其他奖励”；“公民、法人的著作权（版权）、专利权、商标专用权、发现权、发明权和其他科技成果权受到剽窃、篡改、假冒等侵害的，有权要求停止侵害，消除影响，赔偿损失”。现在我国正在本着有法必依，执法必严，违法必究，切实保护知识产权所有人的合法权益，促进科学技术、经济贸易和文化艺术的发展。

我国的人民法院是独立行使国家审判权的唯一机关。根据我国宪法和有关法律规定，我国的人民法院分为地方各级人民法院，专门人民法院和最高人民法院。地方人民法院又分三级，即基层人民法院、中级人民法院、高级人民法院。人民法院的组织与活动的基本原则是：国家的审判权由人民法院统一行使，其他任何机关、团体和个人都无权行使这个权力；各级人民法院依照法律规定独立行使审判权，不受行政机关、社会团体或者个人的干涉；一切公民在适用法律上一律平等，任何组织或者个人都不得有超越宪法和法律的特权；外国人、无国籍人、外国企业和组织，在我国人民法院起诉、应诉，依法享有与我国公民、企业和组织同等的诉讼权利和义务；以事实为根据，以法律为准绳，人民法院审判案件，必须忠实于事实真相，严格依法办事。

为了切实保证上述原则能够得到贯彻执行，还规定了一系列审判制度。我国的民事诉讼法（试行）规定，人民法院在进行民事、经济纠纷案件（包括知识产权纠纷案件）的审判活动时，必须执行公开审判制度、回避制度、合议制度、审判委员会制度、两审终审制度和审判监督制度。我国没有设立审判商标、专利、著作权案件的专门法院。有关商标、专利、著作权的纠纷案件和犯罪案件，是由普通人民法院的经济审判庭和刑事审判庭分别依照《中华人民共和国民事诉讼法（试行）》和《中华人民共和国刑事诉讼法》规定的程序进行审理。

根据我国商标法和商标法实施细则的规定，由人民法院经济审判庭和刑事审判庭分别审理的商标案件有三类：

1．商标行政案件。即使用注册商标或者未注册商标的商品，有粗制滥造，以次充好，欺骗消费者行为的；国家规定必须使用注册商标的商品，未申请商标注册或者未核准注册就在市场销售的；使用未注册商标冒充注册商标或商标使用了《商标法》禁止使用的文字、图形的。有上述情形之一的，被工商行政管理部门处罚后，当事人对处罚决定不服，向人民法院起诉的行政案件。

2．商标侵权纠纷案件。即未经注册商标所有人的许可，在同一种商品或者类似商品上使用与其注册商标相同或近似的商标的；擅自制造或者销售他人注册商标标识的；给他人的注册商标专用权造成其他损害的侵权损害赔偿案件。商标侵权案件工商行政管理机关和司法机关都有权受理，被侵权人可以自愿选择。当事人对工商行政管理机关处理不服的，可以向人民法院起诉。

3．假冒他人注册商标的刑事案件。即假冒他人注册商标包括擅自制造或者销售他人注册商标标识，构成犯罪的，应当追究直接责任人员刑事责任的案件。

根据《中华人民共和国专利法》和《中华人民共和国专利法实施细则》的规定，下列七类专利纠纷案件由有管辖权的人民法院的经济审判庭审理：

1．关于是否应当授予发明专利权的纠纷案件。这是指发明专利的申请人对专利复审委员会驳回其复审请求的决定不服，在接到通知之日起三个月内向人民法院起诉的案件。

2．关于宣告授予的发明专利权无效或者维持发明专利权的纠纷案件。这是指专利权人对专利复审委员会作出的宣告发明专利权无效的决定不服，或者请求人对专利复审委员会作出的维持发明专利权的决定不服，在收到通知之日起三个月内向人民法院起诉的案件。

3．关于实施强制许可的纠纷案件。这是指专利权人对专利局强制许可实施其专利的决定不服，在收到通知之日起三个月内向人民法院起诉的案件。

4．关于实施强制许可使用费的纠纷案件。这是指专利权人对专利局关于强制许可实施其专利的使用费的裁决不服，收到通知之日起三个月内向人民法院起诉的案件。

5．关于专利申请公布后，专利权授予前使用发明、实用新型、外观设计费用的纠纷案件。这是指专利申请公布后，专利权授予前，申请人对实施其发明、实用新型、外观设计的单位或个人没有支付费用的，在专利权授予后，直接向人民法院起诉的案件或者对专利管理机关的调处决定不服，在收到通知之日起三个月内向人民法院起诉的案件。

6．关于专利侵权的纠纷案件，包括假冒他人专利尚未构成犯罪的案件。这是指专利权人或者利害关系人因专利权受到侵害后，在得知或者应当得知侵权行为之日起二年内，直接向人民法院起诉的案件和当事人不服专利管理机关对侵权行为的处理，收到通知之日起三个月内向人民法院起诉的案件。

7．关于转让专利申请权或者专利权的合同纠纷案件。

根据我国专利法、刑法以及刑事诉讼法的有关规定，以下三种关于专利的犯罪案件，应当由有管辖权的人民法院的刑事审判庭审理：

1．假冒他人专利，情节严重构成犯罪的，不仅要负侵权赔偿责任，还应比照刑法第127条，以假冒他人专利罪判处直接责任人员三年以下有期徒刑、拘役或者罚金。

2．违反专利法中第20条规定，擅自向外国申请专利，泄露国家重要机密，情节严重的，依照刑法第186条的规定，以泄露国家重要机密罪判处七年以下有期徒刑、拘役或者剥夺政治权利。

3．专利局工作人员及有关国家工作人员徇私舞弊，情节严重的，比照刑法第188条的规定，以徇私枉法罪判处五年以下有期徒刑、拘役或者剥夺政治权利；情节特别严重的，处五年以上有期徒刑。

关于对著作权（版权）的保护，《中华人民共和国民法通则》已有原则规定，我国的版权法也在制定之中。根据我国司法实践和有关行政法规，属于侵犯著作权的行为主要有：1.剽窃他人作品。如把他人的作品以自己名义发表，或者将他人的作品添头加尾，稍加改动后用自己的名义发表等。2．擅自利用他人的作品。如未经作者同意，或者作者死后未经其合法继承人同意，将其作品首次出版、演出、放映、或者以其他方式利用等。3．未经创作集体或者合作者同意，将集体创作的作品或者与他人合作创作的作品当作个人单独创作的作品发表。4．拒付或少付报酬。如作品已经发表、出版、演出、放映，或者以其他方式利用，但没有按照规定或者约定付给作者经济报酬等。对以上侵犯著作权的行为，作者可以提请地方著作权管理机关处理，也可以直接向人民法院起诉。著作权管理机关在处理时有权责令侵权人停止侵权行为，公开道歉、赔偿损失；没收侵权复制品及复制设备；没收侵权人因侵权所得收入；罚款。上述各项处理，根据侵权人侵犯著作权的具体情节，可以单独使用，也可以数项同时使用。侵犯著作权的诉讼时效为二年，自作者得知或者应当得知侵权之日起计算。我国人民法院已审理过有关著作权的纠纷案件。

关于商标、著作权纠纷案件的管辖问题，我国按照《中华人民共和国民事诉讼法（试行）》有关级别管辖、地域管辖的规定管辖，一般由有管辖权的基层人民法院作为第一审法院，相应的中级人民法院作为第二审法院。

人民法院审理专利纠纷案件是一项具有很强的专业性的工作，管辖权有必要适当集中在少数法院。根据

我国民事诉讼法(试行)规定的有关原则,从我国当前的实际情况出发,最高人民法院对专利纠纷案件作了以下指定管辖:

1. 对国家专利局或者专利复审委员会的决定或者裁决不服而起诉的关于应否授予发明专利权的案件,关于专利实施强制许可和实施强制许可使用费的纠纷案件,关于宣告授予的发明专利权无效或者维持发明专利权的纠纷案件,均由国家专利局和专利复审委员会所在地的北京市中级人民法院作为第一审法院,北京市高级人民法院为第二审法院。

2. 关于专利侵权纠纷案件,关于专利申请公布后,专利权授予前使用发明、实用新型、外观设计的费用的纠纷案件以及关于转让专利申请权或者专利权的合同纠纷案件,分别由各省、自治区、直辖市人民政府所在地的中级人民法院和各经济特区的中级人民法院作为第一审法院,各省、自治区、直辖市高级人民法院为第二审法院。各省、自治区高级人民法院根据实际需要,经最高人民法院同意,可以指定本省、自治区内的开放城市或者设有专利管理机关的较大城市的中级人民法院作为审理其辖区内这三类案件的第一审法院。对于跨省、跨自治区、跨直辖市的侵权纠纷案件,根据我国民事诉讼法(试行)第22条的规定,可以由侵权行为地,即侵权行为发生地或侵权后果发生地的省、自治区、直辖市人民政府所在地的中级人民法院管辖。

我国最高人民法院考虑到专利审判是科学技术与法律紧密结合的工作,已指示承担专利审判任务的各高、中级人民法院根据实际需要,选配部分有技术背景和懂外语的审判员承担专利审判工作,还可以通过聘请技术专家担任人民陪审员参加审判,或者担任临时的或长期的技术顾问提供咨询,或者担任技术鉴定人等方式来解决审判中的技术问题。

人民法院审理专利侵权诉讼过程中,遇有被告反诉专利权无效时,由于我国专利法规定宣告授予的专利权无效,首先由专利复审委员会进行审查,因此,应当先由被告向专利复审委员会请求复审,如果对专利复审委员会宣告发明专利权无效或者维持发明专利权的决定不服,还可以向北京市中级人民法院提起诉讼。在此期间,受理专利侵权诉讼的人民法院,可以中止诉讼,待专利权有效或者无效的问题解决后,再恢复专利侵权诉讼。至于专利复审委员会对宣告实用新型和外观设计专利权无效的请求所作出的决定是终局决定,不能向法院起诉。

根据我国民事诉讼法(试行)的规定,在商标、专利、著作权侵权诉讼中,人民法院可以根据原告的申请,也可以依职权作出诉讼保全的裁定,责令被告停止侵权行为,并采取查封、扣押、冻结、责令提供担保等诉讼保全措施。人民法院在决定采取诉讼保全措施,责令被告停止侵权行为时,根据需要可以责令原告提供担保;拒绝提供的,驳回申请。申请人败诉的,须赔偿被告因诉讼保全所遭受的财产损失。

外国人、无国籍人、外国企业和组织在我国人民法院起诉、应诉,依法享有与我国公民、企业和组织同等的诉讼权利和义务。他们可以委托一至二人代为诉讼,如果要委托律师代理诉讼的,必须委托我国的律师。委托诉讼代理人须向人民法院提交写明委托事项和权限的授权委托书。如果需要委托诉讼代理人代为承认或者放弃诉讼请求、进行和解、提起反诉或者上诉的,须经特别授权。不在我国领域内居住的外国人、无国籍人或者在我国境内没有设立常驻代表机构的外国企业和组织,由国外寄给我国律师或者我国公民的授权委托书,须经该外国公证机关证明,并经我国驻该国使、领馆认证,才具有效力。

在我国人民法院审理商标、专利、著作权纠纷案件过程中,当事人对自己提出的主张,有责任提供证据。不过在发生发明专利侵权纠纷的时候,如果专利是一项产品的制造方法,原告一般无法提供证据,所以专利法规定制造同样产品的单位或者个人应当提供其产品制造方法的证明。在这种情况下,法院应当考虑保护被告的制造和营业秘密等合法利益。而人民法院也应当按照法定程序,全面地客观地收集和调查证据。

朋友们,我国的司法和知识产权制度,使我国和外国的企业、组织或者个人依法在中国取得的专利权、商标专用权、著作权能够得到充分保护。这有利于促进我国经济体制改革的深入发展,有利于促进我国对外开放,对内搞活经济政策的贯彻执行。我国正在集中全力进行社会主义现代化建设,从今年起已开始执行第七个五年计划。现阶段我国人民的共同奋斗目标是:第一步要在本世纪末,把我国建设成为社会主义的“小康”国家;第二步是到下个世纪五十年代前后,也就是到新中国建国一百周年时,要把我国建设成为经济水平接近发达国家的,文明昌盛的社会主义现代化国家。为实现这一崇高目标,我国将坚定不移地实行开放政策,广泛开展同世界各国间的经济贸易、科学技术和文化艺术的合作与交流,将进一步健全和完善具有中国特色的社会主义的知识产权制度。我们高兴的是近几年以来,在我国建立、健全知识产权制度过程中,同世界知识产权组织、国际保护工业产权协会等有关国际组织建立了友好合作关系,加入了《国际保护工业产权巴黎公约》,同世界上许多国家的知识产权组织以及有关的法官、律师、专家建立了十分友好的联系与合作,并得到他们友好的帮助。我们希望这种合作今后能有更大发展。我相信通过这次会议,一定会进一步密切与会国家的合作,并为今后进一步扩大合作创造条件。我们愿意同与会的国际组织和国家一道,通过知识产权领域的活动,共同为世界科学技术的发展,为不断扩大世界各国间经济贸易、科学技术和文化艺术的合作与交流,为世界的和平与发展,作出更大贡献。

祝这次讨论会圆满成功!

就县乡两级人民代表换届选举问题答新华社记者问

王汉斌

全国人大常委会秘书长、法制工作委员会主任王汉斌日前就全国县、乡两级人民代表换届选举工作的指导方针和具体办法回答了新华社记者提出的问题。

这次县、乡两级人民代表换届选举是根据全国人大常委会的决定举行的。1986 年 9 月 5 日全国人大常委会第十七次会议决定，县、乡两级人民代表大会代表应在 1987 年底以前进行换届选举；1986 年 12 月 2 日全国人大常委会第十八次会议通过了《关于修改全国人民代表大会和地方各级人民代表大会选举法的决定》和《关于修改地方各级人民代表大会和地方各级人民政府组织法的决定》。目前，已经开始进行选举的地方，多数比较注意严格依法办事，充分发扬民主，尊重选民行使民主的选举权利，选举工作基本上是搞得好的。有的地方、有的干部由于对选举法及有关法律不熟悉、不了解，或者怕麻烦、图省事，发生一些不民主、不依法办事的现象；有的干部、群众对如何依法进行选举提出一些问题，要求解答。为此，记者访问了王汉斌同志，就县、乡选举的一些问题，请王汉斌作了答复。

一、问：这次县、乡选举的指导方针是什么？

答：这次县、乡换届直接选举工作，需要联系政治体制改革的精神加以考虑，在民主制度化、法律化，完善我国的民主的选举制度方面有所发展。为此，六届全国人大常委会第十八次会议通过了关于修改选举法、地方组织法的决定。根据这两个决定的精神，这次选举必须切实注意保障选民能够根据自己的意愿，行使民主的选举权利。选谁不选谁必须充分尊重选民的意愿，以保证选出多数或绝大多数选民比较满意的代表。

二、问：选举法对代表候选人的提名有什么规定，以保障选民的民主权利？

答：提名代表候选人，要严格执行选举法关于代表候选人提名的各项规定。各政党、各人民团体可以联合或者单独推荐候选人；选民 10 人以上联名，也可以推荐代表候选人；如有选民自己愿意当候选人的，也可以经由选民 10 人以上联合提名。各政党、团体提出的或选民联名提出的候选人，都必须列入初步候选人名单，由选举委员会汇总公布，并应充分发扬民主，由各该选区的选民小组反复酝酿协商，根据较多数选民的意见，确定正式代表候选人名单。不能采取由领导或上级指定候选人、强迫选民投票的做法。也不得拒绝将选民联名依法提出的候选人列入初步候选人名单。各政党、团体联合或者单独提出的候选人，如果没有获得较多数选民同意，不能列入正式候选人名单。

三、问：对县、乡两级人大代表的选举，是否规定代表的构成和各种代表比例？

答：县、乡两级人民代表大会代表选举，需要照顾各方面都有适当的代表，可以由各政党、人民团体联合或者单独提名候选人，但仍然应该尊重选民意愿，经过选民充分酝酿协商，获得较多数选民同意，才能列入正式候选人名单，不能要求保证当选，也不能硬性规定代表构成和各种代表比例，不能指定某一选区必须选出某一特定的民族、性别、职业、成份的代表。

四、问：选民是否能够了解代表候选人的情况？

答：选举法规定，推荐候选人的政党、人民团体和选民应向选举委员会介绍候选人的情况。选举委员会和推荐代表候选人的政党、人民团体和选民，可以在选民小组会议上介绍代表候选人的情况。依照这个规定的精神，还可以根据选民的意见，介绍候选人和选民见面，回答选民提出的问题和意见，以增进选民对候选人的了解。但是在选举日必须停止对代表候选人的介绍。

五、问：选举法规定实行差额选举，对代表候选人的差额有哪些具体规定？

答：这次修改选举法，进一步明确必须坚持差额选举，不能搞等额预选或者等额选举。规定全国和地方各级人民代表大会代表候选人的名额，应多于应选代表的名额。由选民直接选举的县、乡两级人大代表候选人名额，应比应选代表名额多三分之一至一倍；由县级以上地方各级人民代表大会选举上一级人民代表大会代表候选人的名额，应比应选代表名额多五分之一至二分之一。

六、问：选举法对公布选民名单、代表候选人名单的程序有什么具体规定？

答：选举法规定，选民名单应在选举日的 30 日以前公布；各选区选民和各政党、各人民团体提名推荐的代表候选人，由选举委员会汇总后，在选举日的 20 日以前公布；根据较多数选民的意见确定的正式代表候选人名单，应在选举日的 5 日以前公布。选举法规定的必须在选举日以前 20 天公布初步候选人名单，在选举日以前 5 天公布正式候选人名单，指的是公布初步候选人名单，最迟不得晚于选举日前 20 天，公布正式候选人名单，最迟不得晚于选举日前 5 天，不是指的公布初步候选人名单后的第 20 天、公布正式候选人名单后的第 5 天就必须进行选举。

这些规定的目的是要保证选民有足够的时间酝酿协商提名和确定代表候选人，不能赶进度，仓促草率进行选举。如果选民意见较多，应适当延长酝酿、提名、协商候选人的时间，并在此基础上确定正式投票选举的日期。

七、问：这次选举对代表的条件有什么要求？

答：按照选举法的规定，年满18周岁的中华人民共和国的公民，不分民族、种族、性别、职业、家庭出身、宗教信仰、教育程度、财产状况和居住期限，除依法被剥夺政治权利的人以外，都有选举权和被选举权，此外没有规定代表的条件。从各级人大工作的实践来看，为了使各级人民代表大会真正成为有权威的国家权力机关，能够有效地行使宪法赋予的职权，需要考虑提高代表的素质，改善代表的知识结构、年龄结构。在酝酿提名代表候选人时，建议提名的人选应有一定的社会活动能力和议政能力，能够模范地遵守宪法和法律，履行代表的职责，同人民群众保持密切联系，反映人民的意见和要求，代表人民的意志，参与讨论和决定重大问题。不要把人大代表单纯作为荣誉职务来照顾安排。

八、问：这次修改选举法，对各级人大代表名额有什么新的规定？

答：这次修改选举法，把全国人大代表名额由不得超过3500名减为不得超过3000。许多省、自治区、直辖市人大常委会也规定适当减少县、乡两级人大代表名额。我们认为，为了便于人大开会讨论问题和解决问题，有效地行使宪法赋予的职权，各级人大根据精简、效能的原则，适当减少代表名额是适宜的。

九、问：对选区划分的原则有什么规定？

答：全国人大常委会关于县级以下人民代表大会代表直接选举的若干规定中明确规定，选区的大小，按照每一选区选一至三名代表划分。有的建议扩大选区，增加每个选区应选代表的名额，我们没有同意这个意见，认为选区不宜扩大。因为选区过大，不便于选民行使民主的选举权利。一个选区应选代表如果超过三名，是不符合法律关于划分选区的规定的，应宣告选举无效。

十、问：县、乡直接选举的人大代表候选人得票多少才能当选？

答：选举法规定，选区全体选民的过半数参加投票，选举有效。代表候选人获得参加选举的选民过半数的选票，始得当选。没有获得参加投票的过半数选票的不能当选。获得过半数选票的当选代表的名额超过应选代表名额时，以得票多的当选。获得过半数选票的当选代表的名额少于应选代表的名额时，不足的名额应当在没有当选的代表候选人中另行选举，并做好重新选举的各项准备工作。县级以上的地方各级人民代表大会选举上一级人大代表时，仍然保持候选人获得全体代表过半数的选票始得当选的规定。

十一、问：代表资格审查的内容是什么？

答：代表资格审查，主要是审查选举中各个环节是否符合选举法的规定。例如，代表候选人名额是否符合法定的差额比例；选民10人以上联名提出的代表候选人是否都列入了初步候选人名单进行酝酿协商；正式代表候选人名单是否按照较多数选民的意见确定；是否有未经依法提名的人列入代表候选人名单；一个选区选出的代表是超过了规定的应选代表名额；当选代表是否获得法定票数；是否由得票较多的当选，等等。对符合法律规定的，确认代表当选资格有效；不符合法律规定的，代表当选资格无效。

十二、问：您认为在这次县、乡换届直接选举工作中还应该注意哪些问题？

答：县、乡换届选举工作是关系到广大人民行使当家作主的民主权利和加强地方政权建设的大事。县、乡换届选举工作搞得好不好，关键在于选举工作是否充分体现和发扬了社会主义民主，充分动员群众，真正尊重选民的意志，保障他们行使民主的选举权利。各级人大常委会、选举委员会（选举办公室）要充分重视搞好选举是建设高度社会主义民主的重要环节，不能搞形式，走过场。要很好组织力量，精心领导或指导这次选举工作，及时发现问题，解决问题，及时研究、慎重处理选民对选举工作提出的问题和意见。要组织训练参加选举工作的干部，认真学习选举法和地方组织法，注意严格依法办事，并对选民普遍宣传选举法。在选举工作中，要首先进行试点，然后有计划有步骤地逐步铺开。要十分注意依照选举法规定的法律程序和民主程序办事，防止和纠正指定代表、强迫选民画圈等不民主、简单生硬以及其他任何不符合法律规定的做法，保证搞好这次县、乡两级换届选举工作。

最后，王汉斌表示，现在的选举办法是适合我国当前实际情况，适应我国当前发扬社会主义民主，健全社会主义法制，顺利进行社会主义现代化建设的需要的。随着我国政治、经济、文化的发展和政治体制改革的进行，我国的选举制度在实践中也还需要进一步改进和完善。各方面人士如果提出改进选举的意见和建议，我们都将认真加以研究。

（一九八六年十二月二十八日《人民日报》）

在全国公安宣传工作会议结束时的讲话

公安部部长　阮崇武

（一九八六年十二月十日）

同志们：

当前，全国各级党的组织、政府各部门、各群众团体和基层单位，都在认真学习和领会党的十二届六中全会通过的《中共中央关于社会主义精神文明建设指导方针的决议》，并从本单位的实际出发，制定加强社会主义精神文明建设的实施规划。我们召开这次全国公安宣传工作会议，就是贯彻《决议》所采取的一项措施，目的是使公安宣传工作在精神文明建设中发挥应有的作用，同党和政府各方面的宣传工作汇合在一起，形成有利于坚持四项基本原则、促进全面改革和对外开放的舆论力量，促进社会主义物质文明和精神文明建设。

几天来，大家听取了胡之光同志的工作报告，听了全国对外宣传工作会议文件的传达和典型经验介绍，认真地进行了分组讨论和专业座谈。在座谈讨论中，大家热情很高，畅所欲言，发表了许多很好的意见。同志们普遍感到，召开这次会议很必要，很受鼓舞，收获很大。一是提高了对公安宣传工作重要性的认识。认识到公安宣传工作是党和国家整个宣传工作的一个组成部分，是社会主义精神文明建设中一支不可缺少的重要力量。二是对这几年宣传工作的成绩和存在的问题统一了认识。大家一致认为胡之光同志的报告对几年来公安宣传工作成绩和问题的估计符合实际情况，总结的五条经验，反映了公安宣传工作的做法和成效，对今后工作也有指导意义。三是互相交流了开展公安宣传的经验，取长补短，使大家开阔了视野，学到了一些加强宣传工作的好办法。四是明确了公安宣传的方向和任务。认识到开展公安宣传必须有利于推动经济建设，必须有利于促进改革、开放，必须坚持四项基本原则，要做到面向社会、面向群众、面向基层。对今后公安宣传干些什么，也更加清楚了。总之，这次会议开得很好，达到了预期的目的。

会议明天就结束了，根据同志们讨论的情况，我想再讲几点意见：

（一）公安宣传工作在精神文明建设中的地位和作用

《中共中央关于社会主义精神文明建设指导方针的决议》对保证我国社会主义现代化建设事业的顺利发展，具有重大的现实意义和长远意义。《决议》为全党、全国各条战线和各族人民指明了精神文明建设的方向，也明确了我们公安机关在精神文明建设中担负的重要责任。《决议》指出："人民民主专政是保护人民、保卫四化的强有力武器。要依法打击一切破坏我国社会主义制度的敌对分子，依法惩处经济罪犯和其他刑事罪犯，依法禁止和取缔卖淫、吸毒、赌博、传播淫秽录像书刊等危害人民的违法犯罪行为。"公安机关是行使人民民主专政职能的一个重要部门，担负着同社会上最不文明的违法犯罪现象作斗争的任务，可以说是精神文明建设中的一支特殊力量。同时，人民警察的纪律、作风和执法态度又关系到党和政府的威信，这就要求我们必须切实加强公安队伍自身的精神文明建设，增强公安干警的责任感和荣誉感，正确地行使人民民主专政的职能，有效地保护人民利益，保卫四化建设。

宣传工作是党的思想政治工作的重要方面，公安宣传工作则是党的整个宣传工作中的一部分。在加强社会主义精神文明建设的新形势下，我们一方面要宣传党和政府关于公安工作的方针、政策和法规，宣传公安机关怎样同各种违法犯罪活动作斗争，以此教育群众，动员群众，打击和震慑犯罪分子，维护社会秩序的安定和人民民主专政的巩固；另一方面，由于公安队伍自身的精神文明建设，对整个社会主义精神文明建设起着重要的表率和示范作用，还必须宣传广大干警严格遵循公安人员的职业道德规范，秉公执法，文明执勤的模范行为，以推动整个社会的精神文明建设。

公安宣传工作一直是我们完成公安工作任务的重要手段。无论是建国初期搞镇反运动、禁毒、取缔娼妓，还是近三年开展"严打"斗争，公安宣传工作都发挥了非常重要的作用。今后，我们还需要继续加强这项工作。

首先，为了依法打击严重破坏社会主义的犯罪活动，必须加强公安宣传工作。公安机关是武装性质的国家治安行政力量，处在同刑事犯罪作斗争的最前线。在新的历史时期，我们要履行自己的职责"保护人民，打击敌人，惩治犯罪，服务四化"，就需要取得社会各界的支持。几年来，整顿社会治安秩序、严厉打击严重刑事犯罪活动的斗争取得了重大的成就，使社会治安明显好转，为改革、开放、搞活经济创造了一个安定的社会环境，这是全国人民共同努力的结果。严厉打击严重刑事犯罪和经济犯罪的斗争是长期的任务。小平同志曾经指出，打击经济领域和其他领域内破坏社会主义的犯罪活动，是今后一个长时期、至少是到本世纪末的一项重要任务，是我们坚持社会主义道路，集中力量进行现代化建设的最重要的保证之一。因此，我们必须进一步加强公安宣传工作，揭露犯罪活动，提高人民群众的警惕性；宣传继续执行依法“从重从快”的方针和惩办与宽大相结合的政策，震慑和分化犯罪分子，达到惩办少数，教育挽救改造大多数的目的。

第二，为了搞好社会治安管理和综合治理，必须加强公安宣传工作。在新的历史条件下，实行改革、开放、搞活的政策，从根本上说，是有利于社会的发展和国家长治久安的，但在新旧体制交替过程中，也带来了一些新的社会治安问题。这些治安问题远远不是公安一家所能解决的，必须在党委和政府的领导下，动员和依靠社会各方面的力量，切实搞好综合治理，包括做好法制宣传、人民调解、治安保卫、帮教失足青少年、教育安置刑满释放和解除劳教人员等工作，真正把维护社会治安作为全体公民和法人的法律义务，而不仅是一种社会道义责任，才能有效地预防犯罪和减少犯罪。为了搞好综合治理，还要加强公安机关与其他部门的横向联系。比如教育工作搞好了，就可以减少青少年犯罪；而如果流失学生多，犯罪的就会增多。又如银行的现金管理制度，与预防偷盗、抢劫等犯罪密切相关。再如保险与公共安全，一个从经济措施上提供安全保障，一个从执法和行政管理角度维护社会秩序，二者应当相辅相成。

公安机关不仅担负着同刑事犯罪作斗争的任务，而且担负着治安行政管理的任务，依法行使维护治安秩序和公共安全的职责。治安行政管理包括从治安角度规范公民的行为，对许多问题应以教育疏导为主，但从人民和全社会的整体利益出发，有时也不得不对少数违例、违法的人采取一些必要的限制、禁止、取缔和处罚措施，因而容易引起人们的误解、反感甚至怨恨。这就需要做艰苦、细致、深入的宣传教育工作，讲明治安管理的意义和所采取的一些措施的必要性。同时，也要宣传人民警察在维护治安、同各种灾害事故斗争中赴汤蹈火、扶危济困、公而忘私、以身殉职的感人事迹，使广大人民群众理解人民警察，支持人民公安机关的工作，改善警民关系。

第三，为了提高公安队伍的素质，必须加强公安宣传工作。这几年我们公安队伍，无论是政治思想、法制和职业道德教育，还是业务技术培训，都取得不少成绩，政治和业务素质普遍有了很大提高。但必须承认，在有的地区、有的单位，还有极少数干警发生一些很不象话的违法乱纪事件。人民群众对我们干警的工作作风和服务态度的批评是好事。要解决这方面的问题除了在职轮训和入校学习之外，还必须靠我们队伍内部进行经常的、大量的宣传教育。反对什么、提倡什么，要旗帜鲜明；怎样做是正确的，怎样做是错误的，要时时提醒。这方面的宣传工作做好了，干警水平提高了，自然会受到人民群众的支持和爱戴。

通过以上的分析，公安宣传工作的作用大体上可以归纳为五点：一是喉舌作用。就是宣传党和政府关于公安工作的方针、政策和法律规定，让人民群众都知道，都明白，照着去做。二是联系群众的纽带、桥梁作用。就是宣传公安机关在干什么，为什么要这样干，以及怎样干，从而取得群众的支持和协作，更好地贯彻专门机关与群众路线相结合的方针。三是鼓舞和激励作用。就是通过宣传公安机关在对敌斗争、打击犯罪、抢险救灾中取得的成绩和公安干警的先进模范事迹，激发广大干警的荣誉感和责任感，全心全意为人民服务；通过宣传群众从事治安保卫工作、同违法犯罪分子作斗争的突出事迹，调动广大群众自觉维护社会治安的积极性。四是对犯罪分子的震慑作用。就是通过宣传舆论，发挥党的政策和国家法律的威慑力量，促使犯罪分子分化瓦解、悔过自新。五是教育作用。就是通过宣传教育，加强公安队伍的思想建设和理论建设，提高广大干警的政治、业务素质，有力地推动公安工作的开展。

总而言之，随着形势的不断发展，公安宣传工作在精神文明建设和公安工作中的地位和作用越来越重要，必须大力加强。

（二）公安宣传工作应该遵循的方针、原则

关于公安宣传工作的方针、任务，在胡之光同志的报告中已经讲清楚了。概括地说就是：立足公安，面向社会，解放思想，开拓进取。

立足公安。就是要从公安工作的实际出发，把公安战线上十分丰富的斗争生活，作为开展宣传工作的土壤和源泉。从取材上，反映的对象上，都要充分体现出鲜明的公安特色。我们一切宣传的目的，又都是为着促进公安工作的发展，这就是取之公安，服务公安。

面向社会。公安宣传工作要更加开放，更加活跃，更加社会化。我们要努力扩大宣传工作的覆盖面，经常地、主动地向社会各界、向国外人士做工作，介绍情况，传递信息，使人们及时正确地了解和支持我们的工作。要经过努力，尽快形成多渠道、多层次、多形式的宣传体系，使公安宣传成为我们党和国家宣传战线上的一支重要力量。

解放思想。改革、开放是一场深刻的变革，人们的价值观念、生活方式都发生了深刻的变化。公安宣传工作必须适应改革、开放的新形势，密切联系公安工作的实际，推动我们的事业不断前进。在宣传的内容上，除了涉及党和国家的机密按规定不能发表以及发表出去会产生不良影响的以外，尽可能搞得丰富多彩一些。为了不致影响新闻时效，审稿程序不要太繁琐。对案件的报道事先应充分考虑社会效果。如犯罪分子给社会带来的危害，人民群众、公安干警同犯罪分子斗争的英勇事迹，预防犯罪的经验，犯罪分子的可耻下场等，报道之后，可以引起人民群众对犯罪分子的公愤，鼓舞大家与之斗争。对于政治问题当然要按民主集中制原则办，学术讨论和文艺创作则要坚持“双百”方针，以推动公安理论研究，繁荣文艺创作。

开拓进取。新的历史时期对公安宣传工作提出了新的要求。近几年来，公安宣传工作虽然有些发展，也有某些突破，但总的来看还比较薄弱。新的历史时期要求公安宣传工作必须加强横向联系，开拓宣传领域，疏通各种渠道。我们不但要努力加强自己的宣传阵地，而且要充分利用各种报纸刊物、广播、电影、电视和声像制品来扩大宣传的社会效果。我们要积极、主动地向新闻出版、电影电视部门提供文稿、素材、信息和声像制品。这方面有的省市公安机关做得好些，有的做得差些，但总的讲都需要大大改进。特别是刑侦、消防、交通等业务部门更要注意，你们的录像设备、照像设备都应当发挥宣传作用。不能认为那是别人的事，那就是你业务部门自己的事，你们自己不写、不讲、不拍，别人搞了你们又不满意，那怪谁去？每次出现场总不能老是把电视台、报纸的记者请去，主要还是靠我们自己提供现场的实况镜头、素材，请人家帮助剪裁编辑，这样配合起来就会使工作更及时、更生动、更准确，效果也更好。另外，还可以邀请宣传部门、新闻单位、文艺单位来采写、拍摄我们丰富的斗争生活。

为使公安宣传工作的上述方针在实际工作中得到正确贯彻，根据中央有关指示精神和几年来的实践经验，我再谈一下公安宣传工作应该遵循的几个主要原则：

一、坚持以正面宣传为主。在现实斗争中，由于党和政府的正确领导，各级公安机关和广大干警的共同努力，我们的公安工作取得了很大成绩。在我们身边每日每时都在涌现着许许多多生动感人、值得大力宣传的先进事迹和英雄模范人物。我们要大张旗鼓地宣传“严打”斗争的成果，宣传英雄模范的先进事迹。只有着力宣传主流，才能使人们对公安工作和公安干警有个正确的认识。当然，我们面临的是开放的社会，当前人们的思想很活跃，什么样的舆论都可能有。广大群众对我们还是信赖的。正象林汝为同志讲的那样：平时人民群众对我们民警的工作和作风虽然有不少批评，但真正遇到灾难危害时，首先还是想到公安干警作靠山。群众对我们的信赖，也就是对党和政府的信赖。

这几年来，新闻单位对我们的工作一直很支持、很关怀、很爱护。一九八五年省以上主要报纸上表扬公安干警的稿件大约有七千多件，占有关公安内容稿件的百分之九十六，批评性的稿件只占百分之四。我们的同志应该有闻过则喜的精神。公安机关是掌握着相当大权力的部门，必须要有来自各方面的批评和监督。有些违法乱纪的事情，在当地群众中已经广为传播，造成了很坏的影响，在地方报纸上报道一下有好处，不报道反而会丧失威信。对少数坏人坏事的揭露，实质上是对多数人形象的维护。但是这种报道应该是有选择的，而且一定要讲清处理结果，并要有言论引导，表明公安机关对这类事件的态度，以挽回影响。没有群众通过报刊的批评监督，会把我们的队伍养骄，会放纵坏人坏事，时间长了就会出乱子。在新修改的《治安管理处罚条例》中，特别规定了受到治安管理处罚的人不服公安机关裁决的可以到法院提起诉讼，就是为了加强对我们的监督。从公安部来讲，我们对干警违法乱纪问题的查处是抓得很紧的，很认真的。但对报纸的批评也有不服气的，要改正。我们这支队伍很大，有六十多万人，加上武警有一百二十万。这么大的一支队伍，不可能绝对不出违法乱纪和不正之风的问题。管理十亿人口的大国，没有一支有权威的执法力量，就无法保证社会秩序的稳定。所以批评、揭露的报道一定要有选择，特别是一定要准确，不准确的批评不仅会挫伤干警的积极性，而且也会影响报刊自己的信誉，所以对这类稿件要从各个角度去核实以后再发表，就比较慎重了。

二、要真实、鲜明、生动。真实，是新闻报道的生命。写实事，说真话，是宣传工作者的职业道德。林彪、“四人帮”搞的那套“假大空”造成了十分恶劣的影响，造成群众对报纸的宣传持怀疑态度。因此，我们做新闻宣传工作的同志，一定要坚持深入调查研究，核准事实情节，不能添枝加叶，不能随意拔高，要坚持实事求是的思想路线。我们开展公安宣传的最终目的是让人家相信我们、理解我们、支持我们。如果我们在宣传上不能实事求是，报道的情况做不到真实可信，我们公安机关的声誉就要受到损害。鲜明，是要求我们的宣传工作观点要明确，立场要坚定，赞成什么，支持什么，反对什么，都要有明确的态度。生动，是指宣传的形式要新颖活泼，风格多样化，使群众喜闻乐见，便于接受，从而提高宣传效果。

三、注意社会效果。公安工作大量的是社会服务性工作，公安宣传工作也必须牢固地树立为群众服务的观念，要面向社会、面向群众、面向基层。让群众办什么事，一要向群众公布，二要宣传解释，使群众理解为什么要这么办，群众才会支持我们的工作。宣传工作者要对党对人民的事业极端负责，对社会主义精神文明建设具有高度的责任心和强烈的使命感，把最好的精神食粮献给人民。我们公安机关是肩负人民民主专政职能的执法机关，我们的言论、文章、出版物和声像制品，具有一定的权威性，人民群众往往理解为是代表党和政府说话的，更要十分注重社会效果。近年来公安机关办的个别报刊对社会效果问题注意不够，登了一些猎奇、追求刺激、迎合低级趣味的文章，这与我们公安宣传工作的宗旨是不相容的，对人民群众的精神生活也是有害的。现在办报刊要自负盈亏，的确有个经济效益问题，但是一定要坚持把社会效益作为衡量精神产品好坏的根本标准。社会效益和经济效益应该一致，关键在于提高精神产品的质量。

四、坚持内外有别，遵守宣传纪律。公安宣传工作特别是新闻报道，政策性、法律性很强，也很敏感，关系到社会的安定，因此既要积极，又要慎重。宣传内容一定要符合国家的法律和政策规定，有利于发展安定团结的大好形势，有利于保卫改革、开放和四化建设。公安宣传要坚决同中央在政治上保持一致，不能唱反调。要注意内外有别，在公安队伍内部的宣传教育与向人民群众的宣传要有所区别；对公安工作的重要决策和重要行动，不能不顾时间、地点向社会公开宣布或抢先发表；不能泄露党和公安工作的机密；报道重大案件和事件时，最好同时报道处理结果。报告文学是以真实性为原则的文学体裁，在公安宣传中可以采用，但首先要把事实搞准，最好表现正面题材，报道我们队伍中的好人好事，对有争议的事件更要慎重，以免激化矛盾，或干扰正常的司法程序。

（三）加强对公安宣传工作的领导

关于加强对公安宣传工作的领导问题，我想强调以下几点：

一、全体干警都要做宣传工作，首先是领导干部要注意抓宣传。一个部门、一个单位的公安宣传工作能否开展起来，能否健康发展，关键在于领导。因此必须首先解决好各级领导包括负责业务工作的同志对宣传工作的认识问题。各个业务部门都有责任向群众汇报我们工作的情况，凡是应当让群众知道的事，都应当尽可能及时地有个交代。哪个部门的业务工作，就应当由那个部门提供宣传材料。本事不大就去学，通过实践增长才干，不要推诿，不要依赖别人。有些同志怕占编制，怕花钱，怕捅漏子，怕麻烦，所以对宣传工作不够重视。我看，我们应当把眼光放得远一点。不要认为在公安宣传事业上用些人、花点钱就吃了亏。其实，一个宣传活动搞好了，就有可能使几十名、几百名犯罪分子投案自首，就有可能很快破获几十件、几百件刑事案件，就可以使国家经济建设和人民生命财产少受损失。也不要怕出纰漏。宣传工作有时难免说几句不太妥当的话，写几篇不太妥当的文章，只要不捅大漏子，不犯原则性错误，出现了一点差错，着重总结经验教训，以后注意就是了。各级公安机关都要把宣传工作纳入议事日程，要有领导同志分管。一些重大宣传活动，领导还要亲自出面，亲自组织实施。这次在会上介绍经验的上海、北京、江苏、辽宁、天津和徐州等地公安机关，都是领导同志注意抓宣传，党组经常研究，重大宣传活动亲自指挥，这是他们工作开展得好的一条重要原因。公安部也准备对重大活动和英雄模范搞一些全国统一的宣传活动，形成舆论力量。一个省的范围内也要这样搞。比如吉林省对陈鸽烈士的宣传搞得就很好。

二、依靠党委和政府的领导，取得宣传部门的支持。公安宣传工作是党和政府的宣传工作的一个组成部分，必须紧密依靠各级党委和政府的领导。在开展公安宣传工作时，要经常地、及时地向党政领导和有关部门汇报，使他们了解每个时期公安宣传工作的任务、内容、基本情况和存在的问题，以取得对我们工作的指导。在开展宣传中要有全局观念，要围绕一个时期党委和政府的宣传中心去开展工作，把我们的工作摆在适当位置，与整个经济建设的气氛相协调。要加强同新闻宣传单位的联系，取得他们的指导和帮助，因为他们掌握的宣传手段多，宣传网络社会覆盖面大，影响大，是我们所无法比拟的。过去，我们有的省市公安机关在这方面做了很大努力，取得一定的成绩和经验。比如，广东公安机关给报社记者发特邀记者证，敞开大门欢迎他们登门采访，甚至可以到现场直接采访。上海市公安局主动与文艺单位和文化团体协作，向他们提供素材，请专业作者来体验生活，共同创作公安题材的电视剧和电影。两年来，仅电视片就拍了一百九十多部，在中央台和上海台播出一百五十八部，社会效果很好。我们要吸取这些成功的经验，同各方面建立经常的联系制度，把联系的形式搞得多一些，活一些。可以定期或不定期地邀请一些单位的领导、作者、编辑开座谈会、碰头会，领导同志要和记者直接对话，通报有关公安工作的重要信息，适时地提供一些可以公开宣传的典型案例和采访线索。近年来，我们公安部召开了几次新闻发布会和座谈会，介绍公安工作情况，回答中外记者的提问；有的省市公安机关在这方面也迈开了步子，希望通过这次会议能更前进一步。

对国外的宣传要按照最近全国对外宣传工作会议的精神，进一步加强。不要把对外宣传看得很神秘，只要认真组织，是能够搞好的。搞好对外宣传，正面宣传良好治安秩序和人民警察的良好形象，以及人民警察为外国公民和海外侨胞、港澳台同胞服务，对宣传社会主义社会制度的优越性是有益的。对这方面的工作也应该加强领导，努力做好。

三、要加强公安宣传队伍的建设。公安宣传队伍力量强弱，对能否搞好公安宣传工作关系重大。各级领导应注意不断提高公安宣传队伍的政治和业务素质。从事公安宣传的同志应具有坚定的政治信念，较高的政策法律水平，实事求是的科学态度，深入实际的工作作风，并十分熟悉本职工作，有较强的专业能力。各级领导要十分重视公安宣传人才的发现、培养和使用，给他们创造施展才能的条件和机会，放手让他们大胆工作，在实践中不断提高自己的业务水平，还要通过小型业务会和培训班提高他们的素质。要关怀爱护宣传干部，保护他们的积极性。可以让他们列席一些会议，多看一些文件，同时宣传干部本身也应该善于捕捉信息，打开工作局面。宣传上出了某些差错，领导要多承担一些责任，不能把宣传干部搞得谨小慎微，无所措手足。但决不能让那些坚持搞资产阶级自由化、反对四项基本原则的人掌管我们公安机关的舆论阵地。我们搞宣传工作的同志必须自觉地在政治上与党中央保持一致。

为了把公安宣传队伍很好地组织起来，协调好各方面的宣传工作（这既包括与社会各界也包括公安系统内各业务部门的协调工作)，应当有个主管机构。至于如何设立，是在政治部还是在办公室，还是单独设，由各省、自治区、直辖市公安厅、局自己研究确定。因为各地情况不同，我们考虑还是不搞“一刀切”。

四、要支持广大干警的写作和创作活动。公安干警在完成本职工作的基础上，利用工余时间进行公安题材的写作和创作活动，是关心和热爱公安宣传事业的表现，不能认为是不务正业。只要工作安排得开，领导上可以给他们安排点时间搞写作，发挥他们的特长。真正的作家都是在生活实践中锻炼和成长的。许多年来，我们公安战线成名成家的同志实在是太少了。还要教育干警懂得人家搞创作得稿费是合理合法的。当然，如果哪个干警把本职工作撇在一边，光在稿费上使劲，也应当批评教育。要把公安系统从事小说、诗歌、音乐、美术、摄影、戏剧、舞蹈、曲艺、电视剧等各种艺术人才都组织和动员起来，繁荣我们的公安文艺事业。

最后一点，要活跃我们内部的文化生活，这也是精神文明建设的一个重要方面。我们公安队伍青年人很多，工作又很辛苦，如果业余生活很单调，枯燥无味，大家的积极性就要受到影响，应该搞得活跃些。比如黑龙江省武警总队搞了文化宣传车，山东省淄博市、济南市公安局搞了业余文艺宣传队，有条件的地方可以组织俱乐部、文化室，搞业余警察乐队，在大型集会前奏一奏军乐和中外名曲，振作精神，鼓舞士气。《人民警察之歌》在我们内部应该普遍地唱起来，还可以举办歌咏比赛。总之，大家要多想一些办法，通过开展业余文化生活，使我们这支队伍更加富有朝气。

同志们，在新的历史时期，广大人民群众和公安干警对公安宣传工作的要求越来越高。部党组希望各级领导通过这次会议，都能认清形势，解放思想，积极地、创造性地开展公安宣传工作，为开创公安宣传工作的新局面，为保卫和促进社会主义物质文明建设和精神文明建设作出更大的贡献!

在全国司法厅(局)长会议结束时的讲话

司法部部长　邹　瑜

(一九八六年三月六日下午)

同志们:

这次全国政法工作会议非常重要，会议不仅对争取社会治安的稳定好转作了重要部署，而且对于加强社会主义法制采取了重大措施。我们坚信，这次会议将会有力地推动社会治安的稳定好转，加强社会主义法制。为了贯彻全国政法工作会议精神，我们这次全国司法厅(局)长会议讨论了两个文件，即《1986年司法行政部门的任务》和《关于加强司法队伍建设的意见》，大家对两个文件提了很多很好的意见，待修改后马上印发下去贯彻执行。

下面我讲几个问题:

一、要把小平同志关于“一手抓建设，一手抓法制”的重要指示贯穿到“四个服务”的各个方面，把“四个服务”提高到“一手抓建设，一手抓法制”的高度来贯彻执行。社会主义法制建设，经过小平同志的阐述，有了新的意义：第一，法制建设的地位、作用有了新的阐述。小平同志把抓法制作为两手中的一手提出，这十分重要，没有这一手，就不能巩固人民民主专政，就不能保证经济不变质。社会主义法制是保证人民民主和社会主义经济制度必不可少的条件。前段时间，非法办公司经商的不少，对非法公司如不加以整顿，放任自流，就会对社会主义公有制产生破坏作用，因此，对违法乱纪和犯罪行为要绳之以纪，绳之以法；第二，小平同志的讲话，对于建设社会主义法制，无论是在当前还是今后，都具有重大指导意义，必须联系我们的工作实际，深刻理解，坚决贯彻执行，提高我们建设社会主义法制的责任感和自觉性。司法行政部门在法制建设中是一个重要部门，担负着既艰巨、又繁重的任务。例如，向全体公民基本普及法律常识，这是社会主义法制建设的基础工作，“普法”工作是社会主义法制建设必不可少的条件和内容。培养法律人才，也是加强社会主义法制建设的一个重要条件。法制健全不健全，同法律人才的数量与质量关系极大，可见培养法律人才的工作也是法制建设的一项非常重要的条件和内容。劳改工作在刑事诉讼中，与公、检、法机关发挥互相配合、互相制约的重要作用。劳改工作中发现余罪，发现漏诉和发现冤、假、错案就是一种很好的互相配合和制约。律师工作既为国家的经济建设和人民群众提供法律服务和帮助，在办案中也能起到与法院、检察院互相配合和制约的作用，兼听则明嘛! 律师对正确适用法律，准确地定罪量刑是很有帮助的。公证工作在维护公民的合法权益和国家利益，揭露违法犯罪中也能发挥重要作用。人民调解本身是社会主义法制的重要内容，有人说人民调解只是属于政治思想工作，这种看法不全面。人民调解不仅能起预防犯罪，促进安定团结的作用，而且是人民群众当家作主的一种形式，是加强人民民主和社会主义法制的重要措施。人民调解在解决人民内部矛盾方面，需要制度化、法律化，还需要做大量的工作。可以说，司法行政部门的各项业务都是社会主义法制建设的重要内容。我们应当提高法制建设的责任感和自觉性。司法行政部门在法制建设中的作用不仅仅是方便人民群众"打官司"，而且是保障国家的经济建设沿着社会主义的方向前进，保障发展社会主义民主必不可少的重要条件。发展社会主义民主也是目的，在党的十二次代表大会上，它是作为目标提出来的，因此，无论从哪个意义上讲，小平同志讲的"一手抓建设，一手抓法制"都赋予了我们光荣而繁重的任务。

二、要积极参与严厉打击严重刑事犯罪活动和严重经济犯罪活动的斗争。参加"两打"的具体工作，《1986年司法行政部门的任务》中已经有了，这里就不多说了。我这里着重讲几点要求：第一，要充分发挥揭露犯罪的作用。律师、公证、人民调解、劳改劳教工作，都可以揭露犯罪，去年在这方面做出了显著成绩，今年应该做得更好些。第二，要充分发挥在打击刑事犯罪和经济犯罪中同公、检、法机关互相配合、互相制约的作用。这一点在中央书记处听取司法部党组整党汇报时的会议纪要中已经明确了。第三，要充分发挥预防犯罪的作用。劳改、劳教、律师、公证、人民调解、法制宣传教育工作，都可以起到这个作用。第四，要充分发挥在改造罪犯中依法惩罚罪犯的作用。所以，我们在严厉打击严重的刑事犯罪和严重的经济犯罪中责任是很大的。

三、要联系实际深入开展法制宣传工作。中央提出要联系实际开展法制宣传教育，这很重要。首先，在进行宣传时，不要干巴巴地讲法律条文，要就案论法，就事讲法。最近，部宣传司要编一个以具体案件讲法的课本，这样群众愿意听，也听得懂；第二，各单位，尤其是领导干部在学法时，要总结遵纪守法、依法办事正反两方面的经验，表扬遵纪守法的好人好事，纠正违法乱纪行为，同违法犯罪作斗争，这是福建省龙岩市的经验。龙岩市的领导干部在学法时，坚持联系实际，反对照本宣科，就法论法。他们先请专家讲解法律，弄清法律精神实质，然后听取专家和执法机关的同志对龙岩市依法办事存在的问题和改进的意见，特别是认真听取对干部违法犯罪问题的揭露和对不正之风的批评，最后，集体进行分析研究，提出解决办法，当场拍板，付之实施，做到边学习，边检查边纠正，从而推动了法制建设，也推动了各项工作的发展。请同志们认真研究龙岩开展法制宣传的经验；第三，各单位学习法律时，请人大常委会领导，组织有关部门，学什么法律，就针对该项法律的执行情况进行检查，做到边学、边查、边纠正。现在各级人大都很重视法制宣传教育工作，这是一个很有利的条件。例如龙岩市，在人大常委会的主持下，工商、税务部门联合开展工商税务大检查，查出并补收税款四百多万元。北京房山县在学习税法时开展税务大检查，查出1649户个体户偷漏税，补交税款5000多万元。北京市崇文区少数个体户欺行霸市，经过学习法律开展执法情况大检查后有了很大转变，有的成为自觉守法的光荣户，受到了政府的表扬。有的彼此相互协作，维护社会秩序，制止违法活动，成了推进社会治安稳定好转的积极分子。总之，学一项法律，检查一项法律的执行情况，这样收效显著。今后，法制报刊在进行法制宣传时，不要仅停留在报道普法考试上，要多报道结合实际学法和检查法律执行的情况。最近，我们召开了11个"普法"先进单位汇报会，交流了联系实际开展"普法"工作的经验，这对于把"普法"引向深入具有普遍意义。我们准备将福建龙岩市、北京房山县、北京市崇文区等几个单位的经验材料印发下去，希望各地结合本地区的实际情况加以推广。

四、关于加强队伍建设。提高队伍素质和提高工作质量这"两个提高"的关键是队伍素质的提高。我们的队伍总的说是好的，但的确有一些同志无论政治、业务素质都不高。加强队伍建设非抓不可。司法行政部门是人民民主专政的工具之一，必须保持队伍的纯洁性。希望今后组织部门不要把其它政法部门不合适的干部调到司法行政部门来。

加强队伍建设要立足于教育，通过轮训干部，提高政治、业务素质。"七五"期间，计划每年轮训五万左右干部。要认真提高干部的政治、业务素质，不能光靠考试，要学习马列主义、毛泽东思想的基本理论，学习党中央的有关文件，学习党章，学习中央领导同志的重要讲话，联系干警的思想工作实际，总结经验，开展批评与自我批评，提高政治素质。每期轮训五个月，起码要用两个月的时间来进行政治思想教育，用两、三个月的时间学习业务，学业务也要理论联系实际。经过这样的轮训，干警的政治、业务素质将会得到较大的提高。请同志们回去以后制定一个周密的轮训干部计划，具体调查了解一下，你那个省有多少师资？有多少床位？一期能轮训多少人？全年能轮训多少人？现在全国各省、自治区、直辖市都有政法干校或司法学校，有的省既有政法干校，又有司法学校，全国共有六七所政法管理干部学院和60多个地、市级的轮训班，有26所劳改干校，都可以承担轮训工作。还有一些规模较大的劳改、劳教场所也可以承担轮训的任务。如果需要的话，还可请各地的党校轮训干部，这样五六个渠道同时轮训，认真抓它五六年，我们这个队伍就可能大大改观。

各级司法行政部门要从自己做起，力争成为遵纪守法的先进单位。为了适应加强经常性的政治思想工作的需要，各省、自治区、直辖市司法厅(局)要积极向党委、政府反映，争取成立政治部。各地司法行政机关都要注意对干部的政治思想状况进行调查，以便分类教育，对症下药。要了解每个人的人生观以及对事业的看法，要大力提倡"当苦力"的革命精神，不能比待遇、比享受，要比党性、比贡献。在物质条件比较差的时候更要讲精神，发扬艰苦奋斗的精神，发扬共产党员的献身精神积极工作，全心全意为人民服务。我们绝大多数同志过去是这样做的，今后，要进一步保持和发扬我们的光荣传统。同时，要请各级党委、政府关心和支持我们的工作，有些实际问题要逐步得到妥善解决。

要抓好领导班子的建设,包括劳改、劳教单位领导班子的建设。对领导班子,要逐个考察,加以充实调整,用两年时间做好这件工作。领导班子的年龄问题,要按彭真、乔石同志的讲话办,逐步做到年轻化。

五、要认真加强对劳改、劳教工作的领导。我们的司法厅(局)长和劳改局长都很辛苦,不少同志过春节还在下面进行安全大检查。但是,劳改、劳教部门存在的问题还不少。因此,要加强对劳改、劳教工作的领导,要加强支队、中队的领导班子建设。支队是关键,中队是基础。现在有的地方把一些有能力的中队干部调到支队了,头重脚轻。要首先抓好中队建设,要一个一个地抓。安全大检查要深入进行,已经检查过的不要麻痹松懈。司法部三月中旬将派出五个小组到各地检查,约定一个时间在下面集中碰头,把各地的劳改局长都请来开个会,采取得力措施解决发现的问题,到时候我和顾启良同志都要去。要认真调查研究,摸清犯人的思想动态。我们一方面要控制住这些犯人,另一方面要严格杜绝干警虐待体罚犯人,违者一定要严肃处理。各地要舍得花一点钱,搞一些监控重刑犯的设备。万里同志提出要加强技术装备,请各地抓紧办理。

看守武装不足的问题,要会同公安、武警开会解决。我们打算与武警总部商量解决这个问题,各地不要等待,回去后要找公安厅(局)、武警先商量。

组织犯人进行文艺演出总的来说是好事,但要注意内容的健康,不要把社会上不正的台风带进来,对节目内容要审查,原则上不到狱外演出。外单位到监狱、劳改劳教场所拍电影、电视,要经过司法部同意,不允许什么人都随便进监拍电影、电视。

今年中央拨款加上地方自筹资金,大概可以给劳改系统×亿元。国家在财政还有困难的情况下拿出这么多钱,这是对劳改工作的很大支持。希望各地管好、用好这笔钱。

六、关于咨询委员会的工作。成立部咨询委员会,这是一项重要工作。这次请了京外四位同志参加咨询委员会成立会议,加上在京的同志,共同开这个会,这是一件好事。要"台上台下"团结起来,一线、二线、三线共同努力,搞好司法行政部门的各项工作,为社会主义民主与法制建设和社会主义经济建设服务。咨询委员的工作,总起来说是"十六个字":"调查研究,出谋献策,少劳多逸,健康长寿"。咨询委员会一年开一次会,每个咨询委员每年可以搞一次调查研究,写一篇调查报告。今年可以就公、检、法、司四机关互相配合、互相制约问题,进行一次调研。部法律政策研究室计划今年开四次专题调研会,即五月间在广州与广东省司法厅联合召开"司法机关为涉外经济活动提供法律服务专题研讨会";七月与河南省司法厅联合召开"司法机关与公、检、法机关互相配合、互相制约专题研讨会";八月与山东省司法厅联合召开"提高劳改、劳教工作质量专题研讨会";十一月与上海市司法局联合召开"律师担任企业常年法律顾问专题研讨会"。咨询委员们如果对这四个会议讨论的专题有兴趣,可以作些调查,写出文章。今后咨询委员们到各地调查研究,请各司法厅(局)给予照顾,热情接待。当然要按中央办公厅文件的规定办事,不要请客送礼,给以生活和工作的方便就行了。咨询委员会的机构不专设,由部老干部办公室兼管。

新疆的同志提出的少数民族地区的法律书籍出版问题,值得重视。请法律出版社、宣传司找国家出版局商量一下,争取能成立法律出版社分社。如出版局不同意,可以请新疆或甘肃的出版社出版少数民族文字的法律书籍。

今天我要讲的就是这些,供大家参考。

坚持理论密切联系实际繁荣法学研究

——一九八六年五月二十一日在中国法学会第二次会员代表会上的讲话

乔　石

同志们:

中国法学会召开第二次会员代表会,我代表党中央、国务院向你们的会议表示祝贺,向参加会议的全体代表和全国的法学工作者、法律工作者,致以亲切的问候!中国法学会作为一个全国性的群众性的法学学术团体,在团结法学工作者、法律工作者,组织推动法学研究,开展国内、国际法学学术交流等方面,做了很多工作,起了积极的作用。目前我国正处在新的历史发展时期,我们在建设具有中国特色的社会主义的过程中,正如小平同志所说的那样,要一手抓建设,一手抓法制。中国法学会和各地法学会在坚持四项基本原则,发扬社会主义民主和健全社会主义法制方面,承担着重要的任务,工作还要继续加强。各级政法委员会、司法行政部门和政法各部门,以及其他各有关方面,要大力支持、切实帮助法学会开展工作。

如何进一步开展法学研究,第一届理事会的工作报告中提出了一些建议和设想,经过你们这次代表会审议,集思广益,我相信一定可以搞得比较完善。这方面我就不多讲了,我想着重就法学研究理论联系实际的问题,谈几点个人的想法。

第一,理论密切联系实际,过去是今后仍然是搞好法学研究的一个具有现实意义的问题。

理论来源于实践，又反过来指导和推动实践的发展。耀邦同志指出：理论工作的根本方向，就是要理论联系实际，同实际密切结合。当前我国的社会主义现代化建设，面临着大量的理论问题和实际问题，需要我们的科学工作者，包括社会科学工作者，运用马克思主义的立场、观点、方法来加以探讨、研究、解释和解决。法学是一门政治性很强的科学。开展社会主义法学的研究，对于加强我们的社会主义法制有着十分重要的意义。特别是象我们这样一个法制建设尚不完善的国家，现正处在对外开放、对内搞活和经济体制全面、深刻改革的过程中，法学工作者就特别需要适应形势的发展，深入实际，不断研究，总结实际生活中提出的问题和出现的新鲜经验，为我国四个现代化建设，为发展马克思主义法学作出自己的贡献。

对于理论联系实际的必要性和重要性，法学界的许多同志从自己研究工作的实践中已经有了体会。听说有不少同志正在以当前迫切需要解决的问题，作为自己的研究课题，这是一个很好的现象。它表明这些同志有着理论联系实际的强烈愿望。当然，在有些同志中，某种程度上也还存在理论联系实际不够的情况。我们希望法学界的同志们进一步提高理论联系实际的自觉性，把法学研究工作做得更好。

第二，政法工作各部门，要牢固地树立重视理论，重视科学的思想，自觉地支持法学研究工作。

在我们这样一个封建历史很长，经济、文化还比较落后的大国，发展社会主义民主，健全社会主义法制，是一项相当艰巨繁重的任务。在这方面，没有现成的经验和模式可以照搬照抄，必须在坚持马克思主义基本原理的前提下，解放思想，勇于探索，勤于实践，善于总结。这就需要政法部门做实际工作的同志，特别重视同法学界及其他有关社会科学部门加强联系，紧密合作，共同努力。

现在有一个矛盾的现象：一方面，政法实际工作部门每天都面临着许多新情况、新问题，迫切需要进行深入系统的调查研究，寻求科学的解答和切实可行的解决办法，但是，他们往往由于实际工作繁忙，挤不出更多的时间来进行研究和探讨；另一方面，一些具有真才实学，愿意为实际工作服务，进行理论联系实际的科学研究的法学工作者，却由于缺少接触实际的机会，有点有劲使不上。这种相互脱节的状况不利于社会主义民主和法制建设的更好开展，必须很好地加以解决。

彭真同志在全国《民法通则（草案）》座谈会上说："制定法律，请专家和实际工作者来参加，不是简单的技术问题。理论和实际不能很好结合，这是我们工作中一个带根本性的缺点。"他指出，要克服这个缺点，就必须在立法过程中，请专家和实际工作同志一起讨论，共同审议，使理论和实际密切结合。立法工作是这样，政法的其他各方面工作也都应该贯彻这一原则。这就要求我们政法各部门做实际工作的同志，特别是领导同志，必须按照十一届三中全会以来党中央一再强调的精神，要增强重视理论、尊重科学的自觉性。要重视知识，充分发挥知识分子的作用，在实际工作中为法学研究提供方便条件，支持和帮助法学界同志进行理论联系实际的科学研究；同时善于吸收和运用他们的研究成果，使他们成为实际工作的智囊和参谋。

第三，希望中国法学会和各地法学会充分发挥自己的桥梁和纽带作用，积极沟通实际工作部门同法学界之间的联系，更好地组织推动理论联系实际的法学研究。法学会是由法学工作者和法律工作者这两部分会员组成的，它的领导班子中，既有法学界的专家、学者，又有过去或现在在政法部门担任领导职务的同志，这种组织情况有利于发挥这方面的作用。

第四，讲一讲坚持马克思主义基本原理和实事求是的思想路线，以及贯彻"百花齐放、百家争鸣"方针的问题。

我们的法学研究必须是马克思主义的，必须是具有中国特色、符合中国实际的。这就要求我们必须坚持马克思主义的基本原理，坚持从中国的实际情况出发。外国的有益经验要借鉴，但绝不能盲目地照搬照抄，更不应该搞资产阶级自由化。当然，马克思主义是发展的，需要我们在不断实践的过程中，进行创造性的研究和探索，而绝不能拘泥于已被证明不符合变化了的实际情况的个别论断。

为了法学研究的繁荣发展，鼓励和支持大胆探索，必须进一步贯彻"百花齐放、百家争鸣"的方针。法学研究和国家的现行法律以及现实的政治生活关系非常密切，要在坚持四项基本原则，坚持维护宪法、法律的前提下，提倡实事求是，独立思考，提倡不同观点的讨论。通过充分说理的、切实的学术讨论，共同研究，取长补短，坚持真理，修正错误，促进法学研究的繁荣和社会主义法制建设的健康发展。

我今天讲的这些问题，归纳成一句话就是：坚持理论密切联系实际的方针，积极开展马克思主义的法学研究工作，促进具有中国特色的社会主义法制建设。这是我对中国法学会和法学界同志们的一点希望。

预祝你们这次会员代表会取得圆满成功！

预祝我们的法学队伍更加壮大，法学研究工作更加繁荣！

在中国法学会第二次会员代表会上的讲话

彭　冲

（一九八六年五月二十一日）

我是来祝贺的。我代表全国人大常委会、全国人大法律委员会，祝贺你们第二次会员代表会的成功。

我完全赞成乔石同志的讲话。理论与实际相结合，是我们法学研究必须遵循的原则，也是我们法学研究繁荣的必由之路。我们法学工作者，一定要紧密联系当前改革和建设的实际，更好地为完善有中国特色的社会主义法制，为两个文明的建设，为国家的长治久安作出更多的贡献。

今年一月，小平同志指出，搞四个现代化必须“一手抓建设，一手抓法制”。这是我国30多年来政权建设的科学总结和高度概括。这个重要指示，必将大大加快我国社会主义法制建设的进程，大大推进我国法学研究的繁荣。我们应当认清这个形势，振奋精神，加倍努力做好我们的工作。

今后我们全国人大常委会在立法的过程中，将邀请更多的法学工作者、法律工作者、各方面的专家和实际工作者参加，大家一起来讨论，共同研究修改，使我们制订出来的法律，更加符合马列主义的基本原理，更加符合我国的实际情况。今年我们在修改、拟订《民法通则（草案）》时是这样做的，取得了较好的效果。这实际上就是一种理论联系实际和民主集中制的方法。我们今后还要继续坚持这样做。我想借此机会，希望全国的法学工作者，更多地关心立法工作，积极参与制定法律的工作，给立法工作以更多的帮助。

法律制订出来以后，就要全体公民人人遵守。这就需要做好法律的宣传和解释工作。因此，党中央、国务院和全国人大常委会，都十分重视法制宣传、法制教育和普及法律常识的工作。10亿人民普遍地知法、懂法，自觉地守法、用法，就会产生巨大的物质力量。我们法学工作者要重视这项工作，把它作为义不容辞的职责之一。希望我们的法学工作者能够从理论与实践的结合上阐述各项法律的基本精神，通俗、生动地宣传各项法律的主要内容，在这方面作出更大的努力。

我们相信，通过你们这次会员代表会，必将进一步调动全国法学工作者的积极性，把我国的法学研究工作大大推进一步！

为建设有中国特色的社会主义律师制度而努力

——一九八六年七月五日在全国第一次律师代表大会上的讲话

乔　石

同志们：

全国第一次律师代表大会的召开，标志着我国律师制度进入了新的发展阶段。我们党和国家对律师工作是非常重视和十分关怀的。我代表党中央和国务院向大会表示热烈的祝贺，并通过你们向全国律师工作者致以亲切的问候！

党的十一届三中全会以来，我国的律师工作得到了迅速的恢复和发展。现在已经有了一支两万多人的律师队伍，在许多地方建立了律师事务所和法律咨询机构。几年来，广大律师在维护社会主义民主和社会主义法制方面，在促进改革、开放、搞活和经济建设方面，在保障公民的合法权益、依法严厉打击严重刑事犯罪和严重经济犯罪方面，在开展法制宣传教育、改善人与人之间的关系、加强精神文明建设方面，都起着越来越重要的作用。实践证明，在我国健全律师制度，发展律师队伍，加强律师工作，是十分必要的；特别是在改革、开放、搞活的新形势下，要贯彻落实小平同志关于“一手抓建设，一手抓法制”的思想，大力加强律师工作尤其是非常迫切的。没有健全的律师制度，也就不可能很好地健全法制。

小平同志在党的十二大开幕词中指出：“我们的现代化建设，必须从中国的实际出发。无论是革命还是建设，都要注意学习和借鉴外国经验。但是，照抄照搬别国经验、别国模式，从来不能得到成功。这方面我们有过不少教训。把马克思主义的普遍真理同我国的具体实际结合起来，走自己的道路，建设有中国特色的社会主义，这就是我们总结长期历史经验得出的基本结论。”我们的律师制度，也必须是符合中国国情、具有中国特色的社会主义的律师制度。在这方面没有现成的模式可循，只能在实践中不断探索、研究、总结，逐步地加以完善和发展。

第一，我国的律师是国家的法律工作者，不是自由职业者。这个根本性质决定了律师工作必须无条件地置于党和国家的领导下，忠实地为党、国家和人民的根本利益服务，为发展社会主义民主和健全社会主义法制服务，为“两个文明”建设服务。

第二，我国的律师工作必须坚持社会主义道路，坚持人民民主专政，坚持共产党的领导，坚持马列主义、毛泽东思想。要把坚持四项基本原则，作为我国律师工作的根本指导思想。只有这样，才能使律师工作始终保持正确的政治方向，不断地提高律师的政治素质和业务素质，增强为党、为国家工作和为人民服务的本领。

第三，我国的律师制度是社会主义法制的有机组成部分。从根本上来说，律师工作与公、检、法的工作不是对立的，而是统一的。因为大家的共同目标是一致的，都是要以事实为依据，以法律为准绳，严格地依法办事，维护宪法和法律的尊严，维护社会主义法制的尊严。在这个前提下，起着相互配合、相互补充、相互制约的作用。

第四，我国的律师必须刚正不阿，廉洁奉公，全心全意为人民服务，以党、国家和人民利益为重，坚持真理，随时修正错误。决不能为了代表当事人，而损害国家、集体的利益，损害法律的尊严；也决不能屈服于某些人的权势，不敢实事求是，据理力争，秉公直言，维护国家、集体和公民的合法权益。

通过这次代表大会即将成立的全国律师协会是团结广大律师工作者的群众团体。希望律师协会能够为培养律师人才，提高律师素质，为摸索和探讨有中国特色的律师制度而作出不懈的努力。

目前，我国的律师工作虽然有了一定的发展，但基本上还处于创建阶段，需要得到各方面的普遍关心和大力支持。各级党委、政府，各级政法部门要充分认识律师工作在健全社会主义法制中的重要地位和作用，进一步重视律师工作，支持律师工作。要坚决制止和处理阻挠、干扰律师依法执行公务甚至打击迫害律师的违法行为，切实保障律师的权利。要给律师工作者创造必要的工作条件，解决他们在工作中和生活上的各种实际困难。同时，也诚恳地希望全国广大律师工作者，深刻地认识到做一个人民律师是无尚光荣的，一定要热爱律师工作，刻苦地学习马克思主义、毛泽东思想，刻苦地钻研党的政策和国家的各项法律，努力提高知识水平和业务能力，充分发挥积极性和创造性，大胆探索创新，不断开拓前进，在工作中作出更优异的成绩，进一步赢得全社会的信赖和尊敬。

预祝这次代表大会圆满成功！

第 十 一 部 分

有关法制建设的工作会议

全国政法工作会议

由中共中央政法委员会召开的全国政法工作会议，1986年2月21日至3月4日在北京举行。会议研究和部署了1986年的政法工作，强调要进一步推进社会主义民主和法制建设，毫不动摇地坚持人民民主专政，严厉打击严重刑事犯罪和经济犯罪活动，坚决取缔和制止各种社会丑恶现象，在社会治安已经取得明显好转的基础上，实现社会治安的稳定好转，以保障社会安定，更好地为经济的改革、开放、搞活服务，为社会主义物质文明和精神文明建设服务。

与会者认真学习、讨论了邓小平关于“搞四个现代化一定要有两手，一手是不行的。所谓两手，即一手抓建设，一手抓法制。”“四个坚持为什么要有一条坚持人民民主专政？只有人民内部的民主，没有对破坏分子的专政，社会就不可能保持安定团结的政治局面，就不可能把现代化建设搞成功。”的意见，一致认为邓小平的这些意见是我国社会主义历史经验的科学总结，对于我们搞好社会主义精神文明建设、促进党风和社会风气根本好转，对于发展社会主义民主和健全社会主义法制、加强人民民主专政，对于搞好经济体制改革和四个现代化建设，都具有极为重要的意义，也是在新形势下搞好政法工作的指导思想。

会议由中共中央政治局委员、书记处书记、中央政法委员会书记乔石主持。乔石在会议开始时作了报告。会议期间，党和国家领导人彭真、万里、胡乔木到会讲了话。他们在肯定政法工作成绩的同时，都就当前的治安形势和面临的新情况新问题，就加强民主与法制建设、加强人民民主专政、加强政法队伍的建设等问题，作了系统的阐述。

参加这次会议的，有各省、自治区、直辖市和部分城市党委主管政法工作的负责同志，各省、自治区、直辖市政法委员会、法院、检察院、公安和司法厅局的负责同志，部分省、市国家安全厅局的负责同志，中央政法部门和其他有关部门的负责同志，共270多人。参加全军政法工作会议的同志也到会听了中央领导人的讲话。

会议上提供的情况表明，几年来，特别是在1983年秋天党中央、全国人大常委会、国务院作出依法从重从快严厉打击严重刑事犯罪活动的决定以来，斗争取得了很大的胜利。整个社会治安状况有了明显好转，人民群众普遍有了安全感。据全国统计，1981年、1982年，全国刑事犯罪案件发案数都在80万起上下；1983年8月开始严厉打击严重刑事犯罪活动后，全国刑事犯罪案件发案数当年降到61万起，1984年降到51万4千起，1985年为54万2千起。如果以开始严厉打击严重刑事犯罪活动后的28个月同以前的28个月对比，全国刑事案件发案数下降35.9%。严重刑事犯罪分子的嚣张气焰被打下去了，流氓团伙的骚扰破坏大幅度减少。有越来越多的地方社会秩序、社会治安比较好，越来越多的群众敢于同犯罪现象作斗争。实践证明，党中央、全国人大常委会、国务院关于严厉打击严重刑事犯罪活动的决定是完全必要的、正确的。各级党委、政府和政法战线执行上述决定是坚决的。这场斗争，有效地维护了人民的民主权利，保护了人民的安全，促进了社会的安定，为四化建设和经济体制改革的顺利进行创造了一个比较好的社会环境。

会议认为，社会治安虽然有了明显好转，但还不平衡、还不巩固。同时，在经济改革、开放、搞活的新形势下，出现了一些新的问题，特别是经济犯罪活动增多，偷盗案件上升，某些社会丑恶现象又重新泛起。因此，我们决不能因为社会治安有了明显好转而丝毫麻痹松劲，一定要继续把工作抓得很紧很紧。

会议指出，对那些杀人、放火、爆炸、强奸、抢劫和流氓集团等危害人民安全、破坏社会秩序的严重刑事犯罪分子，必须依法从重从快惩处。对一切严重危害社会风气的腐败丑恶现象，要坚决制止和取缔。对破坏分子的宽容、仁慈，就是对犯罪行为的放纵和对人民民主权利的损害，就会危害安定团结的社会环境，危害社会主义建设事业。因此，严厉打击严重刑事犯罪活动的斗争要毫不放松地、坚持不懈地抓下去。

会议强调指出，在严厉打击严重刑事犯罪分子的同时，要下大决心严厉打击严重经济犯罪活动。会议认为，对经济犯罪案件的查处，虽已逐步引起重视和有所进展，但总的表现是手软，打击不力。这种状况现在正在大力扭转。鉴于打击严重经济犯罪活动比之打击严重刑事犯罪活动更为复杂，各级党委和政府要切实加强领导，各级公安、检察、法院、司法部门都要作为重要任务之一，协同动作，密切配合，互相支持。经济犯罪活动不管牵涉到谁，谁触犯了刑律，都要依法查处，做到有法必依，执法必严，违法必究，在法律面前人人平等。应该追究刑事责任的，不能以经济处罚代替刑事处罚，不能以党纪、政纪处分代替依法惩处；不能把查实的经济犯罪当成不正之风处理，不能把查实的渎职罪当成官僚主义处理。要依法抓紧查处经济犯罪大案要案，从严惩办严重经济犯罪分子。在办理经济犯罪案件的过程中，一要坚决，二要慎重，务必搞准。要注重调查研究，坚持以事实为根据，以法律为准绳，做到不枉不纵。

会议认为，要有效地预防和减少犯罪现象，必须全面落实社会治安综合治理的各项措施，依靠全党全社会去完成这项教育人、挽救人、改造人的"系统工程"。要进一步改进劳改劳教工作，提高改造工作的质量，坚决执行"改造第一，生产第二"和"教育、感化、挽救"的方针。既要严格管理，又要文明管理。创造良好的改造环境，努力把劳改犯和劳教人员中的绝大多数改造成为新人。对刑满释放和解除劳教的人，各级政府要妥善安置，继续教育帮助他们。

会议认为，把我国建设成为有高度的社会主义民主与健全的社会主义法制的社会，是我们国家的一件根本大事，一项根本建设，是经济体制改革和教育改革、科技改革顺利进行的根本保证，是我们国家长治久安的根本保证。我们要努力做到使社会主义民主制度化、法律化，使这种制度和法律不因领导人的变更而变更，不因领导人的看法和注意力的改变而改变。要把全体公民的思想和行动统一于宪法，把全体党员的思想和行动统一于党章和宪法，在坚持四项基本原则的基础上，更好地实现四个现代化的目标和任务。做到这一点的关键，是从根本上提高党内特别是领导干部的民主与法制观念。要使全体党员和干部懂得，我们的中心任务是实现四个现代化，而搞现代化就要有现代化的思想，建设社会主义民主与法制就是现代化思想的一个重要方面。高度的社会主义民主和健全的社会主义法制，是进行社会主义物质文明建设和精神文明建设的可靠保证和必要条件。从根本上说，这是我们党的一项非常伟大的历史任务。如果不完成这个历史任务，要建设具有高度民主和高度文明的社会主义现代化强国的根本任务，就不可能实现。

会议认为，摆在政法战线面前的任务是极为艰巨和繁重的。实现这些任务的关键在于提高整个政法队伍的素质。政法机关是国家的重要机关，党、国家、人民把"保护人民、打击敌人、惩治犯罪、服务四化"的任务交给政法部门，政法战线的同志一定要振奋精神，团结战斗。要有高度的党性，全心全意为人民服务；要掌握马列主义、毛泽东思想这个武器，按历史唯物主义和辩证唯物主义办事；要坚持走群众路线，实事求是；要提高专业知识水平，善于正确运用法律武器，严格依法办事。政法干警必须做到铁面无私，刚正不阿，秉公执法。

会议强调，各级党委、政府要进一步加强对政法工作的领导，支持政法部门的工作，支持政法部门的业务建设和改善技术装备，切实帮助政法部门解决工作中的实际困难。

会议号召政法战线的全体干警，以高度的自觉，以崭新的风貌，齐心协力做好工作。中央政法委员会和政法各部门负责人刘复之、陈伟达、杨易辰、凌云、崔乃夫、邹瑜、阮崇武、贾春旺、周文元出席了会议。中纪委书记强晓初、全国人大常委会秘书长王汉斌也出席了会议。

全国法院院长会议

最高人民法院于1986年3月5日至10日在北京召开了全国法院院长会议。参加这次会议的有各省、自治区、直辖市高级人民法院和北京、上海、天津、重庆、西安、沈阳、大连、哈尔滨、广州、武汉、南京等11个市中级人民法院以及中央有关部门的代表，共计102人。

这次会议以邓小平提出的"一手抓建设、一手抓法制"的思想为指导，认真学习了中央领导人在全国政法工作会议上的重要讲话，全面研究和安排了1986年的法院工作。最高人民法院郑天翔院长在讲话中，提出1986年法院工作要"突出'两打(打击严重刑事犯罪和经济犯罪)'，抓好经民(经济审判和民事审判)，严肃执法，加强建设"；强调法院干部必须做到"实事求是，坚持原则，严明法纪，善于学习"。最高人民法院任建新副院长在会议上的讲话中指出，1986年最高人民法院将依据形势的发展，在统筹兼顾、全面安排的前提下，继续坚定不移地严厉打击严重危害社会治安的犯罪活动，坚决加强打击严重破坏经济的犯罪活动；抓好经济审判和民事审判；同时，继续为健全社会主义法制，提高法院干部素质而努力。

会议着重讨论研究了以下几个方面的工作：

一、关于严厉打击严重危害社会治安的刑事犯罪

会议认为，通过严厉打击严重危害社会治安的刑事犯罪的斗争，社会治安有了明显的好转。但是，各地的发展还不平衡，不稳定，我们绝不能松懈、麻痹，必须坚定不移地贯彻依法从重从快的方针，严厉打击严重危害社会治安的犯罪分子，争取社会治安进一步稳定好转。对盗窃、诈骗、抢劫等当前十分猖獗的犯罪，必须坚决予以打击，特别是惯犯、累犯、刑满释放后又犯罪的和劳改犯逃跑后又犯罪的，要依法从重或加重处罚；对于引诱、容留、强迫妇女卖淫的老鸨和窝主，要继续重点打击；对于赌头、赌棍，应以赌博罪从重处罚；要严惩拐卖人口的犯罪分子；继续从严打击走私、制作、贩卖和传播淫秽录相等淫秽物品的犯罪分子；狠狠打击流氓犯罪集团和扰乱公共秩序的流氓犯罪活动。

二、关于打击严重的经济犯罪

1985年以来，各地依法严厉惩处了一批严重破坏经济的罪犯，但总的表现是打击不够有力。当前严重经济犯罪的突出表现是，贪污、行贿受贿和利用经济合同进行诈骗的案件很多；大案显著增加；一些企事业单位、社会团体、党政军机关也参与、掩护或直接实施严重经济犯罪活动。对此，会议要求各级人民法院要狠抓大案要案，敢于坚持原则，敢于依法办事；同时，要在“准”字上狠下功夫，既要对严重的经济犯罪分子依法从严惩处，又要严格区分罪与非罪、重罪与轻罪的界限，使判处的案件经得起历史的检验；对利用经济合同进行诈骗的，要依法严惩；对机关、团体、企事业单位进行犯罪活动的，不仅要追究执行者的刑事责任，而且要追究策划者、组织者、指挥者的刑事责任；对国家工作人员犯罪的，要依法严惩，防止判“人情刑”、“照顾刑”；对玩忽职守构成犯罪的，必须追究刑事责任；对银行工作人员挪用库款供个人或他人使用构成犯罪的，应当从严惩处。

三、关于经济审判工作

近两年来，经济纠纷案件数量增长速度很快，争议的标的额也越来越大，并且不断出现一些新情况。由于经济审判干部量少质弱，缺乏经验等原因，经济审判工作还存在不少缺点和问题。如有的案件事实不清，责任不明，就盲目调解或草率下判；有的案件处理不公正，片面保护本地区的利益；有的在审理经济纠纷案件时发现犯罪问题，没有及时移送有关部门，而是按一般经济纠纷处理。因此，会议提出，各地人民法院、特别是主管经济审判的领导同志，要认真学习党和国家的各项经济方针、政策和经济法律、法规，从战略高度来认识经济审判工作的重要性，把提高办案质量作为经济审判工作的中心环节，认真抓好；要严格依法办案，敢于抵制地区本位主义和各种不正之风，执法要严肃，处理要公正；要认真贯彻最高人民法院、最高人民检察院和公安部《关于及时查处在经济纠纷中发现的经济犯罪的通知》等文件，不使犯罪分子在法院手中溜掉。

四、关于民事审判工作

会议指出，《中华人民共和国民法通则》即将提交全国人民代表大会讨论通过，这将使我国民事审判工作和经济审判工作进入一个有基本法可依的新阶段。因此，1986 年民事审判工作要以贯彻《民法通则》为中心，推动其他工作的开展。各地人民法院要组织审判人员学好《民法通则》，采取多种方法分期分批培训审判干部；要对在经济体制改革中民事关系出现的新情况、新问题进行深入、全面的调查研究；要选择一些典型案件，结合《民法通则》，进行法制宣传教育。

五、关于申诉信访工作

会议提出，在刑事申诉方面，要认真做好复查统战方面案件的扫尾工作，处理好尚存的“文革”期间判处的案件和历史老案的申诉。对“严打”中判处的案件，要坚持实事求是、有错必纠的原则，确属搞错了的，应当迅速纠正；量刑畸轻畸重的，要慎重处理；量刑偏轻偏重的不要改判；对申诉无理的，要据理驳回。所有刑事、民事、经济纠纷的申诉信访，都要坚持分级负责的原则，对重点案件要一查到底，不能搞层层批转。发现错案要及时纠正，绝不能以善后工作难以解决为由，该纠的不纠，该判的不判，或者判而不宣。

六、关于法院参加社会治安的综合治理

会议指出，人民法院参加对社会治安的综合治理，应克服单纯等案上门、关门办案、孤立办案的作法，要注意深入基层，主动参与理顺潜藏着发生纠纷可能的经济、民事法律关系，预防和减少纠纷；要选择典型案例，就案讲法，扩大办案效果；要加强人民法庭建设，做好基础工作。

七、关于严肃执法

会议指出，当前一些地方存在以人代法，以权代法的问题，干扰了法院的正常工作，损害了党的威信和法律的尊严。人民法院作为国家审判机关，要做知法守法、严肃执法的表率，要敢于碰硬，执法如山。少数法院和审判人员屈从于外部的压力和阻力，不敢坚持原则、依法办事，而违心地违法裁判的现象，必须坚决予以纠正。同时，各级人民法院还要进一步加强审判监督和执行工作，在制度上、措施上切实保证严肃执法。

八、关于改进作风

会议再次强调，人民法院在工作作风上，要做到主动、深入、及时。当前改进作风要做到以下几点：一是要主动服务，包括为全局服务和为人民服务。法院工作必须更紧密、更直接地同经济建设挂上钩，更主动、更自觉地运用法律手段为经济建设服务；同时要彻底清除“衙门作风”，为人民排难解忧，多为人民办实事、办好事。二是要调查研究，了解工作中出现的新情况、新问题，有的放矢地指导工作，解决问题。调查的方法主要是“下马观花”、“解剖麻雀”。三是要提高工作效率，在保证工作质量的前提下，做到迅速、及时。

九、关于法院队伍建设

在思想建设方面，要加强马列主义理论学习，加强思想政治工作。在业务建设方面，一是办好全国法院干部业余法律大学；二是要加强干部的短期培训；三是提倡法院干部向一切有实践经验的人学习各项专业知识。在纪律建设方面，要认真查处法院干部违法乱纪问题，“从严治院”。在组织建设方面，要加强法院的领导班子建设，同时要注意培养选拔中青年干部，发挥五十岁左右的有审判经验的干部的作用。

十、关于司法行政工作

会议指出，由于历史原因，法院建设方面欠帐过多，在人、财、物、房等方面的困难仍很大。1986 年各高级人民法院要着重抓好审判法庭的建设，力争在 1986 和 1987 两年把各级人民法院的审判法庭全部建起来。要着手组建最高人民法院和各高级人民法院、大部分中级人民法院之间的传真通讯网。推广、开发微型计算机在司法统计、档案管理、文件检索等方面的应用。要注视法医工作，逐步把法医的机构、设备、技术人员配备起来。

会议指出，1986年全国法院的工作仍然十分繁重。会议号召全国法院要以愚公移山的精神，以再展宏图的气魄，团结奋斗，踏实苦干，抓住重点，带动全面，为进一步开创法院工作的新局面，为加强社会主义法制，为保障和促进社会主义建设和改革，做出应有的新的贡献。

（最高人民法院办公厅秘书处　李京生）

全国法院落实政策会议

最高人民法院于1986年6月25日至29日在吉林省长春市召开了全国法院落实政策会议。这次会议旨在认真学习贯彻中央关于落实政策的文件，进一步提高认识，明确人民法院落实政策的工作任务和政策界限，采取有效措施，把“文化大革命”以前和“文化大革命”中在“左”的思想影响下判错了的案件，实事求是地纠正过来，并妥善做好善后工作。各省、自治区（除西藏外）、直辖市高级人民法院、解放军军事法院、铁路运输高级法院以及中央有关单位一百余人参加了会议。

最高人民法院副院长祝铭山出席会议并讲了话。他在讲话中总结了几年来人民法院落实政策的工作，部署了人民法院刑事审判工作方面落实政策的任务，并就工作中正确执行党的政策和国家的法律问题提出了意见和要求。

会议回顾了几年来人民法院落实政策工作的情况。指出：从党的十一届三中全会以来，各级人民法院在党委领导下，认真贯彻执行党的方针、政策，坚持历史唯物主义观点，坚持实事求是、有错必纠的原则，认真落实党的政策，取得了显著成绩。截止1986年3月底，共复查处理中央规定全面复查的案件和各个时期的刑事申诉案件共二百四十三万余件，其中改判七十七万余件，并协助有关部门较好地落实了善后工作。各级人民法院认真落实党的政策，纠正大量冤假错案，在国内外产生了良好的政治影响，对于促进安定团结、调动各方面的积极因素和加速社会主义现代化建设，起了很好的作用。

会议提出，为了完成落实政策的任务，人民法院应当做好以下几方面的工作：

一、认真查处“文革”前判处的反革命案件和其它政治性案件。对这类案件，凡是本人或亲属提出申诉的，或者有关单位和有关人员要求复查的，或者人民法院在工作中发现可能是冤假错案的，都要逐件复查。查处这类案件是当前人民法院落实政策工作的重点。

二、解决好“文革”期间所判刑事案件的复查工作中的遗留问题。这项复查工作已于1982年底基本结束。目前，全国尚有一些案件还没有复查，其中不少是集团案件、重大疑难案件。对这些案件，要认真对待，抓紧查处。对已经复查又提出申诉的案件，要认真研究。确属应当纠正而未纠正的，或者留了不应该留的尾巴的，要合理解决；对已作正确处理而提出无理申诉的，要坚持原则，据理驳回。

三、解决好落实统战政策工作中的遗留问题。对这项工作要继续抓紧抓好，做到善始善终。

对“文革”前和1977、1978年判处的普通刑事案件提出的申诉以及1979年以来判处的各类刑事案件提出的申诉，应列为日常工作，认真处理。其中基本事实和基本性质错了的，应当给予纠正；基本事实和基本性质没错的，应当维持原判。

会议认为，查处历史老案，应当根据《关于建国以来党的若干历史问题的决议》的精神和党的十一届三中全会以来的路线、方针、政策，坚持历史唯物主义观点，考虑当时的历史背景，具体案件具体分析。

为了保证完成落实政策这一重大的政治任务，会议要求各级人民法院首先必须进一步统一思想，提高认识，克服各种不正确的想法，充分认识落实党的政策的重要意义。各级人民法院的领导和广大审判人员要以高度的政治热情和对党对人民负责的精神，严格执行党的政策和国家的法律，切实把这项工作做好。第二，必须加强领导，健全机构，充实力量，加快进度。各级人民法院要把落实政策的工作列入重要议事日程，统筹安排，适当调整和充实办案力量。第三，进一步改进审判作风和工作方法，提高办案质量和工作效率。根据各地情况，突出重点，尽快查处对国内外有较大影响的案件。要注意抓案件的基本事实和基本证据。基本事实搞清楚了，就不要再纠缠一些不影响定案的次要问题。要在处理申诉中，做耐心细致的思想工作和法制教育工作。第四，各级人民法院要在落实政策工作中，与有关部门密切配合，妥善解决工作中、特别是善后工作中遇到的实际困难。

与会者经过认真讨论，一致认为，这次会议任务明确，政策界限清楚，措施具体，必将对全国法院落实政策工作起到促进和推动作用。

（最高人民法院刑二庭　卫彦明）

全国法院审理大案要案工作会议

全国法院审理大案要案工作会议于1986年7月5日至10日在北京市密云县召开。

参加这次会议的有全国各省、自治区（除西藏外）、直辖市的高级人民法院、铁路运输高级法院、解放军军事法院和部分中级人民法院，以及中央有关部门的代表共一百二十余人。

这次会议是在中央国家机关八千人大会之后，各地从抓大案要案入手端正党风，审理大案要案已成为各级人民法院一项突出的重要任务的形势下召开的。会议着重研究了如何又准又快地把大案要案办好，为端正党风、为社会风气的根本好转、为保障社会主义经济体制改革和现代化建设服务。最高人民法院副院长林准在会上讲了话。上海、北京、广东、四川、黑龙江、吉林六省、市法院的代表介绍了审理大案要案工作的经验和体会。与会同志还就当前办理经济犯罪案件中应当掌握的政策、法律界限等问题和疑难经济犯罪案例，进行了讨论、研究。最高人民法院院长郑天翔在会议结束时作了重要讲话。

会议回顾了近一年多来全国法院审理大案要案工作的基本情况，认为在党中央的领导下，审理大案要案特别是严重经济犯罪案件的工作，取得了突破性的进展。这主要表现在两个方面：

一、在中央的领导下，取得了全局性的突破。自六届全国人大常委会第十二次、第十四次会议以来，特别是1986年，同中央国家机关八千人大会之后，各地在进一步端正党风过程中，采取积极有效的措施，迅速查清了一批大案要案。各级人民检察院及时依法起诉了一批大案要案。因而，这个时期，各级人民法院受理的经济犯罪案件，包括大案要案有较大幅度的增加。1986年1月至5月，全国各级人民法院受理的经济犯罪案件比1985年同期上升44.9%；在判处的经济犯罪分子中，被判处十年以上重刑的比1985年同期增加33.1%。

二、在全局性的突破下，人民法院审判工作本身也有所突破。首先，在办案中坚持了有法必依、执法必严、违法必究的原则。对严重经济犯罪执法不严、打击不力的现象已有所扭转。过去有些犯罪应当追究刑事责任而没有受到追究，现在这类现象已经减少。以罚（款）代替刑（罚）的情况逐步有了改变。对行贿受贿犯罪，现在有不少既处理了受贿的，又处理了行贿的。过去对严重渎职行为处理不严，有些构成玩忽职守罪的，没有追究刑事责任，现在有的法院严肃处理了一些玩忽职守的犯罪分子。有些法院还严肃处理了一些机关、社会团体和企事业单位进行经济犯罪的案件，对那些直接组织、策划、指挥犯罪活动的主管人员依法追究了刑事责任，改变了那种认为单位负责人只要不中饱私囊就可以不判罪的错误观念。第二，切实保证了准确办案。经济犯罪方面的大案要案，情况复杂，涉及面广，办案难度大，在某些地方压力也大。这一时期内，各地法院尽职尽责地审理案件，不畏权势，不怕困难，排除了各种干扰，坚持以事实为根据，以法律为准绳，努力做到了事实清楚，证据扎实，定罪准确，量刑适当，程序合法，从而保证了办案质量。第三，在"准"的基础上不少案件办得比较"快"。由于许多法院领导重视，经常了解情况，督促检查，并且安排了得力的干部参加大案要案的审理，有的院长、庭长还亲自办案，从而加快了办案进度，使大案要案一般处理得比较及时。第四，取得了很好的社会效果。由于人民法院审理大案要案做到了严肃认真，秉公执法，所以对国内外都产生了很好的影响。各地普遍认为这次是"动了真的，来了硬的，干了实的"，不管是什么人，只要犯了罪，都一样受到法律制裁，充分体现了法律面前人人平等的原则，维护了法律的尊严。

会议认为，前一个时期，各地人民法院已经处理了一批大案要案，取得了显著的成绩，也积累了一些经验，但这只是一个良好的开端，今后的任务还很艰巨。因此，各级法院必须充分认识到这项工作的重要性、长期性、艰巨性和复杂性，并要作到以下各点：

（一）各级法院要进一步领会抓紧办好大案要案的重要意义，提高思想认识。在审理大案要案工作中，要紧紧依靠党委的领导和支持，排除来自各方面的干扰，正确分析形势，明确任务，继续把大案要案的审判工作作为人民法院一项突出的重要任务，抓紧、抓好、抓到底。

（二）要坚持原则，严肃执法。对于严重经济犯罪中的首犯、主犯、屡犯、惯犯，犯罪金额巨大或者给国家造成重大经济损失的罪犯，要依法从严惩办，该定什么罪就定什么罪，该处什么刑就处什么刑，决不能手软。要注意追缴经济犯罪分子的赃款赃物。应当并处罚金和没收财产的，要依法判处，决不让经济犯罪分子在经济上捞到好处。对于国家工作人员利用职务之便进行经济犯罪活动，情节严重的，要按照全国人大常委会《关于严惩严重破坏经济的罪犯的决定》，从重处罚。对一些机关、团体和企事业单位进行严重经济犯罪活动的，除了依法惩办直接责任人员外，对于那些直接组织、策划、指挥犯罪活动的，也要依法追究其刑事责任。在办案中要坚持全案审查，凡是与犯罪牵连的人和事，不论涉及到哪个单位和哪一级组织，都要追查到底，查个水落石出，全案处理。

（三）审理大案要案要确保质量，讲究效率，把基本的犯罪事实查清楚，基本证据搞扎实后，要当断即断。在处理经济犯罪案件中，要注意分清在改革中因缺乏经验造成失误与借改革之机、钻改革空子进行犯罪活动的界限；分清政策规定不明确与有法不依、明知故犯的界限；分清违反行政法规与触犯刑律的界限；分清不正之风与经济犯罪的界限；分清官僚主义的问题与渎职犯罪的界限。要对具体案件作具体分析，有的还要考虑当时的历史背景，做到合情合理合法。在执法从严的前提下，对于具有法定从轻、减轻情节的，还要依法从轻、减轻处理。该严则严，该宽则宽，以利于分化瓦解犯罪分子和犯罪集团。总之，审理大案要案，一要坚决，二要慎重，使案件经得起历史的检验。

（四）要加强审判监督。人民法院的审判监督不能只限于事后监督。对于一些大案要案，在审理过程中就应当及时监督。尤其是遇到"以言代法"，"以权压法"的情况时，上级法院实行审判监督，就可以有力地支持下级法院抵制和排除干扰，严肃执法，秉公办案。还可以及时指导下级法院准确地适用法律，防止出现定性不准和量刑畸轻畸重的现象。

与会同志一致认为，审理大案要案影响大，震动大，教育面大，效果也大。抓住了大案要案，就等于抓住了当前刑事审判工作的中心环节，能够带动整个刑事审判工作的全局。最高人民法院召开这次审理大案要案工作会议是很必要，很适时的。这次会议对于推动全国法院审理大案要案工作的进行，必将发挥积极的作用。

（最高人民法院刑一庭　杨永波）

全国省、自治区、直辖市检察长会议

1986年3月5日至3月12日，最高人民检察院在北京召开了全国省、自治区、直辖市检察长会议。参加会议的有各省、自治区、直辖市人民检察院，军事检察院和全国铁路运输检察院的检察长、经济检察处处长；各大军区、海军、空军军事检察院检察长；各省省会、自治区首府检察院检察长、经济检察处处长；经济特区、沿海开放城市和计划单列城市检察院检察长，以及部分检察分院（市）、县（区）检察院检察长，共250多人。

会议以邓小平关于“一手抓建设，一手抓法制”的重要论述为指导思想，学习贯彻全国政法工作会议精神，联系检察机关实际，总结了1985年的工作，交流了打击经济犯罪工作的经验，讨论了《关于当前办理经济犯罪案件中具体应用法律的若干问题的解答（修改稿）》，研究部署了1986年的任务。

会议在回顾1985年检察工作的基本情况时指出，各级检察机关自觉地为经济体制改革和社会主义现代化建设服务，在不放松打击刑事犯罪活动的同时，把打击严重的经济犯罪作为主要任务，大力加强了对经济犯罪行为的检察。全年检察机关共立案侦查经济犯罪案件28790余件，比上年增长29.8%；逮捕经济犯罪分子17160余人，提起公诉15570余人，为国家挽回经济损失2.68亿余元。与此同时，全国各级检察机关还积极投入了严厉打击严重刑事犯罪活动的斗争。法纪检察、监所检察、控告申诉检察以及法律、政策研究等各项业务工作也都有了进展。广大检察干警团结战斗，秉公执法，认真履行法律赋予的职责，为捍卫社会主义法律的尊严做出了新的贡献。

会议对1986年的检察工作进行了部署。1986年是打击严重刑事犯罪斗争的关键一年，也是要把经济犯罪分子的嚣张气焰压下去的关键一年。各级检察机关要继续坚持在绝不放松打击严重刑事犯罪活动的同时，把打击严重经济犯罪活动作为主要任务。要围绕“两打”斗争全面开展各项检察业务。关于打击经济犯罪工作，要进一步加强领导，切实纠正打击不力的现象，用一年左右的时间，把经济犯罪分子的嚣张气焰压下去。为了完成这一任务，要进一步提高认识，统一思想；要集中力量查处大案要案；要坚持“抓系统，系统抓”，深入清查经济犯罪；要敢于碰硬，善于碰硬，坚决打破关系网、保护层，越是高级干部的子弟，越是高级干部，越是名人犯罪，越要抓紧查处，真正做到执法必严，违法必究；要提高办案质量，抓紧结案工作；要继续解决某些法律、政策界限不清的问题；要依靠党委领导，与有关司法部门紧密配合，打一场打击严重经济犯罪的总体战，并把打击经济犯罪同端正党风、加强法制建设结合起来。关于打击严重刑事犯罪的工作，要按照全国政法工作会议的部署，在各地党委的统一领导下，坚持贯彻依法“从重从快”惩处的方针和稳、准、狠的原则，严格把好批捕、起诉关，争取社会治安的稳定好转。同时，要进一步加强法纪检察工作，积极主动地做好监所检察和控告申诉的处理工作，争取有个新的进展。各级检察机关要在开展各项业务工作中，注意做好社会治安综合治理的其他工作，达到预防和减少犯罪的目的。各级检察机关还要认真抓好自身建设，大力加强思想政治工作，从严治警；要搞好各级领导班子建设；特别要注意加强基层基础工作；要继续发扬艰苦奋斗的作风，努力改善工作条件，争取更大的成绩。

会议号召全国检察干警，要一身正气，两袖清风，刚正不阿，秉公执法，坚持做到严格执法，文明执法，做有理想、有道德、有文化、有纪律的人民检察官，为完成1986年检察工作的各项任务做出贡献。

（最高人民检察院二厅　刘立宪）

全国刑事检察业务会议

1986年5月22日至5月30日，最高人民检察院在北京召开了全国刑事检察业务会议。参加会议的有各省、自治区、直辖市人民检察院、军事检察院和全国铁路运输检察院主管刑事检察工作的副检察长、刑事检察处处长，以及哈尔滨、沈阳、大连、武汉、西安、重庆、南京、广州等市检察院刑事检察处处长，共101人。会议由最高人民检察院冯锦汶副检察长主持，杨易辰检察长在会上讲了话。

会议讨论了当前社会治安形势，研究怎样把当前刑事犯罪大要案上升的势头压下去；研究了如何提高出庭支持公诉工作，并讨论修改了《人民检察院出庭工作试行规定》。

会议认为，1986年以来，从全国范围来看，社会治安形势是比较好的，特别是农村，广大群众的安全感有所增强，社会秩序趋于稳定。但是还应看到社会治安中仍然存在一些值得注意的问题，主要是重大、特大刑事犯罪案件大幅度回升，有些案件情节十分恶劣，在群众中造成极坏的影响。因此，全国各级检察机关要绝不放松严厉打击严重刑事犯罪的斗争，要继续坚持依法“从重从快”惩处的方针，发扬不怕疲劳、连续作战的作风，争取在短期内把重大、特大刑事案件回升的势头压下去，争取社会治安进一步稳定好转。当前在打击刑事犯罪斗争中，各级检察机关要保持严打声威，严厉打击杀人、强奸、抢劫、爆炸等严重刑事犯罪活动；要认真履行侦查监督和审判监督职能，并积极做好社会治安综合治理其他方面的工作等。

会议认为，检察机关对提起公诉的案件出庭支持公诉，是刑事诉讼活动不可缺少的一个环节，是检察机关行使法律监督职权的重要方面，必须进一步加强出庭支持公诉工作。几年来，各地检察机关在这方面积累了一些好的经验，但这项工作目前仍然是一个薄弱环节。随着我国对外开放、对内搞活政策的贯彻实行和经济体制改革的深入发展，犯罪活动出现了许多新情况、新特点，犯罪分子更加狡猾，作案手段和逃避刑事惩罚的对策也在不断变换，给出庭支持公诉工作增加了难度。因此，各地检察机关要认真总结经验教训，改进工作，加强公诉人员基本功的训练，争取在较短的时间内实现出庭工作规范化和制度化，把出庭支持公诉工作提高到一个新的水平。

（最高人民检察院一厅　魏毓久）

十六省、自治区、直辖市检察院办理玩忽职守案件座谈会

1986年6月2日至10日，最高人民检察院在湖南省岳阳市召开了办理玩忽职守案件座谈会。参加会议的有湖南、辽宁、天津、河北、陕西、河南、湖北、山东、安徽、江苏、浙江、福建、四川、广东、广西、贵州等十六省、自治区、直辖市检察院的法纪检察处处长和湖南省检察院、岳阳市检察院的检察长。会议学习了中央领导同志的有关讲话，总结交流了办理玩忽职守案件的情况和经验，重点研究了办理玩忽职守案件的法律、政策界限，统一了思想，明确了工作任务。最高人民检察院副检察长张思卿在会上讲了话。

会议认为，当前玩忽职守犯罪出现了许多新情况。玩忽职守犯罪给国家和人民的生命财产造成了很大损失。依法查处玩忽职守案件，是法律赋予检察机关的重要职责，是改革、开放、搞活经济的需要，也是端正党风的需要。会议提出，各级检察机关要充分认识查处玩忽职守案件的重要性，切实加强领导；要突出重点，采取有效措施，抓紧办理大案要案。当前要突出查处三个方面的案件：一是与经济犯罪有联系的玩忽职守案件，二是经济活动中，特别是金融、工商部门在信贷、经营中出现的玩忽职守案件，三是工矿企业、交通、基建等部门的行政、经济管理人员，对国家和人民利益漠不关心，对工作敷衍塞责，或滥用职权，违反规章制度，盲目蛮干，以致事故频生，损失惊人的玩忽职守案件。会议要求，检察机关要与有关部门加强联系，协同作战；要严格依法办案，保证办案质量。在办案中一要坚决，二要慎重，三要把案件搞准。

（最高人民检察院二厅　杨振江）

全国法纪检察工作会议

1986年10月20日至27日，最高人民检察院在北京召开了全国法纪检察工作会议。参加会议的有各省、自治区、直辖市人民检察院、军事检察院、全国铁路运输检察院主管法纪检察工作的副检察长、法纪检察处处长，以及哈尔滨、沈阳、大连、南京、武汉、广州、西安、重庆等八个大城市检察院和十个检察分院（市）、县检察院的负责人，共84人。最高人民检察院副检察长张思卿主持了这次会议。

会议以《中共中央关于社会主义精神文明建设指导方针的决议》和《中共中央关于全党必须坚决维护社会主义法制的通知》的精神为指导思想，总结了近两年来的法纪检察工作，研究了进一步开展法纪检察工作的意见，讨论修改了《关于正确认定和处理玩忽职守罪的若干意见》。

会议认为，1985年以来，全国各级人民检察院认真履行法律赋予的职责，依法查处了一大批法纪案件，法纪检察工作有了较大进展。检察机关通过开展法纪检察工作，为保护公民的人身权利和民主权利，保卫改革，促进党风和社会风气的好转发挥了积极作用。法纪检察工作虽然取得了较大进展，但在整个检察工作中仍然是个薄弱环节。法纪检察的任务还没有全面承担起来；工作发展不平衡，还有部分县、区检察院没有立案查处法纪案件；有的地方在查办一些干扰多、阻力大的法纪案件中存在畏难情绪，对案件查处不力。

会议认为，要切实加强对法纪检察工作的领导，开创法纪检察工作新局面，1987年要做好以下几项工作：一是认清形势，统一思想，明确法纪检察是检察机关履行法律监督职责的重要组成部分，也是社会主义精神文明建设的重要内容，要切实把法纪检察工作摆在重要位置，认真抓好。二是查处大案要案，带动法纪检察工作的全面开展。1987年法纪检察工作的重点是

查处刑讯逼供、非法拘禁、非法搜查、诬告陷害等严重侵犯公民人身权利和民主权利的案件，以及玩忽职守案件和重大责任事故案件。对阻力大的案件，下级检察院要及时报告上级检察院，直至报告最高人民检察院。上级检察院要采取各种形式支持把案件查清，严肃处理。三是正确处理依靠党委领导和依法独立行使检察权的关系。检察机关要自觉地依靠党委领导，主动向党委反映法纪案件的发案和查处情况，认真听取、严肃对待党委的意见。但不是依赖党委，案无大小都请示党委。检察机关对法纪案件的处理，要忠实于事实，忠实于法律，独立作出决定。四是正确执行法律、政策，提高办案质量。要坚持“坚决、严肃、慎重”的原则。坚决，就是查处法纪案件的态度要坚决，不管阻力、干扰多大，都要一办到底；严肃，就是对清查的案件要严肃处理；慎重，就是要搞准，要严格区分罪与非罪的界限，准确认定犯罪性质，保证办案质量。五是充实加强办案力量，提高干警业务素质。要抓好对法纪检察干部的培训工作。要根据办案工作的需要，配备必要的技术装备。广大法纪检察干警要振奋精神，团结奋斗，把法纪检察工作推向一个新阶段。

（最高人民检察院二厅　杨振江）

全国检察机关控告申诉检察工作会议

1986年10月31日至11月4日，最高人民检察院在北京召开了第三次全国检察机关控告申诉检察工作会议。参加会议的有各省、自治区、直辖市人民检察院、军事检察院、全国铁路运输检察院主管控告申诉检察工作的副检察长、控告申诉检察处处长等，共70人。张思卿副检察长在会上讲了话。

会议总结了1985年1月第二次全国检察机关信访工作会议以来的工作，交流了经验。会议认为，两年多来，检察机关的控告申诉检察（信访）工作取得了一定的成绩。通过处理群众来信来访，发现并及时向有关部门提供了犯罪案件线索，直接查处了一批检举控告案件；坚持实事求是的原则，认真处理申诉案件，保护了公民合法权益；及时向领导反映信访情况，起到了参谋作用；转变工作作风，改进工作方法，从单纯的抄抄转转发展到办实事、解决问题。总之，人民检察机关的控告申诉检察工作，为打击刑事犯罪和经济犯罪，为预防和减少犯罪，为维护社会主义法制和保护公民合法权益，发挥了积极作用。

会议提出了今后检察机关控告申诉检察工作的五项任务：一、进一步明确控告申诉检察工作在整个检察工作中的地位和作用，把这一“长期的大事”抓紧抓好。二、落实党的政策，完成复查历史老案的任务。三、加强办案工作，提高办案质量。四、切实加强信息反馈工作和大力开展社会治安的综合治理工作。五、继续健全控告申诉检察工作机构，充实人员，完善工作制度，加强干部队伍建设。

会议讨论修改了《人民检察院控告申诉检察工作试行细则》（草案）。《细则》（草案）是检察机关重建以来控告申诉检察（信访）工作实践的总结，它对于进一步理顺工作关系，使控告申诉检察工作逐步走向专业化、制度化、规范化，提高工作质量和工作效率，都有重要的作用。建议进一步修改后，正式下发试行。

（最高人民检察院信访厅　仝宝宇）

全国检察机关法制宣传工作会议

1986年10月7日至11日，最高人民检察院在北京召开了全国检察机关法制宣传工作会议。参加会议的有各省、自治区、直辖市检察院、军事检察院、全国铁路运输检察院和各省会、自治区首府所在地的市检察院的研究室主任，以及部分检察分院和市、县检察院的负责人，共70人。有关部门和新闻单位的代表应邀出席了会议。会议学习了《中共中央关于社会主义精神文明建设指导方针的决议》，回顾总结了检察机关重建以来法制宣传工作的成绩，交流了开展法制宣传工作的经验，讨论研究了今后如何进一步加强法制宣传工作的意见。

会议认为，法制建设是社会主义精神文明建设的重要组成部分。随着十二届六中全会《决议》的贯彻，社会主义法制建设将会得到极大加强，社会主义民主、法制、纪律的教育将会更加深入展开，今后一个时期将是法制宣传工作大有作为的时期。各级检察机关要抓住这一大好时机，切实把法制宣传工作搞好。

会议回顾总结了检察机关开展法制宣传工作的情况和经验，讨论了需要改进的问题。一致认为，各级检察机关重建以来，结合各项检察业务，采取多种形式，积极开展法制宣传工作，取得了一定的成绩。如：建立联系点，上法制课，普及法律常识；开展法律咨询活动；举办法制宣传栏、展览和制作电视片，演出文艺节目；在出庭支持公诉中揭露犯罪，以案论法；通过监所检察，对“两劳”人员及其家属宣传法制；通过新闻报道，宣传党的有关政策和国家法律，宣传检察工作和检察人员的先进事迹等，推动了国家法律的实施，促进了法制建设的发展。当前，检察机关法制宣传工作存在的主要问题，一是没有做到经常化、制度化；二是没有做到多样性、广泛性；三是法制宣传工作的队伍还没有形成。这些问题需要认真研究解决。

会议讨论了如何加强法制宣传工作，指出各级检察机关应当进一步提高对法制宣传工作的认识，加强领导；要把法制宣传工作当成是检察工作不可缺少的一部分，摆到工作日程上，明确一位副检察长分管；要组织好法制宣传工作网络，建立一支从事法制宣传工作的骨干队伍。各省、自治区、直辖市检察院，要在研究室内设置法制宣传机构；分院、州院、市院和基层院也要配备专职负责法制宣传工作的干部。检察机关法制宣传工作的主要内容：一是宣传党的方针政策和国家的法律，二是宣传检察机关开展各项检察业务的成就，三是宣传检察干警的先进事迹。在法制宣传工作中，要明确和坚持为两个文明建设服务的指导思想，要进一步提高法制宣传工作的质量，不断开拓法制宣传工作的领域，扩大法制宣传的效果。

（最高人民检察院研究室　栗树林）

全国检察档案工作会议

1986年6月24日至6月30日，最高人民检察院在北京召开了全国检察档案工作会议。参加会议的有各省、自治区、直辖市人民检察院、军事检察院、全国铁路运输检察院的办公室主任、档案干部以及部分市、县检察院的同志，共85人。最高人民检察院王晓光副检察长在会议上讲了话。

会议分析了检察机关档案工作的基本情况。1978年检察机关重建以来，随着各项检察业务的开展，档案工作得到逐步恢复和发展。一些检察院建立了档案机构，设置了专职或兼职档案工作人员，实行了档案集中统一管理，建立和健全了机关文书的立卷、归档和管理制度。不少检察院在档案工作中已经做出了很好的成绩，积累了许多好的经验。但是，发展是不平衡的，还存在不少问题。主要是档案机构不健全，档案人员数量偏少，档案管理制度不完善，缺乏必要的档案库房和设备等。会议认为，档案管理不善的状况必须迅速改变。档案工作是维护党和国家历史真实面貌的大事，是进行各项工作的必要条件。检察机关的诉讼档案是国家的重要专业档案之一。它是检察机关履行法律监督职能，开展各项检察业务活动的真实记录。它反映检察机关贯彻执行党和国家的有关方针政策和法律、法规的情况，是我们总结历史经验、进行现实斗争的重要依据。加强检察机关档案工作建设，应从以下五个方面着手：一是提高各级领导人员对档案和档案工作重要意义的认识，切实加强领导。上级检察院要切实把对下级检察院档案工作的指导、监督与检查任务担负起来，发现问题及时解决，推动基层检察院档案工作的开展。二是建立档案工作机构，充实、加强档案干部。各省、自治区、直辖市检察院、全国铁路运输检察院应设立档案科。检察分院、自治州、省辖市检察院应设档案机构或专职档案人员，基层检察院应有专职或兼职档案人员。三是建立健全档案工作制度，使档案工作逐步走向正规化、规范化、科学化。四是改善档案保管条件，确保档案的安全。五是逐步实现档案管理现代化。要把档案管理现代化纳入机关办公自动化建设，尽快实现应用电子计算机、复印机和缩微技术设备来进行档案材料的储存、检索、复制和管理等。

会议还对加强办公室工作进行了座谈，提出各级检察机关的办公室要充分发挥参谋助手作用，要提高工作效率和工作质量。当前要加强信息工作和领导批办事项的查办工作，更好地为领导服务，为检察业务工作服务。

（最高人民检察院办公厅　李向京）

全国公安厅(局)长会议

1986年3月5日至6日，公安部在北京召开了全国公安厅(局)长会议，学习和贯彻全国政法工作会议精神，研究部署今年的公安工作。会议提出，1986年公安机关的主要任务是：充分发挥公安机关作为人民民主专政工具的作用，继续严厉打击严重刑事犯罪和经济犯罪活动，积极参与社会治安综合治理，进一步加强基层基础工作和各项业务建设，严密治安管理，努力实现30万以上人口的城市社会治安的稳定好转，并使全国城乡治安秩序逐步走向正常，为社会主义物质文明建设和精神文明建设服务。

公安部部长阮崇武在会上讲了话。他指出，随着改革、开放和搞活经济工作的深入发展，公安工作面临许多新情况、新问题，各项业务工作特别是治安管理等方面存在不少薄弱环节。因此，必须加强公安基础工作和各项业务工作建设，加强公安队伍的建设，把严厉打击严重刑事犯罪包括经济领域的刑事犯罪活动，与全面落实社会治安综合治理、加强公安部门业务建设结合起来，做到边打击、边防范、边建设，以保证公安机关强有力地行使人民民主专政的职能。

大家在讨论中认为，在治安管理工作中，当前特别要加强对流动人口的管理，做好对有轻微违法犯罪行为的青少年的帮教工作，各地要普遍推行各种形式的治安责任制和治安联防，形成严密的防范网络。

会议认为，要把加强派出所的建设，作为当前加强整个基层基础工作的重点。各级公安领导机关要经常对派出所进行业务指导，帮助解决一些实际问题。要建立健全治保组织，培训治保人员，制定工作制度，总结治保工作的新经验，充分发挥治保组织的作用。要加强对企事业等单位安全保卫工作的指导。要集中财力和物力，有重点地装备基层公安机关。要加强公安法制建设，按照法律规定的权限，继续修订、完善、拟订各项公安业务法规。要进一步加强武警部队的建设，完成以执勤为中心的各项任务。

会议认为，要把开展社会主义精神文明建设，进一步端正党风、警风，作为公安队伍建设的重点。各级公安领导机关和领导干部要在端正党风、警风、从严治警中为基层作表率。要狠抓纪律作风的整顿，加强公安教育训练工作。要教育干部树立公安工作的荣誉感和责任感，全心全意为人民服务，为社会主义现代化建设服务。要组织干警努力学习马列主义、毛泽东思想的基本理论，学习公安业务，学习法律知识，使广大干警真正成为有理想，有道德，有文化，有纪律，忠诚于党，热爱人民的坚强公安战士。

各省、自治区、直辖市公安厅（局）和广州、西安、重庆、武汉、沈阳、大连、哈尔滨市公安局的负责人以及公安部各业务部门负责人参加了会议。

（公安部法规局）

全国公安宣传工作会议

1986年12月6日至11日，公安部在北京召开了全国公安宣传工作会议。

这次会议是在党的十二届六中全会决议公布后不久召开的。议题是着重讨论公安机关如何加强精神文明建设，公安宣传工作在精神文明建设中应当发挥什么样的作用。

会议认为，近几年来公安宣传工作有较大进展。公安部于1983年设立了新闻发言人，从去年年底到今年10月，全国已有21个省、自治区、直辖市公安厅局先后召开了207次新闻发布会或情况通报会；去年3月以来全国和各地建立了定期发布火灾和交通事故统计数字制度；据18个省、自治区、直辖市公安厅（局）的不完全统计，今年1至10月，在中央和地方报刊上发表的稿件有三万余篇，有力地宣传了公安工作成就，介绍了公安干警的斗争生活和精神面貌，使公安机关加强了与社会各界的联系，得到了人民群众的了解和支持。公安部举办的《严厉打击刑事犯罪活动展览》，除在北京展出外，还在全国23个城市进行了巡回展出，观众达500多万人。这一期间，对公安法规的宣传也普遍加强。公安报刊有很大发展。目前全国共有各种公安报刊145种，其中综合性报刊51种，交通安全报刊33种，消防报刊52种，公安科技学术性刊物5种，公安文学刊物5种。影视宣传进展很快。据23个省、自治区、直辖市的不完全统计，1985年以来拍摄各种公安题材的录像片3588部（条），其中新闻片3161部（条），专题片394部，电视剧33部。文艺宣传有新的起色。先后创办了《啄木鸟》、《剑与盾》、《警坛风云》、《蓝盾》、《水晶石》等文学刊物。图书出版事业有一定发展。党的十一届三中全会以来，群众出版社已出版各类图书723种，其中政治法律图书146种，公安业务图书214种，参考资料126种，文艺图书223种。数量为“文革”前的两倍多，质量也有明显提高。

会议认为，近几年公安宣传工作的主要经验是：公安宣传工作必须服从和服务于中心任务；必须依靠党委、政府的领导，取得宣传部门、新闻单位的指导和支持；在宣传工作上要贯彻改革、开放的精神，凡是需要群众了解和依靠群众来做的事情，要充分宣传；宣传要讲求“准确、通俗、生动、健康”，注意提高社会效果。

会议分析了公安宣传工作面临的新形势和新任务。强调公安宣传要为公安工作服务，必须以十二届六中全会决议为指针，坚持四项基本原则，根据公安工作的方针、任务确定自己的宣传内容、宣传形式和宣传方法。对内，要针对广大公安干警的思想状况和工作实际，加强宣传教育工作；对外，要大力宣传公安机关为维护社会治安、保卫四化建设所做的各种努力和取得的效果，以便使广大人民群众和国内外各界人士对我国公安工作和人民警察有全面正确的了解，更好地动员群众支持公安工作，积极参加社会治安的综合治理，同各种违法犯罪行为和丑恶现象作斗争，为全面改革和对外开放创造良好的社会环境，推动社会主义精神文明建设的发展。

会议还研究了1987年加强公安宣传工作的主要措施。

参加这次会议的有各省、自治区、直辖市公安厅（局）有关负责人、部分公安报刊负责人和中央政法机关、宣传部门的代表共200余人。公安部副部长胡之光作了《关于公安宣传工作基本情况和今后任务》的报告，公安部部长阮崇武作了题为《以六中全会决议为指针，努力开创公安宣传新局面》的讲话，中共中央宣传部副部长王大明也作了重要讲话。

（公安部法规局）

全国公安基层政治工作会议

全国公安基层政治工作会议于1986年6月9日至14日在天津召开。会议总结了近两年来加强与改善基层政治工作和精神文明建设的经验，讨论了如何纠正公安系统不正之风，建立健全岗位责任制，实行目标管理以及领导机关为基层服务等问题。

会议回顾检查了自1984年5月召开的第五次全国公安政治工作会议以来贯彻从严治警方针的情况。认为这两年来已取得了可喜成绩：通过采取多种多样的形式和方法，向广大干警深入进行了理想、纪律教育，形势政策教育和职业道德、职业责任、职业纪律教育，提高了公安队伍素质，改进了工作作风，提高了工作质量，涌现出一大批先进集体和英雄模范人物。各地有30个单位荣立集体一等功，3325个单位荣立二三等功；31人荣获全国公安战线一二级英雄模范称号；10624人荣立一二三等功；还有71177人受到了嘉奖。在干警教育训练方面，既抓正规教育，又组织短期轮训，同时鼓励干警在职自学；一些地方还主动与大专院校挂钩，对干警进行法律、业务知识的培训。去年全国轮训县公安局长2000多人，公安、警察院校毕业大专、中专生1.3万多人，参加电大、夜大、函授和大专自学考试学习的有近10万人。调整充实了政工、纪检干部。各地都选调了一批党性强、作风好、有文化、懂业务的中青年骨干充实基层政工干部队伍。城市公安分局和县公安局多数已改设政治委员；城市派出所、民警队的政治指导员大部分地区已基本配齐。近两年纪检干部的配备进展很快，省、市公安厅、局都建立了纪检机构，地、市公安处、局有91%的单位建立了纪检组(委)，县、市公安局和城市公安分局建立纪检组或配备专职纪检员的已达到75%，基本上形成了公安纪检组织系统。

会议认为，两年来的主要经验是：把政治工作落实、渗透到业务工作中去，为现实斗争服务；把端正党风、警风和思想教育紧密结合起来；坚持实事求是和有的放矢，有针对性地开展思想政治工作；采取多种形式，接受来自多方面的监督，从根本上提高干警的政治觉悟和道德修养，增强荣誉感和责任感。

关于今后基层政治工作的主要任务和要求，会议确定当前和今后一个时期，公安政治工作应当围绕精神文明建设，始终抓住政治教育这个中心环节，严格管理，搞好干警纪律作风，普遍建立岗位责任制，实行目标管理，结合纠正不正之风，查处违法乱纪的大案要案，以不断增强公安机关的战斗力，为保卫和促进国家建设和各项改革事业的顺利进行做出应有的贡献。

各省、自治区、直辖市公安厅、局及部分基层公安机关代表150余人出席会议。公安部副部长胡之光在会上作了《两年来公安基层政治工作的主要情况和今后任务》的报告，公安部部长阮崇武讲了话。

(公安部法规局)

全国司法厅(局)长会议

全国司法厅(局)长会议于1986年3月5日至6日在北京举行。参加会议的有各省、自治区、直辖市司法厅(局)长，司法部机关有关司、局长，共80多人。会议根据邓小平关于“一手抓建设，一手抓法制”的指示和全国政法工作会议的精神，讨论了《一九八六年司法部门的任务》和《关于加强司法队伍建设的意见》两个文件。

会议认为，1985年，各项司法工作都取得了较大的成绩，主要标志是：司法部门的业务指导思想更加明确，更加全面；各级司法部门坚持改革，努力实践，探索出一些建设司法工作的新路子；各级领导作风有了进一步的改善；司法干警的工作积极性显著提高，事业心进一步增强。在总结成绩的同时，讨论决定了司法部门1986年的工作任务，即继续坚持改革方向，发扬开拓精神，立足巩固、提高，适当发展，在全面搞好“四个服务”(为社会主义经济建设服务，为社会主义民主和法制建设服务，为国家的长治久安服务和为方便人民群众服务)的前提下，着重抓好“一个普及”(在公民中基本普及法律常识)“两个提高”(提高司法队伍的素质和司法工作的质量)，更好地为社会主义物质文明建设和精神文明建设服务，为经济体制改革服务，促进社会治安的稳定好转，保障四化建设的顺利进行。

会议认为，搞好司法工作的关键在于要有一支政治素质好、思想作风正，业务能力强的司法干警队伍。因此，必须采取措施，努力提高司法干警的政治素质和业务素质，计划用五年左右的时间，采取多层次、多渠道的办法，把需要培训的司法干警基本轮训一遍。要从严治警，对那些不适合从事司法工作的，要坚决调离；对少数严重违法乱纪的，要查明情况，依法处理。要加强思想政治工作，在广大司法干警中进行有理想、有道德、有文化、有纪律的教育，努力把司法部门建设成为社会主义精神文明建设的“窗口”。

(司法部办公厅　覃桂生)

第二次全国法制宣传教育工作会议

由中共中央宣传部、司法部共同召开的第二次全国法制宣传教育工作会议于1986年12月20日到26日在北京举行。会议的任务是总结交流1985年6月第一次全国法制宣传教育工作会议以来开展普及法律常识工作的经验，研究部署1987年普及法律常识工作的任务。

参加这次会议的有各省、自治区、直辖市、中央国家机关有关部门、中国人民解放军、人民武装警察部队等方面的负责普及法律常识工作的领导人和工作人员，还有普及法律常识工作先进单位的代表、新闻工作者等共420余人。

12月20日上午九时，会议在人民大会堂开幕。中共中央政治局委员、书记处书记、国务院副总理乔石代表党中央、国务院在开幕式上讲了话。他说，用五年左右的时间在全体公民中基本普及法律常识，是党中央、全国人大常委会和国务院决定的一项重大措施，是加强我国社会主义法制建设的有深远意义的重要工作。

一年多来，普及法律常识工作取得了比较显著的成绩，并初步摸索和创造了一些好的作法和经验。但要达到既定的目标还任重而道远，需要认清形势，振奋精神，既坚定不移，又精心指导，把这项工作扎扎实实地抓下去。乔石对今后的普及法律常识工作提出了五条要求：第一，要进一步充分认识普及法律常识工作的重大意义；第二，要把普及法律常识工作作为加强社会主义精神文明建设的一个重要组成部分；第三，要把普及法律常识工作作为综合治理社会治安的一项重要措施；第四，普及法律常识工作一定要做得扎扎实实，讲求实效，不做表面文章，不搞形式主义，不走过场；第五，要进一步加强普及法律常识工作的统一领导和精心指导。

司法部部长邹瑜代表中央宣传部、司法部在会上作了题为《认真贯彻十二届六中全会决议，紧密联系实际，扎扎实实地将普及法律常识工作引向深入》的工作报告。报告分为两部分。第一部分是对1986年普及法律常识工作的基本估计。邹瑜说，1986年全国已有3.6亿多公民参加普法学习。第二部分是1987年的任务。邹瑜说，1987年的普及法律常识工作要紧紧围绕我国社会主义现代化建设的总体布局进行，坚定不移地贯彻党的十二届六中全会决议中关于"要在全体人民中坚持不懈地普及法律常识，增强社会主义的公民意识，使人们懂得公民的基本权利和义务，懂得与自己工作和生活直接有关的法律和纪律，养成守法遵纪的良好习惯"的要求。总的任务是在1986年的工作基础上继续努力，紧密联系实际，注重实际效果，扎扎实实地把普及法律常识工作引向深入。邹瑜还具体阐述了1987年普及法律常识工作的具体要求和应当注意的问题。

会议上中国人民解放军某部第十四集团军和浙江、上海、山西、青海、辽宁等地的普法教育工作先进单位的28位代表介绍了经验。

中宣部常务副部长王大明在会议结束时做了重要讲话。他指出：(一)进一步认清法制建设的时代意义；(二)法制建设要着眼于增强社会主义公民意识；(三)把群众性学法活动引向持久深入。

(司法部宣传司　刘一杰)

全国司法学校工作座谈会

1986年10月13日至18日，司法部在湖南长沙召开了全国司法学校工作座谈会。参加会议的有各省、自治区、直辖市司法厅、局主管教育的负责人，各司法学校校长及部分教师代表。最高人民法院、最高人民检察院和国家教育委员会也派员参加了会议。

全国司法学校工作座谈会是建国以来首次专门讨论研究中等法学教育的会议。会议总结交流了各地办学的经验，讨论了法律中专的发展方向，明确了任务和发展方针。

1956年，司法部曾在上海、济南和重庆办过三所中等法律学校，但仅招生一届即停办了。党的十一届三中全会以后，中等法学教育得到了恢复和发展。目前全国已有24个省、自治区、直辖市建立了30所司法(法律)学校，其中已招生的有28所。截至1985年底，已培养中等法律人才3800多人。

会议从政法队伍的现状和法制建设的需要出发，结合我国经济发展的实际需要，分析了发展中等法学教育的必要性和当前中等法学教育存在的困难。会议认为，中央书记处关于"要增设中专性质的司法学校，培养法律人才"的指示是非常重要的，法律中专这个层次十分必要，它同法学本科、大专层次一样都是法学教育不可缺少的重要组成部分，需要积极发展。

会议提出今后一段时期内，中等法学教育的发展方针是：积极发展，加快建设，巩固提高。要求各地从实际出发，统筹规划，因地制宜。

"七五"期间中等法学教育发展的基本设想是：到1990年，全国司法学校在校生的总人数应达到24000人。人口4000万以上的省、自治区，法律中专的在校生总人数不少于1280人，2000万至4000万的不少于760人，人口2000万以下的，一般为640人，全国法律中专毕业生累计应达30000人。

会议明确指出司法学校的任务是为政法部门，主要是为基层政法部门培养中等法律人才。今后的发展应是：立足基层，面向社会，定向招生，联合办学。

会议强调各校要以改革的精神，认真提高教学质量和管理水平。努力办好一批高质量的有影响的学校。并对加强领导班子的建设和师资队伍的建设以及对加强学生思想政治工作提出了具体要求。

会议还修订了《司法学校两年制教学方案》，讨论了制订司法学校统一教学大纲和教材等有关问题。

(司法部教育司　霍宪丹)

全国劳改、劳教工作会议

司法部于1986年1月12日至18日在河北省石家庄市召开全国劳改、劳教工作会议。参加会议的有各省、自治区、直辖市主管劳改、劳教工作的司法厅(局)长、劳改局长、政治部(处)主任、狱政处长，劳教局、处长、管理科长、政工科长，以及公安、检察、法院、武警总部、财政部等有关部门的代表。顾启良副部长作工作报告，邹瑜部长作会议总结。22日下午，中央政法委员会书记乔石接见了出席会议的各省、自治区、直辖市的司法厅(局)长、劳改局长。

会议重点研究在新形势下如何进一步端正业务指

导思想，坚持搞好改革，坚持贯彻执行党的劳改、劳教工作方针、政策，提高改造质量，提高经济效益；如何从严治警，改进和加强思想政治工作，提高干警队伍政治、业务素质，以适应当前劳改、劳教工作任务的需要。会议期间，代表们还就管教、政工、办特殊学校、管教生产的"双承包"责任制等方面的工作交流了经验。

（司法部劳教局）

中国法学会第二次会员代表会

中国法学会第二次会员代表会，于1986年5月21日至25日在北京举行。出席这次会议的，有来自全国29个省、自治区、直辖市和中央有关部门以及在京院校、科研单位的会员代表300余人。会议的主要议题是，审议第一届理事会的工作报告；修改《中国法学会章程》；选举第二届理事会理事。

中国法学会名誉会长张友渔主持了第二次会员代表会的开幕式。中共中央政治局委员、中共中央政法委员会书记、国务院副总理乔石，全国人大常委会副委员长、全国人大法律委员会主任委员彭冲，出席了开幕式，分别代表党中央、国务院和全国人大常委会、全国人大法律委员会向会议表示祝贺，并发表了重要讲话。中央政法各部门的主要负责人也出席了代表会的开幕式。

乔石在题为《坚持理论密切联系实际繁荣法学研究》的讲话中强调指出，坚持理论密切联系实际的方针，积极开展马克思主义的法学研究工作，促进具有中国特色的社会主义法制建设，是我国法学工作者的重要任务。他要求广大法学工作者和法律工作者，在坚持四项基本原则，遵照宪法、法律的前提下，进一步贯彻"百花齐放、百家争鸣"的方针，提倡实事求是，独立思考，进行充分的探索和研究。外国的有益经验要借鉴，但绝不能盲目地照搬照抄，更不应该搞资产阶级自由化。他希望中国法学会和各地方法学会在组织推动理论联系实际的法学研究工作中，充分发挥自己的桥梁和纽带作用，积极沟通实际工作部门同法学界之间的联系。（讲话全文已载入本年鉴）

彭冲在讲话中要求法学工作者紧密联系当前改革和建设的实际，开展法学研究，积极参与制定法律的工作；同时，在法制宣传教育和普及法律常识工作方面，作出更大的努力。

王仲方受第一届理事会的委托向会议作了《贯彻"一手抓建设，一手抓法制"的思想进一步做好法学研究工作》的工作报告。报告阐述了第一次会员代表会以来法学研究的大好形势。报告认为，在这几年中，法学为经济基础服务的观点比以前更加明确，大批的法学工作者和法律工作者，对改革、开放、搞活经济中的各种法律问题和法学理论问题，进行了认真的调查研究，获得了可喜的成果，对促进立法、司法工作，特别是经济立法和经济司法工作，起了积极的作用。法学界为法制宣传教育、普及法律常识也做了一些工作。这几年，法学队伍不断扩大，学术研究比较活跃，为繁荣马克思主义法学打下了良好的基础。报告在回顾中国法学会成立四年来的工作时说，中国法学会坚持法学研究必须理论联系实际，从中国实际出发，根据我国经济建设、法制建设中提出的迫切需要解决的重大法学理论问题和法律实际问题，积极组织推动法学工作者和法律工作者开展了多种形式的法学研究活动，并注意通过法律咨询、编辑出版等工作，反映其成果和信息。中国法学会还积极开展了对外学术交流和友好往来，扩大了我国社会主义法制实践和法学理论在国际法律界、法学界的影响。中国法学会注意了加强自身的组织建设，对组织、推动全国法学研究工作的开展，起了良好的作用。报告根据"一手抓建设，一手抓法制"的思想和"七五"计划期间改革与建设的需要，提出组织、推动马克思主义的、理论与实际相结合的法学研究的开展，是法学会的中心工作。今后四年内法学研究的主要任务是：加强对我国社会主义现代化建设中的重大法学理论问题和法律实际问题的研究，并从思想上、理论上阐述清楚；进一步扩大法学研究的领域，积极开展多学科、多层次、多侧面的法学研究；认真总结我国社会主义法制建设的历史经验和新鲜经验，从我国实际情况出发，努力建设马克思主义法学体系。根据上述任务，法学会需要把法学队伍更好地组织起来，分工合作，共同攻关；要继续发展壮大法学研究队伍；要继续加强同各国法学界的学术交流和友好往来；要进一步加强编辑出版和图书资料工作。

经过代表们的充分讨论，会议通过了第一届理事会的工作报告；审议通过了修改后的《中国法学会章程》；推举出了名誉会长；选出了第二届理事会理事，并决定为台湾省和港澳地区各保留三名理事名额。第二届理事会第一次会议选举了会长、副会长、常务理事、秘书长，聘请了顾问。

会议期间还进行了学术活动。

（中国法学会办公室秘书处）

全国律师代表大会

全国律师代表大会1986年7月5日至7日在北京举行。大会的议题是：讨论通过中华全国律师协会章程，选举产生协会的领导机构，正式成立中华全国律师协会，研究和部署协会成立后的工作。出席大会的有全国各地的律师代表和中央有关单位代表151人，列席代表128人。

会前，党和国家领导人胡耀邦、彭真、邓颖超、胡乔木、陈丕显、陆定一、彭冲、荣毅仁，为中华全国律师协会的成立题名、赋诗和题词。

7月5日上午在人民大会堂举行开幕式。党和国家领导人习仲勋、乔石、杨尚昆、宋任穷、乌兰夫、陈丕显、彭冲、荣毅仁，最高人民法院院长郑天翔，最高人民检察院检察长杨易辰，全国政协副主席康克清、钱昌照、王光英，以及司法部、中央其他有关部门、北京市和有关群众团体的负责人到会接见了大会全体代表，并同大家一起合影留念。司法部长、中华全国律师协会筹备领导小组组长邹瑜致开幕词。乔石作了题为《为建设有中国特色的社会主义律师制度而努力》的重要讲话。大会共收到60多份贺电、贺信，在会议上宣读了最高人民法院、最高人民检察院、公安部和中国法学会的贺信。

会议期间，代表们认真学习和讨论了乔石的讲话，讨论了《中华全国律师协会章程（草案）》和中华全国律师协会筹备领导小组副组长陈卓作的关于中华全国律师协会的成立及其任务的报告。大会原则通过了《中华全国律师协会章程》，选举产生了由78名理事组成的第一届理事会。理事会全体会议推举了名誉会长，选举了会长、副会长、秘书长和常务理事会，并聘请21人为顾问。大会确定中华全国律师协会今后的任务是：(1)认真抓好律师队伍的思想建设和业务建设，不断提高律师的政治素质和业务素质；(2)支持广大会员积极开展律师业务，总结交流律师业务经验，使律师工作更好地为四化建设服务；(3)认真做好律师业务有关资料的搜集、整理和信息传递工作，出版律师刊物，为广大律师服务；(4)积极维护会员的合法权益，办好律师的福利事业，为提高律师的社会地位而努力；(5)积极开展对外交往活动，增进与外国律师和律师团体之间的友谊，加强对外国律师制度的研究工作。

新当选的会长邹瑜在致闭幕词时代表理事会表示，决不辜负党和人民的信任和期望，不辜负全国律师的重托，要发扬开拓进取的精神，勇于克服困难，敢于闯出路子，认真履行自己的职责。同时号召全国律师认真贯彻落实这次会议的精神，团结一心，努力工作，为建设具有中国特色的社会主义律师制度，为发扬社会主义民主和健全社会主义法制，促进我国的现代化建设事业，不断做出新贡献。

（方　向）

全国律师工作会议

1986年7月8日至7月12日，司法部在北京召开了全国律师工作会议。参加这次会议的有各省、自治区、直辖市司法厅（局）主管律师工作的厅（局）长、律师管理处处长、计财处处长和部分律师事务所（或称法律顾问处，以下同）主任共103人。全国律师协会的理事列席了会议。

司法部副部长蔡诚在会上发表了题为《坚持为经济建设和各项事业服务的方向，推进律师事业的发展》的讲话，总结了律师制度恢复六年来的工作情况，分析了当前的形势，并对今后律师工作的任务提出了指导性的意见。讲话中指出：由于党中央国务院对律师工作的关怀和重视，由于各地党委、政府的领导和有关部门的支持，由于我们坚持了改革，律师队伍和律师工作机构已从无到有，从小到大，逐步发展起来，目前已经有专职律师工作人员13000多名，律师事务所3100多个。

律师业务的开展，已从承担单项业务扩大为承担多项业务，并已逐步推向社会生活的各个领域，在保障人民民主权利、保障四个现代化建设和经济体制改革中积极发挥作用。

六年来，全国律师接受委托或法院为当事人指定担任刑事案件被告的辩护人53万多件，接受委托，代理参加民事案件的诉讼23万件，接待人民来访694万多人次，解答各种法律询问441万件，代写法律事务文书970万多件。律师的工作有效地维护了法律的正确实施，维护了国家利益和集体、公民的合法权益。

各地律师还积极为国家的经济建设和社会的广泛需要提供法律咨询服务，承办各种经济法律事务和非诉讼事务，代理解决经济纠纷和担任常年法律顾问。1983年以来，全国律师共办理各类经济法律事务90多万件，律师应3万多个机关、企事业单位、社会团体和个体户的聘请担任法律顾问。

全国已有200多个律师事务所开展了涉外律师业务，1985年全国共办理涉外法律事务14000多件，维护了我国的主权和经济利益，同时也维护了外国客商的合法权益，促进了我国对外经济交往的发展，为我国广泛地吸引外资，引进技术，扩大对外贸易积极提供法律服务。

蔡诚还总结了律师工作的经验和分析了律师工作中存在的问题，并对今后五年中的律师工作提出了意见。它包括：一、律师队伍的提高与发展；二、律师业务的扩展；三、律师工作机构的设立；四、律师工作机构的管理等方面。

与会代表认真讨论了蔡诚的报告，并就一些问题进行了专题讨论。

会议结束时司法部部长邹瑜作了总结讲话。邹瑜说，这次会议是继1980年全国律师工作座谈会后又一次全国性的会议。会议总的开得是好的。与会人员畅所欲言，集思广益，对会议要讨论解决的问题发表了很多很好的意见。

通过这次会议，与会人员提高了认识，明确了律师工作发展的方向，它将对今后几年全国的律师工作具有重要的指导意义。

（魏　东）

中华全国法制新闻工作者协会成立大会

1986年7月12日，在北京召开了中华全国法制新闻工作者协会成立大会。到会理事和特邀理事共101人。会议的主要议题是：一、通过协会章程，选举领导机构，正式成立中华全国法制新闻工作者协会；二、听取理事长的工作报告，明确协会的任务。

中共中央书记处书记、全国人大常委会副委员长陈丕显出席了大会，中央政法委员会、公安部、最高人民检察院、最高人民法院、司法部、中国法学会等部门的领导人出席了会议。应邀到会的还有中华全国新闻工作者协会及部分专业新闻协会的负责人。

司法部部长邹瑜致开幕词，宣布中华全国法制新闻工作者协会成立。陈丕显作了重要讲话，他强调指出："法制新闻工作担负着宣传党和国家关于法制建设的主张，宣传党的政法工作的方针、政策和传播法律知识等任务，是加强法制建设不可缺少的生力军。"中华全国新闻工作者协会书记处书记唐非在会上致祝词。

到会的全体理事通过了中华全国法制新闻工作者协会章程，投票选举了43名常务理事。在第一次常务理事会上，选举了理事长、副理事长，决定了秘书长、副秘书长。

7月13日上午，理事长蔡诚作了题为"大力加强法制新闻工作，促进社会主义法制建设的发展"的报告，他提出法制新闻工作的基本任务是：一、宣传党和国家关于加强法制建设的方针政策；二、宣传法律和法规，把加强法制宣传教育，普及法律常识作为经常的重要的任务；三、报道法制建设的成就，宣传法律在促进和保障经济体制改革和经济建设中的作用；四、介绍法制战线上的先进人物、先进事迹；五、反映人民群众对法制建设的意见、建议和呼声。同时，他还提出了中华全国法制新闻工作者协会的工作任务，主要是向法制新闻工作者提供法制建设方面的信息，组织经验交流，定期开展新闻评选，协助有关部门做好法制新闻工作者的培训工作，组织法制新闻理论的探讨，维护法制新闻工作者的合法权益，并在可能的条件下举办适当的福利事业。

13日下午，中宣部新闻局副局长、中华全国法制新闻工作者协会副理事长王福如作了总结报告。

会议期间中央及地方的一些新闻单位发来了贺信、贺电，对中华全国法制新闻工作者协会的成立表示热烈祝贺。指出，中华全国法制新闻工作者协会的成立是适应了我国法制建设和法制新闻工作形势发展的需要，是法制新闻工作者盼望已久的事，热切希望协会把全国法制新闻工作者组织起来、团结起来，共同为发展社会主义民主和健全社会主义法制作出应有的贡献。

（司法部宣传司　戴正文）

第十二部分

法学各主要学科发展概况综述

中国法学研究的新局面与新发展

王仲方

一、法学研究出现的新局面

党的十一届三中全会以来，党中央十分重视法制建设，把建设高度的社会主义民主与法制作为我们的根本目标和根本任务之一，并且提出了一系列重大思想理论原则，例如：坚持四项基本原则；发展社会主义民主，健全社会主义法制，使民主制度化、法律化；公民在法律面前一律平等；有法可依，有法必依，执法必严，违法必究；党领导人民制定和执行宪法、法律，党必须在宪法和法律的范围内活动；用法律手段调整经济活动；法律为两个文明建设服务；以及"一国两制"的决策，等等。最近，邓小平又提出，搞"四化"建设一定要有两手："一手抓建设，一手抓法制"。这些重大的思想理论原则，是运用马克思主义原理对我国社会主义建设基本经验所作的科学总结和高度概括，是我们党在法制建设思想上的飞跃。在这些思想理论原则的正确指导下，我国的社会主义民主与法制建设阔步前进，安定团结的政治局面日益巩固，社会主义建设和经济改革顺利发展，同时也带来了法学研究的繁荣。

随着党和国家工作重点的转移，法学研究工作的重点也逐步转移到为社会主义现代化建设服务上来，法学为经济基础服务的观点比以前更明确了。大批法学工作者和法律工作者，在贯彻执行中央关于严厉打击严重经济犯罪活动和严重刑事犯罪活动方针的同时，对执行对外开放、对内搞活方针中遇到的各种法律问题和法理问题，进行了认真的调查研究。这对促进立法、司法工作，特别是对促进经济立法、经济司法工作起了积极的作用。实行对外开放，迫切需要制定和实施许多有关涉外经济的法律。我国法学界根据实际的需要，开展了对外国的法律、法学和有关情况的研究，积极参加涉外经济的立法、司法实践和法律咨询工作，并提出了许多有关涉外经济法的建议，取得了良好的效果。

法学界还开展了对争取社会治安根本好转和国家长治久安问题的研究，就我国当前社会治安的突出问题及其主要原因，治理的目标和措施，不断地广泛调查，深入探讨，反映情况，提出建议。法学工作者不仅积极参与有关立法、司法和法制宣传的一些实际工作，而且注意总结保护人民，打击犯罪，改造罪犯和挽救失足者的成功经验，研究正确划分违法与犯罪、罪与非罪的界限，探讨律师辩护制度的运用，证据的认定原则等等。

法学界一直把法律的贯彻实施作为研究的一个重要方面，对如何执行好"有法可依，有法必依，执法必严，违法必究"的原则，解决知法、执法、守法中的思想理论问题和实际问题，认真进行了研究。党和国家决定用五年左右的时间在有接受教育能力的公民中基本普及法律常识，法律知识日益为千百万人所了解，法学也越来越受到国家和社会各界的重视。

这几年，法学队伍不断壮大，学术研究比较活跃。法学研究机构、研究人员和政法院校的法学研究力量，都有较大的增长。法学工具书、教材、专著、论文集陆续出版，报刊上的法学研究文章大量涌现。法学领域内，新的学科陆续建立。在党和国家的关怀下，广大法学工作者和法律工作者精神振奋，学术研究的积极性调动起来了。

几年来，我们的国家在建设具有中国特色的社会主义的道路上迈出了很大的一步，民主与法制建设也取得了显著的成就，具有中国特色的社会主义法律体系已初步形成。在立法、司法实践中，积累了新的经验。指导这些工作的法学基本思想理论以及法学各个学科的思想理论也有发展。这些思想理论来源于实践，又指导实践。法学界经过几年来的讨论和研究，对具有中国特色的马克思主义法学体系的建设做了有益的工作。在党的路线、方针、政策的指引下，我国法学研究工作已经出现了一个新的局面。

法学研究中也还存在一些问题，主要是理论联系实际虽有所进展，但是还有很大的差距。例如有些人对学习马克思主义基本理论重视不够，深入实际调查研究不够，独立思考不够；有些文章从书本到书本，缺少结合实际的真知灼见，质量不高；有些实际问题需要从理论上进行探讨，却还没有认真地组织研究。提高法学研究的质量还是繁重的任务，有待于认真解决。

二、当前法学研究的任务

当前法学研究的任务，就是要从建设有中国特色的社会主义的实际出发，围绕第七个五年计划的任务和目标，紧紧跟上社会主义经济体制改革和四化建设的步伐，深入研究和阐述邓小平“一手抓建设，一手抓法制”的思想，认真研究法律方面的重大理论问题和实际问题，努力探索我国社会主义法制建设的道路及其发展的客观规律，为加强社会主义民主与法制建设服务，为促进改革和四化建设服务。

需要研究的课题很多，下列四个方面可以作为主要的研究课题：

第一，研究在国家工作的重点转移到以经济建设为中心的社会主义现代化建设上来之后，如何坚持和加强人民民主专政的问题。十一届三中全会以来，党中央十分重视发展社会主义民主，并且提出民主要不断发展，专政必须继续加强。邓小平最近又提出：“搞四个现代化一定要有两手，一手是不行的。”在新的历史时期，如何进一步发展社会主义民主，坚持人民民主专政，如何正确认识和处理民主与专政的关系，如何正确理解和发挥政法机关的职能，在理论和实践上都是重大的问题，法学界应当作深入的研究。与此相联系，如何依法从重从快严厉打击严重刑事犯罪和严重经济犯罪，更有成效地教育改造违法犯罪的人，减少和预防犯罪，搞好社会治安的综合治理，实现社会治安、社会风气的根本好转，为改革和建设创造良好的社会环境，也是法学研究的重大课题。

第二，加强立法研究，为改革和建设服务。赵紫阳总理在第六届全国人民代表大会第四次会议上作的《关于第七个五年计划的报告》中，强调了加强法制对于改革和两个文明建设的促进作用和保证作用，并提出今后还将抓紧各项立法工作，特别是经济立法工作，力争在“七五”期间建立起比较完备的经济法规体系，逐步使各项经济活动都有法可依。这不仅是摆在经济学界面前的光荣任务，同时也是摆在法学界面前的光荣任务。立法需要理论联系实际，要有系统的理论指导，要参考、借鉴外国的经验和我国历史的经验。法学工作者在这方面大有用武之地，要积极为立法工作提出意见和建议，积极参加法律草案的讨论，提供拟订和修改法律草案的意见。从事法学研究和教学的人员，多半对实际不很熟悉，在国家制定法律的过程中，同实际工作部门的人员一起讨论，既有助于立法工作，也可以繁荣法学研究。同时，还要加强立法的系统研究和预测研究，从整体上和本质上把握法律体系的内部规律性，为健全社会主义法制，努力多做贡献。

第三，进一步扩大法学研究的领域，积极开展多学科、多层次、多侧面的法学研究。法制体系的建设，是涉及国家管理和社会生活各个方面的规模浩大的社会工程，包括运用刑法手段惩治犯罪；运用民法、经济法、行政法等等手段，调整各种纷繁复杂的社会关系；在全体公民中进行普及法律常识的宣传教育，增强广大党员、干部和人民群众的法制观念等。这就是说，要把我国建设成为现代化的高度文明、高度民主的社会主义强国，必须把各项工作都纳入法制的轨道。这里有大量的工作需要我们去做，有许多问题需要我们去研究。不但要加强已有的法学学科的研究，还要加强新的法学学科和边缘学科的研究，其中包括加强对比较法学的研究。

第四，在马克思主义指导下，认真总结我国社会主义法制建设的历史经验和新鲜经验，努力建设有我国特色的马克思主义法学体系。我们在革命根据地时期和建国以来，在立法、司法方面，都有许多独具特色的创造，有许多成功的经验。我们要把这些经验条理化、系统化，上升到理论，形成完整的体系。前几年，法学界就对这个问题展开了研究和讨论。现在可不可以提出，在“七五”期间把为建立有中国特色的马克思主义法学体系打下基础，作为我们的一项奋斗目标呢？通过建设这样的法学体系，将会进一步推动法学界深刻地研究我国社会主义法制建设的理论与实践，科学地阐明我国社会主义时期法的现象和本质及其发展规律，继承和发展马克思主义的法学理论。我们相信，只要法学界的全体人士共同努力，这个目标是能够逐步达到的。

三、法学研究应当坚持的原则

第一，坚持四项基本原则，坚持理论联系实际。开展我国的法学研究，必须以马克思主义为指导，密切联系实际。如果说，社会科学的各个学科都要强调理论联系实际，那么法学就更应该强调理论联系实际。运用马克思主义的立场、观点、方法，在法学领域内，对我国的实际给予科学的解释和理论的说明，这是我国法学研究工作者必须坚持的一条根本的原则。我们的法学研究应该是马克思主义的，符合中国实际的。马克思主义从来不是僵死的教条，而是行动的指南。社会实践在发展，马克思主义也必须随着实践的发展而发展。马克思主义的基本原理必须坚持。在新的历史条件下，对某些被实践证明已经过时的或者不完全正确的个别结论，要有冲破它的勇气。只有这样，才能坚持和发展马克思主义，才能推动我们的法学研究生气勃勃地前进。

为了我国法制建设和法学研究的需要，要了解、研究我国过去的以及外国的法律和法学，取其精华，去其糟粕。但吸收和借鉴都要符合我国社会主义现代化建设的实际需要，都要经过实践的检验，而不是照抄照搬。

目前，法学界和实际工作部门已经有人在尝试把信息论、系统论、控制论等新方法引进法学研究领域，这方面的成功的研究成果，要宣传推广。

第二，马克思主义法学理论的创立和发展，必须依靠学术民主的发扬。在学术问题上，必须实行在四项基本原则指导下的“百花齐放、百家争鸣”的方针，实事求是，大胆探索，独立思考。只有通过不同意见的充分讨论，我们的认识才能逐渐接近真理。我们要努力造成一个充分发扬学术民主和热烈争鸣的气氛。在学术面前人人平等。大家都要抱着坚持真理、修正错误的态度,充分说理,不扣帽子,不打棍子,既享有自己的学术自由,也维护和尊重别人的学术自由。实践是检验真理的唯一标准,有了这个客观的标准,通过平等的、自由的、实事求是的讨论和研究,认识就容易统一了。

四、法学会要做的几项工作

根据上述任务,法学会需要认真做好以下几项工作:

第一,把法学队伍更好地组织起来,分工合作,共同攻关。这就需要搞好六个结合,即:(一)法学理论工作者和法律实际工作者相结合,既发挥法学理论工作者的作用,也充分重视和发挥法律实际工作者的作用。现在有很多实际问题需要研究,理论工作者和实际工作者,要互相结合,互相补充,一起攻关,共同提高。(二)立法、执法、教学、研究四个方面的力量相结合。同时请政法战线上退下来的有丰富经验又有志于法学研究的人员参加,还要团结分布在社会上的法学研究爱好者,共同奋斗。(三)地区之间相结合,继续按研究专题,组织跨省市、跨地区的协作。中国法学会各学科研究会,也可以分别同省、自治区、直辖市等地方法学会的学科研究会、组和其他有关部门、团体协作。(四)基本法学理论研究与应用法学研究相结合。既有宏观上的指导性理论研究,又有微观上的实际应用研究,以基本理论指导应用,以应用丰富、充实、完善基本理论。(五)分头研究与发展广泛交流相结合。通过多种渠道和方式,传播和交流法学研究方面的各种信息,以便互相促进,共同提高。(六)国内研究与开展国际学术交流相结合,以开拓视野,借鉴国外的有益经验,为我所用。

第二,继续发展壮大法学研究队伍。客观形势的发展,要求培养出有相当质量和相当数量的、能够理论联系实际的马克思主义法学研究队伍。这几年,法学研究队伍有了发展,但同"四化"建设和法制建设的需要仍很不适应。因此,还要不断发展壮大,尤其在两个方面要加强:一是要提高素质。现有的情况是,真正能够运用马克思主义基本原理来解决中国实际问题的法学研究人员还不多,新开辟的法学学科和边缘学科研究人员的水平还参差不齐;二是要加强法学人才的培养,特别是年轻法学人才的培养。近年来,从法律院、系毕业的青年学生,有些人将逐渐成为法学研究战线的生力军。对他们,无论在思想方面和业务方面都需要加强指导和培养。法学会要在这方面做一些促进工作。

第三,继续加强同各国法学界、法律界的学术交流和友好往来。对外交流的着重点应放在学术上,加强对国外法律、法学的研究,注意了解新的动态和信息。同时,积极宣传我国社会主义法制建设的成就和经验,传播马克思主义的法学思想理论,扩大中国法学会在国际上的影响。

第四,进一步加强编辑出版和图书资料工作。为了更好地发挥法学理论阵地的作用,需要大力加强编辑出版工作,提高法学书刊和论文的质量,及时反映学术研究动态和交流研究成果。图书资料是进行研究的必要条件,亟需加强搜集和整理,充分利用图书资料为法学研究服务。

总而言之,当前法学研究的形势很好。邓小平关于"两手抓"的思想为我们法学研究指明了方向和目标,"七五"计划给我们绘制了宏伟蓝图,提出了重要任务。法学研究应该走在经济建设和法制建设的前头,用理论指导实践,这是客观形势向我们法学界提出的要求,也是我们义不容辞的责任。中共中央政治局委员、国务院副总理乔石在中国法学会第二次会员代表会上所作的《坚持理论密切联系实际,繁荣法学研究》的重要报告,进一步明确了法学研究的方针和任务。让我们解放思想,刻苦钻研,共同努力去完成党和国家赋予我们的重任吧!

法 学 基 础 理 论

一、1986 年法学基础理论学科发展的基本情况

随着经济体制改革的深入发展,社会主义民主和法制的加强,特别是邓小平提出"一手抓建设,一手抓法制"的指导方针后,作为法学基础性学科的法学基础理论,得到了进一步提高和发展。

第一,在法制宣传教育中,法学基础理论受到了极大的重视,学习和宣传的范围越来越广泛。过去只是作为政法院系的一门专业理论课,现在,机关、学校和社会团体也都积极组织法学基本理论知识的学习,全国的报刊几乎都开辟了法制与法学的专栏,作为宣传与争鸣的园地。这不仅有助于广大干部和群众的法制观念和法律意识的增强,同时也促进了法学理论的发展。

第二,进一步贯彻了理论联系实际的原则。广大法学理论工作者,特别是青年法学理论工作者,大胆探索,注意研究我国在改革、开放、搞活中的一些新情况、新问题,如经济体制改革与法律调整问题,社会主义民主的制度化、法律化问题,法制与社会主义精神文明建设问题,社会主义商品经济与法制建设问题,法制的协调发展问题,等等。这些问题都从不同方面反映了在改革和建设中所遇到的法学理论问题和实际问题。只有科学地回答和解决这些问题,才能使法学理论更好地为实践服务。

第三,注意开展比较法学、科技法学、系统法学、立法学、法律社会学、现代西方法哲学等新兴学科或边缘学科的研究。尽管这些领域的研究还刚刚开始，但对繁荣法学理论研究，丰富教学内容，更新知识，吸收世界各国一切有价值的法律文化，发展马克思主义法学，是具有创新和开拓意义的。

第四，在全国和一些地区召开了不同类型、不同规模、不同内容的法学理论讨论会，在一些重大的理论问题上开展了广泛深入的讨论。通过争鸣，有的问题虽然仍有较大的分歧，但活跃了学术空气，对有些重大理论问题的认识提高了，深化了。如关于法律本质问题的讨论就是如此。

从上所述，可以看出法学基础理论研究在 1986 年是有明显进步和提高的，但从总体上看，还远远不能适应开放、改革和社会主义现代化建设的客观要求。无论在理论观点上，还是思维方法上，都有待进一步创新和发展。

二、在法学基础理论方面主要学术观点的争鸣情况：

（一）法律的本质和属性问题

关于法律的本质和属性问题，五十年代已有争论，近年来讨论更为热烈深入，主要争论大致可以概括为以下几个问题：

1. 如何看待法律的阶级性，是否一切法律规范都具有阶级性？

一种观点认为，任何一种法律规范，或多或少、或强或弱，都带有阶级性，不带有阶级性的法律规范是不存在的。因为它们都是掌握国家权力的阶级的意志的体现。

另一种观点认为，作为阶级社会或有阶级存在的社会的法律，从整体上、本质上说，是有阶级性的，但就具体的法律条文、规范来说，则应作具体分析，可能有的阶级性比较强，有的比较弱，有的阶级性极少，甚至不带阶级性。

与法律的阶级性相联系，有的人认为，一切法律都是统治阶级意志的反映，被统治阶级意志从根本上不可能表现为法的形式。有的人则认为，法律主要反映统治阶级意志，但并不排斥在个别问题或个别方面也反映被统治阶级的意志。有的法律是社会各个阶级的共同需要。

2. 法律的本质属性是什么？

有的人认为，一种事物只能有一种本质属性，阶级性就是法律的唯一本质属性。有的人则认为，阶级性是阶级社会上层建筑的共性，国家意志性才是法律的本质属性。也有的人认为，法律的本质属性是社会性，阶级性可以包括在社会性之中。

另一种观点认为，一种事物不一定只有一种本质属性，可能有两个或两个以上的本质属性。法律就具有阶级性和社会性两种属性。有人认为，法律具有社会性、强制性和规范性三个本质属性。

3. 法律是否阶级社会所特有的现象？

一种观点认为，原始社会没有法。法是由于人们经济地位出现了不平等，社会分裂为阶级，伴随着国家的产生而产生的。在原始社会，由于生产力水平极端低下，与之相联系的人们智力的低下，还不可能自觉制定出法律规范，也不可能产生用以保证法律实施的特殊的社会权力。同时，由于人们经济地位完全平等，没有根本的利害冲突，因而也没有特殊强制性的法律存在的必要。原始社会末期出现的萌芽状态的法，只能说明法的产生的过程，不能作为原始社会就有法的根据。对原始社会的本质特征的定性分析，应以它的典型形态，即母系氏族为依据，而不能以原始社会末期的父系氏族为依据。还有的人认为，在将来的共产主义社会，也是没有法律的。

另一种观点认为，法律并不是阶级社会所特有。在原始社会，最初的法的产生是由于人们物质生活的需要，即把每天重复着的生产、分配和交换产品的行为用一个共同规则概括起来。到了共产主义社会，这种需要同样存在，因此也应有相应的法律。有的人在谈到原始社会法律的起源时，认为根据恩格斯的观点是先有习惯，后形成法律，而后出现阶级，最后形成了国家，法律是产生于阶级和国家之前，那时的法律只有强制性，而无阶级性。有的人还从人类社会权力关系来说明法律是与人类社会共始终的社会现象，认为只要有人类社会，就会有权力强制，有权力关系。法律是对权力关系加以确认和固定的产物，是由外在权力强制实施的，并要求人们的行为定向选择的一种社会规范。外在权力强制性、定向选择性和社会规范性的统一，就是法律的本质特征。

除了上述两种观点外，还有的人认为，虽然原始社会没有法律，但到了共产主义社会，法律作为一种社会关系的调整器，还是不可缺少的，只是不再具有阶级性，而为全民意志的体现。有的人认为，对无阶级社会有法还是无法的问题，并没有什么实质性的分歧，分歧主要在于对“法律”一词的词义有不同的理解，以及由此而来的用词是否恰当的问题。

4. 法律的定义问题。

在多数教材和论著中，关于法律的定义是：法是体现统治阶级意志，由国家制定或认可，并以国家强制力保证实施的行为规范的总和。相当多的人认为，这个定义并没有过时，可以继续沿用。一些人则认为，法律的概念同一切科学概念一样，不是一个停滞不变的范畴，而应随着客观条件的发展变化而发展变化。传统的法律概念已经不能反映变化了的客观实际，应予更新。

有人试图作出新的表述：“法是由国家或社会管理机关（指无阶级社会）制定或认可，并以强制力保证实行的，调整社会和人们相互关系的行为规则的总称。”但有人表示异议。

有的人还对维辛斯基关于法的定义提出质疑，认为这一定义具有很大的片面性。有的人则认为，五十年代传入中国的苏联法学关于法的定义基本上是正确的，是马克思主义的。

在讨论中，人们经常引用《共产党宣言》中的一段话："你们的法不过是被提升为法律的你们这个阶级的意志，而这个意志的内容是由你们这个阶级的物质生活条件所决定的。"对这句话，有着不同的理解。一种观点认为，这是马克思、恩格斯给法下了一个经典性的定义，这个定义适用于一切社会的法。有的人认为，《宣言》中的这句话，并不是给法下定义，马克思、恩格斯在其他著作中也没有给法下过定义。

还有人认为，应该有不同层次的法的概念。所谓不同层次的法的概念是指：对于一切阶级社会共同适用的法的概念（通常称为法的一般概念）；对一切阶级对立社会（通常指三个以私有制为基础的社会）共同适用的法的概念；对特定社会形态共同适用的法的概念（例如资本主义法律）；对特定国家共同适用的法的概念（例如中国社会主义法律，日本资本主义法律）。

有人认为，对法律的概念可以有两种理解。一种是广义的，即除阶级社会的法律外，还包括原始社会、共产主义社会中每一个成员都必须遵守的共同的行为规范，都叫做法律。再一种是狭义的理解，即专门指阶级社会里的法律。后者是阶级社会特有的现象。现在一般所讲的法律，就是这个意义上的。

5. 我国社会主义法律的本质问题

一种观点认为，社会主义国家是工人阶级领导的国家，我们的法律，是工人阶级领导下广大人民意志的体现，阶级性仍然是社会主义法律的本质，即它是工人阶级为首的广大人民意志的体现，人民只有掌握了国家政权，才可能把自己的意志体现为法律。因而，法是统治阶级意志的表现的提法，对社会主义法也是适用的。

另一种观点认为，传统的法律概念主要是适用于阶级对立社会的法律，对于已经消灭了剥削阶级的社会主义社会的法律来说，是不适用的。社会主义法律是人民意志的体现，人民性是它的本质。它比阶级性的内容更丰富，含义更广泛。阶级性寓于人民性之中，但人民不是一个阶级概念，它包括阶级、阶层和其他社会力量，因而，笼统称人民为统治阶级是不科学的。

还有一种观点认为，社会主义法律既具有鲜明的阶级性，又具有广泛的人民性，是阶级性和人民性的统一。

还有的人认为，法律的阶级性随着社会发展阶段的不同，而在程度上有所不同。在我国剥削阶级作为阶级已不存在的今天，法律的阶级性同建国初期相比，在程度上已经大大减弱了，但还有一定的阶级性。如果完全否认我国现阶段法律的阶级性，是不符合客观实际的。

（二）关于政策与法律的关系问题

政策与法律的关系问题的讨论，五十年代就开始了，近年来有较大的进展，基本上澄清和纠正了过去在这个问题上的"左"的影响，如认为政策高于法律，法律从属于政策，政策可以代替法律等。但也还存在分歧，主要是：如果政策同法律发生矛盾，怎么办？是按政策办事，还是按法律办事？

一种观点认为，应当执行政策。因为政策是立法的依据，是法律的灵魂，同时政策能比较快地反映客观形势的发展变化。

另一种观点认为，应当执行法律。因为法律是一种国家意志，具有普遍约束力和相对稳定性，因此，应该是有法律时从法律，无法律时才从政策。

第三种意见认为，应该从实际出发，具体情况具体分析，该按政策就按政策，该按法律就按法律。

（三）对我国立法体制的不同见解

近年来，对我国现行立法体制的规定，有着不同的理解，主要有三种看法：第一种认为是一级立法体制；另一种认为是两级立法体制；第三种认为是多级立法体制。关键是对立法和立法权的概念认识不一。

还有人把我国现行立法体制具体概括为："一元性、两层次、三分支"。

一元性，是指国家立法权统一由全国人大和它的常委会行使，全国人大是其他机关制定其他法律规范性文件的权力渊源。它所制定的宪法和法律同由此派生出来的行政法规和地方性法规，构成我国一元化的法律体系。

两层次，是指国家立法权由全国人大和它的常委会共同行使，但在具体立法权限上划分为两个层次。

三分支，是指由全国人大通过宪法授予国务院制定行政法规的权力，授予省、自治区、直辖市的人大和它的常委会制定地方性法规的权力，授予民族区域自治地方制定自治条例和单行条例的权力。

（四）改革与法制的关系问题

《中共中央关于经济体制改革的决定》发布以来，法学界着重研究了法制与改革的关系问题。对法制如何为改革服务，改革要不要在法制的范围内进行等问题进行了广泛深入的研究和探讨。对于改革是否要在法制的范围内进行，主要有三种看法：一种是肯定的，一种是否定的，另一种是具体问题具体分析。持第一种观点者居多数。

在法制如何为经济体制改革服务，如何更好地保障和促进改革的问题上，主要的意见有：1、首先是实行观念的转变，树立商品经济法律观；2、实行对法制自身的改革，包括立法体制、司法体制和法律监督等方面的改革；3、完备经济法制，加强经济立法、经济司法和经济法律监督工作。

（五）关于法制建设的协调发展问题

法制的协调发展问题，是近年来法学界热烈讨论的问题之一。如何理解法制的协调发展，大体有三种看法：

一种看法认为，法制协调主要包括两个方面：一是法制系统内部的协调发展，即立法、司法、执法、守法和法律监督等方面的协调；二是法制的外部协调，即法制与经济基础以及其他上层建筑之间的协调关系。

另一种看法认为，法制协调应包括三个方面：一是法制建设要与四化建设相适应；二是法制建设三系列，即立法系列、执法系列、辅助系列之间的相互协调一致；三是每个系列内部也有一个协调发展问题。

还有一种看法认为，法制的系统协调是指法制建设的时向协调、横向协调以及纵向协调的有机结合。时向协调，是指在研讨、制定和实施法制发展战略时，要瞻前顾后，要有整体观、发展观；横向协调，主要是法制与政策、与改革、与科技革命之间的协调；纵向协调，包括宏观与微观协调，前者指立法、司法和守法之间的平衡发展，后者是这三个环节内部的和谐一致。

（六）关于系统工程法学和法学现代化问题

在法学理论中引进系统科学，这是近年来法学界，特别是青年法学工作者比较关注的一个问题。

有的认为，随着科学技术的飞速发展，法学理论必须打破狭窄的眼界，开拓新领域，研究新问题，当务之急是要改革法学本身，改进和创新法学研究方法。而要做到这一点，首先需要扫除思想障碍，克服以往左倾教条主义、形而上学的影响，大胆引进新的科学方法。

有的认为，现代化对法学理论更新的要求，应从注释走向创新，从演绎法走向演绎与归纳并举，从封闭走向开放，从定性分析走向定性与定量分析相结合，从传统哲学方法走向运用系统论、信息论和控制论等现代科学方法，从以阶级斗争为纲转向对生产力和生产关系的矛盾运动进行综合考察，从对剥削阶级法学的简单否定转向批判地分析借鉴和继承。总之，从传统的法律观转向新型的法律观。

有的认为，法学现代化必需引进系统科学，而系统科学与马克思主义是相通的，不是对立的。系统科学的基本原理和概念，进一步论证、丰富和发展了马克思主义。在法学中运用系统科学方法，不是削弱马克思主义，更不是取代马克思主义，而是发展马克思主义法学，促进法学现代化。

有的认为，运用系统科学不是把系统科学的一些名词概念，简单地套用到法学中去，而是在马克思主义指导下把系统科学和法学有机地结合。因此，运用系统方法必须注意：一要从中国法学的现状出发，客观地估计系统方法的实用功能和发展条件，二要坚持实践第一的观点。

（刘升平）

中 国 法 制 史 学

以往的中国法制史著作，多限于一般的法制通史。近两年，中国法制史研究的重要特征是断代法制史、部门法史研究逐步展开。专门研究秦律、唐律和清代国家制度与法律制度的著作相继出版。探讨中国法制史、中国立法史、行政法史、刑法史、民法史、经济法史、狱讼史、宪法史的著作也陆续问世。另外，还翻译出版了满文的《盛京刑部原档》和一些外文著作，也为从断代史和部门法史的角度深化中国法制史研究，提供了一些有价值的参考资料。在教材方面，1982 年，编写了高等法律学校统编教材《中国法制史》。1986 年初，有关部门决定编写《中国法制史》新教材，要求着重在宏观上阐述中国历史上法律制度的发生、发展和演变规律，使读者在熟悉史料、掌握规律的基础上，能够运用规律，具体地解释中国法制史上的各种现象。另外，为填补法制史研究上的一些空白，该书将增加部门法史的内容，以体现现阶段中国法制史研究的水平。该书还力求根据我国社会主义现代化建设的理论和实践上的需要，有针对性地加强中国法制史方面某些专题的研究，总结经验，以提供历史的借鉴。

这几年，中国法制史研究工作者开始注意走出书斋，面向社会，在重视基本理论研究的同时，加强理论联系实际，直接为社会主义现代化建设服务。已有一批学者通过对中国古代行政法内容、特点、作用等方面的研究，探寻封建政权在利用法律手段加强行政管理、提高行政效率方面成功的经验和失败的教训，撰写了一批论文。1986 年 8 月，在合肥召开的“中国法律史学会学术讨论会”上，与会者提交的学术论文中，也有相当一部分紧密联系了社会现实。

现代科学发展的一个重要特点是各门学科交叉融合。近两年，中国法制史研究也向包括自然科学在内的各学科开放大门，吸收新观点，利用新方法。一批中青年学者接受现代自然科学的系统论、控制论、信息论等方法，用以解释中国历史上法制与政治、法制与经济、法制与社会、法制与文化等复杂的社会现象及其关系。最近，又有人尝试以“新三论”即协同论、耗散结构论和突变论，来对中国古代法律制度作功能性描述，重点解决同一时代不同法律制度以及法律制度与其他社会制度在同时发生作用情况下的相互关系问题。对于在历史研究领域引入自然科学新方法，学术界存在不同意见。而现阶段利用控制论、系统论、信息论以及“新三论”对中国法制史的研究，也确实存在种种不足。但新方法被引入的本身，已经说明一部分学者，尤其是青年学者不满足于传统的研究方法，开始了新的追求和新的探索。

（晋 藩）

中国法律思想史学

中国法律思想史是一门比较年轻的法学分支学科。新中国成立前，它长期被当成中国法律史或中国法律发达史的一部分，而且所占比重极小。1935年，杨鸿烈(1903—1977)著《中国法律思想史》，把它作为一门专史，从上述学科中独立出来，这才开始引起人们的重视。但有关这方面的研究，并未广泛开展，专门著作尤属少见。新中国建立以后，随着高等院系的调整，法学院系的课程设置也有了重要的变化。但中国法律思想史仍被包含在政治学说史、政治思想史或政治(与)法律思想史之内，甚至完全被政治思想史所替代。此后，由于轻视法律的思想影响，特别是“文革”期间极左路线的肆虐，这门学科更未受到重视。

党的十一届三中全会以后，随着社会主义法制建设的不断加强，法学领域的学术研究也空前发展起来。1979年10月，在长春举行的中国法律史学会成立大会上，经全国法律史学界代表的深入讨论，一致认为中国法律思想史应当成为法学的一门独立的学科。自此以后，许多政法院系逐步开设了中国法律思想史这门课程，有的院系和研究所开始招收了这门学科的硕士研究生。1982年以后，相继出版几本《中国法律思想史》教材。1984年9月出版的《中国大百科全书·法学卷》，把中国法律思想史列为重要的法学分支学科之一。

1982年8月，在中国法律史学会的领导下，成立了《中国法律思想通史(多卷本)》编委会，组织全国各有关教学、科研单位60多名学者参加撰写。全书分12卷，共约500万字，计划分期分批定稿，于1992年全部完成。在全国哲学社会科学“七五”规划中，该书被列为国家重点法学研究课题之一。该项计划的完成，将对中国法律思想史学科的教学和研究工作，发挥重要的促进作用。1984年8月，由中国法律史学会联合山东大学法律系等单位，在山东济南举行了“孔子法律思想讨论会”。这个讨论会就孔子法律思想的各个方面，进行了前所未有的全面深入的讨论。会后，从会议收到的论文中选出一部分，编成《孔子法律思想研究(论文集)》一书，已于1986年初出版。1985年5月，全国各政法院校和法学研究机构的中国法律思想史学工作者数十人，在天津聚会，围绕中国法律思想的发展线索问题，进行了一次专题学术讨论，不仅对《中国法律思想通史(多卷本)》各卷的编写起到了互通情况、交换看法的作用，而且对这门学科的教学，也起到了交流经验、相互促进的作用。以上两次讨论会的举行，充分说明中国法律思想史学科的研究，正朝着纵深方面发展。

1986年8月，在中国法律史学会第三届年会上，正式成立了“中国法律思想史研究会”。这个研究会将完全遵循中国法律史学会的宗旨，并在它的领导下，专门从事中国法律思想史的研究，开展有关的活动，该研究会已制订近年内的活动计划，可以预期，经过研究会的组织和全体会员的努力，中国法律思想史必将在不断开拓的进程中，获得越来越大的发展。

(杨　曾)

宪　法　学

一年来，我国宪法学界对社会主义现代化建设中关于宪法学的重大理论和实际问题进行了探讨和研究。据不完全统计，1986年宪法学界在全国50余种报刊上发表了约100余篇、数十万字的学术论文，出版了五种约100万字的学术研究和知识性的著作。文章和著作中有些意见和建议，已被有关部门采纳。现将探讨的主要问题介绍如下：

一、探讨建设具有中国特色的马克思主义宪法学有关理论问题。比如，关于“一国两制”问题，“一手抓建设，一手抓法制”的思想，等等。宪法学界一致认为，“一国两制”是中央根据当前国际国内的新情况，为了实现祖国统一而作出的战略决策。它坚持并发展了马克思主义关于国家和法的基本理论，以及国家结构形式的理论，而且为国体和政体的关系增添了新的内容。邓小平提出的“一手抓建设、一手抓法制”的思想，是对我国社会主义经济建设和法制建设经验的科学总结，也是对国际无产阶级专政历史经验的科学总结。马克思论述宪法的本质时，强调宪法是一定社会阶级力量对比关系的表现。列宁虽曾指出：“社会主义宪法是建设社会主义的强大武器”，但在当时阶级斗争十分尖锐的情况下，不可能集中力量进行经济建设和文化建设，在宪法上也不可能作这样的规定。1978年12月中国共产党十一届三中全会以后，党和国家领导全国人民全面清理“文化大革命”的错误，深入总结建国以来的历史经验，完成了指导思想上的拨乱反正，确立了全面开创社会主义现代化建设新局面的正确纲领。适应历史新时期的需要，我们党和国家强调指出，宪法和法律是进行社会主义现代化建设的强大武器，并把法制建设提到同经济建设并列的高度，这是对马克思主义法学理论的创造性发展，对于我们研究马克思主义宪法学，具有十分重要的指导意义。

二、就政治、经济体制改革问题进行了探讨。宪法学者就现行宪法确立的改革原则和中央提出的改革的主要目标，比如机构要有充分活力，党政要适当分工，调动基层和人民的积极性等等，进行了论证，明确了宪法在改革中的地位和作用。有的宪法学者还具体分析了宪法关于经济体制改革的规定，认为与《中共中央关于经济体制改革的决定》中指出的“增强企业活力是经济体制改革的中心环节”是完全一致的。《决定》关于有计划商品经济的规定，不仅与宪法第15条的规定不矛盾，而且丰富、充实了宪法的有关规定。

三、开展了关于宪法效力问题的讨论。一种观点认为宪法无直接法律效力。一种观点认为：“宪法的法律效力既是最高的，又是直接的。”有的宪法学者指出：在理论上，宪法作为根本法，在国家生活中应具有最高的和直接的法律效力；在实践上，有些社会主义国家直接运用宪法规范来处理民事案件，这怎么能说宪法没有直接的法律效力？同时，从我国的历史和现状来看，强调宪法在司法领域的直接运用也是十分必要的，可以弥补法律的不完备。

关于宪法序言是否具有法律效力问题，学者之间意见仍未统一。一种观点认为序言无法律效力；一种观点认为序言部分段落有法律效力；一种观点认为序言是“宪法的一个组成部分，是具有宪法特色的法律规范，与宪法条文具有同样的法律效力。”

四、关于立法体制问题。我国宪法学界对这一问题已讨论多年，主要是“一级立法”、“二级立法”、”多级立法”和“多种立法”之争。1986年又有人提出了“一元性立法体制”的新论点，即一元性二层次三分支的体制。这种观点认为：过去那些争论都混淆了“法”与“法规”、“法的效力”与“体制权力”的区别，认为“立法权”与“立法规权”应加以区别，主张制定专门的立法标准法与程序法，明确划分各种规范的内容和范围。

五、讨论了公、检、法、司的关系问题。现行宪法第135条规定，公、检、法三机关之间，在办理刑事案件方面，存在着分工负责，互相配合，互相制约的关系，没有提及司法行政部门。但在实践中，司法行政机关管理的劳改、劳教、律师、公证等工作，都涉及法律的执行和监督问题，因此，有的学者提出了公、检、法、司之间的配合制约关系的新问题。还有人主张：司法行政机关应有审批司法机关的设置和司法干部考核配备的职能。

六、研究了地方权力机关的建设问题。首先，是扩大地方性法规的制定机关问题。有的学者不同意扩大，认为给省、自治区人民政府所在地的市和经国务院批准的较大城市的人民代表大会和它的常务委员会以制定地方性法规之权，是违反宪法和有关组织法的规定的。另一部分学者建议给予制定权。认为这是适应当前经济体制改革的需要，符合“简政放权的原则”和宪法关于改革政治体制的规定精神的。有些省政府所在地的市人大常委会也希望给它们以地方性法规制定权。1986年修改地方各级人民代表大会和地方各级人民政府组织法，已采纳了这种意见。

其次，是关于地方人大常委会正确行使干部任免权、重大事项决定权和监督权的问题。一种观点认为：党管干部是既定原则，人民代表大会行使干部任免权只是办理法律手续。一种观点认为：人民代表大会行使干部任免权是保障人民当家作主权利的一项重要措施。提请人民代表大会任免的“一府两院”的领导成员虽然主要由党委和人事部门考核，人大及其常委会也负有监督、考核的责任。

七、研究了乡政权的建设问题，着重研究了如何理顺党、政、企关系，切实加强乡政权建设，增强基层政权的活力和保障人民当家作主权利等问题。主要争论点之一在于乡人民代表大会是否设立常务委员会的问题。一种意见认为，应在乡镇设立人大常委会，主持人大的日常工作。一种意见认为：由“乡镇人民代表大会选举主席团正副主席，在闭会期间负责权力机关的日常工作。”1986年修改地方各级人民代表大会和地方各级人民政府组织法时，这种意见已引起有关部门的重视。最后，确定“乡、民族乡、镇的人民代表大会举行会议的时候选举主席团，由主席团主持会议并负责召集下一次的本级人民代表大会的会议。

八、探讨了我国宪法实施的保障问题。

（一）实施保障的含义和研究范围问题。一种观点认为，宪法的实施保障制度就是在现行宪法和基本法律中，明确规定保障宪法实施的原则要求和具体措施，并赋予拥有宪法解释权和监督权的权威机关来执行的制度。另一种观点认为：宪法实施的监督保障制度，是指宪法规定拥有立法解释权或监督权的特定国家机关，依照一定的程序，审查和裁决国家的法律、法规、命令、行政措施以及国家机关或领导人的行为是否同宪法的原则或内容相抵触，以维护宪法的权威，维护法制的统一和尊严，保障宪法实施的制度。从各国的实践看，还必须有一定的机构来保障。还有一种观点认为：我国现行宪法的实施保障问题是一个综合运用我们社会主义国家的机关、社会团体、政党和社会其他方面的力量，采取政治、经济、行政和法律等手段以确保民主、法制和社会主义的基本原则、制度以及国家根本任务实现的长期实践过程。因此，一方面我们必须重视宪法和法律监督机构的作用，另一方面，还要考虑到其他政治、经济、行政等手段的综合运用，要党政军民学全面动员。

（二）违宪概念问题。主要有两种不同的观点。一种观点认为：凡是违反宪法的言论和行为就是“违宪”。这就是所谓的广义违宪论，不分主体、客体，机关团体和个人都包括在内。一种观点认为：“违宪”有“直接违宪”和“间接违宪”之分。违反一般部门法构成“间接违宪”。违反一般部门法、单行法规所没有规定的，涉及宪法的重大原则的，才是“直接违宪”。“违宪”审查，主要是审查“直接违宪”。

九、关于分权制衡理论和司法审查等问题。一些宪法学者认为：分权制衡，司法审查等，是普遍适用的，我们应当吸收。另一些宪法学者认为：这是西方国家在资产阶级民主革命时期形成的理论，有其历史局限性。西方许多国家都早已不按这种理论行事，我们更不必照搬。有人明确指出：财产，即资产阶级的统治，无疑地是横行霸道的。所谓分权原则，其实无非是它运行权力的时候所采取的特定形式的分工罢了。民主集中制则是比“三权分立”处于更高的历史发展阶段上的民主理论和政治原则，具有更加伟大的生命力。

在对以上的重大理论和实际问题进行研究的同时，宪法学界部分同志积极参与了我国重要法律、法规的草拟和修订工作。比如，参加了香港特别行政区基本法的起草工作，参与了《中华人民共和国地方各级人民代表大会和地方各级人民政府组织法》、《中华人民共和国全国人民代表大会和地方各级人民代表大会选举法》的修订工作。

1986年，中国法学会宪法学研究会还组织宪法学家积极投入普法宣传活动。《宪法知识丛书》11种，近100万字，已经完成了编写工作，正在排印。由宪法学研究会与西南政法学院教材编审会合编的《宪法与改革》一书（约34万字），已于10月份出版。同时，中国法学会宪法学研究会还组织了一些学术讨论会，开展了国际学术交流活动，国际宪法学协会第6次执委会会议已决定接纳为其团体会员，并待该协会第二届大会予以追认。所有这些活动，都将推动宪法学研究的进一步发展。

（罗耀培）

行　政　法　学

一、行政法学发展的基本情况

我国行政法学是在党的十一届三中全会以后发展起来的，起步较晚。但由于它适应了我国行政管理科学化、法制化的客观需要，因此，发展却较为迅速。

首先，行政法学学科的建立，是从高等法律院校的教学需要出发的。从1983年起，一些政法学院先后开设行政法学课程，并各自编印了校内用教材。同年，司法部、教育部所属法学教材编辑部组织编写的《行政法概要》出版发行，这对全国行政法学的教学和研究工作起了促进作用。此后，开设行政法学课程的高等法律院系迅速增加。为解决师资缺乏的困难，1985年司法部委托中国政法大学举办全国行政法学师资进修班。至1986年，全国绝大部分高等法律院系都已开设行政法学课程。近年来各地新建立的行政管理干部学院，也都把行政法学作为主课之一。适应教学和科研工作的需要，《比较宪法与比较行政法》等教材和专著相继出版。《行政法资料选编》以及各种教学和科研参考资料也陆续问世。行政法学的教学正逐步走上轨道。

第二，由于行政法学在我国还是一门新发展起来的学科，不少人，特别是国家工作人员对行政法学还很不了解，这就使宣传和普及行政法学基本知识成为全面加强行政法制建设的重要步骤。一年来，广大行政法学者在这方面作了很大的努力，国内的一些主要报刊经常刊登行政法学方面的文章，各种会议上也常常有这方面的发言，一些干训班也常常开设行政法讲座，行政法逐渐为人们所了解，这对于加强行政法制建设，促进行政法学的发展，都有很大帮助。

第三，在理论联系实际方面，注意将行政法学的理论研究与我国行政管理和行政立法的实践紧密地结合起来。比如，注意研究行政法在经济体制改革中的作用；机构改革与行政法的关系；政治体制改革与行政法制建设；国家行政管理的科学化与法制化；我国的授权立法；沿海开放城市与行政立法以及加强对民政、公安、土地、商业、卫生等各类国家事务的行政法律管理，等等，从各个不同方面探索行政法学理论如何为改革和建设的实践服务。与此同时，行政法学者积极参加行政立法的实践，对行政立法提出了不少参考意见。

第四，1986年，各地行政法学的学术组织有所发展，学术性的理论研讨活动也有所增加。中国法学会行政法学研究会在北京召开了行政诉讼理论讨论会；江苏成立了第一个省级行政法学研究会，并召开了沿海开放城市行政体制改革和行政立法讨论会；江苏省常州市成立了第一个中小城市的行政法学研究会。特别值得一提的是，北京一些行政法理论研究人员和实际工作人员于1986年10月组织成立了行政立法研究组。该研究组的任务是充分研究我国的现实形势和经济与政治体制改革的要求，广泛搜集国内外行政立法的资料，把研究工作与我国的行政管理实践、行政立法实践和司法实践紧密结合起来，进行深入的调查研究和讨论，在此基础上，对我国需要制订的行政法应该包含的大致内容提出建议，供立法机关参考。与此同时，该研究组还将担负起今后对其他重要的行政立法提出咨询意见的任务。

二、行政法学研究中的一些主要观点和争鸣情况

近年来行政法学的研究工作，主要集中在下述几个方面。

第一，关于加强行政法制建设的几个认识问题

一是不能把法制建设仅仅看成是公检法系统的事，而要明确在各级政府工作中，也要认真加强法制建设，这就是行政法制建设；二是不能把执法机关仅仅限

于公检法机关，而要明确国家行政机关同样是执法机关，是执行有关法律和法规的机关；三是在强调依靠政策的同时，还要强调依靠法律，政府工作不仅要依政策办事，还要依法办事；四是不能把运用法律手段仅仅局限于对付犯罪的刑法手段和制裁手段，而要明确法律手段还包括民法手段和行政法律手段。

第二，关于行政组织法和机构改革问题

多数学者认为，为了克服和防止国家行政机关的官僚主义、机构臃肿、人浮于事、效率低下等现象，应当加强行政机关组织法的建设。要使我国的机构改革取得成效，一方面要遵照行政管理的客观规律，按照任务和职责来设置机构和配置人员，确定工作目标和活动原则。同时，还必须把符合科学管理要求的、行之有效的管理方法，用法律固定下来，以防止在机构和人员管理中的主观随意性。在行政机关管理中，必须强调行政责任，通过法律来明确职责，奖罚分明，这将是改善我国行政管理的重要环节。

第三，关于制定行政基本法的研究

在经济体制改革向纵深发展，政治体制改革已提上议事日程之际，有的行政法学者提出了制定行政基本法的问题。他们认为，颁布大量的单行行政法规，不免会产生交叉、矛盾和不协调，如果制定一部带有纲要性的行政基本法，就可以指导和协调今后仍将是数量众多的行政立法，使我国行政法形成一个完整的体系。他们认为，制定一部行政基本法不仅必要，而且可能。国外也有制定行政法典的探索。但有些学者不同意这种观点，认为行政法只能是众多单行法规的总和，制定一部包罗万象的行政基本法是不可能的。

第四，关于建立我国的行政诉讼制度问题

学术界和实际部门普遍认为，客观形势迫切要求建立具有中国特色的行政诉讼制度，这是落实宪法，加强社会主义民主，保障人民的民主权利和合法利益的重要制度。目前，建立行政诉讼制度的条件也已经成熟。但在对许多具体问题上有不同意见：一是行政诉讼是否仅限于公民对行政机关提起的诉讼？有些学者认为，行政诉讼不应限于公民对行政机关提起的诉讼。在特定条件下，行政机关也可以对公民提起诉讼。比如，公民或法人不服行政处罚，而主管行政机关又无必要的强制手段时，也可以向人民法院提起诉讼，请求人民法院强制执行。二是行政诉讼是否仅指法院对行政案件的审理？有些学者认为，诉讼是法院的专职，行政诉讼就是指法院对行政案件的审理。有些学者则认为，由于行政诉讼的特殊性，行政机关有权处理因其自身的管理行为所引起的纠纷和案件，因此，行政诉讼还应包括行政机关处理申诉和复议的行政案件在内。也有人认为，可以把前者称为狭义的行政诉讼，后者称为广义的行政诉讼，并把行政机关处理申诉和复议案件与人民法院的审理按一定程序结合起来。三是建立什么样的处理行政诉讼的机构？有的主张建立独立的行政法院系统；有的主张在人民法院内建立行政庭。四是受理行政案件的范围。有些学者认为，应以我国现行的，即受理不服行政处罚的案件和个别承担义务的案件为主；有些则主张，凡属行政案件，都可以向法院提起行政诉讼；也有学者主张，理论上应当承认一切行政案件都可提起诉讼，但在我国目前条件下，以限于不服行政处罚或对所承担的义务有异议这两类行政案件为好。最后，是制定行政诉讼法问题。多数学者认为，行政诉讼作为与民事诉讼性质不相同的一种诉讼制度，应该而且必须有独立的行政诉讼法；也有学者认为，当前制定行政诉讼法的条件并不成熟，行政诉讼仍可援用民事诉讼法。

第五，关于行政机关有无立法权的问题

行政机关有无立法权，行政机关制定规范性文件的行为是否属于立法活动，是宪法学和行政法学都关注的一个争论问题。一种意见认为，立法权只能由国家权力机关统一行使，行政机关没有立法权。第二种意见认为，除权力机关有立法权外，最高国家行政机关也有立法权。第三种意见认为，省、自治区、直辖市以及省、自治区人民政府所在地的市和经国务院批准的较大的市的人民政府所制定的规章，都应列入立法活动的范围。第四种意见认为，各级行政机关包括县级行政机关制定的具有强制性和规范性的行为规则，都可以称为法律文件，实质上都属于立法活动。各级行政机关的重要活动方式之一，就是制定普遍性的行为规范，否则行政机关就无法实现其管理职能。还有些学者认为，中国式的行政立法体系，是在宪法统率下，由行政基本法和不同层次、不同效力等级的数量极多的行政法律规范组成的完整体系。这几种意见一时还难于统一。鉴于行政机关有无立法权的问题，不仅是一个理论问题，而且涉及到行政机关的管理手段和法院适用法律的依据和范围问题，因而受到学术界和实际部门的广泛注意。

第六，关于社会主义行政法的作用问题

行政法在国家生活中的主要作用是什么，历来是一个有争论的问题。有些学者指出，资产阶级行政法的主要作用是控制政府权力，使其严格在法律范围内活动。社会主义的行政法也不能例外，它主要是管理管理者的法，是使政府的活动严格建立在民主与法制基础上的法。有些学者认为社会主义行政法与资本主义行政法不同，社会主义行政管理是在与人民利益一致的基础上的管理，是为人民服务的管理，因而社会主义行政法主要是管理的法，是如何使国家行政管理法律化制度化，从而管理得更好的法。管理的法本身就包括管理者依法管理和对管理者的行为实施监督的法律规范和法律制度在内。控制政府权力不是社会主义行政法的主要目的。还有的学者认为，社会主义行政法的作用，主要是使国家管理得更好。为此，既要有加强和改善管理的一面，也要有控制政府权力，使其严格依法办事，即加强对管理者的管理的一面。只有这两者的统一，才能有好的有效的行政管理。过分强调一个方面，就可能产生片面性。从当前情况看，加强对管理者的管理，更具有现实的迫切性。

（应松年）

民　法　学

一、基本情况

民法是我国社会主义法律体系中调整商品经济关系的重要部门法之一。从五十年代开始，我国就制定和颁布了一系列调整生产领域和流通领域的财产关系及人身关系的民事法规，并着手草拟民法典，我国民法学的理论研究也从这一时期开始起步。党的十一届三中全会以后，随着经济体制改革的深入发展，越来越多的经济关系需要运用民法的手段进行调整。特别是党的十二届三中全会通过的《中共中央关于经济体制改革的决定》确定我国社会主义经济的性质是有计划的商品经济以后，民法的地位和作用愈来愈突出。国家加快了民事立法的步伐，民法学界加强了对民法学理论问题的研究。

在十二届三中全会以前，我国民法学理论研究的重点是：民法的调整对象；民法与经济法的关系；合同制度；继承制度等。通过对这些问题的研究和讨论，提高了民法学在我国法律科学中的地位，并在一定程度上促进了我国立法、司法和法学教育的开展。党的十二届三中全会以后，我国民法学理论研究的重点，是结合经济体制改革，探讨怎样根据中国国情发展民法学理论，完善民事立法。主要有三个方面：（一）民法与有计划的商品经济的相互关系。（二）应该怎样制定一部具有中国特色的社会主义民法典。（三）民法学中的具体制度，如企业法人、合伙、代理、时效以及与民法有密切联系的公司法、票据法、破产法等。

1986年的民法学理论研究，以1986年4月颁布《中华人民共和国民法通则》为界，可分为两个阶段。前一阶段主要是围绕《民法通则》的制定，探讨民事立法的必要性、迫切性以及制订一部什么样的民法的问题；后一阶段主要是围绕对《民法通则》的宣传，阐述《民法通则》的特点、具体制度以及实施《民法通则》的现实意义。这两个阶段的理论研究，都是紧密结合经济体制改革的实际来论证民法的作用。

近年来，特别是1986年，民法学理论工作者发表了不少比较优秀的论文。尤其是有一批我国自己培养出来的青年民法学工作者已开始活跃在理论研究的队伍之中。在民法学理论研究中，也还存在着一些问题和薄弱环节，比如，对现行立法的分析、研究不够深入，许多具体制度的探讨有待加强，理论研究的方法需要创新，等等。

二、民法学理论研究的主要问题

（一）应该怎样确立对我国社会主义商品经济关系的法律调整体制？

对这个问题有两种不同的意见。一种意见认为，应该采取以"民法——经济法"为主体的综合调整体制。其理由主要是：在我国有计划的商品经济条件下，还存在着多种不同性质的经济关系，这些经济关系应该由不同的法律部门来进行综合调整。凡是平等主体之间发生的横向经济关系应该用具有等价、协作特征的民法来进行调整；凡是不平等主体之间发生的纵向经济关系，应该运用以经济杠杆和间接调整为主的、具有经济管理特征的经济法来进行调整。因此，应该把平等主体的公民之间、法人之间、公民和法人之间的横向经济关系纳入民事立法的范围。另一种意见认为，应该确立以"部门经济法"为主体的法律调整体制。其理由主要是：在我国现阶段，以计划为主的经济管理关系和以合同为主的经济协作关系，已经形成了一种纵横统一的新型经济关系，对这种经济关系应该用一个统一的经济法部门来进行调整。因此，应当制定一部调整社会主义组织之间的经济关系的经济法典或经济法纲要。

（二）民事立法是采用法典的形式还是通则的形式？

一种意见认为，我国经济体制处于变革之中，许多制度尚未定型，制定民法典的条件还不成熟。并且，国家已先后制定、颁布了经济合同法、涉外经济合同法、继承法、专利法、商标法等，在这种条件下，采用通则的形式立法比较适宜。另一种意见认为，世界各国的民事立法大都采用法典的形式，分总则和债、物权等部分。我国也应该这样。制定一部统一的法典，能使民法的基本原则贯穿始终，简化立法程序，同时适用方便。

（三）国营企业财产权的性质

国营企业财产权的性质，是指国营企业对国家授予它经营管理的财产在法律上享有什么样的权利。主要有以下观点：

1. 相对所有权说。这种观点认为，国家将财产划拨给企业以后，企业就可以行使占有、使用、收益和处分的权利，因此国营企业相对于国家以外的一切主体来说，享有对这种财产的所有权。不过这种所有权是不完全、不充分的，因为国家对这部分财产还保留着最终处分权。有的民法学者更明确地指出，国家财产所有权可以分为两个层次：一层是国家绝对性质的所有权，它决定和掌握着国家财产的支配和使用方向，不受任何人的限制；一层是国营企业法人的相对性质的所有权，它由国家授予并从属于国家的所有权，具体对国家财产进行支配和使用。

2. 法人所有权说。这种观点认为，企业法人所有权是商品经济社会里企业作为民事权利主体所享有的一项重要的财产权利，它是一种完整而充分的物权，包括占有、使用、收益、处分等权能。享有这种权利，企业就可以按照自己的意志使用和处置固定资产、流动资金、专项基金及税后留利等。有的民法学者指出，中外合资企业和股份企业的出现，要求我们打破国家是国营企业财产所有权唯一主体的传统理论，承认企业独立的法人所有权。

3. 所有权权能说。这种观点认为，企业享有的只是占有、使用、部分收益和处分等具体权能，而所有权则仍属于国家。国家所有权的各项权能与所有权相分离并不导致国家丧失所有权，因为所有权的本质表现为支配权，而支配权与所有权是无法分离的。

4. 经营权说。这种观点认为，企业的财产权是从国家所有权派生出来并与国家所有权相分离的一种新型权利，即经营权。经营权是一种独立的财产权，包括了商品生产者和经营者应该享有的各种民事权利，它既可以依法对抗包括所有者在内的任何组织和个人，也可以通过商品交换，发生国家财产所有权的取得和转让。因此，国营企业的法人地位并不以获得所有权为前提，只要它享有经营权，照样可以成为独立的民事权利主体。

（四）国营企业厂长的法律地位

国营企业的所有权和经营权适当分开以后，国家行政机关不再直接经营企业。在此情况下，究竟怎样认识国营企业厂长的法律地位？出现了三种观点：

1. 国营企业厂长是企业的代表。厂长一经产生，就以企业的法人代表身份对外发生经济关系。即使是在企业履行国家下达的指令性计划的情况下，厂长也是站在企业的立场，以企业代表的身份，向国家承担义务和责任。

2. 国营企业的厂长具有双重身份，即既是企业的代表，也是国家的代表。由于国家享有企业生产资料的所有权，作为国家主管机关任命的厂长，就应该在企业内部代表国家行使所有权。但由于企业是相对独立的商品生产者，具有独立的物质利益，所以作为统一行使企业经营管理权的厂长，同时也应该是企业的代表。

3. 还有的民法学者认为，厂长的法律地位反映了厂长在具体法律关系中的权利能力和行为能力，在不同的法律关系中，厂长具有不同的地位和身份。因此，只有从具体的部门法规范中来考察厂长的法律地位，才具有现实意义。

（五）农村承包经营户的法律地位和农业承包合同的法律性质

农村承包经营户的法律地位，实质上就是它能否成为民法上的权利义务主体，对此有两种意见。一种意见认为，农村承包经营户是以家庭关系为基础，财产为全户成员所共有，以户的名义进行民事活动，独立享受权利并承担义务的民事主体。另一种意见认为，农村承包经营户是一种类似合伙，但不具备民事权利主体资格的经济实体。其特征是：以家庭共有财产为基础，以从事商品生产为主业，实行独立核算，承担无限责任；家庭成员对家庭财产享有平等的权利；一旦经营亏损或不履行承包合同，其债务由全体成员共同清偿。

关于农业承包合同的法律性质，主要有以下几种不同的认识：1、承包合同是两个独立的民事主体之间确定财产关系的协议，属于民事合同。2、承包合同主要调整劳动者与劳动者所属单位之间的劳动关系及与劳动关系密切联系的其他社会关系，属于劳动合同。3、承包合同包含着多重法律关系，是混合合同，应由不同的法律部门综合调整。

（六）合伙能否成为独立的民事权利主体

在这个问题上，主要有两种观点。一种观点认为，合伙只是一种合同关系，不能作为民法上的权利主体。在合伙关系中能够作为民事主体的只能是合伙人（公民或法人）。另一种观点认为，除破产外，在正常的经营活动过程中，从合伙的对外关系、内部财产关系、民事诉讼关系等方面来看，它都符合民事主体的特征，因此合伙可以成为公民和法人之外的另一种民事权利主体。当然，它与公民和法人的民事权利和民事责任是有差别的，合伙组织中的各个成员应对其债务承担无限连带清偿责任。

（七）关于公司立法、破产立法、票据立法的认识问题

随着经济体制改革的深入发展，加强公司立法已成为发展我国社会主义商品经济中一个十分迫切的问题。怎样起草公司法，主要有两种意见：一种意见认为，可以只规定有限责任公司和股份有限公司。我国目前绝大多数公司是有限责任公司，立法条件比较成熟。股份有限公司在我国许多省、市已经出现，亟需用立法规定股份有限公司的设立、终止、权利和义务以及股票的发行、转让、管理等问题。另一种意见认为，除了上述两种公司形式外，还应包括无限公司、股份两合公司等，以适应经济组织形式多样化的需要。

公司立法必然涉及全民所有制企业的组织形式问题。有的民法学者认为，全民所有制企业是国家独资的企业，具有法人资格，但由于其出资主体的单一性，因而不具备公司的性质，所以公司立法不应当包括单一的国营企业。至于国营企业联营形式的法人则具备公司的条件，应归公司法调整。

关于破产立法，大家比较一致地认为，某些严重亏损的企业会出现负债接近或大于其资产，丧失偿还能力，从而陷入破产境地的情况。落后企业的破产和被淘汰，是价值规律作用的必然结果。但是对我国现阶段能否制定、实施破产法却存在不同的认识：一种意见认为，所有权和经营权分离以后，企业已成为相对独立的商品生产者和经营者，国家财产和企业财产已划清了界限，实施破产法的条件基本成熟；另一种意见认为，

经济体制尚处于变革之中，许多配套制度尚未立法（如企业法、公司法、劳动法等），在这种情况下实施破产法可能影响社会的安定；还有一种意见认为，实施破产法必须具备两个前提：一是形成在价值规律支配下的统一的社会主义市场；二是企业要有充分的自主权，其核心是独立的财产权和决策权。不具备这两个前提，企业就不能独立承担财产责任，从而也就无从谈企业的破产。

关于票据立法，一些民法学者指出：开拓和建立我国金融市场，发展资金的横向融通，必须推行票据制度，加强票据立法。但对能否允许票据流通、转让，却存在不同的看法。一种意见认为，票据是一种流通证券，可以融通资金，节省现金使用。如果把票据仅仅作为一种支付工具而禁止其流通，就会削弱票据的融资作用。另一种意见认为，票据流通可能引起信用膨胀和证券投机，扰乱正常的金融秩序，因此需要慎重考虑。

（八）关于保护消费者的立法

在发展商品经济的过程中，由于管理制度不完善，各方面的关系没有理顺，企业的行为倾向不尽合理，损害消费者利益的事经常发生。不少人在理论研究中呼吁制订和完善消费者保护法，特别是产品责任法。有的人认为，产品责任是一种侵权责任，在我国应建立以“严格责任”为基本原则的现代产品责任制度。但由于我国技术比较落后，为了不给我国工业生产增加负担，在严格责任的适用上可以循序渐进、由点及面。

（九）关于我国民法是否应当规定取得时效制度

我国民法应规定时效制度，这是没有争议的。但对是否应规定取得时效制度，却存在不同的认识。一种意见认为，通过完成取得时效的方法取得他人财产的所有权，属于不劳而获，有悖于我国社会主义道德要求，所以不应规定。另一种意见认为，世界上许多国家都有关于取得时效的规定，在我国设立这种制度，有利于稳定社会经济秩序，促使权利人及时行使权利，并有助于法院及时、正确地处理民事纠纷，所以我国也可以规定取得时效。《民法通则》规定了诉讼时效制度。

总的说来，我国的民法学理论研究适应了经济体制改革、发展横向经济联系的需要，推动了法学教育和民事审判工作的开展，取得了一定的成果。只要民法学理论工作者顺应商品经济的发展趋势，继续发扬理论联系实际的学风，可以相信，在《民法通则》实施后，我国民法学理论研究一定会有进一步的发展。

（佟　柔）

经　济　法　学

党的十一届三中全会以来，我国经济法学的研究工作同社会主义现代化建设和法制建设的伟大实践紧密结合，呈现出百花齐放的繁荣景象。短短几年功夫，已经显示出它是一门富有生命力的年轻法学学科。广大经济法学工作者和实际工作者，在发展社会主义有计划商品经济的思想指导下，围绕经济法的调整对象问题，对经济法的基本理论进行了比较广泛而深入的研究。

一、关于经济法的调整对象

在这个问题上主要有以下几种观点：

（一）经济法观点

1．大多数经济法学者认为，应当把我国经济法的调整对象确定为经济管理关系和计划指导下的经济协作关系。他们认为，经济法的这一调整对象，准确地揭示了我国经济法的质的规定性，它既区别于民法调整的财产关系和人身关系，又区别于行政法调整的行政组织管理关系，具有可行性、合理性和科学性。

他们认为，经济管理和经济协作同是发达商品经济条件下的产物，二者不仅存在着差异性，同时存在着统一性。这是因为，经济协作是经济管理产生和发展的客观基础，没有社会化大生产的分工协作，就无所谓现代意义上的经济管理。同时，经济管理又是保障和推动经济协作进一步发展所必不可少的因素。这就是说二者都以对方存在和发展为条件，是一种互相依赖的关系。另一方面，在任何经济管理中，都存在着管理者与被管理者之间的相互合作，否则管理无法进行。这就是说经济管理中包含经济协作。同时，在经济协作中，也存在着协作者之间的相互协调、相互监督与制约的关系，亦即经济协作中包含经济管理因素。经济管理与经济协作在商品经济基础上存在的矛盾的统一性，决定了在经济管理和经济协作活动中产生的社会关系具有互相渗透、互相包含的性质和特征。我国实行的是有计划的商品经济，经济和社会发展方面的主要活动都是在国家计划指导下进行的，尤其是对关系到国计民生的少数重要产品和关系国民经济全局的重要经济活动，还要继续实行指令性计划。所谓指令性计划，就是国家以经济手段和法律手段保证国家计划如期实现。在当前和相当长的一个时期内，我国经济生活中计划的指导作用是巨大的，一些重要经济关系的发生、变更和消灭都不同程度地受国家计划的制约和影响。这种受国家计划制约的经济关系与不受计划制约的财产关系，其性质有较大的不同。因此，其法律调整所依据的基本原则也是不相同的。计划指导下的经济协作关系正是指国家计划制约下的经济关系。这种具有一定强制因素的经济关系与经济管理关系的性质相近。将计划指导下的经济协作关系划归经济法调整是适当的，也是必要的。

总之，他们认为，在我国有计划商品经济条件下产生的经济管理关系和计划指导下的经济协作关系及其活动准则，统一由经济法律规范来加以固定，是符合我国实际情况的，合理和科学的。

持经济法观点的人认为，经济法调整的经济管理关系和计划指导下的经济协作关系，具体包括以下几种经济关系：

第一，经济管理关系。经济管理关系是指在国民经济管理、行业或部门管理和企业管理中发生的社会关系。如国家及其各经济管理机关与其隶属的或被管理的机关、企业、事业单位、集体经济组织、社会团体以及个体公民之间，基于领导和被领导、管理和被管理、监督和被监督而发生的经济关系。

第二，计划指导下的经济协作关系。计划指导下的经济协作关系是指经济法主体之间，根据国家计划在相互合作中发生的社会关系。如中央与地方之间、地区之间、行业之间、部门之间、企业或经济组织之间、经济组织与个人之间以及它们相互之间，根据指令性计划或指导性计划产生的供、产、运、销等经济活动的平衡与协作关系。经济法正确调整这类经济关系，明确彼此的权利和义务，维护双方的经济利益，防止和限制独家垄断或不正当竞争等破坏经济协作的不法行为，保证企业生产和整个社会再生产的顺利进行。

第三，企业或经济组织内部的经济管理与经济协作关系。如由经济法确立各级经济组织内部机构的法律地位，内部各生产经营组织机构的分工职责和权限，以及在此基础上实行有效的法律经济责任制，从而提高经济管理水平和经济效益，使社会主义经济组织成为相对独立的、自主经营、自负盈亏的、具有活力的经济实体，在生产和经营活动中发挥重要的作用。

第四，对外经济管理和协调关系。

2. 有的经济法学者认为，经济法是作为企业经营管理活动的准则而调整企业在这些活动中同各方面的关系的法。企业为了进行经济活动，必然有对上、对下、对内部、对外部的关系。对上，是建立同国家机构的正确关系；对下，是建立同分支机构的正确关系；对外部，是建立同其他有关企业的正确关系；最主要的是对内部，建立企业同职工和职工相互之间的正确关系。在这些关系中，也有的要由其他法律部门来调整，但起综合和主要作用的是经济法。中国经济法是国家组织国民经济，管理企业，运用经济规律，调整国家与企业、企业内部、企业相互间，在生产经营管理中产生的各种经济关系的部门法。

(二)经济行政法观点

持经济行政法观点的学者认为，经济法调整国家在管理经济活动过程中所产生的经济管理关系，经济管理关系是通过特殊的意志活动，即通过国家的指示、命令、监督、调节等方式形成的。经济法是调整纵向经济关系即国家利用行政权力直接控制、干预经济活动的法律。

(三)综合经济法观点

持综合经济法观点的学者认为，经济法的调整对象就是经济法律规范调整的各种社会经济关系，具体包括三类：一是在我国经济生活中发生的平等的社会经济关系；二是行政管理性的社会经济关系；三是劳动的社会经济关系。这三种经济关系既性质各异，又交织并存；既相互联系，又非不可分离。我国经济法所调整的正是这三种活生生的社会经济关系。

除上述三种观点外，还有的学者认为，民法和经济法是两个不同的法律部门，民法不能包括经济法，经济法也不能包括民法，但二者关系极为密切。最早，民法确实是调整全部财产关系的，既包括横向财产关系，又包括纵向财产关系，但后来纵向财产关系逐渐脱离了民法所调整的财产关系范围。随着国家对经济活动的直接干预越来越多，这种干预作用就越来越与民法的“私法”性质相冲突，纵向财产关系就越来越与民法脱钩。但是，就象自然界的物质不管经过多少次提炼，也不可能绝对地“纯”一样，民法所调整的横向财产关系也不可能那么“纯”。因此，那种认为调整横向经济关系的法律部门不能有任何体现纵向关系规范的观点，或者认为调整纵向经济关系的法律部门不能有任何体现横向关系的规范的观点，都不免有失偏颇。

二、关于经济法的基本原则

经济法的基本原则是经济法基础理论的重要组成部分。1986 年，学者们对这一问题在原研究成果的基础上作了进一步的探讨，并在基本点上取得了比较一致的意见。

多数经济法学者认为，经济法的原则应该与经济法的调整对象相一致，应该准确反映出社会主义经济法的本质，应当成为我国经济立法、经济司法，乃至整个经济法规体系和经济法制建设的指导思想。

他们认为，我国经济法的基本原则应当包括以下五项：

第一，遵循客观经济规律的原则。这项原则实质就是要求经济法要准确地反映客观经济规律的要求，把人们已经认识到的客观规律，上升为国家意志，成为指导我国经济活动的根本准则。在当前应该特别着重强调的是社会主义有计划的商品经济发展的规律和价值规律。

第二，巩固、发展社会主义公有制和保护多种经济形式的原则。这项原则的实质是向人们指明经济法及具体的经济法律制度是以维护社会主义公有制为其首要的目标，它主要确认社会主义公有财产的神圣不可侵犯性，并促进公有财产的发展。同时，也注意保护其他经济形式的存在和适当发展。

第三，国家统一领导和组织相对独立的原则。其实质是确认国家对社会经济活动的领导的同时，必须坚持赋予企业或经济组织以相对独立的经济实体的法律地位。这项原则反映了既要加强宏观控制，又要搞活经济的客观要求。

第四，计划原则。这一原则是由有计划的商品经济的性质决定的，反映了有计划按比例发展规律的要求。其实质就是要求在经济法的调整对象范围内，必须把国家计划放在中心的地位。要求经济法主体必须完成国家计划任务，指导性计划也是必须完成的计划。同时也要求国家有关部门为计划的完成提供必要的条件。

第五，责、权、利、效统一的原则。这是经济法具有中国特色的原则之一。对任何一个经济法主体来说，在它参加经济管理或经济协作活动过程中，必须同时兼顾或考虑责任、权利、利益和效益的共同要求。

三、关于经济法律体系和经济法学体系

(一)我国经济法的法律体系

一年来，经济法学界围绕如何力争在“七五”期间建立起比较完备的经济法规体系问题，对我国经济法的体系进行了研究与探讨。多数的意见认为，要建立完备的经济法规体系必须建立和健全作为这个体系的核心部分的经济法体系。并且对我国经济法体系的建立提出了一个法典性的模式，现将名称和每章的标题摘录如下：

《中华人民共和国经济法纲要(起草大纲)》

第一章　任务、基本原则和适用范围

第二章　经济法主体

第三章　经济权利和经济义务

第四章　经济管理关系(或经济管理制)

第五章　经济协作关系(或经济协作制)

第六章　经济责任制

第七章　经济监督　　(或经济监督制)

第八章　涉外经济活动(或涉外经济管理制)

第九章　奖励与惩罚　(或经济奖惩制)

(二)我国经济法学体系

我国经济法学是一门新的学科，需要不断的研究来加以发展和完善。1986年8月，中国经济法研究会北京市分会和经济法基础理论教学大纲华北、东北片研讨会通过了一个《经济法基础理论》教学大纲，现将其各章的标题摘录如下：

《经济法基础理论教学大纲(草案)》

绪　言

第一章　经济法的产生与经济法思想的形成

第二章　经济法概述

第三章　经济法律关系

第四章　经济法主体

第五章　经济权利和经济义务

第六章　经济管理制度

第七章　经济协作制度

第八章　经济监督制度

第九章　经济法律责任

(中国经济法研究会秘书处)

劳　动　法　学

劳动法学主要研究劳动法的产生与发展、劳动法的本质、作用、特点和基本原则以及劳动法的各种具体的法律规范。

我国劳动法学的发展经历了曲折的道路。建国初期，我国劳动法学曾经受到重视，1950年夏，部分大学的社会学系设置了劳动组，劳动法被列为教学计划中的一门主课。1951年，中国人民大学法律系为本科生开办了劳动法学课，并先后培养了十几名研究生。1954年前后，全国主要的法律院系和部分经济院系都开设了劳动法学课，有的院校还设置了劳动法教研室，编写了劳动法学讲义。1958年，中国科学院哲学社会科学部法学研究所设立了劳动法研究组，当时劳动法学研究队伍具有一定的规模。但从五十年代末之后，我国劳动法学研究陷入了停滞状态。

党的十一届三中全会以来，随着社会主义民主和法制的加强，我国劳动法学的研究工作也开始活跃起来。在1978年底党的中央工作会议上和1979年全国人民代表大会会议上，邓小平、叶剑英等中央领导人明确提出要制定我国的劳动法，这对劳动法学的研究工作起到了极大的推动作用。1982年4月，劳动人事部劳动科学研究所设立了劳动法研究室，专门研究劳动法，同时还推动有关部门开展这方面的研究。另外，劳动法的教学工作也有一定的开展。一些经济学院相继建立了劳动法教研室。中国工运学院、吉林工运管理干部学院还设立了劳动法学系。一些院校开始招收劳动法硕士研究生。目前，全国专门从事劳动法教学和研究工作的人员近百人，还有不少这方面的兼职教学人员和研究人员。1983年7月，召开了第一次全国性劳动法学术讨论会，并在会上成立了中国劳动法学研究会。

1984年出版的大百科全书《法学卷》把劳动法列为一个分支学科。一些院校编写了劳动法教材、讲义和劳动法教学参考资料。报刊上发表了一批劳动法学论文，中国劳动法学研究会编辑出版了《劳动法论文集》。这几年的劳动法学研究工作，注意密切联系劳动立法的实际。1979年开始起草的《劳动法草案》和《企业职工奖惩条例草案》、《劳动合同条例草案》、《劳动争议处理条例草案》等都吸收了劳动法学工作者在科学研究的基础上提出的很多宝贵意见。

随着劳动法学的恢复和发展，劳动法学研究领域内需要探讨和有争论的问题也逐渐多了起来。这些问题主要是劳动法的法律地位，劳动法调整的对象和范围，劳动法的体系，劳动法的基本原则，劳动保护、劳动立法与改革的关系以及劳动合同，劳动争议等。

劳动法学界一致认为，正在制定的《中华人民共和国劳动法》是国家的基本法。从法律体系看，劳动法是一个独立的法律部门。它与民法、经济法、行政法是并列的，不是从属的关系。劳动法有自己的调整对象和调整方法。有的人认为，在社会主义制度下，劳动关系主体之间不再是资本主义社会那种劳动力商品买卖关系，其调整方法也非民法、经济法所遵循的平等、自愿、等价有偿的原则，而是按劳分配原则。劳动法虽然也调整劳动行政管理关系，但这不是它的主要内容，因此劳动法既不应列入经济法的范畴，也不应列入行政法范畴。另一些人则认为，劳动法与经济法等法律一样，都是从民法中分离出来的，劳动法成为独立的法律部门只不过是生产和社会发展的结果。

关于《劳动法》的适用范围问题，劳动法学界存在三种不同的意见：一、适用于全体劳动者；二、仅适用于职工；三、总则适用于全体劳动者，分则适用于职工，农村劳动关系另定。

关于劳动法的基本原则，传统的观点认为，宪法对劳动问题的规定比较详细，提出了有关调整劳动关系的准则，因此，宪法中有关劳动权利与义务的一些规定，都是劳动法的基本原则。目前，对此是有分歧的。有人指出，劳动法的基本原则应当以宪法为依据，但不应罗列宪法的规定。表述劳动法的基本原则，要综合考虑我国经济和政治制度的根本要求、宪法和其他法律部门的基本原则对劳动法的要求以及劳动法本身的要求这三方面因素。有人认为，宪法中规定的劳动者所享有的各种权利，可以归纳为一条，就是要保护劳动者的合法权益，并认为这一条应当作为劳动法各项原则中最基本的原则。有些人认为，研究劳动法的基本原则，首先应确定其外延和内涵。论其外延，应把劳动法与其他法律部门共同遵循的一些原则与劳动法的基本原则相区别；就其内涵而言，构成劳动法基本原则的，应该是劳动法律部门共同遵循的原则，而不是只适用于某一项劳动法规的原则。

关于劳动立法与改革的关系，几年来，劳动法学教学、科研人员一直在探讨这一问题。具有代表性的观点是：一、认为改革是破旧立新，立法得当，可以促进改革的进行。持这一观点的人，积极呼吁国家立法机关重视劳动立法，尽早颁布《中华人民共和国劳动法》。二、认为改革应当先行，立法才有实践的依据；劳动法是极其复杂的法律，需要慎重，时机未成熟，不可勉强立法。持这种观点的人主张在现阶段应加强劳动法学研究，搜集资料，编纂法律工具书，为劳动立法做好准备。

（中国劳动法学研究会秘书处）

婚　姻　法　学

一、空前繁荣的婚姻家庭法学

党的十一届三中全会以来，我国的社会主义法制建设、法学教育和法学研究有了很大的进展，婚姻法学领域也呈现出前所未有的繁荣景象。

（一）重视学科建设和教材建设。

由于婚姻家庭在社会生活中所处的重要地位和婚姻法在适用上的广泛性，作为法学分支学科的婚姻家庭法学愈来愈受到各方面的重视。这几年，婚姻法学工作者在马克思主义关于婚姻家庭理论的指导下，结合中国婚姻家庭制度改革的实践，加强了对婚姻法学的研究，并取得了显著的成果。仅1986年，在报刊上发表的具有一定质量的学术论文，就有100余篇。从1981年以来，还陆续编写和出版了许多教材、资料，已经有了适用于大学本科、大专、中专、一般成人教育和政法干部业余教育等各种层次的教材。

（二）深入开展了专题研究和社会调查。

在新的历史时期，婚姻家庭关系方面出现了许多新情况、新问题，迫切需要从理论上作出回答，并在法律上加以规范。具有中国特色的社会主义婚姻法学，只有在理论和实践的紧密结合中才能不断地完善和发展。近几年来，在婚姻法学的论坛上，已经初步改变了过去那种泛泛而论，或者仅就法律的适用问题进行一般化解释的状况，开始把注意力转向研讨重要的理论问题和实际问题。对于婚姻家庭关系方面出现的新情况、新问题，组织力量开展社会调查，进行专题研究，在内容上涉及到婚姻基础、结婚方式、违法婚姻、家庭财产关系、离婚状况、民族婚姻和涉外婚姻等各个方面。在研究方法上也有一定的突破。令人高兴的是婚姻法学界开始同社会学界通力合作，并得到了妇联和有关部门的大力支持。

（三）积极参加法制宣传教育工作。

一些法学工作者参加了婚姻法的修改、起草工作。现行婚姻法公布以后，更多人积极地参加了这方面的宣传教育活动。《中华人民共和国婚姻法宣传要点》、《婚姻法宣传提纲》，供全国报刊采用的新闻稿《婚姻法讲话》，以及许多有关保护妇女、儿童和老人合法权益的文件和宣传材料，都是在婚姻法学工作者参加下编写的。许多人为新闻出版单位提供了大量稿件，并在一些报刊、电台上主编专栏或开设讲座。此外，还通过办短期训练班，作专题报告等方式，培训干部和法制宣传的积极分子。北京和全国各地都出版了许多宣传婚姻法，讲解我国婚姻家庭制度的普及性的读物，其中不乏优秀之作，有的小册子印数达数十万册之多。

（四）认真组织学术交流活动。

早在中国法学会婚姻法学研究会成立以前，婚姻法学工作者就在全国妇联、中国婚姻家庭研究会、中国法学会和有关部门的支持下，开展了多种形式的学术交流活动。例如：1983年连续两次召开了离婚问题讨论会。1984年底，在中国婚姻家庭研究会主持下召开的全国首届婚姻家庭学术讨论会上，法学分组会约有50余人参加，共提交论文20余篇，不少论文为《当代中国婚姻家庭》收集选载。中国法学会婚姻法学研究会成立后，除开展经常性的学术活动外，还于1986年初在厦门市召开了首届年会。此外，还举行过一系列小型的座谈会、报告会，起到了交流情况、促进科研的作用。

（五）注意开阔学术视野。

近几年来，一些婚姻法学工作者开始致力于外国婚姻家庭法、比较亲属法的研究，翻译和介绍了一些具有代表性的外国法典和其他材料。婚姻法学研究工作者还接待过一些外国法学家、社会学家、司法界和律师界人士，并通过出国访问、考察或进修，掌握了一些外国婚姻家庭立法和司法工作的新情况，对外国学者的学术观点，也有了进一步的了解。婚姻法学界已经打破了封闭的局面，视野日益开阔。

二、婚姻法学领域中有争论的几个问题

（一）关于违法婚姻及其对策。

鉴于现行婚姻法中没有关于婚姻无效和可予撤销的规定，不利于同各种违法婚姻作斗争，一些婚姻法学工作者从理论上和立法上提出了各种看法和建议。有的主张从法律上确立我国的无效婚和撤销婚的制度；有的认为我国对于严重违法的结合可统称为无效婚姻，不必作无效和撤销的区分，并对婚姻无效的原因，确认无效的程序和法律后果等，阐述了自己的意见。

（二）关于事实婚姻的概念和法律效力。

有人认为，不应将事实婚姻的概念局限于没有配偶的男女未办理结婚登记即以夫妻关系共同生活的范围内。因为，这种解释同关于事实重婚的解释有矛盾。如果有配偶者又与他人结合，不算事实婚姻，就谈不上重婚。他们主张，有配偶者亦可成为事实婚姻的主体。从历史上的和外国现行的立法来看，这也不乏先例。另一些人则主张，目前采用的事实婚姻的概念是从我国司法实践的长期经验中总结出来的，事实重婚另有其特定含义，不必将两者扯在一起。

关于事实婚姻的法律效力，主要有“不承认说”和“部份承认说”两种观点。多数人主张，随着法制建设的加强和社会各种条件的变化，应当逐步地由承认事实婚姻向事实婚姻为无效婚姻过渡。

（三）关于夫妻财产制。

许多人认为，现行的法定夫妻财产制（即婚后所得共同制）符合我国的实际情况，有利于保护女方的财产权益。也有一些人认为，婚姻关系存续期间所得的工资和其他形式的劳动报酬等经常性收入，可归夫妻双方共同所有。但因发明、发现而得到的奖金（还有人主张包括稿酬），以及一方作为受赠人、遗嘱继承人或受遗赠人所得的财产等，应归个人所有。这样做有利于保护公民从事创造性劳动的积极性，同时也符合赠与人和立遗嘱人的真实意愿。

由于夫妻双方可就财产问题另作约定，有人建议应当规定几种约定财产制供当事人选择。对于约定的内容和形式等问题，也应作出必要的规定。在目前和今后，我国的家庭财产关系比过去复杂得多，只有加强法律调整，才能适应情况的变化。

（四）关于离婚和离婚纠纷的处理原则。

现行婚姻法公布施行以来，我国的离婚率有所上升，离婚的原因也发生了一定的变化。有人从稳定婚姻家庭关系的愿望出发，认为在尚未普遍做到“婚姻以爱情为基础”的现实条件下，将夫妻感情是否确已破裂作为准予或不准离婚的唯一根据是不适宜的，多数人则认为，我国的离婚率并不高，近年来虽然略有上升，但仍大大地低于建国初期。从目前的社会条件和离婚原因来分析，离婚问题上出现的一些情况基本上是正常的。坚决执行现行婚姻法的有关规定，正确地处理离婚的法律标准和道德评价之间的关系，有利于实现婚姻自由，有利于从宏观上改善和巩固婚姻家庭关系。许多人都提出，要继续开展婚姻问题、离婚问题上反封建斗争，同时也要抵制资产阶级思想的影响。有的人还提出，要继续肃清离婚问题上某些“左”的影响。

关于第三者介入而发生的离婚纠纷，是近年来议论较多的一个问题。有些人主张，对这一类纠纷，决不能无原则地迁就有过错的一方，在离婚问题上要从严掌握，不能轻易判离。有些人则主张，处理这类纠纷要慎重，但不能不分情由地一律不准离婚，更不能把不准离婚作为惩罚有过错一方的手段（对当事人的过错可用其他方式适当处理）。离与不离，归根结蒂仍应以夫妻感情是否确已破裂为依据。还有人提出，“第三者介入”并不是一个严格的法律概念，主张摒弃这个提法。

此外，在收养的条件，继父母继子女关系，祖孙和兄弟姊妹的权利和义务等问题上，也有一些不同的看法。

我国婚姻法学的研究，这几年来有很大的进展，但无论从研究的广度或者深度来看，都存在着一些薄弱环节。

为了进一步完善和发展婚姻家庭法学，必须大力加强婚姻法学的研究队伍，大力开拓学科范围内的，或者与本学科有关的新的研究领域，对婚姻家庭问题进行跨学科多层次的综合研究，继续开展广泛深入的社会调查。同时还要加强国际学术交流。这些都是发展婚姻家庭法学不可缺少的条件，也是社会主义现代化建设向婚姻家庭法学提出的重要任务。

（杨大文　王洪才　陈明侠）

刑　法　学

我国刑法学同我国整个社会主义法制建设一样，经历了建国至50年代中期的创建和初步发展，50年代后期至60年代中期的基本停滞，“文化革命”十年内乱时期的完全停止，以及党的十一届三中全会和《中华人民共和国刑法》颁行以来的复苏和蓬勃发展这样一个曲折发展的过程。特别是近几年来，刑法学界紧密结合我国两个文明建设和民主、法制建设的实际，开展了一系列的科学研究工作，取得了丰硕的成果，使刑法学成为我国进展较大的法学学科之一。1986年的刑法学研究更加重视坚持四项基本原则与解放思想相结合，理论与实践相结合，开展了对中国刑法学、外国刑法学和中国刑法史诸方面的研究，取得了明显的进展，尤以中国刑法学的研究较为突出。1986年的刑法学理论研究具有以下几个显著特点：

第一，重视联系我国经济体制改革的情况和需要来研究刑法问题。许多论著从宏观上论述了我国刑法对于打击经济犯罪和保障经济体制改革顺利进行的作用与意义，探讨了当前经济犯罪危害改革的表现与特点，以及正确运用刑法武器打击和防范经济犯罪，保障改革、开放、搞活的方针政策的贯彻执行等问题。更多的论著则对若干突出的经济犯罪问题进行了深入而细致的研讨。

第二，注意适应对外开放的需要来开展刑法学研究。发表了相当数量的介述外国刑法问题的译文和文章，涉及的问题主要有：外国刑事立法和刑法学的宏观问题，法人犯罪，未成年人犯罪，共同犯罪，刑罚目的，死刑，自由刑，缓刑，假释，若干具体经济犯罪等等。在我国刑法问题的研究中，对运用中外比较研究的方法有所注意，一些论著在揭示刑法的鲜明阶级性的同时，较为客观地介绍了外国刑法中的一些值得我国借鉴参考的东西。初步展开了对国际刑法和国际犯罪的研究，出版了一些书籍，对空中劫持，跨国性的走私、贩毒、盗运珍贵文物等犯罪，发表了一些专论、译文和介述性文章。对世界新技术革命条件下的犯罪，如电子计算机犯罪，危害环境的犯罪等，开始注意和研究。对香港、台湾地区的刑法和刑法理论，也有所介绍。

第三，学术争鸣气氛浓郁，研究更加深入和富有探索精神。在刑法总论和具体犯罪的许多问题上，都发表了大量的论著，进行专题研讨，展开学术争鸣。这些争鸣，一般都能够摆事实，讲道理，各抒己见，互相启发，互相促进，共同为我国刑事立法、刑事司法和刑法学的发展完善献计献策。从出版的专著和发表的论文看，研究较为集中和深入的问题主要有：马克思主义刑法学的基本原理，犯罪概念，犯罪原因，犯罪构成，犯罪因果关系，法人犯罪问题，间接故意，犯罪的目的和动机，防卫过当，犯罪未遂和犯罪中止的特征，教唆犯和胁从犯问题，数罪问题，死缓制度，自首制度，缓刑的适用，法规竞合，投机倒把罪，假冒商标罪，偷税、抗税罪，强奸罪，诬告陷害罪，拐卖人口罪，盗窃罪，诈骗罪，贪污罪，制造、贩卖假药罪，受贿罪，玩忽职守罪等等。此外，一些过去基本未涉及的专题，如刑事责任，刑事政策，定罪根据，劫机犯罪等等，也开始得到研究。开始注意不囿于传统观点和现行刑法的规定，而是从理论和立法更加科学化的要求出发，根据同犯罪作斗争的实际情况和需要来研究刑法问题。对现行的刑事立法（包括刑法及修改补充刑法的其他刑法规范）和司法实践的研讨，不仅仅是一般的论证，而且注意实事求是地提出一些如何进一步完善的意见和建议。

第四，开始注意对我国刑法学的历史发展，主要是近年来的研究成果和状况，进行较为系统的全面的回顾总结，并对我国刑法学发展的趋势、前景、研究重点和方法论等宏观问题进行展望性探讨，发表了一些水平较高的论文和文章。

在中国刑法学方面，1986年研讨较为集中、争论比较激烈的，主要是下述一些问题：

（一）关于犯罪的本质特征。主要有三种观点：1. 认为应受刑罚惩罚性是犯罪的本质特征。2. 认为具有相当严重程度的社会危害性和刑事违法性的有机统一或结合，才是犯罪的本质特征。3. 认为犯罪的本质特征是严重的社会危害性。

（二）关于犯罪构成理论。争议较大的主要问题有三个：1. 对我国犯罪构成理论的总估价。存在针锋相对的两种观点：(1)认为我国的犯罪构成理论是从苏联移植过来的，它基本上还停留在50年代的理论水平上，并且认为这种理论体系不完全符合中国的国情，不完全符合我国加强社会主义法制，打击敌人，惩罚犯罪，保护人民的要求，因而主张建立具有中国特色的犯罪构成理论新体系，并提出了初步的设想。(2)认为我国目前的犯罪构成理论并不是照搬苏联的，而是经过了自己的思考和创造，基本上科学合理，对司法实践起着积极的指导作用。虽然其中有许多新问题需要深入研究，但不应当破除，而应当维护和完善。2. 犯罪构成有哪些要件。主要有三种主张：(1)两要件说。其中有的主张，一为行为要件，包括行为的主观要件、客观要件及行为侵害的客体或对象等，二为行为主体要件；另有的主张，一为主观要件，包括犯罪的主观心理状态以及主体条件，二为客观要件，包括犯罪行为和犯罪客体。(2)三要件说。有的主张，包括有机结合的下述三个要件：行为主体，危害社会的心理状态，客观上危害社会的现实表现。另有的主张，包括犯罪客体，犯罪客观方面和犯罪主观方面，犯罪主体则不是犯罪构成要件。(3)四要件说。这是我国刑法理论中较为通行的观点。主张包括犯罪客体，犯罪的客观要件，犯罪主体，犯罪的主观要件。3. 犯罪构成是否是构成犯罪和应负刑事责任的基础。主要存在两种观点：(1)主张犯罪构成不是负刑事责任的基础，只有犯罪行为才是负刑事责任的唯一基础。其中有的认为，行为的社会危害性与行为符合犯罪构成要件，是犯罪行为的社会政治内容与必要的法律形式的统一，二者都是犯罪概念的统一不可分割的组成部分，把二者割裂开来并把符合构成要件独立于犯罪概念之外作为独立的负刑事责任的基础，不符合我国刑法的规定。还有的认为，刑事责任是刑事违法行为的法律后果，犯罪构成要件只是产生刑事责任的法律前提，刑事违法行为才是产生刑事责任的根据，刑事责任的根据不能是符合犯罪构成要件这个形式，而是犯罪行为这个内容。(2)坚持我国刑法理论中的通行观点，认为犯罪构成是定罪的依据，是行为人负刑事责任的基础。因为犯罪行为所揭示的社会危害性这个犯罪的本质特征还过于抽象和概括，不可能作为区分罪与非罪、此罪与彼罪的具体规格标准，而只有其具体存在形式——犯罪构成，才能成为定罪的依据和行为人应负刑事责任的基础。

(三)关于法人能否成为我国刑法中的犯罪主体。我国刑法理论的传统观点否认法人可以成为犯罪主体，而且直到《刑法》颁行的初期也并无异议。近年来，随着经济领域里以法人名义实施的犯罪或涉及法人的犯罪增多，法人能否作为犯罪主体的问题便引起争论，存在着肯定和否定两种对立的主张。1986年关于这个问题的研讨发表了大量的文章，总的来看，虽然多数文章的论述基本上没有超出以前的肯定和否定两种对立观点及其论据的范围，但在这两种观点中都开始更加注重从法律调整的社会效果上予以论证，从而使这个问题的研讨有所前进，趋向于深化。

(四)关于投机倒把罪。1986年研讨的主要问题有：投机倒把的表现形式和特点；对投机倒把罪打击不力的原因；投机倒把行为的认定标准；投机倒把的数额、情节与定罪量刑的关系；投机倒把"情节严重"、"数额巨大"、"情节特别严重"的认定；涉及机关、企事业单位的投机倒把案件的处理；投机倒把罪与合法贸易行为，与一般违反市场管理行为，与一般投机倒把行为等非罪行为的界限；投机倒把与走私罪、诈骗罪、假冒商标罪以及制造、贩卖假药罪的界限等。其中争议较大的是两个问题：即关于投机倒把罪与制造、贩卖假药罪的区别和关于投机倒把罪与走私罪的区别。

(五)关于强奸妇女罪。争议问题主要有：1. 强奸妇女罪的特征。大致有三种观点：(1)违背妇女意志是强奸妇女罪本质的、唯一的特征，不论犯罪者采用何种手段，凡违背妇女意志的性交，即构成强奸妇女罪。(2)法律对强奸妇女罪并未规定违背妇女意志这一要件，因而不宜把被害人的主观意愿如何作为认定是否构成强奸妇女罪的条件，而应从犯罪分子的主客观方面来分析判断。(3)违背妇女意志是强奸妇女罪的本质特征，使用强制手段是法定的手段特征，二者密切相关，不可分割，手段特征是确认违背妇女意志的客观依据。2. 强奸妇女罪既遂与未遂的区别标准。有两种主张：(1)认为应采取接合说(插入说)。(2)主张采取接触说，即双方性器官接触即为既遂，未接触的才是未遂。此外，对于先强奸后通奸，对先行的强奸行为是否应以强奸罪论处，丈夫对妻子可否构成强奸罪等问题，争论也比较多。

(六)关于盗窃罪。主要争论问题有两个：

1. 怎样确定共同盗窃犯罪人各人应负的刑事责任？大致有五种主张：(1)对所有盗窃共犯都按照其非法所得数额，再考虑他们在共同犯罪中各自的地位和作用，分别承担刑事责任。(2)所有盗窃共犯都应按照共同盗窃的总额负刑事责任，在这个前提下，对主犯从重，从犯从轻。(3)对盗窃共犯应以其各自参与盗窃的数额定罪，结合其分赃及在犯罪中的地位、作用量刑。(4)主犯应多负刑事责任，从犯等只应对自己盗窃数额或者分赃数额负责。(5)盗窃集团的首要分子要对集团盗窃的总额负全责；对其他一般共同盗窃人罪责的确定，既要考虑其参与盗窃的数额和分得赃物的数额，也要考虑其在共同盗窃活动中的地位和作用，按照不同的情况确定其应负的责任。

2. 对拿走暂放、遗忘、遗失的提包(物品)的"拎包"案件应如何定性？这是1986年开始注意研讨的一个问题。大致有四种主张：(1)这种行为不符合盗窃罪的特征，属道德错误，可予以批评或行政处罚。(2)这种行为与盗窃罪相似，可依盗窃罪类推追究其刑事责任。(3)应直接定盗窃罪。(4)应区别遗失物与遗忘物。非法占有遗失物是违反道德的行为，不构成盗窃罪；窃取未脱离物主控制范围的遗忘物且数额较大的，构成盗窃罪。

(七)关于诈骗罪。研讨集中在认定诈骗罪应划清的一些界限问题上。

1. 关于罪与非罪的界限。研讨的内容主要有：诈骗罪与一般违法行为，与民事债务纠纷，与代人购物拖欠货款，与集资办企业因亏损而躲债，与违约暂时挪用并准备归还的行为，与经济合同纠纷等的界限。其中尤以诈骗与经济合同纠纷的界限的讨论最为热烈。

2. 关于诈骗罪与其他犯罪的区别。研讨的内容主要有：诈骗罪与招摇撞骗罪的区别；诈骗罪与制造、贩卖假药罪的区别；诈骗罪与投机倒把罪的区别；诈骗罪与骗取公共财物的贪污罪的区别；诈骗罪与利用封建迷信造谣、诈骗罪的区别；诈骗罪与惯骗罪的区别；诈骗罪与赌博中的作弊行为的区别等。

(八)关于贪污罪。研讨集中在犯罪主体的特征和种类，贪污罪的定罪数额标准，贪污罪与非罪的区分，贪污罪的客体，挪用公款的定性，监守自盗的性质等问题上。

（九）关于受贿罪。研讨的主要问题有：受贿罪的特点、表现形式和治理对策；受贿罪的客体；贿赂的含义；利用职务便利问题；国家工作人员的家属作为受贿罪共犯以及能否单独构成受贿罪的问题；受贿数额和情节对定罪量刑的意义；以单位名义的受贿案的处理；受贿罪与其他犯罪的区别等。争议较大的问题主要有四个：

1. 受贿罪的犯罪客体。有三种观点：(1)侵害的是国家机关的正常活动；(2)既侵害国家机关的正常活动，又侵害公私财物所有权；(3)既侵害国家机关的正常活动，又侵害国家经济管理的正常活动。

2. 贿赂的含义。主要有两种主张：(1)指财物和其他可以用货币价值计算的物质性利益(财产性利益，经济利益)；(2)既包括财物和不正当的物质性利益，也包括其他不正当的非物质性利益。

3. 利用职务便利是否为受贿罪必备条件。(1)有的认为，全国人大常委会《关于严惩严重破坏经济的罪犯的决定》对受贿罪的修改中未提"利用职务便利"，因此，利用职务便利不再是受贿罪的构成要件，否则不利于打击犯罪。(2)多数认为，《关于严惩严重破坏经济的罪犯的决定》只是提高了受贿罪的法定刑而未修改其构成要件，利用职务便利仍是受贿罪的必备要件，这不但合乎受贿罪作为渎职罪的本质，也不会导致打击不力。

4. 国家工作人员的家属能否单独构成受贿罪？传统观点持否定的主张；也有个别人提出肯定的意见。

（十）关于玩忽职守罪。研讨的主要问题有：玩忽职守罪的表现形式与特点；主体的种类；"重大损失"的确定标准；直接责任人员的认定；玩忽职守罪与官僚主义的关系；罪与非罪的界限；玩忽职守罪与其他危害公共安全的过失犯罪尤其是与重大责任事故罪的区别；查处玩忽职守罪中的一些认识问题等。其中，关于玩忽职守罪主体的研讨进展较为明显，提出了与过去有所不同的主张或涉及了一些新问题。例如，有些文章提出：受委托从事公务的人员可以成为玩忽职守罪的主体；承包单位或组织的主管人员和其他管理人员，应视为依法或受委托从事公务的人员，他们可以成为玩忽职守罪主体；公有制企业之间或公有制企业与个体经济联营的企业、组织中的主管人员和其他管理人员，可以成为玩忽职守罪的主体，但纯粹私人集资的联营企业或组织中的主管人员和直接责任人员不能成为玩忽职守罪的主体；城乡个体工商业者不能成为玩忽职守罪的主体，但某些经过批准从事某项特殊职业的个体劳动者，如个体医生，可以成为玩忽职守罪的主体。

（十一）关于为牟取非法物质利益而泄露秘密技术资料的案件的定性问题。针对目前新出现的技术干部为牟利而利用职务便利暗自泄露秘密技术资料的案件的定性问题，《法学》和《中国法制报》1986年组织了专门讨论，大致有八种主张：1. 认为不符合有关犯罪的特征，不构成犯罪，只应负经济的、民事的或行政的责任。2. 认为构成贪污罪。3. 认为构成受贿罪。4. 认为构成盗窃罪。5. 认为构成泄露国家机密罪。6. 认为构成诈骗罪。7. 认为构成投机倒把罪的共犯。8. 认为这种行为达到了犯罪程度，但法律没有明文规定，应适用类推原则，比照最相类似的假冒商标罪定罪判刑。

总之，1986年我国刑法学的研究无论在宏观上还是在微观上，都取得了明显的进展和丰硕的成果，并且呈现出蓬蓬勃勃和日益深入发展的趋势。

（高铭暄　赵秉志）

劳　改　法　学

几年来，经过对我国劳动改造罪犯成功经验的系统总结，以及对劳改立法的理论与实践的研究，已形成了具有中国特色的劳动改造罪犯新学科——劳改法学。劳改法学以劳改法，劳动改造罪犯活动规律为研究对象。它既是我国社会主义法学体系中的一个分支，也是社会学、教育学、心理学、法学以及行为科学等综合发展的边缘学科。

一、劳改法学基础理论的形成和发展

社会主义中国劳动改造罪犯的实践，是无产阶级改造社会，改造人的伟大实践活动的一部分，是为无产阶级政治统治和最终实现共产主义制度服务的。早在新民主主义革命时期，工农民主政府制定的《裁判部暂行组织及裁判条例》、《陕甘宁边区高等法院组织条例》中，就规定了组织罪犯劳动改造的条文。并提出了"劳动感化""累进减刑制"等行刑方法。这是我国劳改法和劳改法学的萌芽。建国以后，为适应改造大批历史反革命犯的需要，当时的政务院，依据中国人民政治协商会议共同纲领，于1954年公布了《中华人民共和国劳动改造条例》；在以后的30多年里，随着罪犯情况的变化，党和国家为劳改工作制定了一系列方针、政策、法规；《中华人民共和国刑法》、《中华人民共和国刑事诉讼法》中均规定了执行刑罚和改造罪犯的条款；全国人大常委会发布了关于处理罪犯逃跑和重新犯罪的决定。这一系列法律、法规、决定，组成了我国社会主义法律体系中的一个新的法律部门——劳改法律部门。

劳改法的发展，劳改政策的发展，指导了劳改工作实践，也促进了劳改法学理论的发展。劳改法学已从刑法学中分化出来，成为一门新兴的学科。自1981年第

八次全国劳改工作会议以后，劳改法学研究有了新的发展。

（一）关于学科名称和学科领域的研究。仅1985年以来，国内报刊发表劳改法学方面的论文，计200多篇。其中一种意见认为：劳动改造罪犯学科，应名为劳改学。它研究的对象是中国劳动改造罪犯的特点、规律，劳改工作的方针政策、原则方法，劳改法制建设，改造罪犯的基本手段等四个方面。第二种意见认为：应名为劳改法学。劳改法学研究的对象是，马克思主义毛泽东思想关于犯罪、刑罚的理论，劳改机关和劳动改造罪犯制度，劳改立法，劳改方针政策，古今中外监狱矫正制度比较研究等五个方面。第三种意见认为：劳改学和劳改法学是两个不同的研究学科。劳改学以劳动改造的规律，影响劳动改造的因素和劳动改造手段为研究对象。劳改法学以劳改法为研究对象。二者既有区别，又相互联系，交叉，形成两个内容丰富而又自成体系的新学科。

（二）关于学科体系和分支学科的研究。社会主义中国劳动改造了800多万历史反革命和刑事犯罪分子，积累了丰富的改造罪犯的经验，形成了一整套正确的方针、政策和改造工作法规，为劳改法学理论研究提供了广泛的实践基础。党的十一届三中全会以后，我国进入社会主义法制建设的新时期。随着历史条件的变化，罪犯的情况也发生了新的变化，劳改工作实践对劳改法学研究提出了新的理论要求。有丰富的实践经验，有新的形势要求，有正确的思想理论指导，劳改法学在学科体系构成和分支学科形成上有了突飞猛进的发展。在1985年7月中国法学会劳改法学研究会成立大会期间，对劳改法学的学科体系及分支学科进行了广泛的学术讨论。讨论认为：劳改法学是一个综合性的学科体系。它由劳改法学基础层（包括国家关于劳改工作的政策、法律、法规、制度），劳改工作实践层（包括劳改管教工作、劳改生产工作、劳改政治工作），劳改分支学科理论层（包括劳改法学、狱政管理学、罪犯教育学、罪犯心理学、劳动改造学、劳改经济管理学、劳改政工学等），劳动改造基本原理层，即马克思主义关于改造社会、改造人的基本理论等四个层次构成。这次学术讨论，对我国劳改法学理论体系构成和分支学科的划分产生了重大影响。至1986年11月，已出版的专著和试用的劳改专业教材有《改造教育学》、《狱政管理学》、《罪犯改造心理学》、《劳改政治工作学》、《劳改工作应用文》、《中国监狱史》、《犯罪学》、《劳动改造学》。还翻译了国外的教材、专著。这些教材、专著的编辑、出版，促进了我国劳改法学基础理论的发展。

二、劳改立法理论的研究和发展

劳改法学是一门应用性法学学科，它将劳改立法问题作为自己的重要研究课题。在我国的刑事法律体系中，已有了基本的刑事实体法和刑事程序法，但缺少具有刑事执行法性质和规格的劳动改造法。50年代制定的《劳改条例》，已不适应今天国家改造罪犯的要求了。制定新的劳改法律，是健全法制，完备刑事法律体系的客观需要。劳改法学研究会1985年12月和1986年2月先后在保定、天津召开"劳改立法理论座谈会"，1986年11月在北京召开学术年会，讨论劳改立法理论问题，对劳改立法的迫切性、必要性，法的名称和规格，立法原则，劳改机关的性质、任务、职权，劳改管理体制等重大问题进行了有益的探讨。

（一）关于劳改法在我国社会主义法律体系中的地位。比较一致的意见认为：劳改法是与《刑法》、《刑事诉讼法》同一层次的刑事基本法律。因为，劳改法是我国刑事法律体系中刑事执行性质的法律规范的总和，具有最终实现刑罚目的的意义。劳改法调整行刑与服刑、改造与被改造、司法机关之间、社会集团参与劳动改造等四种类型的社会关系。劳改法以强制性的劳动改造为调整方法。劳改法是一个包括基干法、狱政管理、罪犯教育、考核奖惩等法规、条例、实施细则在内的法律部门。劳改法不仅是执行刑罚法，而且具有"改造人、造就人"的作用。这是中国劳改法的本质特点，因而《劳动改造法》与《刑法》、《刑事诉讼法》将构成我国完备的刑事法律体系。

少数人认为：劳改法是刑法、刑事诉讼法的附属法，或者是一个行政法规。因为它的调整对象没有超出刑法、刑事诉讼法规定的范围。执行刑罚是刑法、刑事诉讼法调整方法的延伸。劳改法是依据宪法，依托刑法、刑事诉讼法产生的。

（二）关于劳改机关性质、任务。多数人认为：按照马克思主义的国家学说，监狱是国家机器物质性的体现，因此它的本质属性是人民民主专政的工具。我国劳改机关的任务是执行刑罚和改造罪犯成为新人。

也有人认为：我国的劳改机关既是人民民主专政的工具，也具有特殊工厂（农场）、学校的性质。劳改机关的活动是司法行政活动。

（三）关于劳改机关的职能活动和管理体制。多数人认为：我国劳改机关执行刑罚和改造罪犯的活动，是国家政法机关刑事职能活动的一部分。劳改机关在刑事诉讼的侦查、起诉、审判、执行四个程序中，依法行使刑事执行权，因而应建立同前三道程序互相配合、互相制约的法律关系。我国劳改机关经过30多年的建设，已形成一个比较完整的工作体系，劳改管理体制应该进一步改善和加强，以提高改造罪犯的社会效益。并要用劳改法律固定下来。

也有人认为：我国刑事诉讼法只规定了侦查、起诉、审判三个诉讼程序。因而刑事执行不应列入刑事诉讼程序，而是一个惩罚和改造罪犯的新的法律阶段。劳改机关职能活动的重点应该是改造罪犯，它的管理体制应以改造为中心，进行改善和加强。并要用劳改法固定下来。

以上问题的理论探讨，为我国正在进行的劳改立法实践提供了有参考价值的意见。并推动了劳改法学理论研究的进一步深化、发展。

三、劳改法学研究、教学队伍的发展

劳改法学正在受到广大法学专家、学者、教学工作者、劳改工作干部的重视，研究队伍愈来愈壮大，理论研究愈来愈深化。目前，全国已有15个省市建立了劳改法学研究学术团体，召开了各种学术交流会，创办了专业性刊物。劳改法学已列入综合大学、政法院校法律专业教学计划。26所劳改工作警察学校，两所政法学院开设了劳改管理专业。中国政法大学已培养了我国第一批劳改法学研究生。劳改法学研究与劳改实践相结合，与劳改专业教学相结合，必将使这门新学科取得更大的发展。

（王耿心）

民　事　诉　讼　法　学

民事诉讼法试行以来，民事诉讼法学的理论研究有很大发展。近两年来，在全国性报刊上发表的论文，内容相当广泛（1985年为76篇，1986年为106篇），涉及的问题有：民事诉讼法的基本原则，诉讼管辖，当事人，共同诉讼人和第三人，诉讼证据，期间，送达，诉讼制度，审判制度，对妨害民事诉讼的强制措施，强制执行，涉外民事诉讼，仲裁，公证，人民调解，破产制度等。比较有新意，议论最多的问题有以下五个方面：

一、倡议建立预防和解决民事纠纷的程序法系统工程

有的学者认为，在我国，对预防和解决民事纠纷采取了各种法律手段。例如公证、诉讼外调解、仲裁、诉讼、执行等，从不同方面进行工作，取得了较大成绩，但因彼此孤立进行互不联系，互不协调，没有充分发挥作用。主张应当把它们看作一个整体，用系统科学和系统方法加以研究，建立预防和解决民事纠纷的法治系统工程。它的特点是：

（一）整体性。作为程序性系统工程的各个部分——公证、诉讼外调解、仲裁、诉讼和执行——是互相依赖、互相制约的，各自发挥着不同的功能，如果依其内在的联系组成一个完整的体系，将对预防和解决民事纠纷发挥更加巨大的作用。

（二）综合性。这个工程的五个部分，一环套一环，形成了一个按科学顺序排列的综合体。一个环节功能的发挥，有赖于综合功能的支持，而综合体功能的实现，又离不开各个环节的协调作用。

（三）反馈性。通过这个工程的各个部分作用于民事纠纷，及时把信息输送回来，根据反馈的信息，协调部分和整体的关系，加强各自的功能，求得最好的效果。

（四）最佳化。在这个工程中，要善于运用法治运筹学的方法，对公证、诉讼外调解、仲裁、诉讼、执行等部分进行定性和定量分析，找出最佳的方案，使部分和整体都能达到最佳的理想境界。

二、当事人处分和国家干预的协调统一

当事人处分和国家干预相结合，是我国民事诉讼法一大特点。对此，大家的认识是一致的，但二者如何结合，则有四种不同的观点：

（一）国家干预原则实际上是对当事人处分行为的监督和限制。当事人在法律规定的范围内，有权处分自己的民事权利和诉讼权利。但是，民事权利不是“私权”，对它的行使往往涉及国家利益、集体利益和他人利益。因此，对当事人的处分行为是否合法，是否符合国家和社会利益，国家应当进行干预。

（二）国家干预是和处分原则紧密联系的，实际上是一个问题的两个方面。按照处分原则当事人享有处分自己民事权利和诉讼权利的自由，并规定了行使处分权的范围。当事人的处分行为超出了法律规定的范围，人民法院就要代表国家进行干预。国家干预就其本质来说，是国家对公民、法人的民事法律关系进行干预。

（三）当事人的处分行为必须合法，违法的处分行为要受到国家干预，其主要表现：1. 人民法院对当事人的各项处分行为是否正确、合法实行监督。法律不许可的处分行为，法院不予批准，当事人的处分行为无效；2. 法院对审判保护范围内的问题有一定的主动权，不完全受当事人请求范围和处分权利的约束；3. 有许多诉讼行为，法院可以根据当事人的请求实施，也可以依职权主动实施。

（四）当事人处分与国家干预在我国民事诉讼中应和谐结合、协调统一。依存性、同向性和统一性是这种和谐结合、协调统一关系的基本内容。

1. 依存性——当事人处分与国家干预在民事诉讼活动中彼此制约，相辅相成。当事人处分和国家干预并不是互相排斥的。

2. 同向性——当事人与法院两方面的主动性与积极性有机结合，使当事人处分和国家干预服务于同一目的。

国家干预的意义是：积极指导和主动帮助当事人正确行使权利，进行处分；以职权行为主动维护当事人的合法权益；严格监督和限制当事人的处分行为于法定范围；对当事人处分行为作出法律评断。

三、诉和诉权

诉是民事诉讼法理论的一个重要问题，对诉的本质和概念，有各种不同的认识：

（一）诉是指当事人向人民法院提出保护实体权益

的请求。它有两方面的含义：当事人依照程序法的规定，向人民法院提出的诉讼请求，称为程序意义上的诉；当事人基于民事法律关系，请求人民法院依照实体法的规定，保护自己的民事权益，称为实体意义上的诉。

（二）诉是当事人的权利，当事人在他的具体权益受到侵害或者将要受到侵害时，有权向人民法院提出为有利于已判决的请求。

（三）诉是从司法上保护主观权利、维护社会主义法律秩序和保证国家法律规范实现的诉讼上的手段。

（四）诉是当事人向国家请求以裁判的形式保护其权益的行为。当事人向国家请求以裁判的形式，是表明诉的法律性。保护当事人权益，是表明诉的内容，或者是当事人请求裁判要达到的目的。当事人请求国家作出裁判，维护自己的权益，表现在自己的行为上，即以自己行为的事实，来获得法院作出裁判，以维护应有的权益。

（五）从微观来看，诉是当事人向有管辖权的法院就一定的法律关系主张诉权存在，谋求法院为有利于自己的判决的一种请求。诉和起诉不同。起诉是当事人要求法院开始诉讼程序的一种诉讼行为，而诉是指诉讼整体而言。从宏观来看，诉是一种法律制度，民事诉讼法主要由诉的制度、审判制度和执行制度构成。诉这种制度，由诉讼法和实体法两方面作了规定。其内容：1. 诉权；2. 管辖权；3. 实体法的请求权；4. 诉讼时效；5. 当事人向法院要求作出有利于已判决的请求。

与诉的概念相联系的是诉权问题。对诉权也有不同的观点：

（一）诉权是指当事人向法院提起诉讼请求和保护实体民事权益的权能。诉权的内容，就是起诉的权利和胜诉的权利。

（二）诉权是当事人进行诉讼的权利。就具体事具体人来讲，是当事人进行诉讼的权能。

（三）诉权和诉是两个密切相联的概念。诉是当事人向法院提出的保护其民事权益的一种请求；诉权是提出这种请求的权利。

（四）诉权是指当事人向人民法院起诉和应诉，请求法院以国家审判权保护其实体民事权益的权利。就原告来说，诉权是起诉的权利和求得胜诉的权利；对于被告来说，诉权就是应诉的权利和对原告的请求进行答辩的权利。

（五）诉权是公民、法人以及非法人团体进行诉讼，求得司法保护的基本权利。诉权是公民、法人以及非法人团体伴随着民事纠纷、经济纠纷的发生而取得的，随着诉讼的终结而消灭。诉权和诉讼权利不同，诉权是诉讼主体享有的根本权利，诉讼权利是从诉权中派生出来的，在不同的诉讼阶段，当事人享有不同的诉讼权利，而当事人享有的诉权是和诉讼共始终的；诉权在不同的诉讼阶段表现为不同的诉讼权利，所以，诉讼权利存在的根本前提，是当事人享有的诉权，没有诉权，诉讼权利就无从谈起。

四、举证责任的性质和分担

举证责任问题，是诉讼中实践性很强又充满争议的一个理论问题。我国的诉讼法学者对举证责任的内容和性质的认识主要有下述分歧：

（一）依照我国民事诉讼法的规定，“当事人对自己提出的主张，有责任提供证据”。提供证据的责任，通称举证责任。提供证据是当事人的权利，也是向人民法院应尽的义务。

（二）举证责任，也叫证明责任，是指应当由谁提出证据证明案件事实的责任。

（三）举证责任具有双重涵义，即行为意义上的举证责任和结果意义上的举证责任。前者是指当事人对所主张的事实负有举证责任。后者是指在事实真伪不明时，主张该事实的当事人所承担的不利于已的诉讼结果。这种不利于已的诉讼结果，既表现为实体上的权利主张得不到人民法院的确认和保护，又表现为因败诉而负担诉讼费用。

与举证责任这两方面的涵义相适应，人民法院在诉讼中确定举证责任由谁负担也具有两方面的意义：一是确定要求哪一方当事人提供或者补充证据；二是在事实无法查清时，确定应由哪一方承担由此产生的不利诉讼结果。前者关系到人民法院收集证据的活动，后者关系到人民法院对案件作出的裁判。

举证责任的分担，也是理论上争议较大的问题。举证责任可以分担或转移，这一点大家没有分歧，但如何转移，哪些方面可以转移，哪些方面不能转移，认识就很不一致：

（一）在诉讼中，原告、被告和第三人的主张不同，所承担的举证责任也不一样。举证责任分配的一般原则是：谁主张什么，谁就应当证明什么。具体来说，原告应证明其诉讼请求所根据的事实；被告应证明其反驳所根据的事实；有独立请求权第三人应证明其所提出的独立请求的事实根据；无独立请求权第三人对自己的主张也承担证明责任。

（二）当事人对主张之事实，已举出足够的证据，即可不再举证。在这种情况下，另一方当事人应负举证责任。若他也提出足够的证据，同样可以不再举证，而转由反驳其主张的一方负责举证。这种轮流举证的关系，称为举证责任的转移。

（三）当事人的举证义务是对等的。对同一法律事实，一方持确认态度，一方持否认态度，双方就有对等的举证责任。

（四）在任何情况下，就同一法律事实，只能由一方当事人负担举证责任，而且在一般情况下，都是由主张这一事实的当事人负责举证，否认这一事实的对方不负举证责任。当事人否认对方所主张的法律事实，有两种方式：一是单纯的否认，一是引证一些间接事实来否认对方所主张的法律事实。前者，当事人不负任何举证责任；后者，当事人对其所引用的间接事实虽应举证证明，但这属于间接反证的性质，对于法律事实的举证责任，仍应由确认这一事实的当事人负担。这样区分的实际意义在于，如果本证和反证都不充分的话，承担不利诉讼结果的仍然是确认法律事实的当事人。因此，无论在哪一种情况下，都不能认为对于同一法律事实，双方当事人负有对等的举证责任。

分担举证责任的原则，可概括为：

1. 无论哪一类事实（包括肯定事实和否定事实）的举证责任，一般均由主张这一事实的当事人负担。否认这一事实的对方当事人不负担举证责任。

2. 实体法上的法律事实，实体法对举证责任有规定的，依其规定；无规定的，由主张权利或法律关系存在的当事人对权利产生的事实负担举证责任。主张已发生的权利或法律关系变更消灭的当事人，对引起权利变更或消灭的事实负担举证责任。妨害权利发生、变更或消灭之事实的举证责任，均由对方当事人负担。

五、我国公证制度的性质和任务

关于公证制度的性质、任务问题的争论，主要围绕着两个问题进行：一是公证机关是国家的证明机关，还是裁决机关；二是公证工作的业务范围。主要有以下争论：

（一）公证职能是决定公证机关性质和业务范围的前提和根据，而公证职能在我国是赋予被证事项以证据效力的证明行为，公证处是国家授权行使公证证明职能的国家证明机关，把它扩大解释为司法行政机关不妥，直接说成是司法机关也不适当。

公证机关应否具有解决纠纷的权力。调解、仲裁、法律咨询、代书不是公证机关的业务，不能把经济合同的监督检查列为公证任务，也不能把回访作为公证的固定程序。

（二）我国公证的性质是国家证明。国家公证的这种证明特性，已成为我国公证制度的基本模式。这种模式只有简单的证明属性，是一种“简单模式”，已不适应四化建设的需要，改革现行公证模式势在必行，应建立“复合型”的公证制度，其公证模式为“复合模式”，即公证除证明属性外，还具有对法律关系和法律事实的真实性和合法性依法确认的属性。其内涵是：证明和确认活动；赋予所证明的事项以证明力和约束力；对证明事项的法律关系的调整。

这种公证制度的特点是：1. 综合性。根据公证事项的多样性，公证机关应有综合性的职能，对不同的公证事项行使不同的职权。2. 效用性。“复合式”的公证在为社会服务和经济基础服务中，通过实施公证证明，以取得社会实际效用。3. 连贯性。“复合式”的公证把公证事项作为一个整体，提供连贯性的法律服务。如对经济合同的公证，公证机关从合同的设立到终止的全过程参与协调和帮助，并监督其履行，切实保障双方的权利，提高经济效益。4. 协调性。“复合式”公证使公证机关与法院、检察院、公安机关相互协调，互相制约，共同保护公民和法人的合法权益。

（三）公证机关出证明后，普遍开展重点“回访”和公证后纠纷的“调解”，是公证制度的重大发展，还可以对办理公证后发生的纠纷行使仲裁权，使公证后的纠纷及时得到解决。

（柴发邦）

刑 事 诉 讼 法 学

近年来，刑事诉讼法学界围绕着一些重大理论问题及司法实践中亟需解决的问题，进行调查研究，开展学术争鸣，努力探索，发表了大批论文，出版了一批具有较高学术水平的教科书和专著，刑事诉讼法学研究正在向纵深发展。

（一）关于刑事诉讼法的基本原则体系问题。主要有三种观点。一种观点认为，应以刑事诉讼法的规定作为依据。该法第3—12条所规定的职权原则，专门机关与群众相结合，以事实为根据，以法律为准绳，公民在适用法律上一律平等，公检法三机关分工负责、互相配合、互相制约，民族语言原则，两审终审制，审判公开，被告人享有辩护权，陪审制，保障诉讼参与人依法享有诉讼权利，依法不追究刑事责任，外国人犯罪应当适用中国刑诉法等，都是刑事诉讼法的原则。另一种观点认为，刑事诉讼法的基本原则应当是指导人民法院、人民检察院、公安机关进行刑事诉讼的基本准则。某些具体制度和规定，如两审终审制，陪审制，不追究刑事责任的情况等，不应作为基本原则。还有一种观点认为，1982年宪法规定的人民法院和人民检察院依法独立行使职权应列为基本原则。因为宪法规定的司法原则当然应是刑事诉讼法的基本原则。

（二）关于附带民事诉讼问题。这里主要有两方面的问题：一是如何理解刑事诉讼法第53条第2款的规定：“如果是国家财产、集体财产遭受损失的，人民检察院在提起公诉的时候，可以提起附带民事诉讼。”对此，学术界与司法实际部门有两种不同认识。一种认为，国家与集体财产遭受损失的，可以由人民检察院提起附带民事诉讼，也可以由有关单位提起附带民事诉讼；另一种认为，国家与集体财产遭受损失的，人民检察院可以提起附带民事诉讼，而有关单位不能直接提起。因为按照我国刑事诉讼法的理论与实践，诉讼参与人都是指自然人，因此国家和集体的利益一律由人民检察院代表。另一个争议问题，是关于附带民事诉讼的原告人提起上诉，是否影响刑事部分判决的效力问题。一种意见认为，根据刑事诉讼法第134条规定二审进行全面审查的原则，二审不仅要审查上诉、抗诉的部分，也要审查没有上诉、抗诉的部分，而不受上诉范围的限制。另一种意见主张，根据刑诉法第129条第2款的规定，附带民事诉讼的原告人只能对民事部分提起上诉，效力不及于刑事部分。所以，在刑事附带民事诉讼中，如对刑事部分没有上诉、抗诉时，超过法律期限即自动生效。

(三)关于律师辩护问题。首先是律师参加诉讼的时间问题。按照现行刑事诉讼法的规定，律师参加刑事诉讼的时间是在法庭审判阶段即在开庭前三天至一周内由法院告知被告人委托律师或指定律师辩护时开始。这种情况使得律师在接受委托后几天内，很难完成会见被告、调查取证、准备辩护词等一系列工作。因此，有人主张律师应提前参加诉讼。对此有三种意见：第一种认为，律师应在侦查阶段参加诉讼活动，以保证侦查机关客观全面地查明案情，防止刑讯逼供等违法侦查行为的发生。第二种认为，律师在检察院审查起诉或自诉人提出自诉阶段参加诉讼较为妥当，因为此时侦查已经结束，被告多已被羁押，律师参加诉讼活动不会发生副作用，同时也使律师有足够的时间熟悉案情，调查证据，会见被告，为庭审辩护作充分准备。第三种认为，律师参加诉讼的时间应具体分析，区别对待。对于未成年人案件、生理上有缺陷的人的案件和涉外案件，从侦查阶段起参加为宜，一般案件可在提起公诉阶段参加。其次是关于如何对待被告人隐瞒罪行的问题。在刑事辩护中，律师可能发现被告人没有交待尚未被司法机关追诉的犯罪事实，经律师说服教育，被告人仍拒绝坦白时，应如何处理？有三种不同看法：一种认为，律师职责只是辩护，揭发犯罪是司法机关的职责，如律师揭发犯罪则与其身份相违背。另一种认为，我们是社会主义国家，揭发犯罪是每个公民义不容辞的职责。律师是国家的法律工作者，保护的只是被告人的正当合法权益。所以，律师应当向司法机关揭发。这种观点又可分为立即揭发和辞去或结束辩护工作后再揭发两种具体主张。还有一种认为，律师应站在国家和人民的立场上，虽其职责不允许进行揭发，但也不能违背事实和法律继续为被告人辩护，所以律师应拒绝辩护。

(四)关于证据基本特征问题。主要有两种观点：一种认为，证据的特征是两性，即客观性、相关性。另一种观点认为，证据的特征是三性，即客观性、相关性、合法性(或称法律性)。主张证据具有合法性特征的理由，主要有三点：1. 法律对于证据的规定赋予证据以合法性，这就是说，证据是由法律规范来调整的，什么能做证据，什么不能做证据，怎样收集和运用证据，甚至证据的证明作用都是由法律规定的。2. 证据是客观事实，但事实内容要通过一定的形式表现出来。它的表现形式就是我国诉讼法所规定的物证、书证、证人证言等各种证据。3. 证据的客观性和法律性是统一的，证据的法律性不仅不会妨碍侦查、检察、审判人员发现和确定同案情有关的客观事实，恰恰相反，它是发现和确定这种客观事实的有效保障。如果允许非法的材料作为定案的依据，就难以保证证据的客观性。而主张证据没有合法性特征的理由，也有三点：1. 我国法律没有把必须符合法律规定作为证据的构成要素，法律既未规定不全面的证据不能作为证据，也未规定非法收集的证据一律无效。2. 不能用法律性来限制证据材料来源的广泛性，使一些具有实质证明作用的证据不能作为定案根据。3. 不能把合法收集与证据的本质特征混淆。证据是客观事物，不能凭主观意志决定，无论收集的方法、手段、程度是否正确、合法，都不能改变其性质。

(五)关于证明责任问题。对我国刑事诉讼中是否存在证明责任，并如何分担的问题，存在不同看法。多数学者肯定我国刑事诉讼中的证明责任，并认为应由司法机关和自诉人承担，被告人不负证明责任。理由是：1. 从自诉案件看，自诉人负有证明责任，从公诉案件看，公检法三机关在刑事诉讼中代表国家行使侦查权、检察权、审判权，收集证据查明案情既是它们的权力，也是它们义不容辞的责任。2. 被告人在诉讼中是被起诉的对象，有的还可能被限制人身自由。他们既无收集证据的权利，也无收集证据的条件。3. 如果肯定被告人有证明责任，则将陷入有罪推定的窠臼。4. 如果肯定被告人负有证明责任，就会强制被告人履行这一“当然义务”，而犯逼供信的错误。另一种观点认为，刑事被告人在任何情况下都不负证明责任不符合社会主义法律精神，也不符合我国司法实际。因为：1. 诉讼主张和证明责任之间的关系是一种权利与义务的关系，被告人为自己进行辩护，就是一种诉讼主张，辩护的本身就是一种证明的过程。刑事诉讼法第64条规定，“被告人对侦查人员的提问，应当如实回答。”2. 我国实事求是的诉讼制度的目的就在于发现客观真实，因此，它既强调司法机关的积极作用，又注意发挥当事人提供证据的积极作用。3. 被告人有证明责任不一定就是有罪推定，正如被告人没有证明责任不一定就是无罪推定一样。4. 否定被告人的证明责任不利于同犯罪行为作斗争，实践中也是行不通的。第三种观点认为，被告人一般不负证明责任，但在特定条件下负有证明责任。例如，在被告家中发现最近被盗物品，被告人就应有证明物品来源的责任。第四种观点认为，证明责任是模糊不清的概念，我们不宜盲目套用外国的概念。在我国揭露犯罪、证实犯罪是司法机关的职责，也是广大人民群众的义务。案件当事人应积极向司法机关提供与案件有关的证明材料。我们既不能把司法机关的这一职责简单理解成为司法机关的证明责任，也不能说当事人的这种举证行为就是证明责任。我国法律规定了一整套揭露犯罪、证实犯罪的制度和程序，无须借助“证明责任”一词。还有的人提出，应区分“证明责任”

与“举证责任”，认为后者只要求提出证明主张，前者除要求提出证明主张外，还要求收集或提供有关证据，并运用这些证据证明自己的主张。只有同时承担这三方面的责任才叫证明责任，因此，认为被告人有举证责任而没有证明责任。

（六）关于证明对象问题。诉讼法学界一致认为，凡是与定罪量刑有关的案件事实都是刑事案件的证明对象，但对于证据事实是不是证明对象存在分歧。一种观点认为，证据事实本身不应该是证明对象。理由是：1. 根据刑事诉讼法第31条的规定，证据是证明案件真实情况的一切事实，这说明只有案件事实才是证明对象，而证据事实是证明手段，二者不能混为一谈。2. 证据事实必须经过查证属实后才能成为定案的根据，对证据事实的审查归根到底还是为了证明案件事实，这不等于说证据事实本身就是证明对象。3. 案件事实是由实体法规定的，它是关系到案件的定性和处理的事实，而证据事实就不是这样。另一种观点认为，证据事实也是证明对象，因为：1. 证据是已知事实，但对于司法人员来说，它在未被查证核实之前还是未知的事实。2. 有些证据，比如间接证据，它本身就与案件事实相重合，在这种情况下，需要查证的案件事实就是证据事实本身。3. 如果忽视了证据之间互为证明对象的问题，在实际工作中就可能出现差错。还有一种观点认为，证明对象不仅包括案件的实体法事实，而且还应包括程序法事实，即对解决诉讼程序问题具有法律意义的事实。把程序法事实作为证明对象，不仅有利于严格遵守诉讼法，而且有法律依据。因为根据刑事诉讼法的规定，有关回避理由事实，人犯是否患有重病或怀孕等涉及采取何种强制措施的事实等，都应当加以查明。

（七）关于无罪推定问题。有三种不同观点：一种观点认为，我国刑事诉讼法中应当确立这一原则：1. 无罪推定虽然是资产阶级的东西，但可赋予它社会主义内容；2. 无罪推定的核心问题是要求司法机关提出确实充分的证据，对证据不足的应以无罪论处，不得久押不决；3. 无罪推定有利于防止司法人员先入为主，将被告与罪犯划等号，搞刑讯逼供；4. 无罪推定并非无罪认定，不排斥司法人员根据证据和法律对被告进行逮捕、起诉和审判；5. 无罪推定和实事求是的精神是一致的，是实事求是的具体化和必要补充。与之相反的观点则认为，我国刑事诉讼中摒弃有罪推定，但也不采用无罪推定的原则。主要理由是：1. 无罪推定原则无助于刑事诉讼任务的完成，它只强调无罪者不受刑事追究的一面，忽视惩罚犯罪的一面；容易导致该捕不捕，该起诉不起诉，该判不判等放纵犯罪现象的发生；2. 无罪推定从防止有罪的先入为主，陷入无罪的先入为主，也是主观唯心主义的；3. 无罪推定原则与将被告人逮捕、起诉、审判等诉讼原则相矛盾；4. 从无罪推定原则可以引申出被告人有权拒绝回答，这与我国刑事诉讼法的有关规定相违背；5. 我国刑事诉讼法规定了一系列行之有效的原则和制度，能够查明案情，毋需借助无罪推定。第三种观点认为，对待无罪推定应当坚持马克思主义的历史观，既不应不加区别地全盘否定，也不应不加分析地全盘照抄，应当批判地继承，剔除其糟粕，吸取其精华。具体说来，无罪推定有以下两点值得借鉴：1. 任何人在法院宣告有罪前不能认为是罪犯；2. 不能证明被告人有罪，就应推定其无罪，特别是疑难案件中，应作有利被告的处理。

（八）关于同案被告人能否作证人的不同看法。一种观点认为，同案被告人兼有被告人和证人的双重身份：就自己的问题供述时，他是被告人；就同案被告人的问题进行陈述时，他是证人。因为：1. 凡是知道案件情况的人，都有作证的义务，同案被告人是知道案件情况的人，所以，他有作证人的资格和义务；2. 根据我国法律规定，在如实陈述的义务方面，被告人和证人并无不同。被告人如果故意捏造事实嫁祸于人构成犯罪的，同样应以伪证罪或诬陷罪论处；3. 刑事诉讼法第35条中的“被告人供述”，不包括同案被告人口供，凭同案被告人口供定案并非仅凭被告口供定案；4. 同案被告人口供不能作为定案唯一根据的观点，严重脱离司法实践，势必造成该定罪不定罪，以致放纵犯罪。另一部分人则认为，1. 如果认为被告人享有双重身份，在庭审中一会他站在被告席上接受审问，一会儿又让他站在证人席上就案件事实作证，同一诉讼参与人在同一案件中同时处于两种不同的诉讼地位，这在程序上是讲不通的；2. 如果同案被告人可以作证人，若被告人虚伪陈述，隐匿罪证的话，是按被告人还是按证人对待？抑或按双重身份处理，将本罪及伪证罪合并论处？这不仅在理论上会造成混乱，在实践中也是行不通的；3. 如同案被告人具有证人身份，将导致依口供定案。一旦同案被告人翻供，案件如何收场？4. 认为同案被告人具有证人身份，实际上是确认被告人有证明责任。第三种观点认为，同案被告人有无证人资格应具体分析，区别对待：1. 如果是具有共犯关系的同案被告人同时接受法庭审理时，不具有双重身份；2. 如果是不具有共犯关系的被告人基于某种原因而同案审理时，此时的同案被告人具有证人资格；3. 虽具有共犯关系，但已先行结案或分离审判的同案被告人也具有证人资格。

（九）关于对检察人员在二审法庭上的任务和地位的不同认识。派员出席二审法庭是人民检察院刑事检察工作的重要组成部分，但是对于检察员在二审法庭上的任务和地位问题，人们却认识不一，主要有四种观点：1. 检察员以国家法律监督机关代表的身份出席二审法庭，任务不再是支持公诉，而是实行审判监督；2. 不论是一审案件还是二审案件，只要是公诉案件，检察员出庭都要以国家公诉人的身份出现，国家公诉人的任务，一是支持公诉，二是实行审判监督，即一种身份，双重任务；3. 检察人员出席第二审法庭和第一审法庭一样，具有双重身份，即不仅是法律监督机关代表，执行审判监督，同时还是公诉人，要继续支持公诉；4. 检察员出席二审法庭的任务和法律地位应当因案而异。对于被告人上诉的案件，检察员出席二审法庭与出席一审法庭基本相同，既有支持公诉的任务，也有法律监督的职责，他的法律地位仍然是国家公诉人和法律监督机关的代表双重身份；对于抗诉案件，检察员的任务则只是履行法律监督职责，他的法律地位只是法律监督机关的代表。

此外，为适应体制改革和司法实践的需要，一些文章主张，要建立专门的少年犯罪诉讼程序，以适应少年犯增加的形势和有利于少年犯的综合治理；建立涉外刑事诉讼程序，以适应实行对外开放以来外国人犯罪案件增加的新形势。为了发展社会主义民主，健全社会主义法制，有的人建议制定冤狱赔偿法（或刑事损害赔偿法），以保障公民人身权利、民主权利不受非法侵犯，并落实宪法第41条关于"由于国家机关和国家工作人员侵犯公民权利而受到损失的人，有依照法律规定取得赔偿的权利"的规定。

（陈卫东撰稿　陈光中　吴磊修改）

国　际　法　学

一、国际公法

党的十一届三中全会以来，国际法学在我国有了重大的发展。国际法课程恢复和更新了，有些院校设立了国际法专业和独立的研究所。中国国际法学会成立了，在学会主持下出版了《中国国际法年刊》。中外学术交流增加了。我国国际法学界有了世界国际法学会联络会员。联合国国际法委员会有了中国委员，中国法学家还当选为国际法院的法官。建国以来，第一部国际法教材出版了，国际法著作日见增多。在国际法领域内，出现了欣欣向荣的景象。

我国实行对外开放政策以来，对外关系更加广泛和繁杂，有许多国际法问题需要研究和解决，从而推动了整个国际法学研究的发展。

我国国际法学当前有几个趋向：

第一、理论联系实际。国际法有许多理论问题有待研究，如国际法的性质，国际法的渊源，国际法的主体等等。但是，更值得注意的是：紧密联系着实际问题来阐明理论，或者是从理论的角度来研究实际问题。例如，我国现在正在制定很多法律，这里就有国际法与国内法的关系问题，这是我国学者应当研究的一个课题。又如，人权问题是国际上热烈讨论的问题，我国学者发表文章，阐述了对国际保护人权的看法。最近，已确定将"中华人民共和国国际法实践"列为哲学社会科学"七五"期间国家重点研究课题之一，并开始进行研究，这一项目的完成将为建设具有中国特色的国际法学提供基础。

第二、新问题的研究。一是研究有关国际经济的新问题，对此不仅已引起热烈的讨论，而且形成了一个新的法律部门——国际经济法。二是由于科学技术发展的影响而产生的新问题，对这些问题的研究，已经形成了一些新的法律部门，如海洋法，外空法，环境法，南极法等。由于我国参加联合国第三次海洋法会议，海洋法中有许多问题与我国有密切的利害关系，因此，研究成果也比较多。外空法和南极法中，也有一些具有实际意义的问题，为我国学者所重视。对于新兴的国际环境法的研究，也已经开始。人们还考虑到跨学科的研究。国际法需要自然科学与技术知识的问题，已经提到日程上来了。

第三、年轻一代国际法学研究人员的兴起。自从1978年以后，在国际法的研究领域内出现了一批年轻研究人员。他们在教学工作中开始成为骨干，在研究工作中也开始显露出成绩。这是一股新生力量，他们善于抓住新问题，又能刻苦钻研，对于我国国际法的发展将起重要作用。　（王铁崖）

二、国际私法

中华人民共和国成立以后，取消了帝国主义国家在中国的一切特权，本来适用国际私法的机会是来到了。尽管由于当时敌视中国的美国对我国实行封锁，我国的对外交往受到了很大的阻碍，但是我国并没有忽视国际私法在国际交往中的重要性及学习和研究的必要性。因此在有些政法院系里开设了这门课。中国人民大学还请来了苏联专家，专门讲授这门课程，随后，又开始培养国际私法研究生。翻译出版了苏联的《国际私法》(1949年版)，《英美国际私法的理论和实践概论》以及一些国际私法论文。后来由于"左"的错误思想的影响，法律教育和法学研究都受到了严重的摧残，对国际私法的研究也处于几乎停顿的状态。直到1978年党的十一届三中全会在指导思想上进行了拨乱反正，提出了发展社会主义民主和健全社会主义法制的重大任务，国际私法的研究才又有了发展的可能和条件。

随着我国对内搞活，对外开放政策的贯彻执行，我国的对外经济贸易和民事交往都有了很快的发展。在这种形势下，如何利用国际私法来调整国际经济贸易和民事交往关系，如何解决这些方面发生的争端，就不仅是一个理论上应该探讨的问题，而且也是客观上迫切需要解决的实际问题。正因为这样，这几年来，我国国际私法在教学、科研以及立法等方面，已开始进入了一个初步发展、繁荣的时期。

这几年来，全国五个政法院校和30多所综合大学的法律系，都开设了国际私法课程。有些省、自治区、直辖市政法管理干部院校，也设有这门课。此外，外交、外贸、财经以及经济管理等学院也把国际私法列为必修课或选修课。司法部还举办了两期国际私法师资进修班。

这几年来，我国已陆续出版了一些国际私法著作、教科书、参考资料等。1983年在教育部和司法部法学教材编辑部的主持下，编辑出版我国第一部《国际私法》统编教材。这是建国以来第一本供大学通用的国际私法教科书，对我国国际私法的教学、研究以及涉外工作，都起了较好的作用。法学教材编辑部还配合上述统编教材，编辑出版了《国际私法资料选编》。此外，一些大专院校还编写了国际私法讲义或参考资料，供学生使用。有的教学、研究部门还收集国际私法的论文译著，编印成册。1984年出版的《中国大百科全书(法学)》辑纳了国际私法分支的有关条目。几年来，在全国法学期刊上，还发表了不少国际私法论文和译文。

我国国际私法的初步发展和繁荣还表现在一支中青年教学和研究队伍正在迅速地成长上，还有一批攻读硕士学位或博士学位的国际私法研究生。1985年在贵阳举行第一次全国国际私法学术讨论会，会议收到论文40篇。会上讨论了国际私法中一些有争论的重要问题，大家各抒己见，畅所欲言，不但进行学术交流，也显示了我国国际私法的研究已取得一定成就。

这几年在国际私法立法方面，也有较快的发展。1985年全国人大常委会通过的《中华人民共和国涉外经济合同法》、全国人大通过的《中华人民共和国继承法》，都包含了若干国际私法方面的条款。最值得注意的是，1986年4月全国人大通过的《中华人民共和国民法通则》第八章专门规定了“涉外民事关系的法律适用”。这是建国以来第一次对这个问题作出综合性的原则规定。建国以来，我国还参加了一些与国际私法有关的国际公约，如《统一国际航空运输某些规则的公约》、《国际船舶载重公约》、《国际油污损害民事责任公约》、《保护工业产权巴黎公约》、《联合国国际货物销售合同公约》等等。（韩德培）

三、国际经济法

国际经济法是第二次世界大战后出现的新的法律部门，其最初表现形式是战后初期在联合国主持下召开的一系列有关经济贸易问题会议所签订的几个多边国际协定，即：《国际货币基金协定》、《国际复兴开发银行协定》和《关税及贸易总协定》。这三个协定一般认为构成战后初期建立的国际经济秩序的三个支柱。通过这几个协定，特别是联合国宪章有关经济问题的规定，已突破传统国际法的局限性，原来属于国家国内管辖事项的经济事项，开始受到国际法的调整，这标志着现代国际法的重大发展。

战后几十年来，随着国际形势的发展，国际经济法也有了重大发展。一方面，出现了大量的国际经济组织，它们对国际经济关系施加重要的影响；另一方面，更为重要的是，随着一大批新独立国家的兴起和它们对建立新的国际经济秩序的强烈要求，联合国大会在六七十年代通过了一系列关于建立新的国际经济秩序的重要决议。这样，就大大丰富了国际经济法的内容。

国际经济法还在不断发展的过程中，关于国际经济法的概念和范围，各国学者的意见不完全一致。大致可以说，西方发达的资本主义国家和苏联的多数学者都认为国际经济法是调整国际经济关系的法，属于国际法的范畴，但也有个别学者提出不同的学说，如美国国际法学者P·杰塞普提出用“跨国法”概念代替国际法，以便包括所有与跨国的经济活动有关的法律，既包括国际公法，也包括国际私法；既包括国际法，也包括国内法。杰塞普还反对一切传统的法律分类，但他并未明确“跨国法”究竟包括什么内容。甚至美国学者也并未接受“跨国法”的提法，其影响很小。

国际经济法的研究在西方已有近40年的历史，但在我国则是近几年才开始的。1981年出版的《国际法》一书设有国际经济法一章，是我国国际法学界研究国际经济法的第一次尝试。

1982年底，中国国际法学会在上海召开的国际经济法学术讨论会上，与会学者就国际经济法的概念和范围展开了热烈的讨论。《中国国际法年刊》(1983年)特辟专栏选登了其中四篇有代表性的发言。学者们的意见虽极为分歧，但可以概括为两种意见：一种意见认为，国际经济法是有关调整国际范围内一切超越国境而发生的经济关系的法律规范的总和。因此既包括国际法，也包括国内法；既包括公法，也包括私法。他们主张打破传统的法律分类，突破国际法和国内法、公法和私法的界限，认为国际经济法是一门独立的新的法律部门。这种意见与上述“跨国法”的概念有明显的类似之处。另一种意见认为，国际经济法是国际法的新分支或特殊部门，它是调整国际经济关系的原则、规则和规章、制度的总和，是国家之间的法律。他们承认进行综合研究的必要性，但不同意混淆国际法和国内法的界限，公法和私法的界限，认为这将损害不同规范领域的功能统一性，如果将国际经济法纳入“跨国法”的概念，就有可能将国际经济法的研究引入歧途。这次讨论虽未取得一致的意见，却引起了我国国际法学界对国际经济法的广泛兴趣。

中国国际法学会每届年会和每次学术讨论会都提出了不少有关国际经济法的论文。其中很大一部分是近几年毕业的研究生写的。1985和1986年先后举行了两届全国青年国际法学者研讨会，会后出版了《国际法论文集》，其中一批国际经济法方面的论文，青年一代国际法学者已经迅速成长起来，成为我国国际法学界一支异常活跃的生力军。

几年来，我国国际经济法研究工作有了迅速的发展，除发表了论文外，还出版了一批质量较高的著作。

（汪　暄）

第十三部分
法学学术会议

董必武法学思想学术讨论会

为纪念董必武诞辰一百周年，中国法学会于1986年3月3日在人民大会堂召开了董必武法学思想学术讨论会。与会者怀着景仰的心情，深切怀念这位德高望重的无产阶级革命家和法学家。

在讨论中，大家普遍谈到，董老通晓古今中外法学，对马克思主义法律科学研究精湛，造诣很深。他运用马克思主义的国家观、法律观，从我国的具体情况出发，实事求是地总结了我国的实际经验，对人民民主专政的政权建设、法制建设、法律人才培养、法律科学研究等各方面都做出了杰出的贡献。他的法学思想丰富了马列主义毛泽东思想关于国家和法的学说的内容，给我们留下了宝贵的精神财富。

会上，大家着重对董老法学思想中的几个方面进行了讨论。

一、极为重视社会主义法制建设

董老十分重视我国的社会主义法制建设。他认为，法制和国家是紧相连属的，没有法制就不能成为一个现代国家，没有法制和民主，就无所谓社会文明。无产阶级领导人民夺取政权后，必须迅速创立人民民主法制，以保障和促进经济建设的发展。在我们国家确立了社会主义制度，主要的任务已经由解放生产力变为保护和发展生产力的时候，不能再经常搞群众运动，必须进一步健全法制。他明确地指出，加强法制的中心环节是依法办事，一是有法可依，二是有法必依。要根据我国的实际情况逐步制定出必要的法规，特别要抓紧刑法、民法等基本法律的制定工作。董老主张必须在彻底废除国民党六法全书的前提下，来制定体现工人阶级和广大人民群众意志的法律。他强调法制建设要从我国的实际出发，认真总结群众斗争的实践经验，不要闭门造车。他坚决反对那种形式主义的所谓完备性。他在一次讲话中说："有的人认为我们总结的经验不完备，没有一套。但怎样才能完备呢？资产阶级的东西，当然抄不得；对兄弟国家的先进经验，我们应当认真学习，但是我们国家的具体历史条件同他们不一样，……照抄也不好。"他形象地指出，别人的样子未必合我们的身材，我们不追求形式，只要合乎马列主义原则和实际需要，就是象样子；只要我们在实践中不断地总结，不断地修改，我国的法制就一定能够一步步地完善起来。

党的十一届三中全会提出要建设有中国特色的社会主义，在法制方面就是要建设有中国特色的社会主义法制，这正是董老多年来所孜孜以求的。

在法制建设中，董老非常重视发展社会主义民主，提高人民当家作主的思想，重视培养人民的法律意识，使人民信法、懂法、守法。特别是党员和干部首先要模范地遵守法制。董老多次明确指出，对于那些自命不凡、置国法于不顾而犯法的人，不管他地位多高，功劳多大，必须一律追究法律责任。法律绝不是只管老百姓的。

董老非常重视依法办事，但坚决反对不去理解法律的精神实质，不深入研究具体案情，只是机械地搬用条文的形式主义。

二、从实际出发研究法学基本理论

董老长期从事法制建设实际工作，同时十分关心和重视法学基本理论研究。在解放之初，法学界广泛争论的重大问题是：法是什么？什么是法的本质？当时刚刚废除国民党"六法全书"，旧法统、旧法学的影响还很深，甚至有少数人认为旧法不都是反动的，可以利用来为我们办事。董老斩钉截铁地说："革命就是要废除旧的法律！"并多次教导我们"必须从阶级的属性上来考虑国家和法的问题"。当时董老十分强调法有严格的阶级性，强调离开国家、阶级、专政，那就谈不到有什么法。当然，这里所说的法，指的是我们现在所讲的意义上的法，而不是原始社会没有国家来强制执行的"习惯"，也不是设想将来共产主义社会也会有的不需要强制执行就可能共同遵守的行为规则。

董老认为，人民民主专政国家的法律也有两重性，一方面保护人民的民主权利和合法利益，保障和促进国家的经济建设；另一方面惩罚犯罪，打击敌人，维护革命秩序。这二者是辩证统一的，片面强调一个方面忽视另一方面是错误的。

五十年代中期，正确处理人民内部矛盾问题已成为法制建设中迫切需要解决的新课题。董老把毛泽东关于正确处理人民内部矛盾的理论运用到司法实践中，提出要"正确区分两类矛盾，做好审判工作"，对把人民内部问题当作敌我问题处理，或用惩办手段处理非犯罪事件的错误作法提出了批评。他指出，行为错误而不违法，或违法而非犯罪的，不能用惩办手段处理。同时，他告诫政法机关的同志：国内大规模的阶级斗争虽已结束，但国内少数残余反革命分子仍待继续肃清，革命和反革命的斗争仍将存在。因此，要继续保持警惕，同反革命势力进行坚决的斗争。董老也批判了那种认为人民内部矛盾仅仅是一个是非问题的错误观点，指出在1956年以来的刑事案件中，各种成份的犯罪分子的比重，已经起了新的变化，劳动人民已占据了极大多数。这是社会新形势呈现在审判工作面前的一个值得重视的现象。对于人民内部的犯罪也应该依法予以制裁，不应当因为犯罪者是劳动人民而不予严肃处理。否则就不但不能产生调整人民内部矛盾的作用，反而会产生促使矛盾复杂化、尖锐化的作用。

三、大力加强法律人才的培养和法律科学研究工作

为了加强法制建设，董老特别重视法律人才的培养和法律科学研究工作。在董老的倡导和关怀下，中央和各大行政区设立了政法干部学校，成立了人民大学法律系，重新恢复了北京大学法律系，成立了法律出版社和法学研究所，各级政法机关普遍建立了政策法律研究机构。

在法学研究方面，董老不仅强调各个部门法学、实体法学的建设，也非常重视法学基础理论和法律史学的建设。他认为中国过去对法学不重视，研究很不充分。在中国历史上，做官的都是靠科举出身，只讲四书五经，当作敲门砖，当了官便没用了。古代主管司法的官吏如刑部、臬司之类自己就根本不懂得法律。为改变中国法学落后的状况，董老身体力行，为中国法律科学事业的发展，为法学理论队伍的培养，为具有中国特色的马克思主义法学体系的建立，倾注了大量的心血。

与会者一致认为，董老的一生不仅为我国法制建设的实际工作竭尽了最大努力，而且根据马克思主义关于国家和法的学说，结合我国法制建设的具体实际，提出了许多独创性的见解。认真学习和深入研究董老的法学思想，继承和发扬董老为发展社会主义民主，健全社会主义法制而积极奋斗的革命精神，使董老留给我们的宝贵精神财富能够在社会主义现代化建设事业中充分发挥作用，这是对董必武最好的怀念。

（甘功仁）

婚姻法学研究会学术年会

中国法学会婚姻法学研究会首届学术年会于1986年3月15日至23日在厦门大学召开。来自中央有关机关及全国27个省、市、自治区的代表共80余人参加了会议，提交了49篇学术论文和调查报告。会议围绕“经济体制改革与婚姻家庭的新变化”这一主题，进行了广泛的讨论和交流。与会者一致认为，经济体制改革是变革和完善社会主义生产关系、促进生产力发展的一场革命，作为社会细胞的婚姻家庭，从内容到形式都将发生新的变化。研究这些新情况和新问题，是摆在婚姻家庭理论工作者和实际工作者面前的重要课题。现将讨论情况简介如下：

一、在经济体制改革中婚姻家庭出现的新变化

（一）择偶观的新变化。

由于我国封建传统观念的影响和经济上的原因，长期以来，人们的婚姻关系受着钱、财、物的支配，“以物论婚”和农村姑娘流向城市的现象相当普遍。随着经济体制改革的开展和人们物质生活的改善，择偶标准逐渐由“重物型”向“重才型”发展。据四川省对3000名农村未婚女青年的调查，60%以上的人希望找一个有文化、懂技术、有能力、会经营的伴侣。择偶的趋向也出现了由“离乡型”向“恋乡型”这种有利于农村建设的方向转变。

（二）妇女的家庭地位有了明显提高。

随着经济体制改革和城乡商品经济的发展，妇女由过去主要从事家务和农副业辅助性劳动，逐步发展为从事农、工、商等多行业的商品生产和经营开拓。据调查，以妇女为主的专业户占农村专业户总数的40%左右。妇女经济地位的变化，大大提高了她们在家庭中的地位，成为家庭生活中的主要管理者。

（三）家庭在社会结构中地位的变化。

随着农村联产承包制的普遍推行，家庭重新有了生产的职能，从过去的纯消费结构形式转化为消费与生产职能齐备的经济实体，大大提高了家庭在社会结构中的地位和作用。

（四）家庭形式的多样化和家庭关系的民主化。

随着商品经济生产形式日渐多样化，许多家庭的结构也逐渐改变了传统的单一形式。一方面为了适应生产经营上的灵活自主性，出现了家庭由大变小的核心化；另一方面为了强化与外邻的竞争，需要人力、财力的集中，有的家庭出现了由小变大的现象或者联合家庭的复归。无论哪一种形式，家庭的管理和相互关系，都发生了由家长制管理转向不分辈份的能人管理制，从而促进了家庭的民主化。

二、经济体制改革中婚姻家庭出现的新问题

随着经济体制改革的发展，婚姻家庭出现的主要问题是：1. 农村中的婚姻旧俗抬头蔓延，主要表现：一是结婚要财礼和大操大办风盛行。据调查，结婚财礼比经济体制改革前上升10倍，有的地区男家要花费五六千元，高的达万元以上，这给刚刚富裕起来的农民增加了沉重的负担；二是在我国早已绝迹的重婚、纳妾、童养媳、换亲、转亲和订小亲等落后婚姻形式又重新出现，影响着我国的婚姻质量和婚姻家庭关系的稳定。2. 城乡不少婚姻家庭出现某种自由化的倾向。主要表现为：未婚同居、未婚流产现象日益增多；第三者插足的离婚纠纷上升；虐待、遗弃老人的现象比过去严重，等等。形成上述问题的主要原因是，在抓物质文明建设的同时，精神文明建设没有相应跟上，给各种错误思想造成可乘之机；加之法制宣传还不普遍，群众的守法观念不强，对违法现象制裁、制止也不够得力。

三、几个认识问题

（一）对离婚发展趋势的预测。

有两种看法：一种看法认为离婚率还会持续上升。理由是：1. 随着旧的离婚观念影响的进一步消除，将会促使“凑合婚”和不成熟婚姻的解体；2. 随着妇女经济地位的提高，夫权思想严重的家庭越来越难以继续维持下去；3. 商品经济的发展将进一步促进城乡人口的流动，这也会增加夫妻关系不稳定的因素；4. 对外开放难免带来的自由化观念，容易导致婚姻关系的离异。另一种看法认为：我国的离婚率已基本趋于稳定。理由是：1. 随着社会主义精神文明建设的开展，一些落后的意识和错误观念日渐被纠正，会减少婚姻家庭纠纷；2. 随着普法的深入开展，人们的守法观念将会逐步增强，婚姻家庭纠纷会相应减少；3. 随着社会治安综合治理的有效开展，婚姻家庭纠纷解决在萌芽状态的可能性也在增长。

（二）事实婚姻问题。

在这方面讨论了两个问题。1. 事实婚的主体是否以无配偶为要件。一种意见认为不应以无配偶为要件，否则无法追究有配偶的人又与他人以夫妻名义公开同居的重婚罪责。另一种意见认为，应以无配偶为要件，无配偶的双方未经法定程序，以夫妻名义共同生活，构成事实婚姻，有配偶的人与他人以夫妻名义共同生活则为事实重婚，而不是事实婚姻。2. 是否承认事实婚的效力。一种意见认为不能承认事实婚的效力，否则会助长事实婚的蔓延，失去法律的严肃性。另一种意见认为应从实际出发，有条件地承认事实婚。并认为对已共同生活多年，符合婚姻实质要件的，在发生婚姻纠纷或财产继承时，应按法律婚对待，这样作有利于保护妇女和子女的正当权益，防止矛盾激化。

（三）关于第三者插足的概念问题。

会上对第三者插足的概念认识很不一致。一种意见认为，有关部门应对第三者插足的概念作出解释，否则在适用上会造成任意性理解，产生不好的后果。另一种意见认为，第三者插足不是法律概念，其内涵和外延均缺乏确定性，建议不采用第三者插足这一概念。

（四）关于性科学的研究和性知识的普及问题。

与会者认为，性科学研究和性知识的普及问题，是关系建立幸福美满婚姻家庭的重要前提和基础，对人们结婚和婚后生活都有重要的指导作用。但是，长期以来，由于封建意识的影响，人们一直把性科学视为禁区，这种对性知识的“封闭”观念，恰恰强化了人们的逆反心理，愈是把性知识神秘化，为此而冒险的人愈多。现实生活中不少青少年的性犯罪和越轨行为就是明证。当前夫妻纠纷增多的原因，也与性科学知识的贫乏或无知有一定的关系。因此，建议开展性科学研究，加强性知识的普及教育。当然，在普及性知识教育的过程中，应严格区分性科学教育与淫秽宣传的界限。

这次年会期间，婚姻法学研究会还与厦门市妇联等部门举办了一期婚姻法讲习班，由研究会的专家、学者讲授，收到了一定的成效。

（任国钧）

华东地区开放城市青少年犯罪动向和对策科学讨论会

1986 年 4 月 12 日至 16 日，江苏省法学会、中国青少年犯罪研究学会（华东理事片）在无锡联合召开了华东地区开放城市青少年犯罪动向和对策科学讨论会。

江苏、上海、浙江、安徽、山东、福建、江西、广东等省、市以及最高人民检察院、北京大学、中国政法大学、西北政法学院的代表共 78 人参加了会议。

会议收到论文和调查报告 61 篇。代表们着重讨论了“严打”以来青少年犯罪的新动向和新特点，并就如何防治问题进行了探讨。会议认为：

一、要高度关注青少年犯罪上升的趋势。当前青少年犯罪已成为一个严重的社会问题。1978 年以来，华东地区开放城市青少年犯罪的比例占犯罪总数的 50—60%，有的高达 80%左右。尽管时起时伏，但总的趋势是上升的。预计在今后十年内还有增长的趋势，不可能大幅度下降。加强对青少年犯罪趋势的预测，采取有效的防范措施，对社会治安稳定好转具有决定意义。

二、要迅速掌握青少年犯罪的新特点。随着现代科学技术的发展以及国内生产关系的变革，犯罪活动和犯罪信息及诱发犯罪的因素传播很快，青少年犯罪出现了许多新特点：（一）流动人员作案多；（二）女青年犯罪上升；（三）小学、初中在校学生犯罪增多；（四）经济犯罪突出；（五）性犯罪蔓延较快；（六）犯罪团伙因受资本主义黑社会组织的影响，暴力性、冒险性犯罪增加；（七）犯罪手段出现智能化、现代化、恐怖化的苗头等。这些特点表明，对青少年犯罪的主体、手段、范围、危害程度等都要有足够的估计。

三、要科学地分析青少年犯罪的原因。当前青少年犯罪除了人口等基本因素形成的原因外，还有一些不可忽视的方面：（一）社会生活由封闭型转向开放型，受到资本主义思想较大的感染，而一些部门和单位思想准备不足，教育抵制工作无力，以致一些青少年被引诱，堕落失足；（二）商品经济进一步发展使财产犯罪的诱因增多，部分青少年贪图享乐，在物质利欲驱使下走上犯罪道路；（三）在社会结构发生变化的情况下，管理措施跟不上，制度不严，职责不明，漏洞较多，犯罪分子有机可乘；（四）某些不良精神产品的影响；（五）国外犯罪因素的渗透，等等。

四、要认真探讨防治青少年犯罪的对策。目前对青少年犯罪的研究工作取得了一些成效，但存在的问题也不少，大量课题简单重复，局部材料多，整体材料少，研究力量分散而不稳定，理论研究对实际问题的解决效果不明显。因此，对青少年犯罪的研究应当有长期的战略思想和组织措施，要有意识地加强研究中的横向联系，进行开放式的研究。

在防治青少年犯罪方面，会议强调，要改革思想政治工作，利用各种渠道和手段，在青少年当中加强共产主义、爱国主义、社会公德、品质修养和法制的教育；要加速制定青少年保护法，使预防工作制度化、法律化；要采取有效措施，全面落实社会治安综合治理的方针。

（翟洁君　徐敏）

也有的代表认为，实现经济、法制协调发展必须进一步肃清“以阶级斗争为纲”的影响。

二、经济、法制协调发展需要进行多学科的论证

许多人认为，在经济与法制协调发展问题上，既需要有法学理论的指导，也需要有经济理论的指导，即必须组织多学科的论证。例如，关于外商租用土地问题，有的同志提出，有人认为在社会主义条件下，土地不是商品，土地不能增值。事实上，马克思、恩格斯、列宁曾多次指出，消灭土地私有制并不要求消灭地租，而是要求把地租转交给社会。根据马克思的地租理论，地租不仅存在于封建社会和资本主义社会中，也存在于社会主义社会中，只是两者具有不同本质罢了。这个问题，不用经济理论来论证，在法律上就不能突破。

又如，关于建立劳动力市场问题，有的人认为，在社会主义社会实行按劳分配原则的条件下，劳动力是不是商品，值得研究。为了打破“大锅饭”、“铁饭碗”，解决分配不合理的问题，就得对劳动力的性质进行探讨。劳动力的自由程度，是一个社会文明的标志。对此，在经济理论上应该有一种说法。只有有了正确的理论指导，才能有有力的法律保障。

三、经济体制改革中要抓紧打击经济犯罪

一些人提出，在改革、开放、搞活的新形势下，由于经济关系有了很大的变化，经济犯罪的内容也发生了很大的变化。作为上层建筑重要组成部分的刑法要和社会经济基础相协调，并对经济体制改革起推动作用。凡是有利于社会主义经济关系和生产力发展的行为，就应依法予以保护和支持；反之，就应予以否定。当前，经济犯罪的变化主要表现在两个方面：一是过去认为是违法犯罪的行为，由于在新的经济关系面前已不具有社会危害性，因而不认为是违法犯罪，如长途贩运、二道贩子等。二是在过去不存在或者

经济、法制协调发展理论讨论会

由华东政法学院和上海石化总厂联合发起的“经济、法制协调发展理论讨论会”，于1986年5月5日至9日在上海召开。这次讨论会，是上海《法学》编辑部1984年5月倡议发起“开展我国法制建设协调发展问题的讨论”的继续和深化。参加这次讨论会的有来自北京、上海、武汉、厦门等地的法学理论界和经济理论界的专家，学者，以及司法、行政、经济部门的代表共80余人。

讨论会以邓小平提出的“一手抓建设，一手抓法制”的战略思想为指导，围绕以下问题展开讨论：第一，如何探索新时期经济、法制协调发展的新路子？第二，在法制与经济体制改革的协调过程中，目前有哪些迫切需要解决的理论问题和实际问题？第三，法学理论在为改革实践服务方面应该有哪些突破？

打破“禁区”，创新理论，促进经济、法制的协调发展——这是代表们的共同呼声。大家普遍认为，这是一次法学界与经济界人士相互对话的会议，是法学界加强横向联系的良好开端。

一、经济、法制协调发展首先在观念上要有新的突破

一些代表提出，当前在经济、法制协调发展的问题上，首先要确立适合社会主义商品经济发展的法律观和法律制度，改变长期以来形成的产品经济的法律观和法律制度。承认社会主义经济也是商品经济，是我们观念上的一个重大突破，法学理论也要在此基础上有所突破和发展。过去讲经济、法制协调发展，往往是从法制建设出发，即着眼于法制建设本身来看待经济体制改革，这就不免造成法制建设只是消极地适应经济体制改革的需要的状况。应该说，经济体制改革实际上是以经济体制为核心的全面改革，它会给法制建设也带来一系列的变革。社会主义商品经济是建立新的法制的基点。法制建设的协调发展就是与社会主义商品经济的协调发展。

有的代表认为，为了促进经济，法制的协调发展，还应确立超前立法的观念。经济立法工作只有在科学地预测经济活动发展规律的基础上进行，才能避免造成社会混乱与社会浪费，从而保障经济发展的稳定性和改革的顺利进行。他们认为，“七五”期间我国经济立法的重点应当是抓紧促进和保障经济体制改革深入开展、促进和保障进一步对外开放等方面的立法，以及制定与国家确定的一些重点发展行业有关的振兴法、扶植法。

罕见的行为，在新的经济条件下日益增多，并构成对新的经济关系的严重威胁，具有较大的社会危害性，而法律又未明文规定，如利用技术市场开放的条件，谋取不正当利益已达到犯罪程度的行为等。为了适应形势发展的需要，法律应及时修改或废止，或者通过各项经济立法和刑事立法的协调来加以解决。

（郁忠民）

辽宁、湖北、黑龙江三省经济犯罪问题研讨会

辽宁、湖北、黑龙江三省法学会，于1986年5月9日至12日，在辽宁兴城县联合召开了经济犯罪问题研讨会。出席会议的有三省政法机关、法学研究机构、政法院校的代表，沈阳铁路系统法学会以及辽宁省各市法学会的领导人和论文作者，河北省法学会的代表也应邀参加了会议，共86人。现将研讨的几个主要问题和主要论点摘要如下：

第一、关于区分经济诈骗犯罪与违约的界限问题。

1. 当前诈骗犯罪的主要特点。大家认为，利用经济合同进行诈骗，是当前诈骗犯罪的新形式，它是诈骗犯罪中危害最严重的一种犯罪，与过去常见的诈骗犯罪有显著不同：

一是犯罪者从以个人为本位，发展到以群体为本位，以法人合法代表的身份出现，有工商部门登记、银行账户、上级机关的批准。

二是犯罪所得从犯罪者个人占有，转变为单位占有与个人占有交织一起，大体分三种情况：（1）根据法人决策机构决定行骗，犯罪的非法所得归法人所有；（2）非法所得部分归法人所有，部分中饱私囊；（3）名义上是企业法人，营业执照上是集体经营性质，实则个体经营，非法所得归个人所有。

三是诈骗对象由以公民个人为主，转而指向全民所有制企业和集体经济组织。

四是诈骗方式从利用个人间来往关系，发展为以法人间业务活动的形式进行，以提供紧俏商品，推销滞销产品为诱饵，签订假合同，骗取货款和商品。

五是危害后果严重。诈骗数额巨大，假合同数额动辄几十万、几百万甚至几亿。非法所得动辄几万、几十万。同时并发其他犯罪，诈骗过程中，往往以贿赂开路，并倒卖计划物资，兼犯行贿、投机倒把罪。

2. 认定经济诈骗的客观依据。利用经济合同诈骗与违约行为，同样是没有履行合同，两者形似而实异，区别的关键在于：诈骗是无意履行合同；违约是无力或反悔而不履行合同。判断这一心理状态的主要客观依据是什么？有两种意见：

一种意见是：行为人是否有履行合同的行为，是判断有无践约意愿的主要客观依据。检验主观动机的标准是行为，履行合同的行为，反映了履行合同的意愿。如果蓄意诈骗，当然不会有履行合同的行为。

另一种意见是：行为人有无履行合同的能力，是判断是否诈骗的主要客观依据。履行合同的能力，是合同成立的基础，如果行为人明知自己无履行合同能力，即不存在承担合同义务的现实可能性，足以证明他无履行合同的意愿。

3. 区分经济诈骗与经济纠纷的界限。有些经济纠纷一方在签订或履行合同过程中，有欺骗行为，这与经济诈骗，都是意图用欺骗手段，使对方在认识上陷于错误。两者的界限何在？大家比较一致地认为，最根本的区别在于目的不同，经济诈骗是无意履行合同，企图非法占有对方财物。经济纠纷是愿意履行合同，无意非法占有对方财物，只是企图通过欺骗手段，实现一定的经济利益。因此，在手段上经济诈骗必然虚构事实，隐瞒事实真象；有欺骗行为的经济纠纷，一般是在标的物的质量、数量或交货期限等问题上说假话。

但是，在一些具体问题上，存在不同看法：

（1）有的行为人利用签订的合同，取得货款后，从事与合同无关的生产经营，赚钱了就还对方，赔钱了就赖账，对此是否应按诈骗罪处理？一种意见认为如偿还了货款，便说明是只图暂时占用，不应按诈骗处理。如不能偿还货款，便说明目的在于非法占有对方钱款，应按诈骗处理。另一种意见认为，刑法意义上的非法占有为目的，本质在于占有的非法性，只要占有财物的手段是欺诈的，即构成非法占有，至于占有后从事其他生产经营活动，是用途问题，正好证明无履行合同的意愿，应按诈骗处理，不应以是否归还来改变其行为的性质。

（2）有的行为人虚构履行合同的能力，与对方签订供货合同，取得货款后，又找第三者组织货源，期望借助第三者践约营利，但因第三者无货而不能践约，而货款又已花掉，不能退回，是否属于诈骗行为？一种意见认为，组织货源的事实，表明有履行合同的诚意，虽然虚构事实，其目的是在于促成签约，而非诈取财物，货款花掉，不能归还，应属于经济纠纷。另一种意见认为，行为人无履行合同的能力而虚构事实，诈骗对方签订合同，并取得货款，具备诈骗罪的特征。在主观上，从期望第三者供货后再践约，发展为把货款花掉，反映其行为目的，已从践约营利，转化为毁约非法占有对方财物，应按诈骗定罪。

第二、贪污罪的主体问题。在经济体制改革过程中，集体经济组织的经营层次多了，经济形式也多样化了，在有些经济实体中，哪些人属于依法从事公务的人员，或者受委托从事公务的人员，出现了许多复杂情况，有时不易确定。与会者一致认为，解决这一问题的关键，在于

判定经济实体是属于哪一种经营层次。但在有些具体问题上，又有不同看法。

一是，联产承包组织中的经管人员，是否可成为贪污罪主体。集体经济组织，通过承包合同，把生产资料、资金发包给承包组织或者个人经营，这属于集体经济组织经营层次，其主管人员或者管理财物的人员，利用经营之便，侵吞集体财产，应按贪污治罪。但是，按承包合同应属承包者所得的盈利，其所有权系承包者所有，不是集体财产，即使承包者以不正当手段取出，也不能认定为贪污。对此问题意见基本一致。

二是，“挂靠”集体组织的各种类型的贸易公司，实体性质各异，但都依附于一个集体组织，营业执照是集体企业，其从业人员可否成为贪污罪主体？有两种意见，一种意见是，既然这些贸易公司依附于集体组织，营业执照也是集体的，应判定为集体性质，其从业人员可以成为贪污罪主体。

另一种意见是，不能仅看是否依附于集体组织，应从实际出发，判定其实体的性质，区别对待。有的贸易公司靠集体组织投资，有固定资产、有章程、利润分成有明确规定，其性质应属于集体，从业人员可以成为贪污罪主体。有的贸易公司，只是名义上“挂靠”，其实是几个人合伙，也有个人投资，全家从业，自负盈亏的，它们都属于合伙或个体经营，其从业人员不应构成贪污罪主体。

三是，合作经济组织的管理人员，能否构成贪污罪主体？对于个体和集体企业的联合体，一致认为，这种类型的合作组织，虽联合的程度、利益分配方式各有不同，但一般地生产资料全部或基本属于集体所有，有公共提留等符合集体经济的特征，其经管财物的人员，可以成为贪污罪的主体。

对于劳动者合作经营体中的管理人员，是否可成为贪污罪主体，有两种意见：一种意见认为，这类合作组织的经济性质比较复杂，应当具体区分。有的合作组织，不符合集体经济组织的特征，而是合伙经营的个体经济，其经管人员不能作为贪污罪主体。除了这种类型以外，不论哪种合作方式，只要遵守劳动者之间自愿互利原则，接受国家的计划指导，有民主管理制度，有公共提留，积累归集体所有，以按劳分配为主，同时有一定比例的股金分红，都属于社会主义性质的合作经济，其经管人员可以成为贪污罪主体。

另一种意见认为：合作经济组织是介于个体经济与集体经济之间的一种经营层次，它的生产资料、资金完全由合作成员筹集，不改变所有制性质，它的积累、提留，仍属于合作成员共有，故不属集体经济，其经管人员不能作为贪污罪主体。

第三、为“公”行贿的治罪问题。当前，经济组织向个人行贿，是贿赂案件中一个突出问题。对经济组织为了进行犯罪活动，而行贿收买国家工作人员，大家一致认为应当对责任人员治罪。但对经济组织在从事正当经营中，因解决供、产、销的困难而行贿，是否追究责任人员的刑事责任，存在不同看法。

一种意见认为应当对责任人员治罪，因为：(1) 行贿行为总是发生在受贿之前，受贿人是在行贿行为诱发下犯罪的，惩治行贿者有利于预防贿赂犯罪的发生。(2) 为本单位生产而行贿，是主观动机问题，只是从轻情节，不影响行贿罪的构成。(3) 为“公”行贿，只对本单位有利，但从整体上看，破坏了正常的经济往来关系，腐蚀人们的思想，危害很大。

另一种意见认为不应轻易治罪，因为：(1) 有些经济组织原料无来源，产品无销路，出于无奈，为维持生产而行贿，情有可原。(2) 受贿者“无利不起早”，行贿者才主动上门，不能认为行贿者诱发受贿行为。(3) 从轻发落行贿者，有利于揭露受贿者。

第四、投机倒把与合法经营的界限问题。一些国营、集体企业从事投机倒把活动，是当前投机倒把活动的一个特点。会上有人提出，区别投机倒把与合法经营的界限，一要看所经营的商品是否国家允许自由买卖的商品。倒卖不允许自由经营的重要生产资料和紧俏物资，即使数额不大，也属于违反工商管理法规的行为。经营允许自由买卖的物资，不论数额多少，都属于合法经营。二要看经营的方法是否符合工商法规。若采取非法手段，以假充真，掺杂使假，从中牟利，即构成投机倒把行为。

第五、对几种经济犯罪立法问题的建议。

一是，诈骗罪的最高刑应规定为死刑。现在，诈骗犯罪的社会危害性已远远超过了经济改革之前，刑法对诈骗罪的处刑，已经不足以惩治新的经济诈骗犯罪。

二是，受贿罪比照贪污罪论处问题。实践证明，受贿的数额，一般都低于贪污罪的数额，但造成的危害，却远远超过贪污罪，因此，不能比照贪污罪处刑。对受贿罪的处刑，应根据是不是利用职务之便，有无枉法，造成多大损害，以及受贿的数额大小科刑。

三是，挪用公款按贪污罪论处问题。贪污罪的实际后果，是国家财产的永久丧失；挪用公款的实际后果，则是国家财产的一时失控，两者虽有相似之处，终究是不同质的行为，不应同罪论处。

四是，制造、贩卖假药罪与投机倒把罪处刑的比较问题。制造、贩卖假药罪与投机倒把罪有相同之处。在主观方面，都以假充真，掺杂使假。但两者也有不同之处，制造、贩卖假药罪不仅扰乱了社会主义经济秩序，更严重的是危害人民的健康和生命安全。可以说，制造、贩卖假药，是危害人民健康和生命安全的投机倒把犯罪。但是，投机倒把罪的最高刑是死刑，制造、贩卖假药罪的最高刑只是徒刑七年。立法上是否失衡？

（辽宁省法学会刑法学研究会供稿）

司法部门为涉外经济活动提供法律服务理论研讨会

1986年5月21日至23日司法部在广州市召开了司法部门为涉外经济活动提供法律服务理论研讨会，目的是针对在涉外经济活动中法律服务工作遇到的新情况、新问题，从政策、法律和理论的角度加以研究，总结新经验，探索新途径，以便进一步贯彻中央关于司法部门要更好地为经济建设提供法律服务的指示精神。

参加会议的有：北京、天津、上海、辽宁、吉林、浙江、江苏、河北、四川、福建、广东等11个省、市从事涉外法律服务工作的律师、公证人员、专家、学者及司法部有关业务部门的代表共79人。会议共收到论文和调研文章120篇，内容涉及：司法部门在涉外经济活动中的地位和作用；在涉外经济活动中如何发挥律师、公证、法制宣传、法学教育等部门的职能作用；司法部门在涉外经济活动中所面临的新形势、新任务、新要求；对涉外经济活动中一些政策、法律和理论问题的探讨，等等。由于涉及港、澳的经济活动与对外经济活动有许多共同点，也被列为讨论的范围。讨论不仅涉及了法律问题，而且涉及了工商、税务、金融、科技等部门的业务。既有实践经验的总结，又有理论方面的探索。

会议讨论了律师在涉外经济活动中的任务和法律事务问题。多数与会者认为，律师是国家的法律工作者，在涉外经济活动中的基本任务，是正确运用法律，促进对外开放，维护正常的涉外经济秩序和法制，维护国家和企业的合法权益。与会者强调：律师参加涉外经济活动，要认真地维护当事人的合法权益，既不能偏向外国当事人，也不能偏袒本国当事人。要严格依法办事，不仅要维护本国当事人的合法权益，也要维护外国当事人的合法权益。依照我国法律规定适用外国法律或者国际惯例的，不得违背中华人民共和国的社会公共利益。只有这样，才有利于维护我国法制的尊严，有利于维护我国对外开放政策的信誉，从而才能进一步促进对外开放。

与会代表还提出了一些有待深入研究的问题。如：怎样加强司法部门的法律服务与行政主管部门的配合；怎样认识中外合资企业的性质、中外合资企业的股权及其转让；怎样看待律师为涉外经济活动提供法律服务所应承担的责任；怎样为外资贷款提供担保；怎样理解涉外经济法律意见书的概念、作用和出具法律意见书所引起的权利义务关系；怎样开展涉外经济公证；怎样加快法学教育改革步伐，为涉外经济活动培养更多的法律人才，等等。

（司法部研究室　肖义舜）

建立具有中国特色的行政诉讼制度理论讨论会

1986年6月18日中国法学会行政法学研究会在京召开了“建立具有中国特色的行政诉讼制度”理论讨论会。全国人大、最高人民法院、国务院法制局、北京市人大常委会、北京市高级法院、北京市政府法规中心、北京大学、中央党校、中国政法大学、中国社科院法学所、人民日报、中国法制报等单位派人参加了会议。与会人员就行政诉讼问题进行了广泛的讨论，提出了自己的看法和建议，既有对实践的总结，又有理论的概括。

一、在我国行政诉讼制度化、法律化非常必要

行政诉讼是指人民法院依照法律裁决行政纠纷的活动。行政纠纷在我国是大量存在的，以往解决行政纠纷的方式，除依照近几年新颁布的一些法律、法规诉诸法院的以外，主要是采用信访等方式通过行政机关内部来解决。经过几年的立法、司法实践，现在已有条件、并且非常有必要考虑制定行政诉讼法的问题。

首先，行政诉讼制度是贯彻、落实宪法，切实保障人民民主权利的必要制度，是社会主义民主的一个具体表现形式和实现的途径。没有行政诉讼制度，高度民主化也就无从谈起。民主原则在国家行政领域的具体表现就是“依法行政”。代表广大人民意志的法律不仅要规范行政机关的活动，而且要要求行政机关对其活动的结果承担法律责任。当行政机关与公民之间产生纠纷时，应诉诸法院，由法院对违法者依法给予制裁，并判令对受损害者给以赔偿。我们不能因为行政机关是国家机关，享有命令指挥权，就认为它有高于社会其它组织和个人的优越地位，也不能因为其他社会组织和个人处于服从地位而无视他们的合法权益。

其次，建立行政诉讼制度不仅仅是制定一部行政诉讼法，而是一场对封建主义、官僚主义思想的激烈斗争。对国家行政机关提起诉讼，把行政机关作为被告，为许多人所不理解。因此，建立行政诉讼制度要受到封建意识和传统观念的阻碍。建立行政诉讼制度的过程就是与封建主义、官僚主义思想激烈斗争的过程，它在几千年的中国历史上具有重要意义。

再次，从法律体系角度讲，我国民事关系方面的立法，可以说正在日臻完备，但调整行政关系的行政法却长期被人们遗忘或忽视，尤其是缺少行政诉讼法不能不说是我国法律体系的一大缺陷，以致对日常生活中大量产生的行政机关与其他社会组织和公民之间的纠纷的处理几乎是无法可依。行政诉讼法是现代社会所不可缺少的。因此，要建立完备的法律体系，行政诉讼法的制定乃是当务之急。

二、行政机关与人民法院的关系

建立行政诉讼制度需要研究的一个很重要的问题是行政机关与人民法院的关系问题。

在国家机关的序列中，行政机关是处理日常行政事务的机关，人民法院则是审判机关。它们具有不同的社会功能，因而在法律上的地位也不同。以往我们处理行政纠纷主要是通过信访等方式向上级行政机关申诉，而行政机关处理自己为一方当事人的纠纷是不妥当的。解决行政纠纷最合理、最有效的方式是诉讼活动，人民法院以独立的中间人的身份，对双方当事人之间的纠纷作出裁决。在诉讼活动中，行政机关不仅有义务将人民法院需要的材料移交法院，而且要服从人民法院依法作出的判决。

三、民事诉讼程序与行政诉讼程序的区别

有人建议，将行政诉讼程序单列一章，放在民事诉讼法中。多数人认为这种做法不妥当。

民事纠纷产生于平等主体之间，行政机关与其他社会组织或公民之间的行政纠纷，是不平等主体之间的纠纷。主体以及活动性质的不同决定了处理两类纠纷应当采用不同的程序和方法。例如：第一，在民事程序法中，调解是基本原则之一，而行政诉讼则不应适用调解原则。第二，民事程序中当事人对法院的判决不服，可以向上级法院提起上诉，有上诉审程序。行政诉讼则只应有一审。这是因为处理行政案件必须考虑效率，旷日持久的审理程序将严重影响行政机关的工作效率，从而给国家和人民造成损失。第三，民事诉讼程序分为简易程序、特别程序和普通程序，而行政诉讼只宜适用普通程序。

我国的行政诉讼方始起步，暂时适用民事诉讼的有关规定是可以的。但从长远考虑，应另行制定行政诉讼法。

四、对行政诉讼制度具体内容的探讨

行政诉讼制度究竟应该采用何种模式，其具体内容有哪些等问题是这次会议讨论的重点之一。当今世界各国行政诉讼制度有几种不同的模式：（一）法国的行政法院，（二）英国的行政裁判所，（三）美国的独立管制机构，（四）瑞典的议会行政督察员。择其一种者有之，兼容几种者有之。大多数人认为，根据中国的国情，在目前情况下，在普通法院内设立行政法庭，比较切合实际。

鉴于实际生活中存在着大量的行政纠纷，而且行政纠纷多涉及专业知识，行政机关解决起来有其方便条件，各国一般采用诉愿制度，即许多案件可向上级行政机关申诉，以减少对司法机关的压力。此种制度可资借鉴。不少人主张行政诉讼制度应实行行政复议先置原则。

在我国，当前解决行政纠纷的途径主要有下列几种：（一）权力机关对于个别行政纠纷的处理；（二）行政复议制度，即通过向原行政机关或其上级行政机关申诉来解决；（三）司法途径，近年来所颁布的一些法律、法规中多有此规定，即当事人不服行政机关的处理决定可以起诉到人民法院；（四）党的纪律检查机关对国家工作人员中的党员违反党纪的处理。大家认为，通过法院解决行政纠纷应当是行政诉讼制度的核心，应当上升为普遍原则。

司法途径中核心的问题是法院审理行政案件的权限。哪些纠纷法院可以受理，哪些纠纷必须经过行政复议阶段，在各国的司法实践中，做法不一。比较好些的做法是划条原则性的界限，即不是个别法律加以具体规定。但是，对于这种做法需要有对实践的深入了解和理论上精深的研究。只有这样，才有可能制定出较好的行政诉讼法，建立适合中国国情的行政诉讼制度。

行政诉讼制度在我国的建立将是一场深刻的变革，牵涉的问题很多，这次讨论会只是做了初步的探讨。与会者一致希望法学界能对此进行深入研究，以便促使我国行政诉讼法早日出台，行政诉讼制度尽早建立，以完善我国的社会主义法律体系，开创依法行政的新局面。

（张树义）

经济体制改革与打击经济犯罪学术讨论会

1986年8月2日至6日，中国法学会刑法学研究会暨北京市法学会刑法学研究会在北京联合召开“经济体制改革与打击经济犯罪”专题学术讨论会。到会正式代表93人，列席代表5人，分别来自全国28个省、直辖市、自治区。会议收到论文70余篇。

这次讨论会集中探讨了以下问题：

一、从宏观上评述了当前经济犯罪的表现与特点；探讨了刑事立法、刑事司法和刑法理论对于打击经济犯罪与保卫经济体制改革的作用和意义；研究了打击经济犯罪的方针、对策和应注意的一些具有共性的问题；研讨了法人能否成为犯罪主体的问题。讨论会注意把经济犯罪置于我国现阶段经济体制改革和政治、治安的广阔背景下进行分析研究，力图从宏观上提出打击和预防经济犯罪、保卫经济体制改革的有益见解。

二、从微观上探讨了几种具体

的经济犯罪形式。

（一）关于诈骗罪。第一，重点探讨了对利用经济合同实施的诈骗罪的认定与处理问题。分析比较了利用经济合同的诈骗罪不同于其他诈骗罪的特点；着重探讨了利用经济合同的诈骗罪与经济合同纠纷的区别，提出应当从有无履行合同的能力，有无履行合同的诚意，签订合同是否采用了欺诈手段，签订合同时有无骗取钱财的意图，违约后是否积极采取补救措施或者真诚愿意赔偿损失等方面加以区别；对利用经济合同的诈骗犯罪是否存在间接故意的问题，有肯定和否定两种观点；对利用经济合同的诈骗犯罪的客体，有的认为就是公私财产所有权，有的认为除此之外，更重要的是还侵害了社会主义经济秩序。第二，探讨了关于诈骗罪应否增设死刑的问题。有些人认为，实际中诈骗罪的危害程度远远超过盗窃罪，盗窃罪有死刑，而诈骗罪却没有，立法上这一缺陷影响了我国刑法内部的协调和实践中对重大诈骗罪的有力打击，因而亟需修改立法，对诈骗罪增设死刑。但也有人认为，从诈骗罪具有智能犯罪的特点和我国严格控制死刑的立法思想考虑，不宜对诈骗罪增设死刑。

（二）关于贪污罪。第一，着重探讨了挪用公款以贪污罪论处的问题。有些同志指出，挪用公款行为不能一概以贪污罪论处，以贪污罪论处的必须符合该罪的构成要件；有些论文对银行、信贷人员挪用公款以贪污罪论处的问题作了专门探讨。大家还研讨了有关司法解释中关于贪污罪的解释及执行中存在的一些问题；许多同志认为，挪用型贪污罪与直接窃取、骗取、侵吞型贪污相比，犯罪特点和危害程度有所不同，因此在量刑上对前者一般应从宽掌握。第二，探讨了构成贪污犯罪的数额问题。一些同志指出，按照有关的司法解释和目前的司法实践，对构成贪污犯罪的数额掌握得远较盗窃罪的数额高，这有悖于立法上对贪污罪从严惩处的精神，也不利于司法实践中有效地打击贪污罪，因此应当对贪污罪掌握与盗窃罪大体相当的定罪数额。

（三）关于贿赂罪。第一，关于贿赂的含义。有的认为仅指财物；有的主张包括财物和财产性利益；有的提出包括财物、财产性利益和其他非财产性的不正当利益。第二，关于受贿罪的主体。有的认为，根据当前受贿罪的实际，除国家工作人员外，其他国家职工和集体经济组织中的工作人员也可以构成受贿罪。对于已经离休、退休的国家工作人员和国家工作人员的配偶或其家庭的其他成员能否单独构成受贿罪的问题，都存在肯定与否定两种观点。第三，关于利用职务之便的含义。有的指出，应理解为利用职权之便或工作之便。对利用职务之便是否包括利用过去职务上的影响和利用他人职务上的便利，有反对和赞同的不同见解。第四，关于行贿罪。有的指出，应重视对“为公”行贿案件的查处。有的认为，应提高行贿罪的法定刑。第五，有的认为，全国人大常委会《关于严惩严重破坏经济的罪犯的决定》对受贿罪比照贪污罪论处的规定，有些问题有待探讨。

（四）关于玩忽职守罪。第一，评述了玩忽职守罪的主要表现、严重危害性及其与其他经济犯罪的关系。第二，对于玩忽职守罪的罪过形式，有的坚持只能是过失，有的则认为也可以是间接故意。第三，探讨了玩忽职守罪处罚中的一些问题。

此外，这次会议所研讨的问题还有：偷税、抗税罪的犯罪现状、定罪数额标准和处罚方面的问题；目前盗窃犯罪的特点、惯窃罪的认定以及拿走他人遗忘物、窃取秘密技术资料可否构成盗窃罪的问题；制造、贩卖假药罪的特点及处理时的法规竞合问题；故意大量买赃的行为可以构成销赃罪的问题；中国和苏联刑法中投机倒把罪的比较；苏联和东欧各国刑法中的犯罪概念与犯罪分类问题等。

这次会议贯彻了理论联系实际、司法与立法相结合的原则，提出了一些有新意、有实际和理论价值的见解，从而进一步发展了我国刑法学对打击经济犯罪的研究深度和广度。

最高人民法院、最高人民检察院的有关领导趁全国刑法学界的专家、学者云集的机会，邀请其中的部分专家、学者进行了座谈，征询对我国近年来打击经济犯罪中的司法解释的意见。参加座谈的专家、学者本着使司法解释更加完善的宗旨，围绕立法解释与司法解释的权限划分问题；当前打击经济犯罪的司法解释及其修改应掌握的基本精神问题；当前一些具体的打击经济犯罪的司法解释中存在的缺陷问题，畅所欲言，各抒己见，提出了许多中肯的确有参考价值的意见和建议。

（杨敦先　赵秉志）

民法学经济法学研究会学术年会

中国法学会民法学经济法学研究会1986年学术年会于8月6日至10日在银川举行。会议围绕国家所有权和企业经营权的适当分离问题，增强企业活力问题，合伙、法人联营问题及民法学、经济法学体系问题展开了讨论。现将讨论中的观点综述如下：

一、关于国家所有权和企业经营权的适当分离问题

（一）关于国家所有权和企业经营权的概念。

什么是国家所有权？大多数人重申了国家所有权概念的传统看法。但也有人认为，国家所有权与全民所有制不相符合。国家只是代表人民行使所有权，不能成为所有权的主体，应改为“人民所有权”比较适宜。还有人认为，国家是一个抽象的政治概念，国家所有实质上是

国家机关所有，或者是中央、地方和部门所有。

关于企业经营权的概念，意见比较分歧。一种观点认为，企业经营权是除法律另有规定外，对国家授予它经营管理的财产，依法享有的占有、使用、收益和处分的权利，不能由某些国家行政机关时放时收。另一种观点认为，经营权是指对国家授予它的财产经营管理的权利，不应该包括上述四项权能，否则与所有权相同了。第三种观点认为，经营权有广义狭义两种解释，广义的指多种权利的集合，狭义的仅指财产经营权。

（二）国营企业是否应该享有所有权。

第一种观点认为，企业仅仅享有经营权，所有权属于国家。如果企业享有所有权，就无法保障国家的权利，并很容易导致宏观失控，国家的收益权也不能保障。企业享有所有权，意味着变全民所有为集体所有。

第二种观点认为，应该给予企业所有权。全民所有制可以通过国家所有权表现出来，也可以通过企业所有权表现出来，企业经营权就是企业所有权在新的经济体制下的法律表现。就经营权的内容而言，和所有权也是一致的。企业有了所有权才能内有活力，外有压力。否则，企业就会只顾眼前利益，而忽视长远利益。而且，没有所有权，就谈不上企业破产的问题。

第三种观点认为，企业既享有经营权，又享有所有权。企业对固定资产和流动资金享有经营权，对于上缴税金后的剩余利润享有所有权。保障企业对税后留利部分的所有权，对于搞好企业是有重要意义的。

（三）国营企业所有权和经营权如何适当分离。

大多数人认为，企业享有经营权，意味着任何企业和国家之间，都有一个所有权和经营权的适当分离问题。需要研究的是如何分离比较适当。

1. 关于企业经营权的范围。一种观点认为应该包括产、供、销、人、财、物等方面的权利。另一种观点认为国营企业经营权不应包括人权。

2. 关于国家所有权的范围。大家一致认为国家对授予企业的财产有最后处分的权利。但对于具体范围的确定有一些不同的看法：第一种观点认为，所有权和经营权分离以后，国家仅享有收取资产税和关、停、并、转企业的权利。第二种观点认为，国家应保留收益权和管理权。收益权是收取税金的权利，管理权是下达指令性计划的权利。第三种观点认为，国家应该针对不同的企业享有不同的权利，对于一些中小型企业，可以不下达指令性计划。

3. 关于国营企业所有权和经营权分离的形式。与会人员认为承包、租赁、委托和实行股份制，都是所有权和经营权适当分离可以试用的形式。

对于租赁和承包问题，许多人认为，中小型企业实行租赁和承包是可行的，但是实践中也存在着一些问题需要解决，如对合同关系的保护问题。特别是承包和租赁以后，企业出现亏损，承包和租赁的个人是否应负责任？这个问题需要立法中尽快作出规定。

对于国有企业实行股份制问题，一种观点认为，实行股份制，是搞活企业的一条出路。它可以促使国家所有权和国家行政权相分离，使国家财产商品化，并且能够调动企业内部职工的积极性，同时有助于解决所有权和经营权分离所面临的问题。股份制不但不会改变公有制性质，而且可以使企业对其经营的财产高度负责，促使企业注重长期效益，注重扩大再生产。股份制作为一种可行的经营方式应该先经过试点，然后有条件地实行。另一种观点认为，当前实行股份制的条件尚不成熟。首先，实行股份制要吸收个人股份，目前我国企业职工的收入较低，无力购买股票。其次，实行股份制要有投资环境，目前我国尚不具备投资环境，若吸收个人股份，会使银行存款大大减少。股份制的实现有待于条件的进一步成熟。第三种观点认为，在我国不能实行股份制。实行股份制容易使国家财产变为集体所有和个人所有，会改变全民所有制性质，损害国家的利益，特别是大中型企业实行股份制，国家很难控制。况且，实行股份制容易造成股票投机现象，扰乱国家金融秩序，特别是股票转让会产生一系列问题，甚至会导致通货膨胀。同时，实行股份制会产生一个食利阶层，这是社会主义制度不允许的。

二、增强企业活力的问题

增强企业活力的关键是完善国家所有权制度。许多人提出，国营企业所有权和经营权适当分离，并切实保障企业的经营权，这是增强国营企业活力的基础。也有人认为，增强企业活力应给予企业所有权，从而真正使企业成为相对独立的商品生产者和经营者。

与会者认为，搞活企业，必须处理好国家与国营企业之间以及企业内部两个方面的关系。解决好这两个关系，就要完善有关的企业立法。第一，要制定企业法，保障企业经营权不受侵犯。在立法上要把企业的权利明确规定下来，同时，也要明确企业应承担的义务。第二，要继续简政放权。要用立法的形式，明确经济管理机关的权限，以解决行政任意干预企业的问题。要减少行政层次，解决“婆婆”太多的问题。现在，行政性公司一要权，二要钱，是搞活企业的阻力。行政性公司的设置是不合理的。搞好简政放权，关键是要搞好政治体制的改革。第三，要完善税法。目前，国营企业尤其是大中型企业税太重，税后留利太少，很难自我生存和扩大再生产。

三、关于合伙、法人联营的问题

（一）合伙的法律地位。

第一种观点认为，合伙不能成为民事主体。

第二种观点认为，合伙既不同于个人，又不同于法人，应为第三主体。

第三种观点认为，应该将合伙区别对待。一些简易的合伙不能成为主体，而有字号、有组织的合伙应成为主体。

（二）合伙和法人的区别。

大多数人认为，合伙不同于法人，但是对于二者区别的核心有不同的看法。

第一种观点认为，二者区别的核心在于成立和组织机构上。法人是依法成立的，有组织章程和机构，而合伙是根据合伙合同成立的，没有组织机构和章程。

第二种观点认为，二者区别的核心在于财产责任上。法人对外承担有限责任，法人成员对法人的债务不负责任，而合伙对外要负无限责任，合伙成员对合伙的债务要负责任。

第三种观点认为，二者区别的核心在于组织体上。法人具有组织体，而合伙是单个的公民个人之间、法人之间或公民个人和法人之间的合伙，他们对外不是以统一的组织体进行活动的。

（三）合伙财产的性质。

一种观点认为，合伙财产是按份共有。另一种观点认为，合伙财产是共同共有。因为在合伙存续期间，任何合伙人都无权处分合伙的财产。还有一种观点认为，合伙财产既有按份共有，又有共同共有。"出资数额"是按份共有的财产，"合伙积累的财产"是共同共有的财产。

与会者指出，当前急需制订有关合伙的法律。现在合伙法很不健全，《民法通则》的规定太原则。

（四）联营问题。

与会者一致认为，《民法通则》关于联营的三种形式的规定，基本上概括了联营的类型，符合中国的国情。但是，这些规定太原则，需要加强联营方面的具体立法。首先，需要明确联营各方在各种联营中的权利义务。其次，联营在什么情况下可以解散，法律应该作出规定。第三，联营冲破了条块分割的约束，其范围远远超出了一个城市、一个省、区的管辖范围，因此，应该明确对联营企业的管理、监督以及发生纠纷由哪里解决。立法还要协调好联合和竞争的关系。反垄断方面的立法也应开始考虑。

四、关于民法学体系问题

（一）关于民法学的体系。与会者认为，民法学体系与民事立法体系是不同的，但两者有着内在的联系。《民法通则》的制定为民法学体系奠定了基础，但是民法学体系不能完全照搬《民法通则》的体系。具体的观点有三种：第一种观点认为，民法学体系应以民事法律关系为核心。第二种观点认为，民法学体系应以民事权利为核心。第三种观点认为，应基本上保留原有的体系，结合《民法通则》的规定，在内容上作出适当的调整。

（二）关于民法学的内容。

1. 主体制度。许多人认为，应在主体制度中增加农村承包经营户、个体工商户、个人合伙、联营。

2. 所有权制度。有人认为，应设物权制度，包括所有权和其他物权。此外，应在所有权体系中增加法人所有权，以解释在不同的所有制联合基础上形成的财产权。

3. 债权制度。应根据《民法通则》的规定，将侵权行为所生之债从债权制度中抽出来，放在民事责任中。这样突出了民事责任的强制性以及侵权行为责任的特点。而且仅仅用债权的方法也不能保护当事人因侵权行为所致的损害。

4. 知识产权制度。应根据《民法通则》的规定，采用知识产权的概念，而不用智力成果权概念。有人认为，知识产权尽管具有人身属性，但主要是财产所有权问题，应放在所有权之后。也有人认为，知识产权中包括了知识产权的转让问题，应放在债权之后，这样好解释知识产权的转让问题。

5. 继承制度。一种观点认为，继承制度仍应该放在民法学体系之中；另一种观点认为，继承制度应单独组成体系；还有一种观点认为，继承与婚姻关系结合紧密，应放在婚姻法中。

6. 婚姻、家庭制度。一种观点认为，民法主要调整商品关系，婚姻、家庭关系不属于商品关系，把婚姻家庭关系放在民法中，容易使婚姻家庭关系商品化。婚姻法应该成为独立法律部门。另一种观点认为，考虑到用民法的方法保护婚姻家庭关系的可能性，以及婚姻家庭制度与民法的其他制度的联系，应将婚姻法包括在民法中。

五、关于经济法学体系的问题

《民法通则》颁布后，经济法学体系如何完善亟待解决。关于经济法学体系，主要提出了以下几个问题：

（一）关于经济法的调整对象。

第一种观点认为，经济法就是调整纵向经济关系。第二种观点认为，经济法主要调整纵向经济关系，但是，横向经济关系中具有计划管理性质的也应属于经济法调整。

（二）经济法的范围。

一种观点认为，应以管理为核心确立经济法范围。经济法就是经济管理法，合同中具有管理因素的属于经济法。另一种观点认为，应以企业为核心确立经济法范围。凡是与企业活动相联系的法律都属于经济法范围，经济法可以视为企业法。

有的代表认为，经济法应向商法发展。民商合一不适应于中国的情况，属于传统商法的一些制度属于经济法的范围。还有一些代表认为，涉外经济法是国内法，不是国际法，不应属于国际经济法范围，应属于经济法范围。

（三）经济法是否包括经济司法。

一种观点认为，经济法不应该包括经济司法。经济法是实体法，不包括程序法。另一种观点认为，经济司法与经济法关系密切，应属于经济法范围。

（四）经济法与行政法的关系。

一些人认为，经济法调整经济关系，行政法调整非经济关系，从这一点上应将两者区分开。也有人认为，经济法与行政法关系密切，建议对于行政法和经济法要在立法上统筹协调。

另外，许多代表认为，当前应该区别经济法体系、经济法规体系、经济立法体系、经济法学体系，特别是不能把经济法规体系和经济立法体系搞混淆了。

（中国法学会民法学经济法学研究会）

疏忽原则、违反担保原则、严格责任原则。凡具有以上三种情况之一，给消费者带来了损害后果，生产部门和销售部门都应负责赔偿。这三个原则，对制定我国产品责任法是可资借鉴的。

与会者还就制定企业破产法问题进行了讨论。

二、关于涉外经济的法律问题

有的代表提出，为进一步引进外资，必须尽快改善外商投资环境。当前影响外资引进的主要问题，是如何落实已经制定的涉外经济法规。各有关部门应制定相应的实施细则：明确"三资"企业与我国其他企业的关系；明确"三资"企业和地方各级政府以及主管部门关系；落实"三资"企业招聘人才、雇佣劳动力方面的自主权；进一步落实合资企业产品外销价格的自主权；规定合营企业实现外汇平衡的具体措施；规定我国向国外银行借款的办法，给外商投资创造一个良好的法律环境。

大家认为，搞好涉外合同签约谈判工作，是发展对外经济合作，维护我国及双方当事人权益的重要环节。我们同外商签约谈判无疑应遵循维护国家主权原则；协商一致，平等互利原则；依照我国法律并参照国际惯例原则；诚实信用原则；效益最优化原则。但是，仅仅依靠上述一般原则还是不够的，还要根据不同性质的涉外经济合同，把一般原则和特殊原则结合起来。如：对生产经营合同，还应遵循经营风险共担原则、保证宏观效益原则。商品交易性合同，还应注意把握交易条件公平原则、责任明确原则、减少汇率风险原则。资金借贷合同，还应坚持择优选择借款与贷款对象原则，担保可靠性原则、资金安全盈利原则等等。

为了使合同内容合法，权利和义务明确，提高履约率，有的代表提出，我国应大力开展律师见证业务。

三、关于经济合同方面的法律问题

会议着重围绕合同与计划的关

六省、市第二次经济法学术讨论会

由吉林、河北、辽宁、黑龙江、北京、天津六省、市联合召开的第二次经济法学术讨论会，于 1986 年 8 月 11 日至 14 日在长春举行。参加这次会议的代表和特邀代表共 60 人。除六省、市代表外，国务院法制局、江苏省和大连市法学会及厦门大学、复旦大学、江汉大学也派员出席了会议。会议收到论文 53 篇，从中评选出 13 篇优秀论文。

会议期间，与会代表集中探讨了增强企业活力的法律问题、涉外经济的法律问题、个体户专业户的法律问题以及经济合同方面的法律问题，同时对经济法基本理论问题也进行了有益的探讨。

一、关于增强企业活力的法律问题

增强企业活力，是当前城市经济体制改革的中心环节。代表们就如何运用法律手段增强企业活力，发表了一些很好的见解。

（一）关于发展企业横向经济联合。大家认为企业横向经济联合，是我国经济生活中的新生事物，是对旧的条块分割的经济模式的重大突破，也是当前经济法学理论工作研究的重大课题。横向经济联合是多种所有制形式、多种经营方式的联合。目前，可归纳为三种形式：一是新的经济实体，具有新法人资格的紧密联合；二是以原来经济实体为依托，组成不具有法人资格的松散联合；三是合同协议关系的联合，无固定组织，按合同或协议约定项目，用一定方式进行协作，各自核算，独立经营。横向经济联合体的法律特征是，联合事实是出于各方意思一致的表示；联合的各个主体在纵横管理机制中，具有双重主体资格，它们之间的关系不是靠行政法而是靠民法调整；联合各方所体现的法律关系是权利和义务的一致。

有的代表提出：为保障横向经济联合的健康发展，必须创造一个有利于增强企业活力的法律环境，要确立政企职责分开、企业自负盈亏、自主联合等法律制度。因此，应抓紧制定、颁布健全经济联合的综合协调立法和监督法规，比如股权法、工业企业法、公司法、法人法、劳动法、产品责任法、社会保险法，以及反映联合体特点的专门监督立法等等。

有的代表建议，为了不使横向经济联合从宏观上失控，必须把横向联合纳入国家经济平衡范围之内，及时建立行之有效的管理机制。同时，健全相应的税收制度，发挥经济杠杆的作用。

（二）关于产品质量责任的法律。代表们认为，要把企业搞活，产品质量至关重要。近年来，有关调整产品责任的法律日益受到各国的重视。我国自建国以来，先后颁布了一些有关产品质量责任的法规，但从严格意义上讲，都不是产品责任法。目前急需制定产品责任法，这样可以促进企业竞争，生产优质产品，扩大市场，搞活经济，提高产品出口创汇能力，促进我国对外贸易的不断增长，推动整个社会经济发展。

产品质量责任法的制定，应遵循维护消费者利益的原则；立足于我国实际和适当吸收国外经验相结合的原则；有利于经济改革的原则。有的代表提出，目前有的西方国家，如美国实行三种责任赔偿原则，即系、法律意识与执行经济合同法的关系及纵向合同法律问题进行了探讨，并对当前的违法合同进行了剖析。

传统的观念认为，合同是实现国民经济计划的手段。有的代表认为，合同和计划都是实现社会主义生产目的的手段，二者之间相互协调，相辅相成，都是服务于社会主义经济建设的。计划和合同作为两种不同手段，其区别在于，计划是社会主义经济形态特有的手段，合同则是一切商品生产社会所共有的；计划是人们对价值规律能动反作用的结果，是国家计划部门制定的规范性文件，合同是对价值规律的自发利用；计划是以调整宏观经济为主，合同是调整微观经济的最佳形式。二者是从不同方面保证社会主义生产目的的实现，服务于价值规律。过去由于长期把合同作为计划的手段，已使我们受害非浅。在合同与计划关系上，再不能把合同放在次要和从属的地位。

在社会主义法律意识与执行经济合同法的关系上，有的代表指出，当前贯彻执行经济合同法的主要障碍是人们缺乏社会主义法律意识。如农村的一些联产承包合同，干部说了算，这是封建法律意识的表现；利用合同投机诈骗，买空卖空等违法犯罪活动，则是资产阶级法律意识的表现。人们头脑中旧的法律意识不清除，就不可能自觉地运用法律手段管理社会主义经济。代表们认为，培养社会主义法律意识是正确贯彻执行经济合同法的关键，是人们自觉执法守法的主观决定因素。

代表们还就当前的违法合同做了剖析。认为当前在经济交往中，有些企业和不法分子公开利用经济合同进行违法犯罪活动，严重干扰对外开放，对内搞活，值得高度重视。因此，必须健全法人制度，严格审查登记手续和管理制度；推行法人委托代理证书制度，取消用介绍信、工作证或盖有印章的空白合同纸作代理证明的做法；加强银行监督；制定《经济合同违法细则》，加强经济合同鉴证工作，以保证经济合同法的实施。

在讨论纵向承包合同时，代表们认为，企业内部的纵向承包合同是一种新型的劳动合同，是当前经济建设和改革中值得研究的新课题。

讨论中认为，纵向内部承包合同有以下五个方面的法律特征：（一）双方当事人之间存在行政隶属关系；（二）合同双方当事人出自同一企业内部，主体范围有特定性；（三）双方当事人的权利和义务，体现着企业的支配权和双方责、权、利的划分与统一；（四）传统劳动合同标的是劳务，而承包合同标的往往表现为劳动产品或生产经营利润；（五）承包生产、经营项目有很大的自主权。当前，纵向承包合同存在指标偏低、单方毁约和破坏性使用标的物的倾向，应采取相应的法律措施予以纠正。

四、关于农村经济方面的法律问题

与会者认为，我国经济体制改革，首先在农村取得重大成就，乡镇企业在改革中得到迅速发展，已经在国民经济中占据重要地位。因此，要及时深入地研究这种经济形态，并在法律上予以确认，以便巩固和发展改革成果。

有的代表提出，在农村经济蓬勃发展的今天，现在的乡镇企业已经不是原来意义上的乡镇企业了。过去的乡镇企业只是由公社、大队集体出资兴办的单一经营组织；从事小型工业和运输业，在地域上不越出本社、本队范围。而现在已经变成公民自愿结合，合伙出资的经营实体，经营范围也由过去从事小型工业、运输业扩大到商业和各种服务行业；由单一经营项目发展到农工商多种经营，有些已发展成联产、联运、联销等联合经济组织。在地域上扩展为村与村、村与乡、乡与镇的横向联合；因此，“乡镇企业”的概念已经不适应需要，称“乡镇经济联合体”比较符合实际。

代表们指出，在充分肯定乡镇企业作用的同时，必须看到某些乡镇企业还存在严重违反法律政策的问题。因此，必须完善乡镇企业立法，把乡镇企业的生产、经营纳入法制轨道。

在讨论中还涉及到一些经济法基本理论问题。主要对《民法通则》颁布后，经济法作为一门学科能否独立存在展开了讨论。有的代表认为，《民法通则》颁布以后横向经济关系已列入民法范畴，纵向经济关系由行政法调整，经济法似无存在必要；有的代表认为，民法调整横向经济关系，但不能调整所有的横向经济关系，有的横向经济关系仍需经济法调整。纵向经济关系同样如此，行政法不能调整所有的纵向经济关系。所以民法、行政法、经济法将同时并存，它们相辅相成，各自发挥其特定的作用，不存在势不两立的问题。经济法作为一门学科是可以继续存在和发展的。

（吉林省法学会）

公证制度研讨会

1986年8月13日至17日，司法部在兰州市召开了公证制度研讨会。参加会议的有公证部门和教学、科研部门的代表共80余人。全国人大常委会法工委、最高人民法院、国务院法制局、国家工商行政管理局以及中国法学会等单位也派人参加了会议。司法部副部长鲁坚主持会议，并讲了话。

这次会议的目的主要是探讨如何适应经济体制改革的新形势，加强公证制度建设。这是建国以来，第一次由司法部召开的专门研究和探索建立具有中国特色的社会主义公证制度的会议。会议共收到论文130余篇，涉及公证制度建设各个方面的问题。大家认为，这次会议的重要特点是改变了理论研究工作者把公证制度局限在民事诉讼法中进行附带研究和实际工作者拘泥于个别、具体的实务研究的状况，第一次把公证制度做为一项法律制度，进行总体的、综合的、系统的研究。通过讨论，提高了对加强公证制度建设的重要性、紧迫性的认识；明确了加强公证制度研究对于加强公证制度建设的现实意义；进一步明确了公证制度建设与国家其它法律制度建设的衔接和协调等一些根本性问题。与会代表指出，党的十一届三中全会以来，我国的公证制度得到了恢复和发展。经过六年来的探索与实践，我国已经初步建立了具有中国特色的公证制度。公证工作在促进经济体制改革，控制和调节经济的运行，推动企业之间的横向联系等方面，发挥了积极的作用。赵总理在《关于制定“七五”计划建议的说明》中，把公证部门作为从宏观上加强、完善间接控制体系的重要部门。最近，赵总理在谈机构改革时又指出：公证部门很薄弱，要加强。目前，我国经济体制改革正在深入展开。为了适应社会主义现代化建设和改革的需要，公证制度急需进一步健全和发展。

大家认为，公证制度与其它法律制度之间缺乏有机的衔接和协调，是目前公证制度建设中存在的主要问题。具体表现在三个环节上：一、公证制度与某些实体法之间缺乏有机的衔接和协调。在社会生活中，规定权利义务的实体法总是和保障其施行的程序法密切相联的。公证制度作为保障实体法施行的一项重要程序制度，要有效地发挥作用；而实体法应明确规定哪些事项必须办理公证或可以公证。因为只有在实体法中作出这样的规定，才能体现国家对社会民事活动的干预和指导，预防纠纷，减少诉讼，有效地维护社会经济秩序和生活、工作秩序。目前我国实体法中规定必须公证或可以公证的内容甚少，这样，公证制度与实体法就出现了脱节。二、民事诉讼程序与公证程序缺乏相互照应。公证制度作为非诉讼制度，它与诉讼制度有着密切的联系：一是能为民事诉讼提供可靠的证据，便于法院迅速审理案件；二是能出具强制执行的文书由法院执行，减少民事诉讼。我国民事诉讼法（试行）中对此作了相应规定。但是，由于法律上对公证机关与人民法院之间的互相配合，互相制约缺乏明确规定，致使双方在工作中难以相互照应，从而影响了公证作用的发挥。三、公证与鉴证同属证明制度。其实质都是对法律行为的真实性与合法性予以证明，无根本区别。同一性质的工作由两个部门分别管理，发生过一些互相扯皮，互相干扰的现象。这也影响了公证制度的建设。大家认为，上述问题是公证制度建设中带有根本性、全局性的问题，希望引起有关部门特别是立法部门的重视，並采取立法等方式予以解决。

大家认为，把公证制度的理论研究同公证工作密切结合起来，创造性地运用理论于实践之中，并通过实践不断丰富和发展理论，将是我们的一项长期而又紧迫的任务。

为了确保公证制度的理论研究沿着正确的方向发展，与会代表强调在理论研究中要注意下列问题：一是要坚持马克思主义基本原理和实事求是的路线。既要注意学习、借鉴外国的成功经验，又必须符合我国的实际，防止照搬照抄。当前要注意研究公证制度如何为建设和改革服务，如何建成能够适应体制改革要求的、具有中国特色的公证制度等重大问题。二是要在坚持四项基本原则的前提下，贯彻“双百”方针。公证制度研究还处在起步阶段，需要探索的问题很多。要勇于探索，要提倡不同观点的切磋、讨论。三是要从国家法制建设的全局出发。加强公证制度的最终目的是为了健全我国的社会主义法制。因此，公证制度的研究，不仅要考虑到其自身建设的局部，更要把握住它在法制建设全局中的地位、作用，正确处理局部与整体的关系。四是要提高公证制度研究的理论水平。

与会代表还呼吁法学教育部门编写公证学教程，开设公证学课程，培养专门的公证人才；要有计划地组织翻译一批国外公证制度方面的资料。

（司法部公证律师司　赵霄洛）

司法部政法院校第一届学术讨论会

1986年8月19日至23日，司法部在烟台市召开了部直属政法院校第一届学术讨论会。中国政法大学，西南、华东、西北、中南四所政法学院，中央政法管理干部学院，中央劳改、劳教管理干部学院和部分省、自治区、直辖市政法管理干部学院，以及北京大学、中国人民大学、复旦大学、公安大学、烟台大学等单位，共百余人参加了大会。

这次学术讨论会，按照邓小平“一手抓建设，一手抓法制”的指示精神，以“法律如何为经济建设服务”为中心议题，对国家经济建设和经济体制改革中的法律问题，从理论和实践的结合上进行了研究和探讨。

提交大会的论文共60篇。这些论文是从43所院校和研究机构提供的247篇文章中，经过层层推荐选拔出来的。这些论文从法律的角度对当前经济建设、法制建设和体制改革中的新情况、新问题，进行了初步的并有一定深度的理论探讨。论题主要有：如何建立适合社会主义经济发展的法律观，如何发挥法律在经济建设和体制改革中的宏观控制作用，如何以法律手段加强行政管理，如何运用法律手段对经济发展进行间接控制，以及横向经济联合中的法律调整，所有权与经营权的关系，雇工合同的性质，股份有限公司立法，经济体制改革中婚姻家庭的发展与完善，新时期经济犯罪的原因，刑法在经济建设中的作用等等。

会议聘请了九个法学学科的16位专家组成评审组，本着“按质取文，公正无私”的原则，对经过二级评审推荐的论文进行三级评审，其中12篇被评为本届学术讨论会的优秀论文，其它论文获纪念奖。引人注目的是，论文作者中除了老教师和中年骨干教师以外，还有相当数量的青年教师和研究生。他们思想活跃，勇于创新，是今后各政法院校教学和科学研究的希望所在。

会议闭幕时，司法部部长邹瑜讲了话，并给获奖作者颁发了奖品和证书。

（张　军）

湖南、湖北两省青少年犯罪问题讨论会

湖南、湖北两省法学会于1986年8月24日至28日在湖南省大庸市联合举行了青少年犯罪学术讨论会，参加这次会议的有两省法学教学、研究和政法实际部门以及其它有关方面的代表37人，内蒙古自治区应邀派二名代表参加了会议。共提交学术论文和调查报告34篇。

会议分析了当前青少年犯罪的现状及原因，预测了青少年犯罪的发展趋势，探讨了青少年犯罪的预防措施。

代表们认为，经过三年严厉打击，社会治安形势初步稳定好转，但青少年犯罪问题仍很突出，已经成为影响社会治安和社会风气根本好转的重要因素。

青少年犯罪作为一种社会现象，有其复杂的社会原因，比如，资产阶级及其它剥削阶级腐朽思想的影响，无政府主义思潮的影响，党内和社会上不正之风的影响，家庭教育、学校教育和文化宣传方面的缺陷等等。因此，预防青少年犯罪是一项社会系统工程，涉及社会各个方面。与会代表提出了一些预防青少年犯罪的措施，主要是：

一、采取多种形式广泛开展理想教育

青少年正处在人生成长的关键时期，加强对他们的理想教育，培养他们正确的世界观和人生观，是预防青少年犯罪的最根本的措施。要针对现代青少年的特点，把树立远大理想和正确的道德观念作为思想教育和政治工作的重点，让青少年懂得人生的意义，增强他们为振兴中华、为人类幸福奋发图强的自觉性，提高他们明善恶、辨是非的能力，培养他们遵纪守法的观念。

对青少年的教育必须适合青少年的特点。经过十年内乱，当代青少年讲求实际，相信真理，不盲从，因而，对他们的教育应该改变那种空洞的说教、强行灌输的教育方法，通过多种渠道，采用青少年易于接受的形式，对青少年进行思想政治教育。

二、切实抓好家庭、学校、基层组织和社会各方面的教育工作

家庭是青少年生长的摇篮，家庭条件、家庭风气、家庭教育对青少年的个性、品格、信念和思想情操的形成有着极为深刻的影响。家庭教育首先应该从父母的婚姻抓起。父母的婚姻应建立在爱情的基础上，并用爱来维系整个家庭生活。父母离婚的条件，应是以感情为基础的诸种因素的统一，特别应考虑离婚对子女身心健康的影响。要明确父母的权利义务，无论是生父母还是继父母、养父母，都应担负起教育、抚养子女的义务，不能溺爱和放纵子女，更不能纵容、庇护子女的错误行为和违法行为。否则，对他们应批评教育，直至追究一定责任。

学校是青少年接受教育的专门场所，学生生活是他们健康成长的决定性阶段。必须明确学校培养国家事业接班人的职能，以学生的思想素质为核心，把升学率、入学巩固率和学生违法犯罪率结合起来，作为衡量学校教学质量的标准。要坚决纠正单纯追求升学率的倾向，控制劝退、开除学生的做法。要提高教师队伍的素质，教师不仅要有较高的业务水平，而且要有较高的政治修养；不仅要在课堂上教给学生文化科学知识，而且其言行也必须是学生的楷模。同时，要改变少数教师在外兼课过多的现象，加强教师的责任心。

基层组织是就业、待业和务农的青少年工作和生活基地，厂矿企业、街道居民委员会和农村村民委员会都应该加强对青少年的思想政治工作，帮助他们解决实际问题，鼓励他们努力参加社会主义物质文明和精神文明建设。发挥基层调解组织、治保组织的作用，发现可能引起青少年违法犯罪的因素，应及时处理，把犯罪消灭在萌芽阶段。

社会教育是社会环境对青少年的教育。宣传、文化战线担负着建设社会主义精神文明的重要职责。必须加强对宣传文化工作的管理，明确规定出版、发行、新闻、广播、影视、报刊、杂志等部门的职责，对有损于青少年身心健康的作品必须禁止公开传播，对有利于青少年健康成长的优秀作品要奖励，对适合青少年教育但“亏本”的报刊、书籍要积极扶持。工、青、妇、少先队等群众组织和社会团体要广泛地组织开展文明竞赛、知识竞赛、读书会、游艺会、夏令营及其它文化娱乐活动，运用多种形式宣传共产主义理想，培养学生爱祖国、爱人民、爱劳动、爱科学、爱社会主义的品德。

三、动员各方面力量，做好失足青少年的帮教工作

对失足青少年的帮教是一件涉及面广、政策性强的工作，同时又是

预防和减少青少年犯罪的有效措施。社会各部门要根据不同情况，积极探索新形势下帮教工作的新路子，充分发挥帮教工作在预防青少年犯罪中的作用。湖北省有关部门对失足青少年，从建立一个新的社会环境，恢复他们心理机制正常化入手，设立"四有"辅导班，聘请"四有"辅导员，即有政策理论水平，有文化科学素养，有做思想转化工作能力，有接近帮教对象条件和进行帮教工作时间的人做帮教工作，并把帮教工作作为一项经常性工作来抓，收到了很好的效果。大家认为这是一条很好的经验。

对于违法犯罪青少年，不仅要在政治上思想上关心他们，对他们不歧视，不嫌弃，而且要帮助解决他们的实际问题。有关部门对失学、失业以及刑满释放、劳教期满的青少年，要切实做好他们的安置工作，为他们提供就学、就业的机会，鼓励他们依法自谋职业，靠劳动致富。

四、依法严惩青少年犯罪中的累犯和严重刑事犯罪分子，严厉打击引诱青少年犯罪的教唆犯和传授犯罪方法的罪犯

为了震慑犯罪分子，教育、挽救绝大多数失足青少年，各级政法部门应当正确运用法律武器，严厉打击那些杀人、放火、爆炸、强奸、流氓、重大盗窃等严重刑事犯罪分子，特别是引诱青少年犯罪的教唆犯和向青少年传授犯罪方法的犯罪分子，并结合打击犯罪加强法制宣传教育，努力扩大办案的社会效果。

五、把劳改、劳教场所办成改造罪犯和违法者的特殊学校

把劳改、劳教场所办成特殊学校，是我国社会主义法制建设的创举。由于青少年罪犯和违法者有其自身的特点，对他们的改造要采用与成年罪犯不同的方法进行，在对他们加强管理，进行认罪服法教育的同时，还要尽可能采取为青少年易于接受的多种方式，组织他们学政治、学文化、学技术，从事生产劳动，使他们掌握生产技能，把他们中的绝大多数改造成为自食其力的社会主义新人，防止他们释放、解教后重新违法犯罪。

六、尽快研究制定和实施青少年法

青少年犯罪是当前社会治安的突出问题，已经引起了各级党政领导和社会各部门的关注，有些部门采取了一些措施，对预防青少年犯罪起到了一定的作用。但是，这些行之有效的措施，由于没有用法律形式固定下来，无法在社会上全面地贯彻、实施。我国刑法、刑事诉讼法、民法通则、婚姻法、继承法等法律，虽然对青少年违法犯罪和对青少年的保护等问题有所规定，但是，由于这些规定不全面、不系统，与维护青少年的合法权益，促使青少年身心健康发展和预防青少年犯罪的需要还很不适应。因此，应该尽快起草和制定青少年保护法。

国外青少年立法的经验和我国青少年犯罪的现状，都说明预防青少年犯罪的重点，应由司法预防转化为社会预防，制定有关青少年法规的目的就是动员全社会的力量保护青少年的健康成长。会议认为青少年法规应包括：（一）青少年保护法规。（二）处理青少年违法犯罪的法规。（三）青少年权利、义务法规。

（湖南省法学会）

增强企业活力的法律保障学术讨论会

增强企业活力的法律保障学术讨论会，1986年9月18日至21日在武昌举行。这次学术讨论会，是由《法学评论》编辑部提出研究课题，得到企业界的大力支持，经中华人民共和国国家教育委员会批准由武汉大学主持召开的。它是我国企业家、经济学家就增强企业活力的法律保障问题进行直接对话的一次学术讨论会。

到会代表紧密联系当前改革的实际，围绕"增强企业活力的法律保障"这一主题，着重就企业自主权、厂长的法律地位，以及职工在企业中的主人翁地位等问题，展开了热烈的讨论。

与会代表认为，当前企业改革普遍存在的问题是：1. 国家下放给企业的自主权被人为地强行截留，企业仍然没有摆脱作为国家行政机构附属物的地位；2. 非法向企业摊派的现象尚未得到有效的制止，企业的社会负担仍然很重；3. 企业内部的各种关系没有真正理顺，厂长负责制没有真正落实，厂长作为企业法人代表的地位没有得到切实的保障；4. 广大职工的积极性、主动性和创造性没有得到充分发挥，他们在企业中的主人翁地位也没有得到切实的保障。其所以存在这些问题，重要的原因在于，现行政治体制的某些方面以及与之相适应的传统观念对旧的经济体制起着维护和强化作用，束缚了新的体制的形成和发展。因此，要增强企业活力，必须对经济体制、政治体制进行配套改革。

到会代表根据马克思主义的基本原理，结合当前改革实际，阐明了从法律上保障搞活企业的重要性、必要性和紧迫性。指出：搞活企业的基本条件，是企业必须具有相应的自主权，在经济上要成为能够自主经营、自负盈亏的社会主义的商品生产者和经营者，在法律上要成为能够享有权利和承担义务的法人。没有法律保障，就无法维护企业的这种经济地位和法律地位，因而也就无法把企业搞活。与会代表还联系1984年的微观失控和后来的宏观控制钢化给企业带来损失的事实，指出没有法律强有力的保障，不仅企业难以搞活，而且改革本身也是寸步难行的。所以，增强企业活力的法律保障，不仅是法学研究的一个重要课题，也是我国法制建设的一项重要任务。

与会代表一致认为，增强企业活力的法律保障，是一项复杂的社会系统工程，需要从立法、司法、守法以及人们法律意识和法制观念的培养等方面同时加强。针对搞活企业对法制建设的要求，与会代表提出以下四项具体建议：

第一，要结合政治体制改革，按照法律程序，大力精简各级行政机构；

第二，要健全企业立法，做好法律、法规的协调配套；

第三，要在人民法院增设经济行政审判庭，从司法制度上保障企业增强活力；

第四，要提高广大干部、群众的法律意识，清除人们头脑中的“长官意志”和“以权代法”的封建意识形态的影响，从法制观念上保障企业增强活力。

（武汉大学法律系）

提高劳改、劳教工作质量理论研讨会

1986年9月24日至28日，司法部和山东省司法厅在山东省泰安市联合召开了“提高劳改、劳教工作质量理论研讨会”。会议的目的主要是总结劳改、劳教工作经验，探讨如何在新形势下改进劳改、劳教工作，提高对犯人和劳教人员的改造、教育质量，逐步建立一套具有中国特色的劳改、劳教工作制度，为社会治安综合治理做出更大贡献，同时也是为了交流信息，调动劳改、劳教方面的理论工作者和实际工作者开展调查研究的积极性，推动劳改、劳教理论研究的进一步开展，为司法行政工作的民主决策提供科学依据。

参加这次会议的有司法部和除北京、西藏、内蒙、广西、陕西以外的24个省、自治区、直辖市的劳改、劳教管理工作者或理论研究工作者，以及公、检、法部门与政法院校的代表，共计220余人。

会议研讨的重点内容有六个方面：（一）关于生产劳动与改造目的的一致性和对立性问题。大家认为，要真正使生产劳动成为改造人、造就人的手段，就必须对现存的劳改、劳教生产管理体制进行逐步的调整和改革。（二）关于对犯人实行分押分管分教的问题。大家认为这是提高改造质量、预防犯人之间“交叉感染”的必要手段，要按照现有条件，在原有的分管基础上，进一步对过失犯实行分管，並应强化对犯人入监、队阶段的管教职能，以提高对短刑犯的改造质量。（三）关于办好劳改、劳教特殊学校的问题。（四）关于对犯人和劳教人员的考核与奖惩问题。大家就目前实行的“日计分制”、“联改联产联奖惩责任制”、“TQC考核奖惩制”等做法的利弊进行了讨论，一致认为，对犯人和劳教人员的考核与奖惩是一个以管理为基础的过程，这个过程只是改造工作的一个环节，不能过分夸大其作用。（五）提高管教干部素质的问题，大家认为，建立固定的干部考核制和实行管教干部业务职称制是问题的关键所在。（六）关于综合治理的问题。大家认为，国务院关于国营企业用工制度的四个规定实施后，将使改造机关所担负的改造、教育任务更为艰巨。

这次会议是我国首次召开的全国性提高劳改、劳教工作质量的理论研讨会。它预示着我国的劳改、劳教工作将由“经验型”过渡到“科学型”，也标志着我国劳改、劳教理论研究工作将步入一个新的阶段。

（韩　冀）

全国高校“中国社会主义法制建设的理论与实践学术研讨会”第一次会议

受国家教委的委托和在司法部的支持下，由15个法律院系（北京大学、中国人民大学、中国政法大学、武汉大学、吉林大学、西南政法学院、厦门大学、复旦大学、华东政法学院、中山大学、人民公安大学、安徽大学、郑州大学、苏州大学、中央党校）联合发起的“中国社会主义法制建设的理论与实践学术研讨会”，于1986年10月9日至14日，在江苏省吴县举行了第一次会议。这是高校法学界规模最大的一次学术会议。参加会议的近100名代表来自全国30多所大专院校以及中央各有关部门和新闻单位。老、中、青年代表约各占1/3。提交会议的近80篇论文都是经过各院系、各地区和大会评审组的三级评审，从700多篇中优选出来的。

会议主要围绕法律的本质和法律的实施这两个议题进行了充分的讨论。

关于法律的本质，大体有两种观点：

第一种观点认为，法律与国家的起源、发展和消亡基本上是同步的。和国家一样，法律是适应社会经济发展的需要，随着私有制和阶级的出现才产生的，也将随之而消亡。在无阶级的原始社会和未来的共产主义社会，既无国家，也无法律。那种认为原始社会后期的父权制时代已有管理社会公共事务的权力机关和已有带强制性的规范，就是原始社会就有法律的观点，是没有注意到这一阶段是无阶级社会向有阶级社会的过渡时期的缘故。在原始社会后期，宗教、道德、习惯等规范往往冶于一炉，并都带有一定的强制性，很难区分法律与非法律的界限。所以，严格意义上的法，依靠国家强制力保障施行的行为规范，只存于阶级社会中。因此，法律的本质属性必然是国家意志性，这是其他一切社会现象所不具备的，只有阶级性才是法律的最本质的表现。

但在认识阶级对立基本消灭的社会主义法律的性质上，又有两种不同的意见。

一种认为，马克思恩格斯在《共产党宣言》中关于法律本质的概括对于社会主义法律仍然适用。在社会主义社会，虽然剥削阶级作为阶级已经基本消灭，但是敌对分子和敌对势力还存在；阶级斗争还存在，并且在一定条件下还可能激化，国际资产阶级影响也不能忽视。因此，不能认为在社会主义社会不存在统治阶级。社会主义法律就是工人阶级领导下的广大人民这种新型统治阶级意志的体现。另一种意见则认为，根据我国目前阶级状况的变化，社会主要矛盾的转移，将体现在法律中的工人阶级领导下的人民的意志看作是统治阶级的意志，无论在理论上、事实上，还是逻辑上都说不通。但也决不能认为我国社会主义法律因被统治阶级的消灭而变成了无阶级性可言的法律。法律的阶级性不仅反映在对谁专政，对谁制裁上，还取决于国家政权掌握在哪个阶级和哪些阶级手中，制定什么性质的法律，采取什么样的方针和政策，来治理国家和管理社会。所以说，社会主义法律仍然是阶级意志的体现。这样，除了一切阶级对立社会共同适用的法律概念，即除了"法律是统治阶级意志的体现"这个概念外，自然还有较高一层的一切阶级社会共同适用的法律概念，"法是一定阶级意志的体现"。

持上述观点的人，不同意会上一些人坚持的那种认为在法律中处理公共事务的这部分不仅仅为统治阶级服务，也代表着全社会的共同利益和要求，因此不具有阶级性的观点。认为，对法律的本质必须从整体上认识，各种具体法律作为法律体系这个整体的一部分，都服务于同一方向，反映决定法律性质的那个阶级的根本利益和需要。在阶级性占主导地位情况下，各种法律只有阶级性强弱之分，而不能说一部分法有阶级性，另一部分法没有阶级性。

第二种观点认为，法的存在是由于社会生产力发展水平所决定的对财产的不同占有以及因此而产生的商品交换和利益冲突。这种现象不但产生于阶级出现之前，而且也存在于阶级消灭之后。在阶级社会中，法固然体现统治阶级意志，但法的本质，不能从法与意志的关系中去寻找，而只能从法与社会物质生活条件的关系中去探求。所以，奴隶制的《罗马法》、资本主义的《拿破仑法典》，和社会主义的民法，这都是反映商品生产和交换的一般条件的；不同社会制度法律的更替也都取决于一定的社会物质生活条件，而不是以统治阶级的意志为转移。据此得出结论，法律在本质上只能是以财产不同占有为构成要素的社会物质生活条件的规范化和权威化。规范化是指物质生活条件通过人的意志而转化为行为规范，权威化则是指这种行为规范由特定的社会公共权力来保证施行。

还有些专家、学者就社会主义社会中，随着阶级对立和阶级差别的逐步消灭，阶级性不断弱化的情况下法的性质问题，发表了看法。

关于法律的实施问题，与会代表认为必须从五个方面加强保障。

第一，党必须在宪法和法律范围内活动。有的代表反映，在实际工作中，有的地方党组织缺乏严格依法办事的观念，如：不正确地干预公、检、法机关的司法活动，不通过人民代表大会任命应该由人民代表大会任命的干部等等，使宪法和法律不能很好地贯彻实施。这种现象必须改变。

第二，健全人民代表大会制度。有的提出要通过建立法律监督制度和相应的工作机构，以保证人民代表大会的法律监督权的实施。要进一步提高人民代表的素质，真正选出具有民主意识、法律意识和人民权力意识以及有参政、议政能力的人民代表来。

第三，社会主义法律要民主化。一些代表提出，社会主义法制要贯彻民主化原则，在立法上要强调人民主权原则、权力制约原则、权利救济原则、政治公开化原则。法律公布后要允许在适当范围内进行讨论，甚至提出批评意见。

第四，提高全体公民的法律意识。由于我国解放前长期受封建意识形态的统治，以后又受极左思潮和资产阶级自由化思潮的影响，人们对权利和义务，民主和法制，自由和纪律等问题缺乏正确认识，因而亟需进行宣传教育，使全体公民树立社会主义民主与法制的观念。

第五，加强政法队伍建设。与会代表一致认为，现在政法干部队伍的思想水平、业务水平参差不齐，工作作风和职业道德很不适应新时期的要求，要抓紧改变这种状况。

此外，会议还就法律的作用、法学研究的方法、社会主义有计划商品经济的法律调整问题，进行了有益的探讨。

"中国社会主义法制建设的理论与实践学术研讨会"作为国家教委"七五"期间的一个重点科研项目，将每年举行一次。

（赵晓光）

沿海开放城市行政体制改革与行政立法理论研讨会

由中国法学会行政法学研究会、江苏省法学会、江苏省社会科学院、连云港市政府联合发起的沿海开放城市行政体制改革和行政立法理论研讨会，于1986年10月29日至11月3日在连云港市召开。这次会议共有32个单位70多位代表参加。代表们向大会提交31篇论文。会议讨论的主要内容有五个方面：

一、沿海开放城市行政体制改革的必要性

与会者一致认为沿海开放城市的行政体制改革是全国行政体制改革的一个重要组成部分，而“沿海”和“开放”的两大特点又决定了沿海开放城市更迫切地需要建立一个适应商品经济发展的新型管理体制。所以，沿海开放城市的行政体制改革势在必行。

二、沿海开放城市机构改革的目标

与会代表一致认为，沿海开放城市机构改革的总目标是建立一套民主化、科学化、法制化的行政管理体制。但在具体提法上有三种意见：

（一）建立民主型、开放型的领导体制。认为沿海开放城市不仅要成为发展商品经济的窗口，而且要成为我国政治民主化的窗口。

（二）建立自主型的管理体制。认为要扩大沿海开放城市的管理自主权，使其有更大的自由度。

（三）建立高效能的管理体制。认为机构改革就要简政放权，建立一个办事效率高，官僚主义少的政府机构。

三、沿海开放城市的模式

与会者认为沿海开放城市的机构改革模式应不同于内地城市，而且各个沿海开放城市由于开放程度不同，机构设置也应有所区别。

（一）开发区的机构设置

有两种意见：一种意见主张实行以企带政，政企合一，开发区设总公司，主管基本建设，统领一切。另一种意见则主张一开始就实行政企分开，党政分开，并建立一级政权机构，效仿天津建立“民主评议会”，逐步建立人民代表大会，作为开发区的政权组织。

（二）老城区的机构改革

与会者从两个角度讨论了这个问题：一方面，理顺党政关系，市委简政放权，充分发挥市政府的职能；另一方面，精简政府机构，提高办事效率，改善投资环境。

有的还主张沿海开放城市市政府应按决策指挥系统、行政监督系统、经济协调系统、涉外管理系统四大块来设置机构。也有的同志提出“以信息量来设置机构”的观点。

（三）机构设置模式实施的阶段性

部分与会者提出机构设置要实行三步曲：第一步是现行模式，即：机构不动，简政放权，人员调整，暂不定编。第二步是过渡模式，即：撤并部分机构，加强充实一些完善功能的机构，人员定编。第三步是理想模式，即：完善市人民代表制度，切实实行市长负责制，实行基层群众自治，真正建立一个民主型、开放型的领导体制。全部完成需五六年时间。他们认为分阶段实施有利于减小阻力，增强干部的承受力，步子比较稳妥。

四、关于机构改革的具体实施

有三种意见。多数认为沿海开放城市应成为机构改革的先行地区，作为改革试点的一个层次，实行“联动”，推动开放的发展。另一种意见是在开放的大、中、小城市中各选择一个，进行试点，取得经验，加以推广。还有一种意见认为机构改革应从上到下，制定总体方案，经过论证，全面推开。

五、关于城市机构改革与行政立法的关系

与会代表一致认为城市机构改革要与行政立法相配套进行。因为不仅改革后产生的各种行政关系需要行政法规来调整，而且改革后取得的各项成果亦需要用行政法规加以保护，由此推动机构改革的进行。

有人建议制定行政监察法，建立并完善行政监察制度。还有人建议制定行政诉讼法，在人民法院内增设行政法庭，把原有的处理信访、上访的力量充实到行政法庭，使各种行政纠纷案件得以依行政诉讼程序解决。

（赵志红）

外商投资企业外资贷款法律事务研讨会

1986年11月1日至3日，司法部公证律师司与云南省司法厅律师管理处在云南省昆明市联合举行了律师参与外商投资企业外资贷款法律事务研讨会。参加会议的有中信律师事务所、中国法律事务中心和北京、天津、上海、辽宁、河北、宁夏、新疆、山东、江苏、浙江、湖北、福建、广东、四川、云南等省、直辖市、自治区的涉外经济律师事务所和经济律师事务所的律师。会议还邀请了国家对外经济贸易部条法局、工商行政管理局企业登记司、中国银行信贷一部和外汇管理局条法处等有关部门的代表到会作了介绍性、指导性、澄清性的发言。在律师业务指导工作中，这是首次就涉外业务的某一课题进行的研讨活动。

会议分两方面内容进行研讨交流，一是担保法律事务，一是抵押担保问题。代表们热烈地、认真地进行讨论，並形成了《关于律师参与外资贷款担保法律事务的几点意见》，(以下简称《意见》)作为这次会议的成果，提供从事这项工作的律师们参考。

在《意见》中，总结了以往律师在这项工作中的经验和教训，並根据国家有关政策、法规修正了一些认识上的谬误。关于对担保人的确定，《意见》认为，律师要首先对担保人的权利能力和行为能力进行识别和调查，只有经我国外汇管理机关批准进行外汇贷款担保的机构，只有按外汇管理机关规定的额度进行外汇贷款担保的行为才是合法的有效的。关于担保人的法律地位，《意见》认为，在国际贷款担保事务中，担保人实际上都被视为第一债务人並承担连带责任。关于怎样确定是否对外汇贷款给予担保的问题，《意见》认为，对外商自有或自筹的资金不能予以担保，担保人担保责任的期限应与借款人的责任期限相一致，应少于或等于贷款项目的中外双方的合作期限。要注意避免搞金额担保，注意按国家政策的规定，控制被担保人在企业中的注册资本与投资总额的比例。关于担保事务中的主权豁免问题，《意见》认为，可参照我国目前在处理商业活动中的作法，限制担保人的豁免权。关于对担保人可能要遭致的风险的防范措施，《意见》提出了多种对策和选择，如附条件合同条款，担保与借款双方联合署名提款等，还可采用借款人提供抵押物作为担保等对策。《意见》还涉及了如何出具法律意见书和进行法律见证等问题。

（司法部公证律师司）

劳改法学研究会学术年会

中国法学会劳改法学研究会首届学术年会于 1986 年 11 月 9 日至 15 日在北京召开。从事劳动改造实际工作和教学、科研的专家、学者 150 多人参加了会议。会议共收到论文 110 篇。这次学术年会的中心议题是探讨我国劳改立法的理论问题。现将讨论情况简介如下：

一、劳改立法的重要性和紧迫性

与会者认为，1954 年 9 月前政务院颁布的《中华人民共和国劳动改造条例》，以及随后相继制定的《劳动改造管教队工作细则》等法规，曾经起过很好的作用。广大劳改工作干警运用这些法律武器改造了几百万罪犯，被誉为“人间奇迹”，为巩固和加强人民民主专政作出了卓越贡献。党的十一届三中全会以来，随着我国社会、政治、经济形势的重大发展，罪犯成份也发生了很大变化，劳改工作面临着许多新情况、新问题，《中华人民共和国劳动改造条例》已远远不能适应新形势下劳改工作的需要。因此，应尽快制定一部劳动改造法。这样，才能与刑法、刑事诉讼法更好地衔接、配套，形成我国刑事法律的完整体系。

二、制定劳动改造法应当探讨和明确的几个问题

（一）关于劳动改造法的地位

一些人认为，我国劳动改造法在社会主义法律体系中属于刑事基本法律之一，它与刑法、刑事诉讼法处于同一层次，是一个相对独立的部门法，其特征具体表现在：(1)我国劳动改造法有广泛的社会关系作为调整对象，如劳改机关执行刑罚过程中与罪犯之间所发生的改造与被改造的关系；劳改机关同公、检、法、武警部队之间相互配合、相互制约的关系；同财政、经济部门的关系；同工农商有关部门的关系等。(2)我国劳动改造法具有自己独特的调整手段。它依靠国家强制力，运用法律的、行政的、教育的、武装的多种手段实施对罪犯的惩罚和改造。(3)我国劳动改造法有自己特殊的任务和作用。在打击敌人，惩罚犯罪，保护人民过程中，刑法、刑事诉讼法主要是在侦察、起诉、审判环节中发挥作用，而对罪犯实施有效的惩罚和改造，则要充分发挥劳改法的威力。这就是说，劳动改造法同刑法、刑事诉讼法具有各自不同的任务与效用，只有彼此配套，互相配合，才能共同完成保护人民，打击敌人，惩罚犯罪，预防犯罪，促进社会治安综合治理，维护国家长治久安的任务。(4)世界上大多数国家的监狱法都是独立的部门法，作为获得世界赞誉的我国劳动改造工作，其法律也应是一个相对独立的部门法。

（二）关于劳动改造法的名称

劳动改造法的名称应体现内容的概括性、含义的科学性、表达的准确性，同时，要考虑到我国传统习惯和劳改工作的要求，并参考国外的提法。关于劳动改造法的名称，会上提出了 10 多种意见，比较有代表性的有：

1．《劳动改造法》。理由是：(1)通过劳动改造罪犯，符合马克思主义的基本原理，体现了无产阶级改造世界、改造人类的伟大历史使命和劳动创造世界的真理；(2)我国党和政府制订过一系列关于劳动改造罪犯工作的方针政策；(3)“劳动改造”这一名称的基本含意，在我国已为人们接受，在国际上也被公认；(4)体现了我国劳改工作的特色。

2．《监狱法》。理由是：(1)刑罚主要由监狱执行，监狱最能体现专政本质和特征；(2)能避免称《劳动改造法》所带来的对劳改工作性质的误解；(3)我国劳改队、少管所实质上都是监狱；(4)能体现我国劳改机关的专政职能、法律地位及在国家机构中的位置；(5)世界上有 60 多个国家都叫《监狱法》，具有国际性。在国内，也有历史沿革的依据。

3．《刑事执行法》。理由是：(1)调整范围广，能包括劳改工作过程中所涉及的一切复杂的社会关系；(2)与刑事基本法律的地位相称，能体现劳改机关在国家刑事活动中的地位；(3)能较好体现劳改机关职能转变的特点；(4)可与刑法、刑事诉讼法的名称相衔接、相配套，形成完整的国家刑事法律体系。

(三)关于劳动改造立法的指导思想

劳改立法要以马克思主义关于国家与法的学说,以毛泽东关于劳动改造罪犯成为新人的思想为理论依据;要以我国宪法第28条关于国家"惩办和改造犯罪分子"的规定为宪法依据;要以建国以来劳改工作的经验以及当前改造罪犯的实际需要为实践依据。

(四)关于劳动改造法的内容

劳动改造法中既要有实体法的内容,也要有程序法的内容,应当包括:

1. 规定劳改机关是人民民主专政的工具,具有国家机器的重要组成部分的根本属性,担负惩罚和改造罪犯的基本任务。

2. 规定劳改工作的方针、政策,但不宜直接用"改造第一,生产第二"的表述方法。

3. 规定科学的劳改管理体制,包括机构设置和警种建设。

4. 规定劳改机关在执行刑罚和改造罪犯活动中的职、权、责。

5. 规定劳改干部的职责和对罪犯的监管制度、教育制度、劳动改造制度。

6. 规定劳改干警是独立的刑事执行警种,列入国家警察序列。

7. 规定社会参与改造罪犯工作等。

对于劳改生产和财务管理体制,也应从实际出发,本着改革精神,在劳动改造法中作出相应的规定。由于劳动生产是改造罪犯的一个基本手段,所以长期以来,人们往往自觉不自觉地把劳改机关当作一个生产部门,实行财务包干,自负盈亏,模糊了劳改机关属于专政工具的根本属性,使改造罪犯的手段变成了劳改机关求生存的条件。因此,劳改机关不得不用70%到80%的时间去抓生产效率,难以集中精力从事对罪犯的改造工作,致使改造质量下降。为此,大家提出了多种设想,如对劳改生产实行减免税利的优惠政策;劳改单位实行行政、事业、企业三种编制,劳改干警列为国家行政编制;劳改财务管理实行收支两条线;政策性与社会性支出从劳改企业成本中划出来,列入地方财政预算;劳改行政事业费用支出,由财政部门拨款,等等。

此外,在讨论劳改立法理论问题的过程中,一些人从学术理论的角度,对劳改机关的领导管理体制等问题,也进行了探讨。

(中国法学会劳改法学研究会)

全国法学理论讨论会

中国法学会法学基础理论研究会、重庆市法学会、西南政法学院联合主办的全国法学理论讨论会于1986年11月11日至15日在西南政法学院举行。全国30多所高等政法院系和有关单位的教授、专家以及实际工作者等近百人参加,提交论文50多篇。

与会代表在《中共中央关于社会主义精神文明建设指导方针的决议》指导下,紧紧围绕"社会主义民主制度化、法律化"这一主题,坚持理论联系实际,贯彻"双百"方针,各抒己见,畅所欲言,不仅在理论上广泛讨论了民主的概念及其实质,我国民主的现状、商品经济与社会主义民主的关系、社会主义民主制度化、法律化等问题,而且比较深入地讨论了党政分工、权力制约、完善人大制度、完善选举制度、完善干部制度、完善法律监督制度、政法体制改革等问题,并提出了一系列的立法建议。

一、对我国民主建设现状的基本估计

对我国民主建设现状作出全面正确的估计,是进行民主建设的出发点。估计不足,就会失去信心;估计过高,就会盲目自满,两者都不利于民主建设,不利于政治体制改革。代表们比较一致地认为,自党的十一届三中全会以来,我国民主建设得到了迅速恢复和空前发展,民主制度化、法律化有了长足的进步;但在肯定我国民主建设成绩的前提下,对民主化的程度,民主制度化、法律化的状况的宏观估计还存在分歧。

一种观点认为,我国现在的民主在国家生活和社会生活的各个方面成绩巨大,民主建设在理论与实践的结合上已经基本解决。其理由是:民主首要的是一种国家形态、国家形式。现行宪法规定我国是人民民主专政的国家制度,确定了人民当家作主的崇高地位;肯定国家的一切权力属于人民,确定了适合我国国体的政权组织形式——人民代表大会制度;人民可以依法通过各种途径和形式管理国家事务、管理经济和文化事业、管理社会事务;人民按照法律享有广泛的权利和自由,等等。

另一种观点认为,我国民主建设现在虽有较大发展,但要把我国建设成为高度民主的社会主义国家,还要作相当长时期的艰巨努力。民主建设问题基本解决的主要标志是:在思想上,要突破小生产者框框的束缚,认识到社会主义民主是社会主义商品生产发展的必然要求;在观念上,要比较彻底地摆脱等级特权、封建法律文化的遗毒影响,由国家机关及其工作人员"为民作主"转变为由人民自己"当家作主";在制度上,要不满足于宪法确认的政治制度以及公民的民主权利和自由,而要将人民的这些权利和自由用一系列配套的法规加以具体化;在实践上,要把写在纸上(法律条文上)的民主权利变成人们生活中看得到、摸得着的现实,这是最重要的一点。据此,一些代表认为我国民主的理论与实践问题现在还不能说已经真正解决了。

我国社会主义民主正处在发展的初级阶段,正逐步向高级阶段前进。因此,尽管在民主制度化、法律化方面还存在不少问题,不能尽如人意,但民主发展的势头是令人鼓舞的。

二、对我国民主进一步法律化的建议

代表们认为，我国目前在民主建设中存在的主要问题是：

1．党政不分、“以言代法”、“以权代法”的现象还有待于进一步克服。

2．人民代表大会缺乏应有权威。

3．国家机关之间缺乏有效的制约制度。

4．民主的制度化、法律化没有完全落到实处。人民的某些民主权利在实际生活中缺乏应有的保障。

为了促进我国民主进一步法律化，代表们针对民主建设中存在的问题，提出如下建议：

第一部分，有关制度和法制建设方面的建议：

1．坚持和改善党的领导。其中主要是解决党政分工问题，这是民主制度化法律化的关键和要害。为此，应当改善党的领导方式。党对国家生活的领导，根本途径是通过制定大政方针来实现，而不能象以往那样从微观上进行直接管理，代行行政机关职权。

2．强化全国人民代表大会的职权。为了确保全国“人大”真正享有最高国家权力机关的地位，充分发挥其代表人民管理国家和社会的巨大作用，必须加强其立法权、决策权、任免权和监督权。强化全国人民代表大会的职权，首先必须加强其自身的建设，要提高人大代表的素质。通过改进选举办法，保证选出那些人民信任、能够反映人民意志的优秀分子当人民代表。

3．健全和完备法律监督体系。权力之间互相制约，这是国家权力矛盾运动的客观规律。为了防止和纠正国家权力的过分集中和失控，需要建立和完善由权力机关牵头的，包括行政监督和社会监督在内的监督体系，以利于实现国家权力的相互制约，确保国家沿着高度民主的方向发展。当务之急，应当从速建立健全国家监察体系，认真查处越权、侵权、违法乱纪的行政案件。

4．重视和加快保障公民权利的立法。特别是宪法第41条关于公民有批评、建议、申诉、控告、检举的权利，更需加快法律化。同时，在文化、教育、科学、技术等社会主义精神文明方面的立法，国家行政管理机关方面的立法也刻不容缓。有的代表特别强调指出，加强公民权利的法律保障，是社会主义民主制度化、法律化的基点。

5．加强公民民主意识的教育。封建专制主义传统意识的巨大影响，使公民的民主意识、权利观念极为薄弱，成为民主建设中的一大思想障碍。因此，必须通过各种途径和方式，对公民进行有效的、持久的民主教育和法制教育，肃清以权力为核心的人治观念、等级特权观念、义务本位观念等封建意识的影响，同时注意批判资产阶级自由化，为社会主义民主的顺利发展扫清道路。

第二部分，立法建议：

为了加强和完善社会主义民主的法律化，代表们希望全国“人大”和全国“人大常委会”或国务院分别制定或修改如下的法律和行政法规：

1．制定《人民代表条例》

2．制定《制定地方性法规的基本准则》

3.制定《国家工作人员工作条例》

4．制定《公民申诉条例》或《国家赔偿条例》

5．制定《行政程序法通则》

6．制定《行政诉讼法》

7．制定《监察工作条例》

8．修改《人民警察条例》或制定新的《人民警察条例》

9．修改《国营工业企业职工代表大会暂行条例》(或在《国营工业企业法》中规定这些内容，职工代表大会单行条例名称可改为《国营企业职工民主管理条例》)，扩大适用范围和形式

10．制定《集体经济组织民主管理条例》

11．修改《中华人民共和国工会法》

12．修改《人民调解委员会暂行组织通则》

13．修改《街道办事处组织条例》

14．制定《城市居民委员会条例》

15．制定《农村村民委员会条例》

16．制定《乡人民代表条例》

17．制定《乡人民政府条例》

18．制定《罚款条例》

19．制定《出版条例》

20．制定《新闻条例》

21．制定《通信条例》

22．制定《科学研究和文艺创作自由条例》

23．修改《保守国家机密暂行条例》

24．制定《集会、游行、示威条例》

25．制定《社团组织条例》

26．修改《关于劳动教养问题的决定》

27．制定《纪律检查规则》

28．制定《公民人身自由条例》

29．制定《居民住宅条例》

30．制定《公民权利保障法》

31．制定《民主管理法》

32．制定《授权立法法》或《委托立法法》

（中国法学会法学基础理论研究会）

律师担任企业法律顾问理论研讨会

1986年11月14日至18日，司法部与上海市司法局在上海市联合召开了“律师担任企业法律顾问理论研讨会”。来自20多个省、自治区、直辖市的150名律师、教学、理论工作者和司法行政部门的干部参加了会议。司法部副部长鲁坚致开幕词，部长邹瑜在会议结束时作了

重要讲话。

这次会议是我国设立律师制度以来首次研讨律师担任企业法律顾问工作的会议。会议的目的是，从理论上总结律师开展企业法律顾问工作的实践经验，探索顾问工作中遇到的新情况、新问题，推动对此项工作的理论研究，促进律师担任法律顾问工作质量的提高。会议收到论文约150篇，提交会议交流的52篇。会议采取宣读论文、自由发言和小组讨论的方式，对律师担任企业法律顾问工作的一些主要问题进行了较深入的探讨。

一、律师担任企业法律顾问的性质、作用、职责范围及与企业的关系和地位问题

(一)性质：多数认为，律师担任企业法律顾问，是律师运用法律知识为企业的法律事务提供服务的活动，是一种知识性的有偿服务，属服务性质；有的人认为，不能简单地理解"服务"的含义，因为整个上层建筑领域都可以说是服务部门。律师是国家的法律工作者，律师担任企业法律顾问，为企业提供法律服务，实际上是一种执法工作，具有执法性质。

(二)作用：多数认为，律师担任企业法律顾问工作的作用，是通过法律服务，提高企业管理人员的法律意识，协助建立健全规章制度，协助企业依法开展生产、经营活动，维护企业合法权益。有的认为，律师开展这项工作的作用，只是维护国家利益和企业合法权益，保障法律的正确实施。也有人认为，作用只能是维护企业的合法权益。

(三)职责范围：有的认为，律师担任企业法律顾问的职责仅限于《中华人民共和国律师暂行条例》(以下简称《条例》)规定的内容。"参与谈判"是《条例》规定的"为聘请单位就业务上的法律问题提出意见"的合理延伸。除此之外，扩大律师职责范围均属于法无据。多数人认为，律师此项工作的职责范围不能囿于《条例》的规定，而应随形势和客观要求变化而增加。如：出具法律意见书，开展资信情况调查，参加经济谈判，为企业的重大生产和经营决策当好法律参谋，协助企业建立、健全规章制度和法律顾问室，等等。少数人认为，律师只能根据企业的要求履行职责，企业有什么要求，律师就提供什么服务。企业如果只要求律师追索欠款、代理诉讼，律师就不能提出干其他工作。

(四)与企业的关系和地位：多数认为，担任企业法律顾问的律师与企业是民事法律关系，即委托与被委托关系，双方的法律地位平等，权利义务也是对等的，不存在律师被企业领导的关系。也有人认为，律师的这项工作是一种特殊的执法，只是象征性地收一点费，不同于一般民事法律关系。律师对企业有监督其依法办事的职能。少数人则认为，律师与企业是被雇者与雇主的关系，应接受企业的领导，在不违法的限度内听命于企业。

二、律师担任企业法律顾问的上限数问题

一名律师最多可担任多少家企业的法律顾问，是当前亟待解决的问题。有的与会者根据《条例》规定的律师开展五项业务工作的需要，把五项业务分解为可计算的工时数，采取定量分析的方法，计算出一名律师除负担其它四项业务的平均工作量外，担任企业法律顾问的上限数，律师与企业的素质均一般的为2.039个；律师与企业有一方素质较好的，为4个；双方素质都好的，为7个左右。有的与会者根据实践经验的总结，提出该上限数为10个左右。也有的提出，不宜规定上限数，应根据具体情况具体对待。有的企业聘"名律师"，是用其"声望"，并不是要他办多少具体事。因此，对"名律师"担任企业法律顾问数不应限制。多数与会者不赞成"名律师"挂牌不干实事的做法。

三、律师担任企业法律顾问的收费标准问题

(一)应否有统一的收费标准。多数认为，当前这方面的收费比较混乱，不仅不同地区的收费悬殊甚大，同一地区、同一法律顾问处、甚至同一律师对不同企业的收费也无统一标准，以致出现收费不能反映服务工作的质和量的矛盾。当前亟待制定一个统一标准。少数人认为，我国幅员广大，各地经济发展不平衡，难以统一收费标准，最好由各地规定本地区的收费标准。个别人则认为，可不制定收费标准，由律师与企业"协商议价"。

(二)如何制定收费标准。认为应统一收费标准的与会代表中，有人认为，律师担任企业的法律顾问，只收取少量费用。当企业发生法律事务时，律师应优先办理。律师办理的诉讼和非讼事务，按现行收费标准，按项收费；有人认为，应确定一定量的收费标准，允许在该幅度内浮动；也有人认为，应按律师级别(评定职称后)计时收费；还有人认为，可根据企业的大小、利润的高低、服务需求量的多少来确定统一的收费标准。

四、担任企业法律顾问的律师的素质问题

与会者一致认为，担任企业法律顾问的律师素质的优劣，对于搞好顾问工作关系极大。研究这一问题，具有十分重要的现实意义。有的认为担任企业法律顾问的律师的素质，是一个多序列、多层次、多要素的综合体，至少应包括知识、能力、品质三个结构。其中知识结构要求具备：(一)精通宪法、经济法、劳动法、民法通则、民诉法，并掌握各种法律知识；(二)掌握马克思列宁主义政治经济学基本原理和社会主义基本经济理论；(三)掌握国家的政策、法规，熟悉党的路线、方针、政策；(四)掌握现代化企业管理的基本原理、方法、原则、制度和各项专业管理的基本知识；(五)懂得自然科学和技术科学的基本知识；(六)懂得社会学、伦理学、心理学等方面的知识。有的认为，担任企业法律顾问的律师，不可能对任何一门法都精通或掌握。因此，对律师的知识结构，不能求之过苛，只能要求律师掌握与该企业有关的法律、法规。对其它方面的知识也只能根据需要，分为精通、掌握、熟悉、了解等层次来要求。对许多知识只要求"朦胧"感知即可。关键在于，律师应具有谦虚求教的精神和查找资料的本领。有的则认为，担任企业法律顾问律师的知识结构应以经济合同法为核心，以其他有关的实体法和程序法为外围，形成一个经济法律知识体系。

五、律师工作失误造成企业损失的责任问题

一些人认为，律师与企业之间既然是委托与被委托的民事法律关系，就应该全面体现双方权利义务平等的原则，律师因自己工作失误造成顾问单位的经济损失，应该负民事赔偿责任。在赔偿费的来源上，有的提出，可借鉴国外律师职业责任保险制度的做法，通过保险解决赔偿费用问题。有的认为，律师赔偿问题从理论上无可非议，但目前整个律师队伍的素质还不太高，律师的各方面条件都还很差，尚不具备赔偿损失的条件。有的认为，对律师的法律意见采纳与否是由企业决定的，因此不存在律师的赔偿责任问题。也有少数人认为，律师的顾问工作带有特殊的性质，其收费也是象征性的，不应负赔偿责任。

六、律师担任企业法律顾问的发展方向问题

截至1986年10月底止，全国律师担任企业法律顾问数只有三万余家，还不到全国工商企业数的1%。如何解决这一矛盾？有的提出，应采取发展律师队伍为主、培养企业法律顾问为辅的办法。律师具有专门法律知识和工作的有利条件，无论在当前还是今后，都是一支主要的法律顾问力量。有的则提出，律师担任企业法律顾问之势方兴未艾，但不等于说可以经久不衰。由于律师人数太少，负担太重，现已出现"顾而不问"的情况。这使律师难以更新知识和向专业化方向发展，服务质量也难于提高。由于受编制和人才来源的限制，律师队伍在当前不可能有大的发展。因此，在企业法律顾问形式发展方向上，应逐步建立以企业法律顾问为主、律师担任企业法律顾问为辅的体制为宜。

此外，还有人提出，《条例》规定律师担任企业法律顾问的内容过于原则，难以解决当前工作中的新问题。因此，有必要制定《律师担任企业法律顾问工作条例》，以便在实践中有所遵循。

为了进一步推动律师担任企业法律顾问问题的理论研究深入、持久地开展，不断提高律师素质和顾问工作质量，邹瑜部长在讲话中要求与会人员对当前急需要解决的问题及战略性课题，进行更深入的研究。据此，司法部法律政策研究室已在会后列出若干课题，作为1987年调研工作的重点内容，分送有关方面，组织攻关。

（宫晓冰）

西北地区法学研究协作会议

1986年11月14日至18日，西北地区五省（自治区）法学研究工作者的代表在西安就五省（自治区）法学研究工作的相互协作问题，进行了认真的恳谈。

参加这次协作恳谈会的单位有：新疆政法干部管理学院，新疆社会科学院法学研究所，新疆生产建设兵团政法委员会，西北第二民族学院法律系，甘肃社会科学院法学研究所，兰州大学法律系，甘肃政法学院，青海省法学会，陕西政法干部学校，西安基础大学，西北政法学院和西安法律书刊发行公司。

这次会议是在平等、协商、互助、诚挚的气氛中进行的。议题比较集中，讨论比较深入。代表们就以下诸问题取得了完全一致的看法。

一、关于成立西北地区法学研究协作委员会问题。

现代科学的发展，必然趋于横向交叉和联合探索的态势。为了适应这种趋势，西北地区法学工作者有必要相互协作，充分发挥各自的长处，沟通信息，交流学术，互补互助，扭成一股力量，为建设、开发大西北，为祖国的四化建设，做出应有的贡献。为此，代表们一致议定，成立西北地区法学研究协作委员会，负责组织、协调西北五省（区）的法学研究工作，具体工作由西北政法学院法学研究所牵头。联络机构设在西北政法学院法学研究所。每个省（区）设联络员一人。会议确定，协作委员会每年召开一次协调会议。

二、关于科研协作项目的确定与承担问题。

会议着重对西北地区1987年法学研究项目进行了充分的讨论，并拟定和落实了第一批研究课题。

会议确定组织编写一套有西北特点的《新编法学教材》，其中1987年要完成《刑法学》、《法学基础理论》、《宪法学》、《民族区域自治法教程》、《中国简明法制史》、《经济法通论》等六本教材的编写与出版工作。

会议还确定在1987年要对下列11个课题进行协作研究，并撰写专著：(一)《伊斯兰法系列研究》。(二)《丝绸之路与国际贸易的研究》。(三)《公路车祸探因》。(四)《水法》(译著)。(五)《罪犯改造探新》。(六)《经济犯罪探因》。(七)《青少年犯罪对策学》。(八)《藏族习惯法》。(九)《西北出土文物与古代法制》。(十)《国际私法与国际贸易》。(十一)少数民族婚姻状况调查。

会议要求对上述各项研究课题，分别由各牵头人组建研究小组，制定研究计划，把任务落实到人，积极地开展研究工作，争取尽快拿出成果。

三、关于召开政治体制改革与社会主义法制建设专题学术讨论会问题。

会议议定1987年10月底在敦煌召开政治体制改革与社会主义法制建设专题学术讨论会，由甘肃社会科学院法学研究所牵头，联合西北政法学院法学研究所、新疆维吾尔自治区法学会、青海省法学会和宁夏社会科学院法学研究所共同发起。会议建议五省（区）立即着手组织力量，深入实际，调查研究，各搞一份典型调查报告，届时提交大会。与此同时，迅速落实各自的论文选题。大会将采取“以文定人”的办法，经过筛选最后确定代表人选。

会议期间，西北政法学院法学研究所表示了今后将逐步扩大在五省（区）聘任兼职科研人员名额的意向。

（西北政法学院法学研究所）

诉讼法学研究会学术年会

1986年全国诉讼法学术讨论会，于11月15日至21日在广州举行。这次讨论会是由中国法学会诉讼法学研究会和广州市法学会、广西壮族自治区法学会联合主办的。来自教学科研单位的教授、专家、青年法学工作者和公安、司法部门、立法机关、律师组织的实际工作者共120余人出席了会议，提交学术论文100多篇。

讨论会的中心议题，一是关于体制改革与诉讼法的完善问题；二是关于如何切实保证严格执行诉讼法的问题。

一、关于适应体制改革和对外开放的需要，进一步完善刑事诉讼法的问题。

1. 多数代表认为，应尽快建立刑事损害赔偿制度。代表们还就刑事损害赔偿的条件、范围、标准、支付方式、案件管辖以及立法形式等提出了具体的建议。

2. 应建立司法责任制，制定司法人员奖惩条例，使司法人员的执法活动进一步法制化。

3. 适应涉外、涉港刑事案件不断增加的形势，应尽快建立涉外、涉港刑事诉讼程序，并建议在刑事诉讼法中增设专章，加以规定。

4. 不少代表提出，现行刑事诉讼法对死刑复核程序、刑事申诉制度、附带民事诉讼制度以及执行程序等，规定得过于原则、简单，需要在立法上进一步加以补充和完善，并提出了具体的立法建议。

5. 有的代表认为，法人参与刑事诉讼是必然趋势，外国就有这样的做法。有的代表对法人参与刑事诉讼如何确定其诉讼行为能力、如何对其采用强制措施等，提出了疑问。

二、关于修改和完善民事诉讼法的问题。

与会代表比较一致地认为修改和完善民事诉讼法的主客观条件均已成熟，只是在如何修改，是大改还是小改，条文是繁是简等问题上，还有不同的看法。

1. 对民事诉讼法是否应以专门条文集中规定基本原则以及应规定哪些基本原则，存在着不同意见。

2. 鉴于《民法通则》确认了个体工商户、农村承包经营户、个人合伙、联营可以进行民事活动，代表们认为需要相应地确定他们在民事诉讼中的地位，特别是应增加关于集团诉讼当事人的规定。

3. 建议扩大拘传的适用范围和明确规定民事案件的审理期限。

4. 有的代表建议：程序部分应分为五编：第一编，第一审程序，下设普通程序，简易程序，审理经济纠纷和劳动争议案件的特别规定三章；第二编，第二审程序和审判监督程序；第三编，特殊程序，下设处理非讼案件的程序和行政案件的审理程序两章；第四编，执行程序；第五编，涉外民事诉讼的特别规定。

5. 有的代表主张将“诉讼保全”改为“纠纷财产保全”，认为这个问题在理论上尚有研究余地。

6. 有的代表建议，对简易程序的适用范围，应有明确的规定，否则适用面太宽，影响办案质量。

7. 共同诉讼人在二审程序中的地位，以及哪些二审案件必须开庭审理，也应有明确的规定。

8. 关于执行程序是应当列在民事诉讼法中，还是应当另行制定一个单行的强制执行法，也有两种相反的意见。

9. 有的代表认为，现行民事诉讼法对涉外案件的范围，主要从主体上考虑，这不够全面。建议修改时从具有涉外因素考虑，即从主体和引起法律关系发生、变更、消灭的事实以及争议的标的等，规定涉外案件。

10. 许多代表认为，应建立一套完整的撤诉制度及和解制度。撤诉应规定包括撤回起诉、反诉、上诉、申诉。和解应规定如何对待和解、和解的法律后果、和解协议的执行等问题。

与会代表还提出，应增加一些新的重要的民事诉讼制度，如经济诉讼制度，行政诉讼制度，检察机关参与民事诉讼制度等。此外，象票据诉讼制度，产品责任诉讼制度，保险诉讼制度，专利诉讼制度，海事诉讼制度等，在修改民事诉讼法时也都应当加以研究和考虑。

三、关于如何保证严格执行刑事诉讼法的问题。

1. 有的代表提出，有的地方办案中存在“先定后审”的现象，使诉讼程序流于形式，这一问题应加以解决。

2. 有的法院在侦查阶段就提前介入案件；有的一审法院在判决前先请示上级法院，上级法院表态以后才判决。这些做法，不符合刑事诉讼法关于三机关关系的原则规定，也应注意解决。

3. 代表们提出有的地方以收审代替刑事诉讼中的拘留、逮捕；有些地方扩大了收审范围，也应注意改进。

与会代表还进一步指出，刑事诉讼法之所以没有得到严格的遵守和执行，主要是封建残余思想和“左”的思想仍然支配着一些人的头脑。要解决这些问题，做到有法必依，执法必严，就必须不断清除这些思想流毒，从根本上树立起民主与法制的观念。

此外，有的代表们还提出，应当在立法上加强对律师权利的保障，提高律师的诉讼地位，扩大律师在诉讼中的职权范围，加强律师对公、检、法三机关的制约作用。

（洪道德　王存厚）

外国法制史第四届学术讨论会

由全国外国法制史研究会、上海市法学会和华东政法学院联合举办的全国外国法制史第四届学术讨论会，于1986年11月18日至23日在上海召开。出席会议的有全国高等院校、科研机构和出版部门等45个单位的近80名外国法制史专家、学者和研究生。会议共收到学术论文44篇。

会议期间，与会人员畅所欲言，各抒己见，气氛十分热烈。大家紧紧围绕当代外国法律制度、外国法制史学科如何为我国社会主义法制和四化建设服务两个问题进行探讨，着重对研究外国法制史学科的指导思想、体系结构、研究重点、研究方法和教材建设等问题，展开了广泛而深入的讨论。

关于研究外国法制史的指导思想，绝大多数与会者认为，必须以马列主义、毛泽东思想为指导。有的人认为，在这个前提下，还应吸收其他各种有益的理论、学说，以充实、丰富本学科的内容。

关于外国法制史的体系结构，一种观点认为统编教材的现有体系基本上符合我国教学的实际情况；另一种观点提出建立"总论"和"各论"的意见；还有一种观点则认为在目前情况下，不必强求一律，应由各院校自行探索，百花齐放，以促进学科的发展，逐步形成一个比较合理的体系结构。

关于外国法制史的研究重点，大多数与会者认为，为了借鉴外国法律制度，应以当代外国法律制度尤其是经济法、行政法等部门法史为研究重点。

关于研究方法问题，不少人认为应加强各国法律制度的横向比较，应将比较的、数学的及系统论、控制论、信息论等新兴的科学方法引入本学科。

讨论会上还就外国法制史学科的地位与前途问题，进行了鼓舞人心的讨论。与会代表颇有信心地一致认为，社会各界一定会逐渐认识深入研究外国法律制度史不仅有其历史意义，也有一定的现实意义。因为在我国目前实行开放和改革的情况下，仅学习或借鉴外国当前的法律制度，而不深入了解其产生、发展的历史背景和阶级实质，势必生搬硬套，陷于盲目性，以致适得其反。

这次讨论会开得比较成功，取得了一些初步成果。

（外国法制史研究会）

中国国际法学会学术年会

中国国际法学会于1986年11月24日至29日在上海举行学术讨论会。参加讨论会的有全国各地国际法教学、研究机构和外交、对外经济贸易、政法等部门的代表130余人。讨论会收到学术论文近40篇。会上，着重讨论了当前我国国际法研究和实践中所面临的新的重要课题：一、我国应否批准1982年《联合国海洋法公约》及其利弊；二、目前我国对国际法院的诉讼管辖权应持何态度；三、关于反对恐怖主义问题；四、国际投资争端的解决方式及有关的法律问题等。讨论会还安排了一系列专题报告。现将讨论的主要内容简介如下：

一、我国应否批准1982年《联合国海洋法公约》（以下简称《公约》）及其利弊。

（一）我国应否批准《公约》，如果批准应选择在什么时间批准？

代表们一致认为，公约虽然有些条款的规定有缺陷，但还是迄今为止最好的海洋法公约。我国自始至终参加了《公约》的制定工作，并是首批签字的国家之一。因此，从各方面考虑，我国应该批准《公约》。至于什么时间批准为宜，在讨论中有不同的看法。有些代表认为，我国一直支持《公约》的制定，应在《公约》生效之前，即在60个国家以内批准为好。这样不仅在政治上对我国有利，在国际上树立良好的形象，并能带动一些国家批准，促使《公约》早日生效。有的代表认为何时批准《公约》，在批准时作出哪些声明或说明，都应审时度势，权衡利弊，经过周密的研究和考虑，因而不妨再观察一个时期。有的代表从缔约国对未来的国际海底管理局所承担的经费来考虑，认为我国应在一些按联合国会费分摊比额表分担经费较多的国家参加之后再批准。

（二）关于军舰通过领海问题。代表们对《公约》中是否规定了军舰享有无害通过权问题有不同看法。一种观点认为，从《公约》第17、19、20条规定看，军舰享有无害通过权，并在第30、31条规定沿岸国家有权决定是否"无害"，并有对非无害通过有采取措施的权利。另一种观点认为，《公约》中"所有船舶"并不包括军舰，军舰不享有无害通过权。《公约》未能就军舰享有无害通过权达成协议，在各国的主张和实践中历来就存在两种作法，即无害通过包括商船和军舰；军舰通过领海须经事先批准或事先通知。关于我国如何对待外国军舰通过领海的问题，有些代表认为，《公约》的规定显然与我国的事先批准制度不一致。我们不应一般地反对军舰无害通过权。我国应依据《公约》的有关规定和国际惯例，通过国内立法规定事先通知及设立海上禁区，对通过领海的外国军舰实行某些限制等，以保障我国的权益和安全，也有利今后我国军舰在各大洋更大范围的活动。这样的规定就和《公约》比较接近，也符合《公约》第310条的所谓“取得协调”的精神。

（三）关于大陆架的定义及划界问题。在讨论中，代表们认为《公约》第76条关于大陆架的定义对我国不利，可能会给东海大陆架的划界等问题带来一些困难和麻烦。但大陆架的定义并不起决定作用。不能因此而直接影响我国对《公约》的批准。会议还对国际海底开发制度等进行了讨论。

二、目前我国对国际法院的诉讼管辖权应持何态度。

（一）我国对国际法院诉讼管辖权应持的基本态度。

代表们认为，新中国成立后，我们对国际法院诉讼管辖权总的态度是消极的。我国不接受国际法院的管辖，并于1972年9月通知联合国秘书长，明确表示：对中华民国1946年10月26日所作的关于接受国际法院的强制管辖权的声明不予承认。我国也从未与其他国家订立特别协定将某争端提交国际法院。我国对所参加的国际公约中关于提交国际法院解决争端的条款均作了保留。至今我国对国际法院的诉讼管辖权概未接受。参加讨论会的代表们认为，随着情况的变化和实践的发展，我国对待国际法院诉讼管辖权的态度应当改变，即由消极变为积极，区别不同情况，接受国际法院的诉讼管辖权。其主要理由是：1. 要对国际法院的作用作出新的评价。总的来说，在过去的40年间，国际法院在以司法程序和平解决国际争端方面起到了一定的积极作用，由国际法院审理的一些案件，不仅使有关国家之间的争端得以和平解决，而且为确认和发展国际法作出了一定的贡献。国际法院毕竟为各国通过司法程序和平解决国际争端提供了一个重要的手段。虽然国际法院审理的案件为数不多，但还是有相当的国家都不同程度的利用它解决争端。这些国家中既有美国、英国和法国等发达国家，也有不少第三世界国家。2. 国际法院法官的构成有了一定的变化。现任的15名法官中，有7名属于第三世界。如国际法院院长是印度的辛格；我国倪征■先生1984年当选为国际法院法官。这种人员构成上的变化，对国际法院发挥其应有的作用具有不可低估的影响，我国对此应持积极的态度。特别是最近国际法院审理的尼加拉瓜诉美国案，判决美国败诉，在国际社会影响极大，意义深远，表现了国际法院的公正性。3. 我国国际交往和对外开放的需要。我国国际交往、对外关系的发展和对外开放政策的贯彻执行，客观上要求我们对国际法院持较积极的态度，在某些方面接受通过国际法院解决争端的方式，将有助于在国际上扩大我国的影响和作用，提高我国的地位和声望。如果我们仍坚持一概“保留”的这一僵硬作法，容易在国际上造成中国忽视法治的印象，不仅不利用我国的国际形象，也不利于配合国内的法制建设和实施对外开放的政策。

（二）关于接受国际法院诉讼管辖权的具体意见。

与会代表们认为我国应当审慎地接受国际法院的诉讼管辖权，但在接受国际法院诉讼管辖权的程度和范围上有各种看法。

1. 关于接受国际法院的“自愿管辖权”。代表们一致认为，今后我国在遇到某些法律性质的争端而又未能以谈判或协商的方式解决时，可以考虑将案件提交国际法院解决。

2. 关于接受国际法院的“协定管辖权”。代表们认为，对于我国已经作出的对一些条约中有关国际法院解决争端条款的保留，可考虑在与我国立场和权益无重大不利的情况下，有选择地接受国际法院在条约解释，适用或其他方面争端的管辖权，必要时撤回保留。今后，我国在参加或批准有关国际条约时，应按上述原则考虑是否接受有关解决争端的条款；在缔结双边条约或协定时，如有必要可规定一项包括提交国际法院处理的争端解决条款。另外，有的条约订有提交国际法院解决国际争端条款，但又规定不能作出保留，如《联合国海洋法公约》等。所以不能仅仅因排斥国际法院的“协定管辖”而影响我国参加或批准重要的国际条约。虽然我国从未以任何方式将任何事项提交国际法院管辖，但在实践中，我国也有利用国际法院的实例。目前，我国与一些国家签订的投资保护协定中都有关于国际法院任命仲裁员的规定。

3. 关于接受国际法院的“任意强制管辖权”。这个问题在讨论中有明显的争议。有的代表主张，我国应发表声明，接受国际法院的“任意强制管辖”。其主要理由是：(1)发表声明接受“任意强制管辖”，能够体现对国际法院充分的支持；(2)根据《国际法院规约》规定，这种管辖虽然是“强制”的，但又是“任意”的，即基于当事国的自愿。因此，我国发表这种声明并无损于我国的主权；(3)目前接受国际法院强制管辖的40多个国家中，有很大一部分属于第三世界，我国这样做未必不可；(4)如果限制这种国际法院范围广泛的管辖权，我国在发表声明时可象美、英等国那样作出若干保留，这样既表示了支持，又留有余地。有的代表则认为，没有必要发表声明接受国际法院“任意强制管辖”。主要理由是：(1)虽然国际法院在一些方面起了积极的变化，但并非接受强制管辖才表明对其充分的支持。现在接受强制管辖的国家并不多，联合国五大常任理事国中只有英国接受了任择条款，并作了实质性的保留；(2)我国如接受强制管辖，那么根据《国际法院规约》，任何规约当事国均可就“国际法之任何问题”对我国起诉，我国也必须应诉。这显然是不利的。并且，国际法上的任何问题不一定都要在国际法院解决。国际法院解决争端只是和平解决国际争端的方式中的一种；(3)既发表声明接受强制管辖，又作保留的加以限制的作法也不可取。也有的代表认为，对于国际法院的强制管辖，可以等待观察，不要对国际法院寄予过高期望。

三、关于反对恐怖主义问题。

过去我国对恐怖主义研究不多，这次会上代表们对恐怖主义的若干问题展开了初步的讨论。

(一)国际恐怖主义的现状与发展趋势。

代表们认为国际恐怖主义由来已久，它与一般刑事案件或革命武装斗争不同，一般是某些组织或个人以恐怖手段对国家、组织与个人施加压力，以达到一定的政治目的。恐怖主义具有几个基本要素：1. 主体是组织或个人；2. 具有国际性；3. 采取恐怖手段伤害无辜或第三者来攻击对方，施加压力；4. 具有明显的政治目的。特别是60年代以来，国际恐怖主义活动愈演愈烈，威胁严重，其主要手段是暗杀、绑架、劫机、占领使领馆等。在70年代遭到打击后曾一度有所收敛，但现在更猖獗。代表们归纳了当前国际恐怖主义的特点：1. 活动范围扩大，目标集中。恐怖活动最多的地区是西欧，其次是中东，再次是拉美、亚太地区，香港也有。2. 互相勾结，流窜作案。1985年和1986年，国际恐怖主义分子在利比亚、伊朗和南斯拉夫等召开过国际会议。目前他们统一起来还不可能，因为宗旨不同，但他们相互联系配合，威胁更大。3. 作案手段先进。如汽车炸弹，遥控引爆等。4. 与黑社会、贩毒集团相互勾结。5. 由国家支持与指挥。据调查，1983年由国家支持的国际恐怖活动有44起，他们为恐怖分子提供资金，物资装备和庇护所。6. 滥用外交特权与豁免，为恐怖活动提供方便。

代表们认为，当前国际恐怖主义活动的发展有这样的趋势：1. 由于国际局势动荡不安，不断产生的国际争端事项有可能通过恐怖主义活动来解决，所以恐怖主义的发展有上升的趋势。2. 从恐怖活动的地区来看，有“向东发展”的趋势。目标有的针对美国，有的针对本国。原因是这些国家对恐怖活动防范差，并且国内矛盾尖锐。3. 恐怖主义集团，黑社会集团和贩毒集团将进一步勾结、联合，所以今后的国际恐怖活动将更难对付。4. 恐怖分子的作案手段将更先进。现在人们担心的是恐怖主义得到核武器，搞核恐怖，包括占领核电站，引爆核反应堆。

(二)关于国际恐怖主义的根源。

这个问题在国际上争论不休。与会代表认为，国际恐怖主义的根源主要是帝国主义、霸权主义的侵略政策，殖民主义，种族主义的压迫和剥削以及紧张的东西方关系、南北关系和地区关系。特别是当前发达国家与不发达国家之间的矛盾愈来愈尖锐。当然，社会贫困，政治经济危机也会产生恐怖主义。要消除国际恐怖主义，就必须从根本上消除产生国际恐怖主义活动的政治、经济和社会根源。

(三)我国对国际恐怖主义应持的态度。

1. 我国应从原则上反对一切形式的恐怖主义。既反对个人恐怖主义，也反对国家恐怖主义。即便以恐怖主义进行政治斗争也是不可取的，恐怖主义的受害者往往是无辜的人民。我国要坚决反对任何形式的恐怖主义，也反对“以暴制暴”的极端政策；同时反对以打击恐怖主义为名，而对别国进行侵略和干涉的行为。

2. 国际恐怖主义既是国际政治问题，又是国际法律问题。既然是政治问题，就应从我国的基本外交政策出发来具体对待，表态时也应慎重；作为法律问题，就应从国际国内立法方面为防止和惩治国际恐怖主义而积极努力。随着我国对外开放和国际交往的发展，我国应更高度地重视反对国际恐怖主义问题，认真研究恐怖主义活动的新动向和对策措施，严加防范，有备无患。

四、国际投资争议的解决方式及有关法律问题。

会上着重就我国是否应加入《解决各国与它国国民之间投资争议公约》(以下简称《公约》)问题进行了讨论。代表们观点不一，大致有以下几种：

(一)有些代表认为，我国应该加入《公约》，有人还提出应从速加入。他们的理由是：1. 加入《公约》适合我国对外开放的需要，有利于我国的对外经济合作和技术交流。目前仍有不少外国投资者担心中国的政策多变，比如担心对外资实行多种限制，或实行征收、国有化，而发生争议后又得不到妥善解决等等，希望得到长期、稳定的保护。因此我国加入《公约》可以进一步消除外国投资者的疑虑和担忧，增强他们在中国投资的信心和安全感，有利于有效地改善投资环境；2. 关于《公约》的条款，尽管其中有不少弊端，但我们可以扬长避短。如对不同意的条款可以保留，利用对条文的解释方法避免不利因素等等；3. 加入《公约》不仅解决了仲裁问题，也解决了如何执行裁决的问题；4. 从《公约》生效以来的情况看，它的参加国大部分是发展中国家。20多年来，“解决投资争议国际中心”审理的案子不多，是因为国际商事纠纷大部分是企业之间的，国家政府与外国私人投资者之间的争议为数很少。这与《公约》的作用并无直接关系。总之，《公约》本身创造了一种相互信任的气氛。我国加入《公约》是利大于弊，应积极考虑加入。

(二)有些代表们不赞成我国加入《公约》。持这种观点的代表认为：1. 加入《公约》有损我国主权，意味着放弃“属地管辖原则”；2. 影响我国吸引外资的因素很多，不能指望加入了《公约》，外资就会滚滚而来；3. 关于《公约》的条款，弊端太多，如运用不当，会带来很多副作用。关于条款的保留问题，尽管我们可以对某些条款进行保留。但保留的条款往往是要害问题，如保留过多，就等于不加入；4. 关于条文的解释，它并不能代替条文本身。用解释条文的办法是束缚不了对方的；5. 虽然《公约》的参加国中有一半是发展中国家，但有一些与我国情况相似的较大的发展中国家并未加入，这值得我们研究。20多年来“解决投资争议国际中心”仅审理了20多个案件，没能解决多少争议，我国急于加入《公约》并无什么实际意义。

（三）有的代表认为，上述两种观点各有一定道理。要对各方面情况作深入细致的探讨，权衡利弊，不要急于下结论。

（金克胜）

六省、区民族区域自治法理论讨论会

民族区域自治法理论讨论会于1986年11月28日至12月4日在南宁举行。这次讨论会是内蒙、宁夏、新疆、西藏、广西自治区和云南省法学会联合发起并由广西法学会主办的。湖南、甘肃、青海、贵州、吉林等省以及全国人大民委、国家民委、中央统战部、中国法学会、中国政法大学、中央民族管理干部学院、中央民族学院等单位的负责人和代表出席了会议。与会专家、学者及民族工作者就民族区域自治法的实施保障及其若干理论问题进行了研究和讨论。现就其要点综述如下：

一、民族区域自治法和民族区域自治政策

准确揭示出民族区域自治法概念的内涵，有助于学习、宣传和贯彻民族区域自治法。有的代表认为，民族区域自治法是调整民族关系和上级国家机关与民族自治地方关系的行为准则，它和民族区域自治政策的含义是不同的。民族区域自治政策是党和政府为了实现少数民族平等权利和促进少数民族聚居地区经济文化发展而采取的措施和办法。两者有着明显的区别。但它们之间又有着内在的联系：（一）党的民族区域自治政策是国家制定民族区域自治法的基本依据。（二）民族区域自治法的实施必须以民族区域自治政策为指导。

二、民族区域自治法在我国法律体系中的地位

一些代表指出，民族区域自治法是我国社会主义法律体系的重要组成部分，具有基本法律的特征。它所调整的关系是：国家统一领导和民族自治地方行使宪法所赋予的自治权的关系；民族自治地方和国内非自治的一般地区的关系；民族自治地方内部各民族的关系。调整好这些关系将关系到党的民族政策和宪法规定的民族区域自治制度的实现，关系到平等、团结、互助的社会主义民族关系的加强，也关系到在全国范围实现社会主义的四个现代化。正是由于它调整对象的重要性，因此必须赋予它较高的法律地位。

与会代表认为，民族区域自治法应当如同刑法、民法、经济法一样，在社会主义的法律体系中占据一席之地。那种把它“括”在我国法律体系之外的说法和作法，不仅从理论上说不通，而且在实践上也是有害的。为了推动民族区域自治法学的理论研究，大家一致认为应当成立全国性的民族区域自治法学（中国民族法学）研究会。

三、民族区域自治权及其实施保障

代表们认为，民族区域自治具有中国特色，是我党根据马列主义关于民族问题的基本原理，结合我国民族问题的历史特点和现状而确定的解决民族问题的基本政策，也是我国人民民主专政国家的一项重要政治制度。

代表们认为，民族区域自治制度的核心是自治权问题。自治权是通过民族形式实现的人民民主专政的国家权力。自治机关是国家的一级地方政权机关，它行使的地方国家机关的职权和作为自治机关行使的自治权，都属于国家权力范围。自治权是民族区域自治机关拥有的特殊权力。与一般的地方国家机关的职权相比，自治权具有特殊性、灵活性和自主性。

要保障自治机关充分行使自治权，必须作多方面的努力。

（一）需要制定自治条例和单行条例。制定自治条例是自治机关行使自治权的具体体现。

有的代表认为，民族自治地方的自治条例和单行条例是我国社会主义法律文件的表现形式之一，它具有广义的法律性质，是国家意志在一个地区的体现。它的作用是：有利于保证民族区域自治制度在本地方的正确实施；有利于保障民族自治地方的自治机关充分行使自治权，加速民族自治地方经济、文化建设事业的发展；有利于保障本地方内各民族享有平等的权利。

自治条例的基本特征是：1.从属性。它是根据宪法、民族区域自治法和其他有关法律制定的。2.民族性。它是根据当地民族的政治、经济、文化的特点而制定的。3.区域性。它可以根据本地方的实际情况，在不违背宪法和法律的原则下，规定特殊政策和灵活措施。自治条例只在本民族自治区域内具有法律效力。4.综合性。它的内容涉及民族自治地方的政治、经济、文化和社会生活的各个方面。5.实施性。从自治条例的作用来看，它是为了保证宪法和民族区域自治法有关民族区域自治制度在本自治地方得到实施而制定的。从这个意义来讲，它实际上具有实施细则的性质。

（二）需要上级国家机关的领导和帮助。这是自治机关行使自治权的重要保障。民族自治地方多是地广人稀，资源丰富，但经济基础较差，人才缺乏，交通不便，商品经济又不发达，如果没有上级国家机关在人力、物力和财力上的帮助，那么，要在短时期内改变贫穷落后的状况，是极其困难的。

与会代表希望上级国家机关，尤其是国务院所属的部、委、办在作决议、决定.命令和指示时，应主动听取自治机关的意见和要求，允许其变通执行或停止执行。同时，上级国家机关在对自治地方实施领导时，要考虑自治地方的特殊情况，在各项工作中切忌一般化、“一刀切”的办法。

代表们总结了以往的经验教训，深有感触地说：自治机关要行使好自治权，就要主动争取上级国家机关的领导和帮助，积极反映情况，使上级国家机关及时准确地掌握自治地方的特殊情况和特殊需要。

（三）配备好自治机关的各级干部，是行使好自治权的根本问题。大量培养和配备少数民族干部，特别是领导干部，是自治机关行使自治权的重要条件。

（四）把贯彻民族区域自治法，保障自治机关行使自治权当作经常的大事来抓，认真搞好监督检查。民族区域自治地方的机关、团体和企事业单位，它的上级国家机关和上级在自治地方的企事业单位，都必须认真贯彻执行，要加强监督和检查工作。

（赵怀理）

行政法学研究会学术年会

由中国法学会行政法学研究会和重庆市法学会联合召开的第二次全国行政法学术讨论会，于 1986 年 12 月 2 日至 6 日在重庆市举行。参加会议的有从事行政法制建设的实际工作者和从事行政法学教学和研究的理论工作者，共 80 余人。会议就建立健全我国行政诉讼制度和大中城市的法制建设以及行政立法问题，展开了有益的讨论。

一、在行政诉讼制度方面讨论的问题主要是：

（一）关于行政诉讼的概念与范围。行政诉讼是个有争议的概念。重要原因是各国行政诉讼的范围，解决争议的机构和方式差异甚大，难于寻求统一的定义。关于我国行政诉讼的概念基本上有两种意见：一种意见认为，行政诉讼仅指当事人不服行政机关的裁决，请求人民法院保护自己权益的行为。另一种意见认为，对行政诉讼应广义地理解为行政争讼。它包括行政机关解决行政争议的行政司法阶段与人民法院处理行政案件的行政诉讼阶段。

人民法院受理行政案件的范围，许多代表认为应随着我国民主制度化、法律化的进程而发展。目前，可以向人民法院起诉的行政案件，限制在行政机关作出的有关承担义务和行政处罚的裁决部分比较可行。近期先由法律作列举式规定，以后再作一般性（概括性）规定。

（二）关于行政诉讼的原则。多数代表认为，行政诉讼除宪法和有关组织法规定的基本诉讼原则外，还有自身适用的特殊原则，主要有：1. 分级诉讼原则；2. 非终局行政决定不受理原则；3. 行政机关举证原则；4. 是非裁判原则；5. 依法裁判不调解原则；6. 权力机关监督原则等。

（三）关于行政诉讼与民事诉讼。代表们认为，行政诉讼与民事诉讼都由有权威的第三者对争议双方进行裁判，两者都不涉及犯罪问题，并且，在法院审理中可能有交叉，但从诉讼内容等方面看，行政诉讼与民事诉讼有很大差异。主要区别有：1. 行政争议与民事纠纷的性质不同；2. 纠纷产生的原因不同；3. 追究的法律责任不同；4. 在诉讼阶段上，行政争议一般先经过复议等行政司法阶段，才进入行政诉讼；5. 行政诉讼适用简便、迅速、廉价的特殊程序；6. 行政诉讼的赔偿是行政赔偿；7. 判决的效力不同；8. 诉讼作用不同，行政诉讼是国家民主制度的组成部分；9. 对审判人员的素质要求不同等。

（四）关于行政诉讼与行政复议、行政法制监督的关系。一些代表认为，解决行政争议必须包括行政复议的行政司法阶段和行政诉讼阶段。根据这种理解，行政复议是行政机关解决行政争议的方式之一，是行政诉讼的必经阶段，它与法院的审判活动构成完整的解决行政争讼的过程。因此，无论行政复议还是行政诉讼都是行政法制监督的组成部分。

二、对于大中城市的法制建设主要讨论了以下三个问题：

（一）关于大中城市政府制定法规的权限。有的代表指出，我国宪法虽未明文规定城市政府有制定法规的权限，但实际上，城市人民政府都在不断地制定着规范性文件。这些规范性文件确实起着法规的作用，因此，需要从立法理论上作出科学的解释。

（二）关于省级人民政府和部分城市人民政府制定的规章的性质。一些代表认为，人民政府是国家行政机关，其制定规章的行为是行政行为，规章仅仅是一种行政性文件，不具有法律效力。多数代表则认为，省级人民政府和部分城市人民政府制定的规章具有法律效力，应当纳入我国的法律规范体系。

（三）与会代表普遍认为，在当前城市法制建设方面，立法问题固然重要，但执法问题更多。因此，要增强行政机关也是执法机关的观念，要加强行政执法队伍和行政执法手段，提高行政执法水平，要加强对行政机关及其工作人员的法纪监督。这些都是迫切需要解决的问题。

三、代表们对当前我国行政立法问题发表了种种不同意见。归纳起来，大致有两种观点。第一种观点认为，纵观各国行政立法经验和我国现状，目前行政立法的重点应放在行政程序方面，当务之急是制定行政诉讼法。行政法典式的行政法通则等基本法律的制定，可能性与现实性均值得研究。如果进行立法总体设想，只宜制定行政立法纲要，规定行政立法一般应遵循的原则。第二种观点认为，从我国政治体制改革和克服行政管理中各种弊端的需要看，行政基本法的研究、制定是极为必要而迫切的。如果国家管理没有可资遵循的法律制度的总体设想，单一的行政诉讼制度也是无法建立的。又鉴于行政实体法与程序法联系紧密，难于截然分开的特点，因此，在研究行政基本法时，不仅应包括研究建立健全行政诉讼制度，而且应包括研究建立和完善行政司法制度和其它行政程序方面的问题。这是个庞大的系统工程。我们应当有充分的信心和足够的勇气，为完成这项重要而艰巨的任务而努力奋斗。

（中国法学会行政法学研究会）

宪法学研究会学术年会

1986年12月10日至15日，中国法学会宪法学研究会与广东省法学会在汕头市联合召开了学术年会。会议的中心议题是研究地方国家权力机关建设问题。现将讨论情况概述如下。

一、关于地方国家权力机关如何行使决定权的问题

与会者着重讨论了“重大事项”和“非重大事项”的划分及“党政分工”两个问题。

关于如何确定“重大事项”的界线问题，会上反映出两种不同意见。一种意见认为：全国应该规定统一的标准，以免在执行时发生争议。一种意见认为：不能硬性作统一的规定，因为我们的国家大，人口众多，各地经济、政治、文化的发展水平很不一致，难以强求统一。变通的办法是，可以明确规定几条原则性的划分标准。比如国民经济发展计划的变动，可以考虑确定一个百分比，超过标准的变动，就应作为“重大事项”，提请同级人民代表大会常务委员会审议。

为了进一步解决好“党政分工”的问题，与会人员提出，在党内制定党政分工的办法，用党的决定来保证人民代表大会常务委员会独立负责地行使法定的各种职权。

二、关于人民代表大会行使监督权的问题

（一）监督主体的问题。会上反映出三种观点。一是代表主体论观点，认为人民代表大会代表集体行使监督权并不排斥代表个人也同时拥有实行监督的权力；二是人民代表大会、人大常务委员会、人大各专门委员会、人大常委会的办事机构和人大代表个人同时拥有监督权的综合主体论观点；三是只有人民代表大会及其常务委员会才能行使监督权的人民代表大会主体论的观点。多数赞成人民代表大会主体论观点。因为：1. 我国是人民当家作主的社会主义国家，人民行使国家权力的机关是人民代表大会。2. 代表机关应当有它的组织原则，应当体现集体意志，不允许代表各行其是。3. 宪法第67条、104条也明确规定由人大常委会行使监督权。

（二）监督内容问题。有三种意见。一种意见认为：主要是法律监督，即监督地方性法规是否违反宪法和法律；一种意见认为应是法律监督和工作监督并重；还有一种意见认为应当是法律、工作和决议三项监督并举。多数认为，应以法律监督为主。

（三）对人民法院、人民检察院工作的监督问题。有两种不同观点，争论的焦点集中在是否过问案件问题上。一些人认为不应当过问，主要是听取它们的工作报告。另一些人认为应当过问，不过问案件，就是失职。过问，并不是具体干预案件的处理，主要是通过有关案件发现和纠正不依法办事的问题。

三、关于地方性法规的制定问题

会议集中地讨论了地方性法规的种类、特点、制定和执行等方面的问题。大家认为，近年来，在制定地方性法规方面，已取得了很大的成绩。从党的十一届三中全会到1986年6月底止，全国各省、自治区、直辖市制定的地方性法规已达744件。为了加强地方性法规的制定工作，与会者还着重讨论了以下几个问题。

（一）地方性法规与行政规章的区别。一种观点认为：它们之间的区别主要在于制定的依据不同、制定的机关不同和效力不同。另一种观点认为：两者的区别主要在于各自规定的内容和调整的范围不同。按照宪法、地方各级人民代表大会和地方各级人民政府组织法的规定，地方性法规是地方国家权力机关根据本行政区的具体情况和实际需要，在不同宪法、法律、行政法规相抵触的前提下制定的，规定的内容是有关公民的基本权利义务、地方国家机关的组织和活动以及政治、经济、文教等各方面的重大事项，涉及范围比较广泛，一经制定，本地区的国家机关、社会组织、企业事业和公民个人都必须遵守。而地方行政规章主要是地方行政机关为了执行宪法、法律、行政法规和地方性法规，做好行政管理工作而制定的，所规定的只是有关行政管理的事务，它所涉及的范围仅及于地方行政管理领域，一经制定，只有与该行政管理事务有关的公民和法人才必须遵守。

（二）地方性法规制定中的问题。一是行文规范化问题。目前一些地方性法规行文用语不十分严谨，特别是法规名称很不统一。有的叫“规定”、“决定”、“条例”、“规则”，有的叫“实施细则”、“办法”，也有的叫“通知”、“通告”，等等。二是内容的合法性问题。有人反映，在有的地方性法规中甚至还出现了与宪法和法律相抵触的内容。三是制定机关的不平衡。已制定的地方性法规，差不多全是地方人民代表大会常务委员会制定的，而由人民代表大会制定的则很少。据北京、天津、上海、福建、安徽五省市的统计，在1980年至1985年的六年间，它们共制定地方性法规111件，而由地方人民代表大会制定的只有8件。

（三）地方性法规执行中的问题。目前在执行中有两个突出问题：一是不严格依法办事。有的地方以言代法、以权压法的现象比较严重，损害了地方性法规的尊严；二是出现了法规适用的冲突问题。对于地方性法规的适用范围，就有三种说法，有持属人主义的，有持属地主义的，还有持属地主义和属人主义相结合的。究竟采取哪种办法，更有利于商品流通和交往，值得认真研究。针对这些情况，与会者建议：1. 由全国人民代表大会常务委员会考虑制定全国统一的地方性法规制定标准法和程序法；2. 由中央或全国人民代表大会常务委员会考虑召开一次制定地方性法规工作会议，以便总结经验，统一思想，统一行动。

四、地方人民代表大会自身建设问题

与会代表广泛地探讨了地方人民代表大会的机构、工作制度和干部配备等问题。

（一）人民代表大会代表素质问题。总的来说，我们各级人民代表大会的代表的素质是好的或比较好的。但其中也有一部分质量较差。主要原因是选举代表时，考虑代表的文化知识水平、年龄结构和参政、议政能力不够，片面强调了荣誉安排和照顾"方方面面"。代表们提出：1. 应改善人民代表的政治待遇、工作、学习和生活条件。2. 应改善地方各级人民代表大会常务委员会工作人员的知识结构、年龄结构，按"四化"标准配备干部，州县以下应以中青年为主。

（二）组织机构问题。有的代表反映，目前各地人民代表大会常务委员会的机构设置不定型，人员编制无序列。当然，一般还是省市一级比较好，州县一级较差。从机构的设置看，省、自治区、直辖市一级的人大常委会，参照全国人民代表大会的办法，设立了六七个专门委员会，县一级人民代表大会常务委员会一般设一室四科或一室三科。做实际工作的代表认为，目前地方人大常委会仍然是办事机构不健全，人员紧缺，应当进一步充实提高，而不是精简压缩。

（三）完善制度问题。与会者认为：地方各级人民代表大会常务委员会在建立和健全各种规章制度方面，做了许多工作。目前的问题是，对一些重要工作制度尚缺乏统一的规定。比如，有关行使制定地方性法规权、任免权、监督权的程序的法规、代表地位法、议事规则等等，都亟需迅速制定。有的代表还提出了制定《乡人民代表大会和乡人民政府工作条例》的具体设想。

（罗耀培）

全国首届人民调解理论讨论会

1986 年 12 月 11 日至 16 日，司法部和中国法学会在北京联合召开《全国首届人民调解理论讨论会》，这是建国以来第一次研讨人民调解制度的全国性学术会议，有来自各地的人民调解理论工作者和实际工作者以及有关部门代表共 150 余人出席，收到论文 200 余篇。全国人大法律委员会、司法部、中国法学会以及最高人民法院的领导张友渔、邹瑜、蔡诚、鲁坚、朱剑明、马原等出席会议并讲了话。会议围绕人民调解制度在我国民主与法制建设中的地位、作用以及如何进一步发展完善等专题展开了认真研讨，取得了一些成果，并为今后人民调解理论研究的发展奠定了良好基础。

会议一致认为，人民调解制度是一项具有鲜明中国特色的社会主义民主与法律制度，是经我国宪法所确认的基层群众自治的重要内容，它是组织人民群众直接参与社会民主管理，实现自我教育、自我管理、自我服务的一项民主制度，是我国人民司法制度的重要组成部分。它在人民司法体系与机制中处于基层基础工作的地位。这主要体现在，人民调解是我国法治系统工程中预防和处理民事纠纷的一个重要环节，它每年都使七八倍于法院审理的民事案件的民间纠纷在未进入司法程序前，就通过非诉讼调解方式得到及时圆满的解决。其次，人民调解是社会治安综合治理系统中不可替代的子系统，它所具有的控制网点的广泛性、控制手段的灵活性、及时性和非强制性等特点，使其成为运用社会力量预防犯罪的重要防线。从宏观角度看，如果没有分布城乡的 90 余万个调解组织所形成的社会控制网络的作用，那么由民间纠纷所引发的刑事犯罪和自杀事件会给社会秩序带来很大危害。从这个意义上讲，大家认为刘少奇 1957 年提出的人民调解是政法工作"第一道防线"的论断具有重要意义。人民调解制度在我国政治、法制以及社会生活中具有重要的地位和作用。巩固和完善人民调解制度，符合邓小平提出的"要调动基层和人民的积极性"的政治体制改革的要求，有助于完善社会主义民主制度，因而具有旺盛的生命力和无限广阔的发展前途。

与会者认为，人民调解制度在广泛及时调解民间纠纷、预防减少犯罪、维护社会治安、创造安定团结的社会环境、推动民主与法制建设、促进社会主义物质文明和精神文明建设等方面发挥着越来越重要的作用。但是，对人民调解的作用必须要有科学的估价。那种把人民调解视为"婆婆妈妈小事"加以忽视或者把某些地区由民间纠纷激化为刑事案件的数量上升简单归结于调解工作不得力的看法都是片面的，过低或过高估价它的作用都无助于人民调解制度的健康发展。

与会者强调，目前人民调解还不适应我国政治经济形势的发展，必须根据社会政治、经济、文化发展的需要，根据民间纠纷的新特点及发展变化趋势，及时采取相应的对策，努力开创人民调解工作的新局面。为此，要进一步整顿健全人民调解组织，实现人民调解的网络化，提高调解人员的政治、业务素质，妥善解决他们的合理经济补贴问题，增强组织活力；要全面贯彻“调防结合，以防为主”的工作方针，坚持防止民间纠纷激化的工作重点，提高对民间纠纷预测和控制能力；要牢固树立社会主义的法制原则、效益原则；提高调解质量和效率，依照法律、政策，正确调整当事人之间的权利义务关系；要加强人民调解自身的法制建设，完善人民调解的管理体制，尽快使指导工作从“经验型”向“科学型”转变。

会议认为，目前我国人民调解工作所遵循的，仍是1954年颁布的《人民调解委员会暂行组织通则》，这种状况已经远远落后于实际工作的发展。与会者呼吁有关部门要重视和加强人民调解自身法制建设的步伐，尽快颁布新的《人民调解委员会组织条例》。新条例应当是一部具有鲜明中国特色的人民调解的基本法规。它既要保留原通则中经实践证明依然行之有效的规定，又必须在认真总结30多年、特别是党的十一届三中全会以来人民调解丰富经验的基础上，根据我国的国情、民情和人民调解工作发展的需要，进行必要的修改和补充。与会者还针对如何从立法上完善人民调解制度的问题，提出许多极有参考价值的立法建议。

与会的理论工作者和实际工作者都强烈地感到，对人民调解制度的理论研究大大落后于人民调解实践的发展，这与人民调解制度的地位、作用是不相称的。没有深入的理论研究，就不可能科学揭示人民调解制度的地位、作用，把握它的内在规律和发展趋势；没有科学系统的理论指导，就不可能有高效能的工作实践，就会限制自身的完善与发展。因此，开辟和加强人民调解理论研究刻不容缓，势在必行。人民调解理论研究是一个亟待开拓的领域，从事人民调解理论和实践的工作者必须发扬勇于探索、求实、创新的精神，在这一理论领域内，共同努力开掘。当前人民调解理论研究的主题是：我国人民调解制度在社会主义民主与法制建设中的地位与作用，以及在经济、政治体制改革和社会主义精神文明建设深入发展的形势下，如何进一步发展、完善人民调解制度。还需要研究，当前民间纠纷的现状、特点、发展趋势以及人民调解工作应采取的对策；从立法角度探讨如何进一步改革和完善人民调解制度；如何加强对人民调解工作的科学管理和指导，以及与其他有关政法部门、群众组织及社会团体在工作上的相互协调与配合；建立人民调解学的必要性和可行性，以及加强人民调解理论研究的规划和措施。会议强调，人民调解的理论研究必须遵循四项基本原则，贯彻“双百方针”；应当运用马克思主义的辩证唯物论和历史唯物论的方法；必须建立发展一支由理论工作者和实际工作者相结合的科研队伍，加强科研、教学部门与实际工作部门以及加强与其他有关部门在研究上的横向联系与协作。

与会者认为这次人民调解理论讨论会是一个良好的开端。今后应继续努力发展和繁荣人民调解理论研究，为人民调解实践服务，为丰富和完善人民调解制度服务，使人民调解这支“东方之花”开放得更加艳丽。

（司法部人民调解司　杜春）

全国环境法体系学术讨论会

1986年12月18日至22日，由国家环境保护局和武汉大学在武汉大学联合召开了全国环境法体系学术讨论会。会议围绕着“如何建立具有中国特色的环境法体系”这一主题，从理论和实践两个方面进行了认真而热烈的讨论。

与会代表认为，专题研究环境法体系问题具有重要的学术理论意义和现实意义。从学术意义来讲，环境法体系是影响环境法学发展的一个重大问题。深入研究环境法体系，对于推动环境法学的发展具有重要意义。研究环境法学是以研究环境法规为主要对象的。如果环境法学只局限于一二个环境法规，那是研究不深的，只有把各种有关环境保护的法规联系起来进行系统分析，综合研究，即只有研究整个环境法体系，才能使环境法学研究提高到一个比较高的水平。从实际意义来说，一个国家有没有一个比较健全的环境法体系，是衡量一个国家环境法制建设和环境保护工作发达程度的重要标志。建立健全环境法体系，对于加强环境法制建设和发展环境保护事业，具有重要的现实意义。

关于环境法体系的结构，部分代表从立法机关的级别看认为起码应包括五个层次：一、宪法中有关环境保护的规定；二、环境保护基本法；三、环境保护单行法律；四、环境保护行政法规和部门规章；五、地方性环境保护法规。有的代表认为环境标准（体系）属于环境法规的范畴，它是环境立法体系的有机组成部分；而有的代表则认为，环境标准不是环境法规，它只是环境法体系的配套部分。还有的代表认为，我国参加的国际公约、签订的双边多边协定、国家制订的环境计划和规划等，也是环境法体系的组成部分。

与会代表提出，应制定环境保护组织法。用法律确定环境管理机构的职责和地位，是搞好环境保护的组织保证。同时要加强环境程序立法，这是依法办事的前提条件。对于如何建立健全地方环境立法，也是代表们十分关心并进行热烈讨论的问题。有的认为地方环境法规的范围仅包括省、自治区、直辖市制定的法规。有的代表认为地方性环境法规包括地方制定的所有规范性文件（包括条例、规定、办法、部门规定等）。

多数代表强调，中国环境法体系应该适合中国国情，具有中国特色，切实可行。建立中国环境法体系应先抓主要矛盾，突出重点，有计划进行，逐步完善。

与会代表就如何建立健全具有中国特色的环境法体系，提出了如下建议：

1. 制订国家"七五"环境立法规划和二〇〇〇年环境立法规划；

2. 加强我国的环境法制建设；

3. 对全国的环境立法状况进行全面调查，对已颁布的环境法规、标准和其他政策性文件进行清理、登记并汇编出版；

4. 有关部门应对全国环境保护法的实施状况进行联合调查，开展环境执法大检查；

5. 加强对环境法制管理机构和执法队伍的建设；

6. 加强环境法学研究和学术交流；

7. 加强环境政策和环境法的研究工作。

与会代表还专门就制订"七五"环境立法规划问题展开了热烈的讨论。

（蔡守秋）

横向经济联合中的律师实务暨法律问题讨论会

为了总结、交流律师为横向经济联合提供法律服务的经验，研究探讨横向经济联合中出现的新的法律问题，司法部和中华全国律师协会于1986年12月26日至31日在北京联合召开了横向经济联合中的律师实务暨法律问题讨论会。出席会议的有全国各省、自治区、直辖市司法厅(局)、律师协会的负责人和律师代表共120人，国家体制改革委员会、国家计划委员会、国家经济委员会、中国人民银行、国家工商行政管理局、财政部税务总局、中国政法大学等有关单位也应邀派代表在会上作了专题发言。现将会议讨论的主要内容简介如下：

一、会议期间，代表们回顾了几年来律师为横向经济联合服务的情况，总结交流了各自的经验。

大家认为，律师为横向经济联合提供法律服务的领域宽广，内容丰富，方法多样，基本做法可以归纳为七个方面：

第一，提供法律咨询服务，帮助企、事业单位正确选定联合项目和联合形式；第二，会同有关技术、经济管理人员，对联营项目的可行性进行充分论证和准确估价；第三，参加联营谈判，根据"扬长避短，形式多样，互惠互利，共同发展"的原则，帮助参加联营各方充分讨论，求同存异，达成协议，实现联合；第四，代为草拟或修改联营协议、合同和章程，保证协议、合同和章程的合法性、严肃性和可行性；第五，帮助联合企业协调内部关系，促进联营生产经营活动正常开展。第六，帮助联营企业调整对外关系，依法维护其合法权益；第七，帮助联营企业成员退出联营或联营企业解体的法律问题。

二、会议在总结、交流经验的同时，对目前横向经济联合中存在的一些法律问题进行了探讨。

与会者认为，律师在为横向经济联合服务中应特别注意以下几个法律问题：

第一，横向经济联合的法律形式问题。由于有关横向经济联合的法规不够完善，加之有些企、事业单位对联合的法律形式认识不足，因此在联合时将几种法律形式相混淆，分不清所组成的联合组织属于那种法律形式，分不清联合各方的权利义务。所以律师应充分认识横向经济联合的基本形式，联合组织的法律地位及其主要特征，并注意帮助企业按照联合的内容、参与联合各方的目的及愿意承担民事责任的程度，选择最合适的联合形式。许多代表认为，按照《民法通则》的有关规定，根据联合的紧密程度和组织机构的不同，可分为法人型联合、合伙型联合和协作型联合三种类型。法人型联合，是企业之间或企业、事业单位之间通过共同出资或折股、合并等方式，联合建立一个新的法人。合伙型联营是联合各方共同投资、共同经营而建立的不具有法人条件的联合组织(称为合伙企业)以及联合各方共同出资并共同经营的某一项目(称为合伙项目)。协作型联合也可称为合同型联合，它是企业之间或者企业、事业单位之间按照合同的约定各自独立经营，各自承担民事责任的联合，这种联合没有联合各方的出资，只是一种联合各方在生产、销售、供贷、信息、技术协作等方面相互提供优惠、便利和协作的松散联合组织，既未建立起新的法人，也没有形成合伙企业。

第二，联合的主体资格问题。

许多代表认为，根据《民法通则》的规定，联合主体应是企业法人和事业法人，党政机关、军事机关及社会团体都不具有联合主体资格。目前在实践中已有一些个体工商户、农村承包经营户也参加了横向经济联合，对此许多人认为，"两户"与企业、事业单位联营，并不违反社会主义的基本原则，相反，对于促进多种经济形式的全面发展，推动个体经济的正常发展会有重要的意义。从我国的立法实践来看，《经济合同法》虽然是对法人之间签订经济合同所作的规定，但也可适用于个体工商户、农村承包经营户与法人之间签订的经济合同。因此，"两户"可以作为联合的主体。

第三，投资风险及投资担保问题。

与会代表认为，为了减少联营投资风险，一些地方陆续进行联营投资担保，这对保护投资各方的合法权益有积极作用。但采用何种担保形式应视具体情况而定。目前比较多的是由一个或几个经济实体单位担任保证人的做法是适宜的。有的代表提出，为了使担保不致落空，可以采取财产抵押的担保方法。但有的代表认为，由于我国目前对抵押程序缺乏法律规定，财产抵押的做法尚处在探索阶段，律师应持慎重态度。

第四，联合企业使用农村土地问题。

许多代表认为，联合企业使用农村土地，既可以按照国家建设征用土地的规定实行征用，以土地补偿费等作为农方的联营投资，也可以由集体经济组织按照协议将土地使用权作为联营的条件。采用征地方式，土地所有权由集体所有转变为国家所有；采取土地使用权方式，土地所有权不变，仍归集体所有。联合企业使用农村集体所有的土地，无论是征用土地，还是将土地使用权作为联营的条件，都必须向土地主管部门申报，履行法定审批程序，严格按照土地管理法办事。

三、与会代表讨论了新形势下律师工作的任务和要求。

第一，律师为社会提供法律服务，要向新领域开拓，向高层次扩展。随着经济体制改革的深入进行，横向经济联合的进一步发展，律师业务的范围将越来越宽广，律师应勇于开拓，积极探索，创造性地开展工作，在实践中不断总结经验，提高服务水平。

第二，调整律师队伍的知识结构，进一步提高律师的业务素质。律师既要学习有关横向经济联合的政策、法规，又要深入实际，了解生产、经营、管理等方面的情况，使自己成为既懂法律、又懂经济的具有较高业务素质，能为横向经济联合提供优质服务的律师。

（刘　刚）

中法经济法讨论会

中国和法国首次经济法讨论会于1986年3月30日至4月2日在北京举行。中华人民共和国司法部部长邹瑜向大会致贺词。会议在中方主席、中国法学会常务副会长朱剑明和法方主席、法国代表团团长、巴黎律师公会主席马里欧·斯塔兹主持下进行。法方27人（包括6名法方商社驻京人士），中方50多人出席了讨论会。国务委员张劲夫在会议期间会见了法国巴黎律师公会代表团。

召开这次讨论会的目的，是通过双方互相介绍各自国家的有关经济法律，探讨两国的经济、贸易、技术交流和合作中共同关心的法律问题，增进两国法律界的相互了解，以便从法律方面促进两国经济、贸易、技术交流和合作关系的进一步发展。

这次中法经济法讨论会是在中法两国友好合作关系不断发展，法律界要求增进了解和交流的形势下召开的。中华人民共和国全国人民代表大会常务委员会法制工作委员会副主任宋汝棼介绍了我国经济立法的原则、特点和展望。国务院经济法规研究中心负责人顾明介绍了有关保护外国人在中国的资产和合法权益的涉外经济法规定，并说明自1979年实行对外开放政策以来，在坚持独立自主的同时，中国的涉外经济立法一直向着有利于鼓励和保护外国合作者的方向发展。马里欧·斯塔兹介绍了法国经济法的主要原则。讨论会上双方还介绍了各自国家的有关法律。中方着重介绍了中国的中外合资经营企业法、涉外经济合同法、商标法、涉外税法和关税法，以及外汇管理、技术转让、保险、劳动管理、城市土地管理等方面的法律规定。法方着重介绍了法国的知识产权法、银行法、国际商法、合同法、经济法、劳务合同法，以及国际商事活动中的金融、仲裁等问题。讨论会充满诚挚友好、相互尊重和相互信赖的气氛。

会上，法方代表团团长马里欧·斯塔兹建议成立中法法律家交流协会，以便进行法律方面的人员、资料、信息交流。

（张胜利）

中美青少年犯罪问题讨论会

1986年5月26日至6月2日，由中国法学会理事、刑法学教授杨春洗率领的中国法学会专家代表团，出席了在美国圣地亚哥大学法学院举行的中美青少年犯罪及其治理的双边学术会议。会议期间，中美双方的专家学者就青少年犯罪及其治理问题进行了讨论，交换了资料；中方代表参观了圣地亚哥中学、少年法院、少年监管中心、社会教养设施，同少年法院法官、教师、社会工作者、学生、违法犯罪少年进行了座谈。

一、中国治理青少年犯罪的经验引起美方代表的浓厚兴趣。

这次会议虽然是圣地亚哥大学法学院和中国法学会商定的双边讨论会，但实际上美方出席会议的代表是来自全国各地。美国方面之所以对青少年犯罪问题表现出如此高的热情，这和美国青少年犯罪日益严重，而又找不到切实有效的解决办法有直接关系。他们迫切希望能够从其他国家学习有益的经验，以帮助解决这个十分棘手的难题。因此，美国方面对我国代表介绍的控制和治理青少年犯罪的经验和做法，非常重视，给予了很高的评价，对下面几点尤其赞赏：

第一，赞扬中国的社会帮教、工读教育、人民调解等早期干预措施，认为美国应当学习效仿。

第二，称赞中国家庭的稳固，认为中国稳固的家庭起到了预防和减少青少年犯罪的关键作用。

第三，称赞中国的劳改制度，认为中国能把大多数罪犯改造成为对社会有益的人，重新犯罪率很低，是惊人的奇迹。

第四，对中国的综合治理，即动员全社会力量，预防和控制青少年犯罪的办法，非常推崇。

第五，赞赏中国强调个人对社会、对国家的责任。

二、美国保护青少年的立法和司法制度以及对违法犯罪青少年的矫正制度，许多值得我们研究和借鉴。

美国是世界上最早制定青少年保护法的国家，保护青少年的司法制度和法律措施比较完备。在预防、控制和惩罚青少年违法犯罪方面，有一个从家庭教养——学校教育——社会教养——监管教养——少年法院审理这样比较完整的体系。他们有的做法是行之有效的，有的则是不成功的。

(一)家庭教养。美国法律规定，18岁以下的儿童和少年必须在学校接受正规教育。每个家长都有义务保证做到这一点。如果发现有的家长虐待孩子或者疏于对孩子的教育和保护，或者父母的有害行为对孩子产生不良影响，那么每个公民，如医生、教师、售货员等等，都有义务向法院报告和提起诉讼。学生家长如果对自己的孩子逃学不管不问，每天要处以罚款200美元。同时，美国有一个专管家长虐待孩子的社会组织，发现某个家庭虐待孩子，可以随时将孩子从这个家庭带走，交给另一个家庭去教养，或者由社会提供一个长期住宿的地方。还规定，每个家庭都有责任配合学校搞好对学生的教育，如反吸毒教育，性教育等等。

(二)学校教育。为了防止在校学生走上违法犯罪的歧途，美国的学校采取了一系列措施来保证学生留在学校接受教育。1. 实行教师指导员制度。教师指导员类似我国中学的班主任或辅导员，对学生进行个别指导，从逃学到自杀都管。2. 经常进行反吸毒教育和性知识的教育。圣地亚哥中学的做法是，初中一年级要集中五天时间进行这样的教育，既可以由老师正面讲吸毒和乱搞两性关系的危害，也可以让学生自由讨论。性知识教育早在小学五六年级就开始了，不过是初步的，温和的。到八年级要集中八九天时间进行性教育，到十年级还要进行性教育。通过这些教育，使学生认识到吸毒和乱搞两性关系的危害，从而减少不良行为。3. 为学生提供各种帮助。首先是经济上的帮助。美国的中小学学生，只要学习成绩合格，上学是免费的。但是，如果对那些成绩很差、家庭又很贫穷的学生不给予经济帮助，他们就可能脱离学校而流落街头。因此，州政府专门给学校拨一批款来帮助这一类学生。在美国中学生中，乱搞两性关系的现象较为严重，有的十五六岁的女生已是两个孩子的母亲。为了使不满18岁而生了孩子的女生能够继续就读，学校每年给每个这样的学生补贴2080美元，另外还给每个幼儿补贴200美元，条件就是必须保证在校读书。他们认为，如果不提供这种帮助，"街头不良少年"就会大量增加，少年犯罪的状况会更糟。其次是提供法律帮助。学校备有犯罪百科全书，让学生知道什么可以做，什么不能做。学校还成立了调解组织，专门调解学生之间的纠纷。4. 建立学生到校卡片制度，记录学生逃学情况。一旦学生逃学，学校就及时与学生家长联系，尽可能在一小时内将学生找回，必要时可请求警察协助，视逃学的严重程度，给予非正式扣留和正式扣留的处分，直至移交少年法院处理。警察局设有学生到校评议委员会，专管学生逃学的事。由此可见，美国十分重视学校这道防线的作用，并在一定程度上预防和减少了学生违法犯罪现象的发生。

(三)社会教养。青年基督教协会(YMCA)主办的"逃夜少年管理所"就属于这种性质。管理所的经费由联邦政府、圣地亚哥市政府拨款和私人资助，每年约25万美元。收留对象是12—17岁流落街头的逃夜少年。在管理所既学习也劳动，时间长短不一，最长不超过三个月。它并不限制孩子们的自由，但要了解他们过去和现在的表现。期满后，有的回到自己的家，有的由另一家庭收留，有的回学校继续上学。对于那些过期不改依然违法犯罪的少年，则移送少年法院审理。

(四)监管教养。美国对青少年的"矫正"设施分为公立(政府管理)和私立两类。凡被判处监管或关押的少年被告，一般送往少年拘留所、教养院、训练所或少年监管中心监管教养，也有的被送往私立教养机构教养。圣地亚哥少年监管中心是国家的监管机构。监管对象分两部分：一部分是警察局移送的未经少年法院判决的违法犯罪少年；另一部分是由少年法院判处正式监管的少年。对前一部分人，经过监管中心一定期限的监管考察，然后作出非正式监管或移送少年法院由少年法院作出正式监管的决定。非正式监管是把违法犯罪少年送回他的家庭，由其家庭负责监管，如在六个月内不违法犯罪，对以前的违法犯罪行为就不再处理了。如果被送往监管中心的少年不愿意接受教育，或者案情严重，就由律师公会向少年法院起诉，少年法院就要开庭审理。提交少年法院审理的占监管中心收留的总人数的20%左右。不论少年法院判决的监管期多长，关押在监管中心的少年到18岁时必须释放。

美国的矫正设施，如少年拘留所、教养院、少年监管中心或少年监狱等，只重视限制被监管人的人身自由，而轻视思想教育改造。美国许多人认为改造犯罪人的思想是侵犯人权，这就大大影响了改造效果。因而重新犯罪的人占有相当大的比例。

(五)少年法院审理。美国少年法院受理两大类案件：一是少年犯罪案件；二是虐待和疏于对少年儿童的教养和保护案件。凡是由少年法院审理的少年犯罪案件，首先都由少年监管机构提出建议并提供材料和证据。少年法院审理的少年犯罪案件时，不设陪审团，审判不公开，不准照相，材料保密。被告人有辩护的权利，询问证人的权利，沉默即不作回答的权利。少年法院根据案件的性质、危害程度以及被告有无前科等情节作出判决。处罚的方式灵活多样，有警告、正式监管、非正式监管、关押等。如当事人不服判决，可以上诉。

关于少年法院的地位和作用问题，现在美国法律界有很大争论。有的认为少年法院对犯罪少年的特殊保护作用已在逐渐改变，少年犯只能享受与成年犯差不多的权利，少年法院越来越显得没有存在的必要，况且少年法院的审理程序反映出许多不利于保护少年的弊病。主要有：1. 由于少年法院没有陪审团，审判不公开，失去了必要的监督，法官拥有比成人法院更大的自由裁量权。这就难免产生种族歧视和人种歧视的问题。2. 随着少年重大犯罪案件的增加，少年法院历来采取的宽容态度已不能有效地惩罚犯罪，也不能有效地教养和矫正违法犯罪的人，从而使惯犯增多。3. 法院审理案件，重视的是被告的罪行而不是年龄，是对罪行的审判而不是对犯罪人的审判。少年法院过份强调少年犯与成年犯的区别，违背了罪刑相当原则和法律面前人人平等的原则。在司法实践中，目前美国也不乏将犯有重罪的少年犯交付成人法院审判的例子。成人法院只要采取不同的方法，同样可以起到少年法院的作用。相反的意见则认为，少年法院的特殊作用不容否定，应当继续保留，反对将少年犯送交普通法院审判。

三、美国青少年犯罪日趋严重，有些方面值得我们注意。

美国代表并不隐讳美国青少年犯罪的严重性。美国青少年犯罪案件最多的是侵犯财产的盗窃和抢劫犯罪，约占50%，此外是强奸、凶杀、伤害、纵火等重大犯罪。成人犯罪的类型在青少年犯罪中越来越多。最令人担忧的是吸毒。据加利福尼亚州调查，初中一年级学生有1/3吸过毒，初中三年级学生有3/4吸过毒，吸毒成瘾的占青少年1/4。吸毒是促使犯罪的最大祸根，不仅助长贩毒犯罪，而且导致盗窃、抢劫、卖淫等犯罪活动的增长。另一些头疼的问题是中小学生逃学、逃夜的和女中学生怀孕的越来越多。据统计，美国约有一百万少年儿童逃夜。长期逃夜在外成为逃夜集团的占1/4。在所有出逃的少年儿童中只有10%可以独立生活，绝大部分流浪街头，生活无着，只能依靠偷、抢、卖淫、贩毒过日子。这就是美国的“街头不良少年”。美国专家们认为，家庭不稳定，家长对孩子的虐待，是孩子逃学、逃夜，走向违法犯罪的重要原因。在逃夜儿童中，约有50%是出自不稳定家庭或重新组合的家庭。美国的许多家庭失去了防止青少年犯罪的杠杆作用。

导致美国青少年犯罪增加的一个重要原因，是美国青少年普遍缺乏正确的文化价值观。这是明尼苏达大学法学院菲尔德教授的看法。美国著名人文学家、纽约大学教授阿金斯基博士在发言中，也特别强调文化环境对青少年的影响。他对世界50个国家的调查发现，各国的孩子之间有惊人的相似之处。他提出了“空房文化”和“犯罪帮伙文化”的概念。空房文化，是指双亲中至少有一人在外工作，这在美国很普遍，在某些国家可能是潜在的，但很快会成为现实。家长不在家，孩子的成长可能会遇到各种各样的问题。青少年要健康成长，就要有正当的教育，环境和文化对孩子的发育成长是极其重要的。“空房文化”环境对孩子的健康成长很不利。因此，要使孩子与飞速发展的社会相适应，就必须完善文化环境，排除不良文化对青少年身心健康的影响。阿金斯基博士列举了一张清单，是世界各国都能看到的社会问题，各国学者共同进行研究，将会对解决青少年犯罪问题有所裨益。

关于宣扬暴力、色情的电影、电视等文艺产品同少年犯罪的关系问题，美国专家有两种截然不同的观点。一种认为对青少年犯罪有影响，一种认为没有影响。无论如何，在美国无法解决这个问题，因为新闻自由是美国宪法规定了的，如果取消新闻自由，就会引起很大的恐慌。

尽管我国的青少年犯罪与美国不尽相同，但是，引起美国青少年犯罪稳步上升的某些因素，例如逃学、逃夜、吸毒、卖淫以及宣扬性解放，大量的家庭解体等现象，都是我们应当密切关注的。

青少年犯罪不只是一个国家的问题，而是带有世界共同性的问题。在加强对我国青少年犯罪和治理对策的研究的同时，进一步了解外国的青少年犯罪情况和治理对策，扩大和加强国际间的学术交流。这对于我国预防与控制青少年犯罪是具有重要意义的。

（郭翔　甘功仁）

中美贸易、投资和法律讨论会

中美贸易、投资和法律讨论会于1986年6月2日至5日在北京举行。国务院有关部门，部分省、市和企业的代表以及由前美国特别贸易代表、前民主党主席罗伯特·施特劳斯率领的美国经济法律代表团成员共200多人，参加了会议。这次会议是经国务院批准并由国务院经济法规研究中心牵头，贸促会、经贸部、北京市人民政府、国际信托投资公司等五个部门联合主办的。

讨论会分为专题讨论、业务洽谈和高级会晤三个部分，主要收获是：

一、讨论了贸易、投资方面的法律问题。会议安排了8个专题讨论，中方5位代表和美方9位代表就有关税法、专利法、中外合资经营企业法以及出口管制、技术转让、涉外投资等政策、法律和经济问题，作了详细介绍并进行了理论探讨，这些讨论使中美双方代表受益匪浅。

美国斯堪登·艾普思律师事务所的托马斯·戈雷赫介绍了美国对华出口的一些政策及法律规定。他指出，美国的出口是受一系列专门的法律和条例控制的，其中包括出口管理法令、原子能法令、武器出口控制法令、毒品检查机构条例和美国海运管理条例等。他介绍了美国限制出口的诸因素和对华出口政策的几个发展阶段，最后指出，里根政府为发展美中经济关系，将允许向中国出口更高级的技术。1985年，美国与“巴统”达成了协议，这样审批对华出口的速度就可以大大加快。

美国费泽公司副总裁亨利先生以其药品、化工生产为例，分析、评价了中国专利法。他高度赞扬了中国专利法在促进中外技术转让、推动经济贸易发展方面的重要作用，并指出，为了更好地保护发明人的发明，中国专利法应在以下几个方面加以改进：第一，中国专利法只授与生产方法专利权，还不足以完全对革新者加以保护，因为生产方法专利权不能防止在国外用这种专利的生产方法所制造的产品输入到中国来。他建议中国专利法对用化学方法生产的药品和物质品种也应加以保护。第二，中国专利法规定发明的保护期为15年，对于药品这样的产品来说，只能提供较短的专一独占期。药品从研究到开始上市可能用去10年或更长的时间，15年保护期太短了。他建议延长中国专利的有效期。第三，建议中国专利法规定，他人使用专利只能用于非商业性的研究，以防止该项权利被竞争者滥用。

斯堪登·艾普思律师事务所高级律师南希·李勃曼女士提出，合资经营企业经营期间发生争议，最好的办法是由合营双方通过协商达成一致意见，也可以在合营合同中订立条款，规定从无利害关系的第三方选出一位董事，以决定性的投票来确定争议问题的解决办法；另一种办法是由一方买进另一方的股权。

二、消除了美国客人的一些疑虑。代表团的80多位美国朋友中，大多数人是第一次来华。来华之前，他们对中国对外开放的政策是否会改变、中国是否会成为美国的竞争对手等问题，存有疑虑。一些与中国公司多年合作的美国企业家、律师，因遇到外汇平衡、利润汇出等一系列问题，也对合作的前途发生怀疑，对在华投资是进是退，踌躇不定。会上，国务院经济法规研究中心总干事顾明介绍了中国经济发展的前景和经济立法的情况，回答了美国朋友比较关心的几个问题；经贸部部长郑拓彬介绍了中国对外贸易的有关问题，从而消除了美国客人的一些疑虑。会议还安排了我有关方面的负责人与美方高级成员会晤，双方就中美贸易、投资和法律方面的问题广泛交换了意见。在会晤中，美方主要提出了以下几个问题：

(一)关于外汇平衡问题。美国人来华投资，最关心这个问题。美国的费泽制药公司从1972年开始和中国做生意，产品由北京医药管理局生产。他们现在希望扩大业务，我国也有此需要，但因不能把生产的药品出口到美国，外汇不能平衡，影响今后的进一步合作。美国客人建议，是否分别不同情况，采取易货贸易、产品返销等办法加以解决。他们还提出，有些建设项目如合伙修建铁路，不能生产出口产品，但为中国的经济发展所急需，就不能仅从外汇平衡方面考虑而不予理睬。他们说，外国投资者不一定都要把所获利润汇出，有的希望进行再投资。有时汇出是由于纳税的需要，有时是为了使利润在帐面上反映出来以便股东了解经营情况。如果法律对此放宽，通过舆论减轻外商心理负担，实际上利润可能会汇出的更少。

(二)关于条块关系的协调问题。美方认为，开办中美合资、合作企业，关键是外汇平衡，对此可以采取一些变通的办法，其中一个主要的方法是协调中央与地方之间、各省市之间、企业与企业之间的关系。例如，施乐公司在上海搞台式复印机项目，需要在世界范围内购买大量零部件，他们也愿意在中国购买，但如在北京购买，就不能使用上海的外汇。而在其他国家如巴西、墨西哥，就可以这样做。这类问题，希望我国能进行协调，妥善解决。

(三)关于我国是恢复还是重新加入关税及贸易总协定(GATT)的问题。美方人士说，中国1948年曾加入GATT，如果中国重新加入或者恢复GATT成员国的资格，是否需要修改有关的对外贸易法规，以便符合GATT的精神，享受美国对成员国的出口关税优惠待遇。美方表示，中国需要加入GATT，GATT亦需要中国参加，中国对GATT将起重大作用。

(四)关于中国取消外汇券问题。美方提出，听说中国决定取消外汇券，具体怎么做？外汇券取消后如何保护外国人的利益，希望引起我国有关方面的重视。

对于上述问题，我方有关部门的负责人作了解释和说明，美方表示甚为满意。通过大会和高级会晤，美国朋友对我国的开放政策加深了了解，一些疑虑也随之消除。

6月5日下午，赵紫阳总理在人民大会堂会见了由施特劳斯率领的美国经济法律代表团全体成员。赵总理祝贺会议圆满成功，並说，中美经济技术合作前景广阔，但双方都感觉到对方有些方面可以改进，只有不断探讨解决发展双方贸易潜力的障碍和困难，中美之间广泛合作的可能性才会变为现实。赵总理希望美国企业家放心到中国来投资，因为中国政局稳定，中国政府说话算数。虽然法律不够健全，但中国重合同，守信用。施特劳斯对赵总理的讲话表示赞同。他说，今天之所以会有这么多美国企业家到中国来谈生意，一个根本原因是中国有政治上的稳定，也有经济上的稳定，而且可以预见，这种稳定今后几十年都不会改变。

(朱毛斋)

中美国际经济贸易讨论会

中美国际经济贸易讨论会于1986年6月7日至10日在上海举行。讨论会由中国国际贸易促进委员会上海市分会、华东政法学院等单位共同举办。来自上海市、上海经济区的江苏、浙江、安徽、江西以及中央部分部委的法律、工业、对外经济贸易部门的中方代表和由美国顾问团团长、美国前总统卡特的特别贸易代表、前民主党主席罗伯特·施特劳斯率领的50多名美方代表参加了这次会议。对外经济贸易部部长郑拓彬、中国国际贸易促进委员会主任贾石、中国法学会会长王仲方以及上海市人民政府的领导人出席了开幕式。这次讨论会是继1984年召开的"上海国际技术转让讨论会"和"上海国际投资法讨论会"之后，中美法律、金融和企业界人士的又一次聚会。

中方代表在讨论会上提交了15篇论文，主要涉及上海经济发展战略和对外开放、上海的法制建设情况、中国对外经济贸易的法律框架、中国专利制度的立法和实践、中国现行涉外税法中的减免税优惠规定、中国关税制度和进出口商品检验制度、对外经济贸易争议的解决方法以及中国律师在经济活动中的作用等内容。美方论文共9篇，主要涉及美国对华投资和贸易的法律规定、中国在美投资、美国基本进口补救法规和中国出口贸易以及产品责任法等内容。

讨论会分高层会谈、专题讨论和项目洽谈三个层次同时进行。高层会谈在中方各主管部门的负责人与美方代表团的高级人士之间进行，主要就上海对外经济合作方面的权限问题、利润汇出与中国企业产品的质量管理标准问题以及上海金融体制等问题进行交谈。美方对上海经济区四省提出的引进外资的重点行业和项目兴趣浓厚。项目洽谈主要由双方企业家或代理人直接接触，对双方共同感兴趣的合作项目进行洽谈，有些项目还签订了意向书。

在整个讨论会进行的过程中，专题讨论最令人瞩目。按照讨论会议程，专题讨论分以下五个专题进行：

一、中美之间投资和中美合资有关的问题；

二、国际间筹资、融资的选择和使用；

三、美国对华出口、技术转让及有关法规；

四、上海对外贸易和对美出口及对等贸易；

五、中国律师在对外经济贸易、资金技术合作中的作用。

会议期间，中美双方代表还就合营企业外方的股权转让、普惠制、反倾销、美国出口许可证的申请手续、对外贸易信用证、反补贴法、广告法、产品责任法、商业争议的解决方式、适用第三国法律以及律师责任与律师责任保险等问题进行了广泛的讨论。

与会代表一致认为，这次讨论会形式多样，气氛融洽，通过讨论使双方进一步了解了对方国家法律、金融以及贸易等制度，增进了彼此间的友谊与了解。讨论会收到了预期的效果。

（丁　伟）

第二届印度—太平洋法医和法庭科学会议

印度——太平洋法医和法庭科学理事会是1983年8月在新加坡成立的，每三年召开一届会议。我国代表参加了1986年8月14—18日在斯里兰卡首都科伦坡举行的第二届印度——太平洋法医和法庭科学理事会。在这次会上中国当选为理事会理事国。

来自38个国家的130多名代表出席了大会，大会收到了3000多篇有关的论文。

大会的第一天，中国代表宣读了《人精液斑酸性磷酸酶的半定量试验》、《气相色谱法鉴定巴比妥及其衍生物》、《人毛发A、B、O型五百例的测定》等三篇论文，引起与会者很大兴趣。

在会上，中国法医学会常务理事、陕西省高级人民法院法医室主任林维新当选为副理事长；中国法医学会常务理事、公安部刑事科学技术研究所副所长刘耀当选为理事。

在大会开幕式后，斯里兰卡总统贾亚瓦德纳接见了中国代表，并同他们进行了亲切的交谈。

（麻永昌）

国际比较法学会及第十二届国际比较法大会

国际比较法学会创立于1924年，总部设在巴黎。现任主席是美国哥伦比亚大学教授约翰·N·哈泽德博士。

国际比较法学会的基本宗旨是，通过对比较法的研究完善各国的法律制度。为此，学会举行年会和不定期的各法律学科的学术讨论会，主办刊物，每四年召开一次国际大会，对当前法律的发展情况进行广泛的比较和综合。迄今国际比较法学会已经举行了12届大会。最近的几届大会分别在澳大利亚悉尼和墨尔本(1986)、委内瑞拉加拉加斯(1982)、匈牙利布达佩斯(1978)、伊朗德黑兰(1974)、意大利佩斯卡拉(1970)、瑞典乌普萨拉(1966)举行。

国际比较法学会是国际上法学界公认的有声望的学术研究组织。它的会员分为两种:50名正式会员和由正式会员选出的数百名联系会员。所有会员和联系会员均系世界各地著名的法学家和比较法学学者。

国际比较法学会自1986年8月18日至27日在澳大利亚举行了第十二届国际比较法大会。以悉尼大学法学院法理系主任艾丽斯·E—S·泰为首的九位教授组成了大会组织委员会。大会的规模较大,共有40个国家的400多名代表出席。

大会分为两个阶段进行。

第一阶段是8月18日至21日在悉尼进行。18日晚在悉尼大学大礼堂举行盛大的开幕式,并在校内举行招待会。澳大利亚总督、国际比较法学会主席等出席了开幕式和招待会。

在悉尼共讨论了18个专题。这些专题是:

1. 比较法上的土著民族;

2. 发展中国家民法和习惯法在司法过程中的混合;

3. 法学中的司法翻译问题;

4. 公法和私法的冲突;

5. 外国法院民事、商事判决的承认;

6. 近20年来农村法律结构转变的效果;

7. 少数股东集团接管公司问题;

8. 专利的无效;

9. 行政改革的机制;

10. 国家税的征收;

11. 未公布的决定问题;

12. 司法文书通告;

13. 监听作为刑事证据的效力;

14. 消费品的保护问题;

15. 复审案件的合宪性;

16. 同居男女的法律地位;

17. 契约中合议的改革;

18. 古代比较法。

第二阶段是8月25日至27日在墨尔本进行。共讨论了15个专题。这些专题是:

1. 在现代医学中的家庭关系;

2. 集体协议中的法律性质;

3. 文化和思想的多元主义及当代国际公法;

4. 区域和联邦制度中的国家间关系;

5. 宪法的范围;

6. 人权的国际保护;

7. 共同犯罪的未遂和终止;

8. 计算机化的法律制度——在多大程度上这种体制可以用于研究外国法、比较法和国际法;

9. 国际商品销售统一法适用方法问题;

10. 未来收入损失的追偿问题;

11. 外国法院民事、商事判决的承认(续);

12. 在驱逐和引渡外国人中自身裁量的司法管制;

13. 学说作为国际法律统一的渊源;

14. 在反托拉斯诉讼中经济证据的使用;

15. 法庭判决的执行和可采用的执行方法。

大会决定下届大会在加拿大举行。此外未形成任何其他决议,以各持己见告终。

中国法学界有11人出席了第十二届国际比较法大会。

(王海涛)

第 十 四 部 分

法律、法学社会团体

中华全国律师协会

中华全国律师协会(以下简称全国律协)于1986年7月7日在北京举行的全国律师代表大会上宣告成立。这是加强我国社会主义民主和社会主义法制建设的一件大事,也是我国律师制度建设的一件大事。

在我国,律师工作必须坚决贯彻执行党的十一届三中全会以来的路线,坚持四项基本原则,坚持改革、开放、搞活的方针。

全国律协是由中华人民共和国律师组成的全国性的群众性社会团体,受中华人民共和国司法部指导。该会将与司法部主管律师工作的职能部门互相合作,密切配合,加强对律师的思想、业务教育,不断提高律师的素质。

全国律协的宗旨是团结全国律师,不断完善律师队伍自身建设,正确执行党和国家有关律师工作的方针政策,全心全意为人民服务,维护法律的正确实施,以发展社会主义民主,健全社会主义法制,维护安定团结,促进国家长治久安,促进社会主义现代化事业。宗旨的内容反映了我国对律师工作的客观要求。

全国律协按照它的宗旨,履行以下职责:(一)对会员进行思想政治教育和职业道德教育,组织会员学习党和国家的方针政策、国家的法律和有关专业知识;(二)组织开展律师业务研究活动,总结交流律师业务工作经验,举办律师报刊,提高律师的业务水平,推动律师工作开展;(三)支持律师依法履行职责,维护会员的合法权益;(四)为会员提供业务信息服务;(五)举办会员的福利事业;(六)联系省、自治区、直辖市律师协会的工作;(七)开展与国外律师及律师团体的交往活动。

全国律协的会员构成是,凡中华人民共和国的律师均为会员。省、自治区、直辖市律师协会均为团体会员。会员的权利是:享有该会的选举权和被选举权;参加该会举办的学习、研究和经验交流活动;使用该会的图书资料;可以通过该会向有关部门提出建议,并且有权监督该会的财务开支,对该会工作提出批评和建议。会员的义务是:遵守全国律协章程,执行该会决议,完成该会委托的工作,并应按期缴纳会费。

全国律协的组织机构是:全国会员代表大会、理事会和常务理事会。全国会员代表大会每四年举行一次,代表由省、自治区、直辖市律师协会会员代表大会选举产生,任期四年,可以连选连任。全国会员代表大会的职权是:(一)制定、修改该会章程;(二)讨论决定该会的工作方针和任务;(三)听取和审查该会常务理事会的工作报告;(四)选举、罢免该会理事;(五)其他应由全国会员代表大会行使的职权。理事会由全国会员代表大会选举理事若干人组成,作为领导会务的机构,对全国会员代表大会负责。理事会全体会议每年举行一次。理事会全体会议推举名誉会长一人,聘请顾问若干人;选举本会会长一人,副会长若干人,秘书长一人和副秘书长若干人。常务理事会由会长、副会长、秘书长和副秘书长组成。常务理事会于全国会员代表大会闭会和理事会闭会期间,行使理事会的职权,执行全国会员代表大会的决议,主持日常会务。常务理事会对理事会负责,并代表理事会向全国会员代表大会报告工作。该会的办事机构由常务理事会研究设置。目前,全国律协设立的办事机构有:办公室,调查研究部,会员工作部,信息报刊部,国际联络部。

经司法部和新闻出版署批准,全国律协将定期出版公开发行的《中国律师》月刊。

(方　向)

中华全国法制新闻工作者协会

中华全国法制新闻工作者协会简称“全国法制记协”,1986年7月12日在北京成立。

全国法制记协是中央和地方的报刊、通讯社、广播电台、电视台以及其他有关单位的法制新闻工作者和各地方法制新闻工作者协会联合组成的法制新闻团体,是中华全国新闻工作者协会的一个专业协会。协会的宗旨是:团结全国法制新闻工作者,贯彻执行党和国家有关新闻工作和法制建设的方针、政策,促进法制新闻工作的繁荣和发展,为加强法制建设,实现依法治国,建设高度文明、高度民主的社会主义现代化强国而奋斗。它的任务是:为法制新闻工作的开展创造条件,提供方便;总结、交流法制新闻工作的经验;评选优秀法制新闻作品;加强对法制新闻理论和实践的研究;推动法制新闻工作的改革,促进法制新闻事业的繁荣和发展;协同新闻单位和地方法制新闻工作者协会,对法制新闻工作者进行培训,提高法制新闻工作者的政治素质和业务素质；维护法制新闻工作者的合法权益；举办福利事业；开展对外交流活动。

全国法制记协的最高领导机构是理事会。它由78个单位的96名理事和13名特邀理事共109人组成，负责决定协会工作的方针和任务；听取并审查常务理事会的工作报告；选举常务理事会和制定、修改协会章程。常务理事会由理事长1人，副理事长15人和常务理事27人组成，负责执行理事会的决议，在理事会闭会期间，领导协会的工作。常务理事会设秘书处，负责处理日常事务工作。

全国法制记协成立以后，积极开展工作，于1986年8月12日至9月3日组织新华社、人民日报、中央人民广播电台、中央电视台等17家中央和地方新闻单位的记者到全国普及法律常识工作的先进单位辽宁省本溪市和黑龙江省大庆市进行采访。同年12月，举办了第一届(1986年度)全国法制新闻优秀作品评选，有80件作品获奖。其中，一等奖8名，二等奖19名，三等奖53名。

(司法部宣传司　韩晓武)

中国消防协会

中国消防协会第一次代表大会于1984年9月5日在河北省廊坊市举行，正式成立中国消防协会。会上通过了《中国消防协会章程》，选举产生了协会理事会、常务理事会等领导机构。

中国消防协会是全国消防科技和专业工作者的学术性群众团体。协会的宗旨是团结和组织全国消防科技和专业工作者以及热心于消防事业的人员，积极开展消防业务和学术的研究、交流活动，普及消防知识，提高消防科学技术水平，为保卫社会主义现代化建设和人民生命财产的安全服务。

中国消防协会的主要任务是：开展消防业务和学术研究、交流活动；宣传消防法规，出版消防学术和科普刊物、资料，普及消防科学知识；对发展消防事业提供咨询和技术服务；进行技术培训活动；发展同国外消防组织、团体和个人的友好联系，进行消防业务和科技交流。

中国消防协会理事会是协会的执行机构。在理事会休会期间，常务理事会负责行使理事会的职责。根据工作需要，协会下设秘书处、学术普及教育工作委员会、刊物编辑工作委员会三个工作机构；另外设有石油化工防火专业委员会、建筑防火专业委员会、电气防火专业委员会、森林消防专业委员会、消防设备专业委员会、队伍建设和灭火战术专业委员会等六个学术机构，还设有一个咨询委员会。

1986年协会主要的学术和业务活动有：

1986年6月4日至9日，中国消防协会与北京国外新产品样品陈列馆、香港国际展览咨询公司合作，在北京举办了“第一届国际消防设备技术交流展览会”。有13个国家和地区的37个厂商和团体参加了展览，共展出六大类170多种产品和技术。展览会期间，举办了“高层建筑防火安全设计”等16个专题技术报告会，有1000多名专业人员参加，并进行了座谈。展览会上还开展了贸易和业务洽谈。

1986年8月20日至25日，中国消防协会石油化工防火专业委员会在黑龙江省大庆市召开了第二次委员会会议及第一次全国石油化工消防学术交流会。会上交流了15篇论文和二篇出国考察报告。

1986年9月8日至12日，中国消防协会建筑防火专业委员会在贵阳市召开了第二次委员会会议及第二次全国建筑防火学术报告会。会上交流了34篇论文。

中国消防协会队伍建设和灭火战术专业委员会和公安部消防局战训处于1986年5月7日至6月17日在上海市举办了“扑救高层建筑防火研究班”。中国消防协会消防设备专业委员会和上海市消防协会、上海市公安消防总队、上海消防科研所合作，于1986年6月18日至7月2日在上海市举办了“登高消防车技术培训班”。中国消防协会建筑防火专业委员会和公安部消防局于1986年9月15日至26日在贵阳市举办了“高层建筑防火培训班”。

中日两国消防协会于1985年4月结为友好协会关系。1986年7月2日，中日两国消防协会代表团在北京举行了第二次协议会。会议回顾了1985年4月在东京召开的两国消防协会第一次协议会商定事项的执行情况，商讨了进一步加强友好合作和开展业务交流的问题。中国消防协会1985年8月参加了世界义勇消防联盟，为理事国。

1986年8月20日至24日在黑龙江省大庆市召开了中国消防协会第一届理事会第三次全体会议。会上传达了中国科学技术协会第三次全国代表大会的精神，总结了协会的工作，研究部署了今后的任务。

(中国消防协会秘书处)

中国法学会

中国法学会是全国性的法学学术团体，于1982年7月22日在北京成立。会址设在北京。

中国法学会的宗旨是：团结全国各民族法学工作者、法律工作者，坚持四项基本原则，坚持理论联系实际，贯彻执行“百花齐放、百家争鸣”的方针，开展马克思主义法学和我国社会主义法制理论与实践问题的研究活动，为发展社会主义民主，健全社会主义法制，建设高度文明、高度民主的社会主义现代化国家服务。同时,致力于发展我国法学界同各国法学工作者、法律工作者的学术交流,加强对各国法学、法律的研究,增进相互间的了解和友谊,为维护世界和平,促进人类进步事业而努力。

中国法学会的会员分为个人会员和团体会员。凡赞成该会章程,有一定的法学基础理论知识或法律工作经验,并有相当的法学研究能力的我国法学工作者、法律工作者和其他公民,本人提出申请,由会员一人介绍,经该会批准,即可成为会员。至1986年底,中国法学会有个人会员3,016名。凡赞成该会章程的省、自治区、直辖市法学学术团体或全国专业性法学学术团体,经申请,由该会批准,即为该会团体会员。中国法学会现有团体会员29个,其中28个为省、自治区、直辖市的法学会。这些团体会员另有各自的会员。

中国法学会的最高权力机关是会员代表大会,每4年举行一次。1982年7月、1986年5月,在北京先后召开了第一次、第二次会员代表大会,制定和修改了学会章程,推举了名誉会长,选举产生了理事会。理事会选举产生了会长、副会长和秘书长。第一届名誉会长先后由杨秀峰、张友渔担任,会长先后由武新宇、张友渔、王仲方担任。第二届名誉会长为张友渔、钱端升、刘复之,会长为王仲方。理事会在会员代表大会闭会期间,讨论、决定该会会务。理事会每届任期4年。第一届理事会由170名理事组成。第二届理事会由208名理事组成,并为台湾省、港澳地区各保留3名理事名额。第二届理事会还聘有18位顾问。理事会闭会期间,由其选举产生的常务理事会主持会务。第一届常务理事会由会长、副会长共14人组成。第二届常务理事会由会长、副会长、常务理事、秘书长共21人组成。在常务理事会领导下,设若干工作机构,现有:研究部、编辑部、法律咨询部、国际联络部和办公室。

中国法学会成立以来,通过多种方式,组织、推动理论联系实际的学术活动;召开了多次全国性或地区性、专业性的学术讨论会,对一些重大法学理论问题与实际问题进行了学术研究;协调安排了全国(包括跨地区、跨部门)的法学研究工作;编辑出版了理论性、学术性的刊物《中国法学》杂志和一些法学学术论文集、丛书、专著、资料等;向国内外有关方面和人士提供了法律咨询服务。

为了便于组织、推动学术研究和学术交流活动,中国法学会从1984年起,根据需要和自愿原则,按照个人会员所从事的法学专业,分别成立了法学基础理论、宪法学、民法学经济法学、刑法学、诉讼法学、行政法学、婚姻法学、劳改法学等8个学科研究会。各学科研究会设干事会或理事会。每届任期3年,在中国法学会领导下,负责组织本学科的学术研究和学术交流活动,参加相应的国际性或区域性的学术组织及其学术活动。1986年,这8个学科研究会围绕我国经济体制改革、法制建设和政法实际工作中提出的一些理论问题和实际问题,分别举行了学术年会,就社会主义民主的法律化、制度化,如何进一步加强地方国家权力机关的建设,《民法通则》的几个基本理论问题和建立新型社会主义经济体制的法律问题,经济体制改革与打击经济犯罪,经济体制改革与诉讼法问题,行政诉讼问题和大城市法制建设问题,经济体制改革给婚姻家庭带来的新变化,劳改立法的理论问题等课题,进行了学术探讨。

几年来,中国法学会同一些国际性、区域性的法学、法律组织以及许多国家和港澳地区的法学界、法律界人士和团体,进行了友好往来和学术交流活动。中国法学会在国内和国际法学界、法律界的影响,正在日益扩大。

中国法学会同中国社会科学院法学研究所联合主办的中国法律咨询中心(CHINA LEGAL CONSULTANTCY CENTRE)成立于1984年11月17日。它是全国性的民间法律咨询机构,其主要任务是:向我国政府部门、企事业单位、社会团体和公民就重大的涉外法律事项,以及国内重大经济法律事项提供咨询;向外国政府机构、公司、企业、社会团体和个人提供法律咨询服务。

中国法学会学术交流中心于1986年12月成立。主要任务是:进行国内、国际法学学术交流;建立现代化的图书、资料、信息库;翻译、编印国内外法学研究的信息、资料。

为促进国际、国内法学学术交流活动,中国法学会设立了中国法学交流基金会,接受国内外团体和个人的赞助。该基金会将根据基金状况,对有助于繁荣法学研究事业的重要学术活动提供资助。

中国法学会推动组建和支持的中国法学学术交流服务公司与香港益大旅业投资有限公司联合经营的天平大厦有限公司,于1986年10月8日在北京成立。它的业务是:为国内、国际法学学术交流活动提供场所、食宿、交通、咨询、资料等服务项目。

(中国法学会办公室秘书处)

中国法学会各学科研究会

为便于组织、推动法学各学科理论研究和学术交流活动的开展,1983年11月23日中国法学会第一届理事会第二次会议通过了"关于成立法学各学科研究会的决定"。根据这个决定,先后成立了八个学科研究会:法学基础理论研究会、宪法学研究会、民法学经济法学研究会、刑法学研究会、诉讼法学研究会、劳改法学研究会、行政法学研究会和婚姻法学研究会。各学科研究会是中国法学会领导下的法学学术组织。它们是按照中国法学会个人会员各自所从事的法学专业和自愿原则，分别成立的。各学科研究会设干事会或理事会，由组成该学科研究会的会员代表大会选举产生。干事会或理事会推选总干事或会长一人，副总干事或副会长若干人，秘书长一人，组成常务干事会或常务理事会，主持会务。各学科研究会在中国法学会领导下负责组织该学科的学术研究和学术交流活动。1986年5月23日中国法学会第二次会员代表会通过的《中国法学会章程》，对学科研究会作了专门规定。

现将八个学科研究会分别简介如下：

一、中国法学会法学基础理论研究会于1985年6月11日在庐山召开成立会。会议选举产生了49人组成的第一届干事会。第一届干事会第一次会议选举了总干事、副总干事和秘书长，通过了研究会聘请的顾问名单。

在成立会期间，举行了以讨论法的本质、法律与改革为论题的第一次学术讨论会。

1986年11月11日至15日，法学基础理论研究会在重庆市与重庆市法学会、西南政法学院联合召开了专题学术年会。会议以中共中央关于社会主义精神文明建设指导方针的决议为指导，讨论了我国社会主义民主的制度化、法律化的有关问题，并提出了相应的若干立法建议。会议当中，召开了研究会的第二次干事会及法学基础理论教学改革经验交流会。

二、中国法学会宪法学研究会于1985年10月12日至18日在贵阳市召开成立会。会议选举产生48人组成的第一届干事会。第一届干事会第一次会议选举了总干事、副总干事、秘书长，通过了研究会聘请的顾问名单。

在成立会期间，举行了第一次学术讨论会，就如何进一步保证宪法的实施和如何使宪法学积极为经济体制改革服务两个专题展开了热烈讨论。会后编辑了论文集。

1986年12月10日至15日，宪法学研究会与广东省法学会在汕头市联合召开了专题学术年会。会议的议题是研究地方国家权力机关建设问题。会议期间，召开了研究会第二次干事会，决定会后将收到的学术论文编辑成论文集出版。

三、中国法学会民法学经济法学研究会于1985年4月9日在苏州市召开成立会。会上，选举产生了61人组成的第一届干事会。第一届干事会第一次会议选举了总干事、副总干事、秘书长，通过了研究会聘请的顾问名单。

在成立会期间，举行了题为“经济体制改革与民法经济法的发展”的第一次学术讨论会。会后，研究会根据代表们的意见，向有关机关提交了《关于加快制定民法的建议》。

1985年9月14日，研究会应全国人大常委会法制工作委员会之邀，组织在京部分法学教学、研究工作者对民法通则草案进行了座谈、讨论，从民法、经济法协调的角度提出了修改意见。

中国法学会民法学经济法学研究会于1985年11月17日至21日在大连市，与辽宁省社会科学院经济法研究所共同举办了“国营企业厂长法律地位学术讨论会”。于1986年8月6日至10日在银川市，与宁夏回族自治区法学会联合召开了民法学经济法学的专题学术年会。会议的议题是：民法通则的基本理论；建立新型社会主义经济体制的经济法问题。会议还分别就民法学、经济法学教学体系进行了探讨。会议期间，研究会召开了第一届第二次干事会。

四、中国法学会刑法学研究会于1984年10月21日在成都市召开成立会。会上，选举产生了30人组成的第一届干事会。第一届干事会第一次会议选举了总干事、副总干事、秘书长，通过了研究会聘请的顾问名单。

成立会期间，举行了第一次学术讨论会，讨论题有三个：关于刑法学的研究对象及其体系问题；关于强奸罪问题；关于流氓罪问题。会后，研究会选编出版了以探讨强奸罪和流氓罪为主要内容的《刑法学论文集》。

1986年8月2日至6日，中国法学会刑法学研究会与北京市法学会刑法学研究会在北京联合召开了以“经济体制改革与打击经济犯罪”为主题的学术年会。会议期间，召开了该研究会第一届第二次干事会。8月7日，最高人民法院、最高人民检察院的有关领导和研究人员同与会者就当前办理经济犯罪案件中具体应用法律的一些问题，进行了专题商讨。

五、中国法学会诉讼法学研究会于1984年10月21日在成都市召开成立会。会议选举产生了33人组成的第一届干事会。第一届干事会第一次会议上，选举了总干事、副总干事、秘书长，通过了研究会聘请的顾问名单。成立会期间，举行了诉讼法学研究会的第一次学术讨论会，主题是如何建立具有中国特色的社会主义诉讼法学。会后，将会议论文编辑成《诉讼法学论丛(1985年刊)》出版。

1986年11月15日至21日，中国法学会诉讼法学研究会与广西壮族自治区法学会、广州市法学会联合在广州召开了诉讼法学学术年会，专题讨论了体制改革与诉讼法的完善和如何保证严格执行诉讼法等问题。会议期间，召开了诉讼法学研究会第一届第二次干事会，对干事会的成员作了个别调整，并决定将这次会议的论文编辑成《诉讼法学论丛(1986年刊)》出版。

六、中国法学会劳改法学研究会于1985年7月5日至8日在承德市召开了成立会。成立会上选举产生了45人组成的第一届理事会。第一届理事会第一次会议选举了会长、副会长、秘书长，通过了研究会聘请的顾问名单。

会上，同时成立了中国法学会劳改法学研究会基金委员会。

会议还就劳改法学的研究对象、学科体系、劳改专业理论结构，劳改工作方针、政策，劳改立法等问题，举行了第一次学术讨论会。

1986年7月10日至12日，中国法学会劳改法学研究会在北京召开第一届第二次理事会。会议传达了中国法学会第二次会员代表会的精神，讨论了研究会成立一年来的工作总结，研究确定了下一年度的工作重点。经选举增补了研究会理事，通过了增聘的研究会顾问名单。

中国法学会劳改法学研究会于1986年11月9日至15日在北京召开了专题学术年会，探讨了我国劳改立法的理论问题。会议期间，召开了第一届理事会第三次会议。根据学术年会与会者的意见，向有关部门提交了加强劳改立法的建议。

七、中国法学会行政法学研究会于1985年8月15日至20日在常州市召开成立会。会议选举产生了27人组成的第一届干事会。第一届干事会第一次会议选举了总干事、副总干事、秘书长，通过了研究会聘请的顾问名单。

会议期间还以行政法和经济体制改革的关系为主题举行了第一次学术讨论会。

1986年6月18日，中国法学会行政法学研究会在北京召开了“建立具有中国特色的行政诉讼制度”理论讨论会，就行政诉讼问题进行了专题探讨。

1986年12月2日至6日，中国法学会行政法学研究会与重庆市法学会在重庆市联合召开全国行政法学学术年会，专题探讨了建立我国行政诉讼制度和大中城市法制建设以及行政立法等问题。会议期间，召开了第一届干事会第二次会议。

八、中国法学会婚姻法学研究会于1984年12月4日至8日在北京召开成立会。在成立会上，选举产生了22人组成的中国法学会婚姻法学研究会第一届干事会。第一届干事会第一次会议选举了总干事、副总干事、秘书长，通过了研究会聘请的顾问名单。

1986年3月15日至20日，中国法学会婚姻法学研究会在厦门市召开了专题学术年会。年会以经济体制改革给婚姻家庭带来的新变化为中心论题，展开了讨论。

（中国法学会研究部　张　明）

中国法律史学会

1979年9月在长春成立的中国法律史学会，是研究中外法律制度史和中外法律思想史的群众性学术团体。其宗旨是：以马克思列宁主义毛泽东思想为指导，坚持四项基本原则，贯彻“百花齐放，百家争鸣”、“古为今用，洋为中用”的方针，组织学术交流，开展自由讨论，扶植和培养新生力量，促进中外法律制度史和法律思想史研究工作的繁荣发展，为加强社会主义民主和法制，建设具有中国特色的马克思主义法学服务。

长春会议也是中国法律史学会的第一届年会。会上，通过了《中国法律史学会章程》，选举了第一届理事会。同时，就法律制度史和法律思想史的研究对象问题进行了讨论。会议还决定出版《法律史论丛》；通过了编撰《中国法制史》多卷本（13卷）和《中国法律思想通史》多卷本（12卷）的计划。

1983年8月，在西安召开了第二届年会。大会就法律史研究与建立具有中国特色的社会主义法学和法制的问题，进行了讨论和研究。大会修改了学会章程，确定“本会会务由各团体会员轮流主办，为期三年”，借以保证学会的群众性和民主精神；选举了第二届理事会。会议还决定由《法律史论丛》编委会编印《法律史通讯》。

1984年8月，在山东召开了“孔子法律思想讨论会”。与会学者围绕孔子法律思想的内容、特点及其历史地位和影响等问题，进行了讨论。会上确定从收到的50多篇论文中选出20篇，编成《孔子法律思想研究（论文集）》一书，已于1986年2月出版。

1986年8月，在合肥召开了第三届年会。会议讨论的中心内容是，法律史学在完善社会主义法学和法制方面的作用。会上选举了第三届理事会。这次会议还决定在中国法律史学会下分别成立中国法制史研究会和中国法律思想史研究会。

中国法律史学会地区性分会的组织和活动也出现了发展的趋势。1983年8月成立了东北分会；1986年8月成立了西南分会。这两个分会均先后召开了学术讨论会。

由中国法律史学会第一届年会决定编辑出版的《法律史论丛》是法律史四个学科的综合性论文选集，第四集现在也已付印。上述四集共收入论文约100篇，其中有关中国法制史的52篇，有关外国法制史的16篇，有关中国法律思想史的26篇，有关外国法律思想史的6篇。此外，《论丛》编委会还编印了《法律史通讯》，已印行9期，主要报道各地法律史学界的学术动态，介绍有关资料和重要的科研成果。《中国法制史》（13卷），约300万字，其中《中国革命法制史》分卷已列入国家重点科研项目，并已完成上册的初稿。《中国法律思想通史》（14卷），约500万字，也已列入国家重点科研项目。这两套书将于1990年前后出齐。

据不完全统计，自1979年以来，在全国各报刊上发表的法律史论文共500多篇，出版专著30余种。从专门学科来看，中国法制史、中国法律思想史的研究正在向着断代史和部门法律史的方向发展。

近几年来，中国法律史学会通过各种渠道，同国外法律史学界开展了学术交流。一批会员、学者分别出访了日本、美国、西欧，美国、日本的法律史专家也曾先后来访我国，不仅交流了学术研究成果，而且加深了友谊。随着我国对外开放政策的发展，这种国际学术交流将逐渐扩大。

（鹤　皋）

中国法律史学会所属研究会

1986年8月中旬，在合肥召开的中国法律史第三届年会上分别成立了中国法制史研究会和中国法律思想史研究会。

（一）

在中国法制史研究会第一届理事会上就中国法制史研究会的性质、组织机构以及近期工作安排等进行了研究。理事会认为：中国法制史研究会应办成专业化强的群众性学术团体，要贯彻团结协作、民主办会的原则，讲求实效，不搞形式，注意克服学术界某些不正之风的影响。会议决定理事会一年召开一次，闭会期间由常务理事会主持工作，紧急事项由在京常务理事处理并及时通报京外常务理事。会议初步决定，研究会每年召开一次专题学术讨论会。

1986年9月下旬，在北京召开了中国法制史研究会常务理事扩大会。会议对《中国法制史研究会章程》（草案）进行了认真讨论，准备提交1987年会员代表大会通过后正式施行。《章程》（草案）规定：中国法制史研究会为全国性研究中国法制史的群众性学术团体。研究会的宗旨是：以马克思列宁主义、毛泽东思想为指导，坚持四项基本原则，贯彻“百花齐放，百家争鸣”、“古为今用，洋为中用”与民主办会的方针，团结和组织全国从事中国法制史教学与研究的会员群众，发展和推动科学研究与教学工作，总结法学文化遗产，培养新生力量，为完善社会主义法制，为政治、经济体制改革与四化建设服务。

这次会议进一步讨论了第一届理事会提出的秘书长、副秘书长人选以及研究会刊物的定名与组织机构。会议决定编辑中国法制史研究会的学术刊物《中国法制史年刊》，以推动和加强对中国法制史的研究。会议还确定了《中国法制史年刊》的编委会成员，组成了编辑部，现已开展工作。

（晋　藩）

（二）

中国法律思想史研究会现有会员约80人，大都是全国各政法院、校、系和有关研究部门的教学和科研人员。

中国法律思想史研究会遵循法律史学会的宗旨，以马克思列宁主义、毛泽东思想为指导，坚持四项基本原则，贯彻“百花齐放、百家争鸣”、“古为今用、洋为中用”的方针，促进中国法律思想史的教学和科学研究活动，扶植和培养新生力量，推动中外法律思想的学术交流，为中国法律思想史学的繁荣和发展，并为建设有中国特色的社会主义法制和法学作出自己的努力。

（辛）

中国国际法学会

中国国际法学会是我国研究国际法的全国性学术团体，1980年2月在北京成立。现有会员600余人，他们是政法院校、研究机构和外交、对外经济贸易、政法、金融等实际部门的国际法学者、专家和教学、研究工作者及实际工作者。

学会的宗旨是：在马克思列宁主义、毛泽东思想指导下，团结和联系全国广大国际法工作者，加强国际法学术活动，促进我国国际法科学的发展，为我国社会主义现代化建设和国际和平交往服务。学会的主要工作是：一、组织全国性和地区性学术讨论会；二、举办各种类型的报告会和座谈会；三、组织科研和教学工作的经验交流；四、进行对外学术交流活动；五、编辑出版国际法书刊。

学会的领导机构为理事会。现共有73名理事，其中11名为常务理事。在理事会闭会期间，常务理事会主持会务。学会设会长、副会长和秘书长，均从常务理事中产生。

学会章程规定：“凡国际法科学研究和教学工作者及有关专业人员，赞成本会宗旨，由本人申请，经本会同意，加入为本会会员。”学会的会员一般都在各自的工作岗位上担负着繁重的国际法研究、教学和实际工作，有的经常在国内外各地访问、讲学，参加各类国际会议，并有不少人当选为世界上各种学术团体和国际组织的成员。例如，王铁崖教授、李浩培教授和已故的陈体强教授都先后当选为世界性的国际法学术团体——国际法学会联系会员；倪征日奥教授和中国常驻联合国代表团黄嘉华大使先后被选为联合国国际法委员会委员；倪征日奥教授1984年在国际法院法官竞选中被选为国际法院中第一位中华人民共和国国籍的法官；最高人民法院副院长、我会副会长任建新1985年被选为国际上最大的非政府性法律组织——“通过法律维护世界和平中心”的亚洲主席；贺其治教授被选为国际空间法学会理事、国际宇航研究院通讯院士。我国是联合国的创始国和常任理事国之一，又是最大的发展中国家，在国际立法和国际和平与发展的事业中日益发挥着重要的作用。我国国际法学者和国际法工作者都在努力为伸张国际正义和公道、维护国际法律秩序，为人类的繁荣进步和祖国的社会主义现代化建设事业做出应有的贡献。

中国国际法学会经常组织各种报告演讲会、座谈会、研讨会和讲习班，邀请中外国际法学者、专家讲授大家关心的国际法问题，进行研究讨论并交换信息动态。学会与一些国际组织及中外学术、研究、教学机构和团体保持着各种联系，近年来还接待了不少国际上知名的学者、专家，进行学术交流活动。他们当中有：前加拿大外交部长马克·麦圭根博士，加拿大著名国际法学家、欧洲人权法院法官麦克唐纳教授，日本著名国际法学家横由喜三郎教授和小田滋教授，前美国国际法学会会长，美国宾夕法尼亚大学科维·T·奥利弗教授，美国哥伦比亚大学享金教授，国际法院院长、印度国际法学会会长辛格法官，国际法协会航空委员会主席、英国伦敦大学郑斌教授，联合国行政法院院长、前法国国际法协会会长、巴黎第二大学名誉教授苏珊·巴丝蒂夫人，瑞士著名国际法学家、日内瓦国际研究院院长卡夫里士教授，国际空间法学会主席迪德里克斯—弗斯霍尔教授，前国际法协会副主席、加拿大麦吉尔大学航空空间法研究中心主任马特教授等。

学会每年举行一次全国性的学术讨论会，就当前国际法方面的重要问题进行讨论。1980年2月在北京举行的中国国际法学会成立大会期间，代表们就国际公法、国际私法、国际经济法研究的动向、范围等问题进行了广泛的讨论；1981年5月和11月在北京分别召开了海商法和海洋法学术研讨会；1982年12月在上海召开国际经济法学术讨论会；1984年7月在北京召开了关于和平共处五项原则学术讨论会；1985年12月在北京举行年会，选举了新的理事会，并就国际法为和平与发展服务、国家豁免、对外开放与涉外经济立法等方面进行了专题讨论；1986年11月在上海召开的学术讨论会上讨论了关于1982年联合国海洋法公约、国际法院的诉讼管辖权和国际投资争端的解决方式及有关法律等问题。

学会主办了全国性的国际法学术刊物——《中国国际法年刊》。它创刊于1982年，每年一期，向国内外发行。学会还编辑英文版《中国国际法年刊论文选》，并不定期印发《会员通讯》，以加强学会与会员之间的联系和交流。

中国国际法学会会址在北京。

（金克胜）

中国经济法研究会

一、中国经济法研究会的成立

为了加强经济法理论研究工作和国内外经济法学术交流，更好地为经济法制建设，为体制改革和对外开放服务，根据1983年在沈阳召开的全国第一次经济法理论工作会议的倡议，由国务院经济法规研究中心等16个单位，组成了"中国经济法研究会"筹备组。经过数月的筹备工作，并报经国务院批准，于1984年8月25日，在杭州召开的全国经济法制工作会议上，正式成立了中国经济法研究会。

在成立大会上，全体代表一致通过了《中国经济法研究会章程》、《中国经济法研究会领导机构》、《中国经济法研究会关于当前工作的几点意见》，并以无记名投票方式选出了理事171名（其中常务理事36名）。推举了名誉会长、会长、副会长、顾问组长和秘书长。

彭真为本会成立题了词。谷牧出席祝贺。

中国经济法研究会是全国性、群众性的学术研究团体。其主要任务是：在中国共产党的领导下，团结全国经济法理论和实际工作者，坚持四项基本原则，发扬实事求是、理论联系实际的优良作风，积极开展经济法的研究和学术交流活动，为创建有中国特色的社会主义经济法体系，发展和完善我国社会主义法制，建设社会主义的物质文明和精神文明作出贡献。

中国经济法研究会的工作机构为秘书处，承担研究会的日常工作，秘书处设办公室、培训中心，《经济法制》杂志社编辑部，负责干部培训和《经济法制》的编辑出版工作。

二、中国经济法研究会工作概况

中国经济法研究会挂靠在国务院经济法规研究中心（现在挂靠在国务院法制局），并在其指导下独立地开展工作。研究会从成立以来，主要做了下列工作：

（一）发展集体会员403个，个人会员7000余人。会员遍布于工业、农业、财政金融、政法、文教卫生和科研等部门，据不完全统计，其中发表过论文、专著的达230多人。

（二）根据研究会章程规定，全国已成立地区和专业分会30个。其中省、自治区、直辖市分会21个。

（三）出版了《会刊》，沟通了经济法研究工作情况。

（四）编辑出版了《经济法制》杂志。

（五）成立了经济法干部培训中心。从1985年3月起举办了企业法律顾问训练班，半年一期，已经培训4期，学员550余人。这些学员回单位后，有相当一部分人担任了兼职律师、法律顾问或地方和部门法制机构的骨干。

（六）协助国务院经济法规研究中心组织了对内对外的经济法学术交流活动。

（七）根据我国在改革、开放中的经济法律问题，拟出1985—1987年两批研究课题，发动全体会员开展经济法制理论研究，并通过总会和各分会召开了经济法理论讨论会，以及出刊物、书籍、交流研究成果。

（八）配合国务院经济法规研究中心作了筹办经

济法资料中心的有关准备工作。

（九）正在筹办经济法律咨询部。

（十）正在与地方法制机构、有关大专院校联合筹办经济法函授专修班。

上述工作对加强我国经济法制建设，深入开展经济法理论研究，起了积极作用。

（中国经济法研究会秘书处办公室）

中国劳动法学研究会

中国劳动法学研究会是研究劳动法和劳动法学的全国性的群众学术团体。它是在 1983 年 7 月召开的第一次中国劳动法学术讨论会上正式成立的。参加这次讨论会的有国家立法机关和全国一些科研机构、高等院校以及部分省、市、自治区劳动人事行政机关的代表共计 76 人。大会原则通过的《中国劳动法学研究会章程》第三条规定："本会的宗旨是：在中国共产党领导下，以马克思列宁主义、毛泽东思想为指导，组织、推动劳动法学的理论和实践问题的研究，为建设具有中国特色的劳动法学服务，为社会主义现代化建设服务。"研究会的主要任务是组织各种形式的学术活动，推动全国劳动法学研究工作的开展；为国家有关部门草拟和制定各种劳动法律、法规提供理论帮助；开展劳动法制宣传；促进国际劳动法学交流；编辑、出版劳动法方面的图书和资料。会议还通过了《中国劳动法学研究会1983 年～1986 年学术活动规划要点》。《要点》规定：召开关于劳动法基本原则、劳动合同、劳动争议处理法规等学术讨论会，介绍一些外国劳动立法和劳动法学研究的情况，不定期编印《劳动法学研究通讯》。研究会决定在全国发展并吸收劳动人事行政机关和各级工会干部及从事劳动法学研究、教学和对劳动法学研究有兴趣且具有一定水平和经验的其他方面的人员为会员。目前已有正式会员 163 名。

中国劳动法学研究会自成立以来，先后组织了五次学术讨论会，讨论了劳动法学的基本原理、劳动立法以及劳动制度改革中的劳动法制建设等问题。同时还开展了国际学术交流活动，曾派人到日本考察了日本的劳动立法情况，还接待了日、美等国的劳动法学专家，座谈了有关劳动法学的理论问题。研究会有些干事参加了香港中文大学当代亚洲研究中心举办的"中国法制与国家建设研讨会"，并提交了三篇论文。1985 年10 月联合国在日内瓦召开的关于在世界各地实现根除童工剥削的方法和手段的国际讨论会，包括劳动法学研究会会员在内的中国代表团参加了会议，系统地介绍了新中国成立后在消除童工剥削方面的工作情况。劳动法学研究会出版了六期《劳动法学通讯》。此外，研究会还经常组织、推动广大会员撰写论文、专著，组织讲座、训练班，将研究成果加以扩大，对宣传劳动法制和普及劳动法律知识，起了积极的作用。

1986 年，中国劳动法学研究会所开展的主要活动是编写《劳动法词典》和讨论改革与劳动立法的关系。7 月 24 日至 29 日，研究会在北京举行会议，讨论了这个问题。对改革与劳动立法的关系问题，大家认为，劳动立法必须贯彻经济体制和政治体制改革的精神，坚决改变我国劳动人事制度中不合理的部分。有的提出，要把当前改革中已经定下来的东西明确地写到劳动法典中去；在劳动合同制问题上，不仅要规定如何实行这种用人制度，而且要明确指出这是"改变现行的固定工制度"的主要方向。大家还认为，目前，我国正在进行劳动制度的改革，实行劳动合同制，关于招工、辞退、待业保险等，都必须有劳动法提供依据。同时，劳动法与已颁布的企业破产法和正在制定的工业企业法等法律关系极为密切。没有劳动法，这些法律就难以实施。因此，应当尽快制定和颁布劳动法。这次会上，有人提出原来的劳动法草案需要修改，因为劳动制度正在进行改革，出现了新的情况，还需要组织一定的力量进行调查研究。

（马　瑜）

中国青少年犯罪研究学会

中国青少年犯罪研究学会经有关部门批准，1982年 6 月成立，目前有会员 700 余人。

中国青少年犯罪研究学会的成立有一个酝酿过程。早在 1980 年 3 月，为了探索我国青少年犯罪的规律和科学的治理对策，由共青团中央发起，在北京召开了"制定青少年保护法座谈会"，与会代表呼吁加强青少年犯罪研究工作，抓紧制定《中华人民共和国青少年保护法》，用法律手段保护青少年健康成长，保障青少年的合法权益，预防青少年犯罪。为了有组织有计划地开展研究工作，1981 年 8 月，由中央有关部门联合发起在山东省青岛市召开了"全国青少年犯罪研究规划会议"，会议讨论通过了青少年犯罪研究规划，确定了100 个研究题目。会议建议尽快召开全国性青少年犯罪学术讨论会，积极筹备成立中国青少年犯罪研究学会。经过酝酿与协商，1981 年 12 月，在北京成立了由25 个单位参加的"中国青少年犯罪研究学会筹备组"，并拟定了学会《章程》草案。

1982 年 6 月，全国青少年犯罪研究学术讨论会在广西南宁召开。到会代表 170 余人，提交论文 200 余篇。在这次大会上，经过选举产生了中国青少年犯罪研究会常务理事会，通过了《中国青少年犯罪研究学会章程》，推举了会长、副会长、秘书长，中国青少年犯罪研究学会正式成立。

中国青少年犯罪研究学会是群众性学术团体，挂靠在中国社会科学院。其宗旨和任务是：团结、联络、组织、协调从事青少年犯罪研究工作的专家、学者以及有关方面的青少年教育工作者，在马克思主义指导下，综合运用哲学、经济学、政治学、法学、伦理学、教育学、生理学、心理学等多种学科知识，对我国青少年犯罪的特点、规律、产生原因、变化趋势及治理对策进行深入的研究，形成具有中国特色的青少年犯罪学的理论体系和治理青少年犯罪的科学的工作体系，为社会主义精神文明建设和综合治理社会治安作出贡献。

中国青少年犯罪研究学会成立后，开展了一系列的组织联络工作和学术活动。主要有：

一、1982年8月，在北京召开了第一次常务理事会。会议决定要从我国的社会实际需要出发，组织力量着重对青少年犯罪的原因、综合治理的理论问题、未成年犯罪的特点和预防战略问题、教育挽救失足青少年问题、制定青少年保护法和建立少年司法制度问题，进行专题性的研究，并写出《中国青少年犯罪学》、《青少年犯罪心理学》、《青少年犯罪管教学》、《少年司法制度概论》等论著。1983年1月，这些项目被列入国家“六·五”哲学与社会科学研究规划。有些论著现在已经或即将出版。

二、1982年7月，创办《青少年犯罪研究》，作为学会会刊，也是我国青少年犯罪研究领域的专业性学术刊物。截至1986年10月，已经出版52期。

三、协助与支持有关省、市和部门与学会会员编辑出版了一批青少年犯罪研究的资料。与此同时，还组织了几次重点调查研究工作，如“保外帮教”调查，北京、天津两市“流失生”的调查，六省市青少年犯罪原因调查等，取得了大量信息与资料，并为深入研究提供了条件。

四、1984年4月，中国青少年犯罪研究学会在贵州省贵阳市召开了“全国青少年犯罪团伙学术讨论会”，对青少年团伙犯罪的基本特征、处理政策进行了研究与讨论，并对最高人民检察院起草的有关政策界限提出了咨询性的建议。

五、在中国青少年犯罪研究学会的推动与支持之下，华北、西北、西南、中南、华东都陆续召开了一系列区域性的青少年犯罪研究学术讨论会。与此同时，天津市、江苏省、福建省、安徽省、湖北省、四川省、甘肃省、新疆维吾尔自治区等都成立了省、自治区、直辖市一级的青少年犯罪研究学会，开展了大量的学术活动。

六、积极参加有关部门组织的对外学术交流活动。

中国青少年犯罪研究学会在1986年的主要活动有：

一、1986年4月，中国青少年犯罪研究学会（华东片）与江苏省法学会在江苏无锡市召开了“开放城市青少年犯罪动向和对策科学讨论会”。

二、1986年7月，在上海召开了《中国青少年犯罪》第二次编委会，研究了该书的修改、定稿和出版事宜。

三、1986年9月，赴河南考察了劳改劳教工作和社会帮教工作，并就综合治理问题和重新犯罪的预防问题同河南省有关部门进行了座谈。

（郭　翔）

中国法医学会

中国法医学会1985年10月27日在河南省洛阳市成立。它是全国学术性群众团体。由法医科学、毒物分析和相关学科的科学工作者组成，它是中华人民共和国科学技术协会的组成部分，受中国科协领导。该会的宗旨是团结广大科技工作者，促进法医学的研究工作，鼓励技术改革和发明创造，推广普及新技术、新方法，交流法医工作经验，沟通国际法医科学信息，为提高我国法医科学学术水平，加速法医科学发展，为健全社会主义法制，保卫社会主义建设做出贡献。

中国法医学会在工作中坚持辩证唯物主义，坚持实事求是，贯彻“百花齐放、百家争鸣”的方针，充分发扬民主，开展学术上的自由讨论。鼓励出人才，出成果，繁荣法医事业。

该会的主要任务是通过各种形式（如学术年会、讨论会等）进行学术交流；接受有关部门委托对重大或疑难的案件进行鉴定、咨询；举办各种技术培训班，培养人才，推广新技术；开展国际学术交流；为有关部门提供立法、司法咨询等。

中国法医学会的成立，有一个过程：1979年在西安举行的全国法医学术交流会上，与会代表就希望建立全国法医学会。会后，沈阳、武汉、广州、四川、重庆相继成立了地区性法医学会。1983年，出席全国法医教育工作会议的代表，建议公安部第二研究所牵头发起建立中国法医学会。1984年11月公安部第二研究所邀请全国各系统的法医和毒物分析专家，在福建省建阳县召开了筹备会议。1985年4月1日，国家体改委批准成立了中国法医学会。

1985年10月27日至31日在洛阳市召开了中国法医学会第一次代表大会，参加会议的代表共276人，他们是来自全国公安、检察、法院、司法、卫生、教育和军队保卫系统的法医和毒物分析工作者。最高人民法院、公安部、司法部的领导人到会指导并讲话，最高人民检察院负责人致函大会祝贺并作了书面发言。

大会讨论通过了《中国法医学会章程》，选举产生了中国法医学会第一届理事会。学会下设法医病理、法医物证、法医毒物学、临床法医学、法医损伤五个学术委员会和《中国法医学杂志》编辑委员会。

大会期间分三个专业组进行学术活动，交流论文

281篇。

1986年的学会活动主要是组建了秘书处和编辑部两个工作机构(设在北京公安部第二研究所);创办了《中国法医学杂志》;发展新会员256人,连同会议期间发展的会员在内,目前已有会员600余人。

(庥永昌)

中国法律逻辑研究会

中国法律逻辑研究会是研究法律逻辑的全国学术性团体,于1983年9月在哈尔滨市正式成立。现有会员200余人,分布在全国各地的高等学校、科研单位与政法实际部门。

研究会的宗旨是在马列主义、毛泽东思想的指导下,坚持四项基本原则,坚持“百花齐放、百家争鸣”的方针,团结全国政法院校的法律逻辑教学、科研人员与有志于从事法律逻辑研究的政法实际工作者,开展科研与教学活动,为在我国政法界普及法律逻辑知识,在政法院校提高逻辑课的教学质量,为繁荣我国法律逻辑科学做出贡献。

本会的具体任务是:组织会员,分工协作,编写法律逻辑教材;学习、研究、宣传国内外法律逻辑的新成果,及时传递科研信息与教学经验;举办各种形式的法律逻辑培训班,进行法律逻辑的普及工作;不定期编印《法律逻辑文集》。

近两年来,先后与江苏省逻辑学会、南京大学、西南政法学院等单位分别在南京、重庆等地联合举办了全国侦查逻辑培训班、法律逻辑师资培训班,为全国政法院校培养了一批法律逻辑师资。编辑出版了《刑案逻辑解析》一书。1985年4月在重庆召开了第二次全国法律逻辑学术讨论会,与会者就法律逻辑研究对象及建立中国法律逻辑教学体系等问题,展开了讨论。

(中国法律逻辑研究会)

全国外国法制史研究会

全国外国法制史研究会成立于1982年4月。现有会员约120人,分布于全国设置《外国法制史》课程的30余所高等院校及有关的科研单位。常设会址在武汉大学。由中国社会科学院领导。研究会的最高领导机构为全国外国法制史研究会会员代表大会,每四年举行一次,由它选出理事会作为执行机构,由理事会选出常务理事会主持日常工作。

研究会的宗旨是,以马列主义、毛泽东思想为指导,组织会员开展外国法律制度史的教学和科学研究,积极为我国社会主义法制建设和四化建设服务。研究会自成立以来,已举办过六次学术讨论会或专题讨论会。1982年4月在武汉大学举行研究会成立大会时,同时召开了第一届学术讨论会;1982年10月于安徽大学召开了“如何试用统编教材的教学经验交流会”;1984年1月在厦门大学举办第二届学术讨论会;1984年8月在新疆大学召开“伊斯兰法讨论会”;1985年7月在云南大学举办第三届学术讨论会;1986年11月在上海召开第四届学术讨论会。六次学术讨论会共收到学术论文200余篇,于1984年4月出版《外国法制史论文汇刊》(第一集)。

(徐轶民)

中国心理学会法制心理专业委员会

中国心理学会法制心理专业委员会是中国心理学会根据法制心理学术活动的需要而设立的学术机构。根据《中国心理学会章程》规定,专业委员会的宗旨是宣传辩证唯物主义科学理论,坚持实事求是的科学态度,认真贯彻“百花齐放、百家争鸣”的方针,充分发扬民主,团结广大法制心理学工作者,开展学术活动,进行学术上的自由讨论,以促进我国法制心理科学的繁荣和发展,为实现我国的社会主义现代化和加强法制建设作出应有的贡献。

法制心理专业委员会于1983年6月在无锡举行成立大会,同时召开了第一次学术讨论会。1985年8月和1986年8月,分别在西安和青岛举行了第二、第三次学术讨论会,出席代表均近100人,收到论文近100篇。

几年来,在该专业委员会的组织和推动下,我国法制心理研究有了很大发展。主要表现在:

一、全国已有21个省、自治区、直辖市相继成立了法制心理专业委员会(或法制心理学会)。东北、华东和西南地区已成立了地区性的协作研究会。各地已有会员约千人。

二、许多省、自治区、直辖市举行了法制心理学术讨论会,华东、西南地区举行了地区性的学术讨论会。

三、正式出版或内部发行了二十几种专著、教材和资料,如《法制心理学》、《犯罪心理学》、《青少年犯罪心理学》、《司法心理学》、《侦查心理学》、《审讯心理学》、《审判心理学》、《罪犯心理学》、《罪犯改造心理学》等,还翻译了国外的犯罪心理学专著或者有关文章。

四、各政法、公安、劳改院、校、系大都开设了犯罪心理学或公安心理学、罪犯心理学、法制心理学课程。

五、为了交流法制心理学科的教学经验,法制心理专业委员会于1986年8月在青岛召开了法制心理学科教学座谈会。与会代表就在该专业委员会下设法制心理学教学研究会问题取得了一致意见，并成立了筹备组。

六、法制心理专业委员会委托中国政法大学犯罪心理学教研室举办了一批犯罪心理学师资培训班。天津市法制心理学会也举办了一期法制心理学师资培训班。许多省、自治区、直辖市法制心理专业委员会举办了短期的讲习班。

七、全国法制心理专业委员会委托天津市法制心理学会积极筹办的《犯罪心理研究》杂志于1985年7月在天津创刊。该杂志是双月刊，将于1987年起公开发行。

（罗大华）

第十五部分

高等法律院校

中国政法大学

中国政法大学担负着培养高层次政法专门人才的任务。她的前身——北京政法学院,是1952年全国高等院校调整时,在北京大学、清华大学、燕京大学和辅仁大学的法律系、政治系、社会学系的基础上建立的。"文革"期间,北京政法学院被撤销,1978年8月5日复办。1979年开始招收本科生和研究生。1983年5月经党中央国务院批准,在北京政法学院和中央政法干部学校的基础上,建立中国政法大学,受司法部和北京市双重领导,以司法部领导为主。

30多年来,北京政法学院和中国政法大学,共毕业学生7740人。早期毕业的学生中,有许多人在全国各级政法部门担任了领导职务,或者成为法学教育、科研的骨干。

中国政法大学由校部、研究生院、进修学院(1984年已改建为中央政法管理干部学院)、本科3系、4个研究所、共同课基础部、马列主义教研部、函授部、出版社等单位组成。本科3系下辖28个教研室(研究室),分设法律、经济法、国际经济法、政治学和思想政治教育5个专业。本科学制4年,现有在校本科学生1803人。中国政法大学成立以来,已毕业本科学生1000余人。法律系设法律专业,主要培养从事审判、检察、司法行政、律师和企事业法律顾问等司法实际工作的专门人才。开设法学基础课及法律专业课程140余门。经济法系设经济法专业和国际经济法专业。经济法专业主要培养从事经济立法、经济审判、经济检察、经济律师和公证工作的专门人才。开设经济法基础理论、社会主义经济管理学、计划法、公司法、商业法、国际贸易法等60余门课程。国际经济法专业主要培养从事涉外经济立法、涉外经济司法、涉外经济律师和公证工作的专门人才。开设国际经济法导论、世界经济概论、国际经济关系、国际贸易法、国际投资法、海商法等50多门课程。政治系设政治学专业和思想政治教育专业。主要培养在政法机关和党、政、企事业单位从事宣传、组织、人事、纪检及行政管理等工作的专门人才。开设的主要课程有:马克思主义政治理论、政治学、党的学说和党的建设、教育学、伦理学、中外政治思想史、中外政治制度、宪法、行政法、国际法、经济法、行政管理学、市政管理学、人事管理学、国民经济管理学、当代国际政治、管理心理学、社会统计学、当代社会思潮、系统论、信息论、控制论、电子计算机基础、现代科技概论等。研究生院现有21个专业方向的研究生共334人,其中硕士生329人,博士生5人。1986年研究生中有156人毕业。硕士生学制3年,博士生和研究生班学制2年。学校的4个研究所是:中国法制研究所、中国法律史研究所、外国法研究所和法律古籍整理研究所。正在积极筹备成立社会学研究所。函授部创办于1982年,主要招收华北地区的政法在职干部,学制3年。现已毕业1084人,有在读生2391人。

中国政法大学面向全国招生。在完成国家的招生计划外,还接受有关部门委托代培研究生、双学士学位生和大专生。现有代培研究生93人,大专生450人,双学士生182人。1986年受中央政法部门的委托,先后举办了全国性的《民法通则》培训班和行政法班。学校还在大连市与大连管理干部学院联合举办了企业法律顾问班。此外,受司法部的委托,设立了涉外法律人才培训中心,培训从事涉外法律事务的专门人才。

中国政法大学拥有比较雄厚的师资力量。它聚集了不少在国内外有影响的法学、政治学、社会学等方面的专家、教授。全校现有教师630多人,其中教授20余人,副教授100余人,讲师近200人。几年来先后有几十名教师到国外讲学、访问和参加国际学术会议。

中国政法大学坚持以法学为主,多学科、综合性的办学方向。现已突破单一学科的办学模式,在专业设置和课程结构上作了重大改革。本科已由原来的一个法律专业发展为5个专业。除原来开设的马克思主义理论、法学课程外,还积极创造条件,开设新的边缘学科课程,以沟通法学、政治学、社会学、心理学、经济学与自然科学领域之间的联系,促进法、政、经结合,文理渗透,拓宽学生的知识面。为培养既有坚实的理论基础,又有较强的实际工作能力的学生,在教学中注重实践性。除组织高年级学生到政法部门实习外,还经常组织各年级学生走上社会,开展法律咨询和普及法律常识活动;组织学生旁听审判,利用假期进行社会调查,举办模拟法庭等。这些活动,既为社会提供了法律服务,又促进了理论与实践的结合。

中国政法大学在抓好教学的同时,积极开展科学研究工作。仅1986年全校就完成科研项目148个,其中包括若干国家项目和部级项目。许多教师先后参加了宪法、刑事诉讼法、婚姻法及民法通则的起草工作,并且编写出版了有关著作。在司法部举行的全国政法院校首届学术讨论会上评选出的12篇优秀论文中，有6篇论文的作者为该校教师或研究人员。同时，又有12篇论文被推荐给国家教委召开的“中国社会主义法制建设理论与实践研讨会”。在哲学社会科学“七五”规划中，该校承担了3个国家科研课题。一名副教授参加了香港特别行政区基本法的起草工作。近年来，由该校教师编写的法学专著如《中国近代法律思想史略》、《刑事证据理论》、《中国刑法通则》、《民法教程》、《犯罪心理学》、《行政法总论》等，有的被评为优秀科研成果。

为了适应社会主义现代化建设的需要，更多、更好地培养法律人才，中央决定在京郊昌平兴建中国政法大学新校址，总建筑面积为15万平方米，已列为国家重点工程。新校建成后可容纳5000余名学生。

（王海英）

中国人民公安大学

中国人民公安大学是1984年1月在原中央人民公安学院的基础上创办的，是我国专门培养公安业务应用人才、科研人才和公安院校师资的一所高等学校。它的前身是1949年的华北公安干部学校，1950年改称中央公安干部学校，1953年定名为中央人民公安学院，1959年与中央政法干部学校合并，1982年改为中央人民公安学院。校址在北京市。

公安大学的教学组织有：马列主义理论课教研部、文理科基础课教研部、警察体育技能课教研部、公安业务基础课教研部、干部专修科部，并设公安管理系、法律系、侦察系、治安系。

公安大学学制为四年，设有公安管理、法律、侦察、治安4个专业。现有专任教师336人，其中教授1人，副教授17人，讲师70人，助教160人，教员88人。1986年在校学生1262人，其中本科生858人，干部专修科生404人。已毕业学生202人（干部专修科生92人，师资专修科生110人）。

1986年学校举办了“反革命犯罪侦察学”、“犯罪心理学”、“公安管理学”、“警体科学”等学术讨论会，评选出校级优秀论文12篇，编写出版获校级科研成果奖教材10本。已由公安大学出版社出版公安高等院校统编试用教材18本。

中国人民公安大学于1985年7月创办了夜大学。校址设在公安大学内。

夜大学开设法律专业，培养公安系统专业人才。学制为3年，现有在校学生274人。

夜大学的课程除由公安大学法律系及其他部系的教师讲授外，还从外校聘请一部分教师讲课。

法律专业开设20门课：4门共同课，16门专业课，共授课1411学时。每门课结束时要进行考试。

（中国人民公安大学）

中国人民警官大学

中国人民警官大学创建于1984年5月，是我国培养公安科技、外语、交通管理等高级专门人才的高等学校。它的前身是国际政治学院，建于1978年。现校址在北京市大兴县。

警官大学的教学组织有：马列主义教研部、基础教研部、法学教研部、公安业务教研部、公安外语教研部、干部专修科部和函授部，并设外语系、中文系、警卫安全系、科技系、警察问题研究所。

警官大学学制为4年，设有城市交通管理、通讯、电视技术及图像传输、计算机应用技术、英语、日语、德语、汉语言文学等八个专业。

现有专任教师334人，其中已评定职称的有教授1人，副教授25人，讲师114人，助教37人。现有在校生1329人，其中本科生1152人，普通专科生38人，干部专修科生139人。并开设县公安局长短训班，每期培训100人。几年来毕业的有1253人，其中本科生978人，普通专科生88人，干部专修科生141人，师资专修科生46人。

警官大学设置了基础课、公安业务课、法律课和选修课等多门课程，以适应为公安工作现代化培养科技人才的需要。

中国人民警官大学于1985年7月创办了函授大学。

函授大学现开设中文专业，培养公安系统宣传报道等专门人才。学制为3年。现有学生1880人。

中文专业开设12门课。每学年教学为41至42周，每周约18学时。1986年度开设4门课，共756学时。函授部编写自学函授教材共10本，并出版有教学辅导刊物《函授通讯》。各站集中面授，或放录相、录音，每门课不少于40学时。每门课结束时进行考试。

函授大学设函授部，并在四川、云南、贵州、广西、江西、黑龙江、吉林、辽宁、北京、内蒙古、山西、福建等12个省、自治区、直辖市设函授站，在地市公安处、局设分站。由中国人民警官大学教师任教，各站、分站还聘请有丰富教学经验和水平较高的教师任教。

（中国人民警官大学）

北京大学法律系

北京大学创办于1898年，当时称京师大学堂，是我国建立最早的大学，后来改名为北京大学。北京大学早年即设有法科，校址在今北京市东城区的沙滩。

北京大学是1919年著名的“五四”运动的发源地。李大钊、毛泽东等曾经在这里工作过，建立了中国最早的马克思主义研究会，传播马克思主义。近百年来，中国一些著名的革命家、文学家、科学家、史学家、哲学家、法学家和教育家，也曾在北京大学学习或工作过。

1949年中华人民共和国成立时，北京大学设有包括法学院在内的六个学院。法学院由政治系、经济系和法律系组成。1952年全国高等院系调整时，北大法律系、政治系从北大分离出去和其他几个大学的法律系、政治系合并成为北京政法学院。

1954年，北京大学重新设立法律系，开始招收四年制的本科大学生，后改为五年制。到六十年代初又增收三年制的研究生。从1954年到1986年，北大法律系共有本科大学生2000多人毕业。从1962年到1986年共有研究生100人毕业。

六十年代中期，北大法律系每年只招收五年制大学生30人，研究生数人，全系仅有大学生150人，研究生10余人，教职工65人，是当时北大人数最少的系之一。到1986年10月，北京大学法律系已发展成为全校最大的一个系。1980年至1985年，每年招收本科大学生230人，硕士研究生50人，研究生班研究生40人，全系学生逾千。教职工达到162人，其中教授13人，副教授32人，讲师37人，助教43人，编辑3人，资料员15人，职工19人。

法律系设有法律、经济法、国际法三个专业。学校还设有国际法研究所、经济法研究所，在行政上由法律系代管。

法律系设系办公室和法学基础理论、法的历史、宪法、民法、刑法、诉讼法、经济法、刑事侦查和国际法等教研室。还有一个国外法学研究室，主要负责出版《国外法学》双月刊。

法律系现有本科大学生749人，学制为4年。还有最高人民检察院委托举办的两年制大专班学生386人，国务院经济法规研究中心委托举办的两年制大专班学生34人，北京地区经济法三年制的函授班学生215人，中国人民武装警察部队的法律函授班三年制学生3152人。还承担了北京大学分校法律系、北京市法律夜大学、烟台大学法律系和宁波大学法律系的教学任务。北京市的高等教育自学考试法学专业也由北大法律系承担。

法律系现有研究生207人，其中博士生6人，其他院校派来进修的教师20人。

1986年法律系有本科生230人毕业并获得学士学位，有研究生45人毕业，获得了硕士学位。

从1979年以来，每年均有外国法学教授来北大法律系进行长期或短期讲学。近年来，还接受美国、日本、苏联、加拿大、联邦德国和民主德国的法学教师前来进修或学习。

继1984年、1985年之后，1986年7月又为美国美利坚大学举办了为期两周的第三期中国法讲习班，参加讲习班的有30人，主要是来自美国的学生。1986年9月至12月，还第一次为外国学生开办了为期4个月的中国法律讲习班，参加学习的有美国、加拿大、澳大利亚、日本等国的留学生共12人。

为了增进同国外的学术交流，北大法律系每年都要派出一批教师和学生到国外讲学、进修、攻读硕士或博士学位。从1978年到1986年，去国外讲学、进修、攻读学位的已有42人返系工作。其中获得博士学位的1人，硕士学位的5人。到1986年10月，尚有22人在国外讲学、进修与攻读学位。

1986年，法律系的三个专业开始执行经过修订的新教学计划，减少了必修课，增加了选修课，增开了一些新课。法律专业的必修课程是：科学社会主义、哲学、帝国主义及当代西方经济、中国社会主义建设问题、外国语、汉语写作、法学基础理论、中国法制史、中国法律思想史、外国法制史、宪法学、民法学、刑法学、民事诉讼法、刑事诉讼法、行政法、经济法概论、国际经济法、国际法、国际私法等25门。选修课则增加到60门。同时，要求学生选修一些自然科学课程，如高等数学、计算机基础，以及有关国际方面的课程，如当代国际问题专题，以及当代政治、经济、文艺思潮专题等，以扩大学生的知识面和视野。经济法专业和国际法专业的必修课大体与法律专业相同，但都减少了一部分法律专业的必修课，增加了一些本专业需要的必修课。如经济法专业的企业法、财政法、金融法、环境法、国际投资法、国际贸易法、经济合同法；国际法专业的国际法基本理论、海洋法、空间法、国际组织、国际关系史、中国对外关系史。

从1978年以来，全系教师在科学研究上也取得了可喜的成绩。到1985年为止，共出版了教材15部，专著38部，译著27部，发表论文660多篇。法律系承担了全国社会科学“七五”规划中的6个项目。

教师除承担教学和科学研究任务外，还参加了多种法律和法规的起草工作。

（北京大学法律系）

中国人民大学法律系

中国人民大学法律系于1950年3月开始筹建，9月开学，是新中国成立后创办的第一个法律系，地址在北京。

创办初期，只设有法学专业，分为本科生和研究生班。本科生开始为四年制，1960年改为五年制。研究生班开始为二年制，1954年改为三年制。另有少数四年制的研究生。此外,还举办了多期教师进修班。

五十年代初期,本科招生对象以在职干部为主,学生大多是来自政法机关和企事业单位的在职干部或军队转业干部。五十年代后期,逐步改为以招收高中毕业生为主。最高招生数额为1954年:本科生352名,研究生39名。在校生最高数额为1956年:本科生954名,研究生99名。

本系主要培养政法院系师资、法学研究人员以及从事司法实际工作的专门人才。

目前,法律系设有法学理论、法制史、国家法、刑法、诉讼法、刑事侦查学、经济法、民法、国际法等9个教学研究室和资料室、实验室各一。法律系与北京人文函授大学法律系合办的《法律学习与研究》刊物,为教师发表学术论文和学生习作提供了园地。

法律系现有教职员工116名,其中有教授、副教授47名,讲师12名,助教38名。

本系设有刑法、民法、宪法、法学理论4个博士研究生专业;设有法学理论、法律思想史、法制史、刑法、诉讼法、国际法、民法、宪法、国际经济法9个硕士研究生专业。全系现有博士研究生7名,硕士研究生76名,研究生班研究生69名。本科设有法学专业和经济法专业。现有本科生343名,专科生510名,干部专修班学员132名,进修生11名。

法学专业开设的主要专业基础课和专业课有:法学基础理论、宪法学、中国法制史、外国法制史、刑法学、刑事诉讼法学、民法学、民事诉讼法、国际法、国际私法、中国政治法律思想史、西方政治法律思想史、行政法、外国宪法、外国刑法、外国刑事诉讼法、犯罪学、劳动改造法学等。

经济法专业开设的主要专业基础课和专业课有:法学基础理论、宪法学、法制史、刑法学、民法学、诉讼法、经济法概论、计划法、经济合同法、环境保护法、基本建设法、交通运输法、财政税收法、金融保险法、劳动法、知识产权法、外国民商法、中外合资经营企业法、国际法、国际经济法、部门经济学等。

为了坚持面向现代化、面向世界、面向未来的方向,达到多出人才、快出人才和出好人才的目的,在学校的统一领导下,法律系积极稳步地进行教育体制的改革,努力贯彻以提高为主的方针,实行以本科为基础,以研究生为重点,教学和科研并重的原则,逐步增加博士研究生和硕士研究生的比例,着重培养高层次、高质量、高水平的人才,并把德育、智育、体育紧密结合起来,把传授知识和培养能力紧密结合起来。在教学改革中,重视对学生进行系统的马克思主义理论教育,并以马克思主义为指导进行各门专业课教学;注重基础知识教学,注重开设我国四化建设急需的课程和介绍外国情况的课程;注重用现代化教学手段,改进教学方法,有计划地组织学生进行专业实习、社会调查和科研活动,适当减少必修课,加大选修课的比例,使学生既能系统、熟练地掌握本专业必需的基础理论、基本知识和基本技能,又具有较强的独立研究问题和解决问题的能力。

为了加强国际学术交流,法律系和美国的杜克法学院签订了互派留学生、进修生以及学者互访的协定;还与香港树仁学院建立了专家互访讲学的协议。

1986年,除完成本校的教学任务外,还承担了北京市“法学概论”的自学考试辅导任务;支援了深圳大学法律系、汕头大学法律系,并担任了中央广播电视大学、北京广播电视大学、北京市海淀区业余大学、北京人文函授大学法律系、中国人民大学函授学院、北京联合大学文法学院等单位的全部或部分法律专业的讲课、编写教材以及辅导任务。此外,还举办了知识产权培训班、法学师资培训班、律师培训班等。

党的十一届三中全会以来,全系教师在法学研究领域取得了可喜的成果。由本系教师撰写或参加撰写的专著、教材、工具书等约129部;为各类法律报刊杂志撰写学术论文452篇;“六五”和“七五”计划期间,承担国家法学重点科研项目十余项。

(中国人民大学法律系)

中央民族学院法律系

为了适应民族地区法制建设的迫切需要,系统地培养少数民族法律专门人才,中央民族学院从1980年开始,在原政治系和干训部分别建立法律专业,开设了法律本科班、大专班和法律干部培训班。几年来,共为民族地区培养输送了法律本科大学生149名,法律大专学生41名,培养了在职的少数民族政法干部374名。1986年3月,正式成立了中央民族学院法律系。

法律系现有干部和教师共计35人,教师24人,其中已评定职称的有副教授5人(包括外聘2人)、讲师6人。现设3个教研室,即刑法、诉讼法教研室(包括刑法、刑事诉讼法、民事诉讼法、刑事侦察学、劳改法等专业);民法、经济法教研室(包括民法、经济法、婚姻法、国际私法等专业);法理、国家法教研室(包括法学基础理论、宪法、中国法制史、外国法制史、中国法律思想史、外国法律思想史、民族区域自治法、行政法等专业)。

法律系本科四个年级,现共有学生180人,另外还有民族地区委托代培的大专班学员95人。

法律系还担负着本院干训部法律干部培训班的教学工作,以及全院教职工和各系学生的普法教育工作。

(何 川)

北京经济学院经济系经济法专业

北京经济学院经济系经济法专业，是为了适应北京市经济建设和法制建设的需要，于1984年创办的。学制为四年。现已招生3届，每届一个班。现在校学生共122人。

该专业的培养目标主要是为北京市经济领导机关的条法机构，大中型国营企业的经济法律顾问机构，以及政法机关输送有一定政治觉悟，一定理论知识和工作能力的实际工作者。

承担经济法专业教学任务的是经济系内的经济法教研室。这个教研室共有教师18人，还有委托中国政法大学代培的研究生3人。经济法教研室教师除承担本专业课程外，还担负着经济系、计统系、财会系、贸经系各财经专业《经济法概论》的教学任务。除经济系经济法教研室外，工业经济系、劳动经济系和物资管理系还有经济法教师7人。他们除担负本系财经专业的《经济法概论》课外，还承担了经济系经济法专业的部分课程的教学任务。

教研室重视组织师生参加社会实践活动。1985年和1986年暑假期间，曾参加了北京市的执法检查工作。

1986年内，教师编写出版的著作有：《经济法》、《商业经济手册》（经济法规部分）。

该专业与美国纽约州立大学布法罗经济管理学院保持学术和人员交流关系。1986年该专业有一名教师应邀赴美讲学。还准备选送青年教师赴日本留学。

（北京经济学院经济系）

中央政法管理干部学院

中央政法管理干部学院是隶属司法部的正规成人高等学校，担负着培训全国检、法、司和政法委员会、人大常委法制处（室）县级以上领导干部以及后备干部，和政法干部院校法律专业师资的任务。

中央政法管理干部学院的前身是中央政法干部学校，于1951年7月创办。1959年该校与中央人民公安学院合并，校名仍为中央政法干部学校。“文革”开始后停止招生。

1978年，中央政法干部学校恢复招生。1983年5月，改建为中国政法大学进修学院，开始用正规化的方式培训两年制大专学员。第一期招收学员309人。1984年8月在中国政法大学进修学院的基础上，正式成立中央政法管理干部学院。截至1986年，已毕业两期大专学员533名；短期轮训结业学员819名。

中央政法管理干部学院计划建立八个教研室，现已建立刑法、刑事诉讼法、民法、经济法等四个教研室；设有大专一部、二部和干部轮训部等3个学员部；设有图书馆和资料室，以及相应的党政机构。

大专部通过全国成人教育统一招生考试，招收40岁以下县级以上的在职政法领导干部及后备干部。学制2年。

学院在教学上注意贯彻理论联系实际的教学方法。针对成人教育的特点，采取重点讲授、自学为主和实际调查研究相结合的方式进行教学。还经常请专家学者举办不同内容、不同形式的专题讲座和报告会，深化专业知识，开扩视野，了解新兴科学。在加强本院教师队伍建设的同时，聘请国内著名专家教授讲授大专班的主要课程。学院现有教师86名，其中有副教授2名，讲师10名。在校学员908人。

1986年，该院举办了全国第1期司法统计学习班，已于7月份结业。第四期政法领导干部培训班182名学员，和第二期全国司法领导干部轮训班的95名学员，均已于9月份入校学习。司法部举办的全国企事业法律顾问培训班，委托该院管理，本期270名学员，也正在培训中。

学院于1986年5月举行了第三届科学讨论会，共收到教师与学员提出的论文70多篇，其中3篇被选送参加司法部部属院校第一届学术交流会。

1986年内，有20多名教师在报刊上发表论文57篇，撰写了《中国社会主义建设问题》等七部专著，翻译出版了《现代经济法入门》等四部著作，参与编写《消费者保护法概论》等三部著作，并参加了高等学校法学统编教材《刑事诉讼法教程》的编写工作。

（郑卓力）

公安部管理干部学院

公安部管理干部学院创建于1985年，是公安部直属高等学校，以培养公安系统高级管理人才和业务骨干为目标。学院院址在北京市。

学院设院办公室和教务处，分别负责行政和教学工作。现有专职教师45人，兼职教师27人。

学院现设公安管理专业，学制二年。现有在校生380人。拟在1987年内开设侦察、保卫治安等专业。学院还担负着短期轮训全国公安系统副处长以上领导干部的任务。

（公安部管理干部学院）

中国工运学院劳动法学系

中国工运学院劳动法学系建于1986年9月。它是根据中共中央关于干部教育正规化决定的要求，为适应社会主义现代化建设和加强社会主义法制的新形势，适应新时期工会法律工作的迫切需要，经国家教育委员会批准开设的。中国工运学院校址在北京。

劳动法学系承担着培养全国工会法律干部的任务，同时担负着劳动法学理论研究和在全国工会系统普及法律知识的任务。

劳动法学专业的基本任务是：培养德、智、体全面发展的，符合社会主义现代化要求的工会法律工作者。目前暂设大学专科，学制为二年。招生对象是：全国工会系统具有高中文化程度、五年以上工龄、经参加全国各类成人高等学校统一招生考试合格的在职在编干部。1986年9月已招收第一批学员，学员在两年学习期间，将学习基础课、政治理论课、专业基础课和专业课27门。

劳动法学系同中华全国总工会政策研究室、劳动人事部劳动科学研究所保持密切联系，同时与北京各高等法律院校亦保持联系，并得到它们的大力支持。随着对外交流的发展，还将同国外劳动法学界进行学术交流。

（中国劳动法学研究会秘书科）

北京市政法管理干部学院

北京市政法管理干部学院的前身是北京市政法干部学校。北京市政法干部学校是1982年10月，根据北京市人民政府的决定建立的。1983年6月，为适应干部教育正规化的要求，在政法干校的基础上成立了北京市政法职工学院。1985年2月，改名为北京市政法管理干部学院，是北京市市属的一所培训政法干部的成人高等学校。学院的主要任务是培训北京市市、区、县政法系统的在职干部。

学校自创建以来，已有两届大专班共123名学员毕业；举办各种短训班16期，共培训在职干部823名。现有在校学员271名，其中法律专业大专班学员175名，学制两年；司法干部轮训班学员38名，企业法律顾问培训班学员26名，检察干部自侦案件培训班学员32名。

学院除党委系统及行政管理机构外，在教务处下设宪法、法学基础理论、刑法、民法、经济法、语文、体育等教研室，以及图书馆、资料室等教学辅助部门。全院现有教职工111名，其中专职教师40名。并从中国人民大学、中国政法大学聘请了部分兼职教师。为适应成人教育的特点，各教研室已编写出法理、宪法、刑法、民法、经济法、婚姻法、继承法等学科讲义共300万字，准备出版。由部分教师集体编写的《法学知识图解》四集，已出版两集。

（北京市政法管理干部学院）

北京联合大学文法学院法律系

北京联合大学文法学院法律系是北京市属走读文科大学。它的任务是为北京市培养和输送有理想、守纪律、德智体全面发展，能从事政法实际工作以及法学研究和教学工作的专门人才。

北京联合大学文法学院法律系的前身是1983年成立的中国人民大学二分校法律系。1985年初，北京联合大学成立后，中国人民大学二分校法律系改为北京联合大学文法学院法律系。教学活动仍与中国人民大学保持着密切的联系，专业课程大部分由中国人民大学教师讲授。现已初步建立起自己的教师队伍，并承担了一些基本专业课程和公共课的教学任务。为适应教学和科研的需要，法律系设有两个综合性的教研室。

法学专业本科学制为4年，专科为2年。本科参加全国统一招生。

为使学生在政治理论和业务上有较扎实的基础，除课堂教学外，还开展了第二课堂的教学活动，注意加强实践环节，组织和引导学生走向社会，进行社会调查、法律咨询、宣传普及法律知识、参与办案等活动。院系经常聘请著名学者、著名人士作法学、经济、政治等方面的报告，以开拓学生的视野，丰富学生的专业知识。

法律系已有3届共160名学生毕业，并获得法学学士学位。受空军后勤部委托举办的空军法律大专班45人也已于1986年毕业。现在在校生还有三个年级共105人。

为适应经济、政治和教育体制的改革，1986年开始实施新的教学计划。做法是：在教学体系上进行了合理的调整，以照顾相关学科中的内在联系；压缩必修课的学时，增加选修课的范围和内容，主要增选了应用性较强的，如行政法、社会学、统计与会计、审计学、司法业务等课程；适应现代化新技术革命需要，实行文理渗透，增加了自然科学基础、高等数学、电子计算机等课程；加强实践环节。在此基础上，由学时制逐步向学分制过渡，对德、智、体全面发展，成绩优异者，允许跨院系选择第二专业，实行双学位制。在教学法上贯彻少而精和启发式原则，采取诸如案例分析、模拟法庭、课堂讨论等多种形式。一些教师参加了中央及地方性的学术会议和调查研究活动，编写出教学大纲、讲义和教学参考资料，对社会治安综合治理、国际与国内经济法等问题进行研究，还编写了《商业经济法问答》、《涉外经济法问答》等法律普及读物。

（北京联合大学文法学院法律系）

全国法院干部业余法律大学

全国法院干部业余法律大学是由中华人民共和国最高人民法院创办，经中华人民共和国教育委员会审定备案的一所成人高等学校。它的主要任务是培训全国法院在职干部。校长由最高人民法院院长郑天翔兼任。

全国法院干部业余法律大学创办于1985年3月，同年9月16日正式开学。总校设在北京。全国除台湾省外，在29个省、自治区、直辖市高级人民法院和铁路运输高级法院设立了30所分校；在全国各地中级人民法院设立了336个分部；全国现有1985个教学班，分别设在全国各高、中级人民法院和县（旗）、区人民法院。各分校、分部由各高、中级人民法院院长兼任分校校长、分部主任。各分校、分部还配备了专职副校长、副主任，负责主持学校日常工作。

学校招收的对象是全国各地法院中具有高中毕业文化程度和非高等法律院系毕业的在职干部。入学须经国家教育委员会统一组织的全国各类成人高等学校入学考试，择优录取。现有学员4万多人，其中1985级35000多人，1986级3900多人；此外还有参加单科学习的法院干部2100多人。

学校采用录音、录像等电化教育手段进行授课，并辅之以书面和面授辅导。由总校统一制定教学计划，编选教材，聘请教授、专家讲课，制作教学磁带，命题考试。目前是大专层次，学制3年。对学业期满、合格的毕业生，发给高等法律专科毕业证书。

该校的办学方针是："坚持理论联系实际。师资配备、课程安排和教学的方法、方式，都要从审判工作的实际需要出发。"并要求学校结合审判工作的实际编写讲义，通过教学实践逐步完善，逐步形成一套理论密切联系实际的，具有我国社会主义法制特色的，适应我国需要的教材体系。

依据上述方针，从最高人民法院和各高级人民法院选调了一批高等法律院系本科和研究生毕业，从事审判工作多年，经验丰富，又承担过讲学或著作任务的审判员到学校任教，并聘请其他高等法律院系的教授、副教授做兼任教师。目前已聘请专职和兼职教师90余人，并已成立了各学科教学研究组，承担授课和编写教材的任务。1986年已编写出《中国刑法讲义》和《中国刑事诉讼法讲义》，并已在教学中试用。正在编写的还有《中国民法讲义》、《中国婚姻法讲义》、《中国民事诉讼法讲义》、《中国司法制度讲义》、《中国经济法讲义》等5种。其他课程的讲义也在编写中。

学校教学计划规定，3年内将陆续开设：马克思主义哲学、政治经济学、中国革命史、形式逻辑学、法学基础理论、宪法、中国司法制度、刑法、刑事诉讼法、民法、婚姻法、民事诉讼法、经济法、国际私法、国际法、中国法制史、写作基础知识、司法文书写作、法医学和司法精神病学基本知识、刑事侦查学基本知识、自然科学基本知识等21门课程，其中必修课15门，选修课6门。

各分校共配备了4400多名专、兼职辅导教师，对学员进行面授辅导。面授辅导的课时，占总授课时数的五分之一以上。1986年4月份起，总校出版了《学习与辅导》月刊，登载各门课程的有关学习辅导材料和学习参考资料等。

学员主要是利用业余时间进行学习，采取按班级集体听课（每周占用一天工作时间）与分散自学相结合的方法，边学习，边实践，学习理论与实践紧密结合。这种办学方式，灵活、简便、易行，只需备有录音机、磁带和课本，随时随地都可以学习。它既适合干部在职学习的需要，也便于一个法院的庭、室根据当时当地的情况，统筹安排工作和学习，较好地解决了工作与学习的矛盾。通过学习，确实能够较快地提高干部的文化、业务水平，提高办案工作的质量和效率。一年来的实践证明，这种办学形式是符合我国情况的加速法院干部培养步伐的一项重要措施。

（陈肇彬）

北京市法律业余大学

北京市法律业余大学，原名北京市法律夜大学，是为北京市政法系统及其他机关、企事业单位培养法律人才的成人高等学校。

1980年11月1日，经北京市人民政府决定，在原北京市法律夜大学的基础上，由北京市司法局、北京大学法律学系、九三学社北京市委联合创建北京市法律业余大学。第一期学生于1980年12月15日正式上课。

北京市法律业大为大学专科，现行学制为业余4年（将改为三年），学校规模为300至600人，1986年前在校生最多达415人。现有专职教职工25人，兼职干部、教师40人。

北京市法律业余大学，充分利用和发挥北京普通高校的师资优势，采取业务部门、普通高校和社会力量各取所长、联合办学的方式，收到了开办快、质量好、投资省的效益，为培养实用法律人才闯出了一条新路。

北京市法律业大在教学组织和管理等方面既注意吸取借鉴普通高校的经验，又重视本校的特点和实践。几年来，已逐步建立健全了一套适合自己情况的规章制度，创立了"严谨正规，勤奋刻苦"的校风。

面向四化建设，为第一线需要服务是该校的宗旨。法律专业共开16门必修课，9门选修课。可根据公、检、法、司等业务部门的实际需要，调整选修课和学时。学校在抓好正规大专班教学的同时，还为部分未能入学的现职干部开设单科旁听课；利用现有办学条件帮助北京市工矿企业培训法律顾问（已办两期，培训了600人），还组织教师和学生进行法制宣传和法律咨询，广泛开展法律服务。

几年来，共招生679名，其中1986年录取81名。已毕业3届，共335名，其中1986年毕业的42名。

1987年将增设经济法专业，首次招生将为市经委系统对口培养100名厂矿企业法律顾问。

（北京市法律业余大学）

中央广播电视大学法律专业

中央广播电视大学法律专业设立于1984年。1985年9月正式招生。中央电大法律专业各门课程的组织管理与教学工作，由法律教研室负责。该教研室现有专职教师7人，兼职教师20余人，包括教授、副教授、讲师、助教等，许多人为国内外知名学者、专家。中央电大法律专业现为三年制大学专科，计划开设23门课程，其中专业课17门，包括法学基础理论、宪法、刑法、刑事诉讼法、民事诉讼法、经济法概论、婚姻法、劳改法、司法文书、国际法、国际私法、中国法制史、刑侦常识、律师、公证与调解业务、法医常识和外国法制史；公共课六门，包括哲学、政治经济学、逻辑学、中共党史、写作基础和自然科学基础知识。所有课程将于1988年上半年全部授完。据不完全统计，中央电大法律专业现有正式在籍学员三万余人，自学视听生七万余人，共计10万余人。

另外，全国各地还有35所广播电视大学开办了法律专业，各自负责本地区的教学组织工作及有关事务，共有专职法律教师百余人。少数省的广播电视大学先期开办了法律专业，已有两届毕业生。

（杨　毅）

北京人文函授大学法律系

为了广开自学之路，培养法律人才，北京人文函授大学于1984年底，商请中国人民大学法律系协助筹办法律专业。后经主管部门批准，于1985年2月正式成立了人文函大法律系，面向全国招生。现共有八五级学员91198人，八六级学员62000人。成立分校26所，辅导站49个（有的只是法律专业，有的包括人文函大的其它专业）。全部函授教材的编写工作和北京学区的面授教学，均由中国人民大学法律系教师担任。

人文函大法律系现设法律专业大专班，学制2年。招生对象是具有高中文化程度（包括同等学历）的干部、工人、战士和社会青年。培养目标是公安、检察、法院、保卫、司法、行政等部门的工作人员，律师工作者和企业事业单位的法律人才，中学和职业学校法制课的师资，以及从事普及法律常识工作的基层干部和积极分子等。两年中，共开设法律专业课10门，专题讲座两个（律师工作和公证业务、司法文书写作），还设有各专业的共同课——现代汉语。学员修业期满、成绩及格，发给毕业证书，供用人单位参考。自学成才的学员可以通过各地举行的自学高考取得正式学历。

自1985年初至1986年底，组织编写和出版了全部课程的函授教材（共12部），以及《简明法学词典》、《刑事案例选编》、《民事案例选编》等工具书和参考书，总计约450万字。为了配合教学工作，改善广大学员的自学条件，出版了《学员之家》（法律版）5期。自1986年8月起，同中国人民大学法律系联合主办了《法律学习与研究》杂志，作为两校师生发表科研成果，指导教学工作，交流学习经验的园地。

人文函大法律系的教学活动，大致分为以下四个环节：一、自学函授教材；二、开展面授教学；三、抽查学员作业；四、组织学年考试。北京学区的面授辅导课，定时定点进行。外地分校则依靠当地的师资力量进行面授辅导。1986年3月，在北京举办了外地学员面授班，各地分校共选送500名学员来京听课。1986年7月，向东北、西南地区派出了两个巡回讲学团。还对外地学员提供北京学区面授课的录音磁带，截止1986年10月，共发行20751盘。从抽查作业和八五级第一学年年终考试的情况来看，大多数学员学习成绩是好的。有的学员在老山前线的猫耳洞里坚持学习，有的成了当地普及法律常识的教师和骨干，有的运用学到的知识在本职工作中作出了成绩，还有的在报刊上发表了具有一定质量的论文。

（杨大文　赵雅晶）

南开大学法学系

南开大学位于天津市南开区。南开大学法学系是在中国共产党十一届三中全会关于加强社会主义民主，健全社会主义法制精神的指导下，于1980年9月正式建立的。系下设理论法学教研室、应用法学教研室、国际法学教研室和司法实验室，此外，还设有资料室和阅览室。全系现有教师28人，其中副教授5人，讲师14人。同时还聘请了一些国内外著名的专家、学者前来讲学。在学制上，既设有四年制的大学本科，也设有二至三年的大学专科。现有在校学生242人，其中研究生4人。从创建至今，已毕业学生共216人，其中于1986年毕业的大学本科生和大学专科生有118人。1986年法学系教师在为不断提高教学质量而努力的同时，还承担了国家下达的重点科研项目——关于天津市经济开发区的法律问题的研究，并出版了一些教材。

（南开大学法学系）

天津师范大学政治教育系法律专业

天津师范大学政治教育系法律专业于1980年成立。学制四年。目前设有基础理论教研室、部门法教研室和法学实验室。现有教学人员19名，其中：副教授1名，讲师4名，教员3名，助教11名。已培养两届本科毕业生83名。现有在校本科生156名。1985年招收了第1届法律夜大班，学员60名，学制3年，学习期满达到大学专科水平。在科研方面，1986年出版了由徐大同主编的《法学概论》。另外，这个专业还于1982年与天津市司法局联合创办了天津市业余政法学院。（详见《天津市业余政法学院》条）

（天津师范大学政治教育系）

天津商学院法律政治系

天津商学院法律政治系，成立于1985年5月。校址在天津市。法律政治系现设经济法教研室、国际经济法教研室、思想政治教育教研室等6个教研室。全系现有教师48人，其中有副教授3人，讲师19人，助教21人，其它行政管理及教学辅助人员5人。

法律政治系现设经济法专业和思想政治教育专业，学制为二年制大学专科。经济法专业分设经济法专科、经济法教师专科、经济法干部专修科三部分，从1985年秋季开始招生。现有在校学生除思想政治教育专科两个班71人外，计有经济法专科两个班83人，经济法教师专科一个班34人，经济法干部专修科一个班32人。

在教学方面，1986年内，经济法专业两个年级，除开设政治理论课及文化基础课外，开设的法学课程有法学基础理论、宪法学、中国法制史、刑法学、刑事诉讼法、民事诉讼法、经济法总论、部门经济法、涉外经济法、国际经济法等。

经济法专业课一律用自编教材。几年来该系教师共编写教材、教学参考资料达10余种，还撰写了一批论文在报刊上发表，有的论文如：《刑事制裁在经济立法上的处理》、《加强会计法制的重要立法》等，在1986年天津市和院内论文评比中获奖。

（方嘉民）

天津市政法管理干部学院

天津市政法管理干部学院创建于1985年1月，其前身是天津市政法干部学校。

天津市政法干部学校是1981年初着手筹建，1982年10月正式成立的。它的主要任务是对在职司法干部进行短期培训，先后举办了25期各种类型的培训班，培训学员2800多人。1985年1月在政法干校的基础上，正式建立了天津市政法管理干部学院。

天津市政法管理干部学院是一所法学成人高等院校，其任务是培养德才兼备，身体健康，具有大专水平的政法专门人才。招生对象主要是具有高中毕业文化程度，40周岁以下，身体健康，工作满三年以上的在职政法干部。同时，也招收部分政法系统以外的具备上述条件的在职干部。

学院将“求实、尚智、团结、刚正、进取”作为校风。学院的规模，定为教职工270人，学员800人。1986年已有教职工144人，其中有教师69人。

目前，学院设有法律和经济法两个专业，学制为两年。开设23门课程。这些课程分必修课和选修课两类。法律专业开设必修课14门，经济法专业开设必修课15门。

学院参加全国成人教育统一招生。1985年招收首批学员72人，其中法律专业38人，经济法专业34人。1986年又招收学员60名，法律专业和经济法专业各30名。到1986年，全院共有两届大专班学员132人。首届大专班学员将于1987年7月毕业。

学院贯彻多层次、多渠道办学的原则，在努力办好大专班的同时，还举办各种类型的短期培训班。1985年至1986年先后举办了军队转业干部培训班、政法系统领导干部培训班、法院干部培训班、全国检察系统法医班、《民法通则》学习班等八期短训班，共培训学员500多人。

为了适应教学工作的需要，本着精简高效、便于管理、利于工作的原则，除行政管理和后勤部门外，已建立了基础课、法学基础理论、民法、刑法、经济法等五个教学机构和一个图书资料室。

天津市政法管理干部学院建院一年多来，围绕提高教学质量开展了科研活动。1985年创办了《天津市政法管理干部学院校刊》。

（天津市政法管理干部学院）

天津市业余政法学院

天津市业余政法学院是市司法局与天津师范大学合办，经原国家教育部与天津市人民政府批准，于1982年5月建立的。校址设于天津市司法学校内。同年开始招生104人。招生对象主要是本市公、检、法、司、民政及其他机关的在职干部。学院设专职、兼职院长，下设办公室、教务处、教研室。学制四年。设法律专业，开设马克思主义理论、法学基础理论、宪法学、刑法学等21门课程。教师有专职和兼职两部分；兼职教师来自天津师范大学、天津政法管理干部学院及各政法部门。

现有在校生共169名。1986年9月毕业97名。

中国政法大学天津函授站附设于该院。该站设立于1982年，学制3年，招收公、检、法、司各机关学员。已有两届202名学员毕业。1985年开始招收政法系统外学员6名，1986年扩大到44名。现在校学员308人。该站现设置法律专业（1987年拟设经济法专业），开设14门课程。

函授站教师由中国政法大学教师担任。教学计划及教学任务都由中国政法大学函授部统一安排。业余政法学院和函授站学员毕业后发给大专毕业证书。

（天津市业余政法学院）

河北大学法律系

河北大学法律系于1980年9月在河北省保定市开始筹建，1981年下半年开始招收法学本科生，学制4年。1984年增设政治学专业，学制2年。到1986年夏，法学专业已有两届学生毕业，共121人，政治学专业毕业42人。

法律系设置法学基础理论、宪法、刑法、民法、经济法、诉讼法、中外法律史、国际公法、国际私法、犯罪学、政治学、政治史、汉语写作共13个学科组；刑侦、法医实验室，资料室。目前，有教师53人，资料员3人，实验员3人，行政工作人员9人。在校本科学生352人，专科学生70人，共计422人。另有十几名进修生。

该系为河北省高等教育自学考试法律专业主考单位。截至1986年底，全省已有1000多名法律专业自学考试学生取得专科毕业证书。1985年8月，举办了第1期法律专业大专函授班，学制3年，招收学员162人。

为适应教育改革的需要，法律系制定了法学专业分制教学计划，从八五级开始实行。根据教学计划，1985年至1986年度，法学专业开设必修课27门（含公共理论、外语及体育课），选修课8门。为扩大学生的知识领域，今后还将尽可能给三四年级学生多开设选修课。

1986年内，法律系进行了考试制度的改革。除严格考场纪律外，全部专业课程试行题库式考试。即每门课出五套题（试题要求覆盖课程内容的80%以上，使具有一定的宽度和难度），由系负责人抽题进行考试。实践证明，这种考试方法对督促教师提高教学质量，学生全面掌握基本知识起到积极作用。法律系还积极组织教师编写适合本系教学需要的教材资料，已编写出《政治学》、《中国法制史》、《国际法》、《中国宪法》等教材，并编写了部分教学参考资料。

1986年全系教师完成科研项目17项，其中出版专著1本，发表论文7篇；参加全国和省内学术会议11人次，提交学术论文9篇，参加兄弟校系学术会议2人次。

（河北大学法律系）

中国人民武装警察部队学院

中国人民武装警察部队学院（简称武警学院）创建于1981年4月24日，是一所以培训内卫、政工团职以上指挥干部和边防连以上指挥与专业干部兼容的，多层次、多学科、综合性的高等学校。校址在河北省廊房市。

学院设有大专、本科、轮训三个层次，以培养大专生为主。大专班学制二年；本科班学制四年；轮训班学制三至六个月。现有在校学员995名。

学院的管理体制为院、系、队三级。设有训练部、政治部、院分部和部属处（室）。系为教学实体，下设专业教研室和学员队。学员队为教学管理单位。现有边防、内卫、政治、后勤4个系，15个教研室，11个学员队。现有教员281名，其中：副教授2名，，讲师33名，助教9名。

1986年编写和修改了武警院校教材63种；举行了“捕歼战斗”和“治安突发事件”等专题学术问题讨论会。还出版有《武警学术》（双月刊），内部发行。

（丰春明）

中央劳改劳教管理干部学院

中央劳改劳教管理干部学院，是1985年4月经司法部批准，由原来的劳改工作干部学校改建的。同年秋季开始招生，系司法部直属的成人高等学校，校址设在河北省保定市。

学院的前身为1956年筹建的负责培训华北五省、市、区劳改工作基层干部的华北劳改工作学校。该校于"文革"初期停办。1979年，公安部决定在现院址筹建公安部劳改工作干部学校，1980年10月开学，主要培训劳改劳教单位领导干部。

1983年12月，学校划归司法部领导，更名为司法部劳改工作干部学校。从1980年10月至1985年7月，共举办了10期短训班，培训学员3951名。

为适应新时期劳改劳教干部队伍建设的需要，为劳改劳教战线培养高级管理人才，1985年4月改为中央劳改劳教管理干部学院。

学院实行党委领导下的院长分工负责制，下设14个处级机构和两个直属科室。除党委系统和行政系统外，教学系统下设马列主义理论部、专业基础教学部、劳改劳教专业教学部、图书馆、学报编辑部、大专部、进修部。马列主义理论教学部下设哲学、政治经济学、中国革命史3个教研室。专业基础教学部下设法律、犯罪心理学、语文、军体4个教研室。劳改劳教专业教学部下设劳改法学、狱政管理、教育改造、劳动教养、劳改经济管理5个教研室。

大专部招收工龄满5年以上，年龄在40岁以下，具有高中文化程度的职工，经全国成人高等教育统一招生考试择优录取。学制二年。进修部主要培训劳改劳教单位支队(所)级干部和省、市、自治区劳改工作学校的师资，每期四五个月。

大专部设劳动改造管理和劳动教养管理两个专业。各专业设必修课18门。两个专业的必修课有：哲学、政治经济学、中国革命史、法学基础理论、宪法、刑法、刑事诉讼法、经济法、语法修辞、犯罪心理学。劳改专业的专业课有：劳改法学理论、狱政管理学、改造教育学、犯罪心理学、劳改生产经营管理、司法文书、中国监狱史、军体。劳教专业的专业课有：劳教工作概论、劳教管理、劳教教育、劳教人员心理研究、劳教生产经营管理、司法文书、军体。另外，有选修课9门。

学院现有教师90名(含兼职教师12名)，其中有讲师23名，助教8名。现有大专学员422名，其中：劳改专业332名，劳教专业90名。还有进修学员83名。

学院的科研活动有两个方面：一方面，主要是编写劳改劳教专业教材；另一方面是研究探讨劳改劳教工作的一些理论性问题。目前已编成试用教材和讲义的有《劳动教养学》、《劳改法学概论》、《国外对青少年违法犯罪的治理》、《劳教文书》等。正在编写的教材有《罪犯改造学》、《劳改经济管理学》。劳改劳教工作的理论性探讨，正在围绕劳改立法、劳改工作改革、如何提高罪犯的改造质量等问题进行研究和论证。

中央劳改劳教管理干部学院计划到1990年在校学员可达1500名，其中：大专学员1000名，进修学员500名。

（中央劳改劳教管理干部学院）

河北政法管理干部学院

河北政法管理干部学院的前身河北省政法干部学校，1954年成立于保定市，1956年迁至石家庄市，曾为全省政法系统培训了12000多名干部。"文革"初期，学校停办。1974年7月复建河北省政法干部学校。1983年11月，改建为河北政法管理干部学院。

学院现有教职工217人，其中教师84人(内有讲师16人)。设有马列主义、语文逻辑、国家法、刑法、民法、经济法、刑事侦察七个教研室。共开设必修课和选修课24门。

学院现设法律专业，实行二年制的干部专修科与干部短期轮训班相结合的办学原则。办学规模为1000人。1986年首届干部专修科267名学生已经毕业。

从省政法干部学校恢复建校算起，已举办各种类型训练班43期。共培训公、检、法、司、民政、政法委、人大工作干部10300人次。受河北省司法厅委托，为河北司法学校代培司法中专生505名，首届205名毕业生也已走上工作岗位。

全院教学人员在承担教学任务的同时，积极开展科研活动。1982年与河北省法学会合办了《河北法学》。每年还举办一次全院性的学术讨论会。几年来在刊物上发表论文70篇，其中获优秀论文奖的10篇。近两年来，还有30多名教师参加了函授辅导，为省电视台和部分地、市讲授法律课。

（河北政法管理干部学院）

中国人民大学河北政法专科

中国人民大学河北政法专科创办于1984年12月，是经原教育部批准，河北省教育厅同意，由河北省政协和河北省司法厅联合邀请中国人民大学在石家庄市创建的。

该校实行自费办学，国家补贴，学生自费上学，不包分配，择优推荐的办法。政法专科学制两年，学生修业期满成绩及格者，由中国人民大学发给大专毕业证书，国家承认其学历。该校设经济法和国际政治两个专业。经济法专业开设24门课程，国际政治专业开设20门课程。全部教学工作包括学籍管理、课程设置、教材编写和授课等等，均由中国人民大学安排。

该校1984年从高考学生中录取了364名学生。1985年录取了215名。第1届学生已于1986年12月毕业。

政法专科在校长之下设：政治处、教务办公室和行政办公室。

（王　岩）

河北省政法函授大学

河北省政法函授大学是一所开放性的社会大学。筹建于1983年8月，学制3年。创建三年来，各项教学活动得到了正常的开展，截至1986年4月底，已讲授哲学、政治经济学、宪法、刑法、刑诉法、民法、民诉法等10门课。在校19950名学员中，有万余名学员参加了省自学考试。已考过的8门课程共取得单科结业证书27444个，4科以上结业的学员达329名，其中8科全部合格的838名。1986年下半年教学任务完成后，将有近千名学员可以拿到大专毕业文凭。今后每年都将有近千名毕业生。这个数字比建国35年来国家分配给河北省的政法院校大专毕业生的总数还多，相当于河北大学法律系10年毕业生数的总和。

河北政法函授大学现已初步建起了比较健全、能保持必要联系的领导体系。截至1986年5月止，已有5个地、市和2个县建立了政法函大分校，其他地、市也都建立了领导小组和办公室，并配备了专职工作人员。为了方便学员听课，还建立了面授站19个。学员比较集中的单位和部门正在向经常化、制度化的方向发展，普遍成立了自学领导小组。有的还把政法函大的学习和本单位的业务学习、工作挂起钩来，较好地解决了工作和学习的矛盾。

为了解决函授学员流失率较高的问题，从1985年起，每年招收注册学员近2万人，保持了学员队伍的相对稳定。

政法函授大学聘请中国政法大学、河北大学和河北政法干部管理学院的教师担任授课，使教学质量的提高有了可靠的保证。

河北省政法函授大学招生广泛，凡本省县有高中或相当于高中文化程度的政法干警，机关、学校及企事业单位的干部、教职员工，驻军指战员及城乡知识青年等，均可报名，免试入学。目前在校的近2万名学员，来自全省18个地、市，134个县。年龄最大的60岁，最小的17岁。这样广泛的招生办法，为有志自学成才者开辟了门路。

（河北省政法函授大学）

山西大学法律系

山西大学校址在太原。1902年建校，法律系建于1907年，当时称法律学门，属该大学的法科。1931年法科改为法学院，法律学门改为法律学系，学制4年。1937年抗日战争爆发后，法律系随校一度由太原迁至陕西省三原招生上课。新中国成立后不久，全国高等院校调整，山西大学改组为若干独立的学院，法学院及其所属法律系并入北京一些大学。1959年山西大学重新建校。1980年新建法律系。1981年夏正式成立招生。该系有法学和科学社会主义两个专业。现有教师52名，其中副教授5名，讲师和教员14名，助教6名。教学组织设有法学理论、民法、刑法等6个教研室，还有一个资料室，两个实验室。法学专业的课程设置有必修课26门，选修课37门。主要培养政法部门实际工作者和教学科研人员。科学社会主义专业1981年已有首届本科毕业生。法学专业自1981年开始招本科生。本科生是主体，每年平均招生120人。此外，还在有关部门支持和配合下举办专修班、干部培训班、夜大法律班、高考自学辅导班等，实行多层次、多规格、多形式办学，以适应国家建设的需要。本科学制为四年，专修班的学制，根据实际情况，有的为二年，有的为三年。到1986年夏，本科生已毕业145人，培训班、专修班等已毕业515人。现在在校学生计510人。到1986年，研究生已毕业7人，其中5人获得硕士学位。现在在校研究生（硕士生）8人，进修研究生1人。对学生的培养，注重基础训练，同时还注意社会实践，经常组织学生到基层开展普及法律知识和法律咨询活动。

（山西大学法律系）

山西经济管理学院
经济法系

山西经济管理学院是一所培养经济管理专门人才的多学科的高等院校。校址设于太原市。经济法系于1986年4月22日正式成立。

经济法系准备采取多形式、多层次、多规格的办学方式，拟设国内经济法和国际经济法两个专业。在“七五”和“八五”计划期间，分别招收本科生、专科生、研究生和干部专科班。计划从1987年起招收国内经济法专业本科生；从1988年起招收国内经济法专业专科生；

从1991年起招收国际经济法专业本科生和硕士研究生，并设三年制函授班和夜大班。

经济法系现有专业教师12名，目前承担着本院7个班的经济法概论课的教学任务，还参加了“普法”教育工作。

（山西经济管理学院）

山西省政法管理干部学院

山西省政法管理干部学院设在山西省太原市，其前身是山西省政法干部学校，1985年11月22日改建为政法管理干部学院。全院现有教职工134人，其中有教师68人。除党委系统及行政机构外，设有马列主义教研室、法理教研室、刑法教研室以及图书资料室。学院现设法律专业，学制二年。主要培养在职成人法律专业人才。每年招专科生150人；并举办检、法、司在职干部短训班，每期300人。自从1954年省政法干校创办以来累计培训学员5000人。现有在校专科生117人，短训班学员307人。

1986年完成了第20期培训班（包括刑检班95人、司法局长班70人和普法班123人）和第21期培训班（包括经济法班60人、律师班24人）的培训任务。还受共青团省委委托，举办团干部法制宣传员培训班，学员105人；受省律师协会委托，举办了律师统考培训班，学员395人。

1986年在科研活动方面，受省司法厅委托，编写出版了12本普法教材，共106万字，共发行48万册。受山西人民出版社委托，编写出版了《实用法律词典》，100万字。

（尉文明）

中国人民武装警察部队专科学校

中国人民武装警察部队专科学校创建于1980年8月，是一所军事性的专业学校。从部队连排职干部中招收学员。校址在山西省夏县。

学校设有训练部、政治部、校务部。现有教学人员332名，其中文化教员76名，内卫教员48名，政治教员59名，后勤教员57名，边防教员10名，技术教员30名，战术教员29名，其他教员23名。

学校现有10个专业，即：内卫指挥专业，学制二年；边防检查专业，学制三年；边境管理专业，学制三年；政治工作专业，学制二年；后勤指挥专业，学制二年；财务专业，学制二年；警需专业，学制二年；车辆管理专业，学制三年；营房专业，学制二年；军械管理专业，学制二年。1987年计划增设内卫参谋、内卫师资、政治理论三个专业。

武警部队专科学校自成立以来，已经有1849名学员毕业。现有在校学员1218名。1986年共编写教材与资料书51种；录制教学片3部；发表学术论文103篇。

（丰春明）

内蒙古大学法律系

内蒙古大学设在呼和浩特市。该校法律系于1980年冬开始筹建，1982年暑假招收第一届本科生。它担负着为内蒙古自治区培养蒙古族及其它各族法律专门人才的任务。

内蒙古大学法律系的培养目标是：从事政法实际工作和法学教育、科研的专门人才。现设四年制本科法律专业、二年制干部法律专修科和二年制经济干部专修班。1986年毕业人数为：本科59人，干部专修科54人。建系几年来，已为内蒙古自治区政法战线输送了本科生、干部专科生共163人，进修生200余人。

该系现有教职工42人，其中副教授6人，讲师11人，助教12人，其余为教学辅助及行政人员。另聘有若干名兼职教师，其中有教授1人，讲师3人。在校本科生245人，专科生173人。

为了适应教学和科研的需要，设有法学基础理论、刑法、民法、国际法、法制史等5个教研室，1个经济法研究室及刑事侦察照像、痕迹检验、法医实验室，资料室和行政办公室。

内蒙古大学法律系从本自治区的实际情况出发，除开设了一般综合性大学法律系所开设的必修课和主要选修课外，还开设蒙古地方法制史、民族区域自治法、民族理论与政策等若干门具有鲜明民族特点和地区特点的课程。为了培养学生的工作能力和科学研究能力，教学计划中规定有学年论文、社会调查、毕业实践、毕业论文等教学环节。

这个系十分重视蒙古民族法律人才的培养，在学生中，蒙古民族学生占有一定比例。一批蒙古民族法律人才正在成长。为适应内蒙古自治区法制建设发展的需要，该系将从本校蒙古语言文学系招收攻读双学位学生，以培养蒙汉兼通的法律人才。它将为民族法制人才的培养开辟一条新路。

该系的科研工作也取得了一定的进展。围绕教学工作需要，先后编印了《经济法规选辑》、《法律实用题解》（共4册）、《简明中国法制史词典》、《经济法实用讲话》、《民法经济法论丛》、《专利法讲话》、《民法通则讲话》、《法学概论辅导材料》等10余本教学辅导及参考资料。在区内外学术性刊物上，发表了该系教师撰写的数十篇论文。

（芒来夫）

辽宁大学法律系

辽宁大学法律系于1980年2月开始筹建，1981年6月正式成立。校址在辽宁省沈阳市。

根据国家对法律专门人才的需要，辽宁大学法律系在开始筹建时，就招收了一个业余大学班，学制4年，按照本科教学计划进行全日制教学。1981年正式建系后，开始招收本科生。1983年增建干部专修科，培养公安司法在职干部。1985年又增设了函授部。

辽大法律系从筹建到现在，经过6年时间的努力，已初具规模，成为省内一个既有本科又有专科和函授的多层次高等法学教育基地。从1984年开始，已为国家培养输送了390名法律专门人才。其中本科毕业生231人（包括考上研究生的31人），业大毕业生61人（包括考上研究生的1人），干部专修科毕业生98人。

辽大法律系现在只设法律专业。学制是：本科四年，专科二年，函授三年。根据国家经济建设发展的客观要求和辽宁省地处东北沿海地区，工农业都比较发达，对外贸易和涉外事务比较多的特点，正在积极创造条件，准备在"七五"计划期间，逐步增设经济法、国际法、政治学等专业和招收研究生，为国家培养多方面的和高层次的政法人才，以适应开放、改革、经济建设和法制建设的需要。

辽大法律系的教学研究机构有：法学基础理论、法史、国家法、刑法、民法、经济法、国际法、刑侦、逻辑学等九个教研室。此外还设有刑侦实验室和资料室。

目前辽大法律系在校学生有：本科528人，干部专修科128人，共计656人。此外，还有函授学员944人。

全系现有教师57人，教学辅助人员8人，行政工作人员8人。在57名教师中，有副教授5人，讲师29人，助教23人。教师们不仅承担着繁重的教学任务，而且还围绕着教学改革、经济建设和法制建设中提出的重大理论问题和实践问题，进行科学研究。几年来，教师在报刊上发表的论文有100篇，出版的著作有20本（许多内部使用的教材和资料均未统计在内）。

（赵玉岗）

中国刑事警察学院

中国刑事警察学院创建于1981年11月，是我国第一所培养高级刑事侦察和刑事科学技术专门人才的理科高等院校。它的前身是公安部人民警察干部学校，建于1954年。现校址在辽宁省沈阳市。

学院的教学组织有：马列主义教研部、基础教研部、法律教研部、军体教研部、干部专修科部和函授部，并设刑事侦察系、痕迹检验系、法医化验系、文检照相系。

学院学制为四年。设有刑事侦察、痕迹检验、刑事化验、文件检验、刑事照相、法医、枪弹检验、物理检验等八个专业。

现有专任教师235人，其中副教授14人，讲师66人，助教95人。现有在校生1310人，其中本科生1228人，专科生82人。还定期举办各级警校青年教师进修班、教师本科班、教师专科班、教师短期培训班，以及处级以上干部法制训练班等各种专职人员训练班。

学院1986年编写出版了《物证分析》、《毒物分析实验教材》、《法学概论》、《刑侦概论》等11本教材。评选出院级科研优秀论文48篇，取得了"高聚物及其制品的裂样红外光谱分析"和"DFB—3b型电子防盗报警控制设备"两项科研成果，分别通过了校级和沈阳市级鉴定。

学院还于1985年7月创办了函授大学。校址也设在辽宁省沈阳市。

函授大学现开设刑事侦察专业，培养从事刑事侦查的专门人才。学制为3年，现有在校生2602人。

刑事侦察专业开设12门课，总学时为2760小时。每一学年教学时间为45周，其中集中教学5周。平时每周学习为18学时，集中教学时间每周40学时，每学年学习时间共920学时。每门课结束时进行考试。

函授大学设函授部，并在黑龙江、吉林、辽宁、河北、山西、内蒙古、安徽、山东、河南、甘肃、青海、宁夏、新疆等13个省、自治区分别设函授站，在地市公安处、局设分站。函授部、站、分站都配备了一定数量的专职干部。各站、分站还聘请有丰富教学经验和水平较高的教师任教。

（中国刑事警察学院）

辽宁省政法管理干部学院

辽宁省政法管理干部学院设在沈阳市，是在原辽宁省政法干校的基础上改建的。辽宁省政法干校是由原东北政法干部学校和中央政法干部学校东北分校合并而成。

"文革"期间，辽宁省政法干部学校停办，1978年4月恢复。1979年，为适应加强社会主义法制建设和发展政法队伍的需要，辽宁省政法干部学校除培训在职政法干部外，增设了中专部，招收省内中学毕业生，学制二年。1984年3月，根据辽宁省人民政府的决定，中专部从政法干校分离出来，单独建立辽宁省司法学校。

1985年11月23日，辽宁省政法干部学校改建为辽宁省政法管理干部学院。

辽宁政法管理干部学院的任务是培养德才兼备、具有大专水平的法律专业人才。现设置法律、律师、公证三个专业，办学规模为800人(其中短训班200人)，面向全省法院、检察院和司法行政系统招生。招生对象是具有高中文化程度，45岁以下并有三年以上工龄的在职干部，经过成人高等学校入学统一考试录取。学制二年。期满成绩及格者，发给大学专科毕业证书，国家承认其学历。学院除开设二年制脱产大专班外，还担负着全省政法部门基层领导干部和业务骨干的培训任务，开办了各种形式和内容的短期轮训班和专业进修班。

全院现有教职工105人，其中有教师42人，兼职教师4人。此外，还聘请院外副教授9人、讲师3人任课。

在教学机构方面，设有刑法、刑诉法教研室，民法、民诉法教研室和基础课教研室等。

辽宁省政法管理干部学院计划在三年内达到国家规定的办学规模，并逐步实现在省内开办法律函授班和专业班，以便为国家培养更多的法律专业人才。

(李连山)

沈阳大学法律专业

沈阳大学是沈阳市属的一所为沈阳地区经济建设发展培养应用型专业人才的高等学校。1980年创建时，校名是东北工学院沈阳分院、辽宁大学沈阳分校。1983年，正式命名为沈阳大学。

沈阳大学是依靠地方财政，自力更生，因陋就简办起来的，实行收费、走读、择优推荐的原则。

沈阳大学建校六年来，已由13个专业发展为包括法律专业在内的20个专业。

法律专业是为适应沈阳市司法机关对具有大专水平的法律专门人才的需要，于1983年设置的。学制为三年。每届招一个班。已招收三届，共116名。另有17名代培学生。1986年首届毕业生37名已走上工作岗位。

沈阳大学法律专业的培养目标是为沈阳市司法机关培养德才兼备的司法干部。课程完全按照国家教委规定的教学计划设置。法律专业课除由本校教师(现有专职教师6人)讲授外，还请辽宁大学法律系、中国刑事警察学院、辽宁省政法干部管理学院的教师和有经验的司法专业干部兼课。

随着经济建设的发展，不仅司法机关需要具有大专水平的法律专业人才，而且政府机关、厂矿、企事业单位也迫切需要法律专业人才，尤其需要通晓经济法律的人才。为此，于1986年年初，沈阳大学将法律专业的培养目标作了适当的调整，把为沈阳市机关、企事业单位培养法律顾问、律师的任务提到了首位。在课程设置上也重新作了安排：把经济法律专业作为重点，去掉一些边缘学科，增加了企业管理学、会计学、统计学等课程。还参照中国政法大学经济法系的教学计划，把经济法学加深拓宽，使之成为能适应沈阳市经济建设需要的、具有沈阳大学特色的法律专业。

沈阳大学法律专业注意在学好理论课、专业课的基础上，加强实务教学，实行走出去，请进来，边学习，边实践的方法。除在校内加强课堂讨论、专题辩论等教学环节外，还组织学生在校内外进行法律咨询、法律讲演、普法教育，还经常举办模拟法庭，由老师(兼职律师)带领学生实习办案等。

(王玉琦)

吉林大学法律系

吉林大学设于长春市。法律系创建于1948年，原名东北行政学院司法系。1952年全国高等院校院系调整时，更名为东北人民大学法律系。

吉林大学法律系38年来，为国家输送了3000多名政法人才，毕业生遍及全国20多个省、自治区和直辖市。

“文革”期间，吉林大学法律系是全国幸存下来的两个法律系之一。1973年开始招收本科生，1979年开始招收研究生，是全国在“文革”后招生最早的综合性大学法律系。

吉林大学法律系现有教师80人，其中教授6人，副教授20人，讲师29人，助教25人，力量比较雄厚。

该系现有三个专业(法律学、国际法学、经济法学)，九个教研室(法学基础理论、法律史、宪法、刑法、民法、诉讼法、国际法、经济法、刑事侦查学)，另有法学研究室和资料室各一个。三个专业均已招收本科生。有权授予博士学位的学科是刑法学。有权授予硕士学位的学科有法理学、宪法学、刑法学、民法学、国际法学、法律思想史、法律制度史等。1986年毕业学生人数为：本科生121人，硕士研究生和研究生班学生48人，法律专业函授生550人。1986年在校本科生698人，硕士研究生和研究生班学生81人，在籍法律专业函授生1220人，外校进修生13人，外国留学生2人。

为使培养出来的学生知识结构合理，基础理论扎实，专业面广，适应力强，该系对本科生、研究生的教学方案和教学计划进行了调整和修订，压缩了必修课的学时，扩大了选修课的比例，合并了某些内容重复或相近的课程，增加了一些新课。比如，设置或讲授了比较刑法学、法律社会学、宪法社会学、当代西方理论法学、中国现代政治法律思想史等。还拟定了法学研究方法论、专家系统工程、三论与法学、法制系统工程等系列讲座。

该系注意狠抓教材建设。从1986年7月份开始，对1983年以来公开出版的24本法学系列教材进行了修订再版，力争在近期内做到主干课的大纲、教材、资料配套。同时，还注意改善教学方法。为了把现代化教学方法和手段引进课堂，实现电化教育、形象教育，系内建立了设备齐全的声相教研室，已拍摄电视教学片七部，有的已为系内和其他院系所采用。该系还加强了实践环节，请有经验的政法干部来系讲课，派教师到政法实际部门参加短期工作，增加了学生的业务实习时间，并且结合课堂教学，经常组织学生到政法实际部门参观访问或调查研究。为了鼓励学生在学习上"拔尖"，实行了优异生制度，对选拔出来的尖子人才，配备指导教师，制定方案，重点培养。

吉林大学法律系在长期的教学和科研活动中取得了比较丰硕的科研成果。据统计，自1979年至1986年6月，全系教师在国内主要报刊杂志上发表学术论文300余篇，出版专著35部，出版自编教材24部，参加18种全国统编教材的编写工作，还参加编写并出版了15种辞书和工具书。目前，该系还承担了国家重点科研项目二项，国家教委文科博士点专项基金项目六项，国家教委"七五"规划项目四项。为了推动科研工作，交流科研成果，该系每年都举办若干次内容不同、规模不等的学术报告会。

吉林大学法律系同国内兄弟院、系、所保持着经常性的学术交流，多次邀请校外学者来系讲学。同时，系内有10位教授、副教授被校外聘为兼职教授或研究员。此外，该系还先后为兄弟院校输送副教授、讲师10余名。

吉林大学法律系十分重视同国外法学界的交流。近年来，曾先后邀请近20名外国法学教授、律师来系讲学，并于1985年暑期举办了首届美国法讲习班；同时，先后派出18名教师、研究生到美国、日本、南斯拉夫和西欧一些国家讲学、进修和攻读学位。

（李忠芳　张文显　孟宪铎）

吉林省政法管理干部学院

吉林省政法管理干部学院是1984年3月建立的。院址在长春市。它的前身是吉林省政法干部学校，创建于1959年5月。"文革"中一度停办。1981年9月移地重建。

学院按大专院校建制。现设法律专业干部专修科，学制两年；同时设短期培训班。总规模700人。招收对象主要是省内政法机关的在职干部，也招收一部分工商管理、财税等部门和企业法律顾问机构的在职干部。

学院除行政机构外，教学科研及其辅助机构共9个。其中有教研室7个，即：法理教研室、刑法教研室、民法教研室、经济法教研室、劳改劳教教研室、政治理论教研室、共同课教研室；还有学报编辑部和图书馆。

全院现有教职工266人，其中教师90人。教师中，有副教授2名、讲师7名。

建院以来抓紧进行教材建设，现已自编出法律专业教材和教学参考书22种。共800多万字。其中3种教材已公开出版。

自1984年暑期以来，先后招收了3届干部专修科学员共499名。首届学员209名，已于1986年7月毕业。同时，举办了5期3至5个月的短期干部轮训，培训了450名在职政法干部。此外，在重点办好正规化干部培训的同时，积极挖掘潜力，开办自费走读大专班（学制3年），招收经全国统考合格的青年学生，毕业后不包分配，择优推荐录用。目前，这一类在校学生共234名。

1986年4月，学院召开了第二次学术交流会，收到学术论文40篇，评选出优秀论文3篇。有两篇被选送参加了司法部召开的全国政法院校第一届学术讨论会，并获得荣誉证书。

为开阔师生的视野，加强学术交流，促进教学与科研水平的提高，1986年还先后聘请兄弟院校十几位学者、专家和司法部门的主要领导干部来院讲学或做专题报告。5月份，美国纽约大学法学院外国法研究所所长霍华德·格林伯格教授应邀来院讲学。9月份，该法学院司法行政研究所所长巴巴拉·弗利克教授来华期间，商谈了双方今后发展学术交流与友好往来事宜。

（田　雨）

吉林工运管理干部学院劳动法学系

吉林工运管理干部学院，是目前全国工会系统5所成年大专院校之一。劳动法学系是该院的重要组成部分。现有教职工22人（包括外聘教师17人），学生60人（1985年30人，1986年30人）。

该系的培养目标是：培养德、智、体全面发展的，具有劳动法以及各种主要法律的基本理论和知识的，以法律手段维护国家、集体利益和职工的合法权益，从事工会工作的专门法律人才。

劳动法学系专业学制为两年。学生来源主要是在厂矿企业以及其他事业单位中从事工会工作，具有高中文化水平，经参加全国成人高校统一考试合格的在职青年干部。

根据专业培养目标的要求，从两年制和成人教育的特点出发，本着少而精以及理论联系实际的原则，在两年内共安排20门课程。其中开设政治理论课3门（马列主义哲学、政治经济学和中国革命史）；文化基础课4门（语文、逻辑学、自然科学概述和体育）；专业基础课6门（中国工运史、工会原理和工会建设、企业管理、法学基础理论、宪法、司法文书）；专业课8门（中国劳动法、比较劳动法、民法、刑法、诉讼法、经济法、婚姻法和环境保护法）。今后准备开设《国际工运史》、《犯罪心理学》、《工业企业法》等讲座课由学生选修。

（中国劳动法学研究会秘书科）

吉林市联合大学法律专业

吉林市联合大学是经吉林省人民政府批准，国家教委备案，由吉林市人民政府主办的一所地方性职业大学。招生对象为参加高校入学考试合格的高中毕业生。学生为自费走读，毕业后国家承认其大专学历，并择优推荐录用。法律专业创办于1985年8月，学制3年。现有学生80人（八五、八六两届各40人）。现共开设共同课和法律专业课23门。除共同课由本校教师担任外，专业课程请其他法律院校教师及政法部门的工作人员担任。法律专业的毕业生面向市内各政法部门。

（吉林市联合大学教务处）

黑龙江大学法律系

黑龙江大学设于哈尔滨市。法律系于1980年筹建，1981年开始招收本科生和专科生，现有在校本科生320人，专科生360人。在现有的50名教师中，副教授6人，讲师24人，助教20人。为加强师资队伍的建设，还派出4人在国外学习，委托国内各高等院校培养研究生13人。

法律系于1984年开始招收民法、刑法和法学基础理论3个专业的研究生，现有研究生8人。民法专业已获国家硕士学位授予权。

法律系除现有8个教研室外，还设有资料室和刑侦实验室。

（黑龙江大学法律系）

哈尔滨大学法律系

哈尔滨大学法律系筹建于1983年。1984年正式成立。到目前为止，该系已招收八四、八五两届大专学生共100人。学制3年。

哈尔滨大学是一所地方性大学，着重培养专业实用型人才。本着这个原则，法律系开设的课程，以实体法和程序法以及实践性较强的课程为主，将一般院校法律专业的必修课和选修课作了适当的调整。如：将国际法、国际私法列为选修课；将刑事侦察、证据学列为必修课。同时还增设了速记、法院和检察院组织法讲座等。

哈尔滨大学法律系目前师资比较缺乏，因此采取本系教师和外请教师并用的方法完成教学任务。为了加紧培训中青年教师，已经制定了轮训中青年教师的具体计划。

（孙　宇）

黑龙江省政法管理干部学院

黑龙江省政法管理干部学院校址在哈尔滨市，其前身是省政法干校，1984年2月改建为黑龙江省政法管理干部学院。

学校除党委系统和行政机构外，设有政治理论、法学理论、刑法、民法、经济法教研室。

学院设置法律专业，学制2年。现有教师52人，中青年教师占多数。

学院现有在校生479人，1986年首届毕业133人。从1986年起，每年招生200人，短期培训每年两期，共约100人。今后每年在校生稳定在500人左右。

（赵　阳）

华东政法学院

华东政法学院创建于1952年11月，由华东地区的复旦、东吴、圣约翰、厦门、南京等大学的法律院系、政治系、社会学系合并后建立，校址在上海市。1958年8月，学院与上海其他有关院校（系）一同并入上海社会科学院。1963年10月复办。“文化大革命”期间（1972年4月）再次撤销。1979年3月，经国务院批准，再次复校。

学院为司法部直属的高等院校。院设法律系、国际法系、经济法系、犯罪学系以及政治理论部、基础部等教学机构；还设有青少年犯罪研究所、法律古籍整理研究所和香港法研究室等科研机构。本科设有法律、国际法、经济法和犯罪学等4个专业，学制为4年。学院另设有三年制夜大学（大专），专门招收在职人员学习法律；并在华东地区招收三年制函授生。

学院现有专职教师412人，其中教授、副教授20人，讲师114人。目前在校本科生有2003人，夜大学专科生307人。自1982年起，学院招收攻读法律专业硕士研究生，现有研究生85人。

学院自创建以来，已毕业本科和大专学生6215人。其中，1986年毕业本科生405人，毕业大专生234人。

学院坚持多种形式办学，自1984年以来，毕业函授生1500多人；自1982年以来组织法律大专自学考试，通过考试取得大专学历者360多人；还受司法部委托举办了“宪法师资进修班”、“法医师资进修班”和“国际私法师资进修班”等业务短训班。另外，自1981年以来，学院利用暑假举办汉语、法律讲习班，招收外籍人员参加学习。

学院定期出版《法学》、《刑侦研究》和《青少年犯罪问题》（后两种在内部发行）等刊物，传播法学科研成果。广大教师和研究生还积极参加部、市等各级、各类科研成果评奖活动。1986年有35个项目获奖。

（梁浩健）

复旦大学法律学系

复旦大学的法学教育起始于复旦公学时期。1927年，私立复旦大学政治学系设置了法律组，1929年建成法律系，属法学院。1949年8月上海解放初期，同济大学法律系、暨南大学法学院、浙江大学法律系和金华英士大学法学院并入复旦大学法学院。截至1949年秋，复旦大学法律系及法律系司法组共毕业学生616名，先后在复旦大学法律系任教的教授有50多名。

建国以来，复旦大学法律系几经变迁。1952年全国高校院系调整时，法律系脱离复旦，和其它几所法律院系合并建成华东政法学院。1954年又恢复法律系，1958年再度脱离复旦，与其它兄弟院系合并建成上海社会科学院。

党的十一届三中全会以后，为适应我国法制建设的需要，复旦大学于1981年秋恢复了法律专业，面向全国招生。1983年重建法律学系。

复旦大学法律学系现设有法学基础理论、法律史、民法、刑法、经济法、国际法等6个教研室，1个图书资料室及教学行政机构。全系现有教职工79人，其中教师69人。教师中有教授2名，副教授8名。此外还有外籍顾问教授3名，并不断有国内外著名学者来系讲学。

复旦大学法律学系以培养德、智、体全面发展的法学教学、科研和从事法律实际工作的专门人才为目标。法律学系现设置法律学、经济法学、国际经济法3个专业，有研究生、本科生和函授、专修科三个层次的教学结构。1986年全系在读学生人数1524名，其中三年制硕士学位研究生23名，两年制研究生班学生15名，四年制本科生322名，三年制法律干部专修科学生42名，三年制经济法专业函授班学生1122名。

解放后至1958年，复旦大学法律系共毕业学生约200名。1981年恢复法律专业以后至1986年，该系共毕业本科学生124名，硕士生13名。其中1986年毕业的本科生66名，硕士生12名。

1986年复旦大学法律学系3个专业向全国招收本科新生92名，硕士学位研究生12名，研究生班学生7名。根据国家教育委员会的要求，开办了经济法函授班，首次向华北、华东5省市招生。在本科教学中普遍推行导师制，为本科新生配备导师。同时在本科生中选拔优秀生，指导优秀生学习和研究。

该系现已开设法学基础理论、宪法学、法制史等法学基础课程十几门，开设国际经济法、国际经济合同、经济法总论、分论等专业课程40多门，开设比较宪法、比较刑法、财政金融法、环境保护法等选修课近百门，并开设了一些具有自己特色的课程。

在科研方面，1986年该系承担了国家教育委员会下达的中国民法史、美国宪法、国际经济合同和经济法等四个重点科研项目，其中国际经济合同和美国宪法两个项目为博士点科研项目。同时该系还承担了复旦大学的一些科研项目，并委派教师参加了一些国际合作科研项目和国际学术交流会议。

1986年1月，复旦大学法律学系举办了首届青年教师学术论文报告会。5月，全系参加了复旦大学第20届学术论文报告会，并向大会提交了一批具有一定水平的学术论文，嗣后编辑出版了《复旦法学》丛书第一辑。

1986年，复旦大学法律学系还出版了专著《美国宪法史稿》和《〈洗冤集录〉校注》。其中《〈洗冤集录〉校注》获上海市社会科学优秀著作奖。同时，该系教师所著的《试论〈唐律疏义〉》等3篇论文获1986年上海市社会科学优秀论文奖。

复旦大学法律学系和美国哥伦比亚、明尼苏达等4所大学的法学院建立了院系联系，1986年派出6名教师在这些学校进修。1986年，复旦大学法律学系主办了中美法律讲习班和中美法律图书讲习班，并有美国、日本、加拿大等国的数名学者和几个法律代表团来复旦大学法律学系从事教学、科研等学术交流活动。

（秦义龙）

上海大学文学院法律系

上海大学文学院法律系的前身是复旦大学分校法律系，创办于1980年10月。1983年经国务院批准成立上海市地方性综合大学——上海大学。原复旦大学分校并入上海大学，成为上海大学文学院。法律系是文学院的一个组成部分。法律系现已毕业三届本科学生共221名，其中1986年毕业生53名。委托培养二年制专科学生毕业45名，夜大专科生毕业110名。另外，还举办了一期企事业兼职律师培训班（一年零三个月），结业学员103名。目前，在校本科学生四个年级共计259名，夜大专科学生两个年级共109名。

建系以来，至1985年底止，自编了《宪法》、《刑法总论》、《刑法各论》、《刑事诉讼法》、《民法原理》、《民事诉讼法》、《犯罪心理学》、《法逻辑》、《中国古代经济立法史》等九门学科讲义。公开发表了144篇论文。有11位同志与外单位教师合作出版了若干教材与专著，并参与编写有关辞典26个条目；出版了内部交换资料《法学探讨》共10期。法律系的一些教师担任了31家企事业单位的常年法律顾问。

法律系目前设法律专业，学制为四年，以招收本科生为主，也根据社会需要，接受委托代培专科学生。教学机构设有法的基础理论，刑法、刑事诉讼法学，民法、民事诉讼法学，经济法学等四个教研室。

全系现有教师45名，其中有讲师以上职称的12名；正拟确定或提升为讲师的有6名，在国内外攻读博士、硕士学位的5名，还有22名助教。

1986年全系教师发表了学术论文近50篇，出版了《法学概论》、《香港法律问题资料汇编》等著作和资料。

1986年4月，法律系还与上海市经济法研究会在沪联合召开了沿海开放城市引进外资法律问题研讨会。沿海开放城市的有关法学专家、学者、律师和实际工作者聚会一堂，就我国引进外资过程中存在的一些法律问题，特别是关于"三资"企业的税负问题，"三资"企业行使经营自主权方面的问题，制定和完善地方涉外经济法规问题和关于我国外资企业立法的若干理论问题进行了探讨。

（徐逸仁）

上海对外贸易学院
国际经济法系

上海对外贸易学院国际经济法系成立于1984年，同年招收大学本科生攻读法学学士学位。1985年起招收国际经济法专业法学硕士研究生。

本系的培养目标是：使学生成为德、智、体全面发展，懂得国际经济贸易业务，具有国际国内有关经济贸易法律知识，并有较高中英文水平，能从事对外经济贸易法律工作的专业人才及经济法学教学和研究人员。学制为本科四年，研究生三年。学生毕业后，将分配到国内及驻外机构担任涉外经济贸易的法律工作人员、业务人员、涉外经济律师、涉外经济贸易机构或企业的法律顾问，以及从事国际经济法教学及研究工作。

根据培养目标，这个专业的特点是：一、以国际经济法为主，并具备应有的法律基础知识与国内有关的法律知识。二、突出国际经济贸易理论及实务，通过掌握扎实的经济贸易知识，提高对法律的实践与认识能力。三、掌握较高的英语水平，能独立正确地草拟法律文书、经济贸易业务函电，进行业务谈判和法律诉讼等。

为实现上述目标，在课程设置方面有三大类：一、外语：有基础英语、专业英语、法律英语、英文函电、法律文书、听说、翻译等。二、经济贸易专业课：有国际贸易、进出口业务、外贸政策、国际金融、世界经济、会计学原理、计算机程序等。三、国际经济法专业课：有法学概论、民法、民诉法、刑法、刑诉法、法律逻辑、国际公法、国际私法、比较宪法、合同法、知识产权法、技术转让法规与实务、国际经济合作、国际投资法、公司法、票据法、产品责任法、反倾销法、反托拉斯法、证券法、国际商事海事仲裁及诉讼等。

（上海对外贸易学院国际经济法系）

上海市政法管理干部学院
上海法律专科学校

上海市政法管理干部学院和上海法律专科学校是一套班子、一处校园的两所政法院校，承担两种学制的教学工作。校址在上海市青浦县。

上海市政法管理干部学院是1984年11月成立的一所成人高等法律学校，承担着上海市政法部门在职干部的培训任务，学制为二年。自1985年9月起招生，现有法律专业干部专修科两个年级的学生336人。

上海法律专科学校创办于1985年11月24日，是一所普通全日制高等法律学校，学制为三年。自1986年9月起首次招收普通法律专科学生240名。

两校现有教职工219人，其中教师96人。教师中具有讲师以上（包括副教授）职称的22人。另有兼职教师30多人，其中有教授、副教授、副研究员5名。

两校在行政上隶属于上海市司法局，受上海市司法局和上海市高等教育局双重领导，除党委和行政机构之外，教学机构有：基础课（包括语文、外语、逻辑学）

教研室、马列主义理论课教研室、电子和计算机教研室、体育教研室、法学基础理论教研室、民法教研室、刑法教研室、经济法教研室和劳改法教研室。

除三年制普通全日制大专和二年制成人大专外，还承办了上海市劳改局系统一年制劳改干部专业岗位培训班，有学员50名；承办了上海市国家安全局一年制职教班，有学员20名；还同司法部属司法鉴定科学技术研究所合办了一年制全国法医进修班，有学员70名；还在上海市区举办了经济法顾问培训班和经济法专业进修班，共有学员213名。

科研活动已积极开展。1986年5月，举办了教师科研成果展览，展出了30名教师的127篇论文，19部著作（包括与他人合著），2部词典，5本讲义和18篇译文，并从中评出一批优秀论文。《必须建立"社会再教育法"》一文在司法部第一届学术讨论会上获荣誉证书。有本校教师参加写作的《认识与自由》一书，在上海市哲学社会科学优秀成果评奖会上获奖。

1986年11月中旬，两校举行了第一届学术讨论会，教师提交了论文41篇，学生提交了论文10篇。

（张滋生）

上海公安专科学校

上海公安专科学校于1983年5月19日经上海市人民政府批准成立。其前身是具有36年校史的上海市公安学校。

上海市公安学校始建于1949年5月，当时名为上海市警务学校，1950年改名为上海市公安学校，1958年并入公安学院上海分院，1961年4月又恢复上海市公安学校名称。"文革"期间停办。1978年5月，上海市公安学校恢复，并于当年招收高中毕业生，进行中等专业教育，至1985年9月，已毕业中专生1578名。同时，轮训公安机关基层领导干部。30多年来，为上海市各级公安机关培养训练了大批人才，其中许多人已成为上海市公安部门的骨干力量。

从1984年秋季开始，招收高中毕业生和在职干警，进行高等专业教育。普通生科学制三年，干部专修科学制二年。现设公安管理，刑事侦察，政治保卫，治安户政，预审等5个专业。首届干部专修科学生已于1986年7月毕业。现全校在校学生957人，其中普通专科生625人，干部专修科生332人。

学校除设有办公室、政治处、教务处、总务处及图书馆、学生科外，教学方面，设侦察、治安、公安管理三个系，以及基础部。现有教工339人，其中教师130人，内副教授3人，讲师17人，法医师2人，工程师3人，助理工程师4人。

（上海公安专科学校）

上海法律专修学校

上海法律专修学校于1983年9月正式建校。它是中国民主同盟上海市委员会发挥自身法学人才密集的优势，为培养法律人才，满足社会的急需而创建的。

建校以来，先后办经济法培训班五期，招收学员551人。第一、二、三期结业的412名学员中，被批准或通过考试担任实习律师或兼职律师的近百名。第四期即将进入实习期，第五期正在上理论课。

建校以来，先后办法律专业大学自学考试辅导班六期，共收学员522人。前五期已结业，第六期正在校学习。所设电大法律辅导站，招收学员113名，正在学习中。

学校还接受上海旅游专科学校的委托，代办上海旅专夜大部旅馆管理系（法律与旅游法专业），1985年通过上海市成人高考，首届招生50名，1986年续招100名，学制三年。课程设置，除大学一般基础学科外，有旅游概论、旅游经济学、管理学基础、旅游企业管理、旅游心理学、会计原理、国际关系，并有法学基础理论、民法、刑法、国际法、经济法（涉外合同法、经济合同法、中外合资法等）、旅游法等。

旅专夜大部，经上海市高教局报请国家教委批准，为正式职工专科学校；又经上海市司法局认可，毕业生可直接参加国家律师考试。培养目标是具有旅馆管理和法律、经济法两方面专业知识的人才。

学校讲师团有固定兼职的教授、副教授、讲师、副研究员、助理研究员、高年资司法工作者及律师共30余名。兼职讲师来自：华东政法学院、上海社会科学院法学研究所、上海其他高等院校、法院及律师协会。

1985年10月，在全国各民主党派、工商联为四化服务先进集体和先进个人代表表彰大会上，上海市法律专修学校被评为全国先进集体。

（上海法律专修学校）

南京大学法律系

南京大学法律系的前身最早是东南大学政法经济系，创办于1921年3月。1927年6月改称中央大学法学院法律系。1949年8月始称南京大学法学院法律系。1952年全国高等院系调整时并入他校。1981年9月重新建立法律系。

该系现设法学基础理论教研室，法律史、国际法教研室，经济法教研室，民法教研室，刑法教研室，马克思主义法学理论研究室，办公室，图书资料室，刑事侦查实验室等机构。现有教师44人,其中教授1人、副教授10人、讲师10人、教员和助教23人。此外,还聘请兼职教授2名。

该系多层次、多规格、多渠道为国家培养法学专门人才。一、法学理论专业(含马克思主义法学理论、法律制度法律思想理论、经济法学理论三个研究方向)硕士研究生,学制三年。二、第二学位学生,学制二年,招收已取得法学以外学士学位的学生再攻读法学,毕业后授予法学学士学位。三、本科生。本科设置法律和经济法两个专业,学制均为四年。法律专业可接收外国留学生和国内进修教师。经济法专业设立于1986年,计划于1987年正式招生。四、专科生。专科设有干部专修科和夜大学,学制分别为二年和三年。目前各专业、各层次在校学生总数为528人,其中法学理论专业硕士研究生5人,法律专业第二学位学生15人,本科生251人,外国留学生2人,国内进修教师2人;干部专修科182人,夜大学71人。

该系重建后,已毕业学生198人,其中本科生85人,干部专修科73人,夜大学40人。

该系教学工作以"全面培养,强化基础,因材施教,增强活力"为指导思想。注重培养基础扎实,知识面宽,实践能力强,有创造精神,全面发展的合格人才。教育学生发扬南京大学传统的"严谨、求实、创新"的优良学风。对有创造力的全面发展的优秀学生,实行因材施教,给以更多的发挥才能的机会和条件。为提高教学质量,从更新教学内容、改革教学方法、改进考核制度、运用电教手段等方面建立了重点课的一整套教学标准。还结合教师职务聘任,加强了师资队伍建设,调整充实了教学第一线的师资力量,并采取多种途径培养青年教师。

科研活动实行"三个结合":首先,是科学研究与教学紧密结合。配合教学,加强教材建设,正在组织编写成套教材。配合研究生培养,让研究生参加重要项目研究,把研究生科研课题纳入全系科研计划。本科生教学中重视科研能力训练,推荐学生优秀论文,组织一年一度的学生"五·二〇"校庆学术报告会,指导学生法学会开展学术活动;其次,是科学研究与学科建设、对外学术交流紧密结合。1984年该系与联邦德国哥廷根大学法律系建立了包括交换图书资料,互派专家讲学,派出教师进修等项内容的合作交流关系。1986年10月,两校两系代表草签了关于共同建立南京大学国际经济法研究所的协议书。通过横向对外联合,既促进了对外合作交流的发展,又加强了新设置的经济法专业的学科建设,推动了科学研究的深入开展;再次,是科学研究与培养青年教师紧密结合。充分利用学校设立的科学育苗基金,择优支持、扶植青年教师进行科学研究,帮助新苗出土,以增强青年教师的知名度和竞争能力,让他们在参加科学研究中得到提高。该系在科研工作方面,承担了一项全国哲学社会科学博士基金项目,课题是:社会主义法制理论研究。同时还有以下几项重点科研项目,课题是:1.西方反托拉斯法、不正当竞争禁止法、消费者保护法的研究;2.旅游立法比较研究;3.中华民国史专题研究——法律制度史;4.资产阶级三权分立制度研究;5.中国法律与家族制度研究。

(许　江)

苏州大学法学院

苏州大学是江苏省省属重点综合大学,它的前身——江苏师范学院,是1952年全国院系调整时,由东吴大学、江南大学和苏南文教学院合并建立的。1982年更名为苏州大学,同时增设法律系并开始招生。1986年1月,在法律系的基础上扩建为法学院,现设法律学专业,1987年将增设经济法学专业,还计划在适当时候增设国际法学专业。发展规模为本科生800人,研究生100人。

苏州大学法学院现有在校学生465人,其中硕士研究生2人,法律系本科生259名,法律专科(两年制)学生141名,法律专科夜大学(三年制)学生63名。1986年首届毕业学生79人。

法学院现有法学基础理论、民法、刑法、经济法和国际法5个教研室。专业教师40名,其中副教授3人,讲师19人。在开设法律专业必修课的同时,已开设行政法、财政法、劳改法、国际经济法、海商法、外国刑法、外国宪法等十几门选修课。

此外,还聘请了北京大学法律系、中国人民大学法律系、中国社会科学院法学研究所的部分教师和研究人员为兼职教授,我国著名国际法学家,外交部顾问李洪培为名誉教授,原东吴大学法学院校友,现美国伊利诺斯州罗萨学院李志锺法学博士为客座教授。

近年来,苏州大学法学院教师在全国各学术刊物上发表法学论文100余篇,参加了《法学概论》和《青少年犯罪学》两书的撰写。还承担了两项省级科研项目。

1985年12月,苏州大学法学院举行了首届学生学术讨论会,共提交论文70余篇,评出优秀论文17篇,其中6篇已在省内外刊物上发表。

(苏州大学法学院)

金陵职业大学法律专业

金陵职业大学于1980年正式成立。它是一所旨在为南京地区的经济建设培养有关专门人才的市属全日制高等学校。校址设在江苏省南京市。

金陵职业大学设有文法、财经、机电、土建等4个系，含28个专业，计2000多名在校生。法律专业隶属文法系，为大专，学制四年。

金陵职业大学法律专业从1980年开始招生以来，累计招生248人。到1986年，已有四届法律专业毕业生，计165人，现有在校学生83人。

金陵职业大学文法系设法律教研室，现有专职教师8人，还从市内其他高等院校、科研机构和司法部门聘请了一批教授、副教授、讲师、研究人员为兼职教师。

金陵职业大学法律教研室本着学校立足于南京本地，根据经济发展的近、远期规划制定专业和确定招生人数的办学原则，与“收费、走读、不包分配、择优推荐”的办学方针，在制定和修改教学计划时，注意着重训练学生的“自学、动手、表达、应变、管理、创新”六大能力。为此，在课程设置上，强调打好基础，兼顾将来的工作需要；在教学内容上，加强文理渗透；在教学方法上，提倡理论联系实际；在课时安排上，大量增加实践课时，计划达到总课时的1/3，其目的在于培养应用型法律人才。

从1982年起，开始进行“模拟法庭”课教学，组织学生参观监狱，参加法庭旁听，开展法律咨询活动，还开设微型计算机课，以加强学生的工作适应能力。

1986年，金陵职业大学法律教研室将教学和普及法律知识作为主要工作。部分教师还参加了江苏省自学考试《民事诉讼法教程》等教学大纲的审订和讨论。

金陵职业大学法律专业将不断充实师资队伍，力争在高等职业技术教育方面，摸索出自己的路子，为我国的法学教育事业做出应有的贡献。

（刘　易）

镇江市职业大学法律专业

镇江市职业大学于1984年9月开设法律专业。现有八四级学生40名和八五级学生39名，他们来自镇江市四县（扬中、句容、丹阳、丹徒）、二区（京口、润州）。实行自费走读。学制三年。毕业后享受同类大专生待遇。修业期满，学完规定课程并经考核及格的，由学校推荐给镇江市人民法院、人民检察院、司法局挑选录用。在校期间，除了必修的公共课程外，开设了宪法学、中国法制史、刑法、民法学、法医学等23门专业课程。教师由学校聘请政法部门中具有较高法学理论水平，并有丰富司法实践经验的人员担任。

学校重视学生的全面发展，注意培养他们的实践能力，经常组织他们旁听案件审理，举办模拟法庭，到政法部门实习。

1985年12月，法律专业的同学成立了“镇江市职业大学法学会”，用自己所学的知识，积极参加校内外的普法教育，开展法律咨询活动。

（镇江市职业大学）

江苏省省级机关干部业余大学法律专业

江苏省省级机关干部业余大学法律专业，是致力于培养和造就适应政法机关工作需要的专门人才的业余专修科，成立于1983年。校址在南京市。其前身是省级机关政法干部业余学校。

法律专业第一届86名学生于1986年7月毕业，现有在校生三个年级共240人（其中有脱产生93人）。课程设置体现了在职性、针对性、应用性的特点，共开设公共教育课4门，专业课18门。学生来源主要为政法系统的在职干部、工人及其他部门准备从事相应工作的人员。坚持招生对口，培养定向。授课教师以兼职为主，专职为辅。现有专职副校长及班主任4名，兼职教师31名（其中副教授12名，讲师8名）。业余学习学制为三年，脱产学习为二年，毕业后发给大学专科文凭。

1986年起，增设了检察专业班，50名脱产学生全部来自检察系统。在课程设置方面，除原有的法学专业课外，增设了检察专业课程和驾驶、摄影、痕检等专业课程，为今后正式开办检察专业学校摸索路子，积累经验。

（江苏省省级机关干部业余大学）

杭州大学法律系

杭州大学是一所以文理为主的多学科的综合性大学，是浙江省的重点大学。法律系成立于1980年4月，已设法学专业，正筹建经济法专业。本科学制四年，专修科二年，研究生三年。至1986年夏季，本科已毕业三届学生共168人；政法、公安专修科毕业两届共158人。几年来为社会举办各种法制学习班计8期，共500多人。

法律系设法理和宪法、法制史、刑法、民法、经济法、诉讼法、国际法、刑侦和法医等八个教研室两个图书资料室，还有刑侦和法医实验室。

现有教师47人，其中副教授4人，讲师17人。此外，还聘请了部分兼职教授和副教授。目前在校学生492人，研究生4人。几年来，法律系发展较快，已有一定的基础，现正积极筹备成立法学院。

法律系本科共开设一般必修课（包括政治理论课、普通文化课、法学基础课和专业课）25门，选修课15门；专修科开设一般必修课20门。在教学中，除讲课时注意联系实际外，还开辟第二课堂。低年级学生以组织参观访问为主，高年级学生利用假期作社会调查，有的还利用课余时间进行普法宣传，法律咨询，举办模拟法庭。法医学和刑事侦查学都配有实验和电化教学。在三届毕业生中，共有29名考取了研究生，占毕业生总数的17%。

全系教师积极开展科学研究，几年来，已经出版或将要出版的专著，或与兄弟学校合写的专著有11本；在报刊上发表的论文、译文有57篇；还在内部发行的《法学参考》上刊登了一批论文和调查报告。系里还不定期地举行学术报告会，交流研究成果。1986年有的科研专题还被列为省哲学社会科学重点项目。几年来，除经常邀请国内专家、学者来系讲学外，还同美国、法国、联邦德国、墨西哥、土耳其等国的法学界人士和律师进行了学术交流活动。还选派了3名青年教师到英美等国进修，其中1人正在伦敦大学皇家学院攻读法学博士学位。

（曹孔六）

宁波大学法律系

宁波大学是一所新型的、开放的综合性大学，正式成立于1986年3月22日，系由香港知名爱国人士包玉刚先生捐资兴建。

为了适应宁波作为重要海港城市的发展需要，宁波大学设立了法律系，并已于1986年9月招收了第一届新生41名，今后将逐步扩大招生名额，在条件成熟时还将招收硕士研究生。

法律系内不分专业，这样做目的是为了培养通用的法律人才。不分专业还将有利于学生在高年级时能够有选择研究方向的主动性，有利于各学科间建立横向联系和相互渗透，推动边缘学科和新兴学科的发展。本科学生学制为四年，实行学分制，学业优秀的学生可以提前毕业或攻读第二学位。

宁波大学法律系初期延请北京大学协助建立。由北京大学法律系教授、副教授和有经验的讲师任基础课和专业课的教师，今后将逐步建立起自己的师资队伍。

宁波市作为开放城市，宁波大学作为开放大学，宁波大学法律系将同国外和香港的大学、法学界进行师资、学术方面的交流。

为适应对外开放的要求，宁波大学法律系重视对学生的外语训练，外语课的学时占较大的比重，并将实行“外语学习四年不断线”，争取全系学生到毕业时都能比较熟练地运用外语。在专业课设置上，力求基础扎实，知识面广。在全面学习法律系各主干课程的基础上，着重学习经济法特别是国际贸易法、国际投资法、国际海商空运法等国际经济法内容以及我国涉外经济法。

（宁波大学法律系）

浙江政法专科学校

浙江政法专科学校校址在杭州市，是一所全日制的普通高等法律院校，主要培养应用型高级法律专门人才。

浙江政法专科学校是在浙江法律学校的基础上创办的。它的发展经历了三个阶段：1979年成立浙江法警学校，1980年改建为浙江法律学校，属中等法律专业学校，规模300人，学制二年，主要培养助理审判员、助理检察员、书记员、司法助理员等人才。1984年4月，在浙江法律学校基础上开始筹建浙江政法专科学校，1985年正式成立，并开始招生。到目前为止，已培养了492名法律专门人才。

学校已有一支初具规模的教师队伍，分别在马列教研室，英语学科组，语文学科组，体育学科组，宪法、法理、法制史教研室，刑法、刑侦、法医教研室，民法、婚姻法教研室，经济法、国际法教研室和诉讼法教研室从事教学和科研工作。

目前，学校仅设法律专业，学制三年。1986年在校学生共402名（其中大专生151人，中专生251人）。开设18门必修课和行政法、社会学、伦理学、刑事侦察学、刑事侦察技术、法医学、证据学、心理学、犯罪心理学、会计学、涉外经济法、部门经济法等选修课。

为了加强理论与实际的联系，学校教师中的兼职律师，担任了常年法律顾问，民事案件、经济案件与涉外经济法律事务的代理和法律咨询以及刑事辩护等业务。按照教学计划的规定，组织学生到法院、检察院、律师事务所以及公安局进行实习。1986年该校担负了省级30多个厅、局单位普及法律常识教育的任务。

在搞好教学工作的同时，积极开展科学研究和学术活动，取得一批科研成果。计：出版专著书籍共11部，发表学术论文共67篇。1986年秋，学校举行首届学术年会，全校教师提交学术论文40篇。

（浙江政法专科学校资料室）

浙江公安专科学校

浙江公安专科学校是一所文、理、体综合、全日制的高等专科学校。校址在浙江省杭州市。

浙江公安专科学校的前身是浙江省公安干部学校。早在1949年6月，就创建了杭州市人民警察学校。

1950年1月改为浙江省公安干部学校。1955年改称为浙江省公安学校。1958年与省政法干校合并为浙江省政法干部学校。"文革"中，学校停办。1970年正式宣布撤销。1973年恢复浙江省公安干部学校。1978年开始，学校在训练在职干警的同时，扩大对外招生，增设了两年制的中专班，在校学生近1000人。1982年以后，将中专班划归浙江省人民警察学校，同时着手筹建公安专科学校。为了取得经验，学校与杭州大学于1983年合办了公安干部专修科，学制两年，连续招收了两届学生。1984年3月，浙江省人民政府批准成立浙江公安专科学校，同时撤销浙江省公安干部学校的建制。1985年夏季开始招生。现在校学生有500余名。

30多年来，该校几经变迁，但却凝聚了一批既有一定理论水平又有相当实践经验的教师力量和相应的教学设备，为浙江省公安战线培养了一批又一批专业人才。"文革"前共办干训班37期，轮训16000多人次；恢复后又办了干训班21期，培训2120人次；还培养了中专生1136人；已毕业的大专生100人。

浙江公安专科学校是一所军事性质的学校，实行军事化管理。学校的教学机构有：侦察系（下设政侦、刑侦教研室，刑事技术教研室）、管理系（设有公安业务、治安管理教研室）、法律教研室、马列主义教研室、文化教研室、科技教研室、军体教研室。

学校实行多层次、多规格的办学方式。除招收三年制的专科生，二年制的干部专修科生外，还承担了培训全省公安系统科、局长和专业技术干部的任务。

学校所有的课程都是根据培养目标设定的，共开设32门课。共同课有：哲学、政治经济学、中共党史等6门；专业基础课计有军事体育（含擒拿格斗、枪支使用、车辆驾驶和普通体育）、法学基础、中国宪法、刑法学、犯罪心理学等10门；专业课有公安学概论、刑事侦察学、反革命犯罪侦察学、预审学、保卫学、治安管理学、公安管理学、法医学、物证检验、公安通讯等16门。此外，还根据需要，开设一些选修课和专题讲座。

全校现有教师68人，教辅人员16人。其中有副教授1人，讲师9人。1986年度，教师除承担了4个专科生班、6个干部专修科班、7个短期培训班、23个厅局级机关干部的普法教学任务外，还在各种刊物上发表公安专业论文18篇，参加学术讨论会7次，参加全国公安院校编写教材3种，编写本校教学大纲5种，法律教材3种，为本省编写普法读本3种，教学参考资料4种，与其他院校合写科技著作1本，翻译各种公安科技资料9篇，还参加了《中国大百科全书》（科学社会主义卷）的撰写工作。

目前，与杭州大学合办的干部专修科49人已经毕业。公安局长培训班36人，政工班86人，普法辅导员培训班95人，军队转业干部培训班46人也都已学习结业。在"七五"计划期内，学校将设置刑事侦察、政治侦察、治安管理、预审和公安管理五个专业。

（裴仁昌）

安徽大学法律系

安徽大学地处合肥。法律系是1979年重建的。同年开始招生。在多层次、多形式办学的方针指导下，为国家培养了大批法律人才。法律系现设有法学专业（四年制本科）、行政管理学专业（二年制专科）、法律干部专修科（二年制专科）及法学函授专科（三年制专科）。1981年，开始招收法制史、国际法、行政法、民法、经济法等专业的硕士研究生。截至1986年底，法律系已有硕士研究生各专业毕业生10人；法学专业本科毕业生420人，法学函授专科毕业生967人。其中，1980年法学专业本科毕业生101人；法学函授专科毕业生967人。1986年，法律系在校生609人，其中硕士研究生20人。

法律系现有教师75人，其中教授2人、副教授4人、讲师33人。1986年，有60多名教师为系内外各专业学生开设法学、政治学、行政管理学等基础课和专业课30多门。同时，还组织教师编写高等自学辅导教材，开办自学考试辅导班。为了加强理论联系实际，还安排师生开展社会调查和多种形式的法制宣传，并举办模拟法庭。在科研方面，1986年法律系教师在报刊上发表论文30多篇，出版专著5部，并创办内部交流刊物《当代法学》。同年8月，主办了中国法律史学会第二届年会。1986年，还接待了国内外专家、教授来系讲学15人次。

法律系组织机构现设有办公室、函授办公室、资料室、刑侦实验室以及法理、法律史、国家法、国际法、政治学、刑法、民法、经济法、诉讼法等九个教研室。

（张　晶）

厦门大学法律系

厦门大学位于福建省厦门市，1921年由爱国华侨领袖陈嘉庚先生创办。1923年开始设立法学系，1928年以后改称法律系。解放后全国院系调整，该系于1953年并入他校。现在的法律系是1980年恢复起来的。1984年厦门大学与福建省人民政府联合创办厦门大学政法学院，法律系是该院所属的一个系。

复办之初，系设法学专业本科，为四年制。1983年增设干部专修科，招收有实践经验、工龄五年以上、年龄40岁以下的法院和其他司法机关干部入学，为二年制。1985年增设国际经济法专业本科，为四年制。

从1981年底起，该系招收国际法（国际经济法）和民法硕士研究生。1986年国际经济法专业开始招收博士研究生。

该系在解放前的26年中，毕业生仅150人左右。1980年复办以来，1984年本科毕业生41人；1985年本科毕业生61人，专修科毕业生36人；1986年本科毕业生82人，专修科毕业生62人。现已毕业并取得硕士学位的研究生18人（其中1986年8人）。

该系经过几年来的努力，已具有一定规模。截至1986年9月，在校学生计有两个专业本科生568人，干部专修科生85人，硕士研究生17人。全系教职工达86人，其中教授3人、副教授3人、讲师16人。为适应法学教育发展的需要，几年来采取各种方式培养师资，如派遣青年教师出国学习，组织在职进修等等。同时还为校外培养师资，如举办民法、经济法助教进修班，接受外来进修教师等等。

在教学工作方面，两个专业开设的必修课和选修课都比较齐全。同时注重理论联系实际，有毕业实习、社会调查等教学安排。某些课程结合模拟法庭、案例讨论、实验等方式进行教学。

几年来，该系已逐渐由以教学为主向教学科研并重过渡；科研工作也逐渐由自发、分散向比较有计划和相对集中的方向发展。开始承担国家部、委和省级委托的科研项目，已有三项文科博士点基金研究项目。科研课题也根据地处经济特区和沿海对外开放前沿的条件和特点，以研究和撰写国际经济法系列专著，探讨对外贸易中的法律问题，一国两制及港、台法律问题，中外合资经营企业法律问题等为重点，并已有了一批科研成果，如：《美国对海外投资的法律保护及典型案例分析》、《国际经济立法的历史和现状》、《舌剑唇枪—国际投资纠纷五大著名案例》等，以及中文、英文论文数十篇，先后发表在国内外的法学刊物上。在科研机构方面，1985年设立了国际经济法研究所，下设四个研究室。

该系教师还积极参加国内的学术活动和国外的学术交流。如参加编写或主编法学统编教材，参加各学科研究会和学术会议，出国考察、访问和参加国际学术会议，接待外国学者、专家的访问或短期讲学，交流资料等。

（薛景元）

福建省政法管理干部学院

福建省政法管理干部学院设于福州市，其前身为省政法干部学校，创建于1956年，主要培训本省政法系统的干部。"文革"期间，学校停办。1979年，省政法干部学校复校，继续培训本省政法干部。至1984年，共培训检、法、司干部1852名。

适应形势的需要，1985年2月，经省人民政府批准，在原省政法干部学校基础上，成立了福建省政法管理干部学院。它的培养目标是：能坚持四项基本原则，正确理解马克思主义基本原理和党的方针、政策，系统掌握国家主要的法律、法规，具有本专业所必需的基础理论、专业知识和基本技能，德、智、体全面发展的法律专门人才。学制为两年。招生对象是：全省政法系统和其他系统准备从事法律工作，具有高中毕业文化程度或同等学历，年龄在40周岁以下，工龄5年以上，经所在单位批准的在职在编干部。1985年招收学员106名，1986年又招生62名。同时还举办各类学习班7期，培训政法、经济和人大系统干部904名。现有在校大专生和培训生300名。

学院的教学机构设有：政治理论教研室、法学基础理论教研室、刑法教研室、民法教研室、经济法教研室、公共课教研室、刑侦和法医技术室。专修班开设政治理论课、法学基础理论课和法律专业课等19门必修课；并设英语、海商法、犯罪心理学等3门选修课。

全院教职工79人，其中有教师38人。

（吴天麟）

福建公安专科学校

福建公安专科学校是1984年10月23日在原福建省公安干部学校的基础上创办的。在此以前，福建省公安干部学校共轮训干部74期，13079人次。

福建公安专科学校现有刑事侦察和治安管理两个专业，学制暂定为二年。1985年参加全省统一招生，招收普通高校新生102名，招收在职公安干警专修科生100名。1986年又招收普通高校新生100名，在职公安干警专修科生47名。目前两个专业、两个年级在校学生有349名。学校实行军事化管理。

学校仍然担负着培训干部的工作。1986年培训的有普法辅导班、技侦班、纪检班、出入境管理干部班等，共有学员300名。此外，还承担了中国人民警官大学、中国刑事警察学院福建省函授站的工作。

福建公安专科学校校址在福州市。现有教职工112人，其中教师58人。教师中有讲师1人，工程师2人。

（福建公安专科学校）

江西大学法律学系

江西大学位于江西省南昌市，法律学系筹建于1980年10月。筹建期间，曾为江西省军队转业干部班学员讲授法律专业课。

从1982年起，设法律专业（本科），学制为四年，参加全国高等学校统一招生。从1986年9月起，增设经济法专业，学制为三年。现有在校学生共400人。

江西大学法律学系实行多层次，多规格、多种形式办学。从1985年起，通过江西省成人高等教育考试，每隔一年招收干部法律专修科学员65名，代培在职政法干部，学制为二年。还代江西省经济法规研究中心培训副县长以上干部，每期一个半月，每期培训50名，已举办过五期。

1986年毕业的学生有：第一届本科学生61人；江西大学夜大学法律专业120人。（江西大学夜大学是1983年秋举办的，学制为三年。）

法律学系现设有法学基础理论、民法学、经济法学、刑法学、诉讼法学、国际法学等六个教研室和刑侦教研组；还设有刑侦实验室、法医学实验室和资料室。全系共有教授、副教授7名、讲师25名，助教20名。

（江西大学法律学系）

山东大学法律学系

山东大学设于济南市。法律学系创办于1983年11月，是在山东大学科学社会主义系法律学专业的基础上发展起来的。现有法学、经济法学两个专业。共有教师45人，分属法理学、法律史学、刑法学、民法学、经济法学、国际法学、诉讼法学、刑事侦查学等八个教研室。其中教授、副教授8人，讲师24人。学生总数721人，其中本科生460人，专科生124人，夜大学学生137人。另有中国法制史、经济法学、民法学3个专业方向的硕士研究生7人，外校进修教师8人，外国留学生1人。

该系创办3年来，各方面都有了比较大的进展，特别是对中国法律史的研究，取得了引人注目的成果。《中国法律制度史》、《唐律研究》等专著，《荀韩政治法律思想比较研究》、《孔子学派法律思想的形成、发展及其历史地位》、《董仲舒法律思想研究》、《孔子"无讼"辩证》、《唐律中官吏犯罪研究》等论文，有的已被国外翻译出版，并收入有关年鉴。该系充分注意到山东省沿海城市多，对外开放占有优势的条件，组织了一批教师对国际经济法进行研究。在这方面所提出的问题与建议已开始引起学术界尤其是地方经济贸易部门的重视。

该系教学与科研并重。教学上以得力措施鼓励敦促教师开展教学法的研究。法律课堂上传统的呆板沉闷局面已经打破，案例教学法与演讲式教学已成为教师普遍采用的授课方法。教材建设方面，由该系发起组织并任总主编，有全国十几所兄弟院、校、研究所参加编写的大型实用《法学丛书》已列为该系主、辅教材。在教学方面，该系还实行了一门课同时由两位教师平行开课的方法，使学生获得了选择教师听课的自由。在学生中，注意使冒尖学生能得到更多的培养。目前，该系毕业生的研究生考取率达25%以上。

为了鼓励教师致力于科研活动，该系制定了科研成果奖励办法，大大激发了全系教师搞科研的积极性。1985、1986年取得的科研成果即有：《新编法学词典》、《法学概论》、《法学基础理论简明教程》、《唐律研究》、《基础法学》等专著与辞书，其中《新编法学词典》被列为全国畅销书之一。全系教师在法学专门刊物和各大学学报上发表文章达30余篇。

几年来，该系积极开展对外学术交流，先后与美国普林斯顿大学、纽约州立大学、哈佛大学，澳大利亚国立大学、悉尼大学，日本东京大学、关西大学等建立了学术交流关系。一些世界著名法学专家应邀来系讲学。今后还准备互派学者。

该系目前正按照学校整体规划，积极与他系合作筹建山东大学政法学院。

（徐显明　徐祥民）

烟台大学法律学系

烟台大学是1984年创办的山东省重点大学之一，共设理、工、文、法11个系。法律学系是适应法制建设和对外开放的需要而设立的。烟台大学法律学系由北京大学法律学系长期支援。北京大学选派一部分法学教授、副教授担任系的领导职务和教学工作。

烟台大学法律学系现有教授1名、副教授2名、讲师4名、助教6名。为了尽快培养和扩大师资队伍，1985年委托北京大学为烟台大学法律学系培养硕士研究生3人。北京大学并为烟台大学法律学系举办研究生班，招收学员17人。研究生班按北京大学法律学系研究生教学计划在烟台大学授课。烟台大学法律学系还聘请北京大学等院校的教师来校授课。

烟台大学法律学系实行多层次办学的教学体制，通过多种形式积极培养法学人才。现设有四年制本科和两年制专科两种学制。1985年暑期开始招生，现在校本科、专科学生共94人，其中八五级学生32人，八六级学生62人。另外，还受山东省机械厅委托，举办了两届经济法干部培训班（每届一学期）。第一期学员已于1986年7月结业，第二期学员于1986年10月入学。

烟台大学法律学系目前只设有法律学专业。按教学计划开设：法学基础理论、中外法律思想史和制度史、宪法学、民法学、刑法学、刑事诉讼法学、民事诉讼法学、经济法概论、刑事侦察学、国际公法、国际私法等专业基础课，此外还开设占总课时1/3的选修课。高年级学生可以根据自己专长和毕业后的志向，有所侧重地选修某些课程。本科学生实行学分制，学生完成学分后，经批准可以提前取得毕业资格。对符合条件的在校学生允许转系或专业，并拟鼓励学生取得双学士学位。

烟台大学法律学系积极组织教师开展科研活动。到1986年，已发表了一批专著和论文。参加了刑法、经济法等教材的编写。有的论著获山东省教育厅的优秀成果奖。

（烟台大学法律学系）

山东省司法管理干部学院

山东省司法管理干部学院是1983年10月成立的。它的前身是山东省政法干校。学院坚持正规化培训和短期轮训相结合，多层次、多渠道办学的方针，努力为全省法院、检察院、司法行政系统和有关机关、企业、事业单位培养既懂得马克思主义基本理论，又能较系统地掌握法律专业知识的法律人才。

目前学院设有法律本科班、干部法律专修科、短期培训班，并附设法律自修大学和法律电大班。

学院除党委系统及行政机构外，设专科生部，进修部，以及马列主义教研室，法学基础理论教研室，刑法、刑诉法教研室，民法、民诉法教研室，经济法教研室，公共课教研室。共开设32门课程。

在全院239名教职工中，有专职教师84名，兼职教师9名（内有讲师37名，助教4名）。另外聘请院外兼职教授5名。

截至1986年10月，学院共举办各种短期训练班35期，先后培训干部8000余名。1983年以来招收大专班学员963人，已毕业297人；1985年以来招收本科生92名。现有在校学生已达1000人。

（山东省司法管理干部学院）

山东公安专科学校

山东公安专科学校是军事性质的公安高等学校，担负着为全省公安机关培训在职干部和培养输送具有社会主义觉悟，坚持四项基本原则，忠于人民民主专政，掌握公安专业知识和技能，德、智、体全面发展的公安专业干部的任务。学校实行军事化管理。

山东公安专科学校是1983年11月在山东省公安干部学校的基础上改建的。它的前身是山东省警官学校，1946年5月创建于前华东局驻地——山东临沂。1948年9月济南解放后，迁至济南，改名华东警官学校。后来，又曾改名为山东省警察干部学校、公安干部学校、公安学校等。1958年12月，经上级批准，将山东省公安学校和山东省政法干部学校、山东省民警总队教导队合并，成立山东政法学院。1961年10月，山东政法学院撤销，又恢复了山东省公安学校。1968年4月，公安学校被撤销。1976年4月恢复办学至今。

公安专科学校现设刑侦、预审、治安3个专业，学制为3年。现有在校学生806人（不包括干训学员）。

除行政管理部门和后勤部门外，设有马列主义、基础课、政策法律、警体、刑事侦察、政保预审、治安保卫等7个教研室和法医、痕检、刑事照像、计算机、有线无线通讯、语言等7个实验室。此外，还有电教演播室、警体训练房、靶场等教学设施。

全校现有教职工326人，教师127人。拥有一批相当于讲师以上的教师，工程师、法医师，有教授和兼职教授5人。现已开设法学基础理论、宪法、刑法、刑事诉讼法、民法、民事诉讼法、国际法等法律课程。

党的十一届三中全会以来，已举办各种专业干部培训班23期，培训干部3498人，招收公安大专班3期519人，干部专修班2期185人，还招收过公安中专班8期2631人。已有2500多名中专生毕业。

山东公安专科学校计划在“七五”期间改建为山东公安学院，招收本科生。教师队伍、教学设施和校舍建设等也将相应地有所发展。

（山东公安专科学校）

河南大学法律系

河南大学设于河南省开封市，法律系始建于1927年，解放后停办。1984年10月，为适应我国社会主义法制建设的需要，经河南省人民政府决定，重建河南大学法律系。1985年2月，法律系正式成立。1985年夏开始招收第1届专科学生，学制2年。1986年起，同时招收本科生和专科生，学制分别为4年和2年，并招收函授生和夜大生（均为专科）。1986年共有在校本科生、专科生150余人，函授生、夜大生500余人。该系现有教师40余人。设法理宪法教研室、民法民诉教研室、刑法刑诉教研室。正在筹建的有法律史教研室、经济法教研室、国际法教研室。

（吴祖谋　黎煜昌）

郑州大学法律系

郑州大学是河南省属重点综合大学。郑州大学法律系创建于1980年春。目前设有法学、经济法学两个四年制本科专业和政法、工商、纪检三个两年制专科专业。在校学生710人，其中本科生386人，专科生324人。此外，还有夜大生、函授生和校外生1200人，已形成了多层次、多规格的办学格式。

郑大法律系现设有法学基础理论、国家法、法制史、刑法、民法、诉讼法、经济法、国家法等八个教研室，刑事照相、法医、痕迹检验、文件检验四个实验室和资料室。还配有录相机、监示器、痕迹检验仪等多种教学实验设备。全系现有教工84人，其中专职教师66人（包括副教授11人，讲师35人）。近半数的教师已系统讲授两门以上课程，部分教师已具备开设研究生课程的能力和水平，一些学科已形成结构合理的教学科研梯队。教师除担负着55门专业课的讲授任务以外，还编写了《法学基础理论》、《中国宪法》、《民法学》、《刑事诉讼法》、《民事诉讼法》、《婚姻法》等7门课程的教学大纲。1986年以来，又新开《中国司法制度》、《法学经典著作选读》等选修课4门，并编写出版了《法学基础理论》、《宪法教程》、《刑法学》、《中国法制史》、《婚姻法》等9门函授课教程。

郑大法律系7年来共为国家培养本专科毕业生560人，其中1986年本科毕业生261人，还有20名考取了法学硕士研究生。在科研方面，1985年以前，已经出版了《比较刑法》、《刑法概论》、《苏联宪法讲话》等7部专著，在报刊上发表学术论文60多篇。1986年以来，又出版了《民法通则讲话》、《继承法讲话》、《法学知识问答》、《法学概论》4部专著，在报刊上发表学术论文40篇。"七五"期间，法律系将根据河南政治、经济的特点，重点抓好农业经济法、能源法和犯罪问题的研究，完成《农业经济法》、《能源法》、《青少年犯罪研究》、《马克思主义国家论》、《人民调解学》、《港台民事法律制度》、《外国法制史》、《苏联宪法和立法技术》等论著、译著的写作任务。

1986年9月15日经主管部门批准，在该系的基础上扩大成立法学院。目前，筹建工作正在积极进行中。

（王建元）

河南省政法管理干部学院

河南省政法管理干部学院成立于1984年10月19日，其前身是原中央第二政法干部学校和河南省政法干部学校。校址在郑州市。

几年来，学院发展迅速，面貌有较大变化。除党委和行政机构外，教学机构有马列主义教研室、法理教研室、民法教研室、经济法教研室、刑法教研室和文史体教研室。学院与省司法学校同校办学，实行统一领导和管理，分大专班、中专班、短训班三个层次教学，在校学生共936人。其中，干部大专班分法律、经济法两个专业，两个年级，学生342人；司法中专班两个年级，学生514人；业余电大班1个，学生80人。大、中专和电大班学制均为2年，短训班2至5个月。从1980年到现在，共培训在职干部2375人，大、中专班毕业生1266人（干部大专班153人，司法中专班1113人）。其中，1986年毕业生460人（干部大专班153人，司法中专班307人）。1986年招生367人（干部大专班160人，司法中专班207人）。

全院现有教职工596人，其中教师107人（内有17名兼职教师），教学辅助人员64人，行政人员164人，后勤人员261人。教师在搞好教学的同时，积极开展科研活动，取得了一定的成果。学院于1985年、1986年两次举行学术讨论会，邀请省内外的专家、学者参加，交流教学经验，探讨法学领域中的有关问题。1986年内，还与郑州大学法律系、河南大学法律系、省高级人民法院、省民法研究会等单位，共同发起举行了河南省民法讨论会，重点研究探讨了有关专业户、个体户的法律地位与法律保护和房产、宅基地纠纷问题。由学院编辑出版的《政法学报》，在1985年试刊两期后，已于1986年11月正式创刊。

（河南省政法管理干部学院院长办公室）

中南政法学院

座落在武汉市的中南政法学院，是司法部直属的高等法律院校之一。

1953年春，中南政法学院在原中原大学政治学院的基础上正式成立。同年秋，高等学校院系调整时，又将中山大学、广西大学与湖南大学等校的法律系、政治系并入中南政法学院。1958年10月，中南政法学院、中南财经学院和中南政法干校合并成为湖北大学。以中南政法学院为主体，结合中南政法干校和武汉大学法律系，组建成湖北大学法律系。"文革"期间（1970年）湖北大学撤销。1977年，法律系作为湖北财经学院的一个系，开始招收法律本科生。1979年起，又先后招收攻读硕士学位的法学基础理论、宪法、刑法、国际法和法制史5个专业的研究生。1980年开始招收函授专科生。

1982年8月，经国务院批准，在湖北财经学院法律系的基础上重建中南政法学院。1984年12月1日正式恢复成立。

中南政法学院学制为本科4年，函授专科3年，干部专修科2年。目前设有法律系、经济法系和基础部，共14个教研室。

法律系设有法律专业，培养从事司法工作、教学和科学研究的专门人才。开设有法学基础理论、宪法学、刑法学、民法学、刑事诉讼法学、国际法学、刑事侦察学等25门必修课，及劳动法学、罗马法、海商法、犯罪心理学等25门选修课。

经济法系设有经济法专业，培养从事既懂法律又懂经济的经济司法工作和教学科研的专门人才。开设有经济管理概论、经济法总论、所有权法、财政税收法、国际经济法等25门必修课，及经济学、外国民商法、特区经济法、经济信息学等20多门选修课。

基础部是学院基础课的教学科研部门，目前设有哲学、政治经济学、中共党史、汉语、外语和体育6个教研室，开设了10多门课程。

1986年中南政法学院共有教职工592人，其中教师249人（含教授3人，副教授11人，讲师46人，其他教师189人）。学校还聘请外籍教师、国内外著名学者来校任教和讲学。为了培养青年教师，提高教学科研水平，学院采取了送出去进修（包括出国），指定导师培养，招收在职研究生等办法，使青年教师的水平有了较快的提高。目前，已基本形成了老、中、青相结合的教师队伍。

到1986年止，中南政法学院已毕业各类学生7225人，其中为公安、检察、法院（包括军事法院）、司法行政、民政和其他方面培训在职干部4478人。

1986年中南政法学院在校各类学生数为2712人，其中本科生1127人，委托培养学员10人，干部专修科学员547人，函授生980人，硕士研究生48人。1986年毕业生人数为72人，其中本科生62人，硕士研究生10人。

为进一步提高教学质量，学院紧密配合教学，狠抓了科研工作。1986年已发表和出版了一批学术论文和专著、教材，并有一部分论文获奖。学院还编辑出版了《中南政法学院学报》、《科研信息》等期刊。还组织了优秀科研成果评奖活动。

（孔天柱）

武汉大学法学院

武汉大学法学院具有悠久的历史，它的沿革，可以追溯到武昌中山大学时期。

1926年12月28日，北伐军进军武汉后，武汉国民政府决定将当时的武昌大学、医科大学、商科大学、法科大学、文华大学等校合并，建立武昌中山大学，由邓演达、董必武、戴季陶、郭沫若、徐谦、顾孟余、章伯钧、李汉俊、周佛海等9人组成武昌中山大学筹备委员会，实行大学委员会制，设置理、医、商、法、文、预6科，分别成立科委员会进行领导。法科包括政治学系、法律学系、俄文法政学系。

1927年“宁汉合流”后，国民政府于1928年初决定彻底改组武昌中山大学，组建国立武汉大学，设置文、法、理、工、农5个学院。法学院原称社会科学院，1929年正式改名为法学院，下设法律学系等系。

1938年3月，武汉大学西迁四川乐山，直到抗日战争胜利后的1946年7月才复员回到武昌珞珈山旧址。乐山时期法学院建制未变，返回武昌后，武汉大学法学院仍保持乐山时期的建制。

1949年中华人民共和国成立后，武汉大学法学院的建制和人员，暂时保留共和国成立前的格局。1952年，全国高等学校院系开始调整，武汉大学取消了学院制，由学校直接对学系实行领导。法学院被取消，政治系并入法律系，从此，武汉大学法律系变成了由学校直接领导的一个独立的教学行政单位。

院系调整后，厦门大学、中山大学和湖南大学三校法律系部分教师调入我校，加上从中国人民大学研究生班分来一批青年教师，师资队伍空前壮大，教学、科研都有很大的发展，在校学生达300多人。1958年10月，武汉大学法律系被并入新成立的湖北大学。

1979年7月，武汉大学决定重建法律系，于1980年7月招收了第一批本科新生，同时还招收了研究生。这样，中断达21年之久的武汉大学法律系，又获得了新生。

重建后的武汉大学法律系发展很快。以师资队伍为例，1979年重建时只有8人，到1986年9月，已增加到107人。历史上的武汉大学法律系只有法律学一个专业，学生也只有本科一个层次。重建以后，设有法律学和国际法学两个专业，1985年又增设了经济法学专业，学生除本科外，招收了硕士研究生和博士研究生，还开办了专修班，共四个层次。1984年初，在全国高等法学教育工作座谈会上，武汉大学法律系被原教育部确定为全国综合大学重点法律系之一。

1986年9月，经国家教育委员会批准，武汉大学决定重建法学院。法学院下设法律系，国际法系、政治系、国际法研究所、环境法研究所、港台法研究所、武汉大学法律咨询服务部、《法学评论》编辑部。目前，法学院共有教师和研究人员115人，其中教授（含研究员）11人，副教授（含副研究员）23人，讲师（含助理研究员）24人，助教（含见习助理研究员）57人。在校学生共722人，其中本科生468人，硕士研究生140人，博士研究生13人，专修科生101人。

（武汉大学法学院）

中南财经大学经济法专业

中南财经大学位于武汉市武昌区蛇山脚下。该校于1979年成立经济法教研室，为全校开设经济法概论课程，1984年成立经济法专业，面向全国招生。

这个专业主要培养财经机关、企事业单位从事法律工作的人才。学生毕业后的去向主要是财政、税收、金融、审计、计划、工商管理部门以及工业、农业、商业等单位从事条法工作、管理工作和法律顾问等工作。

本专业现设有三个教研室，即：部门经济法教研室、经济法概论教研室、法律基础课教研室，一个资料室。现有教职工50人，其中有副教授1人，讲师8人，助教36人，行政干部和教学辅助人员5人。

1986年在校本科学生三个年级共150人。另有经济法助教进修班学员30人，经济法专业函授班学生70人。

本专业实行学分制。开设必修课25门，选修课25门。其中8门主干课程是：政治经济学、法学基础理论、民法学、中国经济管理、会计学、财政金融法、企业法、商事法。

1986年的科学研究工作主要是结合教学进行教材建设。已编写了经济法总论、经济合同法、劳动法等5份大纲和讲义，主编了《简明经济法律辞典》，还撰写了若干专题论文。

（中南财经大学经济法专业）

江汉大学政治法律系法律专业

江汉大学位于武汉市。1980年建校并招生，是一个自费，走读，不包分配的职业大学。现有12个教学系，57个专业，教职员工1100余人。

政治法律系设有法律、政工、社会学三个专业，共有学生336人，教师73人。

法律专业现有学生150人，分属八四级、八五级、八六级。专职教师11人，兼职教师5人，聘任教师2人。此外，还根据教学需要，聘请武汉地区部分大专院校教师授课。

法律专业学制为大专3年。共开设必修课25门，选修课4门，总学时1796学时。为了培养学生的实际工作能力，一年级下学期组织学生到政法实际部门见习2周，二年级下学期见习6周，三年级下学期组织进行为期8周的毕业实习。

法律专业自1980年招生以来，先后有4届学生毕业，计152人，大都在政法部门工作，其余则在各级各类大专院校、党校、中等专业学校和其他部门从事法学研究和教学工作。

（江汉大学政治法律系）

黄石职业大学法律系

黄石职业大学法律系于1983年成立，培养目标为大学专科，学制3年，1984年开始招生。现共有三个年级，学生148人（包括在职成人高考生）。一般只招本市学生，且系自费走读，不包分配，毕业后择优推荐。从1985年起，招收了少量外地学生（1985年5名，1986年5名），今后拟加大外地招生数量。

法律系共开设23门课程。其中法律专业课程有：法学基础理论、中国法制史、宪法学、民法学、婚姻法、刑事诉讼法、经济法、犯罪心理学、民事诉讼法、行政法、国际法、法医学、刑事侦察学、律师公证业务、外国法制史等。现有职工11人，专业课教师7人，其它课教师3人，另外还聘请了兄弟院校和司法实际部门的同志12人作兼职教师。

（黄石职业大学法律系）

湘潭大学法律系

湘潭大学座落在湖南省湘潭市，法律系是湘潭大学中的一个新系，建立于1982年8月。

法律系现有教职工49人，其中有教师32人，教辅人员8人。

法律系下设办公室、资料室、实验室，还有3个教研室。实验室包括刑侦和法医两部分，购置安装了各种仪器设备，可进行刑事摄影、痕迹检验、指纹分析等30项实验。还可以在实验室分班对学生进行电视录相的直观教学。

法律系从1983年夏开始招生，现已有四年制本科生4个年级共308人，两年制专科班33人，校外函授5个班共298人，校外专科班57人。

在教学上，几年来，先后开设了专业课和专业基础课20余门。除课堂教学外，还组织学生旁听人民法院的公开审判，指导学生组织模拟法庭，进行社会调查、法律咨询等活动。

另外，法律系还承担了全省近万人的法律专业成人教育自学考试，编写了各门课程的自学考试大纲和辅导材料。

在科研工作方面，最近几年教师在法学刊物上发表的论文有30余篇，还经常参加全国和地区的各种法学学术讨论会。

（湘潭大学法律系）

湖南省政法管理干部学院

湖南省政法管理干部学院的前身是湖南省政法干部学校，创办于1956年8月。从创办时起到1965年6月，共举办训练班14期，轮训干部4493人。"文革"中停办。1981年2月复办。1984年5月，经批准改为湖南省政法管理干部学院。校址在湖南省湘潭市。

学院除党委和行政系统外，教学机构有马列主义、国家与法、刑法（刑诉法）、民法（民诉法）、经济法、语文体育、业务等7个教研室。干部专修科（班）学制2年，短期轮训班为半年。现有教师71人，其中讲师16人。从1981年复办以来，共办短期轮训班20期，训练干部5003人。现有在校学员592人，其中大专班449人、中专班70人，轮训班73人。1986年毕业的大专生108人，中专生107人。1986年上半年，教师围绕教学和司法实践，开展了科研活动，除为本院《法学学刊》写稿外，还在省内外各种报刊上发表了论文20多篇。

（湖南省政法管理干部学院）

湖南女子职业大学法律系

湖南女子职业大学创建于1985年3月22日，地址在湖南省长沙市。法律系与学校同时创建。目前，有一部分教师从校外聘请。学制为2年至3年。法律系遵循党的教育方针，从提高妇女素质出发，培养德、智、体、美全面发展的法律方面的妇女人才。面向社会招生，采取多层次、多规格、多种形式办学。培养对象包括从高考统考中招收的普通高中毕业生，对口招收的妇女干部，同时接受各单位委托，进行法律方面的职业培训。1985年秋季从全国高考统考中招收经济法专业两个班，共96人，学制三年。根据法律专业和职业教育的特点，对在校学生采取了减少必修课和课内教学时间，增加选修课和课外教学时间的教学形式，增加学生接触社会的机会，使学生毕业后能较快地适应社会需要，独立完成任务。1986年的教学实践初步证明，这种教学形式是可行的。

（湖南女子职业大学法律系）

长沙大学法律系

长沙大学是一所职业大学，创建于1984年4月。长沙大学法律系实行自费走读，不包分配的原则，为政法部门培养德、智、体全面发展的，能适应我国社会主义现代化建设需要的法律工作者。

长沙大学法律系法律专业为全日制。学制为三年。除政治理论课、文化基础课外，还开设了法学基础理论、宪法、中国法制史、刑法、民法、经济法、国际私法、法医学、证据学等20门专业课和专业基础课。另外还开有犯罪心理学、劳动法、行政法、劳动改造法、国际公法5门选修课，每个学生可从中选学两门。

法律专业现有学生149人，到1987年下半年将有57名毕业生接受社会的挑选。

法律专业现有专职教师9人，多数来自各司法实际工作部门；此外还有外校兼职教师10人。

（长沙大学法律系）

中山大学法律学系

中山大学创办于1924年，法律学系同时开办。校址设在广州市。1952年全国高等学校院系调整时，法律学系并入中南政法学院，从此停办。1979年7月，经原教育部批准，中山大学筹备复办法律学系。

中山大学法律学系恢复后，采取多层次、多规格办学，积极为国家培养法律专门人才，至1986年7月，共培养出各层次毕业生608人。

自1980年招收法学专业本科学生，至1986年7月，已毕业246人（其中1986年毕业105人）。

1986年初，增设经济法学专业。现有两个专业本科学生共510人（其中法学专业472人，经济法学专业38人）。

1981年开始招收刑法专业硕士研究生，1982年夏又招收国际法硕士研究生。目前已毕业10人，全部获得硕士学位。现有国际法、法制史两个专业在校硕士研究生17人。

1981年起，开设夜大学法学专业专科班，三年制。1984年已毕业160人。现有夜大学生（三届）305人。

1982年起，受有关单位的委托，开办干部专修科法学专业，学制二年。已毕业3届，共133人（其中1986年毕业42人），现有在校干部专修科法学专业学员114人。

中山大学法律学系下设法学基础理论、法制史、刑法、民法、经济法、国际法等6个教研室，另设刑侦实验室和图书资料室。为加强法学研究工作，发挥中山大学法律系既是教学中心，又是科研中心的作用，最近成立了法学研究所，拟先设国际法、香港法、经济特区法等3个研究室，积极为开放、改革和加强法制建设服务。

中山大学法律学系现有教师52人，其中教授2人，副教授10人，讲师21人，助教19人。开设专业必修课22门，选修课29门。科研工作方面，"七五"期间着重研究经济特区立法，香港法等课题和分期编写各主要课程的教材及参考资料。

法律学系自复办以来，十分重视与外国法学界的联系和开展对外学术交流活动。与法国巴黎第二大学、美国加州大学、美国西南大学法学院、香港中文大学、香港理工学院等校建立了学术合作关系，曾多次互派访问学者和学生，交换图书资料。法国著名法学家巴丝蒂夫人任该校荣誉教授，并曾为法律学系研究生开设专题课。英国著名学者郑斌教授、荷兰空中法专家迪特里克夫人、美国加州大学教授罗思德、特林普、安守廉以及香港中文大学、香港理工学院等校教师、国外学者，曾先后来系讲学或开设专题讲座。

（中山大学法律学系）

汕头大学法律系

汕头大学法律系筹建于1982年，1983年开始招生。现设法学和国际私法两个专业，还办了政法干部专修科班。1984年又创办了夜大学法律专业。现有本科法学专业、国际私法专业学生共286名，夜大学法律专业学生177名。两届专修科生都已毕业。

法学专业的培养目标是，培养德智体全面发展的，从事政法实际工作的法律专门人才。国际私法专业培养目标，是培养德智体全面发展的，从事涉外民事法律关系的专门人才和教学、科研人才。

法学专业的必修课有：马克思主义原理、汉语与写作等公共课，法学基础理论、中国法制史、外国法制史、宪法学等法学基础课，以及民法、刑法等法律专业课20多门。选修课有：证据学、法医学、罗马法、外国宪法、外国刑法、外国民商法、外国刑诉法、外国民诉法、计算机基本原理及其应用、若干专题讲座（不计学时）。

国际私法专业的必修课有：法学基础理论、宪法学、中国法制史、外国法制史、民法学、民事诉讼法、经济法概论、国际公法、国际私法、国际金融法、海商法、国际贸易法、国际税法等18门；指定修选课有：专业英语、刑法、刑事诉讼法、婚姻法、外国民商法、票据法、专利法、国际经济合同；任选课有：国际组织法、经济特区法、中华人民共和国外交关系史和若干专题讲座。

在专业知识方面，要求法学专业的学生能够掌握马克思主义法学基本原理和法学专门知识，熟悉党和国家在政法方面的路线、方针、政策和主要法律，具有一定的分析问题、解决问题和从事实际工作的能力，并且具有较好的口头和文字表达能力，掌握一门外国语，能阅读专业书刊；要求国际私法专业的学生能够掌握马克思主义法学基本理论和国际私法专业方面的专门知识，熟悉党和国家在涉外方面的路线、方针、政策和主要法律，着重研究我国对外关系和处理涉外民事案件的经验，具有一定的分析问题、解决问题、从事实际工作的能力，以及具有较好的口头、文字表达能力，掌握一门外语，能熟练地口译和阅读专业书刊。

汕大法律系现有教职工32人，设系办公室、资料室、刑侦实验室和法理、刑法、民法、诉讼法、国际经济法等教研室。系聘有外校一批教授、副教授和骨干教师授课。同时积极选调和培养自己的师资队伍。

教师除完成教学工作外，还组织学生开展法律咨询，普法宣讲，组织模拟法庭，进行社会调查，以及举行调查报告会，开展学术交流。

为了给师生提供科研阵地，汕大法律系创办了内部交流刊物《法学文稿》。

（汕头大学法律系）

深圳大学法律系

深圳大学法律系成立于1983年9月，主要为各经济特区和沿海开放城市培养从事法律实际工作、法学研究和教学的专门人才。为此，要求学生既掌握中国法律，又熟悉有关的外国法律和国际法，尤其要熟悉中国的经济法及国际经济法，既要具有较高的法学理论水平，又须具有较强的实际工作能力；既能胜任司法部门的工作，又能胜任各种涉外经济部门、单位的法律顾问工作和从事对外经济贸易律师业务。涉外经济法是该专业的重点，涉外经济关系中新的法律课题是该专业的研究方向。该专业设置的主要课程包括：法学基础理论、中国法律制度史、外国法律制度史、司法逻辑、宪法学、刑法学、民法学、经济法学、刑事诉讼法学、民事诉讼法学、特区经济法学、专利法、劳动法、环境保护法、银行法、保险法、公司法、海商法、票据法、香港法、律师公证制度、国际法、国际私法、国际贸易法、国际技术转让法、国际投资法、国际金融货币法、国际税法、外国民商法、外国诉讼制度等共40门课程。

法律系现有教授、副教授、讲师20名，助教、教辅人员近10名，并从国内外知名大学及研究所聘请了一批客座教授。

深圳大学法律系与国内外法学界建立了广泛的联系，并积极开展各种学术交流活动。1984年12月曾与深圳市法学会联合主办《中国经济特区和沿海开放城市经济法研讨会》，1985年曾先后主办过《商法、公司法讲习班》、《全国涉外经济法律人员培训班》等。1986年又与香港大学法律系、香港港人协会在香港联合主办《中国经济法研讨会》。几年来，已有一些国内外学者，包括英国、美国、日本、澳大利亚等国的著名教授前来访问和讲学。

该系现有四年制本科生四个年级，三年制两个年级，学生共700多人。第一届二年制专修科已经毕业。

目前正在筹备招收硕士研究生。

（深圳大学法律系）

海南大学社会科学系法律专业

海南大学社会科学系法律专业，原来是海南大学法律系，是为适应海南岛开发建设的需要，培养有理想、有道德、有纪律、有文化的政法人才，于1984年创办的。校址设在海南岛海口市。目前只办专科，学制为二年。

海大法律系从1984年9月开始招收大专生48名，自费走读生13名，进修生7名，共68名；1985年招收大专正式学生38名，自费走读生5名，进修生16名，共59名；1986年招收大专正式学生82名，自费走读生1名，进修生18名，共101名；现在在校学生160名。另外，1986年下半年开始招收专科函授生100名，学制三年。根据1984年全国高等法律院系统一教学计划的要求，学生在校期间学习16门主要法律专业课程（公共基础课除外），毕业前到基层政法部门实习两个月。1986年7月第一届毕业学生（包括自费走读结业生）68名。

海大法律专业现有专业教师17名，其中副教授1名，讲师5名，助教6名，兼职教师5名。他们除搞好教学外，有的当兼职律师为有关单位提供法律服务；有的搞科研，编写教材，为普及法律常识、宣传法制出力。法律专业现设有3个教研组（法学基础课教研组、刑法教研组、民法教研组）和刑侦实验室、资料室各一个。

1986年6月，海南大学法律系、经济管理系、马列主义教研室合并为社会科学系，法律专业改属社会科学系，成为海南大学社会科学系法律专业。

（张　纬）

广州大学法学系

广州大学创办于1927年。五十年代初期，高等院系调整时停办。1983年经主管部门批准重建。广州大学是一所走读收费的职业性大学。它面向广州，为广州经济建设培养急需的职业性应用型人材。随着广州经济建设的迅速发展，对法律专门人才的需求日益迫切，广州大学在筹建伊始就成立了法学系。迄今为止，已招收二年制专科生3届，共139人。其中：八四级学生47人，八五级学生46人，八六级学生46人。1986年夏，第一届学生47人已经毕业。基本上都按照择优推荐录用的原则安排了工作。

法学系刚成立时，主要依靠从全国各地聘请教学经验较丰富的副教授以上的教师来校授课。与此同时，着手培养自己的师资队伍。到目前为止，全系已有教职工8人，还要继续培养和调进师资，以保证教学工作的正常开展。

考虑到学生的学习时间仅有2年，而设置的课程共有20多门，因此在教学上注意贯彻重点阐述、少而精的方针，以使学生获得更广泛的知识，收到较好的教学效果。

法学系创办时间不长，但已为广州市输送了一批法律人才。今后，法学系还将向多规格、多层次努力，以更好地满足广州市对法律专门人才的需要。

（广州大学法学系）

广东省政法管理干部学院

广东省政法管理干部学院建立于1983年3月。校址在广州市。它的任务：一是举办两年制的大专班，设公安、法律两个专业；二是举办地、县政法机关领导干部短期进修班。学院建立以来，大专班毕业两届，共533人，其中1986年毕业364人；干部进修班结业1266人。现有在校学员1100人（其中大专班900人，干部进修班200人）。

学院的教学机构设有马列主义理论教研室，公共课教研室，公安业务教研室，法学基础理论教研室，刑法教研室，民法、经济法教研室。

学院的前身——广东省政法干部学校，是在50年代由省、市五所公安、政法干部学校合并成立的，有较好的基础和办学条件。现在学院建立了具有一定规模的电教中心，添置了大量电子计算机等公安业务教学实验设备，新建了图书馆。

学院根据成人教育的特点，注意加强教学管理，改革教学内容和教学方法，努力提高教学质量。几年来先后制定了《学籍管理条例》等20种规章制度，使教学管理逐步走向制度化、科学化。1986年初，制定了《关于进一步提高教学质量的意见》和《教学工作量制度》。

学院还注意抓科学研究工作。几年来，广大师生结合教学和政法工作实践，撰写了一批学术论文和调查报告，有些已在报刊上发表。1986年初，在学院举办的首届优秀科研成果评选活动中，评选出优秀科研成果11项。1986年头9个月，又有25篇学术论文和调查报告在报刊上发表。其中《雇工合同初探》一文，在司法部1986年8月举办的全国政法院校第一届学术讨论会上获奖。几年来，先后有法、美、联邦德国、澳大利亚等国共七批教授、学者应邀来院访问或讲学。

在教材方面，截至1986年上半年，全院已编出教材17种，教学参考资料15种，法规汇编6种，案例汇编4种,其中由出版社公开出版的有13种。

从1984年起,学院创办了学报《政法学刊》。

(张善庆)

广东社会科学大学法律专业

广东社会科学大学是由广东省社会科学学会联合会主办的培养社会科学方面急需人才的一所成人专科学校。校址在广州市。

该校学制二年,1985年9月1日正式开学。目前开设的专业有法律、企业管理、中文秘书、会计学等。现有学生450人。

社科大除部分专职教师外,主要师资力量来源于社科联所属的63个学会。

社科大的招生对象主要是广州地区各级党政军部门和企业事业单位中政治素质好,身体健康,年龄不超过40岁,具有高中或相当于高中文化程度的中青年在职干部、职工及少量具有高中或相当于高中文化程度的社会青年。学生入学后,修完两年规定的课程,考试合格者,发给大专毕业证书,国家承认其学历。

社科大法律专业现有学生72人,全部是1985年9月入学的。他们中绝大多数来自广东省(主要是广州地区)的各级法院、检察院及公安、律师系统。

(周　华)

广西大学法律系

广西大学于1928年10月在广西梧州市创建,1936年迁至桂林,1937年增设法律系。1952年全国高等学校院系调整时,广西大学被撤销。1958年10月在南宁市恢复重建,但法律系是到1983年3月才恢复的,同年9月招生。

该系现设法学专业。学制4年。在校学生205人。1987年将有第一届毕业生。自1985年起每年招生60人。1985年招收夜大法学专修科学生90名。

该系现有专业教师31人,1986年已评定讲师15人。

系里设有法学基础理论、刑法、民法、经济法4个教研室;还设有资料室和刑侦实验室。按教学计划,现已开出全部专业必修课。

为了开辟学生的第二课堂,成立了以法律专业学生为主的广西大学法学社,在教师指导下,重点开展普法工作。一年来,以宣讲、广播、墙报、模拟审判、法律咨询等多种形式,在校内外展开活动,使学生增长了知识和才干。

教师在以教学为主的前提下,积极开展科研活动。1986年外出参加各类学术活动、调查研究的教师共19人次,写出论文8篇;并与吉林大学法律系协作调查研究《民族区域自治立法》的课题;还计划编写《民族区域自治法教程》。

(程　岗)

广西政法管理干部学院

广西政法管理干部学院是1984年10月在原广西政法干校的基础上建立起来的。院址在南宁市。1985年秋季开始,从在职政法干部中招收法律专修科新生,学制两年。

学院教学组织有:政治理论教研室、国家与法教研室、刑法教研室、民法教研室、经济法教研室和公共课教研室。在校学生240名。建校以来,已办过短期培训班14期,共培训检、法、司干部3027名。

学院建立后,从原来政法干校单一的短期轮训发展到大专、轮训两个教学层次。在办学指导思想、作风、组织领导等方面,正逐步向正规化转变,并且采取措施,加强管理,努力提高教学质量,提高学生综合运用和解决实际问题的能力。

该院现有教师60人。为了加强教师队伍建设,提高教师队伍的素质,采取了以下几种措施:一、选送教师外出进修。先后选送进修的有46人次,占教师总数的76.6%。二、派教师参加检察、法院、司法行政专业会议,与司法实践相结合。三、在司法厅的统一安排下,有计划地组织教师担任刑事案件的辩护人,民事案件和经济合同纠纷案件的代理人,通过实践锻炼和提高教师的政策、法律和业务水平。四、围绕教学任务和实践中提出的新课题,组织教师到基层搞调查研究,开展科研活动。几年来,已先后写出了一批调查报告和学术论文。五、为了适应培训干部和进行法制教育的需要,还组织教师编写了《法学基础理论》、《刑法》、《民法》、《民事诉讼法》、《经济合同法》等五种教材,并与自治区司法厅宣传处合编《司法业务学习参考资料》、《刑事案例汇编》等资料。六、注意加强对教师进行思想政治教育。

(方永新)

广西公安管理干部学院

广西公安管理干部学院是一所两年制的成人公安高等学校,校址在广西壮族自治区首府南宁市。它是为了培养在职公安干警，加速实现公安队伍的革命化、现代化、正规化、军事化建设，适应保卫社会主义现代化建设的需要，于1984年10月建立的。它的前身是已有30年历史的广西壮族自治区公安干部学校。公安管理干部学院成立后，于1985年秋季开始招生，八五、八六两届均招公安管理专业，现有学生397人。

学院招生对象是本自治区具有高中毕业或同等学历，有5年以上工龄，年龄在40岁以下的在职公安干警通过高校招生统一考试，德、智、体全面衡量，择优录取。要求学生通过两年学习，较系统地懂得马克思主义的基本原理，坚持四项基本原则，忠实执行党的路线、方针、政策和国家法律，掌握公安工作的技能。目前，公安管理专业共开设21门课，其中必修课17门，选修课4门。学校实行军事化管理。

教学机构有：马列主义理论、语文、法律、公安基础、侦察、治安保卫、公安科技、军事体育等8个教研室。现有教师54人，其中讲师9人，助教6人，教员39人。

（广西公安管理干部学院）

西南政法学院

西南政法学院是全国重点高等学校之一，直属司法部领导。校址在重庆市。

该院是在1952年全国高等学校院系调整时以西南人民革命大学政法系为基础，先后接收四川大学、重庆大学、私立重庆财经学院、云南大学、贵州大学的法律系和政治系，于1953年8月20日正式建立的。

1958年下半年，四川省政法干部学校、重庆法律学校和中央人民公安学院重庆分院先后并入西南政法学院，校名改为四川政法公安学院。1962年7月11日，恢复西南政法学院校名。到1965年底，西南政法学院已有教职工542人，在校学生1200多人。“文革”开始后学院停止招生。1971年西南政法学院被撤销。

1977年5月27日，西南政法学院正式复办。1978年1月，被国务院列为全国重点高等学校之一。

复校后的西南政法学院坚持改革，实行多层次、多规格办学。1978年秋，四年制本科法律、哲学和国际共产主义运动史3个专业开始招生；同时恢复在职政法干部的培训。翌年8月，增设四年制本科刑事侦察学专业；9月，首次招收法学理论、刑法、民法、诉讼法和法律思想史5个学科的硕士研究生。从1980年起，招收硕士研究生的学科陆续增加了法律制度史、经济法学、政治学以及辩证唯物主义与历史唯物主义，总共达15个研究方向。1981年，国务院学位委员会批准法学理论、刑法、民法、诉讼法和法律制度史5门学科享有硕士学位授予权。1980年11月，恢复三年制法律专业函授专科。1982年2月，开办全国高等学校法律师资培训班。1984年9月，二年制法律专业干部专修科招生。1984年4月27日，新设四年制本科经济法、劳改管理和司法行政管理3个专业（后两个专业1985年和1986年暂按专科招生）。

教学和科研等各项工作也取得了一定成绩。从1978年学校复办到1985年底，共编写出版了教材、资料508种，7013万字。参与了全国法学统编教材16门学科的编写工作，完成了全国法学“六五”规划重点项目《劳动改造罪犯的理论与实践》、《全日制高等学校招生考试法》等。出版专（译）著11部，普法读物22本，在各种刊物上发表论文1035篇。1979年6月创办《西南政法学院学报》（1983年更名为《法学季刊》），在国内外公开发行。内部发行刊物有《外国法学研究》、《侦查》和《函授通讯》。1978年10月重建实验室，并设电化教学教研室。

几年来，共接待美、英、法、日、加拿大、比利时、联邦德国、澳大利亚、香港等国家和地区讲学或访问的专家、学者39批，130人。

在1953年至1985年的33年中，西南政法学院共为国家培养了法律专门人才7946人，其中，硕士研究生40人，本科生5691人，专科生2115人，中专生100人。此外，培训在职政法干部8266人，为高等学校培训法律教师699人。

1985年11月22日，国家教育委员会核定西南政法学院在校学生发展规模为5000人。该院以此作为1990年的发展目标。

1986年1月，西南政法学院颁布实施《教日制方案》；3月，首次接受外国留学生，并与法国图卢兹社会大学、加拿大约克大学和美国华盛顿大学正式建立校际友好联系；还成立了西南政法学院法学研究所和西南政法学院思想政治教育研究会。7月28日，国务院学位委员会批准法律思想史、政治学和辩证唯物主义与历史唯物主义3个学科享有硕士学位授予权。9月19日，四川省高教局同意西南政法学院法学学科评议组作为四川省高等学校教师职务评审委员会下设的学科评议组，可以评议教授和副教授任职资格。据不完全统计，1月至9月该院编写并公开出版了专著、教材和法律普及读物33部（册）。有9项获四川省和司法部优秀科研成果奖，其中3项获省二等奖。今年该院还首次进行了学生优秀科研成果评奖活动。

1986年该院共毕业学生1350人，其中硕士研究生18人，本科生600人，专科生732人；共招生1757人，其中硕士研究生96人，本科生492人，专科生1169人（包括函授生795人）。

截至1986年9月底，西南政法学院有教职工1163人，其中教师465人（教授6人，副教授34人，讲师216人，教员和助教209人）。在校学生3769人，其中硕士研究生229人，本科生2752人，专科生711人，高等学校法律师资培训班学员77人。此外，还有在读三年制法律专业函授生2254人。

目前，西南政法学院的教学科研机构有：法律系、刑事侦察学系、经济法系、劳改管理系和司法行政管理系，基础部、学报(《法学季刊》)编辑部和函授部，法学研究所，图书馆，法律专业干部专修科以及3个中心(司法鉴定中心、图书资料中心和电化教学中心)，38个教研室(组)。

(李化德)

四川大学法律学系

四川大学创建于1905年，是我国历史悠久的高等学校之一。建校时即设有法律科，分为官班(在职法政官员调训)和绅班(士绅子弟经考选入学)。稍后，四川大学法律科改为四川法政专门学校。1928年又改名公立四川大学法政学院。与此同时，由张澜(原民盟中央主席、解放初任中央人民政府副主席)任校长的国立成都大学于1928年开设法律系。1931年，国立成都大学、国立成都师范大学和公立四川大学合并成立国立四川大学，分文、法、理、师范4个学院，法学院分设法律、政治和经济3个系，法律系第一任系主任为刑法专家谢盛堂教授。此后，亲属继承法专家朱显桢教授、民法专家胡元义教授、民商法专家裘千昌教授先后担任过系主任。1952年全国高等学校院系调整时，川大法律系和政治系并入西南政法学院。

党的十一届三中全会以后，为适应我国社会主义法制建设的需要，1984年四川大学重建了法律学系，开始招收本科生。次年，又增设法律专修科和夜大学。目前，在校法科学生达560余人，现有刑法和刑事侦查两个专业攻读硕士学位的研究生10名。

全系现有专职教职员38人，其中教授2人，副教授3人，讲师3人，助教17人；兼职教授、副教授10人。

(四川大学法律学系)

西南民族学院法律系

西南民族学院院址在四川省成都市。法律系成立于1986年。它的建立，经历了一个长期发展的过程。早在1956年，该院就成立了政法专修科，办起了中专性质的司法检察班(学制2年)，培训在职司法干部。先后共办了4届，培养学生314人。1960年该专业被取消，直到1981年，才恢复了法律专修科，举办司法干部培训班(学制1年)。1983年，又开始招收法律专科班(学制2年或3年)，为西南民族地区培养中级司法人才。从1981年到1986年，共培训司法干部99人，专科毕业生81人。1986年在法律专修科的基础上建立法律系，招收法律专业本科(四年制)学生，为西南民族地区培养高级法律专门人才。全系现有学生248人，其中专科生132人，本科生40人，在职干部学员76人。法律系设有办公室，建立了法学基础理论、刑法学、民法学、经济法学、语文等教研室。此外，还建有资料室和刑侦实验室。法律专业教师现有副教授1人，讲师和教员18人，助教6人。1986年，这个系在教学上十分关注对学生的思想政治工作，狠抓了党和国家的方针政策的学习和“四有”(有理想、有道德、有文化、有纪律)以及职业道德教育。在业务上加强基础理论教学。目前除开设法律专业必修课外，并开设了犯罪心理学、中国法律思想史、国际法等选修课。为了更好地对学生的智能进行开发培养，进一步加强了实践性教学环节，组织学生进行社会调查，搞模拟法庭和专业实习，并开展法律咨询等第二课堂活动。1986年教师共发表了15篇学术论文。同时，还参加了院内外的“普法”教育工作。

(罗季常)

四川省政法管理干部学院

四川省政法管理干部学院位于成都市，成立于1984年3月，它的前身是省政法干校。学院开设大学专科法律专业，学制为两年。招收对象是具有高中毕业实际文化程度，年龄在40岁以下，有五年以上工龄的在职干部。

学院现有教职工203人，其中教师74人(内有副教授1人，讲师7人)。组织机构除党委系统及行政管理机构外，设有政治理论，国家与法，刑法、刑诉法，民法、民诉法，经济法、国际法，文化体育等六个教研室和图书馆。

学院成立后，按全国成人高等教育统一招生考试的要求，已招收两届法律专修科学生。1986年在校生共347人，其中八五级168人，八六级179人，均按司法部规定的大专班教学计划进行教学。还举办了四个短期培训班(妇联法律干部班、法制宣传干部班、企业法律干部班和经济法律班)，共培训了399名干部学员。

1986年，在教学方面，主要是继续抓了教师队伍的建设和教学质量的提高。一是新调进了一部分教员，充实了教师队伍；二是积极选送青年教师外出进修，为提高教师的业务水平创造条件；三是严格坚持试讲制度，以保证讲授质量；四是坚持了每学期的教学质量检查，实行“四查一观摩”(查讲稿、查讲授效果、查学生作业和笔记、查学生思想和纪律作风；观摩教学效果好的教师讲课），同时组织学生对教师的讲授进行评议；五是建立健全了各种制度，包括对学生和学籍的管理，各教学机构的任务和职责，以及考试考核办法等，为教学工作的顺利进行创造了条件。学院还组织各有关教研室的部分教师与有关单位一起，为成都军区军队转业干部办公室编写、审定了培训军队转业干部的法学教材。

（李开涛）

贵州大学法律系

贵州大学校址在贵州省贵阳市。法律系创办于1942年，隶属于当时的贵州大学法商学院。据1948年资料记载，当时有专业课教师14人，其中教授9人（4人兼职）、副教授3人（1人兼职）。截至1948年，已毕业学生36人，在校学生151人。新中国成立后，曾继续招生。1952年院系调整时，法律系合并于西南政法学院。

为了适应社会主义法制建设的需要，1980年3月，上级主管部门决定恢复贵州大学法律系。经过一年多的筹备，于1981年9月重新招生。

全系现有教职工46名，其中教师36名。教师中有副教授1名，讲师18名。

该系现设三个教研室：法学基础理论教研室（包括法理、宪法、法制史、法律逻辑学、司法文书写作等），民法、经济法教研室（包括民法、民诉、经济法、国际公法、国际私法、婚姻法等），刑法教研室（包括刑法、刑诉、刑侦、犯罪心理学等）。此外，还有资料室和刑侦实验室。

该系现仅设置法律专业，学制为本科4年，必修课22门，选修课21门。

1986年10月，在全校科学讨论会上，法律系师生提交和宣读的论文有19篇。全年有17人次参加了全国性和地区性的学术讨论会。

法律系从1981年开始招生，迄今已历6届，1985年毕业学生50人，1986年毕业学生56人。现在校学生共有428人。

（段兴炜　孙尔琪）

贵州民族学院法律系

贵州民族学院校址在贵阳市。法律系是1986年3月成立的，学制为四年。主要培养贵州民族地区需要的司法干部和中等学校的法学师资。

1986年开始招收一个班，55人，全都是少数民族，计苗族15人，布依族11人，侗族7人，彝族4人，回族4人，仡佬族、土家族各3人，水族、壮族各2人，瑶族、穿青人、东人、南京人各1人。他们绝大多数来自农村和小城镇，入学时纷纷表示：要努力学好本专业，立志成为本民族的法律人才，毕业后返回家乡，搞好本地区的社会主义法制建设和法学教育，为社会主义现代化事业贡献自己的力量。

贵州民族学院法律系现有教职工20余人，有副教授2人，讲师5人。学院对法律系师资队伍的发展和建设很重视，正在陆续增配教师和抓紧对年轻教师的培训，已有2人在北京大学法律系和中山大学法律系进修，还有3人是西南政法学院代培的研究生。

法律系暂设刑事法学、民事法学和理论法学3个教研室。目前主要的科研任务，是调查研究贵州苗、布依等少数民族历史上的法律情况和贵州偏僻地区当前的法制建设情况。

（贵州民族学院法律系）

贵阳金筑大学政法专业

金筑大学是适应贵阳市经济发展和社会发展的需要，经贵州省人民政府批准，于1984年创立的一所全日制综合性职业高等学校。学校实行自费走读，不包分配的原则，学制三年。学生各科成绩合格者，发给高等专科毕业证书，国家承认其学历。学校校址在贵阳市。

政法专业是1985年设立的，并于当年秋季招收新生42人（参加全国统一高考录取），1986年又招收新生41人，共计83人。政法专业学制为三年。

该专业培养掌握马克思主义法学基础理论，熟悉我国的宪法和基本法律，能正确领会掌握党在新的历史时期的路线、方针和政策，具有较高的法学理论水平和实际工作能力，有较好的口头、文字表达能力的司法工作者。

该专业设置有：哲学、政治经济学、逻辑学、宪法学、法学基础理论、中国法制史、刑法学、刑事诉讼法学、民法学、民事诉讼法学、经济法学、婚姻法学、国际公法、国际私法等课程。

现有教师14人，其中副教授1人，讲师7人。另有外聘教师20人。

（刘路明）

贵州省政法管理干部学院

贵州省政法管理干部学院前身为贵州省政法干部学校，始建于1955年初。“文革”期间，学校停办。

1980年7月，贵州省政法干部学校重新恢复。从

1981年上半年起，先后举办了法院、检察院、司法、民政等系统在职干部短训班11期，共轮训干部2270人。

1985年3月，正式改建为贵州省政法管理干部学院，属大专性质。规模为在校生1000人。分为三个部：大学专科部400人；司法中专部300人；短期轮训部300人。大专部从1985年秋季开始招收检、法、司、民在职干部，目前共有在校生210人；中专部从1984年就开始招收应届高中毕业生，1986年8月第一届毕业生105名已走上工作岗位。目前中专部在校生有303名；短期轮训部近年来每学期都轮训300人左右。

学院设有教研室六个，教学行政处、室三个，政工行政处、室五个。

截至1986年8月，全院共有教师72人，其中专职教师58人，兼职教师14人。除了靠国家分配和从外系统选调外，还注意从本院自学成才的年轻人中发现人才，选送到外地进修。

在保证搞好教学工作的同时，学院还十分重视组织教师参加审判、辩护等司法实践以及各种学术研究活动。1986年上半年，全院教师撰写学术论文20篇，其中一部分已在报刊上发表或获奖。

（贵州省政法管理干部学院）

云南大学法律系

云南大学校址在昆明市。云南大学法律系前身是东陆大学法律系预科，创办于1927年。当时学生人数很少，只有一名教师。

1931年，法律学系正式成立，隶属于文法学院。从1937年至1949年，毕业生总数仅为103人。历年毕业生多在本省司法、行政部门工作。

新中国成立后，法律系半数以上教师被派到中国人民大学、西南人民革命大学、北京新法学研究院等校学习。这一时期，法律系有专任教授4人，讲师2人，助教3人，兼任讲师1人。从1950年到1952年，共毕业学生49人。

1952年下半年，全国高校院系调整时，法律系并入西南政法学院。

1980年，经上级批准，恢复云南大学法律系，1981年开始招生。

法律系现设法学情报研究室、法学资料室、刑侦实验室以及五个教研室。学制为本科四年，专科二年。现已设置法学专业，正在为设置经济法专业作准备。

该系现共有教师干部54人，其中教授2人，副教授2人，讲师11人，教员7人，助教22人，教辅人员6人，专职干部4人。

从1981年至1986年共招收本科学生577人。招生对象主要是应届高中毕业生。1982年、1984年两次招收专科生104人，学生来源是在职的政法干部。现有在校本科生394人，硕士生10人。截至1986年，本科毕业生共183人，专科毕业生共104人。

法律系现开设法学专业课15门，公共课7门，选修课2门。教学指导思想注重理论和实际能力的培养，除课堂讲授外，还到有关部门实习，搞专题调查，旁听典型案件的审判，并聘请外国及兄弟院校，公、检、法、司等部门的专家、学者授课或作专题报告。为适应教学发展的需要，系里的青年教师大部分都曾到外省院校进修。

在教学改革方面，1986年有2门课作为试点课，收到一定的效果。从1985年起试行学分制，调动了学生的学习积极性。

在科研方面，1986年教师在省内外报刊上发表文章9篇，出版了《法学基础理论概述》一书。

（陈令华）

云南政法专科学校

云南政法专科学校是1983年7月成立的。校址在昆明市。

云南政法专科学校设有马列主义理论，公共基础课，法学基础理论、宪法，刑法、刑事诉讼法，民法、民事诉讼法，经济法，技术业务等七个教研室。目前开设的专业有法律专业和经济法专业，学制三年。准备增设劳改劳教管理专业。法律专业设置24门必修课和6门选修课。经济法专业除设置政治理论课和公共基础课外，尚设有国民经济计划与管理、行政法、司法文书、经济法概论、计划法、统计法、国际私法、国际经济法、工业企业法、经济合同法、财政法、金融法、税收法、商业法、自然资源法、能源法、环境保护法、基本建设法、交通法、涉外经济法、劳动法、专利法、商标法、农业法、森林法、出版法以及经济司法与仲裁、律师实务及公证业务等课程。

1986年，在校学生共有861人，连同各类培训班学员，共达1000余人。建校以来举办各种进修班、短训班19种，共培训全省法院、检察院、司法行政干部和律师公证人员3000余人。此外，还接受委托，为省人大培训了各级人大领导干部，为企业、事业单位培训了法律顾问、经济法干部。1986年已有100多名大专学生和50名干部专修班学生毕业。

云南政法专科学校教职工人数逐年有所增加。1986年有教师115人，职工140人。

（云南政法专科学校）

西北政法学院

西北政法学院座落在西安市，是司法部直属的高等政法院校之一。它的任务是：主要培养法律专门人才，同时培养一定数量的哲学和政治经济学的教学及理论专门人才。

该院创建于1958年9月。当时名为西安政法学院，由中央政法干部学校西北分校和西北大学法律系合并而成。1963年8月，经国务院批准，正式命名为西北政法学院，由教育部和最高人民法院共同管理。1972年，学院被撤销。1978年8月，重新恢复。

该院自1958年至1986年，先后毕业16届本科生和专科学生，共3554名。其中1986年毕业503名。

该院现设有4个系5个专业：法律系、经济法系、政治理论系（此三系学制均为四年。政治理论系下设哲学和政治经济学两个专业）、劳改管理系（学制二年）。同时为适应社会需要，还开办了自费走读法律专修科（学制二年），公检法司干部专修科（学制二年），法律专业夜大学以及法律函授部。为培养少数民族司法干部，1983年经司法部批准，法律专业还增设了民族预科班（学制二年，升入本科）。目前，该院在校学生共有2770名（其中本科生2119名，专科生651名），研究生65名，法律专业夜大生279名，函授生631名。1986年受司法部委托，举办了中国革命史师资进修班（7月份已毕业）和中国社会主义建设师资进修班，还办了3期经济检察短训班。目前，全院共有教学行政班62个。各层次、各类学生共设80余门课程，其中必修课50余门，选修课近30门。有11门课程为该院新设（如罪犯改造学、狱政管理学、劳改企业管理学、中国革命史、中国经济发展战略等）。

该院从1986年9月起，在法律系八六级本科生中试行学分制，制定了管理办法和相应的教学计划，准备取得经验后在全院范围内推行。

该院现有教职工875名，其中专任教师360名（教授2名，副教授47名，讲师175名，教员12名，助教124名）。师资队伍正在继续扩充中。

学院的组织机构，除党委系统和行政系统（包括科研处、高教研究室、学报编辑部、理论基础部、图书馆等）外，在教学方面，设有法学基础理论、法律制度史、宪法、刑法、民法、诉讼法、国际法、司法文书与律师公证、经济法原理、涉外经济法、部门经济法、刑事侦察、劳改管理、法制心理和法医学、哲学、政治经济学、哲学史、经济史、经济管理、中国革命史、汉语、外语、逻辑、体育、电子计算机、文献检索、思想品德等教研室。另外，还成立了法学研究所（所内附设有青少年犯罪研究室）。

1986年7月，学院召开了第六次学术讨论会，共收到论文110篇。同时举办了学院第四次科研成果展览会，共展出成果394项，其中：专著24项；教材、教学参考书63项；论文等307项。公开发表的成果占53.5%。在1986年司法部召开的第一届学术讨论会上，《试论国际司法性质问题》一文获优秀论文奖。还有31项获省社会科学优秀成果奖。1986年度由国家出版社出版的该院教师的各种专著和译著计有13种，其中有《国际民事诉讼法原理》、《陕甘宁边区法制史稿（诉讼狱政篇）》、《〈淮南子〉与刘安法律思想研究》等。部分教师参加了列为国家“六五”科研项目的《中国革命法制史》等著作的撰写工作。此外，该院教师还编写出版了12种普法宣传读物。

陕甘宁边区法制的研究是西北政法学院开辟的重要法学研究领域，也是中国法制史界瞩目的新课题。1986年度这一专题研究也取得了显著成果。

1986年与国内外法学界进行了广泛的学术交流，先后有150余人次参加了各类学术交流活动，并接待了来自美国、西德、比利时、瑞士的法学专家、学者达75人次。

（苗利洲　王志纲）

西北大学法律系

西北大学法律系的源头有二：一个是1905年成立的陕西法政学堂。后来几经变迁才改名为西北大学。另一个是抗日战争爆发后，北平大学等几所院校迁来西安，成立西安临时大学，后改为西北联大，1939年8月改为西北大学。法律系是该校法商学院的一部分。从1943年8月起，法律系分设法理、司法两个组，直至1949年5月西安解放。

解放后，西北大学法律系一度停办。3年级学生提前分配了工作，一、二年级学生则转入其他系继续学习。1953年，西北大学曾开设司法专修科，1954年改为法律系。1958年，西北政法学院成立时，西北大学法律系并入西北政法学院。

1985年10月，经主管部门批准，重建西北大学法律系，分设法律学、经济法学两个专业。现已有讲师以上专职和兼职教师20人，其中有教授和副教授6人。招生工作将从1987年开始。计划首届招生180名，其中法律学专业100名，经济法专业80名。

（西北大学）

中国人民武装警察部队技术学院

中国人民武装警察部队技术学院(简称武警技术学院)1983年4月创建。校址在陕西省西安市。

学院设有训练部、政治部、院务部和光电、消防管理及消防工程3个系。分9个专业,其中本科有:信息系统工程、电子视监、消防自动化、建筑防火、灭火工程、石油化工防火专业;大专有:通信、防火管理及灭火指挥专业。学员定额为1600名。现有本科在校生362名,大专生642名。全院现有教员294名,其中:副教授4名,讲师55名,工程师27名,助教、助理工程师55名。

学院附设有印刷厂、实习工厂以及物理、化学、电子技术、计算机、火因分析、调度指挥、通信、警戒警报、照相等10多个实验室。1986年夏季已为部队输送了304名消防管理专业人才。

(丰春明)

西安基础大学法律系

西安基础大学是一所以社会科学为主的多科性的省属高等专科学校,创办于1978年。学校设有7个系,法律系为其中之一。法律系设置法律和保卫专修科两个专业。法律专业于1980年开始招生,已先后招收7届学生,共597人,已毕业分配4届共451人,其中1986年毕业130人。保卫专修科专业于1985年开始举办,已招生两届,共82人,1987年将有45人毕业。现在校学生共有228人。

法律系现有教职工18人,其中教师14人,教学辅助人员2人,行政管理干部2人。法律系机构设有办公室、法学理论教研室、刑事法律教研室、民法经济法教研室、实验室和资料室。

法律专业是为政法实际工作部门培养德、智、体全面发展的,掌握法学基本知识和有较强工作能力的法律工作者。学制三年。毕业后主要分配在陕西省各级人民法院、检察院和律师部门工作,也有一部分分在企事业单位担任法律顾问。

保卫干部专修科是为适应保卫四化建设的需要而举办的。目标是为陕西企事业单位培养德、智、体全面发展,又红又专的公安保卫专门人才。学制2年。该专业主要通过全国成人高考,择优录取企事业单位的保卫工作人员,毕业后回原单位工作。

(张　征)

兰州大学法律系

兰州大学法律系历史悠久,其前身可追溯至清光绪十五年(1889)兰州府设立的“学吏局”。翌年改称为“学律馆”(别名“法官养成所”)。光绪二十九年(1903)又改称为“课吏馆”。光绪三十三年(1907)更名为“法政馆”。宣统元年(1909)改办为“法政学堂”。民国2年(1913)改称为法政专门学校,以法学为主要课程。民国17年(1928)以法政专门学校为基础,扩建为兰州中山大学,正式设立法律系。以后学校虽几经易名,但法律系一直是主要的一个系。1946年学校改名为国立兰州大学后,设法学院,辖五个系(包括法律系)、一个组(司法组)、两个专修科。新中国成立后再未招生。1952年院系调整时,撤销了法学院和法律系。

党的十一届三中全会以后,为发展法学教育,培养法制建设人才,于1980年恢复筹建法律系。1982年在本校夜大学招收三年制法律专科生62人,已于1985年7月毕业。1983年正式建系。系内设3个综合性教研室、系办公室、资料室;实验室正在筹建中。本科目前只设法律专业,研究生设民法、经济法两个专业。1984年开始招收四年制法律专业本科生,1985年开始招收民法专业、经济法专业硕士研究生。现有教授1人,兼职教授1人,副教授2人,兼职副教授2人,讲师5人,助教16人。本科生共143人,硕士研究生7人。

(高增钧)

甘肃政法学院

甘肃政法学院是1984年12月在兰州市新建的一所省属高等学校。它面向甘肃,担负着培养政法专门人才和培训在职政法干部的双重任务。

学校现设法律系和干部训练部。有8个教研室。共有教职工248人,其中专任教师74人。从1985年开始,已招收两届学生。在校专科生387人,另有代培生81人。建校以来,已培训各类在职政法干部595人,目前正在培训的150人。拟于1987年招收本科生,并将逐步开办公安、司法行政等方面的专业。

专科生实行学时制,开设必修课14门,其中政治理论和文化基础课5门;法律专业课9门。为适应学生毕业后参加实际工作的不同需要,还开设选修课12门。两年内专业实习5周,生产劳动两周。

在教学工作中,坚持贯彻德、智、体全面发展的方针和理论联系实际的原则,同时,从现代科学文化发展和新技术革命的要求出发,开始对教育内容、教学方法和教学管理的改革进行探索。政治理论课的教学,除注重马克思主义基本原理、基本理论的教育，帮助学生树立坚定正确的政治方向和无产阶级的世界观外，还注意遵循党的路线、方针和政策，针对经济体制改革和政治体制改革中遇到的理论问题、实践问题和学生中较为普遍的思想认识问题进行教学，帮助学生提高认识问题、分析问题和解决问题的能力。法律专业课的教学，旨在使学生掌握马克思主义法学基本理论，树立科学的法律观，熟悉我国宪法和基本法律的内容与实质，并在此基础上开展实践活动，开辟第二课堂，以培养学生的工作能力。各门法律课都拿出10%左右的时间进行自学、讨论、实验、模拟法庭等活动。

在教学管理方面，着重以改革精神建立和完善各种制度，逐步实现教学管理工作的规范化、制度化和科学化。

1986年本校教师已在各种报刊发表论文31篇，与校外有关单位合著法学教材7本，参加省内外学术会议21次。目前正筹备创办学报。

（甘肃政法学院）

西北第二民族学院法律系

西北第二民族学院是一所新建的多科综合性大学，1984年5月成立，直属国家民族事务委员会领导。学院设立法律、汉语言文学、政治、历史、外语、电子工程、能源、化工等八个系。在陕、甘、宁、青、新五省、区和内蒙南部地区招收少数民族学生，为西北地区培养建设人才和少数民族干部。校址设在宁夏回族自治区首府银川市。

法律系从1984年7月开始招生，现有回族、维吾尔族、东乡族、藏族、蒙古族、锡伯族等16个民族的学生152人。学制3年，属大学专科。现有教师18人，其中讲师8人，助教10人。

（王　银）

青海民族学院法律系

青海民族学院法律系以培养本省少数民族政法工作者和法学教育工作者为主。学院座落在青海省西宁市。

1982年4月建立法律专业，学制为大学专科3年。同年秋开始招生。1984年2月，正式成立法律系。同年10月，改学制为4年本科。

1986年毕业学生86人，其中本科生44人，专科生42人。

学院现有4个教学班级，171名学生。他们来自全省藏、回、蒙古、撒拉、土、满、土家、汉等8个民族。系内暂设法学基础理论、刑法、民法3个教研室。并设有刑事侦查实验室、法医实验室和图书资料室。

全系现有教职工28人，其中有少数民族教职工7人。教职工中有专业教师23人。

1986年以来，全系专业教师除完成教学工作外，还承担社会上的普法教育任务，撰写了30多篇宣传法律知识的文章。一位教师撰写的《违宪论》，获青海省1986年社会科学科研成果三等奖。

（青海民族学院法律系）

新疆大学法律系

新疆大学设于乌鲁木齐市。该校法律系成立于1981年7月。1981年9月开始招生。1981—1982年招收了两个本科生班，共72人，1984年招收了一个干部专修科班，72人，都已经毕业分配工作或回原单位工作。本科生班有70人获得法学学士学位。

全系现有在校学生487人。其中四年制本科生411人（包括汉族学生136人，少数民族学生275人），二年制干部专修科生76人（包括汉族学生74人，少数民族学生2人）。少数民族学生占学生总数的56.4%，包括维吾尔、哈萨克、蒙古、回、柯尔克孜、乌兹别克、塔塔尔等7个民族。

全系现有教职工276人，其中教学管理人员13人，教师63人。教师中，汉族教师36人，少数民族教师27人。学校十分重视对师资特别是少数民族师资的培养，系里大部分少数民族教师是学校用师资培训班的办法培养的。此外，还通过各种形式加强对教师的培养，如送到内地政法学院、大学法律系进修或参加短期培训班、讲座等。已有80%的教师进修过。目前以中年教师为骨干的师资队伍已基本形成，教师的政治觉悟、业务水平不断提高。教师中有讲师职称的25人，助教29人。

系设系主任1人（维吾尔族）、副系主任2人（汉族1人，哈萨克族1人）。系内设法学基础理论、中外法制史、民法（含民诉、婚姻法、经济法）、刑法（含刑诉）、国际法（含宪法）、刑事侦察学等6个教研室，还有1个法学研究室，1个资料室。

目前已开设35门课程。必修课有法学基础理论、中国宪法、中国法制史、外国法制史、刑法学、刑诉法学、民法学、民诉法学、民族区域自治法等15门。已经开的选修课有政治学、行政法学、劳改法学等11门。此外还有政治理论课和文体课。各门课程分别用汉语和维语讲授（对汉族学生用汉语授课，对少数民族学生大多数课程用维语讲授）。几年来，还抓了教材建设，除采用司法部和教育部统编教材外，还自己编写了部分教材。必修课的教材，绝大部分已翻译成维文，共200余万字。

为了加强科研工作，1986年建立了法学研究室。五年来，该系各族教师积极参加了自治区以及全国法学研究会议和学术交流活动；在报刊杂志上发表学术论文20余篇；与兄弟单位共同编著的《民族区域自治法概论》已由新疆人民出版社出版，并被当作自治区大、中专学校的教材和各族干部的学习材料；还翻译出版了《国际法百科全书》第二册。

根据"七五"期间发展规划和对法律人才的需求，法律系的规模今后将进一步扩大，预计到1995年前后，在校法律专业学生将比现在增加一倍半。

（新疆大学法律系）

新疆政法管理干部学院

新疆政法管理干部学院是新疆维吾尔自治区培养各族政法公安干部的一所专门院校。校址在乌鲁木齐市。

学院的前身是新疆政法干部学校，1984年3月，改建为新疆政法管理干部学院。从1950年政法干校建立到1985年，先后共培训法院、检察、公安、司法、民政、企业内部保卫及其他各族在职干部12682名，培养公安、法律大专和中专毕业生1295人，两项合计13977人，其中少数民族学生占55.2%。

学院现有干部专修科和专业短期培训两部分，招收公、检、法、司（包括劳改）等政法机关的在职干部，使用维、汉两种语言文字授课。干部专修科暂设法律、公安两个专业，学制两年。专业短期培训班每期1至5个月。

1986年大专毕业生379名，其中少数民族毕业生89名；县级公安局长普法培训班结业50名，《民法通则》讲习班结业240人。

1986年在校生820人，其中少数民族学生482人，占在校生总数的58.7%。

学院现设刑法刑诉、民法民诉、国家法及法学基础理论、刑事侦察技术、公安业务、马列主义理论、公共课等7个教研室。

学院现有教职工292人，其中少数民族教职工116人，占教职工总数的46.6%。现有专职教师94人，兼职教师11人。

学院从1983年开始开展电化教学，现在已有一批电教设备，并设有电教室、演播室。自行编辑录制了一批教学视听资料，在刑侦、公安、法律等课程的教学中使用。

1986年，学院制定了《1986年科研工作计划》和《学院科研成果奖评选条例》。截至10月份，全院先后参加全国和地区举行的各类学术理论研讨会10次，推荐论文24篇；在各类刊物上发表论文38篇；参加了两本统编教学大纲及教材的编写工作；编写《民族区域自治法概论》教材一本；翻译（汉文译为维文）、编写教材资料八种。此外，参加新疆哲学社会科学成果和科学技术评奖，获社会科学二、三等及鼓励奖五项，科技奖一项。

（宋铁军）

第十六部分

法学研究机构

中国社会科学院法学研究所

中国社会科学院法学研究所成立于1958年10月。当时隶属于中国科学院哲学社会科学部。建所初期,仅有十几名研究人员,分为四个研究小组。1977年中国社会科学院成立后隶属于中国社会科学院。经过28年的发展,现有工作人员近160人,其中科研人员110多名,具有研究员、副研究员学术职称的46人,已成为一个法学学科门类比较齐全,研究人员相对集中,在国内外有较大影响的法学研究机构。

中国社会科学院法学研究所设所长、副所长和学术委员会,实行所长负责制。下设法的理论研究室、国家法研究室、法制史研究室、刑法研究室、民法经济法研究室、国际法研究室、比较法研究室以及图书资料室、科研组织处和办公室。此外,还编辑出版《法学研究》和《法学译丛》两个学术刊物。

中国社会科学院法学研究所的任务是:以马克思列宁主义、毛泽东思想为指导,研究我国社会主义法制建设中的重大理论问题和实际问题,为社会主义现代化建设服务;同时,从理论上提供立法的依据,积极参加立法工作,并适当地进行一些法制宣传工作。当前,为适应四化建设新形势的需要,贯彻党中央关于"一手抓建设,一手抓法制"的指示精神,该所在办所方针上特别强调:一、加强对马克思主义法学各个领域基本理论的研究,认真结合我国社会主义现代化建设的具体实践,坚持和发展马克思主义法学。二、加强对社会主义法制建设和政法工作中的重大理论问题和实际问题的研究,着重研究全局性、综合性和战略性的问题,为改革服务,为社会主义物质文明和精神文明建设服务。三、认真贯彻"双百"方针。四、加强对世界上有影响的法学学术观点和流派的了解和研究,以及对资产阶级法学的错误观点和理论体系的批判。

在上述方针的指导下,该所在我国第六个五年计划期间,紧密联系四化建设的实际,对一些重大法学理论和实际问题进行了研究和探讨,共发表著作70多种,论文1000余篇和大量的译文,其中有些学术水平较高在国内外有较大影响;参加了《中国大百科全书·法学》的编纂工作;组织编写了《法学词典》,已在国内外发行110多万册。此外,还参加了宪法和刑法、刑事诉讼法、商标法、专利法、婚姻法、继承法、环境保护法等30多个重要法律及大量经济法规、行政法规的起草、修改和讨论工作。1986年上半年,又完成了《中国概况·政治法律》(为英国出版公司提供)、《法学理论研究指南》、《民主与专政》、《论宪法在建设中的作用》、《工业企业法律问题研究》、《国际技术转让法研究》、《一部具有中国特色的社会主义民法》、《论香港的商标制度》等十多本著作和近百篇论文,并参加了《民法通则》和香港基本法的起草、讨论工作。

中国社会科学院法学研究所同世界上许多国家的法学研究机构建立了广泛的学术联系,经常进行学术交流和友好往来,促进了研究水平的不断提高,增进了相互了解和友谊。

中国社会科学院法学研究所所址在北京。

(邹振旅)

公安部刑事科学技术研究所

公安部刑事科学技术研究所建立于1972年,其主要任务是:检验鉴定疑难物证;开发研究物证检验的新技术、新方法和专用检验设备及试剂;勘查特别重大刑事案件现场;推广新技术,为基层培训技术人才;开展国内外学术交流;为全国物证鉴定部门提供技术服务。

该所设有法医病理、生物物证、毒物分析、血清研制、痕迹枪弹检验、微量物证分析、指纹档案管理、文件检验、计算机应用、应用物理以及刑事照相等专业研究机构。现有研究人员273人,其中已获得高、中级技术职称的有101人。

1986年的研究课题有40余项,其中包括指纹图象自动识别、激光显现潜在指纹、DNA血液指印、微量和超微量物证分析、声纹鉴定以及物证检验技术规范等重大项目。

该所所址在北京。

(李伯龄)

司法部预防犯罪与劳动改造研究所

司法部预防犯罪与劳动改造研究所,经国务院批准，于1984年9月成立，是司法部领导下的科学研究机构。它的主要任务是研究预防犯罪和劳动改造问题，具体包括以下三个方面：一、研究我国的社会犯罪，特别是青少年犯罪问题，比较研究世界主要国家的犯罪问题，研究我国综合治理社会治安、预防和减少犯罪的对策。二、研究劳改、劳教工作的方针、政策、法律、制度，研究提高改造质量、预防和减少重新犯罪的对策。三、研究我国马克思主义犯罪学和社会主义劳动改造学。

研究所下设两个研究室、一个图书资料与编辑室和一个办公室。两个研究室按其业务范围分为犯罪及对策研究室和劳改、劳教工作政策、法律、制度研究室。

所里现有研究人员主要由两部分组成，一是从实际部门抽调的长期从事劳改劳教工作的业务骨干；一是从政法院校抽调的理论工作者。在两个研究室中，有专业研究人员10名。

研究所成立后，本着边筹建边工作的原则，在司法部领导下，于1986年3月召开了预防犯罪与劳动改造科研工作座谈会，在北京、上海、天津、广东、山东、浙江、四川、陕西、湖北、辽宁、吉林、新疆、云南、湖南等15个省、市、自治区范围内，就提高改造质量和预防重新犯罪两个科研课题布置了调查研究任务。在调查研究的基础上，于同年12月召开了科研讨论会。参加调研的单位交流了科研成果，围绕提高改造质量，减少重新违法犯罪问题进行了讨论。研究所还计划陆续编辑出版犯罪与改造研究丛书，为理论工作者和实际工作者提供有关研究资料。1986年组织翻译了《实证派犯罪学》、《各国矫正制度》和《日本犯罪白皮书》三本外国专著和资料。

该研究所的地址在北京。

（郭建安）

司法部司法鉴定科学技术研究所

司法鉴定科学技术研究所是司法部部属研究所。它的前身，是1951年成立的司法部法医研究所和1955年成立的司法部司法鉴定科学技术研究所。这两个研究所于1960年11月停办。为适应我国新时期法制建设的需要，于1983年恢复建立司法鉴定科学技术研究所。所址在上海。

研究所承担关于法医学和刑事技术的研究，疑难案件的技术鉴定，以及研究生和专业法医的培养等项工作。现设有5个研究室：法医病理研究室，主要研究涉及法律纠纷的暴力性死亡和病理性死亡等；临床法医学研究室，主要研究涉及法律纠纷的人身伤害、劳动能力、性犯罪、性功能、精神状态和亲子关系等；物证研究室，研究与人体伤害有关的物证，如血液（痕）、精液（斑）、唾液斑、分泌液（斑）、排泄液（斑）、毛发、骨骼、死后生物化学变化等；法化学研究室，研究法医毒理学、毒物分析以及司法化学，如对纸张、墨水、爆炸物、纤维等进行定性或定量分析；刑事技术研究室，研究各种犯罪痕迹，如指纹、掌纹、足印、机械工具痕迹、车辆痕迹、炸弹和火药痕迹、文件笔迹，以及摄影技术等。研究所还附设法医学杂志编辑部，出版《法医学杂志》（季刊，国内发行）。

该所现有职工122名，其中科技人员73名，科辅人员10名，有副研究员1名，副教授1名，助理研究员1名。

1986年的科研成果有：完成司法部1984年下达的制订《人体重伤鉴定标准》，作为法医评定重伤的标准，已从1986年10月1日起在全国法医检案中试行。其他有：敌敌畏的薄层扫描定量法；用分光光度法对一氧化碳血红蛋白的定量检测研究；人类血清蛋白的电泳分型研究（Ⅰ）；死后初期肝脏酯酶同功酶醇谱变化的研究；死亡早期各种组织乳酸含量变化规律初探；血清Gc、Tf、Hp蛋白多态性的同步电泳检测研究；实验性血红细胞钾、钠离子代谢迁移的研究；死亡早期与DNA变化的研究；人血清、血痕中HLA—AL及HLA—B 40抗原的测定等。

（吴　军）

劳动人事部劳动科学研究所劳动法研究室

劳动人事部劳动科学研究所所属劳动法研究室，建立于1982年。它是目前我国唯一专门从事劳动法学理论研究的机构。它的主要任务是：研究劳动法的基本原则；劳动法律体系；劳动就业、劳动合同；职工的录用、调动、辞退；职工的工作时间、休息时间、休假制度、劳动报酬、劳动安全和卫生；女职工和未成年工的劳动保护、职工的社会保险和生活福利，以及职业培训和职工考核、劳动争议处理等法律制度。研究室设主任和副主任。研究人员由法学、社会学、经济学等专业的人员组成。

劳动法研究室自成立以来，做了如下工作：一、开展学术研究。这是最主要的活动。主要围绕劳动立法与改革的关系问题开展研究。几年来，在学术研究活动上，突出了理论联系实际、劳动法学研究为劳动制度改革服务的特点。近一、两年，专门召开了劳动合同制、劳动争议处理和职工民主管理权等问题的小型学术讨论会，同时还编写了部分有关资料和论文。二、参与《劳动法》、《工业企业法》、《工会法》、《破产法》等法律草案的起草、调查研究、讨论和修改工作；起草了《劳动争议处理暂行规定》等法规草案。三、进行社会调查，研究改革中出现的新情况、新问题。为了建立我国劳动合同和劳动争议处理的法律制度，研究室同志曾在中南、华北、东北、华东等10余个省、市进行调查，在200多个企业、机关单位中与各类人员进行了多次座谈讨论。四、收集整理了大量国内外劳动法学方面的资料。将建国至1985年底颁布实施的劳动政策法规汇编成册，分5册出版发行，共计270万字；编辑出版了《中华人民共和国劳动法规汇编》；编辑了3册《外国劳动法选》，介绍世界上近40个国家的劳动法和劳动法规的情况，共计150万字；结合劳动制度改革的需要，编写《劳动合同制问答》，为报纸组织、撰写劳动法和劳动制度改革的讲座，为地方劳动工作干部讲解有关法律知识，为普及劳动法律常识服务。五、承担了中国劳动法学研究会秘书处的全部工作，组织研究会召开的各种学术会议，编辑出版研究会的会刊《劳动法学通讯》，反映劳动法学的新动向和研究会的活动情况。

1986年，劳动法研究室参与起草了劳动制度改革的四项暂行规定。配合这些法规的施行，开展讲座、条文释义的编写等活动。

为了满足广大从事劳动法学理论和实际工作的同志学习和工作的需要，劳动法研究室正在编辑《劳动法手册》。内容包括五个方面：一、有一定理论水平和学术价值的论文；二、建国以来的重要劳动法规和规章；三、有关劳动法律制度方面的名词解释；四、我国劳动立法史上的重要历史文献汇编和世界主要国家的劳动法规资料；五、各国的劳动行政机关介绍。

劳动科学研究所设在北京劳动人事部内。

（马　瑜）

外交学院国际法研究所

外交学院国际法研究所是外交学院的一个国际法教学与研究机构，设于外交学院内。

外交学院是1955年9月10日在中国人民大学外交系的基础上创建的，1958年曾改称为国际关系学院，1961年复名为外交学院。“文革”期间，外交学院于1969年停办。1980年5月经国务院批准复校重建。院址在北京。现隶属于中华人民共和国外交部。

外交学院国际法研究所成立于1964年6月，隶属于中华人民共和国外交部。1969年随外交学院一起被撤销。1980年外交学院复校后，设立了国际法教研室。1985年，在该教研室的基础上成立了外交学院国际法研究所。

全所现有教学研究人员19人，其中教授2人，副教授2人，讲师1人，助教8人。此外还有编辑1人，资料员2人。

外交学院国际法研究所担负着本学院的国际法教学任务，为学院的本科生、专科生及进修生讲授国际公法、国际私法及涉外经济法等课程。它同时又是国家学位评定委员会授权招收国际公法、国际私法硕士研究生的机构，以培养国际公法、国际私法方面的教学、研究及从事专业工作的中高级专门人才。该所现有国际公法及国际私法专业的硕士研究生共14名。国际公法专业中的研究方向有：国际公法、国际海洋法、国际空间法、国际战争法等。国际私法专业的研究方向有：冲突法、涉外经济法等。

本所从事的研究工作涉及国际公法、国际私法、国际经济法、涉外经济法及外国法比较研究等领域。

本所除从事教学与研究工作外，还根据需要，向政府有关部门及中外合资企业提供法律咨询服务；有时还派人到国家外事及其他部门从事短期实际工作。

本所的主要研究成果有：《国际法辞典》（日译中）、《国际私法基础》、《法学词典》（国际私法部分）、《中国大百科全书·法学卷》（国际经济法分支）。近期及远期的主要研究项目有：中华人民共和国国际法实践、国际法渊源、国际法院、国际法案例研究、涉外经济法、融资租赁的法律问题、欧洲共同体法等。

本所拟从1987年起出版不定期学术著作论丛。

（外交学院国际法研究所）

北京大学国际法研究所

北京大学国际法研究所成立于1983年5月，前身为1980年设立的北京大学法律系国际法研究室。1983年5月，为了适应国家目前和长期的需要，加强我国国际法的研究和教学工作，经原国家教育部批准，正式建立北京大学国际法研究所。

国际法研究所除了正常的科学研究、教学及培养硕士与博士研究生外，还积极进行国际和国内学术交流。近几年，研究所曾邀请不少国内外知名专家和学者前来讲学和访问。1985年和1986年，研究所还主办了几期国际法讲习班和系列专题讲座，听课的除北京大学部分师生外，还有国内一些学术单位的教学研究人员和有关国家机关的工作人员。研究所的部分研究人员也应邀到国外出席国际学术会议、讲学、进修与进行学术交流。

近几年来，研究所研究人员在开展科学研究活动方面，也取得了不少成果。1985年和1986年的科研成果主要有：《中国与国际法：历史回顾》、《格老秀斯的著作在中国》、《联合国与国际法》、《岛屿大陆架的划界——希腊和土耳其之间有关大陆架的争端》、《国际海洋法法庭的创立》、《专属经济区和大陆架的军事利用的法律问题》、《维也纳条约法公约的“双重制度”》、《我国宪法与国际法有关的主要问题》、《战争法资料选编》、《联合国文件选编》等等。

目前，北京大学国际法研究所正在开展下述几方面的课题研究：中华人民共和国国际法实践；国际海洋法；中国近代国际法的发展；国际法文献及其利用方法；南极制度的法律问题；外层空间的法律问题；国际发展法；国际组织，等等。该所还打算在不久的将来发行一种内部刊物。

研究所现有各类人员19人，其中教授3人，副教授1人，讲师2人，助理研究员1人，助教11人，资料员1人。此外，还有兼职教授3人，外籍名誉教授1人。

（申建明）

中国人民大学法学研究所

中国人民大学法学研究所正式成立于1986年6月。其建所宗旨是，加强我校法学教学和科学研究工作，为国家培养急需的法学专门人才，以适应我国社会主义现代化、民主化建设的需要。

研究所直属学校领导。从学校办所的特点出发，研究所确定以理论联系实际、科学研究与教学相结合、科研为教学服务作为办所方针，并在教学和科研中同本校法律系密切合作，实行系所结合。

研究所是以民法、中国经济法、国际经济法为重点，包括其它有关法律学科的综合性研究所。目前暂设民法、劳动法、中国经济法、国际经济法、法学基础理论、宪法和行政法几个学科。根据研究所的发展方向和“七五”计划，拟在重点建设民法、中国经济法和国际经济法学科的基础上，逐步建设和发展其它有关学科，机构将扩大为四个研究室和一个资料室，即民法、劳动法、中国经济法研究室；国际法、国际经济法研究室；法学基础理论、宪法和行政法研究室；刑法、诉讼法研究室。

研究所有老、中、青不同年龄层次的专职研究人员和若干兼职研究人员。近几年来出版和发表的主要著作、文章有：《中国大百科全书》法学卷经济法部分（主编）、高校法学教材《劳动法学》（主编）、《法学概论与劳动法》（主编）、《民法原理》修订本（参加撰稿）、《科技立法——新的开拓领域》（参加编写）、《社会主义阶段必须坚持法制》、《中华人民共和国宪法是国家的根本大法》、《社会经济立法的发展规律初探》、《合伙的法律地位及其比较法分析》、《苏联行政法的几个问题》、《苏联录用和选拔科学工作者的法律问题》等等。此外，还发表了若干译著和译文。已完稿即将出版的还有《经济法》、《技术合同》等。根据“七五”科研规划，目前正撰写和从事研究的主要有：《外国宪法学》、国际经济法和我国涉外经济法的有关问题，有关劳动立法以及横向经济联合中的法律问题，等等。

研究所现已招收国际经济法硕士研究生5人。今后将采取学位研究生、研究生班多种形式，逐步招收各有关学科的研究生，为国家和本单位输送专门人才。

研究所设在北京中国人民大学校内。

（中国人民大学法学研究所）

中国政法大学
法律古籍整理研究所

中国政法大学法律古籍整理研究所于1984年经司法部批准成立。它是我国第一个从事法律古籍整理研究的科研机构。主要任务是：一、标点、校勘、注释、今译、编纂、辑佚、考证我国古代法律、法学文献古籍及有关资料，为法学研究人员、教学人员以及从事立法、司法实际工作的人员，提供经过整理考订的，便于阅读的法律文献史料。建所以来，已编著出版了《古代判词选》、《古代案例选》、《历代法学文选》、《法律文献选读》、《简明古代法学词典》、《汉书·刑法志注释》、《旧唐书·刑法志注释》等著作。二、培养古代法律文献古籍的整理研究人才。该所除对法律专业本科生讲授古代法律文献课以外，从1986年起开始招收法律文献学硕士研究生，进行系统地古籍整理理论知识和技术能力的教育和训练，为开拓古代法律与法学文献古籍整理工作培养人才。

该所现有教学和科研人员18人，1987年将发展至30人左右。分设先秦、两汉、唐宋、明清四个法律文献整理研究组（室），并设有专业图书资料室。

1986年已完成和接近完成的科研项目有：《晋书·刑法志译注》、《魏书·刑法志译注》、《隋书·刑法志译注》、《新唐书·刑法志译注》、《元史·刑法志译注》、《明史·刑法志译注》、《清史稿·刑法志译注》和《古代法律文献述要》等。

该所设在北京中国政法大学研究生院内。

（洪　波）

中国政法大学中国法制研究所

中国政法大学中国法制研究所于1986年经司法部批准成立。它的主要任务是：在马克思列宁主义、毛泽东思想的指导下，研究中国法制建设的实践问题，探讨中国法制建设的特色和规律，并在理论研究的基础上向立法、司法机关提出立法、司法建议，为加强我国社会主义法制建设服务。它的研究重点是部门法，当前侧重研究我国正在进行的经济体制改革和政治体制改革中出现的新的法律问题。

该所现设三个研究室和两个课题研究组，即：司法制度研究室、行政法研究室、环境法研究室和民法、刑法课题研究组。

该所现有专职高级研究人员5人，中级研究人员5人，初级研究人员4人，已完成的科研项目有《中国刑事诉讼程序研究》（与外单位合作）、《刑事诉讼实践问题》、《继承法的执行情况调查研究》、《加强行政法律管理问题》、《中国的行政诉讼法》、《环境法总论》等专著或论文。同时，该所还制订了"七五"科研规划，其中有三项已列为国家教育委员会"七五"攻关项目，它们是：《〈民法通则〉实践问题研究》、《我国律师制度研究》、《中国行政法制建设的理论和实践》。

该所设于北京中国政法大学校内。

（许可祝）

中国政法大学
中国法律史研究所

中国政法大学中国法律史研究所于1986年5月经司法部批准成立，是我国第一个法律历史科学的专业研究机构。建立该所的目的主要是：科学地总结中国历史上法律制度与法律观念变革的规律和历史经验，通过学术研究与组织学术活动，加强历史科学的建设，推动科研、教学、信息资料、国内外学术交流的全面发展，为建立具有中国特色的社会主义法学服务。

根据学科发展的现状和需要，中国法律史研究所的科研重点是：中国法律制度史的研究，特别是明、清两代法律制度史的研究；对社会主义法制建设具有理论和实践意义的重大历史课题的研究。

目前，研究所已有专职研究人员8人，其中：教授1人，副研究员、副教授2人，讲师3人，法学硕士2人。此外，还有兼职专家5人。

研究所本着边筹建、边科研和早出成果的原则，制订了近期科研规划。现已完成的科研项目有：《中国古代行政管理与法制》、《中国古代行政法》、《家族法研究》、《明律研究》、《清代审判制度》、《中国法制史资料选辑》、《中国法制史专题研究》（论文集）。

研究所还承担培养法律史博士研究生、硕士研究生和为法律专业本科生授课的任务。

研究所设在北京中国政法大学校内。

（李　铁）

中国政法大学外国法研究所

中国政法大学外国法研究所经司法部批准，于1986年成立。它的主要任务是通过对外国法及比较法的研究，加强学术交流，促进教学科研的发展，加强我国社会主义法制建设。主要研究课题有：苏联经济体制改革中的法律制度研究，比较法理论研究等。

该所设比较法研究室、日本法研究室和苏联东欧法研究室。现有高、中级研究人员6人，初级研究人员4人。

1986年的研究成果有：《比较公司法》；苏联及东欧各国经济体制改革中法律制度研究的几个专题；《国际刑事司法协助研究》；《法律史大辞书》的若干词条（约12万字）；《汉译日本法律词典》的审订工作。

该所所址在北京中国政法大学校内。

（董番舆）

中国政法大学
青少年犯罪研究室

中国政法大学青少年犯罪研究室的前身是1982年9月成立的北京政法学院青少年犯罪研究室。现有专职研究人员和工作人员9人，兼职研究人员5人。

中国政法大学青少年犯罪研究室的任务是：在马列主义、毛泽东思想的指导下，对我国青少年犯罪的历史、现状、特点、规律、变化趋势、原因及治理对策进行系统的研究与探讨，为建立具有我国特色的社会主义青少年犯罪学和青少年法学的理论体系，为社会主义法制建设和社会治安的综合治理作出贡献。

研究室自建立以来，主要做了以下工作：

一、到北京、河北、湖北、河南等省、市的劳改、劳教、少管单位进行调查研究，并对京、津两市的大学生违法犯罪情况进行了调查，广泛收集了有关资料，为研究工作奠定基础。

二、与有关单位合作，编印出版了一批有关青少年犯罪研究的专业书籍资料。其中主要有：《综合治理的理论与实践》、《团伙犯罪研究》、《外国犯罪研究资料专辑》、《综合治理在中国》、《人民调解在中国》、《华北地区首届青少年犯罪研究学会讨论会文集》等，总计300余万字。已经定稿即将出版的有：《青少年法学概论》、《青少年法学参考资料》、《恋爱、婚姻与犯罪》等书籍，约120万字。

三、参加国家"六五"规划重点研究项目——《中国青少年犯罪学》的编写工作，已按计划完成了部分撰写任务。

四、撰写了一批有关青少年犯罪的学术论文，并在报刊上发表。总计25万余字。

五、承担中国青少年犯罪研究学会交办的组织、联络华北地区青少年犯罪研究的任务。从1986年起，参加了中国青少年犯罪研究学会会刊《青少年犯罪研究》的编辑工作。

六、广泛开展了对外学术交流活动，多次参加同来华访问的外国专家、学者的学术座谈，并参加了联合国在北京召开的有关国际学术会议，派人参加了中美关于青少年犯罪问题的双边学术会议。

该研究室设在北京中国政法大学校内。

（郭　翔）

南开大学法学研究所

南开大学法学研究所是1984年底成立的一所新型的法学研究机构。它是按照以聘任制和自愿协作制为主，以调任制为辅的新体制来办所的。现有聘任研究人员113名，其中研究员107名，副研究员4名，助理研究员2名；调任研究人员8名，其中教授1名，副研究员3名，助教1名，尚未定职称者3名；硕士研究生11名；行政、资料编译工作人员5名。

南开大学法学研究所的建所方针是：在马克思列宁主义、毛泽东思想指导下，以著书立说带动法学研究所的建设，开展法学研究工作，培养法学专门人才，建立、充实和发展法学学科；坚持实事求是的思想原则，坚持法学研究和社会主义民主与法制建设的密切结合，坚持“百家争鸣”，解放思想，发扬改革和创新精神；总结社会主义民主与法制建设的经验，在充分借鉴已有法律科学成果的基础上，使研究工作具有创造性和开拓性。编辑《南开大学法学研究所法学研究丛书》的工作已按规划进行。目前正在写作的有：《马克思主义法学原理》、《马克思主义法律思想史》、《民法学专论》、《刑法学专论》、《民事诉讼法学专论》、《刑事诉讼法学专论》、《中国法律思想通史》、《中国刑法通史》、《中国新民主主义经济立法》、《中国法制建设的道路》、《先秦儒家法律思想研究》等11个重点项目及其他25部专著，共2000余万字。同时，正在开辟法制心理学等新学科的研究工作。从1986年起，将陆续出版上述著作。

1985年以来，培养研究生的工作也在按规划进行。现已有两届研究生攻读硕士学位，其中马克思主义法学理论专业2名，西方法律思想史专业2名，中国法律思想史专业1名，刑法学专业1名，刑事诉讼法学专业2名，民法学专业2名，民事诉讼法学专业1名，共计11名。入学后，均已按专业确定各自的研究方向。今后将继续招收上述各专业的研究生，由聘任和调任的专家学者共同担任导师，通过研究、编写活动，给予授课、指导。研究生除按计划完成应攻读和研究的科目外，还参加一定的教学、研究、司法实践活动。

南开大学法学研究所在科研体制改革中探索，力求革除机关化、封闭式的旧体制的弊端，立足本校，面向全国，朝着建立学会化、开放式的新体制前进。

该研究所设在天津南开大学校内。

（杨恩翰）

河北省社会科学院政治学法学研究室

河北省社会科学院于1983年建立法学研究室。1985年10月与政治学室合并，改名为政治学、法学研究室。

研究方向以应用研究为主，以经济法、民法、刑法、法学基础理论为重点，研究建设具有中国特色的社会主义法学理论问题和实际问题。主要研究课题为政治、经济体制改革中的法律问题。

研究室现有法学研究人员7人（职称尚未评定）。建室以来，在省级以上报刊发表学术论文21篇（其中被省级以上单位评为优秀论文的6篇），调查报告1篇，翻译论文1篇（与外单位合作）；参加撰写了江西省心理学会编辑出版的《侦察心理研究》一书中的12个专题；与外单位合作主编的《中国企业管理法律知识手册》一书，100余万字，即将由工人出版社出版。

河北省社会科学院院址在石家庄市。

（王友才）

辽宁社会科学院经济法研究所

辽宁社会科学院经济法研究所成立于1985年1月。它的主要任务是适应改革的需要，以经济关系和经济活动为出发点，为经济立法提供理论依据。所内设有改革与立法综合研究室、涉外经济法研究室、经济法理论研究室、资料研究室。此外，还主办以宣传企业现代化管理和企业经济法制为主的《现代企业家》月刊。

研究所的研究人员以从事经济理论和法学理论的研究人员为主。现有副研究员2人，助理研究员8人。1986年完成并已出版的专著有《涉外经济法知识》、《乡镇企业法律知识》、《个体经营者法律手册》、《技术引进的营口方式》、《企业人才开发》。正在撰写的尚有《公司法概论》、《破产法概论》等。1986年选题规划中的“城市经济体制改革中的法律调整体系”、“我国的公司立法及股份制研究”、“破产法研究”等专题已列入辽宁省哲学社会科学"七五"规划的重点选题。

研究所与中央和地方的有关政府部门建立了比较广泛的联系，并组织开展了一些学术活动。1986年6月，与国务院破产法起草小组、沈阳市人民政府联合发起召开了我国第一次企业破产法理论讨论会。本所有5篇论文在会上作了交流。研究所还与国内一些大中型企业建立了比较密切的联系，经常召开厂长经理座谈会、理论讨论会、信息交流会等。

辽宁社会科学院院址在沈阳市。

（辽宁社会科学院经济法研究所）

吉林省社会科学院法学研究所

吉林省社会科学院法学研究所于1985年11月在长春成立。该所以应用科学为主，以现实课题为主，以为地方法制建设服务为主，注意科研与应用的结合，实行开门办所的方针。

该研究所现有科研人员7人，科辅人员1人。科研人员中有教授1人，硕士研究生3人，其他研究人员3人。

该所承担的"地方法制建设问题研究"，已被列为吉林省"七五"期间重点科研项目。此外，经济法、行政法、律师制度亦已作为该所研究的重点。同时，该所还承担政治体制改革方面的某些理论问题的研究工作。

该所研究人员先后出版专著3册，译著3册，其它书籍13册。其中，《宪法论》、《法论》、《政治制度比较研究》等已经出版。1986年，该所科研人员在报刊上还发表了论文及其它学术文章24篇，其中5篇在有关学术会议上被选为优秀论文，1篇获省论文一等奖。此外，已交付出版及正在编写的书籍有《行政法词典》、《国际经济贸易法律词典》、《企业经济管理法律顾问》等10余部。

1986年内该所科研人员应邀到机关、企业、事业、学校宣讲法律知识9次。同时，还参加了《中华人民共和国工会法》、《中华人民共和国治安管理处罚条例》、《中华人民共和国外交特权与豁免权条例》、《国家机关工作人员条例》、《吉林省公路管理条例》、《吉林省罚没款管理条例》等十六部法律、法规、地方性法规草案的修改工作。

1986年3月18日，该所主持召开了"地方法制建设问题研讨会"，对地方法制的概念、特点及地方立法权的划分，制定地方性法规、规章的原则、程序等问题进行了深入的探讨。1986年9月，该所与吉林省人大常委会法律委员会、吉林省政府法制局、吉林省法学会共同举办了"地方法制发展战略研讨会"，论证了制定地方法制发展战略纲要的问题。

该所还参与发起了"吉林省经济、政治、文化改革综合讨论会"，并先后参加了全国及省级各种学术会议17次。

为了加强与国内外、省内外的学术交流和联系，该所现已与日本大阪大学法学部建立了所（部）际联系；1986年9月17日，参与接待了应邀来访的日本民法、法医学者代表团，进行了学术交流和座谈；并与国内30余家法学学术团体、律师协会建立了联系。

（李　淳）

吉林大学法学研究所

吉林大学法学研究所是1985年10月在原吉林大学法律系法学研究室基础上筹建起来的。计划编制40人，现有研究人员（含兼职研究工作者）20人，其中教授2人，副教授6人，讲师9人，助教3人。

吉林大学法学研究所近期以法理学和经济法学为主要研究方向。在筹建阶段，暂设一个综合性研究室。今后，拟逐步分设四个研究室。即：中国法学研究室、苏联法学研究室、英美法学研究室和日本法学研究室。

目前除编辑有关经济法资料外，正在编写一套经济法丛书，并围绕当前法理学争论的问题，撰写有关学术论文。

（吉林大学法学研究所）

黑龙江省法学研究所

黑龙江省法学研究所于1981年1月组建，由黑龙江省司法厅和黑龙江省社会科学院双重领导，以黑龙江省司法厅为主。内部暂设：法学基础理论研究室、刑法研究室、经济法研究室、《法学与实践》编辑室、办公室。现有人员21名，其中科研人员15名。青年科研人员约占50%，具有助理研究员以上职称的约占科研人员的三分之二。

黑龙江省法学研究所以马列主义的基本原理为指针，立足本省，面向司法实践，开展法学研究工作和学术交流活动。主要对宪法学、行政法学、刑法学、刑事诉讼法学、民法学、民事诉讼法学、经济法学、法律逻辑及有关地方性法规开展研究工作。该所还和黑龙江省法学会联合主办了法学理论刊物《法学与实践》。

黑龙江省法学研究所1986年主要研究成果有：一、编著书籍5册，即《律师业务指导》、《会计法基础知识》、《专利法概论》、《1979—1985年工商管理法规选编》、《1985年经济法规选编》。二、在全国各类刊物上发表和被选参加学术讨论会的论文共计30余篇，主要有:《保护和促进商品经济的发展是民法的基本任务》、《严肃追究有违法职务活动的法定代表人的法律责任》、《建立中外合营企业的法律程序》、《浅谈受贿罪的几个问题》、《论邻里互助》、《论社会主义公职》、《浅谈我国医疗事故立法》、《经济犯罪的特点及其对策》、《粮食订购合同初探》、《论经济联合体法律地位》等。其中有两篇论文在1986年8月召开的有吉林、辽宁、黑龙江等六省、市参加的经济法研讨会上被评为优秀论文,一篇获得黑龙江省社会科学优秀论著奖。三、参加了黑龙江省人民代表大会常务委员会法制工作委员会组织的对《民法通则》、《中华人民共和国治安管理处罚条例》、《工厂法》、《工会法》、《黑龙江省赌博处罚条例》等法律、法规的修改工作。

黑龙江省法学研究所所址在哈尔滨市。

(何一凡)

上海社会科学院法学研究所

上海社会科学院法学研究所的前身是1959年成立的上海社会科学院政治法律研究所。1964年9月政治法律研究所停办。1978年10月,上海社会科学院正式恢复。1979年3月,恢复了法学专业研究机构,并改称为法学研究所。

所内设有宪法学研究室(包括法学理论、宪法、中国法制史、行政法等专业),民法学研究室(包括民法、婚姻法、经济法、民事诉讼法等专业),刑法学研究室(包括刑法、刑事诉讼法等专业),国际法学研究室(包括国际公法、国际私法、国际经济法、海洋法、航空法等专业),《政治与法律》编辑部,编译室,图书资料室,学术秘书室,办公室等机构。全所现有90人,其中有科研人员62人(包括高级科研人员8人,中级科研人员31人),并有英、俄、日、法、德等五种外语翻译人员。此外,还聘有特约研究人员若干人。1979年开始招收研究生,已毕业研究生(包括法学理论、刑法、国际公法、国际私法、国际经济法等专业)6名,现有在读研究生(包括法学理论、宪法、民法、经济法、刑法、刑事诉讼法、海洋法、航空法、国际经济法、国际公法等专业)38名。

该所完成的主要科研成果有:编译出版了一套《国外法学知识译丛》,包括法学总论、各国法律概况、宪法、民法、经济法、刑法、诉讼法、国际公法、国际私法、司法制度和律师制度、刑事侦查与司法鉴定、法学流派与法学家等12分册,获上海市1979年至1985年哲学社会科学优秀著作奖;编译出版了一套《各国宪政制度和民商法要览》,计5册;撰写出版了(其中有的系与外单位人员合作)《七个法律通俗讲话》、《青年信箱·法律顾问》、《选举法知识问答》、《中国经济法浅说》、《合同基本知识》、《婚姻·家庭·法律》、《厂长经理法律问答》、刑法分则实用丛书之一《罪与罚》(《侵犯公民人身权利、民主权利罪的理论与实践》)、《刑法中的一罪与数罪》、《刑法知识》、《刑事诉讼知识》、《基本建设法简论》、《国际法入门》、《海洋法知识》、《西方法学家生平与流派简介》、《公民法律常识问题解答》等24部。其中,一套普及法律常识读物(9本)和《中国经济法浅说》获上海市1979年至1985年哲学社会科学著作奖。此外,还参加了撰写、注释《大百科全书·法学卷》、《辞海·政法分册》、《法学词典》、《中国百科年鉴·法律类》、《宋史·刑法志》等工作;发表了一大批学术论文;参加了一些法规的起草修订工作。

近年来,还单独或与其他单位联合举行了一些重大学术课题理论讨论会,如全国国际经济法理论讨论会、法的本质属性学术讨论会、全国基层群众性自治组织理论讨论会、全国行政管理学理论讨论会。1986年11月还召开了全国性的中国体制改革理论讨论会。

(尤俊意)

上海市犯罪改造研究所

上海市犯罪改造研究所成立于1984年12月,隶属于上海市劳改局。它的主要任务是研究犯罪与罪犯改造问题,从理论上总结劳改工作的基本经验,探索劳改工作的基本规律,为不断提高罪犯改造质量,预防和控制重新犯罪服务。它是由实际工作部门根据新时期劳改工作的需要而成立的研究机构,因此在研究方向、课题选择方面,具有应用性强、直接与实际工作部门挂钩等特点。它的成立,是上海劳改工作改革的产物,标志着上海劳改工作开始从经验型逐步向科学型转化。

该研究所主要承担课题调查和研究,内容包括:一、犯罪学。侧重探讨罪犯犯罪的主客观原因,狱内犯罪和释放后重新犯罪问题,为改造罪犯提供理论依据。二、罪犯改造学。研究罪犯改造过程中的心理变化规律和特征,探索思想政治教育、文化技术学习、强制生产劳动等各种改造手段在矫治罪犯过程中的相互关系和作用。三、狱政管理学。研究国内外狱政管理制度的历史和现状,探讨社会主义国家狱政管理现代化的原理和途径。四、罪犯改造与重返社会的综合治理问题。研究狱内狱外各种教育力量的结合,多渠道、多层次改造罪犯的方法,以及罪犯重返社会后的接茬帮教问题。五、有关罪犯改造中的立法与方针政策问题。积极参加劳改立法和与之有关的方针政策问题的探讨,为领导部门的决策提供科学依据。六、法学、心理学、教育学、伦理学、社会学等各种有关学科的研究成果在罪犯改造中的指导与运用,也是研究的重要基础内容和课题。

该研究所还兼任上海市犯罪改造学学会的常设机

构，负责学会的会务工作。

该所现有工作人员14名。近两年来，已编印《研究资料》5期共30万字，发表文章近50万字。该所工作人员参加编写的《上海市社会治安综合治理调查报告选》、《法律知识要览》，以及为配合公民普及法律常识而编写的11万字的通讯、报告文学集《判刑以后》等著作，有的已经出版，有的即将出版。1986年，该所还与有关部门合作，承担了司法部委托的大规模调查上海地区"提高罪犯改造质量和预防重新犯罪"的课题项目。

（夏之凯）

华东政法学院青少年犯罪研究所

华东政法学院青少年犯罪研究所，是1986年3月12日经司法部批准建立的。研究所除研究青少年犯罪问题外，还为研究生、本科生开设有关课程，并负责有关青少年犯罪研究方面的论文和社会调查的咨询、指导。该所广泛研究当今世界各国的青少年犯罪及其动向、对策，重点研究我国青少年犯罪的理论问题和实际问题，推进我国青少年犯罪学的发展，为我国减少、预防、治理青少年犯罪服务，为青少年一代健康成长服务。

该所办有《青少年犯罪问题》双月刊（内部发行），作为交流关于青少年犯罪情况和经验的研究成果，探讨有关理论和实际问题的园地；也为读者提供青少年犯罪的动向，青少年犯罪研究的最新信息，国内外预防和治理青少年犯罪工作的经验，以及其他有价值的材料。

该所现有专职和兼职教授、副教授5名和部分中青年研究人员；还准备聘请国内外著名学者、专家任兼职研究员。

青少年犯罪研究所的前身是1981年建立的青少年犯罪研究室。该室自建立以来，先后组织了青少年犯罪学术讨论会7次；出版了《青少年犯罪学》专著1本，《青少年犯罪研究资料》4辑；在联合国预防和控制犯罪委员会专家会议上发表论文2篇，国内刊物上发表论文50余篇。另外，还参加了全国"六五"规划青少年犯罪重点项目的研究工作，参加制定全国青少年犯罪研究规划和起草《上海市青少年教育保护条例》等活动。

该研究所设在上海华东政法学院内。

（徐　建）

华东政法学院法律古籍整理研究所

华东政法学院法律古籍整理研究所，是1986年3月在原古籍整理组的基础上，经司法部批准成立的。该所的主要任务是对法律古籍进行整理研究。现有研究人员20余人。

研究所的宗旨在于遵循"古为今用"的原则，为法学界、广大政法干部和政法院校师生提供经过整理的法律古籍，为法制建设和法律学科建设服务。整理法律古籍，主要采取选编、标点、注释和语译等形式，把古本书改编成容易读懂的新版书籍。同时对一些重要典籍进行研究，以探讨古代法制发展的规律。

该所前几年已整理出版的书籍主要有《〈唐律疏议〉译注》、《〈汉书·刑法志〉注释》等10余种，约300万字。目前正在整理编写"中国古代法学著作丛书"和《中国古代法律大辞典》等10余种书籍。

该研究所设在上海华东政法学院内。

（辛子牛）

华东政法学院香港法研究室

华东政法学院香港法研究室是专门研究香港法律制度的学术机构。现有五名研究人员。该研究室的任务是，以马列主义为指针，以宪法为依据，在"一国两制"政策精神指导下，系统、全面地介绍和研究香港政治法律制度的历史、现状和未来，为我国法学界开拓香港法研究领域进行有益的探索。

研究室聘请多位国内外研究香港法的专家、教授担任名誉顾问，并与香港法学界建立多方面的联系。研究室以科研为主，密切结合上海对外开放的实际，重点研究香港贸易、投资、金融及与上海的经济、文化交往等方面的法律问题。同时以科研带动教学，开设了香港法专题系列讲座。研究室还注意对外交流工作，经常派出人员赴港考察和邀请香港有关人士来沪讲学。

该研究室设在上海华东政法学院内。

（龚晓航）

江苏省社会科学院政法研究所

江苏省社会科学院政法研究所，成立于1981年6月。建所时只有两名研究人员，现已增至16人。研究课题涉及法学理论、宪法学、行政法学、青少年犯罪、经济犯罪、乡镇企业、小城镇、海岸带、国土等的立法研究，以及有关婚姻家庭、人民调解中的法律问题的研究。先后编印过《法学文稿》、《青少年犯罪讨论》、《江苏法学综合调查》、《江苏省乡镇企业立法研究》等文稿和专辑，还为省人大常委会、省人民政府的地方法规立法工作提供了数十次咨询。

该所目前分设4个研究室，1个资料室，1个刊物编辑室。各研究室都配备了室主任和二、三个研究人员，有各自的研究课题。正在筹办的法学理论刊物《法学论丛》是综合性季刊，暂在内部发行。

在现有的16名研究人员中，多数是四十年代后期、五十年代和六十年代初期高等政法院校的毕业生，近几年先后归队从事法学研究工作的。再有一部分研究人员是近几年从政法院校毕业的研究生和本科生。这支队伍的年龄结构情况，从一个侧面反映了江苏省法学研究事业发展的曲折历程。

1986年这个所沿着理论联系实际的路子，立足江苏，面向全国，重点抓了以下几方面课题的研究，并取得了初步成果：一、完成了《简明经济法学词典》的编纂任务。全书共有词条1110条，36万字，已交江苏人民出版社出版。二、对我国对外经济技术合作、利用外资、技术引进、涉外税法等政策、法律问题作了调查研究，写出了一批论文和调查报告，向有关部门提供咨询意见。同时，参加省人民政府制定《江苏省经济开发区管理条例》的工作。三、小城镇行政法律管理问题研究已告一段落，写出了12万字的专著，由上海社会科学院出版社出版。四、对青少年犯罪问题作了进一步的调查研究，会同有关部门，将研究成果汇集成《江苏省三十六年以来青少年犯罪情况》、《各行业青少年犯罪情况分析》等专集。五、会同有关部门，调查和讨论沿海城市行政管理和立法问题，编印了数十万字的论文集。六、对经济体制改革中的经济合同作了调查研究，写出了一批论文。七、着手研究政治体制改革问题，在初步调查的基础上写出了一批论文，参加全省体制改革理论讨论会。八、配合有关单位，对江苏海岸带的法律管理问题，进行了考察和研究，为全国海岸带立法提供建议。

在对外学术交往方面，研究所同民主德国科学院国家与法理论研究所建立了经常的联系。

“七五”期间，研究所将本着理论法学与应用法学研究并举的原则，在行政法、涉外经济法、经济法、青少年法律保护等方面，作比较系统深入的调查研究，写出有一定水平的专著和质量较高的论文。

江苏省社会科学院院址在南京市。

（李仕安）

安徽省社会科学院法学研究室

1979年在安徽省社会科学研究所内设立了法学研究室。

1983年4月，根据本省政治、经济、文化建设发展的需要，经主管部门批准，在安徽省社会科学研究所的基础上建立了安徽省社会科学院，下设8个研究所，其中包括法学政治学社会学研究所。所内设法学研究室和政治学、社会学研究室。法学研究室现有研究人员6名。

法学研究室成立以来，在着重进行队伍建设的同时，科研方面主要进行了以下几项工作：一、农业生产联产承包合同制专题调查研究；二、承担中国法制史和法律思想史（多卷本）的部分编写工作；三、青少年（主要是农村青少年）犯罪问题调查研究；四、编写普及法律常识读物；五、参加法学的各种学术讨论会。

6年来，本所人员在全国和省级报刊上发表了40多篇论文和调查报告，出版著作3本，约100万字。

1986年的主要研究成果有：一、应上海人民出版社约稿，以法学研究室人员为主，与院外有关人员合作，编写实用型工具书《农村法律应用手册》，全书30多万字；二、对农村粮食定购合同和农村经济犯罪问题进行调查研究，写出调查报告或论文。

现正计划加强力量，充实科研骨干，将法学研究室逐步扩建为法学研究所。

在研究方面，拟以农村经济体制改革中的经济法律问题和社会主义现代化建设中提出的法学理论问题为主要课题，开展研究工作，逐步形成一个兼顾基础理论研究和应用研究，以研究现实问题为主，立足本省，面向全国，具有地方特色的研究机构。

安徽省社会科学院院址在合肥市。

（肖方扬）

福建社会科学院法学研究室

福建社会科学院法学研究室成立于1981年4月。初建时，附设于院哲学研究所内。1985年起，改为院直属研究室，现有五名研究人员。

研究室的研究方向主要是结合福建省建设的实际，着重研究有关经济法和涉外经济法方面的课题。1985年至1986年主要研究成果有以下三个方面：

一、经济特区立法和涉外经济法方面。研究室人员曾先后不同程度地参加厦门经济特区、福州经济技术开发区的立法工作，并在刊物上发表有关论文多篇。

作为福建省哲学社会科学"六五"期间法学重点研究项目之一的《利用直接投资和引进先进技术中的法律问题》一书，已于1986年9月出版。

二、与城乡经济体制改革有关的法律问题方面。发表了《让国营企业成为富有活力的法人》、《谈农村专业户发展的法律问题》等论文。

三、民事单行法和民事基本法方面。参加了为制定《中华人民共和国继承法》、《中华人民共和国民法通则》所做的调查研究工作，并为草案修改工作提出了不少建议；出版了《继承法概说》、《民法通则述要》两书。

福建社会科学院院址在福州市。

（王克衷）

厦门大学国际经济法研究所

厦门大学国际经济法研究所，是根据国家对外开放形势发展的需要，结合地处厦门经济特区和毗邻台湾、香港的特点，于1985年建立起来的。研究所的主要任务是：进行有关国际贸易、国际投资、国际金融、国际税收、国际海事法律问题以及经济特区和港台经济法律问题的研究。

研究所下设：国际经济法理学研究室；比较民商法研究室；国际投资法研究室；国际贸易、金融、税收法律研究室；编译室；资料室。现有25人（大部分为兼职），其中教授2人，副教授3人，具有硕士学位的讲师和助教各7人。

厦门大学国际经济法研究所是全国唯一的地处经济特区从事国际经济法律问题研究的机构，地理环境优势有利于研究工作紧密联系对外开放的实际。同时，厦大早年设立的南洋研究所、经济研究所及台湾研究所，其学术队伍和图书资料也成为可以借助的力量。正因如此，国际经济研究所设立的时间虽短，科研上却已有较大的进展，取得不少成果。由该所承担的国家教委文科博士点科研基金项目——国际经济法系列专著（分为《国际贸易法》、《国际投资法》、《国际金融法》、《国际税法》和《国际海事法》5册，共155万字），即将交付出版。在1986年国家教委文科博士点科研基金项目（招标）中，该研究所又承担了两个研究项目："一国两制"与台湾法律问题研究、国际贸易与对外贸易中的若干法律问题研究。1985年以来，该所研究人员在《厦门大学学报》、《法学评论》、《江西社会科学》、《涉外法律问题文选》等书刊上发表的论文有：《我国涉外经济立法中应否规定不对外资实行国有化》、《中外合资企业管理权分享探讨》、《欧洲共同体反倾销法对我国出口贸易的影响》等十余篇。此外，还有新近完成的硕士学位论文8篇。

（廖益新）

山东社会科学院法学研究所

山东社会科学院法学研究所从1981年开始筹建。最初，只有两名研究人员，隶属科学社会主义研究所。1983年8月，经主管部门批准成立山东社会科学院法学研究所。1984年4月，与社会学所、人口学所合并成立社会学所。1985年底，法学研究所又独立出来。

法学研究所现有研究人员13人，相当于中级以上研究职称的有4人，多数是年轻的研究工作者。他们虽然经验较少，但思想比较活跃，工作热情高。针对这种状况，法学研究所的基本方针是：五年打基础，10年大发展。

法学研究所作为地方法学研究机构，重点发展与实际生活联系比较密切的经济法学、刑法学和民主与法制方面的研究工作，以更好地为地方经济建设、社会治安和民主与法制建设服务。为此，相应地建立了民法、经济法研究室，刑法、犯罪研究室，宪法、法理研究室。

该所自八十年代初开始筹备以来，研究工作人员在省级以上报刊累计发表论文、调查报告等各类文章80余篇，计30多万字。参加了全国法学、政治学"六五"期间重点科研项目和省内外有关法学学术专著、一般读物的编写工作。至1985年底，与有关单位合作出版的著作（包括专著、文集等）三部，已完成书稿待出版的2部。1986年1月至10月，在省级以上报刊共发表文章30余篇；自编和与有关单位合编出版的著作（包括专著、普法读物等）共五部。正在开展研究的重点课题有："农村经济法"、"经济犯罪问题研究"、"犯罪预防学"（与外单位合作）；拟作为"七五"期间重点项目的有："横向经济联合中的法律问题"、"山东新时期犯罪问题研究"、"中国地方权力机关建设"。

山东社会科学院院址在济南市。

（鲁士恭）

山东大学法学研究所

山东大学法学研究所成立于1986年3月1日，现有专职研究人员5人，从山东大学法律学系教师和山东省政法机关具有研究能力的人员中聘任兼职研究人员35人。

为了适应学科渗透的发展要求，本着合理使用研究力量的精神，该研究所打破设置固定研究室的格局，采用所内设课题组的形式。每确立一个研究课题，便组织一个课题组，集中力量攻关，课题完成后，课题组即告解散。目前，共设五个课题组，即唐律研究组、山东解放区法制建设研究组、国际技术转让的法律问题研究组、商品经济的法律调整问题研究组、经济犯罪问题研究组。准备建立的有:社会主义法制的中国特色研究组、经济体制改革与民主研究组等。课题组的设立,都是根据理论和实践的需要。课题设定后,一般都要深入进行实地调查,在广泛收集资料的基础上进行系统的分析研究。

研究所在成立不到一年的时间内,《唐律研究》等专著、专论相继问世;国际技术转让的法律问题,山东解放区法制建设等课题也都取得了阶段性成果。由原山东大学法律学系主编的《法学丛书》的编辑工作也已列入了研究所的工作范围。该丛书已出版近10种,正在审稿和准备排印的有七八种。

研究所注重同国内外学术团体、大专院校及专家学者的学术交流,到目前为止,已请进国内外专家学者10余人次,参加国内外学术会议10余人次,提交论文10余篇。

为了繁荣法学,迅速传递法学研究信息,交流科研成果,正在筹备创办法学学术刊物。

山东大学法学研究所设在济南山东大学校内。

(徐进、易见)

烟台大学法学研究所

烟台大学法学研究所设立于1986年5月,它的宗旨是:加强法学研究,振兴社会主义法学,为社会主义法制和社会主义现代化建设服务。目前各方面工作正全面展开。

烟台大学法学研究所的机构设置,坚持面向社会、因需而设的原则,目前设有刑法、刑事技术、经济法三个研究室。

烟台大学法学研究所研究队伍的建设,采取所内定编研究人员和聘请兼职人员相结合的制度。所内定编研究人员有教授、副教授、讲师、助教等10名,并拟聘请一些国内外法学家和法律实际工作者担任兼职研究人员。在研究工作上,采用自愿协作的办法,所内研究人员与有关部门结合,选择社会急待解决的课题,会同有关部门共同研究。所内研究人员与法律学系教员实行轮换制,以教学促进科研,以科研带动教学。

烟台大学法学研究所已确定两项重点科研项目,即《刑法论》、《中国民事法律关系史略》。研究人员在刊物上发表的论文已有10篇。还与兄弟单位合作编著出版了《社会主义民主与法制》、《新编法学词典》等专著。在大力开展法学研究的同时,还广泛进行了学术交流活动。

烟大法学研究所设于烟台大学校内。

(烟台大学法学研究所)

国家环境保护局武汉大学环境法研究所

国家环境保护局、武汉大学环境法研究所,是专门从事环境法研究和教学工作的研究机构,设在武汉大学校内。它的前身是1980年成立的武汉大学国际法研究所环境法研究室,1981年经国务院环境保护领导小组办公室和教育部批准,改建为中国环境科学研究院武汉大学环境法研究所,1985年改为国家环境保护局武汉大学环境法研究所,受国家环境保护局和武汉大学双重领导。现有20名工作人员,其中教授3名,副教授6名,所内科研、教学人员大都受过自然科学和社会科学双重教育,专业和知识结构比较适应环境法学这一边缘学科的要求。

环境问题是当代世界各国人民共同关心的重大的社会经济问题;环境保护是中国的一项基本国策,是社会主义物质文明建设和精神文明建设的重要组成部分。几年来,研究所坚持理论联系实际的方向,面向现代化,面向世界,面向未来,围绕社会主义现代化建设中的环境保护和环境法制建设问题,积极开展研究工作,逐步打开了环境法这一新兴学科的发展局面。

在科学研究方面,主要研究中国环境法律和环境政策问题,同时也研究国际环境法、外国环境法、国土资源法、环境管理与规划等方面的问题。几年来,承担了研究修改《中华人民共和国环境保护法(试行)》、研究起草《固体废物管理法》、《对外经济开放地区环境管理暂行规定》等任务,参与起草和提供咨询的国家与地方环境立法项目近20个,在促进国家与地方的环境法制建设方面起了一定的作用。还承担了一些环境政策研究工作、环境影响评价工作和环境法基本理论研究工作。几年来已发表近百篇学术论文。1984年创办了内部不定期刊物《环境法》杂志,专门刊登有关环境法、环境政策等方面的学术论文、译文和其他信息资料,至今已出8期。1983年和1986年,两次举办全国性的环境法学学术讨论会。还多次派人参加环境法方面的国际性学术会议,邀请国外著名环境法方面的专家学者来所讲学,与国外不少研究机构和学者建立了联系。

在环境法教学方面,本所是我国当前唯一被批准有权授予环境法硕士学位的单位。几年来共招收环境法方面的研究生49名;同时承担了武汉大学法学院法律专业和国际法专业本科生的环境法和国际环境法的教学任务;编著出版了全国统编试用教材《环境保护法教程》;开设了环境保护法、国际环境法、外国环境法、环境政策、环境科学概论等研究生课程。还受国家环保局的委托,短期培训在职环境保护干部,同时与其他单位合作举办环境法干部培训班,培训了400多名环境管理干部和工作人员。

1986年，组织全所科研、教学人员和环境法研究生，开展了环境立法体系的调查研究工作，固体废物管理法的起草研究工作，国土法的调查研究工作，农业环境保护条例的调研起草工作，完成了全国社会科学“六五”规划中重点项目之一的《中国环境保护法的理论与实践》专著的撰写工作，并结合中国环境法制建设实践，写出了一批理论联系实际的学术论文和调研报告。

（国家环境保护局武汉大学环境法研究所）

武汉大学国际法研究所

武汉大学国际法研究所创办于1980年，所址在武汉大学内。

武大国际法研究所以研究国际法（含国际公法、国际私法、国际经济法）的理论与实践为其主要任务，侧重国际经济交往中的法律问题的研究。研究范围主要包括：国际公法的基本理论问题、国际关系、中国对外关系、条约法、海洋法、空间法、国际组织法；国际私法的基本理论问题、冲突法、有关国际私法实体法的问题、国际民事诉讼程序、中国涉外民事法律的制定与适用；国际经济法的基本理论问题、国际投资法、国际货币法、国际贸易法、海商法、中国涉外经济法，等等。

全所现有专职、兼职研究人员32人，其中有教授6人，副教授4人。所内设有国际公法、国际私法、国际经济法三个研究室和一个编译室，此外还设有资料室。

武大国际法研究所创建以来，研究工作蓬勃开展，先后出版了《国际私法》、《国际投资法》、《现代国际组织》、《国际私法新论》等五部学术著作。部分研究人员还参加了高等学校法学教材《国际法》、《国际私法》、《国际关系史》、《法学概论》及《中国大百科全书·法学》、《国际法辞典》等著作的编写或翻译工作。建所以来，在国内外刊物上发表学术论文、译文200余篇，并有12人次获得省级或校级社会科学研究成果奖或学术纪念奖。

研究所于1981年建立了国际法博士学科点，1984年建立了国际经济法博士学科点。从1980年开始招收国际法硕士研究生，1984年开始招收国际法、国际经济法博士研究生。迄今共招收硕士研究生6届36人，博士研究生3届13人。

武大国际法研究所认真贯彻理论与实践相结合的方针，除大力开展基础理论研究外，还积极研究我国在对外开放过程中所涉及或出现的重大国际法问题，承担了多项重要科研项目。仅1986年，就承担了“关于我国冲突法的研究——国际法律冲突和区际法律冲突”、“涉外经济交往中的法律问题”、“国际经济法理论专题研究”、“产品责任法专题研究”、“中国参加《华盛顿公约》专题研究”、“石油协议的法律问题研究”、“中国参加《关税及贸易总协定》问题研究”等项目的研究任务。此外，还为湖北省完成了“关于湖北省引进外资的若干法律问题的研究”的科研项目，并承担了国家教委下达的12种法学专业教材的编写任务。

研究所还大力开展国内外学术交流，先后主办了“中美加三国学者专家国际贸易与投资法律问题学术讨论会”、“全国青年国际法学者研讨会”和“首届全国国际私法学术讨论会”等大型学术会议。

（武汉大学国际法研究所）

武汉市社会科学院法学研究室

武汉市社会科学院法学研究室成立于1984年8月。当时是武汉市社会科学研究所的一个研究室。1986年7月，武汉市社会科学研究所改建为武汉市社会科学院，法学研究室建制未变。该室现有科研人员5名，为适应武汉市经济发展和法制建设的需要，正积极准备改建为法学研究所。

按照武汉市社会科学院关于必须坚持理论联系实际的办院方针，法学研究室确定以经济法律为研究的重点，以立足武汉、解决实际、服务改革、促进四化为宗旨，积极开展科研、教学和咨询工作。

该室自建立以来，曾多次参加武汉市人大常委会召开的立法座谈会，讨论了《涉外经济合同法》、《民法通则》等法律草案。还参加了武汉市人民政府有关地方性经济行政规章的制订和咨询工作。比如，1986年8月，参加武汉市人民政府召开的咨询讨证会，对《武汉市国营工业企业濒临破产限期整顿的若干试行规定》草案，提出了修改意见。同年10月，参加武汉市公共安全与保险关系咨询讨论会，对公安机关和保险公司的合作关系进行论证，在城市经济体制改革工作方面发挥了积极作用。

该室还举办了三期经济法讲习班，培养经济法律人才，先后共培训学员627名。

该室还先后参加了《经济体制改革与经济法》学术讨论会、《武汉市经济体制改革理论讨论会》、《武汉市经济体制改革中法律问题讨论会》等学术会议，提交了论文7篇，其中《运用法律手段增强企业内部活力》，在武汉市经济体制改革中法律问题讨论会上获优秀论文二等奖。1985年2月，编辑出版了《武汉市经济体制改革中法律问题讨论会专辑》。1986年5月，出版了由该室主编的普法读本《十法大要》。该室与中南财经大学、西北政法学院合作编写的《简明经济法律辞典》也已付印。

（何震中）

四川省社会科学院院址在成都市。

（四川省社会科学院政治学研究所法学研究室）

广东省社会科学院法学研究所

广东省社会科学院法学研究所于1985年7月正式成立，所址在广州市。

该所坚持以马列主义、毛泽东思想为指导，坚持贯彻“百花齐放，百家争鸣”的方针，坚持理论联系实际，坚持法学研究必须为社会主义现代化建设服务的根本方向，立足广东，面向全国和世界，突出应用研究，重视基础理论研究和法律普及工作，适当搞些开发性项目，重点研究涉外经济法和经济法。

该所现设三个研究室：一、涉外经济法研究室。主要研究我国在对外开放中提出的一系列法律问题，重点研究经济特区、经济技术开发区、沿海开放城市、海南岛和珠江三角洲开放地区的有关法律问题。二、经济法研究室。主要研究经济体制改革中提出的若干法律问题，重点研究本省实行“特殊政策、灵活措施”后所进行的一系列经济体制改革中遇到的有关法律问题。三、综合研究室。对法学基础理论、刑法、民法、诉讼法、行政法等进行研究。

该所现有科研人员7人，大部分是中青年。因此，自建所以来，一边搞科研，一边狠抓对青年研究人员的培养和提高。例如，派往外地学习、组织参加社会调查等。一年多来，该所科研人员已经在省内外刊物上发表了8篇论文。研究成果内容主要包括两个方面：第一、关于我国实行对外开放政策中的有关法律问题，例如，《我国对客商直接投资的待遇和法律保护》、《涉外经济合同与国内经济合同的共同性和特殊性》、《对技术引进合同适用法律要坚持原则性和灵活性的统一》等；第二、关于我国实行经济体制改革中的有关法律问题，例如，《要重视经济法在宏观和微观经济活动中的作用》、《招股集资的法律调整》、《竞争必须在法律规范下进行》等。

（林　法）

四川省社会科学院政治学研究所法学研究室

四川省社会科学院政治学研究所法学研究室成立于1985年。现有研究人员6人。研究方向主要为民法、经济法。1986年主要科研成果有：一、著作3本，即：《企业法律顾问》、《生者与死者》、《买方与卖方》；二、各类论文、调查报告10篇；三、翻译著作1本。

西南政法学院法学研究所

西南政法学院法学研究所，是1986年3月经司法部批准，在原院属外国法学研究室的基础上建立起来的。现有专职、兼职研究编译人员17人，其中教授1人，副教授2人，讲师4人，翻译1人，助理翻译5人，助教3人，资料员1人，下设外国法学研究室、《外国法学研究》编辑部。为了适应形势发展的需要，加强对香港、澳门、台湾法律制度的研究，目前正在筹建港台法制研究室。

外国法学研究室集中了英、俄、日、德、法五个语种的编译人员，主要是翻译介绍国外用上述五种文字出版的法学最新专著与资料，以配合教学和推动科研的发展。同时，结合课程建设和教材的更新，有重点地开展西方法学史、当代外国法学发展动向、法系统工程等专题研究。1986年共完成80余万字的编译审校工作，其中《苏维埃民事诉讼》已经出版，在报刊上还发表了《略论自然法与理性法的区别》、《当今苏联著作权法的发展趋势》、《苏联法学界关于无罪推定的争论》、《外国刑法学中的人格行为论》等研究和资料性文章20余篇。此外，西方法学史专题研究在1986年内已完成了部分初稿。

研究所还编辑出版了一种暂在内部发行的学术性、情报性和知识性的综合法学季刊《外国法学研究》。

除研究和编译任务外，该所还负责指导攻读法制史专业外国法制史研究方向的硕士研究生，现有八四、八五、八六级研究生5人，并为全院各专业研究生开设日语、德语两门第二外国语课程。

该研究所设在四川重庆西南政法学院内。

（林向荣）

贵州省社会科学院经济法研究室

贵州省社会科学院经济法研究室成立于1986年3月。共有研究人员5人。研究室成立的指导思想，是把经济法作为社会学的一个重要组成部分来进行研究，使经济法的研究工作为贵州省经济社会的发展服务。

为了加强地方法规的建设工作，研究室着手对贵州省人民政府从1949年至1986年10月所发布的

500余件有关发展经济建设的条例、章程进行了清理。凡是应该作废或修改的，建议省人民政府依法予以废止或修改；对继续有效的80余件，建议有关部门汇集编印成册，以便适用。与此同时，该室确定以“地方性经济法规、条例在发展贵州经济社会中的保障作用”和发展少数民族地区（自治州、自治县）经济社会法制的可行性研究，作为近两年的重点科研项目。并计划写出一批有事实、有数据、有法理探讨的调查报告和专题材料。

贵州省社会科学院院址在贵阳市。

（贵州省社会科学院经济法研究室）

西北政法学院法学研究所

西北政法学院法学研究所是1986年7月经司法部批准成立的一所综合性法学研究机构。其主要任务是：结合西北地区的特点，研究社会主义法制建设和法学教育中提出的重大理论问题和现实问题，特别注重对新兴学科和边缘学科的探讨，为建设具有中国特色的社会主义法制体系作贡献。

该所目前设有两个研究室：青少年犯罪研究室和法律研究室。正在着手准备建立经济法研究室、中国法制史研究室、犯罪学研究室。现有专职研究人员10人，其中相当于研究员的1人，相当于副研究员的2人，相当于助理研究员的3人，实习研究员3人。另有聘任兼职研究人员12人。

该所已拟定“七五”期间科研规划。课题有：陕甘宁边区法制史研究；国际经济法应用研究；青少年犯罪研究；伊斯兰法研究；西夏法律制度研究；少数民族婚姻状况调查等。

该研究所设在西安市西北政法学院内。

（苗利洲）

甘肃省社会科学院法学研究所

甘肃省社会科学院建立于1978年，当时没有建立法学研究机构。1985年，成立了社会学法学研究所，有法学研究人员4人，研究专业有刑法、民事诉讼法、经济法、犯罪学等。1986年10月，单独成立法学研究所。现有研究人员5人。近期准备继续增加研究人员，充实研究力量。

1986年，法学研究所的重点科研项目是“农村社会问题调查”。调查内容包括：犯罪问题、婚姻家庭、司法建设、经济合同、普法教育、人民调解等，以及县级政治体制改革中的民主和法制问题。目前社会调查阶段已经结束，正在进行资料统计和综合整理，在分析研究资料的基础上，编写《甘肃省农村法制建设专题调查报告和论文集》。此外，1986年全所研究人员发表法学学术论文、译文共23篇；参加编著和翻译的书籍3本，其中《农村专业户法律顾问》和《国外律师制度研究》两书已经出版，《青年法律知识手册》即将出版。正在编写的还有《青少年犯罪比较》、《经济合同纠纷解析》及《人民调解与预防犯罪》等专著。

甘肃省社会科学院院址在兰州市。

（赵　可）

宁夏社会科学院法学研究所

宁夏社会科学院法学研究所成立于1979年，现有研究人员5名。

宁夏社会科学院法学研究所的研究方向主要是青少年犯罪学和经济法学。在最初的几年中，由于只有二三名研究人员，所以只能搞一些有关青少年犯罪的专题调查研究。随着经济体制改革的全面开展和社会主义经济法制的日益完善，从1985年开始，除继续保留青少年犯罪研究的课题以外，逐步将研究重点转移到经济法学上来。主要研究宁夏地区经济法制建设中的重大理论问题和实践问题。两年来，全体研究人员结合宁夏民族自治地方特点，完成了一系列课题，如1985年的《宁夏近期回民犯罪研究》；1986年的《全民所有制企业法人经营权探讨》、《关于公司法的几个问题》、《宁夏中外合资企业外汇平衡研究》等论文和研究报告，从不同侧面、不同角度反映了目前宁夏经济法制建设中的若干问题。正在进行的调查报告——《新形式下我区青少年犯罪的特点》，指出了本地区青少年的犯罪的发展变化趋势及综合治理方法。这些研究报告或调查报告，为宁夏地方党委和政府有关部门的决策提供了咨询意见。本所研究人员在突出应用研究的同时，也不忽视对法学基础理论的探讨。1984年以来，在全国各专业刊物上共发表法学论文30余篇。

宁夏社会科学院院址在银川市。

（蔡　纬）

新疆社会科学院哲学法学研究所

新疆社会科学院哲学法学研究所成立于1984年4月。该所包括哲学和法学两个学科，以法学研究为主。

该所法学研究的重点是法学基础理论以及自治区法制建设和司法实践中提出的理论与实际问题，突出为现实服务的方针。

该所建立后，在体制上实行了一些改革，主要包括以下两方面：

一、在科研队伍的建设上，实行专业研究人员与业余特邀研究人员相结合。该所现有专业法学研究人员5人，公开招聘了40名业余特邀研究人员。这些业余研究人员主要分布在乌鲁木齐市的公、检、法、司等部门及高等院校，还有北京大学和中国人民大学的部分青年教师。

二、该所与新疆石油管理局于1985年7月建立联合体，共同开展法学研究，为新疆最大的工业企业提供法律服务。其中包括研究石油勘测、开发、生产中的法律问题，协助石油企业运用法律手段调节生产和经营管理，为石油企业培训法律干部，进行法律咨询，审议经济合同，代写法律文书，由该所的兼职律师参与石油企业重大的经济案件诉讼活动。石油管理局为该所提供一定数量的科研经费。目前该所已初步做到科研经费自理。这一做法，既为理论与实际结合，法学研究直接为现实服务开辟了新的途径，又使联合体双方均有受益。

目前开展的研究项目包括：新疆石油开发中的法律保护问题，新疆法制史研究，西北少数民族婚姻制度研究，民族区域自治法研究，青少年犯罪研究，以及若干经济法规的研究等。

两年来的研究成果计有：出版《新疆社会科学》哲学法学专号1册和《民事诉讼法概论》、《经济权益法律常识》各1部。两名专业人员和两名业余特邀研究人员的法学论文获得1985年自治区社会科学优秀论文奖。

新疆社会科学院院址在乌鲁木齐市。

（连振华）

第十七部分

法制报刊和出版机构

中华人民共和国全国人民代表大会常务委员会公报

《中华人民共和国全国人民代表大会常务委员会公报》于1957年创刊。1966年停刊。1980年1月复刊。由全国人民代表大会常务委员会办公厅主办。每年出版6至7期，由北京市邮政局、中国国际图书贸易总公司向国内外公开发行。全国人大常委会公报主要刊登：一、全国人民代表大会会议通过和批准的文件；二、全国人民代表大会常务委员会会议通过和批准的文件；三、全国人民代表大会及其常务委员会任免人员等。

（全国人民代表大会常务委员会办公厅）

中华人民共和国最高人民法院公报

《中华人民共和国最高人民法院公报》于1985年5月创刊。由最高人民法院主办，向国内外公开发行，暂为不定期刊物。1986年出版4期，每期发行8万余册，其中一部分在美国、德意志联邦共和国、瑞士、日本、澳大利亚等国和港澳地区发行。

《最高人民法院公报》主要刊登：一、全国人民代表大会及其常务委员会颁布的有关法律、决定和立法解释；二、最高人民法院有关具体应用法律问题的批复、解答等司法解释；三、最高人民法院审判委员会作出的决定和讨论通过的刑事、民事、经济典型案例；四、最高人民法院重要会议的报道和需要公开发布的文件，以及有关人民法院的设立、撤销、变更等。《公报》目前主要辟有"最高人民法院批复"、"案例"、"专载"等栏目。

（中华人民共和国最高人民法院办公厅）

人民司法

《人民司法》是中华人民共和国最高人民法院主办的注重司法实践和理论相结合的专业性机关刊物。

1957年1月13日，在合并当时最高人民法院《法院工作简报》和司法部《司法工作通讯》的基础上，创办了《人民司法》，由董必武同志题写刊名。至1986年12月累计出版275期。其间曾两度停刊、复刊：第一次是1960年7月停刊，1962年6月复刊；第二次是1966年8月停刊，1978年8月复刊。现为月刊，内部发行约20万份，主要面向全国政法机关及其工作人员，政法院系师生，法学研究人员，县级以上党、政、军、机关、团体及其有关人员，以及其他从事保卫、调解、法律工作的人员。

《人民司法》的宗旨和任务是：宣传贯彻党和国家有关审判工作的政策、法律，传播审判机关的有关经验，为提高司法工作人员政治素质和业务素质服务，为加强社会主义法制建设服务，为促进两个文明建设服务。它的内容主要有：选登重要法律、文件；配合中心工作和重要任务发表言论；总结交流审判工作经验；报道各地法院工作动态；宣传依法办事典型。同时还辟有"案例选登"、"审判业务"、"案例研究"、"调查与研究"、"罪与罚"、"法律知识讲座"、"法律文书评介"、"调解工作"、"法医知识"、"读者论坛"、"司法信箱"、"国外司法"等30多个栏目。

1986年，《人民司法》主要抓了以下几件事：

一、继续宣传贯彻中央关于严厉打击严重刑事犯罪、严重经济犯罪（以下简称"两打"）的决定。及时报道了3月、7月先后在北京召开的贯彻全国政法工作会议精神的全国法院院长会议，全国法院审理大案要案工作会议的精神，以及最高人民法院院长郑天翔、副院长任建新、林准在会上所作的关于继续进行"两打"斗争的讲话；各级法院贯彻两个会议精神，开展"两打"斗争的情况。在报道中着重介绍了各地法院审理大案要案的典型案例和经验。

二、宣传贯彻中共中央《关于全党必须坚决维护社会主义法制的通知》。除了发表言论外，连续选载了有法必依，执法必严，违法必究的典型事例，对执法不严的现象进行了揭露和批评。

三、配合实施继承法和颁布《民法通则》，连续编发了两组系列文章，帮助司法人员学习、理解和正确运用这两个法律。

四、通过"审判业务"、"案例研究"、"读者论坛"、"司法信箱"等专栏，分析研究改革、开放、搞活新形势下各类案件的新特点，交流执行法律、政策的经验，探讨疑难案例的定罪量刑，研究审判工作中具体适用法律的一些问题。

（方成志）

人民检察

《人民检察》是中华人民共和国最高人民检察院的机关刊物，也是全国检察系统的业务指导性刊物。创刊于1956年6月，现为月刊，发行8万份。由最高人民检察院研究室主办。

《人民检察》办刊的指导思想是，以马克思列宁主义关于国家和法的学说和党的各个时期的方针、政策为指针，以国家宪法、法律为依据，坚持为加强我国检察制度建设，为提高检察工作人员的政治素质和业务素质服务。《人民检察》面向全国检察工作人员，司法、公安工作人员，律师工作者，党、政机关工作人员，以及法学研究人员、政法院系师生，宣传检察机关的职能作用，传播交流开展各项检察工作的经验，探讨研究检察工作实践中的新问题，报道检察工作人员中的先进事迹，以促进检察机关更好地履行法律监督职责，积极发挥维护社会主义法制，保卫四化建设的作用。

《人民检察》的主要栏目有："评论"、"检察业务实践"、"工作研究"、"案例分析"、"案例讨论"、"学法园地"、"侦查通讯"、"学习问答"、"国外检察工作简介"、"人民检察官"、"大家谈"以及副刊等。

随着开放、搞活政策的深入贯彻和经济体制改革的进行，经济领域中的违法犯罪和其他刑事犯罪出现了一些新的情况，检察工作中也遇到不少新的问题。为了正确、严格地执行法律，准确地打击犯罪，有效地保护正当经济活动，该刊编发了《对当前贪污罪主体的探讨》、《个体经济合伙人非法占有共有财产行为的性质》、《试谈利用合同诈骗与经济纠纷的区别》、《谈谈对盗窃未遂的处罚问题》等论文。这些文章，依据现行法律以及犯罪构成的理论，对具体情况进行具体分析，探讨了当前执法中需要明确的一些问题。有一定的学术价值和执法参考作用。

（曾龙跃）

人民公安

《人民公安》是公安部主办的专业性机关刊物。其前身是创刊于1952年11月的《公安手册》，1956年1月改为《人民公安》。现为月刊，在公安系统和公安保卫部门内部发行。其编辑方针是：通俗地宣传中央关于公安保卫工作的方针、政策和国家法律，介绍公安业务的基础知识，交流工作经验，传播信息，进行执法守法教育，表扬先进，开展批评，借以提高广大干警和公安保卫干部的政治素质和业务素质，为四化建设服务。

《人民公安》的主要栏目有："改革与创新"、"公安业务基础知识"、"学法执法守法"、"工作经验"、"案例"、"干警论坛"、"争鸣园地"、"卫士之歌"、"公安史话"、"世界警坛"，等等。

每期发行量为25.3万份。

（《人民公安》编辑部）

中国国际法年刊

《中国国际法年刊》是中国国际法学会主办的专业性学术刊物。创刊于1982年。每年一期。

《年刊》的宗旨是：推荐、发表我国学者关于国际法的重要研究成果，促进我国国际法学术水平的提高；推动国际法学术交流和发展；反映中外国际法动态和研究趋向。《年刊》刊载国际公法、国际私法、国际经济法、国际贸易法、比较民商法、海商法以及其他与国际法有关的各类学术文章和中外国际法著作的评介，国际组织和中外学术机构及其活动的介绍，中外国际法研究的动态，国际诉讼和仲裁案件的分析等文章。《年刊》的主要栏目有：论文、述评、特载、国际事件、学术组织和学术活动、书评及文件资料等，并附有英文目录。

《中国国际法年刊》原由中国对外翻译出版公司出版，1987年起改为法律出版社出版。每期约50—70万字，向国内外公开发行。

中国国际法年刊编辑委员会还组织翻译和编辑英文版的《中国国际法年刊论文选》。

（金克胜）

中国法学

《中国法学》是中国法学会主办的综合性学术理论双月刊。于1984年3月创刊。国内外公开发行。1986年每期发行约3万份。

本刊的主要任务是，以马克思主义、毛泽东思想为指导，坚持四项基本原则，坚持理论联系实际，贯彻"双百"方针，向国内外反映和传播我国法学理论研究状况和学术成果，交流法学理论研究与政法实践工作的经验，推动我国法学理论研究的繁荣和发展，为我国法制建设和四化建设服务。

《中国法学》的编辑方针是：在加强法学基础理论研究的同时，注重反映我国实行改革、开放、搞活和社会主义法制建设的实践中提出的重大法学理论问题和实际问题，支持和鼓励运用马克思主义的基本观点和方法，在科学研究的基础上的大胆探索和自由争论，以促进具有中国特色的马克思主义法学理论与法学体系的发展和逐步完善。

《中国法学》辟有法学评论:专题讨论、专论、调查研究、法学讲座、来稿摘登、书评、综述、法学动态、国内外法学资料介绍等栏目。

1986年,《中国法学》对我国法学理论界提出的若干理论问题,发表了不同学术观点的论文,进行专题讨论。比如,关于我国涉外经济法律方面的若干问题;关于经济法理论与实践若干问题;关于法人犯罪问题的探讨与研究;关于刑事损害赔偿制度的探讨与研究等学术理论文章,以利于把这些专题性的研究与探讨引向深入。

(《中国法学》编辑部)

法学研究

《法学研究》是中国社会科学院法学研究所主办的刊物(双月刊)。1979年4月创刊。

该刊系综合性法学学术理论刊物,其任务是向国内外传播我国法学学术研究成果,推动法学研究的开展,为法制建设和经济建设、精神文明建设服务。主要读者对象是法学理论工作者、法律工作者、法律院系师生。它的编辑方针是:以马克思主义、毛泽东思想为指导,坚持四项基本原则,贯彻理论联系实际和"百花齐放、百家争鸣"的方针。在加强法学基础理论研究的同时,重视经济建设和经济体制改革、政治体制改革中提出的重大法学理论问题的研究,积极开展学术争鸣。提倡运用马克思主义的立场、观点、方法,分析研究社会主义法制建设的新情况、新问题,总结新的经验,促进具有中国特色的社会主义法学理论的繁荣发展。

该刊着重刊登法学理论研究的优秀论文,设"专题讨论"专栏,探讨新理论和新观点;此外,还设"案例分析"、"研究报告"、"国外法制"、"国外法学"、"学术动态"、"综述"等栏目。1986年每期发行4万份。

该刊较为重视学术理论问题的探讨,在1986年的"专题讨论"栏中,有计划地组织了不同学术观点的讨论。比如,继1980年开辟的"关于法的阶级性的讨论专栏",进一步就法的概念及其本质问题展开了讨论。还就犯罪构成理论问题上的不同观点,以及关于国营企业所有权问题上的不同观点等问题,展开了比较深入的讨论。

《法学研究》编辑部设于北京中国社会科学院法学研究所。

(张令杰)

经济法制

《经济法制》杂志是中国经济法研究会主办,业务上受国务院经济法规研究中心指导,以宣传我国社会主义经济法制为主要内容的法律期刊。1985年3月创刊时为双月刊,1986年改为月刊。

该刊的任务是:以党的十一届三中全会以来的路线、方针、政策为指导,贯彻理论和实际相结合的原则,为经济体制改革服务,为社会主义经济建设服务。具体来说,一、宣传我国经济法制建设的方针和任务;二、宣传我国重要的经济法律和法规,及其贯彻实施的经验;三、交流经济立法、执法、司法工作的新鲜经验,促进法制建设;四、探讨经济体制改革实践中对法制工作提出的新课题,推动经济法理论研究;五、总结和交流依法治厂、经商、理财,维护企业合法权益,以及当好企业法律顾问的经验,并提供法律咨询,为企业、事业单位服务;六、有选择地介绍外国法律及其有益经验;七、普及经济法知识,促进经济法制专业人才的培养。

《经济法制》以企业经营管理干部,法律工作者,经济执法、司法干部,经济法教学、研究工作者为主要对象。它的编辑方针是:坚持理论和实际相结合,普及和提高相结合,努力反映经济活动和法制建设中的新情况、新问题、新经验,力求内容新鲜、实用;贯彻"双百"方针,提倡以科学研究为基础的大胆探索和自由讨论,促进经济法理论的繁荣发展。

《经济法制》辟有"专论"、"法制论坛"、"新颁法规评介"、"地方立法"、"企业法制"、"涉外经济法"、"外国法律之窗"、"经济司法"、"工商管理"、"经济案例"、"法律咨询"、"自学之友"等主要栏目。

1986年《经济法制》发行3万5千份。

(时鸿道)

法制建设

《法制建设》杂志是中华人民共和国司法部主办的双月刊。1983年12月创刊,向国内外公开发行。

它是宣传我国社会主义法制的理论性、实践性、知识性、专业性相结合的刊物。它的宗旨是为社会主义经济建设服务,为社会主义民主和法制建设服务,为国家的长治久安服务。它在马列主义、毛泽东思想指引下,宣传党的政法工作路线、方针和政策;宣传国家的宪法、法律和行政法规;研究法制领域中的重大理论和实际问题;探讨我国法制建设中的新情况、新问题;反映我国法制建设中的新经验、新成果;介绍和交流司法工作的实践经验;传递法制信息;普及法律常识;有选择地介绍我国历史的和世界各国的司法制度。

《法制建设》辟有“法学论坛”、“司法实践”、“立法研究”、“经验交流”、“调查报告”、“劳改劳教”、“法学教育”、“公证律师”、“人民调解”、“案例讨论”、“案例分析”、“问题探讨”、“法坛巡礼”、“专访”、“光荣榜”、“群言堂”、“动态·信息·见闻”、“港台之窗”、“法律常识”、“经济法讲座”、“书评”、“法制史”、“国外法制介绍”、“法律顾问”等专栏。它还发表一些有关法制建设的文艺作品及摄影、漫画、连环画、篆刻、木刻等。

《法制建设》创刊后，受到了社会各界的关注、支持和帮助，内容不断充实，发行份数稳步上升。截止1986年第五期，国内发行量为3万多份册，国外在几十个国家和地区均有订户。

《法制建设》编辑部设在法律出版社。

（《法制建设》编辑部）

政法论坛

《政法论坛》是中国政法大学的学报。它的前身是《北京政法学院学报》和《中国政法大学学报》。

《北京政法学院学报》创刊于1979年下半年，为不定期刊，内部发行。从1981年起，改为季刊，在国内公开发行。

1983年5月，在北京政法学院的基础上成立了中国政法大学。随之，《北京政法学院学报》停办，《中国政法大学学报》创刊。仍为季刊，但扩大为国内外公开发行。1985年，《中国政法大学学报》改名《政法论坛》。该刊虽然两易刊名，但其风格和内容是一贯的。它以法学为主，兼顾政治学和社会学等学科。它的编辑方针和任务是：坚定不移地贯彻执行党的十二大所确定的战略目标，和十一届三中全会以来的路线、方针、政策，以马克思主义、毛泽东思想为指针，坚持四项基本原则，发扬理论联系实际的学风，贯彻“百花齐放、百家争鸣”和“古为今用，洋为中用”的方针，批判地吸收历史上和国外法学中对我有用的东西，促进学术研究和交流，为繁荣我国的法学、政治学和社会学，为提高教学质量，建立具有中国特色的政法教育和培养合格的法律人才而努力。

为了活跃学术空气，推动法学研究的开展，该刊特开辟了“问题讨论”和“学术争鸣”专栏；还设有：“调查报告”、“立法和司法建议”、“历史人物”、“案例分析”、“教学园地”、“专访”、“学术动态”等栏目。此外，为了发现和扶植新人，还专为研究生、本科生、进修学员开辟了专栏。

1986年该刊发表的比较重要的学术论文有：《试论我国的科学技术立法》、《运用法律手段促进经济体制改革》、《开展香港法制史研究刍议》、《适应改革需要，大胆探索革新——诉讼法学研究工作的回顾与展望》、《论犯罪的目的和动机》、《涉外刑事诉讼》等。《民法通则》等法律公布后，该刊开辟专栏，连续发表了多篇有关论文。此外，还刊登了该刊编辑部与中国政法大学法制史研究所联合召开的“社会主义精神文明建设与法制建设座谈会”的发言摘要。

1986年《政法论坛》的长期订户（包括国外订户）为1万4千5百份。读者主要是政法院校师生、法学研究工作者、政法实际工作者。

《政法论坛》编辑部设于北京中国政法大学校内。

（仲园　国均）

法　学

《法学》原是五十年代由华东政法学院和上海市法学会联合创办的法律专业学术刊物。1959年停刊。

党的十一届三中全会后，随着我国法制建设的发展，华东政法学院的恢复，以及法学界广大同志的要求，《法学》以月刊形式于1981年11月复刊。

复刊后的《法学》，由华东政法学院主办，仍是法律专业的学术理论刊物。它的主要任务是：以马列主义、毛泽东思想为指针，坚持四项基本原则，执行党的“双百”方针，发扬理论联系实际的作风，宣传党的十一届三中全会以来加强社会主义民主和法制建设的路线、方针、政策，组织开展学术研究，繁荣法律科学，为提高我国的立法、司法和法学教育质量服务。该刊以法学理论工作者、司法干部、法律院校师生和法学爱好者为服务对象。

《法学》辟有“法学论坛”、“司法实践”、“立法研究”、“律师的话”、“法律史话”、“中外法学家研究”、“企业法律问题研究”和“疑难案例探究”等十多个栏目。月发行量7万册左右。1986年该刊被上海市高校评为先进单位。

（张传桢）

法学评论

《法学评论》是武汉大学法律系主办的综合性的法学学术刊物。它的前身是该系于1980年创办的内部刊物《法学研究资料》。1983年3月，改名为《法学评论》，向国内外公开发行。

《法学评论》以促进我国发扬社会主义民主，健全社会主义法制，繁荣社会主义法学为宗旨，坚持理论与实际相结合的原则和“百花齐放、百家争鸣”的方针。它的基本任务是，反映法学界对中国经济、政治、文化体制改革和社会主义现代化建设提出的各种法律问题的研究成果，反映中国法制建设的成就和经验，评价外国法学论著和法制资料，宣传法律基本知识。

《法学评论》目前辟有"评论"、"专论"、"争鸣"以及"司法实践"、"外国法制"、"企业法律问题"、"大学生论坛"和"法学自学辅导"等栏目，为我国高等法学院校师生、法学研究工作者、立法和司法的实际工作者，以及其他国家工作人员、经济工作者、法学自学者和其他法学爱好者服务。

《法学评论》积极推动法学研究工作为经济体制改革和经济建设服务。1985年3月，编辑部和武汉市社会科学研究所联合召开了以"经济体制改革与经济法"为主题的学术讨论会。通过讨论，与会代表提出了八项立法建议，引起了国家有关部门的重视。1986年9月，在编辑部倡议下召开的以"增强企业活力的法律保障"为主题的学术讨论会，比较深入地讨论了如何运用法律手段保障企业增强活力问题，受到了广泛的关注。

《法学评论》公开发行以来，与国内外法学界的联系日益广泛，影响正在不断扩大。目前，在国内有15000多订户，在日本、西欧、北美、大洋洲以及港、澳等地区的订户和读者，也有所增加。

（《法学评论》编辑部）

法 学 季 刊

《法学季刊》是西南政法学院主办的法学理论刊物，1979年5月创刊，国内外发行，主要面向政法院校师生、法学理论工作者和广大政法干部。

该刊坚持法学理论研究与法制建设实际相结合、提高法学理论水平与普及法律基本知识并重的方针，提倡在四项基本原则指导下解放思想、勇于创新的精神，紧密结合实际开展法学研究，分析我国法制建设的新情况，探索法学领域的新问题、新理论，总结司法实践的新经验，为完善我国立法，繁荣我国法学，健全我国社会主义法制贡献力量。每期除发表中央政法部门领导同志有指导意义的文章和法学界有创见的专论外，并辟有"法学争鸣"、"立法建议"、"改革政法工作倡议"、"调查报告"、"工作研究"、"司法评论"、"律师工作"、"法医实践"、"刑侦经验介绍"、"青少年犯罪问题研究"、"检察、审判、劳改经验选登"、"疑难案件探究"、"司法文书研究"、"古案今评"、"马列主义法学著作研究"、"国外法学介绍"等栏目。

该刊每期以三分之二左右的篇幅刊载理论性、学术性论文。1986年每期发行2.5万至3万份。它的"法学争鸣"专栏，先后发表了110篇文章，对我国法制建设的一系列重大理论问题和实际问题，展开了热烈、深入的讨论，引起法学界的关注。

（黎国智）

中国人民警官大学学报

《中国人民警官大学学报》文科版，原名《国际政治学院学报》，创刊于1983年10月。1985年1月改现名，由中国人民警官大学主办。

本《学报》系综合性的学术理论刊物，现为季刊。它主要登载公安理论、公安业务和中外警察史方面的论文，也登载哲学、法学、文学、史学、政治学、经济学、语言学、民族学、宗教学、社会学等方面的论文。每期栏目均按学科分设。1986年的重要学术内容有：中国古代律典中的"更犯"；"违宪"研究；国际恐怖主义研究；公安政治工作研究；中国共产党对美政策的变化；劳动力是否是商品的讨论；犯罪心理、犯罪原因研究，等等。

本《学报》的宗旨是：坚持四项基本原则，贯彻"双百"方针，力求通过学术上的自由讨论，交流最新信息，活跃学术空气，以提高本校教学、科研水平，促进公安理论、公安业务研究的现代化。

1986年每期发行3千至4千份。

（《中国人民警官大学学报》编辑部）

西北政法学院学报

《西北政法学院学报》（季刊）创刊于1983年3月，公开发行。

该刊是以法学为主，兼顾哲学、政治经济学等学科的综合性学术理论刊物。它以马列主义、毛泽东思想为指导，坚持四项基本原则，贯彻理论联系实际，"百花齐放、百家争鸣"的方针，研究社会主义法制建设中的理论和实践问题。主要刊登学术论文、调查报告、司法实践、案例剖析以及国内外有关学派的评介和学术动态。辟有"革命法制史"、"法律自学辅导"等不定期专栏。它是适宜于政法院校师生、政法干部、广大社会科学研究者及法律自学者的读物，也是反映本院师生教学、科研成果的园地。

《西北政法学院学报》自创刊以来，共刊登各类学术论文200余篇，有些文章被国内报刊摘要或全文转载，特别是有关中国革命法制史的研究成果，曾引起日本法律史学界的重视。

为进一步推动和繁荣社会主义法学，使法学更好地为现代化建设服务，从1986年起，该刊加强了法学研究同实际的联系，着重研讨了法学现代化问题，法的阶级性和社会性问题，法制协调发展问题，经济体制改革与法律调整问题以及刑事、民事、诉讼程序等司法实践中遇到的重大理论和实际问题。

（王天木）

中南政法学院学报

《中南政法学院学报》（季刊）系中南政法学院主办的反映该院以法学为主的教学和科研成果的学术理论刊物，于1957年2月创刊，至1958年3月曾出版3期，后因中南政法学院并入湖北大学而停刊。1984年12月中南政法学院恢复后，于1986年3月《中南政法学院学报》（季刊）复刊，公开发行。

该刊的任务是：完整、准确地阐述和宣传马克思主义法学理论及国家的法律、法规；开展学术研究，为教学和科研工作，为司法实践服务；研究和探讨在两个文明建设中提出的法学理论问题和实际问题，为建设高度文明、高度民主的社会主义现代化强国服务；研究和探讨法学工作和教育体制改革问题，为提高教学质量，培养更多更好的法律人才服务；通过组稿、审稿，发现和培养法学研究人才，造就一支生机勃勃，富有生命力的作者队伍。

该刊辟有“法学专论”、“法制与改革论坛”、“法制系统科学研究”、“司法实践”、“案例分析与讨论”、“调查报告”、“教改研究”、“大学生、研究生论文选”、“自学辅导”、“国外法学之窗”等主要栏目。该刊发行量为1千份。

（萧伯符）

中国刑警学院学报

《中国刑警学院学报》是中国刑事警察学院创办的，以反映和研究刑事侦察、刑事科技为主，同时也对马列主义理论、政策法律、犯罪心理学以及数理化等有关学科进行探讨的综合性学术理论刊物。它自1983年7月创刊以来，发表了有关法律、心理学、法医、刑事化验、刑事照相、文件检验、痕迹检验、刑事侦察、公安文书写作等方面的250多篇学术论文。

《中国刑警学院学报》主要发表院内教学、科研人员的研究成果，同时也发表来自全国公安刑警战线的具有较高水平的学术论文、实验报告、问题研究等稿件。

《中国刑警学院学报》的读者对象是从事公安、检察、司法工作的理论工作者、实际工作者和公安、警察学校的师生。《中国刑警学院学报》为季刊，每期发行1万3千份。

（《中国刑警学院学报》编辑部）

政法学报

《政法学报》是河南省政法管理干部学院主办的季刊。1985年10月、12月，出版了两期试刊。1986年11月正式创刊。

《政法学报》系学术性刊物。它的任务是：宣传和探讨马克思主义法学理论，研究社会主义法制建设和司法实践中出现的新情况、新问题，结合司法实践研究法学教学，与兄弟院校交流经验，为我省法制建设和“四化”建设作出积极贡献。

《政法学报》的编辑方针是：以马克思列宁主义、毛泽东思想为指导，坚持四项基本原则，贯彻“双百”方针，提倡理论联系实际，面向法律院校师生、司法工作者和法学爱好者，为繁荣我省的法学研究和提高司法干部专业知识水平服务。该刊辟有：“法学论坛”、“司法实践”、“案例分析”、“社会调查”、“法律知识”、“法律顾问”、“教学园地”、“学术动态”、“法学杂谈”等栏目。该刊发行量为2千份。

（河南省政法管理干部学院　谢克智）

法学学刊

《法学学刊》（季刊）是湖南省政法管理干部学院的学报，于1985年1月公开发行。《法学学刊》是在党的四项基本原则指导下，坚持理论联系实际的方针，面向教学，面向司法实践的法学理论和司法实践的综合性刊物。它辟有“法学论坛”、“法学争鸣”、“司法文书探讨”、“司法实践”、“案例分析”、“自学辅导”等主要栏目。每期发行2千份。

（谭芝耀）

法学杂志

《法学杂志》（双月刊）由北京市法学会主办，创刊于1980年7月，国内外公开发行。它是以法学、法律工作者和广大法学爱好者和自学者为主要对象，内容雅俗共赏的综合性学术刊物。每期发行量6万册左右。它恪守“普及为主、兼顾提高”的编辑方针，从我国法学、法律界的实际情况和广大读者的需要出发，开展学术交流，兼及宣传法律基本知识。

《法学杂志》辟有“法学专论”、“案例分析”、“学术争鸣”等栏目，及时报道北京以至全国在法学研究方面的最新成果和权威性理论信息。“法制史话”和“外国法制之窗”专栏，则从中国历代法制的沿革和国外法学研究、法制变徙中借鉴和学习，为我国法制建设服务。“司法实践”、“调查研究”以及“法庭内外”专栏，不仅为全国广大公、检、法、司工作者提供交流经验、互通信息的园地，而且增进了人民群众对战斗在司法实践第一线的同志的了解。“专访”一栏，专门介绍我国老一代法学家潜心研究学术、矢志改革的感人事迹。“青年论坛”一栏，则专门发表青年法学工作者的优秀论文。此外，它还辟有“随笔”、“杂谈”、“法律咨询”和“群言堂”等通俗栏目，从而使它与广大城乡基层组织和群众更加接近了。特别是“法律咨询”一栏，每一期都详尽地回答读者提出的法律问题，深受读者欢迎。

为适应法学事业发展的需要和读者的要求，从1986年起，又开辟了“地方法规讨论”和“律师园地”专栏。今后，随着我国民主与法制的进一步健全，还将陆续开辟新的栏目。

（周恩惠）

政治与法律

《政治与法律》是上海社会科学院法学研究所主办的政治学、法学方面的专业理论刊物。它创刊于1983年6月，原为季刊，以丛刊形式发行，每辑发行2万册左右。自1984年起，改为期刊（双月刊），每期发行4万份。

《政治与法律》的宗旨和方针是：坚持以马克思列宁主义、毛泽东思想为指导，坚持四项基本原则，坚持理论与实际相结合的方针，密切联系政治、法制建设实际，探讨立法、司法、行政工作和政法教学、研究中的理论问题，开展学术交流，为四化建设服务。读者对象是：政法干部，政治学、法学研究工作者，政法院校、党校、大中学政治法律教师，国家机关和工商企业中有关政法理论教育和法律业务人员，律师、公证人员，以及其他政法理论爱好者。

《政治与法律》辟有：“评论”、“学术论文”、“司法实务研究”、“专题讨论”、“调查报告”、“案例研究”、“律师工作”、“工作总结和经验”、“外论选译”、“世界法学信息”、“学术动态”、“书评”、“国内外资料介绍”等栏目。

1986年，《政治与法律》紧密联系改革、开放、搞活的实际，围绕经济体制改革和政治体制改革中的法律问题发表学术论文，并根据对外开放和普及法律知识的需要，增辟了“涉外经济法律专题研究”和“干部学法律”等专栏，比较系统地向读者介绍了在对外开放中涉及到的一些主要法律问题。为了配合我国《民法通则》的颁布，还专辟了“民法通则研究”专栏，陆续发表了一批专文。

（封曰贤）

河北法学

《河北法学》由河北省法学会、河北省政法管理干部学院主办。于1982年4月创刊（试刊），内部发行。从1983年4月起向全国公开发行。

它的任务是，立足河北，面向全国，反映法学研究的新成果，交流政法工作实践经验，为发展社会主义民主，健全社会主义法制做出积极贡献。

《河北法学》坚持四项基本原则，贯彻“双百”方针，提倡独立思考、深入研究、勇于探索的科学精神，既注意普及，又注重提高，努力从理论和实践的结合上，回答法学理论研究和司法实践中遇到的新问题。

《河北法学》面向法律工作者、法学工作者、政法院校师生、中学法制课教师和业余法学爱好者。它辟有“法学论坛”、“法学争鸣”、“司法实践”、“劳改工作研究”、“疑难案例分析”、“法制史话”、“国外法学”、“司法文书研究”以及“如何当好司法助理员”等栏目，既具有一定的理论学术性，又密切结合实际工作的需要。

《河北法学》为双月刊，每期发行5千份。

（郭登科）

政法丛刊

《政法丛刊》（季刊），是吉林省政法管理干部学院主办的学术理论刊物，1984年12月创刊。

它的主要任务是展示和交流本院教学和科研成果，推动本院的教学、科研工作，为司法战线培养人才和法制建设服务。《政法丛刊》的编辑方针是：以马克思列宁主义、毛泽东思想为指导，坚持四项基本原则，密切联系实际，贯彻“百花齐放，百家争鸣”的方针，对法学理论研究、法学教育和司法实践中的重大课题进行深入地探讨。

《政法丛刊》主要辟有“法学专论”、“法学争鸣”、“调查报告”、“学员论坛”、“司法实践”、“律师的话”、“案例讨论”、“法学信息和动态”等栏目。为了正确处理普及与提高的关系，还根据法制宣传的需要，增设了相应的栏目。目前，每期印5千份，向全国发行。

《政法丛刊》除刊登本院师生的稿件之外，还特别注意刊用来自司法实际部门或与司法实际有紧密联系的应用性研究文章。

（袁在彬）

法学与实践

《法学与实践》，是黑龙江省法学会和黑龙江省法学研究所联合主办的法学学术刊物，是理论性、实践性、知识性、信息性兼备的双月刊。编辑部设于哈尔滨市。

《法学与实践》从1983年起在内部试办，1985年正式创刊，国内公开发行。它的办刊指导思想和任务是：坚持四项基本原则，贯彻“百花齐放、百家争鸣”的方针，理论联系实际，研究、探讨新时期社会主义法制建设的新情况、新问题，总结、交流法学研究和司法实践的新成果、新经验，促进法学与实践的结合，为繁荣法学研究，发展我国社会主义法制作出贡献。根据这个宗旨，该刊提出了实事求是，解放思想；突出实践，深化理论；坚持质量，扶助新人；立足省内，面向全国的编辑工作原则。

《法学与实践》辟有“政法工作评论”、“法学论坛”、“争鸣”、“改革与法制”、“调查研究”、“司法工作与经验”、“案例分析”、“中外法制史”、“国外法制”、“法律知识”、“法学动态”等栏目。该刊每期发行1万5千余份。

（马立业）

浙 江 法 学

《浙江法学》（双月刊）由浙江省法学会主办。创刊于1984年12月25日。创刊前曾出过两期试刊。

《浙江法学》是向全国公开发行的法律科学学术性、知识性、社会性综合刊物。它以马列主义、毛泽东思想为指导，以党的十二大精神和现行宪法为准则，坚持四项基本原则和实事求是的思想路线，贯彻理论联系实际，“百花齐放，百家争鸣”的方针，运用马克思主义法学的基本原理，分析新情况，回答新问题，为繁荣具有中国特色的社会主义法学作贡献。

《浙江法学》的主要读者对象是：法学及其他社会科学研究工作者，各级党政领导干部，政法机关和其他国家机关工作人员，政法院、校、系师生，律师，电大法律专业的学员，中小学政治教师以及广大法学爱好者。

《浙江法学》除刊登有见解的学术论文外，还辟有“法学论坛”、“学术争鸣”、“司法实践”、“社会调查”、“法制通讯”、“法学人物”、“案例分析”、“法律信箱”、“图书评介”、“国外法律”、“法学学习辅导材料”等栏目。1986年发行量为1万份。

该刊编辑部设在杭州市。

（《浙江法学》编辑部）

律师与法制

《律师与法制》由浙江省律师协会主办。原名《律师业务文汇》，创刊于1985年1月，开始只在内部发行。从1985年10月即第四期起，改用现名。从1986年起在国内公开发行，每期平均发行5万份。编辑部设于浙江省杭州市。

《律师与法制》系目前国内唯一公开发行的律师综合性刊物。它以宣传社会主义法制和律师制度，探讨律师实务为主要任务，立足律师界，面向社会，注重理论与实践的结合，突出刊物的知识性、实用性、系统性和可读性。它的主要栏目有：“论坛”、“法理与实务”、“在辩护席上”、“律师的赞歌”、“律师信箱”、“律师史话”、“域外律师”、“争鸣园地”等。

《律师与法制》的创办，为全国法学界和律师界开辟了一块研讨律师制度和律师实务的园地。它还针对一些严重侵犯律师合法权益的事件，反映律师和社会各界的呼声，宣传了如何充分发挥律师的职能作用，促进社会主义现代化建设。

（《律师与法制》编辑部）

法 学 译 丛

《法学译丛》（双月刊）由中国社会科学院法学研究所主办，是翻译介绍外国法学重要论著及其发展动向、法律文件的综合性学术刊物。现发行量为8500份。《法学译丛》的前身是《法学研究资料》（1959年至1966年），1979年复刊时改为现名称。

《法学译丛》的办刊方针和主要任务是：在马列主义、毛泽东思想指导下，为适应法制建设、繁荣法学研究和法律教育事业以及国际交往的需要，有选择地刊登外国法学理论、宪法、法制史、行政法、刑法、民法、经济法、环保法、诉讼法、比较法、国际法等方面的重要文章，以及各国司法制度、外国重要立法、当代外国法学流派、国际重要法学会议等重要参考资料。

《法学译丛》的读者对象是：法学研究工作者，政法院、校、系师生，政法干部，党、政、军宣传干部和理论工作者，外事工作者。

（《法学译丛》编辑部）

国 外 法 学

《国外法学》系北京大学法律系编辑的双月刊。创刊于1978年12月。原为内部刊物，1979年7月，改为全国公开发行。

《国外法学》是一份专门介绍外国法学的学术性刊物。它以及时传递国外法学的信息作为编辑方针，着重介绍国外法学的新动态、新的理论观点、以及新颁布的法律文件，为我国的立法、司法实践和法学研究、教学工作服务。它除从美、英、法、德、日、苏等国的最新期刊、书报中译取最新的资料外，还约请国内法学专家撰写国外法学方面的专题论文，并辟有"法学讲座"(国际经济法、国外刑法等)、"法律文件"、"国外典型案例分析"、"法学动态"、"报刊文摘"、"新书介绍"等栏目。

《国外法学》从1978年问世以来，在坚持"洋为中用"、注重社会效果的思想指导下，重点发表了众多的国外经济法、环保法、刑法、青少年犯罪、犯罪侦查以及宪法、行政法等方面的文章，成为我国广大法学研究人员、政法实际工作人员以及政法院校的师生和其他社会科学研究人员，了解和借鉴国外法学的一个窗口，受到读者的欢迎。

《国外法学》除销售全国各地外，还与美、英、日、法、加拿大、瑞士、荷兰等国及香港地区建立了联系。

1986年《国外法学》的发行量为1万3千份。

(黄之英)

学习与辅导

《学习与辅导》由最高人民法院所属全国法院干部业余法律大学和《人民司法》编辑部联合编辑出版。

《学习与辅导》于1986年4月创刊。它的宗旨是辅导业大学员学习；交流法学理论和办案实践的研究成果；总结推广各分校辅导教学和办学的经验；为培养有理想、有道德、有文化、有纪律的法院审判专业人才，为宣传社会主义法制服务。

《学习与辅导》辟有"教学专论"、"教学辅导"、"学习参考资料"、"理论与实践"、"问题和研究"等10多个栏目。现为月刊，每期发行量为5万份。

《学习与辅导》从创刊以来，着重宣传贯彻国家教育委员会和最高人民法院《关于切实办好法院干部业余法律大学的通知》，阐明业大培育人才，加强队伍建设的办学目的和理论联系实际的办学方针。为配合《中国宪法》、《中国刑法》等课程的教学，刊登了一系列辅导性文章。在"理论与实践"栏目中，刊载了30余篇较有指导意义的刑事案例分析。此外，还在"教学经验交流"等栏目中，介绍了各地办学以及辅导教学等方面的典型经验。

由于《学习与辅导》坚持理论密切联系实际的办刊方针，创刊以来很受法院业大学员及其他干警的欢迎。为了适应广大干部和群众学习法学理论的迫切需要，《学习与辅导》从1987年起面向社会公开发行。

(汪陵阳)

自修大学·政法专业

《自修大学·政法专业》，为北京大学法律系和光明日报出版社联合主办的普及法学理论和一般法律知识的刊物。创刊于1984年1月。它的任务是：通过刊载法律专业各基本课程的系统讲座，辅导高等教育法律专业自学考试，使自学者掌握各课程的基本内容，以利于应考；帮助我国法律工作者和法律爱好者，了解、掌握法律专业知识，提高执法、守法和监督法律实施的自觉性。自创刊以来，已系统刊载了法学基础理论、宪法学、刑法学、刑事诉讼法学、民事诉讼法学、婚姻法学、环境保护法学、中国法律思想史、中国法制史等法律专业课程。1986年刊载了民法学、经济法概论、外国法制史、国际私法、行政法学等课程系列讲座。

该刊的编辑方针是：各课程讲座的内容，系统、准确、通俗易懂，并辟有各种栏目，围绕讲座，加深对讲座的理解。为提高读者的兴趣，使刊物兼具理论性、知识性、趣味性，亦刊载少数篇幅较小的论文，以及国内外各类法律知识、古今案例。

该刊的主要栏目有各课程讲座、各课程基本知识、"自学与考试"、"法律纵横谈"、"法学论坛"。

《自修大学·政法专业》在国内公开发行，每期发行11万份。

(李贵连)

电 大 法 学

《电大法学》是法学教学辅导月刊，由辽宁广播电视大学主办，1983年10月创刊。在国内发行。社址在沈阳市。

《电大法学》创办初期，主要为辽宁省自办的电大法律专业学员服务，兼供法学自学者、爱好者参考。到1985年上半年，发行量由最初的3万份增至5万份。1985年下半年，因中央电大创办法律专业，该刊改为全国的电大学员服务，发行量增至8万份。

《电大法学》的办刊宗旨是：立足教学辅导，有助自学提高，兼为普法宣传服务。主要辟有"教学辅导"、"教材介绍"、"辅导随笔"、"师生信箱"、"自修讲义"、"案例分析"、"校园内外"、"学生园地"等多种栏目。同时，还辟有"法学论坛"、"工作研究"、"名著评介"、"破案报告"等栏目。

为满足读者需要，弥补刊物容量的不足，《电大法学》月刊还陆续编辑"电大法学丛书"多种，分别由辽宁人民出版社、辽宁教育出版社、辽宁大学出版社出版。"丛书"中除《宪法学学习辅导》、《刑法学学习辅导》等辅导读物外，还有《中国律师制度与律师实务》、《企业管理中的法律问题》、《法的一般理论》、《西方法学名著评介》等著作。

（张永芳）

中国消防

《中国消防》（双月刊），是公安部消防局主办的消防专业期刊，在国内外公开发行。1980年8月创刊，原名《消防》，1984年1月改为《中国消防》。

《中国消防》以提高城乡群众的防火警惕性和消防知识水平，提高消防专业人员同火灾作斗争的本领，预防和减少火灾的发生，保卫四化建设为宗旨，面向基层，面向群众，着重宣传我国消防工作的法律和规范，交流防火灭火经验，传播国内外消防信息，介绍先进的消防科学技术，反映公安消防队伍、企业专职消防队伍和群众性义务消防队的建设情况。

《中国消防》辟有"火灾预防"、"火灾扑救"、"火灾案例"、"消防科技"、"协会专页"、"法制园地"、"消防与保险"、"咨询服务"、"读者来信"、"天南海北"、"国外消防"、"消防史话"、"消防文艺"等栏目。每期发行量约为9万份，逢单月出版。编辑部在北京市。

（《中国消防》编辑部）

现代世界警察

《现代世界警察》（月刊），1985年3月。由公安部世界警察研究所创办，1986年1月改由中国人民警官大学《现代世界警察》杂志社出版。

《现代世界警察》是我国第一份全面介绍世界各国治安与警察工作的知识性刊物，着重反映各国、各地区的治安状况、警察组织与机构、刑事犯罪与侦察及其他公安业务方面的现状和发展趋势，并介绍一些典型案例。

该刊的读者对象为全国的公安干警，保卫、治安干警，政法工作者，以及关心外国社会和公安工作的人士。

《现代世界警察》旨在为读者提供各国治安与警察工作的最新资料，以便取人之长、补己之短；避人之短，扬己之长，为公安现代化服务。

该刊辟有："警坛瞭望"、"国外社会透视"、"警察与科技"、"刑事案件与调查"、"各国警察机构与管理"、"安全警卫"、"间谍与反间谍"、"恐怖与反恐怖"、"外国监狱一瞥"、"案例选登"、"警官培训"、"问题研究"等主要栏目。

《现代世界警察》的特点是知识性、通俗性相结合，材料来源较丰富，报道面宽，文章短小，图文并重。

《现代世界警察》1986年每期发行量为35万份左右。

（王坚敏）

中国法医学杂志

《中国法医学杂志》（季刊）是中国法医学会主办的综合性自然科学刊物。1986年10月创刊。国内外公开发行。

该杂志面向我国公安、司法实际，以辩证唯物主义为指导，坚持理论与实践相结合、提高与普及相结合的方针，解放思想，实事求是，鼓励创新，开展学术上的自由讨论。在认真总结实践经验的同时，提倡借鉴国内外有关学科的新理论、新技术，为提高我国法医学的学术水平服务。

该杂志主要是介绍法医病理、损伤、法医血清、物证、毒物分析、司法精神病、临床法医学和法医人类学等分支学科的研究成果和工作经验以及反映本学科的新进展与新技术。辟有"论著"、"述评"、"短篇报道"、"技术交流"、"案例报告"、"案例讨论"、"综述"、"讲座"、"法医教育"、"问题解答"、"国外法医概况"等栏目。读者对象主要是公安、检察、法院系统的法医和毒物分析工作者与高等医学、政法院校的师生及法医、毒物分析科研人员；亦可供审判员、检察员、律师、医师以及政法、保险工作干部阅读。

《中国法医学杂志》在1986年内出版两期，每期发行量1万册。编辑部设在北京。

（麻永昌）

法医学杂志

由司法部司法鉴定科学技术研究所主办的《法医学杂志》，创刊于1985年7月，是我国第一本公开发行的法医学专业学术刊物。

《法医学杂志》为季刊，国内公开发行。它的方针、任务是：为适应我国四化建设的需要，健全社会主义法制，促进医学的发展，报道全国法医学研究进展和实践经验，并适当综合介绍国外有关方面的重要进展。刊物内容有：述评、论著、综述、讲座；学术讨论、案例报告、短篇报道；新技术、新方法介绍；读者来信、教育园地等。今后拟增辟学术讨论、疑难案例讨论等新栏目。

《法医学杂志》每期发行4千份。编辑部设在上海市。

（《法医学杂志》编辑部）

司法文书与公文写作

《司法文书与公文写作》为双月刊，1984年创刊，由中国写作学会司法、行政文书研究会，中国逻辑与语言函授大学，内蒙古司法厅联合主办。

该刊是我国司法文书领域唯一的一份刊物，主要研究各类司法文书的制作及其他应用文的写作，面向实际，力求理论性、知识性、实用性相统一，为进一步提高司法文书和公文质量作出贡献，并为广大政法工作者和各种文秘人员交流写作经验提供园地。

该刊的服务对象是国家政法机关的书记员、预审员、检察员、审判员、律师、公证员、公安干警、司法助理员、劳改劳教干警等政法人员；党政机关、群众团体、学校、企事业单位的文秘人员；政法院系和文秘专业的学生；广大城乡干部和群众中对司法文书和应用文写作有兴趣的人员。

该刊辟有“司法文书制作”、“应用文写作知识”、“文书（包括司法文书和公文）评改”、“文书范例选登”、“论辩与演说”、“语法修辞与逻辑”、“古代公文与古代判词”、“国外文书评介”、“老解放区判决书”、“文书写作札记”、“文艺作品中的文书”、“经济法律文书”、“劳改劳教执法文书”、“文书档案”、“文秘人员修养”、“文秘人员须知”、“文书写作轶闻”、“调查研究漫谈”、“办公室工作艺术”、“办公室信息反馈”等栏目。

该刊在全国发行，1986年每期发行10万份。

（李蕴挺）

法律与生活

《法律与生活》杂志是中华人民共和国司法部委托法律出版社主办的普及性法制月刊，1984年1月创刊，在国内外公开发行。

《法律与生活》的办刊宗旨是：宣传和贯彻执行党的十一届三中全会以来的路线、方针和政策，宣传社会主义法律知识，促进我国民主和法制建设的发展，帮助广大读者培养和树立社会主义法律意识，为广大读者学法、守法和自觉依法办事提供服务。

该刊的内容体现了“生活处处有法律，法律与生活密不可分”。通过广阔的生活领域，包括人们的家庭生活、社会生活、经济生活、政治生活等，宣传包括刑事的、民事的、经济的、行政的以及诉讼程序等各个方面的法律知识。

该刊以通俗、准确、生动、健康的形式和内容宣传法律知识。在使用案例上，坚持以案说法、寓法于案、寓理于情的方式方法。提倡短小精悍的文风，坚持图文并茂的风格，力求达到通俗易懂、引人入胜、发人深省的效果。

该刊辟有“论坛”、“专访”、“红棉礼赞”、“执法前哨”、“生活·道德·法律”、“以身试法者戒”、“警钟篇”、“读者问答”、“街谈巷议”、“科技·经济·法制”、“律师之页”、“公证纪事”、“一万个怎么办”、“问题讨论”、“新生之路”、“特殊园丁”、“法制史话”、“艺苑与法”、“人民调解”、“港台之页”、“国外法律与社会”、“法制报告文学”、“摄影小说”、“漫画”等20多个栏目。

三年来，《法律与生活》以其明确的宣传宗旨，旗帜鲜明的立场和独特的风格，赢得了广大读者的信任和喜爱。在有关部门组织的全国期刊评选活动中，曾被评选为优秀杂志并获优秀封面设计奖。

目前，《法律与生活》发行量达70多万份，成为目前我国有较大影响的法制刊物之一。

《法律与生活》编辑部设在北京法律出版社。

（徐　长）

法　律　咨　询

《法律咨询》（月刊）是通俗性的法制宣传刊物。1986年1月创刊，向国内外公开发行。目前每期发行30万册左右。该刊以普及法律知识、提供咨询服务、报道法制新闻、介绍中外案例为宗旨。它的办刊方针是，在深入浅出地、有针对性地宣传社会主义民主和社会主义法制的基本理论知识的同时，着重“就案论法”，通过对实际生活中发生的典型案例的分析，通俗地宣传普及法律知识，解答法律问题，为广大读者提供咨询服务，并为增强公民的法律意识作出贡献。该刊辟有“本刊专访”、“法官手记”、“律师论坛”、“就案论法”、“读者与律师”、“法律知识少不得”、“法制报刊介绍”、“海外奇案”、“咨询服务”等栏目。社址在北京。

（吴　澄）

民主与法制

《民主与法制》，是政治、法律、伦理、社会综合性的新闻月刊，由《民主与法制》杂志社编辑。1979年8月在上海创刊。

《民主与法制》辟有“卷首”、“本刊特稿”、“读者之声”、“民主与法制论坛”、“立法建议”、“侦查通讯”、“司法通讯”、“杂谈”、“案例分析”、“道德法庭”、“大家说话”、“海外新案”、“法律顾问”、“社会一瞥”、“家庭法律指南”等栏目。刊物的内容遵循宪法和法律，坚持四项基本原则，贯彻改革、开放政策，结合实际，联系群众，文章生动活泼。1985年被北京、上海两地读者评选为全国“最佳杂志”之一。《民主与法制》在上海、北京、天津、武汉、南昌、沈阳、广州、昆明、兰州等地同时印刷发行。每期发行200多万册。

《民主与法制》杂志社还于1985年创办了一种4开8版套色印刷的《民主与法制画报》，每半月一期，在上海印刷发行，并在天津、昆明发行航空版。1986年每期发行量达100多万份。

（《民主与法制》编辑部）

上海法苑

《上海法苑》杂志由上海市人民政府经济法规研究中心、上海市司法局和上海市经济法研究会联合主办的法制月刊，创刊于1986年1月（系原《上海司法》改刊）。

《上海法苑》的宗旨是：维护社会主义法制的尊严，普及法律知识，探讨如何完善经济立法和司法，引导人们、特别是各级干部懂法、守法、依法办事，为社会主义的物质文明和精神文明建设和国家的长治久安作出贡献。

《上海法苑》的内容主要是普及法律知识，侧重宣传经济法制。它的重点是为企业、事业单位的广大干部提供法律咨询，解答法律疑题，帮助他们运用法律手段管理经济，维护企事业自身的合法利益。它是企事业单位干部了解立法信息的窗口，交流学习法律知识的园地。坚持内容丰富生动，深入浅出，知识性、可读性和指导性融为一体，为基层干部、广大读者的需要服务。它辟有反映当前城市经济体制“改革、开放、搞活与法”；有为经济部门的同志依法管理经济出计献策、排难解忧的“锦囊妙计”；有反映工厂、企业单位利用法律手段维护自身合法利益的“护身法宝”；有探讨经济法制新论的“探究录”以及“普法新篇”、“司法实践”、“人物赞”、“处处有法”、“社会一角”、“不该发生的事”、“经济法讲座”、“法制漫谈”、“论坛”、“大案评述”、“法律咨询”，还有“通讯”、“来自提篮桥的报告”、“报告文学”、“海外法闻”等栏目。

（《上海法苑》杂志社）

人民警察

《人民警察》是上海市公安局主办的公安法制月刊，创刊于1949年7月。从1986年1月起在国内公开发行。

《人民警察》的编辑方针是：坚持推进法制建设，宣传公安法规，普及法律常识，讴歌警民群英，倡导守法新风，预防违法犯罪，热情为全国广大青年、干部、执法工作者和政法院校师生服务。

《人民警察》辟有“每月警论”、“公安英雄谱”、“形形色色案件”、“边境线上”、“业余警察”、“审讯室”、“出鞘之剑”、“今日马天民”、“春风化雨”、“灵魂的审判”、“忏悔泪滴”、“治安纵横”、“社会剪影”、“法制课讲坛”、“公安法规咨询”、“话说上海滩”、“盾剑风云录”、“法盲的悲剧”、“旧案新述”、“世界警坛”、“海外谍影”等栏目。寓道德、法理、科学、文明教育于纷繁曲折的案件实例之中。

《人民警察》每期发行30万份左右。

（《人民警察》杂志社）

法制文摘

《法制文摘》杂志（月刊），创刊于1985年1月，由山西青少年报刊社主办，系共青团山西省委机关刊之一。

《法制文摘》根据党中央提出的“一手抓建设，一手抓法制”的指示精神，把普及法律知识，进行法制教育，培养“四有”新人作为办刊宗旨，面向青少年，面向团组织，面向全社会进行法制宣传。

该刊通过首次文摘、二次文摘、本刊专稿等形式，坚持正面宣传为主的指导思想，把普及法律常识作为重要任务。它博采全国报刊法制文章之精华，传递法制建设的新信息，集纳法制教育的新经验、新成果，褒扬秉公执法遵纪守法的先进人物，针贬揭露践踏法纪蹂躏法律的坏典型，维护人民群众的正当权益，反映人民群众的呼声。

该刊辟有“法与四化”、“政治与法”、“经济与法”、“青少年与法”、“法制论坛”、“法制工程理论”、“法制讲座”、“正气篇”、“警训篇”、“独角兽”、“呼吁篇”、“法制与科技”、“国外巡览”、“海外名案”、“法制文学”等众多栏目，力求成为广大青少年学习法律知识的辅导员，团组织进行法制教育的好参谋，教育工作者和广大家长的好助手，司法和青年工作者的好朋友。

该刊每期发行31万份。

（一　成）

法制与文明

由辽宁省司法厅主办的《法制与文明》月刊，原名《辽宁司法》，创刊于1981年5月。初期为内部发行。从1982年1月起，改为公开发行。1986年5月改为现名。编辑部设在辽宁省沈阳市。

《法制与文明》的办刊宗旨是：坚持四项基本原则，贯彻党的十一届三中全会以来的路线、方针和政策，宣扬社会主义民主与法制建设成就，传播法律知识，指导司法实践和群众法律生活，建设精神文明。

本刊以刊载司法实践经验、案例、法律知识、法理、法律咨询等稿件为主，辟有30多个栏目。内容力求翔实准确、生动健康、注重以案示法，发人深省，力求图文并茂，雅俗共赏。每期发行36万份。

（《法制与文明》杂志社）

法制宣传员

《法制宣传员》（月刊）创刊于1984年10月，由安徽省司法厅主办，系群众性的普法通俗读物。初创时，是为法制宣传员、报告员、司法助理员、调解员、基层政法公安保卫干部和中小学政治教师提供较为系统的法制宣传资料。现已成为面向社会各阶层群众、各行各业干部，学习法律常识的辅助读物。

它的任务是：宣传中央关于政法工作的方针、政策，宣传社会主义民主与法制建设成就，普及法律常识，为社会治安综合治理服务，为开创经济建设新局面服务。

在内容方面，它以通俗易懂的形式，为读者学习法律提供辅导；宣传新颁布或实施的法律、法规；报道普法的经验、故事、通讯，推动全省普法工作的开展。重点宣传政法干警秉公执法，一心一意为群众服务的先进事迹；宣传各级调解组织在解决人民内部矛盾，排除纠纷，预防犯罪中所起的积极作用。

它的编辑方针是："新、准、实、活"。即：选择稿件求新，刊用稿件求准，设置栏目求实，编排版面求活。主要栏目有："法律读本讲习"、"以案释法"、"一案一议"、"青少年法制教育"、"小学生法制启蒙"、"法律问答"、"车鉴录"、"经验交流"、"社会一角"、"婚姻与家庭"等。

《法制宣传员》1985年每期发行5万份，1986年增至10万份。

《法制宣传员》编辑部设于安徽省合肥市。

（《法制宣传员》编辑部）

法　学　界

《法学界》（双月刊）是安徽省法学会主办的通俗性刊物。创刊于1986年4月。在国内公开发行。

作为通俗性法制期刊的《法学界》，面向社会各界，坚持理论与实践相结合，提高与普及相结合，反映法学研究新成果、新经验、新问题，反映普及法律新气象，为法制建设服务，为经济体制、政治体制改革服务，为社会治安综合治理服务。

《法学界》辟有："法学探索"、"办案札记"、"侦查通讯"、"社会一角"、"特殊学校"、"人物专访"、"短剑篇"、"人民调解"、"婚姻与家庭"、"案例评说"、"法制春秋"、"古案新编"、"法律服务台"、"法制荟萃"、"海外侧影"、"法苑"、"法制漫画"等二十多个栏目。

该刊1986年每期发行20万份，第四期（婚姻与家庭专号）发行量达30万份。

《法学界》杂志编辑部设于安徽省合肥市。

（陈荣升）

福　建　司　法

《福建司法》创刊于1981年10月，试刊两期后，从1982年第二期起改为双月刊。起先由福建省司法厅研究室主办，1986年初改由福建省司法厅所属福建法制报社主办。

它的办刊宗旨是：繁荣社会主义法学，普及法律常识，增强社会主义的公民意识，帮助人们懂得公民的基本权利和义务，懂得与自己工作和生活直接有关的法律和法规，从而保障人民的合法权利和利益，为加强社会主义民主与法制建设服务。

《福建司法》辟有"民主与法制"、"经济与法制"、"法制纵横"、"改革与法制"、"地方人大"、"侦破通讯"、"司法案例"、"法律顾问"、"生活与法"、"法律知识"、"婚姻与家庭"、"古代案例"、"杂谈"以及"研究与探索"等栏目。每期发行两万份。

（《福建司法》编辑部）

江　西　司　法

由江西省司法厅主办的《江西司法》，创刊于1980年8月。创刊之初，系法律专业性内部刊物，不定期出版。1981年改为季刊，1982年改为双月刊，1985年6月开始在省内公开发行。1986年改为月刊。

《江西司法》是普及性的法律知识刊物。它的任务是：为普及法律常识、维护公民的合法权益服务，为社会治安的综合治理服务，为加强社会主义民主，健全社会主义法制、促进社会主义的物质文明和精神文明建设服务。它的内容是：宣传党和政府的政法工作方针、政策；报道全省民主与法制建设的新成就、新经验、新情况；紧密结合全省实际，运用通俗、生动的形式，向全省公民开展法制宣传，进行普法教育。同时，积极反映人民群众的呼声，对于人民群众普遍关心的政治、法律、伦理、社会问题，进行有益的探讨。该刊坚持四项基本原则，贯彻以正面宣传为主的方针，辟有“普法花絮”、“普法园地”、“法制论坛”、“新包公剪影”、“调解员之家”、“侦察、检察、审判通讯”、“道德与法”、“法网”、“多棱镜”、“社会一角”、“案例选登”、“案例讨论”、“法制文艺”、“法制画苑”、“厂长经理法律顾问”，“婚姻家庭法律指南”、“有问有答”、“杂谈”等栏目。内容融指导性、服务性、知识性、趣味性于一体。每期发行 8 千份。

（黄兆富）

司　　法

《司法》杂志由河南省高级人民法院、人民检察院、司法厅、人民律师协会联合创办的法制宣传月刊。原名《河南司法》，1985 年 1 月起改名为《司法》。创刊初期限省内发行。从 1984 年 7 月起向全国发行。社址在郑州市。

该杂志的任务是：宣传党和国家政法工作的方针、政策，宣传社会主义民主与法制，传递法制建设信息，揭露、抨击违法犯罪行为，倡导社会主义精神文明，普及法律知识，解答法律询问，为经济建设和广大干部群众提供法律服务。办刊的方针是：立足河南，面向全国，普及为主，提高为辅。注重思想性、知识性、趣味性、服务性相结合，力求做到准确、通俗、生动、健康。

主要栏目有：“普法园地”、“工作研究”、“法律顾问”、“风范新篇”、“法律知识”、“道德与法”、“疑案探究”、“读者来信”、“社会一角”、“说古道今”等。该刊 1986 年每期发行 53 万份。

（郑修鹤）

法 制 月 刊

《法制月刊》创刊于 1981 年 9 月，由湖南省司法厅主办，原名《法制宣传》，系内部发行的。从 1984 年 1 月起更名为《法制月刊》，向全国公开发行。

《法制月刊》是普及与提高相结合、以普及为主的法制专业性刊物。它的办刊宗旨、任务及内容可概括为四句话：“宣传法律常识，提高法制观念；鞭挞各类犯罪，维护社会治安；探讨法学理论，加强法制建设；歌颂英雄模范，建设精神文明。”

《法制月刊》以向广大干部、群众普及法律常识为己任，其编辑方针坚持一个“实”字，讲究知识性与趣味性相结合，运用各种生动的案例宣传法律知识。为了保证有较好的社会效益，该刊在选用案例时，尽量剔除那些有副作用的案例，并注意从正面引导，如加编者按、编后语、短评等。这样，就保证了刊物的可读性，扩大了法律知识的宣传，达到了“根本问题是教育人”的目的。

《法制月刊》辟有：“经济与法律”、“与青少年谈法”、“婚姻家庭与法律”、“公证与律师”、“新风赞”、“警钟长鸣”、“天平台”、“侦查通讯”、“案例讨论”、“法学研究”、“经验交流”、“法律服务台”、“法制文学”和“摄影小说”等十几个栏目，力争做到图文并茂，雅俗共赏。

《法制月刊》的发行量逐年增加。1981 年每期仅 1 万份，到 1984 年在全国公开发行时，上升到 4 万余份，1985 年上升到 20 万份，1986 年又增加到 27 万份左右。全国各省、市、自治区都有订户。

《法制月刊》编辑部设于湖南省长沙市。

（《法制月刊》编辑部）

法　　制

《法制》（原称《广东法制》）是广东省司法厅主办的，在全国公开发行的综合性法制月刊。创刊于 1982 年 3 月。编辑部设于广州市。

《法制》以党的十二大精神和新宪法为指针，结合形势和任务，密切联系广东的实际，采取多种多样生动通俗形式，宣传社会主义民主与法制，努力探讨改革、开放中的法律保障问题，热心普及法律知识，解答法律询问，为国家的四化建设和长治久安服务。

《法制》的内容是报道法制新闻，分析典型案例，提供法律常识和法律咨询，刊载法制文学作品，介绍港、澳、台及外国法制、海外趣闻等。主要栏目有“专访”、“人生旅途”、“通讯”、“两户一体”、“侦查故事”、“案例分析”、“经济与法”、“诤言录”、“道德与法”、“世界案例选”、“台港澳之页”、“海外趣闻”、“法律常识”、“学习与探讨”、“案例逻辑趣谈”、“小说连载”、“国外法医侦破故事”、“法律信箱”等。

《法制》1986 年每期发行 40 万份。

（曾晓凌）

普 法 园 地

《普法园地》是广西壮族自治区法学会主办的普及性法律知识刊物。于1986年6月创刊。编辑部设于南宁市。

《普法园地》以坚持四项基本原则，积极为在全体公民中普及法律常识服务，把法律武器交给广大群众为办刊的指导思想。从创刊号起，每期连载《干部法律知识读本》讲课提要和复习问答，并将继续连载职工、农民法律常识读本通俗讲话。同时，辟有“法制论坛”、“普法纵横”、“经济与法”、“综合治理”、“司法实践”、“干警新事”、“古今案例”、“以案学法”、“疑案分析”等栏目，为政法战线的同志提供一块交流经验、探讨问题、研究理论的园地，既有利于提高政法干警的思想、业务素质，更好地为经济建设服务；又为各地的普法辅导员、宣传员和广大群众提供内容丰富、生动的学法辅助资料。

《普法园地》特设“少数民族之窗”专栏，便于读者从这个窗口了解全国各地少数民族的风俗习惯，成文法与不成文法，借以增长民族知识，以利于正确执行党的民族团结政策，加强少数民族地区的法制建设，促进少数民族地区经济的发展。

《普法园地》还辟有“红水河”法制文艺副刊。发表以真人真事为题材的报告文学、通讯、特写，辅以短篇小说、散文、诗歌、连环画、漫画等，寓法制教育于读者喜闻乐见的文艺作品之中。

《普法园地》立足广西，面向全国。稿件择优录用，不囿地域、名流；坚持报道的真实性、知识性、趣味性，做到理论联系实际，广开言路，针砭时弊，揭露犯罪，伸张正义，维护法律尊严，在普法宣传中办出自己的特色。

《普法园地》为双月刊，国内公开发行。每期发行3万份。

（《普法园地》编辑部）

人 与 法

《人与法》（双月刊）为政治、法律、社会、道德综合性刊物。1985年4月创刊，由天津市法学会主办。该刊的任务及内容是：刊登典型案例，疾呗大众呼声，伐无德，儆顽劣，雄乾坤正气，剪宵小歪风，文载兴邦之道，法正神州视听。编辑方针是：坚持四项基本原则，以5年内向全体公民普及法律常识为宗旨。用法律调整人与人等方面的关系，宣传法律、政策，砥砺名节操行，鞭挞邪恶奸佞，讴歌铮骨忠英。介绍法律知识，加强法制建设，增强法制观念，帮助全体公民学法守法，恪守公德，以期促进社会主义精神文明建设。

该刊的主要栏目有：“专访”、“报告文学”、“乾坤正气”、“法兮归来”、“瓮牖法谈”、“侦破通讯”、“伐无德”、“警戒线”、“一案一议”、“洗冤录”、“辨奸篇”、“善恶果”、“法律指南”、“普法园”、“瀛寰巡法”、“法制摘译”、“法制趣闻”、“以案示法”、“律师一休”、“法苑英华”、“直笔箴言”、“经济法律问题咨询”。

《人与法》每期发行10万册。

（赵　淳）

案 与 法

《案与法》是陕西省法学会于1984年12月创办的双月刊。编辑部设于陕西省西安市。

《案与法》是一个普及性、综合性的法制宣传刊物。它以普法宣传为己任，辟有“法学论坛”、“法律常识”、“谈案说法”、“案例分析”、“侦破通讯”、“办案札记”、“道德与法”、“法制文摘”、“走向新岸”、“名人与法”、“警钟篇”、“新风赞”、“风采录”、“大家谈”等栏目。并刊登以文艺形式表现法制题材的报告文学、小说、诗歌、绘画、摄影等作品。文章通俗易懂，注重图文并茂。创刊两年来，编辑工作不断改进，版式设计、印刷质量有所提高，发行份数从创刊初的每期十几万份发展到目前的上百万份，订户遍及全国各地。

《案与法》坚持谈案说法、宣传法制的编辑方针。它以健康的内容，活泼的形式，吸引着广大读者，使其从中学到法律知识，懂得如何运用法律武器维护自己的合法权益；同时，也帮助一些滑向犯罪边缘的人有所醒悟，树立法制观念。

（《案与法》编辑部）

警 坛 风 云

《警坛风云》是法制文学的综合性月刊。于1986年4月创刊，由福建省公安厅编辑出版。主要刊登中短篇小说、报告文学、传记文学、回忆录、通讯特写、散文、诗歌、杂文、评论、戏剧、电影电视文学剧本、外国小说等。主要栏目有：“金色盾牌”、“古代案例”、“外国案例”、“侦破通讯”、“警世钟”、“大墙里的报告”、“谍海钩沉”、“以案释法”、“法规咨询”、“群众呼声”等。每期发行20万册左右。

（《警坛风云》编辑部）

水　晶　石

《水晶石》(月刊)是辽宁省公安厅编辑出版的政治、法律、道德、社会综合性刊物,1985 年 1 月创刊,社址在沈阳市。

《水晶石》的编辑方针是:以四项基本原则为指导,宣传公安工作路线、方针、政策;反映公安干警与人民群众同犯罪作斗争的火热生活,通俗宣传法律知识,解答有关公安法规咨询,帮助干部、群众知法、懂法、守法,动员全社会力量搞好社会治安的综合治理,为保障人民民主权利,维护国家长治久安服务。主要栏目有:"侦破报告"、"治安纵横"、"英雄谱"、"多棱镜"、"警钟篇"、"走向新岸"、"忏悔录"、"及时雨"、"青年信箱"、"道德法庭"、"就案谈法"、"法规咨询"、"法制文摘"、"公安风云录"、"侦破小说"、"世界警坛"、"海外一瞥"等。该刊每期发行量为 50 万册。

(《水晶石》编辑部)

召　唤

《召唤》(双月刊),于 1985 年 4 月创刊。由吉林法制报社《召唤》编辑部编辑出版。社址在吉林省长春市。

《召唤》是一个面向劳改、劳教工作干警和劳改、劳教人员的综合性刊物。它力求从当前劳改、劳教工作的实际出发,把配合劳改、劳教工作干警做好工作,开创劳改、劳教工作的新局面,把向劳改、劳教人员进行社会道德和法制教育,促其早日获得新生作为办刊宗旨。

《召唤》是以党和国家现行的路线、方针、政策、法律为依据,采用各种体裁,反映劳改、劳教战线的工作,报道劳改、劳教人员洗心革面、弃恶从善的改造生活,描绘他们重返社会后的崭新风貌,传递家属亲友对劳改、劳教人员的叮咛与嘱咐,刊载劳改、劳教人员发自心灵深处的诗文歌赋。

《召唤》辟有"大墙内外"、"来自社会的消息"、"道德与法"、"法律咨询"、"忏悔录"、"新生篇"、"大家谈"、"召唤者笔谈"、"影视天地"、"狱所报摘"、"文摘之页"、"自学"等十多个栏目。

《召唤》既是劳改、劳教工作干警的知音,又是劳改、劳教人员的良师益友,对于公、检、法、司机关干部和政法院校师生及法律工作者了解我国劳改、劳教工作情况也有重要的参考价值。

《召唤》在国内公开发行,平均每期发行 1 万 5 千份。1987 年《召唤》改为月刊。

(王树盛)

中国法制文学

《中国法制文学》是中华人民共和国司法部委托中国法制报社于 1986 年创办的新型的文学双月刊。它熔法制教育与文学欣赏于一炉,通过报告文学、中短篇小说、诗歌、散文、杂文等形式,反映我国社会主义民主与法制建设中多姿多彩的生活图景,展现公安侦破、法庭审判、纪检检察、安全保卫、司法行政等社会各个领域中正义与邪恶、美与丑、罪与罚的矛盾和斗争,为读者奉献既有深刻的法制教育和思想道德教育,又有生动优美的艺术享受的精神食粮,从而为促进社会主义精神文明建设服务。

《中国法制文学》自 1986 年 2 月创刊以来,受到了社会各界人士的热情关注和读者的广泛欢迎。

本刊发表的小说《释放令已签发》、《浊流》等作品,先后被一些文艺单位改编成电视、电影和戏剧、连环画等多种艺术形式。每期发行量为 17 万册。

《中国法制文学》编辑部设在北京。

(《中国法制文学》编辑部)

啄　木　鸟

《啄木鸟》是群众出版社编辑出版的大型文学双月刊。它以反映政法公安战线的斗争生活,歌颂广大公安干警保卫四化建设,维护社会治安,同形形色色犯罪分子作斗争的英勇事迹和对广大群众进行社会主义法制教育为主要内容,坚持思想性、艺术性并重,严肃性、可读性兼顾,力求使更多的读者从中受益。

《啄木鸟》刊载报告文学、侦破通讯、中短篇小说、长篇小说连载、散文、诗歌、戏剧、电影、电视文学剧本、人物传记及回忆录、外国文学译作、评论等。1986 年下半年开辟的"明镜"专栏,刊登古今中外有关公安方面的富于知识性、趣味性的文章。

《啄木鸟》创刊以来,受到广大读者的欢迎。它发表的一些报告文学,在广大读者中反响较大,先后有多家报刊予以转载,有的还被改编为电影和电视剧。在 1985 年《北京晚报》举办的"最佳杂志大家评"活动中,《啄木鸟》被评为全国最佳文学杂志之一。

《啄木鸟》编辑部设在北京市群众出版社内。1986 年每期发行量近 55 万份。

(《啄木鸟》编辑部)

蓝盾

《蓝盾》是天津市法学会和天津日报读者服务公司联合主办的，由《蓝盾》杂志社编辑出版的法制文学月刊。1985年4月创刊。

《蓝盾》主要发表公案文学作品，辟有“中短篇小说”、“法庭近闻”、“报告文学”、“社会奇闻录”、“广角镜”、“漫话旧案”、“谍海轶闻”、“国外名谍录”、“国外侦探小说”、“名家介绍”等栏目。在办刊过程中，坚持文艺为人民服务，为社会主义服务的方向，认真贯彻“双百”方针；刊载的作品，内容严肃，艺术性强，旨在有益于法制文学的建设，为社会主义的精神文明建设服务。作品寓思想性、知识性、趣味性于一体，密切联系现实生活，力求从历史的高度再现真善美，揭露假恶丑。因此得到广大读者的肯定和称赞。每期发行13—14万份。

（《蓝盾》编辑部）

剑与盾

《剑与盾》系法制文学月刊，创刊于1985年3月。由上海市公安局主办。国内公开发行。

《剑与盾》是发表体裁多样、风格独特的公安法制文学作品的园地。通过文艺形式宣传社会主义民主和法制，反映公安政法战线同国内外敌人和形形色色犯罪分子作斗争的战斗生活，讴歌公安政法干警保卫和促进四化建设的光辉业绩，积极扶持公安政法战线文学创作的新人。

《剑与盾》的编辑方针是：在坚持四项基本原则的前提下，刊载内容新颖，文字活泼，既具有公安政法战线的鲜明特色，又适应多层次读者需要的法制文学作品。包括：长篇连载小说、短篇小说、中篇小说、报告文学、翻译小说、微型小说、摄影小说、传记文学、侦察通讯、专访散记等。主要栏目有：“侦察员日记”、“谍海探奇”、“旧案新编”、“疑案辨析”、“大墙下的忏悔”、“律师手札”、“推理之窗”、“劳改劳教农场巡礼”、“随感录”等。

《剑与盾》杂志每期发行74万份左右。

（《剑与盾》编辑部）

法制文学选刊

《法制文学选刊》（月刊），由安徽省安庆市文联主办。创刊于1980年，原名《振风》，1985年改为现名。它是专门从全国各报刊选编法制文学作品的刊物。设有：“报告文学”、“推理小说”、“典型案例实录”、“法制传奇人物介绍”、“杂文”、“创作之页”、“民主法制”、“爱情”、“伦理”、“各地法制报刊剪影”、“海外传奇”等主要栏目。适合社会各阶层人士阅读。刊物的指导方针是，用文学的形式宣传法制，用法制的内容丰富文学，使读者既受到法制教育，又得到文学享受，力求汇集知识性、通俗性、纪实性、文学性于一炉。该刊在国内公开发行。1986年每期发行65万册左右。

《法制文学选刊》在编辑工作中，力图使读者在精神、道德、心理、心态、情操诸方面受到陶冶，并且从中得到一定的法律知识，以期对推进我国政治、经济体制改革以及社会主义物质和精神文明建设起到积极的作用。

《法制文学选刊》编辑部设在安徽省安庆市。

（《法制文学选刊》编辑部）

中国法制报

《中国法制报》是中国第一家法制专业报纸。经过试刊，于1980年8月正式创办。开始为4开（周报），发行16万份。1982年1月改为对开（周报），发行量增加到30多万份。1984年1月改成周3刊，发行量达到76万份。1986年7月再改为日报（星期日休刊），发行量跃增到170万份，成为中国一个有影响的重要的法制舆论阵地。

《中国法制报》是由中共中央政法委员会领导，中华人民共和国司法部主办的报纸，是党和政府在政法工作方面的喉舌。它的办报宗旨是：贯彻党中央关于建设高度民主，实现政治民主化，民主制度化、法律化的战略思想；宣传党和国家政法工作的方针、政策，宣传我国宪法、法律、法规和有关法律知识；报道我国法制建设特别是运用法律武器促进、保障和服务于社会主义物质文明和精神文明建设的成就；交流政法工作的经验，介绍政法战线的先进人物和先进事迹；反映人民群众的呼声、批评和建议，向读者提供法律咨询。

《中国法制报》第一、第二版为新闻版，还辟有“案例选载”、“服务台”、“观察与思索”、“法制论坛”、“暮鼓晨钟”、“人大纪事”、“侦察通讯”等专栏。在第三、第四版辟有“法律知识”、“经济法制”、“婚姻与家庭”、“特殊学校”、“在法律的天平上”和“院校园地”等专栏，还有文艺副刊“华表”，国际副刊“海外天地”，讽刺性副刊“独角兽”以及小说和国外案例连载。

中国法制报社现有职工300多人。编辑部下设刑事民事部、政治文教部、经济部、法律知识部、群众工作部等10个部、室。在全国各省、自治区、直辖市已相继建立了记者站25个。

《中国法制报》在国内外公开发行。在成都、上海、广州、兰州、沈阳、济南设立了代印点，发行航空版；1987年1月1日起，在长沙设传真代印点。

中国法制报社的社址在北京。

（中国法制报社）

人民公安报

《人民公安报》创办于1984年10月，是公安部主办的专业性报纸，限国内发行。1985年底以前为4开4版，周1刊；1986年为4开4版，周2刊；1987年将改为对开4版，仍为周2刊。

《人民公安报》的编辑方针是：坚持四项基本原则，宣传国家宪法、法律、法规和公安工作的路线、方针、政策；报道公安保卫工作的动态和执法经验；结合实际对干警进行思想政治教育；介绍公安保卫业务知识；报道各界群众支持公安工作，勇于同违法犯罪行为作斗争的先进事迹和遵纪守法的先进人物，为保卫和促进社会主义物质文明和精神文明建设服务，为创造安全的社会环境服务。

《人民公安报》自创办以来，集中报道了各地公安机关保护人民，打击敌人，惩治犯罪，服务四化的情况。对社会治安综合治理工作以及各级党政机关、学校、企事业单位同公安机关密切配合，共同维护社会治安的经验及时做了报道。同时用较多的版面，以多种形式，宣传公安队伍建设情况，开展了“如何树立人民警察良好的形象”的讨论和“人民警察爱人民”征文活动。《人民公安报》始终把普及法律常识作为一项重要内容，辟有“学法守法执法”专版，介绍法律知识，宣传学法守法执法的先进人物。为活跃干警文化生活，繁荣公安文艺，还辟有副刊，扶持公安业余作者，发表公安法制文艺作品。对世界警察情况和国外治安动态也有不定期专栏介绍。

《人民公安报》的主要栏目有：“英雄谱”、“短长录”、“新人新风”、“干警列传”、“怎样当好派出所所长”、“党的生活”、“法律信箱”、“法学知识讲座”、“古代执法故事”、“读者之友”、“呼声与建设”、“警世钟”、“谈天说地”、“形形色色的案件”、“知识长廊”、“科技之窗”等。

目前每期发行量约20万份。

社址设在北京市。

（《人民公安报》编辑部）

人民武警报

《人民武警报》是中国人民武装警察部队的机关报，由该部队政治部主办。于1983年7月试刊，同年10月正式创刊。1983—1984年每周出2期；从1985年元旦起，改为每周出3期（逢星期三、五、日出版）。

《人民武警报》的任务是紧密结合武警部队的实际，坚持四项基本原则，宣传马克思列宁主义、毛泽东思想；宣传党的路线、方针和政策；宣传国家的宪法、法律及有关法规、命令、条例；宣传党中央、国务院、中央军委以及公安部、武警总部对部队建设的指示、决定和要求；宣传部队在完成各项任务中学法、知法、执法、护法的先进事迹和经验。

《人民武警报》面向基层，面向战士，以广大基层干部战士为主要对象，为提高部队的军政素质和法律素质服务，为基层服务，为提高部队战斗力服务。

《人民武警报》为4开4版。第一版为要闻和中心工作版。除刊登新闻外，还辟有“集思录”、“卫士短波”两个专栏。第二版是工作指导版。辟有“思想随笔”、“文明监督哨”、“怎样当好指导员”、“怎样当好班长”、“在建设战线上”、“卫兵情”、“来自县中队的消息”、“探索与考试”、“武警战士在人民群众心中”、“警民鱼水情”、“思想政治工作研究”、“基层干部群英谱”、“喜看党风在好转”、“一事一议”、“落实两年规划，普及法律常识”、“来信答复”、“简讯”等专栏。第三版和第四版是各种副刊专版。计有“法圃”、“执勤工作”、“练兵场”、“青年之友”、“自学园地”、“后勤战线”、“院校生活”、“卫士”文艺副刊、“星期天”、“美术与摄影”、“编读联营”等11个专版。每一个专版又开辟若干小专栏。比如，“法圃”专版就辟有“法律顾问”、“法律语丝”、“案例分析”，以及“法律知识讲座”、“名人执法故事”、“法律拾趣”、“法律辞典”、“警钟”、“醒悟篇”等专栏。

《人民武警报》限国内发行。1986年发行量为8万4千份。社址设在北京。

（刘遵士）

人民消防报

《人民消防报》是全国性消防专业周报，创刊于1985年10月5日。由公安部消防局主办，委托黑龙江省公安厅编辑、出版。目前每期发行16万份。

《人民消防报》的任务是：努力宣传国家消防工作的法律、法规和技术规范，传递消防工作信息，交流消防工作经验，介绍消防科学技术知识，为发展我国消防事业，保卫社会主义物质文明和精神文明建设服务。

《人民消防报》为4开4版。第一版为要闻版，主要刊登全国消防工作重要新闻、通讯和评论等，辟有“特大火讯”、“改革新讯”、“讯海微波”、“神州新事”、“钟鼓堂”等专栏。第二版为专业综合版，主要刊登消防监督管理、战训、部队建设、群众性防火、灭火工作等方面的新闻、通讯、经验介绍、评论等，辟有“观火屏”、“训练场”等专栏。第三版为消防科技与国外消防版，主要刊登消防科技动态、科普知识和国外消防动态，辟有“科技简讯”、“科普纵横”、“科技新花”、“科学小品”、“环球消防”、“台港澳消防”等专栏。第四版为副刊版，主要刊登消防文艺、法制建设、历史知识等方面的作品，辟有“避火珠”、“人火史”、“法制园地”、“队伍生活”等专栏。

《人民消防报》每逢周六出版，在全国公开发行。社址在哈尔滨市。

（《人民消防报》编辑部）

地方法制报一览表

1986年12月

名　称	所在地	主办单位	创刊日期	刊　期	版　数	发行范围	发行份数（每期）	备　注
北京法制报	北京市	中共北京市委政法委员会	1985.4.6	周　刊	4开4版	国　内公开发行	130000	
天津法制报	天津市	天津市司法局	1983.6.18	周　刊	4开4版	国　内公开发行	100000	
河北法制报	石家庄市	河北省司法厅	1982.12.3	周　刊	4开4版	国　内公开发行	110000	
山西法制报	太原市	山西省司法厅	1984.4.3	周　刊	4开4版	国　内公开发行	80000	
内蒙古法制报	呼和浩特市	内蒙古自治区司法厅	1985.7.1	周　刊	4开4版	国　内公开发行	50000	
辽宁法制报	沈阳市	辽宁省司法厅	1984.10.1	周　刊	4开4版	国　内公开发行	180000	
吉林法制报	长春市	吉林省司法厅	1983.7.1	周　刊	4开4版	国　内公开发行	130000	
黑龙江法制报	哈尔滨市	中共黑龙江省委政法委员会	1984.4.25	周　刊	4开4版	国　内公开发行	200000	
上海法制报	上海市	上海市司法局	1984.1.1	周　刊	4开8版	国　内公开发行	400000	
江苏法制报	南京市	江苏省司法厅	1985.1.25	周　刊	4开4版	国　内公开发行	200000	
浙江法制报	杭州市	浙江省司法厅	1984.5.	周　刊	4开4版（月末4开8版）	国　内公开发行	100000	
安徽法制报	合肥市	安徽省司法厅	1983.1.	周2刊	4开4版	国　内公开发行	200000	
福建法制报	福州市	福建省司法厅	1979.11.	周　刊	4开4版	省　内公开发行	150000	
法制文摘	福州市	福建省司法厅	1985.	半月刊	4开8版	省　内公开发行	240000	
江西法制报	南昌市	江西省司法厅	1982.10.1	周2刊	4开4版	国　内公开发行	150000	
山东法制报	济南市	山东省司法厅	1982.7.1	周　刊	4开4版	国　内公开发行	510000	

（续 表）

名　称	所在地	主办单位	创刊日期	刊　期	版　数	发行范围	发行份数（每期）	备　注
河南法制报	郑州市	河南省高院、省检察院、公安厅、司法厅	1985.1.1	周　刊	4开4版	省　内 公开发行	100000	
湖北法制报	武汉市	中共湖北省委政法委员会	1982.5.20	周　刊	4开4版	国　内 公开发行	180000	
法制生活报（湖南）	长沙市	湖南省司法厅	1984.9.	周　刊	4开4版	省　内 公开发行	100000	原名《法制画报》，1985年5月改名。
广东公安报	广州市	广东省公安厅	1975.4. 复　刊	周　刊	4开4版	国　内 公开发行	59400	原名《广东公安》，1985年7月改名。
法制画报	广州市	广东省司法厅	1981.6.	半月刊	4开8版	国　内 公开发行	900000	
广西法制报	南宁市	广西壮族自治区司法厅	1982.12.	周　刊	4开4版	国　内 公开发行	110000	
四川法制报	成都市	中共四川省委政法委员会 四川省司法厅	1985.5.1	周2刊	4开4版	国　内 公开发行	307000	
法制生活报（贵州）	贵阳市	贵州省司法厅	1985.1.	周　刊	4开4版	国　内 公开发行	50000	
云南法制报	昆明市	云南省司法厅	1983.1.	周　刊	4开4版	国　内 公开发行	130000	
云南公安报	昆明市	云南省公安厅	1985.2.	周　刊	4开4版	国　内 公开发行	100000	
法制周报	西安市	陕西省司法厅	1982.4	周　刊	4开4版	国　内 公开发行	870000	
法制导报	兰州市	甘肃省司法厅	1985.4.	周　刊	4开4版	国　内 公开发行	100000	
青海法制报	西宁市	青海省司法厅	1981.6.25	周　刊	4开4版	国　内 公开发行	30000	
宁夏法制报	银川市	宁夏回族自治区司法厅	1982.3.25	周　刊	4开4版	国　内 公开发行	32000	
新疆法制报（汉文版）	乌鲁木齐市	新疆维吾尔族自治区司法厅	1982.4.	周　刊	4开4版	国　内 公开发行	85000	
新疆法制报（维文版）	乌鲁木齐市	新疆维吾尔族自治区司法厅	1982.4.	周　刊	对开4版	国　内 公开发行	65000	
沈阳法制报	沈阳市	沈阳市司法局	1985.3.	半月刊	4开4版	国　内 公开发行	30000	
大连法制报	大连市	大连市司法局	1981.2.	半月刊	4开4版	国　内 公开发行	195000	
抚顺法制报	抚顺市	抚顺市司法局	1982.12.28	旬　刊	4开4版	国　内 公开发行	80000	
鞍山法制报	鞍山市	鞍山市司法局	1982.7.1		4开4版	省　内 公开发行	35000	
江城公安报	吉林市	吉林市公安局	1981.7.15 复　刊	周　刊	4开4版	省　内 公开发行	85000	

（续 表）

名　　称	所在地	主办单位	创刊日期	刊　期	版　数	发行范围	发行份数（每期）	备　　注
哈尔滨法制报	哈尔滨市	中共哈尔滨市委政法委员会	1982.4.	旬　刊	4开4版	国　内 公开发行	100000	
郑州法制报	郑州市	郑州市司法局	1982.3.	旬　刊	4开4版	省　内 公开发行	120000	原名《郑州司法报》，1984年8月改名。
武汉法制报	武汉市	武汉市司法局	1981.7.14	周　刊	4开4版 （月末4开8版）	国　内 公开发行	185000	原名《武汉司法》，1982年起改名。
广州法制报	广州市	广州市司法局	1983.12.	半月刊	4开4版	国　内 公开发行	220000	
汕头法制报	汕头市	汕头市司法局	1984.10.1	半月刊	4开4版	省　内 公开发行	57000	
深圳法制报	深圳特区	中共深圳市委政法委员会	1986.1.5	半月刊	对开4版	国　内 公开发行	4500	
重庆法制报	重庆市	重庆市司法局	1986.7.1	半月刊	4开4版	省　内 公开发行	100000	
遵义法制报	遵义市	遵义市司法局	1985.5.1	半月刊	4开4版	省　内 公开发行	20000	
西安法制报	西安市	西安市司法局	1981.7.	周　刊	4开4版	国　内 公开发行	200000	原名《西安法制》，1984年5月改名。

注：本表各栏内容、数字，均为各该报社提供。

法律出版社

法律出版社初建于1954年，是唯一的国家法律专业出版单位，于1961年曾一度并入人民出版社。

党的十一届三中全会以后，为适应国家法制建设迅速发展的形势，满足广大干部、群众学习法律的迫切需求，加快法律书籍的出版，1980年6月，经国家出版局批准，恢复法律出版社。复建后的法律出版社，隶属司法部领导。

法律出版社根据国家规定的出版方针，努力为加强我国社会主义民主和法制建设服务，为促进社会主义物质文明和精神文明建设服务，为巩固和发展安定团结的政治局面服务，把普及法律常识放在工作的首位，同时做好法学专著的出版工作，多出书、快出书、出好书，进一步满足广大读者对法律书籍的需求。

法律出版社主要出版以下书籍：一、国家法律、法规汇编和各种法律、法规单行本；二、高等学校、中等专业学校和培训司法干部的法学教材；三、马、恩、列、斯和我党关于法制建设方面的论著；四、法学理论著作和通俗性读物及参考资料；五、对我国立法和司法工作有参考价值的外国法规、法典和国外有代表性的法学论著与参考资料；六、法制文艺书刊。

法律出版社自1980年复建以来，累计出版图书600多种，7446万多册。其中1986年出版图书180种，2860多万册。1986年出版的主要书籍除高等院校法学统编教材、中等专业学校法学教材外，还有法律、法规、法学理论著作和通俗读物等。法律、法规汇编主要有：《中华人民共和国法律及有关法规汇编》（1979至1985年）、《中华人民共和国法规汇编》（1979至1985年每年1册）、《中华人民共和国多边条约集》、《农村实用法规手册》、《外国教育法选编》、《日本的监狱法规》、《法国刑事诉讼法典》、《俄罗斯联邦行政违法行为法典》以及《各国专属经济区和大陆架法规选编》等。单行法规主要有：《中华人民共和国民法通则》、《中华人民共和国土地管理法》、《中华人民共和国渔业法》、《中华人民共和国矿产资源法》、《中华人民共和国义务教育法》、《中华人民共和国外资企业法》以及《中华人民共和国治安管理处罚条例》等。法学理论著作主要有：《中国经济法诸论》、《马恩列斯论法》、《法的一般理论》、《比较法概论》、《隋律研究》、《明史刑法志注释》、《条约法概论》、《国际法论文集》、《各国宪政制度和民商法要览》、《国际贸易秩序——经济、政治、法律》、《苏联国民经济管理的行政法原则》、《国际水法》、《日耳曼法简介》等。通俗读物主要有：《检察业务问答》、《走上新路》、《民法通则释义》以及《法学自学顾问丛书》（13种）、《公民普法丛书》（12种）、《民法知识丛书》（29种）和《职工法律常识读本》、《农民法律常识读本》修订本。其中《职工法律常识读本》被评为全国十大畅销书之一，发行量达1700多万册，居十大畅销书之首。此外，还出版有：《英汉法律词典》、《经济法词典》和法制文艺小说《匿名信》、《海葬》、《检察官雾岛三郎》、《法庭》等。

法律出版社还出版了《法制建设》和《法律与生活》两本杂志。《法制建设》1983 年 12 月创刊,是司法部主办,法律出版社出版的法律理论性、专业性、指导性刊物。《法律与生活》1984 年 1 月创刊,是通俗法律读物。这两本杂志出刊后,受到广大司法干警、政法院校师生和国内外其他读者的欢迎。

法律出版社声像部已由国家主管机关批准成立,现正在积极组建中。

今后,法律出版社除继续抓紧法律、法规的出版工作、法学教材的出版工作、普法读物的出版工作等以外,自今年起将出版《法律年鉴》,并拟开始组织编纂《中国法学百科全书》。为了加强对外的法制宣传工作,使国外读者能看到中国的法律书籍,法律出版社决定加强法律书籍的对外发行工作,除了继续出版中英对照的单行法规和法规汇编外,还准备编辑出版外文版的法律书籍,包括介绍我国法制建设情况和经验的法律普及读物和法学专著,以扩大我国法律书籍在国外的影响。

(法律出版社)

群众出版社

群众出版社是公安部主办的专业出版社,创建于 1956 年。社址设在北京。"文革"期间,工作中断,1978 年恢复工作。它的出版方针是:坚持为人民服务,为社会主义服务;面向政法公安干警、保卫工作人员以及热心于保卫四化建设的治安积极分子和广大人民群众,宣传马列主义、毛泽东思想,宣传社会主义法制和社会主义民主,传播公安、政法专业知识和文化知识,为丰富公安干警文化生活,建设社会主义物质文明和精神文明服务。

群众出版社现有工作人员 170 人。分设公安业务、政治法律、译文、文艺、美术和《啄木鸟》六个编辑室。

自 1978 年恢复以来,有计划地出版了一批治安、侦察、保卫、预审、犯罪心理、刑事技术、消防以及劳改、劳教等方面的专著和普及读物。在公安专业书籍中,如《法医学》(修订本)、《法医学图谱》、《新编毒物分析化学》、《犯罪心理学》、《高层建筑防火设计》等,反映了该学科的最新科研成果。

为便于群众学法,曾先后大量出版了宪法、刑法、刑事诉讼法等法律小册子,还出版了《宪法学》、《刑法学》、《经济法学》、《证据学》、《劳动改造教育学》等一批大专法学教材,整理、点译和翻译了《盛京刑部原档》、《间书》、《洗冤集录校译》、《评寄簃文存》、《论三个反劫机公约》、《英汉消防辞典》等书籍。

1986 年,为配合普及法律知识的教育,着重出版了《宪政论丛》、《普及法律常识小辞典》、《法学知识图解》、《论法制系统工程》、《我国刑事诉讼第二审程序论》、《行政法基本知识》、《论社会主义自由》等书。

译作出版方面着重于介绍各国警察谍报机构、间谍传记、回忆录、各国情报资料以及有参考价值的侦探推理小说。出版的文艺新作,有知名作家的作品,也有公安系统的业余作者和青年作者的作品。

群众出版社从建社至 1986 年 10 月底,共出版公安、政治、法律、国外情报资料以及反映政法、公安战线斗争生活的文艺作品 1000 余种,总印数达 7000 万册。其中 1978 年恢复以后出版了 700 余种。在全国和各省市的图书评比中,有六种图书获奖。文艺刊物《啄木鸟》在《北京晚报》1985 年举办的"最佳杂志大家评"活动中,被评为最佳大型文学期刊之一。群众出版社出版的《我的前半生》——溥仪的文学传记,在国内外产生了广泛的影响,被译成英、日等多种文字,并被改编成电影剧本《末代皇帝》,拍成电影。群众出版社已成为国内有自己特色的出版社之一。

群众出版社为了密切与读者的联系,在出版社内设有读者服务部,并在北京市西长安街设有门市部。

(群众出版社)

中国政法大学出版社

中国政法大学出版社于 1985 年 3 月成立,由中国政法大学主办。该出版社的主要任务是为本校教学和科研工作服务,编辑出版本校编写的各类教材和其它教学用书,本校教师撰写、编纂或翻译的学术著作、资料汇编、案例汇编、法学工具书等。

该出版社成立以来,已出版法律书刊 60 余种,共发行 660 万册。1986 年出版的主要法律书籍有《民法教程》、《刑事诉讼法教程》、《法学基础理论》、《中国法制史纲》、《婚姻法讲义》、《司法文书写作教程》、《形式逻辑教程》、《家庭社会学纲要》、《罪犯心理学专题讲座》、《行政法新论》、《经济法理论问题》等。

中国政法大学出版社设在北京中国政法大学校内。

(李传敢)

中国人民公安大学出版社

中国人民公安大学出版社成立于 1985 年 2 月。其宗旨是:坚持四项基本原则,为公安教学和科研服务;同时,立足本校,面向全国公安院校师生和广大公安保卫干部，编辑出版各种有关公安专业的基础理论、基础知识和基本技能的教材和学术著作。

出版社设教材、教学参考书、译文等三个编辑室。主要编辑出版有关公安管理、公安政工、治安、保卫、侦察、预审、警察体育技能、法律、公安法规、刑事技术、公安科技、犯罪学、犯罪心理学等学科教材、学术专著，以及国内外有关公安、警察、保卫等方面的参考书。

从建社以来，到1986年底，共出书24种，其中1986年出版的法律书籍有:《法律基本知识》——县公安局长以上干部必读,《法律常识》——公安干警必读。

中国人民公安大学出版社社址在北京市。

（中国人民公安大学出版社）

第十八部分
司法统计资料

表1 全国各级人民法院数字表(截至1986年10月15日止)

类别＼级别	合计	最高人民法院	高级人民法院	中级人民法院	基层法院
合计	3404	1	31	365	3007
最高法院	1				
地方法院	3268		29	337	2902
铁路法院	76		1	13	62
海事法院	5			5	
军事法院	54		1	10	43

注:截至1985年底,人民法庭数为13866个。

(最高人民法院司法行政厅提供)

表2 各级人民法院干警统计表(截至1986年底)

干警类别＼法院类别	总数		最高人民法院		高级人民法院		中级人民法院		基层人民法院	
	总数	其中女性	总数	其中女性	总数	其中女性	总数	其中女性	总数	其中女性
正副院长	10217	589	5	1	129	10	1231	90	8852	488
审判人员	137066	19897	229	56	3391	733	19850	3952	113596	15156
法医	959	55			113	19	289	22	557	14
法警	14244	1005	36	2	252	11	2440	229	11516	763

注:审判员中含审判员、助理审判员、书记员、执行员

(最高人民法院人事厅提供)

表3 1986年全国人民法院各类案件一审收案、结案情况统计表

收结案＼类别	刑事	民事	经济纠纷	合计
收案	299720	989409	322153	1611282
结案	298291	978990	308393	1585674

表4 1986年全国人民法院各类案件二审收案、结案情况统计表

收结案＼类别	刑事	民事	经济纠纷	合计
收案	49822	64040	11500	125362
结案	49426	61768	10029	121223

表 5 1986 年全国人民法院各类案件审判监督收案、结案情况统计表

类别 / 收结案	刑事	民事	经济纠纷	合计
收案	461778	15081	1524	478383
结案	457783	15449	1500	474732

注:民事结案数中有上年旧存数。

表 6 1986 年全国人民法院人民来信来访收结情况统计表

类别 / 收结	来信	来访
新收	4734847(件次)	4336191(人次)
办结	4736491(件次)	4336191(人次)

注:办结来信数中有上年旧存数。

(表 3～6 均为最高人民法院研究室提供)

表 7 全国检察机构设置情况统计表(截至 1986 年底)

单位:个

院别	机构数
合计	3491
高检院	1
省级院	31
分(市)院	361
县(基层)院	2990
派出机构	108

表 8 全国检察机关工作人员情况统计表(截至 1986 年底)

单位:人

职务	人数
合计	140246
检察长	9932
检察员	55138
助理检察员	32260
书记员	24069
法警	9118
其他人员	9729

(续表)

注:检察长包括正副检察长。

表 9 1986 年全国检察机关批准逮捕人犯统计表

单位:人

案件分类	合计	批准逮捕	决定逮捕
合计	355603	315795	39808
反革命罪	620	620	
危害公共安全罪	10861	10183	678
破坏社会主义经济秩序罪	7965	4570	3395
侵犯公民人身、民主权利罪	75958	73115	2843
侵犯财产罪	217692	191838	25854
妨害社会管理秩序罪	34353	34353	
妨害婚姻家庭罪	1014	162	852
渎职罪	6066		6066
其他	1074	954	120

表 10 1986 年全国检察机关提起公诉案件统计表

单位:件

案件分类	合计	审查起诉	自侦起诉
合计	257219	220324	36895
反革命罪	368	368	
危害公共安全罪	10304	9244	1060
破坏社会主义经济秩序罪	5647	2962	2685
侵犯公民人身、民主权利罪	67304	64843	2461
侵犯财产罪	143273	119509	23764
妨害社会管理秩序罪	22070	22070	
妨害婚姻家庭罪	1170	232	938
渎职罪	5862		5862
其他	1221	1096	125

表 11 1986 年全国检察机关免予起诉案件统计表

单位：件

案件分类	合计	审查免诉	自侦免诉
合计	31386	12335	19051
反革命罪	20	20	
危害公共安全罪	1482	729	753
破坏社会主义经济秩序罪	2447	465	1982
侵犯公民人身、民主权利罪	3720	2489	1231
侵犯财产罪	17262	6493	10769
妨害社会管理秩序罪	1966	1966	
妨害婚姻家庭罪	158	14	144
渎职罪	4102		4102
其他	229	159	70

表 12 1986 年全国检察机关自行侦查案件统计表

单位：件

案件分类	立案
合计	62726
危害公共安全罪	1968
破坏社会主义经济秩序罪	5402
侵犯公民人身、民主权利罪	4585
侵犯财产罪	37822
妨害婚姻家庭罪	1191
渎职罪	10923
其他	835

表 13 1986 年全国检察机关受理人民来信来访情况统计表

单位：件次

项目	数量
合计	1008483
来信	773336
来访	235147

（表 7～表 13 均为最高人民检察院办公厅供稿）

表 14 1986 年全国公安干警分类统计表

项目	人数(万人)
总计	120
1. 职业制人民警察	60
其中：治安行政警察	32
刑事警察	15
2. 人民武装警察	60

表 15 1986 年全国公安院校情况统计表

类别	学校数(所)	教师人数	在校学生人数
总计	232	5772	44526
高等院校	20	—	10892
中专学校	111	—	33634
干部学校	101	—	—

注：本表不包括武警院校数字。

表 16 1985 年底全国治安保卫委员会和治保小组情况统计表

项目	总计	内部	城镇	农村
一、治保会				
1. 个数	1175029	281807	153678	739544
2. 人数	5801286	1653269	1091922	3056095
(1) 退休职工	364855	29174	286566	49115
(2) 退休职工占总人数百分比	6.3	1.8	26.2	1.6
二、治保小组				
1. 个数	2632735	410128	386317	1836290
2. 人数	6967541	1314801	1090772	4561968
(1) 退休职工	378940	38624	304169	36147
(2) 退休职工占总人数百分比	5.4	2.9	27.9	0.8

表 17 1985 年底全国治保组织地区分布情况统计表

地区	治保会			治保小组		
	个数	人数		个数	人数	
		合计	其中：退休职工		合计	其中：退休职工
全国总计	1175029	5801286	364855	2632735	6967541	378940
北京	25191	497654	87048	34871	35207	—
天津	11235	66907	9794	27887	145426	31555
河北	67490	249395	7855	63835	187916	13046
山西	47979	206980	7555	49409	151529	12065
内蒙古	25093	111058	5690	50673	118159	3417
辽宁	46418	300811	37478	140938	415912	61944
吉林	29752	138754	13696	103302	267981	33168
黑龙江	58688	304959	29246	97308	264462	37518
上海	25358	147004	17571	52585	180985	46358
江苏	70400	329050	17694	263467	735954	21380
浙江	55920	185506	10437	26815	66419	8455
安徽	44416	203356	5623	225095	609508	9409
福建	22378	106419	3002	9697	29362	913
江西	31639	139835	5421	147862	392261	7857
山东	116082	429476	11693	74371	216894	10349
河南	60115	258254	11154	197121	528172	18397
湖北	60758	264056	14839	173344	399425	12562
湖南	64414	276507	11355	307788	778877	22579
广东	44252	257399	13294	80777	238126	8527
广西	19914	89537	2156	27677	76319	2189
四川	108455	600365	26769	264373	588344	9676
贵州	26127	98649	3755	51032	100682	1116
云南	17758	113293	1209	49919	133910	347
西藏	2314	14607	99	—	—	—
陕西	44413	185476	6115	25604	62200	3745
甘肃	27399	133096	1660	47173	133817	942
青海	4626	24675	334	3767	13186	60
宁夏	2688	11827	423	9193	26554	267
新疆	13757	56321	1890	26852	69954	1099

表 18 1981～1986 年全国公安机关立案的刑事案件统计表

项目 \ 年份	1981	1982	1983	1984	1985	1986
1. 立案数(起)	890281	748476	610478	514369	542005	547115
其中： 凶杀	9576	9324	—	9021	10440	11510

（续　表）

项目＼年份	1981	1982	1983	1984	1985	1986
伤　害	21499	20298	—	14526	15586	18364
抢　劫	22266	16518	—	7273	8801	12124
强　奸	30808	35361	—	44630	37712	39121
盗　窃	744374	609481	—	395319	431323	425845
严重盗窃	16873	15462	—	16340	34643	42192
诈　骗	18665	17707	—	13479	13157	14663
伪造货币票证	1649	1763	—	707	491	497
2. 破案率(%)	73.1	77.4	—	76.9	78.8	79.2
3. 每万人发案数	8.9	7.4	6.0	5.0	5.2	5.2

表19　1986年全国治安案件调查处理情况统计表

项　目	发案数(起)	查处数(起)	予以治安处罚的人次
合　计	1115858	1004203	1690602
1. 扰乱公共秩序	68533	67262	105911
2. 流氓滋扰	72099	70369	92177
(1) 调戏侮辱妇女	47885	46391	56685
(2) 流氓奸宿	24214	23978	35492
3. 殴打伤害他人	268306	254715	374315
4. 偷窃财物	360708	276584	351361
5. 诈骗财物	21616	19262	23524
6. 抢夺财物	7760	6915	10537
7. 哄抢财物	4628	4309	14420
8. 毁坏公私财物	14882	13713	19784
9. 赌　博	141148	139708	473505
10. 利用迷信骗取财物	4519	4444	5871
11. 妨害公务	14318	14176	19519
12. 违反危险物品管理	8101	7801	11531
13. 违反户口管理	15976	15842	34310
14. 伪造证件票券	9699	9649	9921
15. 违反枪支刀具管理	2863	2774	3529
16. 妨害公共安全	11099	10829	14439
17. 其　他	89603	85851	125948

表20　1976～1986年全国火灾情况统计表

年　份	火灾次数	死亡人数	受伤人数	损失折款(万元)	每起火灾平均损失(元)
1976	69993	5243	8604	23019.6	3288
1977	66033	5178	7970	28564.0	4325
1978	67119	3815	7318	21691.7	3231
1979	61449	3463	5323	21758.8	3540
1980	54333	3046	3710	17609.3	3240
1981	50034	2643	3480	23130.6	4622
1982	41541	2249	2929	18926.3	4556
1983	37026	2161	2741	20398.0	5509
1984	33618	2085	2690	16086.4	4785
1985	34996	2241	3543	28422.0	8121
1986	38765	2685	4306	32437.8	8368

表21 1986年全国火灾情况按地区分类统计表

地　区	起　数	死　人	伤　人	损失折款（万元）	每10万人火灾发生率（1/10万）	按人口平均损失（元）	每起火灾平均损失（元）
全国总计	38765	2685	4306	32437.8	3.72	0.31	8368
北　京	790	41	69	705.5	8.23	0.73	8930
天　津	444	48	73	240.5	5.48	0.30	5417
河　北	1208	61	137	973.3	2.18	0.18	8057
山　西	627	40	62	716.1	2.38	0.27	11422
内蒙古	537	24	29	364.8	2.67	0.18	6794
辽　宁	1628	98	174	1084.2	4.41	0.29	6660
吉　林	754	44	100	979.6	3.28	0.43	12992
黑龙江	991	71	96	2433.2	2.99	0.73	24553
上　海	660	25	49	789.6	5.40	0.65	11964
江　苏	2978	216	305	1023.4	4.80	0.16	3436
浙　江	2842	180	420	3780.6	7.05	0.94	13303
安　徽	1526	102	136	713.3	2.96	0.14	4674
福　建	847	56	63	1037.6	3.13	0.38	12250
江　西	1062	66	134	1118.4	3.07	0.32	10530
山　东	1238	150	236	846.5	1.61	0.11	6837
河　南	1791	185	364	1364.4	2.32	0.18	7618
湖　北	2148	143	298	1354.6	4.36	0.27	6306
湖　南	1807	118	192	1305.0	3.22	0.23	7222
广　东	1200	139	199	1722.3	1.92	0.28	14353
广　西	1280	103	174	1160.2	3.31	0.30	9064
四　川	5903	290	418	1999.6	5.79	0.20	3388
贵　州	1021	110	136	1148.8	3.44	0.39	11252
云　南	1907	195	139	1013.4	5.59	0.30	5314
西　藏	66	1	6	59.6	3.30	0.30	9027
陕　西	1581	76	157	821.8	5.27	0.27	5198
甘　肃	457	33	43	636.8	2.24	0.31	13935
青　海	245	2	18	126.2	5.98	0.31	5152
宁　夏	189	7	9	92.5	4.61	0.22	4894
新　疆	946	54	68	646.5	6.96	0.47	6834
铁　路	66	—	—	438.3	—	—	66409
交　通	25	7	2	1740.1	—	—	696041
民　航	1	—	—	1.0	—	—	10000
林　业							

表 22　1986 年全国城市交通事故统计表

项　目	次　数			死　人			伤　人			损失折款（元）		
	合计	城区	郊区、县	合计	城区	郊区、县	合计	城区	郊区、县	合计	城区	郊区、县
总　计	106562	60145	46417	12254	5883	6371	65872	36877	28995	84698673	36103258	48595415
其中：特大	704	194	510	431	99	332	2534	640	1894	14633420	4261494	10371926
重大	11999	5686	6313	11068	5366	5702	2805	921	1884	11405588	4322933	7082655
1. 机动车	83029	45687	37342	8933	4321	4612	46192	24525	21667	81729680	34703485	47026195
(1) 汽车	68565	37570	30995	7112	3469	3643	35465	18346	17119	76406901	32129439	44277462
(2) 摩托车	8305	5248	3057	1069	572	497	7015	4332	2683	2537393	1427210	1110183
(3) 拖拉机	5758	2648	3110	673	248	425	3469	1699	1770	2596167	1045185	1550982
2. 非机动车	18056	11261	6795	2309	1113	1196	15174	9566	5608	2428461	1128323	1300138
(1)自行车	16023	9877	6146	2134	1017	1117	13776	8593	5183	1958023	899123	1058900
3. 行人、乘车人	5477	3197	2280	1012	449	563	4506	2786	1720	540532	271450	269082

表 23　1985 年底全国人口分类统计表

单位：人

地区别	总户数（户）	总人口			平均每户人数	性别比（女＝100）
		合计	男	女		
全国总计	241336250	1041084,298	535987251	505097047	4.31	106.12
华北区						
北京市	2741352	9602876	4892366	4710510	3.50	103.86
天津市	2169253	8083991	4116406	3967585	3.73	103.75
河北省	13515477	55475247	28515126	26960121	4.10	105.77
山西省	6316934	26265138	13787523	12477615	4.16	110.50
内蒙古自治区	4616321	20066704	10480821	9585883	4.35	109.34
东北区						
辽宁省	9513478	36862156	18831817	18030339	3.87	104.45
吉林省	5461153	22980085	11773679	11206406	4.21	105.06
黑龙江省	7719003	33114191	16948509	16165682	4.29	104.84
华东区						
上海市	3527186	12166905	6097037	6069868	3.45	100.45
江苏省	16401477	62134822	31682533	30452289	3.79	104.04
浙江省	10812022	40295576	20906936	19388640	3.73	107.83
安徽省	11743854	51557740	26824483	24733257	4.39	108.46
福建省	5722108	27130979	14012401	13118578	4.74	106.81
江西省	6986097	34602399	17898916	16703483	4.95	107.16
山东省	18634698	76947001	39219215	37727786	4.13	103.95
中南区						
河南省	16750137	77128606	39534007	37594599	4.60	105.16
湖北省	11190787	49309689	25400111	23909578	4.41	106.23
湖南省	13350881	56226865	29284878	26941987	4.21	108.70
广东省	13328933	62531126	32181988	30349138	4.69	106.04
广西壮族自治区	7569012	38729467	20052443	18677024	5.12	107.36
西南区						
四川省	24532112	101875304	52662174	49213130	4.15	107.01
贵州省	6141668	29679073	15207301	14471772	4.83	105.03
云南省	6673551	34062139	17276337	16785802	5.10	102.92
西藏自治区	354933	1994808	984136	1010672	5.62	97.37

（续 表）

地区别	总户数（户）	总人口 合计	男	女	平均每户人数	性别比（女＝100）
西北区						
陕西省	6767527	30017153	15655506	14361647	4.44	109.01
甘肃省	4102049	20412905	10570921	9841984	4.98	107.41
青海省	789661	4073768	2084325	1989443	5.16	104.77
宁夏回族自治区	808315	4146215	2137278	2008937	5.13	106.39
新疆维吾尔自治区	3096271	13611370	6968078	6643292	4.40	104.89

注：不包括现役军人。

表24　1985年底全国非农业人口和农业人口分类统计表

地区别	总人口	非农业人口		农业人口	
		人数	占总人口%	人数	占总人口%
全国总计	1041084298	206298380	19.82	834785918	80.18
华北区					
北京市	9602876	5726623	59.63	3876253	40.37
天津市	8083991	4476533	55.38	3607458	44.62
河北省	55475247	7574913	13.65	47900334	86.35
山西省	26265138	5274873	20.08	20990265	79.92
内蒙古自治区	20066704	5720291	28.51	14346413	71.49
东北区					
辽宁省	36862156	15025326	40.76	21836830	59.24
吉林省	22980085	8370051	36.42	14610034	63.58
黑龙江省	33114191	13360952	40.35	19753239	59.65
华东区					
上海市	12166905	8433703	69.32	3733202	30.68
江苏省	62134822	14091589	22.68	48043233	77.32
浙江省	40295576	7315807	18.16	32979769	81.84
安徽省	51557740	7241878	14.05	44315862	85.95
福建省	27130979	4472303	16.48	22658676	83.52
江西省	34602399	6247793	18.06	28354606	81.94
山东省	76947001	10171118	13.22	66775883	86.78
中南区					
河南省	77128606	9013657	11.69	68114949	88.31
湖北省	49309689	10484151	21.26	38825538	78.74
湖南省	56226865	7966955	14.17	48259910	85.83
广东省	62531126	13099308	20.95	49431818	79.05
广西壮族自治区	38729467	4711161	12.16	34018306	87.84
西南区					
四川省	101875304	14832289	14.56	87043015	85.44
贵州省	29679073	3588684	12.09	26090389	87.91
云南省	34062139	3949342	11.59	30112797	88.41
西藏自治区	1994808	257367	12.90	1737441	87.10
西北区					
陕西省	30017153	5397244	17.98	24619909	82.02
甘肃省	20412905	3113911	15.25	17298994	84.75
青海省	4073768	1161376	28.51	2912392	71.49
宁夏回族自治区	4146215	832451	20.08	3313764	79.92
新疆维吾尔自治区	13611370	4386731	32.23	9224639	67.77

注：不包括现役军人。

表25 1985年底全国百万以上人口城市人口统计表

市名	人口	其中：非农业人口	市名	人口	其中：非农业人口
总计	101039743	64358027	齐齐哈尔	1260457	970247
上海	6982978	6871280	盐城	1251436	258436
北京	5863892	5103839	青岛	1251310	1162253
天津	5380939	4202529	杭州	1246739	1017823
沈阳	4201189	3253021	抚顺	1241127	1099882
武汉	3396022	2963511	玉林	1228777	115562
广州	3288325	2569547	潮州	1214450	265446
重庆	2779363	2080314	东莞	1208515	254933
哈尔滨	2625496	2251820	孝感	1204412	134083
成都	2583097	1591399	福州	1189531	784234
西安	2328020	1731708	遂宁	1174874	118488
淄博	2299966	801391	石家庄	1157530	931849
南京	2249770	1918567	新泰	1157258	171381
六盘水	2216476	363533	长沙	1157176	959217
太原	1881781	1390578	吉林	1138154	906120
长春	1864864	1474155	南昌	1115577	909866
大连	1629125	1378022	包头	1097353	904502
枣庄	1590997	292190	濮阳	1086148	130984
郑州	1587244	1003062	淮南	1074648	618883
昆明	1488264	1076937	中山	1059736	238693
济南	1429720	1159508	洛阳	1047357	649920
唐山	1385029	938426	潍坊	1042186	312545
贵阳	1375043	893253	莱芜	1041773	143470
临沂	1365333	189861	乐山	1027307	322550
兰州	1353598	1062962	荆门	1021528	227336
泰安	1325378	215938	宁波	1021057	552304
萍乡	1286706	368674	乌鲁木齐	1002790	935187
随州	1281613	187671	菏泽	1001532	115367
鞍山	1278215	1108654	大同	1000062	704116

表26 1985年底全国城镇人口统计表

项目	个数	人口数	其中：非农业人口
城市总数	324	211872544	118259159
20万以下人口城市	53	7103085	4238949
20万至50万人口城市	129	43116391	22168440
50万至100万人口城市	85	60613325	27493743
100万以上人口城市	57	101039743	64358027
县辖建制镇	7511	166331884	57209978

注：不包括现役军人。

表27 1985～1986年外国人来华旅游人数统计表

国别	1986年		1985年		1986年为1985年的
	人数	占总人数百分比	人数	占总人数百分比	
总计	1482276	100.00	1370462	100.00	108.16%
日本	483507	32.62	470492	34.33	102.77%
美国	291779	19.68	239557	17.48	121.80%
英国	79408	5.36	71352	5.21	111.29%
澳大利亚	73189	4.94	78135	5.70	93.67%
菲律宾	53419	3.60	57868	4.22	92.31%
西德	48213	3.25	43062	3.14	111.96%
加拿大	41027	2.77	35233	2.57	116.44%
法国	40257	2.72	38950	2.84	103.36%

（续 表）

国别	1986 年		1985 年		1986 年为 1985 年的
	人　数	占总人数百分比	人　数	占总人数百分比	
泰　国	39779	2.68	24581	1.79	161.83%
朝　鲜	25406	1.71	22275	1.63	114.06%
苏　联	19200	1.30	17701	1.29	108.47%
意大利	16016	1.08	18787	1.37	85.25%
瑞　士	12811	0.86	12365	0.90	103.61%

表 28　1986 年外国人、华侨、港澳台同胞入境情况统计表

单位：人

类　别	总人数	港口	机场	国境车站	孔道
总计	22819450	1713384	1009549	766769	19329748
外国人	1482276	295345	759934	103466	323536
华侨	68133	11660	12723	17523	26227
港澳台同胞	21269041	1406384	236892	645780	18979985

（表 14～表 28 均为公安部办公厅提供）

表 29　全国各级司法行政机构统计表（截至 1986 年底）

项　目	单位	数　量
各级司法行政机构合计	个	3030
中央、省、自治区、直辖市	个	30
地、市	个	331
县	个	2669

表 30　全国司法行政系统干警人数统计表（截至 1986 年底）

项　目	单位	人　数
司法行政干警	人	432402

表 31　全国司法行政干部培训人数统计表（截至 1986 年底）

项　目	单位	人　数
各级政法管理干部学院（校、干训班）合计	个	58
1. 中央、省、市、自治区政法管理干部院校	个	28
教职工合计	人	4504
其中：教员	人	1687
在校生	人	10235
2. 地、市、州、盟干校（班）	个	30
教职工合计	人	914
其中：教员	人	374
在校生	人	2873
培训公、检、法、司干部合计	人	71206
其中：短训	人	61967
中专	人	2966
大专	人	6273

表 32　全国法学教育基本情况统计表（截至 1986 年底）

项　目	单位	数　量
（一）大学本科、专科		
1. 综合大学法律系	个	36
2. 部属政法院校（本、专科）	个	5
在校生合计	人	10349
毕业生合计	人	2052
招　生合计	人	2782
部属政法院校专任教师合计	人	2018
教　　授	人	18
副　教　授	人	149
讲　　师	人	709
教　　员	人	389
助　　教	人	753
3. 地方短期职业大学、专科学校、民族学院法律系	个	16
（二）中专		
1. 司法学校	个	31
教职工合计	人	2597
其中：教员	人	1005
毕业生合计	人	7609
在校生合计	人	8804
2. 劳动改造工作警察学校	个	29
教职工合计	人	1606
其中：教员	人	976
毕业生合计	人	5588
在校生合计	人	7682

表 33　1986 年全国律师人员、机构统计表

年末全国律师工作人员	专职律师		兼职律师	实习律师	特邀律师	其他工作人员	律师事务所	
	人数	其中：女					应建所（个）	已建所（个）
21546	14500	3306	7046	2727	601	3122	3061	3198

表 34　1986 年全国律师业务情况统计表

项目	常年法律顾问			民事代理			刑事案件			非诉讼事件			涉外法律事务			法律咨询	代写法律文书	举办律师训练班	
	聘请单位	其中个体户	办理经济法律事务	小计	其中：经济案件	帮助避损	小计	其中：法院指定	被告委托	小计	其中：经济纠纷	帮助避损	小计	其中：经济法律事务	帮助避损				
单位	处	处	件	件	件	万元	件	件	件	件	件	万元	件	件	万元	件	件	期	人次
全国	43184	464	22310	162999	68068	204492	136837	9944	127013	41185	27353	57572	4375	2875	7771	1590173	328923	308	14012

表 35　1986 年与 1985 年全国律师主要业务比较表

项目	常年法律顾问		民事代理		刑事辩护		刑事辩护中法院指定		非诉讼案件		解答法律询问		代书		涉外法律事务	
年份	1986	1985	1986	1985	1986	1985	1986	1985	1986	1985	1986	1985	1986	1985	1986	1985
数目	43184	39441	162999	108227	136837	10684	9944	7642	41192	41136	1590173	1635543	328923	316396	4375	4324

表 36　1986 年全国公证工作基本情况统计表

项目	单位	数量
一、公证人员合计	人	12054
其中：公证员	人	6286
助理公证员	人	1308
二、公证机构合计	个	2758
三、公证机构办理公证合计	万件	237.53
其中：国内公证	万件	215.91
其中：经济合同公证	万件	155.35
涉外公证	万件	21.62
四、公证机构接待人民来访	万人次	166.98
五、公证机构处理人民来信	万件	6.67

表 37　1986 年全国经济合同公证分类统计表

项目	单位	数量
经济合同公证合计	件	1553454
工业产品购销	件	14575
建设工程承包	件	37013
加工承揽	件	5529

（续表）

项目	单位	数量
货物运输	件	2565
供用电	件	13376
仓储保管	件	382
财产租赁	件	13724
借款	件	338038
财产保险	件	2367
科技协作	件	7658
商品赊销	件	25653
农业生产承包	件	129719
林业承包	件	99771
畜牧业承包	件	15763
农副业承包	件	55095
渔业承包	件	23580
工副业承包	件	21216
农机具使用承包	件	5086
农副产品购销	件	99083
劳动合同	件	359951
其他	件	283310

表 38　1986 年全国民事法律关系公证分类统计表

项　　目	单　位	数　　量
民事法律关系公证合计	件	600353
收养子女	件	19858
解除收养	件	1616
继承权	件	25875
遗　　嘱	件	11269
房屋买卖	件	82385
房屋租赁	件	24753
房屋搬迁	件	9448
分家析产	件	4486
确认产权	件	47678
亲属关系	件	2927
协议书	件	47149
委托书	件	25991
赠与书	件	12546
声明书	件	6791
证明书	件	26972
签字印鉴	件	1788
副本、影印本与原本相符	件	1376
保全证据	件	296
执行许可证明	件	668
有奖储蓄	件	5956
宅基地使用权	件	190005
其他	件	50520

（续　表）

表 39　1986 年全国人民调解工作基本情况统计表

项　　目	专职司法助理员	人民调解委员会	调解人员	调解民间纠纷	调解内容									
					婚　姻	继　承	赡扶抚养	房屋宅基地	债　务	生产经营	损害赔偿	家　庭	邻　里	其　他
单　　位	人	个	人	件	件	件	件	件	件	件	件	件	件	件
数　　量	42173	957589	6087349	7307049	1223836	262408	404356	1107453	333102	725889	535584	1044849	875576	793996

（表 29～39 均为司法部办公厅提供）

第十九部分

1986年中国法制建设大事记

一 月

3日

◇最高人民法院批复广东省高级人民法院，同意该院与香港最高法院达成的关于相互协助送达民、商事诉讼文书的七点协议。

4日

◇由司法部在京召开的全国司法厅(局)长会议胜利闭幕，这次会议着重讨论了1986年司法行政工作的任务和加强司法行政队伍建设的意见。

4～6日

◇中国法学会在京召开省、自治区、直辖市法学会负责人座谈会。会上交流了1985年工作情况和经验，讨论并安排了1986年法学研究和普及法律常识的工作。

5日

◇根据《人民日报》报道：中国共产主义青年团中央、司法部和中国少年先锋队全国工作委员会联合发出《关于认真贯彻全国人民代表大会常务委员会决议在全国中小学生中普及法律常识的通知》。

6～10日

◇最高人民法院在京召开全国法院干部业余法律大学各分校常务副校长座谈会。

7日

◇由中国人民解放军总参谋部在京举办的普及法律常识骨干培训班开学，总参谋长杨得志在骨干培训班上说："普及法律常识对军队建设将会产生深远影响。"司法部部长邹瑜讲了第一课。

◇国务院发布《中华人民共和国银行管理暂行条例》，自公布之日起施行。

◇国务院发布《中华人民共和国城乡个体工商业户所得税暂行条例》，自1986年度起施行。

7～10日

◇司法部在京召开了"部属政法院校第三批博士、硕士学位授予权单位初审会议"。

8日

◇国务院发布《关于通用航空管理的暂行规定》，自即日起施行。

◇中国婚姻家庭研究会会员代表大会在北京召开。

10～20日

◇第六届全国人民代表大会常务委员会在京举行第十四次会议。会议通过了《中华人民共和国渔业法》、《关于批准长江南京港对外籍船舶开放的决定》。1月13日，最高人民法院院长郑天翔在全体会议上作了"打击严重经济犯罪活动的几个问题的汇报"，最高人民检察院检察长杨易辰在全体会议上作了"关于检察机关打击严重经济犯罪工作情况的报告"。会议还通过了其他报告和事项。

12日

◇国务院发布《节约能源管理暂行条例》，自1986年4月1日起施行。

12～18日

◇司法部在河北省石家庄市召开了"全国劳改劳教工作会议"，研究如何提高劳改劳教工作干警队伍的素质和管教工作质量的问题。

15日

◇国务院发布《关于中外合资经营企业外汇收支平衡问题的规定》，自1986年2月1日起施行。

◇国务院修订《中华人民共和国中外合资经营企业法实施条例》。

16日

◇著名法学家王之相在京逝世。

17日

◇根据新华社报道：全国人民代表大会常务委员会办公厅最近发出关于改进全国人民代表大会代表视察办法的通知，要求将集中统一组织代表视察逐步改为分散的经常的和必要的集中相结合的视察。根据改进后的视察办法，全国人大代表一般在其工作、居住的地、市范围内就地进行经常性的视察活动，了解宪法和法律、国民经济计划、预算和经济、科技、教育体制改革的贯彻执行情况，直接听取人民群众的意见和要求。

19日

◇全国经济合同仲裁委员会第一次主任会议在京结束。会议强调：各地要加强对经济合同的管理，抓紧做好仲裁工作，以利于经济体制改革和两个文明建设的顺利发展。

20日

◇中华人民共和国主席李先念发布第三十四号令，公布《中华人民共和国渔业法》，自1986年7月1日起施行。

23 日

◇国务院发布《地名管理条例》。

25 日

◇据《人民日报》报道：国家税务总局颁布规定，外商从我国获得利息和租赁费减征所得税期限延至1990年。

二 月

16～18 日

◇司法部在京召开全国普及法律常识部分试点单位汇报会。会议强调指出：当前普及法律常识工作要特别注意联系经济建设与经济体制改革的实际，联系端正党风与社会治安综合治理的实际。

16～27 日

◇全国人大常委会法制工作委员会应日本日中法律家交流协会的邀请，由宋汝棼副主任为团长率领法律考察团一行八人赴日本考察。

20、21、27～3 月 7、8、15 日

◇第六届全国人大法律委员会举行第八十五至九十次会议，逐条审议《外资企业法（草案）》、《义务教育法（草案）》及关于这两个法律草案的审议结果的报告。会议还审议了《关于矿产资源法（草案）几点修改意见的说明》，并听取了全国人大常委会法工委关于《民法通则（草案）》的汇报。

21～3 月 1 日

◇应泰国大理院院长平育·提拉尼滴的邀请，最高人民法院院长郑天翔等一行八人赴泰国进行了访问。

21～3 月 4 日

◇中央政法委员会在京举行全国政法工作会议。会议由中共中央政治局委员、书记处书记、中央政法委员会书记乔石主持，彭真、万里、胡乔木到会讲了话。会议认真讨论了邓小平关于“一手抓建设，一手抓法制”的指示，研究和部署了1986年的政法工作，强调要进一步加强民主与法制建设，严厉打击严重刑事犯罪和经济犯罪活动，实现社会治安的稳定好转。

24 日

◇庆祝钱端升教授执教六十周年茶话会在京举行。

◇司法部在京召开人民调解工作专题讨论会。

25 日

◇中华人民共和国香港特别行政区基本法咨询委员会召开执行委员会特别会议。

28 日

◇全国政协副主席杨成武视察了北京市第一监狱，并代表全国政协等单位向监狱赠送了一批文史书籍。杨成武鼓励服刑人员积极改造，树立正确的人生观，作有理想、有道德、有文化、有纪律的人。

三 月

1 日

◇香港特别行政区基本法咨询委员会在香港举行全体委员第一次会议。

2～12 日

◇最高人民检察院在京召开省、自治区、直辖市检察院检察长和专门检察院检察长会议。会议要求，把工作重点放到打击经济犯罪上来，集中力量查处大案要案，注意搞实搞准。并积极做好综合治理的其他工作，预防和减少犯罪。

3 日

◇中国法学会在京召开董必武法学思想学术讨论会，纪念董老诞辰一百周年。

5 日

◇董必武、林伯渠诞辰一百周年纪念会在京举行，薄一波主持纪念会，彭真、王震在会上讲话，盛赞两位老革命家的光辉业绩和崇高思想。

5～8 日

◇公安部在京召开全国公安厅局长会议。会议要求各地公安机关充分发挥公安机关作为人民民主专政工具的作用，继续严厉打击严重刑事犯罪活动和严重经济犯罪活动，参与搞好社会治安综合治理，进一步加强基层基础工作和各项业务建设，严格治安管理，努力实现三十万以上人口的城市治安稳定好转，并使全国城乡治安秩序逐步走向正常，为社会主义物质文明和精神文明建设服务。

5～6 日

◇司法部在京召开全国司法厅（局）长会议。会议进一步讨论了1986年司法行政部门的任务和加强司法行政队伍建设的意见，要求各地司法行政部门继续坚持改革方向，发扬开拓精神，着重抓好在公民中基本普及法律常识的工作，提高司法行政队伍的素质和司法行政工作的质量。更好地为经济改革、开放、搞活服务，为两个文明建设服务，促进社会治安的稳定好转，保障四化建设的顺利进行。同时，还举行了司法部咨询委员会成立大会。会议通过了《司法部咨询委员会工作简章》，成立了司法部咨询委员会。

5～6 日

◇民政部在京召开全国民政厅、局长座谈会。民政部部长崔乃夫在会议上提出，我国民政工作要向社会保障方向发展。

10～14日

◇应最高人民法院的邀请，法国行政法院副院长皮埃尔·尼古拉依一行来华访问。

11～19日

◇第六届全国人民代表大会常务委员会举行第十五次会议。会议通过了《中华人民共和国矿产资源法》，会议还审议了民法通则草案、义务教育法草案和外资企业法草案，并决定将这三个法律草案提请第六届全国人大第四次会议审议。会议通过了批准中华人民共和国和朝鲜民主主义人民共和国领事条约的决定，通过了六个对外双边友好小组成员名单和其他任免事项。

15日

◇经国务院批准，国家环境保护局发布《对外经济开放地区环境管理暂行规定》，自发布之日起施行。

15～20日

◇中国法学会婚姻法学研究会首届年会在厦门大学举行。

15日

◇经国务院批准，民政部发布了新《婚姻登记办法》，自发布之日起施行，1980年11月11日发布的《婚姻登记办法》同时废止。

19日

◇中华人民共和国主席李先念发布第三十六号令，公布《中华人民共和国矿产资源法》。

24～4月3日

◇应中华人民共和国最高人民检察院的邀请，以朝鲜民主主义人民共和国中央检察所韩相奎为团长的检察代表团一行五人，访问我国。

25～4月12日

◇第六届全国人民代表大会第四次会议在京举行。大会通过了决议：批准赵紫阳总理代表国务院所作的关于第七个五年计划的报告，原则批准国务院制定的这个五年计划。会议通过了《中华人民共和国民法通则》、《中华人民共和国义务教育法》和《中华人民共和国外资企业法》。会议还通过了决议：批准陈丕显副委员长代表全国人民代表大会常务委员会所作关于全国人民代表大会常务委员会的工作报告、郑天翔院长所作关于最高人民法院的工作报告和杨易辰检察长所作关于最高人民检察院的工作报告。

25日

◇经国务院批准，海关总署发布《中华人民共和国海关总署对进出经济特区的货物、运输工具、行李物品和邮递物品的管理规定》，自1986年4月1日起施行。

26日

◇国家环境保护委员会、国家计划委员会、国家经济委员会颁布《建设项目环境保护管理办法》，自公布之日起施行。

28日

◇中共中央顾问委员会常委王首道、黄镇和三十名委员视察了北京市第一监狱，并向监狱和犯人赠送了一批书籍。

30～4月2日

◇司法部、中国法学会与法兰西共和国巴黎律师公会在北京联合召开"中法经济法讨论会。"国务院国务委员张劲夫出席讨论会并接见了法方全体代表。

31日

◇国家工商行政管理局发布《经济联合组织登记管理暂行办法》。

四　月

4日

◇中共中央政治局委员、中央政法委员会书记乔石会见坦桑尼亚联合共和国内政部长哈·拉·穆罕默德一行，公安部部长阮崇武参加了会见。

◇第六届全国人民代表大会第四次会议副秘书长、新闻发言人曾涛举行第三次中外记者招待会。请全国人民代表大会常务委员会法制工作委员会副主任顾昂然、杨景宇介绍我国法制建设的情况，并回答了记者们的提问。顾昂然、杨景宇指出：从1979年至今，除现行宪法外，全国人民代表大会和它的常务委员会已经制定了四十七个法律、十九个关于修改、补充法律的决定，二十九个有关法律问题的决定。现在，我国已有一批基本法律、一批重要的经济法和行政法，宪法和这些法律为健全社会主义法制奠定了基础。

5日

◇全国人民代表大会常务委员会委员长彭真同出席第六届全国人民代表大会第四次会议的北京代表团一起审议法律草案时指出：建设有中国特色的社会主义，需要有中国特色的社会主义法制作保证。党领导人民制定宪法和法律，党又领导人民遵守、执行宪法和法律，党自己也必须在宪法和法律的范围内活动。在中国，如果不是这样，就谈不上社会主义民主与法制。

◇国务院发布《工业产品质量责任条例》，自1986年7月1日起施行。

6日

◇国务院发布《民用机场管理暂行规定》，自发布之日起施行。

7日

◇公安部新闻发言人宣布：中华人民共和国有七十一个口岸准许外籍人员入境出境。

◇国际法律组织——"通过法律维护世界和平中心"代表团访问我国，团长为该中心执行局局长玛格丽特·汉内白莉。最高人民法院副院长任建新（该中心执行委员会成员兼亚洲地区主席）同代表团举行了会谈。

12日

◇中华人民共和国主席李先念发布第三十七号令，公布《中华人民共和国民法通则》，自1987年1月1日起施行。

◇中华人民共和国主席李先念发布第三十八号令，公布《中华人民共和国义务教育法》，自1986年7月1日起施行。

◇中华人民共和国主席李先念发布第三十九号令，公布《中华人民共和国外资企业法》，自公布之日起施行。

14日

◇据《人民日报》报道：财政部新近作出《关于对科学技术研究机构收入征税的暂行规定》，从1986年4月1日起施行。

15～16日

◇我国刑警组织代表团参加了国际刑警组织第八次亚洲地区会议。

16～30日

◇应德意志联邦共和国联邦议院议长耶宁格尔的邀请，由全国人大常委会法制工作委员会项淳一副主任为团长的法律考察团，赴德意志联邦共和国考察。

17～5月4日

◇应委内瑞拉共和国最高法院和秘鲁共和国最高法院的邀请，最高人民法院副院长任建新代表郑天翔院长率代表团一行五人赴委内瑞拉共和国和秘鲁共和国进行友好访问。

18～22日

◇香港特别行政区基本法起草委员会第二次全体会议在京举行，通过了香港特别行政区基本法结构（草案）、香港特别行政区基本法起草委员会工作规则和关于设立香港特别行政区基本法起草委员会专题小组的决定。

21日

◇国务院发布《中华人民共和国税收征收管理暂行条例》，自1986年7月1日起执行。

22～5月4日

◇全国人大常委会法制工作委员会接待了由日本律师联合会副会长阿部三郎率领的日本中国经济法实务研究会考察团。彭冲副委员长会见了考察团全体成员。

23～29日

◇应日本国法务省的邀请，以最高人民检察院副检察长冯锦汶为团长的中国检察代表团一行八人，访问了日本国。

24日

◇司法部部长邹瑜邀请国家计划委员会、国家经济委员会、财政部、对外经济贸易部等十九个部、委的负责人，举行了座谈会，研究如何进一步联系实际，使普及法律常识的工作发挥促进和保障经济体制改革与经济建设的重大作用。

五　月

5～13日

◇应中国法学会会长王仲方邀请，加拿大律师协会主席罗伯特·韦尔斯偕夫人，访问我国。

10日

◇经国务院批准，林业部发布《中华人民共和国森林法实施细则》，自公布之日起实行。

12日

◇中华人民共和国居民身份证开始在北京颁发。

12～16日

◇中华人民共和国代表团和法兰西共和国代表团在北京举行双方缔结司法协助协定的第一轮谈判，并商定下轮谈判将于近期内在法国巴黎市举行。

16日

◇最高人民法院发出《关于认真学习、宣传和贯彻执行民法通则的通知》。

19～21日

◇中国人民武装警察部队在福建省龙岩市召开警民共建法制文明城市经验交流现场会。中共中央书记处书记、全国人民代表大会常务委员会副委员长陈丕显代表党中央、国务院到会祝贺并讲了话。

20日

◇中共中央政治局委员、国务院副总理乔石会见武警部队英模汇报团成员。

21～25日

◇中国法学会在京举行第二次会员代表会。

22～30日

◇最高人民检察院在北京召开全国刑事检察工作会议。

26～6月1日

◇中国法学会和美国圣地亚哥大学法学院在美联合召开青少年犯罪问题双边讨论会。

30日

◇中英土地委员会在香港举行第九次会议，就香港的新土地契约的形式和内容达成协议，会议发表了新闻公报。

六 月

2～5日

◇国务院经济法规研究中心在京召开中美贸易、投资和法律讨论会。5日国务院总理赵紫阳会见与会的美国经济法律代表团。赵总理强调指出："中国对发展中美经济合作的态度是积极的，中国重合同守信用，外国投资者在中国的权益会受到保护。"

2～10日

◇最高人民检察院在岳阳召开座谈会，讨论办理玩忽职守案件问题。

3～14日

◇应我国最高人民法院的邀请，泰国大理院副院长素旺·空瓦里率领的由十一人组成的泰国大理院代表团访问我国。

4日

◇国务院发布修订的《合理化建议和技术改进奖励条例》。

5、6、7、9、10、12、21日

◇第六届全国人大法律委员会举行第96至102次会议，审议《土地管理法(草案)》、《治安管理处罚条例(修改草案)》及这两个法律草案审议结果的报告、关于《土地管理法(草案)(修改稿)修改意见的说明》。

5日

◇国务委员兼国务院港澳办公室主任姬鹏飞，会见以香港大学植物系教授徐是雄为团长的香港基本法咨询委员会第一批交流参观团。

7～10日

◇中美上海国际经济贸易讨论会在上海举行。

9～14日

◇公安部在天津市召开全国公安基层政治工作会议。

12～20日

◇应最高人民法院的邀请，秘鲁共和国农业最高法院大法官拉莫斯访问我国。

16日

◇全国政协副主席康克清、北京市政协副主席甘英视察了北京市天堂河劳动教养所，并向劳教人员赠书。康克清希望劳教人员改正罪错，洗刷灵魂，争取早日成为社会的有用之材。

16～25日

◇第六届全国人民代表大会常务委员会举行第十六次会议。会议通过了《中华人民共和国土地管理法》。会议还继续审议了治安管理处罚条例的修改草案，初步审议了国务院提出的企业破产法草案和外交特权与豁免条例草案。会议还通过了其它事项。

24～30日

◇最高人民检察院在京召开全国检察档案工作会议。

25～29日

◇最高人民法院在长春市召开全国法院落实政策工作座谈会。

25日

◇中华人民共和国主席李先念发布第四十一号令，公布《中华人民共和国土地管理法》，自1987年1月1日起施行。

25～7月8日

◇应司法部邀请，由波兰司法部中央监狱管理局局长斯·雅布罗诺夫斯基率领的司法代表团一行五人，访问我国。

27日

◇全国人大常委会在京召开各省、自治区、直辖市人大常委会负责人座谈会。彭真委员长在讲话中再次强调民主和法制建设的重要性，指出发展社会主义民主、健全社会主义法制，是根本性、全局性的问题，不仅是人大常委会的事情，而且是全党的事情，整个国家，整个民族的事情，关系到子孙后代，是党和国家的百年大计、千年大计。

27～7月10日

◇全国人大常委会法制工作委员会应德意志民主共和国人民议院主席辛德曼的邀请，由宋汝棼副主任为团长的法律考察团赴德意志民主共和国进行考察。

30日

◇司法部与中共中央宣传部、中央直属机关党委、国家机关党委联合举办的"第一期中央、国家机关司局长法律知识学习班"在京举行开学典礼。中共中央书记处书记、全国人民代表大会常务委员会副委员长陈丕显出席并作了《改变干部知识结构学会依法管理各种事业》的讲话。

七 月

1日

◇财政部发出《关于公布废止、失效法规目录的通知》，宣布建国以来先后制定的2091件财政法规停止执行。

3～6日

◇国际刑警组织执行委员会通过关于重申第五十三届年会按照中国申请书的全部内容接受中国为该组织的成员国的决议，要求该组织秘书长与会员国执行这一决议。执行委员会委员朱恩涛代表中国在发言中指出：台湾可作为中国的一个地区参加该组织的活动。

3日

◇中共中央书记处为中央领导干部举办的法律知识讲座开课。

◇国务院发布《中华人民共和国注册会计师条例》，自1986年10月1日起施行。

4～5日

◇全国人大华侨委员会在天津召开华侨立法工作座谈会。

5～7日

◇中华全国律师协会在京举行成立大会。

5～11日

◇最高人民法院在京召开全国法院审理大案要案工作会议。

8日

◇德意志民主共和国人民议会主席辛德曼在柏林会见了由我国全国人民代表大会法律委员会副主任委员宋汝棼率领的中华人民共和国全国人民代表大会常务委员会法律考察团。

8～12日

◇司法部在京召开全国律师工作会议。

10～13日

◇司法部在京召开全国司法行政干警培训工作会议。会议要求各地用五年时间基本上把全国司法行政干警轮训一遍，以提高司法行政干警的政治、业务素质。

12～13日

◇中华全国法制新闻工作者协会在京举行成立大会。

13日

◇司法部在京召开全国司法厅(局)长会议。会议检查了上半年的工作进展，并研究了为我国劳动制度改革提供法律服务，保障这一改革顺利进行的措施和意见。

15日

◇国务院副总理乔石会见奥地利共和国联邦内政部部长卡尔·布勒夏一行，公安部部长阮崇武同布勒夏举行了会谈。

15～26日

◇应司法部邀请，由泰国司法部次长差瓦·朱帕尼率领的泰国司法部代表团一行十人，来我国访问。

20～30日

◇应英国政府外交及联邦事务部以女王政府的名义邀请，以中国法学会会长王仲方为团长的中国法学教育家代表团一行七人，访问了英国。

22日

◇司法部部长邹瑜邀请在北京的部分法学界、经济界人士座谈如何运用法律手段管理经济的问题。国家计委、中国社会科学院等十一个单位的专家、学者，结合本部门、本系统的实际，对运用法律手段管理经济提出了一些建设性的意见。

26～8月26日

◇最高人民法院在京举办全国法院系统《民法通则》培训班，来自全国各级法院的学员二百五十余人参加学习。

八　月

2日

◇司法部部长邹瑜在北京会见并宴请芬兰司法部部长得克萨尔及其随行人员，向他们介绍了我国法制建设概况。

2～6日

◇中国法学会刑法学研究会和北京市法学会刑法学研究会在京联合召开经济体制改革与打击经济犯罪学术讨论会。

6～10日

◇中国法学会民法学经济法学研究会在银川市召开1986年学术年会。

11～15日

◇中国法律史学会在合肥市召开第二届年会。

13～17日

◇司法部在兰州市召开公证制度理论研讨会。

18～22日及9月1日

◇第六届全国人大法律委员会举行第104至109次会议，审议《外交特权与豁免条例(草案)》、《企业破产法(草案)》及关于对这两个法律草案的审议结果的报告、关于对这两个法律草案修改稿的修改意见的说明和关于治安管理处罚条例(修改稿)几点修改意见的说明。

19～23日

◇司法部在山东省烟台市召开首届部属政法院校学术讨论会。

20日

◇最高人民法院院长郑天翔会见并宴请了以泰国律师院院长堪暖为团长的泰国律师院律师工作访华团一行四十人。

23日

◇全国人大华侨委员会在京召开第二次华侨立法工作座谈会。

23～26日

◇全国人大教科文卫委员会在乌鲁木齐召开西北五省、区人大教科文卫委员会工作座谈会。

27～9月5日

◇第六届全国人民代表大会常务委员会举行第十七次会议。会议通过了《中华人民共和国治安管理处罚条例》、《中华人民共和国外交特权与豁免条例》。会议还通过了《全国人民代表大会常务委员会关于县、乡两级人民代表大会代表选举时间的决定》。

会议还通过了批准《中华人民共和国和匈牙利人民共和国领事条约》的决定和批准《中华人民共和国和德意志民主共和国领事条约》的决定。会议还通过了任免事项。

28日

◇中共中央书记处为中央领导干部举办了第二次法律知识讲座。中央、国家机关各部委和北京市市委的主要负责人参加听课。

九　月

6～10月3日

◇全国人大常委会法制工作委员会、国务院法制局共同举办第二期立法工作干部培训班。参加培训班的学员共154人。在开学典礼上，彭冲副委员长作了重要讲话。10月24日彭真委员长、陈丕显、彭冲副委员长接见了全体学员。

5日

◇中华人民共和国主席李先念发出第四十三号令：公布《中华人民共和国治安管理处罚条例》，自1987年1月1日起执行。

◇中华人民共和国主席李先念发出第四十四号令：公布《中华人民共和国外交特权与豁免条例》，自公布之日起施行。

9日

◇国务院公布《国营企业实行劳动合作制暂行规定》、《国营企业招用工人暂行规定》和《国营企业职工待业保险暂行规定》，均自10月1日起施行。

10日～11月初

◇第十七次全国人大常委会会议结束后，彭真委员长、陈丕显副委员长和部分常委委员以及法律委员会委员分别在北京、天津、武汉、山西等地就企业破产法问题进行调查。

10日

◇最高人民法院副院长任建新代表院长郑天翔会见并宴请联合国国际法院院长辛格夫妇(印度籍)。同时会见并宴请国际法院法官姆巴依夫妇(塞内加尔籍)。国际法院法官倪征日奥夫妇等参加会见。

13日

◇公安部向各省、自治区、直辖市公安厅局发出《关于县级以上公安机关设立委托诉讼代理人的通知》。通知要求县级以上公安机关都要设立法定代表人委托诉讼代理人，以具体负责行政应诉事务。

14日

◇据《人民日报》报道：陕西、甘肃、青海三省和内蒙古、新疆、宁夏三自治区的人民代表大会常务委员会负责人九月上旬在乌鲁木齐集会，着重交流制定地方性法规、自治条例和单行条例的经验。

14～19日

◇国际律师协会第二十一届年会在美国纽约举行，中华全国律师协会派观察员出席了会议。

15日

◇国务院发布《中华人民共和国房产税暂行条例》，自1986年10月1日起施行。

◇国务院发布《中华人民共和国车船使用税暂行条例》，自1986年10月1日起施行。

◇中共中央、国务院颁发了《全民所有制工业企业厂长工作条例》、《中国共产党全民所有制工业企业基层组织工作条例》和《全民所有制工业企业职工代表大会条例》。要求正在进行企业领导体制改革试点的全民所有制工业企业，从1986年10月1日起施行。

21～27日

◇第十八届国际拉丁公证联盟大会在加拿大蒙特利尔举行。我国司法部向大会发了贺词，并派公证代表团以观察员的身份出席。

24～28日

◇司法部和山东省司法厅在泰安市联合召开提高劳改、劳教工作质量理论研讨会。

25日

◇第二次全国企业法律顾问经验交流会在上海结束。

◇国务院发布《中华人民共和国个人收入调节税暂行条例》，自1987年1月1日起施行。

26～29日

◇全国人民代表大会常务委员会20多位委员赴北京市四家企业进行调查，并听取了北京市有关主管部门对企业破产法草案的意见。

26～10月6日

◇应最高人民法院的邀请，毛里求斯首席大法官莫兰夫妇访问我国。

28日

◇中共中央召开十二届六中全会，通过了《关于社会主义精神文明建设指导方针的决议》。决议强调了加强社会主义民主、法制、纪律的教育，指出“近来中央着重提出政治体制改革，就是要在坚持党的领导和人民民主专政的基础上，改革和完善党和国家的领导制度，进一步扩大社会主义民主，健全社会主义法制，以适应社会主义现代化建设的需要。”

29日

◇据《人民日报》报道：国务院清理出应予废止的农林法规二十七件，已明令废止，另清理出自行失效法规七十六件。

十　月

2日

◇国际刑警组织中国中心局负责人刘文赴贝尔格莱德参加国际刑警组织第五十五届年会，国际刑警组织中国执行委员朱恩涛赴贝尔格莱德参加国际刑警组织第八十四届执行委员会会议。

7～11日

◇最高人民检察院在京召开全国检察宣传工作会议。

7日

◇国务院发出《关于改革道路交通管理体制的通知》，决定全国城乡道路交通由公安机关负责统一管理。

9～11月2日

◇应波兰人民共和国司法部、瑞典王国司法部和德意志联邦共和国司法部的邀请，由司法部部长邹瑜率领的中国司法代表团一行六人，访问了波兰人民共和国、瑞典王国和德意志联邦共和国。

9～14日

◇国家教委在苏州召开《中国社会主义法制建设的理论与实践学术研讨会》。

10日

◇公安部发布《关于严禁私自生产、销售、使用警械、警车、警灯、警用警报器和警服的通告》。

11日

◇国务院发布《关于鼓励外商投资的规定》，自公布之日起施行。

15日

◇国际刑警组织执行委员会中国执行委员朱恩涛率代表团赴曼谷参加国际刑警组织亚太地区工作会议。

20日

◇为提高中央机关干部法律知识水平，由中共中央宣传部、司法部、中共中央直属机关党委、中央国家机关党委共同举办的中央机关经济法系列讲座，在北京开课。

20～27日

◇最高人民检察院在京召开全国法纪检察工作会议。

25～11月1日

◇根据彭真委员长的建议，全国人大法律委员会、财经委员会联合召开国营企业破产法座谈会。会议由彭冲副委员长主持。

28～11月6日

◇应中华人民共和国司法部的邀请，由新加坡共和国总检察长陈文德率领的新加坡法律代表团一行十人，访问我国。

31～11月4日

◇最高人民检察院在北京召开全国检察机关控告申诉检察工作会议。

十一月

1～3日

◇司法部在昆明召开外商投资企业外资贷款法律事务研讨会。

5、6、7、8、12、25日

◇第六届全国人大法律委员会举行第110至116次会议，审议《国境卫生检疫法(草案)》、《邮政法(草案)》及关于对这两个法律草案的审议报告，关于这两个法律草案修改稿的几点修改意见的说明和关于企业破产法(草案)(修改稿)几点修改意见的说明。会议还听取了全国人大常委法工委关于修改《全国人民代表大会和地方各级人民代表大会选举法》、修改《地方各级人民代表大会和地方各级人民政府组织法》的汇报。

7日

◇据《人民日报》报道：经国务院批准，法制建设试点工作将在广州、重庆、西安、武汉、大连、沈阳、哈尔滨七个经济体制改革的综合试点城市展开。

8～15日

◇中国法学会劳改法学研究会学术年会在北京举行。

11～15日

◇中国法学会法学基础理论研究会学术年会在重庆市举行。

14～18日

◇司法部和上海市司法局在上海市联合召开律师担任企业法律顾问理论研讨会。

15～21日

◇中国法学会诉讼法学研究会学术年会在广州举行。

16～12月2日

◇第六届全国人民代表大会常

务委员会举行第十八次会议。会议通过了《中华人民共和国企业破产法(试行)，将在全民所有制工业企业法实施满三个月之日起试行。会议通过了《中华人民共和国国境卫生检疫法》，自1987年5月1日起施行，1957年12月23日公布的《中华人民共和国国境卫生检疫条例》同时废止。会议通过了《中华人民共和国邮政法》，自1987年1月1日起施行。会议通过了关于修改《中华人民共和国全国人民代表大会和地方各级人民代表大会选举法》的决定和关于修改《中华人民共和国地方各级人民代表大会和地方各级人民政府组织法》的决定。修改后的这两个法将重新公布。会议通过了关于设立中华人民共和国监察部的决定。会议还通过了批准《中华人民共和国和意大利共和国领事条约》的决定、《中华人民共和国和蒙古人民共和国领事条约》的决定、《中华人民共和国和苏维埃社会主义共和国联盟领事条约》的决定；通过了关于我国加入《承认和执行外国仲裁裁决公约》的决定。

会议还通过了其他事项。

18日

◇最高人民法院副院长任建新同"通过法律维护世界和平中心"的主席查尔斯·赖恩，就加强中国司法界和这个中心的合作问题举行了会谈。

20～28日

◇应司法部的邀请，由德意志民主共和国国务秘书赫伯特·凯恩博士率领的德意志民主共和国司法代表团一行五人来华访问。中共中央政治局委员、书记处书记、国务院副总理乔石接见了凯恩一行。司法部部长邹瑜会见并宴请了代表团全体成员，司法部副部长蔡诚同凯恩举行了会谈。

22日

◇亚洲与西太平洋法律协会理事会会议决定接纳中国法学会为该协会会员，并决定台湾两个法律组织可使用中国台湾名称，作为中国地方法律组织继续留在这个协会。

24～29日

◇中国国际法学会学术年会在上海市举行。

25日

◇在第六届全国人民代表大会常务委员会第十八次会议的联组会上，全国人民代表大会常务委员会委员长彭真，就理想、民主和法制三个问题，发表了重要讲话。

26日

◇据新华社报道，劳动人事部已颁发了《关于外商投资企业用人自主权和职工工资、保险福利费用的规定》。

27日

◇中英两国政府就香港身份证明书使用安排互换备忘录，根据备忘录，中国政府允许身份证明书在1997年6月30日以后可继续使用，直至期满为止。

◇据《人民日报》报道：人民解放军在健全和完善各项军事法规的同时，进一步建立、健全了各级司法机构。目前，各军种、各大军区都设立了军事法院和军事检察院，并设立了一些基层司法机构。法律顾问和律师机构也已在军内出现。

28日

◇经国务院批准，公安部公布《中华人民共和国居民身份证条例实施细则》，自公布之日起施行。

29～12月10日

◇应中华人民共和国最高人民检察院检察长杨易辰的邀请，以秘鲁共和国全国检察长塞萨尔·埃莱尔德·埃斯滕索罗博士为团长的秘鲁国家检察代表团，访问我国。彭冲、郑天翔等分别会见了他们。

29～12月2日

◇香港特别行政区基本法起草委员会第三次全体会议在京举行，通过了会议公报，决定1987年4月召开第四次全体会议。香港基本法起草委员会主任、国务院国务委员兼港澳办公室主任姬鹏飞在闭幕词中说："我相信通过充分的讨论和共同的努力，一定能够制订出一部大家满意的、能为各方所接受的基本法来。"

30日

◇据新华社报道：我国政府决定，再增加192个市、县为对外国人开放地区，在此以前，我国已有244个市、县对外国人开放，至此，我国对外国人开放地区已达436个。

十二月

2日

◇中华人民共和国主席李先念发布第四十六号令，公布《中华人民共和国国境卫生检疫法》，自1987年5月1日起施行。

◇中华人民共和国主席李先念发布第四十七号令，公布《中华人民共和国邮政法》，自1987年1月1日起施行。

◇中华人民共和国主席李先念发布第四十八号令，公布《全国人民代表大会常务委员会关于修改〈中华人民共和国全国人民代表大会和地方各级人民代表大会选举法〉的决定》。

◇中华人民共和国主席李先念发布第四十九号令，公布《全国人民代表大会常务委员会关于修改〈中华人民共和国地方各级人民代表大会和地方各级人民政府组织法〉的决定》。

◇第六届全国人民代表大会常务委员会第十八次会议通过《关于

我国加入〈承认及执行外国仲裁裁决公约〉的决定》，并在决定中声明：(一)中华人民共和国只在互惠的基础上对在另一缔约国领土内作出的仲裁裁决的承认和执行适用该公约。(二)中华人民共和国只对根据中华人民共和国法律认定为属于契约性和非契约性商事法律关系所引起的争议适用该公约。

2～5日

◇中国法学会行政法学研究会在重庆市举行学术年会。

6～11日

◇公安部在京召开全国首次公安宣传工作会议。

10～16日

◇司法部与中国法学会在京联合召开全国首届人民调解理论讨论会。

10～15日

◇中国法学会宪法学研究会召开1986年学术年会。

13～17日

◇由司法部在北京召开全国政法管理干部院校工作座谈会。

14～21日

◇全国人民代表大会常务委员会法制工作委员会和海关总署共同组织调查组，先后赴广州、深圳、珠海召开座谈会，征求各有关方面对《海关法(草案)》和《关于惩治走私罪的补充规定》的意见和建议，并征求了新华社香港分社的干部对我海关管理工作的意见。

15～19日

◇司法部在福州市召开"司法外事工作座谈会"。

16～18日

◇中国法医学会和福建省建阳县人民政府在建阳县共同组织纪念活动并举行学术讨论会，纪念我国古代法医学家、《洗冤集录》的作者宋慈诞辰800周年。

18～22日

◇全国环境法体系学术讨论会在武汉市举行。

20日

◇公安部发布了《关于没收处理违反治安管理所得财物和使用工具的暂行规定》。

◇公安部公布《关于治安管理处罚中担保人和保证金的暂行规定》。

20～26日

◇司法部和中共中央宣传部在京联合召开第二次全国法制宣传教育工作会议。

22～23日

◇公安部公共安全研究所邀请北京地区十七位专家学者就如何开展犯罪预测研究进行了座谈。

22～26日

◇全国人大常委会法制工作委员会和国务院法制局联合召开全民所有制工业企业法座谈会，参加会议的有全国人民代表大会常务委员会、全国人民代表大会法律委员会21人，国务院和中央其他有关部门9人，北京、上海、天津、沈阳、重庆、武汉、广州、常州等八个市的有关部门和基层企业43人。彭真委员长、彭冲副委员长、王汉斌秘书长到会讲了话。

25日

◇经国务院批准，公安部公布《中国公民因私事往来香港地区或者澳门地区的暂行管理办法》，自公布之日起施行。

26日

◇经国务院批准，公安部、外交部、交通部公布《中华人民共和国公民出境入境管理办法实施细则》，自公布之日起施行。

◇北京市第八届人民代表大会常务委员会第三十三次会议通过了《北京市关于游行示威的暂行规定》，自公布之日起施行。

26～30日

◇司法部和中华全国律师协会在京召开"横向经济联合中律师实务暨法律问题讨论会。"

◇经国务院批准，公安部、外交部，公布《中华人民共和国外国人入境出境管理法实施细则》，自公布之日起施行。

27～29日

◇司法部在京召开全国司法厅(局)长会议和司法部咨询委员会会议。司法部副部长蔡诚代表司法部党组作了题为《团结奋进深入扎实地把司法行政工作推向前进》的工作报告。报告中提出1987年司法行政工作的重点是一个深入普及(向全体公民基本普及法律常识)两个努力加强(加强基层基础工作，加强司法行政部门法制建设)三个进一步提高(提高队伍素质，提高工作质量，提高工作效率)。

28日

◇《人民日报》刊登了全国人民代表大会常务委员会秘书长、法制工作委员会主任王汉斌就县、乡两级人民代表换届选举问题答新华社记者问。

30日

◇据新华社讯：国务院最近发布了《中华人民共和国内河交通安全管理条例》，自1987年1月1日起施行。

31日

◇《人民日报》刊登了国家语言文字工作委员会、国家出版局、国家标准局、国家计量局、国务院办公厅秘书局、中央宣传部新闻局和中央宣传部出版局的联合通知，公布《关于出版物上数字用法的试行规定》。自1987年2月1日起试行。

附　　录

中央政法各部门负责人名单

（截止日期：1986年12月31日）

中共中央政法委员会

书　　记：乔　石
副 书 记：刘复之　陈伟达
委　　员：郑天翔　杨易辰　崔乃夫　邹　瑜
　　　　　阮崇武　贾春旺　周文元
秘 书 长：顾林昉
副秘书长：奈孟孝

全国人民代表大会法律委员会

主任委员：彭　冲
副主任委员：张友渔　沈　鸿　雷洁琼(女)
　　　　　　钱端升　宋汝棼　项淳一

全国人民代表大会常务委员会法制工作委员会

主　任：王汉斌
副主任：宋汝棼　项淳一　裘劭恒　顾昂然
　　　　高西江　杨景宇　邬福肇

最高人民法院

院　长：郑天翔
副院长：任建新　林　准　祝铭山　马　原
顾　问：曾汉周

最高人民检察院

检 察 长：杨易辰
副检察长：王晓光　张思卿　冯锦汶　梁国庆

公　安　部

部　长：阮崇武
副部长：陶驷驹　俞　雷　胡之光
顾　问：解　衡

国家安全部

部　长：贾春旺

司　法　部

部　长：邹　瑜
副部长：蔡　诚　顾启良　鲁　坚

民　政　部

部　长：崔乃夫
副部长：张德江　邹恩同

国务院法制局

副局长：王世荣　黄曙海　李培传

中华人民共和国香港特别行政区基本法起草委员会名单

主任委员：姬鹏飞
副主任委员：安子介　包玉刚　许家屯　费彝民
　　　　　　胡　绳　费孝通　王汉斌　李国宝
委　　员(按姓名笔划排列)
　　马　临　王汉斌　王叔文　王铁崖
　　毛钧年　包玉刚　邝广杰　司徒华

邬维庸　刘皇发　安子介　许家屯
许崇德　芮　沐　李　后　李国宝
李柱铭　李裕民　李福善　李嘉诚
肖蔚云　吴大琨　吴建璠　张友渔
陈　欣(女)　陈　楚　邵天任
林亨元　周　南　郑正训　郑伟荣
项淳一　荣毅仁　胡　绳　柯在铄
查良镛　查济民　费孝通　费彝民
勇龙桂　莫应溎　贾　石　钱伟长
钱昌照　郭棣活　容永道　姬鹏飞
黄丽松　黄保欣　释觉光　鲁　平
裘劭恒　雷洁琼(女)　廖　晖
廖瑶珠(女)　端木正　谭惠珠(女)
谭耀宗　霍英东
秘　书　长：李　后
副秘书长：鲁　平　毛钧年

中国国际贸易促进委员会对外经济贸易仲裁委员会委员名单

主　　席：肖方洲
副 主 席：刘绍山　芮　沐　倪征𣈶　胡明正
秘 书 长：董有淦
副秘书长：唐厚志
委　　员(按姓氏笔划为序)
马冠群　王　斌　王正发　王天明
王兆元　王守茂　王志义　王明毅
纪　蘅　史　越　史久镛　冯大同
冯铁城　兰明良　任继圣　刘　丁
刘　刍　刘绍山　刘朝缙　许乃炯
朱晋卿　孙　纯　孙常龄　芮　沐
沈　浩　沈达明　李　沛　李继忠
肖方洲　肖蔚云　宋永林　吴春瑞
周允中　邱年祝　金其达　岳秀乙
季崇威　邵循怡　陈昌杭　邹斯颐
张　明　张崇福　姚　壮　赵文新
柳谷书　胡明正　倪征𣈶　顾世荣
顾学湘　顾宪成　高　祚　高纯德
高尚全　唐厚志　汤宗舜　商广文
郭日齐　曹家瑞　黄毓麟　董有淦
裘劭恒　楼垂品　谭庭栋　魏家驹
魏润泉

中国国际贸易促进委员会海事仲裁委员会委员名单

主　　席：王文林
副 主 席：刘绍山　沈志成　李浩培　邵循怡
冯法祖
秘 书 长：高隼来
副秘书长：许履刚
委　　员(按姓氏笔划为序)
丁奇中　马梅生　于涌泉　王文林
王永明　王守茂　王金鹏　王宪章
王恩韶　叶　坚　司玉琢　左贞镠
冯法祖　刘　孟(女)　刘　亮
刘廷华　刘绍山　刘若明　朱曾杰
华钟屿　孙瑞隆　孙嘉绵　许履刚
沈志成　汪月明　宋国华　何文举
李生民　李浩培　李嘉华
吴焕宁(女)　邵循怡　邹永政
周泰祚　陈　明　林秉中　姚秀才
张正印　张兼臣　张既义　钟伯源
柳谷书　胡明正　胡明钰(女)
祝效程　俞大鑫　俞颖生　赵宏勋
倪征𣈶　高　祚　高宗泽　高隼来
秦堂春　贾振之　徐鹤皋　索　戡
崔玉山　夏泽芳　黄干伟　黄元钧
黄廷枢　黄溪石　程万铸　傅留才
蔡梓松　魏文达　戴鸿端

国家工商行政管理局经济合同仲裁委员会名单

主　　任：费开龙
副 主 任：周亚贤　张成泉
委　　员：段幼麟　牛鸿瑞　马锐武　田述精

法律、法学社会团体负责人名单

中国法学会

名誉会长：张友渔　钱端升　刘复之
会　　长：王仲方
常务副会长：朱剑明
副 会 长：任建新　顾　明　李石生　高西江
鲁　坚　梁国庆　张彦宁　王叔文
盛　愉(女)　张国华　高铭暄
甘绩华
常务理事：佟　柔　柴发邦　于浩成　张尚鷟
王德意(女)　严　端(女)
秘 书 长：陈为典
(由会长、副会长、常务理事、秘书长组成常务理事会)
顾　　问(以姓氏笔划为序)
王汝琪(女)　王铁崖　王斐然　甘重斗
芮　沐　杨玉清　李文杰　陈守一
赵理海　贾　潜　宦　乡　倪征日奥
陶希晋　龚祥瑞　梁文英　曹海波
韩德培　潘念之
理　　事(计208人，按姓氏笔划为序)
丁　柯　于浩成　于振国　于湘浦
马克昌　马登山(藏)　扎喜尼玛(藏)
王永臣　王仲方　王礼明　王志道
王叔文　王珉灿　王家福　王保树
王胜蔼　王凌青　王崇明　王景荣
王然冀　王强华　王兆生　王嵩山
王德意(女)　戈　平　邓　波
甘绩华　石　坚　仝开锦(回)
冯大同　冯若泉　兰明良　宁汉林
司的克·买买提(维)　邢　路　朱　迪
朱奇武　朱剑明　任建新　刘　蓬
刘乃雄　刘仁忠　刘自斌　刘绍山
刘树栋　刘恩启　刘继光　刘继臣
齐一飞　齐乃宽　江　平　江仁宝
汤宗舜　关　怀　关志豪　许汝藩
许崇德　孙尔琪　孙国华　杨　岷(女)
杨　洪　杨文林　杨永华　杨贡林
杨雨生　杨春洗　杨敦先　杨紫煊
李　放(满)　李双元　李石生
李用兵　李春柏(朝鲜族)　李浩培
李景禧　李嘉华　苏惠渔
严　端(女)　巫昌祯(女)　肖常纶
吴　杰　吴　磊　吴大英　吴文翰
吴建璠　吴家麟　何　鹏　何剑械
佟　柔(满)　邱　健　谷　震
沈宗灵　宋树涛　张　旭
张月姣(女)　张以约　张仲麟
张立民　张光博　张宇霖　张希坡
张宏生　张尚鷟　张国华　张建民
张春发　张济民　张彦宁　张晋藩
张振民　张梦梅(女)　张意修
阿不都·哈迪尔(维)　陈　明
陈天池　陈为典　陈光中　陈金罗
陈绍兴　陈祖庆　陈盛清　陈德惠
邵天任　林景仁　罗　晶　罗豪才
图　们(蒙)　岳　祥　金　平　金久隆
金瑞林　周元伯　周柏森　周桂林
庚以泰(满)　郑文举　项淳一
段幼麟　段志谦　段金成　段瑞春
赵方仓　赵玉岗　赵建中　赵秉寿
赵树民　赵震寰　郝双禄　胡济群
胡正邦　胡志新　费宗祎　费新民
秦传厚　袁小凡　顾　明
夏宗素(女)　柴发邦　徐大同
徐功勋　徐名准　徐国柱　徐盼秋
徐逸仁　徐景峰　阎士颐　郭　纶
郭平坦　郭道晖　悦光昭　唐琮瑶
高西江　高纯德　高铭暄　曹子丹
曹树铮　盛　愉(女)　常耀有　崔　虎
崔淑萍(女)　章道全　梁　津(壮)
梁国庆　寇庆延　韩铭立　董世忠
蒋碧昆　程万里　程晓霞(女)
鲁　坚　鲁　源　鲁明健　曾　普
谢　飞(女)　谢士文　甄治中
裘劭恒　蔡人东　蔡守秋　裴玉文
端木正(回)　潘汉典　潘同龙
潘抱存　濮稼先　魏　敏　魏家驹
魏振瀛
(台湾省、港澳地区各保留三名理事名额)

中华全国律师协会

名誉会长：刘复之
常务理事会：
会　　长：邹　瑜
副 会 长：陈　卓　王汝琪(女)　李文杰
任继圣　谭文玑　韩学章(女)
钟惠华

秘 书 长：谭文玑(兼)
副秘书长：吴念祖　丁增祺　王化然　沈白路
　　赵大谋
顾　　问(21人，按姓氏笔划为序)
　　于光远　王桂五　王怀安　毛　铎
　　江一真　孙亚明　沈　鸿　芮　沐
　　张友渔　陈守一　陈　阜　林亨元
　　宦　乡　陶希晋　贾　潜　徐步云
　　顾　明　钱端升　倪征日奥　董纯才
　　裘劭恒
理　　事(78人，按姓氏笔划为序)
　　丁玉兰(女)　丁增祺　万寿椿
　　马登山(藏族)　王化荣　王化然
　　王守茂　王汝琪(女)　王良田
　　王质良　王　浩　王家祥　王泽南
　　扎喜尼玛(藏族)　孔祥荣　刘丕烈
　　刘连科　赵大谋　许小平　任继圣
　　孙先义　买买提·玉素甫(维吾尔族)
　　汪　洋　沈白路　沈　典　麦宗钜
　　李文杰　李学禹　李佩佑　李树棠
　　李嘉华　杨旭盟　吾甫尔·依明(柯克族)
　　吴念祖　吴莲芬(女)　吴韩丽(女)
　　余　光　邹　瑜　陈书谏　陈　卓
　　郑文举　郑成泉　郑振亚
　　郑淑君(女)　周纳新(女)　张文江
　　张　中　张守为　张国辉　张斌生
　　张景林　张燕征(女)　赵振忠
　　赵振寰　胡亚贤　柳谷书
　　哈　斯(蒙古族)　钟惠华　钮齐礼
　　高隼来　郭靖宇　谈荣发　秦国光
　　顾宪成　陶　髦　梁德超　梅　阡
　　梅养正　崔　虎　温秀兰(女)
　　韩贞尧　韩学章(女)　蒋龙翔
　　蒋敏瑞(女)　傅志人　雷　轰
　　谭文玑　薛宝华

中国国际法学会

(以姓氏笔划为序)
会　　长：宦　乡
副 会 长：王铁崖　任建新　毕季龙　邵天任
　　芮　沐　汪道涵　韩德培
秘 书 长：徐鹤皋
顾　　问：卢　峻　向哲濬　李铁铮　吴其玉
　　郑兆璜　张汇文　钱端升　凌其翰
　　魏文达
常务理事：马　骏(女)　王厚立　王铁崖
　　任建新　毕季龙　邵天任　芮　沐
　　汪道涵　宦　乡　徐鹤皋　韩德培

中国经济法研究会

名誉会长：谷　牧
会　　长：顾　明
副 会 长：孙亚明　芮　沐　韩伯平　任建新
　　有　林　江　平　徐礼章
顾问组长：孙力余
秘 书 长：王正明

中国法律史学会

名誉会长：李光灿
会　　长：张国华
副 会 长：于浩成　王召荣　乔　伟　谷春德
　　吴建璠　张晋藩　张梦梅　杨永华
　　林向荣　栗　劲
秘 书 长：饶鑫贤
顾　　问：张友渔　潘念之　瞿同祖　陈盛清
　　肖永清　曾秉均　张　警　杨景凡

中国法律史学会
中国法制史研究会

会　　长：张晋藩
副 会 长：乔　伟　王召荣　韩延龙　曾宪义
秘 书 长：沈国锋

中国法律史学会
中国法律思想史研究会

会　　长：饶鑫贤
副 会 长：刘富起
秘 书 长：杨鹤皋

全国外国法制史研究会

会　　长：陈盛清
副 会 长：林榕年　徐轶民　林向荣
秘 书 长：张学仁

中国法学会
法学基础理论研究会

总 干 事：沈宗灵
副总干事：吴大英　孙国华　郭道晖　齐乃宽
　　卢　云　张　浩
秘 书 长：刘升平
顾　　问：张宏生　程筱鹤　韩铭立

中国法学会宪法学研究会

总 干 事：王叔文
副总干事：肖蔚云　许崇德　于浩成　吴家麟
　　　　　浦增元　何华辉
秘 书 长：廉希圣
顾　　问：潘大逵　谢　飞(女)　龚祥瑞
　　　　　李宪周　魏泽同

中国法学会行政法学研究会

总 干 事：张尚鷟
副总干事：黄曙海　罗豪才　应松年　程干远
　　　　　王连昌
秘 书 长：应松年(兼)
顾　　问：夏书章　段志谦　龚祥瑞　方　彦
　　　　　王名扬　陈安明

中国法学会民法学经济法学研究会

总 干 事：佟　柔
副总干事：(以姓氏笔划为序)
　　　　　马　原(女)　王家福　史　越
　　　　　庄咏文(女)　张成泉　罗玉珍(女)
　　　　　金　平　赵景贤　徐　杰　魏振瀛
秘 书 长：王保树
顾　　问：邢亦民　李由义　李景禧　余鑫如
　　　　　林成毅　林亨元　唐世儒　谢怀栻

中国法学会婚姻法学研究会

总 干 事：巫昌祯(女)
副总干事：王德意(女)　杨大文　杨怀英(女)
　　　　　李　诚(女)　李志敏
秘 书 长：王洪才
顾　　问：雷洁琼(女)　韩幽桐(女)　瞿同祖

中国法学会刑法学研究会

总 干 事：高铭暄
副总干事：杨春洗　曹子丹　马克昌　单长宗
秘 书 长：杨敦先
顾　　问：王怀安　贾　潜　甘雨沛　张仲绎
　　　　　曾昭琼

中国法学会劳改法学研究会

会　　长：李石生
常务副会长：陈良桂(女)　魏相如
副 会 长：(以姓氏笔划为序)
　　　　　力康泰　王喜文　刘　永　刘兆祥
　　　　　李均仁　杨世光　杨殿升　郝　忠
　　　　　曹振兴
秘 书 长：陈良桂(女)(兼)
顾　　问：(以姓氏笔划为序)
　　　　　王　健　王建华　白云起　边鹏越
　　　　　刘向军　刘锡凯　沈秉镇　张之轩
　　　　　张旭升　林　平　武　汉　贾清源
　　　　　崔凤轩　董玉峰

中国法学会诉讼法学研究会

总 干 事：陈光中
副总干事：严　端(女)　吴　磊　张仲林
　　　　　唐德华　柴发邦　黄　道
秘 书 长：王存厚
顾　　问：王桂五　王斐然　王锡三　巫宇甦
　　　　　张子培　郝双禄

中国劳动法研究会

名誉干事：悦光昭　任扶善　关　怀
常务干事：夏积智　陈文渊　边敬斋

中国青少年犯罪研究学会

会　　长：张黎群
副 会 长：曹漫之
秘 书 长：李景先
顾　　问：张友渔

中国法医学会

名誉理事长：王文同　冯锦汶　林　准　蔡　诚
理 事 长：李伯龄
副理事长：王连义　郑钟璇　祝家镇　黄环英
　　　　　翟建安
秘 书 长：赵海波

中国法律逻辑研究会

名誉会长：张友渔
会　　长：李光灿

副 会 长：吴家麟　杜汝揖
秘 书 长：王汝嘉

中国心理学会
法制心理专业委员会

副主任委员：罗大华　赤　光

中华全国法制新闻工作者协会

理 事 长：蔡　诚

副理事长：王福如　关志豪　朱承修　王礼明
张冬兴　杨伟光　胡耀亭　王强华
郭道晖　王景荣　陈大豪　李玉成
汪洪毅　毛国华　孟明达
秘 书 长：汪洪毅(兼)

中国消防协会

理 事 长：解　衡
副理事长：陈　佛　李　祥　张崇福　颜达材
秘 书 长：巨　光

国际性法学团体、法律机构中的中方人员名单和有关团体和机构简介

中国法学会被接纳为亚洲与太平洋法律协会团体会员。王仲方为该协会理事，李章骐为该协会候补理事

附：亚洲与太平洋法律协会简介

亚洲与太平洋法律协会(THE LAW ASSOCIATION FOR ASIA AND THE PACIFIC)是于一九六六年八月在澳大利亚堪培拉成立的。总部设在悉尼，现任主席是法里·纳里曼先生(印度人)。截至目前，来自二十个国家的近五十个法律组织是其团体会员。

亚洲与太平洋法律协会是非政府性的民间法律团体，宣称不从事政治活动。协会的宗旨是：促进亚太地区的司法行政管理，维护法治，保护人权；用一切切实可行的办法，包括互派法律专业学生、教师和从业人员，提供进修研究条件，提高法律教育水平；促进该地区各国法律知识的传播和法律的发展；提高法学理论水平，促进国际法律和比较法学的研究和发展；促进适当法律领域的统一；加强国际间的相互了解和友谊；加强亚太地区法律工作者和其他协会、组织之间的关系和交流；帮助具有上述全部或部分宗旨或类似宗旨的国际性、地区性或其他组织，并与之合作。

亚洲与太平洋法律协会每两年举行一次大会，迄今已举行九届大会。第十届大会计划于一九八七年夏在马来西亚吉隆坡举行，同时庆祝协会成立二十一周年。

亚洲与太平洋法律协会理事会一九八六年十一月二十二日至二十三日在尼泊尔加德满都召开会议。中国法学会首次派出二人出席了上述会议。会上，中国法学会被正式接纳为团体会员。中国法学会会长王仲方和副秘书长李章骐分别为亚洲与太平洋法律协会的中国理事和候补理事。从此，台湾的法律团体可作为中国台湾地方性的组织在协会里活动。

(王海涛)

中国法学会宪法学研究会加入国际宪法学协会。张友渔当选为国际宪法学协会执行委员会委员

附：国际宪法学协会(International Association of Constitutional Law)简介

国际宪法学协会是根据拉丁美洲宪法学协会的倡议，由22个国家组成的国际宪法学协会“发起委员会”于1981年9月在南斯拉夫贝尔格莱德成立的。会议通过了协会章程，选举了领导机构，决定协会总部设在贝尔格莱德。

国际宪法学协会是一个学术性较强的国际性民间宪法学组织。它按章程的规定和联合国教科文组织的宗旨开展各种活动。章程规定的主要宗旨是，促进各国宪法学理论的发展和比较研究，推动各国宪法学组织、宪法学家的学术交流并进行友好往来。协会通过举行世界大会，召开专题学术讨论会、报告会，推动、帮助各国成立宪法学组织并与之进行合作和出版刊物等方式实现其上述宗旨。

国际宪法学协会于1983年8月29日至9月2日在贝尔格莱德举行第一届大会。来自48个国家的160名宪法学专家、学者出席了这届大会。中国北京大学法律学系副主任肖蔚云副教授代表著名法学家、中国法学会副会长张友渔应邀出席。与会宪法学家讨论了“现代宪法的概念”、“制宪权问题”、“宪法的解释”、“宪法的适用”和“法律的合宪性”等五个学术专题。张友渔向大会提交了“关于新中国的制宪权”学术论文。会上他被选为协会执行委员会委员。此后，协会曾在波兰华沙召开“宪法在预防法律膨胀和提高法律质量中的作用”专题学术讨论会。张友渔等三人出席了协会于1984年

12月在瑞士弗雷堡召开的“关于地方分权”问题的圆桌学术讨论会。张友渔在会上提交了“关于中国的地方分权问题”的学术论文。

国际宪法学协会按其章程规定可吸收个人会员和团体会员。截至1986年年底，来自各国的43名宪法学专家、学者为其个人会员，其中包括中国法学会名誉会长张友渔。

中国法学会宪法学研究会于1986年8月向国际宪法学协会提出了入会申请。协会第6次执委会会议于1986年10月22日决定接纳中国法学会宪法学研究会为其团体会员，并待1987年国际宪法学协会第二届大会予以追认。

（王海涛）

我国公安部刑事侦察局加入国际刑事警察组织。朱恩涛被选为该组织执行委员会委员，刘文任该组织中国中心局负责人

附：国际刑事警察组织(Interpol)简介

国际刑事警察组织，是各国刑事警察部门合作的国际组织。1923年9月建立，原称国际刑事警察委员会，总部设在维也纳。1946年在布鲁塞尔有十七个国家参加的代表大会上通过新的章程，总部迁往法国巴黎。1956年，再次修改组织章程，并将组织名称由国际刑事警察委员会改为国际刑事警察组织。

该组织有四个机构协调和指导国际警察组织的活动。它们是大会、执行委员会、秘书处和各国的中心局。

国际刑警组织的主要任务是：负责各成员国之间的情报交换；搜集各种刑事犯罪案件资料及罪犯指纹、照片、档案；通缉追捕重要罪犯和引渡重要犯罪分子；编写有关刑事犯罪方面的资料。总部通过电台、电传和国际电话同各成员国保持经常的通讯联系。

国际刑警组织是联合国承认的政府间组织，现有成员国142个。

我国公安部刑事侦察局于1984年9月加入国际刑警组织。中国代表朱恩涛被选为该组织执行委员会委员。

国际刑警组织中国中心局设在公安部刑事侦察局。中心局负责人为刘文。

（王海涛）

倪征燠当选为国际法院法官

附：国际法院(International Court of Justice)简介

国际法院是依据《联合国宪章》第十四章设立的。国际法院设在荷兰海牙。

根据《国际法院规约》，国际法院由15名法官组成。法院法官不论国籍，其本人必须是品格高尚并且具备在其本国出任最高司法职务者，或为公认的国际法学家。法院的法官应能够代表世界各大文明和主要法系。国际法院法官由联合国大会和安理会选出。法官候选人名单由常设仲裁院各国家团体提出。每一团体所提人数不得超过4人。实际上，他们都是由各国政府提名的。候选人必须在联合国大会和安理会均获得多数，方可当选。当选的法官中，不得有两人为同一国家的公民。

法官任期九年，连选可连任。每隔三年，15名法官中就有5名任期届满。国际法院选举院长和副院长，任期三年，连选可连任。

在1984年第三十九届联大上，中华人民共和国自1971年恢复联合国席位后首次参加国际法院竞选。经过激烈的竞选，中国国际法学会理事、原联合国国际法委员会委员、中国著名国际法学家倪征燠教授当选，成为国际法院中第一位具有中华人民共和国国籍的法官。为庆贺他的当选，11月30日下午在中国国际法学会举行的招待会上，中国国际法学会会长宦乡宣读了中华人民共和国总理赵紫阳写给倪征燠教授的贺信。信中写道：“我深信，你作为中华文明和中国法系的代表参加国际法院的工作，必将同国际法院其他法官一道，按照联合国宪章和国际法原则，为伸张国际正义和公道，和平解决国际争端，维护国际法律秩序，作出卓越的贡献。”

（彭小华）

史久镛当选为联合国国际法委员会委员

附：联合国国际法委员会(United Nations International Law Commission)简介

联合国大会于1947年作出设立国际法委员会的决议，并通过了委员会规约。国际法委员会于1948年选举产生，于1949年4月举行第一届会议。

国际法委员会的委员由联合国大会根据各国政府提名选出，以国际法专家的个人资格参加委员会的工作。国际法委员会委员任期五年，连选得连任。1981年以前，国际法委员会由25名委员组成。第三十六届联大通过决议，将委员会委员增加到34名。按照规约规定，委员会必须代表世界各主要文明形式和主要法系。委员会委员的地区分配名额为：非洲国家8名，亚洲国家7名，东欧国家3名，拉美国家6名，西欧及其他国家8名，另2名分别在非洲和东欧国家之间，以及在亚洲和拉美国家之间轮流选出。自1981年以来，经中华人民共和国政府提名，曾有3名中国国际法专家先后当选为国际法委员会委员。1981年三十六届联大选举倪征燠教授为国际法委员会委员。1984年倪征燠离任，中国常驻联合国代表黄嘉华大使由国际法委员会补选为委员。1986年12月黄嘉华任期届满离任。1986年11月第四十二届联合国大会选举史久镛教授自1987年1月1日起为国际法委员会委员。

（彭小华）

王铁崖、陈体强、李浩培先后当选为国际法学会联系会

员

附：国际法学会(Institute of International Law)简介

国际法学会是国际上最古老的一个国际法学术团体。学会是在比利时著名国际法学家罗兰-耶可敏与英国著名国际法学家韦斯特莱克倡议下，于1873年在比利时根特成立的。

该会章程宣布，国际法学会是一个完全学术性的团体，无任何官方关系。学会的目的是通过对国际法的传播，对国际法的编纂，促进其进步发展，通过对国际法中重要问题的研究，以促进世界各国对国际法的遵守，推动国际法的发展。

学会的主要活动是每两年召开一次大会。每届大会之后，该会的刊物(年刊)便将大会上通过的决议，特别是具有实质性条文的决议编录发表。

根据现行章程，学会的会员名额，总数不得超过132名，宁缺勿滥。会员人选必须为世界各国著名的国际法学者，包括著名的国际法教授、国际法院法官、联合国国际法委员会委员等。学会会员分三种：正式会员、联系会员和名誉会员。新会员由原来的会员选举产生。新接纳的会员，一律均为联系会员。参加过三届会员大会后，联系会员可转为正式会员。名誉会员是从正式会员和联系会员中选出的极少数名望卓著的国际法学者。

我国学者，中国国际法学会副会长、北京大学教授王铁崖在1981年8月25日至9月3日于法国第戎召开的国际法学会第六十届会议上当选为学会的联系会员。在1983年8月24日至9月1日于英国剑桥举行的第六十一届会议上，中国国际法学会副会长陈体强教授当选为学会的联系会员。不幸的是，在此之后不久的10月13日，陈体强教授即因病逝世。1985年8月20日至28日，国际法学会在芬兰赫尔辛基召开第六十二届会议。会上，中国国际法学会常务理事李浩培教授当选为联系会员。

(彭小华)

任建新当选为通过法律维护世界和平中心执委会成员兼亚洲地区主席，郑天翔获该中心授予的“世界正义奖”

附：“通过法律维护世界和平中心” (World Peace Tsrouge Law Center)简介

“通过法律维护世界和平中心”成立于一九六三年，总部设在日内瓦，是世界上最大的非政府性国际法律组织，有150多个国家的法律工作者参加该组织的活动，号称拥有10万会员，其中包括很多大法官、外交和司法部门高级官员、著名律师、法学教授和研究人员等。

该“中心”主要通过组织每两年一届的世界法律大会，为各国法律工作者交流情况和探讨如何通过法律维护世界和平问题提供场所。同时与国际性和全国性的律师组织、法律院校、司法界以及其他从事改进、研讨国际法和国际法制的政府性和非政府性组织进行合作。

一九七九年九月我国首次派团出席大会。一九八五年七月，我再次派最高人民法院副院长任建新为团长的中国法律工作者代表团出席第十二届大会。会上，任建新当选为“中心”执委会成员兼亚洲地区主席，还授予我国最高人民法院郑天翔院长“世界正义奖”。

(宋宝畅)

任建新任国际保护工业产权协会中国分会会长，刘绍山、汤宗舜、郝志新、方扬春任副会长

附：国际保护工业产权协会(AIPPI)简介

国际保护工业产权协会(AIPPI)成立于一八九七年。协会会址在秘书长居住地。协会的宗旨是：宣传保护工业产权(发明、商标、工业设计、商号、制止不公平竞争等)的必要性；研究比较现有法律和拟议中的新法律，以求改进和统一；促进有关保护工业产权的国际公约的发展，特别是扩大一八八三年三月二十日建立的同盟(即巴黎同盟)；散发出版物，筹备和组织定期例会及其他会议，以便对工业产权方面悬而未决的问题进行讨论并拟议解决办法。协会今后的任务将在法律范围内，以职业专家所具有的公正精神，竭尽全力为尽可能有效的国际保护工业产权体制起促进作用。本协会最初主要是一个欧洲区域性组织，而现在已发展成为一个世界性组织了，现有四十个国家分会和地区分会。中国分会成立于一九八三年五月，会址设在中国国际贸易促进委员会。最高人民法院副院长任建新担任分会会长，中国国际贸易促进委员会副主任刘绍山、中国专利局顾问汤宗舜、国家工商行政管理局商标局局长郝志新、中国国际贸易促进委员会专利代理部部长方扬春担任副会长。最高人民法院、中国国际贸易促进委员会、专利局、商标局等单位参加分会的个人会员共59人。作为集体会员参加分会的有中国粮油食品进出口公司等55个单位。

中国分会成立后已召开过三次全体会员大会和理事会。

(宋宝畅)

程味秋当选为联合国预防和控制犯罪委员会委员

附：联合国预防和控制犯罪委员会(Committee on Crime Prevention and Control)简介

预防和控制犯罪委员会是联合国经济及社会理事会下属的专家委员会之一。其职责是为联合国预防犯罪和罪犯待遇大会进行筹备工作，向联合国经济及社会理事会提出关于预防犯罪的建议，协调联合国有关机构在预防犯罪方面的活动，传播和交流各国在刑事司法领域的措施和经验，为国际间合作奠定基础。

预防和控制犯罪委员会原来由15名委员组成，委员由联合国秘书长指定。由于近年来联合国司法领域的活动有所增加，1976年联合国经济及社会理事会通过决议进一步扩大预防和控制犯罪委员会的成员人数和权限范围，委员会委员由原来的15人扩大为27人，委员的产生办法也相应改变，由原来联合国秘书长指定，改为按世界区域定额选举产生，具体分配办法是非洲7人，亚洲6人，拉丁美洲5人，西欧和其他地区6人，东欧3人。委员候选人必须具备一定的资历和专业科学知识，由各国政府提名参加竞选，当选后以个人身份参加委员会工作，任期四年。委员会每两年在维也纳召开一次例会，会议报告须送联合国经济及社会理事会审议通过。

1982年，华东政法学院刑事侦查教研室主任武汉当选为联合国预防和控制犯罪委员会委员，1986年底任期期满。1986年中国政法大学法律系副主任程味秋当选为该委员会委员，自1987年1月1日起任期4年。

（张燕龄）

我国政府指定蓝明良为联合国预防犯罪和罪犯待遇国家通讯员

根据联合国秘书长佩雷斯·德奎利亚尔1981年7月24日关于要求我国政府指定一名联合国预防犯罪和罪犯待遇国家通讯员的照会，我国政府指定了法律出版社总编辑蓝明良为联合国预防犯罪和罪犯待遇国家通讯员。

联合国预防犯罪和罪犯待遇国家通讯员属联合国秘书处预防犯罪和刑事司法处所领导，它的主要任务是：

一、向联合国秘书处报道我国预防犯罪和罪犯待遇的情况，包括青少年犯罪的发展情况，提供有关司法方面的文件、管理报告及统计数字；

二、协助秘书长收集有关资料，以进行研究，或协助进行必要的调查；

三、协助联合国散发各成员国有关预防犯罪和刑事判例方面的文件。

蓝明良已向联合国报道了近年来我国法制建设的成就并介绍了我国的有关法规。1985年应邀出席了联合国第七届预防犯罪和罪犯待遇大会。大会期间出席了联合国预防犯罪和罪犯待遇通讯员会议。会上，各国通讯员就如何搞好今后通讯报道工作交换了意见。

（吴彦时）

中国当选为印度——太平洋医学与科学协会理事国。林维新当选为印度——太平洋医学与科学协会副理事长，刘耀当选为该协会理事

附：印度——太平洋医学与科学协会

该协会总部设在新加坡。其宗旨是增进国内、国际法医、法庭科学和法律实施领域教育、研究等方面的合作，组织召开大会、讲座、讨论会、研讨会，至少每三年在印度——太平洋地区某国家召开一届国际法医学、法庭科学和法律实施方面的大会，并出版书籍和刊物。最高人民法院于1986年8月派以陕西省高级人民法院法医室副主任林维新为团长的中国法医代表团出席在斯里兰卡举行的印度——太平洋法医学和法庭科学大会。会上，林维新当选为协会副理事长，中国法医学会常务理事刘耀当选为协会理事。

（宋宝畅）

中国被选为世界义勇消防联盟理事国。解衡当选为世界义勇消防联盟理事

附：世界义勇消防联盟简介

世界义勇消防联盟(Federation of World Volunteer Firefighters Associations)1982年12月成立于日本东京，其宗旨是促进各国消防业务技术交流和增进各国消防工作者之间的友谊，为发展各国的消防事业而努力。该联盟为非政府的国际性消防组织。会长是日本消防协会会长笹川良一。联盟成员现有七十多个国家和地区。

中国消防协会于1985年8月加入联盟。同年9月中国消防协会理事长解衡参加了在意大利米兰市举行的联盟欧非地区会议。在这次会上，我国被增选为联盟的理事国(共有17个理事国)。

1986年9月5日至7日，中国消防协会理事长解衡参加了在美国纽约举行的联盟第三次全体会议。这次会议的主要任务是讨论联盟秘书长德田正明提出的工作报告，改选联盟领导人和理事国。经理事会提名，并由大会通过笹川良一连任会长，德田正明连任秘书长。理事会仍由17个国家组成，我国继续当选为理事国。这次全会还决定设立联盟技术委员会以加强各国消防技术交流。该委员会由中国、美国、英国、日本、新西兰、利比里亚、智利组成。这次会议的基调是讨论如何帮助第三世界国家发展消防技术问题，我国在会上提出了“加强对第三世界进行消防技术传授的建议”，受到各国代表的支持。此外，会议还决定了联盟1987年亚太地区会议在我国北京召开，1988年欧非地区会议在英国伦敦召开，1989年美洲地区会议在智利召开。

（刘　群）

李伯龄当选为世界法医学会副理事长

附：世界法医学会简介

1986年10月13日至17日在墨西哥首都墨西哥城召开了第一届世界法医大会和第三届拉美法医与医德大会。这次会议是由拉丁美洲法医协会和墨西哥法医、刑事技术协会发起组织的，两会合并召开。中国、美国、苏联、南斯拉夫、意大利、加拿大、巴西、阿根廷等

22个国家共300多人应邀出席。其中官方邀请的外国学者近40名，会场内外悬挂着参加国的国旗。大会除简短的开、闭幕仪式外，主要时间都用于大会发言。大会发言者约100人次，内容涉及法医学的各个方面，如：各国法医服务情况，各种死亡的诊断，性犯罪，虐待儿童，滥用药物，飞机失事的法医检验，法医生物检验，亲子鉴定等。我国公安部第二研究所所长李伯龄在大会上宣读了《中国法医发展概况》和《中国16个少数民族两种酶型的分布》两篇论文，受到与会者的欢迎。为了进一步促进国际法医学术交流，在这次会议上成立了世界法医学会。意大利的L. Machiarelli当选为理事长，美国的W. U. Spitz、苏联的A. П. Громов和我国的李伯龄当选为副理事长，阿根廷的L. A. Kvitko为秘书长。墨西哥法医、刑事技术学会和刑法学会，拉美法医和医德协会还分别接受李伯龄为荣誉会员和合作会员。

（麻永昌）

全国法学“七五”期间重点研究课题简介

全国哲学社会科学规划领导小组于1986年10月29日至11月4日在北京召开了全国哲学社会科学“七五”规划会议。根据中华人民共和国国民经济和社会发展第七个五年计划第二十七章《哲学社会科学研究》的要求，会议讨论并确定了包括法学在内的全国哲学社会科学“七五”期间国家重点研究课题。

在全国哲学社会科学规划领导小组的领导下，分学科设立了十七个规划小组。法学规划小组由十六人组成，经过全组成员进行无记名投票，选举了张国华、王叔文分别担任正、副组长。会议期间，经过法学规划小组成员的充分酝酿，并采取无记名投票的方式进行表决，结果获准列入全国法学“七五”规划的重点研究课题共有30个项目，这些课题的名称和负责人见下表：

重点研究课题名称	课题负责人
1.《法理学研究》	沈宗灵（北京大学法律系）
2.《中国法学四十年》	张友渔（中国法学会）
3.《法律社会学》	赵震江（北京大学法律系）
4.《苏联、东欧法律基础理论研究》	孙国华（中国人民大学法律系）
5.《中华人民共和国宪法的实施保障》	张光博（吉林大学法律系）
6.《我国的政治体制改革与社会主义法制建设问题》	吴大英（中国社会科学院法学研究所） 张文显（吉林大学法律系）
7.《“一国两制”中的法律问题》	王叔文（中国社会科学院法学研究所）
8.《香港法律制度研究》	肖蔚云（北京大学法律系）
9.《中国刑法理论与实践》	高铭暄（中国人民大学法律系）
10.《中国社会治安综合治理研究》	王仲方（中国法学会）
11.《我国现阶段犯罪问题研究》	何剑械（中国人民公安大学）
12.《青少年犯罪问题与中国青少年法研究》	徐　健（华东政法学院）
13.《经济犯罪问题研究》	杨敦先（北京大学法律系）
14.《量刑综合平衡与电脑辅助量刑专家系统研究》	朱华荣（华东政法学院） 肖开权（上海社会科学院法学研究所）
15.《我国经济体制改革与社会主义法制建设问题》	王家福（中国社会科学院法学研究所）
16.《中国经济特区的法律问题》	端木正（中山大学法律系）
17.《对有计划商品经济的法律调整》	佟　柔（中国人民大学法律系）
18.《中国涉外经济合同法律研究》	徐　杰（中国政法大学）
19.《外资法的比较研究》	姚梅镇（武汉大学法学院）
20.《劳动合同的法律问题》	李景森（中国人民大学法律系）
21.《我国农村经济法律法制建设研究》	种明利（西南政法学院）
22.《民事法律关系问题研究》	陶西晋牵头、南开大学法学研究所承担
23.《我国法人制度研究》	江　平（中国政法大学）
24.《我国知识产权研究》	史文清（复旦大学法律系）
25.《经济体制改革与完善诉讼制度》	柴发邦（中国人民公安大学）

(续 表)

重点研究课题名称	课题负责人
26.《中国行政法制建设的理论与实践》	应松年(中国政法大学)
27.《中国冲突法研究》	韩德培(武汉大学法学院)
28.《中华人民共和国国际法实践》	王铁崖(北京大学法律系)
29.《中国法律思想通史》	李光灿(南开大学法学研究所) 张国华(北京大学法律系)
30.《我国地方法制建设》	杨春堂(吉林省社会科学院)

(注:经规划小组民主表决,同意本课题可以写出两部不同版本)

(伟　成)

中国法律年鉴(1987)
《中国法律年鉴》编辑部
法律出版社出版 新华书店经销
上海新华印刷厂印刷
787×1092毫米 16开本 59印张 插页3 2,150,000字
1987年11月第一版 1987年11月第一次印刷
印数00,001—37,000
ISBN 7-5036-0186-8/D·183
书号6004·1116 定价17.00元